C000158051

ISBN 978-0-266-12525-9
PIBN 10937784

ŒUVRES

COMPLÈTES

DE VOLTAIRE,

AVEC DES NOTES

ET UNE NOTICE HISTORIQUE SUR LA VIE DE VOLTAIRE.

TOME SEPTIÈME.

DICTIONNAIRE PHILOSOPHIQUE, I.

A PARIS,

CHEZ FURNE, LIBRAIRE-ÉDITEUR,

QUAI DES AUGUSTINS, N° 39.

M DCCC XXXV.

DICTIONNAIRE

PHILOSOPHIQUE.

AVERTISSEMENT

DES ÉDITEURS DES KEHL.

Nous avons réuni sous le titre de *Dictionnaire philosophique* les *Questions sur l'Encyclopédie*, le *Dictionnaire philosophique* réimprimé sous le titre de *la Raison par alphabet*, un dictionnaire manuscrit intitulé *l'Opinion en alphabet*, les articles de Voltaire insérés dans l'*Encyclopédie*; enfin plusieurs articles destinés pour le *Dictionnaire de l'Académie française*.

On y a joint un grand nombre de morceaux peu étendus, qu'il eût été difficile de classer dans quelqu'une des divisions de cette collection.

On trouvera nécessairement ici quelques répétitions; ce qui ne doit pas surprendre, puisque nous réunissons des morceaux destinés à faire partie d'ouvrages différents. Cependant on les a évitées, autant qu'il a été possible de le faire, sans altérer ou mutiler le texte.

PRÉFACE

DU DICTIONNAIRE PHILOSOPHIQUE,

ÉDITION DE 1765.[1]

Il y a déjà quatre éditions de ce *Dictionnaire*, mais toutes incomplètes et informes; nous n'avions pu en conduire aucune. Nous donnons enfin celle-ci, qui l'emporte sur toutes les autres pour la correction, pour l'ordre, et pour le nombre des articles. Nous les avons tous tirés des meilleurs auteurs de l'Europe, et nous n'avons fait aucun scrupule de copier quelquefois une page d'un livre connu, quand cette page s'est trouvée nécessaire à notre collection. Il y a des articles tout entiers de personnes encore vivantes, parmi lesquelles on compte de savants pasteurs. Ces morceaux sont depuis long-temps assez connus des savants, comme APOCALYPSE, CHRISTIANISME, MESSIE, MOÏSE, MIRACLES, etc. Mais, dans l'article MIRACLES, nous avons ajouté une page entière du célèbre docteur Middleton, bibliothécaire de Cambridge.

On trouvera aussi plusieurs passages du savant évêque de Glocester, Warburton. Les manuscrits de M. Dumarsais nous ont beaucoup servi; mais nous avons rejeté unanimement tout ce qui a semblé favoriser l'épicuréisme. Le dogme de la Providence est si sacré, si nécessaire au bonheur du genre humain, que nul honnête homme ne doit exposer ses lecteurs à douter d'une vérité qui ne peut faire de mal en aucun cas, et qui peut toujours opérer beaucoup de bien.

Nous ne regardons point ce dogme de la Providence universelle comme un système, mais comme une chose démontrée à tous les esprits raisonnables; au contraire, les divers systèmes sur la nature de l'âme, sur la grâce, sur des opinions métaphysiques, qui divisent toutes les communions, peuvent être soumis à l'examen: car, puisqu'ils sont en contestation depuis dix-sept cents années, il est évident qu'ils ne portent point avec eux le caractère de certitude; ce sont des énigmes que chacun peut deviner selon la portée de son esprit.

L'article GENÈSE est d'un très habile homme, favorisé de l'estime et de la confiance d'un grand prince: nous lui demandons pardon d'avoir accourci cet article. Les bornes que nous nous sommes prescrites ne nous ont pas permis de l'imprimer tout entier; il aurait rempli près de la moitié d'un volume.

Quant aux objets de pure littérature, on reconnaîtra aisément les sources où nous avons puisé. Nous avons tâché de joindre l'agréable à l'utile, n'ayant d'autre mérite et d'autre part à cet ouvrage que le choix. Les personnes de tout état trouveront de quoi s'instruire en s'amusant. Ce livre n'exige pas une lecture suivie; mais, à quelque endroit qu'on l'ouvre, on trouve de quoi réfléchir. Les

[1] Le roi de Prusse, dans les lettres qu'il adresse à Voltaire, indique la date des premiers articles du *Dictionnaire philosophique* à 1751. Colini, qui, d'après ce qu'on va lire, paraît mieux informé, ne la met cependant qu'à 1752: « Il faut, dit-il, » placer à cette année le projet du *Dictionnaire philosophique*, » qui ne parut que long-temps après. Le plan de cet ouvrage fut » conçu à Potsdam. J'étais chaque soir dans l'usage de lire à » Voltaire, lorsqu'il était dans son lit, quelques morceaux de » l'Arioste ou de Bocace: je remplissais avec plaisir mes fonc» tions de lecteur, parce qu'elles me mettaient à même de re» cueillir d'excellentes observations, et me fournissaient une » occasion favorable de m'entretenir avec lui sur divers sujets. » Le 28 septembre il se mit au lit fort préoccupé: il m'apprit » qu'au souper du roi on s'était amusé de l'idée d'un *Diction*» *naire philosophique*, que cette idée s'était convertie en un » projet sérieusement adopté, que les gens de lettres du roi et » le roi lui-même devaient y travailler de concert, et que l'on » en distribuerait les articles, tels que *Adam*, *Abraham*, etc. » Je crus d'abord que ce projet n'était qu'un badinage ingé» nieux, inventé pour égayer le souper; mais Voltaire, vif et ar» dent au travail, commença dès le lendemain. »

livres les plus utiles sont ceux dont les lecteurs font eux-mêmes la moitié; ils étendent les pensées dont on leur présente le germe; ils corrigent ce qui leur semble défectueux, et fortifient par leurs réflexions ce qui leur paraît faible.

Ce n'est même que par des personnes éclairées que ce livre peut être lu; le vulgaire n'est pas fait pour de telles connaissances; la philosophie ne sera jamais son partage. Ceux qui disent qu'il y a des vérités qui doivent être cachées au peuple, ne peuvent prendre aucune alarme; le peuple ne lit point; il travaille six jours de la semaine, et va le septième au cabaret. En un mot, les ouvrages de philosophie ne sont faits que pour les philosophes, et tout honnête homme doit chercher à être philosophe, sans se piquer de l'être.

Nous finissons par faire de très humbles excuses aux personnes de considération, qui nous ont favorisés de quelques nouveaux articles, de n'avoir pu les employer comme nous l'aurions voulu; ils sont venus trop tard. Nous n'en sommes pas moins sensibles à leur bonté et à leur zèle estimable.

INTRODUCTION

AUX QUESTIONS SUR L'ENCYCLOPÉDIE,

PAR DES AMATEURS.

1770.

Quelques gens de lettres, qui ont étudié l'*Encyclopédie*, ne proposent ici que des questions, et ne demandent que des éclaircissements; ils se déclarent douteurs et non docteurs. Ils doutent surtout de ce qu'ils avancent; ils respectent ce qu'ils doivent respecter; ils soumettent leur raison dans toutes les choses qui sont au-dessus de leur raison, et il y en a beaucoup.

L'*Encyclopédie* est un monument qui honore la France; aussi fut-elle persécutée dès qu'elle fut entreprise [1]. Le discours préliminaire qui la précéda était un vestibule d'une ordonnance magnifique et sage, qui annonçait le palais des sciences; mais il avertissait la jalousie et l'ignorance de s'armer. On décria l'ouvrage avant qu'il parût; la basse littérature se déchaîna; on écrivit des libelles diffamatoires contre ceux dont le travail n'avait pas encore paru.

Mais à peine l'*Encyclopédie* a-t-elle été achevée, que l'Europe en a reconnu l'utilité; il a fallu réimprimer en France et augmenter cet ouvrage immense qui est de vingt-deux volumes *in-folio* : on l'a contrefait en Italie; et des théologiens même ont embelli et fortifié les articles de théologie à la manière de leur pays : on le contrefait chez les Suisses; et les additions dont on le charge sont sans doute entièrement opposées à la méthode italienne, afin que le lecteur impartial soit en état de juger.

Cependant cette entreprise n'appartenait qu'à la France; des Français seuls l'avaient conçue et exécutée. On en tira quatre mille deux cent cinquante exemplaires, dont il ne reste pas un seul chez les libraires. Ceux qu'on peut trouver par un hasard heureux se vendent aujourd'hui dix-huit cents francs; ainsi tout l'ouvrage pourrait avoir opéré une circulation de sept millions six cent cinquante mille livres. Ceux qui ne considéreront que l'avantage du négoce, verront que celui des deux Indes n'en a jamais approché. Les libraires y ont gagné environ cinq cents pour cent, ce qui n'est jamais arrivé depuis près de deux siècles dans aucun commerce. Si on envisage l'économie politique, on verra que plus de mille ouvriers, depuis ceux qui recherchent la première matière du papier, jusqu'à ceux qui se chargent des plus belles gravures, ont été employés et ont nourri leurs familles.

Il y a un autre prix pour les auteurs, le plaisir d'expliquer le vrai, l'avantage d'enseigner le genre humain, la gloire; car pour le faible honoraire qui en revint à deux ou trois auteurs principaux, et qui fut si disproportionné à leurs travaux immenses, il ne doit pas être compté. Jamais on ne travailla avec tant d'ardeur et avec un plus noble désintéressement.

On vit bientôt des personnages recommandables dans tous les rangs, officiers-généraux, magistrats, ingénieurs, véritables gens de lettres, s'empresser à décorer cet ouvrage de leurs recherches, souscrire et travailler à la fois : ils ne voulaient que la satisfaction d'être utiles; ils ne voulaient point être connus; et c'est malgré eux qu'on a imprimé le nom de plusieurs.

Le philosophe s'oublia pour servir les hommes; l'intérêt, l'envie et le fanatisme ne s'oublièrent pas. Quelques jésuites qui étaient en possession d'écrire sur la théologie et sur les belles-lettres, pensaient qu'il n'appartenait qu'aux journalistes de Trévoux d'enseigner la terre; ils voulurent au moins avoir part à l'*Encyclopédie* pour de l'argent; car il est à remarquer qu'aucun jésuite n'a donné au public ses ouvrages sans les vendre : mais en cela il n'y a point de reproche à leur faire.

Dieu permit en même temps que deux ou trois convulsionnaires se présentassent pour coopérer à l'*Encyclopédie* : on avait à choisir entre ces deux extrêmes; on les rejeta tous deux également comme de raison, parce qu'on n'était d'aucun parti, et qu'on se bornait à chercher la vérité. Quelques gens de lettres furent exclus aussi, parce que les places étaient prises. Ce furent autant d'ennemis qui tous se réunirent contre l'*Encyclopédie*, dès que le premier tome parut. Les auteurs furent traités comme l'avaient été à Paris les inventeurs de l'art admirable de l'imprimerie, lorsqu'ils vinrent y débiter quelques uns de leurs essais; on les prit pour des sorciers, on saisit juridiquement leurs livres, on commença contre eux un procès criminel. Les encyclopédistes furent accueillis précisément avec la même justice et la même sagesse.

Un maître d'école connu alors dans Paris [1], ou du moins dans la canaille de Paris, pour un très ardent convulsionnaire, se chargea, au nom de ses confrères, de déférer l'*Encyclopédie* comme un ouvrage contre les mœurs, la religion, et l'état. Cet homme avait joué quelque temps sur le théâtre des marionnettes de Saint-Médard, et avait poussé la friponnerie du fanatisme jusqu'à se faire suspendre en croix, et à paraître réellement crucifié avec une couronne d'épines sur la tête, le 2 mars 1749, dans la rue Saint-Denis, vis-à-vis Saint-Leu et Saint-Gilles, en présence de cent convulsionnaires : ce fut cet homme qui se porta pour délateur; il fut à la fois l'organe des journalistes de Trévoux, des bateleurs de Saint Médard, et d'un certain nombre d'hommes ennemis de toute nouveauté, et encore plus de tout mérite.

[1] Le parlement de Paris, par un arrêt du 19 mars 1765, condamna au feu le *Dictionnaire philosophique*. Le rapporteur était Marie-Joseph Terray, depuis contrôleur-général des finances.

[1] Abraham Chaumeix. K.

Il n'y avait point eu d'exemple d'un pareil procès. On accusait les auteurs non pas de ce qu'ils avaient dit, mais de ce qu'ils diraient un jour. « Voyez, disait-on, la malice : » le premier tome est plein de renvois aux derniers; donc » c'est dans les derniers que sera tout le venin. » Nous n'exagérons point : cela fut dit mot à mot.

L'*Encyclopédie* fut supprimée sur cette divination; mais enfin la raison l'emporte. Le destin de cet ouvrage a été celui de toutes les entreprises utiles, de presque tous les bons livres, comme celui de la *Sagesse* de Charron, de la savante histoire composée par le sage De Thou, de presque toutes les vérités neuves, des expériences contre l'horreur du vide, de la rotation de la terre, de l'usage de l'émétique, de la gravitation, de l'inoculation. Tout cela fut condamné d'abord, et reçu ensuite avec la reconnaissance tardive du public.

Le délateur couvert de honte est allé à Moscou exercer son métier de maître d'école; et là il peut se faire crucifier, s'il lui en prend envie, mais il ne peut ni nuire à l'*Encyclopédie*, ni séduire des magistrats. Les autres serpents qui mordaient la lime ont usé leurs dents et cessé de mordre.

Comme la plupart des savants et des hommes de génie qui ont contribué avec tant de zèle à cet important ouvrage, s'occupent à présent du soin de le perfectionner et d'y ajouter même plusieurs volumes, et comme dans plus d'un pays on a déjà commencé des éditions, nous avons cru devoir présenter aux amateurs de la littérature un essai de quelques articles omis dans le grand Dictionnaire, ou qui peuvent souffrir quelques additions, ou qui, ayant été insérés par des mains étrangères, n'ont pas été traités selon les vues des directeurs de cette entreprise immense.

C'est à eux que nous dédions notre essai, dont ils pourront prendre et corriger ou laisser les articles, à leur gré, dans la grande édition que les libraires de Paris préparent. Ce sont des plantes exotiques que nous leur offrons; elles ne mériteront d'entrer dans leur vaste collection qu'autant qu'elles seront cultivées par de telles mains; et c'est alors qu'elles pourront recevoir la vie.

AVERTISSEMENT

DE LA COLLECTION INTITULÉE

L'OPINION EN ALPHABET.

« (Sunt multi) quos oportet redargui, qui universas domos subvertunt, docentes quæ non oportet, turpis lucri » gratia : » Il faut fermer la bouche à ceux qui renversent toutes les familles, enseignant, par un intérêt honteux, ce qu'on ne doit point enseigner. (*Épître de saint Paul à Tite*, ch. I, v. 11.)

Cet alphabet est extrait des ouvrages les plus estimés qui ne sont pas communément à la portée du grand nombre; et si l'auteur ne cite pas toujours les sources où il a puisé, comme étant assez connues des doctes, il ne doit pas être soupçonné de vouloir se faire honneur du travail d'autrui, puisqu'il garde lui-même l'anonyme, suivant cette parole de l'Évangile : Que votre main gauche ne sache point ce que fait votre droite[1].

[1] *Saint Matthieu*, ch. VI, v. 3.

N. B. Les notes de Voltaire sont indiquées par des lettres, et celles des éditeurs par des chiffres.

DICTIONNAIRE

PHILOSOPHIQUE.

Nous aurons peu de questions à faire sur cette première lettre de tous les alphabets. Cet article de l'*Encyclopédie*, plus nécessaire qu'on ne croirait, est de César Dumarsais, qui n'était bon grammairien que parce qu'il avait dans l'esprit une dialectique très profonde et très nette. La vraie philosophie tient à tout, excepté à la fortune. Ce sage qui était pauvre, et dont l'*Éloge* se trouve à la tête du septième volume de l'*Encyclopédie*, fut persécuté par l'auteur de *Marie Alacoque*[1] qui était riche; et sans les générosités du comte de Lauraguais, il serait mort dans la plus extrême misère. Saisissons cette occasion de dire que jamais la nation française ne s'est plus honorée que de nos jours par ces actions de véritable grandeur faites sans ostentation. Nous avons vu plus d'un ministre d'état encourager les talents dans l'indigence, et demander le secret. Colbert les récompensait, mais avec l'argent de l'état, Fouquet, avec celui de la déprédation. Ceux dont je parle[2] ont donné de leur propre bien ; et par là ils sont au-dessus de Fouquet, autant que par leur naissance, leurs dignités et leur génie. Comme nous ne les nommons point, ils ne doivent pas se fâcher. Que le lecteur pardonne cette digression qui commence notre ouvrage. Elle vaut mieux que ce que nous dirons sur la lettre *A* qui a été si bien traitée par feu M. Dumarsais, et par ceux qui ont joint leur travail au sien. Nous ne parlerons point des autres lettres, et nous renvoyons à l'*Encyclopédie*, qui dit tout ce qu'il faut sur cette matière.

On commence à substituer la lettre *a* à la lettre *o* dans *français*, *française*, *anglais*, *anglaise*, et dans tous les imparfaits, comme *il employait*, *il octroyait*, *il ploierait*, etc.; la raison n'en est-elle pas évidente? ne faut-il pas écrire comme on parle, autant qu'on le peut ? n'est-ce pas une contradiction d'écrire *oi* et de prononcer *ai*? Nous disions autrefois *je croyois*, *j'octroyois*, *j'employois*, *je ployois* : lorsque enfin on adoucit ces sons barbares, on ne songea point à réformer les caractères, et le langage démentit continuellement l'écriture.

Mais quand il fallut faire rimer en vers les *ois* qu'on prononçait *ais*, avec les *ois* qu'on prononçait *ois*, les auteurs furent bien embarrassés. Tout le monde, par exemple, disait *français* dans la conversation et dans les discours publics : mais, comme la coutume vicieuse de rimer pour les yeux et non pas pour les oreilles s'était introduite parmi nous, les poëtes se crurent obligés de faire rimer *françois* à *lois*, *rois*, *exploits*; et alors les mêmes académiciens qui venaient de prononcer *français* dans un discours oratoire, prononçaient *françois* dans les vers. On trouve dans une pièce de vers de Pierre Corneille, sur le passage du Rhin, assez peu connue :

> Quel spectacle d'effroi, grand Dieu ! si toutefois
> Quelque chose pouvoit effrayer des François.

Le lecteur peut remarquer quel effet produiraient aujourd'hui ces vers, si l'on prononçait, comme sous François Ier, *pouvait* par un *o*; quelle cacophonie feraient *effroi*, *toutefois*, *pouvoit*, *françois*.

Dans le temps que notre langue se perfectionnait le plus, Boileau disait :

> Qu'il s'en prenne à sa muse allemande en *françois*;
> Mais laissons Chapelain pour la dernière fois.

Aujourd'hui que tout le monde dit *français*, ce vers de Boileau lui-même paraîtrait un peu allemand.

Nous nous sommes enfin défaits de cette mauvaise habitude d'écrire le mot *français* comme on écrit saint François. Il faut du temps pour réformer la manière d'écrire tous ces autres mots dans lesquels les yeux trompent toujours les oreilles. Vous écrivez encore *je croyois*; et si vous prononciez *je croyois*, en fesant sentir les deux *o*, per-

[1] Jean-Joseph Languet, évêque de Soissons, a donné, sous le titre de *la Vie de la vénérable mère Marguerite-Marie*, 1729, in-4°, l'histoire de Marie Alacoque.

[2] M. le duc de Choiseul. K.

sonne ne pourrait vous supporter. Pourquoi donc en ménageant nos oreilles ne ménagez-vous pas aussi nos yeux? Pourquoi n'écrivez-vous pas *je croyais*, puisque *je croyois* est absolument barbare?

Vous enseignez la langue française à un étranger; il est d'abord surpris que vous prononciez *je croyais, j'octroyais, j'employais*; il vous demande pourquoi vous adoucissez la prononciation de la dernière syllabe, et pourquoi vous n'adoucissez pas la précédente; pourquoi dans la conversation vous ne dites pas *je crayais, j'emplayais*, etc.

Vous lui répondez, et vous devez lui répondre, qu'il y a plus de grâce et de variété à faire succéder une diphthongue à une autre. La dernière syllabe, lui dites-vous, dont le son reste dans l'oreille, doit être plus agréable et plus mélodieuse que les autres; et c'est la variété dans la prononciation de ces syllabes qui fait le charme de la prosodie.

L'étranger vous répliquera : Vous deviez m'en avertir par l'écriture comme vous m'en avertissez dans la conversation. Ne voyez-vous pas que vous m'embarrassez beaucoup lorsque vous orthographiez d'une façon et que vous prononcez d'une autre?

Les plus belles langues, sans contredit, sont celles où les mêmes syllabes portent toujours une prononciation uniforme : telle est la langue italienne. Elle n'est point hérissée de lettres qu'on est obligé de supprimer; c'est le grand vice de l'anglais et du français. Qui croirait, par exemple, que ce mot anglais *handkerchief* se prononce *ankicher*? et quel étranger imaginera que *paon*, *Laon*, se prononcent en français *pan* et *Lan*? Les Italiens se sont défaits de la lettre *h* au commencement des mots, parce qu'elle n'y a aucun son, et de la lettre *x* entièrement, parce qu'ils ne la prononcent plus : que ne les imitons-nous? avons-nous oublié que l'écriture est la peinture de la voix?

Vous dites *anglais*, *portugais*, *français*, mais vous dites *danois*, *suédois*; comment devinerai-je cette différence, si je n'apprends votre langue que dans vos livres? Et pourquoi, en prononçant *anglais* et *portugais*, mettez-vous un *o* à l'un et un *a* à l'autre? pourquoi n'avez-vous pas la mauvaise habitude d'écrire *portugois*, comme vous avez la mauvaise habitude d'écrire *anglois*? En un mot, ne paraît-il pas évident que la meilleure méthode est d'écrire toujours par *a* ce qu'on prononce par *a*?

...

A, troisième personne au présent de l'indicatif du verbe *avoir*. C'est un défaut sans doute qu'un verbe ne soit qu'une seule lettre, et qu'on exprime *il a raison*, *il a de l'esprit*, comme on exprime *il est à Paris*, *il est à Lyon*.

« ..... Hodieque manent vestigia ruris. »
Hor., l. II, ep. I, v. 160.

Il a eu choquerait horriblement l'oreille, si on n'y était pas accoutumé : plusieurs écrivains se servent souvent de cette phrase, *la différence qu'il y a*; *la distance qu'il y a entre eux*; est-il rien de plus languissant à la fois et de plus rude? n'est-il pas aisé d'éviter cette imperfection du langage, en disant simplement *la distance*, *la différence entre eux*? A quoi bon ce *qu'il* et cet *y a* qui rendent le discours sec et diffus, et qui réunissent ainsi les plus grands défauts?

Ne faut-il pas surtout éviter le concours de deux *a*? *il va à Paris*, *il a Antoine en aversion*. Trois et quatre *a* sont insupportables; *il va à Amiens*, *et de là à Arques*.

La poésie française proscrit ce heurtement de voyelles.

Gardez qu'une voyelle, à courir trop hâtée,
Ne soit d'une voyelle en son chemin heurtée.

Les Italiens ont été obligés de se permettre cet achoppement de sons qui détruisent l'harmonie naturelle, ces hiatus, ces bâillements que les Latins étaient soigneux d'éviter. Pétrarque ne fait nulle difficulté de dire :

» Movesi'l vecchierel canuto e bianco
» Del dolce loco, ov'ha sua età fornita. »
Pet., I, S. 14.

L'Arioste a dit :

« Non sa quel che sia *Amor*...
» Dovea fortuna *alla* cristiana fede....
» Tanto girò che venne *a una* riviera...
» Altra *aventura al* buon Rinaldo accadde... »

Cette malheureuse cacophonie est nécessaire en italien, parce que la plus grande partie des mots de cette langue se termine en *a*, *e*, *i*, *o*, *u*. Le latin, qui possède une infinité de terminaisons, ne pouvait guère admettre un pareil heurtement de voyelles, et la langue française est encore en cela plus circonspecte et plus sévère que le latin. Vous voyez très-rarement dans Virgile une voyelle suivie d'un mot commençant par une voyelle; ce n'est que dans un petit nombre d'occasions où il faut exprimer quelque désordre de l'esprit,

» Arma *amens* capio... » (Æn. II, 314.)

ou lorsque deux spondées peignent un lieu vaste et désert,

» Et Neptuno Aegeo. » (Æn. III, 74.)

Homère, il est vrai, ne s'assujettit pas à cette règle de l'harmonie qui rejette le concours des voyelles, et surtout des *a*; les finesses de l'art n'étaient pas encore connues de son temps, et Homère était au-dessus de ces finesses; mais ses vers les plus harmonieux sont ceux qui sont composés d'un assemblage heureux de voyelles et de consonnes. C'est ce que Boileau recommande dès le premier chant de l'*Art poétique*.

La lettre A chez presque toutes les nations devint une lettre sacrée, parce qu'elle était la première : les Égyptiens joignirent cette superstition à tant d'autres : de là vient que les Grecs d'Alexandrie l'appelaient *hier' alpha*; et comme *oméga* était la dernière lettre, ces mots *alpha* et *oméga* signifièrent le complément de toutes choses. Ce fut l'origine de la cabale et de plus d'une mystérieuse démence.

Les lettres servaient de chiffres et de notes de musique; jugez quelle foule de connaissances secrètes cela produisit : *a, b, c, d, e, f, g*, étaient les sept cieux. L'harmonie des sphères célestes était composée des sept premières lettres, et un acrostiche rendait raison de tout dans la vénérable antiquité.

ABC, OU ALPHABET.

Si M. Dumarsais vivait encore, nous lui demanderions le nom de l'alphabet. Prions les savants hommes qui travaillent à l'*Encyclopédie* de nous dire pourquoi l'alphabet n'a point de nom dans aucune langue de l'Europe. *Alphabet* ne signifie autre que *A B*, et *A B* ne signifie rien, ou tout au plus il indique deux sons, et ces deux sons n'ont aucun rapport l'un avec l'autre. *Beth* n'est point formé d'*Alpha*, l'un est le premier, l'autre le second; et on ne sait pas pourquoi.

Or, comment s'est-il pu faire qu'on manque de termes pour exprimer la porte de toutes les sciences? La connaissance des nombres, l'art de compter, ne s'appelle point *un-deux*; et le rudiment de l'art d'exprimer ses pensées n'a dans l'Europe aucune expression propre qui le désigne.

L'alphabet est la première partie de la grammaire; ceux qui possèdent la langue arabe, dont je n'ai pas la plus légère notion, pourront m'apprendre si cette langue qui a, dit-on, quatre-vingts mots pour signifier un cheval, en aurait un pour signifier l'alphabet.

Je proteste que je ne sais pas plus le chinois que l'arabe; cependant j'ai lu dans un petit vocabulaire chinois*, que cette nation s'est toujours donné deux mots pour exprimer le catalogue, la liste des caractères de sa langue; l'un est *ho-tou*, l'autre *haipien* : nous n'avons ni *ho-tou*, ni *haipien* dans nos langues occidentales. Les Grecs n'avaient pas été plus adroits que nous, ils disaient *alphabet*. Sénèque le philosophe se sert de la phrase grecque pour exprimer un vieillard comme moi qui fait des questions sur la grammaire; il l'appelle *Skedon analphabetos*. Or, cet alphabet, les Grecs le tenaient des Phéniciens, de cette nation nommée *le peuple lettré* par les Hébreux mêmes, lorsque ces Hébreux vinrent s'établir si tard auprès de leur pays.

Il est à croire que les Phéniciens, en communiquant leurs caractères aux Grecs, leur rendirent un grand service en les délivrant de l'embarras de l'écriture égyptiaque que Cécrops leur avait apportée d'Égypte : les Phéniciens, en qualité de négociants, rendaient tout aisé; et les Égyptiens, en qualité d'interprètes des dieux, rendaient tout difficile.

Je m'imagine entendre un marchand phénicien abordé dans l'Achaïe, dire à un Grec son correspondant : Non seulement mes caractères sont aisés à écrire, et rendent la pensée ainsi que les sons de la voix; mais ils expriment nos dettes actives et passives. Mon *aleph*, que vous voulez prononcer *alpha*, vaut une once d'argent; *betha* en vaut deux; *ro* en vaut cent; *sigma* en vaut deux cents. Je vous dois deux cents onces : je vous paie un *ro*, reste un *ro* que je vous dois encore; nous aurons bientôt fait nos comptes.

Les marchands furent probablement ceux qui établirent la société entre les hommes, en fournissant à leurs besoins; et pour négocier, il faut s'entendre.

Les Égyptiens ne commencèrent que très tard; ils avaient la mer en horreur; c'était leur *Typhon*. Les Tyriens furent navigateurs de temps immémorial; ils lièrent ensemble les peuples que la nature avait séparés, et ils réparèrent les malheurs où les révolutions de ce globe avaient plongé souvent une grande partie du genre humain. Les Grecs à leur tour allèrent porter leur commerce et leur alphabet commode chez d'autres peuples qui le changèrent un peu, comme les Grecs avaient changé celui des Tyriens. Lorsque leurs marchands, dont on fit depuis des demi-dieux, allèrent établir à Colchos un commerce de pelleterie qu'on appela *la toison d'or*, ils donnèrent leurs lettres aux peuples de ces contrées, qui les ont conservées et altérées. Ils n'ont point pris l'alphabet des Turcs auxquels ils sont soumis, et dont j'espère qu'ils secoueront le joug, grâce à l'impératrice de Russie.

Il est très vraisemblable (je ne dis pas très vrai, Dieu m'en garde!) que ni Tyr, ni l'Égypte, ni

* Premier volume de l'*Histoire de la Chine* de Duhalde.

aucun Asiatique habitant vers la Méditerranée, ne communiqua son alphabet aux peuples de l'Asie orientale. Si les Tyriens ou même les Chaldéens, qui habitaient vers l'Euphrate, avaient, par exemple, communiqué leur méthode aux Chinois, il en resterait quelques traces; ils auraient les signes des vingt-deux, vingt-trois, ou vingt-quatre lettres. Ils ont tout au contraire des signes de tous les mots qui composent leur langue; et ils en ont, nous dit-on, quatre-vingt mille : cette méthode n'a rien de commun avec celle de Tyr. Elle est soixante et dix-neuf mille neuf cent soixante et seize fois plus savante et plus embarrassée que la nôtre. Joignez à cette prodigieuse différence, qu'ils écrivent de haut en bas, et que les Tyriens et les Chaldéens écrivaient de droite à gauche; les Grecs et nous de gauche à droite.

Examinez les caractères tartares, indiens, siamois, japonais, vous n'y voyez point la moindre analogie avec l'alphabet grec et phénicien.

Cependant tous ces peuples, en y joignant même les Hottentots et les Cafres, prononcent à peu près les voyelles et les consonnes comme nous, parce qu'ils ont le larynx fait de même pour l'essentiel, ainsi qu'un paysan grison a le gosier fait comme la première chanteuse de l'Opéra de Naples. La différence qui fait de ce manant une basse-taille rude, discordante, insupportable, et de cette chanteuse un dessus de rossignol, est si imperceptible qu'aucun anatomiste ne peut l'apercevoir. C'est la cervelle d'un sot, qui ressemble comme deux gouttes d'eau à la cervelle d'un grand génie.

Quand nous avons dit que les marchands de Tyr enseignèrent leur A B C aux Grecs, nous n'avons pas prétendu qu'ils eussent appris aux Grecs à parler. Les Athéniens probablement s'exprimaient déjà mieux que les peuples de la Basse-Syrie; ils avaient un gosier plus flexible; leurs paroles étaient un plus heureux assemblage de voyelles, de consonnes, et de diphthongues. Le langage des peuples de la Phénicie, au contraire, était rude, grossier; c'étaient des *Shafiroth*, des *Astaroth*, des *Shabaoth*, des *Chammaim*, des *Chotihet*, des *Thopheth*; il y aurait là de quoi faire enfuir notre chanteuse de l'Opéra de Naples. Figurez-vous les Romains d'aujourd'hui qui auraient retenu l'ancien alphabet étrurien, et à qui des marchands hollandais viendraient apporter celui dont ils se servent à présent. Tous les Romains feraient fort bien de recevoir leurs caractères; mais ils se garderaient bien de parler la langue batave. C'est précisément ainsi que le peuple d'Athènes en usa avec les matelots de Caphthor, venant de Tyr ou de Bérith : les Grecs prirent leur alphabet qui valait mieux que celui du Misraim qui est l'Egypte, et rebutèrent leur patois.

Philosophiquement parlant, et abstraction respectueuse faite de toutes les inductions qu'on pourrait tirer des livres sacrés, dont il ne s'agit certainement pas ici, la langue primitive n'est-elle pas une plaisante chimère?

Que diriez-vous d'un homme qui voudrait rechercher quel a été le cri primitif de tous les animaux, et comment il est arrivé que dans une multitude de siècles les moutons se soient mis à bêler, les chats à miauler, les pigeons à roucouler, les linottes à siffler? Ils s'entendent tous parfaitement dans leurs idiomes, et beaucoup mieux que nous. Le chat ne manque pas d'accourir aux miaulements très articulés et très variés de la chatte : c'est une merveilleuse chose de voir dans le Mirebalais une cavale dresser ses oreilles, frapper du pied, s'agiter aux braiements inintelligibles d'un âne. Chaque espèce a sa langue. Celle des Esquimaux et des Algonquins ne fut point celle du Pérou. Il n'y a pas eu plus de langue primitive, et d'alphabet primitif, que de chênes primitifs, et que d'herbe primitive.

Plusieurs rabbins prétendent que la langue mère était le samaritain; quelques autres ont assuré que c'était le bas-breton : dans cette incertitude on peut fort bien, sans offenser les habitants de Quimper et de Samarie, n'admettre aucune langue mère.

Ne peut-on pas, sans offenser personne, supposer que l'alphabet a commencé par des cris et des exclamations? Les petits enfants disent d'eux-mêmes, *ha he* quand ils voient un objet qui les frappe; *hi hi* quand ils pleurent; *hu hu, hou hou,* quand ils se moquent; *aïe* quand on les frappe; et il ne faut pas les frapper.

A l'égard des deux petits garçons que le roi d'Égypte, Psammeticus (qui n'est pas un mot égyptien), fit élever pour savoir quelle était la langue primitive, il n'est guère possible qu'ils se soient tous deux mis à crier *bec bec* pour avoir à déjeûner.

Des exclamations formées par des voyelles, aussi naturelles aux enfants que le coassement l'est aux grenouilles, il n'y a pas si loin qu'on croirait à un alphabet complet. Il faut bien qu'une mère dise à son enfant l'équivalent de *viens, tiens, prends, tais-toi, approche, va-t'en* : ces mots ne sont représentatifs de rien, ils ne peignent rien; mais ils se font entendre avec un geste.

De ces rudiments informes, il y a un chemin immense pour arriver à la syntaxe. Je suis effrayé quand je songe que de ce seul mot *viens*, il faut parvenir un jour à dire : « Je serais venu, ma mère, » avec grand plaisir, et j'aurais obéi à vos ordres » qui me seront toujours chers, si en accourant » vers vous je n'étais pas tombé à la renverse, et

» si une épine de votre jardin ne m'était pas entrée dans la jambe gauche. »

Il semble à mon imagination étonnée qu'il a fallu des siècles pour ajuster cette phrase, et bien d'autres siècles pour la peindre. Ce serait ici le lieu de dire, ou de tâcher de dire, comment on exprime et comment on prononce dans toutes les langues du monde *père, mère, jour, nuit, terre, eau, boire, manger*, etc.; mais il faut éviter le ridicule autant qu'il est possible.

Les caractères alphabétiques présentant à la fois les noms des choses, leur nombre, les dates des événements, les idées des hommes, devinrent bientôt des mystères aux yeux même de ceux qui avaient inventé ces signes. Les Chaldéens, les Syriens, les Égyptiens, attribuèrent quelque chose de divin à la combinaison des lettres, et à la manière de les prononcer. Ils crurent que les noms signifiaient par eux-mêmes, et qu'ils avaient en eux une force, une vertu secrète. Ils allaient jusqu'à prétendre que le nom qui signifiait *puissance* était puissant de sa nature; que celui qui exprimait *ange* était angélique; que celui qui donnait l'idée de Dieu était divin. Cette science des caractères entra nécessairement dans la magie: point d'opération magique sans les lettres de l'alphabet.

Cette porte de toutes les sciences devint celle de toutes les erreurs; les mages de tous les pays s'en servirent pour se conduire dans le labyrinthe qu'ils s'étaient construit, et où il n'était pas permis aux autres hommes d'entrer. La manière de prononcer des consonnes et des voyelles devint le plus profond des mystères, et souvent le plus terrible. Il y eut une manière de prononcer *Jéhova*, nom de Dieu chez les Syriens et les Égyptiens, par laquelle on fesait tomber une homme raide mort.

Saint Clément d'Alexandrie rapporte[a] que Moïse fit mourir sur-le-champ le roi d'Égypte Nechephre, en lui soufflant ce nom dans l'oreille; et qu'ensuite il le ressuscita en prononçant le même mot. Saint Clément d'Alexandrie est exact, il cite son auteur, c'est le savant Artapan: qui pourra récuser le témoignage d'Artapan?

Rien ne retarda plus le progrès de l'esprit humain que cette profonde science de l'erreur, née chez les Asiatiques avec l'origine des vérités. L'univers fut abruti par l'art même qui devait l'éclairer.

Vous en voyez un grand exemple dans Origène, dans Clément d'Alexandrie, dans Tertullien, etc. Origène dit surtout expressément[b]: « Si en invoquant Dieu, ou en jurant par lui, on le nomme » le Dieu d'Abraham, d'Isaac et de Jacob, on fera, » par ces noms, des choses dont la nature et la » force sont telles, que les démons se soumettent » à ceux qui les prononcent; mais si on le nomme » d'un autre nom, comme *Dieu de la mer bruyante*, » *Dieu supplantateur*, ces noms seront sans vertu: le nom d'*Israël* traduit en grec ne pourra » rien opérer; mais prononcez-le en hébreu, avec » les autres mots requis, vous opérerez la conjuration. »

Le même Origène dit ces paroles remarquables: « Il y a des noms qui ont naturellement de la vertu: » tels que sont ceux dont se servent les sages parmi les Égyptiens, les mages en Perse, les brachmanes dans l'Inde. Ce qu'on nomme *magie* n'est » pas un art vain et chimérique, ainsi que le prétendent les stoïciens et les épicuriens: le nom de » *Sabaoth*, celui d'*Adonaï*, n'ont pas été faits » pour des êtres créés; mais ils appartiennent à » une théologie mystérieuse qui se rapporte au » Créateur; de là vient la vertu de ces noms » quand on les arrange et qu'on les prononce selon » les règles, etc. »

C'était en prononçant des lettres selon la méthode magique qu'on forçait la lune de descendre sur la terre. Il faut pardonner à Virgile d'avoir cru ces inepties, et d'en avoir parlé sérieusement dans sa huitième églogue (vers 69).

« Carmina vel cœlo possunt deducere lunam. »
On fait avec des mots tomber la lune en terre.

Enfin l'alphabet fut l'origine de toutes les connaissances de l'homme, et de toutes ses sottises.

ABBAYE.

SECTION PREMIÈRE.

C'est une communauté religieuse gouvernée par un abbé ou une abbesse.

Ce nom d'abbé, *abbas* en latin et en grec, *abba* en syrien et en chaldéen, vient de l'hébreu *ab*, qui veut dire père. Les docteurs juifs prenaient ce titre par orgueil; c'est pourquoi Jésus disait à ses disciples[a]: N'appelez personne sur la terre votre père, car vous n'avez qu'un père qui est dans les cieux.

Quoique saint Jérôme se soit fort emporté contre les moines de son temps[b], qui, malgré la défense du Seigneur, donnaient ou recevaient le titre d'abbé, le sixième concile de Paris[c] décide que, si les abbés sont des pères spirituels, et s'ils en-

[a] *Stromates* ou *Tapisseries*, liv. I.
[b] *Origène contre Celse*, n. 202.

[a] Matthieu, ch. XXIII, v. 9. — [b] Liv. II, sur l'*Épître aux Galates*. — [c] Liv. I, ch. XXXVII.

gendrent au Seigneur des fils spirituels, c'est avec raison qu'on les appelle abbés.

D'après ce décret, si quelqu'un a mérité le titre d'abbé, c'est assurément saint Benoît, qui, l'an 529, fonda sur le Mont-Cassin, dans le royaume de Naples, sa règle si éminente en sagesse et en discrétion, et si grave, si claire, à l'égard du discours et du style. Ce sont les propres termes du pape saint Grégoire [a], qui ne manque pas de faire mention du privilége singulier dont Dieu daigna gratifier ce saint fondateur; c'est que tous les bénédictins qui meurent au Mont-Cassin sont sauvés. L'on ne doit donc pas être surpris que ces moines comptent seize mille saints canonisés de leur ordre. Les bénédictines prétendent même qu'elles sont averties de l'approche de leur mort par quelque bruit nocturne qu'elles appellent *les coups de saint Benoît*.

On peut bien croire que ce saint abbé ne s'était pas oublié lui-même en demandant à Dieu le salut de ses disciples. En conséquence, le samedi 21 mars 543, veille du dimanche de la Passion, qui fut le jour de sa mort, deux moines, dont l'un était dans le monastère, l'autre en était éloigné, eurent la même vision. Ils virent un chemin couvert de tapis, et éclairé d'une infinité de flambeaux, qui s'étendaient vers l'orient depuis le monastère jusqu'au ciel. Un personnage vénérable y paraissait, qui leur demanda pour qui était ce chemin. Ils dirent qu'ils n'en savaient rien. C'est, ajouta-t-il, par où Benoît, le bien-aimé de Dieu, est monté au ciel.

Un ordre dans lequel le salut était si assuré s'étendit bientôt dans d'autres états, dont les souverains se laissaient persuader [b] qu'il ne s'agissait, pour être sûr d'une place en paradis, que de s'y faire un bon ami; et qu'on pouvait racheter les injustices les plus criantes, les crimes les plus énormes, par des donations en faveur des églises. Pour ne parler ici que de la France, on lit dans les *Gestes du roi Dagobert*, fondateur de l'abbaye de Saint-Denis, près Paris [c]; que ce prince étant mort fut condamné au jugement de Dieu, et qu'un saint ermite nommé Jean, qui demeurait sur les côtes de la mer d'Italie, vit son âme enchaînée dans une barque, et des diables qui la rouaient de coups en la conduisant vers la Sicile, où ils devaient la précipiter dans les gouffres du mont Etna; que saint Denis avait tout-à-coup paru dans un globe lumineux, précédé des éclairs et de la foudre, et qu'ayant mis en fuite ces malins esprits, et arraché cette pauvre âme des griffes du plus acharné, il l'avait portée au ciel en triomphe.

[a] Dialog., liv. II, chap. VIII.
[b] Mézeral, tom. I, pag 225.
[c] Chap. XXXVII.

Charles-Martel au contraire fut damné en corps et en âme, pour avoir donné des abbayes en récompense à ses capitaines, qui, quoique laïques, portèrent le titre d'abbés, comme des femmes mariées eurent depuis celui d'abbesses, et possédèrent des abbayes de filles. Un saint évêque de Lyon, nommé Eucher, étant en oraison, fut ravi en esprit, et mené par un ange en enfer où il vit Charles-Martel, et apprit de l'ange que les saints dont ce prince avait dépouillé les églises, l'avaient condamné à brûler éternellement en corps et en âme. Saint Eucher écrivit cette révélation à Boniface, évêque de Mayence, et à Fulrade, archichapelain de Pepin-le-Bref, en les priant d'ouvrir le tombeau de Charles-Martel, et de voir si son corps y était. Le tombeau fut ouvert; le fond en était tout brûlé, et on n'y trouva qu'un gros serpent qui en sortit avec une fumée puante.

Boniface [a] eut l'attention d'écrire à Pepin-le-Bref et à Carloman toutes ces circonstances de la damnation de leur père, et Louis de Germanie s'étant emparé, en 858, de quelques biens ecclésiastiques, les évêques de l'assemblée de Créci lui rappelèrent dans une lettre toutes les particularités de cette terrible histoire, en ajoutant qu'ils les tenaient de vieillards dignes de foi, et qui en avaient été témoins oculaires.

Saint Bernard, premier abbé de Clairvaux, en 1115, avait pareillement eu révélation que tous ceux qui recevraient l'habit de sa main seraient sauvés. Cependant le pape Urbain II, dans une bulle de l'an 1092, ayant donné à l'abbaye du Mont-Cassin le titre de chef de tous les monastères, parce que de ce lieu même la vénérable religion de l'ordre monastique s'est répandue du sein de Benoît comme d'une source de paradis, l'empereur Lothaire lui confirma cette prérogative par une chartre de l'an 1137, qui donne au monastère du Mont-Cassin la prééminence de pouvoir et de gloire sur tous les monastères qui sont ou qui seront fondés dans tout l'univers, et veut que les abbés et les moines de toute la chrétienté lui portent honneur et révérence.

Pascal II, dans une bulle de l'an 1113, adressée à l'abbé du Mont-Cassin, s'exprime en ces termes : « Nous décernons que vous, ainsi que tous vos successeurs, comme supérieur à tous les abbés, vous ayez séance dans toute assemblée d'évêques ou de princes, et que dans les jugements vous donniez votre avis avant tous ceux de votre ordre ». Aussi l'abbé de Cluni ayant osé se qualifier *abbé des abbés*, dans un concile tenu à Rome l'an 1116, le chancelier du pape décida que cette distinction appartenait à l'abbé du Mont-Cassin;

[a] Mézeral, tome I, page 331.

celui de Cluni se contenta du titre d'*abbé cardinal*, qu'il obtint depuis de Calixte II, et que l'abbé de la Trinité de Vendôme et quelques autres se sont ensuite arrogé.

Le pape Jean XX, en 1326, accorda même à l'abbé du Mont-Cassin le titre d'évêque, dont il fit les fonctions jusqu'en 1367; mais Urbain V ayant alors jugé à propos de lui retrancher cette dignité, il s'intitule simplement dans les actes : « Patriarche de la sainte religion, abbé du saint monastère de Cassin, chancelier et grand-chapelain de l'empire romain, abbé des abbés, chef de la hiérarchie bénédictine, chancelier collatéral du royaume de Sicile, comte et gouverneur de la Campanie, de la terre de Labour, et de la province maritime, prince de la paix. »

Il habite avec une partie de ses officiers à San Germano, petite ville au pied du Mont-Cassin, dans une maison spacieuse où tous les passants, depuis le pape jusqu'au dernier mendiant, sont reçus, logés, nourris, et traités suivant leur état. L'abbé rend chaque jour visite à tous ses hôtes, qui sont quelquefois au nombre de trois cents. Saint Ignace, en 1538, y reçut l'hospitalité; mais il fut logé sur le Mont-Cassin, dans une maison nommée l'Albanette, à six cents pas de l'abbaye, vers l'occident. Ce fut là qu'il composa son célèbre institut; ce qui fait dire à un dominicain, dans un ouvrage latin intitulé la *Tourterelle de l'âme*, qu'Ignace habita quelques mois cette montagne de contemplation, et que, comme un autre Moïse et un autre législateur, il y fabriqua les secondes tables des lois religieuses, qui ne le cèdent en rien aux premières.

A la vérité ce fondateur des jésuites ne trouva pas, dans les bénédictins, la même complaisance que saint Benoît, à son arrivée au Mont-Cassin, avait éprouvée de la part de saint Martin, ermite, qui lui céda la place dont il était en possession, et se retira au Mont-Marsique, proche de la Carniole; au contraire, le bénédictin Ambroise Cajetan, dans un gros ouvrage fait exprès, a prétendu revendiquer les jésuites à l'ordre de saint Benoît.

Le relâchement qui a toujours régné dans le monde, même parmi le clergé, avait déjà fait imaginer à saint Basile, dès le quatrième siècle, de rassembler sous une règle les solitaires qui s'étaient dispersés dans les déserts pour y suivre la loi; mais, comme nous le verrons à l'article *Quête*, les réguliers ne l'ont pas toujours été : quant au clergé séculier, voici comme en parlait saint Cyprien dès le troisième siècle [a]. Plusieurs évêques, au lieu d'exhorter les autres et de leur montrer l'exemple, négligeant les affaires de Dieu, se chargeaient d'affaires temporelles, quittaient leur chaire, abandonnaient leur peuple, et se promenaient dans d'autres provinces pour fréquenter les foires, et s'enrichir par le trafic. Ils ne secouraient point les frères qui mouraient de faim; ils voulaient avoir de l'argent en abondance, usurper des terres par de mauvais artifices, tirer de grands profits par des usures.

Charlemagne, dans un écrit où il rédige ce qu'il voulait proposer au parlement de 811, s'exprime ainsi [a] : « Nous voulons connaître les devoirs des ecclésiastiques afin de ne leur demander que ce qui leur est permis, et qu'ils ne nous demandent que ce que nous devons accorder. Nous les prions de nous expliquer nettement ce qu'ils appellent quitter le monde, et en quoi l'on peut distinguer ceux qui le quittent de ceux qui y demeurent; si c'est seulement en ce qu'ils ne portent point les armes et ne sont pas mariés publiquement : si celui-là a quitté le monde, qui ne cesse tous les jours d'augmenter ses biens par toutes sortes de moyens, en promettant le paradis et menaçant de l'enfer, et employant le nom de Dieu ou de quelque saint pour persuader aux simples de se dépouiller de leurs biens, et en priver leurs héritiers légitimes, qui, par là, réduits à la pauvreté, se croient ensuite les crimes permis, comme le larcin et le pillage; si c'est avoir quitté le monde que de suivre la passion d'acquérir jusqu'à corrompre par argent de faux témoins pour avoir le bien d'autrui, et de chercher des avoués et des prevôts cruels, intéressés, et sans crainte de Dieu ».

Enfin l'on peut juger des mœurs des réguliers par une harangue de l'an 1493, où l'abbé Trithême dit à ses confrères : « Vous, messieurs les abbés, qui êtes des ignorants et ennemis de la science du salut, qui passez les journées entières dans les plaisirs impudiques, dans l'ivrognerie et dans le jeu; qui vous attachez aux biens de la terre, que répondrez-vous à Dieu et à votre fondateur saint Benoît? »

Le même abbé ne laisse pas de prétendre que de droit [b] la troisième partie de tous les biens des chrétiens appartient à l'ordre de Saint-Benoît; et que s'il ne l'a pas, c'est qu'on la lui a volée. Il est si pauvre, ajoute-t-il, pour le présent, qu'il n'a plus que cent millions d'or de revenu. Trithême ne dit point à qui appartiennent les deux autres parts; mais comme il ne comptait de son temps que quinze mille abbayes de bénédictins, outre les petits couvents du même ordre, et que dans le dix-septième siècle il y en avait déjà trente sept mille, il est clair, par la règle de proportion, que ce saint ordre devrait posséder aujour-

[a] *De lapsis.*

[a] *Capit. interrog.*, page 478, tome VII : *Conc.*, page 1184.
[b] Fra-Paolo, *Traité des bénéfices*, page 31.

d'hui les deux tiers et demi du bien de la chrétienté, sans les funestes progrès de l'hérésie des derniers siècles.

Pour surcroît de douleurs, depuis le concordat fait l'an 1515 entre Léon X et François Ier, le roi de France nommant à presque toutes les abbayes de son royaume, le plus grand nombre est donné en commende à des séculiers tonsurés. Cet usage, peu connu en Angleterre, fit dire plaisamment, en 1694, au docteur Grégori, qui prenait l'abbé Gallois pour un bénédictin[a]: « Le bon père s'imagine que nous sommes revenus à ces temps fabuleux où il était permis à un moine de dire ce qu'il voulait. »

SECTION II.

Ceux qui fuient le monde sont sages; ceux qui se consacrent à Dieu sont respectables. Peut-être le temps a-t-il corrompu une si sainte institution.

Aux thérapeutes juifs succédèrent les moines en Égypte, *idiotai, monoi*. *Idiot* ne signifiait alors que *solitaire*: ils firent bientôt corps; ce qui est le contraire de solitaire, et qui n'est pas idiot dans l'acception ordinaire de ce terme. Chaque société de moines élut son supérieur: car tout se fesait à la pluralité des voix dans les premiers temps de l'Église. On cherchait à rentrer dans la liberté primitive de la nature humaine, en échappant par piété au tumulte et à l'esclavage inséparables des grands empires. Chaque société de moines choisit son père; son abba, son abbé; quoiqu'il soit dit dans l'Évangile[1]: « N'appelez personne votre père. »

Ni les abbés, ni les moines, ne furent prêtres dans les premiers siècles. Ils allaient par troupes entendre la messe au prochain village. Ces troupes devinrent considérables; il y eut plus de cinquante mille moines, dit-on, dans l'Égypte.

Saint Basile, d'abord moine, puis évêque de Césarée en Cappadoce, fit un code pour tous les moines au quatrième siècle. Cette règle de saint Basile fut reçue en Orient et en Occident. On ne connut plus que les moines de saint Basile; ils furent partout riches, ils se mêlèrent de toutes les affaires; ils contribuèrent aux révolutions de l'empire.

On ne connaissait guère que cet ordre, lorsqu'au sixième siècle saint Benoît établit une puissance nouvelle au Mont-Cassin. Saint-Grégoire-le-Grand assure dans ses dialogues[b] que Dieu lui accorda un privilége spécial, par lequel tous les bénédictins qui mourraient au Mont-Cassin seraient sauvés. En conséquence le pape Urbain II, par une bulle de 1092, déclara l'abbé du Mont-Cassin chef de tous les monastères du monde. Pascal II lui donna le titre d'*abbé des abbés*. Il s'intitule *patriarche de la sainte religion, chancelier collatéral du royaume de Sicile, comte et gouverneur de la Campanie, prince de la paix*, etc., etc., etc.

Tous ces titres seraient peu de chose, s'ils n'étaient soutenus par des richesses immenses.

Je reçus, il n'y a pas long-temps, une lettre d'un de mes correspondants d'Allemagne; la lettre commence par ces mots: « Les abbés princes de » Kemptem, Elvangen, Euderti, Murbach, Berg» lesgaden, Vissembourg, Prum, Stablo, Cor» vey, et les autres abbés qui ne sont pas princes, » jouissent ensemble d'environ neuf cent mille » florins de revenu, qui font deux millions cin» quante mille livres de votre France au cours de » ce jour. De là je conclus que Jésus-Christ n'é» tait pas si à son aise qu'eux. »

Je lui répondis: « Monsieur, vous m'avouerez » que les Francais sont plus pieux que les Alle» mands dans la proportion de quatre et seize qua» rante-unièmes à l'unité; car nos seuls bénéfices » consistoriaux de moines, c'est-à-dire ceux qui » paient des annates au pape, se montent à neuf » millions de rente, à quarante-neuf livres dix sous » le marc avec le remède; et neuf millions sont » à deux millions cinquante mille livres, comme » un est à quatre et seize quarante-unièmes. De » là je conclus qu'ils ne sont pas assez riches, et » qu'il faudrait qu'ils en eussent dix fois davan» tage. J'ai l'honneur d'être, etc. »

Il me répliqua par cette courte lettre: « Mon » cher monsieur, je ne vous entends point; vous » trouvez sans doute avec moi que neuf millions » de votre monnaie sont un peu trop pour ceux » qui font vœu de pauvreté; et vous souhaitez » qu'ils en aient quatre-vingt-dix! Je vous supplie » de vouloir bien m'expliquer cette énigme. »

J'eus l'honneur de lui répondre sur-le-champ: « Mon cher monsieur, il y avait autrefois un jeune » homme à qui on proposait d'épouser une femme » de soixante ans, qui lui donnerait tout son bien » par testament: il répondit qu'elle n'était pas » assez vieille. » L'Allemand entendit mon énigme.

Il faut savoir qu'en 1575[a] on proposa dans le conseil de Henri III, roi de France, de faire ériger en commendes séculières toutes les abbayes de moines, et de donner les commendes aux officiers de sa cour et de son armée: mais comme il fut depuis excommunié et assassiné, ce projet n'eut pas lieu.

Le comte d'Argenson, ministre de la guerre, voulut en 1750 établir des pensions sur les béné-

[a] *Transactions philosophiques*.

[1] Matth. XXIII, 9.

[b] Liv. II, ch. VIII.

[a] Chopin, *De sacra politia*, lib. VI.

fices en faveur des chevaliers de l'ordre militaire de Saint-Louis ; rien n'était plus simple, plus juste, plus utile : il n'en put venir à bout. Cependant sous Louis XIV, la princesse de Conti avait possédé l'abbaye de Saint-Denis. Avant son règne, les séculiers possédaient des bénéfices, le duc de Solli huguenot avait une abbaye.

Le père de Hugues-Capet n'était riche que par ses abbayes, et on l'appelait Hugues l'abbé. On donnait des abbayes aux reines pour leurs menus plaisirs. Ogine, mère de Louis d'Outremer, quitta son fils, parce qu'il lui avait ôté l'abbaye de Sainte-Marie de Laon, pour la donner à sa femme Gerberge. Il y a des exemples de tout. Chacun tâche de faire servir les usages, les innovations, les lois anciennes abrogées, renouvelées, mitigées, les chartres ou vraies ou supposées, le passé, le présent, l'avenir, à s'emparer des biens de ce monde; mais c'est toujours à la plus grande gloire de Dieu. Consultez l'*Apocalypse* de Méliton par l'évêque de Belley.

ABBÉ.

Où allez-vous, monsieur l'abbé? etc. Savez-vous bien qu'abbé signifie père? Si vous le devenez, vous rendez service à l'état; vous faites la meilleure œuvre sans doute que puisse faire un homme; il naîtra de vous un être pensant. Il y a dans cette action quelque chose de divin.

Mais si vous n'êtes monsieur l'abbé que pour avoir été tonsuré, pour porter un petit collet, un manteau court, et pour attendre un bénéfice simple, vous ne méritez pas le nom d'abbé.

Les anciens moines donnèrent ce nom au supérieur qu'ils élisaient. L'abbé était leur père spirituel. Que les mêmes noms signifient avec le temps des choses différentes! L'abbé spirituel était un pauvre à la tête de plusieurs autres pauvres : mais les pauvres pères spirituels ont eu depuis deux cent, quatre cent mille livres de rente ; et il y a aujourd'hui des pauvres pères spirituels en Allemagne qui ont un régiment des gardes.

Un pauvre qui a fait serment d'être pauvre, et qui en conséquence est souverain ! on l'a déjà dit, il faut le redire mille fois, cela est intolérable. Les lois réclament contre cet abus, la religion s'en indigne, et les véritables pauvres sans vêtement et sans nourriture poussent des cris au ciel à la porte de monsieur l'abbé.

Mais j'entends messieurs les abbés d'Italie, d'Allemagne, de Flandre, de Bourgogne, qui disent : Pourquoi n'accumulerions-nous pas des biens et des honneurs? pourquoi ne serions-nous pas princes? les évêques le sont bien. Ils étaient originairement pauvres comme nous; ils se sont enrichis, ils se sont élevés; l'un d'eux est devenu supérieur aux rois ; laissez-nous les imiter autant que nous pourrons.

Vous avez raison, messieurs, envahissez la terre; elle appartient au fort ou à l'habile qui s'en empare ; vous avez profité des temps d'ignorance, de superstition, de démence, pour nous dépouiller de nos héritages et pour nous fouler à vos pieds, pour vous engraisser de la substance des malheureux : tremblez que le jour de la raison n'arrive.

ABEILLES.

Les abeilles peuvent paraître supérieures à la race humaine, en ce qu'elles produisent de leur substance une substance utile, et que de toutes nos sécrétions il n'y en a pas une seule qui soit bonne à rien, pas une seule même qui ne rende le genre humain désagréable.

Ce qui m'a charmé dans les essaims qui sortent de la ruche, c'est qu'ils sont beaucoup plus doux que nos enfants qui sortent du collége. Les jeunes abeilles alors ne piquent personne, du moins rarement et dans des cas extraordinaires. Elles se laissent prendre, on les porte à la main nue paisiblement dans la ruche qui leur est destinée ; mais dès qu'elles ont appris dans leur nouvelle maison à connaître leurs intérêts, elles deviennent semblables à nous, elles font la guerre. J'ai vu des abeilles très tranquilles aller pendant six mois travailler dans un pré voisin couvert de fleurs qui leur convenaient. On vint faucher le pré, elles sortirent en fureur de la ruche, fondirent sur les faucheurs qui leur volaient leur bien, et les mirent en fuite.

Je ne sais pas qui a dit le premier que les abeilles avaient un roi. Ce n'est pas probablement un républicain à qui cette idée vint dans la tête. Je ne sais pas qui leur donna ensuite une reine au lieu d'un roi, ni qui supposa le premier que cette reine était une *Messaline*, qui avait un sérail prodigieux, qui passait sa vie à faire l'amour et à faire ses couches, qui pondait et logeait environ quarante mille œufs par an. On a été plus loin; on a prétendu qu'elle pondait trois espèces différentes, des reines, des esclaves nommés *bourdons*, et des servantes nommées *ouvrières*; ce qui n'est pas trop d'accord avec les lois ordinaires de la nature.

On a cru qu'un physicien, d'ailleurs grand observateur, inventa, il y a quelques années, les fours à poulets, inventés depuis environ quatre mille ans par les Égyptiens, ne considérant pas l'extrême différence de notre climat et de celui d'Égypte ; on a dit encore que ce physicien inventa de même le royaume des abeilles sous une reine, mère de trois espèces.

Plusieurs naturalistes avaient déjà répété ces inventions; il est venu un homme qui, étant possesseur de six cents ruches, a cru mieux examiner son bien que ceux qui, n'ayant point d'abeilles, ont copié des volumes sur cette république industrieuse qu'on ne connaît guère mieux que celle des fourmis. Cet homme est M. Simon, qui ne se pique de rien, qui écrit très simplement, mais qui recueille, comme moi, du miel et de la cire. Il a de meilleurs yeux que moi, il en sait plus que monsieur le prieur de Jonval et que monsieur le comte du *Spectacle de la nature*; il a examiné ses abeilles pendant vingt années; il nous assure qu'on s'est moqué de nous, et qu'il n'y a pas un mot de vrai dans tout ce qu'on a répété dans tant de livres.

Il prétend qu'en effet il y dans chaque ruche une espèce de roi et de reine qui perpétuent cette race royale, et qui président aux ouvrages; il les a vus, il les a dessinés, et il renvoie aux *Mille et une nuits* et à l'*Histoire de la reine d'Achem* la prétendue reine abeille avec son sérail.

Il y a ensuite la race des bourdons, qui n'a aucune relation avec la première, et enfin la grande famille des abeilles ouvrières qui sont mâles et femelles, et qui forment le corps de la république[1]. Les abeilles femelles déposent leurs œufs dans les cellules qu'elles ont formées.

Comment, en effet, la reine seule pourrait-elle pondre et loger quarante ou cinquante mille œufs l'un après l'autre? Le système le plus simple est presque toujours le véritable. Cependant j'ai souvent cherché ce roi et cette reine, et je n'ai jamais eu le bonheur de les voir. Quelques observateurs m'ont assuré qu'ils ont vu la reine entourée de sa cour; l'un d'eux l'a portée, elle et ses suivantes, sur son bras nu. Je n'ai point fait cette expérience; mais j'ai porté dans ma main les abeilles d'un essaim qui sortaient de la mère ruche, sans qu'elles me piquassent. Il y a des gens qui n'ont pas de foi à la réputation qu'ont les abeilles d'être méchantes, et qui en portent des essaims entiers sur leur poitrine et sur leur visage.

Virgile n'a chanté sur les abeilles que les erreurs de son temps. Il se pourrait bien que ce roi et cette reine ne fussent autre chose qu'une ou deux abeilles qui volent par hasard à la tête des autres. Il faut bien que, lorsqu'elles vont butiner les fleurs, il y en ait quelques unes de plus diligentes; mais qu'il y ait une vraie royauté, une cour, une police, c'est ce qui me paraît plus que douteux.

Plusieurs espèces d'animaux s'attroupent et vivent ensemble. On a comparé les beliers, les taureaux, à des rois, parce qu'il y a souvent un de ces animaux qui marche le premier : cette prééminence a frappé les yeux. On a oublié que très souvent aussi le belier et les taureaux marchent les derniers.

S'il est quelque apparence d'une royauté et d'une cour, c'est dans un coq; il appelle ses poules, il laisse tomber pour elles le grain qu'il a dans son bec; il les défend, il les conduit; il ne souffre pas qu'un autre roi partage son petit état; il ne s'éloigne jamais de son sérail. Voilà une image de la vraie royauté; elle est plus évidente dans une basse-cour que dans une ruche.

On trouve dans les *Proverbes* attribués à Salomon, « qu'il y a quatre choses qui sont les plus » petites de la terre et qui sont plus sages que les » sages: les fourmis, petit peuple qui se prépare » une nourriture pendant la moisson; le lièvre, » peuple faible qui couche sur des pierres; la » sauterelle, qui, n'ayant pas de roi, voyage par » troupes; le lézard, qui travaille de ses mains, » et qui demeure dans les palais des rois. » J'ignore pourquoi Salomon a oublié les abeilles, qui paraissent avoir un instinct bien supérieur à celui des lièvres, qui ne couchent point sur la pierre, à moins que ce ne soit au pays pierreux de la Palestine; et des lézards, dont j'ignore le génie. Au surplus, je préférerai toujours une abeille à une sauterelle.

On nous mande qu'une société de physiciens pratiques, dans la Lusace, vient de faire éclore un couvain d'abeilles dans une ruche, où il est transporté lorsqu'il est en forme de vermisseau. Il croît, il se développe dans ce nouveau berceau qui devient sa patrie; il n'en sort que pour aller sucer des fleurs : on ne craint point de le perdre, comme on perd souvent des essaims lorsqu'ils sont chassés de la mère ruche. Si cette méthode peut devenir d'une exécution aisée, elle sera très utile; mais dans le gouvernement des animaux domestiques, comme dans la culture des fruits, il y a mille inventions plus ingénieuses que profitables. Toute méthode doit être facile pour être d'un usage commun.

De tout temps les abeilles ont fourni des descriptions, des comparaisons, des allégories, des fables, à la poésie. La fameuse fable des abeilles de Mandeville fit un grand bruit en Angleterre; en voici un petit précis:

Les abeilles autrefois
Parurent bien gouvernées;

[1] Les ouvrières ne sont point mâles et femelles. Les abeilles appelées reines sont les seules qui pondent. Des naturalistes ont dit avoir observé que les bourdons ne fécondaient les œufs que l'un après l'autre lorsqu'ils sont dans les alvéoles, ce qui expliquerait pourquoi les ouvrières souffrent dans la ruche ce grand nombre de bourdons. Voyez (dans les *Mélanges*, année 1768) *Les Singularités de la nature*, ch. VI, où l'on retrouve une partie de cet article. K.

Et leurs travaux et leurs rois
Les rendirent fortunées.
Quelques avides bourdons
Dans les ruches se glissèrent :
Ces bourdons ne travaillèrent,
Mais ils firent des sermons.
Ils dirent dans leur langage :
Nous vous promettons le ciel ;
Accordez-nous en partage
Votre cire et votre miel.
Les abeilles qui les crurent
Sentirent bientôt la faim ;
Les plus sottes en moururent.
Le roi d'un nouvel essaim
Les secourut à la fin.
Tous les esprits s'éclairèrent ;
Ils sont tous désabusés ;
Les bourdons sont écrasés,
Et les abeilles prospèrent.

Mandeville va bien plus loin ; il prétend que les abeilles ne peuvent vivre à l'aise dans une grande et puissante ruche, sans beaucoup de vices. Nul royaume, nul état, dit-il, ne peuvent fleurir sans vices. Otez la vanité aux grandes dames, plus de belles manufactures de soie, plus d'ouvriers ni d'ouvrières en mille genres ; une grande partie de la nation est réduite à la mendicité. Otez aux négociants l'avarice, les flottes anglaises seront anéanties. Dépouillez les artistes de l'envie, l'émulation cesse ; on retombe dans l'ignorance et dans la grossièreté.

Il s'emporte jusqu'à dire que les crimes mêmes sont utiles, en ce qu'ils servent à établir une bonne législation. Un voleur de grand chemin fait gagner beaucoup d'argent à celui qui le dénonce, à ceux qui l'arrêtent, au geôlier qui le garde, au juge qui le condamne, et au bourreau qui l'exécute. Enfin, s'il n'y avait pas de voleurs, les serruriers mourraient de faim.

Il est très vrai que la société bien gouvernée tire parti de tous les vices ; mais il n'est pas vrai que ces vices soient nécessaires au bonheur du monde. On fait de très bons remèdes avec des poisons, mais ce ne sont pas les poisons qui nous font vivre. En réduisant ainsi la fable des Abeilles à sa juste valeur, elle pourrait devenir un ouvrage de morale utile.

ABRAHAM.

SECTION PREMIÈRE.

Nous ne devons rien dire de ce qui est divin dans Abraham, puisque l'Écriture a tout dit. Nous ne devons même toucher que d'une main respectueuse à ce qui appartient au profane, à ce qui tient à la géographie, à l'ordre des temps, aux mœurs, aux usages ; car ces usages, ces mœurs étant liés à l'histoire sacrée, ce sont des ruisseaux qui semblent conserver quelque chose de la divinité de leur source.

Abraham, quoique né vers l'Euphrate, fait une grande époque pour les Occidentaux, et n'en fait point une pour les Orientaux, chez lesquels il est pourtant aussi respecté que parmi nous. Les mahométans n'ont de chronologie certaine que depuis leur hégire.

La science des temps, absolument perdue dans les lieux où les grands événements sont arrivés, est venue enfin dans nos climats, où ces faits étaient ignorés. Nous disputons sur tout ce qui s'est passé vers l'Euphrate, le Jourdain, et le Nil ; et ceux qui sont aujourd'hui les maîtres du Nil, du Jourdain, et de l'Euphrate, jouissent sans disputer.

Notre grande époque étant celle d'Abraham, nous différons de soixante années sur sa naissance. Voici le compte d'après les registres.

« [a] Tharé vécut soixante-dix ans, et engendra » Abraham, Nachor, et Aran.

» [b] Et Tharé ayant vécu deux cent cinq ans, » mourut à Haran.

» Le Seigneur dit à Abraham [c] : Sortez de votre » pays, de votre famille, de la maison de votre » père, et venez dans la terre que je vous mon» trerai, et je vous rendrai père d'un grand peu» ple. »

Il paraît d'abord évident par le texte que Tharé ayant eu Abraham à soixante et dix ans, étant mort à deux cent cinq ; et Abraham étant sorti de la Chaldée immédiatement après la mort de son père, il avait juste cent trente-cinq ans lorsqu'il quitta son pays. Et c'est à peu près le sentiment de saint Étienne [d] dans son discours aux Juifs ; mais la *Genèse* dit aussi :

« [e] Abraham avait soixante et quinze ans lors» qu'il sortit de Haran. »

C'est le sujet de la principale dispute sur l'âge d'Abraham, car il y en a beaucoup d'autres. Comment Abraham était-il à la fois âgé de cent trente-cinq années, et seulement de soixante et quinze? Saint Jérôme et saint Augustin disent que cette difficulté est inexplicable. Don Calmet, qui avoue que ces deux saints n'ont pu résoudre ce problème, croit dénouer aisément le nœud en disant qu'Abraham était le cadet des enfants de Tharé, quoique la *Genèse* le nomme le premier, et par conséquent l'aîné.

La *Genèse* fait naître Abraham dans la soixante et dixième année de son père, et Calmet le fait naître dans la cent trentième. Une telle conciliation a été un nouveau sujet de querelle.

[a] *Genèse*, ch. XI, v. 26. — [b] Ibid., ch. XI, v. 32. — [c] Ibid., ch. XII, v. 1. — [d] *Actes des Apôtres*, ch. VII. — [e] *Genèse*, ch. XII, v. 4.

Dans l'incertitude où le texte et le commentaire nous laissent, le meilleur parti est d'adorer sans disputer.

Il n'y a point d'époque dans ces anciens temps qui n'ait produit une multitude d'opinions différentes. Nous avions, suivant Moréri, soixante et dix systèmes de chronologie sur l'histoire dictée par Dieu même. Depuis Moréri il s'est élevé cinq nouvelles manières de concilier les textes de l'Écriture : ainsi voilà autant de disputes sur Abraham qu'on lui attribue d'années dans le texte quand il sortit de Haran. Et de ces soixante et quinze systèmes, il n'y en pas un qui nous apprenne au juste ce que c'est que cette ville ou ce village de Haran, ni en quel endroit elle était. Quel est le fil qui nous conduira dans ce labyrinthe de querelles depuis le premier verset jusqu'au dernier? la résignation.

L'esprit saint n'a voulu nous apprendre ni la chronologie, ni la physique, ni la logique; il a voulu faire de nous des hommes craignant Dieu. Ne pouvant rien comprendre, nous ne pouvons être que soumis.

Il est également difficile de bien expliquer comment Sara, femme d'Abraham, était aussi sa sœur. Abraham dit positivement au roi de Gérare Abimélech, par qui Sara avait été enlevée pour sa grande beauté à l'âge de quatre-vingt-dix ans, étant grosse d'Isaac : « Elle est véritablement ma » sœur, étant fille de mon père, mais non pas de » ma mère; et j'en ai fait ma femme. »

L'*Ancien Testament* ne nous apprend point comment Sara était sœur de son mari. Don Calmet, dont le jugement et la sagacité sont connus de tout le monde, dit qu'elle pouvait bien être sa nièce.

Ce n'était point probablement un inceste chez les Chaldéens, non plus que chez les Perses leurs voisins. Les mœurs changent selon les temps et selon les lieux. On peut supposer qu'Abraham, fils de Tharé, idolâtre, était encore idolâtre quand il épousa Sara, soit qu'elle fût sa sœur, soit qu'elle fût sa nièce.

Plusieurs pères de l'Église excusent moins Abraham d'avoir dit en Égypte à Sara : « Aussitôt que » les Égyptiens vous auront vue, ils me tueront et » vous prendront : dites donc, je vous prie, que » vous êtes ma sœur, afin que mon âme vive par » votre grâce. » Elle n'avait alors que soixante et cinq ans. Ainsi puisque vingt-cinq ans après elle eut un roi de Gérare pour amant, elle avait pu, avec vingt-cinq ans de moins, inspirer quelque passion au pharaon d'Égypte. En effet, ce pharaon l'enleva, de même qu'elle fut enlevée depuis par Abimélech, roi de Gérare dans le désert.

Abraham avait reçu en présent, à la cour de Pharaon, « beaucoup de bœufs, de brebis, d'ânes » et d'ânesses, de chameaux, de chevaux, de » serviteurs et servantes. » Ces présents, qui sont considérables, prouvent que les pharaons étaient déjà d'assez grands rois. Le pays de l'Égypte était donc déjà très-peuplé. Mais pour rendre la contrée habitable, pour y bâtir des villes, il avait fallu des travaux immenses, faire écouler dans une multitude de canaux les eaux du Nil, qui inondaient l'Égypte tous les ans, pendant quatre ou cinq mois, et qui croupissaient ensuite sur la terre; il avait fallu élever ces villes vingt pieds au moins au-dessus de ces canaux. Des travaux si considérables semblaient demander quelques milliers de siècles.

Il n'y a guère que quatre cents ans entre le déluge et le temps où nous plaçons le voyage d'Abraham chez les Égyptiens. Ce peuple devait être bien ingénieux, et d'un travail bien infatigable, pour avoir, en si peu de temps, inventé les arts et toutes les sciences, dompté le Nil, et changé toute la face du pays. Probablement même plusieurs grandes pyramides étaient déjà bâties, puisqu'on voit, quelque temps après, que l'art d'embaumer les morts était perfectionné; et les pyramides n'étaient que les tombeaux où l'on déposait les corps des princes avec les plus augustes cérémonies.

L'opinion de cette grande ancienneté des pyramydes est d'autant plus vraisemblable que trois cents ans auparavant, c'est-à-dire cent années après l'époque hébraïque du déluge de Noé, les Asiatiques avaient bâti, dans les plaines de Sennaar, une tour qui devait aller jusqu'aux cieux. Saint Jérôme, dans son commentaire sur Isaïe, dit que cette tour avait déjà quatre mille pas de hauteur lorsque Dieu descendit pour détruire cet ouvrage.

Supposons que ces pas soient seulement de deux pieds et demi de roi, cela fait dix mille pieds; par conséquent la tour de Babel était vingt fois plus haute que les pyramides d'Égypte, qui n'ont qu'environ cinq cents pieds. Or, quelle prodigieuse quantité d'instruments n'avait pas été nécessaire pour élever un tel édifice! tous les arts devaient y avoir concouru en foule. Les commentateurs en concluent que les hommes de ce temps-là étaient incomparablement plus grands, plus forts, plus industrieux, que nos nations modernes.

C'est là ce que l'on peut remarquer à propos d'Abraham touchant les arts et les sciences.

A l'égard de sa personne, il est vraisemblable qu'il fut un homme considérable. Les Persans, les Chaldéens, le revendiquaient. L'ancienne religion des mages l'appelait de temps immémorial *Kish-Ibrahim*, *Mi'at-Ibrahim* : et l'on convient que le mot *Ibrahim* est précisément celui d'Abraham; rien n'étant plus ordinaire aux Asiatiques, qui écrivaient rarement les voyelles, que de changer l'*i* en *a*, et l'*a* en *i* dans la prononciation.

On a prétendu même qu'Abraham était le Brama des Indiens, dont la notion était parvenue aux peuples de l'Euphrate qui commerçaient de temps immémorial dans l'Inde.

Les Arabes le regardaient comme le fondateur de La Mecque. Mahomet, dans son *Koran*, voit toujours en lui le plus respectable de ses prédécesseurs. Voici comme il en parle au troisième sura, ou chapitre : « Abraham n'était ni juif ni » chrétien; il était un musulman orthodoxe; il » n'était point du nombre de ceux qui donnent » des compagnons à Dieu. »

La témérité de l'esprit humain a été poussée jusqu'à imaginer que les Juifs ne se dirent descendants d'Abraham que dans des temps très postérieurs, lorsqu'ils eurent enfin un établissement fixe dans la Palestine. Ils étaient étrangers, haïs et méprisés de leurs voisins. Ils voulurent, dit-on, se donner quelque relief en se fesant passer pour les descendants d'Abraham, révéré dans une grande partie de l'Asie. La foi que nous devons aux livres sacrés des Juifs tranche toutes ces difficultés.

Des critiques non moins hardis font d'autres objections sur le commerce immédiat qu'Abraham eut avec Dieu, sur ses combats et sur ses victoires.

Le Seigneur lui apparut après sa sortie d'Égypte, et lui dit : « Jetez les yeux vers l'aquilon, l'orient, » le midi et l'occident; je vous donne pour tou» jours à vous et à votre postérité jusqu'à la fin » des siècles, *in sempiternum*, à tout jamais, tout » le pays que vous voyez [a]. »

Le Seigneur, par un second serment, lui promit ensuite « Tout ce qui est depuis le Nil jusqu'à » l'Euphrate [b]. »

Ces critiques demandent comment Dieu a pu promettre ce pays immense que les Juifs n'ont jamais possédé, et comment Dieu a pu leur donner *à tout jamais* la petite partie de la Palestine dont ils sont chassés depuis si long-temps.

Le Seigneur ajoute encore à ces promesses, que la postérité d'Abraham sera aussi nombreuse que la poussière de la terre. « Si l'on peut compter la » poussière de la terre, on pourra compter aussi » vos descendants [c]. »

Nos critiques insistent, et disent qu'il n'y a pas aujourd'hui sur la surface de la terre quatre cent mille Juifs, quoiqu'ils aient toujours regardé le mariage comme un devoir sacré, et que leur plus grand objet ait été la population.

[a] *Genèse*, ch. XIII, v. 14 et 15.
[b] Ibid., ch. XV, v. 18.
[c] *Ibid.*, ch. XIII, v. 16.

On répond à ces difficultés que l'Église substituée à la synagogue est la véritable race d'Abraham, et qu'en effet elle est très nombreuse.

Il est vrai qu'elle ne possède pas la Palestine, mais elle peut la posséder un jour, comme elle l'a déjà conquise du temps du pape Urbain II, dans la première croisade. En un mot, quand on regarde avec les yeux de la foi l'*Ancien Testament* comme une figure du *Nouveau*, tout est accompli ou le sera, et la faible raison doit se taire.

On fait encore des difficultés sur la victoire d'Abraham auprès de Sodome; on dit qu'il n'est pas concevable qu'un étranger, qui venait faire paître ses troupeaux vers Sodome, ait battu, avec trois cent dix-huit gardeurs de bœufs et de moutons, « un » roi de Perse, un roi de Pont, le roi de Babylone » et le roi des nations, » et qu'il les ait poursuivis jusqu'à Damas, qui est à plus de cent milles de Sodome.

Cependant une telle victoire n'est point impossible; on en voit des exemples dans ces temps héroïques; le bras de Dieu n'était point raccourci. Voyez Gédéon qui, avec trois cents hommes armés de trois cents cruches et de trois cents lampes, défait une armée entière. Voyez Samson qui tue seul mille Philistins à coups de mâchoire d'âne.

Les histoires profanes fournissent même de pareils exemples. Trois cents Spartiates arrêtèrent un moment l'armée de Xerxès au pas des Thermopyles. Il est vrai qu'à l'exception d'un seul qui s'enfuit, ils y furent tous tués avec leur roi Léonidas, que Xerxès eut la lâcheté de faire pendre, au lieu de lui ériger une statue qu'il méritait. Il est vrai encore que ces trois cents Lacédémoniens, qui gardaient un passage escarpé où deux hommes pouvaient à peine gravir à la fois, étaient soutenus par une armée de dix mille Grecs distribués dans des postes avantageux, au milieu des rochers d'Ossa et de Pélion; et il faut encore bien remarquer qu'il y en avait quatre mille aux Thermopyles mêmes.

Ces quatre mille périrent après avoir long-temps combattu. On peut dire qu'étant dans un endroit moins inexpugnable que celui des trois cents Spartiates, ils y acquirent encore plus de gloire, en se défendant plus à découvert contre l'armée persane qui les tailla tous en pièces. Aussi dans le monument érigé depuis sur le champ de bataille, on fit mention de ces quatre mille victimes; et l'on ne parle aujourd'hui que des trois cents.

Une action plus mémorable encore, et bien moins célébrée, est celle de cinquante Suisses qui mirent en déroute [a] à Morgarten toute l'armée de l'archiduc Léopold d'Autriche, composée de vingt

[a] En 1315

mille hommes. Ils renversèrent seuls la cavalerie à coups de pierres du haut d'un rocher, et donnèrent le temps à quatorze cents Helvétiens de trois petits cantons de venir achever la défaite de l'armée.

Cette journée de Morgarten est plus belle que celle des Thermopyles, puisqu'il est plus beau de vaincre que d'être vaincu. Les Grecs étaient au nombre de dix mille bien armés, et il était impossible qu'ils eussent affaire à cent mille Perses dans un pays montagneux. Il est plus que probable qu'il n'y eut pas trente mille Perses qui combattirent ; mais ici quatorze cents Suisses défont une armée de vingt mille hommes. La proportion du petit nombre au grand augmente encore la proportion de la gloire... Où nous a conduits Abraham?

Ces digressions amusent celui qui les fait, et quelquefois celui qui les lit. Tout le monde d'ailleurs est charmé de voir que les gros bataillons soient battus par les petits.

SECTION II.

Abraham est un de ces noms célèbres dans l'Asie mineure et dans l'Arabie, comme Thaut chez les Égyptiens, le premier Zoroastre dans la Perse, Hercule en Grèce, Orphée dans la Thrace, Odin chez les nations septentrionales, et tant d'autres plus connus par leur célébrité que par une histoire bien avérée. Je ne parle ici que de l'histoire profane ; car pour celle des Juifs, nos maîtres et nos ennemis, que nous croyons et que nous détestons, comme l'histoire de ce peuple a été visiblement écrite par le Saint-Esprit, nous avons pour elle les sentiments que nous devons avoir. Nous ne nous adressons ici qu'aux Arabes ; ils se vantent de descendre d'Abraham par Ismaël ; ils croient que ce patriarche bâtit La Mecque, et qu'il mourut dans cette ville. Le fait est que la race d'Ismaël a été infiniment plus favorisée de Dieu que la race de Jacob. L'une et l'autre race a produit à la vérité des voleurs; mais les voleurs arabes ont été prodigieusement supérieurs aux voleurs juifs. Les descendants de Jacob ne conquirent qu'un très petit pays, qu'ils ont perdu ; et les descendants d'Ismaël ont conquis une partie de l'Asie, de l'Europe, et de l'Afrique, ont établi un empire plus vaste que celui des Romains, et ont chassé les Juifs de leurs cavernes, qu'ils appelaient la terre de promission.

A ne juger des choses que par les exemples de nos histoires modernes, il serait assez difficile qu'Abraham eût été le père de deux nations si différentes; on nous dit qu'il était né en Chaldée, et qu'il était fils d'un pauvre potier, qui gagnait sa vie à faire de petites idoles de terre. Il n'est guère vraisemblable que le fils de ce potier soit allé fonder La Mecque à quatre cents lieues de là sous le tropique, en passant par des déserts impraticables. S'il fut un conquérant, il s'adressa sans doute au beau pays de l'Assyrie ; et s'il ne fut qu'un pauvre homme, comme on nous le dépeint, il n'a pas fondé des royaumes hors de chez lui.

La *Genèse* rapporte qu'il avait soixante et quinze ans lorsqu'il sortit du pays de Haran après la mort de son père Tharé le potier : mais la même *Genèse* dit aussi que Tharé ayant engendré Abraham à soixante et dix ans, ce Tharé vécut jusqu'à deux cent cinq ans, et ensuite qu'Abraham partit de Haran; ce qui semble dire que ce fut après la mort de son père.

Ou l'auteur sait bien mal disposer une narration, ou il est clair par la *Genèse* même qu'Abraham était âgé de cent trente-cinq ans quand il quitta la Mésopotamie. Il alla d'un pays qu'on nomme idolâtre dans un autre pays idolâtre nommé Sichem en Palestine. Pourquoi y alla-t-il? pourquoi quitta-t-il les bords fertiles de l'Euphrate pour une contrée aussi éloignée, aussi stérile, aussi pierreuse que celle de Sichem? La langue chaldéenne devait être fort différente de celle de Sichem, ce n'était point un lieu de commerce; Sichem est éloigné de la Chaldée de plus de cent lieues; il faut passer des déserts pour y arriver : mais Dieu voulait qu'il fît ce voyage, il voulait lui montrer la terre que devaient occuper ses descendants plusieurs siècles après lui. L'esprit humain comprend avec peine les raisons d'un tel voyage.

A peine est-il arrivé dans le petit pays montagneux de Sichem que la famine l'en fait sortir. Il va en Égypte avec sa femme chercher de quoi vivre. Il y a deux cents lieues de Sichem à Memphis; est-il naturel qu'on aille demander du blé si loin, et dans un pays dont on n'entend point la langue? Voilà d'étranges voyages entrepris à l'âge de près de cent quarante années.

Il amène à Memphis sa femme Sara, qui était extrêmement jeune, et presque enfant en comparaison de lui, car elle n'avait que soixante-cinq ans. Comme elle était très belle, il résolut de tirer parti de sa beauté : Feignez que vous êtes ma sœur, lui dit-il, afin qu'on me fasse du bien à cause de vous. Il devait bien plutôt lui dire : Feignez que vous êtes ma fille. Le roi devint amoureux de la jeune Sara, et donna au prétendu frère beaucoup de brebis, de bœufs, d'ânes, d'ânesses, de chameaux, de serviteurs, de servantes : ce qui prouve que l'Égypte dès lors était un royaume très puissant et très policé, par conséquent très ancien, et qu'on récompensait magnifiquement les frères qui venaient offrir leurs sœurs aux rois de Memphis.

La jeune Sara avait quatre-vingt-dix ans quand Dieu lui promit qu'Abraham, qui en avait alors cent soixante, lui ferait un enfant dans l'année.

Abraham, qui aimait à voyager, alla dans le désert horrible de Cadès avec sa femme grosse, toujours jeune et toujours jolie. Un roi de ce désert ne manqua pas d'être amoureux de Sara, comme le roi d'Égypte l'avait été. Le père des croyants fit le même mensonge qu'en Égypte : il donna sa femme pour sa sœur, et eut encore de cette affaire des brebis, des bœufs, des serviteurs, et des servantes. On peut dire que cet Abraham devint fort riche du chef de sa femme. Les commentateurs ont fait un nombre prodigieux de volumes pour justifier la conduite d'Abraham, et pour concilier la chronologie. Il faut donc renvoyer le lecteur à ces commentaires. Ils sont tous composés par des esprits fins et délicats, excellents métaphysiciens, gens sans préjugés, et point du tout pédants.

Au reste, ce nom *Bram*, *Abram*, était fameux dans l'Inde et dans la Perse : plusieurs doctes prétendent même que c'était le même législateur que les Grecs appelèrent Zoroastre. D'autres disent que c'était le Brama des Indiens : ce qui n'est pas démontré.

Mais ce qui paraît fort raisonnable à beaucoup de savants, c'est que cet Abraham était Chaldéen ou Persan : les Juifs dans la suite des temps se vantèrent d'en être descendus, comme les Francs descendent d'Hector, et les Bretons de Tubal. Il est constant que la nation juive était une horde très moderne ; qu'elle ne s'établit vers la Phénicie que très tard ; qu'elle était entourée de peuples anciens ; qu'elle adopta leur langue ; qu'elle prit d'eux jusqu'au nom d'Israël, lequel est chaldéen, suivant le témoignage même du Juif Flavius Josèphe. On sait qu'elle prit jusqu'aux noms des anges chez les Babyloniens ; qu'enfin elle n'appela Dieu du nom d'Éloï, ou Éloa, d'Adonaï, de Jéhova ou Hiao, que d'après les Phéniciens.

Elle ne connut probablement le nom d'Abraham ou d'Ibrahim que par les Babyloniens ; car l'ancienne religion de toutes les contrées, depuis l'Euphrate jusqu'à l'Oxus, était appelée *Kish-Ibrahim*, *Milat-Ibrahim*. C'est ce que toutes les recherches faites sur les lieux par le savant Hyde nous confirment.

Les Juifs firent donc de l'histoire et de la fable ancienne, ce que leurs fripiers font de leurs vieux habits ; ils les retournent et les vendent comme neufs le plus chèrement qu'ils peuvent.

C'est un singulier exemple de la stupidité humaine que nous ayons si long-temps regardé les Juifs comme une nation qui avait tout enseigné aux autres, tandis que leur historien Josèphe avoue lui-même le contraire.

Il est difficile de percer dans les ténèbres de l'antiquité ; mais il est évident que tous les royaumes de l'Asie étaient très florissants avant que la horde vagabonde des Arabes appelés Juifs possédât un petit coin de terre en propre, avant qu'elle eût une ville, des lois, et une religion fixe. Lors donc qu'on voit un ancien rite, une ancienne opinion établie en Égypte ou en Asie, et chez les Juifs, il est bien naturel de penser que le petit peuple nouveau, ignorant, grossier, toujours privé des arts, a copié, comme il a pu, la nation antique, florissante et industrieuse.

C'est sur ce principe qu'il faut juger la Judée, la Biscaye, Cornouailles, Bergame le pays d'*Arlequin*, etc. : certainement la triomphante Rome n'imita rien de la Biscaye, de Cornouailles, ni de Bergame ; et il faut être ou un grand ignorant ou un grand fripon, pour dire que les Juifs enseignèrent les Grecs. (*Article tiré de M. Fréret.*)

SECTION III.

Il ne faut pas croire qu'Abraham ait été seulement connu des Juifs, il est révéré dans toute l'Asie et jusqu'au fond des Indes. Ce nom, qui signifie *père d'un peuple*, dans plus d'une langue orientale, fut donné à un habitant de la Chaldée, de qui plusieurs nations se sont vantées de descendre. Le soin que prirent les Arabes et les Juifs d'établir leur descendance de ce patriarche, ne permet pas aux plus grands pyrrhoniens de douter qu'il y ait eu un Abraham.

Les livres hébreux le font fils de Tharé, et les Arabes disent que ce Tharé était son aïeul, et qu'Azar était son père ; en quoi ils ont été suivis par plusieurs chrétiens. Il y a parmi les interprètes quarante-deux opinions sur l'année dans laquelle Abraham vint au monde, et je n'en hasarderai pas une quarante-troisième ; il paraît même par les dates qu'Abraham a vécu soixante ans plus que le texte ne lui en donne : mais des mécomptes de chronologie ne ruinent point la vérité d'un fait, et quand le livre qui parle d'Abraham ne serait pas sacré comme l'était la loi, ce patriarche n'en existerait pas moins ; les Juifs distinguaient entre des livres écrits par des hommes d'ailleurs inspirés et des livres inspirés en particulier. Leur histoire, quoique liée à leur loi, n'était pas cette loi même. Quel moyen de croire en effet que Dieu eût dicté de fausses dates?

Philon le Juif et Suidas rapportent que Tharé, père ou grand-père d'Abraham, qui demeurait à Ur en Chaldée, était un pauvre homme qui gagnait sa vie à faire de petites idoles, et qui était lui-même idolâtre.

S'il est ainsi, cette antique religion des Sabéens qui n'avaient point d'idoles, et qui vénéraient le ciel, n'était pas encore peut-être établie en Chaldée ; ou si elle régnait dans une partie de ce pays, l'idolâtrie pouvait fort bien en même temps dominer dans l'autre. Il semble que dans ce temps-là chaque petite peuplade avait sa religion. Toutes étaient permises, et toutes étaient paisiblement confondues, de la même manière que chaque famille avait dans l'intérieur ses usages particuliers. Laban, le beau-père de Jacob, avait des idoles. Chaque peuplade trouvait bon que la peuplade voisine eût ses dieux, et se bornait à croire que le sien était le plus puissant.

L'Écriture dit que le Dieu des Juifs, qui leur destinait le pays de Chanaan, ordonna à Abraham de quitter le pays fertile de la Chaldée, pour aller vers la Palestine, et lui promit qu'en sa semence toutes les nations de la terre seraient bénites. C'est aux théologiens qu'il appartient d'expliquer, par l'allégorie et par le sens mystique, comment toutes les nations pouvaient être bénites dans une semence dont elles ne descendaient pas; et ce sens mystique respectable n'est pas l'objet d'une recherche purement critique. Quelque temps après ces promesses, la famille d'Abraham fut affligée de la famine, et alla en Égypte pour avoir du blé : c'est une destinée singulière que les Hébreux n'aient jamais été en Égypte que pressés par la faim; car Jacob y envoya depuis ses enfants pour la même cause.

Abraham, qui était fort vieux, fit donc ce voyage avec Saraï sa femme, âgée de soixante et cinq ans; elle était très belle, et Abraham craignait que les Égyptiens, frappés de ses charmes, ne le tuassent pour jouir de cette rare beauté : il lui proposa de passer seulement pour sa sœur, etc. Il faut qu'alors la nature humaine eût une vigueur que le temps et la mollesse ont affaiblie depuis; c'est le sentiment de tous les anciens : on a prétendu même qu'Hélène avait soixante et dix ans quand elle fut enlevée par Pâris. Ce qu'Abraham avait prévu arriva; la jeunesse égyptienne trouva sa femme charmante malgré les soixante et cinq ans : le roi lui-même en fut amoureux et la mit dans son sérail, quoiqu'il y eût probablement des filles plus jeunes; mais le Seigneur frappa le roi et tout son sérail de très grandes plaies. Le texte ne dit pas comment le roi sut que cette beauté dangereuse était la femme d'Abraham; mais enfin il le sut et la lui rendit.

Il fallait que la beauté de Saraï fût inaltérable; car vingt-cinq ans après, étant grosse à quatre-vingt-dix ans, et voyageant avec son mari chez un roi de Phénicie nommé Abimélech, Abraham, qui ne s'était pas corrigé, la fit encore passer pour sa sœur. Le roi phénicien fut aussi sensible que le roi d'Égypte : Dieu apparut en songe à cet Abimélech, et le menaça de mort s'il touchait à sa nouvelle maîtresse. Il faut avouer que la conduite de Saraï était aussi étrange que la durée de ses charmes.

La singularité de ces aventures était probablement la raison qui empêchait les Juifs d'avoir la même espèce de foi à leurs histoires qu'à leur Lévitique. Il n'y avait pas un seul iota de leur loi qu'ils ne crussent : mais l'historique n'exigeait pas le même respect. Ils étaient pour ces anciens livres dans le cas des Anglais, qui admettaient les lois de saint Édouard, et qui ne croyaient pas tous absolument que saint Édouard guérît des écrouelles; ils étaient dans le cas des Romains, qui, en obéissant à leurs premières lois, n'étaient pas obligés de croire au miracle du crible rempli d'eau, du vaisseau tiré au rivage par la ceinture d'une vestale, de la pierre coupée par un rasoir, etc. Voilà pourquoi Josèphe l'historien, très attaché à son culte, laisse à ses lecteurs la liberté de croire ce qu'ils voudront des anciens prodiges qu'il rapporte; voilà pourquoi il était très permis aux Saducéens de ne pas croire aux anges, quoiqu'il soit si souvent parlé des anges dans l'*Ancien Testament*; mais il n'était pas permis à ces Saducéens de négliger les fêtes, les cérémonies et les abstinences prescrites.

Cette partie de l'histoire d'Abraham, c'est-à-dire, ses voyages chez les rois d'Égypte et de Phénicie, prouve qu'il y avait de grands royaumes déjà établis quand la nation juive existait dans une seule famille; qu'il y avait déjà des lois, puisque sans elles un grand royaume ne peut subsister; que par conséquent la loi de Moïse, qui est postérieure, ne peut être la première. Il n'est pas nécessaire qu'une loi soit la plus ancienne de toutes pour être divine, et Dieu est sans doute le maître des temps. Il est vrai qu'il paraîtrait plus conforme aux faibles lumières de notre raison que Dieu ayant une loi à donner lui-même, l'eût donnée d'abord à tout le genre humain; mais s'il est prouvé qu'il se soit conduit autrement, ce n'est pas à nous à l'interroger.

Le reste de l'histoire d'Abraham est sujet à de grandes difficultés. Dieu, qui lui apparaît souvent, et qui fait avec lui plusieurs traités, lui envoya un jour trois anges dans la vallée de Mambré; le patriarche leur donne à manger du pain, un veau, du beurre, et du lait. Les trois esprits dînent, et après le dîner on fait venir Sara, qui avait cuit le pain. L'un de ces anges, que le texte appelle le Seigneur, l'Éternel, promet à Sara que dans un an elle aura un fils. Sara, qui avait alors quatre-vingt-quatorze ans, et dont le mari était âgé de près de cent années [1], se mit à rire

[1] Il devait même avoir alors cent quarante-trois ans, suivant quelques interprètes. (Voyez la première section.) K.

de la promesse; preuve qu'elle avouait sa décrépitude, preuve que, selon l'Écriture même, la nature humaine n'était pas alors fort différente de ce qu'elle est aujourd'hui. Cependant cette même décrépite, devenue grosse, charme l'année suivante le roi Abimélech, comme nous l'avons vu. Certes, si on regarde ces histoires comme naturelles, il faut avoir une espèce d'entendement tout contraire à celui que nous avons, ou bien il faut regarder presque chaque trait de la vie d'Abraham comme un miracle, ou il faut croire que tout cela n'est qu'une allégorie : quelque parti qu'on prenne, on sera encore très embarrassé. Par exemple, quel tour pourrons-nous donner à la promesse que Dieu fait à Abraham de l'investir lui et sa postérité de toute la terre de Canaan, que jamais ce Chaldéen ne posséda? c'est là une de ces difficultés qu'il est impossible de résoudre.

Il paraît étonnant que Dieu ayant fait naître Isaac d'une femme de quatre-vingt-quinze ans et d'un père centenaire, il ait ensuite ordonné au père d'égorger ce même enfant qu'il lui avait donné contre toute attente. Cet ordre étrange de Dieu semble faire voir que, dans le temps où cette histoire fut écrite, les sacrifices de victimes humaines étaient en usage chez les Juifs, comme ils le devinrent chez d'autres nations, témoin le vœu de Jephté. Mais on peut dire que l'obéissance d'Abraham, prêt de sacrifier son fils au Dieu qui le lui avait donné, est une allégorie de la résignation que l'homme doit aux ordres de l'Être suprême.

Il y a surtout une remarque bien importante à faire sur l'histoire de ce patriarche, regardé comme le père des Juifs et des Arabes. Ses principaux enfants sont Isaac, né de sa femme par une faveur miraculeuse de la Providence, et Ismaël, né de sa servante. C'est dans Isaac qu'est bénie la race du patriarche, et cependant Isaac n'est le père que d'une nation malheureuse et méprisable, long-temps esclave, et plus long-temps dispersée. Ismaël, au contraire, est le père des Arabes, qui ont enfin fondé l'empire des califes, un des plus puissants et des plus étendus de l'univers.

Les Musulmans ont une grande vénération pour Abraham, qu'ils appellent Ibrahim. Ceux qui le croient enterré à Hébron y vont en pélerinage; ceux qui pensent que son tombeau est à la Mecque, l'y révèrent.

Quelques anciens Persans ont cru qu'Abraham était le même que Zoroastre. Il lui est arrivé la même chose qu'à la plupart des fondateurs des nations orientales, auxquels on attribuait différents noms et différentes aventures; mais, par le texte de l'Écriture, il paraît qu'il était un de ces Arabes vagabonds qui n'avaient pas de demeure fixe. On le voit naître à Ur en Chaldée, aller à Haran, puis en Palestine, en Égypte, en Phénicie, et enfin être obligé d'acheter un sépulcre à Hébron.

Une des plus remarquables circonstances de sa vie, c'est qu'à l'âge de quatre-vingt-dix-neuf ans, n'ayant point encore engendré Isaac, il se fit circoncire, lui et son fils Ismaël, et tous ses serviteurs. Il avait apparemment pris cette idée chez les Égyptiens. Il est difficile de démêler l'origine d'une pareille opération. Ce qui paraît le plus probable, c'est qu'elle fut inventée pour prévenir les abus de la puberté. Mais pourquoi couper son prépuce à cent ans?

On prétend, d'un autre côté, que les prêtres seuls d'Égypte étaient anciennement distingués par cette coutume. C'était un usage très ancien en Afrique et dans une partie de l'Asie, que les plus saints personnages présentassent leur membre viril à baiser aux femmes qu'ils rencontraient. On portait en procession, en Égypte, le phallum, qui était un gros priape. Les organes de la génération étaient regardés comme quelque chose de noble et de sacré, comme un symbole de la puissance divine; on jurait par eux, et lorsque l'on fesait un serment à quelqu'un, on mettait la main à ses *testicules*; c'est peut-être même de cette ancienne coutume qu'ils tirèrent ensuite leur nom, qui signifie *témoins*, parce qu'autrefois ils servaient ainsi de témoignage et de gage. Quand Abraham envoya son serviteur demander Rebecca pour son fils Isaac, le serviteur mit la main aux parties génitales d'Abraham, ce qu'on a traduit par le mot *cuisse*.

On voit par là combien les mœurs de cette haute antiquité différaient en tout des nôtres. Il n'est pas plus étonnant aux yeux d'un philosophe qu'on ait juré autrefois par cette partie que par la tête, et il n'est pas étonnant que ceux qui voulaient se distinguer des autres hommes, missent un signe à cette partie révérée.

La *Genèse* dit que la circoncision fut un pacte entre Dieu et Abraham, et elle ajoute expressément qu'on fera mourir quiconque ne sera pas circoncis dans la maison. Cependant on ne dit point qu'Isaac l'ait été, et il n'est plus parlé de circoncision jusqu'au temps de Moïse.

On finira cet article par une autre observation, c'est qu'Abraham ayant eu de Sara et d'Agar deux fils qui furent chacun le père d'une grande nation, il eut six fils de Céthura, qui s'établirent dans l'Arabie; mais leur postérité n'a point été célèbre.

ABUS.

Vice attaché à tous les usages, à toutes les lois, à toutes les institutions des hommes; le détail n'en pourrait être contenu dans aucune bibliothèque. Les abus gouvernent les états.

« . . . . . Optimus ille est,
« Qui minimis urgetur. . . »
HOR., lib. I, sat. 3, v. 68-69.

On peut dire aux Chinois, aux Japonais, aux Anglais : Votre gouvernement fourmille d'abus que vous ne corrigez point. Les Chinois répondront : Nous subsistons en corps de peuple depuis cinq mille ans, et nous sommes aujourd'hui peut-être la nation de la terre la moins infortunée, parce que nous sommes la plus tranquille. Le Japonais en dira à peu près autant. L'Anglais dira : Nous sommes puissants sur mer et assez à notre aise sur terre. Peut-être dans dix mille ans perfectionnerons-nous nos usages. Le grand secret est d'être encore mieux que les autres avec des abus énormes.

Nous ne parlerons ici que de l'*appel comme d'abus*.

C'est une erreur de penser que maître Pierre de Cugnières, chevalier ès-lois, avocat du roi au parlement de Paris, ait appelé comme d'abus en 1330, sous Philippe de Valois. La formule d'appel comme d'abus ne fut introduite que sur la fin du règne de Louis XII. Pierre Cugnières fit ce qu'il put pour réformer l'abus des usurpations ecclésiastiques dont les parlements, tous les juges séculiers, et tous les seigneurs hauts-justiciers, se plaignaient; mais il n'y réussit pas.

Le clergé n'avait pas moins à se plaindre des seigneurs, qui n'étaient, après tout, que des tyrans ignorants, qui avaient corrompu toute justice; et ils regardaient les ecclésiastiques comme des tyrans qui savaient lire et écrire.

Enfin, le roi convoqua les deux parties dans son palais, et non pas dans sa cour du parlement comme le dit Pasquier; le roi s'assit sur son trône, entouré des pairs, des hauts-barons, et des grands-officiers qui composaient son conseil.

Vingt évêques comparurent; les seigneurs complaignants apportèrent leurs Mémoires. L'archevêque de Sens et l'évêque d'Autun parlèrent pour le clergé. Il n'est point dit quel fut l'orateur du parlement et des seigneurs. Il paraît vraisemblable que le discours de l'avocat du roi fut un résumé des allégations des deux parties. Il se peut aussi qu'il eût parlé pour le parlement et pour les seigneurs, et que ce fût le chancelier qui résuma les raisons alléguées de part et d'autre. Quoi qu'il en soit, voici les plaintes des barons et du parlement, rédigées par Pierre Cugnières :

I° Lorsqu'un laïque ajournait devant le juge royal ou seigneurial un clerc qui n'était pas même tonsuré, mais seulement gradué, l'official signifiait aux juges de ne point passer outre, sous peine d'excommunication et d'amende.

II° La juridiction ecclésiastique forçait les laïques de comparaître devant elle dans toutes leurs contestations avec les clercs, pour succession, prêt d'argent, et en toute matière civile.

III° Les évêques et les abbés établissaient des notaires dans les terres mêmes des laïques.

IV° Ils excommuniaient ceux qui ne payaient pas leurs dettes aux clercs; et si le juge laïque ne les contraignait pas de payer, ils excommuniaient le juge.

V° Lorsque le juge séculier avait saisi un voleur, il fallait qu'il remît au juge ecclésiastique les effets volés; sinon il était excommunié.

VI° Un excommunié ne pouvait obtenir son absolution sans payer une amende arbitraire.

VII° Les officiaux dénonçaient à tout laboureur et manœuvre qu'il serait damné et privé de la sépulture, s'il travaillait pour un excommunié.

VIII° Les mêmes officiaux s'arrogeaient de faire les inventaires dans les domaines mêmes du roi, sous prétexte qu'ils savaient écrire.

IX° Ils se fesaient payer pour accorder à un nouveau marié la liberté de coucher avec sa femme.

X° Ils s'emparaient de tous les testaments.

XI° Ils déclaraient damné tout mort qui n'avait point fait de testament, parce qu'en ce cas il n'avait rien laissé à l'Église; et pour lui laisser du moins les honneurs de l'enterrement, ils fesaient en son nom un testament plein de legs pieux.

Il y avait soixante-six griefs à peu près semblables.

Pierre Roger, archevêque de Sens, prit savamment la parole; c'était un homme qui passait pour un vaste génie, et qui fut depuis pape, sous le nom de *Clément* VI. Il protesta d'abord qu'il ne parlait point pour être jugé, mais pour juger ses adversaires, et pour instruire le roi de son devoir.

Il dit que Jésus-Christ, étant Dieu et homme, avait eu le pouvoir temporel et spirituel; et que par conséquent les ministres de l'Église, qui lui avaient succédé, étaient les juges-nés de tous les hommes sans exception. Voici comme il s'exprima :

Sers Dieu dévotement,
Baille-lui largement,
Révère sa gent dûment,
Rends-lui le sien entièrement.

Ces rimes firent un très bel effet. (Voyez *Libellus Bertrandi cardinalis*, tom. I des libertés de l'Église gallicane.)

Pierre Bertrandi, évêque d'Autun, entra dans de plus grands détails. Il assura que l'excommunication n'étant jamais lancée que pour un péché mortel, le coupable devait faire pénitence, et que la meilleure pénitence était de donner de l'argent à l'Église. Il représenta que les juges ecclésiastiques étaient plus capables que les juges royaux ou seigneuriaux de rendre justice, parce qu'ils avaient étudié les décrétales que les autres ignoraient.

Mois on pouvait lui répondre qu'il fallait obliger les baillis et les prévôts du royaume à lire les décrétales pour ne jamais les suivre.

Cette grande assemblée ne servit à rien; le roi croyait avoir besoin alors de ménager le pape, né dans son royaume, siégeant dans Avignon, et ennemi mortel de l'empereur Louis de Bavière. La politique, dans tous les temps, conserva les abus dont se plaignait la justice. Il resta seulement dans le parlement une mémoire ineffaçable du discours de Pierre Cugnières. Ce tribunal s'affermit dans l'usage où il était déjà de s'opposer aux prétentions cléricales: on appela toujours des sentences des officiaux au parlement, et peu à peu cette procédure fut appelée *Appel comme d'abus*.

Enfin, tous les parlements du royaume se sont accordés à laisser à l'Église sa discipline, et à juger tous les hommes indistinctement suivant les lois de l'état, en conservant les formalités prescrites par les ordonnances.

ABUS DES MOTS.

Les livres, comme les conversations, nous donnent rarement des idées précises. Rien n'est si commun que de lire et de converser inutilement.

Il faut répéter ici ce que Locke a tant recommandé, *définissez les termes*.

Une dame a trop mangé et n'a point fait d'exercice, elle est malade; son médecin lui apprend qu'il y a dans elle une humeur peccante, des impuretés, des obstructions, des vapeurs, et lui prescrit une drogue qui purifiera son sang. Quelle idée nette peuvent donner tous ces mots? La malade et les parents qui écoutent ne les comprennent pas plus que le médecin. Autrefois on ordonnait une décoction de plantes chaudes ou froides au second, au troisième degré.

Un jurisconsulte, dans son institut criminel, annonce que l'inobservation des fêtes et dimanches est un crime de lèse-majesté divine au second chef. *Majesté divine* donne d'abord l'idée du plus énorme des crimes et du châtiment le plus affreux; de quoi s'agit-il? D'avoir manqué vêpres, ce qui peut arriver au plus honnête homme du monde.

Dans toutes les disputes sur la liberté, un argumentant entend presque toujours une chose, et son adversaire une autre. Un troisième survient qui n'entend ni le premier ni le second, et qui n'en est pas entendu.

Dans les disputes sur la liberté, l'un a dans la tête la puissance d'agir, l'autre la puissance de vouloir, le dernier le desir d'exécuter; ils courent tous trois, chacun dans son cercle, et ne se rencontrent jamais.

Il en est de même dans les querelles sur la grâce. Qui peut comprendre sa nature, ses opérations, et la suffisante qui ne suffit pas, et l'efficace à laquelle on résiste?

On a prononcé deux mille ans les mots de *forme substantielle* sans en avoir la moindre notion. On y a substitué les natures plastiques sans y rien gagner.

Un voyageur est arrêté par un torrent; il demande le gué à un villageois qu'il voit de loin vis-à-vis de lui: Prenez à droite, lui crie le paysan; il prend la droite et se noie; l'autre court à lui: Hé, malheureux! je ne vous avais pas dit d'avancer à votre droite, mais à la mienne.

Le monde est plein de ces malentendus. Comment un Norvégien en lisant cette formule, *serviteur des serviteurs de Dieu*, découvrira-t-il que c'est l'évêque des évêques et le roi des rois qui parle?

Dans le temps que les fragments de Pétrone fesaient grand bruit dans la littérature, Meibomius, grand savant de Lubeck, lit dans une lettre imprimée d'un autre savant de Bologne: Nous avons ici un Pétrone entier; je l'ai vu de mes yeux et avec admiration: « Habemus hic Petronium integrum, quem vidi meis oculis, non « sine admiratione. » Aussitôt il part pour l'Italie, court à Bologne, va trouver le bibliothécaire Capponi, lui demande s'il est vrai qu'on ait à Bologne le Pétrone entier. Capponi lui répond que c'est une chose dès long-temps publique. Puis-je voir ce Pétrone? ayez la bonté de me le montrer. Rien n'est plus aisé, dit Capponi. Il le mène à l'église où repose le corps de saint Pétrone. Meibomius prend la poste et s'enfuit.

Si le jésuite Daniel a pris un abbé guerrier *martialem abbatem*, pour l'abbé Martial, cent historiens sont tombés dans de plus grandes méprises. Le jésuite D'Orléans, dans ses *Révolutions d'Angleterre*, mettait indifféremment Northampton et Southampton, ne se trompant que du nord au sud.

Des termes métaphoriques, pris au sens propre, ont décidé quelquefois de l'opinion de vingt nations. On connaît la métaphore d'Isaïe (XIV, 12): « Comment es-tu tombée du ciel, étoile de » lumière qui te levais le matin? » On s'imagina que ce discours s'adressait au diable. Et comme le mot hébreu qui répond à l'étoile de Vénus a été traduit par le mot *Lucifer* en latin, le diable depuis ce temps-là s'est toujours appelé Lucifer.

On s'est fort moqué de la carte du Tendre de mademoiselle Scudéri. Les amants s'embarquent sur le fleuve de Tendre; on dîne à Tendre sur Estime, on soupe à Tendre sur Inclination, on couche à Tendre sur Desir; le lendemain on se trouve à Tendre sur Passion, et enfin à Tendre sur Tendre. Ces idées peuvent être ridicules, surtout quand ce sont des Clélies, des Horatius Coclès, et des Romains austères et agrestes qui voyagent; mais cette carte géographique montre au moins que l'amour a beaucoup de logements différents. Cette idée fait voir que le même mot ne signifie pas la même chose, que la différence est prodigieuse entre l'amour de Tarquin et celui de Céladon, entre l'amour de David pour Jonathas, qui était plus fort que celui des femmes, et l'abbé Desfontaines pour de petits ramoneurs de cheminée.

Le plus singulier exemple de cet abus des mots, de ces équivoques volontaires, de ces malentendus qui ont causé tant de querelles, est le King-Tien de la Chine. Des missionnaires d'Europe disputent entre eux violemment sur la signification de ce mot. La cour de Rome envoie un Français nommé Maigrot, qu'elle fait évêque imaginaire d'une province de la Chine, pour juger de ce différent. Ce Maigrot ne sait pas un mot de chinois; l'empereur daigne lui faire dire ce qu'il entend par King-Tien; Maigrot ne veut pas l'en croire, et fait condamner à Rome l'empereur de la Chine.

On ne tarit point sur cet abus des mots. En histoire, en morale, en jurisprudence, en médecine, mais surtout en théologie, gardez-vous des équivoques.

Boileau n'avait pas tort quand il fit la satire qui porte ce nom; il eût pu la mieux faire; mais il y a des vers dignes de lui que l'on cite tous les jours :

Lorsque chez tes sujets l'un contre l'autre armés,
Et sur un Dieu fait homme au combat animés,
Tu fis dans une guerre et si vive et si longue
Périr tant de chrétiens, martyrs d'une diphthongue.

ACADÉMIE.

Les académies sont aux universités ce que l'âge mûr est à l'enfance, ce que l'art de bien parler est à la grammaire, ce que la politesse est aux premières leçons de la civilité. Les académies n'étant point mercenaires doivent être absolument libres. Telles ont été les académies d'Italie, telle est l'Académie Française, et surtout la Société royale de Londres.

L'Académie Française, qui s'est formée elle-même, reçut à la vérité des lettres-patentes de Louis XIII, mais sans aucun salaire, et par conséquent sans aucune sujétion. C'est ce qui engagea les premiers hommes du royaume, et jusqu'à des princes, à demander d'être admis dans cet illustre corps. La Société de Londres a eu le même avantage.

Le célèbre Colbert, étant membre de l'Académie Française, employa quelques uns de ses confrères à composer les inscriptions et les devises pour les bâtiments publics. Cette petite assemblée, dont furent ensuite Racine et Boileau, devint bientôt une académie à part. On peut dater même de l'année 1663 l'établissement de cette Académie des Incriptions, nommée aujourd'hui *des Belles-Lettres*, et celle de l'Académie des Sciences de 1666. Ce sont deux établissements qu'on doit au même ministre qui contribua en tant de genres à la splendeur du siècle de Louis XIV.

Lorsque après la mort de Jean-Baptiste Colbert, et celle du marquis de Louvois, le comte de Pontchartrain, secrétaire d'état, eut le département de Paris, il chargea l'abbé Bignon, son neveu, de gouverner les nouvelles académies. On imagina des places d'honoraires qui n'exigeaient nulle science, et qui étaient sans rétribution; des places de pensionnaires qui demandaient du travail, désagréablement distinguées de celles des honoraires; des places d'associés sans pension, et des places d'élèves, titre encore plus désagréable, et supprimé depuis.

L'Académie des Belles-Lettres fut mise sur le même pied. Toutes deux se soumirent à la dépendance immédiate du secrétaire d'état, et à la distinction révoltante des honorés, des pensionnés, et des élèves.

L'abbé Bignon osa proposer le même réglement à l'Académie Française, dont il était membre. Il fut reçu avec une indignation unanime. Les moins opulents de l'Académie furent les premiers à rejeter ses offres, et à préférer la liberté et l'honneur à des pensions.

L'abbé Bignon qui, avec l'intention louable de faire du bien, n'avait pas assez ménagé la noblesse des sentiments de ses confrères, ne remit plus le pied à l'Académie Française; il régna dans les autres tant que le comte de Pontchartrain fut en place. Il résumait même les mémoires lus aux séances publiques, quoiqu'il faille l'érudition la plus profonde et la plus étendue pour rendre compte sur-le-champ d'une dissertation sur des points épineux de physique et de mathématiques; et il passa pour un Mécène. Cet usage de résumer les discours a cessé; mais la dépendance est demeurée.

Ce mot d'académie devint si célèbre, que lorsque Lulli, qui était une espèce de favori, eut obtenu l'établissement de son Opéra en 1672, il eut le crédit de faire insérer dans les patentes, que c'était une « Académie royale de Musique, et que « les gentilshommes et les demoiselles pourraient

» y chanter sans déroger. » Il ne fit pas le même honneur aux danseurs et aux danseuses; cependant le public a toujours conservé l'habitude d'aller à l'Opéra, et jamais à l'Académie de Musique.

On sait que ce mot *académie*, emprunté des Grecs, signifiait originairement une société, une école de philosophie d'Athènes, qui s'assemblait dans un jardin légué par *Academus*.

Les Italiens furent les premiers qui instituèrent de telles sociétés après la renaissance des lettres. L'Académie de la Crusca est du seizième siècle. Il y en eut ensuite dans toutes les villes où les sciences étaient cultivées.

Ce titre a été tellement prodigué en France, qu'on l'a donné pendant quelques années à des assemblées de joueurs qu'on appelait autrefois *des tripots*. On disait *académies de jeu*. On appela les jeunes gens qui apprenaient l'équitation et l'escrime dans des écoles destinées à ces arts, *académistes*, et non pas *académiciens*.

Le titre d'*académicien* n'a été attaché par l'usage qu'aux gens de lettres des trois Académies, la Française, celle des Sciences, celle des Inscriptions.

L'Académie Française a rendu de grands services à la langue.

Celle des Sciences a été très utile, en ce qu'elle n'adopte aucun système, et qu'elle publie les découvertes et les tentatives nouvelles.

Celle des Inscriptions s'est occupée des recherches sur les monuments de l'antiquité; et depuis quelques années, il en est sorti des mémoires très instructifs.

C'est un devoir établi par l'honnêteté publique, que les membres de ces trois Académies se respectent les uns les autres dans les recueils que ces sociétés impriment. L'oubli de cette politesse nécessaire est très rare. Cette grossièreté n'a guère été reprochée de nos jours qu'à l'abbé Foucher[a], de l'Académie des Inscriptions, qui, s'étant trompé dans un mémoire sur Zoroastre, voulut appuyer sa méprise par des expressions qui autrefois étaient trop en usage dans les écoles, et que le savoir-vivre a proscrites; mais le corps n'est pas responsable des fautes des membres.

La Société de Londres n'a jamais pris le titre d'*académie*.

Les académies dans les provinces ont produit des avantages signalés. Elles ont fait naître l'émulation, forcé au travail, accoutumé les jeunes gens à de bonnes lectures, dissipé l'ignorance et les préjugés de quelques villes, inspiré la politesse, et chassé autant qu'on le peut le pédantisme.

[a] Voyez le *Mercure de France*, juin, page 151; juillet, deuxième volume, page 144; et août, page 122, année 1769.

On n'a guère écrit contre l'Académie Française que des plaisanteries frivoles et insipides. La comédie des *Académiciens* de Saint-Évremond eut quelque réputation en son temps; mais une preuve de son peu de mérite, c'est qu'on ne s'en souvient plus, au lieu que les bonnes satires de Boileau sont immortelles. Je ne sais pourquoi Pellisson dit que la comédie des *Académiciens* tient de la farce. Il me semble que c'est un simple dialogue sans intrigue et sans sel, aussi fade que le *sir Politick* et que la comédie des *Opéra*, et que presque tous les ouvrages de Saint-Évremond, qui ne sont, à quatre ou cinq pièces près, que des futilités en style pincé et en antithèses.

ADAM.

SECTION PREMIÈRE.

On a tant parlé, tant écrit d'Adam, de sa femme, des préadamites, etc.; les rabbins ont débité sur Adam tant de rêveries, et il est si plat de répéter ce que les autres ont dit, qu'on hasarde ici sur Adam une idée assez neuve; du moins elle ne se trouve dans aucun ancien auteur, dans aucun père de l'Église, ni dans aucun prédicateur ou théologien, ou critique, ou scoliaste de ma connaissance. C'est le profond secret qui a été gardé sur Adam dans toute la terre habitable, excepté en Palestine, jusqu'au temps où les livres juifs commencèrent à être connus dans Alexandrie, lorsqu'ils furent traduits en grec sous un des Ptolémées. Encore furent-ils très peu connus; les gros livres étaient très rares et très chers; et de plus, les Juifs de Jérusalem furent si en colère contre ceux d'Alexandrie, leur firent tant de reproches d'avoir traduit leur *Bible* en langue profane, leur dirent tant d'injures, et crièrent si haut au Seigneur, que les Juifs alexandrins cachèrent leur traduction autant qu'ils le purent. Elle fut si secrète, qu'aucun auteur grec ou romain n'en parle jusqu'au temps de l'empereur Aurélien.

Or, l'historien Josèphe avoue, dans sa réponse à Apion (livre 1er, chap. IV), que les Juifs n'avaient eu long-temps aucun commerce avec les autres nations. « Nous habitons, dit-il, un pays » éloigné de la mer; nous ne nous appliquons point » au commerce; nous ne communiquons point » avec les autres peuples.... Y a-t-il sujet de s'étonner que notre nation habitant si loin de la » mer, et affectant de ne rien écrire, ait été si » peu connue[a]? »

[a] Les Juifs étaient très connus des Perses, puisqu'ils furent dispersés dans leur empire; ensuite des Égyptiens, puisqu'ils

On demandera ici comment Josèphe pouvait dire que sa nation affectait de ne rien écrire, lorsqu'elle avait vingt-deux livres canoniques, sans compter le *Targum d'Onkelos*. Mais il faut considérer que vingt-deux volumes très petits étaient fort peu de chose en comparaison de la multitude des livres conservés dans la bibliothèque d'Alexandrie, dont la moitié fut brûlée dans la guerre de César.

Il est constant que les Juifs avaient très peu écrit, très peu lu ; qu'ils étaient profondément ignorants en astronomie, en géométrie, en géographie, en physique; qu'ils ne savaient rien de l'histoire des autres peuples, et qu'ils ne commencèrent enfin à s'instruire que dans Alexandrie. Leur langue était un mélange barbare d'ancien phénicien et de chaldéen corrompu. Elle était si pauvre, qu'il leur manquait plusieurs modes dans la conjugaison de leurs verbes.

De plus, ne communiquant à aucun étranger leurs livres ni leurs titres, personne sur la terre, excepté eux, n'avait jamais entendu parler ni d'Adam, ni d'Ève, ni d'Abel, ni de Caïn, ni de Noé. Le seul Abraham fut connu des peuples orientaux dans la suite des temps : mais nul peuple ancien ne convenait que cet Abraham ou Ibrahim fût la tige du peuple juif.

Tels sont les secrets de la Providence, que le père et la mère du genre humain furent toujours entièrement ignorés du genre humain, au point que les noms d'Adam et d'Ève ne se trouvent dans aucun ancien auteur, ni de la Grèce, ni de Rome, ni de la Perse, ni de la Syrie, ni chez les Arabes mêmes, jusque vers le temps de Mahomet. Dieu daigna permettre que les titres de la grande famille du monde ne fussent conservés que chez la plus petite et la plus malheureuse partie de la famille.

Comment se peut-il faire qu'Adam et Ève aient été inconnus à tous leurs enfants? Comment ne se trouva-t-il ni en Égypte, ni à Babylone, aucune trace, aucune tradition de nos premiers pères ? Pourquoi ni Orphée, ni Linus, ni Thamyris, n'en parlèrent-ils point? car s'ils en avaient dit un mot, ce mot aurait été relevé sans doute par Hésiode, et surtout par Homère, qui parlent de tout, excepté des auteurs de la race humaine.

Clément d'Alexandrie, qui rapporte tant de témoignages de l'antiquité, n'aurait pas manqué de citer un passage dans lequel il aurait été fait mention d'Adam et d'Ève.

Eusèbe, dans son *Histoire universelle*, a recherché jusqu'aux témoignages les plus suspects; il aurait bien fait valoir le moindre trait, la moindre vraisemblance en faveur de nos premiers parents.

Il est donc avéré qu'ils furent toujours entièrement ignorés des nations.

On trouve à la vérité chez les brachmanes, dans le livre intitulé l'*Ezourveidam*, le nom d'Adimo et celui de Procriti, sa femme. Si Adimo ressemble un peu à notre Adam, les Indiens répondent : « Nous sommes un grand peuple établi vers l'Indus et vers le Gange, plusieurs siècles avant que la horde hébraïque se fût portée vers le Jourdain. Les Égyptiens, les Persans, les Arabes, venaient chercher dans notre pays la sagesse et les épiceries, quand les Juifs étaient inconnus au reste des hommes. Nous ne pouvons avoir pris notre Adimo de leur Adam. Notre Procriti ne ressemble point du tout à Ève, et d'ailleurs leur histoire est entièrement différente.

» De plus le *Veidam*, dont l'*Ezourveidam* est le commentaire, passe chez nous pour être d'une antiquité plus reculée que celle des livres juifs; et ce *Veidam* est encore une nouvelle loi donnée aux brachmanes quinze cents ans après leur première loi appelée Shasta ou Shasta-bad. »

Telles sont à peu près les réponses que les brames d'aujourd'hui ont souvent faites aux aumôniers des vaisseaux marchands qui venaient leur parler d'Adam et d'Ève, d'Abel et de Caïn, tandis que les négociants de l'Europe venaient à main armée acheter des épiceries chez eux, et désoler leur pays.

Le Phénicien Sanchoniathon, qui vivait certainement avant le temps où nous plaçons Moïse*, et qui est cité par Eusèbe comme un auteur authentique, donne dix générations à la race humaine comme fait Moïse, jusqu'au temps de Noé; et il ne parle dans ces dix générations ni d'Adam, ni d'Ève, ni d'aucun de leurs descendants, ni de Noé même.

Voici les noms des premiers hommes, suivant la traduction grecque faite par Philon de Biblos : Æon, Genos, Phox, Liban, Usou, Halieus, Chrisor, Tecnites, Agrove, Amine. Ce sont là les dix premières générations.

firent tout le commerce d'Alexandrie ; des Romains, puisqu'ils avaient des synagogues à Rome. Mais étant au milieu des nations, ils en furent toujours séparés par leurs institutions. Ils ne mangeaient point avec les étrangers, et ne communiquèrent leurs livres que très tard.

* Ce qui fait penser à plusieurs savants que Sanchoniathon est antérieur au temps où l'on place Moïse, c'est qu'il n'en parle point. Il écrivait dans Bérithe. Cette ville était voisine du pays où les Juifs s'établirent. Si Sanchoniathon avait été postérieur ou contemporain, il n'aurait pas omis les prodiges épouvantables dont Moïse inonda l'Égypte ; il aurait sûrement fait mention du peuple juif qui mettait sa patrie à feu et à sang. Eusèbe, Jules Africain, saint Éphrem, tous les pères grecs et syriaques auraient cité un auteur profane qui rendait témoignage au législateur hébreu. Eusèbe surtout, qui reconnaît l'authenticité de Sanchoniathon, et qui en a traduit des fragments, aurait traduit tout ce qui eût regardé Moïse.

Vous ne voyez le nom de Noé ni d'Adam dans aucune des antiques dynasties d'Égypte; ils ne se trouvent point chez les Chaldéens: en un mot, la terre entière a gardé sur eux le silence.

Il faut avouer qu'une telle réticence est sans exemple. Tous les peuples se sont attribué des origines imaginaires; et aucun n'a touché à la véritable. On ne peut comprendre comment le père de toutes les nations a été ignoré si long-temps : son nom devait avoir volé de bouche en bouche d'un bout du monde à l'autre, selon le cours naturel des choses humaines.

Humilions-nous sous les décrets de la Providence qui a permis cet oubli si étonnant. Tout a été mystérieux et caché dans la nation conduite par Dieu même, qui a préparé la voie au christianisme, et qui a été l'olivier sauvage sur lequel est enté l'olivier franc. Les noms des auteurs du genre humain, ignorés du genre humain, sont au rang des plus grands mystères.

J'ose affirmer qu'il a fallu un miracle pour boucher ainsi les yeux et les oreilles de toutes les nations, pour détruire chez elles tout monument, tout ressouvenir de leur premier père. Qu'auraient pensé, qu'auraient dit César, Antoine, Crassus, Pompée, Cicéron, Marcellus, Métellus, si un pauvre Juif, en leur vendant du baume, leur avait dit: Nous descendons tous d'un même père nommé Adam? Tout le sénat romain aurait crié: Montrez-nous notre arbre généalogique. Alors le Juif aurait déployé ses dix générations jusqu'à Noé, jusqu'au secret de l'inondation de tout le globe. Le sénat lui aurait demandé combien il y avait de personnes dans l'arche pour nourrir tous les animaux pendant dix mois entiers, et pendant l'année suivante qui ne put fournir aucune nourriture. Le rogneur d'espèces aurait dit : Nous étions huit, Noé et sa femme, leurs trois fils, Sem, Cham et Japhet, et leurs épouses. Toute cette famille descendait d'Adam en droite ligne.

Cicéron se serait informé sans doute des grands monuments, des témoignages incontestables que Noé et ses enfants auraient laissés de notre commun père: toute la terre après le déluge aurait retenti à jamais des noms d'Adam et de Noé, l'un père, l'autre restaurateur de toutes les races. Leurs noms auraient été dans toutes les bouches dès qu'on aurait parlé, sur tous les parchemins dès qu'on aurait su écrire, sur la porte de chaque maison sitôt qu'on aurait bâti, sur tous les temples, sur toutes les statues. Quoi! vous saviez un si grand secret, et vous nous l'avez caché! C'est que nous sommes purs, et que vous êtes impurs, aurait répondu le Juif. Le sénat romain aurait ri, ou l'aurait fait fustiger: tant les hommes sont attachés à leurs préjugés!

SECTION II.

La pieuse madame de Bourignon était sûre qu'Adam avait été hermaphrodite, comme les premiers hommes du divin Platon. Dieu lui avait révélé ce grand secret; mais comme je n'ai pas eu les mêmes révélations, je n'en parlerai point. Les rabbins juifs ont lu les livres d'Adam; ils savent le nom de son précepteur et de sa seconde femme: mais comme je n'ai point lu ces livres de notre premier père, je n'en dirai mot. Quelques esprits creux, très savants, sont tout étonnés, quand ils lisent le *Veidam* des anciens brachmanes, de trouver que le premier homme fut créé aux Indes, etc.; qu'il s'appelait Adimo, qui signifie l'engendreur; et que sa femme s'appelait Procriti, qui signifie la vie. Ils disent que la secte des brachmanes est incontestablement plus ancienne que celle des Juifs; que les Juifs ne purent écrire que très tard dans la langue cananéenne, puisqu'ils ne s'établirent que très tard dans le petit pays de Canaan; ils disent que les Indiens furent toujours inventeurs, et les Juifs toujours imitateurs; les Indiens toujours ingénieux, et les Juifs toujours grossiers; ils disent qu'il est bien difficile qu'Adam qui était roux, et qui avait des cheveux, soit le père des Nègres qui sont noirs comme de l'encre, et qui ont de la laine noire sur la tête. Que ne disent-ils point? Pour moi, je ne dis mot; j'abandonne ces recherches au révérend père Berruyer de la société de Jésus, c'est le plus grand innocent que j'aie jamais connu. On a brûlé son livre comme celui d'un homme qui voulait tourner la *Bible* en ridicule: mais je puis assurer qu'il n'y entendait pas finesse. (*Tiré d'une lettre du chevalier de R***.*)

SECTION III.

Nous ne vivons plus dans un siècle où l'on examine sérieusement si Adam a eu la science infuse ou non; ceux qui ont si long-temps agité cette question n'avaient la science ni infuse ni acquise.

Il est aussi difficile de savoir en quel temps fut écrit le livre de la *Genèse* où il est parlé d'Adam, que de savoir la date du *Veidam*, du *Hanscrit*, et des autres anciens livres asiatiques. Il est important de remarquer qu'il n'était pas permis aux Juifs de lire le premier chapitre de la *Genèse* avant l'âge de vingt-cinq ans. Beaucoup de rabbins ont regardé la formation d'Adam et d'Ève, et leur aventure, comme une allégorie. Toutes les anciennes nations célèbres en ont imaginé de pareilles; et, par un concours singulier qui marque la faiblesse de notre nature, toutes ont voulu expliquer l'origine du mal moral et du mal physique par des idées à peu près semblables. Les Chaldéens, les Indiens, les Perses, les Égyptiens, ont également rendu compte de ce mélange de bien et de mal qui semble être l'apanage de notre globe. Les Juifs sortis d'Égypte y avaient entendu parler, tout grossiers qu'ils étaient, de la philosophie allégorique des Égyptiens. Ils mêlèrent depuis à ces faibles connaissances celles qu'ils puisèrent chez les Phéniciens et les Babyloniens dans un très long esclavage; mais comme il est naturel et très ordinaire qu'un peuple grossier imite grossièrement les imaginations d'un peuple poli, il n'est pas surprenant que les Juifs aient imaginé une femme formée de la côte d'un homme; l'esprit de vie soufflé de la bouche de Dieu au visage d'Adam; le Tigre, l'Euphrate, le Nil et l'Oxus ayant la même source dans un jardin; et la défense de manger d'un fruit, défense qui a produit la mort aussi bien que le mal physique et moral. Pleins de l'idée répandue chez les anciens, que le serpent est un animal très subtil, ils n'ont pas fait difficulté de lui accorder l'intelligence et la parole.

Ce peuple, qui n'était alors répandu que dans un petit coin de la terre, et qui la croyait longue, étroite et plate, n'eut pas de peine à croire que tous les hommes venaient d'Adam, et ne pouvait pas savoir que les Nègres, dont la conformation est différente de la nôtre, habitaient de vastes contrées. Il était bien loin de deviner l'Amérique.

Au reste, il est assez étrange qu'il fût permis au peuple Juif de lire l'*Exode*, où il y a tant de miracles qui épouvantent la raison, et qu'il ne fût pas permis de lire avant vingt-cinq ans le premier chapitre de la *Genèse*, où tout doit être nécessairement miracle, puisqu'il s'agit de la création. C'est peut-être à cause de la manière singulière dont l'auteur s'exprime dès le premier verset, «au » commencement les dieux firent le ciel et la » terre; » on put craindre que les jeunes Juifs n'en prissent occasion d'adorer plusieurs dieux. C'est peut-être parce que Dieu ayant créé l'homme et la femme au premier chapitre, les refait encore au deuxième, et qu'on ne voulut pas mettre cette apparence de contradiction sous les yeux de la jeunesse. C'est peut-être parce qu'il est dit que «les » dieux firent l'homme à leur image, » et que ces expressions présentaient aux Juifs un Dieu trop corporel. C'est peut-être parce qu'il est dit que Dieu ôta une côte à Adam pour en former la femme, et que les jeunes gens inconsidérés qui se seraient tâté les côtes, voyant qu'il ne leur en manquait point auraient pu soupçonner l'auteur de quelque infidélité. C'est peut-être parce que Dieu, qui se promenait toujours à midi dans le jardin d'Éden, se moque d'Adam après sa chute, et que ce ton railleur aurait trop inspiré à la jeunesse le goût de la plaisanterie. Enfin chaque ligne de ce chapitre fournit des raisons très plausibles d'en interdire la lecture; mais sur ce pied-là, on ne voit pas trop comment les autres chapitres étaient permis. C'est encore une chose surprenante, que les Juifs ne dussent lire ce chapitre qu'à vingt-cinq ans. Il semble qu'il devait être proposé d'abord à l'enfance, qui reçoit tout sans examen, plutôt qu'à la jeunesse, qui se pique déjà de juger et de rire. Il se peut faire aussi que les Juifs de vingt-cinq ans étant déjà préparés et affermis, en recevaient mieux ce chapitre, dont la lecture aurait pu révolter des âmes toutes neuves.

On ne parlera pas ici de la seconde femme d'Adam, nommée Lillith, que les anciens rabbins lui ont donnée; il faut convenir qu'on sait très peu d'anecdotes de sa famille.

ADORER.

Culte de latrie. Chanson attribuée à Jésus-Christ. Danse sacrée. Cérémonie.

N'est-ce pas un grand défaut dans quelques langues modernes, qu'on se serve du même mot envers l'Être suprême et une fille? On sort quelquefois d'un sermon où le prédicateur n'a parlé que d'adorer Dieu en esprit et en vérité. De là on court à l'Opéra, où il n'est question que « du charmant objet que j'adore, et des aimables traits » dont ce héros adore les attraits. »

Du moins les Grecs et les Romains ne tombèrent point dans cette profanation extravagante. Horace ne dit point qu'il adore Lalagé. Tibulle n'adore point Délie. Ce terme même d'adoration n'est pas dans Pétrone.

Si quelque chose peut excuser notre indécence, c'est que dans nos opéra et dans nos chansons il est souvent parlé des dieux de la fable. Les poëtes ont dit que leurs Philis étaient plus adorables que ces fausses divinités, et personne ne pouvait les en blâmer. Peu à peu on s'est accoutumé à cette expression, au point qu'on a traité de même le Dieu de tout l'univers et une chanteuse de l'Opéra-comique, sans qu'on s'aperçût de ce ridicule.

Détournons-en les yeux, et ne les arrêtons que sur l'importance de notre sujet.

Il n'y a point de nation civilisée qui ne rende un culte public d'adoration à Dieu. Il est vrai qu'on ne force personne, ni en Asie, ni en Afrique, d'aller à la mosquée ou au temple du lieu, on y va de son bon gré. Cette affluence aurait pu même servir à réunir les esprits des hommes, et à les rendre plus doux dans la société. Cependant on les a vus quelquefois s'acharner les uns contre les autres dans l'asile même consacré à la paix. Les zélés inondèrent de sang le temple de Jérusalem, dans lequel ils égorgèrent leurs frères. Nous avons quelquefois souillé nos églises de carnage.

A l'article de la CHINE, on verra que l'empereur est le premier pontife, et combien le culte est auguste est simple. Ailleurs il est simple sans avoir rien de majestueux; comme chez les réformés de notre Europe et dans l'Amérique anglaise.

Dans d'autres pays, il faut à midi allumer des flambeaux de cire, qu'on avait en abomination dans les premiers temps. Un couvent de religieuses, à qui on voudrait retrancher les cierges, crierait que la lumière de la foi est éteinte, et que le monde va finir.

L'Église anglicane tient le milieu entre les pompeuses cérémonies romaines et la sécheresse des calvinistes.

Les chants, la danse et les flambeaux étaient des cérémonies essentielles aux fêtes sacrées de tout l'Orient. Quiconque a lu, sait que les anciens Égyptiens *fesaient* le tour de leurs temples en chantant et en dansant. Point d'institution sacerdotale chez les Grecs sans des chants et des danses. Les Hébreux prirent cette coutume de leurs voisins; David chantait et dansait devant l'arche.

Saint Matthieu parle d'un cantique chanté par Jésus-Christ même et par les apôtres après leurs pâques[a]. Ce cantique, qui est parvenu jusqu'à nous, n'est point mis dans le canon des livres sacrés; mais on en retrouve des fragments dans la 237e lettre de saint Augustin à l'évêque Cérétius... Saint Augustin ne dit pas que cette hymne ne fut point chantée; il n'en réprouve pas les paroles: il ne condamne les priscillianistes qui admettaient cette hymne dans leur Évangile, que sur l'interprétation erronée qu'ils en donnaient et qu'il trouve impie. Voici le cantique tel qu'on le trouve par parcelles dans Augustin même:

Je veux délier, et je veux être délié.
Je veux sauver, et je veux être sauvé.
Je veux engendrer, et je veux être engendré.
Je veux chanter, *dansez tous de joie*.
Je veux pleurer, frappez-vous tous de douleur.
Je veux orner, et je veux être orné.
Je suis la lampe pour vous qui me voyez.
Je suis la porte pour vous qui y frappez.
Vous qui voyez ce que je fais, ne dites point ce que je fais.
J'ai joué tout cela dans ce discours, et je n'ai point du tout été joué.

Mais quelque dispute qui se soit élevée au sujet de ce cantique, il est certain que le chant était employé dans toutes les cérémonies religieuses. Mahomet avait trouvé ce culte établi chez les Arabes. Il l'est dans les Indes. Il ne paraît pas qu'il soit en usage chez les lettrés de la Chine. Les cérémonies ont partout quelque ressemblance et quelque différence; mais on adore Dieu par toute la terre. Malheur sans doute à ceux qui ne l'adorent pas comme nous, et qui sont dans l'erreur, soit par le dogme, soit pour les rites; ils sont assis à l'ombre de la mort; mais plus leur malheur est grand, plus il faut les plaindre et les supporter.

C'est même une grande consolation pour nous que tous les mahométans, les Indiens, les Chinois, les Tartares adorent un Dieu unique; en cela ils sont nos frères. Leur fatale ignorance de nos mystères sacrés ne peut que nous inspirer une tendre compassion pour nos frères qui s'égarent. Loin de nous tout esprit de persécution qui ne servirait qu'à les rendre irréconciliables.

Un Dieu unique étant adoré sur toute la terre connue, faut-il que ceux qui le reconnaissent pour leur père, lui donnent toujours le spectacle de ses enfants qui se détestent, qui s'anathématisent, qui se poursuivent, qui se massacrent pour des arguments?

Il n'est pas aisé d'expliquer au juste ce que les Grecs et les Romains entendaient par adorer; si l'on adorait les faunes, les sylvains, les dryades, les naïades, comme on adorait les douze grands dieux. Il n'est pas vraisemblable qu'Antinoüs, le mignon d'Adrien, fût adoré par les nouveaux Égyptiens du même culte que Sérapis; et il est assez prouvé que les anciens Égyptiens n'adoraient pas les ognons et les crocodiles de la même façon qu'Isis et Osiris. On trouve l'équivoque partout, elle confond tout. Il faut à chaque mot dire: Qu'entendez-vous? il faut toujours répéter: *Définissez les termes*[a].

Est-il bien vrai que Simon, qu'on appelle le *Magicien*, fut adoré chez les Romains? il est bien plus vrai qu'il y fut absolument ignoré.

Saint Justin, dans son *Apologie* (*Apolog.* n° 26 et 56), aussi inconnue à Rome que ce Simon, dit que ce dieu avait une statue élevée sur le Tibre, ou plutôt près du Tibre, entre les deux ponts, avec cette inscription: *Simoni deo sancto*. Saint Irénée, Tertullien, attestent la même chose: mais à qui l'attestent-ils? à des gens qui n'avaient jamais vu Rome; à des Africains, à des Allobroges, à des Syriens, à quelques habitants de Sichem. Ils n'avaient certainement pas vu cette statue, dont l'inscription est: *Semo sanco deo fidio*, et non pas *Simoni sancto deo*.

Ils devaient au moins consulter Denys d'Halicarnasse, qui, dans son quatrième livre, rapporte cette inscription. *Semo sanco* était un ancien mot sabin, qui signifie demi-homme et demi-dieu.

[a] *Hymno dicto*. Saint Matthieu, ch. XXVI, v. 30.

[a] Voyez l'article ALEXANDRE.

Vous trouvez dans Tite-Live (liv. 8, ch. 20) : « Bona Semoni sanco censuerunt consecranda. » Ce dieu était un des plus anciens qui fussent révérés à Rome ; il fut consacré par Tarquin-le-Superbe, et regardé comme le dieu des alliances et de la bonne foi. On lui sacrifiait un bœuf ; et on écrivait sur la peau de ce bœuf le traité fait avec les peuples voisins. Il avait un temple auprès de celui de Quirinus. Tantôt on lui présentait des offrandes sous le nom du père *Semo*, tantôt sous le nom de *Sancus fidius*. C'est pourquoi Ovide dit dans ses *Fastes* (liv. 6, v. 215) :

« Quærebam nonas Sanco, Fidiove referrem,
« An tibi, Semo pater. »

Voilà la divinité romaine qu'on a prise pendant tant de siècles pour Simon-le-Magicien. Saint Cyrille de Jérusalem n'en doutait pas ; et saint Augustin, dans son premier livre *des Hérésies*, dit que Simon-le-Magicien lui-même se fit élever cette statue avec celle de son Hélène, par ordre de l'empereur et du sénat.

Cette étrange fable, dont la fausseté était si aisée à reconnaître, fut continuellement liée avec cette autre fable, que saint Pierre et ce Simon avaient tous deux comparu devant Néron ; qu'ils s'étaient défiés à qui ressusciterait le plus promptement un mort proche parent de Néron même, et à qui s'élèverait le plus haut dans les airs ; que Simon se fit enlever par des diables dans un chariot de feu, que saint Pierre et saint Paul le firent tomber des airs par leurs prières, qu'il se cassa les jambes, qu'il en mourut, et que Néron irrité fit mourir saint Paul et saint Pierre [1].

Abdias, Marcel, Hégésippe, ont rapporté ce conte avec des détails un peu différents ; Arnobe, Saint Cyrille de Jérusalem, Sévère-Sulpice, Philastre, saint Épiphane, Isidore de Damiette, Maxime de Turin, plusieurs autres auteurs, ont donné cours successivement à cette erreur. Elle a été généralement adoptée, jusqu'à ce qu'enfin on ait trouvé dans Rome une statue de *Semo sancus deus fidius*, et que le savant P. Mabillon ait déterré un de ces anciens monuments avec cette inscription : *Semoni sanco deo fidio.*

Cependant il est certain qu'il y eut un Simon que les Juifs crurent magicien, comme il est certain qu'il y a eu un Apollonius de Tyane. Il est vrai encore que ce Simon, né dans le petit pays de Samarie, ramassa quelques gueux auxquels il persuada qu'il était envoyé de Dieu, et la vertu de Dieu même. Il baptisait ainsi que les apôtres baptisaient, et il élevait autel contre autel.

Les Juifs de Samarie, toujours ennemis des Juifs de Jérusalem, osèrent opposer ce Simon à Jésus-Christ reconnu par les apôtres, par les disciples, qui tous étaient de la tribu de Benjamin ou de celle de Juda. Il baptisait comme eux ; mais il ajoutait le feu au baptême d'eau, et se disait prédit par saint Jean-Baptiste, selon ces paroles [a] : « Celui qui » doit venir après moi est plus puissant que moi, » il vous baptisera dans le Saint-Esprit et dans le » feu. »

Simon allumait par-dessus le bain baptismal une flamme légère avec du naphte du lac Asphaltide. Son parti fut assez grand ; mais il est fort douteux que ses disciples l'aient adoré : saint Justin est le seul qui le croie.

Ménandre [b] se disait, comme Simon, envoyé de Dieu et sauveur des hommes. Tous les faux messies, et surtout Barcochebas, prenaient le titre d'envoyés de Dieu ; mais Barcochebas lui-même n'exigea point d'adoration. On ne divinise guère les hommes de leur vivant, à moins que ces hommes ne soient des Alexandre ou des empereurs romains qui l'ordonnent expressément à des esclaves : encore n'est-ce pas une adoration proprement dite ; c'est une vénération extraordinaire, une apothéose anticipée, une flatterie aussi ridicule que celles qui sont prodiguées à Octave par Virgile et par Horace.

ADULTÈRE.

Nous ne devons point cette expression aux Grecs. Ils appelaient l'adultère μοιχεία, dont les Latins ont fait leur *mœchus*, que nous n'avons point francisé. Nous ne la devons ni à la langue syriaque ni à l'hébraïque, jargon du syriaque, qui nommait l'adultère *nyuph*. Adultère signifiait en latin, « altération, adultération, une chose » mise pour une autre, un crime de faux, fausses » clefs, faux contrats, faux seing ; *adulteratio.* » De là, celui qui se met dans le lit d'un autre fut nommé *adulter*, comme une fausse clef qui fouille dans la serrure d'autrui.

C'est ainsi qu'ils nommèrent par antiphrase *coccyx*, coucou, le pauvre mari chez qui un étranger venait pondre. Pline le naturaliste dit [c] : « Coccix ova subdit in nidis alienis ; ita plerique » alienas uxores faciunt matres. » « Le coucou dépose ses œufs dans le nid des autres oiseaux ; ainsi force Romains rendent mères les femmes de leurs amis. » La comparaison n'est pas trop juste. *Coccyx* signifiant un coucou, nous en avons fait

[1] Voyez l'article PIERRE (Saint). K.

[a] Mathieu, ch. III, v. 11.

[b] Ce n'est pas du poëte comique ni du rhéteur qu'il s'agit ici, mais d'un disciple de Simon-le-Magicien, devenu enthousiaste et charlatan comme son maître.

[c] Liv. X, ch. IX.

cocu. Que de choses on doit aux Romains! mais comme on altère le sens de tous les mots! Le cocu, suivant la bonne grammaire, devait être le galant, et c'est le mari. Voyez la chanson de Scarron [a].

Quelques doctes ont prétendu que c'est aux Grecs que nous sommes redevables de l'emblème des cornes, et qu'ils désignaient par le titre de bouc, αἴξ [b], l'époux d'une femme lascive comme une chèvre. En effet, ils appelaient *fils de chèvre* les bâtards, que notre canaille appelle *fils de putain*. Mais ceux qui veulent s'instruire à fond, doivent savoir que nos cornes viennent des cornettes des dames. Un mari qui se laissait tromper et gouverner par son insolente femme, était réputé porteur de cornes, cornu, cornard, par les bons bourgeois. C'est par cette raison que *cocu, cornard*, et *sot*, étaient synonymes. Dans une de nos comédies on trouve ce vers :

> Elle? elle n'en fera qu'un sot, je vous assure.

Cela veut dire : elle n'en fera qu'un cocu. Et dans l'*École des femmes* (I, 1),

> Épouser une sotte est pour n'être point sot.

Bautru, qui avait beaucoup d'esprit, disait : Les Bautrus sont cocus, mais ils ne sont pas des sots.

La bonne compagnie ne se sert plus de tous ces vilains termes, et ne prononce même jamais le mot d'*adultère*. On ne dit point : Madame la duchesse est en adultère avec monsieur le chevalier, madame la marquise a un mauvais commerce avec monsieur l'abbé. On dit : Monsieur l'abbé est cette semaine l'amant de madame la marquise. Quand les dames parlent à leurs amies de leurs adultères, elles disent : J'avoue que j'ai du goût pour *lui*. Elles avouaient autrefois qu'elles sentaient quelque estime; mais depuis qu'une bourgeoise s'accusa à son confesseur d'avoir de l'estime pour un conseiller, et que le confesseur lui dit : Madame, combien de fois vous a-t-il estimée? les dames de qualité n'ont plus estimé personne, et ne vont plus guère à confesse.

Les femmes de Lacédémone ne connaissaient, dit-on, ni la confession ni l'adultère. Il est bien vrai que Ménélas avait éprouvé ce qu'Hélène savait faire. Mais Lycurgue y mit bon ordre en rendant les femmes communes, quand les maris voulaient bien les prêter, et que les femmes y consentaient. Chacun peut disposer de son bien. Un mari en ce cas n'avait point à craindre de nourrir dans sa maison un enfant étranger. Tous les enfants appartenaient à la république, et non à une maison particulière; ainsi on ne fesait tort à personne. L'adultère n'est un mal qu'autant qu'il est un vol : mais on ne vole point ce qu'on vous donne. Un mari priait souvent un jeune homme beau, bien fait et vigoureux, de vouloir bien faire un enfant à sa femme. Plutarque nous a conservé dans son vieux style la chanson que chantaient les Lacédémoniens quand Acrotatus allait se coucher avec la femme de son ami :

> Allez, gentil Acrotatus, besognez bien Kélidonide,
> Donnez de braves citoyens à Sparte.

Les Lacédémoniens avaient donc raison de dire que l'adultère était impossible parmi eux.

Il n'en est pas ainsi chez nos nations, dont toutes les lois sont fondées sur le tien et le mien.

Un des plus grands désagréments de l'adultère chez nous, c'est que la dame se moque quelquefois de son mari avec son amant; le mari s'en doute; et on n'aime point à être tourné en ridicule. Il est arrivé dans la bourgeoisie que souvent la femme a volé son mari pour donner à son amant; les querelles de ménage sont poussées à des excès cruels : elles sont heureusement peu connues dans la bonne compagnie.

Le plus grand tort, le plus grand mal est de donner à un pauvre homme des enfants qui ne sont pas à lui, et de le charger d'un fardeau qu'il ne doit pas porter. On a vu par là des races de héros entièrement abâtardies. Les femmes des Astolphes et des Jocondes, par un goût dépravé, par la faiblesse du moment, ont fait des enfants avec un nain contrefait, avec un petit valet sans cœur et sans esprit. Les corps et les âmes s'en sont ressentis. De petits singes ont été les héritiers des plus grands noms dans quelques pays de l'Europe. Ils ont dans leur première salle les portraits de leurs prétendus aïeux, hauts de six pieds, beaux, bien faits, armés d'un estramaçon que la race d'aujourd'hui pourrait à peine soulever. Un emploi important est possédé par un homme qui n'y a nul droit, et dont le cœur, la tête et le bras n'en peuvent soutenir le faix.

Il y a quelques provinces en Europe où les filles font volontiers l'amour et deviennent ensuite des épouses assez sages. C'est tout le contraire en France; on enferme les filles dans des couvents, où jusqu'à présent on leur a donné une éducation ridicule. Leurs mères, pour les consoler, leur font espérer qu'elles seront libres quand elles seront mariées. A peine ont-elles vécu un an avec leur époux, qu'on s'empresse de savoir tout le secret

[a] Tous les jours une chaise
Me coûte un écu,
Pour porter à l'aise
Votre chien de cu,
A moi, pauvre cocu.

[b] Voyez l'article Bouc.

de leurs appas. Une jeune femme ne vit, ne soupe, ne se promène, ne va au spectacle qu'avec des femmes qui ont chacune leur affaire réglée; si elle n'a point son amant comme les autres, elle est ce qu'on appelle *dépareillée;* elle en est honteuse; elle n'ose se montrer.

Les Orientaux s'y prennent au rebours de nous. On leur amène des filles qu'on leur garantit pucelles sur la foi d'un Circassien. On les épouse, et on les enferme par précaution, comme nous enfermons nos filles. Point de plaisanteries dans ces pays-là sur les dames et sur les maris; point de chansons; rien qui ressemble à nos froids quolibets de cornes et de cocuage. Nous plaignons les grandes dames de Turquie, de Perse, des Indes; mais elles sont cent fois plus heureuses dans leurs sérails que nos filles dans leurs couvents.

Il arrive quelquefois chez nous qu'un mari mécontent, ne voulant point faire un procès criminel à sa femme pour cause d'adultère ce qui ferait crier à la barbarie, se contente de se faire séparer de corps et de biens.

C'est ici le lieu d'insérer le précis d'un Mémoire composé par un honnête homme qui se trouve dans cette situation; voici ses plaintes: sont-elles justes?

MÉMOIRE D'UN MAGISTRAT,

ÉCRIT VERS L'AN 1764.

Un principal magistrat d'une ville de France a le malheur d'avoir une femme qui a été débauchée par un prêtre avant son mariage, et qui depuis s'est couverte d'opprobre par des scandales publics : il a eu la modération de se séparer d'elle sans éclat. Cet homme, âgé de quarante ans, vigoureux, et d'une figure agréable, a besoin d'une femme; il est trop scrupuleux pour chercher à séduire l'épouse d'un autre, il craint même le commerce d'une fille, ou d'une veuve qui lui servirait de concubine. Dans cet état inquiétant et douloureux, voici le précis des plaintes qu'il adresse à son Église.

Mon épouse est criminelle, et c'est moi qu'on punit. Une autre femme est nécessaire à la consolation de ma vie, à ma vertu même; et la secte dont je suis me la refuse; elle me défend de me marier avec une fille honnête. Les lois civiles d'aujourd'hui, malheureusement fondées sur le droit canon, me privent des droits de l'humanité. L'Église me réduit à chercher ou des plaisirs qu'elle réprouve, ou des dédommagements honteux qu'elle condamne; elle veut me forcer d'être criminel.

Je jette les yeux sur tous les peuples de la terre, il n'y en a pas un seul, excepté le peuple catholique romain, chez qui le divorce et un nouveau mariage ne soient de droit naturel.

Quel renversement de l'ordre a donc fait chez les catholiques une vertu de souffrir l'adultère, et un devoir de manquer de femme quand on a été indignement outragé par la sienne?

Pourquoi un lien pourri est-il indissoluble, malgré la grande loi adoptée par le code, *quidquid ligatur dissolubile est?* On me permet la séparation de corps et de biens, et on ne me permet pas le divorce. La loi peut m'ôter ma femme, et elle me laisse un nom qu'on appelle *sacrement!* Je ne jouis plus du mariage, et je suis marié. Quelle contradiction! quel esclavage! et sous quelles lois avons-nous reçu la naissance!

Ce qui est bien plus étrange, c'est que cette loi de mon Église est directement contraire aux paroles que cette Église elle-même croit avoir été prononcées par Jésus-Christ [1] : « Quiconque a » renvoyé sa femme (excepté pour adultère), pè» che s'il en prend une autre. »

Je n'examine point si les pontifes de Rome ont été en droit de violer à leur plaisir la loi de celui qu'ils regardent comme leur maître; si lorsqu'un état a besoin d'un héritier, il est permis de répudier celle qui ne peut en donner. Je ne recherche point si une femme turbulente, attaquée de démence, ou homicide, ou empoisonneuse, ne doit pas être répudiée aussi bien qu'une adultère : je m'en tiens au triste état qui me concerne : Dieu me permet de me remarier, et l'évêque de Rome ne me le permet pas!

Le divorce a été en usage chez les catholiques sous tous les empereurs; il l'a été dans tous les états démembrés de l'empire romain. Les rois de France qu'on appelle *de la première race,* ont presque tous répudié leurs femmes pour en prendre de nouvelles. Enfin il vint un Grégoire IX, ennemi des empereurs et des rois, qui, par un décret, fit du mariage un joug insecouable; sa décrétale devint la loi de l'Europe. Quand les rois voulurent répudier une femme adultère selon la loi de Jésus-Christ, ils ne purent en venir à bout; il fallut chercher des prétextes ridicules. Louis-le-Jeune fut obligé, pour faire son malheureux divorce avec Éléonore de Guienne, d'alléguer une parenté qui n'existait pas. Le roi Henri IV, pour répudier Marguerite de Valois, prétexta une cause encore plus fausse, un défaut de consentement. Il fallut mentir pour faire un divorce légitimement.

Quoi! un souverain peut abdiquer sa couronne, et sans la permission du pape il ne pourra abdi-

[1] Matthieu, ch. XIX, v. 9.

quer sa femme! Est-il possible que des hommes d'ailleurs éclairés aient croupi si long-temps dans cette absurde servitude!

Que nos prêtres, que nos moines renoncent aux femmes, j'y consens; c'est un attentat contre la population, c'est un malheur pour eux; mais ils méritent ce malheur qu'ils se sont fait eux-mêmes. Ils ont été les victimes des papes, qui ont voulu avoir en eux des esclaves, des soldats sans famille et sans patrie, vivant uniquement pour l'Église : mais moi magistrat, qui sers l'état toute la journée, j'ai besoin le soir d'une femme; et l'Église n'a pas le droit de me priver d'un bien que Dieu m'accorde. Les apôtres étaient mariés, Joseph était marié, et je veux l'être. Si moi Alsacien je dépends d'un prêtre qui demeure à Rome, si ce prêtre a la barbare puissance de me priver d'une femme, qu'il me fasse eunuque pour chanter des *miserere* dans sa chapelle[1].

MÉMOIRE POUR LES FEMMES.

L'équité demande qu'après avoir rapporté ce Mémoire en faveur des maris, nous mettions aussi sous les yeux du public le plaidoyer en faveur des mariées, présenté à la junte du Portugal par une comtesse d'Arcira. En voici la substance :

L'Évangile a défendu l'adultère à mon mari tout comme à moi; il sera damné comme moi, rien n'est plus avéré. Lorsqu'il m'a fait vingt infidélités, qu'il a donné mon collier à une de mes rivales, et mes boucles d'oreilles à une autre, je n'ai point demandé aux juges qu'on le fît raser, qu'on l'enfermât chez des moines, et qu'on me donnât son bien. Et moi, pour l'avoir imité une seule fois, pour avoir fait avec le plus beau jeune homme de Lisbonne ce qu'il fait tous les jours impunément avec les plus sottes guenons de la cour et de la ville, il faut que je réponde sur la sellette devant des licenciés, dont chacun serait à mes pieds si nous étions tête à tête dans mon cabinet; il faut que l'huissier me coupe à l'audience mes cheveux, qui sont les plus beaux du monde; qu'on m'enferme chez des religieuses qui n'ont pas le sens commun, qu'on me prive de ma dot et de mes conventions matrimoniales, qu'on donne tout mon bien à mon fat de mari pour l'aider à séduire d'autres femmes et à commettre de nouveaux adultères.

Je demande si la chose est juste, et s'il n'est pas évident que ce sont les cocus qui ont fait les lois.

On répond à mes plaintes que je suis trop heureuse de n'être pas lapidée à la porte de la ville par les chanoines, les habitués de paroisse, et tout le peuple. C'est ainsi qu'on en usait chez la première nation de la terre, la nation choisie, la nation chérie, la seule qui eût raison quand toutes les autres avaient tort.

Je réponds à ces barbares que lorsque la pauvre femme adultère fut présentée par ses accusateurs au maître de l'ancienne et de la nouvelle loi, il ne la fit point lapider; qu'au contraire il leur reprocha leur injustice, qu'il se moqua d'eux en écrivant sur la terre avec le doigt, qu'il leur cita l'ancien proverbe hébraïque : « Que celui de » vous qui est sans péché jette la première pierre; » qu'alors ils se retirèrent tous, les plus vieux fuyant les premiers, parce que plus ils avaient d'âge, plus ils avaient commis d'adultères.

Les docteurs en droit canon me répliquent que cette histoire de la femme adultère n'est racontée que dans l'Évangile de saint Jean, qu'elle n'y a été insérée qu'après coup. Léontius, Maldonat, assurent qu'elle ne se trouve que dans un seul ancien exemplaire grec; qu'aucun des vingt-trois premiers commentateurs n'en a parlé. Origène, saint Jérôme, saint Jean Chrysostôme, Théophilacte, Nonnus, ne la connaissent point. Elle ne se trouve point dans la Bible syriaque, elle n'est point dans la version d'Ulphilas.

Voilà ce que disent les avocats de mon mari, qui voudraient non seulement me faire raser, mais me faire lapider.

Mais les avocats qui ont plaidé pour moi disent qu'Ammonius, auteur du troisième siècle, a reconnu cette histoire pour véritable, et que si saint Jérôme la rejette dans quelques endroits, il l'adopte dans d'autres; qu'en un mot, elle est authentique aujourd'hui. Je pars de là, et je dis à mon mari : Si vous êtes sans péché, rasez-moi, enfermez-moi, prenez mon bien; mais si vous avez fait plus de péchés que moi, c'est à moi de vous raser, de vous faire enfermer, et de m'emparer de votre fortune. En fait de justice, les choses doivent être égales.

Mon mari réplique qu'il est mon supérieur et mon chef, qu'il est plus haut que moi de plus d'un pouce, qu'il est velu comme un ours; que par conséquent je lui dois tout, et qu'il ne me doit rien.

Mais je demande si la reine Anne d'Angleterre n'est pas le chef de son mari? si son mari le

[1] L'empereur Joseph II vient de donner à ses peuples une nouvelle législation sur les mariages. Par cette législation, le mariage devient ce qu'il doit être : un simple contrat civil. Il a également autorisé le divorce sans exiger d'autre motif que la volonté constante des deux époux. Sur ces deux objets plus importants qu'on ne croit pour la morale et la prospérité des états, il a donné un grand exemple qui sera suivi par les autres nations de l'Europe, quand elles commenceront à sentir qu'il n'est pas plus raisonnable de consulter sur la législation les théologiens que les danseurs de corde. K.

prince de Danemarck, qui est son grand-amiral, ne lui doit pas une obéissance entière? et si elle ne le ferait pas condamner à la cour des pairs en cas d'infidélité de la part du petit homme? Il est donc clair que si les femmes ne font pas punir les hommes, c'est quand elles ne sont pas les plus fortes.

SUITE DU CHAPITRE SUR L'ADULTÈRE.

Pour juger valablement un procès d'adultère, il faudrait que douze hommes et douze femmes fussent les juges, avec un hermaphrodite qui eût la voix prépondérante en cas de partage.

Mais il est des cas singuliers sur lesquels la raillerie ne peut avoir de prise, et dont il ne nous appartient pas de juger. Telle est l'aventure que rapporte saint Augustin dans son sermon de la prédication de Jésus-Christ sur la montagne.

Septimius Acyndinus, proconsul de Syrie, fait emprisonner dans Antioche un chrétien qui n'avait pu payer au fisc une livre d'or, à laquelle il était taxé, et le menace de la mort s'il ne paie. Un homme riche promet les deux marcs à la femme de ce malheureux, si elle veut consentir à ses desirs. La femme court en instruire son mari; il la supplie de lui sauver la vie aux dépens des droits qu'il a sur elle, et qu'il lui abandonne. Elle obéit: mais l'homme qui lui doit deux marcs d'or, la trompe en lui donnant un sac plein de terre. Le mari, qui ne peut payer le fisc, va être conduit à la mort. Le proconsul apprend cette infamie; il paie lui-même la livre d'or au fisc de ses propres deniers, et il donne aux deux époux chrétiens le domaine dont a été tirée la terre qui a rempli le sac de la femme.

Il est certain que loin d'outrager son mari, elle a été docile à ses volontés; non seulement elle a obéi, mais elle lui a sauvé la vie. Saint Augustin n'ose décider si elle est coupable ou vertueuse, il craint de la condamner.

Ce qui est, à mon avis, assez singulier, c'est que Bayle prétend être plus sévère que saint Augustin [a]. Il condamne hardiment cette pauvre femme. Cela serait inconcevable, si on ne savait à quel point presque tous les écrivains ont permis à leur plume de démentir leur cœur, avec quelle facilité on sacrifie son propre sentiment à la crainte d'effaroucher quelque pédant qui peut nuire, combien on est peu d'accord avec soi-même.

Le matin rigoriste, et le soir libertin,
L'écrivain qui d'Éphèse excusa la matrone,
Renchérit tantôt sur Pétrone,
Et tantôt sur saint Augustin.

[a] *Dictionnaire de Bayle*, article ACYNDINUS.

RÉFLEXION D'UN PÈRE DE FAMILLE.

N'ajoutons qu'un petit mot sur l'éducation contradictoire que nous donnons à nos filles. Nous les élevons dans le desir immodéré de plaire, nous leur en dictons des leçons : la nature y travaillait bien sans nous; mais on y ajoute tous les raffinements de l'art. Quand elles sont parfaitement stylées, nous les punissons si elles mettent en pratique l'art que nous avons cru leur enseigner. Que diriez-vous d'un maître à danser qui aurait appris son métier à un écolier pendant dix ans, et qui voudrait lui casser les jambes parce qu'il l'a trouvé dansant avec un autre?

Ne pourrait-on pas ajouter cet article à celui des contradictions?

AFFIRMATION PAR SERMENT.

Nous ne dirons rien ici sur l'affirmation avec laquelle les savants s'expriment si souvent. Il n'est permis d'affirmer, de décider, qu'en géométrie. Partout ailleurs imitons le docteur Métaphraste de Molière [1]. Il se pourrait — la chose est fesable — cela n'est pas impossible — il faut voir. — Adoptons le *peut-être* de Rabelais, le *que sais-je* de Montaigne, le *non liquet* des Romains, le *doute* de l'Académie d'Athènes, dans les choses profanes s'entend : car pour le sacré, on sait bien qu'il n'est pas permis de douter.

Il est dit à cet article, dans le *Dictionnaire encyclopédique*, que les primitifs, nommés *quakers* en Angleterre, font foi en justice sur leur seule affirmation, sans être obligés de prêter serment.

Mais les pairs du royaume ont le même privilége; les pairs séculiers affirment sur leur honneur, et les pairs ecclésiastiques en mettant la main sur leur cœur; les quakers obtinrent la même prérogative sous le règne de Charles II : c'est la seule secte qui ait cet honneur en Europe

Le chancelier Cowper voulut obliger les quakers à jurer comme les autres citoyens; celui qui était à leur tête lui dit gravement : «L'ami chancelier, tu dois savoir que notre Seigneur Jésus-Christ, notre sauveur, nous a défendu d'affirmer autrement que par *ya, ya, no, no.* Il a dit expressément : « Je » vous défends de jurer ni par le ciel, parce que » c'est le trône de Dieu; ni par la terre; parce » que c'est l'escabeau de ses pieds; ni par Jérusa- » lem, parce que c'est la ville du grand roi; ni » par la tête, parce que tu n'en peux rendre un » seul cheveu ni blanc, ni noir. » Cela est positif, notre ami; et nous n'irons pas déso-

[1] *Métaphraste* est un personnage du *Dépit amoureux*. C'est *Marphurius* qui, dans le *Mariage forcé*, prononce ces paroles.

béir à Dieu pour complaire à toi et à ton parlement. »

« On ne peut mieux parler, *répondit le chancelier;* mais il faut que vous sachiez qu'un jour Jupiter ordonna que toutes les bêtes de somme se fissent ferrer : les chevaux, les mulets, les chameaux même obéirent incontinent, les ânes seuls résistèrent; ils représentèrent tant de raisons, ils se mirent à braire si long-temps, que Jupiter, qui était bon, leur dit enfin : « Messieurs » les ânes, je me rends à votre prière; vous ne se» rez point ferrés, mais le premier faux pas que » vous ferez, vous aurez cent coups de bâton. »

Il faut avouer que les quakers n'ont jamais jusqu'ici fait de faux pas.

AGAR.

Quand on renvoie son amie, sa concubine, sa maîtresse, il faut lui faire un sort au moins tolérable, ou bien l'on passe parmi nous pour un malhonnête homme.

On nous dit qu'Abraham était fort riche dans le désert de Gérare, quoiqu'il n'eût pas un pouce de terre en propre. Nous savons de science certaine qu'il défit les armées de quatre grands rois avec trois cent dix-huit gardeurs de moutons.

Il devait donc au moins donner un petit troupeau à sa maîtresse Agar, quand il la renvoya dans le désert. Je parle ici seulement selon le monde, et je révère toujours les voies incompréhensibles qui ne sont pas nos voies.

J'aurais donc donné quelques moutons, quelques chèvres, un beau bouc, à mon ancienne amie Agar, quelques paires d'habits pour elle et pour notre fils Ismaël, une bonne ânesse pour la mère, un joli ânon pour l'enfant, un chameau pour porter leurs hardes, et au moins deux domestiques pour les accompagner et pour les empêcher d'être mangés des loups.

Mais le père des croyants ne donna qu'une cruche d'eau et un pain à sa pauvre maîtresse et à son enfant, quand il les exposa dans le désert.

Quelques impies ont prétendu qu'Abraham n'était pas un père fort tendre, qu'il voulut faire mourir son bâtard de faim, et couper le cou à son fils légitime.

Mais encore un coup, ces voies ne sont pas nos voies; il est dit que la pauvre Agar s'en alla dans le désert de Bersabée. Il n'y avait point de désert de Bersabée. Ce nom ne fut connu que longtemps après : mais c'est une bagatelle, le fond de l'histoire n'en est pas moins authentique.

Il est vrai que la postérité d'Ismaël, fils d'Agar, se vengea bien de la postérité d'Isaac, fils de Sara, en faveur duquel il fut chassé. Les Sarrasins, descendants en droite ligne d'Ismaël, se sont emparés de Jérusalem appartenante par droit de conquête à la postérité d'Isaac. J'aurais voulu qu'on eût fait descendre les Sarrasins de Sara, l'étymologie aurait été plus nette; c'était une généalogie à mettre dans notre Moréri. On prétend que le mot Sarrasin vient de *Sarac*, voleur. Je ne crois pas qu'aucun peuple se soit jamais appelé voleur; ils l'ont presque tous été, mais on prend cette qualité rarement. Sarrasin descendant de Sara me paraît plus doux à l'oreille.

AGE.

Nous n'avons nulle envie de parler des âges du monde; ils sont si connus et si uniformes! Gardons-nous aussi de parler de l'âge des premiers rois ou dieux d'Égypte, c'est la même chose. Ils vivaient des douze cents années; cela ne nous regarde pas : mais ce qui nous intéresse fort, c'est la durée ordinaire de la vie humaine. Cette théorie est parfaitement bien traitée dans le *Dictionnaire encyclopédique*, à l'article VIE, d'après les Halley, les Kerseboom, et les Deparcieux.

En 1741, M. de Kerseboom me communiqua ses calculs sur la ville d'Amsterdam ; en voici le résultat :

Sur cent mille personnes il y en avait	
de mariées.	34500
d'hommes veufs, seulement.	1500
de veuves.	4500

Cela ne prouverait pas que les femmes vivent plus que les hommes dans la proportion de quarante-cinq à quinze, et qu'il y eût trois fois plus de femmes que d'hommes : mais cela prouverait qu'il y avait trois fois plus de Hollandais qui étaient allés mourir à Batavia, ou à la pêche de la baleine, que de femmes, lesquelles restent d'ordinaire chez elles; et ce calcul est encore prodigieux.

Célibataires, jeunesse et enfance des	
deux sexes.	45000
domestiques.	10000
voyageurs.	4000
Somme totale. . . .	99500

Par son calcul, il devait se trouver sur un million d'habitants des deux sexes, depuis seize ans jusqu'à cinquante, environ vingt mille hommes pour servir de soldats, sans déranger les autres professions. Mais voyez les calculs de MM. Deparcieux, de Saint-Maur, et de Buffon, ils sont encore plus précis et plus instructifs à quelques égards.

Cette arithmétique n'est pas favorable à la manie de lever de grandes armées. Tout prince qui lève trop de soldats peut ruiner ses voisins, mais il ruine sûrement son état.

Ce calcul dément encore beaucoup le compte, ou plutôt le conte d'Hérodote qui fait arriver Xerxès en Europe suivi d'environ deux millions d'hommes. Car si un million d'habitants donne vingt mille soldats, il en résulte que Xerxès avait cent millions de sujets; ce qui n'est guère croyable. On le dit pourtant de la Chine; mais elle n'a pas un million de soldats : ainsi l'empereur de la Chine est du double plus sage que Xerxès.

La Thèbes aux cent portes, qui laissait sortir dix mille soldats par chaque porte, aurait eu, suivant la supputation hollandaise, cinquante millions tant de citoyens que de citoyennes. Nous fesons un calcul plus modeste à l'article DÉNOMBREMENT.

L'âge du service de guerre étant depuis vingt ans jusqu'à cinquante, il faut mettre une prodigieuse différence entre porter les armes hors de son pays, et rester soldat dans sa patrie. Xerxès dut perdre les deux tiers de son armée dans son voyage en Grèce. César dit que les Suisses étant sortis de leur pays au nombre de trois cent quatre-vingt-huit mille individus; pour aller dans quelque province des Gaules tuer ou dépouiller les habitants, il les mena si bon train qu'il n'en resta que cent dix mille. Il a fallu dix siècles pour repeupler la Suisse : car on sait à présent que les enfants ne se font, ni à coups de pierre, comme du temps de Deucalion et de Pyrrha, ni à coups de plume, comme le jésuite Pétau, qui fait naître sept cents milliards d'hommes d'un seul des enfants du père Noé, en moins de trois cents ans.

Charles XII leva le cinquième homme en Suède pour aller faire la guerre en pays étranger, et il a dépeuplé sa patrie.

Continuons à parcourir les idées et les chiffres du calculateur hollandais, sans répondre de rien, parce qu'il est dangereux d'être comptable

CALCUL DE LA VIE.

Selon lui, dans une grande ville, de vingt-six mariages il ne reste environ que huit enfants. Sur mille légitimes il compte soixante-cinq bâtards.

De sept cents enfants, il en reste au bout d'un

an environ	560
au bout de dix ans	445
au bout de vingt ans	405
à quarante ans	500
à soixante ans	190
au bout de quatre-vingts ans	50
à quatre-vingt-dix ans	5
à cent ans, personne	0

Par-là on voit que de sept cents enfants nés dans la même année, il n'y a que cinq chances pour arriver à quatre-vingt dix ans. Sur cent quarante, il n'y a qu'une seule chance; et sur un moindre nombre il n'y en a point.

Ce n'est donc que sur un très grand nombre d'existences qu'on peut espérer de pousser la sienne jusqu'à quatre-vingt-dix ans; et sur un bien plus grand nombre encore que l'on peut espérer de vivre un siècle.

Ce sont de gros lots à la loterie, sur lesquels il ne faut pas compter; et même qui ne sont pas à desirer autant qu'on les desire; ce n'est qu'une longue mort.

Combien trouve-t-on de ces vieillards qu'on appelle *heureux*, dont le bonheur consiste à ne pouvoir jouir d'aucun plaisir de la vie, à n'en faire qu'avec peine deux ou trois fonctions dégoûtantes, à ne distinguer ni les sons ni les couleurs, à ne connaître ni jouissance ni espérance, et dont toute la félicité est de savoir confusément qu'ils sont un fardeau de la terre, baptisés ou circoncis depuis cent années?

Il y en a un sur cent mille tout au plus dans nos climats.

Voyez les listes des morts de chaque année à Paris et à Londres; ces villes, à ce qu'on dit, ont environ sept cent mille habitants. Il est très rare d'y trouver à la fois sept centenaires, et souvent il n'y en pas un seul.

En général, l'âge commun auquel l'espèce humaine est rendue à la terre, dont elle sort, est de vingt-deux à vingt-trois ans tout au plus, selon les meilleurs observateurs.

De mille enfants nés dans une même année, les uns meurent à six mois, les autres à quinze; celui-ci à dix-huit ans, cet autre à trente-six, quelques uns à soixante; trois ou quatre octogénaires, sans dents et sans yeux, meurent après avoir souffert quatre-vingts ans. Prenez un nombre moyen, chacun a porté son fardeau vingt-deux ou vingt-trois années.

Sur ce principe, qui n'est que trop vrai, il est avantageux à un état bien administré, et qui a des fonds en réserve, de constituer beaucoup de rentes viagères. Des princes économes qui veulent enrichir leur famille y gagnent considérablement; chaque année la somme qu'ils ont à payer diminue.

Il n'en est pas de même dans un état obéré. Comme il paie un intérêt plus fort que l'intérêt ordinaire, il se trouve bientôt court; il est obligé de faire de nouveaux emprunts, c'est un cercle perpétuel de dettes et d'inquiétudes.

Les tontines, invention d'un usurier nommé *Tontino*, sont bien plus ruineuses. Nul soulagement pendant quatre-vingts ans au moins. Vous payez toutes les rentes au dernier survivant.

A la dernière tontine qu'on fit en France en 1759, une société de calculateurs prit une classe à elle seule, elle choisit celle de quarante ans, parce qu'on donnait un denier plus fort pour cet âge que pour les âges depuis un an jusqu'à quarante, et qu'il y a presque autant de chances pour parvenir de quarante à quatre-vingts ans, que du berceau à quarante.

On donnait dix pour cent aux pontes âgés de quarante années, et le dernier vivant héritait de tous les morts. C'est un des plus mauvais marchés que l'état puisse faire [1].

On croit avoir remarqué que les rentiers viagers vivent un peu plus long-temps que les autres hommes; de quoi les payeurs sont assez fâchés. La raison en est peut-être que ces rentiers sont, *pour la plupart*, des gens de bon sens, qui se sentent bien constitués, des bénéficiers, des célibataires uniquement occupés d'eux-mêmes, vivant en gens qui veulent vivre long-temps. Ils disent : Si je mange trop, si je fais un excès, le roi sera mon héritier : l'emprunteur qui me paie ma rente viagère, et qui se dit mon ami, rira en me voyant enterrer. Cela les arrête : ils se mettent au régime; ils végètent quelques minutes de plus que les autres hommes.

Pour consoler les débiteurs, il faut leur dire qu'à quelque âge qu'on leur donne un capital pour des rentes viagères, fût-ce sur la tête d'un enfant qu'on baptise, ils font toujours un très bon marché. Il n'y a qu'une tontine qui soit onéreuse; aussi les moines n'en ont jamais fait. Mais pour de l'argent en rentes viagères, ils en prenaient à toute main jusqu'au temps où ce jeu leur fut défendu. En effet, on est débarrassé du fardeau de payer au bout de trente ou quarante ans; et on paie une rente foncière pendant toute l'éternité. Il leur a été aussi défendu de prendre des capitaux en rentes perpétuelles; et la raison, c'est qu'on n'a pas voulu les trop détourner de leurs occupations spirituelles.

[1] Il y avait des tontines en France, l'abbé Terrai en supprima les accroissements; la crainte qu'il n'ait des imitateurs empêchera sans doute à l'avenir de se fier à cette espèce d'emprunt; et son injustice aura du moins délivré la France d'une opération de finance si onéreuse.

Les emprunts en rentes viagères ont de grands inconvénients.

1° Ce sont des annuités dont le terme est incertain; l'état joue contre des particuliers; mais ils savent mieux conduire leur jeu, ils choisissent des enfants mâles dans un pays où la vie moyenne est longue, les font inoculer, les attachent à leur patrie et à des métiers sains et non périlleux par une petite pension, et distribuent leurs fonds sur un certain nombre de ces têtes.

2° Comme il y a du risque à courir, les joueurs veulent jouer avec avantage; et par conséquent si l'intérêt commun d'une rente perpétuelle est cinq pour cent, il faut que celui qui représente la rente viagère soit au-dessus de cinq pour cent. En calculant à la rigueur la plupart des emprunts de ce genre faits depuis vingt ans, ce qui n'a encore été exécuté par personne, on serait étonné de la différence entre le taux de ces emprunts et le taux commun de l'intérêt de l'argent.

3° On est toujours le maître de changer par des remboursements réglés un emprunt en rentes perpétuelles à annuités à terme fixe; et l'on ne peut, sans injustice, rien changer aux rentes viagères une fois établies.

4° Les contrats de rentes perpétuelles, et surtout des annuités à terme fixe, sont une propriété toujours disponible qui se convertit en argent avec plus ou moins de perte suivant le crédit du créancier. Les rentes viagères, à cause de leur incertitude, ne peuvent se vendre qu'à un prix beaucoup plus bas. C'est un désavantage qu'il faut compenser par une augmentation d'intérêts.

Nous ne parlons point ici des effets que ces emprunts peuvent produire sur les mœurs, ils sont trop bien connus : mais nous observerons qu'ils ne peuvent, lorsqu'ils sont considérables, être remplis qu'en supposant que les capitalistes y placent des fonds que, sans cela, ils auraient placés dans un commerce utile. Ce sont donc autant de capitaux perdus pour l'industrie. Nouveau mal que produit cette manière d'emprunter. K.

AGRICULTURE.

Il n'est pas concevable comment les anciens, qui cultivaient la terre aussi bien que nous, pouvaient imaginer que tous les grains qu'ils semaient en terre devaient nécessairement mourir et pourrir avant de lever et produire. Il ne tenait qu'à eux de tirer un grain de la terre au bout de deux ou trois jours, ils l'auraient vu très sain, un peu enflé, la racine en bas, la tête en haut. Ils auraient distingué au bout de quelque temps le germe, les petits filets blancs des racines, la matière laiteuse dont se formera la farine, ses deux enveloppes, ses feuilles. Cependant c'était assez que quelque philosophe grec ou barbare eût enseigné que toute génération vient de corruption, pour que personne n'en doutât : et cette erreur, la plus grande et la plus sotte de toutes les erreurs, parce qu'elle est la plus contraire à la nature, se trouvait dans des livres écrits pour l'instruction du genre humain.

Aussi les philosophes modernes, trop hardis parce qu'ils sont plus éclairés, ont abusé de leurs lumières mêmes pour reprocher durement à Jésus notre Sauveur, et à saint Paul son persécuteur, qui devint son apôtre, d'avoir dit qu'il fallait que le grain pourrît en terre pour germer, qu'il mourût pour renaître : ils ont dit que c'était le comble de l'absurdité de vouloir prouver le nouveau dogme de la résurrection par une comparaison si fausse et si ridicule. On a osé dire dans l'*Histoire critique de Jésus-Christ*, que de si grands ignorants n'étaient pas faits pour enseigner les hommes, et que ces livres si long-temps inconnus n'étaient bons que pour la plus vile populace.

Les auteurs de ces blasphèmes n'ont pas songé que Jésus-Christ et saint Paul daignaient parler le langage reçu; que pouvant enseigner les vérités de la physique, ils n'enseignaient que celles de la morale, qu'ils suivaient l'exemple du respectable auteur de la *Genèse* [1]. En effet, dans la *Genèse*, l'Esprit saint se conforme dans chaque ligne aux idées les plus grossières du peuple le plus grossier; la sagesse éternelle ne descendit point sur la terre pour instituer des académies des sciences. C'est ce que nous répondons toujours à ceux qui reprochent tant d'erreurs physiques à tous les prophètes et à tout ce qui fut écrit chez les Juifs. On sait bien que religion n'est pas philosophie.

Au reste, les trois quarts de la terre se passent de notre froment, sans lequel nous prétendons qu'on ne peut vivre. Si les habitants voluptueux des villes savaient ce qu'il en coûte de travaux pour leur procurer du pain, ils en seraient effrayés.

DES LIVRES PSEUDONYMES SUR L'ÉCONOMIE GÉNÉRALE.

Il serait difficile d'ajouter à ce qui est dit d'utile dans l'*Encyclopédie*, aux articles AGRICULTURE, GRAIN, FERME, etc. Je remarquerai seulement qu'à l'article GRAIN, on suppose toujours que le maréchal de Vauban est l'auteur de la *Dîme royale.* C'est une erreur dans laquelle sont tombés presque tous ceux qui ont écrit sur l'économie. Nous sommes donc forcés de re mettre ici sous les yeux ce que nous avons déjà dit ailleurs.

« Bois-Guillebert s'avisa d'abord d'imprimer la » *Dîme royale,* sous le nom de *Testament politique du maréchal de Vauban.* Ce Bois-Guillebert, » auteur du *Détail de la France,* en deux volu» mes, n'était pas sans mérite; il avait une » grande connaissance des finances du royaume; » mais la passion de critiquer toutes les opéra» tions du grand Colbert l'emporta trop loin; on » jugea que c'était un homme fort instruit qui s'é» garait toujours, un feseur de projets qui exagérait » les maux du royaume, et qui proposait de mau» vais remèdes. Le peu de succès de ce livre au» près du ministère, lui fit prendre le parti de » mettre sa *Dîme royale* à l'abri d'un nom res» pecté : il prit celui du maréchal de Vauban, et » ne pouvait mieux choisir. Presque toute la » France croit encore que le projet de la *Dîme* » *royale* est de ce maréchal si zélé pour le bien » public; mais la tromperie est aisée à connaître.

» Les louanges que Bois-Guillebert se donne à » lui-même dans la préface le trahissent; il y loue » trop son livre du *Détail de la France;* il n'é» tait pas vraisemblable que le maréchal eût donné » tant d'éloges à un livre rempli de tant d'erreurs : » on voit dans cette préface un père qui loue son » fils pour faire recevoir un de ses bâtards. »

Le nombre de ceux qui ont mis sous des noms respectés leurs idées de gouvernement, d'économie, de finance, de tactique, etc., n'est que trop considérable. L'abbé de Saint-Pierre, qui pouvait n'avoir pas besoin de cette supercherie, ne laissa pas d'attribuer la chimère de sa Paix perpétuelle au duc de Bourgogne.

L'auteur du *Financier citoyen* cite toujours le prétendu *Testament politique de Colbert,* ouvrage de tout point impertinent, fabriqué par Gatien de Courtilz. Quelques ignorants [2] citent encore les *Testaments politiques* du roi d'Espagne Philippe II, du cardinal de Richelieu, de Colbert, de Louvois, du duc de Lorraine, du cardinal Alberoni, du maréchal de Belle-Isle. On a fabriqué jusqu'à celui de Mandrin.

L'*Encyclopédie*, à l'article GRAIN, rapporte ces paroles d'un livre intitulé : *Avantages et désavantages de la Grande-Bretagne;* ouvrage bien supérieur à tous ceux que nous venons de citer.

« Si l'on parcourt quelques unes des provinces » de la France, on trouve que non seulement plu» sieurs de ses terres restent en friche, qui pour» raient produire des blés et nourrir des bestiaux, » mais que les terres cultivées ne rendent pas, à » beaucoup près, à proportion de leur bonté, » parce que le laboureur manque de moyens pour » les mettre en valeur...

» Ce n'est pas sans une joie sensible que j'ai re» marqué dans le gouvernement de France un » vice dont les conséquences sont si étendues, et » j'en ai félicité ma patrie; mais je n'ai pu m'em» pêcher de sentir en même temps combien formi» dable serait devenue cette puissance, si elle eût » profité des avantages que ses possessions et ses » hommes lui offraient. *O sua si bona norint!* »

J'ignore si ce livre n'est pas d'un Français qui, en fesant parler un Anglais, a cru lui devoir faire bénir Dieu de ce que les Français lui paraissent pauvres, mais qui en même temps se trahit lui-même en souhaitant qu'ils soient riches, et en s'écriant avec Virgile : « O s'ils connaissaient leurs biens! » Mais soit Français, soit Anglais, il est faux que les terres en France ne rendent pas à proportion de leur bonté. On s'accoutume trop à conclure du particulier au général. Si on en croyait beaucoup de nos livres nouveaux, la France ne

[1] Voyez GENÈSE.

[2] Voyez ANA, ANECDOTES.

serait pas plus fertile que la Sardaigne et les petits cantons suisses.

DE L'EXPORTATION DES GRAINS.

Le même article GRAIN porte encore cette réflexion : « Les Anglais essuyaient souvent de grandes chertés dont nous profitions par la liberté du commerce de nos grains, sous le règne de Henri IV et de Louis XIII, et dans les premiers temps du règne de Louis XIV. »

Mais malheureusement la sortie des grains fut défendue en 1598, sous Henri IV. La défense continua sous Louis XIII et pendant tout le temps du règne de Louis XIV. On ne put vendre son blé hors du royaume que sur une requête présentée au conseil, qui jugeait de l'utilité ou du danger de la vente, ou plutôt qui s'en rapportait à l'intendant de la province. Ce n'est qu'en 1764 que le conseil de Louis XV, plus éclairé, a rendu le commerce des blés libre, avec les restrictions convenables dans les mauvaises années.

DE LA GRANDE ET PETITE CULTURE.

A l'article FERME, qui est un des meilleurs de ce grand ouvrage, on distingue la grande et la petite culture. La grande se fait par les chevaux, la petite par les bœufs; et cette petite, qui s'étend sur la plus grande partie des terres de France, est regardée comme un travail presque stérile, et comme un vain effort de l'indigence.

Cette idée en général ne me paraît pas vraie. La culture par les chevaux n'est guère meilleure que celle par les bœufs. Il y a des compensations entre ces deux méthodes, qui les rendent parfaitement égales. Il me semble que les anciens n'employèrent jamais les chevaux à labourer la terre; du moins il n'est question que de bœufs dans Hésiode, dans Xénophon, dans Virgile, dans Columelle. La culture avec des bœufs n'est chétive et pauvre que lorsque des propriétaires malaisés fournissent de mauvais bœufs, mal nourris, à des métayers sans ressources qui cultivent mal. Ce métayer, ne risquant rien, puisqu'il n'a rien fourni, ne donne jamais à la terre ni les engrais ni les façons dont elle a besoin; il ne s'enrichit point, et il appauvrit son maître : c'est malheureusement le cas où se trouvent plusieurs pères de famille [1].

[1] Voltaire indique ici la véritable différence entre la grande et la petite culture. L'une et l'autre peuvent employer des bœufs ou des chevaux. Mais la grande culture est celle qui se fait par les propriétaires eux-mêmes ou par des fermiers; la petite culture est celle qui se fait par un métayer à qui le propriétaire fournit les avances foncières de la culture, à condition de partager les fruits avec lui. K.

Le service des bœufs est aussi profitable que celui des chevaux, parce que, s'ils labourent moins vite, on les fait travailler plus de journées sans les excéder; ils coûtent beaucoup moins à nourrir; on ne les ferre point, leurs harnais sont moins dispendieux, on les revend, ou bien on les engraisse pour la boucherie : ainsi leur vie et leur mort procurent de l'avantage; ce qu'on ne peut pas dire des chevaux.

Enfin on ne peut employer les chevaux que dans les pays où l'avoine est à très bon marché, et c'est pourquoi il y a toujours quatre à cinq fois moins de culture par les chevaux que par les bœufs.

DES DÉFRICHEMENTS.

A l'article *Défrichement*, on ne compte pour défrichement que les herbes inutiles et voraces que l'on arrache d'un champ pour le mettre en état d'être ensemencé.

L'art de défricher ne se borne pas à cette méthode usitée et toujours nécessaire. Il consiste à rendre fertiles des terres ingrates qui n'ont jamais rien porté. Il y en a beaucoup de cette nature, comme des terrains marécageux ou de pure terre à brique, à foulon, sur laquelle il est aussi inutile de semer que sur des rochers. Pour les terres marécageuses, ce n'est que la paresse et l'extrême pauvreté qu'il faut accuser si on ne les fertilise pas.

Les sols purement glaiseux ou de craie, ou simplement de sable, sont rebelles à toute culture. Il n'y a qu'un seul secret, c'est celui d'y porter de la bonne terre pendant des années entières. C'est une entreprise qui ne convient qu'à des hommes très riches; le profit n'en peut égaler la dépense qu'après un très long temps, si même il peut jamais en approcher. Il faut, quand on y a porté de la terre meuble, la mêler avec la mauvaise, la fumer beaucoup, y reporter encore de la terre, et surtout y semer des graines qui, loin de dévorer le sol, lui communiquent une nouvelle vie.

Quelques particuliers ont fait de tels essais; mais il n'appartiendrait qu'à un souverain de changer ainsi la nature d'un vaste terrain en y fesant camper de la cavalerie, laquelle y consommerait les fourrages tirés des environs. Il y faudrait des régiments entiers. Cette dépense se faisant dans le royaume, il n'y aurait pas un denier de perdu, et on aurait à la longue un grand terrain de plus qu'on aurait conquis sur la nature. L'auteur de cet article a fait cet essai en petit, et a réussi.

Il en est d'une telle entreprise comme de celle des canaux et des mines. Quand la dépense d'un canal ne serait pas compensée par les droits qu'il rapporterait, ce serait toujours pour l'état un prodigieux avantage.

Que la dépense de l'exploitation d'une mine d'argent, de cuivre, de plomb ou d'étain, et même de charbon de terre, excède le produit, l'exploitation est toujours très utile; car l'argent dépensé fait vivre les ouvriers, circule dans le royaume, et le métal ou minéral qu'on en a tiré est une richesse nouvelle et permanente. Quoi qu'on fasse, il faudra toujours revenir à la fable du bon vieillard, qui fit accroire à ses enfants qu'il y avait un trésor dans leur champ; ils remuèrent tout leur héritage pour le chercher, et ils s'aperçurent que le travail est un trésor.

La pierre philosophale de l'agriculture serait de semer peu et de recueillir beaucoup. Le *grand Albert*, le *petit Albert*, la *Maison rustique*, enseignent douze secrets d'opérer la multiplication du blé, qu'il faut tous mettre avec la méthode de faire naître des abeilles du cuir d'un taureau, et avec les œufs de coq dont il vient des basilics. La chimère de l'agriculture est de croire obliger la nature à faire plus qu'elle ne peut. Autant vaudrait donner le secret de faire porter à une femme dix enfants, quand elle ne peut en donner que deux. Tout ce qu'on doit faire est d'avoir bien soin d'elle dans sa grossesse.

La méthode la plus sûre pour recueillir un peu plus de grain qu'à l'ordinaire, est de se servir du semoir. Cette manœuvre par laquelle on sème à la fois, on herse et on recouvre, prévient le ravage du vent, qui quelquefois dissipe le grain, et celui des oiseaux qui le dévorent. C'est un avantage qui certainement n'est pas à négliger.

De plus, la semence est plus régulièrement versée et espacée dans la terre, elle a plus de liberté de s'étendre; elle peut produire des tiges plus fortes et un peu plus d'épis. Mais le semoir ne convient ni à toutes sortes de terrains ni à tous les laboureurs. Il faut que le sol soit uni et sans cailloux, et il faut que le laboureur soit aisé. Un semoir coûte; et il en coûte encore pour le rhabillement, quand il est détraqué. Il exige deux hommes et un cheval; plusieurs laboureurs n'ont que des bœufs. Cette machine utile doit être employée par les riches cultivateurs et prêtée aux pauvres.

DE LA GRANDE PROTECTION DUE A L'AGRICULTURE.

Par quelle fatalité l'agriculture n'est-elle véritablement honorée qu'à la Chine? Tout ministre d'état en Europe doit lire avec attention le mémoire suivant, quoiqu'il soit d'un jésuite. Il n'a jamais été contredit par aucun autre missionnaire, malgré la jalousie de métier qui a toujours éclaté entre eux. Il est entièrement conforme à toutes les relations que nous avons de ce vaste empire.

« Au commencement du printemps chinois, » c'est-à-dire dans le mois de février, le tribunal » des mathématiques ayant eu ordre d'examiner » quel était le jour convenable à la cérémonie du » labourage, détermina le 24 de la onzième lune, » et ce fut par le tribunal des rites que ce jour » fut annoncé à l'empereur dans un mémorial, où » le même tribunal des rites marquait ce que sa » majesté devait faire pour se préparer à cette » fête.

» Selon ce mémorial, 1° l'empereur doit nommer les douze personnes illustres qui doivent » l'accompagner et labourer après lui, savoir: trois » princes et neuf présidents des cours souveraines. » Si quelques uns des présidents étaient trop vieux » ou infirmes, l'empereur nomme ses assesseurs » pour tenir leur place.

» 2° Cette cérémonie ne consiste pas seulement » à labourer la terre, pour exciter l'émulation par » son exemple; mais elle renferme encore un sa» crifice que l'empereur, comme grand pontife, » offre au Chang-ti, pour lui demander l'abondance » en faveur de son peuple. Or, pour se préparer à » ce sacrifice, il doit jeûner et garder la conti» nence les trois jours précédents [a]. La même » précaution doit être observée par tous ceux qui » sont nommés pour accompagner sa majesté, soit » princes, soit autres, soit mandarins de lettres, » soit mandarins de guerre.

» 3° La veille de cette cérémonie, sa majesté » choisit quelques seigneurs de la première qua» lité, et les envoie à la salle de ses ancêtres se » prosterner devant la tablette, et les avertir, comme » ils feraient s'ils étaient encore en vie [b], que le jour » suivant il offrira le grand sacrifice.

» Voilà en peu de mots ce que le mémorial du » tribunal des rites marquait pour la personne de » l'empereur. Il déclarait aussi les préparatifs que » les différents tribunaux étaient chargés de faire. » L'un doit préparer ce qui sert aux sacrifices. Un » autre doit composer les paroles que l'empereur » récite en fesant le sacrifice. Un troisième doit faire » porter et dresser les tentes sous lesquelles l'em» pereur dînera, s'il a ordonné d'y porter un repas. » Un quatrième doit assembler quarante ou cin» quante vénérables vieillards, laboureurs de pro» fession, qui soient présents lorsque l'empereur » laboure la terre. On fait venir aussi une quaran» taine de laboureurs plus jeunes pour disposer la » charrue, atteler les bœufs, et préparer les grains » qui doivent être semés. L'empereur sème cinq » sortes de grains, qui sont censés les plus néces-

[a] Cela seul ne suffit-il pas pour détruire la folle calomnie établie dans notre Occident, que le gouvernement chinois est athée?

[b] Le proverbe dit: « Comportez-vous à l'égard des morts » comme s'ils étaient encore en vie. »

» saires à la Chine, et sous lesquels sont compris » tous les autres; le froment, le riz, le millet, la » fève, et une autre espèce de mil qu'on appelle » *cacleang*.

» Ce furent là les préparatifs : le vingt-qua- » trième jour de la lune, sa majesté se rendit avec » toute la cour en habit de cérémonie au lieu des- » tiné à offrir au Chang-ti le sacrifice du printemps, » par lequel on le prie de faire croître et de con- » server les biens de la terre. C'est pour cela qu'il » l'offre avant que de mettre la main à la char- » rue... »

« L'empereur sacrifia; et après le sacrifice il » descendit avec les trois princes et les neuf pré- » sidents qui devaient labourer avec lui. Plusieurs » grands seigneurs portaient eux-mêmes les coffres » précieux qui renfermaient les grains qu'on devait » semer. Toute la cour y assista en grand silence. » L'empereur prit la charrue, et fit en labourant » plusieurs allées et venues : lorsqu'il quitta la » charrue, un prince du sang la conduisit et laboura » à son tour. Ainsi du reste.

» Après avoir labouré en différents endroits, » l'empereur sema les différents grains. On ne la- » boure pas alors tout le champ entier, mais les » jours suivants les laboureurs de profession achè- » vent de le labourer.

» Il y avait cette année-là quarante-quatre an- » ciens laboureurs, et quarante-deux plus jeunes. » La cérémonie se termina par une récompense que » l'empereur leur fit donner. »

A cette relation d'une cérémonie qui est la plus belle de toutes, puisqu'elle est la plus utile, il faut joindre un édit du même empereur Yong-Tching. Il accorde des récompenses et des honneurs à quiconque défrichera des terrains incultes depuis quinze arpents jusqu'à quatre-vingts, vers la Tartarie, car il n'y en a point d'incultes dans la Chine proprement dite; et celui qui en défriche quatre-vingts devient mandarin du huitième ordre.

Que doivent faire nos souverains d'Europe en apprenant de tels exemples? ADMIRER ET ROUGIR, MAIS SURTOUT IMITER.

P. S. J'ai lu depuis peu un petit livre sur les arts et métiers, dans lequel j'ai remarqué autant de choses utiles qu'agréables; mais ce qu'il dit de l'agriculture ressemble assez à la manière dont en parlent plusieurs Parisiens qui n'ont jamais vu de charrue. L'auteur parle d'un heureux agriculteur qui, dans la contrée la plus délicieuse et la plus fertile de la terre, cultivait une campagne *qui lui rendait cent pour cent*.

Il ne savait pas qu'un terrain qui ne rendrait que cent pour cent, non seulement ne paierait pas un seul des frais de la culture, mais ruinerait pour jamais le laboureur. Il faut, pour qu'un domaine puisse donner un léger profit, qu'il rapporte au moins cinq cents pour cent. Heureux Parisiens, jouissez de nos travaux, et jugez de l'opéra-comique [a] !

AIR.

SECTION PREMIÈRE.

On compte quatre éléments, quatre espèces de matière, sans avoir une notion complète de la matière. Mais que sont les éléments de ces éléments? L'air se change-t-il en feu, en eau, en terre? Y a-t-il de l'air?

Quelques philosophes en doutent encore; peut-on raisonnablement en douter avec eux? On n'a jamais été incertain si on marche sur la terre, si on boit de l'eau, si le feu nous éclaire, nous échauffe, nous brûle. Nos sens nous en avertissent assez; mais ils ne nous disent rien sur l'air. Nous ne savons point par eux si nous respirons les vapeurs du globe ou une substance différente de ces vapeurs. Les Grecs appelèrent l'enveloppe qui nous environne *atmosphère*, la sphère des exhalaisons; et nous avons adopté ce mot. Y a-t-il parmi ces exhalaisons continuelles une autre espèce de matière qui ait des propriétés différentes?

Les philosophes qui ont nié l'existence de l'air, disent qu'il est inutile d'admettre un être qu'on ne voit jamais; et dont tous les effets s'expliquent si aisément par les vapeurs qui sortent du sein de la terre.

Newton a démontré que le corps le plus dur a moins de matière que de pores. Des exhalaisons continuelles s'échappent en foule de toutes les parties de notre globe. Un cheval jeune et vigoureux, ramené tout en sueur dans son écurie en temps d'hiver, est entouré d'une atmosphère mille fois moins considérable que notre globe n'est pénétré et environné de la matière de sa propre transpiration.

Cette transpiration, ces exhalaisons, ces vapeurs innombrables, s'échappent sans cesse par des pores innombrables, et ont elles-mêmes des pores. C'est ce mouvement continu en tout sens qui forme et qui détruit sans cesse végétaux, minéraux, métaux, animaux.

C'est ce qui a fait penser à plusieurs que le mouvement est essentiel à la matière, puisqu'il n'y a pas une particule dans laquelle il n'y ait un mouvement continu. Et si la puissance formatrice éternelle, qui préside à tous les globes, est l'auteur de tout mouvement, elle a voulu du moins que ce mouvement ne pérît jamais. Or, ce qui est toujours indestructible a pu paraître essentiel,

[a] Voyez BLED ou BLÉ.

comme l'étendue et la solidité ont paru essentielles. Si cette idée est une erreur, elle est pardonnable; car il n'y a que l'erreur malicieuse et de mauvaise foi qui ne mérite pas d'indulgence.

Mais qu'on regarde le mouvement comme essentiel ou non, il est indubitable que les exhalaisons de notre globe s'élèvent et retombent sans aucun relâche à un mille, à deux milles, à trois milles au-dessus de nos têtes. Du mont Atlas à l'extrémité du Taurus, tout homme peut voir tous les jours les nuages se former sous ses pieds. Il est arrivé mille fois à des voyageurs d'être au-dessus de l'arc-en-ciel, des éclairs et du tonnerre.

Le feu répandu dans l'intérieur du globe, ce feu caché dans l'eau et dans la glace même, est probablement la source impérissable de ces exhalaisons, de ces vapeurs dont nous sommes continuellement environnés. Elles forment un ciel bleu dans un temps serein, quand elles sont assez hautes et assez atténuées pour ne nous envoyer que des rayons bleus, comme les feuilles de l'or amincies, exposées aux rayons du soleil dans la chambre obscure. Ces vapeurs, imprégnées de soufre, forment les tonnerres et les éclairs. Comprimées et ensuite dilatées par cette compression dans les entrailles de la terre, elles s'échappent en volcans, forment et détruisent de petites montagnes, renversent des villes, ébranlent quelquefois une grande partie du globe.

Cette mer de vapeurs dans laquelle nous nageons, qui nous menace sans cesse, et sans laquelle nous ne pourrions vivre, comprime de tous côtés notre globe et ses habitants avec la même force que si nous avions sur notre tête un océan de trente-deux pieds de hauteur; et chaque homme en porte environ vingt mille livres.

RAISONS DE CEUX QUI NIENT L'AIR.

Tout ceci posé, les philosophes qui nient l'air disent : Pourquoi attribuerons-nous à un élément inconnu et invisible des effets que l'on voit continuellement produits par ces exhalaisons visibles et palpables?

L'air est élastique, nous dit-on : mais les vapeurs de l'eau seule le sont souvent bien davantage. Ce que vous appelez l'*élément de l'air*, pressé dans une canne à vent, ne porte une balle qu'à une très petite distance; mais dans la pompe à feu des bâtiments d'York, à Londres, les vapeurs font un effet cent fois plus violent.

On ne dit rien de l'air, continuent-ils, qu'on ne puisse dire de même des vapeurs du globe; elles pèsent comme lui, s'insinuent comme lui, allument le feu par leur souffle, se dilatent, se condensent de même.

La plus grande objection que l'on fasse contre le système des exhalaisons du globe, est qu'elles perdent leur élasticité dans la pompe à feu quand elles sont refroidies; au lieu que l'air est, dit-on, toujours élastique. Mais, premièrement, il n'est pas vrai que l'élasticité de l'air agisse toujours; son élasticité est nulle quand on le suppose en équilibre, et sans cela il n'y point de végétaux et d'animaux qui ne crevassent et n'éclatassent en cent morceaux, si cet air qu'on suppose être dans eux conservait son élasticité Les vapeurs n'agissent point quand elles sont en équilibre; c'est leur dilatation qui fait leurs grands effets. En un mot, tout ce qu'on attribue à l'air semble appartenir sensiblement, selon ces philosophes, aux exhalaisons de notre globe.

Si on leur fait voir que le feu s'éteint quand il n'est pas entretenu par l'air, ils répondent qu'on se méprend, qu'il faut à un flambeau des vapeurs sèches et élastiques pour nourrir sa flamme, qu'elle s'éteint sans leur secours, ou quand ces vapeurs sont trop grasses, trop sulfureuses, trop grossières, et sans ressort. Si on leur objecte que l'air est quelquefois pestilentiel, c'est bien plutôt des exhalaisons qu'on doit le dire : elles portent avec elles des parties de soufre, de vitriol, d'arsenic, et de toutes les plantes nuisibles. On dit : *L'air est pur dans ce canton*, cela signifie : *Ce canton n'est point marécageux*; il n'a ni plantes, ni minières pernicieuses dont les parties s'exhalent continuellement dans les corps des animaux. Ce n'est point l'élément prétendu de l'air qui rend la campagne de Rome si malsaine, ce sont les eaux croupissantes, ce sont les anciens canaux qui, creusés sous terre de tous côtés, sont devenus le réceptacle de toutes les bêtes venimeuses. C'est de là que s'exhale continuellement un poison mortel. Allez à Frescati, ce n'est plus le même terrain, ce ne sont plus les mêmes exhalaisons.

Mais pourquoi l'élément supposé de l'air changerait-il de nature à Frescati? Il se chargera, dit-on, dans la campagne de Rome de ces exhalaisons funestes, et n'en trouvant pas à Fresceti, il deviendra plus salutaire. Mais, encore une fois, puisque ces exhalaisons existent, puisqu'on les voit s'élever le soir en nuages, quelle nécessité de les attribuer à une autre cause? Elles montent dans l'atmosphère, elles s'y dissipent, elles changent de forme; le vent, dont elles sont la première cause, les emporte, les sépare; elles s'atténuent, elles deviennent salutaires de mortelles qu'elles étaient.

Une autre objection, c'est que ces vapeurs, ces exhalaisons renfermées dans un vase de verre, s'attachent aux parois et tombent, ce qui n'arrive jamais à l'air. Mais qui vous a dit que si les exhalaisons humides tombent au fond de ce cristal, il n'y a pas incomparablement plus de vapeurs sèches et élastiques qui se soutiennent dans l'intérieur de ce vase? L'air, dites-vous, est purifié après une pluie. Mais nous sommes en droit de vous soutenir que ce sont les exhalaisons terrestres qui se sont purifiées, que les plus grossières, les plus aqueuses, rendues à la terre, laissent les plus sèches et les plus fines au-dessus de nos têtes, et que c'est cette ascension et cette descente alternatives qui entretient le jeu continuel de la nature.

Voilà une partie des raisons qu'on peut alléguer en faveur de l'opinion que l'élément de l'air n'existe pas. Il y en a de très spécieuses, et qui peuvent au moins faire naître des doutes; mais ces doutes céderont toujours à l'opinion commune. On n'a déjà pas trop de quatre éléments. Si on nous réduisait à trois, nous nous croirions trop pauvres. On dira toujours l'*élément de l'air*. Les oiseaux voleront toujours dans les airs, et jamais dans les vapeurs. On dira toujours : *L'air est doux, l'air est serein*; et jamais. *Les vapeurs sont douces, sont sereines.*

SECTION II.

Vapeurs, exhalaisons.

Je suis comme certains hérétiques; ils commencent par proposer modestement quelques difficultés, ils finissent par nier hardiment de grands dogmes.

J'ai d'abord rapporté avec candeur les scrupules de ceux qui doutent que l'air existe. Je m'enhardis aujourd'hui, j'ose regarder l'existence de l'air comme une chose peu probable.

1° Depuis que je rendis compte de l'opinion qui n'admet que des vapeurs, j'ai fait ce que j'ai pu pour voir de l'air, et je n'ai jamais vu que des vapeurs grises, blanchâtres, bleues, noirâtres, qui couvrent tout mon horizon; jamais on ne m'a montré d'air pur. J'ai toujours demandé pourquoi on admettait une matière invisible, impalpable, dont on n'avait aucune connaissance?

2° On m'a toujours répondu que l'air est élastique. Mais qu'est-ce que l'élasticité? C'est la propriété d'un corps fibreux de se remettre dans l'état dont vous l'avez tiré avec force. Vous avez courbé cette branche d'arbre, elle se relève; ce ressort d'acier que vous avez roulé se détend de lui-même : propriété aussi commune que l'attraction et la direction de l'aimant, et aussi inconnue. Mais votre élément de l'air est élastique, selon vous, d'une tout autre façon. Il occupe un espace prodigieusement plus grand que celui dans lequel vous l'enfermiez, dont il s'échappe. Des physiciens ont prétendu que l'air peut se dilater dans la proportion d'un à quatre mille[*]; d'autres ont voulu qu'une bulle d'air pût s'étendre quarante-six milliards de fois.

Je demanderais alors ce qu'il deviendrait? à quoi il serait bon? quelle force aurait cette particule d'air au milieu des milliards de particules de vapeurs qui s'exhalent de la terre, et des milliards d'intervalles qui les séparent?

3° S'il existe de l'air, il faut qu'il nage dans la mer immense des vapeurs qui nous environnent, et que nous touchons au doigt et à l'œil. Or, les parties d'un air ainsi interceptées, ainsi plongées, et errantes dans cette atmosphère, pourraient-elles avoir le moindre effet, le moindre usage?

4° Vous entendez une musique dans un salon éclairé de cent bougies; il n'y a pas un point de cet espace qui ne soit rempli de ces atomes de cire, de lumière et de fumée légère. Brûlez-y des parfums, il n'y aura pas encore un point de cet espace où les atomes de ces parfums ne pénètrent. Les exhalaisons continuelles du corps des spectateurs et des musiciens, et du parquet et des fenêtres, des plafonds, occupent encore ce salon : que restera-t-il pour votre prétendu élément de l'air?

5° Comment cet air prétendu, dispersé dans ce salon, pourra-t-il vous faire entendre et distinguer à la fois les différents sons? faudra-t-il que la tierce, la quinte, l'octave, etc., aillent frapper des parties d'air qui soient elles-mêmes à la tierce, à la quinte, à l'octave? chaque note exprimée par les voix et par les instruments trouve-t-elle des parties d'air notées qui la renvoient à votre oreille? C'est la seule manière d'expliquer la mécanique de l'ouïe par le moyen de l'air. Mais quelle supposition! De bonne foi, doit-on croire que l'air contienne une infinité d'ut, ré, mi, fa, sol, la, si, ut, et nous les envoie sans se tromper? En ce cas, ne faudrait-il pas que chaque particule d'air, frappée à la fois par tous les sons, ne fût propre qu'à répéter un seul son, et à le renvoyer à l'oreille? mais où renverrait-elle tous les autres qui l'auraient également frappée?

Il n'y a donc pas moyen d'attribuer à l'air la mécanique qui opère les sons; il faut donc chercher quelque autre cause, et on peut parier qu'on ne la trouvera jamais.

6° A quoi fut réduit Newton? Il supposa, à la fin de son Optique, « que les particules d'une » substance dense, compacte et fixe, adhérentes » par attraction, raréfiées difficilement par une » extrême chaleur, se transforment en un air élas» tique. »

De telles hypothèses, qu'il semblait se permet-

[*] Voyez *Musschenbroeck*, chapitre de *l'air*.

tre pour se délasser, ne valaient pas ses calculs et ses expériences. Comment des substances dures se changent-elles en un élément? comment du fer est-il changé en air? Avouons notre ignorance sur les principes des choses.

7° De toutes les preuves qu'on apporte en faveur de l'air, la plus spécieuse, c'est que si on vous l'ôte vous mourez; mais cette preuve n'est autre chose qu'une supposition de ce qui est en question. Vous dites qu'on meurt quand on est privé d'air, et nous disons qu'on meurt par la privation des vapeurs salutaires de la terre et des eaux. Vous calculez la pesanteur de l'air, et nous la pesanteur des vapeurs. Vous donnez de l'élasticité à un être que vous ne voyez pas, et nous à des vapeurs que nous voyons distinctement dans la pompe à feu. Vous rafraîchissez vos poumons avec de l'air, et nous avec des exhalaisons des corps qui nous environnent, etc.

Permettez-nous donc de croire aux vapeurs; nous trouvons fort bon que vous soyez du parti de l'air, et nous ne demandons que la tolérance[1].

QUE L'AIR OU LA RÉGION DES VAPEURS N'APPORTE POINT LA PESTE.

J'ajouterai encore une petite réflexion; c'est que ni l'air, s'il y en a, ni les vapeurs ne sont le véhicule de la peste. Nos vapeurs, nos exhalaisons nous donnent assez de maladies. Le gouvernement s'occupe peu du désséchement des marais, il y perd plus qu'il ne pense; cette négligence répand la mort sur des cantons considérables. Mais pour la peste proprement dite, la peste native d'Égypte, la peste à charbon, la peste qui fit périr à Marseille et dans les environs soixante et dix mille hommes en 1720, cette véritable peste n'est jamais apportée par les vapeurs ou par ce qu'on nomme *air*; cela est si vrai qu'on l'arrête avec un seul fossé: on lui trace par des lignes une limite qu'elle ne franchit jamais.

Si l'air ou les exhalaisons la transmettaient, un vent de sud-est l'aurait bien vite fait voler de Marseille à Paris. C'est dans les habits, dans les meubles que la peste se conserve; c'est de là qu'elle attaque les hommes. C'est dans une balle de coton qu'elle fut apportée de Seide, l'ancienne Sidon, à Marseille. Le conseil d'etat défendit aux Marseillais de sortir de l'enceinte qu'on leur traça sous peine de mort, et la peste ne se communiqua point au dehors: *Non procedes amplius*.

Les autres maladies contagieuses, produites par les vapeurs, sont innombrables. Vous en êtes les victimes, malheureux Velches, habitants de Paris! Je parle au pauvre peuple qui loge auprès des cimetières. Les exhalaisons des morts remplissent continuellement l'Hôtel-Dieu; et cet Hôtel-Dieu, devenu l'hôtel de la mort, infecte le bras de la rivière sur lequel il est situé. O Velches! vous n'y faites nulle attention, et la dixième partie du petit peuple est sacrifiée chaque année; et cette barbarie subsiste dans la ville des jansénistes, des financiers, des spectacles, des bals, des brochures, et des filles de joie.

DE LA PUISSANCE DES VAPEURS.

Ce sont ces vapeurs qui font les éruptions des volcans, les tremblements de terre, qui élèvent le Monte-Nuovo, qui font sortir l'île de Santorin du fond de la mer Égée, qui nourrissent nos plantes, et qui les détruisent. Terres, mers, fleuves, montagnes, animaux, tout est percé à jour; ce globe est le tonneau des Danaïdes, à travers lequel tout entre, tout passe et tout sort sans interruption.

On nous parle d'un éther, d'un fluide secret; mais je n'en ai que faire; je ne l'ai vu ni manié, je n'en ai jamais senti, je le renvoie à la matière subtile de René, et à l'esprit recteur de Paracelse.

Mon esprit recteur est le doute, et je suis de l'avis de saint Thomas Didyme qui voulait mettre le doigt dessus et dedans.

ALCHIMISTE.

Cet *al* emphatique met l'alchimiste autant au-dessus du chimiste ordinaire que l'or qu'il compose est au-dessus des autres métaux. L'Allemagne est encore pleine de gens qui cherchent la pierre philosophale, comme on a cherché l'eau d'immortalité à la Chine, et la fontaine de Jouvence en Europe. On a connu quelques personnes en France qui se sont ruinées dans cette poursuite.

Le nombre de ceux qui ont cru aux transmutations est prodigieux; celui des fripons fut proportionné à celui des crédules. Nous avons vu à Paris le seigneur Dammi, marquis de Conventiglio, qui tira quelques centaines de louis de plusieurs grands seigneurs pour leur faire la valeur de deux ou trois écus en or.

Le meilleur tour qu'on ait jamais fait en alchimie fut celui d'un Rose-Croix qui alla trouver

[1] Voyez le chapitre XXXI des *Singularités de la nature* (*Mélanges*, année 1768). Nous remarquerons seulement qu'il s'échappe des corps, 1° des substances expansibles ou élastiques; et que ces substances sont les mêmes que celles qui composent l'atmosphère, aucun froid connu ne les réduit en liqueur; 2° d'autres exhalaisons qui se dissolvent dans les premières sans leur ôter ni leur transparence ni leur expansibilité. Le froid et d'autres causes les précipitent ensuite sous la forme de pluie ou de brouillards. Voltaire, en écrivant cet article, semble avoir deviné en partie ce que MM. Priestley, Lavoisier, Volta, etc., ont découvert quelques années après sur la composition de l'atmosphère. K.

Henri Ier, duc de Bouillon, de la maison de Turenne, prince souverain de Sedan, vers l'an 1620. « Vous n'avez pas, lui dit-il, une souveraineté pro- » portionnée à votre grand courage; je veux vous » rendre plus riche que l'empereur. Je ne puis » rester que deux jours dans vos états; il faut que » j'aille tenir à Venise la grande assemblée des » frères : gardez seulement le secret. Envoyez » chercher de la litharge chez le premier apothi- » caire de votre ville; jetez-y un grain seul de la » poudre rouge que je vous donne; mettez le tout » dans un creuset, et en moins d'un quart d'heure » vous aurez de l'or. »

Le prince fit l'opération, et la réitéra trois fois en présence du virtuose. Cet homme avait fait acheter auparavant toute la litharge qui était chez les apothicaires de Sedan, et l'avait fait ensuite revendre chargée de quelques onces d'or. L'adepte en partant fit présent de toute sa poudre transmutante au duc de Bouillon.

Le prince ne douta point qu'ayant fait trois onces d'or avec trois grains, il n'en fît trois cent mille onces avec trois cent mille grains, et que par conséquent il ne fût bientôt possesseur, dans la semaine, de trente-sept mille cinq cents marcs, sans compter ce qu'il ferait dans la suite. Il fallait trois mois au moins pour faire cette poudre. Le philosophe était pressé de partir; il ne lui restait plus rien, il avait tout donné au prince; il lui fallait de la monnaie courante pour tenir à Venise les états de la philosophie hermétique. C'était un homme très modéré dans ses desirs et dans sa dépense; il ne demanda que vingt mille écus pour son voyage. Le duc de Bouillon, honteux du peu, lui en donna quarante mille. Quand il eut épuisé toute la litharge de Sedan, il ne fit plus d'or, il ne revit plus son philosophe, et en fut pour ses quarante mille écus.

Toutes les prétendues transmutations alchimiques ont été faites à peu près de cette manière. Changer une production de la nature en une autre, est une opération un peu difficile, comme, par exemple, du fer en argent, car elle demande deux choses qui ne sont guère en notre pouvoir, c'est d'anéantir le fer, et de créer l'argent.

Il y a encore des philosophes qui croient aux transmutations, parce qu'ils ont vu de l'eau devenir pierre. Ils n'ont pas voulu voir que l'eau s'étant évaporée, a déposé le sable dont elle était chargée, et que ce sable rapprochant ses parties est devenu une petite pierre friable, qui n'est précisément que le sable qui était dans l'eau.

On doit se défier de l'expérience même. Nous ne pouvons en donner un exemple plus récent et plus frappant que l'aventure qui s'est passée de nos jours, et qui est racontée par un témoin oculaire. Voici l'extrait du compte qu'il en a rendu. « Il faut avoir toujours devant les yeux ce pro- » verbe espagnol : *De las cosas mas seguras, la » mas segura es dudar* : des choses les plus sû- » res la plus sûre est le doute, etc.[1]. »

On ne doit cependant pas rebuter tous les hommes à secrets et toutes les inventions nouvelles. Il en est de ces virtuoses comme des pièces de théâtre; sur mille il peut s'en trouver une de bonne.

ALCORAN, OU PLUTÔT LE KORAN.

SECTION PREMIÈRE.

Ce livre gouverne despotiquement toute l'Afrique septentrionale, du mont Atlas au désert de Barca, toute l'Égypte, les côtes de l'Océan éthiopien dans l'espace de six cents lieues, la Syrie, l'Asie Mineure, tous les pays qui entourent la mer Noire et la mer Caspienne, excepté le royaume d'Astracan, tout l'empire de l'Indoustan, toute la Perse, une grande partie de la Tartarie, et dans notre Europe la Thrace, la Macédoine, la Bulgarie, la Servie, la Bosnie, toute la Grèce, l'Épire, et presque toutes les îles jusqu'au petit détroit d'Otrante où finissent toutes ces immenses possessions.

Dans cette prodigieuse étendue de pays il n'y a pas un seul mahométan qui ait le bonheur de lire nos livres sacrés; et très peu de littérateurs parmi nous connaissent *le Koran*. Nous nous en fesons presque toujours une idée ridicule, malgré les recherches de nos véritables savants.

Voici les premières lignes de ce livre :

« Louanges à Dieu, le souverain de tous les » mondes, au Dieu de miséricorde, au Souverain » du jour de la justice; c'est toi que nous ado- » rons, c'est de toi seul que nous attendons la » protection. Conduis-nous dans les voies droi- » tes, dans les voies de ceux que tu as comblés » de tes grâces, non dans les voies des objets de » ta colère, et de ceux qui se sont égarés. »

Telle est l'introduction, après quoi l'on voit trois lettres, *A, L, M*, qui, selon le savant Sale, ne s'entendent point, puisque chaque commentateur les explique à sa manière; mais selon la plus commune opinion elles signifient, *Allah, Latif, Magid*, Dieu, la grâce, la gloire.

Mahomet continue, et c'est Dieu lui-même qui lui parle. Voici ses propres mots :

« Ce livre n'admet point le doute, il est la di- » rection des justes qui croient aux profondeurs » de la foi, qui observent les temps de la prière,

[1] Voyez dans les *Singularités de la nature* (*Mélanges*, 1768), ch. XXXIII, *D'un homme qui fesait du salpêtre*. K.

» qui répandent en aumônes ce que nous avons » daigné leur donner, qui sont convaincus de la » révélation descendue jusqu'à toi, et envoyée aux » prophètes avant toi. Que les fidèles aient une ferme » assurance dans la vie à venir : qu'ils soient di- » rigés par leur seigneur, et ils seront heureux.

« A l'égard des incrédules, il est égal pour eux » que tu les avertisses ou non; ils ne croient pas; » le sceau de l'infidélité est sur leur cœur et sur » leurs oreilles; les ténèbres couvrent leurs yeux; » la punition terrible les attend.

« Quelques uns disent : Nous croyons en Dieu, » et au dernier jour; mais au fond ils ne sont pas » croyants. Ils imaginent tromper l'Éternel; ils » se trompent eux-mêmes sans le savoir; l'infir- » mité est dans leur cœur, et Dieu même augmente » cette infirmité, etc. »

On prétend que ces paroles ont cent fois plus d'énergie en arabe. En effet l'*Alcoran* passe encore aujourd'hui pour le livre le plus élégant et le plus sublime qui ait encore été écrit dans cette langue.

Nous avons imputé à l'*Alcoran* une infinité de sottises qui n'y furent jamais[a].

Ce fut principalement contre les Turcs devenus mahométans que nos moines écrivirent tant de livres, lorsqu'on ne pouvait guère répondre autrement aux conquérants de Constantinople. Nos auteurs, qui sont en beaucoup plus grand nombre que les janissaires, n'eurent pas beaucoup de peine à mettre nos femmes dans leur parti : ils leur persuadèrent que Mahomet ne les regardait pas comme des animaux intelligents; qu'elles étaient toutes esclaves par les lois de l'*Alcoran*; qu'elles ne possédaient aucun bien dans ce monde, et que dans l'autre elles n'avaient aucune part au paradis. Tout cela est une fausseté évidente; et tout cela a été cru fermement.

Il suffisait pourtant de lire le second et le quatrième Sura[b] ou chapitre de l'*Alcoran* pour être détrompé; on y trouverait les lois suivantes; elles sont traduites également par du Ryer qui demeura long-temps à Constantinople, par Maracci qui n'y alla jamais, et par Sale qui vécut vingt-cinq ans parmi les Arabes.

RÉGLEMENTS DE MAHOMET SUR LES FEMMES.

I.

« N'épousez de femmes idolâtres que quand el- » les seront croyantes. Une servante musulmane » vaut mieux que la plus grande dame idolâtre.

II.

» Ceux qui font vœu de chasteté ayant des fem- » mes, attendront quatre mois pour se détermi- » ner.

» Les femmes se comporteront envers leurs » maris comme leurs maris envers elles.

III.

» Vous pouvez faire un divorce deux fois avec » votre femme; mais à la troisième, si vous la ren- » voyez, c'est pour jamais; ou vous la retiendrez » avec humanité, ou vous la renverrez avec bonté. » Il ne vous est pas permis de rien retenir de ce » que vous lui avez donné.

IV.

» Les honnêtes femmes sont obéissantes et at- » tentives, même pendant l'absence de leurs ma- » ris. Si elles sont sages, gardez-vous de leur faire » la moindre querelle; s'il en arrive une, prenez » un arbitre de votre famille et un de la sienne.

V.

» Prenez une femme, ou deux, ou trois, ou » quatre, et jamais davantage. Mais dans la crainte » de ne pouvoir agir équitablement envers plu- » sieurs, n'en prenez qu'une. Donnez-leur un » douaire convenable; ayez soin d'elles, ne leur » parlez jamais qu'avec amitié...

VI.

» Il ne vous est pas permis d'hériter de vos fem- » mes contre leur gré, ni de les empêcher de se » marier à d'autres après le divorce, pour vous » emparer de leur douaire, à moins qu'elles n'aient » été déclarées coupables de quelque crime.

» Si vous voulez quitter votre femme pour en » prendre une autre, quand vous lui auriez donné » la valeur d'un talent en mariage, ne prenez rien » d'elle.

VII.

» Il vous est permis d'épouser des esclaves; mais » il est mieux de vous en abstenir.

VIII.

» Une femme renvoyée est obligée d'allaiter son » enfant pendant deux ans, et le père est obligé pen- » dant ce temps-là de donner un entretien honnête » selon sa condition. Si on sèvre l'enfant avant » deux ans, il faut le consentement du père et de » la mère. Si vous êtes obligé de le confier à une » nourrice étrangère, vous la paierez raisonnable- » ment. »

En voilà suffisamment pour réconcilier les femmes avec Mahomet, qui ne les a pas traitées si durement qu'on le dit. Nous ne prétendons point le justifier ni sur son ignorance, ni sur son impos-

[a] Voyez l'article ABOT ET MABOT.

[b] En comptant l'introduction pour un chapitre.

ture; mais nous ne pouvons le condamner sur sa doctrine d'un seul Dieu. Ces seules paroles du sura 122, « Dieu est unique, éternel, il n'engen» dre point, il n'est point engendré, rien n'est » semblable à lui; » ces paroles, dis-je, lui ont soumis l'Orient encore plus que son épée.

Au reste, cet *Alcoran* dont nous parlons est un recueil de révélations ridicules et de prédications vagues et incohérentes, mais de lois très bonnes pour le pays où il vivait, et qui sont toutes encore suivies sans avoir jamais été affaiblies ou changées par des interprètes mahométans, ni par des décrets nouveaux.

Mahomet eut pour ennemis non seulement les poëtes de La Mecque, mais surtout les docteurs. Ceux-ci soulevèrent contre lui les magistrats, qui donnèrent décret de prise de corps contre lui, comme dûment atteint et convaincu d'avoir dit qu'il fallait adorer Dieu et non pas les étoiles. Ce fut, comme on sait, la source de sa grandeur. Quand on vit qu'on ne pouvait le perdre, et que ses écrits prenaient faveur, on débita dans la ville qu'il n'en était pas l'auteur, ou que du moins il se fesait aider dans la composition de ses feuilles, tantôt par un savant juif, tantôt par un savant chrétien; supposé qu'il y eût alors des savants.

C'est ainsi que parmi nous on a reproché à plus d'un prélat d'avoir fait composer leurs sermons et leurs oraisons funèbres par des moines. Il y avait un père Hercule qui fesait les sermons d'un certain évêque; et quand on allait à ces sermons, on disait : « Allons entendre les travaux d'Hercule.»

Mahomet répond à cette imputation dans son chapitre XVI, à l'occasion d'une grosse sottise qu'il avait dite en chaire, et qu'on avait vivement relevée. Voici comme il se tire d'affaire.

« Quand tu liras le *Koran*, adresse-toi à Dieu, » afin qu'il te préserve de Satan... il n'a de pou» voir que sur ceux qui l'ont pris pour maître, » et qui donnent des compagnons à Dieu.

» Quand je substitue dans le *Koran* un verset » à un autre (et Dieu sait la raison de ces chan» gements), quelques infidèles disent : *Tu as forgé* » *ces versets;* mais ils ne savent pas distinguer le » vrai d'avec le faux : dites plutôt que l'Esprit » saint m'a apporté ces versets de la part de Dieu » avec la vérité... D'autres disent plus maligne» ment : Il y a un certain homme qui travaille » avec lui à composer le *Koran;* mais comment » cet homme à qui ils attribuent mes ouvrages » pourrait-il m'enseigner, puisqu'il parle une lan» gue étrangère, et que celle dans laquelle le *Koran* » est écrit, est l'arabe le plus pur? »

Celui qu'on prétendait travailler[a] avec Mahomet était un Juif nommé Bensalen ou Bensalon. Il n'est guère vraisemblable qu'un Juif eût aidé Mahomet à écrire contre les Juifs; mais la chose n'est pas impossible. Nous avons dit depuis que c'était un moine qui travaillait à l'*Alcoran* avec Mahomet. Les uns le nommaient Bohaïra, les autres Sergius. Il est plaisant que ce moine ait eu un nom latin et un nom arabe.

Quant aux belles disputes théologiques qui se sont élevées entre les musulmans, je ne m'en mêle pas, c'est au muphti à décider.

C'est une grande question si l'*Alcoran* est éternel ou s'il a été créé; les musulmans rigides le croient éternel.

On a imprimé à la suite de l'histoire de Chalcondyle *le Triomphe de la croix*; et dans ce Triomphe il est dit que l'*Alcoran* est arien, sabellien, carpocratien, cerdonicien, manichéen, donatiste, origénien, macédonien, ébionite. Mahomet n'était pourtant rien de tout cela; il était plutôt janséniste; car le fond de sa doctrine est le décret absolu de la prédestination gratuite.

SECTION II.

C'était un sublime et hardi charlatan que ce Mahomet, fils d'Abdalla. Il dit dans son dixième chapitre : « Quel autre que Dieu peut avoir com» posé l'*Alcoran*? On crie : C'est Mahomet qui a » forgé ce livre. Eh bien! tâchez d'écrire un cha» pitre qui lui ressemble, et appelez à votre aide » qui vous voudrez. » Au dix-septième, il s'écrie : « Louange à celui qui a transporté pendant la » nuit son serviteur du sacré temple de La Mec» que à celui de Jérusalem! » C'est un assez beau voyage; mais il n'approche pas de celui qu'il fit cette nuit même de planète en planète, et des belles choses qu'il y vit.

Il prétendait qu'il y avait cinq cents années de chemin d'une planète à une autre, et qu'il fendit la lune en deux. Ses disciples, qui rassemblèrent solennellement des versets de son *Koran* après sa mort, retranchèrent ce voyage du ciel. Ils craignirent les railleurs et les philosophes. C'était avoir trop de délicatesse. Ils pouvaient s'en fier aux commentateurs qui auraient bien su expliquer l'itinéraire. Les amis de Mahomet devaient savoir par expérience que le merveilleux est la raison du peuple. Les sages contredisent en secret, et le peuple les fait taire. Mais en retranchant l'itinéraire des planètes, on laissa quelques petits mots sur l'aventure de la lune; on ne peut pas prendre garde à tout.

Le *Koran* est une rapsodie sans liaison, sans ordre, sans art; on dit pourtant que ce livre ennuyeux est un fort beau livre; je m'en rapporte aux Arabes, qui prétendent qu'il est écrit avec

[a] Voyez l'*Alcoran* de Sale, page 223.

une élégance et une pureté dont personne n'a approché depuis. C'est un poëme, ou une espèce de prose rimée, qui contient six mille vers. Il n'y a point de poëte dont la personne et l'ouvrage aient fait une telle fortune. On agita chez les musulmans si l'*Alcoran* était éternel, ou si Dieu l'avait créé pour le dicter à Mahomet. Les docteurs décidèrent qu'il était éternel; ils avaient raison, cette éternité est bien plus belle que l'autre opinion. Il faut toujours avec le vulgaire prendre le parti le plus incroyable.

Les moines qui se sont déchaînés contre Mahomet, et qui ont dit tant de sottises sur son compte, ont prétendu qu'il ne savait pas écrire. Mais comment imaginer qu'un homme qui avait été négociant, poëte, législateur et souverain, ne sût pas signer son nom? Si son livre est mauvais pour notre temps et pour nous, il était fort bon pour ses contemporains, et sa religion encore meilleure. Il faut avouer qu'il retira presque toute l'Asie de l'idolâtrie. Il enseigna l'unité de Dieu; il déclamait avec force contre ceux qui lui donnent des associés. Chez lui l'usure avec les étrangers est défendue, l'aumône ordonnée. La prière est d'une nécessité absolue; la résignation aux décrets éternels est le grand mobile de tout. Il était bien difficile qu'une religion si simple et si sage, enseignée par un homme toujours victorieux, ne subjuguât pas une partie de la terre. En effet les musulmans ont fait autant de prosélytes par la parole que par l'épée. Ils ont converti à leur religion les Indiens et jusqu'aux Nègres. Les Turcs mêmes, leurs vainqueurs, se sont soumis à l'islamisme.

Mahomet laissa dans sa loi beaucoup de choses qu'il trouva établies chez les Arabes; la circoncision, le jeûne, le voyage de La Mecque qui était en usage quatre mille ans avant lui, des ablutions si nécessaires à la santé et à la propreté dans un pays brûlant où le linge était inconnu; enfin l'idée d'un jugement dernier que les mages avaient toujours établie, et qui était parvenue jusqu'aux Arabes. Il est dit que comme il annonçait qu'on ressusciterait tout nu, Aishca sa femme trouva la chose immodeste et dangereuse: « Allez, ma bonne, » lui dit-il, on n'aura pas alors envie de rire. » Un ange, selon le *Koran* doit peser les hommes et les femmes dans une grande balance. Cette idée est encore prise des mages. Il leur a volé aussi leur pont aigu, sur lequel il faut passer après la mort, et leur jannat, où les élus musulmans trouveront des bains, des appartements bien meublés, de bons lits, et des houris avec de grands yeux noirs. Il est vrai aussi qu'il dit que tous ces plaisirs des sens, si nécessaires à tous ceux qui ressusciteront avec des sens, n'approcheront pas du plaisir de la contemplation de l'Être surprême. Il a l'humilité d'avouer dans son *Koran* que lui-même n'ira point en paradis par son propre mérite, mais par la pure volonté de Dieu. C'est aussi par cette pure volonté divine qu'il ordonne que la cinquième partie des dépouilles sera toujours pour le prophète.

Il n'est pas vrai qu'il exclue du paradis les femmes. Il n'y a pas d'apparence qu'un homme aussi habile ait voulu se brouiller avec cette moitié du genre humain qui conduit l'autre. Abulfeda rapporte qu'une vieille l'importunant un jour, en lui demandant ce qu'il fallait faire pour aller en paradis : M'amie, lui dit-il, le paradis n'est pas pour les vieilles. La bonne femme se mit à pleurer, et le prophète, pour la consoler, lui dit : Il n'y aura point de vieilles, parce qu'elles rajeuniront. Cette doctrine consolante est confirmée dans le cinquante-quatrième chapitre du *Koran*.

Il défendit le vin, parce qu'un jour quelques uns de ses sectateurs arrivèrent à la prière étant ivres. Il permit la pluralité des femmes, se conformant en ce point à l'usage immémorial des Orientaux.

En un mot, ses lois civiles sont bonnes, son dogme est admirable en ce qu'il a de conforme avec le nôtre : mais les moyens sont affreux; c'est la fourberie et le meurtre.

On l'excuse sur la fourberie, parce que, dit-on, les Arabes comptaient avant lui cent vingt-quatre mille prophètes, et qu'il n'y avait pas grand mal qu'il en parût un de plus. Les hommes, ajoute-t-on, ont besoin d'être trompés. Mais comment justifier un homme qui vous dit : « Crois que j'ai » parlé à l'ange Gabriel, ou paie-moi un tribut?»

Combien est préférable un *Confucius*, le premier des mortels qui n'ont point eu de révélation! il n'emploie que la raison, et non le mensonge et l'épée. Vice-roi d'une grande province, il y fait fleurir la morale et les lois : disgracié et pauvre, il les enseigne, il les pratique dans la grandeur et dans l'abaissement; il rend la vertu aimable; il a pour disciple le plus ancien et le plus sage des peuples.

Le comte de Boulainvilliers, qui avait du goût pour Mahomet, a beau me vanter les Arabes, il ne peut empêcher que ce ne fût un peuple de brigands; ils volaient avant Mahomet en adorant les étoiles; ils volaient sous Mahomet au nom de Dieu. Ils avaient, dit-on, la simplicité des temps héroïques; mais qu'est-ce que les siècles héroïques? c'était le temps où l'on s'égorgeait pour un puits et pour une citerne, comme on fait aujourd'hui pour une province.

Les premiers musulmans furent animés par Mahomet de la rage de l'enthousiasme. Rien n'est plus terrible qu'un peuple qui, n'ayant rien à perdre, combat à la fois par esprit de rapine et de religion.

Il est vrai qu'il n'y avait pas beaucoup de finesse dans leurs procédés. Le contrat du premier mariage de Mahomet porte qu'attendu que Cadisha est amoureuse de lui, et lui pareillement amoureux d'elle, on a trouvé bon de les conjoindre. Mais y a-t-il tant de simplicité à lui avoir composé une généalogie, dans laquelle on le fait descendre d'Adam en droite ligne, comme on en a fait descendre depuis quelques maisons d'Espagne et d'Écosse? L'Arabie avait son *Moréri* et son *Mercure galant*.

Le grand prophète essuya la disgrâce commune à tant de maris; il n'y a personne après cela qui puisse se plaindre. On connaît le nom de celui qui eut les faveurs de sa seconde femme, la belle Aishca; il s'appelait Assan. Mahomet se comporta avec plus de hauteur que César, qui répudia sa femme, disant qu'il ne fallait pas que la femme de César fût soupçonnée. Le prophète ne voulut pas même soupçonner la sienne; il fit descendre du ciel un chapitre du *Koran*, pour affirmer que sa femme était fidèle. Ce chapitre était écrit de toute éternité, aussi bien que tous les autres.

On l'admire pour s'être fait, de marchand de chameaux, pontife, législateur, et monarque; pour avoir soumis l'Arabie, qui ne l'avait jamais été avant lui, pour avoir donné les premières secousses à l'empire romain d'Orient et à celui des Perses. Je l'admire encore pour avoir entretenu la paix dans sa maison parmi ses femmes. Il a changé la face d'une partie de l'Europe, de la moitié de l'Asie, de presque toute l'Afrique, et il s'en est bien peu fallu que sa religion n'ait subjugué l'univers.

A quoi tiennent les révolutions! un coup de pierre, un peu plus fort que celui qu'il reçut dans son premier combat, donnait une autre destinée au monde.

Son gendre Ali prétendit que quand il fallut inhumer le prophète, on le trouva dans un état qui n'est pas trop ordinaire aux morts, et que sa veuve Aishca s'écria : Si j'avais su que Dieu eût fait cette grâce au défunt, j'y serais accourue à l'instant. On pouvait dire de lui : *Decet imperatorem stantem mori*.

Jamais la vie d'un homme ne fut écrite dans un plus grand détail que la sienne. Les moindres particularités en étaient sacrées; on sait le compte et le nom de tout ce qui lui appartenait, neuf épées, trois lances, trois arcs, sept cuirasses, trois boucliers, douze femmes, un coq blanc, sept chevaux, deux mules, quatre chameaux, sans compter la jument Borac sur laquelle il monta au ciel; mais il ne l'avait que par emprunt, elle appartenait en propre à l'ange Gabriel.

Toutes ses paroles ont été recueillies. Il disait que « la jouissance des femmes le rendait plus » fervent à la prière. » En effet, pourquoi ne pas dire *benedicite* et *grâces* au lit comme à table? Une belle femme vaut bien un souper. On prétend encore qu'il était un grand médecin; ainsi il ne lui manqua rien pour tromper les hommes.

ALEXANDRE[1].

Il n'est plus permis de parler d'Alexandre que pour dire des choses neuves, et pour détruire les fables historiques, physiques et morales, dont on a défiguré l'histoire du seul grand homme qu'on ait jamais vu parmi les conquérants de l'Asie.

Quand on a un peu réfléchi sur Alexandre, qui, dans l'âge fougueux des plaisirs et dans l'ivresse des conquêtes, a bâti plus de villes que tous les autres vainqueurs de l'Asie n'en ont détruit; quand on songe que c'est un jeune homme qui a changé le commerce du monde, on trouve assez étrange que Boileau le traite de fou, de voleur de grand chemin, et qu'il propose au lieutenant de police La Reynie, tantôt de le faire enfermer, et tantôt de le faire pendre.

> Heureux si de son temps, pour cent bonnes raisons,
> La Macédoine eût eu des petites maisons.
>
> Sat. VIII, v. 109-110.
>
> Qu'on livre son pareil en France à La Reynie,
> Dans trois jours nous verrons le phénix des guerriers
> Laisser sur l'échafaud sa tête et ses lauriers.
>
> Sat. XI, v. 82-84.

Cette requête, présentée dans la cour du palais au lieutenant de police, ne devait être admise, ni selon la coutume de Paris, ni selon le droit des gens. Alexandre aurait *excipé* qu'ayant été élu à Corinthe capitaine général de la Grèce, et étant chargé en cette qualité de venger la patrie de toutes les invasions des Perses, il n'avait fait que son devoir en détruisant leur empire; et qu'ayant toujours joint la magnanimité au plus grand courage, ayant respecté la femme et les filles de Darius, ses prisonnières, il ne méritait en aucune façon ni d'être interdit ni d'être pendu, et qu'en tous cas il appelait de la sentence du sieur de La Reynie au tribunal du monde entier.

Rollin prétend qu'Alexandre ne prit la fameuse ville de Tyr qu'en faveur des Juifs qui n'aimaient pas les Tyriens. Il est pourtant vraisemblable qu'Alexandre eut encore d'autres raisons, et qu'il était d'un très sage capitaine de ne point laisser Tyr maîtresse de la mer, lorsqu'il allait attaquer l'Égypte.

Alexandre aimait et respectait beaucoup Jérusalem sans doute; mais il semble qu'il ne fallait pas dire que « les Juifs donnèrent un rare exem» ple de fidélité, et digne de l'unique peuple qui » connût pour lors le vrai Dieu, en refusant des » vivres à Alexandre, parce qu'ils avaient prêté » serment de fidélité à Darius. » On sait assez que les Juifs s'étaient toujours révoltés contre leurs souverains dans toutes les occasions; car un Juif ne devait servir sous aucun roi profane.

S'ils refusèrent imprudemment des contributions au vainqueur, ce n'était pas pour se montrer esclaves fidèles de Darius; il leur était expressément ordonné par leur loi d'avoir en horreur toutes les nations idolâtres : leurs livres ne sont remplis que d'exécrations contre elles, et de tentatives réitérées de secouer le joug. S'ils refusèrent d'abord les contributions, c'est que les Samaritains, leurs rivaux, les avaient payées sans difficulté, et qu'ils crurent que Darius, quoique vaincu, était encore assez puissant pour soutenir Jérusalem contre Samarie.

Il est très faux que les Juifs fussent alors *le seul peuple qui connût le vrai Dieu,* comme le dit Rollin. Les Samaritains adoraient le même Dieu, mais dans un autre temple; ils avaient le même Pentateuque que les Juifs, et même en caractères hébraïques, c'est-à-dire, tyriens, que les Juifs avaient perdus. Le schisme entre Samarie et Jérusalem était en petit ce que le schisme entre les Grecs et les Latins est en grand. La haine était égale des deux côtés, ayant le même fond de religion.

Alexandre, après s'être emparé de Tyr par le moyen de cette fameuse digue qui fait encore l'admiration de tous les guerriers, alla punir Jérusalem, qui n'était pas loin de sa route. Les Juifs, conduits par leur grand-prêtre, vinrent s'humilier devant lui, et donner de l'argent; car on n'apaise qu'avec de l'argent les conquérants irrités. Alexandre s'apaisa; ils demeurèrent sujets d'Alexandre ainsi que de ses successeurs. Voilà l'histoire vraie et vraisemblable.

Rollin répète un étrange conte rapporté, environ quatre cents ans après l'expédition d'Alexandre par l'historien romancier, exagérateur, Flavien Josèphe (liv. II, chap. VIII), à qui l'on peut pardonner de faire valoir dans toutes les occasions sa malheureuse patrie. Rollin dit donc, après Josèphe, que le grand-prêtre Jaddus s'étant prosterné devant Alexandre, ce prince ayant vu le nom de Jehova gravé sur une lame d'or attachée au bonnet de Jaddus, et entendant parfaitement l'hébreu, se prosterne à son tour et adore Jaddus. Cet excès de civilité ayant étonné Parménion, Alexandre lui dit qu'il connaissait Jaddus depuis long-temps; qu'il lui était apparu il y avait dix années, avec le même habit et le même bonnet, pendant qu'il rêvait à la conquête de l'Asie, conquête à laquelle il ne pensait point alors; que ce même Jaddus l'avait exhorté à passer l'Hellespont, l'avait assuré que son Dieu marcherait à la tête des Grecs, et que ce serait le Dieu des Juifs qui le rendrait victorieux des Perses.

Ce conte de vieille serait bon dans l'histoire des *Quatre fils Aymon* et de *Robert le diable,* mais il figure mal dans celle d'Alexandre.

C'était une entreprise très utile à la jeunesse qu'une *Histoire ancienne* bien rédigée; il eût été à souhaiter qu'on ne l'eût point gâtée quelquefois par de telles absurdités. Le conte de Jaddus serait respectable, il serait hors de toute atteinte, s'il s'en trouvait au moins quelque ombre dans les livres sacrés; mais comme ils n'en font pas la plus légère mention, il est très permis d'en faire sentir le ridicule.

On ne peut douter qu'Alexandre n'ait soumis la partie des Indes qui est en-deçà du Gange, et qui était tributaire des Perses. M. Holwell, qui a demeuré trente ans chez les brames de Bénarès et des pays voisins, et qui avait appris non seulement leur langue moderne, mais leur ancienne langue sacrée, nous assure que leurs annales attestent l'invasion d'Alexandre, qu'ils appellent *Mahadukoi toukhan,* grand brigand, grand meurtrier. Ces peuples pacifiques ne pouvaient l'appeler autrement, et il est à croire qu'ils ne donnèrent pas d'autres surnoms aux rois de Perse. Ces mêmes annales disent qu'Alexandre entra chez eux par la province qui est aujourd'hui le Candahar, et il est probable qu'il y eut toujours quelques forteresses sur cette frontière.

Ensuite Alexandre descendit le fleuve Zombodipo, que les Grecs appellèrent *Sind*. On ne trouve pas dans l'histoire d'Alexandre un seul nom indien. Les Grecs n'ont jamais appelé de leur propre nom une seule ville, un seul prince asiatique. Ils en ont usé de même avec les Égyptiens. Ils auraient cru déshonorer la langue grecque, s'ils l'avaient assujettie à une prononciation qui leur semblait barbare, et s'ils n'avaient pas nommé Memphis la ville de *Moph*.

M. Holwell dit que les Indiens n'ont jamais connu ni de Porus, ni de Taxile; en effet ce ne sont pas là des noms indiens. Cependant, si nous en croyons nos missionnaires, il y a encore des seigneurs patanes qui prétendent descendre de Porus. Il se peut que ces missionnaires les aient flattés de cette origine, et que ces seigneurs l'aient adoptée. Il n'y a point de pays en Europe où la bassesse n'ait inventé, et la vanité n'ait reçu des généalogies plus chimériques.

Si Flavien Josèphe a raconté une fable ridicule

concernant Alexandre et un pontife juif, Plutarque, qui écrivit long-temps après Josèphe, paraît ne pas avoir épargné les fables sur ce héros. Il a renchéri encore sur Quinte-Curce; l'un et l'autre prétendent qu'Alexandre, en marchant vers l'Inde, voulut se faire adorer, non seulement par les Perses, mais aussi par les Grecs. Il ne s'agit que de savoir ce qu'Alexandre, les Perses, les Grecs, Quinte-Curce, Plutarque, entendaient par *adorer*.

Ne perdons jamais de vue la grande règle de définir les termes.

Si vous entendez par *adorer* invoquer un homme comme une divinité, lui offrir de l'encens et des sacrifices, lui élever des autels et des temples, il est clair qu'Alexandre ne demanda rien de tout cela. S'il voulait qu'étant le vainqueur et le maître des Perses, on le saluât à la persane, qu'on se prosternât devant lui dans certaines occasions, qu'on le traitât enfin comme un roi de Perse, tel qu'il l'était, il n'y a rien là que de très raisonnable et de très commun.

Les membres des parlements de France parlent à genoux au roi dans leurs lits de justice; le tiers-état parle à genoux dans les états-généraux. On sert à genoux un verre de vin au roi d'Angleterre. Plusieurs rois de l'Europe sont servis à genoux à leur sacre. On ne parle qu'à genoux au Grand-Mogol, à l'empereur de la Chine, à l'empereur du Japon. Les colaos de la Chine d'un ordre inférieur fléchissent les genoux devant les colaos d'un ordre supérieur; on adore le pape, on lui baise le pied droit. Aucune de ces cérémonies n'a jamais été regardée comme une adoration dans le sens rigoureux, comme un culte de latrie.

Ainsi tout ce qu'on a dit de la prétendue adoration qu'exigeait Alexandre, n'est fondé que sur une équivoque[a].

C'est Octave, surnommé *Auguste*, qui se fit réellement adorer, dans le sens le plus étroit. On lui éleva des temples et des autels; il y eut des prêtres d'Auguste. Horace lui dit positivement (lib. II, epist. I, vers. 16):

« Jurandasque tuum per nomen ponimus aras. »

Voilà un véritable sacrilége d'adoration; et il n'est point dit qu'on en murmura[1].

Les contradictions sur le caractère d'Alexandre paraîtraient plus difficiles à concilier, si on ne savait que les hommes, et surtout ceux qu'on appelle héros, sont souvent très différents d'eux-mêmes; et que la vie et la mort des meilleurs citoyens, le sort d'une province, ont dépendu plus d'une fois de la bonne ou de la mauvaise digestion d'un souverain, bien ou mal conseillé.

Mais comment concilier des faits improbables rapportés d'une manière contradictoire? Les uns disent que Callisthène fut exécuté à mort et mis en croix par ordre d'Alexandre, pour n'avoir pas voulu le reconnaître en qualité de fils de Jupiter. Mais la croix n'était point un supplice en usage chez les Grecs. D'autres disent qu'il mourut longtemps après, de trop d'embonpoint. Athénée prétend qu'on le portait dans une cage de fer comme un oiseau, et qu'il y fut mangé de vermine. Démêlez dans tous ces récits la vérité, si vous pouvez.

Il y a des aventures que Quinte-Curce suppose être arrivées dans une ville, et Plutarque dans une autre; et ces deux villes se trouvent éloignées de cinq cents lieues. Alexandre saute tout armé et tout seul du haut d'une muraille dans une ville qu'il assiégeait; elle était auprès du Candahar, selon Quinte-Curce, et près de l'embouchure de l'Indus, suivant Plutarque.

Quand il est arrivé sur les côtes du Malabar ou vers le Gange (il n'importe, il n'y a qu'environ neuf cents milles d'un endroit à l'autre), il fait saisir dix philosophes indiens, que les Grecs appelaient *gymnosophistes*, et qui étaient nus comme des singes. Il leur propose des questions dignes du *Mercure galant* de Visé, leur promettant bien sérieusement que celui qui aurait le plus mal répondu serait pendu le premier, après quoi les autres suivraient en leur rang.

Cela ressemble à Nabuchodonosor, qui voulait absolument tuer ses mages, s'ils ne devinaient pas un de ses songes qu'il avait oublié; ou bien au calife des *Mille et une Nuits*, qui devait étrangler sa femme dès qu'elle aurait fini son conte. Mais c'est Plutarque qui rapporte cette sottise, il faut la respecter : il était Grec.

On peut placer ce conte avec celui de l'empoisonnement d'Alexandre par Aristote; car Plutarque nous dit qu'on avait entendu dire à un certain Agnotémis, qu'il avait entendu dire au roi Antigone qu'Aristote avait envoyé une bouteille d'eau de Nonacris, ville d'Arcadie; que cette eau était si froide, qu'elle tuait sur-le-champ ceux qui en buvaient; qu'Antipâtre envoya cette eau dans une corne de pied de mulet; qu'elle arriva toute fraîche à Babylone; qu'Alexandre en but, et qu'il en mourut au bout de six jours d'une fièvre continue.

Il est vrai que Plutarque doute de cette anecdote. Tout ce qu'on peut recueillir de bien certain, c'est qu'Alexandre, à l'âge de vingt-quatre ans, avait conquis la Perse par trois batailles; qu'il eut autant de génie que de valeur; qu'il changea

[a] Voyez ABUS DES MOTS.

[1] Remarquez bien qu'Auguste n'était point adoré d'un culte de latrie, mais de dulie. C'était un saint; *divus Augustus*. Les provinciaux l'adoraient comme Priape, non comme Jupiter. K.

la face de l'Asie, de la Grèce, de l'Égypte, et celle du commerce du monde; et qu'enfin Boileau ne devait pas tant se moquer de lui, attendu qu'il n'y a pas d'apparence que Boileau en eût fait autant en si peu d'années[a].

ALEXANDRIE.

Plus de vingt villes portent le nom d'Alexandrie, toutes bâties par Alexandre et par ses capitaines, qui devinrent autant de rois. Ces villes sont autant de monuments de gloire, bien supérieurs aux statues que la servitude érigea depuis au pouvoir; mais la seule de ces villes qui ait attiré l'attention de tout l'hémisphère, par sa grandeur et ses richesses, est celle qui devint la capitale de l'Égypte. Ce n'est plus qu'un monceau de ruines. On sait assez que la moitié de cette ville a été rétablie dans un autre endroit vers la mer. La tour du Phare, qui était une des merveilles du monde, n'existe plus.

La ville fut toujours très florissante sous les Ptolémées et sous les Romains. Elle ne dégénera point sous les Arabes; les Mameluks et les Turcs, qui la conquirent tour à tour avec le reste de l'Égypte, ne la laissèrent point dépérir. Les Turcs même lui conservèrent un reste de grandeur; elle ne tomba que lorsque le passage du cap de Bonne-Espérance ouvrit à l'Europe le chemin de l'Inde, et changea le commerce du monde, qu'Alexandre avait changé, et qui avait changé plusieurs fois avant Alexandre.

Ce qui est à remarquer dans les Alexandrins sous toutes les dominations, c'est leur industrie jointe à la légèreté, leur amour des nouveautés avec l'application au commerce et à tous les travaux qui le font fleurir, leur esprit contentieux et querelleur avec peu de courage, leur superstition, leur débauche; tout cela n'a jamais changé.

La ville fut peuplée d'Égyptiens, de Grecs et de Juifs, qui tous, de pauvres qu'ils étaient auparavant, devinrent riches par le commerce. L'opulence y introduisit les beaux-arts, le goût de la littérature, et par conséquent celui de la dispute.

Les Juifs y bâtirent un temple magnifique, ainsi qu'ils en avaient un autre à Bubaste; ils y traduisirent leurs livres en grec, qui était devenu la langue du pays. Les chrétiens y eurent de grandes écoles. Les animosités furent si vives entre les Égyptiens naturels, les Grecs, les Juifs et les chrétiens, qu'ils s'accusaient continuellement les uns les autres auprès du gouverneur; et ces querelles n'étaient pas son moindre revenu. Les séditions même furent fréquentes et sanglantes. Il y en eut une sous l'empire de Caligula, dans laquelle les Juifs, qui exagèrent tout, prétendent que la jalousie de religion et de commerce leur coûta cinquante mille hommes, que les Alexandrins égorgèrent.

Le christianisme, que les Pantène, les Origène, les Clément avaient établi, et qu'ils avaient fait admirer par leurs mœurs, y dégénéra au point qu'il ne fut plus qu'un esprit de parti. Les chrétiens prirent les mœurs des Égyptiens. L'avidité du gain l'emporta sur la religion; et tous les habitants, divisés entre eux, n'étaient d'accord que dans l'amour de l'argent.

C'est le sujet de cette fameuse lettre de l'empereur Adrien au consul Servianus, rapportée par Vopiscus[a].

« J'ai vu cette Égypte que vous me vantiez tant, » mon cher Servien; je la sais tout entière par » cœur. Cette nation est légère, incertaine, elle » vole au changement. Les adorateurs de Séra» pis se font chrétiens; ceux qui sont à la tête de » la religion du Christ se font dévots à Sérapis. Il » n'y a point d'archirabbin juif, point de sama» ritain, point de prêtre chrétien qui ne soit as» trologue, ou devin, ou baigneur (c'est-à-dire » entremetteur). Quand le patriarche grec[b] vient » en Égypte, les uns s'empressent auprès de lui » pour lui faire adorer Sérapis, les autres le Christ. » Ils sont tous très séditieux, très vains, très que» relleurs. La ville est commerçante, opulente, » peuplée; personne n'y est oisif. Les uns y souf» flent le verre, les autres fabriquent le papier; ils » semblent être de tout métier, et en sont en effet. » La goutte aux pieds et aux mains même ne les » peut réduire à l'oisiveté. Les aveugles y travail» lent; l'argent est un dieu que les chrétiens, les » Juifs et tous les hommes servent également, etc. »

Voici le texte latin de cette lettre :

Adriani epistola ex libris Phlegontis liberti ejus prodita.

ADRIANUS AUG. SERVIANO COS. S.

« Ægyptum quam mihi laudabas, Serviane cha» rissime, totam didici, levem, pendulam, et ad » omnia famæ momenta volitantem. Illi qui Sera» pin colunt Christiani sunt: et devoti sunt Serapi, » qui se Christi episcopos dicunt. Nemo illic ar» chisynagogus Judæorum, nemo Samarites, nemo

[a] Voyez l'article HISTOIRE.

[a] Tome II, page 406.

[b] On traduit ici *patriarcha*, terme grec, par ces mots *patriarche grec*, parce qu'il ne peut convenir qu'à l'hiérophante des principaux mystères grecs. Les chrétiens ne commencèrent à connaître le mot de *patriarche* qu'au cinquième siècle. Les Romains, les Égyptiens, les Juifs, ne connaissaient point ce titre.

» christianorum presbyter, non mathematicus, » non aruspex, non aliptes. Ipse ille patriarcha, » quum Ægyptum venerit, ab aliis Serapidem » adorare, ab aliis cogitur Christum. Genus homi- » num seditiosissimum, vanissimum, injuriosis- » simum : civitas opulenta, dives, fœcunda, in » qua nemo vivat otiosus. Alii vitrum conflant; ab » aliis charta conficitur; alii liniphiones sunt (*tis- » sent le lin*); omnes certe cujuscumque artis et » videntur et habentur. Podagrosi quod agant ha- » bent : habent cæci quod faciant; ne chiragrici » quidem apud eos otiosi vivunt. Unus illis deus » est; hunc christiani, hunc Judæi, hunc omnes » venerantur et gentes, etc. »

VOPISCUS IN SATURNINO.

Cette lettre d'un empereur aussi connu par son esprit que par sa valeur, fait voir en effet que les chrétiens, ainsi que les autres, s'étaient corrompus dans cette ville du luxe et de la dispute : mais les mœurs des premiers chrétiens n'avaient pas dégénéré partout; et quoiqu'il eussent le malheur d'être dès long-temps partagés en différentes sectes qui se détestaient et s'accusaient mutuellement, les plus violents ennemis du christianisme étaient forcés d'avouer qu'on trouvait dans son sein les âmes les plus pures et les plus grandes; il en est même encore aujourd'hui dans des villes plus effrénées et plus folles qu'Alexandrie.

ALGER.

La philosophie est le principal objet de ce dictionnaire. Ce n'est pas en géographes que nous parlerons d'Alger, mais pour faire remarquer que le premier dessein de Louis XIV, lorsqu'il prit les rênes de l'état, fut de délivrer l'Europe chrétienne des courses continuelles des corsaires de Barbarie[a]. Ce projet annonçait une grande âme. Il voulait aller à la gloire par toutes les routes. On peut même s'étonner qu'avec l'esprit d'ordre qu'il mit dans sa cour, dans les finances, et dans les affaires, il eût je ne sais quel goût d'ancienne chevalerie, qui le portait à des actions généreuses et éclatantes qui tenaient même un peu du romanesque. Il est très certain que Louis XIV tenait de sa mère beaucoup de cette galanterie espagnole, noble et délicate, et beaucoup de cette grandeur, de cette passion pour la gloire, de cette fierté qu'on voit dans les anciens romans. Il parlait de se battre avec l'empereur Léopold comme les chevaliers qui cherchaient les aventures. Sa pyramide érigée à Rome, la préséance qu'il se fit céder, l'idée d'avoir un port auprès d'Alger pour brider ses pirateries, étaient encore de ce genre. Il y était encore excité par le pape Alexandre VII; et le cardinal Mazarin, avant sa mort, lui avait inspiré ce dessein. Il avait même long-temps balancé s'il irait à cette expédition en personne, à l'exemple de Charles-Quint; mais il n'avait pas assez de vaisseaux pour exécuter une si grande entreprise, soit par lui-même, soit par ses généraux. Elle fut infructueuse et devait l'être. Du moins elle aguerrit sa marine, et fit attendre de lui quelques unes de ces actions nobles et héroïques auxquelles la politique ordinaire n'était point accoutumée, telles que les secours désintéressés donnés aux Vénitiens assiégés dans Candie, et aux Allemands pressés par les armes ottomanes à Saint-Gothard.

Les détails de cette expédition d'Afrique se perdent dans la foule des guerres heureuses ou malheureuses faites avec politique ou avec imprudence, avec équité ou avec injustice. Rapportons seulement cette lettre écrite il y a quelques années à l'occasion des pirateries d'Alger.

« Il est triste, monsieur, qu'on n'ait point écouté » les propositions de l'ordre de Malte, qui offrait, moyennant un subside médiocre de chaque état chrétien, de délivrer les mers des » pirates d'Alger, de Maroc, et de Tunis. Les chevaliers de Malte seraient alors véritablement les » défenseurs de la chétienté. Les Algériens n'ont » actuellement que deux vaisseaux de cinquante » canons, et cinq d'environ quarante, quatre de » trente; le reste ne doit pas être compté.

» Il est honteux qu'on voie tous les jours leurs » petites barques enlever nos vaisseaux marchands » dans toute la Méditerranée. Ils croisent même » jusqu'aux Canaries, et jusqu'aux Açores.

» Leurs milices, composées d'un ramas de nations, anciens Mauritaniens, anciens Numides, » Arabes, Turcs, Nègres même, s'embarquent presque sans équipages sur des chebecs de dix-huit » à vingt pièces de canon : ils infestent toutes nos » mers comme des vautours qui attendent une » proie. S'ils voient un vaisseau de guerre, ils s'enfuient : s'ils voient un vaisseau marchand, ils s'en » emparent; nos amis, nos parents, hommes et » femmes, deviennent esclaves, et il faut aller supplier humblement les barbares de daigner recevoir notre argent pour nous rendre leurs captifs.

» Quelques états chrétiens ont la honteuse prudence de traiter avec eux, et de leur fournir des » armes avec lesquelles ils nous dépouillent. On » négocie avec eux en marchands, et ils négocient » en guerriers.

» Rien ne serait plus aisé que de réprimer leurs » brigandages; on ne le fait pas. Mais que de choses seraient utiles et aisées qui sont négligées absolument! La nécessité de réduire ces pirates est

[a] Voyez l'*Expédition de Gigeri*, par Pellisson.

» reconnue dans les conseils de tous les princes, » et personne ne l'entreprend. Quand les ministres de plusieurs cours en parlent par hasard » ensemble, c'est le conseil tenu contre les chats.

» Les religieux de la rédemption des captifs sont » la plus belle institution monastique; mais elle » est bien honteuse pour nous. Les royaumes de » Fez, Alger, Tunis, n'ont point de *marabous de* » *la rédemption des captifs.* C'est qu'ils nous prennent beaucoup de chrétiens, et nous ne leur pre» nons guère de musulmans.

» Ils sont cependant plus attachés à leur reli» gion que nous à la nôtre; car jamais aucun Turc, » aucun Arabe ne se fait chrétien, et ils ont chez » eux mille renégats qui même les servent dans » leurs expéditions. Un Italien, nommé Pelegini, » était, en 1712, général des galères d'Alger. Le » miramolin, le bey, le dey, ont des chrétiennes » dans leurs sérails; et nous n'avons eu que deux » filles turques qui aient eu des amants à Paris.

» La milice d'Alger ne consiste qu'en douze mille » hommes de troupes réglées; mais tout le reste » est soldat, et c'est ce qui rend la conquête de ce » pays si difficile. Cependant les Vandales les sub» juguèrent aisément, et nous n'osons les atta» quer! etc. »

ALLÉGORIES.

Un jour, Jupiter, Neptune et Mercure, voyageant en Thrace, entrèrent chez un certain roi nommé Hyrieus, qui leur fit fort bonne chère. Les trois dieux, après avoir bien dîné, lui demandèrent s'ils pouvaient lui être bons à quelque chose. Le bonhomme, qui ne pouvait plus avoir d'enfants, leur dit qu'il leur serait bien obligé s'ils voulaient lui faire un garçon. Les trois dieux se mirent à pisser sur le cuir d'un bœuf tout frais écorché; de là naquit Orion, dont on fit une constellation connue dans la plus haute antiquité. Cette constellation était nommée du nom d'Orion par les anciens Chaldéens; le livre de Job en parle : mais, après tout, on ne voit pas comment l'urine de trois dieux a pu produire un garçon. Il est difficile que les Dacier et les Saumaise trouvent dans cette belle histoire une allégorie raisonnable, à moins qu'ils n'en infèrent que rien n'est impossible aux dieux, puisqu'ils font des enfants en pissant.

Il y avait en Grèce deux jeunes garnements à qui un oracle dit qu'ils se gardassent du *mélampyge* : un jour, Hercule les prit, les attacha par les pieds au bout de sa massue, suspendus tous deux le long de son dos, la tête en bas, comme une paire de lapins. Ils virent le derrière d'Hercule. *Mélampyge* signifie *cul noir*. Ah! dirent-ils, l'oracle est accompli, voici *cul noir*. Hercule se mit à rire, et les laissa aller. Les Saumaise et les Dacier, encore une fois, auront beau faire, ils ne pourront guère réussir à tirer un sens moral de ces fables.

Parmi les pères de la mythologie il y eut des gens qui n'eurent que de l'imagination; mais la plupart mêlèrent à cette imagination beaucoup d'esprit. Toutes nos académies, et tous nos faseurs de devises, ceux même qui composent les légendes pour les jetons du trésor royal, ne trouveront jamais d'allégories plus vraies, plus agréables, plus ingénieuses, que celles des neuf Muses, de Vénus, des Grâces, de l'Amour, et de tant d'autres qui seront les délices et l'instruction de tous les siècles, ainsi qu'on l'a déjà remarqué ailleurs.

Il faut avouer que l'antiquité s'expliqua presque toujours en allégories. Les premiers pères de l'Église, qui pour la plupart étaient platoniciens, imitèrent cette méthode de Platon. Il est vrai qu'on leur reproche d'avoir poussé quelquefois un peu trop loin ce goût des allégories et des allusions.

Saint Justin dit, dans son *Apologétique* (apolog. 1, n° 55), que le signe de la croix est marqué sur les membres de l'homme; que quand il étend les bras, c'est une croix parfaite, et que le nez forme une croix sur le visage.

Selon Origène, dans son explication du *Lévitique*, la graisse des victimes signifie l'Église, et la queue est le symbole de la persévérance.

Saint Augustin, dans son sermon sur la différence et l'accord des deux généalogies, explique à ses auditeurs pourquoi saint Matthieu, en comptant quarante-deux quartiers, n'en rapporte cependant que quarante et un. C'est, dit-il, qu'il faut compter Jéchonias deux fois, parce que Jéchonias alla de Jérusalem à Babylone. Or, ce voyage est la pierre angulaire; et si la pierre angulaire est la première du côté d'un mur, elle est aussi la première du côté de l'autre mur : on peut compter deux fois cette pierre; ainsi on peut compter deux fois Jéchonias. Il ajoute qu'il ne faut s'arrêter qu'au nombre de quarante, dans les quarante-deux générations, parce que ce nombre de quarante signifie la vie. Dix figure la béatitude, et dix multiplié par quatre, qui représente les quatre éléments et les quatre saisons, produit quarante.

Les dimensions de la matière ont, dans son cinquante-troisième sermon, d'étonnantes propriétés. La largeur est la dilatation du cœur; la longueur, la longanimité; la hauteur, l'espérance; la profondeur, la foi. Ainsi, outre cette allégorie, on compte quatre dimensions de la matière au lieu de trois.

Il est clair et indubitable, dit-il dans son sermon sur le psaume 6, que le nombre de quatre figure le corps humain, à cause des quatre éléments et des quatre qualités, du chaud, du froid, du sec, et de l'humide; et comme quatre se rapportent au corps, trois se rapportent à l'âme, parce qu'il faut aimer Dieu d'un triple amour, de tout notre cœur, de toute notre âme, et de tout notre esprit. *Quatre* ont rapport au vieux Testament, et *trois* au nouveau. Quatre et trois font le nombre de sept jours, et le huitième est celui du jugement.

On ne peut dissimuler qu'il règne dans ces allégories une affectation peu convenable à la véritable éloquence. Les Pères qui emploient quelquefois ces figures écrivaient dans un temps et dans des pays où presque tous les arts dégénéraient; leur beau génie et leur érudition se pliaient aux imperfections de leur siècle; et saint Augustin n'en est pas moins respectable pour avoir payé ce tribut au mauvais goût de l'Afrique et du quatrième siècle.

Ces défauts ne défigurent point aujourd'hui les discours de nos prédicateurs. Ce n'est pas qu'on ose les *préférer* aux Pères; mais le siècle présent est *préférable* aux siècles dans lesquels les Pères écrivaient. L'éloquence, qui se corrompit de plus en plus, et qui ne s'est rétablie que dans nos derniers temps, tomba après eux dans de bien plus grands excès; on ne parla que ridiculement chez tous les peuples barbares jusqu'au siècle de Louis XIV. Voyez tous les anciens sermonaires; ils sont fort au-dessous des pièces dramatiques de la passion qu'on jouait à l'hôtel de Bourgogne. Mais dans ces sermons barbares vous retrouvez toujours le goût de l'allégorie, qui ne s'est jamais perdu. Le fameux Menot, qui vivait sous François Ier, a fait le plus d'honneur au style allégorique. Messieurs de la justice, dit-il, sont comme un chat à qui on aurait commis la garde d'un fromage, de peur qu'il ne soit rongé des souris; un seul coup de dent du chat fera plus de tort au fromage que vingt souris ne pourraient en faire.

Voici un autre endroit assez curieux : Les bûcherons, dans une forêt, coupent de grosses et de petites branches, et en font des fagots; ainsi nos ecclésiastiques, avec des dispenses de Rome, entassent gros et petits bénéfices. Le chapeau de cardinal est lardé d'évêchés, les évêchés lardés d'abbayes et de prieurés, et le tout lardé de diables. Il faut que tous ces biens de l'Église passent par les trois cordelières de l'*Ave Maria*. Car le *benedicta tu* sont grosses abbayes de bénédictins, *in mulieribus*, c'est monsieur et madame; et *fructus ventris*, ce sont banquets et goinfreries.

Les sermons de Barlette et de Maillard sont tous faits sur ce modèle: ils étaient prononcés moitié en mauvais latin, moitié en mauvais français. Les sermons en Italie étaient dans le même goût; c'était encore pis en Allemagne. De ce mélange monstrueux naquit le style macaronique: c'est le chef-d'œuvre de la barbarie. Cette espèce d'éloquence, digne des Hurons et des Iroquois, s'est maintenue jusque sous Louis XIII. Le jésuite Garasse, un des hommes les plus signalés parmi les ennemis du sens commun, ne prêcha jamais autrement. Il comparait le célèbre Théophile à un veau, parce que *Viaud* était le nom de famille de Théophile. Mais d'un veau, dit-il, la chair est bonne à rôtir et à bouillir, et la tienne n'est bonne qu'à brûler.

Il y a loin de toutes ces allégories employées par nos barbares, à celles d'Homère, de Virgile et d'Ovide; et tout cela prouve que s'il reste encore quelques Goths et quelques Vandales qui méprisent les fables anciennes, ils n'ont pas absolument raison.

ALMANACH.

Il est peu important de savoir si *almanach* vient des anciens Saxons, qui ne savaient pas lire, ou des Arabes, qui étaient en effet astronomes, et qui connaissaient un peu le cours des astres, tandis que les peuples d'Occident étaient plongés dans une ignorance égale à leur barbarie. Je me borne ici à une petite observation.

Qu'un philosophe indien embarqué à Méliapour vienne à Bayonne: je suppose que ce philosophe a du bon sens, ce qui est rare, dit-on, chez les savants de l'Inde; je suppose qu'il est défait des préjugés de l'école, ce qui était rare partout il y a quelques années, et qu'il ne croit point aux influences des astres; je suppose qu'il rencontre un sot dans nos climats, ce qui ne serait pas si rare.

Notre sot, pour le mettre au fait de nos arts et de nos sciences, lui fait présent d'un *Almanach de Liége*, composé par Matthieu Laensberg, et du *Messager boiteux* d'Antoine Souci, astrologue et historien, imprimé tous les ans à Basle, et dont il se débite vingt mille exemplaires en huit jours. Vous y voyez une belle figure d'homme entourée des signes du zodiaque, avec des indications certaines qui vous démontrent que la balance préside aux fesses, le bélier à la tête, les poissons aux pieds, ainsi du reste.

Chaque jour de la lune vous enseigne quand il faut prendre du baume de vie du sieur Le Lièvre, ou des pilules du sieur Keyser, ou vous pendre au cou un sachet de l'apothicaire Arnoult, vous faire saigner, vous faire couper les ongles, sevrer vos enfants, planter, semer, aller en voyage, ou chausser des souliers neufs. L'Indien, en écoutant ces leçons, fera bien de dire à son conducteur qu'il ne prendra pas de ses almanachs.

Pour peu que l'imbécile qui dirige notre Indien lui fasse voir quelques unes de nos cérémonies réprouvées de tous les sages, et tolérées en faveur de la populace par mépris pour elle, le voyageur qui verra ces momeries, suivies d'une danse de tambourin, ne manquera pas d'avoir pitié de nous; il nous prendra pour des fous qui sont assez plaisants et qui ne sont pas absolument cruels. Il mandera au président du grand collége de Bénarès que nous n'avons pas le sens commun; mais que si sa paternité veut envoyer chez nous des personnes éclairées et discrètes, on pourra faire quelque chose de nous moyennant la grâce de Dieu.

C'est ainsi précisément que nos premiers missionnaires, et surtout saint François Xavier, en usèrent avec les peuples de la presqu'île de l'Inde. Ils se trompèrent encore plus lourdement sur les usages des Indiens, sur leurs sciences, leurs opinions, leurs mœurs, et leur culte. C'est une chose très curieuse de lire les relations qu'ils écrivirent. Toute statue est pour eux le diable, toute assemblée est un sabbat, toute figure symbolique est un talisman, tout brachmane est un sorcier; et là-dessus ils font des lamentations qui ne finissent point. Ils espèrent que la « moisson sera abon-« dante. » Ils ajoutent, par une métaphore peu congrue, « qu'ils travailleront efficacement à la » vigne du Seigneur, » dans un pays où l'on n'a jamais connu le vin. C'est ainsi à peu près que chaque nation a jugé non seulement des peuples éloignés, mais de ses voisins.

Les Chinois passent pour les plus anciens feseurs d'almanachs. Le plus beau droit de l'empereur de la Chine est d'envoyer son calendrier à ses vassaux et à ses voisins. S'ils ne l'acceptaient pas, ce serait une bravade pour laquelle on ne manquerait pas de leur faire la guerre, comme on la fesait en Europe aux seigneurs qui refusaient l'hommage.

Si nous n'avons que douze constellations, les Chinois en ont vingt-huit, et leurs noms n'ont pas le moindre rapport aux nôtres; preuve évidente qu'ils n'ont rien pris du zodiaque chaldéen que nous avons adopté: mais s'ils ont une astronomie tout entière depuis plus de quatre mille ans, ils ressemblent à Matthieu Laensberg et à Antoine Souci, par les belles prédictions et par les secrets pour la santé, dont ils farcissent leur *Almanach impérial*. Ils divisent le jour en dix mille minutes, et savent à point nommé quelle minute est favorable ou funeste. Lorsque l'empereur Kang-hi voulut charger les missionnaires jésuites de faire l'Almanach, ils s'en excusèrent d'abord, dit-on, sur les superstitions extravagantes dont il faut le remplir [*]. « Je crois beaucoup moins que vous » aux superstitions, leur dit l'empereur; faites-» moi seulement un bon calendrier, et laissez mes » savants y mettre toutes leurs fadaises. »

[*] Voyez Duhalde et Parennin.

L'ingénieux auteur de *la Pluralité des Mondes* (5e soirée) se moque des Chinois, qui voient, dit-il, des mille étoiles tomber à la fois dans la mer. Il est très vraisemblable que l'empereur Kang-hi s'en moquait tout autant que Fontenelle. Quelque *Messager boiteux* de la Chine s'était égayé apparemment à parler de ces feux follets comme le peuple, et à les prendre pour des étoiles. Chaque pays a ses sottises. Toute l'antiquité a fait coucher le soleil dans la mer; nous y avons envoyé les étoiles fort long-temps. Nous avons cru que les nuées touchaient au firmament, que le firmament était fort dur, et qu'il portait un réservoir d'eau. Il n'y a pas bien long-temps qu'on sait dans les villes que le fil de la Vierge, qu'on trouve souvent dans la campagne, est un fil de toile d'araignée. Ne nous moquons de personne. Songeons que les Chinois avaient des astrolabes et des sphères avant que nous sussions lire; et que s'ils n'ont pas poussé fort loin leur astronomie, c'est par le même respect pour les anciens que nous avons eu pour Aristote.

Il est consolant de savoir que le peuple romain, *populus late rex*, fut en ce point fort au-dessous de Matthieu Laensberg, et du *Messager boiteux*, et des astrologues de la Chine, jusqu'au temps où Jules César réforma l'année romaine que nous tenons de lui, et que nous appelons encore de son nom *Kalendrier Julien*, quoique nous n'ayons pas de kalendes, et quoiqu'il ait été obligé de le réformer lui-même.

Les premiers Romains avaient d'abord une année de dix mois, fesant trois cent quatre jours: cela n'était ni solaire ni lunaire, cela n'était que barbare. On fit ensuite l'année romaine de trois cent cinquante-cinq jours; autre mécompte que l'on corrigea comme on put, et qu'on corrigea si mal, que du temps de César les fêtes d'été se célébraient en hiver. Les généraux romains triomphaient toujours; mais ils ne savaient pas quel jour ils triomphaient.

César réforma tout; il sembla gouverner le ciel et la terre.

Je ne sais par quelle condescendance pour les coutumes romaines il commença l'année au temps où elle ne commence point, huit jours après le solstice d'hiver. Toutes les nations de l'empire romain se soumirent à cette innovation. Les Égyptiens, qui étaient en possession de donner la loi en fait d'almanach, la reçurent; mais tous ces différents peuples ne changèrent rien à la distribution de leurs fêtes. Les Juifs, comme les autres, célébrèrent leurs nouvelles lunes, leur *phasé* ou *pascha*, le quatorzième jour de la lune de mars, qu'on appelle la *lune rousse*; et cette époque arrivait souvent en avril; leur pentecôte, cinquante jours après le *phasé*; la fête des cornets ou trompettes, le premier jour de juillet; celle des tabernacles, au quinze du même mois; et celle du grand sabbat, sept jours après.

Les premiers chrétiens suivirent le comput de l'empire; ils comptèrent par kalendes, nones et ides, avec leurs maîtres; ils reçurent l'année bissextile que nous avons encore, qu'il a fallu corriger dans le seizième siècle de notre ère vulgaire, et qu'il faudra corriger un jour; mais ils se conformèrent aux Juifs pour la célébration de leurs grandes fêtes.

Ils déterminèrent d'abord leur pâque au quatorze de la lune rousse, jusqu'au temps où le concile de Nicée la fixa au dimanche qui suivait. Ceux qui la célébraient le quatorze furent déclarés hérétiques, et les deux partis se trompèrent dans leur calcul.

Les fêtes de la sainte Vierge furent substituées, autant qu'on le put, aux nouvelles lunes ou néoménies; l'auteur du Calendrier romain dit [a] que la raison en est prise du verset des cantiques *Pulchra ut luna*, belle comme la lune. Mais par cette raison ses fêtes devaient arriver le dimanche; car il y a dans le même verset *electa ut sol*, choisie comme le soleil.

Les chrétiens gardèrent aussi la pentecôte. Elle fut fixée comme celle des Juifs, précisément cinquante jours après pâques. Le même auteur prétend que les fêtes de patrons remplacèrent celles des tabernacles.

Il ajoute que la Saint-Jean n'a été portée au 24 de juin que parce que les jours commencent alors à diminuer, et que saint Jean avait dit, en parlant de Jésus-Christ, Il faut qu'il croisse et que je diminue. « Oportet illum crescere, me autem minui. »

Ce qui est très singulier, et ce qui a été remarqué ailleurs, c'est cette ancienne cérémonie d'allumer un grand feu le jour de la Saint-Jean, qui est le temps le plus chaud de l'année. On a prétendu que c'était une très vieille coutume pour faire souvenir de l'ancien embrasement de la terre qui en attendait un second.

Le même auteur du calendrier assure que la fête de l'Assomption est placée au 15 du mois d'auguste, nommé par nous *août*, parce que le soleil est alors dans le signe de la Vierge.

Il certifie aussi que saint Mathias n'est fêté au mois de février que parce qu'il fut intercalé parmi les douze apôtres, comme on intercale un jour en février dans les années bissextiles.

Il y aurait peut-être, dans ces imaginations astronomiques de quoi faire rire l'Indien dont nous venons de parler; cependant l'auteur était le maître de mathématiques du dauphin fils de Louis XIV, et d'ailleurs un ingénieur et un officier très estimable.

[a] Voyez le *Calendrier romain*, pages 101 et suiv.

Le pis de nos calendriers est de placer toujours les équinoxes et les solstices où ils ne sont point; de dire, le soleil entre dans le bélier, quand il n'y entre point; de suivre l'ancienne routine erronée.

Un almanach de l'année passée nous trompe l'année présente, et tous nos calendriers sont des almanachs des siècles passés.

Pourquoi dire que le soleil est dans le bélier, quand il est dans les poissons? pourquoi ne pas faire au moins comme on fait dans les sphères célestes, où l'on distingue les signes véritables des anciens signes devenus faux?

Il eût été très convenable, non seulement de commencer l'année au point précis du solstice d'hiver ou de l'équinoxe du printemps, mais encore de mettre tous les signes à leur véritable place. Car étant démontré que le soleil répond à la constellation des poissons quand on le dit dans le bélier, et qu'il sera ensuite dans le verseau, et successivement dans toutes les constellations suivantes au temps de l'équinoxe du printemps, il faudrait faire dès à présent ce qu'on sera obligé de faire un jour, lorsque l'erreur devenue plus grande sera plus ridicule. Il en est ainsi de cent erreurs sensibles. Nos enfants les corrigeront, dit-on; mais vos pères en disaient autant de vous. Pourquoi donc ne vous corrigez-vous pas? Voyez, dans la grande *Encyclopédie*, ANNÉE, KALENDRIER, PRÉCESSION DES ÉQUINOXES, et tous les articles concernant ces calculs. Ils sont de main de maître.

ALOUETTE.

Ce mot peut être de quelque utilité dans la connaissance des étymologies, et faire voir que les peuples les plus barbares peuvent fournir des expressions aux peuples les plus polis, quand ces nations sont voisines.

Alouette, anciennement *alou* [a], était un terme gaulois, dont les Latins firent *alauda*. Suétone et Pline en conviennent. César composa une légion de Gaulois, à laquelle il donna le nom d'alouette : « Vocabulo quoque gallico alauda appellabatur. » Elle le servit très bien dans les guerres civiles; et César, pour récompense, donna le droit de citoyen romain à chaque légionnaire.

On peut seulement demander comment les Romains appelaient une *alouette* avant de lui avoir donné un nom gaulois; ils l'appelaient *galerita*.

[a] Voyez le *Dictionnaire de Ménage*, au mot ALAUDA.

Une légion de César fit bientôt oublier ce nom.

De telles étymologies ainsi avérées doivent être admises : mais quand un professeur arabe veut absolument qu'*aloyau* vienne de l'arabe, il est difficile de le croire. C'est une maladie chez plusieurs étymologistes, de vouloir persuader que la plupart des mots gaulois sont pris de l'hébreu ; il n'y a guère d'apparence que les voisins de la Loire et de la Seine voyageassent beaucoup, dans les anciens temps, chez les habitants de Sichem et de Galgala, qui n'aimaient pas les étrangers, ni que les Juifs se fussent habitués dans l'Auvergne et dans le Limousin, à moins qu'on ne prétende que les dix tribus dispersées et perdues ne soient venues nous enseigner leur langue.

Quelle énorme perte de temps, et quel excès de ridicule, de trouver l'origine de nos termes les plus communs et les plus nécessaires, dans le phénicien et le chaldéen ! Un homme s'imagine que notre mot *dôme* vient du samaritain *doma*, qui signifie, dit-on, *meilleur*. Un autre rêveur assure que le mot *badin* est pris d'un terme hébreu qui signifie *astrologue*; et le dictionnaire de Trévoux ne manque pas de faire honneur de cette découverte à son auteur.

N'est-il pas plaisant de prétendre que le mot *habitation* vient du mot *beth* hébreu? Que *kir* en bas-breton signifiait autrefois *ville?* que le même *kir* en hébreu voulait dire un *mur*; et que par conséquent les Hébreux ont donné le nom de *ville* aux premiers hameaux des Bas-Bretons? Ce serait un plaisir de voir les étymologistes aller fouiller dans les ruines de la tour de Babel, pour y trouver l'ancien langage celtique, gaulois, et toscan, si la perte d'un temps consumé si misérablement n'inspirait pas la pitié.

AMAZONES.

On a vu souvent des femmes vigoureuses et hardies combattre comme les hommes ; l'histoire en fait mention ; car sans compter une Sémiramis, une Tomyris, une Penthésilée, qui sont peut-être fabuleuses, il est certain qu'il y avait beaucoup de femmes dans les armées des premiers califes.

C'était surtout dans la tribu des Homérites une espèce de loi dictée par l'amour et par le courage, que les épouses secourussent et vengeassent leurs maris, et les mères leurs enfants, dans les batailles.

Lorsque le célèbre capitaine Dérar combattait en Syrie contre les généraux de l'empereur Héraclius, du temps du calife Abubéker, successeur de Mahomet, Pierre, qui commandait dans Damas, avait pris dans ses courses plusieurs musulmanes avec quelque butin ; il les conduisait à Damas : parmi ces captives était la sœur de Dérar lui-même. L'histoire arabe d'Alvakedi, traduite par Ockley, dit qu'elle était parfaitement belle, et que Pierre en devint épris ; il la ménageait dans la route, et épargnait de trop longues traites à ses prisonnières. Elles campaient dans une vaste plaine sous des tentes gardées par des troupes un peu éloignées. Caulah (c'était le nom de cette sœur de Dérar) propose à une de ses compagnes, nommée Oserra, de se soustraire à la captivité ; elle lui persuade de mourir plutôt que d'être les victimes de la lubricité des chrétiens ; le même enthousiasme musulman saisit toutes ces femmes ; elles s'arment des piquets ferrés de leurs tentes, de leurs couteaux, espèce de poignards qu'elles portent à la ceinture, et forment un cercle, comme les vaches se serrent en rond les unes contre les autres, et présentent leurs cornes aux loups qui les attaquent. Pierre ne fit d'abord qu'en rire ; il avance vers ces femmes ; il est reçu à grands coups de bâtons ferrés ; il balance long-temps à user de la force ; enfin il s'y résout, et les sabres étaient déjà tirés, lorsque Dérar arrive, met les Grecs en fuite, délivre sa sœur et toutes les captives.

Rien ne ressemble plus à ces temps qu'on nomme *héroïques*, chantés par Homère ; ce sont les mêmes combats singuliers à la tête des armées, les combattants se parlent souvent assez long-temps avant que d'en venir aux mains ; et c'est ce qui justifie Homère sans doute.

Thomas, gouverneur de Syrie, gendre d'Héraclius, attaque Sergiabil dans une sortie de Damas ; il fait d'abord une prière à Jésus-Christ : « Injuste » agresseur, dit-il ensuite à Sergiabil, tu ne ré» sisteras pas à Jésus mon Dieu, qui combattra » pour les vengeurs de sa religion. »

« Tu profères un mensonge impie, lui répond » Sergiabil ; Jésus n'est pas plus grand devant » Dieu qu'Adam : Dieu l'a tiré de la poussière : il » lui a donné la vie comme à un autre homme, » et après l'avoir laissé quelque temps sur la » terre, il l'a enlevé au ciel [*]. »

Après de tels discours le combat commence ; Thomas tire une flèche qui va blesser le jeune Aban, fils de Saïb, à côté du vaillant Sergiabil ; Aban tombe et expire : la nouvelle en vole à sa jeune épouse, qui n'était unie à lui que depuis quelques jours. Elle ne pleure point ; elle ne jette point de cris ; mais elle court sur le champ de bataille, le carquois sur l'épaule et deux flèches dans les mains ; de la première qu'elle tire, elle jette par terre le porte-étendard des chrétiens ; les Arabes s'en saisissent en criant *allah achar*;

[*] C'est la croyance des mahométans. La doctrine des chrétiens basilidiens avait depuis long-temps cours en Arabie. Les basilidiens disaient que Jésus Christ n'avait pas été crucifié.

de la seconde elle perce un œil de Thomas, qui se retire tout sanglant dans la ville.

L'histoire arabe est pleine de ces exemples; mais elle ne dit point que ces femmes guerrières se brûlassent le téton droit pour mieux tirer de l'arc, encore moins qu'elles vécussent sans hommes; au contraire, elles s'exposaient dans les combats pour leurs maris ou pour leurs amants, et de cela même on doit conclure que loin de faire des reproches à l'Arioste et au Tasse d'avoir introduit tant d'amantes guerrières dans leurs poëmes, on doit les louer d'avoir peint des mœurs vraies et intéressantes.

Il y eut en effet, du temps de la folie des croisades, des femmes chrétiennes qui partagèrent avec leurs maris les fatigues et les dangers : cet enthousiasme fut porté au point que les Génoises entreprirent de se croiser, et d'aller former en Palestine des bataillons de jupes et de cornettes; elles en firent un vœu dont elles furent relevées par un pape plus sage qu'elles.

Marguerite d'Anjou, femme de l'infortuné Henri VI, roi d'Angleterre, donna dans une guerre plus juste des marques d'une valeur héroïque; elle combattit elle-même dans dix batailles pour délivrer son mari. L'histoire n'a point d'exemple avéré d'un courage plus grand ni plus constant dans une femme.

Elle avait été précédée par la célèbre comtesse de Montfort, en Bretagne. « Cette princesse, dit » d'Argentré, était vertueuse outre tout naturel » de son sexe; vaillante de sa personne autant » que nul homme : elle montait à cheval, elle » maniait mieux que nul écuyer; elle combattait » à la main; elle courait, donnait parmi une » troupe d'hommes d'armes comme le plus vaillant capitaine; elle combattait par mer et par » terre tout de même assurance, etc. »

On la voyait parcourir, l'épée à la main, ses états envahis par son compétiteur Charles de Blois. Non seulement elle soutint deux assauts sur la brèche d'Hennebon armée de pied en cap, mais elle fondit sur le camp des ennemis, suivie de cinq cents hommes, y mit le feu, et le réduisit en cendres.

Les exploits de Jeanne d'Arc, si connue sous le nom de *la Pucelle d'Orléans,* sont moins étonnants que ceux de Marguerite d'Anjou et de la comtesse de Montfort. Ces deux princesses ayant été élevées dans la mollesse des cours, et Jeanne d'Arc dans le rude exercice des travaux de la campagne, il était plus singulier et plus beau de quitter sa cour que sa chaumière pour les combats.

L'héroïne qui défendit Beauvais est peut-être supérieure à celle qui fit lever le siége d'Orléans; elle combattit tout aussi bien, et ne se vanta ni d'être pucelle ni d'être inspirée. Ce fut en 1472, quand l'armée bourguignone assiégeait Beauvais, que Jeanne Hachette, à la tête de plusieurs femmes, soutint long-temps un assaut, arracha l'étendard qu'un officier des ennemis allait arborer sur la brèche, jeta le porte-étendard dans le fossé, et donna le temps aux troupes du roi d'arriver pour secourir la ville. Ses descendants ont été exemptés de la taille; faible et honteuse récompense! Les femmes et les filles de Beauvais sont plus flattées d'avoir le pas sur les hommes à la procession le jour de l'anniversaire. Toute marque publique d'honneur encourage le mérite, et l'exemption de la taille n'est qu'une preuve qu'on doit être assujetti à cette servitude par le malheur de sa naissance.

Mademoiselle de La Charce, de la maison de La Tour du Pin Gouvernet, se mit, en 1692, à la tête des communes en Dauphiné, et repoussa les Barbets qui fesaient une irruption. Le roi lui donna une pension comme à un brave officier. L'ordre militaire de Saint-Louis n'était pas encore institué.

Il n'est presque point de nation qui ne se glorifie d'avoir de pareilles héroïnes; le nombre n'en est pas grand, la nature semble avoir donné aux femmes une autre destination. On a vu, mais rarement, des femmes s'enrôler parmi les soldats. En un mot, chaque peuple a eu des guerrières : mais le royaume des Amazones sur les bords du Thermodon n'est qu'une fiction poétique, comme presque tout ce que l'antiquité raconte.

AME.

SECTION PREMIÈRE.

C'est un terme vague, indéterminé, qui exprime un principe inconnu d'effets connus que nous sentons en nous. Ce mot *âme* répond à l'*anima* des Latins, au πνεῦμα des Grecs, au terme dont se sont servis toutes les nations pour exprimer ce qu'elles n'entendaient pas mieux que nous.

Dans le sens propre et littéral du latin et des langues qui en sont dérivées, il signifie *ce qui anime.* Ainsi on a dit, l'âme des hommes, des animaux, quelquefois des plantes, pour signifier leur principe de végétation et de vie. On n'a jamais eu, en prononçant ce mot, qu'une idée confuse, comme lorsqu'il est dit dans la Genèse : « Dieu souffla au visage de l'homme un souffle de » vie, et il devint âme vivante; et l'âme des animaux est dans le sang; et ne tuez point son » âme, etc. »

Ainsi l'âme était prise en général pour l'origine et la cause de la vie, pour la vie même. C'est pourquoi toutes les nations connues imaginèrent long-temps que tout mourait avec le corps. Si on peut démêler quelque chose dans le chaos des histoires anciennes, il semble qu'au moins les Égyptiens furent les premiers qui distinguèrent l'intelligence et l'âme : et les Grecs apprirent d'eux à distinguer aussi leur νοῦς et leur πνεῦμα. Les Latins, à leur exemple, distinguèrent *animus* et *anima*; et nous, enfin, nous avons aussi eu notre *âme* et notre *entendement*. Mais ce qui est le principe de notre vie, ce qui est le principe de nos pensées, sont-ce deux choses différentes? est-ce le même être? Ce qui nous fait digérer et ce qui nous donne des sensations et de la mémoire ressemble-t-il à ce qui est dans les animaux la cause de la digestion et la cause de leurs sensations et de leur mémoire?

Voilà l'éternel objet des disputes des hommes: je dis l'éternel objet; car n'ayant point de notion primitive dont nous puissions descendre dans cet examen, nous ne pouvons que rester à jamais dans un labyrinthe de doutes et de faibles conjectures.

Nous n'avons pas le moindre degré où nous puissions poser le pied pour arriver à la plus légère connaissanee de ce qui nous fait vivre et de ce qui nous fait penser. Comment en aurions-nous? il faudrait avoir vu la vie et la pensée entrer dans un corps. Un père sait-il comment il a produit son fils? une mère sait-elle comment elle l'a conçu? Quelqu'un a-t-il jamais pu deviner comment il agit, comment il veille, et comment il dort? Quelqu'un sait-il comment ses membres obéissent à sa volonté? a-t-il découvert par quel art des idées se tracent dans son cerveau et en sortent à son commandement? Faibles automates mus par la main invisible qui nous dirige sur cette scène du monde, qui de nous a pu apercevoir le fil qui nous conduit?

Nous osons mettre en question si l'âme intelligente est *esprit* ou *matière*; si elle est créée avant nous; si elle sort du néant dans notre naissance; si après nous avoir animés un jour sur la terre, elle vit après nous dans l'éternité. Ces questions paraissent sublimes; que sont-elles? Des questions d'aveugles qui disent à d'autres aveugles : Qu'est-ce que la lumière?

Quand nous voulons connaître grossièrement un morceau de métal, nous le mettons au feu dans un creuset. Mais avons-nous un creuset pour y mettre l'âme? Elle est *esprit*, dit l'un. Mais qu'est-ce qu'esprit? personne assurément n'en sait rien; c'est un mot si vide de sens, qu'on est obligé de dire ce que l'esprit n'est pas, ne pouvant dire ce qu'il est. L'âme est *matière*, dit l'autre. Mais qu'est-ce que matière? nous n'en connaissons que quelques apparences et quelques propriétés, et nulle de ces propriétés, nulle de ces apparences ne paraît avoir le moindre rapport avec la pensée.

C'est quelque chose de distinct de la matière, dites-vous. Mais quelle preuve en avez-vous? Est-ce parce que la matière est divisible et figurable, et que la pensée ne l'est pas? Mais qui vous a dit que les premiers principes de la matière sont divisibles et figurables? Il est très vraisemblable qu'ils ne le sont point; des sectes entières de philosophes prétendent que les éléments de la matière n'ont ni figure ni étendue. Vous criez d'un air triomphant : La pensée n'est ni du bois, ni de la pierre, ni du sable, ni du métal; donc la pensée n'appartient pas à la matière. Faibles et hardis raisonneurs! la gravitation n'est ni bois, ni sable, ni métal, ni pierre; le mouvement, la végétation, la vie, ne sont rien non plus de tout cela; et cependant la vie, la végétation, le mouvement, la gravitation, sont donnés à la matière. Dire que Dieu ne peut rendre la matière pensante, c'est dire la chose la plus insolemment absurde que jamais on ait osé proférer dans les écoles privilégiées de la démence. Nous ne sommes pas assurés que Dieu en ait usé ainsi; nous sommes seulement assurés qu'il le peut. Mais qu'importe tout ce qu'on a dit et tout ce qu'on dira sur l'âme? qu'importe qu'on l'ait appelée entéléchie, quintessence, flamme, éther; qu'on l'ait crue universelle, incréée, transmigrante, etc.?

Qu'importent, dans ces questions inaccessibles à la raison, ces romans de nos imaginations incertaines? Qu'importe que les Pères des quatre premiers siècles aient cru l'âme corporelle? Qu'importe que Tertullien, par une contradiction qui lui est familière, ait décidé qu'elle est à la fois corporelle, figurée, et simple? Nous avons mille témoignages d'ignorance, et pas un qui nous donne une lueur de vraisemblance.

Comment donc sommes-nous assez hardis pour affirmer ce que c'est que l'âme? Nous savons certainement que nous existons, que nous sentons, que nous pensons. Voulons-nous faire un pas au-delà? nous tombons dans un abîme de ténèbres; et dans cet abîme nous avons encore la folle témérité de disputer si cette âme, dont nous n'avons pas la moindre idée, est faite avant nous ou avec nous, et si elle est périssable ou immortelle.

L'article Ame, et tous les articles qui tiennent à la métaphysique, doivent commencer par une soumission sincère aux dogmes indubitables de l'Église. La révélation vaut mieux, sans doute, que toute la philosophie. Les systèmes exercent l'esprit, mais la foi l'éclaire et le guide.

Ne prononce-t-on pas souvent des mots dont nous n'avons qu'une idée très confuse, ou même dont nous n'en avons aucune? Le mot d'*âme* n'est-il pas dans ce cas? Lorsque la languette ou la soupape d'un soufflet est dérangée, et que l'air qui est entré dans la capacité du soufflet en sort par quelque ouverture survenue à cette soupape, qu'il n'est plus comprimé contre les deux palettes, et qu'il n'est pas poussé avec violence vers le foyer qu'il doit allumer, les servantes disent : *L'âme du soufflet est crevée*. Elles n'en savent pas davantage; et cette question ne trouble point leur tranquillité.

Le jardinier prononce le mot d'*âme des plantes*, et les cultive très bien sans savoir ce qu'il entend par ce terme.

Le luthier pose, avance ou recule l'*âme d'un violon* sous le chevalet, dans l'intérieur des deux tables de l'instrument; un chétif morceau de bois de plus ou de moins lui donne ou lui ôte une âme harmonieuse.

Nous avons plusieurs manufactures dans lesquelles les ouvriers donnent la qualification d'*âme* à leurs machines. Jamais on ne les entend disputer sur ce mot; il n'en est pas ainsi des philosophes.

Le mot d'*âme* parmi nous signifie en général ce qui anime. Nos devanciers, les Celtes, donnaient à leur âme le nom de *seel*, dont les Anglais ont fait le mot *soul*, les Allemands *seel*; et probablement les anciens Teutons et les anciens Bretons n'eurent point de querelles dans les universités pour cette expression.

Les Grecs distinguaient trois sortes d'âmes : ψυχὴ, qui signifiait *l'âme sensitive, l'âme des sens*; et voilà pourquoi l'*Amour*, enfant d'*Aphrodite*, eut tant de passion pour *Psyché*, et que *Psyché* l'aima si tendrement : πνεῦμα, le souffle qui donnait la vie et le mouvement à toute la machine, et que nous avons traduit par *spiritus*, esprit; mot vague auquel on a donné mille acceptions différentes : et enfin νοῦς, *l'intelligence*.

Nous possédions donc trois âmes, sans avoir la plus légère notion d'aucune. *Saint Thomas d'Aquin*[a] admet ces trois âmes en qualité de péripatéticien, et distingue chacune de ces trois âmes en trois parties.

ψυχὴ était dans la poitrine, πνεῦμα se répandait dans tout le corps, et νοῦς était dans la tête. Il n'y a point eu d'autre philosophie dans nos écoles jusqu'à nos jours, et malheur à tout homme qui aurait pris une de ces âmes pour l'autre.

[a] *Somme de saint Thomas*, édition de Lyon, 1738.

Dans ce chaos d'idées il y avait pourtant un fondement. Les hommes s'étaient bien aperçus que dans leurs passions d'amour, de colère, de crainte, il s'excitait des mouvements dans leurs entrailles. Le foie et le cœur furent le siége des passions. Lorsqu'on pense profondément, on sent une contention dans les organes de la tête; donc l'âme intellectuelle est dans le cerveau. Sans respiration, point de végétation, point de vie : donc l'âme végétative est dans la poitrine, qui reçoit le souffle de l'air.

Lorsque les hommes virent en songe leurs parents ou leurs amis morts, il fallut bien chercher ce qui leur était apparu. Ce n'était pas le corps, qui avait été consumé sur un bûcher, ou englouti dans la mer et mangé des poissons. C'était pourtant quelque chose, à ce qu'ils prétendaient; car ils l'avaient vu; le mort avait parlé; le songeur l'avait interrogé. Était-ce ψυχὴ, était-ce πνεῦμα, était-ce νοῦς, avec qui on avait conversé en songe? On imagina un fantôme une figure légère : c'était σκιὰ, c'était δαίμων, une ombre, des mânes, une petite âme d'air et de feu extrêmement déliée qui errait je ne sais où.

Dans la suite des temps, quand on voulut approfondir la chose, il demeura pour constant que cette âme était corporelle; et toute l'antiquité n'en eut point d'autre idée. Enfin Platon vint qui subtilisa tellement cette âme, qu'on douta s'il ne la séparait pas entièrement de la matière; mais ce fut un problème qui ne fut jamais résolu jusqu'à ce que la foi vînt nous éclairer.

En vain les matérialistes allèguent quelques pères de l'Église qui ne s'exprimaient point avec exactitude. Saint Irénée dit[a] que l'âme n'est que le souffle de la vie, qu'elle n'est incorporelle que par comparaison avec le corps mortel, et qu'elle conserve la figure de l'homme afin qu'on la reconnaisse.

En vain Tertullien s'exprime ainsi : La corporalité de l'âme éclate dans l'Evangile[b]; « Corporalitas animæ in ipso Evangelio relucescit. » Car si l'âme n'avait pas un corps, l'image de l'âme n'aurait pas l'image du corps.

En vain même rapporte-t-il la vision d'une sainte femme qui avait vu une âme très brillante, et de la couleur de l'air.

En vain Tatien dit expressément[c] : Ψυχὴ μὲν οὖν ἡ τῶν ἀνθρώπων πολυμερής ἐστι : l'âme de l'homme est composée de plusieurs parties.

En vain allègue-t-on saint Hilaire, qui dit dans des temps postérieurs[d] : « Il n'est rien de créé » qui ne soit corporel, ni dans le ciel, ni sur la » terre, ni parmi les visibles, ni parmi les invi-

[a] Liv. V, ch. VI et VII. — [b] *Oratio ad Græcos*, ch. XXIII.
[c] *De anima*, ch. VII.
[d] Saint Hilaire sur saint Matthieu, pag. 633.

» sibles : tout est formé d'éléments ; et les âmes, » soit qu'elles habitent un corps, soit qu'elles en » sortent, ont toujours une substance corporelle. »

En vain saint Ambroise, au sixième siècle, dit : « Nous[a] ne connaissons rien que de materiel, ex- » cepté la seule vénérable Trinité. »

Le corps de l'Église entière a décidé que l'âme est immatérielle. Ces saints étaient tombés dans une erreur alors universelle ; ils étaient hommes ; mais ils ne se trompèrent pas sur l'immortalité, parce qu'elle est évidemment annoncée dans les Évangiles.

Nous avons un besoin si évident de la décision de l'Église infaillible sur ces points de philosophie, que nous n'avons en effet par nous-mêmes aucune notion suffisante de ce qu'on appelle *esprit pur,* et de ce qu'on nomme *matière*. L'esprit pur est un mot qui ne nous donne aucune idée ; et nous ne connaissons la matière que par quelques phénomènes. Nous la connaissons si peu, que nous l'appelons *substance ;* or le mot *substance* veut dire *ce qui est dessous ;* mais ce dessous nous sera éternellement caché. Ce *dessous* est le secret du Créateur ; et ce secret du Créateur est partout. Nous ne savons ni comment nous recevons la vie, ni comment nous la donnons, ni comment nous croissons, ni comment nous digérons, ni comment nous dormons, ni comment nous pensons, ni comment nous sentons.

La grande difficulté est de comprendre comment un être, quel qu'il soit, a des pensées.

SECTION II.

Des doutes de Locke sur l'âme.

L'auteur de l'article Ame dans l'*Encyclopédie* a suivi scrupuleusement Jaquelot ; mais Jaquelot ne nous apprend rien. Il s'élève aussi contre Locke, parce que le modeste Locke a dit[b] : « Nous » ne serons peut-être jamais capables de connaî- » tre si un être matériel pense ou non, par la » raison qu'il nous est impossible de découvrir » par la contemplation de nos propres idées, *sans* » *révélation,* si Dieu n'a point donné à quelque » amas de matière, disposée comme il le trouve » à propos, la puissance d'apercevoir et de pen- » ser ; ou s'il a joint et uni à la matière ainsi dis- » posée une substance immatérielle qui pense. Car » par rapport à nos notions, il ne nous est pas » plus malaisé de concevoir que Dieu peut, s'il » lui plaît, ajouter à notre idée de la matière la

[a] Sur Abraham, liv. II, ch. VIII.

[b] Traduction de Coste, liv. IV, ch. III, § VI.

» faculté de penser, que de comprendre qu'il y » joigne une autre substance avec la faculté de » penser ; puisque nous ignorons en quoi consiste » la pensée, et à quelle espèce de substance cet » être tout-puissant a trouvé à propos d'accorder » cette puissance, qui ne saurait être créée qu'en » vertu du bon plaisir et de la bonté du Créateur. » Je ne vois pas quelle contradiction il y a que » Dieu, cet être pensant, éternel, et tout puis- » sant, donne, s'il veut, quelques degrés de sen- » timent, de perception et de pensée à certains » amas de matière créée et insensible qu'il joint » ensemble comme il le trouve à propos. »

C'était parler en homme profond, religieux, et modeste[a].

On sait quelles querelles il eut à essuyer sur cette opinion qui parut hasardée, mais qui en effet n'était en lui qu'une suite de la conviction où il était de la toute-puissance de Dieu et de la faiblesse de l'homme. Il ne disait pas que la matière pensât ; mais il disait que nous n'en savons pas assez pour démontrer qu'il est impossible à Dieu d'ajouter le don de la pensée à l'être inconnu nommé *matière,* après lui avoir accordé le don de la gravitation et celui du mouvement, qui sont également incompréhensibles.

Locke n'était pas assurément le seul qui eût avancé cette opinion ; c'était celle de toute l'antiquité, qui, en regardant l'âme comme une matière très déliée, assurait par conséquent que la matière pouvait sentir et penser.

C'était le sentiment de Gassendi, comme on le voit dans ses objections à Descartes. « Il est vrai, » dit Gassendi, que vous connaissez que vous pen- » sez ; mais vous ignorez quelle espèce de sub- » stance vous êtes, vous qui pensez. Ainsi, quoique » l'opération de la pensée vous soit connue, le » principal de votre essence vous est caché ; et » vous ne savez point quelle est la nature de cette » substance, dont l'une des opérations est de pen- » ser. Vous ressemblez à un aveugle qui, sentant » la chaleur du soleil et étant averti qu'elle est » causée par le soleil, croirait avoir une idée » claire et distincte de cet astre, parce que, si on » lui demandait ce que c'est que le soleil, il pour- » rait répondre c'est une chose qui échauffe, etc. »

Le même Gassendi, dans sa *Philosophie d'Épi-*

[a] Voyez le discours préliminaire de M. d'Alembert (qui fait aussi partie du tome I de ses *Mélanges de littérature*, etc.).
« On peut dire qu'il créa la métaphysique à peu près comme » Newton avait créé la physique. Pour connaître notre âme, ses » idées et ses affections, il n'étudia point les livres, parce qu'ils » l'auraient mal instruit ; il se contenta de descendre profondé- » ment en lui-même ; et après s'être, pour ainsi dire, contem- » plé long-temps, il ne fit, dans son *Traité de l'entendement* » *humain*, que présenter aux hommes le miroir dans lequel il » s'était vu. En un mot, il réduisit la métaphysique à ce qu'elle » doit être en effet, la physique expérimentale de l'âme. »

cure, répète plusieurs fois qu'il n'y a aucune évidence mathématique de la pure spiritualité de l'âme.

Descartes, dans une de ses lettres à la princesse palatine Élisabeth, lui dit: « Je confesse que par » la seule raison naturelle nous pouvons faire » beaucoup de conjectures sur l'âme, et avoir de » flatteuses espérances, mais non pas aucune as- » surance. » Et en cela Descartes combat dans ses lettres ce qu'il avance dans ses livres; contradiction trop ordinaire.

Enfin nous avons vu que tous les Pères des premiers siècles de l'Église, en croyant l'âme immortelle, la croyaient en même temps matérielle; ils pensaient qu'il est aussi aisé à Dieu de conserver que de créer. Ils disaient: Dieu la fit pensante, il la conservera pensante.

Malebranche a prouvé très bien que nous n'avons aucune idée par nous-mêmes, et que les objets sont incapables de nous en donner: de là il conclut que nous voyons tout en Dieu. C'est au fond la même chose que de faire Dieu l'auteur de toutes nos idées; car avec quoi verrions-nous dans lui, si nous n'avions pas des instruments pour voir? et ces instruments, c'est lui seul qui les tient et qui les dirige. Ce système est un labyrinthe, dont une allée vous mènerait au spinosisme, une autre au stoïcisme, et une autre au chaos.

Quand on a bien disputé sur l'esprit, sur la matière, on finit toujours par ne se point entendre. Aucun philosophe n'a pu lever par ses propres forces ce voile que la nature a étendu sur tous les premiers principes des choses; ils disputent, et la nature agit.

SECTION III.

De l'âme des bêtes, et de quelques idées creuses.

Avant l'étrange système qui suppose les animaux de pures machines sans aucune sensation, les hommes n'avaient jamais imaginé dans les bêtes une âme immatérielle; et personne n'avait poussé la témérité jusqu'à dire qu'une huître possède une âme spirituelle. Tout le monde s'accordait paisiblement à convenir que les bêtes avaient reçu de Dieu du sentiment, de la mémoire, des idées, et non pas un esprit pur. Personne n'avait abusé du don de raisonner au point de dire que la nature a donné aux bêtes tous les organes du sentiment pour qu'elles n'eussent point de sentiment. Personne n'avait dit qu'elles crient quand on les blesse, et qu'elles fuient quand on les poursuit, sans éprouver ni douleur ni crainte.

On ne niait point alors la toute-puissance de Dieu; il avait pu communiquer à la matière organisée des animaux le plaisir, la douleur, le ressouvenir, la combinaison de quelques idées; il avait pu donner à plusieurs d'entre eux, comme au singe, à l'éléphant, au chien de chasse, le talent de se perfectionner dans les arts qu'on leur apprend; non seulement il avait pu douer presque tous les animaux carnassiers du talent de mieux faire la guerre dans leur vieillesse expérimentée, que dans leur jeunesse trop confiante; non seulement, dis-je, il l'avait pu, mais il l'avait fait; l'univers en était témoin.

Pereira et Descartes soutinrent à l'univers qu'il se trompait, que Dieu avait joué des gobelets, qu'il avait donné tous les instruments de la vie et de la sensation aux animaux, afin qu'ils n'eussent ni sensation, ni vie proprement dite. Mais je ne sais quels prétendus philosophes, pour répondre à la chimère de Descartes, se jetèrent dans la chimère opposée; ils donnèrent libéralement un esprit pur aux crapauds et aux insectes:

« In vitium ducit culpæ fuga..... »
(Hor., de *Art. poet.*)

Entre ces deux folies, l'une qui ôte le sentiment aux organes du sentiment, l'autre qui loge un pur esprit dans une punaise, on imagina un milieu; c'est l'instinct: et qu'est-ce que l'instinct? Oh! oh! c'est une forme substantielle; c'est une forme plastique; c'est un je ne sais quoi: c'est de l'instinct. Je serai de votre avis, tant que vous appellerez la plupart des choses *je ne sais quoi*, tant que votre philosophie commencera et finira par *je ne sais*; mais quand vous affirmerez, je vous dirai avec Prior dans son poëme sur les vanités du monde:

Osez-vous assigner, pédants insupportables,
Une cause diverse à des effets semblables?
Avez-vous mesuré cette mince cloison
Qui semble séparer l'instinct de la raison?
Vous êtes mal pourvus et de l'un et de l'autre.
Aveugles insensés, quelle audace est la vôtre!
L'orgueil est votre instinct. Conduirez-vous nos pas
Dans ces chemins glissants que vous ne voyez pas?

L'auteur de l'article AME dans l'*Encyclopédie* s'explique ainsi: « Je me représente l'âme des » bêtes comme une substance immatérielle et in- » telligente, mais de quelle espèce? Ce doit être, » ce me semble, un principe actif qui a des sen- » sations, et qui n'a que cela... Si nous réfléchis- » sons sur la nature de l'âme des bêtes, elle ne » nous fournit rien de son fond qui nous porte à » croire que sa spiritualité la sauvera de l'anéan- » tissement. »

Je n'entends pas comment on se représente une substance immatérielle. Se représenter quelque chose, c'est s'en faire une image; et jusqu'à présent personne n'a pu peindre l'esprit. Je veux que, par le mot *représente*, l'auteur entende *je conçois*; pour moi, j'avoue que je ne le conçois pas. Je conçois encore moins qu'une âme spirituelle soit anéantie, parce que je ne conçois ni la création ni le néant; parce que je n'ai jamais assisté au conseil de Dieu; parce que je ne sais rien du tout du principe des choses.

Si je veux prouver que l'âme est un être réel, on m'arrête en me disant que c'est une faculté. Si j'affirme que c'est une faculté, et que j'ai celle de penser, on me répond que je me trompe, que Dieu, le maître éternel de toute la nature, fait tout en moi, et dirige toutes mes actions et toutes mes pensées; que si je produisais mes pensées, je saurais celles que j'aurai dans une minute; que je ne le sois jamais; que je ne suis qu'un automate à sensations et à idées, nécessairement dépendant, et entre les mains de l'Être suprême, infiniment plus soumis à lui que l'argile ne l'est au potier.

J'avoue donc mon ignorance; j'avoue que quatre mille tomes de métaphysique ne nous enseigneront pas ce que c'est que notre âme.

Un philosophe orthodoxe disait à un philosophe hétérodoxe : Comment avez-vous pu parvenir à imaginer que l'âme est mortelle de sa nature, et qu'elle n'est éternelle que par la pure volonté de Dieu? Par mon expérience, dit l'autre. — Comment! est-ce que vous êtes mort? — Oui, fort souvent. Je tombais en épilepsie dans ma jeunesse, et je vous assure que j'étais parfaitement mort pendant plusieurs heures. Nulle sensation, nul souvenir même du moment où j'étais tombé. Il m'arrive à présent la même chose presque toutes les nuits. Je ne sens jamais précisément le moment où je m'endors; mon sommeil est absolument sans rêves. Je ne peux imaginer que par conjectures combien de temps j'ai dormi. Je suis mort régulièrement six heures en vingt-quatre. C'est le quart de ma vie.

L'orthodoxe alors lui soutint qu'il pensait toujours pendant son sommeil sans qu'il en sût rien. L'hétérodoxe lui répondit : Je crois par la révélation que je penserai toujours dans l'autre vie; mais je vous assure que je pense rarement dans celle-ci.

L'orthodoxe ne se trompait pas en assurant l'immortalité de l'âme, puisque la foi et la raison démontrent cette vérité; mais il pouvait se tromper en assurant qu'un homme endormi pense toujours.

Locke avouait franchement qu'il ne pensait pas toujours quand il dormait : un autre philosophe a dit : « Le propre de l'homme est de penser ; mais » ce n'est pas son essence. »

Laissons à chaque homme la liberté et la consolation de se chercher soi-même, et de se perdre dans ses idées.

Cependant il est bon de savoir qu'en 1730 un philosophe[1] essuya une persécution assez forte pour avoir avoué, avec Locke, que son entendement n'était pas exercé tous les moments du jour et de la nuit, de même qu'il ne se servait pas à tout moment de ses bras et de ses jambes. Non seulement l'ignorance de cour le persécuta, mais l'ignorance maligne de quelques prétendus littérateurs se déchaîna contre le persécuté. Ce qui n'avait produit en Angleterre que quelques disputes philosophiques, produisit en France les plus lâches atrocités; un Français fut la victime de Locke.

Il y a eu toujours dans la fange de notre littérature plus d'un de ces misérables qui ont vendu leur plume, et cabalé contre leurs bienfaiteurs mêmes. Cette remarque est bien étrangère à l'article Ame; mais faudrait-il perdre une occasion d'effrayer ceux qui se rendent indignes du nom d'hommes de lettres, qui prostituent le peu d'esprit et de conscience qu'ils ont à un vil intérêt, à une politique chimérique, qui trahissent leurs amis pour flatter des sots, qui broient en secret la ciguë dont l'ignorant puissant et méchant veut abreuver des citoyens utiles?

Arriva-t-il jamais dans la véritable Rome qu'on dénonçât aux consuls un Lucrèce pour avoir mis en vers le système d'Épicure? un Cicéron pour avoir écrit plusieurs fois qu'après la mort on ne ressent aucune douleur? qu'on accusât un Pline, un Varron d'avoir eu des idées particulières sur la divinité? La liberté de penser fut illimitée chez les Romains. Les esprits durs, jaloux et rétrécis, qui se sont efforcés d'écraser parmi nous cette liberté, mère de nos connaissances, et premier ressort de l'entendement humain, ont prétexté des dangers chimériques. Ils n'ont pas songé que les Romains, qui poussaient cette liberté beaucoup plus loin que nous, n'en ont pas moins été nos vainqueurs, nos législateurs; et que les disputes de l'école n'ont pas plus de rapport au gouvernement que le tonneau de Diogène n'en eut avec les victoires d'Alexandre.

Cette leçon vaut bien une leçon sur l'âme : nous aurons peut-être plus d'une occasion d'y revenir.

Enfin, en adorant Dieu de toute notre âme, confessons toujours notre profonde ignorance sur cette âme, sur cette faculté de sentir et de penser que nous tenons de sa bonté infinie. Avouons que nos faibles raisonnements ne peuvent rien ôter, rien ajouter à la révélation et à la foi. Concluons enfin que nous devons employer cette intelligence, dont la nature est inconnue, à perfectionner les sciences qui sont l'objet de l'*Encyclopédie*; comme

[1] Voltaire. (Voyez ce qui est relatif aux *Lettres philosophiques*, dans la correspondance générale de 1730 à 1736.) K.

les horlogers emploient des ressorts dans leurs montres, sans savoir ce que c'est que le ressort.

SECTION IV.

Sur l'âme et sur nos ignorances.

Sur la foi de nos connaissances acquises, nous avons osé mettre en question si l'âme est créée avant nous, si elle arrive du néant dans notre corps? à quel âge elle est venue se placer entre une vessie et les intestins *cœcum* et *rectum?* si elle y a reçu ou apporté quelques idées, et quelles sont ces idées? si après nous avoir animé quelques moments, son essence est de vivre après nous dans l'éternité sans l'intervention de Dieu même? si étant esprit, et Dieu étant esprit, ils sont l'un et l'autre d'une nature semblable [*]? Ces questions paraissent sublimes : que sont-elles? des questions d'aveugles-nés sur la lumière.

Que nous ont appris tous les philosophes anciens et modernes? un enfant est plus sage qu'eux : il ne pense pas à ce qu'il ne peut concevoir.

Qu'il est triste, direz-vous, pour notre insatiable curiosité, pour notre soif intarissable du bien-être, de nous ignorer ainsi! J'en conviens, et il y a des choses encore plus tristes, mais je vous répondrai :

« Sors tua mortalis, non est mortale quod optas. »
Ovid., Met., II, 56.
Tes destins sont d'un homme, et tes vœux sont d'un dieu.

Il paraît, encore une fois, que la nature de tout principe des choses est le secret du Créateur. Comment les airs portent-ils des sons? comment se forment les animaux? comment quelques uns de nos membres obéissent-ils constamment à nos volontés? quelle main place des idées dans notre mémoire, les y garde comme dans un registre, et les en tire tantôt à notre gré, et tantôt malgré nous? Notre nature, celle de l'univers, celle de la moindre plante, tout est plongé pour nous dans un gouffre de ténèbres.

L'homme est un être agissant, sentant et pensant : voilà tout ce que nous en savons : il ne nous est donné de connaître ni ce qui nous rend sentants et pensants, ni ce qui nous fait agir, ni ce qui nous fait être. La faculté agissante est aussi incompréhensible pour nous que la faculté pensante. La difficulté est moins de concevoir comment ce corps de fange a des sentiments et des idées, que de concevoir comment un être, quel qu'il soit, a des idées et des sentiments.

Voilà d'un côté l'âme d'Archimède, de l'autre celle d'un imbécile : sont-elles de même nature? Si leur essence est de penser, elles pensent toujours, et indépendamment du corps qui ne peut agir sans elles. Si elles pensent par leur propre nature, l'espèce d'une âme qui ne peut faire une règle d'arithmétique sera-t-elle la même que celle qui a mesuré les cieux? Si ce sont les organes du corps qui ont fait penser Archimède, pourquoi mon idiot, mieux constitué qu'Archimède, plus vigoureux, digérant mieux, fesant mieux toutes ses fonctions, ne pense-t-il point? C'est, dites-vous, que sa cervelle n'est pas si bonne. Mais vous le supposez; vous n'en savez rien. On n'a jamais trouvé de différence entre les cervelles saines qu'on a disséquées; il est même très vraisemblable que le cervelet d'un sot sera en meilleur état que celui d'Archimède, qui a fatigué prodigieusement, et qui pourrait être usé et raccourci.

Concluons donc ce que nous avons déjà conclu, que nous sommes des ignorants sur tous les premiers principes. A l'égard des ignorants qui font les suffisants, ils sont fort au-dessous des singes.

Disputez maintenant, colériques argumentants; présentez des requêtes les uns contre les autres; dites des injures, prononcez vos sentences, vous qui ne savez pas un mot de la question.

SECTION V.

Du paradoxe de Warburton sur l'immortalité de l'âme.

Warburton, éditeur et commentateur de Shakespeare et évêque de Glocester, usant de la liberté anglaise, et abusant de la coutume de dire des injures à ses adveraires, a composé quatre volumes pour prouver que l'immortalité de l'âme n'a jamais été annoncée dans le *Pentateuque*, et pour conclure de cette preuve même que la mission de Moïse, qu'il appelle *légation*, est divine. Voici le précis de son livre, qu'il donne lui-même pages 7 et 8 du premier tome :

1° « La doctrine d'une vie à venir, des récompenses et des châtiments après la mort, est nécessaire à toute société civile.

2° » Tout le genre humain (et c'est en quoi il se trompe), et spécialement les plus sages et plus savantes nations de l'antiquité, se sont accordés à croire et à enseigner cette doctrine.

3° » Elle ne peut se trouver en aucun endroit

[*] Ce n'était pas sans doute l'opinion de saint Augustin, qui, dans le livre VIII de *la Cité de Dieu*, s'exprime ainsi : « Que ceux-là se taisent qui n'ont pas osé, à la vérité, dire que Dieu est un corps, mais qui ont cru que nos âmes sont de même nature que lui. Ils n'ont pas été frappés de l'extrême mutabilité de notre âme, qu'il n'est pas permis d'attribuer à Dieu. »

« Cedant et illi quos quidem puduit dicere Deum corpus esse, verumtamen ejusdem naturæ, cujus ille est, animos nostros esse putaverunt. Ita non eos movet tanta mutabilitas animæ, quam Dei naturæ tribuere nefas est. »

» de la loi de Moïse; donc la loi de Moïse est » d'un original divin. Ce que je vais prouver par » les deux syllogismes suivants :

PREMIER SYLLOGISME.

» Toute religion, toute société qui n'a pas l'immortalité de l'âme pour son principe, ne peut » être soutenue que par une providence extraordinaire; la religion juive n'avait pas l'immortalité de l'âme pour principe; donc la religion » juive était soutenue par une providence extraordinaire.

SECOND SYLLOGISME.

» Les anciens législateurs ont tous dit qu'une » religion qui n'enseignerait pas l'immortalité de » l'âme ne pouvait être soutenue que par une » providence extraordinaire; Moïse a institué une » religion qui n'est pas fondée sur l'immortalité » de l'âme; donc Moïse croyait sa religion maintenue par une providence extraordinaire. »

Ce qui est bien plus extraordinaire, c'est cette assertion de Warburton, qu'il a mise en gros caractères à la tête de son livre. On lui a reproché souvent l'extrême témérité et la mauvaise foi avec laquelle il ose dire que tous les anciens législateurs ont cru qu'une religion qui n'est pas fondée sur les peines et les récompenses après la mort, ne peut être soutenue que par une providence extraordinaire; il n'y en pas un seul qui l'ait jamais dit. Il n'entreprend pas même d'en apporter aucun exemple dans son énorme livre farci d'une immense quantité de citations, qui toutes sont étrangères à son sujet. Il s'est enterré sous un amas d'auteurs grecs et latins, anciens et modernes, de peur qu'on ne pénétrât jusqu'à lui, à travers une multitude horrible d'enveloppes. Lorsqu'enfin la critique a fouillé jusqu'au fond, il est ressuscité d'entre tous ces morts pour charger d'outrages tous ses adversaires.

Il est vrai que vers la fin de son quatrième volume, après avoir marché par cent labyrinthes, et s'être battu avec tous ceux qu'il a rencontrés en chemin, il vient enfin à sa grande question qu'il avait laissée là. Il s'en prend au livre de Job, qui passe chez les savants pour l'ouvrage d'un Arabe, et il veut prouver que Job ne croyait point l'immortalité de l'âme. Ensuite il explique à sa façon tous les textes de l'Écriture par lesquels on a voulu combattre son sentiment.

Tout ce qu'on en doit dire, c'est que, s'il avait raison, ce n'était pas à un évêque d'avoir ainsi raison. Il devait sentir qu'on en pouvait tirer des conséquences trop dangereuses[a]. Mais il n'y a qu'heur et malheur dans ce monde; cet homme, qui est devenu délateur et persécuteur, n'a été fait évêque par la protection d'un ministre d'état, qu'immédiatement après avoir fait son livre.

A Salamanque, à Coimbre, à Rome, il aurait été obligé de se rétracter et de demander pardon. En Angleterre il est devenu pair du royaume avec cent mille livres de rente; c'était de quoi adoucir ses mœurs.

SECTION VI.

Du besoin de la révélation.

Le plus grand bienfait dont nous soyons redevables au *Nouveau Testament*, c'est de nous avoir révélé l'immortalité de l'âme. C'est donc bien vainement que ce Warburton a voulu jeter des nuages sur cette importante vérité, en représentant continuellement dans sa Légation de Moïse, « que » les anciens Juifs n'avaient aucune connaissance » de ce dogme nécessaire, et que les Saducéens » ne l'admettaient pas du temps de notre Seigneur » Jésus. »

Il interprète à sa manière les propres mots qu'on fait prononcer à Jésus-Christ[b]. « N'avez» vous pas lu ces paroles que Dieu vous a dites : » Je suis le Dieu d'Abraham, le Dieu d'Isaac, le » Dieu de Jacob? or Dieu n'est pas le Dieu des » morts, mais des vivants. » Il donne à la parabole du mauvais riche un sens contraire à celui de toutes les Églises. Sherlock, évêque de Londres, et vingt autres savants l'ont réfuté. Les philosophes anglais même lui ont reproché combien il est scandaleux dans un évêque anglican de manifester une opinion si contraire à l'Église anglicane : et cet homme après cela s'avise de traiter les gens d'impies; semblable au personnage d'*Arlequin*, dans la comédie du *Dévaliseur de maisons*, qui, après avoir jeté les meubles par la fenêtre, voyant un homme qui en emportait quelques uns, cria de toutes ses forces : Au voleur.

Il faut d'autant plus bénir la révélation de l'im-

[a] On les a tirées, en effet, ces dangereuses conséquences. On lui a dit : La créance de l'âme immortelle est nécessaire ou non. Si elle n'est pas nécessaire, pourquoi Jésus-Christ l'a-t-il annoncée? Si elle est nécessaire, pourquoi Moïse n'en a-t-il pas fait la base de sa religion? Ou Moïse était instruit de ce dogme, ou il ne l'était pas. S'il l'ignorait, il était indigne de donner des lois. S'il le savait et le cachait, quel nom voulez-vous qu'on lui donne? De quel côté que vous vous tourniez, vous tombez dans un abîme qu'un évêque ne devait pas ouvrir. Votre dédicace aux francs-pensants, vos fades plaisanteries avec eux, et vos bassesses auprès de milord Hardwich, ne vous sauveront pas de l'opprobre dont vos contradictions continuelles vous ont couvert; et vous apprendrez que quand on dit des choses hardies, il faut les dire modestement.

[b] Saint Matthieu, ch. XXII, v. 31 et 32.

mortalité de l'âme, et des peines et des récompenses après la mort, que la vaine philosophie des hommes en a toujours douté. Le grand César n'en croyait rien; il s'en expliqua clairement en plein sénat lorsque, pour empêcher qu'on fît mourir Catilina, il représenta que la mort ne laissait à l'homme aucun sentiment, que tout mourait avec lui; et personne ne réfuta cette opinion.

L'empire romain était partagé entre deux grandes sectes principales : celle d'Épicure, qui affirmait que la divinité était inutile au monde, et que l'âme périt avec le corps; et celle des stoïciens, qui regardaient l'âme comme une portion de la *Divinité*, laquelle après la mort se réunissait à son origine, au grand tout dont elle était émanée. Ainsi, soit que l'on crût l'âme mortelle, soit qu'on la crût immortelle, toutes les sectes se réunissaient à se moquer des peines et des récompenses après la mort.

Il nous reste encore cent monuments de cette croyance des Romains. C'est en vertu de ce sentiment profondément gravé dans tous les cœurs, que tant de héros et tant de simples citoyens romains se donnèrent la mort sans le moindre scrupule; ils n'attendaient point qu'un tyran les livrât à des bourreaux.

Les hommes les plus vertueux même, et les plus persuadés de l'existence d'un Dieu, n'espéraient alors aucune récompense, et ne craignaient aucune peine. Nous verrons à l'article APOCRYPHE que Clément, qui fut depuis pape et saint, commença par douter lui-même de ce que les premiers chrétiens disaient d'une autre vie, et qu'il consulta saint Pierre à Césarée. Nous sommes bien loin de croire que saint Clément ait écrit cette histoire qu'on lui attribue; mais elle fait voir quel besoin avait le genre humain d'une révélation précise. Tout ce qui peut nous surprendre, c'est qu'un dogme si réprimant et si salutaire ait laissé en proie à tant d'horribles crimes des hommes qui ont si peu de temps à vivre, et qui se voient pressés entre deux éternités.

SECTION VII.

Ames des sots et des monstres.

Un enfant mal conformé naît absolument imbécile, n'a point d'idées, vit sans idées; et on en a vu de cette espèce. Comment définira-t-on cet animal? des docteurs ont dit que c'est quelque chose entre l'homme et la bête; d'autres ont dit qu'il avait une âme sensitive, mais non pas une âme intellectuelle. Il mange, il boit, il dort, il veille, il a des sensations; mais il ne pense pas.

Y a-t-il pour lui une autre vie, n'y en a-t-il point? le cas a été proposé, et n'a pas été encore entièrement résolu.

Quelques uns ont dit que cette créature devait avoir une âme, parce que son père et sa mère en avaient une. Mais par ce raisonnement on prouverait que si elle était venue au monde sans nez, elle serait réputée en avoir un, parce que son père et sa mère en avaient.

Une femme accouche, son enfant n'a point de menton, son front est écrasé et un peu noir, son nez est effilé et pointu, ses yeux sont ronds, sa mine ne ressemble pas mal à celle d'une hirondelle; cependant il a le reste du corps fait comme nous. Les parents le font baptiser à la pluralité des voix. Il est décidé homme et possesseur d'une âme immortelle. Mais si cette petite figure ridicule a des ongles pointus, la bouche faite en bec, il est déclaré monstre, il n'a point d'âme, on ne le baptise pas.

On sait qu'il y eut à Londres en 1726 une femme qui accouchait tous les huit jours d'un lapereau. On ne fesait nulle difficulté de refuser le baptême à cet enfant, malgré la folie épidémique qu'on eut pendant trois semaines à Londres de croire qu'en effet cette pauvre friponne fesait des lapins de garenne. Le chirurgien qui l'accouchait, nommé Saint-André, jurait que rien n'était plus vrai, et on le croyait. Mais quelle raison avaient les crédules pour refuser une âme aux enfants de cette femme? elle avait une âme, ses enfants devaient en être pourvus aussi, soit qu'ils eussent des mains, soit qu'ils eussent des pates, soit qu'ils fussent nés avec un petit museau ou avec un visage : l'Être suprême ne peut-il pas accorder le don de la pensée et de la sensation à un petit je ne sais quoi, né d'une femme, figuré en lapin, aussi bien qu'à un petit je ne sais quoi, figuré en homme? L'âme qui était prête à se loger dans le fœtus de cette femme, s'en retournera-t-elle à vide?

Locke observe très bien, à l'égard des monstres, qu'il ne faut pas attribuer l'immortalité à l'extérieur d'un corps; que la figure n'y fait rien. Cette immortalité, dit-il, n'est pas plus attachée à la forme de son visage ou de sa poitrine, qu'à la manière dont sa barbe est faite, ou dont son habit est taillé.

Il demande quelle est la juste mesure de difformité à laquelle vous pouvez reconnaître qu'un enfant a une âme ou n'en a point? quel est le degré précis auquel il doit être déclaré monstre et privé d'âme?

On demande encore ce que serait une âme qui n'aurait jamais que des idées chimériques? il y y en a quelques unes qui ne s'en éloignent pas. Méritent-elles? déméritent-elles? que faire de leur esprit pur?

Que penser d'un enfant à deux têtes, d'ailleurs très bien conformé? Les uns disent qu'il a deux âmes puisqu'il est muni de deux glandes pinéales, de deux corps calleux, de deux *sensorium commune*. Les autres répondent qu'on ne peut avoir deux âmes quand on n'a qu'une poitrine et un nombril [1].

Enfin on a fait tant de questions sur cette pauvre âme humaine, que s'il fallait les déduire toutes, cet examen de sa propre personne lui causerait le plus insupportable ennui. Il lui arriverait ce qui arriva au cardinal de Polignac dans un conclave. Son intendant, lassé de n'avoir jamais pu lui faire arrêter ses comptes, fit le voyage de Rome, et vint à la petite fenêtre de sa cellule, chargé d'une immense liasse de papiers. Il lut près de deux heures. Enfin, voyant qu'on ne lui répondait rien, il avança la tête. Il y avait près de deux heures que le cardinal était parti. Nos âmes partiront avant que leurs intendants les aient mises au fait : mais soyons justes devant Dieu, quelque ignorants que nous soyons, nous et nos intendants.

Voyez dans les *Lettres de Memmius* ce qu'on dit de l'âme (*Mélanges*, année 1771.)

SECTION VIII.

Il faut que je l'avoue, lorsque j'ai examiné l'infaillible Aristote, le docteur évangélique, le divin Platon, j'ai pris toutes ces épithètes pour des sobriquets. Je n'ai vu dans tous les philosophes qui ont parlé de l'âme humaine, que des aveugles pleins de témérité et de babil, qui s'efforcent de persuader qu'ils ont une vue d'aigle, et d'autres curieux et fous qui les croient sur leur parole, et qui s'imaginent aussi de voir quelque chose.

Je ne craindrai point de mettre au rang de ces maîtres d'erreurs, Descartes et Malebranche. Le premier nous assure que l'âme de L'homme est une substance dont l'essence est de penser, qui pense toujours, et qui s'occupe dans le ventre de la mère de belles idées métaphysiques et de beaux axiomes généraux qu'elle oublie ensuite.

Pour le P. Malebranche, il est bien persuadé que nous voyons tout en Dieu; il à trouvé des partisans, parce que les fables les plus hardies sont celles qui sont le mieux reçues de la faible imagination des hommes. Plusieurs philosophes ont donc fait le roman de l'âme; enfin c'est un sage qui en a écrit modestement l'histoire. Je vais faire l'abrégé de cette histoire, selon que je l'ai conçue. Je sais fort bien que tout le monde ne conviendra pas des idées de Locke : il se pourrait bien faire que Locke eût raison contre Descartes et Malebranche, et qu'il eût tort contre la Sorbonne; je parle selon les lumières de la philosophie, non selon les révélations de la foi.

Il ne m'appartient que de penser humainement; les théologiens décident divinement, c'est tout autre chose : la raison et la foi sont de nature contraire. En un mot, voici un petit précis de Locke que je censurerais si j'étais théologien, et que j'adopte pour un moment comme hypothèse, comme conjecture de simple philosophie, humainement parlant. Il s'agit de savoir ce que c'est que l'âme.

1° Le mot d'*âme* est de ces mots que chacun prononce sans les entendre; nous n'entendons que les choses dont nous avons une idée; nous n'avons point d'idée d'âme, d'esprit; donc nous ne l'entendons point.

2° Il nous a donc plu d'appeler âme cette faculté de sentir et de penser, comme nous appelons vie la faculté de vivre, et volonté la faculté de vouloir.

Des raisonneurs sont venus ensuite, et ont dit : L'homme est composé de matière et d'esprit; la matière est étendue et divisible; l'esprit n'est ni étendu ni divisible; donc il est, disent-ils, d'une autre nature. C'est un assemblage d'êtres qui ne sont point faits l'un pour l'autre, et que Dieu unit malgré leur nature. Nous voyons peu le corps, nous ne voyons point l'âme; elle n'a point de parties; donc elle est éternelle : elle a des idées pures et spirituelles; donc elle ne les reçoit point de la matière : elle ne les reçoit point non plus d'elle-même; donc Dieu les lui donne; donc elle apporte en naissant les idées de Dieu, de l'infini, et toutes les idées générales.

Toujours humainement parlant, je réponds à ces messieurs qu'ils sont bien savants. Ils nous disent d'abord qu'il y a une âme, et puis ce que ce doit être. Ils prononcent le nom de matière, et décident ensuite nettement ce qu'elle est. Et moi je leur dis : Vous ne connaissez ni l'esprit ni la matière. Par l'esprit, vous ne pouvez imaginer que la faculté de penser; par la matière, vous ne pouvez entendre qu'un certain assemblage de qualités, de couleurs, d'étendues, de solidités; et il vous a plu d'appeler cela matière, et vous avez assigné les limites de la matière et de l'âme, avant d'être sûrs seulement de l'existence de l'une et de l'autre.

Quant à la matière, vous enseignez gravement qu'il n'y a en elle que l'étendue et la solidité; et

[1] M. le chevalier d'Angos, savant astronome, a observé avec soin pendant plusieurs jours un lézard à deux têtes; et il s'est assuré que le lézard avait *deux volontés* indépendantes, dont chacune avait un pouvoir presque égal sur le corps, qui était unique. Quand on présentait au lézard un morceau de pain, de manière qu'il ne pût le voir que d'une tête, cette tête voulait aller chercher le pain, et l'autre voulait que le corps restât en repos. K.

moi je vous dis modestement qu'elle est capable de mille propriétés que ni vous ni moi ne connaissons pas. Vous dites que l'âme est indivisible, éternelle; et vous supposez ce qui est en question. Vous êtes à peu près comme un régent de collége qui, n'ayant vu d'horloge de sa vie, aurait tout d'un coup entre ses mains une montre d'Angleterre à répétition. Cet homme, bon péripatéticien, est frappé de la justesse avec laquelle les aiguilles divisent et marquent les temps, et encore plus étonné qu'un bouton, poussé par le doigt, sonne précisément l'heure que l'aiguille marque. Mon philosophe ne manque pas de trouver qu'il y a dans cette machine une âme qui la gouverne et qui en mène les ressorts. Il démontre savamment son opinion par la comparaison des anges qui font aller les sphères célestes, et fait soutenir dans sa classe de belles thèses sur l'âme des montres. Un de ses écoliers ouvre la montre; on n'y voit que des ressorts, et cependant on soutient toujours le système de l'âme des montres, qui passe pour démontré. Je suis cet écolier ouvrant la montre que l'on appelle homme, et qui, au lieu de définir hardiment ce que nous n'entendons point, tâche d'examiner par degrés ce que nous voulons connaître.

Prenons un enfant à l'instant de sa naissance, et suivons pas à pas le progrès de son entendement. Vous me faites l'honneur de m'apprendre que Dieu a pris la peine de créer une âme pour aller loger dans ce corps lorsqu'il a environ six semaines; que cette âme à son arrivée est pourvue des idées métaphysiques; connaissant donc l'esprit, les idées abstraites, l'infini, fort clairement; étant, en un mot, une très savante personne. Mais malheureusement elle sort de l'utérus avec une ignorance crasse; elle a passé dix-huit mois à ne connaître que le téton de sa nourrice; et lorsqu'à l'âge de vingt ans on veut faire ressouvenir cette âme de toutes les idées scientifiques qu'elle avait quand elle s'est unie à son corps, elle est souvent si bouchée qu'elle n'en peut concevoir aucune. Il y a des peuples entiers qui n'ont jamais eu une seule de ces idées. En vérité, à quoi pensait l'âme de Descartes et de Malebranche, quand elle imagina de telles rêveries? Suivons donc l'idée du petit enfant, sans nous arrêter aux imaginations des philosophes.

Le jour que sa mère est accouchée de lui et de son âme, il est né dans la maison un chien, un chat, et un serin. Au bout de dix-huit mois je fais du chien un excellent chasseur; à un an le serin siffle un air; le chat, au bout de six semaines, fait déjà tous ses tours; et l'enfant, au bout de quatre ans, ne sait rien. Moi, homme grossier, témoin de cette prodigieuse différence, et qui n'ai jamais vu d'enfant, je crois d'abord que le chat, le chien et le serin sont des créatures très intelligentes, et que le petit enfant est un automate. Cependant petit à petit je m'aperçois que cet enfant a des idées, de la mémoire, qu'il a les mêmes passions que ces animaux; et alors j'avoue qu'il est comme eux une créature raisonnable. Il me communique différentes idées par quelques paroles qu'il a apprises, de même que mon chien par des cris diversifiés me fait exactement connaître ses divers besoins. J'aperçois qu'à l'âge de six ou sept ans l'enfant combine dans son petit cerveau presque autant d'idées que mon chien de chasse dans le sien; enfin, il a atteint avec l'âge un nombre infini de connaissances. Alors, que dois-je penser de lui? irai-je croire qu'il est d'une nature tout à fait différente? non, sans doute; car vous voyez d'un côté un imbécile, et de l'autre un Newton: vous prétendez qu'ils sont pourtant d'une même nature, et qu'il n'y a de la différence que du plus au moins. Pour mieux m'assurer de la vraisemblance de mon opinion probable, j'examine mon chien et mon enfant pendant leur veille et leur sommeil. Je les fais saigner l'un et l'autre outre mesure; alors leurs idées semblent s'écouler avec le sang. Dans cet état je les appelle, ils ne me répondent plus; et si je leur tire encore quelques palettes, mes deux machines qui avaient auparavant des idées en très grand nombre, et des passions de toute espèce, n'ont plus aucun sentiment. J'examine ensuite mes deux animaux pendant qu'ils dorment; je m'aperçois que le chien, après après avoir trop mangé, a des rêves; il chasse, il crie après la proie. Mon jeune homme, étant dans le même état, parle à sa maîtresse, et fait l'amour en songe. Si l'un et l'autre ont mangé modérément, ni l'un ni l'autre ne rêve; enfin, je vois que leur faculté de sentir, d'apercevoir, d'exprimer leurs idées, s'est développée en eux petit à petit, et s'affaiblit aussi par degrés. J'aperçois en eux plus de rapports cent fois que je n'en trouve entre tel homme d'esprit et tel homme absolument imbécile. Quelle est donc l'opinion que j'aurai de leur nature? Celle que tous les peuples ont imaginée d'abord, avant que la politique égyptienne imaginât la spiritualité, l'immortalité de l'âme. Je soupçonnerai même, avec bien de l'apparence, qu'Archimède et une taupe sont de la même espèce, quoique d'un genre différent; de même qu'un chêne et un grain de moutarde sont formés par les mêmes principes, quoique l'un soit un grand arbre, et l'autre une petite plante. Je penserai que Dieu a donné des portions d'intelligence à des portions de matière organisée pour penser: je croirai que la matière a des sensations à proportion de la finesse de ses sens: que ce sont eux qui les proportionnent à la mesure de nos idées : je croirai que l'huître à l'écaille a moins de sensations et de sens, parce que ayant l'âme attachée à son écaille, cinq sens lui seraient inutiles. Il y a beaucoup d'animaux qui n'ont que deux sens, nous en avons cinq, ce qui est bien peu de chose. Il est à croire qu'il est dans d'autres mondes d'autres animaux qui jouissent de vingt ou trente sens, et que d'autres espèces encore plus parfaites ont des sens à l'infini.

Il me paraît que voilà la manière la plus naturelle d'en raisonner, c'est-à-dire de deviner et de soupçonner. Certainement il s'est passé bien du temps avant que les hommes aient été assez ingénieux pour imaginer un être inconnu qui est nous, qui fait tout en nous, qui n'est pas tout-à-fait nous, et qui vit après nous. Aussi n'est-on venu que par degrés à concevoir une idée si hardie. D'abord ce mot *âme* a signifié la vie, et a été commun pour nous et pour les autres animaux : ensuite notre orgueil nous a fait une âme à part, et nous a fait imaginer une forme substantielle pour les autres créatures. Cet orgueil humain demande ce que c'est donc que ce pouvoir d'apercevoir et de sentir, qu'il appelle *âme* dans l'homme, et *instinct* dans la brute. Je satisferai à cette question quand les physiciens m'auront appris ce que c'est que le *son*, la *lumière*, l'*espace*, le *corps*, le *temps*. Je dirai, dans l'esprit du sage Locke : La philosophie consiste à s'arrêter quand le flambeau de la physique nous manque. J'observe les effets de la nature ; mais je vous avoue que je ne conçois pas plus que vous les premiers principes. Tout ce que je sais, c'est que je ne dois pas attribuer à plusieurs causes, surtout à des causes inconnues, ce que je puis attribuer à une cause connue : or, je puis attribuer à mon corps la faculté de penser et de sentir ; donc, je ne dois pas chercher cette faculté de penser et de sentir dans une autre appelée *âme* ou *esprit*, dont je ne puis avoir la moindre idée. Vous vous récriez à cette proposition : vous trouvez donc de l'irréligion à oser dire que le corps peut penser? Mais que diriez-vous, répondrait Locke, si c'est vous-même qui êtes ici coupable d'irréligion, vous qui osez borner la puissance de Dieu? Quel est l'homme sur la terre qui peut assurer, sans une impiété absurde, qu'il est impossible à Dieu de donner à la matière le sentiment et le penser? Faibles et hardis que vous êtes, vous avancez que la matière ne pense point, parce que vous ne concevez pas qu'une matière, quelle qu'elle soit, pense.

Grands philosophes, qui décidez du pouvoir de Dieu, et qui dites que Dieu peut d'une pierre faire un ange, ne voyez-vous pas que, selon vous-mêmes, Dieu ne ferait en ce cas que donner à une pierre la puissance de penser? car, si la matière de la pierre ne restait pas, ce ne serait plus une pierre, ce serait une pierre anéantie et un ange créé. De quelque côté que vous vous tourniez, vous êtes forcés d'avouer deux choses, votre ignorance et la puissance immense du Créateur : votre ignorance qui se révolte contre la matière pensante, et la puissance du Créateur à qui, certes, cela n'est pas impossible.

Vous qui savez que la matière ne périt pas, vous contesterez à Dieu le pouvoir de conserver dans cette matière la plus belle qualité dont il l'avait ornée ! L'étendue subsiste bien sans corps par lui, puisqu'il y a des philosophes qui croient le vide ; les accidents subsistent bien sans la substance parmi les chrétiens qui croient la transubstantiation. Dieu, dites-vous, ne peut pas faire ce qui implique contradiction. Il faudrait en savoir plus que vous n'en savez : vous avez beau faire, vous ne saurez jamais autre chose, sinon que vous êtes corps, et que vous pensez. Bien des gens qui ont appris dans l'école à ne douter de rien, qui prennent leurs syllogismes pour des oracles, et leurs superstitions pour la religion, regardent Locke comme un impie dangereux. Ces superstitieux sont dans la société ce que les poltrons sont dans une armée : ils ont et donnent des terreurs paniques. Il faut avoir la pitié de dissiper leur crainte ; il faut qu'ils sachent que ce ne seront pas les sentiments des philosophes qui feront jamais tort à a religion. Il est assuré que la lumière vient du soleil, et que les planètes tournent autour de cet astre : on ne lit pas avec moins d'édification dans la *Bible*, que la lumière a été faite avant le soleil, et que le soleil s'est arrêté sur le village de Gabaon. Il est démontré que l'arc-en-ciel est formé nécessairement par la pluie : on n'en respecte pas moins le texte sacré, qui dit que Dieu posa son arc dans les nues, après le déluge, en signe qu'il n'y aurait plus d'inondation.

Le mystère de la Trinité et celui de l'Eucharistie ont beau être contradictoires aux démonstrations connues, ils n'en sont pas moins révérés chez les philosophes catholiques, qui savent que les choses de la raison et de la foi sont de différente nature. La nation des antipodes a été condamnée par les papes et les conciles ; et les papes ont reconnu les antipodes, et y ont porté cette même religion chrétienne dont on croyait la destruction sûre, en cas qu'on pût trouver un homme qui, comme on parlait alors, aurait la tête en bas et les pieds en haut par rapport à nous, et qui, comme dit le très peu philosophe saint Augustin, serait tombé du ciel.

Au reste, je vous répète encore qu'en écrivant avec liberté, je ne me rends garant d'aucune opinion ; je ne suis responsable de rien. Il y a peut-être parmi ces songes des raisonnements et même quelques rêveries auxquelles je donnerais la préférence; mais il n'y en a aucune que je ne sacrifiasse tout d'un coup à la religion et à la patrie.

SECTION IX.

Je suppose une douzaine de bons philosophes dans une île, où ils n'ont jamais vu que des végétaux. Cette île, et surtout douze bons philosophes, sont fort difficiles à trouver; mais enfin cette fiction est permise. Ils admirent cette vie qui circule dans les fibres des plantes, qui semble se perdre et ensuite se renouveler; et ne sachant pas trop comment les plantes naissent, comment elles prennent leur nourriture et leur accroissement, ils appellent cela *une âme végétative*. Qu'entendez-vous par âme végétative, leur dit-on? C'est un mot, répondent-ils, qui sert à exprimer le ressort inconnu par lequel tout cela s'opère. Mais ne voyez-vous pas, leur dit un mécanicien, que tout cela se fait naturellement par des poids, des leviers, des roues, des poulies? Non, diront nos philosophes : il y a dans cette végétation autre chose que des mouvements ordinaires; il y a un pouvoir secret qu'ont toutes les plantes d'attirer à elles ce suc qui les nourrit; et ce pouvoir, qui n'est explicable par aucune mécanique, est un don que Dieu a fait à la matière, et dont ni vous ni moi ne comprenons la nature.

Ayant ainsi bien disputé, nos raisonneurs découvrent enfin des animaux. Oh! oh! disent-ils après un long examen, voilà des êtres organisés comme nous! Ils ont incontestablement de la mémoire, et souvent plus que nous. Ils ont nos passions; ils ont de la connaissance; ils font entendre tous leurs besoins; ils perpétuent comme nous leur espèce. Nos philosophes dissèquent quelques uns de ces êtres; ils y trouvent un cœur, une cervelle. Quoi! disent-ils, l'auteur de ces machines, qui ne fait rien en vain, leur aurait-il donné tous les organes du sentiment afin qu'ils n'eussent point de sentiment? Il serait absurde de le penser. Il y a certainement en eux quelque chose que nous appelons aussi *âme*, faute de mieux, quelque chose qui éprouve des sensations, et qui a une certaine mesure d'idées. Mais ce principe, quel est-il? est-ce quelque chose d'absolument différent de la matière? Est-ce un esprit pur est-ce un être mitoyen entre la matière que nous ne connaissons guère, et l'esprit pur que nous ne connaissons pas? est-ce une propriété donnée de Dieu à la matière organisée?

Ils font alors des expériences sur des insectes, sur des vers de terre; ils les coupent en plusieurs parties, et ils sont étonnés de voir qu'au bout de quelque temps il vient des têtes à toutes ces parties coupées; le même animal se reproduit, et tire de sa destruction même de quoi se multiplier. A-t-il plusieurs âmes qui attendent, pour animer ces parties reproduites, qu'on ait coupé la tête au premier tronc? Ils ressemblent aux arbres, qui repoussent des branches et qui se reproduisent de bouture; ces arbres ont-ils plusieurs âmes? Il n'y a pas d'apparence; donc il est très probable que l'âme de ces bêtes est d'une autre espèce que ce que nous appelions *âme végétative* dans les plantes; que c'est une faculté d'un ordre supérieur, que Dieu a daigné donner à certaines portions de matière : c'est une nouvelle preuve de sa puissance; c'est un nouveau sujet de l'adorer.

Un homme violent et mauvais raisonneur entend ce discours et leur dit : Vous êtes des scélérats dont il faudrait brûler les corps pour le bien de vos âmes; car vous niez l'immortalité de l'âme de l'homme. Nos philosophes se regardent tout étonnés; l'un d'eux lui répond avec douceur : Pourquoi nous brûler si vite? sur quoi avez-vous pu penser que nous ayons l'idée que votre cruelle âme est mortelle? Sur ce que vous croyez, reprend l'autre, que Dieu a donné aux brutes, qui sont organisées comme nous, la faculté d'avoir des sentiments et des idées. Or cette âme des bêtes périt avec elles, donc vous croyez que l'âme des hommes périt aussi.

Le philosophe répond : Nous ne sommes point du tout sûrs que ce que nous appelons âme dans les animaux, périsse avec eux; nous savons très bien que la matière ne périt pas, et nous croyons qu'il se peut faire que Dieu ait mis dans les animaux quelque chose qui conservera toujours, si Dieu le veut, la faculté d'avoir des idées. Nous n'assurons pas, à beaucoup près, que la chose soit ainsi; car il n'appartient guère aux hommes d'être si confiants; mais nous n'osons borner la puissance de Dieu. Nous disons qu'il est très probable que les bêtes, qui sont matière, ont reçu de lui un peu d'intelligence. Nous découvrons tous les jours des propriétés de la matière, c'est-à-dire des présents de Dieu, dont auparavant nous n'avions pas d'idées. Nous avions d'abord défini la matière une substance étendue; ensuite nous avons reconnu qu'il fallait lui ajouter la solidité; quelque temps après il a fallu admettre que cette matière a une force qu'on nomme *force d'inertie* : après cela nous avons été tout étonnés d'être obligés d'avouer que la matière gravite.

Quand nous avons voulu pousser plus loin nos recherches, nous avons été forcés de reconnaître des êtres qui ressemblent à la matière en quelque chose, et qui n'ont pas cependant les autres attributs dont la matière est douée. Le feu élémentaire, par exemple, agit sur nos sens comme les autres corps : mais il ne tend point à un centre comme eux; il s'échappe, au contraire, du centre en lignes droites de tous côtés. Il ne semble pas obéir aux lois de l'attraction, de la gravitation, comme les autres corps. L'optique a des mystères dont on ne pourrait guère rendre raison qu'en osant supposer que les traits de lumière se pénètrent les uns les autres. Il y a certainement quelque chose dans la lumière qui la distingue de la matière connue : il semble que la lumière soit un être mitoyen entre les corps et d'autres espèces d'êtres que nous ignorons. Il est très vraisemblable que ces autres espèces sont elles-mêmes un milieu qui conduit à d'autres créatures, et qu'il y a ainsi une chaîne de substances qui s'élèvent à l'infini.

Usque adeo quod tangit idem est, tamen ultima distant!

Cette idée nous paraît digne de la grandeur de Dieu, si quelque chose en est digne. Parmi ces substances, il a pu sans doute en choisir une qu'il a logée dans nos corps et qu'on appelle *âme humaine*; les livres saints que nous avons lus nous apprennent que cette âme est immortelle. La raison est d'accord avec la révélation; car comment une substance quelconque périrait-elle? tout mode se détruit, l'être reste. Nous ne pouvons concevoir la création d'une substance, nous ne pouvons concevoir son anéantissement; mais nous n'osons affirmer que le maître absolu de tous les êtres ne puisse donner aussi des sentiments et des perceptions à l'être qu'on appelle *matière*. Vous êtes bien sûr que l'essence de votre âme est de penser, et nous n'en sommes pas si sûrs : car lorsque nous examinons un fœtus, nous avons de la peine à croire que son âme ait eu beaucoup d'idées dans sa coiffe; et nous doutons fort que dans un sommeil plein et profond, dans une léthargie complète, on ait jamais fait des méditations. Ainsi il nous paraît que la pensée pourrait bien être, non pas l'essence de l'être pensant, mais un présent que le Créateur a fait à ces êtres que nous nommons *pensants*; et tout cela nous a fait naître le soupçon que, s'il le voulait, il pourrait faire ce présent-là à un atome, conserver à jamais cet atome et son présent, ou le détruire à son gré. La difficulté consiste moins à deviner comment la matière pourrait penser, qu'à deviner comment une substance quelconque pense. Vous n'avez des idées que parce que Dieu a bien voulu vous en donner : pourquoi voulez vous l'empêcher d'en donner à d'autres espèces? Seriez-vous bien assez intrépide pour oser croire que votre âme est précisément du même genre que les substances qui approchent le plus près de la Divinité? Il y a grande apparence qu'elles sont d'un ordre bien supérieur, et qu'en conséquence Dieu leur a daigné donner une façon de penser infiniment plus belle; de même qu'il a accordé une mesure d'idées très médiocre aux animaux, qui sont d'un ordre inférieur à vous. J'ignore comment je vis, comment je donne la vie, et vous voulez que je sache comment j'ai des idées : l'âme est une horloge que Dieu nous a donnée à gouverner; mais il ne nous a point dit de quoi le ressort de cette horloge est composé.

Y a-t-il rien dans tout cela dont on puisse inférer que nos âmes sont mortelles? Encore une fois, nous pensons comme vous sur l'immortalité que la foi nous annonce; mais nous croyons que nous sommes trop ignorants pour affirmer que Dieu n'ait pas le pouvoir d'accorder la pensée à tel être qu'il voudra. Vous bornez la puissance du Créateur qui est sans bornes, et nous l'étendons aussi loin que s'étend son existence. Pardonnez-nous de le croire tout-puissant, comme nous vous pardonnons de restreindre son pouvoir. Vous savez sans doute tout ce qu'il peut faire, et nous n'en savons rien. Vivons en frères, adorons en paix notre Père commun; vous avec vos âmes savantes et hardies, nous avec nos âmes ignorantes et timides. Nous avons un jour à vivre : passons-le doucement, sans nous quereller pour des difficultés qui seront éclaircies dans la vie immortelle qui commencera demain.

Le brutal, n'ayant rien de bon à répliquer, parla long-temps et se fâcha beaucoup. Nos pauvres philosophes se mirent pendant quelques semaines à lire l'histoire; et après avoir bien lu, voici ce qu'ils dirent à ce barbare, qui était si indigne d'avoir une âme immortelle :

Mon ami, nous avons lu que dans toute l'antiquité les choses allaient aussi bien que dans notre temps; qu'il y avait même de plus grandes vertus, et qu'on ne persécutait point les philosophes pour les opinions qu'ils avaient : pourquoi donc voudriez-vous nous faire du mal pour les opinions que nous n'avons pas? Nous lisons que toute l'antiquité croyait la matière éternelle. Ceux qui ont vu qu'elle était créée ont laissé les autres en repos. Pythagore avait été coq, ses parents cochons, personne n'y trouva à redire; sa secte fut chérie et révérée de tout le monde, excepté des rôtisseurs et de ceux qui avaient des fèves à vendre.

Les stoïciens reconnaissaient un Dieu, à peu près tel que celui qui a été si témérairement admis depuis par les spinosistes; le stoïcisme cependant fut la secte la plus féconde en vertus héroïques et la plus accréditée.

Les épicuriens fesaient leurs dieux ressemblants à nos chanoines, dont l'indolent embonpoint soutient leur divinité, et qui prennent en paix leur nectar et leur ambrosie en ne se mêlant de rien. Ces épicuriens enseignaient hardiment la matérialité et la mortalité de l'âme. Ils n'en furent pas moins considérés : on les admettait dans tous les emplois, et leurs atomes crochus ne firent jamais aucun mal au monde.

Les platoniciens, à l'exemple des gymnosophistes, ne nous fesaient pas l'honneur de penser que Dieu eût daigné nous former lui-même. Il avait, selon eux, laissé ce soin à ses officiers, à des génies qui firent dans leur besogne beaucoup de balourdises. Le Dieu des platoniciens était un ouvrier excellent, qui employa ici-bas des élèves assez médiocres. Les hommes n'en révérèrent pas moins l'école de Platon.

En un mot, chez les Grecs et chez les Romains, autant de sectes, autant de manières de penser sur Dieu, sur l'âme, sur le passé, et sur l'avenir : aucune de ces sectes ne fut persécutante. Toutes se trompaient, et nous en sommes bien fâchés; mais toutes étaient paisibles, et c'est ce qui nous confond, c'est ce qui nous condamne; c'est ce qui nous fait voir que la plupart des raisonneurs d'aujourd'hui sont des monstres, et que ceux de l'antiquité étaient des hommes. On chantait publiquement sur le théâtre de Rome :

« Post mortem nihil est, ipsaque mors nihil. »

Rien n'est après la mort, la mort même n'est rien.

Ces sentiments ne rendaient les hommes ni meilleurs ni pires; tout se gouvernait, tout allait à l'ordinaire; et les Titus, les Trajan, les Marc-Aurèle, gouvernèrent la terre en dieux bienfesants.

Si nous passons des Grecs et des Romains aux nations barbares, arrêtons-nous seulement aux Juifs. Tout superstitieux, tout cruel, et tout ignorant qu'était ce misérable peuple, il honorait cependant les pharisiens qui admettaient la fatalité de la destinée et la métempsycose; il portait aussi respect aux saducéens qui niaient absolument l'immortalité de l'âme et l'existence des esprits, et qui se fondaient sur la loi de Moïse, laquelle n'avait jamais parlé de peine ni de récompense après la mort. Les esséniens, qui croyaient aussi la fatalité, et qui ne sacrifiaient jamais de victimes dans le temple, étaient encore plus révérés que les pharisiens et les saducéens. Aucune de leurs opinions ne troubla jamais le gouvernement. Il y avait pourtant là de quoi s'égorger, se brûler, s'exterminer réciproquement, si on l'avait voulu. O misérables hommes! profitez de ces exemples. Pensez, et laissez penser. C'est la consolation de nos faibles esprits dans cette courte vie. Quoi! vous recevrez avec politesse un Turc qui croit que Mahomet a voyagé dans la lune; vous vous garderez bien de déplaire au pacha Bonneval, et vous voudrez mettre en quartier votre frère, parce qu'il croit que Dieu pourrait donner l'intelligence à toute créature?

C'est ainsi que parla un des philosophes; un autre ajouta : Croyez-moi il ne faut jamais craindre qu'aucun sentiment philosophique puisse nuire à la religion d'un pays. Nos mystères ont beau être contraires à nos démonstrations, ils n'en sont pas moins révérés par nos philosophes chrétiens, qui savent que les objets de la raison et de la foi sont de différente nature. Jamais les philosophes ne feront une secte de religion; pourquoi? C'est qu'ils sont sans enthousiasme. Divisez le genre humain en vingt parties; il y en a dix-neuf composées de ceux qui travaillent de leurs mains, et qui ne sauront jamais s'il y a eu un Locke au monde. Dans la vingtième partie qui reste, combien trouve-t-on peu d'hommes qui lisent! et parmi ceux qui lisent, il y en a vingt qui lisent des romans, contre un qui étudie la philosophie. Le nombre de ceux qui pensent est excessivement petit, et ceux-là ne s'avisent pas de troubler le monde.

Qui sont ceux qui ont porté le flambeau de la discorde dans leur patrie? Est-ce Pomponace, Montaigne, Levayer, Descartes, Gassendi, Bayle, Spinosa, Hobbes, le lord Shaftesbury, le comte de Boulainvilliers, le consul Maillet, Toland, Collins, Fludd, Voolston, Bekker, l'auteur déguisé sous le nom de Jacques Massé, celui de l'*Espion turc*[1], celui des *Lettres persanes*[2], des *Lettres juives*[3], des *Pensées philosophiques*[4], etc.? Non; ce sont, pour la plupart, des théologiens qui ayant eu d'abord l'ambition d'être chefs de secte, ont bientôt eu celle d'être chefs de parti. Que dis-je? tous les livres de philosophie moderne, mis ensemble, ne feront jamais dans le monde autant de bruit seulement qu'en a fait autrefois la dispute des cordeliers sur la forme de leurs manches et de leurs capuchons.

SECTION X.

De l'antiquité du dogme de l'immortalité de l'âme.

FRAGMENT.

Le dogme de l'immortalité de l'âme est l'idée la plus consolante, et en même temps la plus réprimante que l'esprit humain ait pu recevoir. Cette belle philosophie était, chez les Égyptiens, aussi

[1] Marana.
[2] Montesquieu.
[3] Le marquis d'Argens
[4] Diderot.

ancienne que leurs pyramides : elle était avant eux connue chez les Perses. J'ai déjà rapporté ailleurs cette allégorie du premier Zoroastre, citée dans le *Sadder*, dans laquelle Dieu fit voir à Zoroastre un lieu de châtiments, tel que le *Dardarot* ou le *Keron* des Égyptiens, l'*Hadès* et le *Tartare* des Grecs, que nous n'avons traduit qu'imparfaitement dans nos langues modernes par le mot *enfer, souterrain*. Dieu montre à Zoroastre, dans ce lieu de châtiments, tous les mauvais rois. Il y en avait un auquel il manquait un pied : Zoroastre en demanda la raison ; Dieu lui répondit que ce roi n'avait fait qu'une bonne action en sa vie, en approchant d'un coup de pied une auge qui n'était pas assez près d'un pauvre âne mourant de faim. Dieu avait mis le pied de ce méchant homme dans le ciel ; le reste du corps était en enfer.

Cette fable, qu'on ne peut trop répéter, fait voir de quelle antiquité était l'opinion d'une autre vie. Les Indiens en étaient persuadés, leur métempsycose en est la preuve. Les Chinois révéraient les âmes de leurs ancêtres. Tous ces peuples avaient fondé de puissants empires long-temps avant les Egyptiens. C'est une vérité très importante, que je crois avoir déjà prouvée par la nature même du sol de l'Égypte. Les terrains les plus favorables ont dû être cultivés les premiers ; le terrain d'Égypte était le moins praticable de tous, puisqu'il est submergé quatre mois de l'année : ce ne fut qu'après des travaux immenses, et par conséquent après un espace de temps prodigieux, qu'on vint à bout d'élever des villes que le Nil ne pût inonder.

Cet empire si ancien l'était donc bien moins que les empires de l'Asie ; et dans les uns et dans les autres on croyait que l'âme subsistait après la mort. Il est vrai que tous ces peuples, sans exception, regardaient l'âme comme une forme éthérée, légère, une image du corps ; le mot grec qui signifie *souffle* ne fut long-temps après inventé que par les Grecs. Mais enfin, on ne peut douter qu'une partie de nous-mêmes ne fût regardée comme immortelle. Les châtiments et les récompenses dans une autre vie étaient le grand fondement de l'ancienne théologie.

Phérécide fut le premier chez les Grecs qui crut que les âmes existaient de toute éternité, et non le premier, comme on l'a cru, qui ait dit que les âmes survivaient aux corps. Ulysse, long-temps avant Phérécide, avait vu les âmes des héros dans les enfers ; mais que les âmes fussent aussi anciennes que le monde, c'était un système né dans l'Orient, apporté dans l'Occident par Phérécide. Je ne crois pas que nous ayons parmi nous un seul système qu'on ne retrouve chez les anciens ; ce n'est qu'avec les décombres de l'antiquité que nous avons élevé tous nos édifices modernes.

SECTION XI.

Ce serait une belle chose de voir son âme. *Connais-toi toi-même* est un excellent précepte, mais il n'appartient qu'à Dieu de le mettre en pratique : quel autre que lui peut connaître son essence?

Nous appelons âme ce qui anime. Nous n'en savons guère davantage, grâce aux bornes de notre intelligence. Les trois quarts du genre humain ne vont pas plus loin, et ne s'embarrassent pas de l'être pensant ; l'autre quart cherche ; personne n'a trouvé ni ne trouvera.

Pauvre pédant, tu vois une plante qui végète, et tu dis *végétation*, ou même *âme végétative*. Tu remarques que les corps ont et donnent du mouvement, et tu dis *force* : tu vois ton chien de chasse apprendre sous toi son métier, et tu cries *instinct, âme sensitive* : tu as des idées combinées, et tu dis *esprit*.

Mais de grâce, qu'entends-tu par ces mots? Cette fleur végète : mais y a-t-il un être réel qui s'appelle *végétation?* ce corps en pousse un autre, mais possède-t-il en soi un être distinct qui s'appelle *force?* ce chien te rapporte une perdrix, mais y a-t-il un être qui s'appelle *instinct?* Ne rirais-tu pas d'un raisonneur (eût-il été précepteur d'Alexandre) qui te dirait : Tous les animaux vivent, donc il y a dans eux un être, une forme substantielle qui est la vie?

Si une tulipe pouvait parler, et qu'elle te dît : Ma végétation et moi nous sommes deux êtres joints évidemment ensemble ; ne te moquerais-tu pas de la tulipe?

Voyons d'abord ce que tu sais, et de quoi tu es certain : que tu marches avec tes pieds ; que tu digères par ton estomac ; que tu sens par tout ton corps, et que tu penses par ta tête. Voyons si ta seule raison a pu te donner assez de lumières pour conclure sans un secours surnaturel que tu as une âme.

Les premiers philosophes, soit chaldéens, soit égyptiens, dirent : Il faut qu'il y ait en nous quelque chose qui produise nos pensées ; ce quelque chose doit être très subtil, c'est un souffle, c'est du feu, c'est de l'éther, c'est une quintessence, c'est un simulacre léger, c'est une entéléchie, c'est un nombre, c'est une harmonie. Enfin, selon le divin Platon, c'est un composé du *même* et de *l'autre*. Ce sont des atomes qui pensent en nous, a dit Épicure après Démocrite. Mais, mon ami, comment un atome pense-t-il? avoue que tu n'en sais rien.

L'opinion à laquelle on doit s'attacher sans doute, c'est que l'âme est un être immatériel : mais certainement vous ne concevez pas ce que c'est que cet être immatériel. Non, répondent les savants, mais nous savons que sa nature est de penser. Et d'où le savez-vous? Nous le savons, parce qu'il pense. O savants! j'ai bien peur que vous ne soyez aussi ignorants qu'Épicure; la nature d'une pierre est de tomber, parce qu'elle tombe; mais je vous demande qui la fait tomber.

Nous savons, poursuivent-ils, qu'une pierre n'a point d'âme. D'accord, je le crois comme vous. Nous savons qu'une négation et une affirmation ne sont point divisibles, ne sont point des parties de la matière. Je suis de votre avis. Mais la matière, à nous d'ailleurs inconnue, possède des qualités qui ne sont pas matérielles, qui ne sont pas divisibles; elle a la gravitation vers un centre, que Dieu lui a donnée. Or, cette gravitation n'a point de parties, n'est point divisible. La force motrice des corps n'est pas un être composé de parties. La végétation des corps organisés, leur vie, leur instinct, ne sont pas non plus des êtres à part, des êtres divisibles; vous ne pouvez pas plus couper en deux la végétation d'une rose, la vie d'un cheval, l'instinct d'un chien, que vous ne pourrez couper en deux une sensation, une négation, une affirmation. Votre bel argument, tiré de l'indivisibilité de la pensée, ne prouve donc rien du tout.

Qu'appelez-vous donc votre âme? quelle idée en avez-vous? Vous ne pouvez par vous-même, sans révélation, admettre autre chose en vous qu'un pouvoir à vous inconnu de sentir, de penser.

A présent, dites-moi de bonne foi, ce pouvoir de sentir et de penser est-il le même que celui qui vous fait digérer et marcher? Vous m'avouez que non, car votre entendement aurait beau dire à votre estomac: *Digère*, il n'en fera rien s'il est malade; en vain votre être immatériel ordonnerait à vos pieds de marcher, ils resteront là s'ils ont *la goutte*.

Les Grecs ont bien senti que la pensée n'avait souvent rien à faire avec le jeu de nos organes; ils ont admis pour ces organes une âme animale, et pour les pensées une âme plus fine, plus subtile, un νοῦς.

Mais voilà cette âme de la pensée qui, en mille occasions, a l'intendance sur l'âme animale. L'âme pensante commande à ses mains de prendre, et elles prennent. Elle ne dit point à son cœur de battre, à son sang de couler, à son chyle de se former; tout cela se fait sans elle: voilà deux âmes bien embarrassées et bien peu maîtresses à la maison.

Or, cette première âme animale n'existe certainement point, elle n'est autre chose que le mouvement de vos organes. Prends garde, ô homme! que tu n'as pas plus de preuve par ta faible raison que l'autre âme existe. Tu ne peux le savoir que par la foi. Tu es né, tu vis, tu agis, tu penses, tu veilles, tu dors, sans savoir comment. Dieu t'a donné la faculté de penser, comme il t'a donné tout le reste; et s'il n'était pas venu t'apprendre dans les temps marqués par sa providence que tu as une âme immatérielle et immortelle, tu n'en aurais aucune preuve.

Voyons les beaux systèmes que ta philosophie a fabriqués sur ces âmes.

L'un dit que l'âme de l'homme est partie de la substance de Dieu même; l'autre, qu'elle est partie du grand tout; un troisième, qu'elle est créée de toute éternité; un quatrième, qu'elle est faite et non créée; d'autres assurent que Dieu les forme à mesure qu'on en a besoin, et qu'elles arrivent à l'instant de la copulation; elles se logent dans les animalcules séminaux, crie celui-ci; non, dit celui-là, elles vont habiter dans les trompes de Fallope. Vous avez tous tort, dit un survenant; l'âme attend six semaines que le fœtus soit formé, et alors elle prend possession de la glande pinéale: mais si elle trouve un faux germe, elle s'en retourne, en attendant une meilleure occasion. La dernière opinion est que sa demeure est dans le corps calleux; c'est le poste que lui assigne La Peyronie; il fallait être premier chirurgien du roi de France pour disposer ainsi du logement de l'âme. Cependant son corps calleux n'a pas fait la même fortune que ce chirurgien avait faite.

Saint Thomas, dans sa question 75ᵉ et suivantes, dit que l'âme est une forme *subsistante per se*, qu'elle est toute en tout, que son essence diffère de sa puissance, qu'il y a trois âmes *végétatives*, savoir, la *nutritive*, l'*augmentative*, la *générative*; que la mémoire des choses spirituelles est spirituelle, et la mémoire des corporelles est corporelle; que l'âme raisonnable est une forme « immatérielle quant aux opérations, et matérielle » quant à l'être. » Saint Thomas a écrit deux mille pages de cette force et de cette clarté; aussi est-il l'ange de l'école.

On n'a pas fait moins de systèmes sur la manière dont cette âme sentira quand elle aura quitté son corps avec lequel elle sentait; comment elle entendra sans oreilles, flairera sans nez, et touchera sans mains: quel corps ensuite elle reprendra, si c'est celui qu'elle avait à deux ans ou à quatre-vingts; comment le *moi*, l'identité de la même personne subsistera; comment l'âme d'un homme devenu imbécile à l'âge de quinze ans, et mort imbécile à l'âge de soixante et dix, reprendra le fil des idées qu'elle avait dans son âge de puberté; par quel tour d'adresse une âme dont la jambe aura été coupée en Europe, et qui aura perdu un bras en Amérique, retrouvera cette jambe et ce bras, lesquels, ayant été transformés en légumes, auront passé dans le sang de quelque autre animal. On ne finirait point si on voulait rendre compte de toutes les extravagances que cette pauvre âme humaine a imaginées sur elle-même.

Ce qui est très singulier, c'est que dans les lois du peuple de Dieu il n'est pas dit un mot de la spiritualité et de l'immortalité de l'âme, rien dans le *Décalogue*, rien dans le *Lévitique* ni dans le *Deutéronome*.

Il est très certain, il est indubitable que Moïse en aucun endroit ne propose aux Juifs des récompenses et des peines dans une autre vie, qu'il ne leur parle jamais de l'immortalité de leurs âmes, qu'il ne leur fait point espérer le ciel, qu'il ne les menace point des enfers; tout est temporel.

Il leur dit avant de mourir, dans son *Deutéronome:* « Si, après avoir eu des enfants et des pe-
» tits-enfants, vous prévariquez, vous serez ex-
» terminés du pays, et réduits à un petit nombre
» dans les nations.

» Je suis un Dieu jaloux, qui punis l'iniquité
» des pères jusqu'à la troisième et quatrième gé-
» nération.

» Honorez père et mère afin que vous viviez
» long-temps.

» Vous aurez de quoi manger sans en manquer
» jamais.

» Si vous suivez des dieux étrangers, vous se-
» rez détruits.......

» Si vous obéissez, vous aurez de la pluie au
» printemps; et en automne, du froment, de
» l'huile, du vin, du foin pour vos bêtes, afin
» que vous mangiez et que vous soyez soûls.

» Mettez ces paroles dans vos cœurs, dans vos
» mains, entre vos yeux, écrivez-les sur vos por-
» tes, afin que vos jours se multiplient.

» Faites ce que je vous ordonne, sans y rien
» ajouter ni retrancher.

» S'il s'élève un prophète qui prédise des cho-
» ses prodigieuses, si sa prédiction est véritable,
» et si ce qu'il a dit arrive, et s'il vous dit: Al-
» lons, suivons des dieux étrangers..... tuez-le
» aussitôt, et que tout le peuple frappe après
» vous.

» Lorsque le Seigneur vous aura livré les na-
» tions, égorgez tout sans épargner un seul homme,
» et n'ayez aucune pitié de personne.

» Ne mangez point des oiseaux impurs, comme
» l'aigle, le griffon, l'ixion, etc.

» Ne mangez point des animaux qui ruminent
» et dont l'ongle n'est point fendu, comme cha-
» meau, lièvre, porc-épic, etc.

» En observant toutes les ordonnances, vous
» serez bénis dans la ville et dans les champs; les
» fruits de votre ventre, de votre terre, de vos
» bestiaux, seront bénis...

» Si vous ne gardez pas toutes les ordonnances
» et toutes les cérémonies, vous serez maudits
» dans la ville et dans les champs.... vous éprou-
» verez la famine, la pauvreté: vous mourrez de
» misère, de froid, de pauvreté, de fièvre; vous
» aurez la rogne, la gale, la fistule... vous aurez
» des ulcères dans les genoux et dans le gras des
» jambes.

» L'étranger vous prêtera à usure, et vous ne
» lui prêterez point à usure.... parce que vous
» n'aurez pas servi le Seigneur.

» Et vous mangerez le fruit de votre ventre,
» et la chair de vos fils et de vos filles, etc.»

Il est évident que dans toutes ces promesses et dans toutes ces menaces il n'y a rien que de temporel, et qu'on ne trouve pas un mot sur l'immortalité de l'âme et sur la vie future.

Plusieurs commentateurs illustres ont cru que Moïse était parfaitement instruit de ces deux grands dogmes; et ils le prouvent par les paroles de Jacob, qui, croyant que son fils avait été dévoré par les bêtes, disait dans sa douleur: « Je des-
» cendrai avec mon fils dans la fosse, *in infernum*
» (*Genèse*, chap. XXXVII, vers. 35), dans l'en-
» fer; » c'est-à-dire je mourrai, puisque mon fils est mort.

Ils le prouvent encore par des passages d'Isaïe et d'Ézéchiel; mais les Hébreux auxquels parlait Moïse, ne pouvaient avoir lu ni Ézéchiel ni Isaïe, qui ne vinrent que plusieurs siècles après.

Il est très inutile de disputer sur les sentiments secrets de Moïse. Le fait est que dans les lois publiques il n'a jamais parlé d'une vie à venir, qu'il borne tous les châtiments et toutes les récompenses au temps présent. S'il connaissait la vie future, pourquoi n'a-t-il pas expressément étalé ce dogme? et s'il ne l'a pas connue, quel était l'objet et l'étendue de sa mission? C'est une question que font plusieurs grands personnages; ils répondent que le Maître de Moïse et de tous les hommes se réservait le droit d'expliquer dans son temps aux Juifs une doctrine qu'ils n'étaient pas en état d'entendre lorsqu'ils étaient dans le désert.

Si Moïse avait annoncé le dogme de l'immortalité de l'âme, une grande école des Juifs ne l'aurait pas toujours combattue. Cette grande école des saducéens n'aurait pas été autorisée dans l'état; les saducéens n'auraient pas occupé les premières charges; on n'aurait pas tiré de grands-pontifes de leur corps.

Il paraît que ce ne fut qu'après la fondation d'Alexandrie que les Juifs se partagèrent en trois sectes: les pharisiens, les saducéens, et les esséniens. L'historien Josèphe, qui était pharisien, nous apprend, au livre treize (chap. IX) de ses Antiquités, que les pharisiens croyaient la métempsycose: les saducéens croyaient que l'âme périssait avec le corps: les esséniens, dit encore Josèphe, tenaient les âmes immortelles; les âmes, selon eux, descendaient en forme aérienne dans les corps, de la plus haute région de l'air; elles y sont reportées par un attrait violent, et après la mort celles qui ont appartenu à des gens de bien demeurent au-delà de l'Océan, dans un pays où il n'y a ni chaud ni froid, ni vent ni pluie. Les âmes des méchants vont dans un climat tout contraire. Telle était la théologie des Juifs.

Celui qui seul devait instruire tous les hommes, vint condamner ces trois sectes: mais sans lui nous n'aurions jamais pu rien connaître de notre âme, puisque les philosophes n'en ont jamais eu aucune idée déterminée, et que Moïse, seul vrai législateur du monde avant le nôtre, Moïse qui parlait à Dieu face à face, a laissé les hommes dans une ignorance profonde sur ce grand article. Ce n'est donc que depuis dix-sept cents ans qu'on est certain de l'existence de l'âme et de son immortalité.

Cicéron n'avait que des doutes; son petit-fils et sa petite-fille purent apprendre la vérité des premiers Galiléens qui vinrent à Rome.

Mais avant ce temps-là, et depuis dans tout le reste de la terre où les apôtres ne pénétrèrent pas, chacun devait dire à son âme: Qui es-tu? d'où viens-tu? que fais-tu? où vas-tu? Tu es je ne sais quoi, pensant et sentant, et quand tu sentirais et penserais cent mille millions d'années, tu n'en sauras jamais davantage par tes propres lumières, sans le secours d'un Dieu.

O homme! ce Dieu t'a donné l'entendement pour te bien conduire, et non pour pénétrer dans l'essence des choses qu'il a créées.

C'est ainsi qu'a pensé Locke, et avant Locke Gassendi, et avant Gassendi une foule de sages; mais nous avons des bacheliers qui savent tout ce que ces grands hommes ignoraient.

De cruels ennemis de la raison ont osé s'élever contre ces vérités reconnues par tous les sages. Ils ont porté la mauvaise foi et l'impudence jusqu'à imputer aux auteurs de cet ouvrage d'avoir assuré que l'âme est matière. Vous savez bien, persécuteurs de l'innocence, que nous avons dit tout le contraire. Vous avez dû lire ces propres mots contre Épicure, Démocrite et Lucrèce: « Mon » ami, comment un atome pense-t-il? avoue que » tu n'en sais rien. » Vous êtes donc évidemment des calomniateurs.

Personne ne sait ce que c'est que l'être appelé *esprit*, auquel même vous donnez ce nom matériel d'esprit qui signifie *vent*. Tous les premiers Pères de l'Église ont cru l'âme corporelle. Il est impossible à nous autres êtres bornés de savoir si notre intelligence est substance ou faculté: nous ne pouvons connaître à fond ni l'être étendu, ni l'être pensant, ou le mécanisme de la pensée.

On vous crie, avec les respectables Gassendi et Locke, que nous ne savons rien par nous-mêmes des secrets du Créateur. Êtes-vous donc des dieux qui savez tout? On vous répète que nous ne pouvons connaître la nature et la destination de l'âme que par la révélation. Quoi! cette révélation ne vous suffit-elle pas? Il faut bien que vous soyez ennemis de cette révélation que nous réclamons, puisque vous persécutez ceux qui attendent tout d'elle, et qui ne croient qu'en elle.

Nous nous en rapportons, disons-nous, à la parole de Dieu; et vous, ennemis de la raison et de Dieu, vous qui blasphémez l'un et l'autre, vous traitez l'humble doute et l'humble soumission du philosophe, comme le loup traita l'agneau dans les fables d'Ésope; vous lui dites: Tu médis de moi l'an passé, il faut que je suce ton sang. La philosophie ne se venge point; elle rit en paix de vos vains efforts; elle éclaire doucement les hommes, que vous voulez abrutir pour les rendre semblables à vous.

AMÉRIQUE.

Puisqu'on ne se lasse point de faire des systèmes sur la manière dont l'Amérique a pu se peupler, ne nous lassons point de dire que celui qui fit naître des mouches dans ces climats, y fit naître des hommes. Quelque envie qu'on ait de disputer, on ne peut nier que l'Être suprême, qui vit dans toute la nature, n'ait fait naître, vers le quarante-huitième degré, des animaux à deux pieds, sans plumes, dont la peau est mêlée de blanc et d'incarnat, avec de longues barbes tirant sur le roux; des nègres sans barbe vers la ligne, en Afrique et dans les îles; d'autres nègres avec barbe sous la même latitude, les uns portant de la laine sur la tête, les autres des crins; et au milieu d'eux des animaux tout blancs, n'ayant ni crin ni laine, mais portant de la soie blanche.

On ne voit pas trop ce qui pourrait avoir empêché Dieu de placer dans un autre continent une espèce d'animaux d'un même genre, laquelle est couleur de cuivre, dans la même latitude où ces animaux sont noirs en Afrique et en Asie, et qui est absolument imberbe et sans poil dans cette même latitude où les autres sont barbus.

Jusqu'où nous emporte la fureur des systèmes, jointe à la tyrannie du préjugé! On voit ces animaux; on convient que Dieu a pu les mettre où ils sont, et on ne veut pas convenir qu'il les y ait mis. Les mêmes gens qui ne font nulle difficulté d'avouer que les castors sont originaires du Canada, prétendent que les hommes ne peuvent y être venus que par bateau, et que le Mexique n'a pu être peuplé que par quelques descendants de Magog. Autant vaudrait-il dire que s'il y a des hommes dans la lune, ils ne peuvent y avoir été menés que par Astolfe qui les y porta sur son hippogriffe, lorsqu'il alla chercher le bon sens de Roland renfermé dans une bouteille.

Si de son temps l'Amérique eût été découverte, et que dans notre Europe il y eût eu des hommes assez systématiques pour avancer, avec le jésuite Lafitau, que les Caraïbes descendent des habitants de Carie, et que les Hurons viennent des Juifs, il aurait bien fait de rapporter à ces raisonneurs la bouteille de leur bons sens qui sans doute était dans la lune avec celle de l'amant d'Angélique.

La première chose qu'on fait quand on découvre une île peuplée dans l'Océan indien ou dans la mer du Sud, c'est de dire: D'où ces gens-là sont-ils venus? mais pour les arbres et les tortues du pays, on ne balance pas à les croire originaires : comme s'il était plus difficile à la nature de faire des hommes que des tortues. Ce qui peut servir d'excuse à ce système, c'est qu'il n'y a presque point d'île dans les mers d'Amérique et d'Asie où l'on n'ait trouvé des jongleurs, des joueurs de gibecière, des charlatans, des fripons, et des imbéciles. C'est probablement ce qui a fait penser que ces animaux étaient de la même race que nous.

AMITIÉ.

On a parlé depuis long-temps du temple de l'Amitié, et l'on sait qu'il a été peu fréquenté.

> En vieux langage on voit sur la façade
> Les noms sacrés d'Oreste et de Pylade,
> Le médaillon du bon Pirithoüs,
> Du sage Achate et du tendre Nisus,
> Tous grands héros, tous amis véritables:
> Ces noms sont beaux; mais ils sont dans les fables.

On sait que l'amitié ne se commande pas plus que l'amour et l'estime. « Aime ton prochain signifie secours ton prochain; mais non pas jouis avec plaisir de sa conversation s'il est ennuyeux, confie-lui tes secrets s'il est un babillard, prête-lui ton argent s'il est un dissipateur. »

L'amitié est le mariage de l'âme, et ce mariage est sujet au divorce. C'est un contrat tacite entre deux personnes sensibles et vertueuses. Je dis *sensibles*, car un moine, un solitaire peut n'être point méchant et vivre sans connaître l'amitié. Je dis *vertueuses*, car les méchants n'ont que des complices; les voluptueux ont des compagnons de débauche; les intéressés ont des associés; les politiques assemblent des factieux; le commun des hommes oisifs a des liaisons; les princes ont des courtisans; les hommes vertueux ont seuls des amis.

Céthégus était le complice de Catilina, et Mécène le courtisan d'Octave; mais Cicéron était l'ami d'Atticus.

Que porte ce contrat entre deux âmes tendres et honnêtes? les obligations en sont plus fortes et plus faibles, selon les degrés de sensibilité et le nombre des services rendus, etc.

L'enthousiasme de l'amitié a été plus fort chez les Grecs et chez les Arabes que chez nous[a]. Les contes que ces peuples ont imaginés sur l'amitié sont admirables; nous n'en avons point de pareils. Nous sommes un peu secs en tout. Je ne vois nul grand trait d'amitié dans nos romans, dans nos histoires, sur notre théâtre.

Il n'est parlé d'amitié chez les Juifs qu'entre Jonathas et David. Il est dit que David l'aimait d'un amour plus fort que celui des femmes : mais aussi il est dit que David, après la mort de son ami, dépouilla Miphibozeth son fils, et le fit mourir.

L'amitié était un point de religion et de législation chez les Grecs. Les Thébains avaient le régiment des amants[b] : beau régiment! quelques uns l'ont pris pour un régiment de non-conformistes, ils se trompent; c'est prendre un accessoire honteux pour le principal honnête. L'amitié chez les Grecs était prescrite par la loi et la religion. La pédérastie était malheureusement tolérée par les mœurs : il ne faut pas imputer à la loi des abus indignes.

AMOUR.

Il y a tant de sortes d'amour, qu'on ne sait à qui s'adresser pour le définir. On nomme hardiment *amour* un caprice de quelques jours, une liaison sans attachement, un sentiment sans estime, des simagrées de sigisbé, une froide habitude, une fantaisie romanesque, un goût suivi d'un prompt dégoût : on donne ce nom à mille chimères.

Si quelques philosophes veulent examiner à fond cette matière peu philosophique, qu'ils méditent le banquet de Platon, dans lequel Socrate, amant honnête d'Alcibiade et d'Agathon, converse avec eux sur la métaphysique de l'amour.

Lucrèce en parle plus en physicien : Virgile suit les pas de Lucrèce, *amor omnibus idem*.

C'est l'étoffe de la nature que l'imagination a brodée. Veux-tu avoir une idée de l'amour? vois les moineaux de ton jardin; vois tes pigeons; contemple le taureau qu'on amène à ta génisse; regarde

[a] Voyez l'article ARABES.
[b] Voyez l'article AMOUR SOCRATIQUE.

ce fier cheval que deux de ses valets conduisent à la cavale paisible qui l'attend, et qui détourne sa queue pour le recevoir; vois comme ses yeux étincellent; entends ses hennissements; contemple ces sauts, ces courbettes, ces oreilles dressées; cette bouche qui s'ouvre avec de petites convulsions, ces narines qui s'enflent, ce souffle enflammé qui en sort, ces crins qui se relèvent et qui flottent, ce mouvement impétueux dont il s'élance sur l'objet que la nature lui a destiné: mais n'en sois point jaloux, et songe aux avantages de l'espèce humaine; ils compensent en amour tous ceux que la nature a donnés aux animaux, force, beauté, légèreté, rapidité.

Il y a même des animaux qui ne connaissent point la jouissance. Les poissons écaillés sont privés de cette douceur : la femelle jette sur la vase des millions d'œufs; le mâle qui les rencontre passe sur eux, et les féconde par sa semence, sans se mettre en peine à quelle femelle ils appartiennent.

La plupart des animaux qui s'accouplent ne goûtent de plaisir que par un seul sens; et dès que cet appétit est satisfait, tout est éteint. Aucun animal, hors toi, ne connaît les embrassements; tout ton corps est sensible; tes lèvres surtout jouissent d'une volupté que rien ne lasse; et ce plaisir n'appartient qu'à ton espèce : enfin tu peux dans tous les temps te livrer à l'amour, et les animaux n'ont qu'un temps marqué. Si tu réfléchis sur ces prééminences, tu diras avec le comte de Rochester: L'amour, dans un pays d'athés, ferait adorer la Divinité.

Comme les hommes ont reçu le don de perfectionner tout ce que la nature leur accorde, ils ont perfectionné l'amour. La propreté, le soin de soi-même, en rendant la peau plus délicate, augmentent le plaisir du tact; et l'attention sur sa santé rend les organes de la volupté plus sensibles. Tous les autres sentiments entrent ensuite dans celui de l'amour, comme des métaux qui s'amalgament avec l'or: l'amitié, l'estime, viennent au secours; les talents du corps et de l'esprit sont encore de nouvelles chaînes.

« Nam facit ipsa suis interdum fœmina factis,
» Morigerisque modis, et mundo corpore cultu
» Ut facile insuescat secum vir degere vitam. »
Lucr., IV, 1274-76.

On peut, sans être belle, être long-temps aimable.
L'attention, le goût, les soins, la propreté,
Un esprit naturel, un air toujours affable,
Donnent à la laideur les traits de la beauté.

L'amour-propre surtout resserrer tous ces liens. On s'applaudit de son choix, et les illusions en foule sont les ornements de cet ouvrage dont la nature a posé les fondements.

Voilà ce que tu as au-dessus des animaux; mais si tu goûtes tant de plaisirs qu'ils ignorent, que de chagrins aussi dont les bêtes n'ont point d'idée! Ce qu'il y a d'affreux pour toi, c'est que la nature a empoisonné dans les trois quarts de la terre les plaisirs de l'amour et les sources de la vie, par une maladie épouvantable à laquelle l'homme seul est sujet, et qui n'infecte que chez lui les organes de la génération.

Il n'en est point de cette peste comme de tant d'autres maladies qui sont la suite de nos excès. Ce n'est point la débauche qui l'a introduite dans le monde. Les Phryné, les Laïs, les Flora, les Messaline, n'en furent point attaquées; elle est née dans des îles où les hommes vivaient dans l'innocence, et de là elle s'est répandue dans l'ancien monde.

Si jamais on a pu accuser la nature de mépriser son ouvrage, de contredire son plan, d'agir contre ses vues, c'est dans ce fléau détestable qui a souillé la terre d'horreur et de turpitude. Est-ce là le meilleur des mondes possibles? Eh quoi! si César, Antoine, Octave, n'ont point eu cette maladie, n'était-il pas possible qu'elle ne fît point mourir François Ier? Non, dit-on; les choses étaient ainsi ordonnées pour le mieux : je le veux croire; mais cela est triste pour ceux à qui Rabelais a dédié son livre.

Les philosophes érotiques ont souvent agité la question, si Héloïse put encore aimer véritablement Abélard quand il fut moine et châtré? L'une de ces qualités fesait très grand tort à l'autre.

Mais consolez-vous, Abélard, vous fûtes aimé; la racine de l'arbre coupé conserve encore un reste de sève; l'imagination aide le cœur. On se plaît encore à table quoiqu'on n'y mange plus. Est-ce de l'amour? est-ce un simple souvenir? est-ce de l'amitié? C'est un je ne sais quoi composé de tout cela. C'est un sentiment confus qui ressemble aux passions fantastiques que les morts conservaient dans les Champs-Élysées. Les héros qui pendant leur vie avaient brillé dans la course des chars, conduisaient après leur mort des chars imaginaires. Orphée croyait chanter encore. Héloïse vivait avec vous d'illusions et de suppléments. Elle vous caressait quelquefois, et avec d'autant plus de plaisir qu'ayant fait vœu au Paraclet de ne vous plus aimer, ses caresses en devenaient plus précieuses comme plus coupables. Une femme ne peut guère se prendre de passion pour un eunuque: mais elle peut conserver encore sa passion pour son amant devenu eunuque, pourvu qu'il soit encore aimable.

Il n'en est pas de même, mesdames, pour un amant qui a vieilli dans le service; l'extérieur ne subsiste plus; les rides effraient; les sourcils blanchis rebutent; les dents perdues dégoûtent; les infirmités éloignent · tout ce qu'on peut faire, c'est d'avoir la vertu d'être garde-malade, et de supporter ce qu'on a aimé. C'est ensevelir un mort.

AMOUR DE DIEU.

Les disputes sur l'amour de Dieu ont allumé autant de haines qu'aucune querelle théologique. Les jésuites et les jansénistes se sont battus pendant cent ans, à qui aimerait Dieu d'une façon plus convenable, et à qui désolerait plus son prochain.

Dès que l'auteur du *Télémaque*, qui commençait à jouir d'un grand crédit à la cour de Louis XIV, voulut qu'on aimât Dieu d'une manière qui n'était pas celle de l'auteur des *Oraisons funèbres*, celui-ci, qui était un grand ferrailleur, lui déclara la guerre, et le fit condamner dans l'ancienne ville de Romulus, où Dieu était ce qu'on aimait le mieux après la domination, les richesses, l'oisiveté, le plaisir, et l'argent.

Si madame Guyon avait su le conte de la bonne vieille qui apportait un réchaud pour brûler le paradis, et une cruche d'eau pour éteindre l'enfer, afin qu'on n'aimât Dieu que pour lui-même, elle n'aurait peut-être pas tant écrit. Elle eût dû sentir qu'elle ne pouvait rien dire de mieux. Mais elle aimait Dieu et le galimatias si cordialement, qu'elle fut quatre fois en prison pour sa tendresse : traitement rigoureux et injuste. Pourquoi punir comme une criminelle une femme qui n'avait d'autre crime que celui de faire des vers dans le style de l'abbé Cotin, et de la prose dans le goût de Polichinelle? Il est étrange que l'auteur du *Télémaque* et des froides amours d'Eucharis ait dit dans ses *Maximes des saints*, d'après le bienheureux François de Sales : « Je n'ai presque point de desirs; mais si » j'étais à renaître, je n'en aurais point du tout. » Si Dieu venait à moi, j'irais aussi à lui; s'il ne » voulait pas venir à moi, je me tiendrais là et » n'irais pas à lui. »

C'est sur cette proposition que roule tout son livre. On ne condamna point saint François de Sales; mais on condamna Fénelon. Pourquoi? c'est que François de Sales n'avait point un violent ennemi à la cour de Turin, et que Fénelon en avait un à Versailles.

Ce qu'on a écrit de plus sensé sur cette controverse mystique, se trouve peut-être dans la satire de Boileau sur l'amour de Dieu, quoique ce ne soit pas assurément son meilleur ouvrage.

> Qui fait exactement ce que ma loi commande,
> A pour moi, dit ce Dieu, l'amour que je demande.
> Ép. XII, v. 208-209.

S'il faut passer des épines de la théologie à celles de la philosophie, qui sont moins longues et moins piquantes, il paraît clair qu'on peut aimer un objet sans aucun retour sur soi-même, sans aucun mélange d'amour-propre intéressé. Nous ne pouvons comparer les choses divines aux terrestres, l'amour de Dieu à un autre amour. Il manque précisément un infini d'échelons pour nous élever de nos inclinations humaines à cet amour sublime. Cependant, puisqu'il n'y a pour nous d'autre point d'appui que la terre, tirons nos comparaisons de la terre. Nous voyons un chef-d'œuvre de l'art en peinture, en sculpture, en architecture, en poésie, en éloquence; nous entendons une musique qui enchante nos oreilles et notre âme : nous l'admirons, nous l'aimons sans qu'il nous en revienne le plus léger avantage, c'est un sentiment pur; nous allons même jusqu'à sentir quelquefois de la vénération, de l'amitié pour l'auteur; et s'il était là nous l'embrasserions.

C'est à peu près la seule manière dont nous puissions expliquer notre profonde admiration et les élans de notre cœur envers l'éternel architecte du monde. Nous voyons l'ouvrage avec un étonnement mêlé de respect et d'anéantissement, et notre cœur s'élève autant qu'il le peut vers l'ouvrier.

Mais quel est ce sentiment? je ne sais quoi de vague et d'indéterminé, un saisissement qui ne tient rien de nos affections ordinaires; une âme plus sensible qu'une autre, plus désoccupée, peut être si touchée du spectacle de la nature qu'elle voudrait s'élancer jusqu'au maître éternel qui l'a formée. Une telle affection de l'esprit, un si puissant attrait peut-il encourir la censure? A-t-on pu condamner le tendre archevêque de Cambrai? Malgré les expressions de saint François de Sales que nous avons rapportées, il s'en tenait à cette assertion qu'on peut aimer l'auteur uniquement pour la beauté de ses ouvrages. Quelle hérésie avait-on à lui reprocher? Les extravagances du style d'une dame de Montargis, et quelques expressions peu mesurées de sa part lui nuisirent.

Où était le mal? On n'en sait plus rien aujourd'hui. Cette querelle est anéantie comme tant d'autres. Si chaque ergoteur voulait bien se dire à soi-même : Dans quelques années personne ne se souciera de mes ergotismes; on ergoterait beaucoup moins. Ah! Louis XIV! Louis XIV! il fallait laisser deux hommes de génie sortir de la sphère de leurs talents, au point d'écrire ce qu'on a jamais écrit de plus obscur et de plus ennuyeux dans votre royaume.

> Pour finir tous ces débats-là,
> Tu n'avais qu'à les laisser faire.

Remarquons à tous les articles de morale et

d'histoire par quelle chaîne invisible, par quels ressorts inconnus toutes les idées qui troublent nos têtes, et tous les événements qui empoisonnent nos jours, sont liés ensemble, et se heurtent, et forment nos destinées. Fénelon meurt dans l'exil pour avoir eu deux ou trois conversations mystiques avec une femme un peu extravagante. Le cardinal de Bouillon, le neveu du grand Turenne, est persécuté pour n'avoir pas lui-même persécuté à Rome l'archevêque de Cambrai son ami : il est contraint de sortir de France, et il perd toute sa fortune.

C'est par ce même enchaînement que le fils d'un procureur de Vire trouve, dans une douzaine de phrases obscures d'un livre imprimé dans Amsterdam, de quoi remplir de victimes tous les cachots de la France; et à la fin il sort de ces cachots mêmes un cri, dont le retentissement fait tomber par terre toute une société habile et tyrannique, fondée par un fou ignorant.

AMOUR-PROPRE.

Nicole, dans ses *Essais de morale*, faits après deux ou trois mille volumes de morale (Traité de la charité, chap. II), dit que « par le moyen des » roues et des gibets qu'on établit en commun, on » réprime les pensées et les desseins tyranniques » de l'amour-propre de chaque particulier. »

Je n'examinerai point si on a des gibets en commun, comme on a des prés et des bois en commun, et une bourse commune, et si on réprime des pensées avec des roues; mais il me semble fort étrange que Nicole ait pris le vol de grand chemin et l'assassinat pour de l'amour-propre. Il faut distinguer un peu mieux les nuances. Celui qui dirait que Néron a fait assassiner sa mère par amour-propre, que Cartouche avait beaucoup d'amour-propre, ne s'exprimerait pas fort correctement. L'amour-propre n'est point une scélératesse, c'est un sentiment naturel à tous les hommes; il est beaucoup plus voisin de la vanité que du crime.

Un gueux des environs de Madrid demandait noblement l'aumône; un passant lui dit : N'êtes-vous pas honteux de faire ce métier infâme quand vous pouvez travailler? Monsieur, répondit le mendiant, je vous demande de l'argent et non pas des conseils; puis il lui tourna le dos en conservant toute la dignité castillane. C'était un fier gueux que ce seigneur, sa vanité était blessée pour peu de chose. Il demandait l'aumône par amour de soi-même, et ne souffrait pas la réprimande par un autre amour de soi-même.

Un missionnaire voyageant dans l'Inde rencontra un fakir chargé de chaînes, nu comme un singe, couché sur le ventre, et se faisant fouetter pour les péchés de ses compatriotes les Indiens, qui lui donnaient quelques liards du pays. Quel renoncement à soi-même! disait un des spectateurs. Renoncement à moi-même! reprit le fakir; apprenez que je ne me fais fesser dans ce monde que pour vous le rendre dans l'autre, quand vous serez chevaux et moi cavalier.

Ceux qui ont dit que l'amour de nous-mêmes est la base de tous nos sentiments et de toutes nos actions ont donc eu grande raison dans l'Inde, en Espagne, et dans toute la terre habitable : et comme on n'écrit point pour prouver aux hommes qu'ils ont un visage, il n'est pas besoin de leur prouver qu'ils ont de l'amour-propre. Cet amour-propre est l'instrument de notre conservation; il ressemble à l'instrument de la perpétuité de l'espèce : il est nécessaire, il nous est cher, il nous fait plaisir, et il faut le cacher.

AMOUR SOCRATIQUE.

Si l'amour qu'on a nommé *socratique* et *platonique* n'était qu'un sentiment honnête, il y faut applaudir; si c'était une débauche, il faut en rougir pour la Grèce.

Comment s'est-il pu faire qu'un vice destructeur du genre humain s'il était général, qu'un attentat infâme contre la nature, soit pourtant si naturel? Il paraît être le dernier degré de la corruption réfléchie; et cependant il est le partage ordinaire de ceux qui n'ont pas encore eu le temps d'être corrompus. Il est entré dans des cœurs tout neufs, qui n'ont connu encore ni l'ambition, ni la fraude, ni la soif des richesses. C'est la jeunesse aveugle qui, par un instinct mal démêlé, se précipite dans ce désordre au sortir de l'enfance, ainsi que dans l'onanisme *.

Le penchant des deux sexes l'un pour l'autre se déclare de bonne heure; mais quoi qu'on ait dit des Africaines et des femmes de l'Asie méridionale, ce penchant est généralement beaucoup plus fort dans l'homme que dans la femme; c'est une loi que la nature a établie pour tous les animaux; c'est toujours le mâle qui attaque la femelle.

Les jeunes mâles de notre espèce, élevés ensemble, sentant cette force que la nature commence à déployer en eux, et ne trouvant point l'objet naturel de leur instinct, se rejettent sur ce qui lui ressemble. Souvent un jeune garçon, par la fraîcheur de son teint, par l'éclat de ses couleurs, et par la douceur de ses yeux, ressemble pendant deux ou trois ans à une belle fille; si on l'aime, c'est parce que la nature se méprend; on rend hommage au sexe, en s'attachant à ce qui en a les

* Voyez les articles ONAN, ONANISME.

beautés ; et quand l'âge a fait évanouir cette ressemblance, la méprise cesse.

« . . . . Citraque juventam
» Ætatis breve ver et primos carpere flores. »
OVID., Met., X, 84-85.

On n'ignore pas que cette méprise de la nature est beaucoup plus commune dans les climats doux que dans les glaces du Septentrion, parce que le sang y est plus allumé, et l'occasion plus fréquente : aussi ce qui ne paraît qu'une faiblesse dans le jeune Alcibiade, est une abomination dégoûtante dans un matelot hollandais et dans un vivandier moscovite.

Je ne puis souffrir qu'on prétende que les Grecs ont autorisé cette licence [a]. On cite le législateur Solon, parce qu'il a dit en deux mauvais vers :

Tu chériras un beau garçon,
Tant qu'il n'aura barbe au menton [b].

Mais en bonne foi, Solon était-il législateur, quand il fit ces deux vers ridicules? Il était jeune alors, et quand le débauché fut devenu sage, il ne mit point une telle infamie parmi les lois de sa république. Accusera-t-on Théodore de Bèze d'avoir prêché la pédérastie dans son église, parce que dans sa jeunesse il fit des vers pour le jeune Candide, et qu'il dit :

« Amplector hunc et illam. »
Je suis pour lui, je suis pour elle.

Il faudra dire qu'ayant chanté des amours honteux dans son jeune âge, il eut dans l'âge mûr l'ambition d'être chef de parti, de prêcher la réforme, de se faire un nom. *Hic vir, et ille puer.*

On abuse du texte de Plutarque, qui dans ses bavarderies, au *Dialogue de l'amour,* fait dire à un interlocuteur, que les femmes ne sont pas *dignes du véritable amour* [c] ; mais un autre interlocuteur soutient le parti des femmes comme il le doit. On a pris l'objection pour la décision.

Il est certain, autant que la science de l'antiquité peut l'être, que l'amour socratique n'était point un amour infâme : c'est ce nom d'*amour* qui a trompé. Ce qu'on appelait *les amants d'un jeune homme* étaient précisément ce que sont parmi nous les menins de nos princes, ce qu'étaient les enfants d'honneur, des jeunes gens attachés à l'éducation d'un enfant distingué, partageant les mêmes études, les mêmes travaux militaires; institution guerrière et sainte dont on abusa comme des fêtes nocturnes et des orgies.

La troupe des amants, instituée par Laïus, était une troupe invincible de jeunes guerriers engagés par serment à donner leur vie les uns pour les autres; et c'est ce que la discipline antique a jamais eu de plus beau.

Sextus Empiricus et d'autres ont beau dire que ce vice était recommandé par les lois de la Perse. Qu'ils citent le texte de la loi; qu'ils montrent le code des Persans : et si cette abomination s'y trouvait, je ne la croirais pas; je dirais que la chose n'est pas vraie, par la raison qu'elle est impossible. Non, il n'est pas dans la nature humaine de faire une loi qui contredit et qui outrage la nature, une loi qui anéantirait le genre humain, si elle était observée à la lettre. Mais moi je vous montrerai l'ancienne loi des Persans, rédigée dans le *Sadder*. Il est dit, à l'article ou porte 9, qu'*il n'y a point de plus grand péché*. C'est en vain qu'un écrivain moderne a voulu justifier Sextus Empiricus et la pédérastie; les lois de Zoroastre, qu'il ne connaissait pas, sont un témoignage irréprochable que ce vice ne fut jamais recommandé par les Perses. C'est comme si on disait qu'il est recommandé par les Turcs. Ils le commettent hardiment; mais les lois le punissent.

Que de gens ont pris des usages honteux et tolérés dans un pays pour les lois du pays! Sextus Empiricus, qui doutait de tout, devait bien douter de cette jurisprudence. S'il eût vécu de nos jours, et qu'il eût vu deux ou trois jeunes jésuites abuser de quelques écoliers, aurait-il eu le droit de dire que ce jeu leur est permis par les constitutions d'*Ignace de Loyola?*

Il me sera permis de parler ici de l'amour socratique du révérend père Polycarpe, carme chaussé de la petite ville de Gex, lequel en 1771 enseignait la religion et le latin à une douzaine de petits écoliers. Il était à la fois leur confesseur et leur régent, et il se donna auprès d'eux tous un nouvel emploi. On ne pouvait guère avoir plus d'occupations spirituelles et temporelles. Tout fut découvert : il se retira en Suisse, pays fort éloigné de la Grèce.

Ces amusements ont été assez communs entre les précepteurs et les écoliers [a]. Les moines chargés d'élever la jeunesse ont été toujours un peu adonnés à la pédérastie. C'est la suite nécessaire du célibat auquel ces pauvres gens sont condamnés.

Les seigneurs turcs et persans font, à ce qu'on nous dit, élever leurs enfants par des eunuques; étrange alternative pour un pédagogue d'être châtré ou sodomite.

[a] Un écrivain moderne, nommé Larcher, répétiteur de collége, dans un libelle rempli d'erreurs en tout genre, et de la critique la plus grossière, ose citer je ne sais quel bouquin, dans lequel on appelle Socrate *sanctus pederastes*, Socrate saint b... Il n'a pas été suivi dans ces horreurs par l'abbé Foucher; mais cet abbé, non moins grossier, s'est trompé encore lourdement sur Zoroastre et sur les anciens Persans. Il en a été vivement repris par un homme savant dans les langues orientales.

[b] Traduction d'Amyot, grand-aumônier de France.

[c] Voyez l'article FEMME.

[a] Voyez l'article PÉTRONE.

L'amour des garçons était si commun à Rome, qu'on ne s'avisait pas de punir cette turpitude, dans laquelle presque tout le monde donnait tête baissée. Octave-Auguste, ce meurtrier débauché et poltron, qui osa exiler Ovide, trouva très bon que Virgile chantât Alexis; Horace, son autre favori, fesait de petites odes pour Ligurinus. Horace, qui louait Auguste d'avoir réformé les mœurs, proposait également dans ses satires un garçon et une fille [a]. mais l'ancienne loi *Scantinia*, qui défend la pédérastie, subsista toujours: l'empereur Philippe la remit en vigueur, et chassa de Rome les petits garçons qui fesaient le métier. S'il y eut des écoliers spirituels et licencieux comme Pétrone, Rome eut des professeurs tels que Quintilien. Voyez quelles précautions il apporte dans le chapitre du *Précepteur* pour conserver la pureté de la première jeunesse: « Cavendum non solum crimine turpitudinis, sed etiam suspicione. » Enfin je ne crois pas qu'il y ait jamais eu aucune nation policée qui ait fait des lois [b] contre les mœurs [1].

AMPLIFICATION.

On prétend que c'est une belle figure de rhétorique; peut-être aurait-on plus raison si on l'appelait *un défaut*. Quand on dit tout ce qu'on doit dire, on n'amplifie pas; et quand on l'a dit, si on amplifie, on dit trop. Présenter aux juges une

[a] « Ancilla aut verna est præsto puer, impetus in quem
» Continuo fiat. »
Hor., l. I, sat. II.

[b] On devrait condamner messieurs les non-conformistes à présenter tous les ans à la police un enfant de leur façon. L'ex-jésuite Desfontaines fut sur le point d'être brûlé en place de Grève, pour avoir abusé de quelques petits Savoyards qui ramonaient sa cheminée; des protecteurs le sauvèrent. Il fallait une victime: on brûla Deschaufours à sa place. Cela est bien fort; *est modus in rebus:* on doit proportionner les peines aux délits. Qu'auraient dit César, Alcibiade, le roi de Bithynie Nicomède, le roi de France Henri III, et tant d'autres rois?

Quand on brûla Deschaufours, on se fonda sur les *Établissements de saint Louis*, mis en nouveau français au quinzième siècle. « Si aucun est soupçonné de b...., doit être mené à l'évê» que; et se il en était prouvé, l'en le doit ardoir, et tuit li men» ble sont au baron, etc. » Saint Louis ne dit pas ce qu'il fait faire au baron, si le baron est soupçonné, et *se il en est prouvé*. Il faut observer que par le mot de b..., saint Louis entend les hérétiques, qu'on n'appelait point alors d'un autre nom. Une équivoque fit brûler à Paris Deschaufours, gentilhomme lorrain. Despréaux eut bien raison de faire une satire contre l'équivoque; elle a causé bien plus de mal qu'on ne croit.

[1] On nous permettra de faire ici quelques réflexions sur un sujet odieux et dégoûtant, mais qui malheureusement fait partie de l'histoire des opinions et des mœurs.

Cette turpitude remonte aux premières époques de la civilisation: l'histoire grecque, l'histoire romaine, ne permettent point d'en douter. Elle était commune chez ces peuples avant qu'ils eussent formé une société régulière, dirigée par des lois écrites.

Cela suffit pour expliquer par quelle raison ces lois ont paru la traiter avec trop d'indulgence. On ne propose point à un peuple libre des lois sévères contre une action, quelle qu'elle soit, qui y est devenue habituelle. Plusieurs des nations germaniques eurent long-temps des lois écrites qui admettaient la composition pour le meurtre. Solon se contenta donc de défendre cette turpitude entre les citoyens et les esclaves; les Athéniens pouvaient sentir les motifs politiques de cette défense, et s'y soumettre: c'était d'ailleurs contre les esclaves seuls, et pour les empêcher de corrompre les jeunes gens libres, que cette loi avait été faite; et les pères de famille, quelles que fussent leurs mœurs, n'avaient aucun intérêt de s'y opposer.

La sévérité des mœurs des femmes dans la Grèce, l'usage des bains publics, la fureur pour les jeux où les hommes paraissaient nus, conservèrent cette turpitude de mœurs, malgré les progrès de la société et de la morale. Lycurgue, en laissant plus de liberté aux femmes, et par quelques autres de ses institutions, parvint à rendre ce vice moins commun à Sparte que dans les autres villes de la Grèce.

Quand les mœurs d'un peuple deviennent moins agrestes, lorsqu'il connaît les arts, le luxe des richesses, s'il conserve ses vices, il cherche du moins à les voiler. La morale chrétienne, en attachant de la honte aux liaisons entre les personnes libres, en rendant le mariage indissoluble, en poursuivant le concubinage par des censures, avait rendu l'adultère commun; comme toute espèce de volupté était également un péché, il fallait bien préférer celui dont les suites ne peuvent être publiques; et par un renversement singulier, on vit de véritables crimes devenir plus communs, plus tolérés, et moins honteux dans l'opinion que de simples faiblesses. Quand les Occidentaux commencèrent à se policer, ils imaginèrent de cacher l'adultère sous le voile de ce qu'on appelle galanterie; les hommes avouaient hautement un amour qu'il était convenu que les femmes ne partageraient point; les amants n'osaient rien demander, et c'était tout au plus après dix ans d'un amour pur, de combats, de victoires remportées dans les jeux, etc., qu'un chevalier pouvait espérer de trouver un moment de faiblesse. Il nous reste assez de monuments de ce temps, pour nous montrer quelles étaient les mœurs que couvrait cette espèce d'hypocrisie. Il en fut de même à peu près chez les Grecs devenus polis; les liaisons intimes entre des hommes n'avaient plus rien de honteux; les jeunes gens s'unissaient par des serments. mais c'étaient ceux de vivre et de mourir pour la patrie; on s'attachait à un jeune homme, au sortir de l'enfance, pour le former, pour l'instruire, pour le guider; la passion qui se mêlait à ces amitiés était une sorte d'amour, mais d'amour pur. C'était seulement sous ce voile, dont la décence publique couvrait les vices, qu'ils étaient tolérés par l'opinion.

Enfin, de même que l'on a souvent entendu chez les peuples modernes faire l'éloge de la galanterie chevaleresque, comme d'une institution propre à élever l'âme, à inspirer le courage, on fit aussi chez les Grecs l'éloge de cet amour qui unissait les citoyens entre eux.

Platon dit que les Thébains firent une chose utile de le prescrire, parce qu'ils avaient besoin de polir leurs mœurs, de donner plus d'activité à leur âme, à leur esprit, engourdis par la nature de leur climat et de leur sol. On voit qu'il ne s'agit ici que d'amitié pure. C'est ainsi que, lorsqu'un prince chrétien fesait publier un tournoi où chacun devait paraître avec les couleurs de sa dame, il avait l'intention louable d'exciter l'émulation de ses chevaliers, et d'adoucir leurs mœurs; ce n'était point l'adultère, mais seulement la galanterie qu'il voulait encourager dans ses états. Dans Athènes, suivant Platon, on devait se borner à la tolérance. Dans les états monarchiques, il était utile d'empêcher ces liaisons entre les hommes; mais elles étaient dans les républiques un obstacle à l'établissement durable de la tyrannie. Un tyran, en immolant un citoyen, ne pouvait savoir quels vengeurs il allait armer contre lui; il était exposé sans cesse à voir dégénérer en conspirations les associations que cet amour formait entre les hommes.

Cependant, malgré ces idées si éloignées de nos opinions et de nos mœurs, ce vice était regardé chez les Grecs comme une débauche honteuse, toutes les fois qu'il se montrait à découvert, et sans l'excuse de l'amitié ou des liaisons politiques. Lorsque Philippe vit sur le champ de bataille de Chéronée tous les soldats qui composaient le *bataillon sacré*, le *bataillon des amis*

bonne ou mauvaise action sous toutes ses faces, ce n'est point amplifier; mais ajouter, c'est exagérer et ennuyer.

J'ai vu autrefois dans les colléges donner des prix d'amplification. C'était réellement enseigner l'art d'être diffus. Il eût mieux valu peut-être donner des prix à celui qui aurait resserré ses pensées, et qui par là aurait appris à parler avec plus d'énergie et de force: mais en évitant l'amplification, craignez la sécheresse.

J'ai entendu des professeurs enseigner que certains vers de Virgile sont une amplification; par exemple, ceux-ci (*Æn.*, lib. IV, v. 522-29):

« Nox erat, et placidum carpebant fessa soporem
» Corpora per terras, silvæque et sæva quierant
» Æquora; quum medio volvuntur sidera lapsu;
» Quum tacet omnis ager, pecudes, pictæque volucres;
» Quæque lacus late liquidos, quæque aspera dumis
» Rura tenent, somno positæ sub nocte silenti
» Lenibant curas, et corda oblita laborum:
» At non infelix animi Phœnissa. »

Voici une traduction libre de ces vers de Virgile, qui ont tous été si difficiles à traduire par les poëtes français, excepté par M. Delille.

Les astres de la nuit roulaient dans le silence:
Éole a suspendu les haleines des vents;
Tout se tait sur les eaux, dans les bois, dans les champs;
Fatigué des travaux qui vont bientôt renaître,
Le tranquille taureau s'endort avec son maître;
Les malheureux humains ont oublié leurs maux;
Tout dort, tout s'abandonne aux charmes du repos;
Phénisse veille et pleure!

Si la longue description du règne du sommeil dans toute la nature ne fesait pas un contraste admirable avec la cruelle inquiétude de Didon, ce morceau ne serait qu'une amplification puérile; c'est le mot *at non infelix animi Phœnissa,* qui en fait le charme.

La belle ode de Sapho, qui peint tous les symptômes de l'amour, et qui a été traduite heureusement dans toutes les langues cultivées, ne serait pas sans doute si touchante, si Sapho avait parlé d'une autre que d'elle-même: cette ode pourrait être alors regardée comme une amplification.

à Thèbes, tués dans le rang où ils avaient combattu: « Je ne » croirai jamais, s'écria-t-il, que de si braves gens aient pu » faire ou souffrir rien de honteux. » Ce mot d'un homme souillé lui-même de cette infamie, est une preuve certaine de l'opinion générale des Grecs.

A Rome, cette opinion était plus forte encore; plusieurs héros grecs, regardés comme des hommes vertueux, ont passé pour s'être livrés à ce vice, et chez les Romains on ne le voit attribué à aucun de ceux dont on nous a vanté les vertus; seulement il paraît que chez ces deux nations on n'y attachait ni l'idée de crime, ni même celle de déshonneur, à moins de ces excès qui rendent le goût même des femmes une passion avilissante. Ce vice est très rare parmi nous, et il y serait presque inconnu sans les défauts de l'éducation publique.

Montesquieu prétend qu'il est commun chez quelques nations mahométanes, à cause de la facilité d'avoir des femmes; nous croyons que c'est *difficulté* qu'il faut lire. K.

La description de la tempête, au premier livre de l'*Énéide*, n'est point une amplification; c'est une image vraie de tout ce qui arrive dans une tempête; il n'y a aucune idée répétée, et la répétition est le vice de tout ce qui n'est qu'amplification.

Le plus beau rôle qu'on ait jamais mis sur le théâtre dans aucune langue, est celui de Phèdre. Presque tout ce qu'elle dit serait une amplification fatigante, si c'était une autre qui parlât de la passion de Phèdre. (Acte 1er, scène 3).

Athènes me montra mon superbe ennemi.
Je le vis, je rougis, je pâlis à sa vue.
Un trouble s'éleva dans mon âme éperdue.
Mes yeux ne voyaient plus, je ne pouvais parler;
Je sentis tout mon corps et transir et brûler;
Je reconnus Vénus et ses feux redoutables,
D'un sang qu'elle poursuit tourments inévitables.

Il est bien clair que puisque Athènes lui montra son superbe ennemi Hippolyte, elle vit Hippolyte. Si elle rougit et pâlit à sa vue, elle fut sans doute troublée. Ce serait un pléonasme, une redondance oiseuse dans une étrangère qui raconterait les amours de Phèdre; mais c'est Phèdre amoureuse, et honteuse de sa passion; son cœur est plein, tout lui échappe.

« Ut vidi, ut perii, ut me malus abstulit error! »
Ecl. VIII, 41.

Je le vis, je rougis, je pâlis à sa vue.

Peut-on mieux imiter Virgile?

Mes yeux ne voyaient plus, je ne pouvais parler;
Je sentis tout mon corps et transir et brûler.

Peut-on mieux imiter Sapho? Ces vers, quoique imités, coulent de source; chaque mot trouble les âmes sensibles et les pénètre; ce n'est point une amplification, c'est le chef-d'œuvre de la nature et de l'art.

Voici, à mon avis, un exemple d'une amplification dans une tragédie moderne, qui d'ailleurs a de grandes beautés.

Tydée est à la cour d'Argos, il est amoureux d'une sœur d'Électre; il regrette son ami Oreste et son père; il est partagé entre sa passion pour Électre, et le dessein de punir le tyran. Au milieu de tant de soins et d'inquiétudes, il fait à son confident une longue description d'une tempête qu'il a essuyée il y a long-temps.

Tu sais ce qu'en ces lieux nous venions entreprendre;
Tu sais que Palamède, avant que de s'y rendre,
Ne voulut point tenter son retour dans Argos
Qu'il n'eût interrogé l'oracle de Délos.
A de si justes soins on souscrivit sans peine.
Nous partîmes, comblés des bienfaits de Tyrrhène.
Tout nous favorisait; nous voguâmes long-temps
Au gré de nos desirs bien plus qu'au gré des vents;
Mais signalant bientôt toute son inconstance,

La mer en un moment se mutine et s'élance ;
L'air mugit, le jour fuit, une épaisse vapeur
Couvre d'un voile affreux les vagues en fureur ;
La foudre, éclairant seule une nuit si profonde,
A sillons redoublés ouvre le ciel et l'onde ;
Et, comme un tourbillon embrassant nos vaisseaux,
Semble en source de feu bouillonner sur les eaux.
Les vagues quelquefois nous portant sur leurs cimes,
Nous font rouler après sous de vastes abîmes,
Où les éclairs pressés, pénétrant avec nous,
Dans des gouffres de feu semblaient nous plonger tous ;
Le pilote effrayé, que la flamme environne,
Aux rochers qu'il fuyait lui-même s'abandonne.
A travers les écueils, notre vaisseau poussé,
Se brise et nage enfin sur les eaux dispersé.

On voit peut-être dans cette description le poëte qui veut surprendre les auditeurs par le récit d'un naufrage, et non le personnage qui veut venger son père et son ami, tuer le tyran d'Argos, et qui est partagé entre l'amour et la vengeance.

Lorsqu'un personnage s'oublie, et qu'il veut absolument être poëte, il doit alors embellir ce défaut par les vers les plus corrects et les plus élégants.

Ne voulut point tenter son retour dans Argos
Qu'il n'eût interrogé l'oracle de Délos.

Ce tour familier semble ne devoir entrer que rarement dans la poésie noble. « Je ne voulus point » aller à Orléans, que je n'eusse vu Paris. » Cette phrase n'est admise, ce me semble, que dans la liberté de la conversation.

A de si justes soins on souscrivit sans peine.

On souscrit à des volontés, à des ordres, à des desirs ; je ne crois pas qu'on souscrive *à des soins*.

Nous voguâmes long-temps
Au gré de nos desirs, bien plus qu'au gré des vents.

Outre l'affectation et une sorte de jeu de mots du *gré des desirs* et du *gré des vents*, il y a là une contradiction évidente. Tout l'équipage *souscrivit* sans peine *aux justes soins* d'interroger l'oracle de Délos. Les desirs des navigateurs étaient donc d'aller à Délos ; ils ne voguaient donc pas au gré de leurs desirs, puisque le gré des vents les écartait de Délos, à ce que dit Tydée.

Si l'auteur a voulu dire au contraire que Tydée voguait au gré de ses desirs aussi bien et encore plus qu'au gré des vents, il s'est mal exprimé. *Bien plus qu'au gré des vents* signifie que les vents ne secondaient pas ses desirs et l'écartaient de sa route. « J'ai été favorisé dans cette affaire » par la moitié du conseil bien plus que par l'au- » tre, » signifie, par tous pays, la moitié du conseil a été pour moi, et l'autre contre. Mais si je dis, « la moitié du conseil a opiné au gré de mes de- » sirs, et l'autre encore davantage, » cela veut dire que j'ai été secondé par tout le conseil, et qu'une partie m'a encore plus favorisé que l'autre.

« J'ai réussi auprès du parterre bien plus qu'au » gré des connaisseurs, » veut dire, les connaisseurs m'ont condamné.

Il faut que la diction soit pure et sans équivoque. Le confident de Tydée pouvait lui dire : Je ne vous entends pas : si le vent vous a mené à Délos et à Épidaure qui est dans l'Argolide, c'était précisément votre route, et vous n'avez pas dû *voguer long-temps*. On va de Samos à Épidaure en moins de trois jours avec un bon vent d'est. Si vous avez essuyé une tempête, vous n'avez pas vogué au gré de vos desirs ; d'ailleurs vous deviez instruire plus tôt le public que vous veniez de Samos. Les spectateurs veulent savoir d'où vous venez et ce que vous voulez. La longue description recherchée d'une tempête me détourne de ces objets. C'est une amplification qui paraît oiseuse, quoiqu'elle présente de grandes images.

La mer... signalant bientôt toute son inconstance.

Toute l'inconstance que la mer signale ne semble pas une expression convenable à un héros, qui doit peu s'amuser à ces recherches. Cette mer qui *se mutine et qui s'élance en un moment*, après avoir signalé *toute son inconstance*, intéresse-t-elle assez à la situation présente de Tydée occupé de la guerre ? Est-ce à lui de s'amuser à dire que la mer est inconstante, à débiter des lieux-communs ?

L'air mugit, le jour fuit, une épaisse vapeur
Couvre d'un voile affreux les vagues en fureur.

Les vents dissipent les vapeurs et ne les épaississent pas ; mais quand même il serait vrai qu'une épaisse vapeur eût couvert les vagues en fureur d'un *voile affreux*, ce héros, plein de ses malheurs présents, ne doit pas s'appesantir sur ce prélude de tempête, sur ces circonstances qui n'appartiennent qu'au poëte.

« Non erat his locus. »

La foudre, éclairant seule une nuit si profonde,
A sillons redoublés ouvre le ciel et l'onde ;
Et, comme un tourbillon embrassant nos vaisseaux,
Semble en source de feu bouillonner sur les eaux.

N'est-ce pas là une véritable amplification un peu trop ampoulée ? Un tonnerre qui ouvre l'eau et le ciel par des sillons ; qui en même temps est un tourbillon de feu, lequel embrasse un vaisseau et qui bouillonne, n'a-t-il pas quelque chose de trop peu naturel, de trop peu vrai, surtout dans la bouche d'un homme qui doit s'exprimer avec une simplicité noble et touchante, surtout après plusieurs mois que le péril est passé?

Des cimes de vagues, qui font rouler sous des abîmes des éclairs pressés et des gouffres de feu, semblent des expressions un peu boursoufflées qui seraient souffertes dans une ode, et qu'Horace réprouvait avec tant de raison dans la tragédie (*Art poét.*, v. 97):

« Projicit ampullas et sesquipedalia verba. »

Le pilote effrayé, que la flamme environne,
Aux rochers qu'il fuyait lui-même s'abandonne.

On peut s'abandonner aux vents; mais il me semble qu'on ne s'abandonne pas aux rochers.

Notre vaisseau poussé.... nage dispersé.

Un vaisseau ne nage point dispersé; Virgile a dit, non en parlant d'un vaisseau, mais des hommes qui ont fait naufrage (*Én.*, liv. I, vers 122):

« Apparent rari nantes in gurgite vasto. »

Voilà où le mot *nager* est à sa place. Les débris d'un vaisseau flottent et ne nagent pas. Desfontaines a traduit ainsi ce beau vers de l'*Énéide*: « A peine un petit nombre de ceux qui montaient » le vaisseau purent se sauver à la nage. »

C'est traduire Virgile en style de gazette. Où est ce vaste gouffre que peint le poëte, *gurgite vasto?* où est l'*apparent rari nantes?* Ce n'est pas avec cette sécheresse qu'on doit traduire l'*Énéide*: il faut rendre image pour image, beauté pour beauté. Nous fesons cette remarque en faveur des commençants. On doit les avertir que Desfontaines n'a fait que le squelette informe de Virgile, comme il faut leur dire que la description de la tempête par Tydée est fautive et déplacée. Tydée devait s'étendre avec attendrissement sur la mort de son ami, et non sur la vaine description d'une tempête.

On ne présente ces réflexions que pour l'intérêt de l'art, et non pour attaquer l'artiste.

« .... Ubi plura nitent in carmine, non ego paucis
» Offendar maculis. »

Hor., de Art. poet.

En faveur des beautés on pardonne aux défauts.

Quand j'ai fait ces critiques, j'ai tâché de rendre raison de chaque mot que je critiquais. Les satiriques se contentent d'une plaisanterie, d'un bon mot, d'un trait piquant; mais celui qui veut s'instruire et éclairer les autres est obligé de tout discuter avec le plus grand scrupule.

Plusieurs hommes de goût, et entre autres l'auteur du *Télémaque*, ont regardé comme une amplification le récit de la mort d'Hippolyte dans Racine. Les longs récits étaient à la mode alors. La vanité d'un acteur veut se faire écouter. On avait pour eux cette complaisance; elle a été fort blâmée. L'archevêque de Cambrai prétend que Théramène ne devait pas, après la catastrophe d'Hippolyte, avoir la force de parler si long-temps; qu'il se plaît trop à décrire *les cornes menaçantes* du monstre, et *ses écailles jaunissantes*, et *sa croupe qui se recourbe*; qu'il devait dire d'une voix entrecoupée. « Hippolyte est mort: un monstre l'a fait périr; je l'ai vu. »

Je ne prétends pas défendre les écailles jaunissantes et la croupe qui se recourbe; mais en général cette critique souvent répétée me paraît injuste. On veut que Théramène dise seulement: « Hippolyte est mort: je l'ai vu, c'en est fait. »

C'est précisément ce qu'il dit, et en moins de mots encore..... « Hippolyte n'est plus. » Le père s'écrie; Théramène ne reprend ses sens que pour dire:

.....J'ai vu des mortels périr le plus aimable;

et il ajoute ce vers si nécessaire, si touchant, si désespérant pour Thésée:

Et j'ose dire encor, seigneur, le moins coupable.

La gradation est pleinement observée, les nuances se font sentir l'une après l'autre.

Le père attendri demande « quel Dieu lui a ravi » son fils, quelle foudre soudaine....? » Et il n'a pas le courage d'achever; il est resté muet dans sa douleur; il attend ce récit fatal; le public l'attend de même. Théramène doit répondre; on lui demande des détails, il doit en donner.

Était-ce à celui qui fait discourir Mentor et tous ses personnages si long-temps, et quelquefois jusqu'à la satiété, de fermer la bouche à Théramène? Quel est le spectateur qui voudrait ne le pas entendre, ne pas jouir du plaisir douloureux d'écouter les circonstances de la mort d'Hippolyte? qui voudrait même qu'on en retranchât quatre vers? Ce n'est pas là une vaine description d'une tempête inutile à la pièce, ce n'est pas là une amplification mal écrite, c'est la diction la plus pure et la plus touchante; enfin c'est Racine.

On lui reproche *le héros expiré*. Quelle misérable vétille de grammaire! Pourquoi ne pas dire *ce héros expiré*, comme on dit, *il est expiré; il a expiré!* Il faut remercier Racine d'avoir enrichi la langue à laquelle il a donné tant de charmes, en ne disant jamais que ce qu'il doit, lorsque les autres disent tout ce qu'ils peuvent.

Boileau fut le premier qui fit remarquer l'amplification vicieuse de la première scène de *Pompée*.

Quand les dieux étonnés semblaient se partager,
Pharsale a décidé ce qu'ils n'osaient juger.
Ces fleuves teints de sang, et rendus plus rapides

Par le débordement de tant de parricides;
Cet horrible débris d'aigles, d'armes, de chars,
Sur ces champs empestés confusément épars;
Ces montagnes de morts, privés d'honneurs suprêmes,
Que la nature force à se venger eux-mêmes,
Et dont les troncs pourris exhalent dans les vents
De quoi faire la guerre au reste des vivants, etc.

Ces vers boursoufflés sont sonores : ils surprirent long-temps la multitude qui, sortant à peine de la grossièreté, et qui plus est de l'insipidité où elle avait été plongée tant de siècles, était étonnée et ravie d'entendre ces vers harmonieux ornés de grandes images. On n'en savait pas assez pour sentir l'extrême ridicule d'un roi d'Égypte qui parle comme un écolier de rhétorique, d'une bataille livrée au-delà de la mer Méditerranée, dans une province qu'il ne connaît pas, entre des étrangers qu'il doit également haïr. Que veulent dire des dieux qui n'ont osé juger entre le gendre et le beau-père, et qui cependant ont jugé par l'événement, seule manière dont ils étaient censés *juger? Ptolémée* parle de fleuves près d'un champ de *bataille* où il n'y avait point de fleuves. Il peint ces prétendus fleuves rendus rapides par des débordements de parricides, un horrible débris de perches qui portaient des figures d'aigles, des charrettes cassées (car on ne connaissait point alors les chars de guerre), enfin des troncs pourris qui se vengent et font la guerre aux vivants. Voilà le galimatias le plus complet qu'on pût jamais étaler sur un théâtre. Il fallait cependant plusieurs années pour dessiller les yeux du public, et pour lui faire sentir qu'il n'y a qu'à retrancher ces vers pour faire une ouverture de scène parfaite.

L'amplification, la déclamation, l'exagération, furent de tout temps les défauts des Grecs, excepté de Démosthène et d'Aristote.

Le temps même a mis le sceau de l'approbation presque universelle à des morceaux de poésie absurdes, parce qu'ils étaient mêlés à des traits éblouissants qui répandaient leur éclat sur eux; parce que les poëtes qui vinrent après ne firent pas mieux; parce que les commencements informes de tout art ont toujours plus de réputation que l'art perfectionné; parce que celui qui joua le premier du violon fut regardé comme un demi-dieu, et que Rameau n'a eu que des ennemis; parce qu'en général les hommes jugent rarement par eux-mêmes, qu'ils suivent le torrent, et que le goût épuré est presque aussi rare que les talents.

Parmi nous aujourd'hui la plupart des sermons, des oraisons funèbres, des discours d'appareil, des harangues dans de certaines cérémonies, sont des amplifications ennuyeuses, des lieux-communs cent et cent fois répétés. Il faudrait que tous ces discours fussent très rares pour être un peu supportables. Pourquoi parler quand on n'a rien à dire de nouveau? Il est temps de mettre un frein à cette extrême intempérance, et par conséquent de finir cet article.

ANA, ANECDOTES.

Si on pouvait confronter Suétone avec les valets de chambre des douze Césars, pense-t-on qu'ils seraient toujours d'accord avec lui? et en cas de dispute, quel est l'homme qui ne parierait pas pour les valets de chambre contre l'historien?

Parmi nous, combien de livres ne sont fondés que sur des bruits de ville, ainsi que la physique ne fut fondée que sur des chimères répétées de siècle en siècle jusqu'à notre temps!

Ceux qui se plaisent à transcrire le soir dans leur cabinet ce qu'ils ont entendu dans le jour, devraient, comme saint Augustin, faire un livre de rétractations au bout de l'année.

Quelqu'un raconte au grand-audiencier L'Estoile que Henri IV, chassant vers Creteil, entra seul dans un cabaret où quelques gens de loi de Paris dînaient dans une chambre haute. Le roi, qui ne se fait pas connaître, et qui cependant devait être très connu, leur fait demander par l'hôtesse s'ils veulent l'admettre à leur table, ou lui céder une partie de leur rôti pour son argent. Les Parisiens répondent qu'ils ont des affaires particulières à traiter ensemble, que leur dîner est court, et qu'ils prient l'inconnu de les excuser.

Henri IV appelle ses gardes et fait fouetter outrageusement les convives, « pour leur apprendre, » dit L'Estoile, une autre fois à être plus cour» tois à l'endroit des gentilshommes. »

Quelques auteurs, qui de nos jours se sont mêlés d'écrire la vie de Henri IV, copient L'Estoile sans examen, rapportent cette anecdote; et, ce qu'il y a de pis, ils ne manquent pas de la louer comme une belle action de Henri IV.

Cependant le fait n'est ni vrai, ni vraisemblable; et loin de mériter des éloges, c'eût été à la fois dans Henri IV l'action la plus ridicule, la plus lâche, la plus tyrannique, et la plus imprudente.

Premièrement, il n'est pas vraisemblable qu'en 1602 Henri IV, dont la physionomie était si remarquable et qui se montrait à tout le monde avec tant d'affabilité, fût inconnu dans Creteil auprès de Paris.

Secondement, L'Estoile, loin de constater ce conte impertinent, dit qu'il le tient d'un homme qui le tenait de M. de Vitri. Ce n'est donc qu'un bruit de ville.

Troisièmement, il serait bien lâche et bien odieux de punir d'une manière infamante des citoyens assemblés pour traiter d'affaires, qui certainement n'avaient commis aucune faute en refusant de partager leur dîner avec un inconnu très indiscret, qui pouvait fort aisément trouver à manger dans le même cabaret.

Quatrièmement, cette action si tyrannique, si indigne d'un roi, et même de tout honnête homme, si punissable par les lois dans tout pays, aurait été aussi imprudente que ridicule et criminelle; elle eût rendu Henri IV exécrable à toute la bourgeoisie de Paris, qu'il avait tant intérêt de ménager.

Il ne fallait donc pas souiller l'histoire d'un conte si plat; il ne fallait pas déshonorer Henri IV par une si impertinente anecdote.

Dans un livre intitulé *Anecdotes littéraires*, imprimé chez Durand, en 1752, avec privilége, voici ce qu'on trouve, tome III, page 183 : « Les » amours de Louis XIV ayant été jouées en Angle- » terre, ce prince voulut aussi faire jouer celles » du roi Guillaume. L'abbé Brueys fut chargé par » M. de Torci de faire la pièce : mais quoique ap- » plaudie, elle ne fut pas jouée, parce que celui » qui en était l'objet mourut sur ces entrefaites. »

Il y autant de mensonges absurdes que de mots dans ce peu de lignes. Jamais on ne joua les amours de Louis XIV sur le théâtre de Londres. Jamais Louis XIV ne fut assez petit pour ordonner qu'on fît une comédie sur les amours du roi Guillaume. Jamais le roi Guillaume n'eut de maîtresse; ce n'était pas d'une telle faiblesse qu'on l'accusait. Jamais le marquis de Torci ne parla à l'abbé Brueys. Jamais il ne put faire ni à lui ni à personne une proposition si indiscrète et si puérile. Jamais l'abbé Brueys ne fit la comédie dont il est question. Fiez-vous après cela aux anecdotes.

Il est dit dans le même livre que « Louis XIV » fut si content de l'opéra d'*Isis*, qu'il fit rendre » un arrêt du conseil par lequel il est permis à un » homme de condition de chanter à l'Opéra, et » d'en retirer des gages sans déroger. Cet arrêt » a été enregistré au parlement de Paris. »

Jamais il n'y eut une telle déclaration enregistrée au parlement de Paris. Ce qui est vrai, c'est que Lulli obtint en 1672, long-temps avant l'opéra d'*Isis*, des lettres portant permission d'établir son Opéra, et fit insérer dans ces lettres « que » les gentilshommes et les demoiselles pourraient » chanter sur ce théâtre sans déroger. » Mais il n'y eut point de déclaration enregistrée[*].

Je lis dans l'*Histoire philosophique et politique du commerce dans les deux Indes*, t. IV, pag. 66, qu'on est fondé à croire que « Louis XIV n'eut de » vaisseaux que pour fixer sur lui l'admiration, » pour châtier Gênes et Alger. » C'est écrire, c'est juger au hasard; c'est contredire la vérité avec ignorance; c'est insulter Louis XIV sans raison : ce monarque avait cent vaisseaux de guerre et soixante mille matelots dès l'an 1678; et le bombardement de Gênes est de 1684.

De tous les *ana*, celui qui mérite le plus d'être mis au rang des mensonges imprimés, et surtout des mensonges insipides, est le *Ségraisiana*. Il fut compilé par un copiste de Ségrais, son domestique, et imprimé long-temps après la mort du maître.

Le *Ménagiana*, revu par La Monnoye, est le seul dans lequel on trouve des choses instructives.

Rien n'est plus commun dans la plupart de nos petits livres nouveaux que de voir de vieux bons mots attribués à nos contemporains; des inscriptions, des épigrammes faites pour certains princes, appliquées à d'autres.

Il est dit dans cette même *Histoire philosophique*, etc., tome I, page 68, que les Hollandais ayant chassé les Portugais de Malaca, le capitaine hollandais demanda au commandant portugais quand il reviendrait; à quoi le vaincu répondit : « Quand vos péchés seront plus grands que les nô- » tres. » Cette réponse avait déjà été attribuée à un Anglais du temps du roi de France Charles VII, et auparavant à un émir sarrasin en Sicile : au reste, cette réponse est plus d'un capucin que d'un politique. Ce n'est pas parce que les Français étaient plus grands pécheurs que les Anglais que ceux-ci leur ont pris le Canada.

L'auteur de cette même *Histoire philosophique*, etc., rapporte sérieusement, tome V, page 197, un petit conte inventé par Steele et inséré dans le *Spectateur*, et il veut faire passer ce conte pour une des causes réelles des guerres entre les Anglais et les Sauvages. Voici l'historiette que Steele oppose à l'historiette beaucoup plus plaisante de la matrone d'Éphèse. Il s'agit de prouver que les hommes ne sont pas plus constants que les femmes. Mais dans *Pétrone* la matrone d'Éphèse n'a qu'une faiblesse amusante et pardonnable; et le marchand Inkle, dans le *Spectateur*, est coupable de l'ingratitude la plus affreuse.

Ce jeune voyageur Inkle est sur le point d'être pris par les Caraïbes dans le continent de l'Amérique, sans qu'on dise ni en quel endroit ni à quelle occasion. La jeune Jarika, jolie Caraïbe, lui sauve la vie, et enfin s'enfuit avec lui à la Barbade. Dès qu'ils y sont arrivés, Inkle va vendre sa bienfaitrice au marché. Ah! ingrat, ah! barbare, lui dit Jarika; tu veux me vendre et je suis grosse de toi! Tu es grosse? répondit le marchand anglais; tant mieux, je te vendrai plus cher.

Voilà ce qu'on nous donne pour une histoire véritable, pour l'origine d'une longue guerre. Le discours d'une fille de Boston à ses juges qui la con-

[*] Voyez dans l'article ART DRAMATIQUE, ce qui concerne l'Opéra.

damnaient à la correction pour la cinquième fois, parce qu'elle était accouchée d'un cinquième enfant, est une plaisanterie, un pamphlet de l'illustre Franklin; et il est rapporté dans le même ouvrage comme une pièce authentique. Que de contes ont orné et défiguré toutes les histoires!

Dans un livre qui a fait beaucoup de bruit [1], et où l'on trouve des réflexions aussi vraies que profondes, il est dit que le P. Malebranche est l'auteur de la *Prémotion physique*. Cette inadvertance embarrasse plus d'un lecteur qui voudrait avoir la prémotion physique du P. Malebranche, et qui la chercherait très vainement.

Il est dit dans ce livre que Galilée trouva la raison pour laquelle les pompes ne pouvaient élever les eaux au-dessus de trente-deux pieds. C'est précisément ce que Galilée ne trouva pas. Il vit bien que la pesanteur de l'air fesait élever l'eau; mais il ne put savoir pourquoi cet air n'agissait plus au-dessus de trente-deux pieds. Ce fut Toricelli qui devina qu'une colonne d'air équivalait à trente-deux pieds d'eau et à vingt-sept pouces de mercure ou environ.

Le même auteur, plus occupé de penser que de citer juste, prétend qu'on fit pour Cromwell cette épitaphe :

Ci gît le destructeur d'un pouvoir légitime,
Jusqu'à son dernier jour favorisé des cieux,
Dont les vertus méritaient mieux
Que le sceptre acquis par un crime.
Par quelle destin faut-il, par quelle étrange loi,
Qu'à tous ceux qui sont nés pour porter la couronne
Ce soit l'usurpateur qui donne
L'exemple des vertus que doit avoir un roi?

Ces vers ne furent jamais faits pour Cromwell, mais pour le roi Guillaume. Ce n'est point une épitaphe, ce sont des vers pour mettre au bas du portrait de ce monarque. Il n'y a point *Ci gît;* il y a : « Tel fut le destructeur d'un pouvoir légitime. » Jamais personne en France ne fut assez sot pour dire que Cromwell avait donné l'exemple de toutes les vertus. On pouvait lui accorder de la valeur et du génie; mais le nom de *vertueux* n'était pas fait pour lui.

Dans un *Mercure de France* du mois de septembre 1669, on attribue à Pope une épigramme faite en impromptu sur la mort d'un fameux usurier. Cette épigramme est reconnue depuis deux cents ans en Angleterre pour être de Shakespeare. Elle fut faite en effet sur-le-champ par ce célèbre poëte. Un agent de change nommé Jean Dacombe, qu'on appelait vulgairement *dix pour cent*, lui demandait en plaisantant quelle épitaphe il lui ferait s'il venait à mourir. Shakespeare lui répondit :

[1] Le livre *de l'Esprit*. K.

Ci gît un financier puissant
Que nous appelons dix pour cent;
Je gagerais cent contre dix
Qu'il n'est pas dans le paradis.
Lorsque Belzébut arriva
Pour s'emparer de cette tombe,
On lui dit : Qu'emportez-vous là?
Eh! c'est notre ami Jean Dacombe.

On vient de renouveler encore cette ancienne plaisanterie.

Je sais bien qu'un homme d'église,
Qu'on redoutait fort en ce lieu,
Vient de rendre son âme à Dieu;
Mais je ne sais si Dieu l'a prise.

Il y a cent facéties, cent contes qui font le tour du monde depuis trente siècles. On farcit les livres de maximes qu'on donne comme neuves, et qui se retrouvent dans Plutarque, dans Athénée, dans Sénèque, dans Plaute, dans toute l'antiquité.

Ce ne sont là que des méprises aussi innocentes que communes; mais pour les faussetés volontaires, pour les mensonges historiques qui portent des atteintes à la gloire des princes et à la réputation des particuliers, ce sont des délits sérieux.

De tous les livres grossis de fausses anecdotes, celui dans lequel les mensonges les plus absurdes sont entassés avec le plus d'impudence, c'est la compilation des prétendus *Mémoires de madame de Maintenon*. Le fond en était vrai, l'auteur avait eu quelques lettres de cette dame, qu'une personne élevée à Saint-Cyr lui avait communiquées. Ce peu de vérités a été noyé dans un roman de sept tomes.

C'est là que l'auteur peint Louis XIV supplanté par un de ses valets de chambre; c'est là qu'il suppose des lettres de mademoiselle Mancini, depuis connétable Colonne, à Louis XIV. C'est là qu'il fait dire à cette nièce du cardinal Mazarin, dans une lettre au roi : « Vous obéissez à un prêtre, vous n'êtes pas digne de moi si vous aimez à servir. Je vous aime comme mes yeux, mais j'aime encore mieux votre gloire. » Certainement l'auteur n'avait pas l'original de cette lettre.

« Mademoiselle de La Vallière (dit-il dans un autre endroit) s'était jetée sur un fauteuil dans un déshabillé léger; là elle pensait à loisir à son amant. Souvent le jour la retrouvait assise dans une chaise, accoudée sur une table, l'œil fixe, l'âme attachée au même objet dans l'extase de l'amour. Uniquement occupée du roi, peut-être se plaignait-elle, en ce moment, de la vigilance des espions d'Henriette, et de la sévérité de la reine-mère. Un bruit léger la retire de sa rêverie; elle recule de surprise et d'effroi. Louis tombe à ses genoux. Elle veut s'enfuir, il l'arrête :

» elle menace, il l'apaise : elle pleure, il essuie » ses larmes. »

Une telle description ne serait pas même reçue aujourd'hui dans le plus fade de ces romans qui sont faits à peine pour les femmes de chambre.

Après la révocation de l'édit de Nantes, on trouve un chapitre intitulé *État du cœur.* Mais à ces ridicules succèdent les calomnies les plus grossières contre le roi, contre son fils, son petit-fils, le duc d'Orléans son neveu, tous les princes du sang, les ministres et les généraux. C'est ainsi que la hardiesse, animée par la faim, produit des monstres*.

On ne peut trop précautionner les lecteurs contre cette foule de libelles atroces qui ont inondé si long-temps l'Europe.

ANECDOTE HASARDÉE DE DU HAILLAN.

Du Haillan prétend, dans un de ses opuscules, que Charles VIII n'était pas fils de Louis XI. C'est peut-être la raison secrète pour laquelle Louis XI négligea son éducation, et le tint toujours éloigné de lui. Charles VIII ne ressemblait à Louis XI ni par l'esprit ni par le corps. Enfin la tradition pouvait servir d'excuse à Du Haillan; mais cette tradition était fort incertaine, comme presque toutes le sont.

La dissemblance entre les pères et les enfants est encore moins une preuve d'illégitimité, que la ressemblance n'est une preuve du contraire. Que Louis XI ait haï Charles VIII, cela ne conclut rien. Un si mauvais fils pouvait aisément être un mauvais père.

Quand même douze Du Haillan m'auraient assuré que Charles VIII était né d'un autre que de Louis XI, je ne devrais pas les en croire aveuglément. Un lecteur sage doit, ce me semble, prononcer comme les juges; *is pater est quem nuptiæ demonstrant.*

ANECDOTE SUR CHARLES-QUINT.

Charles-Quint avait-il couché avec sa sœur Marguerite, gouvernante des Pays-Bas? en avait-il eu don Juan d'Autriche, frère intrépide du prudent Philippe II? nous n'avons pas plus de preuve que nous n'en avons des secrets du lit de Charlemagne, qui coucha, dit-on, avec toutes ses filles. Pourquoi donc l'affirmer? Si la sainte Écriture ne m'assurait pas que les filles de Loth eurent des enfants de leur propre père, et Thamar de son beau-père, j'hésiterais beaucoup à les en accuser. Il faut être discret.

* Voyez Histoire.

AUTRE ANECDOTE PLUS HASARDÉE.

On a écrit que la duchesse de Montpensier avait accordé ses faveurs au moine Jacques Clément, pour l'encourager à assassiner son roi. Il eût été plus habile de les promettre que de les donner. Mais ce n'est pas ainsi qu'on excite un prêtre fanatique au parricide; on lui montre le ciel et non une femme. Son prieur Bourgoin était bien plus capable de le déterminer que la plus grande beauté de la terre. Il n'avait point de lettres d'amour dans sa poche quand il tua le roi, mais bien les histoires de Judith et d'Aod, toutes déchirées, toutes grasses à force d'avoir été lues.

ANECDOTE SUR HENRI IV.

Jean Chastel ni Ravaillac n'eurent aucun complice; leur crime avait été celui du temps, le cri de la religion fut leur seul complice. On a souvent imprimé que Ravaillac avait fait le voyage de Naples, et que le jésuite Alagona avait prédit dans Naples la mort du roi, comme le répète encore je ne sais quel Chiniac. Les jésuites n'ont jamais été prophètes; s'ils l'avaient été, ils auraient prédit leur destruction; mais au contraire, ces pauvres gens ont toujours assuré qu'ils dureraient jusqu'à la fin des siècles. Il ne faut jamais jurer de rien.

DE L'ABJURATION DE HENRI IV.

Le jésuite Daniel a beau me dire, dans sa très sèche et très fautive Histoire de France, que Henri IV, avant d'abjurer, était depuis long-temps catholique, j'en croirai plus Henri IV lui-même que le jésuite Daniel. Sa lettre à la belle Gabrielle, « c'est demain que je fais le saut périlleux, » prouve au moins qu'il avait encore dans le cœur autre chose que le catholicisme. Si son grand cœur avait été depuis long-temps si pénétré de la grâce efficace, il aurait peut-être dit à sa maîtresse : « Ces évêques m'édifient; » mais il lui dit : « Ces » gens-là m'ennuient. » Ces paroles sont-elles d'un bon catéchumène?

Ce n'est pas un sujet de pyrrhonisme que les lettres de ce grand homme à Corisande d'Andouin, comtesse de Grammont; elles existent encore en original. L'auteur de l'*Essai sur les mœurs et l'esprit des nations* rapporte plusieurs de ces lettres intéressantes. En voici des morceaux curieux :

« Tous ces empoisonneurs sont tous papistes. — » J'ai découvert un tueur pour moi. — Les prê- » cheurs romains prêchent tout haut qu'il n'y a » plus qu'un deuil à avoir. Ils admonestent tout » bon catholique de prendre exemple (sur l'em- » poisonnement du prince de Condé); et vous

» êtes de cette religion! — Si je n'étais huguenot, » je me ferais turc. »

Il est difficile, après ces témoignages de la main de Henri IV, d'être fermement persuadé qu'il fût catholique dans le cœur.

AUTRE BÉVUE SUR HENRI IV.

Un autre historien moderne de Henri IV, accuse du meurtre de ce héros le duc de Lerme : « C'est, » dit-il, l'opinion la mieux établie. » Il est évident que c'est l'opinion la plus mal établie. Jamais on n'en a parlé en Espagne, et il n'y eut en France que le continuateur du président De Thou qui donna quelque crédit à ces soupçons vagues et ridicules. Si le duc de Lerme, premier ministre, employa Ravaillac, il le paya bien mal. Ce malheureux était presque sans argent quand il fut saisi. Si le duc de Lerme l'avait séduit ou fait séduire, sous la promesse d'une récompense proportionnée à son attentat, assurément Ravaillac l'aurait nommé lui et ses émissaires, quand ce n'eût été que pour se venger. Il nomma bien le jésuite d'Aubigny, auquel il n'avait fait que montrer un couteau; pourquoi aurait-il épargné le duc de Lerme? C'est une obstination bien étrange que celle de n'en pas croire Ravaillac dans son interrogatoire et dans les tortures. Faut-il insulter une grande maison espagnole sans la moindre apparence de preuves?

Et voilà justement comme on écrit l'histoire.[1]

La nation espagnole n'a guère recours à des crimes honteux; et les grands d'Espagne ont eu dans tous les temps une fierté généreuse qui ne leur a pas permis de s'avilir jusque-là.

Si Philippe II mit à prix la tête du prince d'Orange, il eut du moins le prétexte de punir un sujet rebelle, comme le parlement de Paris mit à cinquante mille écus la tête de l'amiral Coligni; et depuis, celle du cardinal Mazarin. Ces proscriptions publiques tenaient de l'horreur des guerres civiles. Mais comment le duc de Lerme se serait-il adressé secrètement à un misérable tel que Ravaillac!

BÉVUE SUR LE MARÉCHAL D'ANCRE.

Le même auteur dit que « le maréchal d'Ancre » et sa femme furent écrasés, pour ainsi dire, par » la foudre. » L'un ne fut à la vérité écrasé qu'à coups de pistolet, et l'autre fut brûlée en qualité de sorcière. Un assassinat et un arrêt de mort rendu contre une maréchale de France, dame d'atour de la reine, réputée magicienne, ne font honneur ni à la chevalerie ni à la jurisprudence de ce temps-là. Mais je ne sais pourquoi l'historien s'exprime en ces mots : « Si ces deux misé» rables n'étaient pas complices de la mort du » roi, ils méritaient du moins les plus rigoureux » châtiments...... Il est certain que, du vivant » même du roi, Concini et sa femme avaient avec » l'Espagne des liaisons contraires aux desseins de » ce prince. »

C'est ce qui n'est point du tout certain; cela n'est pas même vraisemblable. Ils étaient Florentins; le grand-duc de Florence avait le premier reconnu Henri IV. Il ne craignait rien tant que le pouvoir de l'Espagne en Italie. Concini et sa femme n'avaient point de crédit du temps de Henri IV. S'ils avaient ourdi quelque trame avec le conseil de Madrid, ce ne pouvait être que par la reine : c'est donc accuser la reine d'avoir trahi son mari. Et, encore une fois, il n'est point permis d'inventer de telles accusations sans preuve. Quoi! un écrivain dans son grenier pourra prononcer une diffamation que les juges les plus éclairés du royaume trembleraient d'écouter sur leur tribunal!

Pourquoi appeler un maréchal de France et sa femme, dame d'atour de la reine, *ces deux misérables?* Le maréchal d'Ancre, qui avait levé une armée à ses frais contre les rebelles, mérite-t-il une épithète qui n'est convenable qu'à Ravaillac, à Cartouche, aux voleurs publics, aux calomniateurs publics?

Il n'est que trop vrai qu'il suffit d'un fanatique pour commettre un parricide sans aucun complice. Damiens n'en avait point. Il a répété quatre fois dans son interrogatoire qu'il n'a commis son crime que par *principe de religion*. Je puis dire qu'ayant été autrefois à portée de connaître les convulsionnaires, j'en ai vu plus de vingt capables d'une pareille horreur, tant leur démence était atroce! La religion mal entendue est une fièvre que la moindre occasion fait tourner en rage. Le propre du fanatisme est d'échauffer les têtes. Quand le feu qui fait bouillir ces têtes superstitieuses a fait tomber quelques flammèches dans une âme insensée et atroce; quand un ignorant furieux croit imiter saintement Phinées, Aod, Judith et leurs semblables, cet ignorant a plus de complices qu'il ne pense. Bien des gens l'ont excité au parricide sans le savoir. Quelques personnes profèrent des paroles indiscrètes et violentes; un domestique les répète, il les amplifie, il les *enfuneste* encore, comme disent les Italiens; un Chastel, un Ravaillac; un Damiens les recueille; ceux qui les ont prononcées ne se doutent pas du mal qu'ils ont fait. Ils sont complices involontai-

[1] Ce vers est de Voltaire : *Charlot*, I, 7.

res; mais il n'y a eu ni complot ni instigation. En un mot, on connaît bien mal l'esprit humain, si l'on ignore que le fanatisme rend la populace capable de tout.

ANECDOTE SUR L'HOMME AU MASQUE DE FER.

L'auteur du *Siècle de Louis* XIV est le premier qui ait parlé de l'homme au masque de fer dans une histoire avérée. C'est qu'il était très instruit de cette anecdote qui étonne le siècle présent, qui étonnera la postérité, et qui n'est que trop véritable. On l'avait trompé sur la date de la mort de cet inconnu si singulièrement infortuné. Il fut enterré à Saint-Paul, le 3 mars 1703, et non en 1704.

Il avait été d'abord enfermé à Pignerol avant de l'être aux îles de Sainte-Marguerite, et ensuite à la Bastille, toujours sous la garde du même homme, de ce Saint-Mars qui le vit mourir. Le P. Griffet, jésuite, a communiqué au public le journal de la Bastille, qui fait foi des dates. Il a eu aisément ce journal, puisqu'il avait l'emploi délicat de confesser des prisonniers renfermés à la Bastille.

L'homme au masque de fer est une énigme dont chacun veut deviner le mot. Les uns ont dit que c'était le duc de Beaufort : mais le duc de Beaufort fut tué par les Turcs à la défense de Candie, en 1669; et l'homme au masque de fer était à Pignerol en 1662. D'ailleurs, comment aurait-on arrêté le duc de Beaufort au milieu de son armée? comment l'aurait-on transféré en France sans que personne en sût rien? et pourquoi l'eût-on mis en prison, et pourquoi ce masque?

Les autres ont rêvé le comte de Vermandois, fils naturel de Louis XIV, mort publiquement de la petite-vérole, en 1683, à l'armée, et enterré dans la ville d'Arras [a].

On a ensuite imaginé que le duc de Montmouth, à qui le roi Jacques fit couper la tête publiquement dans Londres, en 1685, était l'homme au masque de fer. Il aurait fallu qu'il eût ressuscité, et qu'ensuite il eût changé l'ordre des temps; qu'il eût mis l'année 1662 à la place de 1685; que le roi Jacques, qui ne pardonna jamais à personne, et qui par là mérita tous ses malheurs, eût pardonné au duc de Montmouth, et eût fait mourir au lieu de lui un homme qui lui ressemblait parfaitement. Il aurait fallu trouver ce Sosie qui aurait eu la bonté de se faire couper le cou en public pour sauver le duc de Montmouth. Il aurait fallu que toute l'Angleterre s'y fût méprise; qu'ensuite le roi Jacques eût prié instamment Louis XIV de vouloir bien lui servir de sergent et de geôlier. Ensuite Louis XIV ayant fait ce petit plaisir au roi Jacques, n'aurait pas manqué d'avoir les mêmes égards pour le roi Guillaume et pour la reine Anne, avec lesquels il fut en guerre, et il aurait soigneusement conservé auprès de ces deux monarques sa dignité de geôlier, dont le roi Jacques l'avait honoré.

Toutes ces illusions étant dissipées, il reste à savoir qui était ce prisonnier toujours masqué, à quel âge il mourut, et sous quel nom il fut enterré. Il est clair que si on ne le laissait passer dans la cour de la Bastille, si on ne lui permettait de parler à son médecin, que couvert d'un masque, c'était de peur qu'on ne reconnût dans ses traits quelque ressemblance trop frappante. Il pouvait montrer sa langue, et jamais son visage. Pour son âge, il dit lui-même à l'apothicaire de la Bastille, peu de jours avant sa mort, qu'il croyait avoir environ soixante ans; et le sieur Marsolan, chirurgien du maréchal de Richelieu, et ensuite du duc d'Orléans régent, gendre de cet apothicaire, me l'a redit plus d'une fois.

Enfin, pourquoi lui donner un nom italien? on le nomma toujours Marchiali! Celui qui a écrit cet article en sait peut-être plus que le P. Griffet, et n'en dira pas davantage.

ADDITION DE L'ÉDITEUR [1].

Il est surprenant de voir tant de savants et tant d'écrivains pleins d'esprit et de sagacité se tour-

[a] Dans les premières éditions de cet ouvrage, on avait dit que le duc de Vermandois fut enterré dans la ville d'Aire. On s'était trompé.

Mais que ce soit dans Arras ou dans Aire, il est toujours constant qu'il mourut de la petite-vérole, et qu'on lui fit des obsèques magnifiques. Il faut être fou pour imaginer qu'on enterra une bûche à sa place, que Louis XIV fit faire un service solennel à cette bûche, et que, pour achever la convalescence de son propre fils, il l'envoya prendre l'air à la Bastille pour le reste de sa vie, avec un masque de fer sur le visage.

[1] Cette anecdote, donnée comme une addition de l'éditeur dans l'édition de 1771, passe chez bien des gens de lettres pour être de Voltaire lui-même. Il a connu cette édition, et il n'a jamais contredit l'opinion qu'on y avance au sujet de l'homme au masque de fer.

Il est le premier qui ait parlé de cet homme. Il a toujours combattu toutes les conjectures qu'on a faites sur ce masque : il en a toujours parlé comme plus instruit que les autres, et comme ne voulant pas dire tout ce qu'il en savait.

Aujourd'hui, il se répand une lettre de mademoiselle de Valois, écrite au duc, depuis maréchal de Richelieu, où elle se vante d'avoir appris du duc d'Orléans, son père, à d'étranges conditions, quel était l'homme au masque de fer; et cet homme, dit-elle, était un frère jumeau de Louis XIV, né quelques heures après lui.

Ou cette lettre, qu'il était si inutile, si indécent, si dangereux d'écrire, est une lettre supposée; ou le régent, en donnant à sa fille la récompense qu'elle avait si noblement acquise, crut affaiblir le danger qu'il y avait à révéler le secret de l'état, en altérant le fait, et en fesant de ce prince un cadet sans droit au trône, au lieu de l'héritier présomptif de la couronne.

Mais Louis XIV, qui avait un frère; Louis XIV, dont l'âme était magnanime; Louis XIV, qui se piquait même d'une pro-

menter à deviner qui peut avoir été le fameux masque de fer, sans que l'idée la plus simple, la plus naturelle et la plus vraisemblable, se soit jamais présentée à eux. Le fait tel que Voltaire le rapporte une fois admis, avec ses circonstances; l'existence d'un prisonnier d'une espèce si singulière, mise au rang des vérités historiques les mieux constatées; il paraît que non seulement rien n'est plus aisé que de concevoir quel était ce prisonnier, mais qu'il est même difficile qu'il puisse y avoir deux opinions sur ce sujet. L'auteur de cet article aurait communiqué plus tôt son sentiment, s'il n'eût cru que cette idée devait déjà être venue à bien d'autres, et s'il ne se fût persuadé que ce n'était pas la peine de donner comme une découverte une chose qui, selon lui, saute aux yeux de tous ceux qui lisent cette anecdote.

Cependant comme depuis quelque temps cet événement partage les esprits, et que tout récemment on vient encore de donner au public une lettre dans laquelle on prétend prouver que ce prisonnier célèbre était un secrétaire du duc de Mantoue (ce qu'il n'est pas possible de concilier avec les grandes marques de respect que M. de Saint-Mars donnait à son prisonnier), l'auteur a cru devoir enfin dire ce qu'il en pense depuis plusieurs années. Peut-être cette conjecture mettra-t-elle fin à toute autre recherche, à moins que le secret ne soit dévoilé par ceux qui peuvent en être les dépositaires, d'une façon à lever tous les doutes.

On ne s'amusera point à réfuter ceux qui ont imaginé que ce prisonnier pouvait être le comte de Vermandois, le duc de Beaufort ou le duc de Montmouth. Le savant et très judicieux auteur de cette dernière opinion a très bien refuté les autres; mais il n'a essentiellement appuyé la sienne que sur l'impossibilité de trouver en Europe quelque autre prince dont il eût été de la plus grande importance qu'on ignorât la détention. M. de Saint-Foix a raison, s'il n'entend parler que des princes dont l'existence était connue; mais pourquoi personne ne s'est-il encore avisé de supposer que le masque de fer pouvait avoir été un prince inconnu, élevé en cachette, et dont il importait de laisser ignorer totalement l'existence?

Le duc de Montmouth n'était pas pour la France un prince d'une si grande importance; et l'on ne voit pas même ce qui eût pu engager cette puissance, au moins après la mort de ce duc et celle de Jacques second, à faire un si grand secret de sa détention, s'il eût été en effet le masque de fer. Il n'est guère probable non plus que M. de Louvois et M. de Saint-Mars eussent marqué au duc de Montmouth ce profond respect que Voltaire assure qu'ils portaient au masque de fer.

L'auteur conjecture, de la manière dont Voltaire a raconté le fait, que cet historien célèbre est aussi persuadé que lui du soupçon qu'il va, dit-il, manifester; mais que Voltaire, à titre de Français, n'a pas voulu, ajoute-t-il, publier tout net, surtout en ayant dit assez pour que le mot de l'énigme ne dût pas être difficile à deviner. Le voici, continue-t-il toujours, selon moi.

« Le masque de fer était sans doute un frère et un frère aîné de Louis XIV, dont la mère avait ce goût pour le linge fin sur lequel Voltaire appuie. Ce fut en lisant les Mémoires de ce temps, qui rapportent cette anecdote au sujet de la reine, que, me rappelant ce même goût du masque de fer, je ne doutai plus qu'il ne fût son fils : ce dont toutes les autres circonstances m'avaient déjà persuadé.

» On sait que Louis XIII n'habitait plus depuis long-temps avec la reine; que la naissance de Louis XIV ne fut due qu'à un heureux hasard habilement amené; hasard qui obligea absolument le roi à coucher en même lit avec la reine. Voici donc comme je crois que la chose sera arrivée.

» La reine aura pu s'imaginer que c'était par sa faute qu'il ne naissait point d'héritier à Louis XIII. La naissance du Masque de fer l'aura détrompée. Le cardinal à qui elle aura fait confidence du fait aura su, par plus d'une raison, tirer parti de ce secret; il aura imaginé de tourner cet événement à son profit et à celui de l'état. Persuadé par cet exemple que la reine pouvait donner des enfants au roi, la partie qui produisit le hasard d'un seul lit pour le roi et pour la reine fut arrangée en conséquence. Mais la reine et le cardinal, également pénétrés de la nécessité de cacher à Louis XIII l'existence du Masque de fer, l'auront fait élever en secret. Ce secret en aura été un pour Louis XIV jusqu'à la mort du cardinal Mazarin.

bité scrupuleuse, auquel l'histoire ne reproche aucun crime, qui n'en commit d'autre, en effet, que de s'être trop abandonné aux conseils de Louvois et des jésuites; Louis XIV n'aurait jamais détenu un de ses frères dans une prison perpétuelle, pour prévenir les maux annoncés par un astrologue, auquel il ne croyait pas. Il lui fallait des motifs plus importants. Fils aîné de Louis XIII, avoué par ce prince, le trône lui appartenait; mais un fils né d'Anne d'Autriche, inconnu à son mari, n'avait aucun droit, et pouvait cependant essayer de se faire reconnaître, déchirer la France par une longue guerre civile, l'emporter peut-être sur le fils de Louis XIII, en alléguant le droit de primogéniture, et substituer une nouvelle race à l'antique race des Bourbons. Ces motifs, s'ils ne justifiaient pas entièrement la rigueur de Louis XIV, servaient au moins à l'excuser; et le prisonnier, trop instruit de son sort, pouvait lui savoir quelque gré de n'avoir pas suivi des conseils plus rigoureux; conseils que la politique a trop souvent employés contre ceux qui avaient quelques prétentions à des trônes occupés par leurs concurrents.

Voltaire avait été lié dès sa jeunesse avec le duc de Richelieu, qui n'était pas discret : si la lettre de mademoiselle de Valois est véritable, il l'a connue; mais, doué d'un esprit juste, il a senti l'erreur, il a cherché d'autres instructions. Il était placé pour en avoir, il a rectifié la vérité altérée dans cette lettre, comme il a rectifié tant d'autres erreurs. K.

» Mais ce monarque apprenant alors qu'il avait un frère, et un frère aîné que sa mère ne pouvait désavouer, qui d'ailleurs portait peut-être des traits marqués qui annonçaient son origine, fesant réflexion que cet enfant né durant le mariage ne pouvait, sans de grands inconvénients et sans un horrible scandale, être déclaré illégitime après la mort de Louis XIII, Louis XIV aura jugé ne pouvoir user d'un moyen plus sage et plus juste que celui qu'il employa pour assurer sa propre tranquillité et le repos de l'état; moyen qui le dispensait de commettre une cruauté que la politique aurait représentée comme nécessaire à un monarque moins consciencieux et moins magnanime que Louis XIV.

» Il me semble, poursuit toujours notre auteur, que plus on est instruit de l'histoire de ces temps-là, plus on doit être frappé de la réunion de toutes les circonstances qui prouvent en faveur de cette supposition. »

ANECDOTE SUR NICOLAS FOUQUET, SURINTENDANT DES FINANCES.

Il est vrai que ce ministre eut beaucoup d'amis dans sa disgrâce, et qu'ils persévérèrent jusqu'à son jugement. Il est vrai que le chancelier qui présidait à ce jugement traita cet illustre captif avec trop de dureté. Mais ce n'était pas Michel Letellier, comme on l'a imprimé dans quelques unes des éditions du *Siècle de Louis* XIV, c'était Pierre Séguier. Cette inadvertance d'avoir pris l'un pour l'autre, est une faute qu'il faut corriger.

Ce qui est très remarquable, c'est qu'on ne sait où mourut ce célèbre surintendant : non qu'il importe de le savoir, car sa mort n'ayant pas causé le moindre événement, elle est au rang de toutes les choses indifférentes; mais ce fait prouve à quel point il était oublié sur la fin de sa vie, combien la considération qu'on recherche avec tant de soins est peu de chose; qu'heureux sont ceux qui veulent vivre et mourir inconnus. Cette science serait plus utile que celle des dates.

PETITE ANECDOTE.

Il importe fort peu que le Pierre Broussel pour lequel on fit les barricades ait été conseiller-clerc. Le fait est qu'il avait acheté une charge de conseiller-clerc, parce qu'il n'était pas riche, et que ces offices coûtaient moins que les autres. Il avait des enfants, et n'était clerc en aucun sens. Je ne sais rien de si inutile que de savoir ces minuties.

ANECDOTE SUR LE TESTAMENT ATTRIBUÉ AU CARDINAL DE RICHELIEU.

Le P. Griffet veut à toute force que le cardinal de Richelieu ait fait un mauvais livre : à la bonne heure; tant d'hommes d'état en ont fait! Mais c'est une belle passion de combattre si long-temps pour tâcher de prouver que, selon le cardinal de Richelieu, les *Espagnols nos alliés*, gouvernés si heureusement par un Bourbon, « sont tributaires de » l'enfer, et rendent les Indes tributaires de l'en» fer. » — Le *Testament du cardinal de Richelieu* n'était pas d'un homme poli.

« Que la France avait plus de bons ports sur la » Méditerranée que toute la monarchie espagnole. » — Ce testament était exagérateur.

« Que pour avoir cinquante mille soldats il en » faut lever cent mille, par ménage. » — Ce testament jette l'argent par les fenêtres.

« Que lorsqu'on établit un nouvel impôt, on » augmente la paie des soldats. » — Ce qui n'est jamais arrivé ni en France, ni ailleurs.

« Qu'il faut faire payer la taille aux parlements » et aux autres cours supérieures. » — Moyen infaillible pour gagner leurs cœurs, et de rendre la magistrature respectable.

« Qu'il faut forcer la noblesse de servir, et l'en» rôler dans la cavalerie. » — Pour mieux conserver tous ses priviléges.

« Que de trente millions à supprimer, il y en a » près de *sept* dont le remboursement ne devant » être fait *qu'au denier cinq*, la suppression se fera » en sept années et demie de jouissance. » — De façon que, suivant ce calcul, cinq pour cent en sept ans et demi feraient cent francs, au lieu qu'ils ne font que trente-sept et demi : et si on entend par le denier cinq la cinquième partie du capital, les cent francs seront remboursés en cinq années juste. Le compte n'y est pas, le testateur calcule assez mal.

« Que Gênes était la plus riche ville d'Italie. » — Ce que je lui souhaite.

« Qu'il faut être bien chaste. » — Le testateur ressemblait à certains prédicateurs. Faites ce qu'ils disent, et non ce qu'ils font.

« Qu'il faut donner une abbaye à la Sainte-Cha» pelle de Paris. » — Chose importante dans la crise où l'Europe était alors, et dont il ne parle pas.

« Que le pape Benoît XI embarrassa beaucoup » les cordeliers, piqués sur le sujet de la pauvreté, » savoir des revenus de saint François, qui s'ani» mèrent à tel point, qu'ils lui firent la guerre » par livres. » — Chose plus importante encore, et plus savante, surtout quand on prend Jean XXII pour Benoît XI, et quand, dans un testament politique, on ne parle ni de la manière dont il faut conduire la guerre contre l'empire et l'Espagne, ni des moyens de faire la paix, ni des dangers présents, ni des ressources, ni des alliances, ni des généraux, ni des ministres qu'il faut employer, ni même du dauphin, dont l'éducation importait tant à l'état; enfin d'aucun objet du ministère.

Je consens de tout mon cœur qu'on charge, puisqu'on le veut, la mémoire du cardinal de Richelieu, de ce malheureux ouvrage rempli d'anachronismes, d'ignorances, de calculs ridicules, de faussetés reconnues, dont tout commis un peu intelligent aurait été incapable; qu'on s'efforce de persuader que le plus grand ministre a été le plus ignorant et le plus ennuyeux, comme le plus extravagant de tous les écrivains. Cela peut faire quelque plaisir à tous ceux qui détestent sa tyrannie.

Il est bon même pour l'histoire de l'esprit humain, qu'on sache que ce détestable ouvrage fut loué pendant plus de trente ans, tandis qu'on le croyait d'un grand ministre.

Mais il ne faut pas trahir la vérité pour faire croire que le livre est du cardinal de Richelieu. Il ne faut pas dire « qu'on a trouvé une suite du premier chapitre du Testament politique, corrigée en plusieurs endroits de la main du cardinal de Richelieu, » parce que cela n'est pas vrai. On a trouvé au bout de cent ans un manuscrit intitulé, *Narration succincte;* cette narration succincte n'a aucun rapport au Testament politique. Cependant on a eu l'artifice de la faire imprimer comme un premier chapitre du Testament avec des notes.

A l'égard des notes, on ne sait de quelles mains elles sont.

Ce qui est très vrai, c'est que le testament prétendu ne fit du bruit dans le monde que trente-huit ans après la mort du cardinal; qu'il ne fut imprimé que quarante-deux ans après sa mort; qu'on n'en a jamais vu l'original signé de lui; que le livre est très mauvais, et qu'il ne mérite guère qu'on en parle.

AUTRES ANECDOTES.

Charles Ier, cet infortuné roi d'Angleterre, est-il l'auteur du fameux livre Εἰκὼν βασιλική? Ce roi aurait-il mis un titre grec à son livre?

Le comte de Moret, fils de Henri IV, blessé à la petite escarmouche de Castelnaudari, vécut-il jusqu'en 1693 sous le nom de l'ermite frère Jean-Baptiste? Quelle preuve a-t-on que cet ermite était fils de Henri IV? Aucune.

Jeanne d'Albret de Navarre, mère de Henri IV, épousa-t-elle après la mort d'Antoine un gentilhomme nommé Goyon, tué à la Saint-Barthélemi? En eut-elle un fils prédicant à Bordeaux? Ce fait se trouve très détaillé dans les remarques sur la *Réponse* de Bayle *aux questions d'un provincial,* in-folio, page 689.

Marguerite de Valois, épouse de Henri IV, accoucha-t-elle de deux enfants secrètement pendant son mariage? On remplirait des volumes de ces singularités.

C'est bien la peine de faire tant de recherches pour découvrir des choses si inutiles au genre humain! Cherchons comment nous pourrons guérir les écrouelles, la goutte, la pierre, la gravelle, et mille maladies chroniques ou aiguës. Cherchons des remèdes contre les maladies de l'âme, non moins funestes et non moins mortelles; travaillons à perfectionner les arts, à diminuer les malheurs de l'espèce humaine; et laissons là les Ana, les Anecdotes, les Histoires curieuses de notre temps; le Nouveau choix de vers si mal choisis, cité à tout moment dans le *Dictionnaire de Trévoux;* et les Recueils des prétendus bons mots, etc.; et les Lettres d'un ami à un ami; et les Lettres anonymes; et les Réflexions sur la tragédie nouvelle, etc., etc., etc.

Je lis dans un livre nouveau, que Louis XIV exempta de tailles, pendant cinq ans, tous les nouveaux mariés. Je n'ai trouvé ce fait dans aucun recueil d'édits, dans aucun Mémoire du temps.

Je lis dans le même livre que le roi de Prusse fait donner cinquante écus à toutes les filles grosses. On ne pourrait, à la vérité, mieux placer son argent, et mieux encourager la propagation; mais je ne crois pas que cette profusion royale soit vraie; du moins je ne l'ai pas vue.

ANECDOTE RIDICULE SUR THÉODORIC.

Voici une anecdote plus ancienne qui me tombe sous la main, et qui me semble fort étrange. Il est dit dans une histoire chronologique d'Italie que le grand Théodoric, arien, cet homme qu'on nous peint si sage, « avait parmi ses ministres un catholique qu'il aimait beaucoup, et qu'il trouvait digne de toute sa confiance. Ce ministre croit s'assurer de plus en plus la faveur de son maître en embrassant l'arianisme; et Théodoric lui fait aussitôt couper la tête, *en disant* : Si cet homme n'a pas été fidèle à Dieu, comment le sera-t-il envers moi qui ne suis qu'un homme? »

Le compilateur ne manque pas de dire « que ce trait fait beaucoup d'honneur à la manière de penser de Théodoric à l'égard de la religion. »

Je me pique de penser, à l'égard de la religion, mieux que l'ostrogoth Théodoric, assassin de Symmaque et de Boèce, puisque je suis bon catholique, et que Théodoric était arien. Mais je déclarerais ce roi digne d'être lié comme enragé, s'il avait eu la bêtise atroce dont on le loue. Quoi! il aurait fait couper la tête sur-le-champ à son ministre favori, parce que ce ministre aurait été à la fin de son avis! Comment un adorateur de Dieu, qui passe de l'opinion d'Athanase à l'opinion d'Arius et d'Eusèbe, est-il infidèle à Dieu? Il était tout au plus infidèle à Athanase et à ceux de son parti, dans un temps où le monde était partagé entre les athanasiens et les eusébiens. Mais Théodoric ne devait pas le regarder comme un homme infidèle à Dieu, pour avoir rejeté le terme de *consubstantiel* après l'avoir admis. Faire couper la tête à son favori sur une pareille raison, c'est certainement l'action du plus méchant fou et du plus barbare sot qui ait jamais existé.

Que diriez-vous de Louis XIV s'il eût fait couper sur-le-champ la tête au duc de la Force, parce que le duc de La Force avait quitté le calvinisme pour la religion de Louis XIV?

ANECDOTE SUR LE MARÉCHAL DE LUXEMBOURG.

J'ouvre dans ce moment une histoire de Hollande, et je trouve que le maréchal de Luxembourg, en 1672, fit cette harangue à ses troupes: « Allez, mes enfants, pillez, volez, tuez, violez; » et s'il y a quelque chose de plus abominable ne » manquez pas de le faire, afin que je voie que » je ne me suis pas trompé en vous choisissant » comme les plus braves des hommes. »

Voilà certainement une jolie harangue: elle n'est pas plus vraie que celles de Tite-Live; mais elle n'est pas dans son goût. Pour achever de déshonorer la typographie, cette belle pièce se retrouve dans des dictionnaires nouveaux, qui ne sont que des impostures par ordre alphabétique.

ANECDOTE SUR LOUIS XIV.

C'est une petite erreur dans l'*Abrégé chronologique de l'histoire de France*, de supposer que Louis XIV, après la paix d'Utrecht, dont il était redevable à l'Angleterre, après neuf années de malheurs, après les grandes victoires que les Anglais avaient remportées, ait dit à l'ambassadeur d'Angleterre : « J'ai toujours été le maître chez » moi, quelquefois chez les autres, ne m'en faites » pas souvenir. » J'ai dit ailleurs que ce discours aurait été très déplacé, très faux à l'égard des Anglais, et aurait exposé le roi à une réponse accablante. L'auteur même m'avoua que le marquis de Torci, qui fut toujours présent à toutes les audiences du comte de Stairs, ambassadeur d'Angleterre, avait toujours démenti cette anecdote. Elle n'est assurément ni vraie, ni vraisemblable, et n'est restée dans les dernières éditions de ce livre que parce qu'elle avait été mise dans la première. Cette erreur ne dépare point du tout un ouvrage d'ailleurs très utile, où tous les grands événements, rangés dans l'ordre le plus commode, sont d'une vérité reconnue.

Tous ces petits contes dont on a voulu orner l'histoire la déshonorent; et malheureusement presque toutes les anciennes histoires ne sont guère que des contes. Malebranche, à cet égard, avait raison de dire qu'il ne faisait pas plus de cas de l'histoire que des nouvelles de son quartier.

LETTRE DE M. DE VOLTAIRE SUR PLUSIEURS ANECDOTES.

Nous croyons devoir terminer cet article des anecdotes par une lettre de M. de Voltaire à M. Damilaville, philosophe intrépide, et qui seconda plus que personne son ami M. de Voltaire dans la catastrophe mémorable des *Calas* et des *Sirven*. Nous prenons cette occasion de célébrer autant qu'il est en nous la mémoire de ce citoyen, qui dans une vie obscure a montré des vertus qu'on ne rencontre guère dans le grand monde. Il faisait le bien pour le bien même, fuyant les hommes brillants, et servant les malheureux avec le zèle de l'enthousiasme. Jamais homme n'eut plus de courage dans l'adversité et à la mort. Il était l'ami intime de M. de Voltaire et de M. Diderot. Voici la lettre en question.

Au château de Ferney, 7 mai 1762.

« Par quel hasard s'est-il pu faire, mon cher » ami, que vous ayez lu quelques feuilles de l'*Année littéraire* de maître Aliboron? chez qui avez» vous trouvé ces rapsodies? il me semble que » vous ne voyez pas d'ordinaire mauvaise com» pagnie. Le monde est inondé des sottises de ces » folliculaires qui mordent parce qu'ils ont faim, » et qui gagnent leur pain à dire de plates injures.

» Ce pauvre Fréron[a], à ce que j'ai ouï dire, est

[a] Le folliculaire dont on parle est celui-là même qui, ayant été chassé des jésuites, a composé des libelles pour vivre, et qui a rempli ses libelles d'anecdotes prétendues littéraires. En voici une sur son compte :

Lettre du sieur Royou, avocat au parlement de Bretagne, beau-frère du nommé Fréron.

Mardi matin 6 mars 1770.

« Fréron épousa ma sœur il y a trois ans, en Bretagne : mon » père donna vingt mille livres de dot. Il les dissipa avec des filles, » et donna du mal à ma sœur. Après quoi, il la fit partir pour » Paris, dans le panier du coche, et la fit coucher en chemin » sur la paille. Je courus demander raison à ce malheureux. Il » feignit de se repentir. Mais comme il fesait le métier d'espion, » et qu'il sut qu'en qualité d'avocat j'avais pris parti dans les » troubles de Bretagne, il m'accusa auprès de M. de....., et ob» tint une lettre de cachet pour me faire enfermer. Il vint lui» même avec des archers dans la rue des Noyers, un lundi à dix » heures du matin, me fit charger de chaînes, se mit à côté de » moi dans un fiacre, et tenait lui-même le bout de la chaîne, etc. »

» comme les gueuses des rues de Paris, qu'on tolère quelque temps pour le service des jeunes gens désœuvrés, qu'on renferme à l'hôpital trois ou quatre fois par an, et qui en sortent pour reprendre leur premier métier.

» J'ai lu les feuilles que vous m'avez envoyées. Je ne suis pas étonné que maître Aliboron crie un peu sous les coups de fouet que je lui ai donnés. Depuis que je me suis amusé à immoler ce polisson à la risée publique sur tous les théâtres de l'Europe, il est juste qu'il se plaigne un peu. Je ne l'ai jamais vu, Dieu merci. Il m'écrivit une grande lettre, il y a environ vingt ans. J'avais entendu parler de ses mœurs, et par conséquent je ne lui fis point de réponse. Voilà l'origine de toutes les calomnies qu'on dit qu'il débita contre moi dans ses feuilles. Il faut le laisser faire; les gens condamnés par leurs juges ont permission de leur dire des injures.

» Je ne sais ce que c'est qu'une comédie italienne qu'il m'impute, intitulée : *Quand me mariera-t-on?* Voilà la première fois que j'en ai entendu parler. C'est un mensonge absurde. Dieu a voulu que j'aie fait des pièces de théâtre pour mes péchés; mais je n'ai jamais fait de farce italienne. Rayez cela de vos anecdotes.

» Je ne sais comment une lettre que j'écrivis à milord Littleton et sa réponse sont tombées entre les mains de ce Fréron; mais je puis vous assurer qu'elles sont toutes deux entièrement falsifiées. Jugez-en, je vous en envoie les originaux.

» Ces messieurs les folliculaires ressemblent assez aux chiffonniers qui vont ramassant des ordures pour faire du papier.

» Ne voilà-t-il pas encore une belle anecdote, et bien digne du public, qu'une lettre de moi au professeur Haller, et une lettre du professeur Haller à moi! Et de quoi s'avisa M. Haller de faire courir mes lettres et les siennes? et de quoi s'avise un folliculaire de les imprimer et de les falsifier pour gagner cinq sous? Il me la fait signer du château de Tourney, où je n'ai jamais demeuré.

» Ces impertinences amusent un moment des jeunes gens oisifs, et tombent le moment d'après dans l'éternel oubli où tous les riens de ce temps-ci tombent en foule.

» L'anecdote du cardinal de Fleuri sur le *quemadmodum* que Louis XIV n'entendait pas est très vraie. Je ne l'ai rapportée dans le *Siècle de Louis* XIV que parce que j'en étais sûr; et je n'ai point rapporté celle du *nycticorax* parce que je n'en étais pas sûr. C'est un vieux conte qu'on me faisait dans mon enfance au collége des jésuites, pour me faire sentir la supériorité du P. de La Chaise sur le grand-aumônier de France. On prétendait que le grand-aumônier, interrogé sur la signification de *nycticorax*, dit que c'était un capitaine du roi David, et que le révérend père La Chaise assura que c'était un hibou; peu m'importe. Et très peu m'importe encore qu'on fredonne pendant un quart d'heure dans un latin ridicule, un *nycticorax* grossièrement mis en musique.

» Je n'ai point prétendu blâmer Louis XIV d'ignorer le latin; il savait gouverner, il savait faire fleurir tous les arts, cela valait mieux que d'entendre Cicéron. D'ailleurs cette ignorance du latin ne venait pas de sa faute, puisque dans sa jeunesse il apprit de lui-même l'italien et l'espagnol.

» Je ne sais pas pourquoi l'homme que le folliculaire fait parler, me reproche de citer le cardinal de Fleuri, et s'égaie à dire *que j'aime à citer de grands noms*. Vous savez, mon cher ami, que mes grands noms sont ceux de Newton, de Locke, de Corneille, de Racine, de La Fontaine, de Boileau. Si le nom de Fleuri était grand pour moi, ce serait le nom de l'abbé Fleuri, auteur des discours patriotiques et savants, qui ont sauvé de l'oubli son histoire ecclésiastique; et non pas le cardinal de Fleuri que j'ai fort connu avant qu'il fût ministre, et qui, quand il le fut, fit exiler un des plus respectables hommes de France, l'abbé Pucelle, et empêcha bénignement pendant tout son ministère qu'on ne soutînt les quatre fameuses propositions sur lesquelles est fondée la liberté française dans les choses ecclésiastiques.

» Je ne connais de grands hommes que ceux qui ont rendu de grands services au genre humain.

» Quand j'amassai des matériaux pour écrire le *Siècle de Louis* XIV, il fallut bien consulter des généraux, des ministres, des aumôniers, des dames, et des valets de chambre. Le cardinal de Fleuri avait été aumônier, et il m'apprit fort peu de chose. M. le maréchal de Villars m'apprit beaucoup pendant quatre ou cinq années de temps, comme vous le savez; et je n'ai pas dit tout ce qu'il voulut bien m'apprendre.

» M. le duc d'Antin me fit part de plusieurs anecdotes, que je n'ai données que pour ce qu'elles valaient.

» M. de Torci fut le premier qui m'apprit, par une seule ligne en marge de mes questions, que Louis XIV n'eut jamais de part à ce fameux tes-

Nous ne jugeons point ici entre les deux beaux-frères. Nous avons la lettre originale. On dit que ce Fréron n'a pas laissé de parler de religion et de vertu dans ses feuilles. Adressez-vous à son marchand de vin.

» tament du roi d'Espagne Charles II, qui chan-
» gea la face de l'Europe.

» Il n'est pas permis d'écrire une histoire con-
» temporaine, autrement qu'en consultant avec
» assiduité et en confrontant tous les témoignages.
» Il y a des faits que j'ai vus par mes yeux, et
» d'autres par des yeux meilleurs. J'ai dit la plus
» exacte vérité sur les choses essentielles.

» Le roi régnant m'a rendu publiquement cette
» justice : je crois ne m'être guère trompé sur les
» petites anecdotes, dont je fais très peu de cas;
» elles ne sont qu'un vain amusement. Les grands
» événements instruisent.

» Le roi Stanislas, duc de Lorraine, m'a rendu
» le témoignage authentique que j'avais parlé de
» toutes les choses importantes arrivées sous le
» règne de Charles XII, ce héros imprudent,
» comme si j'en avais été le témoin oculaire.

» A l'égard des petites circonstances, je les
» abandonne à qui voudra; je ne m'en soucie pas
» plus que de l'histoire des quatre fils Aymon.

» J'estime bien autant celui qui ne sait pas une
» anecdote inutile que celui qui la sait.

» Puisque vous voulez être instruit des baga-
» telles et des ridicules, je vous dirai que votre
» malheureux folliculaire se trompe, quand il pré-
» tend qu'il a été joué sur le théâtre de Londres,
» avant d'avoir été berné sur celui de Paris par
» Jérôme Carré. La traduction, ou plutôt l'imita-
» tion de la comédie de *l'Écossaise* et de Fréron,
» faite par M. George Colman, n'a été jouée sur
» le théâtre de Londres qu'en 1766, et n'a été
» imprimée qu'en 1767, chez Beket et de Honto.
» Elle a eu autant de succès à Londres qu'à Paris,
» parce que par tout pays on aime la vertu des Lin-
» dane et des Freeport, et qu'on déteste les folli-
» culaires qui barbouillent du papier, et mentent
» pour de l'argent. Ce fut l'illustre Garrick qui
» composa l'épilogue. M. George Colman m'a fait
» l'honneur de m'envoyer sa pièce; elle est inti-
» tulée : *The English Merchant.*

» C'est une chose assez plaisante, qu'à Londres,
» à Pétersbourg, à Vienne, à Gênes, à Parme, et
» jusqu'en Suisse, on se soit également moqué de
» ce Fréron. Ce n'est pas à sa personne qu'on en
» voulait; il prétend que *l'Écossaise* ne réussit à
» Paris que parce qu'il y est détesté. Mais la pièce
» a réussi à Londres, à Vienne, où il est inconnu.
» Personne n'en voulait à *Pourceaugnac*, quand
» *Pourceaugnac* fit rire l'Europe.

» Ce sont là des anecdotes littéraires assez bien
» constatées; mais ce sont, sur ma parole, les
» vérités les plus inutiles qu'on ait jamais dites.
» Mon ami, un chapitre de Cicéron, *de Officiis*,
» et *de Naturâ deorum*, un chapitre de Locke,
» une Lettre provinciale, une bonne fable de La
» Fontaine, des vers de Boileau et de Racine, voilà
» ce qui doit occuper un vrai littérateur.

» Je voudrais bien savoir quelle utilité le public
» retirera de l'examen que fait le folliculaire, si
» je demeure dans un château ou dans une maison
» de campagne. J'ai lu dans une des quatre cents
» brochures faites contre moi par mes confrères
» de la plume, que madame la duchesse de Ri-
» chelieu m'avait fait présent un jour d'un car-
» rosse fort joli et de deux chevaux gris-pomme-
» lés, que cela déplut fort à M. le duc de Richelieu.
» Et là-dessus on bâtit une longue histoire. Le bon
» de l'affaire, c'est que dans ce temps-là M. le duc
» de Richelieu n'avait point de femme.

» D'autres impriment mon *Portefeuille re-
» trouvé*; d'autres mes Lettres à M. B. et à ma-
» dame D., à qui je n'ai jamais écrit; et dans ces
» lettres, toujours des anecdotes.

» Ne vient-on pas d'imprimer les Lettres pré-
» tendues de la reine Christine, de Ninon Len-
» clos, etc., etc.! Des curieux mettent ces sottises
» dans leurs bibliothèques, et un jour quelque éru-
» dit aux gages d'un libraire les fera valoir comme
» des monuments précieux de l'histoire. Quel fa-
» tras! quelle pitié! quel opprobre de la littéra-
» ture! quelle perte de temps! »

On ferait bien aisément un très gros volume sur ces anecdotes; mais en général on peut assurer qu'elles ressemblent aux vieilles chartes des moines. Sur mille il y en a huit cents de fausses. Mais, et vieilles chartes en parchemin, et nouvelles anecdotes imprimées chez Pierre Marteau, tout cela est fait pour gagner de l'argent.

ANECDOTE SINGULIÈRE SUR LE P. FOUQUET, CI-DEVANT JÉSUITE.

(Ce morceau est inséré en partie dans les *Lettres juives.*)

En 1723, le P. Fouquet, jésuite, revint en France, de la Chine où il avait passé vingt-cinq ans. Des disputes de religion l'avaient brouillé avec ses confrères. Il avait porté à la Chine un Évangile différent du leur, et rapportait en Europe des mémoires contre eux. Deux lettrés de la Chine avaient fait le voyage avec lui. L'un de ces lettrés était mort sur le vaisseau; l'autre vint à Paris avec le P. Fouquet. Ce jésuite devait emmener son lettré à Rome, comme un témoin de la conduite de ces bons pères à la Chine. La chose était secrète.

Fouquet et son lettré logeaient à la maison professe, rue Saint-Antoine à Paris. Les révérends pères furent avertis des intentions de leur confrère. Le père Fouquet sut aussi incontinent les desseins des révérends pères; il ne perdit pas un moment, et partit la nuit en poste pour Rome.

Les révérends pères eurent le crédit de faire courir après lui. On n'attrapa que le lettré. Ce pauvre garçon ne savait pas un mot de français. Les bons pères allèrent trouver le cardinal Dubois, qui alors avait besoin d'eux. Ils dirent au cardinal qu'ils avaient parmi eux un jeune homme qui était devenu fou, et qu'il fallait l'enfermer.

Le cardinal, qui par intérêt eût dû le protéger, sur cette seule accusation, donna sur-le-champ une lettre de cachet, la chose du monde dont un ministre est quelquefois le plus libéral.

Le lieutenant de police vint prendre ce fou qu'on lui indiqua; il trouva un homme qui fesait des révérences autrement qu'à la française, qui parlait comme en chantant, et qui avait l'air tout étonné. Il le plaignit beaucoup d'être tombé en démence, le fit lier, et l'envoya à Charenton où il fut fouetté, comme l'abbé Desfontaines, deux fois par semaine.

Le lettré chinois ne comprenait rien à cette manière de recevoir les étrangers. Il n'avait passé que deux ou trois jours à Paris; il trouvait les mœurs des Français assez étranges; il vécut deux ans au pain et à l'eau entre des fous et des pères correcteurs. Il crut que la nation française était composée de ces deux espèces, dont l'une dansait, tandis que l'autre fouettait l'espèce dansante.

Enfin au bout de deux ans le ministère changea; on nomma un nouveau lieutenant de police. Ce magistrat commença son administration par aller visiter les prisons. Il vit les fous de Charenton. Après qu'il se fut entretenu avec eux, il demanda s'il ne restait plus personne à voir. On lui dit qu'il y avait encore un pauvre malheureux, mais qu'il parlait une langue que personne n'entendait.

Un jésuite qui accompagnait le magistrat, dit que c'était la folie de cet homme de ne jamais répondre en français, qu'on n'en tirerait rien, et qu'il conseillait qu'on ne se donnât pas la peine de le faire venir.

Le ministre insista. Le malheureux fut amené; il se jeta aux genoux du lieutenant de police, qui envoya chercher les interprètes du roi pour l'interroger; on lui parla espagnol, latin, grec, anglais; il disait toujours *Kanton, Kanton*. Le jésuite assura qu'il était possédé.

Le magistrat, qui avait entendu dire autrefois qu'il y a une province de la Chine appelée *Kanton*, s'imagina que cet homme en était peut-être. On fit venir un interprète des missions étrangères, qui écorchait le chinois; tout fut reconnu; le magistrat ne sut que faire, et le jésuite que dire. M. le duc de Bourbon était alors premier ministre; on lui conta la chose; il fit donner de l'argent et des habits au Chinois, et on le renvoya dans son pays, d'où l'on ne croit pas que beaucoup de lettrés viennent jamais nous voir. Il eût été plus politique de le garder et de le bien traiter, que de l'envoyer donner à la Chine la plus mauvaise opinion de la France.

AUTRE ANECDOTE SUR UN JÉSUITE CHINOIS.

Les jésuites de France, missionnaires secrets à la Chine, dérobèrent, il y a environ trente ans, un enfant de Kanton à ses parents, le menèrent à Paris, et l'élevèrent dans leur couvent de la rue Saint-Antoine. Cet enfant se fit jésuite à l'âge de quinze ans, et resta encore dix ans en France. Il sait parfaitement le français et le chinois, et il est assez savant. M. Bertin, contrôleur-général et depuis secrétaire d'état, le renvoya à la Chine, en 1763, après l'abolissement des jésuites.

Il s'appelle Ko; il signe *Ko, jésuite*.

Il y avait, en 1772, quatorze jésuites français à Pékin, parmi lesquels était le frère Ko, qui demeure encore dans leur maison.

L'empereur Kien-Long a conservé auprès de lui ces moines d'Europe en qualité de peintres, de graveurs, d'horlogers, de mécaniciens, avec défense expresse de disputer jamais sur la religion, et de causer le moindre trouble dans l'empire.

Le jésuite Ko a envoyé de Pékin à Paris des manuscrits de sa composition, intitulés : *Mémoires concernant l'histoire, les sciences, les arts, les mœurs et usages des Chinois, par les missionnaires de Pékin*. Ce livre est imprimé, et se débite actuellement à Paris chez le libraire Nyon.

L'auteur se déchaîne contre tous les philosophes de l'Europe, à la page 271. Il donne le nom d'illustre martyr de Jésus-Christ à un prince du sang tartare que les jésuites avaient séduit, et que le feu empereur Yongtching avait exilé.

Ce Ko se vante de faire beaucoup de néophytes; c'est un esprit ardent, capable de troubler plus la Chine que les jésuites n'ont autrefois troublé le Japon.

On prétend qu'un seigneur russe, indigné de cette insolence jésuitique, qui s'étend au bout du monde, même après l'extinction de cette société, veut faire parvenir à Pékin, au président du tribunal des rites, un extrait en chinois de ce mémoire, qui puisse faire connaître le nommé Ko et les autres jésuites qui travaillent avec lui.

ANATOMIE.

L'anatomie ancienne est à la moderne ce qu'étaient les cartes géographiques grossières du seizième siècle, qui ne représentaient que les lieux principaux, et encore infidèlement tracés, en comparaison des cartes topographiques de nos jours, où l'on trouve jusqu'au moindre buisson mis à sa place.

Depuis Vésal jusqu'à Bertin on a fait de nouvelles découvertes dans le corps humain ; on peut se flatter d'avoir pénétré jusqu'à la ligne qui sépare à jamais les tentatives des hommes et les secrets impénétrables de la nature.

Interrogez Borelli sur la force exercée par le cœur dans sa dilatation, dans sa diastole ; il vous assure qu'elle est égale à un poids de cent quatre-vingt mille livres, dont il rabat ensuite quelques milliers. Adressez-vous à Keil, il vous certifie que cette force n'est que de cinq onces. Jurin vient qui décide qu'ils se sont trompés, et il fait un nouveau calcul : mais un quatrième survenant prétend que Jurin s'est trompé aussi. La nature se moque d'eux tous, et pendant qu'ils disputent, elle a soin de notre vie ; elle fait contracter et dilater le cœur par des voies que l'esprit humain ne peut découvrir.

On dispute depuis Hippocrate sur la manière dont se fait la digestion ; les uns accordent à l'estomac des sucs digestifs, d'autres les lui refusent. Les chimistes font de l'estomac un laboratoire. Hecquet en fait un moulin. Heureusement la nature nous fait digérer sans qu'il soit nécessaire que nous sachions son secret. Elle nous donne des appétits, des goûts et des aversions pour certains aliments, dont nous ne pourrons jamais savoir la cause.

On dit que notre chyle se trouve déjà tout formé dans les aliments mêmes, dans une perdrix rôtie. Mais que tous les chimistes ensemble mettent des perdrix dans une cornue, ils n'en retireront rien qui ressemble ni à une perdrix ni au chyle. Il faut avouer que nous digérons ainsi que nous recevons la vie, que nous la donnons, que nous dormons, que nous sentons, que nous pensons, sans savoir comment. On ne peut trop le redire.

Nous avons des bibliothèques entières sur la génération ; mais personne ne sait encore seulement quel ressort produit l'intumescence dans la partie masculine.

On parle d'un suc nerveux qui donne la sensibilité à nos nerfs ; mais ce suc n'a pu être découvert par aucun anatomiste.

Les esprits animaux, qui ont une si grande réputation, sont encore à découvrir.

Votre médecin vous fera prendre une médecine, et ne sait pas comment elle vous purge.

La manière dont se forment nos cheveux et nos ongles nous est aussi inconnue que la manière dont nous avons des idées. Le plus vil excrément confond tous les philosophes.

Winslow et Lémeri entassent mémoire sur mémoire concernant la génération des mulets ; les savants se partagent ; l'âne fier et tranquille, sans se mêler de la dispute, subjugue cependant sa cavale qui lui donne un beau mulet, sans que Lémeri et Winslow se doutent par quel art ce mulet naît avec des oreilles d'âne et un corps de cheval.

Borelli dit que l'œil gauche est beaucoup plus fort que l'œil droit. D'habiles physiciens ont soutenu le parti de l'œil droit contre lui.

Vossius attribuait la couleur des nègres à une maladie. Ruysch a mieux rencontré en les disséquant, et en enlevant avec une adresse singulière le corps muqueux réticulaire qui est noir ; et malgré cela il se trouve encore des physiciens qui croient les noirs originairement blancs. Mais qu'est-ce qu'un système que la nature désavoue?

Boerhaave assure que le sang dans les vésicules des poumons est *pressé, chassé, foulé, brisé, atténué.*

Lecat prétend que rien de tout cela n'est vrai. Il attribue la couleur rouge du sang à un fluide caustique, et on lui nie son fluide caustique.

Les uns font des nerfs un canal par lequel passe un fluide invisible ; les autres en font un violon dont les cordes sont pincées par un archet qu'on ne voit pas davantage.

La plupart des médecins attribuent les règles des femmes à la pléthore du sang. Terenzoni et Vieussens croient que la cause de ces évacuations est dans un esprit vital, dans le froissement des nerfs, enfin dans le besoin d'aimer.

On a recherché jusqu'à la cause de la sensibilité, et on est allé jusqu'à la trouver dans la trépidation des membres à demi animés. On a cru les membranes du fœtus irritables, et cette idée a été fortement combattue.

Celui-ci dit que la palpitation d'un membre coupé est le *ton* que le membre conserve encore. Cet autre dit que c'est l'*élasticité* ; un troisième l'appelle *irritabilité*. La cause, tous l'ignorent, tous sont à la porte du dernier asile où la nature se renferme ; elle ne se montre jamais à eux, et ils devinent dans son antichambre.

Heureusement ces questions sont étrangères à la médecine utile, qui n'est fondée que sur l'expérience, sur la connaissance du tempérament d'un malade, sur des remèdes très simples donnés à propos ; le reste est pure curiosité, et souvent charlatanerie.

Si un homme à qui on sert un plat d'écrevisses qui étaient toutes grises avant la cuisson, et qui sont devenues toutes rouges dans la chaudière, croyait n'en devoir manger que lorsqu'il saurait bien précisément comment elles sont devenues rouges, il ne mangerait d'écrevisses de sa vie.

ANCIENS ET MODERNES.

Le grand procès des anciens et des modernes

n'est pas encore vidé ; il est sur le bureau depuis l'âge d'argent qui succéda à l'âge d'or. Les hommes ont toujours prétendu que le bon vieux temps valait beaucoup mieux que le temps présent. Nestor, dans l'*Iliade*, en voulant s'insinuer comme un sage conciliateur dans l'esprit d'Achille et d'Agamemnon, débute par leur dire... « J'ai vécu » autrefois avec des hommes qui valaient mieux » que vous ; non, je n'ai jamais vu et je ne verrai » jamais de si grands personnages que Dryas, » Cénée, Exadius, Polyphème égal aux dieux, etc. »

La postérité a bien vengé Achille du mauvais compliment de Nestor, vainement loué par ceux qui ne louent que l'antique. Personne ne connaît plus Dryas ; on n'a guère entendu parler d'Exadius, ni de Cénée ; et pour Polyphème égal aux dieux, il n'a pas une trop bonne réputation, à moins que ce ne soit tenir de la divinité que d'avoir un grand œil au front, et de manger des hommes tout crus.

Lucrèce ne balance pas à dire que la nature a dégénéré (lib. II, v. 1160-62) :

« Ipsa dedit dulces fœtus et pabula læta
» Quæ nunc vix nostro grandescunt aucta labore ;
» Conterimusque boves, et vires agricolarum, etc. »

La nature languit ; la terre est épuisée ;
L'homme dégénéré, dont la force est usée,
Fatigue un sol ingrat par ses bœufs affaiblis.

L'antiquité est pleine des éloges d'une autre antiquité plus reculée.

Les hommes, en tout temps, ont pensé qu'autrefois
De long ruisseaux de lait serpentaient dans nos bois ;
La lune était plus grande et la nuit moins obscure ;
L'hiver se couronnait de fleurs et de verdure ;
L'homme, ce roi du monde, et roi très fainéant,
Se contemplait à l'aise, admirait son néant,
Et, formé pour agir, se plaisait à rien faire, etc.

Horace combat ce préjugé avec autant de finesse que de force dans sa belle épître à Auguste [a]. « Faut-il donc, dit-il, que nos poëmes soient » comme nos vins, dont les plus vieux sont tou- » jours préférés ? » Il dit ensuite :

[b] Indignor quidquam reprehendi, non qui à crasse
» Compositum illepideve putetur, sed quia nuper ;
» Nec veniam antiquis, sed honorem et præmia posci.
. . . .
» Ingeniis non ille favet plauditque sepultis ;
» Nostra sed impugnat ; nos nostraque lividus odit, etc. »

J'ai vu ce passage imité ainsi en vers familiers :

Rendons toujours justice au beau.
Est-il laid pour être nouveau ?
Pourquoi donner la préférence
Aux méchants vers du temps jadis ?
C'est en vain qu'ils sont applaudis ;
Ils n'ont droit qu'à notre indulgence.
Les vieux livres sont des trésors,
Dit la sotte et maligne envie.

Ce n'est pas qu'elle aime les morts :
Elle hait ceux qui sont en vie.

Le savant et ingénieux Fontenelle s'exprime ainsi sur ce sujet :

« Toute la question de la prééminence entre les » anciens et les modernes, étant une fois bien en- » tendue, se réduit à savoir, si les arbres qui » étaient autrefois dans nos campagnes étaient » plus grands que ceux d'aujourd'hui. En cas qu'ils » l'aient été, Homère, Platon, Démosthène, ne » peuvent être égalés dans ces derniers siècles ; » mais si nos arbres sont aussi grands que ceux » d'autrefois, nous pouvons égaler Homère, Pla- » ton, et Démosthène.

» Éclaircissons ce paradoxe. Si les anciens avaient » plus d'esprit que nous, c'est donc que les cer- » veaux de ce temps-là étaient mieux disposés, » formés de fibres plus fermes ou plus délicates, » remplis de plus d'esprits animaux ; mais en vertu » de quoi les cerveaux de ce temps-là auraient-ils » été mieux disposés ? Les arbres auraient donc » été aussi plus grands et plus beaux ; car si la » nature était alors plus jeune et plus vigoureuse, » les arbres, aussi bien que les cerveaux des hom- » mes, auraient dû se sentir de cette vigueur et » de cette jeunesse. » (*Digression sur les anciens et les modernes*, tome IV, édition de 1742.)

Avec la permission de cet illustre académicien, ce n'est point là du tout l'état de la question. Il ne s'agit pas de savoir si la nature a pu produire de nos jours d'aussi grands génies, et d'aussi bons ouvrages que ceux de l'antiquité grecque et latine ; mais de savoir si nous en avons en effet. Il n'est pas impossible sans doute qu'il y ait d'aussi grands chênes dans la forêt de Chantilli que dans celle de Dodone : mais, supposé que les chênes de Dodone eussent parlé, il serait très clair qu'ils auraient un grand avantage sur les nôtres, qui probablement ne parleront jamais.

La Motte, homme d'esprit et de talents, qui a mérité des applaudissements dans plus d'un genre, a soutenu, dans une ode remplie de vers heureux, le parti des modernes. Voici une de ses stances :

Et pourquoi veut-on que j'encense
Ces prétendus dieux dont je sors ?
En moi la même intelligence
Fait mouvoir les mêmes ressorts.
Croit-on la nature bizarre,
Pour nous aujourd'hui plus avare
Que pour les Grecs et les Romains ?
De nos aînés mère idolâtre,
N'est-elle plus que la marâtre
Du reste grossier des humains ?

On pouvait lui répondre : Estimez vos aînés sans les adorer. Vous avez une intelligence et des ressorts comme Virgile et Horace en avaient ; mais

[a] Epist. I, v. 34, liv. II. — [b] Ibid., v. 76-78.

ce n'est pas peut-être absolument la même intelligence. Peut-être avaient-ils un talent supérieur au vôtre, et ils l'exerçaient dans une langue plus riche et plus harmonieuse que les langues modernes, qui sont un mélange de l'horrible jargon des Celtes et d'un latin corrompu.

La nature n'est point bizarre; mais il se pourrait qu'elle eût donné aux Athéniens un terrain et un ciel plus propre que la Vestphalie et que le Limousin à former certains génies. Il se pourrait bien encore que le gouvernement d'Athènes, en secondant le climat, eût mis dans la tête de Démosthène quelque chose que l'air de Clamart et de la Grenouillère, et le gouvernement du cardinal de Richelieu, ne mirent point dans la tête d'Omer Talon et de Jérôme Bignon.

Quelqu'un répondit alors à La Motte par le petit couplet suivant :

> Cher La Motte, imite et révère
> Ces dieux dont tu ne descends pas.
> Si tu crois qu'Horace est ton père,
> Il a fait des enfants ingrats.
> La nature n'est point bizarre;
> Pour Danchet elle est fort avare;
> Mais Racine en fut bien traité;
> Tibulle était guidé par elle;
> Mais pour notre ami La Chapelle [a],
> Hélas! qu'elle a peu de bonté!

Cette dispute est donc une question de fait. L'antiquité a-t-elle été plus féconde en grands monuments de tout genre, jusqu'au temps de Plutarque, que les siècles modernes ne l'ont été depuis le siècle des Médicis jusqu'à Louis XIV inclusivement?

Les Chinois, plus de deux cents ans avant notre ère vulgaire, construisirent cette grande muraille qui n'a pu les sauver de l'invasion des Tartares. Les Égyptiens, trois mille ans auparavant, avaient surchargé la terre de leurs étonnantes pyramides, qui avaient environ quatre-vingt-dix mille pieds carrés de base. Personne ne doute que si on voulait entreprendre aujourd'hui ces inutiles ouvrages, on n'en vint aisément à bout en prodiguant beaucoup d'argent. La grande muraille de la Chine est un monument de la crainte; les pyramides sont des monuments de la vanité et de la superstition. Les unes et les autres attestent une grande patience dans les peuples, mais aucun génie supérieur. Ni les Chinois, ni les Égyptiens n'auraient pu faire seulement une statue telle que nos sculpteurs en forment aujourd'hui.

DU CHEVALIER TEMPLE.

Le chevalier Temple, qui a pris à tâche de rabaisser tous les modernes, prétend qu'ils n'ont rien en architecture de comparable aux temples de la Grèce et de Rome : mais, tout Anglais qu'il était, il devait convenir que l'église de Saint-Pierre est incomparablement plus belle que n'était le Capitole.

C'est une chose curieuse que l'assurance avec laquelle il prétend qu'il n'y a rien de neuf dans notre astronomie, rien dans la connaissance du corps humain, si ce n'est peut-être, dit-il, la circulation du sang. L'amour de son opinion, fondé sur son extrême amour-propre, lui fait oublier la découverte des satellites de Jupiter, des cinq lunes et de l'anneau de Saturne, de la rotation du soleil sur son axe, de la position calculée de trois mille étoiles, des lois données par Képler et par Newton aux orbes célestes, des causes de la précession des équinoxes, et de cent autres connaissances dont les anciens ne soupçonnaient pas même la possibilité.

Les découvertes dans l'anatomie sont en aussi grand nombre. Un nouvel univers en petit, découvert avec le microscope, était compté pour rien par le chevalier Temple; il fermait les yeux aux merveilles de ses contemporains, et ne les ouvrait que pour admirer l'ancienne ignorance.

Il va jusqu'à nous plaindre de n'avoir plus aucun reste de la magie des Indiens, des Chaldéens, des Égyptiens; et par cette magie il entend une profonde connaissance de la nature, par laquelle ils produisaient des miracles, sans qu'il en cite aucun, parce qu'en effet il n'y en a jamais eu. « Que sont devenus, dit-il, les charmes de cette » musique qui enchantait si souvent les hommes » et les bêtes, les poissons, les oiseaux, les ser» pents, et changeait leur nature? »

Cet ennemi de son siècle croit bonnement à la fable d'Orphée, et n'avait apparemment entendu ni la belle musique d'Italie, ni même celle de France, qui à la vérité ne charment pas les serpents, mais qui charment les oreilles des connaisseurs.

Ce qui est encore plus étrange, c'est qu'ayant toute sa vie cultivé les belles-lettres, il ne raisonne pas mieux sur nos bons auteurs que sur nos philosophes. Il regarde Rabelais comme un grand homme. Il cite les *Amours des Gaules* comme un de nos meilleurs ouvrages. C'était pourtant un homme savant, un homme de cour, un homme de beaucoup d'esprit, un ambassadeur, qui avait fait de profondes réflexions sur tout ce qu'il avait vu. Il possédait de grandes connaissances : un préjugé suffit pour gâter tout ce mérite.

DE BOILEAU ET DE RACINE.

Boileau et Racine, en écrivant en faveur des

[a] Ce La Chapelle était un receveur-général des finances, qui traduisit très platement Tibulle; mais ceux qui dînaient chez lui trouvaient ses vers fort bons.

anciens contre Perrault, furent plus adroits que le chevalier Temple. Ils se gardèrent bien de parler d'astronomie et de physique. Boileau s'en tient à justifier Homère contre Perrault, mais en glissant adroitement sur les défauts du poëte grec, et sur le sommeil que lui reproche Horace. Il ne s'étudie qu'à tourner Perrault, l'ennemi d'Homère, en ridicule. Perrault entend-il mal un passage, ou traduit-il mal un passage qu'il entend? voilà Boileau qui saisit ce petit avantage, qui tombe sur lui en ennemi redoutable, qui le traite d'ignorant, de plat écrivain : mais il se pouvait très bien faire que Perrault se fût souvent trompé, et que pourtant il eût souvent raison sur les contradictions, les répétitions, l'uniformité des combats, les longues harangues dans la mêlée, les indécences, les inconséquences de la conduite des dieux dans le poëme, enfin, sur toutes les fautes où il prétendait que ce grand poëte était tombé. En un mot, Boileau se moqua de Perrault beaucoup plus qu'il ne justifia Homère.

DE L'INJUSTICE ET DE LA MAUVAISE FOI DE RACINE DANS LA DISPUTE CONTRE PERRAULT, AU SUJET D'EURIPIDE, ET DES INFIDÉLITÉS DE BRUMOY.

Racine usa du même artifice; car il était tout aussi malin que Boileau pour le moins. Quoiqu'il n'eût pas fait comme lui son capital de la satire, il jouit du plaisir de confondre ses ennemis sur une petite méprise très pardonnable où ils étaient tombés au sujet d'Euripide, et en même temps de se sentir très supérieur à Euripide même. Il raille autant qu'il le peut ce même Perrault et ses partisans sur leur critique de l'*Alceste* d'Euripide, parce que ces messieurs malheureusement avaient été trompés par une édition fautive d'Euripide, et qu'ils avaient pris quelques répliques d'Admète pour celles d'Alceste : mais cela n'empêche pas qu'Euripide n'eût grand tort en tout pays, dans la manière dont il fait parler Admète à son père. Il lui reproche violemment de n'être pas mort pour lui.

« Quoi donc, lui répond le roi son père, à qui » adressez-vous, s'il vous plaît, un discours si » hautain? Est-ce à quelque esclave de Lydie ou » de Phrygie? Ignorez-vous que je suis né libre et » Thessalien? (Beau discours pour un roi et pour » un père!) Vous m'outragez comme le dernier des » hommes. Où est la loi qui dit que les pères doi» vent mourir pour leurs enfants? Chacun est ici» bas pour soi. J'ai rempli mes obligations envers » vous. Quel tort vous fais-je? Demandé-je que » vous mouriez pour moi? La lumière vous est » précieuse; me l'est-elle moins?.... Vous m'ac» cusez de lâcheté... Lâche vous-même, vous n'a» vez pas rougi de presser votre femme de vous » faire vivre en mourant pour vous. Ne vous sied» il pas bien après cela de traiter de lâches ceux » qui refusent de faire pour vous ce que vous n'a» vez pas le courage de faire vous-même?... Croyez» moi, taisez-vous... Vous aimez la vie, les autres » ne l'aiment pas moins... Soyez sûr que si vous » m'injuriez encore, vous entendrez de moi des » duretés qui ne seront pas des mensonges. »

Le chœur prend alors la parole : « C'est assez » et déjà trop des deux côtés : cessez, vieillard, » cessez de maltraiter de paroles votre fils. »

Le chœur aurait dû plutôt, ce semble, faire une forte réprimande au fils d'avoir très brutalement parlé à son propre père, et de lui avoir reproché si aigrement de n'être pas mort.

Tout le reste de la scène est dans ce goût.

PHÉRÈS à son fils.

Tu parles contre ton père, sans en avoir reçu d'outrage.

ADMÈTE.

Oh! que j'ai bien vu que vous aimez à vivre long-temps.

PHÉRÈS.

Et toi, ne portes-tu pas au tombeau celle qui est morte pour toi?

ADMÈTE.

Ah! le plus infâme des hommes, c'est la preuve de ta lâcheté.

PHÉRÈS.

Tu ne pourras pas au moins dire qu'elle est morte pour moi.

ADMÈTE.

Plût au ciel que tu fusses dans un état où tu eusses besoin de moi!

LE PÈRE.

Fais mieux, épouse plusieurs femmes, afin qu'elles meurent pour te faire vivre plus long-temps.

Après cette scène, un domestique vient parler tout seul de l'arrivée d'Hercule. « C'est un étran» ger, dit-il, qui a ouvert la porte lui-même, s'est » d'abord mis à table; il se fâche de ce qu'on ne » lui sert pas assez vite à manger, il remplit de vin » à tout moment sa coupe, boit à longs traits du » rouge et du paillet, et ne cesse de boire et de » chanter de mauvaises chansons qui ressemblent » à des hurlements, sans se mettre en peine du » roi et de sa femme que nous pleurons. C'est sans » doute quelque fripon adroit, un vagabond, un » assassin. »

Il peut être assez étrange qu'on prenne Hercule pour un fripon adroit; il ne l'est pas moins qu'Hercule, ami d'Admète, soit inconnu dans la maison. Il l'est encore plus qu'Hercule ignore la mort d'Alceste, dans le temps même qu'on la porte au tombeau.

Il ne faut pas disputer des goûts; mais il est sûr que de telles scènes ne seraient pas souffertes chez nous à la Foire.

Brumoy, qui nous a donné le *Théâtre des Grecs*, et qui n'a pas traduit Euripide avec une fidélité scrupuleuse, fait ce qu'il peut pour justifier la scène d'Admète et de son père; on ne devinerait pas le tour qu'il prend.

Il dit d'abord que « les Grecs n'ont pas trouvé à » redire à ces mêmes choses qui sont à notre égard » des indécences, des horreurs; qu'ainsi il faut » convenir qu'elles ne sont pas tout-à-fait telles » que nous les imaginons; en un mot, que les » idées ont changé. »

On peut répondre que les idées des nations policées n'ont jamais changé sur le respect que les enfants doivent à leurs pères.

« Qui peut douter, ajoute-t-il, que les idées » n'aient changé en différents siècles sur des points » de morale plus importants? »

On répond qu'il n'y en a guère de plus importants.

« Un Français, continue t-il, est insulté; le prétendu bon sens français veut qu'il coure les ris» ques du duel, et qu'il tue ou meure pour re» couvrer son honneur. »

On répond que ce n'est pas le seul prétendu bon sens français, mais celui de toutes les nations de l'Europe sans exception.

« On ne sent pas assez combien cette maxime » paraîtra ridicule dans deux mille ans, et de quel » air on l'aurait sifflée du temps d'Euripide. »

Cette maxime est cruelle et fatale, mais non pas ridicule; et on ne l'eût sifflée d'aucun air du temps d'Euripide. Il y avait beaucoup d'exemples de duels chez les Grecs et chez les Asiatiques. On voit, dès le commencement du premier livre de l'*Iliade*, Achille tirant à moitié son épée; et il était prêt à se battre contre Agamemnon, si Minerve n'était venue le prendre par les cheveux, et lui faire remettre son épée dans le fourreau.

Plutarque rapporte qu'Éphestion et Cratère se battirent en duel, et qu'Alexandre les sépara. Quinte-Curce raconte* que deux autres officiers d'Alexandre se battirent en duel en présence d'Alexandre; l'un armé de toutes pièces, l'autre, qui était un athlète, armé seulement d'un bâton, et que celui-ci vainquit son adversaire.

Et puis, quel rapport y a-t-il, je vous prie, entre un duel et les reproches que se font Admète et son père Phérès tour-à-tour d'aimer trop la vie, et d'être des lâches?

Je ne donnerai que cet exemple de l'aveuglement des traducteurs et des commentateurs: puisque Brumoy, le plus impartial de tous, s'est égaré à ce point, que ne doit-on pas attendre des autres? Mais si les Brumoy et les Dacier étaient là, je leur demanderais volontiers s'ils trouvent beaucoup de sel dans le discours que Polyphème tient dans Euripide : « Je ne crains point le foudre de » Jupiter. Je ne sais si ce Jupiter est un dieu plus » fier et plus fort que moi. Je me soucie très peu » de lui. S'il fait tomber de la pluie, je me ren» ferme dans ma caverne; j'y mange un veau rôti, » ou quelque bête sauvage; après quoi je m'é» tends tout de mon long; j'avale un grand pot de » lait; je défais mon sayon; et je fais entendre un » certain bruit qui vaut bien celui du tonnerre. »

Il faut que les scoliastes n'aient pas le nez bien fin, s'ils ne sont pas dégoûtés de ce bruit que fait Polyphème quand il a bien mangé.

Ils disent que le parterre d'Athènes riait de cette plaisanterie; et que « jamais les Athéniens » n'ont ri d'une sottise. » Quoi! toute la populace d'Athènes avait plus d'esprit que la cour de Louis XIV? Et la populace n'est pas la même partout?

Ce n'est pas qu'Euripide n'ait des beautés, et Sophocle encore davantage; mais ils ont de bien plus grands défauts. On ose dire que les belles scènes de Corneille et les touchantes tragédies de Racine l'emportent autant sur les tragédies de Sophocle et d'Euripide que ces deux Grecs l'emportent sur Thespis. Racine sentait bien son extrême supériorité sur Euripide; mais il louait ce poëte grec pour humilier Perrault.

Molière, dans ses bonnes pièces, est aussi supérieur au pur mais froid Térence, et au farceur Aristophane, qu'au baladin Dancourt.

Il y a donc des genres dans lesquels les modernes sont de beaucoup supérieurs aux anciens, et d'autres, en très petit nombre, dans lesquels nous leur sommes inférieurs. C'est à quoi se réduit toute la dispute.

DE QUELQUES COMPARAISONS ENTRE DES OUVRAGES CÉLÈBRES.

La raison et le goût veulent, ce me semble, qu'on distingue dans un ancien, comme dans un moderne, le bon et le mauvais, qui sont très souvent à côté l'un de l'autre.

On doit sentir avec transport ce vers de Corneille, ce vers tel qu'on n'en trouve pas un seul ni dans Homère, ni dans Sophocle, ni dans Euripide, qui en approche :

Que voulez-vous qu'il fît contre trois? — Qu'il mourût.

Et l'on doit avec la même sagacité et la même justice réprouver les vers suivants.

* *Quinte-Curce*, liv. IX.

En admirant le sublime tableau de la dernière scène de *Rodogune*, les contrastes frappants des personnages et la force du coloris, l'homme de goût verra par combien de fautes cette situation terrible est amenée, quelles invraisemblances l'ont préparée, à quel point il a fallu que Rodogune ait démenti son caractère, et par quels chemins raboteux il a fallu passer pour arriver à cette grande et tragique catastrophe.

Ce même juge équitable ne se lassera point de rendre justice à l'artificieuse et fine contexture des tragédies de Racine, les seules peut-être qui aient été bien ourdies d'un bout à l'autre depuis Eschyle jusqu'au grand siècle de Louis XIV. Il sera touché de cette élégance continue, de cette pureté de langage, de cette vérité dans les caractères qui ne se trouve que chez lui; de cette grandeur sans enflure qui seule est grandeur; de ce naturel qui ne s'égare jamais dans de vaines déclamations, dans des disputes de sophiste, dans des pensées aussi fausses que recherchées, souvent exprimées en solécismes; dans des plaidoyers de rhétorique plus faits pour les écoles de province que pour la tragédie.

Le même homme verra dans Racine de la faiblesse et de l'uniformité dans quelques caractères; de la galanterie, et quelquefois de la coquetterie même; des déclarations d'amour qui tiennent de l'idylle et de l'élégie plutôt que d'une grande passion théâtrale. Il se plaindra de ne trouver, dans plus d'un morceau très bien écrit, qu'une élégance qui lui plaît, et non pas un torrent d'éloquence qui l'entraîne; il sera fâché de n'éprouver qu'une faible émotion, et de se contenter d'approuver, quand il voudrait que son esprit fût étonné et son cœur déchiré.

C'est ainsi qu'il jugera les anciens, non pas sur leurs noms, non pas sur le temps où ils vivaient, mais sur leurs ouvrages mêmes; ce n'est pas trois mille ans qui doivent plaire, c'est la chose même. Si une darique a été mal frappée, que m'importe qu'elle représente le fils d'Hystaspe? La monnaie de Varin est plus récente, mais elle est infiniment plus belle.

Si le peintre Timante venait aujourd'hui présenter à côté des tableaux du Palais-Royal son tableau du sacrifice d'Iphigénie, peint de quatre couleurs; s'il nous disait: Des gens d'esprit m'ont assuré en Grèce que c'est un artifice admirable d'avoir voilé le visage d'Agamemnon, dans la crainte que sa douleur n'égalât pas celle de Clytemnestre, et que les larmes du père ne déshonorassent la majesté du monarque; il se trouverait des connaisseurs qui lui répondraient: C'est un trait d'esprit, et non pas un trait de peintre; un voile sur la tête de votre principal personnage fait un effet affreux dans un tableau: vous avez manqué votre art. Voyez le chef-d'œuvre de Rubens, qui a su exprimer sur le visage de Marie de Médicis la douleur de l'enfantement, l'abattement, la joie, le sourire, et la tendresse, non avec quatre couleurs, mais avec toutes les teintes de la nature. Si vous vouliez qu'Agamemnon cachât un peu son visage, il fallait qu'il en cachât une partie avec ses mains posées sur son front et sur ses yeux, et non pas avec un voile que les hommes n'ont jamais porté, et qui est aussi désagréable à la vue, aussi peu pittoresque qu'il est opposé au costume: vous deviez alors laisser voir des pleurs qui coulent, et que le héros veut cacher; vous deviez exprimer dans ses muscles les convulsions d'une douleur qu'il veut surmonter; vous deviez peindre dans cette attitude la majesté et le désespoir. Vous êtes Grec, et Rubens est Belge; mais le Belge l'emporte.

D'UN PASSAGE D'HOMÈRE.

Un Florentin, homme de lettres, d'un esprit juste et d'un goût cultivé, se trouva un jour dans la bibliothèque de milord Chesterfield, avec un professeur d'Oxford et un Écossais qui vantait le poëme de Fingal, composé, disait-il, dans la langue du pays de Galle, laquelle est encore en partie celle des Bas-Bretons. Que l'antiquité est belle! s'écriait-il; le poëme de Fingal a passé de bouche en bouche jusqu'à nous depuis près de deux mille ans, sans avoir été jamais altéré; tant les beautés véritables ont de force sur l'esprit des hommes! Alors il lut à l'assemblée ce commencement de Fingal.

« Cuchulin était assis près de la muraille de » Tura, sous l'arbre de la feuille agitée; sa pique » reposait contre un rocher couvert de mousse, » son bouclier était à ses pieds sur l'herbe. Il oc- » cupait sa mémoire du souvenir du grand Car- » bar, héros tué par lui à la guerre. Moran, né » de Fitilh, Moran, sentinelle de l'Océan, se pré- » senta devant lui.

» Lève-toi, lui dit-il, lève-toi, Cuchulin; je vois » les vaisseaux de Suaran, les ennemis sont nom- » breux, plus d'un héros s'avance sur les vagues » noires de la mer.

» Cuchulin aux yeux bleus lui répliqua: Moran, » fils de Fitilh, tu trembles toujours; tes craintes » multiplient le nombre des ennemis. Peut-être » est-ce le roi des montagnes désertes qui vient à » mon secours dans les plaines d'Ullin. Non, dit » Moran, c'est Suaran lui-même; il est aussi haut » qu'un rocher de glace: j'ai vu sa lance, elle est » comme un haut sapin ébranché par les vents; » son bouclier est comme la lune qui se lève; il

» était assis au rivage sur un rocher, il ressem-
» blait à un nuage qui couvre un montagne, etc. »

Ah! voilà le véritable style d'Homère, dit alors le professeur d'Oxford; mais ce qui m'en plaît davantage, c'est que j'y vois la sublime éloquence hébraïque. Je crois lire les passages de ces beaux cantiques.

« [a] Tu gouverneras toutes les nations que tu » nous soumettras, avec une verge de fer; tu les » briseras comme le potier fait un vase.

» [b] Tu briseras les dents des pécheurs.

» [c] La terre a tremblé, les fondements des mon- » tagnes se sont ébranlés, parce que le Seigneur » s'est fâché contre les montagnes, et il a lancé la » grêle et des charbons.

» [d] Il a logé dans le soleil, et il en est sorti » comme un mari sort de son lit.

» [e] Dieu brisera leurs dents dans leur bouche, » il mettra en poudre leurs dents mâchelières; ils » deviendront à rien comme de l'eau, car il a tendu » son arc pour les abattre; ils seront engloutis » tout vivants dans sa colère, avant d'attendre » que les épines soient aussi hautes qu'un pru- » nier.

» [f] Les nations viendront vers le soir, affamées » comme des chiens; et toi, Seigneur, tu te mo- » queras d'elles, et tu les réduiras à rien.

» [g] La montagne du Seigneur est une montagne » coagulée; pourquoi regardez-vous les monts » coagulés? Le Seigneur a dit: Je jetterai Basan; » je le jetterai dans la mer, afin que ton pied soit » teint de sang, et que la langue de tes chiens lè- » che leur sang.

» [h] Ouvre la bouche bien grande, et je la rem- » plirai.

» [i] Rends les nations comme une roue qui tourne » toujours, comme la paille devant la face du vent, » comme un feu qui brûle une forêt, comme une » flamme qui brûle des montagnes; tu les pour- » suis dans ta tempête, et ta colère les troublera.

» [j] Il jugera dans les nations, il les remplira de » ruines; il cassera les têtes dans la terre de plu- » sieurs.

» [k] Bienheureux celui qui prendra tes petits en- » fants, et qui les écrasera contre la pierre! etc., etc., etc. »

Le Florentin, ayant écouté avec une grande attention les versets des cantiques récités par le docteur, et les premiers vers de Fingal beuglés par l'Écossais, avoua qu'il n'était pas fort touché de toutes ces figures asiatiques, et qu'il aimait beaucoup mieux le style simple et noble de Virgile.

L'Écossais pâlit de colère à ce discours, le docteur d'Oxford leva les épaules de pitié; mais milord Chesterfield encouragea le Florentin par un sourire d'approbation.

Le Florentin échauffé, et se tenant appuyé, leur dit: Messieurs, rien n'est plus aisé que d'outrer la nature, rien n'est plus difficile que de l'imiter. Je suis un peu de ceux qu'on appelle en Italie *Improvisatori*, et je vous parlerais huit jours de suite en vers dans ce style oriental, sans me donner la moindre peine, parce qu'il n'en faut aucune pour être ampoulé en vers négligés, chargés d'épithètes, qui sont presque toujours les mêmes; pour entasser combats sur combats, et pour peindre des chimères.

Qui? vous! lui dit le professeur, vous feriez un poëme épique sur-le-champ? Non pas un poëme épique raisonnable et en vers corrects comme Virgile, répliqua l'Italien; mais un poëme dans lequel je m'abandonnerais à toutes mes idées, sans me piquer d'y mettre de la régularité.

Je vous en défie, dirent l'Écossais et l'Oxfordien. Eh bien! donnez-moi un sujet, répliqua le Florentin. Milord Chesterfield lui donna le sujet du *Prince noir*, vainqueur à la journée de Poitiers, et donnant la paix après la victoire.

L'improvisateur se recueillit, et commença ainsi:

« Muse d'Albion, Génie qui présidez aux héros, » chantez avec moi, non la colère oisive d'un » homme implacable envers ses amis et ses enne- » mis; non des héros que les dieux favorisent tour » à tour sans avoir aucune raison de les favoriser; » non le siége d'une ville qui n'est point prise; » non les exploits extravagants du fabuleux Fin- » gal, mais les victoires véritables d'un héros aussi » modeste que brave, qui mit des rois dans ses » fers, et qui respecta ses ennemis vaincus.

» Déjà George, le Mars de l'Angleterre, était » descendu du haut de l'empyrée, monté sur le » coursier immortel devant qui les plus fiers che- » vaux du Limousin fuient, comme les brebis bê- » lantes et les tendres agneaux se précipitent en » foule les uns sur les autres pour se cacher dans » la bergerie à la vue d'un loup terrible, qui sort » du fond des forêts, les yeux étincelants, le poil » hérissé, la gueule écumante, menaçant les trou- » peaux et le berger de la fureur de ses dents avi- » des de carnage.

» Martin, le célèbre protecteur des habitants » de la fertile Touraine; Geneviève, douce divi- » nité des peuples qui boivent les eaux de la Seine » et de la Marne; Denis qui porta sa tête entre » ses bras à l'aspect des hommes et des immortels,

[a] Psaume II, 9. — [b] Psaume III, 8. — [c] Psaume XVII, 7 et 12. — [d] Psaume XVIII, 6. — [e] Psaume LVII, 7-10. — [f] Psaume LVIII, 15 et 9. — [g] Psaume LXVII, 16, 17, 33, 24. — [h] Psaume LXXX, 11. — [i] Psaume LXXXII, 14-16. — [j] Psaume CIX, 6. — [k] Psaume CXXXVI, 9.

» tremblaient en voyant le superbe George traver
» ser le vaste sein des airs. Sa tête était couverte
» d'un casque d'or orné des diamants qui pavaient
» autrefois les places publiques de la Jérusalem cé-
» leste, quand elle apparut aux mortels pendant
» quarante révolutions journalières de l'astre de
» la lumière et de sa sœur inconstante qui prête
» une douce clarté aux sombres nuits.

» Sa main porte la lance épouvantable et sacrée
» dont le demi-dieu Michael, exécuteur des ven-
» geances du Très-Haut, terrassa dans les pre-
» miers jours du monde l'éternel ennemi du monde
» et du Créateur. Les plus belles plumes des anges
» qui assistent autour du trône, détachées de leurs
» dos immortels, flottaient sur son casque, autour
» duquel volent la terreur, la guerre homicide,
» la vengeance impitoyable, et la mort qui ter-
» mine toutes les calamités des malheureux mor-
» tels. Il ressemblait à une comète qui dans sa
» course rapide franchit les orbites des astres éton-
» nés, laissant loin derrière elle des traits d'une
» lumière pâle et terrible, qui annoncent aux fai-
» bles humains la chute des rois et des nations.

» Il s'arrête sur les rives de la Charente, et le
» bruit de ses armes immortelles retentit jusqu'à
» la sphère de Jupiter et de Saturne. Il fit deux
» pas, et il arriva jusqu'aux lieux où le fils du
» magnanime Édouard attendait le fils de l'intré-
» pide Philippe de Valois. »

Le Florentin continua sur ce ton pendant plus d'un quart d'heure. Les paroles sortaient de sa bouche, comme dit Homère, plus serrées et plus abondantes que les neiges qui tombent pendant l'hiver; cependant ses paroles n'étaient pas froides; elles ressemblaient plutôt aux rapides étincelles qui s'échappent d'une forge enflammée, quand les cyclopes frappent les foudres de Jupiter sur l'enclume retentissante.

Ses deux antagonistes furent enfin obligés de le faire taire, en lui avouant qu'il était plus aisé qu'ils ne l'avaient cru, de prodiguer les images gigantesques, et d'appeler le ciel, la terre et les enfers à son secours; mais ils soutinrent que c'était le comble de l'art, de mêler le tendre et le touchant au sublime.

Y a-t-il rien, par exemple, dit l'Oxfordien, de plus moral, et en même temps de plus voluptueux, que de voir Jupiter qui couche avec sa femme sur le mont Ida?

Milord Chesterfield prit alors la parole: Messieurs, dit-il, je vous demande pardon de me mêler de la querelle; peut-être chez les Grecs c'était une chose très intéressante qu'un dieu qui couche avec son épouse sur une montagne; mais je ne vois pas ce qu'on peut trouver là de bien fin et de bien attachant. Je conviendrai avec vous que le fichu qu'il a plu aux commentateurs et aux imitateurs d'appeler la *ceinture de Vénus*, est une image charmante; mais je n'ai jamais compris que ce fût un soporatif, ni comment Junon imaginait de recevoir les caresses du maître des dieux pour le faire dormir. Voilà un plaisant dieu de s'endormir pour si peu de chose! Je vous jure que quand j'étais jeune, je ne m'assoupissais pas si aisément. J'ignore s'il est noble, agréable, intéressant, spirituel et décent, de faire dire par Junon à Jupiter: « Si vous voulez absolument me caresser, allons-nous-en au ciel dans votre appartement, qui est l'ouvrage de Vulcain, et dont la porte ferme si bien qu'aucun des dieux n'y peut entrer. »

Je n'entends pas non plus comment le Sommeil, que Junon prie d'endormir Jupiter, peut être un dieu si éveillé. Il arrive en un moment des îles de Lemnos et d'Imbros au mont Ida: il est beau de partir de deux îles à la fois: de là il monte sur un sapin, il court aussitôt aux vaisseaux des Grecs; il cherche Neptune; il le trouve, il le conjure de donner la victoire ce jour-là à l'armée des Grecs, et il retourne à Lemnos d'un vol rapide. Je n'ai rien vu de si frétillant que ce Sommeil.

Enfin, s'il faut absolument coucher avec quelqu'un dans un poëme épique, j'avoue que j'aime cent fois mieux les rendez-vous d'Alcine avec Roger, et d'Armide avec Renaud.

Venez, mon cher Florentin, me lire ces deux chants admirables de l'Arioste et du Tasse.

Le Florentin ne se fit pas prier. Milord Chesterfield fut enchanté. L'Écossais pendant ce temps-là relisait Fingal; le professeur d'Oxford relisait Homère; et tout le monde était content.

On conclut enfin qu'heureux est celui qui, dégagé de tous les préjugés, est sensible au mérite des anciens et des modernes, apprécie leurs beautés, connaît leurs fautes, et les pardonne.

ANE.

Ajoutons quelque chose à l'article Ane de l'*Encyclopédie*, concernant l'âne de Lucien, qui devint d'or entre les mains d'Apulée. Le plus plaisant de l'aventure est pourtant dans Lucien; et ce plaisant est qu'une dame devint amoureuse de ce monsieur lorsqu'il était âne et n'en voulut plus lorsqu'il ne fut qu'homme. Ces métamorphoses étaient fort communes dans toute l'antiquité. L'âne de Silène avait parlé, et les savants ont cru qu'il s'était expliqué en arabe; c'était probablement un homme changé en âne par le pouvoir de Bacchus; car on sait que Bacchus était Arabe.

Virgile parle de la métamorphose de Mœris en loup comme d'une chose très ordinaire.

« ..... Sæpe lupum fieri, et se condere silvis
» Mœrim.... »

Ecl. VIII, v. 97-98.

Mœris devenu loup se cacha dans les bois.

Cette doctrine des métamorphoses était-elle dérivée des vieilles fables d'Égypte, qui débitèrent que les dieux s'étaient changés en animaux dans la guerre contre les géants?

Les Grecs, grands imitateurs et grands enchérisseurs sur les fables orientales, métamorphosèrent presque tous les dieux en hommes ou en bêtes, pour les faire mieux réussir dans leurs desseins amoureux.

Si les dieux se changeaient en taureaux, en chevaux, en cygnes, en colombes, pourquoi n'aurait-on pas trouvé le secret de faire la même opération sur les hommes?

Plusieurs commentateurs, en oubliant le respect qu'ils devaient aux saintes Écritures, ont cité l'exemple de Nabuchodonosor changé en bœuf; mais c'était un miracle, une vengeance divine, une chose entièrement hors de la sphère de la nature, qu'on ne devait pas examiner avec des yeux profanes, et qui ne peut être l'objet de nos recherches.

D'autres savants, non moins indiscrets peut-être, se sont prévalus de ce qui est rapporté dans l'*Évangile de l'enfance*. Une jeune fille, en Égypte, étant entrée dans la chambre de quelques femmes, y vit un mulet couvert d'une housse de soie, ayant à son cou un pendant d'ébène. Ces femmes lui donnaient des baisers, et lui présentaient à manger en répandant des larmes. Ce mulet était le propre frère de ces femmes. Des magiciennes lui avaient ôté la figure humaine; et le maître de la nature la lui rendit bientôt.

Quoique cet évangile soit apocryphe, la vénération pour le seul nom qu'il porte nous empêche de détailler cette aventure. Elle doit servir seulement à faire voir combien les métamorphoses étaient à la mode dans presque toute la terre. Les chrétiens qui composèrent cet évangile étaient sans doute de bonne foi. Ils ne voulaient point composer un roman; ils rapportaient avec simplicité ce qu'ils avaient entendu dire. L'Église, qui rejeta dans la suite cet évangile avec quarante-neuf autres, n'accusa pas les auteurs d'impiété et de prévarication; ces auteurs obscurs parlaient à la populace selon les préjugés de leur temps. La Chine était peut-être le seul pays exempt de ces superstitions.

L'aventure des compagnons d'Ulysse changés en bêtes par Circé, était beaucoup plus ancienne que le dogme de la métempsycose annoncé en Grèce et en Italie par Pythagore.

Sur quoi se fondent les gens qui prétendent qu'il n'y a point d'erreur universelle qui ne soit l'abus de quelque vérité? Ils disent qu'on n'a vu des charlatans que parce qu'on a vu de vrais médecins, et qu'on n'a cru aux faux prodiges qu'à cause des véritables [a].

Mais avait-on des témoignages certains que des hommes étaient devenus loups, bœufs, ou chevaux, ou ânes? Cette erreur universelle n'avait donc pour principe que l'amour du merveilleux, et l'inclination naturelle pour la superstition.

Il suffit d'une opinion erronée pour remplir l'univers de fables. Un docteur indien voit que les bêtes ont du sentiment et de la mémoire : il conclut qu'elles ont une âme. Les hommes en ont une aussi. Que devient l'âme de l'homme après sa mort? que devient l'âme de la bête? Il faut bien qu'elles logent quelque part. Elles s'en vont dans le premier corps venu qui commence à se former. L'âme d'un brachmane loge dans le corps d'un éléphant, l'âme d'un âne se loge dans le corps d'un petit brachmane. Voilà le dogme de la métempsycose qui s'établit sur un simple raisonnement.

Mais il y a loin de là au dogme de la métamorphose. Ce n'est plus une âme sans logis qui cherche un gîte; c'est un corps qui est changé en un autre corps, son âme demeurant toujours la même. Or, certainement nous n'avons dans la nature aucun exemple d'un pareil tour de gobelets.

Cherchons donc quelle peut être l'origine d'une opinion si extravagante et si générale. Sera-t-il arrivé qu'un père ayant dit à son fils plongé dans de sales débauches et dans l'ignorance, « Tu es un » cochon, un cheval, un âne; » ensuite l'ayant mis en pénitence avec un bonnet d'âne sur la tête, une servante du voisinage aura dit que ce jeune homme a été changé en âne en punition de ses fautes? Ses voisines l'auront redit à d'autres voisines, et de bouche en bouche ces histoires, accompagnées de mille circonstances, auront fait le tour du monde. Une équivoque aura trompé toute la terre.

Avouons donc encore ici, avec Boileau, que l'équivoque a été la mère de la plupart de nos sottises.

Joignez à cela le pouvoir de la magie, reconnu incontestable chez toutes les nations; et vous ne serez plus étonné de rien [b].

Encore un mot sur les ânes. On dit qu'ils sont guerriers en Mésopotamie, et que Mervan, le vingt et unième calife, fut surnommé l'*âne* pour sa valeur.

[a] Voyez les *Remarques sur les pensées de Pascal*. (Dans les *Mélanges*, année 1728.)

[b] Voyez l'article MAGIE.

Le patriarche Photius rapporte dans l'extrait de la *Vie d'Isidore*, qu'Ammonius avait un âne qui se connaissait très bien en poésie, et qui abandonnait son râtelier pour aller entendre des vers.

La fable de Midas vaut mieux que le conte de Photius.

DE L'ANE DE MACHIAVEL.

On connaît peu l'âne de Machiavel. Les dictionnaires qui en parlent disent que c'est un ouvrage de sa jeunesse; il paraît pourtant qu'il était dans l'âge mûr, puisqu'il parle des malheurs qu'il a essuyés autrefois et très long-temps. L'ouvrage est une satire de ses contemporains. L'auteur voit beaucoup de Florentins, dont l'un est changé en chat, l'autre en dragon, celui-ci en chien qui aboie à la lune, cet autre en renard qui ne s'est pas laissé prendre. Chaque caractère est peint sous le nom d'un animal. Les factions des Médicis et de leurs ennemis y sont figurées sans doute; et qui aurait la clef de cette apocalypse comique, saurait l'histoire secrète du pape Léon x et des troubles de Florence. Ce poëme est plein de morale et de philosophie. Il finit par de très bonnes réflexions d'un gros cochon, qui parle à peu près ainsi à l'homme :

Animaux à deux pieds, sans vêtements, sans armes,
Point d'ongle, un mauvais cuir, ni plume, ni toison,
Vous pleurez en naissant, et vous avez raison :
Vous prévoyez vos maux; ils méritent vos larmes.
Les perroquets et vous ont le don de parler.
La nature vous fit des mains industrieuses;
Mais vous fit-elle, hélas! des âmes vertueuses?
Et quel homme en ce point nous pourrait égaler?
L'homme est plus vil que nous, plus méchant, plus sauvage :
Poltrons ou furieux, dans le crime plongés,
Vous éprouvez toujours ou la crainte ou la rage.
Vous tremblez de mourir et vous vous égorgez.
Jamais de porc à porc on ne vit d'injustices.
Notre bauge est pour nous le temple de la paix.
Ami, que le bon Dieu me préserve à jamais
De redevenir homme et d'avoir tous tes vices!

Ceci est l'original de la satire de l'homme que fit Boileau, et de la fable des compagnons d'Ulysse, écrite par La Fontaine. Mais il est très vraisemblable que ni La Fontaine ni Boileau n'avaient entendu parler de l'âne de Machiavel.

DE L'ANE DE VÉRONE.

Il faut être vrai, et ne point tromper son lecteur. Je ne sais pas bien positivement si l'âne de Vérone subsiste encore dans toute sa splendeur, parce que je ne l'ai pas vu : mais les voyageurs qui l'ont vu, il y a quarante ou cinquante ans, s'accordent à dire que ses reliques étaient renfermées dans le ventre d'un âne artificiel fait exprès; qu'il était sous la garde de quarante moines du couvent de Notre-Dame-des-Orgues, à Vérone, et qu'on le portait en procession deux fois l'an. C'était une des plus anciennes reliques de la ville. La tradition disait que cet âne, ayant porté[a] notre Seigneur dans son entrée à Jérusalem, n'avait plus voulu vivre en cette ville; qu'il avait marché sur la mer aussi endurcie que sa corne; qu'il avait pris son chemin par Chypre, Rhodes, Candie, Malte, et la Sicile; que de là il était venu séjourner à Aquiléo; et qu'enfin il s'établit à Vérone, où il vécut très long-temps.

Ce qui donna lieu à cette fable, c'est que la plupart des ânes ont une espèce de croix noire sur le dos. Il y eut apparemment quelque vieil âne aux environs de Vérone, chez qui la populace remarqua une plus belle croix qu'à ses confrères : une bonne femme ne manqua pas de dire que c'était celui qui avait servi de monture à l'entrée dans Jérusalem; on fit de magnifiques funérailles à l'âne. La fête de Vérone s'établit; elle passa de Vérone dans les autres pays; elle fut surtout célébrée en France; on chanta la prose de l'âne à la messe.

« Orientis partibus
» Adventavit asinus,
» Pulcher et fortissimus. »

Une fille représentant la sainte Vierge allant en Égypte montait sur un âne, et, tenant un enfant entre ses bras, conduisait une longue procession. Le prêtre, à la fin de la messe[b], au lieu de dire : *Ite, missa est*, se mettait à braire trois fois de toute sa force; et le peuple répondait en chœur.

Nous avons des livres sur la fête de l'âne et sur celle des fous; ils peuvent servir à l'histoire universelle de l'esprit humain.

ANGE.

SECTION PREMIÈRE.

Anges des Indiens, des Perses, etc.

L'auteur de l'article Ange, dans l'*Encyclopédie*, dit que « toutes les religions ont admis l'existence des anges, quoique la raison naturelle ne » la démontre pas. »

Nous n'avons point d'autre raison que la naturelle. Ce qui est surnaturel est au-dessus de la raison. Il fallait dire (si je ne me trompe) que plusieurs religions, et non pas *toutes*, ont reconnu des anges. Celle de *Numa*, celle du sabisme, celle des druides, celle de la Chine, celle des Scythes,

[a] Voyez *Misson*, tome I, pages 101 et 102.

[b] Voyez *Ducange*, et l'*Essai sur les mœurs et l'esprit des nations*, chap. XLV et LXXXII, et ci-après l'article Kalendes.

celle des anciens Phéniciens et des anciens Égyptiens, n'admirent point les anges.

Nous entendons par ce mot, des ministres de Dieu, des députés, des êtres mitoyens entre Dieu et les hommes, envoyés pour nous signifier ses ordres.

Aujourd'hui, en 1772, il y a juste quatre mille huit cent soixante et dix-huit ans que les brachmanes se vantent d'avoir par écrit leur première loi sacrée, intitulée le *Shasta*, quinze cents ans avant leur seconde loi, nommée *Veidam*, qui signifie *la parole de Dieu*. Le *Shasta* contient cinq chapitres : le premier, *de Dieu et de ses attributs*; le second, *de la création des anges*; le troisième, *de la chute des anges*; le quatrième, *de leur punition*; le cinquième, *de leur pardon, et de la création de l'homme.*

Il est utile de remarquer d'abord la manière dont ce livre parle de Dieu.

PREMIER CHAPITRE DU SHASTA.

« Dieu est un; il a créé tout; c'est une sphère » parfaite sans commencement ni fin. Dieu conduit » toute la création par une providence générale » résultante d'un principe déterminé. Tu ne re» chercheras point à découvrir l'essence et la na» ture de l'Éternel, ni par quelles lois il gouverne; » une telle entreprise est vaine et criminelle; c'est » assez que jour et nuit tu contemples dans ses ou» vrages sa sagesse, son pouvoir, et sa bonté. »

Après avoir payé à ce début du *Shasta* le tribut d'admiration que nous lui devons, voyons la création des anges.

SECOND CHAPITRE DU SHASTA.

« L'Éternel, absorbé dans la contemplation de » sa propre existence, résolut, dans la plénitude » des temps, de communiquer sa gloire et son es» sence à des êtres capables de sentir et de parta» ger sa béatitude, comme de servir à sa gloire. » L'Éternel voulut, et ils furent. Il les forma en » partie de son essence, capables de perfection et » d'imperfection, selon leur volonté.

» L'Éternel créa d'abord Birma, Vitsnou et Sib; » ensuite Mozazor et toute la multitude des anges. » L'Éternel donna la prééminence à Birma, à » Vitsnou et à Sib. Birma fut le prince de l'armée » angélique; Vitsnou et Sib furent ses coadjuteurs. » L'Éternel divisa l'armée angélique en plusieurs » bandes, et leur donna à chacune un chef. Ils » adorèrent l'Éternel, rangés autour de son trône, » chacun dans le degré assigné. L'harmonie fut » dans les cieux. Mozazor, chef de la première » bande, entonna le cantique de louange et d'a» doration au Créateur, et la chanson d'obéissance » à Birma, sa première créature; et l'Éternel se » réjouit dans sa nouvelle création. »

CHAP. III. DE LA CHUTE D'UNE PARTIE DES ANGES.

« Depuis la création de l'armée céleste, la joie » et l'harmonie environnèrent le trône de l'Éter» nel dans l'espace de mille ans, multipliés par » mille ans, et auraient duré jusqu'à ce que le » temps ne fût plus, si l'envie n'avait pas saisi Mo» zazor et d'autres princes des bandes angéliques. » Parmi eux était Raabou, le premier en dignité » après Mozazor. Immémorants du bonheur de leur » création et de leur devoir, ils rejetèrent le pou» voir de perfection, et exercèrent le pouvoir d'im» perfection. Ils firent le mal à l'aspect de l'Éternel; » ils lui désobéirent, et refusèrent de se soumettre » au lieutenant de Dieu, et à ses associés Vitsnou » et Sib; et ils dirent, Nous voulons gouverner; et » sans craindre la puissance et la colère de leur » créateur, ils répandirent leurs principes sédi» tieux dans l'armée céleste. Ils séduisirent les an» ges, et entraînèrent une grande multitude dans » la rébellion; et elle s'éloigna du trône de l'Éter» nel; et la tristesse saisit les esprits angéliques fi» dèles, et la douleur fut connue pour la première » fois dans le ciel. »

CHAP. IV. CHATIMENT DES ANGES COUPABLES.

« L'Éternel, dont la toute-science, la prescience » et l'influence s'étend sur toutes choses, excepté » sur l'action des êtres qu'il a créés libres, vit avec » douleur et colère la défection de Mozazor, de » Raabon, et des autres chefs des anges.

» Miséricordieux dans son courroux, il envoya » Birma, Vitsnou et Sib, pour leur reprocher leur » crime et pour les porter à rentrer dans leur de» voir; mais confirmés dans leur esprit d'indépen» dance, ils persistèrent dans la révolte. L'Éternel » alors commanda à Sib de marcher contre eux, » armé de la toute-puissance, et de les précipiter » du lieu *éminent* dans le lieu de *ténèbres*, dans » l'*Ondéra*, pour y être punis pendant mille ans, » multipliés par mille ans. »

PRÉCIS DU CINQUIÈME CHAPITRE.

Au bout de mille ans, Birma, Vitsnou et Sib sollicitèrent la clémence de l'Éternel en faveur des délinquants. L'Éternel daigna les délivrer de la prison de l'*Ondéra*, et les mettre dans un état de probation pendant un grand nombre de révolutions du soleil. Il y eut encore des rébellions contre Dieu dans ce temps de pénitence.

Ce fut dans un de ces périodes que Dieu créa la terre; les anges pénitents y subirent plusieurs métempsycoses; une des dernières fut leur changement en vaches. C'est de là que les vaches devinrent sacrées dans l'Inde. Et enfin ils furent métamorphosés en hommes. De sorte que le système des Indiens sur les anges est précisément celui du jésuite Bougeant, qui prétend que les corps des bêtes sont habités par des anges pécheurs. Ce que les brachmanes avaient inventé sérieusement, Bougeant l'imagina plus de quatre mille ans après par plaisanterie; si pourtant ce badinage n'était pas en lui un reste de superstition mêlé avec l'esprit systématique, ce qui est arrivé assez souvent.

Telle est l'histoire des anges chez les anciens brachmanes, qu'ils enseignent encore depuis environ cinquante siècles. Nos marchands qui ont trafiqué dans l'Inde n'en ont jamais été instruits; nos missionnaires ne l'ont pas été davantage; et les brames, qui n'ont jamais été édifiés, ni de leur science, ni de leurs mœurs, ne leur ont point communiqué leurs secrets. Il a fallu qu'un Anglais, nommé M. Holwell, ait habité trente ans à Bénarès sur le Gange, ancienne école des brachmanes; qu'il ait appris l'ancienne langue sacrée du *Hanscrit*, et qu'il ait lu les anciens livres de la religion indienne, pour enrichir enfin notre Europe de ces connaissances singulières : comme M. Sale avait demeuré long-temps en Arabie pour nous donner une traduction fidèle de l'*Alcoran*, et des lumières sur l'ancien sabisme, auquel a succédé la religion musulmane : de même encore que M. Hyde a recherché pendant vingt années, en Perse, tout ce qui concerne la religion des mages.

DES ANGES DES PERSES.

Les Perses avaient trente et un anges. Le premier de tous, et qui est servi par quatre autres anges, s'appelle Bahaman; il a l'inspection de tous les animaux, excepté de l'homme, sur qui Dieu s'est réservé une juridiction immédiate.

Dieu préside au jour où le soleil entre dans le bélier, et ce jour est un jour de sabbat; ce qui prouve que la fête du sabbat était observée chez les Perses dans les temps les plus anciens.

Le second ange préside au huitième jour, et s'appelle Débadur.

Le troisième est Kur, dont on a fait depuis probablement Cyrus; et c'est l'ange du soleil.

Le quatrième s'appelle Ma, et il préside à la lune.

Ainsi chaque ange a son district. C'est chez les Perses que la doctrine de l'ange gardien et du mauvais ange fut d'abord reconnue. On croit que Raphael était l'ange gardien de l'empire persan.

DES ANGES CHEZ LES HÉBREUX.

Les Hébreux ne connurent jamais la chute des anges jusqu'aux premiers temps de l'ère chrétienne. Il faut qu'alors cette doctrine secrète des anciens brachmanes fût parvenue jusqu'à eux : car ce fut dans ce temps qu'on fabriqua le livre attribué à Énoch, touchant les anges pécheurs chassés du ciel.

Énoch devait être un auteur fort ancien, puisqu'il vivait, selon les Juifs, dans la septième génération avant le déluge : mais puisque Seth, plus ancien encore que lui, avait laissé des livres aux Hébreux, ils pouvaient se vanter d'en avoir aussi d'Énoch. Voici donc ce qu'Énoch écrivit selon eux :

« Le nombre des hommes s'étant prodigieusement » accru, ils eurent de très belles filles; les anges, » les brillants, *Egregori*, en devinrent amoureux, » et furent entraînés dans beaucoup d'erreurs. Ils » s'animèrent entre eux, ils se dirent : Choisissons-nous des femmes parmi les filles des hommes » de la terre. Semiaxas leur prince dit : Je crains » que vous n'osiez pas accomplir un tel dessein, » et que je ne demeure seul chargé du crime. Tous » répondirent : Fesons serment d'exécuter notre » dessein, et dévouons-nous à l'anathème si nous » y manquons. Ils s'unirent donc par serment et » firent des imprécations. Ils étaient au nombre de » deux cents. Ils partirent ensemble, du temps de » Jared, et allèrent sur la montagne appelée Hermonim à cause de leur serment. Voici le nom » des principaux : Semiaxas, Atarcuph, Araciel, » Chobabiel, Sampsich, Zaciel, Pharmar, Thausael, Samiel, Tyriel, Jumiel.

» Eux et les autres prirent des femmes l'an onze » cent soixante et dix de la création du monde. De » ce commerce naquirent trois genres d'hommes, » les géants, *Naphelim*, etc. »

L'auteur de ce fragment écrit de ce style qui semble appartenir aux premiers temps; c'est la même naïveté. Il ne manque pas de nommer les personnages; il n'oublie pas les dates; point de réflexions, point de maximes : c'est l'ancienne manière orientale.

On voit que cette histoire est fondée sur le sixième chapitre de la *Genèse* : « Or, en ce temps » il y avait des géants sur la terre; car les enfants » de Dieu ayant eu commerce avec les filles des » hommes, elles enfantèrent les puissances du siècle. »

Le livre d'*Énoch* et la *Genèse* sont entièrement d'accord sur l'accouplement des anges avec les filles des hommes, et sur la race des géants qui en naquit : mais ni cet *Énoch* ni aucun livre de l'ancien *Testament* ne parle de la guerre des anges contre Dieu, ni de leur défaite, ni de leur chute dans l'enfer, ni de leur haine contre le genre humain.

Presque tous les commentateurs de l'ancien *Testament* disent unanimement qu'avant la captivité de Babylone les Juifs ne surent le nom d'aucun ange. Celui qui apparut à Manué, père de Samson, ne voulut point dire le sien.

Lorsque les trois anges apparurent à Abraham, et qu'il fit cuire un veau entier pour les régaler, ils ne lui apprirent point leurs noms. L'un d'eux lui dit : « Je viendrai vous voir, si Dieu me donne » vie, l'année prochaine, et Sara votre femme » aura un fils. »

Dom Calmet trouve un très grand rapport entre cette histoire et la fable qu'Ovide raconte dans ses *Fastes*, de Jupiter, de Neptune et de Mercure, qui, ayant soupé chez le vieillard Hyrieus, et le voyant affligé de ne pouvoir faire des enfants, pissèrent sur le cuir du veau qu'Hyrieus leur avait servi, et ordonnèrent à Hyrieus d'enfouir sous terre et d'y laisser pendant neuf mois ce cuir arrosé de l'urine céleste. Au bout de neuf mois, Hyrieus découvrit son cuir; il y trouva un enfant qu'on appela Orion, et qui est actuellement dans le ciel. Calmet dit même que les termes dont se servirent les anges avec Abraham, peuvent se traduire ainsi : « Il naîtra un fils de votre » veau. »

Quoi qu'il en soit, les anges ne dirent point leur nom à Abraham; ils ne le dirent pas même à Moïse; et nous ne voyons le nom de Raphael que dans Tobie, du temps de la captivité. Tous les autres noms d'anges sont pris évidemment des Chaldéens et des Perses. Raphael, Gabriel, Uriel, etc., sont persans et babyloniens. Il n'y a pas jusqu'au nom d'Israël qui ne soit chaldéen. Le savant juif Philon le dit expressément dans le récit de sa députation vers Caligula (avant-propos).

Nous ne répéterons point ici ce qu'on a dit ailleurs des anges.

SAVOIR SI LES GRECS ET LES ROMAINS ADMIRENT DES ANGES.

Ils avaient assez de dieux et de demi-dieux pour se passer d'autres êtres subalternes. Mercure fesait les commissions de Jupiter, Iris celles de Junon; cependant ils admirent encore des génies, des démons. La doctrine des anges gardiens fut mise en vers par Hésiode, contemporain d'Homère. Voici comme il s'explique dans le poëme *des Travaux et des Jours :*

Dans les temps bienheureux de Saturne et de Rhée,
Le mal fut inconnu, la fatigue ignorée;
Les dieux prodiguaient tout : les humains satisfaits,
Ne se disputant rien, forcés de vivre en paix,
N'avaient point corrompu leurs mœurs inaltérables.
La mort, l'affreuse mort, si terrible aux coupables,
N'était qu'un doux passage, en ce séjour mortel,
Des plaisirs de la terre aux délices du ciel.
Les hommes de ces temps sont nos heureux génies,
Nos démons fortunés, les soutiens de nos vies;
Ils veillent près de nous; ils voudraient de nos cœurs
Écarter, s'il se peut, le crime et les douleurs, etc.

Plus on fouille dans l'antiquité, plus on voit combien les nations modernes ont puisé tour à tour dans ces mines aujourd'hui presque abandonnées. Les Grecs, qui ont si long-temps passé pour inventeurs, avaient imité l'Égypte, qui avait copié les Chaldéens, qui devaient presque tout aux Indiens. La doctrine des anges gardiens, qu'Hésiode avait si bien chantée, fut ensuite sophistiquée dans les écoles; c'est tout ce qu'elles purent faire. Chaque homme eut son bon et son mauvais génie, comme chacun eut son étoile.

« Est genius, natale comes qui temperat astrum. »
Hor., lib. II, ep. II, v. 184!

Socrate, comme on sait, avait un bon ange : mais il faut que ce soit le mauvais qui l'ait conduit. Ce ne peut être qu'un très mauvais ange qui engage un philosophe à courir de maison en maison pour dire aux gens, par demande et par réponse, que le père et la mère, le précepteur et le petit garçon, sont des ignorants et des imbéciles. L'ange gardien a bien de la peine alors à garantir son protégé de la ciguë.

On ne connaît de Marcus Brutus que son mauvais ange, qui lui apparut avant la bataille de Philippes.

SECTION II.

La doctrine des anges est une des plus anciennes du monde, elle a précédé celle de l'immortalité de l'âme : cela n'est pas étrange. Il faut de la philosophie pour croire immortelle l'âme de l'homme mortel : il ne faut que de l'imagination et de la faiblesse pour inventer des êtres supérieurs à nous, qui nous protégent ou qui nous persécutent. Cependant il ne paraît pas que les anciens Égyptiens eussent aucune notion de ces êtres célestes, revêtus d'un corps éthéré, et ministres des ordres d'un Dieu. Les anciens Babyloniens furent les premiers qui admirent cette théologie. Les livres hébreux emploient les anges dès le premier livre de la *Genèse;* mais la *Genèse* ne fut écrite que lorsque les Chaldéens étaient une nation déjà puissante; et ce ne fut même que dans la captivité à Babylone, plus de mille ans après Moïse, que les Juifs apprirent les noms de Gabriel, de Raphael, Michael, Uriel, etc., qu'on donnait aux anges. C'est une chose très singulière que les religions judaïque et chrétienne étant fondées sur la chute d'Adam, cette chute étant fondée sur la tentation du mauvais ange, du diable, cependant il ne soit pas dit un seul mot dans le *Pentateuque* de l'existence des mauvais anges, encore moins de leur punition et de leur demeure dans l'enfer.

La raison de cette omission est évidente; c'est que les mauvais anges ne leur furent connus que dans la captivité à Babylone; c'est alors qu'il commence à être question d'Asmodée, que Raphael alla enchaîner dans la Haute-Égypte; c'est alors que les Juifs entendent parler de *Satan*. Ce mot *Satan* était chaldéen, et le livre de Job, habitant de Chaldée, est le premier qui en fasse mention.

Les anciens Perses disaient que Satan était un génie qui avait fait la guerre aux *Dives* et aux *Péris*, c'est-à-dire aux fées.

Ainsi, selon les règles ordinaires de la probabilité, il serait permis à ceux qui ne se serviraient que de leur raison, de penser que c'est dans cette théologie qu'on a enfin pris l'idée, chez les Juifs et les chrétiens, que les mauvais anges avaient été chassés du ciel, et que leur prince avait tenté Ève sous la figure d'un serpent.

On a prétendu qu'Isaïe (dans son chapitre XIV, v. 12) avait cette allégorie en vue quand il dit : « Quomodo cecidisti de cœlo, Lucifer, qui mane » oriebaris? » « Comment es-tu tombé du ciel, » astre de lumière, qui te levais au matin? »

C'est même ce verset latin, traduit d'Isaïe, qui a procuré au diable le nom de Lucifer. On n'a pas songé que Lucifer signifie celui qui répand la lumière. On a encore moins réfléchi aux paroles d'Isaïe. Il parle du roi de Babylone détrôné, et, par une figure commune, il lui dit : Comment es-tu tombé des cieux, astre éclatant?

Il n'y a pas d'apparence qu'Isaïe ait voulu établir par ce trait de rhétorique la doctrine des anges précipités dans l'enfer : aussi ce ne fut guère que dans le temps de la primitive Église chrétienne, que les Pères et les rabbins s'efforcèrent d'encourager cette doctrine, pour sauver ce qu'il y avait d'incroyable dans l'histoire d'un serpent qui séduisit la mère des hommes, et qui, condamné pour cette mauvaise action à marcher sur le ventre, a depuis été l'ennemi de l'homme, qui tâche toujours de l'écraser, tandis que celui-ci tâche toujours de le mordre. Des substances célestes, précipitées dans l'abîme, qui en sortent pour persécuter le genre humain, ont paru quelque chose de plus sublime.

On ne peut prouver, par aucun raisonnement, que ces puissances célestes et infernales existent; mais aussi on ne saurait prouver qu'elles n'existent pas. Il n'y a certainement aucune contradiction à reconnaître des substances bienfesantes et malignes, qui ne soient ni de la nature de Dieu ni de la nature des hommes; mais il ne suffit pas qu'une chose soit possible pour la croire.

Les anges qui présidaient aux nations chez les Babyloniens et chez les Juifs, sont précisément ce qu'étaient les dieux d'Homère, des êtres célestes subordonnés à un être suprême. L'imagination qui a produit les uns a probablement produit les autres. Le nombre des dieux inférieurs s'accru t avec la religion d'Homère. Le nombre des anges s'augmenta chez les chrétiens avec le temps.

Les auteurs connus sous le nom de Denis l'aréopagite et de Grégoire Ier fixèrent le nombre des anges à neuf chœurs dans trois hiérarchies : la première, des *séraphins*, des *chérubins*, et des *trônes*; la seconde, des *dominations*, des *vertus*, et des *puissances*; la troisième, des *principautés*, des *archanges*, et enfin des *anges*, qui donnent la dénomination à tout le reste. Il n'est guère permis qu'à un pape de régler ainsi les rangs dans le ciel.

SECTION III.

Ange, en grec, *envoyé*; on n'en sera guère plus instruit quand on saura que les Perses avaient des *Péris*, les Hébreux des *Malakim*, les Grecs leurs *Daimonoi*.

Mais ce qui nous instruira peut-être davantage, ce sera qu'une des premières idées des hommes a toujours été de placer des êtres intermédiaires entre la Divinité et nous; ce sont ces démons, ces génies que l'antiquité inventa; l'homme fit toujours les dieux à son image. On voyait les princes signifier leurs ordres par des messagers, donc la Divinité envoie aussi ses courriers : Mercure, Iris, étaient des courriers, des messagers.

Les Hébreux, ce seul peuple conduit par la Divinité même, ne donnèrent point d'abord de noms aux anges que Dieu daignait enfin leur envoyer; ils empruntèrent les noms que leur donnaient les Chaldéens, quand la nation juive fut captive dans la Babylonie; Michel et Gabriel sont nommés pour la première fois par Daniel, esclave chez ces peuples. Le Juif Tobie, qui vivait à Ninive, connut l'ange Raphael qui voyagea avec son fils pour l'aider à retirer de l'argent que lui devait le Juif Gabael.

Dans les lois des Juifs, c'est-à-dire dans le *Lévitique* et le *Deutéronome*, il n'est pas fait la moindre mention de l'existence des anges, à plus forte raison de leur culte; aussi les saducéens ne croyaient-ils point aux anges.

Mais dans les histoires des Juifs il en est beaucoup parlé. Ces anges étaient corporels, ils avaient des ailes au dos, comme les gentils feignirent que Mercure en avait aux talons; quelquefois ils cachaient leurs ailes sous leurs vêtements. Comment n'auraient-ils pas eu de corps, puisqu'ils buvaient et mangeaient, et que les habitants de Sodome voulurent commettre le péché de la pédérastie avec les anges qui allèrent chez Loth?

L'ancienne tradition juive, selon Ben Maimon, admet dix degrés, dix ordres d'anges. 1. Les *chaios acodesh*, purs, saints. 2. Les *ofamin*, rapides. 3. Les *oralim*, les forts. 4. Les *chasmalim*, les flammes. 5. Les *seraphim*; étincelles. 6. Les *malakim*, anges, messagers, députés. 7. Les *eloim*, les dieux ou juges. 8. Les *ben eloim*, enfants des dieux. 9. *Cherubim*, images. 10. *Ychim*, les animés.

L'histoire de la chute des anges ne se trouve point dans les livres de Moïse; le premier témoignage qu'on en rapporte est celui du prophète Isaïe, qui, apostrophant le roi de Babylone, s'écrie : Qu'est devenu l'exacteur des tributs? les sapins et les cèdres se réjouissent de sa chute; comment es-tu tombé du ciel, ô Hellel, étoile du matin? On a traduit cet *Hellel* par le mot latin *Lucifer*; et ensuite, par un sens allégorique, on a donné le nom de *Lucifer* au prince des anges qui firent la guerre dans le ciel; et enfin ce nom, qui signifie *phosphore* et *aurore*, est devenu le nom du diable.

La religion chrétienne est fondée sur la chute des anges. Ceux qui se révoltèrent furent précipités des sphères qu'ils habitaient dans l'enfer au centre de la terre, et devinrent diables. Un diable tenta Ève sous la figure d'un serpent, et damna le genre humain. Jésus vint racheter le genre humain, et triompher du diable, qui nous tente encore. Cependant cette tradition fondamentale ne se trouve que dans le livre apocryphe d'Énoch; et encore y est-elle d'une manière toute différente de la tradition reçue.

Saint Augustin, dans sa cent neuvième lettre, ne fait nulle difficulté d'attribuer des corps déliés et agiles aux bons et aux mauvais anges. Le pape Grégoire Ier a réduit à neuf chœurs, à neuf hiérarchies ou ordres, les dix chœurs des anges reconnus par les Juifs.

Les Juifs avaient dans leur temple deux chérubins ayant chacun deux têtes, l'une de bœuf et l'autre d'aigle, avec six ailes. Nous les peignons aujourd'hui sous l'image d'une tête volante, ayant deux petites ailes au-dessous des oreilles. Nous peignons les anges et les archanges sous la figure de jeunes gens, ayant deux ailes au dos. A l'égard des trônes et des dominations, on ne s'est pas encore avisé de les peindre.

Saint Thomas, à la question CVIII, article 2, dit que les trônes sont aussi près de Dieu que les chérubins et les séraphins, parce que c'est sur eux que Dieu est assis. Scot a compté mille millions d'anges. L'ancienne mythologie des bons et des mauvais génies ayant passé de l'Orient en Grèce et à Rome, nous consacrâmes cette opinion, en admettant pour chaque homme un bon et un mauvais ange, dont l'un l'assiste, et l'autre lui nuit depuis sa naissance jusqu'à sa mort; mais on ne sait pas encore si ces bons et mauvais anges passent continuellement de leur poste à un autre, ou s'ils sont relevés par d'autres. Consultez sur cet article la *Somme* de saint Thomas.

On ne sait pas précisément où les anges se tiennent, si c'est dans l'air, dans le vide, dans les planètes : Dieu n'a pas voulu que nous en fussions instruits.

ANNALES.

Que de peuples ont subsisté long-temps et subsistent encore sans annales! Il n'y en avait dans l'Amérique entière, c'est-à-dire dans la moitié de notre globe, qu'au Mexique et au Pérou; encore n'étaient-elles pas fort anciennes. Et des cordelettes nouées ne sont pas des livres qui puissent entrer dans de grands détails.

Les trois quarts de l'Afrique n'eurent jamais d'annales : et encore aujourd'hui chez les nations les plus savantes, chez celles même qui ont le plus usé et abusé de l'art d'écrire, on peut compter toujours, du moins jusqu'à présent, quatre-vingt-dix-neuf parties du genre humain sur cent qui ne savent pas ce qui s'est passé chez elles au-delà de quatre générations, et qui à peine connaissent le nom d'un bisaïeul. Presque tous les habitants des bourgs et des villages sont dans ce cas; très peu de familles ont des titres de leurs possessions. Lorsqu'il s'élève des procès sur les limites d'un champ ou d'un pré, le juge décide suivant le rapport des vieillards : le titre est la possession. Quelques grands événements se transmettent des pères aux enfants, et s'altèrent entièrement en passant de bouche en bouche; ils n'ont point d'autres annales.

Voyez tous les villages de notre Europe si policée, si éclairée, si remplie de bibliothèques immenses, et qui semble gémir aujourd'hui sous l'amas énorme des livres. Deux hommes tout au plus par village, l'un portant l'autre, savent lire et écrire. La société n'y perd rien. Tous les travaux s'exécutent, on bâtit, on plante, on sème, on recueille, comme on fesait dans les temps les plus reculés. Le laboureur n'a pas seulement le loisir de regretter qu'on ne lui ait pas appris à consumer quelques heures de la journée dans la lecture. Cela prouve que le genre humain n'avait pas besoin de monuments historiques pour cultiver les arts véritablement nécessaires à la vie.

Il ne faut pas s'étonner que tant de peuplades manquent d'annales, mais que trois ou quatre nations en aient conservé qui remontent à cinq mille ans ou environ, après tant de révolutions qui ont bouleversé la terre. Il ne reste pas une ligne des anciennes annales égyptiennes, chaldéennes, persanes, ni de celles des Latins et des Étrusques. Les seules annales un peu antiques sont les indiennes, les chinoises, les hébraïques[a].

Nous ne pouvons appeler *annales* des morceaux d'histoire vagues et décousus, sans aucune date, sans suite, sans liaison, sans ordre; ce sont des énigmes proposées par l'antiquité à la postérité qui n'y entend rien.

Nous n'osons assurer que Sanchoniathon, qui vivait, dit-on, avant le temps où l'on place Moïse[b], ait composé des annales. Il aura probablement borné ses recherches à sa cosmogonie, comme fit depuis Hésiode en Grèce. Nous ne proposons cette opinion que comme un doute, car nous n'écrivons que pour nous instruire, et non pour enseigner.

Mais ce qui mérite la plus grande attention, c'est que Sanchoniathon cite les livres de l'Égyptien Thaut, qui vivait, dit-il, huit cents ans avant lui. Or, Sanchoniathon écrivait probablement dans le siècle où l'on place l'aventure de Joseph en Égypte.

Nous mettons communément l'époque de la promotion du Juif Joseph au premier ministère d'Égypte à l'an 2300 de la création.

Si les livres de Thaut furent écrits huit cents ans auparavant, ils furent donc écrits l'an 1500 de la création. Leur date était donc de cent cinquante-six ans avant le déluge. Ils auraient donc été gravés sur la pierre, et se seraient conservés dans l'inondation universelle.

Une autre difficulté, c'est que Sanchoniathon ne parle point du déluge, et qu'on n'a jamais cité aucun auteur égyptien qui en eût parlé. Mais ces difficultés s'évanouissent devant la *Genèse* inspirée par l'Esprit saint.

Nous ne prétendons point nous enfoncer ici dans le chaos que quatre-vingts auteurs ont voulu débrouiller en inventant des chronologies différentes; nous nous en tenons toujours à l'ancien *Testament*. Nous demandons seulement si du temps de Thaut on écrivait en hiéroglyphes ou en caractères alphabétiques;

Si on avait déjà quitté la pierre et la brique pour du vélin ou quelque autre matière;

Si Thaut écrivit des annales ou seulement une cosmogonie;

S'il y avait déjà quelques pyramides bâties du temps de Thaut;

Si la Basse-Égypte était déjà habitée;

Si on avait pratiqué des canaux pour recevoir les eaux du Nil;

Si les Chaldéens avaient déjà enseigné les arts aux Égyptiens, et si les Chaldéens les avaient reçus des brachmanes.

Il y a des gens qui ont résolu toutes ces questions. Sur quoi un homme d'esprit et de bon sens disait un jour d'un grave docteur : « Il faut que » cet homme-là soit un grand ignorant, car il ré» pond à tout ce qu'on lui demande. »

ANNATES.

A cet article du *Dictionnaire encyclopédique*, savamment traité, comme le sont tous les objets de jurisprudence dans ce grand et important ouvrage, on peut ajouter que l'époque de l'établissement des annates étant incertaine, c'est une preuve que l'exaction des annates n'est qu'une usurpation, une coutume tortionnaire. Tout ce qui n'est pas fondé sur une loi authentique est un abus. Tout abus doit être réformé, à moins que la réforme ne soit plus dangereuse que l'abus même. L'usurpation commence par se mettre peu à peu en possession : l'équité, l'intérêt public, jettent des cris et réclament. La politique vient, qui ajuste comme elle peut l'usurpation avec l'équité; et l'abus reste.

A l'exemple des papes, dans plusieurs diocèses les évêques, les chapitres et les archidiacres établirent des annates sur les cures. Cette exaction se nomme *droit de déport* en Normandie. La politique n'ayant aucun intérêt à maintenir ce pillage, il fut aboli en plusieurs endroits; il subsiste en d'autres : tant le culte de l'argent est le premier culte!

En 1409, au concile de Pise, le pape Alexandre V renonça expressément aux annates; Charles VII les condamna par un édit du mois d'avril 1418; le concile de Basle les déclara simoniaques; et la pragmatique sanction les abolit de nouveau.

François Ier, suivant un traité particulier qu'il avait fait avec Léon X, qui ne fut point inséré

[a] Voyez l'article HISTOIRE.

[b] On a dit (voyez l'article ADAM) que si Sanchoniathon avait vécu du temps de Moïse, ou après lui, l'évêque de Césarée Eusèbe, qui cite plusieurs de ses fragments, aurait indubitablement cité ceux où il eût été fait mention de Moïse et des prodiges épouvantables qui avaient étonné la nature. Sanchoniathon n'aurait pas manqué d'en parler : Eusèbe aurait fait valoir son témoignage, il aurait prouvé l'existence de Moïse par l'aveu authentique d'un savant contemporain, d'un homme qui écrivait dans un pays où les Juifs se signalaient tous les jours par des miracles. Eusèbe ne cite jamais Sanchoniathon sur les actions de Moïse. Donc Sanchoniathon avait écrit auparavant. On le présume, mais avec la défiance que tout homme doit avoir de son opinion, excepté quand il ose assurer que deux et deux font quatre.

dans le concordat, permit au pape de lever ce tribut, qui lui produisit chaque année, sous le règne de ce prince, cent mille écus de ce temps-là, suivant le calcul qu'en fit alors Jacques Cappel, avocat-général au parlement de Paris.

Les parlements, les universités, le clergé, la nation entière, réclamaient contre cette exaction; et Henri II, cédant enfin aux cris de son peuple, renouvela la loi de Charles VII, par un édit du 5 septembre 1551.

La défense de payer l'annate fut encore réitérée par Charles IX aux états d'Orléans en 1560. « Par » avis de notre conseil, et suivant les décrets des » saints conciles, anciennes ordonnances de nos » prédécesseurs rois, et arrêts de nos cours de » parlement : ordonnons que tout transport d'or » et d'argent hors de notre royaume, et paiement » de deniers, sous couleur d'*annates*, vacant, et » autrement, cesseront, à peine de quadruple » contre les contrevenants. »

Cette loi, promulguée dans l'assemblée générale de la nation, semblait devoir être irrévocable : mais deux ans après, le même prince, subjugué par la cour de Rome alors puissante, rétablit ce que la nation entière et lui-même avaient abrogé.

Henri IV, qui ne craignait aucun danger, mais qui craignait Rome, confirma les annates par un édit du 22 janvier 1596.

Trois célèbres jurisconsultes, Dumoulin, Lannoy, et Duaren, ont fortement écrit contre les annates, qu'ils appellent *une véritable simonie*. Si, à défaut de les payer, le pape refuse des bulles, Duaren conseille à l'Église gallicane d'imiter celle d'Espagne, qui, dans le douzième concile de Tolède, chargea l'archevêque de cette ville de donner, sur le refus du pape, des provisions aux prélats nommés par le roi.

C'est une maxime des plus certaines du droit français, consacrée par l'article 14 de nos libertés[a], que l'évêque de Rome n'a aucun droit sur le temporel des bénéfices, et qu'il ne jouit des annates que par la permission du roi. Mais cette permission ne doit-elle pas avoir un terme? à quoi nous servent nos lumières, si nous conservons toujours nos abus?

Le calcul des sommes qu'on a payées et que l'on paie encore au pape est effrayant. Le procureur-général Jean de Saint-Romain a remarqué que du temps de Pie II, vingt-deux évêchés ayant vaqué en France pendant trois années, il fallut porter à Rome cent vingt mille écus; que soixante et une abbayes ayant aussi vaqué, on avait payé pareille somme à la cour de Rome; que vers le même temps on avait encore payé à cette cour, pour les provisions des prieurés, doyennés, et des autres dignités sans crosse, cent mille écus; que pour chaque curé il y avait eu au moins une grâce expectative qui était vendue vingt-cinq écus, outre une infinité de dispenses dont le calcul montait à deux millions d'écus. Le procureur-général de Saint-Romain vivait du temps de Louis XI. Jugez à combien ces sommes monteraient aujourd'hui. Jugez combien les autres états ont donné! Jugez si la république romaine au temps de Lucullus, a plus tiré d'or et d'argent des nations vaincues par son épée, que les papes, les pères de ces mêmes nations, n'en ont tiré par leur plume.

Supposons que le procureur-général de Saint-Romain se soit trompé de moitié, ce qui est bien difficile, ne reste-t-il pas encore une somme assez considérable pour qu'on soit en droit de compter avec la chambre apostolique, et de lui demander une restitution, attendu que tant d'argent n'a rien d'apostolique?

[a] Voyez l'article LIBERTÉ, mot très impropre pour signifier des droits naturels et imprescriptibles.

ANNEAU DE SATURNE.

Ce phénomène étonnant, mais pas plus étonnant que les autres, ce corps solide et lumineux qui entoure la planète de Saturne, qui l'éclaire et qui en est éclairé, soit par la faible réflexion des rayons solaires, soit par quelque cause inconnue, était autrefois une mer, à ce que prétend un rêveur qui se disait philosophe[a]. Cette mer, selon lui, s'est endurcie; elle est devenue terre ou rocher; elle gravitait jadis vers deux centres, et ne gravite plus aujourd'hui que vers un seul.

Comme vous y allez, mon rêveur! comme vous métamorphosez l'eau en rocher! Ovide n'était rien auprès de vous. Quel merveilleux pouvoir vous avez sur la nature! cette imagination ne dément pas vos autres idées. O démangeaison de dire des choses nouvelles! ô fureur des systèmes! ô folies de l'esprit humain! si on a parlé dans le *grand Dictionnaire encyclopédique* de cette rêverie, c'est sans doute pour en faire sentir l'énorme ridicule; sans quoi les autres nations seraient en droit de dire : Voilà l'usage que font les Français des découvertes des autres peuples! Huygens découvrit l'anneau de Saturne, il en calcula les apparences. Hooke et Flamsteed les ont calculées comme lui. Un Français a découvert que ce corps solide avait été un océan circulaire, et ce Français n'est pas Cyrano de Bergerac.

[a] Maupertuis.

ANTHROPOMORPHITES.

C'est, dit-on, une petite secte du quatrième siècle de notre ère vulgaire, mais c'est plutôt la secte de tous les peuples qui eurent des peintres et des sculpteurs. Dès qu'on sut un peu dessiner ou tailler une figure, on fit l'image de la Divinité.

Si les Égyptiens consacraient des chats et des boucs, ils sculptaient Isis et Osiris; on sculpta Bel à Babylone, Hercule à Tyr, Brama dans l'Inde.

Les musulmans ne peignirent point Dieu en homme. Les Guèbres n'eurent point d'image du Grand-Être. Les Arabes sabéens ne donnèrent point la figure humaine aux étoiles; les Juifs ne la donnèrent point à Dieu dans leur temple. Aucun de ces peuples ne cultivait l'art du dessin; et si Salomon mit des figures d'animaux dans son temple, il est vraisemblable qu'il les fit sculpter à Tyr : mais tous les Juifs ont parlé de Dieu comme d'un homme.

Quoiqu'ils n'eussent point de simulacres, ils semblèrent faire de Dieu un homme dans toutes les occasions. Il descend dans le jardin, il s'y promène tous les jours à midi, il parle à ses créatures, il parle au serpent, il se fait entendre à Moïse dans le buisson, il ne se fait voir à lui que par derrière sur la montagne; il lui parle pourtant face à face comme un ami à un ami.

Dans l'Alcoran même, Dieu est toujours regardé comme un roi. On lui donne, au chapitre XII, un trône qui est au-dessus des eaux. Il a fait écrire ce Koran par un secrétaire, comme les rois font écrire leurs ordres. Il a envoyé ce Koran à Mahomet par l'ange Gabriel, comme les rois signifient leurs ordres par les grands-officiers de la couronne. En un mot, quoique Dieu soit déclaré dans l'Alcoran *non engendreur et non engendré*, il y a toujours un petit coin d'anthropomorphisme.

On a toujours peint Dieu avec une grande barbe, dans l'Église grecque et dans la latine *.

ANTHROPOPHAGES.

SECTION PREMIÈRE.

Nous avons parlé de l'amour. Il est dur de passer de gens qui se baisent à gens qui se mangent. Il n'est que trop vrai qu'il y a eu des anthropophages; nous en avons trouvé en Amérique; il y en a peut-être encore, et les cyclopes n'étaient pas les seuls dans l'antiquité qui se nourrissaient quelquefois de chair humaine. Juvénal (Sat. XV, v. 83) rapporte que chez les Égyptiens, ce peuple si sage, si renommé pour les lois, ce peuple si pieux qui adorait des crocodiles et des ognons, les Tintirites mangèrent un de leurs ennemis tombé entre leurs mains; il ne fait pas ce conte sur un ouï-dire, ce crime fut commis presque sous ses yeux; il était alors en Égypte, et à peu de distance de Tintire. Il cite, à cette occasion, les Gascons et les Sagontins qui se nourrirent autrefois de la chair de leurs compatriotes.

En 1725 on amena quatre sauvages du Missisipi à Fontainebleau, j'eus l'honneur de les entretenir; il y avait parmi eux une dame du pays, à qui je demandai si elle avait mangé des hommes; elle me répondit très naïvement qu'elle en avait mangé. Je parus un peu scandalisé; elle s'excusa en disant qu'il valait mieux manger son ennemi mort, que de le laisser dévorer aux bêtes, et que les vainqueurs méritaient d'avoir la préférence. Nous tuons en bataille rangée ou non rangée nos voisins, et pour la plus vile récompense nous travaillons à la cuisine des corbeaux et des vers. C'est là qu'est l'horreur, c'est là qu'est le crime; qu'importe, quand on est tué, d'être mangé par un soldat, ou par un corbeau et un chien?

Nous respectons plus les morts que les vivants. Il aurait fallu respecter les uns et les autres. Les nations qu'on nomme policées ont eu raison de ne pas mettre leurs ennemis vaincus à la broche; car s'il était permis de manger ses voisins, on mangerait bientôt ses compatriotes; ce qui serait un grand inconvénient pour les vertus sociales. Mais les nations policées ne l'ont pas toujours été; toutes ont été long-temps sauvages; et dans le nombre infini de révolutions que ce globe a éprouvées, le genre humain a été tantôt nombreux, tantôt très rare. Il est arrivé aux hommes ce qui arrive aujourd'hui aux éléphants, aux lions, aux tigres, dont l'espèce a beaucoup diminué. Dans les temps où une contrée était peu peuplée d'hommes, ils avaient peu d'arts, ils étaient chasseurs. L'habitude de se nourrir de ce qu'ils avaient tué, fit aisément qu'ils traitèrent leurs ennemis comme leurs cerfs et leurs sangliers. C'est la superstition qui a fait immoler des victimes humaines, c'est la nécessité qui les a fait manger.

Quel est le plus grand crime, ou de s'assembler pieusement pour plonger un couteau dans le cœur d'une jeune fille ornée de bandelettes, à l'honneur de la Divinité, ou de manger un vilain homme qu'on a tué à son corps défendant?

Cependant nous avons beaucoup plus d'exemples de filles et de garçons sacrifiés, que de filles et de garçons mangés; presque toutes les nations connues ont sacrifié des garçons et des filles. Les Juifs en immolaient. Cela s'appelait l'anathème; c'était un

* Voyez à l'article EMBLÈME les vers d'Orphée et de Xénophanes.

véritable sacrifice; et il est ordonné, au vingt-unième chapitre du *Lévitique*, de ne point épargner les âmes vivantes qu'on aura vouées; mais il ne leur est prescrit en aucun endroit d'en manger, on les en menace seulement : Moïse, comme nous avons vu, dit aux Juifs que s'ils n'observent pas ses cérémonies, non seulement ils auront la gale, mais que les mères mangeront leurs enfants. Il est vrai que du temps d'Ézéchiel les Juifs devaient être dans l'usage de manger de la chair humaine, car il leur prédit, au chapitre XXXIX [a], que Dieu leur fera manger non seulement les chevaux de leurs ennemis, mais encore les cavaliers et les autres guerriers. Et en effet, pourquoi les Juifs n'auraient-ils pas été anthropophages? C'eût été la seule chose qui eût manqué au peuple de Dieu pour être le plus abominable peuple de la terre.

SECTION II.

On lit dans l'*Essai sur les mœurs et l'esprit des nations* (tome XVII, page 405), ce passage singulier :

« Herrera nous assure que les Mexicains mangeaient les victimes humaines immolées. La plupart des premiers voyageurs et des missionnaires disent tous que les Brasiliens, les Caraïbes, les Iroquois, les Hurons, et quelques autres peuplades, mangeaient les captifs faits à la guerre; et ils ne regardent pas ce fait comme un usage de quelques particuliers, mais comme un usage de nation. Tant d'auteurs anciens et modernes ont parlé d'anthropophages, qu'il est difficile de les nier... Des peuples chasseurs, tels qu'étaient les Brasiliens et les Canadiens, des insulaires comme les Caraïbes, n'ayant pas toujours une subsistance assurée, ont pu devenir quelquefois anthropophages. La famine et la vengeance les ont accoutumés à cette nourriture : et quand nous voyons, dans les siècles les plus civilisés, le peuple de Paris dévorer les restes sanglants du maréchal d'Ancre, et le peuple de La Haye manger le cœur du grand-pensionnaire de Witt, nous ne devons pas être surpris qu'une horreur chez nous passagère ait duré chez les sauvages.

» Les plus anciens livres que nous ayons ne nous permettent pas de douter que la faim n'ait poussé les hommes à cet excès... Le prophète Ézéchiel, selon quelques commentateurs [b], promet aux Hébreux, de la part de Dieu [c], que s'ils se défendent bien contre le roi de Perse, ils auront à manger *de la chair de cheval et de la chair de cavalier*.

» Marco Paolo, ou Marc Paul, dit que de son temps, dans une partie de la Tartarie, les magiciens ou les prêtres (c'était la même chose) avaient le droit de manger la chair des criminels condamnés à la mort. Tout cela soulève le cœur; mais le tableau du genre humain doit souvent produire cet effet.

» Comment des peuples, toujours séparés les uns des autres, ont-ils pu se réunir dans une si horrible coutume? faut-il croire qu'elle n'est pas absolument aussi opposée à la nature humaine qu'elle le paraît? Il est sûr qu'elle est rare, mais il est sûr qu'elle existe. On ne voit pas que ni les Tartares ni les Juifs aient mangé souvent leurs semblables. La faim et le désespoir contraignirent, aux siéges de Sancerre et de Paris, pendant nos guerres de religion, des mères à se nourrir de la chair de leurs enfants. Le charitable Las Casas, évêque de Chiapa, dit que cette horreur n'a été commise en Amérique que par quelques peuples chez lesquels il n'a pas voyagé. Dampierre assure qu'il n'a jamais rencontré d'anthropophages, et il n'y a peut-être pas aujourd'hui deux peuplades où cette horrible coutume soit en usage. »

Améric Vespuce dit, dans une de ses lettres,

[a] Voyez la note [b], section II, ci-dessous.

[b] Ézéchiel, chap. XXXIX.

[c] Voici les raisons de ceux qui ont soutenu qu'Ézéchiel, en cet endroit, s'adresse aux Hébreux de son temps, aussi bien qu'aux autres animaux carnassiers; car assurément les Juifs d'aujourd'hui ne le sont pas, et c'est plutôt l'inquisition qui a été carnassière envers eux. Ils disent qu'une partie de cette apostrophe regarde les bêtes sauvages, et que l'autre est pour les Juifs. La première partie est ainsi conçue :

« Dis à tout ce qui court, à tous les oiseaux, à toutes les bêtes des champs, Assemblez-vous, hâtez-vous, courez à la victime que je vous immole, afin que vous mangiez la chair et que vous buviez le sang. Vous mangerez la chair des forts, vous boirez le sang des princes de la terre, et des béliers, et des agneaux, et des boucs, et des taureaux, et des volailles, et de tous les gras. »

Ceci ne peut regarder que les oiseaux de proie et les bêtes féroces. Mais la seconde partie a paru adressée aux Hébreux mêmes : « Vous vous rassasierez sur ma table du cheval et du fort cavalier, et de tous les guerriers, dit le Seigneur, et je mettrai ma gloire dans les nations, etc. »

Il est très certain que les rois de Babylone avaient des Scythes dans leurs armées. Ces Scythes buvaient du sang dans les crânes de leurs ennemis vaincus, et mangeaient leurs chevaux, et quelquefois de la chair humaine. Il se peut très bien que le prophète ait fait allusion à cette coutume barbare, et qu'il ait menacé les Scythes d'être traités comme ils traitaient leurs ennemis.

Ce qui rend cette conjecture vraisemblable, c'est le mot de *table*. *Vous mangerez à ma table le cheval et le cavalier*. Il n'y a pas d'apparence qu'on ait adressé ce discours aux animaux, et qu'on leur ait parlé de se mettre à table. Ce serait le seul endroit de l'Écriture où l'on aurait employé une figure si étonnante. Le sens commun nous apprend qu'on ne doit point donner à un mot une acception qui ne lui a jamais été donnée dans aucun livre. C'est une raison très puissante pour justifier les écrivains qui ont cru les animaux désignés par les versets 17 et 18, et les Juifs désignés par les versets 19 et 20. De plus, ces mots *je mettrai ma gloire dans les nations*, ne peuvent s'adresser qu'aux Juifs, et non pas aux oiseaux; cela paraît décisif. Nous ne portons point notre jugement sur cette dispute; mais nous remarquons avec douleur qu'il n'y a jamais eu de plus horribles atrocités sur la terre que dans la Syrie, pendant douze cents années presque consécutives.

que les Brasiliens furent fort étonnés quand il leur fit entendre que les Européans ne mangeaient point leurs prisonniers de guerre depuis long-temps.

Les Gascons et les Espagnols avaient commis autrefois cette barbarie, à ce que rapporte Juvénal dans sa quinzième satire (v. 83). Lui-même fut témoin en Égypte d'une pareille abomination sous le consulat de Junius : une querelle survint entre les habitants de Tintire et ceux d'Ombo; on se battit; et un Ombien étant tombé entre les mains des Tintiriens, ils le firent cuire, et le mangèrent jusqu'aux os. Mais il ne dit pas que ce fût un usage reçu; au contraire, il en parle comme d'une fureur peu commune.

Le jésuite Charlevoix, que j'ai fort connu, et qui était un homme très véridique, fait assez entendre, dans son *Histoire du Canada*, pays où il a vécu trente années, que tous les peuples de l'Amérique septentrionale étaient anthropophages, puisqu'il remarque comme une chose fort extraordinaire que les Acadiens ne mangeaient point d'hommes en 1711.

Le jésuite Brébœuf raconte qu'en 1640 le premier Iroquois qui fut converti, étant malheureusement ivre d'eau-de-vie, fut pris par les Hurons, ennemis alors des Iroquois. Le prisonnier, baptisé par le P. Brébœuf sous le nom de Joseph, fut condamné à la mort. On lui fit souffrir mille tourments, qu'il soutint toujours en chantant, selon la coutume du pays. On finit par lui couper un pied, une main et la tête; après quoi les Hurons mirent tous ses membres dans la chaudière, chacun en mangea, et on en offrit un morceau au P. Brébœuf[a].

Charlevoix parle, dans un autre endroit, de vingt-deux Hurons mangés par les Iroquois. On ne peut donc douter que la nature humaine ne soit parvenue dans plus d'un pays à ce dernier degré d'horreur; et il faut bien que cette exécrable coutume soit de la plus haute antiquité, puisque nous voyons dans la sainte Écriture que les Juifs sont menacés de manger leurs enfants s'ils n'obéissent pas à leurs lois. Il est dit aux Juifs[b] « que non seu» seulement ils auront la gale, que leurs femmes » s'abandonneront à d'autres, mais qu'ils mange» ront leurs filles et leurs fils dans l'angoisse et la » dévastation; qu'ils se disputeront leurs enfants » pour s'en nourrir; que le mari ne voudra pas » donner à sa femme un morceau de son fils, » parce qu'il dira qu'il n'en a pas trop pour lui. »

Il est vrai que de très hardis critiques prétendent que le *Deutéronome* ne fut composé qu'après le siége mis devant Samarie par Benadad; siége pendant lequel il est dit, au quatrième livre des Rois, que les mères mangèrent leurs enfants. Mais ces critiques, en ne regardant le *Deutéronome* que comme un livre écrit après ce siége de Samarie, ne font que confirmer cette épouvantable aventure. D'autres prétendent qu'elle ne peut être arrivée comme elle est rapportée dans le quatrième livre des Rois. Il y est dit[a] que le roi d'Israël, en passant par le mur ou sur le mur de Samarie, une femme lui dit, « Sauvez-moi, seigneur roi; » il lui répondit, « Ton Dieu ne te sauvera pas; » comment pourrais-je te sauver? serait-ce de » l'aire ou du pressoir? » Et le roi ajouta, « Que » veux-tu? » et elle répondit, « O roi! voici une » femme qui m'a dit: Donnez-moi votre fils, nous » le mangerons aujourd'hui, et demain nous man» gerons le mien. Nous avons donc fait cuire mon » fils, et nous l'avons mangé; je lui ai dit aujour» d'hui: Donnez-moi votre fils afin que nous le » mangions, et elle a caché son fils. »

Ces censeurs prétendent qu'il n'est pas vraisemblable que le roi Benadad assiégeant Samarie, le roi Joram ait passé tranquillement par le mur ou sur le mur, pour y juger des causes entre des Samaritains. Il est encore moins vraisemblable que deux femmes ne se soient pas contentées d'un enfant pour deux jours. Il y avait là de quoi les nourrir quatre jours au moins: mais de quelque manière qu'ils raisonnent, on doit croire que les pères et mères mangèrent leurs enfants au siége de Samarie, comme il est prédit expressément dans le *Deutéronome*.

La même chose arriva au siége de Jérusalem par Nabuchodonosor[b]; elle est encore prédite par Ézéchiel[c].

Jérémie s'écrie dans ses lamentations[d]; « Quoi » donc! les femmes mangeront-elles leurs petits » enfants qui ne sont pas plus grands que la main?» Et dans un autre endroit[e]: « Les mères compa» tissantes ont cuit leurs enfants de leurs mains » et les ont mangés. » On peut encore citer ces paroles de Baruch: « L'homme a mangé la chair » de son fils et de sa fille[f]. »

Cette horreur est répétée si souvent, qu'il faut bien qu'elle soit vraie; enfin on connaît l'histoire rapportée dans Josèphe[g], de cette femme qui se nourrit de la chair de son fils lorsque Titus assiégeait Jérusalem.

Le livre attribué à Énoch, cité par saint Jude, dit que les géants nés du commerce des anges et des filles des hommes furent les premiers anthropophages.

[a] Voyez la lettre de Brébœuf, et l'*Histoire de Charlevoix*, tome I, page 327 et suiv.
[b] *Deutéronome*, ch. XXVIII, v. 53.

[a] Chap. VI, v. 26 et suiv.
[b] Liv. IV des Rois, ch. XXV, v. 3. — [c] Ézéchiel, ch. V, v. 10. — [d] Lament., chap. II, v. 20. — [e] Chap. IV, v. 10. — [f] Chap. II, v. 3. — [g] Liv. VII, chap. VIII.

Dans la huitième homélie attribuée à saint Clément, saint Pierre, qu'on fait parler, dit que les enfants de ces mêmes géants s'abreuvèrent de sang humain, et mangèrent la chair de leurs semblables. Il en résulta, ajoute l'auteur, des maladies jusque alors inconnues; des monstres de toute espèce naquirent sur la terre; et ce fut alors que Dieu se résolut à noyer le genre humain. Tout cela fait voir combien l'opinion régnante de l'existence des anthropophages était universelle.

Ce qu'on fait dire à saint Pierre, dans l'homélie de saint Clément, a un rapport sensible à la fable de Lycaon, qui est une des plus anciennes de la Grèce, et qu'on retrouve dans le premier livre des *Métamorphoses* d'Ovide.

La *Relation des Indes et de la Chine*, faite au huitième siècle par deux Arabes, et traduite par l'abbé Renaudot, n'est pas un livre qu'on doive croire sans examen; il s'en faut beaucoup: mais il ne faut pas rejeter tout ce que ces deux voyageurs disent, surtout lorsque leur rapport est confirmé par d'autres auteurs qui ont mérité quelque créance. Ils assurent que dans la mer des Indes il y a des îles peuplées de nègres qui mangeaient des hommes. Ils appellent ces îles, *Ramnii*. Le géographe de Nubie les nomme *Rammi*, ainsi que la *Bibliothèque orientale* d'Herbelot.

Marc Paul, qui n'avait point lu la relation de ces deux Arabes, dit la même chose quatre cents ans après eux. L'archevêque Navarrète, qui a voyagé depuis dans ces mers, confirme ce témoignage: *Los europeos que cogen, es constante que vivos se los van comiendo.*

Texeira prétend que les Javans se nourrissaient de chair humaine, et qu'ils n'avaient quitté cette abominable coutume que deux cents ans avant lui. Il ajoute qu'ils n'avaient connu des mœurs plus douces qu'en embrassant le mahométisme.

On a dit la même chose de la nation du Pégu, des Cafres, et de plusieurs peuples de l'Afrique. Marc Paul, que nous venons déjà de citer, dit que chez quelques hordes tartares, quand un criminel avait été condamné à mort, on en fesait un repas: *Hanno costoro un bestiale e orribile costume, che quando alcuno è giudicato a morte, lo tolgono e cuocono e mangian'selo.*

Ce qui est plus extraordinaire et plus incroyable, c'est que les deux Arabes attribuent aux Chinois même ce que Marc Paul avance de quelques Tartares, « qu'en général les Chinois mangent » tous ceux qui ont été tués. » Cette horreur est si éloignée des mœurs chinoises qu'on ne peut la croire. Le P. Parennin l'a réfutée en disant qu'elle ne mérite pas de réfutation.

Cependant il faut bien observer que le huitième siècle, temps auquel ces Arabes écrivirent leur voyage, était un des siècles les plus funestes pour les Chinois. Deux cent mille Tartares passèrent la grande muraille, pillèrent Pékin, et répandirent partout la désolation la plus horrible. Il est très vraisemblable qu'il y eut alors une grande famine. La Chine était aussi peuplée qu'aujourd'hui. Il se peut que dans le petit peuple quelques misérables aient mangé des corps morts. Quel intérêt auraient eu ces Arabes à inventer une fable si dégoûtante? Ils auront pris peut-être, comme presque tous les voyageurs, un exemple particulier pour une coutume du pays.

Sans aller chercher des exemples si loin, en voici un dans notre patrie, dans la province même où j'écris. Il est attesté par notre vainqueur, par notre maître, Jules César[a]. Il assiégeait Alexie dans l'Auxois; les assiégés, résolus de se défendre jusqu'à la dernière extrémité, et manquant de vivres, assemblèrent un grand conseil, où l'un des chefs, nommé Critognat, proposa de manger tous les enfants l'un après l'autre, pour soutenir les forces des combattants. Son avis passa à la pluralité des voix. Ce n'est pas tout; Critognat, dans sa harangue, dit que leurs ancêtres avaient déjà eu recours à une telle nourriture dans la guerre contre les Teutons et les Cimbres.

Finissons par le témoignage de Montaigne. Il parle de ce que lui ont dit les compagnons de Villegagnon, qui revenait du Brésil, et de ce qu'il a vu en France. Il certifie que les Brasiliens mangeaient leurs ennemis tués à la guerre; mais lisez ce qu'il ajoute[b]. « Où est plus de barbarie à manger un homme mort qu'à le faire rôtir par le » menu, et le faire meurtrir aux chiens et pourceaux, comme nous avons vu de fraîche mémoire, non entre ennemis anciens, mais entre » voisins et concitoyens; et, qui pis est, sous prétexte de piété et de religion? » Quelles cérémonies pour un philosophe tel que Montaigne! Si Anacréon et Tibulle étaient nés Iroquois, ils auraient donc mangé des hommes?... Hélas!

SECTION III.

Eh bien! voilà deux Anglais qui ont fait le voyage du tour du monde. Ils ont découvert que la Nouvelle-Hollande est une île plus grande que l'Europe, et que les hommes s'y mangent encore les uns les autres ainsi que dans la Nouvelle-Zélande. D'où provient cette race, supposé qu'elle existe? descend-elle des anciens Égyptiens, des anciens peuples de l'Éthiopie, des Africains, des Indiens, ou des vautours, ou des loups? Quelle distance des Marc-Aurèle, des Épictète, aux an-

[a] *Bell. Gall.*, lib. VII.
[b] Lib. I, chap. XXX.

thropophages de la Nouvelle-Zélande! cependant ce sont les mêmes organes, les mêmes hommes. J'ai déjà parlé de cette propriété de la race humaine: il est bon d'en dire encore un mot.

Voici les propres paroles de saint Jérôme dans une de ses lettres: « Quid loquar de cæteris natio» nibus, quum ipse adolescentulus in Gallia vi» derim Scotos, gentem britannicam, humanis» vesci carnibus; et quum per sylvas porcorum » greges, et armentorum pecudumque reperiant, » pastorum nates et fœminarum papillas solere » abscindere, et has solas ciborum delicias arbi» trari! » « Que vous dirai-je des autres nations, puisque moi-même, étant encore jeune, j'ai vu des Écossais dans la Gaule, qui, pouvant se nourrir de porcs et d'autres animaux dans les forêts, aimaient mieux couper les fesses des jeunes garçons, et les tétons des jeunes filles! C'étaient pour eux les mets les plus friands. »

Pelloutier, qui a recherché tout ce qui pouvait faire le plus d'honneur aux Celtes, n'a pas manqué de contredire saint Jérôme, et de lui soutenir qu'on s'était moqué de lui. Mais Jérôme parle très sérieusement; il dit qu'il a vu. On peut disputer avec respect contre un père de l'Église sur ce qu'il a entendu dire; mais sur ce qu'il a vu de ses yeux, cela est bien fort. Quoi qu'il en soit, le plus sûr est de se défier de tout, et de ce qu'on a vu soi-même.

Encore un mot sur l'anthropophagie. On trouve dans un livre qui a eu assez de succès chez les honnêtes gens, ces paroles ou à peu près:

Du temps de Cromwell une chandelière de Dublin vendait d'excellentes chandelles faites avec de la graisse d'Anglais. Au bout de quelque temps un de ses chalands se plaignit de ce que sa chandelle n'était plus si bonne. Monsieur, lui dit-elle, c'est que les Anglais nous ont manqué.

Je demande qui était le plus coupable, ou ceux qui assassinaient des Anglais, ou la pauvre femme qui fesait de la chandelle avec leur suif? Je demande encore quel est le plus grand crime, ou de faire cuire un Anglais pour son dîner, ou d'en faire des chandelles pour s'éclairer à souper? Le grand mal, ce me semble, est qu'on nous tue. Il importe peu qu'après notre mort nous servions de rôti ou de chandelle; un honnête homme même n'est pas fâché d'être utile après sa mort.

ANTI-LUCRÈCE.

La lecture de tout le poëme de feu M. le cardinal de Polignac m'a confirmé dans l'idée que j'en avais conçue lorsqu'il m'en lut le premier chant. Je suis encore étonné qu'au milieu des dissipations du monde, et des épines des affaires, il ait pu écrire un si long ouvrage en vers, dans une langue étrangère, lui qui aurait à peine fait quatre bons vers dans sa propre langue. Il me semble qu'il réunit souvent la force de Lucrèce à l'élégance de Virgile. Je l'admire surtout dans cette facilité avec laquelle il exprime toujours des choses si difficiles.

Il est vrai que son *Anti-Lucrèce* est peut-être trop diffus et trop peu varié; mais ce n'est pas en qualité de poëte que je l'examine ici, c'est comme philosophe. Il me paraît qu'une aussi belle âme que la sienne devait rendre plus de justice aux mœurs d'Épicure, qui étant, à la vérité, un très mauvais physicien, n'en était pas moins un très honnête homme, et qui n'enseigna jamais que la douceur, la tempérance, la modération, la justice, vertus que son exemple enseignait encore mieux.

Voici comme ce grand homme est apostrophé dans l'*Anti-Lucrèce* (livre I, v. 524 et suiv.):

« Si virtutis eras avidus, rectique bonique
» Tam sitiens, quid religio tibi sancta nocebat?
» Aspera quippe nimis visa est? Asperrima certe
» Gaudenti vitiis, sed non virtutis amanti.
» Ergo perfugium culpæ, solisque benignus
» Perjuris ac fœdifragis, Epicure, parabas.
» Solam hominum fæcem poteras devotaque furcis
» Devincire tibi capita..... »

On peut rendre ainsi ce morceau en français, en lui prêtant, si je l'ose dire, un peu de force:

Ah! si par toi le vice eût été combattu,
Si ton cœur pur et droit eût chéri la vertu!
Pourquoi donc rejeter, au sein de l'innocence,
Un dieu qui nous la donne, et qui la récompense?
Tu le craignais ce Dieu; son règne redouté
Mettait un frein trop dur à ton impiété.
Précepteur des méchants, et professeur du crime,
Ta main de l'injustice ouvrit le vaste abîme,
Y fit tomber la terre, et la couvrit de fleurs.

Mais Épicure pouvait répondre au cardinal: Si j'avais eu le bonheur de connaître comme vous le vrai Dieu, d'être né comme vous dans une religion pure et sainte, je n'aurais pas certainement rejeté ce Dieu révélé dont les dogmes étaient nécessairement inconnus à mon esprit, mais dont la morale était dans mon cœur. Je n'ai pu admettre des dieux tels qu'ils m'étaient annoncés dans le paganisme. J'étais trop raisonnable pour adorer des divinités qu'on fesait naître d'un père et d'une mère comme les mortels, et qui comme eux se fesaient la guerre. J'étais trop ami de la vertu pour ne pas haïr une religion qui tantôt invitait au crime par l'exemple de ces dieux mêmes, et tantôt vendait à prix d'argent la rémission des plus horribles forfaits. D'un côté je voyais partout des hommes insensés, souillés de vices, qui cherchaient à se rendre purs devant des dieux impurs; et de l'autre, des fourbes qui se vantaient de justifier les plus pervers, soit en les initiant à des mystères, soit en fesant couler sur eux goutte à goutte le sang des taureaux, soit en les plongeant dans les eaux du Gange. Je voyais les guerres les plus injustes entreprises saintement, dès qu'on avait trouvé sans tache le foie d'un bélier, ou qu'une femme, les cheveux épars et l'œil troublé, avait prononcé des paroles dont ni elle ni personne ne comprenait le sens. Enfin je voyais toutes les contrées de la terre souillées du sang des victimes humaines que des pontifes barbares sacrifiaient à des dieux barbares. Je me sais bon gré d'avoir détesté de telles religions. La mienne est la vertu. J'ai invité mes disciples à ne se point mêler des affaires de ce monde, parce qu'elles étaient horriblement gouvernées. Un véritable épicurien était un homme doux, modéré, juste, aimable, duquel aucune société n'avait à se plaindre, et qui ne payait pas des bourreaux pour assassiner en public ceux qui ne pensaient pas comme lui. De ce terme à celui de la religion sainte qui vous a nourri, il n'y a qu'un pas à faire. J'ai détruit les faux dieux; et si j'avais vécu avec vous, j'aurais connu le véritable.

C'est ainsi qu'Épicure pourrait se justifier sur son erreur; il pourrait même mériter sa grâce sur le dogme de l'immortalité de l'âme, en disant : Plaignez-moi d'avoir combattu une vérité que Dieu a révélée cinq cents ans après ma naissance. J'ai pensé comme tous les premiers législateurs païens du monde, qui tous ignoraient cette vérité.

J'aurais donc voulu que le cardinal de Polignac eût plaint Épicure en le condamnant; et ce tour n'en eût pas été moins favorable à la belle poésie.

A l'égard de la physique, il me paraît que l'auteur a perdu beaucoup de temps et beaucoup de vers à réfuter la déclinaison des atomes, et les autres absurdités dont le poëme de Lucrèce fourmille. C'est employer de l'artillerie pour détruire une chaumière. Pourquoi encore vouloir mettre à la place des rêveries de Lucrèce les rêveries de Descartes?

Le cardinal de Polignac a inséré dans son poëme de très beaux vers sur les découvertes de Newton; mais il y combat, malheureusement pour lui, des vérités démontrées. La philosophie de Newton ne souffre guère qu'on la discute en vers; à peine peut-on la traiter en prose; elle est toute fondée sur la géométrie. Le génie poétique ne trouve point là de prise. On peut orner de beaux vers l'écorce de ces vérités; mais pour les approfondir il faut du calcul, et point de vers.

ANTIQUITÉ.

SECTION PREMIÈRE.

Avez-vous quelquefois vu dans un village Pierre Aoudri et sa femme Péronelle vouloir précéder leurs voisins à la procession? « Nos grands-pères, » disent-ils, sonnaient les cloches avant que ceux » qui nous coudoient aujourd'hui fussent seulement » propriétaires d'une étable. »

La vanité de Pierre Aoudri, de sa femme, et de ses voisins, n'en sait pas davantage. Les esprits s'échauffent. La querelle est importante; il s'agit de l'honneur. Il faut des preuves. Un savant qui chante au lutrin, découvre un vieux pot de fer rouillé, marqué d'un *A*, première lettre du nom du chaudronnier qui fit ce pot. Pierre Aoudri se persuade que c'était un casque de ses ancêtres. Ainsi César descendait d'un héros et de la déesse Vénus. Telle est l'histoire des nations; telle est, à peu de chose près, la connaissance de la première antiquité.

Les savants d'Arménie *démontrent* que le paradis terrestre était chez eux. De profonds Suédois *démontrent* qu'il était vers le lac Vener, qui en est visiblement un reste. Des Espagnols *démontrent* aussi qu'il était en Castille; tandis que les Japonais, les Chinois, les Tartares, les Indiens, les Africains, les Américains, sont assez malheureux pour ne savoir pas seulement qu'il y eut jadis un paradis terrestre à la source du Phison, du Gehon, du Tigre et de l'Euphrate, ou bien à la source du Guadalquivir, de la Guadiana, du Duero et de l'Èbre; car de Phison on fait aisément Phætis; et de Phætis on fait le Bætis, qui est le Guadalquivir. Le Gehon est visiblement la Guadiana, qui commence par un *G*. L'Èbre, qui est en Catalogne, est incontestablement l'Euphrate, dont un *E* est la lettre initiale.

Mais un Ecossais survient qui *démontre* à son tour que le jardin d'Éden était à Édimbourg, qui en a retenu le nom; et il est à croire que dans quelques siècles cette opinion fera fortune.

Tout le globe a été brûlé autrefois, dit un homme versé dans l'histoire ancienne et moderne; car j'ai lu dans un journal, qu'on a trouvé en Allemagne des charbons tout noirs à cent pieds de profondeur, entre des montagnes couvertes de bois; et on soupçonne même qu'il y avait des charbonniers en cet endroit.

L'aventure de Phaéton fait assez voir que tout a bouilli jusqu'au fond de la mer. Le soufre du mont Vésuve prouve invinciblement que les bords du Rhin, du Danube, du Gange, du Nil, et du grand fleuve Jaune, ne sont que du soufre, du nitre, et de l'huile de gaïac, qui n'attendent que le moment de l'explosion pour réduire la terre en cendres, comme elle l'a déjà été. Le sable sur lequel nous marchons est une preuve évidente que l'univers a été vitrifié, et que notre globe n'est réellement qu'une boule de verre, ainsi que nos idées.

Mais si le feu a changé notre globe, l'eau a produit de plus belles révolutions. Car vous voyez bien que la mer, dont les marées montent jusqu'à huit pieds dans nos climats [a], a produit les montagnes qui ont seize à dix-sept mille pieds de hauteur. Cela est si vrai que des savants qui n'ont jamais été en Suisse, y ont trouvé un gros vaisseau avec tous ses agrès, pétrifié sur le mont Saint-Gothard [b], ou au fond d'un précipice, on ne sait pas bien où; mais il est certain qu'il était là. Donc originairement les hommes étaient poissons. *Quod erat demonstrandum.*

Pour descendre à une antiquité moins antique, parlons des temps où la plupart des nations barbares quittèrent leur pays, pour en aller chercher d'autres qui ne valaient guère mieux. Il est vrai, s'il est quelque chose de vrai dans l'histoire ancienne, qu'il y eut des brigands gaulois qui allèrent piller Rome du temps de Camille. D'autres brigands des Gaules avaient passé, dit-on, par l'Illyrie, pour aller louer leurs services de meurtriers à d'autres meurtriers, vers la Thrace; ils échangèrent leur sang contre du pain, et s'établirent ensuite en Galatie. Mais quels étaient ces Gaulois? étaient-ce des Bérichons et des Angevins? Ce furent sans doute des Gaulois que les Romains appelaient Cisalpins, et que nous nommons Transalpins, des montagnards affamés, voisins des Alpes et de l'Apennin. Les Gaulois de la Seine et de la Marne ne savaient pas alors si Rome existait, et ne pouvaient s'aviser de passer le mont Cenis, comme fit depuis Annibal, pour aller voler les garde-robes des sénateurs romains, qui avaient alors pour tous meubles une robe d'un mauvais drap gris, ornée d'une bande couleur de sang de bœuf; deux petits pommeaux d'ivoire, ou plutôt d'os de chien, aux bras d'une chaise de bois; et dans leurs cuisines, un morceau de lard rance.

Les Gaulois, qui mouraient de faim, ne trouvant pas de quoi manger à Rome, s'en allèrent donc chercher fortune plus loin, ainsi que les Romains en usèrent depuis, quand ils ravagèrent tant de pays l'un après l'autre; ainsi que firent ensuite les peuples du Nord, quand ils détruisirent l'empire romain.

Et par qui encore est-on très faiblement instruit de ces émigrations? C'est par quelques lignes que les Romains ont écrites au hasard; car pour les Celtes, Welches ou Gaulois, ces hommes qu'on veut faire passer pour éloquents, ne savaient alors, eux et leurs bardes [a], ni lire ni écrire.

Mais inférer de là que les Gaulois ou Celtes conquis depuis par quelques légions de César, et ensuite par une horde de Goths, et puis par une horde de Bourguignons, et enfin par une horde de Sicambres, sous un Clodivic, avaient auparavant subjugué la terre entière, et donné leurs noms et leurs lois à l'Asie, cela me paraît bien fort : la chose n'est pas mathématiquement impossible; et si elle est *démontrée*, je me rends; il serait fort incivil de refuser aux Welches ce qu'on accorde aux Tartares.

SECTION II.

De l'antiquité des usages.

Qui étaient les plus fous et les plus anciennement fous, de nous ou des Égyptiens, ou des Syriens, ou des autres peuples? Que signifiait notre gui de chêne? Qui le premier a consacré un chat? c'est apparemment celui qui était le plus incommodé des souris. Quelle nation a dansé la première sous des rameaux d'arbres à l'honneur des dieux? Qui la première a fait des processions, et mis des fous avec des grelots à la tête de ces processions? Qui promena un Priape par les rues, et en plaça aux portes en guise de marteaux? Quel Arabe imagina de pendre le caleçon de sa femme à la fenêtre le lendemain de ses noces?

Toutes les nations ont dansé autrefois à la nouvelle lune : s'étaient-elles donné le mot? non, pas plus que pour se réjouir à la naissance de son fils, et pour pleurer, ou faire semblant de pleurer, à la mort de son père. Chaque homme est fort aise de revoir la lune après l'avoir perdue pendant quelques nuits. Il est cent usages qui sont si naturels à tous les hommes, qu'on ne peut dire que ce sont les Basques qui les ont enseignés aux Phrygiens, ni les Phrygiens aux Basques.

On s'est servi de l'eau et du feu dans les temples; cette coutume s'introduit d'elle-même. Un prêtre ne veut pas toujours avoir les mains sales. Il faut du feu pour cuire les viandes immolées, et pour brûler quelques brins de bois résineux, quelques aromates qui combattent l'odeur de la boucherie sacerdotale.

Mais les cérémonies mystérieuses dont il est si difficile d'avoir l'intelligence, les usages que la nature n'enseigne point, en quel lieu, quand, où, pourquoi les a-t-on inventés? qui les a communi-

[a] Voyez les articles MER et MONTAGNE.
[b] Voyez Telliamed et tous les systèmes forgés sur cette belle découverte.

[a] Bardes, *bardi; recitantes carmina bardi;* c'étaient les poëtes, les philosophes des Welches.

qués aux autres peuples? Il n'est pas vraisemblable qu'il soit tombé en même temps dans la tête d'un Arabe et d'un Égyptien de couper à son fils un bout du prépuce, ni qu'un Chinois et un Persan aient imaginé à la fois de châtrer les petits garçons.

Deux pères n'auront pas eu en même temps, dans différentes contrées, l'idée d'égorger leur fils pour plaire à Dieu. Il faut certainement que des nations aient communiqué à d'autres leurs folies sérieuses, ou ridicules, ou barbares.

C'est dans cette antiquité qu'on aime à fouiller pour découvrir, si on peut, le premier insensé et le premier scélérat, qui ont perverti le genre humain.

Mais comment savoir si Jébud, en Phénicie, fut l'inventeur des sacrifices de sang humain, en immolant son fils?

Comment s'assurer que Lycaon mangea le premier de la chair humaine, quand on ne sait pas qui s'avisa le premier de manger des poules?

On recherche l'origine des anciennes fêtes. La plus antique et la plus belle est celle des empereurs de la Chine, qui labourent et qui sèment avec les premiers mandarins *. La seconde est celle des thesmophories d'Athènes. Célébrer à la fois l'agriculture et la justice, montrer aux hommes combien l'une et l'autre sont nécessaires, joindre le frein des lois à l'art qui est la source de toutes les richesses, rien n'est plus sage, plus pieux, et plus utile.

Il y a de vieilles fêtes allégoriques qu'on retrouve partout, comme celles du renouvellement des saisons. Il n'est pas nécessaire qu'une nation soit venue de loin enseigner à une autre qu'on peut donner des marques de joie et d'amitié à ses voisins le jour de l'an. Cette coutume était celle de tous les peuples. Les saturnales des Romains sont plus connues que celles des Allobroges et des Pictes, parce qu'il nous est resté beaucoup d'écrits et de monuments romains, et que nous n'en avons aucun des autres peuples de l'Europe occidentale.

La fête de Saturne était celle du temps; il avait quatre ailes : le temps va vite. Ses deux visages figuraient évidemment l'année finie et l'année commencée. Les Grecs disaient qu'il avait dévoré son père, et qu'il dévorait ses enfants; il n'y a point d'allégorie plus sensible; le temps dévore le passé et le présent, et dévorera l'avenir.

Pourquoi chercher de vaines et tristes explications d'une fête si universelle, si gaie, et si connue? A bien examiner l'antiquité, je ne vois pas une fête annuelle triste; ou du moins, si elles commencent par des lamentations, elles finissent par danser, rire et boire. Si on pleure Adoni ou Adonaï, que nous nommons Adonis, il ressuscite bientôt, et on se réjouit. Il en est de même aux fêtes d'Isis, d'Osiris, et d'Horus. Les Grecs en font autant pour Cérès et pour Proserpine. On célébrait avec gaîté la mort du serpent Python. Jour de fête et jour de joie était la même chose. Cette joie n'était que trop emportée aux fêtes de Bacchus.

Je ne vois pas une seule commémoration générale d'un événement malheureux. Les instituteurs des fêtes n'auraient pas eu le sens commun, s'ils avaient établi dans Athènes la célébration de la bataille perdue à Chéronée; et à Rome, celle de la bataille de Cannes.

On perpétuait le souvenir de ce qui pouvait encourager les hommes, et non de ce qui pouvait leur inspirer la lâcheté du désespoir. Cela est si vrai qu'on imaginait des fables pour avoir le plaisir d'instituer des fêtes. Castor et Pollux n'avaient pas combattu pour les Romains auprès du lac Régile; mais des prêtres le disaient au bout de trois ou quatre cents ans, et tout le peuple dansait. Hercule n'avait point délivré la Grèce d'une hydre à sept têtes; mais on chantait Hercule et son hydre.

SECTION III.

Fêtes instituées sur des chimères.

Je ne sais s'il y eut dans toute l'antiquité une seule fête fondée sur un fait avéré. On a remarqué ailleurs à quel point sont ridicules les scoliastes qui vous disent magistralement : Voilà un ancien hymne à l'honneur d'Apollon qui visita Claros; donc Apollon est venu à Claros. On a bâti une chapelle à Persée; donc il a délivré Andromède. Pauvres gens! dites plutôt : Donc il n'y a point eu d'Andromède.

Eh! que deviendra donc la savante antiquité qui a précédé les olympiades? Elle deviendra ce qu'elle est, un temps inconnu, un temps perdu, un temps d'allégories et de mensonges, un temps méprisé par les sages, et profondément discuté par les sots qui se plaisent à nager dans le *vide* comme les atomes d'Épicure.

Il y avait partout des jours de pénitence, des jours d'expiation dans les temples : mais ces jours ne s'appelèrent jamais d'un mot qui répondît à celui de fêtes. Toute fête était consacrée au divertissement; et cela est si vrai que les prêtres égyptiens jeûnaient la veille pour manger mieux le lendemain : coutume que nos moines ont conservée. Il y eut sans doute des cérémonies lugubres; on ne dansait pas le *branle* des Grecs en enterrant ou en portant au bûcher son fils et sa fille; c'était une cérémonie publique, mais certainement ce n'était pas une fête.

* Voyez l'article AGRICULTURE.

SECTION IV.

De l'antiquité des fêtes qu'on prétend avoir toutes été lugubres.

Des gens ingénieux et profonds, des creuseurs d'antiquités, qui sauraient comment la terre était faite il y a cent mille ans, si le génie pouvait le savoir, ont prétendu que les hommes réduits à un très petit nombre dans notre continent et dans l'autre, encore effrayés des révolutions innombrables que ce triste globe avait essuyées, perpétuèrent le souvenir de leurs malheurs par des commémorations funestes et lugubres. « Toute » fête, disent-ils, fut un jour d'horreur, institué » pour faire souvenir les hommes que leurs pères » avaient été détruits par les feux échappés des » volcans, par des rochers tombés des montagnes, » par l'irruption des mers, par les dents et les » griffes des bêtes sauvages, par la famine, la peste, » et les guerres. »

Nous ne sommes donc pas faits comme les hommes l'étaient alors. On ne s'est jamais tant réjoui à Londres qu'après la peste et l'incendie de la ville entière sous Charles II. Nous fîmes des chansons lorsque les massacres de la Saint-Barthélemi duraient encore. On a conservé des pasquinades faites le lendemain de l'assassinat de Coligni; on imprima dans Paris : « Passio domini nostri Gaspardi » Colignii secundum Bartholomæum. »

Il est arrivé mille fois que le sultan qui règne à Constantinople a fait danser ses châtrés et ses odalisques dans des salons teints du sang de ses frères et de ses vizirs.

Que fait-on dans Paris le jour qu'on apprend la perte d'une bataille, et la mort de cent braves officiers? on court à l'Opéra et à la Comédie.

Que fesait-on quand la maréchale d'Ancre était immolée dans la Grève à la barbarie de ses persécuteurs; quand le maréchal de Marillac était traîné au supplice dans une charrette, en vertu d'un papier signé par des valets en robe dans l'antichambre du cardinal de Richelieu; quand un lieutenant-général des armées, un étranger qui avait versé son sang pour l'état, condamné par les cris de ses ennemis acharnés, allait sur l'échafaud dans un tombereau d'ordures avec un bâillon à la bouche; quand un jeune homme de dix-neuf ans, plein de candeur, de courage et de modestie, mais très imprudent, était conduit au plus affreux des supplices? on chantait des vaudevilles.

Tel est l'homme, ou du moins l'homme des bords de la Seine. Tel il fut dans tous les temps, par la seule raison que les lapins ont toujours eu du poil, et les alouettes des plumes.

SECTION V.

De l'origine des arts.

Quoi! nous voudrions savoir quelle était précisément la théologie de Thaut, de Zerdust, de Sanchoniathon, des premiers brachmanes, et nous ignorons qui a inventé la navette! Le premier tisserand, le premier maçon, le premier forgeron, ont été sans doute de grands génies; mais on n'en a tenu aucun compte. Pourquoi? c'est qu'aucun d'eux n'inventa un art perfectionné. Celui qui creusa un chêne pour traverser un fleuve ne fit point de galères; ceux qui arrangèrent des pierres brutes avec des traverses de bois, n'imaginèrent point les pyramides; tout se fait par degrés, et la gloire n'est à personne.

Tout se fit à tâtons jusqu'à ce que des philosophes, à l'aide de la géométrie, apprirent aux hommes à procéder avec justesse et sûreté.

Il fallut que Pythagore, au retour de ses voyages, montrât aux ouvriers la manière de faire une équerre qui fût parfaitement juste [a]. Il prit trois règles, une de trois pieds, une de quatre, une de cinq, et il en fit un triangle rectangle. De plus, il se trouvait que le côté 5 fournissait un carré qui était juste le double des carrés produits par les côtés 4 et 3; méthode importante pour tous les ouvrages réguliers. C'est ce fameux théorème qu'il avait rapporté de l'Inde, et que nous avons dit ailleurs [b] avoir été connu long-temps auparavant à la Chine, suivant le rapport de l'empereur Kang-hi. Il y avait long-temps qu'avant Platon les Grecs avaient su doubler le carré par cette seule figure géométrique.

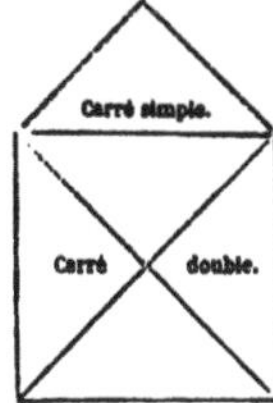

Archytas et Ératosthènes inventèrent une méthode pour doubler un cube, ce qui était impraticable à la géométrie ordinaire, et ce qui aurait honoré Archimède.

Cet Archimède trouva la manière de supputer au juste combien on avait mêlé d'alliage à de l'or; et on travaillait en or depuis des siècles avant

[a] Voyez VITRUVE, liv. IX.
[b] *Essai sur les mœurs*, etc.

qu'on pût découvrir la fraude des ouvriers. La friponnerie exista long-temps avant les mathématiques. Les pyramides construites d'équerre, et correspondant juste aux quatre points cardinaux, font voir assez que la géométrie était connue en Égypte de temps immémorial; et cependant il est prouvé que l'Égypte était un pays tout nouveau.

Sans la philosophie nous ne serions guère au-dessus des animaux qui se creusent des habitations, qui en élèvent, qui s'y préparent leur nourriture, qui prennent soin de leurs petits dans leurs demeures, et qui ont par-dessus nous le bonheur de naître vêtus.

Vitruve, qui avait voyagé en Gaule et en Espagne, dit qu'encore de son temps les maisons étaient bâties d'une espèce de torchis, couvertes de chaume ou de bardeau de chêne, et que les peuples n'avaient pas l'usage des tuiles. Quel était le temps de Vitruve? celui d'Auguste. Les arts avaient pénétré à peine chez les Espagnols, qui avaient des mines d'or et d'argent, et chez les Gaulois, qui avaient combattu dix ans contre César.

Le même Vitruve nous apprend que dans l'opulente et ingénieuse Marseille, qui commerçait avec tant de nations, les toits n'étaient que de terre grasse pétrie avec de la paille.

Il nous instruit que les Phrygiens se creusaient des habitations dans la terre. Ils fichaient des perches autour de la fosse, et les assemblaient en pointe; puis ils élevaient de la terre tout autour. Les Hurons et les Algonquins sont mieux logés. Cela ne donne pas une grande idée de cette Troie bâtie par les dieux, et du magnifique palais de Priam.

« Apparet domus intus, et atria longa patescunt;
» Apparent Priami et veterum penetralia regum. »
Æn. II, 483-84.

Mais aussi le peuple n'est pas logé comme les rois : on voit des huttes près du Vatican et de Versailles.

De plus, l'industrie tombe et se relève chez les peuples par mille révolutions.

« Et campos ubi Troja fuit..... »
(Æn. III, 11)

Nous avons nos arts, l'antiquité eut les siens. Nous ne saurions faire aujourd'hui une trirème; mais nous construisons des vaisseaux de cent pièces de canon.

Nous ne pouvons élever des obélisques de cent pieds de haut d'une seule pièce; mais nos méridiennes sont plus justes.

Le byssus nous est inconnu; les étoffes de Lyon valent bien le byssus.

Le Capitole était admirable; l'église de Saint-Pierre est beaucoup plus grande et plus belle.

Le Louvre est un chef-d'œuvre en comparaison du palais de Persépolis, dont la situation et les ruines n'attestent qu'un vaste monument d'une riche barbarie.

La musique de Rameau vaut probablement celle de Timothée : et il n'est point de tableau présenté dans Paris, au salon d'Apollon, qui ne l'emporte sur les peintures qu'on a déterrées dans Herculanum*.

ANTI-TRINITAIRES.

Ce sont des hérétiques qui pourraient ne pas passer pour chrétiens. Cependant ils reconnaissent Jésus comme sauveur et médiateur; mais ils osent soutenir que rien n'est plus contraire à la droite raison que ce qu'on enseigne parmi les chrétiens touchant la trinité des personnes dans une seule essence divine, dont la seconde est engendrée par la première, et la troisième procède des deux autres.

Que cette doctrine inintelligible ne se trouve dans aucun endroit de l'Écriture.

Qu'on ne peut produire aucun passage qui l'autorise, et auquel on ne puisse, sans s'écarter en aucune façon de l'esprit du texte, donner un sens plus clair, plus naturel, plus conforme aux notions communes et aux vérités primitives et immuables.

Que soutenir, comme font leurs adversaires, qu'il y a plusieurs *personnes* distinctes dans l'essence divine, et que ce n'est pas l'Éternel qui est le seul vrai Dieu, mais qu'il y faut joindre le Fils et le Saint-Esprit, c'est introduire dans l'Église de Jésus-Christ l'erreur la plus grossière et la plus dangereuse, puisque c'est favoriser ouvertement le polythéisme.

Qu'il implique contradiction de dire qu'il n'y a qu'un Dieu, et que néanmoins il y a trois *personnes*, chacune desquelles est véritablement Dieu.

Que cette distinction, un en essence, et trois en personnes, n'a jamais été dans l'Écriture.

Qu'elle est manifestement fausse, puisqu'il est certain qu'il n'y a pas moins d'*essences* que de *personnes*, et de *personnes* que d'*essences*.

Que les trois personnes de la Trinité sont ou trois substances différentes, ou des accidents de l'essence divine, ou cette essence même sans distinction.

Que dans le premier cas on fait trois Dieux.

Que dans le second on fait Dieu composé d'accidents, on adore des accidents, et on métamorphose des accidents en des personnes.

Que dans le troisième, c'est inutilement et sans

* Voyez l'article ANCIENS ET MODERNES.

fondement qu'on divise un sujet indivisible, et qu'on distingue en *trois* ce qui n'est point distingué en soi.

Que si on dit que les trois *personnalités* ne sont ni des substances différentes dans l'essence divine, ni des accidents de cette essence, on aura de la peine à se persuader qu'elles soient quelque chose.

Qu'il ne faut pas croire que les *trinitaires* les plus rigides et les plus décidés aient eux-mêmes quelque idée claire de la manière dont les trois *hypostases* subsistent en Dieu, sans diviser sa substance, et par conséquent sans la multiplier.

Que saint Augustin lui-même, après avoir avancé sur ce sujet mille raisonnements aussi faux que ténébreux, a été forcé d'avouer qu'on ne pouvait rien dire sur cela d'intelligible.

Ils rapportent ensuite le passage de ce père, qui en effet est très singulier : « Quand on demande, » dit-il, ce que c'est que les *trois*, le langage des » hommes se trouve court, et l'on manque de » termes pour les exprimer : on a pourtant dit » *trois personnes*, non pas pour dire quelque » chose, mais parce qu'il faut parler et ne pas » demeurer muet. » *Dictum est tamen tres personæ, non ut illud diceretur, sed ne taceretur.* (De Trinit., lib. v, cap. IX).

Que les théologiens modernes n'ont pas mieux éclairci cette matière.

Que quand on leur demande ce qu'ils entendent par ce mot de *personne*, ils ne l'expliquent qu'en disant que c'est une certaine distinction incompréhensible, qui fait que l'on distingue dans une nature unique en nombre, un Père, un Fils, et un Saint-Esprit.

Que l'explication qu'ils donnent des termes d'*engendrer* et de *procéder* n'est pas plus satisfesante, puisqu'elle se réduit à dire que ces termes marquent certaines relations incompréhensibles qui sont entre les trois personnes de la Trinité.

Que l'on peut recueillir de là que l'état de la question entre les orthodoxes et eux, consiste à savoir s'il y a en Dieu trois distinctions dont on n'a aucune idée, et entre lesquelles il y a certaines relations dont on n'a point d'idées non plus.

De tout cela ils concluent qu'il serait plus sage de s'en tenir à l'autorité des apôtres, qui n'ont jamais parlé de la Trinité, et de bannir à jamais de la religion tous les termes qui ne sont pas dans l'Écriture; comme ceux de *Trinité*, de *personne*, d'*essence*, d'*hypostase*, d'*union hypostatique et personnelle*, d'*incarnation*, de *génération*, de *procession*, et tant d'autres semblables qui étant absolument vides de sens, puisqu'ils n'ont dans la nature aucun être réel représentatif, ne peuvent exciter dans l'entendement que des notions fausses, vagues, obscures et incomplètes. (*Tiré en grande partie de l'article* UNITAIRES *de l'*Encyclopédie, *lequel article est de l'abbé de Bragelogne*).

Ajoutons à cet article ce que dit dom Calmet dans sa dissertation sur le passage de l'épître de Jean l'évangéliste : « Il y en a trois qui donnent » témoignage en terre, l'esprit, l'eau, et le sang; » et ces trois sont un. Il y en a trois qui donnent » témoignage au ciel, le Père, le Verbe, et l'Es- » prit; et ces trois sont un. » Dom Calmet avoue que ces deux passages ne sont dans aucune *Bible* ancienne; et il serait en effet bien étrange que saint Jean eût parlé de la Trinité dans une lettre, et n'en eût pas dit un seul mot dans son Évangile. On ne voit nulle trace de ce dogme ni dans les évangiles canoniques, ni dans les apocryphes. Toutes ces raisons et beaucoup d'autres pourraient excuser les anti-trinitaires, si les conciles n'avaient pas décidé. Mais comme les hérétiques ne font nul cas des conciles, on ne sait plus comment s'y prendre pour les confondre. Bornons-nous à croire et à souhaiter qu'ils croient [a].

ANTROPOMORPHITES, *voyez* ANTHROPOMORPHITES.—ANTROPOPHAGES, *voyez* ANTHROPOPHAGES.

APIS.

Le bœuf Apis [b] était-il adoré à Memphis comme Dieu, comme symbole, ou comme bœuf? Il est à croire que les fanatiques voyaient en lui un Dieu, les sages un simple symbole, et que le sot peuple adorait le bœuf. Cambyse fit-il bien, quand il eut conquis l'Égypte, de tuer ce bœuf de sa main? Pourquoi non? il fesait voir aux imbéciles qu'on pouvait mettre leur dieu à la broche, sans que la nature s'armât pour venger ce sacrilége. On a fort vanté les Égyptiens. Je ne connais guère de peuple plus misérable; il faut qu'il y ait toujours eu dans leur caractère et dans leur gouvernement un vice radical qui en a toujours fait de vils esclaves. Je consens que dans les temps presque inconnus, ils aient conquis la terre; mais dans les temps de l'histoire ils ont été subjugués par tous ceux qui ont voulu s'en donner la peine, par les Assyriens, par les Grecs, par les Romains, par les Arabes, par les Mamelucs, par les Turcs, enfin par tout le monde, excepté par nos croisés, attendu que ceux-ci étaient plus malavisés que les Égyptiens n'étaient lâches. Ce fut la milice des Mamelucs qui battit les Français. Il n'y a peut-être que deux choses passables dans cette nation : la première,

[a] Voyez l'article TRINITÉ.
[b] Voyez l'article BOEUF.

que ceux qui adoraient un bœuf ne voulurent jamais contraindre ceux qui adoraient un singe à changer de religion ; la seconde, qu'ils ont fait toujours éclore des poulets dans des fours.

On vante leurs pyramides; mais ce sont des monuments d'un peuple esclave. Il faut bien qu'on y ait fait travailler toute la nation, sans quoi on n'aurait pu venir à boût d'élever ces vilaines masses. A quoi servaient-elles? à conserver dans une petite chambre la momie de quelque prince ou de quelque gouverneur, ou de quelque intendant, que son âme devait ranimer au bout de mille ans. Mais s'ils espéraient cette résurrection des corps, pourquoi leur ôter la cervelle avant de les embaumer ? les Égyptiens devaient-ils ressusciter sans cervelle?

APOCALYPSE.

SECTION PREMIÈRE.

Justin le martyr, qui écrivait vers l'an 270 de notre ère, est le premier qui ait parlé de l'*Apocalypse* ; il l'attribue à l'apôtre Jean l'évangéliste: dans son dialogue avec Tryphon (n° 80), ce Juif lui demande s'il ne croit pas que Jérusalem doit être rétablie un jour. Justin lui répond qu'il le croit ainsi avec tous les chrétiens qui pensent juste. « Il y a eu, dit-il, parmi nous un certain » personnage nommé Jean, l'un des douze apô» tres de Jésus ; il a prédit que les fidèles passeront » mille ans dans Jérusalem. »

Ce fut une opinion long-temps reçue parmi les chrétiens que ce règne de mille ans. Cette période était en grand crédit chez les Gentils. Les âmes des Égyptiens reprenaient leurs corps au bout de mille années ; les âmes du purgatoire, chez Virgile, étaient exercées pendant ce même espace de temps, *et mille per annos*. La nouvelle Jérusalem de mille années devait avoir douze portes, en mémoire des douze apôtres; sa forme devait être carrée; sa longueur, sa largeur et sa hauteur devaient être de douze mille stades, c'est-à-dire, cinq cents lieues, de façon que les maisons devaient avoir aussi cinq cents lieues de haut. Il eût été assez désagréable de demeurer au dernier étage ; mais enfin c'est ce que dit l'*Apocalypse* au chapitre XXI.

Si Justin est le premier qui attribua l'*Apocalypse* à saint Jean, quelques personnes ont récusé son témoignage, attendu que dans ce même dialogue avec le juif Tryphon, il dit que, selon le récit des apôtres, Jésus-Christ, en descendant dans le Jourdain, fit bouillir les eaux de ce fleuve, et les enflamma ; ce qui pourtant ne se trouve dans aucun écrit des apôtres.

Le même saint Justin cite avec confiance les oracles des sybilles; de plus, il prétend avoir vu les restes des petites maisons où furent enfermés les soixante et douze interprètes dans le phare d'Égypte du temps d'Hérode. Le témoignage d'un homme qui a eu le malheur de voir ces petites maisons, semble indiquer que l'auteur devait y être renfermé.

Saint Irénée qui vient après, et qui croyait aussi le règne de mille ans, dit qu'il a appris d'un vieillard que saint Jean avait fait l'*Apocalypse*. Mais on a reproché à saint Irénée d'avoir écrit qu'il ne doit y avoir que quatre Évangiles, parce qu'il n'y a que quatre parties du monde et quatre vents cardinaux, et qu'Ézéchiel n'a vu que quatre animaux. Il appelle ce raisonnement une démonstration. Il faut avouer que la manière dont Irénée démontre vaut bien celle dont Justin a vu.

Clément d'Alexandrie ne parle dans ses *Electa* que d'une *Apocalypse* de saint Pierre dont on fesait très grand cas. Tertullien, l'un des grands partisans du règne de mille ans, non seulement assure que saint Jean a prédit cette résurrection et ce règne de mille ans dans la ville de Jérusalem ; mais il prétend que cette Jérusalem commençait déjà à se former dans l'air, que tous les chrétiens de la Palestine, et même les païens, l'avaient vue pendant quarante jours de suite à la fin de la nuit ; mais malheureusement la ville disparaissait dès qu'il était jour.

Origène, dans sa préface sur l'Évangile de saint Jean, et dans ses Homélies, cite les oracles de l'*Apocalypse* ; mais il cite également les oracles des sibylles. Cependant saint Denis d'Alexandrie, qui écrivait vers le milieu du troisième siècle, dit dans un de ses fragments, conservés par Eusèbe[a], que presque tous les docteurs rejetaient l'*Apocalypse* comme un livre destitué de raison; que ce livre n'a point été composé par saint Jean ; mais par un nommé Cérinthe, lequel s'était servi d'un grand nom, pour donner plus de poids à ses rêveries.

Le concile de Laodicée, tenu en 360, ne compta point l'*Apocalypse* parmi les livres canoniques. Il était bien singulier que Laodicée, qui était une église à qui l'*Apocalypse* était adressée, rejetât un trésor destiné pour elle ; et que l'évêque d'Éphèse, qui assistait au concile, rejetât aussi ce livre de saint Jean enterré dans Éphèse.

Il était visible à tous les yeux que saint Jean se remuait toujours dans sa fosse, et fesait continuellement hausser et baisser la terre. Cependant les mêmes personnages, qui étaient sûrs que saint Jean n'était pas bien mort, étaient sûrs aussi qu'il

[a] *Histoire de l'Église*, liv. VII, chap. XXV.

n'avait pas fait l'*Apocalypse*. Mais ceux qui tenaient pour le règne de mille ans, furent inébranlables dans leur opinion. Sulpice Sévère, dans son *Histoire sacrée*, livre 9, traite d'insensés et d'impies ceux qui ne recevaient pas l'*Apocalypse*. Enfin, après bien des oppositions de concile à concile, l'opinion de Sulpice Sévère a prévalu. La matière ayant été éclaircie, l'Église a décidé que l'*Apocalypse* est incontestablement de saint Jean; ainsi il n'y a pas d'appel.

Chaque communion chrétienne s'est attribué les prophéties contenues dans ce livre; les Anglais y ont trouvé les révolutions de la Grande-Bretagne; les luthériens, les troubles d'Allemagne; les réformés de France, le règne de Charles IX et la régence de Catherine de Médicis: ils ont tous également raison. Bossuet et Newton ont commenté tous deux l'*Apocalypse*; mais à tout prendre, les déclamations éloquentes de l'un, et les sublimes découvertes de l'autre, leur ont fait plus d'honneur que leurs commentaires.

SECTION II.

Ainsi deux grands hommes, mais d'une grandeur fort différente, ont commenté l'*Apocalypse* dans le dix-septième siècle: Newton, à qui une pareille étude ne convenait guère; Bossuet, à qui cette entreprise convenait davantage. L'un et l'autre donnèrent beaucoup de prise à leurs ennemis par leurs commentaires; et, comme on l'a déjà dit, le premier consola la race humaine de la supériorité qu'il avait sur elle, et l'autre réjouit ses ennemis.

Les catholiques et les protestants ont tous expliqué l'*Apocalypse* en leur faveur; et chacun y a trouvé tout juste ce qui convenait à ses intérêts. Ils ont surtout fait de merveilleux commentaires sur la grande bête à sept têtes et à dix cornes, ayant le poil d'un léopard, les pieds d'un ours, la gueule du lion, la force du dragon; et il fallait, pour vendre et acheter, avoir le caractère et le nombre de la bête; et ce nombre était 666.

Bossuet trouve que cette bête était évidemment l'empereur Dioclétien, en fesant un acrostiche de son nom. Grotius croyait que c'était Trajan. Un curé de Saint-Sulpice, nommé La Chétardie, connu par d'étranges aventures, prouve que la bête était Julien. Jurieu prouve que la bête est le pape. Un prédicant a démontré que c'est Louis XIV. Un bon catholique a démontré que c'est le roi d'Angleterre Guillaume. Il n'est pas aisé de les accorder tous [1].

Il y a eu de vives disputes concernant les étoiles qui tombèrent du ciel sur la terre, et touchant le soleil et la lune qui furent frappés à la fois de ténèbres dans leur troisième partie.

Il y a eu plusieurs sentiments sur le livre que l'ange fit manger à l'auteur de l'*Apocalypse*, lequel livre fut doux à la bouche et amer dans le ventre. Jurieu prétendait que les livres de ses adversaires étaient désignés par là; et on rétorquait son argument contre lui.

On s'est querellé sur ce verset: « J'entendis une » voix dans le ciel, comme la voix des grandes » eaux, et comme la voix d'un grand tonnerre; » et cette voix que j'entendis était comme des » harpeurs harpants sur leurs harpes. » Il est clair qu'il valait mieux respecter l'*Apocalypse* que la commenter.

Camus, évêque de Belley, fit imprimer au siècle précédent un gros livre contre les moines, qu'un moine défroqué abrégea; il fut intitulé *Apocalypse*, parce qu'il y révélait les défauts et les dangers de la vie monacale; *Apocalypse de Méliton*, parce que Méliton, évêque de Sardes, au second siècle, avait passé pour prophète. L'ouvrage de cet évêque n'a rien des obscurités de l'*Apocalypse* de saint Jean; jamais on ne parla plus clairement. L'évêque ressemble à ce magistrat qui disait à un procureur: « Vous êtes un faussaire, un fripon. » Je ne sais si je m'explique. »

L'évêque de Belley suppute dans son *Apocalypse* ou *Révélation*, qu'il y avait de son temps quatre-vingt-dix-huit ordres de moines rentés ou mendiants, qui vivaient aux dépens des peuples sans rendre le moindre service, sans s'occuper du plus léger travail. Il comptait six cent mille moines dans l'Europe. Le calcul est un peu enflé; mais il est certain que le nombre des moines était un peu trop grand.

Il assure que les moines sont les ennemis des évêques, des curés et des magistrats.

Que parmi les priviléges acordés aux cordeliers, le sixième privilége est la sûreté d'être sauvé, quelque crime horrible qu'on ait commis [a], pourvu qu'on aime l'ordre de Saint-François.

Que les moines ressemblent aux singes [b]: plus ils montent haut, plus on voit leur cul.

Que le nom de *moine* [c] est devenu si infâme et si exécrable, qu'il est regardé par les moines mêmes comme une sale injure, et comme le plus violent outrage qu'on leur puisse faire.

[1] Un savant moderne a prétendu prouver que cette bête de l'*Apocalypse* n'est autre chose que l'empereur Caligula. Le nombre de 666 est la valeur numérale des lettres de son nom. Ce livre est, selon l'auteur, une prédiction des désordres du règne de Caligula, faite après coup, et à laquelle on ajouta des prédictions équivoques de la ruine de l'empire romain. Voilà par quelle raison les protestants qui ont voulu trouver dans l'*Apocalypse* la puissance papale et sa destruction, ont rencontré quelques explications très frappantes. K.

[a] Page 89. — [b] Page 103. — [c] Page 101.

Mon cher lecteur, qui que vous soyez, ou ministre ou magistrat, considérez avec attention ce petit morceau du livre de notre évêque.

« [a] Représentez-vous le couvent de l'Escurial » ou du Mont-Cassin, où les cénobites ont toutes » sortes de commodités nécessaires, utiles, délectables, superflues, surabondantes, puisqu'ils » ont les cent cinquante mille, les quatre cent » mille, les cinq cent mille écus de rente; et jugez si monsieur l'abbé a de quoi laisser dormir » la méridienne à ceux qui voudront.

» D'un autre côté, représentez-vous un artisan, » un laboureur, qui n'a pour tout vaillant que » ses bras, chargé d'une grosse famille, travaillant tous les jours en toute saison comme un » esclave pour la nourrir du pain de douleur et » de l'eau des larmes; et puis faites la comparaison de la prééminence de l'une ou de l'autre » condition en fait de pauvreté. »

Voilà un passage de l'*Apocalypse épiscopale* qui n'a pas besoin de commentaires : il n'y manque qu'un ange qui vienne remplir sa coupe du vin des moines pour désaltérer les agriculteurs qui labourent, sèment et recueillent pour les monastères.

Mais ce prélat ne fit qu'une satire au lieu de faire un livre utile. Sa dignité lui ordonnait de dire le bien comme le mal. Il fallait avouer que les bénédictins ont donné beaucoup de bons ouvrages, que les jésuites ont rendu de grands services aux belles-lettres. Il fallait bénir les frères de la Charité, et ceux de la Rédemption des captifs. Le premier devoir est d'être juste. Camus se livrait trop à son imagination. Saint François de Sales lui conseilla de faire des romans de morale; mais il abusa de ce conseil.

APOCRYPHES,

du mot grec qui signifie *caché*.

On remarque très bien dans le *Dictionnaire encyclopédique* que les divines Écritures pouvaient être à la fois sacrées et apocryphes: sacrées, parce qu'elles sont indubitablement dictées par Dieu même; apocryphes, parce qu'elles étaient cachées aux nations, et même au peuple juif.

Qu'elles fussent cachées aux nations avant la traduction grecque faite dans Alexandrie sous les Ptolémées, c'est une vérité reconnue. Josèphe l'avoue [b] dans la réponse qu'il fit à Apion, après la mort d'Apion; et son aveu n'en a pas moins de poids, quoiqu'il prétende le fortifier par une fable. Il dit dans son histoire [c] que les livres juifs étant tous divins, nul historien, nul poëte étranger n'en avait jamais osé parler. Et immédiatement après avoir assuré que jamais personne n'osa s'exprimer sur les lois juives, il ajoute que l'historien Théopompe ayant eu seulement le dessein d'en insérer quelque chose dans son histoire, Dieu le rendit fou pendant trente jours; qu'ensuite ayant été averti dans un songe qu'il n'était fou que pour avoir voulu connaître les choses divines, et les faire connaître aux profanes, il en demanda pardon à Dieu, qui le remit dans son bon sens.

Josèphe, au même endroit, rapporte encore qu'un poëte, nommé Théodecte, ayant dit un mot des Juifs, dans ses tragédies, devint aveugle, et que Dieu ne lui rendit la vue qu'après qu'il eut fait pénitence.

Quant au peuple juif, il est certain qu'il y eut des temps où il ne put lire les divines Écritures, puisqu'il est dit dans le quatrième livre des *Rois* [a], et dans le deuxième des *Paralipomènes* [b], que sous le roi Josias on ne les connaissait pas, et qu'on en trouva par hasard un seul exemplaire dans un coffre chez le grand-prêtre Helcias ou Helkia.

Les dix tribus qui furent dispersées par Salmanazar n'ont jamais reparu; et leurs livres, si elles en avaient, ont été perdus avec elles. Les deux tribus qui furent esclaves à Babylone, et qui revinrent au bout de soixante et dix ans, n'avaient plus leurs livres, ou du moins ils étaient très rares et très défectueux, puisque Esdras fut obligé de les rétablir. Mais quoique ces livres fussent apocryphes pendant la captivité de Babylone, c'est-à-dire cachés, inconnus au peuple, ils étaient toujours sacrés; ils portaient le sceau de la Divinité; ils étaient, comme tout le monde en convient, le seul monument de vérité qui fût sur la terre.

Nous appelons aujourd'hui *apocryphes* les livres qui ne méritent aucune créance, tant les langues sont sujettes au changement. Les catholiques et les protestants s'accordent à traiter d'apocryphes en ce sens, et à rejeter,

La Prière de Manassé, roi de Juda, qui se trouve dans le quatrième livre des *Rois*;

Le troisième et le quatrième livre des Machabées;

Le quatrième livre d'Esdras;

quoiqu'ils soient incontestablement écrits par des Juifs; mais on nie que les auteurs aient été inspirés de Dieu ainsi que les autres Juifs.

Les autres livres juifs, rejetés par les seuls protestants, et regardés par conséquent comme non inspirés par Dieu même, sont :

[a] Pages 160 et 161.
[b] Liv. I, ch. IV. — [c] Liv. XII, ch. II.

[a] Chap. XXII, v. 8.
[b] Chap. XXXIV, v. 14.

La Sagesse, quoiqu'elle soit écrite du mêm style que les *Proverbes*;

L'Ecclésiastique, quoique ce soit encore le même style;

Les deux premiers livres des Machabées, quoiqu'ils soient écrits par un Juif; mais ils ne croient pas que ce Juif ait été inspiré de Dieu;

Tobie, quoique le fond en soit édifiant. Le judicieux et profond Calmet affirme qu'une partie de ce livre fut écrite par Tobie père, et l'autre par Tobie fils, et qu'un troisième auteur ajouta la conclusion du dernier chapitre, laquelle dit que le jeune Tobie mourut à l'âge de quatre-vingt-dix-neuf ans, et que ses enfants l'*enterrèrent gaiement*.

Le même Calmet, à la fin de sa préface, s'exprime ainsi[a] : « Ni cette histoire en elle-même, ni » la manière dont elle est racontée, ne portent en » aucune manière le caractère de fable ou de fiction. S'il fallait rejeter toutes les histoires de » l'Écriture où il paraît du merveilleux et de l'extraordinaire, où serait le livre sacré que l'on » pourrait conserver?.... »

Judith, quoique Luther lui-même déclare « que » ce livre est beau, bon, saint, utile, et que c'est » le discours d'un saint poëte et d'un prophète » animé du Saint-Esprit, qui nous instruit, etc.[b] »

Il est difficile, à la vérité, de savoir en quel temps se passa l'aventure de Judith, et où était située la ville de Béthulie. On a disputé aussi beaucoup sur le degré de sainteté de l'action de Judith; mais le livre ayant été déclaré canonique au concile de Trente, il n'y a plus à disputer.

Baruch, quoiqu'il soit écrit du style de tous les autres prophètes.

Esther. Les protestants n'en rejettent que quelques additions après le chapitre dix; mais ils admettent tout le reste du livre, encore que l'on ne sache pas qui était le roi Assuérus, personnage principal de cette histoire.

Daniel. Les protestants en retranchent l'aventure de Suzanne et des petits enfants dans la fournaise; mais ils conservent le songe de Nabuchodonosor et son habitation avec les bêtes.

DE LA VIE DE MOÏSE,

LIVRE APOCRYPHE DE LA PLUS HAUTE ANTIQUITÉ.

L'ancien livre qui contient la vie et la mort de Moïse paraît écrit du temps de la captivité de Babylone. Ce fut alors que les Juifs commencèrent à connaître les noms que les Chaldéens et les Perses donnaient aux anges[a].

C'est là qu'on voit les noms de Zinghiel, Samael, Tsakon, Lakah, et beaucoup d'autres dont les Juifs n'avaient fait aucune mention.

Le livre de la mort de Moïse paraît postérieur. Il est reconnu que les Juifs avaient plusieurs vies de Moïse très anciennes, et d'autres livres indépendamment du *Pentateuque*. Il y était appelé Moni, et non pas Moïse; et on prétend que *mo* signifiait de l'*eau*, et *ni* la particule *de*. On le nomma aussi du nom général Melk; on lui donna ceux de Joakim, Adamosi, Thetmosi; et surtout on a cru que c'était le même personnage que Manethon appelle Ozarziph.

Quelques uns de ces vieux manuscrits hébraïques furent tirés de la poussière des cabinets des Juifs vers l'an 1517. Le savant Gilbert Gaulmin, qui possédait leur langue parfaitement, les traduisit en latin vers l'an 1635. Ils furent imprimés ensuite et dédiés au cardinal de Bérulle. Les exemplaires sont devenus d'une rareté extrême.

Jamais le rabbinisme, le goût du merveilleux, l'imagination orientale, ne se déployèrent avec plus d'excès.

FRAGMENT DE LA VIE DE MOÏSE.

Cent trente ans après l'établissement des Juifs en Égypte, et soixante ans après la mort du patriarche Joseph, le pharaon eut un songe en dormant. Un vieillard tenait une balance : dans l'un des bassins étaient tous les habitants de l'Égypte; dans l'autre était un petit enfant, et cet enfant pesait plus que tous les Égyptiens ensemble. Le pharaon appelle aussitôt ses shotim, ses sages. L'un des sages lui dit : « O roi! cet enfant est un Juif » qui fera un jour bien du mal à votre royaume. » Faites tuer tous les enfants des Juifs, vous sauverez par là votre empire, si pourtant on peut » s'opposer aux ordres du destin. »

Ce conseil plut à Pharaon : il fit venir les sages-femmes, et leur ordonna d'étrangler tous les mâles dont les Juives accoucheraient.... Il y avait en Égypte un homme nommé Amram, fils de Kehat, mari de Jocebed, sœur de son frère. Cette Jocebed lui donna une fille nommée Marie, qui signifie *persécutée*, parce que les Égyptiens, descendants de Cham, persécutaient les Israélites, descendants évidemment de Sem. Jocebed accoucha ensuite d'Aaron, qui signifie *condamné à mort*, parce que le pharaon avait condamné à mort tous les enfants Juifs. Aaron et Marie furent préservés par les anges du Seigneur qui les nourrirent aux champs, et qui les rendirent à leurs parents quand ils furent dans l'adolescence.

[a] Préface de Tobie.

[b] Luther, dans la préface allemande du livre de *Judith*.

[a] Voyez l'article Ange.

Enfin Jocebèd eut un troisième enfant : ce fut Moïse, qui par conséquent avait quinze ans de moins que son frère. Il fut exposé sur le Nil. La fille du pharaon le rencontra en se baignant, le fit nourrir, et l'adopta pour son fils, quoiqu'elle ne fût point mariée.

Trois ans après, son père le pharaon prit une nouvelle femme; il fit un grand festin; sa femme était à sa droite, sa fille était à sa gauche avec le petit Moïse. L'enfant, en se jouant, lui prit sa couronne et la mit sur sa tête. Balaam le magicien, eunuque du roi, se ressouvint alors du songe de sa majesté. Voilà, dit-il, cet enfant qui doit un jour vous faire tant de mal; l'esprit de Dieu est en lui. Ce qu'il vient de faire est une preuve qu'il a déjà un dessein formel de vous détrôner. Il faut le faire périr sur-le-champ. Cette idée plut beaucoup au pharaon.

On allait tuer le petit Moïse lorsque Dieu envoya sur-le-champ son ange Gabriel, déguisé en officier du pharaon, et qui lui dit : Seigneur, il ne faut pas faire mourir un enfant innocent qui n'a pas encore l'âge de discrétion; il n'a mis votre couronne sur sa tête que parce qu'il manque de jugement. Il n'y a qu'à lui présenter un rubis et un charbon ardent; s'il choisit le charbon, il est clair que c'est un imbécile qui ne sera pas dangereux; mais s'il prend le rubis, c'est signe qu'il y entend finesse, et alors il faut le tuer.

Aussitôt on apporte un rubis et un charbon; Moïse ne manque pas de prendre le rubis; mais l'ange Gabriel, par un léger tour de main, glisse le charbon à la place de la pierre précieuse. Moïse mit le charbon dans sa bouche, et se brûla la langue si horriblement qu'il en resta bègue toute sa vie; et c'est la raison pour laquelle le législateur des Juifs ne put jamais articuler.

Moïse avait quinze ans et était favori du pharaon. Un Hébreu vint se plaindre à lui de ce qu'un Égyptien l'avait battu après avoir couché avec sa femme. Moïse tua l'Égyptien. Le pharaon ordonna qu'on coupât la tête à Moïse. Le bourreau le frappa; mais Dieu changea sur-le-champ le cou de Moïse en colonne de marbre, et envoya l'ange Michel, qui en trois jours de temps conduisit Moïse hors des frontières.

Le jeune Hébreu se réfugia auprès de Nécano, roi d'Éthiopie, qui était en guerre avec les Arabes. Nécano le fit son général d'armée, et après la mort de Nécano, Moïse fut élu roi et épousa la veuve. Mais Moïse, honteux d'épouser la femme de son seigneur, n'osa jouir d'elle, et mit une épée dans le lit entre lui et la reine. Il demeura quarante ans avec elle sans la toucher. La reine, irritée, convoqua enfin les états du royaume d'Éthiopie, se plaignit de ce que Moïse ne lui fesait rien, et conclut à le chasser, et à mettre sur le trône le fils du feu roi.

Moïse s'enfuit dans le pays de Madian chez le prêtre Jéthro. Ce prêtre crut que sa fortune était faite s'il remettait Moïse entre les mains du pharaon d'Égypte, et il commença par le faire mettre dans un cul de basse-fosse, où il fut réduit au pain et à l'eau. Moïse engraissa à vue d'œil dans son cachot. Jéthro en fut tout étonné. Il ne savait pas que sa fille Séphora était devenue amoureuse du prisonnier, et lui portait elle-même des perdrix et des cailles avec d'excellent vin. Il conclut que Dieu protégeait Moïse, et ne le livra point au pharaon.

Cependant le prêtre Jéthro voulut marier sa fille; il avait dans son jardin un arbre de saphir sur lequel était gravé le nom de Jaho ou Jéhova. Il fit publier dans tout le pays qu'il donnerait sa fille à celui qui pourrait arracher l'arbre de saphir. Les amants de Séphora se présentèrent : aucun d'eux ne put seulement faire pencher l'arbre. Moïse, qui n'avait que soixante et dix-sept ans, l'arracha tout d'un coup sans effort. Il épousa Séphora, dont il eut bientôt un beau garçon nommé Gersom.

Un jour en se promenant il rencontra Dieu (qui se nommait auparavant Sadaï, et qui alors s'appelait Jéhova) dans un buisson, et Dieu lui ordonna d'aller faire des miracles à la cour du pharaon : il partit avec sa femme et son fils. Ils rencontrèrent, chemin fesant, un ange qu'on ne nomme pas, qui ordonna à Séphora de circoncire le petit Gersom avec un couteau de pierre. Dieu envoya Aaron sur la route; mais Aaron trouva fort mauvais que son frère eût épousé une Madianite, il la traita de p..... et le petit Gersom de bâtard; il les renvoya dans leur pays par le plus court.

Aaron et Moïse s'en allèrent donc tout seuls dans le palais du pharaon. La porte du palais était gardée par deux lions d'une grandeur énorme. Balaam, l'un des magiciens du roi, voyant venir les deux frères, lâcha sur eux les deux lions; mais Moïse les toucha de sa verge, et les deux lions, humblement prosternés, léchèrent les pieds d'Aaron et de Moïse. Le roi, tout étonné, fit venir les deux pèlerins devant tous ses magiciens. Ce fut à qui ferait le plus de miracles.

L'auteur raconte ici les dix plaies d'Égypte à peu près comme elles sont rapportées dans l'*Exode*. Il ajoute seulement que Moïse couvrit toute l'Égypte de poux jusqu'à la hauteur d'une coudée, et qu'il envoya chez tous les Égyptiens des lions, des loups, des ours, des tigres, qui entraient dans toutes les maisons, quoique les portes fussent fermées aux verrous, et qui mangeaient les petits enfants.

Ce ne fut point, selon cet auteur, les Juifs qui s'enfuirent par la mer Rouge, ce fut le pharaon qui s'enfuit par ce chemin avec son armée; les Juifs coururent après lui, les eaux se séparèrent à droite et à gauche pour les voir combattre; tous les Égyptiens[1], excepté le roi, furent tués sur le sable. Alors ce roi, voyant bien qu'il avait affaire à forte partie, demanda pardon à Dieu. Michael et Gabriel furent envoyés vers lui; ils le transportèrent dans la ville de Ninive, où il régna quatre cents ans.

DE LA MORT DE MOÏSE.

Dieu avait déclaré au peuple d'Israël qu'il ne sortirait point de l'Égypte à moins qu'il n'eût retrouvé le tombeau de Joseph. Moïse le retrouva, et le porta sur ses épaules en traversant la mer Rouge. Dieu lui dit qu'il se souviendrait de cette bonne action, et qu'il l'assisterait à la mort.

Quand Moïse eut passé six-vingts ans, Dieu vint lui annoncer qu'il fallait mourir, et qu'il n'avait plus que trois heures à vivre. Le mauvais ange Samael assistait à la conversation. Dès que la première heure fut passée, il se mit à rire de ce qu'il allait bientôt s'emparer de l'âme de Moïse, et Michael se mit à pleurer. Ne te réjouis pas tant, méchante bête, dit le bon ange au mauvais; Moïse va mourir, mais nous avons Josué à sa place.

Quand les trois heures furent passées, Dieu commanda à Gabriel de prendre l'âme du mourant. Gabriel s'en excusa, et Michael aussi. Dieu, refusé par ces deux anges, s'adresse à Zinghiel. Celui-ci ne voulut pas plus obéir que les autres: C'est moi, dit-il, qui ai été autrefois son précepteur, je ne tuerai pas mon disciple. Alors Dieu se fâchant, dit au mauvais ange Samael: Eh bien! méchant, prends donc son âme. Samael, plein de joie, tire son épée et court sur Moïse. Le mourant se lève en colère, les yeux étincelants: Comment, coquin! lui dit Moïse, oserais-tu bien me tuer, moi qui étant enfant ai mis la couronne d'un pharaon sur ma tête, qui ai fait des miracles à l'âge de quatre-vingts ans, qui ai conduit hors d'Égypte soixante millions d'hommes, qui ai coupé la mer Rouge en deux, qui ai vaincu deux rois si grands que du temps du déluge l'eau ne leur venait qu'à mi-jambe! va-t'en, maraud, sors de devant moi tout à l'heure.

Cette altercation dura encore quelques moments. Gabriel, pendant ce temps-là, prépara un brancard pour transporter l'âme de Moïse; Michael, un manteau de pourpre; Zinghiel, une soutane. Dieu lui mit les deux mains sur la poitrine, et emporta son âme.

C'est à cette histoire que l'apôtre saint Jude fait allusion dans son Épître, lorsqu'il dit que l'archange Michael disputa le corps de Moïse au diable. Comme ce fait ne se trouve que dans le livre que je viens de citer, il est évident que saint Jude l'avait lu, et qu'il le regardait comme un livre canonique.

La seconde histoire de la mort de Moïse est encore une conversation avec Dieu. Elle n'est pas moins plaisante et moins curieuse que l'autre. Voici quelques traits de ce dialogue:

Moïse. Je vous prie, Seigneur, de me laisser entrer dans la terre promise, au moins pour deux ou trois ans.

Dieu. Non: mon décret porte que tu n'y entreras pas.

Moïse. Que du moins on m'y porte après ma mort.

Dieu. Non, ni mort ni vif.

Moïse. Hélas! bon Dieu, vous êtes si clément envers vos créatures, vous leur pardonnez deux ou trois fois; je n'ai fait qu'un péché, et vous ne me pardonnez pas!

Dieu. Tu ne sais ce que tu dis, tu as commis six péchés... Je me souviens d'avoir juré ta mort ou la perte d'Israël; il faut qu'un de ces deux serments s'accomplisse. Si tu veux vivre, Israël périra.

Moïse. Seigneur, il y a là trop d'adresse, vous tenez la corde par les deux bouts. Que Moïse périsse plutôt qu'une seule âme d'Israël.

Après plusieurs discours de la sorte, l'écho de la montagne dit à Moïse: Tu n'as plus que cinq heures à vivre. Au bout de cinq heures, Dieu envoya chercher Gabriel, Zinghiel, et Samael. Dieu promit à Moïse de l'enterrer, et emporta son âme.

Quand on fait réflexion que presque toute la terre a été infatuée de pareils contes, et qu'ils ont fait l'éducation du genre humain, on trouve les fables de Pilpaï, de Lokman, d'Ésope, bien raisonnables.

LIVRES APOCRYPHES DE LA NOUVELLE LOI.

Cinquante Évangiles, tous assez différents les uns des autres, dont il ne nous reste que quatre entiers, celui de Jacques, celui de Nicodème, celui de l'enfance de Jésus, et celui de la naissance de Marie. Nous n'avons des autres que des fragments et de légères notices[1].

Le voyageur Tournefort, envoyé par Louis XIV en Asie, nous apprend que les Géorgiens ont conservé l'*Évangile de l'enfance*, qui leur a été pro-

[1] Voyez la *Collection d'anciens Evangiles Mélanges*, année 1769). K.

bablement communiqué par les Arméniens. (Tournefort, lett. XIX.)

Dans les commencements plusieurs de ces Évangiles, aujourd'hui reconnus comme apocryphes, furent cités comme authentiques, et furent même les seuls cités. On trouve dans les Actes des apôtres ces mots que prononce saint Paul [a] : « Il faut » se souvenir des paroles du seigneur Jésus ; car » lui-même a dit : Il vaut mieux donner que rece- » voir. »

Saint Barnabé, ou plutôt saint Barnabas, fait parler ainsi Jésus-Christ dans son Épître catholique [b] : « Résistons à toute iniquité, et ayons-la en » haine... Ceux qui veulent me voir et parvenir » à mon royaume, doivent me suivre par les af- » flictions et par les peines. »

Saint Clément, dans sa seconde Épître aux Corinthiens, met dans la bouche de Jésus-Christ ces paroles : « Si vous êtes assemblés dans mon sein, » et que vous ne suiviez pas mes commandements [c], » je vous rejetterai, et je vous dirai : Retirez-vous » de moi, je ne vous connais pas ; retirez-vous de » moi, artisans d'iniquité. »

Il attribue ensuite ces paroles à Jésus-Christ : « Gardez votre chair chaste et le cachet immaculé, » afin que vous receviez la vie éternelle [d]. »

Dans les *Constitutions apostoliques*, qui sont du second siècle, on trouve ces mots : « Jésus- » Christ a dit : Soyez des agents de change hon- » nêtes. »

Il y a beaucoup de citations pareilles, dont aucune n'est tirée des quatre Évangiles reconnus dans l'Église pour les seuls canoniques. Elles sont pour la plupart tirées de l'Évangile selon les Hébreux, Évangile traduit par saint Jérôme, et qui est aujourd'hui regardé comme apocryphe.

Saint Clément le Romain dit, dans sa seconde Épître : « Le Seigneur étant interrogé quand vien- » drait son règne, répondit : Quand deux feront » un, quand ce qui est dehors sera dedans, quand » le mâle sera femelle, et quand il n'y aura ni fe- » melle ni mâle. »

Ces paroles sont tirées de l'Évangile selon les Égyptiens, et le texte est rapporté tout entier par saint Clément d'Alexandrie. Mais à quoi pensait l'auteur de l'Évangile égyptien, et saint Clément lui-même? les paroles qu'il cite sont injurieuses à Jésus-Christ ; elles font entendre qu'il ne croyait pas que son règne advînt. Dire qu'une chose arrivera « quand deux feront un, quand le mâle sera » femelle, » c'est dire qu'elle n'arrivera jamais. C'est comme nous disons, « La semaine des trois » jeudis, les calendes grecques : » un tel passage est bien plus rabbinique qu'évangélique.

[a] Chap. XX, v. 35. — [b] Nos 4 et 7. — [c] No 4.
[d] No 8.

Il y eut aussi des *Actes des apôtres* apocryphes : saint Épiphane les cite [a]. C'est dans ces Actes qu'il est rapporté que saint Paul était fils d'un père et d'une mère idolâtres, et qu'il se fit juif pour épouser la fille de Gamaliel ; et qu'ayant été refusé, ou ne l'ayant pas trouvée vierge, il prit le parti des disciples de Jésus. C'est un blasphème contre saint Paul.

DES AUTRES LIVRES APOCRYPHES DU PREMIER ET DU SECOND SIÈCLE.

I.

Livre d'Énoch, septième homme après Adam, lequel fait mention de la guerre des anges rebelles sous leur capitaine Semexia contre les anges fidèles conduits par Michael. L'objet de la guerre était de jouir des filles des hommes, comme il est dit à l'article ANGE [b].

II.

Les Actes de sainte Thècle et de saint Paul, écrits par un disciple nommé Jean, attaché à saint Paul. C'est dans cette histoire que Thècle s'échappe des mains de ses persécuteurs pour aller trouver saint Paul, déguisée en homme. C'est là qu'elle baptise un lion ; mais cette aventure fut retranchée depuis. C'est là qu'on trouve le portrait de Paul, « statura brevi, calvastrum, cruribus cur- » vis, surosum, superciliis junctis, naso aquilino, » plenum gratia Dei. »

Quoique cette histoire ait été recommandée par saint Grégoire de Nazianze, par saint Ambroise, et par saint Jean Chrysostôme, etc., elle n'a eu aucune considération chez les autres docteurs de l'Église.

III.

La Prédication de Pierre. Cet écrit est aussi appelé *l'Évangile, la Révélation de Pierre*. Saint Clément d'Alexandrie en parle avec beaucoup d'éloge ; mais on s'aperçut bientôt qu'il était d'un faussaire qui avait pris le nom de cet apôtre.

IV.

Les Actes de Pierre, ouvrage non moins supposé.

V.

Le Testament des douze patriarches. On doute si ce livre est d'un juif ou d'un chrétien. Il est très vraisemblable pourtant qu'il est d'un chrétien

[a] Chap. XXX, § 16.
[b] Il y a encore un autre livre d'*Énoch* chez les chrétiens d'Éthiopie, que Peiresc, conseiller au parlement de Provence, fit venir à très grands frais ; il est d'un autre imposteur. Faut-il qu'il y en ait aussi en Éthiopie !

des premiers temps; car il est dit, dans le *Testament de Lévi*, qu'à la fin de la septième semaine il viendra des prêtres adonnés à l'idolâtrie, *bellatores, avari, scribæ iniqui, impudici, puerorum corruptores et pecorum*; qu'alors il y aura un nouveau sacerdoce; que les cieux s'ouvriront; que la gloire du Très-Haut, et l'esprit d'intelligence et de sanctification s'élèvera sur ce nouveau prêtre. Ce qui semble prophétiser Jésus-Christ.

VI.

La Lettre d'Abgar, prétendu roi d'Édesse, à *Jésus-Christ, et la Réponse de Jésus-Christ au roi Abgar*. On croit en effet qu'il y avait du temps de Tibère un toparque d'Édesse, qui avait passé du service des Perses à celui des Romains; mais son commerce épistolaire a été regardé par tous les bons critiques comme une chimère.

VII.

Les Actes de Pilate, les Lettres de Pilate à Tibère sur la mort de Jésus-Christ; La Vie de Procula, femme de Pilate.

VIII.

Les Actes de Pierre et de Paul, où l'on voit l'histoire de la querelle de saint Pierre avec Simon le magicien : Abdias, Marcel, et Hégésippe, ont tous trois écrit cette histoire. Saint Pierre dispute d'abord avec Simon à qui ressuscitera un parent de l'empereur Néron, qui venait de mourir : Simon le ressuscite à moitié, et saint Pierre achève la résurrection. Simon vole ensuite dans l'air, saint Pierre le fait tomber, et le magicien se casse les jambes. L'empereur Néron, irrité de la mort de son magicien, fait crucifier saint Pierre la tête en bas, et fait couper la tête à saint Paul, qui était du parti de saint Pierre.

IX.

Les Gestes du bienheureux Paul, apôtre et docteur des nations. Dans ce livre, on fait demeurer saint Paul à Rome, deux ans après la mort de saint Pierre. L'auteur dit que quand on eut coupé la tête à Paul, il en sortit du lait au lieu de sang, et que Lucina, femme dévote, le fit enterrer à vingt milles de Rome, sur le chemin d'Ostie, dans sa maison de campagne.

X.

Les Gestes du bienheureux apôtre André. L'auteur raconte que saint André alla prêcher dans la ville des Mirmidons, et qu'il y baptisa tous les citoyens. Un jeune homme, nommé Sostrate, de la ville d'Amazée, qui est du moins plus connue que celle des Mirmidons, vint dire au bienheureux André : « Je suis si beau que ma mère a conçu » pour moi de la passion; j'ai eu horreur pour ce » crime exécrable, et j'ai pris la fuite; ma mère » en fureur m'accuse auprès du proconsul de la » province de l'avoir voulu violer. Je ne puis rien » répondre; car j'aimerais mieux mourir que » d'accuser ma mère. » Comme il parlait ainsi, les gardes du proconsul vinrent se saisir de lui. Saint André accompagna l'enfant devant le juge, et plaida sa cause : la mère ne se déconcerta point; elle accusa saint André lui-même d'avoir engagé l'enfant à ce crime. Le proconsul aussitôt ordonne qu'on jette saint André dans la rivière; mais l'apôtre ayant prié Dieu, il se fit un grand tremblement de terre, et la mère mourut d'un coup de tonnerre.

Après plusieurs aventures de ce genre, l'auteur fait crucifier saint André à Patras.

XI.

Les Gestes de saint Jacques-le-Majeur. L'auteur le fait condamner à la mort par le pontife Abiathar à Jérusalem, et il baptise le greffier avant d'être crucifié.

XII.

Les Gestes de saint Jean l'évangéliste. L'auteur raconte qu'à Éphèse, dont saint Jean était évêque, Drusilla, convertie par lui, ne voulut plus de la compagnie de son mari Andronic, et se retira dans un tombeau. Un jeune homme nommé Callimaque, amoureux d'elle, la pressa quelquefois dans ce tombeau même de condescendre à sa passion. Drusilla, pressée par son mari et par son amant, souhaita la mort, et l'obtint. Callimaque, informé de sa perte, fut encore plus furieux d'amour; il gagna par argent un domestique d'Andronic, qui avait les clefs du tombeau; il y court; il dépouille sa maîtresse de son linceul, il s'écrie : « Ce que » tu n'as pas voulu m'accorder vivante, tu me » l'accorderas morte. » Et dans l'excès horrible de sa démence, il assouvit ses desirs sur ce corps inanimé. Un serpent sort à l'instant du tombeau : le jeune homme tombe évanoui, le serpent le tue; il en fait autant du domestique complice, et se roule sur son corps. Saint Jean arrive avec le mari; ils sont étonnés de trouver Callimaque en vie. Saint Jean ordonne au serpent de s'en aller; le serpent obéit. Il demande au jeune homme comment il est ressuscité; Callimaque répond qu'un ange lui était apparu et lui avait dit : « Il fallait » que tu mourusses pour revivre chrétien. » Il demanda aussitôt le baptême, et pria saint Jean de ressusciter Drusilla. L'apôtre ayant sur-le-champ opéré ce miracle, Callimaque et Drusilla le supplièrent de vouloir bien aussi ressusciter le domestique. Celui-ci, qui était un païen obstiné, ayant été rendu à la vie, déclara qu'il aimait mieux remourir que d'être chrétien; et en effet il remourut incontinent. Sur quoi saint Jean dit qu'un mauvais arbre porte toujours de mauvais fruits.

Aristodème, grand-prêtre d'Éphèse, quoique frappé d'un tel prodige, ne voulut pas se convertir : il dit à saint Jean : « Permettez que je vous » empoisonne, et si vous n'en mourez pas, je me » convertirai. » L'apôtre accepta la proposition : mais il voulut qu'auparavant Aristodème empoisonnât deux Éphésiens condamnés à mort. Aristodème aussitôt leur présenta le poison; ils expirèrent sur-le-champ. Saint Jean prit le même poison, qui ne lui fit aucun mal. Il ressuscita les deux morts; et le grand-prêtre se convertit.

Saint Jean ayant atteint l'âge de quatre-vingt-dix-sept ans, Jésus-Christ lui apparut, et lui dit : « Il est temps que tu viennes à mon festin avec » tes frères. » Et bientôt après l'apôtre s'endormit en paix.

XIII.

L'Histoire des bienheureux Jacques-le-Mineur, Simon et Jude frères. Ces apôtres vont en Perse, y exécutent des choses aussi incroyables que celles que l'auteur rapporte de saint André.

XIV.

Les Gestes de saint Matthieu, apôtre et évangéliste. Saint Matthieu va en Éthiopie dans la grande ville de Nadaver; il y ressuscite le fils de la reine Candace, et il y fonde des églises chrétiennes.

XV.

Les Gestes du bienheureux Barthélemi dans l'Inde. Barthélemi va d'abord dans le temple d'Astarot. Cette déesse rendait des oracles, et guérissait toutes les maladies; Barthélemi la fait taire, et rend malades tous ceux qu'elle avait guéris. Le roi Polimius dispute avec lui; le démon déclare devant le roi qu'il est vaincu. Saint Barthélemi sacre le roi Polimius, évêque des Indes.

XVI.

Les Gestes du bienheureux Thomas, apôtre de l'Inde. Saint Thomas entre dans l'Inde par un autre chemin, et y fait beaucoup plus de miracles que saint Barthélemi; il est enfin martyrisé, et apparaît à Xiphoro et à Susani.

XVII.

Les Gestes du bienheureux Philippe. Il alla prêcher en Scythie. On voulut lui faire sacrifier à Mars; mais il fit sortir un dragon de l'autel, qui dévora les enfants des prêtres; il mourut à Hiérapolis, à l'âge de quatre-vingt-sept ans. On ne sait quelle est cette ville; il y en avait plusieurs de ce nom. Toutes ces histoires passent pour être écrites par Abdias, évêque de Babylone, et sont traduites par Jules Africain.

XVIII.

A cet abus des saintes Écritures on en a joint un moins révoltant, et qui ne manque point de respect au christianisme comme ceux qu'on vient de mettre sous les yeux du lecteur. Ce sont les liturgies attribuées à saint Jacques, à saint Pierre, à saint Marc, dont le savant Tillemont a fait voir la fausseté.

XIX.

Fabricius met parmi les écrits apocryphes l'*Homélie* attribuée à saint Augustin, *sur la manière dont se forma le Symbole*: mais il ne prétend pas sans doute que le *Symbole*, que nous appelons *des apôtres*, en soit moins sacré et moins véritable. Il est dit dans cette Homélie, dans Rufin, et ensuite dans Isidore, que dix jours après l'ascension, les apôtres étant renfermés ensemble de peur des Juifs, Pierre dit, *Je crois en Dieu le père tout puissant*; André, *Et en Jésus-Christ son fils*; Jacques, *Qui a été conçu du Saint-Esprit*; et qu'ainsi chaque apôtre ayant prononcé un article, le *Symbole* fut entièrement achevé.

Cette histoire n'étant point dans les *Actes des Apôtres*, on est dispensé de la croire; mais on n'est pas dispensé de croire au *Symbole*, dont les apôtres ont enseigné la substance. La vérité ne doit point souffrir des faux ornements qu'on a voulu lui donner.

XX.

Les Constitutions apostoliques. On met aujourd'hui dans le rang des apocryphes les *Constitutions des saints apôtres*, qui passaient autrefois pour être rédigées par saint Clément le Romain. La seule lecture de quelques chapitres suffit pour faire voir que les apôtres n'ont eu aucune part à cet ouvrage.

Dans le chapitre IX, on ordonne aux femmes de ne se laver qu'à la neuvième heure.

Au premier chapitre du second livre, on veut que les évêques soient savants : mais du temps des apôtres il n'y avait point de hiérarchie, poin d'évêques attachés à une seule église. Ils allaient instruire de ville en ville, de bourgade en bourgade; ils s'appelaient *apôtres*, et non pas *évêques*, et surtout ils ne se piquaient pas d'être savants.

Au chapitre II de ce second livre, il est dit qu'un évêque ne doit avoir « qu'une femme qui ait grand » soin de sa maison; » ce qui ne sert qu'à prouver qu'à la fin du premier, et au commencement du second siècle, lorsque la hiérarchie commença à s'établir, les prêtres étaient mariés.

Dans presque tout le livre les évêques sont regardés comme les juges des fidèles, et l'on sait assez que les apôtres n'avaient aucune juridiction.

Il est dit au chapitre XXI, qu'il faut écouter les deux parties; ce qui suppose une juridiction établie.

Il est dit au chapitre XXVI : « L'évêque est vo» tre prince, votre roi, votre empereur, votre » Dieu en terre. » Ces expressions sont bien fortes pour l'humilité des apôtres.

Au chapitre XXVIII. Il faut dans les festins des agapes donner au diacre le double de ce qu'on donne à une vieille; au prêtre le double de ce qu'on donne au diacre; parce qu'ils sont les conseillers de l'évêque et la couronne de l'Église. Le lecteur aura une portion en l'honneur des prophètes, aussi bien que le chantre et le portier. Les laïques qui voudront avoir quelque chose doivent s'adresser à l'évêque par le diacre.

Jamais les apôtres ne se sont servis d'aucun terme qui répondît à *laïque*, et qui marquât la différence entre les profanes et les prêtres.

Au chapitre XXXIV. « Il faut révérer l'évêque » comme un roi, l'honorer comme le maître, lui » donner vos fruits, les ouvrages de vos mains, » vos prémices, vos décimes, vos épargnes, les » présents qu'on vous a faits, votre froment, vo» tre vin, votre huile, votre laine, et tout ce que » vous avez. » Cet article est fort.

Au chapitre LVII. « Que l'Église soit longue, » qu'elle regarde l'orient, qu'elle ressemble à un » vaisseau, que le trône de l'évêque soit au milieu : » que le lecteur lise les livres de Moïse, de Josué, » des Juges, des Rois, des Paralipomènes, de » Job, etc. »

Au chapitre XVII du livre III. « Le baptême est » donné pour la mort de Jésus, l'huile pour le » Saint-Esprit. Quand on nous plonge dans la cuve, » nous mourons; quand nous en sortons, nous » ressuscitons. *Le père est le Dieu de tout;* Christ » est fils unique Dieu, fils aimé, et seigneur de » gloire. Le saint Souffle est *Paraclet* envoyé de » Christ, docteur enseignant, et prédicateur de » Christ. »

Cette doctrine serait aujourd'hui exprimée en termes plus canoniques.

Au chapitre VII du livre V, on cite des vers des sibylles sur l'avénement de Jésus et sur sa résurrection. C'est la première fois que les chrétiens supposèrent des vers des sibylles, ce qui continua pendant plus de trois cents années.

Au chapitre XXVIII du livre VI, la pédérastie et l'accouplement avec les bêtes sont défendus aux fidèles.

Au chapitre XXIX, il est dit « qu'un mari et » une femme sont purs en sortant du lit, quoi» qu'ils ne se lavent point. »

Au chapitre V du livre VIII, on trouve ces mots : « Dieu *tout puissant*, donne à l'évêque par » ton Christ la participation du Saint-Esprit. »

Au chapitre VI. « Recommandez-vous au seul » Dieu par Jésus-Christ, » ce qui n'exprime pas assez la divinité de notre Seigneur.

Au chapitre XII, est la constitution de Jacques, frère de Zébédée.

Au chapitre XV. Le diacre doit prononcer tout haut : « Inclinez-vous devant Dieu par le Christ. » Ces expressions ne sont pas aujourd'hui assez correctes.

XXI.

Les Canons apostoliques. Le sixième canon ordonne qu'aucun évêque ni prêtre ne se sépare de sa femme sous prétexte de religion; que s'il s'en sépare, il soit excommunié; que s'il persévère, il soit chassé.

Le VIIe, qu'aucun prêtre ne se mêle jamais d'affaires séculières.

Le XIXe, que celui qui a épousé les deux sœurs ne soit point admis dans le clergé.

Les XXIe et XXIIe, que les eunuques soient admis à la prêtrise, excepté ceux qui se sont coupé à eux-mêmes les génitoires. Cependant Origène fut prêtre malgré cette loi.

Le LVe, si un évêque, ou un prêtre, ou un diacre, ou un clerc, mange de la chair où il y ait encore du sang, qu'il soit déposé.

Il est assez évident que ces canons ne peuvent avoir été promulgués par les apôtres.

XXII.

Les reconnaissances de saint Clément à Jacques frère du Seigneur, en dix livres, traduites du grec en latin par Rufin.

Ce livre commence par un doute sur l'immortalité de l'âme : *Utrumne sit mihi aliqua vita post mortem; an nihil omnino postea sim futurus* [a]? Saint Clément, agité par ce doute, et voulant savoir si le monde était éternel, ou s'il avait été créé, s'il y avait un Tartare et un Phlégéton,

[a] N° XVII, et dans l'exorde.

un Ixion et un Tantale, etc., etc., voulut aller en Égypte apprendre la nécromancie ; mais ayant entendu parler de saint Barnabé qui prêchait le christianisme, il alla le trouver dans l'Orient, dans le temps que Barnabé célébrait une fête juive. Ensuite il rencontra saint Pierre à Césarée avec Simon le magicien et Zachée. Ils disputèrent ensemble, et saint Pierre leur raconta tout ce qui s'était passé depuis la mort de Jésus. Clément se fit chrétien ; mais Simon demeura magicien.

Simon devint amoureux d'une femme qu'on appelait la Lune, et en attendant qu'il l'épousât, il proposa à saint Pierre, à Zachée, à Lazare, à Nicodème, à Dosithée, et à plusieurs autres, de se mettre au rang de ses disciples. Dosithée lui répondit d'abord par un grand coup de bâton ; mais le bâton ayant passé au travers du corps de Simon, comme au travers de la fumée, Dosithée l'adora et devint son lieutenant; après quoi Simon épousa sa maîtresse, et assura qu'elle était la lune elle-même descendue du ciel pour se marier avec lui.

Ce n'est pas la peine de pousser plus loin les reconnaissances de saint Clément. Il faut seulement remarquer qu'au livre IX il est parlé des Chinois sous le nom de *Seres*, comme des plus justes et des plus sages de tous les hommes ; après eux viennent les brachmanes, auxquels l'auteur rend la justice que toute l'antiquité leur a rendue. L'auteur les cite comme des modèles de sobriété, de douceur, et de justice.

XXIII.

La Lettre de saint Pierre à saint Jacques, et la Lettre de saint Clément au même saint Jacques, frère du Seigneur, gouvernant la sainte Église des Hébreux à Jérusalem et toutes les Églises.

La lettre de saint Pierre ne contient rien de curieux, mais celle de saint Clément est très remarquable ; il prétend que saint Pierre le déclara évêque de Rome avant sa mort, et son coadjuteur ; qu'il lui imposa les mains, et qu'il le fit asseoir dans sa chaire épiscopale, en présence de tous les fidèles. « Ne manquez pas, lui dit-il, d'écrire à mon frère Jacques dès que je serai » mort : »

Cette lettre semble prouver qu'on ne croyait pas alors que saint Pierre eût été supplicié, puisque cette lettre attribuée à saint Clément aurait probablement fait mention du supplice de saint Pierre. Elle prouve encore qu'on ne comptait pas Clet et Anaclet parmi les évêques de Rome.

XXIV.

Homélies de saint Clément, au nombre de dix-neuf. Il raconte, dans sa première Homélie, ce qu'il avait déjà dit dans les *Reconnaissances* ; qu'il était allé chercher saint Pierre avec saint Barnabé à Césarée, pour savoir si l'âme est immortelle, et si le monde est éternel.

On lit dans la seconde Homélie, n° 38, un passage bien plus extraordinaire ; c'est saint Pierre lui-même qui parle de l'*Ancien-Testament*, et voici comme il s'exprime :

« La loi écrite contient certaines choses fausses » contre la loi de Dieu, créateur du ciel et de la » terre : c'est ce que le diable a fait pour une » juste raison ; et cela est arrivé aussi par le ju- » gement de Dieu, afin de découvrir ceux qui » écouteraient avec plaisir ce qui est écrit contre » lui, etc., etc. »

Dans la sixième Homélie, saint Clément rencontre Apion, le même qui avait écrit contre les Juifs du temps de Tibère ; il dit à Apion qu'il est amoureux d'une Égyptienne, et le prie d'écrire une lettre en son nom à sa prétendue maîtresse, pour lui persuader, par l'exemple de tous les dieux, qu'il faut faire l'amour. Apion écrit la lettre, et saint Clément fait la réponse au nom de l'Égyptienne ; après quoi il dispute sur la nature des dieux.

XXV.

Deux Épîtres de saint Clément aux Corinthiens. Il ne paraît pas juste d'avoir rangé ces épîtres parmi les apocryphes. Ce qui a pu engager quelques savants à ne les pas reconnaître, c'est qu'il y est parlé du « phénix d'Arabie qui vit cinq cents » ans, et qui se brûle en Égypte dans la ville » d'Héliopolis. » Mais il se peut très bien faire que saint Clément ait cru cette fable que tant d'autres croyaient, et qu'il ait écrit des lettres aux Corinthiens.

On convient qu'il y avait alors une grande dispute entre l'Église de Corinthe et celle de Rome. L'Église de Corinthe, qui se disait fondée la première, se gouvernait en commun ; il n'y avait presque point de distinction entre les prêtres et les séculiers, encore moins entre les prêtres et l'évêque ; tous avaient également voix délibérative ; du moins plusieurs savants le prétendent. Saint Clément dit aux Corinthiens, dans sa première Épître : « Vous qui avez jeté les premiers » fondements de la sédition, soyez soumis aux » prêtres, corrigez-vous par la pénitence, et fléchissez les genoux de votre cœur ; apprenez à » obéir. » Il n'est point du tout étonnant qu'un évêque de Rome ait employé ces expressions.

C'est dans la seconde Épître qu'on trouve encore cette réponse de Jésus-Christ que nous avons déjà rapportée, sur ce qu'on lui demandait quand viendrait son royaume des cieux. « Ce sera, dit-il, » quand deux feront un, que ce qui est dehors » sera dedans, quand le mâle sera femelle, et » quand il n'y aura ni mâle ni femelle. »

XXVI.

Lettre de saint Ignace le martyr à la Vierge Marie, et la Réponse de la Vierge à saint Ignace.

À MARIE QUI A PORTÉ CHRIST, SON DÉVOT IGNACE.

« Vous deviez me consoler, moi néophyte et » disciple de votre Jean. J'ai entendu plusieurs » choses admirables de votre Jésus, et j'en ai été » stupéfait. Je desire de tout mon cœur d'en être » instruit par vous qui avez toujours vécu avec » lui en familiarité, et qui avez su tous ses se- » crets. Portez-vous bien, et confortez les néo- » phytes qui sont avec moi, de vous et par vous, » *Amen.* »

RÉPONSE DE LA SAINTE VIERGE A IGNACE, SON DISCIPLE CHÉRI.

L'humble servante de Jésus-Christ.

« Toutes les choses que vous avez apprises de » Jean sont vraies; croyez-les, persistez-y, gar- » dez votre vœu de christianisme, conformez-lui » vos mœurs et votre vie; je viendrai vous voir » avec Jean, vous et ceux qui sont avec vous. » Soyez ferme dans la foi, agissez en homme; » que la sévérité de la persécution ne vous trouble » pas; mais que votre esprit se fortifie, et exulte » en Dieu votre sauveur, *Amen.* »

On prétend que ces lettres sont de l'an 116 de notre ère vulgaire; mais elles n'en sont pas moins fausses et moins absurdes: ce serait même une insulte à notre sainte religion, si elles n'avaient pas été écrites dans un esprit de simplicité qui peut faire tout pardonner.

XXVII.

Fragment des apôtres. On y trouve ce passage: « Paul, homme de petite, taille au nez aquilin, au » visage angélique, instruit dans le ciel, a dit à » Plantilla la Romaine avant de mourir: Adieu, » Plantilla, petite plante de salut éternel; connais » ta noblesse, tu es plus blanche que la neige, tu » es enregistrée parmi les soldats de Christ, tu es » héritière du royaume céleste. » Cela ne méritait pas d'être réfuté.

XXVIII.

Onze Apocalypses, qui sont attribuées aux patriarches et prophètes, à saint Pierre, à Cérinthe, à saint Thomas, à saint Étienne protomartyr, deux à saint Jean, différentes de la canonique; et trois à saint Paul. Toutes ces *Apocalypses* ont été éclipsées par celle de saint Jean.

XXIX.

Les Visions, les Préceptes, et les Similitudes d'Hermas.

Hermas paraît être de la fin du premier siècle. Ceux qui traitent son livre d'apocryphe sont obligés de rendre justice à sa morale. Il commence par dire que son père nourricier avait vendu une fille à Rome. Hermas reconnut cette fille après plusieurs années, et l'aima, dit-il, comme sa sœur: il la vit un jour se baigner dans le Tibre, il lui tendit la main, et la tira du fleuve, et il disait dans son cœur: « Que je serais heureux si j'avais » une femme semblable à elle pour la beauté et » pour les mœurs! »

Aussitôt le ciel s'ouvrit, et il vit tout d'un coup cette même femme, qui lui fit une révérence du haut du ciel, et lui dit: *Bonjour, Hermas.* Cette femme était l'Église chrétienne. Elle lui donna beaucoup de bons conseils.

Un an après, l'esprit le transporta au même endroit où il avait vu cette belle femme, qui pourtant était une vieille; mais sa vieillesse était fraîche, et elle n'était vieille que parce qu'elle avait été créée dès le commencement du monde, et que le monde avait été fait pour elle.

Le livre des *Préceptes* contient moins d'allégories; mais celui des *Similitudes* en contient beaucoup.

Un jour que je jeûnais, dit Hermas, et que j'étais assis sur une colline, rendant grâces à Dieu de tout ce qu'il avait fait pour moi, un berger vint s'asseoir à mes côtés, et me dit: Pourquoi êtes-vous venu ici de si bon matin? C'est que je suis en station, lui répondis-je. Qu'est-ce qu'une station? me dit le berger. C'est un jeûne. Et qu'est-ce que ce jeûne? C'est ma coutume.

« Allez, me répliqua le berger, vous ne savez ce » que c'est que de jeûner, cela ne fait aucun pro- » fit à Dieu; je vous apprendrai ce que c'est que » le vrai jeûne agréable à la Divinité [1]. Votre » jeûne n'a rien de commun avec la justice et la » vertu. Servez Dieu d'un cœur pur, gardez ses » commandements; n'admettez dans votre cœur » aucun desir coupable. Si vous avez toujours la » crainte de Dieu devant les yeux, si vous vous

[1] *Simili.* 5e, liv. III.

» abstenez de tout mal, ce sera là le vrai jeûne, » le grand jeûne dont Dieu vous saura gré. »

Cette piété philosophique et sublime est un des plus singuliers monuments du premier siècle. Mais ce qui est assez étrange, c'est qu'à la fin des *Similitudes* le berger lui donne des filles très affables *valde affabiles*, chastes et industrieuses, pour avoir soin de sa maison, et lui déclare qu'il ne peut accomplir les commandements de Dieu sans ces filles, qui figurent visiblement les vertus.

Ne poussons pas plus loin cette liste; elle serait immense si on voulait entrer dans tous les détails. Finissons par les Sibylles.

XXX.

Les Sibylles. Ce qu'il y eut de plus apocryphe dans la primitive Église, c'est la prodigieuse quantité de vers attribués aux anciennes sibylles en faveur des mystères de la religion chrétienne. Diodore de Sicile [1] n'en reconnaissait qu'une, qui fut prise dans Thèbes par les Épigones, et qui fut placée à Delphes avant la guerre de Troie. De cette sibylle, c'est-à-dire de cette prophétesse, on en fit bientôt dix. Celle de Cumes avait le plus grand crédit chez les Romains, et la sibylle Érythrée chez les Grecs.

Comme tous les oracles se rendaient en vers, toutes les sibylles ne manquèrent pas d'en faire; et pour donner plus d'autorité à ces vers, on les fit quelquefois en acrostiches. Plusieurs chrétiens qui n'avaient pas un zèle selon la science, non seulement détournèrent le sens des anciens vers qu'on supposait écrits par les sibylles, mais ils en firent eux-mêmes, et, qui pis est, en acrostiches. Ils ne songèrent pas que cet artifice pénible de l'acrostiche ne ressemble point du tout à l'inspiration et à l'enthousiasme d'une prophétesse. Ils voulurent soutenir la meilleure des causes par la fraude la plus maladroite. Ils firent donc de mauvais vers grecs, dont les lettres initiales signifiaient en grec, *Jésus, Christ, Fils, Sauveur;* et ces vers disaient « qu'avec cinq pains et deux poissons il nourrirait cinq mille hommes au désert, » et qu'en ramassant les morceaux qui resteront » il remplirait douze paniers. »

Le règne de mille ans, et la nouvelle Jérusalem céleste, que Justin avait vue dans les airs pendant quarante nuits, ne manquèrent pas d'être prédits par les sibylles.

Lactance, au quatrième siècle, recueillit presque tous les vers attribués aux sibylles, et les regarda comme des preuves convaincantes. Cette opinion fut tellement autorisée, et se maintint si long-temps, que nous chantons encore des hymnes dans lesquelles le témoignage des sibylles est joint aux prédictions de David:

> Solvet sæclum in favilla,
> Teste David cum sibylla.

Ne poussons pas plus loin la liste de ces erreurs ou de ces fraudes: on pourrait en rapporter plus de cent; tant le monde fut toujours composé de trompeurs et de gens qui aimèrent à se tromper. Mais ne recherchons point une érudition si dangereuse. Une grande vérité approfondie vaut mieux que la découverte de mille mensonges.

Toutes ces erreurs, toute la foule des livres apocryphes, n'ont pu nuire à la religion chrétienne, parce qu'elle est fondée, comme on sait, sur des vérités inébranlables. Ces vérités sont appuyées par une Église militante et triomphante, à laquelle Dieu a donné le pouvoir d'enseigner et de réprimer. Elle unit dans plusieurs pays l'autorité spirituelle et temporelle. La prudence, la force, la richesse, sont ses attributs; et quoiqu'elle soit divisée, quoique ses divisions l'aient ensanglantée, on la peut comparer à la république romaine, toujours agitée de discordes civiles, mais toujours victorieuse.

APOINTÉ, DÉSAPOINTÉ.

Soit que ce mot vienne du latin *punctum*, ce qui est très vraisemblable; soit qu'il vienne de l'ancienne barbarie, qui se plaisait fort aux *oins*, *soin*, *coin*, *loin*, *foin*, *hardouin*, *albouin*, *grouin*, *poing*, *etc.*, il est certain que cette expression, bannie aujourd'hui mal à propos du langage, est très nécessaire. Le naïf Amyot et l'énergique Montaigne s'en servent souvent. Il n'est pas même possible jusqu'à présent d'en employer une autre. Je lui *apointai* l'hôtel des Ursins; à sept heures du soir je m'y rendis; je fus *désapointé*. Comment exprimerez-vous en un seul mot le manque de parole de celui qui devait venir à l'hôtel des Ursins, à sept heures du soir, et l'embarras de celui qui est venu, et qui ne trouve personne? A-t-il été trompé dans son attente? Cela est d'une longueur insupportable, et n'exprime pas précisément la chose. Il a été *désapointé*; il n'y a que ce mot. Servez-vous-en donc, vous qui voulez qu'on vous entende vite; vous savez que les circonlocutions sont la marque d'une langue pauvre. Il ne faut pas dire: « Vous me devez cinq pièces de douze sous », quand vous pouvez dire: « Vous me devez un écu. »

Les Anglais ont pris de nous ces mots *apointé*, *désapointé*, ainsi que beaucoup d'autres expres-

[1] *Diodore*, liv. IV.

sions très énergiques; ils se sont enrichis de nos dépouilles, et nous n'osons reprendre notre bien.

APOINTER, APOINTEMENT.

Termes du Palais.

Ce sont procès par écrit. On *apointe* une cause; c'est-à-dire que les juges ordonnent que les parties produisent par écrit les faits et les raisons. Le *Dictionnaire de Trévoux*, fait en partie par les jésuites, s'exprime ainsi : « Quand les juges veulent favoriser une méchante cause, ils sont d'avis de l'apointer au lieu de la juger. »

Ils espéraient qu'on apointerait leur cause dans l'affaire de leur banqueroute, qui leur procura leur expulsion. L'avocat qui plaidait contre eux trouva heureusement leur explication du mot *apointer*; il en fit part au juge dans une de ses oraisons. Le parlement, plein de reconnaissance, n'apointa point leur affaire; il fut jugé à l'audience que tous les jésuites, à commencer par le père-général, restitueraient l'argent de la banqueroute, avec dépens, dommages et intérêts. Il fut jugé depuis qu'ils étaient de trop dans le royaume; et cet arrêt, qui était pourtant un *apointé*, eut son exécution avec grands applaudissements du public.

APOSTAT.

C'est encore une question parmi les savants, si l'empereur Julien était en effet apostat, et s'il avait jamais été chrétien véritablement.

Il n'était pas âgé de six ans lorsque l'empereur Constance, plus barbare encore que Constantin, fit égorger son père et son frère, et sept de ses cousins-germains. A peine échappa-t-il à ce carnage avec son frère Gallus; mais il fut toujours traité très durement par Constance. Sa vie fut long-temps menacée; il vit bientôt assassiner, par les ordres du tyran, le frère qui lui restait. Les sultans turcs les plus barbares n'ont jamais surpassé, je l'avoue à regret, ni les cruautés, ni les fourberies de la famille Constantine. L'étude fut la seule consolation de Julien dès sa plus tendre jeunesse. Il voyait en secret les plus illustres philosophes, qui étaient de l'ancienne religion de Rome. Il est bien probable qu'il ne suivit celle de son oncle Constance que pour éviter l'assassinat. Julien fut obligé de cacher son esprit, comme avait fait Brutus sous Tarquin. Il devait être d'autant moins chrétien que son oncle l'avait forcé à être moine, et à faire les fonctions de lecteur dans l'église. On est rarement de la religion de son persécuteur, surtout quand il veut dominer sur la conscience.

Une autre probabilité, c'est que dans aucun de ses ouvrages il ne dit qu'il ait été chrétien. Il n'en demande jamais pardon aux pontifes de l'ancienne religion. Il leur parle dans ses lettres comme s'il avait toujours été attaché au culte du sénat. Il n'est pas même avéré qu'il ait pratiqué les cérémonies du taurobole, qu'on pouvait regarder comme une espèce d'expiation, ni qu'il eût voulu laver avec du sang de taureau ce qu'il appelait si malheureusement *la tache de son baptême*. C'était une dévotion païenne qui d'ailleurs ne prouverait pas plus que l'association aux mystères de Cérès. En un mot, ni ses amis, ni ses ennemis ne rapportent aucun fait, aucun discours qui puisse prouver qu'il ait jamais cru au christianisme, et qu'il ait passé de cette croyance sincère à celle des dieux de l'empire.

S'il est ainsi, ceux qui ne le traitent point d'apostat paraissent très excusables.

La saine critique s'étant perfectionnée, tout le monde avoue aujourd'hui que l'empereur Julien était un héros et un sage, un stoïcien égal à Marc-Aurèle. On condamne ses erreurs, on convient de ses vertus. On pense aujourd'hui comme Prudentius son contemporain, auteur de l'hymne *Salvete, flores martyrum*. Il dit de Julien.

« Ductor fortissimus armis,
» Conditor et legum celeberrimus; ore manuque
» Consultor patriæ : sed non consultor habendæ
» Religionis; amans tercentum millia divum.
» Perfidus ille Deo, quamvis non perfidus orbi. »

Apotheos., v. 450-454.

Fameux par ses vertus, par ses lois, par la guerre,
Il méconnut son Dieu, mais il servit la terre.

Ses détracteurs sont réduits à lui donner des ridicules; mais il avait plus d'esprit que ceux qui le raillent. Un historien lui reproche, d'après saint Grégoire de Nazianze, *d'avoir porté une barbe trop grande*. Mais, mon ami, si la nature la lui donna longue, pourquoi voudrais-tu qu'il la portât courte? *Il branlait la tête*. Tiens mieux la tienne. *Sa démarche était précipitée*. Souviens-toi que l'abbé d'Aubignac, prédicateur du roi, sifflé à la comédie, se moque de la démarche et de l'air du grand Corneille. Oserais-tu espérer de tourner le maréchal de Luxembourg en ridicule, parce qu'il marchait mal, et que sa taille était irrégulière? Il marchait très bien à l'ennemi. Laissons l'ex-jésuite Patouillet et l'ex-jésuite Nonotte, etc., appeler l'empereur Julien *l'apostat*. Eh! gredins, son successeur chrétien, Jovien, l'appela *divus Julianus*.

Traitons cet empereur comme il nous a traités lui-même*. Il disait en se trompant : « Nous ne

* Lettre LII de l'empereur Julien.

» devons pas les haïr, mais les plaindre; ils sont » déjà assez malheureux d'errer dans la chose la » plus importante. »

Ayons pour lui la même compassion, puisque nous sommes sûrs que la vérité est de notre côté.

Il rendait exactement justice à ses sujets, rendons-la donc à sa mémoire. Des Alexandrins s'emportent contre un évêque chrétien, méchant homme, il est vrai, élu par une brigue de scélérats. C'était le fils d'un maçon, nommé George Biordos[1]. Ses mœurs étaient plus basses que sa naissance : il joignait la perfidie la plus lâche à la férocité la plus brute, et la superstition à tous les vices; avare, calomniateur, persécuteur, imposteur, sanguinaire, séditieux, détesté de tous les partis; enfin les habitants le tuèrent à coups de bâton. Voyez la lettre que l'empereur Julien écrit aux Alexandrins sur cette émeute populaire. Voyez comme il leur parle en père et en juge.

« Quoi! au lieu de me réserver la connaissance » de vos outrages, vous vous êtes laissé emporter à la colère, vous vous êtes livrés aux mêmes » excès que vous reprochez à vos ennemis! George » méritait d'être traité ainsi : mais ce n'était pas » à vous d'être ses exécuteurs. Vous avez des lois, » il fallait demander justice, etc. »

On a osé flétrir Julien de l'infâme nom d'*intolérant* et de *persécuteur*, lui qui voulait extirper la persécution et l'intolérance. Relisez sa lettre cinquante-deuxième, et respectez sa mémoire. N'est-il déjà pas assez malheureux de n'avoir pas été catholique, et de brûler dans l'enfer avec la foule innombrable de ceux qui n'ont pas été catholiques, sans que nous l'insultions encore jusqu'au point de l'accuser d'intolérance?

DES GLOBES DE FEU

Qu'on a prétendu être sortis de la terre pour empêcher la réédification du temple de Jérusalem, sous l'empereur Julien.

Il est très vraisemblable que lorsque Julien résolut de porter la guerre en Perse, il eut besoin d'argent; très vraisemblable encore que les Juifs lui en donnèrent pour obtenir la permission de rebâtir leur temple détruit en partie par Titus, et dont il restait les fondements, une muraille entière et la tour Antonia. Mais est-il si vraisemblable que des globes de feu s'élançassent sur les ouvrages et sur les ouvriers, et fissent discontinuer l'entreprise?

N'y a-t-il pas une contradiction palpable dans ce que les historiens racontent?

1° Comment se peut-il faire que les Juifs commençassent par détruire (comme on le dit) les fondements du temple, qu'ils voulaient et qu'ils devaient rebâtir à la même place? Le temple devait être nécessairement sur la montagne Moria. C'était là que Salomon l'avait élevé : c'était là qu'Hérode l'avait rebâti avec beaucoup plus de solidité et de magnificence, après avoir préalablement élevé un beau théâtre dans Jérusalem, et un temple à Auguste dans Césarée. Les pierres employées à la fondation de ce temple, agrandi par Hérode, avaient jusqu'à vingt-cinq pieds de longueur, au rapport de Josèphe. Serait-il possible que les Juifs eussent été assez insensés, du temps de Julien, pour vouloir déranger ces pierres qui étaient si bien préparées à recevoir le reste de l'édifice, et sur lesquelles on a vu depuis les mahométans bâtir leur mosquée[2]? Quel homme fut jamais assez fou, assez stupide pour se priver ainsi, à grands frais, et avec une peine extrême, du plus grand avantage qu'il pût rencontrer sous ses yeux et sous ses mains? Rien n'est plus incroyable.

2° Comment des éruptions de flammes seraient-elles sorties du sein de ces pierres? Il se pourrait qu'il fût arrivé un tremblement de terre dans le voisinage; ils sont fréquents en Syrie : mais que de larges quartiers de pierres aient vomi des tourbillons de feu! ne faut-il pas placer ce conte parmi tous ceux de l'antiquité?

3° Si ce prodige, ou si un tremblement de terre, qui n'est pas un prodige, était effectivement arrivé, l'empereur Julien n'en aurait-il pas parlé dans la lettre où il dit qu'il a eu intention de rebâtir ce temple? N'aurait-on pas triomphé de son témoignage? N'est-il pas au contraire infiniment probable qu'il changea d'avis? Cette lettre ne contient-elle pas ces mots : « Que diront les Juifs de leur temple qui a été détruit trois fois, et qui n'est point encore rebâti? Ce n'est point un reproche que je leur fais, puisque j'ai voulu moi-même relever ses ruines; je n'en parle que pour montrer l'extravagance de leurs prophètes qui trompaient de vieilles femmes imbéciles. » « Quid de » templo suo dicent, quod, quum tertio sit ever» sum, nondum ad hodiernam usque diem instau» ratur? Hæc ego, non ut illis exprobrarem, in

[1] Biord, fils d'un maçon, a été évêque d'Annecy au dix-huitième siècle. Comme il ressemblait beaucoup à Georges d'Alexandrie, Voltaire, son diocésain, s'est amusé à joindre au nom de l'évêque le surnom de Biordos. K.

[2] Omar, ayant pris Jérusalem, y fit bâtir une mosquée sur les fondements même du temple d'Hérode et de Salomon; et ce nouveau temple fut consacré au même Dieu que Salomon avait adoré avant qu'il fût idolâtre, au Dieu d'Abraham et de Jacob, que Jésus-Christ avait adoré quand il fut à Jérusalem, et que les musulmans reconnaissent. Ce temple subsiste encore : il ne fut jamais entièrement démoli; mais il n'est permis ni aux Juifs, ni aux chrétiens d'y entrer : ils n'y entreront que quand les Turcs en seront chassés.

» medium adduxi, ut pote qui templum illud tanto » intervallo a ruinis excitare voluerim; sed ideo » commemoravi, ut ostenderem delirasse prophetas istos quibus cum stolidis aniculis negotium » erat. »

N'est-il pas évident que l'empereur ayant fait attention aux prophéties juives, que le temple serait rebâti plus beau que jamais, et que toutes les nations y viendraient adorer, crut devoir révoquer la permission de relever cet édifice? La probabilité historique serait donc, par les propres paroles de l'empereur, qu'ayant malheureusement en horreur les livres juifs, ainsi que les nôtres, il avait enfin voulu faire mentir les prophètes juifs.

L'abbé de La Bletterie, historien de l'empereur Julien, n'entend pas comment le temple de Jérusalem fut détruit trois fois. Il dit [a] qu'apparemment Julien compte pour une troisième destruction la catastrophe arrivée sous son règne. Voilà une plaisante destruction que des pierres d'un ancien fondement qu'on n'a pu remuer! Comment cet écrivain n'a-t-il pas vu que le temple bâti par Salomon, reconstruit par Zorobabel, détruit entièrement par Hérode, rebâti par Hérode même avec tant de magnificence, ruiné enfin par Titus, fait manifestement trois temples détruits? Le compte est juste. Il n'y a pas là de quoi calomnier Julien [b].

L'abbé de La Bletterie le calomnie assez en disant qu'il n'avait que [c] « des vertus apparentes, et » des vices réels. » Mais Julien n'était ni hypocrite, ni avare, ni fourbe, ni menteur, ni ingrat, ni lâche, ni ivrogne, ni débauché, ni paresseux, ni vindicatif. Quels étaient donc ses vices?

4° Voici enfin l'arme redoutable dont on se sert pour persuader que des globes de feu sortirent des pierres. Ammien Marcellin, auteur païen et non suspect, l'a dit. Je le veux; mais cet Ammien a dit aussi que lorsque l'empereur voulut sacrifier dix bœufs à ses dieux pour sa première victoire remportée contre les Perses, il en tomba neuf par terre avant d'être présentés à l'autel. Il raconte cent prédictions, cent prodiges. Faudra-t-il l'en croire? faudra-t-il croire tous les miracles ridicules que Tite-Live rapporte?

Et qui vous a dit qu'on n'a point falsifié le texte d'Ammien Marcellin? serait-ce la première fois qu'on aurait usé de cette supercherie?

Je m'étonne que vous n'ayez pas fait mention des petites croix de feu que tous les ouvriers aperçurent sur leurs corps quand ils allèrent se coucher. Ce trait aurait figuré parfaitement avec vos globes.

Le fait est que le temple des Juifs ne fut point rebâti, et ne le sera point à ce qu'on présume. Tenons-nous-en là, et ne cherchons point des prodiges inutiles. *Globi flammarum*, des globes de feu ne sortent ni de la pierre ni de la terre. Ammien et ceux qui l'ont cité n'étaient pas physiciens. Que l'abbé de La Bletterie regarde seulement le feu de la Saint-Jean, il verra que la flamme monte toujours en pointe, ou en onde, et qu'elle ne se forme jamais en globe : cela seul suffit pour détruire la sottise dont il se rend le défenseur avec une critique peu judicieuse, et une hauteur révoltante.

Au reste la chose importe fort peu. Il n'y a rien là qui intéresse la foi et les mœurs; et nous ne cherchons ici que la vérité historique [a].

[a] Page 399.

[b] Julien ne pouvait même compter quatre destructions du temple, puisque Antiochus Eupator en fit abattre tous les murs.

[c] Préface de La Bletterie.

APOTRES.

Après l'article Apôtre de l'*Encyclopédie*, lequel est aussi savant qu'orthodoxe, il reste bien peu de chose à dire; mais on demande souvent : Les apôtres étaient-ils mariés? ont-ils eu des enfants? que sont devenus ces enfants? où les apôtres ont-ils vécu? où ont-ils écrit? où sont-ils morts? ont-ils eu un district? ont-ils exercé un ministère civil? avaient-ils une juridiction sur les fidèles? étaient-ils évêques? y avait-il une hiérarchie, des rites, des cérémonies?

I. Les apôtres étaient-ils mariés?

Il existe une lettre attribuée à saint Ignace le martyr, dans laquelle sont ces paroles décisives : « Je » me souviens de votre sainteté comme d'Élie, de » Jérémie, de Jean-Baptiste, des disciples choisis, » Timothée, Titus, Évodius, Clément, qui ont » vécu dans la chasteté : mais je ne blâme point les » autres bienheureux qui ont été liés par le ma» riage; et je souhaite d'être trouvé digne de Dieu, » en suivant leurs vestiges dans son règne, à » l'exemple d'Abraham, d'Isaac, de Jacob, de » Joseph, d'Isaïe, des autres prophètes tels que » Pierre et Paul, et des autres apôtres qui ont été » mariés. » *Epist. ad Philadelphienses.*

Quelques savants ont prétendu que le nom de saint Paul est interpolé dans cette lettre fameuse; cependant Turrien, et tous ceux qui ont vu les lettres de saint Ignace en latin dans la bibliothèque du Vatican, avouent que le nom de saint Paul s'y trouve. Et Baronius [b] ne nie pas que ce passage ne soit dans quelques manuscrits grecs : « Non nega-

[a] Voyez l'article Julien.

[b] 3° *Baronius*, anno 57.

» mus in quibusdam græcis codicibus; » mais il prétend que ces mots ont été ajoutés par des Grecs modernes.

Il y avait dans l'ancienne bibliothèque d'Oxford un manuscrit des lettres de saint Ignace en grec, où ces mots se trouvaient. J'ignore s'il n'a pas été brûlé avec beaucoup d'autres livres à la prise d'Oxford par Cromwell [a]. Il en reste encore un latin dans la même bibliothèque; les mots *Pauli et apostolorum* y sont effacés, mais de façon qu'on peut lire aisément les anciens caractères.

Il est certain que ce passage existe dans plusieurs éditions de ces lettres. Cette dispute sur le mariage de saint Paul est peut-être assez frivole. Qu'importe qu'il ait été marié ou non, si les autres apôtres l'ont été? Il n'y a qu'à lire sa première Épître aux Corinthiens [b], pour prouver qu'il pouvait être marié comme les autres : « N'avons-nous pas droit de » manger et de boire chez vous? n'avons-nous pas » droit d'y amener notre femme, notre sœur, » comme les autres apôtres et les frères du Sei- » gneur, et Céphas? Serions-nous donc les seuls, » Barnabé et moi, qui n'aurions pas ce pouvoir? » Qui va jamais à la guerre à ses dépens [c]? »

Il est clair, par ce passage, que tous les apôtres étaient mariés aussi bien que saint Pierre. Et saint Clément d'Alexandrie déclare [b] positivement que saint Paul avait une femme.

La discipline romaine a changé; mais cela n'empêche pas qu'il y ait eu un autre usage dans les premiers temps [1].

II. Des enfants des apôtres.

On a très peu de notions sur leurs familles. Saint Clément d'Alexandrie dit que Pierre eut des enfants [e]; que Philippe eut des filles, et qu'il les maria.

Les Actes des apôtres spécifient saint Philippe dont les quatre filles prophétisaient [f]. On croit qu'il y en eut une de mariée; et c'est sainte Hermione.

Eusèbe rapporte que Nicolas [g], choisi par les apôtres pour coopérer au saint ministère avec saint Étienne, avait une fort belle femme dont il était jaloux. Les apôtres lui ayant reproché sa jalousie, il s'en corrigea, leur amena sa femme, et leur dit : « Je suis prêt à la céder, que celui qui la voudra » l'épouse. » Les apôtres n'acceptèrent point sa proposition. Il eut de sa femme un fils et des filles.

[a] Voyez Coteller, tom. II, page 242.
[b] Chap. IX, v. 5, 6 et 7.
[c] Qui? les anciens Romains qui n'avaient point de paie. les Grecs, les Tartares destructeurs de tant d'empires, les Arabes, tous les peuples conquérants.
[d] Stromat., liv. III.
[1] Voyez *Constitutions apostoliques*, au mot APOCRYPHES. K.
[e] Stromat., liv. VII; et Eusèbe, liv. III, ch. XXX.
[f] Act., ch. XXI, v. 9.
[g] Eusèbe, liv. III, ch. XXIX.

Cléophas, selon Eusèbe et saint Épiphane, était frère de saint Joseph, et père de saint Jacques-le-Mineur et de saint Jude qu'il avait eus de Marie, sœur de la sainte Vierge. Ainsi saint Jude l'apôtre était cousin-germain de Jésus-Christ.

Hégésippe, cité par Eusèbe, dit que deux des petits-fils de saint Jude furent déférés à l'empereur Domitien [a], comme descendants de David, et ayant un droit incontestable au trône de Jérusalem. Domitien, craignant qu'ils ne se servissent de ce droit, les interrogea lui-même; ils exposèrent leur généalogie; l'empereur leur demanda quelle était leur fortune; ils répondirent qu'ils possédaient trente-neuf arpents de terre, lesquels payaient tribut, et qu'ils travaillaient pour vivre. L'empereur leur demanda quand arriverait le royaume de Jésus-Christ : ils dirent que ce serait à la fin du monde. Après quoi Domitien les laissa aller en paix; ce qui prouverait qu'il n'était pas persécuteur.

Voilà, si je ne me trompe, tout ce qu'on sait des enfants des apôtres.

III. Où les apôtres ont-ils vécu? où sont-ils morts?

Selon Eusèbe [b], Jacques, surnommé le *Juste*, frère de Jésus-Christ, fut d'abord placé le premier *sur le trône épiscopal* de la ville de Jérusalem; ce sont ses propres mots. Ainsi, selon lui, le premier évêché fut celui de Jérusalem, supposé que les Juifs connussent le nom d'*évêque*. Il paraissait en effet bien vraisemblable que le frère de Jésus fût le premier après lui, et que la ville même où s'était opéré le miracle de notre salut fût la métropole du monde chrétien. A l'égard du *trône épiscopal*, c'est un terme dont Eusèbe se sert par anticipation. On sait assez qu'alors il n'y avait ni trône ni siége.

Eusèbe ajoute, d'après saint Clément, que les autres apôtres ne contestèrent point à saint Jacques l'honneur de cette dignité. Ils l'élurent immédiatement après l'Ascension. « Le Seigneur, dit-il, » après sa résurrection, avait donné à Jacques, » surnommé le Juste, à Jean et à Pierre, le don » de la science, » paroles bien remarquables. Eusèbe nomme Jacques le premier, Jean le second; Pierre ne vient ici que le dernier : il semble juste que le frère et le disciple bien-aimé de Jésus passent avant celui qui l'a renié. L'Église grecque tout entière, et tous les réformateurs, demandent où est la primauté de Pierre? Les catholiques romains répondent : S'il n'est pas nommé le premier chez les Pères de l'Église, il l'est dans les *Actes des Apôtres*. Les Grecs et les autres répliquent qu'il n'a pas été leur premier évêque; et la dispute subsistera autant que ces Églises.

Saint Jacques, ce premier évêque de Jérusalem,

[a] Eusèbe, liv. III, ch. XX. — [b] Eusèbe, liv. II, ch. I.

frère du Seigneur, continua toujours à observer la loi mosaïque. Il était récabite, ne se fesant jamais raser, marchant pieds nus, allant se prosterner dans le temple des Juifs deux fois par jour, et surnommé par les Juifs *Oblia*, qui signifie le *Juste*. Enfin ils s'en rapportèrent à lui pour savoir qui était Jésus-Christ [a] : mais ayant répondu que Jésus était « le fils de l'homme assis à la droite de Dieu, » et qu'il viendrait dans les nuées, » il fut assommé à coups de bâton. C'est de saint Jacques-le-Mineur que nous venons de parler.

Saint Jacques-le-Majeur était son oncle, frère de saint Jean l'évangéliste, fils de Zébédée et de Salomé [b]. On prétend qu'Agrippa, roi des Juifs, lui fit couper la tête à Jérusalem.

Saint Jean resta dans l'Asie, et gouverna l'église d'Éphèse, où il fut, dit-on, enterré [c].

Saint André, frère de saint Pierre, quitta l'école de saint Jean-Baptiste pour celle de Jésus-Christ. On n'est pas d'accord s'il prêcha chez les Tartares, ou dans Argos : mais, pour trancher la difficulté, on a dit que c'était dans l'Épire. Personne ne sait où il fut martyrisé, ni même s'il le fut. Les actes de son martyre sont plus que suspects aux savants; les peintres l'ont toujours représenté sur une croix en sautoir, à laquelle on a donné son nom; c'est un usage qui a prévalu sans qu'on en connaisse la source.

Saint Pierre prêcha aux Juifs dispersés dans le Pont, la Bithynie, la Cappadoce, dans Antioche, à Babylone. Les Actes des apôtres ne parlent point de son voyage à Rome. Saint Paul même ne fait aucune mention de lui dans les lettres qu'il écrit de cette capitale. Saint Justin est le premier auteur accrédité qui ait parlé de ce voyage, sur lequel les savants ne s'accordent pas. Saint Irénée, après saint Justin, dit expressément que saint Pierre et saint Paul vinrent à Rome, et qu'ils donnèrent le gouvernement à saint Lin. C'est encore là une nouvelle difficulté. S'ils établirent saint Lin pour inspecteur de la société chrétienne naissante à Rome, on infère qu'ils ne la conduisirent pas, et qu'ils ne restèrent point dans cette ville.

La critique a jeté sur cette matière une foule d'incertitudes. L'opinion que saint Pierre vint à Rome sous Néron, et qu'il y occupa la chaire pontificale vingt-cinq ans, est insoutenable, puisque Néron ne régna que treize années. La chaise de bois qui est enchâssée dans l'église à Rome, ne peut guère avoir appartenu à saint Pierre, le bois ne dure pas si long-temps; et il n'est pas vraisemblable que saint Pierre ait enseigné dans ce fauteuil comme dans une école toute formée, puisqu'il est avéré que les Juifs de Rome étaient les ennemis violents des disciples de Jésus-Christ.

La plus forte difficulté, peut-être, est que saint Paul, dans son Épître écrite de Rome aux Colossiens [a], dit positivement qu'il n'a été secondé que par Aristarque, Marc, et un autre qui portait le nom de Jésus. Cette objection a paru insoluble aux plus savants hommes.

Dans sa Lettre aux Galates, il dit [b] « qu'il obligea Jacques, Céphas, et Jean, qui étaient colonnes, » à reconnaître aussi pour colonnes lui et Barnabé. S'il place Jacques avant Céphas, Céphas n'était donc pas le chef. Heureusement ces disputes n'entament pas le fond de notre sainte religion. Que saint Pierre ait été à Rome ou non, Jésus-Christ n'en est pas moins fils de Dieu et de la Vierge Marie, et n'en est pas moins ressuscité; il n'en a pas moins recommandé l'humilité et la pauvreté, qu'on néglige, il est vrai, mais sur lesquelles on ne dispute pas.

Nicéphore Caliste, auteur du quatorzième siècle, dit que Pierre « était menu, grand et droit, le » visage long et pâle, la barbe et les cheveux épais, » courts et crépus, les yeux noirs, le nez long, » plutôt camus que pointu. » C'est ainsi que dom Calmet traduit ce passage. Voyez son *Dictionnaire de la Bible*.

Saint Barthélemi, mot corrompu de *Bar-Ptolemaios* [c], fils de Ptolémée. Les Actes des apôtres nous apprennent qu'il était de Galilée. Eusèbe prétend qu'il alla prêcher dans l'Inde, dans l'Arabie Heureuse, dans la Perse, et dans l'Abyssinie. On croit que c'était le même que Nathanael. On lui attribue un évangile; mais tout ce qu'on a dit de sa vie et de sa mort est très incertain. On a prétendu qu'Astyage, frère de Polémon roi d'Arménie, le fit écorcher vif; mais cette histoire est regardée comme fabuleuse par tous les bons critiques.

Saint Philippe. Si l'on en croit les légendes apocryphes, il vécut quatre-vingt-sept ans, et mourut paisiblement sous Trajan.

Saint Thomas-Didyme. Origène, cité par Eusèbe, dit qu'il alla prêcher aux Mèdes, aux Perses, aux Caramaniens, aux Bactriens, et aux mages, comme si les mages avaient été un peuple. On ajoute qu'il baptisa un des mages qui étaient venus à Bethléem. Les manichéens prétendaient qu'un homme ayant donné un soufflet à saint Thomas, fut dévoré par un lion. Des auteurs portugais assurent qu'il fut martyrisé à Méliapour, dans la presqu'île de l'Inde. L'Église grecque croit qu'il prêcha dans l'Inde, et

[a] Eusèbe, Épiphane, Jérôme, Clément d'Alexandrie.
[b] Eusèbe, liv. II, ch. IX. — [c] Eusèbe, liv. III, ch. XXX.

[a] Chap. IV, v. 10 et 11. — [b] Chap. II, v. 9.
[c] Nom grec et hébreu, ce qui est singulier, et qui a fait croire que tout fut écrit par des Juifs hellénistes, loin de Jérusalem.

que de là on porta son corps à Édesse. Ce qui fait croire encore à quelques moines qu'il alla dans l'Inde, c'est qu'on y trouva, vers la côte d'Ormus, à la fin du quinzième siècle, quelques familles nestoriennes établies par un marchand de Mosoul, nommé Thomas. La légende porte qu'il bâtit un palais magnifique pour un roi de l'Inde, appelé Condafer; mais les savants rejettent toutes ces histoires.

Saint Mathias. On ne sait de lui aucune particularité. Sa vie n'a été écrite qu'au douzième siècle, par un moine de l'abbaye de Saint-Mathias de Trèves, qui disait la tenir d'un Juif qui la lui avait traduite de l'hébreu en latin.

Saint Matthieu. Si l'on en croit Rufin, Socrate, Abdias, il prêcha et mourut en Éthiopie. Héracléon le fait vivre long-temps, et mourir d'une mort naturelle; mais Abdias dit qu'Hirtacus, roi d'Éthiopie, frère d'Églipus, voulant épouser sa nièce Iphigénie, et n'en pouvant obtenir la permission de saint Matthieu, lui fit trancher la tête, et mit le feu à la maison d'Iphigénie. Celui à qui nous devons l'Évangile le plus circonstancié que nous ayons, méritait un meilleur historien qu'Abdias.

Saint Simon Cananéen, qu'on fête communément avec saint Jude. On ignore sa vie. Les Grecs modernes disent qu'il alla prêcher dans la Libye, et de là en Angleterre. D'autres le font martyriser en Perse.

Saint Thaddée ou Lébée, le même que saint Jude, que les Juifs appellent, dans saint Matthieu[a], frère de Jésus-Christ, et qui, selon Eusèbe, était son cousin germain. Toutes ces relations, la plupart incertaines et vagues, ne nous éclairent point sur la vie des apôtres. Mais s'il y a peu pour notre curiosité, il reste assez pour notre instruction.

Des quatre Évangiles choisis parmi les cinquante-quatre qui furent composés par les premiers chrétiens, il y en a deux qui ne sont point faits par des apôtres.

Saint Paul n'était pas un des douze apôtres; et cependant ce fut lui qui contribua le plus à l'établissement du christianisme. C'était le seul homme de lettres qui fût parmi eux. Il avait étudié dans l'école de Gamaliel. Festus même, gouverneur de Judée, lui reproche qu'il est trop savant; et, ne pouvant comprendre les sublimités de sa doctrine, il lui dit[b] : Tu es fou, Paul, tes grandes études t'ont conduit à la folie. « Insanis, Paule; multæ » te litteræ ad insaniam convertunt. »

Il se qualifie *envoyé*, dans sa première Épître aux Corinthiens[c]. « Ne suis-je pas libre? ne suis- » je pas apôtre? n'ai-je pas vu notre Seigneur? » n'êtes-vous pas mon ouvrage en notre Seigneur? » Quand je ne serais pas apôtre à l'égard des au- » tres, je le suis à votre égard... Sont-ils minis- » tres du Christ? Quand on devrait m'accuser » d'impudence, je le suis encore plus. »

Il se peut en effet qu'il eût vu Jésus, lorsqu'il étudiait à Jérusalem sous Gamaliel. On peut dire cependant que ce n'était point une raison qui autorisât son apostolat. Il n'avait point été au rang des disciples de Jésus; au contraire, il les avait persécutés; il avait été complice de la mort de saint Étienne. Il est étonnant qu'il ne justifie pas plutôt son apostolat volontaire par le miracle que fit depuis Jésus-Christ en sa faveur, par la lumière céleste qui lui apparut en plein midi, qui le renversa de cheval, et par son enlèvement au troisième ciel.

Saint Épiphane cite des *Actes des apôtres*[a] qu'on croit composés par les chrétiens nommés *ébionites* ou *pauvres*, et qui furent rejetés par l'Église; actes très anciens, à la vérité, mais pleins d'outrages contre saint Paul.

C'est là qu'il est dit que saint Paul était né à Tarsis[b] de parents idolâtres; « utroque parente » gentili procreatus, » et qu'étant venu à Jérusalem, où il resta quelque temps, il voulut épouser la fille de Gamaliel; que dans ce dessein il se rendit prosélyte juif, et se fit circoncire; mais que n'ayant pas obtenu cette vierge (ou ne l'ayant pas trouvée vierge), la colère le fit écrire contre la circoncision, le sabbat, et toute la loi.

« Quumque Hierosolymam accessisset, et ibidem » aliquandiu mansisset, pontificis filiam ducere in » animum induxisse, et eam ob rem proselytum » factum, atque circumcisum esse; postea quod » virginem eam non accepisset, succensuisse, et » adversus circumcisionem, ac sabbatum, totam- » que legem, scripsisse. »

Ces paroles injurieuses font voir que ces premiers chrétiens, sous le nom de *pauvres*, étaient attachés encore au sabbat et à la circoncision, se prévalant de la circoncision de Jésus-Christ, et de son observance du sabbat; qu'ils étaient ennemis de saint Paul; qu'ils le regardaient comme un intrus qui voulait tout renverser. En un mot, ils étaient hérétiques; et en conséquence ils s'efforçaient de répandre la diffamation sur leurs ennemis, emportement trop ordinaire à l'esprit de parti et de superstition.

Aussi saint Paul les traite-t-il de faux apôtres, d'ouvriers trompeurs, et les accable d'injures[b]; il les appelle *chiens* dans sa lettre aux habitants de Philippes[c].

[a] Matthieu, ch. XIII, v. 55.

[b] Act., ch. XXVI, v. 24. — [c] I. Aux Corinth., ch. IX, v. 1 et suiv.

[a] Hérésies, liv. XXX, § 6.

[b] Cette ville se nomme en grec *Tarsòs*, en latin *Tarsus*, maintenant Tarsous, en français Tarse, et jamais Tarsis. Éd.

[b] II. Aux Corinth., ch. XI, v. 13. — [c] Chap. III, v. 2.

Saint Jérôme prétend [a] qu'il était né à Giscala, bourg de Galilée, et non à Tarsis. D'autres lui contestent sa qualité de citoyen romain, parce qu'il n'y avait alors de citoyen romain ni à Tarsis, ni à Giscala, et que Tarsis ne fut colonie romaine qu'environ cent ans après. Mais il en faut croire les *Actes des apôtres*, qui sont inspirés par le Saint-Esprit, et qui doivent l'emporter sur le témoignage de saint Jérôme, tout savant qu'il était.

Tout est intéressant de saint Pierre et de saint Paul. Si Nicéphore nous a donné le portrait de l'un, les *Actes* de sainte Thècle, qui, bien que non canoniques, sont du premier siècle, nous ont fourni le portrait de l'autre. Il était, disent ces *Actes*, de petite taille, chauve, les cuisses tortues, la jambe grosse, le nez aquilin, les sourcils joints, plein de la grâce du Seigneur. *Statura brevi*, etc.

Au reste, ces *Actes* de saint Paul et de sainte Thècle furent composés, selon Tertullien, par un Asiatique, disciple de Paul lui-même, qui les mit d'abord sous le nom de l'apôtre, et qui en fut repris, et même déposé, c'est-à-dire exclus de l'assemblée; car la hiérarchie n'étant pas encore établie, il n'y avait pas de déposition proprement dite.

IV. Quelle était la discipline sous laquelle vivaient les apôtres et les premiers disciples?

Il paraît qu'ils étaient tous égaux. L'égalité était le grand principe des esséniens, des récabites, des thérapeutes, des disciples de Jean, et surtout de Jésus-Christ, qui la recommande plus d'une fois.

Saint Barnabé, qui n'était pas un des douze apôtres, donne sa voix avec eux. Saint Paul, qui était encore moins apôtre choisi du vivant de Jésus, non seulement est égal à eux, mais il a une sorte d'ascendant; il tance rudement saint Pierre.

On ne voit parmi eux aucun supérieur quand ils sont assemblés. Personne ne préside, pas même tour à tour. Ils ne s'appellent point d'abord évêques. Saint Pierre ne donne le nom d'*évêque*, ou l'épithète équivalente, qu'à Jésus-Christ, qu'il appelle le *surveillant des âmes* [b]. Ce nom de *surveillant*, d'*évêque*, est donné ensuite indifféremment aux anciens, que nous appelons *prêtres*; mais nulle cérémonie, nulle dignité, nulle marque distinctive de prééminence.

Les anciens ou vieillards sont chargés de distribuer les aumônes. Les plus jeunes sont élus à la pluralité des voix [c], pour *avoir soin des tables*, et ils sont au nombre de sept; ce qui constate évidemment des repas de communauté.

De juridiction, de puissance, de commandement, de punition, on n'en voit pas la moindre trace.

Il est vrai qu'Ananias et Saphira sont mis à mort pour n'avoir pas donné tout leur argent à saint Pierre, pour en avoir retenu une petite partie dans la vue de subvenir à leurs besoins pressants; pour ne l'avoir pas avoué; pour avoir corrompu, par un petit mensonge, la sainteté de leurs largesses: mais ce n'est pas saint Pierre qui les condamne. Il est vrai qu'il devine la faute d'Ananias; il la lui reproche; il lui dit [a]: « Vous avez menti au Saint-» Esprit; » et Ananias tombe mort. Ensuite Saphira vient, et Pierre, au lieu de l'avertir, l'interroge; ce qui semble une action de juge. Il la fait tomber dans le piége en lui disant: « Femme, di-» tes-moi combien vous avez vendu votre champ? » La femme répond comme son mari. Il est étonnant qu'en arrivant sur le lieu, elle n'ait pas su la mort de son époux; que personne ne l'en ait avertie; qu'elle n'ait pas vu dans l'assemblée l'effroi et le tumulte qu'une telle mort devait causer, et surtout la crainte mortelle que la justice n'accourût pour informer de cette mort comme d'un meurtre. Il est étrange que cette femme n'ait pas rempli la maison de ses cris, et qu'on l'ait interrogée paisiblement comme dans un tribunal sévère, où les huissiers contiennent tout le monde dans le silence. Il est encore plus étonnant que saint Pierre lui ait dit: « Femme, vois-tu les pieds de ceux » qui ont porté ton mari en terre? ils vont t'y por-» ter. » Et dans l'instant la sentence est exécutée. Rien ne ressemble plus à l'audience criminelle d'un juge despotique.

Mais il faut considérer que saint Pierre n'est ici que l'organe de Jésus-Christ et du Saint-Esprit; que c'est à eux qu'Ananias et sa femme ont menti; et que ce sont eux qui les punissent par une mort subite; que c'est même un miracle fait pour effrayer tous ceux qui, en donnant leur bien à l'Église, et qui, en disant qu'ils ont tout donné, retiendront quelque chose pour des usages profanes. Le judicieux dom Calmet fait voir combien les Pères et les commentateurs diffèrent sur le salut de ces deux premiers chrétiens, dont le péché consistait dans une simple réticence, mais coupable.

Quoi qu'il en soit, il est certain que les apôtres n'avaient aucune juridiction, aucune puissance, aucune autorité que celle de la persuasion, qui est la première de toutes, et sur laquelle toutes les autres sont fondées.

D'ailleurs il paraît par cette histoire même que les chrétiens vivaient en commun.

Quand ils étaient assemblés deux ou trois, Jésus-Christ était au milieu d'eux. Ils pouvaient tous

[a] Saint Jérôme, *De scriptoribus ecclesiasticis*, cap. v.
[b] Épître I, chap. II, v. 25. — [c] Actes, ch. III, v. 2.

[a] Actes, ch. V, v. 3.

recevoir également l'Esprit. Jésus était leur véritable, leur seul supérieur; il leur avait dit [a] : « N'appelez personne sur la terre votre père, car » vous n'avez qu'un père, qui est dans le ciel. Ne » desirez point qu'on vous appelle maîtres, parce » que vous n'avez qu'un seul maître, et que vous » êtes tous frères; ni qu'on vous appelle docteurs, » car votre seul docteur est Jésus [b]. »

Il n'y avait du temps des apôtres aucun rite, point de liturgie, point d'heures marquées pour s'assembler, nulle cérémonie. Les disciples baptisaient les catéchumènes; on leur soufflait dans la bouche pour y faire entrer l'Esprit saint avec le souffle [c], ainsi que Jésus-Christ avait soufflé sur les apôtres, ainsi qu'on souffle encore aujourd'hui, en plusieurs églises, dans la bouche d'un enfant quand on lui administre le baptême. Tels furent les commencements du christianisme. Tout se fesait par inspiration, par enthousiasme, comme chez les thérapeutes et chez les judaïtes, s'il est permis de comparer un moment des sociétés judaïques, devenues réprouvées, à des sociétés conduites par Jésus-Christ même, du haut du ciel, où il était assis à la droite de son père.

Le temps amena des changements nécessaires; l'Église s'étant étendue, fortifiée, enrichie, eut besoin de nouvelles lois.

APPARENCE.

Toutes les apparences sont-elles trompeuses? Nos sens ne nous ont-ils été donnés que pour nous faire une illusion continuelle? Tout est-il erreur? Vivons-nous dans un songe, entourés d'ombres chimériques? Vous voyez le soleil se coucher à l'horizon quand il est déjà dessous. Il n'est pas encore levé, et vous le voyez paraître. Cette tour carrée vous semble ronde. Ce bâton enfoncé dans l'eau vous semble courbé.

Vous regardez votre image dans un miroir, il vous la représente derrière lui; elle n'est ni derrière, ni devant. Cette glace, qui au toucher et à la vue est si lisse et si unie, n'est qu'un amas inégal d'aspérités et de cavités. La peau la plus fine et la plus blanche n'est qu'un réseau hérissé, dont les ouvertures sont incomparablement plus larges que le tissu, et qui renferment un nombre infini de petits crins. Des liqueurs passent sans cesse sous ce réseau, et il en sort des exhalaisons continuelles, qui couvrent toute cette surface. Ce que vous appelez *grand* est très petit pour un éléphant, et ce que vous appelez *petit* est un monde pour des insectes.

Le même mouvement qui serait rapide pour une tortue serait très lent aux yeux d'un aigle. Ce rocher, qui est impénétrable au fer de vos instruments, est un crible percé de plus de trous qu'il n'a de matière, et de mille avenues d'une largeur prodigieuse, qui conduisent à son centre, où logent des multitudes d'animaux qui peuvent se croire les maîtres de l'univers.

Rien n'est ni comme il vous paraît, ni à la place où vous croyez qu'il soit.

Plusieurs philosophes, fatigués d'être toujours trompés par les corps, ont prononcé de dépit que les corps n'existent pas, et qu'il n'y a de réel que notre esprit. Ils pouvaient conclure tout aussi bien que toutes les apparences étant fausses, et la nature de l'âme étant inconnue comme la matière, il n'y avait en effet ni esprit ni corps.

C'est peut-être ce désespoir de rien connaître, qui a fait dire à certains philosophes chinois que le néant est le principe et la fin de toutes choses.

Cette philosophie destructive des êtres était fort connue du temps de Molière. Le docteur Marphurius représente toute cette école, quand il enseigne à Sganarelle [1], « qu'il ne faut pas dire, je suis » venu; mais, il me semble que je suis venu : et » il peut vous le sembler sans que la chose soit » véritable. »

Mais à présent une scène de comédie n'est pas une raison, quoiqu'elle vaille quelquefois mieux; et il y a souvent autant de plaisir à rechercher la vérité, qu'à se moquer de la philosophie.

Vous ne voyez pas le réseau, les cavités, les cordes, les inégalités, les exhalaisons de cette peau blanche et fine que vous idolâtrez. Des animaux, mille fois plus petits qu'un ciron, discernent tous ces objets qui vous échappent. Ils s'y logent, ils s'y nourrissent, ils s'y promènent comme dans un vaste pays; et ceux qui sont sur le bras droit ignorent qu'il y ait des gens de leur espèce sur le bras gauche. Si vous aviez le malheur de voir ce qu'ils voient, cette peau charmante vous ferait horreur.

L'harmonie d'un concert que vous entendez avec délices doit faire sur certains petits animaux l'effet d'un tonnerre épouvantable, et peut-être les tuer. Vous ne voyez, vous ne touchez, vous n'entendez, vous ne sentez les choses que de la manière dont vous devez les sentir.

Tout est proportionné. Les lois de l'optique, qui vous font voir dans l'eau l'objet où il n'est pas, et qui brisent une ligne droite, tiennent aux mêmes lois qui vous font paraître le soleil sous un diamètre de deux pieds, quoiqu'il soit un million de fois plus gros que la terre. Pour le voir dans sa dimension véritable, il faudrait avoir un œil qui en ras-

[a] Matthieu, chap. XXIII, v. 8, 9 et 10. — [b] Voyez l'article ÉGLISE.
[c] Jean, ch. XX, v. 22.

[1] *Mariage forcé*, scène VIII.

semblât les rayons sous un angle aussi grand que son disque; ce qui est impossible. Vos sens vous assistent donc beaucoup plus qu'ils ne vous trompent.

Le mouvement, le temps, la dureté, la mollesse, les dimensions, l'éloignement, l'approximation, la force, la faiblesse, les apparences, de quelque genre qu'elles soient, tout est relatif. Et qui a fait ces relations?

APPARITION.

Ce n'est point du tout une chose rare qu'une personne, vivement émue, voie ce qui n'est point. Une femme, en 1726, accusée à Londres d'être complice du meurtre de son mari, niait le fait; on lui présente l'habit du mort qu'on secoue devant elle; son imagination épouvantée lui fait voir son mari même; elle se jette à ses pieds, et veut les embrasser. Elle dit aux jurés qu'elle avait vu son mari.

Il ne faut pas s'étonner que Théodoric ait vu dans la tête d'un poisson qu'on lui servait, celle de Symmaque qu'il avait assassiné, ou fait exécuter injustement (c'est la même chose).

Charles IX, après la Saint-Barthélemi, voyait des morts et du sang, non pas en songe, mais dans les convulsions d'un esprit troublé qui cherchait en vain le sommeil. Son médecin et sa nourrice l'attestèrent. Des visions fantastiques sont très fréquentes dans les fièvres chaudes. Ce n'est point s'imaginer voir, c'est voir en effet. Le fantôme existe pour celui qui en a la perception. Si le don de la raison, accordé à la machine humaine, ne venait pas corriger ces illusions, toutes les imaginations échauffées seraient dans un transport presque continuel, et il serait impossible de les guérir.

C'est surtout dans cet état mitoyen entre la veille et le sommeil qu'un cerveau enflammé voit des objets imaginaires, et entend des sons que personne ne prononce. La frayeur, l'amour, la douleur, le remords, sont les peintres qui tracent les tableaux dans les imaginations bouleversées. L'œil qui est ébranlé pendant la nuit par un coup vers le petit canthus, et qui voit jaillir des étincelles, n'est qu'une très faible image des inflammations de notre cerveau.

Aucun théologien ne doute qu'à ces causes naturelles la volonté du Maître de la nature n'ait joint quelquefois sa divine influence. L'ancien et le nouveau *Testament* en sont d'assez évidents témoignages. La Providence daigna employer ces apparitions, ces visions en faveur du peuple juif, qui était alors son peuple chéri.

Il se peut que dans la suite des temps quelques âmes, pieuses à la vérité, mais trompées par leur enthousiasme, aient cru recevoir d'une communication intime avec Dieu ce qu'elles ne tenaient que de leur imagination enflammée. C'est alors qu'on a besoin du conseil d'un honnête homme, et surtout d'un bon médecin.

Les histoires des apparitions sont innombrables. On prétend que ce fut sur la foi d'une apparition que saint Théodore, au commencement du quatrième siècle, alla mettre le feu au temple d'Amasée, et le réduisit en cendre. Il est bien vraisemblable que Dieu ne lui avait pas ordonné cette action, qui en elle-même est si criminelle, dans laquelle plusieurs citoyens périrent, et qui exposait tous les chrétiens à une juste vengeance.

Que sainte Potamienne ait apparu à saint Basilide, Dieu peut l'avoir permis; il n'en a rien résulté qui troublât l'état. On ne niera pas que Jésus-Christ ait pu apparaître à saint Victor : mais que saint Benoît ait vu l'âme de saint Germain de Capoue portée au ciel par des anges, et que deux moines aient vu celle de saint Benoît marcher sur un tapis étendu depuis le ciel jusqu'au Mont-Cassin, cela est plus difficile à croire.

On peut douter de même, sans offenser notre auguste religion, que saint Eucher fut mené par un ange en enfer, où il vit l'âme de Charles-Martel; et qu'un saint ermite d'Italie ait vu des diables qui enchaînaient l'âme de Dagobert dans une barque, et lui donnaient cent coups de fouet : car après tout il ne serait pas aisé d'expliquer nettement comment une âme marche sur un tapis, comment on l'enchaîne dans un bateau, et comment on la fouette.

Mais il se peut très bien faire que des cervelles allumées aient eu de semblables visions; on en a mille exemples de siècle en siècle. Il faut être bien éclairé pour distinguer dans ce nombre prodigieux de visions celles qui viennent de Dieu même, et celles qui sont produites par la seule imagination.

L'illustre Bossuet rapporte, dans l'*Oraison funèbre de la princesse palatine*, deux visions qui agirent puissamment sur cette princesse, et qui déterminèrent toute la conduite de ses dernières années. Il faut croire ces visions célestes, puisqu'elles sont regardées comme telles par le disert et savant évêque de Meaux, qui pénétra toutes les profondeurs de la théologie, et qui même entreprit de lever le voile dont l'*Apocalypse* est couvert.

Il dit donc que la princesse palatine, après avoir prêté cent mille francs à la reine de Pologne sa sœur, vendu le duché de Réthelois un million, marié avantageusement ses filles, étant heureuse selon le monde, mais doutant malheureusement des vérités de la religion catholique, fut rappelée à la conviction et à l'amour de ces vérités ineffables par deux visions. La première fut un rêve, dans lequel un aveugle-né lui dit qu'il n'avait aucune idée de la lumière, et qu'il fallait en croire les autres sur les choses qu'on ne peut concevoir. La seconde fut un violent ébranlement des méninges et des fibres du cerveau dans un accès de fièvre. Elle vit une poule qui courait après un de ses poussins qu'un chien tenait dans sa gueule. La princesse palatine arrache le petit poulet au chien; une voix lui crie: « Rendez-lui son poulet; si vous » le privez de son manger, il fera mauvaise garde. » Non, s'écria la princesse, je ne le rendrai ja» mais. »

Ce poulet, c'était l'âme d'Anne de Gonzague, princesse palatine; la poule était l'Église; le chien était le diable. Anne de Gonzague, qui ne devait jamais rendre le poulet au chien, était la grâce efficace.

Bossuet prêchait cette oraison funèbre aux religieuses carmélites du faubourg Saint-Jacques à Paris, devant toute la maison de Condé; il leur dit ces paroles remarquables: « Écoutez; et pre» nez garde surtout de n'écouter pas avec mépris » l'ordre des avertissements divins et la conduite » de la grâce. »

Les lecteurs doivent donc lire cette histoire avec le même respect que les auditeurs l'écoutèrent. Ces effets extraordinaires de la Providence sont comme les miracles des saints qu'on canonise. Ces miracles doivent être attestés par des témoins irréprochables. Eh! quel déposant plus légal pourrions-nous avoir des apparitions et des visions de la princesse palatine que celui qui employa sa vie à distinguer toujours la vérité de l'apparence? Il combattit avec vigueur contre les religieuses de Port-Royal sur le formulaire; contre Paul Ferri, sur le catéchisme; contre le ministre Claude, sur les variations de l'Église; contre le docteur Dupin, sur la Chine; contre le P. Simon, sur l'intelligence du texte sacré; contre le cardinal Sfondrate, sur la prédestination; contre le pape, sur les droits de l'Église gallicane; contre l'archevêque de Cambrai, sur l'amour pur et désintéressé. Il ne se laissait séduire, ni par les noms, ni par les titres, ni par la réputation, ni par la dialectique de ses adversaires. Il a rapporté ce fait, il l'a donc cru. Croyons-le comme lui, malgré les railleries qu'on en a faites. Adorons les secrets de la Providence, mais défions-nous des écarts de l'imagination; que Malebranche appelait *la folle du logis*. Car les deux visions accordées à la princesse palatine ne sont pas données à tout le monde.

Jésus-Christ apparut à sainte Catherine de Sienne; il l'épousa; il lui donna un anneau. Cette apparition mystique est respectable, puisqu'elle est attestée par Raimond de Capoue, général des dominicains, qui la confessait, et même par le pape Urbain VI. Mais elle est rejetée par le savant Fleury, auteur de l'*Histoire ecclésiastique*. Et une fille qui se vanterait aujourd'hui d'avoir contracté un tel mariage, pourrait avoir une place aux Petites-Maisons pour présent de noce.

L'apparition de la mère Angélique, abbesse de Port-Royal, à sœur Dorothée, est rapportée par un homme d'un très grand poids dans le parti qu'on nomme *janséniste*; c'est le sieur Dufossé, auteur des *Mémoires de Pontis*. La mère Angélique, long-temps après sa mort, vint s'asseoir dans l'église de Port-Royal à son ancienne place, avec sa crosse à la main. Elle commanda qu'on fît venir sœur Dorothée, à qui elle dit de terribles secrets. Mais le témoignage de ce Dufossé ne vaut pas celui de Raimond de Capoue et du pape Urbain VI, lesquels pourtant n'ont pas été recevables.

Celui qui vient d'écrire ce petit morceau a lu ensuite les quatre volumes de l'abbé Lenglet sur les apparitions, et ne croit pas devoir en rien prendre. Il est convaincu de toutes les apparitions avérées par l'Église; mais il a quelques doutes sur les autres jusqu'à ce qu'elles soient authentiquement reconnues. Les cordeliers et les jacobins, les jansénistes et les molinistes, ont eu leurs apparitions et leurs miracles[a].

« Iliacos intra muros peccatur et extra. »
Hor., l. I, ep. II.

APPEL COMME D'ABUS, *voyez* ABUS.

A PROPOS, L'APROPOS.

L'apropos est comme l'avenir, l'atour, l'ados et plusieurs termes pareils, qui ne composent plus aujourd'hui qu'un seul mot, et qui en fesaient deux autrefois.

Si vous dites: A propos j'oubliais de vous parler de cette affaire; alors ce sont deux mots, et à devient une préposition. Mais si vous dites: Voilà un *apropos* heureux, un *apropos* bien adroit, apropos n'est plus qu'un seul mot.

La Motte a dit dans une de ses odes:

> Le sage, le prompt Apropos,
> Dieu qu'à tort oublia la fable.

Tous les heureux succès en tout genre sont fondés sur les choses dites ou faites à propos.

Arnauld de Bresse, Jean Hus, et Jérôme de Prague, ne vinrent pas assez à propos, ils furent tous trois brûlés; les peuples n'étaient pas encore assez éclairés: l'invention de l'imprimerie n'avait point encore mis sous les yeux de tout le monde

[a] Voyez les articles VISION et VAMPIRES.

les abus dont on se plaignait. Mais quand les hommes commencèrent à lire; quand la populace, qui voulait bien ne pas aller en purgatoire, mais qui ne voulait pas payer trop cher des indulgences, commença à ouvrir les yeux, les réformateurs du seizième siècle vinrent très *à propos* et réussirent.

Un des meilleurs *apropos* dont l'histoire ait fait mention est celui de *Pierre Danez* au concile de Trente. Un homme qui n'aurait pas eu l'esprit présent, n'aurait rien répondu au froid jeu de mots de l'évêque italien: « Ce coq chante bien: » Iste gallus bene cantat*. » Danez répondit par cette terrible réplique: « Plût à Dieu que Pierre » se repentît au chant du coq! »

La plupart des recueils de bons mots sont remplis de réponses très froides. Celle du marquis Maffei, ambassadeur de Sicile auprès du pape Clément XI, n'est ni froide, ni injurieuse, ni piquante, mais c'est un bel apropos. Le pape se plaignait avec larmes de ce qu'on avait ouvert, malgré lui, les églises de Sicile qu'il avait interdites. « Pleurez, Saint-Père, lui dit-il, quand on » les fermera. »

Les Italiens appellent une chose dite hors de propos un *sproposito*. Ce mot manque à notre langue.

C'est une grande leçon dans Plutarque que ces paroles: « Tu tiens sans propos beaucoup de bons » propos. » Ce défaut se trouve dans beaucoup de nos tragédies, où les héros débitent des maximes bonnes en elles-mêmes, qui deviennent fausses dans l'endroit où elles sont placées.

L'apropos fait tout dans les grandes affaires, dans les révolutions des états. On a déjà dit que Cromwell, sous Élisabeth ou sous Charles II, le cardinal de Retz, quand Louis XIV gouverna par lui-même, auraient été des hommes très ordinaires.

César, né du temps de Scipion l'Africain, n'aurait pas subjugué la république romaine; et si Mahomet revenait aujourd'hui, il serait tout au plus shérif de la Mecque. Mais si Archimède et Virgile renaissaient, l'un serait encore le meilleur mathématicien, l'autre le meilleur poëte de son pays.

ARABES,

ET, PAR OCCASION, DU LIVRE DE JOB.

Si quelqu'un veut connaître à fond les antiquités arabes, il est à présumer qu'il n'en sera pas plus instruit que de celles de l'Auvergne et du Poitou. Il est pourtant certain que les Arabes étaient quelque chose long-temps avant Mahomet. Les

* Les dames qui pourront lire ce morceau sauront que *gallus* signifie *Gaulois* et *coq*.

Juifs eux-mêmes disent que Moïse épousa une fille arabe, et son beau-père Jéthro paraît un homme de fort bon sens.

Meka ou la Mecque passa, et non sans vraisemblance, pour une des plus anciennes villes du monde; et ce qui prouve son ancienneté, c'est qu'il est impossible qu'une autre cause que la superstition seule ait fait bâtir une ville en cet endroit; elle est dans un désert de sable, l'eau y est saumâtre, on y meurt de faim et de soif. Le pays, à quelques milles vers l'orient, est le plus délicieux de la terre, le plus arrosé, le plus fertile. C'était là qu'il fallait bâtir, et non à la Mecque. Mais il suffit d'un charlatan, d'un fripon, d'un faux prophète qui aura débité ses rêveries, pour faire de la Mecque un lieu sacré et le rendez-vous des nations voisines. C'est ainsi que le temple de Jupiter Ammon était bâti au milieu des sables, etc., etc.

L'Arabie s'étend du désert de Jérusalem jusqu'à Aden ou Éden, vers le quinzième degré, en tirant droit du nord-est au sud-est. C'est un pays immense, environ trois fois grand comme l'Allemagne. Il est très vraisemblable que ses déserts de sable ont été apportés par les eaux de la mer, et que ses golfes maritimes ont été des terres fertiles autrefois.

Ce qui semble déposer en faveur de l'antiquité de cette nation, c'est qu'aucun historien ne dit qu'elle ait été subjuguée; elle ne le fut pas même par Alexandre, ni par aucun roi de Syrie, ni par les Romains. Les Arabes au contraire ont subjugué cent peuples, depuis l'Inde jusqu'à la Garonne; et ayant ensuite perdu leurs conquêtes, ils se sont retirés dans leur pays sans s'être mêlés avec d'autres peuples.

N'ayant jamais été ni asservis ni mélangés, il est plus que probable qu'ils ont conservé leurs mœurs et leur langage; aussi l'arabe est-il en quelque façon la langue-mère de toute l'Asie, jusqu'à l'Inde, et jusqu'au pays habité par les Scythes, supposé qu'il y ait en effet des langues-mères; mais il n'y a que des langues dominantes. Leur génie n'a point changé, ils font encore des *Mille et une Nuits*, comme ils en fesaient du temps qu'ils imaginaient un *Bach* ou *Bacchus*, qui traversait la mer Rouge avec trois millions d'hommes, de femmes et d'enfants; qui arrêtait le soleil et la lune; qui fesait jaillir des fontaines de vin avec une baguette, laquelle il changeait en serpent quand il voulait.

Une nation ainsi isolée, et dont le sang est sans mélange, ne peut changer de caractère. Les Arabes qui habitent les déserts ont toujours été un peu voleurs. Ceux qui habitent les villes ont toujours aimé les fables, la poésie, et l'astronomie.

Il est dit dans la *Préface historique de l'Alcoran*

que, lorsqu'ils avaient un bon poëte dans une de leurs tribus, les autres tribus ne manquaient pas d'envoyer des députés pour féliciter celle à qui Dieu avait fait la grâce de lui donner un poëte.

Les tribus s'assemblaient tous les ans par représentants, dans une place nommée *Ocad*, où l'on récitait des vers à peu près comme on fait aujourd'hui à Rome dans le jardin de l'académie des Arcades; et cette coutume dura jusqu'à Mahomet. De son temps chacun affichait ses vers à la porte du temple de la Mecque.

Labid, fils de Rabia, passait pour l'Homère des Mecquois; mais ayant vu le second chapitre de l'*Alcoran* que Mahomet avait affiché, il se jeta à ses genoux, et lui dit: « O Mohammed, fils » d'Abdallah, fils de Motaleb, fils d'Achem, vous » êtes un plus grand poëte que moi; vous êtes » sans doute le prophète de Dieu. »

Autant les Arabes du désert étaient voleurs, autant ceux de Maden, de Naïd, de Sanaa, étaient généreux. Un ami était déshonoré dans ces pays quand il avait refusé des secours à un ami.

Dans leur recueil de vers intitulé *Tograïd*, il est rapporté qu'un jour, dans la cour du temple de la Mecque, trois Arabes disputaient sur la générosité et l'amitié, et ne pouvaient convenir qui méritait la préférence de ceux qui donnaient alors les plus grands exemples de ces vertus. Les uns tenaient pour Abdallah, fils de Giafar, oncle de Mahomet; les autres pour Kaïs, fils de Saad; et d'autres pour Arabad, de la tribu d'As. Après avoir bien disputé, ils convinrent d'envoyer un ami d'Abdallah vers lui, un ami de Kaïs vers Kaïs, et un ami d'Arabad vers Arabad, pour les éprouver tous trois, et venir ensuite faire leur rapport à l'assemblée.

L'ami d'Abdallah courut donc à lui, et lui dit: Fils de l'oncle de Mahomet, je suis en voyage et je manque de tout. Abdallah était monté sur son chameau chargé d'or et de soie; il en descendit au plus vite, lui donna son chameau, et s'en retourna à pied dans sa maison.

Le second alla s'adresser à son ami Kaïs, fils de Saad. Kaïs dormait encore; un de ses domestiques demande au voyageur ce qu'il desire. Le voyageur répond qu'il est l'ami de Kaïs, et qu'il a besoin de secours. Le domestique lui dit: Je ne veux pas éveiller mon maître; mais voilà sept mille pièces d'or, c'est tout ce que nous avons à présent dans la maison; prenez encore un chameau dans l'écurie avec un esclave; je crois que cela vous suffira jusqu'à ce que vous soyez arrivé chez vous. Lorsque Kaïs fut éveillé, il gronda beaucoup le domestique de n'avoir pas donné davantage.

Le troisième alla trouver son ami Arabad de la tribu d'As. Arabad était aveugle, et il sortait de sa maison, appuyé sur deux esclaves, pour aller prier Dieu au temple de la Mecque; dès qu'il eut entendu la voix de l'ami, il lui dit: Je n'ai de bien que mes deux esclaves, je vous prie de les prendre et de les vendre; j'irai au temple comme je pourrai avec mon bâton.

Les trois disputeurs étant revenus à l'assemblée, racontèrent fidèlement ce qui leur était arrivé. On donna beaucoup de louanges à Abdallah, fils de Giafar, à Kaïs, fils de Saad, et à Arabad, de la tribu d'As; mais la préférence fut pour Arabad.

Les Arabes ont plusieurs contes de cette espèce. Nos nations occidentales n'en ont point; nos romans ne sont pas dans ce goût. Nous en avons plusieurs qui ne roulent que sur des friponneries, comme ceux de Boccace, Gusman d'Alfarache, Gil Blas, etc.

Il est clair que du moins les Arabes avaient des idées nobles et élevées. Les hommes les plus savants dans les langues orientales pensent que le livre de Job, qui est de la plus haute antiquité, fut composé par un Arabe de l'Idumée. La preuve la plus claire et la plus indubitable, c'est que le traducteur hébreu a laissé dans sa traduction plus de cent mots arabes qu'apparemment il n'entendait pas.

Job, le héros de la pièce, ne peut avoir été un Hébreu; car il dit, dans le quarante-deuxième chapitre, qu'ayant recouvré son premier état, il partagea ses biens également à ses fils et à ses filles; ce qui est directement contraire à la loi hébraïque.

Il est très vraisemblable que si ce livre avait été composé après le temps où l'on place l'époque de Moïse, l'auteur, qui parle de tant de choses, et qui n'épargne pas les exemples, aurait parlé de quelqu'un des étonnants prodiges opérés par Moïse, et connus sans doute de toutes les nations de l'Asie.

Dès le premier chapitre, Satan paraît devant Dieu, et lui demande la permission d'affliger Job. On ne connaît point Satan dans le *Pentateuque*; c'était un mot chaldéen. Nouvelle preuve que l'auteur arabe était voisin de la Chaldée.

On a cru qu'il pouvait être Juif, parce qu'au douzième chapitre le traducteur hébreu a mis Jehova à la place d'El, ou de Bel, ou de Sadaï. Mais quel est l'homme un peu instruit qui ne sache que le mot de Jehova était commun aux Phéniciens, aux Syriens, aux Égyptiens, et à tous les peuples des contrées voisines?

Une preuve plus forte encore, et à laquelle on ne peut rien répliquer, c'est la connaissance de l'astronomie, qui éclate dans le livre de Job. Il est parlé des constellations que nous nommons[a] l'Arc-

[a] Chap. IX, v. 9.

ture, l'Orion, les Hyades, et même de celles *du midi qui sont cachées*. Or, les Hébreux n'avaient aucune connaissance de la sphère, n'avaient pas même de terme pour exprimer l'astronomie; et les Arabes ont toujours été renommés pour cette science, ainsi que les Chaldéens.

Il paraît donc très bien prouvé que le livre de Job ne peut être d'un Juif, et est antérieur à tous les livres juifs. Philon et Josèphe sont trop avisés pour le compter dans le canon hébreu : c'est incontestablement une parabole, une allégorie arabe.

Ce n'est pas tout; on y puise des connaissances des usages de l'ancien monde, et surtout de l'Arabie[a]. Il y est question du commerce des Indes, commerce que les Arabes firent dans tous les temps, et dont les Juifs n'entendirent seulement pas parler.

On y voit que l'art d'écrire était très cultivé, et qu'on fesait déjà de gros livres[b].

On ne peut dissimuler que le commentateur Calmet, tout profond qu'il est, manque à toutes les règles de la logique, en prétendant que Job annonce l'immortalité de l'âme et la résurrection du corps, quand il dit : « Je sais que Dieu, qui est » vivant, aura pitié de moi, que je me relèverai » un jour de mon fumier, que ma peau reviendra, » que je reverrai Dieu dans ma chair. Pourquoi » donc dites-vous à présent : Persécutons-le, cherchons des paroles contre lui? Je serai puissant » à mon tour, craignez mon épée, craignez que je » ne me venge, sachez qu'il y a une justice. »

Peut-on entendre par ces paroles autre chose que l'espérance de la guérison? L'immortalité de l'âme et la résurrection des corps au dernier jour sont des vérités si indubitablement annoncées dans le *Nouveau Testament*, si clairement prouvées par les Pères et par les conciles, qu'il n'est pas besoin d'en attribuer la première connaissance à un Arabe. Ces grands mystères ne sont expliqués dans aucun endroit du *Pentateuque* hébreu; comment le seraient-ils dans ce seul verset de Job, et encore d'une manière si obscure? Calmet n'a pas plus de raison de voir l'immortalité de l'âme et la résurrection dans les discours de Job, que d'y voir la vérole dans la maladie dont il est attaqué. Ni la logique ni la physique ne sont d'accord avec ce commentateur.

Au reste, ce livre allégorique de Job étant manifestement arabe, il est permis de dire qu'il n'y a ni méthode, ni justesse, ni précision. Mais c'est peut-être le monument le plus précieux et le plus ancien des livres qui aient été écrits en-deçà de l'Euphrate.

[a] Chap. XXVIII, v. 16, etc.

[b] Chap. XXXI, v. 35 et 36.

ARANDA.

Droits royaux, jurisprudence, inquisition.

Quoique les noms propres ne soient pas l'objet de nos questions encyclopédiques, notre société littéraire a cru devoir faire une exception en faveur du comte d'Aranda, président du conseil suprême en Espagne, et capitaine-général de la Castille nouvelle, qui a commencé à couper les têtes de l'hydre de l'inquisition.

Il était bien juste qu'un Espagnol délivrât la terre de ce monstre, puisqu'un Espagnol l'avait fait naître. Ce fut un saint, à la vérité, ce fut saint Dominique *l'encuirassé*[a], qui étant illuminé d'en-haut, et croyant fermement que l'Église catholique, apostolique et romaine, ne pouvait se soutenir que par des moines et des bourreaux, jeta les fondements de l'inquisition au treizième siècle, et lui soumit les rois, les ministres et les magistrats : mais il arrive quelquefois qu'un grand homme est plus qu'un saint dans les choses purement civiles, et qui concernent directement la majesté des couronnes, la dignité du conseil des rois, les droits de la magistrature, la sûreté des citoyens.

La conscience, le for intérieur (comme l'appelle l'université de Salamanque) est d'une autre espèce; elle n'a rien de commun avec les lois de l'état. Les inquisiteurs, les théologiens, doivent prier Dieu pour les peuples; et les ministres, les magistrats établis par les rois sur les peuples, doivent juger.

Un soldat bigame ayant été arrêté pour ce délit par l'auditeur de la guerre, au commencement de l'année 1770, et le Saint-Office ayant prétendu que c'était à lui seul qu'il appartenait de juger ce soldat, le roi d'Espagne a décidé que cette cause devait uniquement ressortir au tribunal du comte

[a] Il faudrait rechercher si du temps de saint Dominique on fesait porter le *san-benito* aux pécheurs, et si ce *san-benito* n'était pas une chemise bénite qu'on leur donnait en échange de leur argent qu'on leur prenait. Mais étant retirés au milieu des neiges, au pied du mont Crapack, qui sépare la Pologne de la Hongrie, nous n'avons qu'une bibliothèque médiocre.

La disette de livres dont nous gémissons vers ce mont Crapack où nous sommes, nous empêche aussi d'examiner si saint Dominique assista en qualité d'inquisiteur à la bataille de Muret, ou en qualité de prédicateur, ou en celle d'officier volontaire; et si le titre d'*encuirassé* lui fut donné, aussi bien qu'à l'ermite Dominique : je crois qu'il était à la bataille de Muret, mais qu'il ne porta point d'armes.

— Dominique, fondateur de l'ordre de Saint-Jacques Clément, et inventeur de l'inquisition, est différent du Dominique surnommé l'*encuirassé* parce qu'il s'était endurci la peau à force de se donner la discipline. On voit, par la note de Voltaire, qu'il connaissait très bien la différence de ces deux saints. Mais le fondateur de l'inquisition ne mérite-t-il pas bien aussi l'épithète d'*encuirassé*?

« Illi robur et æs triplex
» Circa pectus erat. »
(Hor., l. I, od. 3.) K

d'Aranda, capitaine-général, par un arrêt solennel du 5 février de la même année.

L'arrêt porte que le très révérend archevêque de Pharsale, ville qui appartient aux Turcs, inquisiteur-général des Espagnols, doit observer les lois du royaume, respecter les juridictions royales, se tenir dans ses bornes, et ne se point mêler d'emprisonner les sujets du roi.

On ne peut pas tout faire à la fois; Hercule ne put nettoyer en un jour les écuries du roi Augias. Les écuries d'Espagne étaient pleines des plus puantes immondices depuis plus de cinq cents ans; c'était grand dommage de voir de si beaux chevaux, si fiers, si légers, si courageux, si brillants, n'avoir pour palefreniers que des moines qui leur appesantissaient la bouche par un vilain mors, et qui les fesaient croupir dans la fange.

Le comte d'Aranda, qui est un excellent écuyer, commence à mettre la cavalerie espagnole sur un autre pied, et les écuries d'Augias seront bientôt de la plus grande propreté.

Ce pourrait être ici l'occasion de dire un petit mot des premiers beaux jours de l'inquisition, parce qu'il est d'usage dans les dictionnaires, quand on parle de la mort des gens, de faire mention de leur naissance et de leurs dignités; mais on en trouvera le détail à l'article INQUISITION[a], aussi bien que la patente curieuse donnée par saint Dominique[b].

Observons seulement que le comte d'Aranda a mérité la reconnaissance de l'Europe entière, en rognant les griffes et en limant les dents du monstre.

Bénissons le comte d'Aranda[1].

ARARAT.

Montagne d'Arménie, sur laquelle s'arrêta l'arche. On a long-temps agité la question sur l'universalité du déluge, s'il inonda toute la terre sans exception, ou seulement toute la terre alors connue. Ceux qui ont cru qu'il ne s'agissait que des peuplades qui existaient alors, se sont fondés sur l'inutilité de noyer des terres non peuplées, et cette raison a paru assez plausible. Nous nous en tenons au texte de l'Écriture, sans prétendre l'expliquer. Mais nous prendrons plus de liberté avec Bérose, ancien auteur chaldéen, dont on retrouve des fragments conservés par Abydène, cités dans Eusèbe, et rapportés mot à mot par George le Syncelle.

On voit par ces fragments que les Orientaux qui bordent le Pont-Euxin fesaient anciennement de l'Arménie la demeure des dieux. Et c'est en quoi les Grecs les imitèrent. Ils placèrent les dieux sur le mont Olympe. Les hommes transportent toujours les choses humaines aux choses divines. Les princes bâtissaient leurs citadelles sur des montagnes : donc les dieux y avaient aussi leurs demeures : elles devenaient donc sacrées. Les brouillards dérobent aux yeux le sommet du mont Ararat : donc les dieux se cachaient dans ces brouillards, et ils daignaient quelquefois apparaître aux mortels dans le beau temps.

Un dieu de ce pays, qu'on croit être Saturne, apparut un jour à Xixutre, dixième roi de la Chaldée, suivant la supputation d'Africain, d'Abydène, et d'Apollodore. Ce Dieu lui dit : « Le » quinze du mois d'Oesi, le genre humain sera » détruit par le déluge. Enfermez bien tous vos » écrits dans Sipara, la ville du soleil, afin que la » mémoire des choses ne se perde pas. Bâtissez un » vaisseau; entrez-y avec vos parents et vos amis; » faites-y entrer des oiseaux, des quadrupèdes; » mettez-y des provisions; et quand on vous de» mandera : Où voulez-vous aller avec votre vais» seau? répondez : Vers les dieux, pour les prier » de favoriser le genre humain. »

Xixutre bâtit son vaisseau, qui était large de deux stades, et long de cinq; c'est-à-dire que sa largeur était de deux cent cinquante pas géométriques, et sa longueur de six cent vingt-cinq. Ce vaisseau, qui devait aller sur la mer Noire, était mauvais voilier. Le déluge vint. Lorsque le déluge eut cessé, Xixutre lâcha quelques uns de ses oiseaux, qui, ne trouvant point à manger, revinrent au vaisseau. Quelques jours après il lâcha encore ses oiseaux, qui revinrent avec de la boue aux pates. Enfin ils ne revinrent plus. Xixutre en fit autant : il sortit de son vaisseau, qui était perché sur une montagne d'Arménie, et on ne le vit plus; les dieux l'enlevèrent.

Dans cette fable il y a probablement quelque chose d'historique. Le Pont-Euxin franchit ses bornes, et inonda quelques terrains. Le roi de Chaldée courut réparer le désordre. Nous avons dans Rabelais des contes non moins ridicules, fondés sur quelques vérités. Les anciens historiens sont pour la plupart des Rabelais sérieux.

[a] Consultez, si vous voulez, sur la jurisprudence de l'inquisition, le révérend P. Ivonet, le docteur Cuchalon, et surtout magister Grillandus, beau nom pour un inquisiteur!

Et vous, rois de l'Europe, princes, souverains, républiques, souvenez-vous à jamais que les moines inquisiteurs se sont intitulés, *inquisiteurs par la grâce de Dieu!*

[b] Ce témoignage de la toute-puissance de saint Dominique se trouve dans Louis de Paramo, l'un des plus grands théologiens d'Espagne. Elle est citée dans le *Manuel de l'inquisition*, ouvrage d'un théologien français, qui est d'une autre espèce. Il écrit à la manière de Pascal.

[1] Depuis que M. le comte d'Aranda a cessé de gouverner l'Espagne, l'inquisition y a repris toute sa splendeur et toute sa force pour abrutir les hommes; mais par l'effet infaillible du progrès des lumières, même sur les ennemis de la raison, elle a perdu un peu de sa férocité. K.

Quant à la montagne d'Ararat, on a prétendu qu'elle était une des montagnes de la Phrygie, et qu'elle s'appelait d'un nom qui répond à celui d'*arche*, parce qu'elle était enfermée par trois rivières.

Il y a trente opinions sur cette montagne. Comment démêler le vrai? Celle que les moines arméniens appellent aujourd'hui *Ararat* était, selon eux, une des bornes du paradis terrestre, paradis dont il reste peu de traces. C'est un amas de rochers et de précipices couverts d'une neige éternelle. Tournefort y alla chercher des plantes par ordre de Louis XIV; il dit « que tous les environs » en sont horribles, et la montagne encore plus; » qu'il trouva des neiges de quatre pieds d'épais» seur, et toutes cristallisées; que de tous les côtés » il y a des précipices taillés à-plomb. »

Le voyageur Jean Struys prétend y avoir été aussi. Il monta, si on l'en croit, jusqu'au sommet, pour guérir un ermite affligé d'une descente[a]. « Son ermitage, dit-il, était si éloigné de terre, » que nous n'y arrivâmes qu'au bout de sept jours, » et chaque jour nous fesions cinq lieues. » Si dans ce voyage il avait toujours monté, ce mont Ararat serait haut de trente-cinq lieues. Du temps de la guerre des géants, en mettant quelques Ararats l'un sur l'autre, on aurait été à la lune fort commodément. Jean Struys assure encore que l'ermite qu'il guérit lui fit présent d'une croix faite du bois de l'arche de Noé; Tournefort n'a pas eu tant d'avantage.

[a] *Voyage de Jean Struys*, in-4°, page 208.

ARBRE A PAIN.

L'arbre à pain croît dans les îles Philippines, et principalement dans celles de Gaam et de Ténian, comme le coco croît dans l'Inde. Ces deux arbres seuls, s'ils pouvaient se multiplier dans les autres climats, serviraient à nourrir et à désaltérer le genre humain.

L'arbre à pain est plus gros et plus élevé que nos pommiers ordinaires; les feuilles sont noires, le fruit est jaune, et de la dimension de la plus grosse pomme de calville; son écorce est épaisse et dure, le dedans est une espèce de pâte blanche et tendre qui a le goût des meilleurs petits pains au lait; mais il faut le manger frais; il ne se garde que vingt-quatre heures après, quoi il se sèche, s'aigrit, et devient désagréable; mais en récompense ces arbres en sont chargés huit mois de l'année. Les naturels du pays n'ont point d'autre nourriture; ils sont tous grands, robustes, bien faits, d'un embonpoint médiocre, d'une santé vigoureuse, telle que la doit procurer l'usage unique d'un aliment salubre; et c'est à des nègres que la nature a fait ce présent.

Le voyageur Dampierre fut le premier qui en parla. Il reste encore quelques officiers qui ont mangé de ce pain, quand l'amiral Anson y a relâché, et qui l'ont trouvé d'un goût supérieur. Si cet arbre était transplanté comme l'a été l'arbre à café, il pourrait tenir lieu en grande partie de l'invention de Triptolème, qui coûte tant de soins et de peines multipliées. Il faut travailler une année entière avant que le blé puisse être changé en pain, et quelquefois tous ces travaux sont inutiles.

Le blé n'est pas assurément la nourriture de la plus grande partie du monde. Le maïs, la cassave, nourrissent toute l'Amérique. Nous avons des provinces entières où les paysans ne mangent que du pain de châtaignes, plus nourrissant et d'un meilleur goût que celui de seigle ou d'orge dont tant de gens s'alimentent, et qui vaut beaucoup mieux que le pain de munition qu'on donne au soldat[1]. Toute l'Afrique australe ignore le pain. L'immense archipel des Indes, Siam, le Laos, le Pégu, la Cochinchine, le Tunquin, une partie de la Chine, le Japon, les côtes de Malabar et de Coromandel, les bords du Gange, fournissent un riz dont la culture est beaucoup plus aisée que celle du froment, et qui le fait négliger. Le blé est absolument inconnu dans l'espace de quinze cents lieues sur les côtes de la mer Glaciale. Cette nourriture, à laquelle nous sommes accoutumés, est parmi nous si précieuse, que la crainte seule de la voir manquer cause des séditions chez les peuples les plus soumis. Le commerce du blé est partout un des grands objets du gouvernement; c'est une partie de notre être, et cependant on prodigue quelquefois ridiculement cette denrée essentielle.

Les amidonniers emploient la meilleure farine pour couvrir la tête de nos jeunes gens et de nos femmes.

Le *Dictionnaire encyclopédique* remarque, avec très grande raison, que le pain bénit, dont on ne mange presque point, et dont la plus grande partie est perdue, monte en France à quatre millions de livres par an. Ainsi, de ce seul article, l'Angleterre est au bout de l'année plus riche de quatre millions que la France.

Les missionnaires ont éprouvé quelquefois de grandes angoisses dans des pays où l'on ne trouve ni pain ni vin. Les habitants leur disaient par interprètes: Vous voulez nous baptiser avec quelques gouttes d'eau, dans un climat brûlant où nous

[1] En France, une société de physiciens éclairés s'occupe depuis quelques années à perfectionner l'art de fabriquer le pain; grâce à ses soins, celui des hôpitaux et de la plupart des prisons de Paris est devenu meilleur que celui dont se nourrissent les habitants aisés de la plupart des provinces. K.

sommes obligés de nous plonger tous les jours dans les fleuves. Vous voulez nous confesser, et vous n'entendez pas notre langue; vous voulez nous communier, et vous manquez de deux ingrédients nécessaires, le pain et le vin : il est donc évident que votre religion universelle n'a pu être faite pour nous. Les missionnaires répondaient très justement que la bonne volonté suffit, qu'on les plongerait dans l'eau sans aucun scrupule; qu'on ferait venir du pain et du vin de Goa; et quant à la langue, que les missionnaires l'apprendraient dans quelques années.

ARBRE A SUIF.

On nomme dans l'Amérique *candle-berry-tree*, ou *bay-berry-tree*, ou l'*arbre à suif*, une espèce de bruyère dont la baie donne une graisse propre à faire des chandelles. Elle croît en abondance dans un terrain bas et bien humecté; il paraît qu'elle se plaît sur les rivages maritimes. Cet arbuste est couvert de baies d'où semble suinter une substance blanche et farineuse; on les cueille à la fin de l'automne lorsqu'elles sont mûres; on les jette dans une chaudière qu'on remplit d'eau bouillante; la graisse se fond, et s'élève au-dessus de l'eau : on met dans un vase à part cette graisse refroidie, qui ressemble à du suif ou à de la cire; sa couleur est communément d'un vert sale. On la purifie, et alors elle devient d'un assez beau vert. Ce suif est plus cher que le suif ordinaire, et coûte moins que la cire. Pour en former des chandelles, on le mêle souvent avec du suif commun; alors elles ne sont pas si sujettes à couler. Les pauvres se servent volontiers de ce suif végétal qu'ils recueillent eux-mêmes, au lieu qu'il faudrait acheter l'autre.

On en fait aussi du savon et des savonnettes d'une odeur assez agréable.

Les médecins et les chirurgiens en font usage pour les plaies.

Un négociant de Philadelphie envoya de ce suif dans les pays catholiques de l'Amérique, dans l'espoir d'en débiter beaucoup pour des cierges; mais les prêtres refusèrent de s'en servir.

Dans la Caroline on en fait aussi une sorte de cire à cacheter.

On indique enfin la racine du même arbuste comme un remède contre les fluxions des gencives, remède usité chez les sauvages.

A l'égard du cirier ou de l'arbre à cire, il est assez connu. Que de plantes utiles à tout le genre humain la nature a prodiguées aux Indes orientales et occidentales! Le quinquina seul valait mieux que les mines du Pérou, qui n'ont servi qu'à mettre la cherté dans l'Europe.

ARC.

JEANNE D'ARC, DITE LA PUCELLE D'ORLÉANS[1].

ARDEUR.

Le *Dictionnaire encyclopédique* n'ayant parlé que des ardeurs d'urine et de l'ardeur d'un cheval, il paraît expédient de citer aussi d'autres ardeurs; celle du feu, celle de l'amour. Nos poëtes français, italiens, espagnols, parlent beaucoup des ardeurs des amants; l'opéra n'a presque jamais été sans ardeurs *parfaites*. Elles sont moins *parfaites* dans les tragédies; mais il y a toujours beaucoup d'ardeurs.

Le *Dictionnaire de Trévoux* dit qu'ardeur en général signifie une *passion amoureuse*. Il cite pour exemple ce vers :

> C'est de tes jeunes yeux que mon ardeur est née.

Et on ne pouvait guère en rapporter un plus mauvais. Remarquons ici que ce dictionnaire est fécond en citations de vers détestables. Il tire tous ses exemples de je ne sais quel nouveau choix de vers, parmi lesquels il serait très difficile d'en trouver un bon. Il donne pour exemple de l'emploi du mot d'*ardeur* ces deux vers de Corneille,

> Une première ardeur est toujours la plus forte;
> Le temps ne l'éteint point, la mort seule l'emporte.

et celui-ci de Racine,

> Rien ne peut modérer mes ardeurs insensées[2].

Si les compilateurs de ce Dictionnaire avaient eu du goût, ils auraient donné pour exemple du mot *ardeur* bien placé cet excellent morceau de *Mithridate* (Act. IV, scène v) :

> J'ai su, par une longue et pénible industrie,
> Des plus mortels venins prévenir la furie.
> Ah! qu'il eût mieux valu, plus sage et plus heureux,
> Et repoussant les traits d'un amour dangereux,
> Ne pas laisser remplir d'ardeurs empoisonnées
> Un cœur déjà glacé par le froid des années!

C'est ainsi qu'on peut donner une nouvelle énergie à une expression ordinaire et faible. Mais pour ceux qui ne parlent d'*ardeur* que pour rimer avec *cœur*, et qui parlent de leur vive ardeur ou de leur tendre ardeur, et qui joignent encore à cela les *alarmes* ou les *charmes* qui leur ont coûté tant de *larmes*, et qui, lorsque toutes ces platitudes sont arrangées en douze syllabes, croient avoir fait des vers, et qui, après avoir écrit quinze cents lignes remplies de ces termes oiseux en tout genre, croient avoir fait une tragédie, il faut les renvoyer au

[1] Voyez l'article JEANNE D'ARC.

[2] Racine a dit (*Phèdre*, III, I) :

> Il n'est plus temps; il sait mes ardeurs insensées.

nouveau choix de vers, ou au recueil en douze volumes des meilleures pièces de théâtre, parmi lesquelles on n'en trouve pas une seule qu'on puisse lire.

ARGENT.

Mot dont on se sert pour exprimer de l'or. Monsieur, voudriez-vous me prêter cent louis d'or? Monsieur, je le voudrais de tout mon cœur; mais je n'ai point d'argent; je ne suis pas en argent comptant : l'Italien vous dirait : « Signore, non ho » di danari; » Je n'ai point de deniers.

Harpagon demande à maître Jacques : Nous feras-tu bonne chère? Oui, si vous me donnez bien de l'argent.

On demande tous les jours quel est le pays de l'Europe le plus riche en argent : on entend par là quel est le peuple qui possède le plus de métaux représentatifs des objets de commerce. On demande par la même raison quel est le plus pauvre; et alors trente nations se présentent à l'envi, le Vestphalien, le Limousin, le Basque, l'habitant du Tyrol, celui du Valais, le Grison, l'Istrien, l'Écossais, et l'Irlandais du nord, le Suisse d'un petit canton, et surtout le sujet du pape.

Pour deviner qui en a davantage, on balance aujourd'hui entre la France, l'Espagne, et la Hollande qui n'en avait point en 1600.

Autrefois, dans le treizième, quatorzième et quinzième siècle, c'était la province de la daterie [1] qui avait sans contredit le plus d'argent comptant; aussi fesait-elle le plus grand commerce. « Combien vendez-vous cela? » disait-on à un marchand. Il répondait : « Autant que les gens sont » sots. »

Toute l'Europe envoyait alors son argent à la cour romaine, qui rendait en échange des grains bénits, des agnus, des indulgences plénières ou non plénières, des dispenses, des confirmations, des exemptions, des bénédictions, et même des excommunications contre ceux qui n'étaient pas assez bien en cour de Rome, et à qui les payeurs en voulaient.

Les Vénitiens ne vendaient rien de tout cela; mais ils fesaient le commerce de tout l'Occident par Alexandrie; on n'avait que par eux du poivre et de la cannelle. L'argent qui n'allait pas à la daterie venait à eux, un peu aux Toscans et aux Génois. Tous les autres royaumes étaient si pauvres en argent comptant, que Charles VIII fut obligé d'emprunter les pierreries de la duchesse de Savoie, et de les mettre en gage pour aller conquérir Naples, qu'il perdit bientôt. Les Vénitiens soudoyèrent des armées plus fortes que la sienne. Un noble Vénitien avait plus d'or dans son coffre, et plus de vaisselle d'argent sur sa table, que l'empereur Maximilien surnommé *Pochi danari*.

Les choses changèrent quand les Portugais allèrent trafiquer aux Indes en conquérants, et que les Espagnols eurent subjugué le Mexique et le Pérou avec six ou sept cents hommes. On sait qu'alors le commerce de Venise, celui des autres villes d'Italie, tout tomba. Philippe II, maître de l'Espagne, du Portugal, des Pays-Bas, des deux Siciles, du Milanais, de quinze cents lieues de côtes dans l'Asie, et des mines d'or et d'argent dans l'Amérique, fut le seul riche, et par conséquent le seul puissant en Europe. Les espions qu'il avait gagnés en France baisaient à genoux les doublons catholiques; et le petit nombre d'angelots et de carolus qui circulaient en France, n'avaient pas un grand crédit. On prétend que l'Amérique et l'Asie lui valurent à peu près dix millions de ducats de revenu. Il eut en effet acheté l'Europe avec son argent, sans le fer de Henri IV et les flottes de la reine Élisabeth.

Le *Dictionnaire encyclopédique*, à l'article ARGENT, cite l'*Esprit des lois*, dans lequel il est dit [1] : « J'ai ouï déplorer plusieurs fois l'aveuglement du » conseil de François Ier, qui rebuta Christophe Colomb qui lui proposait les Indes; en vérité, on » fit peut-être par imprudence une chose bien » sage. »

Nous voyons, par l'énorme puissance de Philippe, que le conseil prétendu de François Ier n'aurait pas fait *une chose si sage*. Mais contentons-nous de remarquer que François Ier n'était pas né quand on prétend qu'il refusa les offres de Christophe Colomb; ce Génois aborda en Amérique en 1492, et François Ier naquit en 1494, et ne parvint au trône qu'en 1515.

Comparons ici le revenu de Henri III, de Henri IV, et de la reine Élisabeth, avec celui de Philippe II : le subside ordinaire d'Élisabeth n'était que de cent mille livres sterling; et avec l'extraordinaire, il fut, année commune, d'environ quatre cent mille; mais il fallait qu'elle employât ce surplus à se défendre de Philippe II. Sans une extrême économie elle était perdue, et l'Angleterre avec elle.

Le revenu de Henri III se montait a la vérité à trente millions de livres de son temps; cette somme était à la seule somme que Philippe II retirait des Indes, comme trois à dix; mais il n'entrait pas le tiers de cet argent dans les coffres de Henri III, très prodigue, très volé, et par conséquent très pauvre : il se trouve que Philippe II était d'un seul article dix fois plus riche que lui.

[1] Chambre à la cour de Rome où l'on confère, moyennant salaire, toutes les prébendes au dessus de 80 ducats.

[1] Liv. XXI, ch. XXII.

Pour Henri IV, ce n'est pas la peine de comparer ses trésors avec ceux de Philippe II. Jusqu'à la paix de Vervins il n'avait que ce qu'il pouvait emprunter ou gagner à la pointe de son épée; et il vécut en chevalier errant jusqu'au temps qu'il devint le premier roi de l'Europe.

L'Angleterre avait toujours été si pauvre, que le roi Édouard III fut le premier qui fit battre de la monnaie d'or.

On veut savoir ce que devient l'or et l'argent qui affluent continuellement du Mexique et du Pérou en Espagne? Il entre dans les poches des Français, des Anglais, des Hollandais, qui font le commerce de Cadix sous des noms espagnols, et qui envoient en Amérique les productions de leurs manufactures. Une grande partie de cet argent s'en va aux Indes orientales payer des épiceries, du coton, du salpêtre, du sucre candi, du thé, des toiles, des diamants, et des magots.

On demande ensuite ce que deviennent tous ces trésors des Indes; je réponds que Sha-Thamas-Koulikan, ou Sha-Nadir, a emporté tout celui du Grand-Mogol avec ses pierreries. Vous voulez savoir où sont ces pierreries, cet or, cet argent que Sha-Nadir a emportés en Perse? Une partie a été enfouie dans la terre pendant les guerres civiles; des brigands se sont servis de l'autre pour se faire des partis. Car, comme dit fort bien César, « avec de l'argent on a des soldats, et avec des » soldats on vole de l'argent. »

Votre curiosité n'est point encore satisfaite; vous êtes embarrassé de savoir où sont les trésors de Sésostris, de Crésus, de Cyrus, de Nabuchodonosor, et surtout de Salomon, qui avait, dit-on, vingt milliards et plus de nos livres de compte, à lui tout seul, dans sa cassette?

Je vous dirai que tout cela s'est répandu par le monde. Soyez sûr que du temps de Cyrus, les Gaules, la Germanie, le Danemarck, la Pologne, la Russie, n'avaient pas un écu. Les choses se sont mises au niveau avec le temps, sans ce qui s'est perdu en dorure, ce qui reste enfoui à Notre-Dame de Lorette et autres lieux, et ce qui a été englouti dans l'*avare* mer.

Comment fesaient les Romains sous leur grand Romulus, fils de Mars et d'une religieuse, et sous le dévot Numa Pompilius? Ils avaient un Jupiter de bois de chêne mal taillé, des huttes pour palais, une poignée de foin au bout d'un bâton pour étendard, et pas une pièce d'argent de douze sous dans leur poche. Nos cochers ont des montres d'or que les sept rois de Rome, les Camille, les Manlius, les Fabius, n'auraient pu payer.

Si par hasard la femme d'un receveur-général des finances se fesait lire ce chapitre à sa toilette par le bel esprit de la maison, elle aurait un étrange mépris pour les Romains des trois premiers siècles, et ne voudrait pas laisser entrer dans son antichambre un Manlius, un Curius, un Fabius, qui viendraient à pied, et qui n'auraient pas de quoi faire sa partie de jeu.

Leur argent comptant était du cuivre. Il servait à la fois d'armes et de monnaie. On se battait et on comptait avec du cuivre. Trois ou quatre livres de cuivre de douze onces payaient un bœuf. On achetait le nécessaire au marché comme on l'achète aujourd'hui, et les hommes avaient, comme de tout temps, la nourriture, le vêtement, et le couvert. Les Romains, plus pauvres que leurs voisins, les subjuguèrent, et augmentèrent toujours leur territoire dans l'espace de près de cinq cents années, avant de frapper de la monnaie d'argent.

Les soldats de Gustave Adolphe n'avaient en Suède que de la monnaie de cuivre pour leur solde, avant qu'il fît des conquêtes hors de son pays.

Pourvu qu'on ait un gage d'échange pour les choses nécessaires à la vie, le commerce se fait toujours. Il n'importe que ce gage d'échange soit de coquilles ou de papier. L'or et l'argent, à la longue, n'ont prévalu partout que parce qu'ils sont plus rares.

C'est en Asie que commencèrent les premières fabriques de la monnaie de ces deux métaux, parce que l'Asie fut le berceau de tous les arts.

Il n'est point question de monnaie dans la guerre de Troie; on y pèse l'or et l'argent. Agamemnon pouvait avoir un trésorier; mais point de cour des monnaies.

Ce qui a fait soupçonner à plusieurs savants téméraires que le *Pentateuque* n'avait été écrit que dans le temps où les Hébreux commencèrent à se procurer quelques monnaies de leurs voisins, c'est que dans plus d'un passage il est parlé de sicles. On y dit qu'Abraham, qui était étranger, et qui n'avait pas un pouce de terre dans le pays de Canaan, y acheta un champ et une caverne pour enterrer sa femme, quatre cents sicles d'argent monnayé de bon aloi[a] : *Quadringentos siclos argenti probatæ monetæ publicæ*. Le judicieux dom Calmet évalue cette somme à quatre cent quarante-huit livres six sous neuf deniers, selon les anciens calculs imaginés assez au hasard, quand le marc d'argent était à vingt-six livres de compte le marc. Mais comme le marc d'argent est augmenté de moitié, la somme vaudrait huit cent quatre-vingt-seize livres.

Or, comme en ce temps-là il n'y avait point de monnaie marquée au coin qui répondît au mot *pecunia*, cela fesait une petite difficulté dont il est aisé de se tirer[b].

[a] *Genèse*, ch. XXIII, v. 16.

[b] Ces hardis savants, qui, sur ce prétexte et sur plusieurs

Une autre difficulté, c'est que dans un endroit il est dit qu'Abraham acheta ce champ en Hébron, et dans un autre en Sichem [a]. Consultez sur cela le vénérable Bède, Raban Maure, et Emmanuel Sa.

Nous pourrions parler ici des richesses que laissa David à Salomon en argent monnayé. Les uns les font monter à vingt et un, vingt-deux milliards tournois, les autres à vingt-cinq. Il n'y a point de garde du trésor royal, ni de tefterdar du Grand-Turc, qui puisse supputer au juste le trésor du roi Salomon. Mais les jeunes bacheliers d'Oxford et de Sorbonne font ce compte tout courant.

Je ne parlerai point des innombrables aventures qui sont arrivées à l'argent depuis qu'il a été frappé, marqué, évalué, altéré, prodigué, resserré, volé, ayant dans toutes ses transmigrations demeuré constamment l'amour du genre humain. On l'aime au point que chez tous les princes chrétiens il y a encore une vieille loi qui subsiste, c'est de ne point laisser sortir d'or et d'argent de leurs royaumes. Cette loi suppose de deux choses l'une, ou que ces princes règnent sur des fous à lier qui se défont de leurs espèces en pays étranger pour leur plaisir, ou qu'il ne faut pas payer ses dettes à un étranger. Il est clair pourtant que personne n'est assez insensé pour donner son argent sans raison, et que, quand on doit à l'étranger, il faut payer soit en lettres-de-change, soit en denrées, soit en espèces sonnantes. Aussi cette loi n'est pas exécutée depuis qu'on a commencé à ouvrir les yeux, et il n'y a pas long-temps qu'ils sont ouverts.

Il y aurait beaucoup de choses à dire sur l'argent monnayé, comme sur l'augmentation injuste et ridicule des espèces, qui fait perdre tout d'un coup des sommes considérables à un état; sur la refonte ou la remarque, avec une augmentation de valeur idéale, qui invite tous vos voisins, tous vos ennemis à remarquer votre monnaie et à gagner à vos dépens; enfin, sur vingt autres tours d'adresse inventés pour se ruiner. Plusieurs livres nouveaux sont pleins de réflexions judicieuses sur cet article. Il est plus aisé d'écrire sur l'argent que d'en avoir; et ceux qui en gagnent se moquent beaucoup de ceux qui ne savent qu'en parler.

En général, l'art du gouvernement consiste à prendre le plus d'argent qu'on peut à une grande partie des citoyens, pour le donner à une autre partie.

On demande s'il est possible de ruiner radicalement un royaume dont en général la terre est fertile; on répond que la chose n'est pas praticable, attendu que depuis la guerre de 1689 jusqu'à la fin de 1769, où nous écrivons, on a fait presque sans discontinuation tout ce qu'on a pu pour ruiner la France sans ressource, et qu'on n'a jamais pu en venir à bout. C'est un bon corps qui a eu la fièvre pendant quatre-vingts ans avec des redoublements, et qui a été entre les mains des charlatans, mais qui vivra.

Si vous voulez lire un morceau curieux et bien fait sur l'argent de différents pays, adressez-vous à l'article *Monnaie*, de M. le chevalier de Jaucourt, dans l'*Encyclopédie*; on ne peut en parler plus savamment, et avec plus d'impartialité. Il est beau d'approfondir un sujet qu'on méprise.

ARIANISME.

Toutes les grandes disputes théologiques pendant douze cents ans ont été grecques. Qu'auraient dit Homère, Sophocle, Démosthène, Archimède, s'ils avaient été témoins de ces subtils ergotismes qui ont coûté tant de sang?

Arius a l'honneur encore aujourd'hui de passer pour avoir inventé son opinion, comme Calvin passe pour être fondateur du calvinisme. La vanité d'être chef de secte est la seconde de toutes les vanités de ce monde; car celle des conquérants est, dit-on, la première. Cependant, ni Calvin ni Arius n'ont certainement pas la triste gloire de l'invention.

On se querellait depuis long-temps sur la Trinité, lorsque Arius se mêla de la querelle dans la disputeuse ville d'Alexandrie, où Euclide n'avait pu parvenir à rendre les esprits tranquilles et justes. Il n'y eut jamais de peuple plus frivole que les Alexandrins; les Parisiens mêmes n'en approchent pas.

Il fallait bien qu'on disputât déjà vivement sur la Trinité, puisque le patriarche auteur de la *Chronique d'Alexandrie*, conservée à Oxford, assure qu'il y avait deux mille prêtres qui soutenaient le parti qu'Arius embrassa.

Mettons ici, pour la commodité du lecteur, ce qu'on dit d'Arius dans un petit livre qu'on peut n'avoir pas sous la main.

« Voici une question incompréhensible qui a exercé depuis plus de seize cents ans la curiosité, la subtilité sophistique, l'aigreur, l'esprit de cabale, la fureur de dominer, la rage de persécuter, le fanatisme aveugle et sanguinaire, la crédulité bar-

autres, attribuent le *Pentateuque* à d'autres qu'à Moïse, se fondent encore sur les témoignages de saint Théodoret, de Mazius, etc. Ils disent : Si saint Théodoret et Mazius affirment que le livre de Josué n'a pas été écrit par Josué, et n'en est pas moins admirable, ne pouvons-nous pas croire aussi que le *Pentateuque* est très admirable sans être de Moïse? Voyez sur cela le premier livre de l'*Histoire critique du vieux Testament*, par le révérend P. Simon de l'Oratoire. Mais quoi qu'en aient dit tant de savants, il est clair qu'il faut s'en tenir au sentiment de la sainte Église apostolique et romaine, la seule infaillible.

[a] *Actes*, ch. VII, v. 16.

bare, et qui a produit plus d'horreurs que l'ambition des princes, qui pourtant en a produit beaucoup. Jésus est-il verbe? S'il est verbe, est-il émané de Dieu dans le temps ou avant le temps? s'il est émané de Dieu, est-il coéternel et consubstantiel avec lui, ou est-il d'une substance semblable? est-il distinct de lui, ou ne l'est-il pas? est-il fait, ou engendré? Peut-il engendrer à son tour? a-t-il la paternité, ou la vertu productive sans paternité? Le Saint-Esprit est-il fait ou engendré, ou produit, ou procédant du père, ou procédant du fils, ou procédant de tous les deux? Peut-il engendrer, peut-il produire? son hypostase est-elle consubstantielle avec l'hypostase du père et du fils? et comment, ayant précisément la même nature, la même essence que le père et le fils, peut-il ne pas faire les mêmes choses que ces deux personnes qui sont lui-même?

» Ces questions si au-dessus de la raison avaient certainement besoin d'être décidées par une Église infaillible.

» On sophistiquait, on ergotait, on haïssait, on s'excommuniait chez les chrétiens pour quelques-uns de ces dogmes inaccessibles à l'esprit humain, avant les temps d'Arius et d'Athanase. Les Grecs égyptiens étaient d'habiles gens, ils coupaient un cheveu en quatre; mais cette fois-ci ils ne le coupèrent qu'en trois. Alexandros, évêque d'Alexandrie, s'avise de prêcher que Dieu étant nécessairement individuel, simple, une monade dans toute la rigueur du mot, cette monade est trine.

» Le prêtre Arious, que nous nommons Arius, est tout scandalisé de la monade d'Alexandros; il explique la chose différemment; il ergote en partie comme le prêtre Sabellious, qui avait ergoté comme le Phrygien Praxeas, grand ergoteur. Alexandros assemble vite un petit concile de gens de son opinion, et excommunie son prêtre. Eusébios, évêque de Nicomédie, prend le parti d'Arious: voilà toute l'Église en feu.

» L'empereur Constantin était un scélérat, je l'avoue, un parricide qui avait étouffé sa femme dans un bain, égorgé son fils, assassiné son beau-père, son beau-frère et son neveu, je ne le nie pas; un homme bouffi d'orgueil, et plongé dans les plaisirs, je l'accorde; un détestable tyran, ainsi que ses enfants, *transeat*: mais il avait du bon sens. On ne parvient point à l'empire, on ne subjugue pas tous ses rivaux sans avoir raisonné juste.

» Quand il vit la guerre civile des cervelles scolastiques allumée, il envoya le célèbre évêque Ozius avec des lettres déhortatoires aux deux parties belligérantes [1]. « Vous êtes de grands fous, leur dit-» il expressément dans sa lettre, de vous quereller » pour des choses que vous n'entendez pas. Il est » indigne de la gravité de vos ministères de faire » tant de bruit sur un sujet si mince. »

« Constantin n'entendait pas par *mince sujet* ce qui regarde la Divinité, mais la manière incompréhensible dont on s'efforçait d'expliquer la nature de la Divinité. Le patriarche arabe qui a écrit l'*Histoire de l'Église d'Alexandrie* fait parler à peu près ainsi Ozius en présentant la lettre de l'empereur:

« Mes frères, le christianisme commence à peine » à jouir de la paix, et vous allez le plonger dans » une discorde éternelle. L'empereur n'a que trop » raison de vous dire que vous vous *querellez* » *pour un sujet fort mince*. Certainement si l'objet » de la dispute était essentiel, Jésus-Christ, que » nous reconnaissons tous pour notre législateur, » en aurait parlé; Dieu n'aurait pas envoyé son » fils sur la terre pour ne nous pas apprendre no-» tre catéchisme. Tout ce qu'il ne nous a pas dit » expressément est l'ouvrage des hommes, et l'er-» reur est leur partage. Jésus vous a commandé » de vous aimer, et vous commencez par lui déso-» béir en vous haïssant, en excitant la discorde » dans l'empire. L'orgueil seul fait naître les dis-» putes, et Jésus votre maître vous a ordonné d'ê-» tre humbles. Personne de vous ne peut savoir si » Jésus est fait, ou engendré. Et que vous importe » sa nature, pourvu que la vôtre soit d'être justes » et raisonnables? Qu'a de commun une vaine » science de mots avec la morale qui doit conduire » vos actions? Vous chargez la doctrine de mystè-» res, vous qui n'êtes faits que pour affermir la » religion par la vertu. Voulez-vous que la reli-» gion chrétienne ne soit qu'un amas de sophis-» mes? est-ce pour cela que le Christ est venu? » Cessez de disputer; adorez, édifiez, humiliez-» vous, nourrissez les pauvres, apaisez les que-» relles des familles au lieu de scandaliser l'em-» pire entier par vos discordes. »

» Ozius parlait à des opiniâtres. On assembla un concile de Nicée; et il y eut une guerre civile spirituelle dans l'empire romain. Cette guerre en amena d'autres, et de siècle en siècle on s'est persécuté mutuellement jusqu'à nos jours. »

[1] Un professeur de l'université de Paris, nommé Lebeau, qui a écrit l'*Histoire du Bas-Empire*, se garde bien de rapporter la lettre de Constantin telle qu'elle est, et telle que la rapporte le savant auteur du *Dictionnaire des hérésies*. « Ce bon prince, » dit-il, animé d'une tendresse paternelle, finissait en ces ter-» mes: Rendez-moi des jours sereins et des nuits tranquilles. » Il rapporte les compliments de Constantin aux évêques; mais il devait aussi rapporter le reproche. L'épithète de *bon prince* convient à Titus, à Trajan, à Marc-Antonin, à Marc-Aurèle, et même à Julien le philosophe, qui ne versa jamais que le sang des ennemis de l'empire en prodiguant le sien; et non pas à Constantin, le plus ambitieux des hommes, le plus vain, le plus voluptueux, et en même temps le plus perfide et le plus sanguinaire. Ce n'est pas écrire l'histoire, c'est la défigurer.

Ce qu'il y eut de triste, c'est que la persécution commença dès que le concile fut terminé; mais lorsque Constantin en avait fait l'ouverture, il ne savait encore quel parti prendre, ni sur qui il ferait tomber la persécution. Il n'était point chrétien *, quoiqu'il fût à la tête des chrétiens; le baptême seul constituait alors le christianisme, et il n'était point baptisé; il venait même de faire rebâtir à Rome le temple de la Concorde. Il lui était sans doute fort indifférent qu'Alexandre d'Alexandrie, ou Eusèbe de Nicomédie, et le prêtre Arius, eussent raison ou tort; il est assez évident, par la lettre ci-dessus rapportée, qu'il avait un profond mépris pour cette dispute.

Mais il arriva ce qu'on voit, et ce qu'on verra à jamais dans toutes les cours. Les ennemis de ceux qu'on nomma depuis ariens accusèrent Eusèbe de Nicomédie d'avoir pris autrefois le parti de Licinius contre l'empereur. « J'en ai des preuves, » dit Constantin dans sa lettre à l'Église de Nicomédie, par les prêtres et les diacres de sa suite » que j'ai pris, etc. »

Ainsi donc, dès le premier grand concile, l'intrigue, la cabale, la persécution, sont établies avec le dogme, sans pouvoir en affaiblir la sainteté. Constantin donna les chapelles de ceux qui ne croyaient pas la consubstantialité à ceux qui la croyaient, confisqua les biens des dissidents à son profit, et se servit de son pouvoir despotique pour exiler Arius et ses partisans, qui alors n'étaient pas les plus forts. On a dit même que de son autorité privée il condamna à mort quiconque ne brûlerait pas les ouvrages d'Arius; mais ce fait n'est pas vrai. Constantin, tout prodigue qu'il était du sang des hommes, ne poussa pas la cruauté jusqu'à cet excès de démence absurde, de faire assassiner par ses bourreaux celui qui garderait un livre hérétique, pendant qu'il laissait vivre l'hérésiarque.

Tout change bientôt à la cour; plusieurs évêques inconsubstantiels, des eunuques, des femmes, parlèrent pour Arius, et obtinrent la révocation de la lettre de cachet. C'est ce que nous avons vu arriver plusieurs fois dans nos cours modernes en pareille occasion.

Le célèbre Eusèbe, évêque de Césarée, connu par ses ouvrages, qui ne sont pas écrits avec un grand discernement, accusait fortement Eustathe, évêque d'Antioche, d'être sabellien; et Eustathe accusait Eusèbe d'être arien. On assembla un concile à Antioche; Eusèbe gagna sa cause; on déposa Eustathe; on offrit le siége d'Antioche à Eusèbe, qui n'en voulut point; les deux partis s'armèrent l'un contre l'autre; ce fut le prélude des guerres de controverse. Constantin, qui avait exilé Arius pour ne pas croire le Fils consubstantiel, exila Eustathe pour le croire: de telles révolutions sont communes.

Saint Athanase était alors évêque d'Alexandrie; il ne voulut point recevoir dans la ville Arius, que l'empereur y avait envoyé, disant « qu'Arius » était excommunié; qu'un excommunié ne devait » plus avoir ni maison, ni patrie; qu'il ne pou» vait ni manger, ni coucher nulle part, et qu'il » vaut mieux obéir à Dieu qu'aux hommes. » Aussitôt nouveau concile à Tyr, et nouvelles lettres de cachet. Athanase est déposé par les Pères de Tyr, et exilé à Trèves par l'empereur. Ainsi Arius et Athanase, son plus grand ennemi, sont condamnés tour à tour par un homme qui n'était pas encore chrétien.

Les deux factions employèrent également l'artifice, la fraude, la calomnie, selon l'ancien et l'éternel usage. Constantin les laissa disputer et cabaler; il avait d'autres occupations. Ce fut dans ce temps-là que ce *bon prince* fit assassiner son fils, sa femme, et son neveu le jeune Licinius, l'espérance de l'empire, qui n'avait pas encore douze ans.

Le parti d'Arius fut toujours victorieux sous Constantin. Le parti opposé n'a pas rougi d'écrire qu'un jour saint Macaire, l'un des plus ardents sectateurs d'Athanase, sachant qu'Arius s'acheminait pour entrer dans la cathédrale de Constantinople, suivi de plusieurs de ses confrères, pria Dieu si ardemment de confondre cet hérésiarque, que Dieu ne put résister à la prière de Macaire; que sur-le-champ tous les boyaux d'Arius lui sortirent par le fondement, ce qui est impossible; mais enfin Arius mourut.

Constantin le suivit une année après, en 337 de l'ère vulgaire. On prétend qu'il mourut de la lèpre. L'empereur Julien, dans ses *Césars*, dit que le baptême que reçut cet empereur quelques heures avant sa mort ne guérit personne de cette maladie.

Comme ses enfants régnèrent après lui, la flatterie des peuples romains, devenus esclaves depuis long-temps, fut portée à un tel excès, que ceux de l'ancienne religion en firent un dieu, et ceux de la nouvelle en firent un saint. On célébra long-temps sa fête avec celle de sa mère.

Après sa mort, les troubles occasionés par le seul mot *consubstantiel* agitèrent l'empire avec violence. Constance, fils et successeur de Constantin, imita toutes les cruautés de son père, et tint des conciles comme lui; ces conciles s'anathématisèrent réciproquement. Athanase courut l'Europe et l'Asie pour soutenir son parti. Les eusébiens l'accablèrent. Les exils, les prisons, les tumultes, les meurtres, les assassinats, signalèrent la fin du

* Voyez VISION DE CONSTANTIN.

règne de Constance. L'empereur Julien, fatal ennemi de l'Église, fit ce qu'il put pour rendre la paix à l'Église, et n'en put venir à bout. Jovien, et après lui Valentinien, donnèrent une liberté entière de conscience : mais les deux partis ne la prirent que pour une liberté d'exercer leur haine et leur fureur.

Théodose se déclara pour le concile de Nicée : mais l'impératrice Justine, qui régnait en Italie, en Illyrie, en Afrique, comme tutrice du jeune Valentinien, proscrivit le grand concile de Nicée; et bientôt les Goths, les Vandales, les Bourguignons, qui se répandirent dans tant de provinces, y trouvant l'arianisme établi, l'embrassèrent pour gouverner les peuples conquis par la propre religion de ces peuples mêmes.

Mais la foi nicéenne ayant été reçue chez les Gaulois, Clovis, leur vainqueur, suivit leur communion par la même raison que les autres Barbares avaient professé la foi arienne.

Le grand Théodoric, en Italie, entretint la paix entre les deux partis; et enfin la formule nicéenne prévalut dans l'Occident et dans l'Orient.

L'arianisme reparut vers le milieu du seizième siècle, à la faveur de toutes les disputes de religion qui partageaient alors l'Europe : mais il reparut armé d'une force nouvelle et d'une plus grande incrédulité. Quarante gentilshommes de Vicence formèrent une académie, dans laquelle on n'établit que les seuls dogmes qui parurent nécessaires pour être chrétien. Jésus fut reconnu pour verbe, pour sauveur, et pour juge : mais on nia sa divinité, sa consubstantialité, et jusqu'à la Trinité.

Les principaux de ces dogmatiseurs furent Lélius Socin, Ochin, Paruta, Gentilis. Servet se joignit à eux. On connaît sa malheureuse dispute avec Calvin; ils eurent quelque temps ensemble un commerce d'injures par lettres. Servet fut assez imprudent pour passer par Genève, dans un voyage qu'il fesait en Allemagne. Calvin fut assez lâche pour le faire arrêter, et assez barbare pour le faire condamner à être brûlé à petit feu, c'est-à-dire au même supplice auquel Calvin avait à peine échappé en France. Presque tous les théologiens d'alors étaient tour à tour persécuteurs ou persécutés, bourreaux ou victimes.

Le même Calvin sollicita dans Genève la mort de Gentilis. Il trouva cinq avocats qui signèrent que Gentilis méritait de mourir dans les flammes. De telles horreurs sont dignes de cet abominable siècle. Gentilis fut mis en prison, et allait être brûlé comme Servet : mais il fut plus avisé que cet Espagnol; il se rétracta, donna les louanges les plus ridicules à Calvin, et fut sauvé. Mais son malheur voulut ensuite que, n'ayant pas assez ménagé un bailli du canton de Berne, il fût arrêté comme arien. Des témoins déposèrent qu'il avait dit que les mots de *trinité*, d'*essence*, d'*hypostase*, ne se trouvaient pas dans l'Écriture sainte; et sur cette déposition, les juges, qui ne savaient pas plus que lui ce que c'est qu'une hypostase, le condamnèrent, sans raisonner, à perdre la tête.

Faustus Socin, neveu de Lélius Socin, et ses compagnons, furent plus heureux en Allemagne; ils pénétrèrent en Silésie et en Pologne; ils y fondèrent des églises; ils écrivirent, ils prêchèrent, ils réussirent : mais à la longue, comme leur religion était dépouillée de presque tous les mystères, et plutôt une secte philosophique paisible qu'une secte militante, ils furent abandonnés; les jésuites, qui avaient plus de crédit qu'eux, les poursuivirent et les dispersèrent.

Ce qui reste de cette secte en Pologne, en Allemagne, en Hollande, se tient caché et tranquille. La secte a reparu en Angleterre avec plus de force et d'éclat. Le grand Newton et Locke l'embrassèrent; Samuel Clarke, célèbre curé de Saint-James, auteur d'un si bon livre sur l'existence de Dieu, se déclara hautement arien; et ses disciples sont très nombreux. Il n'allait jamais à sa paroisse le jour qu'on y récitait le *symbole* de saint Athanase. On pourra voir dans le cours de cet ouvrage les subtilités que tous ces opiniâtres, plus philosophes que chrétiens, opposent à la pureté de la foi catholique.

Quoiqu'il y eût un grand troupeau d'ariens à Londres parmi les théologiens, les grandes vérités mathématiques découvertes par Newton, et la sagesse métaphysique de Locke, ont plus occupé les esprits. Les disputes sur la consubstantialité ont paru très fades aux philosophes. Il est arrivé à Newton en Angleterre la même chose qu'à Corneille en France; on oublia *Pertharite*, *Théodore*, et son recueil de vers; on ne pensa qu'à *Cinna*. Newton fut regardé comme l'interprète de Dieu dans le calcul des fluxions, dans les lois de la gravitation, dans la nature de la lumière. Il fut porté à sa mort par les pairs et le chancelier du royaume près des tombeaux des rois, et plus révéré qu'eux. Servet, qui découvrit, dit-on, la circulation du sang, avait été brûlé à petit feu dans une petite ville des Allobroges, maîtrisée par un théologien de Picardie.

ARISTÉE.

Quoi! l'on voudra toujours tromper les hommes sur les choses les plus indifférentes comme sur les plus sérieuses! Un prétendu Aristée veut faire croire qu'il a fait traduire l'ancien *Testament* en grec, pour l'usage de Ptolémée Philadelphe, comme le duc de Montausier a réellement fait commenter les meilleurs auteurs latins à l'usage du dauphin, qui n'en fesait aucun usage.

Si on en croit cet Aristée, Ptolémée brûlait d'envie de connaître les lois juives; et pour connaître ces lois que le moindre Juif d'Alexandrie lui aurait traduites pour cent écus, il se proposa d'envoyer une ambassade solennelle au grand-prêtre des Juifs de Jérusalem, de délivrer six vingt mille esclaves juifs que son père Ptolémée Soter avait pris prisonniers en Judée, et de leur donner à chacun environ quarante écus de notre monnaie pour leur aider à faire le voyage agréablement; ce qui fait quatorze millions quatre cent mille de nos livres.

Ptolémée ne se contenta pas de cette libéralité inouïe. Comme il était fort dévot sans doute au judaïsme, il envoya au temple à Jérusalem une grande table d'or massif, enrichie partout de pierres précieuses; et il eut soin de faire graver sur cette table la carte du Méandre, fleuve de Phrygie*; le cours de cette rivière était marqué par des rubis et par des émeraudes. On sent combien cette carte du Méandre devait enchanter les Juifs. Cette table était chargée de deux immenses vases d'or encore mieux travaillés; il donna trente autres vases d'or, et une infinité de vases d'argent. On n'a jamais payé si chèrement un livre; on aurait toute la bibliothèque du Vatican à bien meilleur marché.

Éléazar, prétendu grand-prêtre de Jérusalem, lui envoya à son tour des ambassadeurs qui ne présentèrent qu'une lettre en beau vélin écrite en caractères d'or. C'était agir en dignes Juifs que de donner un morceau de parchemin pour environ trente millions.

Ptolémée fut si content du style d'Éléazar qu'il en versa des larmes de joie.

Les ambassadeurs dînèrent avec le roi et les principaux prêtres d'Égypte. Quand il fallut bénir la table, les Égyptiens cédèrent cet honneur aux Juifs.

Avec ces ambassadeurs arrivèrent soixante et douze interprètes, six de chacune des douze tribus, tous ayant appris le grec en perfection dans Jérusalem. C'est dommage, à la vérité, que de ces douze tribus il y en eût dix d'absolument perdues, et disparues de la face de la terre depuis tant de siècles : mais le grand-prêtre Éléazar les avait retrouvées exprès pour envoyer des traducteurs à Ptolémée.

Les soixante et douze interprètes furent enfermés dans l'île de Pharos; chacun d'eux fit sa traduction à part en soixante et douze jours, et toutes les traductions se trouvèrent semblables mot pour mot : c'est ce qu'on appelle la *traduction des septante*, et qui devrait être nommée la *traduction des septante-deux*.

Dès que le roi eut reçu ces livres, il les adora, tant il était bon Juif! Chaque interprète reçut trois talents d'or, et on envoya encore au grand sacrificateur pour son parchemin dix lits d'argent, une couronne d'or, des encensoirs et des coupes d'or, un vase de trente talents d'argent, c'est-à-dire du poids d'environ soixante mille écus, avec dix robes de pourpre, et cent pièces de toile du plus beau lin.

Presque tout ce beau conte est fidèlement rapporté par l'historien Josèphe, qui n'a jamais rien exagéré. Saint Justin a enchéri sur Josèphe; il dit que ce fut au roi Hérode que Ptolémée s'adressa, et non pas au grand-prêtre Éléazar. Il fait envoyer deux ambassadeurs de Ptolémée à Hérode; c'est beaucoup ajouter au merveilleux, car on sait qu'Hérode ne naquit que long-temps après le règne de Ptolémée Philadelphe.

Ce n'est pas la peine de remarquer ici la profusion d'anachronismes qui règne dans ces romans et dans tous leurs semblables, la foule des contradictions et les énormes bévues dans lesquelles l'auteur juif tombe à chaque phrase : cependant cette fable a passé pendant des siècles pour une vérité incontestable; et pour mieux exercer la crédulité de l'esprit humain, chaque auteur qui la citait, ajoutait ou retranchait à sa manière; de sorte qu'en croyant cette aventure, il fallait la croire de cent manières différentes. Les uns rient de ces absurdités dont les nations ont été abreuvées, les autres gémissent de ces impostures; la multitude infinie des mensonges fait des Démocrites et des Héraclites.

ARISTOTE.

Il ne faut pas croire que le précepteur d'Alexandre, choisi par Philippe, fût un pédant et un esprit faux. Philippe était assurément un bon juge, étant lui-même très instruit, et rival de Démosthène en éloquence.

DE SA LOGIQUE.

La logique d'Aristote, son art de raisonner, est d'autant plus estimable qu'il avait affaire aux Grecs, qui s'exerçaient continuellement à des arguments captieux; et son maître Platon était moins exempt qu'un autre de ce défaut.

Voici, par exemple, l'argument par lequel

* Il se peut très bien pourtant que ce ne fût pas un plan du cours du Méandre, mais ce qu'on appelait en grec un *méandre*, un lacis, un nœud de pierres précieuses. C'était toujours un fort beau présent.

Platon prouve dans le Phédon l'immortalité de l'âme.

« Ne dites-vous pas que la mort est le contraire » de la vie? — Oui. — Et qu'elles naissent l'une » de l'autre? — Oui. — Qu'est-ce donc qui naît » du vivant? — Le mort. — Et qui naît du mort? » Le vivant. — C'est donc des morts que naissent » toutes les choses vivantes. Par conséquent les » âmes existent dans les enfers après la mort. »

Il fallait des règles sûres pour démêler cet épouvantable galimatias, par lequel la réputation de Platon fascinait les esprits.

Il était nécessaire de démontrer que Platon donnait un sens louche à toutes ses paroles.

Le mort ne naît point du vivant; mais l'homme vivant a cessé d'être en vie.

Le vivant ne naît point du mort; mais il est né d'un homme en vie qui est mort depuis.

Par conséquent, votre conclusion que toutes les choses vivantes naissent des mortes, est ridicule. De cette conclusion vous en tirez une autre qui n'est nullement renfermée dans les prémisses. « Donc les âmes sont dans les enfers après la » mort. »

Il faudrait avoir prouvé auparavant que les corps morts sont dans les enfers, et que l'âme accompagne les corps morts.

Il n'y pas un mot dans votre argument qui ait la moindre justesse. Il fallait dire : Ce qui pense est sans parties, ce qui est sans parties est indestructible; donc ce qui pense en nous étant sans parties est indestructible.

Ou bien : Le corps meurt parce qu'il est divisible; l'âme n'est point divisible, donc elle ne meurt pas. Alors du moins on vous aurait entendu.

Il en est de même de tous les raisonnements captieux des Grecs. Un maître enseigne la rhétorique à son disciple, à condition que le disciple le paiera à la première cause qu'il aura gagnée.

Le disciple prétend ne le payer jamais. Il intente un procès à son maître; il lui dit : Je ne vous devrai jamais rien; car si je perds ma cause, je ne devais vous payer qu'après l'avoir gagnée; et si je gagne, ma demande est de ne vous point payer.

Le maître rétorquait l'argument, et disait : Si vous perdez, payez; et si vous gagnez, payez, puisque notre marché est que vous me paierez après la première cause que vous aurez gagnée.

Il est évident que tout cela roule sur une équivoque. Aristote enseigne à la lever en mettant dans l'argument les termes nécessaires.

On ne doit payer qu'à l'échéance;
L'échéance est ici une cause gagnée.
Il n'y a point en encore de cause gagnée;
Donc il n'y a point eu encore d'échéance;
Donc le disciple ne doit rien encore.

Mais *encore* ne signifie pas *jamais*. Le disciple fesait donc un procès ridicule.

Le maître, de son côté, n'était pas en droit de rien exiger, puisqu'il n'y avait pas encore d'échéance.

Il fallait qu'il attendît que le disciple eût plaidé quelque autre cause.

Qu'un peuple vainqueur stipule qu'il ne rendra au peuple vaincu que la moitié de ses vaisseaux; qu'il les fasse scier en deux; et qu'ayant ainsi rendu la moitié juste il prétende avoir satisfait au traité, il est évident que voilà une équivoque très criminelle.

Aristote, par les règles de sa *logique*, rendit donc un grand service à l'esprit humain en prévenant toutes les équivoques; car ce sont elles qui font tous les malentendus en philosophie, en théologie et en affaires.

La malheureuse guerre de 1756 a eu pour prétexte une équivoque sur l'Acadie.

Il est vrai que le bon sens naturel et l'habitude de raisonner se passent des règles d'Aristote. Un homme qui a l'oreille et la voix justes peut bien chanter sans les règles de la musique; mais il vaut mieux la savoir.

DE SA PHYSIQUE.

On ne la comprend guère; mais il est plus que probable qu'Aristote s'entendait et qu'on l'entendait de son temps. Le grec est étranger pour nous. On n'attache plus aujourd'hui aux mêmes mots les mêmes idées.

Par exemple, quand il dit dans son chapitre sept, que les principes des corps sont *la matière*, *la privation*, *la forme*, il semble qu'il dise une bêtise énorme; ce n'en est pourtant point une. La matière, selon lui, est le premier principe de tout, le sujet de tout, indifférent à tout. La forme lui est essentielle pour devenir une certaine chose. La privation est ce qui distingue un être de toutes les choses qui ne sont point en lui. La matière est indifférente à devenir rose ou poirier. Mais, quand elle est poirier ou rose, elle est privée de tout ce qui la ferait argent ou plomb. Cette vérité ne valait peut-être pas la peine d'être énoncée; mais enfin il n'y a rien là que de très intelligible, et rien qui soit impertinent.

L'*acte de ce qui est en puissance* paraît ridicule, et ne l'est pas davantage. La matière peut devenir tout ce qu'on voudra, feu, terre, eau, vapeur, métal, minéral, animal, arbre, fleur. C'est tout ce que cette expression d'*acte en puis-*

sance signifie. Ainsi il n'y avait point de ridicule chez les Grecs à dire que le mouvement était un acte de puissance, puisque la matière peut être mue. Et il est fort vraisemblable qu'Aristote entendait par là que le mouvement n'est pas essentiel à la matière.

Aristote dut faire nécessairement une très mauvaise physique de détail; et c'est ce qui lui a été commun avec tous les philosophes, jusqu'au temps où les Galilée, les Torricelli, les Gueric, les Drebellius, les Boyle, l'académie del Cimento, commencèrent à faire des expériences. La physique est une mine dans laquelle on ne peut descendre qu'avec des machines que les anciens n'ont jamais connues. Ils sont restés sur le bord de l'abîme, et ont raisonné sur ce qu'il contenait sans le voir.

TRAITÉ D'ARISTOTE SUR LES ANIMAUX.

Ses *Recherches sur les animaux*, au contraire, ont été le meilleur livre de l'antiquité, parce qu'Aristote se servit de ses yeux. Alexandre lui fournit tous les animaux rares de l'Europe, de l'Afrique, et de l'Asie. Ce fut un fruit de ses conquêtes. Ce héros y dépensa des sommes qui effraieraient tous les gardes du trésor royal d'aujourd'hui; et c'est ce qui doit immortaliser la gloire d'Alexandre, dont nous avons déjà parlé.

De nos jours un héros, quand il a le malheur de faire la guerre, peut à peine donner quelque encouragement aux sciences; il faut qu'il emprunte de l'argent d'un Juif, et qu'il consulte continuellement des âmes juives pour faire couler la substance de ses sujets dans son coffre des Danaïdes, dont elle sort le moment d'après par cent ouvertures. Alexandre fesait venir chez Aristote, éléphants, rhinocéros, tigres, lions, crocodiles, gazelles, aigles, autruches. Et nous autres, quand par hasard on nous amène un animal rare dans nos foires, nous allons l'admirer pour vingt sous; et il meurt avant que nous ayons pu le connaître.

DU MONDE ÉTERNEL.

Aristote soutient expressément dans son livre du *Ciel*, chap. XI, que le monde est éternel; c'était l'opinion de toute l'antiquité, excepté des épicuriens. Il admettait un Dieu, un premier moteur; et il le définit[a] *Un, éternel, immobile, indivisible, sans qualités*.

Il fallait donc qu'il regardât le monde émané de Dieu comme la lumière émanée du soleil, et aussi ancienne que cet astre.

A l'égard des sphères célestes, il est aussi ignorant que tous les autres philosophes. Copernic n'était pas venu.

DE SA MÉTAPHYSIQUE.

Dieu étant le premier moteur, il fait mouvoir l'âme; mais qu'est-ce que Dieu selon lui, et qu'est-ce que l'âme? L'âme est une entéléchie. Mais que veut dire entéléchie[a]? C'est, dit-il, un principe et un acte, une puissance nutritive, sentante et raisonnable. Cela ne veut dire autre chose, sinon que nous avons la faculté de nous nourrir, de sentir, et de raisonner. Le comment et le pourquoi sont un peu difficiles à saisir. Les Grecs ne savaient pas plus ce que c'est qu'une entéléchie, que les Topinambous et nos docteurs ne savent ce que c'est qu'une âme.

DE SA MORALE.

La morale d'Aristote est, comme toutes les autres, fort bonne; car il n'y a pas deux morales. Celles de Confutzée, de Zoroastre, de Pythagore, d'Aristote, d'Épictète, de Marc-Antonin, sont absolument les mêmes. Dieu a mis dans tous les cœurs la connaissance du bien avec quelque inclination pour le mal.

Aristote dit qu'il faut trois choses pour être vertueux; la nature, la raison, et l'habitude : rien n'est plus vrai. Sans un bon naturel la vertu est trop difficile; la raison le fortifie, et l'habitude rend les actions honnêtes aussi familières qu'un exercice journalier auquel on s'est accoutumé.

Il fait le dénombrement de toutes les vertus, entre lesquelles il ne manque pas de placer l'amitié. Il distingue l'amitié entre les égaux, les parents, les hôtes, et les amants. On ne connaît plus parmi nous l'amitié qui naît des droits de l'hospitalité. Ce qui était le sacré lien de la société chez les anciens n'est parmi nous qu'un compte de cabaretier. Et à l'égard des amants, il est rare aujourd'hui qu'on mette de la vertu dans l'amour. On croit ne devoir rien à une femme à qui on a mille fois tout promis.

Il est triste que nos premiers docteurs n'aient presque jamais mis l'amitié au rang des vertus, n'aient presque jamais recommandé l'amitié; au contraire, ils semblèrent inspirer souvent l'inimitié. Ils ressemblaient aux tyrans, qui craignent les associations.

C'est encore avec très grande raison qu'Aristote met toutes les vertus entre les extrêmes opposés. Il est peut-être le premier qui leur ait assigné cette place.

Il dit expressément que la piété est le milieu entre l'athéisme et la superstition.

[a] Liv. VII, ch. XII.

[a] Liv. II, ch. II.

DE SA RHÉTORIQUE.

C'est probablement sa *Rhétorique* et sa *Poétique* que Cicéron et Quintilien ont en vue. Cicéron, dans son livre de l'*Orateur*, dit : *Personne n'eut plus de science, plus de sagacité, d'invention, et de jugement;* Quintilien va jusqu'à louer non seulement l'étendue de ses connaissances, mais encore la suavité de son élocution, *eloquendi suavitatem*.

Aristote veut qu'un orateur soit instruit des lois, des finances, des traités, des places de guerre, des garnisons, des vivres, des marchandises. Les orateurs des parlements d'Angleterre, des diètes de Pologne, des états de Suède, des pregadi de Venise, etc., ne trouveront pas ces leçons d'Aristote inutiles; elles le sont peut-être à d'autres nations.

Il veut que l'orateur connaisse les passions des hommes, et les mœurs, les humeurs de chaque condition.

Je ne crois pas qu'il y ait une seule finesse de l'art qui lui échappe. Il recommande surtout qu'on apporte des exemples quand on parle d'affaires publiques, rien ne fait un plus grand effet sur l'esprit des hommes

On voit, par ce qu'il dit sur cette matière, qu'il écrivait sa Rhétorique long-temps avant qu'Alexandre fût nommé capitaine-général de la Grèce contre le grand roi.

Si quelqu'un, dit-il, avait à prouver aux Grecs qu'il est de leur intérêt de s'opposer aux entreprises du roi de Perse, et d'empêcher qu'il ne se rende maître de l'Égypte, il devrait d'abord faire souvenir que Darius Ochus ne voulut attaquer la Grèce qu'après que l'Égypte fut en sa puissance; il remarquerait que Xerxès tint la même conduite. Il ne faut point douter, ajouterait-il, que Darius Codoman n'en use ainsi. Gardez-vous de souffrir qu'il s'empare de l'Égypte.

Il va jusqu'à permettre, dans les discours devant les grandes assemblées, les paraboles et les fables. Elles saisissent toujours la multitude; il en rapporte de très ingénieuses, et qui sont de la plus haute antiquité; comme celle du cheval qui implora le secours de l'homme pour se venger du cerf, et qui devint esclave pour avoir cherché un protecteur.

On peut remarquer que dans le livre second, où il traite des arguments du plus au moins, il rapporte un exemple qui fait bien voir quelle était l'opinion de la Grèce, et probablement de l'Asie, sur l'étendue de la puissance des dieux.

« S'il est vrai, dit-il, que les dieux mêmes ne » peuvent pas tout savoir, quelque éclairés qu'ils » soient, à plus forte raison les hommes. » Ce passage montre évidemment qu'on n'attribuait pas alors l'omniscience à la Divinité. On ne concevait pas que les dieux pussent savoir ce qui n'est pas : or l'avenir n'étant pas, il leur paraissait impossible de le connaître. C'est l'opinion des sociniens d'aujourd'hui; mais revenons à la Rhétorique d'Aristote.

Ce que je remarquerai le plus dans son chapitre de l'*élocution* et de la *diction*, c'est le bon sens avec lequel il condamne ceux qui veulent être poëtes en prose. Il veut du pathétique, mais il bannit l'enflure; il proscrit les épithètes inutiles. En effet, Démosthène et Cicéron, qui ont suivi ses préceptes, n'ont jamais affecté le style poétique dans leurs discours. Il faut, dit Aristote, que le style soit toujours conforme au sujet.

Rien n'est plus déplacé que de parler de physique poétiquement, et de prodiguer les figures, les ornements, quand il ne faut que méthode, clarté, et vérité. C'est le charlatanisme d'un homme qui veut faire passer de faux systèmes à la faveur d'un vain bruit de paroles. Les petits esprits sont trompés par cet appât, et les bons esprits le dédaignent.

Parmi nous, l'oraison funèbre s'est emparée du style poétique en prose : mais ce genre consistant presque tout entier dans l'exagération, il semble qu'il lui soit permis d'emprunter ses ornements de la poésie.

Les auteurs des romans se sont permis quelquefois cette licence. La Calprenède fut le premier, je pense, qui transposa ainsi les limites des arts, et qui abusa de cette facilité. On fit grâce à l'auteur du *Télémaque*, en faveur d'Homère qu'il imitait sans pouvoir faire des vers, et plus encore en faveur de sa morale, dans laquelle il surpasse infiniment Homère qui n'en a aucune. Mais ce qui lui donna le plus de vogue, ce fut la critique de la fierté de Louis XIV et de la dureté de Louvois, qu'on crut apercevoir dans le *Télémaque*.

Quoi qu'il en soit, rien ne prouve mieux le grand sens et le bon goût d'Aristote, que d'avoir assigné sa place à chaque chose.

POÉTIQUE.

Où trouver dans nos nations modernes un physicien, un géomètre, un métaphysicien, un moraliste même qui ait bien parlé de la poésie? Ils sont accablés des noms d'Homère, de Virgile, de Sophocle, de l'Arioste, du Tasse, et de tous ceux qui ont enchanté la terre par les productions harmonieuses de leur génie. Ils n'en sentent pas les beautés, ou s'ils les sentent, ils voudraient les anéantir.

Quel ridicule dans Pascal de dire : « Comme on

» dit *beauté poétique*, on devrait dire aussi *beauté* » *géométrique*, et *beauté médicinale*. Cependant » on ne le dit point; et la raison en est qu'on sait » bien quel est l'objet de la géométrie, et quel est » l'objet de la médecine; mais on ne sait pas en » quoi consiste l'agrément qui est l'objet de la » poésie. On ne sait ce que c'est que ce modèle » naturel qu'il faut imiter; et faute de cette con- » naissance, on a inventé de certains termes bi- » zarres, *siècle d'or*, *merveilles de nos jours*, *fa-* » *tal laurier*, *bel astre*, etc. Et on appelle ce » jargon *beauté poétique*. »

On sent assez combien ce morceau de Pascal est pitoyable. On sait qu'il n'y a rien de beau ni dans une médecine, ni dans les propriétés d'un triangle, et que nous n'appelons *beau* que ce qui cause à notre âme et à nos sens du plaisir et de l'admiration. C'est ainsi que raisonne Aristote: et Pascal raisonne ici fort mal. *Fatal laurier*, *bel astre*, n'ont jamais été des beautés poétiques. S'il avait voulu savoir ce que c'est, il n'avait qu'à lire dans Malherbe (liv. VI, stances à Duperrier):

Le pauvre en sa cabane, où le chaume le couvre,
Est soumis à ses lois;
Et la garde qui veille aux barrières du Louvre
N'en défend pas nos rois.

Il n'avait qu'à lire dans Racan (Ode au comte de Bussy):

Que te sert de chercher les tempêtes de Mars,
Pour mourir tout en vie au milieu des hasards
Où la gloire te mène?
Cette mort, qui promet un si digne loyer,
N'est toujours que la mort, qu'avecque moins de peine
L'on trouve en son foyer.

Que sert à ces galants ce pompeux appareil,
Dont ils vont dans la lice éblouir le soleil
Des trésors du Pactole?
La gloire qui les suit, après tant de travaux,
Se passe en moins de temps que la poudre qui vole
Du pied de leurs chevaux.

Il n'avait surtout qu'à lire les grands traits d'Homère, de Virgile, d'Horace, d'Ovide, etc.

Nicole écrivit contre le théâtre, dont il n'avait pas la moindre teinture, et il fut secondé par un nommé Dubois, qui était aussi ignorant que lui en belles-lettres.

Il n'y a pas jusqu'à Montesquieu, qui, dans son livre amusant des *Lettres persanes*, a la petite vanité de croire qu'Homère et Virgile ne sont rien en comparaison d'un homme qui imite avec esprit et avec succès le *Siamois* de Dufréni, et qui remplit son livre de choses hardies, sans lesquelles il n'aurait pas été lu. « Qu'est-ce que les poëmes » épiques? dit-il: je n'en sais rien; je méprise » les lyriques autant que j'estime les tragiques. » Il devait pourtant ne pas tant mépriser Pindare et Horace. Aristote ne méprisait point Pindare.

Descartes fit à la vérité pour la reine Christine un petit divertissement en vers, mais digne de sa matière cannelée.

Malebranche ne distinguait pas le *qu'il mourût* de Corneille, d'un vers de Jodelle ou de Garnier.

Quel homme qu'Aristote, qui trace les règles de la tragédie de la même main dont il a donné celles de la dialectique, de la morale, de la politique, et dont il a levé, autant qu'il a pu, le grand voile de la nature!

C'est dans le chapitre quatrième de sa *Poétique* que Boileau a puisé ces beaux vers:

Il n'est point de serpent ni de monstre odieux
Qui par l'art imité ne puisse plaire aux yeux;
D'un pinceau délicat l'artifice agréable,
Du plus affreux objet fait un objet aimable:
Ainsi pour nous charmer, la Tragédie en pleurs
D'Œdipe tout sanglant fit parler les douleurs.

Voici ce que dit Aristote: « L'imitation et l'harmonie ont produit la poésie... nous voyons avec » plaisir, dans un tableau, des animaux affreux, » des hommes morts ou mourants que nous ne re- » garderions qu'avec chagrin et avec frayeur dans » la nature. Plus ils sont bien imités, plus ils » nous causent de satisfaction. »

Ce quatrième chapitre de la *Poétique* d'Aristote se trouve presque tout entier dans Horace et dans Boileau. Les lois qu'il donne dans les chapitres suivants sont encore aujourd'hui celles de nos bons auteurs, si vous en exceptez ce qui regarde les chœurs et la musique. Son idée que la tragédie est instituée pour purger les passions, a été fort combattue; mais s'il entend, comme je le crois, qu'on peut dompter un amour incestueux en voyant le malheur de Phèdre, qu'on peut réprimer sa colère en voyant le triste exemple d'Ajax, il n'y a plus aucune difficulté.

Ce que ce philosophe recommande expressément, c'est qu'il y ait toujours de l'héroïsme dans la tragédie, et du ridicule dans la comédie. C'est une règle dont on commence peut-être trop aujourd'hui à s'écarter.

ARIUS.

(*Voyez* ARIANISME, *et la note page* 160).

ARMES, ARMÉES.

C'est une chose très digne de considération, qu'il y ait eu et qu'il y ait encore sur la terre des sociétés sans armées. Les brachmanes, qui gouvernèrent long-temps presque toute la grande

Chersonèse de l'Inde ; les primitifs nommés Quakers, qui gouvernent la Pensylvanie ; quelques peuplades de l'Amérique, quelques unes même du centre de l'Afrique ; les Samoïèdes, les Lapons, les Kamshatkadiens, n'ont jamais marché en front de bandière pour détruire leurs voisins.

Les brachmanes furent les plus considérables de tous ces peuples pacifiques ; leur caste, qui est si ancienne, qui subsiste encore, et devant qui toutes les autres institutions sont nouvelles, est un prodige qu'on ne sait pas admirer. Leur police et leur religion se réunirent toujours à ne verser jamais de sang, pas même celui des moindres animaux. Avec un tel régime on est aisément subjugué ; ils l'ont été, et n'ont point changé.

Les Pensylvains n'ont jamais eu d'armée, et ils ont constamment la guerre en horreur.

Plusieurs peuplades de l'Amérique ne savaient ce que c'était qu'une armée avant que les Espagnols vinssent les exterminer tous. Les habitants des bords de la mer Glaciale ignorent, et armes, et dieux des armées, et bataillons, et escadrons.

Outre ces peuples, les prêtres, les religieux, ne portent les armes en aucun pays, du moins quand ils sont fidèles à leur institution.

Ce n'est que chez les chrétiens qu'on a vu des sociétés religieuses établies pour combattre, comme templiers, chevaliers de Saint-Jean, chevaliers teutons, chevaliers porte-glaives. Ces ordres religieux furent institués à l'imitation des lévites, qui combattirent comme les autres tribus juives.

Ni les armées ni les armes ne furent les mêmes dans l'antiquité. Les Égyptiens n'eurent presque jamais de cavalerie ; elle eût été assez inutile dans un pays entrecoupé de canaux, inondé pendant cinq mois, et fangeux pendant cinq autres. Les habitants d'une grande partie de l'Asie employèrent les quadriges de guerre. Il en est parlé dans les annales de la Chine. Confutzée dit[a] qu'encore de son temps chaque gouverneur de province fournissait à l'empereur mille chars de guerre à quatre chevaux. Les Troyens et les Grecs combattaient sur des chars à deux chevaux.

La cavalerie et les chars furent inconnus à la nation juive dans un terrain montagneux, où leur premier roi n'avait que des ânesses quand il fut élu. Trente fils de Jaïr, princes de trente villes, à ce que dit le texte[b], étaient montés chacun sur un âne. Saül, depuis roi de Juda, n'avait que des ânesses ; et les fils de David s'enfuirent tous sur des mules lorsque Absalon eut tué son frère Amnon. Absalon n'était monté que sur une mule dans la bataille qu'il livra contre les troupes de son père ; ce qui prouve, selon les histoires juives, que l'on commençait alors à se servir de juments en Palestine, ou bien qu'on y était déjà assez riche pour acheter des mules des pays voisins.

Les Grecs se servirent peu de cavalerie ; ce fut principalement avec la phalange macédonienne qu'Alexandre gagna les batailles qui lui assujettirent la Perse.

C'est l'infanterie romaine qui subjugua la plus grande partie du monde. César, à la bataille de Pharsale, n'avait que mille hommes de cavalerie.

On ne sait point en quel temps les Indiens et les Africains commencèrent à faire marcher les éléphants à la tête de leurs armées. Ce n'est pas sans surprise qu'on voit les éléphants d'Annibal passer les Alpes, qui étaient beaucoup plus difficiles à franchir qu'aujourd'hui.

On a disputé long-temps sur les dispositions des armées romaines et grecques, sur leurs armes, sur leurs évolutions.

Chacun a donné son plan des batailles de Zama et de Pharsale.

Le commentateur Calmet, bénédictin, a fait imprimer trois gros volumes du *Dictionnaire de la Bible*, dans lesquels, pour mieux expliquer les Commandements de Dieu, il a inséré cent gravures où se voient des plans de bataille et des siéges en taille-douce. Le Dieu des Juifs était le Dieu des armées, mais Calmet n'était pas son secrétaire : il n'a pu savoir que par révélation comment les armées des Amalécites, des Moabites, des Syriens, des Philistins, furent arrangées pour les jours de meurtre général. Ces estampes de carnage, dessinées au hasard, enchérirent son livre de cinq ou six louis d'or, et ne le rendirent pas meilleur.

C'est une grande question si les Francs, que le jésuite Daniel appelle Français par anticipation, se servaient de flèches dans leurs armées, s'ils avaient des casques et des cuirasses.

Supposé qu'ils allassent au combat presque nus, et armés seulement, comme on le dit, d'une petite hache de charpentier, d'une épée et d'un couteau ; il en résultera que les Romains, maîtres des Gaules, si aisément vaincus par Clovis, avaient perdu toute leur ancienne valeur, et que les Gaulois aimèrent autant devenir les sujets d'un petit nombre de Francs, que d'un petit nombre de Romains.

L'habillement de guerre changea ensuite, ainsi que tout change.

Dans les temps des chevaliers, écuyers, et varlets, on ne connut plus que la gendarmerie à cheval en Allemagne, en France, en Italie, en Angleterre, en Espagne. Cette gendarmerie était couverte de fer, ainsi que les chevaux. Les fantassins étaient des serfs qui fesaient plutôt les fonctions de pionniers que de soldats. Mais les Anglais

[a] *Confucius*, liv. III, part. I. — [b] *Juges*, ch. X, v. 4.

eurent toujours dans leurs gens de pied de bons archers, et c'est en grande partie ce qui leur fit gagner presque toutes les batailles.

Qui croirait qu'aujourd'hui les armées ne font guère que des expériences de physique? Un soldat serait bien étonné si quelque savant lui disait : « Mon ami, tu es un meilleur machiniste qu'Archimède. Cinq parties de salpêtre, une partie » de soufre, une partie de *carbo ligneus*, ont été » préparées chacune à part. Ton salpêtre dissous, » bien filtré, bien évaporé, bien cristallisé, bien » remué, bien séché, s'est incorporé avec le sou» fre purifié, et d'un beau jaune. Ces deux in» grédients, mêlés avec le charbon pilé, ont formé » de grosses boules par le moyen d'un peu de vi» naigre, ou de dissolution de sel ammoniac, ou » d'urine. Ces boules ont été réduites *in pulverem* » *pyrium* dans un moulin. L'effet de ce mélange » est une dilatation qui est à peu près comme » quatre mille est à l'unité; et le plomb qui est » dans ton tuyau fait un autre effet qui est le pro» duit de sa masse multipliée par sa vitesse.

» Le premier qui devina une grande partie de » ce secret de mathématique fut un bénédictin, » nommé Roger Bacon. Celui qui l'inventa tout » entier fut un autre bénédictin allemand, nommé » Schwartz, au quatorzième siècle. Ainsi, c'est à » deux moines que tu dois l'art d'être un excel» lent meurtrier, si tu tires juste, et si ta poudre » est bonne.

» C'est en vain que Ducange a prétendu qu'en » 1338 les registres de la chambre des comptes » de Paris font mention d'un mémoire payé pour » de la poudre à canon : n'en crois rien, il s'agit » là de l'artillerie, nom affecté aux anciennes ma» chines de guerre, et aux nouvelles.

» La poudre à canon fit oublier entièrement le » feu grégeois, dont les Maures fesaient encore » quelque usage. Te voilà enfin dépositaire d'un » art qui non seulement imite le tonnerre, mais » qui est beaucoup plus terrible. »

Ce discours qu'on tiendrait à un soldat, serait de la plus grande vérité. Deux moines ont en effet changé la face de la terre.

Avant que les canons fussent connus, les nations hyperborées avaient subjugué presque tout l'hémisphère, et pourraient revenir encore, comme des loups affamés, dévorer les terres qui l'avaient été autrefois par leurs ancêtres.

Dans toutes les armées c'était la force du corps, l'agilité, une espèce de fureur sanguinaire, un acharnement d'homme à homme qui décidaient de la victoire, et par conséquent du destin des états. Des hommes intrépides prenaient des villes avec des échelles. Il n'y avait guère plus de discipline dans les armées du Nord, au temps de la décadence de l'empire romain; que dans les bêtes carnassières qui fondent sur leur proie.

Aujourd'hui une seule place frontière, munie de canon, arrêterait les armées des Attila et des Gengis.

On a vu, il n'y a pas long-temps, une armée de Russes victorieux se consumer inutilement devant Custrin, qui n'est qu'une petite forteresse dans un marais.

Dans les batailles, les hommes les plus faibles de corps peuvent l'emporter sur les plus robustes, avec une artillerie bien dirigée. Quelques canons suffirent à la bataille de Fontenoi pour faire retourner en arrière toute la colonne anglaise déjà maîtresse du champ de bataille.

Les combattants ne s'approchent plus : le soldat n'a plus cette ardeur, cet emportement qui redouble dans la chaleur de l'action lorsque l'on combat corps à corps. La force, l'adresse, la trempe des armes même, sont inutiles. A peine une seule fois dans une guerre se sert-on de la baïonnette au bout du fusil, quoiqu'elle soit la plus terrible des armes.

Dans une plaine souvent entourée de redoutes munies de gros canons, deux armées s'avancent en silence; chaque bataillon mène avec soi des canons de campagne; les premières lignes tirent l'une contre l'autre, et l'une après l'autre. Ce sont des victimes qu'on présente tour à tour aux coups de feu. On voit souvent sur les ailes des escadrons exposés continuellement aux coups de canon en attendant l'ordre du général. Les premiers qui se lassent de cette manœuvre, laquelle ne laisse aucun lieu à l'impétuosité du courage, se débandent, et quittent le champ de bataille. On va les rallier, si l'on peut, à quelques milles de là. Les ennemis victorieux assiégent une ville qui leur coûte quelquefois plus de temps, plus d'hommes, plus d'argent, que plusieurs batailles ne leur auraient coûté. Les progrès sont très rarement rapides; et au bout de cinq ou six ans, les deux parties également épuisées sont obligées de faire la paix.

Ainsi, à tout prendre, l'invention de l'artillerie et la méthode nouvelle ont établi entre les puissances une égalité qui met le genre humain à l'abri des anciennes dévastations, et qui par là rend les guerres moins funestes, quoiqu'elles le soient encore prodigieusement.

Les Grecs, dans tous les temps, les Romains jusqu'au temps de Sylla, les autres peuples de l'Occident et du Septentrion, n'eurent jamais d'armée sur pied continuellement soudoyée; tout bourgeois était soldat, et s'enrôlait en temps de guerre. C'était précisément comme aujourd'hui en Suisse. Parcourez-la tout entière, vous n'y trouverez pas un bataillon, excepté dans le temps des revues; si elle a la guerre, vous y voyez tout d'un coup quatre-vingt mille soldats en armes.

Ceux qui usurpèrent la puissance suprême depuis Sylla, eurent toujours des troupes permanentes soudoyées de l'argent des citoyens pour tenir les citoyens assujettis, encore plus que pour subjuguer les autres nations. Il n'y a pas jusqu'à l'évêque de Rome qui ne soudoie une petite armée. Qui l'eût dit du temps des apôtres, que le serviteur des serviteurs de Dieu aurait des régiments, et dans Rome?

Ce qu'on craint le plus en Angleterre, c'est *a great standing army*, une grande armée sur pied.

Les janissaires ont fait la grandeur des sultans, mais aussi ils les ont étranglés. Les sultans auraient évité le cordon, si au lieu de ces grands corps ils en avaient établi de petits.

La loi de Pologne est qu'il y ait une armée; mais elle appartient à la république qui la paie, quand elle peut en avoir une.

AROT ET MAROT,

ET COURTE REVUE DE L'ALCORAN.

Cet article peut servir à faire voir combien les plus savants hommes peuvent se tromper, et à développer quelques vérités utiles. Voici ce qui est rapporté d'Arot et de Marot dans le *Dictionnaire encyclopédique*.

« Ce sont les noms de deux anges que l'imposteur Mahomet disait avoir été envoyés de Dieu pour enseigner les hommes, et pour leur ordonner de s'abstenir du meurtre, des faux jugements, et de toutes sortes d'excès. Ce faux prophète ajoute qu'une très belle femme ayant invité ces deux anges à manger chez elle, elle leur fit boire du vin, dont étant échauffés, ils la sollicitèrent à l'amour; qu'elle feignit de consentir à leur passion, à condition qu'ils lui apprendraient auparavant les paroles par le moyen desquelles ils disaient que l'on pouvait aisément monter au ciel; qu'après avoir eu d'eux ce qu'elle leur avait demandé, elle ne voulut plus tenir sa promesse, et qu'alors elle fut enlevée au ciel, où ayant fait à Dieu le récit de ce qui s'était passé, elle fut changée en étoile du matin qu'on appelle *Lucifer* ou *Aurore*, et que les deux anges furent sévèrement punis. C'est de là, selon Mahomet, que Dieu prit occasion de défendre l'usage du vin aux hommes. » (*Voyez* ALCORAN.)

On aurait beau lire tout l'*Alcoran*, on n'y trouvera pas un seul mot de ce conte absurde, et de cette prétendue raison de Mahomet de défendre le vin à ses sectateurs. Mahomet ne proscrit l'usage du vin qu'au second et au cinquième sura, ou chapitre: « Ils t'interrogeront sur le vin et sur les liqueurs fortes; et tu répondras que c'est un grand péché.

« On ne doit point imputer aux justes qui croient et qui font de bonnes œuvres, d'avoir bu du vin et d'avoir joué aux jeux de hasard, avant que les jeux de hasard fussent défendus. »

Il est avéré chez tous les mahométans, que leur prophète ne défendit le vin et les liqueurs que pour conserver leur santé, et pour prévenir les querelles. Dans le climat brûlant de l'Arabie, l'usage de toute liqueur fermentée porte facilement à la tête, et peut détruire la santé et la raison.

La fable d'Arot et de Marot qui descendirent du ciel, et qui voulurent coucher avec une femme arabe, après avoir bu du vin avec elle, n'est dans aucun auteur mahométan. Elle ne se trouve que parmi les impostures que plusieurs auteurs chrétiens, plus indiscrets qu'éclairés, ont imprimées contre la religion musulmane, par un zèle qui n'est pas selon la science. Les noms d'Arot et de Marot ne sont dans aucun endroit de l'*Alcoran*. C'est un nommé Sylburgius qui dit, dans un vieux livre que personne ne lit, qu'il anathématise les anges Arot et Marot, Safa et Merwa.

Remarquez, cher lecteur, que Safa et Merwa sont deux petits monticules auprès de la Mecque, et qu'ainsi notre docte Sylburgius a pris deux collines pour deux anges. C'est ainsi qu'en ont usé presque sans exception tous ceux qui ont écrit parmi nous sur le mahométisme, jusqu'au temps où le sage Réland nous a donné des idées nettes de la croyance musulmane, et où le savant Sale, après avoir demeuré vingt-quatre ans vers l'Arabie, nous a enfin éclairés par une traduction fidèle de l'*Alcoran*, et par la préface la plus instructive.

Gagnier lui-même, tout professeur qu'il était en langue orientale à Oxford, s'est plu à nous débiter quelques faussetés sur Mahomet, comme si on avait besoin du mensonge pour soutenir la vérité de notre religion contre ce faux prophète. Il nous donne tout au long le voyage de Mahomet dans les sept cieux sur la jument Alborac: il ose même citer le sura ou chapitre LIII; mais ni dans ce sura LIII, ni dans aucun autre, il n'est question de ce prétendu voyage au ciel.

C'est Abulfeda qui plus de sept cent ans après Mahomet rapporte cette étrange histoire. Elle est tirée, à ce qu'il dit, d'anciens manuscrits qui eurent cours du temps de Mahomet même. Mais il est visible qu'ils ne sont point de Mahomet, puisque après sa mort Abubeker recueillit tous les feuillets de l'*Alcoran* en présence de tous les chefs des tribus, et qu'on n'inséra dans la collection que ce qui parut authentique.

De plus, non seulement le chapitre concernant le voyage au ciel n'est point dans l'*Alcoran*, mais il est d'un style bien différent, et cinq fois plus long au moins qu'aucun des chapitres reconnus. Que l'on compare tous les chapitres de l'*Alcoran* avec celui-là, on y trouvera une prodigieuse différence. Voici comme il commence :

« Une certaine nuit je m'étais endormi entre les » deux collines de Sapha et de Merwa. Cette nuit » était très obscure et très noire, mais si tran- » quille, qu'on n'entendait ni les chiens aboyer, » ni les coqs chanter. Tout d'un coup l'ange Ga- » briel se présenta devant moi dans la forme en » laquelle le Dieu très haut l'a créé. Son teint était » blanc comme la neige; ses cheveux blonds, tres- » sés d'une façon admirable, lui tombaient en bou- » cles sur les épaules; il avait un front majestueux, » clair et serein, les dents belles et luisantes, et » les jambes teintes d'un jaune de saphir; ses vête- » ments étaient tout tissus de perles et de fil d'or très » pur. Il portait sur son front une lame sur laquelle » étaient écrites deux lignes toutes brillantes et écla- » tantes de lumière : sur la première il y avait ces » mots : *Il n'y a point de Dieu que Dieu ;* et sur la » seconde ceux-ci, *Mahomet est l'apôtre de Dieu.* » A cette vue, je demeurai le plus surpris et le » plus confus de tous les hommes. J'aperçus autour » de lui soixante et dix mille cassolettes ou peti- » tes bourses pleines de musc et de safran. Il avait » cinq cents paires d'ailes, et d'une aile à l'autre » il y avait la distance de cinq cents années de » chemin.

» C'est dans cet état que Gabriel se fit voir à mes » yeux. Il me poussa, et me dit : Lève-toi, ô » homme endormi. Je fus saisi de frayeur et de » tremblement, et je lui dis en m'éveillant en sur- » saut : Qui es-tu? Dieu veuille te faire miséri- » corde. Je suis ton frère Gabriel, me répondit-il. » O mon cher bien-aimé Gabriel, lui dis-je, je te » demande pardon. Est-ce une révélation de quel- » que chose de nouveau, ou bien une menace af- » fligeante, que tu viens m'annoncer? C'est quel- » que chose de nouveau, reprit-il; lève-toi, mon » cher et bien-aimé. Attache ton manteau sur tes » épaules, tu en auras besoin : car il faut que tu » rendes visite à ton Seigneur cette nuit. En même » temps Gabriel me prit par la main; il me fit le- » ver, et m'ayant fait monter sur la jument *Albo-* » *rac*, il la conduisit lui-même par la bride, etc. »

Il est avéré chez les musulmans que ce chapitre, qui n'est d'aucune authenticité, fut imaginé par Abu-Horaïra, qui était, dit-on, contemporain du prophète. Que dirait-on d'un Turc qui viendrait aujourd'hui insulter notre religion, et nous dire que nous comptons parmi nos livres consacrés les *Lettres de saint Paul à Sénèque*, et les *Lettres de Sénèque à Paul*, les *Actes de Pilate*, la *Vie de la femme de Pilate*, les *Lettres du prétendu roi Abgare à Jésus-Christ*, et la *Réponse de Jésus-Christ à ce roitelet*, l'*Histoire du défi de saint Pierre à Simon le magicien*, les *Prédictions des Sibylles*, le *Testament des douze patriarches*, et tant d'autres livres de cette espèce?

Nous répondrions à ce Turc qu'il est fort mal instruit, et qu'aucun de ces ouvrages n'est regardé par nous comme authentique. Le Turc nous fera la même réponse, quand pour le confondre nous lui reprocherons le voyage de Mahomet dans les sept cieux. Il nous dira que ce n'est qu'une fraude pieuse des derniers temps, et que ce voyage n'est point dans l'*Alcoran*. Je ne compare point sans doute ici la vérité avec l'erreur, le christianisme avec le mahométisme, l'Évangile avec l'Alcoran, mais je compare fausse tradition à fausse tradition, abus à abus, ridicule à ridicule.

Ce ridicule a été poussé si loin, que Grotius impute à Mahomet d'avoir dit que les mains de Dieu sont froides; qu'il le sait parce qu'il les a touchées; que Dieu se fait porter en chaise; que dans l'arche de Noé le rat naquit de la fiente de l'éléphant, et le chat de l'haleine du lion.

Grotius reproche à Mahomet d'avoir imaginé que Jésus avait été enlevé au ciel, au lieu de souffrir le supplice. Il ne songe pas que ce sont des communions entières des premiers chrétiens *hérétiques*, qui répandirent cette opinion conservée dans la Syrie et dans l'Arabie jusqu'à Mahomet.

Combien de fois a-t-on répété que Mahomet avait accoutumé un pigeon à venir manger du grain dans son oreille, et qu'il fesait accroire à ses sectateurs que ce pigeon venait lui parler de la part de Dieu?

N'est-ce pas assez que nous soyons persuadés de la fausseté de sa secte, et que la foi nous ait invinciblement convaincus de la vérité de la nôtre, sans que nous perdions notre temps à calomnier les mahométans, qui sont établis du mont Caucase au mont Atlas, et des confins de l'Épire aux extrémités de l'Inde? Nous écrivons sans cesse de mauvais livres contre eux, et ils n'en savent rien. Nous crions que leur religion n'a été embrassée par tant de peuples que parce qu'elle flatte les sens. Où est donc la sensualité qui ordonne l'abstinence du vin et des liqueurs dont nous fesons tant d'excès, qui prononce l'ordre indispensable de donner tous les ans aux pauvres deux et demi pour cent de son revenu, de jeûner avec la plus grande rigueur, de souffrir dans les premiers temps de la puberté une opération douloureuse, de faire au milieu des sables arides un pèlerinage qui est quelquefois de cinq cents lieues, et de prier Dieu cinq fois par jour, même en fesant la guerre?

Mais, dit-on, il leur est permis d'avoir quatre épouses dans ce monde, et ils auront dans l'autre des femmes célestes. Grotius dit en propres mots: « Il faut avoir reçu une grande mesure de l'esprit » d'étourdissement pour admettre des rêveries » aussi grossières et aussi sales. »

Nous convenons avec Grotius que les mahométans ont prodigué des rêveries. Un homme qui recevait continuellement les chapitres de son Koran des mains de l'ange Gabriel, était pis qu'un rêveur; c'était un imposteur, qui soutenait ses séductions par son courage. Mais certainement il n'y avait rien ni d'étourdi, ni de sale, à réduire au nombre de quatre le nombre indéterminé de femmes que les princes, les satrapes, les nababs, les omras de l'Orient nourrissaient dans leurs sérails. Il est dit que Salomon avait sept cents femmes et trois cents concubines. Les Arabes, les Juifs, pouvaient épouser les deux sœurs; Mahomet fut le premier qui défendit ces mariages, dans le sura ou chapitre IV. Où est donc la saleté?

A l'égard des femmes célestes, où est la saleté? Certes, il n'y a rien de sale dans le mariage que nous reconnaissons ordonné sur la terre et béni par Dieu même. Le mystère incompréhensible de la génération est le sceau de l'être éternel. C'est la marque la plus chère de sa puissance d'avoir créé le plaisir, et d'avoir par ce plaisir même perpétué tous les êtres sensibles.

Si on ne consulte que la simple raison, elle nous dira qu'il est vraisemblable que l'Etre éternel, qui ne fait rien en vain, ne nous fera pas renaître en vain avec nos organes. Il ne sera pas indigne de la majesté suprême de nourrir nos estomacs avec des fruits délicieux, s'il nous fait renaître avec des estomacs. Nos saintes Écritures nous apprennent que Dieu mit d'abord le premier homme et la première femme dans un paradis de délices. Ils étaient alors dans un état d'innocence et de gloire, incapables d'éprouver les maladies et la mort. C'est à peu près l'état où seront les justes, lorsque après leur résurrection ils seront pendant l'éternité ce qu'ont été nos premiers parents pendant quelques jours. Il faut donc pardonner à ceux qui ont cru qu'ayant un corps, ce corps sera continuellement satisfait. Nos Pères de l'Église n'ont point eu d'autre idée de la Jérusalem céleste. Saint Irénée dit[a] que chaque cep de vigne y portera dix mille branches, chaque branche dix mille grappes, et chaque grappe dix mille raisins, etc.

Plusieurs Pères de l'Église en effet ont pensé que les bienheureux dans le ciel jouiraient de tous leurs sens. Saint Thomas[a] dit que le sens de la vue sera infiniment perfectionné, que tous les éléments le seront aussi, que la superficie de la terre sera diaphane comme le verre, l'eau comme le cristal, l'air comme le ciel, le feu comme les astres.

Saint Augustin, dans sa *Doctrine chrétienne*[b], dit que le sens de l'ouïe goûtera le plaisir des sons, du chant, et du discours.

Un de nos grands théologiens italiens, nommé Plazza, dans sa *Dissertation sur le paradis*[c], nous apprend que les élus ne cesseront jamais de jouer de la guitare et de chanter: ils auront, dit-il, trois *nobilités*, trois *avantages*; des plaisirs sans chatouillement, des caresses sans mollesse, des voluptés sans excès: « Tres nobilitates, illecebra » sine titillatione; blanditia sine mollitudine, et » voluptas sine exuberantia. »

Saint Thomas assure que l'odorat des corps glorieux sera parfait, et que l'humide ne l'affaiblira pas: « In corporibus gloriosis erit odor in sua ul- » tima perfectione, nullo modo per humidum re- » pressus[d]. » Un grand nombre d'autres docteurs traitent à fond cette question.

Suarez, dans sa *Sagesse*, s'exprime ainsi sur le goût: Il n'est pas difficile à Dieu de faire que quelque humeur sapide agisse dans l'organe du goût, et l'affecte intentionnellement: « Non est » Deo difficile facere ut sapidus humor sit intra » organum gustus, qui sensum illum possit inten- » tionaliter afficere[e]. »

Enfin, saint Prosper, en résumant tout, prononce que les bienheureux seront rassasiés sans dégoût, et qu'ils jouiront de la santé sans maladie: « Saturitas sine fastidio, et tota sanitas sine » morbo[f] »

Il ne faut donc pas tant s'étonner que les mahométans aient admis l'usage des cinq sens dans leur paradis. Ils disent que la première béatitude sera l'union avec Dieu: elle n'exclut pas le reste.

Le paradis de Mahomet est une fable; mais, encore une fois, il n'y a ni contradiction ni saleté.

La philosophie demande des idées nettes et précises; Grotius ne les avait pas. Il citait beaucoup, et il étalait des raisonnements apparents, dont la fausseté ne peut soutenir un examen réfléchi.

On pourrait faire un très gros livre de toutes les imputations injustes dont on a chargé les mahométans. Ils ont subjugué une des plus belles et des plus grandes parties de la terre. Il eût été

[a] Liv. V, ch. XXXIII.

[a] *Commentaires sur la Genèse*, t. II, liv. IV.
[b] Ch. II et III, nº 149.
[c] *Supplém.*, part. III, quest. 84.
[d] Page 506. — [e] Liv. XVI, ch. XX. — [f] Nº 232.

plus beau de les chasser que de leur dire des injures.

L'impératrice de Russie donne aujourd'hui un grand exemple; elle leur enlève Azof et Taganrok, la Moldavie, la Valachie, la Géorgie; elle pousse ses conquêtes jusqu'aux remparts d'Erzéroum; elle envoie contre eux, par une entreprise inouïe, des flottes qui partent du fond de la mer Baltique, et d'autres qui couvrent le Pont-Euxin; mais elle ne dit point, dans ses manifestes, qu'un pigeon soit venu parler à l'oreille de Mahomet.

ARRÊTS NOTABLES,

SUR LA LIBERTÉ NATURELLE.

On a fait en plusieurs pays, et surtout en France, des recueils de ces meurtres juridiques que la tyrannie, le fanatisme, ou même l'erreur et la faiblesse, ont commis avec le glaive de la justice.

Il y a des arrêts de mort que des années entières de vengeance pourraient à peine expier, et qui feront frémir tous les siècles à venir. Tels sont les arrêts rendus contre le légitime roi de Naples et de Sicile, par le tribunal de Charles d'Anjou; contre Jean Hus et Jérôme de Prague, par des prêtres et des moines; contre le roi d'Angleterre, Charles Ier par des bourgeois fanatiques.

Après ces attentats énormes commis en cérémonie, viennent les meurtres juridiques commis par la lâcheté, la bêtise, la superstition; et ceux-là sont innombrables. Nous en rapporterons quelques uns dans d'autres chapitres.

Dans cette classe, il faut ranger principalement les procès de sortiléges, et ne jamais oublier qu'encore de nos jours, en 1750, la justice sacerdotale de l'évêque de Vurtzbourg a condamné comme sorcière, une religieuse, fille de qualité, au supplice du feu. C'est afin qu'on ne l'oublie pas que je répète ici cette aventure dont j'ai parlé ailleurs. On oublie trop et trop vite.

Je voudrais que chaque jour de l'année un crieur public, au lieu de brailler, comme en Allemagne et en Hollande, quelle heure il est (ce qu'on sait très bien sans lui), criât : C'est aujourd'hui que, dans les guerres de religion, Magdebourg et tous ses habitants furent réduits en cendres. C'est ce 14 mai, à quatre heures et demie du soir, que Henri IV fut assassiné pour cette seule raison qu'il n'était pas assez soumis au pape; c'est à tel jour qu'on a commis dans votre ville telle abominable cruauté sous le nom de *justice*.

Ces avertissements continuels seraient fort utiles.

Mais il faudrait crier à plus haute voix les jugements rendus en faveur de l'innocence contre les persécuteurs. Par exemple, je propose que chaque année les deux plus forts gosiers qu'on puisse trouver à Paris et à Toulouse prononcent dans tous les carrefours ces paroles : « C'est à pareil » jour que cinquante magistrats du Conseil réta- » blirent la mémoire de Jean Calas, d'une voix » unanime, et obtinrent pour la famille, des libé- » ralités du roi même, au nom duquel Jean Ca- » las avait été injustement condamné au plus » horrible supplice. »

Il ne serait pas mal qu'à la porte de tous les ministres il y eût un autre crieur, qui dît à tous ceux qui viennent demander des lettres de cachet pour s'emparer des biens de leurs parents et alliés, ou dépendants :

« Messieurs, craignez de séduire le ministre par » de faux exposés, et d'abuser du nom du roi. Il » est dangereux de le prendre en vain. Il y a dans » le monde un maître Gerbier qui défend la cause » de la veuve et de l'orphelin opprimés sous le » poids d'un nom sacré. C'est celui-là même qui a » obtenu au barreau du parlement de Paris l'a- » bolissement de la Société de Jésus. Écoutez at- » tentivement la leçon qu'il a donnée à la Société » de Saint Bernard, conjointement avec maître » Loiseau, autre protecteur des veuves. »

Il faut d'abord que vous sachiez que les révérends pères bernardins de Clervaux possèdent dix-sept mille arpents de bois, sept grosses forges, quatorze grosses métairies, quantité de fiefs, de bénéfices, et même des droits dans les pays étrangers. Le revenu du couvent va jusqu'à deux cent mille livres de rente. Le trésor est immense : le palais abbatial est celui d'un prince; rien n'est plus juste; c'est un faible prix des grands services que les bernardins rendent continuellement à l'état.

Il arriva qu'un jeune homme de dix-sept ans, nommé Castille, dont le nom de baptême était Bernard, crut, par cette raison, qu'il devait se faire bernardin; c'est ainsi qu'on raisonne à dix-sept ans, et quelquefois à trente : il alla faire son noviciat en Lorraine, dans l'abbaye d'Orval. Quand il fallut prononcer ses vœux, la grâce lui manqua; il ne les signa point, s'en alla, et redevint homme. Il s'établit à Paris, et au bout de trente ans, ayant fait une petite fortune, il se maria et eut des enfants.

Le révérend père procureur de Clervaux, nommé Mayeur, digne procureur, frère de l'abbé, ayant appris à Paris, d'une fille de joie, que ce Castille avait été autrefois bernardin, complote de le revendiquer en qualité de déserteur, quoiqu'il ne fût point réellement engagé; de faire passer sa femme pour une concubine, et de placer ses enfants à l'hôpital en qualité de bâtards. Il s'associe avec un autre fripon pour partager les dépouilles. Tous deux vont au bureau des lettres de cachet, exposent leurs griefs au nom de saint Bernard, obtiennent la lettre, viennent saisir Bernard Castille, sa femme et leurs enfants, s'emparent de tout le bien, et vont le manger où vous savez.

Bernard Castille est enfermé à Orval dans un cachot où il meurt au bout de six mois, de peur qu'il ne demande justice. Sa femme est conduite dans un autre cachot à Sainte-Pélagie, maison de force des filles débordées. De trois enfants l'un meurt à l'hôpital.

Les choses restent dans cet état pendant trois ans. Au bout de ce temps la dame Castille obtient son élargissement. Dieu est juste; il donne un second mari à cette veuve. Ce mari, nommé Launai, se trouve un homme de tête qui développe toutes les fraudes, toutes les horreurs, toutes les scélératesses employées contre sa femme. Ils intentent tous deux un procès aux moines[a]. Il est vrai que frère Mayeur, qu'on appelle dom Mayeur, n'a pas été pendu; mais le couvent de Clervaux en a été pour quarante mille écus : et il n'y a point de couvent qui n'aime mieux voir pendre son procureur que de perdre son argent.

Que cette histoire vous apprenne, messieurs, à user de beaucoup de sobriété en fait de lettres de cachet. Sachez que maître Élie de Beaumont, ce célèbre défenseur de la mémoire de Calas, et maître Target, cet autre protecteur de l'innocence opprimée, ont fait payer vingt mille francs d'amende[b] à celui qui avait arraché par ses intrigues une lettre de cachet pour faire enlever la comtesse de Lancize, mourante, la traîner hors du sein de sa famille, et lui dérober tous ses titres.

Quand les tribunaux rendent de tels arrêts, on entend des battements de mains du fond de la grand'chambre aux portes de Paris. Prenez garde à vous, messieurs; ne demandez pas légèrement des lettres de cachet.

Un Anglais, en lisant cet article, a demandé : Qu'est-ce qu'une lettre de cachet? on n'a jamais pu le lui faire comprendre.

ARRÊTS DE MORT.

En lisant l'histoire, et en voyant cette suite presque jamais interrompue de calamités sans nombre, entassées sur ce globe que quelques uns appellent le *meilleur des mondes possibles*, j'ai été frappé surtout de la grande quantité d'hommes considérables dans l'état, dans l'Église, dans la société, qu'on a fait mourir comme des voleurs de grand chemin. Je laisse à part les assassinats, les empoisonnements; je ne parle que des massacres en forme juridique, faits avec loyauté et cérémonie. Je commence par les rois et les reines. L'Angleterre seule en fournit une liste assez ample. Mais pour les chanceliers, chevaliers, écuyers, il faudrait des volumes.

De tous ceux qu'on a fait périr ainsi par justice, je ne crois pas qu'il y en ait quatre dans toute l'Europe qui eussent subi leur arrêt, si leur procès eût duré quelque temps de plus, ou si leurs parties adverses étaient mortes d'apoplexie pendant l'instruction.

Que la fistule eût gangrené le *rectum* du cardinal de Richelieu quelques mois plus tôt, les De Thou, les Cinq-Mars, et tant d'autres étaient en liberté. Si Barnevelt avait eu pour juges autant d'arminiens que de gomaristes, il serait mort dans son lit.

Si le connétable de Luynes n'avait pas demandé la confiscation de la maréchale d'Ancre, elle n'eût pas été brûlée comme sorcière. Qu'un homme réellement criminel, un assassin, un voleur public, un empoisonneur, un parricide soit arrêté, et que son crime soit prouvé, il est certain que, dans quelque temps, et par quelques juges qu'il soit jugé, il sera un jour condamné; mais il n'en est pas de même des hommes d'état; donnez-leur seulement d'autres juges, ou attendez que le temps ait changé les intérêts, refroidi les passions, amené d'autres sentiments, leur vie sera en sûreté.

Imaginez que la reine Élisabeth meurt d'une indigestion la veille de la condamnation de Marie Stuart : alors Marie Stuart sera sur le trône d'Écosse, d'Angleterre et d'Irlande, au lieu de mourir par la main d'un bourreau dans une chambre tendue de noir. Que Cromwell tombe seulement malade, on se gardera bien de couper la tête à Charles Ier. Ces deux assassinats, revêtus, je ne sais comment, de la forme des lois, n'entrent guère dans la liste des injustices ordinaires. Figurez-vous des voleurs de grand chemin, qui, ayant garrotté et volé deux passants, se plairaient à nommer dans la troupe un procureur-général, un président, un avocat, des conseillers, et qui, ayant signé une sentence, feraient pendre les deux passants en cérémonie; c'est ainsi que la reine d'Écosse et son petit-fils furent jugés.

Mais des jugements ordinaires, prononcés par les juges compétents contre des princes ou des hommes en place, y en a-t-il un seul qu'on eût ou exécuté, ou même rendu, si on avait eu un autre temps à choisir? Y a-t-il un seul des condamnés, immolés sous le cardinal de Richelieu, qui n'eût

[a] L'arrêt est de 1764.
[b] L'arrêt est de 1770. Il y a d'autres arrêts pareils prononcés par les parlements des provinces.

été en faveur si leur procès avait été prolongé jusqu'à la régence d'Anne d'Autriche? Le prince de Condé est arrêté sous François II; il est jugé à mort par des commissaires; François II meurt, et le prince de Condé redevient un homme puissant.

Ces exemples sont innombrables. Il faut surtout considérer l'esprit du temps. On a brûlé Vanini sur une accusation vague d'athéisme. S'il y avait aujourd'hui quelqu'un d'assez pédant et d'assez sot pour faire les livres de Vanini, on ne les lirait pas, et c'est tout ce qui en arriverait.

Un Espagnol passe par Genève au milieu du seizième siècle; le Picard Jean Chauvin[1] apprend que cet Espagnol est logé dans une hôtellerie; il se souvient que cet Espagnol a disputé contre lui sur une matière que ni l'un ni l'autre n'entendaient. Voilà mon théologien Jean Chauvin qui fait arrêter le passant, malgré toutes les lois divines et humaines, malgré le droit des gens reçu chez toutes les nations; il le fait plonger dans un cachot, et le fait brûler à petit feu avec des fagots verts, afin que le supplice dure plus long-temps. Certainement cette manœuvre infernale ne tomberait aujourd'hui dans la tête de personne; et si ce fou de Servet était venu dans le bon temps, il n'aurait eu rien à craindre.

Ce qu'on appelle la *justice* est donc aussi arbitraire que les modes. Il y a des temps d'horreur et de folie chez les hommes, comme des temps de peste; et cette contagion a fait le tour de la terre.

ART DRAMATIQUE.

OUVRAGES DRAMATIQUES, TRAGÉDIE, COMÉDIE, OPÉRA.

Panem et circenses est la devise de tous les peuples. Au lieu de tuer tous les Caraïbes, il fallait peut-être les séduire par des spectacles, par des funambules, des tours de gibecière, et de la musique. On les eût aisément subjugués. Il y a des spectacles pour toutes les conditions humaines; la populace veut qu'on parle à ses yeux; et beaucoup d'hommes d'un rang supérieur sont peuple. Les âmes cultivées et sensibles veulent des tragédies et des comédies.

Cet art commença en tout pays par les charrettes des Thespis, ensuite on eut ses Eschyles, et l'on se flatta bientôt d'avoir ses Sophocles et ses Euripides; après quoi tout dégénéra : c'est la marche de l'esprit humain.

Je ne parlerai point ici du théâtre des Grecs. On a fait dans l'Europe moderne plus de commentaires sur ce théâtre, qu'Euripide, Sophocle, Eschyle, Ménandre, et Aristophane, n'ont fait d'œuvres dramatiques; je viens d'abord à la tragédie moderne.

C'est aux Italiens qu'on la doit, comme on leur doit la renaissance de tous les autres arts. Il est vrai qu'ils commencèrent dès le treizième siècle, et peut-être auparavant, par des farces malheureusement tirées de l'ancien et du nouveau *Testament*, indigne abus qui passa bientôt en Espagne et en France : c'était une imitation vicieuse des essais que saint Grégoire de Nazianze avait faits en ce genre pour opposer un théâtre chrétien au théâtre païen de Sophocle et d'Euripide. Saint Grégoire de Nazianze mit quelque éloquence et quelque dignité dans ces pièces; les Italiens et leurs imitateurs n'y mirent que des platitudes et des bouffonneries.

Enfin, vers l'an 1514, le prélat Trissino, auteur du poëme épique intitulé l'*Italia liberata da' Gothi*, donna sa tragédie de *Sophonisbe*, la première qu'on eût vue en Italie, et cependant régulière. Il y observa les trois unités de lieu, de temps, et d'action. Il y introduisit les chœurs des anciens. Rien n'y manquait que le génie. C'était une longue déclamation. Mais, pour le temps où elle fut faite, on peut la regarder comme un prodige. Cette pièce fut représentée à Vicence, et la ville construisit exprès un théâtre magnifique. Tous les littérateurs de ce beau siècle accoururent aux représentations, et prodiguèrent les applaudissements que méritait cette entreprise estimable.

En 1516, le pape Léon X honora de sa présence la *Rosemonde* du Rucellai : toutes les tragédies qu'on fit alors à l'envi furent régulières, écrites avec pureté, et naturellement; mais ce qui est étrange, presque toutes furent un peu froides : tant le dialogue en vers est difficile; tant l'art de se rendre maître du cœur est donné à peu de génies : le *Torrismond* même du Tasse fut encore plus insipide que les autres.

On ne connut que dans le *Pastor fido* du Guarini ces scènes attendrissantes qui font verser des larmes, qu'on retient par cœur malgré soi; et voilà pourquoi nous disons, *retenir par cœur*; car ce qui touche le cœur se grave dans la mémoire.

Le cardinal Bibiena avait long-temps auparavant rétabli la vraie comédie; comme Trissino rendit la vraie tragédie aux Italiens.

Dès l'an 1480[a], quand toutes les autres nations de l'Europe croupissaient dans l'ignorance absolue de tous les arts aimables, quand tout était barbare, ce prélat avait fait jouer sa *Calandra*, pièce d'intrigue, et d'un vrai comique, à laquelle on ne

[1] Plus connu sous le nom de Calvin.

[a] *N. B.* Non en 1520, comme dit le fils du grand Racine dans son *Traité de la poésie*.

reproche que des mœurs un peu trop licencieuses, ainsi qu'à la *Mandragore* de Machiavel.

Les Italiens seuls furent donc en possession du théâtre pendant près d'un siècle, comme ils le furent de l'éloquence, de l'histoire, des mathématiques, de tous les genres de poésie, et de tous les arts où le génie dirige la main.

Les Français n'eurent que de misérables farces, comme on sait, pendant tout le quinzième et seizième siècles.

Les Espagnols, tout ingénieux qu'ils sont, quelque grandeur qu'ils aient dans l'esprit, ont conservé jusqu'à nos jours cette détestable coutume d'introduire les plus basses bouffonneries dans les sujets les plus sérieux : un seul mauvais exemple une fois donné est capable de corrompre toute une nation, et l'habitude devient une tyrannie.

DU THÉATRE ESPAGNOL.

Les *autos sacramentales* ont déshonoré l'Espagne beaucoup plus long-temps que les *Mystères de la passion*, les *Actes des saints*, nos *Moralités*, la *Mère sotte*, n'ont flétri la France. Ces *autos sacramentales* se représentaient encore à Madrid il y a très peu d'années. Calderon en avait fait pour sa part plus de deux cents.

Une de ses plus fameuses pièces, imprimée à Valladolid sans date, et que j'ai sous mes yeux, est la *Devocion de la missa*. Les acteurs sont un roi de Cordoue mahométan, un ange chrétien, une fille de joie, deux soldats bouffons, et le diable. L'un de ces deux bouffons est un nommé Pascal Vivas, amoureux d'Aminte. Il a pour rival Lélio, soldat mahométan.

Le diable et Lélio veulent tuer Vivas, et croient en avoir bon marché, parce qu'il est en péché mortel : mais Pascal prend le parti de faire dire une messe sur le théâtre, et de la servir. Le diable perd alors toute sa puissance sur lui.

Pendant la messe, la bataille se donne, et le diable est tout étonné de voir Pascal au milieu du combat, dans le même temps qu'il sert la messe. « Oh! oh! dit-il, je sais bien qu'un corps ne peut » se trouver en deux endroits à la fois, excepté » dans le sacrement, auquel ce drôle a tant de » dévotion. » Mais le diable ne savait pas que l'ange chrétien avait pris la figure du bon Pascal Vivas, et qu'il avait combattu pour lui pendant l'office divin.

Le roi de Cordoue est battu, comme on peut bien le croire; Pascal épouse sa vivandière, et la pièce finit par l'éloge de la messe.

Partout ailleurs, un tel spectacle aurait été une profanation que l'inquisition aurait cruellement punie; mais en Espagne c'était une édification.

Dans un autre acte sacramental, Jésus-Christ en perruque carrée, et le diable en bonnet à deux cornes, disputent sur la controverse, se battent à coups de poing, et finissent par danser ensemble une sarabande.

Plusieurs pièces de ce genre finissent par ces mots, *ite, comedia est*.

D'autres pièces, en très grand nombre, ne sont point sacramentales, ce sont des tragi-comédies, et même des tragédies : l'une est *La création du monde*, l'autre, *Les cheveux d'Absalon*. On a joué *le Soleil soumis à l'homme*, *Dieu bon payeur*, *le Maître-d'hôtel de Dieu*, *la Dévotion aux trépassés*. Et toutes ces pièces sont intitulées *La famosa comedia*.

Qui croirait que dans cet abîme de grossièretés insipides il y ait de temps en temps des traits de génie, et je ne sais quel fracas de théâtre qui peut amuser, et même intéresser?

Peut-être quelques unes de ces pièces barbares ne s'éloignent-elles pas beaucoup de celles d'Eschyle, dans lesquelles la religion des Grecs était jouée, comme la religion chrétienne le fut en France et en Espagne.

Qu'est-ce en effet que Vulcain enchaînant Prométhée sur un rocher, par ordre de Jupiter? qu'est-ce que la Force et la Vaillance qui servent de garçons bourreaux à Vulcain, sinon un *auto sacramentale* grec? Si Calderon a introduit tant de diables sur le théâtre de Madrid, Eschyle n'a-t-il pas mis des furies sur le théâtre d'Athènes? Si Pascal Vivas sert la messe, ne voit-on pas une vieille pythonisse qui fait toutes ses cérémonies sacrées dans la tragédie des Euménides? La ressemblance me paraît assez grande.

Les sujets tragiques n'ont pas été traités autrement chez les Espagnols que leurs actes sacramentaux; c'est la même irrégularité, la même indécence, la même extravagance. Il y a toujours eu un ou deux bouffons dans les pièces dont le sujet est le plus tragique. On en voit jusque dans le *Cid*. Il n'est pas étonnant que Corneille les ait retranchés.

On connaît l'*Héraclius* de Calderon, intitulé, *Tout est mensonge, et tout est vérité*, antérieur de près de vingt années à l'*Héraclius* de Corneille. L'énorme démence de cette pièce n'empêche pas qu'elle ne soit semée de plusieurs morceaux éloquents, et de quelques traits de la plus grande beauté. Tels sont, par exemple, ces quatre vers admirables que Corneille a si heureusement traduits :

Mon trône est-il pour toi plus honteux qu'un supplice?
O malheureux Phocas! ô trop heureux Maurice!
Tu recouvres deux fils pour mourir après toi,
Et je n'en puis trouver pour régner après moi!
(*Héraclius*, acte IV, scène IV.)

Non seulement Lope de Vega avait précédé Calderon dans toutes les extravagances d'un théâtre grossier et absurde, mais il les avait trouvées établies. Lope de Vega était indigné de cette barbarie, et cependant il s'y soumettait. Son but était de plaire à un peuple ignorant, amateur du faux merveilleux, qui voulait qu'on parlât à ses yeux plus qu'à son âme. Voici comme Vega s'en explique lui-même dans son *Nouvel art de faire des comédies* de son temps.

Les Vandales, les Goths, dans leurs écrits bizarres,
Dédaignèrent le goût des Grecs et des Romains :
Nos aïeux ont marché dans ces nouveaux chemins,
Nos aïeux étaient des barbares [a].
L'abus règne, l'art tombe, et la raison s'enfuit :
Qui veut écrire avec décence,
Avec art, avec goût, n'en recueille aucun fruit;
Il vit dans le mépris, et meurt dans l'indigence [b].
Je me vois obligé de servir l'ignorance,
D'enfermer sous quatre verrous [c]
Sophocle, Euripide, et Térence.
J'écris en insensé, mais j'écris pour des fous.
. . . .
Le public est mon maître, il faut bien le servir;
Il faut pour son argent lui donner ce qu'il aime.
J'écris pour lui, non pour moi-même,
Et cherche des succès dont je n'ai qu'à rougir.

La dépravation du goût espagnol ne pénétra point à la vérité en France; mais il y avait un vice radical beaucoup plus grand, c'était l'ennui; et cet ennui était l'effet des longues déclamations sans suite, sans liaison, sans intrigue, sans intérêt, dans une langue non encore formée. Hardy et Garnier n'écrivirent que des platitudes d'un style insupportable; et ces platitudes furent jouées sur des tréteaux au lieu de théâtre.

DU THÉATRE ANGLAIS.

Le théâtre anglais au contraire fut très animé, mais le fut dans le goût espagnol; la bouffonnerie fut jointe à l'horreur. Toute la vie d'un homme fut le sujet d'une tragédie : les acteurs passaient de Rome, de Venise, en Chypre; la plus vile canaille paraissait sur le théâtre avec des princes, et ces princes parlaient souvent comme la canaille.

J'ai jeté les yeux sur une édition de Shakespeare, donnée par le sieur Samuel Johnson. J'y ai vu qu'on y traite de *petits esprits* les étrangers qui sont étonnés que dans les pièces de ce grand Shakespeare « un sénateur romain fasse le bouffon, « et qu'un roi paraisse sur le théâtre en ivrogne. »

Je ne veux point soupçonner le sieur Johnson d'être un mauvais plaisant, et d'aimer trop le vin; mais je trouve un peu extraordinaire qu'il compte la bouffonnerie et l'ivrognerie parmi les beautés du théâtre tragique; la raison qu'il en donne n'est pas moins singulière. « Le poëte, dit-il, dédaigne » ces distinctions accidentelles de conditions et de » pays, comme un peintre qui, content d'avoir » peint la figure, néglige la draperie. » La comparaison serait plus juste, s'il parlait d'un peintre qui, dans un sujet noble, introduirait des grotesques ridicules, peindrait dans la bataille d'Arbelles Alexandre-le-Grand monté sur un âne, et la femme de Darius buvant avec des goujats dans un cabaret.

Il n'y a point de tels peintres aujourd'hui en Europe; et s'il y en avait chez les Anglais, c'est alors qu'on pourrait leur appliquer ce vers de Virgile :

« Et penitus toto divisos orbe Britannos. »
(Ecl. I, 67.)

On peut consulter la traduction exacte des trois premiers actes du *Jules-César* de Shakespeare, dans le deuxième tome des Œuvres de Corneille.

C'est là que Cassius dit que César *demandait à boire quand il avait la fièvre*; c'est là qu'un savetier dit à un tribun *qu'il veut le ressemeler*; c'est là qu'on entend César s'écrier *qu'il ne fait jamais de tort que justement*; c'est là qu'il dit que le danger et lui sont nés de la même ventrée, qu'il est l'aîné, que le danger sait bien que César est plus dangereux que lui, et que tout ce qui le menace ne marche jamais que derrière son dos.

Lisez la belle tragédie du *Maure de Venise*. Vous trouverez à la première scène que la fille d'un sénateur « fait la bête à deux dos avec le » Maure, et qu'il naîtra de cet accouplement des » chevaux de Barbarie. » C'est ainsi qu'on parlait alors sur le théâtre tragique de Londres. Le génie de Shakespeare ne pouvait être que le disciple des mœurs et de l'esprit du temps.

SCÈNE TRADUITE DE LA CLÉOPATRE DE SHAKESPEARE.

Cléopâtre ayant résolu de se donner la mort, fait venir un paysan qui apporte un panier sous son bras, dans lequel est l'aspic dont elle veut se faire piquer.

CLÉOPATRE.

As-tu le petit ver du Nil, qui tue et qui ne fait point de mal?

LE PAYSAN.

En vérité je l'ai; mais je ne voudrais pas que vous y touchassiez, car sa blessure est immortelle; ceux qui en meurent n'en reviennent jamais.

[a] « Mas como le servieron muchos barbaros
» Que enseñaron el bulgo a sus rudezas? »

[b] « Muere sin fama é galardon. »

[c] « Encierro los preceptos con seis llaves, etc. »

CLÉOPATRE.

Te souviens-tu que quelqu'un en soit mort?

LE PAYSAN.

Oh! plusieurs, hommes et femmes. J'ai entendu parler d'une, pas plus tard qu'hier: c'était une bien honnête femme, si ce n'est qu'elle était un peu sujette à mentir, ce que les femmes ne devraient faire que par une voie d'honnêteté. Oh! comme elle mourut vite de la morsure de la bête! quels tourments elle ressentit! Elle a dit de très bonnes nouvelles de ce ver; mais qui croit tout ce que les gens disent, ne sera jamais sauvé par la moitié de ce qu'ils font; cela est sujet à caution. Ce ver est un étrange ver.

CLÉOPATRE.

Va-t'en, adieu.

LE PAYSAN.

Je souhaite que ce ver-là vous donne beaucoup de plaisir.

CLÉOPATRE.

Adieu.

LE PAYSAN.

Voyez-vous, madame, vous devez penser que ce ver vous traitera de son mieux.

CLÉOPATRE.

Bon, bon, va-t'en.

LE PAYSAN.

Voyez-vous, il ne faut se fier à mon ver que quand il est entre les mains des gens sages; car, en vérité, ce ver-là est dangereux.

CLÉOPATRE.

Ne t'en mets pas en peine, j'y prendrai garde.

LE PAYSAN.

C'est fort bien fait: ne lui donnez rien à manger, je vous en prie; il ne vaut, ma foi! pas la peine qu'on le nourrisse.

CLÉOPATRE.

Ne mangerait-il rien?

LE PAYSAN.

Ne croyez pas que je sois si simple; je sais que le diable même ne voudrait pas manger une femme: je sais bien qu'une femme est un plat à présenter aux dieux, pourvu que le diable n'en fasse pas la sauce; mais, par ma foi, les diables sont des fils de p..... qui font bien du mal au ciel quand il s'agit des femmes; si le ciel en fait dix, le diable en corrompt cinq.

CLÉOPATRE.

Fort bien; va-t'en, adieu.

LE PAYSAN.

Je m'en vais, vous dis-je, bonsoir. Je vous souhaite bien du plaisir avec votre ver.

SCÈNE TRADUITE DE LA TRAGÉDIE DE HENRI V.

(Acte V, scène II.)

HENRI.

Belle Catherine, très belle [a],
Vous plairait-il d'enseigner à un soldat les paroles
Qui peuvent entrer dans le cœur d'une demoiselle,
Et plaider son procès d'amour devant son gentil cœur?

LA PRINCESSE CATHERINE.

[b] Votre Majesté se moque de moi, je ne peux parler votre anglais.

HENRI.

[c] Oh! belle Catherine, ma foi, si vous m'aimez fort et ferme avec votre cœur français, je serai fort aise de vous l'entendre avouer dans votre baragouin, avec votre langue française: *me goûtes-tu, Catau?*

CATHERINE.

Pardonnez-moi [d], je n'entends pas ce que veut dire *vous goûter* [e].

HENRI.

[i] Goûter, c'est ressembler. Un ange vous ressemble, Catau; vous ressemblez à un ange.

CATHERINE, *à une espèce de dame d'honneur qui est auprès d'elle.*

[f] Que dit-il? que je suis semblable à des anges?

LA DAME D'HONNEUR.

[g] Oui, vraiment, sauf votre honneur, ainsi dit-il.

HENRI.

[h] C'est ce que j'ai dit, chère Catherine, et je ne dois pas rougir de le confirmer.

CATHERINE.

Ah, bon dieu! les langues des hommes sont pleines de tromperies.

HENRI.

[i] Que dit-elle, ma belle, que les langues des hommes sont pleines de fraudes?

LA DAME D'HONNEUR.

Oui, [j] que les langues des hommes est plein de fraudes, c'est-à-dire, des princes.

HENRI.

[k] Eh bien! la princesse en est-elle meilleure Anglaise? Ma foi, Catau, mes soupirs sont pour votre entendement; je suis bien aise que tu ne puisses pas parler mieux anglais; car si tu le pouvais, tu me trouverais si franc roi, que tu penserais que j'ai vendu ma ferme pour acheter une couronne. Je n'ai pas la façon de hacher menu en amour. Je te dis tout franchement: Je t'aime. Si

[a] En vers anglais. — [b] En prose anglaise. — [c] En prose. — [d] En prose. — [e] *Goûter*, *like*, signifie aussi en anglais *ressembler*.

[i] Ces trois mots ne sont pas dans l'anglais. Réd.

[f] En français. — [g] En français. — [h] En anglais. — [i] En anglais. — [j] En mauvais anglais. — [k] En anglais.

tu en demandes davantage, adieu mon procès d'amour. Veux-tu? réponds. Réponds, tapons d'une main, et voilà le marché fait. Qu'en dis-tu, lady?

CATHERINE.

Sauf votre honneur,* moi entendre bien.

HENRI.

Crois-moi, si tu voulais me faire rimer, ou me faire danser pour te plaire, Catau, tu m'embarrasserais beaucoup; car pour les vers, vois-tu, je n'ai ni paroles ni mesure; et pour ce qui est de danser, ma force n'est pas dans la mesure; mais j'ai une bonne mesure en force; je pourrais gagner une femme au jeu du cheval fondu, ou à saute-grenouille.

On croirait que c'est là une des plus étranges scènes des tragédies de Shakespeare; mais dans la même pièce il y a une conversation entre la princesse de France Catherine, et une de ses filles d'honneur anglaises, qui l'emporte de beaucoup sur tout ce qu'on vient d'exposer.

Catherine apprend l'anglais; elle demande comment on dit le pied et la robe? La fille d'honneur lui répond que le pied c'est *foot*, et la robe c'est *coun*; car alors on prononçait *coun*, et non pas *gown*. Catherine entend ces mots d'une manière un peu singulière; elle le répète à la française, elle en rougit. « Ah! dit-elle en français, ce sont » des mots impudiques, et non pour les dames » d'honneur d'user. Je ne voudrais répéter ces » mots devant les seigneurs de France pour tout » le monde. » Et elle les répète encore avec la prononciation la plus énergique.

Tout cela a été joué très long-temps sur le théâtre de Londres en présence de la cour.

DU MÉRITE DE SHAKESPEARE.

Il y a une chose plus extraordinaire que tout ce qu'on vient de lire, c'est que Shakespeare est un génie. Les Italiens, les Français, les gens de lettres de tous les autres pays, qui n'ont pas demeuré quelque temps en Angleterre, ne le prennent que pour un Gilles de la foire, pour un farceur très au-dessous d'Arlequin, pour le plus misérable bouffon qui ait jamais amusé la populace. C'est pourtant dans ce même homme qu'on trouve des morceaux qui élèvent l'imagination, et qui pénètrent le cœur. C'est la vérité, c'est la nature elle-même qui parle son propre langage sans aucun mélange de l'art. C'est du sublime, et l'auteur ne l'a point cherché.

Quand, dans la tragédie de *la Mort de César*, Brutus reproche à Cassius les rapines qu'il a laissé exercer par les siens en Asie, il lui dit: « Souviens-toi des ides de Mars; souviens-toi du » sang de César. Nous l'avons versé parce qu'il » était injuste. Quoi! celui qui porta les premiers » coups, celui qui le premier punit César d'avoir » favorisé les brigands de la république, souillerait ses mains lui-même par la corruption! »

César, en prenant enfin la résolution d'aller au sénat où il doit être assassiné, parle ainsi: « Les » hommes timides meurent mille fois avant leur » mort; l'homme courageux n'éprouve la mort » qu'une fois. De tout ce qui m'a jamais surpris, » rien ne m'étonne plus que la crainte. Puisque » la mort est inévitable, qu'elle vienne. »

Brutus, dans la même pièce, après avoir formé la conspiration, dit: « Depuis que j'en parlai à » Cassius pour la première fois, le sommeil m'a » fui; entre un dessein terrible et le moment de » l'exécution, l'intervalle est un songe épouvantable. La mort et le génie tiennent conseil dans » l'âme. Elle est bouleversée; son intérieur est le » champ d'une guerre civile. »

Il ne faut pas omettre ici ce beau monologue de Hamlet, qui est dans la bouche de tout le monde, et qu'on a imité en français avec les ménagements qu'exige la langue d'une nation scrupuleuse à l'excès sur les bienséances.

Demeure, il faut choisir de l'être et du néant.
Ou souffrir ou périr, c'est là ce qui m'attend.
Ciel, qui voyez mon trouble, éclairez mon courage.
Faut-il vieillir courbé sous la main qui m'outrage,
Supporter ou finir mon malheur et mon sort?
Qui suis-je? qui m'arrête? et qu'est-ce que la mort?
C'est la fin de nos maux, c'est mon unique asile;
Après de longs transports, c'est un sommeil tranquille.
On s'endort, et tout meurt. Mais un affreux réveil
Doit succéder peut-être aux douceurs du sommeil.
On nous menace, on dit que cette courte vie
De tourments éternels est aussitôt suivie.
O mort! moment fatal! affreuse éternité,
Tout cœur à ton seul nom se glace épouvanté.
Eh! qui pourrait sans toi supporter cette vie,
De nos prêtres menteurs bénir l'hypocrisie,
D'une indigne maîtresse encenser les erreurs,
Ramper sous un ministre, adorer ses hauteurs,
Et montrer les langueurs de son âme abattue
A des amis ingrats qui détournent la vue?
La mort serait trop douce en ces extrémités;
Mais le scrupule parle, et nous crie: Arrêtez;
Il défend à nos mains cet heureux homicide,
Et d'un héros guerrier fait un chrétien timide.

Que peut-on conclure de ce contraste de grandeur et de bassesse, de raisons sublimes et de folies grossières, enfin de tous les contrastes que nous venons de voir dans Shakespeare? qu'il aurait été un poète parfait, s'il avait vécu du temps d'Addison.

* Me understand well.

D'ADDISON.

Cet homme célèbre, qui fleurissait sous la reine Anne, est peut-être celui de tous les écrivains anglais qui sut le mieux conduire le génie par le goût. Il avait de la correction dans le style, une imagination sage dans l'expression, de l'élégance, de la force et du naturel dans ses vers et dans sa prose. Ami des bienséances et des règles, il voulait que la tragédie fût écrite avec dignité, et c'est ainsi que son *Caton* est composé.

Ce sont, dès le premier acte, des vers dignes de Virgile, et des sentiments dignes de Caton. Il n'y a point de théâtre en Europe où la scène de Juba et de Syphax ne fût applaudie comme un chef-d'œuvre d'adresse, de caractères bien développés, de beaux contrastes, et d'une diction pure et noble. L'Europe littéraire, qui connaît les traductions de cette pièce, applaudit aux traits philosophiques dont le rôle de Caton est rempli.

Les vers que ce héros de la philosophie et de Rome prononce au cinquième acte, lorsqu'il paraît ayant sur sa table une épée nue, et lisant le *Traité de Platon sur l'immortalité de l'âme*, ont été traduits dès long-temps en français; nous devons les placer ici.

Oui, Platon, tu dis vrai, notre âme est immortelle;
C'est un Dieu qui lui parle, un Dieu qui vit en elle.
Eh! d'où viendrait sans lui ce grand pressentiment,
Ce dégoût des faux biens, cette horreur du néant?
Vers des siècles sans fin je sens que tu m'entraînes;
Du monde et de mes sens je vais briser les chaînes,
Et m'ouvrir, loin d'un corps dans la fange arrêté,
Les portes de la vie et de l'éternité.
L'éternité! quel mot consolant et terrible!
O lumière! ô nuage! ô profondeur horrible!
Que suis-je? où suis-je? où vais-je? et d'où suis-je tiré?
Dans quels climats nouveaux, dans quel monde ignoré
Le moment du trépas va-t-il plonger mon être?
Où sera cet esprit qui ne peut se connaître?
Que me préparez-vous, abîmes ténébreux?
Allons, s'il est un Dieu, Caton doit être heureux.
Il en est un sans doute, et je suis son ouvrage.
Lui-même au cœur du juste il empreint son image.
Il doit venger sa cause, et punir les pervers.
Mais comment? dans quel temps? et dans quel univers?
Ici la Vertu pleure, et l'Audace l'opprime;
L'Innocence à genoux y tend la gorge au Crime;
La Fortune y domine, et tout y suit son char.
Ce globe infortuné fut formé pour César.
Hâtons-nous de sortir d'une prison funeste.
Je te verrai sans ombre, ô vérité céleste!
Tu te caches de nous dans nos jours de sommeil;
Cette vie est un songe, et la mort un réveil.

La pièce eut le grand succès que méritaient ses beautés de détail, et que lui assuraient les discordes de l'Angleterre, auxquelles cette tragédie était en plus d'un endroit une allusion très frappante. Mais la conjoncture de ces allusions étant passée, les vers n'étant que beaux, les maximes n'étant que nobles et justes, et la pièce étant froide, on n'en sentit plus guère que la froideur. Rien n'est plus beau que le second chant de Virgile; récitez-le sur le théâtre, il ennuiera: il faut des passions, un dialogue vif, de l'action. On revint bientôt aux irrégularités grossières mais attachantes de Shakespeare.

DE LA BONNE TRAGÉDIE FRANÇAISE.

Je laisse là tout ce qui est médiocre; la foule de nos faibles tragédies effraie; il y en a près de cent volumes: c'est un magasin énorme d'ennui.

Nos bonnes pièces, ou du moins celles qui, sans être bonnes, ont des scènes excellentes, se réduisent à une vingtaine tout au plus; mais aussi, j'ose dire que ce petit nombre d'ouvrages admirables est au-dessus de tout ce qu'on a jamais fait en ce genre, sans en excepter Sophocle et Euripide.

C'est une entreprise si difficile d'assembler dans un même lieu des héros de l'antiquité, de les faire parler en vers français, de ne leur faire jamais dire que ce qu'ils ont dû dire, de ne les faire entrer et sortir qu'à propos, de faire verser des larmes pour eux, de leur prêter un langage enchanteur qui ne soit ni ampoulé ni familier, d'être toujours décent et toujours intéressant, qu'un tel ouvrage est un prodige, et qu'il faut s'étonner qu'il y ait en France vingt prodiges de cette espèce.

Parmi ces chefs-d'œuvre, ne faut-il pas donner, sans difficulté, la préférence à ceux qui parlent au cœur sur ceux qui ne parlent qu'à l'esprit? Quiconque ne veut qu'exciter l'admiration, peut faire dire: Voilà qui est beau; mais il ne fera point verser des larmes. Quatre ou cinq scènes bien raisonnées, fortement pensées, majestueusement écrites, s'attirent une espèce de vénération; mais c'est un sentiment qui passe vite, et qui laisse l'âme tranquille. Ces morceaux sont de la plus grande beauté, et d'un genre même que les anciens ne connurent jamais: ce n'est pas assez, il faut plus que de la beauté. Il faut se rendre maître du cœur par degrés, l'émouvoir, le déchirer, et joindre à cette magie les règles de la poésie, et toutes celles du théâtre, qui sont presque sans nombre.

Voyons quelle pièce nous pourrions proposer à l'Europe, qui réunît tous ces avantages.

Les critiques ne nous permettront pas de donner *Phèdre* comme le modèle le plus parfait, quoique le rôle de Phèdre soit d'un bout à l'autre ce qui a jamais été écrit de plus touchant et de mieux travaillé. Ils me répéteront que le rôle de Thésée est trop faible, qu'Hippolyte est trop Français, qu'Aricie est trop peu tragique, que Théramène est trop condamnable de débiter des maximes d'amour à son pupille ; tous ces défauts sont, à la vérité, ornés d'une diction si pure et si touchante, que je ne les trouve plus des défauts quand je lis la pièce : mais tâchons d'en trouver une à laquelle on ne puisse faire aucun juste reproche.

Ne sera-ce point l'*Iphigénie en Aulide*[1] ? Dès le premier vers je me sens intéressé et attendri ; ma curiosité est excitée par les seuls vers que prononce un simple officier d'Agamemnon, vers harmonieux, vers charmants, vers tels qu'aucun poëte n'en fesait alors.

A peine un faible jour vous éclaire et me guide :
Vos yeux seuls et les miens sont ouverts dans l'Aulide.
Auriez-vous dans les airs entendu quelque bruit?
Les vents nous auraient-ils exaucés cette nuit?
Mais tout dort, et l'armée, et les vents, et Neptune.
(Acte I, scène I.)

Agamemnon, plongé dans la douleur, ne répond point à Arcas, ne l'entend point; il se dit à lui-même en soupirant :

Heureux qui, satisfait de son humble fortune,
Libre du joug superbe où je suis attaché,
Vit dans l'état obscur où les dieux l'ont caché.
(Acte I, scène I.)

Quels sentiments! quels vers heureux! quelle voix de la nature!

Je ne puis m'empêcher de m'interrompre un moment pour apprendre aux nations qu'un juge d'Écosse, qui a bien voulu donner des règles de poésie et de goût à son pays, déclare dans son chapitre vingt et un, *des narrations et des descriptions*, qu'il n'aime point ce vers :

Mais tout dort, et l'armée, et les vents, et Neptune.

S'il avait su que ce vers était imité d'Euripide, il lui aurait peut-être fait grâce : mais il aime mieux la réponse du soldat dans la première scène de *Hamlet* :

Je n'ai pas entendu une souris trotter.

« Voilà qui est naturel, dit-il, c'est ainsi qu'un » soldat doit répondre. » Oui, monsieur le juge, dans un corps-de-garde, mais non pas dans une tragédie : sachez que les Français, contre lesquels vous vous déchaînez, admettent le simple, et non le bas et le grossier. Il faut être bien sûr de la bonté de son goût avant de le donner pour loi ; je plains les plaideurs, si vous les jugez comme vous jugez les vers. Quittons vite son audience pour revenir à *Iphigénie*.

Est-il un homme de bon sens, et d'un cœur sensible, qui n'écoute le récit d'Agamemnon avec un transport mêlé de pitié et de crainte, qui ne sente les vers de Racine pénétrer jusqu'au fond de son âme? L'intérêt, l'inquiétude, l'embarras, augmentent dès la troisième scène, quand Agamemnon se trouve entre Achille et Ulysse.

La crainte, cette âme de la tragédie, redouble encore à la scène qui suit. C'est Ulysse qui veut persuader Agamemnon, et immoler Iphigénie à l'intérêt de la Grèce. Ce personnage d'Ulysse est odieux ; mais, par un art admirable, Racine sait le rendre intéressant.

Je suis père, seigneur, et faible comme un autre ;
Mon cœur se met sans peine en la place du vôtre :
Et, frémissant du coup qui vous fait soupirer,
Loin de blâmer vos pleurs, je suis près de pleurer.
(Acte I, scène V.)

Dès ce premier acte Iphigénie est condamnée à la mort, Iphigénie qui se flatte avec tant de raison d'épouser Achille : elle va être sacrifiée sur le même autel où elle doit donner la main à son amant.

. . . . « Nubendi tempore in ipso.
. . . .
« Tantum religio potuit suadere malorum ! »
(LUCR. lib. I, v. 102.)

SECOND ACTE D'IPHIGÉNIE.

C'est avec une adresse bien digne de lui que

[1] On pourrait peut-être reprocher à cette admirable pièce ces vers d'Agamemnon, qui paraissent trop peu dignes du chef de la Grèce, et trop éloignée des mœurs des temps héroïques :

Ajoute, tu le peux, que des froideurs d'Achille
On accuse en secret cette jeune Ériphile,
Que lui-même captive amena de Lesbos,
Et qu'auprès de ma fille on garde dans Argos.
(Acte I, scène I.)

La jalousie d'Iphigénie, causée par le faux rapport d'Arcas, et qui occupe la moitié du second acte, paraît trop étrangère au sujet et trop peu tragique.

On pourrait observer aussi que dans une tragédie où un père veut immoler sa fille pour faire changer le vent, à peine aucun des personnages ose s'élever contre cette atroce absurdité. Clytemnestre seule prononce ces deux vers :

Le ciel, le juste ciel, par le meurtre honoré,
Du sang de l'innocence est-il donc altéré?
(Acte IV, scène IV.)

Mais ces vers sont encore affaiblis par ce qui les précède et ce qui les suit :

Un oracle fatal ordonne qu'elle expire :
Un oracle dit-il tout ce qu'il semble dire?
Le ciel, le juste ciel, par le meurtre honoré,
Du sang de l'innocence est-il donc altéré?
Si du crime d'Hélène on punit sa famille,
Faites chercher à Sparte Hermione sa fille.

Hermione n'était-elle pas aussi innocente qu'Iphigénie? Clytemnestre ne pouvait-elle défendre sa fille qu'en proposant d'assassiner sa nièce? Mais Racine, en condamnant les sacrifices humains, eût craint de manquer de respect à Abraham et à Jephté. Il imita Euripide, dira-t-on ; mais Euripide craignait de s'exposer au sort de Socrate, s'il attaquait les oracles et les sacrifices ordonnés au nom des dieux ; ce n'est point pour se conformer aux mœurs du siècle de la guerre de Troie, c'est pour ménager les préjugés du sien, que l'ami et le disciple de Socrate n'osa mettre dans la bouche d'aucun de ses personnages la juste indignation qu'il portait au fond du cœur contre la fourberie des oracles et le fanatisme sanguinaire des prêtres païens. K.

Racine, au second acte, fait paraître Ériphile avant qu'on ait vu Iphigénie. Si l'amante aimée d'Achille s'était montrée la première, on ne pourrait souffrir Ériphile sa rivale. Ce personnage est absolument nécessaire à la pièce, puisqu'il en fait le dénoûment; il en fait même le nœud; c'est elle qui, sans le savoir, inspire des soupçons cruels à Clytemnestre, et une juste jalousie à Iphigénie; et par un art encore plus admirable, l'auteur sait intéresser pour cette Ériphile elle-même. Elle a toujours été malheureuse, elle ignore ses parents, elle a été prise dans sa patrie mise en cendres : un oracle funeste la trouble; et pour comble de maux, elle a une passion involontaire pour cet Achille dont elle est captive.

> Dans les cruelles mains par qui je fus ravie,
> Je demeurai long-temps sans lumière et sans vie.
> Enfin mes tristes yeux cherchèrent la clarté;
> Et, me voyant presser d'un bras ensanglanté,
> Je frémissais, Doris, et d'un vainqueur sauvage
> Craignais * de rencontrer l'effroyable visage.
> J'entrai dans son vaisseau, détestant sa fureur,
> Et toujours détournant ma vue avec horreur.
> Je le vis : son aspect n'avait rien de farouche :
> Je sentis le reproche expirer dans ma bouche,
> Je sentis contre moi mon cœur se déclarer,
> J'oubliai ma colère, et ne sus que pleurer.
> (Acte II, scène I.)

Il le faut avouer, on ne fesait point de tels vers avant Racine; non seulement personne ne savait la route du cœur, mais presque personne ne savait les finesses de la versification, cet art de rompre la mesure :

> Je le vis : son aspect n'avait rien de farouche.

Personne ne connaissait cet heureux mélange de syllabes longues et brèves, et de consonnes suivies de voyelles qui font couler un vers avec tant de mollesse, et qui le font entrer dans une oreille sensible et juste avec tant de plaisir.

Quel tendre et prodigieux effet cause ensuite l'arrivée d'Iphigénie! Elle vole après son père aux yeux d'Ériphile même, de son père qui a pris enfin la résolution de la sacrifier; chaque mot de cette scène tourne le poignard dans le cœur. Iphigénie ne dit pas des choses outrées, comme dans Euripide, *je voudrais être folle* (ou faire la *folle*) *pour vous égayer, pour vous plaire.* Tout est noble dans la pièce française, mais d'une simplicité attendrissante; et la scène finit par ces mots terribles : *Vous y serez, ma fille.* Sentence de mort après laquelle il ne faut plus rien dire.

On prétend que ce mot déchirant est dans Euripide, on le répète sans cesse. Non, il n'y est pas. Il faut se défaire enfin, dans un siècle tel que le nôtre, de cette maligne opiniâtreté à faire valoir toujours le théâtre ancien des Grecs aux dépens du théâtre français. Voici ce qui est dans Euripide.

IPHIGÉNIE.

Mon père, me ferez-vous habiter dans un autre séjour? (Ce qui veut dire, me marierez-vous ailleurs?)

AGAMEMNON.

Laissez cela; il ne convient pas à une fille de savoir ces choses.

IPHIGÉNIE.

Mon père, revenez au plus tôt après avoir achevé votre entreprise.

AGAMEMNON.

Il faut auparavant que je fasse un sacrifice.

IPHIGÉNIE.

Mais c'est un soin dont les prêtres doivent se charger.

AGAMEMNON.

Vous le saurez, puisque vous serez tout auprès, au lavoir.

IPHIGÉNIE.

Ferons-nous, mon père, un chœur autour de l'autel?

AGAMEMNON.

Je te crois plus heureuse que moi; mais à présent cela ne t'importe pas; donne-moi un baiser triste et ta main, puisque tu dois être si longtemps absente de ton père. O quelle gorge! quelles joues! quels blonds cheveux! que de douleur la ville des Phrygiens et Hélène me causent! je ne veux plus parler, car je pleure trop en t'embrassant. Et vous, fille de Léda, excusez-moi si l'amour paternel m'attendrit trop, quand je dois donner ma fille à Achille.

Ensuite Agamemnon instruit Clytemnestre de la généalogie d'Achille, et Clytemnestre lui demande si les noces de Pélée et de Thétis se firent au fond de la mer.

Brumoy a déguisé autant qu'il l'a pu ce dialogue, comme il a falsifié presque toutes les pièces qu'il a traduites; mais rendons justice à la vérité, et jugeons si ce morceau d'Euripide approche de celui de Racine.

> Verra-t-on à l'autel votre heureuse famille?
>
> AGAMEMNON.
>
> Hélas!
>
> IPHIGÉNIE.
>
> Vous vous taisez!
>
> AGAMEMNON.
>
> Vous y serez, ma fille.
>
> (Acte II, scène II.)

Comment se peut-il faire qu'après cet arrêt de

* Des puristes ont prétendu qu'il fallait *je craignais*; ils ignorent les heureuses libertés de la poésie; ce qui est une négligence en prose, est très souvent une beauté en vers. Racine s'exprime avec une élégance exacte, qu'il ne sacrifie jamais à la chaleur du style.

mort qu'Iphigénie ne comprend point, mais que le spectateur entend avec tant d'émotion, il y ait encore des scènes touchantes dans le même acte, et même des coups de théâtre frappants? C'est là, selon moi, qu'est le comble de la perfection.

ACTE TROISIÈME.

Après des incidents naturels bien préparés, et qui tous concourent à redoubler le nœud de la pièce, Clytemnestre, Iphigénie, Achille, attendent dans la joie le moment du mariage; Ériphile est présente, et le contraste de sa douleur avec l'allégresse de la mère et des deux amants, ajoute à la beauté de la situation. Arcas paraît de la part d'Agamemnon; il vient dire que tout est prêt pour célébrer ce mariage fortuné. Mais quel coup! quel moment épouvantable!

Il l'attend à l'autel... pour la sacrifier....
(Acte III, scène v.)

Achille, Clytemnestre, Iphigénie, Ériphile expriment alors en un seul vers tous leurs sentiments différents, et Clytemnestre tombe aux genoux d'Achille.

Oubliez une gloire importune.
Ce triste abaissement convient à ma fortune.
. . . .
C'est vous que nous cherchions sur ce funeste bord;
Et votre nom, seigneur, la conduit à la mort.
Ira-t-elle, des dieux implorant la justice,
Embrasser leurs autels parés pour son supplice?
Elle n'a que vous seul. Vous êtes en ces lieux
Son père, son époux, son asile, ses dieux.
(Acte III, scène v.)

O véritable tragédie! beauté de tous les temps et de toutes les nations! Malheur aux barbares qui ne sentiraient pas jusqu'au fond du cœur ce prodigieux mérite!

Je sais que l'idée de cette situation est dans Euripide; mais elle y est comme le marbre dans la carrière, et c'est Racine qui a construit le palais.

Une chose assez extraordinaire, mais bien digne des commentateurs, toujours un peu ennemis de leur patrie, c'est que le jésuite Brumoy, dans son *Discours sur le théâtre des Grecs*, fait cette critique[*]: « Supposons qu'Euripide vînt de l'autre » monde, et qu'il assistât à la représentation de » l'*Iphigénie* de M. Racine... ne serait-il point » révolté de voir Clytemnestre aux pieds d'Achille » qui la relève, et de mille autres choses, soit » par rapport à nos usages qui nous paraissent » plus polis que ceux de l'antiquité, soit par rap» port aux bienséances? etc. »

Remarquez, lecteurs, avec attention, que Clytemnestre se jette aux genoux d'Achille dans Euripide, et que même il n'est point dit qu'Achille la relève.

A l'égard de *mille autres choses par rapport à nos usages*, Euripide se serait conformé aux usages de la France, et Racine à ceux de la Grèce.

Après cela, fiez-vous à l'intelligence et à la justice des commentateurs.

ACTE QUATRIÈME.

Comme dans cette tragédie l'intérêt s'échauffe toujours de scène en scène, que tout y marche de perfections en perfections, la grande scène entre Agamemnon, Clytemnestre et Iphigénie, est encore supérieure à tout ce que nous avons vu. Rien ne fait jamais, au théâtre, un plus grand effet que des personnages qui renferment d'abord leur douleur dans le fond de leur âme, et qui laissent ensuite éclater tous les sentiments qui les déchirent: on est partagé entre la pitié et l'horreur: c'est d'un côté Agamemnon, accablé lui-même de tristesse, qui vient demander sa fille pour la mener à l'autel, sous prétexte de la remettre au héros à qui elle est promise. C'est Clytemnestre qui lui répond d'une voix entrecoupée:

S'il faut partir, ma fille est toute prête:
Mais vous, n'avez-vous rien, seigneur, qui vous arrête?

AGAMEMNON.
Moi, madame?

CLYTEMNESTRE.
Vos soins ont-ils tout préparé?

AGAMEMNON.
Calchas est prêt, madame, et l'autel est paré;
J'ai fait ce que m'ordonne un devoir légitime.

CLYTEMNESTRE.
Vous ne me parlez point, seigneur, de la victime.
(Acte IV, scène III.)

Ces mots, *Vous ne me parlez point de la victime*, ne sont pas assurément dans Euripide. On sait de quel sublime est le reste de la scène, non pas de ce sublime de déclamation, non pas de ce sublime de pensées recherchées ou d'expressions gigantesques, mais de ce qu'une mère au désespoir a de plus pénétrant et de plus terrible, de ce qu'une jeune princesse qui sent tout son malheur a de plus touchant et de plus noble: après quoi Achille dans une autre scène déploie la fierté, l'indignation, les menaces d'un héros irrité, sans qu'Agamemnon perde rien de sa dignité; et c'était là le plus difficile.

Jamais Achille n'a été plus Achille que dans cette tragédie. Les étrangers ne pourront pas dire de lui ce qu'ils disent d'Hippolyte, de Xipharès, d'Antiochus, roi de Comagène, de Bajazet même: ils les appellent monsieur Bajazet, monsieur Antiochus, monsieur Xipharès, monsieur Hippolyte, et, je l'avoue, ils n'ont pas tort. Cette fai-

[*] Page 11 de l'édition in-4°.

blesse de Racine est un tribut qu'il a payé aux mœurs de son temps, à la galanterie de la cour de Louis XIV, au goût des romans qui avaient infecté la nation, aux exemples mêmes de Corneille, qui ne composa jamais une tragédie sans y mettre de l'amour, et qui fit de cette passion le principal ressort de la tragédie de *Polyeucte*, confesseur et martyr, et de celle d'*Attila*, roi des Huns, et de sainte Théodore qu'on prostitue.

Ce n'est que depuis peu d'années qu'on a osé en France produire des tragédies profanes sans galanterie. La nation était si accoutumée à cette fadeur, qu'au commencement du siècle où nous sommes, on reçut avec applaudissement une *Électre* amoureuse, et une partie carrée de deux amants et de deux maîtresses dans le sujet le plus terrible de l'antiquité, tandis qu'on sifflait l'*Électre* de Longepierre, non seulement parce qu'il y avait des déclamations à l'antique, mais parce qu'on n'y parlait point d'amour.

Du temps de Racine, et jusqu'à nos derniers temps, les personnages essentiels au théâtre étaient l'*amoureux* et l'*amoureuse*, comme à la Foire *Arlequin* et *Colombine*. Un acteur était reçu pour jouer tous les amoureux.

Achille aime Iphigénie, et il le doit; il la regarde comme sa femme; mais il est beaucoup plus fier, plus violent qu'il n'est tendre; il aime comme Achille doit aimer, et il parle comme Homère l'aurait fait parler s'il avait été Français.

ACTE CINQUIÈME.

M. Luneau de Boisjermain, qui a fait une édition de Racine avec des commentaires, voudrait que la catastrophe d'*Iphigénie* fût en action sur le théâtre. « Nous n'avons, dit-il, qu'un regret à » former, c'est que Racine n'ait point composé sa » pièce dans un temps où le théâtre fût, comme » aujourd'hui, dégagé de la foule des spectateurs » qui inondaient autrefois le lieu de la scène; ce » poëte n'aurait pas manqué de mettre en action » la catastrophe qu'il n'a mise qu'en récit. On eût » vu d'un côté un père consterné, une mère éperdue, vingt rois en suspens, l'autel, le bûcher, » le prêtre, le couteau, la victime; et quelle victime! de l'autre, Achille menaçant, l'armée » en *émeute*, le sang de toutes parts prêt à couler; Ériphile alors serait survenue; Chalcas » l'aurait désignée pour l'unique objet de la colère céleste; et cette princesse, s'emparant du » couteau sacré, aurait expiré bientôt sous les » coups qu'elle se serait *portés*. »

Cette idée paraît plausible au premier coup d'œil. C'est en effet le sujet d'un très beau tableau, parce que dans un tableau on ne peint qu'un instant; mais il serait bien difficile que, sur le théâtre, cette action, qui doit durer quelques moments, ne devînt froide et ridicule. Il m'a toujours paru évident que le violent Achille, l'épée nue, et ne se battant point, vingt héros dans la même attitude, comme des personnages de tapisserie, Agamemnon, roi des rois, n'imposant à personne, immobile dans le tumulte, formeraient un spectacle assez semblable au cercle de la reine en cire colorée par Benoît.

> Il est des objets que l'art judicieux
> Doit offrir à l'oreille, et reculer des yeux.
> (Boileau, III, 53-4.)

Il y a bien plus; la mort d'Ériphile glacerait les spectateurs au lieu de les émouvoir. S'il est permis de répandre du sang sur le théâtre (ce que j'ai quelque peine à croire), il ne faut tuer que les personnages auxquels on s'intéresse. C'est alors que le cœur du spectateur est véritablement ému, il vole au-devant du coup qu'on va porter, il saigne de la blessure; on se plaît avec douleur à voir tomber Zaïre sous le poignard d'Orosmane dont elle est idolâtrée. Tuez, si vous voulez, ce que vous aimez; mais ne tuez jamais une personne indifférente; le public sera très indifférent à cette mort : on n'aime point du tout Ériphile. Racine l'a rendue supportable jusqu'au quatrième acte; mais dès qu'Iphigénie est en péril de mort, Ériphile est oubliée, et bientôt haïe : elle ne ferait pas plus d'effet que la biche de Diane.

On m'a mandé depuis peu qu'on avait essayé à Paris le spectacle que M. Luneau de Boisjermain avait proposé, et qu'il n'a point réussi. Il faut savoir qu'un récit écrit par Racine est supérieur à toutes les actions théâtrales.

D'ATHALIE.

Je commencerai par dire d'*Athalie* que c'est là que la catastrophe est admirablement en action; c'est là que se fait la reconnaissance la plus intéressante; chaque acteur y joue un grand rôle. On ne tue point Athalie sur le théâtre; le fils des rois est sauvé, et est reconnu roi : tout ce spectacle transporte les spectateurs.

Je ferais ici l'éloge de cette pièce, le chef-d'œuvre de l'esprit humain, si tous les gens de goût de l'Europe ne s'accordaient pas à lui donner la préférence sur presque toutes les autres pièces. On peut condamner le caractère et l'action du grand-prêtre Joad; sa conspiration, son fanatisme, peuvent être d'un très mauvais exemple; aucun souverain, depuis le Japon jusqu'à Naples, ne voudrait d'un tel pontife; il est factieux, insolent, enthousiaste, inflexible, sanguinaire; il trompe indignement sa reine; il fait égorger par des prêtres cette femme âgée de quatre-vingts ans, qui n'en voulait certainement pas à la vie du jeune Joas, *qu'elle voulait élever comme son propre fils*[1].

J'avoue qu'en réfléchissant sur cet événement, on peut détester la personne du Pontife; mais on admire l'auteur, on s'assujettit sans peine à toutes les idées qu'il présente, on ne pense, on ne sent que d'après lui. Son sujet, d'ailleurs respectable, ne permet pas les critiques qu'on pourrait faire si c'était un sujet d'invention. Le spectateur suppose avec Racine que Joad est en droit de faire tout ce qu'il fait; et ce principe une fois posé, on convient que la pièce est ce que nous avons de plus parfaitement conduit, de plus simple et de plus sublime. Ce qui ajoute encore au mérite de cet ouvrage, c'est que de tous les sujets, c'était le plus difficile à traiter.

On a imprimé avec quelque fondement que Racine avait imité dans cette pièce plusieurs endroits de la tragédie de *la Ligue*, faite par le conseiller d'état Matthieu, historiographe de France sous Henri IV, écrivain qui ne fesait pas mal des vers pour son temps. Constance dit dans la tragédie de Matthieu :

> Je redoute mon Dieu, c'est lui seul que je crains.
> . . . .
> On n'est point délaissé quand on a Dieu pour père.
> Il ouvre à tous la main, il nourrit les corbeaux;
> Il donne la pâture aux jeunes passereaux,
> Aux bêtes des forêts, des prés et des montagnes :
> Tout vit de sa bonté.

Racine dit :

> Je crains Dieu, cher Abner, et n'ai point d'autre crainte.
> (*Athalie*, acte I, scène I.)

> Dieu laissa-t-il jamais ses enfants au besoin?
> Aux petits des oiseaux il donne leur pâture,
> Et sa bonté s'étend sur toute la nature.
> (Acte II, scène VII.)

Le plagiat paraît sensible, et cependant ce n'en est point un; rien n'est plus naturel que d'avoir les mêmes idées sur le même sujet. D'ailleurs Racine et Matthieu ne sont pas les premiers qui aient exprimé des pensées dont on trouve le fond dans plusieurs endroits de l'Écriture.

DES CHEFS-D'ŒUVRE TRAGIQUES FRANÇAIS.

Qu'oserait-on placer parmi ces chefs-d'œuvre reconnus pour tels en France et dans les autres pays, après *Iphigénie* et *Athalie*? Nous mettrions une grande partie de *Cinna*, les scènes supérieures des *Horaces*, du *Cid*, de *Pompée*, de *Polyeucte*; la fin de *Rodogune*; le rôle parfait et inimitable de Phèdre, qui l'emporte sur tous les rôles; celui d'Acomat, aussi beau en son genre; les quatre premiers actes de *Britannicus*; *Andromaque* tout entière, à une scène près de pure coquetterie; les rôles tout entiers de Roxane et de Monime, admirables l'un et l'autre dans des genres tout opposés; des morceaux vraiment tragiques dans quelques autres pièces; mais après vingt bonnes tragédies, sur plus de quatre mille, qu'avons-nous? rien. Tant mieux. Nous l'avons dit ailleurs : Il faut que le beau soit rare, sans quoi il cesserait d'être beau.

[1] *Athalie*, II, 7.

COMÉDIE.

En parlant de la tragédie, je n'ai point osé donner de règles; il y a plus de bonnes dissertations que de bonnes pièces; et si un jeune homme qui a du génie veut connaître les règles importantes de cet art, il lui suffira de lire ce que Boileau en dit dans son *Art poétique*, et d'en être bien pénétré : j'en dis autant de la comédie.

J'écarte la théorie, et je n'irai guère au-delà de l'historique: Je demanderai seulement pourquoi les Grecs et les Romains firent toutes leurs comédies en vers, et pourquoi les modernes ne les font souvent qu'en prose? N'est-ce point que l'un est beaucoup plus aisé que l'autre, et que les hommes en tout genre veulent réussir sans beaucoup de travail? Fénelon fit son *Télémaque* en prose parce qu'il ne pouvait le faire en vers.

L'abbé d'Aubignac, qui, comme prédicateur du roi, se croyait l'homme le plus éloquent du royaume, et qui, pour avoir lu la *Poétique* d'Aristote, pensait être le maître de Corneille, fit une tragédie en prose, dont la représentation ne put être achevée, et que jamais personne n'a lue.

La Motte s'étant laissé persuader que son esprit était infiniment au-dessus de son talent pour la poésie, demanda pardon au public de s'être abaissé jusqu'à faire des vers. Il donna une ode en prose et une tragédie en prose; et on se moqua de lui. Il n'en a pas été de même de la comédie; Molière avait écrit son *Avare* en prose pour le mettre ensuite en vers; mais il parut si bon, que les comédiens voulurent le jouer tel qu'il était, et que personne n'osa depuis y toucher.

Au contraire, le *Convive de Pierre*, qu'on a si mal à propos appelé le *Festin de Pierre*, fut versifié après la mort de Molière par Thomas Corneille, et est toujours joué de cette façon.

Je pense que personne ne s'avisera de versifier le *George Dandin*. La diction en est si naïve, si plaisante, tant de traits de cette pièce sont devenus proverbes, qu'il semble qu'on les gâterait si on voulait les mettre en vers.

Ce n'est pas peut-être une idée fausse de penser qu'il y a des plaisanteries de prose et des plaisanteries de vers. Tel bon conte, dans la conversation, deviendrait insipide s'il était rimé; et tel autre ne réussira bien qu'en rimes. Je pense que monsieur et madame de Sottenville, et madame la comtesse d'Escarbagnas, ne seraient point si plaisants s'ils rimaient. Mais dans les grandes pièces remplies de portraits, de maximes, de récits, et dont les personnages ont des caractères fortement dessinés, telles que *le Misanthrope, le Tartufe, l'École des femmes*, celle *des maris, les Femmes savantes, le Joueur*, les vers me paraissent absolument nécessaires; et j'ai toujours été de l'avis de Michel Montaigne, qui dit que « la sentence, pressée aux pieds nombreux de la » poésie, s'eslance bien plus brusquement, et me » fiert d'une plus vifve secousse. »

Ne répétons point ici ce qu'on a tant dit de Molière; on sait assez que dans ses bonnes pièces il est au-dessus des comiques de toutes les nations anciennes et modernes. Despréaux a dit (Épître VII, 33-38):

Mais sitôt que d'un trait de ses fatales mains
La Parque l'eût rayé du nombre des humains,
On reconnut le prix de sa muse éclipsée.
L'aimable Comédie, avec lui terrassée,
En vain d'un coup si rude espéra revenir,
Et sur ses brodequins ne put plus se tenir.

Put plus est un peu rude à l'oreille; mais Boileau avait raison.

Depuis 1673, année dans laquelle la France perdit Molière, on ne vit pas une seule pièce supportable jusqu'au *Joueur* du trésorier de France Regnard, qui fut joué en 1697; et il faut avouer qu'il n'y a eu que lui seul, après Molière, qui ait fait de bonnes comédies en vers. La seule pièce qu'on ait eue depuis lui a été *le Glorieux* de Destouches, dans laquelle tous les personnages ont été généralement applaudis, excepté malheureusement celui du *Glorieux* qui est le sujet de la pièce.

Rien n'étant si difficile que de faire rire les honnêtes gens, on se réduisit enfin à donner des comédies romanesques qui étaient moins la peinture fidèle des ridicules, que des essais de tragédies bourgeoises; ce fut une espèce bâtarde qui, n'étant ni comique ni tragique, manifestait l'impuissance de faire des tragédies et des comédies. Cette espèce cependant avait un mérite, celui d'intéresser; et, dès qu'on intéresse, on est sûr du succès. Quelques auteurs joignirent aux talents que ce genre exige, celui de semer leurs pièces de vers heureux. Voici comme ce genre s'introduisit.

Quelques personnes s'amusaient à jouer dans un château de petites comédies qui tenaient de ces farces qu'on appelle *parades*: on en fit une en l'année 1732, dont le principal personnage était le fils d'un négociant de Bordeaux, très bon homme, et marin fort grossier, lequel croyant avoir perdu sa femme et son fils, venait se remarier à Paris, après un long voyage dans l'Inde.

Sa femme était une impertinente qui était venue faire la grande dame dans la capitale, manger une grande partie du bien acquis par son mari, et marier son fils à une demoiselle de condition. Le fils, beaucoup plus impertinent que la mère, se donnait des airs de seigneur; et son plus grand air était de mépriser beaucoup sa femme, laquelle était un modèle de vertu et de raison. Cette jeune femme l'accablait de bons procédés sans se plaindre, payait ses dettes secrètement quand il avait joué et perdu sur sa parole, et lui fesait tenir de petits présents très galants sous des noms supposés. Cette conduite rendait notre jeune homme encore plus fat; le marin revenait à la fin de la pièce, et mettait ordre à tout.

Une actrice de Paris, fille de beaucoup d'esprit, nommée mademoiselle Quinault, ayant vu cette farce, conçut qu'on en pourrait faire une comédie très intéressante, et d'un genre tout nouveau pour les Français, en exposant sur le théâtre le contraste d'un jeune homme qui croirait en effet que c'est un ridicule d'aimer sa femme, et une épouse respectable qui forcerait enfin son mari à l'aimer publiquement. Elle pressa l'auteur d'en faire une pièce régulière, noblement écrite; mais ayant été refusée, elle demanda permission de donner ce sujet à M. de La Chaussée, jeune homme qui fesait fort bien des vers, et qui avait de la correction dans le style. Ce fut ce qui valut au public *le Préjugé à la mode*. (En 1735.)

Cette pièce était bien froide après celles de Molière et de Regnard; elle ressemblait à un homme un peu pesant qui danse avec plus de justesse que de grâce. L'auteur voulut mêler la plaisanterie aux beaux sentiments; il introduisit deux marquis qu'il crut comiques, et qui ne furent que forcés et insipides. L'un dit à l'autre:

Si la même maîtresse est l'objet de nos vœux,
L'embarras de choisir la rendra trop perplexe.
Ma foi, marquis, il faut avoir pitié du sexe.
(*Le Préjugé à la mode*, acte III, scène V.)

Ce n'est pas ainsi que Molière fait parler ses personnages. Dès lors le comique fut banni de la comédie. On y substitua le pathétique; on disait que c'était par bon goût, mais c'était par stérilité.

Ce n'est pas que deux ou trois scènes pathétiques ne puissent faire un très bon effet. Il y en a des exemples dans Térence; il y en a dans Molière; mais il faut après cela revenir à la peinture naïve et plaisante des mœurs.

On ne travaille dans le goût de la comédie larmoyante que parce que ce genre est plus aisé; mais cette facilité même le dégrade: en un mot, les Français ne surent plus rire.

Quand la comédie fut ainsi défigurée, la tragédie le fut aussi; on donna des pièces barbares, et le théâtre tomba; mais il peut se relever.

DE L'OPÉRA.

C'est à deux cardinaux que la tragédie et l'opéra doivent leur établissement en France; car ce fut sous Richelieu que Corneille fit son apprentissage, parmi les cinq auteurs que ce ministre fesait travailler, comme des commis, aux drames dont il formait le plan, et où il glissait souvent nombre de très mauvais vers de sa façon; et ce fut lui encore qui, ayant persécuté *le Cid*, eut le bonheur d'inspirer à Corneille ce noble dépit et cette généreuse opiniâtreté qui lui fit composer les admirables scènes des *Horaces* et de *Cinna*.

Le cardinal Mazarin fit connaître aux Français l'opéra, qui ne fut d'abord que ridicule, quoique le ministre n'y travaillât point.

Ce fut en 1647 qu'il fit venir pour la première fois une troupe entière de musiciens italiens, des décorateurs et un orchestre: on représenta au Louvre la tragi-comédie d'*Orphée* en vers italiens et en musique: ce spectacle ennuya tout Paris. Très peu de gens entendaient l'italien; presque personne ne savait la musique, et tout le monde haïssait le cardinal: cette fête, qui coûta beaucoup d'argent, fut sifflée; et bientôt après les plaisants de ce temps-là « firent le grand ballet, et le » branle de la fuite de Mazarin, dansé sur le théâ» tre de la France par lui-même et ses adhé» rents. » Voilà toute la récompense qu'il eut d'avoir voulu plaire à la nation.

Avant lui on avait eu des ballets en France dès le commencement du seizième siècle: et dans ces ballets il y avait toujours eu quelque musique d'une ou deux voix, quelquefois accompagnées de chœurs qui n'étaient guère autre chose qu'un plain-chant grégorien. Les filles d'Achéloüs, les sirènes, avaient chanté en 1582 aux noces du duc de Joyeuse; mais c'étaient d'étranges sirènes.

Le cardinal Mazarin ne se rebuta pas du mauvais succès de son opéra italien; et lorsqu'il fut tout puissant, il fit revenir ses musiciens italiens qui chantèrent *le Nozze di Peleo e di Tetide* en trois actes, en 1654. Louis XIV y dansa; la nation fut charmée de voir son roi, jeune, d'une taille majestueuse et d'une figure aussi aimable que noble, danser dans sa capitale après en avoir été chassé; mais l'opéra du cardinal n'ennuya pas moins Paris pour la seconde fois.

Mazarin persista; il fit venir en 1660 le signor Cavalli, qui donna dans la grande galerie du Louvre l'opéra de *Xerxès* en cinq actes: les Français bâillèrent plus que jamais, et se crurent délivrés de l'opéra italien par la mort de Mazarin, qui donna lieu en 1661 à mille épitaphes ridicules, et à presque autant de chansons qu'on en avait fait contre lui pendant sa vie.

Cependant les Français voulaient aussi dès ce temps-là même avoir un opéra dans leur langue, quoiqu'il n'y eût pas un seul homme dans le pays qui sût faire un trio, ou jouer passablement du violon; et dès l'année 1659, un abbé Perrin qui croyait faire des vers, et un Cambert, intendant de douze violons de la reine-mère, qu'on appelait *la musique de France*, firent chanter dans le village d'Issi une pastorale qui, en fait d'ennui, l'emportait sur les *Hercole amante*, et sur les *Nozze di Peleo*.

En 1669, le même abbé Perrin et le même Cambert s'associèrent avec un marquis de Sourdeac, grand machiniste qui n'était pas absolument fou, mais dont la raison était très particulière, et qui se ruina dans cette entreprise. Les commencements en parurent heureux; on joua d'abord *Pomone*, dans laquelle il était beaucoup parlé de pommes et d'artichauts.

On représenta ensuite *les Peines et les Plaisirs de l'Amour*; et enfin Lulli, violon de Mademoiselle, devenu surintendant de la musique du roi, s'empara du jeu de paume qui avait ruiné le marquis de Sourdeac. L'abbé Perrin inruinable se consola dans Paris à faire des élégies et des sonnets, et même à traduire l'*Énéide* de Virgile en vers qu'il disait héroïques. Voici comme il traduit, par exemple, ces deux vers du cinquième livre de l'*Énéide* (v. 480):

« Arduus, effractoque illisit in ossa cerebro,
» Sternitur, exanimisque tremens procumbit humi bos. »

Dans ses os fracassés enfonce son éteuf,
Et tout tremblant, et mort, en bas tombe le bœuf.

On trouve son nom souvent dans les *Satires* de Boileau, qui avait grand tort de l'accabler: car il ne faut se moquer ni de ceux qui font du bon, ni de ceux qui font du très mauvais, mais de ceux qui, étant médiocres, se croient des génies, et font les importants.

Pour Cambert, il quitta la France de dépit, et alla faire exécuter sa détestable musique chez les Anglais, qui la trouvèrent excellente.

Lulli, qu'on appela bientôt *monsieur de Lulli*, s'associa très habilement avec Quinault, dont il sentait tout le mérite, et qu'on n'appela jamais *monsieur de Quinault*. Il donna dans son jeu de paume de Bélair, en 1672, *les Fêtes de l'Amour et de Bacchus*, composées par ce poëte aimable; mais ni les vers ni la musique ne furent dignes de la réputation qu'ils acquirent depuis; les connaisseurs seulement estimèrent beaucoup une traduction de l'ode charmante d'Horace (liv. II, od. IX):

« Donec gratus eram tibi,
» Nec quisquam potior brachia candidæ
» Cervici juvenis dabat,
» Persarum vigui rege beatior. »
. . . .

Cette ode en effet est très gracieusement rendue en français; mais la musique en est un peu languissante.

Il y eut des bouffonneries dans cet opéra, ainsi que dans *Cadmus* et dans *Alceste*. Ce mauvais goût régnait à la cour dans les ballets, et les opéra italiens étaient remplis d'arlequinades. Quinault ne dédaigna pas de s'abaisser jusqu'à ces platitudes:

Tu fais la grimace en pleurant,
Je ne puis m'empêcher de rire.
. . . .
Ah! vraiment, je vous trouve bonne,
Est-ce à vous, petite mignonne,
De reprendre ce que je dis?
. . . .
Mes pauvres compagnons, hélas!
Le dragon n'en a fait qu'un fort léger repas.
. . . .
Le dragon étendu! ne fait-il point le mort?

Mais dans ces deux opéra d'*Alceste* et de *Cadmus*, Quinault sut insérer des morceaux admirables de poésie. Lulli sut un peu les rendre en accommodant son génie à celui de la langue française; et comme il était d'ailleurs très plaisant, très débauché, adroit, intéressé, bon courtisan, et par conséquent aimé des grands, et que Quinault n'était que doux et modeste, il tira toute la gloire à lui. Il fit accroire que Quinault était son garçon poëte, qu'il dirigeait, et qui sans lui ne serait connu que par les *Satires* de Boileau. Quinault, avec tout son mérite, resta donc en proie aux injures de Boileau, et à la protection de Lulli.

Cependant rien n'est plus beau, ni même plus sublime, que ce chœur des suivants de Pluton dans *Alceste* (Acte IV, scène III):

Tout mortel doit ici paraître.
On ne peut naître
Que pour mourir.
De cent maux le trépas délivre:
Qui cherche à vivre,
Cherche à souffrir....
. . . .
Est-on sage
De fuir ce passage?
C'est un orage
Qui mène au port...
Plaintes, cris, larmes,
Tout est sans armes
Contre la mort.

Le discours que tient Hercule à Pluton parait digne de la grandeur du sujet (acte IV, scène V).

Si c'est te faire outrage
D'entrer par force dans ta cour,
Pardonne à mon courage,
Et fais grâce à l'amour.

La charmante tragédie d'*Atys*, les beautés, ou nobles, ou délicates, ou naïves, répandues dans les pièces suivantes, auraient dû mettre le comble à la gloire de Quinault, et ne firent qu'augmenter celle de Lulli, qui fut regardé comme le dieu de la musique. Il avait en effet le rare talent de la déclamation: il sentit de bonne heure que la langue française étant la seule qui eût l'avantage des rimes féminines et masculines, il fallait la déclamer en musique différemment de l'italien. Lulli inventa le seul récitatif qui convint à la nation, et ce récitatif ne pouvait avoir d'autre mérite que celui de rendre fidèlement les paroles. Il fallait encore des acteurs, il s'en forma; c'était Quinault qui souvent les exerçait, et leur donnait l'esprit du rôle et l'âme du chant. Boileau (Satire X, 141-42) dit que les vers de Quinault étaient des

. . . . . . Lieux communs de morale lubrique,
Que Lulli réchauffa des sons de sa musique.

C'était au contraire Quinault qui réchauffait Lulli. Le récitatif ne peut être bon qu'autant que les vers le sont: cela est si vrai qu'à peine, depuis le temps de ces deux hommes faits l'un pour l'autre, y eut-il à l'Opéra cinq ou six scènes de récitatif tolérables.

Les ariettes de Lulli furent très faibles; c'étaient des *barcarolles* de Venise. Il fallait, pour ces petits airs, des chansonnettes d'amour aussi molles que les notes. Lulli composait d'abord les airs de tous ces divertissements; le poëte y assujettissait les paroles. Lulli forçait Quinault d'être insipide; mais les morceaux vraiment poétiques de Quinault n'étaient certainement pas des lieux communs de morale lubrique. Y a-t-il beaucoup d'odes de Pindare plus fières et plus harmonieuses que ce couplet de l'opéra de *Proserpine*? (Acte I, scène I.)

Les superbes géants, armés contre les dieux,
Ne nous donnent plus d'épouvante;
Ils sont ensevelis sous la masse pesante
Des monts qu'ils entassaient pour attaquer les cieux.
Nous avons vu tomber leur chef audacieux
Sous une montagne brûlante:

Jupiter l'a contraint de vomir à nos yeux
Les restes enflammés de sa rage mourante;
Jupiter est victorieux;
Et tout cède à l'effort de sa main foudroyante.
Goûtons dans ces aimables lieux
Les douceurs d'une paix charmante.

L'avocat Brossette a beau dire, l'ode sur la prise de Namur, « avec ces monceaux de piques, de » corps morts, de rocs, de briques, » est aussi mauvaise que ces vers de Quinault sont bien faits. Le sévère auteur de l'*Art poétique*, si supérieur dans son seul genre, devait être plus juste envers un homme supérieur aussi dans le sien; homme d'ailleurs aimable dans la société, homme qui n'offensa jamais personne, et qui humilia Boileau en ne lui répondant point.

Enfin, le quatrième acte de *Roland* et toute la tragédie d'*Armide* furent des chefs-d'œuvre de la part du poëte; et le récitatif du musicien sembla même en approcher. Ce fut pour l'Arioste et pour le Tasse, dont ces deux opéra sont tirés, le plus bel hommage qu'on leur ait jamais rendu.

DU RÉCITATIF DE LULLI.

Il faut savoir que cette mélodie était alors à peu près celle de l'Italie. Les amateurs ont encore quelques motets de Carissimi qui sont précisément dans ce goût. Telle est cette espèce de cantate latine qui fut, si je ne me trompe, composée par le cardinal Delphini:

« Sunt breves mundi rosæ,
» Sunt fugitivi flores;
» Frondes veluti annosæ,
» Sunt labiles honores.
» Velocissimo cursu
» Fluunt anni;
» Sicut celeres venti,
» Sicut sagittæ rapidæ,
» Fugiunt, evolant, evanescunt.
» Nil durat æternum sub cœlo.
» Rapit omnia rigida sors;
» Implacabili, funesto telo
» Ferit omnia livida mors.
» Est sola in cœlo quies,
» Jucunditas sincera,
» Voluptas pura,
» Et sine nube dies, etc. »

Beaumavielle chantait souvent ce motet, et je l'ai entendu plus d'une fois dans la bouche de Thévenard: rien ne me semblait plus conforme à certains morceaux de Lulli. Cette mélodie demande de l'âme, il faut des acteurs, et aujourd'hui il ne faut que des chanteurs; le vrai récitatif est une déclamation notée, mais on ne note pas l'action et le sentiment.

Si une actrice en grasseyant un peu, en adoucissant sa voix, en minaudant, chantait:

Traître! attends.... je le tiens... je tiens son cœur perfide.
Ah! je l'immole à ma fureur,
(*Armide*, v. 3.)

elle ne rendrait ni Quinault ni Lulli; et elle pourrait, en fesant ralentir un peu la mesure, chanter sur les mêmes notes:

Ah! je les vois, je vois vos yeux aimables;
Ah! je me rends à leurs attraits.

Pergolèse a exprimé dans une musique imitatrice ces beaux vers de l'*Artaserse* de Métastasio:

« Vo solcando un mar crudele
» Senza vele,
» E senza sarte.
» Freme l'onda, il ciel s'imbruna,
» Cresce il vento, e manca l'arte;
» E il voler della fortuna
» Son costretto a seguitar, etc. »

Je priai une des plus célèbres virtuoses de me chanter ce fameux air de Pergolèse. Je m'attendais à frémir au *mar crudele*, au *freme l'onda*, au *cresce il vento*; je me préparais à toute l'horreur d'une tempête; j'entendis une voix tendre qui fredonnait avec grâce l'haleine imperceptible des doux zéphyrs.

Dans l'*Encyclopédie*, à l'article EXPRESSION, qui est d'un assez mauvais auteur de quelques opéra et de quelques comédies, on lit ces étranges paroles: « En général, la musique vocale de Lulli » n'est autre, on le répète, que le pur récitatif, » et n'a par elle-même aucune expression du sen» timent que les paroles de Quinault ont peint. Ce » fait est si certain, que, sur le même chant qu'on » a si long-temps cru plein de la plus forte expres» sion, on n'a qu'à mettre des paroles qui forment » un sens tout-à-fait contraire, et ce chant pourra » être appliqué à ces nouvelles paroles aussi bien, » pour le moins, qu'aux anciennes. Sans parler » ici du premier chœur du prologue d'*Amadis*, » où Lulli a exprimé *éveillons-nous* comme il » aurait fallu exprimer *endormons-nous*, on va » prendre pour exemple et pour preuve un de » ses morceaux de la plus grande réputation.

» Qu'on lise d'abord les vers admirables que » Quinault met dans la bouche de la cruelle, de la » barbare Méduse (*Persée*, acte III, scène I):

Je porte l'épouvante et la mort en tous lieux;
Tout se change en rocher à mon aspect horrible;
Les traits que Jupiter lance du haut des cieux
N'ont rien de si terrible
Qu'un regard de mes yeux.

» Il n'est personne qui ne sente qu'un chant » qui serait l'expression véritable de ces paroles, » ne saurait servir pour d'autres qui présente» raient un sens absolument contraire; or, le chant

» que Lulli met dans la bouche de l'horrible Méduse, dans ce morceau et dans tout cet acte, » est si agréable, par conséquent si peu convenable au sujet, si fort en contre-sens, qu'il irait » très bien pour exprimer le portrait que l'Amour » triomphant ferait de lui-même. On ne représente » ici, pour abréger, que la parodie de ces cinq » vers, avec leur chant. On peut être sûr que la » parodie, très aisée à faire, du reste de la scène, » offrirait partout une démonstration aussi frappante. »

Je por-te l'é-pou-
Je por-te l'al-lé-
vante et la mort en tous lieux; Tout se change en ro-
gresse et la vie en tous lieux; Tout s'a-nime et s'en-
cher à mon as pect hor-ri-ble ribles Les
flamme à mon as-pect ai-ma-ble mable; Les
traits que Ju-pi-ter lan-ce du haut des
feux que le so-leil lan-ce du haut des
cieux N'ont rien de si ter-ri-ble Qu'un re-
cieux N'ont rien de com-pa-ra-ble Aux regard de mes yeux.
gards de mes yeux.

Pour moi, je suis sûr du contraire de ce qu'on avance; j'ai consulté des oreilles très exercées, et je ne vois point du tout qu'on puisse mettre *l'allégresse et la vie*, au lieu de *je porte l'épouvante et la mort*, à moins qu'on ne ralentisse la mesure, qu'on n'affaiblisse et qu'on ne corrompe cette musique par une expression doucereuse, et qu'une mauvaise actrice ne gâte le chant du musicien.

J'en dis autant des mots *éveillons-nous*, auxquels on ne saurait substituer *endormons-nous*, que par un dessein formé de tourner tout en ridicule; je ne puis adopter la sensation d'un autre contre ma propre sensation.

J'ajoute qu'on avait le sens commun du temps de Louis XIV comme aujourd'hui; qu'il aurait été impossible que toute la nation n'eût pas senti que Lulli avait exprimé *l'épouvante et la mort* comme *l'allégresse et la vie*, et le réveil comme l'assoupissement.

On n'a qu'à voir comment Lulli a rendu *dormons, dormons tous*, on sera bientôt convaincu de l'injustice qu'on lui fait. C'est bien ici qu'on peut dire :

« Il meglio è l'inimico del bene. »

ART POÉTIQUE.

Le savant presque universel, l'homme même de génie, qui joint la philosophie à l'imagination, dit, dans son excellent article ENCYCLOPÉDIE, ces paroles remarquables... « Si on en excepte ce Perrault et quelques autres, dont le versificateur » Boileau n'était pas en état d'apprécier le mérite, etc. » (feuillet 636.)

Ce philosophe rend avec raison justice à Claude Perrault, savant traducteur de Vitruve, homme utile en plus d'un genre, à qui l'on doit la belle façade du Louvre, et d'autres grands monuments; mais il faut aussi rendre justice à Boileau. S'il n'avait été qu'un versificateur, il serait à peine connu; il ne serait pas de ce petit nombre de grands hommes qui feront passer le siècle de Louis XIV à la postérité. Ses dernières *Satires*, ses belles *Épîtres*, et surtout son *Art poétique*, sont des chefs-d'œuvre de raison autant que de poésie, *sapere est principium et fons*. L'art du versificateur est, à la vérité, d'une difficulté prodigieuse, surtout en notre langue, où les vers alexandrins marchent deux à deux, où il est rare d'éviter la monotonie, où il faut absolument rimer, où les rimes agréables et nobles sont en trop petit nombre, où un mot hors de sa place, une syllabe dure gâte une pensée heureuse. C'est danser sur la corde avec des entraves; mais le plus grand succès dans cette partie de l'art n'est rien s'il est seul.

L'*Art poétique* de Boileau est admirable, parce qu'il dit toujours agréablement des choses vraies et utiles, parce qu'il donne toujours le précepte et l'exemple, parce qu'il est varié, parce que l'auteur, en ne manquant jamais à la pureté de la langue,

. . . . Sait d'une voix légère
Passer du grave au doux, du plaisant au sévère.
(I, 75-76.)

Ce qui prouve son mérite chez tous les gens de goût, c'est qu'on sait ses vers par cœur; et ce qui doit plaire aux philosophes, c'est qu'il a presque toujours raison.

Puisque nous avons parlé de la préférence qu'on peut donner quelquefois aux modernes sur les anciens, on oserait présumer ici que l'*Art poétique* de Boileau est supérieur à celui d'Horace. La méthode est certainement une beauté dans un poëme didactique; Horace n'en a point. Nous ne lui en fesons pas un reproche, puisque son poëme est une épître familière aux Pisons, et non pas un ouvrage régulier comme les *Géorgiques*; mais c'est un mérite de plus dans Boileau, mérite dont les philosophes doivent lui tenir compte.

L'*Art poétique* latin ne paraît pas, à beaucoup près, si travaillé que le français. Horace y parle presque toujours sur le ton libre et familier de ses autres épîtres. C'est une extrême justesse dans l'esprit, c'est un goût fin, ce sont des vers heureux et pleins de sel, mais souvent sans liaison, quelquefois destitués d'harmonie; ce n'est pas l'élégance et la correction de Virgile. L'ouvrage est très bon, celui de Boileau paraît encore meilleur; et si vous en exceptez les tragédies de Racine, qui ont le mérite supérieur de traiter les passions, et de surmonter toutes les difficultés du théâtre, l'*Art poétique* de Despréaux est sans contredit le poëme qui fait le plus d'honneur à la langue française.

Il serait triste que les philosophes fussent les ennemis de la poésie. Il faut que la littérature soit comme la maison de Mécène... *est locus unicuique suus.*

L'auteur des *Lettres persanes*, si aisées à faire, et parmi lesquelles il y en a de très jolies, d'autres très hardies, d'autres médiocres, d'autres frivoles; cet auteur, dis-je, très recommandable d'ailleurs, n'ayant jamais pu faire de vers, quoiqu'il eût de l'imagination et souvent du style, s'en dédommage en disant que « l'on verse le mépris sur la poésie à pleines mains, et que la poésie lyrique est une harmonieuse extravagance, etc. » Et c'est ainsi qu'on cherche souvent à rabaisser les talents auxquels on ne saurait atteindre. Nous ne pouvons y parvenir, dit Montaigne; vengeons-nous-en par en médire. Mais Montaigne, le devancier et le maître de Montesquieu en imagination et en philosophie, pensait sur la poésie bien différemment.

Si Montesquieu avait eu autant de justice que d'esprit, il aurait senti malgré lui que plusieurs de nos belles odes et de nos bons opéra valent infiniment mieux que les plaisanteries de Riga à Usbeck, imitées du *Siamois* de Dufresni, et que les détails de ce qui se passe dans le sérail d'Usbeck à Ispahan.

Nous parlerons plus amplement de ces injustices trop fréquentes, à l'article CRITIQUE.

ARTS, BEAUX-ARTS.

(Article dédié au roi de Prusse.)

SIRE,

La petite société d'amateurs dont une partie travaille à ces rapsodies au mont Crapack, ne parlera point à votre majesté de l'art de la guerre. C'est un art héroïque, ou si l'on veut, abominable. S'il avait de la beauté, nous vous dirions, sans être contredits, que vous êtes le plus bel homme de l'Europe.

Nous entendons par beaux-arts l'éloquence, dans laquelle vous vous êtes signalé en étant l'historien de votre patrie, et le seul historien brandebourgeois qu'on ait jamais lu; la poésie, qui a fait vos amusements et votre gloire quand vous avez bien voulu composer des vers français; la musique, où vous avez réussi au point que nous doutons fort que Ptolémée Aulètès eût jamais osé jouer de la flûte après vous, ni Achille de la lyre.

Ensuite viennent les arts où l'esprit et la main sont presque également nécessaires, comme la sculpture, la peinture, tous les ouvrages dépendants du dessin, et surtout l'horlogerie, que nous regardons comme un bel art depuis que nous en avons établi des manufactures au mont Crapack.

Vous connaissez, sire, les quatre siècles des arts : presque tout naquit en France et se perfectionna sous Louis XIV; ensuite plusieurs de ces mêmes arts exilés de France allèrent embellir et enrichir le reste de l'Europe au temps fatal de la destruction du célèbre édit de Henri IV, énoncé *irrévocable*, et si facilement révoqué. Ainsi le plus grand mal que Louis XIV pût se faire à lui-même, fit le bien des autres princes contre son intention; et ce que vous en avez dit dans votre histoire du Brandebourg en est une preuve.

Si ce monarque n'avait été connu que par le bannissement de six à sept cent mille citoyens utiles, par son irruption dans la Hollande dont il fut bientôt obligé de sortir, *par sa grandeur qui l'attachait au rivage* [1], tandis que ses troupes passaient le Rhin à la nage; si on n'avait pour monument de sa gloire que les prologues de ses opéra suivis de la bataille d'Hochstedt, sa personne et son règne figureraient mal dans la postérité. Mais tous les beaux-arts en foule, encouragés par son goût et par sa munificence, ses bienfaits répandus avec profusion sur tant de gens de lettres étrangers, le commerce naissant à sa voix dans son royaume, cent manufactures établies, cent belles citadelles bâties, des ports admirables construits, les deux mers unies par des travaux immenses, etc.,

[1] Boileau, *Passage du Rhin*. (Épître IV, v. 114.)

forcent encore l'Europe à regarder avec respect Louis XIV et son siècle.

Ce sont surtout ces grands hommes uniques en tout genre, que la nature produisit alors à la fois, qui rendirent ces temps éternellement mémorables. Le siècle fut plus grand que Louis XIV, mais la gloire en rejaillit sur lui.

L'émulation des arts a changé la face de la terre du pied des Pyrénées aux glaces d'Archangel. Il n'est presque point de prince en Allemagne qui n'ait fait des établissements utiles et glorieux.

Qu'ont fait les Turcs pour la gloire? rien. Ils ont dévasté trois empires et vingt royaumes : mais une seule ville de l'ancienne Grèce aura toujours plus de réputation que tous les Ottomans ensemble.

Voyez ce qui s'est fait depuis peu d'années dans Pétersbourg, que j'ai vu un marais au commencement du siècle où nous sommes. Tous les arts y ont accouru, tandis qu'ils sont anéantis dans la patrie d'Orphée, de Linus et d'Homère.

La statue que l'impératrice de Russie élève à Pierre-le-Grand, parle du bord de la Néva à toutes les nations ; elle dit : J'attends celle de Catherine. Mais il la faudra placer vis-à-vis de la vôtre, etc.

QUE LA NOUVEAUTÉ DES ARTS NE PROUVE POINT LA NOUVEAUTÉ DU GLOBE.

Tous les philosophes crurent la matière éternelle ; mais les arts paraissent nouveaux. Il n'y a pas jusqu'à l'art de faire du pain qui ne soit récent. Les premiers Romains mangeaient de la bouillie ; et ces vainqueurs de tant de nations ne connurent jamais ni les moulins à vent, ni les moulins à eau. Cette vérité semble d'abord contredire l'antiquité du globe tel qu'il est, ou suppose de terribles révolutions dans ce globe. Des inondations de barbares ne peuvent guère anéantir des arts devenus nécessaires. Je suppose qu'une armée de Nègres vienne chez nous comme des sauterelles, des montagnes de Cobonas, par le Monomotapa, par le Monoëmugi, les Nosseguais, les Maracates ; qu'ils aient traversé l'Abyssinie, la Nubie, l'Égypte, la Syrie, l'Asie-Mineure, toute notre Europe ; qu'ils aient tout renversé, tout saccagé ; il restera toujours quelques boulangers, quelques cordonniers, quelques tailleurs, quelques charpentiers : les arts nécessaires subsisteront ; il n'y aura que le luxe d'anéanti. C'est ce qu'on vit à la chute de l'empire romain ; l'art de l'écriture même devint très rare ; presque tous ceux qui contribuent à l'agrément de la vie ne renaquirent que long-temps après. Nous en inventons tous les jours de nouveaux.

De tout cela on ne peut rien conclure au fond contre l'antiquité du globe. Car, supposons même qu'une inondation de barbares nous eût fait perdre entièrement jusqu'à l'art d'écrire et de faire le pain ; supposons encore plus, que nous n'avons que depuis dix ans du pain, des plumes, de l'encre et du papier ; le pays qui a pu subsister dix ans sans manger de pain et sans écrire ses pensées, aurait pu passer un siècle, et cent mille siècles sans ces secours.

Il est très clair que l'homme et les autres animaux peuvent très bien subsister sans boulangers, sans romanciers, et sans théologiens, témoin toute l'Amérique, témoin les trois quarts de notre continent.

La nouveauté des arts parmi nous ne prouve donc point la nouveauté du globe, comme le prétendait Épicure, l'un de nos prédécesseurs en rêveries, qui supposait que par hasard les atomes éternels, en déclinant, avaient formé un jour notre terre. Pomponace disait : « Se il mondo non » è eterno, per tutti santi è molto vecchio. »

DES PETITS INCONVÉNIENTS ATTACHÉS AUX ARTS.

Ceux qui manient le plomb et le mercure sont sujets à des coliques dangereuses, et à des tremblements de nerfs très fâcheux. Ceux qui se servent de plumes et d'encre, sont attaqués d'une vermine qu'il faut continuellement secouer : cette vermine est celle de quelques ex-jésuites qui font des libelles. Vous ne connaissez pas, sire, cette race d'animaux ; elle est chassée de vos états, aussi bien que de ceux de l'impératrice de Russie, du roi de Suède et du roi de Danemarck, mes autres protecteurs. L'ex-jésuite Paulian et l'ex-jésuite Nonotte, qui cultivent, comme moi, les beaux-arts, ne cessent de me persécuter jusqu'au mont Crapack ; ils m'accablent sous le poids de leur crédit, et sous celui de leur génie, qui est encore plus pesant. Si votre majesté ne daigne pas me secourir contre ces grands hommes, je suis anéanti.

ASMODÉE.

Aucun homme versé dans l'antiquité n'ignore que les Juifs ne connurent les anges que par les Perses et les Chaldéens, pendant la captivité. C'est là qu'ils apprirent, selon dom Calmet, qu'il y a sept anges principaux devant le trône du Seigneur. Ils y apprirent aussi les noms des diables. Celui que nous nommons Asmodée s'appelait Hashmodai, ou Chammadai. « On sait, dit Calmet [a], qu'il y a des diables de plusieurs sortes :

[a] Dom Calmet, *Dissertation sur Tobie*, page 205.

» les uns sont princes et maîtres démons, les au-» tres subalternes et sujets. »

Comment cet Hashmodai était-il assez puissant pour tordre le cou à sept jeunes gens qui épousèrent successivement la belle Sara, native de Ragès, à quinze lieues d'Ecbatane? Il fallait que les Mèdes fussent sept fois plus manichéens que les Perses. Le bon principe donne un mari à cette fille, et voilà le mauvais principe, cet Hashmodai, roi des démons, qui détruit sept fois de suite l'ouvrage du principe bienfesant.

Mais Sara était juive, fille de Raguel le juif, captive dans le pays d'Ecbatane. Comment un démon mède avait-il tant de pouvoir sur des corps juifs? C'est ce qui a fait penser qu'Asmodée-Chammadai était juif aussi, que c'était l'ancien serpent qui avait séduit Ève; qu'il aimait passionnément les femmes; que tantôt il les trompait, et tantôt il tuait leurs maris par un excès d'amour et de jalousie.

En effet, le livre de Tobie nous fait entendre, dans la version grecque, qu'Asmodée était amoureux de Sara : ὅτι δαιμόνιον φιλεῖ αὐτήν. C'est l'opinion de toute la savante antiquité que les génies, bons ou mauvais, avaient beaucoup de penchant pour nos filles, et les fées pour nos garçons. L'Écriture même se proportionnant à notre faiblesse, et daignant adopter le langage vulgaire, dit en figure « que les enfants de Dieu[a] voyant » que les filles des hommes étaient belles, prirent » pour femmes celles qu'ils choisirent. »

Mais l'ange Raphael, qui conduit le jeune Tobie, lui donne une raison plus digne de son ministère, et plus capable d'éclairer celui dont il est le guide. Il lui dit que les sept maris de Sara n'ont été livrés à la cruauté d'Asmodée que parce qu'ils l'avaient épousée uniquement pour leur plaisir, comme des chevaux et des mulets. « Il faut, dit-il[b], » garder la continence avec elle pendant trois » jours, et prier Dieu tous deux ensemble. »

Il semble qu'avec une telle instruction on n'ait plus besoin d'aucun autre secours pour chasser Asmodée; mais Raphael ajoute qu'il y faut le cœur d'un poisson, grillé sur des charbons ardents. Pourquoi donc n'a-t-on pas employé depuis ce secret infaillible pour chasser le diable du corps des filles? Pourquoi les apôtres, envoyés exprès pour chasser les démons, n'ont-ils jamais mis le cœur d'un poisson sur le gril? Pourquoi ne se servit-on pas de cet expédient dans l'affaire de Marthe Brossier, des religieuses de Loudun, des maîtresses d'Urbain Grandier, de La Cadière et du frère Girard, et de mille autres possédées dans le temps qu'il y avait des possédées?

[a] *Génèse*. chap VI, 2. — [b] Chap. VI, v, 16, 17 et 18.

Les Grecs et les Romains, qui connaissaient tant de philtres pour se faire aimer, en avaient aussi pour guérir l'amour; ils employaient des herbes, des racines. L'*agnus castus* a été fort renommé; les modernes en ont fait prendre à de jeunes religieuses, sur lesquelles il a eu peu d'effet. Il y a long-temps qu'Apollon se plaignait à Daphné que, tout médecin qu'il était, il n'avait point encore éprouvé de simple qui guérît de l'amour.

« Hei mihi! quod nullis amor est medicabilis herbis.[a] »
D'un incurable amour remèdes impuissants.

On se servait de fumée de soufre; mais Ovide, qui était un grand maître, déclare que cette recette est inutile.

« Nec fugiat vivo sulphure victus amor[b]. »
Le soufre, croyez-moi, ne chasse point l'amour.

La fumée du cœur ou du foie d'un poisson fut plus efficace contre Asmodée. Le révérend P. dom Calmet en est fort en peine, et ne peut comprendre comment cette fumigation pouvait agir sur un pur esprit; mais il pouvait se rassurer, en se souvenant que tous les anciens donnaient des corps aux anges et aux démons. C'étaient des corps très déliés, des corps aussi légers que les petites particules qui s'élèvent d'un poisson rôti. Ces corps ressemblaient à une fumée, et la fumée d'un poisson grillé agissait sur eux par sympathie.

Non seulement Asmodée s'enfuit; mais Gabriel alla l'enchaîner dans la Haute-Égypte, où il est encore. Il demeure dans une grotte auprès de la ville de Saata ou Taata. Paul Lucas l'a vu, et lui a parlé. On coupe ce serpent par morceaux, et sur-le-champ tous les tronçons se rejoignent; il n'y paraît pas. Dom Calmet cite le témoignage de Paul Lucas : il faut bien que je le cite aussi. On croit qu'on pourra joindre la théorie de Paul Lucas avec celle des vampires, dans la première compilation que l'abbé Guyon imprimera.

ASPHALTE.

LAC ASPHALTIDE, SODOME.

Mot chaldéen qui signifie une espèce de bitume. Il y en a beaucoup dans le pays qu'arrose l'Euphrate; nos climats en produisent, mais de fort mauvais. Il y en a en Suisse : on en voulut couvrir le comble de deux pavillons élevés aux côtés d'une porte de Genève; cette couverture ne dura pas un

[a] Ovid. *Met.* lib. I, v. 523.
[b] *De Rem. Amor.*, v. 260.

an ; la mine a été abandonnée ; mais on peut garnir de ce bitume le fond des bassins d'eau, en le mêlant avec de la poix résine ; peut-être un jour en fera-t-on un usage plus utile.

Le véritable asphalte est celui qu'on tirait des environs de Babylone, et avec lequel on prétend que le feu grégeois fut composé.

Plusieurs lacs sont remplis d'asphalte ou d'un bitume qui lui ressemble, de même qu'il y en a d'autres tout imprégnés de nitre. Il y a un grand lac de nitre dans le désert d'Égypte, qui s'étend depuis le lac Mœris jusqu'à l'entrée du Delta ; et il n'a point d'autre nom que le lac de Nitre.

Le lac Asphaltide, connu par le nom de Sodome, fut long-temps renommé pour son bitume ; mais aujourd'hui les Turcs n'en font plus d'usage, soit que la mine, qui est sous les eaux, ait diminué, soit que la qualité s'en soit altérée, ou bien qu'il soit trop difficile de la tirer du fond de l'eau. Il s'en détache quelquefois des parties huileuses, et même de grosses masses qui surnagent ; on les ramasse, on les mêle, et on les vend pour du baume de la Mecque. Il est peut-être aussi bon ; car tous les baumes qu'on emploie pour les coupures sont aussi efficaces les uns que les autres, c'est-à-dire, ne sont bons à rien par eux-mêmes. La nature n'attend pas l'application d'un baume pour fournir du sang et de la lymphe, et pour former une nouvelle chair qui répare celle qu'on a perdue par une plaie. Les baumes de la Mecque, de Judée et du Pérou, ne servent qu'à empêcher l'action de l'air, à couvrir la blessure, et non pas à la guérir ; de l'huile ne produit pas de la peau.

Flavius Josèphe, qui était du pays, dit[a] que de son temps le lac de Sodome n'avait aucun poisson, et que l'eau en était si légère, que les corps les plus lourds ne pouvaient aller au fond. Il voulait dire apparemment *si pesante* au lieu de *si légère*. Il paraît qu'il n'en avait pas fait l'expérience. Il se peut, après tout, qu'une eau dormante, imprégnée de sels et de matières compactes, étant alors plus pesante qu'un corps de pareil volume, comme celui d'une bête ou d'un homme, les ait forcés de surnager. L'erreur de Josèphe consiste à donner une cause très fausse d'un phénomène qui peut être très vrai[b].

Quant à la disette de poissons, elle est croyable. L'asphalte ne paraît pas propre à les nourrir : cependant il est vraisemblable que tout n'est pas asphalte dans ce lac, qui a vingt-trois ou vingt-quatre de nos lieues de long, et qui, en recevant à sa source les eaux du Jourdain, doit recevoir aussi les poissons de cette rivière ; mais peut-être aussi le Jourdain n'en fournit pas, et peut-être ne s'en trouve-t-il que dans le lac supérieur de Tibériade.

Josèphe ajoute que les arbres qui croissent sur les bords de la mer Morte portent des fruits de la plus belle apparence, mais qui s'en vont en poussière dès qu'on y veut porter la dent. Ceci n'est pas si probable, et pourrait faire croire que Josèphe n'a pas été sur le lieu même, ou qu'il a exagéré suivant sa coutume et celle de ses compatriotes. Rien ne semble devoir produire de plus beaux et de meilleurs fruits qu'un terrain sulfureux et salé, tel que celui de Naples, de Catane, et de Sodome.

La sainte Écriture parle de cinq villes englouties par le feu du ciel. La physique, en cette occasion, rend témoignage à l'*Ancien Testament* ; quoiqu'il n'ait pas besoin d'elle, et qu'ils ne soient pas toujours d'accord. On a des exemples de tremblements de terre, accompagnés de coups de tonnerre, qui ont détruit des villes plus considérables que Sodome et Gomorrhe.

Mais la rivière du Jourdain ayant nécessairement son embouchure dans ce lac sans issue, cette mer Morte, semblable à la mer Caspienne, doit avoir existé tant qu'il y a eu un Jourdain ; donc ces cinq villes ne peuvent jamais avoir été à la place où est ce lac de Sodome. Aussi l'Écriture ne dit point du tout que ce terrain fut changé en un lac ; elle dit tout le contraire : « Dieu fit pleuvoir » du soufre et du feu venant du ciel ; et Abraham se leva matin regarda Sodome et Gomorrhe, et toute la terre d'alentour, et il ne vit » que des cendres montant comme une fumée de » fournaise[a]. »

Il faut donc que les cinq villes, Sodome, Gomorrhe, Séboin, Adama et Segor fussent situées sur le bord de la mer Morte. On demandera comment dans un désert aussi inhabitable qu'il l'est aujourd'hui, et où l'on ne trouve que quelques hordes de voleurs arabes, il pouvait y avoir cinq villes assez opulentes pour être plongées dans les délices, et même dans des plaisirs infâmes qui sont le dernier effet du raffinement de la débauche attachée à la richesse : on peut répondre que le pays alors était bien meilleur.

D'autres critiques diront : Comment cinq villes pouvaient-elles subsister à l'extrémité d'un lac

[a] Liv. IV, ch. XXVII.

[b] Depuis l'impression de cet article, on a apporté à Paris de l'eau du lac Asphaltide. Cette eau ne diffère de celle de la mer qu'en ce qu'elle est plus pesante, et qu'elle contient les mêmes sels en beaucoup plus grande quantité que l'eau d'aucune mer connue. Des corps qui tomberaient au fond de l'eau douce, ou même au fond de la mer pourraient y nager ; et c'en était assez pour faire crier au miracle un peuple aussi superstitieux qu'ignorant. K.

[a] *Genèse*, ch. XIX.

dont l'eau n'était pas potable avant leur ruine? L'Écriture elle-même nous apprend que tout le terrain était asphalte avant l'embrasement de Sodome. « Il y avait, dit-elle[a], beaucoup de puits de » bitume dans la vallée des bois, et les rois de So- » dome et de Gomorrhe prirent la fuite, et tombè- » rent en cet endroit-là. »

On fait encore une autre objection. Isaïe et Jérémie disent[b] que Sodome et Gomorrhe ne seront jamais rebâties; mais Étienne le géographe parle de Sodome et de Gomorrhe sur le rivage de la mer Morte. On trouve dans l'*Histoire des conciles* des évêques de Sodome et de Segor.

On peut répondre à cette critique, que Dieu mit dans ces villes rebâties des habitants moins coupables; car il n'y avait point alors d'évêques *in partibus*.

Mais quelle eau, dira-t-on, put abreuver ces nouveaux habitants? tous les puits sont saumâtres : on trouve l'asphalte et un sel corrosif, dès qu'on creuse la terre.

On répondra que quelques Arabes y habitent encore, et qu'ils peuvent être habitués à boire de très mauvaise eau; que Sodome et Gomorrhe dans le Bas-Empire étaient de méchants hameaux, et qu'il y eut dans ce temps-là beaucoup d'évêques dont tout le diocèse consistait en un pauvre village. On peut dire encore que les colons de ces villages préparaient l'asphalte, et en fesaient un commerce utile.

Ce désert aride et brûlant, qui s'étend de Segor jusqu'au territoire de Jérusalem, produit du baume et des aromates, par la même raison qu'il fournit du naphte, du sel corrosif et du soufre.

On prétend que les pétrifications se font dans ce désert avec une rapidité surprenante. C'est ce qui rend très plausible, selon quelques physiciens, la pétrification d'Édith, femme de Loth.

Mais il est dit que cette femme « ayant regardé » derrière elle, elle fut changée en statue de sel; » ce n'est donc pas une pétrification naturelle opérée par l'asphalte et le sel; c'est un miracle évident. Flavius Josèphe dit[c] qu'il a vu cette statue. Saint Justin et saint Irénée en parlent comme d'un prodige qui subsistait encore de leurs temps.

On a regardé ces témoignages comme des fables ridicules. Cependant il est très naturel que quelques Juifs se fussent amusés à tailler un morceau d'asphalte en une figure grossière, et on aura dit : C'est la femme de Loth. J'ai vu des cuvettes d'asphalte très bien faites, qui pourront long-temps subsister; mais il faut avouer que saint Irénée va un peu loin quand il dit :[a] La femme de Loth resta dans le pays de Sodome non plus en chair corruptible, mais en statue de sel permanente, et montrant par ses parties naturelles les effets ordinaires : « Uxor remansit in Sodomis, jam non » caro corruptibilis, sed statua salis semper ma- » nens, et per naturalia ea quæ sunt consuetudi- » nis hominis ostendens. »

Saint Irénée ne semble pas s'exprimer avec toute la justesse d'un bon naturaliste, en disant : La femme de *Loth* n'est plus de la chair corruptible, mais elle a ses règles.

Dans le *Poëme de Sodome*, dont on dit Tertullien auteur, on s'exprime encore plus énergiquement :

« Dicitur, et vivens alio sub corpore, sexus
» Mirifice solito dispungere sanguine menses. »

C'est ce qu'un poëte du temps de Henri II a traduit ainsi dans son style gaulois :

La femme à Loth, quoique sel devenue,
Est femme encor; car elle a sa menstrue.

Les pays des aromates furent aussi le pays des fables. C'est vers les cantons de l'Arabie Pétrée, c'est dans ces déserts, que les anciens mythologistes prétendent que Myrrha, petite-fille d'une statue, s'enfuit après avoir couché avec son père, comme les filles de Loth avec le leur, et qu'elle fut métamorphosée en l'arbre qui porte la myrrhe. D'autres profonds mythologistes assurent qu'elle s'enfuit dans l'Arabie Heureuse, et cette opinion est aussi soutenable que l'autre.

Quoi qu'il en soit, aucun de nos voyageurs ne s'est encore avisé d'examiner le terrain de Sodome, son asphalte, son sel, ses arbres et leurs fruits; de peser l'eau du lac, de l'analyser, de voir si les matières spécifiquement plus pesantes que l'eau ordinaire y surnagent, et de nous rendre un compte fidèle de l'histoire naturelle du pays. Nos pèlerins de Jérusalem n'ont garde d'aller faire ces recherches : ce désert est devenu infesté par des Arabes vagabonds qui courent jusqu'à Damas, qui se retirent dans les cavernes des montagnes, et que l'autorité du bacha de Damas n'a pu encore réprimer. Ainsi les curieux sont fort peu instruits de tout ce qui concerne le lac Asphaltide.

Il est bien triste pour les doctes que parmi tous les sodomistes que nous avons, il ne s'en soit pas trouvé un seul qui nous ait donné des notions de leur capitale.

[a] *Genèse*, ch. XIV, v. 10. — [b] Isaïe, ch. XIII, v. 20; Jérémie, ch. XLIX; 18; et L, 40.
[c] *Antiq.*, liv. I, ch. XI.

[a] Liv. IV, chap. II.

ASSASSIN, ASSASSINAT.

SECTION PREMIÈRE.

Nom corrompu du mot *Ehississin*. Rien n'est plus ordinaire à ceux qui vont en pays lointain que de mal entendre, mal répéter, mal écrire dans leur propre langue ce qu'ils ont mal compris dans une langue absolument étrangère, et de tromper ensuite leurs compatriotes en se trompant eux-mêmes. L'erreur s'établit de bouche en bouche, et de plume en plume : il faut des siècles pour la détruire.

Il y avait du temps des croisades un malheureux petit peuple de montagnards, habitant dans des cavernes vers le chemin de Damas. Ces brigands élisaient un chef qu'ils nommaient Chik Elchassissin. On prétend que ce mot honorifique *chik* ou *chek*, signifie *vieux* originairement ; de même que parmi nous le titre de *seigneur* vient de *senior*, vieillard, et que le mot *graf*, *comte*, veut dire *vieux* chez les Allemands; car anciennement le commandement civil fut toujours déféré aux vieillards chez presque tous les peuples. Ensuite le commandement étant devenu héréditaire, le titre de *chik*, de *graf*, de *seigneur*, de *comte*, a été donné à des enfants; et les Allemands appellent un bambin de quatre ans, *monsieur le comte*, c'est-à-dire, *monsieur le vieux*.

Les croisés nommèrent le vieux des montagnards arabes, *le vieil de la montagne*, et s'imaginèrent que c'était un très grand prince, parce qu'il avait fait tuer et voler sur le grand chemin un comte de *Montferrat*; et quelques autres seigneurs croisés. On nomma ces peuples *les assassins*, et leur chik *le roi du vaste pays des assassins*. Ce vaste pays contient cinq à six lieues de long sur deux à trois de large dans l'Anti-Liban, pays horrible, semé de rochers, comme l'est presque toute la Palestine, mais entrecoupé de prairies assez agréables, et qui nourrissent de nombreux troupeaux, comme l'attestent tous ceux qui ont fait le voyage d'Alep à Damas.

Le chik ou le vieil de ces assassins ne pouvait être qu'un petit chef de bandits, puisqu'il y avait alors un soudan de Damas qui était très puissant.

Nos romanciers de ce temps-là, aussi chimériques que les croisés, imaginèrent d'écrire que le grand prince des assassins, en 1236, craignant que le roi de France, Louis IX, dont il n'avait jamais entendu parler, ne se mît à la tête d'une croisade, et ne vînt lui ravir ses états, envoya deux grands seigneurs de sa cour, des cavernes de l'Anti-Liban à Paris, pour assassiner ce roi; mais que le lendemain ayant appris combien ce prince était généreux et aimable, il envoya en pleine mer deux autres seigneurs pour contremander l'assassinat : je dis en pleine mer, car ces deux émirs, envoyés pour tuer Louis, et les deux autres pour lui sauver la vie, ne pouvaient faire leur voyage qu'en s'embarquant à Joppé, qui était alors au pouvoir des croisés, ce qui redouble encore le merveilleux de l'entreprise. Il fallait que les deux premiers eussent trouvé un vaisseau de croisés tout prêt pour les transporter amicalement, et les deux autres encore un autre vaisseau.

Cent auteurs pourtant ont rapporté au long cette aventure les uns après les autres, quoique Joinville, contemporain, qui alla sur les lieux, n'en dise mot.

Et voilà justement comme on écrit l'histoire.

Le jésuite Maimbourg, le jésuite Daniel, vingt autres jésuites, Mézerai, quoiqu'il ne soit pas jésuite, répètent cette absurdité. L'abbé Velli, dans son *Histoire de France*, la redit avec complaisance, le tout sans aucune discussion, sans aucun examen, et sur la foi d'un Guillaume de Nangis qui écrivait environ soixante ans après cette belle aventure, dans un temps où l'on ne compilait l'histoire que sur des bruits de ville.

Si l'on n'écrivait que les choses vraies et utiles, l'immensité de nos livres d'histoire se réduirait à bien peu de chose; mais on saurait plus et mieux.

On a pendant six cents ans rebattu le conte du vieux de la montagne, qui enivrait de voluptés ses jeunes élus dans ses jardins délicieux, leur fesait accroire qu'ils étaient en paradis, et les envoyait ensuite assassiner des rois au bout du monde pour mériter un paradis éternel.

Vers le levant, le Vieil de la Montagne
Se rendit craint par un moyen nouveau :
Craint n'était-il pour l'immense campagne
Qu'il possédât, ni pour aucun monceau
D'or ou d'argent ; mais parcequ'au cerveau
De ses sujets il imprimait des choses
Qui de maint fait courageux étaient causes.
Il choisissait entre eux les plus hardis
Et leur fesait donner du paradis
Un avant-goût à leurs sens perceptible
(Du paradis de son législateur).
Rien n'en a dit ce prophète menteur,
Qui ne devînt très croyable et sensible
À ces gens-là. Comment s'y prenait-on ?
On les fesait boire tous de façon
Qu'ils s'enivraient, perdaient sens et raison.
En cet état, privés de connaissance,
On les portait en d'agréables lieux,
Ombrages frais, jardins délicieux.
Là se trouvaient tendrons en abondance,
Plus que maillés, et beaux par excellence,
Chaque réduit en avait à couper.

Si se venaient joliment attrouper
Près de ces gens, qui, leur boisson cuvée,
S'émerveillaient de voir cette couvée,
Et se croyaient habitants devenus
Des champs heureux qu'assigne à ses élus
Le faux Mahom. Lors de faire accointance,
Turcs d'approcher, tendrons d'entrer en danse,
Au gazouillis des ruisseaux de ces bois,
Au son des luths accompagnant les voix
Des rossignols : il n'est plaisir au monde
Qu'on ne goûtât dedans ce paradis :
Les gens trouvaient en son charmant pourpris
Les meilleurs vins de la machine ronde,
Dont ne manquaient encor de s'enivrer,
Et de leurs sens perdre l'entier usage.
On les fesait aussitôt reporter
Au premier lieu. De tout ce tripotage
Qu'arrivait-il ? ils croyaient fermement
Que, quelque jour, de semblables délices
Les attendaient, pourvu que hardiment,
Sans redouter la mort ni les supplices,
Ils fissent chose agréable à Mahom,
Servant leur prince en toute occasion.
Par ce moyen leur prince pouvait dire
Qu'il avait gens à sa dévotion,
Déterminés, et qu'il n'était empire
Plus redouté que le sien ici-bas.

Tout cela est fort bon dans un conte de La Fontaine, aux vers faibles près ; et il y a cent anecdotes historiques qui n'auraient été bonnes que là.

SECTION II.

L'assassinat étant, après l'empoisonnement, le crime le plus lâche et le plus punissable, il n'est pas étonnant qu'il ait trouvé de nos jours un approbateur dans un homme dont la raison singulière n'a pas toujours été d'accord avec la raison des autres hommes.

Il feint, dans un roman intitulé *Émile*, d'élever un jeune gentilhomme, auquel il se donne bien de garde de donner une éducation telle qu'on la reçoit dans l'École-Militaire, comme d'apprendre les langues, la géométrie, la tactique, les fortifications, l'histoire de son pays : il est bien éloigné de lui inspirer l'amour de son roi et de sa patrie ; il se borne à en faire un garçon menuisier. Il veut que ce gentilhomme menuisier, quand il a reçu un démenti ou un soufflet, au lieu de les rendre et de se battre, *assassine prudemment son homme*. Il est vrai que Molière, en plaisantant dans *l'Amour peintre*, dit qu'*assassiner est le plus sûr* ; mais l'auteur du roman prétend que c'est le plus raisonnable et le plus honnête. Il le dit très sérieusement ; et dans l'immensité de ses paradoxes, c'est une des trois ou quatre choses qu'il ait dites le premier. Le même esprit de sagesse et de décence qui lui fait prononcer qu'un précepteur doit souvent accompagner son disciple dans un lieu de prostitution[a], le fait décider que ce disciple doit être un assassin. Ainsi l'éducation que donne Jean-Jacques à un gentilhomme, consiste à manier le rabot, et à mériter le grand remède et la corde.

Nous doutons que les pères de famille s'empressent à donner de tels précepteurs à leurs enfants. Il nous semble que le roman d'*Émile* s'écarte un peu trop des maximes de Mentor dans *Télémaque* ; mais aussi il faut avouer que notre siècle s'est fort écarté en tout du grand siècle de Louis XIV.

Heureusement vous ne trouverez point dans le *Dictionnaire encyclopédique* de ces horreurs insensées. On y voit souvent une philosophie qui semble hardie ; mais non pas cette bavarderie atroce et extravagante, que deux ou trois fous ont appelée *philosophie*, et que deux ou trois dames appelaient *éloquence*.

ASSEMBLÉE.

Terme général qui convient également au profane, au sacré, à la politique, à la société, au jeu, à des hommes unis par les lois ; enfin à toutes les occasions où il se trouve plusieurs personnes ensemble.

Cette expression prévient toutes les disputes de mots, et toutes les significations injurieuses par lesquelles les hommes sont dans l'habitude de désigner les sociétés dont ils ne sont pas.

L'assemblée légale des Athéniens s'appelait *Église*[b].

Ce mot ayant été consacré parmi nous à la convocation des catholiques dans un même lieu, nous ne donnions pas d'abord le nom d'*Église* à l'assemblée des protestants : on disait *une troupe de huguenots* ; mais la politesse bannissant tout terme odieux, on se servit du mot *assemblée*, qui ne choque personne.

En Angleterre l'Église dominante donne le nom d'assemblée, *meeting*, aux Églises de tous les non-conformistes.

Le mot d'*assemblée* est celui qui convient le mieux, quand plusieurs personnes en assez grand nombre sont priées de venir perdre leur temps dans une maison dont on leur fait les honneurs, et dans laquelle on joue, on cause, on soupe, on danse, etc. S'il n'y a qu'un petit nombre de priés, cela ne s'appelle point *assemblée* ; c'est un rendez-vous d'amis, et les amis ne sont jamais nombreux.

[a] *Émile*, tome III, p. 261 (liv. IV).

[b] *Voyez* ÉGLISE.

Les assemblées s'appellent en italien *conversazione, ridotto*. Ce mot *ridotto* est proprement ce que nous entendions par *réduit*; mais *réduit* étant devenu parmi nous un terme de mépris, les gazetiers ont traduit *ridotto* par *redoute*. On lisait, parmi les nouvelles importantes de l'Europe, que plusieurs seigneurs de la plus grande considération étaient venus prendre du chocolat chez la princesse Borghèse, et qu'il y avait eu *redoute*. On avertissait l'Europe qu'il y aurait *redoute* le mardi suivant chez son excellence la marquise de Santafior.

Mais on s'aperçut qu'en rapportant des nouvelles de guerre, on était obligé de parler des véritables redoutes qui signifient en effet *redoutables*, et d'où l'on tire des coups de canon. Ce terme ne convenait pas aux *ridotti pacifici*; on est revenu au mot *assemblée*, qui est le seul convenable.

On s'est quelquefois servi de celui de *rendez-vous*; mais il est plus fait pour une petite compagnie, et surtout pour deux personnes.

ASTROLOGIE.

L'astrologie pourrait s'appuyer sur de meilleurs fondements que la magie; car si personne n'a vu ni farfadets, ni lémures, ni dives, ni péris, ni démons, ni cacodémons, on a vu souvent des prédictions d'astrologues réussir. Que de deux astrologues consultés sur la vie d'un enfant et sur la saison, l'un dise que l'enfant vivra âge d'homme, l'autre non; que l'un annonce la pluie, et l'autre le beau temps, il est bien clair qu'il y en aura un prophète.

Le grand malheur des astrologues, c'est que le ciel a changé depuis que les règles de l'art ont été données. Le soleil, qui à l'équinoxe était dans le bélier du temps des Argonautes, se trouve aujourd'hui dans le taureau ; et les astrologues, au grand malheur de leur art, attribuent aujourd'hui à une maison du soleil ce qui appartient visiblement à une autre. Cependant ce n'est pas encore une raison démonstrative contre l'astrologie. Les maîtres de l'art se trompent; mais il n'est pas démontré que l'art ne peut exister.

Il n'y a pas d'absurdité à dire : Un tel enfant est né dans le croissant de la lune, pendant une saison orageuse, au lever d'une telle étoile ; sa constitution a été faible, et sa vie malheureuse et courte, ce qui est le partage ordinaire des mauvais tempéraments : au contraire, celui-ci est né quand la lune est dans son plein, le soleil dans sa force, le temps serein, au lever d'une telle étoile; sa constitution a été bonne, sa vie longue et heureuse. Si ces observations avaient été répétées, si elles s'étaient trouvées justes, l'expérience eût pu, au bout de quelques milliers de siècles, former un art dont il eût été difficile de douter : on aurait pensé, avec quelque vraisemblance, que les hommes sont comme les arbres et les légumes, qu'il ne faut planter et semer que dans certaines saisons. Il n'eût servi de rien contre les astrologues de dire : Mon fils est né dans un temps heureux, et cependant il est mort au berceau; l'astrologue aurait répondu : Il arrive souvent que les arbres plantés dans la saison convenable périssent; je vous ai répondu des astres, mais je ne vous ai pas répondu du vice de conformation que vous avez communiqué à votre enfant : l'astrologie n'opère que quand aucune cause ne s'oppose au bien que les astres peuvent faire.

On n'aurait pas mieux réussi à décréditer l'astrologie en disant : De deux enfants qui sont nés dans la même minute, l'un a été roi, l'autre n'a été que marguillier de sa paroisse; car on aurait très bien pu se défendre, en fesant voir que le paysan a fait sa fortune lorsqu'il est devenu marguillier, comme le prince en devenant roi.

Et si on alléguait qu'un bandit que Sixte-Quint fit pendre était né au même temps que Sixte-Quint, qui de gardeur de cochons devint pape, les astrologues diraient qu'on s'est trompé de quelques secondes, et qu'il est impossible, dans les règles, que la même étoile donne la tiare et la potence. Ce n'est donc que parce qu'une foule d'expériences a démenti les prédictions, que les hommes se sont aperçus à la fin que l'art est illusoire; mais, avant d'être détrompés, ils ont été long-temps crédules.

Un des plus fameux mathématiciens de l'Europe, nommé Stoffler, qui florissait aux quinzième et seizième siècles, et qui travailla long-temps à la réforme du calendrier proposée au concile de Constance, prédit un déluge universel pour l'année 1524. Ce déluge devait arriver au mois de février, et rien n'est plus plausible; car Saturne, Jupiter et Mars se trouvèrent alors en conjonction dans le signe des poissons. Tous les peuples de l'Europe, de l'Asie, et de l'Afrique, qui entendirent parler de la prédiction, furent consternés. Tout le monde s'attendit au déluge, malgré l'arc-en-ciel. Plusieurs auteurs contemporains rapportent que les habitants des provinces maritimes de l'Allemagne s'empressaient de vendre à vil prix leurs terres à ceux qui avaient le plus d'argent, et qui n'étaient pas si crédules qu'eux. Chacun se munissait d'un bateau comme d'une arche. Un docteur de Toulouse, nommé

Auriol, fit faire surtout une grande arche pour lui, sa famille et ses amis; on prit les mêmes précautions dans une grande partie de l'Italie. Enfin le mois de février arriva, et il ne tomba pas une goutte d'eau : jamais mois ne fut plus sec, et jamais les astrologues ne furent plus embarrassés. Cependant ils ne furent ni découragés, ni négligés parmi nous; presque tous les princes continuèrent de les consulter.

Je n'ai pas l'honneur d'être prince; cependant le célèbre comte de Boulainvilliers, et un Italien, nommé Colonne, qui avait beaucoup de réputation à Paris, me prédirent l'un et l'autre que je mourrais infailliblement à l'âge de trente-deux ans. J'ai eu la malice de les tromper déjà de près de trente années, de quoi je leur demande humblement pardon.

ASTRONOMIE,

ET QUELQUES RÉFLEXIONS SUR L'ASTROLOGIE.

M. Duval, qui a été, si je ne me trompe, bibliothécaire de l'empereur François Ier, a rendu compte de la manière dont un pur instinct, dans son enfance, lui donna les premières idées d'astronomie. Il contemplait la lune qui, en s'abaissant vers le couchant, semblait toucher aux derniers arbres d'un bois; il ne douta pas qu'il ne la trouvât derrière ces arbres; il y courut, et fut étonné de la voir au bout de l'horizon.

Les jours suivants, la curiosité le força de suivre le cours de cet astre, et il fut encore plus surpris de le voir se lever et se coucher à des heures différentes.

Les formes diverses qu'il prenait de semaine en semaine, sa disparition totale durant quelques nuits, augmentèrent son attention. Tout ce que pouvait faire un enfant, était d'observer et d'admirer: c'était beaucoup; il n'y en a pas un sur dix mille qui ait cette curiosité et cette persévérance.

Il étudia comme il put pendant une année entière, sans autre livre que le ciel, et sans autre maître que ses yeux. Il s'aperçut que les étoiles ne changeaient point entre elles de position. Mais le brillant de l'étoile de Vénus fixant ses regards, elle lui parut avoir un cours particulier à peu près comme la lune; il l'observa toutes les nuits; elle disparut long-temps à ses yeux, et il la revit enfin devenue l'étoile du matin au lieu de l'étoile du soir.

La route du soleil, qui de mois en mois se levait et se couchait dans des endroits du ciel différents, ne lui échappa point; il marqua les solstices avec deux piquets, sans savoir ce que c'était que les solstices [1].

Il me semble que l'on pourrait profiter de cet exemple pour enseigner l'astronomie à un enfant de dix à douze ans, beaucoup plus facilement que cet enfant extraordinaire dont je parle n'en apprit par lui-même les premiers éléments.

C'est d'abord un spectacle très attachant, pour un esprit bien disposé par la nature, de voir que les différentes phases de la lune ne sont autre chose que celles d'une boule autour de laquelle on fait tourner un flambeau qui tantôt en laisse voir un quart, tantôt une moitié, et qui la laisse invisible quand on met un corps opaque entre elle et le flambeau. C'est ainsi qu'en usa Galilée, lorsqu'il expliqua les véritables principes de l'astronomie devant le doge et les sénateurs de Venise sur la tour de Saint-Marc; il démontra tout aux yeux.

En effet, non seulement un enfant, mais un homme mûr qui n'a vu les constellations que sur des cartes, a beaucoup de peine à les reconnaître quand il les cherche dans le ciel. L'enfant concevra très bien en peu de temps les causes de la course apparente du soleil et de la révolution journalière des étoiles fixes.

Il reconnaîtra surtout les constellations à l'aide de ces quatre vers latins, faits par un astronome il y a environ cinquante ans, et qui ne sont pas assez connus :

« Delta aries, Perseum taurus, geminique capellam,
» Nil cancer, plaustrum leo, virgo comam atque bootem,
» Libra anguem, anguiferum fert scorpius, Antinoum arcus,
» Delphinum caper, amphora equos, Cepheida pisces. »

Les systèmes de Ptolémée et de Ticho-Brahé ne méritent pas qu'on lui en parle, puisqu'ils sont faux: ils ne peuvent jamais servir qu'à expliquer quelques passages des anciens auteurs qui ont rapport aux erreurs de l'antiquité; par exemple, dans le second livre des *Métamorphoses* d'Ovide, le Soleil dit à Phaéton (vers 70, 72, 73) :

« Adde quod assidua rapitur vertigine cœlum,
. . . .
» Nitor in adversum, nec me, qui cætera, vincit
» Impetus, et rapido contrarius evehor orbi. »

Un mouvement rapide emporte l'empyrée :
Je résiste moi seul, moi seul je suis vainqueur;
Je marche contre lui dans ma course assurée.

Cette idée d'un premier mobile qui fesait tourner un prétendu firmament en vingt-quatre heures d'un mouvement impossible, et du soleil

[1] Il n'est peut-être pas inutile de faire observer ici que cet enfant, qui devint un homme de lettres très instruit et d'un esprit original et piquant, n'eut jamais que des connaissances très médiocres en astronomie. K.

qui, entraîné par ce premier mobile, s'avançait pourtant insensiblement d'occident en orient par un mouvement propre qui n'a aucune cause, ne ferait qu'embarrasser un jeune commençant.

Il suffit qu'il sache que, soit que la terre tourne sur elle-même et autour du soleil, soit que le soleil achève sa révolution en une année, les apparences sont à peu près les mêmes, et qu'en astronomie on est obligé de juger par ses yeux avant que d'examiner les choses en physicien.

Il connaîtra bien vite la cause des éclipses de lune et de soleil, et pourquoi il n'y en a point tous les mois. Il lui semblera d'abord que le soleil se trouvant chaque mois en opposition ou en conjonction avec la lune, nous devrions avoir chaque mois une éclipse de lune et une de soleil. Mais dès qu'il saura que ces deux astres ne se meuvent point dans un même plan, et sont rarement sur la même ligne avec la terre, il ne sera plus surpris.

On lui fera aisément comprendre comment on a pu prédire les éclipses, en connaissant la ligne circulaire dans laquelle s'accomplissent le mouvement apparent du soleil et le mouvement réel de la lune. On lui dira que les observateurs ont su, par l'expérience et par le calcul, combien de fois ces deux astres se sont rencontrés précisément dans la même ligne avec la terre en dix-neuf années et quelques heures, après quoi ces astres paraissent recommencer le même cours; de sorte qu'en fesant les corrections nécessaires aux petites inégalités qui arrivaient dans ces dix-neuf années, on prédisait au juste quel jour, quelle heure et quelle minute il y aurait une éclipse de lune ou de soleil. Ces premiers éléments entrent aisément dans la tête d'un enfant qui a quelque conception.

La précession des équinoxes même ne l'effraiera pas. On se contentera de lui dire que le soleil a paru avancer continuellement dans sa course annuelle d'un degré en soixante et douze ans vers l'orient, et que c'est ce que voulait dire Ovide par ce vers que nous avons cité :

« . . . . Contrarius evehor orbi. »
Ma carrière est contraire au mouvement des cieux.

Ainsi le bélier, dans lequel le soleil entrait autrefois au commencement du printemps, est aujourd'hui à la place où était le taureau; et tous les almanachs ont tort de continuer, par un respect ridicule pour l'antiquité, à placer l'entrée du soleil dans le bélier au premier jour du printemps.

Quand on commence à posséder quelques principes d'astronomie, on ne peut mieux faire que de lire les *Institutions* de M. Lemonnier, et tous les articles de M. d'Alembert dans l'*Encyclopédie* concernant cette science. Si on les rassemblait, ils feraient le traité le plus complet et le plus clair que nous ayons eu.

Ce que nous venons de dire du changement arrivé dans le ciel, et de l'entrée du soleil dans d'autres constellations que celles qu'il occupait autrefois, était le plus fort argument contre les prétendues règles de l'astrologie judiciaire. Il ne paraît pas cependant qu'on ait fait valoir cette preuve avant notre siècle pour détruire cette extravagance universelle, qui a si long-temps infecté le genre humain, et qui est encore fort en vogue dans la Perse.

Un homme né, selon l'almanach, quand le soleil était dans le signe du lion, devait être nécessairement courageux : mais malheureusement il était né en effet sous le signe de la vierge; ainsi il aurait fallu que Gauric et Michel Morin eussent changé toutes les règles de leur art.

Une chose assez plaisante, c'est que toutes les lois de l'astrologie étaient contraires à celles de l'astronomie. Les misérables charlatans de l'antiquité et leurs sots disciples, qui ont été si bien reçus et si bien payés chez tous les princes de l'Europe, ne parlaient que de Mars et de Vénus stationnaires et rétrogrades. Ceux qui avaient Mars stationnaire devaient être toujours vainqueurs; Vénus stationnaire rendait tous les amants heureux; si on était né quand Vénus était rétrograde, c'était ce qui pouvait arriver de pis. Mais le fait est que les astres n'ont jamais été ni rétrogrades ni stationnaires; et il suffirait d'une légère connaissance de l'optique pour le démontrer.

Comment donc s'est-il pu faire que, malgré la physique et la géométrie, cette ridicule chimère de l'astrologie ait dominé jusqu'à nos jours, au point que nous avons vu des hommes distingués par leurs connaissances, et surtout très profonds dans l'histoire, entêtés toute leur vie d'une erreur si méprisable? Mais cette erreur était ancienne, et cela suffit.

Les Égyptiens, les Chaldéens, les Juifs, avaient prédit l'avenir; donc on peut aujourd'hui le prédire. On enchantait les serpents, on évoquait des ombres; donc on peut aujourd'hui évoquer des ombres et enchanter des serpents. Il n'y a qu'à savoir bien précisément la formule dont on se servait. Si on ne fait plus de prédictions, ce n'est pas la faute de l'art, c'est la faute des artistes. Michel Morin est mort avec son secret. C'est ainsi que les alchimistes parlent de la pierre philosophale. Si nous ne la trouvons pas aujourd'hui, disent-ils, c'est que nous ne sommes pas encore assez au fait; mais il est certain qu'elle est dans la Clavicule de Salomon; et, avec cette belle certitude, plus de deux cents familles se sont ruinées en Allemagne et en France.

DIGRESSION SUR L'ASTROLOGIE SI IMPROPREMENT NOMMÉE JUDICIAIRE.

Ne vous étonnez donc point si la terre entière a été la dupe de l'astrologie. Ce pauvre raisonnement, « Il y a de faux prodiges, donc il y en a » de vrais, » n'est ni d'un philosophe ni d'un homme qui ait connu le monde.

« Cela est faux et absurde; donc cela sera cru » par la multitude : » voilà une maxime plus vraie.

Étonnez-vous encore moins que tant d'hommes, d'ailleurs très élevés au-dessus du vulgaire, tant de princes, tant de papes, qu'on n'aurait pas trompés sur le moindre de leurs intérêts, aient été si ridiculement séduits par cette impertinence de l'astrologie. Ils étaient très orgueilleux et très ignorants. Il n'y avait d'étoiles que pour eux : le reste de l'univers était de la canaille dont les étoiles ne se mêlaient pas. Ils ressemblaient à ce prince qui tremblait d'une comète, et qui répondait gravement à ceux qui ne la craignaient pas : « Vous en parlez fort à votre aise; vous n'êtes » pas princes. ».

Le fameux duc Valstein fut un des plus infatués de cette chimère. Il se disait prince, et par conséquent pensait que le zodiaque avait été formé tout exprès pour lui. Il n'assiégeait une ville, il ne livrait une bataille, qu'après avoir tenu son conseil avec le ciel; mais comme ce grand homme était fort ignorant, il avait établi pour chef de ce conseil un fripon d'Italien, nommé Jean-Baptiste Seni, auquel il entretenait un carrosse à six chevaux, et donnait la valeur de vingt mille de nos livres de pension. Jean-Baptiste Seni ne put jamais prévoir que Valstein serait assassiné par les ordres de son gracieux souverain Ferdinand II, et que lui Seni s'en retournerait à pied en Italie.

Il est évident qu'on ne peut rien savoir de l'avenir que par conjectures. Ces conjectures peuvent être si fortes qu'elles approcheront d'une certitude. Vous voyez une baleine avaler un petit garçon : vous pourriez parier dix mille contre un qu'il sera mangé; mais vous n'en êtes pas absolument sûr, après les aventures d'Hercule, de Jonas et de Roland *le fou*, qui restèrent si longtemps dans le ventre d'un poisson.

On ne peut trop répéter qu'Albert-le-Grand et le cardinal d'Ailli ont fait tous deux l'horoscope de Jésus-Christ. Ils ont lu évidemment dans les astres combien de diables il chasserait du corps des possédés, et par quel genre de mort il devait finir; mais malheureusement ces deux savants astrologues n'ont rien dit qu'après coup.

Nous verrons ailleurs que, dans une secte qui passe pour chrétienne[1], on ne croit pas qu'il soit possible à l'intelligence suprême de voir l'avenir autrement que par une *suprême conjecture*; car l'avenir n'existant point, c'est, selon eux, une contradiction dans les termes, de voir présent ce qui n'est pas.

ATHÉE.

SECTION PREMIÈRE.

Il y a eu beaucoup d'athées chez les chrétiens; il y en a aujourd'hui beaucoup moins. Ce qui paraîtra d'abord un paradoxe, et qui à l'examen paraîtra une vérité, c'est que la théologie avait souvent jeté les esprits dans l'athéisme, et qu'enfin la philosophie les en a retirés. Il fallait en effet pardonner autrefois aux hommes de douter de la Divinité, quand les seuls qui la leur annonçaient disputaient sur sa nature. Les premiers Pères de l'Église fesaient presque tous Dieu corporel; les autres ensuite, ne lui donnant point d'étendue, le logeaient cependant dans une partie du ciel : il avait selon les uns créé le monde dans le temps, et selon les autres il avait créé le temps : ceux-là lui donnaient un fils semblable à lui; ceux-ci n'accordaient point que le fils fût semblable au père. On disputait sur la manière dont une troisième personne dérivait des deux autres.

On agitait si le fils avait été composé de deux personnes sur la terre. Ainsi la question était, sans qu'on s'en aperçût, s'il y avait dans la Divinité cinq personnes, en comptant deux pour Jésus-Christ sur la terre et trois dans le ciel; ou quatre personnes, en ne comptant le Christ en terre que pour une; ou trois personnes, en ne regardant le Christ que comme Dieu. On disputait sur sa mère, sur la descente dans l'enfer et dans les limbes, sur la manière dont on mangeait le corps de l'homme-Dieu, et dont on buvait le sang de l'homme-Dieu, et sur sa grâce, et sur ses saints, et sur tant d'autres matières. Quand on voyait les confidents de la Divinité si peu d'accord entre eux, et prononçant anathème les uns contre les autres, de siècle en siècle, mais tous d'accord dans la soif immodérée des richesses et de la grandeur; lorsque d'un autre côté on arrêtait la vue sur ce nombre prodigieux de crimes et de malheurs dont la terre était infectée, et dont plusieurs étaient causés par les disputes mêmes de ces maîtres des âmes : il faut l'avouer, il semblait permis à l'homme raisonnable de douter de l'existence d'un être si étrangement annoncé, et à l'homme sensible, d'imaginer qu'un

[1] Les Sociniens.

Dieu qui aurait fait librement tant de malheureux n'existait pas.

Supposons, par exemple, un physicien du quinzième siècle, qui lit, dans la Somme de saint Thomas, ces paroles : « Virtus cœli, loco spermatis, sufficit cum elementis et putrefactione ad generationem animalium imperfectorum : » « La vertu du ciel, au lieu de sperme, suffit avec les éléments et la putréfaction pour la génération des animaux imparfaits. » Voici comme ce physicien aura raisonné : Si la pourriture suffit avec les éléments pour faire des animaux informes, apparemment qu'un peu plus de pourriture et un peu plus de chaleur fait aussi des animaux plus complets. La vertu du ciel n'est ici que la vertu de la nature. Je penserai donc, avec Épicure et saint Thomas, que les hommes ont pu naître du limon de la terre et des rayons du soleil : c'est encore une origine assez noble pour des êtres si malheureux et si méchants. Pourquoi admettrai-je un Dieu créateur qu'on ne me présente que sous tant d'idées contradictoires et révoltantes? Mais enfin la physique est née, et la philosophie avec elle. Alors on a clairement reconnu que le limon du Nil ne forme ni un seul insecte, ni un seul épi de froment : on a été forcé de reconnaître partout des germes, des rapports, des moyens, et une correspondance étonnante entre tous les êtres. On a suivi les traits de lumière qui partent du soleil pour aller éclairer les globes et l'anneau de Saturne à trois cents millions de lieues, et pour venir sur la terre former deux angles opposés au sommet dans l'œil d'un ciron, et peindre la nature sur sa rétine. Un philosophe a été donné au monde, qui a découvert par quelles simples et sublimes lois tous les globes célestes marchent dans l'abîme de l'espace. Ainsi l'ouvrage de l'univers mieux connu montre un ouvrier, et tant de lois toujours constantes ont prouvé un législateur. La saine philosophie a donc détruit l'athéisme, à qui l'obscure théologie prêtait des armes.

Il n'est resté qu'une seule ressource au petit nombre d'esprits difficiles qui, plus frappés des injustices prétendues* d'un Être suprême que de sa sagesse, se sont obstinés à nier ce premier moteur. Ils ont dit : La nature existe de toute éternité ; tout est en mouvement dans la nature : donc tout y change continuellement. Or, si tout change à jamais, il faut que toutes les combinaisons possibles arrivent ; donc la combinaison présente de toutes les choses a pu être le seul effet de ce mouvement et de ce changement éternel. Prenez six dés ; il y a à la vérité 46,655 à parier contre un que vous n'amènerez pas une chance de six fois six ; mais aussi en 46,655 le pari est égal. Ainsi, dans l'infinité des siècles, une des combinaisons infinies, telle que l'arrangement présent de l'univers, n'est pas impossible.

On a vu des esprits, d'ailleurs raisonnables, séduits par cet argument ; mais ils ne considèrent pas qu'il y a l'infini contre eux, et qu'il n'y a certainement pas l'infini contre l'existence de Dieu. Ils doivent encore considérer que si tout change, les moindres espèces des choses ne devraient pas être immuables, comme elles le sont depuis si long-temps. Ils n'ont du moins aucune raison pour laquelle de nouvelles espèces ne se formeraient pas tous les jours. Il est au contraire très probable qu'une main puissante, supérieure à ces changements continuels, arrête toutes les espèces dans les bornes qu'elle leur a prescrites. Ainsi le philosophe qui reconnaît un Dieu a pour lui une foule de probabilités qui équivalent à la certitude, et l'athée n'a que des doutes. On peut étendre beaucoup les preuves qui détruisent l'athéisme dans la philosophie.

Il est évident que, dans la morale, il vaut beaucoup mieux reconnaître un Dieu que n'en point admettre. C'est certainement l'intérêt de tous les hommes qu'il y ait une Divinité qui punisse ce que la justice humaine ne peut réprimer ; mais aussi il est clair qu'il vaudrait mieux ne pas reconnaître de Dieu que d'en adorer un barbare auquel on sacrifierait des hommes, comme on a fait chez tant de nations.

Cette vérité sera hors de doute par un exemple frappant. Les Juifs, sous Moïse, n'avaient aucune notion de l'immortalité de l'âme et d'une autre vie. Leur législateur ne leur annonce de la part de Dieu que des récompenses et des peines purement temporelles ; il ne s'agit donc pour eux que de vivre. Or, Moïse commande aux lévites d'égorger vingt-trois mille de leurs frères, pour avoir eu un veau d'or ou doré ; dans une autre occasion, on en massacre vingt-quatre mille pour avoir eu commerce avec les filles du pays, et douze mille sont frappés de mort parce que quelques uns d'entre eux ont voulu soutenir l'arche qui était près de tomber : on peut, en respectant les décrets de la Providence, affirmer humainement qu'il eût mieux valu pour ces cinquante-neuf mille hommes qui ne croyaient pas une autre vie, être absolument athées et vivre, que d'être égorgés au nom du Dieu qu'ils reconnaissaient.

Il est très certain qu'on n'enseigne point l'athéisme dans les écoles des lettrés à la Chine ; mais il y a beaucoup de ces lettrés athées, parce qu'ils ne sont que médiocrement philosophes. Or, il est sûr qu'il vaudrait mieux vivre avec eux à Pékin, en

* Voyez Bien. (*Du bien et du mal physique et moral.*)

jouissant de la douceur de leurs mœurs et de leurs lois, que d'être exposé dans Goa à gémir chargé de fers dans les prisons de l'inquisition, pour en sortir couvert d'une robe ensoufrée, parsemée de diables, et pour expirer dans les flammes.

Ceux qui ont soutenu qu'une société d'athées pouvait subsister, ont donc eu raison; car ce sont les lois qui forment la société; et ces athées, étant d'ailleurs philosophes, peuvent mener une vie très sage et très heureuse à l'ombre de ces lois: ils vivront certainement en société plus aisément que des fanatiques superstitieux. Peuplez une ville d'Épicures, de Simonides, de Protagoras, de Desbarreaux, de Spinosas; peuplez une autre ville de jansénistes et de molinistes, dans laquelle pensez-vous qu'il y aura plus de troubles et de querelles? L'athéisme, à ne le considérer que par rapport à cette vie, serait très dangereux chez un peuple farouche: des notions fausses de la Divinité ne seraient pas moins pernicieuses. La plupart des grands du monde vivent comme s'ils étaient athées: quiconque a vécu et a vu, sait que la connaissance d'un Dieu, sa présence, sa justice, n'ont pas la plus légère influence sur les guerres, sur les traités, sur les objets de l'ambition, de l'intérêt, des plaisirs, qui emportent tous leurs moments; cependant on ne voit point qu'ils blessent grossièrement les règles établies dans la société: il est beaucoup plus agréable de passer sa vie auprès d'eux, qu'avec des superstitieux et des fanatiques. J'attendrai, il est vrai, plus de justice de celui qui croira un Dieu que de celui qui n'en croira pas; mais je n'attendrai qu'amertume et persécution du superstitieux. L'athéisme et le fanatisme sont deux monstres qui peuvent dévorer et déchirer la société; mais l'athée, dans son erreur, conserve sa raison qui lui coupe les griffes, et le fanatique est atteint d'une folie continuelle qui aiguise les siennes[a].

SECTION II.

En Angleterre, comme partout ailleurs, il y a eu et il y a encore beaucoup d'athées par principes; car il n'y a que de jeunes prédicateurs sans expérience et très mal informés de ce qui se passe au monde, qui assurent qu'il ne peut y avoir d'athées; j'en ai connu en France quelques uns qui étaient de très bons physiciens, et j'avoue que j'ai été bien surpris que des hommes qui démêlent si bien les ressorts de la nature, s'obstinassent à méconnaître la main qui préside si visiblement au jeu de ces ressorts.

Il me paraît qu'un des principes qui les conduisent au matérialisme, c'est qu'ils croient le monde infini et plein, et la matière éternelle: il faut bien que ce soient ces principes qui les égarent, puisque presque tous les newtoniens que j'ai vus, admettant le vide et la matière finie, admettent conséquemment un Dieu.

En effet, si la matière est infinie, comme tant de philosophes, et Descartes même, l'ont prétendu, elle a par elle-même un attribut de l'Être suprême; si le vide est impossible, la matière existe nécessairement; si elle existe nécessairement, elle existe de toute éternité: donc dans ces principes on peut se passer d'un Dieu créateur, fabricateur, et conservateur de la matière.

Je sais bien que Descartes, et la plupart des écoles qui ont cru le plein et la matière indéfinie, ont cependant admis un Dieu; mais c'est que les hommes ne raisonnent et ne se conduisent presque jamais selon leurs principes.

Si les hommes raisonnaient conséquemment, Épicure et son apôtre Lucrèce auraient dû être les plus religieux défenseurs de la Providence qu'ils combattaient; car en admettant le vide et la matière finie, vérité qu'ils ne fesaient qu'entrevoir, il s'ensuivait nécessairement que la matière n'était pas l'être nécessaire, existant par lui-même, puisqu'elle n'était pas indéfinie. Ils avaient donc dans leur propre philosophie, malgré eux-mêmes, une démonstration qu'il y a un autre Être suprême, nécessaire, infini, et qui a fabriqué l'univers. La philosophie de Newton, qui admet et qui prouve la matière finie et le vide, prouve aussi démonstrativement un Dieu.

Aussi je regarde les vrais philosophes comme les apôtres de la Divinité; il en faut pour chaque espèce d'homme: un catéchiste de paroisse dit à des enfants qu'il y a un Dieu; mais Newton le prouve à des sages.

A Londres, après les guerres de Cromwell sous Charles II, comme à Paris, après les guerres des Guises sous Henri IV, on se piquait beaucoup d'athéisme; les hommes ayant passé de l'excès de la cruauté à celui des plaisirs, et ayant corrompu leur esprit successivement dans la guerre et dans la mollesse, ne raisonnaient que très médiocrement; plus on a depuis étudié la nature, plus on a connu son auteur.

J'ose croire une chose, c'est que de toutes les religions le théisme est la plus répandue dans l'univers: elle est la religion dominante à la Chine; c'est la secte des sages chez les mahométans; et de dix philosophes chrétiens, il y en a huit de cette opinion: elle a pénétré jusque dans les écoles de

[a] Voyez RELIGION. — Voyez aussi le tome des *Romans*, *Histoire de Jenni*, K.

théologie, dans les cloîtres, et dans le conclave : c'est une espèce de secte, sans association, sans culte, sans cérémonies, sans dispute et sans zèle, répandue dans l'univers sans avoir été prêchée. Le théisme se rencontre au milieu de toutes les religions comme le judaïsme : ce qu'il y a de singulier, c'est que l'un étant le comble de la superstition, abhorré des peuples et méprisé des sages, est toléré partout à prix d'argent; et l'autre étant l'opposé de la superstition, inconnu au peuple, et embrassé par les seuls philosophes, n'a d'exercice public qu'à la Chine.

Il n'y a point de pays dans l'Europe où il y ait plus de théistes qu'en Angleterre. Plusieurs personnes demandent s'ils ont une religion ou non.

Il y a deux sortes de théistes; ceux qui pensent que Dieu a fait le monde sans donner à l'homme des règles du bien et du mal; il est clair que ceux-là ne doivent avoir que le nom de philosophes.

Il y a ceux qui croient que Dieu a donné à l'homme une loi naturelle, et il est certain que ceux-là ont une religion, quoiqu'ils n'aient pas de culte extérieur. Ce sont, à l'égard de la religion chrétienne, des ennemis pacifiques qu'elle porte dans son sein, et qui renoncent à elle sans songer à la détruire. Toutes les autres sectes veulent dominer; chacune est comme les corps politiques qui veulent se nourrir de la substance des autres, et s'élever sur leur ruine : le théisme seul a toujours été tranquille. On n'a jamais vu de théistes qui aient cabalé dans aucun état.

Il y a eu à Londres une société de théistes qui s'assemblèrent pendant quelque temps auprès du temple Voer; ils avaient un petit livre de leurs lois; la religion sur laquelle on a composé ailleurs tant de gros volumes, ne contenait pas deux pages de ce livre. Leur principal axiome était ce principe : La morale est la même chez tous les hommes, donc elle vient de Dieu; le culte est différent, donc il est l'ouvrage des hommes.

Le second axiome était, que les hommes étant tous frères et reconnaissant le même Dieu, il est exécrable que des frères persécutent leurs frères, parce qu'ils témoignent leur amour au père de famille d'une manière différente. En effet, disaient-ils, quel est l'honnête homme qui ira tuer son frère aîné ou son frère cadet, parce que l'un aura salué leur père commun à la chinoise et l'autre à la hollandaise, surtout dès qu'il ne sera pas bien décidé dans la famille de quelle manière le père veut qu'on lui fasse la révérence? Il paraît que celui qui en userait ainsi serait plutôt un mauvais frère qu'un bon fils.

Je sais bien que ces maximes mènent tout droit au « dogme abominable et exécrable de la tolérance ; » aussi je ne fais que rapporter simplement les choses. Je me donne bien de garde d'être controversiste. Il faut convenir cependant que si les différentes sectes qui ont déchiré les chrétiens avaient eu cette modération, la chrétienté aurait été troublée par moins de désordres, saccagée par moins de révolutions, et inondée par moins de sang.

Plaignons les théistes de combattre notre sainte révélation. Mais d'où vient que tant de calvinistes, de luthériens, d'anabaptistes, de nestoriens, d'ariens, de partisans de Rome, d'ennemis de Rome, ont été si sanguinaires, si barbares, et si malheureux, persécutants et persécutés? c'est qu'ils étaient *peuple*. D'où vient que les théistes, même en se trompant, n'ont jamais fait de mal aux hommes? c'est qu'ils sont *philosophes*. La religion chrétienne a coûté à l'humanité plus de dix-sept millions d'hommes, à ne compter qu'un million d'hommes par siècle, tant ceux qui ont péri par les mains des bourreaux de la justice, que ceux qui sont morts par la main des autres bourreaux soudoyés et rangés en bataille, le tout pour le salut du prochain et la plus grande gloire de Dieu.

J'ai vu des gens s'étonner qu'une religion aussi modérée que le théisme, et qui paraît si conforme à la raison, n'ait jamais été répandue parmi le peuple.

Chez le vulgaire grand et petit, on trouve de pieuses herbières, de dévotes revendeuses, de molinistes duchesses, de scrupuleuses couturières, qui se feraient brûler pour l'anabaptisme; de saints cochers de fiacre qui sont tout-à-fait dans les intérêts de Luther ou d'Arius; mais enfin dans ce peuple on ne voit point de théistes : c'est que le théisme doit encore moins s'appeler une religion qu'un système de philosophie, et que le vulgaire des grands et le vulgaire des petits n'est point philosophe.

Locke était un théiste déclaré. J'ai été étonné de trouver dans le chapitre des Idées innées de ce grand philosophe, que les hommes ont tous des idées différentes de la justice. Si cela était, la morale ne serait plus la même, la voix de Dieu ne se ferait plus entendre aux hommes; il n'y a plus de religion naturelle. Je veux croire avec lui qu'il y a des nations où l'on mange son père, et où l'on rend un service d'ami en couchant avec la femme de son voisin; mais si cela est vrai, cela n'empêche pas que cette loi, « Ne fais pas à autrui ce que tu ne voudrais pas » qu'on te fît, » ne soit une loi générale; car si on mange son père, c'est quand il est vieux, qu'il ne peut plus se traîner, et qu'il serait mangé par les ennemis; or, quel est le père, je vous prie, qui n'aimât mieux fournir un bon repas à son fils qu'à l'ennemi de sa nation? De plus, celui qui mange son père, espère qu'il sera mangé à son tour par ses enfants.

Si l'on rend service à son voisin en couchant avec sa femme, c'est lorsque ce voisin ne peut avoir un fils, et en veut avoir un; car autrement il en serait fort fâché. Dans l'un et dans l'autre de ces cas, et dans tous les autres, la loi naturelle, « Ne fais à autrui que ce que tu voudrais » qu'on te fît, » subsiste. Toutes les autres règles si diverses et si variées se rapportent à celle-là. Lors donc que le sage métaphysicien Locke dit que les hommes n'ont point d'idées innées, et qu'ils ont des idées différentes du juste et de l'injuste, il ne prétend pas assurément que Dieu n'ait pas donné à tous les hommes cet instinct d'amour-propre qui les conduit tous nécessairement[a].

ATHÉISME.

SECTION PREMIÈRE.

De la comparaison si souvent faite entre l'athéisme et l'idolâtrie.

Il me semble que dans le *Dictionnaire encyclopédique* on ne réfute pas aussi fortement qu'on l'aurait pu le sentiment du jésuite Richeome sur les athées et sur les idolâtres; sentiment soutenu autrefois par saint Thomas, saint Grégoire de Nazianze, saint Cyprien, et Tertullien; sentiment qu'Arnobe étalait avec beaucoup de force quand il disait aux païens, « Ne rougissez-vous pas de » nous reprocher notre mépris pour vos dieux, » et n'est-il pas beaucoup plus juste de ne croire » aucun Dieu, que de leur imputer des actions » infâmes? » sentiment établi long-temps auparavant par Plutarque, qui dit « qu'il aime beau- » coup mieux qu'on dise qu'il n'y a point de Plu- » tarque, que si on disait, il y a un Plutarque » inconstant, colère, et vindicatif; » sentiment enfin fortifié par tous les efforts de la dialectique de Bayle.

Voici le fond de la dispute, mis dans un jour assez éblouissant par le jésuite Richeome, et rendu encore plus spécieux par la manière dont Bayle le fait valoir.

« Il y a deux portiers à la porte d'une maison; » on leur demande : Peut-on parler à votre maî- » tre? Il n'y est pas, répond l'un; Il y est, répond » l'autre, mais il est occupé à faire de la fausse » monnaie, de faux contrats, des poignards, et » des poisons, pour perdre ceux qui n'ont fait » qu'accomplir ses desseins. L'athée ressemble au » premier de ces portiers, le païen à l'autre. Il est » donc visible que le païen offense plus grièvement la Divinité que ne fait l'athée. »

Avec la permission du P. Richeome et même de Bayle, ce n'est point là du tout l'état de la question. Pour que le premier portier ressemble aux athées, il ne faut pas qu'il dise : Mon maître n'est point ici; il faudrait qu'il dît : Je n'ai point de maître; celui que vous prétendez mon maître n'existe point; mon camarade est un sot, qui vous dit que Monsieur est occupé à composer des poisons et à aiguiser des poignards pour assassiner ceux qui ont exécuté ses volontés. Un tel être n'existe point dans le monde.

Richeome a donc fort mal raisonné; et Bayle, dans ses discours un peu diffus, s'est oublié jusqu'à faire à Richeome l'honneur de le commenter fort mal à propos.

Plutarque semble s'exprimer bien mieux en préférant les gens qui assurent qu'il n'y a point de Plutarque, à ceux qui prétendent que Plutarque est un homme insociable. Que lui importe en effet qu'on dise qu'il n'est pas au monde? mais il lui importe beaucoup qu'on ne flétrisse pas sa réputation. Il n'en est pas ainsi de l'Être suprême.

Plutarque n'entame pas encore le véritable objet qu'il faut traiter. Il ne s'agit pas de savoir qui offense le plus l'Être suprême, de celui qui le nie, ou de celui qui le défigure : il est impossible de savoir autrement que par la révélation, si Dieu est offensé des vains discours que les hommes tiennent de lui.

Les philosophes, sans y penser, tombent presque toujours dans les idées du vulgaire, en supposant que Dieu est jaloux de sa gloire, qu'il est colère, qu'il aime la vengeance, et en prenant des figures de rhétorique pour des idées réelles. L'objet intéressant pour l'univers entier est de savoir s'il ne vaut pas mieux, pour le bien de tous les hommes, admettre un Dieu rémunérateur et vengeur, qui récompense les bonnes actions cachées, et qui punit les crimes secrets, que de n'en admettre aucun.

Bayle s'épuise à rapporter toutes les infamies que la fable impute aux dieux de l'antiquité; ses adversaires lui répondent par des lieux communs qui ne signifient rien : les partisans de Bayle et ses ennemis ont presque toujours combattu sans se rencontrer. Ils conviennent tous que Jupiter était un adultère, Vénus une impudique, Mercure un fripon : mais ce n'est pas, à ce qu'il me semble, ce qu'il fallait considérer; on devait distinguer les Métamorphoses d'Ovide de la religion

[a] Voyez les articles AMOUR-PROPRE, ATHÉISME et THÉISME du présent Dictionnaire, la *Profession de foi des théistes* (*Mélanges*, année 1768), et les *Lettres de Memmius à Cicéron* (*Mélanges*, année 1771).

des anciens Romains. Il est très certain qu'il n'y a jamais eu de temple ni chez eux, ni même chez les Grecs, dédié à Mercure le fripon, à Vénus l'impudique, à Jupiter l'adultère.

Le dieu que les Romains appelaient *Deus optimus, maximus*, très bon, très grand, n'était pas censé encourager Clodius à coucher avec la femme de César, ni César à être le giton du roi Nicomède.

Cicéron ne dit point que Mercure excita Verrès à voler la Sicile, quoique Mercure, dans la fable, eût volé les vaches d'Apollon. La véritable religion des anciens était que Jupiter, *très bon et très juste*, et les dieux secondaires, punissaient le parjure dans les enfers. Aussi les Romains furent-ils très long-temps les plus religieux observateurs des serments. La religion fut donc très utile aux Romains. Il n'était point du tout ordonné de croire aux deux œufs de Léda, au changement de la fille d'Inachus en vache, à l'amour d'Apollon pour Hyacinthe.

Il ne faut donc pas dire que la religion de Numa déshonorait la Divinité. On a donc long-temps disputé sur une chimère; et c'est ce qui n'arrive que trop souvent.

On demande ensuite si un peuple d'athées peut subsister; il me semble qu'il faut distinguer entre le peuple proprement dit, et une société de philosophes au-dessus du peuple. Il est très vrai que par tout pays la populace a besoin du plus grand frein, et que si Bayle avait eu seulement cinq à six cents paysans à gouverner, il n'aurait pas manqué de leur annoncer un Dieu rémunérateur et vengeur. Mais Bayle n'en aurait pas parlé aux épicuriens, qui étaient des gens riches, amoureux du repos, cultivant toutes les vertus sociales, et surtout l'amitié, fuyant l'embarras et le danger des affaires publiques, menant enfin une vie commode et innocente. Il me paraît qu'ainsi la dispute est finie, quant à ce qui regarde la société et la politique.

Pour les peuples entièrement sauvages, on a déjà dit qu'on ne peut les compter ni parmi les athées ni parmi les théistes. Leur demander leur croyance, ce serait autant que leur demander s'ils sont pour Aristote ou pour Démocrite : ils ne connaissent rien; ils ne sont pas plus athées que péripatéticiens.

Mais on peut insister; on peut dire : Ils vivent en société, et ils sont sans Dieu; donc on peut vivre en société sans religion.

En ce cas, je répondrai que les loups vivent ainsi, et que ce n'est pas une société qu'un assemblage de barbares anthropophages tels que vous les supposez; et je vous demanderai toujours si, quand vous avez prêté votre argent à quelqu'un de votre société, vous voudriez que ni votre débiteur, ni votre procureur, ni votre notaire, ni votre juge, ne crussent en Dieu.

SECTION II.

Des athées modernes. Raisons des adorateurs de Dieu.

Nous sommes des êtres intelligents; or des êtres intelligents ne peuvent avoir été formés par un être brut, aveugle, insensible : il y a certainement quelque différence entre les idées de Newton et des crottes de mulet. L'intelligence de Newton venait donc d'une autre intelligence.

Quand nous voyons une belle machine, nous disons qu'il y a un bon machiniste, et que ce machiniste a un excellent entendement. Le monde est assurément une machine admirable; donc il y dans le monde une admirable intelligence, quelque part où elle soit. Cet argument est vieux, et n'en est pas plus mauvais.

Tous les corps vivants sont composés de leviers, de poulies, qui agissent suivant les lois de la mécanique; de liqueurs que les lois de l'hydrostatique font perpétuellement circuler; et quand on songe que tous ces êtres ont du sentiment, qui n'a aucun rapport à leur organisation, on est accablé de surprise.

Le mouvement des astres, celui de notre petite terre autour du soleil, tout s'opère en vertu des lois de la mathématique la plus profonde. Comment Platon, qui ne connaissait pas une de ces lois, l'éloquent mais le chimérique Platon, qui disait que la terre était fondée sur un triangle équilatère, et l'eau sur un triangle rectangle; l'étrange Platon, qui dit qu'il ne peut y avoir que cinq mondes, parce qu'il n'y a que cinq corps réguliers : comment, dis-je, Platon, qui ne savait pas seulement la trigonométrie sphérique, a-t-il eu cependant un génie assez beau, un instinct assez heureux, pour appeler Dieu l'*éternel géomètre*, pour sentir qu'il existe une intelligence formatrice? Spinosa lui-même l'avoue. Il est impossible de se débattre contre cette vérité, qui nous environne et qui nous presse de tous côtés.

RAISONS DES ATHÉES.

J'ai cependant connu des mutins qui disent qu'il n'y a point d'intelligence formatrice, et que le mouvement seul a formé par lui-même tout ce que nous voyons et tout ce que nous sommes. Ils vous disent hardiment : La combinaison de cet univers était possible, puisqu'elle existe : donc il était possible que le mouvement seul l'arrangeât. Prenez quatre astres seulement, Mars, Vénus, Mercure, et la Terre : ne songeons d'abord qu'à la place où ils sont, en fesant abstraction de tout le reste, et voyons combien nous avons de probabilités pour que le seul mouvement les mette à ces places respectives. Nous n'avons que vingt-quatre chances dans cette combinaison, c'est-à-dire, il n'y a que vingt-quatre contre un à parier que ces astres ne se trouveront pas où ils sont les uns par rapport aux autres. Ajoutons à ces quatre globes celui de Jupiter; il n'y aura que cent vingt contre un à parier que Jupiter, Mars, Vénus, Mercure, et notre globe, ne seront pas placés où nous les voyons.

Ajoutez-y enfin Saturne : il n'y aura que sept cent vingt hasards contre un, pour mettre ces six grosses planètes dans l'arrangement qu'elles gardent entre elles selon leurs distances données. Il est donc démontré qu'en sept cent vingt jets, le seul mouvement a pu mettre ces six planètes principales dans leur ordre.

Prenez ensuite tous les astres secondaires, toutes leurs combinaisons, tous leurs mouvements, tous les êtres qui végètent, qui vivent, qui sentent, qui pensent, qui agissent dans tous les globes, vous n'aurez qu'à augmenter le nombre des chances : multipliez ce nombre dans toute l'éternité, jusqu'au nombre que notre faiblesse appelle *infini*, il y aura toujours une unité en faveur de la formation du monde, tel qu'il est, par le seul mouvement : donc il est possible que dans toute l'éternité le seul mouvement de la matière ait produit l'univers entier tel qu'il existe. Il est même nécessaire que dans l'éternité cette combinaison arrive. Ainsi, disent-ils, non seulement il est possible que le monde soit tel qu'il est par le seul mouvement, mais il était impossible qu'il ne fût pas de cette façon après des combinaisons infinies.

RÉPONSE.

Toute cette supposition me paraît prodigieusement chimérique, pour deux raisons : la première, c'est que dans cet univers il y a des êtres intelligents, et que vous ne sauriez prouver qu'il soit possible que le seul mouvement produise l'entendement; la seconde, c'est que, de votre propre aveu, il y a l'infini contre un à parier qu'une cause intelligente formatrice anime l'univers. Quand on est tout seul vis-à-vis l'infini, on est bien pauvre.

Encore une fois, Spinosa lui-même admet cette intelligence; c'est la base de son système. Vous ne l'avez pas lu, et il faut le lire. Pourquoi voulez-vous aller plus loin que lui, et plonger par un sot orgueil votre faible raison dans un abîme où Spinosa n'a pas osé descendre? Sentez-vous bien l'extrême folie de dire que c'est une cause aveugle qui fait que le carré d'une révolution d'une planète est toujours au carré des révolutions des autres planètes, comme le cube de sa distance est au cube des distances des autres au centre commun? Ou les astres sont de grands géomètres, ou l'éternel géomètre a arrangé les astres.

Mais où est l'éternel géomètre? est-il en un lieu ou en tout lieu, sans occuper d'espace? Je n'en sais rien. Est-ce de sa propre substance qu'il a arrangé toutes choses? Je n'en sais rien. Est-il immense sans quantité et sans qualité? Je n'en sais rien. Tout ce que je sais, c'est qu'il faut l'adorer et être juste.

NOUVELLE OBJECTION D'UN ATHÉE MODERNE.

Peut-on dire que les parties des animaux soient conformées selon leurs besoins? Quels sont ces besoins? la conservation et la propagation. Or faut-il s'étonner que, des combinaisons infinies que le hasard a produites, il n'ait pu subsister que celles qui avaient des organes propres à la nourriture et à la continuation de leur espèce? toutes les autres n'ont-elles pas dû nécessairement périr?

RÉPONSE.

Ce discours, rebattu d'après Lucrèce, est assez réfuté par la sensation donnée aux animaux, et par l'intelligence donnée à l'homme. Comment des combinaisons *que le hasard a produites* produiraient-elles cette sensation et cette intelligence (ainsi qu'on vient de le dire au paragraphe précédent)? Oui, sans doute; les membres des animaux sont faits pour tous leurs besoins avec un art incompréhensible, et vous n'avez pas même la hardiesse de le nier. Vous n'en parlez plus. Vous sentez que vous n'avez rien à répondre à ce grand argument que la nature fait contre vous. La disposition d'une aile de mouche, les organes d'un limaçon, suffisent pour vous atterrer.

OBJECTION DE MAUPERTUIS.

Les physiciens modernes n'ont fait qu'étendre ces prétendus arguments, ils les ont souvent poussés jusqu'à la minutie et à l'indécence. On a trouvé Dieu dans les plis de la peau du rhinocéros : on pouvait, avec le même droit, nier son existence à cause de l'écaille de la tortue.

RÉPONSE.

Quel raisonnement! La tortue et le rhinocéros, et toutes les différentes espèces, prouvent également, dans leurs variétés infinies, la même cause, le même dessein, le même but, qui sont la conservation, la génération, et la mort. L'unité se trouve dans cette infinie variété; l'écaille et la peau rendent également témoignage. Quoi! nier Dieu parce que l'écaille ne ressemble pas à du cuir! Et des journalistes ont prodigué à ces inepties des éloges qu'ils n'ont pas donnés à Newton et à Locke, tous deux adorateurs de la Divinité en connaissance de cause.

OBJECTION DE MAUPERTUIS.

A quoi sert la beauté et la convenance dans la construction du serpent? Il peut, dit-on, avoir des usages que nous ignorons. Taisons-nous donc, au moins, et n'admirons pas un animal que nous ne connaissons que par le mal qu'il fait.

RÉPONSE.

Taisez-vous donc aussi, puisque vous ne concevez pas son utilité plus que moi; ou avouez que tout est admirablement proportionné dans les reptiles.

Il y en a de venimeux, vous l'avez été vous-même. Il ne s'agit ici que de l'art prodigieux qui a formé les serpents, les quadrupèdes, les oiseaux, les poissons et les bipèdes. Cet art est assez manifeste. Vous demandez pourquoi le serpent nuit. Et vous, pourquoi avez-vous nui tant de fois? pourquoi avez-vous été persécuteur, ce qui est le plus grand des crimes pour un philosophe? C'est une autre question, c'est celle du mal moral et du mal physique. Il y a long-temps qu'on demande pourquoi il y a tant de serpents et tant de méchants hommes pires que les serpents. Si les mouches pouvaient raisonner, elles se plaindraient à Dieu de l'existence des araignées; mais elles avoueraient ce que Minerve avoua d'Arachné, dans la fable, qu'elle arrange merveilleusement sa toile.

Il faut donc absolument reconnaître une intelligence ineffable, que Spinosa même admettait. Il faut convenir qu'elle éclate dans le plus vil insecte comme dans les astres. Et à l'égard du mal moral et physique, que dire et que faire? se consoler par la jouissance du bien physique et moral, en adorant l'Être éternel qui a fait l'un et permis l'autre.

Encore un mot sur cet article. L'athéisme est le vice de quelques gens d'esprit, et la superstition le vice des sots: mais les fripons! que sont-ils? des fripons.

Nous croyons ne pouvoir mieux faire que de transcrire ici une pièce de vers chrétiens faits à l'occasion d'un livre d'athéisme sous le nom *Des trois imposteurs*, qu'un M. de Trawsmandorf prétendit avoir retrouvé.

SECTION III.

Des injustes accusations, et de la justification de Vanini.

Autrefois quiconque avait un secret dans un art courait risque de passer pour un sorcier; toute nouvelle secte était accusée d'égorger des enfants dans ses mystères; et tout philosophe qui s'écartait du jargon de l'école était accusé d'athéisme par les fanatiques et par les fripons, et condamné par les sots.

Anaxagore ose-t-il prétendre que le soleil n'est point conduit par Apollon monté sur un quadrige; on l'appelle athée, et il est contraint de fuir.

Aristote est accusé d'athéisme par un prêtre; et ne pouvant faire punir son accusateur, il se retire à Chalcis. Mais la mort de Socrate est ce que l'histoire de la Grèce a de plus odieux.

Aristophane (cet homme que les commentateurs admirent parce qu'il était Grec, ne songeant pas que Socrate était Grec aussi), Aristophane fut le premier qui accoutuma les Athéniens à regarder Socrate comme un athée.

Ce poëte comique, qui n'est ni comique ni poëte, n'aurait pas été admis parmi nous à donner ses farces à la foire Saint-Laurent; il me paraît beaucoup plus bas et plus méprisable que Plutarque ne le dépeint. Voici ce que le sage Plutarque dit de ce farceur: « Le langage d'Aristophane sent son misérable charlatan: ce sont » les pointes les plus basses et les plus dégoûtantes; il n'est pas même plaisant pour le peuple, » et il est insupportable aux gens de jugement et » d'honneur; on ne peut souffrir son arrogance, » et les gens de bien détestent sa malignité. »

C'est donc là, pour le dire en passant, le Tabarin que madame Dacier, admiratrice de Socrate, ose admirer: voilà l'homme qui prépara de loin le poison dont des juges infâmes firent périr l'homme le plus vertueux de la Grèce.

Les tanneurs, les cordonniers et les couturières d'Athènes applaudirent à une farce dans laquelle on représentait Socrate élevé en l'air dans un panier, annonçant qu'il n'y avait point de Dieu, et se vantant d'avoir volé un manteau en enseignant la philosophie. Un peuple entier, dont le mauvais gouvernement autorisait de si infâmes licences, méritait bien ce qui lui est arrivé, de devenir l'esclave des Romains, et de l'être aujourd'hui des Turcs. Les Russes, que la Grèce aurait autrefois appelés *barbares*, et qui la protégent aujourd'hui, n'auraient ni empoisonné Socrate, ni condamné à mort Alcibiade.

Franchissons tout l'espace des temps entre la république romaine et nous. Les Romains, bien plus sages que les Grecs, n'ont jamais persécuté aucun philosophe pour ses opinions. Il n'en est pas ainsi chez les peuples barbares qui ont succédé à l'empire romain. Dès que l'empereur Frédéric II a des querelles avec les papes, on l'accuse d'être athée, et d'être l'auteur du livre des *Trois imposteurs*, conjointement avec son chancelier De Vineis.

Notre grand-chancelier de l'Hospital se déclare-t-il contre les persécutions, on l'accuse aussitôt d'athéisme[a], *Homo doctus, sed verus atheus*. Un jésuite autant au-dessous d'Aristophane qu'Aristophane est au-dessous d'Homère, un malheureux dont le nom est devenu ridicule parmi les fanatiques mêmes, le jésuite Garasse, en un mot, trouve partout des *athéistes*; c'est ainsi qu'il nomme tous ceux contre lesquels il se déchaîne. Il appelle Théodore de Bèze athéiste; c'est lui qui a induit le public en erreur sur Vanini.

La fin malheureuse de Vanini ne nous émeut point d'indignation et de pitié comme celle de Socrate, parce que Vanini n'était qu'un pédant étranger sans mérite; mais enfin Vanini n'était point athée comme on l'a prétendu; il était précisément tout le contraire.

C'était un pauvre prêtre napolitain, prédicateur et théologien de son métier, disputeur à outrance sur les quiddités et sur les universaux, *et utrum chimera bombinans in vacuo possit comedere secundas intentiones*. Mais d'ailleurs, il n'y avait en lui veine qui tendît à l'athéisme. Sa notion de Dieu est de la théologie la plus saine et la plus approuvée. « Dieu est son principe et sa fin, père » de l'un et de l'autre, et n'ayant besoin ni de » l'un ni de l'autre; éternel sans être dans le » temps, présent partout sans être en aucun lieu. » Il n'y a pour lui ni passé ni futur; il est partout » et hors de tout, gouvernant tout, et ayant tout » créé, immuable, infini sans parties; son pou» voir est sa volonté, etc. » Cela n'est pas bien philosophique, mais cela est de la théologie la plus approuvée.

Vanini se piquait de renouveler ce beau sentiment de Platon embrassé par Averroës, que Dieu avait créé une chaîne d'êtres depuis le plus petit jusqu'au plus grand, dont le dernier chaînon est attaché à son trône éternel; idée, à la vérité, plus sublime que vraie, mais qui est aussi éloignée de l'athéisme que l'être du néant.

Il voyagea pour faire fortune et pour disputer; mais malheureusement la dispute est le chemin opposé à la fortune; on se fait autant d'ennemis irréconciliables qu'on trouve de savants ou de pédants contre lesquels on argumente. Il n'y eut point d'autre source du malheur de Vanini; sa chaleur et sa grossièreté dans la dispute lui valurent la haine de quelques théologiens; et ayant eu une querelle avec un nommé Francon, ou Franconi, ce Francon, ami de ses ennemis, ne manqua pas de l'accuser d'être athée enseignant l'athéisme.

Ce Francon ou Franconi, aidé de quelques témoins, eut la barbarie de soutenir à la confrontation ce qu'il avait avancé. Vanini sur la sellette, interrogé sur ce qu'il pensait de l'existence de Dieu, répondit qu'il adorait avec l'Église un Dieu en trois personnes. Ayant pris à terre une paille: Il suffit de ce fétu, dit-il, pour prouver qu'il y a un créateur. Alors il prononça un très beau discours sur la végétation et le mouvement, et sur la nécessité d'un Être suprême, sans lequel il n'y aurait ni mouvement ni végétation.

Le président Grammont, qui était alors à Toulouse, rapporte ce discours dans son *Histoire de France*, aujourd'hui si oubliée; et ce même Grammont, par un préjugé inconcevable, prétend que Vanini disait tout cela par *vanité, ou par crainte, plutôt que par une persuasion intérieure*.

Sur quoi peut être fondé ce jugement téméraire et atroce du président Grammont? Il est évident que sur la réponse de Vanini on devait l'absoudre de l'accusation d'athéisme. Mais qu'arriva-t-il? ce malheureux prêtre étranger se mêlait aussi de médecine: on trouva un gros crapaud vivant, qu'il conservait chez lui dans un vase plein d'eau; on ne manqua pas de l'accuser d'être sorcier. On soutint que ce crapaud était le dieu qu'il adorait; on donna un sens impie à plusieurs passages de ses livres, ce qui est très aisé et très commun, en prenant les objections pour les réponses, en interprétant avec malignité quelque phrase louche, en empoisonnant une expression innocente. Enfin la faction qui l'opprimait arracha des juges l'arrêt qui condamna ce malheureux à la mort.

Pour justifier cette mort, il fallait bien accuser cet infortuné de ce qu'il y avait de plus affreux. Le minime et très minime Mersenne a poussé la démence jusqu'à imprimer que Vanini *était parti de Naples avec douze de ses apôtres pour aller convertir toutes les nations à l'athéisme*. Quelle pitié! comment un pauvre prêtre aurait-il pu avoir douze hommes à ses gages? comment aurait-il pu persuader douze Napolitains de voyager à grands frais pour répandre partout cette doctrine révoltante au péril de leur vie? Un roi serait-il assez puissant pour payer douze prédicateurs d'athéisme? Personne, avant le P. Mersenne, n'avait avancé une si énorme absurdité. Mais après lui on l'a répétée, on en a infecté les journaux, les dictionnaires historiques; et le monde, qui aime l'extraordinaire, a cru cette fable sans examen.

[a] *Commentarium rerum Gallicarum*, lib. XXVIII.

Bayle lui-même, dans ses *Pensées diverses*, parle de Vanini comme d'un athée : il se sert de cet exemple pour appuyer son paradoxe qu'*une société d'athées peut subsister*; il assure que Vanini était un homme de mœurs très réglées, et qu'il fut le martyr de son opinion philosophique. Il se trompe également sur ces deux points. Le prêtre Vanini nous apprend dans ses Dialogues, faits à l'imitation d'Érasme, qu'il avait eu une maîtresse nommée Isabelle. Il était libre dans ses écrits comme dans sa conduite; mais il n'était point athée.

Un siècle après sa mort, le savant La Croze, et celui qui a pris le nom de Philalète, ont voulu le justifier; mais, comme personne ne s'intéresse à la mémoire d'un malheureux Napolitain, très mauvais auteur, presque personne ne lit ces apologies.

Le jésuite Hardouin, plus savant que Garasse, et non moins téméraire, accuse d'athéisme, dans son livre intitulé *Athei detecti*, les Descartes, les Arnauld, les Pascal, les Nicole, les Malebranche: heureusement ils n'ont pas eu le sort de Vanini.

SECTION IV.

Disons un mot de la question de morale agitée par Bayle, savoir, *si une société d'athées pourrait subsister*. Remarquons d'abord sur cet article, quelle est l'énorme contradiction des hommes dans la dispute : ceux qui se sont élevés contre l'opinion de Bayle avec le plus d'emportement, ceux qui lui ont nié avec le plus d'injures la possibilité d'une société d'athées, ont soutenu depuis avec la même intrépidité que l'athéisme est la religion du gouvernement de la Chine.

Ils se sont assurément bien trompés sur le gouvernement chinois; ils n'avaient qu'à lire les édits des empereurs de ce vaste pays, ils auraient vu que ces édits sont des sermons, et que partout il y est parlé de l'Être suprême, gouverneur, vengeur et rémunérateur.

Mais en même temps ils ne se sont pas moins trompés sur l'impossibilité d'une société d'athées; et je ne sais comment M. Bayle a pu oublier un exemple frappant qui aurait pu rendre sa cause victorieuse.

En quoi une société d'athées paraît-elle impossible? C'est qu'on juge que des hommes qui n'auraient pas de frein ne pourraient jamais vivre ensemble; que les lois ne peuvent rien contre les crimes secrets; qu'il faut un Dieu vengeur qui punisse dans ce monde-ci ou dans l'autre les méchants échappés à la justice humaine.

Les lois de Moïse, il est vrai, n'enseignaient point une vie à venir, ne menaçaient point de châtiments après la mort, n'enseignaient point aux premiers Juifs l'immortalité de l'âme; mais les Juifs, loin d'être athées, loin de croire se soustraire à la vengeance divine, étaient les plus religieux de tous les hommes. Non seulement ils croyaient l'existence d'un Dieu éternel, mais ils le croyaient toujours présent parmi eux; ils tremblaient d'être punis dans eux-mêmes, dans leurs femmes, dans leurs enfants, dans leur postérité, jusqu'à la quatrième génération : ce frein était très puissant.

Mais, chez les Gentils, plusieurs sectes n'avaient aucun frein : les sceptiques doutaient de tout; les académiciens suspendaient leur jugement sur tout; les épicuriens étaient persuadés que la Divinité ne pouvait se mêler des affaires des hommes, et, dans le fond, ils n'admettaient aucune divinité. Ils étaient convaincus que l'âme n'est point une substance, mais une faculté qui naît et qui périt avec le corps; par conséquent ils n'avaient aucun joug que celui de la morale et de l'honneur. Les sénateurs et les chevaliers romains étaient de véritables athées, car les dieux n'existaient pas pour des hommes qui ne craignaient ni n'espéraient rien d'eux. Le sénat romain était donc réellement une assemblée d'athées du temps de César et de Cicéron.

Ce grand orateur, dans sa harangue pour Cluentius, dit à tout le sénat assemblé : « Quel mal lui » fait la mort? nous rejetons toutes les fables » ineptes des enfers : qu'est-ce donc que la mort » lui a ôté? rien que le sentiment des douleurs. »

César, l'ami de Catilina, voulant sauver la vie de son ami contre ce même Cicéron, ne lui objecte-t-il pas que ce n'est point punir un criminel que de le faire mourir, que la mort *n'est rien*, que c'est seulement la fin de nos maux, que c'est un moment plus heureux que fatal? Cicéron et tout le sénat ne se rendent-ils pas à ces raisons? Les vainqueurs et les législateurs de l'univers connu formaient donc visiblement une société d'hommes qui ne craignaient rien des dieux, qui étaient de véritables athées.

Bayle examine ensuite si l'idolâtrie est plus dangereuse que l'athéisme; si c'est un crime plus grand de ne point croire à la Divinité que d'avoir d'elle des opinions indignes : il est en cela du sentiment du Plutarque; il croit qu'il vaut mieux n'avoir nulle opinion qu'une mauvaise opinion; mais, n'en déplaise à Plutarque, il est évident qu'il valait infiniment mieux pour les Grecs de craindre Cérès, Neptune et Jupiter, que de ne rien craindre du tout. Il est clair que la sainteté des serments est nécessaire, et qu'on doit se fier davantage à ceux qui pensent qu'un faux serment sera puni, qu'à ceux qui pensent qu'ils peuvent faire un faux serment avec impunité. Il est indubitable que, dans une ville policée, il est infiniment plus utile d'avoir une religion, même mauvaise, que de n'en avoir point du tout.

Il paraît donc que Bayle devait plutôt examiner quel est le plus dangereux, du fanatisme ou de l'athéisme. Le fanatisme est certainement mille fois plus funeste; car l'athéisme n'inspire point de passion sanguinaire, mais le fanatisme en inspire; l'athéisme ne s'oppose pas aux crimes, mais le fanatisme les fait commettre. Supposons, avec l'auteur du *Commentarium rerum gallicarum*, que le chancelier de l'Hospital fût athée; il n'a fait que de sages lois, et n'a conseillé que la modération et la concorde: les fanatiques commirent les massacres de la Saint-Barthélemi. Hobbes passa pour un athée; il mena une vie tranquille et innocente : les fanatiques de son temps inondèrent de sang l'Angleterre, l'Écosse, et l'Irlande. Spinosa était non seulement athée, mais il enseigna l'athéisme : ce ne fut pas lui assurément qui eut part à l'assassinat juridique de Barneveldt; ce ne fut pas lui qui déchira les deux frères de Wit en morceaux, et qui les mangea sur le gril.

Les athées sont pour la plupart des savants hardis et égarés qui raisonnent mal, et qui, ne pouvant comprendre la création, l'origine du mal, et d'autres difficultés, ont recours à l'hypothèse de l'éternité des choses et de la nécessité.

Les ambitieux, les voluptueux, n'ont guère le temps de raisonner, et d'embrasser un mauvais système; ils ont autre chose à faire qu'à comparer Lucrèce avec Socrate. C'est ainsi que vont les choses parmi nous.

Il n'en était pas ainsi du sénat de Rome, qui était presque tout composé d'athées de théorie et de pratique, c'est-à-dire qui ne croyaient ni à la Providence ni à la vie future; ce sénat était une assemblée de philosophes, de voluptueux et d'ambitieux, tous très dangereux, et qui perdirent la république. L'épicuréisme subsista sous les empereurs: les athées du sénat avaient été des factieux dans les temps de Sylla et de César; ils furent sous Auguste et Tibère des athées esclaves.

Je ne voudrais pas avoir affaire à un prince athée, qui trouverait son intérêt à me faire piler dans un mortier: je suis bien sûr que je serais pilé. Je ne voudrais pas, si j'étais souverain, avoir affaire à des courtisans athées, dont l'intérêt serait de m'empoisonner: il me faudrait prendre au hasard du contre-poison tous les jours. Il est donc absolument nécessaire pour les princes et pour les peuples, que l'idée d'un Être suprême, créateur, gouverneur, rémunérateur et vengeur, soit profondément gravée dans les esprits.

Il y a des peuples athées, dit Bayle dans ses *Pensées sur les comètes*. Les Cafres, les Hottentots, les Topinambous, et beaucoup d'autres petites nations, n'ont point de Dieu : ils ne le nient ni ne l'affirment; ils n'en ont jamais entendu parler. Dites-leur qu'il y en a un, ils le croiront aisément; dites-leur que tout se fait par la nature des choses, ils vous croiront de même. Prétendre qu'ils sont athées est la même imputation que si l'on disait qu'ils sont anti-cartésiens; ils ne sont ni pour ni contre Descartes. Ce sont de vrais enfants; un enfant n'est ni athée ni déiste, il n'est rien.

Quelle conclusion tirerons-nous de tout ceci? Que l'athéisme est un monstre très pernicieux dans ceux qui gouvernent; qu'il l'est aussi dans les gens de cabinet, quoique leur vie soit innocente, parce que de leur cabinet ils peuvent percer jusqu'à ceux qui sont en place; que, s'il n'est pas si funeste que le fanatisme, il est presque toujours fatal à la vertu. Ajoutons surtout qu'il y a moins d'athées aujourd'hui que jamais, depuis que les philosophes ont reconnu qu'il n'y a aucun être végétant sans germe, aucun germe sans dessein, etc., et que le blé ne vient point de pourriture.

Des géomètres non philosophes ont rejeté les causes finales, mais les vrais philosophes les admettent; et, comme l'a dit un auteur connu, un catéchiste annonce Dieu aux enfants, et Newton le démontre aux sages.

S'il y a des athées, à qui doit-on s'en prendre, sinon aux tyrans mercenaires des âmes, qui, en nous révoltant contre leurs fourberies, forcent quelques esprits faibles à nier le Dieu que ces monstres déshonorent? Combien de fois les sangsues du peuple ont-elles porté les citoyens accablés jusqu'à se révolter contre leur roi [a]!

Des hommes engraissés de notre substance nous crient: Soyez persuadés qu'une ânesse a parlé; croyez qu'un poisson a avalé un homme et l'a rendu au bout de trois jours sain et gaillard sur le rivage; ne doutez pas que le Dieu de l'univers n'ait ordonné à un prophète juif de manger de la merde (*Ézéchiel*), et à un autre prophète d'acheter deux catins, et de leur faire des fils de p..... (*Osée*) (ce sont les propres mots qu'on fait prononcer au Dieu de vérité et de pureté); croyez cent choses ou visiblement abominables ou mathématiquement impossibles, sinon le Dieu de miséricorde vous brûlera, non seulement pendant des millions de milliards de siècles au feu d'enfer, mais pendant toute l'éternité, soit que vous ayez un corps, soit que vous n'en ayez pas.

Ces inconcevables bêtises révoltent des esprits

[a] Voyez l'article FRAUDE.

faibles et téméraires, aussi bien que des esprits fermes et sages. Ils disent : Nos maîtres nous peignent Dieu comme le plus insensé et comme le plus barbare de tous les êtres; donc il n'y a pas de Dieu : mais ils devraient dire : Donc nos maîtres attribuent à Dieu leurs absurdités et leurs fureurs, donc Dieu est le contraire de ce qu'ils annoncent, donc Dieu est aussi sage et aussi bon qu'ils le disent fou et méchant. C'est ainsi que s'expliquent les sages. Mais si un fanatique les entend, il les dénonce à un magistrat sergent de prêtres; et ce sergent les fait brûler à petit feu, croyant venger et imiter la majesté divine qu'il outrage.

ATOMES.

Épicure, aussi grand génie qu'homme respectable par ses mœurs, qui a mérité que Gassendi prît sa défense; après Épicure, Lucrèce, qui força la langue latine à exprimer les idées philosophiques, et (ce qui attira l'admiration de Rome) à les exprimer en vers; Épicure et Lucrèce, dis-je, admirent les atomes et le vide : Gassendi soutint cette doctrine, et Newton la démontra. En vain un reste de cartésianisme combattait pour le plein; en vain Leibnitz, qui avait d'abord adopté le système raisonnable d'Épicure, de Lucrèce, de Gassendi et de Newton, changea d'avis sur le vide, quand il fut brouillé avec Newton son maître : le plein est aujourd'hui regardé comme une chimère. Boileau, qui était un homme de très grand sens, a dit avec beaucoup de raison (Épître V, v. 51-52) :

> Que Rohault vainement sèche pour concevoir
> Comment, tout étant plein, tout a pu se mouvoir.

Le vide est reconnu : on regarde les corps les plus durs comme des cribles; et ils sont tels en effet. On admet des atomes, des principes insécables, inaltérables, qui constituent l'immutabilité des éléments et des espèces; qui font que le feu est toujours feu, soit qu'on l'aperçoive, soit qu'on ne l'aperçoive pas; que l'eau est toujours eau, la terre toujours terre, et que les germes imperceptibles qui forment l'homme ne forment point un oiseau.

Épicure et Lucrèce avaient déjà établi cette vérité, quoique noyée dans des erreurs. Lucrèce dit en parlant des atomes (liv. I, v. 575) :

« Sunt igitur solida pollentia simplicitate. »

Le soutien de leur être est la simplicité.

Sans ces éléments d'une nature immuable, il est à croire que l'univers ne serait qu'un chaos : et en cela Épicure et Lucrèce paraissent de vrais philosophes.

Leurs intermèdes, qu'on a tant tournés en ridicule, ne sont autre chose que l'espace non résistant dans lequel Newton a démontré que les planètes parcourent leurs orbites dans des temps proportionnels à leurs aires : ainsi ce n'étaient pas les intermèdes d'Épicure qui étaient ridicules, ce furent leurs adversaires.

Mais lorsque ensuite Épicure nous dit que ses atomes ont décliné par hasard dans le vide; que cette déclinaison a formé par hasard les hommes et les animaux; que les yeux par hasard se trouvèrent au haut de la tête, et les pieds au bout des jambes; que les oreilles n'ont point été données pour entendre, mais que la déclinaison des atomes ayant fortuitement composé des oreilles, alors les hommes s'en sont servis fortuitement pour écouter : cette démence, qu'on appelait *physique*, a été traitée de ridicule à très juste titre.

Les vrais philosophes ont donc distingué depuis long-temps ce qu'Épicure et Lucrèce ont de bon d'avec leurs chimères fondées sur l'imagination et l'ignorance. Les esprits les plus soumis ont adopté la création dans le temps, et les plus hardis ont admis la création de tout temps; les uns ont reçu avec foi un univers tiré du néant; les autres, ne pouvant comprendre cette physique, ont cru que tous les êtres étaient des émanations du grand Être, de l'Être suprême et universel : mais tous ont rejeté le concours fortuit des atomes; tous ont reconnu que le hasard est un mot vide de sens. Ce que nous appelons *hasard* n'est et ne peut être que la cause ignorée d'un effet connu. Comment donc se peut-il faire qu'on accuse encore les philosophes de penser que l'arrangement prodigieux et ineffable de cet univers soit une production du concours fortuit des atomes, un effet du hasard? Ni Spinosa ni personne n'a dit cette absurdité.

Cependant le fils du grand Racine dit, dans son poëme de *la Religion* (Ch. I, v. 113-118) :

> O toi qui follement fais ton Dieu du hasard,
> Viens me développer ce nid qu'avec tant d'art,
> Au même ordre toujours architecte fidèle,
> A l'aide de son bec, maçonne l'hirondelle :
> Comment, pour élever ce hardi bâtiment,
> A-t-elle en le broyant arrondi son ciment?

Ces vers sont assurément en pure perte : personne ne fait son Dieu du hasard; personne n'a dit « qu'une hirondelle, en broyant, en arrondissant son ciment, ait élevé son hardi bâtiment par hasard. » On dit, au contraire, « qu'elle fait son nid par les lois de la nécessité, » qui est l'opposé du hasard. Le poëte Rousseau tombe dans le même défaut dans une épître à ce même Racine :

> De là sont nés, Épicures nouveaux,
> Ces plans fameux, ces systèmes si beaux,

Qui, dirigeant sur votre prud'hommie
Du monde entier toute l'économie,
Vous ont appris que ce grand univers
N'est composé que d'un concours divers
De corps muets, d'insensibles atomes,
Qui, par leur choc, forment tous ces fantômes
Que détermine et conduit le hasard,
Sans que le ciel y prenne aucune part.

Où ce versificateur a-t-il trouvé « ces plans fameux d'Épicures nouveaux, qui dirigent sur leur prud'hommie du monde entier toute l'économie? » Où a-t-il vu « que ce grand univers est composé d'un concours divers de corps muets, » tandis qu'il y en a tant qui retentissent et qui ont de la voix? Où a-t-il vu « ces insensibles atomes qui forment des fantômes conduits par le hasard? » C'est ne connaître ni son siècle, ni la philosophie, ni la poésie, ni sa langue, que de s'exprimer ainsi. Voilà un plaisant philosophe! L'auteur des Épigrammes sur la sodomie et la bestialité devait-il écrire si magistralement et si mal sur des matières qu'il n'entendait point du tout, et accuser des philosophes d'un libertinage d'esprit qu'ils n'avaient point?

Je reviens aux atomes. La seule question qu'on agite aujourd'hui consiste à savoir si l'auteur de la nature a formé des parties primordiales, incapables d'être divisées, pour servir d'éléments inaltérables; ou si tout se divise continuellement, et se change en d'autres éléments. Le premier système semble rendre raison de tout, et le second de rien, du moins jusqu'à présent.

Si les premiers éléments des choses n'étaient pas indestructibles, il pourrait se trouver à la fin qu'un élément dévorât tous les autres, et les changeât en sa propre substance. C'est probablement ce qui fit imaginer à Empédocle que tout venait du feu, et que tout serait détruit par le feu.

On sait que Robert Boyle, à qui la physique eut tant d'obligations dans le siècle passé, fut trompé par la fausse expérience d'un chimiste qui lui fit croire qu'il avait changé de l'eau en terre. Il n'en était rien. Boerhaave, depuis, découvrit l'erreur par des expériences mieux faites; mais avant qu'il l'eût découverte, Newton, abusé par Boyle, comme Boyle l'avait été par son chimiste, avait déjà pensé que les éléments pouvaient se changer les uns dans les autres; et c'est ce qui lui fit croire que le globe perdait toujours un peu de son humidité, et fesait des progrès en sécheresse; qu'ainsi Dieu serait un jour obligé de remettre la main à son ouvrage : *manum emendatricem desideraret*.

Leibnitz se récria beaucoup contre cette idée, et probablement il eut raison cette fois contre Newton. *Mundum tradidit disputationi eorum* (Eccles., ch. III, v. II).

Mais, malgré cette idée que l'eau peut devenir terre, Newton croyait aux atomes insécables, indestructibles, ainsi que Gassendi et Boerhaave, ce qui paraît d'abord difficile à concilier; car si l'eau s'était changée en terre, ses éléments se seraient divisés et perdus.

Cette question rentre dans cette autre question fameuse de la matière divisible à l'infini. Le mot d'*atome* signifie *non partagé*, sans parties. Vous le divisez par la pensée; car si vous le divisiez réellement, il ne serait plus atome.

Vous pouvez diviser un grain d'or en dix-huit millions de parties visibles; un grain de cuivre, dissous dans l'esprit de sel ammoniac, a montré aux yeux plus de vingt-deux milliards de parties : mais quand vous êtes arrivé au dernier élément, l'atome échappe au microscope; vous ne divisez plus que par imagination.

Il en est de l'atome divisible à l'infini comme de quelques propositions de géométrie. Vous pouvez faire passer une infinité de courbes entre le cercle et sa tangente : oui, dans la supposition que ce cercle et cette tangente sont des lignes sans largeur; mais il n'y en a point dans la nature.

Vous établissez de même que des asymptotes s'approcheront sans jamais se toucher; mais c'est dans la supposition que ces lignes sont des longueurs sans largeur, des êtres de raison.

Ainsi vous représentez l'unité par une ligne; ensuite vous divisez cette unité et cette ligne en tant de fractions qu'il vous plaît : mais cette infinité de fractions ne sera jamais que votre unité et votre ligne.

Il n'est pas démontré en rigueur que l'atome soit indivisible; mais il paraît prouvé qu'il est indivisé par les lois de la nature.

AUGURE.

Ne faut-il pas être bien possédé du démon de l'étymologie pour dire, avec Pezron et d'autres, que le mot romain *augurium* vient des mots celtiques *au* et *gur*? *Au*, selon ces savants, devait signifier *le foie* chez les Basques et les Bas-Bretons, parce que *asu*, qui, disent-ils, signifiait *gauche*, devait aussi désigner le foie, qui est à droite; et que *gur* voulait dire *homme*, ou bien *jaune* ou *rouge*, dans cette langue celtique dont il ne nous reste aucun monument. C'est puissamment raisonner.

On a poussé sa curiosité absurde (car il faut appeler les choses par leur nom) jusqu'à faire venir du chaldéen et de l'hébreu certains mots teutons et celtiques. Bochart n'y manque jamais. On admirait autrefois ces pédantes extravagances. Il faut voir avec quelle confiance ces hommes de génie ont prouvé que sur les bords du Tibre on emprunta des expressions du patois des sauvages de la Biscaye. On prétend même que ce patois était un des premiers idiomes de la langue primitive, de la langue mère de toutes les langues qu'on parle dans l'univers entier. Il ne reste plus qu'à dire que les différents ramages des oiseaux viennent du cri des deux premiers perroquets, dont toutes les autres espèces d'oiseaux ont été produites.

La folie religieuse des augures était originairement fondée sur des observations très naturelles et très sages. Les oiseaux de passage ont toujours indiqué les saisons; on les voit venir par troupes au printemps, et s'en retourner en automne. Le coucou ne se fait entendre que dans les beaux jours, il semble qu'il les appelle; les hirondelles qui rasent la terre annoncent la pluie; chaque climat a son oiseau qui est en effet son augure.

Parmi les observateurs il se trouva sans doute des fripons qui persuadèrent aux sots qu'il y avait quelque chose de divin dans ces animaux, et que leur vol présageait nos destinées, qui étaient écrites sous les ailes d'un moineau tout aussi clairement que dans les étoiles.

Les commentateurs de l'histoire allégorique et intéressante de Joseph vendu par ses frères, et devenu premier ministre du Pharaon roi d'Égypte pour avoir expliqué un de ses rêves, infèrent que Joseph était savant dans la science des augures, de ce que l'intendant de Joseph est chargé de dire à ses frères [a] : « Pourquoi avez-vous volé » la tasse d'argent de mon maître, dans laquelle » il boit, et avec laquelle il a coutume de prendre » les augures? » Joseph ayant fait venir ses frères devant lui, leur dit : « Comment avez-vous pu » agir ainsi? Ignorez-vous que personne n'est » semblable à moi dans la science des augures? »

Juda convient, au nom de ses frères [b], que « Joseph est un grand devin; que c'est Dieu qui » l'a inspiré; Dieu a trouvé l'iniquité de vos serviteurs. » Ils prenaient alors Joseph pour un seigneur égyptien. Il est évident, par le texte, qu'ils croyaient que le dieu des Égyptiens et des Juifs avait découvert à ce ministre le vol de sa tasse.

Voilà donc les augures, la divination très nettement établie dans le livre de la *Genèse*, et si bien établie qu'elle est défendue ensuite dans le *Lévitique*, où est il dit [c] : « Vous ne mangerez rien où il » y ait du sang; vous n'observerez ni les augures » ni les songes; vous ne couperez point votre chevelure en rond; vous ne vous raserez point la » barbe. »

A l'égard de la superstition de voir l'avenir dans une tasse, elle dure encore; cela s'appelle *voir dans le verre*. Il faut n'avoir éprouvé aucune pollution, se tourner vers l'orient, prononcer *abraxa per dominum nostrum*; après quoi on voit dans un verre plein d'eau toutes les choses qu'on veut. On choisit d'ordinaire des enfants pour cette opération; il faut qu'ils aient leurs cheveux; une tête rasée ou une tête en perruque ne peuvent rien voir dans le verre. Cette facétie était fort à la mode en France sous la régence du duc d'Orléans, et encore plus dans les temps précédents.

Pour les augures, ils ont péri avec l'empire romain; les évêques ont seulement conservé le bâton augural, qu'on appelle *crosse*, et qui était une marque distinctive de la dignité des augures; et le symbole du mensonge est devenu celui de la vérité.

Les différentes sortes de divinations étaient innombrables; plusieurs se sont conservées jusqu'à nos derniers temps. Cette curiosité de lire dans l'avenir est une maladie que la philosophie seule peut guérir : car les âmes faibles qui pratiquent encore tous ces prétendus arts de la divination, les fous mêmes qui se donnent au diable, font tous servir la religion à ces profanations qui l'outragent.

C'est une remarque digne des sages, que Cicéron, qui était du collége des augures, ait fait un livre exprès pour se moquer des augures; mais ils n'ont pas moins remarqué que Cicéron, à la fin de son livre, dit qu'il faut « détruire la superstition, et non pas la religion. Car, ajoute-t-il, la » beauté de l'univers et l'ordre des choses célestes » nous forcent de reconnaître une nature éternelle et puissante. Il faut maintenir la religion » qui est jointe à la connaissance de cette nature, » en extirpant toutes les racines de la superstition; car c'est un monstre qui vous poursuit, » qui vous presse, de quelque côté que vous vous » tourniez. La rencontre d'un devin prétendu, un » présage, une victime immolée, un oiseau, un » chaldéen, un aruspice, un éclair, un coup de » tonnerre, un événement conforme par hasard à » ce qui a été prédit, tout enfin vous trouble et » vous inquiète. Le sommeil même, qui devrait » faire oublier tant de peines et de frayeurs, » ne sert qu'à les redoubler par des images funestes. »

Cicéron ne croyait parler qu'à quelques Romains : il parlait à tous les hommes et à tous les siècles.

La plupart des grands de Rome ne croyaient pas plus aux augures que le pape Alexandre VI, Jules II, et Léon X, ne croyaient à Notre-Dame de Lorette et au sang de saint Janvier. Cependant Suétone rapporte qu'Octave, surnommé *Auguste*, eut la faiblesse de croire qu'un poisson qui sortait hors de la mer sur le rivage d'Actium lui pré-

[a] *Gen.*, ch. XLIV, v. 5 et suiv. — [b] *Ib.*, v. 16.
[c] *Lév.*, ch. XIX, v. 26 et 27.

sageait le gain de la bataille. Il ajoute qu'ayant ensuite rencontré un ânier, il lui demanda le nom de son âne, et que l'ânier lui ayant répondu que son âne s'appelait *Nicolas*, qui signifie *vainqueur des peuples*, Octave ne douta plus de la victoire; et qu'ensuite il fit ériger des statues d'airain à l'ânier, à l'âne, et au poisson sautant. Il assure même que ces statues furent placées dans le Capitole.

Il est fort vraisemblable que ce tyran habile se moquait des superstitions des Romains, et que son âne, son ânier, et son poisson, n'étaient qu'une plaisanterie. Cependant il se peut très bien qu'en méprisant toutes les sottises du vulgaire, il en eût conservé quelques unes pour lui. Le barbare et dissimulé Louis XI avait une foi vive à la croix de saint Lô. Presque tous les princes, excepté ceux qui ont eu le temps de lire, et de bien lire, ont un petit coin de superstition.

AUGUSTE OCTAVE.

DES MŒURS D'AUGUSTE.

On ne peut connaître les mœurs que par les faits, et il faut que ces faits soient incontestables. Il est avéré que cet homme, si immodérément loué d'avoir été le restaurateur des mœurs et des lois, fut long-temps un des plus infâmes débauchés de la république romaine. Son épigramme sur Fulvie, faite après l'horreur des proscriptions, démontre qu'il avait autant de mépris des bienséances dans les expressions, que de barbarie dans sa conduite :

« Quod futuit Glaphyram Antonius, hanc mihi pœnam
» Fulvia constituit, se quoque uti futuam.
» Fulviam ego ut futuam! Quid si me Manius oret
» Pædicem, faciam? non puto, si sapiam.
» Aut futue, aut pugnemus, ait. Quid? quod mihi vita
» Charior est ipsa mentula, signa canant. »

Cette abominable épigramme est un des plus forts témoignages de l'infamie des mœurs d'Auguste. Sexte Pompée lui reprocha des faiblesses infâmes : *Effeminatum insectatus est*. Antoine, avant le triumvirat, déclara que César, grand-oncle d'Auguste, ne l'avait adopté pour son fils que parce qu'il avait servi à ses plaisirs : *adoptionem avunculi stupro meritum*.

Lucius César lui fit le même reproche, et prétendit même qu'il avait poussé la bassesse jusqu'à vendre son corps à Hirtius pour une somme très considérable. Son impudence alla depuis jusqu'à arracher une femme consulaire à son mari au milieu d'un souper; il passa quelque temps avec elle dans un cabinet voisin, et la ramena ensuite à table, sans que lui, ni elle, ni son mari, en rougissent. (Suétone, *Octave*, chap. LXIX.)

Nous avons encore une lettre d'Antoine à Auguste conçue en ces mots : « Ita valeas, uti tu, » hanc epistolam quum leges, non inieris Tertul- » lam, aut Terentillam, aut Rufillam, aut Salviam » Titisceniam, aut omnes. Anne, refert, ubi, et in » quam arrigas? » On n'ose traduire cette lettre licencieuse.

Rien n'est plus connu que ce scandaleux festin de cinq compagnons de ses plaisirs, avec six des principales femmes de Rome. Ils étaient habillés en dieux et en déesses, et ils en imitaient toutes les impudicités inventées dans les fables :

« Dùm nova divorum cœnat adulteria. »
(SUET. *Oct.* cap. LXX.)

Enfin on le désigna publiquement sur le théâtre par ce fameux vers :

« Viden', ut cinœdus orbem digito temperet? »
(*Ibid.* cap. LXVIII.)

Le doigt d'un vil giton gouverne l'univers.

Presque tous les auteurs latins qui ont parlé d'Ovide prétendent qu'Auguste n'eut l'insolence d'exiler ce chevalier romain, qui était beaucoup plus honnête homme que lui, que parce qu'il avait été surpris par lui dans un inceste avec sa propre fille Julie, et qu'il ne relégua même sa fille que par jalousie. Cela est d'autant plus vraisemblable que Caligula publiait hautement que sa mère était née de l'inceste d'Auguste et de Julie; c'est ce que dit Suétone dans la vie de Caligula. (Suétone, *Caligula*, ch. XXIII.)

On sait qu'Auguste avait répudié la mère de Julie le jour même qu'elle accoucha d'elle; et il enleva le même jour Livie à son mari, grosse de Tibère, autre monstre qui lui succéda. Voilà l'homme à qui Horace disait (ép. I, liv. II) :

« Res italas armis tuteris, moribus ornes,
» Legibus emendes, etc. »

Il est difficile de n'être pas saisi d'indignation en lisant, à la tête des *Géorgiques*, qu'Auguste est un des plus grands dieux, et qu'on ne sait quelle place il daignera occuper un jour dans le ciel, s'il régnera dans les airs, ou s'il sera le protecteur des villes, ou bien s'il acceptera l'empire des mers.

« An deus immensi venias maris, ac tua nautæ
» Numina sola colant, tibi serviat ultima Thule. »
» (VIRG., *Georg.*, I, 29.)

L'Arioste parle bien plus sensément, comme aussi avec plus de grâce, quand il dit, dans son admirable trente-cinquième chant, st. XXVI :

« Non fu sì santo nè benigno Augusto,
» Come la tuba di Virgilio suona;
» L'aver avuto in poesia buon gusto,
» La proscrizione iniqua gli perdona, etc. »

Tyran de son pays, et scélérat habile,
Il mit Pérouse en cendre et Rome dans les fers :
Mais il avait du goût, il se connut en vers ;
Auguste au rang des dieux est placé par Virgile.

DES CRUAUTÉS D'AUGUSTE.

Autant qu'Auguste se livra long-temps à la dissolution la plus effrénée, autant son énorme cruauté fut tranquille et réfléchie. Ce fut au milieu des festins et des fêtes qu'il ordonna des proscriptions; il y eut près de trois cents sénateurs de proscrits, deux mille chevaliers, et plus de cent pères de famille obscurs, mais riches, dont tout le crime était dans leur fortune. Octave et Antoine ne les firent tuer que pour avoir leur argent; et en cela ils ne furent nullement différents des voleurs de grand chemin, qu'on fait expirer sur la roue.

Octave, immédiatement avant la guerre de Pérouse, donna à ses soldats vétérans toutes les terres des citoyens de Mantoue et de Crémone. Ainsi il récompensait le meurtre par la déprédation.

Il n'est que trop certain que le monde fut ravagé, depuis l'Euphrate jusqu'au fond de l'Espagne, par un homme sans pudeur, sans foi, sans honneur, sans probité, fourbe, ingrat, avare, sanguinaire, tranquille dans le crime, et qui, dans une république bien policée, aurait péri par le dernier supplice au premier de ses crimes.

Cependant on admire encore le gouvernement d'Auguste, parce que Rome goûta sous lui la paix, les plaisirs, et l'abondance. Sénèque dit de lui : « Clementiam non voco lassam crudelitatem : Je » n'appelle point clémence la lassitude de la cruau» té. »

On croit qu'Auguste devint plus doux quand le crime ne lui fut plus nécessaire, et qu'il vit qu'étant maître absolu, il n'avait plus d'autre intérêt que celui de paraître juste. Mais il me semble qu'il fut toujours plus impitoyable que clément; car après la bataille d'Actium il fit égorger le fils d'Antoine au pied de la statue de César, et il eut la barbarie de faire trancher la tête au jeune Césarion, fils de César et de Cléopâtre, que lui-même avait reconnu pour roi d'Égypte.

Ayant un jour soupçonné le préteur Gallius Quintus d'être venu à l'audience avec un poignard sous sa robe, il le fit appliquer en sa présence à la torture, et, dans l'indignation où il fut de s'entendre appeler tyran par ce sénateur, il lui arracha lui-même les yeux, si on en croit Suétone.

On sait que César, son père adoptif, fut assez grand pour pardonner à presque tous ses ennemis; mais je ne vois pas qu'Auguste ait pardonné à un seul. Je doute fort de sa prétendue clémence envers Cinna. Tacite ni Suétone ne disent rien de cette aventure. Suétone, qui parle de toutes les conspirations faites contre Auguste, n'aurait pas manqué de parler de la plus célèbre. La singularité d'un consulat donné à Cinna pour prix de la plus noire perfidie n'aurait pas échappé à tous les historiens contemporains. Dion Cassius n'en parle qu'après Sénèque; et ce morceau de Sénèque ressemble plus à une déclamation qu'à une vérité historique. De plus, Sénèque met la scène en Gaule, et Dion à Rome. Il y a là une contradiction qui achève d'ôter toute vraisemblance à cette aventure. Aucune de nos histoires romaines, compilées à la hâte et sans choix, n'a discuté ce fait intéressant. L'histoire de Laurent Échard a paru aux hommes éclairés aussi fautive que tronquée : l'esprit d'examen a rarement conduit les écrivains.

Il se peut que Cinna ait été soupçonné ou convaincu par Auguste de quelque infidélité, et qu'après l'éclaircissement Auguste lui ait accordé le vain honneur du consulat; mais il n'est nullement probable que Cinna eût voulu, par une conspiration, s'emparer de la puissance suprême, lui qui n'avait jamais commandé d'armée, qui n'était appuyé d'aucun parti, qui n'était pas, enfin, un homme considérable dans l'empire. Il n'y a pas d'apparence qu'un simple courtisan subalterne ait eu la folie de vouloir succéder à un souverain affermi depuis vingt années, et qui avait des héritiers; et il n'est nullement probable qu'Auguste l'eût fait consul immédiatement après la conspiration.

Si l'aventure de Cinna est vraie, Auguste ne pardonna que malgré lui, vaincu par les raisons ou par les importunités de Livie, qui avait pris sur lui un grand ascendant, et qui lui persuada, dit Sénèque, que le pardon lui serait plus utile que le châtiment. Ce ne fut donc que par politique qu'on le vit une fois exercer la clémence; ce ne fut certainement point par générosité.

Comment peut-on tenir compte à un brigand enrichi et affermi, de jouir en paix du fruit de ses rapines, et de ne pas assassiner tous les jours les fils et les petits-fils des proscrits quand ils sont à genoux devant lui et qu'ils l'adorent? Il fut un politique prudent, après avoir été un barbare; mais il est à remarquer que la postérité ne lui donna jamais le nom de *Vertueux* comme à Titus, à Trajan, aux Antonins. Il s'introduisit même une coutume dans les compliments qu'on fesait aux empereurs à leur avénement; c'était de leur souhaiter d'être plus heureux qu'Auguste et meilleurs que Trajan.

Il est donc permis aujourd'hui de regarder Auguste comme un monstre adroit et heureux.

Louis Racine, fils du grand Racine, et héritier

d'une partie de ses talents, semble s'oublier un peu quand il dit dans ses Réflexions sur la poésie, « qu'Horace et Virgile gâtèrent Auguste, qu'ils » épuisèrent leur art pour empoisonner Auguste » par leurs louanges. » Ces expressions pourraient faire croire que les éloges si bassement prodigués par ces deux grands poëtes corrompirent le beau naturel de cet empereur. Mais Louis Racine savait très bien qu'Auguste était un fort méchant homme, indifférent au crime et à la vertu, se servant également des horreurs de l'un et des apparences de l'autre, uniquement attentif à son seul intérêt, n'ensanglantant la terre et ne la pacifiant, n'employant les armes et les lois, la religion et les plaisirs, que pour être le maître, et sacrifiant tout à lui-même. Louis Racine fait voir seulement que Virgile et Horace eurent des âmes serviles.

Il a malheureusement trop raison quand il reproche à Corneille d'avoir dédié *Cinna* au financier Montauron, et d'avoir dit à ce receveur, « ce » que vous avez de commun avec Auguste, c'est » surtout cette générosité avec laquelle.... ; » car enfin, quoique Auguste ait été le plus méchant des citoyens romains, il faut convenir que le premier des empereurs, le maître, le pacificateur, le législateur de la terre alors connue, ne devait pas être mis absolument de niveau avec un financier, commis d'un contrôleur-général en Gaule.

Le même Louis Racine, en condamnant justement l'abaissement de Corneille et la lâcheté du siècle d'Horace et de Virgile, relève merveilleusement un passage du *Petit Carême* de Massillon : « On est aussi coupable quand on manque de vé» rité aux rois que quand on manque de fidélité ; » et on aurait dû établir la même peine pour l'a» dulation que pour la révolte. »

Père Massillon, je vous demande pardon, mais ce trait est bien oratoire, bien prédicateur, bien exagéré. La Ligue et la Fronde ont fait, si je ne me trompe, plus de mal que les prologues de Quinault. Il n'y a pas moyen de condamner Quinault à être roué comme un rebelle. Père Massillon, *est modus in rebus* ; et c'est ce qui manque net à tous les faiseurs de sermons.

AUGUSTIN.

Ce n'est pas comme évêque, comme docteur, comme Père de l'Église, que je considère ici saint Augustin, natif de Tagaste, c'est en qualité d'homme. Il s'agit ici d'un point de physique qui regarde le climat d'Afrique.

Il me semble que saint Augustin avait environ quatorze ans lorsque son père, qui était pauvre, le mena avec lui aux bains publics. On dit qu'il était contre l'usage et la bienséance qu'un père se baignât avec son fils[a]; et Bayle même fait cette remarque. Oui, les patriciens à Rome, les chevaliers romains, ne se baignaient pas avec leurs enfants dans les étuves publiques ; mais croira-t-on que le pauvre peuple, qui allait au bain pour un liard, fût scrupuleux observateur des bienséances des riches ?

L'homme opulent couchait dans un lit d'ivoire et d'argent, sur des tapis de pourpre, sans draps, avec sa concubine ; sa femme, dans un autre appartement parfumé, couchait avec son amant. Les enfants, les précepteurs, les domestiques, avaient leurs chambres séparées ; mais le peuple couchait pêle-mêle dans des galetas. On ne faisait pas beaucoup de façons dans la ville de Tagaste en Afrique. Le père d'Augustin menait son fils au bain des pauvres.

Ce saint raconte que son père le vit dans un état de virilité qui lui causa une joie vraiment paternelle, et qui lui fit espérer d'avoir bientôt des petits-fils *in ogni modo* ; comme de fait il en eut.

Le bonhomme s'empressa même d'aller conter cette nouvelle à sainte Monique, sa femme.

Quant à cette puberté prématurée d'Augustin, ne peut-on pas l'attribuer à l'usage anticipé de l'organe de la génération ? Saint Jérôme parle d'un enfant de dix ans dont une femme abusait, et dont elle conçut un fils (Épître *ad Vitalem*, tome III.)

Saint Augustin, qui était un enfant très libertin, avait l'esprit aussi prompt que la chair. Il dit[b] qu'ayant à peine vingt ans, il apprit sans maître la géométrie, l'arithmétique, et la musique.

Cela ne prouve-t-il pas deux choses, que dans l'Afrique, que nous nommons aujourd'hui la *Barbarie*, les corps et les esprits sont plus avancés que chez nous ?

Ces avantages précieux de saint Augustin conduisent à croire qu'Empédocle n'avait pas tant de tort de regarder le feu comme le principe de la nature. Il est aidé, mais par des subalternes : c'est un roi qui fait agir tous ses sujets. Il est vrai qu'il enflamme quelquefois un peu trop les imaginations de son peuple. Ce n'est pas sans raison que Syphax dit à Juba, dans le *Caton* d'Addison, que le soleil, qui roule son char sur les têtes africaines, met plus de couleur sur leurs joues, plus de feu dans leurs cœurs, et que les dames de Zama sont très supérieures aux pâles beautés de l'Europe, que la nature n'a qu'à moitié pétries.

Où sont, à Paris, à Strasbourg, à Ratisbonne,

[a] *Valère Maxime*, liv. II, ch. I, n° 7.
[b] *Confessions*, liv. IV, ch. XVI.

à Vienne, les jeunes gens qui apprennent l'arithmétique, les mathématiques, la musique, sans aucun secours, et qui soient pères à quatorze ans?

Ce n'est point sans doute une fable, qu'Atlas, prince de Mauritanie, appelé *fils du ciel* par les Grecs, ait été un célèbre astronome, qu'il ait fait construire une sphère céleste comme il en est à la Chine depuis tant de siècles. Les anciens, qui exprimaient tout en allégories, comparèrent ce prince à la montagne qui porte son nom, parce qu'elle élève son sommet dans les nues; et les nues ont été nommées *le ciel* par tous les hommes qui n'ont jugé des choses que sur le rapport de leurs yeux.

Ces mêmes Maures cultivèrent les sciences avec succès, et enseignèrent l'Espagne et l'Italie pendant plus de cinq siècles. Les choses sont bien changées. Le pays de saint Augustin n'est plus qu'un repaire de pirates. L'Angleterre, l'Italie, l'Allemagne, la France, qui étaient plongées dans la barbarie, cultivent les arts mieux que n'ont jamais fait les Arabes.

Nous ne voulons donc, dans cet article, que faire voir combien ce monde est un tableau changeant. Augustin débauché devient orateur et philosophe. Il se pousse dans le monde; il est professeur de rhétorique; il se fait manichéen; du manichéisme il passe au christianisme. Il se fait baptiser avec un de ses bâtards nommé Déodatus; il devient évêque; il devient Père de l'Église. Son système sur la grâce est respecté onze cents ans comme un article de foi. Au bout d'onze cents ans, des jésuites trouvent moyen de faire anathématiser le système de saint Augustin mot pour mot, sous le nom de Jansénius, de Saint-Cyran, d'Arnauld, de Quesnel*. Nous demandons si cette révolution dans son genre n'est pas aussi grande que celle de l'Afrique, et s'il y a rien de permanent sur la terre.

AUSTÉRITÉS.

Mortifications, Flagellations.

Que des hommes choisis, amateurs de l'étude, se soient unis après mille catastrophes arrivées au monde; qu'ils se soient occupés d'adorer Dieu, et de régler les temps de l'année, comme on le dit des anciens brachmanes et des mages, il n'est rien là que de bon et d'honnête. Ils ont pu être en exemple au reste de la terre par une vie frugale; ils ont pu s'abstenir de toute liqueur enivrante, et du commerce avec leurs femmes, quand ils célébrèrent des fêtes. Ils durent être vêtus avec modestie et décence. S'ils furent savants, les autres hommes les consultèrent; s'ils furent justes, on les respecta et on les aima : mais la superstition, la gueuserie, la vanité, ne se mirent-elles pas bientôt à la place des vertus?

Le premier fou qui se fouetta publiquement pour apaiser les dieux, ne fut-il pas l'origine des prêtres de la déesse de Syrie, qui se fouettaient en son honneur; des prêtres d'Isis, qui en fesaient autant à certains jours; des prêtres de Dodone, nommés Saliens, qui se fesaient des blessures; des prêtres de Bellone, qui se donnaient des coups de sabre; des prêtres de Diane, qui s'ensanglantaient à coups de verges; des prêtres de Cybèle, qui se fesaient eunuques; des fakirs des Indes, qui se chargèrent de chaînes? L'espérance de tirer de larges aumônes n'entra-t-elle pour rien dans leurs austérités?

Les gueux qui se font enfler les jambes avec de la tithymale, et qui se couvrent d'ulcères pour arracher quelques deniers aux passants, n'ont-ils pas quelque rapport aux énergumènes de l'antiquité qui s'enfonçaient des clous dans les fesses, et qui vendaient ces saints clous aux dévots du pays.

Enfin, la vanité n'a-t-elle jamais eu part à ces mortifications publiques qui attiraient les yeux de la multitude? Je me fouette, mais c'est pour expier vos fautes : je marche tout nu; mais c'est pour vous reprocher le faste de vos vêtements : je me nourris d'herbes et de colimaçons; mais c'est pour corriger en vous le vice de la gourmandise : je m'attache un anneau de fer à la verge, pour vous faire rougir de votre lasciveté. Respectez-moi comme un homme cher aux dieux qui attirera leurs faveurs sur vous. Quand vous serez accoutumés à me respecter, vous n'aurez pas de peine à m'obéir : je serai votre maître au nom des dieux; et si quelqu'un de vous alors transgresse la moindre de mes volontés, je le ferai empaler pour apaiser la colère céleste.

Si les premiers fakirs ne prononcèrent pas ces paroles, il est bien probable qu'ils les avaient gravées dans le fond de leur cœur.

Ces austérités affreuses furent peut-être les origines des sacrifices de sang humain. Des gens qui répandaient leur sang en public à coups de verges, et qui se tailladaient les bras et les cuisses pour se donner de la considération, firent aisément croire à des sauvages imbéciles qu'on devait sacrifier aux dieux ce qu'on avait de plus cher; qu'il fallait immoler sa fille pour avoir un bon vent; précipiter son fils du haut d'un rocher, pour n'être point attaqué de la peste, jeter une fille dans le Nil, pour avoir infailliblement une bonne récolte.

* Voyez GRACE.

Ces superstitions asiatiques ont produit parmi nous les flagellations, que nous avons imitées des Juifs[a]. Leurs dévots se fouettaient et se fouettent encore les uns les autres, comme fesaient autrefois les prêtres de Syrie et d'Égypte[b].

Parmi nous les abbés fouettèrent leurs moines; les confesseurs fouettèrent leurs pénitents des deux sexes. Saint Augustin écrit à Marcellin le tribun, « qu'il faut fouetter les donatistes comme » les maîtres d'école en usent avec les écoliers. »

On prétend que ce n'est qu'au dixième siècle que les moines et les religieuses commencèrent à se fouetter à certains jours de l'année. La coutume de donner le fouet aux pécheurs pour pénitence s'établit si bien, que le confesseur de saint Louis

gleterre fut fouetté par les chanoines de Cantorbéry[c]. Raimond, comte de Toulouse, fut fouetté la corde au cou par un diacre, à la porte de l'église de Saint-Gilles, devant le légat Milon, comme

la cathédrale de Paris, présenter des verges aux chanoines pour les fouetter, en expiation du crime du roi leur maître qui avait accepté la couronne d'Angleterre que le pape lui avait ôtée, après la lui avoir donnée en vertu de sa pleine puissance. Il parut même que le pape était fort indulgent en ne fesant pas fouetter le roi lui-même, et en se contentant de lui ordonner, sous peine de damnation, de payer à la chambre apostolique deux années de son revenu.

C'est de cet ancien usage que vient la coutume d'armer encore, dans Saint-Pierre de Rome, les grands pénitenciers de longues baguettes au lieu de verges, dont ils donnent de petits coups aux pénitents prosternés de leur long. C'est ainsi que le roi de France Henri IV reçut le fouet sur les fesses des cardinaux d'Ossat et Duperron. Tant il est vrai que nous sortons à peine de la barbarie, dans laquelle nous avons encore une jambe enfoncée jusqu'au genou!

Au commencement du treizième siècle, il se forma en Italie des confréries de Pénitents, à Pérouse et à Bologne. Les jeunes gens, presque nus, une poignée de verges dans une main, et un petit crucifix dans l'autre, se fouettaient dans les rues. Les femmes les regardaient à travers les jalousies des fenêtres, et se fouettaient dans leurs chambres.

Ces flagellants inondèrent l'Europe : on en voit encore beaucoup en Italie, en Espagne[a], et en France même, à Perpignan. Il était assez commun, au commencement du seizième siècle, que les confesseurs fouettassent leurs pénitentes sur les fesses. Une histoire des Pays-Bas, composée par Meteren[b], rapporte que le cordelier nommé Adriacem, grand prédicateur de Bruges, fouettait ses pénitentes toutes nues.

Le jésuite Edmond Auger, confesseur de Henri III[c], engagea ce malheureux prince à se mettre à la tête des flagellants.

Dans plusieurs couvents de moines et de religieuses on se fouette sur les fesses. Il en a résulté quelquefois d'étranges impudicités, sur lesquelles il faut jeter un voile pour ne pas faire rougir celles qui portent un voile sacré, et dont le sexe et la profession méritent les plus grands égards[d].

a Voyez Confessions. — b Voyez *Apuleii Metam.*, liv. XI.
c En 1209. d En 1223.

a *Histoire des flagellants*, p. 198.
b Meteren, *Historia Belgica*, anno 1570.
c De Thou, liv. XXVIII. — d Voyez Expiation.

AUTELS.

Temples, Rites, Sacrifices, etc.

Il est universellement reconnu que les premiers chrétiens n'eurent ni temples, ni autels, ni cierges, ni encens, ni eau bénite, ni aucun des rites que la prudence des pasteurs institua depuis, selon les temps et les lieux, et surtout selon le besoin des fidèles.

Nous avons plus d'un témoignage d'Origène, d'Athénagore, de Théophile, de Justin, de Tertullien, que les premiers chrétiens avaient en abomination les temples et les autels. Ce n'est pas seulement parce qu'ils ne pouvaient obtenir du gouvernement, dans ces commencements, la permission de bâtir des temples; mais c'est qu'ils avaient une aversion réelle pour tout ce qui semblait avoir le moindre rapport avec les autres religions. Cette horreur subsista chez eux pendant deux cent cinquante ans. Cela se démontre par Minucius Félix, qui vivait au troisième siècle. « Vous pensez, dit-il aux Romains, que nous cachons ce que nous adorons, parce que nous n'avons ni temples ni autels. Mais quel simulacre » érigerons-nous à Dieu, puisque l'homme est » lui-même le simulacre de Dieu? quel temple » lui bâtirons-nous, quand le monde qui est son » ouvrage ne peut le contenir? comment enfermerai-je la puissance d'une telle majesté dans une » seule maison? Ne vaut-il pas bien mieux lui » consacrer un temple dans notre esprit et dans » notre cœur? »

« Putatis autem nos occultare quod colimus, si » delubra et aras non habemus? Quod enim si» mulacrum Deo fingam, quum, si recte existi» mes, sit Dei homo ipse simulacrum? templum » quod ei exstruam, quum totus hic mundus ejus » opere fabricatus eum capere non possit? et » quum homo latius maneam, intra unam ædi» culam vim tantæ majestatis includam? Nonne » melius in nostra dedicandus est mente; in nos» tro imo consecrandus est pectore?» (Cap. XXXII.)

Les chrétiens n'eurent donc des temples que vers le commencement du règne de Dioclétien. L'Église était alors très nombreuse. On avait besoin de décorations et de rites, qui auraient été jusque-là inutiles et même dangereux à un troupeau faible, long-temps méconnu, et pris seulement pour une petite secte de Juifs dissidents.

Il est manifeste que, dans le temps où ils etaient confondus avec les Juifs, ils ne pouvaient obtenir la permission d'avoir des temples. Les Juifs, qui payaient très chèrement leurs synagogues, s'y seraient opposés; ils étaient mortels ennemis des chrétiens, et ils étaient riches. Il ne faut pas dire, avec Toland, qu'alors les chrétiens ne fesaient semblant de mépriser les temples et les autels que comme le renard disait que les raisins étaient trop verts.

Cette comparaison semble aussi injuste qu'impie, puisque tous les premiers chrétiens de tant de pays différents s'accordèrent à soutenir qu'il ne faut point de temples et d'autels au vrai Dieu.

La Providence, en fesant agir les causes secondes, voulut qu'ils bâtissent un temple superbe dans Nicomédie, résidence de l'empereur Dioclétien, dès qu'ils eurent la protection de ce prince. Ils en construisirent dans d'autres villes; mais ils avaient encore en horreur les cierges, l'encens, l'eau lustrale, les habits pontificaux; tout cet appareil imposant n'était alors à leurs yeux que marque distinctive du paganisme. Ils n'adoptèrent ces usages que peu à peu sous Constantin et sous ses successeurs; et ces usages ont souvent changé.

Aujourd'hui dans notre Occident, les bonnes femmes qui entendent le dimanche une messe basse en latin, servie par un petit garçon, s'imaginent que ce rite a été observé de tout temps, qu'il n'y en a jamais eu d'autre, et que la coutume de s'assembler dans d'autres pays pour prier Dieu en commun est diabolique et toute récente. Une messe basse est sans contredit quelque chose de très respectable, puisqu'elle a été autorisée par l'Église. Elle n'est point du tout ancienne; mais elle n'en exige pas moins notre vénération.

Il n'y a peut-être pas aujourd'hui une seule cérémonie qui ait été en usage du temps des apôtres. Le Saint-Esprit s'est toujours conformé au temps. Il inspirait les premiers disciples dans un méchant galetas : il communique aujourd'hui ses inspirations dans Saint-Pierre de Rome, qui a coûté deux cent millions; également divin dans le galetas et dans le superbe édifice de Jules II, de Léon X, de Paul III, et de Sixte V [a].

AUTEURS.

Auteur est un nom générique qui peut, comme le nom de toutes les autres professions, signifier du bon et du mauvais, du respectable ou du ridicule, de l'utile et de l'agréable ou du fatras de rebut.

Ce nom est tellement commun à des choses différentes, qu'on dit également *l'Auteur de la nature*, et *l'auteur des chansons du Pont-Neuf*, ou *l'auteur de l'Année littéraire*.

Nous croyons que l'auteur d'un bon ouvrage doit se garder de trois choses, du titre, de l'épître dédicatoire, et de la préface. Les autres doivent se garder d'une quatrième, c'est d'écrire.

Quant au titre, s'il a la rage d'y mettre son nom, ce qui est souvent très dangereux, il faut du moins que ce soit sous une forme modeste; on n'aime point à voir un ouvrage pieux, qui doit renfermer des leçons d'humilité, par *Messire* ou *Monseigneur un tel, conseiller du roi en ses conseils, évêque et comte d'une telle ville*. Le lecteur, qui est toujours malin, et qui souvent s'ennuie, aime fort à tourner en ridicule un livre annoncé avec tant de faste. On se souvient alors que l'auteur de *l'Imitation de Jésus-Christ* n'y a pas mis son nom.

Mais les apôtres, dites-vous, mettaient leurs noms, à leurs ouvrages. Cela n'est pas vrai; ils étaient trop modestes. Jamais l'apôtre Matthieu n'intitula son livre, *Évangile de saint Matthieu;* c'est un hommage qu'on lui rendit depuis. Saint Luc lui-même, qui recueillit ce qu'il avait entendu dire, et qui dédie son livre à Théophile, ne l'intitule point *Évangile de Luc*. Il n'y a que saint Jean qui se nomme dans l'*Apocalypse;* et c'est ce qui fit soupçonner que ce livre était de Cérinthe, qui prit le nom de Jean pour autoriser cette production.

Quoi qu'il en puisse être des siècles passés, il me paraît bien hardi dans ce siècle de mettre son nom et ses titres à la tête de ses œuvres. Les évêques n'y manquent pas; et dans les gros *in-quarto*

[a] Voyez à l'article ÉGLISE, la section intitulée : *De la primitive Église*, etc.

qu'ils nous donnent sous le titre de *Mandements*, on remarque d'abord leurs armoiries avec de beaux glands ornés de houppes; ensuite il est dit un mot de l'humilité chrétienne, et ce mot est suivi quelquefois d'injures atroces contre ceux qui sont, ou d'une autre communion, ou d'un autre parti. Nous ne parlons ici que des pauvres auteurs profanes. Le duc de Larochefoucauld n'intitula point ses *Pensées*, par *Monseigneur le duc de Larochefoucauld, pair de France*, etc.

Plusieurs personnes trouvent mauvais qu'une compilation dans laquelle il y a de très beaux morceaux soit annoncée par *Monsieur*, etc., ci-devant professeur de l'Université, docteur en théologie, recteur, précepteur des enfants de M. le duc de..., membre d'une académie, et même de deux. Tant de dignités ne rendent pas le livre meilleur. On souhaiterait qu'il fût plus court, plus philosophique, moins rempli de vieilles fables : à l'égard des titres et qualités, personne ne s'en soucie.

L'épître dédicatoire n'a été souvent présentée que par la bassesse intéressée, à la vanité dédaigneuse.

De là vient cet amas d'ouvrages mercenaires;
Stances, odes, sonnets, épîtres liminaires,
Où toujours le héros passe pour sans pareil,
Et, fût-il louche et borgne, est réputé soleil.

Qui croirait que Rohault, soi-disant physicien, dans sa dédicace au duc de Guise, lui dit que « ses ancêtres ont maintenu aux dépens de leur » sang les vérités politiques, les lois fondamen» tales de l'état, et les droits des souverains? » Le Balafré et le duc de Mayenne seraient un peu surpris si on leur lisait cette épître. Et que dirait Henri IV?

On ne sait pas que la plupart des dédicaces, en Angleterre, ont été faites pour de l'argent, comme les capucins chez nous viennent présenter des salades, à condition qu'on leur donnera pour boire.

Les gens de lettres, en France, ignorent aujourd'hui ce honteux avilissement; et jamais ils n'ont eu tant de noblesse dans l'esprit, excepté quelques malheureux qui se disent *gens de lettres*, dans le même sens que les barbouilleurs se vantent d'être de la profession de Raphael, et que le cocher de Vertamont était poète.

Les préfaces sont un autre écueil. Le *moi* est haïssable, disait Pascal. Parlez de vous le moins que vous pourrez, car vous devez savoir que l'amour-propre du lecteur est aussi grand que le vôtre. Il ne vous pardonnera jamais de vouloir le condamner à vous estimer. C'est à votre livre à parler pour lui, s'il parvient à être lu dans la foule.

« Les illustres suffrages dont ma pièce a été » honorée devraient me dispenser de répondre à » mes adversaires. Les applaudissements du pu» blic... » Rayez tout cela, croyez-moi; vous n'avez point eu de suffrages illustres, votre pièce est oubliée pour jamais.

« Quelques censeurs ont prétendu qu'il y a un » peu trop d'événements dans le troisième acte, » et que la princesse découvre trop tard dans le » quatrième les tendres sentiments de son cœur » pour son amant; à cela je réponds que... » Ne réponds point, mon ami, car personne n'a parlé ni ne parlera de ta princesse. Ta pièce est tombée parce qu'elle est ennuyeuse et écrite en vers plats et barbares; ta préface est une prière pour les morts, mais elle ne les ressuscitera pas.

D'autres attestent l'Europe entière qu'on n'a pas entendu leur système sur les compossibles, sur les supralapsaires, sur la différence qu'on doit mettre entre les hérétiques macédoniens et les hérétiques valentiniens. Mais vraiment je crois bien que personne ne t'entend, puisque personne ne te lit.

On est inondé de ces fatras et de ces continuelles répétitions, et des insipides romans qui copient de vieux romans, et de nouveaux systèmes fondés sur d'anciennes rêveries, et de petites historiettes prises dans des histoires générales.

Voulez-vous être auteur, voulez-vous faire un livre; songez qu'il doit être neuf et utile, ou du moins infiniment agréable.

Quoi! du fond de votre province vous m'assassinerez de plus d'un *in-quarto* pour m'apprendre qu'un roi doit être juste, et que Trajan était plus vertueux que Caligula! vous ferez imprimer vos sermons qui ont endormi votre petite ville inconnue! vous mettrez à contribution toutes nos histoires pour en extraire la vie d'un prince sur qui vous n'avez aucuns mémoires nouveaux!

Si vous avez écrit une histoire de votre temps, ne doutez pas qu'il ne se trouve quelque éplucheur de chronologie, quelque commentateur de gazette qui vous relèvera sur une date, sur un nom de baptême, sur un escadron mal placé par vous à trois cents pas de l'endroit où il fut en effet posté. Alors corrigez-vous vite.

Si un ignorant, un folliculaire se mêle de critiquer à tort et à travers, vous pouvez le confondre; mais nommez-le rarement, de peur de souiller vos écrits.

Vous attaque-t-on sur le style, ne répondez jamais; c'est à votre ouvrage seul de répondre.

Un homme dit que vous êtes malade, contentez-vous de vous bien porter, sans vouloir prouver au public que vous êtes en parfaite santé; et surtout souvenez-vous que le public s'embarrasse fort peu si vous vous portez bien ou mal.

Cent auteurs compilent pour avoir du pain, et vingt folliculaires font l'extrait, la critique, l'apologie, la satire de ces compilations, dans l'idée d'avoir aussi du pain, parce qu'ils n'ont point de métier. Tous ces gens-là vont le vendredi demander au lieutenant de police de Paris la permission de vendre leurs drogues. Ils ont audience immédiatement après les filles de joie, qui ne les regardent pas, parce qu'elles savent bien que ce sont de mauvaises pratiques [1].

Ils s'en retournent avec une permission tacite de faire vendre et débiter par tout le royaume leurs *historiettes*, leurs *recueils de bons mots*, la *vie du bienheureux Régis*, la *traduction d'un poëme allemand*, les *nouvelles découvertes sur les anguilles*, un *nouveau choix de vers*, un *système sur l'origine des cloches*, les *amours du crapaud*. Un libraire achète leurs productions dix écus; ils en donnent cinq au folliculaire du coin, à condition qu'il en dira du bien dans ses gazettes. Le folliculaire prend leur argent, et dit de leurs *opuscules* tout le mal qu'il peut. Les lésés viennent se plaindre au juif qui entretient la femme du folliculaire : on se bat à coups de poing chez l'apothicaire *Lelièvre* : la scène finit par mener le folliculaire au Fort-l'Évêque; et cela s'appelle *des auteurs!*

Ces pauvres gens se partagent en deux ou trois bandes, et vont à la quête comme des moines mendiants; mais n'ayant point fait de vœux, leur société ne dure que peu de jours; ils se trahissent comme des prêtres qui courent le même bénéfice, quoiqu'ils n'aient nul bénéfice à espérer; et cela s'appelle *des auteurs!*

Le malheur de ces gens-là vient de ce que leurs pères ne leur ont pas fait apprendre une profession : c'est un grand défaut dans la police moderne. Tout homme du peuple qui peut élever son fils dans un art utile, et ne le fait pas, mérite punition. Le fils d'un metteur en œuvre se fait jésuite à dix-sept ans. Il est chassé de la *société* à vingt-quatre, parce que le désordre de ses mœurs a trop éclaté. Le voilà sans pain; il devient folliculaire; il infecte la basse littérature, et devient le mépris et l'horreur de la canaille même; et cela s'appelle *des auteurs!*

Les auteurs véritables sont ceux qui ont réussi dans un art véritable, soit dans l'épopée, soit dans la tragédie, soit dans la comédie, soit dans l'histoire, ou dans la philosophie; qui ont enseigné ou enchanté les hommes. Les autres dont nous avons parlé sont parmi les gens de lettres ce que les frelons sont parmi les oiseaux.

On cite, on commente, on critique, on néglige, on publie, mais surtout on méprise communément un auteur qui n'est qu'auteur.

A propos de citer un auteur, il faut que je m'amuse à raconter une singulière bévue du révérend P. Viret, cordelier, professeur en théologie. Il lit dans la *Philosophie de l'histoire* de ce bon abbé Bazin, que « jamais aucun auteur n'a cité » un passage de Moïse avant Longin, qui vécut » et mourut du temps de l'empereur Aurélien. » Aussitôt le zèle de saint François s'allume : Viret crie que cela n'est pas vrai; que plusieurs écrivains ont dit qu'il y avait eu un Moïse; que Josèphe même en a parlé fort au long, et que l'abbé Bazin est un impie qui veut détruire les sept sacrements. Mais, cher P. Viret, vous deviez vous informer auparavant de ce que veut dire le mot *citer*. Il y a bien de la différence entre faire mention d'un auteur et citer un auteur. Parler, faire mention d'un auteur, c'est dire : Il a vécu, il a écrit en tel temps. Le citer, c'est rapporter un de ses passages : « Comme Moïse le dit dans son » Exode, comme Moïse a écrit dans sa Genèse. » Or, l'abbé Bazin affirme qu'aucun écrivain étranger, aucun même des prophètes juifs n'a jamais cité un seul passage de Moïse, quoiqu'il soit un auteur divin. Père Viret, en vérité, vous êtes un auteur bien malin; mais on saura du moins par ce petit paragraphe que vous avez été un auteur.

Les auteurs les plus volumineux que l'on ait eus en France, ont été les contrôleurs-généraux des finances. On ferait dix gros volumes de leurs déclarations, depuis le règne de Louis XIV seulement. Les parlements ont fait quelquefois la critique de ces ouvrages; on y a trouvé des propositions erronées, des contradictions : mais où sont les bons auteurs qui n'aient pas été censurés!

[1] En France, il existe ce qu'on appelle l'inspection de la librairie : le chancelier en est chargé en chef; c'est lui seul qui décide si les Français doivent lire ou croire telle proposition. Les parlements ont aussi une juridiction sur les livres; ils font brûler par leurs bourreaux ceux qui leur déplaisent : mais la mode de brûler les auteurs avec les livres commence à passer. Les cours souveraines brûlent aussi en cérémonie les livres qui ne parlent point d'elles avec assez de respect. Le clergé de son côté tâche, autant qu'il peut, de s'établir une petite juridiction sur les pensées. Comment la vérité s'échappera-t-elle des mains des censeurs, des exempts de police, des bourreaux et des docteurs? Elle ira chercher une terre étrangère; et comme il est impossible que cette tyrannie exercée sur les esprits ne donne un peu d'humeur, elle parlera avec moins de circonspection et plus de violence.

Dans le temps où Voltaire a écrit, c'était le lieutenant de police de Paris qui avait, sous le chancelier, l'inspection des livres; depuis, on lui a ôté une partie de ce département. Il n'a conservé que l'inspection des pièces de théâtre, et des ouvrages au dessous d'une feuille d'impression. Le détail de cette partie est immense. Il n'est point permis à Paris d'imprimer qu'on a perdu son chien, sans que la police se soit assurée qu'il n'y a, dans le signalement de cette pauvre bête, aucune proposition contraire aux bonnes mœurs et à la religion. K.

AUTORITÉ.

Misérables humains, soit en robe verte, soit en turban, soit en robe noire ou en surplis, soit en manteau et en rabat, ne cherchez jamais à employer l'autorité là où il ne s'agit que de raison, ou consentez à être bafoués dans tous les siècles comme les plus impertinents de tous les hommes, et à subir la haine publique comme les plus injustes.

On vous a parlé cent fois de l'insolente absurdité avec laquelle vous condamnâtes Galilée, et moi je vous en parle pour la cent et unième, et je veux que vous en fassiez à jamais l'anniversaire; je veux qu'on grave à la porte de votre Saint-Office :

Ici sept cardinaux, assistés de frères mineurs, firent jeter en prison le maître à penser de l'Italie, âgé de soixante et dix ans; le firent jeûner au pain et à l'eau, parce qu'il instruisait le genre humain, et qu'ils étaient des ignorants.

Là on rendit un arrêt en faveur des catégories d'Aristote, et on statua savamment et équitablement la peine des galères contre quiconque serait assez osé pour être d'un autre avis que le Stagyrite, dont jadis deux conciles brûlèrent les livres.

Plus loin une faculté, qui n'a pas de grandes facultés, fit un décret contre les idées innées, et fit ensuite un décret pour les idées innées, sans que ladite faculté fût seulement informée par ses bedeaux de ce que c'est qu'une idée.

Dans les écoles voisines, on a procédé juridiquement contre la circulation du sang.

On a intenté procès contre l'inoculation, et parties ont été assignées par exploit.

On a saisi à la douane des pensées vingt et un volumes *in-folio*, dans lesquels il était dit méchamment et proditoirement que les triangles ont toujours trois angles; qu'un père est plus âgé que son fils; que Rhéa Silvia perdit son pucelage avant d'accoucher, et que de la farine n'est pas une feuille de chêne.

En une autre année, on jugea le procès : « Utrum » chimera bombinans in vacuo possit comedere » secundas intentiones, » et on décida pour l'affirmative.

En conséquence, on se crut très supérieur à Archimède, à Euclide, à Cicéron, à Pline, et on se pavana dans le quartier de l'Université.

AVARICE.

Avarities, amor habendi, desir d'avoir, avidité, convoitise.

A proprement parler, l'*avarice* est le desir d'accumuler, soit en grains, soit en meubles, ou en fonds, ou en curiosités. Il y avait des avares avant qu'on eût inventé la monnaie.

Nous n'appelons point *avare* un homme qui a vingt-quatre chevaux de carrosse, et qui n'en prêtera pas deux à son ami, ou bien qui, ayant deux mille bouteilles de vin de Bourgogne destinées pour sa table, ne vous en enverra pas une demi-douzaine quand il saura que vous en manquez. S'il vous montre pour cent mille écus de diamants, vous ne vous avisez pas d'exiger qu'il vous en présente un de cinquante louis; vous le regardez comme un homme fort magnifique, et point du tout comme un avare.

Celui qui, dans les finances, dans les fournitures des armées, dans les grandes entreprises, gagna deux millions chaque année, et qui, se trouvant enfin riche de quarante-trois millions, sans compter ses maisons de Paris et son mobilier, dépensa pour sa table cinquante mille écus par année, et prêta quelquefois à des seigneurs de l'argent à cinq pour cent, ne passa point dans l'esprit du peuple pour un avare. Il avait cependant brûlé toute sa vie de la soif d'avoir; le démon de la convoitise l'avait perpétuellement tourmenté : il accumula jusqu'au dernier jour de sa vie. Cette passion toujours satisfaite ne s'appelle jamais *avarice*. Il ne dépensait pas la dixième partie de son revenu, et il avait la réputation d'un homme généreux qui avait trop de faste.

Un père de famille qui, ayant vingt mille livres de rente, n'en dépensera que cinq ou six, et qui accumulera ses épargnes pour établir ses enfants, est réputé par ses voisins « avaricieux, » pince-maille, ladre vert, vilain, fesse-matthieu, » gagne-denier, grippe-sou, cancre : » on lui donne tous les noms injurieux dont on peut s'aviser.

Cependant ce bon bourgeois est beaucoup plus honorable que le Crésus dont je viens de parler; il dépense trois fois plus à proportion. Mais voici la raison qui établit entre leurs réputations une si grande différence.

Les hommes ne haïssent celui qu'ils appellent *avare* que parce qu'il n'y a rien à gagner avec lui. Le médecin, l'apothicaire, le marchand de vin, l'épicier, le sellier, et quelques demoiselles gagnent beaucoup avec notre Crésus, qui est le véritable avare. Il n'y a rien à faire avec notre bourgeois économe et serré; ils l'accablent de malédictions.

Les avares qui se privent du nécessaire sont abandonnés à Plaute et à Molière.

Un gros avare mon voisin disait, il n'y a pas long-temps : On en veut toujours à nous autres pauvres riches. A Molière, à Molière.

AVIGNON.

Avignon et son comtat sont des monuments de ce que peuvent à la fois l'abus de la religion, l'ambition, la fourberie, et le fanatisme. Ce petit pays, après mille vicissitudes, avait passé au douzième siècle dans la maison des comtes de Toulouse, descendants de Charlemagne par les femmes.

Raimond VI, comte de Toulouse, dont les aïeux avaient été les principaux héros des croisades, fut dépouillé de ses états par une croisade que les papes suscitèrent contre lui. La cause de la croisade était l'envie d'avoir ses dépouilles; le prétexte était que, dans plusieurs de ses villes, les citoyens pensaient à peu près comme on pense depuis plus de deux cents ans en Angleterre, en Suède, en Danemarck, dans les trois quarts de la Suisse, en Hollande, et dans la moitié de l'Allemagne.

Ce n'était pas une raison pour donner, au nom de Dieu, les états du comte de Toulouse au premier occupant, et pour aller égorger et brûler ses sujets un crucifix à la main, et une croix blanche sur l'épaule. Tout ce qu'on nous raconte des peuples les plus sauvages n'approche pas des barbaries commises dans cette guerre, appelée *sainte*. L'atrocité ridicule de quelques cérémonies religieuses accompagna toujours les excès de ces horreurs. On sait que Raimond VI fut traîné à une église de Saint-Gilles devant un légat nommé Milon, nu jusqu'à la ceinture, sans bas et sans sandales, ayant une corde au cou, laquelle était tirée par un diacre, tandis qu'un second diacre le fouettait, qu'un troisième diacre chantait un *miserere* avec des moines, et que le légat était à dîner.

Telle est la première origine du droit des papes sur Avignon.

Le comte Raimond, qui s'était soumis à être fouetté pour conserver ses états, subit cette ignominie en pure perte. Il lui fallut défendre par les armes ce qu'il avait cru conserver par une poignée de verges : il vit ses villes en cendres, et mourut en 1213 dans les vicissitudes de la plus sanglante guerre.

Son fils Raimond VII n'était pas soupçonné d'hérésie comme le père; mais étant fils d'un hérétique, il devait être dépouillé de tous ses biens en vertu des décrétales; c'était la loi. La croisade subsista donc contre lui. On l'excommuniait dans les églises, les dimanches et les jours de fêtes, au son des cloches, et à cierges éteints.

Un légat qui était en France dans la minorité de saint Louis, y levait des décimes pour soutenir cette guerre en Languedoc et en Provence. Raimond se défendait avec courage, mais les têtes de l'hydre du fanatisme renaissaient à tout moment pour le dévorer.

Enfin le pape fit la paix, parce que tout son argent se dépensait à la guerre.

Raimond VII vint signer le traité devant le portail de la cathédrale de Paris. Il fut forcé de payer dix mille marcs d'argent au légat, deux mille à l'abbaye de Cîteaux, cinq cents à l'abbaye de Clervaux, mille à celle de Grand-Selve, trois cents à celle de Belleperche, le tout pour le salut de son âme, comme il est spécifié dans le traité. C'était ainsi que l'Église négociait toujours.

Il est très remarquable que, dans l'instrument de cette paix, le comte de Toulouse met toujours le légat avant le roi. « Je jure et promets au légat » et au roi d'observer de bonne foi toutes ces choses, et de les faire observer par mes vassaux et » sujets, etc. »

Ce n'était pas tout; il céda au pape Grégoire IX le comtat Venaissin au-delà du Rhône, et la suzeraineté de soixante et treize châteaux en-deçà. Le pape s'adjugea cette amende par un acte particulier, ne voulant pas que, dans un instrument public, l'aveu d'avoir exterminé tant de chrétiens pour ravir le bien d'autrui parût avec trop d'éclat. Il exigeait d'ailleurs ce que Raimond ne pouvait lui donner sans le consentement de l'empereur Frédéric II. Les terres du comte, à la gauche du Rhône, étaient un fief impérial. Frédéric II ne ratifia jamais cette extorsion.

Alfonse, frère de saint Louis, ayant épousé la fille de ce malheureux prince, et n'en ayant point eu d'enfants, tous les états de Raimond VII en Languedoc furent réunis à la couronne de France, ainsi qu'il avait été stipulé par le contrat de mariage.

Le comtat Venaissin, qui est dans la Provence, avait été rendu avec magnanimité par l'empereur Frédéric II au comte de Toulouse. Sa fille Jeanne, avant de mourir, en avait disposé par son testament en faveur de Charles d'Anjou, comte de Provence et roi de Naples.

Philippe-le-Hardi, fils de saint Louis, pressé par le pape Grégoire X, donna le Venaissin à l'Église romaine en 1274. Il faut avouer que Philippe-le-Hardi donnait ce qui ne lui appartenait point du tout; que cette cession était absolument nulle, et que jamais acte ne fut plus contre toutes les lois.

Il en est de même de la ville d'Avignon. Jeanne de France, reine de Naples, descendante du frère de saint Louis, accusée, avec trop de vraisemblance, d'avoir fait étrangler son mari, voulut avoir la protection du pape Clément VI, qui siégeait alors dans la ville d'Avignon, domaine de Jeanne. Elle était comtesse de Provence. Les Provençaux lui firent jurer, en 1347, sur les Évangiles, qu'elle ne vendrait aucune de ses souverainetés. A peine eut-elle fait son serment, qu'elle alla vendre Avignon au pape. L'acte authentique ne fut signé que le 14 juin 1348; on y stipula, pour prix de la vente, la somme de quatre-vingt mille florins d'or. Le pape la déclara innocente du meurtre de son mari; mais il ne la paya point. On n'a jamais produit la quittance de Jeanne. Elle réclama quatre fois juridiquement contre cette vente illusoire.

Ainsi donc Avignon et le comtat ne furent jamais réputés démembrés de la Provence que par une rapine d'autant plus manifeste, qu'on avait voulu la couvrir du voile de la religion.

Lorsque Louis XI acquit la Provence, il l'acquit avec tous ses droits, et voulut les faire valoir en 1464, comme on le voit par une lettre de Jean de Foix à ce monarque. Mais les intrigues de la cour de Rome eurent toujours tant de pouvoir, que les rois de France condescendirent à la laisser jouir de cette petite province. Ils ne reconnurent jamais dans les papes une possession légitime, mais une simple jouissance.

Dans le traité de Pise, fait par Louis XIV, en 1664, avec Alexandre VII, il est dit « qu'on lèvera tous les obstacles, afin que le pape puisse jouir d'Avignon comme auparavant. » Le pape n'eut donc cette province que comme des cardinaux ont des pensions du roi, et ces pensions sont amovibles.

Avignon et le comtat furent toujours un embarras pour le gouvernement de France. Ce petit pays était le refuge de tous les banqueroutiers et de tous les contrebandiers. Par là, il causait de grandes pertes, et le pape n'en profitait guère.

Louis XIV rentra deux fois dans ses droits, mais pour châtier le pape, plus que pour réunir Avignon et le comtat à sa couronne.

Enfin Louis XV a fait justice à sa dignité et à ses sujets. La conduite indécente et grossière du pape Rezzonico, Clément XIII, l'a forcé de faire revivre les droits de sa couronne en 1768. Ce pape avait agi comme s'il avait été du quatorzième siècle : on lui a prouvé qu'on était au dix-huitième, avec l'applaudissement de l'Europe entière.

Lorsque l'officier-général chargé des ordres du roi entra dans Avignon, il alla droit à l'appartement du légat sans se faire annoncer, et lui dit : « Monsieur, le roi prend possession de sa ville. »

Il y a loin de là à un comte de Toulouse fouetté par un diacre pendant le dîner d'un légat. Les choses, comme on voit, changent avec le temps[1].

AVOCATS.

On sait que Cicéron ne fut consul, c'est-à-dire, le premier homme de l'univers connu, que pour avoir été avocat. César fut avocat. Il n'en est pas ainsi de maître Le Dain, avocat en parlement à Paris, malgré son discours *du côté du greffe*, contre maître Huerne, qui avait défendu les comédiens *par le secours d'une littérature agréable et intéressante*. César plaida des causes à Rome dans un autre goût que maître Le Dain, avant qu'il daignât venir nous subjuguer, et faire pendre Arioviste.

Comme nous valons infiniment mieux que les anciens Romains, ainsi qu'on l'a démontré dans un beau livre intitulé : *Parallèle des anciens Romains et des Français*, il a fallu que, dans la partie des Gaules que nous habitons, nous partageassions en plusieurs petites portions les talents que les Romains unissaient. Le même homme était chez eux avocat, augure, sénateur et guerrier. Chez nous un sénateur est un jeune bourgeois qui achète à la taxe un office de conseiller, soit aux enquêtes, soit en cour des aides, soit au grenier à sel, selon ses facultés; le voilà placé pour le reste de sa vie, se carrant dans son cercle dont il ne sort jamais, et croyant jouer un grand rôle sur le globe.

Un avocat est un homme qui, n'ayant pas assez de fortune pour acheter un de ces brillants offices sur lesquels l'univers a les yeux, étudie pendant trois ans les lois de Théodose et de Justinien pour connaître la coutume de Paris, et qui enfin, étant immatriculé, a le droit de plaider pour de l'argent, s'il a la voix forte.

Sous notre grand Henri IV, un avocat ayant demandé quinze cents écus pour avoir plaidé une cause, la somme fut trouvée trop forte pour le temps, pour l'avocat et pour la cause; tous les avocats alors allèrent déposer leur bonnet au greffe *du côté* duquel maître Le Dain a si bien parlé depuis; et cette aventure causa une consternation générale dans tous les plaideurs de Paris.

Il faut avouer qu'alors l'honneur, la dignité du patronage, la grandeur attachée à défendre l'opprimé, n'étaient pas plus connus que l'éloquence. Presque tous les Français étaient Welches, excepté un De Thou, un Sulli, un Malherbe, et ces braves capitaines qui secondèrent le grand Henri, et qui ne purent le garantir de la main d'un Welche endiablé du fanatisme des Welches.

Mais lorsque avec le temps la raison a repris ses droits, l'honneur a repris les siens; plusieurs

[1] Clément XIII étant mort, son successeur Ganganelli répara ses fautes, promit de détruire les jésuites, et on lui rendit Avignon.

De profonds politiques croient qu'il est bon de laisser Avignon au pape, pour se conserver un moyen de le punir s'il abuse de ses clefs : mais qu'on laisse le peuple s'éclairer, et l'on n'aura plus besoin d'Avignon ni pour faire entendre raison au successeur de saint Pierre, ni pour n'en avoir rien à craindre. K.

avocats français sont devenus dignes d'être des sénateurs romains. Pourquoi sont-ils devenus désintéressés et patriotes en devenant éloquents? C'est qu'en effet les beaux-arts élèvent l'âme; la culture de l'esprit en tout genre ennoblit le cœur.

L'aventure à jamais mémorable des Calas en est un grand exemple. Quatorze avocats de Paris s'assemblent plusieurs jours, sans aucun intérêt, pour examiner si un homme roué à deux cents lieues de là est mort innocent ou coupable. Deux d'entre eux, au nom de tous, protégent la mémoire du mort et les larmes de la famille. L'un des deux consume deux années entières à combattre pour elle, à la secourir, à la faire triompher.

Généreux Beaumont! les siècles à venir sauront que le fanatisme en robe ayant assassiné juridiquement un père de famille, la philosophie et l'éloquence ont vengé et honoré sa mémoire.

AXE.

D'où vient que l'axe de la terre n'est pas perpendiculaire à l'équateur? Pourquoi se relève-t-il vers le nord, et s'abaisse-t-il vers le pôle austral dans une position qui ne paraît pas naturelle, et qui semble la suite de quelque dérangement, ou d'une période d'un nombre prodigieux d'années?

Est-il bien vrai que l'écliptique se relève continuellement par un mouvement insensible vers l'équateur, et que l'angle que forment ces deux lignes soit un peu diminué depuis deux mille années?

Est-il bien vrai que l'écliptique ait été autrefois perpendiculaire à l'équateur, que les Égyptiens l'aient dit, et qu'Hérodote l'ait rapporté? Ce mouvement de l'écliptique formerait une période d'environ deux millions d'années : ce n'est point cela qui effraie; car l'axe de la terre a un mouvement imperceptible d'environ vingt-six mille ans, qui fait la précession des équinoxes, et il est aussi aisé à la nature de produire une rotation de vingt mille siècles, qu'une rotation de deux cent soixante siècles.

On s'est trompé quand on a dit que les Égyptiens avaient, selon Hérodote, une tradition que l'écliptique avait été autrefois perpendiculaire à l'équateur. La tradition dont parle Hérodote n'a point de rapport à la coïncidence de la ligne équinoxiale et de l'écliptique; c'est tout autre chose.

Les prétendus savants d'Égypte disaient que le soleil, dans l'espace de onze mille années, s'était couché deux fois à l'orient, et levé deux fois à l'occident. Quand l'équateur et l'écliptique auraient coïncidé ensemble, quand toute la terre aurait eu la sphère droite, et que partout les jours eussent été égaux aux nuits, le soleil ne changerait pas pour cela son coucher et son lever. La terre aurait toujours tourné sur son axe d'occident en orient, comme elle y tourne aujourd'hui. Cette idée de faire coucher le soleil à l'orient n'est qu'une chimère digne du cerveau des prêtres d'Égypte, et montre la profonde ignorance de ces jongleurs qui ont eu tant de réputation. Il faut ranger ce conte avec les satyres qui chantaient et dansaient à la suite d'Osiris; avec les petits garçons auxquels on ne donnait à manger qu'après avoir couru huit lieues pour leur apprendre à conquérir le monde; avec les deux enfants qui crièrent *bec* pour demander du pain, et qui par là firent découvrir que la langue phrygienne était la première que les hommes eussent parlée; avec le roi *Psamméticus*, qui donna sa fille à un voleur, pour le récompenser de lui avoir pris son argent très adroitement, etc., etc.

Ancienne histoire, ancienne astronomie, ancienne physique, ancienne médecine (à Hippocrate près), ancienne géographie, ancienne métaphysique; tout cela n'est qu'ancienne absurdité, qui doit faire sentir le bonheur d'être nés tard.

Il y a sans doute plus de vérité dans deux pages de l'*Encyclopédie*, concernant la physique, que dans toute la bibliothèque d'Alexandrie, dont pourtant on regrette la perte.

B.

BABEL.

SECTION PREMIÈRE.

Babel signifiait, chez les Orientaux, *Dieu le père, la puissance de Dieu, la porte de Dieu*, selon que l'on prononçait ce nom. C'est de là que Babylone fut la ville de Dieu, la ville sainte. Chaque capitale d'un état était la ville de Dieu, la ville sacrée. Les Grecs les appelèrent toutes *Hierapolis*, et il y en eut plus de trente de ce nom. La tour de Babel signifiait donc *la tour du père Dieu*.

Josèphe, à la vérité, dit que Babel signifiait *confusion*. Calmet dit, après d'autres, que *Bilba*, en chaldéen, signifie *confondue*; mais tous les Orientaux ont été d'un sentiment contraire. Le mot de *confusion* serait une étrange origine de la capitale d'un vaste empire. J'aime autant Rabelais, qui prétend que Paris fut autrefois appelé *Lutèce*, à cause des blanches cuisses des dames.

Quoi qu'il en soit, les commentateurs se sont fort tourmentés pour savoir jusqu'à quelle hauteur les hommes avaient élevé cette fameuse tour de Babel. Saint Jérôme lui donne vingt mille pieds. L'ancien livre juif intitulé *Jacult* lui en donnait quatre-vingt-un mille. Paul Lucas en a vu les restes, et c'est bien voir à lui. Mais ces dimensions ne sont pas la seule difficulté qui ait exercé les doctes.

On a voulu savoir comment les enfants de Noé [a], « ayant partagé entre eux les îles des nations, s'é» tablissant en divers pays, dont chacun eut sa » langue, ses familles, et son peuple particulier, » tous les hommes se trouvèrent ensuite « dans la » plaine de Sennaar pour y bâtir une tour, en di» sant [b] : Rendons notre nom célèbre avant que » nous soyons dispersés dans toute la terre. »

La *Genèse* parle des états que les fils de Noé fondèrent. On a recherché comment les peuples de l'Europe, de l'Afrique, de l'Asie, vinrent tous à Sennaar, n'ayant tous qu'un même langage et une même volonté.

La *Vulgate* met le déluge en l'année du monde 1656, et on place la construction de la tour de Babel en 1771; c'est-à-dire cent quinze ans après la destruction du genre humain, et pendant la vie même de Noé.

Les hommes purent donc multiplier avec une prodigieuse célérité; tous les arts renaquirent en bien peu de temps. Si on réfléchit au grand nombre de métiers différents qu'il faut employer pour élever une tour si haute, on est effrayé d'un si prodigieux ouvrage.

Il y a bien plus : Abraham était né, selon la *Bible,* environ quatre cents ans après le déluge; et déjà on voyait une suite de rois puissants en Égypte et en Asie. Bochart et les autres doctes ont beau charger leurs gros livres de systèmes et de mots phéniciens et chaldéens qu'ils n'entendent point; ils ont beau prendre la Thrace pour la Cappadoce, la Grèce pour la Crète, et l'île de Chypre pour Tyr; ils n'en nagent pas moins dans une mer d'ignorance qui n'a ni fond ni rive. Il eût été plus court d'avouer que Dieu nous a donné, après plusieurs siècles, les livres sacrés pour nous rendre plus gens de bien, et non pour faire de nous des géographes, et des chronologistes, et des étymologistes.

Babel est Babylone; elle fut fondée, selon les historiens persans [c], par un prince nommé Tâhurath. La seule connaissance qu'on ait de ses antiquités consiste dans les observations astronomiques de dix-neuf cent trois années, envoyées par Callisthène, par ordre d'Alexandre, à son précepteur Aristote. A cette certitude se joint une probabilité extrême qui lui est presque égale : c'est qu'une nation qui avait une suite d'observations célestes depuis près de deux mille ans, était rassemblée en corps de peuple, et formait une puissance considérable plusieurs siècles avant la première observation.

Il est triste qu'aucun des calculs des anciens auteurs profanes ne s'accorde avec nos auteurs sacrés, et que même aucun nom des princes qui régnèrent après les différentes époques assignées au déluge, n'ait été connu ni des Égyptiens, ni des Syriens, ni des Babyloniens, ni des Grecs.

Il n'est pas moins triste qu'il ne soit resté sur la terre, chez les auteurs profanes, aucun vestige de la tour de Babel : rien de cette histoire de la confusion des langues ne se trouve dans aucun livre : cette aventure si mémorable fut aussi inconnue de l'univers entier, que les noms de Noé, de Mathusalem, de Caïn, d'Abel, d'Adam, et d'Ève.

Cet embarras afflige notre curiosité. Hérodote, qui avait tant voyagé, ne parle ni de Noé, ni de Sem, ni de Réhu, ni de Salé, ni de Nembrod. Le nom de Nembrod est inconnu à toute l'antiquité profane : il n'y a que quelques Arabes et quelques Persans modernes qui aient fait mention de Nembrod, en falsifiant les livres des Juifs. Il ne nous reste, pour nous conduire dans ces ruines anciennes, que la foi à la *Bible*, ignorée de toutes les nations de l'univers pendant tant de siècles; mais heureusement c'est un guide infaillible.

Hérodote, qui a mêlé trop de fables avec quelques vérités, prétend que de son temps, qui était celui de la plus grande puissance des Perses, souverains de Babylone, toutes les citoyennes de cette ville immense étaient obligées d'aller une fois dans leur vie au temple de Mylitta, déesse qu'il croit la même qu'Aphrodite ou Vénus, pour se prostituer aux étrangers; et que la loi leur ordonnait de recevoir de l'argent, comme un tribut sacré qu'on payait à la déesse.

Ce conte des *Mille et une Nuits* ressemble à celui qu'Hérodote fait dans la page suivante, que Cyrus partagea le fleuve de l'Inde en trois cent soixante canaux, qui tous ont leur embouchure dans la mer Caspienne. Que diriez-vous de Mézerai, s'il nous avait raconté que Charlemagne partagea le Rhin en trois cent soixante canaux qui tombent dans la Méditerranée, et que toutes les dames de sa cour étaient obligées d'aller une fois en leur vie se présenter à l'église de Sainte-Geneviève, et de se prostituer à tous les passants pour de l'argent?

Il faut remarquer qu'une telle fable est encore plus absurde dans le siècle des Xerxès, où vivait Hérodote, qu'elle ne le serait dans celui de Charlemagne. Les Orientaux étaient mille fois plus jaloux que les Francs et les Gaulois. Les femmes de tous les grands seigneurs étaient soigneusement gardées par des eunuques. Cet usage subsistait de temps immémorial. On voit même dans l'histoire

[a] *Genèse*, ch. X, v. 5. — [b] Ch. XI, v. 2 et 4.
[c] Voyez la *Bibliothèque orientale*.

juive, que lorsque cette petite nation veut, comme les autres, avoir un roi [a], Samuel, pour les en détourner, et pour conserver son autorité, dit « qu'un roi les tyrannisera, qu'il prendra la » dime des vignes et des blés pour donner à ses » eunuques. » Les rois accomplirent cette prédiction ; car il est dit dans le troisième livre des *Rois*, que le roi Achab avait des eunuques, et dans le quatrième, que Joram, Jéhu, Joachim et Sédekias en avaient aussi.

Il est parlé long-temps auparavant dans la *Genèse*, des eunuques du Pharaon [b]; et il est dit que Putiphar, à qui Joseph fut vendu, était eunuque du roi. Il est donc clair qu'on avait à Babylone une foule d'eunuques pour garder les femmes. On ne leur fesait donc pas un devoir d'aller coucher avec le premier venu pour de l'argent. Babylone, la ville de Dieu, n'était donc pas un vaste b....., comme on l'a prétendu.

Ces contes d'Hérodote, ainsi que tous les autres contes dans ce goût, sont aujourd'hui si décriés par tous les honnêtes gens, la raison a fait de si grands progrès, que les vieilles et les enfants mêmes ne croient plus ces sottises. « Non est vetula » quæ credat; nec pueri credunt, nisi qui non- » dum ære lavantur [1]. »

Il ne s'est trouvé de nos jours qu'un seul homme qui, n'étant pas de son siècle, a voulu justifier la fable d'Hérodote. Cette infamie lui paraît toute simple. Il veut prouver que les princesses babyloniennes se prostituaient par piété au premier venu, parce qu'il est dit, dans la sainte Écriture, que les Ammonites fesaient passer leurs enfants par le feu, en les présentant à Moloch; mais cet usage de quelques hordes barbares, cette superstition de faire passer ses enfants par les flammes, ou même de les brûler sur des bûchers en l'honneur de je ne sais quel Moloch, ces horreurs iroquoises d'un petit peuple infâme, ont-elles quelque rapport avec une prostitution si incroyable chez la nation la plus jalouse et la plus policée de tout l'Orient connu? Ce qui se passe chez les Iroquois sera-t-il parmi nous une preuve des usages de la cour d'Espagne ou de celle de France?

Il apporte encore en preuve la fête des Lupercales chez les Romains, « pendant laquelle, dit-il, » des jeunes gens de qualité et des magistrats res- » pectables couraient nus par la ville, un fouet à » la main, et frappaient de ce fouet des femmes » de qualité qui se présentaient à eux sans rougir, » dans l'espérance d'obtenir par là une plus heu- » reuse délivrance. »

[a] Liv. I des *Rois*, chap. VIII, v. 15; liv. III, chap. XXII, v. 9; liv. IV, ch. VIII, v. 6; ch. IX, v. 32; ch. XXIV, v. 12; et ch. XXV, v. 19.

[b] *Genèse*, ch. XXXVII, v. 36.

[1] Juvénal, II, 152.

Premièrement, il n'est point dit que les Romains de qualité courussent tout nus : Plutarque, au contraire, dit expressément, dans ses *Demandes sur les Romains*, qu'ils étaient couverts de la ceinture en bas.

Secondement, il semble, à la manière dont s'exprime le défenseur des *coutumes infâmes*, que les dames romaines se troussaient pour recevoir des coups de fouet sur le ventre nu, ce qui est absolument faux.

Troisièmement, cette fête des Lupercales n'a aucun rapport à la prétendue loi de Babylone, qui ordonne aux femmes et aux filles du roi, des satrapes, et des mages, de se vendre et de se prostituer par dévotion aux passants.

Quand on ne connaît ni l'esprit humain, ni les mœurs des nations ; quand on a le malheur de s'être borné à compiler des passages de vieux auteurs, qui presque tous se contredisent, il faut alors proposer son sentiment avec modestie; il faut savoir douter, secouer la poussière du collége, et ne jamais s'exprimer avec une insolence outrageuse.

Hérodote, ou Ctésias, ou Diodore de Sicile, rapportent un fait; vous l'avez lu en grec; donc ce fait est vrai. Cette manière de raisonner n'est pas celle d'Euclide; elle est assez surprenante dans le siècle où nous vivons; mais tous les esprits ne se corrigeront pas si tôt; et il y aura toujours plus de gens qui compilent que de gens qui pensent.

Nous ne dirons rien ici de la confusion des langues arrivée tout d'un coup pendant la construction de la tour de Babel. C'est un miracle rapporté dans la sainte Écriture. Nous n'expliquons, nous n'examinons même aucun miracle : nous les croyons d'une foi vive et sincère, comme tous les auteurs du grand ouvrage de l'*Encyclopédie* les ont crus.

Nous dirons seulement que la chute de l'empire romain a produit plus de confusion et plus de langues nouvelles que la chute de la tour de Babel. Depuis le règne d'Auguste jusque vers le temps des Attila, des Clodvic, des Gondebaud, pendant six siècles, *terra erat unius labii*, la terre connue de nous était d'une seule *langue*. On parlait latin de l'Euphrate au mont Atlas. Les lois sous lesquelles vivaient cent nations étaient écrites en latin, et le grec servait d'amusement; le jargon barbare de chaque province n'était que pour la populace. On plaidait en latin dans les tribunaux de l'Afrique comme à Rome. Un habitant de Cornouailles partait pour l'Asie-Mineure, sûr d'être entendu partout sur la route. C'était du moins un bien que la rapacité des Romains avait fait aux hommes. On se trouvait citoyen de toutes les villes, sur le Danube comme sur le Guadalquivir. Aujourd'hui un Bergamasque qui voyage dans les petits cantons suisses, dont il n'est séparé que par une montagne, a besoin d'interprète comme s'il était à la Chine. C'est un des plus grands fléaux de la vie.

SECTION II.

La vanité a toujours élevé les grands monuments. Ce fut par vanité que les hommes bâtirent la belle tour de Babel : Allons, élevons une tour dont le sommet touche au ciel, et rendons notre nom célèbre avant que nous soyons dispersés dans toute la terre. L'entreprise fut faite du temps d'un nommé Phaleg, qui comptait le bonhomme Noé pour son cinquième aïeul. L'architecture et tous les arts qui l'accompagnent avaient fait, comme on voit, de grands progrès en cinq générations. Saint Jérôme, le même qui a vu des faunes et des satyres, n'avait pas vu plus que moi la tour de Babel; mais il assure qu'elle avait vingt mille pieds de hauteur. C'est bien peu de chose. L'ancien livre *Jacult*, écrit par un des plus doctes Juifs, démontre que sa hauteur était de quatre-vingt et un mille pieds juifs; et il n'y a personne qui ne sache que le pied juif était à peu près de la longueur du pied grec. Cette dimension est bien plus vraisemblable que celle de Jérôme. Cette tour subsiste encore; mais elle n'est plus tout-à-fait si haute. Plusieurs voyageurs très-véridiques l'ont vue : moi qui ne l'ai point vue, je n'en parlerai pas plus que d'Adam mon grand'père, avec qui je n'ai point eu l'honneur de converser. Mais consultez le révérend P. dom Calmet : c'est un homme d'un esprit fin et d'une profonde philosophie; il vous expliquera la chose. Je ne sais pas pourquoi il est dit dans la *Genèse* que Babel signifie confusion; car *Ba* signifie père dans les langues orientales, et *Bel* signifie Dieu; Babel signifie la ville de Dieu, la ville sainte. Les anciens donnaient ce nom à toutes leurs capitales. Mais il est incontestable que Babel veut dire confusion, soit parce que les architectes furent confondus après avoir élevé leur ouvrage jusqu'à quatre-vingt et un mille pieds juifs, soit parce que les langues se confondirent; et c'est évidemment depuis ce temps-là que les Allemands n'entendent plus les Chinois; car il est clair, selon le savant Bochart, que le chinois est originairement la même langue que le haut-allemand.

BACCHUS.

De tous les personnages véritables ou fabuleux de l'antiquité profane, Bacchus est le plus important pour nous, je ne dis pas par la belle invention que tout l'univers, excepté les Juifs, lui attribua, mais par la prodigieuse ressemblance de son histoire fabuleuse avec les aventures véritables de Moïse.

Les anciens poëtes font naître Bacchus en Égypte; il est exposé sur le Nil, et c'est de là qu'il est nommé Myses par le premier Orphée, ce qui veut dire en ancien égyptien *sauvé des eaux*, à ce que prétendent ceux qui entendaient l'ancien égyptien qu'on n'entend plus. Il est élevé vers une montagne d'Arabie nommée Nisa, qu'on a cru être le mont Sina. On feint qu'une déesse lui ordonna d'aller détruire une nation barbare; qu'il passa la mer Rouge à pied avec une multitude d'hommes, de femmes, et d'enfants. Une autre fois le fleuve Oronte suspendit ses eaux à droite et à gauche pour le laisser passer; l'Hydaspe en fit autant. Il commanda au soleil de s'arrêter; deux rayons lumineux lui sortaient de la tête. Il fit jaillir une fontaine de vin en frappant la terre de son thyrse; il grava ses lois sur deux tables de marbre. Il ne lui manque que d'avoir affligé l'Égypte de dix plaies pour être la copie parfaite de Moïse.

Vossius est, je pense, le premier qui ait étendu ce parallèle. L'évêque d'Avranche Huet l'a poussé tout aussi loin; mais il ajoute, dans sa *Démonstration évangélique*, que non seulement Moïse est Bacchus, mais qu'il est encore Osiris et Typhon. Il ne s'arrête pas en si beau chemin; Moïse, selon lui, est Esculape, Amphion, Apollon, Adonis, Priape même. Il est assez plaisant que Huet, pour prouver que Moïse est Adonis, se fonde sur ce que l'un et l'autre ont gardé des moutons :

« Et formosus oves ad flumina pavit Adonis. »
(VIRG. *Eclog.* X, v. 18.)

Adonis et Moïse ont gardé les moutons.

Sa preuve qu'il est Priape, est qu'on peignait quelquefois Priape avec un âne, et que les Juifs passèrent chez les Gentils pour adorer un âne. Il en donne une autre preuve qui n'est pas canonique, c'est que la verge de Moïse pouvait être comparée au sceptre de Priape[a] : *Sceptrum tribuitur Priapo, virga Mosi.* Ces démonstrations ne sont pas celles d'Euclide.

Nous ne parlerons point ici des Bacchus plus modernes, tel que celui qui précéda de deux cents ans la guerre de Troie, et que les Grecs célébrèrent comme un fils de Jupiter, enfermé dans sa cuisse.

Nous nous arrêtons à celui qui passa pour être né sur les confins de l'Égypte, et pour avoir fait

[a] *Démonstr. évangél.*, pages 79, 87 et 110.

tant de prodiges. Notre respect pour les livres sacrés juifs ne nous permet pas de douter que les Égyptiens, les Arabes, et ensuite les Grecs, n'aient voulu imiter l'histoire de Moïse : la difficulté consistera seulement à savoir comment ils auront pu être instruits de cette histoire incontestable.

A l'égard des Égyptiens, il est très-vraisemblable qu'ils n'ont jamais écrit les miracles de Moïse, qui les auraient couverts de honte. S'ils en avaient dit un mot, l'historien Josèphe et Philon n'auraient pas manqué de se prévaloir de ce mot. Josèphe, dans sa réponse à Apion, se fait un devoir de citer tous les auteurs d'Égypte qui ont fait mention de Moïse, et il n'en trouve aucun qui rapporte un seul de ces miracles. Aucun Juif n'a jamais cité un auteur égyptien qui ait dit un mot des dix plaies d'Égypte, du passage miraculeux de la mer Rouge, etc. Ce ne peut donc être chez les Égyptiens qu'on ait trouvé de quoi faire ce parallèle scandaleux du divin Moïse avec le profane Bacchus.

Il est de la plus grande évidence que si un seul auteur égyptien avait dit un mot des grands miracles de Moïse, toute la synagogue d'Alexandrie, toute l'Église disputante de cette fameuse ville, auraient cité ce mot, et en auraient triomphé, chacune à sa manière. Athénagore, Clément, Origène, qui disent tant de choses inutiles, auraient rapporté mille fois ce passage nécessaire : c'eût été le plus fort argument de tous les Pères. Ils ont tous gardé un profond silence; donc ils n'avaient rien à dire. Mais aussi comment s'est-il pu faire qu'aucun Égyptien n'ait parlé des exploits d'un homme qui fit tuer tous les aînés des familles d'Égypte, qui ensanglanta le Nil, et qui noya dans la mer le roi et toute l'armée, etc., etc., etc.?

Tous nos historiens avouent qu'un Clodvic, un Sicambre, subjugua la Gaule avec une poignée de Barbares : les Anglais sont les premiers à dire que les Saxons, les Danois et les Normands, vinrent tour-à-tour exterminer une partie de leur nation. S'ils ne l'avaient pas avoué, l'Europe entière le crierait. L'univers devait crier de même aux prodiges épouvantables de Moïse, de Josué, de Gédéon, de Samson, et de tant de prophètes : l'univers s'est tu cependant. O profondeur! D'un côté, il est palpable que tout cela est vrai, puisque tout cela se trouve dans la sainte Écriture approuvée par l'Église; de l'autre, il est incontestable qu'aucun peuple n'en a jamais parlé. Adorons la Providence, et soumettons-nous.

Les Arabes, qui ont toujours aimé le merveilleux, sont probablement les premiers auteurs des fables inventées sur Bacchus, adoptées bientôt et embellies par les Grecs. Mais comment les Arabes et les Grecs auraient-ils puisé chez les Juifs? On sait que les Hébreux ne communiquèrent leurs livres à personne jusqu'au temps des Ptolémées; ils regardaient cette communication comme un sacrilége; et Josèphe même, pour justifier cette obstination à cacher le *Pentateuque* au reste de la terre, dit, comme on l'a déjà remarqué, que Dieu avait puni tous les étrangers qui avaient osé parler des histoires juives. Si on l'en croit, l'historien Théopompe ayant eu seulement dessein de faire mention d'eux dans son ouvrage, devint fou pendant trente jours; et le poëte tragique Théodecte devint aveugle pour avoir fait prononcer le nom des Juifs dans une de ses tragédies. Voilà les excuses que Flavius Josèphe donne dans sa réponse à Apion, de ce que l'histoire juive a été si long-temps inconnue.

Ces livres étaient d'une si prodigieuse rareté qu'on n'en trouva qu'un seul exemplaire sous le roi Josias; et cet exemplaire encore avait été long-temps oublié dans le fond d'un coffre, au rapport de Saphan, scribe du pontife Helcias, qui le porta au roi.

Cette aventure arriva, selon le quatrième livre des *Rois*, six cent vingt-quatre ans avant notre ère vulgaire, quatre cents ans après Homère, et dans les temps les plus florissants de la Grèce. Les Grecs savaient alors à peine qu'il y eût des Hébreux au monde. La captivité des Juifs à Babylone augmenta encore leur ignorance de leurs propres livres. Il fallut qu'Esdras les restaurât au bout de soixante et dix ans, et il y avait déjà plus de cinq cents ans que la fable de Bacchus courait toute la Grèce.

Si les Grecs avaient puisé leurs fables dans l'histoire juive, ils y auraient pris des faits plus intéressants pour le genre humain. Les aventures d'Abraham, celles de Noé, de Mathusalem, de Seth, d'Énoch, de Caïn, d'Ève, de son funeste serpent, de l'arbre de la science, tous ces noms leur ont été de tout temps inconnus; et ils n'eurent une faible connaissance du peuple juif que long-temps après la révolution que fit Alexandre en Asie et en Europe. L'historien Josèphe l'avoue en termes formels. Voici comme il s'exprime dès le commencement de sa réponse à Apion, qui (par parenthèse) était mort quand il lui répondit; car Apion mourut sous l'empereur Claude, et Josèphe écrivit sous Vespasien :

[a]« Comme le pays que nous habitons est éloigné de la mer, nous ne nous appliquons point au commerce, et n'avons point de communication avec les autres nations. Nous nous contentons de cultiver nos terres, qui sont très-fertiles, et travaillons principalement à bien élever nos enfants, parce que rien ne nous pa-

[a] Réponse de Josèphe. Traduction d'Arnauld d'Andilly, ch. v.

» raît si nécessaire que de les instruire dans la » connaissance de nos saintes lois, et dans une » véritable piété qui leur inspire le desir de les » observer. Ces raisons, ajoutées à ce que j'ai » dit, et à cette manière de vie qui nous est par» ticulière, font voir que dans les siècles passés » nous n'avons point eu de communication avec » les Grecs, comme ont eu les Égyptiens et les » Phéniciens... Y a-t-il donc sujet de s'étonner » que notre nation n'étant point voisine de la » mer, n'affectant point de rien écrire, et vivant » en la manière que je l'ai dit, elle ait été peu » connue ? »

Après un aveu aussi authentique du Juif le plus entêté de l'honneur de sa nation qui ait jamais écrit, on voit assez qu'il est impossible que les anciens Grecs eussent pris la fable de Bacchus dans les livres sacrés des Hébreux, ni même aucune autre fable, comme le sacrifice d'Iphigénie, celui du fils d'Idoménée, les travaux d'Hercule, l'aventure d'Eurydice, etc. : la quantité d'anciens récits qui se ressemblent est prodigieuse. Comment les Grecs ont-ils mis en fables ce que les Hébreux ont mis en histoire? serait-ce par le don de l'invention? serait-ce par la facilité de l'imitation ? serait-ce parce que les beaux esprits se rencontrent? Enfin, Dieu l'a permis ; cela doit suffire. Qu'importe que les Arabes et les Grecs aient dit les mêmes choses que les Juifs ? Ne lisons l'*Ancien-Testament* que pour nous préparer au *Nouveau* ; et ne cherchons dans l'un et dans l'autre que des leçons de bienfesance, de modération, d'indulgence, et d'une véritable charité.

BACON (ROGER).

Vous croyez que Roger Bacon, ce fameux moine du treizième siècle, était un très grand homme, et qu'il avait la vraie science, parce qu'il fut persécuté et condamné dans Rome à la prison par des ignorants. C'est un grand préjugé en sa faveur, je l'avoue; mais n'arrive-t-il pas tous les jours que des charlatans condamnent gravement d'autres charlatans, et que des fous font payer l'amende à d'autres fous? Ce monde-ci a été longtemps semblable aux Petites - Maisons, dans lesquelles celui qui se croit le Père éternel anathématise celui qui se croit le Saint-Esprit ; et ces aventures ne sont pas même aujourd'hui extrêmement rares.

Parmi les choses qui le rendirent recommandable, il faut premièrement compter sa prison, ensuite la noble hardiesse avec laquelle il dit que tous les livres d'Aristote n'étaient bons qu'à brûler; et cela dans un temps où les scolastiques respectaient Aristote, beaucoup plus que les jansénistes ne respectent saint Augustin. Cependant Roger Bacon a-t-il fait quelque chose de mieux que la *Poétique*, la *Rhétorique*, et la *Logique* d'Aristote. Ces trois ouvrages immortels prouvent assurément qu'Aristote était un très grand et très beau génie, pénétrant, profond, méthodique, et qu'il n'était mauvais physicien que parce qu'il était impossible de fouiller dans les carrières de la physique lorsqu'on manquait d'instruments.

Roger Bacon, dans son meilleur ouvrage, où il traite de la lumière et de la vision, s'exprime-t-il beaucoup plus clairement qu'Aristote, quand il dit : « La lumière fait par voie de multiplica» tion son espèce lumineuse, et cette action est » appelée univoque et conforme à l'agent ; il y a » une autre multiplication équivoque, par la» quelle la lumière engendre la chaleur, et la » chaleur la putréfaction ? »

Ce Roger d'ailleurs vous dit qu'on peut prolonger sa vie avec du *sperma ceti*, et de l'aloès, et de la chair de dragon, mais qu'on peut se rendre immortel avec la pierre philosophale. Vous pensez bien qu'avec ces beaux secrets il possédait encore tous ceux de l'astrologie judiciaire sans exception : aussi assure-t-il bien positivement, dans son *Opus majus*, que la tête de l'homme est soumise aux influences du bélier, son cou à celles du taureau, et ses bras au pouvoir des gémeaux, etc. Il prouve même ces belles choses par l'expérience, et il loue beaucoup un grand astrologue de Paris, qui empêcha, dit-il, un médecin de mettre un emplâtre sur la jambe d'un malade, parce que le soleil était alors dans le signe du verseau, et que le verseau est mortel pour les jambes sur lesquelles on applique des emplâtres.

C'est une opinion assez généralement répandue que notre Roger fut l'inventeur de la poudre à canon. Il est certain que de son temps on était sur la voie de cette horrible découverte : car je remarque toujours que l'esprit d'invention est de tous les temps, et que les docteurs, les gens qui gouvernent les esprits et les corps, ont beau être d'une ignorance profonde, ont beau faire régner les plus insensés préjugés, ont beau n'avoir pas le sens commun, il se trouve toujours des hommes obscurs, des artistes animés d'un instinct supérieur, qui inventent des choses admirables, sur lesquelles ensuite les savants raisonnent.

Voici mot à mot ce fameux passage de Roger Bacon touchant la poudre à canon ; il se trouve dans son *Opus majus*, page 474, édition de Londres : « Le feu grégeois peut difficilement s'étein» dre, car l'eau ne l'éteint pas. Et il y a de » certains feux dont l'explosion fait tant de

» bruit, que, si on les allumait subitement et de » nuit, une ville et une armée ne pourraient le » soutenir : les éclats de tonnerre ne pourraient » leur être comparés. Il y en a qui effraient tellement la vue, que les éclairs des nues la troublent moins : on croit que c'est par de tels artifices que Gédéon jeta la terreur dans l'armée » des Madianites. Et nous en avons une preuve » dans ce jeu d'enfants qu'on fait par tout le » monde. On enfonce du salpêtre avec force dans » une petite balle de la grosseur d'un pouce; on » la fait crever avec un bruit si violent qu'il surpasse le rugissement du tonnerre, et il en sort » une plus grande exhalaison de feu que celle de » la foudre. » Il paraît évidemment que Roger Bacon ne connaissait que cette expérience commune d'une petite boule pleine de salpêtre mise sur le feu. Il y a encore bien loin de là à la poudre à canon, dont Roger ne parle en aucun endroit, mais qui fut bientôt après inventée.

Une chose me surprend davantage, c'est qu'il ne connut pas la direction de l'aiguille aimantée, qui de son temps commençait à être connue en Italie; mais, en récompense, il savait très bien le secret de la baguette de coudrier, et beaucoup d'autres choses semblables, dont il traite dans sa *Dignité de l'art expérimental.*

Cependant, malgré ce nombre effroyable d'absurdités et de chimères, il faut avouer que ce Bacon était un homme admirable pour son siècle. Quel siècle! me direz-vous : c'était celui du gouvernement féodal et des scolastiques. Figurez-vous les Samoïèdes et les Ostiaques, qui auraient lu Aristote et Avicenne : voilà ce que nous étions.

Roger savait un peu de géométrie et d'optique, et c'est ce qui le fit passer à Rome et à Paris pour un sorcier. Il ne savait pourtant que ce qui est dans l'Arabe Alhazen; car dans ces temps-là on ne savait encore rien que par les Arabes. Ils étaient les médecins et les astrologues de tous les rois chrétiens. Le fou du roi était toujours de la nation; mais le docteur était Arabe ou Juif.

Transportez ce Bacon au temps où nous vivons; il serait sans doute un très grand homme. C'était de l'or encroûté de toutes les ordures du temps où il vivait : cet or aujourd'hui serait épuré.

Pauvres humains que nous sommes! que de siècles il a fallu pour acquérir un peu de raison!

DE FRANÇOIS BACON,

ET DE L'ATTRACTION.

SECTION PREMIÈRE.

Le plus grand service peut-être que François Bacon ait rendu à la philosophie a été de deviner l'attraction.

Il disait, sur la fin du seizième siècle, dans son livre de la *Nouvelle Méthode de savoir:*

« Il faut chercher s'il n'y aurait point une es- » pèce de force magnétique qui opère entre la » terre et les choses pesantes, entre la lune et » l'océan, entre les planètes... Il faut ou que » les corps graves soient poussés vers le centre » de la terre, ou qu'ils en soient mutuellement » attirés; et, en ce dernier cas, il est évident que » plus les corps en tombant s'approchent de la » terre, plus fortement ils s'attirent... Il faut » expérimenter si la même horloge à poids ira » plus vite sur le haut d'une montagne ou au » fond d'une mine. Si la force des poids diminue » sur la montagne et augmente dans la mine, il » y a apparence que la terre a une vraie attrac- » tion. »

Environ cent ans après, cette attraction, cette gravitation, cette propriété universelle de la matière, cette cause qui retient les planètes dans leurs orbites, qui agit dans le soleil, et qui dirige un fétu vers le centre de la terre, a été trouvée, calculée, et démontrée par le grand Newton : mais quelle sagacité dans Bacon de Verulam, de l'avoir soupçonnée lorsque personne n'y pensait?

Ce n'est pas là de la matière subtile produite par des échancrures de petits dés qui tournèrent autrefois sur eux-mêmes, quoique tout fût plein; ce n'est pas de la matière globuleuse formée de ces dés, ni de la matière cannelée. Ces grotesques furent reçus pendant quelque temps chez les curieux : c'était un très mauvais roman; non seulement il réussit comme *Cyrus* et *Pharamond,* mais il fut embrassé comme une vérité par des gens qui cherchaient à penser. Si vous en exceptez Bacon, Galilée, Toricelli, et un très petit nombre de sages, il n'y avait alors que des aveugles en physique.

Ces aveugles quittèrent les chimères grecques pour les chimères des tourbillons et de la matière cannelée; et lorsque enfin on eut découvert et démontré l'attraction, la gravitation et ses lois, on cria aux qualités occultes. Hélas! tous les premiers ressorts de la nature ne sont-ils pas pour nous des qualités occultes? Les causes du mouvement, du ressort, de la génération, de l'immutabilité des espèces, du sentiment, de la mémoire, de la pensée, ne sont-elles pas très occultes?

Bacon soupçonna, Newton démontra l'existence d'un principe jusque alors inconnu. Il faut que les hommes s'en tiennent là, jusqu'à ce qu'ils deviennent des dieux. Newton fut assez sage, en démontrant les lois de l'attraction, pour dire qu'il en ignorait la cause. Il ajouta que c'était peut-être une impulsion, peut-être une substance légère prodigieusement élastique, répandue dans la nature. Il tâchait apparemment d'apprivoiser par ces *peut-être* les esprits effarouchés du mot d'*attraction*, et d'une propriété de la matière qui agit dans tout l'univers sans toucher à rien.

Le premier qui osa dire (du moins en France) qu'il est impossible que l'impulsion soit la cause de ce grand et universel phénomène, s'expliqua ainsi, lors même que les tourbillons et la matière subtile étaient encore fort à la mode :

« On voit l'or, le plomb, le papier, la plume, » tomber également vite, et arriver au fond du » récipient en même temps, dans la machine » pneumatique.

» Ceux qui tiennent encore pour le plein de » Descartes, pour les prétendus effets de la ma- » tière subtile, ne peuvent rendre aucune bonne » raison de ce fait; car les faits sont leurs écueils. » Si tout était plein, quand on leur accorderait » qu'il pût y avoir alors du mouvement (ce qui » est absolument impossible), au moins cette pré- » tendue matière subtile remplirait exactement » le récipient, elle y serait en aussi grande quan- » tité que de l'eau ou du mercure qu'on y aurait » mis : elle s'opposerait au moins à cette descente » si rapide des corps ; elle résisterait à ce large » morceau de papier selon la surface de ce papier, » et laisserait tomber la balle d'or ou de plomb » beaucoup plus vite : mais ces chutes se font » au même instant : donc il n'y a rien dans le ré- » cipient qui résiste ; donc cette prétendue ma- » tière subtile ne peut faire aucun effet sensible » dans ce récipient ; donc il y a une autre force » qui fait la pesanteur.

» En vain dirait-on qu'il reste une matière sub- » tile dans ce récipient, puisque la lumière le » pénètre. Il y a bien de la différence : la lumière » qui est dans ce vase de verre n'en occupe cer- » tainement pas la centmillième partie ; mais, » selon les cartésiens, il faut que leur matière » imaginaire remplisse bien plus exactement le » récipient que si je le supposais rempli d'or ; car » il y a beaucoup de vide dans l'or, et ils n'en » admettent point dans leur matière subtile.

» Or, par cette expérience, la pièce d'or, qui » pèse cent mille fois plus que le morceau de » papier, est descendue aussi vite que le papier ; » donc la force qui l'a fait descendre a agi cent » mille fois plus sur elle que sur le papier ; de » même qu'il faudra cent fois plus de force à mon » bras pour remuer cent livres que pour remuer » une livre ; donc cette puissance qui opère la gra- » vitation agit en raison directe de la masse des » corps : elle agit en effet tellement sur la masse » des corps, non selon les surfaces, qu'un mor- » ceau d'or réduit en poudre descend dans la ma- » chine pneumatique aussi vite que la même quan- » tité d'or étendue en feuille. La figure du corps » ne change ici en rien sa gravité : ce pouvoir » de gravitation agit donc sur la nature interne » des corps, et non en raison des superficies.

» On n'a jamais pu répondre à ces vérités pres- » santes que par une supposition aussi chiméri- » que que les tourbillons. On suppose que la ma- » tière subtile prétendue, qui remplit tout le » récipient, ne pèse point. Étrange idée, qui de- » vient absurde ici ; car il ne s'agit pas dans le » cas présent d'une matière qui ne pèse pas, mais » d'une matière qui ne résiste pas. Toute matière » résiste par sa force d'inertie ; donc si le réci- » pient était plein, la matière quelconque qui le » remplirait résisterait infiniment ; cela paraît » démontré en rigueur.

» Ce pouvoir ne réside point dans la prétendue » matière subtile. Cette matière serait un fluide ; » tout fluide agit sur les solides en raison de leurs » superficies : ainsi le vaisseau, présentant moins » de surface par sa proue, fend la mer qui résis- » terait à ses flancs. Or, quand la superficie d'un » corps est le carré de son diamètre, la solidité » de ce corps est le cube de ce même diamètre ; » le même pouvoir ne peut agir à la fois en raison » du cube et du carré ; donc la pesanteur, la gra- » vitation n'est point l'effet de ce fluide. De plus, » il est impossible que cette prétendue matière » subtile ait, d'un côté, assez de force pour pré- » cipiter un corps de cinquante-quatre mille pieds » de haut en une minute (car telle est la chute » des corps), et que de l'autre elle soit assez im- » puissante pour ne pouvoir empêcher le pendule » du bois le plus léger de remonter de vibration » en vibration dans la machine pneumatique » dont cette matière imaginaire est supposée rem- » plir exactement tout l'espace. Je ne craindrai » donc point d'affirmer que si l'on découvrait ja- » mais une impulsion qui fût la cause de la pe- » santeur d'un corps vers un centre, en un mot, » la cause de la gravitation, de l'attraction univer- » selle, cette impulsion serait d'une tout autre » nature que celle qui nous est connue. »

Cette philosophie fut d'abord très mal reçue ; mais il y a des gens dont le premier aspect choque et auxquels on s'accoutume.

La contradiction est utile ; mais l'auteur du *Spectacle de la nature* n'a-t-il pas un peu outré ce service rendu à l'esprit humain, lorsqu'à la fin de son *Histoire du ciel* il a voulu donner des ridicules à Newton, et ramener les tourbillons sur les pas d'un écrivain nommé Privat de Molières?

« Il vaudrait mieux, dit-il, se tenir en repos, » que d'exercer laborieusement sa géométrie à » calculer et à mesurer des actions imaginaires, » et qui ne nous apprennent rien, etc. »

Il est pourtant assez reconnu que Galilée, Kepler et Newton nous ont appris quelque chose. Ce discours de M. Pluche ne s'éloigne pas beaucoup de celui que M. Algarotti rapporte dans le *Neutonianismo per le dame*, d'un brave Italien qui disait : « Souffrirons-nous qu'un Anglais nous instruise? »

Pluche va plus loin[b], il raille; il demande comment un homme, dans une encoignure de l'église de Notre-Dame, n'est pas attiré et collé à la muraille?

Huygens et Newton auront donc en vain démontré, par le calcul de l'action des forces centrifuges et centripètes, que la terre est un peu aplatie vers les pôles? Vient un Pluche qui vous dit froidement [c] que les terres ne doivent être plus hautes vers l'équateur qu'afin que « les va» peurs s'élèvent plus dans l'air, et que les Nègres » de l'Afrique ne soient pas brûlés de l'ardeur du » soleil. »

Voilà, je l'avoue, une plaisante raison. Il s'agissait alors de savoir si, par les lois mathématiques, le grand cercle de l'équateur terrestre surpasse le cercle du méridien d'un cent soixante et dix-huitième; et on veut nous persuader que si la chose est ainsi, ce n'est point en vertu de la théorie des forces centrales, mais uniquement pour que les Nègres aient environ cent soixante-dix-huit gouttes de vapeurs sur leurs têtes, tandis que les habitants du Spitzberg n'en auront que cent soixante-dix-sept.

Le même Pluche, continuant ses railleries de collége, dit ces propres paroles : « Si l'attraction » a pu élargir l'équateur,... qui empêchera de » demander si ce n'est pas l'attraction qui a mis » en saillie le devant du globe de l'œil, et qui a » élancé au milieu du visage de l'homme ce mor» ceau de cartilage qu'on appelle *le nez*[d]? »

Ce qu'il y a de pis, c'est que l'*Histoire du ciel* et le *Spectacle de la nature* contiennent de très-bonnes choses pour les commençants; et que les erreurs ridicules, prodiguées à côté de vérités utiles, peuvent aisément égarer des esprits qui ne sont pas encore formés.

BADAUD.

Quand on dira que *badaud* vient de l'Italien *badare*, qui signifie *regarder*, *s'arrêter*, *perdre son temps*, on ne dira rien que d'assez vraisemblable. Mais il serait ridicule de dire, avec le *Dictionnaire de Trévoux*, que *badaud* signifie sot, niais, ignorant, *stolidus*, *stupidus*, *bardus*, et qu'il vient du mot latin *badaldus*.

Si on a donné ce nom au peuple de Paris plus volontiers qu'à un autre, c'est uniquement parce qu'il y a plus de monde à Paris qu'ailleurs, et par conséquent plus de gens inutiles qui s'attroupent pour voir le premier objet auquel ils ne sont pas accoutumés, pour contempler un charlatan, ou deux femmes du peuple qui se disent des injures, ou un charretier dont la charrette sera renversée, et qu'ils ne relèveront pas. Il y a des badauds partout, mais on a donné la préférence à ceux de Paris.

BAISER.

J'en demande pardon aux jeunes gens et aux jeunes demoiselles; mais ils ne trouveront point ici peut-être ce qu'ils chercheront. Cet article n'est que pour les savants et les gens sérieux, auxquels il ne convient guère.

Il n'est que trop question de baiser dans les comédies du temps de Molière. Champagne, dans la comédie de *la Mère coquette* de Quinault, demande des baisers à Laurette; elle lui dit :

Tu n'es donc pas content? vraiment c'est une honte;
Je t'ai baisé deux fois.

Champagne lui répond :

Quoi! tu baises par compte?
(Acte I, scène 1.)

Les valets demandaient toujours des baisers aux soubrettes; on se baisait sur le théâtre. Cela était d'ordinaire très fade et très insupportable, surtout dans des acteurs assez vilains, qui faisaient mal au cœur.

Si le lecteur veut des baisers, qu'il en aille chercher dans le *Pastor fido*; il y a un chœur entier où il n'est parlé que de baisers[a]; et la pièce n'es

[a] Tome II, p. 299. — [b] *Ibid.*, p. 300. — [c] *Ibid.*, p. 319.

[d] En effet, Maupertuis, dans un petit livre intitulé *la Vénus physique*, avança cette étrange opinion.

[a] « Baci pur bocca curiosa e scaltra
» O seno, o fronte, o mano : unqua non fia
» Che parte alcuna in bella donna baci,
» Che baciatrice sia
» Se non la bocca; ove l'un'alma e l'altra
» Corre e si bacia anch'ella, e con vivaci
» Spiriti pellegrini
» Dà vita al bel tesoro
» De' bacianti rubini, etc. »
(Atto II.)

Il y a quelque chose de semblable dans ces vers français dont on ignore l'auteur.

De cent baisers, dans votre ardente flamme,
Si vous pressez belle gorge et beaux bras,
C'est vainement; ils ne les rendent pas.
Baisez la bouche, elle répond à l'âme.
L'âme se colle aux lèvres de rubis,
Aux dents d'ivoire, à la langue amoureuse;
Ame contre âme alors est fort heureuse,
Deux n'en font qu'une, et c'est un paradis.

fondée que sur un baiser que Mirtillo donna un jour à la belle Amarilli, au jeu de colin-maillard, *un bacio molto saporito*.

On connaît le chapitre sur les baisers dans lequel Jean de La Casa, archevêque de Bénévent, dit qu'on peut se baiser de la tête aux pieds. Il plaint les grands nez qui ne peuvent s'approcher que difficilement; et il conseille aux dames qui ont le nez long d'avoir des amants camus.

Le baiser était une manière de saluer très ordinaire dans toute l'antiquité. Plutarque rapporte que les conjurés, avant de tuer César, lui baisèrent le visage, la main, et la poitrine. Tacite dit que lorsque son beau-père Agricola revint de Rome, Domitien le reçut avec un froid baiser, ne lui dit rien, et le laissa confondu dans la foule. L'inférieur qui ne pouvait parvenir à saluer son supérieur en le baisant, appliquait sa bouche à sa propre main, et lui envoyait ce baiser, qu'on lui rendait de même si on voulait.

On employait même ce signe pour adorer les dieux. Job, dans sa *Parabole*[a], qui est peut-être le plus ancien de nos livres connus, dit « qu'il n'a » point adoré le soleil et la lune comme les autres » Arabes, qu'il n'a point porté sa main à sa bou» che en regardant ces astres. »

Il ne nous est resté, dans notre Occident, de cet usage si antique, que la civilité *puérile et honnête*, qu'on enseigne encore dans quelques petites villes aux enfants, de baiser leur main droite quand on leur donne quelque sucrerie.

C'était une chose horrible de trahir en baisant; c'est ce qui rend l'assassinat de César encore plus odieux. Nous connaissons assez les baisers de Judas; ils sont devenus proverbe.

Joab, l'un des capitaines de David, étant fort jaloux d'Amasa, autre capitaine, lui dit[b]: Bon» jour, mon frère; et il prit de sa main le men» ton d'Amasa pour le baiser, et de l'autre main » il tira sa grande épée, et l'assassina d'un seul » coup si terrible que toutes ses entrailles lui sor» tirent du corps. »

On ne trouve aucun baiser dans les autres assassinats assez fréquents qui se commirent chez les Juifs, si ce n'est peut-être les baisers que donna Judith au capitaine Holopherne, avant de lui couper la tête dans son lit lorsqu'il fut endormi; mais il n'en est pas fait mention, et la chose n'est que vraisemblable.

Dans une tragédie de Shakespeare nommée *Othello*, cet Othello, qui est un nègre, donne deux baisers à sa femme avant de l'étrangler. Cela paraît abominable aux honnêtes gens; mais des partisans de Shakespeare disent que c'est la belle nature, surtout dans un nègre.

[a] Job, ch. XXXI. — [b] Liv. II des *Rois*, chap. XX, 9-10.

Lorsqu'on assassina Jean Galeas Sforza dans la cathédrale de Milan, le jour de Saint-Étienne, les deux Médicis dans l'église de la Reparata, l'amiral Coligni, le prince d'Orange, le maréchal d'Ancre, les frères De Witt, et tant d'autres, du moins on ne les baisa pas.

Il y avait chez les anciens je ne sais quoi de symbolique et de sacré attaché au baiser, puisqu'on baisait les statues des dieux et leurs barbes, quand les sculpteurs les avaient figurés avec de la barbe. Les initiés se baisaient aux mystères de Cérès, en signe de concorde.

Les premiers chrétiens et les premières chrétiennes se baisaient à la bouche dans leurs agapes. Ce mot signifiait *repas d'amour*. Ils se donnaient le saint baiser, le baiser de paix, le baiser de frère et de sœur, ἅγιον φίλημα. Cet usage dura plus de quatre siècles, et fut enfin aboli à cause des conséquences. Ce furent ces baisers de paix, ces agapes d'amour, ces noms de *frère* et de *sœur*, qui attirèrent long-temps aux chrétiens peu connus ces imputations de débauche dont les prêtres de Jupiter et les prêtresses de Vesta les chargèrent. Vous voyez dans Pétrone, et dans d'autres auteurs profanes, que les dissolus se nommaient *frère* et *sœur*. On crut que chez les chrétiens les mêmes noms signifiaient les mêmes infamies. Ils servirent innocemment eux-mêmes à répandre ces accusations dans l'empire romain.

Il y eut dans le commencement dix-sept sociétés chrétiennes différentes, comme il y en eut neuf chez les Juifs, en comptant les deux espèces de Samaritains. Les sociétés qui se flattaient d'être les plus orthodoxes accusaient les autres des impuretés les plus inconcevables. Le terme de *gnostique*, qui fut d'abord si honorable, et qui signifiait *savant, éclairé, pur*, devint un terme d'horreur et de mépris, un reproche d'hérésie. Saint Épiphane, au troisième siècle, prétendait qu'ils se chatouillaient d'abord les uns les autres, hommes et femmes, et qu'ensuite ils se donnaient des baisers fort impudiques, et qu'ils jugeaient du degré de leur foi par la volupté de ces baisers; que le mari disait à sa femme, en lui présentant un jeune initié: *Fais l'agape avec mon frère*; et qu'ils fesaient l'agape.

Nous n'osons répéter ici, dans la chaste langue française, ce que saint Épiphane ajoute en grec[a].

[a] En voici la traduction littérale en latin : « Postquam enim » inter se permixti fuerunt per scortationis affectum, insuper » blasphemiam suam in cœlum extendunt. Et suscipit quidem » muliercula, itemquè vir, fluxum a masculo in proprias suas » manus; et stant ad cœlum intuentes; et immunditiam in ma« nibus habentes, precantur nimirum stratiotici quidem et nos» tici appellati, ad patrem, ut aiunt, universorum, offerentes » ipsum hoc quod in manibus habent, et dicunt; Offerimus tibi » hoc donum corpus Christi. Et sic ipsum edunt assumentes

Nous dirons seulement que peut-être on en imposa un peu à ce saint; qu'il se laissa trop emporter à son zèle, et que tous les hérétiques ne sont pas de vilains débauchés.

La secte des piétistes, en voulant imiter les premiers chrétiens, se donne aujourd'hui des baisers de paix en sortant de l'assemblée, et en s'appelant *mon frère, ma sœur;* c'est ce que m'avoua, il y a vingt ans, une piétiste fort jolie et fort humaine. L'ancienne coutume était de baiser sur la bouche; les piétistes l'ont soigneusement conservée.

Il n'y avait point d'autre manière de saluer les dames en France, en Allemagne, en Italie, en Angleterre; c'était le droit des cardinaux de baiser les reines sur la bouche, et même en Espagne. Ce qui est singulier, c'est qu'ils n'eurent pas la même prérogative en France, où les dames eurent toujours plus de liberté que partout ailleurs; mais *chaque pays a ses cérémonies*, et il n'y a point d'usage si général que le hasard et l'habitude n'y aient mis quelque exception. C'eût été une incivilité, un affront, qu'une dame honnête, en recevant la première visite d'un seigneur, ne le baisât pas à la bouche, malgré ses moustaches. « C'est » une déplaisante coutume, dit Montaigne [a], et » injurieuse aux dames, d'avoir à prêter leurs lè- » vres à quiconque a trois valets à sa suite, pour » mal plaisant qu'il soit. » Cette coutume était pourtant la plus ancienne du monde.

S'il est désagréable à une jeune et jolie bouche de se coller par politesse à une bouche vieille et laide, il y avait un grand danger entre des bouches fraîches et vermeilles de vingt à vingt-cinq ans; et c'est ce qui fit abolir enfin la cérémonie du baiser dans les mystères et dans les agapes. C'est ce qui fit enfermer les femmes chez les Orientaux, afin qu'elles ne baissassent que leurs pères et leurs frères; coutume long-temps introduite en Espagne par les Arabes.

Voici le danger : il y a un nerf de la cinquième paire qui va de la bouche au cœur, et de là plus bas; tant la nature a tout préparé avec l'industrie la plus délicate! Les petites glandes des lèvres, leur tissu spongieux, leurs mamelons veloutés, leur peau fine, chatouilleuse, leur donnent un sentiment exquis et voluptueux, lequel n'est pas sans analogie avec une partie plus cachée et plus sensible encore. La pudeur peut souffrir d'un baiser long-temps savouré entre deux piétistes de dix-huit ans.

Il est à remarquer que l'espèce humaine, les tourterelles, et les pigeons, sont les seuls qui connaissent les baisers; de là est venu chez les Latins le mot *columbatim*, que notre langue n'a pu rendre. Il n'y a rien dont on n'ait abusé. Le baiser, destiné par la nature à la bouche, a été prostitué souvent à des membranes qui ne semblaient pas faites pour cet usage. On sait de quoi les templiers furent accusés.

Nous ne pouvons honnêtement traiter plus au long ce sujet intéressant, quoique Montaigne dise : « Il en faut parler sans vergogne : nous pronon- » çons hardiment tuer, blesser, trahir, et de cela » nous n'oserions parler qu'entre les dents. »

» suam ipsorum immunditiam; et dicunt : Hoc est corpus » Christi, et hoc est pascha. Ideo patiuntur corpora nostra, et » coguntur confiteri passionem Christi. Eodem vero modo etiam » de fœmina; ubi contigerit ipsam in sanguinis fluxu esse menstruum » collectum ab ipsa immunditia sanguinem acceptum » in communi edunt; et hic est (inquiunt) sanguis Christi. »

Comment saint Épiphane eût-il reproché des turpitudes si exécrables à la plus savante des premières sociétés chrétiennes, si elle n'avait pas donné lieu à ces accusations? comment osa-t-il les accuser s'ils étaient innocents? Ou saint Épiphane était le plus extravagant des calomniateurs, ou ses gnostiques étaient les dissolus les plus infâmes, et en même temps les plus détestables hypocrites qui fussent sur la terre. Comment accorder de telles contradictions? comment sauver le berceau de notre Eglise triomphante des horreurs d'un tel scandale? Certes, rien n'est plus propre à nous faire rentrer en nous-mêmes, à nous faire sentir notre extrême misère.

[a] Liv. III., ch. V.

BALA, BATARDS.

Bala, servante de Rachel, et Zelpha, servante de Lia, donnèrent chacune deux enfants au patriarche Jacob; et vous remarquerez qu'ils héritèrent comme fils légitimes, aussi bien que les huit autres enfants mâles que Jacob eut des deux sœurs Lia et Rachel. Il est vrai qu'ils n'eurent tous pour héritage qu'une bénédiction, au lieu que Guillaume-le-Bâtard hérita de la Normandie.

Thierri, bâtard de Clovis, hérita de la meilleure partie des Gaules envahie par son père.

Plusieurs rois d'Espagne et de Naples ont été bâtards.

En Espagne les bâtards ont toujours hérité. Le roi Henri de Transtamare ne fut point regardé comme roi illégitime, quoiqu'il fût enfant illégitime; et cette race de bâtards, fondue dans la maison d'Autriche, a régné en Espagne jusqu'à Philippe V.

La race d'Aragon, qui régnait à Naples du temps de Louis XII, était bâtarde. Le comte de Dunois signait, *Le bâtard d'Orléans*; et l'on a conservé long-temps des lettres du duc de Normandie, roi d'Angleterre, signées, *Guillaume le bâtard*.

En Allemagne, il n'en est pas de même : on veut des races pures; les bâtards n'héritent jamais des fiefs, et n'ont point d'état. En France, depuis long-temps, le bâtard d'un roi ne peut être prêtre sans une dispense de Rome; mais il est prince sans difficulté, dès que le roi le reconnaît pour le fils de son péché, fût-il bâtard adultérin de père et de mère. Il en est de même en Espagne. Le bâtard d'un roi d'Angleterre ne peut être prince, mais duc. Les bâtards de Jacob ne furent ni ducs, ni princes; ils n'eurent point de terres, et la raison est que leur père n'en avait point; mais on les appela depuis *patriarches*, comme qui dirait archi-pères.

On a demandé si les bâtards des papes pouvaient être papes à leur tour. Il est vrai que le pape Jean XI était bâtard du pape Sergius III et de la fameuse Marozie; mais un exemple n'est pas une loi. (*Voyez* à l'article LOI comme toutes les lois et tous les usages se contredisent.)

BANNISSEMENT.

Bannissement à temps ou à vie, peine à laquelle on condamne les délinquants, ou ceux qu'on veut faire passer pour tels.

On bannissait, il n'y a pas bien long-temps, du ressort de la juridiction, un petit voleur, un petit faussaire, un coupable de voie de fait. Le résultat était qu'il devenait grand voleur, grand faussaire, et meurtrier dans une autre juridiction. C'est comme si nous jetions dans les champs de nos voisins les pierres qui nous incommoderaient dans les nôtres.

Ceux qui ont écrit sur le droit des gens se sont fort tourmentés pour savoir au juste si un homme qu'on a banni de sa patrie est encore de sa patrie. C'est à peu près comme si on demandait si un joueur qu'on a chassé de la table du jeu est encore un des joueurs.

S'il est permis à tout homme par le droit naturel de se choisir sa patrie, celui qui a perdu le droit de citoyen peut, à plus forte raison, se choisir une patrie nouvelle; mais peut-il porter les armes contre ses anciens concitoyens? Il y en a mille exemples. Combien de protestants français naturalisés en Hollande, en Angleterre, en Allemagne, ont servi contre la France, et contre des armées où étaient leurs parents et leurs propres frères! Les Grecs qui étaient dans les armées du roi de Perse ont fait la guerre aux Grecs leurs anciens compatriotes. On a vu les Suisses au service de la Hollande tirer sur les Suisses au service de la France. C'est encore pis que de se battre contre ceux qui vous ont banni; car, après tout, il semble moins malhonnête de tirer l'épée pour se venger que de la tirer pour de l'argent.

BANQUE.

La banque est un trafic d'espèces contre du papier, etc.

Il y a des banques particulières et des banques publiques.

Les banques particulières consistent en lettres-de-change qu'un particulier vous donne pour recevoir votre argent au lieu indiqué. Le premier prend ½ pour 100; et son correspondant, chez qui vous allez, prend aussi ½ pour 100 quand il vous paie. Ce premier gain est convenu entre eux sans en avertir le porteur [1].

Le second gain, beaucoup plus considérable, se fait sur la valeur des espèces. Ce gain dépend de l'intelligence du banquier et de l'ignorance du remetteur d'argent. Les banquiers ont entre eux une langue particulière, comme les chimistes; et le passant qui n'est pas initié à ces mystères en est toujours la dupe. Ils vous disent, par exemple: Nous remettons de Berlin à Amsterdam; l'*incertain* pour le *certain*; le change est haut; il est à trente-quatre, trente-cinq; et avec ce jargon, il se trouve qu'un homme qui croit les entendre perd six ou sept pour cent; de sorte que s'il fait environ quinze voyages à Amsterdam, en remettant toujours son argent par lettres-de-change, il se trouvera que ses deux banquiers auront eu à la fin tout son bien. C'est ce qui produit d'ordinaire à tous les banquiers une grande fortune. Si on demande ce que c'est que l'*incertain* pour le *certain*, le voici:

Les écus d'Amsterdam ont un prix fixe en Hollande, et leur prix varie en Allemagne. Cent écus ou patagons de Hollande, argent de banque, sont cent écus de soixante sous chacun: il faut partir de là, et voir ce que les Allemands leur donnent pour ces cent écus.

Vous donnez au banquier d'Allemagne, ou 150, ou 151, ou 152 rixdales, etc., et c'est là l'incertain: pourquoi 151 rixdales, ou 152? Parce que l'argent d'Allemagne passe pour être plus faible de titre que celui de Hollande.

Vous êtes censé recevoir poids pour poids et titre pour titre; il faut donc que vous donniez en Allemagne un plus grand nombre d'écus, puisque vous les donnez d'un titre inférieur.

Pourquoi tantôt 152, ou 155 écus, ou quelquefois 156? C'est que l'Allemagne a plus tiré de marchandises qu'à l'ordinaire de la Hollande: l'Allemagne est débitrice, et alors les banquiers

[1] Ce profit est souvent beaucoup moindre; la manière dont on le fait consiste à donner à celui qui vous remet son argent comptant des lettres qui ne sont payables qu'après quelques semaines, en protestant qu'on ne peut lui en fournir à des échéances plus prochaines. K.

d'Amsterdam exigent un plus grand profit; ils abusent de la nécessité où l'on est; et quand on tire sur eux, ils ne veulent donner leur argent qu'à un prix fort haut. Les banquiers d'Amsterdam disent aux banquiers de Francfort ou de Berlin : Vous nous devez, et vous tirez encore de l'argent sur nous : donnez-nous donc cent trente-six écus pour cent patagons.

Ce n'est là encore que la moitié du mystère. J'ai donné à Berlin treize cent soixante écus, et je vais à Amsterdam avec une lettre-de-change de mille écus, ou patagons. Le banquier d'Amsterdam me dit : Voulez-vous de l'argent courant, ou de l'argent de banque? Je lui réponds que je n'entends rien à ce langage, et que je le prie de faire pour le mieux. Croyez-moi, me dit-il, prenez de l'argent courant. Je n'ai pas de peine à le croire.

Je pense recevoir la valeur de ce que j'ai donné à Berlin : je crois, par exemple, que si je rapportais sur-le-champ à Berlin l'argent qu'il me compte, je ne perdrais rien; point du tout, je perds encore sur cet article, et voici comment. Ce qu'on appelle argent de banque, en Hollande, est supposé l'argent déposé en 1609 à la caisse publique, à la banque générale. Les patagons déposés y furent reçus pour soixante sous de Hollande, et en valaient soixante-trois [1]. Tous les gros paiements se font en billets sur la banque d'Amsterdam : ainsi je devais recevoir soixante-trois sous à cette banque pour un billet d'un écu; j'y vais, ou bien je négocie mon billet, et je ne reçois que soixante-deux sous et demi, ou soixante-deux sous, pour mon patagon de banque; c'est pour la peine de ces messieurs, ou pour ceux qui m'escomptent mon billet; cela s'appelle l'*agio*, du mot italien *aider* : on m'aide donc à perdre un sou par écu, et mon banquier m'aide encore davantage en m'épargnant la peine d'aller aux changeurs; il me fait perdre deux sous, en me disant que l'*agio* est fort haut, que l'argent est fort cher; il me vole, et je le remercie [2].

Voilà comme se fait la banque des négociants, d'un bout de l'Europe à l'autre.

[1] Ils ne valent réellement que soixante sous; mais la monnaie courante que l'on dit valoir soixante sous ne les vaut pas, à cause du faiblage dans la fabrique, et du déchet qu'elle éprouve par l'usage. K.

[2] J'ai vu un banquier très connu à Paris prendre 2 pour 100, pour faire passer à Berlin une somme d'argent au pair : c'est quarante sous par livre pesant; un chariot de poste transportait de l'argent de Paris à Berlin à moins de vingt sous par livre. Un des principaux objets que se proposait le ministère de France, en 1775, dans l'établissement des messageries royales, était de diminuer ces profits énormes des banquiers, et de les tenir toujours au-dessous du prix du transport de l'argent : aussi les banquiers se mirent à crier que ce ministère n'entendait rien aux finances; et ceux des financiers qui font un commerce de banque entre les caisses des provinces et le trésor royal ne manquèrent point d'être de l'avis des banquiers. K.

La banque d'un état est d'un autre genre : ou c'est un argent que les particuliers déposent pour leur seule sûreté, sans en tirer de profit, comme on fit à Amsterdam en 1609, et à Rotterdam en 1636; ou c'est une compagnie autorisée qui reçoit l'argent des particuliers pour l'employer à son avantage, et qui paie aux déposants un intérêt; c'est ce qui se pratique en Angleterre, où la banque autorisée par le parlement donne 4 pour 100 aux propriétaires.

En France on voulut établir une banque de l'état sur ce modèle, en 1717. L'objet était de payer avec les billets de cette banque toutes les dépenses courantes de l'état, de recevoir les impositions en même paiement, et d'acquitter tous les billets, de donner sans aucun décompte tout l'argent qui serait tiré sur la banque, soit par les régnicoles, soit par l'étranger, et par là de lui assurer le plus grand crédit. Cette opération doublait réellement les espèces, en ne fabriquant de billets de banque qu'autant qu'il y avait d'argent courant dans le royaume, et les triplait, si, en fesant deux fois autant de billets qu'il y avait de monnaie, on avait soin de faire les paiements à point nommé; car la caisse ayant pris faveur, chacun y eût laissé son argent, et non seulement on eût porté le crédit au triple, mais on l'eût poussé encore plus loin, comme en Angleterre. Plusieurs gens de finance, plusieurs gros banquiers, jaloux du sieur Law, inventeur de cette banque, voulurent l'anéantir dans sa naissance; ils s'unirent avec des négociants hollandais, et tirèrent sur elle tout son fonds en huit jours. Le gouvernement, au lieu de fournir de nouveaux fonds pour les paiements, ce qui était le seul moyen de soutenir la banque, imagina de punir la mauvaise volonté de ses ennemis, en portant par un édit la monnaie un tiers au-delà de sa valeur; de sorte que quand les agents hollandais vinrent pour recevoir les derniers paiements, on ne leur paya en argent que les deux tiers réels de leurs lettres-de-change. Mais ils n'avaient plus que peu de chose à retirer; leurs grands coups avaient été frappés; la banque était épuisée; ce haussement de la valeur numéraire des espèces acheva de la décrier. Ce fut la première époque du bouleversement du fameux système de Law. Depuis ce temps, il n'y eut plus en France de banque publique; et ce qui n'était pas arrivé à la Suède, à Venise, à l'Angleterre, à la Hollande, dans les temps les plus désastreux, arriva à la France au milieu de la paix et de l'abondance.

Tous les bons gouvernements sentent les avantages d'une banque d'état : cependant la France et l'Espagne n'en ont point; c'est à ceux qui sont à la tête de ces royaumes d'en pénétrer la raison.

BANQUEROUTE.

On connaissait peu de banqueroutes en France avant le seizième siècle. La grande raison, c'est qu'il n'y avait point de banquiers. Des Lombards, des juifs, prêtaient sur gages au denier dix : on commerçait argent comptant. Le change, les remises en pays étranger, étaient un secret ignoré de tous les juges.

Ce n'est pas que beaucoup de gens ne se ruinassent; mais cela ne s'appelait point *banqueroute;* on disait *déconfiture;* ce mot est plus doux à l'oreille. On se servait du mot de *rompture* dans la coutume du Boulonnais; mais rompture ne sonne pas si bien.

Les banqueroutes nous viennent d'Italie, *bancorotto, bancarotta, gambarotta e la giustizia non impicar*. Chaque négociant avait son banc dans la place du change; et quand il avait mal fait ses affaires, qu'il se déclarait *fallito*, et qu'il abandonnait son bien à ses créanciers moyennant qu'il en retînt une bonne partie pour lui, il était libre et réputé très galant homme. On n'avait rien à lui dire, son banc était cassé, *banco rotto*, *banca rotta;* il pouvait même, dans certaines villes, garder tous ses biens et frustrer ses créanciers, pourvu qu'il s'assît le derrière nu sur une pierre en présence de tous les marchands. C'était une dérivation douce de l'ancien proverbe romain *solvere aut in ære aut in cute,* payer de son argent ou de sa peau. Mais cette coutume n'existe plus; les créanciers ont préféré leur argent au derrière d'un banqueroutier.

En Angleterre et dans d'autres pays, on se déclare banqueroutier dans les gazettes. Les associés et les créanciers s'assemblent en vertu de cette nouvelle, qu'on lit dans les cafés, et ils s'arrangent comme ils peuvent.

Comme parmi les banqueroutes il y en a souvent de frauduleuses, il a fallu les punir. Si elles sont portées en justice, elles sont partout regardées comme un vol, et les coupables partout condamnés à des peines ignominieuses.

Il n'est pas vrai qu'on ait statué en France peine de mort contre les banqueroutiers sans distinction. Les simples faillites n'emportent aucune peine : les banqueroutiers frauduleux furent soumis à la peine de mort, aux états d'Orléans, sous Charles IX, et aux états de Blois, en 1576; mais ces édits, renouvelés par Henri IV, ne furent que comminatoires.

Il est trop difficile de prouver qu'un homme s'est déshonoré exprès, et a cédé volontairement tous ses biens à ses créanciers pour les tromper. Dans le doute, on s'est contenté de mettre le malheureux au pilori, ou de l'envoyer aux galères, quoique d'ordinaire un banquier soit un fort mauvais forçat.

Les banqueroutiers furent fort favorablement traités la dernière année du règne de Louis XIV, et pendant la régence. Le triste état où l'intérieur du royaume fut réduit, la multitude des marchands qui ne pouvaient ou qui ne voulaient pas payer, la quantité d'effets invendus ou invendables, la crainte de l'interruption de tout commerce, obligèrent le gouvernement, en 1715, 1716, 1718, 1721, 1722 et 1726, à faire suspendre toutes les procédures contre tous ceux qui étaient dans le cas de la faillite. Les discussions de ces procès furent renvoyées aux juges consuls; c'est une juridiction de marchands très experts dans ces cas, et plus faite pour entrer dans ces détails de commerce que des parlements qui ont toujours été plus occupés des lois du royaume que de la finance. Comme l'état fesait alors banqueroute, il eût été trop dur de punir les pauvres bourgeois banqueroutiers.

Nous avons eu depuis des hommes considérables banqueroutiers frauduleux, mais ils n'ont pas été punis.

Un homme de lettres de ma connaissance perdit quatre-vingt mille francs à la banqueroute d'un magistrat *important*, qui avait eu plusieurs millions nets en partage de la succession de monsieur son père, et qui, outre l'*importance* de sa charge et de sa personne, possédait encore une dignité assez *importante* à la cour. Il mourut malgré tout cela; et monsieur son fils, qui avait acheté aussi une charge *importante*, s'empara des meilleurs effets.

L'homme de lettres lui écrivit, ne doutant pas de sa loyauté, attendu que cet homme avait une dignité d'homme de loi. L'*important* lui manda qu'il protégerait toujours les gens de lettres, s'enfuit, et ne paya rien.

BAPTÊME,

Mot grec qui signifie *immersion*.

SECTION PREMIÈRE.

Nous ne parlons point du baptême en théologiens; nous ne sommes que de pauvres gens de lettres qui n'entrons jamais dans le sanctuaire.

Les Indiens, de temps immémorial, se plongeaient et se plongent encore dans le Gange. Les hommes, qui se conduisent toujours par les sens, imaginèrent aisément que ce qui lavait le corps lavait aussi l'âme. Il y avait de grandes cuves dans les souterrains des temples d'Égypte pour les prêtres et pour les initiés.

« Ah ! nimium faciles qui tristia crimina cædis
» Fluminea tolli posse putatis aqua. »
(Ovid., *Fast.*, II, 45,46)

Le vieux Boudier, à l'âge de quatre-vingts ans, traduisit comiquement ces deux vers :

C'est une drôle de maxime
Qu'une lessive efface un crime.

Comme tout signe est indifférent par lui-même, Dieu daigna consacrer cette coutume chez le peuple hébreu. On baptisait tous les étrangers qui venaient s'établir dans la Palestine ; ils étaient appelés *prosélytes de domicile*.

Ils n'étaient pas forcés à recevoir la circoncision, mais seulement à embrasser les sept préceptes des noachides, et à ne sacrifier à aucun dieu des étrangers. Les prosélytes de justice étaient circoncis et baptisés; on baptisait aussi les femmes prosélytes, toutes nues, en présence de trois hommes.

Les Juifs les plus dévots venaient recevoir le baptême de la main des prophètes les plus vénérés par le peuple. C'est pourquoi on courut à saint Jean qui baptisait dans le Jourdain.

Jésus-Christ même, qui ne baptisa jamais personne, daigna recevoir le baptême de Jean. Cet usage ayant été long-temps un accessoire de la religion judaïque, reçut une nouvelle dignité, un nouveau prix de notre Sauveur même; il devint le principal rite et le sceau du christianisme. Cependant les quinze premiers évêques de Jérusalem furent tous Juifs; les chrétiens de la Palestine conservèrent très long-temps la circoncision; les chrétiens de saint Jean ne reçurent jamais le baptême du Christ.

Plusieurs autres sociétés chrétiennes appliquèrent un cautère au baptisé avec un fer rouge, déterminées à cette étonnante opération par ces paroles de saint Jean-Baptiste, rapportées par saint Luc : « Je baptise par l'eau; mais celui qui vient » après moi baptisera par le feu. »

Les séleuciens, les herminiens et quelques autres en usaient ainsi. Ces paroles, *il baptisera par le feu*, n'ont jamais été expliquées. Il y a plusieurs opinions sur le baptême de feu dont saint Luc et saint Matthieu parlent. La plus vraisemblable, peut-être, est que c'était une allusion à l'ancienne coutume des dévots à la déesse de Syrie, qui, après s'être plongés dans l'eau, s'imprimaient sur le corps des caractères avec un fer brûlant. Tout était superstition chez les misérables hommes; et Jésus substitua une cérémonie sacrée, un symbole efficace et divin, à ces superstitions ridicules *.

Dans les premiers siècles du christianisme, rien n'était plus commun que d'attendre l'agonie pour recevoir le baptême. L'exemple de l'empereur Constantin en est une assez forte preuve. Saint Ambroise n'était pas encore baptisé quand on le fit évêque de Milan. La coutume s'abolit bientôt d'attendre la mort pour se mettre dans le bain sacré.

DU BAPTÊME DES MORTS.

On baptisa aussi les morts. Ce baptême est constaté par ce passage de saint Paul dans sa lettre aux Corinthiens : « Si on ne ressuscite point, que » feront ceux qui reçoivent le baptême pour les » morts? » C'est ici un point de fait. Ou l'on baptisait les morts mêmes, ou l'on recevait le baptême en leur nom, comme on a reçu depuis des indulgences pour délivrer du purgatoire les âmes de ses amis et de ses parents.

Saint Épiphane et saint Chrysostôme nous apprennent que dans quelques sociétés chrétiennes, et principalement chez les marcionites, on mettait un vivant sous le lit d'un mort; on lui demandait s'il voulait être baptisé; le vivant répondait oui; alors on prenait le mort, et on le plongeait dans une cuve. Cette coutume fut bientôt condamnée : saint Paul en fait mention, mais il ne la condamne pas; au contraire, il s'en sert comme d'un argument invincible qui prouve la résurrection.

DU BAPTÊME D'ASPERSION.

Les Grecs conservèrent toujours le baptême par immersion. Les Latins, vers la fin du huitième siècle, ayant étendu leur religion dans les Gaules et la Germanie, et voyant que l'immersion pouvait faire périr les enfants dans des pays froids, substituèrent la simple aspersion ; ce qui les fit souvent anathématiser par l'Église grecque.

* On s'imprimait ces stigmates principalement au cou et au poignet, afin de mieux faire savoir, par ces marques apparentes, qu'on était initié et qu'on appartenait à la déesse. Voyez le chapitre de *la déesse de Syrie*, écrit par un initié et inséré dans Lucien. Plutarque, dans son traité *de la superstition*, dit que cette déesse donnait des ulcères au gras des jambes de ceux qui mangeaient des viandes défendues. Cela peut avoir quelques rapport avec le *Deutéronome*, qui après avoir défendu de manger de l'ixion, du griffon, du chameau, de l'anguille, dit * : « Si » vous n'observez pas ces commandements, vous serez maudits, etc... Le Seigneur vous donnera des ulcères malins dans » les genoux et dans le gras des jambes. » C'est ainsi que le mensonge était en Syrie l'ombre de la vérité hébraïque, qui a fait place elle-même à une vérité plus lumineuse.

Le baptême par le feu, c'est-à-dire ces stigmates étaient presque partout en usage. Vous lisez dans Ézéchiel ** : « Tuez tout. » vieillards, enfants, filles, excepté ceux qui seront marqués » du thau. » Voyez dans l'*Apocalypse* *** : « Ne frappez point » la terre, la mer, et les arbres, jusqu'à ce que nous ayons » marqué les serviteurs de Dieu sur le front. Et le nombre des » marqués était de cent quarante-quatre mille. »

* Chap. XXVIII, v. 35. — ** Ch. IX, v. 6. — *** Chap. VII, v. 3, 4.

On demanda à saint Cyprien, évêque de Carthage, si ceux-là étaient réellement baptisés, qui s'étaient fait seulement arroser tout le corps. Il répond, dans sa soixante et seizième lettre que « plusieurs Églises ne croyaient pas que ces arrosés fussent chrétiens; que pour lui il pense qu'ils sont chrétiens, mais qu'ils ont une grâce infiniment moindre que ceux qui ont été plongés trois fois selon l'usage. »

On était initié chez les chrétiens dès qu'on avait été plongé; avant ce temps on n'était que catéchumène. Il fallait, pour être initié, avoir des répondants, des cautions, qu'on appelait d'un nom qui répond à *parrains*, afin que l'Église s'assurât de la fidélité des nouveaux chrétiens, et que les mystères ne fussent point divulgués. C'est pourquoi, dans les premiers siècles, les Gentils furent généralement aussi mal instruits des mystères des chrétiens que ceux-ci l'étaient des mystères d'Isis et de Cérès Éleusine.

Cyrille d'Alexandrie, dans son écrit contre l'empereur Julien, s'exprime ainsi : « Je parlerais du baptême, si je ne craignais que mon discours ne parvînt à ceux qui ne sont pas initiés. » Il n'y avait alors aucun culte qui n'eût ses mystères, ses associations, ses catéchumènes, ses initiés, ses profès. Chaque secte exigeait de nouvelles vertus, et recommandait à ses pénitents une nouvelle vie, *initium novæ vitæ;* et de là le mot d'*initiation*. L'initiation des chrétiens et des chrétiennes était d'être plongés tout nus dans une cuve d'eau froide; la rémission de tous les péchés était attachée à ce signe. Mais la différence entre le baptême chrétien et les cérémonies grecques, syriennes, égyptiennes, romaines, était la même qu'entre la vérité et le mensonge. Jésus-Christ était le grand-prêtre de la nouvelle loi.

Dès le second siècle on commença à baptiser des enfants; il était naturel que les chrétiens desirassent que leurs enfants, qui auraient été damnés sans ce sacrement, en fussent pourvus. On conclut enfin qu'il fallait le leur administrer au bout de huit jours, parce que, chez les Juifs, c'était à cet âge qu'ils étaient circoncis. L'Église grecque est encore dans cet usage.

Ceux qui mouraient dans la première semaine étaient damnés, selon les Pères de l'Église les plus rigoureux. Mais Pierre Chrysologue, au cinquième siècle, imagina les *limbes*, espèce d'enfer mitigé, et proprement bord d'enfer, faubourg d'enfer, où vont les petits enfants morts sans baptême, et où les patriarches restaient avant la descente de Jésus-Christ aux enfers. De sorte que l'opinion que Jésus-Christ était descendu aux limbes, et non aux enfers, a prévalu depuis.

Il a été agité si un chrétien dans les déserts d'Arabie pouvait être baptisé avec du sable? On a répondu que non : si on pouvait baptiser avec de l'eau rose? et on a décidé qu'il fallait de l'eau pure; que cependant on pouvait se servir d'eau bourbeuse. On voit aisément que toute cette discipline a dépendu de la prudence des premiers pasteurs qui l'ont établie.

Les anabaptistes, et quelques autres communions qui sont hors du giron, ont cru qu'il ne fallait baptiser, initier personne, qu'en connaissance de cause. Vous faites promettre, disent-ils, qu'on sera de la société chrétienne; mais un enfant ne peut s'engager à rien. Vous lui donnez un répondant, un parrain; mais c'est un abus d'un ancien usage. Cette précaution était très convenable dans le premier établissement. Quand des inconnus, hommes faits, femmes, et filles adultes, venaient se présenter aux premiers disciples pour être reçus dans la société, pour avoir part aux aumônes, ils avaient besoin d'une caution qui répondît de leur fidélité; il fallait s'assurer d'eux; ils juraient d'être à vous; mais un enfant est dans un cas diamétralement opposé. Il est arrivé souvent qu'un enfant baptisé par des Grecs à Constantinople a été ensuite circoncis par des Turcs; chrétien à huit jours, musulman à treize ans, il a trahi les serments de son parrain. C'est une des raisons que les anabaptistes peuvent alléguer; mais cette raison, qui serait bonne en Turquie, n'a jamais été admise dans des pays chrétiens, où le baptême assure l'état d'un citoyen. Il faut se conformer aux lois et aux rites de sa patrie.

Les Grecs rebaptisent les Latins qui passent d'une de nos communions latines à la communion grecque; l'usage était dans le siècle passé que ces catéchumènes prononçassent ces paroles : « Je crache sur mon père et ma mère qui m'ont fait mal baptiser. » Peut-être cette coutume dure encore, et durera long-temps dans les provinces.

IDÉES DES UNITAIRES RIGIDES SUR LE BAPTÊME.

« Il est évident pour quiconque veut raisonner sans préjugé que le baptême n'est ni une marque de grâce conférée, ni un sceau d'alliance, mais une simple marque de profession;

» Que le baptême n'est nécessaire, ni de nécessité de précepte, ni de nécessité de moyen;

» Qu'il n'a point été institué par Jésus-Christ, et que le chrétien peut s'en passer, sans qu'il puisse en résulter pour lui aucun inconvénient;

» Qu'on ne doit pas baptiser les enfants ni les adultes, ni en général aucun homme;

» Que le baptême pouvait être d'usage dans la naissance du christianisme à ceux qui sortaient du paganisme, pour rendre publique leur pro-

» fession de foi, et en être la marque authentique; mais qu'à présent il est absolument inutile, » et tout-à-fait indifférent. » (Tiré du *Dictionnaire encyclopédique*, à l'article des UNITAIRES.)

SECTION II.

Le baptême, l'immersion dans l'eau, l'abstersion, la purification par l'eau, est de la plus haute antiquité. Être propre, c'était être pur devant les dieux. Nul prêtre n'osa jamais approcher des autels avec une souillure sur son corps. La pente naturelle à transporter à l'âme ce qui appartient au corps fit croire aisément que les lustrations, les ablutions, ôtaient les taches de l'âme comme elles ôtent celles des vêtements; et en lavant son corps on crut laver son âme. De là cette ancienne coutume de se baigner dans le Gange, dont on crut les eaux sacrées; de là les lustrations si fréquentes chez tous les peuples. Les nations orientales, qui habitent des pays chauds, furent les plus religieusement attachées à ces coutumes.

On était obligé de se baigner chez les Juifs après une pollution, quand on avait touché un animal impur, quand on avait touché un mort, et dans beaucoup d'autres occasions.

Lorsque les Juifs recevaient parmi eux un étranger converti à leur religion, ils le baptisaient après l'avoir circoncis; et si c'était une femme, elle était simplement baptisée, c'est-à-dire plongée dans l'eau en présence de trois témoins. Cette immersion était réputée donner à la personne baptisée une nouvelle naissance, une nouvelle vie; elle devenait à la fois juive et pure; les enfants nés avant ce baptême n'avaient point de portion dans l'héritage de leurs frères qui naissaient après eux d'un père et d'une mère ainsi régénérés: de sorte que chez les Juifs être baptisé et renaître était la même chose, et cette idée est demeurée attachée au baptême jusqu'à nos jours. Ainsi, lorsque Jean le précurseur se mit à baptiser dans le Jourdain, il ne fit que suivre un usage immémorial. Les prêtres de la loi ne lui demandèrent pas compte de ce baptême comme d'une nouveauté; mais ils l'accusèrent de s'arroger un droit qui n'appartenait qu'à eux, comme les prêtres catholiques romains seraient en droit de se plaindre qu'un laïque s'ingérât de dire la messe. Jean fesait une chose légale; mais il ne la fesait pas légalement.

Jean voulut avoir des disciples, et il en eut. Il fut chef de secte dans le bas peuple, et c'est ce qui lui coûta la vie. Il paraît même que Jésus fut d'abord au rang de ses disciples, puisqu'il fut baptisé par lui dans le Jourdain, et que Jean lui envoya des gens de son parti quelque temps avant sa mort.

L'historien Josèphe parle de Jean, et ne parle pas de Jésus; c'est une preuve incontestable que Jean-Baptiste avait de son temps beaucoup plus de réputation que celui qu'il baptisa. Une grande multitude le suivait, dit ce célèbre historien, et les Juifs paraissaient disposés à entreprendre tout ce qu'il leur eût commandé. Il paraît par ce passage que Jean était non seulement un chef de secte, mais un chef de parti. Josèphe ajoute qu'Hérode en conçut de l'inquiétude. En effet, il se rendit redoutable à Hérode, qui le fit enfin mourir; mais Jésus n'eut affaire qu'aux pharisiens: voilà pourquoi Josèphe fait mention de Jean comme d'un homme qui avait excité les Juifs contre le roi Hérode, comme d'un homme qui s'était rendu par son zèle criminel d'état; au lieu que Jésus, n'ayant pas approché de la cour, fut ignoré de l'historien Josèphe.

La secte de Jean-Baptiste subsista très différente de la discipline de Jésus. On voit dans les *Actes des apôtres* que vingt ans après le supplice de Jésus, Apollo d'Alexandrie, quoique devenu chrétien, ne connaissait que le baptême de Jean, et n'avait aucune notion du Saint-Esprit. Plusieurs voyageurs, et entre autres Chardin, le plus accrédité de tous, disent qu'il y a encore en Perse des disciples de Jean, qu'on appelle *Sabis*, qui se baptisent en son nom, et qui reconnaissent à la vérité Jésus pour un prophète, mais non pas pour un Dieu.

A l'égard de Jésus, il reçut le baptême, mais ne le conféra à personne: ses apôtres baptisaient les catéchumènes ou les circoncisaient, selon l'occasion; c'est ce qui est évident par l'opération de la circoncision que Paul fit à Timothée son disciple.

Il paraît encore que quand les apôtres baptisèrent, ce fut toujours au seul nom de Jésus-Christ. Jamais les *Actes des apôtres* ne font mention d'aucune personne baptisée au nom du Père, du Fils, et du Saint-Esprit: c'est ce qui peut faire croire que l'auteur des *Actes des apôtres* ne connaissait pas l'*Évangile de Matthieu*, dans lequel il est dit: « Allez enseigner toutes les nations, et baptisez-les au nom du Père, et du » Fils, et du Saint-Esprit. » La religion chrétienne n'avait pas encore reçu sa forme: le Symbole même qu'on appelle *le Symbole des apôtres* ne fut fait qu'après eux; et c'est de quoi personne ne doute. On voit par l'Épître de Paul aux Corinthiens, une coutume fort singulière qui s'introduisit alors, c'est qu'on baptisait les morts; mais bientôt l'Église naissante réserva le baptême pour les seuls vivants: on ne baptisa d'abord que les adultes; souvent même on attendait jusqu'à cinquante ans, et jusqu'à sa dernière maladie, afin de porter dans l'autre monde la vertu tout entière d'un baptême encore récent.

Aujourd'hui on baptise tous les enfants : il n'y a que les anabaptistes qui réservent cette cérémonie pour l'âge où l'on est adulte; ils se plongent tout le corps dans l'eau. Pour les quakers, qui composent une société fort nombreuse en Angleterre et en Amérique, ils ne font point usage du baptême : ils se fondent sur ce que Jésus-Christ ne baptisa aucun de ses disciples, et ils se piquent de n'être chrétiens que comme on l'était du temps de Jésus-Christ; ce qui met entre eux et les autres communions une prodigieuse différence.

ADDITION IMPORTANTE.

L'empereur Julien le philosophe, dans son immortelle *Satire des Césars*, met ces paroles dans la bouche de Constance, fils de Constantin : « Quiconque se sent coupable de viol, de meurtre, de rapine, de sacrilége, et de tous les crimes les plus abominables, dès que je l'aurai lavé avec cette eau, il sera net et pur. »

C'est en effet cette fatale doctrine qui engagea les empereurs chrétiens et les grands de l'empire à différer leur baptême jusqu'à la mort. On croyait avoir trouvé le secret de vivre criminel, et de mourir vertueux (Tirée de M. Boulanger.)

AUTRE ADDITION.

Quelle étrange idée, tirée de la lessive, qu'un pot d'eau nettoie tous les crimes ! Aujourd'hui qu'on baptise tous les enfants, parce qu'une idée non moins absurde les supposa tous criminels, les voilà tous sauvés jusqu'à ce qu'ils aient l'âge de raison, et qu'ils puissent devenir coupables. Égorgez-les donc au plus vite pour leur assurer le paradis. Cette conséquence est si juste, qu'il y a eu une secte dévote qui s'en allait empoisonnant ou tuant tous les petits enfants nouvellement baptisés. Ces dévots raisonnaient parfaitement. Ils disaient : Nous fesons à ces petits innocents le plus grand bien possible; nous les empêchons d'être méchants et malheureux dans cette vie, et nous leur donnons la vie éternelle. (De M. l'abbé Nicaise.)

BARAC ET DÉBORA,

ET, PAR OCCASION, DES CHARS DE GUERRE.

Nous ne prétendons point discuter ici en quel temps Barac fut chef du peuple juif; pourquoi, étant chef, il laissa commander son armée par une femme; si cette femme, nommée Débora, avait épousé Lapidoth; si elle était la parente ou l'amie de Barac, ou même sa fille ou sa mère; ni quel jour se donna la bataille du Thabor en Galilée, entre cette Débora et le capitaine Sisara, général des armées du roi Jabin, lequel Sisara commandait vers la Galilée une armée de trois cent mille fantassins, dix mille cavaliers, et trois mille chars armés en guerre, si l'on en croit l'historien Josèphe[a].

Nous laisserons même ce Jabin, roi d'un village nommé Azor, qui avait plus de troupes que le Grand-Turc. Nous plaignons beaucoup la destinée de son grand-visir Sisara, qui, ayant perdu la bataille en Galilée, sauta de son chariot à quatre chevaux, et s'enfuit à pied pour courir plus vite. Il alla demander l'hospitalité à une sainte femme juive, qui lui donna du lait, et qui lui enfonça un grand clou de charrette dans la tête, quand il fut endormi. Nous en sommes très fâchés; mais ce n'est pas cela dont il s'agit : nous voulons parler des chariots de guerre.

C'est au pied du mont Thabor, auprès du torrent de Cison, que se donna la bataille. Le mont Thabor est une montagne escarpée dont les branches un peu moins hautes s'étendent dans une grande partie de la Galilée. Entre cette montagne et les rochers voisins est une petite plaine semée de gros cailloux, et impraticable aux évolutions de la cavalerie. Cette plaine est de quatre à cinq cents pas. Il est à croire que le capitaine Sisara n'y rangea pas ses trois cent mille hommes en bataille; ses trois mille chariots auraient difficilement manœuvré dans cet endroit.

Il est à croire que les Hébreux n'avaient point de chariots de guerre dans un pays uniquement renommé pour les ânes; mais les Asiatiques s'en servaient dans les grandes plaines.

Confucius, ou plutôt Confutzée, dit positivement[b] que de temps immémorial les vice-rois des provinces de la Chine étaient tenus de fournir à l'empereur chacun mille chariots de guerre attelés de quatre chevaux.

Les chars devaient être en usage long-temps avant la guerre de Troie, puisque Homère ne dit point que ce fût une invention nouvelle; mais ces chars n'étaient point armés comme ceux de Babylone; les roues ni l'essieu ne portaient point de fers tranchants.

Cette invention dut être d'abord très formidable dans les grandes plaines, surtout quand les chars étaient en grand nombre, et qu'ils couraient avec impétuosité, garnis de longues piques et de faux; mais quand on y fut accoutumé, il

[a] *Antiq. jud.*, liv. V. [b] Liv. III.

parut si aisé d'éviter leur choc, qu'ils cessèrent d'être en usage par toute la terre.

On proposa, dans la guerre de 1741, de renouveler cette ancienne invention et de la rectifier.

Un ministre d'état fit construire un de ces chariots qu'on essaya. On prétendait que, dans des grandes plaines comme celles de Lutzen, on pourrait s'en servir avec avantage, en les cachant derrière la cavalerie, dont les escadrons s'ouvriraient pour les laisser passer, et les suivraient ensuite. Les généraux jugèrent que cette manœuvre serait inutile, et même dangereuse, dans un temps où le canon seul gagne les batailles. Il fut répliqué qu'il y aurait dans l'armée à chars de guerre autant de canons pour les protéger, qu'il y en aurait dans l'armée ennemie pour les fracasser. On ajouta que ces chars seraient d'abord à l'abri du canon derrière les bataillons ou escadrons, que ceux-ci s'ouvriraient pour laisser courir ces chars avec impétuosité, que cette attaque inattendue pourrait faire un effet prodigieux. Les généraux n'opposèrent rien à ces raisons; mais ils ne voulurent point jouer à ce jeu renouvelé des Perses.

BARBE.

Tous les naturalistes nous assurent que la sécrétion qui produit la barbe est la même que celle qui perpétue le genre humain. Les eunuques, dit-on, n'ont point de barbe, parce qu'on leur a ôté les deux bouteilles dans lesquelles s'élaborait la liqueur procréatrice qui devait à la fois former des hommes et de la barbe au menton. On ajoute que la plupart des impuissants n'ont point de barbe, par la raison qu'ils manquent de cette liqueur, laquelle doit être repompée par des vaisseaux absorbants, s'unir à la lymphe nourricière, et lui fournir de petits ognons de poils sous le menton, sur les joues, etc., etc.

Il y a des hommes velus de la tête aux pieds comme les singes; on prétend que ce sont les plus dignes de propager leur espèce, les plus vigoureux, les plus prêts à tout; et on leur fait souvent beaucoup trop d'honneur, ainsi qu'à certaines dames qui sont un peu velues et qui ont ce qu'on appelle *une belle palatine*. Le fait est que les hommes et les femmes sont tous velus de la tête aux pieds; blondes ou brunes, bruns ou blonds, tout cela est égal. Il n'y a que la paume de la main et la plante du pied qui soient absolument sans poil. La seule différence, surtout dans nos climats froids, c'est que les poils des dames, et surtout des blondes, sont plus follets, plus doux, plus imperceptibles. Il y a aussi beaucoup d'hommes dont la peau semble très unie; mais il en est d'autres qu'on prendrait de loin pour des ours, s'ils avaient une petite queue.

Cette affinité constante entre le poil et la liqueur séminale ne peut guère se contester dans notre hémisphère. On peut seulement demander pourquoi les eunuques et les impuissants, étant sans barbe, ont pourtant des cheveux : la chevelure serait-elle d'un autre genre que la barbe et que les autres poils? n'aurait-elle aucune analogie avec cette liqueur séminale? Les eunuques ont des sourcils et des cils aux paupières; voilà encore une nouvelle exception. Cela pourrait nuire à l'opinion dominante que l'origine de la barbe est dans les testicules. Il y a toujours quelques difficultés qui arrêtent tout court les suppositions les mieux établies. Les systèmes sont comme les rats, qui peuvent passer par vingt petits trous, et qui en trouvent enfin deux ou trois qui ne peuvent les admettre.

Il y a un hémisphère entier qui semble déposer contre l'union fraternelle de la barbe et de la semence. Les Américains, de quelque contrée, de quelque couleur, de quelque stature qu'ils soient, n'ont ni barbe au menton, ni aucun poil sur le corps, excepté les sourcils et les cheveux. J'ai des attestations juridiques d'hommes en place qui ont vécu, conversé, combattu avec trente nations de l'Amérique septentrionale; ils attestent qu'ils ne leur ont jamais vu un poil sur le corps, et ils se moquent, comme ils le doivent, des écrivains qui, se copiant les uns les autres, disent que les Américains ne sont sans poil que parce qu'ils se l'arrachent avec des pinces; comme si Christophe Colomb, Fernand Cortez, et les autres conquérants, avaient chargé leurs vaisseaux de ces petites pincettes avec lesquelles nos dames arrachent leurs poils follets, et en avaient distribué dans tous les cantons de l'Amérique.

J'avais cru long-temps que les Esquimaux étaient exceptés de la loi générale du Nouveau-Monde; mais on m'assure qu'ils sont imberbes comme les autres. Cependant on fait des enfants au Chili, au Pérou, en Canada, ainsi que dans notre continent barbu. La virilité n'est point attachée, en Amérique, à des poils tirant sur le noir ou sur le jaune. Il y a donc une différence spécifique entre ces bipèdes et nous, de même que leurs lions, qui n'ont point de crinière, ne sont pas de la même espèce que nos lions d'Afrique.

Il est à remarquer que les Orientaux n'ont jamais varié sur leur considération pour la barbe. Le mariage chez eux a toujours été et est encore l'époque de la vie où l'on ne se rase plus le menton. L'habit long et la barbe imposent du respect. Les Occidentaux ont presque toujours changé d'habit, et, si on l'ose dire, de menton. On porta des moustaches sous Louis XIV jusque vers l'année 1672. Sous Louis XIII, c'était une petite barbe en pointe. Henri IV la portait carrée. Charles-Quint, Jules II, François Ier, remirent en honneur à leur cour la large barbe, qui était depuis long-temps passée de mode. Les gens de robe alors, par gravité et par respect pour les usages de leurs pères, se fesaient raser, tandis que les courtisans en pourpoint et en petit manteau portaient la barbe la plus longue qu'ils pouvaient. Les rois alors, quand ils voulaient envoyer un homme de robe en ambassade, priaient ses confrères de souffrir qu'il laissât croître sa barbe, sans qu'on se moquât de lui dans la chambre des comptes ou des enquêtes. En voilà trop sur les barbes.

BATAILLON.

Ordonnance militaire.

La quantité d'hommes dont un bataillon a été successivement composé, a changé depuis l'impression de l'*Encyclopédie;* et on changera encore les calculs par lesquels, pour tel nombre donné d'hommes, on doit trouver les côtés du carré, les moyens de faire ce carré plein ou vide, et de faire d'un bataillon un triangle à l'imitation du *cuneus* des anciens, qui n'était cependant point un triangle. Voilà ce qui est déjà à l'article BATAILLON, dans l'*Encyclopédie;* et nous n'ajouterons que quelques remarques sur les propriétés ou sur les défauts de cette ordonnance.

La méthode de ranger les bataillons sur trois hommes de hauteur leur donne, selon plusieurs officiers, un front fort étendu, et des flancs très faibles : le flottement, suite nécessaire de ce grand front, ôte à cette ordonnance les moyens d'avancer légèrement sur l'ennemi ; et la faiblesse de ses flancs l'expose à être battu toutes les fois que ses flancs ne sont pas appuyés ou protégés ; alors il est obligé de se mettre en carré, et il devient presque immobile : voilà, dit-on, ses défauts.

Ses avantages, ou plutôt son seul avantage, c'est de donner beaucoup de feu, parce que tous les hommes qui le composent peuvent tirer ; mais on croit que cet avantage ne compense pas ses défauts, surtout chez les Français.

La façon de faire la guerre aujourd'hui est toute différente de ce qu'elle était autrefois. On range une armée en bataille pour être en butte à des milliers de coups de canon ; on avance un peu plus ensuite pour donner et recevoir des coups de fusil, et l'armée qui la première s'ennuie de ce tapage a perdu la bataille. L'artillerie française est très bonne, mais le feu de son infanterie est rarement supérieur, et fort souvent inférieur à celui des autres nations. On peut dire avec autant de vérité que la nation française attaque avec la plus grande impétuosité, et qu'il est très-difficile de résister à son choc. Le même homme qui ne peut pas souffrir patiemment des coups de canon pendant qu'il est immobile, et qui aura peur même, volera à la batterie, ira avec rage, s'y fera tuer, ou enclouera le canon ; c'est ce qu'on a vu plusieurs fois. Tous les grands généraux ont jugé de même des Français. Ce serait augmenter inutilement cet article que de citer des faits connus ; on sait que le maréchal de Saxe voulait réduire toutes les affaires à des affaires de poste. Pour cette même raison « les Français » l'emporteront sur leurs ennemis, dit Folard, » si on les abandonne dessus ; mais ils ne valent » rien si on fait le contraire. »

On a prétendu qu'il faudrait croiser la baïonnette avec l'ennemi, et pour le faire avec plus d'avantage, mettre les bataillons sur un front moins étendu, et en augmenter la profondeur ; ses flancs seraient plus sûrs, sa marche plus prompte, et son attaque plus forte. (Cet article est de M. *D. P.*, officier de l'état-major.)

ADDITION.

Remarquons que l'ordre, la marche, les évolutions des bataillons, tels à peu près qu'on les met aujourd'hui en usage, ont été rétablis en Europe par un homme qui n'était point militaire, par Machiavel, secrétaire de Florence. Bataillons sur trois, sur quatre, sur cinq de hauteur ; bataillons marchant à l'ennemi ; bataillons carrés pour n'être point entamés après une déroute ; bataillons de quatre de profondeur soutenus par d'autres en colonne ; bataillons flanqués de cavalerie, tout est de lui. Il apprit à l'Europe l'art de la guerre : on la fesait depuis long-temps ; mais on ne la savait pas.

Le grand-duc voulut que l'auteur de la *Mandragore* et de *Clitie* commandât l'exercice à ses troupes selon sa nouvelle méthode. Machiavel s'en donna bien de garde ; il ne voulut pas que les officiers et les soldats se moquassent d'un général en manteau noir : les officiers exercèrent les troupes en sa présence, et il se réserva pour le conseil.

C'est une chose singulière que toutes les qualités qu'il demande dans le choix d'un soldat. Il exige d'abord la *gagliardia*, et cette gaillardise signifie *vigueur alerte;* il veut des yeux vifs et assurés, dans lesquels il y ait même de la gaîté, le cou nerveux, la poitrine large, le bras musculeux, les flancs arrondis, peu de ventre, les jambes et les pieds secs, tous signes d'agilité et de force.

Mais il veut surtout que le soldat ait de l'honneur, et veut que ce soit par l'honneur qu'on le mène. « La guerre, dit-il, ne corrompt que trop » les mœurs; » et il rappelle le proverbe italien, qui dit : « La guerre forme les voleurs, et la paix » leur dresse des potences. »

Machiavel fait très peu de cas de l'infanterie française; et il faut avouer que jusqu'à la bataille de Rocroi elle a été fort mauvaise. C'était un étrange homme que ce Machiavel; il s'amusait à faire des vers, des comédies, à montrer de son cabinet l'art de se tuer régulièrement, et à enseigner aux princes l'art de se parjurer, d'assassiner et d'empoisonner dans l'occasion : grand art que le pape Alexandre VI et son bâtard César Borgia pratiquaient merveilleusement sans avoir besoin de ces leçons.

Observons que dans tous les ouvrages de Machiavel, sur tant de différents sujets, il n'y a pas un mot qui rende la vertu aimable, pas un mot qui parte du cœur. C'est une remarque qu'on a faite sur Boileau même. Il est vrai qu'il ne fait pas aimer la vertu, mais il la peint comme nécessaire.

BATARD, *voyez* BALA.

BAYLE.

Mais se peut-il que Louis Racine ait traité Bayle de *cœur cruel* et d'*homme affreux* dans une épître à Jean-Baptiste Rousseau, qui est assez peu connue, quoique imprimée?

Il compare Bayle, dont la profonde dialectique fit voir le faux de tant de systèmes, à Marius assis sur les ruines de Carthage :

> Ainsi, d'un œil content, Marius, dans sa fuite,
> Contemplait les débris de Carthage détruite.

Voilà une similitude bien peu ressemblante, comme dit Pope, *simile unlike*. Marius n'avait point détruit Carthage, comme Bayle avait détruit de mauvais arguments. Marius ne voyait point ces ruines avec plaisir; au contraire, pénétré d'une douleur sombre et noble en contemplant la vicissitude des choses humaines, il fit cette mémorable réponse : « Dis au proconsul d'Afrique que » tu as vu Marius sur les ruines de Carthage[a]. »

Nous demandons en quoi Marius peut ressembler à Bayle?

On consent que Louis Racine donne le nom de *cœur affreux* et d'*homme cruel* à Marius, à Sylla, aux trois triumvirs, etc., etc., etc.; mais à Bayle! *Détestable plaisir, cœur cruel, homme affreux!* il ne fallait pas mettre ces mots dans la sentence portée par Louis Racine contre un philosophe qui n'est convaincu que d'avoir pesé les raisons des manichéens, des pauliciens, des ariens, des eutychiens, et celles de leurs adversaires. Louis Racine ne proportionnait pas les peines aux délits. Il devait se souvenir que Bayle combattit Spinosa trop philosophe, et Jurieu qui ne l'était point du tout. Il devait respecter les mœurs de Bayle, et apprendre de lui à raisonner. Mais il était janséniste, c'est-à-dire il savait les mots de la langue du jansénisme, et les employait au hasard.

Vous appelleriez avec raison *cruel* et *affreux* un homme puissant qui commanderait à ses esclaves, sous peine de mort, d'aller faire une moisson de froment où il aurait semé des chardons; qui donnerait aux uns trop de nourriture, et qui laisserait mourir de faim les autres; qui tuerait son fils aîné pour laisser un gros héritage au cadet. C'est là ce qui est affreux et cruel, Louis Racine! On prétend que c'est là le Dieu de tes jansénistes; mais je ne le crois pas.

O gens de parti! gens attaqués de la jaunisse! vous verrez toujours tout jaune.

Et à qui l'héritier non penseur d'un père qui avait cent fois plus de goût que de philosophie adressait-il sa malheureuse épître dévote contre le vertueux Bayle? A Rousseau, à un poëte qui pensait encore moins, à un homme dont le principal mérite avait consisté dans des épigrammes qui révoltent l'honnêteté la plus indulgente, à un homme qui s'était étudié à mettre en rimes riches la sodomie et la bestialité, qui traduisait tantôt un psaume, et tantôt une ordure du *Moyen de parvenir*, à qui il était égal de chanter Jésus-Christ ou Giton. Tel était l'apôtre à qui Louis Racine déférait Bayle comme un scélérat. Quel motif avait pu faire tomber le frère de Phèdre et d'Iphigénie dans un si prodigieux travers? Le voici : Rousseau avait fait des vers pour les jansénistes, qu'il croyait alors en crédit.

[a] Il semble que ce grand mot soit au-dessus de la pensée de Lucain (*Phars.*, Liv. II, 91) :

> « . . . . Solatia fati.
> » Carthago Mariusque tulit, pariterque jacentes,
> » Ignovere Diis. »

« Carthage et Marius, couchés sur le même sable, se consolèrent et pardonnèrent aux dieux. » Mais ils ne sont contents ni dans Lucain ni dans la réponse du Romain.

C'est tellement la rage de la faction qui s'est déchaînée sur Bayle, que vous n'entendez aucun des chiens qui ont hurlé contre lui aboyer contre Lucrèce, Cicéron, Sénèque, Épicure, ni contre tant de philosophes de l'antiquité. Ils en veulent à Bayle; il est leur concitoyen, il est de leur siècle; sa gloire les irrite. On lit Bayle, on ne lit point Nicole; c'est la source de la haine janséniste. On lit Bayle, on ne lit ni le révérend P. Croiset, ni le révérend P. Caussin; c'est la source de la haine jésuitique.

En vain un parlement de France lui a fait le plus grand honneur, en rendant son téstament valide malgré la sévérité de la loi[1] : la démence de parti ne connaît ni honneur ni justice. Je n'ai donc point inséré cet article pour faire l'éloge du meilleur des Dictionnaires; éloge qui sied pourtant si bien dans celui-ci, mais dont Bayle n'a pas besoin : je l'ai écrit pour rendre, si je puis, l'esprit de parti odieux et ridicule.

BDELLIUM.

On s'est fort tourmenté pour savoir ce que c'est que ce bdellium qu'on trouvait au bord du Phison, fleuve du paradis terrestre, « qui tourne dans le » pays d'Hévilath où il vient de l'or. » Calmet, en compilant, rapporte que[2], selon plusieurs compilateurs, le bdellium est l'escarboucle, mais que ce pourrait bien être aussi du cristal; ensuite que c'est la gomme d'un arbre d'Arabie; puis il nous avertit que ce sont des câpres. Beaucoup d'autres assurent que ce sont des perles. Il n'y a que les étymologies de Bochart qui puissent éclaircir cette question. J'aurais voulu que tous ces commentateurs eussent été sur les lieux.

L'or excellent qu'on tire de ce pays-là fait voir évidemment, dit Calmet, que c'est le pays de Colchos : la toison d'or en est une preuve. C'est dommage que les choses aient si fort changé depuis. La Mingrelie, ce beau pays si fameux par les amours de Médée et de Jason, ne produit pas plus aujourd'hui d'or et de bdellium que de taureaux qui jettent feu et flamme, et de dragons qui gardent les toisons : tout change dans ce monde; et si nous ne cultivons pas bien nos terres, et si l'état est toujours endetté, nous deviendrons Mingrelie.

[1] L'académie de Toulouse proposa, il y a quelques années (en 1772 pour 1773), l'éloge de Bayle pour sujet d'un prix; mais les prêtres toulousains écrivirent en cour, et obtinrent une lettre de cachet qui défendit de dire du bien de Bayle. L'académie changea donc le sujet de son prix, et demanda l'éloge de saint Exupère, évêque de Toulouse, K.

[2] Notes sur le ch. II de la *Genèse*.

BEAU.

Puisque nous avons cité Platon sur l'amour, pourquoi ne le citerions-nous pas sur le beau, puisque le beau se fait aimer? On sera peut-être curieux de savoir comment un Grec parlait du beau, il y a plus de deux mille ans.

« L'homme expié dans les mystères sacrés, » quand il voit un beau visage décoré d'une forme » divine, ou bien quelque espèce incorporelle, » sent d'abord un frémissement secret, et je ne » sais quelle crainte respectueuse; il regarde cette » figure comme une divinité... quand l'influence » de la beauté entre dans son âme par les yeux, » il s'échauffe : les ailes de son âme sont arrosées; » elles perdent leur dureté qui retenait leur » germe; elles se liquéfient; ces germes enflés » dans les racines de ses ailes s'efforcent de sortir par toute l'espèce de l'âme » (car l'âme avait des ailes autrefois), etc.

Je veux croire que rien n'est plus beau que ce discours de Platon; mais il ne nous donne pas des idées bien nettes de la nature du beau.

Demandez à un crapaud ce que c'est que la beauté, le grand beau, le *to kalon*? Il vous répondra que c'est sa crapaude avec deux gros yeux ronds sortant de sa petite tête, une gueule large et plate, un ventre jaune, un dos brun. Interrogez un nègre de Guinée; le beau est pour lui une peau noire, huileuse, des yeux enfoncés, un nez épaté.

Interrogez le diable; il vous dira que le beau est une paire de cornes, quatre griffes, et une queue. Consultez enfin les philosophes, ils vous répondront par du galimatias; il leur faut quelque chose de conforme à l'archétype du beau en essence, au *to kalon*.

J'assistais un jour à une tragédie auprès d'un philosophe. Que cela est beau! disait-il. Que trouvez-vous là de beau? lui dis-je. C'est, dit-il, que l'auteur a atteint son but. Le lendemain il prit une médecine qui lui fit du bien. Elle a atteint son but, lui dis-je; voilà une belle médecine! Il comprit qu'on ne peut dire qu'une médecine est belle, et que pour donner à quelque chose le nom de *beauté*, il faut qu'elle vous cause de l'admiration et du plaisir. Il convint que cette tragédie lui avait inspiré ces deux sentiments, et que c'était là le *to kalon*, le beau.

Nous fîmes un voyage en Angleterre : on y joua la même pièce, parfaitement traduite; elle fit bâiller tous les spectateurs. Oh! oh! dit-il; le *to kalon* n'est pas le même pour les Anglais et pour les Français. Il conclut, après bien des réflexions, que le beau est souvent très relatif; comme ce qui est décent au Japon est indécent à Rome, et ce qui est de mode à Paris ne l'est pas à Pékin; et il s'épargna la peine de composer un long traité sur le beau.

Il y a des actions que le monde entier trouve belles. Deux officiers de César, ennemis mortels l'un de l'autre, se portent un défi, non à qui répandra le sang l'un de l'autre derrière un buisson en tierce et en quarte, comme chez nous, mais à qui défendra le mieux le camp des Romains, que les Barbares vont attaquer. L'un des deux, après avoir repoussé les ennemis, est près de succomber; l'autre vole à son secours, lui sauve la vie, et achève la victoire.

Un ami se dévoue à la mort pour son ami; un fils pour son père...: l'Algonquin, le Français, le Chinois, diront tous que cela est fort *beau*, que ces actions leur font plaisir, qu'ils les admirent.

Ils en diront autant des grandes maximes de morale; de celle-ci de Zoroastre: « Dans le doute » si une action est juste, abstiens-toi...; » de celle-ci de Confucius: « Oublie les injures, n'oublie » jamais les bienfaits. »

Le nègre aux yeux ronds, au nez épaté, qui ne donnera pas aux dames de nos cours le nom de *belles*, le donnera sans hésiter à ces actions et à ces maximes. Le méchant homme même reconnaîtra la beauté des vertus qu'il n'ose imiter. Le beau qui ne frappe que les sens, l'imagination, et ce qu'on appelle l'*esprit*, est donc souvent incertain; le beau qui parle au cœur ne l'est pas. Vous trouverez une foule de gens qui vous diront qu'ils n'ont rien trouvé de *beau* dans les trois quarts de l'*Iliade*; mais personne ne vous niera que le dévouement de Codrus pour son peuple ne soit fort beau, supposé qu'il soit vrai.

Le frère Attiret, jésuite, natif de Dijon, était employé comme dessinateur dans la maison de campagne de l'empereur Kang-hi, à quelques *lis* de Pékin.

Cette maison des champs, dit-il dans une de ses lettres à M. Dassaut, est plus grande que la ville de Dijon; elle est partagée en mille corps de logis, sur une même ligne; chacun de ces palais a ses cours, ses parterres, ses jardins et ses eaux; chaque façade est ornée d'or, de vernis, et de peintures. Dans le vaste enclos du parc on a élevé à la main des collines hautes de vingt jusqu'à soixante pieds. Les vallons sont arrosés d'une infinité de canaux qui vont au loin se rejoindre pour former des étangs et des mers. On se promène sur ces mers dans des barques vernies et dorées, de douze à treize toises de long sur quatre de large. Ces barques portent des salons magnifiques; et les bords de ces canaux, de ces mers et de ces étangs sont couverts de maisons, toutes dans des goûts différents. Chaque maison est accompagnée de jardins et de cascades. On va d'un vallon dans un autre par des allées tournantes, ornées de pavillons et de grottes. Aucun vallon n'est semblable; le plus vaste de tous est entouré d'une colonnade, derrière laquelle sont des bâtiments dorés. Tous les appartements de ces maisons répondent à la magnificence du dehors, tous les canaux ont des ponts de distance en distance; ces ponts sont bordés de balustrades de marbre blanc sculptées en bas-relief.

Au milieu de la grande mer on a élevé un rocher, et sur ce rocher un pavillon carré, où l'on compte plus de cent appartements. De ce pavillon carré on découvre tous les palais, toutes les maisons, tous les jardins de cet enclos immense : il y en a plus de quatre cents.

Quand l'empereur donne quelque fête, tous ces bâtiments sont illuminés en un instant, et de chaque maison on voit un feu d'artifice.

Ce n'est pas tout; au bout de ce qu'on appelle *la mer*, est une grande foire que tiennent les officiers de l'empereur. Des vaisseaux partent de la grande mer pour arriver à la foire. Les courtisans se déguisent en marchands, en ouvriers de toute espèce : l'un tient un café, l'autre un cabaret; l'un fait le métier de filou, l'autre d'archer qui court après lui. L'empereur, l'impératrice et toutes les dames de la cour viennent marchander des étoffes; les faux marchands les trompent tant qu'ils peuvent. Ils leur disent qu'il est honteux de tant disputer sur le prix, qu'ils sont de mauvaises pratiques. Leurs majestés répondent qu'ils ont affaire à des fripons; les marchands se fâchent et veulent s'en aller : on les apaise; l'empereur achète tout, et en fait des loteries pour toute sa cour. Plus loin sont des spectacles de toute espèce.

Quand frère Attiret vint de la Chine à Versailles, il le trouva petit et triste. Des Allemands qui s'extasiaient en parcourant les bosquets s'étonnaient que frère Attiret fût si difficile. C'est encore une raison qui me détermine à ne point faire un traité du *beau*.

BEKKER,

Ou du *Monde enchanté*, du diable, du livre d'Énoch, et des sorciers.

Ce Balthazar Bekker, très bonhomme, grand ennemi de l'enfer éternel et du diable, et encore plus de la précision, fit beaucoup de bruit en son temps par son gros livre du *Monde enchanté* (1694, 4 volumes in-12).

Un Jacques-George de Chaufepié, prétendu continuateur de Bayle, assure que Bekker apprit le grec à Groningue. Niceron a de bonnes raisons pour croire que ce fut à Franeker. On est fort en doute et fort en peine à la cour sur ce point d'histoire.

Le fait est que, du temps de Bekker, ministre du saint Évangile (comme on dit en Hollande), le diable avait encore un crédit prodigieux chez les théologiens de toutes les espèces, au milieu du dix-septième siècle, malgré Bayle et les bons esprits qui commençaient à éclairer le monde. La sorcellerie, les possessions et tout ce qui est attaché à cette belle théologie, étaient en vogue dans toute l'Europe, et avaient souvent des suites funestes.

Il n'y avait pas un siècle que le roi Jacques lui-même, surnommé par Henri IV *Maître Jacques*, ce grand ennemi de la communion romaine et du pouvoir papal, avait fait imprimer sa *Démonologie* (quel livre pour un roi!); et dans cette *Démonologie* Jacques reconnaît des ensorcellements, des incubes, des succubes; il avoue le pouvoir du diable et du pape, qui, selon lui, a le droit de chasser Satan du corps des possédés, tout comme les autres prêtres. Nous-mêmes, nous malheureux Français, qui nous vantons aujourd'hui d'avoir recouvré un peu de bon sens, dans quel horrible cloaque de barbarie stupide étions-nous plongés alors! Il n'y avait pas un parlement, pas un présidial, qui ne fût occupé à juger des sorciers, point de grave jurisconsulte qui n'écrivît de savants mémoires sur les possessions du diable. La France retentissait des tourments que les juges infligeaient dans les tortures à de pauvres imbéciles à qui on fesait accroire qu'elles avaient été au sabbat, et qu'on faisait mourir sans pitié dans des supplices épouvantables. Catholiques et protestants étaient également infectés de cette absurde et horrible superstition, sous prétexte que dans un des Évangiles des chrétiens il est dit que des disciples furent envoyés pour chasser les diables. C'était un devoir sacré de donner la question à des filles, pour leur faire avouer qu'elles avaient couché avec Satan; que ce Satan s'en était fait aimer sous la forme d'un bouc qui avait sa verge au derrière. Toutes les particularités des rendez-vous de ce bouc avec nos filles étaient détaillées dans les procès criminels de ces malheureuses. On finissait par les brûler, soit qu'elles avouassent, soit qu'elles niassent; et la France n'était qu'un vaste théâtre de carnages juridiques.

J'ai entre les mains un recueil de ces procédures infernales, fait par un conseiller de grand'-chambre du parlement de Bordeaux, nommé de Lancre, imprimé en 1613, et adressé à *monseigneur Silleri, chancelier de France;* sans que monseigneur Silleri ait jamais pensé à éclairer ces infâmes magistrats. Il eût fallu commencer par éclairer le chancelier lui-même. Qu'était donc la France alors? Une Saint-Barthélemi continuelle, depuis le massacre de Vassy jusqu'à l'assassinat du maréchal d'Ancre et de son innocente épouse.

Croirait-on bien qu'à Genève on fit brûler en 1652, du temps de ce même Bekker, une pauvre fille nommée Michelle Chaudron, à qui on persuada qu'elle était sorcière?

Voici la substance très exacte de ce que porte le procès-verbal de cette sottise affreuse, qui n'est pas le dernier monument de cette espèce :

« Michelle ayant rencontré le diable en sortant » de la ville, le diable lui donna un baiser, reçut » son hommage, et imprima sur sa lèvre supé- » rieure et à son téton droit la marque qu'il a cou- » tume d'appliquer à toutes les personnes qu'il » reconnaît pour ses favorites. Ce sceau du diable » est un petit seing qui rend la peau insensible, » comme l'affirment tous les jurisconsultes démo- » nographes.

» Le diable ordonna à Michelle Chaudron d'en- » sorceler deux filles. Elle obéit à son seigneur » ponctuellement. Les parents des filles l'accusè- » rent juridiquement de diablerie; les filles furent » interrogées et confrontées avec la coupable. Elles » attestèrent qu'elles sentaient continuellement » une fourmilière dans certaines parties de leurs » corps, et qu'elles étaient possédées. On appela » les médecins, ou du moins ceux qui passaient » alors pour médecins. Ils visitèrent les filles; ils » cherchèrent sur le corps de Michelle le sceau » du diable, que le procès-verbal appelle les *mar- » ques sataniques*. Ils y enfoncèrent une longue » aiguille, ce qui était déjà une torture doulou- » reuse. Il en sortit du sang, et Michelle fit con- » naître par ses cris que les marques sataniques » ne rendent point insensible. Les juges ne voyant » pas de preuve complète que Michelle Chaudron » fût sorcière, lui firent donner la question, qui » produit infailliblement ces preuves : cette mal- » heureuse, cédant à la violence des tourments, » confessa enfin tout ce qu'on voulut.

» Les médecins cherchèrent encore la marque » satanique. Ils la trouvèrent à un petit seing » noir sur une de ses cuisses. Ils y enfoncèrent » l'aiguille; les tourments de la question avaient » été si horribles, que cette pauvre créature ex- » pirante sentit à peine l'aiguille; elle ne cria point: » ainsi le crime fut avéré; mais comme les mœurs » commençaient à s'adoucir, elle ne fut brûlée » qu'après avoir été pendue et étranglée. »

Tous les tribunaux de l'Europe chrétienne retentissaient encore de pareils arrêts. Cette imbécillité barbare a duré si long-temps, que de nos jours, à Vurtzbourg en Franconie, on a encore brûlé une sorcière en 1750 : et quelle sorcière!

une jeune dame de qualité, abbesse d'un couvent; et c'est de nos jours, c'est sous l'empire de Marie-Thérèse d'Autriche!

De telles horreurs, dont l'Europe a été si longtemps pleine, déterminèrent le bon Bekker à combattre le diable. On eut beau lui dire, en prose et en vers, qu'il avait tort de l'attaquer, attendu qu'il lui ressemblait beaucoup, étant d'une laideur horrible; rien ne l'arrêta : il commença par nier absolument le pouvoir de Satan, et s'enhardit même jusqu'à soutenir qu'il n'existe pas. « S'il y » avait un diable, disait-il, il se vengerait de la » guerre que je lui fais. »

Bekker ne raisonnait pas trop bien en disant que le diable le punirait s'il existait. Les ministres ses confrères prirent le parti de Satan, et déposèrent Bekker.

> Car l'hérétique excommunie aussi...
> Au nom de Dieu. Genève imite Rome,
> Comme le singe est copiste de l'homme.

Bekker entre en matière dès le second tome. Selon lui, le serpent qui séduisit nos premiers parents n'était point un diable, mais un vrai serpent; comme l'âne de Balaam était un âne véritable, et comme la baleine qui engloutit Jonas était une baleine réelle. C'était si bien un vrai serpent, que toute son espèce, qui marchait auparavant sur ses pieds, fut condamnée à ramper sur le ventre. Jamais ni serpent ni autre bête n'est appelée *Satan*, ou *Belzébuth*, ou *diable*, dans le *Pentateuque*. Jamais il n'y est question de Satan.

Le Hollandais destructeur de Satan admet à la vérité des anges; mais en même temps il assure qu'on ne peut prouver par la raison qu'il y en ait : *Et s'il y en a*, dit-il dans son chapitre huitième du tome second, « il est difficile de dire ce » que c'est. L'Écriture ne nous dit jamais ce que » c'est, en tant que cela concerne la nature, ou » en quoi consiste l'être d'un esprit.... La *Bible* » n'est pas faite pour les anges, mais pour les » hommes. Jésus n'a pas été fait ange pour nous, » mais homme. »

Si Bekker a tant de scrupule sur les anges, il n'est pas étonnant qu'il en ait sur les diables; et c'est une chose assez plaisante de voir toutes les contorsions où il met son esprit pour se prévaloir des textes qui lui semblent favorables, et pour éluder ceux qui lui sont contraires.

Il fait tout ce qu'il peut pour prouver que le diable n'eut aucune part aux afflictions de Job, et en cela il est plus prolixe que les amis mêmes de ce saint homme.

Il y a grande apparence qu'on ne le condamna que par le dépit d'avoir perdu son temps à le lire; et je suis persuadé que si le diable lui-même avait été forcé de lire le *Monde enchanté* de Bekker, il n'aurait jamais pu lui pardonner de l'avoir si prodigieusement ennuyé.

Un des plus grands embarras de ce théologien hollandais est d'expliquer ces paroles : « Jésus fut » transporté par l'esprit au désert pour être tenté » par le diable, par le Knath-bull. » Il n'y a point de texte plus formel. Un théologien peut écrire contre Belzébuth tant qu'il voudra; mais il faut de nécessité qu'il l'admette, après quoi il expliquera les textes difficiles comme il pourra.

Que si on veut savoir précisément ce que c'est que le diable, il faut s'en informer chez le jésuite Schotus; personne n'en a parlé plus au long : c'est bien pis que Bekker.

En ne consultant que l'histoire, l'ancienne origine du diable est dans la doctrine des Perses : Hariman ou Arimane, le mauvais principe, corrompt tout ce que le bon principe a fait de salutaire. Chez les Égyptiens, Typhon fait tout le mal qu'il peut, tandis qu'Oshireth, que nous nommons Osiris, fait, avec Isheth ou Isis, tout le bien dont il est capable.

Avant les Égyptiens et les Perses[a], Moizazor chez les Indiens s'était révolté contre Dieu, et était devenu le diable; mais enfin Dieu lui avait pardonné. Si Bekker et les sociniens avaient su cette anecdote de la chute des anges indiens et de leur rétablissement, ils en auraient bien profité pour soutenir leur opinion que l'enfer n'est pas perpétuel, et pour faire espérer leur grâce aux damnés qui liront leurs livres.

On est obligé d'avouer que les Juifs n'ont jamais parlé de la chute des anges dans l'ancien *Testament*; mais il en est question dans le nouveau.

On attribua, vers le temps de l'établissement du christianisme, un livre à Énoch, *septième homme après Adam*, concernant le diable et ses associés. Énoch dit que le chef des anges rebelles était Semiazas; qu'Araciel, Atarcuph, Sampsich, étaient ses lieutenants; que les capitaines des anges fidèles étaient Raphael, Gabriel, Uriel, etc. : mais il ne dit point que la guerre se fît dans le ciel; au contraire, on se battit sur une montagne de la terre, et ce fut pour des filles. Saint Jude cite ce livre dans son Épître : « Dieu a gardé, dit-il, dans » les ténèbres, enchaînés jusqu'au jugement du » grand jour, les anges qui ont dégénéré de leur » origine, et qui ont abandonné leur propre de» meure. Malheur à ceux qui ont suivi les traces » de Caïn, desquels Énoch, septième homme après » Adam, a prophétisé. »

Saint Pierre, dans sa seconde Épître, fait allusion au livre d'Énoch, en s'exprimant ainsi : « Dieu

[a] Voyez BRACHMANES.

» n'a pas épargné les anges qui ont péché; mais il » les a jetés dans le Tartare avec des câbles de fer. »

Il était difficile que Bekker résistât à des passages si formels. Cependant il fut encore plus inflexible sur les diables que sur les anges : il ne se laissa point subjuguer par le livre d'Énoch, septième homme après Adam; il soutint qu'il n'y avait pas plus de diables que de livre d'Énoch. Il dit que le diable était une imitation de l'ancienne mythologie; que ce n'est qu'un réchauffé, et que nous ne sommes que des plagiaires.

On peut demander aujourd'hui pourquoi nous appelons Lucifer l'*esprit malin*, que la traduction hébraïque et le livre attribué à Énoch appellent Semiaxah, ou, si on veut, Semexiah? C'est que nous entendons mieux le latin que l'hébreu.

On a trouvé dans Isaïe une parabole contre un roi de Babylone. Isaïe lui-même l'appelle *parabole*. Il dit, dans son quatorzième chapitre, au roi de Babylone : « A ta mort on a chanté à gorge dé» ployée; les sapins se sont réjouis; tes commis » ne viendront plus nous mettre à la taille. Com» ment ta hautesse est-elle descendue au tombeau » malgré les sons de tes musettes? comment es-tu » couché avec les vers et la vermine? comment » es-tu tombée du ciel, étoile du matin, Helel? » toi qui pressais les nations, tu es abattue en » terre ! »

On traduisit ce mot chaldéen hébraïsé, *Helel*, par *Lucifer*. Cette étoile du matin, cette étoile de Vénus fut donc le diable, Lucifer tombé du ciel, et précipité dans l'enfer. C'est ainsi que les opinions s'établissent, et que souvent un seul mot, une seule syllabe mal entendue, une lettre changée ou supprimée, ont été l'origine de la croyance de tout un peuple. Du mot Soracté on a fait saint Oreste; du mot Rabboni on a fait saint Raboni, qui rabonnit les maris jaloux, ou qui les fait mourir dans l'année; de Semo sancus, on a fait saint Simon le magicien. Ces exemples sont innombrables.

Mais que le diable soit l'étoile de Vénus, ou le Semiaxah d'Énoch, ou le Satan des Babyloniens, ou le Moizazor des Indiens, ou le Typhon des Égyptiens, Bekker a raison de dire qu'il ne fallait pas lui attribuer une si énorme puissance que celle dont nous l'avons cru revêtu jusqu'à nos derniers temps. C'est trop que de lui avoir immolé une femme de qualité de Vurtzbourg, Michelle Chaudron, le curé Gaufridi, la maréchale d'Ancre, et plus de cent mille sorciers en treize cents années dans les états chrétiens. Si Balthazar Bekker s'en était tenu à rogner les ongles au diable, il aurait été très bien reçu; mais quand un curé veut anéantir le diable, il perd sa cure.

BÊTES.

Quelle pitié, quelle pauvreté, d'avoir dit que les bêtes sont des machines privées de connaissance et de sentiment, qui font toujours leurs opérations de la même manière, qui n'apprennent rien, ne perfectionnent rien, etc. !

Quoi! cet oiseau qui fait son nid en demi-cercle quand il l'attache à un mur, qui le bâtit en quart de cercle quand il est dans un angle, et en cercle sur un arbre; cet oiseau fait tout de la même façon? Ce chien de chasse, que tu as discipliné pendant trois mois, n'en sait-il pas plus au bout de ce temps qu'il n'en savait avant tes leçons? Le serin à qui tu apprends un air le répète-t-il dans l'instant? n'emploies-tu pas un temps considérable à l'enseigner? n'as-tu pas vu qu'il se méprend et qu'il se corrige?

Est-ce parce que je te parle que tu juges que j'ai du sentiment, de la mémoire, des idées? Eh bien ! je ne te parle pas; tu me vois entrer chez moi l'air affligé, chercher un papier avec inquiétude, ouvrir le bureau où je me souviens de l'avoir enfermé, le trouver, le lire avec joie. Tu juges que j'ai éprouvé le sentiment de l'affliction et celui du plaisir, que j'ai de la mémoire et de la connaissance.

Porte donc le même jugement sur ce chien qui a perdu son maître, qui l'a cherché dans tous les chemins avec des cris douloureux, qui entre dans la maison, agité, inquiet, qui descend, qui monte, qui va de chambre en chambre, qui trouve enfin dans son cabinet le maître qu'il aime, et qui lui témoigne sa joie par la douceur de ses cris, par ses sauts, par ses caresses.

Des barbares saisissent ce chien, qui l'emporte si prodigieusement sur l'homme en amitié; ils le clouent sur une table, et ils le dissèquent vivant pour te montrer les veines mésaraïques. Tu découvres dans lui tous les mêmes organes de sentiment qui sont dans toi. Réponds-moi, machiniste, la nature a-t-elle arrangé tous les ressorts du sentiment dans cet animal, afin qu'il ne sente pas? a-t-il des nerfs pour être impassible? Ne suppose point cette impertinente contradiction dans la nature.

Mais les maîtres de l'école demandent ce que c'est que l'âme des bêtes. Je n'entends pas cette question. Un arbre a la faculté de recevoir dans ses fibres sa sève qui circule, de déployer les boutons de ses feuilles et de ses fruits; me demanderez-vous ce que c'est que l'âme de cet arbre? Il a reçu ces dons; l'animal a reçu ceux du sentiment, de la mémoire, d'un certain nombre d'idées. Qui a fait tous ces dons? qui a donné toutes ces facultés? Celui qui a fait croître l'herbe des champs, et qui fait graviter la terre vers le soleil.

Les âmes des bêtes sont des formes substantielles, a dit Aristote; et après Aristote, l'école arabe; et après l'école arabe, l'école angélique; et après l'école angélique, la Sorbonne; et après la Sorbonne, personne au monde.

Les âmes des bêtes sont matérielles, crient d'autres philosophes. Ceux-là n'ont pas fait plus de fortune que les autres. On leur a en vain demandé ce que c'est qu'une âme matérielle; il faut qu'ils conviennent que c'est de la matière qui a sensation : mais qui lui a donné cette sensation ? c'est une âme matérielle, c'est-à-dire que c'est de la matière qui donne de la sensation à la matière; ils ne sortent pas de ce cercle.

Écoutez d'autres bêtes raisonnant sur les bêtes; leur âme est un être spirituel qui meurt avec le corps : mais quelle preuve en avez-vous ? quelle idée avez-vous de cet être spirituel, qui, à la vérité, a du sentiment, de la mémoire, et sa mesure d'idées et de combinaisons, mais qui ne pourra jamais savoir ce que sait un enfant de six ans? Sur quel fondement imaginez-vous que cet être, qui n'est pas corps, périt avec le corps? Les plus grandes bêtes sont ceux qui ont avancé que cette âme n'est ni corps ni esprit. Voilà un beau système. Nous ne pouvons entendre par esprit que quelque chose d'inconnu qui n'est pas corps : ainsi le système de ces messieurs revient à ceci, que l'âme des bêtes est une substance qui n'est ni corps ni quelque chose qui n'est point corps.

D'où peuvent procéder tant d'erreurs contradictoires? De l'habitude où les hommes ont toujours été d'examiner ce qu'est une chose, avant de savoir si elle existe. On appelle la languette, la soupape d'un soufflet, l'âme du soufflet. Qu'est-ce que cette âme ? C'est un nom que j'ai donné à cette soupape qui baisse, laisse entrer l'air, se relève, et le pousse par un tuyau, quand je fais mouvoir le soufflet.

Il n'y a point là une âme distincte de la machine. Mais qui fait mouvoir le soufflet des animaux? Je vous l'ai déjà dit, celui qui fait mouvoir les astres. Le philosophe qui a dit, *Deus est anima brutorum*, avait raison; mais il devait aller plus loin.

BETHSAMÈS, OU BETHSHEMESH.

Des cinquante mille et soixante et dix Juifs morts de mort subite pour avoir regardé l'arche; des cinq trous du cul d'or payés par les Philistins, et de l'incrédulité du docteur Kennicott.

Les gens du monde seront peut-être étonnés que ce mot soit le sujet d'un article ; mais on ne s'adresse qu'aux savants, et on leur demande des instructions.

Bethshemesh ou Bethsamès était un village appartenant au peuple de Dieu, situé à deux milles au nord de Jérusalem, selon les commentateurs.

Les Phéniciens ayant battu les Juifs du temps de Samuel, et leur ayant pris leur arche d'alliance dans la bataille où ils leur tuèrent trente mille hommes, en furent sévèrement punis par le Seigneur[a]. « Percussit eos in secretiori parte natium...., et ebullierunt villæ et agri.... et nati » sunt mures, et facta est confusio mortis magna » in civitate. » Mot à mot. « Il les frappa dans la » plus secrète partie des fesses..., et les granges » et les champs bouillirent, et il naquit des rats, » et une grande confusion de mort se fit dans la » cité. »

Les prophètes des Phéniciens ou Philistins les ayant avertis qu'ils ne pouvaient se délivrer de ce fléau qu'en donnant au Seigneur cinq rats d'or et cinq anus d'or, et en lui renvoyant l'arche juive, ils accomplirent cet ordre, et renvoyèrent, selon l'exprès commandement de leurs prophètes, l'arche avec les cinq rats et les cinq anus, sur une charrette attelée de deux vaches qui nourrissaient chacune leur veau, et que personne ne conduisait.

Ces deux vaches amenèrent d'elles-mêmes l'arche et les présents droit à Bethsamès; les Bethsamites s'approchèrent et voulurent regarder l'arche. Cette liberté fut punie encore plus sévèrement que ne l'avait été la profanation des Phéniciens. Le Seigneur frappa de mort subite soixante et dix personnes du peuple, et cinquante mille hommes de la populace.

Le révérend docteur Kennicott, Irlandais, a fait imprimer, en 1768, un commentaire français sur cette aventure, et l'a dédié à sa grandeur l'évêque d'Oxford. Il s'intitule, à la tête de ce commentaire, « docteur en théologie, membre de la so» ciété royale de Londres, de l'académie palatine, » de celle de Gottingue, et de l'académie des in» scriptions de Paris. » Tout ce que je sais, c'est qu'il n'est pas de l'académie des inscriptions de Paris : peut-être en est-il correspondant. Sa vaste érudition a pu le tromper ; mais les titres ne font rien à la chose.

Il avertit le public que sa brochure se vend à Paris, chez Saillant et chez Molini ; à Rome, chez Monaldini ; à Venise, chez Pasquali ; à Florence, chez Cambiagi ; à Amsterdam, chez Marc-Michel Rey; à La Haye, chez Gosse ; à Leyde, chez Jaquau; à Londres, chez Béquet, qui reçoivent les souscriptions.

Il prétend prouver dans sa brochure, appelée en anglais *pamphlet*, que le texte de l'Écriture

[a] Livre de Samuel, ou Ier des *Rois*, ch. v, v. 6.

est corrompu. Il nous permettra de n'être pas de son avis. Presque toutes les Bibles s'accordent dans ces expressions : soixante et dix hommes du peuple, et cinquante mille de la populace : « De populo septuaginta viros, et quinquaginta millia plebis. »

Le révérend docteur Kennicott dit au révérend milord évêque d'Oxford : « qu'autrefois il avait de forts préjugés en faveur du texte hébraïque ; mais que, depuis dix-sept ans, sa grandeur et lui sont bien revenus de leurs préjugés, après la lecture réfléchie de ce chapitre. »

Nous ne ressemblons point au docteur Kennicott ; et plus nous lisons ce chapitre, plus nous respectons les voies du Seigneur, qui ne sont pas nos voies.

« Il est impossible, dit Kennicott, à un lecteur de bonne foi, de ne se pas sentir étonné et affecté à la vue de plus de cinquante mille hommes détruits dans un seul village, et encore c'était cinquante mille hommes occupés à la moisson. »

Nous avouons que cela supposerait environ cent mille personnes au moins dans ce village. Mais monsieur le docteur doit-il oublier que le Seigneur avait promis à Abraham que sa postérité se multiplierait comme le sable de la mer?

« Les Juifs et les chrétiens, ajoute-t-il, ne se sont point fait de scrupule d'exprimer leur répugnance à ajouter foi à cette destruction de cinquante mille soixante et dix hommes. »

Nous répondons que nous sommes chrétiens, et que nous n'avons nulle répugnance *à ajouter foi* à tout ce qui est dans les saintes Écritures. Nous répondrons, avec le révérend P. dom Calmet, que s'il fallait « rejeter tout ce qui est extraordinaire et hors de la portée de notre esprit, il faudrait rejeter toute la Bible. » Nous sommes persuadés que les Juifs, étant conduits par Dieu même, ne devaient éprouver que des événements marqués au sceau de la Divinité, et absolument différents de ce qui arrive aux autres hommes. Nous osons même avancer que la mort de ces cinquante mille soixante et dix hommes est une des choses les moins surprenantes qui soient dans l'ancien *Testament*.

On est saisi d'un étonnement encore plus respectueux, quand le serpent d'Ève et l'âne de Balaam parlent ; quand l'eau des cataractes s'élève avec la pluie quinze coudées au-dessus de toutes les montagnes ; quand on voit les plaies de l'Égypte, et six cent trente mille Juifs combattants fuir à pied à travers la mer ouverte et suspendue ; quand Josué arrête le soleil et la lune à midi ; quand Samson tue mille Philistins avec une mâchoire d'âne.... Tout est miracle sans exception dans ces temps divins ; et nous avons le plus profond respect pour tous ces miracles, pour ce monde ancien qui n'est pas notre monde, pour cette nature qui n'est pas notre nature, pour un livre divin qui ne peut avoir rien d'humain.

Mais ce qui nous étonne, c'est la liberté que prend M. Kennicott d'appeler *déistes* et *athées* ceux qui, en révérant la *Bible* plus que lui, sont d'une autre opinion que lui. On ne croira jamais qu'un homme qui a de pareilles idées soit de l'académie des inscriptions et médailles. Peut-être est-il de l'académie de Bedlam, la plus ancienne, la plus nombreuse de toutes, et dont les colonies s'étendent dans toute la terre.

BIBLIOTHÈQUE.

Une grande bibliothèque a cela de bon qu'elle effraie celui qui la regarde. Deux cent mille volumes découragent un homme tenté d'imprimer ; mais malheureusement il se dit bientôt à lui-même : On ne lit point tous ces livres-là, et on pourra me lire. Il se compare à la goutte d'eau qui se plaignait d'être confondue et ignorée dans l'Océan : un génie eut pitié d'elle ; il la fit avaler par une huître ; elle devint la plus belle perle de l'Orient, et fut le principal ornement du trône du grand-mogol. Ceux qui ne sont que compilateurs, imitateurs, commentateurs, éplucheurs de phrases, critiques à la petite semaine, enfin ceux dont un génie n'a point eu pitié, resteront toujours gouttes d'eau.

Notre homme travaille donc au fond de son galetas avec l'espérance de devenir perle.

Il est vrai que dans cette immense collection de livres, il y en a environ cent quatre-vingt-dix-neuf mille qu'on ne lira jamais, du moins de suite ; mais on peut avoir besoin d'en consulter quelques uns une fois en sa vie. C'est un grand avantage pour quiconque veut s'instruire, de trouver sous sa main, dans le palais des rois, le volume et la page qu'il cherche, sans qu'on le fasse attendre un moment. C'est une des plus nobles institutions. Il n'y a point eu de dépense plus magnifique et plus utile.

La bibliothèque publique du roi de France est la plus belle du monde entier, moins encore par le nombre et la rareté des volumes que par la facilité et la politesse avec laquelle les bibliothécaires les prêtent à tous les savants. Cette bibliothèque est sans contredit le monument le plus précieux qui soit en France.

Cette multitude étonnante de livres ne doit point épouvanter. On a déjà remarqué que Paris contient environ sept cent mille hommes, qu'on ne peut vivre avec tous, et qu'on choisit trois ou quatre amis. Ainsi il ne faut pas plus se plaindre de la multitude des livres que de celle des citoyens.

Un homme qui veut s'instruire un peu de son être, et qui n'a pas de temps à perdre, est bien embarrassé. Il voudrait lire à la fois Hobbes, Spinosa; Bayle, qui a écrit contre eux; Leibnitz, qui a disputé contre Bayle; Clarke, qui a disputé contre Leibnitz; Malebranche, qui diffère d'eux tous; Locke, qui passe pour avoir confondu Malebranche; Stillingfleet, qui croit avoir vaincu Locke; Cudworth, qui pense être au-dessus d'eux tous, parce qu'il n'est entendu de personne. On mourrait de vieillesse avant d'avoir feuilleté la centième partie des romans métaphysiques.

On est bien aise d'avoir les plus anciens livres, comme on recherche les plus anciennes médailles. C'est là ce qui fait l'honneur d'une bibliothèque. Les plus anciens livres du monde sont les cinq *Kings* des Chinois, le *Shastabad* des Brames, dont M. Holwell nous a fait connaître des passages admirables; ce qui peut rester de l'ancien Zoroastre, les fragments de Sanchoniathon qu'Eusèbe nous a conservés, et qui portent les caractères de l'antiquité la plus reculée. Je ne parle pas du *Pentateuque*, qui est au-dessus de tout ce qu'on en pourrait dire.

Nous avons encore la prière du véritable Orphée, que l'hiérophante récitait dans les anciens mystères des Grecs. « Marchez dans la voie de la » justice, adorez le seul maître de l'univers. Il est » un; il est seul par lui-même. Tous les êtres lui » doivent leur existence; il agit dans eux et par » eux. Il voit tout, et jamais n'a été vu des yeux » mortels. » Nous en avons parlé ailleurs.

Saint Clément d'Alexandrie, le plus savant des Pères de l'Église, ou plutôt le seul savant dans l'antiquité profane, lui donne presque toujours le nom d'Orphée de Thrace, d'Orphée le théologien, pour le distinguer de ceux qui ont écrit depuis sous son nom. Il cite de lui ces vers qui ont tant de rapport à la formule des mystères*:

Lui seul il est parfait; tout est sous son pouvoir.
Il voit tout l'univers, et nul ne peut le voir.

Nous n'avons plus rien ni de Musée, ni de Linus. Quelques petits passages de ces prédécesseurs d'Homère orneraient bien une bibliothèque.

Auguste avait formé la bibliothèque nommée *Palatine*. La statue d'Apollon y présidait. L'empereur l'orna des bustes des meilleurs auteurs. On voyait vingt-neuf grandes bibliothèques publiques à Rome. Il y a maintenant plus de quatre mille bibliothèques considérables en Europe. Choisissez ce qui vous convient, et tâchez de ne vous pas ennuyer *.

* *Strom*, liv. v.

BIEN, SOUVERAIN BIEN.

SECTION PREMIÈRE.

De la chimère du souverain bien.

Le bonheur est une idée abstraite composée de quelques sensations de plaisir. Platon, qui écrivait mieux qu'il ne raisonnait, imagina son *monde archétype*, c'est-à-dire son monde original, ses idées générales du beau, du bien, de l'ordre, du juste, comme s'il y avait des êtres éternels appelés *ordre, bien, beau, juste*, dont dérivassent les faibles copies de ce qui nous paraît ici-bas juste, beau, et bon.

C'est donc d'après lui que les philosophes ont recherché le souverain bien, comme les chimistes cherchent la pierre philosophale; mais le souverain bien n'existe pas plus que le souverain carré ou le souverain cramoisi: il y a des couleurs cramoisies, il y a des carrés; mais il n'y a point d'être général qui s'appelle ainsi. Cette chimérique manière de raisonner a gâté long-temps la philosophie.

Les animaux ressentent du plaisir à faire toutes les fonctions auxquelles ils sont destinés. Le bonheur qu'on imagine serait une suite non interrompue de plaisirs: une telle série est incompatible avec nos organes, et avec notre destination. Il y a un grand plaisir à manger et à boire, un plus grand plaisir est dans l'union des deux sexes; mais il est clair que si l'homme mangeait toujours, ou était toujours dans l'extase de la jouissance, ses organes n'y pourraient suffire; il est encore évident qu'il ne pourrait remplir les destinations de la vie, et que le genre humain en ce cas périrait par le plaisir.

Passer continuellement, sans interruption, d'un plaisir à un autre, est encore une autre chimère. Il faut que la femme qui a conçu accouche, ce qui est une peine; il faut que l'homme fende le bois et taille la pierre, ce qui n'est pas un plaisir.

Si on donne le nom de *bonheur* à quelques plaisirs répandus dans cette vie, il y a du bonheur en effet; si on ne donne ce nom qu'à un plaisir toujours permanent, ou à une file continue et variée de sensations délicieuses, le bonheur n'est pas fait pour ce globe terraqué: cherchez ailleurs.

Si on appelle *bonheur* une situation de l'homme, comme des richesses, de la puissance, de la réputation, etc., on ne se trompe pas moins. Il y

* Voyez Livres.

a tel charbonnier plus heureux que tel souverain. Qu'on demande à Cromwell s'il a été plus content quand il était protecteur, que quand il allait au cabaret dans sa jeunesse, il répondra probablement que le temps de sa tyrannie n'a pas été le plus rempli de plaisirs. Combien de laides bourgeoises sont plus satisfaites qu'Hélène et que Cléopâtre!

Mais il y a une petite observation à faire ici; c'est que quand nous disons, Il est probable qu'un tel homme est plus heureux qu'un tel autre, qu'un jeune muletier a de grands avantages sur Charles-Quint, qu'une marchande de modes est plus satisfaite qu'une princesse, nous devons nous en tenir à ce probable. Il y a grande apparence qu'un muletier se portant bien a plus de plaisir que Charles-Quint mangé de goutte; mais il se peut bien faire aussi que Charles-Quint, avec des béquilles, repasse dans sa tête avec tant de plaisir qu'il a tenu un roi de France et un pape prisonniers, que son sort vaille encore mieux à toute force que celui d'un jeune muletier vigoureux.

Il n'appartient certainement qu'à Dieu, à un être qui verrait dans tous les cœurs, de décider quel est l'homme le plus heureux. Il n'y a qu'un seul cas où un homme puisse affirmer que son état actuel est pire ou meilleur que celui de son voisin : ce cas est celui de la rivalité, et le moment de la victoire.

Je suppose qu'Archimède a un rendez-vous la nuit avec sa maîtresse. Nomentanus a le même rendez-vous à la même heure. Archimède se présente à la porte; on la lui ferme au nez, et on l'ouvre à son rival, qui fait un excellent souper, pendant lequel il ne manque pas de se moquer d'Archimède, et jouit ensuite de sa maîtresse, tandis que l'autre reste dans la rue, exposé au froid, à la pluie, et à la grêle. Il est certain que Nomentanus est en droit de dire : Je suis plus heureux cette nuit qu'Archimède, j'ai plus de plaisir que lui; mais il faut qu'il ajoute : supposé qu'Archimède ne soit occupé que du chagrin de ne point faire un bon souper, d'être méprisé et trompé par une belle femme, d'être supplanté par son rival, et du mal que lui font la pluie, la grêle, et le froid. Car si le philosophe de la rue fait réflexion que ni une catin ni la pluie ne doivent troubler son âme; s'il s'occupe d'un beau problème, et s'il découvre la proportion du cylindre et de la sphère, il peut éprouver un plaisir cent fois au-dessus de celui de Nomentanus.

Il n'y a donc que le seul cas du plaisir actuel et de la douleur actuelle, où l'on puisse comparer le sort de deux hommes, en fesant abstraction de tout le reste. Il est indubitable que celui qui jouit de sa maîtresse est plus heureux dans ce moment que son rival méprisé qui gémit. Un homme sain qui mange une bonne perdrix a sans doute un moment préférable à celui d'un homme tourmenté de la colique; mais on ne peut aller au-delà avec sûreté; on ne peut évaluer l'être d'un homme avec celui d'un autre; on n'a point de balance pour peser les desirs et les sensations.

Nous avons commencé cet article par Platon et son souverain bien; nous le finirons par Solon, et par ce grand mot qui a fait tant de fortune : « Il » ne faut appeler personne heureux avant sa » mort. » Cet axiome n'est au fond qu'une puérilité, comme tant d'apophthegmes consacrés dans l'antiquité. Le moment de la mort n'a rien de commun avec le sort qu'on a éprouvé dans la vie; on peut périr d'une mort violente et infâme, et avoir goûté jusque-là tous les plaisirs dont la nature humaine est susceptible. Il est très possible et très ordinaire qu'un homme heureux cesse de l'être : qui en doute? mais il n'a pas moins eu ses moments heureux.

Que veut donc dire le mot de Solon? qu'il n'est pas sûr qu'un homme qui a du plaisir aujourd'hui en ait demain? en ce cas, c'est une vérité si incontestable et si triviale, qu'elle ne valait pas la peine d'être dite.

SECTION II.

Le bien-être est rare. Le souverain bien en ce monde ne pourrait-il pas être regardé comme souverainement chimérique? Les philosophes grecs discutèrent longuement à leur ordinaire cette question. Ne vous imaginez-vous pas, mon cher lecteur, voir des mendiants qui raisonnent sur la pierre philosophale?

Le souverain bien! quel mot! autant aurait-il valu demander ce que c'est que le souverain bleu, ou le souverain ragoût, le souverain marcher, le souverain lire, etc.

Chacun met son bien où il peut, et en a autant qu'il peut à sa façon, et à bien petite mesure.

« Quid dem? quid non dem? renuis tu quod jubet alter...
» Castor gaudet equis, ovo prognatus eodem
» Pugnis, etc. »

Castor veut des chevaux, Pollux veut des lutteurs :
Comment concilier tant de goûts, tant d'humeurs?

Le plus grand bien est celui qui vous délecte avec tant de force, qu'il vous met dans l'impuissance totale de sentir autre chose, comme le plus grand mal est celui qui va jusqu'à nous priver de tout sentiment. Voilà les deux extrêmes de la nature humaine, et ces deux moments sont courts.

Il n'y a ni extrêmes délices ni extrêmes tourments qui puissent durer toute la vie : le souverain bien et le souverain mal sont des chimères.

Nous avons la belle fable de Crantor ; il fait comparaître aux jeux olympiques la Richesse, la Volupté, la Santé, la Vertu ; chacune demande la pomme. La Richesse dit : c'est moi qui suis le souverain bien, car avec moi on achète tous les biens : la Volupté dit : la pomme m'appartient, car on ne demande la richesse que pour m'avoir : la Santé assure que sans elle il n'y a point de volupté, et que la richesse est inutile : enfin la Vertu représente qu'elle est au-dessus des trois autres, parce qu'avec de l'or, des plaisirs et de la santé, on peut se rendre très misérable si on se conduit mal. La Vertu eut la pomme.

La fable est très ingénieuse ; elle le serait encore plus si Crantor avait dit que le souverain bien est l'assemblage des quatre rivales réunies, vertu, santé, richesse, volupté : mais cette fable ne résout ni ne peut résoudre la question absurde du souverain bien. La vertu n'est pas un bien : c'est un devoir ; elle est d'un genre différent, d'un ordre supérieur. Elle n'a rien à voir aux sensations douloureuses ou agréables. Un homme vertueux avec la pierre et la goutte, sans appui, sans amis, privé du nécessaire, persécuté, enchaîné par un tyran voluptueux qui se porte bien, est très malheureux ; et le persécuteur insolent, qui caresse une nouvelle maîtresse sur son lit de pourpre, est très heureux. Dites que le sage persécuté est préférable à son indigne persécuteur ; dites que vous aimez l'un, et que vous détestez l'autre ; mais avouez que le sage dans les fers enrage. Si le sage n'en convient pas, il vous trompe, c'est un charlatan.

BIEN.

Du bien et du mal, physique et moral.

Voici une question des plus difficiles et des plus importantes. Il s'agit de toute la vie humaine. Il serait bien plus important de trouver un remède à nos maux, mais il n'y en a point, et nous sommes réduits à rechercher tristement leur origine. C'est sur cette origine qu'on dispute depuis Zoroastre, et qu'on a, selon les apparences, disputé avant lui. C'est pour expliquer ce mélange de bien et de mal, qu'on a imaginé les deux principes, Oromase, l'auteur de la lumière, et Arimane, l'auteur des ténèbres ; la boîte de Pandore, les deux tonneaux de Jupiter, la pomme mangée par Ève, et tant d'autres systèmes. Le premier des dialecticiens, non pas le premier des philosophes, l'illustre Bayle, a fait assez voir comment il est difficile aux chrétiens qui admettent un seul Dieu, bon et juste, de répondre aux objections des manichéens qui reconnaissaient deux dieux, dont l'un est bon, et l'autre méchant.

Le fond du système des manichéens, tout ancien qu'il est, n'en était pas plus raisonnable. Il faudrait avoir établi des lemmes géométriques pour oser en venir à ce théorème : « Il y a deux » êtres nécessaires, tous deux suprêmes, tous deux » infinis, tous deux également puissants, tous deux » s'étant fait la guerre, et s'accordant enfin pour » verser sur cette petite planète, l'un tous les tré» sors de sa bénéficence, et l'autre tout l'abîme de » sa malice. » En vain, par cette hypothèse, expliquent-ils la cause du bien et du mal ; la fable de Prométhée l'explique encore mieux ; mais toute hypothèse qui ne sert qu'à rendre raison des choses, et qui n'est pas d'ailleurs fondée sur des principes certains, doit être rejetée.

Les docteurs chrétiens (en fesant abstraction de la révélation qui fait tout croire) n'expliquent pas mieux l'origine du bien et du mal que les sectateurs de Zoroastre.

Dès qu'ils disent : Dieu est un père tendre, Dieu est un roi juste ; dès qu'ils ajoutent l'idée de l'infini à cet amour, à cette bonté, à cette justice humaine qu'ils connaissent, ils tombent bientôt dans la plus horrible des contradictions. Comment ce souverain qui a la plénitude infinie de cette justice que nous connaissons ; comment un père qui a une tendresse infinie pour ses enfants ; comment cet être infiniment puissant a-t-il pu former des créatures à son image, pour les faire l'instant d'après tenter par un être malin, pour les faire succomber, pour faire mourir ceux qu'il avait créés immortels, pour inonder leur postérité de malheurs et de crimes ? On ne parle pas ici d'une contradiction qui paraît encore bien plus révoltante à notre faible raison. Comment Dieu rachetant ensuite le genre humain par la mort de son fils unique, ou plutôt, comment Dieu lui-même fait homme, et mourant pour les hommes, livre-t-il à l'horreur des tortures éternelles presque tout ce genre humain pour lequel il est mort ? Certes, à ne regarder ce système qu'en philosophe (sans le secours de la foi), il est monstrueux, il est abominable. Il fait de Dieu ou la malice même, et la malice infinie, qui a fait des êtres pensants pour les rendre éternellement malheureux ; ou l'impuissance et l'imbécillité même, qui n'a pu ni prévoir ni empêcher les malheurs de ses créatures. Mais il n'est pas question dans cet article du malheur éternel ; il ne s'agit que des biens et des maux que nous éprouvons dans cette vie. Aucun des docteurs de tant d'Églises, qui se combattent tous sur cet article, n'a pu persuader aucun sage.

On ne conçoit pas comment Bayle, qui maniait avec tant de force et de finesse les armes de la dialectique, s'est contenté de faire argumenter [a] un manichéen, un calviniste, un moliniste, un socinien; que n'a-t-il fait parler un homme raisonnable? que Bayle n'a-t-il parlé lui-même? il aurait dit bien mieux que nous ce que nous allons hasarder.

Un père qui tue ses enfants est un monstre; un roi qui fait tomber dans le piége ses sujets pour avoir un prétexte de les livrer à des supplices, est un tyran exécrable. Si vous concevez dans Dieu la même bonté que vous exigez d'un père, la même justice que vous exigez d'un roi, plus de ressource pour disculper Dieu : et en lui donnant une sagesse et une bonté infinies, vous le rendez infiniment odieux; vous faites souhaiter qu'il n'existe pas, vous donnez des armes à l'athée, et l'athée sera toujours en droit de vous dire: Il vaut mieux ne point reconnaître de Divinité, que de lui imputer précisément ce que vous puniriez dans les hommes.

Commençons donc par dire : Ce n'est pas à nous à donner à Dieu les attributs humains, ce n'est pas à nous à faire Dieu à notre image. Justice humaine, bonté humaine, sagesse humaine, rien de tout cela ne lui peut convenir. On a beau étendre à l'infini ces qualités, ce ne seront jamais que des qualités humaines dont nous reculons les bornes; c'est comme si nous donnions à Dieu la solidité infinie, le mouvement infini, la rondeur, la divisibilité infinie. Ces attributs ne peuvent être les siens.

La philosophie nous apprend que cet univers doit avoir été arrangé par un être incompréhensible, éternel, existant par sa nature; mais, encore une fois, la philosophie ne nous apprend pas les attributs de cette nature. Nous savons ce qu'il n'est pas, et non ce qu'il est.

Point de bien ni de mal pour Dieu, ni en physique ni en moral.

Qu'est-ce que le mal physique? De tous les maux le plus grand sans doute est la mort. Voyons s'il était possible que l'homme eût été immortel.

Pour qu'un corps tel que le nôtre fût indissoluble, impérissable, il faudrait qu'il ne fût point composé de parties; il faudrait qu'il ne naquît point, qu'il ne prît ni nourriture ni accroissement; qu'il ne pût éprouver aucun changement. Qu'on examine toutes ces questions, que chaque lecteur peut étendre à son gré, et l'on verra que la proposition de l'homme immortel est contradictoire.

Si notre corps organisé était immortel, celui des animaux le serait aussi : or, il est clair qu'en peu de temps le globe ne pourrait suffire à nourrir tant d'animaux; ces êtres immortels, qui ne subsistent qu'en renouvelant leur corps par la nourriture, périraient donc faute de pouvoir se renouveler; tout cela est contradictoire. On en pourrait dire beaucoup davantage; mais tout lecteur vraiment philosophe verra que la mort était nécessaire à tout ce qui est né, que la mort ne peut être ni une erreur de Dieu, ni un mal, ni une injustice, ni un châtiment de l'homme.

L'homme né pour mourir ne pouvait pas plus être soustrait aux douleurs qu'à la mort. Pour qu'une substance organisée et douée de sentiment n'éprouvât jamais de douleur, il faudrait que toutes les lois de la nature changeassent, que la matière ne fût plus divisible, qu'il n'y eût plus ni pesanteur, ni action, ni force, qu'un rocher pût tomber sur un animal sans l'écraser, que l'eau ne pût le suffoquer, que le feu ne pût le brûler. L'homme impassible est donc aussi contradictoire que l'homme immortel.

Ce sentiment de douleur était nécessaire pour nous avertir de nous conserver, et pour nous donner des plaisirs autant que le comportent les lois générales auxquelles tout est soumis.

Si nous n'éprouvions pas la douleur, nous nous blesserions à tout moment sans le sentir. Sans le commencement de la douleur nous ne ferions aucune fonction de la vie, nous ne la communiquerions pas, nous n'aurions aucun plaisir. La faim est un commencement de douleur qui nous avertit de prendre de la nourriture, l'ennui une douleur qui nous force à nous occuper, l'amour un besoin qui devient douloureux quand il n'est pas satisfait. Tout desir, en un mot, est un besoin, une douleur commencée. La douleur est donc le premier ressort de toutes les actions des animaux. Tout animal doué de sentiment doit être sujet à la douleur si la matière est divisible. La douleur était donc aussi nécessaire que la mort. Elle ne peut donc être ni une erreur de la Providence, ni une malice, ni une punition. Si nous n'avions vu souffrir que les brutes, nous n'accuserions pas la nature; si dans un état impassible nous étions témoins de la mort lente et douloureuse des colombes sur lesquelles fond un épervier qui dévore à loisir leurs entrailles, et qui ne fait que ce que nous fesons, nous serions loin de murmurer; mais de quel droit nos corps seront-ils moins sujets à être déchirés que ceux des brutes? Est-ce parce que nous avons une intelligence supérieure à la leur? Mais qu'a de commun ici l'intelligence avec une matière divisible? Quelques idées de plus ou de moins dans un cerveau doivent-elles, peuvent-elles empêcher que le feu ne nous brûle, et qu'un rocher ne nous écrase?

Le mal moral, sur lequel on a écrit tant de vo-

[a] Voyez dans Bayle les articles *Manichéens*, *Marcionites*, *Pauliciens*.

lumes, n'est au fond que le mal physique. Ce mal moral n'est qu'un sentiment douloureux qu'un être organisé cause à un autre être organisé. Les rapines, les outrages, etc., ne sont un mal qu'autant qu'ils en causent. Or, comme nous ne pouvons assurément faire aucun mal à Dieu, il est clair, par les lumières de la raison (indépendamment de la foi, qui est tout autre chose), qu'il n'y a point de mal moral par rapport à l'Être suprême.

Comme le plus grand des maux physiques est la mort, le plus grand des maux en morale est assurément la guerre : elle traîne après elle tous les crimes; calomnies dans les déclarations, perfidies dans les traités; la rapine, la dévastation, la douleur et la mort sous toutes les formes.

Tout cela est un mal physique pour l'homme, et n'est pas plus mal moral par rapport à Dieu que la rage des chiens qui se mordent. C'est un lieu commun aussi faux que faible de dire qu'il n'y a que les hommes qui s'entr'égorgent; les loups, les chiens, les chats, les coqs, les cailles, etc., se battent entre eux, espèce contre espèce; les araignées de bois se dévorent les unes les autres: tous les mâles se battent pour les femelles. Cette guerre est la suite des lois de la nature, des principes qui sont dans leur sang; tout est lié, tout est nécessaire.

La nature a donné à l'homme environ vingt-deux ans de vie l'un portant l'autre, c'est-à-dire que de mille enfants nés dans un mois, les uns étant morts au berceau, les autres ayant vécu jusqu'à trente ans, d'autres jusqu'à cinquante, quelques uns jusqu'à quatre-vingts, faites ensuite une règle de compagnie, vous trouverez environ vingt-deux ans pour chacun.

Qu'importe à Dieu qu'on meure à la guerre, ou qu'on meure de la fièvre? La guerre emporte moins de mortels que la petite-vérole. Le fléau de la guerre est passager, et celui de la petite-vérole règne toujours dans toute la terre à la suite de tant d'autres; et tous les fléaux sont tellement combinés, que la règle des vingt-deux ans de vie est toujours constante en général.

L'homme offense Dieu en tuant son prochain, dites-vous. Si cela est, les conducteurs des nations sont d'horribles criminels; car ils font égorger, en invoquant Dieu même, une foule prodigieuse de leurs semblables, pour de vils intérêts qu'il vaudrait mieux abandonner. Mais comment offensent-ils Dieu? (à ne raisonner qu'en philosophe) comme les tigres et les crocodiles l'offensent; ce n'est pas Dieu assurément qu'ils tourmentent, c'est leur prochain; ce n'est qu'envers l'homme que l'homme peut être coupable. Un voleur de grand chemin ne saurait voler Dieu. Qu'importe à l'Être éternel qu'un peu de métal jaune soit entre les mains de Jérôme ou de Bonaventure? Nous avons des desirs nécessaires, des passions nécessaires, des lois nécessaires pour les réprimer; et tandis que sur notre fourmilière nous nous disputons un brin de paille pour un jour, l'univers marche à jamais par des lois éternelles et immuables, sous lesquelles est rangé l'atome qu'on nomme la terre.

BIEN, TOUT EST BIEN.

Je vous prie, messieurs, de m'expliquer le *tout est bien*, car je ne l'entends pas.

Cela signifie-t-il *tout est arrangé, tout est ordonné*, suivant la théorie des forces mouvantes? Je comprends et je l'avoue.

Entendez-vous que chacun se porte bien, qu'il a de quoi vivre, et que personne ne souffre? Vous savez combien cela est faux.

Votre idée est-elle que les calamités lamentables qui affligent la terre sont *bien* par rapport à Dieu et le réjouissent? Je ne crois point cette horreur, ni vous non plus.

De grâce, expliquez-moi le *tout est bien*. Platon le raisonneur daigna laisser à Dieu la liberté de faire cinq mondes, par la raison, dit-il, qu'il n'y a que cinq corps solides réguliers en géométrie, le tétraèdre, le cube, l'hexaèdre, le dodécaèdre, l'icosaèdre. Mais pourquoi resserrer ainsi la puissance divine? pourquoi ne lui pas permettre la sphère, qui est encore plus régulière, et même le cône, la pyramide à plusieurs faces, le cylindre, etc.

Dieu choisit, selon lui, nécessairement le meilleur des mondes possibles; ce système a été embrassé par plusieurs philosophes chrétiens, quoiqu'il semble répugner au dogme du péché originel; car notre globe, après cette transgression, n'est plus le meilleur des globes: il l'était auparavant; il pourrait donc l'être encore, et bien des gens croient qu'il est le pire des globes, au lieu d'être le meilleur.

Leibnitz, dans sa *Théodicée*, prit le parti de Platon. Plus d'un lecteur s'est plaint de n'entendre pas plus l'un que l'autre; pour nous, après les avoir lus tous deux plus d'une fois, nous avouons notre ignorance, selon notre coutume; et puisque l'Évangile ne nous a rien révélé sur cette question, nous demeurons sans remords dans nos ténèbres.

Leibnitz, qui parle de tout, a parlé du péché originel aussi; et comme tout homme à système fait entrer dans son plan tout ce qui peut le contredire, il imagina que la désobéissance envers Dieu, et les malheurs épouvantables qui l'ont suivie, étaient des parties intégrantes du meilleur des mondes, des ingrédients nécessaires de toute la félicité possible. « Calla, calla, senor don Carlos : todo che se haze es por su ben. »

Quoi ! être chassé d'un lieu de délices, où l'on aurait vécu à jamais si on n'avait pas mangé une pomme ! Quoi ! faire dans la misère des enfants misérables et criminels, qui souffriront tout, qui feront tout souffrir aux autres ! Quoi ! éprouver toutes les maladies, sentir tous les chagrins, mourir dans la douleur, et pour rafraîchissement être brûlé dans l'éternité des siècles ! ce partage est-il bien ce qu'il y avait de meilleur? Cela n'est pas trop *bon* pour nous ; et en quoi cela peut-il être bon pour Dieu ?

Leibnitz sentait qu'il n'y avait rien à répondre : aussi fit-il de gros livres dans lesquels il ne s'entendait pas.

Nier qu'il y ait du mal, cela peut être dit en riant par un Lucullus qui se porte bien, et qui fait un bon dîner avec ses amis et sa maîtresse dans le salon d'Apollon ; mais qu'il mette la tête à la fenêtre, il verra des malheureux ; qu'il ait la fièvre, il le sera lui-même.

Je n'aime point à citer ; c'est d'ordinaire une besogne épineuse ; on néglige ce qui précède et ce qui suit l'endroit qu'on cite, et on s'expose à mille querelles. Il faut pourtant que je cite Lactance, Père de l'Église, qui dans son chapitre XIII, *De la colère de Dieu*, fait parler ainsi Épicure : « Ou Dieu veut ôter le mal de ce monde, et ne le » peut ; ou il le peut, et ne le veut pas ; ou il ne » le peut ni ne le veut ; ou enfin il le veut, et le » peut. S'il le veut, et ne le peut pas, c'est im» puissance, ce qui est contraire à la nature de » Dieu ; s'il le peut, et ne le veut pas, c'est mé» chanceté, et cela est non moins contraire à sa » nature ; s'il ne le veut ni ne le peut, c'est à la » fois méchanceté et impuissance ; s'il le veut et » le peut (ce qui seul de ces partis convient à Dieu), » d'où vient donc le mal sur la terre ? »

L'argument est pressant ; aussi Lactance y répond fort mal, en disant que Dieu veut le mal, mais qu'il nous a donné la sagesse avec laquelle on acquiert le bien. Il faut avouer que cette réponse est bien faible en comparaison de l'objection ; car elle suppose que Dieu ne pouvait donner la sagesse qu'en produisant le mal ; et puis, nous avons une plaisante sagesse !

L'origine du mal a toujours été un abîme dont personne n'a pu voir le fond. C'est ce qui réduisit tant d'anciens philosophes et de législateurs à recourir à deux principes, l'un bon, l'autre mauvais. Typhon était le mauvais principe chez les Égyptiens, Arimane chez les Perses. Les manichéens adoptèrent, comme on sait, cette théologie ; mais comme ces gens-là n'avaient jamais parlé ni au bon ni au mauvais principe, il ne faut pas les en croire sur leur parole.

Parmi les absurdités dont ce monde regorge, et qu'on peut mettre au nombre de nos maux, ce n'est pas une absurdité légère que d'avoir supposé deux êtres tout puissants, se battant à qui des deux mettrait plus du sien dans ce monde, et fesant un traité comme les deux médecins de Molière : passez-moi l'émétique, et je vous passerai la saignée.

Basilide, après les platoniciens, prétendit, dès le premier siècle de l'Église, que Dieu avait donné notre monde à faire à ses derniers anges ; et que ceux-ci, n'étant pas habiles, firent les choses telles que nous les voyons. Cette fable théologique tomba en poussière par l'objection terrible qu'il n'est pas dans la nature d'un Dieu tout puissant et tout sage de faire bâtir un monde par des architectes qui n'y entendent rien.

Simon, qui a senti l'objection, la prévient en disant que l'ange qui présidait à l'atelier est damné pour avoir si mal fait son ouvrage ; mais la brûlure de cet ange ne nous guérit pas.

L'aventure de Pandore chez les Grecs ne répond pas mieux à l'objection. La boîte où se trouvent tous les maux, et au fond de laquelle reste l'espérance, est à la vérité une allégorie charmante ; mais cette Pandore ne fut faite par Vulcain que pour se venger de Prométhée, qui avait fait un homme avec de la boue.

Les Indiens n'ont pas mieux rencontré ; Dieu ayant créé l'homme, il lui donna une drogue qui lui assurait une santé permanente ; l'homme chargea son âne de la drogue, l'âne eut soif, le serpent lui enseigna une fontaine ; et pendant que l'âne buvait, le serpent prit la drogue pour lui.

Les Syriens imaginèrent que l'homme et la femme ayant été créés dans le quatrième ciel, ils s'avisèrent de manger d'une galette au lieu de l'ambroisie qui était leur mets naturel. L'ambroisie s'exhalait par les pores ; mais après avoir mangé de la galette, il fallait aller à la selle. L'homme et la femme prièrent un ange de leur enseigner où était la garde-robe. Voyez-vous, leur dit l'ange, cette petite planète, grande comme rien, qui est à quelque soixante millions de lieues d'ici, c'est là le privé de l'univers, allez-y au plus vite : ils y allèrent, on les y laissa ; et c'est depuis ce temps que notre monde fut ce qu'il est.

On demandera toujours aux Syriens pourquoi Dieu permit que l'homme mangeât la galette, et qu'il nous en arrivât une foule de maux si épouvantables.

Je passe vite de ce quatrième ciel à milord Bolingbroke, pour ne pas m'ennuyer. Cet homme, qui avait sans doute un grand génie, donna au célèbre Pope son plan du *Tout est bien*, qu'on retrouve en effet mot pour mot dans les Œuvres posthumes de milord Bolingbroke, et que milord Shaftesbury avait auparavant inséré dans ses *Caractéristiques*. Lisez dans Shaftesbury le chapitre *des moralistes*, vous y verrez ces paroles :

« On a beaucoup à répondre à ces plaintes des » défauts de la nature. Comment est-elle sortie si » impuissante et si défectueuse des mains d'un être » parfait? mais je nie qu'elle soit défectueuse... » Sa beauté résulte des contrariétés, et la con» corde universelle naît d'un combat perpétuel... » Il faut que chaque être soit immolé à d'autres; » les végétaux aux animaux, les animaux à la » terre... ; et les lois du pouvoir central et de la » gravitation, qui donnent aux corps célestes leur » poids et leur mouvement, ne seront point dé» rangées pour l'amour d'un chétif animal qui, » tout protégé qu'il est par ces mêmes lois, sera » bientôt par elles réduit en poussière. »

Bolingbroke, Shaftesbury, et Pope leur metteur en œuvre, ne résolvent pas mieux la question que les autres : leur *Tout est bien* ne veut dire autre chose, sinon que le tout est dirigé par des lois immuables ; qui ne le sait pas? Vous ne nous apprenez rien quand vous remarquez, après tous les petits enfants, que les mouches sont nées pour être mangées par des araignées, les araignées par des hirondelles, les hirondelles par les pies-grièches, les pies-grièches par les aigles, les aigles pour être tués par les hommes, les hommes pour se tuer les uns les autres, et pour être mangés par les vers, et ensuite par les diables, au moins mille sur un.

Voilà un ordre net et constant parmi les animaux de toute espèce ; il y a de l'ordre partout. Quand une pierre se forme dans ma vessie, c'est une mécanique admirable : des sucs pierreux passent petit à petit dans mon sang, ils se filtrent dans les reins, passent par les uretères, se déposent dans ma vessie, s'y rassemblent par une excellente attraction newtonienne ; le caillou se forme, se grossit, je souffre des maux mille fois pires que la mort, par le plus bel arrangement du monde ; un chirurgien, ayant perfectionné l'art inventé par Tubalcaïn, vient m'enfoncer un fer aigu et tranchant dans le périnée, saisit ma pierre avec ses pincettes, elle se brise sous ses efforts par un mécanisme nécessaire ; et par le même mécanisme je meurs dans des tourments affreux : *tout cela est bien*, tout cela est la suite évidente des principes physiques inaltérables : j'en tombe d'accord, et je le savais comme vous.

Si nous étions insensibles, il n'y aurait rien à dire à cette physique. Mais ce n'est pas cela dont il s'agit ; nous vous demandons s'il n'y a point de maux sensibles, et d'où ils viennent? « Il n'y a » point de maux, dit Pope dans sa quatrième épî» tre sur le *Tout est bien* ; s'il y a des maux par» ticuliers, ils composent le bien général. »

Voilà un singulier bien général, composé de la pierre, de la goutte, de tous les crimes, de toutes les souffrances, de la mort, et de la damnation.

La chute de l'homme est l'emplâtre que nous mettons à toutes ces maladies particulières du corps et de l'âme, que vous appelez *santé générale* ; mais Shaftesbury et Bolingbroke ont osé attaquer le péché originel ; Pope n'en parle point ; il est clair que leur système sape la religion chrétienne par ses fondements, et n'explique rien du tout.

Cependant ce système a été approuvé depuis peu par plusieurs théologiens, qui admettent volontiers les contraires ; à la bonne heure, il ne faut envier à personne la consolation de raisonner comme il peut sur le déluge de maux qui nous inonde. Il est juste d'accorder aux malades désespérés de manger de ce qu'ils veulent. On a été jusqu'à prétendre que ce système est consolant. « Dieu, dit Pope, voit d'un même œil périr le » héros et le moineau, un atome ou mille planètes » précipitées dans la ruine, une boule de savon » ou un monde se former. »

Voilà, je vous l'avoue, une plaisante consolation ; ne trouvez-vous pas un grand lénitif dans l'ordonnance de milord Shaftesbury, qui dit que Dieu n'ira pas déranger ses lois éternelles pour un animal aussi chétif que l'homme? Il faut avouer du moins que ce chétif animal a droit de crier humblement, et de chercher à comprendre, en criant, pourquoi ces lois éternelles ne sont pas faites pour le bien-être de chaque individu.

Ce système du *Tout est bien* ne représente l'auteur de toute la nature que comme un roi puissant et malfesant, qui ne s'embarrasse pas qu'il en coûte la vie à quatre ou cinq cent mille hommes, et que les autres traînent leurs jours dans la disette et dans les larmes, pourvu qu'il vienne à bout de ses desseins.

Loin donc que l'opinion du meilleur des mondes possibles console, elle est désespérante pour les philosophes qui l'embrassent. La question du bien et du mal demeure un chaos indébrouillable pour ceux qui cherchent de bonne foi ; c'est un jeu d'esprit pour ceux qui disputent ; ils sont des forçats qui jouent avec leurs chaînes. Pour le peuple non pensant, il ressemble assez à des poissons qu'on a transportés d'une rivière dans un réservoir ; ils ne se doutent pas qu'ils sont là pour être mangés le carême : aussi ne savons-nous rien du tout par nous-mêmes des causes de notre destinée.

Mettons à la fin de presque tous les chapitres de métaphysique les deux lettres des juges romains, quand ils n'entendaient pas une cause, L. N., *non liquet*, cela n'est pas clair. Imposons surtout silence aux scélérats, qui étant accablés comme nous du poids des calamités humaines, y ajoutent la fureur de la calomnie. Confondons leurs exécrables impostures, en recourant à la foi et à la Providence.

Des raisonneurs ont prétendu qu'il n'est pas dans la nature de l'être des êtres que les choses soient autrement qu'elles sont. C'est un rude système; je n'en sais pas assez pour oser seulement l'examiner.

BIENS D'ÉGLISE.

SECTION PREMIÈRE.

L'Évangile défend à ceux qui veulent atteindre à la perfection d'amasser des trésors et de conserver leurs biens temporels. « [a] Nolite thesaurizare » vobis thesauros in terra. — [b] Si vis perfectus » esse, vade, vende quæ habes, et da pauperibus. — [c] Et omnis qui reliquerit domum vel » fratres, aut sorores, aut patrem, aut matrem, » aut uxorem, aut filios, aut agros, propter nomen meum, centuplum accipiet, et vitam æternam possidebit. »

Les apôtres et leurs premiers successeurs ne recevaient aucun immeuble ils n'en acceptaient que le prix; et après avoir prélevé ce qui était nécessaire pour leur subsistance, ils distribuaient le reste aux pauvres. Saphire et Ananie ne donnèrent pas leurs biens à saint Pierre, mais ils les vendirent, et lui en apportèrent le prix: « Vende » quæ habes, et da pauperibus[1]. »

L'Église possédait déjà des biens-fonds considérables sur la fin du troisième siècle, puisque Dioclétien et Maximien en prononcèrent la confiscation en 302.

Dès que Constantin fut sur le trône des Césars, il permit de doter les églises comme l'étaient les temples de l'ancienne religion; et dès lors l'Église acquit de riches terres. Saint Jérôme s'en plaignit dans une de ses lettres à Eustochie: « Quand vous » les voyez, dit-il, aborder d'un air doux et sanctifié les riches veuves qu'ils rencontrent, vous » croiriez que leur main ne s'étend que pour leur » donner des bénédictions; mais c'est au contraire » pour recevoir le prix de leur hypocrisie. »

Les saints prêtres recevaient sans demander. Valentinien Ier crut devoir défendre aux ecclésiastiques de rien recevoir des veuves et des femmes par testament, ni autrement. Cette loi, que l'on trouve au *Code Théodosien*, fut révoquée par Marcien et par Justinien.

Justinien, pour favoriser les ecclésiastiques, défendit aux juges par sa novelle XVIII, chap. XI, d'annuler les testaments faits en faveur de l'Église, quand même ils ne seraient pas revêtus des formalités prescrites par les lois.

Anastase avait statué en 491 que les biens d'Église se prescriraient par quarante ans. Justinien inséra cette loi dans son code[a]; mais ce prince, qui changea continuellement la jurisprudence, étendit cette prescription à cent ans. Alors quelques ecclésiastiques, indignes de leur profession, supposèrent de faux titres[b]; ils tirèrent de la poussière de vieux testaments, nuls selon les anciennes lois, mais valables suivant les nouvelles. Les citoyens étaient dépouillés de leur patrimoine par la fraude. Les possessions, qui jusque-là avaient été regardées comme sacrées, furent envahies par l'Église. Enfin l'abus fut si criant que Justinien lui-même fut obligé de rétablir les dispositions de la loi d'Anastase, par sa novelle CXXXI, ch. VI.

Les tribunaux français ont long-temps adopté le chap. XI de la novelle XVIII, quand les legs faits à l'Église n'avaient pour objet que des sommes d'argent, ou des effets mobiliers; mais depuis l'ordonnance de 1735 les legs pieux n'ont plus ce privilége en France.

Pour les immeubles, presque tous les rois de France depuis Philippe-le-Hardi ont défendu aux églises d'en acquérir sans leur permission; mais la plus efficace de toutes les lois, c'est l'édit de 1749, rédigé par le chancelier d'Aguesseau. Depuis cet édit, l'Église ne peut recevoir aucun immeuble, soit par donation, par testament, ou par échange, sans lettres-patentes du roi enregistrées au parlement.

SECTION II.

Les biens d'Église, pendant les cinq premiers siècles de notre ère, furent régis par des diacres qui en fesaient la distribution aux clercs et aux pauvres. Cette communauté n'eut plus lieu dès la fin du cinquième siècle; on partagea les biens de l'Église en quatre parts; on en donna une aux évêques, une autre aux clercs, une autre à la fabrique, et la quatrième fut assignée aux pauvres.

Bientôt après ce partage, les évêques se chargèrent seuls des quatre portions; et c'est pourquoi le clergé inférieur est en général très pauvre.

[a] *Matth.*, c. VI, v. 19. — [b] *Id.*, c. XIX, v. 21. — [c], *Ib.*, v. 29.
[1] Matthieu, XIX, 21.

[a] Cod., tit. *de fund. patrimon.*
[b] Cod., leg. XXIV, *De sacrosanctis ecclesiis.*

Le parlement de Toulouse rendit un arrêt, le 18 avril 1651, qui ordonnait que dans trois jours les évêques du ressort pourvoiraient à la nourriture des pauvres, passé lequel temps saisie serait faite du sixième de tous les fruits que les évêques prennent dans les paroisses dudit ressort, etc.

En France l'Église n'aliène pas valablement ses biens sans de grandes formalités, et si elle ne trouve pas de l'avantage dans l'aliénation. On juge que l'on peut prescrire sans titre, par une possession de quarante ans, les biens d'Église; mais s'il paraît un titre, et qu'il soit défectueux, c'est-à-dire que toutes les formalités n'y aient pas été observées, l'acquéreur ni ses héritiers ne peuvent jamais prescrire; et de là cette maxime : « Melius » est non habere titulum, quam habere vitiosum. » On fonde cette jurisprudence sur ce que l'on présume que l'acquéreur dont le titre n'est pas en forme est de mauvaise foi, et que, suivant les canons, un possesseur de mauvaise foi ne peut jamais prescrire. Mais celui qui n'a point de titres ne devrait-il pas plutôt être présumé usurpateur? Peut-on prétendre que le défaut d'une formalité que l'on a ignorée soit une présomption de mauvaise foi? Doit-on dépouiller le possesseur sur cette présomption? Doit-on juger que le fils qui a trouvé un domaine dans l'hoirie de son père le possède avec mauvaise foi, parce que celui de ses ancêtres qui acquit ce domaine n'a pas rempli une formalité?

Les biens de l'Église, nécessaires au maintien d'un ordre respectable, ne sont point d'une autre nature que ceux de la noblesse et du tiers-état; les uns et les autres devraient être assujettis aux mêmes règles. On se rapproche aujourd'hui, autant qu'on le peut, de cette jurisprudence équitable.

Il semble que les prêtres et les moines, qui aspirent à la perfection évangélique, ne devraient jamais avoir de procès : «[a] Et ei qui vult tecum » judicio contendere, et tunicam tuam tollere, » dimitte ei et pallium. »

Saint Basile entend sans doute parler de ce passage lorsqu'il dit[b] qu'il y a dans l'Évangile une loi expresse qui défend aux chrétiens d'avoir jamais aucun procès. Salvien a entendu de même ce passage : «[c] Jubet Christus ne litigemus, nec solum » jubet... sed in tantum hoc jubet ut ea ipsa nos » de quibus lis est relinquere jubeat, dummodo » litibus exuamur. »

Le quatrième concile de Carthage a aussi réitéré ces défenses : « Episcopus nec provocatus de rebus » transitoriis litiget. »

Mais, d'un autre côté, il n'est pas juste qu'un évêque abandonne ses droits; il est homme, il doit jouir du bien que les hommes lui ont donné; il ne faut pas qu'on le vole parce qu'il est prêtre. (Ces deux sections sont de M. Christin, célèbre avocat au parlement de Besançon, qui s'est fait une réputation immortelle dans son pays, en plaidant pour abolir la servitude.)

SECTION III.

De la pluralité des bénéfices, des abbayes en commende, et des moines qui ont des esclaves.

Il en est de la pluralité des gros bénéfices, archevêchés, évêchés, abbayes, de trente, quarante, cinquante, soixante mille florins d'empire, comme de la pluralité des femmes; c'est un droit qui n'appartient qu'aux hommes puissants.

Un prince de l'empire, cadet de sa maison, serait bien peu chrétien s'il n'avait qu'un seul évêché; il lui en faut quatre ou cinq pour constater sa catholicité. Mais un pauvre curé, qui n'a pas de quoi vivre, ne peut guère parvenir à deux bénéfices; du moins rien n'est plus rare.

Le pape qui disait qu'il était dans la règle, qu'il n'avait qu'un seul bénéfice, et qu'il s'en contentait, avait très grande raison.

On a prétendu qu'un nommé Ébrouin, évêque de Poitiers, fut le premier qui eut à la fois une abbaye et un évêché. L'empereur Charles-le-Chauve lui fit ces deux présents. L'abbaye était celle de Saint-Germain-des-Prés-lès-Paris. C'était un gros morceau, mais pas si gros qu'aujourd'hui.

Avant cet Ébrouin nous voyons force gens d'église posséder plusieurs abbayes.

Alcuin, diacre, favori de Charlemagne, possédait à la fois celles de Saint-Martin de Tours, de Ferrières, de Comeri, et quelques autres. On ne saurait trop en avoir; car si on est un saint, on édifie plus d'âmes; et si on a le malheur d'être un honnête homme du monde, on vit plus agréablement.

Il se pourrait bien que dès ce temps-là ces abbés fussent commendataires; car ils ne pouvaient réciter l'office dans sept ou huit endroits à la fois. Charles Martel et Pepin son fils, qui avaient pris pour eux tant d'abbayes, n'étaient pas des abbés réguliers.

Quelle est la différence entre un abbé commendataire, et un abbé qu'on appelle *régulier?* La même qu'entre un homme qui a cinquante mille écus de rente pour se réjouir, et un homme qui a cinquante mille écus pour gouverner.

Ce n'est pas qu'il ne soit loisible aux abbés réguliers de se réjouir aussi. Voici comment s'ex-

[a] *Matth.* chap. v, v. 40. — [b] Homel. *De legend, Græc.* — [c] *De gubern. Dei*, liv. III, page 47, édition de Paris, 1643.

primait sur leur douce joie Jean Trithême dans une de ses harangues, en présence d'une convocation d'abbés bénédictins :

« Neglecto superùm cultu, spretoque tonantis
» Imperio, Baccho indulgent Venerique nefandæ, etc »

En voici une traduction, ou plutôt une imitation faite par une bonne âme, quelque temps après Jean Trithême :

« Ils se moquent du ciel et de la Providence;
» Ils aiment mieux Bacchus et la mère d'Amour;
» Ce sont leurs deux grands saints pour la nuit et le jour.
» Des pauvres à prix d'or ils vendent la substance.
» Ils s'abreuvent dans l'or; l'or est sur leurs lambris;
» L'or est sur leurs catins, qu'on paie au plus haut prix;
» Et, passant mollement de leur lit à la table,
» Ils ne craignent ni lois, ni rois, ni dieu, ni diable. »

Jean Trithême, comme on voit, était de très méchante humeur. On eût pu lui répondre ce que disait César avant les ides de Mars : « Ce ne sont » pas ces voluptueux que je crains, ce sont ces » raisonneurs maigres et pâles. » Les moines qui chantent le *Pervigilium Veneris* pour matines ne sont pas dangereux : les moines argumentants, prêchants, cabalants, ont fait beaucoup plus de mal que tous ceux dont parle Jean Trithême.

Les moines ont été aussi maltraités par l'évêque célèbre de Belley qu'ils l'avaient été par l'abbé Trithême. Il leur applique, dans son *Apocalypse de Méliton*, ces paroles d'Osée : « Vaches grasses » qui frustrez les pauvres, qui dites sans cesse. » Apportez et nous boirons; le Seigneur a juré, » par son saint nom, que voici les jours qui viendront sur vous; vous aurez agacement de dents, et » disette de pain en toutes vos maisons. »

La prédiction ne s'est pas accomplie; mais l'esprit de police qui s'est répandu dans toute l'Europe, en mettant des bornes à la cupidité des moines, leur a inspiré plus de décence.

Il faut convenir, malgré tout ce qu'on a écrit contre leurs abus, qu'il y a toujours eu parmi eux des hommes éminents en science et en vertu; que s'ils ont fait de grands maux, ils ont rendu de grands services, et qu'en général on doit les plaindre encore plus que les condamner.

SECTION IV.

Tous les abus grossiers qui durèrent dans la distribution des bénéfices depuis le dixième siècle jusqu'au treizième, ne subsistent plus aujourd'hui; et s'ils sont inséparables de la nature humaine, ils sont beaucoup moins révoltants par la décence qui les couvre. Un Maillard ne dirait plus aujourd'hui en chaire : « O domina, quæ facitis placi» tum domini episcopi, etc. » « O madame, qui faites le plaisir de monsieur l'évêque ! Si vous demandez comment cet enfant de dix ans a eu un bénéfice, on vous répondra que madame sa mère était fort privée de monsieur l'évêque. »

On n'entend plus en chaire un cordelier Menot criant : « Deux crosses, deux mitres, *et adhuc non sunt contenti*. » « Entre vous, mesdames, qui faites à monsieur l'évêque le plaisir que savez; et puis dites, Oh ! oh ! il fera du bien à mon fils, ce sera un des mieux pourvus en l'Église. » « Isti » protonotarii, qui habent illas dispensas ad tria, » immo in quindecim beneficia, et sunt simoniaci » et sacrilegi, et non cessant arripere beneficia » incompatibilia : idem est eis. Si vacet episco» patus, pro eo habendo dabitur unus grossus » fasciculus aliorum beneficiorum. Primo ac» cumulabuntur archidiaconatus, abbatiæ, duo » prioratus, quatuor aut quinque præbendæ, et » dabuntur hæc omnia pro compensatione. »

« Si ces protonotaires, qui ont des dispenses » pour trois ou même quinze bénéfices, sont si» moniaques et sacriléges, et si on ne cesse d'ac» crocher des bénéfices incompatibles, c'est même » chose pour eux. Il vaque un bénéfice; pour l'a» voir on vous donnera une poignée d'autres bé» néfices; un archidiaconat, des abbayes, deux » prieurés, quatre ou cinq prébendes, et tout » cela pour faire la compensation. »

Le même prédicateur dans un autre endroit s'exprime ainsi : « Dans quatre plaideurs qu'on » rencontre au palais, il y a toujours un moine; » et si on leur demande ce qu'ils font là, un *cle» ricus* répondra : Notre chapitre est bandé contre » le doyen, contre l'évêque, et contre les autres » officiers, et je vais après les queues de ces mes» sieurs pour cette affaire. Et toi, maître moine, » que fais-tu ici? Je plaide une abbaye de huit » cents livres de rente pour mon maître. Et toi, » moine blanc? Je plaide un petit prieuré pour » moi. Et vous, mendiants, qui n'avez terre, ni » sillon, que battez-vous ici le pavé? Le roi nous » a octroyé du sel, du bois, et autres choses; » mais ses officiers nous les dénient. Ou bien, Un » tel curé, par son avarice et envie, nous veut » empêcher la sépulture et la dernière volonté » d'un qui est mort ces jours passés, tellement » qu'il nous est force d'en venir à la cour. »

Il est vrai que ce dernier abus, dont retentissent tous les tribunaux de l'Église catholique romaine, n'est point déraciné.

Il en est un plus funeste encore, c'est celui d'avoir permis aux bénédictins, aux bernardins, aux chartreux même, d'avoir des mainmortables, des esclaves. On distingue sous leur domination, dans plusieurs provinces de France et en Allemagne :

Esclavage de la personne,
Esclavage des biens,
Esclavage de la personne et des biens.

L'esclavage de la personne consiste dans l'incapacité de disposer de ses biens en faveur de ses enfants, s'ils n'ont pas toujours vécu avec leur père dans la même maison et à la même table. Alors tout appartient aux moines. Le bien d'un habitant du Mont-Jura, mis entre les mains d'un notaire de Paris, devient dans Paris même la proie de ceux qui originairement avaient embrassé la pauvreté évangélique au Mont-Jura. Le fils demande l'aumône à la porte de la maison que son père a bâtie, et les moines, bien loin de lui donner cette aumône, s'arrogent jusqu'au droit de ne point payer les créanciers du père, et de regarder comme nulles les dettes hypothéquées sur la maison dont ils s'emparent. La veuve se jette en vain à leurs pieds pour obtenir une partie de sa dot : cette dot, ces créances, ce bien paternel, tout appartient de droit divin aux moines. Les créanciers, la veuve, les enfants, tout meurt dans la mendicité.

L'esclavage réel est celui qui est affecté à une habitation. Quiconque vient occuper une maison dans l'empire de ces moines, et y demeure un an et un jour, devient leur serf pour jamais. Il est arrivé quelquefois qu'un négociant français, père de famille, attiré par ses affaires dans ce pays barbare, y ayant pris une maison à loyer pendant une année, et étant mort ensuite dans sa patrie, dans une autre province de France, sa veuve, ses enfants, ont été tout étonnés de voir des huissiers venir s'emparer de leurs meubles, avec des *paréatis*, les vendre au nom de saint Claude, et chasser une famille entière de la maison de son père.

L'esclavage mixte est celui qui, étant composé des deux, est ce que la rapacité a jamais inventé de plus exécrable, et ce que les brigands n'oseraient pas même imaginer.

Il y a donc des peuples chrétiens gémissant dans un triple esclavage sous des moines qui ont fait vœu d'humilité et de pauvreté ! Chacun demande comment les gouvernements souffrent ces fatales contradictions : c'est que les moines sont riches, et leurs esclaves sont pauvres ; c'est que les moines, pour conserver leur droit d'Attila, font des présents aux commis, aux maîtresses de ceux qui pourraient interposer leur autorité pour réprimer une telle oppression. Le fort écrase toujours le faible : mais pourquoi faut-il que les moines soient les plus forts ?

Quel horrible état que celui d'un moine dont le couvent est riche ! la comparaison continuelle qu'il fait de sa servitude et de sa misère avec l'empire et l'opulence de l'abbé, du prieur, du procureur, du secrétaire, du maître des bois, etc., lui déchire l'âme à l'église et au réfectoire. Il maudit le jour où il prononça ses vœux imprudents et absurdes ; il se désespère ; il voudrait que tous les hommes fussent aussi malheureux que lui. S'il a quelque talent pour contrefaire les écritures, il l'emploie en fesant de fausses chartes pour plaire au sous-prieur, il accable les paysans qui ont le malheur inexprimable d'être vassaux d'un couvent : étant devenu bon faussaire, il parvient aux charges ; et comme il est fort ignorant, il meurt dans le doute et dans la rage.

BLASPHÈME.

C'est un mot grec qui signifie *atteinte à la réputation*. *Blasphemia* se trouve dans Démosthène. De là vient, dit Ménage, le mot de *blâmer*. *Blasphème* ne fut employé dans l'Église grecque que pour signifier *injure faite à Dieu*. Les Romains n'employèrent jamais cette expression, ne croyant pas apparemment qu'on pût jamais offenser l'honneur de Dieu comme on offense celui des hommes.

Il n'y a presque point de synonymes. *Blasphème* n'emporte pas tout-à-fait l'idée de *sacrilége*. On dira d'un homme qui aura pris le nom de Dieu en vain, qui dans l'emportement de la colère aura ce qu'on appelle *juré le nom de Dieu*, c'est un blasphémateur; mais on ne dira pas, c'est un sacrilége. L'homme sacrilége est celui qui se parjure sur l'Évangile, qui étend sa rapacité sur les choses consacrées, qui détruit les autels, qui trempe sa main dans le sang des prêtres.

Les grands sacriléges ont toujours été punis de mort chez toutes les nations, et surtout les sacriléges avec effusion de sang.

L'auteur des *Instituts au droit criminel* compte parmi les crimes de lèse-majesté divine au second chef l'inobservation des fêtes et des dimanches. Il devait ajouter, l'inobservation accompagnée d'un mépris marqué ; car la simple négligence est un péché, mais non pas un sacrilége, comme il le dit. Il est absurde de mettre dans le même rang, comme fait cet auteur, la simonie, l'enlèvement d'une religieuse, et l'oubli d'aller à vêpres un jour de fête. C'est un grand exemple des erreurs où tombent les jurisconsultes qui, n'ayant pas été appelés à faire des lois, se mêlent d'interpréter celles de l'état.

Les blasphèmes prononcés dans l'ivresse, dans la colère, dans l'excès de la débauche, dans la chaleur d'une conversation indiscrète, ont été soumis par les législateurs à des peines beaucoup plus légères. Par exemple, l'avocat que nous avons déjà cité dit que les lois de France condamnent les simples blasphémateurs à une amende pour la première fois, double pour la seconde, triple pour la troisième, quadruple pour la quatrième. Le coupable est mis au carcan pour la cinquième récidive, au carcan encore pour la sixième, et la lèvre supérieure est coupée avec un fer chaud; et pour la septième fois on lui coupe la langue. Il fallait ajouter que c'est l'ordonnance de 1666.

Les peines sont presque toujours arbitraires; c'est un grand défaut dans la jurisprudence. Mais aussi ce défaut ouvre une porte à la clémence, à la compassion; et cette compassion est d'une justice étroite : car il serait horrible de punir un emportement de jeunesse, comme on punit des empoisonneurs et des parricides. Une sentence de mort pour un délit qui ne mérite qu'une correction, n'est qu'un assassinat commis avec le glaive de la justice.

N'est-il pas à propos de remarquer ici que ce qui fut blasphème dans un pays, fut souvent piété dans un autre?

Un marchand de Tyr, abordé au port de Canope, aura pu être scandalisé de voir porter en cérémonie un ognon, un chat, un bouc; il aura pu parler indécemment d'*Isheth*, d'*Oshireth*, et d'*Horeth*; il aura peut-être détourné la tête, et ne se sera point mis à genoux en voyant passer en procession les parties génitales du genre humain plus grandes que nature. Il en aura dit son sentiment à souper, il aura même chanté une chanson dans laquelle les matelots tyriens se moquaient des absurdités égyptiaques. Une servante de cabaret l'aura entendu; sa conscience ne lui permet pas de cacher ce crime énorme. Elle court dénoncer le coupable au premier shoen qui porte l'image de la vérité sur la poitrine; et on sait comment l'image de la vérité est faite. Le tribunal des shoen ou shotim condamne le basphémateur tyrien à une mort affreuse, et confisque son vaisseau. Ce marchand était regardé à Tyr comme un des plus pieux personnages de la Phénicie.

Numa voit que sa petite horde de Romains est un ramas de flibustiers latins qui volent à droite et à gauche tout ce qu'ils trouvent, bœufs, moutons, volailles, filles. Il leur dit qu'il a parlé à la nymphe Égérie dans une caverne, et que la nymphe lui a donné des lois de la part de Jupiter. Les sénateurs le traitent d'abord de blasphémateur, et le menacent de le jeter de la roche Tarpéienne la tête en bas. Numa se fait un parti puissant. Il gagne des sénateurs qui vont avec lui dans la grotte d'Égérie. Elle leur parle; elle les convertit. Ils convertissent le sénat et le peuple. Bientôt ce n'est plus Numa qui est un blasphémateur. Ce nom n'est plus donné qu'à ceux qui doutent de l'existence de la nymphe.

Il est triste parmi nous que ce qui est blasphème à Rome, à Notre-Dame de Lorette, dans l'enceinte des chanoines de San-Gennaro, soit piété dans Londres, dans Amsterdam, dans Stockholm, dans Berlin, dans Copenhague, dans Berne, dans Basle, dans Hambourg. Il est encore plus triste que dans le même pays, dans la même ville, dans la même rue, on se traite réciproquement de blasphémateur.

Que dis-je? des dix mille Juifs qui sont à Rome, il n'y en a pas un seul qui ne regarde le pape comme le chef de ceux qui blasphèment; et réciproquement les cent mille chrétiens qui habitent Rome à la place des deux millions de joviens [a] qui la remplissaient du temps de Trajan, croient fermement que les Juifs s'assemblent les samedis dans leurs synagogues pour blasphémer.

Un cordelier accorde sans difficulté le titre de blasphémateur au dominicain, qui dit que la sainte Vierge est née dans le péché originel, quoique les dominicains aient une bulle du pape qui leur permet d'enseigner dans leurs couvents la conception maculée, et qu'outre cette bulle ils aient pour eux la déclaration expresse de saint Thomas d'Aquin.

La première origine de la scission faite dans les trois quarts de la Suisse, et dans une partie de la Basse-Allemagne, fut une querelle dans l'église cathédrale de Francfort, entre un cordelier dont j'ignore le nom, et un dominicain nommé Vigan.

Tous deux étaient ivres, selon l'usage de ce temps-là. L'ivrogne cordelier, qui prêchait, remercia Dieu dans son sermon de ce qu'il n'était pas jacobin, jurant qu'il fallait exterminer les jacobins blasphémateurs qui croyaient la sainte Vierge née en péché mortel, et délivrée du péché par les seuls mérites de son fils : l'ivrogne jacobin lui dit tout haut : Vous en avez menti, blasphémateur vous-même. Le cordelier descend de chaire, un grand crucifix de fer à la main, en donne cent coups à son adversaire, et le laisse presque mort sur la place.

Ce fut pour venger cet outrage que les domicains firent beaucoup de miracles en Allemagne et en Suisse. Ils prétendaient prouver leur foi par ces miracles. Enfin ils trouvèrent le moyen de faire imprimer, dans Berne, les stigmates de notre Seigneur Jésus-Christ à un de leurs frères lais nommé Jetzer : ce fut la sainte Vierge elle-même qui lui fit cette opération; mais elle emprunta la main du sous-prieur, qui avait pris un habit de femme, et entouré sa tête d'une auréole. Le mal-

[a] Joviens, adorateurs de Jupiter.

heureux petit frère lai, exposé tout en sang sur l'autel des dominicains de Berne à la vénération du peuple, cria enfin au meurtre, au sacrilége : les moines, pour l'apaiser, le communièrent au plus vite avec une hostie saupoudrée de sublimé corrosif; l'excès de l'acrimonie lui fit rejeter l'hostie [a].

Les moines alors l'accusèrent devant l'évêque de Lausanne d'un sacrilége horrible. Les Bernois indignés accusèrent eux-mêmes les moines ; quatre d'entre eux furent brûlés à Berne, le 31 mai 1509, à la porte de Marsilly.

C'est ainsi que finit cette abominable histoire qui détermina enfin les Bernois à choisir une religion, mauvaise à la vérité à nos yeux catholiques, mais dans laquelle ils seraient délivrés des cordeliers et des jacobins.

La foule de semblables sacriléges est incroyable. C'est à quoi l'esprit de parti conduit.

Les jésuites ont soutenu pendant cent ans que les jansénistes étaient des blasphémateurs, et l'ont prouvé par mille lettres de cachet. Les jansénistes ont répondu, par plus de quatre mille volumes, que c'étaient les jésuites qui blasphémaient. L'écrivain des *Gazettes ecclésiastiques* prétend que tous les honnêtes gens blasphèment contre lui; et il blasphème du haut de son grenier contre tous les honnêtes gens du royaume. Le libraire du gazetier blasphème contre lui, et se plaint de mourir de faim. Il vaudrait mieux être poli et honnête.

Une chose aussi remarquable que consolante, c'est que jamais, en aucun pays de la terre, chez les idolâtres les plus fous, aucun homme n'a été regardé comme un blasphémateur pour avoir reconnu un Dieu suprême, éternel et tout puissant. Ce n'est pas sans doute pour avoir reconnu cette vérité, qu'on fit boire la ciguë à Socrate, puisque le dogme d'un Dieu suprême était annoncé dans tous les mystères de la Grèce. Ce fut une faction qui perdit Socrate. On l'accusa au hasard de ne pas reconnaître les dieux secondaires; ce fut sur cet article qu'on le traita de blasphémateur.

On accusa de blasphème les premiers chrétiens par la même raison ; mais les partisans de l'ancienne religion de l'empire, les joviens qui reprochaient le blasphème aux premiers chrétiens, furent enfin condamnés eux-mêmes comme blasphémateurs sous Théodose II. Dryden a dit :

« This side to day and the other to morrow burns,
» And they are all God's almighty in their turns. »

Tel est chaque parti, dans sa rage obstiné,
Aujourd'hui condamnant, et demain condamné.

BLÉ OU BLED.

SECTION PREMIÈRE.

Origine du mot et de la chose.

Il faut être pyrrhonien outré pour douter que *pain* vienne de *panis*. Mais pour faire du pain il faut du blé. Les Gaulois avaient du blé du temps de César; où avaient-ils pris ce mot de *blé*? On prétend que c'est de *bladum*, mot employé dans la latinité barbare du moyen âge par le chancelier Desvignes, *de Vineis*, à qui l'empereur Frédéric II fit, dit-on, crever les yeux.

Mais les mots latins de ces siècles barbares n'étaient que d'anciens mots celtes ou tudesques latinisés. *Bladum* venait donc de notre *blead*; et non pas notre *blead* de *bladum*. Les Italiens disaient *biada*; et les pays où l'ancienne langue romance s'est conservée disent encore *blia*.

Cette science n'est pas infiniment utile : mais on serait curieux de savoir où les Gaulois et les Teutons avaient trouvé du blé pour le semer. On vous répond que les Tyriens en avaient apporté en Espagne, les Espagnols en Gaule, et les Gaulois en Germanie. Et où les Tyriens avaient-ils pris ce blé? Chez les Grecs probablement, dont ils l'avaient reçu en échange de leur alphabet.

Qui avait fait ce présent aux Grecs? C'était autrefois Cérès sans doute; et quand on a remonté à Cérès, on ne peut guère aller plus haut. Il faut que Cérès soit descendue exprès du ciel pour nous donner du froment, du seigle, de l'orge, etc.

Mais comme le crédit de Cérès qui donna le blé aux Grecs, et celui d'Isheth ou Isis qui en gratifia l'Égypte, est fort déchu aujourd'hui, nous restons dans l'incertitude sur l'origine du blé.

Sanchoniathon assure que Dagon ou Dagan, l'un des petits-fils de Thaut, avait en Phénicie l'intendance du blé. Or, son Thaut est à peu près du temps de notre Jared. Il résulte de là que le blé est fort ancien, et qu'il est de la même antiquité que l'herbe. Peut-être que ce Dagon fut le premier qui fit du pain, mais cela n'est pas démontré.

Chose étrange! nous savons positivement que nous avons l'obligation du vin à Noé, et nous ne savons pas à qui nous devons le pain. Et, chose encore plus étrange! nous sommes si ingrats envers Noé, que nous avons plus de deux mille chansons en l'honneur de Bacchus, et qu'à peine en chantons-nous une seule en l'honneur de Noé notre bienfaiteur.

[a] Voyez les *Voyages de Burnet*, évêque de Salisbury; l'*Histoire des dominicains de Berne*, par Abraham Ruchat, professeur à Lausanne; le *Procès-verbal de la condamnation des dominicains*; et l'*Original du procès*, conservé dans la bibliothèque de Berne. Le même fait est rapporté dans l'*Essai sur les mœurs et l'esprit des nations* (ch. CXXIX). Puisse-t-il être partout! Personne ne le connaissait en France il y a vingt ans.

Un Juif m'a assuré que le blé venait de lui-même en Mésopotamie, comme les pommes, les poires sauvages, les châtaignes, les nèfles dans l'Occident. Je le veux croire jusqu'à ce que je sois sûr du contraire; car enfin il faut bien que le blé croisse quelque part. Il est devenu la nourriture ordinaire et indispensable dans les plus beaux climats, et dans tout le Nord.

De grands philosophes dont nous estimons les talents, et dont nous ne suivons point les systèmes, ont prétendu, dans l'*Histoire naturelle du chien*, pag. 195, que les hommes ont fait le blé; que nos pères, à force de semer de l'ivraie et du gramen, les ont changés en froment. Comme ces philosophes ne sont pas de notre avis sur les coquilles, ils nous permettront de n'être pas du leur sur le blé. Nous ne pensons pas qu'avec du jasmin on ait jamais fait venir des tulipes. Nous trouvons que le germe du blé est tout différent de celui de l'ivraie, et nous ne croyons à aucune transmutation. Quand on nous en montrera, nous nous rétracterons.

Nous avons vu à l'article ARBRE A PAIN, qu'on ne mange point de pain dans les trois quarts de la terre. On prétend que les Éthiopiens se moquaient des Égyptiens, qui vivaient de pain. Mais enfin, puisque c'est notre nourriture principale, le blé est devenu un des plus grands objets du commerce et de la politique. On a tant écrit sur cette matière, que si un laboureur semait autant de blé pesant que nous avons de volumes sur cette denrée, il pourrait espérer la plus ample récolte, et devenir plus riche que ceux qui, dans leurs salons vernis et dorés, ignorent l'excès de sa peine et de sa misère.

SECTION II.

Richesse du blé.

Dès qu'on commence à balbutier en économie politique, on fait comme font dans notre rue tous les voisins et les voisines qui demandent : Combien a-t-il de rentes, comment vit-il, combien sa fille aura-t-elle en mariage, etc.? On demande en Europe : L'Allemagne a-t-elle plus de blé que la France? L'Angleterre recueille-t-elle (et non pas récolte-t-elle) de plus belles moissons que l'Espagne? Le blé de Pologne produit-il autant de farine que celui de Sicile? La grande question est de savoir si un pays purement agricole est plus riche qu'un pays purement commerçant.

La supériorité du pays de blé est démontrée par le livre, aussi petit que plein, de M. Melon, le premier homme qui ait raisonné en France, par la voie de l'imprimerie, immédiatement après la déraison universelle du système de Lass. M. Melon a pu tomber dans quelques erreurs relevées par d'autres écrivains instruits, dont les erreurs ont été relevées à leur tour. En attendant qu'on relève les miennes, voici le fait.

L'Égypte devint la meilleure terre à froment de l'univers, lorsque après plusieurs siècles, qu'il est difficile de compter au juste, les habitants eurent trouvé le secret de faire servir à la fécondité du sol un fleuve destructeur, qui avait toujours inondé le pays, et qui n'était utile qu'aux rats d'Égypte, aux insectes, aux reptiles et aux crocodiles. Son eau même, mêlée d'une bourbe noire, ne pouvait désaltérer ni laver les habitants. Il fallut des travaux immenses et un temps prodigieux pour dompter le fleuve, le partager en canaux, fonder des villes dans un terrain autrefois mouvant, et changer les cavernes des rochers en vastes bâtiments.

Tout cela est plus étonnant que des pyramides; tout cela fait, voilà un peuple sûr de sa nourriture avec le meilleur blé du monde, sans même avoir presque besoin de labourer. Le voilà qui élève et qui engraisse de la volaille supérieure à celle de Caux. Il est vêtu du plus beau lin dans le climat le plus tempéré. Il n'a donc aucun besoin réel des autres peuples.

Les Arabes ses voisins, au contraire, ne recueillent pas un setier de blé depuis le désert qui entoure le lac de Sodome, et qui va jusqu'à Jérusalem, jusqu'au voisinage de l'Euphrate, à l'Yémen, et à la terre de Gad; ce qui compose un pays quatre fois plus étendu que l'Égypte. Ils disent : Nous avons des voisins qui ont tout le nécessaire; allons dans l'Inde leur chercher du superflu; portons-leur du sucre, des aromates, des épiceries, des curiosités; soyons les pourvoyeurs de leurs fantaisies, et ils nous donneront de la farine. Ils en disent autant des Babyloniens, ils s'établissent courtiers de ces deux nations opulentes qui regorgent de blé; et en étant toujours leurs serviteurs, ils restent toujours pauvres. Memphis et Babylone jouissent, et les Arabes les servent; la terre à blé demeure toujours la seule riche; le superflu de son froment attire les métaux, les parfums, les ouvrages d'industrie. Le possesseur du blé impose donc toujours la loi à celui qui a besoin de pain; et Midas aurait donné tout son or à un laboureur de Picardie.

La Hollande paraît de nos jours une exception, et n'en est point une. Les vicissitudes de ce monde ont tellement tout bouleversé, que les habitants d'un marais, persécutés par l'Océan, qui les menaçait de les noyer, et par l'Inquisition qui apportait des fagots pour les brûler, allèrent au bout du monde s'emparer des îles qui produisent des épiceries, devenues aussi nécessaires aux riches que le pain l'est aux pauvres. Les Arabes vendaient de la myrrhe, du baume et des perles à Memphis et à Babylone; les Hollandais vendent de tout à l'Europe et à l'Asie, et mettent le prix à tout.

Ils n'ont point de blé, dites-vous; ils en ont plus que l'Angleterre et la France. Qui est réellement possesseur du blé? c'est le marchand qui l'achète du laboureur. Ce n'était pas le simple agriculteur de Chaldée ou d'Égypte qui profitait beaucoup de son froment. C'était le marchand chaldéen ou l'Égyptien adroit qui en fesait des amas, et les vendait aux Arabes; il en retirait des aromates, des perles, des rubis, qu'il vendait chèrement aux riches. Tel est le Hollandais; il achète partout et revend partout; il n'y a point pour lui de mauvaise récolte; il est toujours prêt à secourir pour de l'argent ceux qui manquent de farine.

Que trois ou quatre négociants entendus, libres, sobres, à l'abri de toute vexation, exempts de toute crainte, s'établissent dans un port; que leurs vaisseaux soient bons, que leur équipage sache vivre de gros fromage et de petite bière, qu'ils fassent acheter à bas prix du froment à Dantzick et à Tunis, qu'ils sachent le conserver, qu'ils sachent attendre, et ils feront précisément ce que font les Hollandais.

SECTION III.

Histoire du blé en France.

Dans les anciens gouvernements ou anciennes anarchies barbares, il y eut je ne sais quel seigneur ou roi de Soissons qui mit tant d'impôts sur les laboureurs, les batteurs en grange, les meuniers, que tout le monde s'enfuit, et le laissa sans pain régner tout seul à son aise [a].

Comment fit-on pour avoir du blé, lorsque les Normands, qui n'en avaient pas chez eux, vinrent ravager la France et l'Angleterre; lorsque les guerres féodales achevèrent de tout détruire; lorsque ces brigandages féodaux se mêlèrent aux irruptions des Anglais; quand Édouard III détruisit les moissons de Philippe de Valois, et Henri V celles de Charles VI; quand les armées de l'empereur Charles-Quint et celles de Henri VIII mangeaient la Picardie; enfin, tandis que les bons catholiques et les bons réformés coupaient le blé en herbe, et égorgeaient pères, mères et enfants, pour savoir si on devait se servir de pain fermenté ou de pain azyme les dimanches?

Comment on fesait? Le peuple ne mangeait pas la moitié de son besoin : on se nourrissait très mal; on périssait de misère; la population était très médiocre; des cités étaient désertes.

Cependant vous voyez encore de prétendus historiens qui vous répètent que la France possédait vingt-neuf millions d'habitants du temps de la Saint-Barthélemi.

C'est apparemment sur ce calcul que l'abbé de Caveyrac a fait l'apologie de la Saint-Barthélemi : il a prétendu que le massacre de soixante et dix mille hommes, plus ou moins, était une bagatelle dans un royaume alors florissant, peuplé de vingt-neuf millions d'hommes qui nageaient dans l'abondance.

Cependant la vérité est que la France avait peu d'hommes et peu de blé, et qu'elle était excessivement misérable, ainsi que l'Allemagne.

Dans le court espace du règne enfin tranquille de Henri IV, pendant l'administration économe du duc de Sulli, les Français, en 1597, eurent une abondante récolte; ce qu'ils n'avaient pas vu depuis qu'ils étaient nés. Aussitôt ils vendirent tout leur blé aux étrangers, qui n'avaient pas fait de si heureuses moissons, ne doutant pas que l'année 1598 ne fût encore meilleure que la précédente. Elle fut très mauvaise; le peuple alors fut dans le cas de Mlle Bernard, qui avait vendu ses chemises et ses draps pour acheter un collier; elle fut obligée de vendre son collier à perte pour avoir des draps et des chemises. Le peuple pâtit davantage. On racheta chèrement le même blé qu'on avait vendu à un prix médiocre.

Pour prévenir une telle imprudence et un tel malheur, le ministère défendit l'exportation; et cette loi ne fut point révoquée. Mais sous Henri IV, sous Louis XIII et sous Louis XIV, non seulement la loi fut souvent éludée; mais quand le gouvernement était informé que les greniers étaient bien fournis, il expédiait des permissions particulières sur le compte qu'on lui rendait de l'état des provinces. Ces permissions firent souvent murmurer le peuple; les marchands de blé furent en horreur, comme des monopoleurs qui voulaient affamer une province. Quand il arrivait une disette, elle était toujours suivie de quelque sédition. On accusait le ministère plutôt que la sécheresse ou la pluie [1].

Cependant, année commune, la France avait de quoi se nourrir, et quelquefois de quoi vendre. On se plaignit toujours (et il faut se plaindre pour

[a] C'était un *Chilpéric*. La chose arriva l'an 562.

[1] Mais cela n'est arrivé que pas la faute du ministère, qui, se mêlant de faire des réglements sur le commerce des blés, donnait droit au peuple de lui imputer les disettes qu'il éprouvait. Le seul moyen d'empêcher ces disettes est d'encourager par la liberté la plus absolue le commerce et les emmagasinements de blé, de chercher à éclairer le peuple, et à détruire le préjugé qui lui fait détester les marchands de blé, K.

qu'on vous suce un peu moins); mais la France, depuis 1661 jusqu'au commencement du dix-huitième siècle, fut au plus haut point de grandeur. Ce n'était pas la vente de son blé qui la rendait si puissante, c'était son excellent vin de Bourgogne, de Champagne, et de Bordeaux; le débit de ses eaux-de-vie dans tout le Nord, de son huile, de ses fruits, de son sel, de ses toiles, de ses draps, des magnifiques étoffes de Lyon et même de Tours, de ses rubans, de ses modes de toute espèce; enfin les progrès de l'industrie. Le pays est si bon, le peuple si laborieux, que la révocation de l'édit de Nantes ne put faire périr l'état. Il n'y a peut-être pas une preuve plus convaincante de sa force.

Le blé resta toujours à vil prix : la main-d'œuvre par conséquent ne fut pas chère; le commerce prospéra, et on cria toujours contre la dureté du temps.

La nation ne mourut pas de la disette horrible de 1709; elle fut très malade, mais elle réchappa. Nous ne parlons ici que du blé, qui manqua absolument; il fallut que les Français en achetassent de leurs ennemis mêmes; les Hollandais en fournirent seuls autant que les Turcs.

Quelques désastres que la France ait éprouvés; quelques succès qu'elle ait eus; que les vignes aient gelé, ou qu'elles aient produit autant de grappes que dans la Jérusalem céleste, le prix du blé a toujours été assez uniforme; et, année commune, un setier de blé a toujours payé quatre paires de souliers depuis Charlemagne [1].

Vers l'an 1750, la nation, rassasiée de vers, de tragédies, de comédies, d'opéra, de romans, d'histoires romanesques, de réflexions morales plus romanesques encore, et de disputes théologiques sur la grâce et sur les convulsions, se mit enfin à raisonner sur les blés.

On oublia même les vignes pour ne parler que de froment et de seigle. On écrivit des choses utiles sur l'agriculture : tout le monde les lut, excepté les laboureurs. On supposa, au sortir de l'Opéra-comique, que la France avait prodigieusement de blé à vendre. Enfin le cri de la nation obtint du gouvernement, en 1764, la liberté de l'exportation [2].

Aussitôt on exporta. Il arriva précisément ce qu'on avait éprouvé du temps de Henri IV; on vendit un peu trop; une année stérile survint, il fallut pour la seconde fois que Mlle Bernard revendît son collier pour ravoir ses draps et ses chemises. Alors quelques plaignants passèrent d'une extrémité à l'autre. Ils éclatèrent contre l'exportation qu'ils avaient demandée : ce qui fait voir combien il est difficile de contenter tout le monde et son père.

Des gens de beaucoup d'esprit, et d'une bonne volonté sans intérêt, avaient écrit avec autant de sagacité que de courage en faveur de la liberté illimitée du commerce des grains. Des gens qui avaient autant d'esprit et des vues aussi pures, écrivirent dans l'idée de limiter cette liberté; et M. l'abbé Galiani, napolitain, réjouit la nation française sur l'exportation des blés; il trouva le secret de faire, même en français, des dialogues aussi amusants que nos meilleurs romans, et aussi instructifs que nos meilleurs livres sérieux. Si cet ouvrage ne fit pas diminuer le prix du pain, il donna beaucoup de plaisir à la nation, ce qui vaut beaucoup mieux pour elle. Les partisans de l'exportation illimitée lui répondirent vertement. Le résultat fut que les lecteurs ne surent plus où ils en étaient : la plupart se mirent à lire des romans en attendant trois ou quatre années abondantes de suite qui les mettraient en état de juger. Les dames ne surent pas distinguer davantage le froment du seigle. Les habitués de paroisse continuèrent de croire que le grain doit mourir et pourrir en terre pour germer.

SECTION IV.

Des blés d'Angleterre.

Les Anglais, jusqu'au dix-septième siècle, furent des peuples chasseurs et pasteurs, plutôt qu'agriculteurs. La moitié de la nation courait le renard en selle rase avec un bridon; l'autre moitié nourrissait des moutons et préparait des laines. Les siéges des pairs ne sont encore que de gros sacs de laine, pour les faire souvenir qu'ils doivent protéger la principale denrée du royaume. Ils commencèrent à s'apercevoir, au temps de la restauration, qu'ils avaient aussi d'excellentes terres à froment. Ils n'avaient guère jusque alors labouré que pour leurs besoins. Les trois quarts de l'Irlande se nourrissaient de pommes de terre, appelées alors *potatoes*, et par les Français *topinambous*, et ensuite *pommes de terre*. La moitié de l'Écosse ne connaissait point le blé. Il courait une espèce de proverbe en vers anglais assez plaisants, dont voici le sens :

> Si l'époux d'Ève la féconde
> Au pays d'Écosse était né,

[1] Mais il y a eu souvent d'énormes différences d'une année à l'autre; et c'est ce qui cause la misère du peuple, parce que les salaires n'augmentent pas à proportion. K.

[2] Cette liberté fut limitée; il ne sortit que très peu de blé, et bientôt les mauvaises récoltes rendirent toute exportation impossible. Il résulterait deux grands biens d'une liberté absolue de l'exportation; l'encouragement de l'agriculture, et une plus grande constance dans le prix du grain. K.

A demeurer chez lui Dieu l'aurait condamné,
Et non pas à nourrir le monde.

L'Angleterre fut le seul des trois royaumes qui défricha quelques champs, mais en petite quantité. Il est vrai que ces insulaires mangent le plus de viande, le plus de légumes, et le moins de pain qu'ils peuvent. Le manœuvre auvergnac et limousin dévore quatre livres de pain qu'il trempe dans l'eau, tandis que le manœuvre anglais en mange à peine une avec du fromage, et boit d'une bière aussi nourrissante que dégoûtante, qui l'engraisse.

On peut encore, sans raillerie, ajouter à ces raisons l'énorme quantité de farine dont les Français ont chargé long-temps leur tête. Ils portaient des perruques volumineuses, hautes d'un demi-pied sur le front, et qui descendaient jusqu'aux hanches. Seize onces d'amidon saupoudraient seize onces de cheveux étrangers, qui cachaient dans leur épaisseur le buste d'un petit homme; de sorte que dans une farce, où un maître à chanter du bel air, nommé M. *des Soupirs*, secouait sa perruque sur le théâtre, on était inondé pendant un quart d'heure d'un nuage de poudre. Cette mode s'introduisit en Angleterre, mais les Anglais épargnèrent l'amidon.

Pour venir à l'essentiel, il faut savoir qu'en 1689, la première année du règne de Guillaume et de Marie, un acte du parlement accorda une gratification à quiconque exporterait du blé, et même de mauvaises eaux-de-vie de grain sur les vaisseaux de la nation.

Voici comme cet acte, favorable à la navigation et à la culture, fut conçu[1] :

Quand une mesure nommée *quarter*, égale à vingt-quatre boisseaux de Paris, n'excédait pas en Angleterre la valeur de deux livres sterling huit schellings au marché, le gouvernement payait à l'exportateur de ce quarter cinq schellings — 5 liv. 10 s. de France; à l'exportateur du seigle, quand il ne valait qu'une livre sterling et douze schellings, on donnait de récompense trois schellings et six sous — 3 liv. 12 s. de France. Le reste dans une proportion assez exacte.

Quand le prix des grains haussait, la gratification n'avait plus lieu; quand ils étaient plus chers, l'exportation n'était plus permise. Ce réglement a éprouvé quelques variations; mais enfin le résultat a été un profit immense. On a vu par un extrait de l'exportation des grains, présenté à la chambre des communes, en 1751, que l'Angleterre en avait vendu aux autres nations en cinq années pour 7,405,786 liv. sterling, qui font cent soixante et dix millions trois cent trente-trois mille soixante et dix-huit livres de France. Et sur cette somme que l'Angleterre tira de l'Europe en cinq années, la France en paya environ dix millions et demi.

L'Angleterre devait sa fortune à sa culture, qu'elle avait trop long-temps négligée; mais aussi elle la devait à son terrain. Plus sa terre a valu, plus elle s'est encore améliorée. On a eu plus de chevaux, de bœufs et d'engrais. Enfin on prétend qu'une récolte abondante peut nourrir l'Angleterre cinq ans, et qu'une même récolte peut à peine nourrir la France deux années.

Mais aussi la France a presque le double d'habitants; et en ce cas l'Angleterre n'est que d'un cinquième plus riche en blé, pour nourrir la moitié moins d'hommes; ce qui est bien compensé par les autres denrées, et par les manufactures de la France.

SECTION V.

Mémoire court sur les autres pays.

L'Allemagne est comme la France, elle a des provinces fertiles en blé, et d'autres stériles; les pays voisins du Rhin et du Danube, la Bohême, sont les mieux partagés. Il n'y a guère de grand commerce de grains que dans l'intérieur.

La Turquie ne manque jamais de blé, et en vend peu. L'Espagne en manque quelquefois, et n'en vend jamais. Les côtes d'Afrique en ont, et en vendent. La Pologne en est toujours bien fournie, et n'en est pas plus riche.

Les provinces méridionales de la Russie en regorgent; on le transporte à celles du nord avec beaucoup de peine; on en peut faire un grand commerce par Riga.

La Suède ne recueille du froment qu'en Scanie; le reste ne produit que du seigle; les provinces septentrionales rien.

Le Danemarck peu.

L'Écosse encore moins.

La Flandre autrichienne est bien partagée.

En Italie, tous les environs de Rome, depuis Viterbe jusqu'à Terracine, sont stériles. Le Bolonais, dont les papes se sont emparés, parce qu'il

[1] Cette prime ne pouvait avoir d'autre effet que de tenir le blé en Angleterre au-dessus du taux naturel. En la considérant relativement à la culture, elle a pour objet de faire cultiver plus de terres en blé qu'on n'en cultiverait sans cela, ce qui est une perte réelle, parce qu'on ferait rapporter à ces mêmes terres des productions d'une valeur plus grande. Il n'est juste d'encourager la culture du blé aux dépens d'une autre culture que dans les pays où la récolte ne suffit pas, année commune, à la subsistance du peuple, parce que ce serait un mal pour une nation de ne pas être indépendante des autres pour la denrée de nécessité première, du moins tant que les préjugés mercantiles subsisteront. K.

était à leur bienséance, est presque la seule province qui leur donne du pain abondamment.

Les Vénitiens en ont à peine de leur cru pour le besoin, et sont souvent obligés d'acheter des firmans à Constantinople, c'est-à-dire des permissions de manger. C'est leur ennemi et leur vainqueur qui est leur pourvoyeur.

Le Milanais est la terre promise, en supposant que la *terre promise* avait du froment.

La Sicile se souvient toujours de Cérès; mais on prétend qu'on n'y cultive pas aussi bien la terre que du temps d'Hiéron, qui donnait tant de blé aux Romains. Le royaume de Naples est bien moins fertile que la Sicile, et la disette s'y fait sentir quelquefois, malgré San Gennaro.

Le Piémont est un des meilleurs pays.

La Savoie a toujours été pauvre, et le sera.

La Suisse n'est guère plus riche; elle a peu de froment; il y a des cantons qui en manquent absolument.

Un marchand de blé peut se régler sur ce petit mémoire; et il sera ruiné, à moins qu'il ne s'informe au juste de la récolte de l'année et du besoin du moment.

RÉSUMÉ.

Suivez le précepte d'Horace : Ayez toujours une année de blé par-devers vous; *provisæ frugis in annum.*

SECTION VI.

Blé, grammaire, morale.

On dit proverbialement, « manger son blé en » herbe, être pris comme dans un blé; crier fa- » mine sur un tas de blé. » Mais de tous les proverbes que cette production de la nature et de nos soins a fournis, il n'en est point qui mérite plus l'attention des législateurs que celui-ci :

« Ne nous remets pas au gland quand nous avons » du blé. »

Cela signifie une infinité de bonnes choses, comme par exemple :

Ne nous gouverne pas dans le dix-huitième siècle comme on gouvernait du temps d'Albouin, de Gondebald, de Clodevick, nommé en latin *Clodovæus.*

Ne parle plus des lois de Dagobert, quand nous avons les œuvres du chancelier d'Aguesseau, les discours de MM. les gens du roi, Montclar, Servan, Castillon, La Chalotais, Dupaty, etc.

Ne nous cite plus les miracles de saint Amable, dont les gants et le chapeau furent portés en l'air pendant tout le voyage qu'il fit à pied du fond de l'Auvergne à Rome.

Laisse pourrir tous les livres remplis de pareilles inepties, songe dans quel siècle nous vivons.

Si jamais on assassine à coups de pistolet un maréchal d'Ancre, ne fais point brûler sa femme en qualité de sorcière, sous prétexte que son médecin italien lui a ordonné de prendre du bouillon fait avec un coq blanc, tué au clair de la lune, pour la guérison de ses vapeurs.

Distingue toujours les honnêtes gens qui pensent, de la populace qui n'est pas faite pour penser.

Si l'usage t'oblige à faire une cérémonie ridicule en faveur de cette canaille, et si en chemin tu rencontres quelques gens d'esprit, avertis-les par un signe de tête, par un coup d'œil, que tu penses comme eux, mais qu'il ne faut pas rire.

Affaiblis peu à peu toutes les superstitions anciennes, et n'en introduis aucune nouvelle.

Les lois doivent être pour tout le monde ; mais laisse chacun suivre ou rejeter à son gré ce qui ne peut être fondé que sur un usage indifférent.

Si la servante de Bayle meurt entre tes bras, ne lui parle point comme à Bayle, ni à Bayle comme à sa servante.

Si les imbéciles veulent encore du gland, laisse-les en manger; mais trouve bon qu'on leur présente du pain.

En un mot, ce proverbe est excellent en mille occasions.

BOEUF APIS (PRÊTRES DU).

Hérodote raconte que Cambyse, après avoir tué de sa main le dieu-bœuf, fit bien fouetter les prêtres ; il avait tort, si ces prêtres avaient été de bonnes gens qui se fussent contentés de gagner leur pain dans le culte d'Apis, sans molester les citoyens ; mais s'ils avaient été persécuteurs, s'ils avaient forcé les consciences, s'ils avaient établi une espèce d'inquisition et violé le droit naturel, Cambyse avait un autre tort, c'était celui de ne les pas faire pendre*.

BOIRE A LA SANTÉ.

D'où vient cette coutume? est-ce depuis le temps qu'on boit? Il paraît naturel qu'on boive du vin pour sa propre santé, mais non pas pour la santé d'un autre.

Le *propino* des Grecs, adopté par les Romains, ne signifiait pas : je bois afin que vous vous portiez bien; mais je bois avant vous pour que vous buviez; je vous invite à boire.

* Voyez APIS.

Dans la joie d'un festin, on buvait pour célébrer sa maîtresse, et non pas pour qu'elle eût une bonne santé. Voyez dans Martial (livre I, ep. LXXII).

« Nævia sex cyathis, septem Justina bibatur. »

Six coups pour Névia, sept au moins pour Justine.

Les Anglais, qui se sont piqués de renouveler plusieurs coutumes de l'antiquité, boivent à l'honneur des dames; c'est ce qu'ils appellent *toster;* et c'est parmi eux un grand sujet de dispute si une femme est tostable ou non, si elle est digne qu'on la toste.

On buvait à Rome pour les victoires d'Auguste, pour le retour de sa santé. Dion Cassius rapporte qu'après la bataille d'Actium le sénat décréta que dans les repas on lui ferait des libations au second service. C'est un étrange décret. Il est plus vraisemblable que la flatterie avait introduit volontairement cette bassesse. Quoi qu'il en soit, vous lisez dans Horace (liv. IV, od. V) :

« Hinc ad vina redit lætus, et alteris
» Te mensis adhibet Deum :
» Te multa prece, te prosequitur mero
» Defuso pateris; et laribus tuum
» Miscet numen, uti Græcia Castoris,
» Et magni memor Herculis.
» Longas o utinam, dux bone, ferias
» Præstes Hesperiæ! dicimus integro
» Sicci mane die; dicimus uvidi
» Quum sol Oceano subest. »

Sois le dieu des festins, le dieu de l'allégresse;
Que nos tables soient tes autels.
Préside à nos jeux solennels,
Comme Hercule aux jeux de la Grèce.
Seul tu fais les beaux jours, que tes jours soient sans fin!
C'est ce que nous disons en revoyant l'aurore,
Ce qu'en nos douces nuits nous redisons encore,
Entre les bras du dieu du vin [a].

On ne peut, ce me semble, faire entendre plus expressément ce que nous entendons par ces mots, « Nous avons bu à la santé de votre majesté. »

C'est de là probablement que vint, parmi nos nations barbares, l'usage de boire à la santé de ses convives; usage absurde, puisque vous videriez quatre bouteilles sans leur faire le moindre bien : et que veut dire *boire à la santé du roi,* s'il ne signifie pas ce que nous venons de voir?

Le *Dictionnaire de Trévoux* nous avertit « qu'on » ne boit pas à la santé de ses supérieurs en leur » présence. » Passe pour la France et pour l'Allemagne; mais en Angleterre c'est un usage reçu. Il y a moins loin d'un homme à un homme à Londres qu'à Vienne.

[a] Dacier a traduit *sicci* et *uvidi*, dans nos prières du soir et du matin.

On sait de quelle importance il est en Angleterre de boire à la santé d'un prince qui prétend au trône; c'est se déclarer son partisan. Il en a coûté cher à plus d'un Écossais et d'un Irlandais pour avoir bu à la santé des Stuarts.

Tous les whigs buvaient, après la mort du roi Guillaume, non pas à sa santé, mais à sa mémoire. Un tory nommé Brown, évêque de Cork en Irlande, grand ennemi de Guillaume, dit qu'il mettrait un bouchon à toutes les bouteilles qu'on vidait à la gloire de ce monarque, parce que *cork* en anglais signifie *bouchon.* Il ne s'en tint pas à ce fade jeu de mots; il écrivit, en 1702, une brochure (ce sont les mandements du pays) pour faire voir aux Irlandais que c'est une impiété atroce de boire à la santé des rois, et surtout à leur *mémoire;* que c'est une profanation de ces paroles de Jésus-Christ : « Buvez-en tous; faites » ceci en mémoire de moi. »

Ce qui étonnera, c'est que cet évêque n'était pas le premier qui eût conçu une telle démence. Avant lui le presbytérien Prynne avait fait un gros livre contre l'usage impie de boire à la santé des chrétiens.

Enfin, il y eut un Jean Geré, curé de la paroisse de Sainte-Foi, qui publia « la divine potion pour » conserver la santé spirituelle par la cure de la » maladie invétérée de boire à la santé, avec des » arguments clairs et solides contre cette coutume » criminelle; le tout pour la satisfaction du pu» blic; à la requête d'un digne membre du par» lement, l'an de notre salut 1648. »

Notre révérend père Garasse, notre révérend père Patouillet, et notre révérend père Nonotte, n'ont rien de supérieur à ces profondeurs anglaises. Nous avons long-temps lutté, nos voisins et nous, à qui l'emporterait.

BORNES DE L'ESPRIT HUMAIN.

On demandait un jour à Newton pourquoi il marchait quand il en avait envie, et comment son bras et sa main se remuaient à sa volonté. Il répondit bravement qu'il n'en savait rien. Mais du moins, lui dit-on, vous qui connaissez si bien la gravitation des planètes, vous me direz par quelle raison elles tournent dans un sens plutôt que dans un autre, et il avoua encore qu'il n'en savait rien.

Ceux qui enseignèrent que l'Océan était salé de peur qu'il ne se corrompît, et que les marées étaient faites pour conduire nos vaisseaux dans nos ports, furent un peu honteux quand on leur répliqua que la Méditerranée a des ports et point de reflux. Musschenbroeck lui-même est tombé dans cette inadvertance.

Quelqu'un a-t-il jamais pu dire précisément comment une bûche se change dans son foyer en charbon ardent, et par quelle mécanique la chaux s'enflamme avec de l'eau fraîche?

Le premier principe du mouvement du cœur dans les animaux est-il bien connu? sait-on bien nettement comment la génération s'opère? a-t-on deviné ce qui nous donne les sensations, les idées, la mémoire? Nous ne connaissons pas plus l'essence de la matière que les enfants qui en touchent la superficie.

Qui nous apprendra par quelle mécanique ce grain de blé que nous jetons en terre se relève pour produire un tuyau chargé d'un épi, et comment le même sol produit une pomme au haut de cet arbre, et une châtaigne à l'arbre voisin? Plusieurs docteurs ont dit : Que ne sais-je pas? Montaigne disait : Que sais-je?

Décideur impitoyable, pédagogue à phrases, raisonneur fourré, tu cherches les bornes de ton esprit. Elles sont au bout de ton nez.

Parle : m'apprendras-tu par quels subtils ressorts
L'éternel artisan fait végéter les corps? etc.

Nos bornes sont donc partout; et avec cela nous sommes orgueilleux comme des *paons*, que nous prononçons *pans*.

BOUC.

Bestialité, sorcellerie.

Les honneurs de toute espèce que l'antiquité a rendus aux boucs seraient bien étonnants, si quelque chose pouvait étonner ceux qui sont un peu familiarisés avec le monde ancien et moderne. Les Égyptiens et les Juifs désignèrent souvent les rois et les chefs du peuple par le mot de *bouc*. Vous trouverez dans Zacharie[a] : « La fureur du » Seigneur s'est irritée contre les pasteurs du » peuple, contre les boucs; elle les visitera. Il a » visité son troupeau la maison de Juda, et il en » a fait son cheval de bataille. »

[b] « Sortez de Babylone, dit Jérémie aux chefs » du peuple; soyez les boucs à la tête du troupeau. »

Isaïe s'est servi aux chapitres X et XIV du terme de *bouc*, qu'on a traduit par celui de *prince*.

Les Égyptiens firent bien plus que d'appeler leurs rois *boucs*; ils consacrèrent un bouc dans Mendès, et l'on dit même qu'ils l'adorèrent. Il se peut très bien que le peuple ait pris en effet un emblème pour une divinité; c'est ce qui ne lui arrive que trop souvent.

Il n'est pas vraisemblable que les shoen ou shotim d'Égypte, c'est-à-dire les prêtres, aient à la fois immolé et adoré des boucs. On sait qu'ils avaient leur bouc *Hazazel* qu'ils précipitaient orné et couronné de fleurs pour l'expiation du peuple, et que les Juifs prirent d'eux cette cérémonie et jusqu'au nom même d'*Hazazel*, ainsi qu'ils adoptèrent plusieurs autres rites de l'Égypte.

Mais les boucs reçurent encore un honneur plus singulier; il est constant qu'en Égypte plusieurs femmes donnèrent avec les boucs le même exemple que donna Pasiphaé avec son taureau. Hérodote raconte que lorsqu'il était en Égypte, une femme eut publiquement ce commerce abominable dans le nome de Mendès : il dit qu'il en fut très étonné, mais il ne dit point que la femme fut punie.

Ce qui est encore plus étrange, c'est que Plutarque et Pindare, qui vivaient dans des siècles si éloignés l'un de l'autre, s'accordent tous deux à dire qu'on présentait des femmes au bouc consacré[a]. Cela fait frémir la nature. Pindare dit, ou bien on lui fait dire :

Charmantes filles de Mendès,
Quels amants cueillent sur vos lèvres
Les doux baisers que je prendrais?
Quoi! ce sont les maris des chèvres!

Les Juifs n'imitèrent que trop ces abominations. Jéroboam institua des prêtres pour le service de ses veaux et de ses boucs[b]. Le texte hébreu porte expressément *boucs*. Mais ce qui outragea la nature humaine, ce fut le brutal égarement de quelques Juives qui furent passionnées pour des boucs, et des Juifs qui s'accouplèrent avec des chèvres. Il fallut une loi expresse pour réprimer cette horrible turpitude. Cette loi fut donnée dans le *Lévitique*[c], et y est exprimée à plusieurs reprises. D'abord, c'est une défense éternelle de sacrifier aux velus avec lesquels on a forniqué. Ensuite une autre défense aux femmes de se prostituer aux bêtes[d], et aux hommes de se souiller du même crime. Enfin, il est ordonné[e] que quiconque se sera rendu coupable de cette turpitude sera mis à mort avec l'animal dont il aura abusé. L'animal est réputé aussi criminel que l'homme et la femme; il est dit que leur sang retombera sur eux tous.

C'est principalement des boucs et des chèvres dont il s'agit dans ces lois, devenues malheureusement nécessaires au peuple hébreu. C'est aux boucs et aux chèvres, aux *asirim*, qu'il est dit que les Juifs se sont prostitués : *asiri*, un bouc

[a] Chap. X, v. 3. — [b] Chap. I, v. 8.

[a] M. Larcher, du collége Mazarin, a fort approfondi cette matière.

[b] Liv. II, *Paralip.*, ch. XI, v. 15. — [c] *Lévit.*, ch. XVII, v. 7. — [d] Ch. XVIII, v. 23. — [e] Ch. XX, v. 15 et 16.

et une chèvre ; *asirim*, des boucs et des chèvres. Cette fatale dépravation était commune dans plusieurs pays chauds. Les Juifs alors erraient dans un désert où l'on ne peut guère nourrir que des chèvres et des boucs. On ne sait que trop combien cet excès a été commun chez les bergers de la Calabre, et dans plusieurs autres contrées de l'Italie. Virgile même en parle dans sa troisième églogue : le

« Novimus et qui te, transversa tuentibus hircis. »

n'est que trop connu.

On ne s'en tint pas à ces abominations. Le culte du bouc fut établi dans l'Égypte et dans les sables d'une partie de la Palestine. On crut opérer des enchantements par le moyen des boucs, des égypans, et de quelques autres monstres auxquels on donnait toujours une tête de bouc.

La magie, la sorcellerie passa bientôt de l'Orient dans l'Occident, et s'étendit dans toute la terre. On appelait *sabbatum* chez les Romains l'espèce de sorcellerie qui venait des Juifs, en confondant ainsi leurs jours sacrés avec leurs secrets infâmes. C'est de là qu'enfin être sorcier et aller au sabbat fut la même chose chez les nations modernes.

De misérables femmes de village, trompées par des fripons, et encore plus par la faiblesse de leur imagination, crurent qu'après avoir prononcé le mot *abraxa* et s'être frottées d'un onguent mêlé de bouse de vache et de poil de chèvre, elles allaient au sabbat sur un manche à balai pendant leur sommeil, qu'elles y adoraient un bouc, et qu'il avait leur jouissance.

Cette opinion était universelle. Tous les docteurs prétendaient que c'était le diable qui se métamorphosait en bouc. C'est ce qu'on peut voir dans les *Disquisitions* de Del Rio et dans cent autres auteurs. Le théologien Grillandus, l'un des grands promoteurs de l'inquisition, cité par Del Rio [a], dit que les sorciers appellent le bouc *Martinet*. Il assure qu'une femme qui s'était donnée à *Martinet*, montait sur son dos et était transportée en un instant dans les airs, à un endroit nommé *la noix de Bénévent*.

Il y eut des livres où les mystères des sorciers étaient écrits. J'en ai vu un à la tête duquel on avait dessiné assez mal un bouc, et une femme à genoux derrière lui. On appelait ces livres *Grimoires* en France, et ailleurs l'*Alphabet du diable*. Celui que j'ai vu ne contenait que quatre feuillets en caractères presque indéchiffrables, tels à peu près que ceux de l'*Almanach du berger*.

La raison et une meilleure éducation auraient suffi pour extirper en Europe une telle extravagance; mais au lieu de raison on employa les supplices. Si les prétendus sorciers eurent leur grimoire, les juges eurent leur code des sorciers. Le jésuite Del Rio, docteur de Louvain, fit imprimer ses *Disquisitions magiques* en l'an 1599 : il assure que tous les hérétiques sont magiciens, et il recommande souvent qu'on leur donne la question. Il ne doute pas que le diable ne se transforme en bouc et n'accorde ses faveurs à toutes les femmes qu'on lui présente [a]. Il cite plusieurs jurisconsultes qu'on nomme démonographes [b], qui prétendent que Luther naquit d'un bouc et d'une femme. Il assure qu'en l'année 1595, une femme accoucha dans Bruxelles d'un enfant que le diable lui avait fait, déguisé en bouc, et qu'elle fut punie; mais il ne dit pas de quel supplice.

Celui qui a le plus approfondi la jurisprudence de la sorcellerie, est un nommé Boguet, grand-juge en dernier ressort d'une abbaye de Saint-Claude, en Franche-Comté. Il rend raison de tous les supplices auxquels il a condamné des sorcières et des sorciers : le nombre en est très considérable. Presque toutes ces sorcières sont supposées avoir couché avec le bouc.

On a déjà dit que plus de cent mille prétendus sorciers ont été exécutés à mort en Europe. La seule philosophie a guéri enfin les hommes de cette abominable chimère, et a enseigné aux juges qu'il ne faut pas brûler les imbéciles [c].

a *Del Rio*, page 190.

a Page 180. — b Page 181.

c Voyez Bekker.

BOUFFON, BURLESQUE.

Bas comique.

Il était bien subtil ce scoliaste qui a dit le premier que l'origine de *bouffon* est due à un petit sacrificateur d'Athènes, nommé Bupho, qui, lassé de son métier, s'enfuit, et qu'on ne revit plus. L'aréopage ne pouvant le punir, fit le procès à la hache de ce prêtre. Cette farce, dit-on, qu'on jouait tous les ans dans le temple de Jupiter, s'appela *bouffonnerie*. Cette historiette ne paraît pas d'un grand poids. Bouffon n'était pas un nom propre; *bouphonos* signifie *immolateur de bœufs*. Jamais plaisanterie chez les Grecs ne fut appelée *bouphonia*. Cette cérémonie, toute frivole qu'elle paraît, peut avoir une origine sage, humaine, digne des vrais Athéniens.

Une fois l'année, le sacrificateur subalterne, ou plutôt le boucher sacré, prêt à immoler un bœuf, s'enfuyait comme saisi d'horreur, pour faire souvenir les hommes que, dans des temps plus sages et plus heureux, on ne présentait aux dieux que des fleurs et des fruits, et que la barbarie d'immoler des animaux innocents et utiles ne s'introduisit que lorsqu'il y eut des prêtres qui voulurent s'engraisser de ce sang, et vivre aux dépens des peuples. Cette idée n'a rien de bouffon.

Ce mot de *bouffon* est reçu depuis long-temps chez les Italiens et chez les Espagnols; il signifiait *mimus, scurra, joculator*; mime, farceur, jongleur. Ménage, après Saumaise, le dérive de *bocca infiata*, boursouflé; et en effet on veut dans un bouffon un visage rond et la joue rebondie. Les Italiens disent *buffone magro*, maigre bouffon, pour exprimer un mauvais plaisant qui ne vous fait pas rire.

Bouffon, bouffonnerie, appartiennent au bas comique, à la Foire; à Gilles, à tout ce qui peut amuser la populace. C'est par là que les tragédies ont commencé, à la honte de l'esprit humain. Thespis fut un bouffon avant que Sophocle fût un grand homme.

Aux seizième et dix-septième siècles, les tragédies espagnoles et anglaises furent toutes avilies par des bouffonneries dégoûtantes *.

Les cours furent encore plus déshonorées par les bouffons que le théâtre. La rouille de la barbarie était si forte, que les hommes ne savaient pas goûter des plaisirs honnêtes.

Boileau (*Art poétique*, ch. III, 393-400) a dit de Molière :

C'est par là que Molière, illustrant ses écrits,
Peut-être de son art eût remporté le prix,
Si, moins ami du peuple, en ses doctes peintures
Il n'eût point fait souvent grimacer ses figures,
Quitté pour le bouffon l'agréable et le fin,
Et sans honte à Térence allié Tabarin.
Dans ce sac ridicule où Scapin s'enveloppe,
Je ne reconnais plus l'auteur du *Misanthrope*.

Mais il faut considérer que Raphael a daigné peindre des grotesques. Molière ne serait point descendu si bas s'il n'eût eu pour spectateurs que des Louis XIV, des Condé, des Turenne, des ducs de La Rochefoucauld, des Montausier, des Beauvilliers, des dames de Montespan et de Thiange; mais il travaillait aussi pour le peuple de Paris, qui n'était pas encore décrassé; le bourgeois aimait la grosse farce, et la payait. Les *Jodelets* de Scarron étaient à la mode. On est obligé de se mettre au niveau de son siècle avant d'être supérieur à son siècle; et, après tout, on aime quelquefois à rire. Qu'est-ce que la *Batrachomyomachie* attribuée à Homère, sinon une bouffonnerie, un poëme burlesque?

Ces ouvrages ne donnent point de réputation, et ils peuvent avilir celle dont on jouit.

* Voyez ART DRAMATIQUE.

Le bouffon n'est pas toujours dans le style burlesque. Le *Médecin malgré lui*, les *Fourberies de Scapin*, ne sont point dans le style des *Jodelets* de Scarron. Molière ne va pas rechercher des termes d'argot comme Scarron, ses personnages les plus bas n'affectent point des plaisanteries de Gilles; la bouffonnerie est dans la chose, et non dans l'expression. Le style burlesque est celui de *Don Japhet d'Arménie*.

Du bon père Noé j'ai l'honneur de descendre,
Noé qui sur les eaux fit flotter sa maison,
Quand tout le genre humain but plus que de raison.
Vous voyez qu'il n'est rien de plus net que ma race,
Et qu'un cristal auprès paraîtrait plein de crasse.
(Acte I, scène II.)

Pour dire qu'il veut se promener, il dit qu'il *va exercer sa vertu caminante*. Pour faire entendre qu'on ne pourra lui parler, il dit :

Vous aurez avec moi disette de loquelle.
(Acte I, scène II.)

C'est presque partout le jargon des gueux, le langage des halles : même il est inventeur dans ce langage.

Tu m'as tout compissé, pisseuse abominable.
(Acte IV, scène XII.)

Enfin, la grossièreté de sa bassesse est poussée jusqu'à chanter sur le théâtre :

Amour nabot,
Qui du jabot
De don Japhet
As fait
Une ardente fournaise....
Et dans mon pis
A mis
Une essence de braise.
(Acte IV, scène V.)

Et ce sont ces plates infamies qu'on a jouées pendant plus d'un siècle alternativement avec le *Misanthrope*, ainsi qu'on voit passer dans une rue indifféremment un magistrat et un chiffonnier.

Le *Virgile travesti* est à peu près dans ce goût; mais rien n'est plus abominable que sa *Mazarinade* :

Mais mon Jules n'est pas César;
C'est un caprice du hasard,
Qui naquit garçon et fut garce,
Qui n'était né que pour la farce....
Tous tes desseins prennent un rat
Dans la moindre affaire d'état.
Singe du prélat de Sorbonne,
Ma foi, tu nous la bailles bonne;
Tu n'es à ce cardinal-duc
Comparable qu'en aqueduc.
Illustre en ta partie honteuse,
Ta seule braguette est fameuse.
. . . .

Va rendre compte au Vatican
De tes meubles mis à l'encan...
D'être cause que tout se perde,
De tes caleçons pleins de merde.

Ces saletés font vomir, et le reste est si exécrable qu'on n'ose le copier. Cet homme était digne du temps de la Fronde. Rien n'est peut-être plus extraordinaire que l'espèce de considération qu'il eut pendant sa vie, si ce n'est ce qui arriva dans sa maison après sa mort.

On commença par donner d'abord le nom de poème burlesque au *Lutrin* de Boileau ; mais le sujet seul était burlesque; le style fut agréable et fin, quelquefois même héroïque.

Les Italiens avaient une autre sorte de burlesque qui était bien supérieur au nôtre ; c'est celui de l'Arétin, de l'archevêque La Casa, du Berni, du Mauro, du Dolce. La décence y est souvent sacrifiée à la plaisanterie ; mais les mots déshonnêtes en sont communément bannis. Le *Capitolo del forno* de l'archevêque La Casa roule à la vérité sur un sujet qui fait enfermer à Bicêtre les abbés Desfontaines, et qui mène en Grève les Duchaufour : cependant il n'y a pas un mot qui offense les oreilles chastes; il faut deviner.

Trois ou quatre Anglais ont excellé dans ce genre : Butler dans son *Hudibras*, qui est la guerre civile excitée par les puritains tournée en ridicule; le docteur Garth dans la Querelle des apothicaires et des médecins; Prior dans son Histoire de l'âme, où il se moque fort plaisamment de son sujet ; Philippe dans sa pièce du *Brillant Schelling*.

Hudibras est autant au-dessus de Scarron qu'un homme de bonne compagnie est au-dessus d'un chansonnier des cabarets de la Courtille. Le héros d'Hudibras était un personnage très réel qui avait été capitaine dans les armées de Fairfax et de Cromwell : il s'appelait le chevalier Samuel Luke.

Le poème de Garth sur les médecins et les apothicaires est moins dans le style burlesque que dans celui du *Lutrin* de Boileau : on y trouve beaucoup plus d'imagination, de variété, de naïveté, etc., que dans le *Lutrin* ; et ce qui est étonnant, c'est qu'une profonde érudition y est embellie par la finesse et par les grâces. Il commence à peu près ainsi :

Muse, raconte-moi les débats salutaires
Des médecins de Londre et des apothicaires.
Contre le genre humain si long-temps réunis,
Quel dieu pour nous sauver les rendit ennemis?
Comment laissèrent-ils respirer leurs malades,
Pour frapper à grands coups sur leurs chers camarades?
Comment changèrent-ils leur coiffure en armet,
La seringue en canon, la pilule en boulet?
Ils connurent la gloire ; acharnés l'un sur l'autre,
Ils prodiguaient leur vie, et nous laissaient la nôtre.

Prior, que nous avons vu plénipotentiaire en France avant la paix d'Utrecht, se fit médiateur entre les philosophes qui disputent sur l'âme. Son poème est dans le style d'Hudibras, qu'on appelle *doggerel rhymes* ; c'est le *stilo Bernesco* des Italiens.

La grande question est d'abord de savoir si l'âme est toute en tout, ou si elle est logée derrière le nez et les deux yeux sans sortir de sa niche. Suivant ce dernier système, Prior la compare au pape qui reste toujours à Rome, d'où il envoie ses nonces et ses espions pour savoir ce qui se passe dans la chrétienté.

Prior, après s'être moqué de plusieurs systèmes, propose le sien. Il remarque que l'animal à deux pieds, nouveau-né, remue les pieds tant qu'il peut quand on a la bêtise de l'emmailloter; et il juge de là que l'âme entre chez lui par les pieds ; que vers les quinze ans elle a monté au milieu du corps; qu'elle va ensuite au cœur, puis à la tête, et qu'elle en sort à pieds joints quand l'animal finit sa vie.

A la fin de ce poème singulier, rempli de vers ingénieux et d'idées aussi fines que plaisantes, on voit ce vers charmant de Fontenelle :

Il est des hochets pour tout âge.

Prior prie la fortune de lui donner des hochets pour sa vieillesse :

« Give us playthings for our old age. »

Et il est bien certain que Fontenelle n'a pas pris ce vers de Prior, ni Prior de Fontenelle : l'ouvrage de Prior est antérieur de vingt ans, et Fontenelle n'entendait pas l'anglais.

Le poème est terminé par cette conclusion :

Je n'aurai point la fantaisie
D'imiter ce pauvre Caton,
Qui meurt dans notre tragédie
Pour une page de Platon.
Car, entre nous, Platon m'ennuie.
La tristesse est une folie :
Être gai, c'est avoir raison.
Çà, qu'on m'ôte mon Cicéron,
D'Aristote la rapsodie,
De René la philosophie ;
Et qu'on m'apporte mon flacon.

Distinguons bien dans tous ces poèmes le plaisant, le léger, le naturel, le familier, du grotesque, du bouffon, du bas, et surtout du forcé. Ces nuances sont démêlées par les connaisseurs, qui seuls à la longue font le destin des ouvrages.

La Fontaine a bien voulu quelquefois descendre au style burlesque.

Autrefois carpillon fretin
Eut beau prêcher, il eut beau dire,
On le mit dans la poêle à frire.
(Fable x du livre IX.)

Il appelle les louveteaux, *messieurs les louvats*. Phèdre ne se sert jamais de ce style dans ses fables ; mais aussi il n'a pas la grâce et la naïve mollesse de La Fontaine, quoiqu'il ait plus de précision et de pureté.

BOULEVERT ou BOULEVART.

Boulevart, fortification, rempart. Belgrade est le boulevart de l'empire ottoman du côté de la Hongrie. Qui croirait que ce mot ne signifie dans son origine qu'un jeu de boule? Le peuple de Paris jouait à la boule sur le gazon du rempart ; ce gazon s'appelait le *vert*, de même que le marché aux herbes. *On boulait sur le vert*. De là vient que les Anglais, dont la langue est une copie de la nôtre presque dans tous ses mots qui ne sont pas saxons, ont appelé le jeu de boule *bowling-green*, le vert du jeu de boule. Nous avons repris d'eux ce que nous leur avions prêté. Nous avons appelé d'après eux *boulingrins*, sans savoir la force du mot, les parterres de gazon que nous avons introduits dans nos jardins.

J'ai entendu autrefois de bonnes bourgeoises qui s'allaient promener sur le *boulevert*, et non pas sur le *boulevart*. On se moquait d'elles, et on avait tort. Mais en tout genre l'usage l'emporte; et tous ceux qui ont raison contre l'usage sont sifflés ou condamnés.

BOURGES.

Nos questions ne roulent guère sur la géographie ; mais qu'on nous permette de marquer en deux mots notre étonnement sur la ville de Bourges. Le Dictionnaire de Trévoux prétend que « c'est une des plus anciennes de l'Europe, » qu'elle était le siége de l'empire des Gaules, et » donnait des rois aux Celtes. »

Je ne veux combattre l'ancienneté d'aucune ville ni d'aucune famille. Mais y a-t-il jamais eu un empire des Gaules? Les Celtes avaient-ils des rois? Cette fureur d'antiquité est une maladie dont on ne guérira pas sitôt. Les Gaules, la Germanie, le Nord, n'ont rien d'antique que le sol, les arbres, et les animaux. Si vous voulez des antiquités, allez vers l'Asie, et encore c'est fort peu de chose. Les hommes sont anciens, et les monuments nouveaux : c'est ce que nous avons en vue dans plus d'un article.

Si c'était un bien réel d'être né dans une enceinte de pierre ou de bois plus ancienne qu'une autre, il serait très raisonnable de faire remonter la fondation de sa ville au temps de la guerre des géants; mais puisqu'il n'y a pas le moindre avantage dans cette vanité, il faut s'en détacher. C'est tout ce que j'avais à dire sur Bourges.

BOURREAU.

Il semble que ce mot n'aurait point dû souiller un dictionnaire des arts et des sciences ; cependant il tient à la jurisprudence et à l'histoire. Nos grands poëtes n'ont pas dédaigné de se servir fort souvent de ce mot dans les tragédies ; Clytemnestre, dans *Iphigénie*, dit à Agamemnon :

> Bourreau de votre fille, il ne vous reste enfin
> Que d'en faire à sa mère un horrible festin.
> (Acte IV, scène IV.)

On emploie gaiement ce mot en comédie : Mercure dit dans l'*Amphitryon* (acte I, scène II) :

> Comment! bourreau, tu fais des cris!

Le joueur dit (acte IV, scène XIII) :

> . . . . . , Que je chante, bourreau!

Et les Romains se permettaient de dire :

> « Quorsum vadis, carnifex? »

Le *Dictionnaire encyclopédique*, au mot *exécuteur*, détaille tous les priviléges du bourreau de Paris ; mais un auteur nouveau a été plus loin [a]. Dans un roman d'éducation, qui n'est ni celui de Xénophon, ni celui de *Télémaque*, il prétend que le monarque doit donner sans balancer la fille du bourreau en mariage à l'héritier présomptif de la couronne, si cette fille est bien élevée, et si elle a *beaucoup de convenance avec le jeune prince*. C'est dommage qu'il n'ait pas stipulé la dot qu'on devait donner à la fille, et les honneurs qu'on devait rendre au père le jour des noces.

Par *convenance* on ne pouvait guère pousser plus loin la morale approfondie, les règles nouvelles de l'honnêteté publique, les beaux paradoxes, les maximes divines, dont cet auteur a régalé notre siècle. Il aurait été sans doute par *convenance* un des garçons... de la noce. Il aurait fait l'épithalame de la princesse, et n'aurait pas manqué de célébrer les hautes œuvres de son père. C'est pour lors que la nouvelle mariée aurait donné des baisers âcres; car le même écrivain introduit dans un autre roman, intitulé *Héloïse*, un jeune Suisse qui a gagné dans Paris une de ces maladies qu'on ne nomme pas, et qui dit à sa Suissesse : *Garde tes baisers, ils sont trop âcres*.

On ne croira pas un jour que de tels ouvrages aient eu une espèce de vogue. Elle ne ferait pas honneur à notre siècle si elle avait duré. Les pères

[a] Roman intitulé *Émile*, liv. V.

de famille ont conclu bientôt qu'il n'était pas honnête de marier leurs fils aînés à des filles de bourreau, quelque *convenance* qu'on pût apercevoir entre le poursuivant et la poursuivie.

« Est modus in rebus, sunt certi denique fines,
« Quos ultra citraque nequit consistere rectum. »
(Hor., *Art poét.*)

BRACHMANES, BRAMES.

Ami lecteur, observez d'abord que le P. Thomassin, l'un des plus savants hommes de notre Europe, dérive les brachmanes d'un mot juif *barac* par un C, supposé que les Juifs eussent un C. Ce *barac* signifiait, dit-il, *s'enfuir*, et les brachmanes s'enfuyaient des villes, supposé qu'alors il y eût des villes.

Ou, si vous l'aimez mieux, brachmanes vient de *barak* par un K, qui veut dire *bénir* ou bien *prier*. Mais pourquoi les Biscayens n'auraient-ils pas nommé les brames du mot *bran*, qui exprimait quelque chose que je ne veux pas dire? ils y avaient autant de droit que les Hébreux. Voilà une étrange érudition. En la rejetant entièrement on saurait moins et on saurait mieux.

N'est-il pas vraisemblable que les brachmanes sont les premiers législateurs de la terre, les premiers philosophes, les premiers théologiens?

Le peu de monuments qui nous restent de l'ancienne histoire ne forment-ils pas une grande présomption en leur faveur, puisque les premiers philosophes grecs allèrent apprendre chez eux les mathématiques, et que les curiosités les plus antiques, recueillies par les empereurs de la Chine, sont toutes indiennes, ainsi que les relations l'attestent dans la collection de Du Halde?

Nous parlerons ailleurs du *Shasta*; c'est le premier livre de théologie des brachmanes, écrit environ quinze cents ans avant leur *Veidam*, et antérieur à tous les autres livres.

Leurs annales ne font mention d'aucune guerre entreprise par eux en aucun temps. Les mots d'*armes*, de *tuer*, de *mutiler*, ne se trouvent ni dans les fragments du *Shasta*, que nous avons, ni dans l'*Ézourveidam*, ni dans le *Cormoveidam*. Je puis du moins assurer que je ne les ai point vus dans ces deux derniers recueils; et ce qu'il y a de plus singulier, c'est que le *Shasta*, qui parle d'une conspiration dans le ciel, ne fait mention d'aucune guerre dans la grande presqu'île enfermée entre l'Indus et le Gange.

Les Hébreux, qui furent connus si tard, ne nomment jamais les brachmanes; ils ne connurent l'Inde qu'après les conquêtes d'Alexandre, et leurs établissements dans l'Égypte, de laquelle ils avaient dit tant de mal. On ne trouve le nom de l'Inde que dans le livre d'*Esther*, et dans celui de *Job* qui n'était pas Hébreu [a]. On voit un singulier contraste entre les livres sacrés des Hébreux et ceux des Indiens. Les livres indiens n'annoncent que la paix et la douceur; ils défendent de tuer les animaux : les livres hébreux ne parlent que de tuer, de massacrer hommes et bêtes; on y égorge tout au nom du Seigneur, c'est tout un autre ordre de choses.

C'est incontestablement des brachmanes que nous tenons l'idée de la chute des êtres célestes révoltés contre le souverain de la nature; et c'est là probablement que les Grecs ont puisé la fable des Titans. C'est aussi là que les Juifs prirent enfin l'idée de la révolte de Lucifer, dans le premier siècle de notre ère.

Comment ces Indiens purent-ils supposer une révolte dans le ciel sans en avoir vu sur la terre? Un tel saut de la nature humaine à la nature divine ne se conçoit guère. On va d'ordinaire du connu à l'inconnu.

On n'imagine une guerre de géants qu'après avoir vu quelques hommes plus robustes que les autres tyranniser leurs semblables. Il fallait ou que les premiers brachmanes eussent éprouvé des discordes violentes, ou qu'ils en eussent vu du moins chez leurs voisins, pour en imaginer dans le ciel.

C'est toujours un très étonnant phénomène qu'une société d'hommes qui n'a jamais fait la guerre, et qui a inventé une espèce de guerre faite dans les espaces imaginaires, ou dans un globe éloigné du nôtre, ou dans ce qu'on appelle le *firmament*, l'*empyrée* [b]. Mais il faut bien soigneusement remarquer que dans cette révolte des êtres célestes contre leur souverain, il n'y eut point de coups donnés, point de sang céleste répandu, point de montagnes jetées à la tête, point d'anges coupés en deux, ainsi que dans le poëme sublime et grotesque de Milton.

Ce n'est, selon le *Shasta*, qu'une désobéissance formelle aux ordres du Très-Haut, une cabale que Dieu punit en reléguant les anges rebelles dans un vaste lieu de ténèbres nommé *Ondéra* pendant le temps d'un mononthour entier. Un mononthour est de quatre cent vingt-six millions de nos années. Mais Dieu daigna pardonner aux coupables au bout de cinq mille ans, et leur Ondéra ne fut qu'un purgatoire.

Il en fit des *Mhurd*, des hommes, et les plaça dans notre globe à condition qu'ils ne mangeraient point d'animaux, et qu'ils ne s'accoupleraient

[a] Voyez Job.
[b] Voyez Ciel matériel.

point avec les mâles de leur nouvelle espèce, sous peine de retourner à l'Ondéra.

Ce sont là les principaux articles de la foi des brachmanes, qui a duré sans interruption de temps immémorial jusqu'à nos jours : il nous paraît étrange que ce fût parmi eux un péché aussi grave de manger un poulet que d'exercer la sodomie.

Ce n'est là qu'une petite partie de l'ancienne cosmogonie des brachmanes. Leurs rites, leurs pagodes, prouvent que tout était allégorique chez eux; ils représentent encore la vertu sous l'emblème d'une femme qui a dix bras, et qui combat dix péchés mortels figurés par des monstres. Nos missionnaires n'ont pas manqué de prendre cette image de la vertu pour celle du diable, et d'assurer que le diable est adoré dans l'Inde. Nous n'avons jamais été chez ces peuples que pour nous y enrichir, et pour les calomnier.

DE LA MÉTEMPSYCOSE DES BRACHMANES.

La doctrine de la métempsycose vient d'une ancienne loi de se nourrir de lait de vache ainsi que de légumes, de fruits et de riz. Il parut horrible aux brachmanes de tuer et de manger sa nourrice : on eut bientôt le même respect pour les chèvres, les brebis, et pour tous les autres animaux; il les crurent animés par ces anges rebelles qui achevaient de se purifier de leurs fautes dans les corps des bêtes, ainsi que dans ceux des hommes. La nature du climat seconda cette loi, ou plutôt en fut l'origine : une atmosphère brûlante exige une nourriture rafraîchissante, et inspire de l'horreur pour notre coutume d'engloutir des cadavres dans nos entrailles.

L'opinion que les bêtes ont une âme fut générale dans tout l'Orient, et nous en trouvons des vestiges dans les anciens livres sacrés. Dieu, dans la *Genèse*[a], défend aux hommes de manger *leur chair avec leur sang et leur âme*. C'est ce que porte le texte hébreu. « Je vengerai, dit-il [b], le » sang de vos âmes de la griffe des bêtes et de la » main des hommes. » Il dit dans le Lévitique[c] : « L'âme de la chair est dans le sang. » Il fait plus; il fait un pacte solennel avec les hommes et avec tous les animaux[b], ce qui suppose dans les animaux une intelligence.

Dans des temps très postérieurs, l'*Ecclésiaste* dit formellement[d] : « Dieu fait voir que l'homme » est semblable aux bêtes : car les hommes meu» rent comme les bêtes, leur condition est égale; » comme l'homme meurt, la bête meurt aussi. Les » uns et les autres respirent de même : l'homme » n'a rien de plus que la bête. »

Jonas, quand il va prêcher à Ninive, fait jeûner les hommes et les bêtes.

Tous les auteurs anciens attribuent de la connaissance aux bêtes, les livres sacrés comme les profanes ; et plusieurs les font parler. Il n'est donc pas étonnant que les brachmanes, et les pythagoriciens après eux, aient cru que les âmes passaient successivement dans les corps des bêtes et des hommes. En conséquence ils se persuadèrent, ou du moins ils dirent que les âmes des anges délinquants, pour achever leur purgatoire, appartenaient tantôt à des bêtes, tantôt à des hommes : c'est une partie du roman du jésuite Bougeant, qui imagina que les diables sont des esprits envoyés dans les corps des animaux. Ainsi de nos jours, au bord de l'Occident, un jésuite renouvelle, sans le savoir, un article de la foi des plus anciens prêtres orientaux.

DES HOMMES ET DES FEMMES QUI SE BRULENT CHEZ LES BRACHMANES.

Les brames ou bramins d'aujourd'hui, qui sont les mêmes que les anciens brachmanes, ont conservé, comme on sait, cette horrible coutume. D'où vient que chez un peuple qui ne répandit jamais le sang des hommes, ni celui des animaux, le plus bel acte de dévotion fut-il et est-il encore de se brûler publiquement? La superstition, qui allie tous les contraires, est l'unique source de cet affreux sacrifice; coutume beaucoup plus ancienne que les lois d'aucun peuple connu.

Les brames prétendent que Brama leur grand prophète, fils de Dieu, descendit parmi eux, et eut plusieurs femmes; qu'étant mort, celle de ses femmes qui l'aimait le plus se brûla sur son bûcher pour le rejoindre dans le ciel. Cette femme se brûla-t-elle en effet, comme on prétend que Porcia, femme de Brutus, avala des charbons ardents pour rejoindre son mari? ou est-ce une fable inventée par les prêtres? Y eut-il un Brama qui se donna en effet pour un prophète et pour un fils de Dieu? Il est à croire qu'il y eut un Brama, comme dans la suite on vit des Zoroastres, des Bacchus. La fable s'empara de leur histoire, ce qu'elle a toujours continué de faire partout.

Dès que la femme du fils de Dieu se brûle, il faut bien que des dames de moindre condition se brûlent aussi. Mais comment retrouveront-elles leurs maris qui sont devenus chevaux, éléphants, ou éperviers? comment démêler précisément la bête que le défunt anime? comment le reconnaî-

[a] *Genèse*, chap. IX, v. 4.— [b] *Genèse*, chap. IX, v. 5. — [c] *Lév.*, ch. XVII, v. 14. — [d] *Genèse*, chap. IX, v. 10. — [e] *Ecclés.*, ch. III, v. 19.

tre et être encore sa femme? Cette difficulté n'embarrasse point les théologiens indous; ils trouvent aisément des *distinguo*, des solutions *in sensu composito*, *in sensu diviso*. La métempsycose n'est que pour les personnes du commun; ils ont pour les autres âmes une doctrine plus sublime. Ces âmes étant celles des anges jadis rebelles, vont se purifiant; celles des femmes qui s'immolent sont béatifiées, et retrouvent leurs maris tout purifiés : enfin les prêtres ont raison, et les femmes se brûlent.

Il y a plus de quatre mille ans que ce terrible fanatisme est établi chez un peuple doux, qui croirait faire un crime de tuer une cigale. Les prêtres ne peuvent forcer une veuve à se brûler; car la loi invariable est que ce dévouement soit absolument volontaire. L'honneur est d'abord déféré à la plus ancienne mariée des femmes du mort : c'est à elle de descendre au bûcher; si elle ne s'en soucie pas, la seconde se présente, ainsi du reste. On prétend qu'il y en eut une fois dix-sept qui se brûlèrent à la fois sur le bûcher d'un raïa; mais ces sacrifices sont devenus assez rares : la foi s'affaiblit depuis que les mahométans gouvernent une grande partie du pays, et que les Européens négocient dans l'autre.

Cependant il n'y a guère de gouverneurs de Madras et de Pondichéri qui n'aient vu quelque Indienne périr volontairement dans les flammes. M. Holwell rapporte qu'une jeune veuve de dix-neuf ans, d'une beauté singulière, mère de trois enfants, se brûla en présence de madame Russel, femme de l'amiral, qui était à la rade de Madras : elle résista aux prières, aux larmes de tous les assistants. Madame Russel la conjura, au nom de ses enfants, de ne les pas laisser orphelins; l'Indienne lui répondit : « Dieu qui les a fait » naître aura soin d'eux. » Ensuite elle arrangea tous les préparatifs elle-même, mit de sa main le feu au bûcher, et consomma son sacrifice avec la sérénité d'une de nos religieuses qui allume des cierges.

M. Shernoc, négociant anglais, voyant un jour une de ces étonnantes victimes, jeune et aimable, qui descendait dans le bûcher, l'en arracha de force lorsqu'elle allait y mettre le feu, et, secondé de quelques Anglais, l'enleva et l'épousa. Le peuple regarda cette action comme le plus horrible sacrilége.

Pourquoi les maris ne se sont-ils jamais brûlés pour aller retrouver leurs femmes? Pourquoi un sexe naturellement faible et timide a-t-il eu toujours cette force frénétique? Est-ce parce que la tradition ne dit point qu'un homme ait jamais épousé une fille de Brama, au lieu qu'elle assure qu'une Indienne fut mariée avec le fils de ce dieu? Est-ce parce que les femmes sont plus superstitieuses que les hommes? est-ce parce que leur imagination est plus faible, plus tendre, plus faite pour être dominée?

Les anciens brachmanes se brûlaient quelquefois pour prévenir l'ennui et les maux de la vieillesse, et surtout pour se faire admirer. Calan ou Calanus ne se serait peut-être pas mis sur un bûcher sans le plaisir d'être regardé par Alexandre. Le chrétien renégat Pellegrinus se brûla en public, par la même raison qu'un fou parmi nous s'habille quelquefois en arménien pour attirer les regards de la populace.

N'entre-t-il pas aussi un malheureux mélange de vanité dans cet épouvantable sacrifice des femmes indiennes? Peut-être, si on portait une loi de ne se brûler qu'en présence d'une seule femme de chambre, cette abominable coutume serait pour jamais détruite.

Ajoutons un mot; une centaine d'Indiennes, tout au plus, a donné ce terrible spectacle : et nos inquisitions, nos fous atroces qui se sont dits juges, ont fait mourir dans les flammes plus de cent mille de nos frères, hommes, femmes, enfants, pour des choses que personne n'entendait. Plaignons et condamnons les brames; mais rentrons en nous-mêmes, misérables que nous sommes.

Vraiment nous avons oublié une chose fort essentielle dans ce petit article des brachmanes, c'est que leurs livres sacrés sont remplis de contradictions. Mais le peuple ne les connaît pas, et les docteurs ont des solutions prêtes, des sens figurés et figurants, des allégories, des types, des déclarations expresses de Birma, de Brama, et de Vitsnou, qui fermeraient la bouche à tout raisonneur.

BULGARES OU BOULGARES.

Puisqu'on a parlé des Bulgares dans le *Dictionnaire encyclopédique*, quelques lecteurs seront peut-être bien aises de savoir qui étaient ces étranges gens, qui parurent si méchants qu'on les traita d'*hérétiques*, et dont ensuite on donna le nom en France aux non-conformistes, qui n'ont pas pour les dames toute l'attention qu'ils leur doivent; de sorte qu'aujourd'hui on appelle ces messieurs *Boulgares*, en retranchant *l* et *a*.

Les anciens Boulgares ne s'attendaient pas qu'un jour dans les halles de Paris, le peuple, dans la conversation familière, s'appellerait mutuellement *Boulgares*, en y ajoutant des épithètes qui enrichissent la langue.

Ces peuples étaient originairement des Huns

qui s'étaient établis auprès du Volga; et de *Volgares* on fit aisément *Boulgares*.

Sur la fin du septième siècle, ils firent des irruptions vers le Danube, ainsi que tous les peuples qui habitaient la Sarmatie; et ils inondèrent l'empire romain comme les autres. Ils passèrent par la Moldavie, la Valachie, où les Russes, leurs anciens compatriotes, ont porté leurs armes victorieuses en 1769, sous l'empire de Catherine II.

Ayant franchi le Danube, ils s'établirent dans une partie de la Dacie et de la Mœsie, et donnèrent leur nom à ces pays qu'on appelle encore *Bulgarie*. Leur domination s'étendait jusqu'au mont Hémus et au Pont-Euxin.

L'empereur Nicéphore, successeur d'Irène, du temps de Charlemagne, fut assez imprudent pour marcher contre eux après avoir été vaincu par les Sarrasins; il le fut aussi par les Bulgares. Leur roi, nommé Crom, lui coupa la tête, et fit de son crâne une coupe dont il se servait dans ses repas, selon la coutume de ces peuples, et de presque tous les hyperboréens.

On conte qu'au neuvième siècle, un Bogoris qui fesait la guerre à la princesse Théodora, mère et tutrice de l'empereur Michel, fut si charmé de la noble réponse de cette impératrice à sa déclaration de guerre, qu'il se fit chrétien.

Les Boulgares, qui n'étaient pas si complaisants, se révoltèrent contre lui; mais Bogoris leur ayant montré une croix, ils se firent tous baptiser sur-le-champ. C'est ainsi que s'en expliquent les auteurs grecs du *Bas-Empire*, et c'est ainsi que le disent après eux nos compilateurs.

Et voilà justement comme on écrit l'histoire.

Théodora était, disent-ils, une princesse très religieuse, et qui même passa ses dernières années dans un couvent. Elle eut tant d'amour pour la religion catholique grecque, qu'elle fit mourir, par divers supplices, cent mille hommes qu'on accusait d'être manichéens[a]. « C'était, dit le modeste continuateur d'Échard, la plus impie, la plus détestable, la plus dangereuse, la plus abominable de toutes les hérésies. Les censures ecclésiastiques étaient des armes trop faibles contre des hommes qui ne reconnaissaient point l'Église. »

On prétend que les Bulgares, voyant qu'on tuait tous les manichéens, eurent dès ce moment du penchant pour leur religion, et la crurent la meilleure puisqu'elle était persécutée; mais cela est bien fin pour des Bulgares.

Le grand schisme éclata dans ce temps-là plus que jamais entre l'Église grecque, sous le patriarche Photius, et l'Église latine sous le pape Nicolas Ier. Les Bulgares prirent le parti de l'Église grecque. Ce fut probablement dès-lors qu'on les traita en Occident d'*hérétiques*, et qu'on y ajouta la belle épithète dont on les charge encore aujourd'hui.

L'empereur Basile leur envoya, en 871, un prédicateur nommé Pierre de Sicile, pour les préserver de l'hérésie du manichéisme; et on ajoute que dès qu'ils l'eurent écouté, ils se firent manichéens. Il se peut très bien que ces Bulgares, qui buvaient dans le crâne de leurs ennemis, ne fussent pas d'excellents théologiens, non plus que Pierre de Sicile.

Il est singulier que ces barbares, qui ne savaient ni lire ni écrire, aient été regardés comme des hérétiques très déliés, contre lesquels il était très dangereux de disputer. Ils avaient certainement autre chose à faire qu'à parler de controverse, puisqu'ils firent une guerre sanglante aux empereurs de Constantinople pendant quatre siècles de suite, et qu'ils assiégèrent même la capitale de l'empire.

Au commencement du treizième siècle, l'empereur Alexis voulant se faire reconnaître par les Bulgares, leur roi Joannic lui répondit qu'il ne serait jamais son vassal. Le pape Innocent III ne manqua pas de saisir cette occasion pour s'attacher le royaume de Bulgarie. Il envoya au roi Joannic un légat pour le sacrer roi, et prétendit lui avoir conféré le royaume, qui ne devait plus relever que du saint-siége.

C'était le temps le plus violent des croisades; le Bulgare, indigné, fit alliance avec les Turcs, déclara la guerre au pape et à ses croisés, prit le prétendu empereur Baudouin prisonnier, lui fit couper les bras, les jambes et la tête, et se fit une coupe de son crâne, à la manière de Crom. C'en était bien assez pour que les Bulgares fussent en horreur à toute l'Europe : on n'avait pas besoin de les appeler *manichéens*, nom qu'on donnait alors à tous les hérétiques; car manichéen, patarin et vaudois, c'était la même chose. On prodiguait ces noms à quiconque ne voulait pas se soumettre à l'Église romaine.

Le mot de Boulgare, tel qu'on le prononçait, fut une injure vague et indéterminée, appliquée à quiconque avait des mœurs barbares ou corrompues. C'est pourquoi, sous saint Louis, frère Robert, grand-inquisiteur, qui était un scélérat, fut accusé juridiquement d'être un *boulgare* par les communes de Picardie. Philippe-le-Bel donna cette épithète à Boniface VIII[a].

[a] *Histoire romaine* prétendue traduite de Laurent Échard, tome II, page 242.

[a] Voyez BULLE.

Ce terme changea ensuite de signification vers les frontières de France ; il devint un terme d'amitié. Rien n'était plus commun en Flandre, il y a quarante ans, que de dire d'un jeune homme bien fait, c'est un joli *boulgare;* un bon homme était un bon *boulgare.*

Lorsque Louis XIV alla faire la conquête de la Flandre, les Flamands disaient en le voyant : « Notre gouverneur est un bien plat boulgare en » comparaison de celui-ci. »

En voilà assez pour l'étymologie de ce beau nom.

BULLE.

Ce mot désigne la boule ou le sceau d'or, d'argent, de cire ou de plomb, attaché à un instrument, ou charte quelconque. Le plomb pendant aux rescrits expédiés en cour romaine porte d'un côté les têtes de saint Pierre à droite, et de saint Paul à gauche. On lit au revers le nom du pape régnant, et l'an de son pontificat. La bulle est écrite sur parchemin. Dans la salutation le pape ne prend que le titre de *serviteur des serviteurs de Dieu,* suivant cette sainte parole de Jésus à ses disciples [1] : « Celui qui voudra être le premier » d'entre vous sera votre serviteur. »

Des hérétiques prétendent que par cette formule, humble en apparence, les papes expriment une espèce de système féodal, par lequel la chrétienté est soumise à un chef qui est Dieu, dont les grands vassaux saint Pierre et saint Paul sont représentés par le pontife leur serviteur, et les arrière-vassaux sont tous les princes séculiers, soit empereurs, rois, ou ducs.

Ils se fondent, sans doute, sur la fameuse bulle *in Cœna Domini,* qu'un cardinal diacre lit publiquement à Rome chaque année, le jour de la cène, ou le jeudi saint, en présence du pape, accompagné des autres cardinaux et des évêques. Après cette lecture, sa sainteté jette un flambeau allumé dans la place publique, pour marque d'anathème.

Cette bulle se trouve page 714, tome I du *Bullaire,* imprimé à Lyon en 1763, et page 118 de l'édition de 1727. La plus ancienne est de 1536. Paul III, sans marquer l'origine de cette cérémonie, y dit que c'est une ancienne coutume des souverains pontifes de publier cette excommunication le jeudi saint, pour conserver la pureté de la religion chrétienne, et pour entretenir l'union des fidèles. Elle contient vingt-quatre paragraphes, dans lesquels ce pape excommunie :

1° Les hérétiques, leurs fauteurs, et ceux qui lisent leurs livres.

2° Les pirates, et surtout ceux qui osent aller en course sur les mers du souverain pontife.

5° Ceux qui imposent dans leurs terres de nouveaux péages.

10° Ceux qui, en quelque manière que ce puisse être, empêchent l'exécution des lettres apostoliques, soit qu'elles accordent des grâces, ou qu'elles prononcent des peines.

11° Les juges laïques qui jugent les ecclésiastiques, et les tirent à leur tribunal, soit que ce tribunal s'appelle *audience, chancellerie, conseil,* ou *parlement.*

12° Tous ceux qui ont fait ou publié, feront ou publieront des édits, réglements, pragmatiques, par lesquels la liberté ecclésiastique, les droits du pape et ceux du saint-siége seront blessés ou restreints en la moindre chose, tacitement ou expressément.

14° Les chanceliers, conseillers ordinaires ou extraordinaires, de quelque roi ou prince que ce puisse être, les présidents des chancelleries, conseils ou parlements, comme aussi les procureurs-généraux, qui évoquent à eux les causes ecclésiastiques ou qui empêchent l'exécution des lettres apostoliques, même quand ce serait sous prétexte d'empêcher quelque violence.

Par le même paragraphe le pape se réserve à lui seul d'absoudre lesdits chanceliers, conseillers, procureurs-généraux et autres excommuniés, lesquels ne pourront être absous qu'après qu'ils auront publiquement révoqué leurs arrêts, et les auront arrachés des registres.

20° Enfin le pape excommunie ceux qui auront la présomption de donner l'absolution aux excommuniés ci-dessus ; et afin qu'on n'en puisse prétendre cause d'ignorance, il ordonne :

21° Que cette bulle sera publiée et affichée à la porte de la basilique du prince des apôtres, et à celle de Saint-Jean de Latran.

22° Que tous les patriarches, primats, archevêques et évêques, en vertu de la sainte obédience, aient à publier solennellement cette bulle, au moins une fois l'an.

24° Il déclare que si quelqu'un ose aller contre la disposition de cette bulle, il doit savoir qu'il va encourir l'indignation de Dieu tout puissant, et celle des bienheureux apôtres saint Pierre et saint Paul.

Les autres bulles postérieures, appelées aussi *in Cœna Domini,* ne sont qu'ampliatives. L'article 21, par exemple, de celle de Pie V, de l'année 1567, ajoute au paragraphe 5 de celle dont nous venons de parler, que tous les princes qui mettent dans leurs états de nouvelles impositions,

[1] Matthieu, chap. XX, v. 27.

de quelque nature qu'elles soient, ou qui augmentent les anciennes, à moins qu'ils n'en aient obtenu l'approbation du saint-siége, sont excommuniés *ipso facto*.

La troisième bulle *in Cœna Domini*, de 1610, contient trente paragraphes, dans lesquels Paul V renouvelle les dispositions des deux précédentes.

La quatrième et dernière bulle *in Cœna Domini*, qu'on trouve dans le *Bullaire*, est du 1er avril 1627. Urbain VIII y annonce qu'à l'exemple de ses prédécesseurs, pour maintenir inviolablement l'intégrité de la foi, la justice et la tranquillité publique, il se sert du glaive spirituel de la discipline ecclésiastique pour excommunier en ce jour qui est l'anniversaire de la cène du Seigneur :

1° Les hérétiques.

2° Ceux qui appellent du pape au futur concile; et le reste comme dans les trois premières.

On dit que celle qui se lit à présent est de plus fraîche-date, et qu'on y a fait quelques additions.

L'*Histoire de Naples* par Giannone fait voir quels désordres les ecclésiastiques ont causés dans ce royaume, et quelles vexations ils y ont exercées sur tous les sujets du roi, jusqu'à leur refuser l'absolution et les sacrements, pour tâcher d'y faire recevoir cette bulle, laquelle vient enfin d'y être proscrite solennellement, ainsi que dans la Lombardie autrichienne, dans les états de l'impératrice-reine, dans ceux du duc de Parme, et ailleurs[a].

L'an 1580, le clergé de France avait pris le temps des vacances du parlement de Paris pour faire publier la même bulle *in Cœna Domini*. Mais le procureur-général s'y opposa, et la chambre des vacations, présidée par le célèbre et malheureux Brisson, rendit le 4 octobre un arrêt qui enjoignait à tous les gouverneurs de s'informer quels étaient les archevêques, évêques, ou les grands-vicaires, qui avaient reçu ou cette bulle ou une copie sous le titre, *Litteræ processus*, et quel était celui qui la leur avait envoyée pour la publier; d'en empêcher la publication si elle n'était pas encore faite, d'en retirer les exemplaires, et de les envoyer à la chambre; et en cas qu'elle fût publiée, d'ajourner les archevêques, les évêques, ou leurs grands-vicaires, à comparaître devant la chambre, et à répondre au réquisitoire du procureur-général; et cependant de saisir leur temporel, et de le mettre sous la main du roi; de faire défense d'empêcher l'exécution de cet arrêt, sous peine d'être puni comme ennemi de l'état et criminel de lèse-majesté; avec ordre d'imprimer cet arrêt, et d'ajouter foi aux copies collationnées par des notaires comme à l'original même.

Le parlement ne fesait en cela qu'imiter faiblement l'exemple de Philippe-le-Bel. La bulle *Ausculta, Fili*, du 5 décembre 1301, lui fut adressée par Boniface VIII, qui, après avoir exhorté ce roi à l'écouter avec docilité, lui disait : « Dieu nous a établi sur les rois et les » royaumes pour arracher, détruire, perdre, » dissiper, édifier et planter, en son nom et par » sa doctrine. Ne vous laissez donc pas persuader » que vous n'ayez point de supérieur, et que » vous ne soyez pas soumis au chef de la hiérar» chie ecclésiastique. Qui pense ainsi est insensé; » et qui le soutient opiniâtrement est un infidèle, » séparé du troupeau du bon pasteur. » Ensuite ce pape entrait dans le plus grand détail sur le gouvernement de France, jusqu'à faire des reproches au roi sur le changement de la monnaie.

Philippe-le-Bel fit brûler à Paris cette bulle, et publier à son de trompe cette exécution par toute la ville, le dimanche 11 février 1302. Le pape, dans un concile qu'il tint à Rome la même année, fit beaucoup de bruit, et éclata en menaces contre Philippe-le-Bel, mais sans venir à l'exécution. Seulement on regarde comme l'ouvrage de ce concile la fameuse décrétale *Unam sanctam*, dont voici la substance :

« Nous croyons et confessons une Église sainte, » catholique et apostolique, hors laquelle il n'y » a point de salut; nous reconnaissons aussi qu'elle » est unique, que c'est un seul corps qui n'a » qu'un chef, et non pas deux comme un monstre. » Ce seul chef est Jésus-Christ, et saint Pierre » son vicaire, et le successeur de saint Pierre. » Soit donc les Grecs, soit d'autres, qui disent » qu'ils ne sont pas soumis à ce successeur, il » faut qu'ils avouent qu'ils ne sont pas des ouailles de Jésus-Christ, puisqu'il a dit lui-même » (Jean, chap. X, v. 16) qu'il *n'y a qu'un trou» peau et un pasteur*.

» Nous apprenons que dans cette Église et sous » sa puissance sont deux glaives, le spirituel et » le temporel; mais l'un doit être employé par » l'Église et par la main du pontife; l'autre pour » l'Église et par la main des rois et des guerriers, » suivant l'ordre ou la permission du pontife. » Or, il faut qu'un glaive soit soumis à l'autre, » c'est-à-dire la puissance temporelle à la spiri» tuelle; autrement elles ne seraient point ordon» nées, et elles doivent l'être selon l'Apôtre.

[a] Le pape Ganganelli, informés des résolutions de tous les princes catholiques, et voyant que les peuples à qui ses prédécesseurs avaient crevé les deux yeux commençaient à en ouvrir un, ne publia point cette fameuse bulle le Jeudi de l'absoute l'an 1770.

» (Rom. chap. XIII, v. I.) Suivant le témoignage » de la vérité, la puissance spirituelle doit instituer » et juger la temporelle; et ainsi se vérifie » à l'égard de l'Église la prophétie de Jérémie » (chap. I, v. 10) : *Je t'ai établi sur les nations* » *et les royaumes*, etc. »

Philippe-le-Bel, de son côté, assembla les états-généraux; et les communes, dans la requête qu'ils présentèrent à ce monarque, disaient en propres termes : C'est grande abomination d'ouïr que ce Boniface entende malement comme Boulgare (en retranchant *l* et *a*) cette parole d'esperitualité (en saint Matthieu, chap. XVI, v. 19) : *Ce que tu lieras en terre sera lié au ciel*; comme si cela signifiait que s'il mettait un homme en prison temporelle, Dieu pour ce le mettrait en prison au ciel.

Clément V, successeur de Boniface VIII, révoqua et annula l'odieuse décision de la bulle *Unam sanctam*, qui étend le pouvoir des papes sur le temporel des rois, et condamne comme hérétiques ceux qui ne reconnaissent point cette puissance chimérique. C'est en effet la prétention de Boniface que l'on doit regarder comme une hérésie, d'après ce principe des théologiens : « On » pèche contre la règle de la foi, et on est héré» tique, non seulement en niant ce que la foi » nous enseigne, mais aussi lorsqu'on établit » comme de foi ce qui n'en est pas. » (Joan. maj. m. 3 sent. dist. 37. q. 26.)

Avant Boniface VIII, d'autres papes s'étaient déjà arrogé dans des bulles les droits de propriété sur différents royaumes. On connaît celle où Grégoire VII dit à un roi d'Espagne : « Je » veux que vous sachiez que le royaume d'Es» pagne, par les anciennes ordonnances ecclé» siastiques, a été donné en propriété à saint » Pierre et à la sainte Église romaine. »

Le roi d'Angleterre, Henri II ayant aussi demandé au pape Adrien IV la permission d'envahir l'Irlande, ce pontife le lui permit, à condition qu'il imposât à chaque famille d'Irlande une taxe d'un *carolus* pour le saint-siége, et qu'il tînt ce royaume comme un fief de l'Église romaine : « Car, lui écrit-il, on ne doit pas douter que » toutes les îles auxquelles Jésus-Christ, le soleil » de justice, s'est levé, et qui ont reçu les en» seignements de la foi chrétienne, ne soient de » droit à saint Pierre, et n'appartiennent à la » sacrée et sainte Église romaine. »

BULLES DE LA CROISADE ET DE LA COMPOSITION.

Si l'on disait à un Africain ou à un Asiatique sensé que, dans la partie de notre Europe où des hommes ont défendu à d'autres hommes de manger de la chair le samedi, le pape donne la permission d'en manger par une bulle, moyennant deux réales de plate, et qu'une autre bulle permet de garder l'argent qu'on a volé, que diraient cet Asiatique et cet Africain? Ils conviendraient du moins que chaque pays a ses usages, et que dans ce monde, de quelque nom qu'on appelle les choses, et quelque déguisement qu'on y apporte, tout se fait pour de l'argent comptant.

Il y a deux bulles sous le nom de la *Cruzada*, la croisade; l'une du temps d'Isabelle et de Ferdinand, l'autre de Philippe V. La première vend la permission de manger les samedis ce qu'on appelle la *grossura*, les *issues*, les *foies*, les *rognons*, les *animelles*, les *gésiers*, les *ris de veau*, le *mou*, les *fressures*, les *fraises*, les *têtes*, les *cous*, les *hauts-d'ailes*, les *pieds*.

La seconde bulle, accordée par le pape Urbain VIII, donne la permission de manger gras pendant tout le carême, et absout, de tout crime, excepté celui d'hérésie.

Non seulement on vend ces bulles, mais il est ordonné de les acheter; et elles coûtent plus cher, comme de raison, au Pérou et au Mexique qu'en Espagne. On les y vend une piastre. Il est juste que les pays qui produisent l'or et l'argent paient plus que les autres.

Le prétexte de ces bulles est de faire la guerre aux Maures. Les esprits difficiles ne voient pas quel est le rapport entre des fressures et une guerre contre les Africains; et ils ajoutent que Jésus-Christ n'a jamais ordonné qu'on fît la guerre aux mahométans sous peine d'excommunication.

La bulle qui permet de garder le bien d'autrui est appelée la *bulle de la composition*. Elle est affermée, et a rendu long-temps des sommes honnêtes dans toute l'Espagne, dans le Milanais, en Sicile, et à Naples. Les adjudicataires chargent les moines les plus éloquents de prêcher cette bulle. Les pécheurs qui ont volé le roi ou l'état, ou les particuliers, vont trouver ces prédicateurs, se confessent à eux, leur exposent combien il serait triste de restituer le tout. Ils offrent cinq, six, et quelquefois sept pour cent aux moines, pour garder le reste en sûreté de conscience; et, la composition faite, ils reçoivent l'absolution.

Le frère prêcheur[1] auteur du *Voyage d'Espagne et d'Italie*, imprimé à Paris, avec privilége, chez Jean-Baptiste de l'Épine, s'exprime ainsi sur cette bulle[2] : « N'est-il pas bien gracieux d'en » être quitte à un prix si raisonnable, sauf à en » voler davantage quand on aura besoin d'une » plus grosse somme? »

[1] Le P. Labat. — [2] Tome V, page 210

BULLE UNIGENITUS.

La bulle *in Cœna Domini* indigna tous les souverains catholiques, qui l'ont enfin proscrite dans leurs états; mais la bulle *Unigenitus* n'a troublé que la France. On attaquait dans la première les droits des princes et des magistrats de l'Europe; ils les soutinrent. On ne proscrivait dans l'autre que quelques maximes de morale et de piété; personne ne s'en soucia hors les parties intéressées dans cette affaire passagère; mais bientôt ces parties intéressées remplirent la France entière. Ce fut d'abord une querelle des jésuites tout puissants, et des restes de Port-Royal écrasé.

Le prêtre de l'Oratoire Quesnel, réfugié en Hollande, avait dédié un commentaire sur le *Nouveau-Testament* au cardinal de Noailles, alors évêque de Châlons-sur-Marne. Cet évêque l'approuva, et l'ouvrage eut le suffrage de tous ceux qui lisent ces sortes de livres.

Un nommé Le Tellier, jésuite, confesseur de Louis XIV, ennemi du cardinal de Noailles, voulut le mortifier en fesant condamner à Rome ce livre qui lui était dédié, et dont il fesait un très grand cas.

Ce jésuite, fils d'un procureur de Vire en Basse-Normandie, avait dans l'esprit toutes les ressources de la profession de son père. Ce n'était pas assez de commettre le cardinal de Noailles avec le pape, il voulut le faire disgracier par le roi son maître. Pour réussir dans ce dessein, il fit composer par ses émissaires des mandements contre lui, qu'il fit signer par quatre évêques. Il minuta encore des lettres au roi qu'il leur fit signer.

Ces manœuvres, qui auraient été punies dans tous les tribunaux, réussirent à la cour; le roi s'aigrit contre le cardinal; madame de Maintenon l'abandonna.

Ce fut une suite d'intrigues dont tout le monde voulut se mêler d'un bout du royaume à l'autre; et plus la France était malheureuse alors dans une guerre funeste, plus les esprits s'échauffaient pour une querelle de théologie.

Pendant ces mouvements, Le Tellier fit demander à Rome par Louis XIV lui-même la condamnation du livre de Quesnel, dont ce monarque n'avait jamais lu une page. Le Tellier, et deux autres jésuites, nommés Doucin et Lallemant, extrairent cent trois propositions que le pape Clément XI devait condamner; la cour de Rome en retrancha deux, pour avoir du moins l'honneur de paraître juger par elle-même.

Le cardinal Fabroni, chargé de cette affaire, et livré aux jésuites, fit dresser la bulle par un cordelier nommé frère Palerme, Élie capucin, le barnabite Terrovi, le servite Castelli, et même un jésuite nommé Alfaro.

Le pape Clément XI les laissa faire; il voulait seulement plaire au roi de France, qu'il avait long-temps indisposé en reconnaissant l'archiduc Charles, depuis empereur, pour roi d'Espagne. Il ne lui en coûtait, pour satisfaire le roi, qu'un morceau de parchemin scellé en plomb, sur une affaire qu'il méprisait lui-même.

Clément XI ne se fit pas prier; il envoya la bulle, et fut tout étonné d'apprendre qu'elle était reçue presque dans toute la France avec des sifflets et des huées. « Comment donc! disait-il au » cardinal Carpegne, on me demande instamment » cette bulle, je la donne de bon cœur, et tout » le monde s'en moque! »

Tout le monde fut surpris en effet de voir un pape, qui, au nom de Jésus-Christ, condamnait comme hérétique, sentant l'hérésie, malsonnante, et offensant les oreilles pieuses, cette proposition: « Il est bon de lire des livres de piété le di» manche, surtout la sainte Écriture; » et cette autre: « La crainte d'une excommunication in» juste ne doit pas nous empêcher de faire notre » devoir. »

Les partisans des jésuites étaient alarmés eux-mêmes de cette censure; mais ils n'osaient parler. Les hommes sages et désintéressés criaient au scandale, et le reste de la nation au ridicule.

Le Tellier, n'en triompha pas moins jusqu'à la mort de Louis XIV; il était en horreur, mais il gouvernait. Il n'est rien que ce malheureux ne tentât pour faire déposer le cardinal de Noailles; mais ce boute-feu fut exilé après la mort de son pénitent. Le duc d'Orléans, dans sa régence, apaisa ces querelles en s'en moquant. Elles jetèrent depuis quelques étincelles; mais enfin elles sont oubliées, et probablement pour jamais. C'est bien assez qu'elles aient duré plus d'un demi-siècle. Heureux encore les hommes s'ils n'étaient divisés que pour des sottises qui ne font point verser le sang humain!

C.

CALEBASSE.

Ce fruit, gros comme nos citrouilles, croît en Amérique aux branches d'un arbre aussi haut que les plus grands chênes.

Ainsi Matthieu Garo[a] qui croit avoir eu tort en Europe de trouver mauvais que les citrouilles

[a] Voyez la fable de Matthieu Garo, dans La Fontaine, liv. IX, fable V, *Le Gland et la Citrouille*.

rampent à terre, et ne soient pas pendues au haut des arbres, aurait eu raison au Mexique. Il aurait eu encore raison dans l'Inde, où les cocos sont fort élevés. Cela prouve qu'il ne faut jamais se hâter de conclure. *Dieu fait bien ce qu'il fait*, sans doute; mais il n'a pas mis les citrouilles à terre dans nos climats de peur qu'en tombant de haut elles n'écrasent le nez de Matthieu Garo.

La calebasse ne servira ici qu'à faire voir qu'il faut se défier de l'idée que tout a été fait pour l'homme. Il y a des gens qui prétendent que le gazon n'est vert que pour réjouir la vue. Les apparences pourtant seraient que l'herbe est plutôt faite pour les animaux qui la broutent, que pour l'homme, à qui le gramen et le trèfle sont assez inutiles. Si la nature a produit les arbres en faveur de quelque espèce, il est difficile de dire à qui elle a donné la préférence : les feuilles, et même l'écorce, nourrissent une multitude prodigieuse d'insectes; les oiseaux mangent leurs fruits, habitent entre leurs branches, y composent l'industrieux artifice de leurs nids; et les troupeaux se reposent sous leurs ombres.

L'auteur du *Spectacle de la nature* prétend que la mer n'a un flux et un reflux que pour faciliter le départ et l'entrée de nos vaisseaux. Il paraît que Matthieu Garo raisonnait encore mieux : la Méditerranée, sur laquelle on a tant de vaisseaux, et qui n'a de marée qu'en trois ou quatre endroits, détruit l'opinion de ce philosophe.

Jouissons de ce que nous avons, et ne croyons pas être la fin et le centre de tout. Voici sur cette maxime quatre petits vers d'un géomètre; il les calcula un jour en ma présence : ils ne sont pas pompeux :

> Homme chétif, la vanité te point.
> Tu te fais centre : encor si c'était ligne !
> Mais dans l'espace à grand'peine es-tu *point*.
> Va, sois *zéro* : ta sottise en est digne.

CARACTERE.

[1] Du mot grec *impression, gravure*. C'est ce que la nature a gravé dans nous.

Peut-on changer de caractère? Oui, si on change de corps. Il se peut qu'un homme né brouillon, inflexible et violent, étant tombé dans sa vieillesse en apoplexie, devienne un sot enfant pleureur, timide et paisible. Son corps n'est plus le même. Mais tant que ses nerfs, son sang et sa moelle alongée seront dans le même état, son naturel ne changera pas plus que l'instinct d'un loup et d'une fouine.

L'auteur anglais du *Dispensary*, petit poème très supérieur aux *Capitoli* italiens, et peut-être même au *Lutrin* de Boileau, a très bien dit ce me semble :

> Un mélange secret de feu, de terre et d'eau
> Fit le cœur de César et celui de Nassau.
> D'un ressort inconnu le pouvoir invincible
> Rendit Slone impudent et sa femme sensible.

Le caractère est formé de nos idées et de nos sentiments : or il est très prouvé qu'on ne se donne ni sentiments ni idées; donc notre caractère ne peut dépendre de nous.

S'il en dépendait, il n'y a personne qui ne fût parfait.

Nous ne pouvons nous donner des goûts, des talents; pourquoi nous donnerions-nous des qualités?

Quand on ne réfléchit pas, on se croit le maître de tout; quand on y réfléchit, on voit qu'on n'est maître de rien.

Voulez-vous changer absolument le caractère d'un homme, purgez-le tous les jours avec des délayants jusqu'à ce que vous l'ayez tué. Charles XII, dans sa fièvre de suppuration sur le chemin de Bender, n'était plus le même homme. On disposait de lui comme d'un enfant.

Si j'ai un nez de travers et des yeux de chat, je peux les cacher avec un masque. Puis-je davantage sur le caractère que m'a donné la nature?

Un homme né violent, emporté, se présente devant François Ier, roi de France, pour se plaindre d'un passe-droit; le visage du prince, le maintien respectueux des courtisans, le lieu même où il est, font une impression puissante sur cet homme; il baisse machinalement les yeux, sa voix rude s'adoucit, il présente humblement sa requête; on le croirait né aussi doux que le sont (dans ce moment au moins) les courtisans au milieu desquels il est même déconcerté; mais si François Ier se connaît en physionomie, il découvre aisément dans ses yeux baissés, mais allumés d'un feu sombre, dans les muscles tendus de son visage, dans ses lèvres serrées l'une contre l'autre, que cet homme n'est pas si doux qu'il est forcé de le paraître. Cet homme le suit à Pavie, est pris avec lui, mené avec lui en prison à Madrid : la majesté de François Ier ne fait plus sur lui la même impression; il se familiarise avec l'objet de son respect. Un jour en tirant les bottes du roi, et les tirant mal, le roi aigri par son malheur se fâche; mon homme envoie promener le roi, et jette ses bottes par la fenêtre.

Sixte-Quint était né pétulant, opiniâtre, altier, impétueux, vindicatif, arrogant; ce caractère semble adouci dans les épreuves de son noviciat. Commence-t-il à jouir de quelque crédit dans son ordre; il s'emporte contre un gardien, et l'assomme à coups de poing : est-il inquisiteur à Venise, il exerce sa charge avec insolence : le voilà cardinal, il est possédé *dalla rabbia papale* : cette rage l'emporte sur son naturel ; il ensevelit dans l'obscurité sa personne et son caractère ; il contrefait l'humble et le moribond ; on l'élit pape ; ce moment rend au ressort, que la politique avait plié, toute son élasticité long-temps retenue ; il est le plus fier et le plus despotique des souverains.

» Naturam expelles furca, tamen usque recurret. »
(Hor., liv. I, ép. x.)

Chassez le naturel, il revient au galop.
(Destouches, *Glorieux*, acte III, scène v.)

La religion, la morale, mettent un frein à la force du naturel ; elles ne peuvent le détruire. L'ivrogne dans un cloître, réduit à un demi-setier de cidre à chaque repas, ne s'enivrera plus, mais il aimera toujours le vin.

L'âge affaiblit le caractère ; c'est un arbre qui ne produit plus que quelques fruits dégénérés, mais ils sont toujours de même nature ; il se couvre de nœuds et de mousse, il devient vermoulu, mais il est toujours chêne ou poirier. Si on pouvait changer son caractère, on s'en donnerait un, on serait le maître de la nature. Peut-on se donner quelque chose ? ne recevons-nous pas tout ? Essayez d'animer l'indolent d'une activité suivie, de glacer par l'apathie l'âme bouillante de l'impétueux, d'inspirer du goût pour la musique et pour la poésie à celui qui manque de goût et d'oreille, vous n'y parviendrez pas plus que si vous entrepreniez de donner la vue à un aveugle-né. Nous perfectionnons, nous adoucissons, nous cachons ce que la nature a mis dans nous, mais nous n'y mettons rien.

On dit à un cultivateur : Vous avez trop de poissons dans ce vivier, ils ne prospèreront pas ; voilà trop de bestiaux dans vos prés, l'herbe manque, ils maigriront. Il arrive après cette exhortation que les brochets mangent la moitié des carpes de mon homme, et les loups la moitié de ses moutons ; le reste engraisse. S'applaudira-t-il de son économie ? Ce campagnard, c'est toi-même ; une de tes passions a dévoré les autres, et tu crois avoir triomphé de toi. Ne ressemblons-nous pas presque tous à ce vieux général de quatre-vingt-dix ans, qui, ayant rencontré de jeunes officiers qui fesaient un peu de désordre avec des filles, leur dit tout en colère. Messieurs, est-ce là l'exemple que je vous donne ?

CARÊME.

SECTION PREMIÈRE.

" Nos questions sur le carême ne regarderont que la police. Il paraît utile qu'il y ait un temps dans l'année où l'on égorge moins de bœufs, de veaux, d'agneaux, de volaille. On n'a point encore de jeunes poulets ni de pigeons en février et en mars, temps auquel le carême arrive. Il est bon de faire cesser le carnage quelques semaines dans les pays où les pâturages ne sont pas aussi gras que ceux de l'Angleterre et de la Hollande.

Les magistrats de la police ont très sagement ordonné que la viande fût un peu plus chère à Paris, pendant ce temps, et que le profit en fût donné aux hôpitaux. C'est un tribut presque insensible que paient alors le luxe et la gourmandise à l'indigence : car ce sont les riches qui n'ont pas la force de faire carême ; les pauvres jeûnent toute l'année.

Il est très peu de cultivateurs qui mangent de la viande une fois par mois. S'il fallait qu'ils en mangeassent tous les jours, il n'y en aurait pas assez pour le plus florissant royaume. Vingt millions de livres de viande par jour feraient sept milliards trois cents millions de livres par année. Ce calcul est effrayant.

Le petit nombre de riches, financiers, prélats, principaux magistrats, grands seigneurs, grandes dames, qui daignent faire servir du maigre [1] à leurs tables, jeûnent pendant six semaines avec des soles, des saumons, des vives, des turbots, des esturgeons.

Un de nos plus fameux financiers avait des courriers qui lui apportaient chaque jour pour cent écus de marée à Paris. Cette dépense fesait vivre les courriers, les maquignons qui avaient vendu les chevaux, les pêcheurs qui fournissaient le poisson, les fabricateurs de filets (qu'on nomme en quelques endroits les *filetiers*), les constructeurs de bateaux, etc., les épiciers chez lesquels on prenait toutes les drogues raffinées qui donnent au poisson un goût supérieur à celui de la viande. Lucullus n'aurait pas fait carême plus voluptueusement.

Il faut encore remarquer que la marée, en entrant dans Paris, paie à l'état un impôt considérable.

Le secrétaire des commandements du riche, ses valets de chambre, les demoiselles de madame, le chef d'office, etc., mangent la desserte du Crésus, et jeûnent aussi délicieusement que lui.

[1] Pourquoi donner le nom de *maigre* à des poissons plus gras que les poulardes, et qui donnent de si terribles indigestions ?

Il n'en est pas de même des pauvres. Non seulement, s'ils mangent pour quatre sous d'un mouton coriace, ils commettent un grand péché, mais ils chercheront en vain ce misérable aliment. Que mangeront-ils donc? ils n'ont que leurs châtaignes, leur pain de seigle, les fromages qu'ils ont pressurés du lait de leurs vaches, de leurs chèvres, ou de leurs brebis, et quelque peu d'œufs de leurs poules.

Il y a des Églises où l'on a pris l'habitude de leur défendre les œufs et le laitage. Que leur resterait-il à manger? rien. Ils consentent à jeûner; mais ils ne consentent pas à mourir. Il est absolument nécessaire qu'ils vivent, quand ce ne serait que pour labourer les terres des gros bénéficiers et des moines.

On demande donc s'il n'appartient pas uniquement aux magistrats de la police du royaume, chargés de veiller à la santé des habitants, de leur donner la permission de manger les fromages que leurs mains ont pétris, et les œufs que leurs poules ont pondus?

Il paraît que le lait, les œufs, le fromage, tout ce qui peut nourrir le cultivateur, sont du ressort de la police, et non pas une cérémonie religieuse.

Nous ne voyons pas que Jésus-Christ ait défendu les omelettes à ses apôtres; au contraire, il leur a dit[a]: *Mangez ce qu'on vous donnera.*

La sainte Église a ordonné le carême; mais en qualité d'Église elle ne commande qu'au cœur; elle ne peut infliger que des peines spirituelles; elle ne peut faire brûler aujourd'hui, comme autrefois, un pauvre homme qui, n'ayant que du lard rance, aura mis un peu de ce lard sur une tranche de pain noir le lendemain du mardi gras.

Quelquefois, dans les provinces, des curés, s'emportant au-delà de leurs devoirs, et oubliant les droits de la magistrature, s'ingèrent d'aller chez les aubergistes, chez les traiteurs, voir s'ils n'ont pas quelques onces de viande dans leurs marmites, quelques vieilles poules à leur croc, ou quelques œufs dans une armoire lorsque les œufs sont défendus en carême. Alors ils intimident le pauvre peuple; ils vont jusqu'à la violence envers des malheureux qui ne savent pas que c'est à la seule magistrature qu'il appartient de faire la police. C'est une inquisition odieuse et punissable.

Il n'y a que les magistrats qui puissent être informés au juste des denrées plus ou moins abondantes qui peuvent nourrir le pauvre peuple des provinces. Le clergé a des occupations plus sublimes. Ne serait-ce donc pas aux magistrats qu'il appartiendrait de régler ce que le peuple peut manger en carême? Qui aura l'inspection sur le comestible d'un pays, sinon la police du pays?

[a] Saint Luc, ch. x, v. 8.

SECTION II.

Les premiers qui s'avisèrent de jeûner se mirent-ils à ce régime par ordonnance du médecin pour avoir eu des indigestions?

Le défaut d'appétit qu'on se sent dans la tristesse fut-il la première origine des jours de jeûne prescrits dans les religions tristes?

Les Juifs prirent-ils la coutume de jeûner des Égyptiens, dont ils imitèrent tous les rites, jusqu'à la flagellation et au bouc émissaire?

Pourquoi Jésus jeûna-t-il quarante jours dans le désert où il fut emporté par le diable, par le *Knath-bull?* Saint Matthieu remarque qu'après ce carême il eut faim; il n'avait donc pas faim dans ce carême?

Pourquoi dans les jours d'abstinence l'Église romaine regarde-t-elle comme un crime de manger des animaux terrestres, et comme une bonne œuvre de se faire servir des soles et des saumons? Le riche papiste qui aura eu sur sa table pour cinq cents francs de poisson sera sauvé, et le pauvre diable, mourant de faim, qui aura mangé pour quatre sous de petit salé sera damné!

Pourquoi faut-il demander permission à son évêque de manger des œufs? Si un roi ordonnait à son peuple de ne jamais manger d'œufs, ne passerait-il pas pour le plus ridicule des tyrans? Quelle étrange aversion les évêques ont-ils pour les omelettes?

Croirait-on que chez les papistes il y ait eu des tribunaux assez imbéciles, assez lâches, assez barbares, pour condamner à la mort de pauvres citoyens qui n'avaient d'autres crimes que d'avoir mangé du cheval en carême? Le fait n'est que trop vrai : j'ai entre les mains un arrêt de cette espèce. Ce qu'il y a d'étrange, c'est que les juges qui ont rendu de pareilles sentences se sont crus supérieurs aux Iroquois.

Prêtres idiots et cruels! à qui ordonnez-vous le carême? Est-ce aux riches? ils se gardent bien de l'observer. Est-ce aux pauvres? ils font le carême toute l'année. Le malheureux cultivateur ne mange presque jamais de viande et n'a pas de quoi acheter du poisson. Fous que vous êtes! quand corrigerez-vous vos lois absurdes?

CARTÉSIANISME.

On a pu voir à l'article Aristote que ce philosophe et ses sectateurs se sont servis de mots qu'on n'entend point, pour signifier des choses qu'on ne conçoit pas. « Entéléchies, formes substantielles, » espèces intentionnelles. »

Ces mots, après tout, ne signifiaient que l'existence des choses dont nous ignorons la nature et la fabrique. Ce qui fait qu'un rosier produit une rose et non pas un abricot, ce qui détermine un chien à courir après un lièvre, ce qui constitue les propriétés de chaque être, a été appelé *forme substantielle*; ce qui fait que nous pensons a été nommé *entéléchie*; ce qui nous donne la vue d'un objet a été nommé *espèce intentionnelle :* nous n'en savons pas plus aujourd'hui sur le fond des choses. Les mots de *force,* d'*âme,* de *gravitation* même, ne nous font nullement connaître le principe et la nature de la force, ni de l'âme, ni de la gravitation. Nous en connaissons les propriétés, et probablement nous nous en tiendrons là tant que nous ne serons que des hommes.[*]

L'essentiel est de nous servir avec avantage des instruments que la nature nous a donnés, sans pénétrer jamais dans la structure intime du principe de ces instruments. Archimède se servait admirablement du ressort, et ne savait pas ce que c'est que le ressort.

La véritable physique consiste donc à bien déterminer tous les effets. Nous connaîtrons les causes premières quand nous serons des dieux. Il nous est donné de calculer, de peser, de mesurer, d'observer; voilà la philosophie naturelle ; presque tout le reste est chimère.

Le malheur de Descartes fut de n'avoir pas, dans son voyage d'Italie, consulté Galilée, qui calculait, pesait, mesurait, observait; qui avait inventé le compas de proportion, trouvé la pesanteur de l'atmosphère, découvert les satellites de Jupiter, et la rotation du soleil sur son axe.

Ce qui est surtout bien étrange, c'est qu'il n'ait jamais cité Galilée, et qu'au contraire il ait cité le jésuite Scheiner, plagiaire et ennemi de Galilée[a], qui déféra ce grand homme à l'inquisition, et qui par là couvrit l'Italie d'opprobre, lorsque Galilée la couvrait de gloire.

Les erreurs de Descartes sont :

1° D'avoir imaginé trois éléments qui n'étaient nullement évidents, après avoir dit qu'il ne fallait rien croire sans évidence ;

2° D'avoir dit qu'il y a toujours également de mouvement dans la nature ; ce qui est démontré faux ;

3° Que la lumière ne vient point du soleil, et qu'elle est transmise à nos yeux en un instant ; démontré faux par les expériences de Roëmer, de Molineux et de Bradley, et même par la simple expérience du prisme ;

4° D'avoir admis le plein, dans lequel il est démontré que tout mouvement serait impossible, et qu'un pied cube d'air pèserait autant qu'un pied cube d'or ;

5° D'avoir supposé un tournoiement imaginaire dans de prétendus globules de lumière, pour expliquer l'arc-en-ciel ;

6° D'avoir imaginé un prétendu tourbillon de matière subtile qui emporte la terre et la lune parallèlement à l'équateur, et qui fait tomber les corps graves dans une ligne tendante au centre de la terre, tandis qu'il est démontré que dans l'hypothèse de ce tourbillon imaginaire tous les corps tomberaient suivant une ligne perpendiculaire à l'axe de la terre ;

7° D'avoir supposé que des comètes, qui se meuvent d'Orient en Occident, et du Nord au Sud, sont poussées par des tourbillons qui se meuvent d'Occident en Orient ;

8° D'avoir supposé que dans le mouvement de rotation les corps les plus denses allaient au centre, et les plus subtils à la circonférence ; ce qui est contre toutes les lois de la nature ;

9° D'avoir voulu étayer ce roman par des suppositions encore plus chimériques que le roman même ; d'avoir supposé, contre toutes les lois de la nature, que ces tourbillons ne se confondraient pas ensemble ;

10° D'avoir donné ces tourbillons pour la cause des marées et pour celle des propriétés de l'aimant ;

11° D'avoir supposé que la mer a un cours continu, qui la porte d'Orient en Occident ;

12° D'avoir imaginé que la matière de son premier élément, mêlée avec celle du second, forme le mercure, qui, par le moyen de ces deux éléments, est coulant comme l'eau, et compacte comme la terre ;

13° Que la terre est un soleil encroûté ;

14° Qu'il y a de grandes cavités sous toutes les montagnes, qui reçoivent l'eau de la mer, et qui forment les fontaines ;

15° Que les mines de sel viennent de la mer ;

16° Que les parties de son troisième élément composent des vapeurs qui forment des métaux et des diamants ;

17° Que le feu est produit par un combat du premier et du second élément ;

18° Que les pores de l'aimant sont remplis de la matière cannelée, enfilée par la matière subtile qui vient du pôle boréal ;

19° Que la chaux vive ne s'enflamme, lorsqu'on y jette de l'eau, que parce que le premier élément chasse le second élément des pores de la chaux ;

20° Que les viandes digérées dans l'estomac pas-

[a] *Principes* de Descartes, troisième partie, page 159.

sent par une infinité de trous dans une grande veine qui les porte au foie ; ce qui est entièrement contraire à l'anatomie ;

21º Que le chyle, dès qu'il est formé, acquiert dans le foie la forme du sang ; ce qui n'est pas moins faux ;

22º Que le sang se dilate dans le cœur par un feu sans lumière ;

23º Que le pouls dépend de onze petites peaux qui ferment et ouvrent les entrées des quatre vaisseaux dans les deux concavités du cœur.

24º Que quand le foie est pressé par ses nerfs, les plus subtiles parties du sang montent incontinent vers le cœur ;

25º Que l'âme réside dans la glande pinéale du cerveau. Mais comme il n'y a que deux petits filaments nerveux qui aboutissent à cette glande, et qu'on a disséqué des sujets dans qui elle manquait absolument, on la plaça depuis dans les corps cannelés, dans les *nates*, les *testes*, l'*infundibulum*, dans tout le cervelet. Ensuite Lancisi, et après lui La Peyronie, lui donnèrent pour habitation le corps calleux. L'auteur ingénieux et savant qui a donné dans l'*Encyclopédie* l'excellent paragraphe *Ame*, marqué d'une étoile, dit avec raison qu'on ne sait plus où la mettre ;

26º Que le cœur se forme des parties de la semence qui se dilate. C'est assurément plus que les hommes n'en peuvent savoir : il faudrait avoir vu la semence se dilater, et le cœur se former ;

27º Enfin, sans aller plus loin, il suffira de remarquer que son système sur les bêtes, n'étant fondé ni sur aucune raison physique, ni sur aucune raison morale, ni sur rien de vraisemblable, a été justement rejeté de tous ceux qui raisonnent et de tous ceux qui n'ont que du sentiment.

Il faut avouer qu'il n'y eut pas une seule nouveauté dans la physique de Descartes qui ne fût une erreur. Ce n'est pas qu'il n'eût beaucoup de génie ; au contraire, c'est parce qu'il ne consulta que ce génie, sans consulter l'expérience et les mathématiques ; il était un des plus grands géomètres de l'Europe, et il abandonna sa géométrie pour ne croire que son imagination. Il ne substitua donc qu'un chaos au chaos d'Aristote. Par là il retarda de plus de cinquante ans les progrès de l'esprit humain[1]. Ses erreurs étaient d'autant plus condamnables qu'il avait, pour se conduire dans le labyrinthe de la physique, un fil qu'Aristote ne pouvait avoir, celui des expériences, les découvertes de Galilée, de Toricelli, de Guéricke, etc., et surtout sa propre géométrie.

On a remarqué que plusieurs universités condamnèrent dans sa philosophie les seules choses qui fussent vraies, et qu'elles adoptèrent enfin toutes celles qui étaient fausses. Il ne reste aujourd'hui de tous ces faux systèmes et de toutes les ridicules disputes qui en ont été la suite, qu'un souvenir confus qui s'éteint de jour en jour. L'ignorance préconise encore quelquefois Descartes, et même cette espèce d'amour-propre qu'on appelle *national* s'est efforcé de soutenir sa philosophie. Des gens qui n'avaient jamais lu ni Descartes ni Newton, ont prétendu que Newton lui avait l'obligation de toutes ses découvertes. Mais il est très certain qu'il n'y a pas dans tous les édifices imaginaires de Descartes une seule pierre sur laquelle Newton ait bâti. Il ne l'a jamais ni suivi, ni expliqué, ni même réfuté ; à peine le connaissait-il. Il voulut un jour en lire un volume, il mit en marge à sept ou huit pages *error*, et ne le relut plus. Ce volume a été long-temps entre les mains du neveu de Newton.

Le cartésianisme a été une mode en France ; mais les expériences de Newton sur la lumière, et ses principes mathématiques, ne peuvent pas plus être une mode que les démonstrations d'Euclide.

Il faut être vrai ; il faut être juste ; le philosophe n'est ni Français, ni Anglais, ni Florentin ; il est de tout pays. Il ne ressemble pas à la duchesse de Marlborough, qui, dans une fièvre tierce, ne voulait pas prendre de quinquina, parce qu'on l'appelait en Angleterre *la poudre des jésuites*.

Le philosophe, en rendant hommage au génie de Descartes, foule aux pieds les ruines de ses systèmes.

Le philosophe surtout dévoue à l'exécration publique et au mépris éternel les persécuteurs de Descartes, qui osèrent l'accuser d'athéisme, lui qui avait épuisé toute la sagacité de son esprit à chercher de nouvelles preuves de l'existence de Dieu. Lisez le morceau de M. Thomas dans l'*Éloge de Descartes*, où il peint d'une manière si énergique l'infâme théologien nommé Voëtius, qui calomnia Descartes, comme depuis le fanatique Jurieu calomnia Bayle, etc., etc., etc. ; comme Patouillet et Nonotte ont calomnié un philosophe ; comme le vinaigrier Chaumeix et Fréron ont calomnié l'*Encyclopédie* ; comme on calomnie tous les jours. Et plût à Dieu qu'on ne pût que calomnier !

[1] On ne peut nier que, malgré ses erreurs, Descartes n'ait contribué aux progrès de l'esprit humain : 1º par ses découvertes mathématiques qui changèrent la face de ces sciences ; 2º par ses discours sur la méthode, où il donne le précepte et l'exemple ; 3º parce qu'il apprit à tous les savants à secouer en philosophie le joug de l'autorité, en ne reconnaissant pour maîtres que la raison, le calcul et l'expérience. K.

CATÉCHISME CHINOIS.

OU

ENTRETIENS DE CU-SU, DISCIPLE DE CONFUTZÉE,
AVEC LE PRINCE KOU,

FILS DU ROI DE LOW, TRIBUTAIRE DE L'EMPEREUR CHINOIS
GNENVAN, 417 ANS AVANT NOTRE ÈRE VULGAIRE.

Traduit en latin par le P. Fouquet, ci-devant ex-jésuite. Le manuscrit est dans la bibliothèque du Vatican, n. 42759.

PREMIER ENTRETIEN.

KOU.

Que dois-je entendre quand on me dit d'adorer le ciel (Chang-ti)?

CU-SU.

Ce n'est pas le ciel matériel que nous voyons; car ce ciel n'est autre chose que l'air, et cet air est composé de toutes les exhalaisons de la terre: ce serait une folie bien absurde d'adorer des vapeurs.

KOU.

Je n'en serais pourtant pas surpris. Il me semble que les hommes ont fait des folies encore plus grandes.

CU-SU.

Il est vrai; mais vous êtes destiné à gouverner; vous devez être sage.

KOU.

Il y a tant de peuples qui adorent le ciel et les planètes!

CU-SU.

Les planètes ne sont que des terres comme la nôtre. La lune, par exemple, ferait aussi bien d'adorer nôtre sable et notre boue, que nous de nous mettre à genoux devant le sable et la boue de la lune.

KOU.

Que prétend-on quand on dit: le ciel et la terre, monter au ciel, être digne du ciel?

CU-SU.

On dit une énorme sottise, il n'y a point de ciel; chaque planète est entourée de son atmosphère, comme d'une coque, et roule dans l'espace autour de son soleil. Chaque soleil est le centre de plusieurs planètes qui voyagent continuellement autour de lui: il n'y a ni haut ni bas, ni monté ni descente. Vous sentez que si les habitants de la lune disaient qu'on monte à la terre, qu'il faut se rendre digne de la terre, ils diraient une extravagance. Nous prononçons de même un mot qui n'a pas de sens, quand nous disons qu'il faut se rendre digne du ciel; c'est comme si nous disions: Il faut se rendre digne de l'air, digne de la constellation du dragon, digne de l'espace.

KOU.

Je crois vous comprendre; il ne faut adorer que le Dieu qui a fait le ciel et la terre.

CU-SU.

Sans doute; il faut n'adorer que Dieu. Mais quand nous disons qu'il a fait le ciel et la terre, nous disons pieusement une grande pauvreté. Car, si nous entendons par le ciel l'espace prodigieux dans lequel Dieu alluma tant de soleils, et fit tourner tant de mondes, il est beaucoup plus ridicule de dire *le ciel et la terre* que de dire *les montagnes et un grain de sable*. Notre globe est infiniment moins qu'un grain de sable en comparaison de ces millions de milliards d'univers devant lesquels nous disparaissons. Tout ce que nous pouvons faire, c'est de joindre ici notre faible voix à celle des êtres innombrables qui rendent hommage à Dieu dans l'abîme de l'étendue.

KOU.

On nous a donc bien trompés quand on nous a dit que Fo était descendu chez nous du quatrième ciel, et avait paru en éléphant blanc.

CU-SU.

Ce sont des contes que les bonzes font aux enfants et aux vieilles: nous ne devons adorer que l'auteur éternel de tous les êtres.

KOU.

Mais comment un être a-t-il pu faire les autres?

CU-SU.

Regardez cette étoile; elle est à quinze cent mille millions de *lis* de notre petit globe; il en part des rayons qui vont faire sur vos yeux deux angles égaux au sommet; ils font les mêmes angles sur les yeux de tous les animaux; ne voilà-t-il pas un dessein marqué? ne voilà-t-il pas une loi admirable? Or, qui fait un ouvrage, sinon un ouvrier? qui fait des lois, sinon un législateur? Il y a donc un ouvrier, un législateur éternel.

KOU.

Mais qui a fait cet ouvrier, et comment est-il fait?

CU-SU.

Mon prince, je me promenais hier auprès du vaste palais qu'a bâti le roi votre père. J'entendis deux grillons, dont l'un disait à l'autre: Voilà un terrible édifice. Oui, dit l'autre; tout glorieux que je suis, j'avoue que c'est quelqu'un de plus puissant que les grillons qui a fait ce prodige; mais je n'ai point d'idée de cet être-là; je vois qu'il est, mais je ne sais ce qu'il est.

KOU.

Je vous dis que vous êtes un grillon plus instruit que moi; et ce qui me plaît en vous, c'est que vous ne prétendez pas savoir ce que vous ignorez.

SECOND ENTRETIEN.

CU-SU.

Vous convenez donc qu'il y a un être tout puissant, existant par lui-même, suprême artisan de toute la nature?

KOU.

Oui; mais s'il existe par lui-même, rien ne peut donc le borner, et il est donc partout; il existe donc dans toute la matière, dans toutes les parties de moi-même?

CU-SU.

Pourquoi non?

KOU.

Je serais donc moi-même une partie de la Divinité?

CU-SU.

Ce n'est peut-être pas une conséquence. Ce morceau de verre est pénétré de toutes parts de la lumière: est-il lumière cependant lui-même? ce n'est que du sable, et rien de plus. Tout est en Dieu, sans doute; ce qui anime tout doit être partout. Dieu n'est pas comme l'empereur de la Chine, qui habite son palais, et qui envoie ses ordres par des colaos. Dès-là qu'il existe, il est nécessaire que son existence remplisse tout l'espace et tous ses ouvrages; et puisqu'il est dans vous, c'est un avertissement continuel de ne rien faire dont vous puissiez rougir devant lui.

KOU.

Que faut-il faire pour oser ainsi se regarder soi-même sans répugnance et sans honte devant l'Être suprême?

CU-SU.

Être juste.

KOU.

Et quoi encore?

CU-SU.

Être juste.

KOU.

Mais la secte de Laokium dit qu'il n'y a ni juste ni injuste, ni vice ni vertu.

CU-SU.

La secte de Laokium dit-elle qu'il n'y a ni santé ni maladie?

KOU.

Non, elle ne dit point une si grande erreur.

CU-SU.

L'erreur de penser qu'il n'y a ni santé de l'âme ni maladie de l'âme, ni vertu ni vice, est aussi grande et plus funeste. Ceux qui ont dit que tout est égal sont des monstres: est-il égal de nourrir son fils ou de l'écraser sur la pierre, de secourir sa mère ou de lui plonger un poignard dans le cœur?

KOU.

Vous me faites frémir; je déteste la secte de Laokium: mais il y a tant de nuances du juste et de l'injuste! on est souvent bien incertain. Quel homme sait précisément ce qui est permis ou ce qui est défendu? Qui pourra poser sûrement les bornes qui séparent le bien et le mal? quelle règle me donnerez-vous pour les discerner?

CU-SU.

Celle de Confutzée, mon maître: « Vis comme » en mourant tu voudrais avoir vécu; traite ton » prochain comme tu veux qu'il te traite. »

KOU.

Ces maximes, je l'avoue, doivent être le code du genre humain; mais que m'importera en mourant d'avoir bien vécu? qu'y gagnerai-je? Cette horloge, quand elle sera détruite, sera-t-elle heureuse d'avoir bien sonné les heures?

CU-SU.

Cette horloge ne sent point, ne pense point; elle ne peut avoir des remords, et vous en avez quand vous vous sentez coupable.

KOU.

Mais si, après avoir commis plusieurs crimes, je parviens à n'avoir plus de remords?

CU-SU.

Alors il faudra vous étouffer; et soyez sûr que parmi les hommes qui n'aiment pas qu'on les opprime il s'en trouvera qui vous mettront hors d'état de faire de nouveaux crimes.

KOU.

Ainsi Dieu, qui est en eux, leur permettra d'être méchants après m'avoir permis de l'être?

CU-SU.

Dieu vous a donné la raison: n'en abusez ni vous, ni eux. Non seulement vous serez malheureux dans cette vie, mais qui vous a dit que vous ne le seriez pas dans une autre?

KOU.

Et qui vous a dit qu'il y a une autre vie?

CU-SU.

Dans le doute seul, vous devez vous conduire comme s'il y en avait une.

KOU.

Mais si je suis sûr qu'il n'y en a point?

CU-SU.

Je vous en défie.

TROISIÈME ENTRETIEN.

KOU.

Vous me poussez, Cu-su. Pour que je puisse être récompensé ou puni quand je ne serai plus, il faut qu'il subsiste dans moi quelque chose qui sente et qui pense après moi. Or comme avant ma naissance rien de moi n'avait ni sentiment ni pensée, pourquoi y en aurait-il après ma mort? que pourrait être cette partie incompréhensible de moi-même? Le bourdonnement de cette abeille restera-t-il quand l'abeille ne sera plus? La végétation de cette plante subsiste-t-elle quand la plante est déracinée? La végétation n'est-elle pas un mot dont on se sert pour signifier la manière inexplicable dont l'Être suprême a voulu que la plante tirât les sucs de la terre? L'âme est de même un mot inventé pour exprimer faiblement et obscurément les ressorts de notre vie. Tous les animaux se meuvent; et cette puissance de se mouvoir, on l'appelle *force active;* mais il n'y a pas un être distinct qui soit cette force. Nous avons des passions; cette mémoire, cette raison, ne sont pas, sans doute, des choses à part; ce ne sont pas des êtres existants dans nous; ce ne sont pas de petites personnes qui aient une existence particulière; ce sont des mots génériques, inventés pour fixer nos idées. L'âme, qui signifie notre mémoire, notre raison, nos passions, n'est donc elle-même qu'un mot. Qui fait le mouvement dans la nature? c'est Dieu. Qui fait végéter toutes les plantes? c'est Dieu. Qui fait le mouvement dans les animaux? c'est Dieu. Qui fait la pensée de l'homme? c'est Dieu.

Si l'âme humaine était une petite personne renfermée dans notre corps, qui en dirigeât les mouvements et les idées, cela ne marquerait-il pas dans l'éternel artisan du monde une impuissance et un artifice indigne de lui? il n'aurait donc pas été capable de faire des automates qui eussent dans eux-mêmes le don du mouvement et de la pensée? Vous m'avez appris le grec, vous m'avez fait lire Homère; je trouve Vulcain un divin forgeron, quand il fait des trépieds d'or qui vont tout seuls au conseil des dieux: mais ce Vulcain me paraîtrait un misérable charlatan, s'il avait caché dans le corps de ces trépieds quelqu'un de ses garçons qui les fît mouvoir sans qu'on s'en aperçût.

Il y a de froids rêveurs qui ont pris pour une belle imagination l'idée de faire rouler des planètes par des génies qui les poussent sans cesse; mais Dieu n'a pas été réduit à cette pitoyable ressource: en un mot, pourquoi mettre deux ressorts à un ouvrage lorsqu'un seul suffit? Vous n'oserez pas nier que Dieu ait le pouvoir d'animer l'être peu connu que nous appelons *matière;* pourquoi donc se servirait-il d'un autre agent pour l'animer?

Il y a bien plus: que serait cette âme que vous donnez si libéralement à notre corps? d'où viendrait-elle? quand viendrait-elle? faudrait-il que le Créateur de l'univers fût continuellement à l'affût de l'accouplement des hommes et des femmes, qu'il remarquât attentivement le moment où un germe sort du corps d'un homme et entre dans le corps d'une femme, et qu'alors il envoyât vite une âme dans ce germe? et si ce germe meurt, que deviendra cette âme? elle aura donc été créée inutilement, ou elle attendra une autre occasion.

Voilà, je vous l'avoue, une étrange occupation pour le maître du monde; et non seulement il faut qu'il prenne garde continuellement à la copulation de l'espèce humaine, mais il faut qu'il en fasse autant avec tous les animaux; car ils ont tous comme nous de la mémoire, des idées, des passions; et si une âme est nécessaire pour former ces sentiments, cette mémoire, ces idées, ces passions, il faut que Dieu travaille perpétuellement à forger des âmes pour les éléphants, et pour les porcs, pour les hiboux, pour les poissons, et pour les bonzes.

Quelle idée me donneriez-vous de l'architecte de tant de millions de mondes, qui serait obligé de faire continuellement des chevilles invisibles pour perpétuer son ouvrage?

Voilà une très petite partie des raisons qui peuvent me faire douter de l'existence de l'âme.

CU-SU.

Vous raisonnez de bonne foi; et ce sentiment vertueux, quand même il serait erroné, serait agréable à l'Être suprême. Vous pouvez vous tromper, mais vous ne cherchez pas à vous tromper, et dès-lors vous êtes excusable. Mais songez que vous ne m'avez proposé que des doutes, et que ces doutes sont tristes. Admettez des vraisemblances plus consolantes: il est dur d'être anéanti; espérez de vivre. Vous savez qu'une pensée n'est point matière, vous savez qu'elle n'a nul rapport avec la matière; pourquoi donc vous serait-il si difficile de croire que Dieu a mis dans vous un principe divin qui, ne pouvant être dissous, ne peut être sujet à la mort? Oseriez-vous dire qu'il est impossible que vous ayez une âme? non, sans doute: et si cela est possible, n'est-il pas très vraisemblable que vous en avez une? pourriez-vous rejeter un système si beau et si nécessaire au genre humain? et quelques difficultés vous rebuteront-elles?

KOU.

Je voudrais embrasser ce système, mais je voudrais qu'il me fût prouvé. Je ne suis pas le maître de croire quand je n'ai pas d'évidence. Je suis toujours frappé de cette grande idée que Dieu a tout fait, qu'il est partout, qu'il pénètre tout, qu'il donne le mouvement et la vie à tout; et s'il est dans toutes les parties de mon être, comme il est dans toutes les parties de la nature, je ne vois pas quel besoin j'ai d'une âme. Qu'ai-je à faire de ce petit être subalterne, quand je suis animé par Dieu même? à quoi me servirait cette âme? Ce n'est pas nous qui nous donnons nos idées, car nous les avons presque toujours malgré nous; nous en avons quand nous sommes endormis; tout se fait en nous sans que nous nous en mêlions. L'âme aurait beau dire au sang et aux esprits animaux: Courez, je vous prie, de cette façon pour me faire plaisir, ils circuleront toujours de la même manière que Dieu leur a prescrite. J'aime mieux être la machine d'un Dieu qui m'est démontré, que d'être la machine d'une âme dont je doute.

CU-SU.

Eh bien! si Dieu même vous anime, ne souillez jamais par des crimes ce Dieu qui est en vous; et s'il vous a donné une âme, que cette âme ne l'offense jamais. Dans l'un et dans l'autre système vous avez une volonté; vous êtes libre; c'est-à-dire, vous avez le pouvoir de faire ce que vous voulez: servez-vous de ce pouvoir pour servir ce Dieu qui vous l'a donné. Il est bon que vous soyez philosophe, mais il est nécessaire que vous soyez juste. Vous le serez encore plus quand vous croirez avoir une âme immortelle.

Daignez me répondre : n'est-il pas vrai que Dieu est la souveraine justice?

KOU.

Sans doute; et s'il était possible qu'il cessât de l'être (ce qui est un blasphème), je voudrais, moi, agir avec équité.

CU-SU.

N'est-il pas vrai que votre devoir sera de récompenser les actions vertueuses, et de punir les criminelles quand vous serez sur le trône? Voudriez-vous que Dieu ne fît pas ce que vous-même vous êtes tenu de faire? Vous savez qu'il est et qu'il sera toujours dans cette vie des vertus malheureuses et des crimes impunis; il est donc nécessaire que le bien et le mal trouvent leur jugement dans une autre vie. C'est cette idée si simple, si naturelle, si générale, qui a établi chez tant de nations la croyance de l'immortalité de nos âmes, et de la justice divine qui les juge quand elles ont abandonné leur dépouille mortelle. Y a-t-il un système plus raisonnable, plus convenable à la Divinité, et plus utile au genre humain?

KOU.

Pourquoi donc plusieurs nations n'ont-elles point embrassé ce système? vous savez que nous avons dans notre province environ deux cents familles d'anciens Sinous[a], qui ont autrefois habité une partie de l'Arabie Pétrée; ni elles ni leurs ancêtres n'ont jamais cru l'âme immortelle; ils ont leurs *cinq Livres*, comme nous avons nos *cinq Kings*; j'en ai lu la traduction : leurs lois, nécessairement semblables à celles de tous les autres peuples, leur ordonnent de respecter leurs pères, de ne point voler, de ne point mentir, de n'être ni adultères ni homicides; mais ces mêmes lois ne leur parlent ni de récompenses ni de châtiments dans une autre vie.

CU-SU.

Si cette idée n'est pas encore développée chez ce pauvre peuple, elle le sera sans doute un jour. Mais que nous importe une malheureuse petite nation, tandis que les Babyloniens, les Égyptiens, les Indiens, et toutes les nations policées ont reçu ce dogme salutaire? Si vous étiez malade, rejetteriez-vous un remède approuvé par tous les Chinois, sous prétexte que quelques Barbares des montagnes n'auraient pas voulu s'en servir? Dieu vous a donné la raison, elle vous dit que l'âme doit être immortelle; c'est donc Dieu qui vous le dit lui-même.

KOU.

Mais comment pourrai-je être récompensé ou puni, quand je ne serai plus moi-même, quand je n'aurai plus rien de ce qui aura constitué ma personne? Ce n'est que par ma mémoire que je suis toujours moi; je perds ma mémoire dans ma dernière maladie; il faudra donc après ma mort un miracle pour me la rendre, pour me faire rentrer dans mon existence que j'aurai perdue?

CU-SU.

C'est-à-dire que si un prince avait égorgé sa famille pour régner, s'il avait tyrannisé ses sujets, il en serait quitte pour dire à Dieu: Ce n'est pas moi, j'ai perdu la mémoire, vous vous méprenez, je ne suis plus la même personne. Pensez-vous que Dieu fût bien content de ce sophisme?

KOU.

Eh bien! soit, je me rends[1]; je voulais faire le

[a] Ce sont les Juifs des dix tribus qui, dans leur dispersion, pénétrèrent jusqu'à la Chine: ils y sont appelés *Sinous*.

[1] Eh bien! tristes ennemis de la raison et de la vérité, direz-

bien pour moi-même, je le ferai aussi pour plaire à l'Être suprême; je pensais qu'il suffisait que mon âme fût juste dans cette vie, j'espérerai qu'elle sera heureuse dans une autre. Je vois que cette opinion est bonne pour les peuples et pour les princes, mais le culte de Dieu m'embarrasse.

QUATRIÈME ENTRETIEN.

CU-SU.

Que trouvez-vous de choquant dans notre *Chu-king*, ce premier livre canonique, si respecté de tous les empereurs chinois? Vous labourez un champ de vos mains royales pour donner l'exemple au peuple, et vous en offrez les prémices au Chang-ti, au Tien, à l'Être suprême; vous lui sacrifiez quatre fois l'année; vous êtes roi et pontife; vous promettez à Dieu de faire tout le bien qui sera en votre pouvoir: y a-t-il là quelque chose qui répugne?

KOU.

Je suis bien loin d'y trouver à redire; je sais que Dieu n'a nul besoin de nos sacrifices ni de nos prières; mais nous avons besoin de lui en faire; son culte n'est pas établi pour lui, mais pour nous. J'aime fort à faire des prières, je veux surtout qu'elles ne soient point ridicules; car, quand j'aurai bien crié que « la montagne du Chang-ti est » une montagne grasse, et qu'il ne faut point » regarder les montagnes grasses; » quand j'aurai fait enfuir le soleil et sécher la lune, ce galimatias, sera-t-il agréable à l'Être suprême, utile à mes sujets et à moi-même?

Je ne puis surtout souffrir la démence des sectes qui nous environnent: d'un côté je vois Laotzée, que sa mère conçut par l'union du ciel et de la terre, et dont elle fut grosse quatre-vingts ans. Je n'ai pas plus de foi à sa doctrine de l'anéantissement et du dépouillement universel qu'aux cheveux blancs avec lesquels il naquit, et à la vache noire sur laquelle il monta pour aller prêcher sa doctrine.

Le Dieu Fo ne m'en impose pas davantage, quoiqu'il ait eut pour père un éléphant blanc, et qu'il promette une vie immortelle.

Ce qui me déplait surtout, c'est que de telles rêveries soient continuellemenl prêchées par les bonzes, qui séduisent le peuple pour le gouverner; ils se rendent respectables par des mortifications qui effraient la nature. Les uns se privent toute leur vie des aliments les plus salutaires, comme si on ne pouvait plaire à Dieu que par un mauvais régime; les autres se mettent au cou un carcan, dont quelquefois ils se rendent très-dignes; ils s'enfoncent des clous dans les cuisses, comme si leurs cuisses étaient des planches; le peuple les suit en foule. Si un roi donne quelque édit qui leur déplaise, ils vous disent froidement que cet édit ne se trouve pas dans le commentaire du Dieu Fo, et qu'il vaut mieux obéir à Dieu qu'aux hommes. Comment remédier à une maladie populaire si extravagante et si dangereuse? Vous savez que la tolérance est le principe du gouvernement de la Chine, et de tous ceux de l'Asie; mais cette indulgence n'est-elle pas bien funeste, quand elle expose un empire à être bouleversé pour des opinions fanatiques?

CU-SU.

Que le Chang-ti me préserve de vouloir éteindre en vous cet esprit de tolérance, cette vertu si respectable, qui est aux âmes ce que la permission de manger est au corps? La loi naturelle permet à chacun de croire ce qu'il veut, comme de se nourrir de ce qu'il veut. Un médecin n'a pas le droit de tuer ses malades parce qu'ils n'auront pas observé la diète qu'il leur a prescrite. Un prince n'a pas le droit de faire pendre ceux de ses sujets qui n'auront pas pensé comme lui; mais il a le droit d'empêcher les troubles; et, s'il est sage, il lui sera très aisé de déraciner les superstitions. Vous savez ce qui arriva à Daon, sixième roi de Chaldée, il y a quelque quatre mille ans?

KOU.

Non, je n'en sais rien; vous me feriez plaisir de me l'apprendre.

vous encore que cet ouvrage enseigne la mortalité de l'âme? Ce morceau a été imprimé dans toutes les éditions. De quel front osez-vous donc le calomnier? Hélas! si vos âmes conservent leur caractère pendant l'éternité, elles seront éternellement des âmes bien sottes et bien injustes. Non, les auteurs de cet ouvrage raisonnable et utile ne vous disent point que l'âme meurt avec le corps: ils vous disent seulement que vous êtes des ignorants. N'en rougissez pas: tous les sages ont avoué leur ignorance; aucun d'eux n'a été assez impertinent pour connaître la nature de l'âme. Gassendi, en résumant tout ce qu'a dit l'antiquité, vous parle ainsi: « Vous savez que vous pensez, mais » vous ignorez quelle espèce de substance vous êtes, vous qui » pensez. Vous ressemblez à un aveugle qui, sentant la chaleur » du soleil, croirait avoir une idée distincte de cet astre. » Lisez le reste de cette admirable lettre à Descartes: Lisez Locke; relisez cet ouvrage-ci attentivement, et vous verrez qu'il est impossible que nous ayons la moindre notion de la nature de l'âme, par la raison qu'il est impossible que la créature connaisse les secrets ressorts du Créateur: vous verrez que, sans connaître le principe de nos pensées, il faut tâcher de penser avec justesse et avec justice; qu'il faut être tout ce que vous n'êtes pas: modeste, doux, bienfesant, indulgent; ressembler à Cu-su et à Kou, et non pas à Thomas d'Aquin ou à Scot, dont les âmes étaient fort ténébreuses, ou à Calvin et à Luther, dont les âmes étaient bien dures et bien emportées. Tâchez que vos âmes tiennent un peu de la nôtre, alors vous vous moquerez prodigieusement de vous-mêmes.

— Dans la censure que la Sorbonne a faite de l'ouvrage de M. l'abbé Raynal, les sages maîtres ont dit en latin que Voltaire avait nié la spiritualité de l'âme, et en français qu'il avait nié l'immortalité, *aut vice versa*. K.

CU-SU.

Les prêtres chaldéens s'étaient avisés d'adorer les brochets de l'Euphrate ; ils prétendaient qu'un fameux brochet nommé *Oannès* leur avait autrefois appris la théologie que ce brochet était immortel, qu'il avait trois pieds de long et un petit croissant sur la queue. C'était par respect pour cet *Oannès* qu'il était défendu de manger du brochet. Il s'éleva une grande dispute entre les théologiens pour savoir si le brochet *Oannès* était laité ou œuvé. Les deux partis s'excommunièrent réciproquement, et on en vint plusieurs fois aux mains. Voici comme le roi Daon s'y prit pour faire cesser ce désordre.

Il commanda un jeûne rigoureux de trois jours aux deux partis, après quoi il fit venir les partisans du brochet aux œufs, qui assistèrent à son dîner : il se fit apporter un brochet de trois pieds, auquel on avait mis un petit croissant sur la queue. Est-ce là votre Dieu ? dit-il aux docteurs ; Oui, sire, lui répondirent-ils, car il a un croissant sur la queue. Le roi commanda qu'on ouvrît le brochet, qui avait la plus belle laite du monde. Vous voyez bien, dit-il, que ce n'est pas là votre Dieu, puisqu'il est laité : et le brochet fut mangé par le roi et ses satrapes, au grand contentement des théologiens des œufs, qui voyaient qu'on avait frit le Dieu de leurs adversaires.

On envoya chercher aussitôt les docteurs du parti contraire : on leur montra un Dieu de trois pieds qui avait des œufs et un croissant sur la queue; ils assurèrent que c'était là le Dieu *Oannès*, et qu'il était laité : il fut frit comme l'autre, et reconnu œuvé. Alors les deux partis étant également sots, et n'ayant pas déjeûné, le bon roi Daon leur dit qu'il n'avait que des brochets à leur donner pour leur dîner; ils en mangèrent goulument, soit œuvés, soit laités. La guerre civile finit, chacun bénit le bon roi Daon ; et les citoyens, depuis ce temps, firent servir à leur dîner tant de brochets qu'ils voulurent.

KOU.

J'aime fort le roi Daon, et je promets bien de l'imiter à la première occasion qui s'offrira. J'empêcherai toujours, autant que je le pourrai (sans faire violence à personne), qu'on adore des Fo et des brochets.

Je sais que dans le Pégu et dans le Tunquin il y a de petits dieux et de petits talapoins qui font descendre la lune dans le décours, et qui prédisent clairement l'avenir, c'est-à-dire qui voient clairement ce qui n'est pas, car l'avenir n'est point. J'empêcherai, autant que je le pourrai, que les talapoins ne viennent chez moi prendre le futur pour le présent, et faire descendre la lune.

Quelle pitié qu'il y ait des sectes qui aillent de ville en ville débiter leurs rêveries, comme des charlatans qui vendent leurs drogues ! quelle honte pour l'esprit humain que de petites nations pensent que la vérité n'est que pour elles, et que le vaste empire de la Chine est livré à l'erreur ! L'Être éternel ne serait-il que le Dieu de l'île Formose ou de l'île Bornéo ? abandonnerait-il le reste de l'univers? Mon cher Cu-su, il est le père de tous les hommes ; il permet à tous de manger du brochet ; le plus digne hommage qu'on puisse lui rendre est d'être vertueux ; un cœur pur est le plus beau de tous ses temples, comme disait le grand empereur Hiao.

CINQUIÈME ENTRETIEN.

CU-SU.

Puisque vous aimez la vertu, comment la pratiquerez-vous quand vous serez roi ?

KOU.

En n'étant injuste ni envers mes voisins, ni envers mes peuples.

CU-SU.

Ce n'est pas assez de ne point faire de mal, vous ferez du bien ; vous nourrirez les pauvres en les occupant à des travaux utiles, et non pas en dotant la fainéantise; vous embellirez les grands chemins ; vous creuserez des canaux ; vous élèverez des édifices publics ; vous encouragerez tous les arts, vous récompenserez le mérite en tout genre; vous pardonnerez les fautes involontaires.

KOU.

C'est ce que j'appelle n'être point injuste ; ce sont là autant de devoirs.

CU-SU.

Vous pensez en véritable roi ; mais il y a le roi et l'homme, la vie publique et la vie privée. Vous allez bientôt vous marier ; combien comptez-vous avoir de femme ?

KOU.

Mais je crois qu'une douzaine me suffira, un plus grand nombre pourrait me dérober un temps destiné aux affaires. Je n'aime point ces rois qui ont des sept cents femmes, et des trois cents concubines, et des milliers d'eunuques pour les servir. Cette manie des eunuques me paraît surtout un trop grand outrage à la nature humaine. Je pardonne tout au plus qu'on chaponne des coqs, ils en sont meilleurs à manger; mais on n'a point encore fait mettre d'eunuques à la broche. A quoi sert leur mutilation? Le dalaï-lama en a cinquante pour chanter dans sa pagode. Je voudrais bien savoir si le Chang-ti se plaît beaucoup à entendre les voix claires de ces cinquante hongres.

Je trouve encore très-ridicule qu'il y ait des bonzes qui ne se marient point; ils se vantent d'être plus sages que les autres Chinois : eh bien! qu'ils fassent donc des enfants sages. Voilà une plaisante manière d'honorer le Chang-ti que de le priver d'adorateurs! Voilà une singulière façon de servir le genre humain, que de donner l'exemple d'anéantir le genre humain! Le bon petit [a] lama nommé *Stelca ed isant Errepi* voulait dire « que tout prêtre devait faire le plus d'enfants » qu'il pourrait; » il prêchait d'exemple, et a été fort utile en son temps. Pour moi, je marierai tous les lamas et bonzes, lamesses et bonzesses qui auront de la vocation pour ce saint œuvre; ils en seront certainement meilleurs citoyens, et je croirai faire en cela un grand bien au royaume de Low.

CU-SU.

Oh! le bon prince que nous aurons-là! Vous me faites pleurer de joie. Vous ne vous contenterez pas d'avoir des femmes et des sujets; car enfin on ne peut pas passer sa journée à faire des édits et des enfants : vous aurez sans doute des amis?

KOU.

J'en ai déjà, et de bons, qui m'avertissent de mes défauts; je me donne la liberté de reprendre les leurs; ils me consolent, je les console; l'amitié est le baume de la vie, il vaut mieux que celui du chimiste Éreville, et même que les sachets du grand Lanourt. Je suis étonné qu'on n'ait pas fait de l'amitié un précepte de religion; j'ai envie de l'insérer dans notre rituel.

CU-SU.

Gardez-vous-en bien ; l'amitié est assez sacrée d'elle-même ; ne la commandez jamais; il faut que le cœur soit libre; et puis, si vous faisiez de l'amitié un précepte, un mystère, un rite, une cérémonie, il y aurait mille bonzes qui, en prêchant et en écrivant leurs rêveries, rendraient l'amitié ridicule; il ne faut pas l'exposer à cette profanation.

Mais comment en userez-vous avec vos ennemis? Confutzée recommande en vingt endroits de les aimer; cela ne vous paraît-il pas un peu difficile?

KOU.

Aimer ses ennemis, eh! mon Dieu, rien n'est si commun.

CU-SU.

Comment l'entendez-vous?

KOU.

Mais comme il faut, je crois, l'entendre. J'ai fait l'apprentissage de la guerre sous le prince de Décon contre le prince de Vis-Brunck [a]: dès qu'un de nos ennemis était blessé et tombait entre nos mains, nous avions soin de lui comme s'il eût été notre frère : nous avons souvent donné notre propre lit à nos ennemis blessés et prisonniers, et nous avons couché auprès d'eux sur des peaux de tigres étendues à terre; nous les avons servis nous-mêmes : que voulez-vous de plus? que nous les aimions comme on aime sa maîtresse?

CU-SU.

Je suis très édifié de tout ce que vous me dites, et je voudrais que toutes les nations vous entendissent ; car on m'assure qu'il y a des peuples assez impertinents pour oser dire que nous ne connaissons pas la vraie vertu, que nos bonnes actions ne sont que des péchés splendides, que nous avons besoin des leçons de leurs talapoins pour nous faire de bons principes. Hélas! les malheureux! ce n'est que d'hier qu'ils savent lire et écrire, et ils prétendent enseigner leurs maîtres!

SIXIÈME ENTRETIEN.

CU-SU.

Je ne vous répéterai pas tous les lieux communs qu'on débite parmi nous depuis cinq ou six mille ans sur toutes les vertus. Il y en a qui ne sont que pour nous-mêmes, comme la prudence pour conduire nos âmes, la tempérance pour gouverner nos corps; ce sont des préceptes de politique et de santé. Les véritables vertus sont celles qui sont utiles à la société, comme la fidélité, la magnanimité, la bienfesance, la tolérance, etc. Grâce au ciel, il n'y a point de vieille qui n'enseigne parmi nous toutes ces vertus à ses petits-enfants; c'est le rudiment de notre jeunesse au village comme à la ville : mais il y a une grande vertu qui commence à être de peu d'usage, et j'en suis fâché.

KOU.

Quelle est-elle? nommez-la vite; je tâcherai de la ranimer.

CU-SU.

C'est l'hospitalité; cette vertu si sociale, ce lien sacré des hommes commence à se relâcher depuis que nous avons des cabarets. Cette pernicieuse institution nous est venue, à ce qu'on dit, de certains sauvages d'Occident. Ces misérables apparemment n'ont point de maison pour accueillir

[a] *Stelca ed isant Errepi* signifie, en chinois, (l'abbé) Castel de Saint-Pierre.

[a] C'est une chose remarquable, qu'en retournant Décon et Vis-Brunck, qui sont des noms chinois, on trouve Condé et Brunsvick, tant les grands hommes sont célèbres dans toute la terre!

les voyageurs. Quel plaisir de recevoir dans la grande ville de Low, dans la belle place Honchan, dans la maison Ki, un généreux étranger qui arrive de Samarcande, pour qui je deviens dès ce moment un homme sacré, et qui est obligé par toutes les lois divines et humaines de me recevoir chez lui quand je voyagerai en Tartarie, et d'être mon ami intime!

Les sauvages dont je vous parle ne reçoivent les étrangers que pour de l'argent dans des cabanes dégoûtantes; ils vendent cher cet accueil infâme; et avec cela, j'entends dire que ces pauvres gens se croient au-dessus de nous, qu'ils se vantent d'avoir une morale plus pure. Ils prétendent que leurs prédicateurs prêchent mieux que Confutzée, qu'enfin c'est à eux de nous enseigner la justice, parce qu'ils vendent de mauvais vin sur les grands chemins, que leurs femmes vont comme des folles dans les rues, et qu'elles dansent pendant que les nôtres cultivent des vers à soie.

KOU.

Je trouve l'hospitalité fort bonne; je l'exerce avec plaisir, mais je crains l'abus. Il y a des gens vers le Grand-Thibet qui sont fort mal logés, qui aiment à courir, et qui voyageraient pour rien d'un bout du monde à l'autre; et quand vous irez au Grand-Thibet jouir chez eux du droit de l'hospitalité, vous ne trouverez ni lit ni pot au feu; cela peut dégoûter de la politesse.

CU-SU.

L'inconvénient est petit; il est aisé d'y remédier en ne recevant que des personnes bien recommandées. Il n'y a point de vertu qui n'ait ses dangers; et c'est parce qu'elles en ont qu'il est beau de les embrasser.

Que notre Confutzée est sage et saint! il n'est aucune vertu qu'il n'inspire; le bonheur des hommes est attaché à chacune de ses sentences; en voici une qui me revient dans la mémoire, c'est la cinquante-troisième :

« Reconnais les bienfaits par des bienfaits, et » ne te venge jamais des injures. »

Quelle maxime, quelle loi les peuples de l'Occident pourraient-ils opposer à une morale si pure? En combien d'endroits Confutzée recommande-t-il l'humilité! Si on pratiquait cette vertu, il n'y aurait jamais de querelles sur la terre.

KOU.

J'ai lu tout ce que Confutzée et les sages des siècles antérieurs ont écrit sur l'humilité; mais il me semble qu'ils n'en ont jamais donné une définition assez exacte: il y a peu d'humilité peut-être à oser les reprendre; mais j'ai au moins l'humilité d'avouer que je ne les ai pas entendus. Dites-moi ce que vous en pensez.

CU-SU.

J'obéirai humblement. Je crois que l'humilité est la modestie de l'âme; car la modestie extérieure n'est que la civilité. L'humilité ne peut pas consister à se nier soi-même la supériorité qu'on peut avoir acquise sur un autre. Un bon médecin ne peut se dissimuler qu'il en sait davantage que son malade en délire, celui qui enseigne l'astronomie doit s'avouer qu'il est plus savant que ses disciples; il ne peut s'empêcher de le croire, mais il ne doit pas s'en faire accroire. L'humilité n'est pas l'abjection; elle est le correctif de l'amour-propre, comme la modestie est le correctif de l'orgueil.

KOU.

Eh bien! c'est dans l'exercice de toutes ces vertus et dans le culte d'un Dieu simple et universel que je veux vivre, loin des chimères des sophistes et des illusions des faux prophètes. L'amour du prochain sera ma vertu sur le trône, et l'amour de Dieu ma religion. Je mépriserai le Dieu Fo, et Laotzée, et Vitsnou qui s'est incarné tant de fois chez les Indiens, et Sammonocodom qui descendit du ciel pour venir jouer au cerf-volant chez les Siamois, et les Camis qui arrivèrent de la lune au Japon.

Malheur à un peuple assez imbécile et assez barbare pour penser qu'il y a un Dieu pour sa seule province! c'est un blasphème. Quoi! la lumière du soleil éclaire tous les yeux, et la lumière de Dieu n'éclairerait qu'une petite et chétive nation dans un coin de ce globe! quelle horreur, et quelle sottise! La Divinité parle au cœur de tous les hommes, et les liens de la charité doivent les unir d'un bout de l'univers à l'autre.

CU-SU.

O sage Kou! vous avez parlé comme un homme inspiré par le Chang-ti même; vous serez un digne prince. J'ai été votre docteur, et vous êtes devenu le mien.

CATÉCHISME DU CURÉ.

ARISTON.

Eh bien! mon cher Téotime, vous allez donc être curé de campagne?

TÉOTIME.

Oui; on me donne une petite paroisse, et je l'aime mieux qu'une grande. Je n'ai qu'une portion limitée d'intelligence et d'activité; je ne pourrais certainement pas diriger soixante et dix mille âmes, attendu que je n'en ai qu'une; un grand troupeau m'effraie, mais je pourrai faire quelque bien à un petit. J'ai étudié assez de jurisprudence pour empêcher, autant que je le pourrai, mes pauvres paroissiens de se ruiner en procès. Je sais assez de médecine pour leur indiquer des remèdes simples quand ils seront malades. J'ai assez de connaissance de l'agriculture pour leur donner quelquefois des conseils utiles. Le seigneur du lieu et sa femme sont d'honnêtes gens qui ne sont point dévots, et qui m'aideront à faire du bien. Je me flatte que je vivrai assez heureux, et qu'on ne sera pas malheureux avec moi.

ARISTON.

N'êtes-vous pas fâché de n'avoir point de femme? ce serait une grande consolation; il serait doux, après avoir prôné, chanté, confessé, communié, baptisé, enterré, consolé des malades, apaisé des querelles, consumé votre journée au service du prochain, de trouver dans votre logis une femme douce, agréable, et honnête, qui aurait soin de votre linge et de votre personne, qui vous égaierait dans la santé, qui vous soignerait dans la maladie, qui vous ferait de jolis enfants, dont la bonne éducation serait utile à l'état. Je vous plains, vous qui servez les hommes, d'être privé d'une consolation si nécessaire aux hommes.

TÉOTIME.

L'Église grecque a grand soin d'encourager les curés au mariage; l'Église anglicane et les protestants ont la même sagesse; l'Église latine a une sagesse contraire; il faut m'y soumettre. Peut-être aujourd'hui que l'esprit philosophique a fait tant de progrès, un concile ferait des lois plus favorables à l'humanité. Mais en attendant, je dois me conformer aux lois présentes; il en coûte beaucoup, je le sais; mais tant de gens qui valaient mieux que moi s'y sont soumis, que je ne dois pas murmurer.

ARISTON.

Vous êtes savant, et vous avez une éloquence sage; comment comptez-vous prêcher devant des gens de campagne?

TÉOTIME.

Comme je prêcherais devant les rois. Je parlerai toujours de morale, et jamais de controverse; Dieu me préserve d'approfondir la grâce concomitante, la grâce efficace, à laquelle on résiste, la suffisante qui ne suffit pas; d'examiner si les anges qui mangèrent avec Abraham et avec Loth avaient un corps, ou s'ils firent semblant de manger; si le diable Asmodée était effectivement amoureux de la femme du jeune Tobie; quelle est la montagne sur laquelle Jésus-Christ fut emporté par un autre diable; et si Jésus-Christ envoya deux mille diables, ou deux diables seulement dans le corps de deux mille cochons, etc., etc.! Il y a bien des choses que mon auditoire n'entendrait pas, ni moi non plus. Je tâcherai de faire des gens de bien, et de l'être; mais je ne ferai point de théologiens, et je le serai le moins que je pourrai.

ARISTON.

Oh! le bon curé! Je veux acheter une maison de campagne dans votre paroisse. Dites-moi, je vous prie, comment vous en userez dans la confession.

TÉOTIME.

La confession est une chose excellente, un frein aux crimes, inventé dans l'antiquité la plus reculée; on se confessait dans la célébration de tous les anciens mystères; nous avons imité et sanctifié cette sage pratique; elle est très bonne pour engager les cœurs ulcérés de haine à pardonner, et pour faire rendre par les petits voleurs ce qu'ils peuvent avoir dérobé à leur prochain. Elle a quelques inconvénients. Il y a beaucoup de confesseurs indiscrets, surtout parmi les moines, qui apprennent quelquefois plus de sottises aux filles que tous les garçons d'un village ne pourraient leur en faire. Point de détails dans la confession; ce n'est point un interrogatoire juridique, c'est l'aveu de ses fautes qu'un pécheur fait à l'Être suprême entre les mains d'un autre pécheur qui va s'accuser à son tour. Cet aveu salutaire n'est point fait pour contenter la curiosité d'un homme.

ARISTON.

Et des excommunications, en userez-vous?

TÉOTIME.

Non; il y a des rituels où l'on excommunie les sauterelles, les sorciers, et les comédiens. Je n'interdirai point l'entrée de l'église aux sauterelles, attendu qu'elles n'y vont jamais. Je n'excommunierai point les sorciers, parce qu'il n'y a point de sorciers; et à l'égard des comédiens, comme ils sont pensionnés par le roi, et autorisés par le magistrat, je me garderai bien de les diffamer. Je vous avouerai même, comme à mon ami, que j'ai du goût pour la comédie, quand elle ne choque point les mœurs. J'aime passionnément le *Misanthrope*, et toutes les tragédies où il y a des mœurs. Le seigneur de mon village fait jouer dans son château quelques unes de ces pièces, par de jeunes personnes qui ont du talent: ces représentations inspirent la vertu par l'attrait du plaisir; elles forment le goût, elles apprennent à bien parler et à bien prononcer. Je ne vois rien là que de très innocent, et même de très utile; je compte bien assister quelquefois à ces spectacles pour mon instruction, mais dans une loge grillée, pour ne point scandaliser les faibles.

ARISTON.

Plus vous me découvrez vos sentiments, et plus

j'ai envie de devenir votre paroissien. Il y a un point bien important qui m'embarrasse. Comment ferez-vous pour empêcher les paysans de s'enivrer les jours de fêtes? c'est là leur grande manière de les célébrer. Vous voyez les uns accablés d'un poison liquide, la tête penchée vers les genoux, les mains pendantes, ne voyant point, n'entendant rien, réduits à un état fort au-dessous de celui des brutes, reconduits chez eux en chancelant par leurs femmes éplorées, incapables de travail le lendemain, souvent malades et abrutis pour le reste de leur vie. Vous en voyez d'autres devenus furieux par le vin, exciter des querelles sanglantes, frapper et être frappés, et quelquefois finir par le meurtre ces scènes affreuses qui sont la honte de l'espèce humaine. Il le faut avouer, l'état perd plus de sujets par les fêtes que par les batailles; comment pourrez-vous diminuer dans votre paroisse un abus si exécrable?

TÉOTIME.

Mon parti est pris; je leur permettrai, je les presserai même de cultiver leurs champs les jours de fêtes après le service divin, que je ferai de très bonne heure. C'est l'oisiveté de la férie qui les conduit au cabaret. Les jours ouvrables ne sont point les jours de la débauche et du meurtre. Le travail modéré contribue à la santé du corps et à celle de l'âme; de plus ce travail est nécessaire à l'état. Supposons cinq millions d'hommes qui font par jour pour dix sous d'ouvrage l'un portant l'autre, et ce compte est bien modéré; vous rendez ces cinq millions d'hommes inutiles trente jours de l'année, c'est donc trente fois cinq millions de pièces de dix sous que l'état perd en main-d'œuvre. Or, certainement Dieu n'a jamais ordonné ni cette perte ni l'ivrognerie.

ARISTON.

Ainsi vous concilierez la prière et le travail; Dieu ordonne l'un et l'autre. Vous servirez Dieu et le prochain. Mais dans les disputes ecclésiastiques, quel parti prendrez-vous?

TÉOTIME.

Aucun. On ne dispute jamais sur la vertu, parce qu'elle vient de Dieu: on se querelle sur des opinions qui viennent des hommes.

ARISTON.

Oh! le bon curé! le bon curé!

CATÉCHISME DU JAPONAIS.

L'INDIEN.

Est-il vrai qu'autrefois les Japonais ne savaient pas faire la cuisine, qu'ils avaient soumis leur royaume au grand-lama, que ce grand-lama décidait souverainement de leur boire et de leur manger, qu'il envoyait chez vous de temps en temps un petit lama, lequel venait recueillir les tributs; et qu'il vous donnait en échange un signe de protection fait avec les deux premiers doigts et le pouce?

LE JAPONAIS.

Hélas! rien n'est plus vrai. Figurez-vous même que toutes les places de canusi[a], qui sont les grands cuisiniers de notre île, étaient données par le lama, et n'étaient pas données pour l'amour de Dieu. De plus, chaque maison de nos séculiers payait une once d'argent par an à ce grand cuisinier du Thibet. Il ne nous accordait pour tout dédommagement que des petits plats d'assez mauvais goût qu'on appelle *des restes*[b]. Et quand il lui prenait quelque fantaisie nouvelle, comme de faire la guerre aux peuples du Tangut, il levait chez nous de nouveaux subsides. Notre nation se plaignit souvent, mais sans aucun fruit; et même chaque plainte finissait par payer un peu davantage. Enfin l'amour, qui fait tout pour le mieux, nous délivra de cette servitude. Un de nos empereurs se brouilla avec le grand-lama pour une femme: mais il faut avouer que ceux qui nous servirent le plus dans cette affaire furent nos canusi, autrement pauxcospie[c]; c'est à eux que nous avons l'obligation d'avoir secoué le joug; et voici comment.

Le grand-lama avait une plaisante manie, il croyait avoir toujours raison; notre daïri et nos canusi voulurent avoir du moins raison quelquefois. Le grand-lama trouva cette prétention absurde; nos canusi n'en démordirent point, et ils rompirent pour jamais avec lui.

L'INDIEN.

Eh bien! depuis ce temps-là vous avez été sans doute heureux et tranquilles?

LE JAPONAIS.

Point du tout; nous nous sommes persécutés, déchirés, dévorés, pendant près de deux siècles. Nos canusi voulaient en vain avoir raison; il n'y a que cent ans qu'ils sont raisonnables. Aussi depuis ce temps-là pouvons-nous hardiment nous regarder comme une des nations les plus heureuses de la terre.

L'INDIEN.

Comment pouvez-vous jouir d'un tel bonheur, s'il est vrai, ce qu'on m'a dit, que vous ayez douze factions de cuisine dans votre empire? vous devez avoir douze guerres civiles par an.

[a] Les *canusi* sont les anciens prêtres du Japon.
[b] Reliques, de *reliquiæ*, qui signifie *restes*.
[c] Pauxcospie, anagramme d'*épiscopaux*.

LE JAPONAIS.

Pourquoi? S'il y a douze traiteurs dont chacun ait une recette différente, faudra-t-il pour cela se couper la gorge au lieu de dîner? au contraire, chacun fera bonne chère à sa façon chez le cuisinier qui lui agréera davantage.

L'INDIEN.

Il est vrai qu'on ne doit point disputer des goûts; mais on en dispute, et la querelle s'échauffe.

LE JAPONAIS.

Après qu'on a disputé bien long-temps, et qu'on a vu que toutes ces querelles n'apprenaient aux hommes qu'à se nuire, on prend enfin le parti de se tolérer mutuellement, et c'est sans contredit ce qu'il y a de mieux à faire.

L'INDIEN.

Et qui sont, s'il vous plaît, ces traiteurs qui partagent votre nation dans l'art de boire et de manger?

LE JAPONAIS.

Il y a premièrement les Breuxeh, qui ne vous donneront jamais de boudin ni de lard; ils sont attachés à l'ancienne cuisine; ils aimeraient mieux mourir que de piquer un poulet: d'ailleurs, grands calculateurs; et s'il y a une once d'argent à partager entre eux et les onze autres cuisiniers, ils en prennent d'abord la moitié pour eux, et le reste est pour ceux qui savent le mieux compter.

L'INDIEN.

Je crois que vous ne soupez guère avec ces gens-là.

LE JAPONAIS.

Non. Il y a ensuite les pispates qui, certains jours de chaque semaine, et même pendant un temps considérable de l'année, aimeraient cent fois mieux manger pour cent écus de turbots, de truites, de soles, de saumons, d'esturgeons, que de se nourrir d'une blanquette de veau qui ne reviendrait pas à quatre sous.

Pour nous autres canusi, nous aimons fort le bœuf et une certaine pâtisserie qu'on appelle en japonais du *pudding*. Au reste, tout le monde convient que nos cuisiniers sont infiniment plus savants que ceux des pispates. Personne n'a plus approfondi que nous le *garum* des Romains, n'a mieux connu les ognons de l'ancienne Égypte, la pâte de sauterelles des premiers Arabes, la chair de cheval des Tartares; et il y a toujours quelque chose à apprendre dans les livres des canusi, qu'on appelle communément *pauxscospie*.

Je ne vous parlerai point de ceux qui ne mangent qu'à la *Terluh*, ni de ceux qui tiennent pour le régime de *Vincal*, ni des batistapanes, ni des autres; mais les quekars méritent une attention particulière. Ce sont les seuls convives que je n'aie jamais vus s'enivrer et jurer. Ils sont très difficiles à tromper; mais ils ne vous tromperont jamais. Il semble que la loi d'aimer son prochain comme soi-même n'ait été faite que pour ces gens-là; car en vérité comment un bon Japonais peut-il se vanter d'aimer son prochain comme lui-même, quand il va pour quelque argent lui tirer une balle de plomb dans la cervelle, ou l'égorger avec un criss large de quatre doigts, le tout en front de bandière? il s'expose lui-même à être égorgé et à recevoir des balles de plomb: ainsi on peut dire avec bien plus de vérité qu'il hait son prochain comme lui-même. Les quekars n'ont jamais eu cette frénésie, ils disent que les pauvres humains sont des cruches d'argile faites pour durer très peu, et que ce n'est pas la peine qu'elles aillent de gaîté de cœur se briser les unes contre les autres.

Je vous avoue que, si je n'étais pas canusi, je ne haïrais pas d'être quekar. Vous m'avouerez qu'il n'y a pas moyen de se quereller avec des cuisiniers si pacifiques. Il y en a d'autres, en très grand nombre, qu'on appelle diestes; ceux-là donnent à dîner à tout le monde indifféremment, et vous êtes libre chez eux de manger tout ce qui vous plaît, lardé, bardé, sans lard, sans barde, aux œufs, à l'huile, perdrix, saumon, vin gris, vin rouge; tout cela leur est indifférent: pourvu que vous fassiez quelque prière à Dieu avant ou après le dîner, et même simplement avant le déjeûner, et que vous soyez honnêtes gens, ils riront avec vous aux dépens du grand-lama à qui cela ne fera nul mal, et aux dépens de Terluh, de Vincal, et de Mennon, etc. Il est bon seulement que nos diestes avouent que nos canusi sont très savants en cuisine, et que surtout ils ne parlent jamais de retrancher nos rentes; alors nous vivrons très paisiblement ensemble.

L'INDIEN.

Mais enfin il faut qu'il y ait une cuisine dominante, la cuisine du roi.

LE JAPONAIS.

Je l'avoue; mais quand le roi du Japon a fait bonne chère, il doit être de bonne humeur, et il ne doit pas empêcher ses bons sujets de digérer.

L'INDIEN.

Mais si des entêtés veulent manger au nez du roi des saucisses pour lesquelles le roi aura de l'aversion, s'ils s'assemblent quatre ou cinq mille armés de grils pour faire cuire leurs saucisses, s'ils insultent ceux qui n'en mangent point?

LE JAPONAIS.

Alors il faut les punir comme des ivrognes qui troublent le repos des citoyens. Nous avons pourvu à ce danger. Il n'y a que ceux qui mangent à la royale qui soient susceptibles des dignités de l'état : tous les autres peuvent dîner à leur fantaisie, mais ils sont exclus des charges. Les attroupements sont souverainement défendus, et punis sur-le-champ sans rémission ; toutes les querelles à table sont réprimées soigneusement, selon le précepte de notre grand cuisinier japonais, qui a écrit dans la langue sacrée, SUTI RAHO CUS FLAC[1] :

« Natis in usum lætitiæ scyphis
» Pugnare Thracum est... »
(HORACE, liv. I, ode XXVII.)

ce qui veut dire : Le dîner est fait pour une joie recueillie et honnête, et il ne faut pas se jeter les verres à la tête.

Avec ces maximes, nous vivons heureusement chez nous; notre liberté est affermie sous nos taicosema; nos richesses augmentent, nous avons deux cents jonques de ligne, et nous sommes la terreur de nos voisins.

L'INDIEN.

Pourquoi donc le bon versificateur Recina, fils de ce poëte indien Recina[2] si tendre, si exact, si harmonieux, si éloquent, a-t-il dit dans un ouvrage didactique en rimes, intitulé *la Grâce*, et non *les Grâces* :

Le Japon, où jadis brilla tant de lumière,
N'est plus qu'un triste amas de folles visions?

LE JAPONAIS.

Le Recina dont vous me parlez est lui-même un grand visionnaire. Ce pauvre Indien ignore-t-il que nous lui avons enseigné ce que c'est que la lumière; que si on connaît aujourd'hui dans l'Inde la véritable route des planètes, c'est à nous qu'on en est redevable ; que nous seuls avons enseigné aux hommes les lois primitives de la nature et le calcul de l'infini; que s'il faut descendre à des choses qui sont d'un usage plus commun, les gens de son pays n'ont appris que de nous à faire des jonques dans les proportions mathématiques; qu'ils nous doivent jusqu'aux chausses appelées *les bas au métier*, dont ils couvrent leurs jambes? Serait-il possible qu'ayant inventé tant de choses admirables ou utiles, nous ne fussions que des fous, et qu'un homme qui a mis en vers les rêveries des autres fût le seul sage? Qu'il nous laisse faire notre cuisine, et qu'il fasse, s'il veut, des vers sur des sujets plus poétiques.

L'INDIEN.

Que voulez-vous ! il a les préjugés de son pays, ceux de son parti, et les siens propres.

LE JAPONAIS.

Oh ! voilà trop de préjugés.

CATÉCHISME DU JARDINIER,

OU

ENTRETIEN DU BACHA TUCTAN ET DU JARDINIER KARPOS.

TUCTAN.

Eh bien ! mon ami Karpos, tu vends cher tes légumes; mais ils sont bons... De quelle religion es-tu à présent ?

KARPOS.

Ma foi, mon bacha, j'aurais bien de la peine à vous le dire. Quand notre petite île de Samos appartenait aux Grecs, je me souviens que l'on me fesait dire que l'*agion pneuma* n'était produit que du *tou patrou*; on me fesait prier Dieu tout droit sur mes deux jambes, les mains croisées : on me défendait de manger du lait en carême. Les Vénitiens sont venus, alors mon curé vénitien m'a fait dire qu'*agion pneuma* venait du *tou patrou* et du *tou viou*; m'a permis de manger du lait, et m'a fait prier Dieu à genoux. Les Grecs sont revenus et ont chassé les Vénitiens, alors il a fallu renoncer au *tou viou* et à la crême. Vous avez enfin chassé les Grecs, et je vous entends crier *Alla illa Alla* de toutes vos forces. Je ne sais plus trop ce que je suis ; j'aime Dieu de tout mon cœur, et je vends mes légumes fort raisonnablement.

TUCTAN.

Tu as là de très belles figues.

KARPOS.

Mon bacha, elles sont fort à votre service.

TUCTAN.

On dit que tu as aussi une jolie fille.

KARPOS.

Oui, mon bacha; mais elle n'est pas à votre service.

TUCTAN.

Pourquoi cela, misérable?

KARPOS.

C'est que je suis un honnête homme ; il m'est

[1] Anagramme de HORATIUS FLACCUS.

[2] Racine; probablement Louis Racine, fils de l'admirable Racine.

N. B. Cet indien Recina, sur la foi des rêveurs de son pays, a cru qu'on ne pouvait faire de bonnes sauces que quand Brama, par une volonté toute particulière, enseignait lui-même la sauce à ses favoris; qu'il y avait un nombre infini de cuisiniers auxquels il était impossible de faire un ragoût avec la ferme volonté d'y réussir, et que Brama leur en ôtait les moyens par pure malice. On ne croit pas au Japon une pareille impertinence, et on y tient pour une vérité incontestable cette sentence japonaise :

God never acts by partial will, but by general laws.

permis de vendre mes figues, mais non pas de vendre ma fille.

TUCTAN.

Et par quelle loi ne t'est-il pas permis de vendre ce fruit-là?

KARPOS.

Par la loi de tous les honnêtes jardiniers; l'honneur de ma fille n'est point à moi, il est à elle; ce n'est pas une marchandise.

TUCTAN.

Tu n'es donc pas fidèle à ton bacha?

KARPOS.

Très-fidèle dans les choses justes, tant que vous serez mon maître.

TUCTAN.

Mais si ton papa grec fesait une conspiration contre moi, et s'il t'ordonnait de la part du *tou patrou* et du *tou viou* d'entrer dans son complot, n'aurais-tu pas la dévotion d'en être?

KARPOS.

Moi? point du tout, je m'en donnerais bien de garde.

TUCTAN.

Et pourquoi refuserais-tu d'obéir à ton papa grec dans une occasion si belle?

KARPOS.

C'est que je vous ai fait serment d'obéissance, et que je sais bien que le *tou patrou* n'ordonne point les conspirations.

TUCTAN.

J'en suis bien aise; mais si par malheur les Grecs reprenaient l'île et me chassaient, me serais-tu fidèle?

KARPOS.

Eh! comment alors pourrais-je vous être fidèle, puisque vous ne seriez plus mon bacha?

TUCTAN.

Et le serment que tu m'as fait, que deviendrait-il?

KARPOS.

Il serait comme mes figues, vous n'en tâteriez plus. N'est-il pas vrai (sauf respect) que si vous étiez mort, à l'heure que je vous parle, je ne vous devrais plus rien?

TUCTAN.

La supposition est incivile, mais la chose est vraie.

KARPOS.

Eh bien! si vous étiez chassé, c'est comme si vous étiez mort; car vous auriez un successeur auquel il faudrait que je fisse un autre serment. Pourriez-vous exiger de moi une fidélité qui ne vous servirait à rien? c'est comme si, ne pouvant manger de mes figues, vous vouliez m'empêcher de les vendre à d'autres.

TUCTAN.

Tu es un raisonneur: tu as donc des principes?

KARPOS.

Oui, à ma façon: ils sont en petit nombre, mais ils me suffisent; et si j'en avais davantage, ils m'embarrasseraient.

TUCTAN.

Je serais curieux de savoir tes principes.

KARPOS.

C'est, par exemple, d'être bon mari, bon père, bon voisin, bon sujet, et bon jardinier; je ne vais pas au-delà, et j'espère que Dieu me fera miséricorde.

TUCTAN.

Et crois-tu qu'il me fera miséricorde à moi qui suis le gouverneur de ton île?

KARPOS.

Et comment voulez-vous que je le sache? est-ce à moi à deviner comment Dieu en use avec les bachas? C'est une affaire entre vous et lui; je ne m'en mêle en aucune sorte. Tout ce que j'imagine, c'est que si vous êtes un aussi honnête bacha que je suis honnête jardinier, Dieu vous traitera fort bien.

TUCTAN.

Par Mahomet! je suis fort content de cet idolâtre-là. Adieu, mon ami; Alla vous ait en sa sainte garde!

KARPOS.

Grand merci. Théos ait pitié de vous, mon bacha!

DE CATON, DU SUICIDE.

Et du livre de l'abbé de Saint-Cyran qui légitime le suicide.

L'ingénieux La Motte s'est exprimé ainsi sur Caton dans une de ses odes plus philosophiques que poétiques:

Caton, d'une âme plus égale,
Sous l'heureux vainqueur de Pharsale
Eût souffert que Rome pliât;
Mais, incapable de se rendre,
Il n'eut pas la force d'attendre
Un pardon qui l'humiliât.

C'est, je crois, parce que l'âme de Caton fut toujours égale, et qu'elle conserva jusqu'au dernier moment le même amour pour les lois et pour la patrie, qu'il aima mieux périr avec elle que de ramper sous un tyran; il finit comme il avait vécu.

Incapable de se rendre ! Et à qui? à l'ennemi de Rome, à celui qui avait volé de force le trésor public pour faire la guerre à ses concitoyens, et les asservir avec leur argent même.

Un pardon ! Il semble que La Motte Houdart parle d'un sujet révolté, qui pouvait obtenir sa grâce de sa majesté, avec des lettres en chancellerie.

> Malgré sa grandeur usurpée,
> Le fameux vainqueur de Pompée
> Ne put triompher de Caton.
> C'est à ce juge inébranlable
> Que César, cet heureux coupable,
> Aurait dû demander pardon.

Il paraît qu'il y a quelque ridicule à dire que Caton se tua par *faiblesse*. Il faut une âme forte pour surmonter ainsi l'instinct le plus puissant de la nature. Cette force est quelquefois celle d'un frénétique; mais un frénétique n'est pas faible.

Le suicide est défendu chez nous par le droit canon. Mais les décrétales, qui font la jurisprudence d'une partie de l'Europe, furent inconnues à Caton, à Brutus, à Cassius, à la sublime Arria, à l'empereur Othon, à Marc-Antoine, et à cent héros de la véritable Rome, qui préférèrent une mort volontaire à une vie qu'ils croyaient ignominieuse.

Nous nous tuons aussi nous autres; mais c'est quand nous avons perdu notre argent, ou dans l'excès très rare d'une folle passion pour un objet qui n'en vaut pas la peine. J'ai connu des femmes qui se sont tuées pour les plus sots hommes du monde. On se tue aussi quelquefois parce qu'on est malade, et c'est en cela qu'il y a de la faiblesse.

Le dégoût de son existence, l'ennui de soi-même, est encore une maladie qui cause des suicides. Le remède serait un peu d'exercice, de la musique, la chasse, la comédie, une femme aimable. Tel homme qui dans un accès de mélancolie se tue aujourd'hui, aimerait à vivre s'il attendait huit jours.

J'ai presque vu de mes yeux un suicide qui mérite l'attention de tous les physiciens. Un homme d'une profession sérieuse, d'un âge mûr, d'une conduite régulière, n'ayant point de passions, étant au-dessus de l'indigence, s'est tué le 17 octobre 1769, et a laissé au conseil de la ville où il était né l'apologie par écrit de sa mort volontaire, laquelle on n'a pas jugé à propos de publier, de peur d'encourager les hommes à quitter une vie dont on dit tant de mal. Jusque-là il n'y a rien de bien extraordinaire; on voit partout de tels exemples. Voici l'étonnant.

Son frère et son père s'étaient tués, chacun au même âge que lui. Quelle disposition secrète d'organes, quelle sympathie, quel concours de lois physiques fait périr le père et les deux enfants de leur propre main, et du même genre de mort, précisément quand ils ont atteint la même année? Est-ce une maladie qui se développe à la longue dans une famille, comme on voit souvent les pères et les enfants mourir de la petite-vérole, de la pulmonie, ou d'un autre mal? Trois, quatre générations sont devenues sourdes, aveugles, ou goutteuses, ou scorbutiques, dans un temps préfix.

Le physique, ce père du moral, transmet le même caractère de père en fils pendant des siècles. Les Appius furent toujours fiers et inflexibles; les Catons toujours sévères. Toute la lignée des Guises fut audacieuse, téméraire, factieuse, pétrie du plus insolent orgueil et de la politesse la plus séduisante. Depuis François de Guise jusqu'à celui qui seul, et sans être attendu, alla se mettre à la tête du peuple de Naples, tous furent d'une figure, d'un courage et d'un tour d'esprit au-dessus du commun des hommes. J'ai vu les portraits en pied de François de Guise, du Balafré et de son fils; leur taille est de six pieds; mêmes traits, même courage, même audace sur le front, dans les yeux et dans l'attitude.

Cette continuité, cette série d'êtres semblables est bien plus remarquable encore dans les animaux; et si l'on avait la même attention à perpétuer les belles races d'hommes que plusieurs nations ont encore à ne pas mêler celles de leurs chevaux et de leurs chiens de chasse, les généalogies seraient écrites sur les visages, et se manifesteraient dans les mœurs.

Il y a eu des races de bossus, de six-digitaires, comme nous en voyons de rousseaux, de lippus, de longs nez, et de nez plats.

Mais que la nature dispose tellement les organes de toute une race, qu'à un certain âge tous ceux de cette famille auront la passion de se tuer, c'est un problème que toute la sagacité des anatomistes les plus attentifs ne peut résoudre. L'effet est certainement tout physique; mais c'est de la physique occulte. Eh! quel est le secret principe qui ne soit pas occulte?

On ne nous dit point, et il n'est pas vraisemblable que du temps de Jules César et des empereurs, les habitants de la Grande-Bretagne se tuassent aussi délibérément qu'ils le font aujourd'hui quand ils ont des vapeurs qu'ils appellent le *spleen*, et que nous prononçons le *spline*.

Au contraire, les Romains, qui n'avaient point le spline, ne fesaient aucune difficulté de se donner la mort. C'est qu'ils raisonnaient; ils étaient philosophes, et les sauvages de l'île *Britain* ne l'étaient pas. Aujourd'hui les citoyens anglais sont philosophes, et les citoyens romains ne sont rien. Aussi les Anglais quittent la vie fièrement quand il leur en prend fantaisie. Mais il faut à un citoyen romain une *indulgentia in articulo mortis*; ils ne savent ni vivre ni mourir.

Le chevalier Temple dit qu'il faut partir quand il n'y a plus d'espérance de rester agréablement. C'est ainsi que mourut Atticus.

Les jeunes filles qui se noient et qui se pendent par amour ont donc tort; elles devraient écouter l'espérance du changement, qui est aussi commun en amour qu'en affaires.

Un moyen presque sûr de ne pas céder à l'envie de vous tuer, c'est d'avoir toujours quelque chose à faire. Creech, le commentateur de Lucrèce, mit sur son manuscrit : N. B. *Qu'il faudra que je me pende quand j'aurai fini mon commentaire*. Il se tint parole pour avoir le plaisir de finir comme son auteur. S'il avait entrepris un commentaire sur Ovide, il aurait vécu plus long-temps.

Pourquoi avons-nous moins de suicides dans les campagnes que dans les villes? c'est que dans les champs il n'y a que le corps qui souffre : à la ville c'est l'esprit. Le laboureur n'a pas le temps d'être mélancolique. Ce sont les oisifs qui se tuent; ce sont ces gens si heureux aux yeux du peuple.

Je résumerai ici quelques suicides arrivés de mon temps, et dont quelques-uns ont déjà été publiés dans d'autres ouvrages. Les morts peuvent être utiles aux vivants.

PRÉCIS DE QUELQUES SUICIDES SINGULIERS.

Philippe Mordaunt, cousin germain de ce fameux comte de Peterborough, si connu dans toutes les cours de l'Europe, et qui se vantait d'être l'homme de l'univers qui avait vu le plus de postillons et le plus de rois; Philippe Mordaunt, dis-je, était un jeune homme de vingt-sept ans, beau, bien fait, riche, né d'un sang illustre, pouvant prétendre à tout, et, ce qui vaut encore mieux, passionnément aimé de sa maîtresse. Il prit à ce Mordaunt un dégoût de la vie; il paya ses dettes, écrivit à ses amis pour leur dire adieu, et même fit des vers dont voici les derniers, traduits en français :

> L'opium peut aider le sage;
> Mais, selon mon opinion,
> Il lui faut au lieu d'opium
> Un pistolet et du courage.

Il se conduisit selon ses principes, et se dépêcha d'un coup de pistolet, sans en avoir donné d'autre raison, sinon que son âme était lasse de son corps, et que quand on est mécontent de sa maison, il faut en sortir. Il semblait qu'il eût voulu mourir parce qu'il était dégoûté de son bonheur.

Richard Smith, en 1726, donna un étrange spectacle au monde pour une cause fort différente. Richard Smith était dégoûté d'être réellement malheureux : il avait été riche, et il était pauvre; il avait eu de la santé, et il était infirme. Il avait une femme à laquelle il ne pouvait faire partager que sa misère : un enfant au berceau était le seul bien qui lui restât. Richard Smith, et Bridget Smith, d'un commun consentement, après s'être tendrement embrassés, et avoir donné le dernier baiser à leur enfant, ont commencé par tuer cette pauvre créature, et ensuite se sont pendus aux colonnes de leur lit. Je ne connais nulle part aucune horreur de sang-froid qui soit de cette force; mais la lettre que ces infortunés ont écrite à M. Brindley leur cousin, avant leur mort, est aussi singulière que leur mort même. « Nous croyons, disent-ils, » que Dieu nous pardonnera, etc. Nous avons » quitté la vie, parce que nous étions malheureux » sans ressource : et nous avons rendu à notre fils » unique le service de le tuer, de peur qu'il ne » devînt aussi malheureux que nous, etc. » Il est à remarquer que ces gens, après avoir tué leur fils par tendresse paternelle, ont écrit à un ami pour lui recommander leur chat et leur chien. Ils ont cru apparemment qu'il était plus aisé de faire le bonheur d'un chat et d'un chien dans le monde, que celui d'un enfant, et ils ne voulaient pas être à charge à leur ami.

Mylord Scarborough quitta la vie en 1727, avec le même sang-froid qu'il avait quitté sa place de grand-écuyer. On lui reprochait dans la chambre des pairs qu'il prenait le parti du roi, parce qu'il avait une belle charge à la cour. « Messieurs, dit- » il, pour vous prouver que mon opinion ne dé- » pend pas de ma place, je m'en démets dans l'in- » stant. » Il se trouva depuis embarrassé entre une maîtresse qu'il aimait, mais à qui il n'avait rien promis et une femme qu'il estimait, mais à qui, il avait fait une promesse de mariage. Il se tua pour se tirer d'embarras.

Toutes ces histoires tragiques, dont les gazettes anglaises fourmillent, ont fait penser à l'Europe qu'on se tue plus volontiers en Angleterre qu'ailleurs. Je ne sais pourtant si à Paris il n'y a pas autant de fous ou de héros qu'à Londres; peut-être que si nos gazettes tenaient un registre exact de ceux qui ont eu la démence de vouloir se tuer et le triste courage de le faire, nous pourrions, sur ce point, avoir le malheur de tenir tête aux Anglais. Mais nos gazettes sont plus discrètes : les aventures des particuliers ne sont jamais exposées à la médisance publique dans ces journaux avoués par le gouvernement.

Tout ce que j'ose dire avec assurance, c'est qu'il ne sera jamais à craindre que cette folie de se tuer devienne une maladie épidémique : la nature y a trop bien pourvu; l'espérance, la crainte, sont les ressorts puissants dont elle se sert pour arrêter très souvent la main du malheureux prêt à se frapper.

On entendit un jour le cardinal Dubois se dire à lui-même : *Tue-toi donc! lâche, tu n'oserais.*

On dit qu'il y a eu des pays où un conseil était établi pour permettre aux citoyens de se tuer quand ils en avaient des raisons valables. Je réponds, ou que cela n'est pas, ou que ces magistrats n'avaient pas une grande occupation.

Ce qui pourrait nous étonner, et ce qui mérite, je crois, un sérieux examen, c'est que les anciens héros romains se tuaient presque tous quand ils avaient perdu une bataille dans les guerres civiles: et je ne vois point que ni du temps de la Ligue, ni de celui de la Fronde, ni dans les troubles d'Italie, ni dans ceux d'Angleterre, aucun chef ait pris le parti de mourir de sa propre main. Il est vrai que ces chefs étaient chrétiens, et qu'il y a bien de la différence entre les principes d'un guerrier chrétien et ceux d'un héros païen; cependant pourquoi ces hommes, que le christianisme retenait quand ils voulaient se procurer la mort, n'ont-ils été retenus par rien quand ils ont voulu empoisonner, assassiner, ou faire mourir leurs ennemis vaincus sur des échafauds, etc.? La religion chrétienne ne défend-elle pas ces homicides-là encore plus que l'homicide de soi-même, dont le *Nouveau Testament* n'a jamais parlé?

Les apôtres du suicide nous disent qu'il est très permis de quitter sa maison quand on en est las. D'accord; mais la plupart des hommes aiment mieux coucher dans une vilaine maison que de dormir à la belle étoile.

Je reçus un jour d'un Anglais une lettre circulaire par laquelle il proposait un prix à celui qui prouverait le mieux qu'il faut se tuer dans l'occasion. Je ne lui répondis point : je n'avais rien à lui prouver; il n'avait qu'à examiner s'il aimait mieux la mort que la vie.

Un autre Anglais, nommé Bacon Morris, vint me trouver à Paris, en 1724; il était malade, et me promit qu'il se tuerait s'il n'était pas guéri au 20 juillet. En conséquence, il me donna son épitaphe conçue en ces mots : *Qui mari et terrâ pacem quæsivit, hic invenit.* Il me chargea aussi de vingt-cinq louis pour lui dresser un petit monument au bout du faubourg Saint-Martin. Je lui rendis son argent le 20 juillet, et je gardai son épitaphe.

De mon temps, le dernier prince de la maison de Courtenai, très vieux, et le dernier prince de la branche de Lorraine-Harcourt, très jeune, se sont donné la mort sans qu'on en ait presque parlé. Ces aventures font un fracas terrible le premier jour, et quand les biens du mort sont partagés, on n'en parle plus.

Voici le plus fort de tous les suicides. Il vient de s'exécuter à Lyon, au mois de juin 1770.

Un jeune homme très connu, beau, bien fait, aimable, plein de talents, est amoureux d'une jeune fille que les parents ne veulent point lui donner. Jusqu'ici ce n'est que la première scène d'une comédie ; mais l'étonnante tragédie va suivre.

L'amant se rompt une veine par un effort. Les chirurgiens lui disent qu'il n'y a point de remède; sa maîtresse lui donne un rendez-vous avec deux pistolets et deux poignards, afin que si les pistolets manquent leur coup, les deux poignards servent à leur percer le cœur en même temps. Ils s'embrassent pour la dernière fois; les détentes des pistolets étaient attachées à des rubans couleur de rose; l'amant tient le ruban du pistolet de sa maîtresse; elle tient le ruban du pistolet de son amant. Tous deux tirent à un signal donné, tous deux tombent au même instant.

La ville entière de Lyon en est témoin. Arrie et Pétus, vous en aviez donné l'exemple; mais vous étiez condamnés par un tyran, et l'amour seul a immolé ces deux victimes! On leur a fait cette épitaphe :

> A votre sang mêlons nos pleurs,
> Attendrissons-nous d'âge en âge
> Sur vos amours et vos malheurs ;
> Mais admirons votre courage.

DES LOIS CONTRE LE SUICIDE.

Y a-t-il une loi civile ou religieuse qui ait prononcé défense de se tuer sous peine d'être pendu après sa mort, ou sous peine d'être damné?

Il est vrai que Virgile a dit :

> « Proxima deinde tenent mœsti loca, qui sibi lethum
> » Insontes peperêre manu, lucemque perosi
> » Projecêre animas. Quam vellent æthere in alto
> » Nunc et pauperiem et duros perferre labores !
> » Fata obstant, tristique palus innabilis unda
> » Alligat, et novies Styx interfusa coercet. »
> (VIRG., *Æneid.*, lib. VI, v. 434 et seq.)

> Là sont ces insensés, qui, d'un bras téméraire,
> Ont cherché dans la mort un secours volontaire,
> Qui n'ont pu supporter, faibles et furieux,
> Le fardeau de la vie imposé par les dieux.
> Hélas! ils voudraient tous se rendre à la lumière,
> Recommencer cent fois leur pénible carrière :
> Ils regrettent la vie, ils pleurent; et le sort,
> Le sort, pour les punir, les retient dans la mort;
> L'abîme du Cocyte, et l'Achéron terrible
> Met entre eux et la vie un obstacle invincible.

Telle était la religion de quelques païens; et malgré l'ennui qu'on allait chercher dans l'autre monde, c'était un honneur de quitter celui-ci et de se tuer, tant les mœurs des hommes sont contradictoires. Parmi nous, le duel n'est-il pas encore malheureusement honorable, quoique défendu par la raison, par la religion, et par toutes les lois? Si Caton et César, Antoine et Auguste ne se sont pas battus en duel, ce n'est pas qu'ils ne fussent aussi braves que nos Français. Si le duc de Montmorenci, le maréchal de Marillac, de Thou, Cinq-Mars, et tant d'autres, ont mieux aimé être traînés au dernier supplice dans une charrette, comme des voleurs de grand chemin, que de se tuer comme Caton et Brutus, ce n'est pas qu'ils n'eussent autant de courage que ces Romains, et qu'ils n'eussent autant de ce qu'on appelle *honneur*. La véritable raison, c'est que la mode n'était pas alors à Paris de se tuer en pareil cas, et cette mode était établie à Rome.

Les femmes de la côte de Malabar se jettent toutes vives sur le bûcher de leurs maris: ont-elles plus de courage que Cornélie? non; mais la coutume est dans ce pays-là que les femmes se brûlent.

Coutume, opinion, reines de notre sort,
Vous réglez des mortels et la vie et la mort.

Au Japon, la coutume est que quand un homme d'honneur a été outragé par un homme d'honneur, il s'ouvre le ventre en présence de son ennemi, et lui dit: Fais-en autant si tu as du cœur. L'agresseur est déshonoré à jamais s'il ne se plonge pas incontinent un grand couteau dans le ventre.

La seule religion dans laquelle le suicide soit défendu par une loi claire et positive est le mahométisme. Il est dit dans le sura IV: « Ne vous » tuez pas vous-même, car Dieu est miséricordieux » envers vous, et quiconque se tue par malice et » par méchanceté sera certainement rôti au feu » d'enfer. »

Nous traduisons mot à mot. Le texte semble n'avoir pas le sens commun; ce qui n'est pas rare dans les textes. Que veut dire: « Ne vous tuez » point vous-même, car Dieu est miséricordieux? » Peut-être faut-il entendre: Ne succombez pas à vos malheurs que Dieu peut adoucir; ne soyez pas assez fou pour vous donner la mort aujourd'hui, pouvant être heureux demain.

« Et quiconque se tue par malice et par mé» chanceté. » Cela est plus difficile à expliquer. Il n'est peut-être jamais arrivé dans l'antiquité qu'à la *Phèdre* d'Euripide de se pendre exprès pour faire accroire à Thésée qu'Hippolyte l'avait violée. De nos jours, un homme s'est tiré un coup de pistolet dans la tête, ayant tout arrangé pour faire jeter le soupçon sur un autre.

Dans la comédie de *George Dandin*, la coquine de femme qu'il a épousée le menace de se tuer pour le faire pendre. Ces cas sont rares: si Mahomet les a prévus, on peut dire qu'il voyait de loin.

CAUSES FINALES.

SECTION PREMIÈRE.

Virgile dit (*Æn.* VI, 727):

« Mens agitat molem, et magno se corpore miscet. »
L'esprit régit le monde; il s'y mêle, il l'anime.

Virgile a bien dit; et Benoît Spinosa[a], qui n'a pas la clarté de Virgile, et qui ne le vaut pas, est forcé de reconnaître une intelligence qui préside à tout. S'il me l'avait niée, je lui aurais dit: Benoît, tu es fou; tu as une intelligence, et tu la nies, et à qui la nies-tu?

Il vient, en 1770, un homme très supérieur à Spinosa à quelques égards, aussi éloquent que le juif hollandais est sec; moins méthodique, mais cent fois plus clair; peut-être aussi géomètre, sans affecter la marche ridicule de la géométrie dans un sujet métaphysique et moral: c'est l'auteur du *Système de la nature*: il a pris le nom de Mirabaud, secrétaire de l'académie française. Hélas! notre bon Mirabaud n'était pas capable d'écrire une page du livre de notre redoutable adversaire. Vous tous, qui voulez vous servir de votre raison et vous instruire, lisez cet éloquent et dangereux passage du *Système de la nature*. (Partie II, chapitre 5, pages 153 et suivantes.)

« On prétend que les animaux nous fournissent » une preuve convaincante d'une cause puissante » de leur existence; on nous dit que l'accord admirable de leurs parties, que l'on voit se prêter » des secours mutuels, afin de remplir leurs fonc» tions et de maintenir leur ensemble, nous an» nonce un ouvrier qui réunit la puissance à la » sagesse. Nous ne pouvons douter de la puissance » de la nature; elle produit tous les animaux que » nous voyons, à l'aide des combinaisons de la » matière, qui est dans une action continuelle; » l'accord des parties de ces mêmes animaux est » une suite des lois nécessaires de leur nature et » de leur combinaison; dès que cet accord cesse, » l'animal se détruit nécessairement. Que devien» nent alors la sagesse, l'intelligence[b], ou la bonté » de la cause prétendue à qui l'on fesait honneur » d'un accord si vanté? Ces animaux si merveilleux, » que l'on dit être les ouvrages d'un Dieu im» muable, ne s'altèrent-ils point sans cesse, et ne » finissent-ils pas toujours par se détruire? Où » est la sagesse, la bonté, la prévoyance, l'im-

[a] Ou plutôt Baruch; car il s'appelait Baruch, comme on le dit ailleurs. Il signait B. Spinosa. Quelques chrétiens fort mal instruits, et qui ne savaient pas que Spinosa avait quitté le judaïsme sans embrasser le christianisme, prirent ce *B* pour la première lettre de *Benedictus*, *Benoît*.

[b] Y a-t-il moins d'intelligence, parce que les générations se succèdent?

» mutabilité[a] d'un ouvrier qui ne paraît occupé qu'à déranger et briser les ressorts des machines qu'on nous annonce comme les chefs-d'œuvre de sa puissance et de son habileté? Si ce Dieu ne peut faire autrement[b], il n'est ni libre ni tout-puissant. S'il change de volonté, il n'est point immuable. S'il permet que des machines qu'il a rendues sensibles éprouvent de la douleur, il manque de bonté[c]. S'il n'a pu rendre ses ouvrages plus solides, c'est qu'il a manqué d'habileté. En voyant que les animaux, ainsi que tous les autres ouvrages de la Divinité, se détruisent, nous ne pouvons nous empêcher d'en conclure, ou que tout ce que la nature fait est nécessaire, et n'est qu'une suite de ses lois, ou que l'ouvrier qui la fait agir est dépourvu de plan, de puissance, de constance, d'habileté, de bonté.

» L'homme, qui se regarde lui-même comme le chef-d'œuvre de la Divinité, nous fournirait plus que toute autre production la preuve de l'incapacité ou de la malice[d] de son auteur prétendu. Dans cet être sensible, intelligent, pensant, qui se croit l'objet constant de la prédilection divine, et qui fait son Dieu d'après son propre modèle, nous ne voyons qu'une machine plus mobile, plus frêle, plus sujette à se déranger par sa grande complication que celle des êtres les plus grossiers. Les bêtes dépourvues de nos connaissances, les plantes qui végètent, les pierres privées de sentiment, sont à bien des égards des êtres plus favorisés que l'homme; ils sont au moins exempts des peines d'esprit, des tourments de la pensée, des chagrins dévorants, dont celui-ci est si souvent la proie. Qui est-ce qui ne voudrait point être un animal ou une pierre toutes les fois qu'il se rappelle la perte irréparable d'un objet aimé[e]? Ne vaudrait-il pas mieux être une masse inanimée qu'un superstitieux inquiet qui ne fait que trembler ici-bas sous le joug de son Dieu, et qui prévoit encore des tourments infinis dans une vie future? Les êtres privés de sentiment, de vie, de mémoire et de pensée, ne sont point affligés par l'idée du passé, du présent et de l'avenir; ils ne se croient pas en danger de devenir éternellement malheureux pour avoir mal raisonné, comme tant d'êtres favorisés, qui prétendent que c'est pour eux que l'architecte du monde a construit l'univers.

» Que l'on ne nous dise point que nous ne pouvons avoir l'idée d'un ouvrage sans avoir celle d'un ouvrier distingué de son ouvrage. *La nature n'est point un ouvrage:* elle a toujours existé par elle-même[a]: c'est dans son sein que tout se fait; elle est un atelier immense pourvu de matériaux, et qui fait les instruments dont elle se sert pour agir: tous ses ouvrages sont des effets de son énergie et des agents ou causes qu'elle fait, qu'elle renferme, qu'elle met en action. Des éléments éternels, incréés, indestructibles, toujours en mouvement, en se combinant diversement, font éclore tous les êtres et les phénomènes que nous voyons, tous les effets bons ou mauvais que nous sentons, l'ordre ou le désordre, que nous ne distinguons jamais que par les différentes façons dont nous sommes affectés; en un mot, toutes les merveilles sur lesquelles nous méditons et raisonnons. Ces éléments n'ont besoin pour cela que de leurs propriétés, soit particulières, soit réunies, et du mouvement qui leur est essentiel, sans qu'il soit nécessaire de recourir à un ouvrier inconnu pour les arranger, les façonner, les combiner, les conserver, et les dissoudre.

» Mais en supposant pour un instant qu'il soit impossible de concevoir l'univers sans un ouvrier qui l'ait formé et qui veille à son ouvrage, où placerons-nous cet ouvrier[b]? sera-t-il dedans ou hors de l'univers? est-il matière ou mouvement? ou bien n'est-il que l'espace, le néant, ou le vide? dans tous ces cas, ou il ne serait rien, ou il serait contenu dans la nature et soumis à ses lois. S'il est dans la nature, je n'y pense voir que de la matière en mouvement, et je dois en conclure que l'agent qui la meut est corporel et matériel, et que par conséquent il est sujet à se dissoudre. Si cet agent est hors de la nature, je n'ai plus aucune idée[c] du lieu qu'il occupe, ni d'un être immatériel, ni de la façon dont un esprit sans étendue peut agir sur la matière dont il est séparé. Ces espaces ignorés, que l'imagination a placés au-delà du monde visible, n'existent point pour un être qui voit à peine à ses pieds[d]: la puissance idéale qui les habite ne peut se peindre à mon esprit que lors-

[a] Il y a immutabilité de dessein quand vous voyez immutabilité d'effet. Voyez DIEU.

[b] Être libre, c'est faire sa volonté. S'il l'opère, il est libre.

[c] Voyez la *réponse* dans les articles ATHÉISME et DIEU.

[d] S'il est malin, il n'est point incapable; et s'il est capable, ce qui comprend pouvoir et sagesse, il n'est pas malin.

[e] L'auteur tombe ici dans une inadvertance à laquelle nous sommes tous sujets. Nous disons souvent : J'aimerais mieux être oiseau, quadrupède, que d'être homme, avec les chagrins que j'essuie. Mais quand on tient ce discours, on ne songe pas qu'on souhaite d'être anéanti; car si vous êtes autre que vous-même, vous n'avez plus rien de vous-même.

[a] Vous supposez ce qui est en question, et cela n'est que trop ordinaire à ceux qui font des systèmes.

[b] Est-ce à nous à lui trouver sa place? C'est à lui de nous donner la nôtre. Voyez la *réponse*.

[c] Êtes-vous fait pour avoir des idées de tout, et ne voyez-vous pas dans cette nature une intelligence admirable?

[d] Ou le monde est infini, ou l'espace est infini : choisissez.

» que mon imagination combinera au hasard les » couleurs fantastiques qu'elle est toujours forcée » de prendre dans le monde où je suis; dans ce » cas je ne ferai que reproduire en idée ce que » mes sens auront réellement aperçu; et ce Dieu, » que je m'efforce de distinguer de la nature et » de placer hors de son enceinte, y rentrera tou- » jours nécessairement et malgré moi.

» L'on insistera, et l'on dira que si l'on portait » une statue ou une montre à un sauvage qui n'en » aurait jamais vu, il ne pourrait s'empêcher de » reconnaître que ces choses sont des ouvrages de » quelque agent intelligent, plus habile et plus » industrieux que lui-même: l'on conclura de là » que nous sommes pareillement forcés de recon- » naître que la machine de l'univers, que l'homme, » que les phénomènes de la nature, sont des ou- » vrages d'un agent dont l'intelligence et le pouvoir » surpassent de beaucoup les nôtres.

» Je réponds, en premier lieu, que nous ne » pouvons douter que la nature ne soit très puis- » sante et très industrieuse[a]; nous admirons son » industrie toutes les fois que nous sommes sur- » pris des effets étendus, variés et compliqués » que nous trouvons dans ceux de ses ouvrages » que nous prenons la peine de méditer: cepen- » dant elle n'est ni plus ni moins industrieuse dans » l'un de ses ouvrages que dans les autres. Nous » ne comprenons pas plus comment elle a pu pro- » duire une pierre ou un métal qu'une tête orga- » nisée comme celle de Newton. Nous appelons » *industrieux* un homme qui peut faire des choses » que nous ne pouvons pas faire nous-mêmes. La » nature peut tout; et dès qu'une chose existe, » c'est une preuve qu'elle a pu la faire. Ainsi ce » n'est jamais que relativement à nous-mêmes que » nous jugeons la nature industrieuse; nous la » comparons alors à nous-mêmes; et comme nous » jouissons d'une qualité que nous nommons *in-* » *telligence*, à l'aide de laquelle nous produisons » des ouvrages où nous montrons notre industrie, » nous en concluons que les ouvrages de la nature » qui nous étonnent le plus ne lui appartiennent » point, mais sont dus à un ouvrier intelligent » comme nous, dont nous proportionnons l'in- » telligence à l'étonnement que ses œuvres pro- » duisent en nous, c'est-à-dire à notre faiblesse » et à notre propre ignorance[b]. »

Voyez la réponse à ces arguments aux articles ATHÉISME et DIEU, et la section suivante, écrite long-temps avant le *Système de la nature*.

[a] *Puissante et industrieuse*; je m'en tiens là. Celui qui est assez puissant pour former l'homme et le monde est Dieu. Vous admettez Dieu malgré vous.

[b] Si nous sommes si ignorants, comment oserons-nous affirmer que tout se fait sans Dieu?

SECTION II.

Si une horloge n'est pas faite pour montrer l'heure, j'avouerai alors que les causes finales sont des chimères; et je trouverai fort bon qu'on m'appelle *cause-finalier*, c'est-à-dire un imbécile.

Toutes les pièces de la machine de ce monde semblent pourtant faites l'une pour l'autre. Quelques philosophes affectent de se moquer des causes finales, rejetées par Épicure et par Lucrèce. C'est plutôt, ce me semble, d'Épicure et de Lucrèce qu'il faudrait se moquer. Ils vous disent que l'œil n'est point fait pour voir, mais qu'on s'en est servi pour cet usage quand on s'est aperçu que les yeux y pouvaient servir. Selon eux, la bouche n'est point faite pour parler, pour manger, l'estomac pour digérer, le cœur pour recevoir le sang des veines et l'envoyer dans les artères, les pieds pour marcher, les oreilles pour entendre. Ces gens-là cependant avouaient que les tailleurs leur fesaient des habits pour les vêtir, et les maçons des maisons pour les loger; et ils osaient nier à la nature, au grand Être, à l'Intelligence universelle, ce qu'ils accordaient tous à leurs moindres ouvriers.

Il ne faut pas sans doute abuser des causes finales. Nous avons remarqué qu'en vain M. le Prieur, dans le *Spectacle de la nature*, prétend que les marées sont données à l'Océan pour que les vaisseaux entrent plus aisément dans les ports, et pour empêcher que l'eau de la mer ne se corrompe. En vain dirait-il que les jambes sont faites pour être bottées, et les nez pour porter des lunettes.

Pour qu'on puisse s'assurer de la fin véritable pour laquelle une cause agit, il faut que cet effet soit de tous les temps et de tous les lieux. Il n'y a pas eu des vaisseaux en tout temps et sur toutes les mers; ainsi l'on ne peut pas dire que l'Océan ait été fait pour les vaisseaux. On sent combien il serait ridicule de prétendre que la nature eût travaillé de tout temps pour s'ajuster aux inventions de nos arts arbitraires, qui tous ont paru si tard; mais il est bien évident que si les nez n'ont pas été faits pour les besicles, ils l'ont été pour l'odorat, et qu'il y a des nez depuis qu'il y a des hommes. De même les mains n'ayant pas été données en faveur des gantiers, elles sont visiblement destinées à tous les usages que le métacarpe et les phalanges de nos doigts, et les mouvements du muscle circulaire du poignet, nous procurent.

Cicéron, qui doutait de tout, ne doutait pas pourtant des causes finales.

Il paraît bien difficile surtout que les organes de la génération ne soient pas destinés à perpétuer les espèces. Ce mécanisme est bien admirable, mais la sensation que la nature a jointe à ce mécanisme est plus admirable encore. Épicure devait avouer que le plaisir est divin, et que ce plaisir est une cause finale, par laquelle sont produits sans cesse des êtres sensibles qui n'ont pu se donner la sensation.

Cet Épicure était un grand homme pour son temps; il vit ce que Descartes a nié, ce que Gassendi a affirmé, ce que Newton a démontré, qu'il n'y a point de mouvement sans vide. Il conçut la nécessité des atomes pour servir de parties constituantes aux espèces invariables : ce sont là des idées très philosophiques. Rien n'était surtout plus respectable que la morale des vrais épicuriens; elle consistait dans l'éloignement des affaires publiques, incompatibles avec la sagesse, et dans l'amitié, sans laquelle la vie est un fardeau : mais pour le reste de la physique d'Épicure, elle ne paraît pas plus admissible que la matière cannelée de Descartes. C'est, ce me semble, se boucher les yeux et l'entendement que de prétendre qu'il n'y a aucun dessein dans la nature; et s'il y a du dessein, il y a une cause intelligente, il existe un Dieu.

On nous objecte les irrégularités du globe, les volcans, les plaines de sables mouvants, quelques petites montagnes abîmées, et d'autres formées par des tremblements de terre, etc. Mais de ce que les moyeux des roues de votre carrosse auront pris feu, s'ensuit-il que votre carrosse n'ait pas été fait expressément pour vous porter d'un lieu à un autre?

Les chaînes des montagnes qui couronnent les deux hémisphères, et plus de six cents fleuves qui coulent jusqu'aux mers du pied de ces rochers; toutes les rivières qui descendent de ces mêmes réservoirs, et qui grossissent les fleuves, après avoir fertilisé les campagnes; des milliers de fontaines qui partent de la même source, et qui abreuvent le genre animal et le végétal; tout cela ne paraît pas plus l'effet d'un cas fortuit et d'une déclinaison d'atomes, que la rétine qui reçoit les rayons de la lumière, le cristallin qui les réfracte, l'enclume, le marteau, l'étrier, le tambour de l'oreille qui reçoit les sons, les routes du sang dans nos veines, la systole et la diastole du cœur, ce balancier de la machine qui fait la vie.

SECTION III.

Il paraît qu'il faut être forcené pour nier que les estomacs soient faits pour digérer, les yeux pour voir, les oreilles pour entendre.

D'un autre côté, il faut avoir un étrange amour des causes finales pour assurer que la pierre a été formée pour bâtir des maisons, et que les vers à soie sont nés à la Chine, afin que nous ayons du satin en Europe.

Mais, dit-on, si Dieu a fait visiblement une chose à dessein, il a donc fait toutes choses à dessein. Il est ridicule d'admettre la Providence dans un cas, et de la nier dans les autres. Tout ce qui est fait a été prévu, a été arrangé. Nul arrangement sans objet, nul effet sans cause; donc tout est également le résultat, le produit d'une cause finale; donc il est aussi vrai de dire que les nez ont été faits pour porter des lunettes, et les doigts pour être ornés de bagues, qu'il est vrai de dire que les oreilles ont été formées pour entendre les sons, et les yeux pour recevoir la lumière.

Il ne résulte de cette objection rien autre, ce me semble, sinon que tout est l'effet prochain ou éloigné d'une cause finale générale; que tout est la suite des lois éternelles.

Quand les effets sont invariablement les mêmes, en tout lieu et en tout temps; quand ces effets uniformes sont indépendants des êtres auxquels ils appartiennent, alors il y a visiblement une cause finale.

Tous les animaux ont des yeux, ils voient; tous ont des oreilles, et ils entendent; tous une bouche par laquelle ils mangent; un estomac, ou quelque chose d'approchant, par lequel ils digèrent; tous un orifice qui expulse les excréments; tous un instrument de la génération; et ces dons de la nature opèrent en eux sans qu'aucun art s'en mêle. Voilà des causes finales clairement établies, et c'est pervertir notre faculté de penser, que de nier une vérité si universelle.

Les pierres, en tout lieu et en tout temps, ne composent pas des bâtiments; tous les nez ne portent pas des lunettes; tous les doigts n'ont pas une bague; toutes les jambes ne sont pas couvertes de bas de soie. Un ver à soie n'est donc pas fait pour couvrir mes jambes, précisément comme votre bouche est faite pour manger, et votre derrière pour aller à la garde-robe. Il y a donc des effets immédiats produits par les causes finales, et des effets en très grand nombre qui sont des produits éloignés de ces causes.

Tout ce qui appartient à la nature est uniforme, immuable, est l'ouvrage immédiat du Maître; c'est lui qui a créé les lois par lesquelles la lune entre pour les trois quarts dans la cause du flux et du reflux de l'Océan, et le soleil pour son quart; c'est lui qui a donné un mouvement de rotation au soleil, par lequel cet astre envoie en sept minutes et demie des rayons de lumière dans les yeux des hommes, des crocodiles et des chats.

Mais si, après bien des siècles, nous nous sommes avisés d'inventer des ciseaux et des broches, de tondre avec les uns la laine des moutons, et de les faire cuire avec les autres pour les manger, que peut-on en inférer autre chose, sinon que Dieu nous a faits de façon qu'un jour nous deviendrions nécessairement industrieux et carnassiers ?

Les moutons n'ont pas sans doute été faits absolument pour être cuits et mangés, puisque plusieurs nations s'abstiennent de cette horreur. Les hommes ne sont pas créés essentiellement pour se massacrer, puisque les brames, et les respectables primitifs qu'on nomme *quakers*, ne tuent personne : mais la pâte dont nous sommes pétris produit souvent des massacres, comme elle produit des calomnies, des vanités, des persécutions, et des impertinences. Ce n'est pas que la formation de l'homme soit précisément la cause finale de nos fureurs et de nos sottises ; car une cause finale est universelle et invariable en tout temps et en tout lieu : mais les horreurs et les absurdités de l'espèce humaine n'en sont pas moins dans l'ordre éternel des choses. Quand nous battons notre blé, le fléau est la cause finale de la séparation du grain. Mais si ce fléau, en battant mon blé, écrase mille insectes, ce n'est point par ma volonté déterminée, ce n'est pas non plus par hasard ; c'est que ces insectes se sont trouvés cette fois sous mon fléau, et qu'ils devaient s'y trouver.

C'est une suite de la nature des choses, qu'un homme soit ambitieux, que cet homme enrégimente quelquefois d'autres hommes, qu'il soit vainqueur ou qu'il soit battu ; mais jamais on ne pourra dire : L'homme a été créé de Dieu pour être tué à la guerre.

Les instruments que nous a donnés la nature ne peuvent être toujours des causes finales en mouvement. Les yeux donnés pour voir ne sont pas toujours ouverts; chaque sens a ses temps de repos. Il y a même des sens dont on ne fait jamais d'usage. Par exemple, une malheureuse imbécile, enfermée dans un cloître à quatorze ans, ferme pour jamais chez elle la porte dont devait sortir une génération nouvelle; mais la cause finale n'en subsiste pas moins ; elle agira dès qu'elle sera libre.

CELTES.

Parmi ceux qui ont eu assez de loisir, de secours et de courage pour rechercher l'origine des peuples, il y en a eu qui ont cru trouver celle de nos Celtes, ou qui du moins ont voulu faire accroire qu'ils l'avaient rencontrée. Cette illusion était le seul prix de leurs travaux immenses; il ne faut pas la leur envier.

Du moins quand vous voulez connaître quelque chose des Huns (quoiqu'ils ne méritent guère d'être connus, puisqu'ils n'ont rendu aucun service au genre humain), vous trouvez quelques faibles notices de ces Barbares chez les Chinois, ce peuple le plus ancien des nations connues, après les Indiens. Vous apprenez d'eux que les Huns allèrent dans certains temps, comme des loups affamés, ravager des pays regardés encore aujourd'hui comme des lieux d'exil et d'horreur. C'est une bien triste et bien misérable science. Il vaut mieux sans doute cultiver un art utile à Paris, à Lyon et à Bordeaux, que d'étudier sérieusement l'histoire des Huns et des ours ; mais enfin on est aidé dans ces recherches par quelques archives de la Chine.

Pour les Celtes, point d'archives; on ne connaît pas plus leurs antiquités que celles des Samoïèdes et des terres australes.

Nous n'avons rien appris de nos ancêtres que par le peu de mots que Jules César leur conquérant a daigné en dire. Il commence ses commentaires par distinguer toutes les Gaules en Belges, Aquitainiens et Celtes.

De là quelques fiers savants ont conclu que les Celtes étaient les Scythes, et dans ces Scythes-Celtes ils ont compris toute l'Europe. Mais pourquoi pas toute la terre ? pourquoi s'arrêter en si beau chemin ?

On n'a pas manqué de nous dire que Japhet, fils de Noé, vint au plus vite, au sortir de l'arche, peupler de Celtes toutes ces vastes contrées, qu'il gouverna merveilleusement bien. Mais des auteurs plus modestes rapportent l'origine de nos Celtes à la tour de Babel, à la confusion des langues, à Gomer, dont jamais personne n'entendit parler, jusqu'au temps très récent où quelques Occidentaux lurent le nom de Gomer dans une mauvaise traduction des Septante.

Et voilà justement comme on écrit l'histoire.

Bochart, dans sa *Chronologie sacrée* (quelle chronologie !), prend un tour fort différent; il fait de ces hordes innombrables de Celtes une colonie égyptienne, conduite habilement et facilement des bords fertiles du Nil par Hercule dans les forêts et dans les marais de la Germanie, où sans doute ces colons portèrent tous les arts, la langue égyptienne et les mystères d'Isis, sans qu'on ait pu jamais en retrouver la moindre trace.

Ceux-là m'ont paru avoir encore mieux rencontré, qui ont dit que les Celtes des montagnes du Dauphiné étaient appelés Cottiens de leur roi Cottius; les Bérichons, de leur roi Bétrich ; les Welches ou Gaulois, de leur roi Vallus; les Belges, de Balgen, qui veut dire hargneux.

Une origine encore plus belle, c'est celle des Celtes-Pannoniens, du mot latin *Pannus*, drap, attendu, nous dit-on, qu'ils se vêtissaient de vieux morceaux de drap mal cousus, assez ressemblants à l'habit d'Arlequin. Mais la meilleure origine est sans contredit la tour de Babel.

O braves et généreux compilateurs, qui avez tant écrit sur des hordes de sauvages qui ne savaient ni lire ni écrire, j'admire votre laborieuse opiniâtreté! Et vous, pauvres Celtes-Welches, permettez-moi de vous dire, aussi bien qu'aux Huns, que des gens qui n'ont pas eu la moindre teinture des arts utiles ou agréables, ne méritent pas plus nos recherches que les porcs et les ânes qui ont habité leur pays.

On dit que vous étiez anthropophages; mais qui ne l'a pas été?

On me parle de vos druides, qui étaient de très savants prêtres : allons donc à l'article DRUIDES.

CÉRÉMONIES, TITRES, PRÉÉMINENCE, ETC.

Toutes ces choses, qui seraient inutiles, et même fort impertinentes dans l'état de pure nature, sont fort utiles dans l'état de notre nature corrompue et ridicule.

Les Chinois sont de tous les peuples celui qui a poussé le plus loin l'usage des cérémonies : il est certain qu'elles servent à calmer l'esprit autant qu'à l'ennuyer. Les portefaix, les charretiers chinois, sont obligés, au moindre embarras qu'ils causent dans les rues, de se mettre à genoux l'un devant l'autre, et de se demander mutuellement pardon selon la formule prescrite. Cela prévient les injures, les coups, les meurtres. Ils ont le temps de s'apaiser, après quoi ils s'aident mutuellement.

Plus un peuple est libre, moins il a de cérémonies, moins de titres fastueux, moins de démonstrations d'anéantissement devant son supérieur. On disait à Scipion, Scipion, et à César, César; et dans la suite des temps, on dit aux empereurs : *Votre majesté, votre divinité.*

Les titres de saint Pierre et de saint Paul étaient Pierre et Paul. Leurs successeurs se donnèrent réciproquement le titre de *Votre sainteté*, que l'on ne voit jamais dans les *Actes des Apôtres*, ui dans les écrits des disciples.

Nous lisons dans l'*Histoire d'Allemagne* que le Dauphin de France, qui fut depuis le roi Charles V, alla vers l'empereur Charles IV à Metz, et qu'il passa après le cardinal de Périgord.

Il fut ensuite un temps où les chanceliers eurent la préséance sur les cardinaux; après quoi les cardinaux l'emportèrent sur les chanceliers.

Les pairs précédèrent en France les princes du sang, et ils marchèrent tous en ordre de pairie jusqu'au sacre de Henri III.

La dignité de la pairie était avant ce temps si éminente, qu'à la cérémonie du sacre d'Élisabeth, épouse de Charles IX, en 1571, décrite par Simon Bouquet, échevin de Paris, il est dit que « les dames et damoiselles de la reine ayant baillé à la dame d'honneur le pain, le vin, et le cierge avec l'argent pour l'offerte, pour être présentés à la reine par ladite dame d'honneur, cette dite dame d'honneur, pour ce qu'elle était duchesse, commanda aux dames d'aller porter elles-mêmes l'offerte aux princesses, etc. » Cette dame d'honneur était la connétable de Montmorenci.

Le fauteuil à bras, la chaise à dos, le tabouret, la main droite et la main gauche, ont été pendant plusieurs siècles d'importants objets de politique, et d'illustres sujets de querelles. Je crois que l'ancienne étiquette concernant les fauteuils vient de ce que chez nos barbares de grands-pères, il n'y avait qu'un fauteuil tout au plus dans une maison, et ce fauteuil même ne servait que quand on était malade. Il y a encore des provinces d'Allemagne et d'Angleterre où un fauteuil s'appelle *une chaise de doléance.*

Long-temps après Attila et Dagobert, quand le luxe s'introduisit dans les cours, et que les grands de la terre eurent deux ou trois fauteuils dans leurs donjons, ce fut une belle distinction de s'asseoir sur un de ces trônes; et tel seigneur châtelain prenait acte comment, ayant été à demi-lieue de ses domaines faire sa cour à un comte, il avait été reçu dans un fauteuil à bras.

On voit par les Mémoires de Mademoiselle, que cette auguste princesse passa un quart de sa vie dans les angoisses mortelles des disputes pour des chaises à dos. Devait-on s'asseoir dans une certaine chambre sur une chaise, ou sur un tabouret, ou même ne point s'asseoir? Voilà ce qui intriguait toute une cour. Aujourd'hui les mœurs sont plus unies; les canapés et les chaises longues sont employés par les dames, sans causer d'embarras dans la société

Lorsque le cardinal de Richelieu traita du mariage de Henriette de France et de Charles Iᵉʳ, avec les ambassadeurs d'Angleterre, l'affaire fut sur le point d'être rompue, pour deux ou trois pas de plus que les ambassadeurs exigeaient auprès d'une porte, et le cardinal se mit au lit pour trancher toute difficulté. L'histoire a soigneusement conservé cette précieuse circonstance. Je crois que si on avait proposé à Scipion de se mettre nu entre deux draps pour recevoir la visite d'Annibal, il aurait trouvé cette cérémonie fort plaisante.

La marche des carrosses, et ce qu'on appelle le haut du pavé, ont été encore des témoignages de grandeur, des sources de prétentions, de disputes et de combats, pendant un siècle entier. On a regardé comme une signalée victoire de faire passer un carrosse devant un autre carrosse. Il semblait à voir les ambassadeurs se promener dans les rues, qu'ils disputassent le prix dans des cirques ; et quand un ministre d'Espagne avait pu faire reculer un cocher portugais, il envoyait un courrier à Madrid informer le roi son maître de ce grand avantage.

Nos histoires nous réjouissent par vingt combats à coups de poing pour la préséance ; le parlement contre les clercs de l'évêque, à la pompe funèbre de Henri IV; la chambre des comptes contre le parlement dans la cathédrale, quand Louis XIII donna la France à la Vierge; le duc d'Épernon dans l'église de Saint-Germain contre le garde-des-sceaux Du Vair. Les présidents des enquêtes gourmèrent dans Notre-Dame le doyen des conseillers de grand'chambre Savare, pour le faire sortir de sa place d'honneur (tant l'honneur est l'âme des gouvernements monarchiques!); et on fut obligé de faire empoigner par quatre archers le président Barillon qui frappait comme un sourd sur ce pauvre doyen. Nous ne voyons point de telles contestations dans l'aréopage ni dans le sénat romain.

A mesure que les pays sont barbares, ou que les cours sont faibles, le cérémonial est plus en vogue. La vraie puissance et la vraie politesse dédaignent la vanité.

Il est à croire qu'à la fin on se défera de cette coutume, qu'ont encore quelquefois les ambassadeurs, de se ruiner pour aller en procession par les rues avec quelques carrosses de louage rétablis et redorés, précédés de quelques laquais à pied. Cela s'appelle faire son entrée; et il est assez plaisant de faire son entrée dans une ville sept ou huit mois après qu'on y est arrivé.

Cette importante affaire du *Puntiglio*, qui constitue la grandeur des Romains modernes; cette science du nombre des pas qu'on doit faire pour reconduire un *monsignore*, d'ouvrir un rideau à moitié ou tout à fait, de se promener dans une chambre à droite ou à gauche[1]; ce grand art, que les Fabius et les Caton n'auraient jamais deviné, commence à baisser, et les caudataires des cardinaux se plaignent que tout annonce la décadence.

Un colonel français était dans Bruxelles un an après la prise de cette ville par le maréchal de Saxe; et, ne sachant que faire, il voulut aller à l'assemblée de la ville. Elle se tient chez une princesse, lui dit-on. Soit, répondit l'autre; que m'importe? Mais il n'y a que des princes qui aillent là : êtes-vous prince? Va, va, dit le colonel, ce sont de bons princes; j'en avais l'année passée une douzaine dans mon antichambre, quand nous eûmes pris la ville, et ils étaient tous fort polis.

En relisant Horace, j'ai remarqué ce vers dans une *épître à Mécène* (I, ep. VII) : *Te, dulcis amice, revisam.* J'irai vous voir, mon bon ami. Ce Mécène était la seconde personne de l'empire romain, c'est-à-dire un homme plus considérable et plus puissant que ne l'est aujourd'hui le plus grand monarque de l'Europe.

En relisant Corneille, j'ai remarqué que dans une lettre au grand Scudéri, gouverneur de Notre-Dame de La Garde, il s'exprime ainsi au sujet du cardinal de Richelieu : « Monsieur le cardinal, » votre maître et le mien. » C'est peut-être la première fois qu'on a parlé ainsi d'un ministre, depuis qu'il y a dans le monde des ministres, des rois, et des flatteurs. Le même Pierre Corneille, auteur de *Cinna*, dédie humblement ce *Cinna* au sieur de Montauron, trésorier de l'épargne, qu'il compare sans façon à Auguste. Je suis fâché qu'il n'ait pas appelé Montauron *monseigneur*.

On conte qu'un vieil officier qui savait peu le protocole de la vanité, ayant écrit au marquis de Louvois, *Monsieur*, et n'ayant point eu de réponse, lui écrivit *Monseigneur*, et n'en obtint pas davantage, parce que le ministre avait encore le *monsieur* sur le cœur. Enfin il lui écrivit, *à mon Dieu, mon Dieu Louvois* ; et au commencement de la lettre il mit; *Mon Dieu, mon Créateur*[1]. Tout cela ne prouve-t-il pas que les Romains du bon temps étaient grands et modestes, et que nous sommes petits et vains ?

Comment vous portez-vous, mon cher ami ? disait un duc et pair à un gentilhomme. A votre service, mon cher ami, répondit l'autre; et dès ce moment il eut son cher ami pour ennemi implacable. Un grand de Portugal parlait à un grand d'Espagne, et lui disait à tout moment, *Votre excellence*. Le Castillan lui répondait : Votre courtoisie, *vuestra merced*; c'est le titre qu'on donne aux gens qui n'en ont pas. Le Portugais piqué appela l'Espagnol à son tour, *votre courtoisie;* l'autre lui donna alors de l'*excellence*. A la fin le Portugais lassé lui dit : Pourquoi me donnez-vous toujours de la courtoisie quand je vous donne de l'excellence? et pourquoi m'appelez-vous votre excellence, quand je vous dis votre courtoisie ? C'est que tous les titres me sont égaux, répondit humblement le Castillan, pourvu qu'il n'y ait rien d'égal entre vous et moi.

La vanité des titres ne s'introduisit dans nos

[1] Ce fut une querelle de ce genre qui brouilla le cardinal de Bouillon avec la fameuse princesse des Ursins, son intime amie; et la haine de cette femme aussi vaine que lui, mais plus habile en intrigue, fut une des principales causes de sa perte. K.

[1] Le *monseigneur* des ministres est presque tombé en désuétude, depuis que les places de secrétaires d'état ont été occupées par des grands qui se seraient crus humiliés de n'être *monseigneurs* que depuis qu'ils étaient devenus ministres. K.

climats septentrionaux de l'Europe que quand les Romains eurent fait connaissance avec la sublimité asiatique. La plupart des rois de l'Asie étaient et sont encore cousins germains du soleil et de la lune: leurs sujets n'osent jamais prétendre à cette alliance; et tel gouverneur de province qui s'intitule, *Muscade de consolation et Rose de plaisir*, serait empalé s'il se disait parent le moins du monde de la lune ou du soleil.

Constantin fut, je pense, le premier empereur romain qui chargea l'humilité chrétienne d'une page de noms fastueux. Il est vrai qu'avant lui on donnait du *dieu* aux empereurs. Mais ce mot *dieu* ne signifiait rien d'approchant de ce que nous entendons. *Divus Augustus*, *Divus Trajanus*, voulaient dire : *saint Auguste*, *saint Trajan*. On croyait qu'il était de la dignité de l'empire romain que l'âme de son chef allât au ciel après sa mort; et souvent même on accordait le titre de *saint*, de *divus*, à l'empereur, en avancement d'hoirie. C'est à peu près par cette raison que les premiers patriarches de l'Église chrétiennes'appelaient tous *votre sainteté*. On les nommait ainsi pour les faire souvenir de ce qu'ils devaient être.

On se donne quelquefois à soi-même des titres fort humbles, pourvu qu'on en reçoive de fort honorables. Tel abbé qui s'intitule *frère*, se fait appeler *monseigneur* par ses moines. Le pape se nomme *serviteur des serviteurs de Dieu*. Un bon prêtre du Holstein écrivit un jour au pape Pie IV: *A Pie IV, serviteur des serviteurs de Dieu*. Il alla ensuite à Rome solliciter son affaire; et l'inquisition le fit mettre en prison pour lui apprendre à écrire.

Il n'y avait autrefois que l'empereur qui eût le titre de *majesté*. Les autres rois s'appelaient *votre altesse*, *votre sérénité*, *votre grâce*. Louis XI fut le premier en France qu'on appela communément *majesté*, titre non moins convenable en effet à la dignité d'un grand royaume héréditaire qu'à une principauté élective. Mais on se servait du terme d'*altesse* avec les rois de France long-temps après lui; et on voit encore des lettres à Henri III, dans lesquelles on lui donne ce titre. Les états d'Orléans ne voulurent point que la reine Catherine de Médicis fût appelée *majesté*. Mais peu à peu cette dernière dénomination prévalut. Le nom est indifférent; il n'y a que le pouvoir qui ne le soit pas.

La chancellerie allemande, toujours invariable dans ses nobles usages, a prétendu jusqu'à nos jours ne devoir traiter tous les rois que de *sérénité*. Dans le fameux traité de Vestphalie, où la France et la Suède donnèrent des lois au saint empire romain, jamais les plénipotentiaires de l'empereur ne présentèrent de mémoires latins où sa *sacrée majesté impériale* ne traitât avec les *sérénissimes rois de France et de Suède*; mais de leur côté, les Français et les Suédois ne manquaient pas d'assurer que leurs *sacrées majestés de France et de Suède* avaient beaucoup de griefs contre le *sérénissime empereur*. Enfin, dans le traité tout fut égal de part et d'autre. Les grands souverains ont, depuis ce temps, passé dans l'opinion des peuples pour être tous égaux; et celui qui a battu ses voisins a eu la prééminence dans l'opinion publique.

Philippe II fut la première *majesté* en Espagne; car la *sérénité* de Charles-Quint ne devint *majesté* qu'à cause de l'empire. Les enfants de Philippe II furent les premières *altesses*, et ensuite ils furent *altesses royales*. Le duc d'Orléans, frère de Louis XIII, ne prit qu'en 1631 le titre d'*altesse royale*: alors le prince de Condé prit celui d'*altesse sérénissime*, que n'osèrent s'arroger les ducs de Vendôme. Le duc de Savoie fut alors *altesse royale*, et devint ensuite *majesté*. Le grand-duc de Florence en fit autant, à la *majesté* près; et enfin le czar, qui n'était connu en Europe que sous le nom de grand-duc, s'est déclaré *empereur*, et a été reconnu pour tel.

Il n'y avait anciennement que deux marquis d'Allemagne, deux en France, deux en Italie. Le marquis de Brandebourg est devenu *roi*, *et grand roi*; mais aujourd'hui nos marquis italiens et français sont d'une espèce un peu différente.

Qu'un bourgeois italien ait l'honneur de donner à dîner au légat de sa province, et que le légat en buvant lui dise, *Monsieur le marquis, à votre santé*, le voilà marquis lui et ses enfants à tout jamais. Qu'un provincial en France, qui possédera pour tout bien dans son village la quatrième partie d'une petite châtellenie ruinée, arrive à Paris; qu'il y fasse un peu de fortune, ou qu'il ait l'air de l'avoir faite, il s'intitule dans ses actes, *Haut et puissant seigneur, marquis et comte*; et son fils sera chez son notaire, *très haut et très puissant seigneur*; et comme cette petite ambition ne nuit en rien au gouvernement, ni à la société civile, on n'y prend pas garde. Quelques seigneurs français se vantent d'avoir des *barons* allemands dans leurs écuries : quelques seigneurs allemands disent qu'ils ont des *marquis* français dans leurs cuisines: il n'y a pas long-temps qu'un étranger étant à Naples, fit son cocher *duc*. La coutume en cela est plus forte que l'autorité royale. Soyez peu connu à Paris, vous y serez *comte* ou *marquis* tant qu'il vous plaira; soyez homme de robe ou de finance, et que le roi vous donne un marquisat bien réel, vous ne serez jamais pour cela *monsieur le marquis*. Le célèbre Samuel Bernard était plus *comte* que cinq cents *comtes* que nous voyons qui ne possèdent pas quatre arpents de terre; le roi avait érigé pour lui sa terre de Coubert en bon comté. S'il se fût fait annoncer dans une visite, *le comte Bernard*, on aurait éclaté de rire. Il en va tout autrement en Angleterre. Si le roi donne à un négociant un titre de *comte* ou de *baron*, il reçoit sans difficulté de toute la nation le nom qui lui est propre. Les gens de la plus haute naissance, le roi lui-même, l'appellent, *mylord*, *monseigneur*. Il en est de même en Italie : il y a le protocole des *monsignori*. Le pape lui-même leur donne ce titre. Son médecin est *monsignore*, et personne n'y trouve à redire.

En France le *monseigneur* est une terrible affaire. Un évêque n'était, avant le cardinal de Richelieu, que mon *révérendissime père en Dieu*.

Avant l'année 1635, non seulement les évêques ne se monseigneurisaient pas, mais ils ne donnaient point du *monseigneur* aux cardinaux. Ces deux habitudes s'introduisirent par un évêque de Chartres qui alla en camail et en rochet appeler *monseigneur* le cardinal de Richelieu ; sur quoi Louis XIII dit, si l'on en croit les Mémoires de l'archevêque de Toulouse, Montchal : « Ce Chartrain irait baiser le derrière du cardinal, et pousserait son nez dedans jusqu'à ce que l'autre lui dît : C'est assez. »

Ce n'est que depuis ce temps que les évêques se donnèrent réciproquement du *monseigneur*.

Cette entreprise n'essuya aucune contradiction dans le public. Mais comme c'était un titre nouveau que les rois n'avaient pas donné aux évêques, on continua dans les édits, déclarations, ordonnances, et dans tout ce qui émane de la cour, à ne les appeler que *sieurs* : et messieurs du conseil n'écrivent jamais à un évêque que *monsieur*.

Les ducs et pairs ont eu plus de peine à se mettre en possession du *monseigneur*. La grande noblesse, et ce qu'on appelle *la grande robe*, leur refusent tout net cette distinction. Le comble des succès de l'orgueil humain est de recevoir des titres d'honneur de ceux qui croient être vos égaux ; mais il est bien difficile d'arriver à ce point : on trouve partout l'orgueil qui combat l'orgueil [1].

Quand les ducs exigèrent que les pauvres gentilshommes leur écrivissent *Monseigneur*, les présidents à mortier en demandèrent autant aux avocats et aux procureurs. On a connu un président qui ne voulut pas se faire saigner, parce que son chirurgien lui avait dit : « Monsieur, de quel bras voulez-vous que je vous saigne ? » Il y eut un vieux conseiller de la grand'chambre qui en usa plus franchement. Un plaideur lui dit : *Monseigneur, monsieur votre secrétaire*... Le conseiller l'arrêta tout court : Vous avez dit trois sottises en trois paroles ; je ne suis point *monseigneur* ; mon secrétaire n'est point *monsieur*, c'est mon *clerc*.

Pour terminer ce grand procès de la vanité, il faudra un jour que tout le monde soit *monseigneur* dans la nation ; comme toutes les femmes qui étaient autrefois *mademoiselle* sont actuellement *madame*. Lorsqu'en Espagne un mendiant rencontre un autre gueux, il lui dit : « Seigneur, *votre courtoisie* a-t-elle pris son chocolat ? » Cette manière polie de s'exprimer élève l'âme, et conserve la dignité de l'espèce.

César et Pompée s'appelaient dans le sénat César et Pompée : mais ces gens-là ne savaient pas vivre. Ils finissaient leurs lettres par *Vale*, adieu. Nous étions, nous autres, il y a soixante ans, *affectionnés serviteurs* ; nous sommes devenus *très humbles et très obéissants* ; et actuellement *nous avons l'honneur de l'être*. Je plains notre postérité : elle ne pourra que difficilement ajouter à ces belles formules.

Le duc d'Épernon, le premier des Gascons pour la fierté, mais qui n'était pas le premier des hommes d'état, écrivit avant de mourir au cardinal de Richelieu, et finit sa lettre par *votre très humble et très obéissant* ; mais se souvenant que le cardinal ne lui avait donné que du *très affectionné*, il fit partir un exprès pour rattraper sa lettre qui était déjà partie, la recommença, signa *très affectionné*, et mourut ainsi au lit d'honneur.

[1] Louis XIV a décidé que la noblesse non titrée donnerait le *monseigneur* aux maréchaux de France, et elle s'y est soumise sans beaucoup de peine. Chacun espère devenir monseigneur à son tour.

Le même prince a donné des prérogatives particulières à quelques familles. Celles de la maison de Lorraine ont excité peu de réclamations ; et maintenant il est assez difficile à l'orgueil d'un gentilhomme de se croire absolument l'égal d'hommes sortis d'une maison incontestablement souveraine depuis sept siècles, qui a donné deux reines à la France, qui enfin est monté sur le trône impérial.

Les honneurs des maisons de Bouillon et de Rohan ont souffert plus de difficultés. On ne peut nier qu'elles n'aient existé pendant long-temps sans être distinguées du reste de la noblesse. D'autres familles sont parvenues à posséder de petites souverainetés comme celle de Bouillon. Un grand nombre pourrait également citer de grandes alliances ; et si on donnait un rang distingué à tous ceux que les généalogistes font descendre des anciens souverains de nos provinces, il y aurait presque autant d'altesses que de marquis et de comtes.

Louis XIV avait ordonné aux secrétaires-d'état de donner le *monseigneur* et l'*altesse* aux gentilshommes de ces deux maisons ; mais ceux des secrétaires-d'état qui ont été tirés du corps de la noblesse se sont crus dispensés de cette loi en qualité de gentilshommes. Louvois s'y soumit, et il écrivit un jour au chevalier de Bouillon :

Monseigneur, si votre altesse ne change pas de conduite, je la ferai mettre dans un cachot. Je suis avec respect, etc.

Maintenant ces princes ne répondent point aux lettres où l'on ne leur donne pas le *monseigneur* et l'*altesse*, à moins qu'ils n'aient besoin de vous ; et la noblesse leur refuse l'un et l'autre, à moins qu'elle n'ait besoin d'eux. Quand un gentilhomme qui a un peu de vanité passe un acte avec eux, il leur laisse prendre tous les titres qu'ils veulent, mais il ne manque pas de protester contre ces titres chez son notaire. La vanité a deux tonneaux comme Jupiter, mais le bon est souvent bien vide. K.

Nous avons dit ailleurs une grande partie de ces choses. Il est bon de les inculquer pour corriger au moins quelques coqs-d'Inde qui passent leur vie à faire la roue.

CERTAIN, CERTITUDE.

Je suis certain; j'ai des amis; ma fortune est sûre; mes parents ne m'abandonneront jamais; on me rendra justice; mon ouvrage est bon, il sera bien reçu; on me doit; on me paiera; mon amant sera fidèle, il l'a juré; le ministre m'avancera, il l'a promis en passant: toutes paroles qu'un homme qui a un peu vécu raie de son dictionnaire.

Quand les juges condamnèrent Langlade, Lebrun, Calas, Sirven, Martin, Montbailli, et tant d'autres, reconnus depuis pour innocents, ils étaient certains, ou ils devaient l'être, que tous ces infortunés étaient coupables; cependant ils se trompèrent.

Il y a deux manières de se tromper, de mal juger, de s'aveugler; celle d'errer en homme d'esprit, et celle de décider comme un sot.

Les juges se trompèrent en gens d'esprit dans l'affaire de Langlade, ils s'aveuglèrent sur des apparences qui pouvaient éblouir; ils n'examinèrent point assez les apparences contraires; ils se servirent de leur esprit pour se croire certains que Langlade avait commis un vol qu'il n'avait certainement pas commis: et sur cette pauvre certitude incertaine de l'esprit humain, un gentilhomme fut appliqué à la question ordinaire et extraordinaire, de là replongé sans secours dans un cachot, et condamné aux galères, où il mourut; sa femme renfermée dans un autre cachot avec sa fille âgée de sept ans, laquelle depuis épousa un conseiller au même parlement qui avait condamné le père aux galères, et la mère au bannissement.

Il est clair que les juges n'auraient pas prononcé cet arrêt, s'ils n'avaient été *certains*. Cependant, dès le temps même de cet arrêt, plusieurs personnes savaient que le vol avait été commis par un prêtre nommé Gagnat, associé avec un voleur de grand chemin; et l'innocence de Langlade ne fut reconnue qu'après sa mort.

Ils étaient de même *certains*, lorsque, par une sentence en première instance, ils condamnèrent à la roue l'innocent Lebrun qui, par arrêt rendu sur son appel, fut brisé dans les tortures, et en mourut.

L'exemple des Calas et des Sirven est assez connu; celui de Martin l'est moins. C'était un bon agriculteur d'auprès de Bar en Lorraine. Un scélérat lui dérobe son habit, et va, sous cet habit, assassiner sur le grand chemin un voyageur qu'il savait chargé d'or, et dont il avait épié la marche. Martin est accusé; son habit dépose contre lui; les juges regardent cet indice comme une certitude. Ni la conduite passée du prisonnier, ni une nombreuse famille qu'il élevait dans la vertu, ni le peu de monnaie trouvé chez lui, probabilité extrême qu'il n'avait point volé le mort; rien ne peut le sauver. Le juge subalterne se fait un mérite de sa rigueur. Il condamne l'innocent à être roué; et, par une fatalité malheureuse, la sentence est confirmée à la Tournelle. Le vieillard Martin est rompu vif en attestant Dieu de son innocence jusqu'au dernier soupir. Sa famille se disperse; son petit bien est confisqué. A peine ses membres rompus sont-ils exposés sur le grand chemin, que l'assassin qui avait commis le meurtre et le vol est mis en prison pour un autre crime; il avoue, sur la roue à laquelle il est condamné à son tour, que c'est lui seul qui est coupable du crime pour lequel Martin a souffert la torture et la mort.

Montbailli, qui dormait avec sa femme, est accusé d'avoir, de concert avec elle, tué sa mère, morte évidemment d'apoplexie: le conseil d'Arras condamne Montbailli à expirer sur la roue, et sa femme à être brûlée. Leur innocence est reconnue, mais après que Montbailli a été roué.

Écartons ici la foule de ces aventures funestes qui font gémir sur la condition humaine; mais gémissons du moins sur la *certitude* prétendue que les juges croient avoir quand ils rendent de pareilles sentences.

Il n'y a nulle certitude, dès qu'il est physiquement ou moralement possible que la chose soit autrement. Quoi! il faut une démonstration pour oser assurer que la surface d'une sphère est égale à quatre fois l'aire de son grand cercle, et il n'en faudra pas pour arracher la vie à un citoyen par un supplice affreux!

Si tel est le malheur de l'humanité, qu'on soit obligé de se contenter d'extrêmes probabilités, il faut du moins consulter l'âge, le rang, la conduite de l'accusé, l'intérêt qu'il peut avoir eu à commettre le crime, l'intérêt de ses ennemis à le perdre; il faut que chaque juge se dise: La postérité, l'Europe entière ne condamnera-t-elle pas ma sentence? dormirai-je tranquille, les mains teintes du sang innocent?

Passons de cet horrible tableau à d'autres exemples d'une certitude qui conduit droit à l'erreur.

Pourquoi te charges-tu de chaînes, fanatique et malheureux santon? pourquoi as-tu mis à ta vilaine verge un gros anneau de fer? — C'est que je suis certain d'être placé un jour dans le premier des paradis, à côté du grand prophète. — Hélas!

mon ami, viens avec moi dans ton voisinage au Mont-Athos, et tu verras trois mille gueux qui sont certains que tu iras dans le gouffre qui est sous le pont aigu, et qu'ils iront tous dans le premier paradis.

Arrête, misérable veuve malabare! ne crois point ce fou qui te persuade que tu seras réunie à ton mari dans les délices d'un autre monde si tu te brûles sur son bûcher. — Non, je me brûlerai; je suis certaine de vivre dans les délices avec mon époux; mon brame me l'a dit.

Prenons des certitudes moins affreuses, et qui aient un peu plus de vraisemblance.

Quel âge a votre ami Christophe? — Vingt-huit ans; j'ai vu son contrat de mariage, son extrait baptistaire, je le connais dès son enfance; il a vingt-huit ans, j'en ai la certitude, j'en suis certain.

A peine ai-je entendu la réponse de cet homme si sûr de ce qu'il dit, et de vingt autres qui confirment la même chose, que j'apprends qu'on a antidaté par des raisons secrètes, et par un manége singulier, l'extrait baptistaire de Christophe. Ceux à qui j'avais parlé n'en savent encore rien; cependant ils ont toujours la certitude de ce qui n'est pas.

Si vous aviez demandé à la terre entière avant le temps de Copernic: Le soleil est-il levé? s'est-il couché aujourd'hui? tous les hommes vous auraient répondu: Nous en avons une certitude entière. Ils étaient certains, et ils étaient dans l'erreur.

Les sortiléges, les divinations, les obsessions, ont été long-temps la chose du monde la plus certaine aux yeux de tous les peuples. Quelle foule innombrable de gens qui ont vu toutes ces belles choses, qui ont été certains! Aujourd'hui cette certitude est un peu tombée.

Un jeune homme qui commence à étudier la géométrie vient me trouver; il n'en est encore qu'à la définition des triangles. N'êtes-vous pas certain, lui dis-je, que les trois angles d'un triangle sont égaux à deux droits? Il me répond que non seulement il n'en est point certain, mais qu'il n'a pas même d'idée nette de cette proposition: je la lui démontre; il en devient alors très certain, et il le sera pour toute sa vie.

Voilà une certitude bien différente des autres: elles n'étaient que des probabilités, et ces probabilités examinées sont devenues des erreurs; mais la certitude mathématique est immuable et éternelle.

J'existe, je pense, je sens de la douleur; tout cela est-il aussi certain qu'une vérité géométrique? Oui, tout douteur que je suis, je l'avoue. Pourquoi? C'est que ces vérités sont prouvées par le même principe qu'une chose ne peut être et n'être pas en même temps. Je ne peux en même temps exister et n'exister pas, sentir et ne sentir pas. Un triangle ne peut en même temps avoir cent quatre-vingts degrés, qui sont la somme de deux angles droits, et ne les avoir pas.

La certitude physique de mon existence, de mon sentiment, et la certitude mathématique, sont donc de même valeur, quoiqu'elles soient d'un genre différent.

Il n'en est pas de même de la certitude fondée sur les apparences, ou sur les rapports unanimes que nous font les hommes.

Mais quoi! me dites-vous, n'êtes-vous pas certain que Pékin existe? n'avez-vous pas chez vous des étoffes de Pékin? des gens de différents pays, de différentes opinions, et qui ont écrit violemment les uns contre les autres, en prêchant tous la vérité à Pékin, ne vous ont-ils pas assuré de l'existence de cette ville? Je réponds qu'il m'est extrêmement probable qu'il y avait alors une ville de Pékin; mais je ne voudrais point parier ma vie que cette ville existe; et je parierai quand on voudra ma vie, que les trois angles d'un triangle sont égaux à deux droits.

On a imprimé dans le *Dictionnaire encyclopédique* une chose fort plaisante; on y soutient qu'un homme devrait être aussi sûr, aussi certain que le maréchal de Saxe est ressuscité, si tout Paris le lui disait, qu'il est sûr que le maréchal de Saxe a gagné la bataille de Fontenoi, quand tout Paris le lui dit. Voyez, je vous prie, combien ce raisonnement est admirable: Je crois tout Paris quand il me dit une chose moralement possible; donc je dois croire tout Paris quand il me dit une chose moralement et physiquement impossible.

Apparemment que l'auteur de cet article voulait rire, et que l'autre auteur qui s'extasie à la fin de cet article, et écrit contre lui-même, voulait rire aussi *.

Pour nous, qui n'avons entrepris ce petit *Dictionnaire* que pour faire des questions, nous sommes bien loin d'avoir de la *certitude*.

CÉSAR.

On n'envisage point ici dans César le mari de tant de femmes et la femme de tant d'hommes; le vainqueur de Pompée et des Scipions; l'écrivain satirique qui tourne Caton en ridicule; le voleur du trésor public qui se servit de l'argent des Romains pour asservir les Romains; le triomphateur clément qui pardonnait aux vaincus; le savant qui réforma le calendrier; le tyran et le père de sa patrie, assassiné par ses amis et par son bâtard. Ce n'est qu'en qualité de descendant des pauvres

* Voyez l'article CERTITUDE du *Dictionnaire encyclopédique*.

Barbares subjugués par lui que je considère cet homme unique.

Vous ne passez point par une seule ville de France, ou d'Espagne, ou des bords du Rhin, ou du rivage d'Angleterre vers Calais, que vous ne trouviez de bonnes gens qui se vantent d'avoir eu César chez eux. Des bourgeois de Douvres sont persuadés que César a bâti leur château; et des bourgeois de Paris croient que le grand Châtelet est un de ses beaux ouvrages. Plus d'un seigneur de paroisse en France montre une vieille tour qui lui sert de colombier, et dit que c'est César qui a pourvu au logement de ses pigeons. Chaque province dispute à sa voisine l'honneur d'être la première en date à qui César donna les étrivières: c'est par ce chemin, non, c'est par cet autre qu'il passa pour venir nous égorger, et pour caresser nos femmes et nos filles, pour nous imposer des lois par interprètes, et pour nous prendre le très peu d'argent que nous avions.

Les Indiens sont plus sages! nous avons vu qu'ils savent confusément qu'un grand brigand, nommé Alexandre, passa chez eux après d'autres brigands, et ils n'en parlent presque jamais.

Un antiquaire italien, en passant il y a quelques années par Vannes en Bretagne, fut tout émerveillé d'entendre les savants de Vannes s'enorgueillir du séjour de César dans leur ville. Vous avez sans doute, leur dit-il, quelques monuments de ce grand homme? — Oui, répondit le plus notable; nous vous montrerons l'endroit où ce héros fit pendre tout le sénat de notre province au nombre de six cents. Des ignorants, qui trouvèrent dans le chenal de Kerantrait une centaine de poutres, en 1755, avancèrent dans les journaux que c'étaient des restes d'un pont de César; mais je leur ai prouvé, dans ma dissertation de 1756, que c'étaient les potences où ce héros avait fait attacher notre parlement. Où sont les villes en Gaule qui puissent en dire autant? Nous avons le témoignage du grand César lui-même: il dit dans ses *Commentaires*, que *nous sommes inconstants*, et que *nous préférons la liberté à la servitude*. Il nous accuse[a] d'avoir été assez insolents pour prendre des ôtages des Romains à qui nous en avions donné, et de n'avoir pas voulu les rendre, à moins qu'on ne nous remît les nôtres. Il nous apprit à vivre.

Il fit fort bien, répliqua le virtuose; son droit était incontestable. On le lui disputait pourtant; car lorsqu'il eut vaincu les Suisses émigrants, au nombre de trois cent soixante et huit mille, et qu'il n'en resta plus que cent dix mille, vous savez qu'il eut une conférence en Alsace avec Arioviste, roi germain ou allemand, et que cet Arioviste lui dit: Je viens piller les Gaules, et je ne souffrirai pas qu'un autre que moi les pille. Après quoi ces bons Germains, qui étaient venus pour dévaster le pays, mirent entre les mains de leurs sorcières deux chevaliers romains, ambassadeurs de César; et ces sorcières allaient les brûler et les sacrifier à leurs dieux, lorsque César vint les délivrer par une victoire. Avouons que le droit était égal des deux côtés; et Tacite a bien raison de donner tant d'éloges aux mœurs des anciens Allemands.

Cette conversation fit naître une dispute assez vive entre les savants de Vannes et l'antiquaire. Plusieurs Bretons ne concevaient pas quelle était la vertu des Romains d'avoir trompé toutes les nations des Gaules l'une après l'autre, de s'être servis d'elles tour à tour pour leur propre ruine, d'en avoir massacré un quart, et d'avoir réduit les trois autres quarts en servitude.

Ah! rien n'est plus beau, répliqua l'antiquaire; j'ai dans ma poche une médaille à fleur de coin, qui représente le triomphe de César au Capitole: c'est une des mieux conservées. Il montra sa médaille. Un Breton un peu brusque la prit et la jeta dans la rivière. Que ne puis-je, dit-il, y noyer tous ceux qui se servent de leur puissance et de leur adresse pour opprimer les autres hommes! Rome autrefois nous trompa, nous désunit, nous massacra, nous enchaîna. Et Rome aujourd'hui dispose encore de plusieurs de nos bénéfices. Est-il possible que nous ayons été si long-temps et en tant de façons pays d'obédience?

Je n'ajouterai qu'un mot à la conversation de l'antiquaire italien et du Breton; c'est que Perrot d'Ablancourt, le traducteur des *Commentaires de César*, dans son Épître dédicatoire au grand Condé, lui dit ces propres mots: « Ne vous semble-t-il pas, monseigneur, que vous lisiez la vie d'un philosophe chrétien? » Quel philosophe chrétien que César! je m'étonne qu'on n'en ait pas fait un saint. Les faiseurs d'épîtres dédicatoires disent de belles choses, et fort à propos!

CHAINE DES ÊTRES CRÉÉS.

Cette gradation d'êtres qui s'élèvent depuis le plus léger atome jusqu'à l'Être suprême, cette échelle de l'infini frappe d'admiration. Mais quand on la regarde attentivement, ce grand fantôme s'évanouit, comme autrefois toutes les apparitions s'enfuyaient le matin au chant du coq.

L'imagination se complaît d'abord à voir le passage imperceptible de la matière brute à la matière organisée, des plantes aux zoophytes, de ces zoophytes aux animaux, de ceux-ci à l'homme,

[a] *De bello gallico*, lib. III.

de l'homme aux génies, de ces génies revêtus d'un petit corps aérien à des substances immatérielles; et enfin mille ordres différents de ces substances, qui de beautés en perfections s'élèvent jusqu'à Dieu même. Cette hiérarchie plaît beaucoup aux bonnes gens, qui croient voir le pape et ses cardinaux suivis des archevêques, des évêques; après quoi viennent les curés, les vicaires, les simples prêtres, les diacres, les sous-diacres; puis paraissent les moines, et la marche est fermée par les capucins.

Mais il y a peut-être un peu plus de distance entre Dieu et ses plus parfaites créatures, qu'entre le saint-père et le doyen du sacré collége: ce doyen peut devenir pape; mais le plus parfait des génies créés par l'Être suprême peut-il devenir Dieu? n'y a-t-il pas l'infini entre Dieu et lui?

Cette chaîne, cette gradation prétendue n'existe pas plus dans les végétaux et dans les animaux; la preuve en est qu'il y a des espèces de plantes et d'animaux qui sont détruites. Nous n'avons plus de murex. Il était défendu aux Juifs de manger du griffon et de l'ixion; ces deux espèces ont probablement disparu de ce monde, quoi qu'en dise Bochart: où donc est la chaîne?

Quand même nous n'aurions pas perdu quelques espèces, il est visible qu'on en peut détruire. Les lions, les rhinocéros commencent à devenir fort rares. Si le reste du monde avait imité les Anglais, il n'y aurait plus de loups sur la terre.

Il est probable qu'il y a eu des races d'hommes qu'on ne retrouve plus. Mais je veux qu'elles aient toutes subsisté, ainsi que les blancs, les nègres, les Cafres, à qui la nature a donné un tablier de leur peau, pendant du ventre à la moitié des cuisses, et les Samoïèdes dont les femmes ont un mamelon d'un bel ébène, etc.

N'y a-t-il pas visiblement un vide entre le singe et l'homme? n'est-il pas aisé d'imaginer un animal à deux pieds sans plumes, qui serait intelligent sans avoir ni l'usage de la parole, ni notre figure, que nous pourrions apprivoiser, qui répondrait à nos signes, et qui nous servirait? et entre cette nouvelle espèce et celle de l'homme, n'en pourrait-on pas imaginer d'autres?

Par-delà l'homme, vous logez dans le ciel, divin Platon, une file de substances célestes; nous croyons nous autres à quelques unes de ces substances, parce que la foi nous l'enseigne. Mais vous, quelle raison avez-vous d'y croire? vous n'avez point parlé apparemment au génie de Socrate; et le bon-homme Hérès, qui ressuscita exprès pour vous apprendre les secrets de l'autre monde, ne vous a rien appris de ces substances.

La prétendue chaîne n'est pas moins interrompue dans l'univers sensible.

Quelle gradation, je vous prie, entre vos planètes! la Lune est quarante fois plus petite que notre globe. Quand vous avez voyagé de la Lune dans le vide, vous trouvez Vénus; elle est environ aussi grosse que la terre. De là vous allez chez Mercure; il tourne dans une ellipse qui est fort différente du cercle que parcourt Vénus; il est vingt-sept fois plus petit que nous, le soleil est un million de fois plus gros. Mars cinq fois plus petit; celui-là fait son tour en deux ans, Jupiter son voisin en douze, Saturne en trente; et encore Saturne, le plus éloigné de tous, n'est pas si gros que Jupiter. Où est la gradation prétendue?

Et puis, comment voulez-vous que dans de grands espaces vides il y ait une chaîne qui lie tout? s'il y en a une, c'est certainement celle que Newton a découverte; c'est elle qui fait graviter tous les globes du monde planétaire les uns vers les autres dans ce vide immense.

O Platon tant admiré! j'ai peur que vous ne nous ayez conté que des fables, et que vous n'ayez jamais parlé qu'en sophismes. O Platon! vous avez fait bien plus de mal que vous ne croyez. Comment cela? me demandera-t-on: je ne le dirai pas.

CHAINE OU GÉNÉRATION
DES ÉVÉNEMENTS.

Le présent accouche, dit-on, de l'avenir. Les événements sont enchaînés les uns aux autres par une fatalité invincible: c'est le destin qui, dans Homère, est supérieur à Jupiter même. Ce maître des dieux et des hommes déclare net qu'il ne peut empêcher Sarpédon son fils de mourir dans le temps marqué. Sarpédon était né dans le moment qu'il fallait qu'il naquît, et ne pouvait pas naître dans un autre; il ne pouvait mourir ailleurs que devant Troie; il ne pouvait être enterré ailleurs qu'en Lycie; son corps devait dans le temps marqué produire des légumes qui devaient se changer dans la substance de quelques Lyciens; ses héritiers devaient établir un nouvel ordre dans ses états; ce nouvel ordre devait influer sur les royaumes voisins; il en résultait un nouvel arrangement de guerre et de paix avec les voisins des voisins de la Lycie: ainsi de proche en proche la destinée de toute la terre a dépendu de la mort de Sarpédon, laquelle dépendait de l'enlèvement d'Hélène; et cet enlèvement était nécessairement lié au mariage d'Hécube, qui, en remontant à d'autres événements, était lié à l'origine des choses.

Si un seul de ces faits avait été arrangé différemment, il en aurait résulté un autre univers; or, il n'était pas possible que l'univers actuel n'existât pas; donc il n'était pas possible à Jupiter de sauver la vie à son fils, tout Jupiter qu'il était.

Ce système de la nécessité et de la fatalité a été inventé de nos jours par Leibnitz, à ce qu'on dit, sous le nom de *raison suffisante;* il est pourtant fort ancien : ce n'est pas d'aujourd'hui qu'il n'y a point d'effet sans cause, et que souvent la plus petite cause produit les plus grands effets.

Milord Bolingbroke avoue que les petites querelles de madame Marlborough et de madame Masham lui firent naître l'occasion de faire le traité particulier de la reine Anne avec Louis XIV; ce traité amena la paix d'Utrecht; cette paix d'Utrecht affermit Philippe V sur le trône d'Espagne. Philippe V prit Naples et la Sicile sur la maison d'Autriche; le prince espagnol qui est aujourd'hui roi de Naples doit évidemment son royaume à milady Masham : et il ne l'aurait pas eu, il ne serait peut-être même pas né, si la duchesse de Marlborough avait été plus complaisante envers la reine d'Angleterre. Son existence à Naples dépendait d'une sottise de plus ou de moins à la cour de Londres.

Examinez les situations de tous les peuples de l'univers; elles sont ainsi établies sur une suite de faits qui paraissent ne tenir à rien, et qui tiennent à tout. Tout est rouage, poulie, corde, ressort, dans cette immense machine.

Il en est de même dans l'ordre physique. Un vent qui souffle du fond de l'Afrique et des mers australes, amène une partie de l'atmosphère africaine, qui retombe en pluie dans les vallées des Alpes; ces pluies fécondent nos terres; notre vent du nord à son tour envoie nos vapeurs chez les Nègres; nous fesons du bien à la Guinée, et la Guinée nous en fait. La chaîne s'étend d'un bout de l'univers à l'autre.

Mais il me semble qu'on abuse étrangement de la vérité de ce principe. On en conclut qu'il n'y a si petit atome dont le mouvement n'ait influé dans l'arrangement actuel du monde entier; qu'il n'y a si petit accident, soit parmi les hommes, soit parmi les animaux, qui ne soit un chaînon essentiel de la grande chaîne du destin.

Entendons-nous : tout effet a évidemment sa cause, à remonter de cause en cause dans l'abîme de l'éternité; mais toute cause n'a pas son effet, à descendre jusqu'à la fin des siècles. Tous les événements sont produits les uns par les autres, je l'avoue; si le passé est accouché du présent, le présent accouche du futur; tout a des pères, mais tout n'a pas toujours des enfants. Il en est ici précisément comme d'un arbre généalogique : chaque maison remonte, comme on sait, à Adam; mais dans la famille il y a bien des gens qui sont morts sans laisser de postérité.

Il y a un arbre généalogique des événements de ce monde. Il est incontestable que les habitants des Gaules et de l'Espagne descendent de Gomer, et les Russes de Magog son frère cadet : on trouve cette généalogie dans tant de gros livres! Sur ce pied-là, on ne peut nier que le Grand-Turc, qui descend aussi de Magog, ne lui ait l'obligation d'avoir été bien battu en 1769, par l'impératrice de Russie Catherine II. Cette aventure tient évidemment à d'autres grandes aventures. Mais que Magog ait craché à droite ou à gauche, auprès du mont Caucase, et qu'il ait fait deux ronds dans un puits ou trois, qu'il ait dormi sur le côté gauche ou sur le côté droit, je ne vois pas que cela ait influé beaucoup sur les affaires présentes.

Il faut songer que tout n'est pas plein dans la nature, comme Newton l'a démontré, et que tout mouvement ne se communique pas de proche en proche, jusqu'à faire le tour du monde, comme il l'a démontré encore. Jetez dans l'eau un corps de pareille densité, vous calculez aisément qu'au bout de quelque temps le mouvement de ce corps, et celui qu'il a communiqué à l'eau, sont anéantis; le mouvement se perd et se répare; donc le mouvement que put produire Magog en crachant dans un puits ne peut avoir influé sur ce qui se passe aujourd'hui en Moldavie et en Valachie; donc les événements présents ne sont pas les enfants de tous les événements passés : ils ont leurs lignes directes; mais mille petites lignes collatérales ne leur servent à rien. Encore une fois, tout être a son père, mais tout être n'a pas des enfants *.

CHANGEMENTS ARRIVÉS DANS LE GLOBE.

Quand on a vu de ses yeux une montagne s'avancer dans une plaine, c'est-à-dire un immense rocher de cette montagne se détacher et couvrir des champs, un château tout entier enfoncé dans la terre, un fleuve englouti qui sort ensuite de son abîme, des marques indubitables qu'un vaste amas d'eau inondait autrefois un pays habité aujourd'hui, et cent vestiges d'autres révolutions, on est alors plus disposé à croire les grands changements qui ont altéré la face du monde, que ne l'est une dame de Paris qui sait seulement que la place où est bâtie sa maison était autrefois un champ labourable. Mais une dame de Naples, qui a vu sous terre les ruines d'Herculanum, est encore moins asservie au préjugé qui nous fait croire que tout a toujours été comme il est aujourd'hui.

Y a-t-il eu un grand embrasement du temps d'un Phaéton? rien n'est plus vraisemblable; mais ce ne fut ni l'ambition de Phaéton ni la colère de

* Voyez l'article DESTIN.

de Jupiter foudroyant qui causèrent cette catastrophe; de même qu'en 1755 ce ne furent point les feux allumés si souvent dans Lisbonne par l'inquisition qui ont attiré la vengeance divine, qui ont allumé les feux souterrains, et qui ont détruit la moitié de la ville : car Méquinez, Tétuan, et des hordes considérables d'Arabes furent encore plus maltraités que Lisbonne; et il n'y avait point d'inquisition dans ces contrées.

L'île de Saint-Domingue, toute bouleversée depuis peu, n'avait pas déplu au grand Être plus que l'île de Corse. Tout est soumis aux lois physiques éternelles.

Le soufre, le bitume, le nitre, le fer, renfermés dans la terre, ont par leurs mélanges et par leurs explosions renversé mille cités, ouvert et fermé mille gouffres; et nous sommes menacés tous les jours de ces accidents attachés à la manière dont ce monde est fabriqué, comme nous sommes menacés dans plusieurs contrées des loups et des tigres affamés pendant l'hiver.

Si le feu, que Démocrite croyait le principe de tout, a bouleversé une partie de la terre, le premier principe de Thalès, l'eau, a causé d'aussi grands changements.

La moitié de l'Amérique est encore inondée par les anciens débordements du Maragnon, de Rio de la Plata, du fleuve Saint-Laurent, du Mississipi, et de toutes les rivières perpétuellement augmentées par les neiges éternelles des montagnes les plus hautes de la terre, qui traversent ce continent d'un bout à l'autre. Ces déluges accumulés ont produit presque partout de vastes marais. Les terres voisines sont devenues inhabitables; et la terre, que les mains des hommes auraient dû fertiliser, a produit des poisons.

La même chose était arrivée à la Chine et à l'Égypte; il fallut une multitude de siècles pour creuser des canaux et pour dessécher les terres. Joignez à ces longs désastres les irruptions de la mer, les terrains qu'elle a envahis, et qu'elle a désertés, les îles qu'elle a détachées du continent, vous trouverez qu'elle a dévasté plus de quatre-vingt mille lieues carrées d'orient en occident, depuis le Japon jusqu'au mont Atlas.

L'engloutissement de l'île Atlantide par l'Océan peut être regardé avec autant de raison comme un point d'histoire que comme une fable. Le peu de profondeur de la mer Atlantique jusqu'aux Canaries pourrait être une preuve de ce grand événement; et les îles Canaries pourraient bien être des restes de l'Atlantide.

Platon prétend, dans son *Timée*, que les prêtres d'Égypte, chez lesquels il a voyagé, conservaient d'anciens registres qui fesaient foi de la destruction de cette île abîmée dans la mer. Cette catastrophe, dit Platon, arriva neuf mille ans avant lui. Personne ne croira cette chronologie sur la foi seule de Platon; mais aussi personne ne peut apporter contre elle aucune preuve physique, ni même aucun témoignage historique tiré des écrivains profanes.

Pline, dans son livre III, dit que de tout temps les peuples des côtes espagnoles méridionales ont cru que la mer s'était fait un passage entre Calpé et Abila : « Indigenæ columnas Herculis vocant, » creduntque perfossas exclusa antea admisisse » maria et rerum naturæ mutasse faciem. »

Un voyageur attentif peut se convaincre par ses yeux que les Cyclades, les Sporades, fesaient autrefois partie du continent de la Grèce, et surtout que la Sicile était jointe à l'Apulie. Les deux volcans de l'Etna et du Vésuve, qui ont les mêmes fondements sous la mer, le petit gouffre de Carybde, seul endroit profond de cette mer, la parfaite ressemblance des deux terrains, sont des témoignages non récusables : les déluges de Deucalion et d'Ogygès sont assez connus; et les fables inventées d'après cette vérité sont encore l'entretien de tout l'Occident.

Les anciens ont fait mention de plusieurs autres déluges en Asie. Celui dont parle Bérose arriva, selon lui, en Chaldée environ quatre mille trois ou quatre cents ans avant notre ère vulgaire; et l'Asie fut inondée de fables au sujet de ce déluge, autant qu'elle le fut des débordements du Tigre et de l'Euphrate, et de tous les fleuves qui tombent dans le Pont-Euxin [a].

Il est vrai que ces débordements ne peuvent couvrir les campagnes que de quelques pieds d'eau; mais la stérilité qu'ils apportent, la destruction des maisons et des ponts, la mort des bestiaux, sont des pertes qui demandent près d'un siècle pour être réparées. On sait ce qu'il en a coûté à la Hollande; elle a perdu plus de la moitié d'elle-même depuis l'an 1050. Il faut encore qu'elle combatte tous les jours contre la mer qui la menace; et elle n'a jamais employé tant de soldats pour résister à ses ennemis, qu'elle emploie de travailleurs à se défendre continuellement des assauts d'une mer toujours prête à l'engloutir.

Le chemin par terre d'Égypte en Phénicie, en côtoyant le lac Sirbon, était autrefois très praticable; il ne l'est plus depuis très long-temps. Ce n'est plus qu'un sable mouvant abreuvé d'une eau croupissante. En un mot, une grande partie de la terre ne serait qu'un vaste marais empoisonné et habité par des monstres, sans le travail assidu de la race humaine.

On ne parlera point ici du déluge universel de

[a] Voyez l'article DÉLUGE UNIVERSEL.

Noé. Il suffit de lire la sainte Écriture avec soumission. Le déluge de Noé est un miracle incompréhensible, opéré surnaturellement par la justice et la bonté d'une Providence ineffable, qui voulait détruire tout le genre humain coupable, et former un nouveau genre humain innocent. Si la race humaine nouvelle fut plus méchante que la première, et si elle devint plus criminelle de siècle en siècle, et de réforme en réforme ; c'est encore un effet de cette Providence dont il est impossible de sonder les profondeurs, et dont nous adorons comme nous le devons les inconcevables mystères, transmis aux peuples d'Occident, depuis quelques siècles, par la traduction latine des *Septante*. Nous n'entrons jamais dans ces sanctuaires redoutables ; nous n'examinons dans nos Questions que la simple nature.

CHANT, MUSIQUE, MÉLOPÉE, GESTICULATION, SALTATION.

Questions sur ces objets.

Un Turc pourra-t-il concevoir que nous ayons une espèce de chant pour le premier de nos mystères, quand nous le célébrons en musique ; une autre espèce, que nous appelons des *motets*, dans le même temple ; une troisième espèce à l'Opéra ; une quatrième à l'Opéra-Comique ?

De même pouvons-nous imaginer comment les anciens soufflaient dans leurs flûtes, récitaient sur leurs théâtres, la tête couverte d'un énorme masque ; et comment leur déclamation était notée ?

On promulguait les lois dans Athènes à peu près comme on chante dans Paris un air du Pont-Neuf. Le crieur public chantait un édit en se fesant accompagner d'une lyre.

C'est ainsi qu'on crie dans Paris, *la rose et le bouton* sur un ton, *vieux passements d'argent à vendre* sur un autre ; mais dans les rues de Paris on se passe de lyre.

Après la victoire de Chéronée, Philippe, père d'Alexandre, se mit à chanter le décret par lequel Démosthène lui avait fait déclarer la guerre, et battit du pied la mesure. Nous sommes fort loin de chanter dans nos carrefours nos édits sur les finances et sur les deux sous pour livre.

Il est très vraisemblable que la *mélopée*, regardée par Aristote, dans sa *Poétique*, comme une partie essentielle de la tragédie, était un chant uni et simple comme celui de ce qu'on nomme la *préface* à la messe, qui est, à mon avis, le chant grégorien, et non l'ambrosien, mais qui est une vraie mélopée.

Quand les Italiens firent revivre la tragédie au seizième siècle, le récit était une mélopée, mais qu'on ne pouvait noter ; car qui peut noter des inflexions de voix qui sont des huitièmes, des seizièmes de ton ? on les apprenait par cœur. Cet usage fut reçu en France quand les Français commencèrent à former un théâtre, plus d'un siècle après les Italiens. La *Sophonisbe* de Mairet se chantait comme celle du Trissin, mais plus grossièrement ; car on avait alors le gosier un peu rude à Paris, ainsi que l'esprit. Tous les rôles des acteurs, mais surtout des actrices, étaient notés de mémoire par tradition. Mademoiselle Beauval, actrice du temps de Corneille, de Racine et de Molière, me récita, il y a quelque soixante ans et plus, le commencement du rôle d'Émilie dans *Cinna*, tel qu'il avait été débité dans les premières représentations par la Beaupré.

Cette mélopée ressemblait à la déclamation d'aujourd'hui beaucoup moins que notre récit moderne ne ressemble à la manière dont on lit la gazette.

Je ne puis mieux comparer cette espèce de chant, cette mélopée, qu'à l'admirable récitatif de Lulli, critiqué par les adorateurs des doubles croches, qui n'ont aucune connaissance du génie de notre langue, et qui veulent ignorer combien cette mélodie fournit de secours à un acteur ingénieux et sensible.

La mélopée théâtrale périt avec la comédienne Duclos, qui n'ayant pour tout mérite qu'une belle voix, sans esprit et sans âme, rendit enfin ridicule ce qui avait été admiré dans la Des Œillets et dans la Champmêlé.

Aujourd'hui on joue la tragédie sèchement : si on ne la réchauffait point par le pathétique du spectacle et de l'action, elle serait très insipide. Notre siècle, recommandable par d'autres endroits, est le siècle de la sécheresse.

Est-il vrai que chez les Romains un acteur récitait, et un autre fesait les gestes ?

Ce n'est point par méprise que l'abbé Dubos imagina cette plaisante façon de déclamer. Tite-Live, qui ne néglige jamais de nous instruire des mœurs et des usages des Romains, et qui en cela est plus utile que l'ingénieux et satirique Tacite ; Tite-Live, dis-je, nous apprend * qu'Andronicus, s'étant enroué en chantant dans les intermèdes, obtint qu'un autre chantât pour lui tandis qu'il exécuterait la danse, et que de là vint la coutume de partager les intermèdes entre les danseurs et les chanteurs. « Dicitur cantum egisse magis vi» gente motu quum nihil vocis usus impediebat. » Il exprima le chant par la danse. « Cantum egisse » magis vigente motu, » avec des mouvements plus vigoureux.

* Livre VII.

Mais on ne partagea point le récit de la pièce entre un acteur qui n'eût fait que gesticuler, et un autre qui n'eût que déclamé. La chose aurait été aussi ridicule qu'impraticable.

L'art des pantomimes, qui jouent sans parler, est tout différent, et nous en avons vu des exemples très frappants; mais cet art ne peut plaire que lorsqu'on représente une action marquée, un événement théâtral qui se dessine aisément dans l'imagination du spectateur. On peut représenter Orosmane tuant Zaïre, et se tuant lui-même; Sémiramis se traînant blessée sur les marches du tombeau de Ninus, et tendant les bras à son fils. On n'a pas besoin de vers pour exprimer ces situations par des gestes, au son d'une symphonie lugubre et terrible. Mais comment deux pantomimes peindront-ils la dissertation de Maxime et de Cinna sur les gouvernements monarchiques et populaires?

A propos de l'exécution théâtrale chez les Romains, l'abbé Dubos dit que les danseurs dans les intermèdes étaient toujours en robe. La danse exige un habit plus leste. On conserve précieusement dans le pays de Vaud une grande salle de bains bâtie par les Romains, dont le pavé est en mosaïque. Cette mosaïque, qui n'est point dégradée, représente des danseurs vêtus précisément comme les danseurs de l'Opéra. On ne fait pas ces observations pour relever des erreurs dans Dubos; il n'y a nul mérite dans le hasard d'avoir vu ce monument antique qu'il n'avait point vu; et on peut d'ailleurs être un esprit très solide et très juste, en se trompant sur un passage de Tite-Live.

CHARITÉ.

Maisons de charité, de bienfesance, hôpitaux, hôtels-dieu, etc.

Cicéron parle en plusieurs endroits de la charité universelle, *charitas humani generis;* mais on ne voit point que la police et la bienfesance des Romains aient établi de ces maisons de charité où les pauvres et les malades fussent soulagés aux dépens du public. Il y avait une maison pour les étrangers au port d'Ostia, qu'on appelait *Xenodochium*. Saint Jérôme rend aux Romains cette justice. Les hôpitaux pour les pauvres semblent avoir été inconnus dans l'ancienne Rome. Elle avait un usage plus noble, celui de fournir des blés au peuple. Trois cent vingt-sept greniers immenses étaient établis à Rome. Avec cette libéralité continuelle, on n'avait pas besoin d'hôpital, il n'y avait point de nécessiteux.

On ne pouvait fonder des maisons de charité pour les enfants trouvés; personne n'exposait ses enfants; les maîtres prenaient soin de ceux de leurs esclaves. Ce n'était point une honte à une fille du peuple d'accoucher. Les plus pauvres familles nourries par la république, et ensuite par les empereurs, voyaient la subsistance de leurs enfants assurée.

Le mot de *maison de charité* suppose, chez nos nations modernes, une indigence que la forme de nos gouvernements n'a pu prévenir.

Le mot d'*hôpital*, qui rappelle celui d'*hospitalité*, fait souvenir d'une vertu célèbre chez les Grecs, qui n'existe plus; mais aussi il exprime une vertu bien supérieure. La différence est grande entre loger, nourrir, guérir tous les malheureux qui se présentent, et recevoir chez vous deux ou trois voyageurs chez qui vous aviez aussi le droit d'être reçu. L'hospitalité, après tout, n'était qu'un échange. Les hôpitaux sont des monuments de bienfesance.

Il est vrai que les Grecs connaissaient les hôpitaux, sous le nom de *Xenodokia*, pour les étrangers; *Nozocomeia*, pour les malades; et de *Ptôkia*, pour les pauvres. On lit dans Diogène de Laërce, concernant Bion, ce passage: « Il souffrit beau» coup par l'indigence de ceux qui étaient char» gés du soin des malades. »

L'hospitalité entre particuliers s'appelait *Idioxenia*, et entre les étrangers *Proxenia*. De là on appelait *Proxenos* celui qui recevait et entretenait chez lui les étrangers au nom de toute la ville: mais cette institution paraît avoir été fort rare.

Il n'est guère aujourd'hui de ville en Europe sans hôpitaux. Les Turcs en ont, et même pour les bêtes, ce qui semble outrer la charité. Il vaudrait mieux oublier les bêtes et songer davantage aux hommes.

Cette prodigieuse multitude de maisons de charité prouve évidemment une vérité à laquelle on ne fait pas assez d'attention; c'est que l'homme n'est pas si méchant qu'on le dit; et que malgré toutes ses fausses opinions, malgré les horreurs de la guerre, qui le changent en bête féroce, on peut croire que cet animal est bon, et qu'il n'est méchant que quand il est effarouché, ainsi que les autres animaux: le mal est qu'on l'agace trop souvent.

Rome moderne a presque autant de maisons de charité que Rome antique avait d'arcs de triomphe et d'autres monuments de conquête. La plus considérable de ces maisons est une banque qui prête sur gages à deux pour cent, et qui vend les effets, si l'emprunteur ne les retire pas dans le temps marqué. On appelle cette maison l'*archiospedale*, l'archi-hôpital. Il est dit qu'il y a presque toujours deux mille malades, ce qui ferait la cinquantième partie des habitants de Rome pour cette seule maison, sans compter les enfants qu'on y élève, et les pélerins qu'on y héberge. De quels calculs ne faut-il pas rabattre?

N'a-t-on pas imprimé dans Rome que l'hôpital de la Trinité avait couché et nourri pendant trois jours quatre cent quarante mille cinq cents pélerins, et vingt-cinq mille cinq cents pélerines, au jubilé de l'an 1600? Misson lui-même n'a-t-il pas dit que l'hôpital de l'Annonciade à Naples possède deux de nos millions de rente!

Peut-être enfin qu'une maison de charité, fondée pour recevoir des pélerins qui sont d'ordinaire des vagabonds, est plutôt un encouragement à la fainéantise qu'un acte d'humanité. Mais ce qui est véritablement humain, c'est qu'il y a dans Rome cinquante maisons de charité de toutes les espèces. Ces maisons de charité, de bienfesance, sont aussi utiles et aussi respectables que les richesses de quelques monastères et de quelques chapelles sont inutiles et ridicules.

Il est beau de donner du pain, des vêtements, des remèdes, des secours en tout genre à ses frères; mais quel besoin un saint a-t-il d'or et de diamants? Quel bien revient-il aux hommes que Notre-Dame de Lorette ait un plus beau trésor que le sultan des Turcs? Lorette est une maison de vanité et non de charité.

Londres, en comptant les écoles de charité, a autant de maisons de bienfesance que Rome.

Le plus beau monument de bienfesance qu'on ait jamais élevé, est l'hôtel des Invalides, fondé par Louis XIV.

De tous les hôpitaux, celui où l'on reçoit journellement le plus de pauvres malades, est l'Hôtel-Dieu de Paris. Il y en a eu souvent entre quatre à cinq mille à la fois. Dans ces cas, la multitude nuit à la charité même. C'est en même temps le réceptacle de toutes les horribles misères humaines, et le temple de la vraie vertu qui consiste à les secourir.

Il faudrait avoir souvent dans l'esprit le contraste d'une fête de Versailles, d'un opéra de Paris, où tous les plaisirs et toutes les magnificences sont réunis avec tant d'art; et d'un hôtel-dieu, où toutes les douleurs, tous les dégoûts et la mort, sont entassés avec tant d'horreur. C'est ainsi que sont composées les grandes villes.

Par une police admirable, les voluptés mêmes et le luxe servent la misère et la douleur. Les spectacles de Paris ont payé, année commune, un tribut de plus de cent mille écus à l'hôpital.

Dans ces établissements de charité, les inconvénients ont souvent surpassé les avantages. Une preuve des abus attachés à ces maisons, c'est que les malheureux qu'on y transporte craignent d'y être.

L'Hôtel-Dieu, par exemple, était très bien placé autrefois dans le milieu de la ville auprès de l'évêché. Il l'est très mal quand la ville est trop grande, quand quatre ou cinq malades sont entassés dans chaque lit, quand un malheureux donne le scorbut à son voisin dont il reçoit la vérole, et qu'une atmosphère empestée répand les maladies incurables et la mort, non seulement dans cet hospice destiné pour rendre les hommes à la vie, mais dans une grande partie de la ville à la ronde.

L'inutilité, le danger même de la médecine, en ce cas, sont démontrés. S'il est si difficile qu'un médecin connaisse et guérisse une maladie d'un citoyen bien soigné dans sa maison, que sera-ce de cette multitude de maux compliqués, accumulés les uns sur les autres dans un lieu pestiféré?

En tout genre souvent, plus le nombre est grand, plus mal on est.

M. de Chamousset, l'un des meilleurs citoyens et des plus attentifs au bien public, a calculé, par des relevés fidèles, qu'il meurt un quart des malades à l'Hôtel-Dieu, un huitième à l'hôpital de la Charité, un neuvième dans les hôpitaux de Londres, un trentième dans ceux de Versailles.

Dans le grand et célèbre hôpital de Lyon, qui a été long-temps un des mieux administrés de l'Europe, il ne mourait qu'un quinzième des malades, année commune.

On a proposé souvent de partager l'Hôtel-Dieu de Paris en plusieurs hospices mieux situés, plus aérés, plus salutaires; l'argent a manqué pour cette entreprise.

« Curtæ nescio quid semper abest rei. »
HORAT., liv. III, od. XXIV.

On en trouve toujours quand il s'agit d'aller faire tuer des hommes sur la frontière; il n'y en a plus quand il faut les sauver. Cependant l'Hôtel-Dieu de Paris possède plus d'un million de revenu qui augmente chaque année, et les Parisiens l'ont doté à l'envi.

On ne peut s'empêcher de remarquer ici que Germain Brice, dans sa *Description de Paris*, en parlant de quelques legs faits par le premier président de Bellièvre, à la salle de l'Hôtel-Dieu nommée *Saint-Charles*, dit « qu'il faut lire cette belle » inscription gravée en lettres d'or dans une » grande table de marbre, de la composition d'O- » livier Patru, de l'académie française, un des » plus beaux esprits de son temps, dont on a des » plaidoyers fort estimés. »

« Qui que tu sois qui entres dans ce saint lieu, » tu n'y verras presque partout que des fruits de

» la charité du grand Pomponne. Les brocarts » d'or et d'argent, et les beaux meubles qui pa» raient autrefois sa chambre, par une heureuse » métamorphose, servent maintenant aux néces» sités des malades. Cet homme divin, qui fut l'or» nement et les délices de son siècle, dans le com» bat même de la mort, a pensé au soulagement » des affligés. Le sang de Bellièvre s'est montré » dans toutes les actions de sa vie. La gloire de » ses ambassades n'est que trop connue, etc. »

L'utile Chamousset fit mieux que Germain Brice et Olivier Patru, l'un des plus beaux esprits du temps; voici le plan dont il proposa de se charger à ses frais, avec une compagnie solvable.

Les administrateurs de l'Hôtel-Dieu portaient en compte la valeur de cinquante livres pour chaque malade, ou mort, ou guéri. M. de Chamousset et sa compagnie offraient de gérer pour cinquante livres seulement par guérison. Les morts allaient par dessus le marché, et étaient à sa charge.

La proposition était si belle, qu'elle ne fut point acceptée. On craignit qu'il ne pût la remplir. Tout abus qu'on veut réformer est le patrimoine de ceux qui ont plus de crédit que les réformateurs.

Une chose non moins singulière, est que l'Hôtel-Dieu a seul le privilége de vendre la chair en carême à son profit, et il y perd. M. de Chamousset offrit de faire un marché où l'Hôtel-Dieu gagnerait : on le refusa, et on chassa le boucher qu'on soupçonna de lui avoir donné l'avis [1].

> Ainsi chez les humains, par un abus fatal,
> Le bien le plus parfait est la source du mal.
>
> HENRIADE, chant V, 43, 44.

CHARLATAN.

L'article *Charlatan* du *Dictionnaire encyclopédique* est rempli de vérités utiles, agréablement énoncées. M. le chevalier de Jaucourt y a développé le charlatanisme de la médecine.

On prendra ici la liberté d'y ajouter quelques réflexions. Le séjour des médecins est dans les grandes villes; il n'y en a presque point dans les campagnes. C'est dans les grandes villes que sont les riches malades; la débauche, les excès de table, les passions, causent leurs maladies. Dumoulin, non pas le jurisconsulte, mais le médecin, qui était aussi bon praticien que l'autre, a dit en mourant, qu'il laissait deux grands médecins après lui, la diète et l'eau de la rivière.

En 1728, du temps de Lass, le plus fameux des charlatans de la première espèce, un autre, nommé Villars, confia à quelques amis que son oncle, qui avait vécu près de cent ans, et qui n'était mort que par accident, lui avait laissé le secret d'une eau qui pouvait aisément prolonger la vie jusqu'à cent cinquante années, pourvu qu'on fût sobre. Lorsqu'il voyait passer un enterrement, il levait les épaules de pitié : si le défunt, disait-il, avait bu de mon eau, il ne serait pas où il est. Ses amis auxquels il en donna généreusement, et qui observèrent un peu le régime prescrit, s'en trouvèrent bien, et le prônèrent. Alors il vendit la bouteille six francs ; le débit en fut prodigieux. C'était de l'eau de la Seine avec un peu de nitre. Ceux qui en prirent et qui s'astreignirent à un peu de régime, surtout qui étaient nés avec un bon tempérament, recouvrèrent en peu de jours une santé parfaite. Il disait aux autres : C'est votre faute si vous n'êtes pas entièrement guéris. Vous avez été intempérants et incontinents : corrigez-vous de ces deux vices, et vous vivrez cent cinquante ans pour le moins. Quelques uns se corrigèrent; la fortune de ce bon charlatan s'augmenta comme sa réputation. L'abbé de Pons, l'enthousiaste, le mettait fort au-dessus du maréchal de Villars : il fait tuer des hommes, lui dit-il, et vous les faites vivre.

On sut enfin que l'eau de Villars n'était que de l'eau de rivière; on n'en voulut plus, et on alla à d'autres charlatans.

Il est certain qu'il avait fait du bien, et qu'on ne pouvait lui reprocher que d'avoir vendu l'eau de la Seine un peu trop cher. Il portait les hommes à la tempérance, et par là il était supérieur à l'apothicaire Arnoult, qui a farci l'Europe de ses sachets contre l'apoplexie, sans recommander aucune vertu.

J'ai connu un médecin de Londres nommé Brown, qui pratiquait aux Barbades. Il avait une sucrerie et des nègres; on lui vola une somme considérable; il assemble ses nègres : Mes amis, leur dit-il, le grand serpent m'a apparu pendant la nuit; il m'a dit que le voleur aurait dans ce moment une plume de perroquet sur le bout du nez. Le coupable sur-le-champ porte la main à son nez. C'est toi qui m'as volé, dit le maître; le grand serpent vient de m'en instruire; et il reprit son argent. On ne peut guère condamner une telle charlatanerie; mais il fallait avoir affaire à des nègres.

Scipion le premier Africain, ce grand Scipion,

[1] En 1775, sous l'administration de M. Turgot, ce privilége ridicule de l'Hôtel-Dieu fut détruit et remplacé par un impôt sur l'entrée de la viande. Le peuple de Paris était réduit auparavant à n'avoir pendant tout le carême qu'une nourriture malsaine et très chère. Cependant quelques hommes ont osé regretter cet ancien usage, non qu'ils le crussent utile; mais parce qu'il était un monument du pouvoir que le clergé avait eu trop long-temps sur l'ordre public, et que sa destruction avançait la décadence de ce pouvoir. En 1629, on tuait six bœufs à l'Hôtel-Dieu pendant le carême, deux cents en 1665, cinq cents en 1708, quinze cents en 1750 : on en consomme aujourd'hui près de neuf mille. K.

fort différent d'ailleurs du médecin Brown, fesait croire volontiers à ses soldats qu'il était inspiré par les dieux. Cette grande charlatanerie était en usage dès long-temps. Peut-on blâmer Scipion de s'en être servi? Il fut peut-être l'homme qui fit le plus d'honneur à la république romaine; mais pourquoi les dieux lui inspirèrent-ils de ne point rendre ses comptes?

Numa fit mieux; il fallait policer des brigands et un sénat qui était la portion de ces brigands la plus difficile à gouverner. S'il avait proposé ses lois aux tribus assemblées, les assassins de son prédécesseur lui auraient fait mille difficultés. Il s'adresse à la déesse Égérie, qui lui donne des pandectes de la part de Jupiter; il est obéi sans contradiction, et il règne heureux. Ses institutions sont bonnes, son charlatanisme fait du bien; mais si quelque ennemi secret avait découvert la fourberie, si on avait dit : Exterminons un fourbe qui prostitue le nom des dieux pour tromper les hommes, il courait risque d'être envoyé au ciel avec Romulus.

Il est probable que Numa prit très bien ses mesures, et qu'il trompa les Romains pour leur profit, avec une habileté convenable au temps, aux lieux, à l'esprit des premiers Romains.

Mahomet fut vingt fois sur le point d'échouer; mais enfin il réussit avec les Arabes de Médine; et on le crut intime ami de l'ange Gabriel. Si quelqu'un venait aujourd'hui annoncer dans Constantinople qu'il est le favori de l'ange Raphael, très supérieur à Gabriel en dignité, et que c'est à lui seul qu'il faut croire, il serait empalé en place publique. C'est aux charlatans à bien prendre leur temps.

N'y avait-il pas un peu de charlatanisme dans Socrate avec son démon familier, et la déclaration précise d'Apollon, qui le proclama le plus sage de tous les hommes? Comment Rollin, dans son histoire, peut-il raisonner d'après cet oracle? Comment ne fait-il pas connaître à la jeunesse que c'était une pure charlatanerie? Socrate prit mal son temps. Peut-être cent ans plus tôt aurait-il gouverné Athènes.

Tout chef de secte en philosophie a été un peu charlatan : mais les plus grands de tous ont été ceux qui ont aspiré à la domination. Cromwell fut le plus terrible de tous nos charlatans. Il parut précisément dans le seul temps où il pouvait réussir : sous Élisabeth il aurait été pendu; sous Charles II il n'eût été que ridicule. Il vint heureusement dans le temps où l'on était dégoûté des rois; et son fils, dans le temps où l'on était las d'un protecteur.

DE LA CHARLATANERIE DES SCIENCES ET DE LA LITTÉRATURE.

Les sciences ne pouvaient guère être sans charlatanerie. On veut faire recevoir ses opinions; le docteur subtil veut éclipser le docteur angélique; le docteur profond veut régner seul. Chacun bâtit son système de physique, de métaphysique, de théologie scolastique; c'est à qui fera valoir sa marchandise. Vous avez des courtiers qui la vantent, des sots qui vous croient, des protecteurs qui vous appuient.

Y a-t-il une charlatanerie plus grande que de mettre les mots à la place des choses, et de vouloir que les autres croient ce que vous ne croyez pas vous-même?

L'un établit des tourbillons de matière subtile, rameuse, globuleuse, striée, cannelée; l'autre des éléments de matière qui ne sont point matière, et une harmonie préétablie qui fait que l'horloge du corps sonne l'heure quand l'horloge de l'âme la montre par son aiguille. Ces chimères trouvent des partisans pendant quelques années. Quand ces drogues sont passées de mode, de nouveaux énergumènes montent sur le théâtre ambulant; ils bannissent les germes du monde, ils disent que la mer a produit les montagnes, et que les hommes ont autrefois été poissons.

Combien a-t-on mis de charlatanerie dans l'histoire, soit en étonnant le lecteur par des prodiges, soit en chatouillant la malignité humaine par des satires, soit en flattant des familles de tyrans par d'infâmes éloges?

La malheureuse espèce qui écrit pour vivre est charlatane d'une autre manière. Un pauvre homme qui n'a point de métier, qui a eu le malheur d'aller au collége, et qui croit savoir écrire, va faire sa cour à un marchand libraire, et lui demande à travailler. Le marchand libraire sait que la plupart des gens domiciliés veulent avoir de petites bibliothèques, qu'il leur faut des abrégés et des titres nouveaux; il ordonne à l'écrivain un abrégé de l'*Histoire de Rapin Thoyras*, un abrégé de l'*Histoire de l'Église*, un *Recueil de bons mots* tiré du *Ménagiana*, un *Dictionnaire des grands hommes*, où l'on place un pédant inconnu à côté de Cicéron, et un *sonettiero* d'Italie auprès de Virgile.

Un autre marchand libraire commande des romans, ou des traductions de romans. Si vous n'avez pas d'imagination, dit-il à son ouvrier, vous prendrez quelques aventures dans *Cyrus*, dans *Gusman d'Alfarache*, dans les *Mémoires secrets d'un homme de qualité*, ou *d'une femme de qualité*; et du total vous ferez un volume de quatre cents pages à vingt sous la feuille.

Un autre marchand libraire donne les gazettes

et les almanachs de dix années à un homme de génie. Vous me ferez un extrait de tout cela, et vous me le rapporterez dans trois mois sous le nom d'*Histoire fidèle du temps*, par monsieur le chevalier de trois étoiles, lieutenant de vaisseau, employé dans les affaires étrangères.

De ces sortes de livres il y en a environ cinquante mille en Europe; et tout cela passe comme le secret de blanchir la peau, de noircir les cheveux, et la panacée universelle.

CHARLES IX.

Charles IX, roi de France, était, dit-on, un bon poëte. Il est sûr que ses vers étaient admirables de son vivant. Brantôme ne dit pas, à la vérité, que ce roi fût le meilleur poëte de l'Europe; mais il assure qu'il « faisoit des quadrains fort » gentiment, prestement, et in promptû, sans » songer, comme j'en ay veu plusieurs... quand » il faisoit mauvais temps, ou de pluye ou d'un » extrême chaud, il envoyoit querir messieurs » les poëtes en son cabinet, et là passoit son temps » avec eux, etc. »

S'il avait toujours passé son temps ainsi, et surtout s'il avait fait de bons vers, nous n'aurions pas eu la Saint-Barthélemi; il n'aurait pas tiré de sa fenêtre avec une carabine sur ses propres sujets comme sur des perdreaux. Ne croyez-vous pas qu'il est impossible qu'un bon poëte soit un barbare? Pour moi, j'en suis persuadé.

On lui attribue ces vers, faits en son nom pour Ronsard:

Ta lyre, qui ravit par de si doux accords,
Te soumet les esprits dont je n'ai que les corps;
Le maître elle t'en rend, et te sait introduire
Où le plus fier tyran ne peut avoir d'empire.

Ces vers sont bons, mais sont-ils de lui? ne sont-ils pas de son précepteur? En voici de son imagination royale qui sont un peu différents:

Il faut suivre ton roi qui t'aime par sus tous,
Pour les vers qui de toi coulent braves et doux;
Et crois, si tu ne viens me trouver à Pontoise,
Qu'entre nous adviendra une très grande noise.

L'auteur de la Saint-Barthélemi pourrait bien avoir fait ceux-là. Les vers de César sur Térence sont écrits avec un peu plus d'esprit et de goût. Ils respirent l'urbanité romaine. Ceux de François Ier et de Charles IX se ressentent de la grossièreté welche. Plût à Dieu que Charles IX eût fait plus de vers, même mauvais! Une application constante aux arts aimables adoucit les mœurs.

« Emollit mores nec sinit esse feros. »

OVIDE, II, *De Ponto*, IX, 48.

Au reste, la langue française ne commença à se dérouiller un peu que long-temps après Charles IX. Voyez les lettres qu'on nous a conservées de François Ier. *Tout est perdu fors l'honneur*, est d'un digne chevalier; mais en voici une qui n'est ni de Cicéron, ni de César.

« Tout à steure ynsi que je me volois mettre o » lit est arrivé Laval qui m'a aporté la sertenaité » du lèvement du siége. »

Nous avons quelques lettres de la main de Louis XIII, qui ne sont pas mieux écrites. On n'exige pas qu'un roi écrive des lettres comme Pline, ni qu'il fasse des vers comme Virgile; mais personne n'est dispensé de bien parler sa langue. Tout prince qui écrit comme une femme de chambre a été fort mal élevé.

CHEMINS.

Il n'y a pas long-temps que les nouvelles nations de l'Europe ont commencé à rendre les chemins praticables, et à leur donner quelque beauté. C'est un des grands soins des empereurs mogols et de ceux de la Chine. Mais ces princes n'ont pas approché des Romains. La voie Appienne, l'Aurélienne, la Flaminienne, l'Émilienne, la Trajane, subsistent encore. Les seuls Romains pouvaient faire de tels chemins, et seuls pouvaient les réparer.

Bergier, qui d'ailleurs a fait un livre utile, insiste beaucoup sur ce que Salomon employa trente mille Juifs pour couper du bois sur le Liban, quatre-vingt mille pour maçonner son temple, soixante et dix-mille pour les charrois, et trois mille six cents pour présider aux travaux. Soit: mais il ne s'agissait pas là de grands chemins.

Pline dit qu'on employa trois cent mille hommes pendant vingt ans pour bâtir une pyramide en Égypte: je le veux croire; mais voilà trois cent mille hommes bien mal employés. Ceux qui travaillèrent aux canaux de l'Égypte, à la grande muraille, aux canaux et aux chemins de la Chine; ceux qui construisirent les voies de l'empire romain furent plus avantageusement occupés que les trois cent mille misérables qui bâtirent des tombeaux en pointe, pour faire reposer le cadavre d'un superstitieux égyptien.

On connaît assez les prodigieux ouvrages des Romains, les lacs creusés ou détournés, les collines aplanies, la montagne percée par Vespasien dans la voie Flaminienne l'espace de mille pieds de longueur, et dont l'inscription subsiste encore. Le Pausilippe n'en approche pas.

Il s'en faut beaucoup que les fondations de la plupart de nos maisons soient aussi solides que l'étaient les grands chemins dans le voisinage de Rome; et ces voies publiques s'étendirent dans tout l'empire, mais non pas avec la même solidité:

ni l'argent ni les hommes n'auraient pu y suffire.

Presque toutes les chaussées d'Italie étaient relevées sur quatre pieds de fondation. Lorsqu'on trouvait un marais sur le chemin, on le comblait. Si on rencontrait un endroit montagneux, on le joignait au chemin par une pente douce. On soutenait en plusieurs lieux ces chemins par des murailles.

Sur les quatre pieds de maçonnerie étaient posés de larges pierres de taille, des marbres épais de près d'un pied, et souvent larges de dix; ils étaient piqués au ciseau, afin que les chevaux ne glissassent pas. On ne savait ce qu'on devait admirer davantage ou l'utilité ou la magnificence.

Presque toutes ces étonnantes constructions se firent aux dépens du trésor public. César répara et prolongea la voie Appienne de son propre argent; mais son argent n'était que celui de la république.

Quels hommes employait-on à ces travaux? les esclaves, les peuples domptés, les provinciaux qui n'étaient point citoyens romains. On travaillait par corvées, comme on fait en France et ailleurs; mais on leur donnait une petite rétribution.

Auguste fut le premier qui joignit les légions au peuple pour travailler aux grands chemins dans les Gaules, en Espagne, en Asie. Il perça les Alpes à la vallée qui porta son nom, et que les Piémontais et les Français appellent par corruption la *vallée d'Aoste*. Il fallut d'abord soumettre tous les sauvages qui habitaient ces cantons. On voit encore, entre le grand et le petit Saint-Bernard, l'arc de triomphe que le sénat lui érigea après cette expédition. Il perça encore les Alpes par un autre côté qui conduit à Lyon, et de là dans toute la Gaule. Les vaincus n'ont jamais fait pour eux-mêmes ce que firent les vainqueurs.

La chute de l'empire romain fut celle de tous les ouvrages publics, comme de toute police, de tout art, de toute industrie. Les grands chemins disparurent dans les Gaules, excepté quelques chaussées que la malheureuse reine Brunehaut fit réparer pour un peu de temps. A peine pouvait-on aller à cheval sur les anciennes voies, qui n'étaient plus que des abîmes de bourbe entremêlée de pierres. Il fallait passer par les champs labourables; les charrettes fesaient à peine en un mois le chemin qu'elles font aujourd'hui en une semaine. Le peu de commerce qui subsista fut borné à quelques draps, quelques toiles, un peu de mauvaise quincaillerie, qu'on portait à dos de mulet dans des prisons à créneaux et à mâchicoulis, qu'on appelait *châteaux*, situées dans des marais ou sur la cime des montagnes couvertes de neige.

Pour peu qu'on voyageât pendant les mauvaises saisons, si longues et si rebutantes dans les climats septentrionaux, il fallait ou enfoncer dans la fange, ou gravir sur des rocs. Telles furent l'Allemagne et la France entière jusqu'au milieu du dix-septième siècle. Tout le monde était en bottes; on allait dans les rues sur des échasses dans plusieurs villes d'Allemagne.

Enfin sous Louis XIV on commença les grands chemins que les autres nations ont imités. On en a fixé la largeur à soixante pieds en 1720. Ils sont bordés d'arbres en plusieurs endroits jusqu'à trente lieues de la capitale; cet aspect forme un coup d'œil admirable. Les voies militaires romaines n'étaient larges que de seize pieds; mais elles étaient infiniment plus solides. On n'était pas obligé de les réparer tous les ans comme les nôtres. Elles étaient embellies de monuments, de colonnes milliaires, et même de tombeaux superbes; car ni en Grèce ni en Italie il n'était permis de faire servir les villes de sépulture, encore moins les temples; c'eût été un sacrilége. Il n'en était pas comme dans nos églises, où une vanité de Barbares fait ensevelir à prix d'argent des bourgeois riches qui infectent le lieu même où l'on vient adorer Dieu, et où l'encens ne semble brûler que pour déguiser les odeurs des cadavres, tandis que les pauvres pourrissent dans le cimetière attenant, et que les uns et les autres répandent les maladies contagieuses parmi les vivants.

Les empereurs furent presque les seuls dont les cendres reposèrent dans des monuments érigés à Rome.

Les grands chemins de soixante pieds de large occupent trop de terrain. C'est environ quarante pieds de trop. La France a près de deux cents lieues ou environ de l'embouchure du Rhône au fond de la Bretagne, autant de Perpignan à Dunkerque. En comptant la lieue à deux mille cinq cents toises, cela fait cent vingt millions de pieds carrés pour deux seuls grands chemins, perdus pour l'agriculture. Cette perte est très considérable dans un pays où les récoltes ne sont pas toujours abondantes.

On essaya de paver le grand chemin d'Orléans, qui n'était pas de cette largeur; mais on s'aperçut depuis que rien n'était plus mal imaginé pour une route couverte continuellement de gros chariots. De ces pavés posés tout simplement sur la terre, les uns se baissent, les autres s'élèvent, le chemin devient raboteux, et bientôt impraticable; il a fallu y renoncer.

Les chemins recouverts de gravier et de sable exigent un nouveau travail toutes les années. Ce travail nuit à la culture des terres, et ruine l'agriculteur.

M. Turgot, fils du prévôt des marchands, dont le nom est en bénédiction à Paris, et l'un des plus éclairés magistrats du royaume et des plus zélés pour le bien public, et le bienfesant M. de Fontette, ont remédié autant qu'ils ont pu à ce fatal inconvénient dans les provinces du Limousin et de la Normandie[1].

On a prétendu qu'on devait, à l'exemple d'Auguste et de Trajan, employer les troupes à la confection des chemins; mais alors il faudrait augmenter la paie du soldat; et un royaume qui n'était qu'une province de l'empire romain, et qui est souvent obéré, peut rarement entreprendre ce que l'empire romain fesait sans peine.

C'est une coutume assez sage dans les Pays-Bas d'exiger de toutes les voitures un péage modique pour l'entretien des voies publiques. Ce fardeau n'est point pesant. Le paysan est à l'abri des vexations. Les chemins y sont une promenade continue très agréable.

Les canaux sont beaucoup plus utiles. Les Chinois surpassent tous les peuples par ces monuments qui exigent un entretien continuel. Louis XIV, Colbert et Riquet, se sont immortalisés par le canal qui joint les deux mers; on ne les a pas encore imités. Il n'est pas difficile de traverser une grande partie de la France par des canaux. Rien n'est plus aisé en Allemagne que de joindre le Rhin au Danube; mais on a mieux aimé s'égorger et se ruiner pour la possession de quelques villages que de contribuer au bonheur du monde.

CHIEN.

Il semble que la nature ait donné le chien à l'homme pour sa défense et pour son plaisir. C'est de tous les animaux le plus fidèle: c'est le meilleur ami que puisse avoir l'homme.

Il paraît qu'il y en a plusieurs espèces absolument différentes. Comment imaginer qu'un lévrier vienne originairement d'un barbet? il n'en a ni le poil, ni les jambes, ni le corsage, ni la tête, ni les oreilles, ni la voix, ni l'odorat, ni l'instinct. Un homme qui n'aurait vu, en fait de chiens, que des barbets ou des épagneuls, et qui verrait un lévrier pour la première fois, le prendrait plutôt pour un petit cheval nain que pour un animal de la race épagneule. Il est bien vraisemblable que chaque race fut toujours ce qu'elle est, sauf le mélange de quelques unes en petit nombre.

Il est étonnant que le chien ait été déclaré immonde dans la loi juive, comme l'ixion, le griffon, le lièvre, le porc, l'anguille; il faut qu'il y ait quelque raison physique ou morale que nous n'ayons pu encore découvrir.

Ce qu'on raconte de la sagacité, de l'obéissance, de l'amitié, du courage des chiens, est prodigieux, et est vrai. Le philosophe militaire Ulloa nous assure[a] que dans le Pérou les chiens espagnols reconnaissent les hommes de race indienne, les poursuivent et les déchirent; que les chiens péruviens en font autant des Espagnols. Ce fait semble prouver que l'une et l'autre espèce de chiens retient encore la haine qui lui fut inspirée du temps de la découverte, et que chaque race combat toujours pour ses maîtres avec le même attachement et la même valeur.

Pourquoi donc le mot de *chien* est-il devenu une injure? on dit par tendresse *mon moineau*, *ma colombe*, *ma poule*; on dit même *mon chat*, quoique cet animal soit traître. Et quand on est fâché, on appelle les gens *chiens!* Les Turcs, même sans être en colère, disent par une horreur mêlée au mépris, *les chiens de chrétiens*. La populace anglaise, en voyant passer un homme qui par son maintien, son habit et sa perruque, a l'air d'être né vers les bords de la Seine ou de la Loire, l'appellent communément *French dog*, chien de Français. Cette figure de rhétorique n'est pas polie, et paraît injuste.

Le délicat Homère introduit d'abord le divin Achille, disant au divin Agamemnon qu'*il est impudent comme un chien*. Cela pourrait justifier la populace anglaise.

Les plus zélés partisans du chien doivent confesser que cet animal a de l'audace dans les yeux; que plusieurs sont hargneux; qu'ils mordent quelquefois des inconnus en les prenant pour des ennemis de leurs maîtres, comme des sentinelles tirent sur les passants qui approchent trop de la contrescarpe. Ce sont là probablement les raisons qui ont rendu l'épithète de *chien* une injure; mais nous n'osons décider.

Pourquoi le chien a-t-il été adoré ou révéré (comme on voudra) chez les Égyptiens? C'est, dit-on, que le chien avertit l'homme. Plutarque nous apprend[b] qu'après que Cambyse eut tué leur bœuf Apis, et l'eut fait mettre à la broche, aucun animal n'osa manger les restes des convives, tant était

[1] M. Turgot, étant contrôleur-général, obtint de la justice et de la bonté du roi un édit qui abolissait la corvée, et la remplaçait par un impôt général sur les terres. Mais on l'obligea d'exempter les biens du clergé de cet impôt, et d'en établir une partie sur les tailles. Malgré cela, c'était encore un des plus grands biens qu'on pût faire à la nation. Cet édit enregistré au lit de justice n'a subsisté que trois mois. Mais huit ou neuf généralités ont suivi l'exemple de celle de Limoges. On doit aussi à M. Turgot d'avoir restreint la largeur des routes dans les limites convenables. Les chemins qu'il a fait exécuter en Limousin sont des chefs-d'œuvre de construction, et sont formés sur les mêmes principes que les voies romaines dont on retrouve encore quelques restes dans les Gaules: tandis que les chemins faits par corvées, et nécessairement alors très mal construits, exigent d'éternelles réparations qui sont une nouvelle charge pour le peuple. K.

[a] *Voyage d'Ulloa au Pérou*, livre VI.

[b] Plutarque, chap. d'*Isis* et d'*Osiris*.

profond le respect pour Apis; mais le chien ne fut pas si scrupuleux, il avala du Dieu. Les Égyptiens furent scandalisés comme on le peut croire, et Anubis perdit beaucoup de son crédit.

Le chien conserva pourtant l'honneur d'être toujours dans le ciel sous le nom du *grand* et du *petit chien*. Nous eûmes constamment les jours caniculaires.

Mais de tous les chiens, Cerbère fut celui qui eut le plus de réputation; il avait trois gueules. Nous avons remarqué que tout allait par trois : Isis, Osiris et Orus, les trois premières divinités égyptiaques; les trois frères, dieux du monde grec, Jupiter, Neptune et Pluton; les trois parques; les trois furies; les trois juges d'enfer; les trois gueules du chien de là-bas.

Nous nous apercevons ici avec douleur que nous avons omis l'article des *chats*; mais nous nous consolons en renvoyant à leur histoire [1]. Nous remarquerons seulement qu'il n'y a point de chats dans les cieux, comme il y a des chèvres, des écrevisses, des taureaux, des béliers, des aigles, des lions, des poissons, des lièvres et des chiens. Mais en récompense, le chat fut consacré ou révéré, ou adoré du culte de dulie dans quelques villes, et peut-être de latrie par quelques femmes.

DE LA CHINE.

SECTION PREMIÈRE.

Nous avons assez remarqué ailleurs combien il est téméraire et maladroit de disputer à une nation telle que la chinoise ses titres authentiques. Nous n'avons aucune maison en Europe dont l'antiquité soit aussi bien prouvée que celle de l'empire de la Chine. Figurons-nous un savant maronite du Mont-Athos, qui contesterait la noblesse des Morosini, des Tiepolo et des autres anciennes maisons de Venise, des princes d'Allemagne, des Montmorenci, des Châtillon, des Talleyrand de France, sous prétexte qu'il n'en est parlé ni dans saint Thomas ni dans saint Bonaventure. Ce maronite passerait-il pour un homme de bon sens ou de bonne foi?

Je ne sais quels lettrés de nos climats se sont effrayés de l'antiquité de la nation chinoise. Mais ce n'est point ici une affaire de scolastique. Laissez tous les lettrés chinois, tous les mandarins, tous les empereurs reconnaître *Fo-hi* pour un des premiers qui donnèrent des lois à la Chine, environ deux mille cinq ou six cents ans avant notre ère vulgaire. Convenez qu'il faut qu'il y ait des peuples avant qu'il y ait des rois. Convenez qu'il faut un temps prodigieux avant qu'un peuple nombreux, ayant inventé les arts nécessaires, se soit réuni pour se choisir un maître. Si vous n'en convenez pas, il ne nous importe. Nous croirons toujours sans vous que deux et deux font quatre.

Dans une province d'Occident, nommée autrefois la *Celtique*, on a poussé le goût de la singularité et du paradoxe jusqu'à dire que les Chinois n'étaient qu'une colonie d'Égypte, ou bien, si l'on veut, de Phénicie. On a cru prouver, comme on prouve tant d'autres choses, qu'un roi d'Égypte appelé Ménès par les Grecs, était le roi de la Chine *Yu*, et qu'Atoès était *Ki*, en changeant seulement quelques lettres; et voici de plus comme on a raisonné.

Les Égyptiens allumaient des flambeaux quelquefois pendant la nuit; les Chinois allument des lanternes : donc les Chinois sont évidemment une colonie d'Égypte. Le jésuite Parennin, qui avait déjà vécu vingt-cinq ans à la Chine, et qui possédait également la langue et les sciences des Chinois, a réfuté toutes ces imaginations avec autant de politesse que de mépris. Tous les missionnaires, tous les Chinois à qui l'on conta qu'au bout de l'Occident on fesait la réforme de l'empire de la Chine, ne firent qu'en rire. Le P. Parennin répondit un peu plus sérieusement. Vos Égyptiens, disait-il, passèrent apparemment par l'Inde pour aller peupler la Chine. L'Inde alors était-elle peuplée ou non? si elle l'était, aurait-elle laissé passer une armée étrangère? si elle ne l'était pas, les Égyptiens ne seraient-ils pas restés dans l'Inde? auraient-ils pénétré par des déserts et des montagnes impraticables jusqu'à la Chine, pour y aller fonder des colonies, tandis qu'ils pouvaient si aisément en établir sur les rivages fertiles de l'Inde et du Gange?

Les compilateurs d'une histoire universelle, imprimée en Angleterre, ont voulu aussi dépouiller les Chinois de leur antiquité, parce que les jésuites étaient les premiers qui avaient bien fait connaître la Chine. C'est là sans doute une bonne raison pour dire à toute une nation : *Vous en avez menti*.

Il y a, ce me semble, une réflexion bien importante à faire sur les témoignages que Confutzée, nommée parmi nous *Confucius*, rend à l'antiquité de sa nation; c'est que Confutzée n'avait nul intérêt de mentir; il ne faisait point le prophète; il ne se disait point inspiré; il n'enseignait point une religion nouvelle; il ne recourait point aux prestiges, il ne flatte point l'empereur sous lequel il vivait, il n'en parle seulement pas. C'est enfin le seul des instituteurs du monde qui ne se soit point fait suivre par des femmes.

J'ai connu un philosophe qui n'avait que le por-

[1] Par Moncrif, de l'académie française. K.

trait de Confucius dans son arrière-cabinet; il mit au bas ces quatre vers :

De la seule raison salutaire interprète,
Sans éblouir le monde, éclairant les esprits,
Il ne parla qu'en sage, et jamais en prophète;
Cependant on le crut, et même en son pays[1].

J'ai lu ses livres avec attention ; j'en ai fait des extraits ; je n'y ai trouvé que la morale la plus pure, sans aucune teinture de charlatanisme. Il vivait six cents ans avant notre ère vulgaire. Ses ouvrages furent commentés par les plus savants hommes de la nation. S'il avait menti, s'il avait fait une fausse chronologie, s'il avait parlé d'empereurs qui n'eussent point existé, ne se serait-il trouvé personne dans une nation savante qui eût réformé la chronologie de Confutzée ? Un seul Chinois a voulu le contredire, et il a été universellement bafoué.

Ce n'est pas ici la peine d'opposer le monument de la grande muraille de la Chine aux monuments des autres nations, qui n'en ont jamais approché ; ni de redire que les pyramides d'Égypte ne sont que des masses inutiles et puériles en comparaison de ce grand ouvrage ; ni de parler de trente-deux éclipses calculées dans l'ancienne chronique de la Chine, dont vingt-huit ont été vérifiées par les mathématiciens d'Europe ; ni de faire voir combien le respect des Chinois pour leurs ancêtres assure l'existence de ces mêmes ancêtres ; ni de répéter au long combien ce même respect a nui chez eux aux progrès de la physique, de la géométrie et de l'astronomie.

On sait assez qu'ils sont encore aujourd'hui ce que nous étions tous il y a environ trois cents ans, des raisonneurs très ignorants. Le plus savant Chinois ressemble à un de nos savants du quinzième siècle qui possédait son Aristote. Mais on peut être un fort mauvais physicien et un excellent moraliste. Aussi c'est dans la morale et dans l'économie politique, dans l'agriculture, dans les arts nécessaires, que les Chinois se sont perfectionnés. Nous leur avons enseigné tout le reste ; mais dans cette partie nous devions être leurs disciples.

DE L'EXPULSION DES MISSIONNAIRES DE LA CHINE.

Humainement parlant, et indépendamment des services que les jésuites pouvaient rendre à la religion chrétienne, n'étaient-ils pas bien malheureux d'être venus de si loin porter la discorde et le trouble dans le plus vaste royaume et le mieux policé de la terre ? Et n'était-ce pas abuser horriblement de l'indulgence et de la bonté des peuples orientaux, surtout après les torrents de sang versés à leur occasion au Japon ? scène affreuse dont cet empire n'a cru pouvoir prévenir les suites qu'en fermant ses ports à tous les étrangers.

Les jésuites avaient obtenu de l'empereur de la Chine Kang-hi la permission d'enseigner le catholicisme ; ils s'en servirent pour faire croire à la petite portion du peuple dirigé par eux, qu'on ne pouvait servir d'autre maître que celui qui tenait la place de Dieu sur la terre, et qui résidait en Italie sur le bord d'une petite rivière nommée le *Tibre*; que toute autre opinion religieuse, tout autre culte, était abominable aux yeux de Dieu, et qu'il punirait éternellement quiconque ne croirait pas aux jésuites ; que l'empereur Kang-hi, leur bienfaiteur, qui ne pouvait pas prononcer *christ*, parce que les Chinois n'ont point la lettre R, serait damné à tout jamais ; que l'empereur Yong-tching, son fils, le serait sans miséricorde ; que tous les ancêtres des Chinois et des Tartares l'étaient ; que leurs descendants le seraient, ainsi que tout le reste de la terre, et que les révérends pères jésuites avaient une compassion vraiment paternelle de la damnation de tant d'âmes.

Ils vinrent à bout de persuader trois princes du sang tartare. Cependant l'empereur Kang-hi mourut à la fin de 1722. Il laissa l'empire à son quatrième fils Yong-tching, qui a été si célèbre dans le monde entier par la justice et par la sagesse de son gouvernement, par l'amour de ses sujets, et par l'expulsion des jésuites.

Ils commencèrent par baptiser les trois princes et plusieurs personnes de leur maison : ces néophytes eurent le malheur de désobéir à l'empereur en quelques points qui ne regardaient que le service militaire. Pendant ce temps-là même l'indignation de tout l'empire éclata contre les missionnaires ; tous les gouverneurs des provinces, tous les colaos, présentèrent contre eux des mémoires. Les accusations furent portées si loin, qu'on mit aux fers les trois princes disciples des jésuites.

Il est évident que ce n'était pas pour avoir été baptisés qu'on les traita si durement, puisque les jésuites eux-mêmes avouent dans leurs lettres que pour eux ils n'essuyèrent aucune violence, et que même ils furent admis à une audience de l'empereur, qui les honora de quelques présents. Il est donc prouvé que l'empereur Yong-tching n'était nullement persécuteur ; et si les princes furent renfermés dans une prison vers la Tartarie, tandis qu'on traitait si bien leurs convertisseurs, c'est une preuve indubitable qu'ils étaient prisonniers d'état, et non pas martyrs.

L'empereur céda bientôt après aux cris de la Chine entière ; on demandait le renvoi des jésuites, comme depuis en France et dans d'autres pays on

[1] Ces vers sont de Voltaire.

a demandé leur abolition. Tous les tribunaux de la Chine voulaient qu'on les fît partir sur-le-champ pour Macao, qui est regardé comme une place séparée de l'empire, et dont on a laissé toujours la possession aux Portugais avec garnison chinoise.

Yong-tching eut la bonté de consulter les tribunaux et les gouverneurs, pour savoir s'il y aurait quelque danger à faire conduire tous les jésuites dans la province de Kanton. En attendant la réponse il fit venir trois jésuites en sa présence, et leur dit ces propres paroles que le P. Parennin rapporte avec beaucoup de bonne foi : « Vos Européans dans la province de Fo-Kien voulaient » anéantir nos lois[a], et troublaient nos peuples ; » les tribunaux me les ont déférés ; j'ai dû pourvoir à ces désordres ; il y va de l'intérêt de l'em» pire.... Que diriez-vous, si j'envoyais dans votre » pays une troupe de bonzes et de lamas prêcher » leur loi ? comment les recevriez-vous ?.. Si vous » avez su tromper mon père, n'espérez pas me » tromper de même... Vous voulez que les Chinois » se fassent chrétiens, votre loi le demande, je le » sais bien : mais alors que deviendrions-nous ? les » sujets de vos rois. Les chrétiens ne croient que » vous ; dans un temps de trouble ils n'écouteraient » d'autre voix que la vôtre. Je sais bien qu'actuel» lement il n'y a rien à craindre ; mais quand les » vaisseaux viendront par mille et dix mille, alors » il pourrait y avoir du désordre.

» La Chine au nord touche le royaume des Rus» ses, qui n'est pas méprisable ; elle a au sud les » Européans et leurs royaumes, qui sont encore » plus considérables[b] ; et à l'ouest les princes de » Tartarie, qui nous font la guerre depuis huit » ans.... Laurent Lange, compagnon du prince » Ismaelof, ambassadeur du czar, demandait qu'on » accordât aux Russes la permission d'avoir dans » toutes les provinces une factorerie ; on ne le leur » permit qu'à Pékin et sur les limites de Kalkas. » Je vous permets de demeurer de même ici et à » Kanton, tant que vous ne donnerez aucun sujet » de plainte ; et si vous en donnez, je ne vous lais» serai ni ici ni à Kanton. »

On abattit leurs maisons et leurs églises dans toutes les autres provinces. Enfin les plaintes contre eux redoublèrent. Ce qu'on leur reprochait le plus, c'était d'affaiblir dans les enfants le respect pour leurs pères, en ne rendant point les honneurs dus aux ancêtres ; d'assembler indécemment les jeunes gens et les filles dans les lieux écartés qu'ils appelaient *églises* ; de faire agenouiller les filles entre leurs jambes, et de leur parler bas en cette posture. Rien ne paraissait plus monstrueux à la délicatesse chinoise. L'empereur Yong-tching daigna même en avertir les jésuites ; après quoi il renvoya la plupart des missionnaires à Macao, mais avec des politesses et des attentions dont les seuls Chinois peut-être sont capables.

Il retint à Pékin quelques jésuites mathématiciens, entre autres ce même Parennin dont nous avons déjà parlé, et qui, possédant parfaitement le chinois et le tartare, avait souvent servi d'interprète. Plusieurs jésuites se cachèrent dans des provinces éloignées, d'autres dans Kanton même ; et on ferma les yeux.

Enfin l'empereur Yong-tching étant mort, son fils et son successeur Kien-Long acheva de contenter la nation, en fesant partir pour Macao tous les missionnaires déguisés qu'on put trouver dans l'empire. Un édit solennel leur en interdit à jamais l'entrée. S'il en vient quelques uns, on les prie civilement d'aller exercer leurs talents ailleurs. Point de traitement dur, point de persécution. On m'a assuré qu'en 1760, un jésuite de Rome étant allé à Kanton, et ayant été déféré par un facteur des Hollandais, le colao, gouverneur de Kanton, le renvoya avec un présent d'une pièce de soie, des provisions et de l'argent.

DU PRÉTENDU ATHÉISME DE LA CHINE.

On a examiné plusieurs fois cette accusation d'athéisme, intentée par nos théologaux d'Occident contre le gouvernement chinois[a] à l'autre bout du monde ; c'est assurément le dernier excès de nos folies et de nos contradictions pédantesques. Tantôt on prétendait dans une de nos facultés que les tribunaux ou parlements de la Chine étaient idolâtres, tantôt qu'ils ne reconnaissaient point de Divinité ; et ces raisonneurs poussaient quelquefois leur fureur de raisonner jusqu'à soutenir que les Chinois étaient à la fois athées et idolâtres.

Au mois d'octobre 1700, la Sorbonne déclara hérétiques toutes les propositions qui soutenaient que l'empereur et les colaos croyaient en Dieu. On fesait de gros livres dans lesquels on démontrait, selon la façon théologique de démontrer, que les Chinois n'adoraient que le ciel matériel.

« Nil præter nubes et cœli numen adorant. »

Mais s'ils adoraient ce ciel matériel, c'était donc là leur dieu. Ils ressemblaient aux Perses, qu'on dit avoir adoré le soleil ; ils ressemblaient aux anciens Arabes qui adoraient les étoiles ; ils n'étaient donc ni fabricateurs d'idoles, ni athées. Mais un docteur n'y regarde pas de si près, quand il s'agit

[a] Le pape y avait déjà nommé un évêque.

[b] Yong-tching entend par là les établissements des Européans dans l'Inde.

[a] Voyez dans le *Siècle de Louis* XIV, chap. XXXIX ; dans l'*Essai sur les mœurs, et l'esprit des nations*, chap. II, et ailleurs.

dans son tripot de déclarer une proposition hérétique et malsonnante.

Ces pauvres gens, qui fesaient tant de fracas en 1700 sur le ciel matériel des Chinois, ne savaient pas qu'en 1689 les Chinois ayant fait la paix avec les Russes à Niptchou, qui est la limite des deux empires, ils érigèrent la même année, le 8 septembre, un monument de marbre sur lequel on grava en langue chinoise et en latin ces paroles mémorables:

« Si quelqu'un a jamais la pensée de rallumer » le feu de la guerre, nous prions le Seigneur sou» verain de toutes choses, qui connaît les cœurs, » de punir ces perfides, etc. [a]. »

Il suffisait de savoir un peu de l'histoire moderne pour mettre fin à ces disputes ridicules; mais les gens qui croient que le devoir de l'homme consiste à commenter saint Thomas et Scot, ne s'abaissent pas à s'informer de ce qui se passe entre les plus grands empires de la terre.

SECTION II.

Nous allons chercher à la Chine de la terre, comme si nous n'en avions point; des étoffes, comme si nous manquions d'étoffes; une petite herbe pour infuser dans de l'eau, comme si nous n'avions point de simples dans nos climats. En récompense, nous voulons convertir les Chinois: c'est un zèle très louable; mais il ne faut pas leur contester leur antiquité, et leur dire qu'ils sont des idolâtres. Trouverait-on bon, en vérité, qu'un capucin, ayant été bien reçu dans un château des Montmorenci, voulût leur persuader qu'ils sont nouveaux nobles, comme les secrétaires du roi; et les accuser d'être idolâtres, parce qu'il aurait trouvé dans ce château deux ou trois statues de connétables, pour lesquelles on aurait un profond respect?

Le célèbre Wolf, professeur de mathématiques dans l'université de Hall, prononça un jour un très bon discours à la louange de la philosophie chinoise; il loua cette ancienne espèce d'hommes, qui diffère de nous par la barbe, par les yeux, par le nez, par les oreilles, et par le raisonnement; il loua, dis-je, les Chinois d'adorer un Dieu suprême, et d'aimer la vertu; il rendait cette justice aux empereurs de la Chine, aux colaos, aux tribunaux, aux lettrés. La justice qu'on rend aux bonzes est d'une espèce différente.

Il faut savoir que ce Wolf attirait à Hall un millier d'écoliers de toutes les nations. Il y avait dans la même université un professeur de théologie nommé Lange, qui n'attirait personne; cet homme, au désespoir de geler de froid seul dans son auditoire, voulut, comme de raison, perdre le professeur de mathématiques; il ne manqua pas, selon la coutume de ses semblables, de l'accuser de ne pas croire en Dieu.

Quelques écrivains d'Europe, qui n'avaient jamais été à la Chine, avaient prétendu que le gouvernement de Pékin était athée. Wolf avait loué les philosophes de Pékin, donc Wolf était athée; l'envie et la haine ne font jamais de meilleurs syllogismes. Cet argument de Lange, soutenu d'une cabale et d'un protecteur, fut trouvé concluant par le roi du pays, qui envoya un dilemme en forme au mathématicien; ce dilemme lui donnait le choix de sortir de Hall dans vingt-quatre heures ou d'être pendu. Et comme Wolf raisonnait fort juste, il ne manqua pas de partir; sa retraite ôta au roi deux ou trois cent mille écus par an, que ce philosophe fesait entrer dans le royaume par l'affluence de ses disciples.

Cet exemple doit faire sentir aux souverains qu'il ne faut pas toujours écouter la calomnie, et sacrifier un grand homme à la fureur d'un sot. Revenons à la Chine.

De quoi nous avisons-nous, nous autres au bout de l'Occident, de disputer avec acharnement et avec des torrents d'injures, pour savoir s'il y avait eu quatorze princes, ou non, avant Fo-hi, empereur de la Chine; et si ce Fo-hi vivait trois mille, ou deux mille neuf cents ans, avant notre ère vulgaire? Je voudrais bien que deux Irlandais s'avisassent de se quereller à Dublin, pour savoir quel fut au douzième siecle le possesseur des terres que j'occupe aujourd'hui; n'est-il pas évident qu'ils devraient s'en rapporter à moi qui ai les archives entre mes mains? Il en est de même à mon gré des premiers empereurs de la Chine; il faut s'en rapporter aux tribunaux du pays.

Disputez tant qu'il vous plaira sur les quatorze princes qui régnèrent avant Fo-hi, votre belle dispute n'aboutira qu'à prouver que la Chine était très peuplée alors, et que les lois y régnaient. Maintenant, je vous demande si une nation assemblée, qui a des lois et des princes, ne suppose pas une prodigieuse antiquité? Songez combien de temps il faut pour qu'un concours singulier de circonstances fasse trouver le fer dans les mines, pour qu'on l'emploie à l'agriculture, pour qu'on invente la navette et tous les autres arts.

Ceux qui font les enfants à coups de plume ont imaginé un fort plaisant calcul. Le jésuite Pétau, par une belle supputation, donne à la terre, deux cent quatre-vingt-cinq ans après le déluge, cent fois plus d'habitants qu'on n'ose lui en supposer à présent. Les Cumberland et les Whiston ont fait des calculs aussi comiques; ces bonnes gens n'avaient qu'à consulter les registres de nos colonies en Amérique, ils auraient été bien étonnés, ils

[a] Voyez l'*Histoire de la Russie sous Pierre Ier*, écrite sur les Mémoires envoyés par l'impératrice Élisabeth.

auraient appris combien peu le genre humain se multiplie, et qu'il diminue très souvent, au lieu d'augmenter.

Laissons donc, nous qui sommes d'hier, nous descendants des Celtes, qui venons de défricher les forêts de nos contrées sauvages; laissons les Chinois et les Indiens jouir en paix de leur beau climat et de leur antiquité. Cessons surtout d'appeler idolâtres l'empereur de la Chine et le soubab de Dékan. Il ne faut pas être fanatique du mérite chinois; la constitution de leur empire est à la vérité la meilleure qui soit au monde; la seule qui soit toute fondée sur le pouvoir paternel; la seule dans laquelle un gouverneur de province soit puni, quand en sortant de charge il n'a pas eu les acclamations du peuple; la seule qui ait institué des prix pour la vertu, tandis que partout ailleurs les lois se bornent à punir le crime; la seule qui ait fait adopter ses lois à ses vainqueurs, tandis que nous sommes encore sujets aux coutumes des Burgundiens, des Francs et des Goths, qui nous ont domptés. Mais on doit avouer que le petit peuple, gouverné par des bonzes, est aussi fripon que le nôtre; qu'on y vend tout fort cher aux étrangers, ainsi que chez nous; que dans les sciences, les Chinois sont encore au terme où nous étions il y a deux cents ans; qu'ils ont comme nous mille préjugés ridicules; qu'ils croient aux talismans, à l'astrologie judiciaire, comme nous y avons cru long-temps.

Avouons encore qu'ils ont été étonnés de notre thermomètre, de notre manière de mettre des liqueurs à la glace avec du salpêtre, et de toutes les expériences de Torricelli et d'Otto de Guericke, tout comme nous le fûmes lorsque nous vîmes ces amusements de physique pour la première fois; ajoutons que leurs médecins ne guérissent pas plus les maladies mortelles que les nôtres, et que la nature toute seule guérit à la Chine les petites maladies comme ici; mais tout cela n'empêche pas que les Chinois, il y a quatre mille ans, lorsque nous ne savions pas lire, ne sussent toutes les choses essentiellement utiles dont nous nous vantons aujourd'hui.

La religion des lettrés, encore une fois, est admirable. Point de superstitions, point de légendes absurdes, point de ces dogmes qui insultent à la raison et à la nature, et auxquels des bonzes donnent mille sens différents, parce qu'ils n'en ont aucun. Le culte le plus simple leur a paru le meilleur depuis plus de quarante siècles. Ils sont ce que nous pensons qu'étaient Seth, Énoch, et Noé; ils se contentent d'adorer un Dieu avec tous les sages de la terre, tandis qu'en Europe on se partage entre Thomas et Bonaventure, entre Calvin et Luther, entre Jansénius et Molina.

CHRÉTIENS CATHOLIQUES.

CHRISTIANISME [1].

SECTION PREMIÈRE.

Établissement du christianisme, dans son état civil et politique.

Dieu nous garde d'oser mêler ici le divin au profane! nous ne sondons point les voies de la Providence. Hommes, nous ne parlons qu'à des hommes.

Lorsque Antoine et ensuite Auguste eurent donné la Judée à l'Arabe Hérode, leur créature et leur tributaire, ce prince, étranger chez les Juifs, devint le plus puissant de tous leurs rois. Il eut des ports sur la Méditerranée, Ptolémaïde, Ascalon. Il bâtit des villes; il éleva un temple au dieu Apollon dans Rhodes, un temple à Auguste dans Césarée. Il bâtit de fond en comble celui de Jérusalem, et il en fit une très forte citadelle. La Palestine, sous son règne, jouit d'une profonde paix. Enfin il fut regardé comme un messie, tout barbare qu'il était dans sa famille, et tout tyran de son peuple, dont il dévorait la substance pour subvenir à ses grandes entreprises. Il n'adorait que César, et il fut presque adoré des hérodiens.

La secte des Juifs était répandue depuis longtemps dans l'Europe et dans l'Asie; mais ses dogmes étaient entièrement ignorés. Personne ne connaissait les livres juifs, quoique plusieurs fussent, dit-on, déjà traduits en grec dans Alexandrie. On ne savait des Juifs que ce que les Turcs et les Persans savent aujourd'hui des Arméniens, qu'ils sont des courtiers de commerce, des agents de change. Du reste, un Turc ne s'informe jamais si un Arménien est eutichéen, ou jacobite, ou chrétien de saint Jean, ou arien.

Le théisme de la Chine, et les respectables livres de Confutzée, qui vécut environ six cents ans avant Hérode, étaient encore plus ignorés des nations occidentales que les rites juifs.

Les Arabes, qui fournissaient les denrées précieuses de l'Inde aux Romains, n'avaient pas plus d'idée de la théologie des brachmanes que nos matelots qui vont à Pondichéri ou à Madras. Les femmes indiennes étaient en possession de se brûler sur le corps de leurs maris de temps immémorial; et ces sacrifices étonnants, qui sont encore en usage, étaient aussi ignorés des Juifs que les coutumes de l'Amérique. Leurs livres, qui parlent de Gog et de Magog, ne parlent jamais de l'Inde.

[1] Ces deux articles CHRISTIANISME, tirés de deux ouvrages différents, sont imprimés ici suivant l'ordre chronologique. On y voit comment Voltaire s'enhardissait peu à peu à lever le voile dont il avait d'abord couvert ses opinions. K.

L'ancienne religion de Zoroastre était célèbre, et n'en était pas plus connue dans l'empire romain. On savait seulement en général que les mages admettaient une résurrection, un paradis, un enfer; et il fallait bien que cette doctrine eût percé chez les Juifs voisins de la Chaldée, puisque la Palestine était partagée du temps d'Hérode entre les pharisiens qui commençaient à croire le dogme de la résurrection, et les saducéens qui ne regardaient cette doctrine qu'avec mépris.

Alexandrie, la ville la plus commerçante du monde entier, était peuplée d'Égyptiens qui adoraient Sérapis, et qui consacraient des chats; de Grecs qui philosophaient, de Romains qui dominaient, de Juifs qui s'enrichissaient. Tous ces peuples s'acharnaient à gagner de l'argent, à se plonger dans les plaisirs ou dans le fanatisme, à faire ou à défaire des sectes de religion, surtout dans l'oisiveté qu'ils goûtèrent dès qu'Auguste eut fermé le temple de Janus.

Les Juifs étaient divisés en trois factions principales : celle des Samaritains se disait la plus ancienne, parce que Samarie (alors Sebaste) avait subsisté pendant que Jérusalem fut détruite avec son temple sous les rois de Babylone; mais ces Samaritains étaient un mélange de Persans et de Palestins.

La seconde faction, et la plus puissante, était celle des Jérosolymites. Ces Juifs, proprement dits, détestaient ces Samaritains, et en étaient détestés. Leurs intérêts étaient tout opposés. Ils voulaient qu'on ne sacrifiât que dans le temple de Jérusalem. Une telle contrainte eût attiré beaucoup d'argent dans cette ville. C'était par cette raison-là même que les Samaritains ne voulaient sacrifier que chez eux. Un petit peuple, dans une petite ville, peut n'avoir qu'un temple; mais dès que ce peuple s'est étendu dans soixante et dix lieues de pays en long, et dans vingt-trois en large, comme fit le peuple juif; dès que son territoire est presque aussi grand et aussi peuplé que le Languedoc ou la Normandie, il est absurde de n'avoir qu'une église. Où en seraient les habitants de Montpellier, s'ils ne pouvaient entendre la messe qu'à Toulouse?

La troisième faction était des Juifs hellénistes, composée principalement de ceux qui commerçaient, et qui exerçaient des métiers en Égypte et en Grèce. Ceux-là avaient le même intérêt que les Samaritains. Onias, fils d'un grand-prêtre juif, et qui voulait être grand-prêtre aussi, obtint du roi d'Égypte Ptolémée Philométor, et surtout de Cléopâtre sa femme, la permission de bâtir un temple juif auprès de Bubaste. Il assura la reine Cléopâtre qu'Isaïe avait prédit qu'un jour le Seigneur aurait un temple dans cet endroit-là. Cléopâtre, à qui il fit un beau présent, lui manda que puisque Isaïe l'avait dit, il fallait l'en croire. Ce temple fut nommé l'*Onion*; et si Onias ne fut pas grand-sacrificateur, il fut capitaine d'une troupe de milice. Ce temple fut construit cent soixante ans avant notre ère vulgaire. Les Juifs de Jérusalem eurent toujours cet Onion en horreur, aussi bien que la traduction dite des *Septante*. Ils instituèrent même une fête d'expiation pour ces deux prétendus sacriléges.

Les rabbins de l'Onion, mêlés avec les Grecs, devinrent plus savants (à leur mode) que les rabbins de Jérusalem et de Samarie; et ces trois factions commencèrent à disputer entre elles sur des questions de controverse qui rendent nécessairement l'esprit subtil, faux, et insociable.

Les Juifs égyptiens, pour égaler l'austérité des esséniens et des judaïtes de la Palestine, établirent, quelque temps avant le christianisme, la secte des thérapeutes, qui se vouèrent comme eux à une espèce de vie monastique et à des mortifications.

Ces différentes sociétés étaient des imitations des anciens mystères égyptiens, persans, thraciens, grecs, qui avaient inondé la terre depuis l'Euphrate et le Nil jusqu'au Tibre.

Dans les commencements, les initiés admis à ces confréries étaient en petit nombre, et regardés comme des hommes privilégiés, séparés de la multitude; mais du temps d'Auguste, leur nombre fut très considérable; de sorte qu'on ne parlait que de religion du fond de la Syrie au mont Atlas et à l'Océan germanique.

Parmi tant de sectes et de cultes s'était établie l'école de Platon, non seulement dans la Grèce, mais à Rome, et surtout dans l'Égypte. Platon avait passé pour avoir puisé sa doctrine chez les Égyptiens; et ceux-ci croyaient revendiquer leur propre bien en fesant valoir les idées archétypes platoniques, son verbe, et l'espèce de trinité qu'on débrouille dans quelques ouvrages de Platon.

Il paraît que cet esprit philosophique, répandu alors sur tout l'Occident connu, laissa du moins échapper quelques étincelles d'esprit raisonneur vers la Palestine.

Il est certain que, du temps d'Hérode, on disputait sur les attributs de la Divinité, sur l'immortalité de l'esprit humain, sur la résurrection des corps. Les Juifs racontent que la reine Cléopâtre leur demanda si on ressusciterait nu ou habillé.

Les Juifs raisonnaient donc à leur manière. L'exagérateur Josèphe était très savant pour un militaire. Il y avait d'autres savants dans l'état civil, puisqu'un homme de guerre l'était. Philon, son contemporain, aurait eu de la réputation parmi les Grecs. Gamaliel, le maître de saint Paul, était un grand controversiste. Les auteurs de la *Mishna* furent des polymathes.

La populace s'entretenait de religion chez les Juifs, comme nous voyons aujourd'hui en Suisse, à Genève, en Allemagne, en Angleterre, et surtout dans les Cévennes, les moindres habitants agiter la controverse. Il y a plus, des gens de la lie du peuple ont fondé des sectes : Fox en Angleterre, Muncer en Allemagne, les premiers réformés en France. Enfin, en fesant abstraction du grand courage de Mahomet, il n'était qu'un marchand de chameaux.

Ajoutons à tous ces préliminaires, que du temps d'Hérode on s'imagina que le monde était près de sa fin, comme nous l'avons déjà remarqué [a].

Ce fut dans ces temps préparés par la divine Providence, qu'il plut au Père éternel d'envoyer son Fils sur la terre; mystère adorable et incompréhensible auquel nous ne touchons pas.

Nous disons seulement que dans ces circonstances, si Jésus prêcha une morale pure; s'il annonça un prochain royaume des cieux pour la récompense des justes; s'il eut des disciples attachés à sa personne et à ses vertus; si ces vertus mêmes lui attirèrent les persécutions des prêtres; si la calomnie le fit mourir d'une mort infâme, sa doctrine, constamment annoncée par ses disciples, dut faire un très grand effet dans le monde. Je ne parle, encore une fois, qu'humainement : je laisse à part la foule des miracles et des prophéties. Je soutiens que le christianisme dut plus réussir par sa mort que s'il n'avait pas été persécuté. On s'étonne que ses disciples aient fait de nouveaux disciples; je m'étonnerais bien davantage s'ils n'avaient pas attiré beaucoup de monde dans leur parti. Soixante et dix personnes convaincues de l'innocence de leur chef, de la pureté de ses mœurs et de la barbarie de ses juges, doivent soulever bien des cœurs sensibles.

Le seul Saul Paul, devenu l'ennemi de Gamaliel son maître (quelle qu'en ait été la raison), devait, humainement parlant, attirer mille hommages à Jésus, quand même Jésus n'aurait été qu'un homme de bien opprimé. Saint Paul était savant, éloquent, véhément, infatigable, instruit dans la langue grecque, secondé de zélateurs bien plus intéressés que lui à défendre la réputation de leur maître. Saint Luc était un Grec d'Alexandrie [b], homme de lettres puisqu'il était médecin.

Le premier chapitre de saint Jean est d'une sublimité platonicienne qui dut plaire aux platoniciens d'Alexandrie. Et en effet il se forma bientôt dans cette ville une école fondée par Luc, ou par Marc (soit l'évangéliste, soit un autre), perpétuée par Athénagore, Panthène, Origène, Clément, tous savants, tous éloquents. Cette école une fois établie, il était impossible que le christianisme ne fît pas des progrès rapides.

La Grèce, la Syrie, l'Égypte étaient les théâtres de ces célèbres anciens mystères qui enchantaient les peuples. Les chrétiens eurent leurs mystères comme eux. On dut s'empresser à s'y faire initier, ne fût-ce d'abord que par curiosité; et bientôt cette curiosité devint persuasion. L'idée de la fin du monde prochaine devait surtout engager les nouveaux disciples à mépriser les biens passagers de la terre, qui allaient périr avec eux. L'exemple des thérapeutes invitait à une vie solitaire et mortifiée : tout concourait donc puissamment à l'établissement de la religion chrétienne.

Les divers troupeaux de cette grande société naissante ne pouvaient, à la vérité, s'accorder entre eux. Cinquante-quatre sociétés eurent cinquante-quatre Évangiles différents, tous secrets comme leurs mystères, tous inconnus aux Gentils, qui ne virent nos quatre Évangiles canoniques qu'au bout de deux cent cinquante années. Ces différents troupeaux, quoique divisés, reconnaissaient le même pasteur. Ébionites opposés à Saint Paul; nazaréens, disciples d'Hymeneos, d'Alexandros, d'Hermogènes; carpocratiens, basilidiens, valentiniens, marcionites, sabelliens, gnostiques, montanistes; cent sectes élevées les unes contre les autres : toutes en se fesant des reproches mutuels, étaient cependant toutes unies en Jésus, invoquaient Jésus, voyaient en Jésus l'objet de leurs pensées et le prix de leurs travaux.

L'empire romain dans lequel se formèrent toutes ces sociétés, n'y fit pas d'abord attention. On ne les connut à Rome que sous le nom général de Juifs, auxquels le gouvernement ne prenait pas garde. Les Juifs avaient acquis par leur argent le droit de commercer. On en chassa de Rome quatre mille sous Tibère. Le peuple les accusa de l'incendie de Rome sous Néron, eux et les nouveaux Juifs demi-chrétiens.

On les avait chassés encore sous Claude; mais leur argent les fit toujours revenir. Ils furent méprisés et tranquilles. Les chrétiens de Rome furent moins nombreux que ceux de Grèce, d'Alexandrie et de Syrie. Les Romains n'eurent ni Pères de l'Église, ni hérésiarques dans les premiers siècles. Plus ils étaient éloignés du berceau du christianisme, moins on vit chez eux de docteurs et d'écrivains. L'Église était grecque, et tellement

[a] Voyez l'article FIN DU MONDE.

[b] Le titre de l'évangile syriaque de saint Luc porte, *Évangile de Luc, l'évangéliste, qui évangélisa en grec dans Alexandrie la grande*. On trouve encore ces mots dans les Constitutions apostoliques. *Le second évêque d'Alexandrie fut Avilius, institué par Luc.*

grecque, qu'il n'y eut pas un seul mystère, un seul rite, un seul dogme, qui ne fût exprimé en cette langue.

Tous les chrétiens, soit grecs, soit syriens, soit romains, soit égyptiens, étaient partout regardés comme des demi-juifs. C'était encore une raison de plus pour ne pas communiquer leurs livres aux Gentils, pour rester unis entre eux et impénétrables. Leur secret était plus inviolablement gardé que celui des mystères d'Isis et de Cérès. Ils fesaient une république à part, un état dans l'état. Point de temples, point d'autels, nul sacrifice, aucune cérémonie publique. Ils élisaient leurs supérieurs secrets à la pluralité des voix. Ces supérieurs, sous le nom d'anciens, de prêtres, d'évêques, de diacres, ménageaient la bourse commune, avaient soin des malades, pacifiaient leurs querelles. C'était une honte, un crime parmi eux, de plaider devant les tribunaux, de s'enrôler dans la milice; et pendant cent ans il n'y eut pas un chrétien dans les armées de l'empire.

Ainsi retirés au milieu du monde, et inconnus même en se montrant, ils échappaient à la tyrannie des proconsuls et des préteurs, et vivaient libres dans le public esclavage.

On ignore l'auteur du fameux livre intitulé : Τῶν ἀποστόλων διαταγάι, les Constitutions apostoliques; de même qu'on ignore les auteurs des cinquante Évangiles non reçus, et des Actes de saint Pierre, et du Testament des douze patriarches, et de tant d'autres écrits des premiers chrétiens. Mais il est vraisemblable que ces Constitutions sont du second siècle. Quoiqu'elles soient faussement attribuées aux apôtres, elles sont très précieuses. On y voit quels étaient les devoirs d'un évêque élu par les chrétiens; quel respect ils devaient avoir pour lui, quels tributs ils devaient lui payer.

L'évêque ne pouvait avoir qu'une épouse qui eût bien soin de sa maison [a] : Μιᾶς ἄνδρα γεγενημένον γυναικὸς μονογάμου, καλῶς τοῦ ἰδίου οἴκου προεστῶτα.

On exhortait les chrétiens riches à adopter les enfants des pauvres. On fesait des collectes pour les veuves et les orphelins; mais on ne recevait point l'argent des pécheurs, et nommément il n'était pas permis à un cabaretier de donner son offrande. Il est dit [b] qu'on les regardait comme des fripons. C'est pourquoi très peu de cabaretiers étaient chrétiens. Cela même empêchait les chrétiens de fréquenter les tavernes, et les éloignait de toute société avec les Gentils.

Les femmes, pouvant parvenir à la dignité de diaconesses, en étaient plus attachées à la confraternité chrétienne. On les consacrait; l'évêque les oignait d'huile au front, comme on avait huilé autrefois les rois juifs. Que de raisons pour lier ensemble les chrétiens par des nœuds indissolubles!

Les persécutions, qui ne furent jamais que passagères, ne pouvaient servir qu'à redoubler le zèle et à enflammer la ferveur; de sorte que sous Dioclétien un tiers de l'empire se trouva chrétien.

Voilà une petite partie des causes humaines qui contribuèrent aux progrès du christianisme. Joignez-y les causes divines qui sont à elles comme l'infini est à l'unité, et vous ne pourrez être surpris que d'une seule chose, c'est que cette religion si vraie ne se soit pas étendue tout d'un coup dans les deux hémisphères, sans en excepter l'île la plus sauvage.

Dieu lui-même étant descendu du ciel, étant mort pour racheter tous les hommes, pour extirper à jamais le péché sur la face de la terre, a cependant laissé la plus grande partie du genre humain en proie à l'erreur, au crime, et au diable. Cela paraît une fatale contradiction à nos faibles esprits; mais ce n'est pas à nous d'interroger la Providence; nous ne devons que nous anéantir devant elle.

SECTION II.

Recherches historiques sur le christianisme.

Plusieurs savants ont marqué leur surprise de ne trouver dans l'historien Josèphe aucune trace de Jésus-Christ; car tous les vrais savants conviennent aujourd'hui que le petit passage où il en est question dans son histoire, est interpolé [a]. Le père de Flavius Josèphe avait dû cependant être un des témoins de tous les miracles de Jésus. Josèphe était de race sacerdotale, parent de la reine Mariamne, femme d'Hérode; il entre dans les plus grands détails sur toutes les actions de ce prince; cependant il ne dit pas un mot ni de la vie ni de la mort de Jésus; et cet historien, qui ne dissimule aucune des cruautés d'Hérode, ne parle point du massacre de tous les enfants, ordonné par lui, en conséquence de la nouvelle à lui parvenue, qu'il était né un roi des Juifs. Le calendrier grec compte quatorze mille enfants égorgés dans cette occasion.

[a] Liv. II, chap. II. — [b] Liv. IV, chap. VI.

[a] Les chrétiens, par une de ces fraudes qu'on appelle pieuses, falsifièrent grossièrement un passage de Josèphe. Ils supposent à ce Juif si entêté de sa religion, quatre lignes ridiculement interpolées, et au bout de ce passage ils ajoutent, *Il était le Christ*. Quoi! si Josèphe avait entendu parler de tant d'événements qui étonnent la nature, Josèphe n'en aurait dit que la valeur de quatre lignes dans l'histoire de son pays! Quoi! ce Juif obstiné aurait dit, *Jésus était le Christ*. Eh! si tu l'avais cru *Christ*, tu aurais donc été chrétien. Quelle absurdité de faire parler Josèphe en chrétien! Comment se trouve-t-il encore des théologiens assez imbéciles ou assez insolents pour essayer de justifier cette imposture des premiers chrétiens, reconnus pour fabricateurs d'impostures cent fois plus fortes!

C'est de toutes les actions de tous les tyrans, la plus horrible. Il n'y en a point d'exemple dans l'histoire du monde entier.

Cependant, le meilleur écrivain qu'aient jamais eu les Juifs, le seul estimé des Romains et des Grecs, ne fait nulle mention de cet événement aussi singulier qu'épouvantable. Il ne parle point de la nouvelle étoile qui avait paru en Orient après la naissance du Sauveur; phénomène éclatant, qui ne devait pas échapper à la connaissance d'un historien aussi éclairé que l'était Josèphe. Il garde encore le silence sur les ténèbres qui couvrirent toute la terre, en plein midi, pendant trois heures, à la mort du Sauveur; sur la grande quantité de tombeaux qui s'ouvrirent dans ce moment; et sur la foule des justes qui ressuscitèrent.

Les savants ne cessent de témoigner leur surprise, de voir qu'aucun historien romain n'a parlé de ces prodiges, arrivés sous l'empire de Tibère, sous les yeux d'un gouverneur romain, et d'une garnison romaine, qui devait avoir envoyé à l'empereur et au sénat un détail circonstancié du plus miraculeux événement dont les hommes aient jamais entendu parler. Rome elle-même devait avoir été plongée pendant trois heures dans d'épaisses ténèbres; ce prodige devait avoir été marqué dans les fastes de Rome, et dans ceux de toutes les nations. Dieu n'a pas voulu que ces choses divines aient été écrites par des mains profanes.

Les mêmes savants trouvent encore quelques difficultés dans l'histoire des Évangiles. Ils remarquent que dans saint Matthieu, Jésus-Christ dit aux scribes et aux pharisiens, que tout le sang innocent qui a été répandu sur la terre doit retomber sur eux, depuis le sang d'Abel le juste, jusqu'à Zacharie, fils de Barac, qu'ils ont tué entre le temple et l'autel.

Il n'y a point, disent-ils, dans l'histoire des Hébreux, de Zacharie tué dans le temple avant la venue du Messie, ni de son temps : mais on trouve dans l'histoire du siége de Jérusalem, par Josèphe, un Zacharie, fils de Barac, tué au milieu du temple par la faction des zélotes. C'est au chapitre XIX du livre IV. De là ils soupçonnent que l'Évangile selon saint Matthieu a été écrit après la prise de Jérusalem par Titus. Mais tous les doutes et toutes les objections de cette espèce s'évanouissent, dès qu'on considère la différence infinie qui doit être entre les livres divinement inspirés et les livres des hommes. Dieu voulut envelopper d'un nuage aussi respectable qu'obscur, sa naissance, sa vie et sa mort. Ses voies sont en tout différentes des nôtres.

Les savants se sont aussi fort tourmentés sur la différence des deux généalogies de Jésus-Christ. Saint Matthieu donne pour père à Joseph, Jacob; à Jacob, Mathan; à Mathan, Éléazar. Saint Luc au contraire dit que Joseph était fils d'Héli; Héli, de Matat; Matat, de Lévi; Lévi, de Melchi, etc. Ils ne veulent pas concilier les cinquante-six ancêtres que Luc donne à Jésus depuis Abraham, avec les quarante-deux ancêtres différents que Matthieu lui donne depuis le même Abraham. Et ils sont effarouchés que Matthieu, en parlant de quarante-deux générations, n'en rapporte pourtant que quarante et une.

Ils forment encore des difficultés sur ce que Jésus n'est point fils de Joseph, mais de Marie. Ils élèvent aussi quelques doutes sur les miracles de notre Sauveur, en citant saint Augustin, saint Hilaire, et d'autres, qui ont donné aux récits de ces miracles un sens mystique, un sens allégorique : comme au figuier maudit et séché pour n'avoir pas porté de figues, quand ce n'était pas le temps des figues; aux démons envoyés dans les corps des cochons, dans un pays où l'on ne nourrissait point de cochons; à l'eau changée en vin sur la fin d'un repas où les convives étaient déjà échauffés. Mais toutes ces critiques des savants sont confondues par la foi, qui n'en devient que plus pure. Le but de cet article est uniquement de suivre le fil historique, et de donner une idée précise des faits sur lesquels personne ne dispute.

Premièrement, Jésus naquit sous la loi mosaïque, il fut circoncis suivant cette loi, il en accomplit tous les préceptes, il en célébra toutes les fêtes, et il ne prêcha que la morale; il ne révéla point le mystère de son incarnation; il ne dit jamais aux Juifs qu'il était né d'une vierge; il reçut la bénédiction de Jean dans l'eau du Jourdain, cérémonie à laquelle plusieurs Juifs se soumettaient; mais il ne baptisa jamais personne; il ne parla point des sept sacrements, il n'institua point de hiérarchie ecclésiastique de son vivant. Il cacha à ses contemporains qu'il était fils de Dieu éternellement engendré, consubstantiel à Dieu, et que le Saint-Esprit procédait du Père et du Fils. Il ne dit point que sa personne était composée de deux natures et de deux volontés; il voulut que ces grands mystères fussent annoncés aux hommes dans la suite des temps, par ceux qui seraient éclairés des lumières du Saint-Esprit. Tant qu'il vécut, il ne s'écarta en rien de la loi de ses pères; il ne montra aux hommes qu'un juste agréable à Dieu, persécuté par ses envieux, et condamné à la mort par des magistrats prévenus. Il voulut que sa sainte Église, établie par lui, fît tout le reste.

Josèphe, au chapitre XII de son histoire, parle d'une secte de Juifs rigoristes, nouvellement établie par un nommé Juda, galiléen. *Ils méprisent*, dit-il, *les maux de la terre*, etc.

Il faut voir dans quel état était alors la religion de l'empire romain. Les mystères et les expiations étaient accrédités dans presque toute la terre. Les empereurs, il est vrai, les grands et les philosophes n'avaient nulle foi à ces mystères; mais le peuple, qui en fait de religion donne la loi aux grands, leur imposait la nécessité de se conformer en apparence à son culte. Il faut, pour l'enchaîner, paraître porter les mêmes chaînes que lui. Cicéron lui-même fut initié aux mystères d'Éleusine. La connaissance d'un seul Dieu était le principal dogme qu'on annonçait dans ces fêtes mystérieuses et magnifiques. Il faut avouer que les prières et les hymnes qui nous sont restés de ces mystères sont ce que le paganisme a de plus pieux et de plus admirable.

Les chrétiens, qui n'adoraient aussi qu'un seul Dieu, eurent par là plus de facilité de convertir plusieurs Gentils. Quelques philosophes de la secte de Platon devinrent chrétiens. C'est pourquoi les Pères de l'Église des trois premiers siècles furent tous platoniciens.

Le zèle inconsidéré de quelques uns ne nuisit point aux vérités fondamentales. On a reproché à saint Justin, l'un des premiers Pères, d'avoir dit, dans son *Commentaire sur Isaïe*, que les saints jouiraient, dans un règne de mille ans sur la terre, de tous les biens sensuels. On lui a fait un crime d'avoir dit, dans son *Apologie du Christianisme*, que Dieu ayant fait la terre, en laissa le soin aux anges, lesquels étant devenus amoureux des femmes, leur firent des enfants qui sont les démons.

On a condamné Lactance et d'autres Pères, pour avoir supposé des oracles de sibylles. Il prétendait que la sibylle Érythrée avait fait ces quatre vers grecs, dont voici l'explication littérale :

> Avec cinq pains et deux poissons
> Il nourrira cinq mille hommes au désert ;
> Et en ramassant les morceaux qui resteront,
> Il en remplira douze paniers.

On reprocha aussi aux premiers chrétiens la supposition de quelques vers acrostiches d'une ancienne sibylle, lesquels commençaient tous par les lettres initiales du nom de Jésus-Christ, chacune dans leur ordre. On leur reprocha d'avoir forgé des lettres de Jésus-Christ au roi d'Édesse, dans le temps qu'il n'y avait point de roi à Édesse ; d'avoir forgé des lettres de Marie, des lettres de Sénèque à Paul, des lettres et des actes de Pilate, de faux évangiles, de faux miracles, et mille autres impostures.

Nous avons encore l'histoire ou l'Évangile de la nativité et du mariage de la vierge Marie, où il est dit qu'on la mena au temple, âgée de trois ans, et qu'elle monta les degrés toute seule. Il y est rapporté qu'une colombe descendit du ciel pour avertir que c'était Joseph qui devait épouser Marie. Nous avons le protévangile de Jacques, frère de Jésus, du premier mariage de Joseph. Il y est dit que quand Marie fut enceinte en l'absence de son mari, et que son mari s'en plaignit, les prêtres firent boire de l'eau de jalousie à l'un et à l'autre, et que tous deux furent déclarés innocents.

Nous avons l'Évangile de l'enfance attribué à saint Thomas. Selon cet Évangile, Jésus, à l'âge de cinq ans, se divertissait avec des enfants de son âge à pétrir de la terre glaise, dont il formait de petits oiseaux ; on l'en reprit, et alors il donna la vie aux oiseaux, qui s'envolèrent. Une autre fois un petit garçon l'ayant battu, il le fit mourir sur-le-champ. Nous avons encore en arabe un autre Évangile de l'enfance qui est plus sérieux.

Nous avons un Évangile de Nicodème. Celui-là semble mériter une plus grande attention, parce qu'on y trouve les noms de ceux qui accusèrent Jésus devant Pilate ; c'étaient les principaux de la synagogue, Anne, Caïphe, Summas, Datam, Gamaliel, Juda, Nephtalim. Il y a dans cette histoire des choses qui se concilient assez avec les Évangiles reçus, et d'autres qui ne se voient point ailleurs. On y lit que la femme guérie d'un flux de sang s'appelait Véronique. On y voit tout ce que Jésus fit dans les enfers quand il y descendit.

Nous avons ensuite les deux lettres qu'on suppose que Pilate écrivit à Tibère touchant le supplice de Jésus ; mais le mauvais latin dans lequel elles sont écrites découvre assez leur fausseté.

On poussa le faux zèle jusqu'à faire courir plusieurs lettres de Jésus-Christ. On a conservé la lettre qu'on dit qu'il écrivit à Abgare, roi d'Édesse ; mais alors il n'y avait plus de roi d'Édesse.

On fabriqua cinquante Évangiles qui furent ensuite déclarés apocryphes. Saint Luc nous apprend lui-même que beaucoup de personnes en avaient composé. On a cru qu'il y en avait un nommé l'*Évangile éternel*, sur ce qu'il est dit dans l'*Apocalypse*, chap. XIV : « J'ai vu un ange volant » au milieu des cieux, et portant l'Évangile éter» nel. » Les cordeliers abusant de ces paroles, au treizième siècle, composèrent un *Évangile éternel*, par lequel le règne du Saint-Esprit devait être substitué à celui de Jésus-Christ ; mais il ne parut jamais dans les premiers siècles de l'Église aucun livre sous ce titre.

On supposa encore des lettres de la Vierge, écrites à saint Ignace le martyr, aux habitants de Messine, et à d'autres.

Abdias, qui succéda immédiatement aux apôtres, fit leur histoire, dans laquelle il mêla des fables si absurdes, que ces histoires ont été avec le temps entièrement décréditées ; mais elles eurent d'abord un grand cours. C'est Abdias qui rapporte le combat de saint Pierre avec Simon le magicien. Il y avait en effet à Rome un mécanicien fort habile, nommé Simon, qui non seulement fesait exécuter des vols sur les théâtres, comme on le fait aujourd'hui, mais qui lui-même renouvela le prodige attribué à Dédale. Il se fit des ailes, il vola, et il tomba comme Icare; c'est ce que rapportent Pline et Suétone.

Abdias, qui était dans l'Asie, et qui écrivait en hébreu, prétend que saint Pierre et Simon se rencontrèrent à Rome du temps de Néron. Un jeune homme, proche parent de l'empereur, mourut; toute la cour pria Simon de le ressusciter. Saint Pierre de son côté se présenta pour faire cette opération. Simon employa toutes les règles de son art; il parut réussir, le mort remua la tête. Ce n'est pas assez, cria saint Pierre, il faut que le mort parle; que Simon s'éloigne du lit, et on verra si le jeune homme est en vie : Simon s'éloigna, le mort ne remua plus, et Pierre lui rendit la vie d'un seul mot.

Simon alla se plaindre à l'empereur qu'un misérable Galiléen s'avisait de faire de plus grands prodiges que lui. Pierre comparut avec Simon, et ce fut à qui l'emporterait dans son art. Dis-moi ce que je pense, cria Simon à Pierre. Que l'empereur, répondit Pierre, me donne un pain d'orge, et tu verras si je sais ce que tu as dans l'âme. On lui donne un pain. Aussitôt Simon fait paraître deux grands dogues qui veulent le dévorer. Pierre leur jette le pain; et tandis qu'ils le mangent : Eh bien! dit-il, ne savais-je pas ce que tu pensais? tu voulais me faire dévorer par tes chiens.

Après cette première séance, on proposa à Simon et à Pierre le combat du vol, et ce fut à qui s'élèverait le plus haut dans l'air. Simon commença, saint Pierre fit le signe de la croix, et Simon se cassa les jambes. Ce conte était imité de celui qu'on trouve dans le *Sepher toldos Jeschut*, où il est dit que Jésus lui-même vola, et que Judas, qui en voulut faire autant, fut précipité.

Néron, irrité que Pierre eût cassé les jambes à son favori Simon, fit crucifier Pierre la tête en bas; et c'est de là que s'établit l'opinion du séjour de Pierre à Rome, de son supplice, et de son sépulcre.

C'est ce même Abdias qui établit encore la créance que saint Thomas alla prêcher le christianisme aux Grandes-Indes, chez le roi Gondafer, et qu'il y alla en qualité d'architecte.

La quantité de livres de cette espèce écrits dans les premiers siècles du christianisme est prodigieuse. Saint Jérôme, et saint Augustin même, prétendent que les lettres de Sénèque et de saint Paul sont très authentiques. Dans la première lettre, Sénèque souhaite que son frère Paul se porte bien : *Bene te valere, frater, cupio.* Paul ne parle pas tout à fait si bien latin que Sénèque. J'ai reçu vos lettres hier, dit-il, avec joie, *Litteras tuas hilaris accepi*; et j'y aurais répondu aussitôt si j'avais eu la présence du jeune homme que je vous aurais envoyé, *si præsentiam juvenis habuissem.* Au reste, ces lettres, qu'on croirait devoir être instructives, ne sont que des compliments.

Tant de mensonges forgés par des chrétiens mal instruits et faussement zélés, ne portèrent point préjudice à la vérité du christianisme, ils ne nuisirent point à son établissement; au contraire, ils font voir que la société chrétienne augmentait tous les jours, et que chaque membre voulait servir à son accroissement.

Les *Actes des apôtres* ne disent point que les apôtres fussent convenus d'un *Symbole.* Si effectivement ils avaient rédigé le Symbole, le *Credo,* tel que nous l'avons, saint Luc n'aurait pas omis dans son histoire ce fondement essentiel de la religion chrétienne; la substance du *Credo* est éparse dans les Évangiles; mais les articles ne furent réunis que long-temps après.

Notre Symbole, en un mot, est incontestablement la créance des apôtres, mais n'est pas une pièce écrite par eux. Rufin, prêtre d'Aquilée, est le premier qui en parle; et une homélie attribuée à saint Augustin est le premier monument qui suppose la manière dont ce *Credo* fut fait. Pierre dit dans l'assemblée, *Je crois en Dieu père tout-puissant;* André dit, *et en Jésus-Christ;* Jacques ajoute, *qui a été conçu du Saint-Esprit;* et ainsi du reste.

Cette formule s'appelait *symbolos* en grec, en latin *collatio.* Il est seulement à remarquer que le grec porte, *Je crois en Dieu père tout-puissant, feseur du ciel et de la terre :* Πιστεύω εἰς ἕνα θεὸν πατέρα παντοκράτορα, ποιητὴν οὐρανοῦ καὶ γῆς; le latin traduit *feseur, formateur,* par *creatorem.* Mais depuis, en traduisant le symbole du premier concile de Nicée, on mit *factorem.*

Constantin convoqua, assembla dans Nicée, vis-à-vis de Constantinople, le premier concile œcuménique, auquel présida Ozius. On y décida la grande question qui agitait l'Église touchant la divinité de Jésus-Christ; les uns se prévalaient de l'opinion d'Origène, qui dit au chap. VI contre Celse : « Nous présentons nos prières à Dieu par » Jésus, qui tient le milieu entre les natures créées » et la nature incréée, qui nous apporte la grâce » de son père, et présente nos prières au grand » Dieu en qualité de notre pontife. » Ils s'appuyaient aussi sur plusieurs passages de saint Paul, dont on a rapporté quelques uns. Ils se fondaient surtout sur ces paroles de Jésus-Christ : « Mon père est plus grand que moi; » et ils regardaient Jésus comme le premier-né de la création, comme la pure émanation de l'Être suprême, mais non pas précisément comme Dieu.

Les autres, qui étaient orthodoxes, alléguaient des passages plus conformes à la divinité éternelle de Jésus, comme celui-ci : « Mon père et moi nous » sommes la même chose ; » paroles que les adversaires interprétaient comme signifiant : « Mon » père et moi nous avons le même dessein, la » même volonté ; je n'ai point d'autres desirs que » ceux de mon père. » Alexandre, évêque d'Alexandrie, et, après lui, Athanase, étaient à la tête des orthodoxes ; et Eusèbe, évêque de Nicomédie, avec dix-sept autres évêques, le prêtre Arius, et plusieurs prêtres, étaient dans le parti opposé. La querelle fut d'abord envenimée, parce que saint Alexandre traita ses adversaires d'antechrists.

Enfin, après bien des disputes, le Saint-Esprit décida ainsi dans le concile, par la bouche de deux cent quatre-vingt-dix-neuf évêques, contre dix-huit : « Jésus est fils unique de Dieu, engendré » du Père, c'est-à-dire de la substance du Père, » Dieu de Dieu, lumière de lumière, vrai Dieu de » vrai Dieu, consubstantiel au Père; nous croyons » aussi au Saint-Esprit, etc. » Ce fut la formule du concile. On voit par cet exemple combien les évêques l'emportaient sur les simples prêtres. Deux mille personnes du second ordre étaient de l'avis d'Arius, au rapport de deux patriarches d'Alexandrie, qui ont écrit la chronique d'Alexandrie, en arabe. Arius fut exilé par Constantin ; mais Athanase le fut aussi bientôt après, et Arius fut rappelé à Constantinople. Alors saint Macaire pria Dieu si ardemment de faire mourir Arius avant que ce prêtre pût entrer dans la cathédrale, que Dieu exauça sa prière. Arius mourut en allant à l'église, en 330. L'empereur Constantin finit sa vie en 337. Il mit son testament entre les mains d'un prêtre arien, et mourut entre les bras du chef des ariens Eusèbe, évêque de Nicomédie, ne s'étant fait baptiser qu'au lit de mort, et laissant l'Église triomphante, mais divisée.

Les partisans d'Athanase et ceux d'Eusèbe se firent une guerre cruelle ; et ce qu'on appelle l'arianisme fut long-temps établi dans toutes les provinces de l'empire.

Julien le philosophe, surnommé l'*apostat*, voulut étouffer ces divisions, et ne put y parvenir.

Le second concile général fut tenu à Constantinople, en 381. On y expliqua ce que le concile de Nicée n'avait pas jugé à propos de dire sur le Saint-Esprit ; et on ajouta à la formule de Nicée « que le Saint-Esprit est Seigneur vivifiant qui » procède du Père, et qu'il est adoré et glorifié » avec le Père et le Fils. »

Ce ne fut que vers le neuvième siècle que l'Église latine statua par degrés que le Saint-Esprit procède du Père et du Fils.

En 431, le troisième concile général tenu à Éphèse décida que Marie était véritablement mère de Dieu, et que Jésus avait deux natures et une personne. Nestorius, évêque de Constantinople, qui voulait que la sainte Vierge fût appelée mère de Christ, fut déclaré Judas par le concile ; et les deux natures furent encore confirmées par le concile de Chalcédoine.

Je passerai légèrement sur les siècles suivants, qui sont assez connus. Malheureusement il n'y eut aucune de ces disputes qui ne causât des guerres, et l'Église fut toujours obligée de combattre. Dieu permit encore, pour exercer la patience des fidèles, que les Grecs et les Latins rompissent sans retour au neuvième siècle : il permit encore qu'en Occident il y eût vingt-neuf schismes sanglants pour la chaire de Rome.

Cependant l'Église grecque presque tout entière, et toute l'Église d'Afrique, devinrent esclaves sous les Arabes, et ensuite sous les Turcs.

S'il y a environ seize cents millions d'hommes sur la terre, comme quelques doctes le prétendent, la sainte Église romaine catholique universelle en possède à peu près soixante millions ; ce qui fait plus de la vingt-sixième partie des habitants du monde connu [a].

CHRONOLOGIE.

On dispute depuis long-temps sur l'ancienne chronologie, mais y en a-t-il une ?

Il faudrait que chaque peuplade considérable eût possédé et conservé des registres authentiques bien attestés. Mais combien peu de peuplades savaient écrire ! et dans le petit nombre d'hommes qui cultivèrent cet art si rare, s'en est-il trouvé qui prissent la peine de marquer deux dates avec exactitude ?

Nous avons, à la vérité, dans des temps très récents, les observations célestes des Chinois et des Chaldéens. Elles ne remontent qu'environ deux mille ans plus ou moins avant notre ère vulgaire. Mais quand les premières annales se bornent à nous instruire qu'il y eut une éclipse sous un tel prince, c'est nous apprendre que ce prince existait, et non pas ce qu'il a fait.

De plus, les Chinois comptent l'année de la mort d'un empereur tout entière, fût-il mort le premier jour de l'an ; et son successeur date l'année suivante du nom de son prédécesseur. On ne peut montrer plus de respect pour ses ancêtres ; mais on ne peut supputer le temps d'une manière plus fautive, en comparaison de nos nations modernes.

Ajoutez que les Chinois ne commencent leur

[a] Voyez le *Précis de l'histoire de l'Église chrétienne*, au mot ÉGLISE.

cycle sexagénaire, dans lequel ils ont mis de l'ordre, qu'à l'empereur Iao, deux mille trois cent cinquante-sept ans avant notre ère vulgaire. Tout le temps qui précède cette époque est d'une obscurité profonde.

Les hommes se sont toujours contentés de l'à peu près en tout genre. Par exemple, avant les horloges on ne savait qu'à peu près les heures du jour et de la nuit. Si on bâtissait, les pierres n'étaient qu'à peu près taillées, les bois à peu près équarris, les membres des statues à peu près dégrossis : on ne connaissait qu'à peu près ses plus proches voisins; et malgré la perfection où nous avons tout porté, c'est ainsi qu'on en use encore dans la plus grande partie de la terre.

Ne nous étonnons donc pas s'il n'y a nulle part de vraie chronologie ancienne. Ce que nous avons des Chinois est beaucoup, si vous le comparez aux autres nations.

Nous n'avons rien des Indiens ni des Perses, presque rien des anciens Égyptiens. Tous nos systèmes inventés sur l'histoire de ces peuples se contredisent autant que nos systèmes métaphysiques.

Les olympiades des Grecs ne commencent que sept cent vingt-huit ans avant notre manière de compter. On voit seulement vers ce temps-là quelques flambeaux dans la nuit, comme l'ère de Nabonassar, la guerre de Lacédémone et de Messène; encore dispute-t-on sur ces époques.

Tite-Live n'a garde de dire en quelle année Romulus commença son prétendu règne. Les Romains, qui savaient combien cette époque est incertaine, se seraient moqués de lui s'il eût voulu la fixer.

Il est prouvé que les deux cent quarante ans qu'on attribue aux sept premiers rois de Rome sont le calcul le plus faux.

Les quatre premiers siècles de Rome sont absolument dénués de chronologie.

Si quatre siècles de l'empire le plus mémorable de la terre ne forment qu'un amas indigeste d'événements mêlés de fables, sans presque aucune date, que sera-ce de petites nations resserrées dans un coin de terre, qui n'ont jamais fait aucune figure dans le monde, malgré tous leurs efforts pour remplacer en charlataneries et en prodiges ce qui leur manquait en puissance et en culture des arts?

DE LA VANITÉ DES SYSTÈMES, SURTOUT EN CHRONOLOGIE.

M. l'abbé de Condillac rendit un très grand service à l'esprit humain, quand il fit voir le faux de tous les systèmes. Si on peut espérer de rencontrer un jour un chemin vers la vérité, ce n'est qu'après avoir bien reconnu tous ceux qui mènent à l'erreur. C'est du moins une consolation d'être tranquille, de ne plus chercher, quand on voit que tant de savants ont cherché en vain.

La chronologie est un amas de vessies remplies de vent. Tous ceux qui ont cru y marcher sur un terrain solide sont tombés. Nous avons aujourd'hui quatre-vingts systèmes, dont il n'y en a pas un de vrai.

Les Babyloniens disaient : Nous comptons quatre cent soixante et treize mille années d'observations célestes. Vient un Parisien qui leur dit : Votre compte est juste; vos années étaient d'un jour solaire; elles reviennent à douze cent quatre-vingt-dix-sept des nôtres, depuis Atlas, roi d'Afrique, grand astronome, jusqu'à l'arrivée d'Alexandre à Babylone.

Mais jamais, quoi qu'en dise notre Parisien, aucun peuple n'a pris un jour pour un an; et le peuple de Babylone encore moins que personne. Il fallait seulement que ce nouveau venu de Paris dit aux Chaldéens : Vous êtes des exagérateurs, et nos ancêtres des ignorants; les nations sont sujettes à trop de révolutions pour conserver des quatre mille sept cent trente-six siècles de calculs astronomiques. Et quant au roi des Maures Atlas, personne ne sait en quel temps il a vécu. Pythagore avait autant de raison de prétendre avoir été coq, que vous de vous vanter de tant d'observations [1].

Le grand ridicule de toutes ces chronologies fantastiques est d'arranger toutes les époques de la vie d'un homme, sans savoir si cet homme a existé.

Lenglet répète après quelques autres, dans sa *Compilation chronologique de l'histoire universelle*, que précisément dans le temps d'Abraham, six ans après la mort de Sara, très peu connue des Grecs, Jupiter, âgé de soixante et deux ans, commença à régner en Thessalie; que son règne fut de soixante ans, qu'il épousa sa sœur Junon; qu'il fut obligé de céder les côtes maritimes à son frère Neptune; que les Titans lui firent la guerre. Mais y a-t-il eu un Jupiter? C'était par là qu'il fallait commencer.

[1] Plusieurs savants ont imaginé que ces prétendues époques chronologiques n'étaient que des périodes astronomiques imaginées pour comparer entre elles les révolutions des planètes et celle des étoiles fixes. Ces périodes, dont les prêtres astronomes et philosophes avaient seuls le secret, étant venues à la connaissance du peuple et des étrangers, on les prit pour des époques réelles, et on y arrangea des événements miraculeux, des dynasties de rois qui régnaient chacun des milliers d'années, etc., etc.; cette opinion assez probable est la seule idée raisonnable qu'on ait eue sur cette question. K.

CICÉRON.

C'est dans le temps de la décadence des beaux-arts en France, c'est dans le siècle des paradoxes, et dans l'avilissement de la littérature et de la philosophie persécutée, qu'on veut flétrir Cicéron ; et quel est l'homme qui essaie de déshonorer sa mémoire? c'est un de ses disciples; c'est un homme qui prête, comme lui, son ministère à la défense des accusés; c'est un avocat qui a étudié l'éloquence chez ce grand maître; c'est un citoyen qui paraît animé comme Cicéron même de l'amour du bien public [1].

Dans un livre intitulé *Canaux navigables*, livre rempli de vues patriotiques et grandes plus que pratiquables, on est bien étonné de lire cette philippique contre Cicéron, qui n'a jamais fait creuser de canaux.

« Le trait le plus glorieux de l'histoire de Ci-
» céron, c'est la ruine de la conjuration de Cati-
» lina; mais, à le bien prendre, elle ne fit du
» bruit à Rome qu'autant qu'il affecta d'y mettre
» de l'importance. Le danger existait dans ses dis-
» cours bien plus que dans la chose. C'était une
» entreprise d'hommes ivres qu'il était facile de
» déconcerter. Ni le chef ni les complices n'avaient
» pris la moindre mesure pour assurer le succès
» de leur crime. Il n'y eut d'étonnant dans cette
» étrange affaire que l'appareil dont le consul char-
» gea toutes ses démarches, et la facilité avec la-
» quelle on lui laissa sacrifier à son amour-propre
» tant de rejetons des plus illustres familles.

» D'ailleurs, la vie de Cicéron est pleine de
» traits honteux; son éloquence était vénale au-
» tant que son âme était pusillanime. Si ce n'était
» pas l'intérêt qui dirigeait sa langue, c'était la
» frayeur ou l'espérance. Le desir de se faire des
» appuis le portait à la tribune pour y défendre
» sans pudeur des hommes plus déshonorés, plus
» dangereux cent fois que Catilina. Parmi ses
» clients, on ne voit presque que des scélérats; et
» par un trait singulier de la justice divine, il
» reçut enfin la mort des mains d'un de ces misé-
» rables que son art avait dérobés aux rigueurs
» de la justice humaine. »

A le bien prendre, la conjuration de Catilina fit à Rome plus que *du bruit*; elle la plongea dans le plus grand trouble et dans le plus grand danger. Elle ne fut terminée que par une bataille si sanglante, qu'il n'est aucun exemple d'un pareil carnage, et peu d'un courage aussi intrépide. Tous les soldats de Catilina, après avoir tué la moitié de l'armée de Petreius, furent tués jusqu'au dernier ; Catilina périt percé de coups sur un monceau de morts, et tous furent trouvés le visage tourné contre l'ennemi. Ce n'était pas là une entreprise si facile à déconcerter; César la favorisait ; elle apprit à César à conspirer un jour plus heureusement contre sa patrie.

« Cicéron défendait sans pudeur des hommes
» plus déshonorés, plus dangereux cent fois que
» Catilina. »

Est-ce quand il défendait dans la tribune la Sicile contre Verrès, et la république romaine contre Antoine? est-ce quand il réveillait la clémence de César en faveur de Ligarius et du roi Déjotare? ou lorsqu'il obtenait le droit de cité pour le poëte Archias ? ou lorsque, dans sa belle oraison pour la loi Manilia, il emportait tous les suffrages des Romains en faveur du grand Pompée?

Il plaida pour Milon, meurtrier de Clodius ; mais Clodius avait mérité sa fin tragique par ses fureurs. Clodius avait trempé dans la conjuration de Catilina; Clodius était son plus mortel ennemi ; il avait soulevé Rome contre lui, et l'avait puni d'avoir sauvé Rome ; Milon était son ami.

Quoi ! c'est de nos jours qu'on ose dire que Dieu punit Cicéron d'avoir plaidé pour un tribun militaire, nommé Popilius Léna, et que la vengeance céleste le fit assassiner par ce Popilius Léna même ! Personne ne sait si Popilius Léna était coupable ou non du crime dont Cicéron le justifia quand il le défendit; mais tous les hommes savent que ce monstre fut coupable de la plus horrible ingratitude, de la plus infâme avarice et de la plus détestable barbarie, en assassinant son bienfaiteur pour gagner l'argent de trois monstres comme lui. Il était réservé à notre siècle de vouloir faire regarder l'assassinat de Cicéron comme un acte de la justice divine. Les triumvirs ne l'auraient pas osé. Tous les siècles jusqu'ici ont détesté et pleuré sa mort.

On reproche à Cicéron de s'être vanté trop souvent d'avoir sauvé Rome, et d'avoir trop aimé la gloire. Mais ses ennemis voulaient flétrir cette gloire. Une faction tyrannique le condamnait à l'exil, et abattait sa maison, parce qu'il avait préservé toutes les maisons de Rome de l'incendie que Catilina leur préparait. Il vous est permis,

[1] M. Linguet. Cette satire de Cicéron est l'effet de ce secret penchant qui porte un grand nombre d'écrivains à combattre, non les préjugés populaires, mais les opinions des hommes éclairés. Ils semblent dire comme César : J'aimerais mieux être le premier dans une bicoque que le second dans Rome. Pour acquérir quelque gloire en suivant les traces des hommes éclairés, il faut ajouter des vérités nouvelles à celles qu'ils ont établies ; il faut saisir ce qui leur est échappé, voir mieux et plus loin qu'eux. Il faut être né avec du génie, le cultiver par des études assidues, se livrer à des travaux opiniâtres, et savoir enfin attendre la réputation. Au contraire, en combattant leurs opinions, on est sûr d'acquérir à meilleur marché une gloire plus prompte et plus brillante ; et si on aime mieux compter les suffrages que de les peser, il n'y a point à balancer entre ces deux partis. K.

c'est même un devoir de vanter vos services quand on les méconnait, et surtout quand on vous en fait un crime.

On admire encore Scipion de n'avoir répondu à ses accusateurs que par ces mots : « C'est à pa- » reil jour que j'ai vaincu Annibal ; allons rendre » grâce aux dieux. » Il fut suivi par tout le peuple au Capitole, et nos cœurs l'y suivent encore en lisant ce trait d'histoire; quoique après tout il eût mieux valu rendre ses comptes que se tirer d'affaire par un bon mot.

Cicéron fut admiré de même par le peuple romain le jour qu'à l'expiration de son consulat, étant obligé de faire les serments ordinaires, et se préparant à haranguer le peuple selon la coutume, il en fut empêché par le tribun Métellus, qui voulait l'outrager. Cicéron avait commencé par ces mots : *Je jure;* le tribun l'interrompit, et déclara qu'il ne lui permettrait pas de haranguer. Il s'éleva un grand murmure. Cicéron s'arrêta un moment; et, renforçant sa voix noble et sonore, il dit pour toute harangue : « Je jure que j'ai sauvé » la patrie. » L'assemblée enchantée s'écria : « Nous jurons qu'il a dit la vérité. » Ce moment fut le plus beau de sa vie. Voilà comme il faut aimer la gloire.

Je ne sais où j'ai lu autrefois ces vers ignorés :

Romains, j'aime la gloire et ne veux point m'en taire ;
Des travaux des humains c'est le digne salaire :
Ce n'est qu'en vous servant qu'il la faut acheter :
Qui n'ose la vouloir n'ose la mériter [1].

Peut-on mépriser Cicéron si on considère sa conduite dans son gouvernement de la Cilicie, qui était alors une des plus importantes provinces de l'empire romain, en ce qu'elle confinait à la Syrie et à l'empire des Parthes ? Laodicée, l'une des plus belles villes d'Orient, en était la capitale : cette province était aussi florissante qu'elle est dégradée aujourd'hui sous le gouvernement des Turcs, qui n'ont jamais eu de Cicéron.

Il commence par protéger le roi de Cappadoce Ariobarzane, et il refuse les présents que ce roi veut lui faire. Les Parthes viennent attaquer en pleine paix Antioche ; Cicéron y vole, il atteint les Parthes après des marches forcées par le mont Taurus ; il les fait fuir, il les poursuit dans leur retraite ; Orzace leur général est tué avec une partie de son armée.

De là il court à Pendenissum, capitale d'un pays, allié des Parthes, il la prend ; cette province est soumise. Il tourne aussitôt contre les peuples appelés Tiburaniens, il les défait; et ses troupes lui déférent le titre d'empereur qu'il garda toute sa vie. Il aurait obtenu à Rome les honneurs du triomphe sans Caton qui s'y opposa, et qui obligea le sénat à ne décerner que des réjouissances publiques, et des remerciments aux dieux, lorsque c'était à Cicéron qu'on devait en faire.

Si on se représente l'équité, le désintéressement de Cicéron dans son gouvernement, son activité, son affabilité, deux vertus si rarement compatibles, les bienfaits dont il combla les peuples dont il était le souverain absolu, il faudra être bien difficile pour ne pas accorder son estime à un tel homme.

Si vous faites réflexion que c'est là ce même Romain qui le premier introduisit la philosophie dans Rome, que ses *Tusculanes* et son livre *de la Nature des dieux* sont les deux plus beaux ouvrages qu'ait jamais écrits la sagesse qui n'est qu'humaine; et que son *Traité des Offices* est le plus utile que nous ayons en morale, il sera encore plus malaisé de mépriser Cicéron. Plaignons ceux qui ne le lisent pas, plaignons encore plus ceux qui ne lui rendent pas justice.

Opposons au détracteur français les vers de l'Espagnol Martial dans son épigramme contre Antoine (L. v, épig. 69) :

« Quid prosunt sacræ pretiosa silentia linguæ ?
» Incipient omnes pro Cicerone loqui. »

Ta prodigue fureur acheta son silence,
Mais l'univers entier parle à jamais pour lui.

Voyez surtout ce que dit Juvénal (sat. VIII, 244).

« Roma patrem patriæ Ciceronem libera dixit. »

CIEL MATÉRIEL.

Les lois de l'optique, fondées sur la nature des choses, ont ordonné que de notre petit globe nous verrons toujours le ciel matériel comme si nous en étions le centre, quoique nous soyons bien loin d'être centre ;

Que nous le verrons toujours comme une voûte surbaissée, quoiqu'il n'y ait d'autre voûte que celle de notre atmosphère, laquelle n'est point surbaissée ;

Que nous verrons toujours les astres roulant sur cette voûte, et comme dans un même cercle, quoiqu'il n'y ait que cinq planètes principales, et dix lunes, et un anneau, qui marchent ainsi que nous dans l'espace ;

Que notre soleil et notre lune nous paraîtront toujours d'un tiers plus grands à l'horizon qu'au zénith, quoiqu'ils soient plus près de l'observateur au zénith qu'à l'horizon.

[1] *Rome sauvée*, acte V, scène II. Ces vers sont si peu ignorés, que tout Français qui a l'esprit cultivé les sait par cœur. Voltaire a corrigé ainsi le troisième vers dans les dernières éditions de la pièce :

Sénat, en vous servant il la faut acheter.

Voici l'effet que font nécessairement les astres sur nos yeux :

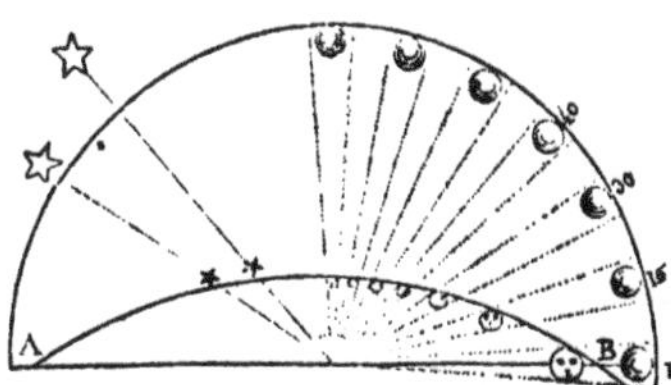

« Cette figure représente à peu près en quelle » proportion le soleil et la lune doivent être aper- » çus dans la courbe *A B*, et comment les astres » doivent paraître plus rapprochés les uns des au- » tres dans la même courbe. »

1° Telles sont les lois de l'optique, telle est la nature de vos yeux, que premièrement le ciel matériel, les nuages, la lune, le soleil qui est si loin de vous, les planètes qui dans leur apogée en sont encore plus loin, tous les astres placés à des distances encore plus immenses, comètes, météores, tout doit vous paraître dans cette voûte surbaissée composée de votre atmosphère.

2° Pour moins compliquer cette vérité, observons seulement ici le soleil qui semble parcourir le cercle A B.

Il doit vous paraître au zénith plus petit qu'à quinze degrés au-dessous, à trente degrés encore plus gros, et enfin à l'horizon encore davantage ; tellement que ses dimensions dans le ciel inférieur décroissent en raison de ses hauteurs dans la progression suivante :

A l'horizon. . . . . 100.
A quinze degrés. . . . . 68.
A trente degrés. . . . . 50.
A quarante-cinq degrés. . . . . 40.

Ses grandeurs apparentes dans la voûte surbaissée sont comme ses hauteurs apparentes ; et il en est de même de la lune et d'une comète [a].

3° Ce n'est point l'habitude, ce n'est point l'interposition des terres, ce n'est point la réfraction de l'atmosphère, qui causent cet effet. Malebranche et Régis ont disputé l'un contre l'autre ; mais Robert Smith a calculé [1].

4° Observez les deux étoiles qui étant à une prodigieuse distance l'une de l'autre et à des profondeurs très différentes dans l'immensité de l'espace, sont considérées ici comme placées dans le cercle que le soleil semble parcourir. Vous les voyez distantes l'une de l'autre dans le grand cercle, se rapprochant dans le petit par les mêmes lois.

C'est ainsi que vous voyez le ciel matériel. C'est par ces règles invariables de l'optique que vous voyez les planètes tantôt rétrogrades, tantôt stationnaires ; elles ne sont rien de tout cela. Si vous étiez dans le soleil, vous verriez toutes les planètes et les comètes rouler régulièrement autour de lui dans les ellipses que Dieu leur assigne. Mais vous êtes sur la planète de la terre, dans un coin où vous ne pouvez jouir de tout le spectacle.

N'accusons donc point les erreurs de nos sens avec Malebranche ; des lois constantes de la nature, émanées de la volonté immuable du Tout-Puissant, et proportionnées à la constitution de nos organes, ne peuvent être des erreurs.

Nous ne pouvons voir que les apparences des choses, et non les choses mêmes. Nous ne sommes pas plus trompés quand le soleil, ouvrage de Dieu, cet astre un million de fois aussi gros que notre terre, nous paraît plat et large de deux pieds, que lorsque dans un miroir convexe, ouvrage de nos mains, nous voyons un homme sous la dimension de quelques pouces.

Si les mages chaldéens furent les premiers qui se servirent de l'intelligence que Dieu leur donna pour mesurer et mettre à leur place les globes célestes, d'autres peuples plus grossiers ne les imitèrent pas.

Ces peuples enfants et sauvages imaginèrent la terre plate, soutenue dans l'air, je ne sais comment, par son propre poids ; le soleil, la lune, et les étoiles, marchant continuellement sur un cintre solide qu'on appela *plaque, firmament* ; ce cintre portant des eaux, et ayant des portes d'espace en espace ; les eaux sortant par ces portes pour humecter la terre.

Mais comment le soleil, la lune et tous les astres, reparaissent-ils après s'être couchés? on n'en savait rien. Le ciel touchait à la terre plate ; il n'y avait pas moyen que le soleil, la lune et les étoiles tournassent sous la terre, et allassent se lever à l'Orient après s'être couchés à l'Occident. Il est vrai que ces ignorants avaient raison par hasard, en ne concevant pas que le soleil et les étoiles fixes tournassent autour de la terre. Mais ils étaient bien loin de soupçonner le soleil immobile, et la terre avec son satellite tournant autour de lui dans l'espace avec les autres planètes. Il y avait plus loin de leurs fables au vrai système du monde, que des ténèbres à la lumière.

[a] Voyez l'optique de Robert Smith.

[1] L'opinion de Smith est au fond la même que celle de Malebranche : puisque les astres au zénith et à l'horizon sont vus sous un angle à peu près égal ; la différence apparente de grandeur ne peut venir que de la même cause qui nous fait juger un corps de cent pouces, vu à cent pieds, plus grand qu'un corps d'un pouce, vu à un pied ; et cette cause ne peut être qu'un jugement de l'âme devenu habituel, et dont par cette raison nous avons cessé d'avoir une conscience distincte. K.

Ils croyaient que le soleil et les étoiles revenaient par des chemins inconnus, après s'être délassés de leur course dans la mer Méditerranée, on ne sait pas précisément dans quel endroit. Il n'y avait pas d'autre astronomie, du temps même d'Homère, qui est si nouveau : car les Chaldéens tenaient leur science secrète pour se faire plus respecter des peuples. Homère dit plus d'une fois que le soleil se plonge dans l'Océan (et encore cet océan c'est le Nil); c'est là qu'il répare par la fraîcheur des eaux, pendant la nuit, l'épuisement du jour; après quoi il va se rendre au lieu de son lever par des routes inconnues aux mortels. Cette idée ressemble beaucoup à celle du baron de Fœneste, qui dit que si on ne voit pas le soleil quand il revient, « c'est qu'il revient de nuit. »

Comme alors la plupart des peuples de Syrie et les Grecs connaissaient un peu l'Asie et une partie de l'Europe, et qu'ils n'avaient aucune notion de tout ce qui est au nord du Pont-Euxin, et au midi du Nil, ils établirent d'abord que la terre était plus longue que large d'un grand tiers; par conséquent le ciel qui touchait à la terre, et qui l'embrassait, était aussi plus long que large. De là nous vinrent les degrés de longitude et de latitude, dont nous avons toujours conservé les noms, quoique nous ayons réformé la chose.

Le livre de Job, composé par un ancien Arabe, qui avait quelque connaissance de l'astronomie, puisqu'il parle des constellations, s'exprime pourtant ainsi : « Où étiez-vous quand je jetais les fon-
» dements de la terre? qui en a pris les dimen-
» sions? sur quoi ses bases portent-elles? qui a
» posé sa pierre angulaire? »

Le moindre écolier lui répondrait aujourd'hui : La terre n'a ni pierre angulaire, ni base, ni fondement : et à l'égard de ses dimensions, nous les connaissons très bien, puisque depuis Magellan jusqu'à M. de Bougainville, plus d'un navigateur en a fait le tour.

Le même écolier fermerait la bouche au déclamateur Lactance, et à tous ceux qui ont dit avant et après lui que la terre est fondée sur l'eau, et que le ciel ne peut être au-dessous de la terre; et que par conséquent il est ridicule et impie de soupçonner qu'il y ait des antipodes.

C'est une chose curieuse de voir avec quel dédain, avec quelle pitié Lactance regarde tous les philosophes qui, depuis quatre cents ans, commençaient à connaître le cours apparent du soleil et des planètes, la rondeur de la terre, la liquidité, la non-résistance des cieux, au travers desquels les planètes couraient dans leurs orbites, etc. Il recherche[1] « par quels degrés les philosophes
» sont parvenus à cet excès de folie de faire de la
» terre une boule, et d'entourer cette boule du
» ciel. »

Ces raisonnements sont dignes de tous ceux qu'il fait sur les sibylles.

Notre écolier dirait à tous ces docteurs : Apprenez qu'il n'y a point de cieux solides placés les uns sur les autres, comme on vous l'a dit; qu'il n'y a point de cercles réels dans lesquels les astres courent sur une prétendue plaque; que le soleil est le centre de notre monde planétaire; que la terre et les planètes roulent autour de lui dans l'espace, non pas en traçant des cercles, mais des ellipses. Apprenez qu'il n'y a ni dessus ni dessous; mais que les planètes, les comètes tendent toutes vers le soleil leur centre, et que le soleil tend vers elles, par une gravitation éternelle.

Lactance et les autres babillards seraient bien étonnés en voyant le système du monde tel qu'il est.

CIEL DES ANCIENS.

Si un ver à soie donnait le nom de *ciel* au petit duvet qui entoure sa coque, il raisonnerait aussi bien que firent tous les anciens, en donnant le nom de *ciel* à l'atmosphère, qui est, comme dit très bien M. de Fontenelle dans ses *Mondes*, le duvet de notre coque.

Les vapeurs qui sortent de nos mers et de notre terre, et qui forment les nuages, les météores et les tonnerres, furent pris d'abord pour la demeure des dieux. Les dieux descendent toujours dans des nuages d'or chez Homère; c'est de là que les peintres les peignent encore aujourd'hui assis sur une nuée. Comment est-on assis sur l'eau? Il était bien juste que le maître des dieux fût plus à son aise que les autres : on lui donna un aigle pour le porter, parce que l'aigle vole plus haut que les autres oiseaux.

Les anciens Grecs voyant que les maîtres des villes demeuraient dans des citadelles, au haut de quelque montagne, jugèrent que les dieux pouvaient avoir une citadelle aussi, et la placèrent en Thessalie sur le mont Olympe, dont le sommet est quelquefois caché dans les nues; de sorte que leur palais était de plain-pied à leur ciel.

Les étoiles et les planètes, qui semblent attachées à la voûte bleue de notre atmosphère, devinrent ensuite les demeures des dieux; sept d'entre eux eurent chacun leur planète, les autres logèrent où ils purent : le conseil général des dieux

[1] Lactance, liv. III, ch. XXIV. Et le clergé de France assemblé solennellement en 1770, dans le dix-huitième siècle, citait sérieusement comme un Père de l'Église ce Lactance, dont les élèves de l'école d'Alexandrie se seraient moqués de son temps, s'ils avaient daigné jeter les yeux sur ses rapsodies.

se tenait dans une grande salle, à laquelle on allait par la voie lactée; car il fallait bien que les dieux eussent une salle en l'air, puisque les hommes avaient des hôtels de ville sur la terre.

Quand les Titans, espèce d'animaux entre les dieux et les hommes, déclarèrent une guerre assez juste à ces dieux-là, pour réclamer une partie de leur héritage du côté paternel, étant fils du Ciel et de la Terre, ils ne mirent que deux ou trois montagnes les unes sur les autres, comptant que c'en était bien assez pour se rendre maîtres du ciel et du château de l'Olympe.

« Neve foret terris securior arduus æther,
» Affectasse ferunt regnum cœleste gigantes,
» Altaque congestos struxisse ad sidera montes. »
OVID., Met., I, 151-153.

On attaqua le ciel aussi bien que la terre;
Les géants chez les dieux osant porter la guerre,
Entassèrent des monts jusqu'aux astres des nuits.

Il y a pourtant des six cents millions de lieues de ces astres-là, et beaucoup plus loin encore de plusieurs étoiles au mont Olympe.

Virgile (ég. v. 57) ne fait point de difficulté de dire:

« Sub pedibusque videt nubes et sidera Daphnis. »
Daphnis voit sous ses pieds les astres et les nues.

Mais où donc était Daphnis?

A l'Opéra, et dans des ouvrages plus sérieux, on fait descendre des dieux au milieu des vents, des nuages et du tonnerre, c'est-à-dire qu'on promène Dieu dans les vapeurs de notre petit globe. Ces idées sont si proportionnées à notre faiblesse, qu'elles nous paraissent grandes.

Cette physique d'enfants et de vieilles était prodigieusement ancienne: cependant on croit que les Chaldéens avaient des idées presque aussi saines que nous de ce qu'on appelle le *ciel*; ils plaçaient le soleil au centre de notre monde planétaire, à peu près à la distance de notre globe que nous avons reconnue; ils fesaient tourner la terre et quelques planètes autour de cet astre; c'est ce que nous apprend Aristarque de Samos: c'est à peu près le système du monde que Copernic a perfectionné depuis; mais les philosophes gardaient le secret pour eux, afin d'être plus respectés des rois et du peuple, ou plutôt pour n'être pas persécutés.

Le langage de l'erreur est si familier aux hommes, que nous appelons encore nos vapeurs, et l'espace de la terre à la lune, du nom de *ciel*; nous disons monter au ciel, comme nous disons que le soleil tourne, quoiqu'on sache bien qu'il ne tourne pas. Nous sommes probablement le ciel pour les habitants de la lune, et chaque planète place son ciel dans la planète voisine.

Si on avait demandé à Homère dans quel ciel était allée l'âme de Sarpédon, et où était celle d'Hercule, Homère eût été bien embarrassé; il eût répondu par des vers harmonieux.

Quelle sûreté avait-on que l'âme aérienne d'Hercule se fût trouvée plus à son aise dans Vénus, dans Saturne, que sur notre globe? Aurait-elle été dans le soleil? la place ne paraît pas tenable dans cette fournaise. Enfin, qu'entendaient les anciens par le ciel? ils n'en savaient rien: ils criaient toujours *le ciel et la terre*; c'est comme si l'on criait l'infini et un atome. Il n'y a point, à proprement parler, de ciel; il y a une quantité prodigieuse de globes qui roulent dans l'espace vide, et notre globe roule comme les autres.

Les anciens croyaient qu'aller dans les cieux c'était monter; mais on ne monte point d'un globe à un autre; les globes célestes sont tantôt au-dessus de notre horizon, tantôt au-dessous. Ainsi, supposons que Vénus étant venue à Paphos, retournât dans sa planète quand cette planète était couchée, la déesse Vénus ne montait point alors par rapport à notre horizon; elle descendait, et on devait dire en ce cas, *descendre au ciel*. Mais les anciens n'y entendaient pas tant de finesse; ils avaient des notions vagues, incertaines, contradictoires sur tout ce qui tenait à la physique. On a fait des volumes immenses pour savoir ce qu'ils pensaient sur bien des questions de cette sorte. Quatre mots auraient suffi: *Ils ne pensaient pas*. Il faut toujours en excepter un petit nombre de sages; mais ils sont venus tard; peu ont expliqué leurs pensées, et quand ils l'ont fait, les charlatans de la terre les ont envoyés au ciel par le plus court chemin.

Un écrivain qu'on nomme, je crois, Pluche, a prétendu faire de Moïse un grand physicien; un autre avait auparavant concilié Moïse avec Descartes, et avait imprimé le *Cartesius mosaïzans*; selon lui, Moïse avait inventé le premier les tourbillons et la matière subtile: mais on sait assez que Dieu, qui fit de Moïse un grand législateur, un grand prophète, ne voulut point du tout en faire un professeur de physique; il instruisit les Juifs de leur devoir, et ne leur enseigna pas un mot de philosophie. Calmet, qui a beaucoup compilé, et qui n'a raisonné jamais, parle du système des Hébreux: mais ce peuple grossier était bien loin d'avoir un système; il n'avait pas même d'école de géométrie; le nom leur en était inconnu; leur seule science était le métier de courtier et l'usure.

On trouve dans leurs livres quelques idées louches, incohérentes, et dignes en tout d'un peuple barbare, sur la structure du ciel. Leur premier ciel était l'air: le second, le firmament, où étaient attachées les étoiles; ce firmament était solide et de glace, et portaient les eaux supérieures, qui s'échappèrent de ce réservoir par des portes, des écluses, des cataractes, au temps du déluge.

Au-dessus de ce firmament, ou de ces eaux supérieures, était le troisième ciel, ou l'empyrée, où saint Paul fut ravi. Le firmament était une espèce de demi-voûte qui embrassait la terre. Le soleil ne fesait point le tour d'un globe qu'ils ne connaissaient pas. Quand il était parvenu à l'Occident il revenait à l'Orient par un chemin inconnu ; et si on ne le voyait pas, c'était, comme le dit le baron Fœneste, parce qu'il revenait de nuit.

Encore les Hébreux avaient-ils pris ces rêveries des autres peuples. La plupart des nations, excepté l'école des Chaldéens, regardaient le ciel comme solide ; la terre fixe et immobile était plus longue d'orient en occident, que du midi au nord, d'un grand tiers ; de là viennent ces expressions de longitude et de latitude, que nous avons adoptées. On voit que dans cette opinion il était impossible qu'il y eût des antipodes. Aussi saint Augustin traite l'idée des antipodes d'*absurdité*; et Lactance, que nous avons déjà cité, dit expressément : « Y a-t-il des » gens assez fous pour croire qu'il y ait des hommes » dont la tête soit plus basse que les pieds ? etc. »

Saint Chrysostôme s'écrie dans sa quatorzième homélie : « Où sont ceux qui prétendent que les cieux » sont mobiles, et que leur forme est circulaire. »

Lactance dit encore au livre III de ses Institutions: Je pourrais vous prouver par beaucoup d'arguments » qu'il est impossible que le ciel entoure la terre. »

L'auteur du *Spectacle de la nature* pourra dire à M. le chevalier, tant qu'il voudra, que Lactance et saint Chrysostôme étaient de grands philosophes ; on lui répondra qu'ils étaient de grands saints, et qu'il n'est point du tout nécessaire, pour être un saint, d'être un bon astronome. On croira qu'ils sont au ciel; mais on avouera qu'on ne sait pas dans quelle partie du ciel précisément.

CIRCONCISION.

Lorsque Hérodote raconte ce que lui ont dit les Barbares chez lesquels il a voyagé, il raconte des sottises ; et c'est ce que font la plupart de nos voyageurs : aussi n'exige-t-il pas qu'on le croie, quand il parle de l'aventure de Gigès et de Candaule ; d'Arion porté sur un dauphin ; et de l'oracle consulté pour savoir ce que fesait Crésus, qui répondit qu'il fesait cuire alors une tortue dans un pot couvert ; et du cheval de Darius qui, ayant henni le premier de tous, déclara son maître roi ; et de cent autres fables propres à amuser des enfants, et à être compilées par des rhéteurs : mais quand il parle de ce qu'il a vu, des coutumes des peuples qu'il a examinées, de leurs antiquités qu'il a consultées, il parle alors à des hommes.

« Il semble, dit-il au livre d'Euterpe, que les » habitants de la Colchide sont originaires d'Égypte : j'en juge par moi-même plutôt que par ouï-dire ; car j'ai trouvé qu'en Colchide on se souvenait bien plus des anciens Égyptiens, qu'on ne » se ressouvenait des anciennes coutumes de Colchos en Égypte.

» Ces habitants des bords du Pont-Euxin prétendaient être une colonie établie par Sésostris ; » pour moi, je le conjecturerais non seulement » parce qu'ils sont basanés, et qu'ils ont les cheveux frisés, mais parce que les peuples de Colchide, d'Égypte et d'Éthiopie, sont les seuls sur » la terre qui se sont fait circoncire de tout temps ; » car les Phéniciens, et ceux de la Palestine, » avouent qu'ils ont pris la circoncision des Égyptiens. Les Syriens qui habitent aujourd'hui sur » les rivages du Thermodon et de Pathenie, et les » Macrons leurs voisins, avouent qu'il n'y a pas » long-temps qu'ils se sont conformés à cette coutume d'Égypte ; c'est par là principalement qu'ils » sont reconnus pour Égyptiens d'origine.

» A l'égard de l'Éthiopie et de l'Égypte, comme cette cérémonie est très ancienne chez ces » deux nations, je ne saurais dire qui des deux » tient la circoncision de l'autre ; il est toutefois » vraisemblable que les Éthiopiens la prirent » des Égyptiens ; comme, au contraire, les Phéniciens ont aboli l'usage de circoncire les enfants » nouveau-nés, depuis qu'ils ont eu plus de commerce avec les Grecs. »

Il est évident, par ce passage d'Hérodote, que plusieurs peuples avaient pris la circoncision de l'Égypte ; mais aucune nation n'a jamais prétendu avoir reçu la circoncision des Juifs. A qui peut-on donc attribuer l'origine de cette coutume, ou à la nation de qui cinq ou six autres confessent la tenir, ou à une autre nation bien moins puissante, moins commerçante, moins guerrière, cachée dans un coin de l'Arabie-Pétrée, qui n'a jamais communiqué le moindre de ses usages à aucun peuple ?

Les Juifs disent qu'ils ont été reçus autrefois par charité dans l'Égypte ; n'est-il pas bien vraisemblable que le petit peuple a imité un usage du grand peuple, et que les Juifs ont pris quelques coutumes de leurs maîtres ?

Clément d'Alexandrie rapporte que Pythagore, voyageant chez les Égyptiens, fut obligé de se faire circoncire, pour être admis à leurs mystères ; il fallait donc absolument être circoncis pour être au nombre des prêtres d'Égypte. Ces prêtres existaient lorsque Joseph arriva en Égypte ; le gouvernement était très ancien, et les cérémonies antiques de l'Égypte observées avec la plus scrupuleuse exactitude.

Les Juifs avouent qu'ils demeurèrent pendant deux cent cinq ans en Égypte ; ils disent qu'ils ne se firent point circoncire dans cet espace de temps : il est donc clair que, pendant deux cent cinq ans, les Égyptiens n'ont pas reçu la circoncision des Juifs ; l'auraient-ils prise d'eux, après que les Juifs leur eurent volé tous les vases qu'on leur avait prêtés, et se furent enfuis dans le désert avec leur proie, selon leur propre témoignage ? Un maître adoptera-t-il la principale marque de la religion de son esclave voleur et fugitif ? Cela n'est pas dans la nature humaine.

Il est dit, dans le livre de Josué, que les Juifs furent circoncis dans le désert : « Je vous ai délivrés de ce qui fesait votre opprobre chez les Égyptiens. » Or, quel pouvait être cet opprobre pour des gens qui se trouvaient entre les peuples de Phénicie, les Arabes et les Égyptiens, si ce n'est ce qui les rendait méprisables à ces trois nations ? comment leur ôte-t-on cet opprobre ? en leur ôtant un peu de prépuce : n'est-ce pas là le sens naturel de ce passage ?

La *Genèse* dit qu'Abraham avait été circoncis auparavant ; mais Abraham voyagea en Égypte, qui était depuis long-temps un royaume florissant, gouverné par un puissant roi ; rien n'empêche que dans un royaume si ancien la circoncision ne fût établie. De plus, la circoncision d'Abraham n'eut point de suite ; sa postérité ne fut circoncise que du temps de Josué.

Or, avant Josué, les Israélites, de leur aveu même, prirent beaucoup de coutumes des Égyptiens ; ils les imitèrent dans plusieurs sacrifices, dans plusieurs cérémonies, comme dans les jeûnes qu'on observait les veilles des fêtes d'Isis, dans les ablutions, dans la coutume de raser la tête des prêtres ; l'encens, le candelabre, le sacrifice de la vache rousse, la purification avec de l'hysope, l'abstinence du cochon, l'horreur des ustensiles de cuisine des étrangers, tout atteste que le petit peuple hébreu, malgré son aversion pour la grande nation égyptienne, avait retenu une infinité d'usages de ses anciens maîtres. Ce bouc Hazazel qu'on envoyait dans le désert, chargé des péchés du peuple, était une imitation visible d'une pratique égyptienne ; les rabbins conviennent même que le mot d'Hazazel n'est point Hébreu. Rien n'empêche donc que les hébreux n'aient imité les Égyptiens dans la circoncision, comme faisaient les Arabes leurs voisins.

Il n'est point extraordinaire que Dieu, qui a sanctifié le baptême, si ancien chez les Asiatiques, ait sanctifié aussi la circoncision, non moins ancienne chez les Africains. On a déjà remarqué qu'il est le maître d'attacher ses grâces aux signes qu'il daigne choisir.

Au reste, depuis que, sous Josué, le peuple juif eut été circoncis, il a conservé cet usage jusqu'à nos jours ; les Arabes y ont aussi toujours été fidèles ; mais les Égyptiens, qui dans les premiers temps circoncisaient les garçons et les filles, cessèrent avec le temps de faire aux filles cette opération, et enfin la restreignirent aux prêtres, aux astrologues, et aux prophètes. C'est ce que Clément d'Alexandrie et Origène nous apprennent. En effet, on ne voit point que les Ptolémées aient jamais reçu la circoncision.

Les auteurs latins qui traitent les Juifs avec un si profond mépris qu'ils les appellent *curtus apella*, par dérision, *credat Judæus apella*, *curti judæi*, ne donnent point de ces épithètes aux Égyptiens. Tout le peuple d'Égypte est aujourd'hui circoncis, mais par une autre raison, parce que le mahométisme adopta l'ancienne circoncision de l'Arabie.

C'est cette circoncision arabe qui a passé chez les Éthiopiens, où l'on circoncit encore les garçons et les filles.

Il faut avouer que cette cérémonie de la circoncision paraît d'abord bien étrange ; mais on doit remarquer que de tout temps les prêtres de l'Orient se consacraient à leurs divinités par des marques particulières. On gravait avec un poinçon une feuille de lierre sur les prêtres de Bacchus. Lucien nous dit que les dévots à la déesse Isis s'imprimaient des caractères sur le poignet et sur le cou. Les prêtres de Cybèle se rendaient eunuques.

Il y a grande apparence que les Égyptiens, qui révéraient l'instrument de la génération, et qui en portaient l'image en pompe dans leurs processions, imaginèrent d'offrir à Isis et Osiris, par qui tout s'engendrait sur la terre, une partie légère du membre par qui ces dieux avaient voulu que le genre humain se perpétuât. Les anciennes mœurs orientales sont si prodigieusement différentes des nôtres, que rien ne doit paraître extraordinaire à quiconque a un peu de lecture. Un Parisien est tout surpris quand on lui dit que les Hottentots font couper à leurs enfants mâles un testicule. Les Hottentots sont peut-être surpris que les Parisiens en gardent deux.

CIRUS, *voyez* CYRUS.

CLERC

Il y aurait peut-être encore quelque chose à dire sur ce mot, même après le *Dictionnaire de Du Cange*, et celui de l'*Encyclopédie*. Nous pouvons, par exemple, observer qu'on était si savant vers le dixième et onzième siècle, qu'il s'introduisit une coutume ayant force de loi en France, en Allemagne, en Angleterre, de faire grâce de la corde à tout criminel condamné qui savait lire ;

tant un homme de cette érudition était nécessaire à l'état.

Guillaume-le-Bâtard, conquérant de l'Angleterre, y porta cette coutume. Cela s'appelait bénéfice de clergie, *beneficium clericorum aut clergicorum*.

Nous avons remarqué en plus d'un endroit que de vieux usages perdus ailleurs se retrouvent en Angleterre, comme on retrouva dans l'île de Samothrace les anciens mystères d'Orphée. Aujourd'hui même encore ce bénéfice de clergie subsiste chez les Anglais dans toute sa force pour un meurtre commis sans dessein, et pour un premier vol qui ne passe pas cinq cents livres sterling. Le criminel qui sait lire demande le bénéfice de clergie; on ne peut le lui refuser. Le juge qui était réputé par l'ancienne loi ne savoir pas lire lui-même, s'en rapporte encore au chapelain de la prison, qui présente un livre au condamné. Ensuite il demande au chapelain : *Legit? lit-il?* Le chapelain répond : *Legit ut clericus*, il lit *comme un clerc;* et alors on se contente de faire marquer d'un fer chaud le criminel à la paume de la main. On a eu soin de l'enduire de graisse; le fer fume et produit un sifflement sans faire aucun mal au patient réputé clerc.

DU CÉLIBAT DES CLERCS.

On demande si dans les premiers siècles de l'Église le mariage fut permis aux clercs, et dans quel temps il fut défendu.

Il est avéré que les clercs, loin d'être engagés au célibat dans la religion juive, étaient tous au contraire excités au mariage, non seulement par l'exemple de leurs patriarches, mais par la honte attachée à vivre sans postérité.

Toutefois, dans les temps qui précédèrent les derniers malheurs des Juifs, il s'éleva des sectes de rigoristes esséniens, judaïtes, thérapeutes, hérodiens; et dans quelques unes, comme celles des esséniens et des thérapeutes, les plus dévots ne se mariaient pas. Cette continence était une imitation de la chasteté des vestales établies par Numa Pompilius, de la fille de Pythagore qui institua un couvent, des prêtresses de Diane, de la pythie de Delphes, et plus anciennement de Cassandre et de Chrysis, prêtresses d'Apollon, et même des prêtresses de Bacchus.

Les prêtres de Cybèle non seulement faisaient vœu de chasteté, mais de peur de violer leurs vœux ils se rendaient eunuques.

Plutarque, dans sa huitième question des *propos de table*, dit qu'il y a des collèges des prêtres en Égypte qui renoncent au mariage.

Les premiers chrétiens, quoique fesant profession d'une vie aussi pure que celle des esséniens et des thérapeutes, ne firent point une vertu du célibat. Nous avons vu que presque tous les apôtres et les disciples étaient mariés. Saint Paul écrit à Tite[a] : « Choisissez pour prêtre celui qui n'aura » qu'une femme, ayant des enfants fidèles et non » accusés de luxure. »

Il dit la même chose à Timothée[b] : « Que le » surveillant soit mari d'une seule femme. »

Il semble faire si grand cas du mariage, que dans la même lettre à Timothée, il dit[c] : « La fem- » me ayant prévariqué se sauvera en fesant des » enfants. »

Ce qui arriva dans le fameux concile de Nicée au sujet des prêtres mariés, mérite une grande attention. Quelques évêques, au rapport de Sozomène et de Socrate[d], proposèrent une loi qui défendit aux évêques et aux prêtres de toucher dorénavant à leurs femmes; mais saint Paphnuce le martyr, évêque de Thèbes en Égypte, s'y opposa fortement, disant « que coucher avec sa femme » c'est chasteté; » et son avis fut suivi par le concile.

Suidas, Gelase Cyzicène, Cassiodore et Nicéphore Caliste, rapportent précisément la même chose.

Le concile seulement défendit aux ecclésiastiques d'avoir chez eux des agapètes, des associées, autres que leurs propres femmes, excepté leurs mères, leurs sœurs, leurs tantes, et des vieilles hors de tout soupçon.

Depuis ce temps, le célibat fut recommandé sans être ordonné. Saint Jérôme, voué à la solitude, fut celui de tous les Pères qui fit les plus grands éloges du célibat des prêtres : cependant il prend hautement le parti de Cartérius, évêque d'Espagne, qui s'était remarié deux fois. « Si je » voulais nommer, dit-il, tous les évêques qui » ont passé à de secondes noces, j'en trouverais » plus qu'il n'y eut d'évêques au concile de Ri- » mini[e]. » « Tantus numerus congregabitur ut Ri- » minensis synodus superetur. »

Les exemples des clercs mariés et vivant avec leurs femmes, sont innombrables. Sydonius, évêque de Clermont en Auvergne au cinquième siècle, épousa Papianilla, fille de l'empereur Avitus; et la maison de Polignac a prétendu en descendre. Simplicius, évêque de Bourges, eut deux enfants de sa femme Palladia.

Saint Grégoire de Nazianze était fils d'un autre Grégoire, évêque de Nazianze, et de Nonna, dont cet évêque eut trois enfants, savoir : Césarius, Gorgonia, et le saint.

On trouve dans le décret romain, au canon Ozius, une liste très longue d'évêques enfants de prêtres.

[a] *Épître à Tite*, ch. I, v. 6. — [b] I *à Timothée*, ch. III, v. 2. — [c] Ch. II, v. 15. — [d] Sozom., liv. I. Socrate, liv. I.

[e] Lettre LXVII à Océanus.

Le pape Osius lui-même était fils du sous-diacre Étienne, et le pape Boniface Ier, fils du prêtre Joconde. Le pape Félix III fut fils du prêtre Félix, et devint lui-même un des aïeux de Grégoire-le-Grand. Jean II eut pour père le prêtre Projectus, Agapet le prêtre Gordien. Le pape Silvestre était fils du pape Hormisdas. Théodore Ier naquit du mariage de Théodore, patriarche de Jérusalem; ce qui devait réconcilier les deux Églises.

Enfin, après plus d'un concile tenu inutilement sur le célibat qui devait toujours accompagner le sacerdoce, le pape Grégoire VII excommunia tous les prêtres mariés, soit pour rendre l'Église plus respectable par une discipline plus rigoureuse, soit pour attacher plus étroitement à la cour de Rome les évêques et les prêtres des autres pays, qui n'auraient d'autre famille que l'Église.

Cette loi ne s'établit pas sans de grandes contradictions.

C'est une chose très remarquable que le concile de Basle ayant déposé, du moins en paroles, le pape Eugène IV, et élu Amédée de Savoie, plusieurs évêques ayant objecté que ce prince avait été marié, Énéas Silvius, depuis pape sous le nom de Pie II, soutint l'élection d'Amédée, par ces propres paroles : « Non solum qui uxorem habuit, » sed uxorem habens potest assumi. » « Non seu» lement celui qui a été marié, mais celui qui l'est » peut être pape. »

Ce Pie II était conséquent. Lisez ses lettres à sa maîtresse dans le recueil de ses œuvres. Il était persuadé qu'il y a de la démence à vouloir frauder la nature, qu'il faut la guider, et non chercher à l'anéantir [a].

Quoi qu'il en soit, depuis le concile de Trente il n'y a plus de dispute sur le célibat des clercs dans l'Église catholique romaine; il n'y a plus que des desirs.

Toutes les communions protestantes se sont séparées de Rome sur cet article.

Dans l'Église grecque, qui s'étend aujourd'hui des frontières de la Chine au cap de Matapan, les prêtres se marient une fois. Partout les usages varient, la discipline change selon les temps et selon les lieux. Nous ne fesons ici que raconter, et nous ne controversons jamais.

DES CLERCS DU SECRET,

DEVENUS DEPUIS SECRÉTAIRES D'ÉTAT ET MINISTRES.

Les clercs du secret, clercs du roi, qui sont devenus depuis secrétaires d'état en France et en Angleterre, étaient originairement notaires du roi; ensuite on les nomma *secrétaires des commandements*. C'est le savant et laborieux Pasquier qui nous l'apprend. Il était bien instruit, puisqu'il avait sous ses yeux les registres de la chambre des comptes, qui de nos jours ont été consumés par un incendie.

A la malheureuse paix du Cateau-Cambresis en 1558, un clerc de Philippe II ayant pris le titre de *secrétaire d'état*, L'Aubépine, qui était clerc-secrétaire des commandements du roi de France et son notaire, prit aussi le titre de *secrétaire d'état*, afin que les dignités fussent égales, si les avantages de la paix ne l'étaient pas.

En Angleterre, avant Henri VIII, il n'y avait qu'un secrétaire du roi, qui présentait debout les mémoires et requêtes au conseil. Henri VIII en créa deux, et leur donna les mêmes titres et les mêmes prérogatives qu'en Espagne. Les grands seigneurs alors n'acceptaient pas ces places; mais avec le temps elles sont devenues si considérables, que les pairs du royaume et les généraux des armées en ont été revêtus. Ainsi tout change. Il ne reste rien en France du gouvernement de Hugues surnommé *Capet*, ni en Angleterre de l'administration de Guillaume surnommé *le Bâtard*.

[a] Voyez les articles ONAN, ONANISME.

CLIMAT.

« Hic segetes, illic veniunt felicius uvæ :
» Arborei fœtus alibi atque injussa virescunt
» Gramina. Nonne vides, croceos ut Tmolus odores,
» India mittit ebur, molles sua thura Sabæi?
» At Chalybes nudi ferrum, virosaque Pontus
» Castorea, Eliadum palmas Epirus equarum? »

Georg., I, 54 et seq.

Il faut ici se servir de la traduction de M. l'abbé Delille, dont l'élégance en tant d'endroits est égale au mérite de la difficulté surmontée.

Ici sont des vergers qu'enrichit la culture,
Là règne un vert gazon qu'entretient la nature;
Le Tmole est parfumé d'un safran précieux;
Dans les champs de Saba l'encens croît pour les dieux;
L'Euxin voit le castor se jouer dans ses ondes;
Le Pont s'enorgueillit de ses mines profondes:
L'Inde produit l'ivoire; et dans ses champs guerriers
L'Épire pour l'Élide exerce ses coursiers.

Il est certain que le sol et l'atmosphère signalent leur empire sur toutes les productions de la nature, à commencer par l'homme, et à finir par les champignons.

Dans le grand siècle de Louis XIV, l'ingénieux Fontenelle a dit :

« On pourrait croire que la zone torride et les » deux glaciales ne sont pas fort propres pour les » sciences. Jusqu'à présent elles n'ont point passé » l'Égypte et la Mauritanie d'un côté, et de l'au-

» tre la Suède. Peut-être n'a-ce pas été par hasard qu'elles se sont tenues entre le mont Atlas » et la mer Baltique. On ne sait si ce ne sont point » là les bornes que la nature leur a posées, et si » l'on peut espérer de voir jamais de grands auteurs lapons ou nègres. »

Chardin, l'un de ces voyageurs qui raisonnent et qui approfondissent, va encore plus loin que Fontenelle en parlant de la Perse [a]. « La température des climats chauds, dit-il, énerve l'esprit » comme le corps, et dissipe ce feu nécessaire à » l'imagination pour l'invention. On n'est pas capable dans ces climats-là de longues veilles, et » de cette forte application qui enfante les ouvrages des arts libéraux et des arts mécaniques, etc. »

Chardin ne songeait pas que Sadi et Lokman étaient persans. Il ne fesait pas attention qu'Archimède était de Sicile, où la chaleur est plus grande que dans les trois quarts de la Perse. Il oubliait que Pythagore apprit autrefois la géométrie chez les brachmanes.

L'abbé Dubos soutint et développa autant qu'il le put ce sentiment de Chardin.

Cent cinquante ans avant eux, Bodin, en avait fait la base de son système, dans sa *République* et dans sa *Méthode de l'histoire*; il dit que l'influence du climat est le principe du gouvernement des peuples et de leur religion.

Diodore de Sicile fut de ce sentiment long-temps avant Bodin.

L'auteur de l'*Esprit des lois* [1], sans citer personne, poussa cette idée encore plus loin que Dubos, Chardin et Bodin. Une certaine partie de la nation l'en crut l'inventeur, et lui en fit un crime. C'est ainsi que cette partie de la nation est faite. Il y a partout des gens qui ont plus d'enthousiasme que d'esprit.

On pourrait demander à ceux qui soutiennent que l'atmosphère fait tout, pourquoi l'empereur Julien dit dans son *Misopogon*, que ce qui lui plaisait dans les Parisiens c'était la gravité de leurs caractères et la sévérité de leurs mœurs; et pourquoi ces Parisiens, sans que le climat ait changé, sont aujourd'hui des enfants badins à qui le gouvernement donne le fouet en riant, et qui eux-mêmes rient le moment d'après, en chansonnant leurs précepteurs?

Pourquoi les Égyptiens, qu'on nous peint encore plus graves que les Parisiens, sont aujourd'hui le peuple le plus mou, le plus frivole, et le plus lâche, après avoir, dit-on, conquis autrefois toute la terre pour leur plaisir, sous un roi nommé Sésostris?

[a] Chardin, chap. VII.

[1] Livre XIV.

Pourquoi, dans Athènes, n'y a-t-il plus d'Anacréon, ni d'Aristote, ni de Zeuxis?

D'où vient que Rome a pour ses Cicéron, ses Caton, et ses Tite-Live, des citoyens qui n'osent parler, et une populace de gueux abrutis, dont le suprême bonheur est d'avoir quelquefois de l'huile à bon marché, et de voir défiler des processions?

Cicéron plaisante beaucoup sur les Anglais dans ses lettres. Il prie Quintus, son frère, lieutenant de César, de lui mander s'il a trouvé de grands philosophes parmi eux dans l'expédition d'Angleterre. Il ne se doutait pas qu'un jour ce pays pût produire des mathématiciens qu'il n'aurait jamais pu entendre. Cependant le climat n'a point changé; et le ciel de Londres est tout aussi nébuleux qu'il l'était alors.

Tout change dans les corps et dans les esprits avec le temps. Peut-être un jour les Américains viendront enseigner les arts aux peuples de l'Europe.

Le climat a quelque puissance, le gouvernement cent fois plus; la religion jointe au gouvernement encore davantage.

INFLUENCE DU CLIMAT.

Le climat influe sur la religion en fait de cérémonies et d'usages. Un législateur n'aura pas eu de peine à faire baigner des Indiens dans le Gange à certains temps de la lune; c'est un grand plaisir pour eux. On l'aurait lapidé s'il eût proposé le même bain aux peuples qui habitent les bords de la Duina, vers Archangel. Défendez le porc à un Arabe, qui aurait la lèpre s'il mangeait de cette chair très mauvaise et très dégoûtante dans son pays, il vous obéira avec joie. Faites la même défense à un Vestphalien, il sera tenté de vous battre.

L'abstinence du vin est un bon précepte de religion dans l'Arabie, où les eaux d'orange, de citron, de limon, sont nécessaires à la santé. Mahomet n'aurait pas peut-être défendu le vin en Suisse, surtout avant d'aller au combat.

Il y a des usages de pure fantaisie. Pourquoi les prêtres d'Égypte imaginèrent-ils la circoncision? ce n'est pas pour la santé. Cambyse qui les traita comme ils le méritaient, eux et leur bœuf Apis, les courtisans de Cambyse, les soldats de Cambyse, n'avaient point fait rogner leurs prépuces, et se portaient fort bien. La raison du climat ne fait rien aux parties génitales d'un prêtre. On offrait son prépuce à Isis, probablement comme on présenta partout les prémices des fruits de la terre. C'était offrir les prémices du fruit de la vie.

Les religions ont toujours roulé sur deux pivots; observance et croyance; l'observance tient en grande partie au climat; la croyance n'en dépend point. On fera tout aussi bien recevoir un dogme sous l'équateur et sous le cercle polaire. Il sera ensuite également rejeté à Batavia et aux Orcades, tandis qu'il sera soutenu *unguibus et rostro* à Salamanque. Cela ne dépend point du sol et de l'atmosphère, mais uniquement de l'opinion, cette reine inconstante du monde.

Certaines libations de vin seront de précepte dans un pays de vignoble; et il ne tombera point dans l'esprit d'un législateur d'instituer en Norvége des mystères sacrés qui ne pourraient s'opérer sans vin.

Il sera expressément ordonné de brûler de l'encens dans le parvis d'un temple où l'on égorge des bêtes à l'honneur de la Divinité, et pour le souper des prêtres. Cette boucherie appelée *temple* serait un lieu d'infection abominable, si on ne le purifiait pas continuellement: et sans le secours des aromates, la religion des anciens aurait apporté la peste. On ornait même l'intérieur des temples de festons de fleurs pour rendre l'air plus doux.

On ne sacrifiera point de vache dans le pays brûlant de la presqu'île des Indes, parce que cet animal qui nous fournit un lait nécessaire, est très rare dans une campagne aride, que sa chair y est sèche, coriace, très peu nourrissante, et que les brachmanes feraient très mauvaise chère. Au contraire la vache deviendra sacrée, attendu sa rareté et son utilité.

On n'entrera que pieds nus dans le temple de Jupiter-Ammon, où la chaleur est excessive: il faudra être bien chaussé pour faire ses dévotions à Copenhague.

Il n'en est pas ainsi du dogme. On a cru au polythéisme dans tous les climats; et il est aussi aisé à un Tartare de Crimée qu'à un habitant de la Mecque de reconnaître un Dieu unique, incommunicable, non-engendré et non-engendreur. C'est par le dogme encore plus que par les rites qu'une religion s'étend d'un climat à un autre. Le dogme de l'unité de Dieu passa bientôt de Médine au mont Caucase; alors le climat cède à l'opinion.

Les Arabes dirent aux Turcs: « Nous nous fesions circoncire en Arabie sans savoir trop pourquoi; c'était une ancienne mode des prêtres d'Égypte d'offrir à Oshireth ou Osiris une petite partie de ce qu'ils avaient de plus précieux. Nous avions adopté cette coutume trois mille ans avant d'être mahométans. Vous serez circoncis comme nous; vous serez obligés comme nous de coucher avec une de vos femmes tous les vendredis, et de donner par an deux et demi pour cent de votre revenu aux pauvres. Nous ne buvons que de l'eau et du sorbet; toute liqueur enivrante nous est défendue; elles sont pernicieuses en Arabie. Vous embrasserez ce régime, quoique vous aimiez le vin passionnément, et que même il vous soit souvent nécessaire sur les bords du Phase et de l'Araxe. Enfin, si vous voulez aller au ciel, et y être bien placés, vous prendrez le chemin de la Mecque. »

Les habitants du nord du Caucase se soumettent à ces lois, et embrassent dans toute son étendue une religion qui n'était pas faite pour eux.

En Égypte, le culte emblématique des animaux succéda aux dogmes de Thaut. Les dieux des Romains partagèrent ensuite l'Égypte avec les chiens, les chats et les crocodiles. A la religion romaine succéda le christianisme; il fut entièrement chassé par le mahométisme, qui cédera peut-être la place à une religion nouvelle.

Dans toutes ces vicissitudes le climat n'est entré pour rien: le gouvernement a tout fait. Nous ne considérons ici que les causes secondes, sans lever des yeux profanes vers la Providence qui les dirige. La religion chrétienne, née dans la Syrie, ayant reçu ses principaux accroissements dans Alexandrie, habite aujourd'hui les pays où Teutate, Irminsul, Frida, Odin, étaient adorés.

Il y a des peuples dont ni le climat ni le gouvernement n'ont fait la religion. Quelle cause a détaché le nord de l'Allemagne, le Danemarck, les trois quarts de la Suisse, la Hollande, l'Angleterre, l'Écosse, l'Irlande, de la communion romaine?... la pauvreté. On vendait trop cher les indulgences et la délivrance du purgatoire à des âmes dont les corps avaient alors très peu d'argent. Les prélats, les moines, engloutissaient tout le revenu d'une province. On prit une religion à meilleur marché. Enfin, après vingt guerres civiles, on a cru que la religion du pape était fort bonne pour les grands seigneurs, et la réformée pour les citoyens. Le temps fera voir qui doit l'emporter vers la mer Égée et le Pont-Euxin, de la religion grecque, ou de la religion turque.

CLOU.

Nous ne nous arrêterons pas à remarquer la barbarie agreste qui fit clou de *clavus*, et Cloud de *Clodoaldus*, et *clou* de girofle, quoique la girofle ressemble fort mal à un clou, et *clou*, maladie de l'œil, et *clou*, tumeur de la peau, etc. Ces expressions viennent de la négligence, et de la stérilité de l'imagination; c'est la honte d'un langage.

Nous demandons seulement ici aux réviseurs de livres la permission de transcrire ce que le missionnaire Labat, dominicain, provéditeur du saint-office, a écrit sur les clous de la croix, à laquelle il est plus que probable que jamais aucun clou ne fut attaché.

« « Le religieux italien qui nous conduisait eut » assez de crédit pour nous faire voir entre au- » tres un des clous dont notre Seigneur fut atta- » ché à la croix. Il me parut bien différent de » celui que les bénédictins font voir à Saint-De- » nys. Peut-être que celui de Saint-Denys avait » servi pour les pieds, et qu'il devait être plus » grand que celui des mains. Il fallait pourtant » que ceux des mains fussent assez grands et as- » sez forts pour soutenir tout le poids du corps. » Mais il faut que les Juifs aient employé plus de » quatre clous, ou que quelques uns de ceux qu'on » expose à la vénération des fidèles ne soient pas » bien authentiques; car l'histoire rapporte que » sainte Hélène en jeta un dans la mer pour apai- » ser une tempête furieuse qui agitait son vais- » seau. Constantin se servit d'un autre pour faire » le mors de la bride de son cheval. On en montre » un tout entier à Saint-Denys en France, et un » autre aussi tout entier à Sainte-Croix de Jéru- » salem à Rome. Un auteur romain de notre siècle, » très célèbre assure que la couronne de fer dont » on couronne les empereurs en Italie, est faite » d'un de ces clous. On voit à Rome et à Carpen- » tras deux mors de bride aussi faits de ces clous, » et on en fait voir encore en d'autres endroits. » Il est vrai qu'on en a la discrétion de dire de » quelques uns tantôt que c'est la pointe, et » tantôt que c'est la tête. »

Le missionnaire parle sur le même ton de toutes les reliques. Il dit au même endroit que lorsqu'on apporta de Jérusalem à Rome le corps du premier diacre saint Etienne, et qu'on le mit dans le tombeau du diacre saint Laurent, en 557, « saint » Laurent se retira de lui-même pour donner la » droite à son hôte ; action qui lui acquit le sur- » nom de civil Espagnol [b]. »

[a] *Voyages du jacobin Labat*, tome VIII, pages 34 et 35.

[b] Ce même missionnaire Labat, frère prêcheur, provéditeur du saint-office, qui ne manque pas une occasion de tomber rudement sur les reliques et sur les miracles des autres moines, ne parle qu'avec une noble assurance de tous les prodiges et de toutes les prééminences de l'ordre de saint Dominique. Nul écrivain monastique n'a jamais poussé si loin la vigueur de l'amour-propre conventuel. Il faut voir comme il traite les bénédictins et le P. Martène. « [*] Ingrats bénédictins !... Ah ! P. Martène !... » noire ingratitude que toute l'eau du déluge ne peut effacer !... » vous enchérissez sur les *Lettres provinciales*, et vous retenez » le bien des jacobins ! Tremblez, révérends bénédictins de la » congrégation de Saint-Vannes... Si P. Martène n'est pas con- » tent, il n'a qu'à parler. »

C'est bien pis quand il punit le très judicieux et très plaisant voyageur Misson, de n'avoir pas excepté les jacobins de tous les moines auxquels il accorde beaucoup de ridicule. Labat traite Misson de *bouffon ignorant qui ne peut être lu que de la canaille anglaise*. Et ce qu'il y a de mieux, c'est que ce moine fait tous ses efforts pour être plus hardi et plus drôle que Misson. Au surplus, c'était un des plus effrontés convertisseurs que nous eussions ; mais en qualité de voyageur il ressemble à tous les autres, qui croient que tout l'univers a les yeux ouverts sur tous les cabarets où ils ont couché, et sur leurs querelles avec les commis de la douane.

[*] *Voyages de Labat* (en Espagne et en Italie), tome V, depuis la page 303 jusqu'à la page 313.

Ne fesons sur ces passages qu'une réflexion, c'est que si quelque philosophe s'était expliqué dans l'*Encyclopédie* comme le missionnaire dominicain Labat, une foule de Patouillets et de Nonottes, de Chiniacs, de Chaumeix, et d'autres polissons, auraient crié au déiste, à l'athée, au géomètre.

Selon ce que l'on peut être
Les choses changent de nom.
AMPHITRYON, *Prologue.*

COHÉRENCE, COHÉSION, ADHÉSION.

Force par laquelle les parties des corps tiennent ensemble. C'est le phénomène le plus commun et le plus inconnu. Newton se moque des atomes crochus par lesquels on a voulu expliquer la *cohérence;* car il resterait à savoir pourquoi ils sont crochus, et pourquoi ils cohèrent.

Il ne traite pas mieux ceux qui ont expliqué la *cohésion* par le repos : « C'est, dit-il, une qualité » occulte. »

Il a recours à une attraction; mais cette attraction qui peut exister, et qui n'est point du tout démontrée, n'est-elle pas une qualité occulte ? La grande attraction des globes célestes est démontrée et calculée. Celle des corps adhérents est incalculable : or, comment admettre une force immensurable qui serait de la même nature que celle qu'on mesure?

Néanmoins, il est démontré que la force d'attraction agit sur toutes les planètes et sur tous les corps graves, proportionnellement à leur solidité; donc elle agit sur toutes les particules de la matière; donc il est très vraisemblable qu'en résidant dans chaque partie par rapport au tout, elle réside aussi dans chaque partie par rapport à la continuité; donc la cohérence peut être l'effet de l'attraction.

Cette opinion paraît admissible jusqu'à ce qu'on trouve mieux; et le mieux n'est pas facile à rencontrer.

CONCILES [1].

SECTION PREMIÈRE.

Assemblée d'ecclésiastiques convoquée pour résoudre des doutes ou des questions sur les points de foi ou de discipline.

L'usage des conciles n'était pas inconnu aux sectateurs de l'ancienne religion de Zerdusht que

[1] Comme le fond de ces trois sections de l'article CONCILES est

nous appelons Zoroastre [a]. Vers l'an 200 de notre ère vulgaire, le roi de Perse, Ardeshir-Babecan, assembla quarante mille prêtres pour les consulter sur des doutes qu'il avait touchant le paradis et l'enfer qu'ils nomment la géhenne, terme que les Juifs adoptèrent pendant leur captivité de Babylone, ainsi que les noms des anges et des mois. Le plus célèbre des mages Erdaviraph ayant bu trois verres d'un vin soporifique, eut une extase qui dura sept jours et sept nuits, pendant laquelle son âme fut transportée vers Dieu. Revenu de ce ravissement, il raffermit la foi du roi, en racontant le grand nombre de merveilles qu'il avait vues dans l'autre monde, et en les fesant mettre par écrit.

On sait que Jésus fut appelé Christ, mot grec qui signifie *oint*, et sa doctrine *christianisme*, ou bien évangile, c'est-à-dire bonne nouvelle, parce qu'un jour [b] de sabbat, étant entré, selon sa coutume, dans la synagogue de Nazareth, où il avait été élevé, il se fit à lui-même l'application de ce passage d'Isaïe [c] qu'il venait de lire : « L'esprit du » Seigneur est sur moi, c'est pourquoi il m'a rempli » de son onction, et m'a envoyé prêcher l'Évan» gile aux pauvres. » Il est vrai que tous ceux de la synagogue le chassèrent hors de leur ville, et le conduisirent jusqu'à la pointe de la montagne sur laquelle elle était bâtie, pour le précipiter [d], et ses proches vinrent pour se saisir de lui : car ils disaient et on leur disait qu'il avait perdu l'esprit. Or, il n'est pas moins certain que Jésus déclara constamment [e] qu'il n'était pas venu détruire la loi ou les prophètes, mais les accomplir.

Cependant, comme il ne laissa rien par écrit [f], ses premiers disciples furent partagés sur la fameuse question s'il fallait circoncire les gentils, et leur ordonner de garder la loi mosaïque [g]. Les apôtres et les prêtres s'assemblèrent donc à Jérusalem pour examiner cette affaire; et après en avoir beaucoup conféré, ils écrivirent aux frères d'entre les gentils qui étaient à Antioche, en Syrie et en Cilicie, une lettre dont voici le précis : « Il a » semblé bon au Saint-Esprit et à nous de ne vous » point imposer d'autre charge que celles-ci qui » sont nécessaires : savoir, de vous abstenir des » viandes immolées aux idoles, et du sang, et » de la chair étouffée, et de la fornication. »

La décision de ce concile n'empêcha pas que [a], Pierre étant à Antioche ne discontinua de manger avec les gentils que lorsque plusieurs circoncis qui venaient d'auprès de Jacques furent arrivés. Mais Paul voyant qu'il ne marchait pas droit selon la vérité de l'Évangile, lui résista en face, et lui dit devant tout le monde [b]; Si vous, qui êtes Juif, vivez comme les gentils, et non pas comme les Juifs, pourquoi contraignez-vous les gentils à judaïser? Pierre en effet vivait comme les gentils depuis que, dans un ravissement d'esprit [c], il avait vu le ciel ouvert, et comme une grande nappe qui descendait par les quatre coins du ciel en terre, dans laquelle il y avait de toutes sortes d'animaux terrestres à quatre pieds, de reptiles et d'oiseaux du ciel; et qu'il avait ouï une voix qui lui avait dit : Levez-vous, Pierre, tuez et mangez.

Paul, qui reprenait si hautement Pierre d'user de cette dissimulation pour faire croire qu'il observait encore la loi, se servit lui-même à Jérusalem d'une feinte semblable [d]. Se voyant accusé d'enseigner aux Juifs qui étaient parmi les gentils à renoncer à Moïse, il s'alla purifier dans le temple pendant sept jours, afin que tous sussent que ce qu'ils avaient ouï dire de lui était faux, mais qu'il continuait à garder la loi; et cela par le conseil de tous les prêtres assemblés chez Jacques, et ces prêtres étaient les mêmes qui avaient décidé avec le Saint-Esprit que ces observances légales n'étaient pas nécessaires.

On distingua depuis les conciles en particuliers et en généraux. Les particuliers sont de trois sortes : les nationaux convoqués par le prince, par le patriarche ou par le primat; les provinciaux assemblés par le métropolitain ou l'archevêque; et les diocésains ou synodes célébrés par chaque évêque. Le décret suivant est tiré d'un de ces conciles tenus à Mâcon. « Tout laïque qui rencon» trera en chemin un prêtre ou un diacre, lui » présentera le cou pour s'appuyer; si le laïque et » le prêtre sont tous deux à cheval, le laïque s'ar» rêtera et saluera révéremment le prêtre; enfin » si le prêtre est à pied, et le laïque à cheval, le » laïque descendra et ne remontera que lorsque » l'ecclésiastique sera à une certaine distance. Le » tout sous peine d'être interdit pendant aussi » long-temps qu'il plaira au métropolitain. »

La liste des conciles tient plus de seize pages in-folio dans le *Dictionnaire de Moréri*; les auteurs ne convenant pas d'ailleurs du nombre des conciles généraux, bornons-nous ici au résultat

absolument le même, nous croyons devoir répéter ici que les différentes sections qui composent chaque article, tirées presque toujours d'ouvrages publiés séparément, doivent renfermer quelques répétitions; mais comme le ton de chaque article, les réflexions, ou la manière de les présenter, diffèrent presque toujours, nous avons conservé ces articles dans leur entier. K.

[a] Hyde, *Religion des Persans*, chap. XXI.

[b] Luc, chap. IV, v. 16. — [c] Isaïe, ch. LXI, v. 1; Luc, ch. IV, v. 18. — [d] Marc, ch. III, v. 21. — [e] Matthieu, ch. V, v. 17. — [f] Saint Jérôme, sur le chapitre XLIV, v. 29 d'Ézéchiel.

[g] *Actes*, ch. XV, v. 5.

[a] Galat., ch. II, v. 11-12.

[b] Galat., ch. II, v. 14.

[c] *Actes*, ch. X, v. 10-13.

[d] *Actes*, ch. XXI, v. 23.

des huit premiers qui furent assemblés par ordre des empereurs.

Deux prêtres d'Alexandrie ayant voulu savoir si Jésus était Dieu ou créature, ce ne fut pas seulement les évêques et les prêtres qui disputèrent, les peuples entiers furent divisés; le désordre vint à un tel point que les païens sur leurs théâtres tournaient en raillerie le christianisme. L'empereur Constantin commença par écrire en ces termes à l'évêque Alexander et au prêtre Arius, auteurs de la division : « Ces questions qui ne sont » point nécessaires, et qui ne viennent que d'une » oisiveté inutile, peuvent être faites pour exer- » cer l'esprit; mais elles ne doivent pas être por- » tées aux oreilles du peuple. Étant divisés pour » un si petit sujet, il n'est pas juste que vous gou- » verniez selon vos pensées une si grande multi- » tude du peuple de Dieu. Cette conduite est basse » et puérile, indigne de prêtres et d'hommes sen- » sés. Je ne le dis pas pour vous contraindre à » vous accorder entièrement sur cette question » frivole, quelle qu'elle soit. Vous pouvez conser- » ver l'unité avec un différend particulier, pourvu » que ces diverses opinions et ces subtilités de- » meurent secrètes dans le fond de la pensée. »

L'empereur ayant appris le peu d'effet de sa lettre, résolut, par le conseil des évêques, de convoquer un concile œcuménique, c'est-à-dire de toute la terre habitable, et choisit, pour le lieu de l'assemblée, la ville de Nicée en Bithynie. Il s'y trouva deux mille quarante-huit évêques, qui tous, au rapport d'Eutychius [a], furent de sentiments et d'avis différents [b]. Ce prince ayant eu la patience de les entendre disputer sur cette matière, fut très surpris de trouver parmi eux si peu d'unanimité ; et l'auteur de la préface arabe de ce concile dit que les actes de ces disputes formaient quarante volumes.

Ce nombre prodigieux d'évêques ne paraîtra pas incroyable, si l'on fait attention à ce que rapporte Usser, cité par Selden [c], que saint Patrice, qui vivait dans le cinquième siècle, fonda 365 églises, et ordonna un pareil nombre d'évêques, ce qui prouve qu'alors chaque église avait son évêque, c'est-à-dire son surveillant. Il est vrai que par le canon XIII du concile d'Ancyre, on voit que les évêques des villes firent leur possible pour ôter les ordinations aux évêques de village, et les réduire à la condition de simples prêtres.

On lut dans le concile de Nicée une lettre d'Eusèbe de Nicomédie, qui contenait l'hérésie manifestement, et découvrait la cabale du parti d'Arius. Il y disait, entre autres choses, que si l'on reconnaissait Jésus fils de Dieu incréé, il faudrait aussi le reconnaître consubstantiel au père. Voilà pourquoi Athanase, diacre d'Alexandrie, persuada aux Pères de s'arrêter au mot de consubstantiel, qui avait été rejeté comme impropre par le concile d'Antioche, tenu contre Paul de Samosate ; mais c'est qu'il le prenait d'une manière grossière, et marquant de la division, comme on dit que plusieurs pièces de monnaie sont d'un même métal ; au lieu que les orthodoxes expliquèrent si bien le terme de consubstantiel, que l'empereur lui-même comprit qu'il n'enfermait aucune idée corporelle, qu'il ne signifiait aucune division de la substance du père absolument immatérielle et spirituelle, et qu'il fallait l'entendre d'une manière divine et ineffable. Ils montrèrent encore l'injustice des ariens de rejeter ce mot, sous prétexte qu'il n'est pas dans l'Écriture, eux qui employaient tant de mots qui n'y sont point, en disant que le fils de Dieu était tiré du néant, et n'avait pas toujours été.

Alors Constantin écrivit en même temps deux lettres pour publier les ordonnances du concile, et les faire connaître à ceux qui n'y avaient pas assisté. La première, adressée aux Églises en général, dit en beaucoup de paroles que la question de la foi a été examinée, et si bien éclaircie qu'il n'y est resté aucune difficulté. Dans la seconde, il dit entre autres à l'Église d'Alexandrie en particulier : Ce que trois cents évêques ont ordonné n'est autre chose que la sentence du fils unique de Dieu; le Saint-Esprit a déclaré la volonté de Dieu par ces grands hommes qu'il inspirait : donc que personne ne doute, que personne ne diffère; mais revenez tous de bon cœur dans le chemin de la vérité.

Les écrivains ecclésiastiques ne sont pas d'accord sur le nombre des évêques qui souscrivirent à ce concile. Eusèbe n'en compte que deux cent cinquante [1]; Eustache d'Antioche, cité par Théodoret, deux cent soixante et dix ; saint Athanase, dans son Épître aux solitaires, trois cents, comme Constantin ; mais dans sa lettre aux Africains, il parle de trois cent dix-huit. Ces quatre auteurs sont cependant témoins oculaires et très dignes de foi.

Ce nombre de trois cent dix-huit, que le pape [a] saint Léon appelle mystérieux, a été adopté par la plupart des Pères de l'Église. Saint Ambroise assure [b] que le nombre de trois cent dix-huit évêques fut une preuve de la présence du Seigneur

[a] *Annales d'Alexandrie*, page 440. — [b] Selden, *des Origines d'Alexandrie*, page 76.

[1] Le reste des 2048 n'eut point apparemment le temps de rester jusqu'à la fin du concile, ou peut-être ce nombre se doit-il entendre de ceux qui furent convoqués, et non de ceux qui purent se rendre à Nicée. K.

[a] Lettre CXXXII. — [b] L. I, ch. IX, *de la Foi*.

Jésus dans son concile de Nicée, parce que la croix désigne trois cents, et le nom de Jésus dix-huit. Saint Hilaire, en défendant le mot de consubstantiel approuvé dans le concile de Nicée, quoique condamné cinquante-cinq ans auparavant dans le concile d'Antioche, raisonne ainsi [a] : Quatre-vingts évêques ont rejeté le mot de consubstantiel, mais trois cent dix-huit l'ont reçu. Or, ce dernier nombre est pour moi un nombre saint, parce que c'est celui des hommes qui accompagnèrent Abraham, lorsque victorieux des rois impies, il fut béni par celui qui est la figure du sacerdoce éternel. Enfin Selden [b] rapporte que Dorothée, métropolitain de Monembase, disait qu'il y avait eu précisément trois cent dix-huit Pères à ce concile, parce qu'il s'était écoulé trois cent dix-huit ans depuis l'incarnation. Tous les chronologistes placent ce concile à l'an 325 de l'ère vulgaire; mais Dorothée en retranche sept ans pour faire cadrer sa comparaison; ce n'est là qu'une bagatelle : d'ailleurs on ne commença à compter les années depuis l'incarnation de Jésus qu'au concile de Lestines, l'an 743. Denys-le-Petit avait imaginé cette époque dans son cycle solaire de l'an 526, et Bède l'avait employée dans son *Histoire ecclésiastique*.

Au reste on ne sera point étonné que Constantin ait adopté le sentiment de ces trois cents ou trois cent dix-huit évêques qui tenaient pour la divinité de Jésus, si l'on fait attention qu'Eusèbe de Nicomédie, un des principaux chefs du parti arien, avait été complice de la cruauté de Licinius, dans les massacres des évêques et dans la persécution des chrétiens. C'est l'empereur lui-même qui l'en accuse dans la lettre particulière qu'il écrivit à l'Église de Nicomédie. « Il a, dit-» il, envoyé contre moi des espions pendant les » troubles, et il ne lui manquait que de prendre » les armes pour le tyran. J'en ai des preuves par » les prêtres et les diacres de sa suite que j'ai » pris. Pendant le concile de Nicée, avec quel » empressement et quelle impudence a-t-il sou-» tenu, contre le témoignage de sa conscience, » l'erreur convaincue de tous côtés, tantôt en » implorant ma protection, de peur qu'étant con-» vaincu d'un si grand crime, il ne fût privé de » sa dignité! Il m'a circonvenu et surpris honteu-» sement, et a fait passer toutes choses comme il a » voulu. Encore depuis peu, voyez ce qu'il a fait » avec Théognis. »

Constantin veut parler de la fraude dont Eusèbe de Nicomédie et Théognis de Nicée usèrent en souscrivant. Dans le mot *omousios* ils insérèrent un *iota* qui fesait *omoiousios*, c'est-à-dire semblable en substance, au lieu que le premier signifie de même substance. On voit par là que ces évêques cédèrent à la crainte d'être déposés et bannis; car l'empereur avait menacé d'exil ceux qui ne voudraient pas souscrire. Aussi l'autre Eusèbe, évêque de Césarée, approuva le mot de consubstantiel, après l'avoir combattu le jour précédent.

Cependant Théonas de Marmarique, et Second de Ptolémaïque demeurèrent opiniâtrément attachés à Arius; et le concile les ayant condamnés avec lui, Constantin les exila, et déclara, par un édit, qu'on punirait de mort quiconque serait convaincu d'avoir caché quelque écrit d'Arius, au lieu de le brûler. Trois mois après, Eusèbe de Nicomédie et Théognis furent aussi envoyés en exil dans les Gaules. On dit qu'ayant gagné celui qui gardait les actes du concile par ordre de l'empereur, ils avaient effacé leurs souscriptions, et s'étaient mis à enseigner publiquement qu'il ne faut pas croire que le Fils soit consubstantiel au Père.

Heureusement, pour remplacer leurs signatures et conserver le nombre mystérieux de trois cent dix-huit, on imagina de mettre le livre où étaient ces actes divisés par sessions, sur le tombeau de Chrysante et de Misonius, qui étaient morts pendant la tenue du concile; on y passa la nuit en oraison, et le lendemain il se trouva que ces deux évêques avaient signé [a].

Ce fut par un expédient à peu près semblable que les Pères du même concile firent la distinction des livres authentiques de l'Écriture d'avec les apocryphes [b] : les ayant placés tous pêle-mêle sur l'autel, les apocryphes tombèrent d'eux-mêmes par terre.

Deux autres conciles assemblés l'an 359, par l'empereur Constance, l'un de plus de quatre cents évêques à Rimini, et l'autre de plus de cent cinquante à Séleucie, rejetèrent après de longs débats le mot *consubstantiel*, déjà condamné par un concile d'Antioche, comme nous l'avons dit; mais ces conciles ne sont reconnus que par les sociniens.

Les Pères de Nicée avaient été si occupés de la consubstantialité du Fils, que sans faire aucune mention de l'Église dans leur symbole, ils s'étaient contentés de dire : Nous croyons aussi au Saint-Esprit. Cet oubli fut réparé au second concile général convoqué à Constantinople, l'an 381, par Théodose. Le Saint-Esprit y fut déclaré Seigneur et vivifiant, qui procède du Père, qui est adoré et glorifié avec le Père et le Fils, qui a parlé par les prophètes. Dans la suite, l'Église la-

[a] Page 393 du *Synode*. — [b] Page 80.

[a] Nicéphore, liv. VIII chap. XXIII. *Baronius* et *Aurelius Peruginus* sur l'année 325.
[b] *Conciles de Labbe*, tome I, page 84.

tine voulut que le Saint-Esprit procédât encore du Fils, et le *filioque* fut ajouté au symbole, d'abord en Espagne, l'an 447; puis en France au concile de Lyon, l'an 1274; et enfin à Rome, malgré les plaintes des Grecs contre cette innovation.

La divinité de Jésus une fois établie, il était naturel de donner à sa mère le titre de mère de Dieu : cependant le patriarche de Constantinople Nestorius soutint, dans ses sermons, que ce serait justifier la folie des païens, qui donnaient des mères à leurs dieux. Théodose-le-Jeune, pour décider cette grande question, fit assembler le troisième concile général à Éphèse, l'an 431, où Marie fut reconnue mère de Dieu.

Une autre hérésie de Nestorius, également condamnée à Éphèse, était de reconnaître deux personnes en Jésus. Cela n'empêcha pas le patriarche Flavien de reconnaître dans la suite deux natures en Jésus. Un moine nommé Eutichès, qui avait déjà beaucoup crié contre Nestorius, assura, pour mieux les contredire l'un et l'autre, que Jésus n'avait aussi qu'une nature. Cette fois-ci le moine se trompa. Quoique son sentiment eût été soutenu l'an 449, à coups de bâton, dans un nombreux concile à Éphèse, Eutichès n'en fut pas moins anathématisé deux ans après par le quatrième concile général que l'empereur Marcien fit tenir à Chalcédoine, où deux natures furent assignées à Jésus.

Restait à savoir combien, avec une personne et deux natures, Jésus devait avoir de volontés. Le cinquième concile général, qui, l'an 553, assoupit, par ordre de Justinien, les contestations touchant la doctrine de trois évêques, n'eut pas le loisir d'entamer cet important objet. Ce ne fut que l'an 680 que le sixième concile général, convoqué aussi à Constantinople par Constantin Pogonat, nous apprit que Jésus a précisément deux volontés; et ce concile, en condamnant les monothélites qui n'en admettaient qu'une, n'excepta pas de l'anathème le pape Honorius Ier qui, dans une lettre rapportée par Baronius [a], avait dit au patriarche de Constantinople : « Nous confessons » une seule volonté dans Jésus-Christ. Nous ne » voyons point que les conciles ni l'Écriture nous » autorisent à penser autrement; mais de savoir » si, à cause des œuvres de divinité et d'humanité » qui sont en lui, on doit entendre une ou deux » opérations, c'est ce que je laisse aux grammai- » riens, et ce qui n'importe guère. » Ainsi Dieu permit que l'Église grecque et l'Église latine n'eussent rien à se reprocher à cet égard. Comme le patriarche Nestorius avait été condamné pour avoir reconnu deux personnes en Jésus, le pape Honorius le fut à son tour pour n'avoir confessé qu'une volonté dans Jésus.

Le septième concile général, ou second de Nicée, fut assemblé, l'an 787, par Constantin, fils de Léon et d'Irène, pour rétablir l'adoration des images. Il faut savoir que deux conciles de Constantinople, le premier l'an 730, sous l'empereur Léon, et l'autre vingt-quatre ans après, sous Constantin Copronyme, s'étaient avisés de proscrire les images, conformément à la loi mosaïque et à l'usage des premiers siècles du christianisme. Aussi le décret de Nicée, où il est dit que quiconque ne rendra pas aux images des saints le service, l'adoration, comme à la Trinité, sera jugé anathème, éprouva d'abord des contradictions; les évêques qui voulurent le faire recevoir l'an 789, dans un concile de Constantinople, en furent chassés par des soldats. Le même décret fut encore rejeté avec mépris, l'an 794, par le concile de Francfort et par les livres carolins que Charlemagne fit publier. Mais enfin le second concile de Nicée fut confirmé à Constantinople sous l'empereur Michel et Théodora sa mère, l'an 842, par un nombreux concile qui anathématisa les ennemis des saintes images. Il est remarquable que ce furent deux femmes, les impératrices Irène et Théodora, qui protégèrent les images.

Passons au huitième concile général. Sous l'empereur Basile, Photius, ordonné à la place d'Ignace, patriarche de Constantinople, fit condamner l'Église latine sur le *filioque*, et autres pratiques, par un concile de l'an 866; mais Ignace, ayant été rappelé l'année suivante (le 23 novembre), un autre concile déposa Photius; et l'an 869 les Latins à leur tour condamnèrent l'Église grecque dans un concile appelé par eux huitième général, tandis que les Orientaux donnent ce nom à un autre concile, qui dix ans après annula ce qu'avait fait le précédent, et rétablit Photius.

Ces quatre conciles se tinrent à Constantinople; les autres, appelés généraux par les Latins, n'ayant été composés que des seuls évêques d'Occident, les papes, à la faveur des fausses décrétales, s'arrogèrent insensiblement le droit de les convoquer. Le dernier, assemblé à Trente depuis l'an 1545 jusqu'en 1563, n'a servi ni à ramener les ennemis de la papauté, ni à les subjuguer. Ses décrets sur la discipline n'ont été admis chez presque aucune nation catholique, et il n'a produit d'autre effet que de vérifier ces paroles de saint Grégoire de Nazianze [a] : « Je n'ai jamais vu de » concile qui ait eu une bonne fin et qui n'ait augmenté les maux plutôt que de les guérir. L'a- » mour de la dispute et l'ambition règnent au-

[a] Sur l'année 636.

[a] Lettre LV.

» delà de ce qu'on peut dire dans toute assemblée » d'évêques. »

Cependant le concile de Constance, l'an 1415, ayant décidé qu'un concile général reçoit immédiatement de Jésus-Christ son autorité, à laquelle toute personne, de quelque état et dignité qu'elle soit, est obligée d'obéir dans ce qui concerne la foi; le concile de Basle ayant ensuite confirmé ce décret qu'il tient pour article de foi, et qu'on ne peut négliger sans renoncer au salut, on sent combien chacun est intéressé à se soumettre aux conciles.

SECTION II.

Notice des conciles généraux.

Assemblée, conseil d'état, parlement, états-généraux, c'était autrefois la même chose parmi nous. On n'écrivait ni en celte, ni en germain, ni en espagnol, dans nos premiers siècles. Le peu qu'on écrivait était conçu en langue latine par quelques clercs; ils exprimaient toute assemblée de leudes, de herren, ou de ricos-hombres, ou de quelques prélats, par le mot de *concilium*. De là vient qu'on trouve, dans les sixième, septième et huitième siècles, tant de conciles qui n'étaient précisément que des conseils d'état.

Nous ne parlerons ici que des grands conciles appelés *généraux* soit par l'Église grecque, soit par l'Église latine; on les nomma *synodes* à Rome comme en Orient dans les premiers siècles; car les Latins empruntèrent des Grecs les noms et les choses.

En 325, grand concile dans la ville de Nicée, convoqué par Constantin. La formule de la décision est : « Nous croyons Jésus consubstantiel au » Père, Dieu de Dieu, lumière de lumière, en» gendré et non fait. Nous croyons aussi au Saint» Esprit[a]. »

Il est dit dans le supplément appelé *appendix*, que les Pères du concile, voulant distinguer les livres canoniques des apocryphes, les mirent tous sur l'autel, et que les apocryphes tombèrent par terre d'eux-mêmes.

Nicéphore assure[b] que deux évêques, Chrysante et Misonius, morts pendant les premières sessions, ressuscitèrent pour signer la condamnation d'Arius, et remoururent incontinent après.

Baronius soutient le fait[c]; mais Fleury n'en parle pas.

En 359, l'empereur Constance assemble le grand concile de Rimini et de Séleucie, au nombre de six cents évêques, et d'un nombre prodigieux de prêtres. Ces deux conciles, correspondant ensemble, défont tout ce que le concile de Nicée a fait, et proscrivent la consubstantialité. Aussi fut-il regardé depuis comme faux concile.

En 381, par les ordres de l'empereur Théodose, grand concile à Constantinople, de cent cinquante évêques, qui anathématisent le concile de Rimini. Saint Grégoire de Nazianze[a] y préside; l'évêque de Rome y envoie des députés. On ajoute au symbole de Nicée : Jésus-Christ s'est incarné » par le Saint-Esprit et de la Vierge Marie. — Il » a été crucifié pour nous sous Ponce Pilate. — Il » a été enseveli, et il est ressuscité le troisième » jour, suivant les Écritures. — Il est assis à la » droite du Père. — Nous croyons aussi au Saint-» Esprit, seigneur vivifiant qui procède du Père. »

En 431, grand concile d'Éphèse, convoqué par l'empereur Théodose II. Nestorius, évêque de Constantinople, ayant persécuté violemment tous ceux qui n'étaient pas de son opinion sur des points de théologie, essuya des persécutions à son tour, pour avoir soutenu que la sainte Vierge Marie, mère de Jésus-Christ, n'était point mère de Dieu, parce que, disait-il, Jésus-Christ étant le verbe fils de Dieu consubstantiel à son père, Marie ne pouvait pas être à la fois la mère de Dieu le père et de Dieu le fils. Saint Cyrille s'éleva hautement contre lui. Nestorius demanda un concile œcuménique; il l'obtint. Nestorius fut condamné; mais Cyrille fut déposé par un comité du concile. L'empereur cassa tout ce qui s'était fait dans ce concile, ensuite permit qu'on se rassemblât. Les députés de Rome arrivèrent fort tard. Les troubles augmentant, l'empereur fit arrêter Nestorius et Cyrille. Enfin, il ordonna à tous les évêques de s'en retourner chacun dans son église, et il n'y eut point de conclusion. Tel fut le fameux concile d'Éphèse.

En 449, grand concile encore à Éphèse, surnommé depuis *le brigandage* Les évêques furent au nombre de cent trente. Dioscore, évêque d'Alexandrie, y présida. Il y eut deux députés de l'Église de Rome, et plusieurs abbés de moines. Il s'agissait de savoir si Jésus-Christ avait deux natures. Les évêques et tous les moines d'Égypte s'écrièrent qu'*il fallait déchirer en deux tous ceux qui diviseraient en deux Jésus-Christ*. Les deux natures furent anathématisées. On se battit en plein concile, ainsi qu'on s'était battu au petit concile de Cirthe, en 355, et au petit concile de Carthage.

En 451, grand concile de Chalcédoine convo-

[a] Voyez l'article ARIANISME.

[b] L. VIII, ch. XXIII. — [c] Tome IV, p. 82.

[a] Voyez la lettre de saint Grégoire de Nazianze à Procope. Il dit : « Je crains les conciles, je n'en ai jamais vu qui n'aient » fait plus de mal que de bien, et qui aient eu une bonne fin; » l'esprit de dispute, la vanité, l'ambition, y dominent; celui » qui veut y réformer les méchants s'expose à être accusé sans » les corriger. »

Ce saint savait que les Pères des conciles sont hommes.

qué par Pulchérie, qui épousa Marcien, à condition qu'il ne serait que son premier sujet. Saint Léon, évêque de Rome, qui avait un très grand crédit, profitant des troubles que la querelle des deux natures excitait dans l'empire, présida au concile par ses légats; c'est le premier exemple que nous en ayons. Mais les Pères du concile craignant que l'Église d'Occident ne prétendît par cet exemple la supériorité sur celle d'Orient, décidèrent par le vingt-huitième canon que le siége de Constantinople et celui de Rome auraient également les mêmes avantages et les mêmes priviléges. Ce fut l'origine de la longue inimitié qui régna et qui règne encore entre les deux Églises.

Ce concile de Chalcédoine établit les deux natures et une seule personne.

Nicéphore rapporte[1] qu'à ce même concile, les évêques, après une longue dispute au sujet des images, mirent chacun leur opinion par écrit dans le tombeau de sainte Euphémie, et passèrent la nuit en prières. Le lendemain les billets orthodoxes furent trouvés en la main de la sainte, et les autres à ses pieds.

En 553, grand concile à Constantinople, convoqué par Justinien, qui se mêlait de théologie. Il s'agissait de trois petits écrits différents qu'on ne connaît plus aujourd'hui. On les appela *les trois chapitres*. On disputait aussi sur quelques passages d'Origène.

L'évêque de Rome Vigile voulut y aller en personne; mais Justinien le fit mettre en prison. Le patriarche de Constantinople présida. Il n'y eut personne de l'Église latine, parce qu'alors le grec n'était plus entendu dans l'Occident, devenu tout à fait barbare.

En 680, encore un concile général à Constantinople, convoqué par l'empereur Constantin-le-Barbu. C'est le premier concile appelé par les Latins *in trullo*, parce qu'il fut tenu dans un salon du palais impérial. L'empereur y présida lui-même. A sa droite étaient les patriarches de Constantinople et d'Antioche; à sa gauche les députés de Rome et de Jérusalem. On y décida que Jésus-Christ avait deux volontés. On y condamna le pape Honorius Ier comme monothélite, c'est-à-dire qui voulait que Jésus-Christ n'eût eu qu'une volonté.

En 787, second concile de Nicée, convoqué par Irène, sous le nom de l'empereur Constantin son fils, auquel elle fit crever les yeux. Son mari Léon avait aboli le culte des images, comme contraire à la simplicité des premiers siècles, et favorisant l'idolâtrie : Irène le rétablit; elle parla elle-même dans le concile. C'est le seul qui ait été tenu par une femme. Deux légats du pape Adrien IV y assistèrent et ne parlèrent point, parce qu'ils n'entendaient point le grec; ce fut le patriarche Tarèse qui fit tout.

Sept ans après, les Francs ayant entendu dire qu'un concile à Constantinople avait ordonné l'adoration des images, assemblèrent par l'ordre de Charles, fils de Pépin, nommé depuis *Charlemagne*, un concile assez nombreux à Francfort. On y traita le second concile de Nicée de « synode » impertinent et arrogant, tenu en Grèce pour » adorer des peintures. »

En 842, grand concile à Constantinople, convoqué par l'impératrice Théodora. Culte des images solennellement établi. Les Grecs ont encore une fête en l'honneur de ce grand concile, qu'on appelle l'orthodoxie. Théodora n'y présida pas.

En 861, grand concile à Constantinople, composé de trois cent dix-huit évêques, convoqué par l'empereur Michel. On y déposa saint Ignace, patriarche de Constantinople, et on élut Photius.

En 866, autre grand concile à Constantinople, où le pape Nicolas Ier est déposé par contumace et excommunié.

En 869, autre grand concile à Constantinople, où Photius est excommunié et déposé à son tour, et saint Ignace rétabli.

En 879, autre grand concile à Constantinople, où Photius, déjà rétabli, est reconnu pour vrai patriarche par les légats du pape Jean VIII. On y traite de conciliabule le grand concile œcuménique où Photius avait été déposé.

Le pape Jean VIII déclare Judas tous ceux qui disent que le Saint-Esprit procède du Père et du Fils.

En 1122 et 23, grand concile à Rome, tenu dans l'église de Saint-Jean de Latran, par le pape Calixte II. C'est le premier concile général que les papes convoquèrent. Les empereurs d'Occident n'avaient presque plus d'autorité; et les empereurs d'Orient, pressés par les mahométans et par les croisés, ne tenaient plus que de chétifs petits conciles.

Au reste, on ne sait pas trop ce que c'est que Latran. Quelques petits conciles avaient été déjà convoqués dans Latran. Les uns disent que c'était une maison bâtie par un nommé Latranus, du temps de Néron; les autres, que c'est l'église de Saint-Jean même bâtie par l'évêque Sylvestre.

Les évêques, dans ce concile, se plaignirent fortement des moines : « Ils possèdent, disent-ils, » les églises, les terres, les châteaux, les dîmes, » les offrandes des vivants et des morts; il ne leur » reste plus qu'à nous ôter la crosse et l'anneau. » Les moines restèrent en possession.

En 1139, autre grand concile de Latran, par

[1] Liv. XV, ch. V.

le pape Innocent II; il y avait, dit-on, mille évêques. C'est beaucoup. On y déclara les dîmes ecclésiastiques de *droit divin*, et on excommunia les laïques qui en possédaient.

En 1179, autre grand concile de Latran, par le pape Alexandre III; il y eut trois cent deux évêques latins et un abbé grec. Les décrets furent tous de discipline. La pluralité des bénéfices y fut défendue.

En 1215, dernier concile général de Latran, par Innocent III; quatre cent douze évêques, huit cents abbés. Dès ce temps, qui était celui des croisades, les papes avaient établi un patriarche latin à Jérusalem et un à Constantinople. Ces patriarches vinrent au concile. Ce grand concile dit que « Dieu ayant donné aux hommes la doctrine salutaire par Moïse, fit naître enfin son fils d'une vierge pour montrer le chemin plus clairement; que personne ne peut être sauvé hors de l'Église catholique. »

Le mot de *transsubstantiation* ne fut connu qu'après ce concile. Il y fut défendu d'établir de nouveaux ordres religieux : mais depuis ce temps on en a formé quatre-vingts.

Ce fut dans ce concile qu'on dépouilla Raimond, comte de Toulouse, de toutes ses terres.

En 1245, grand concile à Lyon, ville impériale. Innocent IV y mène l'empereur de Constantinople, Jean Paléologue, qu'il fait asseoir à côté de lui. Il y dépose l'empereur Frédéric II, comme *félon;* il donne un chapeau rouge aux cardinaux, signe de guerre contre Frédéric. Ce fut la source de trente ans de guerres civiles.

En 1274, autre concile général à Lyon. Cinq cents évêques, soixante et dix gros abbés, et mille petits. L'empereur grec Michel Paléologue, pour avoir la protection du pape, envoie son patriarche grec Théophane et un évêque de Nicée pour se réunir en son nom à l'Église latine. Mais ces évêques sont désavoués par l'Église grecque.

En 1311, le pape Clément V indique un concile général dans la petite ville de Vienne en Dauphiné. Il y abolit l'ordre des Templiers. On ordonne de brûler les bégares, béguins et béguines, espèce d'hérétiques auxquels on imputait tout ce qu'on avait imputé autrefois aux premiers chrétiens.

En 1414, grand concile de Constance, convoqué enfin par un empereur qui rentre dans ses droits. C'est Sigismond. On y dépose le pape Jean XXIII, convaincu de plusieurs crimes. On y brûle Jean Hus et Jérôme de Prague, convaincus d'opiniâtreté.

En 1431, grand concile de Basle, où l'on dépose en vain le pape Eugène IV, qui fut plus habile que le concile.

En 1438, grand concile à Ferrare, transféré à Florence, où le pape excommunié excommunie le concile, et le déclare criminel de lèse-majesté. On y fit une réunion feinte avec l'Église grecque, écrasée par les synodes turcs qui se tenaient le sabre à la main.

Il ne tint pas au pape Jules II que son concile de Latran, en 1512, ne passât pour un concile œcuménique. Ce pape y excommunia solennellement le roi de France Louis XII, mit la France en interdit, cita tout le parlement de Provence à comparaître devant lui; il excommunia tous les philosophes, parce que la plupart avaient pris le parti de Louis XII. Cependant, ce concile n'a point le titre de *brigandage* comme celui d'Éphèse.

En 1537, concile de Trente, convoqué d'abord par le pape Paul III, à Mantoue, et ensuite à Trente, en 1545, terminé en décembre 1563, sous Pie IV. Les princes catholiques le reçurent quant au dogme, et deux ou trois quant à la discipline.

On croit qu'il n'y aura désormais pas plus de conciles généraux qu'il n'y aura d'états généraux en France et en Espagne.

Il y a dans le Vatican un beau tableau qui contient la liste des conciles généraux. On n'y a inscrit que ceux qui sont approuvés par la cour de Rome : chacun met ce qu'il veut dans ses archives.

SECTION III.

Tous les conciles sont infaillibles, sans doute; car ils sont composés d'hommes.

Il est impossible que jamais les passions, les intrigues, l'esprit de dispute, la haine, la jalousie, le préjugé, l'ignorance, règnent dans ces assemblées.

Mais pourquoi, dira-t-on, tant de conciles ont-ils été opposés les uns aux autres? C'est pour exercer notre foi; ils ont tous eu raison chacun dans leur temps.

On ne croit aujourd'hui, chez les catholiques romains, qu'aux conciles approuvés dans le Vatican; et on ne croit, chez les catholiques grecs, qu'à ceux approuvés dans Constantinople. Les protestants se moquent des uns et des autres; ainsi tout le monde doit être content.

Nous ne parlerons ici que des grands conciles; les petits n'en valent pas la peine.

Le premier est celui de Nicée. Il fut assemblé en 325 de l'ère vulgaire, après que Constantin eut écrit et envoyé par Ozius cette belle lettre au clergé un peu brouillon d'Alexandrie : « Vous vous querellez pour un sujet bien mince. Ces subtilités sont indignes de gens raisonnables. » Il s'agissait de savoir si Jésus était créé, ou incréé. Cela ne touchait en rien la morale, qui est l'essentiel. Que Jésus ait été dans le temps, ou avant le temps, il n'en faut pas moins être homme de bien. Après beaucoup d'altercations, il fut enfin décidé que le Fils était aussi ancien que le Père, et *consubstantiel* au Père. Cette décision ne s'entend guère; mais elle n'en est que plus sublime. Dix-sept évêques protestent contre l'arrêt, et une ancienne chronique d'Alexandrie, conservée à Oxford, dit que deux mille prêtres protestèrent aussi; mais les prélats ne font pas grand cas des simples prêtres, qui sont d'ordinaire pauvres. Quoi qu'il en soit, il ne fut point du tout question de la Trinité dans ce premier concile. La formule porte : « Nous croyons Jésus consubstantiel au » Père, Dieu de Dieu, lumière de lumière, en» gendré et non fait; nous croyons aussi au Saint» Esprit. » Le Saint-Esprit, il faut l'avouer, fut traité bien cavalièrement.

Il est rapporté dans le supplément du concile de Nicée, que les Pères étant fort embarrassés pour savoir quels étaient les livres cryphes ou apocryphes de l'ancien et du nouveau *Testament*, les mirent tous pêle-mêle sur un autel; et les livres à rejeter tombèrent par terre. C'est dommage que cette belle recette soit perdue de nos jours.

Après le premier concile de Nicée, composé de trois cent dix-sept évêques infaillibles, il s'en tint un autre à Rimini; et le nombre des infaillibles fut cette fois de quatre cents, sans compter un gros détachement à Séleucie d'environ deux cents. Ces six cents évêques, après quatre mois de querelles, ôtèrent unanimement à Jésus sa *consubstantialité*. Elle lui a été rendue depuis, excepté chez les sociniens : ainsi tout va bien.

Un des grands conciles est celui d'Éphèse, en 431; l'évêque de Constantinople Nestorius, grand persécuteur d'hérétiques, fut condamné lui-même comme hérétique, pour avoir soutenu qu'à la vérité Jésus était bien Dieu, mais que sa mère n'était pas absolument mère de Dieu, mais mère de Jésus. Ce fut saint Cyrille qui fit condamner Nestorius; mais aussi les partisans de Nestorius firent déposer saint Cyrille dans le même concile; ce qui embarrassa fort le Saint-Esprit.

Remarquez ici, lecteur, bien soigneusement, que l'Évangile n'a jamais dit un mot, ni de la consubstantialité du Verbe, ni de l'honneur qu'avait eu Marie d'être mère de Dieu, non plus que des autres disputes qui ont fait assembler des conciles infaillibles.

Eutichès était un moine qui avait beaucoup crié contre Nestorius, dont l'hérésie n'allait pas moins qu'à supposer deux personnes en Jésus; ce qui est épouvantable. Le moine, pour mieux contredire son adversaire, assure que Jésus n'avait qu'une nature. Un Flavien, évêque de Constantinople, lui soutint qu'il fallait absolument qu'il y eût deux natures en Jésus. On assemble un concile nombreux à Éphèse, en 449; celui-là se tint à coups de bâton, comme le petit concile de Cirthe, en 355, et certaine conférence à Carthage. La nature de Flavien fut moulue de coups, et deux natures furent assignées à Jésus. Au concile de Chalcédoine, en 451, Jésus fut réduit à une nature.

Je passe des conciles tenus pour des minuties, et je viens au sixième concile général de Constantinople, assemblé pour savoir au juste si Jésus, qui, après n'avoir eu qu'une nature pendant quelque temps, en avait deux alors, avait aussi deux volontés. On sent combien cela est important pour plaire à Dieu.

Ce concile fut convoqué par Constantin-le-Barbu, comme tous les autres l'avaient été par les empereurs précédents : les légats de l'évêque de Rome eurent la gauche; les patriarches de Constantinople et d'Antioche eurent la droite. Je ne sais si les caudataires à Rome prétendent que la gauche est la place d'honneur. Quoi qu'il en soit, Jésus, de cette affaire-là, obtint deux volontés.

La loi mosaïque avait défendu les images. Les peintres et les sculpteurs n'avaient pas fait fortune chez les Juifs. On ne voit pas que Jésus ait jamais eu de tableaux, excepté peut-être celui de Marie, peinte par Luc. Mais enfin Jésus-Christ ne recommande nulle part qu'on adore les images. Les chrétiens les adorèrent pourtant vers la fin du quatrième siècle, quand ils se furent familiarisés avec les beaux-arts. L'abus fut porté si loin au huitième siècle, que Constantin Copronyme assembla à Constantinople un concile de trois cent vingt évêques, qui anathématisa le culte des images, et qui le traita d'idolâtrie.

L'impératrice Irène, la même qui depuis fit arracher les yeux à son fils, convoqua le second concile de Nicée en 787 : l'adoration des images y fut rétablie. On veut aujourd'hui justifier ce concile, en disant que cette adoration était un culte de *dulie*, et non de *latrie*.

Mais, soit de latrie, soit de dulie, Charlemagne, en 794, fit tenir à Francfort un autre concile qui traita le second de Nicée d'idolâtrie. Le pape Adrien IV y envoya deux légats, et ne le convoqua pas.

Le premier grand concile convoqué par un pape fut le premier de Latran, en 1139; il y eut environ mille évêques; mais on n'y fit presque rien, sinon qu'on anathématisa ceux qui disaient que l'Église était trop riche.

Autre concile de Latran, en 1179, tenu par le pape Alexandre III, où les cardinaux, pour la première fois, prirent le pas sur les évêques : il ne fut question que de discipline.

Autre grand concile de Latran, en 1215. Le pape Innocent III y dépouilla le comte de Toulouse de tous ses biens, en vertu de l'excommunication. C'est le premier concile qui ait parlé de *transsubstantiation*.

En 1245, concile général de Lyon, ville alors impériale, dans laquelle le pape Innocent IV excommunia l'empereur Frédéric II, et par conséquent le déposa, et lui interdit le feu et l'eau : c'est dans ce concile qu'on donna aux cardinaux un chapeau rouge, pour les faire souvenir qu'il faut se baigner dans le sang des partisans de l'empereur. Ce concile fut la cause de la destruction de la maison de Souabe, et de trente ans d'anarchie dans l'Italie et dans l'Allemagne.

Concile général à Vienne en Dauphiné, en 1311, où l'on abolit l'ordre des Templiers, dont les principaux membres avaient été condamnés aux plus horribles supplices, sur les accusations les moins prouvées.

En 1414, le grand concile de Constance, où l'on se contenta de démettre le pape Jean XXIII, convaincu de mille crimes, et où l'on brûla Jean Hus et Jérôme de Prague, pour avoir été opiniâtres, attendu que l'opiniâtreté est un bien plus grand crime que le meurtre, le rapt, la simonie, et la sodomie.

En 1431, le grand concile de Basle, non reconnu à Rome, parce qu'on y déposa le pape Eugène IV, qui ne se laissa point déposer.

Les Romains comptent pour concile général le cinquième concile de Latran, en 1512, convoqué contre Louis XII, roi de France, par le pape Jules II; mais ce pape guerrier étant mort, ce concile s'en alla en fumée.

Enfin, nous avons le grand concile de Trente, qui n'est pas reçu en France pour la discipline; mais le dogme en est incontestable, puisque le Saint-Esprit arrivait de Rome à Trente, toutes les semaines, dans la malle du courrier, à ce que dit Fra-Paolo Sarpi; mais Fra-Paolo Sarpi sentait un peu l'hérésie.

CONFESSION [1].

Le repentir de ses fautes peut seul tenir lieu d'innocence. Pour paraître s'en repentir, il faut commencer par les avouer. La confession est donc presque aussi ancienne que la société civile.

On se confessait dans tous les mystères d'Égypte, de Grèce, de Samothrace. Il est dit dans la Vie de Marc-Aurèle, que lorsqu'il daigna s'associer aux mystères d'Éleusine, il se confessa à l'hiérophante, quoiqu'il fût l'homme du monde qui eût le moins besoin de confession.

Cette cérémonie pouvait être très salutaire; elle pouvait aussi être très dangereuse : c'est le sort de toutes les institutions humaines. On sait la réponse de ce Spartiate à qui un hiérophante voulait persuader de se confesser : A qui dois-je avouer mes fautes? est-ce à Dieu ou à toi? — C'est à Dieu, dit le prêtre. — Retire-toi donc, homme. (Plutarque, *Dits notables des Lacédémoniens*.)

Il est difficile de dire en quel temps cette pratique s'établit chez les Juifs, qui prirent beaucoup de rites de leurs voisins. La *Mishna*, qui est le recueil des lois juives [a], dit que souvent on se confessait en mettant la main sur un veau appartenant au prêtre, ce qui s'appelait *la confession des veaux*.

Il est dit dans la même *Mishna* [b], que tout accusé qui avait été condamné à la mort, s'allait confesser devant témoins dans un lieu écarté, quelques moments avant son supplice. S'il se sentait coupable, il devait dire : « Que ma mort expie tous mes péchés; » s'il se sentait innocent, il prononçait : « Que ma mort expie mes péchés, » hors celui dont on m'accuse. »

Le jour de la fête que l'on appelait chez les Juifs l'*expiation solennelle* [c], les Juifs dévots se confessaient les uns les autres, en spécifiant leurs péchés. Le confesseur récitait trois fois treize mots du psaume LXXVII, ce qui fait trente-neuf; et pendant ce temps il donnait trente-neuf coups de fouet au confessé, lequel les lui rendait à son tour; après quoi ils s'en retournaient quitte à quitte. On dit que cette cérémonie subsiste encore.

On venait en foule se confesser à saint Jean pour la réputation de sa sainteté, comme on venait se faire baptiser par lui du baptême de justice, selon l'ancien usage; mais il n'est point dit

[1] Cet article parut pour la première fois dans une édition de 1765 du *Dictionnaire philosophique*. Il commençait alors ainsi :

« C'est encore un problème si la confession, à ne la considé» rer qu'en politique, a fait plus de bien que de mal.

» On se confessait dans les mystères d'Isis, d'Orphée et de » Cérès, devant l'hiérophante et les initiés; car, puisque ces » mystères étaient des expiations, il fallait bien avouer qu'on » avait des crimes à expier.

» Les chrétiens adoptèrent la confession dans les premiers » siècles de l'Église, ainsi qu'ils prirent peu à peu les rites de l'an» tiquité, comme les temples, les autels, l'encens, les cierges, les » processions, l'eau lustrale, les habits sacerdotaux, et plu» sieurs formules de mystères; le *Sursum corda*, l'*Ite missa* » *est*, et tant d'autres. Le scandale de la confession publique » d'une femme, arrivé à Constantinople au quatrième siècle, » fit abolir la confession.

« La confession sécrète qu'un homme fait à un autre homme » ne fut admise dans notre Occident que vers le septième » siècle. Les abbés commencèrent par exiger que leurs moi» nes, etc. »

[a] *Mishna*, tome II, page 394. — [b] Tome IV, page 134. — [c] *Synagogue judaïque*, ch. XXXV.

que saint Jean donnât trente-neuf coups de fouet à ses pénitents.

La confession alors n'était point un sacrement; il y en a plusieurs raisons. La première est que le mot de *sacrement* était alors inconnu; cette raison dispense de déduire les autres. Les chrétiens prirent la confession dans les rites juifs, et non pas dans les mystères d'Isis et de Cérès. Les Juifs se confessaient à leurs camarades, et les chrétiens aussi. Il parut dans la suite plus convenable que ce droit appartînt aux prêtres. Nul rite, nulle cérémonie ne s'établit qu'avec le temps. Il n'était guère possible qu'il ne restât quelque trace de l'ancien usage des laïques de se confesser les uns aux autres :

Voyez le paragraphe ci-dessous, *Si les laïques*, etc., page 565.

Du temps de Constantin, on confessa d'abord publiquement ses fautes publiques.

Au cinquième siècle, après le schisme de Novatus et de Novatien, on établit les pénitenciers pour absoudre ceux qui étaient tombés dans l'idolâtrie. Cette confession aux prêtres pénitenciers fut abolie sous l'empereur Théodose [a]. Une femme s'étant accusée tout haut au pénitencier de Constantinople d'avoir couché avec le diacre, cette indiscrétion causa tant de scandale et de trouble dans toute la ville [b], que Nectarius permit à tous les fidèles de s'approcher de la sainte table sans confession, et de n'écouter que leur conscience pour communier. C'est pourquoi saint Jean Chrysostôme, qui succéda à Nectarius, dit au peuple dans sa cinquième *Homélie* : « Confessez-vous » continuellement à Dieu; je ne vous produis pas » sur un théâtre avec vos compagnons de service » pour leur découvrir vos fautes. Montrez à Dieu » vos blessures, et demandez-lui les remèdes; » avouez vos péchés à celui qui ne les reproche » point devant les hommes. Vous les céleriez en » vain à celui qui connaît toutes choses, etc. »

On prétend que la confession auriculaire ne commença en Occident que vers le septième siècle, et qu'elle fut instituée par les abbés, qui exigèrent que leurs moines vinssent deux fois par an leur avouer toutes leurs fautes. Ce furent ces abbés qui inventèrent cette formule : « Je t'absous » autant que je le peux et que tu en as besoin. » Il semble qu'il eût été plus respectueux pour l'Être suprême, et plus juste de dire : « Puisse-t-il » pardonner à tes fautes et aux miennes »

Le bien que la confession a fait est d'avoir obtenu quelquefois des restitutions de petits voleurs. Le mal est d'avoir quelquefois, dans les troubles des états, forcé les pénitents à être rebelles et sanguinaires en conscience. Les prêtres guelfes refusaient l'absolution aux gibelins, et les prêtres gibelins se gardaient bien d'absoudre les guelfes [1].

Le conseiller d'état Lénet rapporte, dans ses Mémoires, que tout ce qu'il put obtenir en Bourgogne pour faire soulever les peuples en faveur du prince de Condé, détenu à Vincennes par le Mazarin, « fut de lâcher des prêtres dans les con- » fessionnaux. » C'est en parler comme de chiens enragés qui pouvaient souffler la rage de la guerre civile dans le secret du confessionnal.

Au siége de Barcelonne, les moines refusèrent l'absolution à tous ceux qui restaient fidèles à Philippe v.

Dans la dernière révolution de Gênes, on avertissait toutes les consciences qu'il n'y avait point de salut pour quiconque ne prendrait pas les armes contre les Autrichiens.

Ce remède salutaire se tourna de tout temps en poison. Les assassins des Sforce, des Médicis, des princes d'Orange, des rois de France, se préparèrent aux parricides par le sacrement de la confession.

Louis xi, la Brinvilliers, se confessaient dès qu'ils avaient commis un grand crime, et se confessaient souvent, comme les gourmands prennent médecine, pour avoir plus d'appétit.

DE LA RÉVÉLATION DE LA CONFESSION.

La réponse du jésuite Coton à Henri iv durera plus que l'ordre des jésuites. Révéleriez-vous la confession d'un homme résolu de m'assassiner? « Non; mais je me mettrais entre vous et lui. »

On n'a pas toujours suivi la maxime du P. Coton. Il y a dans quelques pays des mystères d'état inconnus au public, dans lesquels les révélations des confessions entrent pour beaucoup. On sait, par le moyen des confesseurs attitrés, les secrets des prisonniers. Quelques confesseurs, pour accorder leur intérêt avec le sacrilége, usent d'un singulier artifice. Ils rendent compte, non pas précisément de ce que le prisonnier leur a dit,

[a] Socrate, liv. v, Sozomène, liv. vii.

[b] En effet, comment cette indiscrétion aurait-elle causé un scandale public, si elle avait été secrète?

[1] Dans l'édition de 1765 l'article se terminait ainsi :

« Les assassins des Sforce, des Médicis, des princes d'Orange, » des rois de France, se préparèrent aux parricides par le sa- » crement de la confession.

» Louis xi, La Brinvilliers, se confessaient dès qu'ils avaient » commis un grand crime, et se confessaient souvent, comme » les gourmands prennent médecine pour avoir plus d'ap- » pétit.

» Si on pouvait être étonné de quelque chose, on le serait » d'une bulle du pape Grégoire xv, émanée de sa sainteté » le 30 août 1622, par laquelle il ordonne de révéler les con- » fessions en certains cas.

» La réponse du jésuite Coton à Henri iv durera plus que » l'ordre des jésuites. Révéleriez-vous la confession d'un homme » résolu de m'assassiner? — Non; mais je me mettrais entre » vous et lui. »

mais de ce qu'il ne leur a pas dit. S'ils sont chargés, par exemple, de savoir si un accusé a pour complice un Français ou un Italien, ils disent à l'homme qui les emploie : Le prisonnier m'a juré qu'aucun Italien n'a été informé de ses desseins. De là on juge que c'est le Français soupçonné qui est coupable.

Bodin s'exprime ainsi dans son Livre de la république[a] : « Aussi ne faut-il pas dissimuler si le » coupable est découvert avoir conjuré contre la » vie du souverain, ou même l'avoir voulu. Comme » il advint à un gentilhomme de Normandie de » confesser à un religieux qu'il avait voulu tuer le » roi François Ier. Le religieux avertit le roi qui » envoya le gentilhomme à la cour du parlement, » où il fut condamné à mort, comme je l'ai ap» pris de M. Canaye, avocat en parlement. »

L'auteur de cet article a été presque témoin lui-même d'une révélation encore plus forte et plus singulière.

On connaît la trahison que fit Daubenton, jésuite, à Philippe V, roi d'Espagne, dont il était confesseur. Il crut, par une politique très mal entendue, devoir rendre compte des secrets de son pénitent au duc d'Orléans, régent du royaume, et eut l'imprudence de lui écrire ce qu'il n'aurait dû confier à personne de vive voix. Le duc d'Orléans envoya sa lettre au roi d'Espagne; le jésuite fut chassé, et mourut quelque temps après. C'est un fait avéré.

On ne laisse pas d'être fort en peine pour décider formellement dans quel cas il faut révéler la confession; car si on décide que c'est pour le crime de lèse-majesté humaine, il est aisé d'étendre bien loin ce crime de lèse-majesté, et de le porter jusqu'à la contrebande du sel et des mousselines, attendu que ce délit offense précisément les majestés. A plus forte raison faudra-t-il révéler les crimes de lèse-majesté divine; et cela peut aller jusqu'aux moindres fautes, comme d'avoir manqué vêpres et le salut.

Il serait donc très important de bien convenir des confessions qu'on doit révéler, et de celles qu'on doit taire; mais une telle décision serait encore très dangereuse. Que de choses il ne faut pas approfondir !

Pontas, qui décide en trois volumes in-folio de tous les cas possibles de la conscience des Français, et qui est ignoré dans le reste de la terre, dit qu'en aucune occasion on ne doit révéler la confession. Les parlements ont décidé le contraire. A qui croire de Pontas ou des gardiens des lois du royaume, qui veillent sur la vie des rois et sur le salut de l'état[b] ?

[a] Liv. IV, ch. VII.
[b] Voyez Pontas, à l'article CONFESSEUR.

SI LES LAÏQUES ET LES FEMMES ONT ÉTÉ CONFESSEURS ET CONFESSEUSES.

De même que dans l'ancienne loi les laïques se confessaient les uns aux autres, les laïques dans la nouvelle loi eurent long-temps ce droit par l'usage. Il suffit, pour le prouver, de citer le célèbre Joinville, qui dit expressément, « que le connétable de Chypre se confessa à lui, et qu'il lui » donna l'absolution suivant le droit qu'il en » avait. »

Saint Thomas s'exprime ainsi dans sa Somme[a] : « Confessio ex defectu sacerdotis laïco facta sacramentalis est quodam modo. » « La confession » faite à un laïque au défaut d'un prêtre est sacra» mentale en quelque façon. » On voit dans la Vie de saint Burgundofare[b], et dans la Règle d'un inconnu, que les religieuses se confessaient à leur abbesse des péchés les plus graves. La règle de saint Donat[c] ordonne que les religieuses découvriront trois fois chaque jour leurs fautes à la supérieure. Les Capitulaires de nos rois[d] disent qu'il faut interdire aux abbesses le droit qu'elles se sont arrogé, contre la coutume de la sainte Église, de donner des bénédictions et d'imposer les mains; ce qui paraît signifier donner l'absolution, et suppose la confession des péchés. Marc, patriarche d'Alexandrie, demande à Balzamon, célèbre canoniste grec de son temps, si on doit accorder aux abbesses la permission d'entendre les confessions; à quoi Balzamon répond négativement. Nous avons dans le droit canonique un décret du pape Innocent III qui enjoint aux évêques de Valence et de Burgos en Espagne d'empêcher certaines abbesses de bénir leurs religieuses, de les confesser, et de prêcher publiquement. « Quoique, dit-il[e], la » bienheureuse Vierge Marie ait été supérieure à » tous les apôtres en dignité et en mérite, ce n'est » pas néanmoins à elle, mais aux apôtres, que » le Seigneur a confié les clefs du royaume des » cieux. »

Ce droit était si ancien, qu'on le trouve établi dans les Règles de saint Basile[f]. Il permet aux abbesses de confesser leurs religieuses conjointement avec un prêtre.

Le P. Martène, dans ses *Rites de l'Église*[g], convient que les abbesses confessèrent long-temps leurs nonnes; mais il ajoute qu'elles étaient si curieuses, qu'on fut obligé de leur ôter ce droit.

L'ex-jésuite nommé Nonotte doit se confesser et faire pénitence, non pas d'avoir été un des plus grands ignorants qui aient jamais barbouillé du papier, car ce n'est pas un péché; non pas d'a-

[a] Troisième partie, page 255, édition de Lyon, 1758. — [b] Mabil., ch. VIII et XIII. — [c] Chap. XXIII. — [d] Liv. I, ch. LXXVI. — [e] *C, Nova X, Extra de pænit. et remiss.*
[f] Tome II page 453. — [g] Tome II, page 39.

voir appelé du nom d'*erreurs* des vérités qu'il ne connaissait pas; mais d'avoir calomnié avec la plus stupide insolence l'auteur de cet article, et d'avoir appelé son frère *raca*, en niant tous ces faits et beaucoup d'autres dont il ne savait pas un mot. Il s'est rendu coupable de la *géhenne du feu*; il faut espérer qu'il demandera pardon à Dieu de ses énormes sottises : nous ne demandons point la mort du pécheur, mais sa conversion.

On a long-temps agité pourquoi trois hommes assez fameux dans cette petite partie du monde où la confession est en usage, sont morts sans ce sacrement. Ce sont le pape Léon X, Pellisson, et le cardinal Dubois.

Ce cardinal se fit ouvrir le périnée par le bistouri de La Peyronie; mais il pouvait se confesser et communier avant l'opération.

Pellisson, protestant jusqu'à l'âge de quarante ans, s'était converti pour être maître des requêtes, et pour avoir des bénéfices.

A l'égard du pape Léon X, il était si occupé des affaires temporelles quand il fut surpris par la mort, qu'il n'eut pas le temps de songer aux spirituelles.

DES BILLETS DE CONFESSION.

Dans les pays protestants on se confesse à Dieu, et dans les pays catholiques aux hommes. Les protestants disent qu'on ne peut tromper Dieu, au lieu qu'on ne dit aux hommes que ce qu'on veut. Comme nous ne traitons jamais la controverse, nous n'entrons point dans cette ancienne dispute. Notre société littéraire est composée de catholiques et de protestants réunis par l'amour des lettres. Il ne faut pas que les querelles ecclésiastiques y sèment la zizanie.

Contentons-nous de la belle réponse de ce Grec dont nous avons déjà parlé, et qu'un prêtre voulait confesser aux mystères de Cérès : Est-ce à Dieu ou à toi que je dois parler? — C'est à Dieu. — Retire-toi donc, ô homme!

En Italie, et dans les pays d'obédience, il faut que tout le monde, sans distinction, se confesse et communie. Si vous avez par-devers vous des péchés énormes, vous avez aussi les grands-pénitenciers pour vous absoudre. Si votre confession ne vaut rien, tant pis pour vous. On vous donne à bon compte un reçu imprimé moyennant quoi vous communiez, et on jette tous les reçus dans un ciboire; c'est la règle.

On ne connaissait point à Paris ces billets au porteur, lorsque, vers l'an 1750, un archevêque de Paris imagina d'introduire une espèce de banque spirituelle pour extirper le jansénisme, et pour faire triompher la bulle *Unigenitus*. Il voulut qu'on refusât l'extrême-onction et le viatique à tout malade qui ne remettait pas un billet de confession signé d'un prêtre constitutionnaire.

C'était refuser les sacrements aux neuf dixièmes de Paris. On lui disait en vain : Songez à ce que vous faites : ou ces sacrements sont nécessaires pour n'être point damné, ou l'on peut être sauvé sans eux avec la foi, l'espérance, la charité, les bonnes œuvres, et les mérites de notre Sauveur. Si l'on peut être sauvé sans ce viatique, vos billets sont inutiles. Si les sacrements sont absolument nécessaires, vous damnez tous ceux que vous en privez; vous faites brûler pendant toute l'éternité six à sept cent mille âmes, supposé que vous viviez assez long-temps pour les enterrer : cela est violent; calmez-vous, et laissez mourir chacun comme il peut.

Il ne répondit point à ce dilemme; mais il persista. C'est une chose horrible d'employer pour tourmenter les hommes, la religion qui les doit consoler. Le parlement qui a la grande police et qui vit la société troublée, opposa, selon la coutume, des arrêts aux mandements. La discipline ecclésiastique ne voulut point céder à l'autorité légale. Il fallut que la magistrature employât la force, et qu'on envoyât des archers pour faire confesser, communier et enterrer les Parisiens à leur gré.

Dans cet excès de ridicule dont il n'y avait point encore d'exemple, les esprits s'aigrirent; on cabala à la cour, comme s'il s'était agi d'une place de fermier-général, ou de faire disgracier un ministre. Le royaume fut troublé d'un bout à l'autre. Il entre toujours dans une cause des incidents qui ne sont pas du fond; il s'en mêla tant, que tous les membres du parlement furent exilés, et que l'archevêque le fut à son tour.

Ces billets de confession auraient fait naître une guerre civile dans les temps précédents, mais dans le nôtre ils ne produisirent heureusement que des tracasseries civiles. L'esprit philosophique, qui n'est autre chose que la raison, est devenu chez tous les honnêtes gens le seul antidote dans ces maladies épidémiques.

CONFISCATION.

On a très bien remarqué dans le *Dictionnaire Encyclopédique*, à l'article *Confiscation*, que le fisc, soit public, soit royal, soit seigneurial, soit impérial, soit déloyal, était un petit panier de jonc ou d'osier, dans lequel on mettait autrefois le peu d'argent qu'on avait pu recevoir ou extorquer. Nous nous servons aujourd'hui de sacs; le fisc royal est le sac royal.

C'est une maxime reçue dans plusieurs pays de

l'Europe, que qui confisque le corps confisque les biens. Cet usage est surtout établi dans les pays où la coutume tient lieu de loi; et une famille entière est punie dans tous les cas pour la faute d'un seul homme.

Confisquer le corps n'est pas mettre le corps d'un homme dans le panier de son seigneur suzerain; c'est, dans le langage barbare du barreau, se rendre maître du corps d'un citoyen, soit pour lui ôter la vie, soit pour le condamner à des peines aussi longues que sa vie : on s'empare de ses biens si on le fait périr, ou s'il évite la mort par la fuite.

Ainsi, ce n'est pas assez de faire mourir un homme pour ses fautes, il faut encore faire mourir de faim ses enfants.

La rigueur de la coutume confisque, dans plus d'un pays, les biens d'un homme qui s'est arraché volontairement aux misères de cette vie; et ses enfants sont réduits à la mendicité parce que leur père est mort.

Dans quelques provinces catholiques romaines, on condamne aux galères perpétuelles, par une sentence arbitraire, un père de famille[a], soit pour avoir donné retraite chez soi à un prédicant, soit pour avoir écouté son sermon dans quelque caverne ou dans quelque désert; alors la femme et les enfants sont réduits à mendier leur pain.

Cette jurisprudence, qui consiste à ravir la nourriture aux orphelins, et à donner à un homme le bien d'autrui, fut inconnue dans tout le temps de la république romaine. Sylla l'introduisit dans ses proscriptions. Il faut avouer qu'une rapine inventée par Sylla n'était pas un exemple à suivre. Aussi cette loi, qui semblait n'être dictée que par l'inhumanité et l'avarice, ne fut suivie ni par César, ni par le bon empereur Trajan, ni par les Antonins, dont toutes les nations prononcent encore le nom avec respect et avec amour. Enfin, sous Justinien, la confiscation n'eut lieu que pour le crime de lèse-majesté. Comme ceux qui en étaient accusés étaient pour la plupart de grands seigneurs, il semble que Justinien n'ordonna la confiscation que par avarice. Il semble aussi que dans les temps de l'anarchie féodale, les princes et les seigneurs des terres étant très peu riches, cherchassent à augmenter leur trésor par les condamnations de leurs sujets, et qu'on voulût leur faire un revenu du crime. Les lois chez eux étant arbitraires, et la jurisprudence romaine ignorée, les coutumes ou bizarres ou cruelles prévalurent. Mais aujourd'hui que la puissance des souverains est fondée sur des richesses immenses et assurées, leur trésor n'a pas besoin de s'enfler des faibles débris d'une famille malheureuse. Ils sont abandonnés pour l'ordinaire au premier qui les demande. Mais est-ce à un citoyen à s'engraisser des restes du sang d'un autre citoyen?

La confiscation n'est point admise dans les pays où le droit romain est établi, excepté le ressort du parlement de Toulouse. Elle ne l'est point dans quelques pays coutumiers, comme le Bourbonnais, le Berri, le Maine, le Poitou, la Bretagne, où au moins elle respecte les immeubles. Elle était établie autrefois à Calais, et les Anglais l'abolirent lorsqu'ils en furent les maîtres. Il est assez étrange que les habitants de la capitale vivent sous une loi plus rigoureuse que ceux de ces petites villes; tant il est vrai que la jurisprudence a été souvent établie au hasard, sans régularité, sans uniformité, comme on bâtit des chaumières dans un village.

Voici comment l'avocat-général Omer Talon parla en plein parlement dans le plus beau siècle de la France, en 1673, au sujet des biens d'une demoiselle de Canillac, qui avaient été confisqués. Lecteur, faites attention à ce discours; il n'est pas dans le style des oraisons de Cicéron, mais il est curieux[1].

[a] Voyez l'édit de 1724, 14 mai, publié à la sollicitation du cardinal de Fleury, et revu par lui.

[1] Voyez ce morceau dans le *Commentaire sur le livre des délits et des peines*. (*Politique et Législation*.)

CONQUÊTE.

Réponse à un questionneur sur ce mot.

Quand les Silésiens et les Saxons disent : « Nous » sommes la conquête du roi de Prusse, » cela ne veut pas dire, le roi de Prusse nous a plu; mais seulement il nous a subjugués.

Mais quand une femme dit : Je suis la *conquête* de M. l'abbé, de M. le chevalier, cela veut dire aussi : il m'a subjuguée; or, on ne peut subjuguer madame sans lui plaire; mais aussi madame ne peut être subjuguée sans avoir plu à monsieur; ainsi, selon toutes les règles de la logique, et encore plus de la physique, quand madame est la *conquête* de quelqu'un, cette expression emporte évidemment que monsieur et madame se plaisent l'un à l'autre : j'ai fait la conquête de monsieur, signifie il m'aime; et je suis sa *conquête*, veut dire nous nous aimons. M. Tascher s'est adressé, dans cette importante question, à un homme désintéressé, qui n'est la conquête ni d'un roi ni d'une dame, et qui présente ses respects à celui qui a bien voulu le consulter.

CONSCIENCE.

SECTION PREMIÈRE.

De la conscience du bien et du mal.

Locke a démontré (s'il est permis de se servir de ce terme en morale et en métaphysique) que nous n'avons ni idées innées, ni principes innés; et il a été obligé de le démontrer trop au long, parce qu'alors l'erreur contraire était universelle.

De là il suit évidemment que nous avons le plus grand besoin qu'on nous mette de bonnes idées et de bons principes dans la tête, dès que nous pouvons faire usage de la faculté de l'entendement.

Locke apporte l'exemple des sauvages qui tuent et qui mangent leur prochain sans aucun remords de conscience, et des soldats chrétiens bien élevés, qui, dans une ville prise d'assaut, pillent, égorgent, violent, non seulement sans remords, mais avec un plaisir charmant, avec honneur et gloire, avec les applaudissements de tous leurs camarades.

Il est très sûr que dans les massacres de la Saint-Barthélemi, et dans les *autos-da-fé*, dans les saints actes de foi de l'inquisition, nulle conscience de meurtrier ne se reprocha jamais d'avoir massacré hommes, femmes, enfants; d'avoir fait crier, évanouir, mourir dans les tortures des malheureux qui n'avaient d'autres crimes que de faire la pâque différemment des inquisiteurs.

Il résulte de tout cela que nous n'avons point d'autre conscience que celle qui nous est inspirée par le temps, par l'exemple, par notre tempérament, par nos réflexions.

L'homme n'est né avec aucun principe, mais avec la faculté de les recevoir tous. Son tempérament le rendra plus enclin à la cruauté ou à la douceur; son entendement lui fera comprendre un jour que le carré de douze est cent quarante-quatre, qu'il ne faut pas faire aux autres ce qu'il ne voudrait pas qu'on lui fît; mais il ne comprendra pas de lui-même ces vérités dans son enfance; il n'entendra pas la première, et il ne sentira pas la seconde.

Un petit sauvage qui aura faim, et à qui son père aura donné un morceau d'un autre sauvage à manger, en demandera autant le lendemain, sans imaginer qu'il ne faut pas traiter son prochain autrement qu'on ne voudrait être traité soi-même. Il fait machinalement, invinciblement, tout le contraire de ce que cette éternelle vérité enseigne.

La nature a pourvu à cette horreur; elle a donné à l'homme la disposition à la pitié, et le pouvoir de comprendre la vérité. Ces deux présents de Dieu sont le fondement de la société civile. C'est ce qui fait qu'il y a toujours eu peu d'anthropophages; c'est ce qui rend la vie un peu tolérable chez les nations civilisées. Les pères et les mères donnent à leurs enfants une éducation qui les rend bientôt sociables; et cette éducation leur donne une conscience.

Une religion pure, une morale pure, inspirées de bonne heure, façonnent tellement la nature humaine, que depuis environ sept ans jusqu'à seize ou dix-sept, on ne fait pas une mauvaise action sans que la conscience en fasse un reproche. Ensuite viennent les violentes passions qui combattent la conscience, et qui l'étouffent quelquefois. Pendant le conflit, les hommes tourmentés par cet orage, consultent en quelques occasions d'autres hommes, comme dans leurs maladies ils consultent ceux qui ont l'air de se bien porter.

C'est ce qui a produit des casuistes, c'est-à-dire des gens qui décident des cas de conscience. Un des plus sages casuistes a été Cicéron dans son livre des *Offices*, c'est-à-dire des devoirs de l'homme. Il examine les points les plus délicats; mais, longtemps avant lui, Zoroastre avait paru régler la conscience par le plus beau des préceptes: « Dans » le doute si une action est bonne ou mauvaise, » abstiens-toi, » Porte XXX. Nous en parlons ailleurs.

SECTION II.

Si un juge doit juger selon sa conscience ou selon les preuves.

Thomas d'Aquin, vous êtes un grand saint, un grand théologien; et il n'y a point de dominicain qui ait pour vous plus de vénération que moi. Mais vous avez décidé dans votre *Somme*, qu'un juge doit donner sa voix selon les allégations et les prétendues preuves contre un accusé dont l'innocence lui est parfaitement connue. Vous prétendez que les dépositions des témoins qui ne peuvent être que fausses, les preuves résultantes du procès qui sont impertinentes, doivent l'emporter sur le témoignage de ses yeux mêmes. Il a vu commettre le crime par un autre; et, selon vous, il doit en conscience condamner l'accusé quand sa conscience lui dit que cet accusé est innocent.

Il faudrait donc, selon vous, que si le juge lui-même avait commis le crime dont il s'agit, sa conscience l'obligeât de condamner l'homme faussement accusé de ce même crime.

En conscience, grand saint, je crois que vous vous êtes trompé de la manière la plus absurde et la plus horrible; c'est dommage qu'en possédant si bien le droit canon, vous ayez si mal connu le droit naturel. Le premier devoir d'un magistrat est d'être juste avant d'être formaliste: si en vertu des preuves, qui ne sont jamais que des probabilités, je condamnais un homme dont l'innocence me serait démontrée, je me croirais un sot et un assassin.

Heureusement, tous les tribunaux de l'univers pensent autrement que vous. Je ne sais pas si Farinacius et Grillandus sont de votre avis. Quoi qu'il en soit, si vous rencontrez jamais Cicéron, Ulpien, Tribonien, Dumoulin, le chancelier de L'Hospital, le chancelier d'Aguesseau demandezleur bien pardon de l'erreur où vous êtes tombé.

SECTION III.

De la conscience trompeuse.

Ce qu'on a peut-être jamais dit de mieux sur cette question importante, se trouve dans le livre comique de *Tristram Shandy*, écrit par un curé nommé Sterne, le second Rabelais d'Angleterre; il ressemble à ces petits satyres de l'antiquité qui renfermaient des essences précieuses.

Deux vieux capitaines à demi-paie, assistés du docteur Slop, font les questions les plus ridicules. Dans ces questions, les théologiens de France ne sont pas épargnés. On insiste particulièrement sur un Mémoire présenté à la Sorbonne par un chirurgien, qui demande la permission de baptiser les enfants dans le ventre de leurs mères, au moyen d'une canule qu'il introduira proprement dans l'utérus, sans blesser la mère ni l'enfant.

Enfin, ils se font lire par un caporal un ancien sermon sur la conscience, composé par ce même curé Sterne.

Parmi plusieurs peintures, supérieures à celles de Rembrandt et au crayon de Callot, il peint un honnête homme du monde passant ses jours dans les plaisirs de la table, du jeu et de la débauche, ne fesant rien que la bonne compagnie puisse lui reprocher, et par conséquent ne se reprochant rien. Sa conscience et son honneur l'accompagnent aux spectacles, au jeu, et surtout lorsqu'il paie libéralement la fille qu'il entretient. Il punit sévèrement, quand il est en charge, les petits larcins du commun peuple; il vit gaiement, et meurt sans le moindre remords.

Le docteur Slop interrompt le lecteur pour dire que cela est impossible dans l'Église anglicane, et ne peut arriver que chez des papistes.

Enfin, le curé Sterne cite l'exemple de David, qui a, dit-il, tantôt une conscience délicate et éclairée, tantôt une conscience très dure et très ténébreuse.

Lorsqu'il peut tuer son roi dans une caverne, il se contente de lui couper un pan de sa robe; voilà une conscience délicate. Il passe une année entière sans avoir le moindre remords de son adultère avec Bethsabée et du meurtre d'Urie; voilà la même conscience endurcie et privée de lumière.

Tels sont, dit-il, la plupart des hommes. Nous avouons à ce curé que les grands du monde sont très souvent dans ce cas: le torrent des plaisirs et des affaires les entraîne; ils n'ont pas le temps d'avoir de la conscience, cela est bon pour le peuple; encore n'en a-t-il guère quand il s'agit de gagner de l'argent. Il est donc très bon de réveiller souvent la conscience des couturières et des rois par une morale qui puisse faire impression sur eux; mais pour faire cette impression, il faut mieux parler qu'on ne parle aujourd'hui.

SECTION IV.

Liberté de conscience.

TRADUIT DE L'ALLEMAND.

Nous n'adoptons pas tout ce paragraphe; mais comme il y a quelques vérités, nous n'avons pas cru devoir l'omettre; et nous ne nous chargeons pas de justifier ce qui peut s'y trouver de peu mesuré et de trop dur.

L'aumônier du prince de***, lequel prince est catholique romain, menaçait un anabaptiste de le chasser des petits états du prince; il lui disait qu'il n'y a que trois sectes autorisées dans l'empire; que pour lui, anabaptiste, qui était d'une quatrième, il n'était pas digne de vivre dans les terres de monseigneur; et enfin, la conversation s'échauffant, l'aumônier menaça l'anabaptiste de le faire pendre. Tant pis pour son altesse, répondit l'anabaptiste; je suis un gros manufacturier; j'emploie deux cents ouvriers; je fais entrer deux cent mille écus par an dans ses états; ma famille ira s'établir ailleurs; monseigneur y perdra.

Et si monseigneur fait pendre tes deux cents ouvriers et ta famille? reprit l'aumônier; et s'il donne ta manufacture à de bons catholiques?

Je l'en défie, dit le vieillard; on ne donne pas une manufacture comme une métairie, parce qu'on ne donne pas l'industrie. Cela serait beaucoup plus fou que s'il fesait tuer tous ses chevaux parce que l'un d'eux t'aura jeté par terre, et que tu es un mauvais écuyer. L'intérêt de monseigneur n'est pas que je mange du pain sans levain ou levé; il est que je procure à ses sujets de quoi manger, et que j'augmente ses revenus par mon travail. Je suis un honnête homme, et quand j'aurais le malheur de n'être pas né tel, ma profession me forcerait à le devenir: car dans les entreprises de négoce, ce n'est pas comme dans celles de cour et dans les tiennes: point de succès sans probité. Que t'importe que j'aie été baptisé dans l'âge qu'on appelle de raison, tandis que tu l'as été sans le savoir? Que t'importe que j'adore Dieu à la manière de mes pères? Si tu suivais tes belles maximes, si tu avais la force en main, tu irais donc d'un bout de l'univers à l'autre, fesant pendre à ton plaisir le Grec qui ne croit pas que l'Esprit procède du Père et du Fils; tous les Anglais; tous les Hollandais, Danois, Suédois, Islandais, Prussiens, Hanovriens, Saxons, Holstenois, Hessois, Virtembergeois, Bernois, Hambourgeois, Cosaques, Valaques, Russes, qui ne croient pas le pape infaillible; tous les musulmans qui croient un seul Dieu, et les Indiens dont la religion est plus ancienne que la juive; et les lettrés chinois, qui, depuis quatre mille ans, servent un Dieu unique sans superstition et sans fanatisme? Voilà donc ce que tu ferais si tu étais le maître? Assurément, dit le moine; car je suis dévoré du zèle de la maison du Seigneur : *Zelus domûs suæ comedit me.*

Çà, dis-moi un peu, cher aumônier, repartit l'anabaptiste, es-tu dominicain, ou jésuite, ou diable? Je suis jésuite, dit l'autre. Eh! mon ami, si tu n'es pas diable, pourquoi dis-tu des choses si diaboliques?

C'est que le révérend père recteur m'a ordonné de les dire.

Et qui a ordonné cette abomination au révérend père recteur?

C'est le provincial.

De qui le provincial a-t-il reçu cet ordre?

De notre général, et le tout pour plaire à un plus grand seigneur que lui.

Dieux de la terre, qui avec trois doigts avez trouvé le secret de vous rendre maîtres d'une grande partie du genre humain, si dans le fond du cœur vous avouez que vos richesses et votre puissance ne sont point essentielles à votre salut et au nôtre, jouissez-en avec modération. Nous ne voulons pas vous démitrer, vous détiarer: mais ne nous écrasez pas. Jouissez et laissez-nous paisibles; démêlez vos intérêts avec les rois, et aissez-nous nos manufactures.

CONSEILLER OU JUGE.

BARTOLOMÉ.

Quoi! il n'y a que deux ans que vous étiez au collége, et vous voilà déjà conseiller de la cour de Naples?

GERONIMO.

Oui; c'est un arrangement de famille : il m'en a peu coûté.

BARTOLOMÉ.

Vous êtes donc devenu bien savant depuis que je ne vous ai vu?

GERONIMO.

Je me suis quelquefois fait inscrire dans l'école de droit, où l'on m'apprenait que le droit naturel est commun aux hommes et aux bêtes, et que le droit des gens n'est que pour les gens. On me parlait de l'édit du préteur, et il n'y a plus de préteur; des fonctions des édiles, et il n'y a plus d'édiles; du pouvoir des maîtres sur les esclaves, et il n'y a plus d'esclaves. Je ne sais presque rien des lois de Naples, et me voilà juge.

BARTOLOMÉ.

Ne tremblez-vous pas d'être chargé de décider du sort des familles, et ne rougissez-vous pas d'être si ignorant?

GERONIMO.

Si j'étais savant, je rougirais peut-être davantage. J'entends dire aux savants que presque toutes les lois se contredisent; que ce qui est juste à Gaiette est injuste à Otrante; que dans la même juridiction on perd à la seconde chambre le même procès qu'on gagne à la troisième. J'ai toujours dans l'esprit ce beau discours d'un avocat vénitien : « Illustrissimi signori, l'anno passato avete » giudicato così; e questo anno nella medesima » lite avete giudicato tutto il contrario; e sem- » pre ben. »

Le peu que j'ai lu de nos lois m'a paru souvent très embrouillé. Je crois que si je les étudiais pendant quarante ans, je serais embarrassé pendant quarante ans : cependant je les étudie; mais je pense qu'avec du bon sens et de l'équité, on peut être un très bon magistrat, sans être profondément savant. Je ne connais point de meilleur juge que Sancho Pança : cependant il ne savait pas un mot du code de l'île de Barataria. Je ne chercherai point à accorder ensemble Cujas et Camille Descurtis, ils ne sont point mes législateurs. Je ne connais de lois que celles qui ont la sanction du souverain. Quand elles seront claires, je les suivrai à la lettre; quand elles seront obscures, je suivrai les lumières de ma raison, qui sont celles de ma conscience.

BARTOLOMÉ.

Vous me donnez envie d'être ignorant, tant vous raisonnez bien. Mais comment vous tirerez-vous des affaires d'état, de finance, de commerce?

GERONIMO.

Dieu merci, nous ne nous en mêlons guère à Naples. Une fois le marquis de Carpi, notre vice-roi, voulut nous consulter sur les monnaies; nous parlâmes de l'*æs grave* des Romains, et les banquiers se moquèrent de nous. On nous assembla dans un temps de disette pour régler le prix du blé; nous fûmes assemblés six semaines, et on mourait de faim. On consulta enfin deux forts laboureurs et deux bons marchands de blé, et il y eut dès le lendemain plus de pain au marché qu'on n'en voulait.

Chacun doit se mêler de son métier; le mien est de juger les contestations, et non pas d'en faire naître ; mon fardeau est assez grand.

CONSÉQUENCE.

Quelle est donc notre nature, et qu'est-ce que notre chétif esprit? Quoi! l'on peut tirer les conséquences les plus justes, les plus lumineuses, et n'avoir pas le sens commun? Cela n'est que trop vrai. Le fou d'Athènes qui croyait que tous les vaisseaux qui abordaient au Pirée lui appartenaient, pouvait calculer merveilleusement combien valait le chargement de ces vaisseaux, et en combien de jours ils pouvaient arriver de Smyrne au Pirée.

Nous avons vu des imbéciles qui ont fait des calculs et des raisonnements bien plus étonnants. Ils n'étaient donc pas imbéciles, me dites-vous. Je vous demande pardon, ils l'étaient. Ils posaient tout leur édifice sur un principe absurde; ils enfilaient régulièrement des chimères. Un homme peut marcher très bien et s'égarer, et alors mieux il marche et plus il s'égare.

Le Fo des Indiens eut pour père un éléphant qui daigna faire un enfant à une princesse indienne, laquelle accoucha du dieu Fo par le côté gauche. Cette princesse était la propre sœur d'un empereur des Indes : donc Fo était le neveu de l'empereur; et les petits-fils de l'éléphant et du monarque étaient cousins issus de germain; donc, selon les lois de l'état, la race de l'empereur étant éteinte, ce sont les descendants de l'éléphant qui doivent succéder. Le principe reçu, on ne peut mieux conclure.

Il est dit que l'éléphant divin était haut de neuf pieds de roi. Tu présumes avec raison que la porte de son écurie devait avoir plus de neuf pieds, afin qu'il pût y entrer à son aise. Il mangeait cinquante livres de riz par jour, vingt-cinq livres de sucre, et buvait vingt-cinq livres d'eau. Tu trouves par ton arithmétique qu'il avalait trente-six mille cinq cents livres pesant par année; on ne peut compter mieux. Mais ton éléphant a-t-il existé? était-il beau-frère de l'empereur? sa femme a-t-elle fait un enfant par le côté gauche? c'est là ce qu'il fallait examiner. Vingt auteurs qui vivaient à la Cochinchine l'ont écrit l'un après l'autre ; tu devais confronter ces vingt auteurs, peser leurs témoignages, consulter les anciennes archives, voir s'il est question de cet éléphant dans les registres, examiner si ce n'est point une fable que des imposteurs ont eu intérêt d'accréditer. Tu es parti d'un principe extravagant pour en tirer des conclusions justes.

C'est moins la logique qui manque aux hommes, que la source de la logique. Il ne s'agit pas de dire : Six vaisseaux qui m'appartiennent sont chacun de deux cents tonneaux, le tonneau est de deux mille livres pesant; donc j'ai douze cent mille livres de marchandises au port de Pirée. Le grand point est de savoir si ces vaisseaux sont à toi. Voilà le principe dont ta fortune dépend; tu compteras après [1].

Un ignorant fanatique et conséquent est souvent un homme à étouffer. Il aura lu que Phinées, transporté d'un saint zèle, ayant trouvé un Juif couché avec une Madianite, les tua tous deux, et fut imité par les lévites, qui massacrèrent tous les ménages moitié madianites et moitié juifs. Il sait que son voisin catholique couche avec sa voisine huguenote; il les tuera tous deux sans difficulté : on ne peut agir plus conséquemment. Quel est le remède à cette maladie horrible de l'âme? C'est d'accoutumer de bonne heure les enfants à ne rien admettre qui choque la raison; de ne leur conter jamais d'histoires de revenants, de fantômes, de sorciers, de possédés, de prodiges ridicules. Une fille d'une imagination tendre et sensible entend parler de possessions ; elle tombe dans une maladie de nerfs, elle a des convulsions, elle se croit possédée. J'en ai vu mourir une de la révolution que ces abominables histoires avaient faite dans ses organes [2].

CONSPIRATIONS CONTRE LES PEUPLES,

OU

PROSCRIPTIONS [3].

CONSTANTIN [4].

SECTION PREMIÈRE.

Du siècle de Constantin.

Parmi les siècles qui suivirent celui d'Auguste, vous avez raison de distinguer celui de Constantin. Il est à jamais célèbre par les grands changements qu'il apporta sur la terre. Il commençait, il est vrai, à ramener la barbarie : non seulement on ne retrouvait plus des Cicérons, des Horaces et des Virgiles, mais il n'y avait pas même de Lucains ni de Sénèques; pas un historien sage

[1] Voyez l'article PRINCIPE.

[2] Voyez l'article ESPRIT, section IV; et l'article FANATISME, section II.

[3] Voyez dans les Mélanges historiques un opuscule sous le même titre.

[4] Ce morceau historique avait été fait pour madame Du Châtelet. K.

et exact : on ne voit que des satires suspectes ou des panégyriques encore plus hasardés.

Les chrétiens commençaient alors à écrire l'histoire; mais ils n'avaient pris ni Tite-Live ni Thucydide pour modèle. Les sectateurs de l'ancienne religion de l'empire n'écrivaient ni avec plus d'éloquence ni avec plus de vérité. Les deux partis, animés l'un contre l'autre, n'examinaient pas bien scrupuleusement les calomnies dont on chargeait leurs adversaires. De là vient que le même homme est regardé tantôt comme un dieu, tantôt comme un monstre.

La décadence en toute chose, et dans les moindres arts mécaniques comme dans l'éloquence et dans la vertu, arriva après Marc-Aurèle. Il avait été le dernier empereur de cette secte stoïque qui élevait l'homme au-dessus de lui-même en le rendant dur pour lui seul, et compatissant pour les autres. Ce ne fut plus, depuis la mort de cet empereur vraiment philosophe, que tyrannie et confusion. Les soldats disposaient souvent de l'empire. Le sénat tomba dans un tel mépris, que du temps de Gallien il fut défendu par une loi expresse aux sénateurs d'aller à la guerre. On vit à la fois trente chefs de partis prendre le titre d'*empereur*, dans trente provinces de l'empire. Les Barbares fondaient déjà de tous côtés, au milieu du troisième siècle, sur cet empire déchiré. Cependant il subsista par la seule discipline militaire qui l'avait fondé.

Pendant tous ces troubles, le christianisme s'établissait par degrés, surtout en Égypte, dans la Syrie, et sur les côtes de l'Asie-Mineure. L'empire romain admettait toutes sortes de religions, ainsi que toutes sortes de sectes philosophiques. On permettait le culte d'Osiris; on laissait même aux Juifs de grands priviléges, malgré leurs révoltes; mais les peuples s'élevèrent souvent dans les provinces contre les chrétiens. Les magistrats les persécutaient, et on obtint même souvent contre eux des édits émanés des empereurs. Il ne faut pas être étonné de cette haine générale qu'on portait d'abord au christianisme, tandis qu'on tolérait tant d'autres religions. C'est que ni les Égyptiens, ni les Juifs, ni les adorateurs de la déesse de Syrie, et de tant d'autres dieux étrangers, ne déclaraient une guerre ouverte aux dieux de l'empire. Ils ne s'élevaient point contre la religion dominante; mais un des premiers devoirs des chrétiens était d'exterminer le culte reçu dans l'empire. Les prêtres des dieux jetaient des cris quand ils voyaient diminuer les sacrifices et les offrandes; le peuple, toujours fanatique et toujours emporté, se soulevait contre les chrétiens : cependant plusieurs empereurs les protégèrent. Adrien défendit expressément qu'on les persécutât. Marc-Aurèle ordonna qu'on ne les poursuivît point pour cause de religion. Caracalla, Héliogabale, Alexandre, Philippe, Gallien, leur laissèrent une liberté entière ; ils avaient au troisième siècle des églises publiques très fréquentées et très riches, et leur liberté fut si grande, qu'ils tinrent seize conciles dans ce siècle. Le chemin des dignités étant fermé aux premiers chrétiens, qui étaient presque tous d'une condition obscure, ils se jetèrent dans le commerce, et il y en eut qui amassèrent de grandes richesses. C'est la ressource de toutes les sociétés qui ne peuvent avoir de charges dans l'état : c'est ainsi qu'en ont usé les calvinistes en France, tous les non-conformistes en Angleterre, les catholiques en Hollande, les Arméniens en Perse, les Banians dans l'Inde, et les Juifs dans toute la terre. Cependant à la fin la tolérance fut si grande, et les mœurs du gouvernement si douces, que les chrétiens furent admis à tous les honneurs et à toutes les dignités. Ils ne sacrifiaient point aux dieux de l'empire, on ne s'embarrassait pas s'ils allaient aux temples, ou s'ils les fuyaient; il y avait parmi les Romains une liberté absolue sur les exercices de leur religion; personne ne fut jamais forcé de les remplir. Les chrétiens jouissaient donc de la même liberté que les autres : il est si vrai qu'ils parvinrent aux honneurs, que Dioclétien et Galérius les en privèrent en 303, dans la persécution dont nous parlerons.

Il faut adorer la Providence dans toutes ses voies; mais je me borne, selon vos ordres, à l'histoire politique.

Manès, sous le règne de Probus, vers l'an 278, forma une religion nouvelle dans Alexandrie. Cette secte était composée des anciens principes des Persans, et de quelques dogmes du christianisme. Probus et son successeur Carus laissèrent en paix Manès et les chrétiens. Numérien leur laissa une liberté entière. Dioclétien protégea les chrétiens, et toléra les manichéens pendant douze années; mais, en 296, il donna un édit contre les manichéens, et les proscrivit comme des ennemis de l'empire attachés aux Perses. Les chrétiens ne furent point compris dans l'édit; ils demeurèrent tranquilles sous Dioclétien, et firent une profession ouverte de leur religion dans tout l'empire, jusqu'aux deux dernières années du règne de ce prince.

Pour achever l'esquisse du tableau que vous demandez, il faut vous représenter quel était alors l'empire romain. Malgré toutes les secousses intérieures et étrangères, malgré les incursions des Barbares, il comprenait tout ce que possède aujourd'hui le sultan des Turcs, excepté l'Arabie; tout ce que possède la maison d'Autriche en Allemagne, et toutes les provinces d'Allemagne jusqu'à l'Elbe; l'Italie, la France, l'Espagne, l'Angleterre, et la moitié de l'Écosse; toute l'Afrique jusqu'au désert de Darha, et même les îles Canaries. Tant de pays étaient tenus sous le joug par des corps d'armée moins considérables que l'Allemagne et la France n'en mettent aujourd'hui sur pied quand elles sont en guerre.

Cette grande puissance s'affermit et s'augmenta même depuis César jusqu'à Théodose, autant par les lois, par la police et par les bienfaits, que par les armes et par la terreur. C'est encore un sujet d'étonnement, qu'aucun de ces peuples conquis n'ait pu, depuis qu'ils se gouvernent par eux-mêmes, ni construire des grands chemins, ni élever des amphithéâtres et des bains publics, tels que leurs vainqueurs leur en donnèrent. Des contrées qui sont aujourd'hui presque barbares et désertes, étaient peuplées et policées; telles furent l'Épire, la Macédoine, la Thessalie, l'Illyrie, la Pannonie, surtout l'Asie-Mineure et les côtes de l'Afrique; mais aussi il s'en fallait beaucoup que l'Allemagne, la France et l'Angleterre fussent ce qu'elles sont aujourd'hui. Ces trois états sont ceux qui ont le plus gagné à se gouverner par eux-mêmes; encore a-t-il fallu près de douze siècles pour mettre ces royaumes dans l'état florissant où nous les voyons : mais il faut avouer que tout le reste a beaucoup perdu à passer sous d'autres lois. Les ruines de l'Asie-Mineure et de la Grèce, la dépopulation de l'Égypte, et la barbarie de l'Afrique, attestent aujourd'hui la grandeur romaine. Le grand nombre des villes florissantes qui couvraient ces pays est changé en villages malheureux; et le terrain même est devenu stérile sous les mains des peuples abrutis.

SECTION II.

Je ne parlerai point ici de la confusion qui agita l'empire depuis l'abdication de Dioclétien. Il y eut après sa mort six empereurs à la fois. Constantin triompha d'eux tous, changea la religion et l'empire, et fut l'auteur non seulement de cette grande révolution, mais de toutes celles qu'on a vues depuis dans l'Occident. Vous voudriez savoir quel était son caractère : demandez-le à Julien, à Zosime, à Sozomène, à Victor; ils vous diront qu'il agit d'abord en grand prince, ensuite en voleur public, et que la dernière partie de sa vie fut d'un voluptueux, d'un efféminé, et d'un prodigue. Ils le peindront toujours ambitieux, cruel, et sanguinaire. Demandez-le à Eusèbe, à Grégoire de Nazianze, à Lactance; ils vous diront que c'était un homme parfait. Entre ces deux extrêmes, il n'y a que les faits avérés qui puissent vous faire trouver la vérité. Il avait un beau-père, il l'obligea de se pendre; il avait un beau-frère, il le fit étrangler; il avait un neveu de douze à treize ans, il le fit égorger; il avait un fils aîné, il lui fit couper la tête; il avait une femme, il la fit étouffer dans un bain. Un vieil auteur gaulois dit *qu'il aimait à faire maison nette.*

Si vous ajoutez à toutes ces affaires domestiques, qu'ayant été sur les bords du Rhin à la chasse de quelques hordes de Francs qui habitaient dans ces quartiers-là, et ayant pris leurs rois, qui probablement étaient de la famille de notre Pharamond et de notre Clodion-le-Chevelu, il les exposa aux bêtes pour son divertissement; vous pourrez inférer de tout cela, sans craindre de vous tromper, que ce n'était pas l'homme du monde le plus accommodant.

Examinons à présent les principaux événements de son règne. Son père Constance Chlore était au fond de l'Angleterre, où il avait pris pour quelques mois le titre d'empereur. Constantin était à Nicomédie, auprès de l'empereur Galère; il lui demanda la permission d'aller trouver son père, qui était malade; Galère n'en fit aucune difficulté : Constantin partit avec les relais de l'empire qu'on appelait *Veredarii*. On pourrait dire qu'il était aussi dangereux d'être cheval de poste, que d'être de la famille de Constantin; car il fesait couper les jarrets à tous les chevaux après s'en être servi, de peur que Galère ne révoquât sa permission, et ne le fit revenir à Nicomédie. Il trouva son père mourant, et se fit reconnaître empereur par le petit nombre de troupes romaines qui étaient alors en Angleterre.

Une élection d'un empereur romain faite à York par cinq ou six mille hommes, ne devait guère paraître légitime à Rome : il y manquait au moins la formule du *senatus populusque romanus*. Le sénat, le peuple, et les gardes prétoriennes, élurent d'un consentement unanime Maxence, fils du césar Maximien Hercule, déjà césar lui-même, et frère de cette Fausta que Constantin avait épousée, et qu'il fit depuis étouffer. Ce Maxence est appelé tyran, usurpateur, par nos historiens, qui sont toujours pour les gens heureux. Il était le protecteur de la religion païenne contre Constantin, qui déjà commençait à se déclarer pour les chrétiens. Païen et vaincu, il fallait bien qu'il fût un homme abominable.

Eusèbe nous dit que Constantin, en allant à Rome combattre Maxence, vit dans les nuées, aussi bien que toute son armée, la grande enseigne des empereurs nommée le *Labarum*, surmontée d'un *P* latin, ou d'un grand *R* grec, avec une croix en sautoir, et deux mots grecs qui signifiaient : *Tu vaincras par ceci*. Quelques auteurs prétendent que ce signe lui apparut à Bosançon, d'autres disent à Cologne, quelques uns à Trèves, d'autres à Troyes. Il est étrange que le ciel se soit expliqué en grec dans tous ces pays-là. Il eût paru plus naturel aux faibles lumières des hommes que ce signe eût paru en Italie le jour de la bataille; mais alors il eût fallu que l'inscription eût été en latin. Un savant antiquaire, nommé Loisel, a réfuté cette antiquité; mais on l'a traité de scélérat.

On pourrait cependant considérer que cette guerre n'était pas une guerre de religion, que Constantin n'était pas un saint, qu'il est mort soupçonné d'être arien, après avoir persécuté les orthodoxes; et qu'ainsi on n'a pas un intérêt bien évident à soutenir ce prodige.

Après sa victoire, le sénat s'empressa d'adorer le vainqueur et de détester la mémoire du vaincu. On se hâta de dépouiller l'arc de triomphe de Marc-Aurèle, pour orner celui de Constantin; on lui dressa une statue d'or, ce qu'on ne fesait que pour les dieux; il la reçut malgré le *Labarum*, et reçut encore le titre de *grand-pontife*, qu'il garda toute sa vie. Son premier soin, à ce que disent Zonare et Zosime, fut d'exterminer toute la race du tyran et ses principaux amis; après quoi il assista très humainement aux spectacles et aux jeux publics.

Le vieux Dioclétien était mourant alors dans sa retraite de Salone. Constantin aurait pu ne se pas tant presser d'abattre ses images dans Rome; il eût pu se souvenir que cet empereur oublié avait été le bienfaiteur de son père, et qu'il lui devait l'empire. Vainqueur de Maxence, il lui restait à se défaire de Licinius, son beau-frère, auguste comme lui; et Licinius songeait à se défaire de Constantin, s'il pouvait. Cependant leurs querelles n'éclatant pas encore, ils donnèrent conjointement, en 315, à Milan, le fameux édit de liberté de conscience. « Nous donnons, disent-ils, » à tout le monde la liberté de suivre telle religion que chacun voudra, afin d'attirer la bénédiction du ciel sur nous et sur tous nos sujets; nous déclarons que nous avons donné aux » chrétiens la faculté libre et absolue d'observer » leur religion; bien entendu que tous les autres » auront la même liberté, pour maintenir la tranquillité de notre règne. » On pourrait faire un livre sur un tel édit; mais je ne veux pas seulement y hasarder deux lignes.

Constantin n'était pas encore chrétien. Licinius, son collègue, ne l'était pas non plus. Il y avait encore un empereur ou un tyran à exterminer; c'était un païen déterminé, nommé Maximin. Licinius le combattit avant de combattre Constantin. Le ciel lui fut encore plus favorable qu'à Constantin même; car celui-ci n'avait eu que l'apparition d'un étendard, et Licinius eut celle d'un ange. Cet ange lui apprit une prière avec laquelle il vaincrait sûrement le barbare Maximin. Licinius la mit par écrit, la fit réciter trois fois à son armée, et remporta une victoire complète. Si ce Licinius, beau-frère de Constantin, avait régné heureusement, on n'aurait parlé que de son ange : mais Constantin l'ayant fait pendre, ayant égorgé son jeune fils, étant devenu maître absolu de tout, on ne parle que du Labarum de Constantin.

On croit qu'il fit mourir son fils aîné Crispus, et sa femme Fausta, la même année qu'il assembla le concile de Nicée. Zosime et Sozomène prétendent que les prêtres des dieux lui ayant dit qu'il n'y avait pas d'expiations pour de si grands crimes, il fit alors profession ouverte du christianisme, et démolit plusieurs temples dans l'Orient. Il n'est guère vraisemblable que des pontifes païens eussent manqué une si belle occasion d'amener à eux leur grand-pontife qui les abandonnait. Cependant il n'est pas impossible qu'il s'en fût trouvé quelques uns de sévères; il y a partout des hommes difficiles. Ce qui est bien plus étrange, c'est que Constantin chrétien n'ait fait aucune pénitence de ses parricides. Ce fut à Rome qu'il commit cette barbarie; et depuis ce temps le séjour de Rome lui devint odieux; il la quitta pour jamais, et alla fonder Constantinople. Comment ose-t-il dire dans un de ses rescrits, qu'il transporte le siége de l'empire à Constantinople *par ordre de Dieu même?* n'est-ce pas se jouer impudemment de la Divinité et des hommes? Si Dieu lui avait donné quelque ordre, ne lui aurait-il pas donné celui de ne point assassiner sa femme et son fils?

Dioclétien avait déjà donné l'exemple de la translation de l'empire vers les côtes de l'Asie. Le faste, le despotisme et les mœurs asiatiques effarouchaient encore les Romains, tout corrompus et tout esclaves qu'ils étaient. Les empereurs n'avaient osé se faire baiser les pieds dans Rome, et introduire une foule d'eunuques dans leurs palais; Dioclétien commença dans Nicomédie, et Constantin acheva, dans Constantinople, de mettre la cour romaine sur le pied de celle des Perses. Rome languit dès lors dans la décadence. L'ancien esprit romain tomba avec elle. Ainsi Constantin fit à l'empire le plus grand mal qu'il pouvait lui faire.

De tous les empereurs ce fut sans contredit le plus absolu. Auguste avait laissé une image de liberté; Tibère, Néron même, avaient ménagé le sénat et le peuple romain : Constantin ne ménagea personne. Il avait affermi d'abord sa puissance dans Rome, en cassant ces fiers prétoriens, qui se croyaient les maîtres des empereurs. Il sépara entièrement la robe et l'épée. Les dépositaires des lois, écrasés alors par le militaire, ne furent plus que des jurisconsultes esclaves. Les provinces de l'empire furent gouvernées sur un plan nouveau.

La grande vue de Constantin était d'être le maître en tout; il le fut dans l'Église comme dans l'état. On le voit convoquer et ouvrir le concile de Nicée, entrer au milieu des Pères tout couvert de pierreries, le diadème sur la tête, prendre la première place, exiler indifféremment tantôt Arius, tantôt Athanase. Il se mettait à la tête du christianisme sans être chrétien : car c'était ne pas l'être dans ce temps-là, que de n'être pas baptisé; il n'était que catéchumène. L'usage même d'attendre les approches de la mort pour se faire plonger dans l'eau de régénération, commençait à s'abolir pour les particuliers. Si Constantin, en différant son baptême jusqu'à la mort, crut pouvoir tout faire impunément dans l'espérance d'une expiation entière, il était triste pour le genre humain qu'une telle opinion eût été mise dans la tête d'un homme tout-puissant.

CONTRADICTIONS.

SECTION PREMIÈRE.

Plus on voit ce monde, et plus on le voit plein de contradictions et d'inconséquences. A commencer par le Grand-Turc, il fait couper toutes les têtes qui lui déplaisent, et peut rarement conserver la sienne.

Si du Grand-Turc nous passons au Saint-Père, il confirme l'élection des empereurs, il a des rois pour vassaux; mais il n'est pas si puissant qu'un duc de Savoie. Il expédie des ordres pour l'Amérique et pour l'Afrique, et il ne pourrait pas ôter un privilége à la république de Lucques. L'empereur est roi des Romains; mais le droit de leur roi consiste à tenir l'étrier du pape, et à lui donner à laver à la messe.

Les Anglais servent leur monarque à genoux; mais ils le déposent, l'emprisonnent, et le font périr sur l'échafaud.

Des hommes qui font vœu de pauvreté, obtiennent, en vertu de ce vœu, jusqu'à deux cent mille écus de rente, et, en conséquence de leur vœu d'humilité, sont des souverains despotiques. On condamne hautement à Rome la pluralité des bénéfices avec charge d'âmes, et on donne tous les jours des bulles à un Allemand pour cinq ou six évêchés à la fois. C'est, dit-on, que les évêques allemands n'ont point charge d'âmes. Le chancelier de France est la première personne de l'état; il ne peut manger avec le roi, du moins jusqu'à présent, et un colonel à peine gentilhomme a cet honneur. Une intendante est reine en province, et bourgeoise à la cour.

On cuit en place publique ceux qui sont convaincus du péché de non-conformité, et on explique gravement dans tous les colléges la seconde églogue de Virgile, avec la déclaration d'amour de Corydon au bel Alexis : « Formosum pastor Co» rydon ardebat Alexin; » et on fait remarquer aux enfants que quoique Alexis soit blond et qu'Amyntas soit brun, cependant Amyntas pourrait bien avoir la préférence.

Si un pauvre philosophe, qui ne pense point à mal, s'avise de vouloir faire tourner la terre, ou d'imaginer que la lumière vient du soleil, ou de supposer que la matière pourrait bien avoir quelques autres propriétés que celles que nous connaissons, on crie à l'impie, au perturbateur du repos public; et on traduit, *ad usum Delphini*, les *Tusculanes* de Cicéron, et Lucrèce, qui sont deux cours complets d'irréligion.

Les tribunaux ne croient plus aux possédés, on se moque des sorciers; mais on a brûlé Gaufridi et Grandier pour sortilége; et en dernier lieu la moitié d'un parlement voulait condamner au feu un religieux, accusé d'avoir ensorcelé une fille de dix-huit ans, en soufflant sur elle *.

Le sceptique philosophe Bayle a été persécuté même en Hollande. La Mothe Le Vayer, plus sceptique et moins philosophe, a été précepteur du roi Louis XIV et du frère du roi. Gourville était à la fois pendu en effigie à Paris, et ministre de France en Allemagne.

Le fameux athée Spinosa vécut et mourut tranquille. Vanini, qui n'avait écrit que contre Aristote, fut brûlé comme athée : il a l'honneur, en cette qualité, de remplir un article dans les histoires des gens de lettres et dans tous les dictionnaires, immenses archives de mensonges et d'un peu de vérité : ouvrez ces livres, vous y verrez que non seulement Vanini enseignait publiquement l'athéisme dans ses écrits, mais encore que douze professeurs de sa secte étaient partis de Naples avec lui dans le dessein de faire partout des prosélytes; ouvrez ensuite les livres de Vanini, vous serez bien surpris de ne voir que des preuves de l'existence de Dieu. Voici ce qu'on lit dans son *Amphitheatrum*, ouvrage également condamné et ignoré : « Dieu est son principe et son » terme, sans fin et sans commencement, n'ayant » besoin ni de l'un ni de l'autre, et père de tout » commencement et de toute fin; il existe tou-

* C'est le procès du P. Girard et de La Cadière. Rien n'a tant déshonoré l'humanité.

» jours, mais dans aucun temps; pour lui le passé » ne fut point, et l'avenir ne viendra point; il » règne partout sans être dans un lieu; immo- » bile sans s'arrêter, rapide sans mouvement; il » est tout, et hors de tout; il est dans tout, mais » sans être enfermé; hors de tout, mais sans » être exclus d'aucune chose; bon, mais sans » qualité; entier, mais sans parties; immuable » en variant tout l'univers; sa volonté est sa » puissance; simple, il n'y a rien en lui de pu- » rement possible, tout y est réel; il est le pre- » mier, le moyen, le dernier acte; enfin étant tout, » il est au-dessus de tous les êtres, hors d'eux, » dans eux, au-delà d'eux, à jamais devant et » après eux. » C'est après une telle profession de foi que Vanini fut déclaré athée. Sur quoi fut-il condamné? sur la simple déposition d'un nommé Françon. En vain ses livres déposaient pour lui. Un seul ennemi lui a coûté la vie, et l'a flétri dans l'Europe.

Le petit livre de *Cymbalum mundi*, qui n'est qu'une imitation froide de Lucien, et qui n'a pas le plus léger, le plus éloigné rapport au christianisme, a été aussi condamné aux flammes. Mais Rabelais a été imprimé avec privilége, et on a très tranquillement laissé un libre cours à l'*Espion turc*, et même aux *Lettres persanes*, à ce livre léger, ingénieux et hardi, dans lequel il y a une lettre tout entière en faveur du suicide; une autre où l'on trouve ces propres mots: « Si l'on » suppose une religion; » une autre où il est dit expressément que les évêques n'ont « d'autres fonc- » tions que de dispenser d'accomplir la loi; » une autre enfin où il est dit que le pape est un magicien qui fait accroire que trois ne sont qu'un, que le pain qu'on mange n'est pas du pain, etc.

L'abbé de Saint-Pierre, homme qui a pu se tromper souvent, mais qui n'a jamais écrit qu'en vue du bien public, et dont les ouvrages étaient appelés par le cardinal Dubois, *les rêves d'un bon citoyen*; l'abbé de Saint-Pierre, dis-je, a été exclus de l'académie française d'une voix unanime, pour avoir, dans un ouvrage de politique, préféré l'établissement des conseils sous la régence aux bureaux des secrétaires-d'état qui gouvernaient sous Louis XIV, et pour avoir dit que les finances avaient été malheureusement administrées sur la fin de ce glorieux règne. L'auteur des *Lettres persanes* n'avait parlé de Louis XIV, dans son livre, que pour dire que ce roi était un « ma- » gicien, qui fesait accroire à ses sujets que du » papier était de l'argent; qu'il n'aimait que le » gouvernement turc; qu'il préférait un homme » qui lui donnait la serviette, à un homme qui » lui avait gagné des batailles; qu'il avait donné » une pension à un homme qui avait fui deux » lieues, et un gouvernement à un homme qui en » avait fui quatre; qu'il était accablé de pauvreté; » quoiqu'il soit dit dans la même Lettre que ses finances sont inépuisables. Voilà, encore une fois, tout ce que cet auteur, dans son seul livre alors connu, avait dit de Louis XIV, protecteur de l'académie française; et ce livre est le seul titre sur lequel l'auteur a été effectivement reçu dans l'académie française. On peut ajouter encore, pour comble de contradiction, que cette compagnie le reçut pour en avoir été tournée en ridicule. Car de tous les livres où on s'est réjoui aux dépens de cette académie, il n'y en a guère où elle soit traitée plus mal que dans les *Lettres persanes*. Voyez la lettre où il est dit: « Ceux qui composent ce » corps n'ont d'autres fonctions que de jaser sans » cesse. L'éloge vient se placer comme de lui- » même dans leur babil éternel, etc. » Après avoir ainsi traité cette compagnie, il fut loué par elle, à sa réception, du talent de faire des portraits ressemblants[1].

Si je voulais continuer à examiner les contrariétés qu'on trouve dans l'empire des lettres, il faudrait écrire l'histoire de tous les savants et de tous les beaux-esprits; de même que si je voulais détailler les contrariétés dans la société, il faudrait écrire l'histoire du genre humain. Un Asiatique qui voyagerait en Europe pourrait bien nous prendre pour des païens. Nos jours de la semaine portent les noms de Mars, de Mercure, de Jupiter, de Vénus; les noces de Cupidon et de Psyché sont peintes dans la maison des papes: mais surtout si cet Asiatique voyait notre opéra, il ne douterait pas que ce ne fût une fête à l'honneur des dieux du paganisme. S'il s'informait un peu plus exactement de nos mœurs, il serait bien plus étonné; il verrait en Espagne qu'une loi sévère défend qu'aucun étranger ait la moindre part indirecte au commerce de l'Amérique, et que cependant les étrangers y font, par les facteurs espagnols, un commerce de cinquante millions par an, de sorte que l'Espagne ne peut s'enrichir que par la violation de la loi, toujours subsistante et toujours méprisée. Il verrait qu'en un autre pays le gouvernement fait fleurir une compagnie des Indes, et que les théologiens ont déclaré le dividende des actions criminel devant Dieu. Il verrait qu'on achète le droit de juger les hommes, celui de commander à la guerre, celui d'entrer au conseil; il ne pourrait comprendre pourquoi il est dit dans les patentes qui donnent ces places, qu'elles ont été accordées gratis et sans brigue, tandis que la

[1] Cette phrase ne se trouve point dans le discours imprimé de M. Mallet, alors directeur: ainsi, ou la mémoire de Voltaire l'a mal servi, ou cette phrase ayant été remarquée à la lecture publique, on l'aura supprimée dans l'impression. K.

quittance de finance est attachée aux lettres de provision. Notre Asiatique ne serait-il pas surpris de voir des comédiens gagés par les souverains, et excommuniés par les curés? Il demanderait pourquoi un lieutenant-général roturier, qui aura gagné des batailles[a], sera mis à la taille comme un paysan, et qu'un échevin sera noble comme les Montmorenci? Pourquoi, tandis qu'on interdit les spectacles réguliers, dans une semaine consacrée à l'édification, on permet des bateleurs qui offensent les oreilles les moins délicates? Il verrait presque toujours nos usages en contradiction avec nos lois; et si nous voyagions en Asie, nous y trouverions à peu près les mêmes incompatibilités.

Les hommes sont partout également fous; ils ont fait des lois à mesure, comme on répare des brèches de murailles. Ici les fils aînés ont ôté tout ce qu'ils ont pu aux cadets, là les cadets partagent également. Tantôt l'Église a ordonné le duel, tantôt elle l'a anathématisé. On a excommunié tour à tour les partisans et les ennemis d'Aristote, et ceux qui portaient des cheveux longs et ceux qui les portaient courts. Nous n'avons dans le monde de loi parfaite que pour régler une espèce de folie, qui est le jeu. Les règles du jeu sont les seules qui n'admettent ni exception, ni relâchement, ni variété, ni tyrannie. Un homme qui a été laquais, s'il joue au lansquenet avec des rois, est payé sans difficulté quand il gagne; partout ailleurs la loi est un glaive dont le plus fort coupe par morceaux le plus faible.

Cependant ce monde subsiste comme si tout était bien ordonné; l'irrégularité tient à notre nature; notre monde politique est comme notre globe quelque chose d'informe qui se conserve toujours. Il y aurait de la folie à vouloir que les montagnes, les mers, les rivières, fussent tracées en belles figures régulières; il y aurait encore plus de folie de demander aux hommes une sagesse parfaite; ce serait vouloir donner des ailes à des chiens, ou des cornes à des aigles.

SECTION II.

Exemples tirés de l'histoire, de la sainte Écriture, de plusieurs écrivains, du fameux curé Meslier, d'un prédicant nommé Antoine, etc.

On vient de montrer les contradictions de nos usages, de nos mœurs, de nos lois : on n'en a pas dit assez.

Tout a été fait, surtout dans notre Europe, comme l'habit d'Arlequin : son maître n'avait point de drap; quand il fallut l'habiller, il prit des vieux lambeaux de toutes couleurs : Arlequin fut ridicule, mais il fut vêtu.

Où est le peuple dont les lois et les usages ne se contredisent pas? Y a-t-il une contradiction plus frappante et en même temps plus respectable que le saint empire romain? en quoi est-il saint? en quoi est-il empire? en quoi est-il romain?

Les Allemands sont une brave nation que ni les Germanicus, ni les Trajan, ne purent jamais subjuguer entièrement. Tous les peuples germains qui habitaient au-delà de l'Elbe furent toujours invincibles, quoique mal armés; c'est en partie de ces tristes climats que sortirent les vengeurs du monde. Loin que l'Allemagne soit l'empire romain, elle a servi à le détruire.

Cet empire était réfugié à Constantinople, quand un Allemand, un Austrasien alla d'Aix-la-Chapelle à Rome, dépouiller pour jamais les césars grecs de ce qui leur restait en Italie. Il prit le nom de césar, d'*imperator*; mais ni lui ni ses successeurs n'osèrent jamais résider à Rome. Cette capitale ne peut ni se vanter ni se plaindre que depuis Augustule, dernier excrément de l'empire romain, aucun césar ait vécu et soit enterré dans ses murs.

Il est difficile que l'empire soit *saint*, parce qu'il professe trois religions, dont deux sont déclarées impies, abominables, damnables et damnées, par la cour de Rome, que toute la cour impériale regarde comme souveraine sur ces cas.

Il n'est certainement pas romain, puisque l'empereur n'a pas dans Rome une maison.

En Angleterre, on sert les rois à genoux. La maxime constante est que le roi ne peut jamais faire mal : *The king can do no wrong*. Ses ministres seuls peuvent avoir tort; il est infaillible dans ses actions comme le pape dans ses jugements. Telle est la loi fondamentale, la loi salique d'Angleterre. Cependant le parlement juge son roi Édouard II vaincu et fait prisonnier par sa femme : on déclare qu'il a tous les torts du monde, et qu'il est déchu de tous droits à la couronne. Guillaume Trussel vient dans sa prison lui faire le compliment suivant :

« Moi, Guillaume Trussel, procureur du parlement et de toute la nation anglaise, je révoque l'hommage à toi fait autrefois; je te défie, et je te prive du pouvoir royal, et nous ne tiendrons plus à toi doresnavant[a]. »

Le parlement juge et condamne le roi Richard II, fils du grand Édouard III. Trente et un chefs d'accusation sont produits contre lui, parmi lesquels on en trouve deux singuliers : Qu'il avait emprunté

[a] Cette ridicule coutume a été enfin abolie en 1751. Les lieutenants généraux des armées ont été déclarés nobles comme les échevins.

[a] Rapin Thoyras n'a pas traduit littéralement cet acte

de l'argent sans payer, et qu'il avait dit en présence de témoins qu'il était le maître de la vie et des biens de ses sujets.

Le parlement dépose Henri VI qui avait un très grand tort, mais d'une autre espèce, celui d'être imbécile.

Le parlement déclare Édouard IV traître, confisque tous ses biens, et ensuite le rétablit quand il est heureux.

Pour Richard III, celui-là eut véritablement tort plus que tous les autres; c'était un Néron, mais un Néron courageux; et le parlement ne déclara ses torts que quand il eut été tué.

La chambre représentant le peuple d'Angleterre imputa plus de torts à Charles Ier qu'il n'en avait, et le fit périr sur un échafaud. Le parlement jugea que Jacques II avait de très grands torts, et surtout celui de s'être enfui. Il déclara la couronne vacante, c'est-à-dire il le déposa.

Aujourd'hui Junius écrit au roi d'Angleterre que ce monarque a tort d'être bon et sage. Si ce ne sont pas là des contradictions, je ne sais où l'on peut en trouver.

DES CONTRADICTIONS DANS QUELQUES RITES.

Après ces grandes contradictions politiques qui se divisent en cent mille petites contradictions, il n'y en a point de plus forte que celle de quelques uns de nos rites. Nous détestons le judaïsme; il n'y a pas quinze ans qu'on brûlait encore les Juifs. Nous les regardons comme les assassins de notre Dieu, et nous nous assemblons tous les dimanches pour psalmodier des cantiques juifs : si nous ne les récitons pas en hébreu, c'est que nous sommes des ignorants. Mais les quinze premiers évêques, prêtres, diacres et troupeau de Jérusalem, berceau de la religion chrétienne, récitèrent toujours les psaumes juifs dans l'idiome juif de la langue syriaque; et jusqu'au temps du calife Omar, presque tous les chrétiens, depuis Tyr jusqu'à Alep, priaient dans cet idiome juif. Aujourd'hui, qui réciterait les psaumes tels qu'ils ont été composés, qui les chanterait dans la langue juive, serait soupçonné d'être circoncis et d'être juif; il serait brûlé comme tel; il l'aurait été du moins il y a vingt ans, quoique Jésus-Christ ait été circoncis, quoique les apôtres et les disciples aient été circoncis. Je mets à part tout le fond de notre sainte religion, tout ce qui est un objet de foi, tout ce qu'il ne faut considérer qu'avec une soumission craintive; je n'envisage que l'écorce, je ne touche qu'à l'usage; je demande s'il y en eut jamais un plus contradictoire?

DES CONTRADICTIONS DANS LES AFFAIRES ET DANS LES HOMMES.

Si quelque société littéraire veut entreprendre le dictionnaire des contradictions, je souscris pour vingt volumes *in-folio*.

Le monde ne subsiste que de contradictions; que faudrait-il pour les abolir? assembler les états du genre humain. Mais de la manière dont les hommes sont faits, ce serait une nouvelle contradiction s'ils étaient d'accord. Assemblez tous les lapins de l'univers, il n'y aura pas deux avis différents parmi eux.

Je ne connais que deux sortes d'êtres immuables sur la terre, les géomètres et les animaux; ils sont conduits par deux règles invariables, la démonstration et l'instinct: et encore les géomètres ont-ils eu quelques disputes, mais les animaux n'ont jamais varié.

DES CONTRADICTIONS DANS LES HOMMES ET DANS LES AFFAIRES.

Les contrastes, les jours et les ombres sous lesquels on représente dans l'histoire les hommes publics, ne sont pas des contradictions, ce sont des portraits fidèles de la nature humaine.

Tous les jours on condamne et on admire Alexandre le meurtrier de Clitus, mais le vengeur de la Grèce, le vainqueur des Perses, et le fondateur d'Alexandrie;

César le débauché, qui vole le trésor public de Rome pour asservir sa patrie, mais dont la clémence égale la valeur, et dont l'esprit égale le courage;

Mahomet, imposteur, brigand; mais le seul des législateurs religieux qui ait eu du courage, et qui ait fondé un grand empire;

L'enthousiaste Cromwell, fourbe dans le fanatisme même, assassin de son roi en forme juridique; mais aussi profond politique que valeureux guerrier.

Mille contrastes se présentent souvent en foule, et ces contrastes sont dans la nature; ils ne sont pas plus étonnants qu'un beau jour suivi de la tempête.

DES CONTRADICTIONS APPARENTES DANS LES LIVRES.

Il faut soigneusement distinguer dans les écrits, et surtout dans les livres sacrés, les contradictions apparentes et les réelles. Il est dit dans le *Pentateuque* que Moïse était le plus doux des hommes, et qu'il fit égorger vingt-trois mille Hébreux qui avaient adoré le veau d'or, et vingt-quatre mille qui avaient ou épousé comme lui, ou fréquenté des femmes madianites; mais de sages commentateurs ont prouvé solidement que Moïse était d'un naturel très doux, et qu'il n'avait fait qu'exécuter les vengeances de Dieu en fesant massacrer ces quarante-sept mille Israélites coupables, comme nous l'avons déjà vu.

Des critiques hardis ont cru apercevoir une contradiction dans le récit où il est dit que Moïse changea toutes les eaux de l'Égypte en sang, et que les magiciens de Pharaon firent ensuite le même prodige, sans que l'*Exode* mette aucun intervalle entre le miracle de Moïse et l'opération magique des enchanteurs.

Il paraît d'abord impossible que ces magiciens changent en sang ce qui est déjà devenu sang; mais cette difficulté peut se lever en supposant que Moïse avait laissé les eaux reprendre leur première nature, pour donner au pharaon le temps de rentrer en lui-même. Cette supposition est d'autant plus plausible, que si le texte ne la favorise pas expressément, il ne lui est pas contraire.

Les mêmes incrédules demandent comment tous les chevaux ayant été tués par la grêle dans la sixième plaie, Pharaon put poursuivre la nation juive avec de la cavalerie? Mais cette contradiction n'est pas même apparente, puisque la grêle, qui tua tous les chevaux qui étaient aux champs, ne pu tomber sur ceux qui étaient dans les écuries.

Une des plus fortes contradictions qu'on ait cru trouver dans l'histoire des *Rois*, est la disette totale d'armes offensives et défensives chez les Juifs à l'avénement de Saül, comparée avec l'armée de trois cent trente mille combattants que Saül conduit contre les Ammonites qui assiégeaient Jabès en Galaad.

Il est rapporté en effet qu'alors[a], et même après cette bataille, il n'y avait pas une lance, pas une seule épée chez tout le peuple hébreu; que les Philistins empêchaient les Hébreux de forger des épées et des lances; que les Hébreux étaient obligés d'aller chez les Philistins pour faire aiguiser le soc de leurs charrues [b], leurs hoyaux, leurs cognées, et leurs serpettes.

Cet aveu semble prouver que les Hébreux étaient en très petit nombre, et que les Philistins étaient une nation puissante, victorieuse, qui tenait les Israélites sous le joug, et qui les traitait en esclaves; qu'enfin il n'était pas possible que Saül eût assemblé trois cent trente mille combattants, etc.

Le révérend père dom Calmet dit [c] « qu'il est » croyable qu'il y a un peu d'exagération dans ce » qui est dit ici de Saül et de Jonathas; » mais ce savant homme oublie que les autres commentateurs attribuent les premières victoires de Saül et de Jonathas à un de ces miracles évidents que Dieu daigna faire si souvent en faveur de son pauvre peuple. Jonathas, avec son seul écuyer, tua d'abord vingt ennemis; et les Philistins, étonnés, tournèrent leurs armes les uns contre les autres. L'auteur du livre des *Rois* dit positivement[a] que ce fut comme un miracle de Dieu, *accidit quasi miraculum à Deo*. Il n'y a donc point là de contradiction.

Les ennemis de la religion chrétienne, les Celse, les Porphyre, les Julien, ont épuisé la sagacité de leur esprit sur cette matière. Des auteurs juifs se sont prévalus de tous les avantages que leur donnait la supériorité de leurs connaissances dans la langue hébraïque pour mettre au jour ces contradictions apparentes; ils ont été suivis même par des chrétiens tels que milord Herbert, Wollaston, Tindal, Toland, Collins, Shaftesbury, Woolston, Gordon, Bolingbroke, et plusieurs auteurs de divers pays. Fréret, secrétaire perpétuel de l'académie des belles-lettres de France, le savant Leclerc même, Simon de l'Oratoire, ont cru apercevoir quelques contradictions qu'on pouvait attribuer aux copistes. Une foule d'autres critiques ont voulu relever et réformer des contradictions qui leur ont paru inexplicables.

On lit dans un livre dangereux fait avec beaucoup d'art [b]: « Saint Matthieu et saint Luc donnent chacun une généalogie de Jésus-Christ différente; et pour qu'on ne croie pas que ce sont de ces différences légères qu'on peut attribuer à méprise ou inadvertance, il est aisé de s'en convaincre par ses yeux en lisant Matthieu au chap. I, et Luc au chap. III : on verra qu'il y a quinze générations de plus dans l'une que dans l'autre; que depuis David elles se séparent absolument; qu'elles se réunissent à Salathiel; mais qu'après son fils elles se séparent de nouveau, et ne se réunissent plus qu'à Joseph.

» Dans la même généalogie, saint Matthieu tombe encore dans une contradiction manifeste; car il dit qu'Osias était père de Jonathan, et dans les *Paralipomènes*, livre Ier, chap. III, v. 11 et 12, on trouve trois générations entre eux: savoir, Joas, Amazias, Azarias, desquels Luc ne parle pas plus que Matthieu. De plus, cette généalogie ne fait rien à celle de Jésus, puisque, selon notre loi, Joseph n'avait eu aucun commerce avec Marie. »

Pour répondre à cette objection faite depuis le temps d'Origène, et renouvelée de siècle en siècle, il faut lire *Julius Africanus*. Voici les deux généalogies conciliées dans la table suivante, telle

[a] I. *Rois*, ch. XIII, v. 22. — [b] Chap. XIII, v. 19, 20, et 21. — [c] Note de dom Calmet sur le verset 19.

[a] Chap. XIV, v. 15.

[b] *Analyse de la religion chrétienne*, page 22, attribuée à Saint-Évremond.

qu'elle se trouve dans la Bibliothèque des auteurs ecclésiastiques.

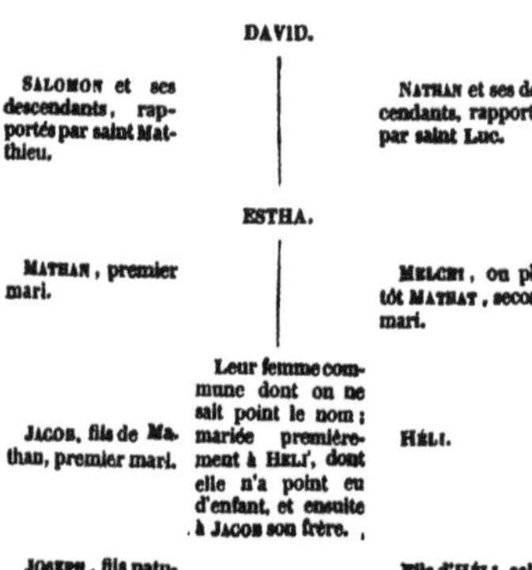

Il y a une autre manière de concilier les deux généalogies par saint Épiphane.

Suivant lui, Jacob Panther, descendu de Salomon, est père de Joseph et de Cléophas.

Joseph a de sa première femme six enfants, Jacques, Josué, Siméon, Juda, Marie, et Salomé.

Il épouse ensuite la vierge Marie, mère de Jésus, fille de Joachim et d'Anne.

Il y a plusieurs autres manières d'expliquer ces deux généalogies. Voyez l'ouvrage de dom Calmet, intitulé : *Dissertation où l'on essaie de concilier saint Matthieu avec saint Luc sur la généalogie de Jésus-Christ.*

Les mêmes savants incrédules qui ne sont occupés qu'à comparer des dates, à examiner les livres et les médailles, à confronter les anciens auteurs, à chercher la vérité avec la prudence humaine, et qui perdent par leur science la simplicité de la foi, reprochent à saint Luc de contredire les autres Évangiles, et de s'être trompé dans ce qu'il avance sur la naissance du Sauveur. Voici comme s'en explique témérairement l'auteur de l'*Analyse de la religion chrétienne* (page 25).

« Saint Luc dit que Cyrénius avait le gouvernement de Syrie lorsque Auguste fit faire le dénombrement de tout l'empire. On va voir combien il se rencontre de faussetés évidentes dans ce peu de mots. 1° Tacite et Suétone, les plus exacts de tous les historiens, ne disent pas un mot du prétendu dénombrement de tout l'empire, qui assurément eût été un événement bien singulier, puisqu'il n'y en eut jamais sous aucun empereur; du moins aucun auteur ne rapporte qu'il y en ait eu. 2° Cyrénius ne vint dans la Syrie que dix ans après le temps marqué par Luc; elle était alors gouvernée par Quintilius Varus, comme Tertullien le rapporte, et comme il est confirmé par les médailles. »

On avouera qu'en effet il n'y eut jamais de dénombrement de tout l'empire romain, et qu'il n'y eut qu'un cens de citoyens romains, selon l'usage. Il se peut que des copistes aient écrit *dénombrement* pour *cens*. A l'égard de Cyrénius, que les copistes ont transcrit Cyrinus, il est certain qu'il n'était pas gouverneur de la Syrie dans le temps de la naissance de notre Sauveur, et que c'était alors Quintilius Varus; mais il est très naturel que Quintilius Varus ait envoyé en Judée ce même Cyrénius qui lui succéda, dix ans après, dans le gouvernement de la Syrie. On ne doit point dissimuler que cette explication laisse encore quelques difficultés.

Premièrement, le cens fait sous Auguste ne se rapporte point au temps de la naissance de Jésus-Christ.

Secondement, les Juifs n'étaient point compris dans ce cens. Joseph et son épouse n'étaient point citoyens romains. Marie ne devait donc point, dit-on, partir de Nazareth, qui est à l'extrémité de la Judée, à quelques milles du mont Thabor, au milieu du désert, pour aller accoucher à Bethléem, qui est à quatre-vingts milles de Nazareth.

Mais il se peut très aisément que Cyrinus ou Cyrénius étant venu à Jérusalem de la part de Quintilius Varus pour imposer un tribut par tête, Joseph et Marie eussent reçu l'ordre du magistrat de Bethléem de venir se présenter pour payer le tribut dans le bourg de Bethléem, lieu de leur naissance; il n'y a rien là qui soit contradictoire.

Les critiques peuvent tâcher d'infirmer cette solution, en représentant que c'était Hérode seul qui imposait les tributs; que les Romains ne levaient rien alors sur la Judée; qu'Auguste laissait Hérode maître absolu chez lui, moyennant le tribut que cet Iduméen payait à l'empire. Mais on peut dans un besoin s'arranger avec un prince tributaire, et lui envoyer un intendant pour établir de concert avec lui la nouvelle taxe.

Nous ne dirons point ici, comme tant d'autres, que les copistes ont commis beaucoup de fautes, et qu'il y en a plus de dix mille dans la version que nous avons. Nous aimons mieux dire avec les docteurs et les plus éclairés, que les Évangiles nous ont été donnés pour nous enseigner à vivre saintement, et non pas à critiquer savamment.

Ces prétendues contradictions firent un effet bien terrible sur le déplorable Jean Meslier, curé d'Étrepigni et de But en Champagne : cet homme vertueux, à la vérité, et très charitable, mais sombre et mélancolique, n'ayant guère d'autres livres que la Bible et quelques Pères, les lut avec une attention qui lui devint fatale; il ne fut pas assez docile, lui qui devait enseigner la docilité à son troupeau. Il vit les contradictions apparentes, et ferma les yeux sur la conciliation. Il crut voir des contradictions affreuses entre Jésus né Juif, et ensuite reconnu Dieu; entre ce Dieu connu d'abord pour le fils de Joseph, charpentier, et le frère de Jacques, mais descendu d'un empyrée qui n'existe point, pour détruire le péché sur la terre, et la laissant couverte de crimes; entre ce Dieu né d'un vil artisan, et descendant de David par son père qui n'était pas son père; entre le créateur de tous les mondes, et le petit-fils de l'adultère Bethsabée, de l'impudente Ruth, de l'incestueuse Thamar, de la prostituée de Jéricho, et de la femme d'Abraham ravie par un roi d'Égypte, ravie ensuite à l'âge de quatre-vingt-dix ans.

Meslier étale avec une impiété monstrueuse toutes ces prétendues contradictions qui le frappèrent, et dont il lui aurait été aisé de voir la solution, pour peu qu'il eût eu l'esprit docile. Enfin sa tristesse s'augmentant dans sa solitude, il eut le malheur de prendre en horreur la sainte religion qu'il devait prêcher et aimer; et, n'écoutant plus que sa raison séduite, il abjura le christianisme par un testament olographe, dont il laissa trois copies à sa mort, arrivée en 1732. L'extrait de ce testament a été imprimé plusieurs fois, et c'est un scandale bien cruel. Un curé qui demande pardon à Dieu et à ses paroissiens, en mourant, de leur avoir enseigné des dogmes chrétiens! un curé charitable qui a le christianisme en exécration, parce que plusieurs chrétiens sont méchants, que le faste de Rome le révolte, et que les difficultés des saints livres l'irritent! un curé qui parle du christianisme comme Porphyre, Jamblique, Épictète, Marc-Aurèle, Julien! et cela lorsqu'il est prêt de paraître devant Dieu! Quel coup funeste pour lui et pour ceux que son exemple peut égarer!

C'est ainsi que le malheureux prédicant Antoine, trompé par les contradictions apparentes qu'il crut voir entre la nouvelle loi et l'ancienne, entre l'olivier franc et l'olivier sauvage, eut le malheur de quitter la religion chrétienne pour la religion juive; et, plus hardi que Jean Meslier, il aima mieux mourir que se rétracter.

On voit, par le testament de Jean Meslier, que c'étaient surtout les contrariétés apparentes des Évangiles qui avaient bouleversé l'esprit de ce malheureux pasteur, d'ailleurs d'une vertu rigide, et qu'on ne peut regarder qu'avec compassion. Meslier est profondément frappé des deux généalogies qui semblent se combattre, il n'en avait pas vu la conciliation; il se soulève, il se dépite, en voyant que saint Matthieu fait aller le père, la mère, et l'enfant en Égypte, après avoir reçu l'hommage des trois mages ou rois d'Orient, et pendant que le vieil Hérode, craignant d'être détrôné par un enfant qui vient de naître à Bethléem, fait égorger tous les enfants du pays pour prévenir cette révolution. Il est étonné que ni saint Luc, ni saint Jean, ni saint Marc, ne parlent de ce massacre. Il est confondu quand il voit que saint Luc fait rester saint Joseph, la bienheureuse vierge Marie, et Jésus notre Sauveur, à Bethléem, après quoi ils se retirèrent à Nazareth. Il devait voir que la sainte famille pouvait aller d'abord en Égypte, et quelque temps après à Nazareth sa patrie.

Si saint Matthieu seul parle des trois mages et de l'étoile qui les conduisit du fond de l'Orient à Bethléem, et du massacre des enfants; si les autres évangélistes n'en parlent pas, ils ne contredisent point saint Matthieu; le silence n'est point une contradiction.

Si les trois premiers évangélistes, saint Matthieu, saint Marc et saint Luc, ne font vivre Jésus-Christ que trois mois depuis son baptême en Galilée jusqu'à son supplice à Jérusalem; et si saint Jean le fait vivre trois ans et trois mois, il est aisé de rapprocher saint Jean des trois autres évangélistes, puisqu'il ne dit point expressément que Jésus-Christ prêcha en Galilée pendant trois ans et trois mois, et qu'on l'infère seulement de ses récits. Fallait-il renoncer à sa religion sur de simples inductions, sur de simples raisons de controverse, sur des difficultés de chronologie?

Il est impossible, dit Meslier, d'accorder saint Matthieu et saint Luc, quand le premier dit que Jésus en sortant du désert alla à Capharnaüm, et le second qu'il alla à Nazareth.

Saint Jean dit que ce fut André qui s'attacha le premier à Jésus-Christ; les trois autres évangélistes disent que ce fut Simon Pierre.

Il prétend encore qu'ils se contredisent sur le jour où Jésus célébra sa pâque, sur l'heure de son supplice, sur le lieu, sur le temps de son apparition, de sa résurrection. Il est persuadé que des livres qui se contredisent ne peuvent être inspirés par le Saint-Esprit; mais il n'est pas de foi que le Saint-Esprit ait inspiré toutes les syllabes; il ne conduisit pas la main de tous les copistes, il laissa agir les causes secondes : c'était bien assez qu'il daignât nous révéler les principaux mystères, et qu'il instituât dans la suite des temps une Église pour les expliquer. Toutes ces contradictions, reprochées si souvent aux Évangiles avec une si grande amertume, sont mises au grand jour par les sages commentateurs; loin de se nuire, elles s'expliquent chez eux l'une par l'autre; elles se prêtent un mutuel secours dans les concordances, et dans l'harmonie des quatre Évangiles.

Et s'il y a plusieurs difficultés qu'on ne peut expliquer, des profondeurs qu'on ne peut comprendre, des aventures qu'on ne peut croire, des prodiges qui révoltent la faible raison humaine, des contradictions qu'on ne peut concilier, c'est pour exercer notre foi, et pour humilier notre esprit.

CONTRADICTIONS DANS LES JUGEMENTS SUR LES OUVRAGES.

J'ai quelquefois entendu dire d'un bon juge plein de goût : Cet homme ne décide que par humeur ; il trouvait hier le Poussin un peintre admirable ; aujourd'hui il le trouve très médiocre. C'est que le Poussin en effet a mérité de grands éloges et des critiques.

On ne se contredit point quand on est en extase devant les belles scènes d'Horace et de Curiace, du Cid et de Chimène, d'Auguste et de Cinna; et qu'on voit ensuite, avec un soulèvement de cœur mêlé de la plus vive indignation, quinze tragédies de suite sans aucun intérêt, sans aucune beauté, et qui ne sont pas même écrites en français.

C'est l'auteur qui se contredit : c'est lui qui a le malheur d'être entièrement différent de lui-même. Le juge se contredirait, s'il applaudissait également l'excellent et le détestable. Il doit admirer dans Homère la peinture des Prières qui marchent après l'Injure, les yeux mouillés de pleurs; la ceinture de Vénus; les adieux d'Hector et d'Andromaque; l'entrevue d'Achille et de Priam. Mais doit-il applaudir de même à des dieux qui se disent des injures, et qui se battent; à l'uniformité des combats qui ne décident rien ; à la brutale férocité des héros; à l'avarice qui les domine presque tous ; enfin à un poëme qui finit par une trève de onze jours, laquelle fait sans doute attendre la continuation de la guerre et la prise de Troie, que cependant on ne trouve point?

Le bon juge passe souvent de l'approbation au blâme, quelque bon livre qu'il puisse lire.

CONTRASTE.

Contraste, opposition de figures, de situations, de fortune, de mœurs, etc. Une bergère ingénue fait un beau contraste dans un tableau avec une princesse orgueilleuse. Le rôle de l'Imposteur et celui de Cléante font un contraste admirable dans le *Tartufe*.

Le petit peut contraster avec le grand dans la peinture ; mais on ne peut dire qu'il lui est contraire. Les oppositions de couleurs contrastent ; mais aussi il y a des couleurs contraires les unes aux autres, c'est-à-dire qui font un mauvais effet parce qu'elles choquent les yeux lorsqu'elles sont rapprochées.

Contradictoire ne peut se dire que dans la dialectique. Il est contradictoire qu'une chose soit et ne soit pas, qu'elle soit en plusieurs lieux à la fois, qu'elle soit d'un tel nombre, d'une telle grandeur, et qu'elle n'en soit pas. Cette opinion, ce discours, cet arrêt, sont contradictoires.

Les diverses fortunes de Charles XII ont été contraires, mais non pas contradictoires ; elles forment dans l'histoire un beau contraste.

C'est un grand contraste, et ce sont deux choses bien contraires; mais il n'est point contradictoire que le pape ait été adoré à Rome, et brûlé à Londres le même jour ; et que pendant qu'on l'appelait *vice-Dieu* en Italie, il ait été représenté en cochon dans les rues de Moscou, pour l'amusement de Pierre-le-Grand.

Mahomet mis à la droite de Dieu dans la moitié du globe, et damné dans l'autre, est le plus grand des contrastes.

Voyagez loin de votre pays, tout sera contraste pour vous.

Le blanc qui le premier vit un nègre fut bien étonné ; mais le premier raisonneur qui dit que ce nègre venait d'une paire blanche m'étonne bien davantage, son opinion est contraire à la mienne. Un peintre qui représente des blancs, des nègres, et des olivâtres, peut faire de beaux contrastes.

CONVULSIONS.

On dansa, vers l'an 1724, sur le cimetière de Saint-Médard; il s'y fit beaucoup de miracles : en voici un rapporté dans une chanson de madame la duchesse du Maine :

Un décrotteur à la royale,
Du talon gauche estropié,
Obtint pour grâce spéciale
D'être boiteux de l'autre pied.

Les convulsions miraculeuses, comme on sait, continuèrent jusqu'à ce qu'on eût mis une garde au cimetière.

De par le roi, défense à Dieu
De faire miracle en ce lieu.

Les jésuites, comme on le sait encore, ne pouvant plus faire de tels miracles depuis que leur Xavier avait épuisé les grâces de la Compagnie à ressusciter neuf morts de compte fait, s'avisèrent, pour balancer le crédit des jansénistes, de faire graver une estampe de Jésus-Christ habillé en jésuite. Un plaisant du parti janséniste, comme on le sait encore, mit au bas de l'estampe :

Admirez l'artifice extrême
De ces moines ingénieux;
Ils vous ont habillé comme eux,
Mon Dieu, de peur qu'on ne vous aime.

Les jansénistes, pour mieux prouver que jamais Jésus-Christ n'avait pu prendre l'habit de jésuite, remplirent Paris de convulsions, et attirèrent le monde à leur préau. Le conseiller au parlement, Carré de Montgeron, alla présenter au roi un recueil in-4° de tous ces miracles, attestés par mille témoins. Il fut mis, comme de raison, dans un château, où l'on tâcha de rétablir son cerveau par le régime; mais la vérité l'emporte toujours sur les persécutions; les miracles se perpétuèrent trente ans de suite, sans discontinuer. On fesait venir chez soi sœur Rose, sœur Illuminée, sœur Promise, sœur Confite; elles se fesaient fouetter, sans qu'il y parût le lendemain : on leur donnait des coups de bûche sur leur estomac bien cuirassé, bien rembourré, sans leur faire de mal; on les couchait devant un grand feu, le visage frotté de pommade, sans qu'elles brûlassent; enfin, comme tous les arts se perfectionnent, on a fini par leur enfoncer des épées dans les chairs, et par les crucifier. Un fameux maître d'école même a eu aussi l'avantage d'être mis en croix; tout cela pour convaincre le monde qu'un certaine bulle était ridicule, ce qu'on aurait pu prouver sans tant de frais. Cependant, et jésuites et jansénistes se réunirent tous contre l'*Esprit des lois*, et contre.., et contre... et contre... et contre... Et nous osons après cela nous moquer des Lapons, des Samoïèdes et des Nègres, ainsi que nous l'avons dit tant de fois!

COQUILLES (DES)

ET DES SYSTÈMES BATIS SUR DES COQUILLES[1].

CORPS.

Corps et matière, c'est ici même chose, quoiqu'il n'y ait pas de synonyme à la rigueur. Il y a eu des gens qui par ce mot *corps* ont aussi entendu esprit. Ils ont dit : Esprit signifie originairement *souffle*, il n'y a qu'un corps qui puisse souffler; donc esprit et corps pourraient bien au fond être la même chose. C'est dans ce sens que La Fontaine disait au célèbre duc de La Rochefoucauld :

J'entends les esprits corps et pétris de matière...
(Fable 15 du liv. x.)

C'est dans le même sens qu'il dit à madame de la Sablière :

Je subtiliserais un morceau de matière...
Quintessence d'atome, extrait de la lumière,
Je ne sais quoi plus vif et plus mobile encor.
(Fable 1 du liv. x.)

Personne ne s'avisa de harceler le bon La Fontaine, et de lui faire un procès sur ces expressions. Si un pauvre philosophe et même un poète en disait autant aujourd'hui, que de gens pour se faire de fête, que de folliculaires pour vendre douze sous leurs extraits, que de fripons, uniquement dans le dessein de faire du mal, crieraient au philosophe, au péripatéticien, au disciple de Gassendi, à l'écolier de Locke et des premiers Pères, au damné!

De même que nous ne savons ce que c'est qu'un esprit, nous ignorons ce que c'est qu'un corps : nous voyons quelques propriétés; mais quel est ce sujet en qui ces propriétés résident? Il n'y a que des corps, disaient Démocrite et Épicure : il n'y a point de corps, disaient les disciples de Zénon d'Élée.

L'évêque de Cloyne, Berkeley, est le dernier qui, par cent sophismes captieux, a prétendu prouver que les corps n'existent pas. Ils n'ont, dit-il, ni couleurs, ni odeurs, ni chaleur; ces modalités sont dans vos sensations, et non dans les objets. Il pouvait s'épargner la peine de prouver cette vérité; elle était assez connue. Mais de là il passe à l'étendue, à la solidité, qui sont des essences du corps, et il croit prouver qu'il n'y a pas d'étendue dans une pièce de drap vert, parce que ce drap n'est pas vert en effet; cette sensation du vert n'est qu'en vous, donc cette sensation de l'étendue n'est aussi qu'en vous. Et après avoir ainsi détruit l'étendue, il conclut que la solidité qui y est attachée tombe d'elle-même; et qu'ainsi il n'y a rien au monde que nos idées. De sorte que, selon ce docteur, dix mille hommes tués par dix mille coups de canon, ne sont dans le fond que dix mille appréhensions de notre entendement; et quand un homme fait un enfant à sa femme, ce n'est qu'une idée qui se loge dans une autre idée dont il naîtra une troisième idée.

Il ne tenait qu'à M. l'évêque de Cloyne de ne point tomber dans l'excès de ce ridicule. Il croit montrer qu'il n'y a point d'étendue, parce qu'un corps lui a paru avec sa lunette quatre fois plus gros qu'il ne l'était à ses yeux, et quatre fois plus petit à l'aide d'un autre verre. De là il conclut qu'un corps ne pouvant avoir à la fois quatre pieds, seize pieds, et un seul pied d'étendue, cette étendue n'existe pas; donc il n'y a rien. Il n'avait qu'à prendre une mesure, et dire : De quelque étendue qu'un corps me paraisse, il est étendu de tant de ces mesures.

Il lui était bien aisé de voir qu'il n'en est pas de l'étendue et de la solidité comme des sons, des

[1] Voyez les *Singularités de la nature*, chapitres XII à XVIII. (*Physique*.)

couleurs, des saveurs, des odeurs, etc. Il est clair que ce sont en nous des sentiments excités par la configuration des parties; mais l'étendue n'est point un sentiment. Que ce bois allumé s'éteigne, je n'ai plus chaud; que cet air ne soit plus frappé, je n'entends plus; que cette rose se fane, je n'ai plus d'odorat pour elle : mais ce bois, cet air, cette rose, sont étendus sans moi. Le paradoxe de Berkeley ne vaut pas la peine d'être réfuté.

C'est ainsi que les Zénon d'Élée, les Parménide argumentaient autrefois; et ces gens-là avaient beaucoup d'esprit : ils vous prouvaient qu'une tortue doit aller aussi vite qu'Achille; qu'il n'y a point de mouvement; ils agitaient cent autres questions aussi utiles. La plupart des Grecs jouèrent des gobelets avec la philosophie, et transmirent leurs tréteaux à nos scolastiques. Bayle lui-même a été quelquefois de la bande; il a brodé des toiles d'araignées comme un autre; il argumente, à l'article *Zénon*, contre l'étendue divisible de la matière et la contiguïté des corps; il dit tout ce qu'il ne serait pas permis de dire à un géomètre de six mois.

Il est bon de savoir ce qui avait entraîné l'évêque Berkeley dans ce paradoxe. J'eus, il y a longtemps, quelques conversations avec lui; il me dit que l'origine de son opinion venait de ce qu'on ne peut concevoir ce que c'est que ce sujet qui reçoit l'étendue. Et en effet, il triomphe dans son livre, quand il demande à Hilas ce que c'est que ce sujet, ce *substratum*, cette substance. C'est le corps étendu, répond Hilas. Alors l'évêque, sous le nom de Philonoüs, se moque de lui; et le pauvre Hilas voyant qu'il a dit que l'étendue est le sujet de l'étendue, et qu'il a dit une sottise, demeure tout confus, et avoue qu'il n'y comprend rien; qu'il n'y a point de corps, que le monde matériel n'existe pas, qu'il n'y a qu'un monde intellectuel.

Hilas devait dire seulement à Philonoüs : Nous ne savons rien sur le fond de ce sujet, de cette substance étendue, solide, divisible, mobile, figurée, etc.; je ne la connais pas plus que le sujet pensant, sentant et voulant; mais ce sujet n'en existe pas moins, puisqu'il a des propriétés essentielles dont il ne peut être dépouillé[1].

Nous sommes tous comme la plupart des dames de Paris; elles font grande chère sans savoir ce qui entre dans les ragoûts: de même nous jouissons des corps sans savoir ce qui les compose. De quoi est fait le corps? de parties, et ces parties se résolvent en d'autres parties. Que sont ces dernières parties? toujours des corps; vous divisez sans cesse, et vous n'avancez jamais.

Enfin, un subtil philosophe, remarquant qu'un tableau est fait d'ingrédients dont aucun n'est un tableau, et une maison de matériaux dont aucun n'est une maison, imagina que les corps sont bâtis d'une infinité de petits êtres qui ne sont pas corps; et cela s'appelle des *monades*. Ce système ne laisse pas d'avoir son bon, et s'il était révélé, je le croirais très possible; tous ces petits êtres seraient des points mathématiques, des espèces d'âmes qui n'attendraient qu'un habit pour se mettre dedans : ce serait une métempsycose continuelle. Ce système en vaut bien un autre, je l'aime bien autant que la déclinaison des atomes, les formes substantielles, la grâce versatile et les vampires.

COURTISANS LETTRÉS[1].

COUTUMES[1].

Il y a, dit-on, cent quarante-quatre coutumes en France qui ont force de loi; ces lois sont presque toutes différentes. Un homme qui voyage dans ce pays change de loi presque autant de fois qu'il change de chevaux de poste. La plupart de ces coutumes ne commencèrent à être rédigées par écrit que du temps de Charles VII; la grande raison, c'est qu'auparavant très peu de gens savaient écrire. On écrivit donc une partie d'une partie de la coutume de Ponthieu; mais ce grand ouvrage ne fut achevé par les Picards que sous Charles VIII. Il n'y en eut que seize de rédigées du temps de Louis XII. Enfin, aujourd'hui la jurisprudence s'est tellement perfectionnée, qu'il n'y a guère de coutume qui n'ait plusieurs commentateurs; et tous, comme on croit bien, d'un avis différent. Il y en a déjà vingt-six sur la coutume de Paris. Les juges ne savent auquel entendre; mais pour les mettre à leur aise, on vient de faire la coutume de Paris en vers. C'est ainsi qu'autrefois la prêtresse de Delphes rendait ses oracles.

Les mesures sont aussi différentes que les coutumes; de sorte que ce qui est vrai dans le faubourg de Montmartre devient faux dans l'abbaye de Saint-Denys. Dieu ait pitié de nous!

CREDO, *voyez* SYMBOLE.

CRIMES OU DÉLITS DE TEMPS ET DE LIEU.

Un Romain tue malheureusement en Égypte un chat consacré, et le peuple en fureur punit ce

[1] Voyez sur cet objet l'article EXISTENCE dans l'*Encyclopédie*; c'est le seul ouvrage où la question de l'existence des objets extérieurs ait été bien éclaircie, et où l'on trouve les principes qui peuvent conduire à la résoudre. K.

[1] Voyez la vingtième des *Lettres philosophiques*. (*Mélanges historiques*)

sacrilége en déchirant le Romain en pièces. Si on avait mené ce Romain au tribunal, et si les juges avaient eu le sens commun, ils l'auraient condamné à demander pardon aux Égyptiens et aux chats, à payer une forte amende, soit en argent, soit en souris. Ils lui auraient dit qu'il faut respecter les sottises du peuple quand on n'est pas assez fort pour les corriger.

Le vénérable chef de la justice lui aurait parlé à peu près ainsi : Chaque pays a ses impertinences légales, et ses délits de temps et de lieu. Si dans votre Rome, devenue souveraine de l'Europe, de l'Afrique et de l'Asie-Mineure, vous alliez tuer un poulet sacré dans le temps qu'on lui donne du grain pour savoir au juste la volonté des dieux, vous seriez sévèrement puni. Nous croyons que vous n'avez tué notre chat que par mégarde. La cour vous admoneste. Allez en paix, soyez plus circonspect.

C'est une chose très indifférente d'avoir une statue dans son vestibule : mais si, lorsque Octave surnommé *Auguste* était maître absolu, un Romain eût placé chez lui une statue de Brutus, il eût été puni comme séditieux. Si un citoyen avait, sous un empereur régnant, la statue du compétiteur à l'empire, c'était, disait-on, un crime de lèse-majesté, de haute trahison.

Un Anglais ne sachant que faire, s'en va à Rome; il rencontre le prince Charles-Édouard chez un cardinal; il en est fort content. De retour chez lui, il boit dans un cabaret à la santé du prince Charles-Édouard. Le voilà accusé de *haute* trahison. Mais qui a-t-il trahi *hautement*, lorsqu'il a dit, en buvant, qu'il souhaitait que ce prince se portât bien? S'il a conjuré pour le mettre sur le trône, alors il est coupable envers la nation : mais jusque-là on ne voit pas que dans l'exacte justice le parlement puisse exiger de lui autre chose que de boire quatre coups à la santé de la maison de Hanovre, s'il en a bu deux à la santé de la maison de Stuart.

DES CRIMES DE TEMPS ET DE LIEU QU'ON DOIT IGNORER.

On sait combien il faut respecter Notre-Dame de Lorette, quand on est dans la Marche d'Ancône. Trois jeunes gens y arrivent; ils font de mauvaises plaisanteries sur la maison de Notre-Dame, qui a voyagé par l'air, qui est venue en Dalmatie, qui a changé deux ou trois fois de place, et qui enfin ne s'est trouvée commodément qu'à Lorette. Nos trois étourdis chantent à souper une chanson faite autrefois par quelque huguenot contre la translation de la *santa casa* de Jérusalem au fond du golfe Adriatique. Un fanatique est instruit par hasard de ce qui s'est passé à leur souper; il fait des perquisitions; il cherche des témoins; il engage un monsignore à lâcher un monitoire. Ce monitoire alarme les consciences. Chacun tremble de ne pas parler. Tourières, bedeaux, cabaretiers, laquais, servantes, ont bien entendu tout ce qu'on n'a point dit, ont vu tout ce qu'on n'a point fait; c'est un vacarme, un scandale épouvantable dans toute la Marche d'Ancône. Déjà l'on dit à une demi-lieue de Lorette que ces enfants ont tué Notre-Dame; à une lieue plus loin on assure qu'ils ont jeté la *santa casa* dans la mer. Enfin, ils sont condamnés. La sentence porte que d'abord on leur coupera la main, qu'ensuite on leur arrachera la langue, qu'après cela on les mettra à la torture pour savoir d'eux (au moins par signes) combien il y avait de couplets à la chanson; et qu'enfin ils seront brûlés à petit feu.

Un avocat de Milan, qui dans ce temps se trouvait à Lorette, demanda au principal juge à quoi donc il aurait condamné ces enfants s'ils avaient violé leur mère, et s'ils l'avaient ensuite égorgée pour la manger? Oh! oh! répondit le juge, il y a bien de la différence; violer, assassiner, et manger son père et sa mère, n'est qu'un délit contre les hommes.

Avez-vous une loi expresse, dit le Milanais, qui vous force à faire périr par un si horrible supplice des jeunes gens à peine sortis de l'enfance, pour s'être moqués indiscrètement de la *santa casa*, dont on rit d'un rire de mépris dans le monde entier, excepté dans la Marche d'Ancône? Non, dit le juge; la sagesse de notre jurisprudence laisse tout à notre discrétion. — Fort bien; vous deviez donc avoir la discrétion de songer que l'un de ces enfants est le petit-fils d'un général qui a versé son sang pour la patrie, et le neveu d'une abbesse aimable et respectable : cet enfant et ses camarades sont des étourdis qui méritent une correction paternelle. Vous arrachez à l'état des citoyens qui pourraient un jour le servir; vous vous souillez du sang innocent, et vous êtes plus cruels que les Cannibales. Vous vous rendez exécrables à la dernière postérité. Quel motif a été assez puissant pour éteindre ainsi en vous la raison, la justice, l'humanité, et pour vous changer en bêtes féroces? — Le malheureux juge répondit enfin : Nous avions eu des querelles avec le clergé d'Ancône; il nous accusait d'être trop zélés pour les libertés de l'Église lombarde, et par conséquent de n'avoir point de religion. J'entends, dit le Milanais, vous avez été assassins pour paraître chrétiens. A ces mots, le juge tomba par terre comme frappé de la foudre : ses confrères perdirent depuis leurs emplois; ils crièrent qu'on leur fesait injustice;

ils oubliaient celle qu'ils avaient faite, et ne s'apercevaient pas que la main de Dieu était sur eux [1].

Pour que sept personnes se donnent légalement l'amusement d'en faire périr une huitième en public à coups de barre de fer sur un théâtre; pour qu'ils jouissent du plaisir secret et mal démêlé dans leur cœur, de voir comment cet homme souffrira son supplice, et d'en parler ensuite à table avec leurs femmes et leurs voisins; pour que des exécuteurs, qui font gaiement ce métier, comptent d'avance l'argent qu'ils vont gagner; pour que le public coure à ce spectacle comme à la foire, etc.; il faut que le crime mérite évidemment ce supplice du consentement de toutes les nations policées, et qu'il soit nécessaire au bien de la société : car il s'agit ici de l'humanité entière. Il faut surtout que l'acte du délit soit démontré non comme une proposition de géométrie, mais autant qu'un fait peut l'être.

Si contre cent mille probabilités que l'accusé est coupable, il y en a une seule qu'il est innocent, cette seule doit balancer toutes les autres.

QUESTION SI DEUX TÉMOINS SUFFISENT POUR FAIRE PENDRE UN HOMME.

On s'est imaginé long-temps, et le proverbe en est resté, qu'il suffit de deux témoins pour faire pendre un homme en sûreté de conscience. Encore une équivoque! les équivoques gouvernent donc le monde? Il est dit dans saint Matthieu (ainsi que nous l'avons déjà remarqué) : « Il » suffira de deux ou trois témoins pour réconci- » lier deux amis brouillés [2]; » et d'après ce texte, on a réglé la jurisprudence criminelle, au point de statuer que c'est une loi divine de tuer un citoyen sur la déposition uniforme de deux témoins qui peuvent être des scélérats! Une foule de témoins uniformes ne peut constater une chose improbable niée par l'accusé; on l'a déjà dit. Que faut-il donc faire en ce cas? attendre, remettre le jugement à cent ans, comme fesaient les Athéniens.

Rapportons ici un exemple frappant de ce qui vient de se passer sous nos yeux à Lyon. Une femme ne voit pas revenir sa fille chez elle, vers les onze heures du soir; elle court partout; elle soupçonne sa voisine d'avoir caché sa fille; elle la redemande, elle l'accuse de l'avoir prostituée. Quelques semaines après, des pêcheurs trouvent dans le Rhône, à Condrieux, une fille noyée et tout en pourriture. La femme dont nous avons parlé croit que c'est sa fille. Elle est persuadée par les ennemis de sa voisine qu'on a déshonoré sa fille chez cette voisine même, qu'on l'a étranglée, qu'on l'a jetée dans le Rhône. Elle le dit, elle le crie : la populace le répète. Il se trouve bientôt des gens qui savent parfaitement les moindres détails de ce crime. Toute la ville est en rumeur; toutes les bouches crient vengeance. Il n'y a rien jusque-là que d'assez commun dans une populace sans jugement : mais voici le rare, le prodigieux. Le propre fils de cette voisine, un enfant de cinq ans et demi, accuse sa mère d'avoir fait violer sous ses yeux cette malheureuse fille retrouvée dans le Rhône, de l'avoir fait tenir par cinq hommes pendant que le sixième jouissait d'elle. Il a entendu les paroles que prononçait la violée; il peint ses attitudes; il a vu sa mère et ces scélérats étrangler cette infortunée immédiatement après la consommation. Il a vu sa mère et les assassins la jeter dans un puits, l'en retirer, l'envelopper dans un drap; il a vu ces monstres la porter en triomphe dans les places publiques, danser autour du cadavre et le jeter enfin dans le Rhône. Les juges sont obligés de mettre aux fers tous les prétendus complices; des témoins déposent contre eux. L'enfant est d'abord entendu, et il soutient avec la naïveté de son âge tout ce qu'il a dit d'eux et de sa mère. Comment imaginer que cet enfant n'ait pas dit la pure vérité? Le crime n'est pas vraisemblable; mais il l'est encore moins qu'à cinq ans et demi on calomnie ainsi sa mère; qu'un enfant répète avec uniformité toutes les circonstances d'un crime abominable et inouï, s'il n'en a pas été le témoin oculaire, s'il n'en a point été vivement frappé, si la force de la vérité ne les arrache à sa bouche.

Tout le peuple s'attend à repaître ses yeux du supplice des accusés.

Quelle est la fin de cet étrange procès criminel? Il n'y avait pas un mot de vrai dans l'accusation. Point de fille violée, point de jeunes gens assemblés chez la femme accusée, point de meurtre, pas la moindre aventure, pas le moindre bruit. L'enfant avait été suborné, et par qui? chose étrange, mais vraie! par deux autres enfants qui étaient fils des accusateurs. Il avait été sur le point de faire brûler sa mère pour avoir des confitures.

Tous les chefs d'accusation réunis étaient impossibles. Le présidial de Lyon, sage et éclairé, après avoir déféré à la fureur publique au point de rechercher les preuves les plus surabondantes pour et contre les accusés, les absout pleinement et d'une voix unanime.

Peut-être autrefois aurait-on fait rouer et brû-

[1] Voyez (dans les *Mélanges*, année 1766) la *Relation de la mort du chevalier de La Barre*, et le dernier chapitre de l'*Histoire du Parlement*. K.

[2] Saint Matthieu, XVIII, 16.

ler tous ces accusés innocents, à l'aide d'un monitoire, pour avoir le plaisir de faire ce qu'on appelle *une justice*, qui est la tragédie de la canaille.

CRIMINALISTE.

Dans les antres de la chicane, on appelle *grand criminaliste* un barbare en robe qui sait faire tomber les accusés dans le piége, qui ment impudemment pour découvrir la vérité, qui intimide des témoins, et qui les force, sans qu'ils s'en aperçoivent, à déposer contre le prévenu : s'il y a une loi antique et oubliée, portée dans un temps de guerres civiles, il la fait revivre, il la réclame dans un temps de paix. Il écarte, il affaiblit tout ce qui peut servir à justifier un malheureux; il amplifie, il aggrave tout ce qui peut servir à le condamner. Son rapport n'est pas d'un juge, mais d'un ennemi. Il mérite d'être pendu à la place du citoyen qu'il fait pendre.

CRIMINEL.

Procès criminel.

On a puni souvent par la mort des actions très innocentes; c'est ainsi qu'en Angleterre Richard III et Édouard IV firent condamner par des juges ceux qu'ils soupçonnaient de ne leur être pas attachés. Ce ne sont pas là des procès criminels, ce sont des assassinats commis par des meurtriers privilégiés. Le dernier degré de la perversité est de faire servir les lois à l'injustice.

On a dit que les Athéniens punissaient de mort tout étranger qui entrait dans l'église, c'est-à-dire dans l'assemblée du peuple. Mais si cet étranger n'était qu'un curieux, rien n'était plus barbare que de le faire mourir. Il est dit dans *l'Esprit des Lois* [a] qu'on usait de cette rigueur « parce que cet » homme usurpait les droits de la souveraineté. » Mais un Français qui entre à Londres dans la chambre des communes pour entendre ce qu'on y dit, ne prétend point faire le souverain. On le reçoit avec bonté. Si quelque membre de mauvaise humeur demande le *Clear the house*, éclaircissez la chambre, mon voyageur l'éclaircit en s'en allant; il n'est point pendu. Il est croyable que si les Athéniens ont porté cette loi passagère, c'était dans un temps où l'on craignait qu'un étranger ne fût un espion, et non qu'il s'arrogeât les droits de souverain. Chaque Athénien opinait dans sa tribu; tous ceux de la tribu se connaissaient; un étranger n'aurait pu aller porter sa fève.

[a] Liv. II, ch. II.

Nous ne parlons ici que des vrais procès criminels. Chez les Romains tout procès criminel était public. Le citoyen accusé des plus énormes crimes avait un avocat qui plaidait en sa présence, qui fesait même des interrogations à la partie adverse, qui discutait tout devant ses juges. On produisait à portes ouvertes tous les témoins pour ou contre, rien n'était secret. Cicéron plaida pour Milon, qui avait assassiné Clodius en plein jour à la vue de mille citoyens. Le même Cicéron prit en main la cause de Roscius Amerinus, accusé de parricide. Un seul juge n'interrogeait pas en secret des témoins, qui sont d'ordinaire des gens de la lie du peuple, auxquels on fait dire ce qu'on veut.

Un citoyen romain n'était pas appliqué à la torture sur l'ordre arbitraire d'un autre citoyen romain qu'un contrat eût revêtu de ce droit cruel. On ne fesait pas cet horrible outrage à la nature humaine dans la personne de ceux qui étaient regardés comme les premiers des hommes, mais seulement dans celle des esclaves regardés à peine comme des hommes. Il eût mieux valu ne point employer la torture contre les esclaves mêmes [a].

L'instruction d'un procès criminel se ressentait à Rome de la magnanimité et de la franchise de la nation.

Il en est ainsi à peu près à Londres. Le secours d'un avocat n'y est refusé à personne en aucun cas; tout le monde est jugé par ses pairs. Tout citoyen peut de trente-six bourgeois jurés en récuser douze sans cause, douze en alléguant des raisons, et par conséquent choisir lui-même les douze autres pour ses juges. Ces juges ne peuvent aller ni en deçà, ni au-delà de la loi; nulle peine n'est arbitraire, nul jugement ne peut être exécuté que l'on n'en ait rendu compte au roi, qui peut et qui doit faire grâce à ceux qui en sont dignes, et à qui la loi ne la peut faire; ce cas arrive assez souvent. Un homme violemment outragé aura tué l'offenseur dans un mouvement de colère pardonnable; il est condamné par la rigueur de la loi, et sauvé par la miséricorde, qui doit être le partage du souverain.

Remarquons bien attentivement que dans ce pays où les lois sont aussi favorables à l'accusé que terribles pour le coupable, non seulement un emprisonnement fait sur la dénonciation fausse d'un accusateur est puni par les plus grandes réparations et les plus fortes amendes; mais que si un emprisonnement illégal a été ordonné par un ministre d'état à l'ombre de l'autorité royale, le ministre est condamné à payer deux guinées par heure pour tout le temps que le citoyen a demeuré en prison.

[a] Voyez l'article TORTURE.

PROCÉDURE CRIMINELLE CHEZ CERTAINES NATIONS.

Il y a des pays où la jurisprudence criminelle fut fondée sur le droit canon, et même sur les procédures de l'inquisition, quoique ce nom y soit détesté depuis long-temps. Le peuple dans ces pays est demeuré encore dans une espèce d'esclavage. Un citoyen poursuivi par l'homme du roi est d'abord plongé dans un cachot, ce qui est déjà un véritable supplice pour un homme qui peut être innocent. Un seul juge, avec son greffier, entend secrètement chaque témoin assigné l'un après l'autre.

Comparons seulement ici en quelques points la procédure criminelle des Romains avec celle d'un pays de l'Occident qui fut autrefois une province romaine.

Chez les Romains, les témoins étaient entendus publiquement en présence de l'accusé, qui pouvait leur répondre, les interroger lui-même, ou leur mettre en tête un avocat. Cette procédure était noble et franche; elle respirait la magnanimité romaine.

En France, en plusieurs endroits de l'Allemagne, tout se fait secrètement. Cette pratique, établie sous François Ier, fut autorisée par les commissaires qui rédigèrent l'ordonnance de Louis XIV en 1670 : une méprise seule en fut la cause.

On s'était imaginé, en lisant le code *de testibus*, que ces mots : *Testes intrare judicii secretum*, signifiaient que les témoins étaient interrogés en secret. Mais *secretum* signifie ici le cabinet du juge. *Intrare secretum*, pour dire, parler secrètement, ne serait pas latin. Ce fut un solécisme qui fit cette partie de notre jurisprudence.

Les déposants sont pour l'ordinaire des gens de la lie du peuple, et à qui le juge enfermé avec eux peut faire dire tout ce qu'il voudra. Ces témoins sont entendus une seconde fois, toujours en secret, ce qui s'appelle *récolement;* et si après le récolement ils se rétractent de leurs dépositions, ou s'ils les changent dans des circonstances essentielles, ils sont punis comme faux témoins. De sorte que lorsqu'un homme d'un esprit simple, et ne sachant pas s'exprimer, mais ayant le cœur droit, et se souvenant qu'il en a dit trop ou trop peu, qu'il a mal entendu le juge, ou que le juge l'a mal entendu, révoque par esprit de justice ce qu'il a dit par imprudence, il est puni comme un scélérat : ainsi il est forcé souvent de soutenir un faux témoignage, par la seule crainte d'être traité en faux témoin.

L'accusé, en fuyant, s'expose à être condamné, soit que le crime ait été prouvé, soit qu'il ne l'ait pas été. Quelques jurisconsultes, à la vérité, ont assuré que le contumax ne devait pas être condamné, si le crime n'était pas clairement prouvé; mais d'autres jurisconsultes, moins éclairés et peut-être plus suivis, ont eu une opinion contraire; ils ont osé dire que la fuite de l'accusé était une preuve du crime, que le mépris qu'il marquait pour la justice, en refusant de comparaître, méritait le même châtiment que s'il était convaincu. Ainsi, suivant la secte de jurisconsultes que le juge aura embrassée, l'innocent sera absous ou condamné.

C'est un grand abus dans la jurisprudence, que l'on prenne souvent pour lois les rêveries et les erreurs, quelquefois cruelles, d'hommes sans aveu qui ont donné leurs sentiments pour des lois.

Sous le règne de Louis XIV on a fait en France deux ordonnances qui sont uniformes dans tout le royaume. Dans la première, qui a pour objet la procédure civile, il est défendu aux juges de condamner en matière civile par défaut, quand la demande n'est pas prouvée ; mais dans la seconde, qui règle la procédure criminelle, il n'est point dit que, faute de preuves, l'accusé sera renvoyé. Chose étrange! la loi dit qu'un homme à qui l'on demande quelque argent ne sera condamné par défaut qu'au cas que la dette soit avérée; mais s'il s'agit de la vie, c'est une controverse au barreau de savoir si l'on doit condamner le contumax quand le crime n'est pas prouvé; et la loi ne résout pas la difficulté.

EXEMPLE TIRÉ DE LA CONDAMNATION D'UNE FAMILLE ENTIÈRE.

Voici ce qui arriva à cette famille infortunée. Dans le temps que des confréries insensées de prétendus pénitents, le corps enveloppé dans une robe blanche, et le visage masqué, avaient élevé dans une des principales églises de Toulouse un catafalque superbe à un jeune protestant homicide de lui-même, qu'ils prétendaient avoir été assassiné par son père et sa mère pour avoir abjuré la religion réformée; dans ce temps même où toute la famille de ce protestant révéré en martyr était dans les fers, et que tout un peuple, enivré d'une superstition également folle et barbare, attendait avec une dévote impatience le plaisir de voir expirer, sur la roue ou dans les flammes, cinq ou six personnes de la probité la plus reconnue; dans ce temps funeste, dis-je, il y avait auprès de Castres un honnête homme de cette même religion protestante, nommé Sirven, exerçant dans cette province la profession de feudiste. Ce père de famille avait trois filles. Une femme qui gouvernait la maison de l'évêque de Castres, lui propose de lui amener la seconde fille de Sirven, nommé Élisabeth, pour la faire catholique, apostolique et romaine : elle l'amène en effet : l'évêque la fait enfermer chez les jésuitesses qu'on nomme *les dames régentes* ou *les dames noires*. Ces dames lui enseignent ce qu'elles savent : elles lui trouvèrent la tête un peu dure, et lui imposèrent des pénitences rigoureuses pour lui inculquer des vérités qu'on pouvait lui apprendre avec douceur ; elle devint folle; les dames noires la chassent; elle retourne chez ses parents; sa mère, en la fesant changer de chemise, trouve tout son corps couvert de meurtrissures : la folie augmente; elle se change en fureur mélancolique; elle s'échappe un jour de la maison, tandis que le père était à quelques milles de là, occupé publiquement de ses fonctions dans le château d'un seigneur voisin. Enfin, vingt jours après l'évasion d'Élisabeth, des enfants la trouvèrent noyée dans un puits, le 4 janvier 1761.

C'était précisément le temps où l'on se préparait à rouer Calas dans Toulouse. Le mot de *parricide*, et qui pis est de *huguenot*, volait de bouche en bouche dans toute la province. On ne douta pas que Sirven, sa femme et ses deux filles n'eussent noyé la troisième par principe de religion. C'était une opinion universelle que la religion protestante ordonne positivement aux pères et aux mères de tuer leurs enfants s'ils veulent être catholiques. Cette opinion avait jeté de si profondes racines dans les têtes mêmes des magistrats, entraînés malheureusement alors par la clameur publique, que le conseil et l'Église de Genève furent obligés de démentir cette fatale erreur, et d'envoyer au parlement de Toulouse une attestation juridique, que non seulement les protestants ne tuent point leurs enfants, mais qu'on les laisse maîtres de tous leurs biens, quand ils quittent leur secte pour une autre.

On sait que Calas fut roué, malgré cette attestation.

Un nommé Landes, juge de village, assisté de quelques gradués aussi savants que lui, s'empressa de faire toutes les dispositions pour bien suivre l'exemple qu'on venait de donner dans Toulouse. Un médecin de village, aussi éclairé que les juges, ne manqua pas d'assurer, à l'inspection du corps, au bout de vingt jours, que cette fille avait été étranglée et jetée ensuite dans le puits. Sur cette déposition le juge décrète de prise de corps le père, la mère et les deux filles.

La famille, justement effrayée par la catastrophe des Calas, et par les conseils de ses amis, prend incontinent la fuite ; ils marchent au milieu des neiges pendant un hiver rigoureux ; et de montagnes en montagnes ils arrivent jusqu'à celles des Suisses. Celle des deux filles qui était mariée et grosse accouche avant terme parmi les glaces.

La première nouvelle que cette famille apprend quand elle est en lieu de sûreté, c'est que le père et la mère sont condamnés à être pendus; les deux filles à demeurer sous la potence pendant l'exécution de leur mère, et à être reconduites par le bourreau hors du territoire, sous peine d'être pendues si elles reviennent. C'est ainsi qu'on instruit la contumace.

Ce jugement était également absurde et abominable. Si le père, de concert avec sa femme, avait étranglé sa fille, il fallait le rouer comme Calas, et brûler la mère, au moins après qu'elle aurait été étranglée, parce que ce n'est pas encore l'usage de rouer les femmes dans le pays de ce juge. Se contenter de pendre en pareille occasion, c'était avouer que le crime n'était pas avéré, et que dans le doute la corde était un parti mitoyen qu'on prenait, faute d'être instruit. Cette sentence blessait également la loi et la raison.

La mère mourut de désespoir; et toute la famille, dont le bien était confisqué, allait mourir de misère, si elle n'avait pas trouvé des secours.

On s'arrête ici pour demander s'il y a quelque loi et quelque raison qui puisse justifier une telle sentence? On peut dire au juge : Quelle rage vous a porté à condamner à la mort un père et une mère ? C'est qu'ils se sont enfuis, répond le juge. Eh, misérable ! voulais-tu qu'ils restassent pour assouvir ton imbécile fureur ? Qu'importe qu'ils paraissent devant toi chargés de fers pour te répondre, ou qu'ils lèvent les mains au ciel contre toi loin de ta face? Ne peux-tu pas voir sans eux la vérité qui doit te frapper? Ne peux-tu pas voir que le père était à une lieue de sa fille au milieu de vingt personnes, quand cette malheureuse fille s'échappa des bras de sa mère? Peux-tu ignorer que toute la famille l'a cherchée pendant vingt jours et vingt nuits? Tu ne réponds à cela que ces mots, *contumace, contumace*. Quoi ! parce qu'un homme est absent, il faut qu'on le condamne à être pendu, quand son innocence est évidente ! C'est la jurisprudence d'un sot et d'un monstre. Et la vie, les biens, l'honneur des citoyens, dépendront de ce code d'Iroquois !

La famille Sirven traîna son malheur loin de sa patrie pendant plus de huit années. Enfin la superstition sanguinaire qui déshonorait le Languedoc ayant été un peu adoucie, et les esprits étant devenus plus éclairés, ceux qui avaient consolé les Sirven pendant leur exil, leur conseillèrent de venir demander justice au parlement de Toulouse même, lorsque le sang des Calas ne fumait plus, et que plusieurs se repentaient de l'avoir répandu. Les Sirven furent justifiés.

« Erudimini, qui judicatis terram. »
Ps. II, v. 10.

CRITIQUE.

L'article *Critique*, fait par M. de Marmontel dans l'*Encyclopédie*, est si bon, qu'il ne serait pas pardonnable d'en donner ici un nouveau, si on n'y traitait pas une matière toute différente sous le même titre. Nous entendons ici cette critique née de l'envie, aussi ancienne que le genre humain. Il y a environ trois mille ans qu'Hésiode a dit : Le potier porte envie au potier, le forgeron au forgeron, le musicien au musicien.

Je ne prétends point parler ici de cette critique de scoliaste, qui restitue mal un mot d'un ancien auteur qu'auparavant on entendait très bien. Je ne touche point à ces vrais critiques qui ont débrouillé ce qu'on peut de l'histoire et de la philosophie anciennes. J'ai en vue les critiques qui tiennent à la satire.

Un amateur des lettres lisait un jour le Tasse avec moi ; il tomba sur cette stance :

« Chiama gli abitator dell' ombre eterne
» Il rauco suon della tartarea tromba.
» Treman le spaziose atre caverne ;
» E l'aer cieco a quel rumor rimbomba :
» Nè sì stridendo mai dalle superne
» Regioni del cielo il folgor piomba ;
» Nè sì scossa giammai trema la terra
» Quando i vapori in sen gravida serra. »

Jérusalem délivrée, chant IV, st. 3.

Il lut ensuite au hasard plusieurs stances de cette force et de cette harmonie. Ah ! c'est donc là, s'écria-t-il, ce que votre Boileau appelle du clinquant ? c'est donc ainsi qu'il veut rabaisser un grand homme qui vivait cent ans avant lui, pour mieux élever un autre grand homme qui vivait seize cents ans auparavant, et qui eût lui-même rendu justice au Tasse ?

Consolez-vous, lui dis-je, prenons les opéra de Quinault. Nous trouvâmes à l'ouverture du livre de quoi nous mettre en colère contre la critique ; l'admirable poème d'*Armide* se présenta, nous trouvâmes ces mots :

SIDONIE.
La haine est affreuse et barbare,
L'amour contraint les cœurs dont il s'empare
A souffrir des maux rigoureux.
Si votre sort est en votre puissance,
Faites choix de l'indifférence ;
Elle assure un repos heureux.

ARMIDE.
Non, non, il ne m'est pas possible
De passer de mon trouble en un état paisible ;
Mon cœur ne se peut plus calmer ;
Renaud m'offense trop, il n'est que trop aimable ;
C'est pour moi désormais un choix indispensable
De le haïr ou de l'aimer.

Armide, acte III, scène II.

Nous lûmes toute la pièce d'*Armide*, dans laquelle le génie du Tasse reçoit encore de nouveaux charmes par les mains de Quinault. Eh bien ! dis-je à mon ami, c'est pourtant ce Quinault que Boileau s'efforça toujours de faire regarder comme l'écrivain le plus méprisable ; il persuada même à Louis XIV que cet écrivain gracieux, touchant, pathétique, élégant, n'avait d'autre mérite que celui qu'il empruntait du musicien Lulli. Je conçois cela très aisément, me répondit mon ami ; Boileau n'était pas jaloux du musicien, il l'était du poète. Quel fond devons-nous faire sur le jugement d'un homme qui, pour rimer à un vers qui finissait en *aut*, dénigrait tantôt Boursault, tantôt Hénault, tantôt Quinault, selon qu'il était bien ou mal avec ces messieurs-là ?

Mais pour ne pas laisser refroidir votre zèle contre l'injustice, mettez seulement la tête à la fenêtre, regardez cette belle façade du Louvre, par laquelle Perrault s'est immortalisé : cet habile homme était frère d'un académicien très savant, avec qui Boileau avait eu quelque dispute ; en voilà assez pour être traité d'architecte ignorant.

Mon ami, après avoir un peu rêvé, reprit en soupirant : La nature humaine est ainsi faite. Le duc de Sulli, dans ses Mémoires, trouve le cardinal d'Ossat et le secrétaire d'état Villeroi, de mauvais ministres ; Louvois faisait ce qu'il pouvait pour ne pas estimer le grand Colbert. Mais ils n'imprimaient rien l'un contre l'autre, répondis-je : le duc de Marlborough ne fit rien imprimer contre le comte de Péterborough : c'est une sottise qui n'est d'ordinaire attachée qu'à la littérature, à la chicane, et à la théologie. C'est dommage que les *Économies politiques et royales* soient tachées quelquefois de ce défaut.

La Motte Houdart était un homme de mérite en plus d'un genre ; il a fait de très belles stances.

Quelquefois au feu qui la charme
Résiste une jeune beauté,
Et contre elle-même elle s'arme
D'une pénible fermeté.
Hélas ! cette contrainte extrême
La prive du vice qu'elle aime,
Pour fuir la honte qu'elle hait.
Sa sévérité n'est que faste,
Et l'honneur de passer pour chaste
La résout à l'être en effet.

En vain ce sévère stoïque,
Sous mille défauts abattu,
Se vante d'une âme héroïque
Toute vouée à la vertu ;
Ce n'est point la vertu qu'il aime,
Mais son cœur ivre de lui-même
Voudrait usurper les autels ;
Et par sa sagesse frivole

Il ne veut que parer l'idole
Qu'il offre au culte des mortels.

L'Amour-propre, ode à l'évêque de Soissons, str. 8 et 9.

Les champs de Pharsale et d'Arbelle
Ont vu triompher deux vainqueurs,
L'un et l'autre digne modèle
Que se proposent les grands cœurs.
Mais le succès a fait leur gloire;
Et si le sceau de la victoire
N'eût consacré ces demi-dieux,
Alexandre, aux yeux du vulgaire,
N'aurait été qu'un téméraire,
Et César qu'un séditieux.[1]

La Sagesse du roi supérieure à tous les événements, str. 4.

Cet auteur, dis-je, était un sage qui prêta plus d'une fois le charme des vers à la philosophie. S'il avait toujours écrit de pareilles stances, il serait le premier des poètes lyriques; cependant c'est alors qu'il donnait ces beaux morceaux, que l'un de ses contemporains[1] l'appelait

Certain oison, gibier de basse-cour.

Il dit de La Motte en un autre endroit:

De ses discours l'ennuyeuse beauté.

Il dit dans un autre:

. . . . Je n'y vois qu'un défaut,
C'est que l'auteur les devait faire en prose.
Ces odes-là sentent bien le Quinault.

Il le poursuit partout; il lui reproche partout la sécheresse et le défaut d'harmonie.

Seriez-vous curieux de voir les odes que fit quelques années après ce même censeur qui jugeait La Motte en maître, et qui le décriait en ennemi? Lisez.

Cette influence souveraine
N'est pour lui qu'une illustre chaîne
Qui l'attache au bonheur d'autrui;
Tous les brillants qui l'embellissent,
Tous les talents qui l'ennoblissent
Sont en lui, mais non pas à lui.

Il n'est rien que le temps n'absorbe et ne dévore;
Et les faits qu'on ignore
Sont bien peu différents des faits non avenus.

La bonté qui brille en elle
De ses charmes les plus doux,
Est une image de celle
Qu'elle voit briller en vous.
Et par vous seule enrichie,
Sa politesse affranchie
Des moindres obscurités,
Est la lueur réfléchie
De vos sublimes clartés.

Ils ont vu par ta bonne foi
De leurs peuples troublés d'effroi
La crainte heureusement déçue,
Et déracinée à jamais
La haine si souvent reçue
En survivance de la paix.

Dévoile à ma vue empressée
Ces déités d'adoption,
Synonymes de la pensée,
Symboles de l'abstraction.
N'est-ce pas une fortune,
Quand d'une charge commune
Deux moitiés portent le faix,
Que la moindre le réclame
Et que du bonheur de l'âme
Le corps seul fasse les frais?

Il ne fallait pas, sans doute, donner de si détestables ouvrages pour modèles à celui qu'on critiquait avec tant d'amertume; il eût mieux valu laisser jouir en paix son adversaire de son mérite, et conserver celui qu'on avait. Mais, que voulez-vous? le *genus irritabile vatum* est malade de la même bile qui le tourmentait autrefois. Le public pardonne ces pauvretés aux gens à talent, parce que le public ne songe qu'à s'amuser.

Il voit dans une allégorie intitulée *Pluton*, des juges condamnés à être écorchés et à s'asseoir aux enfers sur un siége couvert de leur peau, au lieu de fleurs de lis; le lecteur ne s'embarrasse pas si ces juges le méritent ou non; si le complaignant qui les cite devant Pluton a tort ou raison. Il lit ces vers uniquement pour son plaisir: s'ils lui en donnent, il n'en veut pas davantage; s'ils lui déplaisent, il laisse là l'allégorie, et ne ferait pas un seul pas pour faire confirmer ou casser la sentence.

Les inimitables tragédies de Racine ont toutes été critiquées, et très mal; c'est qu'elles l'étaient par des rivaux. Les artistes sont les juges compétents de l'art, il est vrai; mais ces juges compétents sont presque toujours corrompus.

Un excellent critique serait un artiste qui aurait beaucoup de science et de goût, sans préjugés et sans envie. Cela est difficile à trouver.

On est accoutumé, chez toutes les nations, aux mauvaises critiques de tous les ouvrages qui ont du succès. Le *Cid* trouva son Scudéri; et Corneille fut long-temps après vexé par l'abbé d'Aubignac, prédicateur du roi, soi-disant législateur du théâtre, et auteur de la plus ridicule tragédie, toute conforme aux règles qu'il avait données. Il n'y a sorte d'injures qu'il ne dise à l'auteur de *Cinna* et des *Horaces*. L'abbé d'Aubignac, prédicateur du roi, aurait bien dû prêcher contre d'Aubignac.

On a vu chez les nations modernes qui cultivent les lettres, des gens qui se sont établis critique de profession, comme on a créé des langueyeurs de porcs, pour examiner si ces animaux

[1] J.-B. Rousseau, *Épître aux muses*.

qu'on amène au marché ne sont pas malades. Les langueyeurs de la littérature ne trouvent aucun auteur bien sain; ils rendent compte deux ou trois fois par mois de toutes les maladies régnantes, des mauvais vers faits dans la capitale et dans les provinces, des romans insipides dont l'Europe est inondée, des systèmes de physique nouveaux, des secrets pour faire mourir les punaises. Ils gagnent quelque argent à ce métier, surtout quand ils disent du mal des bons ouvrages, et du bien des mauvais. On peut les comparer aux crapauds qui passent pour sucer le venin de la terre, et pour le communiquer à ceux qui les touchent. Il y eut un nommé Dennis, qui fit ce métier pendant soixante ans à Londres, et qui ne laissa pas d'y gagner sa vie. L'auteur qui a cru être un nouvel *Arétin*, et s'enrichir en Italie par sa *frusta letteraria*, n'y a pas fait fortune.

L'ex-jésuite Guyot Desfontaines, qui embrassa cette profession au sortir de Bicêtre, y amassa quelque argent. C'est lui qui, lorsque le lieutenant de police le menaçait de le renvoyer à Bicêtre, et lui demandait pourquoi il s'occupait d'un travail si odieux, répondit: *Il faut que je vive.* Il attaquait les hommes les plus estimables à tort et à travers, sans avoir seulement lu ni pu lire les ouvrages de mathématiques et de physique dont il rendait compte.

Il prit un jour l'*Alciphron* de Berkeley, évêque de Cloyne, pour un livre contre la religion. Voici comme il s'exprime :

« J'en ai trop dit pour vous faire mépriser un » livre qui dégrade également l'esprit et la probité » de l'auteur; c'est un tissu de sophismes liber» tins forgés à plaisir pour détruire les principes » de la religion, de la politique et de la morale. »

Dans un autre endroit, il prend le mot anglais *cake*, qui signifie *gâteau* en anglais, pour le géant *Cacus*. Il dit à propos de la tragédie de *la Mort de César*, que Brutus *était un fanatique barbare, un quaker*. Il ignorait que les quakers sont les plus pacifiques des hommes, et ne versent jamais le sang. C'est avec ce fonds de science qu'il cherchait à rendre ridicules les deux écrivains les plus estimables de leur temps, Fontenelle et La Motte.

Il fut remplacé dans cette charge de Zoïle subalterne par un autre ex-jésuite nommé Fréron, dont le nom seul est devenu un opprobre. On nous fit lire, il n'y a pas long-temps, une de ces feuilles dont il infecte la basse littérature. « Le temps de » Mahomet II, dit-il, est le temps de l'entrée des » Arabes en Europe. » Quelle foule de bévues en peu de paroles!

Quiconque a reçu une éducation tolérable, sait que les Arabes assiégèrent Constantinople sous le calife Moavia, dès notre septième siècle; qu'ils conquirent l'Espagne dans l'année de notre ère 713, et bientôt après une partie de la France, environ sept cents ans avant Mahomet II.

Ce Mahomet II, fils d'Amurat II, n'était point Arabe, mais Turc.

Il s'en fallait beaucoup qu'il fût le premier prince turc qui eût passé en Europe; Orcan, plus de cent ans avant lui, avait subjugué la Thrace, la Bulgarie, et une partie de la Grèce.

On voit que ce folliculaire parlait à tort et à travers des choses les plus aisées à savoir, et dont il ne savait rien. Cependant il insultait l'académie, les plus honnêtes gens, les meilleurs ouvrages, avec une insolence égale à son absurdité; mais son excuse était celle de Guyot Desfontaines: *Il faut que je vive.* C'est aussi l'excuse de tous les malfaiteurs dont on fait justice.

On ne doit pas donner le nom de *critiques* à ces gens-là. Ce mot vient de *krites, juge, estimateur, arbitre*. Critique signifie *bon juge*. Il faut être un Quintilien pour oser juger les ouvrages d'autrui; il faut du moins écrire comme Bayle écrivit sa *République des Lettres*; il a eu quelques imitateurs, mais en petit nombre. Les journaux de Trévoux ont été décriés pour leur partialité poussée jusqu'au ridicule, et pour leur mauvais goût.

Quelquefois les journaux se négligent, ou le public s'en dégoûte par pure lassitude; ou les auteurs ne fournissent pas des matières assez agréables; alors les journaux, pour réveiller le public, ont recours à un peu de satire. C'est ce qui a fait dire à La Fontaine :

> Tout faiseur de journal doit tribut au malin.

Mais il vaut mieux ne payer son tribut qu'à la raison et à l'équité.

Il y a d'autres critiques qui attendent qu'un bon ouvrage paraisse pour faire vite un livre contre lui. Plus le libelliste attaque un homme accrédité, plus il est sûr de gagner quelque argent; il vit quelques mois de la réputation de son adversaire. Tel était un nommé Faydit, qui tantôt écrivait contre Bossuet, tantôt contre Tillemont, tantôt contre Fénelon; tel a été un polisson qui s'intitule Pierre de Chiniac de La Bastide Duclaux, avocat au parlement. Cicéron avait trois noms comme lui. Puis viennent les critiques contre Pierre de Chiniac, puis les réponses de Pierre de Chiniac à ces critiques. Ces beaux livres sont accompagnés de brochures sans nombre, dans lesquelles les auteurs font le public juge entre eux et leurs adversaires; mais le juge, qui n'a jamais entendu parler de leur procès, est fort en peine de prononcer. L'un veut qu'on s'en rapporte à sa dissertation insérée dans le *Journal littéraire*, l'autre à ses éclaircissements donnés dans le *Mercure*. Celui-ci crie qu'il a donné une version exacte d'une demi-ligne de Zoroastre, et qu'on ne l'a pas plus entendu qu'il n'entend le persan. Il duplique à la contre-critique qu'on a faite de sa critique d'un passage de Chaufepié.

Enfin, il n'y a pas un seul de ces critiques qui ne se croie juge de l'univers, et écouté de l'univers.

Eh! l'ami, qui te savait là?

CROIRE.

Nous avons vu à l'article CERTITUDE, qu'on doit être souvent très incertain quand on est certain, et qu'on peut manquer de bon sens quand on juge suivant ce qu'on appelle *le sens commun*. Mais qu'appelez-vous *croire?*

Voici un Turc qui me dit: « Je crois que l'ange » Gabriel descendait souvent de l'empyrée pour » apporter à Mahomet des feuillets de l'*Alcoran*, » écrits en lettres d'or sur du vélin bleu. »

Eh bien! Moustapha, sur quoi ta tête rase croit-elle cette chose incroyable?

« Sur ce que j'ai les plus grandes probabilités » qu'on ne m'a point trompé dans le récit de ces » prodiges improbables; sur ce qu'Abubeker le » beau-père, Ali le gendre, Aishca ou Aissé la fille, » Omar, Otman, certifièrent la vérité du fait en » présence de cinquante mille hommes, recueillirent tous les feuillets, les lurent devant les fidèles, et attestèrent qu'il n'y avait pas un mot » de changé.

» Sur ce que nous n'avons jamais eu qu'un » *Alcoran* qui n'a jamais été contredit par un » autre *Alcoran*. Sur ce que Dieu n'a jamais permis qu'on ait fait la moindre altération dans ce » livre.

» Sur ce que les préceptes et les dogmes sont la » perfection de la raison. Le dogme consiste dans » l'unité d'un Dieu pour lequel il faut vivre et mourir: dans l'immortalité de l'âme; dans les récompenses éternelles des justes et la punition » des méchants, et dans la mission de notre grand » prophète Mahomet, prouvée par des victoires.

» Les préceptes sont d'être juste et vaillant, de » faire l'aumône aux pauvres, de nous abstenir » de cette énorme quantité de femmes que les princes orientaux, et surtout les roitelets juifs, épousaient sans scrupule; de renoncer au bon vin » d'Engaddi et de Tadmor, que ces ivrognes d'Hébreux ont tant vanté dans leurs livres, de prier » Dieu cinq fois par jour, etc.

» Cette sublime religion a été confirmée par le » plus beau et le plus constant des miracles, et le » plus avéré dans l'histoire du monde; c'est que » Mahomet, persécuté par les grossiers et absurdes magistrats scolastiques qui le décrétèrent de » prise de corps, Mahomet, obligé de quitter sa » patrie, n'y revint qu'en victorieux; qu'il fit de » ses juges imbéciles et sanguinaires l'escabeau de » ses pieds; qu'il combattit toute sa vie les combats du Seigneur; qu'avec un petit nombre il » triompha toujours du grand nombre; que lui » et ses successeurs convertirent la moitié de la » terre, et que, Dieu aidant, nous convertirons » un jour l'autre moitié. »

Rien n'est plus éblouissant. Cependant Moustapha, en croyant si fermement, sent toujours quelques petits nuages de doute s'élever dans son âme, quand on lui fait quelques difficultés sur les visites de l'ange Gabriel; sur le sura ou le chapitre apporté du ciel, pour déclarer que le grand prophète n'est point cocu, sur la jument Borac, qui le transporte en une nuit de la Mecque à Jérusalem. Moustapha bégaie, il fait de très mauvaises réponses, il en rougit; et cependant non seulement il dit qu'il croit, mais il veut aussi vous engager à croire. Vous pressez Moustapha; il reste la bouche béante, les yeux égarés, et va se laver en l'honneur d'Alla, en commençant son ablution par le coude, et en finissant par le doigt index.

Moustapha est-il en effet persuadé, convaincu de tout ce qu'il nous a dit? est-il parfaitement sûr que Mahomet fut envoyé de Dieu, comme il est sûr que la ville de Stamboul existe, comme il est sûr que l'impératrice Catherine II a fait aborder une flotte du fond de la mer hyperborée dans le Péloponèse, chose aussi étonnante que le voyage de la Mecque à Jérusalem en une nuit; et que cette flotte a détruit celle des Ottomans auprès des Dardanelles?

Le fond du discours de Moustapha est qu'il croit ce qu'il ne croit pas. Il s'est accoutumé à prononcer, comme son molla, certaines paroles qu'il prend pour des idées. Croire, c'est très souvent douter.

Sur quoi crois-tu cela? dit Harpagon. Je le crois sur ce que je le crois, répond maître Jacques. La plupart des hommes pourraient répondre de même.

Croyez-moi pleinement, mon cher lecteur, il ne faut pas croire de léger.

Mais que dirons-nous de ceux qui veulent persuader aux autres ce qu'ils ne croient point? Et que dirons-nous des monstres qui persécutent leurs confrères dans l'humble et raisonnable doctrine du doute et de la défiance de soi-même?

CROMWELL.

SECTION PREMIÈRE.

On peint Cromwell comme un homme qui a été fourbe toute sa vie. J'ai de la peine à le croire.

je pense qu'il fut d'abord enthousiaste, et qu'ensuite il fit servir son fanatisme même à sa grandeur. Un novice fervent à vingt ans devient souvent un fripon habile à quarante. On commence par être dupe, et on finit par être fripon, dans le grand jeu de la vie humaine. Un homme d'état prend pour aumônier un moine tout pétri des petitesses de son couvent, dévot, crédule, gauche, tout neuf pour le monde : le moine s'instruit, se forme, s'intrigue, et supplante son maître.

Cromwell ne savait d'abord s'il se ferait ecclésiastique ou soldat. Il fut l'un et l'autre. Il fit, en 1622, une campagne dans l'armée du prince d'Orange Frédéric-Henri, grand homme, frère de deux grands hommes; et quand il revint en Angleterre, il se mit au service de l'évêque Williams, et fut le théologien de monseigneur, tandis que monseigneur passait pour l'amant de sa femme. Ses principes étaient ceux des puritains; ainsi il devait haïr de tout son cœur un évêque, et ne pas aimer les rois. On le chassa de la maison de l'évêque Williams, parce qu'il était puritain; et voilà l'origine de sa fortune. Le parlement d'Angleterre se déclarait contre la royauté et contre l'épiscopat; quelques amis qu'il avait dans ce parlement lui procurèrent la nomination d'un village. Il ne commença à exister que dans ce temps-là, et il avait plus de quarante ans sans qu'il eût jamais fait parler de lui. Il avait beau posséder l'Écriture sainte, disputer sur les droits des prêtres et des diacres, faire quelques mauvais sermons et quelques libelles, il était ignoré. J'ai vu de lui un sermon qui est fort insipide, et qui ressemble assez aux prédications des quakers; on n'y découvre assurément aucune trace de cette éloquence persuasive avec laquelle il entraîna depuis les parlements. C'est qu'en effet il était beaucoup plus propre aux affaires qu'à l'Église. C'était surtout dans son ton et dans son air que consistait son éloquence; un geste de cette main qui avait gagné tant de batailles et tué tant de royalistes, persuadait plus que les périodes de Cicéron. Il faut avouer que ce fut sa valeur incomparable qui le fit connaître, et qui le mena par degrés au faîte de la grandeur.

Il commença par se jeter en volontaire qui voulait faire fortune, dans la ville de Hull, assiégée par le roi. Il y fit de belles et d'heureuses actions, pour lesquelles il reçut une gratification d'environ six mille francs du parlement. Ce présent, fait par le parlement à un aventurier, fait voir que le parti rebelle devait prévaloir. Le roi n'était pas en état de donner à ses officiers généraux ce que le parlement donnait à des volontaires. Avec de l'argent et du fanatisme on doit à la longue être maître de tout. On fit Cromwell colonel. Alors ses grands talents pour la guerre se développèrent, au point que lorsque le parlement créa le comte de Manchester général de ses armées, il fit Cromwell lieutenant-général, sans qu'il eût passé par les autres grades. Jamais homme ne parut plus digne de commander; jamais on ne vit plus d'activité et de prudence, plus d'audace et plus de ressources que dans Cromwell. Il est blessé à la bataille d'York; et tandis que l'on met le premier appareil à sa plaie, il apprend que son général Manchester se retire, et que la bataille est perdue. Il court à Manchester; il le trouve fuyant avec quelques officiers; il le prend par le bras et lui dit avec un air de confiance et de grandeur : « Vous vous méprenez, milord; ce n'est pas de ce côté-ci que sont » les ennemis. » Il le ramène près du champ de bataille, rallie pendant la nuit plus de douze mille hommes, leur parle au nom de Dieu, cite Moïse, Gédéon et Josué, recommence la bataille au point du jour contre l'armée royale victorieuse, et la défait entièrement. Il fallait qu'un tel homme pérît ou fût le maître. Presque tous les officiers de son armée étaient des enthousiastes qui portaient le nouveau *Testament* à l'arçon de leur selle : on ne parlait, à l'armée comme dans le parlement, que de perdre Babylone, d'établir le culte dans Jérusalem, de briser le colosse. Cromwell, parmi tant de fous, cessa de l'être, et pensa qu'il valait mieux les gouverner que d'être gouverné par eux. L'habitude de prêcher en inspiré lui restait. Figurez-vous un fakir qui s'est mis aux reins une ceinture de fer par pénitence, et qui ensuite détache sa ceinture pour en donner sur les oreilles aux autres fakirs : voilà Cromwell. Il devient aussi intrigant qu'il était intrépide; il s'associe avec tous les colonels de l'armée, et forme ainsi dans les troupes une république qui force le généralissime à se démettre. Un autre généralissime est nommé, il le dégoûte. Il gouverne l'armée, et par elle il gouverne le parlement; il met ce parlement dans la nécessité de le faire enfin généralissime. Tout cela est beaucoup; mais ce qui est essentiel, c'est qu'il gagne toutes les batailles qu'il donne en Angleterre, en Écosse, en Irlande; et il les gagne, non en voyant combattre et en se ménageant, mais toujours en chargeant l'ennemi, ralliant ses troupes, courant partout, souvent blessé, tuant de sa main plusieurs officiers royalistes, comme un grenadier furieux et acharné.

Au milieu de cette guerre affreuse Cromwell fesait l'amour; il allait, la bible sous le bras, coucher avec la femme de son major-général Lambert. Elle aimait le comte de Holland, qui servait dans l'armée du roi. Cromwell le prend prisonnier dans une bataille, et jouit du plaisir de faire trancher la tête à son rival. Sa maxime était de verser le sang de tout ennemi important, ou dans le champ de bataille, ou par la main des bourreaux. Il augmenta toujours son pouvoir, en osant toujours en abuser; les profondeurs de ses desseins n'étaient rien à son impétuosité féroce. Il entre dans la chambre du parlement, et prenant sa montre qu'il jette à terre et qu'il brise en morceaux : Je vous casserai, dit-il, comme cette montre. Il y revient quelque temps après, chasse tous les membres l'un après l'autre, en les fesant défiler devant lui. Chacun d'eux est obligé en passant de lui faire une profonde révérence : un d'eux passe le chapeau sur la tête ; Cromwell lui prend son chapeau, et le jette par terre : Apprenez, dit-il, à me respecter.

Lorsqu'il eut outragé tous les rois en fesant couper la tête à son roi légitime, et qu'il commença lui-même à régner, il envoya son portrait à une tête couronnée; c'était à la reine de Suède Christine. Marvell, fameux poète anglais, qui fesait fort bien des vers latins, accompagna ce portrait de six vers où il fait parler Cromwell lui-même. Cromwell corrigea les deux derniers que voici :

« At tibi submittit frontem reverentior umbra,
« Non sunt hi vultus regibus usque truces. »

Le sens hardi de ces six vers peut se rendre ainsi :

Les armes à la main j'ai défendu les lois;
D'un peuple audacieux j'ai vengé la querelle.
Regardez sans frémir cette image fidèle :
Mon front n'est pas toujours l'épouvante des rois.

Cette reine fut la première à le reconnaître, dès qu'il fut protecteur des trois royaumes. Presque tous les souverains de l'Europe envoyèrent des ambassadeurs *à leur frère* Cromwell, à ce domestique d'un évêque, qui venait de faire périr par la main du bourreau un souverain leur parent. Ils briguèrent à l'envi son alliance. Le cardinal Mazarin, pour lui plaire, chassa de France les deux fils de Charles Ier, les deux petits-fils de Henri IV, les deux cousins-germains de Louis XIV. La France conquit Dunkerque pour lui, et on lui en remit les clefs. Après sa mort, Louis XIV et toute sa cour portèrent le deuil, excepté Mademoiselle, qui eut le courage de venir au cercle en habit de couleur, et soutint seul l'honneur de sa race.

Jamais roi ne fut plus absolu que lui. Il disait qu'il avait mieux aimé gouverner sous le nom de *protecteur* que sous celui de *roi*, parce que les Anglais savaient jusqu'où s'étend la prérogative d'un roi d'Angleterre, et ne savaient pas jusqu'où celle d'un protecteur pouvait aller. C'était connaître les hommes, que l'opinion gouverne, et dont l'opinion dépend d'un nom. Il avait conçu un profond mépris pour la religion qui avait servi à sa fortune. Il y a une anecdote certaine conservée dans la maison de Saint-Jean, qui prouve assez le peu de cas que Cromwell fesait de cet instrument qui avait opéré de si grands effets dans ses mains. Il buvait un jour avec Ireton, Fleetwood, et Saint-Jean, bisaïeul du célèbre milord Bolingbroke; on voulut déboucher une bouteille, et le tire-bouchon tomba sous la table; ils le cherchaient tous, et ne le trouvaient pas. Cependant une députation des Églises presbytériennes attendait dans l'antichambre, et un huissier vint les annoncer. Qu'on leur dise que je suis retiré, dit Cromwell, *et que je cherche le Seigneur*. C'était l'expression dont se servaient les fanatiques, quand ils fesaient leurs prières. Lorsqu'il eut ainsi congédié la bande des ministres, il dit à ses confidents ces propres paroles : « Ces faquins-là croient que nous cherchons » le Seigneur, et nous ne cherchons que le tire-» bouchon. »

Il n'y a guère d'exemple en Europe d'aucun homme qui, venu de si bas, se soit élevé si haut. Mais que lui fallait-il absolument avec tous ses grands talents? la fortune. Il l'eut cette fortune ; mais fut-il heureux? Il vécut pauvre et inquiet jusqu'à quarante-trois ans ; il se baigna depuis dans le sang, passa sa vie dans le trouble, et mourut avant le temps, à cinquante-sept ans. Que l'on compare à cette vie celle d'un Newton, qui a vécu quatre-vingt-quatre années, toujours tranquille, toujours honoré, toujours la lumière de tous les êtres pensants, voyant augmenter chaque jour sa renommée, sa réputation, sa fortune, sans avoir jamais ni soins ni remords; et qu'on juge lequel a été le mieux partagé.

« O curas hominum, o quantum est in rebus inane! »
PERS., sat. I, vers 1.

SECTION II.

Olivier Cromwell fut regardé avec admiration par les puritains et les indépendants d'Angleterre; il est encore leur héros; mais Richard Cromwell son fils est mon homme.

Le premier est un fanatique qui serait sifflé aujourd'hui dans la chambre des communes, s'il y prononçait une seule des inintelligibles absurdités qu'il débitait avec tant de confiance devant d'autres fanatiques qui l'écoutaient la bouche béante, et les yeux égarés, au nom du Seigneur. S'il disait qu'il faut chercher le Seigneur, et combattre les combats du Seigneur; s'il introduisait le jargon juif dans le parlement d'Angleterre, à la honte éternelle de l'esprit humain, il serait bien plus près d'être conduit à Bedlam que d'être choisi pour commander des armées.

Il était brave, sans doute; les loups le sont

aussi ; il y a même des singes aussi furieux que des tigres. De fanatique, il devint politique habile, c'est-à-dire que de loup il devint renard, monta par la fourberie des premiers degrés où l'enthousiasme enragé du temps l'avait placé, jusqu'au faîte de la grandeur; et le fourbe marcha sur les têtes des fanatiques prosternés. Il régna, mais il vécut dans les horreurs de l'inquiétude. Il n'eut ni des jours sereins ni des nuits tranquilles. Les consolations de l'amitié et de la société n'approchèrent jamais de lui; il mourut avant le temps, plus digne sans doute du dernier supplice que le roi qu'il fit conduire d'une fenêtre de son palais même à l'échafaud.

Richard Cromwell, au contraire, né avec un esprit doux et sage, refuse de garder la couronne de son père aux dépens du sang de trois ou quatre factieux qu'il pouvait sacrifier à son ambition. Il aime mieux être réduit à la vie privée que d'être un assassin tout-puissant. Il quitte le protectorat sans regret pour vivre en citoyen. Libre et tranquille à la campagne, il y jouit de la santé; il y possède son âme en paix pendant quatre-vingt-dix années, aimé de ses voisins, dont il est l'arbitre et le père.

Lecteurs, prononcez. Si vous aviez à choisir entre le destin du père et celui du fils, lequel prendriez-vous?

CUISSAGE OU CULAGE.

Droit de prélibation, de marquette, etc.

Dion Cassius, ce flatteur d'Auguste, ce détracteur de Cicéron (parce que Cicéron avait défendu la cause de la liberté), cet écrivain sec et diffus, ce gazetier des bruits populaires, ce Dion Cassius rapporte que des sénateurs opinèrent pour récompenser César de tout le mal qu'il avait fait à la république, de lui donner le droit de coucher, à l'âge de cinquante-sept ans, avec toutes les dames qu'il daignerait honorer de ses faveurs. Et il se trouve encore parmi nous des gens assez bons pour croire cette ineptie. L'auteur même de l'*Esprit des lois* la prend pour une vérité, et en parle comme d'un décret qui aurait passé dans le sénat romain, sans l'extrême modestie du dictateur, qui se sentit peu propre à remplir les vœux du sénat. Mais si les empereurs romains n'eurent pas ce droit par un sénatus-consulte appuyé d'un plébiscite, il est très vraisemblable qu'ils l'obtinrent par la courtoisie des dames. Les Marc-Aurèle, les Julien, n'usèrent point de ce droit; mais tous les autres l'étendirent autant qu'ils le purent.

Il est étonnant que dans l'Europe chrétienne on ait fait très long-temps une espèce de loi féodale, et que du moins on ait regardé comme un droit coutumier l'usage d'avoir le pucelage de sa vassale. La première nuit des noces de la fille au vilain appartenait sans contredit au seigneur.

Ce droit s'établit comme celui de marcher avec un oiseau sur le poing, et de se faire encenser à la messe. Les seigneurs, il est vrai, ne statuèrent pas que les femmes de leurs vilains leur appartiendraient, ils se bornèrent aux filles; la raison en est plausible. Les filles sont honteuses, il faut un peu de temps pour les apprivoiser. La majesté des lois les subjugue tout d'un coup; les jeunes fiancées donnaient donc sans résistance la première nuit de leurs noces au seigneur châtelain ou au baron, quand il les jugeait dignes de cet honneur.

On prétend que cette jurisprudence commença en Écosse; je le croirais volontiers : les seigneurs écossais avaient un pouvoir encore plus absolu sur leurs clans, que les barons allemands et français sur leurs sujets.

Il est indubitable que des abbés, des évêques, s'attribuèrent cette prérogative en qualité de seigneurs temporels : et il n'y a pas bien long-temps que des prélats se sont désistés de cet ancien privilége pour des redevances en argent, auxquelles ils avaient autant de droit qu'aux pucelages des filles.

Mais remarquons bien que cet excès de tyrannie ne fut jamais approuvé par aucune loi publique. Si un seigneur ou un prélat avait assigné par-devant un tribunal réglé une fille fiancée à un de ses vassaux, pour venir lui payer sa redevance, il eût perdu sans doute sa cause avec dépens.

Saisissons cette occasion d'assurer qu'il n'y a jamais eu de peuple un peu civilisé qui ait établi des lois formelles contre les mœurs; je ne crois pas qu'il y en ait un seul exemple. Des abus s'établissent, on les tolère; ils passent en coutume; les voyageurs les prennent pour des lois fondamentales. Ils ont vu, disent-ils, dans l'Asie de saints mahométans bien crasseux marcher tout nus, et de bonnes dévotes venir leur baiser ce qui ne mérite pas de l'être; mais je les défie de trouver dans l'*Alcoran* une permission à des gueux de courir tout nus, et de faire baiser leur vilenie par des dames.

On me citera, pour me confondre, le *Phallum* que les Égyptiens portaient en procession, et l'idole *Jaganat* des Indiens. Je répondrai que cela n'est pas plus contre les mœurs que de s'aller faire couper le prépuce en cérémonie à l'âge de huit ans. On a porté dans quelques unes de nos villes le saint prépuce en procession; on le garde encore dans quelques sacristies, sans que cette facétie ait causé le moindre trouble dans les familles. Je puis encore assurer qu'aucun concile, aucun arrêt de parlement n'a jamais ordonné qu'on fêterait le saint prépuce.

J'appelle *loi contre les mœurs* une loi publique qui me prive de mon bien, qui m'ôte ma femme pour la donner à un autre; et je dis que la chose est impossible.

Quelques voyageurs prétendent qu'en Laponie des maris sont venus leur offrir leurs femmes par politesse; c'est une plus grande politesse à moi de les croire. Mais je leur soutiens qu'ils n'ont jamais trouvé cette loi dans le code de la Laponie, de même que vous ne trouverez ni dans les constitutions de l'Allemagne, ni dans les ordonnances des rois de France, ni dans les registres du parlement d'Angleterre, aucune loi positive qui adjuge le droit de cuissage aux barons.

Des lois absurdes, ridicules, barbares, vous en trouverez partout; des lois contre les mœurs, nulle part.

CUL.

On répétera ici ce qu'on a déjà dit ailleurs, et ce qu'il faut répéter toujours, jusqu'au temps où les Français se seront corrigés; c'est qu'il est indigne d'une langue aussi polie et aussi universelle que la leur, d'employer si souvent un mot déshonnête et ridicule, pour signifier des choses communes qu'on pourrait exprimer autrement sans le moindre embarras.

Pourquoi nommer *cul-d'âne* et *cul-de-cheval* des orties de mer? pourquoi donc donner le nom de *cul-blanc* à l'œnante, et de *cul-rouge* à l'épeiche? Cette épeiche est une espèce de pivert, et l'œnante une espèce de moineau cendré. Il y a un oiseau qu'on nomme *fétu-en-cul* ou *paille-en-cul*; on avait cent manières de le désigner d'un expression beaucoup plus précise. N'est-il pas impertinent d'appeler *cul-de-vaisseau* le fond de la poupe?

Plusieurs auteurs nomment encore *à-cul* un petit mouillage, un ancrage, une grève, un sable, une anse, où les barques se mettent à l'abri des corsaires. *Il y a un petit à-cul à Palo comme à Sainte-Marinthée*[a].

On se sert continuellement du mot *cul-de-lampe* pour exprimer un fleuron, un petit cartouche, un pendentif, un encorbellement, une base de pyramide, un placard, une vignette.

Un graveur se sera imaginé que cet ornement ressemble à la base d'une lampe; il l'aura nommé *cul-de-lampe* pour avoir plus tôt fait; et les acheteurs auront répété ce mot après lui. C'est ainsi que les langues se forment. Ce sont les artisans qui ont nommé leurs ouvrages et leurs instruments.

[a] *Voyage d'Italie.*

Certainement il n'y avait nulle nécessité de donner le nom de *cul-de-four* aux voûtes sphériques, d'autant plus que ces voûtes n'ont rien de celles d'un four qui est toujours surbaissée.

Le fond d'un artichaut est formé et creusé en ligne courbe, et le nom de *cul* ne lui convient en aucune manière. Les chevaux ont quelquefois une tache verdâtre dans les yeux, on l'appelle *cul-de-verre*. Une autre maladie des chevaux, qui est une espèce d'érysipèle, est appelée le *cul-de-poule*. Le haut d'un chapeau est un *cul-de-chapeau*. Il y a des boutons à compartiments qu'on appelle *boutons à cul-de-dé*.

Comment a-t-on pu donner le nom de *cul-de-sac* à l'*angiportus* des Romains? Les Italiens ont pris le nom d'*angiporto* pour signifier *strada senza uscita*. On lui donnait autrefois chez nous le nom d'*impasse*, qui est expressif et sonore. C'est une grossièreté énorme que le mot de *cul-de-sac* ait prévalu.

Le terme de *culage* a été aboli. Pourquoi tous ceux que nous venons d'indiquer ne le sont-ils pas? Ce terme infâme de *culage* signifiait le droit que s'étaient donné plusieurs seigneurs, dans les temps de la tyrannie féodale, d'avoir à leur choix les prémices de tous les mariages dans l'étendue de leurs terres. On substitua ensuite le mot *cuissage* à celui de *culage*. Le temps seul peut corriger toutes les façons vicieuses de parler.

Il est triste qu'en fait de langue, comme en d'autres usages plus importants, ce soit la populace qui dirige les premiers d'une nation.

CURÉ DE CAMPAGNE.

SECTION PREMIÈRE.

Un curé, que dis-je, un curé? un iman même, un talapoin, un brame, doit avoir honnêtement de quoi vivre. Le prêtre en tout pays doit être nourri de l'autel, puisqu'il sert la république. Qu'un fanatique fripon ne s'avise pas de dire ici que je mets au niveau un curé et un brame, que j'associe la vérité avec l'imposture. Je ne compare que les services rendus à la société; je ne compare que la peine et le salaire.

Je dis que quiconque exerce une fonction pénible, doit être bien payé de ses concitoyens; je ne dis pas qu'il doive regorger de richesses, souper comme Lucullus, être insolent comme Clodius. Je plains le sort d'un curé de campagne obligé de disputer une gerbe de blé à son malheureux paroissien, de plaider contre lui, d'exiger la dîme des lentilles et des pois, d'être haï et de haïr, de consumer sa misérable vie dans des querelles continuelles, qui avilissent l'âme autant qu'elles l'aigrissent.

Je plains encore davantage le curé à portion congrue, à qui des moines, nommés *gros décimateurs*, osent donner un salaire de quarante ducats, pour aller faire, pendant toute l'année, à deux ou trois milles de sa maison, le jour, la nuit, au soleil, à la pluie, dans les neiges, au milieu des glaces, les fonctions les plus désagréables, et souvent les plus inutiles. Cependant l'abbé, gros décimateur, boit son vin de Volnay, de Beaune, de Chambertin, de Silleri; mange ses perdrix et ses faisans, dort sur le duvet avec sa voisine, et fait bâtir un palais. La disproportion est trop grande.

On imagina, du temps de Charlemagne, que le clergé, outre ses terres, devait posséder la dîme des terres d'autrui; et cette dîme est au moins le quart en comptant les frais de culture. Pour assurer ce paiement, on stipula qu'il était de droit divin. Et comment était-il de droit divin? Dieu était-il descendu sur la terre pour donner le quart de mon bien à l'abbé du Mont-Cassin, à l'abbé de Saint-Denys, à l'abbé de Fulde? Non pas que je sache; mais on trouva qu'autrefois dans le désert d'Étam, d'Horeb, de Cadès-Barné, on avait donné aux lévites quarante-huit villes, et la dîme de tout ce que la terre produisait.

Eh bien! gros décimateur, allez à Cadès-Barné; habitez les quarante-huit villes qui sont dans ce désert inhabitable; prenez la dîme des cailloux que la terre y produit, et grand bien vous fasse!

Mais Abraham ayant combattu pour Sodome, donna la dîme à Melchisédech, prêtre et roi de Salem. Eh bien! combattez pour Sodome; mais que Melchisédech ne me prenne pas le blé que j'ai semé.

Dans un pays chrétien de douze cent mille lieues carrées, dans tout le Nord, dans la moitié de l'Allemagne, dans la Hollande, dans la Suisse, on paie le clergé de l'argent du trésor public. Les tribunaux n'y retentissent point des procès mus entre les seigneurs et les curés, entre le gros et le petit décimateur, entre le pasteur demandeur et l'ouaille intimée, en conséquence du troisième concile de Latran, dont l'ouaille n'a jamais entendu parler.

Le roi de Naples, cette année 1772, vient d'abolir la dîme dans une de ses provinces; les curés sont mieux payés, et la province le bénit.

Les prêtres égyptiens, dit-on, ne prenaient point la dîme. Non; mais on nous assure qu'ils avaient le tiers de toute l'Égypte en propre. O miracle! ô chose du moins difficile à croire! ils avaient le tiers du pays, et ils n'eurent pas bientôt les deux autres!

Ne croyez pas, mon cher lecteur, que les Juifs, qui étaient un peuple de col roide, ne se soient jamais plaints de l'impôt de la dîme.

Donnez-vous la peine de lire le *Talmud* de Babylone; et si vous n'entendez pas le chaldaïque, lisez la traduction faite par Gilbert Gaulmin, avec les notes, le tout imprimé par les soins de Fabricius. Vous y verrez l'aventure d'une pauvre veuve avec le grand-prêtre Aaron, et comment le malheur de cette veuve fut la cause de la querelle entre Dathan, Coré et Abiron, d'un côté, et Aaron de l'autre.

« Une veuve n'avait qu'une seule brebis [a]; elle voulut la tondre : Aaron vient qui prend la laine pour lui; elle m'appartient, dit-il, selon la loi : « Tu donneras les prémices de la laine à Dieu. » La veuve implore en pleurant la protection de Coré. Coré va trouver Aaron. Ses prières sont inutiles; Aaron répond que par la loi la laine est à lui. Coré donne quelque argent à la femme, et s'en retourne plein d'indignation.

» Quelque temps après, la brebis fait un agneau; Aaron revient, et s'empare de l'agneau. La veuve vient encore pleurer auprès de Coré, qui veut en vain fléchir Aaron. Le grand-prêtre lui répond : Il est écrit dans la loi : « Tout mâle premier-né » de ton troupeau appartiendra à ton Dieu : » il mangea l'agneau, et Coré s'en alla en fureur.

» La veuve, au désespoir, tue sa brebis. Aaron arrive encore; il en prend l'épaule et le ventre; Coré vient encore se plaindre. Aaron lui répond : Il est écrit : « Tu donneras le ventre et l'épaule aux » prêtres. »

» La veuve, ne pouvant plus contenir sa douleur, dit *anathème* à sa brebis. Aaron alors dit à la veuve : Il est écrit : « Tout ce qui sera ana» thème dans Israël sera à toi; » et il emporta la brebis tout entière. »

Ce qui n'est pas si plaisant, mais qui est fort singulier, c'est que dans un procès entre le clergé de Reims et des bourgeois, cet exemple, tiré du *Talmud*, fut cité par l'avocat des citoyens. Gaulmin assure qu'il en fut témoin. Cependant on peut lui répondre que les décimateurs ne prennent pas tout au peuple; les commis des fermes ne le souffriraient pas. Chacun partage, comme il est bien juste.

Au reste, nous pensons que ni Aaron ni aucun de nos curés ne se sont approprié les brebis et les agneaux des veuves de notre pauvre pays.

Nous ne pouvons mieux finir cet article honnête du *Curé de campagne*, que par ce dialogue, dont une partie a déjà été imprimée.

SECTION II [1].

[a] Page 165, n° 297.

[1] Cette seconde section se composait du CATÉCHISME DU CURÉ. Voyez page 298 de ce volume.

CURIOSITÉ.

« Suave, mari magno turbantibus æquora ventis,
» E terra magnum alterius spectare laborem;
» Non quia vexari quemquam est jucunda voluptas,
» Sed quibus ipse malis careas quia cernere suave est;
» Suave etiam belli certamina magna tueri
» Per campos instructa, tua sine parte pericli.
» Sed nil dulcius est, benè quam munita tenere
» Edita doctrina sapientum templa serena,
» Despicere unde queas alios, passimque videre
» Errare atque viam palantes quærere vitæ,
» Certare ingenio, contendere nobilitate,
» Noctes atque dies niti præstante labore
» Ad summas emergere opes rerumque potiri.
» O miseras hominum mentes! o pectora cæca! »

LUCR., liv. II, v. 1 et seq.

On voit avec plaisir, dans le sein du repos,
Des mortels malheureux lutter contre les flots;
On aime à voir de loin deux terribles armées,
Dans les champ de la mort au combat animées :
Non que le mal d'autrui soit un plaisir si doux;
Mais son danger nous plaît quand il est loin de nous.
Heureux qui, retiré dans le temple des sages,
Voit en paix sous ses pieds se former les orages;
Qui rit en contemplant les mortels insensés,
De leur joug volontaire esclaves empressés,
Inquiets, incertains du chemin qu'il faut suivre,
Sans penser, sans jouir, ignorant l'art de vivre,
Dans l'agitation consumant leurs beaux jours,
Poursuivant la fortune, et rampant dans les cours!
O vanité de l'homme! ô faiblesse! ô misère!

Pardon, Lucrèce, je soupçonne que vous vous trompez ici en morale, comme vous vous trompez toujours en physique. C'est, à mon avis, la curiosité seule qui fait courir sur le rivage pour voir un vaisseau que la tempête va submerger. Cela m'est arrivé; et je vous jure que mon plaisir, mêlé d'inquiétude et de malaise, n'était point du tout le fruit de ma réflexion; il ne venait point d'une comparaison secrète entre ma sécurité et le danger de ces infortunés; j'étais curieux et sensible.

A la bataille de Fontenoy les petits garçons et les petites filles montaient sur les arbres d'alentour pour voir tuer du monde.

Les dames se firent apporter des siéges sur un bastion de la ville de Liége, pour jouir du spectacle à la bataille de Rocoux.

Quand j'ai dit : « Heureux qui voit en paix se » former les orages, » mon bonheur était d'être tranquille et de chercher le vrai, et non pas de voir souffrir des êtres pensants, persécutés pour l'avoir cherché, opprimés par des fanatiques ou par des hypocrites.

Si l'on pouvait supposer un ange volant sur six belles ailes du haut de l'empyrée, s'en allant regarder par un soupirail de l'enfer les tourments et les contorsions des damnés, et se réjouissant de ne rien sentir de leurs inconcevables douleurs, cet ange tiendrait beaucoup du caractère de Belzébuth.

Je ne connais point la nature des anges, parce que je ne suis qu'homme; il n'y a que les théologiens qui la connaissent : mais en qualité d'homme, je pense par ma propre expérience, et par celle de tous les badauds mes confrères, qu'on ne court à aucun spectacle, de quelque genre qu'il puisse être, que par pure curiosité.

Cela me semble si vrai que le spectacle a beau être admirable, on s'en lasse à la fin. Le public de Paris ne va plus guère au *Tartufe,* qui est le chef-d'œuvre des chefs-d'œuvre de Molière; pourquoi? c'est qu'il y est allé souvent; c'est qu'il le sait par cœur. Il en est ainsi d'*Andromaque.*

Perrin Dandin a bien malheureusement raison quand il propose à la jeune Isabelle de la mener voir comment on donne la question; cela fait, dit-il, passer une heure ou deux [1]. Si cette anticipation du dernier supplice, plus cruelle souvent que le supplice même, était un spectacle public, toute la ville de Toulouse aurait volé en foule pour contempler le vénérable Calas souffrant à deux reprises ces tourments abominables, sur les conclusions du procureur-général. Pénitents blancs, pénitents gris et noirs, femmes, filles, maîtres des jeux floraux, étudiants, laquais, servantes, filles de joie, docteurs en droit canon, tout se serait pressé. On se serait étouffé à Paris pour voir passer dans un tombereau le malheureux général Lalli avec un bâillon de six doigts dans la bouche.

Mais si ces tragédies de cannibales qu'on représente quelquefois chez la plus frivole des nations, et la plus ignorante en général dans les principes de la jurisprudence et de l'équité; si les spectacles donnés par quelques tigres à des singes, comme ceux de la Saint-Barthélemi et ses diminutifs, se renouvelaient tous les jours, on déserterait bientôt un tel pays; on le fuirait avec horreur; on abandonnerait sans retour la terre infernale où ces barbaries seraient fréquentes.

Quand les petits garçons et les petites filles déplument leurs moineaux, c'est purement par esprit de curiosité, comme lorsqu'elles mettent en pièces les jupes de leurs poupées. C'est cette passion seule qui conduit tant de monde aux exécutions publiques, comme nous l'avons vu. « Étrange » empressement de voir des misérables! » a dit l'auteur d'une tragédie.

Je me souviens qu'étant à Paris lorsqu'on fit souffrir à Damiens une mort des plus recherchées, et des plus affreuses qu'on puisse imaginer, toutes les fenêtres qui donnaient sur la place furent louées chèrement par les dames; aucune d'elles assuré-

[1] Bon, cela fait toujours passer une heure ou deux.

Plaideurs, III, 4.

ment ne fesait la réflexion consolante qu'on ne la tenaillerait point aux mamelles, qu'on ne verserait point du plomb fondu et de la poix-résine bouillante dans ses plaies, et que quatre chevaux ne tireraient point ses membres disloqués et sanglants. Un des bourreaux jugea plus sainement que Lucrèce; car lorsqu'un des académiciens de Paris voulut entrer dans l'enceinte pour examiner la chose de plus près, et qu'il fut repoussé par les archers : « Laissez entrer monsieur, dit-il; c'est » un amateur. » C'est-à-dire, c'est un curieux, ce n'est point par méchanceté qu'il vient ici, ce n'est pas par un retour sur soi-même, pour goûter le plaisir de n'être pas écartelé : c'est uniquement par curiosité, comme on va voir des expériences de physique.

La curiosité est naturelle à l'homme, aux singes, et aux petits chiens. Menez avec vous un petit chien dans votre carrosse, il mettra continuellement ses pates à la portière pour voir ce qui se passe. Un singe fouille partout, il a l'air de tout considérer. Pour l'homme, vous savez comme il est fait; Rome, Londres, Paris, passent leur temps à demander ce qu'il y a de nouveau.

CYRUS.

Plusieurs doctes, et Rollin après eux, dans un siècle où l'on cultive sa raison, nous ont assuré que Javan, qu'on suppose être le père des Grecs, était petit-fils de Noé. Je le crois, comme je crois que Persée était le fondateur du royaume de Perse, et Niger de la Nigritie. C'est seulement un de mes chagrins que les Grecs n'aient jamais connu ce Noé le véritable auteur de leur race. J'ai marqué ailleurs mon étonnement et ma douleur qu'Adam, notre père à tous, ait été absolument ignoré de tous, depuis le Japon jusqu'au détroit de Le Maire, excepté d'un petit peuple, qui n'a lui-même été connu que très tard. La science des généalogies est sans doute très certaine, mais bien difficile.

Ce n'est ni sur Javan, ni sur Noé, ni sur Adam que tombent aujourd'hui mes doutes, c'est sur Cyrus; et je ne recherche pas laquelle des fables débitées sur Cyrus est préférable, celle d'Hérodote ou de Ctésias, ou celle de Xénophon, ou de Diodore, ou de Justin, qui toutes se contredisent. Je ne demande point pourquoi on s'est obstiné à donner ce nom de Cyrus à un barbare qui s'appelait Kosrou, et ceux de Cyropolis, de Persépolis, à des villes qui ne se nommèrent jamais ainsi.

Je laisse là tout ce qu'on a dit du grand Cyrus, et jusqu'au roman de ce nom, et jusqu'aux voyages que l'Écossais Ramsay lui a fait entreprendre. Je demande seulement quelques instructions aux Juifs sur ce Cyrus dont ils ont parlé.

Je remarque d'abord qu'aucun historien n'a dit un mot des Juifs dans l'histoire de Cyrus, et que les Juifs sont les seuls qui osent faire mention d'eux-mêmes en parlant de ce prince.

Ils ressemblent en quelque sorte à certaines gens qui disaient d'un ordre de citoyens supérieur à eux : « Nous connaissons messieurs, mais mes- » sieurs ne nous connaissent pas. » Il en est de même d'Alexandre par rapport aux Juifs. Aucun historien d'Alexandre n'a mêlé le nom d'Alexandre avec celui des Juifs; mais Josèphe ne manque pas de dire qu'Alexandre vint rendre ses respects à Jérusalem; qu'il adora je ne sais quel pontife juif nommé Jaddus, lequel lui avait autrefois prédit en songe la conquête de la Perse. Tous les petits se rengorgent; les grands songent moins à leur grandeur.

Quand Tarif vient conquérir l'Espagne, les vaincus lui disent qu'ils l'ont prédit. On en dit autant à Gengis, à Tamerlan, à Mahomet II.

A Dieu ne plaise que je veuille comparer les prophéties juives à tous les diseurs de bonne aventure qui font leur cour aux victorieux, et qui leur prédisent ce qui leur est arrivé. Je remarque seulement que les Juifs produisent des témoignages de leur nation sur Cyrus, environ cent soixante ans avant qu'il fût au monde.

On trouve dans *Isaïe* (chap. XLV, I) : « Voici » ce que dit le Seigneur à Cyrus qui est mon Christ, » que j'ai pris par la main pour lui assujettir les » nations, pour mettre en fuite les rois, pour ou- » vrir devant lui les portes : Je marcherai devant » vous; j'humilierai les grands; je romprai les » coffres; je vous donnerai l'argent caché, afin que » vous sachiez que je suis le Seigneur, etc. »

Quelques savants ont peine à digérer que le Seigneur gratifie du nom de son Christ un profane de la religion de Zoroastre. Ils osent dire que les Juifs firent comme tous les faibles qui flattent les puissants, qu'ils supposèrent des prédictions en faveur de Cyrus.

Ces savants ne respectent pas plus Daniel qu'Isaïe. Ils traitent toutes les prophéties attribuées à Daniel avec le même mépris que saint Jérôme montre pour l'aventure de Suzanne, pour celle du dragon de Bélus, et pour les trois enfants de la fournaise.

Ces savants ne paraissent pas assez pénétrés d'estime pour les prophètes. Plusieurs même d'entre eux prétendent qu'il est métaphysiquement impossible de voir clairement l'avenir; qu'il y a une contradiction formelle à voir ce qui n'est point; que le futur n'existe pas, et par conséquent ne peut être vu; que les fraudes en ce genre sont innombrables chez toutes les nations; qu'il faut enfin se défier de tout dans l'histoire ancienne.

Ils ajoutent que s'il y a jamais eu une prédiction formelle, c'est celle de la découverte de l'Amérique dans Sénèque le tragique (*Médée*, acte II, scène III) :

« . . . . Venient annis
« Sæcula seris quibus Oceanus
« Vincula rerum laxet, et ingens
« Pateat tellus, etc. »

Les quatre étoiles du pôle antarctique sont annoncées encore plus clairement dans le Dante. Cependant personne ne s'est avisé de prendre Sénèque et Alighieri Dante pour des devins.

Nous sommes bien loin d'être du sentiment de ces savants, nous nous bornons à être extrêmement circonspects sur les prophètes de nos jours.

Quant à l'histoire de Cyrus, il est vraiment fort difficile de savoir s'il mourut de sa belle mort, ou si Tomyris lui fit couper la tête. Mais je souhaite, je l'avoue, que les savants qui font couper le cou à Cyrus, aient raison. Il n'est pas mal que ces illustres voleurs de grand chemin, qui vont pillant et ensanglantant la terre, soient un peu châtiés quelquefois.

Cyrus a toujours été destiné à devenir le sujet d'un roman. Xénophon a commencé, et malheureusement Ramsay a fini. Enfin, pour faire voir quel triste sort attend les héros, Danchet a fait une tragédie de Cyrus.

Cette tragédie est entièrement ignorée. La *Cyropédie* de Xénophon est plus connue, parce qu'elle est d'un Grec. Les *Voyages de Cyrus* le sont beaucoup moins, quoiqu'ils aient été imprimés en anglais et en français, et qu'on y ait prodigué l'érudition.

Le plaisant du roman intitulé *Voyages de Cyrus*, consiste à trouver un Messie partout, à Memphis, à Babylone, à Ecbatane, à Tyr, comme à Jérusalem, et chez Platon, comme dans l'Évangile. L'auteur ayant été quaker, anabaptiste, anglican, presbytérien, était venu se faire fénéloniste à Cambrai, sous l'illustre auteur du *Télémaque*. Étant devenu depuis précepteur de l'enfant d'un grand seigneur, il se crut fait pour instruire l'univers, et pour le gouverner; il donne en conséquence des leçons à Cyrus pour devenir le meilleur roi de l'univers, et le théologien le plus orthodoxe.

Ces deux rares qualités paraissent assez incompatibles.

Il le mène à l'école de Zoroastre, et ensuite à celle du jeune Juif Daniel, le plus grand philosophe qui ait jamais été; car non seulement il expliquait tous les songes (ce qui est la fin de la science humaine), mais il devinait tous ceux qu'on avait faits; et c'est à quoi nul autre que lui n'est encore parvenu. On s'attendait que Daniel présenterait la belle Suzanne au prince, c'était la marche naturelle du roman; mais il n'en fit rien.

Cyrus, en récompense, a de longues conversations avec le grand roi Nabuchodonosor, dans le temps qu'il était bœuf; et Ramsay fait ruminer Nabuchodonosor en théologien très profond.

Et puis, étonnez-vous que le prince[1] pour qui cet ouvrage fut composé, aimât mieux aller à la chasse ou à l'Opéra que de le lire!

D.

DANTE (LE).

Vous voulez connaître le Dante. Les Italiens l'appellent *divin*; mais c'est une divinité cachée; peu de gens entendent ses oracles; il a des commentateurs, c'est peut-être encore une raison de plus pour n'être pas compris. Sa réputation s'affermira toujours, parce qu'on ne le lit guère. Il y a de lui une vingtaine de traits qu'on sait par cœur : cela suffit pour s'épargner la peine d'examiner le reste.

Ce divin Dante fut, dit-on, un homme assez malheureux. Ne croyez pas qu'il fut divin de son temps, ni qu'il fut prophète chez lui. Il est vrai qu'il fut prieur, non pas prieur de moines, mais prieur de Florence, c'est-à-dire l'un des sénateurs.

Il était né en 1260, à ce que disent ses compatriotes. Bayle, qui écrivait à Rotterdam, *currente calamo*, pour son libraire, environ quatre siècles entiers après le Dante, le fait naître en 1265, et je n'en estime Bayle ni plus ni moins pour s'être trompé de cinq ans : la grande affaire est de ne se tromper ni en fait de goût ni en fait de raisonnements.

Les arts commençaient alors à naître dans la patrie du Dante. Florence était, comme Athènes, pleine d'esprit, de grandeur, de légèreté, d'inconstance, et de factions. La faction blanche avait un grand crédit : elle se nommait ainsi du nom de la Signora Bianca. Le parti opposé s'intitulait le *parti des noirs*, pour mieux se distinguer des *blancs*. Ces deux partis ne suffisaient pas aux Florentins. Ils avaient encore les *guelfes* et les *gibelins*. La plupart des blancs étaient *gibelins* du parti des empereurs, et les noirs penchaient pour les *guelfes* attachés aux papes.

Toutes ces factions aimaient la liberté, et fesaient pourtant ce qu'elles pouvaient pour la détruire. Le pape Boniface VIII voulut profiter de ces divisions pour anéantir le pouvoir des empe-

[1] Le prince de Turenne. K.

reurs en Italie. Il déclara Charles de Valois, frère du roi de France Philippe-le-Bel, son vicaire en Toscane. Le vicaire vint bien armé, chassa les *blancs* et les *gibelins*, et se fit détester des *noirs* et des *guelfes*. Le Dante était *blanc* et *gibelin*; il fut chassé des premiers, et sa maison rasée. On peut juger de là s'il fut le reste de sa vie affectionné à la maison de France et aux papes; on prétend pourtant qu'il alla faire un voyage à Paris, et que pour se désennuyer il se fit théologien, et disputa vigoureusement dans les écoles. On ajoute que l'empereur Henri VII ne fit rien pour lui, tout *gibelin* qu'il était; qu'il alla chez Frédéric d'Aragon, roi de Sicile, et qu'il en revint aussi pauvre qu'il y était allé. Il fut réduit au marquis de Malaspina, et au grand-kan de Vérone. Le marquis et le grand-kan ne le dédommagèrent pas; il mourut pauvre à Ravenne, à l'âge de cinquante-six ans. Ce fut dans ces divers lieux qu'il composa sa comédie de l'enfer, du purgatoire, et du paradis; on a regardé ce salmigondis comme un beau poëme épique.

Il trouva d'abord à l'entrée de l'enfer un lion et une louve. Tout d'un coup Virgile se présente à lui pour l'encourager; Virgile lui dit qu'il est né Lombard; c'est précisément comme si Homère disait qu'il est né Turc. Virgile offre de faire au Dante les honneurs de l'enfer et du purgatoire, et de le mener jusqu'à la porte de Saint-Pierre; mais il avoue qu'il ne pourra pas entrer avec lui.

Cependant Caron les passe tous deux dans sa barque. Virgile lui raconte que, peu de temps après son arrivée en enfer, il y vit un être puissant qui vint chercher les âmes d'Abel, de Noé, d'Abraham, de Moïse, de David. En avançant chemin, ils découvrent dans l'enfer des demeures très agréables: dans l'une sont Homère, Horace, Ovide, et Lucain; dans une autre on voit Électre, Hector, Enée, Lucrèce, Brutus, et le Turc Saladin; dans une troisième, Socrate, Platon, Hippocrate, et l'Arabe Averroès.

Enfin paraît le véritable enfer, où Pluton juge les condamnés. Le voyageur y reconnaît quelques cardinaux, quelques papes, et beaucoup de Florentins. Tout cela est-il dans le style comique? Non. Tout est-il dans le genre héroïque? Non. Dans quel goût est donc ce poëme? dans un goût bizarre.

Mais il y a des vers si heureux et si naïfs, qu'ils n'ont point vieilli depuis quatre cents ans, et qu'ils ne vieilliront jamais. Un poëme d'ailleurs où l'on met des papes en enfer, réveille beaucoup l'attention; et les commentateurs épuisent toute la sagacité de leur esprit à déterminer au juste qui sont ceux que le Dante a damnés, et à ne se pas tromper dans une matière si grave.

On a fondé une chaire, une lecture pour expliquer cet auteur classique. Vous me demanderez comment l'inquisition ne s'y oppose pas. Je vous répondrai que l'inquisition entend raillerie en Italie; elle sait bien que des plaisanteries en vers ne peuvent point faire de mal: vous en allez juger par cette petite traduction très libre d'un morceau du chant vingt-troisième; il s'agit d'un damné de la connaissance de l'auteur. Le damné parle ainsi:

Je m'appelais le comte de Guidon;
Je fus sur terre et soldat et poltron;
Puis m'enrôlai sous saint François d'Assise,
Afin qu'un jour le bout de son cordon
Me donnât place en la céleste Église;
Et j'y serais sans ce pape félon,
Qui m'ordonna de servir sa feintise,
Et me rendit aux griffes du démon.
Voici le fait. Quand j'étais sur la terre,
Vers Rimini je fis long-temps la guerre,
Moins, je l'avoue, en héros qu'en fripon.
L'art de fourber me fit un grand renom.
Mais quand mon chef eut porté poil grison,
Temps de retraite où convient la sagesse,
Le repentir vint ronger ma vieillesse,
Et j'eus recours à la confession.
O repentir tardif et peu durable!
Le bon saint-père en ce temps guerroyait.
Non le soudan, non le Turc intraitable,
Mais les chrétiens, qu'en vrai Turc il pillait.
Or, sans respect pour tiare et tonsure,
Pour saint François, son froc et sa ceinture,
Frère, dit-il, il me convient d'avoir
Incessamment Préneste en mon pouvoir.
Conseille-moi, cherche sous ton capuce
Quelque beau tour, quelque gentille astuce,
Pour ajouter en bref à mes états
Ce qui me tente et ne m'appartient pas.
J'ai les deux clefs du ciel en ma puissance.
De Célestin la dévote imprudence
S'en servit mal, et moi je sais ouvrir
Et refermer le ciel à mon plaisir.
Si tu me sers, ce ciel est ton partage.
Je le servis, et trop bien; dont j'enrage.
Il eut Préneste, et la mort me saisit.
Lors devers moi saint François descendit,
Comptant au ciel amener ma bonne âme;
Mais Belzébuth vint en poste, et lui dit:
Monsieur d'Assise, arrêtez, je réclame
Ce conseiller du saint-père, il est mien;
Bon saint François, que chacun ait le sien.
Lors tout penaud le bonhomme d'Assise
M'abandonnait au grand diable d'enfer.
Je lui criai: Monsieur de Lucifer,
Je suis un saint, voyez ma robe grise;
Je fus absous par le chef de l'Église.
J'aurai toujours, répondit le démon,
Un grand respect pour l'absolution:
On est lavé de ses vieilles sottises,
Pourvu qu'après autres ne soient commises.
J'ai fait souvent cette distinction
A tes pareils; et grâce à l'Italie,
Le diable sait de la théologie.
Il dit, et rit: je ne répliquai rien
A Belzébuth; il raisonnait trop bien.
Lors il m'empoigne, et d'un bras raide et ferme
Il appliqua sur mon triste épiderme
Vingt coups de fouet, dont bien fort il me cuit:
Que Dieu le rende à Boniface huit!

DAVID.

Nous devons révérer David comme un prophète, comme un roi, comme un ancêtre du saint époux de Marie, comme un homme qui a mérité la miséricorde de Dieu par sa pénitence.

Je dirai hardiment que l'article David qui suscita tant d'ennemis à Bayle, premier auteur d'un dictionnaire de faits et de raisonnements, ne méritait pas le bruit étrange que l'on fit alors. Ce n'était pas David qu'on voulait défendre, c'était Bayle qu'on voulait perdre. Quelques prédicants de Hollande, ses ennemis mortels, furent aveuglés par leur haine, au point de le reprendre d'avoir donné des louanges à des papes qu'il en croyait dignes, et d'avoir réfuté les calomnies débitées contre eux.

Cette ridicule et honteuse injustice fut signée de douze théologiens, le 20 décembre 1698, dans le même consistoire où ils feignaient de prendre la défense du roi David. Comment osaient-ils manifester hautement une passion lâche que le reste des hommes s'efforce toujours de cacher? Ce n'était pas seulement le comble de l'injustice, et du mépris de toutes les sciences; c'était le comble du ridicule, que de défendre à un historien d'être impartial, et à un philosophe d'être raisonnable. Un homme seul n'oserait être insolent et injuste à ce point; mais dix ou douze personnes rassemblées, avec quelque espèce d'autorité, sont capables des injustices les plus absurdes. C'est qu'elles sont soutenues les unes par les autres, et qu'aucune n'est chargée en son propre nom de la honte de la compagnie.

Une grande preuve que cette condamnation de Bayle fut personnelle, est ce qui arriva en 1761 à M. Hut, membre du parlement d'Angleterre. Les docteurs Chandler et Palmer avaient prononcé l'oraison funèbre du roi George II, et l'avaient, dans leurs discours, comparé au roi David, selon l'usage de la plupart des prédicateurs qui croient flatter les rois.

M. Hut ne regarda point cette comparaison comme une louange; il publia la fameuse dissertation *The man after God's own heart*. Dans cet écrit il veut faire voir que George II, roi beaucoup plus puissant que David, n'étant pas tombé dans les fautes du melk juif, et n'ayant pu par conséquent faire la même pénitence, ne pouvait lui être comparé.

Il suit pas à pas les livres des *Rois*. Il examine toute la conduite de David beaucoup plus sévèrement que Bayle; et il fonde son opinion sur ce que le Saint-Esprit ne donne aucune louange aux actions qu'on peut reprocher à David. L'auteur anglais juge le roi de Judée uniquement sur les notions que nous avons aujourd'hui du juste et de l'injuste.

Il ne peut approuver que David rassemble une bande de voleurs au nombre de quatre cents, qu'il se fasse armer par le grand-prêtre Achimelech de l'épée de Goliath, et qu'il en reçoive les pains consacrés [a].

Qu'il descende chez l'agriculteur Nabal pour mettre chez lui tout à feu et à sang, parce que Nabal a refusé des contributions à sa troupe de brigands; que Nabal meure peu de jours après, et que David épouse la veuve [b].

Il réprouve sa conduite avec le roi Achis, possesseur de cinq ou six villages dans le canton de Geth. David étant alors à la tête de six cents bandits, allait faire des courses chez les alliés de son bienfaiteur Achis; il pillait tout, il égorgeait tout, vieillards, femmes, enfants à la mamelle. Et pourquoi massacrait-il les enfants à la mamelle? « C'est, » dit le texte, de peur que ces enfants n'en portassent la nouvelle au roi Achis [c]. »

Cependant Saül perd une bataille contre les Philistins, et il se fait tuer par son écuyer. Un Juif en apporte la nouvelle à David, qui lui donne la mort pour sa récompense [d].

Isboseth succède à son père Saül; David est assez fort pour lui faire la guerre : enfin Isboseth est assassiné.

David s'empare de tout le royaume; il surprend la petite ville ou le village de Rabbath, et il fait mourir tous les habitants par des supplices assez extraordinaires; on les scie en deux, on les déchire avec des herses de fer, on les brûle dans des fours à briques [e].

Après ces belles expéditions, il y a une famine de trois ans dans le pays. En effet, à la manière dont on fesait la guerre, les terres devaient être mal ensemencées. On consulte le Seigneur, et on lui demande pourquoi il y a famine. La réponse était fort aisée; c'était assurément parce que, dans un pays qui à peine produit du blé, quand on a fait cuire les laboureurs dans des fours à briques, et qu'on les a sciés en deux, il reste peu de gens pour cultiver la terre : mais le Seigneur répond que c'est parce que Saül avait tué autrefois des Gabaonites.

Que fait aussitôt David? Il assemble les Gabaonites; il leur dit que Saül a eu grand tort de leur faire la guerre; que Saül n'était point comme lui selon le cœur de Dieu, qu'il est juste de punir sa race; et il leur donne sept petit-fils de Saül à pendre, lesquels furent pendus parce qu'il y avait eu famine [f].

M. Hut a la justice de ne point insister sur l'a-

[a] I. *Rois*, ch. XXI et XXII. — [b] Ibid., chap. XXV. — [c] Ibid., chapitre XXVII.
[d] II. *Rois*, ch. I. — [e] Ibid., ch. XII. — [f] Ibid., ch. XXI.

dultère avec Bethsabée, et sur le meurtre d'Urie, puisque ce crime fut pardonné à David lorsqu'il se repentit. Le crime est horrible, abominable; mais enfin le Seigneur transféra son péché, l'auteur anglais le transfère aussi.

Personne ne murmura en Angleterre contre l'auteur; son livre fut réimprimé avec l'approbation publique : la voix de l'équité se fait entendre tôt ou tard chez les hommes. Ce qui paraissait téméraire il y a quatre-vingts ans, ne paraît aujourd'hui que simple et raisonnable, pourvu qu'on se tienne dans les bornes d'une critique sage, et du respect qu'on doit aux livres divins.

D'ailleurs il n'en va pas en Angleterre aujourd'hui comme autrefois. Ce n'est plus le temps où un verset d'un livre hébreu, mal traduit d'un jargon barbare en un jargon plus barbare encore, mettait en feu trois royaumes. Le parlement prend peu d'intérêt à un roitelet d'un petit canton de la Syrie.

Rendons justice à dom Calmet; il n'a point passé les bornes dans son *Dictionnaire de la Bible*, à l'article *David*. « Nous ne prétendons pas, dit-il, » approuver la conduite de David; il est croyable » qu'il ne tomba dans ces excès de cruauté qu'a- » vant qu'il eût reconnu le crime qu'il avait com- » mis avec Bethsabée. » Nous ajouterons que probablement il les reconnut tous, car ils sont assez nombreux.

Fesons ici une question qui nous paraît très-importante. Ne s'est-on pas souvent mépris sur l'article *David?* s'agit-il de sa personne, de sa gloire, du respect dû aux livres canoniques? Ce qui intéresse le genre humain, n'est-ce pas que l'on ne consacre jamais le crime? Qu'importe le nom de celui qui égorgeait les femmes et les enfants de ses alliés, qui fesait pendre les petits-fils de son roi, qui fesait scier en deux, brûler dans des fours, déchirer sous des herses des citoyens malheureux? Ce sont ces actions que nous jugeons, et non les lettres qui composent le nom du coupable; le nom n'augmente ni ne diminue le crime.

Plus on révère David comme réconcilié avec Dieu par son repentir, et plus on condamne les cruautés dont il s'est rendu coupable.

Si un jeune paysan, en cherchant des ânesses, trouve un royaume, cela n'arrive pas communément; si un autre paysan guérit son roi d'un accès de folie, en jouant de la harpe, ce cas est encore très rare : mais que ce petit joueur de harpe devienne roi parce qu'il a rencontré dans un coin un prêtre de village qui lui jette une bouteille d'huile d'olive sur la tête, la chose est encore plus merveilleuse.

Quand et par qui ces merveilles furent-elles écrites? je n'en sais rien; mais je suis bien sûr que ce n'est ni par un Polybe, ni par un Tacite.

Je ne parlerai pas ici de l'assassinat d'Urie, et de l'adultère de Bethsabée; ils sont assez connus : et les voies de Dieu sont si différentes des voies des hommes, qu'il a permis que Jésus-Christ descendît de cette Bethsabée, tout étant purifié par ce saint mystère.

Je ne demande pas maintenant comment Jurieu a eu l'insolence de persécuter le sage Bayle, pour n'avoir pas approuvé toutes les actions du bon roi David; mais je demande comment on a souffert qu'un homme tel que Jurieu molestât un homme tel que Bayle.

DÉCRÉTALES.

Lettres des papes, qui règlent les points de doctrine ou de discipline, et qui ont force de loi dans l'Église latine.

Outre les véritables, recueillies par Denys-le-Petit, il y en a une collection de fausses, dont l'auteur est inconnu, de même que l'époque. Ce fut un archevêque de Mayence, nommé Riculphe, qui la répandit en France, vers la fin du huitième siècle; il avait aussi apporté à Vorms une épître du pape Grégoire, de laquelle on n'avait point entendu parler auparavant; mais il n'en est resté aucun vestige, tandis que les fausses décrétales ont eu, comme nous l'allons voir, le plus grand succès pendant huit siècles.

Ce recueil porte le nom d'Isidore Mercator, et renferme un nombre infini de décrétales faussement attribuées aux papes depuis Clément Ier jusqu'à Sirice; la fausse donation de Constantin; le concile de Rome sous Silvestre; la lettre d'Athanase à Marc; celle d'Anastase aux évêques de Germanie et de Bourgogne; celle de Sixte III aux Orientaux; celle de Léon Ier touchant les priviléges des chorévêques; celle de Jean Ier à l'archevêque Zacharie; une de Boniface II à Eulalie d'Alexandrie; une de Jean III aux évêques de France et de Bourgogne; une de Grégoire, contenant un privilége du monastère de Saint-Médard; une du même à Félix, évêque de Messine; et plusieurs autres.

L'objet de l'auteur a été d'étendre l'autorité du pape et des évêques. Dans cette vue, il établit que les évêques ne peuvent être jugés définitivement que par le pape seul; et il répète souvent cette maxime, que non seulement tout évêque, mais tout prêtre, et en général toute personne opprimée, peut en tout état de cause appeler directement au pape. Il pose encore comme un principe incontestable qu'on ne peut tenir aucun concile, même provincial, sans la permission du pape.

Ces décrétales favorisant l'impunité des évêques, et plus encore les prétentions ambitieuses des papes, les uns et les autres les adoptèrent avec empressement. En 861, Rotade, évêque de Soissons, ayant été privé de la communion épiscopale dans un concile provincial, pour cause de désobéissance, appelle au pape. Hincmar de Reims, son métropolitain, nonobstant cet appel, le fit déposer dans un autre concile, sous prétexte que depuis il y avait renoncé, et s'était soumis au jugement des évêques.

Le pape Nicolas Ier, instruit de l'affaire, écrivit à Hincmar, et blâma sa conduite. Vous deviez, dit-il, honorer la mémoire de saint Pierre, et attendre notre jugement, quand même Rotade n'eût point appelé. Et dans une autre lettre sur la même affaire, il menace Hincmar de l'excommunier s'il ne rétablit pas Rotade. Ce pape fit plus. Rotade étant venu à Rome, il le déclara absous dans un concile tenu la veille de Noël en 864, et le renvoya à son siége avec des lettres. Celle qu'il adresse à tous les évêques des Gaules est digne de remarque; la voici.

« Ce que vous dites est absurde, que Rotade, après avoir appelé au saint-siége, ait changé de langage pour se soumettre de nouveau à votre jugement. Quand il l'aurait fait, vous deviez le redresser, et lui apprendre qu'on n'appelle point d'un juge supérieur à un inférieur. Mais, encore qu'il n'eût pas appelé au saint-siége, vous n'avez dû en aucune manière déposer un évêque sans notre participation, *au préjudice de tant de décrétales de nos prédécesseurs*; car si c'est par leur jugement que les écrits des autres docteurs sont approuvés ou rejetés, combien plus doit-on respecter ce qu'ils ont écrit eux-mêmes pour décider sur la doctrine ou la discipline! Quelques uns vous disent que ces décrétales ne sont point dans le code des canons; cependant quand ils les trouvent favorables à leurs intentions, ils s'en servent sans distinction, et ne les rejettent que pour diminuer la puissance du saint-siége; que s'il faut rejeter les décrétales des anciens papes parce qu'elles ne sont pas dans le code des canons, il faut donc rejeter les écrits de saint Grégoire et des autres pères, et même les saintes Écritures.

» Vous dites, continue le pape, que les jugements des évêques ne sont pas des causes majeures; nous soutenons qu'elles sont d'autant plus grandes, que les évêques tiennent un plus grand rang dans l'église. Direz-vous qu'il n'y a que les affaires des métropolitains qui soient des causes majeures? Mais ils ne sont pas d'un autre ordre que les évêques, et nous n'exigeons pas des témoins ou des juges d'autre qualité pour les uns et pour les autres; c'est pourquoi nous voulons que les causes des uns et des autres nous soient réservées. Et ensuite, se trouvera-t-il quelqu'un assez déraisonnable pour dire que l'on doive conserver à toutes les Églises leurs priviléges, et que la seule Église romaine doit perdre les siens? » Il conclut en leur ordonnant de recevoir Rotade, et de le rétablir.

Le pape Adrien II, successeur de Nicolas Ier, ne paraît pas moins zélé dans une affaire semblable d'Hincmar de Laon. Ce prélat s'était rendu odieux au clergé et au peuple de son diocèse par ses injustices et ses violences. Ayant été accusé au concile de Verberie en 869, où présidait Hincmar de Reims, son oncle et son métropolitain, il appela au pape, et demanda la permission d'aller à Rome : elle lui fut refusée. On suspendit seulement la procédure, et on ne passa pas outre. Mais sur de nouveaux sujets de plaintes que le roi Charles-le-Chauve et Hincmar de Reims eurent contre lui, on le cita d'abord au concile d'Attigni, où il comparut, et bientôt après il prit la fuite; ensuite au concile de Douzi, où il renouvela son appel, et fut déposé. Le concile écrivit au pape une lettre synodale le 6 septembre 871, pour lui demander la confirmation des actes qu'il lui envoyait; et, loin d'acquiescer au jugement du concile, Adrien désapprouva dans les termes les plus forts la condamnation d'Hincmar, soutenant que puisque Hincmar de Laon criait dans le concile, qu'il voulait se défendre devant le saint-siége, il ne fallait pas prononcer de condamnation contre lui. Ce sont les termes de ce pape dans sa lettre aux évêques du concile, et dans celle qu'il écrivit au roi.

Voici la réponse vigoureuse que Charles fit à Adrien : « Vos lettres portent : Nous voulons et » nous ordonnons, par l'autorité apostolique, » qu'Hincmar de Laon vienne à Rome et devant » nous, appuyé de votre puissance. » Nous admirons où l'auteur de cette lettre a trouvé qu'un roi, obligé à corriger les méchants et à venger les crimes, doive envoyer à Rome un coupable condamné selon les règles, vu principalement qu'avant sa déposition il a été convaincu dans trois conciles, d'entreprises contre le repos public, et qu'après sa déposition il persévéra dans sa désobéissance.

» Nous sommes obligés de vous écrire encore que nous autres rois de France, nés de race royale, n'avons point passé jusqu'à présent pour les lieutenants des évêques, mais pour les seigneurs de la terre. Et, comme dit saint Léon et le concile romain, les rois et les empereurs que Dieu a établis pour commander sur la terre, ont permis aux évêques de régler leurs affaires suivant leurs ordonnances; mais ils n'ont pas été les économes des évêques; et si vous feuilletez les registres de vos prédécesseurs, vous ne trouverez point qu'ils aient écrit aux nôtres comme vous venez de nous écrire. »

Il rapporte ensuite deux lettres de saint Grégoire pour montrer avec quelle modestie il écrivait, non seulement aux rois de France, mais aux exarques d'Italie. « Enfin, conclut-il, je vous prie de ne me plus envoyer à moi ni aux évêques de mon royaume de telles lettres, afin que nous puissions toujours leur rendre l'honneur et le respect qui leur convient. » Les évêques du concile de Douzi répondirent au pape à peu près sur le même ton; et quoique nous n'ayons pas la lettre en entier, il paraît qu'ils voulaient prouver que l'appel d'Hincmar ne devait pas être jugé à Rome, mais en France par des juges délégués conformément aux canons du concile de Sardique.

Ces deux exemples suffisent pour faire sentir combien les papes étendaient leur juridiction à la faveur de ces fausses décrétales. Et quoique Hincmar de Reims objectât à Adrien que, n'étant point rapportées dans le code des canons, elles ne pouvaient renverser la discipline établie par les canons, ce qui le fit accuser auprès du pape Jean VIII de ne pas recevoir les décrétales des papes, il ne laissa pas d'alléguer lui-même ces décrétales dans ses lettres et ses autres opuscules. Son exemple fut suivi par plusieurs évêques. On admit d'abord celles qui n'étaient point contraires aux canons les plus récents, ensuite on se rendit encore moins scrupuleux.

Les conciles eux-mêmes en firent usage. C'est ainsi que dans celui de Reims, tenu l'an 992, les évêques se servirent de décrétales d'Anaclet, de Jules, de Damase, et des autres papes, dans la cause d'Arnoul. Les conciles suivants imitèrent celui de Reims. Les papes Grégoire VII, Urbain II, Pascal II, Ubrain III, Alexandre III, soutinrent les maximes qu'ils y lisaient, persuadés que c'était la discipline des beaux jours de l'Église. Enfin, les compilateurs des canons, Bouchard de Vorms, Yves de Chartres, et Gratien, en remplirent leur collection. Lorsqu'on eut commencé à enseigner le décret publiquement dans les écoles, et à le commenter, tous les théologiens polémiques et scolastiques, et tous les interprètes du droit canon, employèrent à l'envi ces fausses décrétales pour confirmer les dogmes catholiques ou établir la discipline, et en parsemèrent leurs ouvrages.

Ce ne fut que dans le seizième siècle que l'on conçut les premiers soupçons sur leur authenticité. Érasme et plusieurs avec lui la révoquèrent en doute; voici sur quels fondements.

1° Les décrétales rapportées dans la collection d'Isidore ne sont point dans celle de Denys-le-Petit, qui n'a commencé à citer les décrétales des papes qu'à Sirice. Cependant il nous apprend qu'il avait pris un soin extrême à les recueillir. Ainsi elles n'auraient pu lui échapper, si elles avaient existé dans les archives de l'Église de Rome, où il fesait son séjour. Si elles ont été inconnues à l'Église romaine à qui elles étaient favorables, elles l'ont été également à toute l'Église. Les Pères ni les conciles des huit premiers siècles n'en ont fait aucune mention. Or, comment accorder un silence aussi universel avec leur authenticité?

2° Ces décrétales n'ont aucun rapport avec l'état des choses dans les temps où on les suppose écrites. On n'y dit pas un mot des hérétiques des trois premiers siècles, ni des autres affaires de l'Église dont les véritables ouvrages d'alors sont remplis : ce qui prouve qu'elles ont été fabriquées postérieurement.

3° Leurs dates sont presque toutes fausses. Leur auteur suit en général la chronologie du livre pontifical, qui, de l'aveu de Baronius, est très fautive. C'est un indice pressant que cette collection n'a été composée que depuis le livre pontifical.

4° Ces décrétales, dans toutes les citations des passages de l'Écriture, emploient la version appelée *Vulgate*, faite ou du moins revue et corrigée par saint Jérôme; donc elles sont plus récentes que saint Jérôme.

5° Enfin, elles sont toutes écrites d'un même style, qui est très barbare, et en cela très conforme à l'ignorance du huitième siècle : or, il n'est pas vraisemblable que tous les différents papes dont elles portent le nom aient affecté cette uniformité de style. On en peut conclure avec assurance que toutes ces décrétales sont d'une même main.

Outre ces raisons générales, chacune des pièces qui composent le recueil d'Isidore porte avec elle des marques de supposition qui lui sont propres, et dont aucune n'a échappé à la critique sévère de David Blondel, à qui nous sommes principalement redevables des lumières que nous avons aujourd'hui sur cette compilation, qui n'est plus nommée que *les fausses décrétales;* mais les usages par elles introduits n'en subsistent pas moins dans une partie de l'Europe.

DÉFLORATION.

Il semble que le *Dictionnaire encyclopédique*, à l'article DÉFLORATION, fasse entendre qu'il n'était pas permis par les lois romaines de faire mourir une fille, à moins qu'auparavant on ne lui ôtât sa virginité. On donne pour exemple la fille de Séjan, que le bourreau viola dans la prison avant de l'étrangler, pour n'avoir pas à se reprocher d'avoir étranglé une pucelle, et pour satisfaire à la loi.

Premièrement, Tacite ne dit point que la loi ordonnât qu'on ne fît jamais mourir les pucelles. Une telle loi n'a jamais existé; et si une fille de vingt ans, vierge ou non, avait commis un crime capital, elle aurait été punie comme une vieille mariée; mais la loi portait qu'on ne punirait pas de mort les enfants, parce qu'on les croyait incapables de crimes.

La fille de Séjan était enfant aussi bien que son frère; et si la barbarie de Tibère et la lâcheté du sénat les abandonnèrent au bourreau, ce fut contre toutes les lois. De telles horreurs ne se seraient pas commises du temps des Scipions et de Caton le censeur. Cicéron n'aurait pas fait mourir une fille de Catilina, âgée de sept à huit ans. Il n'y avait que Tibère et le sénat de Tibère qui pussent outrager ainsi la nature. Le bourreau qui commit les deux crimes abominables de déflorer une fille de huit ans, et de l'étrangler ensuite, méritait d'être un des favoris de Tibère.

Heureusement Tacite ne dit point que cette exécrable exécution soit vraie; il dit qu'on l'a rapportée, *tradunt*; et ce qu'il faut bien observer, c'est qu'il ne dit point que la loi défendît d'infliger le dernier supplice à une vierge; il dit seulement que la chose était inouïe, *inauditum*. Quel livre immense on composerait de tous les faits qu'on a crus, et dont il fallait douter!

DÉISME, *voyez* THÉISME.

DÉJECTION.

Excréments; leur rapport avec le corps de l'homme, avec ses idées et ses passions.

L'homme n'a jamais pu produire par l'art rien de ce que fait la nature. Il a cru faire de l'or, et il n'a jamais pu seulement faire de la boue, quoiqu'il en soit pétri. On nous a fait voir un canard artificiel qui marchait, qui béquetait; mais on n'a pu réussir à le faire digérer, et à former de vraies déjections.

Quel art pourrait produire une matière qui ayant été préparée par les glandes salivaires, ensuite par le suc gastrique, puis par la bile hépatique, et par le suc pancréatique, ayant fourni dans sa route un chyle qui s'est changé en sang, devient enfin ce composé fétide et putride, qui sort de l'intestin rectum par la force étonnante des muscles?

Il y a sans doute autant d'industrie et de puissance à former ainsi cette déjection qui rebute la vue, et à lui préparer les conduits qui servent à sa sortie, qu'à produire la semence qui fit naître Alexandre, Virgile et Newton, et les yeux avec lesquels Galilée vit de nouveaux cieux. La décharge de ces excréments est nécessaire à la vie comme la nourriture.

Le même artifice les prépare, les pousse et les évacue, chez l'homme et chez les animaux.

Ne nous étonnons pas que l'homme, avec tout son orgueil, naisse entre la matière fécale et l'urine, puisque ces parties de lui-même, plus ou moins élaborées, plus souvent ou plus rarement expulsées, plus ou moins putrides, décident de son caractère et de la plupart des actions de sa vie.

Sa merde commence à se former dans le duodénum quand ses aliments sortent de son estomac et s'imprègnent de la bile de son foie. Qu'il ait une diarrhée, il est languissant et doux, la force lui manque pour être méchant. Qu'il soit constipé, alors les sels et les soufres de sa merde entrent dans son chyle, portent l'acrimonie dans son sang, fournissent souvent à son cerveau des idées atroces. Tel homme (et le nombre en est grand) n'a commis des crimes qu'à cause de l'acrimonie de son sang, qui ne venait que de ses excréments par lesquels ce sang était altéré.

O homme! qui oses te dire l'image de Dieu, dis moi si Dieu mange, et s'il a un boyau rectum.

Toi l'image de Dieu! et ton cœur et ton esprit dépendent d'une selle!

Toi l'image de Dieu sur ta chaise percée! Le premier qui dit cette impertinence, la proféra-t-il par une extrême bêtise, ou par un extrême orgueil?

Plus d'un penseur (comme vous le verrez ailleurs) a douté qu'une âme immatérielle et immortelle pût venir, de je ne sais où, se loger pour si peu de temps entre de la matière fécale et de l'urine.

Qu'avons-nous, disent-ils, au-dessus des animaux? Plus d'idées, plus de mémoire, la parole, et deux mains adroites. Qui nous les a données? Celui qui donne des ailes aux oiseaux et des écailles aux poissons. Si nous sommes ses créatures, comment pouvons-nous être son image?

Nous répondons à ces philosophes que nous ne sommes l'image de Dieu que par la pensée. Ils nous répliquent que la pensée est un don de Dieu, qui n'est point du tout sa peinture; et que nous ne sommes images de Dieu en aucune façon. Nous les laissons dire, et nous les renvoyons à messieurs de Sorbonne.

Plusieurs animaux mangent nos excréments; et nous mangeons ceux de plusieurs animaux, ceux des grives, des bécasses, des ortolans, des alouettes.

Voyez à l'article ÉZÉCHIEL pourquoi le Seigneur lui ordonna de manger de la merde sur son pain, et se borna ensuite à la fiente de vache.

Nous avons connu le trésorier Paparel qui mangeait les déjections des laitières; mais ce cas est rare, et c'est celui de ne pas disputer des goûts.

Parcourez toute la terre, vous trouverez que le vol, le meurtre, l'adultère, la calomnie, sont regardés comme des délits que la société condamne et réprime; mais ce qui est approuvé en Angleterre, et condamné en Italie, doit-il être puni en Italie comme un de ces attentats contre l'humanité entière? c'est là ce que j'appelle délit local. Ce qui n'est criminel que dans l'enceinte de quelques montagnes, ou entre deux rivières, n'exige-t-il pas des juges plus d'indulgence que ces attentats qui sont en horreur à toutes les contrées? Le juge ne doit-il pas se dire à lui-même : Je n'oserais punir à Raguse ce que je punis à Lorette? Cette réflexion ne doit-elle pas adoucir dans son cœur cette dureté qu'il n'est que trop aisé de contracter dans le long exercice de son emploi?

On connaît les kermesses de la Flandre : elles étaient portées dans le siècle passé jusqu'à une indécence qui pouvait révolter des yeux inaccoutumés à ces spectacles.

Voici comme l'on célébrait la fête de Noël dans quelques villes. D'abord paraissait un jeune homme à moitié nu, avec des ailes au dos; il récitait l'*Ave Maria* à une jeune fille qui lui répondait *fiat*, et l'ange la baisait sur la bouche : ensuite un enfant enfermé dans un grand coq de carton criait en imitant le chant du coq, *Puer natus est nobis*. Un gros bœuf en mugissant disait *ubi*, qu'il prononçait *oubi*; une brebis bêlait en criant *Bethléem*. Un âne criait *hihanus*, pour signifier *eamus*: une longue procession, précédée de quatre fous avec des grelots et des marottes, fermait la marche. Il reste encore aujourd'hui des traces de ces dévotions populaires, que chez des peuples plus instruits on prendrait pour profanations. Un Suisse de mauvaise humeur, et peut-être plus ivre que ceux qui jouaient le rôle du bœuf et de l'âne, se prit de parole avec eux dans Louvain; il y eut des coups de donnés; on voulut faire pendre le Suisse, qui échappa à peine.

Le même homme eut une violente querelle à La Haye en Hollande, pour avoir pris hautement le parti de Barneveldt contre un gomariste outré. Il fut mis en prison à Amsterdam, pour avoir dit que les prêtres sont le fléau de l'humanité et la source de tous nos malheurs. Eh quoi! disait-il, si l'on croit que les bonnes œuvres peuvent servir au salut, on est au cachot; si l'on se moque d'un coq et d'un âne, on risque la corde. Cette aventure, toute burlesque qu'elle est, fait assez voir qu'on peut être répréhensible sur un ou deux points de notre hémisphère, et être absolument innocent dans le reste du monde.

DÉLUGE UNIVERSEL.

Nous commençons par déclarer que nous croyons le déluge universel, parce qu'il est rapporté dans les saintes Écritures hébraïques transmises aux chrétiens.

Nous le regardons comme un miracle : 1° Parce que tous les faits où Dieu daigne intervenir dans les sacrés cahiers, sont autant de miracles.

2° Parce que l'Océan n'aurait pu s'élever de quinze coudées, ou vingt et un pieds et demi de roi, au-dessus des plus hautes montagnes, sans laisser son lit à sec, et sans violer en même temps toutes les lois de la pesanteur et de l'équilibre des liqueurs, ce qui exigeait évidemment un miracle.

3° Parce que, quand même il aurait pu parvenir à la hauteur proposée, l'arche n'aurait pu contenir, selon les lois de la physique, toutes les bêtes de l'univers et leur nourriture pendant si long-temps, attendu que les lions, les tigres, les panthères, les léopards, les onces, les rhinocéros, les ours, les loups, les hyènes, les aigles, les éperviers, les milans, les vautours, les faucons, et tous les animaux carnassiers, qui ne se nourrissent que de chair, seraient morts de faim, même après avoir mangé toutes les autres espèces.

On imprima autrefois, à la suite des *Pensées de Pascal*, une dissertation d'un marchand de Rouen nommé Le Pelletier, dans laquelle il propose la manière de bâtir un vaisseau où l'on puisse faire entrer tous les animaux, et les nourrir pendant un an. On voit bien que ce marchand n'avait jamais gouverné de basse-cour. Nous sommes obligés d'envisager M. Le Pelletier, architecte de l'arche, comme un visionnaire qui ne se connaissait pas en ménagerie, et le déluge comme un miracle adorable, terrible, et incompréhensible à la faible raison du sieur Le Pelletier, tout comme à la nôtre.

4° Parce que l'impossibilité physique d'un déluge universel, par des voies naturelles, est démontrée en rigueur; en voici la démonstration.

Toutes les mers couvrent la moitié du globe; en prenant une mesure commune de leur profondeur vers les rivages et en haute mer, on compte cinq cents pieds.

Pour qu'elles couvrissent les deux hémisphères seulement de cinq cents pieds, il faudrait non seulement un océan de cinq cents pieds de profondeur sur toute la terre habitable, mais il faudrait encore une nouvelle mer pour envelopper notre océan actuel; sans quoi les lois de la pesanteur et des fluides feraient écouler ce nouvel amas d'eau profond de cinq cents pieds que la terre supporterait.

Voilà donc deux nouveaux océans pour couvrir, seulement de cinq cents pieds, le globe terraqué.

En ne donnant aux montagnes que vingt mille pieds de hauteur, ce serait donc quarante océans de cinq cents pieds de hauteur chacun, qu'il serait nécessaire d'établir les uns sur les autres, pour égaler seulement la cime des hautes montagnes. Chaque océan supérieur contiendrait tous les autres, et le dernier de tous ces océans serait d'une circonférence qui contiendrait quarante fois celle du premier.

Pour former cette masse d'eau, il aurait fallu la créer du néant. Pour la retirer, il aurait fallu l'anéantir.

Donc l'événement du déluge est un double miracle, et le plus grand qui ait jamais manifesté la puissance de l'éternel souverain de tous les globes.

Nous sommes très surpris que des savants aient attribué à ce déluge quelques coquilles répandues çà et là sur notre continent.

Nous sommes encore plus surpris de ce que nous lisons à l'article DÉLUGE du *Grand Dictionnaire encyclopédique;* on y cite un auteur qui dit des choses si profondes [a], qu'on les prendrait pour creuses. C'est toujours Pluche; il prouve la possibilité du déluge par l'histoire des géants qui firent la guerre aux dieux.

Briarée, selon lui, est visiblement le déluge, car il signifie la *perte de la sérénité;* et en quelle langue signifie-t-il cette perte? en hébreu. Mais Briarée est un mot grec qui veut dire *robuste.* Ce n'est point un mot hébreu. Quand par hasard il le serait, gardons-nous d'imiter Bochart, qui fait dériver tant de mots grecs, latins, français même, de l'idiome hébraïque. Il est certain que les Grecs ne connaissaient pas plus l'idiome juif que la langue chinoise.

Le géant Othus est aussi en hébreu, selon Pluche, le *dérangement des saisons.* Mais c'est encore un mot grec qui ne signifie rien, du moins que je sache; et quand il signifierait quelque chose, quel rapport, s'il vous plaît, avec l'hébreu?

Porphyrion est un *tremblement de terre* en hébreu; mais en grec c'est du *porphyre.* Le déluge n'a que faire là.

Mimas, c'est une *grande pluie;* pour le coup en voilà une qui peut avoir quelque rapport au déluge. Mais en grec *mimas* veut dire *imitateur, comédien;* il n'y a pas moyen de donner au déluge une telle origine.

Encelade, autre preuve du déluge en hébreu; car, selon Pluche, c'est la *fontaine du temps;* mais malheureusement en grec c'est du *bruit.*

[a] *Histoire du ciel*, tome I, depuis la page 105.

Éphialtes, autre démonstration du déluge en hébreu; car *éphialtes*, qui signifie *sauteur, oppresseur, incube*, en grec, est, selon Pluche, un *grand amas de nuées.*

Or, les Grecs ayant tout pris chez les Hébreux, qu'ils ne connaissaient pas, ont évidemment donné à leurs géants tous ces noms que Pluche tire de l'hébreu comme il peut; le tout en mémoire du déluge.

Deucalion, selon lui, signifie l'*affaiblissement du soleil.* Cela n'est pas vrai; mais n'importe.

C'est ainsi que raisonne Pluche; c'est lui que cite l'auteur de l'article *Déluge* sans le réfuter. Parle-t-il sérieusement? se moque-t-il? je n'en sais rien. Tout ce que je sais, c'est qu'il n'y a guère de système dont on puisse parler sans rire.

J'ai peur que cet article du *Grand Dictionnaire*, attribué à M. Boulanger, ne soit sérieux; en ce cas nous demandons si ce morceau est philosophique? La philosophie se trompe si souvent, que nous n'osons prononcer contre M. Boulanger.

Nous osons encore moins demander ce que c'est que l'abîme qui se rompit et les cataractes du ciel qui s'ouvrirent. Isaac Vossius nie l'universalité du déluge [a]; *hoc est pie nugari.* Calmet la soutient en assurant que les corps ne pèsent dans l'air que par la raison que l'air les comprime. Calmet n'était pas physicien, et la pesanteur de l'air n'a rien à faire avec le déluge. Contentons-nous de lire et de respecter tout ce qui est dans la Bible, sans en comprendre un mot.

Je ne comprends pas comment Dieu créa une race pour la noyer et pour lui substituer une race plus méchante encore;

Comment sept paires de toutes les espèces d'animaux non immondes vinrent des quatre quarts du globe, avec deux paires des immondes, sans que les loups mangeassent les brebis en chemin, et sans que les éperviers mangeassent les pigeons, etc., etc.

Comment huit personnes purent gouverner, nourrir, abreuver tant d'embarqués pendant près de deux ans; car il fallut encore un an, après la cessation du déluge, pour alimenter tous ces passagers, vu que l'herbe était courte.

Je ne suis pas comme M. Le Pelletier : j'admire tout, et je n'explique rien.

DÉMOCRATIE

Le pire des états, c'est l'état populaire.

Cinna s'en explique ainsi à Auguste. Mais aussi Maxime soutient que

Le pire des états, c'est l'état monarchique.

Bayle ayant plus d'une fois, dans son *Diction-*

[a] *Commentaire sur la Genèse*, pag. 197, etc.

naire, soutenu le pour et le contre, fait, à l'article de PÉRICLÈS, un portrait fort hideux de la démocratie, et surtout de celle d'Athènes.

Un républicain grand amateur de la démocratie, qui est l'un de nos faiseurs de questions, nous envoie sa réfutation de Bayle et son apologie d'Athènes. Nous exposerons ses raisons. C'est le privilége de quiconque écrit, de juger les vivants et les morts; mais on est jugé soi-même par d'autres, qui le seront à leur tour; et de siècle en siècle toutes les sentences sont réformées.

Bayle donc, après quelques lieux communs, dit ces propres mots : « Qu'on chercherait en vain » dans l'histoire de Macédoine autant de tyran» nie que l'histoire d'Athènes nous en présente. »

Peut-être Bayle était-il mécontent de la Hollande quand il écrivait ainsi; et probablement mon républicain qui le réfute est content de sa petite ville démocratique, *quant à présent*.

Il est difficile de peser dans une balance bien juste les iniquités de la république d'Athènes et celles de la cour de Macédoine. Nous reprochons encore aujourd'hui aux Athéniens le bannissement de Cimon, d'Aristide, de Thémistocle, d'Alcibiade, les jugements à mort portés contre Phocion et contre Socrate; jugements qui ressemblent à ceux de quelques uns de nos tribunaux absurdes et cruels.

Enfin ce qu'on ne pardonne point aux Athéniens, c'est la mort de leurs six généraux victorieux, condamnés pour n'avoir pas eu le temps d'enterrer leurs morts après la victoire, et pour en avoir été empêchés par une tempête. Cet arrêt est à la fois si ridicule et si barbare, il porte un tel caractère de superstition et d'ingratitude, que ceux de l'inquisition, ceux qui furent rendus contre Urbain Grandier et contre la maréchale d'Ancre, contre Morin, contre tant de sorciers, etc., ne sont pas des inepties plus atroces.

On a beau dire, pour excuser les Athéniens, qu'ils croyaient, d'après Homère, que les âmes des morts étaient toujours errantes, à moins qu'elles n'eussent reçu les honneurs de la sépulture ou du bûcher : une sottise n'excuse point une barbarie.

Le grand mal que les âmes de quelques Grecs se fussent promenées une semaine ou deux au bord de la mer! le mal est de livrer des vivants aux bourreaux, et des vivants qui vous ont gagné une bataille, des vivants que vous deviez remercier à genoux.

Voilà donc les Athéniens convaincus d'avoir été les plus sots et les plus barbares juges de la terre.

Mais il faut mettre à présent dans la balance les crimes de la cour de Macédoine; on verra que cette cour l'emporte prodigieusement sur Athènes en fait de tyrannie et de scélératesse.

Il n'y a d'ordinaire nulle comparaison à faire entre les crimes des grands qui sont toujours ambitieux, et les crimes du peuple qui ne veut jamais, et qui ne peut vouloir que la liberté et l'égalité. Ces deux sentiments *liberté* et *égalité* ne conduisent point droit à la calomnie, à la rapine, à l'assassinat, à l'empoisonnement, à la dévastation des terres de ses voisins, etc.; mais la grandeur ambitieuse et la rage du pouvoir précipitent dans tous ces crimes en tous temps et en tous lieux.

On ne voit dans cette Macédoine, dont Bayle oppose la vertu à celle d'Athènes, qu'un tissu de crimes épouvantables pendant deux cents années de suite.

C'est Ptolémée, oncle d'Alexandre-le-Grand, qui assassine son frère Alexandre pour usurper le royaume.

C'est Philippe, son frère, qui passe sa vie à tromper et à violer, et qui finit par être poignardé par Pausanias.

Olympias fait jeter la reine Cléopâtre et son fils dans une cuve d'airain brûlante. Elle assassine Aridée.

Antigones assassine Eumènes.

Antigone Gonatas, son fils, empoisonne le gouverneur de la citadelle de Corinthe, épouse sa veuve, la chasse, et s'empare de la citadelle.

Philippe, son petit-fils, empoisonne Démétrius, et souille toute la Macédoine de meurtres.

Persée tue sa femme de sa propre main, et empoisonne son frère.

Ces perfidies et ces barbaries sont fameuses dans l'histoire.

Ainsi donc, pendant deux siècles, la fureur du despotisme fait de la Macédoine le théâtre de tous les crimes; et, dans le même espace de temps, vous ne voyez le gouvernement populaire d'Athènes souillé que de cinq ou six iniquités judiciaires, de cinq ou six jugements atroces, dont le peuple s'est toujours repenti, et dont il a fait amende honorable. Il demanda pardon à Socrate après sa mort, et lui érigea le petit temple du *Socrateion*. Il demanda pardon à Phocion, et lui éleva une statue. Il demanda pardon aux six généraux condamnés avec tant de ridicule, et si indignement exécutés. Ils mirent aux fers le principal accusateur, qui n'échappa qu'à peine à la vengeance publique. Le peuple athénien était donc naturellement aussi bon que léger. Dans quel état despotique a-t-on jamais pleuré ainsi l'injustice de ses arrêts précipités?

Bayle a donc tort cette fois; mon républicain a donc raison. Le gouvernement populaire est donc par lui-même moins inique, moins abominable que le pouvoir tyrannique.

Le grand vice de la démocratie n'est certainement pas la tyrannie et la cruauté : il y eut des républicains montagnards, sauvages et féroces ; mais ce n'est pas l'esprit républicain qui les fit tels, c'est la nature. L'Amérique septentrionale était toute en républiques. C'étaient des ours.

Le véritable vice d'une république civilisée est dans la fable turque du dragon à plusieurs têtes et du dragon à plusieurs queues. La multitude des têtes se nuit, et la multitude des queues obéit à une seule tête qui veut tout dévorer.

La démocratie ne semble convenir qu'à un très petit pays; encore faut-il qu'il soit heureusement situé. Tout petit qu'il sera, il fera beaucoup de fautes, parce qu'il sera composé d'hommes. La discorde y régnera comme dans un couvent de moines; mais il n'y aura ni Saint-Barthélemi, ni massacres d'Irlande, ni vêpres siciliennes, ni inquisition, ni condamnation aux galères pour avoir pris de l'eau dans la mer sans payer, à moins qu'on ne suppose cette république composée de diables dans un coin de l'enfer.

Après avoir pris le parti de mon Suisse contre l'ambidextre Bayle, j'ajouterai :

Que les Athéniens furent guerriers comme les Suisses, et polis comme les Parisiens l'ont été sous Louis XIV;

Qu'ils ont réussi dans tous les arts qui demandent le génie, et la main, comme les Florentins du temps de Médicis;

Qu'ils ont été les maîtres des Romains dans les sciences et dans l'éloquence, du temps même de Cicéron;

Que ce petit peuple qui avait à peine un territoire, et qui n'est aujourd'hui qu'une troupe d'esclaves ignorants, cent fois moins nombreux que les Juifs, et ayant perdu jusqu'à son nom, l'emporte pourtant sur l'empire romain par son antique réputation qui triomphe des siècles et de l'esclavage.

L'Europe a vu une république dix fois plus petite encore qu'Athènes, attirer pendant cent cinquante ans les regards de l'Europe, et son nom placé à côté du nom de Rome, dans le temps que Rome commandait encore aux rois, qu'elle condamnait un Henri souverain de la France, et qu'elle absolvait et fouettait un autre Henri le premier homme de son siècle; dans le temps même que Venise conservait son ancienne splendeur, et que la nouvelle république des sept Provinces-Unies étonnait l'Europe et les Indes par son établissement et par son commerce.

Cette fourmilière imperceptible ne put être écrasée par le roi démon du Midi, et dominateur des deux mondes, ni par les intrigues du Vatican, qui fesaient mouvoir les ressorts de la moitié de l'Europe. Elle résista par la parole et par les armes; et à l'aide d'un Picard qui écrivait, et d'un petit nombre de Suisses qui combattit, elle s'affermit, elle triompha; elle put dire *Rome et moi*. Elle tint tous les esprits partagés entre les riches pontifes successeurs des Scipions, *Romanos rerum dominos*, et les pauvres habitants d'un coin de terre longtemps ignoré dans le pays de la pauvreté et des goîtres.

Il s'agissait alors de savoir comment l'Europe penserait sur des questions que personne n'entendait. C'était la guerre de l'esprit humain. On eut des Calvin, des Bèze, des Turretin, pour ses Démosthène, ses Platon, et ses Aristote.

L'absurdité de la plupart des questions de controverse qui tenaient l'Europe attentive ayant été enfin reconnue, la petite république se tourna vers ce qui paraît solide, l'acquisition des richesses. Le système de *Lass*, plus chimérique et non moins funeste que ceux des supralapsaires et des infralapsaires, engagea dans l'arithméthique ceux qui ne pouvaient plus se faire un nom en théo-morianique. Ils devinrent riches et ne furent plus rien.

On croit qu'il n'y a aujourd'hui de républiques qu'en Europe. Ou je me trompe, ou je l'ai dit aussi quelque part; mais c'eût été une très grande inadvertance. Les Espagnols trouvèrent en Amérique la république de Tlascala très bien établie. Tout ce qui n'a pas été subjugué dans cette partie du monde est encore république. Il n'y avait dans tout ce continent que deux royaumes lorsqu'il fut découvert; et cela pourrait bien prouver que le gouvernement républicain est le plus naturel. Il faut s'être bien raffiné, et avoir passé par bien des épreuves, pour se soumettre au gouvernement d'un seul.

En Afrique, les Hottentots, les Cafres, et plusieurs peuplades de nègres, sont des démocraties. On prétend que les pays où l'on vend le plus de nègres sont gouvernés par des rois. Tripoli, Tunis, Alger, sont des républiques de soldats et de pirates. Il y en a aujourd'hui de pareilles dans l'Inde : les Marattes, plusieurs hordes de Patanes, les Seiks, n'ont point de rois : ils élisent des chefs quand ils vont piller.

Telles sont encore plusieurs sociétés de Tartares. L'empire turc même a été très long temps une république de janissaires, qui étranglaient souvent leur sultan, quand leur sultan ne les fesait pas décimer.

On demande tous les jours si un gouvernement républicain est préférable à celui d'un roi? La dispute finit toujours par convenir qu'il est fort difficile de gouverner les hommes. Les Juifs eurent pour maître Dieu même; voyez ce qui leur en est arrivé : ils ont été presque toujours battus et esclaves; et aujourd'hui ne trouvez-vous pas qu'ils font une belle figure?

DÉMONIAQUES.

Possédés du démon, énergumènes, exorcisés, ou *plutôt*, malades de la matrice, des pâles couleurs, hypocondriaques, épileptiques, cataleptiques, guéris par les émollients de M. Pomme, grand exorciste.

Les vaporeux, les épileptiques, les femmes travaillées de l'utérus, passèrent toujours pour être les victimes des esprits malins, des démons malfesants, des vengeances des dieux. Nous avons vu que ce mal s'appelait le *mal sacré*, et que les prêtres de l'antiquité s'emparèrent partout de ces maladies, attendu que les médecins étaient de grands ignorants.

Quand les symptômes étaient fort compliqués, c'est qu'on avait plusieurs démons dans le corps, un démon de fureur, un de luxure, un de contraction, un de raideur, un d'éblouissement, un de surdité; et l'exorciseur avait à coup sûr un démon d'absurdité joint à un de friponnerie.

Nous avons vu que les Juifs chassaient les diables du corps des possédés avec la racine barath et des paroles; que notre Sauveur les chassait par une vertu divine, qu'il communiqua cette vertu à ses apôtres, mais que cette vertu est aujourd'hui fort affaiblie.

On a voulu renouveler depuis peu l'histoire de saint Paulin. Ce saint vit à la voûte d'une église un pauvre démoniaque qui marchait sous cette voûte ou sur cette voûte, la tête en bas et les pieds en haut, à peu près comme une mouche. Saint Paulin vit bien que cet homme était possédé; il envoya vite chercher à quelques lieues de là des reliques de saint Félix de Nole: on les appliqua au patient comme des vésicatoires. Le démon qui soutenait cet homme contre la voûte s'enfuit aussitôt, et le démoniaque tomba sur le pavé.

Nous pouvons douter de cette histoire en conservant le plus profond respect pour les vrais miracles; et il nous sera permis de dire que ce n'est pas ainsi que nous guérissons aujourd'hui les démoniaques. Nous les saignons, nous les baignons, nous les purgeons doucement, nous leur donnons des émollients: voilà comme M. Pomme les traite; et il a opéré plus de cures que les prêtres d'Isis et de Diane, ou autres, n'ont jamais fait de miracles.

Quant aux démoniaques qui se disent possédés pour gagner de l'argent, au lieu de les baigner on les fouette.

Il arrivait souvent que des épileptiques ayant les fibres et les muscles desséchés, pesaient moins qu'un pareil volume d'eau, et surnageaient quand on les mettait dans le bain. On criait miracle! on disait: C'est un possédé ou un sorcier; on allait chercher de l'eau bénite ou un bourreau. C'était une preuve indubitable, ou que le démon s'était rendu maître du corps de la personne surnageante, ou qu'elle s'était donnée à lui. Dans le premier cas elle était exorcisée, dans le second elle était brûlée.

C'est ainsi que nous avons raisonné et agi pendant quinze ou seize cents ans; et nous avons osé nous moquer des Cafres! c'est une exclamation qui peut souvent échapper.

En 1603, dans une petite ville de la Franche-Comté, une femme de qualité fesait lire les Vies des saints à sa belle-fille devant ses parents; cette jeune personne un peu trop instruite, mais ne sachant pas l'orthographe, substitua le mot d'*histoires* à celui de *vies*. Sa marâtre, qui la haïssait, lui dit aigrement: *Pourquoi ne lisez-vous pas comme il y a?* La petite fille rougit, trembla, n'osa répondre; elle ne voulut pas décéler celle de ses compagnes qui lui avait appris le mot propre mal orthographié, qu'elle avait eu la pudeur de ne pas prononcer. Un moine, confesseur de la maison, prétendit que c'était le diable qui lui avait enseigné ce mot. La fille aima mieux se taire que se justifier: son silence fut regardé comme un aveu. L'inquisition la convainquit d'avoir fait un pacte avec le diable. Elle fut condamnée à être brûlée, parce qu'elle avait beaucoup de bien de sa mère, et que la confiscation appartenait de droit aux inquisiteurs: elle fut la cent millième victime de la doctrine des démoniaques, des possédés, des exorcismes et des véritables diables qui ont régné sur la terre.

DENYS (SAINT) L'ARÉOPAGITE,

Et la fameuse éclipse.

L'auteur de l'article Apocryphe a négligé une centaine d'ouvrages reconnus pour tels, et qui, étant entièrement oubliés, semblaient ne pas mériter d'entrer dans sa liste. Nous avons cru devoir ne pas omettre saint Denys, surnommé l'*Aréopagite*, qu'on a prétendu long-temps avoir été disciple de saint Paul et d'un Hiérothée, compagnon de saint Paul, qu'on n'a jamais connu. Il fut, dit-on, sacré évêque d'Athènes par saint Paul lui-même. Il est dit dans sa Vie qu'il alla rendre une visite dans Jérusalem à la sainte Vierge, et qu'il la trouva si belle et si majestueuse, qu'il fut tenté de l'adorer.

Après avoir long-temps gouverné l'Église d'Athènes, il alla conférer avec saint Jean l'Évangéliste à Éphèse, ensuite à Rome avec le pape Clément; de là il alla exercer son apostolat en France; « et sachant, dit l'histoire, que Paris

» était une ville riche, peuplée, abondante, et » comme la capitale des autres, il vint y planter » une citadelle pour battre l'enfer et l'infidélité » en ruine. »

On le regarda très long-temps comme le premier évêque de Paris. Harduinus, l'un de ses historiens, ajoute qu'à Paris on l'exposa aux bêtes ; mais qu'ayant fait le signe de la croix sur elles, les bêtes se prosternèrent à ses pieds. Les païens parisiens le jetèrent alors dans un four chaud ; il en sortit frais et en parfaite santé. On le crucifia; quand il fut crucifié, il se mit à prêcher du haut de la potence.

On le ramena en prison avec Rustique et Éleuthère, ses compagnons. Il y dit la messe; saint Rustique servit de diacre, et Éleuthère de sous-diacre. Enfin on les mena tous trois à Montmartre, et on leur trancha la tête, après quoi ils ne dirent plus de messe.

Mais, selon Harduinus, il arriva un bien plus grand miracle ; le corps de saint Denys se leva debout, prit sa tête entre ses mains ; les anges l'accompagnaient en chantant : *Gloria tibi, Domine, alleluia.* Il porta sa tête jusqu'à l'endroit où on lui bâtit une église, qui est la fameuse église de Saint-Denys.

Métaphraste, Harduinus, Hincmar, évêque de Reims, disent qu'il fut martyrisé à l'âge de quatre-vingt-onze ans ; mais le cardinal Baronius prouve qu'il en avait cent dix[a], en quoi il est suivi par Ribadeneira, savant auteur de la *Fleur des saints*. C'est sur quoi nous ne prenons point de parti.

On lui attribue dix-sept ouvrages, dont malheureusement nous avons perdu six. Les onze qui nous restent ont été traduits du grec par Jean Scot, Hugues de Saint-Victor, Albert dit le Grand, et plusieurs autres savants illustres.

Il est vrai que depuis que la saine critique s'est introduite dans le monde, on est convenu que tous les livres qu'on attribue à Denys furent écrits par un imposteur l'an 362 de notre ère[b], et il ne reste plus sur cela de difficultés.

DE LA GRANDE ÉCLIPSE OBSERVÉE PAR DENYS.

Ce qui a surtout excité une grande querelle entre les savants, c'est ce que rapporte un des auteurs inconnus de la Vie de saint Denys. On a prétendu que ce premier évêque de Paris, étant en Égypte dans la ville de Diospolis, ou No-Ammon, à l'âge de vingt-cinq ans, et n'étant pas encore chrétien, il y fut témoin, avec un de ses amis, de la fameuse éclipse du soleil arrivée dans la pleine lune à la mort de Jésus-Christ, et qu'il s'écria en grec : *Ou Dieu pâtit, ou il s'afflige avec le patient.*

Ces paroles ont été diversement rapportées par divers auteurs; mais dès le temps d'Eusèbe de Césarée, on prétendait que deux historiens, l'un nommé Phlégon et l'autre Thallus, avaient fait mention de cette éclipse miraculeuse. Eusèbe de Césarée cite Phlégon ; mais nous n'avons plus ses ouvrages. Il disait, à ce qu'on prétend, que cette éclipse arriva la quatrième année de la deux centième olympiade, qui serait la dix-huitième année de Tibère. Il y a sur cette anecdote plusieurs leçons, et on peut se défier de toutes, d'autant plus qu'il reste à savoir si on comptait encore par olympiades du temps de Phlégon ; ce qui est fort douteux.

Ce calcul important intéressa tous les astronomes; Hodgson, Whiston, Gale Maurice et le fameux Halley, ont démontré qu'il n'y avait point eu d'éclipse de soleil cette année ; mais que dans la première année de la deux cent deuxième olympiade, le 24 novembre, il en arriva une qui obscurcit le soleil pendant deux minutes à une heure et un quart à Jérusalem.

On a encore été plus loin ; un jésuite nommé Greslon prétendit que les Chinois avaient conservé dans leurs annales la mémoire d'une éclipse arrivée à peu près dans ce temps-là, contre l'ordre de la nature. On pria les mathématiciens d'Europe d'en faire le calcul. Il était assez plaisant de prier des astronomes de calculer une éclipse qui n'était pas naturelle. Enfin, il fut avéré que les annales de la Chine ne parlent en aucune manière de cette éclipse.

Il résulte de l'histoire de saint Denys l'Aréopagite, et du passage de Phlégon, et de la lettre du jésuite Greslon, que les hommes aiment fort à en imposer. Mais cette prodigieuse multitude de mensonges, loin de faire du tort à la religion chrétienne, ne sert au contraire qu'à en prouver la divinité, puisqu'elle s'est affermie de jour en jour malgré eux.

DÉNOMBREMENT.

SECTION PREMIÈRE.

Les plus anciens dénombrements que l'histoire nous ait laissés sont ceux des Israélites. Ceux-là sont indubitables, puisqu'ils sont tirés des livres juifs.

On ne croit pas qu'il faille compter pour un dénombrement la fuite des Israélites au nombre de six cent mille hommes de pied, parce que le texte ne les spécifie pas tribu par tribu[a]; il ajoute qu'une troupe innombrable de gens ramassés se joignit à eux ; ce n'est qu'un récit.

[a] *Baronius*, tome II, page 37. — [b] Voyez CAVE.

[a] *Exod.*, ch. XII, v. 37 et 38.

Le premier dénombrement circonstancié est celui qu'on voit dans le livre du *Vacidaber*, et que nous nommons les *Nombres* [a]. Par le recensement que Moïse et Aaron firent du peuple dans le désert, on trouva, en comptant toutes les tribus, excepté celle de Lévi, six cent trois mille cinq cent cinquante hommes en état de porter les armes ; et si vous y joignez la tribu de Lévi supposée égale en nombre aux autres tribus, le fort portant le faible, vous aurez six cent cinquante-trois mille neuf cent trente-cinq hommes, auxquels il faut ajouter un nombre égal de vieillards, de femmes et d'enfants, ce qui composera deux millions six cent quinze mille sept cent quarante-deux personnes parties de l'Égypte.

Lorsque David, à l'exemple de Moïse, ordonna le recensement de tout le peuple [b], il se trouva huit cent mille guerriers des tribus d'Israël, et cinq cent mille de celle de Juda, selon le livre des *Rois*; mais selon les *Paralipomènes* [c], on compta onze cent mille guerriers dans Israël, et moins de cinq cent mille dans Juda.

Le livre des *Rois* exclut formellement Lévi et Benjamin ; et les *Paralipomènes* ne les comptent pas. Si donc on joint ces deux tribus aux autres, proportion gardée, le total des guerriers sera de dix-neuf cent vingt mille. C'est beaucoup pour le petit pays de la Judée, dont la moitié est composée de rochers affreux et de cavernes. Mais c'était un miracle.

Ce n'est pas à nous d'entrer dans les raisons pour lesquelles le souverain arbitre des rois et des peuples punit David de cette opération qu'il avait commandée lui-même à Moïse. Il nous appartient encore moins de rechercher pourquoi Dieu étant irrité contre David, c'est le peuple qui fut puni pour avoir été dénombré. Le prophète Gad ordonna au roi, de la part de Dieu, de choisir la guerre, la famine ou la peste ; David accepta la peste, et il en mourut soixante et dix mille Juifs en trois jours.

Saint Ambroise, dans son livre de la *Pénitence*, et saint Augustin, dans son livre contre Fauste, reconnaissent que l'orgueil et l'ambition avaient déterminé David à faire cette revue. Leur opinion est d'un grand poids, et nous ne pouvons que nous soumettre à leur décision, en éteignant toutes les lumières trompeuses de notre esprit.

L'Écriture rapporte un nouveau dénombrement du temps d'Esdras [d], lorsque la nation juive revint de la captivité. *Toute cette multitude*, disent également Esdras et Néhémie [e], « étant comme » un seul homme, se montait à quarante-deux » mille trois cent soixante personnes. » Ils les nomment toutes par familles, et ils comptent le nombre des Juifs de chaque famille, et le nombre des prêtres. Mais non seulement il y a dans ces deux auteurs des différences entre les nombres et les noms des familles, on voit encore une erreur de calcul dans l'un et dans l'autre. Par le calcul d'Esdras, au lieu de quarante-deux mille hommes, on n'en trouve, après avoir tout additionné, que vingt-neuf mille huit cent dix-huit; et par celui de Néhémie, on en trouve trente et un mille quatre-vingt-neuf.

Il faut, sur cette méprise apparente, consulter les commentateurs, et surtout dom Calmet, qui, ajoutant à un de ces deux comptes ce qui manque à l'autre, et ajoutant encore ce qui leur manque à tous deux, résout toute la difficulté. Il manque aux supputations d'Esdras et de Néhémie, rapprochées par Calmet, dix mille sept cent soixante et dix-sept personnes ; mais on les retrouve dans les familles qui n'out pu donner leur généalogie : d'ailleurs, s'il y avait quelque faute de copiste, elle ne pourrait nuire à la véracité du texte divinement inspiré.

Il est à croire que les grands rois voisins de la Palestine avaient fait les dénombrements de leurs peuples autant qu'il est possible. Hérodote nous donne le calcul de tous ceux qui suivirent Xerxès [a], sans y faire entrer son armée navale. Il compte dix-sept cent mille hommes, et il prétend que pour parvenir à cette supputation, on les fesait passer en divisions de dix mille dans une enceinte qui ne pouvait tenir que ce nombre d'hommes très pressés. Cette méthode est bien fautive, car en se pressant un peu moins, il se pouvait aisément que chaque division de dix mille hommes ne fût en effet que de huit à neuf. De plus, cette méthode n'est nullement guerrière ; et il eût été beaucoup plus aisé de voir le complet, en fesant marcher les soldats par rangs et par files.

Il faut encore observer combien il était difficile de nourrir dix-sept cent mille hommes dans le pays de la Grèce qu'il allait conquérir. On pourrait bien douter et de ce nombre, et de la manière de le compter, et du fouet donné à l'Hellespont, et du sacrifice de mille bœufs fait à Minerve par un roi persan qui ne la connaissait pas, et qui ne vénérait que le soleil, comme l'unique symbole de la Divinité.

Le dénombrement des dix-sept cent mille hommes n'est pas d'ailleurs complet, de l'aveu même d'Hérodote, puisque Xerxès mena encore avec lui tous les peuples de la Thrace et de la Macédoine,

[a] *Nomb.*, ch. I. — [b] Livre II des *Rois*, ch. XXIV.
[c] Livre I des *Paralipomènes*, ch. XXI, v. 5.
[d] Livre I d'*Esdras*, ch. II, v. 64.
[e] Livre II d'*Esdras*, qui est l'hist. de *Néhémie*, chap. VIII, v. 66.

[a] *Hérodote*, livre VI, ou *Polymnie*.

qu'il força, dit-il, chemin fesant, de le suivre, apparemment pour affamer plus vite son armée. On doit donc faire ici ce que les hommes sages font à la lecture de toutes les histoires anciennes, et même modernes, suspendre son jugement, et douter beaucoup.

Le premier dénombrement que nous ayons d'une nation profane, est celui que fit Servius Tullius, sixième roi de Rome. Il se trouva, dit Tite-Live, quatre-vingt mille combattants, tous citoyens romains. Cela suppose trois cent vingt mille citoyens au moins, tant vieillards que femmes et enfants : à quoi il faut ajouter au moins vingt mille domestiques, tant esclaves que libres.

Or, on peut raisonnablement douter que le petit état romain contînt cette multitude. Romulus n'avait régné (supposé qu'on puisse l'appeler roi) que sur environ trois mille bandits rassemblés dans un petit bourg entre des montagnes. Ce bourg était le plus mauvais terrain de l'Italie. Tout son pays n'avait pas trois mille pas de circuit. Servius était le sixième chef ou roi de cette peuplade naissante. La règle de Newton, qui est indubitable pour les royaumes électifs, donne à chaque roi vingt et un ans de règne, et contredit par là tous les anciens historiens, qui n'ont jamais observé l'ordre des temps, et qui n'ont donné aucune date précise. Les cinq rois de Rome doivent avoir régné environ cent ans.

Il n'est certainement pas dans l'ordre de la nature qu'un terrain ingrat, qui n'avait pas cinq lieues en long et trois en large, et qui devait avoir perdu beaucoup d'habitants dans ses petites guerres presque continuelles, pût être peuplé de trois cent quarante mille âmes. Il n'y en a pas la moitié dans le même territoire où Rome aujourd'hui est la métropole du monde chrétien, où l'affluence des étrangers et des ambassadeurs de tant de nations doit servir à peupler la ville, où l'or coule de la Pologne, de la Hongrie, de la moitié de l'Allemagne, de l'Espagne, de la France, par mille canaux dans la bourse de la daterie, et doit faciliter encore la population, si d'autres causes l'interceptent.

L'histoire de Rome ne fut écrite que plus de cinq cents ans après sa fondation. Il ne serait point du tout surprenant que les historiens eussent donné libéralement quatre-vingt mille guerriers à Servius Tullius, au lieu de huit mille, par un faux zèle pour la patrie. Le zèle eût été plus grand et plus vrai, s'ils avaient avoué les faibles commencements de leur république. Il est plus beau de s'être élevé d'une si petite origine à tant de grandeur, que d'avoir eu le double des soldats d'Alexandre pour conquérir environ quinze lieues de pays en quatre cents années.

Le cens ne s'est jamais fait que des citoyens romains. On prétend que sous Auguste il était de quatre millions soixante-trois mille, l'an 29 avant notre ère vulgaire, selon Tillemont, qui est assez exact; mais il cite Dion Cassius, qui ne l'est guère.

Laurent Échard n'admet qu'un dénombrement de quatre millions cent trente-sept mille hommes, l'an 14 de notre ère. Le même Échard parle d'un dénombrement général de l'empire pour la première année de la même ère; mais il ne cite aucun auteur romain, et ne spécifie aucun calcul du nombre des citoyens. Tillemont ne parle en aucune manière de ce dénombrement.

On a cité Tacite et Suétone; mais c'est très mal à propos. Le cens dont parle Suétone n'est point un dénombrement de citoyens ; ce n'est qu'une liste de ceux auxquels le public fournissait du blé.

Tacite ne parle, au livre II, que d'un cens établi dans les seules Gaules pour y lever plus de tributs par tête. Jamais Auguste ne fit un dénombrement des autres sujets de son empire, parce que l'on ne payait point ailleurs la capitation qu'il voulut établir en Gaule.

Tacite dit[a] « qu'Auguste avait un mémoire écrit » de sa main, qui contenait les revenus de l'em» pire, les flottes, les royaumes tributaires. » Il ne parle point d'un dénombrement.

Dion Cassius spécifie un cens[b]; mais il n'articule aucun nombre.

Josèphe, dans ses *Antiquités*, dit[c] que l'an 759 de Rome (temps qui répond à l'onzième année de notre ère), Cyrénius, établi alors gouverneur de Syrie, se fit donner une liste de tous les biens des Juifs, ce qui causa une révolte. Cela n'a aucun rapport à un dénombrement général, et prouve seulement que ce Cyrénius ne fut gouverneur de la Judée (qui était alors une petite province de Syrie) que dix ans après la naissance de notre Sauveur, et non pas au temps de sa naissance.

Voilà, ce me semble, ce qu'on peut recueillir de principal dans les profanes touchant les dénombrements attribués à Auguste. Si nous nous en rapportions à eux, Jésus-Christ serait né sous le gouvernement de Varus, et non sous celui de Cyrénius ; il n'y aurait point eu de dénombrement universel. Mais saint Luc, dont l'autorité doit prévaloir sur Josèphe, Suétone, Tacite, Dion Cassius, et tous les écrivains de Rome ; saint Luc affirme positivement qu'il y eut un dénombrement universel de toute la terre, et que Cyrénius était gouverneur de Judée. Il faut donc s'en rapporter uniquement à lui, sans même chercher à le concilier avec Flavius Josèphe, ni avec aucun autre historien.

[a] *Annales*, liv. I, chap. II.
[b] Liv. XLIII. — [c] Josèphe, liv. XVIII, chap. I.

Au reste, ni le nouveau *Testament*, ni l'ancien, ne nous ont été donnés pour éclaircir des points d'histoire, mais pour nous annoncer des vérités salutaires, devant lesquelles tous les événements et toutes les opinions devaient disparaître. C'est toujours ce que nous répondons aux faux calculs, aux contradictions, aux absurdités, aux fautes énormes de géographie, de chronologie, de physique, et même de sens commun, dont les philosophes nous disent sans cesse que la sainte Écriture est remplie : nous ne cessons de leur dire qu'il n'est point ici question de raison, mais de foi et de piété.

SECTION II.

A l'égard du dénombrement des peuples modernes, les rois n'ont point à craindre aujourd'hui qu'un docteur Gad vienne leur proposer, de la part de Dieu, la famine, la guerre, ou la peste, pour les punir d'avoir voulu savoir leur compte. Aucun d'eux ne le sait.

On conjecture, on devine, et toujours à quelques millions d'hommes près.

J'ai porté le nombre d'habitants qui composent l'empire de Russie, à vingt-quatre millions, sur les mémoires qui m'ont été envoyés ; mais je n'ai point garanti cette évaluation ; car je connais très peu de choses que je voulusse garantir.

J'ai cru que l'Allemagne possède autant de monde en comptant les Hongrois. Si je me suis trompé d'un million ou deux, on sait que c'est une bagatelle en pareil cas.

Je demande pardon au roi d'Espagne, si je ne lui accorde que sept millions de sujets dans notre continent. C'est bien peu de chose ; mais don Ustariz, employé dans le ministère, ne lui en donne pas davantage.

On compte environ neuf à dix millions d'êtres libres dans les trois royaumes de la Grande-Bretagne.

On balance en France entre seize et vingt millions. C'est une preuve que le docteur Gad n'a rien à reprocher au ministère de France. Quant aux villes capitales, les opinions sont encore partagées. Paris, selon quelques calculateurs, a sept cent mille habitants ; et, selon d'autres, cinq cent. Il en est ainsi de Londres, de Constantinople, du Grand-Caire.

Pour les sujets du pape, ils feront la foule en paradis ; mais la foule est médiocre sur la terre. Pourquoi cela? C'est qu'ils sont sujets du pape. Caton le censeur aurait-il jamais cru que les Romains en viendraient-là [a]?

[a] Voyez l'article POPULATION.

DESTIN.

De tous les livres de l'Occident qui sont parvenus jusqu'à nous, le plus ancien est Homère ; c'est là qu'on trouve les mœurs de l'antiquité profane, des héros grossiers, des dieux grossiers, faits à l'image de l'homme ; mais c'est là que, parmi les rêveries et les inconséquences, on trouve aussi les semences de la philosophie, et surtout l'idée du destin qui est maître des dieux, comme les dieux sont les maîtres du monde.

Quand le magnanime Hector veut absolument combattre le magnanime Achille, et que pour cet effet il se met à fuir de toutes ses forces, et fait trois fois le tour de la ville avant de combattre, afin d'avoir plus de vigueur ; quand Homère compare Achille aux pieds légers qui le poursuit, à un homme qui dort ; quand madame Dacier s'extasie d'admiration sur l'art et le grand sens de ce passage, alors Jupiter veut sauver le grand Hector qui lui a fait tant de sacrifices, et il consulte les destinées ; il pèse dans une balance les destins d'Hector et d'Achille [a] : il trouve que le Troyen doit absolument être tué par le Grec ; il ne peut s'y opposer ; et dès ce moment, Apollon, le génie gardien d'Hector, est obligé de l'abandonner. Ce n'est pas qu'Homère ne prodigue souvent, et surtout en ce même endroit, des idées toutes contraires, suivant le privilége de l'antiquité ; mais enfin il est le premier chez qui on trouve la notion du destin. Elle était donc très en vogue de son temps.

Les pharisiens, chez le petit peuple juif, n'adoptèrent le destin que plusieurs siècles après ; car ces pharisiens eux-mêmes, qui furent les premiers lettrés d'entre les Juifs, étaient très nouveaux. Ils mêlèrent dans Alexandrie une partie des dogmes des stoïciens aux anciennes idées juives. Saint Jérôme prétend même que leur secte n'est pas beaucoup antérieure à notre ère vulgaire.

Les philosophes n'eurent jamais besoin ni d'Homère, ni des pharisiens, pour se persuader que tout se fait par des lois immuables, que tout est arrangé, que tout est un effet nécessaire. Voici comme ils raisonnaient.

Ou le monde subsiste par sa propre nature, par ses lois physiques, ou un être suprême l'a formé selon ses lois suprêmes ; dans l'un et l'autre cas, ces lois sont immuables ; dans l'un et l'autre cas, tout est nécessaire ; les corps graves tendent vers le centre de la terre, sans pouvoir tendre à se reposer en l'air. Les poiriers ne peuvent jamais porter d'ananas. L'instinct d'un épagneul ne peut être l'instinct d'une autruche ; tout est arrangé, engrené, et limité.

[a] *Iliade*, liv. XXII.

L'homme ne peut avoir qu'un certain nombre de dents, de cheveux et d'idées; il vient un temps où il perd nécessairement ses dents, ses cheveux, et ses idées.

Il est contradictoire que ce qui fut hier n'ait pas été, que ce qui est aujourd'hui ne soit pas; il est aussi contradictoire que ce qui doit être puisse ne pas devoir être.

Si tu pouvais déranger la destinée d'une mouche, il n'y aurait nulle raison qui pût t'empêcher de faire le destin de toutes les autres mouches, de tous les autres animaux, de tous les hommes, de toute la nature; tu te trouverais au bout du compte plus puissant que Dieu.

Des imbéciles disent : Mon médecin a tiré ma tante d'une maladie mortelle; il a fait vivre ma tante dix ans de plus qu'elle ne devait vivre. D'autres, qui font les capables, disent : L'homme prudent fait lui-même son destin.

« Nullum numen abest, si sit prudentia, sed te
« Nos facimus, fortuna, deam, cœloque locamus. »

JUVENAL, sat X, v. 365.

La fortune n'est rien; c'est en vain qu'on l'adore.
La prudence est le dieu qu'on doit seul implorer.

Mais souvent le prudent succombe sous sa destinée, loin de la faire; c'est le destin qui fait les prudents.

De profonds politiques assurent que si on avait assassiné Cromwell, Ludlow, Ireton, et une douzaine d'autres parlementaires, huit jours avant qu'on coupât la tête à Charles Ier, ce roi aurait pu vivre encore et mourir dans son lit; ils ont raison : ils peuvent ajouter encore que si toute l'Angleterre avait été engloutie dans la mer, ce monarque n'aurait pas péri sur un échafaud auprès de Whitehall, ou salle blanche; mais les choses étaient arrangées de façon que Charles devait avoir le cou coupé.

Le cardinal d'Ossat était sans doute plus prudent qu'un fou des Petites-Maisons; mais n'est-il pas évident que les organes du sage d'Ossat étaient autrement faits que ceux de cet écervelé? de même que les organes d'un renard sont différents de ceux d'une grue et d'une alouette.

Ton médecin a sauvé ta tante; mais certainement il n'a pas en cela contredit l'ordre de la nature; il l'a suivi. Il est clair que ta tante ne pouvait pas s'empêcher de naître dans une telle ville, qu'elle ne pouvait pas s'empêcher d'avoir dans un tel temps une certaine maladie, que le médecin ne pouvait pas être ailleurs que dans la ville où il était, que ta tante devait l'appeler, qu'il devait lui prescrire les drogues qui l'ont guérie, ou qu'on a cru l'avoir guérie, lorsque la nature était le seul médecin.

Un paysan croit qu'il a grêlé par hasard sur son champ; mais le philosophe sait qu'il n'y a point de hasard, et qu'il était impossible, dans la constitution de ce monde, qu'il ne grêlât pas ce jour-là en cet endroit.

Il y a des gens qui, étant effrayés de cette vérité, en accordent la moitié, comme des débiteurs qui offrent moitié à leurs créanciers, et demandent répit pour le reste. Il y a, disent-ils, des événements nécessaires, et d'autres qui ne le sont pas. Il serait plaisant qu'une partie de ce monde fût arrangée, et que l'autre ne le fût point; qu'une partie de ce qui arrive dût arriver, et qu'une autre partie de ce qui arrive ne dût pas arriver. Quand on y regarde de près, on voit que la doctrine contraire à celle du destin est absurde; mais il y a beaucoup de gens destinés à raisonner mal, d'autres à ne point raisonner du tout, d'autres à persécuter ceux qui raisonnent.

Quelques uns vous disent : Ne croyez pas au fatalisme; car alors tout vous paraissant inévitable, vous ne travaillerez à rien, vous croupirez dans l'indifférence, vous n'aimerez ni les richesses, ni les honneurs, ni les louanges; vous ne voudrez rien acquérir, vous vous croirez sans mérite comme sans pouvoir; aucun talent ne sera cultivé, tout périra par l'apathie.

Ne craignez rien, messieurs, nous aurons toujours des passions et des préjugés, puisque c'est notre destinée d'être soumis aux préjugés et aux passions : nous saurons bien qu'il ne dépend pas plus de nous d'avoir beaucoup de mérite et de grands talents, que d'avoir les cheveux bien plantés et la main belle : nous serons convaincus qu'il ne faut tirer vanité de rien, et cependant nous aurons toujours de la vanité.

J'ai nécessairement la passion d'écrire ceci; et toi, tu as la passion de me condamner : nous sommes tous deux également sots, également les jouets de la destinée. Ta nature est de faire du mal; la mienne est d'aimer la vérité, et de la publier malgré toi.

Le hibou, qui se nourrit de souris dans sa masure, a dit au rossignol : Cesse de chanter sous tes beaux ombrages, viens dans mon trou, afin que je t'y dévore; et le rossignol a répondu : Je suis né pour chanter ici, et pour me moquer de toi.

Vous me demandez ce que deviendra la liberté. Je ne vous entends pas. Je ne sais ce que c'est que cette liberté dont vous parlez; il y a si long-temps que vous disputez sur sa nature, qu'assurément vous ne la connaissez pas. Si vous voulez, ou plutôt, si vous pouvez examiner paisiblement avec moi ce que c'est, passez à la lettre L.

DÉVOT.

L'Évangile au chrétien ne dit en aucun lieu :
Sois dévot; elle dit : Sois doux, simple, équitable;
Car d'un dévot souvent au chrétien véritable
La distance est deux fois plus longue, à mon avis,
Que du pôle antarctique au détroit de Davis.

BOILEAU, sat. XI, vers 112-116.

Il est bon de remarquer, dans nos Questions, que Boileau est le seul poëte qui ait jamais fait *Évangile* féminin. On ne dit point : la sainte Évangile, mais le saint Évangile. Ces inadvertances échappent aux meilleurs écrivains; il n'y a que des pédants qui en triomphent. Il est aisé de mettre à la place :

L'Évangile au chrétien ne dit en aucun lieu :
Sois dévot; mais il dit : Sois doux, simple, équitable.

A l'égard de Davis, il n'y a point de détroit de Davis, mais un détroit de David. Les Anglais mettent un *s* au génitif, et c'est la source de la méprise. Car, au temps de Boileau, personne en France n'apprenait l'anglais, qui est aujourd'hui l'objet de l'étude des gens de lettres. C'est un habitant du mont Krapac qui a inspiré aux Français le goût de cette langue, et qui, leur ayant fait connaître la philosophie et la poésie anglaise, a été pour cela persécuté par des welches.

Venons à présent au mot *dévot*; il signifie *dévoué*; et dans le sens rigoureux du terme, cette qualification ne devrait appartenir qu'aux moines et aux religieuses qui font des vœux. Mais comme il n'est pas plus parlé de vœux que de dévots dans l'Évangile, ce titre ne doit en effet appartenir à personne. Tout le monde doit être également juste. Un homme qui se dit dévot ressemble à un roturier qui se dit marquis; il s'arroge une qualité qu'il n'a pas. Il croit valoir mieux que son prochain. On pardonne cette sottise à des femmes; leur faiblesse et leur frivolité les rendent excusables; les pauvres créatures passent d'un amant à un directeur avec bonne foi; mais on ne pardonne pas aux fripons qui les dirigent, qui abusent de leur ignorance, qui fondent le trône de leur orgueil sur la crédulité du sexe. Ils se forment un petit sérail mystique, composé de sept ou huit vieilles beautés, subjuguées par le poids de leur désœuvrement; et presque toujours ces sujettes paient des tributs à leur nouveau maître. Point de jeune femme sans amant, point de vieille dévote sans un directeur. Oh! que les Orientaux sont plus sensés que nous! Jamais un bacha n'a dit : Nous soupâmes hier avec l'aga des janissaires qui est l'amant de ma sœur, et le vicaire de la mosquée, qui est le directeur de ma femme.

DICTIONNAIRE.

La méthode des dictionnaires, inconnue à l'antiquité, est d'une utilité qu'on ne peut contester; et l'*Encyclopédie*, imaginée par MM. d'Alembert et Diderot, achevée par eux et par leurs associés avec tant de succès, malgré ses défauts, en est un assez bon témoignage. Ce qu'on y trouve à l'article DICTIONNAIRE doit suffire, il est fait de main de maître.

Je ne veux parler ici que d'une nouvelle espèce de dictionnaires historiques qui renferment des mensonges et des satires par ordre alphabétique : tel est le *Dictionnaire historique, littéraire et critique, contenant une idée abrégée de la vie des hommes illustres en tout genre*, et imprimé en 1758, en six volumes in-8°, sans nom d'auteur.

Les compilateurs de cet ouvrage commencent par déclarer qu'il a été entrepris « sur les avis de » l'auteur de la Gazette ecclésiastique, écrivain » redoutable, disent-ils, dont la flèche, déjà com» parée à celle de Jonathas, n'est jamais retournée » en arrière, et est toujours teinte du sang des » morts, du carnage des plus vaillants : *A san» guine interfectorum, ab adipe fortium sagitta » Jonathæ nunquam rediit retrorsum*[1]. »

On conviendra sans peine que Jonathas, fils de Saül, tué à la bataille de Gelboé, a un rapport immédiat avec un convulsionnaire de Paris qui barbouillait les Nouvelles ecclésiastiques dans un grenier, en 1758.

L'auteur de cette préface y parle du grand Colbert. On croit d'abord que c'est du ministre d'état qui a rendu de si grands services à la France; point du tout, c'est d'un évêque de Montpellier. Il se plaint qu'un autre dictionnaire n'ait pas assez loué le célèbre abbé d'Asfeld, l'illustre Boursier, le fameux Gennes, l'immortel Laborde, et qu'on n'ait pas dit assez d'injures à l'archevêque de Sens Languet, et à un nommé Fillot, tous gens connus, à ce qu'il prétend, des colonnes d'Hercule à la mer Glaciale. Il promet qu'il sera « vif, fort, et » piquant, par principe de religion; qu'il rendra » son visage plus ferme que le visage de ses enne» mis, et son front plus dur que leur front, selon » la parole d'Ézéchiel. »

Il déclare qu'il a mis à contribution tous les journaux et tous les ana, et il finit par espérer que le ciel répandra ses bénédictions sur son travail.

Dans ces espèces de dictionnaires, qui ne sont que des ouvrages de parti, on trouve rarement ce qu'on cherche, et souvent ce qu'on ne cherche pas. Au mot *Adonis*, par exemple, on apprend

[1] II. *Rois*, I, 22.

que Vénus fut amoureuse de lui; mais pas un mot du culte d'Adonis, ou Adonaï chez les Phéniciens; rien sur ces fêtes si antiques et si célèbres, sur les lamentations suivies de réjouissances qui étaient des allégories manifestes, ainsi que les fêtes de Cérès, celles d'Isis, et tous les mystères de l'antiquité. Mais en récompense on trouve la religieuse Adkichomia qui traduisit en vers les psaumes de David au seizième siècle, et Adkichomius qui était apparemment son parent, et qui fit la *Vie de Jésus-Christ* en bas-allemand.

On peut bien penser que tous ceux de la faction dont était le rédacteur sont accablés de louanges, et les autres d'injures. L'auteur, ou la petite horde d'auteurs qui ont broché ce vocabulaire d'inepties, dit de Nicolas Boindin, procureur-général des trésoriers de France, de l'académie des belles-lettres, qu'il était poëte et athée.

Ce magistrat n'a pourtant jamais fait imprimer de vers, et n'a rien écrit sur la métaphysique ni sur la religion.

Il ajoute que Boindin sera mis par la postérité au rang des Vanini, des Spinosa, et des Hobbes. Il ignore que Hobbes n'a jamais professé l'athéisme, qu'il a seulement soumis la religion à la puissance souveraine, qu'il appelle le *Léviathan*. Il ignore que Vanini ne fut point athée; que le mot d'athée même ne se trouve pas dans l'arrêt qui le condamna; qu'il fut accusé d'impiété pour s'être élevé fortement contre la philosophie d'Aristote, et pour avoir disputé aigrement et sans retenue contre un conseiller au parlement de Toulouse, nommé Francon ou Franconi, qui eut le crédit de le faire brûler, parce qu'on fait brûler qui on veut; témoin la pucelle d'Orléans, Michel Servet, le conseiller Dubourg, la maréchale d'Ancre, Urbain Grandier, Morin, et les livres des jansénistes. Voyez d'ailleurs l'apologie de Vanini par le savant La Croze, et l'article ATHÉISME.

Le vocabuliste traite Boindin de scélérat; ses parents voulaient attaquer en justice et faire punir un auteur qui mérite si bien le nom qu'il ose donner à un magistrat, à un savant estimable : mais le calomniateur se cachait sous un nom supposé, comme la plupart des libellistes.

Immédiatement après avoir parlé si indignement d'un homme respectable pour lui, il le regarde comme un témoin irréfragable, parce que Boindin, dont la mauvaise humeur était connue, a laissé un Mémoire très mal fait et très téméraire, dans lequel il accuse La Motte, le plus honnête homme du monde, un géomètre, et un marchand quincaillier, d'avoir fait les vers infâmes qui firent condamner Jean-Baptiste Rousseau. Enfin, dans la liste des ouvrages de Boindin, il omet exprès ses excellentes dissertations imprimées dans le Recueil de l'académie des belles-lettres, dont il était un membre très distingué.

L'article *Fontenelle* n'est qu'une satire de cet ingénieux et savant académicien dont l'Europe littéraire estime la science et les talents. L'auteur a l'impudence de dire que « son Histoire des oracles ne fait pas honneur à sa religion. » Si Vandale, auteur de l'*Histoire des oracles*, et son rédacteur Fontenelle, avaient vécu du temps des Grecs et de la république romaine, on pourrait dire, avec raison, qu'ils étaient plutôt de bons philosophes que de bons païens; mais, en bonne foi, quel tort font-ils à la religion chrétienne en fesant voir que les prêtres païens étaient des fripons? Ne voit-on pas que les auteurs de ce libelle, intitulé *Dictionnaire*, plaident leur propre cause? *Jam proximus ardet Ucalegon*. Mais serait-ce insulter à la religion chrétienne que de prouver la friponnerie des convulsionnaires? Le gouvernement a fait plus, il les a punis, sans être accusé d'irréligion.

Le libelliste ajoute qu'il soupçonne Fontenelle de n'avoir rempli ses devoirs de chrétien que par mépris pour le christianisme même. C'est une étrange démence dans ces fanatiques de crier toujours qu'un philosophe ne peut être chrétien; il faudrait les excommunier et les punir pour cela seul : car c'est assurément vouloir détruire le christianisme, que d'assurer qu'il est impossible de bien raisonner, et de croire une religion si raisonnable et si sainte.

Des-Ivetaux, précepteur de Louis XIII, est accusé d'avoir vécu et d'être mort sans religion. Il semble que les compilateurs n'en aient aucune, ou du moins qu'en violant tous les préceptes de la véritable, ils cherchent partout des complices.

Le galant homme auteur de ces articles se complaît à rapporter tous les mauvais vers contre l'académie française, et des anecdotes aussi ridicules que fausses. C'est apparemment encore par zèle de religion.

Je ne dois pas perdre une occasion de réfuter le conte absurde qui a tant couru, et qu'il répète fort mal à propos à l'article de l'*abbé Gédoyn*, sur lequel il se fait un plaisir de tomber, parce qu'il avait été jésuite dans sa jeunesse; faiblesse passagère dont je l'ai vu se repentir toute sa vie.

Le dévot et scandaleux rédacteur du Dictionnaire prétend que l'abbé Gédoyn coucha avec la célèbre Ninon Lenclos, le jour même qu'elle eut quatre-vingts ans accomplis. Ce n'était pas assurément à un prêtre de conter cette aventure dans un prétendu *Dictionnaire des hommes illustres*. Une telle sottise n'est nullement vraisemblable; et je puis certifier que rien n'est plus faux. On mettait autrefois cette anecdote sur le compte de l'abbé de Châteauneuf, qui n'était pas difficile en amour, et qui, disait-on, avait eu les faveurs de Ninon âgée de soixante ans, ou plutôt lui avait donné les siennes. J'ai beaucoup vu dans mon enfance l'abbé Gédoyn, l'abbé de Châteauneuf, et mademoiselle Lenclos ; je puis assurer qu'à l'âge de quatre-vingts ans son visage portait les marques les plus hideuses de la vieillesse ; que son corps en avait toutes les infirmités, et qu'elle avait dans l'esprit les maximes d'un philosophe austère.

A l'article *Deshoulières*, le rédacteur prétend que c'est elle qui est désignée sous le nom de précieuse dans la satire de Boileau contre les femmes. Jamais personne n'eut moins ce défaut que madame Deshoulières; elle passa toujours pour la femme du meilleur commerce; elle était très simple et très agréable dans la conversation.

L'article *La Motte* est plein d'injures atroces contre cet académicien, homme très aimable, poëte philosophe, qui a fait des ouvrages estimables dans tous les genres. Enfin, l'auteur, pour vendre son livre en six volumes, en a fait un libelle diffamatoire.

Son héros est Carré de Montgeron, qui présenta au roi un recueil des miracles opérés par les convulsionnaires dans le cimetière de Saint-Médard; et son héros était un sot qui est mort fou.

L'intérêt du public, de la littérature, et de la raison, exigeait qu'on livrât à l'indignation publique ces libellistes à qui l'avidité d'un gain sordide pourrait susciter des imitateurs, d'autant plus que rien n'est si aisé que de copier des livres par ordre alphabétique, et d'y ajouter des platitudes, des calomnies, et des injures.

EXTRAIT DES RÉFLEXIONS D'UN ACADÉMICIEN SUR LE *DICTIONNAIRE DE L'ACADÉMIE*.

J'aurais voulu rapporter l'étymologie naturelle et incontestable de chaque mot, comparer l'emploi, les diverses significations, l'énergie de ce mot avec l'emploi, les acceptions diverses, la force ou la faiblesse du terme qui répond à ce mot dans les langues étrangères; enfin, citer les meilleurs auteurs qui ont fait usage de ce mot, faire voir le plus ou moins d'étendue qu'ils lui ont donné, remarquer s'il est plus propre à la poésie qu'à la prose.

Par exemple, j'observais que l'*inclémence* des airs est ridicule dans une histoire, parce que ce terme d'*inclémence* a son origine dans la colère du ciel qu'on suppose manifestée par l'intempérie, les dérangements, les rigueurs des saisons, la violence du froid, la corruption de l'air, les tempêtes, les orages, les vapeurs pestilentielles, etc. Ainsi donc *inclémence* étant une métaphore, est consacrée à la poésie.

Je donnais au mot *impuissance* toutes les acceptions qu'il reçoit. Je fesais voir dans quelle faute est tombé un historien qui parle de l'impuissance du roi Alphonse, en n'exprimant pas si c'était celle de résister à son frère, ou celle dont sa femme l'accusait.

Je tâchais de faire voir que les épithètes *irrésistible*, *incurable*, exigeaient un grand ménagement. Le premier qui a dit l'*impulsion irrésistible du génie*, a très bien rencontré, parce qu'en effet il s'agissait d'un grand génie qui s'était livré à son talent, malgré tous les obstacles. Les imitateurs, qui ont employé cette expression pour des hommes médiocres, sont des plagiaires qui ne savent pas placer ce qu'ils dérobent.

Le mot *incurable* n'a été encore enchâssé dans un vers que par l'industrieux Racine :

D'un incurable amour remèdes impuissants.
Phèdre, acte I, scène III.

Voilà ce que Boileau appelle *des mots trouvés*.

Dès qu'un homme de génie a fait un usage nouveau d'un terme de la langue, les copistes ne manquent pas d'employer cette même expression mal à propos en vingt endroits, et n'en font jamais honneur à l'inventeur.

Je ne crois pas qu'il y ait un seul de ces mots trouvés, une seule expression neuve de génie dans aucun auteur tragique depuis Racine, excepté ces années dernières. Ce sont pour l'ordinaire des termes lâches, oiseux, rebattus, si mal mis en place, qu'il en résulte un style barbare ; et, à la honte de la nation, ces ouvrages visigoths et vandales furent quelque temps prônés, célébrés, admirés dans les journaux, dans les mercures, surtout quand ils furent protégés par je ne sais quelle dame [1] qui ne s'y connaissait point du tout. On en est revenu aujourd'hui; et à un ou deux près, ils sont pour jamais anéantis.

Je ne prétendais pas faire toutes ces réflexions, mais mettre le lecteur en état de les faire.

Je fesais voir à la lettre E que nos *e* muets, qui nous sont reprochés par un Italien, sont précisément ce qui forme la délicieuse harmonie de notre langue. « Empire, couronne, diadème, épouvantable, sensible ; » cet *e* muet, qu'on fait sentir sans l'articuler, laisse dans l'oreille un son mélodieux, comme celui d'un timbre qui résonne encore quand il n'est plus frappé. C'est ce que nous avons déjà répondu à un Italien homme de let-

[1] Cela paraît avoir rapport au *Catilina* de Crébillon, et à madame de Pompadour, que les ennemis de Voltaire avaient excitée à favoriser le succès de cette mauvaise tragédie. K.

tres, qui était venu à Paris pour enseigner sa langue, et qui ne devait pas y décrier la nôtre.

Il ne sentait pas la beauté et la nécessité de nos rimes féminines; elles ne sont que des *e* muets. Cet entrelacement de rimes masculines et féminines fait le charme de nos vers.

De semblables observations sur l'alphabet et sur les mots auraient pu être de quelque utilité; mais l'ouvrage eût été trop long.

DIEU, DIEUX.

SECTION PREMIÈRE.

On ne peut trop avertir que ce Dictionnaire n'est point fait pour répéter ce que tant d'autres ont dit.

La connaissance d'un Dieu n'est point empreinte en nous par les mains de la nature; car tous les hommes auraient la même idée, et nulle idée ne naît avec nous [1]. Elle ne nous vient point comme la perception de la lumière, de la terre, etc., que nous recevons dès que nos yeux et notre entendement s'ouvrent. Est-ce une idée philosophique? non. Les hommes ont admis des dieux avant qu'il y eût des philosophes.

D'où est donc dérivée cette idée? du sentiment et de cette logique naturelle qui se développe avec l'âge dans les hommes les plus grossiers. On a vu des effets étonnants de la nature, des moissons et des stérilités, des jours sereins et des tempêtes, des bienfaits et des fléaux, et on a senti un maître. Il a fallu des chefs pour gouverner des sociétés, et on a eu besoin d'admettre des souverains de ces souverains nouveaux que la faiblesse humaine s'était donnés, des êtres dont le pouvoir suprême fît trembler des hommes qui pouvaient accabler leurs égaux. Les premiers souverains ont à leur tour employé ces notions pour cimenter leur puissance. Voilà les premiers pas, voilà pourquoi chaque petite société avait son dieu. Ces notions étaient grossières, parce que tout l'était. Il est très naturel de raisonner par analogie. Une société sous un chef ne niait point que la peuplade voisine n'eût aussi son juge, son capitaine; par conséquent elle ne pouvait nier qu'elle n'eût aussi son dieu. Mais comme chaque peuplade avait intérêt que son capitaine fût le meilleur, elle avait intérêt aussi à croire, et par conséquent elle croyait que son dieu était le plus puissant. De là ces anciennes fables si long-temps généralement répandues, que les dieux d'une nation combattaient contre les dieux d'une autre. De là tant de passages dans les livres hébreux qui décèlent à tout moment l'opinion où étaient les Juifs, que les dieux de leurs ennemis existaient, mais que le dieu des Juifs leur était supérieur.

Cependant il y eut des prêtres, des mages, des philosophes, dans les grands états où la société perfectionnée pouvait comporter des hommes oisifs, occupés de spéculations.

Quelques uns d'entre eux perfectionnèrent leur raison jusqu'à reconnaître en secret un Dieu unique et universel. Ainsi, quoique chez les anciens Égyptiens on adorât Osiri, Osiris, ou plutôt Osireth (qui signifie *cette terre est à moi*); quoiqu'ils adorassent encore d'autres êtres supérieurs, cependant ils admettaient un dieu suprême, un principe unique qu'ils appelaient *Knef*, et dont le symbole était une sphère posée sur le frontispice du temple.

Sur ce modèle les Grecs eurent leur Zeus, leur Jupiter, maître des autres dieux, qui n'étaient que ce que sont les anges chez les Babyloniens et chez les Hébreux, et les saints chez les chrétiens de la communion romaine.

C'est une question plus épineuse qu'on ne pense, et très peu approfondie, si plusieurs dieux égaux en puissance pourraient subsister à la fois.

Nous n'avons aucune notion adéquate de la Divinité, nous nous traînons seulement de soupçons en soupçons, de vraisemblances en probabilités. Nous arrivons à un très petit nombre de certitudes. Il y a quelque chose, donc il y a quelque chose d'éternel, car rien n'est produit de rien. Voilà une vérité certaine sur laquelle votre esprit se repose. Tout ouvrage qui nous montre des moyens et une fin, annonce un ouvrier; donc cet univers composé de ressorts, de moyens dont chacun a sa fin, découvre un ouvrier très puissant, très intelligent. Voilà une probabilité qui approche de la plus grande certitude; mais cet artisan suprême est-il infini? est-il partout? est-il en un lieu? comment répondre à cette question avec notre intelligence bornée et nos faibles connaissances?

Ma seule raison me prouve un être qui a arrangé la matière de ce monde; mais ma raison est impuissante à me prouver qu'il ait fait cette matière, qu'il l'ait tirée du néant. Tous les sages de l'antiquité, sans aucune exception, ont cru la matière éternelle et subsistante par elle-même. Tout ce que je puis faire sans le secours d'une lumière supérieure, c'est donc de croire que le Dieu de ce monde est aussi éternel et existant par lui-même. Dieu et la matière existent par la nature des choses. D'autres dieux ainsi que d'autres mondes ne subsisteraient-ils pas? Des nations entières, des écoles très éclairées ont bien admis deux dieux dans ce monde-ci, l'un la source du bien, l'autre la source du mal. Ils ont admis une guerre interminable entre deux puissances égales. Certes la nature peut

[1] Voyez l'article IDÉE. K.

plus aisément souffrir dans l'immensité de l'espace plusieurs êtres indépendants, maîtres absolus chacun dans leur étendue, que deux dieux bornés et impuissants dans ce monde, dont l'un ne peut faire le bien, et l'autre ne peut faire le mal.

Si Dieu et la matière existent de toute éternité, comme l'antiquité l'a cru, voilà deux êtres nécessaires; or, s'il y a deux êtres nécessaires, il peut y en avoir trente. Ces seuls doutes, qui sont le germe d'une infinité de réflexions, servent au moins à nous convaincre de la faiblesse de notre entendement. Il faut que nous confessions notre ignorance sur la nature de la Divinité avec Cicéron. Nous n'en saurons jamais plus que lui.

Les écoles ont beau nous dire que Dieu est infini négativement et non privativement, *formaliter et non materialiter*; qu'il est le premier, le moyen et le dernier acte; qu'il est partout sans être dans aucun lieu; cent pages de commentaires sur de pareilles définitions ne peuvent nous donner la moindre lumière. Nous n'avons ni degré, ni *point d'appui* pour monter à de telles connaissances. Nous sentons que nous sommes sous la main d'un être invisible; c'est tout, et nous ne pouvons faire un pas au-delà. Il y a une témérité insensée à vouloir deviner ce que c'est que cet être, s'il est étendu ou non, s'il existe dans un lieu ou non, comment il existe, comment il opère[a].

SECTION II.

Je crains toujours de me tromper; mais tous les monuments me font voir, avec évidence, que les anciens peuples policés reconnaissaient un Dieu suprême. Il n'y a pas un seul livre, une médaille, un bas-relief, une inscription, où il soit parlé de Junon, de Minerve, de Neptune, de Mars et des autres dieux, comme d'un être formateur, souverain de toute la nature. Au contraire, les plus anciens livres profanes que nous ayons, Hésiode et Homère, représentent leur *Zeus* comme seul lançant la foudre, comme seul maître des dieux et des hommes; il punit même les autres dieux; il attache Junon à une chaîne; il chasse Apollon du ciel.

L'ancienne religion des brachmanes, la première qui admit des créatures célestes, la première qui parla de leur rébellion, s'explique d'une manière sublime sur l'unité et la puissance de Dieu, comme nous l'avons vu à l'article ANGE.

Les Chinois, tout anciens qu'ils sont, ne viennent qu'après les Indiens; ils ont reconnu un seul Dieu de temps immémorial; point de dieux subalternes, point de génies ou démons médiateurs entre Dieu et les hommes; point d'oracles, point de dogmes abstraits, point de disputes théologiques chez les lettrés; l'empereur fut toujours le premier pontife, la religion fut toujours auguste et simple: c'est ainsi que ce vaste empire, quoique subjugué deux fois, s'est toujours conservé dans son intégrité, qu'il a soumis ses vainqueurs à ses lois, et que, malgré les crimes et les malheurs attachés à la race humaine, il est encore l'état le plus florissant de la terre.

Les mages de Chaldée, les Sabéens ne reconnaissaient qu'un seul Dieu suprême, et l'adoraient dans les étoiles qui sont son ouvrage.

Les Persans l'adoraient dans le soleil. La sphère posée sur le frontispice du temple de Memphis était l'emblème d'un Dieu unique et parfait, nommé *Knef* par les Égyptiens.

Le titre de *Deus optimus maximus*, n'a jamais été donné par les Romains qu'au seul Jupiter.

« Hominum sator atque deorum. »

On ne peut trop répéter cette grande vérité que nous indiquons ailleurs[a].

Cette adoration d'un Dieu suprême est confirmée depuis Romulus jusqu'à la destruction entière de l'empire, et à celle de sa religion. Malgré toutes les folies du peuple qui vénérait des dieux secondaires et ridicules, et malgré les épicuriens qui au fond n'en reconnaissaient aucun, il est avéré que les magistrats et les sages adorèrent dans tous les temps un Dieu souverain.

Dans le grand nombre de témoignages qui nous restent de cette vérité, je choisirai d'abord celui de Maxime de Tyr, qui florissait sous les Antonins, ces modèles de la vraie piété, puisqu'ils l'étaient de l'humanité. Voici ses paroles, dans son discours intitulé: *De Dieu selon Platon*. Le lecteur qui veut s'instruire est prié de les bien peser.

« Les hommes ont eu la faiblesse de donner à » Dieu une figure humaine, parce qu'ils n'avaient » rien vu au-dessus de l'homme; mais il est ridi» cule de s'imaginer, avec Homère, que Jupiter ou » la suprême divinité a les sourcils noirs et les che» veux d'or, et qu'il ne peut les secouer sans ébran» ler le ciel.

» Quand on interroge les hommes sur la nature » de la Divinité, toutes leurs réponses sont dif» férentes. Cependant, au milieu de cette prodi» gieuse variété d'opinions, vous trouverez un » même sentiment par toute la terre, c'est qu'il » n'y a qu'un seul Dieu, qui est le père de tous, » etc. »

Que deviendront, après cet aveu formel et après

[a] Voyez l'article INFINI.

[a] Le prétendu Jupiter, né en Crète, n'était qu'une fable historique, ou poétique, comme celle des autres dieux. *Jovis*, depuis Jupiter, était la traduction du mot grec *Zeus*; et *Zeus* était la traduction du mot phénicien *Jehova*.

les discours immortels des Cicéron, des Antonin, des Épictète; que deviendront, dis-je, les déclamations que tant de pédants ignorants répètent encore aujourd'hui? A quoi serviront ces éternels reproches d'un polythéisme grossier et d'une idolâtrie puérile, qu'à nous convaincre que ceux qui les font n'ont pas la plus légère connaissance de la saine antiquité? Ils ont pris les rêveries d'Homère pour la doctrine des sages.

Faut-il un témoignage encore plus fort et plus expressif? vous le trouverez dans la lettre de Maxime de Madaure à saint Augustin; tous deux étaient philosophes et orateurs; du moins ils s'en piquaient: ils écrivaient librement; ils étaient amis autant que peuvent l'être un homme de l'ancienne religion et un de la nouvelle.

Lisez la lettre de Maxime de Madaure, et la réponse de l'évêque d'Hippone.

LETTRE DE MAXIME DE MADAURE.

« Or, qu'il y ait un Dieu souverain qui soit » sans commencement, et qui, sans avoir rien » engendré de semblable à lui, soit néanmoins » le père commun de toutes choses : qui est-ce » qui est assez stupide et assez grossier pour en » douter?

» C'est celui dont nous adorons sous divers » noms la puissance répandue dans toutes les parties du monde. Ainsi, en honorant séparément, » par diverses sortes de culte, ce qui est comme » ses divers membres, nous l'adorons tout entier... Qu'ils vous conservent ces dieux *subalternes*, sous le nom desquels et par lesquels, » tous tant que nous sommes de mortels sur la » terre, nous adorons le *père commun des dieux* » *et des hommes*, par différentes sortes de culte, » à la vérité, mais qui, dans leur variété, s'accordent et ne tendent qu'à la même fin! »

Qui écrivait cette lettre? un Numide, un homme du pays d'Alger.

RÉPONSE D'AUGUSTIN.

« Il y a dans votre place publique deux statues » de Mars, nu dans l'une et armé dans l'autre, » et tout auprès une figure d'un homme, qui, » avec trois doigts qu'il avance vers celle de Mars, » tient en bride cette divinité malencontreuse à » toute la ville.... Sur ce que vous me dites que » de pareils dieux sont comme les membres du » seul véritable Dieu, je vous avertis, avec toute » la liberté que vous me donnez, de prendre bien » garde à ne pas tomber dans ces railleries sacriléges; car ce seul Dieu dont vous parlez est » sans doute celui qui est reconnu de tout le monde, » et sur lequel les ignorants conviennent avec les » savants, comme quelques anciens ont dit. Or, » direz-vous que celui dont la force, pour ne pas » dire la cruauté, est réprimée par la figure d'un » homme mort, soit un membre de celui-là? Il » me serait aisé de vous pousser sur ce sujet; car » vous voyez bien ce qu'on pourrait dire contre » cela; mais je me retiens, de peur que vous ne » disiez que ce sont les armes de la rhétorique » que j'emploie contre vous, plutôt que celles de » la vérité[a]. »

Nous ne savons pas ce que signifiaient ces deux statues dont il ne reste aucun vestige; mais toutes les statues dont Rome était remplie, le Panthéon et tous les temples consacrés à tous les dieux subalternes, et même aux douze grands dieux, n'empêchèrent jamais que *Deus optimus maximus*, *Dieu très bon et très grand*, ne fût reconnu dans tout l'empire.

Le malheur des Romains était donc d'avoir ignoré la loi mosaïque, et ensuite d'ignorer la loi des disciples de notre Sauveur Jésus-Christ, de n'avoir pas eu la foi, d'avoir mêlé au culte d'un Dieu suprême le culte de Mars, de Vénus, de Minerve, d'Apollon, qui n'existaient pas, et d'avoir conservé cette religion jusqu'au temps des Théodose. Heureusement les Goths, les Huns, les Vandales, les Hérules, les Lombards, les Francs, qui détruisirent cet empire, se soumirent à la vérité et jouirent d'un bonheur qui fut refusé aux Scipion, aux Caton, aux Métellus, aux Émile, aux Cicéron, aux Varron, aux Virgile et aux Horace[b].

Tous ces grands hommes ont ignoré Jésus-Christ, qu'ils ne pouvaient connaître; mais ils n'ont point adoré le diable, comme le répètent tous les jours tant de pédants. Comment auraient-ils adoré le diable, puisqu'ils n'en avaient jamais entendu parler?

D'UNE CALOMNIE DE WARBURTON CONTRE CICÉRON, AU SUJET D'UN DIEU SUPRÊME.

Warburton a calomnié Cicéron et l'ancienne Rome[c], ainsi que ses contemporains. Il suppose hardiment que Cicéron a prononcé ces paroles dans son Oraison pour Flaccus : « Il est indigne » de la majesté de l'empire d'adorer un seul Dieu. » « Majestatem imperii non decuit ut unus tantum » Deus colatur. »

Qui le croirait? il n'y a pas un mot de cela dans l'Oraison pour Flaccus, ni dans aucun ouvrage de Cicéron. Il s'agit de quelques vexations dont on accusait Flaccus, qui avait exercé la préture dans

[a] Traduction de Dubois, précepteur du dernier duc de Guise.

[b] Voyez les articles IDOLE, IDOLATRE, IDOLATRIE.

[c] Préface de la IIe partie du tome II de la *Légation de Moïse*, pag. 91.

l'Asie-Mineure. Il était secrètement poursuivi par les Juifs dont Rome était alors inondée ; car ils avaient obtenu à force d'argent des priviléges à Rome, dans le temps même que Pompée, après Crassus, ayant pris Jérusalem, avait fait pendre leur roitelet Alexandre, fils d'Aristobule. Flaccus avait défendu qu'on fît passer des espèces d'or et d'argent à Jérusalem, parce que ces monnaies en revenaient altérées, et que le commerce en souffrait ; il avait fait saisir l'or qu'on y portait en fraude. Cet or, dit Cicéron, est encore dans le trésor, Flaccus s'est conduit avec autant de désintéressement que Pompée.

Ensuite Cicéron, avec son ironie ordinaire, prononce ces paroles : « Chaque pays a sa religion ; » nous avons la nôtre. Lorsque Jérusalem était » encore libre, et que les Juifs étaient en paix, » ces Juifs n'avaient pas moins en horreur la splen- » deur de cet empire, la dignité du nom romain, » les institutions de nos ancêtres. Aujourd'hui » cette nation a fait voir plus que jamais, par la » force de ses armes, ce qu'elle doit penser de » l'empire romain. Elle nous a montré par sa va- » leur combien elle est chère aux dieux immor- » tels; elle nous l'a prouvé, en étant vaincue, dis- » persée, tributaire. »

« Sua cuique civitati religio est ; nostra nobis. » Stantibus Hierosolymis, pacatisque Judæis, ta- » men istorum religio sacrorum, à splendore hu- » jus imperii, gravitate nominis nostri, majorum » institutis, abhorrebat : nunc vero, hoc magis, » quod illa gens quid de imperio nostro sentiret, » ostendit armis : quam cara diis immortalibus » esset, docuit, quod est victa, quod elocata, quod » servata. » (Cic. *Oratio pro Flacco*, cap. XXVIII.)

Il est donc très faux que jamais ni Cicéron ni aucun Romain ait dit qu'il ne convenait pas à la majesté de l'empire de reconnaître un Dieu suprême. Leur Jupiter, ce Zeus des Grecs, ce Jehova des Phéniciens, fut toujours regardé comme le maître des dieux secondaires; on ne peut trop inculquer cette grande vérité.

LES ROMAINS ONT-ILS PRIS TOUS LEURS DIEUX DES GRECS?

Les Romains n'auraient-ils pas eu plusieurs dieux qu'ils ne tenaient pas des Grecs?

Par exemple, ils ne pouvaient avoir été plagiaires en adorant Cœlum, quand les Grecs adoraient Ouranon ; en s'adressant à Saturnus et à Tellus, quand les Grecs s'adressaient à Gê et à Chronos.

Ils appelaient Cérès celle que les Grecs nommaient Deo et Demiter.

Leur Neptune était Poseidon ; leur Vénus était Aphrodite ; leur Junon s'appelait en grec Éra ; leur Proserpine, Coré; enfin leur favori Mars, Arès, et leur favorite Bellone, Énio. Il n'y a pas là un nom qui se ressemble.

Les beaux esprits grecs et romains s'étaient-ils rencontrés, ou les uns avaient-ils pris des autres la chose dont ils déguisaient le nom?

Il est assez naturel que les Romains, sans consulter les Grecs, se soient fait des dieux du ciel, du temps, d'un être qui préside à la guerre, à la génération, aux moissons, sans aller demander des dieux en Grèce, comme ensuite ils allèrent leur demander des lois. Quand vous trouvez un nom qui ne ressemble à rien, il paraît juste de le croire originaire du pays.

Mais Jupiter, le maître de tous les dieux, n'est-il pas un mot appartenant à toutes les nations, depuis l'Euphrate jusqu'au Tibre? C'était Jow, Jovis chez les premiers Romains, Zeus chez les Grecs, Jehova chez les Phéniciens, les Syriens, les Égyptiens.

Cette ressemblance ne paraît-elle pas servir à confirmer que tous ces peuples avaient la connaissance de l'Être suprême? connaissance confuse, à la vérité; mais quel homme peut l'avoir distincte?

SECTION III.

Examen de Spinosa.

Spinosa ne peut s'empêcher d'admettre une intelligence agissante dans la matière, et fesant un tout avec elle.

« Je dois conclure, *dit-il* [a], que l'Être absolu » n'est ni pensée, ni étendue, exclusivement l'un » de l'autre, mais que l'étendue et la pensée sont » les attributs nécessaires de l'Être absolu. »

C'est en quoi il paraît différer de tous les athées de l'antiquité, Ocellus Lucanus, Héraclite, Démocrite, Leucippe, Straton, Épicure, Pythagore, Diagore, Zénon d'Élée, Anaximandre, et tant d'autres. Il en diffère surtout par sa méthode, qu'il avait entièrement puisée dans la lecture de Descartes, dont il a imité jusqu'au style.

Ce qui étonnera surtout la foule de ceux qui crient Spinosa! Spinosa! et qui ne l'ont jamais lu, c'est sa déclaration suivante. Il ne la fait pas pour éblouir les hommes, pour apaiser des théologiens, pour se donner des protecteurs, pour désarmer un parti; il parle en philosophe sans se nommer, sans s'afficher; il s'exprime en latin pour être entendu d'un très petit nombre. Voici sa profession de foi.

PROFESSION DE FOI DE SPINOSA.

« Si je concluais aussi que l'idée de Dieu, com-

[a] Page 13, édition de Foppens.

» prise sous celle de l'infinité de l'univers [a], me » dispense de l'obéissance, de l'amour et du culte, » je ferais encore un plus pernicieux usage de ma » raison; car il m'est évident que les lois que j'ai » reçues, non par le rapport ou l'entremise des » autres hommes, mais immédiatement de lui, » sont celles que la lumière naturelle me fait con» naître pour véritables guides d'une conduite rai» sonnable. Si je manquais d'obéissance à cet » égard, je pécherais non seulement contre le » principe de mon être et contre la société de mes » pareils, mais contre moi-même, en me privant du » plus solide avantage de mon existence. Il est vrai » que cette obéissance ne m'engage qu'aux devoirs » de mon état, et qu'elle me fait envisager tout le » reste comme des pratiques frivoles, inventées » superstitieusement, ou pour l'utilité de ceux qui » les ont instituées.

» A l'égard de l'amour de Dieu, loin que cette » idée le puisse affaiblir, j'estime qu'aucune autre » n'est plus propre à l'augmenter, puisqu'elle me » fait connaître que Dieu est intime à mon être; » qu'il me donne l'existence et toutes mes pro» priétés; mais qu'il me les donne libéralement, » sans reproche, sans intérêt, sans m'assujettir à » autre chose qu'à ma propre nature. Elle ban» nit la crainte, l'inquiétude, la défiance, et tous » les défauts d'un amour vulgaire ou intéressé. » Elle me fait sentir que c'est un bien que je ne » puis perdre, et que je possède d'autant mieux » que je le connais et que je l'aime. »

Est-ce le vertueux et tendre Fénelon, est-ce Spinosa qui a écrit ces pensées? Comment deux hommes si opposés l'un à l'autre ont-ils pu se rencontrer dans l'idée d'aimer Dieu pour lui-même, avec des notions de Dieu si différentes? (*Voyez* AMOUR DE DIEU.)

Il le faut avouer; ils allaient tous deux au même but, l'un en chrétien, l'autre en homme qui avait le malheur de ne le pas être; le saint archevêque, en philosophe persuadé que Dieu est distingué de la nature; l'autre, en disciple très égaré de Descartes, qui s'imaginait que Dieu est la nature entière.

Le premier était orthodoxe, le second se trompait, j'en dois convenir : mais tous deux étaient dans la bonne foi, tous deux estimables dans leur sincérité comme dans leurs mœurs douces et simples, quoiqu'il n'y ait eu d'ailleurs nul rapport entre l'imitateur de l'*Odyssée* et un cartésien sec, hérissé d'arguments; entre un très bel esprit de la cour de Louis XIV, revêtu de ce qu'on nomme une *grande dignité*, et un pauvre Juif déjudaïsé, vivant avec trois cents florins de rente [b] dans l'obscurité la plus profonde.

S'il est entre eux quelque ressemblance, c'est que Fénelon fut accusé devant le sanhédrin de la nouvelle loi, et l'autre devant une synagogue sans pouvoir comme sans raison; mais l'un se soumit, et l'autre se révolta.

DU FONDEMENT DE LA PHILOSOPHIE DE SPINOSA.

Le grand dialecticien Bayle a réfuté Spinosa [a]. Ce système n'est donc pas démontré comme une proposition d'Euclide. S'il l'était, on ne saurait le combattre. Il est donc au moins obscur.

J'ai toujours eu quelque soupçon que Spinosa, avec sa substance universelle, ses modes, et ses accidents, avait entendu autre chose que ce que Bayle entend, et que par conséquent Bayle peut avoir eu raison, sans avoir confondu Spinosa. J'ai toujours cru surtout que Spinosa ne s'entendait pas souvent lui-même, et que c'est la principale raison pour laquelle on ne l'a pas entendu.

Il me semble qu'on pourrait battre les remparts du spinosisme par un côté que Bayle a négligé. Spinosa pense qu'il ne peut exister qu'une seule substance; et il paraît par tout son livre qu'il se fonde sur la méprise de Descartes, *que tout est plein*. Or, il est aussi faux que tout soit plein, qu'il est faux que tout soit vide. Il est démontré aujourd'hui que le mouvement est aussi impossible dans le plein absolu, qu'il est impossible que, dans une balance égale, un poids de deux livres élève un poids de quatre.

Or, si tous les mouvements exigent absolument des espaces vides, que deviendra la substance unique de Spinosa? comment la substance d'une étoile entre laquelle et nous est un espace vide si immense, sera-t-elle précisément la substance de notre terre, la substance de moi-même [b], la substance d'une mouche mangée par une araignée?

Je me trompe peut-être; mais je n'ai jamais conçu comment Spinosa, admettant une substance infinie dont la pensée et la matière sont les deux modalités, admettant la substance, qu'il appelle Dieu, et dont tout ce que nous voyons est mode ou accident, a pu cependant rejeter les causes finales. Si cet être infini, universel, pense, comment n'aurait-il pas des desseins? s'il a des desseins, comment n'aurait-il pas une volonté? Nous sommes, dit Spinosa, des modes de cet être absolu, nécessaire, infini. Je dis à Spinosa : Nous voulons, nous avons des desseins, nous qui ne

[a] Page 44.

[b] On vit après sa mort, par ses comptes, qu'il n'avait quelquefois dépensé que quatre sous et demi en un jour pour sa nourriture. Ce n'est pas là un repas de moines assemblés en chapitre.

[a] Voyez l'article SPINOSA, *Dictionnaire de Bayle*.

[b] Ce qui fait que Bayle n'a pas pressé cet argument, c'est qu'il n'était pas instruit des démonstrations de Newton, de Keill, de Gregori, de Halley, que le vide est nécessaire pour le mouvement.

sommes que des modes : donc cet être infini, nécessaire, absolu, ne peut en être privé; donc il a volonté, desseins, puissance.

Je sais bien que plusieurs philosophes, et surtout Lucrèce, ont nié les causes finales; et je sais que Lucrèce, quoique peu châtié, est un très grand poëte dans ses descriptions et dans sa morale; mais en philosophie, il me paraît, je l'avoue, fort au-dessous d'un portier de collége et d'un bedeau de paroisse. Affirmer que ni l'œil n'est fait pour voir, ni l'oreille pour entendre, ni l'estomac pour digérer, n'est-ce pas là la plus énorme absurdité, la plus révoltante folie qui soit jamais tombée dans l'esprit humain? Tout douteur que je suis, cette démence me paraît évidente, et je le dis.

Pour moi, je ne vois dans la nature, comme dans les arts, que des causes finales; et je crois un pommier fait pour porter des pommes, comme je crois une montre faite pour marquer l'heure.

Je dois avertir ici que si Spinosa dans plusieurs endroits de ses ouvrages se moque des causes finales, il les reconnaît plus expressément que personne dans sa première partie de l'*Être en général et en particulier*.

Voici ses paroles :

« Qu'il me soit permis de m'arrêter ici quelque » instant[a], pour admirer la merveilleuse dispensation de la nature, laquelle ayant enrichi la » constitution de l'homme de tous les ressorts nécessaires pour prolonger jusqu'à certain terme » la durée de sa fragile existence, et pour animer » la connaissance qu'il a de lui-même par celle » d'une infinité de choses éloignées, semble avoir » exprès négligé de lui donner des moyens pour » bien connaître celles dont il est obligé de faire » un usage plus ordinaire, et même les individus » de sa propre espèce. Cependant, à le bien prendre, c'est moins l'effet d'un refus que celui d'une » extrême libéralité, puisque s'il y avait quelque » être intelligent qui en pût pénétrer un autre » contre son gré, il jouirait d'un tel avantage au-dessus de lui, que par cela même il serait exclus » de sa société; au lieu que dans l'état présent, » chaque individu, jouissant de lui-même avec » une pleine indépendance, ne se communique » qu'autant qu'il lui convient. »

Que conclurai-je de là? que Spinosa se contredit souvent; qu'il n'avait pas toujours des idées nettes; que dans le grand naufrage des systèmes il se sauvait tantôt sur une planche, tantôt sur une autre; qu'il ressemblait, par cette faiblesse, à Malebranche, à Arnauld, à Bossuet, à Claude, qui se sont contredits quelquefois dans leurs disputes; qu'il était comme tant de métaphysiciens et de théologiens. Je conclurai que je dois me défier à plus forte raison de toutes mes idées en métaphysique; que je suis un animal très faible, marchant sur des sables mouvants qui se dérobent continuellement sous moi, et qu'il n'y a peut-être rien de si fou que de croire avoir toujours raison.

Vous êtes très confus, Baruch[a] Spinosa; mais êtes-vous aussi dangereux qu'on le dit? Je soutiens que non; et ma raison, c'est que vous êtes confus, que vous avez écrit en mauvais latin, et qu'il n'y a pas dix personnes en Europe qui vous lisent d'un bout à l'autre, quoiqu'on vous ait traduit en français. Quel est l'auteur dangereux? c'est celui qui est lu par les oisifs de la cour et par les dames.

SECTION IV.

Du système de la nature.

L'auteur du *Système de la nature* a eu l'avantage de se faire lire des savants, des ignorants, des femmes; il a donc dans le style des mérites que n'avait pas Spinosa : souvent de la clarté, quelquefois de l'éloquence, quoiqu'on puisse lui reprocher de répéter, de déclamer, et de se contredire comme tous les autres. Pour le fond des choses, il faut s'en défier très souvent en physique et en morale. Il s'agit ici de l'intérêt du genre humain. Examinons donc si sa doctrine est vraie et utile, et soyons courts si nous pouvons.

[b] « L'ordre et le désordre n'existent point, etc. »

Quoi! en physique, un enfant né aveugle, ou privé de ses jambes, un monstre n'est pas contraire à la nature de l'espèce? N'est-ce pas la régularité ordinaire de la nature qui fait l'ordre, et l'irrégularité qui est le désordre? N'est-ce pas un très grand dérangement, un désordre funeste, qu'un enfant à qui la nature a donné la faim, et a bouché l'œsophage? Les évacuations de toute espèce sont nécessaires, et souvent les conduits manquent d'orifices : on est obligé d'y remédier : ce désordre a sa cause, sans doute. Point d'effet sans cause; mais c'est un effet très désordonné.

L'assassinat de son ami, de son frère, n'est-il pas un désordre horrible en morale? Les calomnies d'un Garasse, d'un Le Tellier, d'un Doucin, contre des jansénistes, et celles des jansénistes contre des jésuites; les impostures des Patouillet et Paulian ne sont-elles pas de petits désordres? La Saint-Barthélemi, les massacres d'Irlande, etc., etc., etc., ne sont-ils pas des désordres exécrables? Ce crime a sa cause dans des passions; mais l'effet est exécrable; la cause est fatale; ce désordre fait

[a] Page 14.

[a] Il s'appelle Baruch et non Benoît, car il ne fut jamais baptisé.

[b] Première partie, page 60.

frémir. Reste à découvrir, si l'on peut, l'origine de ce désordre ; mais il existe.

[a] « L'expérience prouve que les matières que » nous regardons comme inertes et mortes, pren» nent de l'action, de l'intelligence, de la vie, » quand elles sont combinées d'une certaine fa» çon. »

C'est là précisément la difficulté. Comment un germe parvient-il à la vie ? l'auteur et le lecteur n'en savent rien. De là les deux volumes du *Système* ; et tous les systèmes du monde ne sont-ils pas des rêves ?

[b] « Il faudrait définir la vie, et c'est ce que j'es» time impossible. »

Cette définition n'est-elle pas très aisée, très commune ? la vie n'est-elle pas organisation avec sentiment ? Mais que vous teniez ces deux propriétés du mouvement seul de la matière, c'est ce dont il est impossible de donner une preuve ; et si on ne peut le prouver, pourquoi l'affirmer ? pourquoi dire tout haut : *Je sais,* quand on se dit tout bas : *J'ignore ?*

[c] « L'on demandera ce que c'est que l'homme, » etc. »

Cet article n'est pas assurément plus clair que les plus obscurs de Spinosa, et bien des lecteurs s'indigneront de ce ton si décisif que l'on prend sans rien expliquer.

[d] « La matière est éternelle et nécessaire ; mais » ses formes et ses combinaisons sont passagères » et contingentes, » etc.

Il est difficile de comprendre comment la matière étant nécessaire, et aucun être libre n'existant, selon l'auteur, il y aurait quelque chose de contingent. On entend par contingence ce qui peut être et ne pas être ; mais tout devant être d'une nécessité absolue, toute manière d'être, qu'il appelle ici mal à propos *contingent,* est d'une nécessité aussi absolue que l'être même. C'est là où l'on se trouve encore plongé dans un labyrinthe où l'on ne voit point d'issue.

Lorsqu'on ose assurer qu'il n'y a point de Dieu, que la matière agit par elle-même, par une nécessité éternelle, il faut le démontrer comme une proposition d'Euclide, sans quoi vous n'appuyez votre système que sur un peut-être. Quel fondement pour la chose qui intéresse le plus le genre humain !

[e] « Si l'homme d'après sa nature est forcé d'ai» mer son bien-être, il est forcé d'en aimer les » moyens. Il serait inutile et peut-être injuste de » demander à un homme d'être vertueux, s'il ne » peut l'être sans se rendre malheureux. Dès que » le vice le rend heureux, il doit aimer le vice. »

Cette maxime est encore plus exécrable en morale que les autres ne sont fausses en physique. Quand il serait vrai qu'un homme ne pourrait être vertueux sans souffrir, il faudrait l'encourager à l'être. La proposition de l'auteur serait visiblement la ruine de la société. D'ailleurs, comment saura-t-il qu'on ne peut être heureux sans avoir des vices ? N'est-il pas au contraire prouvé par l'expérience que la satisfaction de les avoir domptés est cent fois plus grande que le plaisir d'y avoir succombé ; plaisir toujours empoisonné, plaisir qui mène au malheur ? On acquiert, en domptant ses vices, la tranquillité, le témoignage consolant de sa conscience ; on perd, en s'y livrant, son repos, sa santé ; on risque tout. Aussi l'auteur lui-même en vingt endroits veut qu'on sacrifie tout à la vertu ; et il n'avance cette proposition que pour donner dans son système une nouvelle preuve de la nécessité d'être vertueux.

[a] « Ceux qui rejettent avec tant de raison les » idées innées... auraient dû sentir que cette in» telligence ineffable que l'on place au gouver» nail du monde, et dont nos sens ne peuvent con» stater ni l'existence ni les qualités, est un être » de raison. »

En vérité, de ce que nous n'avons point d'idées innées, comment s'ensuit-il qu'il n'y a point de Dieu ? Cette conséquence n'est-elle pas absurde ? Y a-t-il quelque contradiction à dire que Dieu nous donne des idées par nos sens ? N'est-il pas au contraire de la plus grande évidence que s'il est un être tout puissant dont nous tenons la vie, nous lui devons nos idées et nos sens comme tout le reste ? Il faudrait avoir prouvé auparavant que Dieu n'existe pas ; et c'est ce que l'auteur n'a point fait ; c'est même ce qu'il n'a pas encore tenté de faire jusqu'à cette page du chapitre X.

Dans la crainte de fatiguer les lecteurs par l'examen de tous ces morceaux détachés, je viens au fondement du livre, et à l'erreur étonnante sur laquelle il a élevé son système. Je dois absolument répéter ici ce qu'on a dit d'ailleurs.

HISTOIRE DES ANGUILLES SUR LESQUELLES EST FONDÉ LE SYSTÈME[1].

Il y avait en France, vers l'an 1750, un jésuite anglais, nommé Needham, déguisé en séculier, qui servait alors de précepteur au neveu de M. Dillon, archevêque de Toulouse. Cet homme fesait des expériences de physique, et surtout de chimie.

Après avoir mis de la farine de seigle ergoté dans des bouteilles bien bouchées, et du jus de

[a] Page 69. — [b] Page 78. — [c] Page 80. — [d] Page 82.
[e] Page 152.

[a] Page 167.

mouton bouilli dans d'autres bouteilles, il crut que son jus de mouton et son seigle avaient fait naître des anguilles, lesquelles même en reproduisaient bientôt d'autres, et qu'ainsi une race d'anguilles se formait indifféremment d'un jus de viande, ou d'un grain de seigle.

Un physicien qui avait de la réputation ne douta pas que ce Needham ne fût un profond athée. Il conclut que, puisque l'on fesait des anguilles avec de la farine de seigle, on pouvait faire des hommes avec de la farine de froment; que la nature et la chimie produisaient tout; et qu'il était démontré qu'on peut se passer d'un Dieu formateur de toutes choses.

Cette propriété de la farine trompa aisément un homme [a] malheureusement égaré alors dans des idées qui doivent faire trembler pour la faiblesse de l'esprit humain. Il voulait creuser un trou jusqu'au centre de la terre pour voir le feu central, disséquer des Patagons pour connaître la nature de l'âme, enduire les malades de poix-résine pour les empêcher de transpirer, exalter son âme pour prédire l'avenir. Si on ajoutait qu'il fut encore plus malheureux en cherchant à opprimer deux de ses confrères, cela ne ferait pas d'honneur à l'athéisme, et servirait seulement à nous faire rentrer en nous-mêmes avec confusion.

Il est bien étrange que des hommes, en niant un créateur, se soient attribué le pouvoir de créer des anguilles.

Ce qu'il y a de plus déplorable, c'est que des physiciens plus instruits adoptèrent le ridicule système du jésuite Needham, et le joignirent à celui de Maillet, qui prétendait que l'Océan avait formé les Pyrénées et les Alpes, et que les hommes étaient originairement des marsouins, dont la queue fourchue se changea en cuisses et en jambes dans la suite des temps, ainsi que nous l'avons dit. De telles imaginations peuvent être mises avec les anguilles formées par de la farine.

Il n'y a pas long-temps qu'on assura qu'à Bruxelles un lapin avait fait une demi-douzaine de lapereaux à une poule.

Cette transmutation de farine et de jus de mouton en anguilles fut démontrée aussi fausse et aussi ridicule qu'elle l'est en effet, par M. Spalanzani, un peu meilleur observateur que Needham.

On n'avait pas besoin même de ces observations pour démontrer l'extravagance d'une illusion si palpable. Bientôt les anguilles de Needham allèrent trouver la poule de Bruxelles.

Cependant, en 1768, le traducteur exact, élégant et judicieux de Lucrèce se laissa surprendre au point que non seulement il rapporte dans ses notes du livre VIII, page 361, les prétendues expériences de Needham, mais qu'il fait ce qu'il peut pour en constater la validité.

Voilà donc le nouveau fondement du *Système de la nature*. L'auteur, dès le second chapitre, s'exprime ainsi :

[a] « En humectant de la farine avec de l'eau, et » en renfermant ce mélange, on trouve au bout » de quelque temps, à l'aide du microscope, qu'il » a produit des êtres organisés dont on croyait la » farine et l'eau incapables. C'est ainsi que la na» ture inanimée peut passer à la vie, qui n'est » elle-même qu'un assemblage de mouvements. »

Quand cette sottise inouïe serait vraie, je ne vois pas, à raisonner rigoureusement, qu'elle prouvât qu'il n'y a point de Dieu; car il se pourrait très bien qu'il y eût un être suprême, intelligent et puissant, qui ayant formé le soleil et tous les astres, daigna former aussi des animalcules sans germe. Il n'y a point là de contradiction dans les termes. Il faudrait chercher ailleurs une preuve démonstrative que Dieu n'existe pas, et c'est ce qu'assurément personne n'a trouvé ni ne trouvera.

L'auteur traite avec mépris les causes finales, parce que c'est un argument rebattu : mais cet argument si méprisé est de Cicéron et de Newton. Il pourrait par cela seul faire entrer les athées en quelque défiance d'eux-mêmes. Le nombre est assez grand des sages qui, en observant le cours des astres, et l'art prodigieux qui règne dans la structure des animaux et des végétaux, reconnaissent une main puissante qui opère ces continuelles merveilles.

L'auteur prétend que la matière aveugle et sans choix produit des animaux intelligents. Produire sans intelligence des êtres qui en ont! cela est-il concevable? ce système est-il appuyé sur la moindre vraisemblance? Une opinion si contradictoire exigerait des preuves aussi étonnantes qu'elle-même. L'auteur n'en donne aucune; il ne prouve jamais rien, et il affirme tout ce qu'il avance. Quel chaos! quelle confusion! mais quelle témérité!

Spinosa du moins avouait une intelligence agissante dans ce grand tout, qui constituait la nature; il y avait là de la philosophie. Mais je suis forcé de dire que je n'en trouve aucune dans le nouveau système.

La matière est étendue, solide, gravitante, divisible; j'ai tout cela aussi bien que cette pierre. Mais a-t-on jamais vu une pierre sentante et pensante? Si je suis étendu, solide, divisible, je le dois

[a] Maupertuis.

[a] Première partie, page 23.

à la matière. Mais j'ai sensations et pensées; à qui le dois-je? ce n'est pas à de l'eau, à de la fange; il est vraisemblable que c'est à quelque chose de plus puissant que moi. C'est à la combinaison seule des éléments, me dites-vous. Prouvez-le-moi donc; faites-moi donc voir nettement qu'une cause intelligente ne peut m'avoir donné l'intelligence. Voilà où vous êtes réduit.

L'auteur combat avec succès le dieu des scolastiques, un dieu composé de qualités discordantes, un dieu auquel on donne, comme à ceux d'Homère, les passions des hommes; un dieu capricieux, inconstant, vindicatif, inconséquent, absurde : mais il ne peut combattre le Dieu des sages. Les sages, en contemplant la nature, admettent un pouvoir intelligent et suprême. Il est peut-être impossible à la raison humaine destituée du secours divin de faire un pas plus avant.

L'auteur demande où réside cet être; et de ce que personne sans être infini ne peut dire où il réside, il conclut qu'il n'existe pas. Cela n'est pas philosophique; car de ce que nous ne pouvons dire où est la cause d'un effet, nous ne devons pas conclure qu'il n'y a point de cause. Si vous n'aviez jamais vu de canonniers, et que vous vissiez l'effet d'une batterie de canon, vous ne devriez pas dire : Elle agit toute seule par sa propre vertu.

Ne tient-il donc qu'à dire : Il n'y a point de Dieu, pour qu'on vous croie sur votre parole?

Enfin, sa grande objection est dans les malheurs et dans les crimes du genre humain, objection aussi ancienne que philosophique; objection commune, mais fatale et terrible, à laquelle on ne trouve de réponse que dans l'espérance d'une vie meilleure. Et quelle est encore cette espérance? nous n'en pouvons avoir aucune certitude par la raison. Mais j'ose dire que quand il nous est prouvé qu'un vaste édifice construit avec le plus grand art est bâti par un architecte quel qu'il soit, nous devons croire à cet architecte, quand même l'édifice serait teint de notre sang, souillé de nos crimes, et qu'il nous écraserait par sa chute. Je n'examine pas encore si l'architecte est bon : si je dois être satisfait de son édifice; si je dois en sortir plutôt que d'y demeurer; si ceux qui sont logés comme moi dans cette maison pour quelques jours en sont contents : j'examine seulement s'il est vrai qu'il y ait un architecte, ou si cette maison, remplie de tant de beaux appartements et de vilains galetas, s'est bâtie toute seule.

SECTION V.

De la nécessité de croire un Être suprême.

Le grand objet, le grand intérêt, ce me semble, n'est pas d'argumenter en métaphysique, mais de peser s'il faut, pour le bien commun de nous autres animaux misérables et pensants, admettre un Dieu rémunérateur et vengeur, qui nous serve à la fois de frein et de consolation, ou rejeter cette idée en nous abandonnant à nos calamités sans espérances, et à nos crimes sans remords.

Hobbes dit que si dans une république où l'on ne reconnaîtrait point de Dieu, quelque citoyen en proposait un, il le ferait pendre.

Il entendait apparemment, par cette étrange exagération, un citoyen qui voudrait dominer au nom de Dieu, un charlatan qui voudrait se faire tyran. Nous entendons des citoyens qui, sentant la faiblesse humaine, sa perversité et sa misère, cherchent un point fixe pour assurer leur morale, et un appui qui les soutienne dans les langueurs et dans les horreurs de cette vie.

Depuis Job jusqu'à nous, un très grand nombre d'hommes a maudit son existence; nous avons donc un besoin perpétuel de consolation et d'espoir. Votre philosophie nous en prive. La fable de Pandore valait mieux, elle nous laissait l'espérance; et vous nous la ravissez! La philosophie, selon vous, ne fournit aucune preuve d'un bonheur à venir. Non; mais vous n'avez aucune démonstration du contraire. Il se peut qu'il y ait en nous une monade indestructible qui sente et qui pense, sans que nous sachions le moins du monde comment cette monade est faite. La raison ne s'oppose point absolument à cette idée, quoique la raison seule ne la prouve pas. Cette opinion n'a-t-elle pas un prodigieux avantage sur la vôtre? La mienne est utile au genre humain, la vôtre est funeste; elle peut, quoi que vous en disiez, encourager les Néron, les Alexandre VI et les Cartouche; la mienne peut les réprimer.

Marc-Antonin, Épictète, croyaient que leur monade, de quelque espèce qu'elle fût, se rejoindrait à la monade du grand Être; et ils furent les plus vertueux des hommes.

Dans le doute où nous sommes tous deux, je ne vous dis pas avec Pascal : *Prenez le plus sûr.* Il n'y a rien de sûr dans l'incertitude. Il ne s'agit pas ici de parier, mais d'examiner : il faut juger, et notre volonté ne détermine pas notre jugement. Je ne vous propose pas de croire des choses extravagantes pour vous tirer d'embarras ; je ne vous dis pas : Allez à la Mecque baiser la pierre noire pour vous instruire; tenez une queue de vache à la main; affublez-vous d'un scapulaire, soyez imbécile et fanatique pour acquérir la faveur de l'Être des êtres. Je vous dis : Continuez à cultiver la vertu, à être bienfesant, à regarder toute superstition avec horreur ou avec pitié; mais adorez avec moi le dessein qui se manifeste dans toute la nature, et par conséquent l'auteur de ce dessein, la cause primordiale et finale de tout; espérez avec moi que notre monade, qui raisonne sur le grand Être éternel, pourra être heureuse par ce grand Être même. Il n'y a point là de contradiction. Vous n'en démontrerez pas l'impossibilité; de même que je ne puis vous démontrer mathématiquement que la chose est ainsi. Nous ne raisonnons guère en métaphysique que sur des probabilités; nous nageons tous dans une mer dont nous n'avons jamais vu le rivage. Malheur à ceux qui se battent en nageant! Abordera qui pourra; mais celui qui me crie: Vous nagez en vain, il n'y a point de port, me décourage et m'ôte toutes mes forces.

De quoi s'agit-il dans notre dispute? de consoler notre malheureuse existence. Qui la console? vous, ou moi?

Vous avouez vous-même, dans quelques endroits de votre ouvrage, que la croyance d'un Dieu a retenu quelques hommes sur le bord du crime: cet aveu me suffit. Quand cette opinion n'aurait prévenu que dix assassinats, dix calomnies, dix jugements iniques sur la terre, je tiens que la terre entière doit l'embrasser.

La religion, dites-vous, a produit des milliasses de forfaits; dites la superstition, qui règne sur notre triste globe; elle est la plus cruelle ennemie de l'adoration pure qu'on doit à l'Être suprême. Détestons ce monstre qui a toujours déchiré le sein de sa mère; ceux qui le combattent sont les bienfaiteurs du genre humain; c'est un serpent qui entoure la religion de ses replis; il faut lui écraser la tête sans blesser celle qu'il infecte et qu'il dévore.

Vous craignez « qu'en adorant Dieu on ne redevienne bientôt superstitieux et fanatique; » mais n'est-il pas à craindre qu'en le niant on ne s'abandonne aux passions les plus atroces et aux crimes les plus affreux? Entre ces deux excès, n'y a-t-il pas un milieu très raisonnable? Où est l'asile entre ces deux écueils? le voici: Dieu, et des lois sages.

Vous affirmez qu'il n'y a qu'un pas de l'adoration à la superstition. Il y a l'infini pour les esprits bien faits: et ils sont aujourd'hui en grand nombre; ils sont à la tête des nations, ils influent sur les mœurs publiques; et d'année en année le fanatisme, qui couvrait la terre, se voit enlever ses détestables usurpations.

Je répondrai encore un mot à vos paroles de la page 223. « Si l'on présume des rapports entre » l'homme et cet être incroyable, il faudra lui élever des autels, lui faire des présents, etc.; si » l'on ne conçoit rien à cet être, il faudra s'en rapporter à des prêtres qui... etc., etc., etc. » Le grand mal de s'assembler aux temps des moissons pour remercier Dieu du pain qu'il nous a donné! Qui vous dit de faire des présents à Dieu? l'idée en est ridicule: mais où est le mal de charger un citoyen, qu'on appellera *vieillard* ou *prêtre*, de rendre des actions de grâces à la Divinité au nom des autres citoyens, pourvu que ce prêtre ne soit pas un Grégoire VII qui marche sur la tête des rois, ou un Alexandre VI, souillant par un inceste le sein de sa fille qu'il a engendrée par un stupre, et assassinant, empoisonnant, à l'aide de son bâtard, presque tous les princes ses voisins; pourvu que dans une paroisse ce prêtre ne soit pas un fripon volant dans la poche des pénitents qu'il confesse, et employant cet argent à séduire les petites filles qu'il catéchise; pourvu que ce prêtre ne soit pas un Le Tellier, qui met tout un royaume en combustion par des fourberies dignes du pilori; un Warburton, qui viole les lois de la société en manifestant les papiers secrets d'un membre du parlement pour le perdre, et qui calomnie quiconque n'est pas de son avis? Ces derniers cas sont rares. L'état du sacerdoce est un frein qui force à la bienséance.

Un sot prêtre excite le mépris; un mauvais prêtre inspire l'horreur; un bon prêtre, doux, pieux, sans superstition, charitable, tolérant, est un homme qu'on doit chérir et respecter. Vous craignez l'abus, et moi aussi. Unissons-nous pour le prévenir; mais ne condamnons pas l'usage quand il est utile à la société, quand il n'est pas perverti par le fanatisme ou par la méchanceté frauduleuse.

J'ai une chose très importante à vous dire. Je suis persuadé que vous êtes dans une grande erreur; mais je suis également convaincu que vous vous trompez en honnête homme. Vous voulez qu'on soit vertueux, même sans Dieu, quoique vous ayez dit malheureusement que « dès que le » vice rend l'homme heureux, il doit aimer le » vice; » proposition affreuse que vos amis auraient dû vous faire effacer. Partout ailleurs vous inspirez la probité. Cette dispute philosophique ne sera qu'entre vous et quelques philosophes répandus dans l'Europe: le reste de la terre n'en entendra point parler; le peuple ne nous lit pas. Si quelque théologien voulait vous persécuter, il serait un méchant, il serait un imprudent qui ne servirait qu'à vous affermir et à faire de nouveaux athées.

Vous avez tort; mais les Grecs n'ont point persécuté Épicure, les Romains n'ont point persécuté Lucrèce. Vous avez tort; mais il faut respecter votre génie et votre vertu, en vous réfutant de toutes ses forces.

Le plus bel hommage, à mon gré, qu'on puisse rendre à Dieu, c'est de prendre sa défense sans colère; comme le plus indigne portrait qu'on puisse faire de lui, est de le peindre vindicatif et furieux. Il est la vérité même : la vérité est sans passions. C'est être disciple de Dieu que de l'annoncer d'un cœur doux et d'un esprit inaltérable.

Je pense avec vous que le fanatisme est un monstre mille fois plus dangereux que l'athéisme philosophique. Spinosa n'a pas commis une seule mauvaise action : Chastel et Ravaillac, tous deux dévots, assassinèrent Henri IV.

L'athée de cabinet est presque toujours un philosophe tranquille; le fanatique est toujours turbulent; mais l'athée de cour, le prince athée pourrait être le fléau du genre humain. Borgia et ses semblables ont fait presque autant de mal que les fanatiques de Munster et des Cévennes, je dis les fanatiques des deux partis. Le malheur des athées de cabinet est de faire des athées de cour. C'est Chiron qui élève Achille; il le nourrit de moelle de lion. Un jour Achille traînera le corps d'Hector autour des murailles de Troie, et immolera douze captifs innocents à sa vengeance.

Dieu nous garde d'un abominable prêtre qui hache un roi en morceaux avec son couperet sacré, ou de celui qui, le casque en tête et la cuirasse sur le dos, à l'âge de soixante et dix ans, ose signer de ses trois doigts ensanglantés la ridicule excommunication d'un roi de France, ou de.., ou de... ou de... !

Mais que Dieu nous préserve aussi d'un despote colère et barbare qui, ne croyant point un Dieu, serait son Dieu à lui-même ; qui se rendrait indigne de sa place sacrée, en foulant aux pieds les devoirs que cette place impose; qui sacrifierait sans remords ses amis, ses parents, ses serviteurs, son peuple, à ses passions! Ces deux tigres, l'un tondu, l'autre couronné, sont également à craindre. Par quel frein pourrons-nous les retenir? etc., etc.

Si l'idée d'un Dieu auquel nos âmes peuvent se rejoindre, a fait des Titus, des Trajan, des Antonin, des Marc-Aurèle, et ces grands empereurs chinois dont la mémoire est si précieuse dans le second des plus anciens et des plus vastes empires du monde; ces exemples suffisent pour ma cause, et ma cause est celle de tous les hommes.

Je ne crois pas que dans toute l'Europe il y ait un seul homme d'état, un seul homme un peu versé dans les affaires du monde, qui n'ait le plus profond mépris pour toutes les légendes dont nous avons été inondés plus que nous le sommes aujourd'hui de brochures. Si la religion n'enfante plus de guerres civiles, c'est à la philosophie seule qu'on en est redevable; les disputes théologiques commencent à être regardées du même œil que les querelles de Gilles et de Pierrot à la foire. Une usurpation également odieuse et ridicule, fondée d'un côté sur la fraude, et de l'autre sur la bêtise, est minée chaque instant par la raison, qui établit son règne. La bulle *In cœnâ Domini*, le chef-d'œuvre de l'insolence et de la folie, n'ose plus paraître dans Rome même. Si un régiment de moines fait la moindre évolution contre les lois de l'état, il est cassé sur-le-champ. Mais quoi ! parce qu'on a chassé les jésuites, faut-il chasser Dieu? Au contraire, il faut l'en aimer davantage.

SECTION VI.

Sous l'empire d'Arcadius, Logomacos, théologal de Constantinople, alla en Scythie, et s'arrêta au pied du Caucase, dans les fertiles plaines de Zéphirim, sur les frontières de la Colchide. Le bon vieillard Dondindac était dans sa grande salle basse, entre sa grande bergerie et sa vaste grange; il était à genoux avec sa femme, ses cinq fils et ses cinq filles, ses parents et ses valets, et tous chantaient les louanges de Dieu après un léger repas. Que fais-tu là, idolâtre? lui dit Logomacos. Je ne suis point idolâtre, dit Dondindac. Il faut bien que tu sois idolâtre, dit Logomacos, puisque tu n'es pas Grec. Ça, dis-moi, que chantais-tu dans ton barbare jargon de Scythie? Toutes les langues sont égales aux oreilles de Dieu, répondit le Scythe; nous chantions ses louanges. Voilà qui est bien extraordinaire, reprit le théologal, une famille scythe qui prie Dieu sans avoir été instruite par nous! Il engagea bientôt une conversation avec le Scythe Dondindac; car le théologal savait un peu de scythe, et l'autre un peu de grec. On a retrouvé cette conversation dans un manuscrit conservé dans la bibliothèque de Constantinople.

LOGOMACOS.

Voyons si tu sais ton catéchisme. Pourquoi pries-tu Dieu?

DONDINDAC.

C'est qu'il est juste d'adorer l'Être suprême de qui nous tenons tout.

LOGOMACOS.

Pas mal pour un barbare! Et que lui demandes-tu?

DONDINDAC.

Je le remercie des biens dont je jouis, et même des maux dans lesquels il m'éprouve; mais je me garde bien de lui rien demander; il sait mieux que nous ce qu'il nous faut, et je craindrais d'ailleurs de demander du beau temps quand mon voisin demanderait de la pluie.

LOGOMACOS.

Ah! je me doutais bien qu'il allait dire quelque

sottise. Reprenons les choses de plus haut. Barbare, qui t'a dit qu'il y a un Dieu?

DONDINDAC.

La nature entière.

LOGOMACOS.

Cela ne suffit pas. Quelle idée as-tu de Dieu ?

DONDINDAC.

L'idée de mon créateur, de mon maître, qui me récompensera si je fais bien, et qui me punira si je fais mal.

LOGOMACOS.

Bagatelles, pauvretés que cela! Venons à l'essentiel. Dieu est-il infini *secundum quid*, ou selon l'essence?

DONDINDAC.

Je ne vous entends pas.

LOGOMACOS.

Bête brute! Dieu est-il en un lieu, ou hors de tout lieu, ou en tout lieu?

DONDINDAC.

Je n'en sais rien... tout comme il vous plaira.

LOGOMACOS.

Ignorant! Peut-il faire que ce qui a été n'ait point été et qu'un bâton n'ait pas deux bouts? voit-il le futur comme futur ou comme présent? comment fait-il pour tirer l'être du néant, et pour anéantir l'être?

DONDINDAC.

Je n'ai jamais examiné ces choses.

LOGOMACOS.

Quel lourdaud! Allons, il faut s'abaisser, se proportionner. Dis-moi, mon ami, crois-tu que la matière puisse être éternelle?

DONDINDAC.

Que m'importe qu'elle existe de toute éternité, ou non? je n'existe pas, moi, de toute éternité. Dieu est toujours mon maître; il m'a donné la notion de la justice, je dois la suivre; je ne veux point être philosophe, je veux être homme.

LOGOMACOS.

On a bien de la peine avec ces têtes dures. Allons pied à pied : qu'est-ce que Dieu?

DONDINDAC.

Mon souverain, mon juge, mon père.

LOGOMACOS.

Ce n'est pas là ce que je demande. Quelle est sa nature?

DONDINDAC.

D'être puissant et bon.

LOGOMACOS.

Mais, est-il corporel ou spirituel?

DONDINDAC.

Comment voulez-vous que je le sache?

LOGOMACOS.

Quoi! tu ne sais pas ce que c'est qu'un esprit?

DONDINDAC.

Pas le moindre mot : à quoi cela me servirait-il? en serais-je plus juste? serais-je meilleur mari, meilleur père, meilleur maître, meilleur citoyen?

LOGOMACOS.

Il faut absolument t'apprendre ce que c'est qu'un esprit; c'est, c'est, c'est... Je te dirai cela une autre fois.

DONDINDAC.

J'ai bien peur que vous ne me disiez moins ce qu'il est que ce qu'il n'est pas. Permettez-moi de vous faire à mon tour une question. J'ai vu autrefois un de vos temples : pourquoi peignez-vous Dieu avec une grande barbe?

LOGOMACOS.

C'est une question très difficile, et qui demande des instructions préliminaires.

DONDINDAC.

Avant de recevoir vos instructions, il faut que je vous conte ce qui m'est arrivé un jour. Je venais de faire bâtir un cabinet au bout de mon jardin; j'entendis une taupe qui raisonnait avec un hanneton : Voilà une belle fabrique, disait la taupe; il faut que ce soit une taupe bien puissante qui ait fait cet ouvrage. Vous vous moquez, dit le hanneton; c'est un hanneton tout plein de génie qui est l'architecte de ce bâtiment. Depuis ce temps-là j'ai résolu de ne jamais disputer.

DIOCLÉTIEN.

Après plusieurs règnes faibles ou tyranniques, l'empire romain eut un bon empereur dans Probus, et les légions le massacrèrent. Elles élurent Carus, qui fut tué d'un coup de tonnerre vers le Tigre, lorsqu'il fesait la guerre aux Perses. Son fils Numérien fut proclamé par les soldats. Les historiens nous disent sérieusement qu'à force de pleurer la mort de son père, il en perdit presque la vue, et qu'il fut obligé, en fesant la guerre, de demeurer toujours entre quatre rideaux. Son beau-père nommé Aper, le tua dans son lit pour se mettre sur le trône : mais un druide avait prédit dans les Gaules à Dioclétien, l'un des généraux de l'armée, qu'il serait immédiatement empereur après avoir tué un sanglier; or, un sanglier se nomme en latin *aper*. Dioclétien assembla l'armée, tua de sa main Aper en présence des soldats, et accomplit ainsi la prédiction du druide. Les historiens qui rapportent cet oracle méritaient de se nourrir du fruit de l'arbre que les druides révéraient. Il est certain que Dioclétien tua le beau-père de son empereur; ce fut là son premier droit au trône : le second, c'est que Numérien avait un frère nommé Carin, qui était aussi empereur, et qui, s'étant opposé à l'élévation de Dioclétien, fut tué par un des tribuns de son armée. Voilà les droits de Dioclétien à l'empire. Depuis long-temps il n'y en avait guère d'autres.

Il était originaire de Dalmatie, de la petite ville de Dioclée, dont il avait pris le nom. S'il est vrai que son père ait été laboureur, et que lui-même dans sa jeunesse ait été esclave d'un sénateur nommé Anulinus, c'est là son plus bel éloge : il ne pouvait devoir son élévation qu'à lui-même : il est bien clair qu'il s'était concilié l'estime de son armée, puisqu'on oublia sa naissance pour lui donner le diadème. Lactance, auteur chrétien, mais un peu partial, prétend que Dioclétien était le plus grand poltron de l'empire. Il n'y a guère d'apparence que des soldats romains aient choisi un poltron pour les gouverner, et que ce poltron eût passé par tous les degrés de la milice. Le zèle de Lactance contre un empereur païen est très-louable, mais il n'est pas adroit.

Dioclétien contint en maître, pendant vingt années, ces fières légions qui défesaient leurs empereurs avec autant de facilité qu'elles les fesaient : c'est encore une preuve, malgré Lactance, qu'il fut aussi grand prince que brave soldat. L'empire reprit bientôt sous lui sa première splendeur. Les Gaulois, les Africains, les Égyptiens, les Anglais, soulevés en divers temps, furent tous remis sous l'obéissance de l'empire; les Perses même furent vaincus. Tant de succès au-dehors, une administration encore plus heureuse au-dedans; des lois aussi humaines que sages, qu'on voit encore dans le *Code Justinien ;* Rome, Milan, Autun, Nicomédie, Carthage, embellies par sa munificence ; tout lui concilia le respect et l'amour de l'Orient et de l'Occident, au point que deux cent quarante ans après sa mort on comptait encore et on datait de la première année de son règne, comme on comptait auparavant depuis la fondation de Rome. C'est ce qu'on appelle l'*ère de Dioclétien ;* on l'a appelée aussi l'*ère des martyrs :* mais c'est se tromper évidemment de dix-huit années; car il est certain qu'il ne persécuta aucun chrétien pendant dix-huit ans. Il en était si éloigné, que la première chose qu'il fit étant empereur, ce fut de donner une compagnie de gardes prétoriennes à un chrétien nommé Sébastien, qui est au catalogue des saints.

Il ne craignit point de se donner un collègue à l'empire dans la personne d'un soldat de fortune comme lui; c'était Maximien Hercule, son ami. La conformité de leurs fortunes avait fait leur amitié. Maximien Hercule était aussi né de parents obscurs et pauvres, et s'était élevé, comme Dioclétien, de grade en grade par son courage. On n'a pas manqué de reprocher à ce Maximien d'avoir pris le surnom d'*Hercule*, et à Dioclétien d'avoir accepté celui de *Jovien*. On ne daigne pas s'apercevoir que nous avons tous les jours des gens d'église qui s'appellent Hercule, et des bourgeois qui s'appellent César et Auguste.

Dioclétien créa encore deux césars : le premier fut un autre Maximien, surnommé *Galerius*, qui avait commencé par être gardeur de troupeaux. Il semblait que Dioclétien, le plus fier et le plus fastueux des hommes, lui qui le premier introduisit de se faire baiser les pieds, mît sa grandeur à placer sur le trône des césars, des hommes nés dans la condition la plus abjecte : un esclave et deux paysans étaient à la tête de l'empire, et jamais il ne fut plus florissant.

Le second césar qu'il créa était d'une naissance distinguée ; c'était Constance Chlore, petit-neveu par sa mère de l'empereur Claude II. L'empire fut gouverné par ces quatre princes. Cette association pouvait produire par année quatre guerres civiles; mais Dioclétien sut tellement être le maître de ses associés, qu'il les obligea toujours à le respecter, et même à vivre unis entre eux. Ces princes, avec le nom de césars, n'étaient au fond que ses premiers sujets : on voit qu'il les traitait en maître absolu; car lorsque le césar Galerius, ayant été vaincu par les Perses, vint en Mésopotamie lui rendre compte de sa défaite, il le laissa marcher l'espace d'un mille auprès de son char, et ne le reçut en grâce que quand il eut réparé sa faute et son malheur.

Galère les répara en effet l'année d'après, en 297, d'une manière bien signalée. Il battit le roi de Perse, en personne. Ces rois de Perse ne s'étaient pas corrigés depuis la bataille d'Arbelles, de mener dans leurs armées leurs femmes, leurs filles, et leurs eunuques. Galère prit, comme Alexandre, la femme et toute la famille du roi de Perse, et les traita avec le même respect. La paix fut aussi glorieuse que la victoire : les vaincus cédèrent cinq provinces aux Romains, des sables de Palmyrène jusqu'à l'Arménie.

Dioclétien et Galère allèrent à Rome étaler un

triomphe inouï jusqu'alors : c'était la première fois qu'on montrait au peuple romain la femme d'un roi de Perse et ses enfants enchaînés. Tout l'empire était dans l'abondance et dans la joie. Dioclétien en parcourait toutes les provinces ; il allait de Rome en Égypte, en Syrie, dans l'Asie-Mineure : sa demeure ordinaire n'était point à Rome : c'était à Nicomédie, près du Pont-Euxin, soit pour veiller de plus près sur les Perses et sur les barbares, soit qu'il s'affectionnât à un séjour qu'il avait embelli.

Ce fut au milieu de ces prospérités que Galère commença la persécution contre les chrétiens. Pourquoi les avait-on laissés en repos jusque-là, et pourquoi furent-ils maltraités alors ? Eusèbe dit qu'un centurion de la légion Trajane, nommé Marcel, qui servait dans la Mauritanie, assistant avec sa troupe à une fête qu'on donnait pour la victoire de Galère, jeta par terre sa ceinture militaire, ses armes et sa baguette de sarment qui était la marque de son office, disant tout haut qu'il était chrétien, et qu'il ne voulait plus servir des païens. Cette désertion fut punie de mort par le conseil de guerre. C'est là le premier exemple avéré de cette persécution si fameuse. Il est vrai qu'il y avait un grand nombre de chrétiens dans les armées de l'empire ; et l'intérêt de l'état demandait qu'une telle désertion publique ne fût point autorisée. Le zèle de Marcel était très pieux, mais il n'était pas raisonnable. Si dans la fête qu'on donnait en Mauritanie on mangeait des viandes offertes aux dieux de l'empire, la loi n'ordonnait point à Marcel d'en manger ; le christianisme ne lui ordonnait point de donner l'exemple de la sédition ; et il n'y a point de pays au monde où l'on ne punît une action si téméraire.

Cependant depuis l'aventure de Marcel, il ne paraît pas qu'on ait recherché les chrétiens jusqu'à l'an 303. Ils avaient à Nicomédie une superbe église cathédrale vis-à-vis le palais, et même beaucoup plus élevée. Les historiens ne nous disent point les raisons pour lesquelles Galère demanda instamment à Dioclétien qu'on abattît cette église; mais ils nous apprennent que Dioclétien fut très long-temps à se déterminer : il résista près d'une année. Il est bien étrange qu'après cela ce soit lui qu'on appelle *persécuteur*. Enfin, en 303, l'église fut abattue ; et on afficha un édit par lequel les chrétiens seraient privés de tout honneur et de toute dignité. Puisqu'on les en privait, il est évident qu'ils en avaient. Un chrétien arracha et mit en pièces publiquement l'édit impérial : ce n'était pas là un acte de religion ; c'était un emportement de révolte. Il est donc très vraisemblable qu'un zèle indiscret, qui n'était pas selon la science, attira cette persécution funeste. Quelque temps après, le palais de Galère brûla ; il en accusa les chrétiens ; et ceux-ci accusèrent Galère d'avoir mis le feu lui-même à son palais, pour avoir un prétexte de les calomnier. L'accusation de Galère paraît fort injuste : celle qu'on intente contre lui ne l'est pas moins ; car l'édit étant porté, de quel nouveau prétexte avait-il besoin ? S'il avait fallu en effet une nouvelle raison pour engager Dioclétien à persécuter, ce serait seulement une nouvelle preuve de la peine qu'eut Dioclétien à abandonner les chrétiens qu'il avait toujours protégés; cela ferait voir évidemment qu'il avait fallu de nouveaux ressorts pour le déterminer à la violence.

Il paraît certain qu'il y eut beaucoup de chrétiens tourmentés dans l'empire; mais il est difficile de concilier avec les lois romaines tous ces tourments recherchés, toutes ces mutilations, ces langues arrachées, ces membres coupés et grillés, et tous ces attentats à la pudeur faits publiquement contre l'honnêteté publique. Aucune loi romaine n'ordonna jamais de tels supplices. Il se peut que l'aversion des peuples contre les chrétiens les ait portés à des excès horribles; mais on ne trouve nulle part que ces excès aient été ordonnés par les empereurs ni par le sénat.

Il est bien vraisemblable que la juste douleur des chrétiens se répandit en plaintes exagérées. Les *Actes sincères* nous racontent que l'empereur étant dans Antioche, le préteur condamna un petit enfant chrétien, nommé Romain, à être brûlé; que des Juifs présents à ce supplice se mirent méchamment à rire, en disant : « Nous avons eu autrefois » trois petits enfants, Sidrac, Misac, et Abdenago, » qui ne brûlèrent point dans la fournaise ardente, » mais ceux-ci y brûlent. » Dans l'instant, pour confondre les Juifs, une grande pluie éteignit le bûcher, et le petit garçon en sortit sain et sauf, en demandant : *Où est donc le feu?* Les *Actes sincères* ajoutent que l'empereur le fit délivrer, mais que le juge ordonna qu'on lui coupât la langue. Il n'est guère possible de croire qu'un juge ait fait couper la langue à un petit garçon à qui l'empereur avait pardonné.

Ce qui suit est plus singulier. On prétend qu'un vieux médecin chrétien nommé Ariston, qui avait un bistouri tout prêt, coupa la langue de l'enfant pour faire sa cour au préteur. Le petit Romain fut aussitôt renvoyé en prison. Le geôlier lui demanda de ses nouvelles : l'enfant raconta fort au long comment un vieux médecin lui avait coupé la langue. Il faut noter que le petit avant cette opération était extrêmement bègue, mais qu'alors il parlait avec une volubilité merveilleuse. Le geôlier ne manqua pas d'aller raconter ce miracle à l'empereur. On fit venir le vieux médecin; il jura que l'opération avait été faite dans les règles de l'art, et montra la langue de l'enfant qu'il avait conservée proprement dans une boîte comme une relique. « Qu'on fasse venir, dit-il, le premier venu; je » m'en vais lui couper la langue en présence de » votre majesté, et vous verrez s'il pourra par» ler. » La proposition fut acceptée. On prit un pauvre homme, à qui le médecin coupa juste autant de langue qu'il en avait coupé au petit enfant; l'homme mourut sur-le-champ.

Je veux croire que les *Actes* qui rapportent ce fait sont aussi *sincères* qu'ils en portent le titre; mais ils sont encore plus simples que sincères; et il est bien étrange que Fleury, dans son *Histoire ecclésiastique*, rapporte un si prodigieux nombre de faits semblables, bien plus propres au scandale qu'à l'édification.

Vous remarquerez encore que dans cette année 303, où l'on prétend que Dioclétien était présent à toute cette belle aventure dans Antioche, il était à Rome, et qu'il passa toute l'année en Italie. On dit que ce fut à Rome, en sa présence, que saint Genest, comédien, se convertit sur le théâtre, en jouant une comédie contre les chrétiens[a]. Cette comédie montre bien que le goût de Plaute et de Térence ne subsistait plus. Ce qu'on appelle aujourd'hui *la comédie* ou *la farce italienne*, semble avoir pris naissance dans ce temps-là. Saint Genest représentait un malade : le médecin lui demandait ce qu'il avait : *Je me sens pesant*, dit Genest. « Veux-tu que nous te rabotions pour te rendre » plus léger? » lui dit le médecin. « *Non*, répon» dit Genest, je veux mourir chrétien, pour res» susciter avec une belle taille. » Alors des acteurs habillés en prêtres et en exorcistes viennent pour le baptiser; dans le moment Genest devint en effet chrétien; et au lieu d'achever son rôle, il se mit à prêcher l'empereur et le peuple. Ce sont encore les *Actes sincères* qui rapportent ce miracle.

Il est certain qu'il y eut beaucoup de vrais martyrs : mais aussi il n'est pas vrai que les provinces fussent inondées de sang, comme on se l'imagine. Il est fait mention d'environ deux cents martyrs, vers ces derniers temps de Dioclétien, dans toute l'étendue de l'empire romain; et il est avéré, par les lettres de Constantin même, que Dioclétien eut bien moins de part à la persécution que Galère.

Dioclétien tomba malade cette année; et se sentant affaibli, il fut le premier qui donna au monde l'exemple de l'abdication de l'empire. Il n'est pas aisé de savoir si cette abdication fut forcée ou non. Ce qui est certain, c'est qu'ayant recouvré la santé, il vécut encore neuf ans, aussi honoré que paisible, dans sa retraite de Salone, au pays de sa naissance. Il disait qu'il n'avait commencé à vivre que du jour de sa retraite; et lorsqu'on le pressa de remonter sur le trône, il répondit que le trône ne valait pas la tranquillité de sa vie, et qu'il prenait plus de plaisir à cultiver son jardin qu'il n'en avait eu à gouverner la terre. Que conclurez-vous de tous ces faits, sinon qu'avec de très grands défauts il régna en grand empereur, et qu'il acheva sa vie en philosophe?

DE DIODORE DE SICILE, ET D'HÉRODOTE.

Il est juste de commencer par Hérodote, comme le plus ancien.

Quand Henri Estienne intitula sa comique rapsodie, *Apologie d'Hérodote*, on sait assez que son dessein n'était pas de justifier les contes de ce père de l'histoire; il ne voulait que se moquer de nous, et faire voir que les turpitudes de son temps étaient pires que celles des Égyptiens et des Perses. Il usa de la liberté que se donnait tout protestant contre ceux de l'Église catholique, apostolique, et romaine. Il leur reproche aigrement leurs débauches, leur avarice, leurs crimes expiés à prix d'argent, leurs indulgences publiquement vendues dans les cabarets, les fausses reliques supposées par leurs moines; il les appelle *idolâtres*. Il ose dire que si les Égyptiens adoraient, à ce qu'on dit, des chats et des ognons, les catholiques adoraient des os de morts. Il ose les appeler, dans son discours préliminaire, *théophages*, et même *théokèses*[a]. Nous avons quatorze éditions de ce livre; car nous aimons les injures qu'on nous dit en commun, autant que nous regimbons contre celles qui s'adressent à nos personnes en notre propre et privé nom.

Henri Estienne ne se servit donc d'Hérodote que pour nous rendre exécrables et ridicules. Nous avons un dessein tout contraire; nous prétendons montrer que les histoires modernes de nos bons auteurs, depuis Guichardin, sont en général aussi sages, aussi vraies que celles de Diodore et d'Hérodote sont folles et fabuleuses.

1° Que veut dire le père de l'histoire, dès le commencement de son ouvrage? « Les historiens » perses rapportent que les Phéniciens furent les » auteurs de toutes les guerres. De la mer Rouge » ils entrèrent dans la nôtre, etc. » Il semblerait que les Phéniciens se fussent embarqués au golfe de Suez; qu'arrivés au détroit de Babel-Mandel, ils eussent côtoyé l'Éthiopie, passé la ligne, doublé le cap des Tempêtes, appelé depuis le *cap de Bonne-Espérance*, remonté au loin entre l'Afri-

[a] Théokèse signifie *qui rend Dieu à la selle*, proprement ch... *Dieu* : ce reproche affreux, cette injure avilissante n'a pas cependant effrayé le commun des catholiques; preuve évidente que les livres n'étant point lus par le peuple, n'ont point d'influence sur le peuple.

que et l'Amérique, qui est le seul chemin, repassé la ligne, entré de l'Océan dans la Méditerranée par les colonnes d'Hercule; ce qui aurait été un voyage de plus de quatre mille de nos grandes lieues marines, dans un temps où la navigation était dans son enfance.

2° La première chose que font les Phéniciens, c'est d'aller vers Argos enlever la fille du roi Inachus, après quoi les Grecs à leur tour vont enlever Europe, fille du roi de Tyr.

3° Immédiatement après, vient Candaule, roi de Lydie, qui rencontrant un de ses soldats aux gardes, nommé Gygès, lui dit : Il faut que je te montre ma femme toute nue; il n'y manque pas. La reine l'ayant su, dit au soldat, comme de raison : Il faut que tu meures, ou que tu assassines mon mari, et que tu règnes avec moi; ce qui fut fait sans difficulté.

4° Suit l'histoire d'Orion, porté par un marsouin sur la mer, du fond de la Calabre jusqu'au cap de Matapan, ce qui fait un voyage assez extraordinaire d'environ cent lieues.

5° De conte en conte (et qui n'aime pas les contes?) on arrive à l'oracle infaillible de Delphes, qui tantôt devine que Crésus fait cuire un quartier d'agneau et une tortue dans une tourtière de cuivre, et tantôt lui prédit qu'il sera détrôné par un mulet.

6° Parmi les inconcevables fadaises dont toute l'histoire ancienne regorge, en est-il beaucoup qui approchent de la famine qui tourmenta pendant vingt-huit ans les Lydiens? Ce peuple qu'Hérodote nous peint plus riche en or que les Péruviens, au lieu d'acheter des vivres chez l'étranger, ne trouva d'autre secret que celui de jouer aux dames, de deux jours l'un sans manger, pendant vingt-huit années de suite.

7° Connaissez-vous rien de plus merveilleux que l'histoire de Cyrus? Son grand-père, le Mède Astyage, qui, comme vous voyez, avait un nom grec, rêve une fois que sa fille Mandane (autre nom grec) inonde toute l'Asie en pissant; une autre fois, que de sa matrice il sort une vigne dont toute l'Asie mange les raisins. Et là-dessus, le bon homme Astyage ordonne à un Harpage, autre Grec, de faire tuer son petit-fils Cyrus; car il n'y a certainement point de grand-père qui n'égorge toute sa race après de tels rêves. Harpage n'obéit point. Le bon Astyage, qui était prudent et juste, fait mettre en capilotade le fils d'Harpage, et le fait manger à son père, selon l'usage des anciens héros.

8° Hérodote, non moins bon naturaliste qu'historien exact, ne manque pas de vous dire que la terre a froment, devers Babylone, rapporte trois cents pour un. Je connais un petit pays qui rapporte trois pour un. J'ai envie d'aller me transporter dans le Diarbeck quand les Turcs en seront chassés par Catherine II, qui a de très beaux blés aussi, mais non pas trois cents pour un.

9° Ce qui m'a toujours semblé très honnête et très édifiant chez Hérodote, c'est la belle coutume religieuse établie dans Babylone, et dont nous avons parlé, que toutes les femmes mariées allassent se prostituer dans le temple de Milita, pour de l'argent, au premier étranger qui se présentait. On comptait deux millions d'habitants dans cette ville : il devait y avoir de la presse aux dévotions. Cette loi est surtout très vraisemblable chez les Orientaux, qui ont toujours renfermé les dames, et qui plus de dix siècles avant Hérodote imaginèrent de faire des eunuques qui leur répondissent de la chasteté de leurs femmes[a]. Je m'arrête; si quelqu'un veut suivre l'ordre de ces numéros, il sera bientôt à cent.

Tout ce que dit Diodore de Sicile, sept siècles après Hérodote, est de la même force dans tout ce qui regarde les antiquités et la physique. L'abbé Terrasson nous disait : Je traduis le texte de Diodore dans toute sa turpitude. Il nous en lisait quelquefois des morceaux chez M. de La Faye; et quand on riait, il disait : Vous verrez bien autre chose. Il était tout le contraire de Dacier.

Le plus beau morceau de Diodore est la charmante description de l'Ile Panchaïe, *Panchaïca tellus*, célébrée par Virgile. Ce sont des allées d'arbres odoriférants, à perte de vue; de la myrrhe et de l'encens pour en fournir au monde entier sans s'épuiser; des fontaines qui forment une infinité de canaux bordés de fleurs; des oiseaux ailleurs inconnus, qui chantent sous d'éternels ombrages; un temple de marbre de quatre mille pieds de longueur, orné de colonnes et de statues colossales, etc., etc.

Cela fait souvenir du duc de La Ferté, qui, pour flatter le goût de l'abbé Servien, lui disait un jour : Ah! si vous aviez vu mon fils, qui est mort à l'âge de quinze ans! quels yeux! quelle fraîcheur de teint! quelle taille admirable! l'Antinoüs du Belvédère n'était auprès de lui qu'un magot de la Chine; et puis quelle douceur de mœurs! faut-il que ce qu'il y a jamais eu de plus beau m'ait été enlevé! L'abbé Servien s'attendrit; le duc de la Ferté, s'échauffant par ses propres

[a] Remarquez qu'Hérodote vivait du temps de Xerxès, lorsque Babylone était dans sa plus grande splendeur : les Grecs ignoraient la langue chaldéenne. Quelque interprète se moqua de lui, ou Hérodote se moqua des Grecs. Lorsque les musicos d'Amsterdam étaient dans leur plus grande vogue, on aurait bien pu faire accroire à un étranger que les premières dames de la ville venaient se prostituer aux matelots qui revenaient de l'Inde, pour les récompenser de leurs peines. Le plus plaisant de tout ceci, c'est que des pédants welches ont trouvé la coutume de Babylone très vraisemblable et très honnête.

paroles, s'attendrit aussi : tous deux enfin se mirent à pleurer; après quoi il avoua qu'il n'avait jamais eu de fils.

Un certain abbé Bazin avait relevé avec sa discrétion ordinaire un autre conte de Diodore. C'était à propos du roi d'Égypte Sésostris, qui, probablement, n'a pas plus existé que l'île Panchaïe. Le père de Sésostris, qu'on ne nomme point, imagina, le jour que son fils naquit, de lui faire conquérir toute la terre dès qu'il serait majeur. C'est un beau projet. Pour cet effet, il fit élever auprès de lui tous les garçons qui étaient nés le même jour en Égypte; et pour en faire des conquérants, on ne leur donnait à déjeuner qu'après leur avoir fait courir cent quatre-vingts stades, qui font environ huit de nos grandes lieues.

Quand Sésostris fut majeur, il partit avec ses coureurs pour aller conquérir le monde. Ils étaient encore au nombre de dix-sept cents, et probablement la moitié était morte, selon le train ordinaire de la nature, et surtout de la nature de l'Égypte, qui de tout temps fut désolée par une peste destructive, au moins une fois en dix ans.

Il fallait donc qu'il fût né trois mille quatre cents garçons en Égypte le même jour que Sésostris; et comme la nature produit presque autant de filles que de garçons, il naquit ce jour-là environ six mille personnes au moins. Mais on accouche tous les jours; et six mille naissances par jour produisent au bout de l'année deux millions cent quatre-vingt-dix mille enfants. Si vous les multipliez par trente-quatre, selon la règle de Kerseboum, vous aurez en Égypte plus de soixante et quatorze millions d'habitants, dans un pays qui n'est pas si grand que l'Espagne ou que la France.

Tout cela parut énorme à l'abbé Bazin, qui avait un peu vu le monde, et qui savait comme il va.

Mais un Larcher, qui n'était jamais sorti du collége Mazarin, prit violemment le parti de Sésostris et de ses coureurs. Il prétendit qu'Hérodote, en parlant aux Grecs, ne comptait point par stades de la Grèce, et que les héros de Sésostris ne couraient que quatre grandes lieues pour avoir à déjeuner. Il accabla ce pauvre abbé Bazin d'injures, telles que jamais savant en *us*, ou en *es*, n'en avait pas encore dit. Il ne s'en tint pas même aux dix-sept cents petits garçons; il alla jusqu'à prouver, par les prophètes, que les femmes, les filles, les nièces des rois de Babylone, toutes les femmes des satrapes et des mages, allaient par dévotion coucher dans les allées du temple de Babylone pour de l'argent, avec tous les chameliers et tous les muletiers de l'Asie. Il traita de mauvais chrétien, de damné et d'ennemi de l'état, quiconque osait défendre l'honneur des dames de Babylone.

Il prit aussi le parti des boucs qui avaient communément les faveurs des jeunes Égyptiennes. Sa grande raison, disait-il, c'est qu'il était allié par les femmes à un parent de l'évêque de Meaux, Bossuet, auteur d'un discours éloquent sur l'*Histoire non universelle*; mais ce n'est pas là une raison péremptoire.

Gardez-vous des contes bleus en tout genre.

Diodore de Sicile fut le plus grand compilateur de ces contes. Ce Sicilien n'avait pas un esprit de la trempe de son compatriote Archimède, qui chercha et trouva tant de vérités mathématiques.

Diodore examine sérieusement l'histoire des Amazones et de leur reine Myrine; l'histoire des Gorgones qui combattirent contre les Amazones; celle des Titans, celle de tous les dieux. Il approfondit l'histoire de Priape et d'Hermaphrodite. On ne peut donner plus de détails sur Hercule : ce héros parcourt tout l'hémisphère, tantôt à pied et tout seul comme un pèlerin, tantôt comme un général à la tête d'une grande armée. Tous ses travaux y sont fidèlement discutés; mais ce n'est rien en comparaison de l'histoire des dieux de Crète.

Diodore justifie Jupiter du reproche que d'autres graves historiens lui ont fait d'avoir détrôné et mutilé son père. On voit comment ce Jupiter alla combattre des géants, les uns dans son île, les autres en Phrygie, et ensuite en Macédoine et en Italie.

Aucun des enfants qu'il eut de sa sœur Junon et de ses favorites n'est omis.

On voit ensuite comment il devint dieu, et dieu suprême.

C'est ainsi que toutes les histoires anciennes ont été écrites. Ce qu'il y a de plus fort, c'est qu'elles étaient sacrées; et en effet, si elles n'avaient pas été sacrées, elles n'auraient jamais été lues.

Il n'est pas mal d'observer que, quoiqu'elles fussent sacrées, elles étaient toutes différentes; et de province en province, d'île en île, chacune avait une histoire des dieux, des demi-dieux et des héros, contradictoire avec celle de ses voisins; mais aussi ce qu'il faut bien observer, c'est que les peuples ne se battirent jamais pour cette mythologie.

L'histoire honnête de Thucydide, et qui a quelques lueurs de vérité, commence à Xerxès; mais avant cette époque, que de temps perdu!

DIRECTEUR.

Ce n'est ni d'un directeur de finances, ni d'un directeur d'hôpitaux, ni d'un directeur des bâtiments du roi, *etc.*, *etc.*, que je prétends parler, mais d'un directeur de conscience; car celui-là dirige tous les autres; il est le précepteur du genre humain. Il sait et enseigne ce qu'on doit faire et ce qu'on doit omettre dans tous les cas possibles.

Il est clair qu'il serait utile que dans toutes les cours il y eût un homme *consciencieux*, que le monarque consultât en secret dans plus d'une occasion, et qui lui dît hardiment : *Non licet.* Louis-le-Juste n'aurait pas commencé son triste et malheureux règne par assassiner son premier ministre et par emprisonner sa mère. Que de guerres aussi funestes qu'injustes de bons directeurs nous auraient épargnées! que de cruautés ils auraient prévenues!

Mais souvent on croit consulter un agneau, et on consulte un renard. Tartufe était le directeur d'Orgon. Je voudrais bien savoir quel fut le directeur de conscience qui conseilla la Saint-Barthélemi.

Il n'est pas plus parlé de directeurs que de confesseurs dans l'Évangile. Chez les peuples que notre courtoisie ordinaire nomme *païens*, nous ne voyons pas que Scipion, Fabricius, Caton, Titus, Trajan, les Antonins, eussent des directeurs. Il est bon d'avoir un ami scrupuleux qui vous rappelle à vos devoirs; mais votre conscience doit être le chef de votre conseil.

Un huguenot fut bien étonné quand une dame catholique lui apprit qu'elle avait un confesseur pour l'absoudre de ses péchés, et un directeur pour l'empêcher d'en commettre. Comment votre vaisseau, lui dit-il, madame, a-t-il pu faire eau si souvent, ayant deux si bons pilotes?

Les doctes observent qu'il n'appartient pas à tout le monde d'avoir un directeur. Il en est de cette charge dans une maison comme de celle d'écuyer; cela n'appartient qu'aux grandes dames. L'abbé Gobelin, homme processif et avide, ne dirigeait que madame de Maintenon. Les directeurs à la ville servent souvent quatre ou cinq dévotes à la fois; ils les brouillent tantôt avec leurs maris, tantôt avec leurs amants, et remplissent quelquefois les places vacantes.

Pourquoi les femmes ont-elles des directeurs et les hommes n'en ont-ils point? C'est par la raison que madame de La Vallière se fit carmélite quand elle fut quittée par Louis XIV, et que M. de Turenne étant trahi par madame de Coetquen ne se fit pas moine.

Saint Jérôme et Ruffin, son antagoniste, étaient grands directeurs de femmes et de filles; ils ne trouvèrent pas un sénateur romain, pas un tribun militaire à gouverner. Il faut à ces gens-là du *devoto femineo sexu*. Les hommes ont pour eux trop de barbe au menton, et souvent trop de force dans l'esprit. Boileau a fait, dans la satire des femmes (satire X, v. 566-572), le portrait d'un directeur :

Nul n'est si bien soigné qu'un directeur de femmes.
Quelque léger dégoût vient-il le travailler;
Une froide vapeur le fait-elle bailler;
Un escadron coiffé d'abord court à son aide :
L'une chauffe un bouillon, l'autre apprête un remède;
Chez lui sirops exquis, ratafias vantés,
Confitures surtout, volent de tous côtés, etc.

Ces vers sont bons pour Brossette. Il y avait, ce me semble, quelque chose de mieux à nous dire.

DISPUTE[1].

On a toujours disputé, et sur tous les sujets : *Mundum tradidit disputationi eorum*[a]. Il y a eu de violentes querelles pour savoir si le tout est plus grand que sa partie; si un corps peut être en plusieurs endroits à la fois; si la matière est toujours impénétrable; si la blancheur de la neige peut subsister sans neige; si la douceur du sucre peut se faire sentir sans sucre; si on peut penser sans tête.

Je ne fais aucun doute que dès qu'un janséniste aura fait un livre pour démontrer que deux et un font trois, il ne se trouve un moliniste qui démontre que deux et un font cinq.

Nous avons cru instruire le lecteur et lui plaire en mettant sous ses yeux cette pièce de vers sur les disputes. Elle est fort connue de tous les gens de goût de Paris; mais elle ne l'est point des savants qui disputent encore sur la prédestination gratuite, et sur la grâce concomitante, et sur la question si la mer a produit les montagnes.

Lisez les vers suivants sur les disputes : voilà comme on en fesait dans le bon temps.

DISCOURS EN VERS SUR LES DISPUTES,

PAR DE RULHIÈRE.

Vingt têtes, vingt avis; nouvel an, nouveau goût;
Autre ville, autres mœurs; tout change, on détruit tout.
Examine pour toi ce que ton voisin pense;
Le plus beau droit de l'homme est cette indépendance :
Mais ne dispute point; les desseins éternels,
Cachés au sein de Dieu, sont trop loin des mortels.
Le peu que nous savons d'une façon certaine,
Frivole comme nous, ne vaut pas tant de peine.
Le monde est plein d'erreurs; mais de là je conclus
Que prêcher la raison n'est qu'une erreur de plus.

En parcourant au loin la planète où nous sommes,
Que verrons-nous? Les torts et les travers des hommes.
Ici c'est un synode, et là c'est un divan;
Nous verrons le mufti, le derviche, l'iman,

[a] *Ecclésiaste*, ch. III, v. 11.

Le bonze, le lama, le talapoin, le pope,
Les antiques rabbins, et les abbés d'Europe,
Nos moines, nos prélats, nos docteurs agrégés :
Êtes-vous disputeurs, mes amis ? Voyagez.

Qu'un jeune ambitieux ait ravagé la terre ;
Qu'un regard de Vénus ait allumé la guerre ;
Qu'à Paris, au Palais, l'honnête citoyen
Plaide pendant vingt ans pour un mur mitoyen ;
Qu'au fond d'un diocèse un vieux prêtre gémisse,
Quand un abbé de cour enlève un bénéfice ;
Et que, dans le parterre, un poëte envieux
Ait, en battant des mains, un feu noir dans les yeux ;
Tel est le cœur humain : mais l'ardeur insensée
D'asservir ses voisins à sa propre pensée,
Comment la concevoir ? Pourquoi, par quel moyen
Veux-tu que ton esprit soit la règle du mien ?

Je hais surtout, je hais tout causeur incommode,
Tous ces demi-savants gouvernés par la mode,
Ces gens qui, pleins de feu, peut-être pleins d'esprit,
Soutiendront contre vous ce que vous aurez dit ;
Un peu musiciens, philosophes, poëtes,
Et grands hommes d'état formés par les gazettes ;
Sachant tout, lisant tout, prompts à parler de tout,
Et qui contrediraient Voltaire sur le goût,
Montesquieu sur les lois, de Brogli sur la guerre,
Ou la jeune d'Egmont sur le talent de plaire.

Voyez-les s'emporter sur les moindres sujets,
Sans cesse répliquant, sans répondre jamais :
« Je ne céderais pas au prix d'une couronne...
» Je sens... le sentiment ne consulte personne...
» Et le roi serait là... je verrais là le feu...
» Messieurs, la vérité mise une fois en jeu,
» Doit-il nous importer de plaire ou de déplaire !... »

C'est bien dit ; mais pourquoi cette rigueur austère ?
Hélas ! c'est pour juger de quelques nouveaux airs,
Ou des deux Poinsinet lequel fait mieux des vers.

Auriez-vous par hasard connu feu monsieur d'Aube[a],
Qu'une ardeur de dispute éveillait avant l'aube ?
Contiez-vous un combat de votre régiment,
Il savait mieux que vous, où, contre qui, comment.
Vous seul en auriez eu toute la renommée,
N'importe, il vous citait ses lettres de l'armée ;
Et, Richelieu présent, il aurait raconté
Ou Gênes défendue, ou Mahon emporté.
D'ailleurs homme de sens, d'esprit, et de mérite ;
Mais son meilleur ami redoutait sa visite.
L'un, bientôt rebuté d'une vaine clameur,
Gardait en l'écoutant un silence d'humeur.
J'en ai vu, dans le feu d'une dispute aigrie,
Prêts à l'injurier, le quitter de furie ;
Et, rejetant la porte à son double battant,
Ouvrir à leur colère un champ libre en sortant.
Ses neveux, qu'à sa suite attachait l'espérance,
Avaient vu dérouter toute leur complaisance.
Un voisin asthmatique, en l'embrassant un soir,
Lui dit : Mon médecin me défend de vous voir.
Et parmi cent vertus cette unique faiblesse
Dans un triste abandon réduisit sa vieillesse.

[a] Oui, je l'ai connu ; il était précisément tel que le dépeint M. de Rulhière, auteur de cette épître. Ce fut sa rage de disputer contre tout venant sur les plus petites choses qui lui fit ôter l'intendance dont il était revêtu.

Au sortir d'un sermon la fièvre le saisit,
Las d'avoir écouté sans avoir contredit ;
Et, tout près d'expirer, gardant son caractère,
Il fesait disputer le prêtre et le notaire.

Que la bonté divine, arbitre de son sort,
Lui donne le repos que nous rendit sa mort,
Si du moins il s'est tu devant ce grand arbitre !

Un jeune bachelier, bientôt docteur en titre,
Doit, suivant une affiche, un tel jour, en tel lieu,
Répondre à tout venant sur l'essence de Dieu.
Venez-y, venez voir, comme sur un théâtre,
Une dispute en règle, un choc opiniâtre,
L'enthymème serré, les dilemmes pressants,
Poignards à double lame, et frappant en deux sens ;
Et le grand syllogisme en forme régulière,
Et le sophisme vain de sa fausse lumière ;
Des moines échauffés, vrai fléau des docteurs,
De pauvres Hibernois, complaisants disputeurs,
Qui, fuyant leur pays pour les saintes promesses,
Viennent vivre à Paris d'arguments et de messes ;
Et l'honnête public qui, même écoutant bien,
A la saine raison de n'y comprendre rien.
Voilà donc les leçons qu'on prend dans vos écoles !

Mais tous les arguments sont-ils faux ou frivoles ?
Socrate disputait jusque dans les festins,
Et tout nu quelquefois argumentait aux bains.
Était-ce dans un sage une folle manie ?
La contrariété fait sortir le génie.
La veine d'un caillou recèle un feu qui dort ;
Image de ces gens, froids au premier abord,
Et qui dans la dispute, à chaque repartie,
Sont pleins d'une chaleur qu'on n'avait point sentie.
C'est un bien, j'y consens. Quant au mal, le voici :
Plus on a disputé, moins on s'est éclairci.
On ne redresse point l'esprit faux ni l'œil louche.
Ce mot *j'ai tort*, ce mot nous déchire la bouche.
Nos cris et nos efforts ne frappent que le vent,
Chacun dans son avis demeure comme avant.
C'est mêler seulement aux opinions vaines
Le tumulte insensé des passions humaines.
Le vrai peut quelquefois n'être point de saison ;
Et c'est un très grand tort que d'avoir trop raison.

Autrefois la Justice et la Vérité nues
Chez les premiers humains furent long-temps connues ;
Elles régnaient en sœurs : mais on sait que depuis
L'une a fui dans le ciel et l'autre dans un puits.
La vaine Opinion règne sur tous les âges ;
Son temple est dans les airs porté sur les nuages ;
Une foule de dieux, de démons, de lutins,
Sont au pied de son trône ; et, tenant dans leurs mains
Mille riens enfantés par un pouvoir magique,
Nous les montrent de loin sous des verres d'optique.
Autour d'eux, nos vertus, nos biens, nos maux divers,
En bulles de savon sont épars dans les airs ;
Et le souffle des vents y promène sans cesse
De climats en climats le temple et la déesse.
Elle fuit et revient. Elle place un mortel
Hier sur un bûcher, demain sur un autel.
Le jeune Antinoüs eut autrefois des prêtres.
Nous rions maintenant des mœurs de nos ancêtres ;
Et qui rit de nos mœurs ne fait que prévenir
Ce qu'en doivent penser les siècles à venir.
Une beauté frappante et dont l'éclat étonne,
Les Français la peindront sous les traits de Brionne,

Sans croire qu'autrefois un petit front serré,
Un front à cheveux d'or fut souvent adoré.
Ainsi l'Opinion, changeante et vagabonde,
Soumet la Beauté même, autre reine du monde;
Ainsi, dans l'univers, ses magiques effets
Des grands événements sont les ressorts secrets.
Comment donc espérer qu'un jour, aux pieds d'un sage,
Nous la voyions tomber du haut de son nuage,
Et que la Vérité, se montrant aussitôt,
Vienne au bord de son puits voir ce qu'on fait en haut?

Il est pour les savants, et pour les sages même,
Une autre illusion : cet esprit de système,
Qui bâtit, en rêvant, des mondes enchantés,
Et fonde mille erreurs sur quelques vérités.
C'est par lui qu'égarés après de vaines ombres,
L'inventeur du calcul chercha Dieu dans les nombres,
L'auteur du mécanisme attacha follement
La liberté de l'homme aux lois du mouvement.
L'un d'un soleil éteint veut composer la terre;
La terre, dit un autre, est un globe de verre [a],
De là ces différends soutenus à grands cris;
Et, sur un tas poudreux d'inutiles écrits,
La dispute s'assied dans l'asile du sage.

La contrariété tient souvent au langage;
On peut s'entendre moins, formant un même son,
Que si l'un parlait basque, et l'autre bas-breton.
C'est là, qui le croirait? un fléau redoutable;
Et la pâle famine, et la peste effroyable,
N'égalent point les maux et les troubles divers
Que les malentendus sèment dans l'univers.

Peindrai-je des dévots les discordes funestes,
Les saints emportements de ces âmes célestes,
Le fanatisme au meurtre excitant les humains,
Des poisons, des poignards, des flambeaux dans les mains;
Nos villages déserts, nos villes embrasées,
Sous nos foyers détruits nos mères écrasées;
Dans nos temples sanglants abandonnés du ciel,
Les ministres rivaux égorgés sur l'autel;
Tous les crimes unis, meurtre, inceste, pillage,
Les fureurs du plaisir se mêlant au carnage;
Sur des corps expirants d'infâmes ravisseurs
Dans leurs embrassements reconnaissant leurs sœurs;
L'étranger dévorant le sein de ma patrie,
Et sous la piété déguisant sa furie;
Les pères conduisant leurs enfants aux bourreaux,
Et les vaincus toujours traînés aux échafauds?...
Dieu puissant! permettez que ces temps déplorables
Un jour par nos neveux soient mis au rang des fables.

Mais je vois s'avancer un fâcheux disputeur;
Son air d'humilité couvre mal sa hauteur;
Et son austérité, pleine de l'Évangile,
Paraît offrir à Dieu le venin qu'il distille.
« Monsieur, tout ceci cache un dangereux poison:
» Personne, selon vous, n'a ni tort ni raison;
» Et sur la vérité n'ayant point de mesure,
» Il faut suivre pour loi l'instinct de la nature! »

— Monsieur, je n'ai pas dit un mot de tout cela...
— « Oh! quoique vous ayez déguisé ce sens-là,
» En vous interprétant la chose devient claire... »

— Mais en termes précis j'ai dit tout le contraire.
Cherchons la vérité, mais d'un commun accord:
Qui discute a raison, et qui dispute a tort.
Voilà ce que j'ai dit; et d'ailleurs, qu'à la guerre,
A la ville, à la cour, souvent il faut se taire...
— « Mon cher monsieur, ceci cache toujours deux sens;
» Je distingue... » — Monsieur, distinguez, j'y consens.
J'ai dit mon sentiment, je vous laisse les vôtres,
En demandant pour moi ce que j'accorde aux autres...
— « Mon fils, nous vous avons défendu de penser;
« Et pour vous convertir je cours vous dénoncer. »

Heureux! ô trop heureux qui, loin des fanatiques,
Des causeurs importuns, et des jaloux critiques,
En paix sur l'Hélicon pourrait cueillir des fleurs!
Tels on voit dans les champs de sages laboureurs,
D'une ruche irritée évitant les blessures,
En dérober le miel à l'abri des piqûres.

[a] C'est une des rêveries de M. de Buffon.

DISTANCE.

Un homme qui connaît combien on compte de pas d'un bout de sa maison à l'autre, s'imagine que la nature lui a enseigné tout d'un coup cette distance, et qu'il n'a eu besoin que d'un coup d'œil, comme lorsqu'il a vu des couleurs. Il se trompe; on ne peut connaître les différents éloignements des objets que par expérience, par comparaison, par habitude. C'est ce qui fait qu'un matelot, en voyant sur mer un vaisseau voguer loin du sien, vous dira sans hésiter à quelle distance on est à peu près de ce vaisseau; et le passager n'en pourra former qu'un doute très confus.

La distance n'est qu'une ligne de l'objet à nous. Cette ligne se termine à un point; nous ne sentons donc que ce point; et soit que l'objet existe à mille lieues, ou qu'il soit à un pied, ce point est toujours le même dans nos yeux.

Nous n'avons donc aucun moyen immédiat pour apercevoir tout d'un coup la distance, comme nous en avons pour sentir, par l'attouchement, si un corps est dur ou mou; par le goût, s'il est doux ou amer; par l'ouïe, si de deux sons l'un est grave et l'autre aigu. Car, qu'on y prenne bien garde, les parties d'un corps qui cèdent à mon doigt, sont la plus prochaine cause de ma sensation de mollesse; et les vibrations de l'air, excitées par le corps sonore, sont la plus prochaine cause de ma sensation du son. Or, si je ne puis avoir ainsi immédiatement une idée de distance, il faut donc que je connaisse cette distance par le moyen d'une autre idée intermédiaire; mais il faut au moins que j'aperçoive cette idée intermédiaire; car une idée que je n'aurais point ne servira certainement pas à m'en faire avoir une autre.

On dit qu'une telle maison est à un mille d'une telle rivière; mais si je ne sais pas où est cette rivière, je ne sais certainement pas où est cette maison. Un corps cède aisément à l'impression de ma main; je conclus immédiatement sa mollesse. Un autre résiste; je sens immédiatement sa dureté. Il faudrait donc que je sentisse les angles formés dans mon œil, pour en conclure immédiatement les distances des objets. Mais la plupart des hommes ne savent pas même si ces angles existent : donc il est évident que ces angles ne peuvent être la cause immédiate de ce que vous connaissez les distances.

Celui qui, pour la première fois de sa vie, entendrait le bruit du canon ou le son d'un concert, ne pourrait juger si on tire ce canon ou si on exécute ce concert à une lieue ou à trente pas. Il n'y a que l'expérience qui puisse l'accoutumer à juger de la distance qui est entre lui et l'endroit d'où part ce bruit. Les vibrations, les ondulations de l'air, portent un son à ses oreilles, ou plutôt à son *sensorium*; mais ce bruit n'avertit pas plus son *sensorium* de l'endroit où le bruit commence, qu'il ne lui apprend la forme du canon ou des instruments de musique. C'est la même chose précisément par rapport aux rayons de lumière qui partent d'un objet; ils ne nous apprennent point du tout où est cet objet.

Ils ne nous font pas connaître davantage les grandeurs, ni même les figures. Je vois de loin une petite tour ronde. J'avance, j'aperçois et je touche un grand bâtiment quadrangulaire. Certainement ce que je vois et ce que je touche n'est pas ce que je voyais : ce petit objet rond qui était dans mes yeux n'est point ce grand bâtiment carré. Autre chose est donc, par rapport à nous, l'objet mesurable et tangible, autre chose est l'objet visible. J'entends de ma chambre le bruit d'un carrosse : j'ouvre la fenêtre, et je le vois; je descends, et j'entre dedans. Or ce carrosse que j'ai entendu, ce carrosse que j'ai vu, ce carrosse que j'ai touché, sont trois objets absolument divers de trois de mes sens, qui n'ont aucun rapport immédiat les uns avec les autres.

Il y a bien plus : il est démontré qu'il se forme dans mon œil un angle une fois plus grand, à très peu de chose près, quand je vois un homme à quatre pieds de moi, que quand je vois le même homme à huit pieds de moi. Cependant je vois toujours cet homme de la même grandeur. Comment mon sentiment contredit-il ainsi le mécanisme de mes organes? L'objet est réellement une fois plus petit dans mes yeux, et je le vois une fois plus grand. C'est en vain qu'on veut expliquer ce mystère par le chemin que suivent les rayons, ou par la forme que prend le cristallin dans nos yeux. Quelque supposition que l'on fasse, l'angle sous lequel je vois un homme à quatre pieds de moi est toujours à peu près double de l'angle sous lequel je le vois à huit pieds. La géométrie ne résoudra jamais ce problème; la physique y est également impuissante : car vous avez beau supposer que l'œil prend une nouvelle conformation, que le cristallin s'avance, que l'angle s'agrandit; tout cela s'opérera également pour l'objet qui est à huit pas, et pour l'objet qui est à quatre. La proportion sera toujours la même; si vous voyez l'objet à huit pas sous un angle de moitié plus grand qu'il ne doit être, vous verriez aussi l'objet à quatre pas sous un angle de moitié plus grand ou environ. Donc ni la géométrie ni la physique ne peuvent expliquer cette difficulté.

Ces lignes et ces angles géométriques ne sont pas plus réellement la cause de ce que nous voyons les objets à leur place, que de ce que nous les voyons de telles grandeurs et à telle distance. L'âme ne considère pas si telle partie va se peindre au bas de l'œil; elle ne rapporte rien à des lignes qu'elle ne voit point. L'œil se baisse seulement pour voir ce qui est près de la terre, et se relève pour voir ce qui est au-dessus de la terre. Tout cela ne pouvait être éclairci et mis hors de toute contestation, que par quelque aveugle-né à qui on aurait donné le sens de la vue. Car si cet aveugle, au moment qu'il eût ouvert les yeux, eût jugé des distances, des grandeurs et des situations, il eût été vrai que les angles optiques, formés tout d'un coup dans sa rétine, eussent été les causes immédiates de ses sentiments. Aussi le docteur Berkeley assurait, d'après M. Locke (et allant même en cela plus loin que Locke), que ni situation, ni grandeur, ni distance, ni figure, ne serait aucunement discernée par cet aveugle, dont les yeux recevraient tout d'un coup la lumière.

On trouva enfin, en 1729, l'aveugle-né dont dépendait la décision indubitable de cette question. Le célèbre Cheselden, un de ces fameux chirurgiens qui joignent l'adresse de la main aux plus grandes lumières de l'esprit, ayant imaginé qu'on pouvait donner la vue à cet aveugle-né, en lui abaissant ce qu'on appelle des *cataractes*, qu'il soupçonnait formées dans ses yeux presque au moment de sa naissance, il proposa l'opération. L'aveugle eut de la peine à y consentir : il ne concevait pas trop que le sens de la vue pût beaucoup augmenter ses plaisirs. Sans l'envie qu'on lui inspira d'apprendre à lire et à écrire, il n'eût point desiré de voir. Il vérifiait, par cette indifférence, « qu'il est impossible d'être malheureux par la » privation des biens dont on n'a pas d'idée; » vérité bien importante. Quoi qu'il en soit, l'opération fut faite et réussit. Ce jeune homme, d'environ quatorze ans, vit la lumière pour la première fois. Son expérience confirma tout ce que Locke et Berkeley avaient si bien prévu. Il ne distingua de long-temps ni grandeur, ni situation, ni même figure. Un objet d'un pouce mis devant son œil, et qui lui cachait une maison, lui paraissait aussi grand que la maison. Tout ce qu'il voyait lui semblait d'abord être sur ses yeux, et les toucher comme les objets du tact touchent la peau. Il ne pouvait distinguer d'abord ce qu'il avait jugé rond à l'aide de ses mains d'avec ce qu'il avait jugé angulaire, ni discerner avec ses yeux si ce que ses mains avaient senti être en haut ou en bas était en effet en haut ou en bas. Il était si loin de connaître les grandeurs, qu'après avoir enfin conçu par la vue que sa maison était plus grande que sa chambre, il ne concevait pas comment la vue pouvait donner cette idée. Ce ne fut qu'au bout de deux mois d'expérience qu'il put apercevoir que les tableaux représentaient des corps saillants; et lorsqu'après ce long tâtonnement d'un sens nouveau en lui, il eut senti que des corps, et non des surfaces seules, étaient peints dans les tableaux, il y porta la main, et fut étonné de ne point trouver avec ses mains ces corps solides dont il commençait à apercevoir les représentations. Il demandait quel était le trompeur, du sens du toucher ou du sens de la vue.

Ce fut donc une décision irrévocable, que la manière dont nous voyons les choses n'est point du tout la suite immédiate des angles formés dans nos yeux; car ces angles mathématiques étaient dans les yeux de cet homme comme dans les nôtres, et ne lui servaient de rien sans le secours de l'expérience et des autres sens.

L'aventure de l'aveugle-né fut connue en France vers l'an 1738. L'auteur des *Éléments de Newton*, qui avait beaucoup vu Cheselden, fit mention de cette découverte importante; mais à peine y prit-on garde. Et même lorsqu'on fit ensuite à Paris la même opération de la cataracte sur un jeune homme qu'on prétendait privé de la vue dès son berceau, on négligea de suivre le développement journalier du sens de la vue en lui, et la marche de la nature. Le fruit de cette opération fut perdu pour les philosophes.

Comment nous représentons-nous les grandeurs et les distances? De la même façon dont nous imaginons les passions des hommes, par les couleurs qu'elles peignent sur leurs visages, et par l'altération qu'elles portent dans leurs traits. Il n'y a personne qui ne lise tout d'un coup sur le front d'un autre la douleur ou la colère. C'est la langue que la nature parle à tous les yeux; mais l'expérience seule apprend ce langage. Aussi l'expérience seule nous apprend que quand un objet est trop loin, nous le voyons confusément et faiblement. De là nous formons des idées, qui ensuite accompagnent toujours la sensation de la vue. Aussi tout homme qui, à dix pas, aura vu son cheval haut de cinq pieds, s'il voit, quelques minutes après, ce cheval gros comme un mouton, son âme, par un jugement involontaire, conclut à l'instant que ce cheval est très loin.

Il est bien vrai que quand je vois mon cheval de la grosseur d'un mouton, il se forme alors dans mon œil une peinture plus petite, un angle plus aigu; mais c'est là ce qui accompagne, non ce qui cause mon sentiment. De même il se fait un autre ébranlement dans mon cerveau quand je vois un homme rougir de honte, que quand je le vois rougir de colère; mais ces différentes impressions ne m'apprendraient rien de ce qui se passe dans l'âme de cet homme, sans l'expérience, dont la voix seule se fait entendre.

Loin que cet angle soit la cause immédiate de ce que je juge qu'un grand cheval est très loin quand je vois ce cheval fort petit, il arrive au contraire, à tous les moments, que je vois ce même cheval également grand, à dix pas, à vingt, à trente, à quarante pas, quoique l'angle à dix pas soit double, triple, quadruple. Je regarde de fort loin, par un petit trou, un homme posté sur un toit: le lointain et le peu de rayons m'empêchent d'abord de distinguer si c'est un homme; l'objet me paraît très petit; je crois voir une statue de deux pieds tout au plus: l'objet se remue, je juge que c'est un homme, et dès ce même instant cet homme me paraît de la grandeur ordinaire. D'où viennent ces deux jugements si différents? Quand j'ai cru voir une statue, je l'ai imaginée de deux pieds, parce que je la voyais sous un tel angle; nulle expérience ne pliait mon âme à démentir les traits imprimés dans ma rétine: mais dès que j'ai jugé que c'était un homme, la liaison mise par l'expérience dans mon cerveau entre l'idée d'un homme et l'idée de la hauteur de cinq à six pieds me force, sans que j'y pense, à imaginer, par un jugement soudain, que je vois un homme de telle hauteur, et à voir une telle hauteur en effet.

Il faut absolument conclure de tout ceci que les distances, les grandeurs, les situations ne sont pas, à proprement parler, des choses visibles, c'est-à-dire ne sont pas les objets propres et immédiats de la vue. L'objet propre et immédiat de la vue n'est autre chose que la lumière colorée; tout le reste, nous ne le sentons qu'à la longue et par expérience. Nous apprenons à voir, précisément comme nous apprenons à parler et à lire. La différence est que l'art de voir est plus facile, et que la nature est également à tous notre maître.

Les jugements soudains, presque uniformes, que toutes nos âmes, à un certain âge, portent des distances, des grandeurs, des situations, nous font penser qu'il n'y a qu'à ouvrir les yeux pour voir de la manière dont nous voyons. On se trompe il y faut le secours des autres sens. Si les hommes n'avaient que le sens de la vue, ils n'auraient aucun moyen pour connaître l'étendue en longueur, largeur et profondeur; et un pur esprit ne la connaîtrait pas peut-être, à moins que Dieu ne la lui révélât. Il est très difficile de séparer dans notre entendement l'extension d'un objet d'avec les couleurs de cet objet. Nous ne voyons jamais rien que d'étendu, et de là nous sommes tous portés à croire que nous voyons en effet l'étendue. Nous ne pouvons guère distinguer dans notre âme ce jaune que nous voyons dans un louis d'or, d'avec ce louis d'or dont nous voyons le jaune. C'est comme, lorsque nous entendons prononcer ce mot *louis d'or*, nous ne pouvons nous empêcher d'attacher malgré nous l'idée de cette monnaie au son que nous entendons prononcer.

Si tous les hommes parlaient la même langue, nous serions toujours prêts à croire qu'il y aurait une connexion nécessaire entre les mots et les idées. Or, tous les hommes ont ici le même langage en fait d'imagination. La nature leur dit à tous : Quand vous aurez vu des couleurs pendant un certain temps, votre imagination vous représentera à tous, de la même façon, les corps auxquels ces couleurs semblent attachées. Ce jugement prompt et involontaire que vous formerez, vous sera utile dans le cours de votre vie; car s'il fallait attendre, pour estimer les distances, les grandeurs, les situations de tout ce qui vous environne, que vous eussiez examiné des angles et des rayons visuels, vous seriez mort avant que de savoir si les choses dont vous avez besoin sont à dix pas de vous ou à cent millions de lieues, et si elles sont de la grosseur d'un ciron ou d'une montagne : il vaudrait beaucoup mieux pour vous être nés aveugles.

Nous avons donc peut-être grand tort quand nous disons que nos sens nous trompent. Chacun de nos sens fait la fonction à laquelle la nature l'a destiné. Ils s'aident mutuellement, pour envoyer à notre âme, par les mains de l'expérience, la mesure des connaissances que notre être comporte. Nous demandons à nos sens ce qu'ils ne sont point faits pour nous donner. Nous voudrions que nos yeux nous fissent connaître la solidité, la grandeur, la distance, etc.; mais il faut que le toucher s'accorde en cela avec la vue, et que l'expérience les seconde. Si le P. Malebranche avait envisagé la nature par ce côté, il eût attribué peut-être moins d'erreurs à nos sens, qui sont les seules sources de toutes nos idées.

Il ne faut pas, sans doute, étendre à tous les cas cette espèce de métaphysique que nous venons de voir : nous ne devons l'appeler au secours que quand les mathématiques nous sont insuffisantes.

DIVINITÉ DE JÉSUS.

Les sociniens, qui sont regardés comme des blasphémateurs, ne reconnaissent point la divinité de Jésus-Christ. Ils osent prétendre, avec les philosophes de l'antiquité, avec les Juifs, les mahométans, et tant d'autres nations, que l'idée d'un Dieu homme est monstrueuse, que la distance d'un Dieu à l'homme est infinie, et qu'il est impossible que l'Être infini, immense, éternel, ait été contenu dans un corps périssable.

Ils ont la confiance de citer en leur faveur Eusèbe, évêque de Césarée, qui, dans son *Histoire ecclésiastique*, livre I, chap. XI, déclare qu'il est absurde que la nature non engendrée, immuable, du Dieu tout-puissant, prenne la forme d'un homme. Ils citent les pères de l'Église Justin et Tertullien, qui ont dit la même chose : Justin dans son Dialogue avec Tryphon, et Tertullien dans son Discours contre Praxéas.

Ils citent saint Paul, qui n'appelle jamais Jésus-Christ Dieu, et qui l'appelle homme très souvent. Ils poussent l'audace jusqu'au point d'affirmer que les chrétiens passèrent trois siècles entiers à former peu à peu l'apothéose de Jésus, et qu'ils n'élevaient cet étonnant édifice qu'à l'exemple des païens, qui avaient divinisé des mortels. D'abord, selon eux, on ne regarda Jésus que comme un homme inspiré de Dieu; ensuite comme une créature plus parfaite que les autres. On lui donna quelque temps après une place au-dessus des anges, comme le dit saint Paul. Chaque jour ajoutait à sa grandeur. Il devint une émanation de Dieu produite dans le temps. Ce ne fut pas assez; on le fit naître avant le temps même. Enfin on le fit Dieu consubstantiel à Dieu. Crellius, Voquelsius, Natalis Alexander, Hornebeck, ont appuyé tous ces blasphèmes par des arguments qui étonnent les sages et qui pervertissent les faibles. Ce fut surtout Fauste Socin qui répandit les semences de cette doctrine dans l'Europe; et sur la fin du seizième siècle il s'en est peu fallu qu'il n'établît une nouvelle espèce de christianisme : il y en avait déjà eu plus de trois cents espèces.

DIVORCE.

SECTION PREMIÈRE.

Il est dit dans l'*Encyclopédie*, à l'article DIVORCE, que « l'usage du divorce ayant été porté » dans les Gaules par les Romains, ce fut ainsi que » Bissine ou Bazine quitta le roi de Thuringe, » son mari, pour suivre Childéric, qui l'épousa. » C'est comme si on disait que les Troyens ayant établi le divorce à Sparte, Hélène répudia Ménélas, suivant la loi, pour s'en aller avec Pâris en Phrygie.

La fable agréable de Pâris, et la fable ridicule de Childéric, qui n'a jamais été roi de France, et qu'on prétend avoir enlevé Bazine, femme de Bazin, n'ont rien de commun avec la loi du divorce.

On cite encore Cherebert, régule de la petite ville de Lutèce près d'Issi, *Lutetia Parisiorum*, qui répudia sa femme. L'abbé Velli, dans son *Histoire de France*, dit que ce Cherebert, ou Caribert, répudia sa femme Ingoberge pour épouser Mirefleur, fille d'un artisan, et ensuite Theudegilde, fille d'un berger, qui « fut élevée sur le » premier trône de l'empire français. »

Il n'y avait alors ni premier ni second trône chez ces barbares, que l'empire romain ne reconnut jamais pour rois. Il n'y avait point d'empire français.

L'empire des Francs ne commença que par Charlemagne. Il est fort douteux que le mot *Mirefleur* fût en usage dans la langue welche ou gauloise, qui était un patois du jargon celte : ce patois n'avait pas des expressions si douces.

Il est dit encore que le réga ou régule Chilpéric, seigneur de la province du Soissonnais, et qu'on appelle *roi de France*, fit un divorce avec la reine Andove ou Andovère ; et voici la raison de ce divorce.

Cette Andovère, après avoir donné au seigneur de Soissons trois enfants mâles, accoucha d'une fille. Les Francs étaient en quelque façon chrétiens depuis Clovis. Andovère, étant relevée de couche, présenta sa fille au baptême. Chilpéric de Soissons, qui apparemment était fort las d'elle, lui déclara que c'était un crime irrémissible d'être marraine de son enfant, qu'elle ne pouvait plus être sa femme par les lois de l'Église, et il épousa Frédégonde; après quoi il chassa Frédégonde, épousa une Visigothe, et puis reprit Frédégonde.

Tout cela n'a rien de bien légal, et ne doit pas plus être cité que ce qui se passait en Irlande et dans les îles Orcades.

Le code Justinien, que nous avons adopté en plusieurs points, autorise le divorce; mais le droit canonique, que les catholiques ont encore plus adopté, ne le permet pas.

L'auteur de l'article dit que « le divorce se » pratique dans les états d'Allemagne de la con- » fession d'Augsbourg. »

On peut ajouter que cet usage est établi dans tous les pays du Nord, chez tous les réformés de toutes les confessions possibles, et dans toute l'Église grecque.

Le divorce est probablement de la même date à peu près que le mariage. Je crois pourtant que le mariage est de quelques semaines plus ancien ; c'est-à-dire qu'on se querella avec sa femme au bout de quinze jours, qu'on la battit au bout d'un mois, et qu'on s'en sépara après six semaines de cohabitation.

Justinien, qui rassembla toutes les lois faites avant lui, auxquelles il ajouta les siennes, non seulement confirme celle du divorce, mais il lui donne encore plus d'étendue ; au point que toute femme dont le mari était, non pas esclave, mais simplement prisonnier de guerre pendant cinq ans, pouvait, après les cinq ans révolus, contracter un autre mariage.

Justinien était chrétien, et même théologien : comment donc arriva-t-il que l'Église dérogeât à ses lois ? Ce fut quand l'Église devint souveraine et législatrice. Les papes n'eurent pas de peine à substituer leurs décrétales au code dans l'Occident, plongé dans l'ignorance et dans la barbarie. Ils profitèrent tellement de la stupidité des hommes, qu'Honorius III, Grégoire IX, Innocent III, défendirent par leurs bulles qu'on enseignât le droit civil. On peut dire de cette hardiesse : Cela n'est pas croyable, mais cela est vrai.

Comme l'Église jugea seule du mariage, elle jugea seule du divorce. Point de prince qui ait fait un divorce et qui ait épousé une seconde femme sans l'ordre du pape avant Henri VIII, roi d'Angleterre, qui ne se passa du pape qu'après avoir longtemps sollicité son procès en cour de Rome.

Cette coutume, établie dans des temps d'ignorance, se perpétua dans les temps éclairés, par la seule raison qu'elle existait. Tout abus s'éternise de lui-même ; c'est l'écurie d'Augias, il faut un Hercule pour la nettoyer.

Henri IV ne put être père d'un roi de France que par une sentence du pape : encore fallut-il, comme on l'a déjà remarqué, non pas prononcer un divorce, mais mentir en prononçant qu'il n'y avait point eu de mariage.

SECTION II [1].

DOGMES.

On sait que toute croyance enseignée par l'Église est un dogme qu'il faut embrasser. Il est triste qu'il y ait des dogmes reçus par l'Église latine, et rejetés par l'Église grecque. Mais si l'unanimité manque, la charité la remplace : c'est surtout entre les cœurs qu'il faudrait de la réunion.

Je crois que nous pouvons, à ce propos, rapporter un songe qui a déjà trouvé grâce devant quelques personnes pacifiques.

[1] Cette seconde section se composait du *Mémoire d'un magistrat*, qui fait partie de l'article ADULTÈRE. Voyez page 32 de ce volume.

Le 18 février de l'an 1763 de l'ère vulgaire, le soleil entrant dans le signe des Poissons, je fus transporté au ciel, comme le savent tous mes amis. Ce ne fut point la jument Borac de Mahomet qui fut ma monture; ce ne fut point le char enflammé d'Élie qui fut ma voiture; je ne fus porté ni sur l'éléphant de Sammonocodom le Siamois, ni sur le cheval de saint George, patron de l'Angleterre, ni sur le cochon de saint Antoine : j'avoue avec ingénuité que mon voyage se fit je ne sais comment.

On croira bien que je fus ébloui; mais ce qu'on ne croira pas, c'est que je vis juger tous les morts. Et qui étaient les juges? C'étaient, ne vous en déplaise, tous ceux qui ont fait du bien aux hommes, Confucius, Solon, Socrate, Titus, les Antonins, Épictète, Charron, De Thou, le chancelier de l'Hospital; tous les grands hommes qui, ayant enseigné et pratiqué les vertus que Dieu exige, semblent seuls être en droit de prononcer ses arrêts.

Je ne dirai point sur quels trônes ils étaient assis, ni combien de millions d'êtres célestes étaient prosternés devant l'éternel architecte de tous les globes, ni quelle foule d'habitants de ces globes innombrables comparut devant les juges. Je ne rendrai compte ici que de quelques petites particularités tout à fait intéressantes dont je fus frappé.

Je remarquai que chaque mort qui plaidait sa cause, et qui étalait ses beaux sentiments, avait à côté de lui tous les témoins de ses actions. Par exemple, quand le cardinal de Lorraine se vantait d'avoir fait adopter quelques unes de ses opinions par le concile de Trente, et que, pour prix de son orthodoxie, il demandait la vie éternelle, tout aussitôt paraissaient autour de lui vingt courtisanes ou dames de la cour, portant toutes sur le front le nombre de leurs rendez-vous avec le cardinal. On voyait ceux qui avaient jeté avec lui les fondements de la Ligue; tous les complices de ses desseins pervers venaient l'environner.

Vis-à-vis du cardinal de Lorraine était Jean Chauvin, qui se vantait, dans son patois grossier, d'avoir donné des coups de pied à l'idole papale, après que d'autres l'avaient abattue. J'ai écrit contre la peinture et la sculpture, disait-il; j'ai fait voir évidemment que les bonnes œuvres ne servent à rien du tout, et j'ai prouvé qu'il est diabolique de danser le menuet : chassez vite d'ici le cardinal de Lorraine, et placez-moi à côté de saint Paul.

Comme il parlait, on vit auprès de lui un bûcher enflammé; un spectre épouvantable, portant au cou une fraise espagnole à moitié brûlée, sortait du milieu des flammes avec des cris affreux. Monstre, s'écriait-il, monstre exécrable, tremble! reconnais ce Servet que tu as fait périr par le plus cruel des supplices, parce qu'il avait disputé contre toi sur la manière dont trois personnes peuvent faire une seule substance. Alors tous les juges ordonnèrent que le cardinal de Lorraine serait précipité dans l'abîme, mais que Calvin serait puni plus rigoureusement[1].

Je vis une foule prodigieuse de morts qui disaient : J'ai cru, j'ai cru; mais sur leur front il était écrit : J'ai fait; et ils étaient condamnés.

Le jésuite Le Tellier paraissait fièrement, la bulle *Unigenitus* à la main. Mais à ses côtés s'éleva tout d'un coup un monceau de deux mille lettres de cachet. Un janséniste y mit le feu : Le Tellier fut brûlé jusqu'aux os; et le janséniste, qui n'avait pas moins cabalé que le jésuite, eut sa part de la brûlure.

Je voyais arriver à droite et à gauche des troupes de fakirs, de talapoins, de bonzes, de moines blancs, noirs et gris, qui s'étaient tous imaginé que, pour faire leur cour à l'Être suprême, il fallait ou chanter, ou se fouetter, ou marcher tout nus. J'entendis une voix terrible qui leur demanda : Quel bien avez-vous fait aux hommes? A cette voix succéda un morne silence; aucun n'osa répondre, et ils furent tous conduits aux Petites-Maisons de l'univers : c'est un des plus grands bâtiments qu'on puisse imaginer.

L'un criait : C'est aux métamorphoses de Xaca qu'il faut croire; l'autre : C'est à celles de Sammonocodom. Bacchus arrêta le soleil et la lune, disait celui-ci; les dieux ressuscitèrent Pélops, disait celui-là; voici la bulle *in Cœnâ Domini*, disait un nouveau venu; et l'huissier des juges criait : Aux Petites-Maisons, aux Petites-Maisons!

Quand tous ces procès furent vidés, j'entendis alors promulguer cet arrêt : DE PAR L'ÉTERNEL, CRÉATEUR, CONSERVATEUR, RÉMUNÉRATEUR, VENGEUR, PARDONNEUR, etc., etc., soit notoire à tous les habitants des cent mille millions de milliards de mondes qu'il nous a plu de former, que nous ne jugerons jamais aucun desdits habitants sur leurs idées creuses, mais uniquement sur leurs actions; car telle est notre justice.

J'avoue que ce fut la première fois que j'entendis un tel édit : tous ceux que j'avais lus sur le petit grain de sable où je suis né finissaient par ces mots : *Car tel est notre plaisir.*

DONATIONS.

La république romaine, qui s'empara de tant d'états, en donna aussi quelques uns.

[1] Cela n'est pas juste; le cardinal de Lorraine avait allumé plus de bûchers que Calvin. K.

Scipion fit Massinisse roi de Numidie.

Lucullus, Sylla, Pompée, donnèrent une demi-douzaine de royaumes.

Cléopâtre reçut l'Égypte de César; Antoine, et ensuite Octave, donnèrent le petit royaume de Judée à Hérode.

Sous Trajan, on frappa la fameuse médaille *regna assignata*, les royaumes accordés.

Des villes, des provinces données en souveraineté à des prêtres, à des colléges, pour la plus grande gloire de Dieu ou des dieux, c'est ce qu'on ne voit dans aucun pays.

Mahomet et les califes ses vicaires prirent beaucoup d'états pour la propagation de leur foi, mais on ne leur fit aucune donation : ils ne tenaient rien que de leur *Alcoran* et de leur sabre.

La religion chrétienne, qui fut d'abord une société de pauvres, ne vécut longtemps que d'aumônes. La première donation est celle d'Anania et de Saphira sa femme : elle fut en argent comptant, et ne réussit pas aux donateurs.

DONATION DE CONSTANTIN.

La célèbre donation de Rome et de toute l'Italie au pape Silvestre, par l'empereur Constantin, fut soutenue comme une partie du symbole jusqu'au seizième siècle. Il fallait croire que Constantin, étant à Nicomédie, fut guéri de la lèpre à Rome par le baptême qu'il reçut de l'évêque Silvestre (quoiqu'il ne fût point baptisé), et que pour récompense il donna sur-le-champ sa ville de Rome et toutes ses provinces occidentales à ce Silvestre. Si l'acte de cette donation avait été dressé par le docteur de la comédie italienne, il n'aurait pas été plus plaisamment conçu. On ajoute que Constantin déclara tous les chanoines de Rome consuls et patrices, *patricios et consules effici*; qu'il tint lui-même la bride de la haquenée sur laquelle monta le nouvel empereur évêque, *tenentes frenum equi illius* [1].

Quand on fait réflexion que cette belle histoire a été en Italie une espèce d'article de foi, et une opinion révérée du reste de l'Europe pendant huit siècles, qu'on a poursuivi comme des hérétiques ceux qui en doutaient, il ne faut plus s'étonner de rien.

DONATION DE PEPIN.

Aujourd'hui on n'excommunie plus personne pour avoir douté que Pepin l'usurpateur ait donné et pu donner au pape l'exarchat de Ravenne; c'est tout au plus une mauvaise pensée, un péché véniel qui n'entraîne point la perte du corps et de l'âme.

[1] Voyez tome III, *Essai sur les mœurs*, pages 108 et 109, où cette donation se trouve traduite en entier. K.

Voici ce qui pourrait excuser les jurisconsultes allemands qui ont des scrupules sur cette donation.

1° Le bibliothécaire Anastase, dont le témoignage est toujours cité, écrivait cent quarante ans après l'événement.

2° Il n'était point vraisemblable que Pepin, mal affermi en France, et à qui l'Aquitaine fesait la guerre, allât donner en Italie des états qu'il avouait appartenir à l'empereur résidant à Constantinople.

3° Le pape Zacharie reconnaissait l'empereur romain-grec pour souverain de ces terres disputées par les Lombards, et lui en avait prêté serment, comme il se voit par les lettres de cet évêque de Rome Zacharie à l'évêque de Mayence Boniface. Donc Pepin ne pouvait donner au pape les terres impériales.

4° Quand le pape Étienne II fit venir une lettre du ciel, écrite de la propre main de saint Pierre à Pepin, pour se plaindre des vexations du roi des Lombards Astolfe, saint Pierre ne dit point du tout dans sa lettre que Pepin eût fait présent de l'exarchat de Ravenne au pape; et certainement saint Pierre n'y aurait pas manqué, pour peu que la chose eût été seulement équivoque; il entend trop bien ses intérêts.

5° Enfin, on ne vit jamais l'acte de cette donation; et, ce qui est plus fort, on n'osa pas même en fabriquer un faux. Il n'est pour toute preuve que des récits vagues mêlés de fables. On n'a donc, au lieu de certitude, que des écrits de moines absurdes, copiés de siècle en siècle.

L'avocat italien qui écrivit, en 1722, pour faire voir qu'originairement Parme et Plaisance avaient été concédés au Saint-Siége comme une dépendance de l'exarchat [a], assure que « les empereurs grecs furent justement dépouillés de leurs droits, parce qu'ils avaient soulevé les peuples contre Dieu. » C'est de nos jours qu'on écrit ainsi! mais c'est à Rome. Le cardinal Bellarmin va plus loin : « Les premiers chrétiens, dit-il, ne supportaient les empereurs que parce qu'ils n'étaient pas les plus forts. » L'aveu est franc, et je suis persuadé que Bellarmin a raison.

DONATION DE CHARLEMAGNE.

Dans le temps que la cour de Rome croyait avoir besoin de titres, elle prétendit que Charlemagne avait confirmé la donation de l'exarchat, et qu'il y avait ajouté la Sicile, Venise, Bénévent, la Corse, la Sardaigne. Mais comme Charlemagne ne possédait aucun de ces états, il ne pouvait les

[a] Page 120, seconde partie.

donner; et quant à la ville de Ravenne, il est bien clair qu'il la garda, puisque dans son testament, il fait un legs à sa ville de Ravenne, ainsi qu'à sa ville de Rome. C'est beaucoup que les papes aient eu Ravenne et la Romagne avec le temps; mais pour Venise, il n'y a point d'apparence qu'ils fassent valoir dans la place Saint-Marc le diplôme qui leur en accorde la souveraineté.

On a disputé pendant des siècles sur tous ces actes, instruments, diplômes. Mais c'est une opinion constante, dit Giannone, ce martyr de la vérité, que toutes ces pièces furent forgées du temps de Grégoire VII[*] : « È constante opinione » presso i più gravi scrittori, che tutti questi in- » strumenti e diplomi furono supposti ne' tempi » d'Ildebrando. »

DONATION DE BÉNÉVENT PAR L'EMPEREUR HENRI III.

La première donation bien avérée qu'on ait faite au siége de Rome, fut celle de Bénévent; et ce fut un échange de l'empereur Henri III avec le pape Léon IX : il n'y manqua qu'une formalité, c'est qu'il eût fallu que l'empereur qui donnait Bénévent en fût le maître. Elle appartenait aux ducs de Bénévent, et les empereurs romains-grecs réclamaient leurs droits sur ce duché. Mais l'histoire n'est autre chose que la liste de ceux qui se sont accommodés du bien d'autrui.

DONATION DE LA COMTESSE MATHILDE.

La plus considérable des donations, et la plus authentique, fut celle de tous les biens de la fameuse comtesse Mathilde à Grégoire VII. C'était une jeune veuve qui donnait tout à son directeur. Il passe pour constant que l'acte en fut réitéré deux fois, et ensuite confirmé par son testament.

Cependant il reste encore quelque difficulté. On a toujours cru à Rome que Mathilde avait donné tous ses états, tous ses biens présents et à venir à son ami Grégoire VII, par un acte solennel, dans son château de Canossa, en 1077, pour le remède de son âme et de l'âme de ses parents. Et pour corroborer ce saint instrument, on nous en montre un second de l'an 1102, par lequel il est dit que c'est à Rome qu'elle a fait cette donation, laquelle s'est égarée, et qu'elle la renouvelle, et toujours pour le remède de son âme.

Comment un acte si important était-il égaré? la cour romaine est-elle si négligente? comment cet instrument écrit à Canosse avait-il été écrit à Rome? que signifient ces contradictions? Tout ce qui est bien clair, c'est que l'âme des donataires se portait bien mieux que l'âme de la donatrice qui avait besoin, pour se guérir, de se dépouiller de tout en faveur de ses médecins.

Enfin, voilà donc, en 1102, une souveraine réduite, par un acte en forme, à ne pouvoir pas disposer d'un arpent de terre; et depuis cet acte jusqu'à sa mort, en 1115, on trouve encore des donations de terres considérables, faites par cette même Mathilde à des chanoines et à des moines. Elle n'avait donc pas tout donné. Et enfin cet acte de 1102 pourrait bien avoir été fait après sa mort par quelque habile homme.

La cour de Rome ajouta encore à tous ses droits le testament de Mathilde qui confirmait ses donations. Les papes ne produisirent jamais ce testament.

Il fallait encore savoir si cette riche comtesse avait pu disposer de ses biens, qui étaient la plupart des fiefs de l'empire.

L'empereur Henri V, son héritier, s'empara de tout, ne reconnut ni testament, ni donations, ni fait, ni droit. Les papes, en temporisant, gagnèrent plus que les empereurs en usant de leur autorité; et avec le temps ces césars devinrent si faibles qu'enfin les papes ont obtenu de la succession de Mathilde ce qu'on appelle aujourd'hui le *patrimoine de saint Pierre*.

DONATION DE LA SUZERAINETÉ DE NAPLES AUX PAPES.

Les gentilshommes normands, qui furent les premiers instruments de la conquête de Naples et de Sicile, firent le plus bel exploit de chevalerie dont on ait jamais entendu parler. Quarante à cinquante hommes seulement délivrent Salerne au moment qu'elle est prise par une armée de Sarrasins. Sept autres gentilshommes normands, tous frères, suffisent pour chasser ces mêmes Sarrasins de toute la contrée, et pour l'ôter à l'empereur grec qui les avait payés d'ingratitude. Il est bien naturel que les peuples dont ces héros avaient ranimé la valeur s'accoutumassent à leur obéir par admiration et par reconnaissance.

Voilà les premiers droits à la couronne des Deux-Siciles. Les évêques de Rome ne pouvaient pas donner ces états en fiefs plus que le royaume de Boutan ou de Cachemire.

Ils ne pouvaient même en accorder l'investiture, quand on la leur aurait demandée; car dans le temps de l'anarchie des fiefs, quand un seigneur voulait tenir son bien allodial en fief pour avoir une protection, il ne pouvait s'adresser qu'au souverain, au chef du pays où ce bien était situé. Or, certainement le pape n'était pas seigneur souverain de Naples, de la Pouille et de la Calabre.

On a beaucoup écrit sur cette vassalité préten-

[*] Liv. IX, ch. III.

due, mais on n'a jamais remonté à la source. J'ose dire que c'est le défaut de presque tous les jurisconsultes, comme de tous les théologiens. Chacun tire bien ou mal, d'un principe reçu, les conséquences les plus favorables à son parti. Mais ce principe est-il vrai? ce premier fait, sur lequel ils s'appuient, est-il incontestable? c'est ce qu'ils se donnent bien de garde d'examiner. Ils ressemblent à nos anciens romanciers, qui supposaient tous que Francus avait apporté en France le casque d'Hector. Ce casque était impénétrable, sans doute; mais Hector en effet l'avait-il porté? Le lait de la Vierge est aussi très respectable; mais vingt sacristies qui se vantent d'en posséder une roquille, la possèdent-elles en effet?

Les hommes de ce temps-là, aussi méchants qu'imbéciles, ne s'effrayaient pas des plus grands crimes, et redoutaient une excommunication qui les rendait exécrables aux peuples, encore plus méchants qu'eux, et beaucoup plus sots.

Robert Guiscard et Richard, vainqueurs de la Pouille et de la Calabre, furent d'abord excommuniés par le pape Léon IX. Ils s'étaient déclarés vassaux de l'empire; mais l'empereur Henri III, mécontent de ces feudataires conquérants, avait engagé Léon IX à lancer l'excommunication à la tête d'une armée d'Allemands. Les Normands, qui ne craignaient point ces foudres comme les princes d'Italie les craignaient, battirent les Allemands, et prirent le pape prisonnier; mais pour empêcher désormais les empereurs et les papes de venir les troubler dans leurs possessions, ils offrirent leurs conquêtes à l'Église sous le nom d'*oblata*. C'est ainsi que l'Angleterre avait payé le *denier de saint Pierre*; c'est ainsi que les premiers rois d'Espagne et de Portugal, en recouvrant leurs états contre les Sarrasins, promirent à l'Église de Rome deux livres d'or par an: ni l'Angleterre, ni l'Espagne, ni le Portugal, ne regardèrent jamais le pape comme leur seigneur suzerain.

Le duc Robert, oblat de l'Église, ne fut pas non plus feudataire du pape; il ne pouvait pas l'être, puisque les papes n'étaient pas souverains de Rome. Cette ville alors était gouvernée par son sénat, et l'évêque n'avait que du crédit; le pape était à Rome précisément ce que l'électeur est à Cologne. Il y a une différence prodigieuse entre être oblat d'un saint et être feudataire d'un évêque.

Baronius, dans ses Actes, rapporte l'hommage prétendu fait par Robert, duc de la Pouille et de la Calabre, à Nicolas II; mais cette pièce est suspecte comme tant d'autres: on ne l'a jamais vue; elle n'a jamais été dans aucune archive. Robert s'intitula *Duc par la grâce de Dieu et de saint Pierre*; mais certainement *saint Pierre* ne lui avait rien donné, et n'était point roi de Rome.

Les autres papes, qui n'étaient pas plus rois que saint Pierre, reçurent sans difficulté l'hommage de tous les princes qui se présentèrent pour régner à Naples, surtout quand ces princes furent les plus forts.

DONATION DE L'ANGLETERRE ET DE L'IRLANDE AUX PAPES, PAR LE ROI JEAN.

En 1213, le roi Jean, vulgairement nommé *Jean-sans-Terre*, et plus justement *sans vertu*, étant excommunié, et voyant son royaume mis en interdit, le donna au pape Innocent III et à ses successeurs. « Non contraint par aucune crainte, » mais de mon plein gré et de l'avis de mes barons, pour la rémission de mes péchés contre » Dieu et l'Église, je résigne l'Angleterre et l'Irlande à Dieu, à saint Pierre, à saint Paul, et à » monseigneur le pape Innocent, et à ses successeurs dans la chaire apostolique. »

Il se déclara feudataire, lieutenant du pape; paya d'abord huit mille livres sterling comptant au légat Pandolphe; promit d'en payer mille tous les ans; donna la première année d'avance au légat, qui la foula aux pieds; et jura entre ses genoux qu'il se soumettrait à tout perdre faute de payer à l'échéance.

Le plaisant de cette cérémonie fut que le légat s'en alla avec son argent, et oublia de lever l'excommunication.

EXAMEN DE LA VASSALITÉ DE NAPLES ET DE L'ANGLETERRE.

On demande laquelle vaut le mieux de la donation de Robert Guiscard, ou de celle de Jean-sans-Terre: tous deux avaient été excommuniés; tous deux donnaient leurs états à saint Pierre, et n'en étaient plus que les fermiers. Si les barons anglais s'indignèrent du marché infâme de leur roi avec le pape, et le cassèrent, les barons napolitains ont pu casser celui du duc Robert; et s'ils l'ont pu autrefois, ils le peuvent aujourd'hui.

De deux choses l'une: ou l'Angleterre et la Pouille étaient données au pape selon la loi de l'Église, ou selon la loi des fiefs; ou comme à un évêque, ou comme à un souverain. Comme à un évêque, c'était précisément contre la loi de Jésus-Christ, qui défendit si souvent à ses disciples de rien prendre, et qui leur déclara que son royaume n'est point de ce monde.

Si comme à un souverain, c'était un crime de lèse-majesté impériale, les Normands avaient déjà fait hommage à l'empereur. Ainsi nul droit, ni spirituel ni temporel, n'appartenait aux papes dans cette affaire. Quand le principe est si vicieux, tous les effets le sont. Naples n'appartient donc pas plus au pape que l'Angleterre.

Il y a encore une autre façon de se pourvoir contre cet ancien marché; c'est le droit des gens, plus fort que le droit des fiefs. Ce droit des gens ne veut pas qu'un souverain appartienne à un autre souverain; et la loi la plus ancienne est qu'on soit le maître chez soi, à moins qu'on ne soit le plus faible.

DES DONATIONS FAITES PAR LES PAPES.

Si on a donné des principautés aux évêques de Rome, ils en ont donné bien davantage. Il n'y a pas un seul trône en Europe dont ils n'aient fait présent. Dès qu'un prince avait conquis un pays, ou même voulait le conquérir, les papes le lui accordaient au nom de saint Pierre. Quelquefois même ils firent les avances, et l'on peut dire qu'ils ont donné tous les royaumes, excepté celui des cieux.

Peu de gens en France savent que Jules II donna les états du roi Louis XII à l'empereur Maximilien, qui ne put s'en mettre en possession; et l'on ne se souvient pas assez que Sixte-Quint, Grégoire XIV, et Clément VIII, furent près de faire une libéralité de la France à quiconque Philippe II aurait choisi pour le mari de sa fille Claire-Eugénie.

Quant aux empereurs, il n'y en a pas un depuis Charlemagne que la cour de Rome n'ait prétendu avoir nommé. C'est pourquoi Swift, dans son *Conte du Tonneau*, dit que milord Pierre devint tout à fait fou, et que Martin et Jean, ses frères, voulurent le faire enfermer par avis de parents. Nous ne rapportons cette témérité que comme un blasphème plaisant d'un prêtre anglais contre l'évêque de Rome.

Toutes ces donations disparaissent devant celles des Indes orientales et occidentales dont Alexandre VI investit l'Espagne et le Portugal de sa pleine puissance et autorité divine : c'était donner presque toute la terre. Il pouvait donner de même les globes de Jupiter et de Saturne avec leurs satellites.

DONATIONS ENTRE PARTICULIERS.

Les donations des citoyens se traitent tout différemment. Les codes des nations sont convenus d'abord unanimement que personne ne peut donner le bien d'autrui, de même que personne ne peut le prendre. C'est la loi des particuliers.

En France la jurisprudence fut incertaine sur cet objet, comme sur presque tous les autres, jusqu'à l'année 1731, où l'équitable chancelier d'Aguesseau, ayant conçu le dessein de rendre enfin la loi uniforme, ébaucha très faiblement ce grand ouvrage par l'édit sur les *donations*. Il est rédigé en quarante-sept articles. Mais en voulant rendre uniformes toutes les formalités concernant les donations, on excepta la Flandre de la loi générale; et en exceptant la Flandre on oublia l'Artois, qui devrait jouir de la même exception ; de sorte que six ans après la loi générale, on fut obligé d'en faire pour l'Artois une particulière.

On fit surtout ces nouveaux édits concernant les donations et les testaments, pour écarter tous les commentateurs qui embrouillent les lois ; et on en a déjà fait dix commentaires.

Ce qu'on peut remarquer sur les donations, c'est qu'elles s'étendent beaucoup plus loin qu'aux particuliers à qui on fait un présent. Il faut payer pour chaque présent aux fermiers du domaine royal, droit de contrôle, droit d'insinuation, droit de centième denier, droit de deux sous pour livre, droit de huit sous pour livre.

De sorte que toutes les fois que vous donnez à un citoyen, vous êtes bien plus libéral que vous ne pensez; vous avez le plaisir de contribuer à enrichir les fermiers-généraux, mais cet argent ne sort point du royaume, comme celui qu'on paie à la cour de Rome.

DORMANTS (LES SEPT).

La fable imagina qu'un Épiménide avait dormi d'un somme pendant vingt-sept ans, et qu'à son réveil il fut tout étonné de trouver ses petits-enfants mariés qui lui demandaient son nom, ses amis morts, sa ville et les mœurs des habitants changés. C'était un beau champ à la critique, et un plaisant sujet de comédie. La légende a emprunté tous les traits de la fable, et les a grossis.

L'auteur de la *Légende dorée* ne fut pas le premier qui, au treizième siècle, au lieu d'un dormeur nous en donna sept, et en fit bravement sept martyrs. Il avait pris cette édifiante histoire chez Grégoire de Tours, écrivain véridique, qui l'avait prise chez Sigebert, qui l'avait prise chez Métaphraste, qui l'avait prise chez Nicéphore. C'est ainsi que la vérité arrive aux hommes de main en main.

Le révérend P. Pierre Ribadeneira, de la compagnie de Jésus, enchérit encore sur la *Légende dorée* dans sa célèbre *Fleur des saints*, dont il est fait mention dans le *Tartufe* de Molière. Elle fut traduite, augmentée, et enrichie de tailles-douces, par le révérend P. Antoine Girard de la même société ; rien n'y manque.

Quelques curieux seront peut-être bien aises de voir la prose du révérend P. Girard; la voici :

« Du temps de l'empereur Dèce, l'Église reçut » une furieuse et épouvantable bourrasque. Entre

» les autres chrétiens l'on prit sept frères, jeunes, » bien dispos, et de bonne grâce, qui étaient en» fants d'un chevalier d'Éphèse, et qui s'appelaient » Maximien, Marie, Martinien, Denys, Jean, Sé» rapion, et Constantin. L'empereur leur ôta d'a» bord leur ceinture dorée... Ils se cachèrent dans » une caverne; l'empereur en fit murer l'entrée » pour les faire mourir de faim. »

Aussitôt ils s'endormirent tous sept, et ne se réveillèrent qu'après avoir dormi cent soixante et dix-sept ans.

Le P. Girard, loin de croire que ce soit un *conte à dormir debout*, en prouve l'authenticité par les arguments les plus démonstratifs : et quand on n'aurait d'autre preuve que les noms des sept assoupis, cela suffirait; on ne s'avise pas de donner des noms à des gens qui n'ont jamais existé. Les sept dormants ne pouvaient être ni trompés ni trompeurs. Aussi ce n'est pas pour contester cette histoire que nous en parlons, mais seulement pour remarquer qu'il n'y a pas un seul événement fabuleux de l'antiquité qui n'ait été rectifié par les anciens légendaires. Toute l'histoire d'Œdipe, d'Hercule, de Thésée, se trouve chez eux accommodée à leur manière. Ils ont peu inventé, mais ils ont beaucoup perfectionné.

J'avoue ingénument que je ne sais pas d'où Nicéphore avait tiré cette belle histoire. Je suppose que c'était de la tradition d'Éphèse; car la caverne des sept dormants, et la petite église qui leur est dédiée, subsistent encore. Les moins éveillés des pauvres Grecs y viennent faire leurs dévotions. Le chevalier Ricaut et plusieurs autres voyageurs anglais ont vu ces deux monuments; mais pour leurs dévotions, ils ne les y ont pas faites.

Terminons ce petit article par le raisonnement d'Abbadie : Voilà des *mémoriaux* institués pour célébrer à jamais l'aventure des sept dormants; aucun Grec n'en a jamais douté dans Éphèse; ces Grecs n'ont pu être abusés; ils n'ont pu abuser personne : donc l'histoire des sept dormants est incontestable.

DROIT.

Droit des gens, droit naturel.

SECTION PREMIÈRE.

Je ne connais rien de mieux sur ce sujet que ces vers de l'Arioste, au chant XLIV (stanc. 2) :

« Fan lega oggi re, papi e imperatori,
» Doman saran nimici capitali :
» Perchè, qual l'apparenze esteriori,
» Non hanno i cor, non han gli animi tali,
» Che, non mirando al torto più che al dritto,
» Attendon solamente al lor profitto. »

Rois, empereurs, et successeurs de Pierre,
Au nom de Dieu signent un beau traité :
Le lendemain ces gens se font la guerre,
Pourquoi cela ? c'est que la piété,
La bonne foi, ne les tourmentent guère
Et que, malgré saint Jacque et saint Matthieu,
Leur intérêt est leur unique dieu.

S'il n'y avait que deux hommes sur la terre, comment vivraient-ils ensemble? ils s'aideraient, se nuiraient, se caresseraient, se diraient des injures, se battraient, se réconcilieraient, ne pourraient vivre l'un sans l'autre, ni l'un avec l'autre. Ils feraient comme tous les hommes font aujourd'hui. Ils ont le don du raisonnement; oui, mais ils ont aussi le don de l'instinct, et ils sentiront, et ils raisonneront, et ils agiront toujours comme ils y sont destinés par la nature.

Un Dieu n'est pas venu sur notre globe pour assembler le genre humain et pour lui dire : « J'ordonne aux Nègres et aux Cafres d'aller tout » nus, et de manger des insectes.

» J'ordonne aux Samoïèdes de se vêtir de peaux » de rangifères, et d'en manger la chair, tout in» sipide qu'elle est, avec du poisson séché et » puant, le tout sans sel. Les Tartares du Thibet » croiront tout ce que leur dira le dalaï-lama; et » les Japonais croiront tout ce que leur dira le » dairi.

» Les Arabes ne mangeront point de cochon, et » les Vestphaliens ne se nourriront que de cochon.

» Je vais tirer une ligne du mont Caucase à l'É» gypte, et de l'Égypte au mont Atlas : tous ceux » qui habiteront à l'orient de cette ligne pourront » épouser plusieurs femmes; ceux qui seront à » l'occident n'en auront qu'une.

» Si vers le golfe Adriatique, depuis Zara jus» qu'à la Polésine, ou vers les marais du Rhin et » de la Meuse, ou vers le mont Jura, ou même » dans l'île d'Albion, ou chez les Sarmates, ou » chez les Scandinaviens, quelqu'un s'avise de » vouloir rendre un seul homme despotique, ou » de prétendre lui-même à l'être, qu'on lui coupe » le cou au plus vite, en attendant que la destinée » et moi nous en ayons autrement ordonné.

» Si quelqu'un a l'insolence et la démence de » vouloir établir ou rétablir une grande assemblée » d'hommes libres sur le Mançanarès ou sur la » Propontide, qu'il soit empalé ou tiré à quatre » chevaux.

» Quiconque produira ses comptes suivant une » certaine règle d'arithmétique à Constantinople, » au Grand-Caire, à Tafilet, à Delhi, à Andrinople, » sera sur-le-champ empalé sans forme de procès; » et quiconque osera compter suivant une autre » règle à Rome, à Lisbonne, à Madrid, en Cham» pagne, en Picardie, et vers le Danube, depuis » Ulm jusqu'à Belgrade, sera brûlé dévotement » pendant qu'on lui chantera des *miserere*.

» Ce qui sera juste tout le long de la Loire, sera » injuste sur les bords de la Tamise : car mes lois » sont universelles, etc., etc., etc. »

Il faut avouer que nous n'avons pas de preuve bien claire, pas même dans le *Journal chrétien*, ni dans la *Clef du cabinet des princes*, qu'un Dieu soit venu sur la terre promulguer ce droit public. Il existe cependant; il est suivi à la lettre tel qu'on vient de l'énoncer; et on a compilé, compilé, compilé, sur ce droit des nations, de très beaux commentaires qui n'ont jamais fait rendre un écu à ceux qui ont été ruinés par la guerre, ou par des édits, ou par les commis des fermes.

Ces compilations ressemblent assez aux *Cas de conscience* de Pontas. Voici un cas de loi à examiner : il est défendu de tuer; tout meurtrier est puni, à moins qu'il n'ait tué en grande compagnie, et au son des trompettes; c'est la règle.

Du temps qu'il y avait encore des anthropophages dans la forêt des Ardennes, un bon villageois rencontra un anthropophage qui emportait un enfant pour le manger. Le villageois, ému de pitié, tua le mangeur d'enfants, et délivra le petit garçon qui s'enfuit aussitôt. Deux passants voient de loin le bon homme, et l'accusent devant le prévôt d'avoir commis un meurtre sur le grand chemin. Le corps du délit était sous les yeux du juge, deux témoins parlaient, on devait payer cent écus au juge pour ses vacations, la loi était précise : le villageois fut pendu sur-le-champ pour avoir fait ce qu'auraient fait à sa place Hercule, Thésée, Roland, et Amadis. Fallait-il pendre le prévôt qui avait suivi la loi à la lettre? Et que jugea-t-on à la grande audience? Pour résoudre mille cas de cette espèce on a fait mille volumes.

Puffendorf établit d'abord des êtres moraux. « Ce sont, dit-il [a], certains modes que les êtres » intelligents attachent aux choses naturelles ou » aux mouvements physiques, en vue de diriger » ou de restreindre la liberté des actions volon» taires de l'homme, pour mettre quelque ordre, » quelque convenance, et quelque beauté dans la » vie humaine. »

Ensuite, pour donner des idées nettes aux Suédois et aux Allemands du juste et de l'injuste, il remarque [b] « qu'il y a deux sortes d'espace : l'un » à l'égard duquel on dit que les choses sont quel» que part, par exemple, ici, là; l'autre à l'é» gard duquel on dit qu'elles existent en un cer» tain temps, par exemple, aujourd'hui, hier, » demain. Nous concevons aussi deux sortes d'é» tats moraux : l'un qui marque quelque situation » morale, et qui a quelque conformité avec le lieu » naturel; l'autre qui désigne un certain temps » en tant qu'il provient de là quelque effet mo» ral, etc. »

[a] Tome I, page 2, traduction de Barbeyrac, avec commentaires.

[b] Page 6.

Ce n'est pas tout [a]; Puffendorf distingue très curieusement les modes moraux simples et les modes d'estimation, les qualités formelles et les qualités opératives. Les qualités formelles sont de simples attributs, mais les opératives doivent soigneusement se diviser en originales et en dérivées.

Et cependant Barbeyrac a commenté ces belles choses, et on les enseigne dans des universités. On y est partagé entre Grotius et Puffendorf sur des questions de cette importance. Croyez-moi, lisez les Offices de Cicéron.

SECTION II.

Droit public.

Rien ne contribuera peut-être plus à rendre un esprit faux, obscur, confus, incertain, que la lecture de Grotius, de Puffendorf, et de presque tous les commentaires sur le droit public.

Il ne faut jamais faire un mal dans l'espérance d'un bien, dit la vertu, que personne n'écoute. Il est permis de faire la guerre à une puissance qui devient trop prépondérante, dit l'*Esprit des Lois*.

Quand les droits doivent-ils être constatés par la prescription? Les publicistes appellent ici à leur secours le droit divin et le droit humain; les théologiens se mettent de la partie. Abraham, disent-ils, et sa semence, avait droit sur le Canaan, car il y avait voyagé, et Dieu le lui avait donné dans une apparition. Mais, nos sages maîtres, il y a cinq cent quarante-sept ans, selon la *Vulgate*, entre Abraham qui acheta un caveau dans le pays, et Josué qui en saccagea une petite partie. N'importe, son droit était clair et net. Mais la prescription?... Point de prescription. Mais ce qui s'est passé autrefois en Palestine doit-il servir de règle à l'Allemagne et à l'Italie?... Oui; car il l'a dit. Soit, messieurs, je ne dispute pas contre vous; Dieu m'en préserve!

Les descendants d'Attila s'établissent, à ce qu'on dit, en Hongrie : dans quel temps les anciens habitants commencèrent-ils à être tenus en conscience d'être serfs des descendants d'Attila?

Nos docteurs qui ont écrit sur la guerre et la paix sont bien profonds; à les en croire, tout appartient de droit au souverain pour lequel ils écrivent : il n'a pu rien aliéner de son domaine. L'empereur doit posséder Rome, l'Italie, et la France; c'était l'opinion de Bartole; premièrement, parce que l'empereur s'intitule *roi des Romains*; secondement, parce que l'archevêque de Cologne est

[a] Page 16.

chancelier d'Italie, et que l'archevêque de Trèves est chancelier des Gaules. De plus, l'empereur d'Allemagne porte un globe doré à son sacre; donc il est maître du globe de la terre.

A Rome il n'y a point de prêtre qui n'ait appris dans son cours de théologie que le pape doit être souverain du monde, attendu qu'il est écrit que Simon, fils de Jone en Galilée, ayant surnom *Pierre*, on lui dit : « Tu es Pierre, et sur cette pierre » je bâtirai mon assemblée. » On avait beau dire à Grégoire VII : Il ne s'agit que des âmes, il n'est question que du royaume céleste : Maudit damné, répondait-il, il s'agit du terrestre; et il vous damnait, et il vous fesait pendre s'il pouvait.

Des esprits encore plus profonds fortifient cette raison par un argument sans réplique : celui dont l'évêque de Rome se dit vicaire a déclaré que son royaume n'est point de ce monde; donc ce monde doit appartenir au vicaire quand le maître y a renoncé. Qui doit l'emporter du genre humain ou des décrétales? Les décrétales, sans difficulté.

On demande ensuite s'il y a eu quelque justice à massacrer en Amérique dix ou douze millions d'hommes désarmés? on répond qu'il n'y a rien de plus juste et de plus saint, puisqu'ils n'étaient pas catholiques, apostoliques, et romains.

Il n'y a pas un siècle qu'il était toujours ordonné, dans toutes les déclarations de guerre des princes chrétiens, de *courre-sus* à tous les sujets du prince à qui la guerre était signifiée par un héraut à cotte de mailles et à manches pendantes. Ainsi, la signification une fois faite, si un Auvergnat rencontrait une Allemande, il était tenu de la tuer, sauf à la violer avant ou après.

Voici une question fort épineuse dans les écoles : le ban et l'arrière-ban étant commandés pour aller tuer et se faire tuer sur la frontières, les Souabes étant persuadés que la guerre ordonnée était de la plus horrible injustice, devaient-ils marcher? Quelques docteurs disaient oui; quelques justes disaient non: que disaient les politiques?

Quand on eut bien disputé sur ces grandes questions préliminaires, dont jamais aucun souverain ne s'est embarrassé ni ne s'embarrassera, il fallut discuter les droits respectifs de cinquante ou soixante familles sur le comté d'Alost, sur la ville d'Orchies, sur le duché de Berg et de Juliers, sur le comté de Tournai, sur celui de Nice, sur toutes les frontières de toutes les provinces; et le plus faible perdit toujours sa cause.

On agita pendant cent ans si les ducs d'Orléans, Louis XII, François Ier, avaient droit au duché de Milan, en vertu du contrat de mariage de Valentine de Milan, petite-fille du bâtard d'un brave paysan nommé Jacob Muzio : le procès fut jugé par la bataille de Pavie.

Les ducs de Savoie, de Lorraine, de Toscane, prétendirent aussi au Milanais; mais on a cru qu'il y avait dans le Frioul une famille de pauvres gentilshommes, issue en droite ligne d'Alboin, roi des Lombards, qui avait un droit bien antérieur.

Les publicistes ont fait de gros livres sur les droits au royaume de Jérusalem. Les Turcs n'en ont point fait; mais Jérusalem leur appartient, du moins jusqu'à présent, dans l'année 1770; et Jérusalem n'est point un royaume.

DROIT CANONIQUE.

Idée générale du droit canonique, par M. Bertrand, ci-devant premier pasteur de l'église de Berne.

« Nous ne prétendons ni adopter ni contredire » ses principes; c'est au public d'en juger. »

Le *droit canonique*, ou *canon*, est, suivant les idées vulgaires, la jurisprudence ecclésiastique : c'est le recueil des canons, des règles des conciles, des décrets des papes, et des maximes des Pères.

Selon la raison, selon les droits des rois et des peuples, la jurisprudence ecclésiastique n'est et ne peut être que l'exposé des priviléges accordés aux ecclésiastiques par les souverains représentant la nation.

S'il est deux autorités suprêmes, deux administrations qui aient leurs droits séparés, l'une fera sans cesse effort contre l'autre; il en résultera nécessairement des chocs perpétuels, des guerres civiles, l'anarchie, la tyrannie, malheurs dont l'histoire nous présente l'affreux tableau.

Si un prêtre s'est fait souverain; si le daïri du Japon a été roi jusqu'à notre seizième siècle, si le dalaï-lama est souverain au Thibet, si Numa fut roi et pontife, si les califes furent les chefs de l'état et de la religion, si les papes règnent dans Rome, ce sont autant de preuves de ce que nous avançons; alors l'autorité n'est point divisée, il n'y a qu'une puissance. Les souverains de Russie et d'Angleterre président à la religion; l'unité essentielle de puissance est conservée.

Toute religion est dans l'état, tout prêtre est dans la société civile, et tous les ecclésiastiques sont au nombre des sujets du souverain chez lequel ils exercent leur ministère. S'il était une religion qui établît quelque indépendance en faveur des ecclésiastiques, en les soustrayant à l'autorité souveraine et légitime, cette religion ne saurait venir de Dieu, auteur de la société.

Il est par là même de toute évidence que, dans une religion dont Dieu est représenté comme l'auteur, les fonctions des ministres, leurs personnes, leurs biens, leurs prétentions, la manière d'enseigner la morale, de prêcher le dogme, de célébrer les cérémonies, les peines spirituelles ; que tout, en un mot, ce qui intéresse l'ordre civil, doit être soumis à l'autorité du prince et à l'inspection des magistrats.

Si cette jurisprudence fait une science, on en trouvera ici les éléments.

C'est aux magistrats seuls d'autoriser les livres admissibles dans les écoles, selon la nature et la forme du gouvernement. C'est ainsi que M. Paul-Joseph Rieger, conseiller de cour, enseigne judicieusement le droit canonique dans l'université de Vienne; ainsi nous voyons la république de Venise examiner et réformer toutes les règles établies dans ses états qui ne lui conviennent plus. Il est à desirer que des exemples aussi sages soient enfin suivis dans toute la terre.

SECTION PREMIÈRE.

Du ministère ecclésiastique.

La religion n'est instituée que pour maintenir les hommes dans l'ordre, et leur faire mériter les bontés de Dieu par la vertu. Tout ce qui dans une religion ne tend pas à ce but, doit être regardé comme étranger ou dangereux.

L'instruction, les exhortations, les menaces des peines à venir, les promesses d'une béatitude immortelle, les prières, les conseils, les secours spirituels, sont les seuls moyens que les ecclésiastiques puissent mettre en usage pour essayer de rendre les hommes vertueux ici-bas, et heureux pour l'éternité.

Tout autre moyen répugne à la liberté de la raison, à la nature de l'âme, aux droits inaltérables de la conscience, à l'essence de la religion, à celle du ministère ecclésiastique, à tous les droits du souverain.

La vertu suppose la liberté, comme le transport d'un fardeau suppose la force active. Dans la contrainte point de vertu, et sans vertu point de religion. Rends-moi esclave, je n'en serai pas meilleur.

Le souverain même n'a aucun droit d'employer la contrainte pour amener les hommes à la religion, qui suppose essentiellement choix et liberté. Ma pensée n'est pas plus soumise à l'autorité que la maladie ou la santé.

Afin de démêler toutes les contradictions dont on a rempli les livres sur le droit canonique, et de fixer nos idées sur le ministère ecclésiastique, recherchons au milieu de mille équivoques ce que c'est que l'Église.

L'Église est l'assemblée de tous les fidèles appelés certains jours à prier en commun, et à faire en tout temps de bonnes actions.

Les prêtres sont des personnes établies sous l'autorité du souverain pour diriger ces prières et tout le culte religieux.

Une Église nombreuse ne saurait être sans ecclésiastiques ; mais ces ecclésiastiques ne sont pas l'Église.

Il n'est pas moins évident que si les ecclésiastiques qui sont dans la société civile avaient acquis des droits qui allassent à troubler ou à détruire la société, ces droits doivent être supprimés.

Il est encore de la plus grande évidence que si Dieu a attaché à l'Église des prérogatives ou des droits, ces droits ni ces prérogatives ne sauraient appartenir primitivement ni au chef de l'Église ni aux ecclésiastiques, parce qu'ils ne sont pas l'Église, comme les magistrats ne sont le souverain ni dans un état démocratique ni dans une monarchie.

Enfin il est très évident que ce sont nos âmes qui sont soumises aux soins du clergé, uniquement pour les choses spirituelles.

Notre âme agit intérieurement; les actes intérieurs sont la pensée, les volontés, les inclinations, l'acquiescement à certaines vérités. Tous ces actes sont au-dessus de toute contrainte, et ne sont du ressort du ministère ecclésiastique qu'autant qu'il doit instruire et jamais commander.

Cette âme agit aussi extérieurement. Les actions extérieures sont soumises à la loi civile. Ici la contrainte peut avoir lieu; les peines temporelles ou corporelles maintiennent la loi en punissant les violateurs.

La docilité à l'ordre ecclésiastique doit par conséquent toujours être libre et volontaire : il ne saurait y en avoir d'autre. La soumission, au contraire, à l'ordre civil peut être contrainte et forcée.

Par la même raison, les peines ecclésiastiques, toujours spirituelles, n'atteignent ici-bas que celui qui est intérieurement convaincu de sa faute. Les peines civiles, au contraire, accompagnées d'un mal physique, ont leurs effets physiques, soit que le coupable en reconnaisse la justice ou non.

De là il résulte manifestement que l'autorité du clergé n'est et ne peut être que spirituelle ; qu'il ne saurait avoir aucun pouvoir temporel ; qu'aucune force coactive ne convient à son ministère, qui en serait détruit.

Il suit encore de là que le souverain, attentif à ne souffrir aucun partage de son autorité, ne doit permettre aucune entreprise qui mette les membres de la société dans une dépendance extérieure et civile d'un corps ecclésiastique.

Tels sont les principes incontestables du véritable droit canonique, dont les règles et les décisions doivent en tout temps être jugées d'après ces vérités éternelles et immuables, fondées sur le droit naturel et l'ordre nécessaire de la société.

SECTION II.

Des possessions des ecclésiastiques.

Remontons toujours aux principes de la société, qui, dans l'ordre civil comme dans l'ordre religieux, sont les fondements de tous droits.

La société en général est propriétaire du territoire d'un pays, source de la richesse nationale. Une portion de ce revenu national est attribuée au souverain pour soutenir les dépenses de l'administration. Chaque particulier est possesseur de la partie du territoire et du revenu que les lois lui assurent, et aucune possession ni aucune jouissance ne peut en aucun temps être soustraite à l'autorité de la loi.

Dans l'état de société nous ne tenons aucun bien, aucune possession de la seule nature, puisque nous avons renoncé aux droits naturels pour nous soumettre à l'ordre civil qui nous garantit et nous protége; c'est de la loi que nous tenons toutes nos possessions.

Personne non plus ne peut rien tenir sur la terre de la religion, ni domaines ni possessions, puisque ses biens sont tous spirituels : les possessions du fidèle, comme véritable membre de l'Église, sont dans le ciel; là est son trésor. Le royaume de Jésus-Christ, qu'il annonça toujours comme prochain, n'était et ne pouvait être de ce monde : aucune possession ne peut donc être de droit divin.

Les lévites, sous la loi hébraïque, avaient, il est vrai, la dîme par une loi positive de Dieu : mais c'était une théocratie qui n'existe plus; et Dieu agissait comme le souverain de la terre. Toutes ces lois ont cessé, et ne sauraient être aujourd'hui un titre de possession.

Si quelque corps aujourd'hui, comme celui des ecclésiastiques, prétend posséder la dîme ou tout autre bien, de droit divin positif, il faut qu'il produise un titre enregistré dans une révélation divine, expresse et incontestable. Ce titre miraculeux ferait, j'en conviens, exception à la loi civile, autorisée de Dieu, qui dit que « toute personne doit être soumise aux puissances supérieures, parce qu'elles sont ordonnées de Dieu, » et établies en son nom. »

Au défaut d'un titre pareil, un corps ecclésiastique quelconque ne peut donc jouir sur la terre que du consentement du souverain, et sous l'autorité des lois civiles : ce sera là le seul titre de ses possessions. Si le clergé renonçait imprudemment à ce titre, il n'en aurait plus aucun, et il pourrait être dépouillé par quiconque aurait assez de puissance pour l'entreprendre. Son intérêt essentiel est donc de dépendre de la société civile, qui seule lui donne du pain.

Par la même raison, puisque tous les biens du territoire d'une nation sont soumis sans exception aux charges publiques pour les dépenses du souverain et de la nation, aucune possession ne peut être exemptée que par la loi; et cette loi même est toujours révocable lorsque les circonstances viennent à changer. Pierre ne peut être exempté que la charge de Jean ne soit augmentée. Ainsi l'équité réclamant sans cesse pour la proportion contre toute surcharge, le souverain est à chaque instant en droit d'examiner les exemptions et de remettre les choses dans l'ordre naturel et proportionnel, en abolissant les immunités accordées, souffertes, ou extorquées.

Toute loi qui ordonnerait que le souverain fît tout aux frais du public pour la sûreté et la conservation des biens d'un particulier ou d'un corps, sans que ce corps ou ce particulier contribuât aux charges communes, serait une subversion des lois.

Je dis plus; la quotité quelconque de la contribution d'un particulier ou d'un corps quelconque doit être réglée proportionnellement, non par lui, mais par le souverain ou les magistrats, selon la loi et la forme générale. Ainsi le souverain doit connaître et peut demander un état des biens et des possessions de tout corps, comme de tout particulier.

C'est donc encore dans ces principes immuables que doivent être puisées les règles du droit canonique, par rapport aux possessions et aux revenus du clergé.

Les ecclésiastiques doivent sans doute avoir de quoi vivre honorablement; mais ce n'est ni comme membres ni comme représentants de l'Église; car l'Église par elle-même n'a ni règne ni possession sur cette terre.

Mais s'il est de la justice que les ministres de l'autel vivent de l'autel, il est naturel qu'ils soient entretenus par la société, tout comme les magistrats et les soldats le sont. C'est donc à la loi civile à faire la pension proportionnelle du corps ecclésiastique.

Lors même que les possessions des ecclésiastiques leur ont été données par testament, ou de quelque autre manière, les donateurs n'ont pu dénaturer les biens en les soustrayant aux charges publiques, ou à l'autorité des lois. C'est toujours sous la garantie des lois, sans lesquelles il ne saurait y avoir possession assurée et légitime, qu'ils en jouiront.

C'est donc encore au souverain, ou aux magistrats en son nom, à examiner en tout temps si les revenus ecclésiastiques sont suffisants : s'ils ne l'étaient pas, ils doivent y pourvoir par des augmentations de pensions; mais s'ils étaient manifestement excessifs, c'est à eux à disposer du superflu pour le bien commun de la société.

Mais selon les principes du droit vulgairement appelé *canonique*, qui a cherché à faire un état dans l'état, un empire dans l'empire, les biens ecclésiastiques sont sacrés et intangibles, parce qu'ils appartiennent à la religion et à l'Église; ils viennent de Dieu, et non des hommes.

D'abord, ils ne sauraient appartenir, ces biens terrestres, à la religion, qui n'a rien de temporel. Ils ne sont pas à l'Église, qui est le corps universel de tous les fidèles; à l'Église qui renferme les rois, les magistrats, les soldats, tous les sujets; car nous ne devons jamais oublier que les ecclésiastiques ne sont pas plus l'Église que les magistrats ne sont l'état.

Enfin, ces biens ne viennent de Dieu que comme tous les autres biens en dérivent, parce que tout est soumis à sa providence.

Ainsi tout ecclésiastique possesseur d'un bien ou d'une rente en jouit comme sujet et citoyen de l'état, sous la protection unique de la loi civile.

Un bien qui est quelque chose de matériel et de temporel ne saurait être sacré ni saint dans aucun sens, ni au propre ni au figuré. Si l'on dit qu'une personne, un édifice, sont sacrés, cela signifie qu'ils sont consacrés, employés à des usages spirituels.

Abuser d'une métaphore pour autoriser des droits et des prétentions destructives de toute société, c'est une entreprise dont l'histoire de la religion fournit plus d'un exemple, et même des exemples bien singuliers qui ne sont pas ici de mon ressort.

SECTION III.

Des assemblées ecclésiastiques ou religieuses.

Il est certain qu'aucun corps ne peut former dans l'état aucune assemblée publique et régulière que du consentement du souverain.

Les assemblées religieuses pour le culte doivent être autorisées par le souverain dans l'ordre civil, afin qu'elles soient légitimes.

En Hollande, où le souverain accorde à cet égard la plus grande liberté, de même à peu près qu'en Russie, en Angleterre, en Prusse, ceux qui veulent former une Église doivent en obtenir la permission : dès-lors cette Église est dans l'état, quoiqu'elle ne soit pas la religion de l'état. En général, dès qu'il y a un nombre suffisant de personnes ou de familles qui veulent avoir un certain culte et des assemblées, elles peuvent sans doute en demander la permission au magistrat souverain; et c'est à ce magistrat à en juger. Ce culte une fois autorisé, on ne peut le troubler sans pécher contre l'ordre public. La facilité que le souverain a eue en Hollande d'accorder ces permissions n'entraîne aucun désordre; et il en serait ainsi partout, si le magistrat seul examinait, jugeait, et protégeait.

Le souverain a le droit en tout temps de savoir ce qui se passe dans les assemblées, de les diriger selon l'ordre public, d'en réformer les abus, et d'abroger les assemblées s'il en naissait des désordres. Cette inspection perpétuelle est une portion essentielle de l'administration souveraine, que toute religion doit reconnaître.

S'il y a dans le culte des formulaires de prières, des cantiques, des cérémonies, tout doit être soumis de même à l'inspection du magistrat. Les ecclésiastiques peuvent composer ces formulaires; mais c'est au souverain à les examiner, à les approuver, à les réformer au besoin. On a vu des guerres sanglantes pour des formulaires, et elles n'auraient pas eu lieu si les souverains avaient mieux connu leurs droits.

Les jours de fêtes ne peuvent pas non plus être établis sans le concours et le consentement du souverain, qui en tout temps peut les réformer, les abolir, les réunir, en régler la célébration selon que le bien public le demande. La multiplication de ces jours de fêtes sera toujours la dépravation des mœurs et l'appauvrissement d'une nation.

L'inspection sur l'instruction publique de vive voix, ou par des livres de dévotion, appartient de droit au souverain. Ce n'est pas lui qui enseigne, mais c'est à lui à voir comment sont enseignés ses sujets. Il doit faire enseigner surtout la morale, qui est aussi nécessaire que les disputes sur le dogme ont été souvent dangereuses.

S'il y a quelques disputes entre les ecclésiastiques sur la manière d'enseigner, ou sur certains points de doctrine, le souverain peut imposer silence aux deux partis, et punir ceux qui désobéissent.

Comme les assemblées religieuses ne sont point établies sous l'autorité souveraine pour y traiter des matières politiques, les magistrats doivent réprimer les prédicateurs séditieux qui échauffent la multitude par des déclamations punissables; ils sont la peste des états.

Tout culte suppose une discipline pour y conserver l'ordre, l'uniformité, et la décence. C'est au magistrat à maintenir cette discipline, et à y porter les changements que le temps et les circonstances peuvent exiger.

Pendant près de huit siècles les empereurs d'Orient assemblèrent des conciles pour apaiser des troubles qui ne firent qu'augmenter, par la trop grande attention qu'on y apporta : le mépris aurait plus sûrement fait tomber de vaines disputes que les passions avaient allumées. Depuis le partage des états d'Occident en divers royaumes, les princes ont laissé aux papes la convocation de ces assemblées. Les droits du pontife de Rome ne sont à cet égard que conventionnels, et tous les souverains réunis peuvent en tout temps en décider autrement. Aucun d'eux en particulier n'est obligé de soumettre ses états à aucun canon sans l'avoir examiné et approuvé. Mais comme le concile de Trente sera apparemment le dernier, il est très inutile d'agiter toutes les questions qui pourraient regarder un concile futur et général.

Quant aux assemblées, ou synodes, ou conciles nationaux, ils ne peuvent sans contredit être convoqués que quand le souverain les juge nécessaires : ses commissaires doivent y présider et en diriger toutes les délibérations, et c'est à lui à donner la sanction aux décrets.

Il peut y avoir des assemblées périodiques du clergé pour le maintien de l'ordre, et sous l'autorité du souverain ; mais la puissance civile doit toujours en déterminer les vues, en diriger les délibérations, et en faire exécuter les décisions. L'assemblée périodique du clergé de France n'est autre chose qu'une assemblé de commissaires économiques pour tout le clergé du royaume.

Les vœux par lesquels s'obligent quelques ecclésiastiques de vivre en corps selon une certaine règle, sous le nom de *moines* ou de *religieux*, si prodigieusement multipliés dans l'Europe, ces vœux doivent aussi être toujours soumis à l'examen et à l'inspection des magistrats souverains. Ces couvents qui renferment tant de gens inutiles à la société, et tant de victimes qui regrettent la liberté qu'ils ont perdue, ces ordres qui portent tant de noms si bizarres, ne peuvent être établis dans un pays, et tous leurs vœux ne peuvent être valables ou obligatoires que quand ils ont été examinés et approuvés au nom du souverain.

En tout temps le prince est donc en droit de prendre connaissance des règles de ces maisons religieuses, de leur conduite ; il peut réformer ces maisons et les abolir, s'il les juge incompatibles avec les circonstances présentes et le bien actuel de la société.

Les biens et les acquisitions de ces corps religieux sont de même soumis à l'inspection des magistrats pour en connaître la valeur et l'emploi. Si la masse de ces richesses qui ne circulent plus était trop forte ; si les revenus excédaient trop les besoins raisonnables de ces réguliers ; si l'emploi de ces rentes était contraire au bien général ; si cette accumulation appauvrissait les autres citoyens ; dans tous ces cas il serait du devoir des magistrats, pères communs de la patrie, de diminuer ces richesses, de les partager, de les faire rentrer dans la circulation qui fait la vie d'un état, de les employer même à d'autres usages pour le bien de la société.

Par les mêmes principes, le souverain doit expressément défendre qu'aucun ordre religieux ait un supérieur dans le pays étranger : c'est presque un crime de lèse-majesté.

Le souverain peut prescrire les règles pour entrer dans ces ordres ; il peut, selon les anciens usages, fixer un âge, et empêcher que l'on ne fasse des vœux que du consentement exprès des magistrats. Chaque citoyen naît sujet de l'état, et il n'a pas le droit de rompre des engagements naturels envers la société, sans l'aveu de ceux qui la gouvernent.

Si le souverain abolit un ordre religieux, ces vœux cessent d'être obligatoires. Le premier vœu est d'être citoyen ; c'est un serment primordial et tacite, autorisé de Dieu, un vœu dans l'ordre de la Providence, un vœu inaltérable et imprescriptible, qui unit l'homme en société avec la patrie et avec le souverain. Si nous avons pris un engagement postérieur, le vœu primitif a été réservé ; rien n'a pu énerver ni suspendre la force de ce serment primitif. Si donc le souverain déclare ce dernier vœu, qui n'a pu être que conditionnel et dépendant du premier, incompatible avec le serment naturel ; s'il trouve ce dernier vœu dangereux dans la société, et contraire au bien public, qui est la suprême loi, tous sont dès lors déliés en conscience de ce vœu. Pourquoi ? parce que la conscience les attachait primitivement au serment naturel et au souverain. Le souverain, dans ce cas, ne dissout point un vœu ; il le déclare nul, il remet l'homme dans l'état naturel.

En voilà assez pour dissiper tous les sophismes par lesquels les canonistes ont cherché à embarrasser cette question si simple pour quiconque ne veut écouter que la raison.

SECTION IV.

Des peines ecclésiastiques.

Puisque ni l'Église, qui est l'assemblée de tous les fidèles, ni les ecclésiastiques, qui sont les ministres dans cette Église, au nom du souverain et sous son autorité, n'ont aucune force coactive, aucune puissance exécutrice, aucun pouvoir terrestre, il est évident que ces ministres de la religion ne peuvent infliger que des peines uniquement spirituelles. Menacer les pécheurs de la colère du ciel, c'est la seule peine dont un pasteur peut faire usage. Si l'on ne veut pas donner le nom de *peines* à ces censures ou à ces déclamations, les ministres de la religion n'auront aucune peine à infliger.

L'Église peut-elle bannir de son sein ceux qui la déshonorent ou la troublent? Grande question sur laquelle les canonistes n'ont point hésité de prendre l'affirmative. Observons d'abord que les ecclésiastiques ne sont pas l'Église. L'Église, assemblée dans laquelle sont les magistrats souverains, pourrait sans doute de droit exclure de ses congrégations un pécheur scandaleux, après des avertissements charitables, réitérés et suffisants. Cette exclusion ne peut dans ce cas même emporter aucune peine civile, aucun mal corporel, ni la privation d'aucun avantage terrestre. Mais ce que peut l'Église de droit, les ecclésiastiques qui sont dans l'Église ne le peuvent qu'autant que le souverain les y autorise et le leur permet.

C'est donc encore même dans ce cas au souverain à veiller sur la manière dont ce droit sera exercé : vigilance d'autant plus nécessaire qu'il est plus aisé d'abuser de cette discipline. C'est par conséquent à lui, en consultant les règles du support et de la charité, à prescrire les formes et les restrictions convenables : sans cela, toute déclaration du clergé, toute excommunication serait nulle et sans effet, même dans l'ordre spirituel. C'est confondre des cas entièrement différents que de conclure de la pratique des apôtres la manière de procéder aujourd'hui. Le souverain n'était pas de la religion des apôtres, l'Église n'était pas encore dans l'état; les ministres du culte ne pouvaient pas recourir au magistrat. D'ailleurs, les apôtres étaient des ministres extraordinaires tels qu'on n'en voit plus. Si l'on me cite d'autres exemples d'excommunications lancées sans l'autorité du souverain; que dis-je? si l'on rappelle ce qu'on ne peut entendre sans frémir d'horreur, des exemples mêmes d'excommunications fulminées insolemment contre des souverains et des magistrats, je répondrai hardiment que ces attentats sont une rébellion manifeste, une violation ouverte des devoirs les plus sacrés de la religion, de la charité, et du droit naturel.

On voit donc évidemment que c'est au nom de toute l'Église que l'excommunication doit être prononcée contre les pécheurs publics, puisqu'il s'agit seulement de l'exclusion de ce corps : ainsi elle doit être prononcée par les ecclésiastiques sous l'autorité des magistrats et au nom de l'Église, pour les seuls cas dans lesquels on peut présumer que l'Église entière bien instruite la prononcerait, si elle pouvait avoir en corps cette discipline qui lui appartient privativement.

Ajoutons encore, pour donner une idée complète de l'excommunication et des vraies règles du droit canonique à cet égard, que cette excommunication légitimement prononcée par ceux à qui le souverain, au nom de l'Église, en a expressément laissé l'exercice, ne renferme que la privation des biens spirituels sur la terre. Elle ne saurait s'étendre à autre chose : tout ce qui serait au-delà serait abusif, et plus ou moins tyrannique. Les ministres de l'Église ne font que déclarer qu'un tel homme n'est plus membre de l'Église. Il peut donc jouir, malgré l'excommunication, de tous les droits naturels, de tous les droits civils, de tous les biens temporels, comme homme ou comme citoyen. Si le magistrat intervient, et prive outre cela un tel homme d'une charge ou d'un emploi dans la société, c'est alors une peine civile ajoutée pour quelque faute contre l'ordre civil.

Supposons encore que les ecclésiastiques qui ont prononcé l'excommunication aient été séduits par quelque erreur ou quelque passion (ce qui peut toujours arriver puisqu'ils sont hommes), celui qui a été ainsi exposé à une excommunication précipitée est justifié par sa conscience devant Dieu. La déclaration faite contre lui n'est et ne peut être d'aucun effet pour la vie à venir. Privé de la communiion extérieure avec les vrais fidèles, il peut encore jouir ici-bas de toutes les consolations de la communion intérieure. Justifié par sa conscience, il n'a rien à redouter dans la vie à venir du jugement de Dieu, qui est son véritable juge.

C'est encore une grande question dans le droit canonique, si le clergé, si son chef, si un corps ecclésiastique quelconque peut excommunier les magistrats ou le souverain, sous prétexte ou pour raison de l'abus de leur pouvoir. Cette question seule est scandaleuse, et le simple doute une rébellion manifeste. En effet, le premier devoir de l'homme en société est de respecter et de faire respecter le magistrat; et vous prétendriez avoir le droit de le diffamer et de l'avilir! qui vous aurait donné ce droit aussi absurde qu'exécrable? Serait-ce Dieu, qui gouverne le monde politique par les souverains, qui veut que la société subsiste par la subordination?

Les premiers ecclésiastiques, à la naissance du christianisme, se sont-ils crus autorisés à excommunier les Tibère, les Néron, les Claude, et ensuite les Constance, qui étaient hérétiques? Comment donc a-t-on pu souffrir si long-temps des prétentions aussi monstrueuses, des idées aussi atroces, et les attentats affreux qui en ont été la suite; attentats également réprouvés par la raison, le droit naturel, et la religion? S'il était une religion qui enseignât de pareilles horreurs, elle devrait être proscrite de la société comme directement opposée au repos du genre humain. Le cri des nations s'est déjà fait entendre contre ces prétendues lois canoniques, dictées par l'ambition et le fanatisme. Il faut espérer que les souverains, mieux instruits de leurs droits, soutenus par la fidélité des peuples, mettront enfin un terme à des abus si énormes, et qui ont causé tant de malheurs. L'auteur de l'*Essai sur les mœurs et l'esprit des nations* a été le premier qui a relevé avec force l'atrocité des entreprises de cette nature.

SECTION V.

De l'inspection sur le dogme.

Le souverain n'est point le juge de la vérité du dogme : il peut juger pour lui-même, comme tout autre homme; mais il doit prendre connaissance du dogme dans tout ce qui intéresse l'ordre civil, soit quant à la nature de la doctrine, si elle avait quelque chose de contraire au bien public, soit quant à la manière de la proposer.

Règle générale dont les magistrats souverains n'auraient jamais dû se départir. Rien dans le dogme ne mérite l'attention de la police, que ce qui peut intéresser l'ordre public; c'est l'influence de la doctrine sur les mœurs qui décide de son importance. Toute doctrine qui n'a qu'un rapport éloigné avec la vertu, ne saurait être fondamentale. Les vérités qui sont propres à rendre les hommes doux, humains, soumis aux lois, obéissants au souverain, intéressent l'état, et viennent évidemment de Dieu.

SECTION VI.

Inspection des magistrats sur l'administration des sacrements.

L'administration des sacrements doit être aussi soumise à l'inspection assidue du magistrat en tout ce qui intéresse l'ordre public.

On convient d'abord que le magistrat doit veiller sur la forme des registres publics des mariages, des baptêmes, des morts, sans aucun égard à la croyance des divers citoyens de l'état.

Les mêmes raisons de police et d'ordre n'exigeraient-elles pas qu'il y eût des registres exacts, entre les mains du magistrat, de tous ceux qui font des vœux pour entrer dans les cloîtres, dans les pays où les cloîtres sont admis?

Dans le sacrement de pénitence, le ministre qui refuse ou accorde l'absolution, n'est comptable de ses jugements qu'à Dieu; de même aussi le pénitent n'est comptable qu'à Dieu, s'il communie ou non, et s'il communie bien ou mal.

Aucun pasteur pécheur ne peut avoir le droit de refuser publiquement, et de son autorité privée, l'eucharistie à un autre pécheur. Jésus-Christ, impeccable, ne refusa pas la communion à Judas.

L'extrême-onction et le viatique, demandés par les malades, sont soumis aux mêmes règles. Le seul droit du ministre est de faire des exhortations au malade, et le devoir du magistrat est d'avoir soin que le pasteur n'abuse pas de ces circonstances pour persécuter les malades.

Autrefois c'était l'Église en corps qui appelait ses pasteurs et leur conférait le droit d'instruire et de gouverner le troupeau : ce sont aujourd'hui des ecclésiastiques qui en consacrent d'autres; mais la police publique doit y veiller.

C'est sans doute un grand abus, introduit depuis long-temps, que de conférer les ordres sans fonction; c'est enlever des membres à l'état sans en donner à l'Église. Le magistrat est en droit de réformer cet abus.

Le mariage, dans l'ordre civil, est une union légitime de l'homme et de la femme pour avoir des enfants, pour les élever, et pour leur assurer les droits des propriétés sous l'autorité de la loi. Afin de constater cette union, elle est accompagnée d'une cérémonie religieuse, regardée par les uns comme un sacrement, par les autres comme une pratique du culte public; vraie logomachie qui ne change rien à la chose. Il faut donc distinguer deux parties dans le mariage, le contrat civil ou l'engagement naturel, et le sacrement ou la cérémonie sacrée. Le mariage peut donc subsister avec tous ses effets naturels et civils, indépendamment de la cérémonie religieuse. Les cérémonies même de l'Église ne sont devenues nécessaires, dans l'ordre civil, que parce que le magistrat les a adoptées. Il s'est même écoulé un long temps sans que les ministres de la religion aient eu aucune part à la célébration des mariages. Du temps de Justinien, le consentement des parties en présence de témoins, sans aucune cérémonie de l'Église, légitimait encore le mariage parmi les chrétiens. C'est cet empereur qui fit, vers le milieu du sixième siècle, les premières lois pour que les prêtres intervinssent comme simples témoins, sans ordonner encore de bénédiction nuptiale. L'empereur Léon, qui mourut sur le trône en 886, semble être le premier qui ait mis la cérémonie religieuse au rang des conditions nécessaires. La loi même qu'il fit atteste que c'était un nouvel établissement.

De l'idée juste que nous nous formons ainsi du mariage, il résulte d'abord que le bon ordre et la piété même rendent aujourd'hui nécessaires les formalités religieuses, adoptées dans toutes les communions chrétiennes; mais l'essence du mariage ne peut en être dénaturée; et cet engagement, qui est le principal dans la société, est et doit demeurer toujours soumis, dans l'ordre politique, à l'autorité du magistrat.

Il suit de là encore que deux époux élevés dans le culte même des infidèles et des hérétiques ne sont point obligés de se remarier, s'ils l'ont été selon la loi de leur patrie; c'est au magistrat, dans tous les cas, d'examiner la chose.

Le prêtre est aujourd'hui le magistrat que la loi a désigné librement en certains pays pour recevoir la foi de mariage. Il est très évident que la loi peut modifier ou changer, comme il lui plaît, l'étendue de cette autorité ecclésiastique.

Les testaments et les enterrements sont incontestablement du ressort de la loi civile et de celui de la police. Jamais les magistrats n'auraient dû souffrir que le clergé usurpât l'autorité de la loi à aucun de ces égards. On peut voir encore, dans le *Siècle de Louis XIV* et dans celui de *Louis XV*, des exemples frappants des entreprises de certains ecclésiastiques fanatiques sur la police des enterrements. On a vu des refus de sacrements, d'inhumation, sous prétexte d'hérésie; barbarie dont les païens mêmes auraient eu horreur.

SECTION VII.

Juridiction des ecclésiastiques.

Le souverain peut sans doute abandonner à un corps ecclésiastique ou à un seul prêtre une juridiction sur certains objets et sur certaines personnes, avec une compétence convenable à l'autorité confiée. Je n'examine point s'il a été prudent de remettre ainsi une portion de l'autorité civile entre les mains d'un corps ou d'une personne qui avait déjà une autorité sur les choses spirituelles. Livrer à ceux qui devaient seulement conduire les hommes au ciel une autorité sur la terre, c'était réunir deux pouvoirs dont l'abus était trop facile; mais il est certain du moins qu'aucun homme, en tant qu'ecclésiastique, ne peut avoir aucune sorte de juridiction. S'il la possède, elle est ou concédée par le souverain, ou usurpée; il n'y a point de milieu. Le royaume de Jésus-Christ n'est point de ce monde; il a refusé d'être juge sur la terre; il a ordonné de rendre à César ce qui appartient à César; il a interdit à ses apôtres toute domination; il n'a prêché que l'humilité, la douceur, et la dépendance. Les ecclésiastiques ne peuvent tenir de lui ni puissance, ni autorité, ni domination, ni juridiction, dans le monde; ils ne peuvent donc posséder légitimement aucune autorité que par une concession du souverain, de qui tout pouvoir doit dériver dans la société.

Puisque c'est du souverain seul que les ecclésiastiques tiennent quelque juridiction sur la terre, il suit de là que le souverain et les magistrats doivent veiller sur l'usage que le clergé fait de son autorité, comme nous l'avons prouvé.

Il fut un temps, dans l'époque malheureuse du gouvernement féodal, où les ecclésiastiques s'étaient emparés en divers lieux des principales fonctions de la magistrature. On a borné dès-lors l'autorité des seigneurs de fiefs laïques, si redoutable au souverain et si dure pour les peuples; mais une partie de l'indépendance des juridictions ecclésiastiques a subsisté. Quand donc est-ce que les souverains seront assez instruits ou assez courageux pour reprendre à eux toute autorité usurpée, et tant de droits dont on a si souvent abusé pour vexer les sujets qu'ils doivent protéger?

C'est de cette inadvertance des souverains que sont venues les entreprises audacieuses de quelques ecclésiastiques contre le souverain même. L'histoire scandaleuse de ces attentats énormes est consignée dans des monuments qui ne peuvent être contestés; et il est à présumer que les souverains, éclairés aujourd'hui par les écrits des sages, ne permettront plus des tentatives qui ont si souvent été accompagnées ou suivies de tant d'horreurs.

La bulle *in cœna Domini* est encore en particulier une preuve subsistante des entreprises continuelles du clergé contre l'autorité souveraine et civile, etc[1].

EXTRAIT DU TARIF DES DROITS

Qu'on paie en France à la cour de Rome pour les bulles, dispenses, absolutions, etc., lequel tarif fut arrêté au conseil du roi, le 4 septembre 1691, et qui est rapporté tout entier dans l'instruction de Jacques Le Pelletier, imprimée à Lyon, en 1699, avec approbation et privilége du roi, à Lyon, chez Antoine Boudet, huitième édition. On en a retiré les exemplaires, et les taxes subsistent.

1° Pour absolution du crime d'apostasie, on paiera au pape quatre-vingts livres.

2° Un bâtard qui voudra prendre les ordres, paiera pour la dispense vingt-cinq livres; s'il veut posséder un bénéfice simple, il paiera de plus cent quatre-vingts livres; s'il veut que dans la dispense on ne fasse pas mention de son illégitimité, il paiera mille cinquante livres.

3° Pour dispense et absolution de bigamie, mille cinquante livres.

[1] Voyez l'article BULLE, et surtout la première section de l'article PUISSANCE.

4° Pour dispense à l'effet de juger criminellement, ou d'exercer la médecine, quatre-vingt-dix livres.

5° Absolution d'hérésie, quatre-vingts livres.

6° Bref de quarante heures pour sept ans, douze livres.

7° Absolution pour avoir commis un homicide à son corps défendant ou sans mauvais dessein, quatre-vingt-quinze livres. Ceux qui étaient dans la compagnie du meurtrier doivent aussi se faire absoudre, et payer pour cela quatre-vingt-cinq livres.

8° Indulgences pour sept années, douze livres.

9° Indulgences perpétuelles pour une confrérie, quarante livres.

10° Dispense d'irrégularité ou d'inhabilité, vingt-cinq livres; si l'irrégularité est grande, cinquante livres.

11° Permission de lire les livres défendus, vingt-cinq livres.

12° Dispense de simonie, quarante livres; sauf à augmenter suivant les circonstances.

13° Bref pour manger les viandes défendues, soixante-cinq livres.

14° Dispense de vœux simples de chasteté ou de religion, quinze livres. Bref déclaratoire de la nullité de la profession d'un religieux ou d'une religieuse, cent livres : si on demande ce bref dix ans après la profession, on paie le double.

DISPENSES DE MARIAGE.

Dispense du quatrième degré de parenté avec cause, soixante-cinq livres; sans cause, quatre-vingt-dix livres; avec absolution des familiarités que les futurs ont eues ensemble, cent quatre-vingts livres.

Pour les parents du troisième au quatrième degré, tant du côté du père que de celui de la mère, la dispense sans cause est de huit cent quatre-vingts livres; avec cause, cent quarante-cinq livres.

Pour les parents au second degré d'un côté, et au quatrième de l'autre, les nobles paieront mille quatre cent trente livres; pour les roturiers, mille cent cinquante-cinq livres.

Celui qui voudra épouser la sœur de la fille avec laquelle il a été fiancé, paiera pour la dispense mille quatre cent trente livres.

Ceux qui sont parents au troisième degré, s'ils sont nobles, ou s'ils vivent honnêtement, paieront mille quatre cent trente livres; si la parenté est tant du côté du père que de celui de la mère, deux mille quatre cent trente livres.

Parents au second degré paieront quatre mille cinq cent trente livres; si la future a accordé des faveurs au futur, ils paieront de plus pour l'absolution deux mille trente livres.

Ceux qui ont tenu sur les fonts de baptême l'enfant de l'un ou de l'autre, la dispense est de deux mille sept cent trente livres. Si l'on veut se faire absoudre d'avoir pris des plaisirs prématurés, on paiera de plus mille trois cent trente livres.

Celui qui a joui des faveurs d'une veuve pendant la vie du premier mari, paiera pour l'épouser légitimement cent quatre-vingt-dix livres.

En Espagne et en Portugal, les dispenses de mariage sont beaucoup plus chères. Les cousins-germains ne les obtiennent pas à moins de deux mille écus, de dix jules de componade.

Les pauvres ne pouvant pas payer des taxes aussi fortes, on leur fait des remises : il vaut bien mieux tirer la moitié du droit que de ne rien avoir du tout en refusant la dispense.

On ne rapporte pas ici les sommes que l'on paie au pape pour les bulles des évêques, des abbés, etc.; on les trouve dans les almanachs : mais on ne voit pas de quelle autorité la cour de Rome impose des taxes sur les laïques qui épousent leurs cousines.

DROIT DE LA GUERRE.

Dialogue entre un Français et un Allemand [1].

DRUIDES.

(*La scène est dans le Tartare.*)

LES FURIES entourées de serpents, et le fouet à main.

Allons, Barbaroquincorix, druide celte, et toi, détestable Calchas, hiérophante grec, voici les moments où vos justes supplices se renouvellent; l'heure des vengeances a sonné.

LE DRUIDE ET CALCHAS.

Aïe! la tête, les flancs, les yeux, les oreilles, les fesses! pardon, mesdames, pardon!

CALCHAS.

Voici deux vipères qui m'arrachent les yeux.

LE DRUIDE.

Un serpent m'entre dans les entrailles par le fondement; je suis dévoré.

CALCHAS.

Je suis déchiré : faut-il que mes yeux reviennent tous les jours pour m'être arrachés!

LE DRUIDE.

Faut-il que ma peau renaisse pour tomber en lambeaux! aïe! ouf!

TISIPHONE.

Cela t'apprendra, vilain druide, à donner une

[1] Voyez le onzième des entretiens entre A, B, C. (Tome VI.)

autre fois la misérable plante parasite nommée le gui de chêne pour un remède universel. Eh bien! immoleras-tu encore à ton Dieu Theutatès des petites filles et des petits garçons? les brûleras-tu encore dans des paniers d'osier, au son du tambour?

LE DRUIDE.

Jamais, jamais, madame; un peu de charité.

TISIPHONE.

Tu n'en as jamais eu. Courage, mes serpents; encore un coup de fouet à ce sacré coquin.

ALECTON.

Qu'on m'étrille vigoureusement ce Calchas qui vers nous s'est avancé,

L'œil farouche, l'air sombre et le poil hérissé.[a]

CALCHAS.

On m'arrache le poil, on me brûle, on me berne, on m'écorche, on m'empale.

ALECTON.

Scélérat! égorgeras-tu encore une jeune fille au lieu de la marier, et le tout pour avoir du vent?

CALCHAS ET LE DRUIDE.

Ah! quels tourments! que de peines! et point mourir!

ALECTON ET TISIPHONE.

Ah! ah! j'entends de la musique. Dieu me pardonne! c'est Orphée; nos serpents sont devenus doux comme des moutons.

CALCHAS.

Je ne souffre plus du tout; voilà qui est bien étrange!

LE DRUIDE.

Je suis tout ragaillardi. Oh! la grande puissance de la bonne musique! Eh! qui es-tu, homme divin, qui guéris les blessures et qui réjouis l'enfer?

ORPHÉE.

Mes camarades, je suis prêtre comme vous; mais je n'ai jamais trompé personne, et je n'ai égorgé ni garçon ni fille. Lorsque j'étais sur la terre, au lieu de faire abhorrer les dieux, je les ai fait aimer; j'ai adouci les mœurs des hommes que vous rendiez féroces; je fais le même métier dans les enfers. J'ai rencontré là-bas deux barbares prêtres qu'on fessait à toute outrance; l'un avait autrefois haché un roi en morceaux, l'autre avait fait couper la tête à sa propre reine, à la Porte-aux-chevaux. J'ai fini leur pénitence, je leur ai joué du violon; ils m'ont promis que quand ils reviendraient au monde, ils vivraient en honnêtes gens.

LE DRUIDE ET CALCHAS.

Nous vous en promettons autant, foi de prêtres.

ORPHÉE.

Oui, mais *passato il pericolo, gabbato il santo.*

(La scène finit par une danse figurée d'Orphée, des damnés et des furies, et par une symphonie très agréable.)

[a] *Iphigénie* de Racine, acte V, scène dernière.

E.

ÉCLIPSE.

Chaque phénomène extraordinaire passa longtemps, chez la plupart des peuples connus, pour être le présage de quelque événement heureux ou malheureux. Ainsi, les historiens romains n'ont pas manqué d'observer qu'une éclipse de soleil accompagna la naissance de Romulus, qu'une autre annonça son décès, et qu'une troisième avait présidé à la fondation de la ville de Rome.

Nous parlerons, à l'article VISION DE CONSTANTIN, de l'apparition de la croix qui précéda le triomphe du christianisme; et, sous le mot PROPHÉTIES, de l'étoile nouvelle qui avait éclairé la naissance de Jésus: bornons-nous ici à ce que l'on a dit des ténèbres dont toute la terre fut couverte avant qu'il rendit l'esprit.

Les écrivains de l'Église, grecs et latins, ont cité comme authentiques deux lettres attribuées à Denys l'Aréopagite, dans lesquelles il rapporte qu'étant à Héliopolis d'Égypte avec Apollophane son ami, ils virent tout d'un coup, vers la sixième heure, la lune qui vint se placer au-dessous du soleil, et y causer une grande éclipse; ensuite, sur la neuvième heure, ils l'aperçurent de nouveau, quittant la place qu'elle y occupait pour aller se remettre a l'endroit opposé du diamètre. Ils prirent alors les règles de Philippe Aridœus, et ayant examiné le cours des astres, ils trouvèrent que le soleil naturellement n'avait pu être éclipsé en ce temps-là. De plus, ils observèrent que la lune, contre son mouvement naturel, au lieu de venir de l'occident se ranger sous le soleil, était venue du côté de l'orient, et s'en était enfin retournée en arrière du même côté. C'est ce qui fit dire à Apollophane: « Ce sont là, mon cher Denys, des changements des choses divines; » à quoi Denys répliqua: « Ou l'auteur de la nature souffre, ou la machine de l'univers sera bientôt détruite. »

Denys ajoute qu'ayant exactement remarqué et le temps et l'année de ce prodige, et ayant combiné tout cela avec ce que Paul lui en apprit dans la suite, il se rendit à la vérité ainsi que son ami. Voilà ce qui a fait croire que les ténèbres arrivées à la mort de Jésus-Christ avaient été causées par une éclipse surnaturelle, et ce qui a donné tant de cours à ce sentiment, que Maldonat dit que c'est celui de presque tous les catholiques. Comment en effet résister à l'autorité d'un témoin oculaire, éclairé, et désintéressé, puisque alors on suppose que Denys était encore païen?

Comme ces prétendues lettres de Denys ne furent forgées que vers le cinquième ou sixième siècle, Eusèbe de Césarée s'était contenté d'alléguer le témoignage de Phlégon, affranchi de l'empereur Adrien. Cet auteur était aussi païen, et avait écrit l'histoire des olympiades, en seize livres, depuis leur origine jusqu'à l'an 140 de l'ère vulgaire. On lui fait dire qu'en la quatrième année de la deux cent deuxième olympiade il y eut la plus grande éclipse de soleil qu'on eût jamais vue; le jour fut changé en nuit à la sixième heure; on voyait les étoiles; et un tremblement de terre renversa plusieurs édifices de la ville de Nicée en Bithynie. Eusèbe ajoute que les mêmes événements sont rapportés dans les monuments anciens des Grecs comme étant arrivés la dix-huitième année de Tibère. On croit qu'Eusèbe veut parler de Thallus, historien grec, déjà cité par Justin, Tertullien, et Jules Africain; mais l'ouvrage de Thallus ni celui de Phlégon n'étant point parvenus jusqu'à nous, l'on ne peut juger de l'exactitude des deux citations que par le raisonnement.

Il est vrai que le *Chronicon paschale* des Grecs, ainsi que saint Jérôme, Anastase, l'auteur de l'*Historia miscellanea*, et Fréculphe de Luxem parmi les Latins, se réunissent tous à représenter le fragment de Phlégon de la même manière, et s'accordent à y lire le même nombre qu'Eusèbe. Mais on sait que ces cinq témoins, allégués comme uniformes dans leur déposition, ont traduit ou copié le passage, non de Phlégon lui-même, mais d'Eusèbe, qui l'a cité le premier; et Jean Philoponus, qui avait lu Phlégon, bien loin d'être d'accord avec Eusèbe, en diffère de deux ans. On pourrait aussi nommer Maxime et Madela comme ayant vécu dans le temps que l'ouvrage de Phlégon subsistait encore, et alors voici le résultat. Cinq des auteurs cités sont des copistes ou des traducteurs d'Eusèbe. Philoponus, là où il déclare qu'il rapporte les propres termes de Phlégon, lit d'une seconde façon, Maxime d'une troisième, et Madela d'une quatrième; en sorte qu'il s'en faut de beaucoup qu'ils rapportent le passage de la même manière.

On a d'ailleurs une preuve non équivoque de l'infidélité d'Eusèbe en fait de citations. Il assure que les Romains avaient dressé à Simon, que nous appelons le magicien, une statue avec cette inscription : *Simoni deo sancto*, A Simon dieu saint. Théodoret, saint Augustin, saint Cyrille de Jérusalem, Clément d'Alexandrie, Tertullien, et saint Justin, sont tous six parfaitement d'accord là-dessus avec Eusèbe; saint Justin, qui dit avoir vu cette statue, nous apprend qu'elle était placée entre les deux ponts du Tibre c'est-à-dire, dans l'île formée par ce fleuve. Cependant cette inscription, qui fut déterrée à Rome, l'an 1574, dans l'endroit même indiqué par Justin, porte : *Semoni Sanco deo Fidio*, Au dieu Semo Sancus Fidius. Nous lisons dans Ovide que les anciens Sabins avaient bâti un temple sur le mont Quirinal à cette divinité, qu'ils nommaient indifféremment *Semo, Sancus, Sanctus, ou Fidius*; et l'on trouve dans Gruter deux inscriptions pareilles, dont l'une était sur le mont Quirinal, et l'autre se voit encore à Rieti, pays des anciens Sabins.

Enfin les calculs de MM. Hodgson, Halley, Whiston, Gale Morris, ont démontré que Phlégon et Thallus avaient parlé d'une éclipse naturelle arrivée le 24 novembre, la première année de la deux cent deuxième olympiade, et non dans la quatrième année, comme le prétend Eusèbe. Sa grandeur, pour Nicée en Bithynie, ne fut, selon M. Whiston, que d'environ neuf à dix doigts, c'est-à-dire deux tiers et demi du disque du soleil; son commencement à huit heures un quart, et sa fin à dix heures quinze minutes. Et entre le Caire en Égypte et Jérusalem, suivant M. Gale Morris, le soleil fut totalement obscurci pendant près de deux minutes. A Jérusalem, le milieu de l'éclipse arriva vers une heure un quart après midi.

On ne s'en est pas tenu à ces prétendus témoignages de Denys, de Phlégon, et de Thallus; on a allégué dans ces derniers temps l'histoire de la Chine, touchant une grande éclipse de soleil que l'on prétend être arrivée contre l'ordre de la nature, l'an 32 de Jésus-Christ. Le premier ouvrage où il en est fait mention est une *Histoire de la Chine*, publiée à Paris, en 1672, par le jésuite Greslon. On trouve dans l'extrait qu'en donna le *Journal des Savants*, du 2 février de la même année, ces paroles singulières :

« Les annales de la Chine remarquent qu'au » mois d'avril de l'an 32 de Jésus-Christ, il y eut » une grande éclipse de soleil qui n'était pas se- » lon l'ordre de la nature. Si cela était, ajoute- » t-on, cette éclipse pourrait bien être celle qui se » fit au temps de la passion de Jésus-Christ, le- » quel mourut au mois d'avril, selon quelques » auteurs. *C'est pourquoi* les missionnaires de la » Chine prient les astronomes de l'Europe d'exa- » miner s'il n'y eut point d'éclipse en ce mois et

» en cette année, et si naturellement il pouvait y » en avoir; parce que, cette circonstance étant » bien vérifiée, on en pourrait tirer de grands » avantages pour la conversion des Chinois. »

Pourquoi prier les mathématiciens de l'Europe de faire ce calcul, comme si les jésuites Adam Shâl et Verbiest, qui avaient réformé le calendrier de la Chine et calculé les éclipses, les équinoxes et les solstices, n'avaient pas été en état de le faire eux-mêmes? D'ailleurs l'éclipse dont parle Greslon étant arrivée contre le cours de la nature, comment la calculer? Bien plus, de l'aveu du jésuite Couplet, les Chinois ont inséré dans leurs fastes un grand nombre de fausses éclipses; et le Chinois Yam-Quemsiam, dans sa Réponse à l'*Apologie pour la religion chrétienne*, publiée par les jésuites à la Chine, dit positivement que cette prétendue éclipse n'est marquée dans aucune histoire chinoise.

Que penser après cela du jésuite Tachard, qui, dans l'épître dédicatoire de son premier *Voyage de Siam*, dit que la sagesse suprême fit connaître autrefois aux rois et aux peuples d'Orient Jésus-Christ naissant et mourant, par une nouvelle étoile et par une éclipse extraordinaire? Ignorait-il ce mot de saint Jérôme, sur un sujet à peu près semblable[a] : Cette opinion, qui est assez propre à flatter les oreilles du peuple, n'en est pas plus véritable pour cela?

Mais ce qui aurait dû épargner toutes ces discussions, c'est que Tertullien, dont nous avons déjà parlé, dit que » le jour manqua tout d'un coup pendant que le soleil était au milieu de sa carrière; que les païens crurent que c'était une éclipse, ne sachant pas que cela avait été prédit par Amos, en ces termes[c] : Le soleil se couchera à midi, et la lumière se cachera sur la terre au milieu du jour. Ceux, ajoute Tertullien, qui ont recherché la cause de cet événement, et qui ne l'ont pu découvrir, l'ont nié; mais le fait est certain, et vous le trouverez marqué dans vos archives.

Origène[d], au contraire, dit qu'il n'est pas étonnant que les auteurs étrangers n'aient rien dit des ténèbres dont parlent les évangélistes, puisqu'elles ne parurent qu'aux environs de Jérusalem; la Judée, selon lui, étant désignée sous le nom de toute la terre en plus d'un endroit de l'Écriture. Il avoue d'ailleurs que le passage de l'Évangile de Luc[e] où l'on lisait de son temps que toute la terre fut couverte de ténèbres à cause de l'éclipse du soleil, avait été ainsi falsifié par quelque chrétien ignorant qui avait cru donner par là du jour au texte de l'évangéliste, ou par quelque ennemi mal intentionné qui avait voulu faire naître un prétexte de calomnier l'Église, comme si les évangélistes avaient marqué une éclipse dans un temps où il était notoire qu'elle ne pouvait arriver. Il est vrai, ajoute-t-il, que Phlégon dit qu'il y en eut une sous Tibère; mais comme il ne dit pas qu'elle soit arrivée dans la pleine lune, il n'y a rien en cela de merveilleux.

Ces ténèbres, continue Origène, étaient de la nature de celles qui couvrirent l'Égypte au temps de Moïse, lesquelles ne se firent point sentir dans le canton où demeuraient les Israélites. Celles d'Égypte durèrent trois jours, et celles de Jérusalem ne durèrent que trois heures; les premières étaient la figure des secondes; et de même que Moïse, pour les attirer sur l'Égypte, éleva les mains au ciel et invoqua le Seigneur, ainsi Jésus-Christ, pour couvrir de ténèbres Jérusalem, étendit ses mains sur la croix contre un peuple ingrat qui avait crié : Crucifiez-le, crucifiez-le!

C'est bien ici le cas de s'écrier aussi comme Plutarque : Les ténèbres de la superstition sont plus dangereuses que celles des éclipses.

[a] Sur saint Matthieu, ch. XXVII.
[b] *Apologétique*, ch. XXI. — [c] Ch. VIII, v. 9. — [d] Sur saint Matthieu, ch. XXVII. — [e] Ch. XXIII, v. 45.

ÉCONOMIE.

Ce mot ne signifie dans l'acception ordinaire que la manière d'administrer son bien; elle est commune à un père de famille et à un surintendant des finances d'un royaume. Les différentes sortes de gouvernement, les tracasseries de famille et de cour, les guerres injustes et mal conduites, l'épée de Thémis mise dans les mains des bourreaux pour faire périr l'innocent, les discordes intestines, sont des objets étrangers à l'économie.

Il ne s'agit pas ici des déclamations de ces politiques qui gouvernent un état du fond de leur cabinet par des brochures.

ÉCONOMIE DOMESTIQUE.

La première économie, celle par qui subsistent toutes les autres, est celle de la campagne. C'est elle qui fournit les trois seules choses dont les hommes ont un vrai besoin, le vivre, le vêtir, et le couvert; il n'y en a pas une quatrième, à moins que ce ne soit le chauffage dans les pays froids. Toutes les trois bien entendues donnent la santé, sans laquelle il n'y a rien.

On appelle quelquefois le séjour de la campagne la *vie patriarcale*; mais, dans nos climats, cette vie patriarcale serait impraticable, et nous ferait mourir de froid, de faim, et de misère.

Abraham va de la Chaldée au pays de Sichem

de là il faut qu'il fasse un long voyage par des déserts arides jusqu'à Memphis pour aller acheter du blé. J'écarte toujours respectueusement, comme je le dois, tout ce qui est divin dans l'histoire d'Abraham et de ses enfants; je ne considère ici que son économie rurale.

Je ne lui vois pas une seule maison : il quitte la plus fertile contrée de l'univers et des villes où il y avait des maisons commodes, pour aller errer dans des pays dont il ne pouvait entendre la langue.

Il va de Sodome dans le désert de Gérare, sans avoir le moindre établissement. Lorsqu'il renvoie Agar et l'enfant qu'il a eu d'elle, c'est encore dans un désert; et il ne leur donne pour tout viatique qu'un morceau de pain et une cruche d'eau. Lorsqu'il va sacrifier son fils au Seigneur, c'est encore dans un désert. Il va couper le bois lui-même pour brûler la victime, et le charge sur le dos de son fils qu'il doit immoler.

Sa femme meurt dans un lieu nommé *Arbé* ou *Hébron :* il n'a pas seulement six pieds de terre à lui pour l'ensevelir; il est obligé d'acheter une caverne pour y mettre sa femme; c'est le seul morceau de terre qu'il ait jamais possédé.

Cependant il eut beaucoup d'enfants; car, sans compter Isaac et sa postérité, il eut de son autre femme Céthura, à l'âge de cent quarante ans, selon le calcul ordinaire, cinq enfants mâles qui s'en allèrent vers l'Arabie.

Il n'est point dit qu'Isaac eût un seul quartier de terre dans le pays où mourut son père ; au contraire, il s'en va dans le désert de Gérare avec sa femme Rebecca, chez ce même Abimélech, roi de Gérare, qui avait été amoureux de sa mère.

Ce roi du désert devient aussi amoureux de sa femme Rebecca, que son mari fait passer pour sa sœur, comme Abraham avait donné sa femme Sara pour sa sœur à ce même roi Abimélech, quarante ans auparavant. Il est un peu étonnant que dans cette famille on fasse toujours passer sa femme pour sa sœur, afin d'y gagner quelque chose ; mais puisque ces faits sont consacrés, c'est à nous de garder un silence respectueux.

L'Écriture dit qu'il s'enrichissait dans cette terre horrible, devenue fertile pour lui, et qu'il devint extrêmement puissant; mais il est dit aussi qu'il n'avait pas de l'eau à boire, qu'il eut une grande querelle avec les pasteurs du roitelet de Gérare pour un puits, et on ne voit point qu'il eût une maison en propre.

Ses enfants, Ésaü et Jacob, n'ont pas plus d'établissement que leur père. Jacob est obligé d'aller chercher à vivre dans la Mésopotamie, dont Abraham était sorti. Il sert sept années pour avoir une des filles de Laban, et sept autres années pour obtenir la seconde fille. Il s'enfuit avec Rachel et les troupeaux de son beau-père, qui court après lui. Ce n'est pas là une fortune bien assurée.

Ésaü est représenté aussi errant que Jacob. Aucun des douze patriarches, enfants de Jacob, n'a de demeure fixe, ni un champ dont il soit propriétaire. Ils ne reposent que sous des tentes, comme les Arabes Bédouins.

Il est clair que cette vie patriarcale ne convient nullement à la température de notre air. Il faut à un bon cultivateur, tel que les Pignoux d'Auvergne, une maison saine tournée à l'orient, de vastes granges, de non moins vastes écuries, des étables proprement tenues ; et le tout peut aller à cinquante mille francs au moins de notre monnaie d'aujourd'hui. Il doit semer tous les ans cent arpents en blé, en mettre autant en bons pâturages, posséder quelques arpents de vigne, et environ cinquante arpents pour les mènus grains et les légumes; une trentaine d'arpents de bois, une plantation de mûriers, des vers à soie, des ruches. Avec tous ces avantages bien économisés, il entretiendra une nombreuse famille dans l'abondance de tout. Sa terre s'améliorera de jour en jour; il supportera sans rien craindre les dérangements des saisons et le fardeau des impôts, parce qu'une bonne année répare les dommages de deux mauvaises. Il jouira dans son domaine d'une souveraineté réelle, qui ne sera soumise qu'aux lois. C'est l'état le plus naturel de l'homme, le plus tranquille, le plus heureux, et malheureusement le plus rare.

Le fils de ce vénérable patriarche se voyant riche, se dégoûte bientôt de payer la taxe humiliante de la taille ; il a malheureusement appris quelque latin; il court à la ville, achète une charge qui l'exempte de cette taxe, et qui donnera la noblesse à son fils au bout de vingt ans. Il vend son domaine pour payer sa vanité. Une fille élevée dans le luxe l'épouse, le déshonore, et le ruine; il meurt dans la mendicité, et son fils porte la livrée dans Paris.

Telle est la différence entre l'économie de la campagne et les illusions des villes.

L'économie à la ville est toute différente. Vivez-vous dans votre terre, vous n'achetez presque rien ; le sol vous produit tout, vous pouvez nourrir soixante personnes sans presque vous en apercevoir. Portez à la ville le même revenu, vous achetez tout chèrement, et vous pouvez nourrir à peine cinq ou six domestiques. Un père de famille qui vit dans sa terre avec douze mille livres de rente, aura besoin d'une grande attention pour vivre à Paris dans la même abondance avec quarante mille. Cette proportion a toujours subsisté entre l'économie rurale et celle de la capitale. Il en faut toujours revenir à la singulière lettre de madame de Maintenon à sa belle-sœur madame d'Aubigné, dont on a tant parlé; on ne peut trop la remettre sous les yeux :

. . . .

. . . .

« Vous croirez bien que je connais Paris mieux » que vous; dans ce même esprit, voici, ma chère » sœur, un projet de dépense, tel que je l'exécu- » terais si j'étais hors de la cour. Vous êtes douze » personnes : monsieur et madame, trois fem- » mes, quatre laquais, deux cochers, un valet de » chambre.

» Quinze livres de viande à » cinq sous la livre. . .	5 liv.	15 sous.
» Deux pièces de rôti. . .	2	10
» Du pain	1	10
» Le vin	2	10
» Le bois.	2	
» Le fruit	1	10
» La bougie.		10
» La chandelle		8
	14	13

» Je compte quatre sous en vin pour vos quatre » laquais et vos deux cochers; c'est ce que ma- » dame de Montespan donne aux siens. Si vous » aviez du vin en cave, il ne vous coûterait pas » trois sous : j'en mets six pour votre valet de » chambre, et vingt pour vous deux, qui n'en » buvez pas pour trois.

» Je mets une livre de chandelle par jour, quoi- » qu'il n'en faille qu'une demi-livre. Je mets dix » sous en bougie; il y en a six à la livre, qui coûte » une livre dix sous, et qui dure trois jours.

» Je mets deux livres pour le bois : cependant » vous n'en brûlerez que trois mois de l'année, » et il ne faut que deux feux.

» Je mets une livre dix sous pour le fruit; le » sucre ne coûte que onze sous la livre, et il n'en » faut qu'un quarteron pour une compote.

» Je mets deux pièces de rôti : on en épargne » une quand monsieur ou madame dine ou soupe » en ville; mais aussi j'ai oublié une volaille bouil- » lie pour le potage. Nous entendons le ménage. » Vous pouvez fort bien, sans passer quinze li- » vres, avoir une entrée, tantôt de saucisses, » tantôt de langue de mouton ou de fraise de veau, » le gigot bourgeois, la pyramide éternelle, et la » compote que vous aimez tant[a].

» Cela posé, et ce que j'apprends à la cour, ma » chère enfant, votre dépense ne doit pas passer » cent livres par semaine : c'est quatre cents li- » vres par mois. Posons cinq cents, afin que les » bagatelles que j'oublie ne se plaignent pas que » je leur fais injustice. Cinq cents livres par mois » font,

» Pour votre dépense de bouche..	6000 liv.
» Pour vos habits.	1000
» Pour loyer de maison.	1000
» Pour gages et habits de gens. .	1000
» Pour les habits, l'opéra et les » magnificences[a] de monsieur.	3000
	12000 liv.

» Tout cela n'est-il pas honnête? etc. »

Le marc de l'argent valait alors à peu près la moitié du numéraire d'aujourd'hui; tout le néces- saire absolu était de la moitié moins cher; et le luxe ordinaire, qui est devenu nécessaire, et qui n'est plus luxe, coûtait trois à quatre fois moins que de nos jours. Ainsi le comte d'Aubigné aurait pu pour ses douze mille livres de rente, qu'il man- geait à Paris assez obscurément, vivre en prince dans sa terre.

Il y a dans Paris trois ou quatre cents familles municipales qui occupent la magistrature depuis un siècle, et dont le bien est en rentes sur l'Hôtel- de-ville. Je suppose qu'elles eussent chacune vingt mille livres de rente; ces vingt mille livres fesaient juste le double de ce qu'elles font aujourd'hui; ainsi elles n'ont réellement que la moitié de leur ancien revenu. De cette moitié on retrancha une moi- tié dans le temps inconcevable du système de Lass. Ces familles ne jouissent donc réellement que du quart du revenu qu'elles possédaient à l'avénement de Louis XIV au trône; et le luxe étant augmenté des trois quarts, reste à peu près rien pour elles, à moins qu'elles n'aient réparé leur ruine par de riches mariages, ou par des successions, ou par une industrie secrète; et c'est ce qu'elles ont fait.

En tout pays, tout simple rentier qui n'augmente pas son bien dans une capitale, le perd à la lon- gue. Les terriens se soutiennent, parce que, l'ar- gent augmentant numériquement, le revenu de leurs terres augmente en proportion; mais ils sont exposés à un autre malheur, et ce malheur est dans eux-mêmes. Leur luxe et leur inattention, non moins dangereuse encore, les conduisent à la ruine. Ils vendent leurs terres à des financiers qui entassent, et dont les enfants dissipent tout à leur tour. C'est une circulation perpétuelle d'élé- vation et de décadence; le tout faute d'une éco- nomie raisonnable, qui consiste uniquement à ne pas dépenser plus qu'on ne reçoit.

[a] Dans ce temps-là, et c'était le plus brillant de Louis XIV, on ne servait d'entremets que dans les grands repas d'appareil.

[a] Madame de Maintenon compte deux cochers, et oublie quatre chevaux, qui, dans ce temps-là, devaient, avec l'entre- tien des voitures, coûter environ deux mille francs par année.

DE L'ÉCONOMIE PUBLIQUE.

L'économie d'un état n'est précisément que celle d'une grande famille. C'est ce qui porta le duc de Sulli à donner le nom d'*Économies* à ses mémoires. Toutes les autres branches d'un gouvernement sont plutôt des obstacles que des secours à l'administration des deniers publics. Des traités qu'il faut quelquefois conclure à prix d'or, des guerres malheureuses, ruinent un état pour long-temps; les heureuses même l'épuisent. Le commerce intercepté et mal entendu l'appauvrit encore; les impôts excessifs comblent la misère.

Qu'est-ce qu'un état riche et bien économisé? c'est celui où tout homme qui travaille est sûr d'une fortune convenable à sa condition, à commencer par le roi, et à finir par le manœuvre.

Prenons pour exemple l'état où le gouvernement des finances est le plus compliqué, l'Angleterre. Le roi est presque sûr d'avoir toujours un million sterling par an à dépenser pour sa maison, sa table, ses ambassadeurs, et ses plaisirs. Ce million revient tout entier au peuple par la consommation; car si les ambassadeurs dépensent leurs appointements ailleurs, les ministres étrangers consument leur argent à Londres. Tout possesseur de terres est certain de jouir de son revenu, aux taxes près imposées par ses représentants en parlement, c'est-à-dire, par lui-même.

Le commerçant joue un jeu de hasard et d'industrie contre presque tout l'univers; et il est long-temps incertain s'il mariera sa fille à un pair du royaume, ou s'il mourra à l'hôpital.

Ceux qui, sans être négociants, placent leur fortune précaire dans les grandes compagnies de commerce, ressemblent parfaitement aux oisifs de la France qui achètent des effets royaux, et dont le sort dépend de la bonne ou mauvaise fortune du gouvernement.

Ceux dont l'unique profession est de vendre et d'acheter des billets publics, sur les nouvelles heureuses ou malheureuses qu'on débite, et de trafiquer la crainte et l'espérance, sont en sous-ordre dans le même cas que les actionnaires; et tous sont des joueurs, hors le cultivateur qui fournit de quoi jouer.

Une guerre survient; il faut que le gouvernement emprunte de l'argent comptant, car on ne paie pas des flottes et des armées avec des promesses. La chambre des communes imagine une taxe sur la bière, sur le charbon, sur les cheminées, sur les fenêtres, sur les acres de blé et de pâturage, sur l'importation, etc.

On calcule ce que cet impôt pourra produire à peu près; toute la nation en est instruite; un acte du parlement dit aux citoyens: Ceux qui voudront prêter à la patrie recevront quatre pour cent de leur argent pendant dix ans; au bout desquels ils seront remboursés.

Ce même gouvernement fait un fonds d'amortissement du surplus de ce que produisent les taxes. Ce fonds doit servir à rembourser les créanciers. Le temps du remboursement venu, on leur dit: Voulez-vous votre fonds, ou voulez-vous le laisser à trois pour cent? Les créanciers, qui croient leur dette assurée, laissent pour la plupart leur argent entre les mains du gouvernement.

Nouvelle guerre, nouveaux emprunts, nouvelles dettes; le fonds d'amortissement est vide, on ne rembourse rien.

Enfin ce monceau de papier représentatif d'un argent qui n'existe pas a été porté jusqu'à cent trente millions de livres sterling, qui font cent vingt-sept millions de guinées, en l'an 1770 de notre ère vulgaire.

Disons en passant que la France est à peu près dans ce cas; elle doit de fonds environ cent vingt-sept millions de louis d'or. Or, ces deux sommes, montant à deux cent cinquante-quatre millions de louis d'or, n'existent pas dans l'Europe. Comment payer? Examinons d'abord l'Angleterre.

Si chacun redemande son fonds, la chose est visiblement impossible, à moins de la pierre philosophale, ou de quelque multiplication pareille. Que faire? Une partie de la nation a prêté à toute la nation. L'Angleterre doit à l'Angleterre cent trente millions sterling à trois pour cent d'intérêt: elle paie donc de ce seul article très modique trois millions neuf cent mille livres sterling d'or chaque année. Les impôts sont d'environ sept millions [a]; il reste donc pour satisfaire aux charges de l'état trois millions et cent mille livres sterling, sur quoi l'on peut, en économisant, éteindre peu à peu une partie des dettes publiques.

La banque de l'état, en produisant des avantages immenses aux directeurs, est utile à la nation, parce qu'elle augmente le crédit, que ses opérations sont connues, et qu'elle ne pourrait faire plus de billets qu'il n'en faut sans perdre ce crédit et sans se ruiner elle-même. C'est là le grand avantage d'un pays commerçant, où tout se fait en vertu d'une loi positive, où nulle opération n'est cachée, où la confiance est établie sur des calculs faits par les représentants de l'état, examinés par tous les citoyens. L'Angleterre, quoi qu'on dise, voit donc son opulence assurée tant qu'elle aura des terres fertiles, des troupeaux abondants, et un commerce avantageux [1].

[a] Ceci était écrit en 1770.

[1] La dette immense de l'Angleterre et de la France prépare à ces deux nations, non une ruine totale ou une décadence durable, mais de longs malheurs et peut-être de grands boule-

Si les autres pays parviennent à n'avoir pas besoin de ses blés et à tourner contre elle la balance du commerce, il peut arriver alors un très grand bouleversement dans les fortunes des particuliers ; mais la terre reste, l'industrie reste ; et l'Angleterre, alors moins riche en argent, l'est toujours en valeurs renaissantes que le sol produit ; elle revient au même état où elle était au seizième siècle.

Il en est absolument de tout un royaume comme d'une terre d'un particulier : si le fonds de la terre est bon, elle ne sera jamais ruinée ; la famille qui la fesait valoir peut être réduite à l'aumône, mais le sol prospérera sous une autre famille.

Il y a d'autres royaumes qui ne seront jamais riches, quelque effort qu'ils fassent : ce sont ceux qui, situés sous un ciel rigoureux, ne peuvent avoir tout au plus que l'exact nécessaire. Les citoyens n'y peuvent jouir des commodités de la vie qu'en les fesant venir de l'étranger à un prix qui est excessif pour eux. Donnez à la Sibérie et au Kamtschatka réunis, qui font quatre fois l'étendue de l'Allemagne, un Cyrus pour souverain, un Solon pour législateur, un duc de Sulli, un Colbert pour surintendant des finances, un duc de Choiseul pour ministre de la guerre et de la paix, un Anson pour amiral, ils y mourront de faim avec tout leur génie.

Au contraire, faites gouverner la France par un fou sérieux tel que Lass, par un fou plaisant tel que le cardinal Dubois, par des ministres tels que nous en avons vu quelquefois, on pourra dire d'eux ce qu'un sénateur de Venise disait de ses confrères au roi Louis XII, à ce que prétendent les raconteurs d'anecdotes. Louis XII en colère menaçait de ruiner la république : Je vous en défie, dit le sénateur ; la chose me paraît impossible : il y a vingt ans que mes confrères font tous les efforts imaginables pour la détruire, et ils n'en ont pu venir à bout.

Il n'y eut jamais rien de plus extravagant sans doute que de créer une compagnie imaginaire du Mississipi, qui devait rendre au moins cent pour un à tout intéressé, de tripler tout d'un coup la valeur numéraire des espèces, de rembourser en papier chimérique les dettes et les charges de l'état, et de finir enfin par la défense aussi folle que tyrannique à tout citoyen de garder chez soi plus de cinq cents francs en or ou en argent. Ce comble d'extravagance étant inouï, le bouleversement général fut aussi grand qu'il devait l'être : chacun criait que c'en était fait de la France pour jamais. Au bout de dix ans il n'y paraissait pas.

Un bon pays se rétablit toujours par lui-même, pour peu qu'il soit tolérablement régi : un mauvais ne peut s'enrichir que par une industrie extrême et heureuse.

La proportion sera toujours la même entre l'Espagne, la France, l'Angleterre proprement dite, et la Suède [1]. On compte communément vingt millions d'habitants en France, c'est peut-être trop ; Ustariz n'en admet que sept en Espagne, Nichols en donne huit à l'Angleterre, on n'en attribue pas cinq à la Suède. L'Espagnol (l'un portant l'autre) a la valeur de quatre-vingts de nos livres à dépenser par an ; le Français, meilleur cultivateur, a cent vingt livres ; l'Anglais, cent quatre-vingts ; le Suédois, cinquante. Si nous voulions parler du Hollandais, nous trouverions qu'il n'a que ce qu'il gagne, parce que ce n'est pas son territoire qui le nourrit et qui l'habille : la Hollande est une foire continuelle, où personne n'est riche que de sa propre industrie ou de celle de son père.

Quelle énorme disproportion entre les fortunes! un Anglais qui a sept mille guinées de revenu absorbe la subsistance de mille personnes. Ce calcul effraie au premier coup d'œil ; mais au bout de l'année il a réparti ses sept mille guinées dans l'état, et chacun a eu à peu près son contingent.

En général l'homme coûte très peu à la nature. Dans l'Inde, où les raïas et les nababs entassent tant de trésors, le commun peuple vit pour deux sous par jour tout au plus.

Ceux des Américains qui ne sont sous aucune

versements. Cependant, en supposant ces dettes égales (et celle de l'Angleterre est plus forte), la France aurait encore de grands avantages. 1° Quoique la supériorité de sa richesse réelle ne soit point proportionnelle à celle de l'étendue de son territoire et du nombre de ses habitants, cette supériorité est très grande. 2° L'agriculture, l'industrie et le commerce n'y étant pas aussi près qu'en Angleterre du degré de perfection et d'activité qu'on peut atteindre, leurs progrès peuvent procurer de plus grandes ressources. La suppression des corvées, celle des jurandes pour les métiers comme pour le commerce, la liberté du commerce des blés, des vins, des bestiaux, en un mot les lois faites en 1776 et celles qu'on préparait alors, auraient changé en peu d'années la face de la France. 3° La dette foncière en France étant en très grande partie à cinq pour cent et au-delà, tout ministre éclairé et vertueux que l'on croira établi dans sa place, trouvant à emprunter à quatre pour cent, lorsqu'il n'empruntera que pour rembourser, pourra diminuer l'intérêt de cette partie de la dette d'un cinquième et au-delà, et former de cela seul un fonds d'amortissement. 4° La vente des domaines, et celle des biens du clergé qui appartiennent à l'état, est une ressource immense qui manque encore à l'Angleterre. La publicité des opérations peut aussi avoir lieu en France ; et si la confiance doit être plus grande en Angleterre, parce que les membres du parlement sont eux-mêmes intéressés à ce que la nation soit fidèle à ses engagements, d'un autre côté ces mêmes membres du parlement ont beaucoup plus d'intérêt à ce que les finances soient mal administrées, que n'en peuvent avoir les ministres du roi de France. K.

[1] C'est-à-dire si la législation ou l'administration ne changent point ; car la France, moins peuplée à proportion que l'Angleterre, peut acquérir une population égale ; l'Espagne, la Suède, peuvent en très peu de temps doubler leur population. K.

domination, n'ayant que leurs bras, ne dépensent rien ; la moitié de l'Afrique a toujours vécu de même ; et nous ne sommes supérieurs à tous ces hommes-là que d'environ quarante écus par an : mais ces quarante écus font une prodigieuse différence ; c'est elle qui couvre la terre de belles villes, et la mer de vaisseaux.

C'est avec nos quarante écus que Louis XIV eut deux cents vaisseaux, et bâtit Versailles ; et tant que chaque individu, l'un portant l'autre, pourra être censé jouir de quarante écus de rente, l'état pourra être florissant.

Il est évident que plus il y a d'hommes et de richesses dans un état, plus on y voit d'abus. Les frottements sont si considérables dans les grandes machines, qu'elles sont presque toujours détraquées. Ces dérangements font une telle impression sur les esprits, qu'en Angleterre, où il est permis à tout citoyen de dire ce qu'il pense, il se trouve tous les mois quelque calculateur qui avertit charitablement ses compatriotes que tout est perdu, et que la nation est ruinée sans ressource. La permission de penser étant moins grande en France, on s'y plaint en contrebande ; on imprime furtivement, mais fort souvent, que jamais sous les enfants de Clotaire, ni du temps du roi Jean, de Charles VI, de la bataille de Pavie, des guerres civiles et de la Saint-Barthélemi, le peuple ne fut si misérable qu'aujourd'hui.

Si on répond à ces lamentations par une lettre de cachet, qui ne passe pas pour une raison bien légitime, mais qui est très péremptoire, le plaignant s'enfuit en criant aux alguazils qu'ils n'en ont pas pour six semaines, et que Dieu merci ils mourront de faim avant ce temps-là comme les autres.

Bois-Guillebert, qui attribua si impudemment son insensée *Dîme royale* au maréchal de Vauban, prétendait, dans son *Détail de la France*, que le grand ministre Colbert avait déjà appauvri l'état de quinze cents millions, en attendant pis.

Un calculateur de notre temps, qui paraît avoir les meilleures intentions du monde, quoiqu'il veuille absolument qu'on s'enivre après la messe, prétend que les valeurs renaissantes de la France, qui forment le revenu de la nation, ne se montent qu'à environ quatre cents millions ; en quoi il paraît qu'il ne se trompe que d'environ seize cents millions de livres à vingt sous la pièce, le marc d'argent monnayé étant à quarante-neuf livres dix. Et il assure que l'impôt pour payer les charges de l'état ne peut être que de soixante et quinze millions, dans le temps qu'il l'est de trois cents, lesquels ne suffisent pas, à beaucoup près, pour acquitter les dettes annuelles.

Une seule erreur dans toutes ces spéculations, dont le nombre est très considérable, ressemble aux erreurs commises dans les mesures astronomiques prises sur la terre. Deux lignes répondent à des espaces immenses dans le ciel.

C'est en France et en Angleterre que l'économie publique est le plus compliquée. On n'a pas d'idée d'une telle administration dans le reste du globe, depuis le mont Atlas jusqu'au Japon. Il n'y a guère que cent trente ans que commença cet art de rendre la moitié d'une nation débitrice de l'autre ; de faire passer avec du papier les fortunes de main en main ; de rendre l'état créancier de l'état ; de faire un chaos de ce qui devrait être soumis à une règle uniforme. Cette méthode s'est étendue en Allemagne et en Hollande. On a poussé ce raffinement et cet excès jusqu'à établir un jeu entre le souverain et les sujets ; et ce jeu est appelé loterie. Votre enjeu est de l'argent comptant ; si vous gagnez, vous obtenez des espèces ou des rentes ; qui perd ne souffre pas un grand dommage. Le gouvernement prend d'ordinaire dix pour cent pour sa peine. On fait ces loteries les plus compliquées que l'on peut, pour étourdir et pour amorcer le public. Toutes ces méthodes ont été adoptées en Allemagne et en Hollande : presque tout état a été obéré tour à tour. Cela n'est pas trop sage ; mais qui l'est? les petits, qui n'ont pas le pouvoir de se ruiner.

ECONOMIE DE PAROLES.

Parler par économie.

C'est une expression consacrée aux Pères de l'Église et même aux premiers instituteurs de notre sainte religion ; elle signifie « parler selon les temps » et selon les lieux. »

Par exemple [a], saint Paul étant chrétien vient dans le temple des Juifs s'acquitter des rites judaïques, pour faire voir qu'il ne s'écarte point de la loi mosaïque : il est reconnu au bout de sept jours, et accusé d'avoir profané le temple. Aussitôt on le charge de coups, on le traîne en tumulte : le tribun de la cohorte, *tribunus cohortis* [b], arrive, et le fait lier de deux chaînes [c]. Le lendemain ce tribun fait assembler le sanhédrin, et amène Paul devant ce tribunal ; le grand-prêtre Annaniah

[a] *Actes des apôtres*, ch. XXI.

[b] Il n'y avait pas, à la vérité, dans la milice romaine, de tribun de cohorte. C'est comme si on disait parmi nous colonel d'une compagnie. Les centurions étaient à la tête des cohortes, et les tribuns à la tête des légions. Il y avait trois tribuns souvent dans une légion ; ils commandaient alors tour à tour et étaient subordonnés les uns aux autres. L'auteur des *Actes* a probablement entendu que le tribun fit marcher une cohorte.

[c] Chap. XXII.

commence par lui faire donner un soufflet [a], et Paul l'appelle *muraille blanchie* [b].

« Il me donna un soufflet ; mais je lui dis bien » son fait [1]. »

» [c] Or, Paul sachant qu'une partie des juges était » composée de saducéens, et l'autre de pharisiens, » il s'écria : Je suis pharisien et fils de pharisien; » on ne veut me condamner qu'à cause de l'espé- » rance et de la résurrection des morts. Paul ayant » ainsi parlé, il s'éleva une dispute entre les pha- » risiens et les saducéens, et l'assemblée fut rom- » pue; car les saducéens disent qu'il n'y a ni ré- » surrection, ni anges, ni esprits, et les pharisiens » confessent le contraire. »

Il est bien évident, par le texte, que Paul n'é- tait point pharisien, puisqu'il était chrétien, et qu'il n'avait point du tout été question dans cette affaire ni de résurrection, ni d'espérance, ni d'anges, ni d'esprits.

Le texte fait voir que saint Paul ne parlait ainsi que pour compromettre ensemble les pharisiens et les saducéens : c'était parler par économie, par prudence ; c'était un artifice pieux, qui n'eût pas été peut-être permis à tout autre qu'à un apôtre.

C'est ainsi que presque tous les Pères de l'Église ont parlé par économie. Saint Jérôme développe admirablement cette méthode dans sa lettre cinquante-quatrième à Pammaque. Pesez ses paroles.

Après avoir dit qu'il est des occasions où il faut présenter un pain et jeter une pierre, voici comme il continue :

« Lisez, je vous prie, Démosthène ; lisez Cicé- » ron; et si les rhétoriciens vous déplaisent, parce » que leur art est de dire le vraisemblable plutôt » que le vrai, lisez Platon, Théophraste, Xénophon, » Aristote, et tous ceux qui ayant puisé dans la » fontaine de Socrate en ont tiré divers ruisseaux. » Y a-t-il chez eux quelque candeur, quelque sim- » plicité? quels termes chez eux n'ont pas deux » sens? et quels sens ne présentent-ils pas pour » remporter la victoire? Origène, Méthodius, Eu- » sèbe, Apollinaire, ont écrit des milliers de ver- » sets contre Celse et Porphyre. Considérez avec » quel artifice, avec quelle subtilité problémati- » que ils combattent l'esprit du diable; ils disent, » non ce qu'ils pensent, mais ce qui est nécessaire : » *Non quod sentiunt, sed quod necesse est dicunt.*

» Je ne parle point des auteurs latins, Tertul- » lien, Cyprien, Minucius, Victorin, Lactance, » Hilaire; je ne veux point les citer ici ; je ne veux » que me défendre; je me contenterai de vous rap- » porter l'exemple de l'apôtre saint Paul, etc. »

Saint Augustin écrit souvent *par économie.* Il se proportionne tellement aux temps et aux lieux, que, dans une de ses épîtres, il avoue qu'il n'a expliqué la trinité que « parce qu'il fallait bien » dire quelque chose. »

Ce n'est pas assurément qu'il doutât de la sainte trinité; mais il sentait combien ce mystère est ineffable, et il avait voulu contenter la curiosité du peuple.

Cette méthode fut toujours reçue en théologie. On emploie contre les encratiques un argument qui donnerait gain de cause aux carpocratiens ; et quand on dispute ensuite contre les carpocratiens, on change ses armes.

Tantôt on dit que Jésus n'est mort que pour *plusieurs*, quand on étale le grand nombre des réprouvés; tantôt on affirme qu'il est mort pour *tous*, quand on veut manifester sa bonté universelle. Là, vous prenez le sens propre pour le sens figuré; ici vous prenez le sens figuré pour le sens propre, selon que la prudence l'exige.

Un tel usage n'est pas admis en justice. On punirait un témoin qui dirait le pour et le contre dans une affaire capitale ; mais il y a une différence infinie entre les vils intérêts humains qui exigent la plus grande clarté, et les intérêts divins qui sont cachés dans un abîme impénétrable. Les mêmes juges qui veulent à l'audience des preuves indubitables approchantes de la démonstration, se contenteront au sermon de preuves morales, et même de déclamations sans preuves.

Saint Augustin parle *par économie* quand il dit : « Je crois, parce que cela est absurde; je crois, » parce que cela est impossible. » Ces paroles, qui seraient extravagantes dans toute affaire mondaine, sont très respectables en théologie. Elles signifient : Ce qui est absurde et impossible aux yeux mortels ne l'est point aux yeux de Dieu ; or, Dieu m'a révélé ces prétendues absurdités, ces impossibilités apparentes ; donc je dois les croire.

Un avocat ne serait pas reçu à parler ainsi au barreau. On enfermerait à l'hôpital des fous des témoins qui diraient : Nous affirmons qu'un accusé étant au berceau à la Martinique a tué un homme à Paris ; et nous sommes d'autant plus certains de cet homicide, qu'il est absurde et impossible. Mais la révélation, les miracles, la foi fondée sur des motifs de crédibilité, sont un ordre de choses tout différent.

Le même saint Augustin dit dans sa lettre cent cinquante-troisième : « Il est écrit [a] que le monde

[a] Un soufflet, chez les peuples asiatiques, était une punition légale. Encore aujourd'hui, à la Chine, et dans les pays au-delà du Gange, on condamne un homme à une douzaine de soufflets.

b Chap. XXIII, v. 3.

[1] *Pourceaugnac*, acte I, scène VI. K.

[c] Chap. XXIII, v. 6 et suiv.

[a] Cela est écrit dans les *Proverbes*, chap. XVI; mais ce n'est que dans la traduction des Septante, à laquelle toute l'Église s'en tenait alors.

» entier appartient aux fidèles; et les infidèles » n'ont pas une obole qu'ils possèdent légitime» ment. »

Si sur ce principe deux dépositaires viennent m'assurer qu'ils sont fidèles, et si en cette qualité ils me font banqueroute à moi misérable mondain, il est certain qu'ils seront condamnés par le châtelet et par le parlement, malgré toute l'économie avec laquelle saint Augustin a parlé.

Saint Irénée prétend[a] qu'il ne faut condamner ni l'inceste des deux filles de Loth avec leur père, ni celui de Thamar avec son beau-père, par la raison que la sainte Écriture ne dit pas expressément que cette action soit criminelle. Cette économie n'empêchera pas que l'inceste parmi nous ne soit puni par les lois. Il est vrai que si Dieu ordonnait expressément à des filles d'engendrer des enfants avec leur père, non seulement elles seraient innocentes, mais elles deviendraient très coupables en n'obéissant pas. C'est là où est l'économie d'Irénée; son but très louable est de faire respecter tout ce qui est dans les saintes Écritures hébraïques; mais comme Dieu, qui les a dictées, n'a donné nul éloge aux filles de Loth et à la bru de Juda, il est permis de les condamner.

Tous les premiers chrétiens, sans exception, pensaient sur la guerre comme les esséniens et les thérapeutes, comme pensent et agissent aujourd'hui les primitifs appelés *quakers*, et les autres primitifs appelés *dunkars*, comme ont toujours pensé et agi les brachmanes. Tertullien est celui qui s'explique le plus fortement sur ces homicides légaux que notre abominable nature a rendus nécessaires[b] : « Il n'y a point de règle, point d'usage » qui puisse rendre légitime cet acte criminel. »

Cependant, après avoir assuré qu'il n'est aucun chrétien qui puisse porter les armes, il dit par économie dans le même livre, pour intimider l'empire romain [c] : « Nous sommes d'hier, et nous » remplissons vos villes et vos armées. »

Cela n'était pas vrai, et ne fut vrai que sous Constance Chlore; mais l'économie exigeait que Tertullien exagérât dans la vue de rendre son parti redoutable.

C'est dans le même esprit qu'il dit[d] que Pilate était chrétien dans le cœur. Tout son *Apologétique* est plein de pareilles assertions qui redoublaient le zèle des néophytes.

Terminons tous ces exemples du style économique, qui sont innombrables, par ce passage de saint Jérôme, dans sa dispute contre Jovinien sur les secondes noces[e] : « Si les organes de la » génération dans les hommes, l'ouverture de la » femme, le fond de sa vulve, et la différence » des deux sexes faits l'un pour l'autre, montrent » évidemment qu'ils sont destinés pour former des » enfants, voici ce que je réponds : Il s'ensuivrait » que nous ne devons jamais cesser de faire l'a» mour, de peur de porter en vain des membres » destinés pour lui. Pourquoi un mari s'abstien» drait-il de sa femme, pourquoi une veuve per» sévérerait-elle dans le veuvage, si nous sommes » nés pour cette action comme les autres animaux ? » en quoi me nuira un homme qui couchera avec » ma femme? Certainement si les dents sont fai» tes pour manger, et pour faire passer dans l'es» tomac ce qu'elles ont broyé; s'il n'y a nul mal » qu'un homme donne du pain à ma femme, il » n'y en a pas davantage si, étant plus vigoureux » que moi, il apaise sa faim d'une autre manière, » et qu'il me soulage de mes fatigues, puisque les » génitoires sont faits pour jouir toujours de leur » destinée. »

« Quoniam ipsa organa, et genitalium fabrica, » et nostra feminarumque discretio, et recepta» cula vulvæ, ad suscipiendos et coalendos fœtus » condita, sexus differentiam prædicant, hoc bre» viter respondebo : Nunquam ergo cessemus a » libidine, ne frustra hujuscemodi membra por» temus. Cur enim maritus se abstineat ab uxore, » cur casta vidua perseveret, si ad hoc tantum » nati sumus ut pecudum more vivamus? aut quid » mihi nocebit si cum uxore mea alius concubue» rit? Quomodo enim dentium officium est man» dere, et in alvum ea quæ sunt mansa transmit» tere, et non habet crimen, qui conjugi meæ » panem dederit ; ita, si genitalium hoc est offi» cium ut semper fruantur natura sua, meam las» situdinem alterius vires superent; et uxoris, » ut ita dixerim, ardentissimam gulam fortuita » libido restinguat. »

Après un tel passage, il est inutile d'en citer d'autres. Remarquons seulement que ce style économique, qui tient de si près au polémique, doit être manié avec la plus grande circonspection, et qu'il n'appartient point aux profanes d'imiter dans leurs disputes ce que les saints ont hasardé, soit dans la chaleur de leur zèle, soit dans la naïveté de leur style.

ÉCROUELLES.

Écrouelles, scrofules, appelées *humeurs froides*, quoiqu'elles soient très caustiques ; l'une de ces maladies presque incurables qui défigurent la nature humaine, et qui mènent à une mort prématurée par les douleurs et par l'infection.

On prétend que cette maladie fut traitée de divine, parce qu'il n'était pas au pouvoir humain de la guérir.

[a] Liv. IV, ch. XXV. — [b] *De l'idolâtrie*, ch. XIX. — [c] Ibid. chap. XLII.
[d] *Apologétiq.*, ch. XXI. — [e] Liv. I.

Peut-être quelques moines imaginèrent que des rois, en qualité d'images de la Divinité, pouvaient avoir le droit d'opérer la cure des scrofuleux, en les touchant de leurs mains qui avaient été ointes. Mais pourquoi ne pas attribuer, à plus forte raison, ce privilége aux empereurs, qui avaient une dignité si supérieure à celle des rois? pourquoi ne le pas donner aux papes, qui se disaient les maîtres des empereurs, et qui étaient bien autre chose que de simples images de Dieu, puisqu'ils en étaient les vicaires? Il y a quelque apparence que quelque songe-creux de Normandie, pour rendre l'usurpation de Guillaume-le-Bâtard plus respectable, lui concéda, de la part de Dieu, la faculté de guérir les écrouelles avec le bout du doigt.

C'est quelque temps après Guillaume qu'on trouve cet usage tout établi. On ne pouvait gratifier les rois d'Angleterre de ce don miraculeux, et le refuser aux rois de France leurs suzerains. C'eût été blesser le respect dû aux lois féodales. Enfin, on fit remonter ce droit à saint Édouard en Angleterre, et à Clovis en France.

Le seul témoignage un peu croyable que nous ayons de l'antiquité de cet usage[a], se trouve dans les écrits en faveur de la maison de Lancastre, composés par le chevalier Jean Fortescue, sous le roi Henri VI, reconnu roi de France, à Paris, dans son berceau, et ensuite roi d'Angleterre, et qui perdit ses deux royaumes. Jean Fortescue, grand-chancelier d'Angleterre, dit que de temps immémorial les rois d'Angleterre étaient en possession de toucher les gens du peuple malades des écrouelles. On ne voit pourtant pas que cette prérogative rendit leurs personnes plus sacrées dans les guerres de la Rose rouge et de la Rose blanche.

Les reines qui n'étaient que femmes de rois ne guérissaient pas les écrouelles, parce qu'elles n'étaient pas ointes aux mains comme les rois; mais Elisabeth, reine de son chef, et ointe, les guérissait sans difficulté.

Il arriva une chose assez triste à Martorillo le Calabrois, que nous nommons saint François de Paule. Le roi Louis XI le fit venir au Plessis-lez-Tours pour le guérir des suites de son apoplexie: le saint arriva avec les écrouelles[b]: « Ipse fuit » detentus gravi inflatura quam in parte inferiori » genæ suæ dextræ circa guttur patiebatur. Chi» rurgi dicebant morbum esse scropharum. »

Le saint ne guérit point le roi, et le roi ne guérit point le saint.

Quand le roi d'Angleterre Jacques II fut reconduit de Rochester à Whitehall, on proposa de lui laisser faire quelque acte de royauté, comme de toucher les écrouelles; il ne se présenta personne. Il alla exercer sa prérogative en France, à Saint-Germain, où il toucha quelques Irlandaises. Sa fille Marie, le roi Guillaume, la reine Anne, les rois de la maison de Brunswick, ne guérirent personne. Cette mode sacrée passa quand le raisonnement arriva.

[a] *Appendix*, n° VI.
[b] *Acta sancti Francisci Pauli*, page 155.

ÉDUCATION.

DIALOGUE

ENTRE UN CONSEILLER ET UN EX-JÉSUITE.

L'EX-JÉSUITE.

Monsieur, vous voyez le triste état où la banqueroute de deux marchands missionnaires m'a réduit. Je n'avais assurément aucune correspondance avec frère La Valette et frère Sacy; j'étais un pauvre prêtre du collége de Clermont, dit *Louis-le-Grand;* je savais un peu de latin et de catéchisme que je vous ai enseigné pendant six ans, sans aucun salaire. A peine sorti du collége, à peine, ayant fait semblant d'étudier en droit, avez-vous acheté une charge de conseiller au parlement, que vous avez donné votre voix pour me faire mendier mon pain hors de ma patrie, ou pour me réduire à y vivre bafoué avec seize louis et seize francs par an, qui ne suffisent pas pour me vêtir et me nourrir, moi et ma sœur la couturière devenue impotente. Tout le monde m'a dit que ce désastre était advenu aux frères jésuites non seulement par la banqueroute de La Valette et Sacy, missionnaires, mais parce que frère La Chaise, confesseur, avait été un trigaud, et frère Le Tellier, confesseur, un persécuteur impudent: mais je n'ai jamais connu ni l'un ni l'autre; ils étaient morts avant que je fusse né.

On prétend encore que des disputes de jansénistes et de molinistes sur la grâce versatile et sur la science moyenne, ont fort contribué à nous chasser de nos maisons: mais je n'ai jamais su ce que c'était que la grâce. Je vous ai fait lire autrefois Despautère et Cicéron, les vers de Commire et de Virgile, le *Pédagogue chrétien* et Sénèque, les *Psaumes* de David en latin de cuisine, et les odes d'Horace à la brune Lalagé, et au blond Ligurinus, *flavam religanti comam,* renouant sa blonde chevelure. En un mot, j'ai fait ce que j'ai pu pour vous bien élever; et voilà ma récompense!

LE CONSEILLER.

Vraiment, vous m'avez donné là une plaisante éducation; il est vrai que je m'accommodais fort du blond Ligurinus. Mais lorsque j'entrai dans le monde, je voulus m'aviser de parler, et on se moqua de moi; j'avais beau citer les odes à Ligurinus et le *Pédagogue chrétien*, je ne savais ni si François Ier avait été fait prisonnier à Pavie, ni où est Pavie; le pays même où je suis né était ignoré de moi; je ne connaissais ni les lois principales, ni les intérêts de ma patrie : pas un mot de mathématiques, pas un mot de saine philosophie; je savais du latin et des sottises.

L'EX-JÉSUITE.

Je ne pouvais vous apprendre que ce qu'on m'avait enseigné. J'avais étudié au même collége jusqu'à quinze ans; à cet âge un jésuite m'*enquinauda*; je fus novice, on m'abêtit pendant deux ans, et ensuite on me fit régenter. Ne voudriez-vous pas que je vous eusse donné l'éducation qu'on reçoit dans l'École militaire?

LE CONSEILLER.

Non; il faut que chacun apprenne de bonne heure tout ce qui peut le faire réussir dans la profession à laquelle il est destiné. Clairault était le fils d'un maître de mathématiques; dès qu'il sut lire et écrire, son père lui montra son art; il devint très bon géomètre à douze ans; il apprit ensuite le latin, qui ne lui servit jamais à rien. La célèbre marquise Du Châtelet apprit le latin en un an, et le savait très bien; tandis qu'on nous tenait sept années au collége pour nous faire balbutier cette langue, sans jamais parler à notre raison.

Quant à l'étude des lois, dans laquelle nous entrions en sortant de chez vous, c'était encore pis. Je suis de Paris, et on m'a fait étudier pendant trois ans les lois oubliées de l'ancienne Rome; ma coutume me suffirait, s'il n'y avait pas dans notre pays cent quarante-quatre coutumes différentes.

J'entendis d'abord mon professeur qui commença par distinguer la jurisprudence en droit naturel et droit des gens : le droit naturel est commun, selon lui, aux hommes et aux bêtes; et le droit des gens commun à toutes les nations, dont aucune n'est d'accord avec ses voisins.

Ensuite on me parla de la loi des douze Tables, abrogée bien vite chez ceux qui l'avaient faite; de l'édit du préteur, quand nous n'avons point de préteur; de tout ce qui concerne les esclaves, quand nous n'avons point d'esclaves domestiques (au moins dans l'Europe chrétienne); du divorce, quand le divorce n'est pas encore reçu chez nous, etc., etc., etc.

Je m'aperçus bientôt qu'on me plongeait dans un abîme dont je ne pourrais jamais me tirer. Je vis qu'on m'avait donné une éducation très inutile pour me conduire dans le monde.

J'avoue que ma confusion a redoublé quand j'ai lu nos ordonnances; il y en a la valeur de quatre-vingts volumes, qui presque toutes se contredisent : je suis obligé, quand je juge, de m'en rapporter au peu de bon sens et d'équité que la nature m'a donné; et avec ces deux secours je me trompe à presque toutes les audiences.

J'ai un frère qui étudie en théologie pour être grand-vicaire; il se plaint bien davantage de son éducation : il faut qu'il consume six années à bien statuer s'il y a neuf chœurs d'anges, et quelle est la différence précise entre un trône et une domination; si le Phison dans le paradis terrestre était à droite ou à gauche du Géhon; si la langue dans laquelle le serpent eut des conversations avec Ève était la même que celle dont l'ânesse se servit avec Balaam; comment Melchisédech était né sans père et sans mère; en quel endroit demeure Énoch, qui n'est point mort; où sont les chevaux qui transportèrent Élie dans un char de feu, après qu'il eut séparé les eaux du Jourdain avec son manteau, et dans quel temps il doit revenir pour annoncer la fin du monde. Mon frère dit que toutes ces questions l'embarrassent beaucoup, et ne lui ont encore pu procurer un canonicat de Notre-Dame, sur lequel nous comptions.

Vous voyez, entre nous, que la plupart de nos éducations sont ridicules, et que celles qu'on reçoit dans les arts et métiers sont infiniment meilleures.

L'EX-JÉSUITE.

D'accord; mais je n'ai pas de quoi vivre avec mes quatre cents francs, qui font vingt-deux sous deux deniers par jour; tandis que tel homme, dont le père allait derrière un carrosse, a trente-six chevaux dans son écurie, quatre cuisiniers, et point d'aumônier.

LE CONSEILLER.

Eh bien! je vous donne quatre cents autres francs de ma poche; c'est ce que Jean Despautère ne m'avait point enseigné dans mon éducation.

ÉGALITÉ.

SECTION PREMIÈRE.

Il est clair que tous les hommes jouissant des facultés attachées à leur nature sont égaux; ils le sont quand ils s'acquittent des fonctions animales, et quand ils exercent leur entendement. Le roi de la Chine, le grand-mogol, le padisha de Turquie ne peut dire au dernier des hommes : Je te défends de digérer, d'aller à la garde-robe, et de penser. Tous les animaux de chaque espèce sont égaux entre eux :

Un cheval ne dit point au cheval son confrère :
Qu'on peigne mes beaux crins, qu'on m'étrille et me ferre.
Toi, cours, et va porter mes ordres souverains
Aux mulets de ces bords, aux ânes mes voisins;
Toi, prépare les grains dont je fais des largesses

A mes fiers favoris, à mes douces maîtresses.
Qu'on châtre les chevaux désignés pour servir
Les coquettes juments dont seul je dois jouir;
Que tout soit dans la crainte et dans la dépendance :
Et si quelqu'un de vous hennit en ma présence,
Pour punir cet impie et ce séditieux,
Qui foule aux pieds les lois des chevaux et des dieux,
Pour venger dignement le ciel et la patrie,
Qu'il soit pendu sur l'heure auprès de l'écurie.

Les animaux ont naturellement au-dessus de nous l'avantage de l'indépendance. Si un taureau qui courtise une génisse est chassé à coups de cornes par un taureau plus fort que lui, il va chercher une autre maîtresse dans un autre pré, et il vit libre. Un coq battu par un coq se console dans un autre poulailler. Il n'en est pas ainsi de nous : un petit vizir exile à Lemnos un bostangi; le vizir Azem exile le petit vizir à Ténédos; le padisha exile le vizir Azem à Rhodes; les janissaires mettent en prison le padisha, et en élisent un autre qui exilera les bons musulmans à son choix; encore lui sera-t-on bien obligé s'il se borne à ce petit exercice de son autorité sacrée.

Si cette terre était ce qu'elle semble devoir être, si l'homme y trouvait partout une subsistance facile et assurée, et un climat convenable à sa nature, il est clair qu'il eût été impossible à un homme d'en asservir un autre. Que ce globe soit couvert de fruits salutaires; que l'air qui doit contribuer à notre vie ne nous donne point des maladies et une mort prématurée; que l'homme n'ait besoin d'autre logis et d'autre lit que de celui des daims et des chevreuils; alors les Gengiskan et les Tamerlan n'auront de valets que leurs enfants, qui seront assez honnêtes gens pour les aider dans leur vieillesse.

Dans cet état naturel dont jouissent tous les quadrupèdes non domptés, les oiseaux et les reptiles, l'homme serait aussi heureux qu'eux; la domination serait alors une chimère, une absurdité à laquelle personne ne penserait; car pourquoi chercher des serviteurs quand vous n'avez besoin d'aucun service?

S'il passait par l'esprit de quelque individu à tête tyrannique et à bras nerveux d'asservir son voisin moins fort que lui, la chose serait impossible; l'opprimé serait sur le Danube avant que l'oppresseur eût pris ses mesures sur le Volga.

Tous les hommes seraient donc nécessairement égaux, s'ils étaient sans besoins; la misère attachée à notre espèce subordonne un homme à un autre homme; ce n'est pas l'inégalité qui est un malheur réel, c'est la dépendance. Il importe fort peu que tel homme s'appelle *sa hautesse*, tel autre *sa sainteté*; mais il est dur de servir l'un ou l'autre.

Une famille nombreuse a cultivé un bon terroir; deux petites familles voisines ont des champs ingrats et rebelles; il faut que les deux pauvres familles servent la famille opulente, ou qu'elles l'égorgent : cela va sans difficulté. Une des deux familles indigentes va offrir ses bras à la riche pour avoir du pain; l'autre va l'attaquer et est battue. La famille servante est l'origine des domestiques et des manœuvres; la famille battue est l'origine des esclaves.

Il est impossible dans notre malheureux globe que les hommes vivant en société ne soient pas divisés en deux classes, l'une de riches qui commandent, l'autre de pauvres qui servent; et ces deux se subdivisent en mille, et ces mille ont encore des nuances différentes.

Tu viens, quand les lots sont faits, nous dire : Je suis homme comme vous; j'ai deux mains et deux pieds, autant d'orgueil et plus que vous, un esprit aussi désordonné pour le moins, aussi inconséquent, aussi contradictoire que le vôtre. Je suis citoyen de Saint-Marin, ou de Raguse, ou de Vaugirard : donnez-moi ma part de la terre. Il y a dans notre hémisphère connu environ cinquante mille millions d'arpents à cultiver, tant passables que stériles. Nous ne sommes qu'environ un milliard d'animaux à deux pieds sans plumes sur ce continent; ce sont cinquante arpents pour chacun : faites-moi justice; donnez-moi mes cinquante arpents.

On lui répond : Va-t'en les prendre chez les Cafres, chez les Hottentots, ou chez les Samoïèdes; arrange-toi avec eux à l'amiable; ici toutes les parts sont faites. Si tu veux avoir parmi nous le manger, le vêtir, le loger, et le chauffer, travaille pour nous comme fesait ton père; sers-nous, ou amuse-nous, et tu seras payé; sinon tu seras obligé de demander l'aumône, ce qui dégraderait trop la sublimité de ta nature, et t'empêcherait réellement d'être égal aux rois, et même aux vicaires de village, selon les prétentions de ta noble fierté.

SECTION II.

Tous les pauvres ne sont pas malheureux. La plupart sont nés dans cet état, et le travail continuel les empêche de trop sentir leur situation; mais quand ils la sentent, alors on voit des guerres, comme celle du parti populaire contre le parti du sénat à Rome, celles des paysans en Allemagne, en Angleterre, en France. Toutes ces guerres finissent tôt ou tard par l'asservissement du peuple, parce que les puissants ont l'argent, et que l'argent est maître de tout dans un état : je dis dans un état; car il n'en est pas de même de nation à nation. La nation qui se servira le mieux du fer subjuguera toujours celle qui aura plus d'or et moins de courage.

Tout homme naît avec un penchant assez violent pour la domination, la richesse et les plaisirs, et avec beaucoup de goût pour la paresse; par conséquent tout homme voudrait avoir l'argent et les femmes ou les filles des autres, être leur maître, les assujettir à tous ses caprices, et ne rien faire, ou du moins ne faire que des choses très agréables. Vous voyez bien qu'avec ces belles dispositions, il est aussi impossible que les hommes soient égaux, qu'il est impossible que deux prédicateurs ou deux professeurs de théologie ne soient pas jaloux l'un de l'autre.

Le genre humain, tel qu'il est, ne peut subsister, à moins qu'il n'y ait une infinité d'hommes utiles qui ne possèdent rien du tout; car, certainement, un homme à son aise ne quittera pas sa terre pour venir labourer la vôtre; et si vous avez besoin d'une paire de souliers, ce ne sera pas un maître des requêtes qui vous la fera. L'égalité est donc à la fois la chose la plus naturelle, et en même temps la plus chimérique.

Comme les hommes sont excessifs en tout quand ils le peuvent, on a outré cette inégalité; on a prétendu dans plusieurs pays qu'il n'était pas permis à un citoyen de sortir de la contrée où le hasard l'a fait naître; le sens de cette loi est visiblement: « Ce pays est si mauvais et si mal gouverné, que » nous défendons à chaque individu d'en sortir, » de peur que tout le monde n'en sorte. » Faites mieux : donnez à tous vos sujets envie de demeurer chez vous, et aux étrangers d'y venir.

Chaque homme, dans le fond de son cœur, a droit de se croire entièrement égal aux autres hommes : il ne s'ensuit pas de là que le cuisinier d'un cardinal doive ordonner à son maître de lui faire à dîner; mais le cuisinier peut dire : Je suis homme comme mon maître; je suis né comme lui en pleurant; il mourra comme moi dans les mêmes angoisses et les mêmes cérémonies. Nous fesons tous deux les mêmes fonctions animales. Si les Turcs s'emparent de Rome, et si alors je suis cardinal et mon maître cuisinier, je le prendrai à mon service. Tout ce discours est raisonnable et juste; mais en attendant que le Grand-Turc s'empare de Rome, le cuisinier doit faire son devoir, ou toute société humaine est pervertie.

A l'égard d'un homme qui n'est ni cuisinier d'un cardinal, ni revêtu d'aucune autre charge dans l'état, à l'égard d'un particulier qui ne tient à rien, mais qui est fâché d'être reçu partout avec l'air de la protection ou du mépris, qui voit évidemment que plusieurs *monsignors* n'ont ni plus de science, ni plus d'esprit, ni plus de vertu que lui, et qui s'ennuie d'être quelquefois dans leur antichambre, quel parti doit-il prendre? Celui de s'en aller.

ÉGLISE.

Précis de l'histoire de l'Église chrétienne.

Nous ne porterons point nos regards sur les profondeurs de la théologie; Dieu nous en préserve! l'humble foi seule nous suffit. Nous ne fesons jamais que raconter.

Dans les premières années qui suivirent la mort de Jésus-Christ Dieu et homme, on comptait chez les Hébreux neuf écoles, ou neuf sociétés religieuses, pharisiens, saducéens, esséniens, judaïtes, thérapeutes, récabites, hérodiens, disciples de Jean, et les disciples de Jésus, nommés les *frères*, les *galiléens*, les *fidèles*, qui ne prirent le nom de *chrétiens* que dans Antioche, vers l'an 60 de notre ère, conduits secrètement par Dieu même dans des voies inconnues aux hommes.

Les pharisiens admettaient la métempsycose, les saducéens niaient l'immortalité de l'âme et l'existence des esprits, et cependant étaient fidèles au *Pentateuque*.

Pline le naturaliste [a] (apparemment sur la foi de Flavius Josèphe) appelle les esséniens *gens æterna in qua nemo nascitur*, famille éternelle dans laquelle il ne naît personne, parce que les esséniens se mariaient très rarement. Cette définition a été depuis appliquée à nos moines.

Il est difficile de juger si c'est des esséniens ou des judaïtes que parle Josèphe quand il dit [b] « : Ils » méprisent les maux de la terre; ils triomphent » des tourments par leur constance; ils préfèrent » la mort à la vie lorsque le sujet en est honorable. » Ils ont souffert le fer et le feu, et vu briser » leurs os, plutôt que de prononcer la moindre » parole contre leur législateur, ni manger des » viandes défendues. »

Il paraît que ce portrait tombe sur les judaïtes, et non pas sur les esséniens; car voici les paroles de Josèphe : « Judas fut l'auteur d'une nouvelle » secte, entièrement différente des trois autres, » c'est-à-dire des saducéens, des pharisiens, et » des esséniens. » Il continue et dit : « Ils sont » Juifs de nation; ils vivent unis entre eux, et re- » gardent la volupté comme un vice. » Le sens naturel de cette phrase fait croire que c'est des judaïtes dont l'auteur parle.

Quoi qu'il en soit, on connut ces judaïtes avant que les disciples du Christ commençassent à faire un parti considérable dans le monde. Quelques bonnes gens les ont pris pour des hérétiques qui adoraient Judas Iscariote.

Les thérapeutes étaient une société différente des esséniens et des judaïtes; ils ressemblaient aux gymnosophistes des Indes et aux brames. « Ils

[a] Livre v, chap. xvii. — [b] *Hist.*, chap. xii.

» ont, dit Philon, un mouvement d'amour céleste » qui les jette dans l'enthousiasme des bacchantes » et des corybantes, et qui les met dans l'état de » la contemplation à laquelle ils aspirent. Cette » secte naquit dans Alexandrie, qui était toute » remplie de Juifs, et s'étendit beaucoup dans » l'Égypte. »

Les récabites subsistaient encore; ils fesaient vœu de ne jamais boire de vin; et c'est peut-être à leur exemple que Mahomet défendit cette liqueur à ses musulmans.

Les hérodiens regardaient Hérode premier du nom comme un messie, un envoyé de Dieu, qui avait rebâti le temple. Il est évident que les Juifs célébraient sa fête à Rome du temps de Néron, témoin les vers de Perse : *Herodis venere dies*, etc. (Sat. v, v. 180.)

Voici le jour d'Hérode où tout infâme Juif
Fait fumer sa lanterne avec l'huile ou le suif.

Les disciples de Jean-Baptiste s'étendirent un peu en Égypte, mais principalement dans la Syrie, dans l'Arabie, et vers le golfe Persique. On les connaît aujourd'hui sous le nom de *chrétiens de saint Jean*; il y en eut aussi dans l'Asie-Mineure. Il est dit dans les *Actes des apôtres* (chap. XIX) que Paul en rencontra plusieurs à Éphèse; il leur dit : « Avez-vous reçu le Saint-Esprit? » Ils lui répondirent : « Nous n'avons pas seulement ouï dire » qu'il y ait un Saint-Esprit. » Il leur dit : « Quel » baptême avez-vous donc reçu? » Ils lui répondirent : « Le baptême de Jean. »

Les véritables chrétiens cependant jetaient, comme on sait, les fondements de la seule religion véritable.

Celui qui contribua le plus à fortifier cette société naissante fut ce Paul même qui l'avait persécutée avec le plus de violence. Il était né à Tarsis en Cilicie [a], et fut élevé par le fameux docteur pharisien Gamaliel, disciple de Hillel. Les Juifs prétendent qu'il rompit avec Gamaliel qui refusa de lui donner sa fille en mariage. On voit quelques traces de cette anecdote à la suite des *Actes de sainte Thècle*. Ces actes portent qu'il avait le front large, la tête chauve, les sourcils joints, le nez aquilin, la taille courte et grosse, et les jambes torses. Lucien, dans son *Dialogue de Philopatris*, semble faire un portrait assez semblable. On a douté qu'il fût citoyen romain, car en ce temps-là on n'accordait ce titre à aucun Juif : ils avaient été chassés de Rome par Tibère; et Tarsis ne fut colonie romaine que près de cent ans après, sous Caracalla, comme le remarque Cellarius dans sa *Géographie*, liv. III; et Grotius dans son *Commentaire sur les Actes*, auxquels seuls nous devons nous en rapporter.

[a] Saint Jérôme dit qu'il était de Giscala en Galilée.

Dieu, qui était descendu sur la terre pour y être un exemple d'humilité et de pauvreté, donnait à son Église les plus faibles commencements, et la dirigeait dans ce même état d'humiliation dans lequel il avait voulu naître. Tous les premiers fidèles furent des hommes obscurs; ils travaillaient tous de leurs mains. L'apôtre saint Paul témoigne qu'il gagnait sa vie à faire des tentes. Saint Pierre ressuscita la couturière Dorcas qui fesait les robes des frères. L'assemblée des fidèles se tenait à Joppé, dans la maison d'un corroyeur nommé Simon, comme on le voit au chapitre IX des *Actes des apôtres*.

Les fidèles se répandirent secrètement en Grèce, et quelques uns allèrent de là à Rome, parmi les Juifs à qui les Romains permettaient une synagogue. Ils ne se séparèrent point d'abord des Juifs; ils gardèrent la circoncision, et, comme on l'a déjà remarqué ailleurs, les quinze premiers évêques secrets de Jérusalem furent tous circoncis, ou du moins de la nation juive.

Lorsque l'apôtre Paul prit avec lui Timothée, qui était fils d'un père gentil, il le circoncit lui-même dans la petite ville de Listre. Mais Tite, son autre disciple, ne voulut point se soumettre à la circoncision. Les frères disciples de Jésus furent unis aux Juifs, jusqu'au temps où Paul essuya une persécution à Jérusalem, pour avoir amené des étrangers dans le temple. Il était accusé par les Juifs de vouloir détruire la loi mosaïque par Jésus-Christ. C'est pour se laver de cette accusation que l'apôtre saint Jacques proposa à l'apôtre Paul de se faire raser la tête, et de s'aller purifier dans le temple avec quatre Juifs qui avaient fait vœu de se raser. « Prenez-les avec vous, lui dit Jac» ques (chap. XXI, *Actes des apôtres*); purifiez» vous avec eux, et que tout le monde sache que » ce que l'on dit de vous est faux, et que vous » continuez à garder la loi de Moïse. » Ainsi donc Paul, qui d'abord avait été le persécuteur sanguinaire de la sainte société établie par Jésus; Paul qui depuis voulut gouverner cette société naissante, Paul chrétien judaïse, « afin que le monde » sache qu'on le calomnie quand on dit qu'il ne » suit plus la loi mosaïque. »

Saint Paul n'en fut pas moins accusé d'impiété et d'hérésie, et son procès criminel dura longtemps; mais on voit évidemment, par les accusations mêmes intentées contre lui, qu'il était venu à Jérusalem pour observer les rites judaïques.

Il dit à Festus ces propres paroles (chap. XXV des *Actes*): « Je n'ai péché ni contre la loi juive, » ni contre le temple. »

Les apôtres annonçaient Jésus-Christ comme un

juste indignement persécuté, un prophète de Dieu, un fils de Dieu, envoyé aux Juifs pour la réformation des mœurs.

« La circoncision est utile, dit l'apôtre saint » Paul (chap. II, Épît. aux Rom.), si vous obser- » vez la loi; mais si vous la violez, votre circon- » cision devient prépuce. Si un incirconcis garde » la loi, il sera comme circoncis. Le vrai Juif est » celui qui est Juif intérieurement. »

Quand cet apôtre parle de Jésus-Christ dans ses Épîtres, il ne révèle point le mystère ineffable de sa consubstantialité avec Dieu. « Nous sommes » délivrés par lui (dit-il, chap. V, Épît. aux Rom.) » de la colère de Dieu. Le don de Dieu s'est ré- » pandu sur nous par la grâce donnée à un seul » homme, qui est Jésus-Christ... La mort a régné » par le péché d'un seul homme; les justes ré- » gneront dans la vie par un seul homme qui est » Jésus-Christ. »

Et au chap. VIII : « Nous, les héritiers de Dieu, » et les cohéritiers de Christ. » Et au chap. XVI : » A Dieu, qui est le seul sage, honneur et gloire » par Jésus-Christ... Vous êtes à Jésus-Christ, et » Jésus-Christ à Dieu (I aux Corinth., chap. III). »

Et (I aux Corinth., chap. XV, v. 27) : « Tout » lui est assujetti, en exceptant sans doute Dieu » qui lui a assujetti toutes choses. »

On a eu quelque peine à expliquer le passage de l'*Épître aux Philippiens :* « Ne faites rien par » une vaine gloire; croyez mutuellement par hu- » milité que les autres vous sont supérieurs; ayez » les mêmes sentiments que Christ-Jésus, qui, étant » dans l'empreinte de Dieu, n'a point cru sa proie » de s'égaler à Dieu. » Ce passage paraît très bien approfondi et mis dans tout son jour dans une lettre qui nous reste des églises de Vienne et de Lyon écrite l'an 117, et qui est un précieux monument de l'antiquité. On loue dans cette lettre la modestie de quelques fidèles. « Ils n'ont pas » voulu, dit la lettre, prendre le grand titre de » martyrs (pour quelques tribulations), à l'exem- » ple de Jésus-Christ, lequel étant empreint de » Dieu, n'a pas cru sa proie la qualité d'égal à » Dieu. » Origène dit aussi dans son *Commentaire sur Jean :* La grandeur de Jésus a plus éclaté quand il s'est humilié « que s'il eût fait sa proie » d'être égal à Dieu. » En effet, l'explication contraire peut paraître un contre-sens. Que signifierait, « Croyez les autres supérieurs à vous; imitez » Jésus qui n'a pas cru que c'était une proie, une » usurpation de s'égaler à Dieu? » Ce serait visiblement se contredire, ce serait donner un exemple de grandeur pour un exemple de modestie; ce serait pécher contre la dialectique.

La sagesse des apôtres fondait ainsi l'Église naissante. Cette sagesse ne fut point altérée par la dispute qui survint entre les apôtres Pierre, Jacques, et Jean, d'un côté, et Paul de l'autre. Cette contestation arriva dans Antioche. L'apôtre Pierre, autrement Céphas, ou Simon Barjone, mangeait avec les gentils convertis, et n'observait point avec eux les cérémonies de la loi, ni la distinction des viandes; il mangeait, lui, Barnabé, et d'autres disciples, indifféremment du porc, des chairs étouffées, des animaux qui avaient le pied fendu et qui ne ruminaient pas; mais plusieurs Juifs chrétiens étant arrivés, saint Pierre se remit avec eux à l'abstinence des viandes défendues, et aux cérémonies de la loi mosaïque.

Cette action paraissait très prudente; il ne voulait pas scandaliser les Juifs chrétiens ses compagnons; mais saint Paul s'éleva contre lui avec un peu de dureté. « Je lui résistai, dit-il, à sa face, » parce qu'il était blâmable. » (Épître aux Galates, chap. II.)

Cette querelle paraît d'autant plus extraordinaire de la part de saint Paul, qu'ayant été d'abord persécuteur, il devait être modéré, et que lui-même il était allé sacrifier dans le temple à Jérusalem, qu'il avait circoncis son disciple Timothée, qu'il avait accompli les rites juifs, lesquels il reprochait alors à Céphas. Saint Jérôme prétend que cette querelle entre Paul et Céphas était feinte. Il dit dans sa première Homélie, tome III, qu'ils firent comme deux avocats qui s'échauffent et se piquent au barreau, pour avoir plus d'autorité sur leurs clients; il dit que Pierre Céphas étant destiné à prêcher aux Juifs, et Paul aux gentils, ils firent semblant de se quereller, Paul pour gagner les gentils, et Pierre pour gagner les Juifs. Mais saint Augustin n'est point du tout de cet avis. « Je suis fâché, dit-il dans l'Épître à Jérôme, qu'un » aussi grand homme se rende le patron du men- » songe, *patronum mendacii.* »

Cette dispute entre saint Jérôme et saint Augustin ne doit pas diminuer notre vénération pour eux, encore moins pour saint Paul et pour saint Pierre.

Au reste, si Pierre était destiné aux Juifs judaïsants, et Paul aux étrangers, il paraît probable que Pierre ne vint point à Rome. Les *Actes des Apôtres* ne font aucune mention du voyage de Pierre en Italie.

Quoi qu'il en soit, ce fut vers l'an 60 de notre ère que les chrétiens commencèrent à se séparer de la communion juive, et c'est ce qui leur attira tant de querelles et tant de persécutions de la part des synagogues répandues à Rome, en Grèce, dans l'Égypte et dans l'Asie. Ils furent accusés d'impiété, d'athéisme par leurs frères juifs, qui les excommuniaient dans leurs synagogues trois fois les jours du sabbat. Mais Dieu les soutint toujours au milieu des persécutions.

Petit à petit plusieurs Églises se formèrent, et la séparation devint entière entre les Juifs et les chrétiens, avant la fin du premier siècle; cette séparation était ignorée du gouvernement romain. Le sénat de Rome ni les empereurs n'entraient point dans ces querelles d'un petit troupeau que Dieu avait jusque-là conduit dans l'obscurité, et qu'il élevait par des degrés insensibles.

Le christianisme s'établit en Grèce et à Alexandrie. Les chrétiens y eurent à combattre une nouvelle secte de Juifs devenus philosophes à force de fréquenter les Grecs; c'était celle de la gnose ou des gnostiques; il s'y mêla de nouveaux chrétiens. Toutes ces sectes jouissaient alors d'une entière liberté de dogmatiser, de conférer et d'écrire, quand les courtiers juifs établis dans Rome et dans Alexandrie ne les accusaient pas auprès des magistrats; mais sous Domitien la religion chrétienne commença à donner quelque ombrage au gouvernement.

Le zèle de quelques chrétiens, qui n'était pas selon la science, n'empêcha pas l'Église de faire les progrès que Dieu lui destinait. Les chrétiens célébrèrent d'abord leurs mystères dans des maisons retirées, dans des caves, pendant la nuit: de là leur vint le titre de *lucifugaces*, selon Minucius Felix. Philon les appelle *gesséens*. Leurs noms les plus communs, dans les quatre premiers siècles, chez les gentils, étaient ceux de galiléens et de nazaréens; mais celui de chrétiens a prévalu sur tous les autres.

Ni la hiérarchie ni les usages ne furent établis tout d'un coup; les temps apostoliques furent différents des temps qui les suivirent.

La messe, qui se célèbre au matin, était la cène qu'on fesait le soir; ces usages changèrent à mesure que l'Église se fortifia. Une société plus étendue exigea plus de règlements, et la prudence des pasteurs se conforma aux temps et aux lieux.

Saint Jérôme et Eusèbe rapportent que quand les Églises reçurent une forme, on y distingua peu à peu cinq ordres différents : les surveillants, *episcopoï,* d'où sont venus les évêques; les anciens de la société, *presbyteroï,* les prêtres; *diaconoï,* les servants ou diacres; les *pistoï,* croyants, initiés, c'est-à-dire les baptisés, qui avaient part aux soupers des agapes, les catéchumènes, qui attendaient le baptême, et les énergumènes, qui attendaient qu'on les délivrât du démon. Aucun, dans ces cinq ordres, ne portait d'habit différent des autres; aucun n'était contraint au célibat, témoin le livre de Tertullien dédié à sa femme, témoin l'exemple des apôtres. Aucune représentation, soit en peinture, soit en sculpture, dans leurs assemblées, pendant les deux premiers siècles; point d'autels, encore moins de cierges, d'encens, et d'eau lustrale. Les chrétiens cachaient soigneusement leurs livres aux gentils : ils ne les confiaient qu'aux initiés; il n'était pas même permis aux catéchumènes de réciter l'Oraison dominicale.

DU POUVOIR DE CHASSER LES DIABLES DONNÉ A L'ÉGLISE.

Ce qui distinguait le plus les chrétiens, et ce qui a duré jusqu'à nos derniers temps, était le pouvoir de chasser les diables avec le signe de la croix. Origène, dans son traité contre Celse, avoue, au nombre 133, qu'Antinoüs, divinisé par l'empereur Adrien, fesait des miracles en Égypte par la force des charmes et des prestiges; mais il dit que les diables sortent du corps des possédés à la prononciation du seul nom de Jésus.

Tertullien va plus loin, et, du fond de l'Afrique où il était, il dit dans son *Apologétique,* au chapitre XXIII : « Si vos dieux ne confessent pas » qu'ils sont des diables à la présence d'un vrai » chrétien, nous voulons bien que vous répandiez » le sang de ce chrétien. » Y a-t-il une démonstration plus claire?

En effet Jésus-Christ envoya ses apôtres pour chasser les démons. Les Juifs avaient aussi de son temps le don de les chasser; car lorsque Jésus eut délivré des possédés, et eut envoyé les diables dans les corps d'un troupeau de deux mille cochons, et qu'il eut opéré d'autres guérisons pareilles, les pharisiens dirent: Il chasse les démons par la puissance de Belzébuth. « Si c'est par Belzébuth que je » les chasse, répondit Jésus, par qui vos fils les » chassent-ils? » Il est incontestable que les Juifs se vantaient de ce pouvoir : ils avaient des exorcistes et des exorcismes; on invoquait le nom de Dieu, de Jacob et d'Abraham; on mettait des herbes consacrées dans le nez des démoniaques. (Josèphe rapporte une partie de ces cérémonies.) Ce pouvoir sur les diables, que les Juifs ont perdu, fut transmis aux chrétiens, qui semblent aussi l'avoir perdu depuis quelque temps.

Dans le pouvoir de chasser les démons était compris celui de détruire les opérations de la magie; car la magie fut toujours en vigueur chez toutes les nations. Tous les Pères de l'Église rendent témoignage à la magie. Saint Justin avoue dans son *Apologétique,* au livre III, qu'on évoque souvent les âmes des morts, et il en tire un argument en faveur de l'immortalité de l'âme. Lactance, au livre VII de ses *Institutions divines,* dit que « si on osait nier l'existence des âmes » après la mort, le magicien vous en convaincrait » bientôt en les fesant paraître. » Irénée, Clément Alexandrin, Tertullien, l'évêque Cyprien, tous affirment la même chose. Il est vrai qu'aujourd'hui tout est changé, et qu'il n'y a pas plus de magiciens que de démoniaques. Mais Dieu est le maître d'avertir les hommes par des prodiges dans certains temps, et de les faire cesser dans d'autres.

DES MARTYRS DE L'ÉGLISE.

Quand les sociétés chrétiennes devinrent un peu nombreuses, et que plusieurs s'élevèrent contre le culte de l'empire romain, les magistrats sévirent contre elles, et les peuples surtout les persécutèrent. On ne persécutait point les Juifs qui avaient des priviléges particuliers, et qui se renfermaient dans leurs synagogues; on leur permettait l'exercice de leur religion, comme on fait encore aujourd'hui à Rome; on souffrait tous les cultes divers répandus dans l'empire, quoique le sénat ne les adoptât pas.

Mais les chrétiens se déclarant ennemis de tous ces cultes, et surtout de celui de l'empire, furent exposés plusieurs fois à ces cruelles épreuves.

Un des premiers et des plus célèbres martyrs, fut Ignace, évêque d'Antioche, condamné par l'empereur Trajan lui-même, alors en Asie, et envoyé par ses ordres à Rome, pour être exposé aux bêtes, dans un temps où l'on ne massacrait point à Rome les autres chrétiens. On ne sait point précisément de quoi il était accusé auprès de cet empereur, renommé d'ailleurs pour sa clémence; il fallait que saint Ignace eût de bien violents ennemis. Quoi qu'il en soit, l'histoire de son martyre rapporte qu'on lui trouva le nom de Jésus-Christ gravé sur le cœur, en caractères d'or; et c'est de là que les chrétiens prirent en quelques endroits le nom de Théophores, qu'Ignace s'était donné à lui-même.

On nous a conservé une lettre de lui [a], par laquelle il prie les évêques et les chrétiens de ne point s'opposer à son martyre; soit que dès lors les chrétiens fussent assez puissants pour le délivrer, soit que parmi eux quelques uns eussent assez de crédit pour obtenir sa grâce. Ce qui est encore très remarquable, c'est qu'on souffrit que les chrétiens de Rome vinssent au-devant de lui, quand il fut amené dans cette capitale; ce qui prouverait évidemment qu'on punissait en lui la personne, et non pas la secte.

Les persécutions ne furent pas continuées. Origène, dans son livre III contre Celse, dit : « On » peut compter facilement les chrétiens qui sont » morts pour leur religion, parce qu'il en est mort » peu, et seulement de temps en temps et par intervalles. »

Dieu eut un si grand soin de son Église, que, malgré ses ennemis, il fit en sorte qu'elle tint cinq conciles dans le premier siècle, seize dans le second, et trente dans le troisième; c'est-à-dire des assemblées secrètes et tolérées. Ces assemblées furent quelquefois défendues, quand la fausse prudence des magistrats craignit qu'elles ne devinssent tumultueuses. Il nous est resté peu de procès-verbaux des proconsuls et des préteurs qui condamnèrent les chrétiens à mort. Ce seraient les seuls actes sur lesquels on pût constater les accusations portées contre eux, et leurs supplices.

Nous avons un fragment de Denys d'Alexandrie, dans lequel il rapporte l'extrait du greffe d'un proconsul d'Égypte, sous l'empereur Valérien; le voici :

« Denys, Fauste, Maxime, Marcel et Chérémon, ayant été introduits à l'audience, le préfet Émilien leur a dit : Vous avez pu connaître par les entretiens que j'ai eus avec vous, et par tout ce que je vous ai écrit, combien nos princes ont témoigné de bonté à votre égard; je veux bien encore vous le redire : ils font dépendre votre conservation et votre salut de vous-mêmes, et votre destinée est entre vos mains. Ils ne demandent de vous qu'une seule chose, que la raison exige de toute personne raisonnable; c'est que vous adoriez les dieux protecteurs de leur empire, et que vous abandonniez cet autre culte si contraire à la nature et au bon sens. »

Denys a répondu : « Chacun n'a pas les mêmes dieux, et chacun adore ceux qu'il croit l'être véritablement. »

Le préfet Émilien a repris : « Je vois bien que vous êtes des ingrats, qui abusez des bontés que les empereurs ont pour vous. Eh bien! vous ne demeurerez pas davantage dans cette ville, et je vous envoie à Céphro, dans le fond de la Libye; ce sera là le lieu de votre bannissement, selon l'ordre que j'en ai reçu de nos empereurs : au reste, ne pensez pas y tenir vos assemblées ni aller faire vos prières dans ces lieux que vous nommez des cimetières; cela vous est absolument défendu, je ne le permettrai à personne. »

Rien ne porte plus les caractères de vérité que ce procès-verbal. On voit par là qu'il y avait des temps où les assemblées étaient prohibées. C'est ainsi qu'en France il est défendu aux calvinistes de s'assembler; on a même quelquefois fait pendre et rouer des ministres ou prédicants qui tenaient des assemblées malgré les lois; et depuis 1745, il y en a eu six de pendus. C'est ainsi qu'en Angleterre et en Irlande les assemblées sont défendues aux catholiques romains; et il y a eu des occasions où les délinquants ont été condamnés à la mort.

Malgré ces défenses portées par les lois romai-

[a] Dupin, dans sa *Bibliothèque ecclésiastique*, prouve que cette lettre est authentique.

nes, Dieu inspira à plusieurs empereurs de l'indulgence pour les chrétiens. Dioclétien même, qui passe chez les ignorants pour un persécuteur, Dioclétien, dont la première année de règne est encore l'époque de l'ère des martyrs, fut, pendant plus de dix-huit ans, le protecteur déclaré du christianisme, au point que plusieurs chrétiens eurent des charges principales auprès de sa personne. Il épousa même une chrétienne; il souffrit que dans Nicomédie, sa résidence, il y eût une superbe église élevée vis-à-vis de son palais.

Le césar Galerius ayant malheureusement été prévenu contre les chrétiens, dont il croyait avoir à se plaindre, engagea Dioclétien à faire détruire la cathédrale de Nicomédie. Un chrétien plus zélé que sage mit en pièces l'édit de l'empereur, et de là vint cette persécution si fameuse, dans laquelle il y eut plus de deux cents personnes exécutées à mort dans l'empire romain, sans compter ceux que la fureur du petit peuple, toujours fanatique et toujours barbare, fit périr contre les formes juridiques.

Il y eut en divers temps un si grand nombre de martyrs, qu'il faut bien se donner de garde d'ébranler la vérité de l'histoire de ces véritables confesseurs de notre sainte religion, par un mélange dangereux de fables et de faux martyrs.

Le bénédictin dom Ruinart, par exemple, homme d'ailleurs aussi instruit qu'estimable et zélé, aurait dû choisir avec plus de discrétion ses *Actes sincères*. Ce n'est pas assez qu'un manuscrit soit tiré de l'abbaye de Saint-Benoît-sur-Loire, ou d'un couvent de célestins de Paris, conforme à un manuscrit des feuillants, pour que cet acte soit authentique; il faut que cet acte soit ancien, écrit par des contemporains, et qu'il porte d'ailleurs tous les caractères de la vérité.

Il aurait pu se passer de rapporter l'aventure du jeune Romanus, arrivée en 303. Ce jeune *Romain* avait obtenu son pardon de Dioclétien dans Antioche. Cependant il dit que le juge Asclépiade le condamna à être brûlé; des Juifs présents à ce spectacle se moquèrent du jeune saint Romanus, et reprochèrent aux chrétiens que leur Dieu les laissait brûler, lui qui avait délivré Sidrac, Misac, et Abdenago, de la fournaise; qu'aussitôt il s'éleva dans le temps le plus serein un orage qui éteignit le feu; qu'alors le juge ordonna qu'on coupât la langue au jeune Romanus; que le premier médecin de l'empereur se trouvant là, fit officieusement la fonction de bourreau, et lui coupa la langue dans la racine; qu'aussitôt le jeune homme, qui était bègue auparavant, parla avec beaucoup de liberté; que l'empereur fut étonné que l'on parlât si bien sans langue; que le médecin, pour réitérer cette expérience, coupa sur-le-champ la langue à un passant, lequel en mourut subitement.

Eusèbe, dont le bénédictin Ruinart a tiré ce conte, devait respecter assez les vrais miracles opérés dans l'ancien et dans le nouveau *Testament* (desquels personne ne doutera jamais), pour ne pas leur associer des histoires si suspectes, lesquelles pourraient scandaliser les faibles.

Cette dernière persécution ne s'étendit pas dans tout l'empire. Il y avait alors en Angleterre quelque christianisme, qui s'éclipsa bientôt pour reparaître ensuite sous les rois saxons. Les Gaules méridionales et l'Espagne étaient remplies de chrétiens. Le césar Constance Chlore les protégea beaucoup dans toutes ses provinces. Il avait une concubine qui était chrétienne, c'est la mère de Constantin, connue sous le nom de sainte Hélène; car il n'y eut jamais de mariage avéré entre elle et lui; et il la renvoya même dès l'an 292, quand il épousa la fille de Maximien Hercule; mais elle avait conservé sur lui beaucoup d'ascendant, et lui avait inspiré une grande affection pour notre sainte religion.

DE L'ÉTABLISSEMENT DE L'ÉGLISE SOUS CONSTANTIN.

La divine Providence préparait ainsi, par des voies qui semblent humaines, le triomphe de son Église.

Constance Chlore mourut en 306 à Yorck en Angleterre, dans un temps où les enfants qu'il avait de la fille d'un césar étaient en bas âge, et ne pouvaient prétendre à l'empire. Constantin eut la confiance de se faire élire à Yorck par cinq ou six mille soldats, allemands, gaulois et anglais pour la plupart. Il n'y avait pas d'apparence que cette élection, faite sans le consentement de Rome, du sénat et des armées, pût prévaloir; mais Dieu lui donna la victoire sur Maxentius élu à Rome, et le délivra enfin de tous ses collègues. On ne peut dissimuler qu'il ne se rendit d'abord indigne des faveurs du ciel, par le meurtre de tous ses proches, et enfin de sa femme et de son fils.

On peut douter de ce que Zosime rapporte à ce sujet. Il dit que Constantin, agité de remords après tant de crimes, demanda aux pontifes de l'empire s'il y avait quelque expiation pour lui, et qu'ils lui dirent qu'ils n'en connaissaient pas. Il est bien vrai qu'il n'y en avait point eu pour Néron, et qu'il n'avait osé assister aux sacrés mystères en Grèce. Cependant les tauroboles étaient en usage; et il est bien difficile de croire qu'un empereur tout-puissant n'ait pu trouver un prêtre qui voulût lui accorder des sacrifices expiatoires. Peut-être même est-il encore moins croyable que Constantin, occupé de la guerre, de son ambition, de ses projets, et environné de flatteurs, ait eu le temps d'avoir des remords. Zosime ajoute qu'un prêtre égyptien, arrivé d'Espagne, qui avait accès à sa porte, lui promit l'expiation de tous ses crimes dans la religion chrétienne. On a soupçonné que ce prêtre était Ozius, évêque de Cordoue.

Quoi qu'il en soit, Dieu réserva Constantin pour l'éclairer et pour en faire le protecteur de l'Église. Ce prince fit bâtir sa ville de Constantinople, qui devint le centre de l'empire et de la religion chrétienne. Alors l'Église prit une forme auguste. Et il est à croire que lavé par son baptême, et repentant à sa mort, il obtint miséricorde, quoiqu'il soit mort arien. Il serait bien dur que tous les partisans des deux évêques Eusèbe eussent été damnés.

Dès l'an 314, avant que Constantin résidât dans sa nouvelle ville, ceux qui avaient persécuté les chrétiens furent punis par eux de leurs cruautés. Les chrétiens jetèrent la femme de Maximien dans l'Oronte; ils égorgèrent tous ses parents; ils massacrèrent dans l'Égypte et dans la Palestine les magistrats qui s'étaient le plus déclarés contre le christianisme. La veuve et la fille de Dioclétien s'étant cachées à Thessalonique, furent reconnues, et leurs corps jetés à la mer. Il eût été à souhaiter que les chrétiens eussent moins écouté l'esprit de vengeance; mais Dieu qui punit selon sa justice, voulut que les mains des chrétiens fussent teintes du sang de leurs persécuteurs, sitôt que ces chrétiens furent en liberté d'agir.

Constantin convoqua, assembla dans Nicée, vis-à-vis de Constantinople, le premier concile œcuménique, auquel présida Ozius. On y décida la grande question qui agitait l'Église, touchant la divinité de Jésus-Christ*.

On sait assez comment l'Église, ayant combattu trois cents ans contre les rites de l'empire romain, combattit ensuite contre elle-même, et fut toujours militante et triomphante.

Dans la suite des temps, l'Église grecque presque tout entière, et toute l'Église d'Afrique, devinrent esclaves sous les Arabes, et ensuite sous les Turcs, qui élevèrent la religion mahométane sur les ruines de la chrétienne. L'Église romaine subsista, mais toujours souillée de sang par plus de six cents ans de discorde entre l'empire d'Occident et le sacerdoce. Ces querelles mêmes la rendirent très puissante. Les évêques, les abbés en Allemagne se firent tous princes, et les papes acquirent peu à peu la domination absolue dans Rome et dans un pays considérable. Ainsi Dieu éprouva son Église par les humiliations, par les troubles, par les crimes et par la splendeur.

Cette Église latine perdit au seizième siècle la moitié de l'Allemagne, le Danemarck, la Suède, l'Angleterre, l'Ecosse, l'Irlande, la meilleure partie de la Suisse, la Hollande; elle a gagné plus de terrain en Amérique par les conquêtes des Espagnols qu'elle n'en a perdu en Europe; mais avec plus de territoire elle a bien moins de sujets.

La Providence divine semblait destiner le Japon, Siam, l'Inde, et la Chine, à se ranger sous l'obéissance du pape, pour le récompenser de l'Asie-Mineure, de la Syrie, de la Grèce, de l'Égypte, de l'Afrique, de la Russie, et des autres états perdus dont nous avons parlé. Saint François Xavier, qui porta le saint Évangile aux Indes orientales et au Japon, quand les Portugais y allèrent chercher des marchandises, fit un très grand nombre de miracles, tous attestés par les RR. PP. *jésuites*: quelques uns disent qu'il ressuscita neuf morts; mais le R. P. Ribadeneira, dans sa *Fleur des saints*, se borne à dire qu'il n'en ressuscita que quatre; c'est bien assez. La Providence voulut qu'en moins de cent années il y eût des milliers de catholiques romains dans les îles du Japon; mais le diable sema son ivraie au milieu du bon grain. Les jésuites, à ce qu'on croit, formèrent une conjuration suivie d'une guerre civile, dans laquelle tous les chrétiens furent exterminés en 1638. Alors la nation ferma ses ports à tous les étrangers, excepté aux Hollandais, qu'on regardait comme des marchands, et non pas comme des chrétiens, et qui furent d'abord obligés de marcher sur la croix, pour obtenir la permission de vendre leurs denrées dans la prison où on les renferme lorsqu'ils abordent à Nangazaki.

La religion catholique, apostolique et romaine fut proscrite à la Chine dans nos derniers temps, mais d'une manière moins cruelle. Les RR. PP. jésuites n'avaient pas, à la vérité, ressuscité des morts à la cour de Pékin; ils s'étaient contentés d'enseigner l'astronomie, de fondre du canon, et d'être mandarins. Leurs malheureuses disputes avec les dominicains et d'autres scandalisèrent à tel point le grand empereur Yong-Tching, que ce prince, qui était la justice et la bonté même, fut assez aveugle pour ne plus permettre qu'on enseignât notre sainte religion, dans laquelle nos missionnaires ne s'accordaient pas. Il les chassa avec une bonté paternelle, leur fournissant des subsistances et des voitures jusqu'aux confins de son empire.

Toute l'Asie, toute l'Afrique, la moitié de l'Europe, tout ce qui appartient aux Anglais, aux Hollandais, dans l'Amérique toutes les hordes américaines non domptées, toutes les terres australes, qui sont une cinquième partie du globe, sont demeurées la proie du démon, pour vérifier cette sainte parole: « Il y a beaucoup d'appelés, mais » peu d'élus. » (Matth. XX, 16.)

* Voyez les articles ARIANISME; CHRISTIANISME, section II; et CONCILES.

DE LA SIGNIFICATION DU MOT ÉGLISE. PORTRAIT DE L'ÉGLISE PRIMITIVE. DÉGÉNÉRATION. EXAMEN DES SOCIÉTÉS QUI ONT VOULU RÉTABLIR L'ÉGLISE PRIMITIVE, ET PARTICULIÈREMENT DES PRIMITIFS APPELÉS QUAKERS.

Ce mot grec signifiait, chez les Grecs, *assemblée du peuple*. Quand on traduisit les livres hébreux en grec, on rendit synagogue par église, et on se servit du même nom pour exprimer la *société juive*, la *congrégation politique*, l'*assemblée juive*, le *peuple juif*. Ainsi, il est dit dans les *Nombres* [a]: « Pourquoi avez-vous mené l'Église » dans le désert? » et dans le *Deutéronome* [b]: » L'eunuque, le Moabite, l'Ammonite, n'entreront pas dans l'Église; les Iduméens, les Égyptiens, » n'entreront dans l'Église qu'à la troisième génération. »

Jésus-Christ dit dans saint Matthieu [c]: « Si votre » frère a péché contre vous (vous a offensé), reprenez-le entre vous et lui. Prenez, amenez » avec vous un ou deux témoins, afin que tout » s'éclaircisse par la bouche de deux ou trois témoins; et s'il ne les écoute pas, plaignez-vous à » l'assemblée du peuple, à l'Église; et s'il n'écoute » pas l'Église, qu'il soit comme un gentil, ou un » receveur des deniers publics. Je vous dis, ainsi » soit-il, en vérité, tout ce que vous aurez lié sur » terre sera lié au ciel, et ce que vous aurez délié » sur terre sera délié au ciel. » (Allusion aux clefs des portes, dont on liait et déliait la courroie.)

Il s'agit ici de deux hommes dont l'un a offensé l'autre et persiste. On ne pouvait le faire comparaître dans l'assemblée, dans l'Église chrétienne; il n'y en avait point encore : on ne pouvait faire juger cet homme dont son compagnon se plaignait par un évêque et par les prêtres qui n'existaient pas encore : de plus, ni les prêtres juifs, ni les prêtres chrétiens ne furent jamais juges des querelles entre particuliers; c'était une affaire de police; les évêques ne devinrent juges que vers le temps de Valentinien III.

Les commentateurs ont donc conclu que l'écrivain sacré de cet Évangile fait parler ici notre Seigneur par anticipation; que c'est une allégorie, une prédiction de ce qui arrivera quand l'Église chrétienne sera formée et établie.

Selden fait une remarque importante sur ce passage [d]; c'est qu'on n'excommuniait point chez les Juifs les publicains, les receveurs des deniers royaux. Le petit peuple pouvait les détester; mais étant des officiers nécessaires, nommés par le prince, il n'était jamais tombé dans la tête de personne de vouloir les séparer de l'assemblée. Les Juifs étaient alors sous la domination du proconsul de Syrie, qui étendait sa juridiction jusqu'aux confins de la Galilée et jusque dans l'île de Chypre, où il avait des vice-gérants. Il aurait été très imprudent de marquer publiquement son horreur pour les officiers légaux du proconsul. L'injustice même eût été jointe à l'imprudence; car les chevaliers romains, fermiers du domaine public, les receveurs de l'argent de César, étaient autorisés par les lois.

Saint Augustin, dans son sermon LXXXI, peut fournir des réflexions pour l'intelligence de ce passage. Il parle de ceux qui gardent leur haine, qui ne veulent point pardonner. « Cœpisti habere » fratrem tuum tanquam publicanum. Ligas illum in terra; sed ut juste alliges, vide : nam » injusta vincula disrumpit justitia. Quum autem » correxeris et concordaveris cum fratre tuo, » solvisti eum in terra. »

« Vous regardez votre frère comme un publi» cain; c'est l'avoir lié sur la terre; mais voyez si » vous le liez justement, car la justice rompt les » liens injustes : mais si vous avez corrigé votre » frère, si vous vous êtes accordé avec lui, vous » l'avez délié sur la terre. »

Il semble, par la manière dont saint Augustin s'explique, que l'offensé ait fait mettre l'offenseur en prison, et qu'on doive entendre que s'il est jeté dans les liens sur la terre, il est aussi dans les liens célestes; mais que si l'offensé est inexorable, il devient lié lui-même. Il n'est point question de l'Église dans l'explication de saint Augustin; il ne s'agit que de pardonner ou de ne pardonner pas une injure. Saint Augustin ne parle point ici du droit sacerdotal de remettre les péchés de la part de Dieu. C'est un droit reconnu ailleurs, un droit dérivé du sacrement de la confession. Saint Augustin, tout profond qu'il est dans les types et dans les allégories, ne regarde pas ce fameux passage comme une allusion à l'absolution donnée ou refusée par les ministres de l'Église catholique romaine dans le sacrement de péniteuce.

DU NOM D'ÉGLISE DANS LES SOCIÉTÉS CHRÉTIENNES.

On ne reconnait dans plusieurs états chrétiens que quatre Églises, la grecque, la romaine, la luthérienne, la réformée ou calviniste. Il en est ainsi en Allemagne; les primitifs ou quakers, les anabaptistes, les sociniens, les mennonites, les piétistes, les moraves, les juifs et autres, ne forment point d'église. La religion juive a conservé le titre de synagogue. Les sectes chrétiennes qui sont tolérées n'ont que des assemblées secrètes, des *conventicules* : il en est de même à Londres.

On ne reconnait l'Église catholique ni en Suède, ni en Danemarck, ni dans les parties septentrionales de l'Allemagne, ni en Hollande, ni dans les trois quarts de la Suisse, ni dans les trois royaumes de la Grande-Bretagne.

[a] Chap. XX, v. 4. — [b] Chap. XXIII, v. 1, 2, 3. — [c] Chap. XXVIII.
[d] *In Synedriis Hebræorum*, lib. II.

DE LA PRIMITIVE ÉGLISE, ET DE CEUX QUI ONT CRU LA RÉTABLIR.

Les Juifs, ainsi que tous les peuples de Syrie, furent divisés en plusieurs petites congrégations religieuses, comme nous l'avons vu : toutes tendaient à une perfection mystique.

Un rayon plus pur de lumière anima les disciples de saint Jean, qui subsistent encore vers Mosul. Enfin vint sur la terre le fils de Dieu annoncé par saint Jean. Ses disciples furent constamment tous égaux. Jésus leur avait dit expressément [a] : « Il n'y aura parmi vous ni premier ni dernier... » Je suis venu pour servir, et non pour être servi. » Celui qui voudra être le maître des autres, les » servira. »

Une preuve d'égalité, c'est que les chrétiens, dans les commencements, ne prirent d'autre nom que celui de *frères*. Ils s'assemblaient et attendaient l'esprit; ils prophétisaient quand ils étaient inspirés. Saint Paul, dans sa première lettre aux Corinthiens, leur dit [b] : « Si dans votre assemblée » chacun de vous a le don du cantique, celui de » la doctrine, celui de l'apocalypse, celui des langues, celui d'interpréter, que tout soit à l'édification. Si quelqu'un parle de la langue comme » deux ou trois, et par parties, qu'il y en ait un » qui interprète.

» Que deux ou trois prophètes parlent, que les » autres jugent; et que si quelque chose est révélé » à un autre, que le premier se taise; car vous » pouvez tous prophétiser chacun à part, afin que » tous apprennent et que tous exhortent; l'esprit » de prophétie est soumis aux prophètes : car le » Seigneur est un Dieu de paix... Ainsi donc, mes » frères, ayez tous l'émulation de prophétiser, et » n'empêchez point de parler des langues. »

J'ai traduit mot à mot, par respect pour le texte, et pour ne point entrer dans des disputes de mots.

Saint Paul, dans la même épître, convient que les femmes peuvent prophétiser, quoiqu'il leur défende au chapitre XIV de parler dans les assemblées. « Toute femme, dit-il [c], priant ou prophétisant sans avoir un voile sur la tête, souille sa » tête; car c'est comme si elle était chauve. »

Il est clair, par tous ces passages et par beaucoup d'autres, que les premiers chrétiens étaient tous égaux, non seulement comme frères en Jésus-Christ, mais comme également partagés. L'esprit se communiquait également à eux, ils parlaient également diverses langues; ils avaient également le don de prophétiser, sans distinction de rang, ni d'âge, ni de sexe.

[a] Matthieu, chap. XX; et Marc, chap. IX et X.
[b] Chap. XIV, v. 26 et suiv.
[c] Chap. XI, v. 5.

Les apôtres qui enseignaient les néophytes avaient sans doute sur eux cette prééminence naturelle que le précepteur a sur l'écolier; mais de juridiction, de puissance temporelle, de ce qu'on appelle *honneurs* dans le monde, de distinction dans l'habillement, de marque de supériorité, ils n'en avaient assurément aucune, ni ceux qui leur succédèrent. Ils possédaient une autre grandeur bien différente, celle de la persuasion.

Les frères mettaient leur argent en commun [a]. Ce furent eux-mêmes qui choisirent sept d'entre eux pour avoir soin des tables et de pourvoir aux nécessités communes. Ils élurent dans Jérusalem même ceux que nous nommons Étienne, Philippe, Procore, Nicanor, Timon, Parmenas et Nicolas. Ce qu'on peut remarquer, c'est que parmi ces sept élus par la communauté juive il y a six Grecs.

Après les apôtres, on ne trouve aucun exemple d'un chrétien qui ait eu sur les autres chrétiens d'autre pouvoir que celui d'enseigner, d'exhorter, de chasser les démons du corps des énergumènes, de faire des miracles. Tout est spirituel; rien ne se ressent des pompes du monde. Ce n'est guère que dans le troisième siècle que l'esprit d'orgueil, de vanité, d'intérêt, se manifesta de tous côtés chez les fidèles.

Les agapes étaient déjà de grands festins; on leur reprochait le luxe et la bonne chère. Tertullien l'avoue [b]. « Oui, dit-il, nous fesons grande » chère; mais dans les mystères d'Athènes et d'Égypte ne fait-on pas bonne chère aussi? Quelque dépense que nous fassions, elle est utile et » pieuse, puisque les pauvres en profitent. » « Quantiscumque sumptibus constet, lucrum est pietatis, siquidem inopes refrigerio isto juvamus. »

Dans ce temps-là même, des sociétés de chrétiens qui osaient se dire plus parfaites que les autres, les montanistes, par exemple, qui se vantaient de tant de prophéties et d'une morale si austère, qui regardaient les secondes noces comme des adultères, et la fuite de la persécution comme une apostasie, qui avaient si publiquement des convulsions sacrées et des extases, qui prétendaient parler à Dieu face à face, furent convaincus, à ce qu'on prétend, de mêler le sang d'un enfant d'un an au pain de l'eucharistie. Ils attirèrent sur les véritables chrétiens ce cruel reproche qui les exposa aux persécutions.

Voici comme ils s'y prenaient, selon saint Augustin [c]; ils piquaient avec des épingles tout le corps de l'enfant, ils pétrissaient la farine avec ce sang et en fesaient un pain; s'il en mourait, ils l'honoraient comme un martyr.

[a] *Acte des Apôtres*, ch. VI.
[b] Tertullien, ch. XXXIX. — [c] Augustin, *De hæresibus. Hæres.* XXVI.

Les mœurs étaient si corrompues, que les saints Pères ne cessaient de s'en plaindre. Écoutez saint Cyprien dans son livre des *Tombés* [a] : « Chaque » prêtre, dit-il, court après les biens et les hon- » neurs avec une fureur insatiable. Les évêques » sont sans religion, les femmes sans pudeur ; la » friponnerie règne ; on jure, on se parjure ; les » animosités divisent les chrétiens ; les évêques » abandonnent les chaires pour courir aux foires, » et pour s'enrichir par le négoce ; enfin nous nous » plaisons à nous seuls, et nous déplaisons à tout » le monde. »

Avant ces scandales, le prêtre Novatien en afait donné un bien funeste aux fidèles de Rome : il fut le premier antipape. L'épiscopat de Rome, quoique secret et exposé à la persécution, était un objet d'ambition et d'avarice par les grandes contributions des chrétiens, et par l'autorité de la place.

Ne répétons point ici ce qui est déposé dans tant d'archives, ce qu'on entend tous les jours dans la bouche des personnes instruites, ce nombre prodigieux de schismes et de guerres ; six cents années de querelles sanglantes entre l'empire et le sacerdoce ; l'argent des nations coulant par mille canaux, tantôt à Rome, tantôt dans Avignon, lorsque les papes y fixèrent leur séjour pendant soixante et douze ans ; et le sang coulant dans toute l'Europe, soit pour l'intérêt d'une tiare si inconnue à Jésus-Christ, soit pour des questions inintelligibles dont il n'a jamais parlé. Notre religion n'en est pas moins vraie, moins sacrée, moins divine, pour avoir été souillée si long-temps dans le crime, et plongée dans le carnage.

Quand la fureur de dominer, cette terrible passion du cœur humain, fut parvenue à son dernier excès, lorsque le moine Hildebrand [b], élu contre les lois évêque de Rome, arracha cette capitale aux empereurs, et défendit à tous les évêques d'Occident de porter l'ancien nom de pape pour se l'attribuer à lui seul ; lorsque les évêques d'Allemagne, à son exemple, se rendirent souverains, que tous ceux de France et d'Angleterre tâchèrent d'en faire autant, il s'éleva, depuis ces temps affreux jusqu'à nos jours, des sociétés chrétiennes, qui sous cent noms différents voulurent rétablir l'égalité primitive dans le christianisme.

Mais ce qui avait été praticable dans une petite société cachée au monde ne l'était plus dans de grands royaumes. L'Église militante et triomphante ne pouvait plus être l'Église ignorée et humble. Les évêques, les grandes communautés monastiques riches et puissantes, se réunissant sous les étendards du pontife de la Rome nouvelle. combattirent alors *pro aris et pro focis*, pour leurs autels et pour leurs foyers. Croisades, armées, siéges, batailles, rapines, tortures, assassinats par la main des bourreaux, assassinats par la main des prêtres des deux partis, poisons, dévastations par le fer et par la flamme, tout fut employé pour soutenir ou pour humilier la nouvelle administration ecclésiastique ; et le berceau de la primitive Église fut tellement caché sous les flots de sang et sous les ossements des morts, qu'on put à peine le retrouver.

DES PRIMITIFS APPELÉS QUAKERS.

Les guerres religieuses et civiles de la Grande-Bretagne ayant désolé l'Angleterre, l'Écosse et l'Irlande, dans le règne infortuné de Charles Ier, Guillaume Penn, fils d'un vice-amiral, résolut d'aller rétablir ce qu'il appelait la *primitive Église* sur les rivages de l'Amérique septentrionale, dans un climat doux, qui lui parut fait pour ses mœurs. Sa secte était nommée celle des *trembleurs;* dénomination ridicule, mais qu'ils méritaient par les tremblements de corps qu'ils affectaient en prêchant, et par un nasillonnement qui ne fut dans l'Église romaine que le partage d'une espèce de moines appelés *capucins*. Mais on peut, en parlant du nez et en se secouant, être doux, frugal, modeste, juste, charitable. Personne ne nie que cette société de primitifs ne donnât l'exemple de toutes ces vertus.

Penn voyait que les évêques anglicans et les presbytériens avaient été la cause d'une guerre affreuse pour un surplis, des manches de linon, et une liturgie ; il ne voulut ni liturgie, ni linon, ni surplis : les apôtres n'en avaient point. Jésus-Christ n'avait baptisé personne ; les associés de Penn ne voulurent point être baptisés.

Les premiers fidèles étaient égaux : ces nouveaux venus prétendirent l'être autant qu'il est possible. Les premiers disciples reçurent l'esprit et parlaient dans l'assemblée ; ils n'avaient ni autels, ni temples, ni ornements, ni cierges, ni encens, ni cérémonies : Penn et les siens se flattèrent de recevoir l'esprit, et renoncèrent à toute cérémonie, à tout appareil. La charité était précieuse aux disciples du Sauveur : ceux de Penn firent une bourse commune pour secourir les pauvres. Ainsi ces imitateurs des esséniens et des premiers chrétiens, quoique errant dans les dogmes et dans les rites, étaient pour toutes les autres sociétés chrétiennes un modèle étonnant de morale et de police.

Enfin cet homme singulier alla s'établir avec cinq cents des siens dans le canton alors le plus sauvage de l'Amérique. La reine Christine de Suède

[a] Voyez les *Œuvres de saint Cyprien*, et l'*Histoire ecclésiastique de Fleury*, tome II, page 168, édition in-12, 1728.
[b] Grégoire VII.

avait voulu y fonder une colonie qui n'avait pas réussi; les primitifs de Penn eurent plus de succès.

C'était sur les bords de la rivière Delaware, vers le quarantième degré. Cette contrée n'appartenait au roi d'Angleterre que parce qu'elle n'était réclamée alors par personne, et que les peuples nommés par nous *sauvages*, qui auraient pu la cultiver, avaient toujours demeuré assez loin dans l'épaisseur des forêts. Si l'Angleterre n'avait eu ce pays que par droit de conquête, Penn et ses primitifs auraient eu en horreur un tel asile. Ils ne regardaient ce prétendu droit de conquête que comme une violation du droit de la nature, et comme une rapine.

Le roi Charles II déclara Penn souverain de tout ce pays désert, par l'acte le plus authentique, du 4 mars 1681. Penn, dès l'année suivante, y promulgua ses lois. La première fut la liberté civile entière, de sorte que chaque colon possédant cinquante acres de terre était membre de la législation; la seconde, une défense expresse aux avocats et aux procureurs de prendre jamais d'argent; la troisième, l'admission de toutes les religions, et la permission même à chaque habitant d'adorer Dieu dans sa maison, sans assister jamais à aucun culte public.

Voici cette loi telle qu'elle est portée:

« La liberté de conscience étant un droit » que tous les hommes ont reçu de la nature avec » l'existence, et que tous les gens paisibles doi- » vent maintenir, il est fermement établi que per- » sonne ne sera forcé d'assister à aucun exercice » public de religion.

» Mais il est expressément donné plein pouvoir » à chacun de faire librement l'exercice public ou » privé de sa religion, sans qu'on puisse y appor- » ter aucun trouble ni empêchement sous aucun » prétexte, pourvu qu'il fasse profession de croire » en un seul Dieu éternel, tout-puissant, créa- » teur, conservateur, gouverneur de l'univers, » et qu'il remplisse tous les devoirs de la société » civile, auxquels on est obligé envers ses com- » patriotes. »

Cette loi est encore plus indulgente, plus humaine que celle qui fut donnée aux peuples de la Caroline par Locke, le Platon de l'Angleterre, si supérieur au Platon de la Grèce. Locke n'a permis d'autres religions publiques que celles qui seraient approuvées par sept pères de famille. C'est une autre sorte de sagesse que celle de Penn.

Mais ce qui est pour jamais honorable pour ces deux législateurs, et ce qui doit servir d'exemple éternel au genre humain, c'est que cette liberté de conscience n'a pas causé le moindre trouble. On dirait au contraire que Dieu a répandu ses bénédictions les plus sensibles sur la colonie de la Pensylvanie: elle était de cinq cents personnes en 1682; et en moins d'un siècle elle s'est accrue jusqu'à près de trois cent mille; c'est la proportion de cent cinquante à un. La moitié des colons est de la religion primitive; vingt autres religions composent l'autre moitié. Il y a douze beaux temples dans Philadelphie, et d'ailleurs chaque maison est un temple. Cette ville a mérité son nom d'*amitié fraternelle*. Sept autres villes et mille bourgades fleurissent sous cette loi de concorde. Trois cents vaisseaux partent du port tous les ans.

Cet établissement, qui semble mériter une durée éternelle, fut sur le point de périr dans la funeste guerre de 1755, quand d'un côté les Français avec leurs alliés sauvages, et les Anglais avec les leurs, commencèrent par se disputer quelques glaçons de l'Acadie.

Les primitifs, fidèles à leur christianisme pacifique, ne voulurent point prendre les armes. Des sauvages tuèrent quelques uns de leurs colons sur la frontière; les primitifs n'usèrent point de représailles; ils refusèrent même long-temps de payer des troupes; ils dirent au général anglais ces propres paroles: « Les hommes sont des morceaux » d'argile qui se brisent les uns contre les autres; » pourquoi les aiderions-nous à se briser? »

Enfin dans l'assemblée générale par qui tout se règle, les autres religions l'emportèrent; on leva des milices; les primitifs contribuèrent, mais ils ne s'armèrent point. Ils obtinrent ce qu'ils s'étaient proposé, la paix avec leurs voisins. Ces prétendus sauvages leur dirent: « Envoyez-nous quelque des- » cendant du grand Penn, qui ne nous trompa ja- » mais; nous traiterons avec lui. » On leur député un petit-fils de ce grand homme, et la paix fut conclue.

Plusieurs primitifs avaient des esclaves nègres pour cultiver leurs terres; mais ils ont été honteux d'avoir en cela imité les autres chrétiens; ils ont donné la liberté à leurs esclaves en 1769.

Toutes les autres colonies les imitent aujourd'hui dans la liberté de conscience; et quoiqu'il y ait des presbytériens et des gens de la haute Église, personne n'est gêné dans sa croyance. C'est ce qui a égalé le pouvoir des Anglais en Amérique à la puissance espagnole, qui possède l'or et l'argent. Il y aurait un moyen sûr d'énerver toutes les colonies anglaises, ce serait d'y établir l'inquisition.

N. B. L'exemple des primitifs nommés *quakers* a produit dans la Pensylvanie une société nouvelle dans un canton qu'elle appelle Eufrate; c'est la secte des dunkards, ou des dumplers, beaucoup plus détachée du monde que celle de Penn, espèce de religieux hospitaliers, tous vêtus uniformément: elle ne permet pas aux mariés d'habiter la ville d'Eufrate; ils vivent à la campagne qu'ils cultivent.

Le trésor public fournit à tous leurs besoins dans les disettes. Cette société n'administre le baptême qu'aux adultes; elle rejette le péché originel comme une impiété, et l'éternité des peines comme une barbarie. Leur vie pure ne leur laisse pas imaginer que Dieu puisse tourmenter ses créatures cruellement et éternellement. Égarés dans un coin du Nouveau-Monde, loin du troupeau de l'Église catholique, ils sont jusqu'à présent, malgré cette malheureuse erreur, les plus justes et les plus inimitables des hommes.

QUERELLE ENTRE L'ÉGLISE GRECQUE ET LA LATINE DANS L'ASIE ET DANS L'EUROPE.

Les gens de bien gémissent, depuis environ quatorze siècles, que les deux Églises grecque et latine aient été toujours rivales, et que la robe de Jésus-Christ, qui était sans couture, ait été toujours déchirée. Cette division est bien naturelle. Rome et Constantinople se haïssaient; quand les maîtres se détestent, leurs aumôniers ne s'aiment pas. Les deux communions se disputaient la supériorité de la langue, l'antiquité des siéges, la science, l'éloquence, le pouvoir.

Il est vrai que les Grecs eurent long-temps tout l'avantage; ils se vantaient d'avoir été les maîtres des Latins, et de leur avoir tout enseigné. Les Évangiles furent écrits en grec. Il n'y avait pas un dogme, un rite, un mystère, un usage qui ne fût grec; depuis le mot de *baptême* jusqu'au mot d'*eucharistie*, tout était grec. On ne connut de Pères de l'Église que parmi les Grecs jusqu'à saint Jérôme, qui même n'était pas Romain, puisqu'il était de Dalmatie. Saint Augustin, qui suivit de près saint Jérôme, était Africain. Les sept grands conciles œcuméniques furent tenus dans des villes grecques; les évêques de Rome n'y parurent jamais, parce qu'ils ne savaient que leur latin, qui même était déjà corrompu.

L'inimitié entre Rome et Constantinople éclata dès l'an 452, au concile de Chalcédoine, assemblé pour décider si Jésus-Christ avait eu deux natures et une personne, ou deux personnes avec une nature. On y décida que l'Église de Constantinople était en tout égale à celle de Rome pour les honneurs, et le patriarche de l'une égal en tout au patriarche de l'autre. Le pape saint Léon souscrivit aux deux natures; mais ni lui ni ses successeurs ne souscrivirent à l'égalité. On peut dire que dans cette dispute de rang et de prééminence on allait directement contre les paroles de Jésus-Christ rapportées dans l'Évangile : « Il n'y aura parmi » vous ni premier ni dernier. » Les saints sont saints, mais l'orgueil se glisse partout : le même esprit qui fait écumer de colère le fils d'un maçon devenu évêque d'un village, quand on ne l'appelle pas *monseigneur* [1], a brouillé l'univers chrétien.

Les Romains furent toujours moins disputeurs, moins subtils que les Grecs; mais ils furent bien plus politiques. Les évêques d'Orient, en argumentant, demeurèrent sujets; celui de Rome, sans arguments, sut établir enfin son pouvoir sur les ruines de l'empire d'Occident; et on pouvait dire des papes ce que Virgile dit des Scipions et des Césars :

> « Romanos rerum dominos gentemque togatam. »
> VIRG., Æneid., I, 286.

vers digne de Virgile, rendu comiquement par un de nos vieux traducteurs :

> Tous gens en robe et souverains des rois.

La haine devint une scission du temps de Photius, pâpa ou surveillant de l'Église bizantine, et Nicolas Ier, pâpa ou surveillant de l'Église romaine. Comme malheureusement il n'y eut presque jamais de querelle ecclésiastique sans ridicule, il arriva que le combat commença par deux patriarches qui étaient tous deux eunuques : Ignace et Photius, qui se disputaient la chaire de Constantinople, étaient tous deux chaponnés. Cette mutilation leur interdisant la vraie paternité, ils ne pouvaient être que Pères de l'Église.

On dit que les châtrés sont tracassiers, malins, intrigants. Ignace et Photius troublèrent toute la cour grecque.

Le Latin Nicolas Ier ayant pris le parti d'Ignace, Photius déclara ce pape hérétique, attendu qu'il admettait la procession du souffle de Dieu, du Saint-Esprit, par le Père et par le Fils, contre la décision unanime de toute l'Église, qui ne l'avait fait procéder que du Père.

Outre cette procession hérétique, Nicolas mangeait et fesait manger des œufs et du fromage en carême. Enfin, pour comble d'infidélité, le pâpa romain se fesait raser la barbe, ce qui était une apostasie manifeste aux yeux des pâpas grecs, vu que Moïse, les patriarches et Jésus-Christ étaient toujours peints barbus par les peintres grecs et latins.

Lorsqu'en 879 le patriarche Photius fut rétabli dans son siége par le huitième concile œcuménique grec, composé de quatre cents évêques, dont trois cents l'avaient condamné dans le concile œcuménique précédent, alors le pape Jean VIII le reconnut pour son frère. Deux légats, envoyés par lui à ce concile, se joignirent à l'Église grecque, et déclarèrent Judas quiconque dirait que le Saint-Esprit procède du Père et du Fils; mais ayant per-

[1] Biord, évêque d'Annecy. K.

sisté dans l'usage de se raser le menton et de manger des œufs en carême, les deux Églises restèrent toujours divisées.

Le schisme fut entièrement consommé l'an 1053 et 1054, lorsque Michel Cerularius, patriarche de Constantinople, condamna publiquement l'évêque de Rome Léon IX et tous les Latins, ajoutant à tous les reproches de Photius, qu'ils osaient se servir de pain azyme dans l'eucharistie, contre la pratique des apôtres; qu'ils commettaient le crime de manger du boudin, et de tordre le cou aux pigeons au lieu de le leur couper pour les cuire. On ferma toutes les églises latines dans l'empire grec, et on défendit tout commerce avec quiconque mangeait du boudin.

Le pape Léon IX négocia sérieusement cette affaire avec l'empereur Constantin Monomaque, et obtint quelques adoucissements. C'était précisément le temps où ces célèbres gentilshommes normands, enfants de Tancrède de Hauteville, se moquant du pape et de l'empereur grec, prenaient tout ce qu'ils pouvaient dans la Pouille et dans la Calabre, et mangeaient du boudin effrontément. L'empereur grec favorisa le pape autant qu'il put; mais rien ne réconcilia les Grecs avec nos Latins. Les Grecs regardaient leurs adversaires comme des barbares qui ne savaient pas un mot de grec.

L'irruption des croisés, sous prétexte de délivrer les saints lieux, et dans le fond pour s'emparer de Constantinople, acheva de rendre les Romains odieux.

Mais la puissance de l'Église latine augmenta tous les jours, et les Grecs furent enfin conquis peu à peu par les Turcs. Les papes étaient depuis longtemps de puissants et riches souverains; toute l'Église grecque fut esclave depuis Mahomet II, excepté la Russie, qui était alors un pays barbare, et dont l'Église n'était pas comptée.

Quiconque est un peu instruit des affaires du Levant, sait que le sultan confère le patriarcat des Grecs par la crosse et par l'anneau, sans crainte d'être excommunié, comme le furent les empereurs allemands par les papes pour cette cérémonie.

Bien est-il vrai que l'Église de Stamboul a conservé en apparence la liberté d'élire son archevêque; mais elle n'élit que celui qui est indiqué par la Porte ottomane. Cette place coûte à présent environ quatre-vingt mille francs, qu'il faut que l'élu reprenne sur les Grecs. S'il se trouve quelque chanoine accrédité qui offre plus d'argent au grand-vizir, on dépossède le titulaire, et on donne la place au dernier enchérisseur, précisément comme Marozia et Théodora donnaient le siége de Rome dans le dixième siècle. Si le patriarche titulaire résiste, on lui donne cinquante coups de bâton sur la plante des pieds, et on l'exile. Quelquefois on lui coupe la tête, comme il arriva au patriarche Lucas Cyrille, en 1638.

Le Grand-Turc donne ainsi tous les autres évêchés moyennant finance; et la somme à laquelle chaque évêché fut taxé sous Mahomet II est toujours exprimée dans la patente; mais le supplément qu'on a payé n'y est pas énoncé. On ne sait jamais au juste combien un prêtre grec achète son évêché.

Ces patentes sont plaisantes : « J'accorde à N***, » prêtre chrétien, le présent mandement pour » perfection de félicité. Je lui commande de résider en la ville ci-nommée, comme évêque des » infidèles chrétiens, selon leur ancien usage et » leurs vaines et extravagantes cérémonies; voulant et ordonnant que tous les chrétiens de ce » district le reconnaissent, et que nul prêtre ni » moine ne se marie sans sa permission » (c'est-à-dire sans payer).

L'esclavage de cette Église est égal à son ignorance; mais les Grecs n'ont que ce qu'ils ont mérité; ils ne s'occupaient que de leurs disputes sur la lumière du Thabor et sur celle de leur nombril, lorsque Constantinople fut prise.

On espère qu'au moment où nous écrivons ces douloureuses vérités, l'impératrice de Russie Catherine II rendra aux Grecs leur liberté. On souhaite qu'elle puisse leur rendre le courage et l'esprit qu'ils avaient du temps de Miltiade, de Thémistocle, et qu'ils aient de bons soldats et moins de moines au mont Athos.

DE LA PRÉSENTE ÉGLISE GRECQUE.

Si quelque chose peut nous donner une grande idée des mahométans, c'est la liberté qu'ils ont laissée à l'Église grecque. Ils ont paru dignes de leurs conquêtes, puisqu'ils n'en ont point abusé. Mais il faut avouer que les Grecs n'ont pas trop mérité la protection que les musulmans leur accordent; voici ce qu'en dit M. Porter, ambassadeur d'Angleterre en Turquie:

« Je voudrais tirer le rideau sur ces disputes » scandaleuses des Grecs et des Romains au sujet » de Béthléem et de la Terre-Sainte, comme ils » l'appellent. Les procédés iniques, odieux, qu'elles » occasionnent entre eux, font la honte du nom » chrétien. Au milieu de ces débats, l'ambassadeur chargé de protéger la communion romaine, » malgré sa dignité éminente, devient véritablement un objet de compassion.

» Il se lève dans tous les pays de la croyance » romaine des sommes immenses, pour soutenir » contre les Grecs des prétentions équivoques à » la possession précaire d'un coin de terre répu-

» tée sacrée, et pour conserver entre les mains » des moines de leur communion les restes d'une » vieille étable à Béthléem, où l'on a érigé une » chapelle, et où, sur l'autorité incertaine d'une » tradition orale, on prétend que naquit le Christ; » de même qu'un tombeau, qui peut être, et » plus vraisemblablement peut n'être pas ce qu'on » appelle son *sépulcre:* car la situation exacte de » ces deux endroits est aussi peu certaine que la » place qui recèle les cendres de César. »

Ce qui rend les Grecs encore plus méprisables aux yeux des Turcs, c'est le miracle qu'ils font tous les ans au temps de Pâques. Le malheureux évêque de Jérusalem s'enferme dans le petit caveau qu'on fait passer pour le tombeau de notre Seigneur Jésus-Christ, avec des paquets de petite bougie; il bat le briquet, allume un de ces petits cierges, et sort de son caveau en criant: « Le » feu du ciel est descendu, et la sainte bougie est » allumée. » Tous les Grecs aussitôt achètent de ces bougies, et l'argent se partage entre le commandant turc et l'évêque.

On peut juger par ce seul trait de l'état déplorable de cette Église sous la domination du Turc.

L'Église grecque, en Russie, a pris depuis peu une consistance beaucoup plus respectable, depuis que l'impératrice Catherine II l'a délivrée du soin de son temporel; elle lui a ôté quatre cent mille esclaves qu'elle possédait. Elle est payée aujourd'hui du trésor impérial; entièrement soumise au gouvernement, contenue par des lois sages, elle ne peut faire que du bien; elle devient tous les jours savante et utile. Elle a aujourd'hui un prédicateur nommé Platon, qui a fait des sermons que l'ancien Platon grec n'aurait pas désavoués.

ÉGLOGUE.

Il semble qu'on ne doive rien ajouter à ce que M. le chevalier de Jaucourt et M. Marmontel ont dit de l'Églogue dans le *Dictionnaire encyclopédique*; il faut, après les avoir lus, lire Théocrite et Virgile, et ne point faire d'églogues. Elles n'ont été jusqu'à présent parmi nous que des madrigaux amoureux, qui auraient beaucoup mieux convenu aux filles d'honneur de la reine-mère qu'à des bergers.

L'ingénieux Fontenelle, aussi galant que philosophe, qui n'aimait pas les anciens, donne le plus de ridicule qu'il peut au tendre Théocrite, le maître de Virgile; il lui reproche une églogue qui est entièrement dans le goût rustique; mais il ne tenait qu'à lui de donner de justes éloges à d'autres églogues qui respirent la passion la plus naïve, exprimée avec toute l'élégance et la molle douceur convenable aux sujets.

Il y en a de comparables à la belle ode de Sapho, traduite dans toutes les langues. Que ne nous donnait-il une idée de la Pharmaceutrée imitée par Virgile, et non égalée peut-être! On ne pourrait pas en juger par ce morceau que je vais rapporter; mais c'est une esquisse qui fera connaître la beauté du tableau à ceux dont le goût démêle la force de l'original dans la faiblesse même de la copie.

Reine des nuits, dis quel fut mon amour;
Comme en mon sein les frissons et la flamme
Se succédaient, me perdaient tour à tour;
Quels doux transports égarèrent mon âme;
Comment mes yeux cherchaient en vain le jour;
Comme j'aimais, et sans songer à plaire!
Je ne pouvais ni parler ni me taire...
Reine des nuits, dis quel fut mon amour.

Mon amant vint. O moments délectables!
Il prit mes mains, tu le sais, tu le vis,
Tu fus témoin de ses serments coupables,
De ses baisers, de ceux que je rendis,
Des voluptés dont je fus enivrée.
Moments charmants, passez-vous sans retour?
Daphnis trahit la foi qu'il m'a jurée.
Reine des cieux, dis quel fut mon amour.

Ce n'est là qu'un échantillon de ce Théocrite dont Fontenelle fesait si peu de cas. Les Anglais, qui nous ont donné des traductions en vers de tous les poètes anciens, en ont aussi une de Théocrite; elle est de M. Fawkes: toutes les grâces de l'original s'y retrouvent. Il ne faut pas omettre qu'elle est en vers rimés, ainsi que les traductions anglaises de Virgile et d'Homère. Les vers blancs, dans tout ce qui n'est pas tragédie, ne sont, comme disait Pope, que le partage de ceux qui ne peuvent pas rimer.

Je ne sais si, après avoir parlé des églogues qui enchantèrent la Grèce et Rome, il sera bien convenable de citer une églogue allemande, et surtout une églogue dont l'amour n'est pas le principal sujet; elle fut écrite dans une ville qui venait de passer sous une domination étrangère.

Églogue allemande.

HERNAND, DERNIN.

DERNIN.

Consolons-nous, Hernand, l'astre de la nature
Va de nos aquilons tempérer la froidure;
Le zéphyr à nos champs promet quelques beaux jours;
Nous chanterons aussi nos vins et nos amours.
Nous n'égalerons point la Grèce et l'Ausonie;
Nous sommes sans printemps, sans fleurs, et sans génie;
Nos voix n'ont jamais eu ces sons harmonieux
Qu'aux pasteurs de Sicile ont accordés les dieux.
Ne pourrons-nous jamais, en lisant leurs ouvrages,
Surmonter l'âpreté de nos climats sauvages?
Vers ces coteaux du Rhin que nos soins assidus

Ont forcés à s'orner des trésors de Bacchus,
Forçons le dieu des vers, exilé de la Grèce,
A venir de nos chants adoucir la rudesse.
Nous connaissons l'amour, nous connaîtrons les vers.
Orphée était de Thrace; il brava les hivers;
Il aimait; c'est assez : Vénus monta sa lyre.
Il polit son pays; il eut un doux empire
Sur des cœurs étonnés de céder à ses lois.

BERNARD.

On dit qu'il amollit les tigres de ses bois.
Humaniserons-nous les loups qui nous déchirent?
Depuis qu'aux étrangers les destins nous soumirent,
Depuis que l'esclavage affaissa nos esprits,
Nos chants furent changés en de lugubres cris.
D'un commis odieux l'insolence affamée
Vient ravir la moisson que nous avons semée,
Vient décimer nos fruits, notre lait, nos troupeaux;
C'est pour lui que ma main couronna ces coteaux
Des pampres consolants de l'amant d'Ariane.
Si nous osons nous plaindre, un traitant nous condamne;
Nous craignons de gémir, nous dévorons nos pleurs.
Ah! dans la pauvreté, dans l'excès des douleurs,
Le moyen d'imiter Théocrite et Virgile!
Il faut pour un cœur tendre un esprit plus tranquille.
Le rossignol, tremblant dans son obscur séjour,
N'élève point sa voix sous le bec du vautour.
Fuyons, mon cher Dernin, ces malheureuses rives.
Portons nos chalumeaux et nos lyres plaintives
Aux bords de l'Adigo, loin des yeux des tyrans.

Et le reste.

ELEGANCE.

Ce mot, selon quelques uns, vient d'*electus*, choisi. On ne voit pas qu'aucun autre mot latin puisse être son étymologie : en effet, il y a du choix dans tout ce qui est élégant. L'élégance est un résultat de la justesse et de l'agrément.

On emploie ce mot dans la sculpture et dans la peinture. On opposait *elegans signum* à *signum rigens*; une figure proportionnée, dont les contours arrondis étaient exprimés avec mollesse, à une figure trop roide et mal terminée.

La sévérité des anciens Romains donna à ce mot, *elegantia*, un sens odieux. Ils regardaient l'élégance en tout genre comme une *afféterie*, comme une politesse recherchée, indigne de la gravité des premiers temps : *Vitii, non laudis fuit*, dit Aulu-Gelle. Ils appelaient *un homme élégant* à peu près ce que nous appelons aujourd'hui un petit-maître, *bellus homuncio*, et ce que les Anglais appellent *un beau*; mais vers le temps de Cicéron, quand les mœurs eurent reçu le dernier degré de politesse, *elegans* était toujours une louange. Cicéron se sert en cent endroits de ce mot pour exprimer un homme, un discours poli; on disait même alors *un repas élégant*, ce qui ne se dirait guère parmi nous.

Ce terme est consacré en français, comme chez les anciens Romains, à la sculpture, à la peinture, à l'éloquence, et principalement à la poésie. Il ne signifie pas, en peinture et en sculpture, précisément la même chose que *grâce*.

Ce terme de *grâce* se dit particulièrement du visage, et on ne dit pas *un visage élégant*, comme *des contours élégants* : la raison en est que la grâce a toujours quelque chose d'animé, et c'est dans le visage que paraît l'âme; ainsi on ne dit pas *une démarche élégante*, parce que la démarche est animée.

L'élégance d'un discours n'est pas l'éloquence, c'en est une partie : ce n'est pas la seule harmonie, le seul nombre; c'est la clarté, le nombre et le choix des paroles.

Il y a des langues en Europe dans lesquelles rien n'est si rare qu'un discours élégant : des terminaisons rudes, des consonnes fréquentes, des verbes auxiliaires nécessairement redoublés dans une même phrase, offensent l'oreille même des naturels du pays.

Un discours peut être élégant sans être un bon discours, l'élégance n'étant en effet que le mérite des paroles; mais un discours ne peut être absolument bon sans être élégant.

L'élégance est encore plus nécessaire à la poésie que l'éloquence, parce qu'elle est une partie de cette harmonie si nécessaire aux vers.

Un orateur peut convaincre, émouvoir même sans élégance, sans pureté, sans nombre : un poëme ne peut faire d'effet s'il n'est élégant. C'est un des principaux mérites de Virgile : Horace est bien moins élégant dans ses satires, dans ses épîtres; aussi est-il moins poëte, *sermoni propior*.

Le grand point dans la poésie et dans l'art oratoire, c'est que l'élégance ne fasse jamais tort à la force; et le poëte, en cela comme dans tout le reste, a de plus grandes difficultés à surmonter que l'orateur; car, l'harmonie étant la base de son art, il ne doit pas se permettre un concours de syllabes rudes; il faut même quelquefois sacrifier un peu de la pensée à l'élégance de l'expression : c'est une gêne que l'orateur n'éprouve jamais.

Il est à remarquer que si l'élégance a toujours l'air facile, tout ce qui est facile et naturel n'est cependant pas élégant. Il n'y a rien de si facile, de si naturel que,

La cigale ayant chanté
Tout l'été,

et,

Maître corbeau, sur un arbre perché...

Pourquoi ces morceaux manquent-ils d'élégance? C'est que cette naïveté est dépourvue de mots choisis et d'harmonie.

Amants, heureux amants, voulez-vous voyager?
Que ce soit aux rives prochaines.

LA FONTAINE, livre IX, fable II.

et cent autres traits ont, avec d'autres mérites, celui de l'élégance.

On dit rarement d'une comédie qu'elle est écrite élégamment : la naïveté et la rapidité d'un dialogue familier excluent ce mérite propre à toute autre poésie.

L'élégance semblerait faire tort au comique ; on ne rit point d'une chose élégamment dite : cependant la plupart des vers de *l'Amphitryon* de Molière, excepté ceux de pure plaisanterie, sont élégants. Le mélange des dieux et des hommes dans cette pièce unique en son genre, et les vers irréguliers qui forment un grand nombre de madrigaux, en sont peut-être la cause.

Un madrigal doit bien plutôt être élégant qu'une épigramme, parce que le madrigal tient quelque chose des stances, et que l'épigramme tient du comique ; l'un est fait pour exprimer un sentiment délicat, et l'autre un ridicule.

Dans le sublime, il ne faut pas que l'élégance se remarque ; elle l'affaiblirait. Si on avait loué l'élégance du Jupiter-Olympien de Phidias, c'eût été en faire une satire : l'élégance de la Vénus de Praxitèle pouvait être remarquée.

ÉLIE ET ÉNOCH.

Élie et Énoch sont deux personnages bien importants dans l'antiquité. Ils sont tous deux les seuls qui n'aient point goûté de la mort, et qui aient été transportés hors du monde. Un très savant homme a prétendu que ce sont des personnages allégoriques. Le père et la mère d'Élie sont inconnus. Il croit que son pays Galaad ne veut dire autre chose que la circulation des temps ; on le fait venir de Galgala, qui signifie *révolution.* Mais le nom du village de Galgala signifiait-il quelque chose?

Le mot d'Élie a un rapport sensible avec celui d'*Élios*, le soleil. L'holocauste offert par Élie, et allumé par le feu du ciel, est une image de ce que peuvent les rayons du soleil réunis. La pluie qui tombe après de grandes chaleurs est encore une vérité physique.

Le char de feu et les chevaux enflammés qui enlèvent Élie au ciel, sont une image frappante des quatre chevaux du soleil. Le retour d'Élie à la fin du monde semble s'accorder avec l'ancienne opinion que le soleil viendrait s'éteindre dans les eaux, au milieu de la destruction générale que les hommes attendaient ; car presque toute l'antiquité fut long-temps persuadée que le monde serait bientôt détruit.

Nous n'adoptons point ces allégories, et nous nous en tenons à ce qui est rapporté dans l'*Ancien Testament*.

Énoch est un personnage aussi singulier qu'Élie, à cela près que la *Genèse* nomme son père et son fils, et que la famille d'Élie est inconnue. Les Orientaux et les Occidentaux ont célébré cet Enoch.

La sainte Écriture, qui est toujours notre guide infaillible, nous apprend qu'Énoch fut père de Mathusala ou Mathusalem, et qu'il ne vécut sur la terre que trois cent soixante et cinq ans, ce qui a paru une vie bien courte pour un des premiers patriarches. Il est dit qu'il marcha avec Dieu, et qu'il ne parut plus, parce que Dieu l'enleva. « C'est ce qui fait, dit dom Calmet, que les Pères » et le commun des commentateurs assurent qu'É» noch est encore en vie, que Dieu l'a transporté » hors du monde aussi bien qu'Élie, qu'ils vien» dront avant le jugement dernier s'opposer à » l'antechrist, qu'Élie prêchera aux Juifs, et Énoch » aux Gentils. »

Saint Paul, dans son Épître aux Hébreux (qu'on lui a contestée), dit expressément : « C'est par la » foi qu'Énoch fut enlevé, afin qu'il ne vît point » la mort ; et on ne le vit plus, parce que le Sei» gneur le transporta. »

Saint Justin, ou celui qui a pris son nom, dit qu'Énoch et Élie sont dans le paradis terrestre, et qu'ils y attendent le second avénement de Jésus-Christ.

Saint Jérôme, au contraire, croit[a] qu'Énoch et Élie sont dans le ciel. C'est ce même Énoch, septième homme après Adam, qu'on prétend avoir écrit un livre cité par saint Jude[b].

Tertullien dit[c] que cet ouvrage fut conservé dans l'arche, et qu'Énoch en fit même une seconde copie après le déluge.

Voilà ce que la sainte Écriture et les Pères nous disent d'Énoch ; mais les profanes de l'Orient en disent bien davantage. Ils croient en effet qu'il y a eu un Énoch, et qu'il fut le premier qui fit des esclaves à la guerre ; ils l'appellent tantôt Enoch, tantôt Édris ; ils disent que c'est lui qui donna des lois aux Égyptiens sous le nom de ce Thaut, appelé par les Grecs Hermès Trismégiste. On lui donne un fils nommé Sabi, auteur de la religion des Sabiens ou Sabéens.

Il y avait une ancienne tradition en Phrygie sur un certain Anach, dont on disait que les Hébreux avaient fait Énoch. Les Phrygiens tenaient cette tradition des Chaldéens ou Babyloniens, qui reconnaissaient aussi un Énoch, ou Anach, pour inventeur de l'astronomie.

On pleurait Énoch un jour de l'année en Phrygie, comme on pleurait Adoni, ou Adonis, chez les Phéniciens.

[a] Jérôme, *Commentaire sur Amos.* — [b] Voyez l'article APOCRYPHES. — [c] Lib. I, *De cultu fœminarum*, etc.

L'écrivain ingénieux et profond qui croit Élie un personnage purement allégorique, pense la même chose d'Énoch. Il croit qu'Énoch, Anach, Annoch, signifiait l'*année*; que les Orientaux le pleuraient ainsi qu'Adonis, et qu'ils se réjouissaient au commencement de l'année nouvelle;

Que le Janus connu ensuite en Italie était l'ancien Anach, ou Annoch, de l'Asie;

Que non seulement Énoch signifiait autrefois chez tous ces peuples le commencement et la fin de l'an, mais le dernier jour de la semaine;

Que les noms d'Anne, de Jean, de Januarius, Janvier, ne sont venus que de cette source.

Il est difficile de pénétrer dans les profondeurs de l'histoire ancienne. Quand on y saisirait la vérité à tâtons, on ne serait jamais sûr de la tenir. Il faut absolument qu'un chrétien s'en tienne à l'Écriture, quelque difficulté qu'on trouve à l'entendre.

ÉLOQUENCE.

(*Cet article a paru dans le grand* Dictionnaire encyclopédique. *Il y a dans celui-ci des additions, et, ce qui vaut bien mieux, des retranchements.*)

L'éloquence est née avant les règles de la rhétorique, comme les langues se sont formées avant la grammaire. La nature rend les hommes éloquents dans les grands intérêts et dans les grandes passions. Quiconque est vivement ému voit les choses d'un autre œil que les autres hommes. Tout est pour lui objet de comparaison rapide et de métaphore : sans qu'il y prenne garde, il anime tout, et fait passer dans ceux qui l'écoutent une partie de son enthousiasme Un philosophe très éclairé [1] a remarqué que le peuple même s'exprime par des figures; que rien n'est plus commun, plus naturel que les tours qu'on appelle *tropes*. Ainsi dans toutes les langues, « le cœur brûle, le courage s'allume, les yeux étincellent, l'esprit est accablé, il se partage, il s'épuise, le sang se glace, la tête se renverse, on est enflé d'orgueil, enivré de vengeance : » la nature se peint partout dans ces images fortes, devenues ordinaires.

C'est elle dont l'instinct enseigne à prendre d'abord un air, un ton modeste avec ceux dont on a besoin. L'envie naturelle de captiver ses juges et ses maîtres, le recueillement de l'âme profondément frappée, qui se prépare à déployer les sentiments qui la pressent, sont les premiers maîtres de l'art.

C'est cette même nature qui inspire quelquefois des débats vifs et animés; une forte passion, un danger pressant, appellent tout d'un coup l'imagination : ainsi un capitaine des premiers califes voyant fuir les musulmans, s'écria : « Où courez-vous? ce n'est pas là que sont les ennemis. » On attribue ce même mot à plusieurs capitaines; on l'attribue à Cromwell. Les âmes fortes se rencontrent beaucoup plus souvent que les beaux esprits. Rasi, un capitaine musulman du temps même de Mahomet, voit les Arabes effrayés qui s'écrient que leur général Dérar est tué : « Qu'importe, dit-il, que Dérar soit mort? Dieu est vivant et vous regarde; marchez. »

C'était un homme bien éloquent que ce matelot anglais qui fit résoudre la guerre contre l'Espagne en 1740. « Quand les Espagnols m'ayant mutilé me présentèrent la mort, je recommandai mon âme à Dieu, et ma vengeance à ma patrie. »

La nature fait donc l'éloquence; et si on a dit que les poëtes naissent, et que les orateurs se forment, on l'a dit quand l'éloquence a été forcée d'étudier les lois, le génie des juges, et la méthode du temps : la nature seule n'est éloquente que par élans.

Les préceptes sont toujours venus après l'art. Tisias fut le premier qui recueillit les lois de l'éloquence, dont la nature donne les premières règles.

Platon dit ensuite, dans son *Gorgias*, qu'un orateur doit avoir la subtilité des dialecticiens, la science des philosophes, la diction presque des poëtes, la voix et les gestes des plus grands acteurs.

Aristote fit voir après lui que la véritable philosophie est le guide secret de l'esprit de tous les arts; il creusa les sources de l'éloquence dans son livre de la *Rhétorique*; il fit voir que la dialectique est le fondement de l'art de persuader, et qu'être éloquent c'est savoir prouver.

Il distingua les trois genres, le délibératif, le démonstratif, et le judiciaire. Dans le délibératif, il s'agit d'exhorter ceux qui délibèrent à prendre un parti sur la guerre et sur la paix, sur l'administration publique, etc.; dans le démonstratif, de faire voir ce qui est digne de louange ou de blâme; dans le judiciaire, de persuader, d'absoudre, et de condamner, etc. On sent assez que ces trois genres rentrent souvent l'un dans l'autre.

Il traite ensuite des passions et des mœurs, que tout orateur doit connaître.

Il examine quelles preuves on doit employer dans ces trois genres d'éloquence. Enfin, il traite à fond de l'élocution, sans laquelle tout languit; il recommande les métaphores, pourvu qu'elles soient justes et nobles; il exige surtout la convenance et la bienséance. Tous ces préceptes respirent la justesse éclairée d'un philosophe et la politesse d'un Athénien; et en donnant les règles de l'éloquence, il est éloquent avec simplicité.

[1] Dumarsais.

Il est à remarquer que la Grèce fut la seule contrée de la terre où l'on connût alors les lois de l'éloquence, parce que c'était la seule où la véritable éloquence existât. L'art grossier était chez tous les hommes; des traits sublimes ont échappé partout à la nature dans tous les temps : mais remuer les esprits de toute une nation polie, plaire, convaincre et toucher à la fois, cela ne fut donné qu'aux Grecs. Les Orientaux étaient presque tous esclaves : c'est un caractère de la servitude de tout exagérer; ainsi l'éloquence asiatique fut monstrueuse. L'Occident était barbare du temps d'Aristote.

L'*éloquence* véritable commença à se montrer dans Rome du temps des Gracques, et ne fut perfectionnée que du temps de Cicéron. Marc-Antoine l'orateur, Hortensius, Curion, César, et plusieurs autres, furent des hommes éloquents.

Cette *éloquence* périt avec la république, ainsi que celle d'Athènes. L'éloquence sublime n'appartient, dit-on, qu'à la liberté; c'est qu'elle consiste à dire des vérités hardies, à étaler des raisons et des peintures fortes. Souvent un maître n'aime pas la vérité, craint les raisons, et aime mieux un compliment délicat que de grands traits.

Cicéron, après avoir donné les exemples dans ses harangues, donna les préceptes dans son livre de l'*Orateur;* il suit presque toute la méthode d'Aristote, et s'explique avec le style de Platon.

Il distingue le genre simple, le tempéré et le sublime. Rollin a suivi cette division dans son *Traité des études;* et, ce que Cicéron ne dit pas, il prétend que « le tempéré est une belle rivière » ombragée de vertes forêts des deux côtés; le » simple, une table servie proprement, dont tous » les mets sont d'un goût excellent, et dont on » bannit tout raffinement; que le sublime foudroie, » et que c'est un fleuve impétueux qui renverse » tout ce qui lui résiste. »

Sans se mettre à *cette table,* sans suivre *ce foudre, ce fleuve,* et *cette rivière,* tout homme de bon sens voit que l'*éloquence simple* est celle qui a des choses simples à exposer, et que la clarté et l'élégance sont tout ce qui lui convient. Il n'est pas besoin d'avoir lu Aristote, Cicéron et Quintilien, pour sentir qu'un avocat qui débute par un exorde pompeux au sujet d'un mur mitoyen est ridicule : c'était pourtant le vice du barreau jusqu'au milieu du dix-septième siècle; on disait avec emphase des choses triviales. On pourrait compiler des volumes de ces exemples; mais tous se réduisent à ce mot d'un avocat, homme d'esprit, qui voyant que son adversaire parlait de la guerre de Troie et du Scamandre, l'interrompit en disant : *La cour observera que ma partie ne s'appelle pas* Scamandre, *mais* Michaut.

Le genre sublime ne peut regarder que de puissants intérêts, traités dans une grande assemblée. On en voit encore de vives traces dans le parlement d'Angleterre; on a quelques harangues qui y furent prononcées en 1739, quand il s'agissait de déclarer la guerre à l'Espagne. L'esprit de Démosthène et de Cicéron semble avoir dicté plusieurs traits de ces discours; mais ils ne passeront pas à la postérité comme ceux des Grecs et des Romains, parce qu'ils manquent de cet art et de ce charme de la diction qui mettent le sceau de l'immortalité aux bons ouvrages.

Le genre tempéré est celui de ces discours d'appareil, de ces harangues publiques, de ces compliments étudiés, dans lesquels il faut couvrir de fleurs la futilité de la matière.

Ces trois genres rentrent encore souvent l'un dans l'autre, ainsi que les trois objets de l'éloquence qu'Aristote considère; et le grand mérite de l'orateur est de les mêler à propos.

La grande éloquence n'a guère pu en France être connue au barreau, parce qu'elle ne conduit pas aux honneurs comme dans Athènes, dans Rome, et comme aujourd'hui dans Londres, et n'a point pour objet de grands intérêts publics : elle s'est réfugiée dans les oraisons funèbres, où elle tient un peu de la poésie. Bossuet, et après lui Fléchier, semblent avoir obéi à ce précepte de Platon, qui veut que l'élocution d'un orateur soit quelquefois celle même d'un poëte.

L'éloquence de la chaire avait été presque barbare jusqu'au P. Bourdaloue; il fut un des premiers qui firent parler la raison.

Les Anglais ne vinrent qu'ensuite, comme l'avoue Burnet, évêque de Salisbury. Ils ne connurent point l'oraison funèbre; ils évitèrent dans les sermons les traits véhéments qui ne leur parurent point convenables à la simplicité de l'Évangile; et ils se défièrent de cette méthode des divisions recherchées, que l'archevêque Fénelon condamne dans ses *Dialogues sur l'éloquence.*

Quoique nos sermons roulent sur l'objet le plus important à l'homme, cependant il s'y trouve peu de morceaux frappants qui, comme les beaux endroits de Cicéron et de Démosthène, soient devenus les modèles de toutes les nations occidentales. Le lecteur sera pourtant bien aise de trouver ici ce qui arriva la première fois que M. Massillon, depuis évêque de Clermont, prêcha son fameux sermon *du petit nombre des élus.* Il y eut un endroit où un transport de saisissement s'empara de tout l'auditoire; presque tout le monde se leva à moitié par un mouvement involontaire; le murmure d'acclamation et de surprise fut si fort qu'il troubla l'orateur, et ce trouble ne servit qu'à augmenter le pathétique de ce morceau; le voici : « Je

» suppose que ce soit ici notre dernière heure à » tous, que les cieux vont s'ouvrir sur nos têtes, » que le temps est passé, et que l'éternité com» mence, que Jésus-Christ va paraître pour nous » juger selon nos œuvres, et que nous sommes » tous ici pour attendre de lui l'arrêt de la vie ou » de la mort éternelle : je vous le demande, frap» pé de terreur comme vous, ne séparant point » mon sort du vôtre, et me mettant dans la même » situation où nous devons tous paraître un jour » devant Dieu notre juge; si Jésus-Christ, dis-je, » paraissait dès à présent pour faire la terrible sé» paration des justes et des pécheurs, croyez-vous » que le plus grand nombre fût sauvé? Croyez» vous que le nombre des justes fût au moins égal » à celui des pécheurs? Croyez-vous que s'il fesait » maintenant la discussion des œuvres du grand » nombre qui est dans cette église, il trouvât seu» lement dix justes parmi nous? En trouverait-il » un seul? » (Il y a eu plusieurs éditions différentes de ce discours; mais le fond est le même dans toutes.)

Cette figure, la plus hardie qu'on ait jamais employée, et en même temps la plus à sa place, est un des plus beaux traits d'éloquence qu'on puisse lire chez les nations anciennes et modernes; et le reste du discours n'est pas indigne de cet endroit si saillant. De pareils chefs-d'œuvre sont très rares; tout est d'ailleurs devenu lieu commun. Les prédicateurs qui ne peuvent imiter ces grands modèles feraient mieux de les apprendre par cœur et de les débiter à leur auditoire (supposé encore qu'ils eussent ce talent si rare de la déclamation), que de prêcher dans un style languissant des choses aussi rebattues qu'inutiles.

On demande si l'éloquence est permise aux historiens : celle qui leur est propre consiste dans l'art de préparer les événements, dans leur exposition toujours élégante, tantôt vive et pressée, tantôt étendue et fleurie; dans la peinture vraie et forte des mœurs générales et des principaux personnages; dans les réflexions incorporées naturellement au récit, et qui n'y paraissent point ajoutées. L'éloquence de Démosthène ne convient point à Thucydide; une harangue directe qu'on met dans la bouche d'un héros qui ne la prononça jamais, n'est guère qu'un beau défaut, au jugement de plusieurs esprits éclairés.

Si pourtant ces licences pouvaient quelquefois se permettre, voici une occasion où Mézerai, dans sa grande Histoire, semble obtenir grâce pour cette hardiesse approuvée chez les anciens; il est égal à eux pour le moins dans cet endroit : c'est au commencement du règne de Henri IV, lorsque le prince, avec très peu de troupes, était pressé auprès de Dieppe par une armée de trente mille hommes, et qu'on lui conseillait de se retirer en Angleterre. Mézerai s'élève au-dessus de lui-même en fesant parler ainsi le maréchal de Biron, qui d'ailleurs était un homme de génie, et qui peut fort bien avoir dit une partie de ce que l'historien lui attribue : « Quoi! sire, on vous conseille de » monter sur mer, comme s'il n'y avait pas d'au» tre moyen de conserver votre royaume que de » le quitter! Si vous n'étiez pas en France, il » faudrait percer au travers de tous les hasards et » de tous les obstacles pour y venir : et mainte» nant que vous y êtes, on voudrait que vous en » sortissiez! et vos amis seraient d'avis que vous » fissiez de votre bon gré ce que le plus grand ef» fort de vos ennemis ne saurait vous contraindre » de faire! En l'état où vous êtes, sortir seulement » de France pour vingt-quatre heures, c'est s'en » bannir pour jamais. Le péril, au reste, n'est pas » si grand qu'on vous le dépeint; ceux qui nous » pensent envelopper sont ou ceux mêmes que » nous avons tenus enfermés si lâchement dans » Paris, ou gens qui ne valent pas mieux, et qui » auront plus d'affaires entre eux-mêmes que » contre nous. Enfin, sire, nous sommes en » France, il nous y faut enterrer : il s'agit d'un » royaume, il faut l'emporter ou y perdre la vie; » et quand même il n'y aurait point d'autre sû» reté pour votre sacrée personne que la fuite, je » sais bien que vous aimeriez mieux mille fois » mourir de pied ferme que de vous sauver par » ce moyen. Votre majesté ne souffrirait jamais » qu'on dise qu'un cadet de la maison de Lor» raine lui aurait fait perdre terre, encore moins » qu'on la vît mendier à la porte d'un prince » étranger. Non, non, sire, il n'y a ni couronne » ni honneur pour vous au-delà de la mer : si » vous allez au-devant du secours d'Angleterre, il » reculera; si vous vous présentez au port de La » Rochelle en homme qui se sauve, vous n'y » trouverez que des reproches et du mépris. Je » ne puis croire que vous deviez plutôt fier votre » personne à l'inconstance des flots et à la merci » de l'étranger, qu'à tant de braves gentilshommes » et tant de vieux soldats qui sont prêts à lui servir » de remparts et de boucliers; et je suis trop ser» viteur de votre majesté, pour lui dissimuler » que si elle cherchait sa sûreté ailleurs que dans » leur vertu, ils seraient obligés de chercher la » leur dans un autre parti que dans le sien. »

Ce discours fait un effet d'autant plus beau, que Mézerai met ici en effet dans la bouche du maréchal de Biron ce que Henri IV avait dans le cœur.

Il y aurait encore bien des choses à dire sur l'éloquence, mais les livres n'en disent que trop; et dans un siècle éclairé, le génie aidé des exemples en sait plus que n'en disent tous les maîtres.

EMBLÈME.

Figure, allégorie, symbole, etc.

Tout est emblème et figure dans l'antiquité. On commence en Chaldée par mettre un bélier, deux chevreaux, un taureau, dans le ciel, pour marquer les productions de la terre au printemps. Le feu est le symbole de la Divinité dans la Perse ; le chien céleste avertit les Égyptiens de l'inondation du Nil; le serpent qui cache sa queue dans sa tête devient l'image de l'éternité. La nature entière est peinte et déguisée.

Vous retrouvez encore dans l'Inde plusieurs de ces anciennes statues effrayantes et grossières dont nous avons déjà parlé, qui représentent la vertu munie de dix grands bras avec lesquels elle doit combattre les vices, et que nos pauvres missionnaires ont prise pour le portrait du diable, ne doutant pas que tous ceux qui ne parlaient pas français ou italien n'adorassent le diable.

Mettez tous ces symboles de l'antiquité sous les yeux de l'homme du sens le plus droit, qui n'en aura jamais entendu parler, il n'y comprendra rien : c'est une langue qu'il faut apprendre.

Les anciens poëtes théologiens furent dans la nécessité de donner des yeux à Dieu, des mains, des pieds; de l'annoncer sous la figure d'un homme.

Saint Clément d'Alexandrie [a] rapporte ces vers de Xénophanes le Colophonien, dignes de toute notre attention :

Grand Dieu ! quoi que l'on fasse, et quoi qu'on ose feindre,
On ne peut te comprendre, et moins encor te peindre.
Chacun figure en toi ses attributs divers :
Les oiseaux te feraient voltiger dans les airs,
Les bœufs te prêteraient leurs cornes menaçantes,
Les lions t'armeraient de leurs dents déchirantes,
Les chevaux dans les champs te feraient galoper.

On voit par ces vers de Xénophanes que ce n'est pas d'aujourd'hui que les hommes ont fait Dieu à leur image. L'ancien Orphée de Thrace, ce premier théologien des Grecs, fort antérieur à Homère, s'exprime ainsi, selon le même Clément d'Alexandrie :

Sur son trône éternel, assis dans les nuages,
Immobile, il régit les vents et les orages;
Ses pieds pressent la terre ; et du vague des airs
Sa main touche à la fois aux rives des deux mers;
Il est principe, fin, milieu de toutes choses.

Tout étant donc figure et emblème, les philosophes, et surtout ceux qui avaient voyagé dans l'Inde, employèrent cette méthode; leurs préceptes étaient des emblèmes, des énigmes.

« N'attisez pas le feu avec une épée, » c'est-à-dire n'irritez point des hommes en colère.

[a] *Stromates*, liv. v.

« Ne mettez point la lampe sous le boisseau. » — Ne cachez point la vérité aux hommes.

« Abstenez-vous des fèves. » — Fuyez souvent les assemblées publiques, dans lesquelles on donnait son suffrage avec des fèves blanches ou noires.

« N'ayez point d'hirondelles dans votre mai» son. » — Qu'elle ne soit point remplie de babillards.

« Dans la tempête adorez l'écho. » — Dans les troubles civils retirez-vous à la campagne.

« N'écrivez point sur la neige. » — N'enseignez point les esprits mous et faibles.

« Ne mangez ni votre cœur ni votre cervelle. » — Ne vous livrez ni au chagrin ni à des entreprises trop difficiles, etc.

Telles sont les maximes de Pythagore, dont le sens n'est pas difficile à comprendre.

Le plus beau de tous les emblèmes est celui de Dieu, que Timée de Locres figure par cette idée : « Un cercle dont le centre est partout et la circon» férence nulle part. » Platon adopta cet emblème; Pascal l'avait inséré parmi les matériaux dont il voulait faire usage, et qu'on a intitulés ses *Pensées*.

En métaphysique, en morale, les anciens ont tout dit. Nous nous rencontrons avec eux, ou nous les répétons. Tous les livres modernes de ce genre ne sont que des redites.

Plus vous avancez dans l'Orient, plus vous trouvez cet usage des emblèmes et des figures établi; mais plus aussi ces images sont-elles éloignées de nos mœurs et de nos coutumes.

C'est surtout chez les Indiens, les Égyptiens, les Syriens, que les emblèmes qui nous paraissent les plus étranges étaient consacrés. C'est là qu'on portait en procession avec le plus profond respect les deux organes de la génération, les deux symboles de la vie. Nous en rions, nous osons traiter ces peuples d'idiots barbares, parce qu'ils remerciaient Dieu innocemment de leur avoir donné l'être. Qu'auraient-ils dit, s'ils nous avaient vus entrer dans nos temples avec l'instrument de la destruction à notre côté?

A Thèbes, on représentait les péchés du peuple par un bouc. Sur la côte de Phénicie, une femme nue avec une queue de poisson était l'emblème de la nature.

Il ne faut donc pas s'étonner si cet usage des symboles pénétra chez les Hébreux, lorsqu'ils eurent formé un corps de peuple vers le désert de la Syrie.

DE QUELQUES EMBLÈMES DANS LA NATION JUIVE.

Un des plus beaux emblèmes des livres judaïques est ce morceau de l'*Ecclésiaste* :

« Quand les travailleuses au moulin seront en » petit nombre et oisives, quand ceux qui regar» daient par les trous s'obscurciront, que l'aman» dier fleurira, que la sauterelle s'engraissera, » que les câpres tomberont, que la cordelette » d'argent se cassera, que la bandelette d'or se » retirera.... et que la cruche se brisera sur la » fontaine..... »

Cela signifie que les vieillards perdent leurs dents, que leur vue s'affaiblit, que leurs cheveux blanchissent comme la fleur de l'amandier, que leurs pieds s'enflent comme la sauterelle, que leurs cheveux tombent comme les feuilles du câprier, qu'ils ne sont plus propres à la génération, et qu'alors il faut se préparer au grand voyage.

Le *Cantique des cantiques* [1] est (comme on sait) un emblème continuel du mariage de Jésus-Christ avec l'Église :

« Qu'il me baise d'un baiser de sa bouche, car » vos tetons sont meilleurs que du vin — qu'il » mette sa main gauche sous ma tête, et qu'il » m'embrasse de la main droite — que tu es belle, » ma chère ! tes yeux sont des yeux de colombe » — tes cheveux sont comme des troupeaux de » chèvres, sans parler de ce que tu nous caches » — tes lèvres sont comme un petit ruban d'é» carlate, tes joues sont comme des moitiés de » pommes d'écarlate, sans parler de ce que tu nous » caches — que ta gorge est belle ! — que tes lè» vres distillent le miel ! — Mon bien-aimé mit sa » main au trou, et mon ventre tressaillit à ses » attouchements — ton nombril est comme une » coupe faite au tour — ton ventre est comme un » monceau de froment entouré de lis — tes deux » tetons sont comme deux faons gémeaux de che» vreuil — ton cou est comme une tour d'ivoire » — ton nez est comme la tour du mont Liban— » ta tête est comme le mont Carmel, ta taille est » celle d'un palmier. J'ai dit, je monterai sur le » palmier et je cueillerai de ses fruits. Que ferons» nous de notre petite sœur? elle n'a pas encore » de tetons. Si c'est un mur, bâtissons dessus une » tour d'argent; si c'est une porte, fermons-la avec » du bois de cèdre. »

Il faudrait traduire tout le cantique pour voir qu'il est un emblème d'un bout à l'autre ; surtout l'ingénieux dom Calmet démontre que le palmier sur lequel monte le bien-aimé, est la croix à laquelle on condamna notre Seigneur Jésus-Christ. Mais il faut avouer qu'une morale saine et pure est encore préférable à ces allégories.

On voit dans les livres de ce peuple une foule d'emblèmes typiques qui nous révoltent aujourd'hui et qui exercent notre incrédulité et notre raillerie, mais qui paraissaient communs et simples aux peuples asiatiques.

Dieu apparaît à Isaïe fils d'Amos, et lui dit [a] : « Va, détache ton sac de tes reins, et tes sandales » de tes pieds; et il le fit ainsi, marchant tout nu » et déchaux. Et Dieu dit : Ainsi que mon servi» teur Isaïe a marché tout nu et déchaux, comme » un signe de trois ans sur l'Égypte et l'Éthiopie, » ainsi le roi des Assyriens emmènera des captifs » d'Égypte et d'Éthiopie, jeunes et vieux, les fesses » découvertes à la honte de l'Égypte. »

Cela nous semble bien étrange; mais informons-nous seulement de ce qui se passe encore de nos jours chez les Turcs et chez les Africains, et dans l'Inde où nous allons commercer avec tant d'acharnement et si peu de succès. On apprendra qu'il n'est pas rare de voir des santons, absolument nus, non seulement prêcher les femmes, mais se laisser baiser les parties naturelles avec respect, sans que ces baisers inspirent ni à la femme ni au santon le moindre desir impudique. On verra sur les bords du Gange une foule innombrable d'hommes et de femmes nus de la tête jusqu'aux pieds, les bras étendus vers le ciel, attendre le moment d'une éclipse pour se plonger dans le fleuve.

Le bourgeois de Paris ou de Rome ne doit pas croire que le reste de la terre soit tenu de vivre et de penser en tout comme lui.

Jérémie, qui prophétisait du temps de Joakim, melk de Jérusalem [b], en faveur du roi de Babylone, se met des chaînes et des cordes au cou par ordre du Seigneur, et les envoie aux rois d'Édom, d'Ammon, de Tyr, de Sidon, par leurs ambassadeurs qui étaient venus à Jérusalem vers Sédécias; il leur ordonne de parler ainsi à leurs maîtres :

« Voici ce que dit le Seigneur des armées, le » Dieu d'Israël; vous direz ceci à vos maîtres : » J'ai fait la terre, les hommes, les bêtes de somme » qui sont sur la surface de la terre, dans ma grande » force et dans mon bras étendu, et j'ai donné la » terre à celui qui a plu à mes yeux; et mainte» nant donc j'ai donné toutes ces terres dans la » main de Nabuchodonosor, roi de Babylone, mon » serviteur; et par-dessus je lui ai donné toutes » les bêtes des champs afin qu'elles le servent. J'ai » parlé selon toutes ces paroles à Sédécias, roi de » Juda, lui disant : Soumettez votre cou sous le » joug du roi de Babylone; servez-le, lui et son » peuple, et vous vivrez, etc. »

Aussi Jérémie fut-il accusé de trahir son roi et sa patrie, et de prophétiser en faveur de l'ennemi

[1] Voltaire en a donné une traduction en vers : voy. le tom. II de la présente édition.

[a] Isaïe, ch. XX. v. 2 et suiv.

[b] Jérémie, ch. XXVII, v. 2 et suiv.

pour de l'argent : on a même prétendu qu'il fut lapidé.

Il est évident que ces cordes et ces chaînes étaient l'emblème de cette servitude à laquelle Jérémie voulait qu'on se soumît.

C'est ainsi qu'Hérodote nous raconte qu'un roi des Scythes envoya pour présent à Darius un oiseau, une souris, une grenouille, et cinq flèches. Cet emblème signifiait que si Darius ne fuyait aussi vite qu'un oiseau, qu'une grenouille, qu'une souris, il serait percé par les flèches des Scythes. L'allégorie de Jérémie était celle de l'impuissance, et l'emblème des Scythes était celui du courage.

C'est ainsi que Sextus Tarquinius consultant son père, que nous appelons *Tarquin-le-Superbe*, sur la manière dont il devait se conduire avec les Gabiens, Tarquin, qui se promenait dans son jardin, ne répondit qu'en abattant les têtes des plus hauts pavots. Son fils l'entendit, et fit mourir les principaux citoyens. C'était l'emblème de la tyrannie.

Plusieurs savants ont cru que l'histoire de Daniel, du dragon, de la fosse aux sept lions auxquels on donnait chaque jour deux brebis et deux hommes à manger, et l'histoire de l'ange qui enleva Habacuc par les cheveux pour porter à dîner à Daniel dans la fosse aux lions, ne sont qu'une allégorie visible, un emblème de l'attention continuelle avec laquelle Dieu veille sur ses serviteurs; mais il nous semble plus pieux de croire que c'est une histoire véritable, telle qu'il en est plusieurs dans la sainte Écriture, qui déploie sans figure et sans type la puissance divine, et qu'il n'est pas permis aux esprits profanes d'approfondir. Bornons-nous aux emblèmes, aux allégories véritables indiquées comme telles par la sainte Écriture elle-même.

« [a] En la trentième année, le cinquième jour du » quatrième mois, comme j'étais au milieu des captifs sur le fleuve de Chobar, les cieux s'ouvrirent et je vis les visions de Dieu, etc. Le Seigneur adressa la parole à Ézéchiel, prêtre, fils » de Buzi, dans le pays des Chaldéens près du » fleuve Chobar, et la main de Dieu se fit sur lui. »

C'est ainsi qu'Ézéchiel commence sa prophétie; et après avoir vu un feu, un tourbillon, et au milieu du feu les figures de quatre animaux ressemblants à un homme, lesquels avaient quatre faces et quatre ailes avec des pieds de veau, et une roue qui était sur la terre et qui avait quatre faces, les quatre parties de la roue allant en même temps, et ne retournant point lorsqu'elles marchaient, etc.

Il dit [b] : « L'esprit entra dans moi, et m'affermit sur mes pieds...; ensuite le Seigneur me » dit : Fils de l'homme, mange tout ce que tu » trouveras; mange ce livre, et va parler aux enfants d'Israël. En même temps, j'ouvris la bouche, et il me fit manger ce livre; et l'esprit entra dans moi et me fit tenir sur mes pieds; et il » me dit : Va te faire enfermer au milieu de ta » maison. Fils de l'homme, voici des chaînes dont » on te liera, etc. Et toi, fils de l'homme [a], prends » une brique, place-la devant toi, et trace dessus » la ville de Jérusalem, etc. »

« Prends aussi un poêlon de fer, et tu le mettras comme un mur de fer entre toi et la ville; » tu affermiras ta face, tu seras devant Jérusalem comme si tu l'assiégeais; c'est un signe à la » maison d'Israël. »

Après cet ordre, Dieu lui ordonne de dormir trois cent quatre-vingt-dix jours sur le côté gauche pour les iniquités d'Israël, et de dormir sur le côté droit pendant quarante jours, pour l'iniquité de la maison de Juda.

Avant d'aller plus loin, transcrivons ici les paroles du judicieux commentateur dom Calmet sur cette partie de la prophétie d'Ézéchiel qui est à la fois une histoire et une allégorie, une vérité réelle et un emblème. Voici comment ce savant bénédictin s'explique :

« Il y en a qui croient qu'il n'arriva rien de » tout cela qu'en vision, qu'un homme ne peut » demeurer si long-temps couché sur un même » côté sans miracle; que l'Écriture ne nous marquant point qu'il y ait eu ici du prodige, on ne » doit point multiplier les actions miraculeuses » sans nécessité, que s'il demeura couché ces » trois cent quatre-vingt-dix jours, ce ne fut que » pendant les nuits; le jour il vaquait à ses affaires. Mais nous ne voyons nulle nécessité ni » de recourir au miracle, ni de chercher des détours pour expliquer le fait dont il est parlé ici. » Il n'est nullement impossible qu'un homme demeure enchaîné et couché sur son côté pendant » trois cent quatre-vingt-dix jours. On a tous les » jours des expériences qui en prouvent la possibilité, dans les prisonniers, dans divers malades, et dans quelques personnes qui ont l'imagination blessée, et qu'on enchaîne comme des » furieux. Prado témoigne qu'il a vu un fou qui » demeura lié et couché tout nu sur son côté pendant plus de quinze ans. Si tout cela n'était arrivé qu'en vision, comment les Juifs de la captivité auraient-ils compris ce que leur voulait » dire Ézéchiel? comment ce prophète aurait-il » exécuté les ordres de Dieu? Il faut donc dire » aussi qu'il ne dressa le plan de Jérusalem, qu'il

[a] Ézéchiel, ch. I. — [b] Ibid., ch. II, v. 2; et ch. III, VI, et suiv.

[a] Ézéchiel, ch. IV, v. 1 et suiv.

» ne représenta le siege, qu'il ne fut lié, qu'il ne » mangea du pain de différents grains, qu'en es- » prit et en idée. »

Il faut se rendre au sentiment du savant Calmet, qui est celui des meilleurs interprètes. Il est clair que la sainte Écriture raconte le fait comme une vérité réelle, et que cette vérité est l'emblème, le type, la figure d'une autre vérité.

« Prends [a] du froment, de l'orge, des fèves, » des lentilles, du millet, de la vesce; fais-en des » pains pour autant de jours que tu dormiras sur » le côté. Tu mangeras pendant trois cent qua- » tre-vingt-dix jours...; tu le mangeras comme un » gâteau d'orge, et tu le couvriras de l'excrément » qui sort du corps de l'homme [1]. Les enfants d'Is- » raël mangeront ainsi leur pain souillé. »

Il est évident que le Seigneur voulait que les Israélites mangeassent leur pain souillé; il fallait donc que le pain du prophète fût souillé aussi. Cette souillure était si réelle qu'Ézéchiel en eut horreur. Il s'écria [b] : « Ah! ah! ma vie (mon âme) » n'a pas encore été pollue, etc. Et le Seigneur » lui dit : Va, je te donne de la fiente de bœuf » au lieu de fiente d'homme, et tu la mettras avec » ton pain. »

Il fallait donc absolument que cette nourriture fût souillée, pour être un emblème, un type. Le prophète mit donc en effet de la fiente de bœuf avec son pain pendant trois cent quatre-vingt-dix jours, et ce fut à la fois une réalité et une figure symbolique.

DE L'EMBLÈME D'OOLLA ET D'OOLIBA.

La sainte Écriture déclare expressément qu'Oolla est l'emblème de Jérusalem. « [c] Fils de l'homme, » fais connaître à Jérusalem ses abominations; » ton père était un Amorrhéen, et ta mère une Cé- » théenne. » Ensuite le prophète, sans craindre des interprétations malignes, des plaisanteries alors inconnues, parle à la jeune Oolla en ces termes,

« Ubera tua intumuerunt, et pilus tuus germi- » navit; et eras nuda et confusione plena. »

Ta gorge s'enfla, ton poil germa, tu étais nue et confuse.

« Et transivi per te, et vidi te; et ecce tempus » tuum, tempus amantium; et expandi amictum » meum super te, et operui ignominiam tuam. » Et juravi tibi, et ingressus sum pactum tecum » (ait Dominus Deus), et facta es mihi. »

Je passai, je te vis; voici ton temps, voici le temps des amants; j'étendis sur toi mon manteau; je couvris ta vilenie. Je te jurai; je fis marché avec toi, dit le Seigneur, et tu fus à moi.

« Et habens fiduciam in pulchritudine tua for- » nicata es in nomine tuo; et exposuisti fornica- » tionem tuam omni transeunti, ut ejus fieres. »

Mais, fière de ta beauté, tu forniquas en ton nom, tu exposas ta fornication à tout passant pour être à lui.

« Et ædificasti tibi lupanar, et fecisti tibi pro- » stibulum in cunctis plateis. »

Et tu bâtis un mauvais lieu, et tu fis une prostitution dans tous les carrefours.

« Et divisisti pedes tuos omni transeunti, et » multiplicasti fornicationes tuas. »

Et tu ouvris les jambes à tous les passants, et tu multiplias tes fornications.

« Et fornicata es cum filiis Ægypti, vicinis tuis, » magnarum carnium; et multiplicasti fornica- » tionem tuam, ad irritandum me. »

Et tu forniquas avec les Égyptiens, tes voisins, qui avaient de grands membres; et tu multiplias ta fornication pour m'irriter.

L'article d'Ooliba, qui signifie Samarie, est beaucoup plus fort et plus éloigné des bienséances de notre style.

« Denudavit quoque fornicationes suas, dis- » cooperuit ignominiam suam. »

Et elle mit à nu ses fornications, et découvrit sa turpitude.

« Multiplicavit enim fornicationes suas, recor- » dans dies adolescentiæ suæ. »

Elle multiplia ses fornications comme dans son adolescence.

« Et insanivit libidine super concubitum eo- » rum quorum carnes sunt ut carnes asinorum, » et sicut fluxus equorum, fluxus eorum. »

Et elle fut éprise de fureur pour le coït de ceux dont les membres sont comme les membres des ânes, et dont l'émission est comme l'émission des chevaux.

Ces images nous paraissent licencieuses et révoltantes : elles n'étaient alors que naïves. Il y en a trente exemples dans le *Cantique des Cantiques*, modèle de l'union la plus chaste. Remarquez attentivement que ces expressions, ces images sont toujours très sérieuses, et que dans aucun livre de cette haute antiquité vous ne trouverez jamais la moindre raillerie sur le grand objet de la génération. Quand la luxure est condamnée, c'est avec les termes propres; mais ce n'est jamais

[a] Ézéchiel, ch. IV, v. 9 et 12.

[1] On prétend que Dieu propose seulement au prophète de faire cuire son pain sous la cendre avec des excréments d'hommes ou d'animaux. En effet, dans quelques déserts où les matières combustibles sont rares, la fiente des animaux desséchée est employée souvent à faire cuire les aliments; mais ce n'est pas du pain cuit sous la cendre qu'on prépare avec un feu de cette espèce; et même en adoptant cette explication des commentateurs, il en reste encore assez pour dégoûter un prophète. K.

[b] Ézéchiel, ch. IV, v. 14 et 15.

[c] Ibid., ch. XVI, v. 2 et

ni pour exciter à la volupté, ni pour faire la moindre plaisanterie. Cette haute antiquité n'a ni de Martial, ni de Catulle, ni de Pétrone.

D'OSÉE, ET DE QUELQUES AUTRES EMBLÈMES.

On ne regarde pas comme une simple vision, comme une simple figure, l'ordre positif donné par le Seigneur au prophète Osée de prendre une prostituée [a], et d'en avoir trois enfants. On ne fait point d'enfants en vision; ce n'est point en vision qu'il fit marché avec Gomer, fille d'Ébalaïm, dont il eut deux garçons et une fille. Ce n'est point en vision qu'il prit ensuite une femme adultère par le commandement exprès du Seigneur, qu'il lui donna quinze petites pièces d'argent et une mesure et demie d'orge. La première prostituée signifiait Jérusalem, et la seconde prostituée signifiait Samarie. Mais ces prostitutions, ces trois enfants, ces quinze pièces d'argent, ce boisseau et demi d'orge, n'en sont pas moins des choses très réelles.

Ce n'est point en vision que le patriarche Salmon épousa la prostituée Rahab, aïeule de David. Ce n'est point en vision que le patriarche Juda commit un inceste avec sa belle-fille Thamar, inceste dont naquit David. Ce n'est point en vision que Ruth, autre aïeule de David, se mit dans le lit de Booz. Ce n'est point en vision que David fit tuer Urie, et ravit Bethsabée dont naquit le roi Salomon. Mais ensuite tous ces événements devinrent des emblèmes, des figures, lorsque les choses qu'ils figuraient furent accomplies.

Il résulte évidemment d'Ézéchiel, d'Osée, de Jérémie, de tous les prophètes juifs, et de tous les livres juifs, comme de tous les livres qui nous instruisent des usages chaldéens, persans, phéniciens, syriens, indiens, égyptiens; il résulte, dis-je, que leurs mœurs n'étaient pas les nôtres, que ce monde ancien ne ressemblait en rien à notre monde.

Passez seulement de Gibraltar à Méquinez, les bienséances ne sont plus les mêmes; on ne trouve plus les mêmes idées: deux lieues de mer ont tout changé [b].

EMPOISONNEMENTS.

Répétons souvent des vérités utiles. Il y a toujours eu moins d'empoisonnements qu'on ne l'a dit; il en est presque comme des parricides. Les accusations ont été communes, et ces crimes ont été très-rares. Une preuve, c'est qu'on a pris long-temps pour poison ce qui n'en est pas. Combien de princes se sont défaits de ceux qui leur étaient suspects en leur fesant boire du sang de taureau! combien d'autres princes en ont avalé pour ne point tomber dans les mains de leurs ennemis! Tous les historiens anciens, et même Plutarque, l'attestent.

J'ai été tant bercé de ces contes dans mon enfance, qu'à la fin j'ai fait saigner un de mes taureaux, dans l'idée que son sang m'appartenait, puisqu'il était né dans mon étable (ancienne prétention dont je ne discute pas ici la validité): je bus de ce sang comme Atrée et mademoiselle de Vergi. Il ne me fit pas plus de mal que le sang de cheval n'en fait aux Tartares, et que le boudin ne nous en fait tous les jours, surtout lorsqu'il n'est pas trop gras.

Pourquoi le sang de taureau serait-il un poison quand le sang de bouquetin passe pour un remède? Les paysans de mon canton avalent tous les jours du sang de bœuf, qu'ils appellent de la *fricassée*; celui de taureau n'est pas plus dangereux. Soyez sûr, cher lecteur, que Thémistocle n'en mourut pas.

Quelques spéculatifs de la cour de Louis XIV crurent deviner que sa belle-sœur, Henriette d'Angleterre, avait été empoisonnée avec de la poudre de diamant, qu'on avait mise dans une jatte de fraises, au lieu de sucre râpé; mais ni la poudre impalpable de verre ou de diamant, ni celle d'aucune production de la nature qui ne serait pas venimeuse [1] par elle-même, ne pourrait être nuisible.

Il n'y a que les pointes aiguës, tranchantes, actives, qui puissent devenir des poisons violents. L'exact observateur Mead (que nous prononçons Mide), célèbre médecin de Londres, a vu au microscope la liqueur dardée par les gencives des vipères irritées; il prétend qu'il les a toujours trouvées semées de ces lames coupantes et pointues dont le nombre innombrable déchire et perce les membranes internes [2].

La *cantarella*, dont on prétend que le pape Alexandre VI, et son bâtard le duc de Borgia, fesaient un grand usage, était, dit-on, la bave d'un cochon rendu enragé en le suspendant par les pieds la tête en bas, et en le battant long-temps jusqu'à la mort; c'était un poison aussi prompt et aussi violent que celui de la vipère. Un grand apothicaire m'assure

[a] Voyez les premiers chapitres du petit prophète Osée.

[b] Voyez l'article FIGURE.

[1] On lit *venimeuse* dans toutes les éditions; ce n'est pas la seule fois que Voltaire a écrit *venimeux* pour *vénéneux*.

[2] On ne peut expliquer les effets d'un poison par une cause mécanique de cette espèce. Quelques uns paraissent avoir une action chimique sur nos organes qu'ils détruisent en décomposant la substance qui les forme. Tels sont les poisons caustiques. Le venin de la vipère paraît n'avoir qu'une action purement organique. (Voyez l'ouvrage de M. l'abbé Foutana sur le venin de la vipère.) Nous ne prétendons pas prononcer que l'action mécanique des corps, leur action chimique, leur action organique, soient d'une nature différente; mais les faits prouvent que ces trois espèces d'actions existent, et rien ne nous prouve qu'elles doivent être réduites à une seule, ni même ne nous en fait entrevoir la possibilité. K.

que la Tofana, cette célèbre empoisonneuse de Naples, se servait principalement de cette recette. Peut-être tout cela n'est-il pas vrai[1]. Cette science est de celles qu'il faudrait ignorer.

Les poisons qui coagulent le sang au lieu de déchirer les membranes, sont l'opium, la ciguë, la jusquiame, l'aconit, et plusieurs autres. Les Athéniens avaient raffiné jusqu'à faire mourir par ces poisons réputés froids leurs compatriotes condamnés à mort. Un apothicaire était le bourreau de la république. On dit que Socrate mourut fort doucement, et comme on s'endort; j'ai peine à le croire.

Je fais une remarque sur les livres juifs, c'est que chez ce peuple vous ne voyez personne qui soit mort empoisonné. Une foule de rois et de pontifes périt par des assassinats; l'histoire de cette nation est l'histoire des meurtres et du brigandage: mais il n'est parlé qu'en un seul endroit d'un homme qui se soit empoisonné lui-même; et cet homme n'est point un Juif; c'était un Syrien nommé Lysias, général des armées d'Antiochus Épiphane. Le second livre des *Machabées* dit[2] qu'il s'empoisonna; *vitam veneno finivit*. Mais ces livres des *Machabées* sont bien suspects. Mon cher lecteur, je vous ai déjà prié de ne rien croire de léger[3].

Ce qui m'étonnerait le plus dans l'histoire des mœurs des anciens Romains, ce serait la conspiration des femmes romaines pour faire périr par le poison, non pas leurs maris, mais en général les principaux citoyens. C'était, dit Tite-Live, en l'an 423 de la fondation de Rome; c'était donc dans le temps de la vertu la plus austère; c'était avant qu'on eût entendu parler d'aucun divorce, quoique le divorce fût autorisé; c'était lorsque les femmes ne buvaient point de vin, ne sortaient presque jamais de leurs maisons que pour aller aux temples. Comment imaginer que tout à coup elles se fussent appliquées à connaître les poisons, qu'elles s'assemblassent pour en composer, et que sans aucun intérêt apparent elles donnassent ainsi la mort aux premiers de Rome?

Laurent Échard, dans sa compilation abrégée, se contente de dire « que la vertu des dames ro-
» maines se démentit étrangement; que cent
» soixante et dix d'entre elles, se mêlant de faire
» le métier d'empoisonneuses, et de réduire cet
» art en préceptes, furent tout à la fois accusées,
» convaincues, et punies. »

Tite-Live ne dit pas assurément qu'elles réduisirent cet art en préceptes. Cela signifierait qu'elles tinrent école de poisons, qu'elles professèrent cette science, ce qui est ridicule. Il ne parle point de cent soixante et dix professeuses en sublimé corrosif ou en vert-de-gris. Enfin, il n'affirme point qu'il y eut des empoisonneuses parmi les femmes des sénateurs et des chevaliers.

Le peuple était extrêmement sot et raisonneur à Rome comme ailleurs; voici les paroles de Tite-Live:

[1] « L'année 423 fut au nombre des malheu-
» reuses; il y eut une mortalité causée par l'in-
» tempérie de l'air, ou par la malice humaine.
» Je voudrais qu'on pût affirmer avec quelques
» auteurs que la corruption de l'air causa cette
» épidémie, plutôt que d'attribuer la mort de
» tant de Romains au poison, comme l'ont écrit
» faussement des historiens pour décrier cette
» année. »

On a donc écrit *faussement*, selon Tite-Live, que les dames de Rome étaient des empoisonneuses; il ne le croit donc pas: mais quel intérêt avaient ces auteurs à décrier cette année? c'est ce que j'ignore.

Je vais rapporter le fait, continue-t-il, *tel qu'on l'a rapporté avant moi*. Ce n'est pas là le discours d'un homme persuadé. Ce fait d'ailleurs ressemble bien à une fable. Une esclave accuse environ soixante et dix femmes, parmi lesquelles il y en a de patriciennes, d'avoir mis la peste dans Rome en préparant des poisons. Quelques-unes des accusées demandent permission d'avaler leurs drogues, et elles expirent sur-le-champ. Leurs complices sont condamnées à mort sans qu'on spécifie le genre de supplice.

J'ose soupçonner que cette historiette, à laquelle Tite-Live ne croit point du tout, mérite d'être reléguée à l'endroit où l'on conservait le vaisseau qu'une vestale avait tiré sur le rivage avec sa ceinture, où Jupiter en personne avait arrêté la fuite des Romains, où Castor et Pollux étaient venus combattre à cheval, où l'on avait coupé un caillou avec un rasoir, et où Simon Barjone, surnommé *Pierre*, disputa de miracles avec Simon le magicien, etc.

Il n'y a guère de poison dont on ne puisse prévenir les suites en le combattant incontinent. Il n'y a point de médecine qui ne soit un poison quand la dose est trop forte.

Toute indigestion est un empoisonnement.

[1] Il est très vraisemblable que c'est un conte populaire: il serait plus facile qu'on ne croit de pénétrer ces prétendus secrets; mais ceux qui savent quelque chose sur ces objets doivent avoir la prudence de se taire. Ce n'est pas qu'il ne soit utile que ces vérités soient connues, comme toute autre espèce de vérité; mais on ne doit les publier que dans des ouvrages qui fassent connaître en même temps le danger, les précautions qui peuvent en préserver, et les remèdes. K.

[2] Chap. x, v. 13.

[3] Voyez CROIRE, dans le présent volume, page 393.

[1] Première décade, livre VIII.

Un médecin ignorant et même savant, mais inattentif, est souvent un empoisonneur; un bon cuisinier est, à coup sûr, un empoisonneur à la longue, si vous n'êtes pas tempérant.

Un jour le marquis d'Argenson, ministre d'état au département étranger, lorsque son frère était ministre de la guerre, reçut de Londres une lettre d'un fou (comme les ministres en reçoivent à chaque poste); ce fou proposait un moyen infaillible d'empoisonner tous les habitants de la capitale d'Angleterre. « Ceci ne me regarde pas, nous dit » le marquis d'Argenson; c'est un placet à mon » frère. »

ENCHANTEMENT.

Magie, évocation, sortilége, etc.

Il n'est guère vraisemblable que toutes ces abominables absurdités viennent, comme le dit Pluche, des feuillages dont on couronna autrefois les têtes d'Isis et d'Osiris. Quel rapport ces feuillages pouvaient-ils avoir avec l'art d'enchanter des serpents, avec celui de ressusciter un mort, ou de tuer des hommes avec des paroles, ou d'inspirer de l'amour, ou de métamorphoser des hommes en bêtes?

Enchantement, *incantatio*, vient, dit-on, d'un mot chaldéen que les Grecs avaient traduit par *epôde gonoeïa*, *chanson productrice*. *Incantatio* vient de Chaldée! allons, les Bochart, vous êtes de grands voyageurs; vous allez d'Italie en Mésopotamie en un clin d'œil; vous courez chez le grand et savant peuple hébreu; vous en rapportez tous les livres et tous les usages; vous n'êtes point des charlatans.

Une grande partie des superstitions absurdes ne doit-elle pas son origine à des choses naturelles? Il n'y a guère d'animaux qu'on n'accoutume à venir au son d'une musette ou d'un simple cornet pour recevoir sa nourriture. Orphée, ou quelqu'un de ses prédécesseurs, joua de la musette mieux que les autres bergers, ou bien il se servit du chant. Tous les animaux domestiques accouraient à sa voix. On supposa bien vite que les ours et les tigres étaient de la partie: ce premier pas aisément fait, on n'eut pas de peine à croire que les Orphées fesaient danser les pierres et les arbres.

Si on fait danser un ballet à des rochers et à des sapins, il en coûte peu de bâtir des villes en cadence: les pierres de taille viennent s'arranger d'elles-mêmes lorsque Amphion chante: il ne faut qu'un violon pour construire une ville, et un cornet à bouquin pour la détruire.

L'enchantement des serpents doit avoir une cause encore plus spécieuse. Le serpent n'est point un animal vorace et porté à nuire. Tout reptile est timide. La première chose que fait un serpent (du moins en Europe) dès qu'il voit un homme, c'est de se cacher dans un trou comme un lapin et un lézard. L'instinct de l'homme est de courir après tout ce qui s'enfuit, et de fuir lui-même devant tout ce qui court après lui, excepté quand il est armé, qu'il sent sa force, et surtout qu'on le regarde.

Loin que le serpent soit avide de sang et de chair, il ne se nourrit que d'herbe, et passe un temps très considérable sans manger: s'il avale quelques insectes, comme font les lézards, les caméléons, en cela il nous rend service.

Tous les voyageurs disent qu'il y en a de très longs et de très gros; mais nous n'en connaissons point de tels en Europe. On n'y voit point d'homme, point d'enfant, qui ait été attaqué par un gros serpent ni par un petit; les animaux n'attaquent que ce qu'ils veulent manger; et les chiens ne mordent les passants que pour défendre leurs maîtres. Que ferait un serpent d'un petit enfant? quel plaisir aurait-il à le mordre? il ne pourrait en avaler le petit doigt. Les serpents mordent, et les écureuils aussi, mais quand on leur fait du mal.

Je veux croire qu'il y a eu des monstres dans l'espèce des serpents comme dans celle des hommes; je consens que l'armée de Régulus se soit mise sous les armes en Afrique contre un dragon, et que depuis il y ait eu un Normand qui ait combattu contre la gargouille; mais on m'avouera que ces cas sont rares.

Les deux serpents qui vinrent de Ténédos exprès pour dévorer Laocoon et deux grands garçons de vingt ans, aux yeux de toute l'armée troyenne, sont un beau prodige, digne d'être transmis à la postérité par des vers hexamètres, et par des statues qui représentent Laocoon comme un géant, et ses grands enfants comme des pygmées.

Je conçois que cet événement devait arriver lorsqu'on prenait avec un grand vilain cheval de bois [a] des villes bâties par des dieux, lorsque les fleuves remontaient vers leurs sources, que les eaux étaient changées en sang, et que le soleil et la lune s'arrêtaient à la moindre occasion.

Tout ce qu'on a conté des serpents était très probable dans des pays où Apollon était descendu du ciel pour tuer le serpent Python.

Ils passèrent aussi pour être très prudents. Leur prudence consiste à ne pas courir si vite que nous, à se laisser couper en morceaux.

La morsure des serpents, et surtout des vipères,

[a] Le cheval de bois était une machine semblable à ce qu'on appela depuis le *bélier*. C'était une longue poutre terminée en tête de cheval: elle fut conservée en Grèce, et Pausanias dit qu'il l'a vue.

n'est dangereuse que lorsqu'une espèce de rage a fait fermenter un petit réservoir d'une liqueur extrêmement âcre qu'ils ont sous leurs gencives [1]. Hors de là un serpent n'est pas plus dangereux qu'une anguille.

Plusieurs dames ont apprivoisé et nourri des serpents, les ont placés sur leur toilette, et les ont entortillés autour de leurs bras.

Les nègres de Guinée adorent un serpent qui ne fait de mal à personne.

Il y a plusieurs sortes de ces reptiles; et quelques unes sont plus dangereuses que les autres dans les pays chauds; mais en général le serpent est un animal craintif et doux; il n'est pas rare d'en voir qui tettent les vaches.

Les premiers hommes qui virent des gens plus hardis qu'eux apprivoiser et nourrir des serpents et les faire venir d'un coup de sifflet comme nous appelons les abeilles, prirent ces gens-là pour des sorciers. Les Psylles et les Marses, qui se familiarisèrent avec les serpents, eurent la même réputation. Il ne tiendrait qu'aux apothicaires du Poitou, qui prennent des vipères par la queue, de se faire respecter aussi comme des magiciens du premier ordre.

L'enchantement des serpents passa pour une chose constante. La sainte Écriture même, qui entre toujours dans nos faiblesses, daigna se conformer à cette idée vulgaire [a]. « L'aspic sourd qui se » bouche les oreilles pour ne pas entendre la voix » du savant enchanteur. »

« [b] J'enverrai contre vous des serpents qui ré- » sisteront aux enchantements. »

« [c] Le médisant est semblable au serpent qui » ne cède point à l'enchanteur. »

L'enchantement était quelquefois assez fort pour faire crever les serpents. Selon l'ancienne physique cet animal était immortel. Si quelque rustre trouvait un serpent mort dans son chemin, il fallait bien que ce fût quelque enchanteur qui l'eût dépouillé du droit de l'immortalité :

« Frigidus in pratis cantando rumpitur anguis. »
Virg., eclog. viii, 71.

ENCHANTEMENT DES MORTS, OU ÉVOCATION.

Enchanter un mort, le ressusciter ou s'en tenir à évoquer son ombre pour lui parler, était la chose du monde la plus simple. Il est très ordinaire que dans ses rêves on voie des morts, qu'on leur parle, qu'ils vous répondent. Si on les a vus pendant le sommeil, pourquoi ne les verra-t-on point pendant la veille? Il ne s'agit que d'avoir un esprit de Python; et pour faire agir cet esprit de Python, il ne faut qu'être un fripon, et avoir affaire à un esprit faible : or, personne ne niera que ces deux choses n'aient été extrêmement communes.

L'évocation des morts était un des plus sublimes mystères de la magie. Tantôt on fesait passer aux yeux du curieux quelque grande figure noire qui se mouvait par des ressorts dans un lieu un peu obscur; tantôt le sorcier ou la sorcière se contentait de dire qu'elle voyait l'ombre, et sa parole suffisait. Cela s'appelle la *nécromancie*. La fameuse pythonisse d'Endor a toujours été un grand sujet de dispute entre les Pères de l'Église. Le sage Théodoret, dans sa question LXII sur le livre des *Rois*, assure que les morts avaient coutume d'apparaître la tête en bas; et que ce qui effraya la pythonisse, ce fut que Samuel était sur ses jambes.

Saint Augustin, interrogé par Simplicien, lui répond, dans le second livre de ses questions, qu'il n'est pas plus extraordinaire de voir une pythonisse faire venir une ombre, que de voir le diable emporter Jésus-Christ sur le pinacle du temple et sur la montagne.

Quelques savants, voyant que chez les Juifs on avait des esprits de Python, en ont osé conclure que les Juifs n'avaient écrit que très tard, et qu'ils avaient presque tout pris dans les fables grecques; mais ce sentiment n'est pas soutenable.

DES AUTRES SORTILÉGES.

Quand on est assez habile pour évoquer des morts avec des paroles, on peut à plus forte raison faire mourir des vivants, ou du moins les en menacer, comme le *Médecin malgré lui* dit à Lucas qu'il lui donnera la fièvre. Du moins il n'était pas douteux que les sorciers n'eussent le pouvoir de faire mourir les bestiaux; et il fallait opposer sortilége à sortilége pour garantir son bétail. Mais ne nous moquons point des anciens, pauvres gens que nous sommes, sortis à peine de la barbarie! Il n'y a pas cent ans que nous avons fait brûler des sorciers dans toute l'Europe; et on vient encore de brûler une sorcière, vers l'an 1750, à Vurtzbourg. Il est vrai que certaines paroles et certaines cérémonies suffisent pour faire périr un troupeau de moutons, pourvu qu'on y ajoute de l'arsenic.

L'*Histoire critique des cérémonies superstitieuses*, par Le Brun de l'Oratoire, est bien étrange; il veut combattre le ridicule des sortiléges,

[1] Voyez l'ouvrage déjà cité de M. Fontana. Il y décrit les vésicules qui contiennent la liqueur jaune de la vipère, la manière dont les dents qui renferment cette vésicule se reproduisent, et la mécanique singulière par laquelle ce suc pénètre dans les blessures. Il est constamment vénéneux, même sans que la vipère soit irritée. K.

[a] Ps. LVII, v. 5 et 6. — [b] Jérémie, chap. VIII, v. 17. — [c] *Ecclesiaste*, chap. X.

et il a lui-même le ridicule de croire à leur puissance. Il prétend que Marie Bucaille la sorcière, étant en prison à Valogne, parut à quelques lieues de là dans le même temps, selon le témoignage juridique du juge de Valogne. Il rapporte le fameux procès des bergers de Brie, condamnés à être pendus et brûlés par le parlement de Paris, en 1691. Ces bergers avaient été assez sots pour se croire sorciers, et assez méchants pour mêler des poisons réels à leurs sorcelleries imaginaires.

Le P. Le Brun proteste* qu'il y eut beaucoup de *surnaturel dans leur fait*, et qu'ils furent pendus en conséquence. L'arrêt du parlement est directement contraire à ce que dit l'auteur. « La » cour déclare les accusés dûment atteints et con» vaincus de superstitions, d'impiétés, sacrilé» ges, profanations, empoisonnements. »

L'arrêt ne dit pas que ce soient les profanations qui aient fait périr les animaux : il dit que ce sont les empoisonnements. On peut commettre un sacrilége sans être sorcier, comme on empoisonne sans être sorcier.

D'autres juges firent brûler, à la vérité, le curé Gaufridi, et ils crurent fermement que le diable l'avait fait jouir de toutes ses pénitentes. Le curé Gaufridi croyait aussi en avoir obligation au diable; mais c'était en 1611 : c'était dans le temps où la plupart de nos provinciaux n'étaient pas fort au dessus des Caraïbes et des Nègres. Il y en a eu encore de nos jours quelques uns de cette espèce, comme le jésuite Girard, l'ex-jésuite Nonotte, le jésuite Duplessis, l'ex-jésuite Malagrida; mais cette espèce de fous devient fort rare de jour en jour.

A l'égard de la *lycanthropie*, c'est-à-dire des hommes métamorphosés en loups par des enchantements, il suffit qu'un jeune berger ayant tué un loup, et s'étant revêtu de sa peau, ait fait peur à de vieilles femmes, pour que la réputation du berger devenu loup se soit répandue dans toute la province, et de là dans d'autres. Bientôt Virgile dira (Ecl. VIII, v. 97) :

« His ego sæpe lupum fieri, et se condere silvis
» Mœrim, sæpe animas imis exire sepulcris. »

Mœris devenu loup se cachait dans les bois :
Du creux de leurs tombeaux j'ai vu sortir des âmes.

Voir un homme loup est une chose curieuse; mais voir des âmes est encore plus beau. Des moines du Mont-Cassin ne virent-ils pas l'âme de saint Bénédict ou Benoît? Des moines de Tours ne virent-ils pas celle de saint Martin? Des moines de Saint-Denys ne virent-ils pas celle de Charles-Martel?

* Voyez le *Procès des bergers de Brie*, depuis la pag. 516.

ENCHANTEMENTS POUR SE FAIRE AIMER.

Il y en eut pour les filles et pour les garçons. Les Juifs en vendaient à Rome et dans Alexandrie, et ils en vendent encore en Asie. Vous trouverez quelques uns de ces secrets dans le *Petit-Albert;* mais vous vous mettrez plus au fait si vous lisez le plaidoyer qu'Apulée composa lorsqu'il fut accusé par un chrétien, dont il avait épousé la fille, de l'avoir ensorcelée par des philtres. Son beau-père Émilien prétendait qu'Apulée s'était servi principalement de certains poissons, attendu que Vénus étant née de la mer, les poissons devaient exciter prodigieusement les femmes à l'amour.

On se servait d'ordinaire de verveine, de ténia, de l'hippomane, qui n'était autre chose qu'un peu de l'arrière-faix d'une jument lorsqu'elle produit son poulain, d'un petit oiseau nommé parmi nous *hoche-queue*, en latin *motacilla*.

Mais Apulée était principalement accusé d'avoir employé des coquillages, des pattes d'écrevisses, des hérissons de mer, des huîtres cannelées, du calmar, qui passe pour avoir beaucoup de semence, etc.

Apulée fait assez entendre quel était le véritable philtre qui avait engagé Pudentilla à se donner à lui. Il est vrai qu'il avoue dans son plaidoyer que sa femme l'avait appelé un jour *magicien*. Mais quoi! dit-il, si elle m'avait appelé *consul*, serais-je consul pour cela?

Le satyrion fut regardé chez les Grecs et chez les Romains comme le philtre le plus puissant; on l'appelait la *plante aphrodisia, racine de Vénus*. Nous y ajoutons la roquette sauvage; c'est l'*eruca* des Latins* : *Et venerem revocans eruca morantem*. Nous y mêlons surtout un peu d'essence d'ambre. La mandragore est passée de mode. Quelques vieux débauchés se sont servis de mouches cantharides, qui portent en effet aux parties génitales, mais qui portent beaucoup plus à la vessie, qui l'excorient, et qui font uriner du sang : ils ont été cruellement punis d'avoir voulu pousser l'art trop loin.

La jeunesse et la santé sont les véritables philtres.

Le chocolat a passé pendant quelque temps pour ranimer la vigueur endormie de nos petits-maîtres vieillis avant l'âge; mais on aurait beau prendre vingt tasses de chocolat, on n'en inspirera pas plus de goût pour sa personne.

. . . . Ut ameris, amabilis esto. »
Ovid., A. A., II, 107.
Pour être aimé, soyez aimable.

* Martial. — Ce n'est pas de Martial qu'est la fin de vers citée par Voltaire; le
« Venerem revocans eruca morantem, »
est dans le *Moretum* (v. 86), ouvrage attribué à Virgile.

ENFER.

Inferum, souterrain : les peuples qui enterraient les morts les mirent dans le souterrain; leur âme y était donc avec eux. Telle est la première physique et la première métaphysique des Égyptiens et des Grecs.

Les Indiens, beaucoup plus anciens, qui avaient inventé le dogme ingénieux de la métempsycose, ne crurent jamais que les âmes fussent dans le souterrain.

Les Japonais, les Coréens, les Chinois, les peuples de la vaste Tartarie orientale et occidentale, ne surent pas un mot de la philosophie du souterrain.

Les Grecs, avec le temps, firent du souterrain un vaste royaume qu'ils donnèrent libéralement à Pluton et à Proserpine sa femme. Ils leur assignèrent trois conseillers d'état, trois femmes de charge, nommées les *Furies*, trois parques pour filer, dévider et couper le fil de la vie des hommes; et comme dans l'antiquité chaque héros avait son chien pour garder sa porte, on donna à Pluton un gros chien qui avait trois têtes : car tout allait par trois. Des trois conseillers d'état, Minos, Éaque et Rhadamanthe, l'un jugeait la Grèce, l'autre l'Asie-Mineure (car les Grecs ne connaissaient pas alors la grande Asie), le troisième était pour l'Europe.

Les poëtes ayant inventé ces enfers s'en moquèrent les premiers. Tantôt Virgile parle sérieusement des enfers dans l'*Énéide*, parce qu'alors le sérieux convient à son sujet; tantôt il en parle avec mépris dans ses *Géorgiques* (II, v. 490 et suivants) :

« Felix qui potuit rerum cognoscere causas,
» Atque metus omnes et inexorabile fatum
» Subjecit pedibus, strepitumque Acherontis avari!

Heureux qui peut sonder les lois de la nature,
Qui des vains préjugés foule aux pieds l'imposture;
Qui regarde en pitié le Styx et l'Achéron,
Et le triple Cerbère, et la barque à Caron.

On déclamait sur le théâtre de Rome ces vers de la *Troade* (chœur du IIe acte), auxquels quarante mille mains applaudissaient :

« . . . . . Tænara et aspero
» Regnum sub domino, limen et obsidens
» Custos non facili Cerberus ostio,
» Rumores vacui, verbaque inania,
» Et par sollicito fabula somnio. »

Le palais de Pluton, son portier à trois têtes,
Les couleuvres d'enfer à mordre toujours prêtes,
Le Styx, le Phlégéton, sont des contes d'enfants,
Des songes importuns, des mots vides de sens.

Lucrèce, Horace, s'expriment avec la même force : Cicéron, Sénèque, en parlent de même en vingt endroits. Le grand empereur Marc-Aurèle raisonne encore plus philosophiquement qu'eux tous [a]. « Celui qui craint la mort, craint ou d'être privé de tout sens, ou d'éprouver d'autres » sensations. Mais si tu n'as plus tes sens, tu ne » seras plus sujet à aucune peine, à aucune misère : si tu as des sens d'une autre espèce, tu » seras une autre créature. »

Il n'y avait pas un mot à répondre à ce raisonnement dans la philosophie profane. Cependant, par la contradiction attachée à l'espèce humaine, et qui semble faire la base de notre nature, dans le temps même que Cicéron disait publiquement, « Il n'y a point de vieille femme qui croie ces » inepties, » Lucrèce avouait que ces idées fesaient une grande impression sur les esprits; il vient, dit-il, pour les détruire :

« . . . . . Si certam finem esse viderent
» Ærumnarum homines, aliqua ratione valerent
» Religionibus atque minis obsistere vatum.
» Nunc ratio nulla est restandi, nulla facultas :
» Æternas quoniam pœnas in morte timendum. »
LUCR., I, v. 108 et seq.

Si l'on voyait du moins un terme à son malheur,
On soutiendrait sa peine, on combattrait l'erreur,
On pourrait supporter le fardeau de la vie;
Mais d'un plus grand supplice elle est, dit-on, suivie :
Après de tristes jours on craint l'éternité.

Il était donc vrai que parmi les derniers du peuple, les uns riaient de l'enfer, les autres en tremblaient. Les uns regardaient Cerbère, les Furies, et Pluton, comme des fables ridicules; les autres ne cessaient de porter des offrandes aux dieux infernaux. C'était tout comme chez nous :

« Et quocumque tamen miseri venere, parentant,
» Et nigras mactant pecudes, et Manibu' divis
» Inferias mittunt, multoque in rebus acerbis
» Acrius advertunt animos ad religionem. »
LUCR., III, v. 51-54.

Ils conjurent ces dieux qu'ont forgés nos caprices;
Ils fatiguent Pluton de leurs vains sacrifices;
Le sang d'un bélier noir coule sous leurs couteaux :
Plus ils sont malheureux et plus ils sont dévots.

Plusieurs philosophes qui ne croyaient pas aux fables des enfers, voulaient que la populace fût contenue par cette croyance. Tel fut Timée de Locres, tel fut le politique historien Polybe. « L'enfer, dit-il, est inutile aux sages, mais nécessaire à la populace insensée. »

Il est assez connu que la loi du *Pentateuque* n'annonça jamais un enfer [b]. Tous les hommes

[a] Liv. VIII, n° 62.

[b] Dans le *Dictionnaire encyclopédique*, l'auteur de l'article

étaient plongés dans ce chaos de contradictions et d'incertitudes quand Jésus-Christ vint au monde. Il confirma la doctrine ancienne de l'enfer; non pas la doctrine des poëtes païens, non pas celle des prêtres égyptiens, mais celle qu'adopta le christianisme, à laquelle il faut que tout cède. Il annonça un royaume qui allait venir, et un enfer qui n'aurait point de fin.

Il dit expressément à Capharnaüm en Galilée[a] : « Quiconque appellera son frère *Raca* sera con- » damné par le sanhédrin; mais celui qui l'appel- » lera *fou* sera condamné au *gehenei eimom*, » gehenne du feu. »

Cela prouve deux choses : premièrement que Jésus-Christ ne voulait pas qu'on dît des injures; car il n'appartenait qu'à lui, comme maître, d'appeler les prévaricateurs pharisiens *race de vipères*.

Secondement, que ceux qui disent des injures à leur prochain méritent l'enfer; car la gehenna du feu était dans la vallée d'Ennom, où l'on brûlait autrefois des victimes à Moloch; et cette gehenna figure le feu d'enfer.

Il dit ailleurs[b] : « Si quelqu'un sert d'achoppe- » ment aux faibles qui croient en moi, il vaudrait » mieux qu'on lui mît au cou une meule asinaire, » et qu'on le jetât dans la mer.

» Et si ta main te fait achoppement, coupe-la; » il est bon pour toi d'entrer manchot dans la vie, » plutôt que d'aller dans la gehenna du feu inex- » tinguible, où le ver ne meurt point, et où le feu » ne s'éteint point.

» Et si ton pied te fait achoppement, coupe » ton pied; il est bon d'entrer boiteux dans la vie » éternelle, plutôt que d'être jeté avec tes deux » pieds dans la gehenna inextinguible, où le ver » ne meurt point, et où le feu ne s'éteint point.

» Et si ton œil te fait achoppement, arrache » ton œil : il vaut mieux entrer borgne dans le » royaume de Dieu, que d'être jeté avec tes deux » yeux dans la gehenna du feu, où le ver ne meurt » point et où le feu ne s'éteint point.

» Car chacun sera salé par le feu, et toute vic- » time sera salée par le sel.

» Le sel est bon; que si le sel s'affadit, avec » quoi salerez-vous?

» Vous avez dans vous le sel, conservez la paix » parmi vous. »

Il dit ailleurs, sur le chemin de Jérusalem[a] : « Quand le père de famille sera entré et aura fermé » la porte, vous resterez dehors, et vous heur- » terez, disant : Maître, ouvrez-nous; et en ré- » pondant, il vous dira : *Nescio vos*, d'où êtes- » vous? Et alors vous commencerez à dire : Nous » avons mangé et bu avec toi, et tu as enseigné » dans nos carrefours; et il vous répondra : *Nes- » cio vos*, d'où êtes-vous? ouvriers d'iniquités! » Et il y aura pleurs et grincements de dents, quand » vous verrez Abraham, Isaac, Jacob, et tous les » prophètes, et que vous serez chassés dehors. »

Malgré les autres déclarations positives émanées du Sauveur du genre humain, qui assurent la damnation éternelle de quiconque ne sera pas de notre Église, Origène et quelques autres n'ont pas cru l'éternité des peines.

Les sociniens les rejettent, mais ils sont hors du giron. Les luthériens et les calvinistes, quoique égarés hors du giron, admettent un enfer sans fin.

Dès que les hommes vécurent en société, ils durent s'apercevoir que plusieurs coupables échappaient à la sévérité des lois; ils punissaient les crimes publics; il fallut établir un frein pour les crimes secrets; la religion seule pouvait être ce frein. Les Persans, les Chaldéens, les Égyptiens, les Grecs, imaginèrent des punitions après la vie; et de tous les peuples anciens que nous connaissons, les Juifs, comme nous l'avons déjà observé, furent les seuls qui n'admirent que des châtiments temporels. Il est ridicule de croire ou de feindre de croire, sur quelques passages très obscurs, que l'enfer était admis par les anciennes lois des Juifs, par leur *Lévitique*, par leur *Décalogue*, quand l'auteur de ces lois ne dit pas un seul mot qui puisse avoir le moindre rapport avec les châtiments de la vie future. On serait en droit de dire au rédacteur du *Pentateuque* : Vous êtes un homme inconséquent et sans probité, comme sans raison, très indigne du nom de législateur que vous vous arrogez. Quoi! vous connaissez un dogme aussi réprimant, aussi nécessaire au peuple que celui de l'enfer, et vous ne l'annoncez pas expressément? et tandis qu'il est admis chez toutes les

théologique *Enfer* semble se méprendre étrangement en citant le *Deutéronome*, au chapitre XXXII, v. 22 et suivants; il n'y est pas plus question d'enfer que de mariage et de danse. On fait parler Dieu ainsi : « Ils m'ont provoqué dans celui qui n'était » pas leur Dieu, et ils m'ont irrité dans leurs vanités; et moi je » les provoquerai dans celui qui n'est pas mon peuple, et je les » irriterai dans une nation folle. — Un feu s'est allumé dans ma » fureur, et il brûlera jusqu'au bord du souterrain, et il dévo- » rera la terre avec ses germes, et il brûlera les racines des mon- » tagnes. — J'accumulerai les maux sur eux; je viderai sur eux » mes flèches; je les ferai mourir de faim; les oiseaux les dévore- » ront d'une morsure amère; j'enverrai contre eux les dents des » bêtes avec la fureur des reptiles et des serpents. Le glaive les » dévastera au-dehors, et la frayeur au-dedans, eux et les gar- » çons, et les filles, et les enfants à la mamelle, avec les vieil- » lards. »

Y a-t-il là, s'il vous plaît, rien qui désigne des châtiments après la mort? Des herbes sèches, des serpents qui mordent, des filles et des enfants qu'on tue, ressemblent-ils à l'enfer? N'est-il pas honteux de tronquer un passage pour y trouver ce qui n'y est pas? Si l'auteur s'est trompé, on lui pardonne; s'il a voulu tromper, il est inexcusable.

[a] Matthieu, ch. V, v. 22. — [b] Marc, ch. IX, v. 41 et suiv.

[a] Luc, ch. XIII, v. 25 et suiv.

nations qui vous environnent, vous vous contentez de laisser deviner ce dogme par quelques commentateurs qui viendront quatre mille ans après vous, et qui donneront la torture à quelques unes de vos paroles pour y trouver ce que vous n'avez pas dit? Ou vous êtes un ignorant, qui ne savez pas que cette créance était universelle en Égypte, en Chaldée, en Perse, ou vous êtes un homme très malavisé, si, étant instruit de ce dogme, vous n'en avez pas fait la base de votre religion.

Les auteurs des lois juives pourraient tout au plus répondre: Nous avouons que nous sommes excessivement ignorants; que nous avons appris à écrire fort tard; que notre peuple était une horde sauvage et barbare, qui de notre aveu erra près d'un demi-siècle dans des déserts impraticables; qu'elle usurpa enfin un petit pays par les rapines les plus odieuses, et par les cruautés les plus détestables dont jamais l'histoire ait fait mention. Nous n'avions aucun commerce avec les nations policées: comment voulez-vous que nous pussions (nous les plus terrestres des hommes) inventer un système tout spirituel?

Nous ne nous servions du mot qui répond à *âme* que pour signifier la *vie;* nous ne connûmes notre Dieu et ses ministres, ses anges, que comme des êtres corporels: la distinction de l'âme et du corps, l'idée d'une vie après la mort, ne peuvent être que le fruit d'une longue méditation et d'une philosophie très fine. Demandez aux Hottentots et aux Nègres, qui habitent un pays cent fois plus étendu que le nôtre, s'ils connaissent la vie à venir. Nous avons cru faire assez de persuader à notre peuple que Dieu punissait les malfaiteurs jusqu'à la quatrième génération, soit par la lèpre, soit par des morts subites, soit par la perte du peu de bien qu'on pouvait posséder.

On répliquerait à cette apologie: Vous avez inventé un système dont le ridicule saute aux yeux; car le malfaiteur qui se portait bien, et dont la famille prospérait, devait nécessairement se moquer de vous.

L'apologiste de la loi judaïque répondrait alors: Vous vous trompez; car pour un criminel qui raisonnait juste, il y en avait cent qui ne raisonnaient point du tout. Celui qui ayant commis un crime ne se sentait puni ni dans son corps, ni dans celui de son fils, craignait pour son petit-fils. De plus, s'il n'avait pas aujourd'hui quelque ulcère puant, auquel nous étions très sujets, il en éprouvait dans le cours de quelques années: il y a toujours des malheurs dans une famille, et nous fesions aisément accroire que ces malheurs étaient envoyés par une main divine, vengeresse des fautes secrètes.

Il serait aisé de répliquer à cette réponse, et de dire: Votre excuse ne vaut rien, car il arrive tous les jours que de très honnêtes gens perdent la santé et leurs biens; et s'il n'y a point de famille à laquelle il ne soit arrivé des malheurs, si ces malheurs sont des châtiments de Dieu, toutes vos familles étaient donc des familles de fripons.

Le prêtre juif pourrait répliquer encore; il dirait qu'il y a des malheurs attachés à la nature humaine, et d'autres qui sont envoyés expressément de Dieu. Mais on ferait voir à ce raisonneur combien il est ridicule de penser que la fièvre et la grêle sont tantôt une punition divine, tantôt un effet naturel.

Enfin, les pharisiens et les esséniens, chez les Juifs, admirent la créance d'un enfer à leur mode: ce dogme avait déjà passé des Grecs aux Romains, et fut adopté par les chrétiens.

Plusieurs Pères de l'Église ne crurent point les peines éternelles; il leur paraissait absurde de brûler pendant toute l'éternité un pauvre homme pour avoir volé une chèvre. Virgile a beau dire, dans son sixième chant de l'*Énéide* (vers 617 et 618):

« . . . . . . Sedet æternumque sedebit
» Infelix Theseus. »

Il prétend en vain que Thésée est assis pour jamais sur une chaise, et que cette posture est son supplice. D'autres croyaient que Thésée est un héros qui n'est point assis en enfer, et qu'il est dans les Champs Élysées.

Il n'y a pas long-temps qu'un théologien calviniste, nommé Petit-Pierre, prêcha et écrivit que les damnés auraient un jour leur grâce. Les autres ministres lui dirent qu'ils n'en voulaient point. La dispute s'échauffa; on prétend que le roi, leur souverain, leur manda que puisqu'ils voulaient être damnés sans retour, il le trouvait très bon, et qu'il y donnait les mains. Les damnés de l'église de Neuchâtel déposèrent le pauvre Petit-Pierre, qui avait pris l'enfer pour le purgatoire. On a écrit que l'un d'eux lui dit: Mon ami, je ne crois pas plus à l'enfer éternel que vous; mais sachez qu'il est bon que votre servante, que votre tailleur, et surtout votre procureur y croient.

J'ajouterai, pour l'*illustration* de ce passage, une petite exhortation aux philosophes qui nient tout à plat l'enfer dans leurs écrits. Je leur dirai: Messieurs, nous ne passons pas notre vie avec Cicéron, Atticus, Caton, Marc-Aurèle, Épictète, le chancelier de l'Hospital, La Mothe-Le-Vayer, Des-Ivetaux, René Descartes, Newton, Locke, ni avec le respectable Bayle, qui était si au-dessus de la fortune; ni avec le trop vertueux incrédule Spinosa, qui, n'ayant rien, rendit aux enfants du grand-pensionnaire de Wit une pension de trois cents florins que lui fesait le grand de Witt dont les Hollandais mangèrent le cœur, quoiqu'il n'y eût rien à gagner en le mangeant. Tous ceux à qui nous avons affaire ne sont pas des Des-Barreaux, qui payait à des plaideurs la valeur de leur procès qu'il avait oublié de rapporter. Toutes les femmes ne sont pas des Ninon Lenclos, qui gardait les dépôts si religieusement, tandis que les plus graves personnages les violaient. En un mot, messieurs, tout le monde n'est pas philosophe.

Nous avons affaire à force fripons qui ont peu réfléchi; à une foule de petites gens, brutaux, ivrognes, voleurs. Prêchez-leur, si vous voulez, qu'il n'y a point d'enfer, et que l'âme est mortelle. Pour moi, je leur crierai dans les oreilles qu'ils seront damnés s'ils me volent: j'imiterai ce curé de campagne qui, ayant été outrageusement volé par ses ouailles, leur dit à son prône: Je ne sais à quoi pensait Jésus-Christ de mourir pour des canailles comme vous.

C'est un excellent livre pour les sots que le *Pédagogue chrétien*, composé par le révérend P. d'Outreman, de la compagnie de Jésus, et augmenté par révérend Coulon, curé de Ville-Juif-lez-Paris. Nous avons, Dieu merci, cinquante et une éditions de ce livre, dans lequel il n'y a pas une page où l'on trouve une ombre de sens commun.

Frère Outreman affirme (page 157, édition in-4°) qu'un ministre d'état de la reine Elisabeth, nommé le baron de Honsden, qui n'a jamais existé, prédit au secrétaire d'état Cécil, et à six autres conseillers d'état, qu'ils seraient damnés et lui aussi; ce qui arriva, et qui arrive à tout hérétique. Il est probable que Cécil et les autres conseillers n'en crurent point le baron de Honsden; mais si ce prétendu baron s'était adressé à six bourgeois, ils auraient pu le croire.

Aujourd'hui qu'aucun bourgeois de Londres ne croit à l'enfer, comment faut-il s'y prendre? quel frein aurons-nous? celui de l'honneur, celui des lois, celui même de la Divinité, qui veut sans doute que l'on soit juste, soit qu'il y ait un enfer, soit qu'il n'y en ait point.

ENFERS.

Notre confrère qui a fait l'article *Enfer* n'a pas parlé de la descente de Jésus-Christ aux enfers; c'est un article de foi très important; il est expressément spécifié dans le symbole dont nous avons déjà parlé. On demande d'où cet article de foi est tiré, car il ne se trouve dans aucun de nos quatre Évangiles; et le symbole intitulé *des apôtres*, n'est, comme nous l'avons observé, que du temps des savants prêtres Jérôme, Augustin, et Rufin.

On estime que cette descente de notre Seigneur aux enfers est prise originairement de l'Évangile de Nicodème, l'un des plus anciens.

Dans cet Évangile, le prince du Tartare et Satan, après une longue conversation avec Adam, Énoch, Élie le Thesbite, et David, « entendent » une voix comme le tonnerre, et une voix comme » une tempête. David dit au prince du Tartare: » Maintenant, très vilain et très sale prince de » l'enfer, ouvre tes portes, et que le roi de gloire » entre, etc. Disant ces mots au prince, le Seigneur de majesté survint en forme d'homme, » et il éclaira les ténèbres éternelles, et il rompit » les liens indissolubles; et, par une vertu invincible, il visita ceux qui étaient assis dans les » profondes ténèbres des crimes, et dans l'ombre » de la mort des péchés. »

Jésus-Christ parut avec saint Michel; il vainquit la Mort; il prit Adam par la main; le bon larron le suivait portant sa croix. Tout cela se passa en enfer en présence de Carinus et de Lenthius, qui ressuscitèrent exprès pour en rendre témoignage aux pontifes Anne et Caïphe, et au docteur Gamaliel, alors maître de saint Paul.

Cet Évangile de Nicodème n'a depuis long-temps aucune autorité. Mais on trouve une confirmation de cette descente aux enfers dans la première Épître de saint Pierre, à la fin du chapitre III: « Parce que le Christ est mort une fois pour nos » péchés, le juste pour les injustes, afin de nous » offrir à Dieu, mort à la vérité en chair, mais » ressuscité en esprit, par lequel il alla prêcher » aux esprits qui étaient en prison. »

Plusieurs Pères ont eu des sentiments différents sur ce passage; mais tous convinrent qu'au fond Jésus était descendu aux enfers après sa mort. On fit sur cela une vaine difficulté. Il avait dit sur la croix au bon larron: Vous serez aujourd'hui avec moi en paradis. Il lui manqua donc de parole en allant en enfer. Cette objection est aisément répondue en disant qu'il le mena d'abord en enfer, et ensuite en paradis.

Eusèbe de Césarée dit[a] que « Jésus quitta son » corps sans attendre que la Mort le vînt prendre; » qu'au contraire, il prit la Mort toute tremblante, » qui embrassait ses pieds, et qui voulait s'enfuir; » qu'il l'arrêta, qu'il brisa les portes des cachots » où étaient renfermées les âmes des saints; qu'il » les en tira, les ressuscita, se ressuscita lui-même, » et les mena en triomphe dans cette Jérusalem » céleste, *laquelle descendait du ciel toutes les* » *nuits*, et fut vue par saint Justin. »

On disputa beaucoup pour savoir si tous ces ressuscités moururent de nouveau avant de monter au ciel. Saint Thomas assure dans sa *Somme*[b]

[a] Évangile, ch. II. — [b] III[e] part., quest. LII.

qu'ils remoururent. C'est le sentiment du fin et judicieux Calmet. « Nous soutenons, dit-il dans sa » dissertation sur cette grande question, que les » saints qui ressuscitèrent après la mort du Sau- » veur, moururent de nouveau pour ressusciter » un jour. »

Dieu avait permis auparavant que les profanes gentils imitassent par anticipation ces vérités sacrées. La fable avait imaginé que les dieux ressuscitèrent Pélops; qu'Orphée tira Eurydice des enfers, du moins pour un moment; qu'Hercule en délivra Alceste; qu'Esculape ressuscita Hippolyte, etc., etc. Distinguons toujours la fable de la vérité, et soumettons notre esprit dans tout ce qui l'étonne, comme dans ce qui lui paraît conforme à ses faibles lumières.

ENTERREMENT.

En lisant, par un assez grand hasard, les canons d'un concile de Brague, tenu en 563, je remarque que le quinzième canon défend d'enterrer personne dans les églises. Des gens savants m'assurent que plusieurs autres conciles ont fait la même défense. De là je conclus que dès ces premiers siècles, quelques bourgeois avaient eu la vanité de changer les temples en charniers pour y pourrir d'une manière distinguée: je peux me tromper; mais je ne connais aucun peuple de l'antiquité qui ait choisi les lieux sacrés, où l'on adorait la Divinité, pour en faire des cloaques de morts.

Si on aimait tendrement chez les Égyptiens son père, sa mère, et ses vieux parents qu'on souffre avec bonté parmi nous, et pour lesquels on a rarement une passion violente, il était fort agréable d'en faire des momies, et fort noble d'avoir une suite d'aïeux en chair et en os dans son cabinet. Il est dit même qu'on mettait souvent en gage chez l'usurier le corps de son père et de son grand-père. Il n'y a point à présent de pays au monde où l'on trouvât un écu sur un pareil effet; mais comment se pouvait-il faire qu'on mît en gage la momie paternelle, et qu'on allât la faire enterrer au-delà du lac Mœris, en la transportant dans la barque à Caron, après que quarante juges, qui se trouvaient à point nommé sur le rivage, avaient décidé que la momie avait vécu en personne honnête, et qu'elle était digne de passer dans la barque, moyennant un sou qu'elle avait soin de porter dans sa bouche? Un mort ne peut guère à la fois faire une promenade sur l'eau, et rester dans le cabinet de son héritier, ou chez un usurier. Ce sont là de ces petites contradictions de l'antiquité que le respect empêche d'examiner scrupuleusement.

Quoi qu'il en soit, il est certain qu'aucun temple du monde ne fut souillé de cadavres; on n'enterrait pas même dans les villes. Très peu de familles eurent dans Rome le privilége de faire élever des mausolées malgré la loi des douze Tables, qui en fesait une défense expresse.

Aujourd'hui quelques papes ont leurs mausolées dans Saint-Pierre; mais ils n'empuantissent pas l'église, parce qu'ils sont très bien embaumés, enfermés dans de belles caisses de plomb, et recouverts de gros tombeaux de marbre, à travers lesquels un mort ne peut guère transpirer.

Vous ne voyez ni à Rome ni dans le reste de l'Italie aucun de ces abominables cimetières entourer les églises; l'infection ne s'y trouve pas à côté de la magnificence, et les vivants n'y marchent point sur des morts.

Cette horreur n'est soufferte que dans des pays où l'asservissement aux plus indignes usages laisse subsister un reste de barbarie qui fait honte à l'humanité.

Vous entrez dans la gothique cathédrale de Paris; vous y marchez sur de vilaines pierres mal jointes, qui ne sont point au niveau; on les a levées mille fois pour jeter sous elles des caisses de cadavres.

Passez par le charnier qu'on appelle *Saint-Innocent*; c'est un vaste enclos consacré à la peste: les pauvres, qui meurent très souvent de maladies contagieuses, y sont enterrés pêle-mêle; les chiens y viennent quelquefois ronger les ossements; une vapeur épaisse, cadavéreuse, infectée, s'en exhale; elle est pestilentielle dans les chaleurs de l'été après les pluies: et presque à côté de cette voirie est l'Opéra, le Palais-Royal, le Louvre des rois.

On porte à une lieue de la ville les immondices des privés, et on entasse depuis douze cents ans dans la même ville les corps pourris dont ces immondices étaient produites.

L'arrêt que le parlement de Paris a rendu en 1774, l'édit du roi de 1775 contre ces abus aussi dangereux qu'infâmes, n'ont pu être exécutés; tant l'habitude et la sottise ont de force contre la raison et contre les lois! En vain l'exemple de tant de villes de l'Europe fait rougir Paris; il ne se corrige point. Paris sera encore long-temps un mélange bizarre de la magnificence la plus recherchée, et de la barbarie la plus dégoûtante.

Versailles vient de donner un exemple qu'on devrait suivre partout. Un petit cimetière d'une paroisse très nombreuse infectait l'église et les maisons voisines. Un simple particulier a réclamé contre cette coutume abominable; il a excité ses concitoyens; il a bravé les cris de la barbarie; on a présenté requête au conseil. Enfin le bien public l'a emporté sur l'usage antique et pernicieux; le cimetière a été transféré à un mille de distance.

ENTHOUSIASME.

Ce mot grec signifie *émotion d'entrailles, agitation intérieure*. Les Grecs inventèrent-ils ce mot pour exprimer les secousses qu'on éprouve dans les nerfs, la dilatation et le resserrement des intestins, les violentes contractions du cœur, le cours précipité de ces esprits de feu qui montent des entrailles au cerveau quand on est vivement affecté ?

Ou bien donna-t-on d'abord le nom d'*enthousiasme*, de trouble des entrailles, aux contorsions de cette Pythie, qui sur le trépied de Delphes recevait l'esprit d'Apollon par un endroit qui ne semble fait que pour recevoir des corps?

Qu'entendons-nous par enthousiasme? que de nuances dans nos affections! Approbation, sensibilité, émotion, trouble, saisissement, passion, emportement, démence, fureur, rage: voilà tous les états par lesquels peut passer cette pauvre âme humaine.

Un géomètre assiste à une tragédie touchante; il remarque seulement qu'elle est bien conduite. Un jeune homme à côté de lui est ému et ne remarque rien; une femme pleure; un autre jeune homme est si transporté, que pour son malheur il va faire aussi une tragédie: il a pris la maladie de l'enthousiasme.

Le centurion ou le tribun militaire, qui ne regardait la guerre que comme un métier dans lequel il y avait une petite fortune à faire, allait au combat tranquillement, comme un couvreur monte sur un toit. César pleurait en voyant la statue d'Alexandre.

Ovide ne parlait d'amour qu'avec esprit. Sapho exprimait l'enthousiasme de cette passion; et s'il est vrai qu'elle lui coûta la vie, c'est que l'enthousiasme chez elle devint démence.

L'esprit de parti dispose merveilleusement à l'enthousiasme; il n'est point de faction qui n'ait ses énergumènes. Un homme passionné qui parle avec action, a dans ses yeux, dans sa voix, dans ses gestes, un poison subtil qui est lancé comme un trait dans les gens de sa faction. C'est par cette raison que la reine Élisabeth défendit qu'on prêchât de six mois en Angleterre sans une permission signée de sa main, pour conserver la paix dans son royaume.

Saint Ignace ayant la tête un peu échauffée lit la vie des Pères du désert, après avoir lu des romans. Le voilà saisi d'un double enthousiasme; il devient chevalier de la Vierge Marie, il fait la veille des armes, il veut se battre pour sa dame; il a des visions; la Vierge lui apparaît, et lui recommande son fils: elle lui dit que sa société ne doit porter d'autre nom que celui de Jésus.

Ignace communique son enthousiasme à un autre Espagnol nommé Xavier. Celui-ci court aux Indes, dont il n'entend point la langue; de là au Japon, sans qu'il puisse parler japonais; n'importe, son enthousiasme passe dans l'imagination de quelques jeunes jésuites qui apprennent enfin la langue du Japon. Ceux-ci, après la mort de Xavier, ne doutent pas qu'il n'ait fait plus de miracles que les apôtres, et qu'il n'ait ressuscité sept ou huit morts pour le moins. Enfin l'enthousiasme devient si épidémique qu'ils forment au Japon ce qu'ils appellent une *chrétienté*. Cette chrétienté finit par une guerre civile et par cent mille hommes égorgés: l'enthousiasme alors est parvenu à son dernier degré, qui est le fanatisme, et ce fanatisme est devenu rage.

Le jeune fakir qui voit le bout de son nez en fesant ses prières, s'échauffe par degrés jusqu'à croire que s'il se charge de chaînes pesant cinquante livres, l'Être suprême lui aura beaucoup d'obligation. Il s'endort l'imagination toute pleine de Brama, et il ne manque pas de le voir en songe. Quelquefois même, dans cet état où l'on n'est ni endormi ni éveillé, des étincelles sortent de ses yeux; il voit Brama resplendissant de lumière, il a des extases, et cette maladie devient souvent incurable.

La chose la plus rare est de joindre la raison avec l'enthousiasme; la raison consiste à voir toujours les choses comme elles sont. Celui qui dans l'ivresse voit les objets doubles est alors privé de la raison.

L'enthousiasme est précisément comme le vin; il peut exciter tant de tumulte dans les vaisseaux sanguins, et de si violentes vibrations dans les nerfs, que la raison en est tout à fait détruite. Il peut ne causer que de légères secousses, qui ne fassent que donner au cerveau un peu plus d'activité; c'est ce qui arrive dans les grands mouvements d'éloquence, et surtout dans la poésie sublime. L'enthousiasme raisonnable est le partage des grands poëtes.

Cet enthousiasme raisonnable est la perfection de leur art; c'est ce qui fit croire autrefois qu'ils étaient inspirés des dieux, et c'est ce qu'on n'a jamais dit des autres artistes.

Comment le raisonnement peut-il gouverner l'enthousiasme? c'est qu'un poëte dessine d'abord l'ordonnance de son tableau; la raison alors tient le crayon. Mais veut-il animer ses personnages et leur donner le caractère des passions; alors l'imagination s'échauffe, l'enthousiasme agit; c'est un coursier qui s'emporte dans sa carrière: mais la carrière est régulièrement tracée.

L'enthousiasme est admis dans tous les genres de poésie où il entre du sentiment : quelquefois même il se fait place jusque dans l'églogue; témoin ces vers de la dixième églogue de Virgile (vers 58 et suivants) :

« Jam mihi per rupes videor lucosque sonantes
» Ire; libet partho torquere cydonia cornu
» Spicula : tanquam hæc sint nostri medicina furoris,
» Aut deus ille malis hominum mitescere discat!

Le style des épîtres, des satires, réprouve l'enthousiasme : aussi n'en trouve-t-on point dans les ouvrages de Boileau et de Pope.

Nos odes, dit-on, sont de véritables chants d'enthousiasme : mais comme elles ne se chantent point parmi nous, elles sont souvent moins des odes que des stances ornées de réflexions ingénieuses. Jetez les yeux sur la plupart des stances de la belle *Ode à la Fortune*, de Jean-Baptiste Rousseau :

Vous chez qui la guerrière audace
Tient lieu de toutes les vertus,
Concevez Socrate à la place
Du fier meurtrier de Clitus;
Vous verrez un roi respectable
Humain, généreux, équitable,
Un roi digne de vos autels :
Mais, à la place de Socrate,
Le fameux vainqueur de l'Euphrate
Sera le dernier des mortels.

Ce couplet est une courte dissertation sur le mérite personnel d'Alexandre et de Socrate; c'est un sentiment particulier, un paradoxe. Il n'est point vrai qu'Alexandre sera le dernier des mortels. Le héros qui vengea la Grèce, qui subjugua l'Asie, qui pleura Darius, qui punit ses meurtriers, qui respecta la famille du vaincu, qui donna un trône au vertueux Abdolonyme, qui rétablit Porus, qui bâtit tant de villes en si peu de temps, ne sera jamais le dernier des mortels.

Tel qu'on nous vante dans l'histoire
Doit peut-être toute sa gloire
A la honte de son rival :
L'inexpérience indocile
Du compagnon de Paul-Émile
Fit tout le succès d'Annibal.

Voilà encore une réflexion philosophique sans aucun enthousiasme. Et de plus, il est très faux que les fautes de Varron aient fait tout le succès d'Annibal : la ruine de Sagonte, la prise de Turin, la défaite de Scipion père de l'Africain, les avantages remportés sur Sempronius, la victoire de Trébie, la victoire de Trasimène, et tant de savantes marches, n'ont rien de commun avec la bataille de Cannes, où Varron fut vaincu, dit-on, par sa faute. Des faits si défigurés doivent-ils être plus approuvés dans une ode que dans une histoire?

De toutes les odes modernes, celle où il règne le plus grand enthousiasme qui ne s'affaiblit jamais, et qui ne tombe ni dans le faux ni dans l'ampoulé, est le *Timothée*, ou la Fête d'Alexandre, par Dryden : elle est encore regardée en Angleterre comme un chef-d'œuvre inimitable, dont Pope n'a pu approcher quand il a voulu s'exercer dans le même genre. Cette ode fut chantée; et si on avait eu un musicien digne du poëte, ce serait le chef-d'œuvre de la poésie lyrique.

Ce qui est toujours fort à craindre dans l'enthousiasme, c'est de se livrer à l'ampoulé, au gigantesque, au galimatias. En voici un grand exemple dans l'ode sur la naissance d'un prince du sang royal :

Où suis-je? quel nouveau miracle
Tient encor mes sens enchantés?
Quel vaste, quel pompeux spectacle
Frappe mes yeux épouvantés!
Un nouveau monde vient d'éclore :
L'univers se reforme encore
Dans les abîmes du chaos;
Et pour réparer ses ruines,
Je vois des demeures divines
Descendre un peuple de héros.
J.-B. ROUSSEAU, ode sur la naissance du duc de Bretagne.

Nous prendrons cette occasion pour dire qu'il y a peu d'enthousiasme dans l'*Ode sur la prise de Namur*.

Le hasard m'a fait tomber entre les mains une critique très injuste du poëme des *Saisons* de M. de Saint-Lambert, et de la traduction des *Géorgiques* de Virgile par M. Delille. L'auteur, acharné à décrier tout ce qui est louable dans les auteurs vivants, et à louer ce qui est condamnable dans les morts, veut faire admirer cette strophe :

Je vois monter nos cohortes
La flamme et le fer en main,
Et sur des monceaux de piques,
De corps morts, de rocs, de briques,
S'ouvrir un large chemin.
BOILEAU, Ode sur le siége de Namur.

Il ne s'aperçoit pas que les termes de *piques* et de *briques* font un effet très désagréable; que ce n'est point un grand effort de monter sur des *briques*, que l'image de *briques* est très faible après celle des *morts*; qu'on ne monte point sur des monceaux de *piques*, et que jamais on n'a entassé de *piques* pour aller à l'assaut; qu'on ne s'ouvre point un large chemin sur des *rocs*; qu'il fallait dire : « Je vois nos cohortes s'ouvrir un » large chemin à travers les débris des rochers, » au milieu des armes brisées, et sur des morts » entassés; » alors il y aurait eu de la gradation, de la vérité, et une image terrible.

Le critique n'a été guidé que par son mauvais goût, et par la rage de l'envie qui dévore tant de petits auteurs subalternes. Il faut, pour s'ériger en critique, être un Quintilien, un Rollin; il ne faut pas avoir l'insolence de dire cela est bon, ceci est mauvais, sans en apporter des preuves convaincantes. Ce ne serait plus ressembler à Rollin dans son *Traité des études;* ce serait ressembler à Fréron, et être par conséquent très méprisable.

ENVIE.

On connaît assez tout ce que l'antiquité a dit de cette passion honteuse, et ce que les modernes ont répété. Hésiode est le premier auteur classique qui en ait parlé :

« Le potier porte envie au potier, l'artisan à » l'artisan, le pauvre même au pauvre, le musi» cien au musicien (ou, si l'on veut donner un » autre sens au mot *Aoidos,* le poëte au poëte). »

Long-temps avant Hésiode, Job avait dit : *L'envie tue les petits.*

Je crois que Mandeville, auteur de la fable des Abeilles, est le premier qui ait voulu prouver que l'envie est une fort bonne chose, une passion très utile. Sa première raison est que l'envie est aussi naturelle à l'homme que la faim et la soif; qu'on la découvre dans tous les enfants, ainsi que dans les chevaux et dans les chiens. Voulez-vous que vos enfants se haïssent, caressez l'un plus que l'autre; le secret est infaillible.

Il prétend que la première chose que font deux jeunes femmes qui se rencontrent est de se chercher des ridicules, et la seconde de se dire des flatteries.

Il croit que sans l'envie les arts seraient médiocrement cultivés, et que Raphaël n'aurait pas été un grand peintre s'il n'avait pas été jaloux de Michel-Ange.

Mandeville a peut-être pris l'émulation pour l'envie; peut-être aussi l'émulation n'est-elle qu'une envie qui se tient dans les bornes de la décence.

Michel-Ange pouvait dire à Raphaël : Votre envie ne vous a porté qu'à travailler encore mieux que moi; vous ne m'avez point décrié, vous n'avez point cabalé contre moi auprès du pape, vous n'avez point tâché de me faire excommunier pour avoir mis des borgnes et des boiteux en paradis, et de succulents cardinaux avec de belles femmes nues comme la main en enfer, dans mon tableau du jugement dernier. Allez, votre envie est très louable; vous êtes un brave envieux, soyons bons amis.

Mais si l'envieux est un misérable sans talents, jaloux du mérite comme les gueux le sont des riches; si, pressé par l'indigence comme par la turpitude de son caractère, il vous fait des *Nouvelles du Parnasse,* des *Lettres de madame la comtesse,* des *Années littéraires,* cet animal étale une envie qui n'est bonne à rien, et dont Mandeville ne pourra jamais faire l'apologie.

On demande pourquoi les anciens croyaient que l'œil de l'envieux ensorcelait les gens qui le regardaient. Ce sont plutôt les envieux qui sont ensorcelés.

Descartes dit que « l'envie pousse la bile jaune » qui vient de la partie inférieure du foie, et la » bile noire qui vient de la rate, laquelle se ré» pand du cœur par les artères, etc. » Mais comme nulle espèce de bile ne se forme dans la rate, Descartes, en parlant ainsi, semblait ne pas trop mériter qu'on portât envie à sa physique.

Un certain Voët ou Voëtius, polisson en théologie, qui accusa Descartes d'athéisme, était très malade de la bile noire; mais il savait encore moins que Descartes comment sa détestable bile se répandait dans son sang.

Madame Pernelle a raison :

Les envieux mourront, mais non jamais l'envie.
Tartufe, acte v, scène III.

Mais c'est un bon proverbe, qu'*il vaut mieux faire envie que pitié.* Fesons donc envie autant que nous pourrons.

ÉPIGRAMME.

Ce mot veut dire proprement *inscription;* ainsi une épigramme devait être courte. Celles de l'Anthologie grecque sont pour la plupart fines et gracieuses; elles n'ont rien des images grossières que Catulle et Martial ont prodiguées, et que Marot et d'autres ont imitées. En voici quelques-unes traduites avec une brièveté dont on a souvent reproché à la langue française d'être privée. L'auteur est inconnu.

SUR LES SACRIFICES A HERCULE.

Un peu de miel, un peu de lait,
Rendent Mercure favorable;
Hercule est bien plus cher, il est bien moins traitable;
Sans deux agneaux par jour il n'est point satisfait.
On dit qu'à mes moutons ce dieu sera propice.
Qu'il soit béni! mais entre nous,
C'est un peu trop en sacrifice :
Qu'importe qui les mange, ou d'Hercule, ou des loups ?

SUR LAÏS, QUI REMIT SON MIROIR DANS LE TEMPLE DE VÉNUS.

Je le donne à Vénus puisqu'elle est toujours belle;
Il redouble trop mes ennuis :
Je ne saurais me voir dans ce miroir fidèle
Ni telle que j'étais, ni telle que je suis.

SUR UNE STATUE DE VÉNUS.

Oui, je me montrai toute nue
Au dieu Mars, au bel Adonis,
A Vulcain même, et j'en rougis;
Mais Praxitèle, où m'a-t-il vue?

SUR UNE STATUE DE NIOBÉ.

Le fatal courroux des dieux
Changea cette femme en pierre;
Le sculpteur a fait bien mieux,
Il a fait tout le contraire.

SUR DES FLEURS, A UNE FILLE GRECQUE QUI PASSAIT POUR ÊTRE FIÈRE.

Je sais bien que ces fleurs nouvelles
Sont loin d'égaler vos appas;
Ne vous enorgueillissez pas,
Le temps vous fanera comme elles.

SUR LÉANDRE QUI NAGEAIT VERS LA TOUR D'HÉRO PENDANT UNE TEMPÊTE.

(*Épigramme imitée depuis par Martial.*)

Léandre, conduit par l'Amour,
En nageant disait aux orages :
Laissez-moi gagner les rivages,
Ne me noyez qu'à mon retour.

A travers la faiblesse de la traduction, il est aisé d'entrevoir la délicatesse et les grâces piquantes de ces épigrammes. Qu'elles sont différentes des grossières images trop souvent peintes dans Catulle et dans Martial!

« At nunc pro cervo mentula supposita est. »
MARTIAL, III, 91.

« Teque puta cunnos, uxor, habere duos. »
MARTIAL, XI, 44.

Marot en a fait quelques unes, où l'on retrouve toute l'aménité de la Grèce.

Plus ne suis ce que j'ai été
Et ne le saurais jamais être;
Mon beau printemps et mon été
Ont fait le saut par la fenêtre.
Amour, tu as été mon maître,
Je t'ai servi sur tous les dieux.
Oh! si je pouvais deux fois naître,
Comment je te servirais mieux!

Sans le printemps et l'été qui font *le saut par la fenêtre*, cette épigramme serait digne de Callimaque.

Je n'oserais en dire autant de ce rondeau, que tant de gens de lettres ont si souvent répété.

Au bon vieux temps un train d'amour régnoit
Qui sans grand art et dons se démenoit,
Si qu'un bouquet donné d'amour profonde
C'étoit donner toute la terre ronde,
Car seulement au cœur on se prenoit;
Et si par cas à jouir on venoit,
Savez-vous bien comme on s'entretenoit?
Vingt ans, trente ans; cela duroit un monde
Au bon vieux temps.

Or est perdu ce qu'amour ordonnoit [a],
Rien que pleurs feints, rien que changes on n'oit.
Qui voudra donc qu'à aimer je me fonde,
Il faut premier que l'amour on refonde,
Et qu'on la mène ainsi qu'on la menoit
Au bon vieux temps.

Je dirais d'abord que peut-être ces rondeaux, dont le mérite est de répéter à la fin de deux couplets les mots qui commencent ce petit poëme, sont une invention gothique et puérile, et que les Grecs et les Romains n'ont jamais avili la dignité de leurs langues harmonieuses par ces niaiseries difficiles.

Ensuite je demanderais ce que c'est qu'*un train d'amour qui règne*, un *train qui se démène sans dons*. Je pourrais demander si *venir à jouir par cas*, sont des expressions délicates et agréables; si *s'entretenir et se fonder à aimer* ne tiennent pas un peu de la barbarie du temps, que Marot adoucit dans quelques unes de ses petites poésies.

Je penserais que *refondre l'amour* est une image bien peu convenable; que si on le refond on ne le mène pas; et je dirais enfin que les femmes pouvaient répliquer à Marot : Que ne le refonds-tu toi-même? quel gré te saura-t-on d'un amour tendre et constant, quand il n'y aura point d'autre amour?

Le mérite de ce petit ouvrage semble consister dans une facilité naïve; mais que de naïvetés dégoûtantes dans presque tous les ouvrages de la cour de François Ier!

Ton vieux couteau, Pierre Martel, rouillé,
Semble ton v.. jà retrait et mouillé;
Et le fourreau tant laid où tu l'engaines,
C'est que toujours as aimé vieilles gaines.
Quant à la corde à quoi il est lié,
C'est qu'attaché seras et marié.
Au manche aussi de corne connait-on
Que tu seras cornu comme un mouton.
Voilà le sens, voilà la prophétie
De ton couteau, dont je te remercie.

Est-ce un courtisan qui est l'auteur d'une telle épigramme? est-ce un matelot ivre dans un cabaret? Marot, malheureusement, n'en a que trop fait dans ce genre.

Les épigrammes qui ne roulent que sur des débauches de moines et sur des obscénités sont méprisées des honnêtes gens; elles ne sont goûtées

[a] Il est évident qu'alors on prononçait tous les *oi* rudement, *prenoit*, *demenoit*, *ordonnoit*, et non pas *ordonnait*, *démenait*, *prenait*, puisque ces terminaisons rimaient avec *oit*. Il est évident encore qu'on se permettait les *bâillements*, les *hiatus*.

que par une jeunesse effrénée, à qui le sujet plaît beaucoup plus que le style. Changez d'objet, mettez d'autres acteurs à la place, alors ce qui vous amusait paraîtra dans toute sa laideur.

ÉPIPHANIE.

La visibilité, l'apparition, l'illustration, le reluisant.

On ne voit pas trop quel rapport ce mot peut avoir avec trois rois, ou trois mages, qui vinrent d'Orient conduits par une étoile. C'est apparemment cette étoile brillante qui valut à ce jour le titre d'*Épiphanie*.

On demande d'où venaient ces trois rois? en quel endroit ils s'étaient donné rendez-vous? Il y en avait un, dit-on, qui arrivait d'Afrique : celui-là n'était donc pas venu de l'Orient. On dit que c'étaient trois mages; mais le peuple a toujours préféré trois rois. On célèbre partout la fête des rois, et nulle part celle des mages. On mange le gâteau des rois, et non pas le gâteau des mages. On crie : *Le roi boit!* et non pas *le mage boit*.

D'ailleurs, comme ils apportaient avec eux beaucoup d'or, d'encens et de myrrhe, il fallait bien qu'ils fussent de très grands seigneurs. Les mages de ce temps-là n'étaient pas fort riches. Ce n'était pas comme du temps du faux Smerdis.

Tertullien est le premier qui ait assuré que ces trois voyageurs étaient des rois. Saint Ambroise et saint Césaire d'Arles tiennent pour les rois; et on cite en preuve ces passages du psaume LXXI : « Les rois de Tarsis et des îles lui offriront des » présents. Les rois d'Arabie et de Saba lui ap- » porteront des dons. » Les uns ont appelé ces trois rois Magalat, Galgalat, Saraïm; les autres, Athos, Satos, Paratoras. Les catholiques les connaissent sous le nom de Gaspard, Melchior, et Balthazar. L'évêque Osorius rapporte que ce fut un roi de Cranganor dans le royaume de Calicut qui entreprit ce voyage avec deux mages, et que ce roi, de retour dans son pays, bâtit une chapelle à la sainte Vierge.

On demande combien ils donnèrent d'or à Joseph et à Marie? Plusieurs commentateurs assurent qu'ils firent les plus riches présents. Ils se fondent sur l'Évangile de l'enfance, dans lequel il est dit que Joseph et Marie furent volés en Égypte par Titus et Dumachus. Or, disent-ils, on ne les aurait pas volés s'ils n'avaient pas eu beaucoup d'argent. Ces deux voleurs furent pendus depuis; l'un fut le bon larron, et l'autre le mauvais larron. Mais l'Évangile de Nicodème leur donne d'autres noms; il les appelle Dimas et Gestas.

Le même Évangile de l'enfance dit que ce furent des mages et non pas des rois qui vinrent à Bethléem; qu'ils avaient été à la vérité conduits par une étoile; mais que l'étoile ayant cessé de paraître quand ils furent dans l'étable, un ange leur apparut en forme d'étoile pour leur en tenir lieu. Cet Évangile assure que cette visite des trois mages avait été prédite par Zoradasht, qui est le même que nous appelons Zoroastre

Suarez a recherché ce qu'était devenu l'or que présentèrent les trois rois, ou les trois mages. Il prétend que la somme devait être très forte, et que trois rois ne pouvaient faire un présent médiocre. Il dit que tout cet argent fut donné depuis à Judas, qui, servant de maître-d'hôtel, devint un fripon et vola tout le trésor.

Toutes ces puérilités n'ont fait aucun tort à la fête de l'Épiphanie, qui fut d'abord instituée par l'Église grecque, comme le nom le porte, et ensuite célébrée par l'Église latine.

ÉPOPÉE.

Poëme épique.

Puisque *épos* signifiait *discours* chez les Grecs, un poëme épique était donc un discours; et il était en vers, parce que ce n'était pas encore la coutume de raconter en prose. Cela paraît bizarre, et n'en est pas moins vrai. Un Phérécide passe pour le premier Grec qui se soit servi tout uniment de la prose pour faire une histoire moitié vraie[a], moitié fausse, comme elles l'ont été presque toutes dans l'antiquité.

Orphée, Linus, Tamyris, Musée, prédécesseurs d'Homère, n'écrivirent qu'en vers. Hésiode, qui était certainement contemporain d'Homère, ne donne qu'en vers sa *Théogonie*, et son poëme *des Travaux et des Jours*. L'harmonie de la langue grecque invitait tellement les hommes à la poésie, une maxime resserrée dans un vers se gravait si aisément dans la mémoire, que les lois, les oracles, la morale, la théologie, tout était en vers.

D'HÉSIODE.

Il fit usage des fables qui depuis long-temps étaient reçues dans la Grèce. On voit clairement, à la manière succincte dont il parle de Prométhée et d'Épiméthée, qu'il suppose ces notions déjà familières à tous les Grecs. Il n'en parle que pour montrer qu'il faut travailler, et qu'un lâche repos dans lequel d'autres mythologistes ont fait consister la félicité de l'homme est un attentat contre les ordres de l'Être suprême.

[a] Moitié vraie, c'est beaucoup.

Tâchons de présenter ici au lecteur une imitation de sa fable de Pandore, en changeant cependant quelque chose aux premiers vers, et en nous conformant aux idées reçues depuis Hésiode; car aucune mythologie ne fut jamais uniforme :

Prométhée autrefois pénétra dans les cieux.
Il prit le feu sacré, qui n'appartient qu'aux dieux.
Il en fit part à l'homme; et la race mortelle
De l'esprit qui meut tout obtint quelque étincelle.
Perfide! s'écria Jupiter irrité
Ils seront tous punis de ta témérité.
Il appela Vulcain; Vulcain créa Pandore.

De toutes les beautés qu'en Vénus on adore
Il orna mollement ses membres délicats;
Les Amours, les Desirs, forment ses premiers pas.
Les trois Grâces et Flore arrangent sa coiffure,
Et mieux qu'elles encore elle entend la parure.
Minerve lui donna l'art de persuader;
La superbe Junon celui de commander.
Du dangereux Mercure elle apprit à séduire,
A trahir ses amants, à cabaler, à nuire;
Et par son écolière il se vit surpassé.

Ce chef-d'œuvre fatal aux mortels fut laissé;
De Dieu sur les humains tel fut l'arrêt suprême:
Voilà votre supplice, et j'ordonne qu'on l'aime *.

Il envoie à Pandore un écrin précieux;
Sa forme et son éclat éblouissent les yeux.
Quels biens doit renfermer cette boîte si belle!
De la bonté des dieux c'est un gage fidèle;
C'est là qu'est renfermé le sort du genre humain.
Nous serons tous des dieux... Elle l'ouvre; et soudain
Tous les fléaux ensemble inondent la nature.
Hélas! avant ce temps, dans une vie obscure,
Les mortels moins instruits étaient moins malheureux;
Le vice et la douleur n'osaient approcher d'eux;
La pauvreté, les soins, la peur, la maladie,
Ne précipitaient point le terme de leur vie.
Tous les cœurs étaient purs, et tous les jours sereins, etc.

Si Hésiode avait toujours écrit ainsi, qu'il serait supérieur à Homère!

Ensuite Hésiode décrit les quatre âges fameux, dont il est le premier qui ait parlé (du moins parmi les anciens auteurs qui nous restent). Le premier âge est celui qui précéda Pandore, temps auquel les hommes vivaient avec les dieux. L'âge de fer est celui du siége de Thèbes et de Troie. « Je suis, » dit-il, dans le cinquième, et je voudrais n'être » pas né. » Que d'hommes accablés par l'envie, par le fanatisme et par la tyrannie, en ont dit autant depuis Hésiode!

C'est dans ce poëme *des Travaux et des Jours* qu'on trouve des proverbes qui se sont perpétués, comme, « le potier est jaloux du potier; » et il ajoute, « le musicien du musicien, et le pauvre » même du pauvre. » C'est là qu'est l'original de cette fable du rossignol tombé dans les serres du vautour. Le rossignol chante en vain pour le fléchir, le vautour le dévore. Hésiode ne conclut pas que « ventre affamé n'a pas d'oreilles, » mais que les tyrans ne sont point fléchis par les talents.

On trouve dans ce poëme cent maximes dignes des Xénophon et des Caton.

Les hommes ignorent le prix de la sobriété; ils ne savent pas que la moitié vaut mieux que le tout.

L'iniquité n'est pernicieuse qu'aux petits.

L'équité seule fait fleurir les cités.

Souvent un homme injuste suffit pour ruiner sa patrie.

Le méchant qui ourdit la perte d'un homme prépare souvent la sienne.

Le chemin du crime est court et aisé. Celui de la vertu est long et difficile; mais près du but il est délicieux.

Dieu a posé le travail pour sentinelle de la vertu.

Enfin ses préceptes sur l'agriculture ont mérité d'être imités par Virgile. Il y a aussi de très beaux morceaux dans sa *Théogonie*. L'Amour qui débrouille le chaos; Vénus qui, née sur la mer des parties génitales d'un dieu, nourrie sur la terre, toujours suivie de l'Amour, unit le ciel, la mer et la terre ensemble, sont des emblèmes admirables.

Pourquoi donc Hésiode eut-il moins de réputation qu'Homère? Il me semble qu'à mérite égal, Homère dut être préféré par les Grecs; il chantait leurs exploits et leurs victoires sur les Asiatiques leurs éternels ennemis. Il célébrait toutes les maisons qui régnaient de son temps dans l'Achaïe et dans le Péloponèse; il écrivait la guerre la plus mémorable du premier peuple de l'Europe, contre la plus florissante nation qui fût encore connue dans l'Asie. Son poëme fut presque le seul monument de cette grande époque. Point de ville, point de famille qui ne se crût honorée de trouver son nom dans ces archives de la valeur. On assure même que, long-temps après lui, quelques différends entre des villes grecques, au sujet des terrains limitrophes, furent décidés par des vers d'Homère. Il devint après sa mort le juge des villes dans lesquelles on prétend qu'il demandait l'aumône pendant sa vie. Et cela prouve encore que les Grecs avaient des poëtes long-temps avant d'avoir des géographes.

Il est étonnant que les Grecs, se fesant tant d'honneur des poëmes épiques qui avaient immortalisé les combats de leurs ancêtres, ne trouvassent personne qui chantât les journées de Marathon, des Thermopyles, de Platée, de Salamine. Les héros de ce temps-là valaient bien Agamemnon, Achille, et les Ajax.

Tyrtée, capitaine, poëte et musicien, tel que nous avons vu de nos jours le roi de Prusse, fit la

* On a placé ici ces vers d'Hésiode, qui sont dans le texte avant la création de Pandore.

guerre, et la chanta. Il anima les Spartiates contre les Messéniens par ses vers, et remporta la victoire. Mais ses ouvrages sont perdus. On ne dit point qu'il ait paru de poëme épique dans le siècle de Périclès; les grands talents se tournèrent vers la tragédie: ainsi Homère resta seul, et sa gloire augmenta de jour en jour. Venons à son *Iliade*.

DE L'ILIADE.

Ce qui me confirme dans l'opinion qu'Homère était de la colonie grecque établie à Smyrne, c'est cette foule de métaphores et de peintures dans le style oriental: la terre qui retentit sous les pieds dans la marche de l'armée, comme les foudres de Jupiter sur les monts qui couvrent le géant Typhée; un vent plus noir que la nuit qui vole avec les tempêtes; Mars et Minerve, suivis de la Terreur, de la Fuite et de l'insatiable Discorde, sœur et compagne de l'homicide dieu des combats, qui s'élève dès qu'elle paraît, et qui, en foulant la terre, porte dans le ciel sa tête orgueilleuse: toute l'*Iliade* est pleine de ces images; et c'est ce qui fesait dire au sculpteur Bouchardon: Lorsque j'ai lu Homère, j'ai cru avoir vingt pieds de haut.

Son poëme, qui n'est point du tout intéressant pour nous, était donc très précieux pour tous les Grecs.

Ses dieux sont ridicules aux yeux de la raison, mais ils ne l'étaient pas à ceux du préjugé; et c'était pour le préjugé qu'il écrivait.

Nous rions, nous levons les épaules en voyant des dieux qui se disent des injures, qui se battent entre eux, qui se battent contre des hommes, qui sont blessés, et dont le sang coule; mais c'est là l'ancienne théologie de la Grèce et de presque tous les peuples asiatiques. Chaque nation, chaque petite peuplade avait sa divinité particulière qui la conduisait aux combats.

Les habitants des nuées, et des étoiles qu'on supposait dans les nuées, s'étaient fait une guerre cruelle. La guerre des anges contre les anges était le fondement de la religion des brachmanes, de temps immémorial. La guerre des Titans, enfants du Ciel et de la Terre, contre les dieux maîtres de l'Olympe, était le premier mystère de la religion grecque. Typhon, chez les Egyptiens, avait combattu contre Oshireth, que nous nommons Osiris, et l'avait taillé en pièces.

Madame Dacier, dans sa préface de l'*Iliade*, remarque très sensément, après Eustathe, évêque de Thessalonique, et Huet, évêque d'Avranches, que chaque nation voisine des Hébreux avait son dieu des armées. En effet, Jephté ne dit-il pas aux Ammonites [a]: « Vous possédez justement ce que » votre dieu Chamos vous a donné; souffrez donc » que nous ayons ce que notre dieu nous donne? »

Ne voit-on pas le Dieu de Juda vainqueur dans les montagnes [b], mais repoussé dans les vallées?

Quant aux hommes qui luttent contre les immortels, c'est encore une idée reçue; Jacob lutte une nuit entière contre un ange de Dieu. Si Jupiter envoie un songe trompeur aux chefs des Grecs, le Seigneur envoie un esprit trompeur au roi Achab. Ces emblèmes étaient fréquents, et n'étonnaient personne. Homère a donc peint son siècle; il ne pouvait pas peindre les siècles suivants.

On doit répéter ici que ce fut une étrange entreprise, dans La Motte, de dégrader Homère, et de le traduire; mais il fut encore plus étrange de l'abréger pour le corriger. Au lieu d'échauffer son génie en tâchant de copier les sublimes peintures d'Homère, il voulut lui donner de l'esprit: c'est la manie de la plupart des Français; une espèce de pointe qu'ils appellent un *trait*, une petite antithèse, un léger contraste de mots leur suffit. C'est un défaut dans lequel Racine et Boileau ne sont presque jamais tombés. Mais combien d'auteurs, combien d'hommes de génie même, se sont laissé séduire par ces puérilités qui dessèchent et qui énervent tout genre d'éloquence!

En voici, autant que j'en puis juger, un exemple bien frappant.

Phénix, au livre neuvième, pour apaiser la colère d'Achille, lui parle à peu près ainsi:

Les Prières, mon fils, devant vous éplorées,
Du souverain des dieux sont les filles sacrées;
Humbles, le front baissé, les yeux baignés de pleurs,
Leur voix triste et craintive exhale leurs douleurs.
On les voit, d'une marche incertaine et tremblante,
Suivre de loin l'Injure impie et menaçante,
L'Injure au front superbe, au regard sans pitié,
Qui parcourt à grands pas l'univers effrayé.
Elles demandent grâce... et lorsqu'on les refuse,
C'est au trône de Dieu que leur voix vous accuse;
On les entend crier en lui tendant les bras:
Punissez le cruel qui ne pardonne pas;
Livrez ce cœur farouche aux affronts de l'Injure;
Rendez-lui tous les maux qu'il aime qu'on endure;
Que le barbare apprenne à gémir comme nous.
Jupiter les exauce; et son juste courroux
S'appesantit bientôt sur l'homme impitoyable.

Voilà une traduction faible, mais assez exacte; et, malgré la gêne de la rime et la sécheresse de la langue, on aperçoit quelques traits de cette grande et touchante image, si fortement peinte dans l'original.

Que fait le correcteur d'Homère? il mutile en deux vers d'antithèses toute cette peinture:

On irrite les dieux; mais par des sacrifices,
De ces dieux irrités on fait des dieux propices.

LA MOTTE-HOUDART, *Iliade*, ch. II.

[a] *Juges*, ch. XI, v. 24.

[b] *Juges*, ch. I, v. 19.

Ce n'est plus qu'une sentence triviale et froide. Il y a sans doute des longueurs dans le discours de Phénix; mais ce n'était pas la peinture des Prières qu'il fallait retrancher.

Homère a de grands défauts; Horace l'avoue[1], tous les hommes de goût en conviennent; il n'y a qu'un commentateur qui puisse être assez aveugle pour ne les pas voir. Pope lui-même, traducteur du poëte grec, dit que « c'est une vaste campa- » gne, mais brute, où l'on rencontre des beautés » naturelles de toute espèce, qui ne se présentent » pas aussi régulièrement que dans un jardin ré- » gulier; que c'est une abondante pépinière qui » contient les semences de tous les fruits, un grand » arbre qui pousse des branches superflues qu'il » faut couper. »

Madame Dacier prend le parti de la vaste campagne, de la pépinière, et de l'arbre, et veut qu'on ne coupe rien. C'était sans doute une femme au-dessus de son sexe, et qui a rendu de grands services aux lettres, ainsi que son mari; mais quand elle se fit homme, elle se fit commentateur; elle outra tant ce rôle, qu'elle donna envie de trouver Homère mauvais. Elle s'opiniâtra au point d'avoir tort avec M. de La Motte même. Elle écrivit contre lui en régent de collége: et La Motte répondit comme aurait fait une femme polie et de beaucoup d'esprit. Il traduisit très mal l'*Iliade*, mais il l'attaqua fort bien.

Nous ne parlerons pas ici de l'*Odyssée*; nous en dirons quelque chose quand nous serons à l'Arioste.

DE VIRGILE.

Il me semble que le second livre de l'*Énéide*, le quatrième, et le sixième, sont autant au-dessus de tous les poëtes grecs et de tous les latins, sans exception, que les statues de Girardon sont supérieures à toutes celles qu'on fit en France avant lui.

On a souvent dit que Virgile a emprunté beaucoup de traits d'Homère, et que même il lui est inférieur dans ses imitations; mais il ne l'a point imité dans ces trois chants dont je parle. C'est là qu'il est lui-même; c'est là qu'il est touchant et qu'il parle au cœur. Peut-être n'était-il point fait pour le détail terrible mais fatigant des combats. Horace avait dit de lui, avant qu'il eût entrepris l'*Énéide*:

« . . . . Molle atque facetum
» Virgilio annuerunt gaudentes rure camœnæ. »
HOR., lib. I, sat. X, vers. 44.

Facetum ne signifie pas ici *facétieux*, mais agréable. Je ne sais si on ne retrouve pas un peu de cette mollesse heureuse et attendrissante dans la passion fatale de Didon. Je crois du moins y retrouver l'auteur de ces vers admirables qu'on rencontre dans ses églogues:

« Ut vidi, ut perii, ut me malus abstulit error! »
VIRG., eclog. VIII, 41.

Certainement le chant de la descente aux enfers ne serait pas déparé par ces vers de la quatrième églogue:

« Ille deum vitam accipiet, divisque videbit
» Permixtos heroas, et ipse videbitur illis;
» Pacatumque reget patriis virtutibus orbem. »

Je crois revoir beaucoup de ces traits simples, élégants, attendrissants, dans les trois beaux chants de l'*Énéide*.

Tout le quatrième chant est rempli de vers touchants, qui font verser des larmes à ceux qui ont de l'oreille et du sentiment.

« Dissimulare etiam sperasti, perfide, tantum
» Posse nefas, tacitusque mea decedere terra?
» Nec te noster amor, nec te data dextera quondam,
» Nec moritura tenet crudeli funere Dido? »
V. 305-308.

« Conscendit furibunda rogos, ensemque recludit
» Dardanium, non hos quæsitum munus in usus. »
V. 646-647.

Il faudrait transcrire presque tout ce chant, si on voulait en faire remarquer les beautés.

Et dans le sombre tableau des enfers, que de vers encore respirent cette mollesse touchante et noble à la fois!

« Ne, pueri, ne tanta animis assuescite bella. »
VI, 832.

« Tuque prior, tu, parce, genus qui ducis Olympo;
« Projice tela manu, sanguis meus. »
VI, 834-835.

Enfin, on sait combien de larmes fit verser à l'empereur Auguste, à Livie, à tout le palais, ce seul demi-vers:

« Tu Marcellus eris. . . . . »
VI, 883.

Homère n'a jamais fait répandre de pleurs. Le vrai poëte est, à ce qu'il me semble, celui qui remue l'âme et qui l'attendrit; les autres sont de beaux parleurs. Je suis loin de proposer cette opinion pour règle. *Je donne mon avis*, dit Montaigne, *non comme bon, mais comme mien.*

DE LUCAIN.

Si vous cherchez dans Lucain l'unité de lieu et d'action, vous ne la trouverez pas; mais où la trouveriez-vous? Si vous espérez sentir quelque émotion, quelque intérêt, vous n'en éprouverez pas

[1] « . . . . . Quandoque bonus dormitat Homerus.
Ars poet., v. 359.

dans les longs détails d'une guerre dont le fond est rendu très sec, et dont les expressions sont ampoulées; mais si vous voulez des idées fortes, des discours d'un courage philosophique et sublime, vous ne les verrez que dans Lucain parmi les anciens. Il n'y a rien de plus grand que le discours de Labiénus à Caton, aux portes du temple de Jupiter Ammon, si ce n'est la réponse de Caton même :

« Hæremus cuncti superis; temploque tacente
» Nil facimus non sponte Dei. . . . . . .
» . . . . Steriles num legit arenas
» Ut caneret paucis? mersitne hoc pulvere verum?
» Estne Dei sedes nisi terra, et pontus, et aer,
» Et cœlum, et virtus? Superos quid quærimus ultra?
» Jupiter est quodcumque vides, quocumque moveris. »
Pharsal, l. IX, v. 573-574; 576-580.

Mettez ensemble tout ce que les anciens poëtes ont dit des dieux, ce sont des discours d'enfants en comparaison de ce morceau de Lucain. Mais dans un vaste tableau où l'on voit cent personnages, il ne suffit pas qu'il y en ait un ou deux supérieurement dessinés.

DU TASSE.

Boileau a dénigré le clinquant du Tasse; mais qu'il y ait une centaine de paillettes d'or faux dans une étoffe d'or, on doit le pardonner. Il y a beaucoup de pierres brutes dans le grand bâtiment de marbre élevé par Homère. Boileau le savait, le sentait, et il n'en parle pas. Il faut être juste.

On renvoie le lecteur à ce qu'on a dit du Tasse dans l'*Essai sur la poésie épique* [1]. Mais il faut dire ici qu'on sait par cœur ses vers en Italie. Si à Venise, dans une barque, quelqu'un récite une stance de la *Jérusalem délivrée*, la barque voisine lui répond par la stance suivante.

Si Boileau eût entendu ces concerts, il n'aurait eu rien à répliquer.

On connaît assez le Tasse: je ne répéterai ici ni les éloges ni les critiques. Je parlerai un peu plus au long de l'Arioste.

DE L'ARIOSTE.

L'Odyssée d'Homère semble avoir été le premier modèle du *Morgante*, de l'*Orlando innamorato*, et de l'*Orlando furioso*; et, ce qui n'arrive pas toujours, le dernier de ces poèmes a été sans contredit le meilleur.

Les compagnons d'Ulysse changés en pourceaux; les vents enfermés dans une peau de chèvre; des musiciennes qui ont des queues de poisson, et qui mangent ceux qui approchent d'elles; Ulysse qui suit tout nu le chariot d'une belle princesse, qui venait de faire la grande lessive; Ulysse déguisé en gueux qui demande l'aumône, et qui ensuite tue tous les amants de sa vieille femme, aidé seulement de son fils et de deux valets, sont des imaginations qui ont donné naissance à tous les romans en vers qu'on a faits depuis dans ce goût.

Mais le roman de l'Arioste est si plein et si varié, si fécond en beautés de tous les genres, qu'il m'est arrivé plus d'une fois, après l'avoir lu tout entier, de n'avoir d'autre desir que d'en recommencer la lecture. Quel est donc le charme de la poésie naturelle! Je n'ai jamais pu lire un seul chant de ce poëme dans nos traductions en prose.

Ce qui m'a surtout charmé dans ce prodigieux ouvrage, c'est que l'auteur, toujours au-dessus de sa matière, la traite en badinant. Il dit les choses les plus sublimes sans effort; et il les finit souvent par un trait de plaisanterie qui n'est ni déplacé ni recherché. C'est à la fois l'*Iliade*, l'*Odyssée*, et *don Quichotte*; car son principal chevalier errant devient fou comme le héros espagnol, et est infiniment plus plaisant. Il y a bien plus, on s'intéresse à Roland, et personne ne s'intéresse à don Quichotte, qui n'est représenté dans Cervantes que comme un insensé à qui on fait continuellement des malices.

Le fond du poëme qui rassemble tant de choses est précisément celui de notre roman de *Cassandre*, qui eut tant de vogue autrefois parmi nous, et qui a perdu cette vogue absolument, parce qu'ayant la longueur de l'*Orlando furioso*, il n'a aucune de ses beautés; et quand il les aurait en prose française, cinq ou six stances de l'Arioste les éclipseraient toutes. Ce fond du poëme est que la plupart des héros, et les princesses qui n'ont pas péri pendant la guerre, se retrouvent dans Paris après mille aventures, comme les personnages du roman de *Cassandre* se retrouvent dans la maison de Polémon.

Il y a dans l'*Orlando furioso* un mérite inconnu à toute l'antiquité; c'est celui de ses exordes. Chaque chant est comme un palais enchanté, dont le vestibule est toujours dans un goût différent, tantôt majestueux, tantôt simple, même grotesque. C'est de la morale, ou de la gaîté, ou de la galanterie, et toujours du naturel et de la vérité.

Voyez seulement cet exorde du quarante-quatrième chant de ce poëme, qui en contient quarante-six, et qui cependant n'est pas trop long; de ce poëme qui est tout en stances rimées, et qui cependant n'a rien de gêné; de ce poëme qui démontre la nécessité de la rime dans toutes les langues modernes; de ce poëme charmant qui démontre surtout la stérilité et la grossièreté des

[1] A la suite de *la Henriade* (tome II). K.

poëmes épiques barbares dans lesquels les auteurs se sont affranchis du joug de la rime, parce qu'ils n'avaient pas la force de le porter, comme disait Pope, et comme l'a écrit Louis Racine, qui a eu raison alors.

« Spesso in poveri alberghi, e in picciol tetti,
» Nelle calamitadi e nei disagi,
» Meglio s'aggiungon d'amicizia i petti,
» Che fra ricchezze invidiose ed agi
» Delle piene d'insidie e di sospetti
» Corti regali, e splendidi palagi,
» Ove la caritade è in tutto estinta;
» Nè si vede amicizia, se non finta.

« Quindi avvien che tra principi e signori,
» Patti e convenzion sono sì frali.
» Fan lega oggi re, papi, imperatori,
» Doman saran nemici capitali;
» Perchè, qual l'apparenze esteriori,
» Non hanno i cor, non han gli animi tali,
» Chè non mirando al torto, più ch' al dritto,
» Attendon solamente al lor profitto. »

On a imité ainsi plutôt que traduit cet exorde :

L'amitié sous le chaume habita quelquefois;
On ne la trouve point dans les cours orageuses,
Sous les lambris dorés des prélats et des rois,
Séjour des faux serments, des caresses trompeuses,
Des sourdes factions, des effrénés desirs;
Séjour où tout est faux, et même les plaisirs.

Les papes, les césars, apaisant leur querelle,
Jurent sur l'Évangile une paix fraternelle;
Vous les voyez demain l'un de l'autre ennemis;
C'était pour se tromper qu'ils s'étaient réunis:
Nul serment n'est gardé, nul accord n'est sincère;
Quand la bouche a parlé, le cœur dit le contraire.
Du ciel qu'ils attestaient ils bravaient le courroux;
L'intérêt est le dieu qui les gouverne tous.

Il n'y a personne d'assez barbare pour ignorer qu'Astolphe alla dans le paradis (chant XXXIV) reprendre le bon sens de Roland, que la passion de ce héros pour Angélique lui avait fait perdre, et qu'il le lui rendit très proprement renfermé dans une fiole.

Le prologue du trente-cinquième chant est une allusion à cette aventure :

« Chi salirà per me, Madonna, in cielo
» A riportarne il mio perduto ingegno?
» Che poi ch' uscì da' be' vostri occhi il telo,
» Che'l cor mi fisse, ognor perdendo vegno;
» Nè di tanta jattura mi querelo,
» Purchè non cresca, ma stia a questo segno.
» Ch'io dubito, se più si va scemando,
» Di venir tal, qual ho descritto Orlando.

» Per riaver l'ingegno mio m'è avviso,
» Che non bisogna che per l'aria io poggi
» Nel cerchio della luna, o in paradiso,
» Che'l mio non credo che tant' alto alloggi.
» Ne' bei vostri occhi, et nel sereno viso,
» Nel sen d'avorio e alabastrini poggi
» Se ne va errando; ed io con queste labbia
» Lo corrò; se vi par ch'io lo riabbia. »

Ceux qui n'entendent pas l'italien peuvent se faire quelque idée de ces strophes par la version française :

Oh! si quelqu'un voulait monter pour moi
Au paradis! s'il y pouvait reprendre
Mon sens commun! s'il daignait me le rendre!...
Belle Aglaé, je l'ai perdu pour toi;
Tu m'as rendu plus fou que Roland même;
C'est ton ouvrage : on est fou quand on aime.
Pour retrouver mon esprit égaré
Il ne faut pas faire un si long voyage.
Tes yeux l'ont pris, il en est éclairé,
Il est errant sur ton charmant visage,
Sur ton beau sein, ce trône des amours;
Il m'abandonne. Un seul regard peut-être,
Un seul baiser peut le rendre à son maître;
Mais sous tes lois il restera toujours.

Ce *molle et facetum* de l'Arioste, cette urbanité, cet atticisme, cette bonne plaisanterie répandue dans tous ses chants, n'ont été ni rendus, ni même sentis par Mirabaud son traducteur, qui ne s'est pas douté que l'Arioste raillait de toutes ses imaginations. Voyez seulement le prologue du vingt-quatrième chant :

« Chi mette il piè sul' amorosa pania,
» Cerchi ritrarlo, e non v'inveschi l'ale;
» Chè non è in somma amor se non insania,
» A giudicio de' savi universale.
» E sebben, come Orlando, ognun non smania,
» Suo furor mostra a qualche altro segnale;
» E qual è di pazzia segno più espresso
» Chè per altri voler perder se stesso?

» Varj gli effetti son; ma la pazzia
» È tutt' una però che li fa uscire.
» Gli è come una gran selva, ove la via
» Conviene a forza, a chi vi va, fallire;
» Chi sù, chi giù, chi quà, chi là travia.
» Per concludere in somma, io vi vo' dire :
» A chi in amor s'invecchia, oltr' ogni pena
» Si convengono i ceppi, e la catena.

» Ben mi si potria dir : Frate, tu vai
» L'altrui mostrando, e non vedi il tuo fallo.
» Io vi rispondo che comprendo assai,
» Or che di mente ho lucido intervallo;
» Ed ho gran cura (e spero farlo omai)
» Di riposarmi, e d'uscir fuor di ballo.
» Ma tosto far, come vorrei, nol posso;
» Che'l male è penetrato infin all'osso. »

Voici comme Mirabaud traduit sérieusement cette plaisanterie :

« Que celui qui a mis le pied sur les gluaux de » l'amour tâche de l'en tirer promptement, et » qu'il prenne bien garde à n'y pas laisser aussi » engluer ses ailes; car, au jugement unanime des » plus sages, l'amour est une vraie folie. Quoique

» tous ceux qui s'y abandonnent ne deviennen » pas furieux comme Roland, il n'y en a cependant pas un seul qui ne fasse voir de quelque » manière combien sa raison est égarée...

» Les effets de cette manie sont différents, mais » une même cause les produit; c'est comme une » épaisse forêt où quiconque veut entrer s'égare » nécessairement : l'un prend à droite, l'autre » prend à gauche; l'un marche en montant, l'autre » en descendant. Sans compter enfin toutes les » autres peines que l'amour fait souffrir, il nous » ôte encore la liberté et nous charge de fers.

» Quelqu'un me dira peut-être : Eh! mon ami, » prenez pour vous-même le conseil que vous » donnez aux autres. C'est bien aussi mon des» sein à présent que la raison m'éclaire; je songe » à m'affranchir d'un joug qui me pèse, et j'es» père que j'y parviendrai. Il est pourtant vrai » que le mal étant fort enraciné, il me faudra pour » en guérir beaucoup plus de temps que je ne vou» drais. »

Je crois reconnaître davantage l'esprit de l'Arioste dans cette imitation faite par un auteur inconnu [1] :

Qui dans la glu du tendre amour s'empêtre,
De s'en tirer n'est pas long-temps le maître;
On s'y démène, on y perd son bon sens;
Témoin Roland et d'autres personnages,
Tous gens de bien, mais fort extravagants:
Ils sont tous fous; ainsi l'ont dit les sages.

Cette folie a différents effets;
Ainsi qu'on voit dans de vastes forêts,
A droite, à gauche, errer à l'aventure,
Des pèlerins au gré de leur monture;
Leur grand plaisir est de se fourvoyer,
Et pour leur bien je voudrais les lier.

A ce propos quelqu'un me dira : Frère,
C'est bien prêché; mais il fallait te taire.
Corrige-toi sans sermonner les gens.
Oui, mes amis; oui, je suis très coupable,
Et j'en conviens quand j'ai de bons moments;
Je prétends bien changer avec le temps,
Mais jusqu'ici le mal est incurable.

Quand je dis que l'Arioste égale Homère dans la description des combats, je n'en veux pour preuve que ces vers :

. . . .
. . . .
. . . .

« Suona l'un brando e l'altro, or basso or alto :
» Il martel di Vulcano era più tardo
» Nella spelonca affumicata, dove
» Battea all'incude i folgori di Giove. »
Cant. II, st. 8.

« Aspro concerto, orribile armonia
» D'alte querele, d'ululi e di strida
» Della misera gente, che peria
» Nel fondo, per cagion della sua guida,
» Istranamente concordar s'udia
» Col fiero suon della fiamma omicida. »
. . . .
. . . .
Cant. XIV, st. 134.

« L'alto rumor delle sonore trombe,
» De' timpani e de' barbari stromenti
» Giunti al continuo suon d'archi, di frombe
» Di macchine, di ruote e di tormenti,
» E quel di che più par che'l ciel rimbombe,
» Gridi, tumulti, gemiti e lamenti,
» Rendono un alto suon, ch'a quel s'accorda
» Con che i vicin, cadendo, il Nilo assorda. »
Cant. XVI, st. 56.

. . . .
. . . .
. . . .

« Alle squallide ripe d'Acheronte
» Sciolta dal corpo, più freddo che ghiaccio,
» Bestemmiando fuggì l'alma sdegnosa,
» Che fu sì altera al mondo e sì orgogliosa. »
Cant. XLVI, st. 140.

Voici une faible traduction de ces beaux vers :

Entendez-vous leur armure guerrière
Qui retentit des coups de cimeterre?
Moins violents, moins prompts sont les marteaux
Qui vont frappant les célestes carreaux,
Quand, tout noirci de fumée et de poudre,
Au mont Etna Vulcain forge la foudre.
. . . .
. . . .
Concert horrible, exécrable harmonie
De cris aigus et de longs hurlements,
Du bruit des cors, des plaintes des mourants,
Et du fracas des maisons embrasées
Que sous leurs toits la flamme a renversées!
Des instruments de ruine et de mort
Volant en foule et d'un commun effort,
Et la trompette organe du carnage,
De plus d'horreurs emplissent ce rivage,
Que n'en ressent l'étonné voyageur
Alors qu'il voit tout le Nil en fureur,
Tombant des cieux qu'il touche et qu'il inonde,
Sur cent rochers précipiter son onde.
. . . .
. . . .
Alors, alors, cette âme si terrible,
Impitoyable, orgueilleuse, inflexible,
Fuit de son corps et sort en blasphémant,
Superbe encore à son dernier moment,
Et défiant les éternels abîmes
Où s'engloutit la foule de ses crimes.

Il a été donné à l'Arioste d'aller et de revenir de ces descriptions terribles aux peintures les plus voluptueuses, et de ces peintures à la morale la plus sage. Ce qu'il y a de plus extraordinaire encore, c'est d'intéresser vivement pour les héros et les héroïnes dont il parle, quoiqu'il y en ait un nombre prodigieux. Il y a presque autant d'événements touchants dans son poëme que d'aven-

[1] Voltaire lui-même.

tures grotesques; et son lecteur s'accoutume si bien à cette bigarrure, qu'il passe de l'un à l'autre sans en être étonné.

Je ne sais quel plaisant a fait courir le premier ce mot prétendu du cardinal d'Este : « Messer » Lodovico, dove avete pigliato tante coglionerie? » Le cardinal aurait dû ajouter : « Dove avete pi- » gliato tante cose divine? » Aussi est-il appelé en Italie *il divino Ariosto*.

Il fut le maître du Tasse. L'Armide est d'après l'Alcine. Le voyage des deux chevaliers qui vont désenchanter Renaud est absolument imité du voyage d'Astolphe. Et il faut avouer encore que les imaginations fantasques qu'on trouve si souvent dans le poëme de *Roland le furieux* sont bien plus convenables à un sujet mêlé de sérieux et de plaisant qu'au poëme sérieux du Tasse, dont le sujet semblait exiger des mœurs plus sévères.

Ne passons pas sous silence un autre mérite qui n'est propre qu'à l'Arioste; je veux parler des charmants prologues de tous ses chants.

Je n'avais pas osé autrefois le compter parmi les poëtes épiques; je ne l'avais regardé que comme le premier des grotesques; mais en le relisant je l'ai trouvé aussi sublime que plaisant, et je lui fais très humblement réparation. Il est très vrai que le pape Léon X publia une bulle en faveur de l'*Orlando furioso*, et déclara excommuniés ceux qui diraient du mal de ce poëme. Je ne veux pas encourir l'excommunication.

C'est un grand avantage de la langue italienne, ou plutôt c'est un rare mérite dans le Tasse et dans l'Arioste, que des poëmes si longs, non seulement rimés, mais rimés en stances, en rimes croisées, ne fatiguent point l'oreille, et que le poëte ne paraisse presque jamais gêné.

Le Trissin, au contraire, qui s'est délivré du joug de la rime, semble n'en avoir que plus de contrainte, avec bien moins d'harmonie et d'élégance.

Spencer, en Angleterre, voulut rimer en stances son poëme de la *Fée reine*; on l'estima, et personne ne le put lire.

Je crois la rime nécessaire à tous les peuples qui n'ont pas dans leur langue une mélodie sensible, marquée par les longues et par les brèves, et qui ne peuvent employer ces dactyles et ces spondées qui font un effet si merveilleux dans le latin.

Je me souviendrai toujours que je demandai au célèbre Pope pourquoi Milton n'avait pas rimé son *Paradis perdu*, et qu'il me répondit : *Because he could not*, parce qu'il ne le pouvait pas.

Je suis persuadé que la rime, irritant, pour ainsi dire, à tout moment le génie, lui donne autant d'élancements que d'entraves; qu'en le forçant de tourner sa pensée en mille manières, elle l'oblige aussi de penser avec plus de justesse, et de s'exprimer avec plus de correction. Souvent l'artiste, en s'abandonnant à la facilité des vers blancs, et sentant intérieurement le peu d'harmonie que ces vers produisent, croit y suppléer par des images gigantesques qui ne sont point dans la nature. Enfin, il lui manque le mérite de la difficulté surmontée.

Pour les poëmes en prose, je ne sais ce que c'est que ce monstre. Je n'y vois que l'impuissance de faire des vers. J'aimerais autant qu'on me proposât un concert sans instruments. Le *Cassandre* de La Calprenède sera, si l'on veut, un poëme en prose, j'y consens; mais dix vers du Tasse valent mieux.

DE MILTON.

Si Boileau, qui n'entendit jamais parler de Milton, absolument inconnu de son temps, avait pu lire le *Paradis perdu*, c'est alors qu'il aurait pu dire comme du Tasse :

Et quel objet enfin à présenter aux yeux
Que le diable toujours hurlant contre les cieux !

BOILEAU, *art poét.*, III, 205-206.

Un épisode du Tasse est devenu le sujet d'un poëme entier chez l'auteur anglais; celui-ci a étendu ce que l'autre avait jeté avec discrétion dans la fabrique de son poëme.

Je me livre au plaisir de transcrire ce que dit le Tasse au commencement du quatrième chant :

« Quinci, avendo pur tutto il pensier volto
» A recar ne' Cristiani ultima doglia,
» Che sia, comanda, il popol suo raccolto
» (Concilio orrendo !) entro la regia soglia :
» Come sia pur leggiera impresa (ahi stolto !)
» Il repugnare alla divina voglia :
» Stolto ! ch'al ciel s'agguaglia, e in obblio pone,
» Come di Dio la destra irata tuone. »

St. 2.

« Chiama gli abitator dell' ombre eterne
» Il rauco suon della tartarea tromba;
» Treman le spaziose atre caverne,
» E l'aer cieco a quel romor rimbomba.
» Nè sì stridendo mai dalle superne
» Regioni del cielo il folgor piomba,
» Nè sì scossa giammai trema la terra,
» Quando i vapori in sen gravida serra. »

St. 3.

« Orrida maestà nel fero aspetto
» Terrore accresce, e più superbo il rende.
» Rosseggian gli occhj; e di veneno infetto,
» Come infausta cometa, il guardo splende.
» Gl' involve il mento, e sù l'irsuto petto
» Ispida e folta la gran barba scende;
» E in guisa di voragine profonda
» S'apre la bocca d'atro sangue immonda. »

St. 7.

« Quali i fumi sulfurei ed infiammati
» Escon di Mongibello, e'l puzzo e'l tuono
» Tal della fera bocca i negri fiati,
» Tale il fetore, e le faville sono.
» Mentre ei parlava, Cerbero i latrati
» Ripresse; e l'Idra si fe'muta al suono:
» Restò Cocito, e ne tremar gli abissi,
» E in questi detti il gran rimbombo udissi. »
St. 8.

« Tartarei numi, di seder più degni
» Là sovra il sole, ond'è l'origin vostra,
» Che meco già dai più felici regni
» Spinse il gran caso in questa orribil chiostra;
» Gli antichi altrui sospetti, e i fieri sdegni
» Noti son troppo, e l'alta impresa nostra.
» Or colui regge a suo voler le stelle,
» E noi siam giudicate alme rubelle. »
St. 9.

« Ed in vece del dì sereno e puro,
» Dell'aureo sol, de' bei stellati giri,
» N'ha qui rinchiusi in questo abisso oscuro;
» Nè vuol, ch'al primo onor per noi s'aspiri.
» E poscia (ahi quanto a ricordarlo è duro!
» Quest'è quel che più inaspra i miei martiri)
» Ne' bei seggi celesti ha l'uom chiamato,
» L'uom vile, e di vil fango in terra nato. »
St. 10.

Tout le poëme de Milton semble fondé sur ces vers, qu'il a même entièrement traduits. Le Tasse ne s'appesantit point sur les ressorts de cette machine, la seule peut-être que l'austérité de sa religion et le sujet d'une croisade dussent lui fournir. Il quitte le diable le plus tôt qu'il peut pour présenter son Armide aux lecteurs; l'admirable Armide, digne de l'Alcine de l'Arioste, dont elle est imitée. Il ne fait point tenir de longs discours à Bélial, à Mammon, à Belzébuth, à Satan.

Il ne fait point bâtir une salle pour les diables; il n'en fait pas des géants pour les transformer en pygmées, afin qu'ils puissent tenir plus à l'aise dans la salle. Il ne déguise point enfin Satan en cormoran et en crapaud.

Qu'auraient dit les cours et les savants de l'ingénieuse Italie, si le Tasse, avant d'envoyer l'esprit de ténèbres exciter Hidraot, le père d'Armide, à la vengeance, se fût arrêté aux portes de l'enfer pour s'entretenir avec la Mort et le Péché; si le Péché lui avait appris qu'il était sa fille, qu'il avait accouché d'elle par la tête; qu'ensuite il devint amoureux de sa fille; qu'il en eut un enfant qu'on appela la Mort; que la Mort (qui est supposée masculin) coucha avec le Péché (qui est supposé féminin), et qu'elle lui fit une infinité de serpents qui rentrent à toute heure dans ses entrailles, et qui en sortent?

De tels rendez-vous, de telles jouissances, sont aux yeux des Italiens de singuliers épisodes d'un poëme épique. Le Tasse les a négligés, et il n'a pas eu la délicatesse de transformer Satan en crapaud pour mieux instruire Armide.

Que n'a-t-on point dit de la guerre des bons et des mauvais anges, que Milton a imitée de la *Gigantomachie* de Claudien? Gabriel consume deux chants entiers à raconter les batailles données dans le ciel contre Dieu même, et ensuite la création du monde. On s'est plaint que ce poëme ne soit presque rempli que d'épisodes: et quels épisodes! c'est Gabriel et Satan qui se disent des injures; ce sont des anges qui se font la guerre dans le ciel, et qui la font à Dieu. Il y a dans le ciel des dévots et des espèces d'athées. Abdiel, Ariel, Arioch, Ramiel, combattent Moloch, Belzébuth, Nisroch; on se donne de grands coups de sabre; on se jette des montagnes à la tête avec les arbres qu'elles portent, et les neiges qui couvrent leurs cimes, et les rivières qui coulent à leurs pieds. C'est là, comme on voit, la belle et simple nature!

On se bat dans le ciel à coups de canon, encore cette imagination est-elle prise de l'Arioste; mais l'Arioste semble garder quelque bienséance dans cette invention. Voilà ce qui a dégoûté bien des lecteurs italiens et français. Nous n'avons garde de porter notre jugement; nous laissons chacun sentir du dégoût ou du plaisir à sa fantaisie.

On peut remarquer ici que la fable de la guerre des géants contre les dieux semble plus raisonnable que celle des anges, si le mot de *raisonnable* peut convenir à de telles fictions. Les géants de la fable étaient supposés les enfants du Ciel et de la Terre, qui redemandaient une partie de leur héritage à des dieux auxquels ils étaient égaux en force et en puissance. Ces dieux n'avaient point créé les Titans; ils étaient corporels comme eux. Mais il n'en est pas ainsi dans notre religion. Dieu est un être pur, infini, tout-puissant, créateur de toutes choses, à qui ses créatures n'ont pu faire la guerre, ni lancer contre lui des montagnes, ni tirer du canon.

Aussi cette imitation de la guerre des géants, cette fable des anges révoltés contre Dieu même, ne se trouve que dans les livres apocryphes attribués à Énoch dans le premier siècle de notre ère vulgaire, livres dignes de toute l'extravagance du rabbinisme.

Milton a donc décrit cette guerre. Il y a prodigué les peintures les plus hardies. Ici ce sont des anges à cheval, et d'autres qu'un coup de sabre coupe en deux, et qui se rejoignent sur-le-champ; là c'est la Mort qui *lève le nez pour renifler l'odeur des cadavres* qui n'existent pas encore. Ailleurs elle frappe de *sa massue pétrifique sur le froid et sur le sec*. Plus loin, c'est le froid, le chaud, le sec et l'humide, qui se disputent l'empire du monde, et qui *conduisent en bataille rangée des embryons d'atomes*. Les questions les plus épineuses de la plus rebutante scolastique sont traitées en plus de vingt endroits dans les termes mêmes de l'école. Des diables en enfer s'amusent à disputer sur la grâce, sur le libre arbitre, sur la prédestination, tandis que d'autres jouent de la flûte.

Au milieu de ces inventions, il soumet son imagination poétique, et la restreint à paraphraser dans deux chants les premiers chapitres de la *Genèse* :

« . . . . . God saw the light was good ;
» And light from darkness. . . . .
» Divided : light the day, and darkness night
» He named. . . . .
Liv. VII, 249-252.

« Again God said : let there be firmament.
Liv. V, 261.

« And saw that it was good. . . . . »
Liv. V, 309.

C'est un respect qu'il montre pour l'ancien *Testament*, ce fondement de notre sainte religion.

Nous croyons avoir une traduction exacte de Milton, et nous n'en avons point. On a retranché ou entièrement altéré plus de deux cents pages qui prouveraient la vérité de ce que j'avance.

En voici un précis que je tire du cinquième chant :

Après qu'Adam et Ève ont récité le psaume CXLVIII, l'ange Raphael descend du ciel sur ses six ailes, et vient leur rendre visite, et Ève lui prépare à dîner. « Elle écrase des grappes de raisin, et en fait du vin doux qu'on appelle *moût*; et de plusieurs graines, et des doux pignons pressés, elle tempéra de douces crèmes... L'ange lui dit bonjour, et se servit de la sainte salutation dont il usa long-temps après envers Marie la seconde Ève : Bonjour, mère des hommes, dont le ventre fécond remplira le monde de plus d'enfants qu'il n'y a de différents fruits des arbres de Dieu entassés sur ta table. La table était un gazon et des siéges de mousse tout autour, et sur son ample carré d'un bout à l'autre tout l'automne était empilé, quoique le printemps et l'automne dansassent en ce lieu par la main. Ils firent quelque temps conversation ensemble sans craindre que le dîner se refroidît*. Enfin notre premier père commença ainsi :

« Envoyé céleste, qu'il vous plaise goûter des présents que notre nourricier, dont descend tout bien, parfait et immense, a fait produire à la terre pour notre nourriture et pour notre plaisir ; aliments peut-être insipides pour des natures spirituelles. Je sais seulement qu'un père céleste les donne à tous. »

A quoi l'ange répondit : « Ce que celui dont les louanges soient chantées donne à l'homme, en partie spirituel, n'est pas trouvé un mauvais mets par les purs esprits ; et ces purs esprits, ces substances intelligentes, veulent aussi des aliments, ainsi qu'il en faut à votre substance raisonnable. Ces deux substances contiennent en elles toutes les facultés basses des sens par lesquelles elles entendent, voient, flairent, touchent, goûtent, digèrent ce qu'elles ont goûté, en assimilent les parties, et changent les choses corporelles en incorporelles ; car vois-tu, tout ce qui a été créé doit être soutenu et nourri ; les éléments les plus grossiers alimentent les plus purs ; la terre donne à manger à la mer; la terre et la mer à l'air ; l'air donne de la pâture aux feux éthérés, et d'abord à la lune, qui est la plus proche de nous ; c'est de là qu'on voit sur son visage rond ses taches et ses vapeurs non encore purifiées, et non encore tournées en sa substance. La lune aussi exhale de la nourriture de son continent humide aux globes plus élevés. Le soleil, qui départ sa lumière à tous, reçoit aussi de tous en récompense son aliment en exhalaisons humides, et le soir il soupe avec l'Océan... Quoique dans le ciel les arbres de vie portent un fruit d'ambrosie, quoique nos vignes donnent du nectar, quoique tous les matins nous brossions les branches d'arbres couvertes d'une rosée de miel, quoique nous trouvions le terrain couvert de graines perlées; cependant Dieu a tellement varié ici ses présents, et de nouvelles délices, qu'on peut les comparer au ciel. Soyez sûrs que je ne serai pas assez délicat pour n'en pas tâter avec vous. »

» Ainsi ils se mirent à table, et tombèrent sur les viandes; et l'ange n'en fit pas seulement semblant; il ne mangea pas en mystère, selon la glose commune des théologiens, mais avec la vive dépêche d'une faim très réelle, avec une chaleur concoctive et transsubstantive : le superflu du dîner transpire aisément dans les pores des esprits ; il ne faut pas s'en étonner, puisque l'empirique alchimiste, avec son feu de charbon et de suie, peut changer ou croit pouvoir changer l'écume du plus grossier métal en or aussi parfait que celui de la mine.

» Cependant Ève servait à table toute nue, et couronnait leurs coupes de liqueurs délicieuses. O innocence, méritant paradis! c'était alors plus que jamais que les enfants de Dieu auraient été excusables d'être amoureux d'un tel objet ;

* Mot pour mot : *No fear lest dinner cool.*

» mais dans leurs cœurs l'amour régnait sans dé-
» bauche. Ils ne connaissaient pas la jalousie, enfer
» des amants outragés. »

Voilà ce que les traducteurs de Milton n'ont point du tout rendu ; voilà ce dont ils ont supprimé les trois quarts, et atténué tout le reste. C'est ainsi qu'on en a usé quand on a donné des traductions de quelques tragédies de Shakespeare ; elles sont toutes mutilées et entièrement méconnaissables. Nous n'avons aucune traduction fidèle de ce célèbre auteur dramatique, que celle des trois premiers actes de son *Jules-César*, imprimée à la suite de *Cinna*, dans l'édition de Corneille, avec des commentaires.

Virgile annonce les destinées des descendants d'Énée, et les triomphes des Romains : Milton prédit le destin des enfants d'Adam ; c'est un objet plus grand, plus intéressant pour l'humanité ; c'est prendre pour son sujet l'histoire universelle. Il ne traite pourtant à fond que celle du peuple juif, dans les onzième et douzième chants ; et voici mot à mot ce qu'il dit du reste de la terre :

« L'ange Michel et Adam montèrent dans la *vi-*
» *sion de Dieu ;* c'était la plus haute montagne du
» paradis terrestre, du haut de laquelle l'émi-
» sphère de la terre s'étendait dans l'aspect le plus
» ample et le plus clair. Elle n'était pas plus haute
» ni ne présentait un aspect plus grand que celle
» sur laquelle le diable emporta le second Adam
» dans le désert, pour lui montrer tous les royau-
» mes de la terre et leur gloire. Les yeux d'Adam
» pouvaient commander de là toutes les villes d'an-
» cienne et moderne renommée, sur le siége du
» plus puissant empire, depuis les futures mu-
» railles de Combalu, capitale du grand-kan du
» Catai, et de Samarcande sur l'Oxus, trône de
» Tamerlan, à Pékin des rois de la Chine, et de
» là à Agra, et de là à Lahor du Grand-Mogol,
» jusqu'à la Chersonèse d'or, ou jusqu'au siége du
» Persan dans Ecbatane, et depuis dans Ispahan,
» ou jusqu'au czar russe dans Moscou, ou au sultan
» venu du Turkestan dans Byzance. Ses yeux pou-
» vaient voir l'empire du Négus jusqu'à son der-
» nier port Ercoco, et les royaumes maritimes
» Mombaza, Quiloa, et Mélinde, et Sofala qu'on
» croit Ophir, jusqu'au royaume de Congo et An-
» gola plus au sud. Ou bien de là il voyait depuis
» le fleuve Niger jusqu'au mont Atlas, les royau-
» mes d'Almanzor, de Fez et de Maroc ; Sus, Al-
» ger, Tremizen, et de là l'Europe, à l'endroit
» d'où Rome devait gouverner le monde. Peut-être
» il vit en esprit le riche Mexique, siége de Mon-
» tézume, et Cusco dans le Pérou, plus riche siége
» d'Atabalipa ; et la Guiane, non encore dépouil-
» lée, dont la capitale est appelée Eldorado par les
» Espagnols. »

Après avoir fait voir tant de royaumes aux yeux d'Adam, on lui montre aussitôt un hôpital ; et l'auteur ne manque pas de dire que c'est un effet de la gourmandise d'Ève.

« Il vit un lazaret où gisaient nombre de ma-
» lades, spasmes hideux, empreintes doulourou-
» ses, maux de cœur, d'agonie, toutes les sortes
» de fièvres, convulsions, épilepsies, terribles ca-
» tarrhes, pierres et ulcères dans les intestins,
» douleurs de coliques, frénésies diaboliques,
» mélancolies soupirantes, folies lunatiques, atro-
» phies, marasmes, peste dévorante au loin, hy-
» dropisie, asthmes, rhumes, etc. »

Toute cette vision semble une copie de l'Arioste ; car Astolphe, monté sur l'hippogriffe, voit en volant tout ce qui se passe sur les frontières de l'Europe et sur toute l'Afrique. Peut-être, si on l'ose dire, la fiction de l'Arioste est plus vraisemblable que celle de son imitateur : car en volant, il est tout naturel qu'on voie plusieurs royaumes l'un après l'autre ; mais on ne peut découvrir toute la terre du haut d'une montagne.

On a dit que Milton ne savait pas l'optique ; mais cette critique est injuste ; il est très-permis de feindre qu'un esprit céleste découvre au père des hommes les destinées de ses descendants. Il n'importe que ce soit du haut d'une montagne ou ailleurs. L'idée au moins est grande et belle.

Voici comme finit ce poëme :

La Mort et le Péché construisent un large pont de pierre qui joint l'enfer à la terre pour leur commodité et pour celle de Satan, quand ils voudront faire leur voyage. Cependant Satan revole vers les diables par un autre chemin ; il vient rendre compte à ses vassaux du succès de sa commission ; il harangue les diables, mais il n'est reçu qu'avec des sifflets. Dieu le change en grand serpent, et ses compagnons deviennent serpents aussi.

Il est aisé de reconnaître dans cet ouvrage, au milieu de ses beautés, je ne sais quel esprit de fanatisme et de férocité pédantesque qui dominaient en Angleterre du temps de Cromwell, lorsque tous les Anglais avaient la *Bible* et le pistolet à la main. Ces absurdités théologiques, dont l'ingénieux Butler, auteur d'*Hudibras*, s'est tant moqué, furent traitées sérieusement par Milton. Aussi cet ouvrage fut-il regardé par toute la cour de Charles II avec autant d'horreur qu'on avait de mépris pour l'auteur.

Milton avait été quelque temps secrétaire, pour la langue latine, du parlement appelé le *rump* ou le *croupion*. Cette place fut le prix d'un livre latin en faveur des meurtriers du roi Charles Ier ; livre (il faut l'avouer) aussi ridicule par le style que détestable par la matière ; livre où l'auteur raisonne à peu près comme lorsque, dans son *Paradis perdu*, il fait digérer un ange, et fait passer les excréments par insensible transpiration; lorsqu'il fait coucher ensemble le Péché et la Mort; lorsqu'il transforme son Satan en cormoran et en crapaud; lorsqu'il fait des diables géants, qu'il change ensuite en pygmées, pour qu'ils puissent raisonner plus à l'aise, et parler de controverse, etc.

Si on veut un échantillon de ce libelle scandaleux qui le rendit si odieux, en voici quelques uns. Saumaise avait commencé son livre en faveur de la maison Stuart et contre les régicides par ces mots :

« L'horrible nouvelle du parricide commis en » Angleterre a blessé depuis peu nos oreilles et » encore plus nos cœurs. »

Milton répond à Saumaise : « Il faut que cette » horrible nouvelle ait eu une épée plus longue » que celle de saint Pierre qui coupa une oreille à » Malchus, ou les oreilles hollandaises doivent » être bien longues pour que le coup ait porté de » Londres à La Haye; car une telle nouvelle ne » pouvait blesser que des oreilles d'âne. »

Après ce singulier préambule, Milton traite de *pusillanimes* et de *lâches* les larmes que le crime de la faction de Cromwell avait fait répandre à tous les hommes justes et sensibles. « Ce sont, dit-il, » des larmes telles qu'il en coula des yeux de la » nymphe Salmacis, qui produisirent la fontaine » dont les eaux énervaient les hommes, les dé» pouillaient de leur virilité, leur ôtaient le cou» rage, et en faisaient des hermaphrodites. » Or Saumaise s'appelait Salmasius en latin. Milton le fait descendre de la nymphe Salmacis. Il l'appelle *eunuque* et *hermaphrodite*, quoique hermaphrodite soit le contraire d'eunuque. Il lui dit que ses pleurs sont ceux de Salmacis sa mère, qu'ils l'ont rendu infâme.

« . . . . Infamis ne quem male fortibus undis
» Salmacis enervet. . . . . »

Ovid., Met., IV, 285-286.

On peut juger si un tel pédant atrabilaire, défenseur du plus énorme crime, put plaire à la cour polie et délicate de Charles II, aux lords Rochester, Roscommon, Buckingham, aux Waller, aux Cowley, aux Congrève, aux Wycherley. Ils eurent tous en horreur l'homme et le poëme. A peine même sut-on que le *Paradis perdu* existait. Il fut totalement ignoré en France aussi bien que le nom de l'auteur.

Qui aurait osé parler aux Racine, aux Despréaux, aux Molière, aux La Fontaine, d'un poëme épique sur Adam et Ève? Quand les Italiens l'ont connu, ils ont peu estimé cet ouvrage, moitié théologique et moitié diabolique, où les anges et les diables parlent pendant des chants entiers. Ceux qui savent par cœur l'Arioste et le Tasse n'ont pu écouter les sons durs de Milton. Il y a trop de distance entre la langue italienne et l'anglaise.

Nous n'avions jamais entendu parler de ce poëme en France avant que l'auteur de *la Henriade* nous en eût donné une idée dans le neuvième chapitre de son *Essai sur la poésie épique*. Il fut même le premier (si je ne me trompe) qui nous fit connaître les poëtes anglais, comme il fut le premier qui expliqua les découvertes de Newton et les sentiments de Locke. Mais quand on lui demanda ce qu'il pensait du génie de Milton, il répondit : « Les Grecs recommandaient aux poëtes de sacri» fier aux Grâces, Milton a sacrifié au diable. »

On songea alors à traduire ce poëme épique anglais dont M. de Voltaire avait parlé avec beaucoup d'éloges à certains égards[1]. Il est difficile de savoir précisément qui en fut le traducteur. On l'attribue à deux personnes qui travaillèrent ensemble[2]; mais on peut assurer qu'ils ne l'ont point du tout traduit fidèlement. Nous l'avons déjà fait voir[3]; et il n'y a qu'à jeter les yeux sur le début du poëme pour en être convaincu.

« Je chante la désobéissance du premier homme, » et les funestes effets du fruit défendu, la perte » d'un paradis, et le mal de la mort triomphant » sur la terre, jusqu'à ce qu'un Dieu homme vienne » juger les nations, et nous rétablisse dans le sé» jour bienheureux. »

Il n'y a pas un mot dans l'original qui réponde exactement à cette traduction. Il faut d'abord considérer qu'on se permet, dans la langue anglaise, des inversions que nous souffrons rarement dans la nôtre. Voici mot à mot le commencement de ce poëme de Milton :

« La première désobéissance de l'homme, et le » fruit de l'arbre défendu, dont le goût porta la » mort dans le monde, et toutes nos misères avec » la perte d'Éden, jusqu'à ce qu'un plus grand » homme nous rétablit[4], et regagnât notre de» meure heureuse; Muse céleste, c'est là ce qu'il » faut chanter. »

Il y a de très beaux morceaux, sans doute, dans ce poëme singulier; et j'en reviens toujours à ma grande preuve, c'est qu'ils sont retenus en Angleterre par quiconque se pique d'un peu de littérature. Tel est ce monologue de Satan, lorsque s'échappant du fond des enfers, et voyant pour la

[1] Dans l'*Essai sur la poésie épique*, qu'on trouvera dans le tome II à la suite de *la Henriade*.

[2] Duperré de Saint-Maur et de Boismorand, surnommé l'abbé.

[3] Page 172.

[4] Il y a dans plusieurs éditions : *Restore us, and regain*. J'ai choisi cette leçon comme la plus naturelle. Il y a dans l'original : *La première désobéissance de l'homme, etc., chantez, Muses célestes.* Mais cette inversion ne peut être adoptée dans notre langue.

première fois notre soleil sortant des mains du Créateur, il s'écrie :

« Toi, sur qui mon tyran prodigue ses bienfaits,
» Soleil, astre de feu, jour heureux que je hais,
» Jour qui fais mon supplice, et dont mes yeux s'étonnent,
» Toi qui sembles le dieu des cieux qui t'environnent,
» Devant qui tout éclat disparaît et s'enfuit,
» Qui fais pâlir le front des astres de la nuit ;
» Image du Très-Haut qui régla ta carrière,
» Hélas ! j'eusse autrefois éclipsé ta lumière.
» Sur la voûte des cieux élevé plus que toi,
» Le trône où tu t'assieds s'abaissait devant moi :
» Je suis tombé ; l'orgueil m'a plongé dans l'abîme.
» Hélas ! je fus ingrat ; c'est là mon plus grand crime.
» J'osai me révolter contre mon créateur :
» C'est peu de me créer, il fut mon bienfaiteur ;
» Il m'aimait : j'ai forcé sa justice éternelle
» D'appesantir son bras sur ma tête rebelle ;
» Je l'ai rendu barbare en sa sévérité,
» Il punit à jamais, et je l'ai mérité.
» Mais si le repentir pouvait obtenir grâce !...
» Non, rien ne fléchira ma haine et mon audace ;
» Non, je déteste un maître, et sans doute il vaut mieux
» Régner dans les enfers qu'obéir dans les cieux. »

Les amours d'Adam et d'Ève sont traités avec une mollesse élégante et même attendrissante, qu'on n'attendrait pas du génie un peu dur et du style souvent raboteux de Milton.

DU REPROCHE DE PLAGIAT FAIT A MILTON.

Quelques uns l'ont accusé d'avoir pris son poëme dans la tragédie du *Bannissement d'Adam* de Grotius, et dans la *Sarcotis* du jésuite Masenius, imprimée à Cologne en 1654 et en 1661, long-temps avant que Milton donnât son *Paradis perdu*.

Pour Grotius, on savait assez en Angleterre que Milton avait transporté dans son poëme épique anglais quelques vers latins de la tragédie d'*Adam*. Ce n'est point du tout être plagiaire, c'est enrichir sa langue des beautés d'une langue étrangère. On n'accusa point Euripide de plagiat pour avoir imité dans un chœur d'*Iphigénie* le second livre de l'*Iliade*; au contraire, on lui sut très bon gré de cette imitation, qu'on regarda comme un hommage rendu à Homère sur le théâtre d'Athènes.

Virgile n'essuya jamais de reproche pour avoir heureusement imité dans l'*Énéide* une centaine de vers du premier des poëtes grecs.

On a poussé l'accusation un peu plus loin contre Milton. Un Écossais, nommé Will. Lauder, très attaché à la mémoire de Charles Ier, que Milton avait insultée avec l'acharnement le plus grossier, se crut en droit de flétrir la mémoire de l'accusateur de ce monarque. On prétendait que Milton avait fait une infâme fourberie, pour ravir à Charles Ier la triste gloire d'être l'auteur de l'*Eikon Basiliké*, livre long-temps cher aux royalistes, et que Charles Ier avait, dit-on, composé dans sa prison pour servir de consolation à sa déplorable infortune.

Lauder voulut donc, vers l'année 1752, commencer par prouver que Milton n'était qu'un plagiaire, avant de prouver qu'il avait agi en faussaire contre la mémoire du plus malheureux des rois. Il se procura des éditions du poëme de la *Sarcotis*; il paraissait évident que Milton en avait imité quelques morceaux, comme il avait imité Grotius et le Tasse.

Mais Lauder ne s'en tint pas là ; il déterra une mauvaise traduction en vers latins du *Paradis perdu* du poëte anglais ; et joignant plusieurs vers de cette traduction à ceux de Masenius, il crut rendre par là l'accusation plus grave, et la honte de Milton plus complète. Ce fut en quoi il se trompa lourdement; sa fraude fut découverte. Il voulait faire passer Milton pour un faussaire, et lui-même fut convaincu de l'être. On n'examina point le poëme de Masenius, dont il n'y avait alors que très peu d'exemplaires en Europe. Toute l'Angleterre, convaincue du mauvais artifice de l'Écossais, n'en demanda pas davantage. L'accusateur confondu fut obligé de désavouer sa manœuvre, et d'en demander pardon.

Depuis ce temps on imprima une nouvelle édition de Masenius, en 1757. Le public littéraire fut surpris du grand nombre de très beaux vers dont la *Sarcotis* était parsemée. Ce n'est à la vérité qu'une longue déclamation de collége sur la chute de l'homme; mais l'exorde, l'invocation, la description du jardin d'Éden, le portrait d'Ève, celui du diable, sont précisément les mêmes que dans Milton. Il y a bien plus; c'est le même sujet, le même nœud, la même catastrophe. Si le diable veut, dans Milton, se venger sur l'homme du mal que Dieu lui a fait, il a précisément le même dessein chez le jésuite Masenius; et il le manifeste dans des vers dignes peut-être du siècle d'Auguste :

» . . . . . Semel excidimus crudelibus astris,
» Et conjuratas involvit terra cohortes.
» Fata manent, tenet et superos oblivio nostri ;
» Indecore premimur, vulgi tolluntur inertes
» Ac viles animæ, cœloque fruuntur aperto :
» Nos, divum soboles, patriaque in sede locandi,
» Pellimur exilio, mœstoque Acheronte tenemur.
» Heu ! dolor ! et superum decreta indigna ! Fatiscat
» Orbis, et antiquo turbentur cuncta tumultu,
» Ac redeat deforme Chaos ; Styx atra ruinam
» Terrarum excipiat, fatoque impellat eodem
» Et cœlum, et cœli cives. Ut inulta cadamus
» Turba, nec umbrarum pariter caligine raptam
» Sarcoteam, invisum caput, involvamus ? ut astris
» Regnantem, et nobis domina cervice minantem,
» Ignavi patiamur ? Adhuc tamen improba vivit !
» Vivit adhuc, fruiturque Dei secura favore !
» Cernimus ! et quicquam furiarum abscondilur Orco !
» Vah ! pudor, æternumque probrum Stygis ! Occidat, amens

» Occidat, et nostræ subeat consortia culpæ.
» Hæc mihi secluso cœlis solatia tantum
» Excidii restant. Juvat hac consorte malorum
» Posse frui, juvat ad nostram seducere pœnam
» Frustra exultantem, patriaque exsorte superbam.
» Ærumnas exempla levant; minor illa ruina est,
» Quæ caput adversi labens oppresserit hostis. »

Sarcotis, I. 271 et seq.

On trouve dans Masenius et dans Milton de petits épisodes, de légères excursions absolument semblables; l'un et l'autre parlent de Xerxès, qui couvrit la mer de ses vaisseaux.

» Quantus erat Xerxes, medium dum contrahit orbem
» Urbis in excidium!..... »

Sarcotis, III. 464.

Tous deux parlent sur le même ton de la tour de Babel, tous deux font la même description du luxe, de l'orgueil, de l'avarice, de la gourmandise.

Ce qui a le plus persuadé le commun des lecteurs du plagiat de Milton, c'est la parfaite ressemblance du commencement des deux poëmes. Plusieurs lecteurs étrangers, après avoir lu l'exorde, n'ont pas douté que tout le reste du poëme de Milton ne fût pris de Masenius. C'est une erreur bien grande, et aisée à reconnaître.

Je ne crois pas que le poëte anglais ait imité en tout plus de deux cents vers du jésuite de Cologne; et j'ose dire qu'il n'a imité que ce qui méritait de l'être. Ces deux cents vers sont fort beaux; ceux de Milton le sont aussi; et le total du poëme de Masenius, malgré ces deux cents beaux vers, ne vaut rien du tout.

Molière prit deux scènes entières dans la ridicule comédie du *Pédant joué*, de Cyrano de Bergerac. Ces deux scènes sont bonnes, disait-il en plaisantant avec ses amis; elles m'appartiennent de droit; je reprends mon bien. On aurait été après cela très mal reçu à traiter de plagiaire l'auteur du *Tartufe* et du *Misanthrope*.

Il est certain qu'en général Milton, dans son *Paradis*, a volé de ses propres ailes en imitant; et il faut convenir que s'il a emprunté tant de traits de Grotius et du jésuite de Cologne, ils sont confondus dans la foule des choses originales qui sont à lui; il est toujours regardé en Angleterre comme un très grand poëte.

Il est vrai qu'il aurait dû avouer qu'il avait traduit deux cents vers d'un jésuite; mais de son temps, dans la cour de Charles II, on ne se souciait ni des jésuites, ni de Milton, ni du *Paradis perdu*, ni du *Paradis retrouvé*. Tout cela était ou bafoué ou inconnu.

ÉPREUVE.

Toutes les absurdités qui avilissent la nature humaine nous sont donc venues d'Asie, avec toutes les sciences et tous les arts! C'est en Asie, c'est en Égypte qu'on osa faire dépendre la vie et la mort d'un accusé ou d'un coup de dés, ou de quelque chose d'équivalent; ou de l'eau froide, ou de l'eau chaude, ou d'un fer rouge, ou d'un morceau de pain d'orge. Une superstition à peu près semblable existe encore, à ce qu'on prétend, dans les Indes, sur les côtes de Malabar, et au Japon.

Elle passa d'Égypte en Grèce. Il y eut à Trézène un temple fort célèbre, dans lequel tout homme qui se parjurait mourait sur-le-champ d'apoplexie. Hippolyte, dans la tragédie de *Phèdre*, parle ainsi à sa maîtresse Aricie :

Aux portes de Trézène, et parmi ces tombeaux
Des princes de ma race antiques sépultures,
Est un temple sacré, formidable aux parjures.
C'est là que les mortels n'osent jurer en vain;
Le perfide y reçoit un châtiment soudain;
Et, craignant d'y trouver la mort inévitable,
Le mensonge n'a point de frein plus redoutable.

Le savant commentateur du grand Racine fait cette remarque sur les épreuves de Trézène :

« M. de La Motte a dit qu'Hippolyte devait proposer à son père de venir entendre sa justification dans ce temple où l'on n'osait jurer en vain. Il est vrai que Thésée n'aurait pu douter alors de l'innocence de ce jeune prince; mais il eût eu une preuve trop convaincante contre *la vertu* de Phèdre, et c'est ce qu'Hippolyte ne voulait pas faire. M. de La Motte aurait dû se défier un peu de son goût, en soupçonnant celui de Racine, qui semble avoir prévu son objection. En effet, Racine suppose que Thésée est si prévenu contre Hippolyte, qu'il ne veut pas même l'admettre à se justifier par serment. »

Je dois dire que la critique de La Motte est de feu M. le marquis de Lassai. Il la fit à table chez M. de La Faye, où j'étais avec feu M. de La Motte, qui promit qu'il en ferait usage; et, en effet, dans ses discours sur la tragédie [a], il fait honneur de cette critique à M. le marquis de Lassai. Cette réflexion me parut très judicieuse, ainsi qu'à M. de La Faye, et à tous les convives, qui étaient, excepté moi, les meilleurs connaisseurs de Paris. Mais nous convînmes tous que c'était Aricie qui devait demander à Thésée l'épreuve du temple de Trézène, d'autant plus que Thésée, immédiatement après, parle assez long-temps à cette princesse, laquelle oublie la seule chose qui pouvait éclairer le père et justifier le fils. Cet oubli me

[a] La Motte, tome IV, pag. 308.

paraît inexcusable. Ni M. de Lassai ni M. de La Motte ne devaient se défier de leur goût en cette occasion. C'est en vain que le commentateur objecte que Thésée a déclaré à son fils qu'il n'en croira point ses serments :

Toujours les scélérats ont recours au parjure.
Phèdre, IV, 2.

Il y a une prodigieuse différence entre un serment fait dans une chambre, et un serment dans un temple où les parjures sont punis d'une mort subite. Si Aricie avait dit un mot, Thésée n'avait aucune excuse de ne pas conduire Hippolyte dans ce temple; mais alors il n'y avait plus de catastrophe.

Hippolyte ne devait donc point parler de la vertu du temple de Trézène à son Aricie; il n'avait pas besoin de lui faire serment de l'aimer; elle en était assez persuadée. C'est une légère faute qui a échappé au tragique le plus sage, le plus élégant et le plus passionné que nous ayons eu.

Après cette petite digression, je reviens à la barbare folie des épreuves. Elle ne fut point reçue dans la république romaine. On ne peut regarder comme une des épreuves dont nous parlons l'usage de faire dépendre les grandes entreprises de la manière dont les poulets sacrés mangeaient des vesces. Il ne s'agit ici que des épreuves faites sur les hommes. On ne proposa jamais aux Manlius, aux Camille, aux Scipion, de se justifier en mettant la main dans de l'eau bouillante sans s'échauder.

Ces inepties barbares ne furent point admises sous les empereurs. Mais nos Tartares, qui vinrent détruire l'empire (car la plupart de ces déprédateurs étaient originaires de Tartarie), remplirent notre Europe de cette jurisprudence qu'ils tenaient des Perses. Elle ne fut point connue dans l'empire d'Orient jusqu'à Justinien, malgré la détestable superstition qui régnait alors; mais depuis ce temps les épreuves dont nous parlons y furent reçues. Cette manière de juger les hommes est si ancienne, qu'on la trouve établie chez les Juifs dans tous les temps.

Coré, Dathan et Abiron disputent le pontificat au grand-prêtre Aaron dans le désert; Moïse leur ordonne d'apporter deux cent cinquante encensoirs et leur dit que Dieu choisira entre leurs encensoirs et celui d'Aaron. A peine les révoltés eurent paru pour soutenir cette épreuve qu'ils furent engloutis dans la terre, et que le feu du ciel frappa deux cent cinquante de leurs principaux adhérents[a]; après quoi le Seigneur fit encore mourir quatorze mille sept cents hommes du parti. La querelle n'en continua pas moins entre les chefs d'Israël et Aaron pour le sacerdoce. On se servit alors de l'épreuve des verges : chacun présenta sa verge, et celle d'Aaron fut la seule qui fleurit.

Quand le peuple de Dieu eut fait tomber les murs de Jéricho au son des trompettes, il fut vaincu par les habitants du village de Haï. Cette défaite ne parut pas naturelle à Josué; il consulte le Seigneur, qui lui répondit qu'Israël avait péché, que quelqu'un s'était approprié une part de ce qui était dévoué à l'anathème dans Jéricho. En effet, tout le butin avait dû être brûlé avec les hommes, les femmes, les enfants, et les bêtes; et quiconque avait sauvé ou emporté quelque chose devait être exterminé[a]. Josué, pour découvrir le coupable, soumit toutes les tribus à l'épreuve du sort. Il tomba d'abord sur la tribu de Juda, ensuite sur la famille de Zaré, puis sur la maison où demeurait Zabdi, et enfin sur le petit-fils de Zabdi, nommé Achan.

L'Écriture n'explique pas comment ces tribus errantes avaient alors des maisons; elle ne dit pas non plus de quel sort on se servait : mais il est certain, par le texte, qu'Achan étant convaincu de s'être approprié une petite lame d'or, un manteau d'écarlate, et deux cents sicles d'argent, fut brûlé avec ses fils, ses brebis, ses bœufs, ses ânes et sa tente même, dans la vallée d'Achor.

La terre promise fut partagée au sort[b]. On tirait au sort les deux boucs d'expiation pour savoir lequel des deux serait offert en sacrifice[c], tandis qu'on enverrait l'autre au désert.

Quand il fallut élire Saül pour roi[d], on consulta le sort, qui désigna d'abord la tribu de Benjamin, la famille de Métri dans cette tribu, et ensuite Saül, fils de Cis, dans la famille de Métri.

Le sort tomba sur Jonathas, pour le punir d'avoir mangé un peu de miel au bout d'une verge[e].

Les matelots de Joppé jetèrent le sort pour apprendre de Dieu quelle était la cause de la tempête[f]. Le sort leur apprit que c'était Jonas, et ils le jetèrent dans la mer.

Toutes ces épreuves par le sort, qui n'étaient que des superstitions profanes chez les autres nations, étaient la voix de Dieu même chez le peuple chéri, et tellement la voix de Dieu que les apôtres tirèrent au sort la place de l'apôtre Judas[g]. Les deux concurrents étaient saint Mathias et Barsabas. La providence se déclara pour saint Mathias.

Le pape Honorius, troisième du nom, défendit, par une décrétale, que l'on se servît dorénavant de cette voie pour élire des évêques. Elle était assez commune : c'est ce que les païens ap-

[a] *Nombres*, ch. XVI.

[a] Josué, ch. VII.

[b] Josué, ch. XIV. — [c] *Lévit.*, ch. XVI. — [d] Liv. I des *Rois*, chapitre X. — [e] Liv. des *Rois*, ch. XIV, v. 42. — [f] Jonas, ch. I.

[g] *Actes des Apôtres*, ch. I.

pelaient *sortilegium*, sortilége. Caton dit dans la *Pharsale* (IX, 581) :

« Sortilegis egeant dubii. . . . . . »

Il y avait d'autres épreuves au nom du Seigneur chez les Juifs, comme les eaux de la jalousie*. Une femme soupçonnée d'adultère devait boire de cette eau mêlée avec de la cendre, et consacrée par le grand-prêtre. Si elle était coupable, elle enflait sur-le-champ, et mourait. C'est sur cette loi que tout l'Occident chrétien établit les épreuves dans les accusations juridiques, ne sachant pas que ce qui était ordonné par Dieu même dans l'ancien *Testament* n'était qu'une superstition absurde dans le nouveau.

Le duel fut une de ces épreuves, et elle a duré jusqu'au seizième siècle. Celui qui tuait son adversaire avait toujours raison.

La plus terrible de toutes était de porter, dans l'espace de neuf pas, une barre de fer ardent sans se brûler. Aussi l'histoire du moyen âge, quelque fabuleuse qu'elle soit, ne rapporte aucun exemple de cette épreuve, ni de celle qui consistait à marcher sur neuf coutres de charrue enflammés. On peut douter de toutes les autres, ou expliquer les tours de charlatans dont on se servait pour tromper les juges. Par exemple, il était très aisé de faire l'épreuve de l'eau bouillante impunément; on pouvait présenter un cuvier à moitié plein d'eau fraîche, et y verser juridiquement de la chaude, moyennant quoi l'accusé plongeait sa main dans l'eau tiède jusqu'au coude, et prenait au fond l'anneau bénit qu'on y jetait.

On pouvait faire bouillir de l'huile avec de l'eau; l'huile commence à s'élever, à jaillir, à paraître bouillonner quand l'eau commence à frémir; et cette huile n'a encore acquis que très peu de chaleur. On semble alors mettre sa main dans l'eau bouillante, et on l'humecte d'une huile qui la préserve.

Un champion peut très facilement s'être endurci jusqu'à tenir quelques secondes un anneau jeté dans le feu, sans qu'il reste de grandes marques de brûlure.

Passer entre deux feux sans se brûler n'est pas un grand tour d'adresse quand on passe fort vite, et qu'on s'est bien pommadé le visage et les mains. C'est ainsi qu'en usa ce terrible Pierre Aldobrandin, *Petrus Igneus* (supposé que ce conte soit vrai), quand il passa entre deux bûchers à Florence, pour démontrer, avec l'aide de Dieu, que son archevêque était un fripon et un débauché. Charlatans! charlatans! disparaissez de l'histoire.

C'était une plaisante épreuve que celle d'avaler un morceau de pain d'orge, qui devait étouffer son homme s'il était coupable. J'aime bien mieux Arlequin, que le juge interroge sur un vol dont le docteur Balouard l'accuse. Le juge était à table et buvait d'excellent vin quand Arlequin comparut; il prend la bouteille et le verre du juge; il vide la bouteille, et lui dit : Monsieur, je veux que ce vin-là me serve de poison si j'ai fait ce dont on m'accuse.

* *Nombres*, ch. V, v. 17.

ÉQUIVOQUE.

Faute de définir les termes, et surtout faute de netteté dans l'esprit, presque toutes les lois, qui devraient être claires comme l'arithmétique et la géométrie, sont obscures comme des logogriphes. La triste preuve en est que presque tous les procès sont fondés sur le sens des lois, entendues presque toujours différemment par les plaideurs, les avocats et les juges.

Tout le droit public de notre Europe eut pour origine des équivoques, à commencer par la loi salique. *Fille n'héritera point en terre salique;* mais qu'est-ce que terre salique? et fille n'héritera-t-elle point d'un argent comptant, d'un collier à elle légué, qui vaudra mieux que la terre?

Les citoyens de Rome saluent Karl, fils de Pepin-le-Bref l'Austrasien, du nom d'*imperator*. Entendaient-ils par là : Nous vous conférons tous les droits d'Octave, de Tibère, de Caligula, de Claude; nous vous donnons tout le pays qu'ils possédaient? Mais ils ne pouvaient le donner, puisque loin d'en être les maîtres, ils l'étaient à peine de leur ville. Jamais il n'y eut d'expression plus équivoque; et elle l'était tellement qu'elle l'est encore.

L'évêque de Rome, Léon III, qui, dit-on, déclara Charlemagne empereur, comprenait-il la force des termes qu'il prononçait? Les Allemands prétendent qu'il entendait que Charles serait son maître; la daterie a prétendu qu'il voulait dire qu'il serait maître de Charlemagne.

Les choses les plus respectables, les plus sacrées, les plus divines, n'ont-elles pas été obscurcies par les équivoques des langues?

On demande à deux chrétiens de quelle religion ils sont; l'un et l'autre répond : Je suis catholique. On les croit tous deux de la même communion : cependant l'un est de la grecque, l'autre de la latine, et tous deux irréconciliables. Si l'on veut s'éclaircir davantage, il se trouve que chacun d'eux entend par catholique *universel*, et qu'en ce cas *universel* a signifié *partie*.

L'âme de saint François est au ciel, est en paradis. Un de ces mots signifie l'*air*, l'autre veut dire *jardin*.

On se sert du mot *esprit* pour exprimer vent,

extrait, pensée, brandevin réctifié, apparition d'un corps mort.

L'équivoque a été tellement un vice nécessaire de toutes les langues formées par ce qu'on appelle le *hasard* et par l'habitude, que l'auteur même de toute clarté et de toute vérité daigna condescendre à la manière de parler de son peuple; c'est ce qui fait qu'*héloïm* signifie en quelques endroits des *juges*, d'autres fois des *dieux*, d'autres fois des *anges*.

« Tu es Pierre, et sur cette pierre je bâtirai » mon assemblée, » serait une équivoque dans une langue et dans un sujet profane; mais ces paroles reçoivent un sens divin de la bouche qui les prononce, et du sujet auquel elles sont appliquées.

« Je suis le Dieu d'Abraham, d'Isaac et de Ja» cob : or Dieu n'est pas le Dieu des morts, mais » des vivants. » Dans le sens ordinaire ces paroles pouvaient signifier : Je suis le même Dieu qu'ont adoré Abraham et Jacob, comme la terre qui a porté Abraham, Isaac et Jacob, porte aussi leurs descendants; le soleil qui luit aujourd'hui est le soleil qui éclairait Abraham, Isaac et Jacob; la loi de leurs enfants est leur loi. Et cela ne signifie pas qu'Abraham, Isaac et Jacob soient encore vivants. Mais quand c'est le Messie qui parle, il n'y a plus d'équivoque; le sens est aussi clair que divin. Il est évident qu'Abraham, Isaac et Jacob ne sont point au rang des morts, mais qu'ils vivent dans la gloire, puisque cet oracle est prononcé par le Messie; mais il fallait que ce fût lui qui le dît.

Les discours des prophètes juifs pouvaient être équivoques aux yeux des hommes grossiers qui n'en pénétraient pas le sens; mais ils ne le furent pas pour les esprits éclairés des lumières de la foi.

Tous les oracles de l'antiquité étaient équivoques : l'un prédit à Crésus qu'un puissant empire succombera; mais sera-ce le sien? sera-ce celui de Cyrus? L'autre dit à Pyrrhus que les Romains peuvent le vaincre, et qu'il peut vaincre les Romains. Il est impossible que cet oracle mente.

Lorsque Septime Sévère, Pescennius Niger et Clodius Albinus disputaient l'empire, l'oracle de Delphes consulté (malgré le jésuite Baltus, qui prétend que les oracles avaient cessé) répondit : « Le brun est fort bon, le blanc ne vaut rien, » l'africain est passable. » On voit qu'il y avait plus d'une manière d'expliquer un tel oracle.

Quand Aurélien consulta le dieu de Palmyre (et toujours malgré Baltus) le dieu dit que *les colombes craignent le faucon*. Quelque chose qui arrivât, le dieu se tirait d'affaire. Le faucon était le vainqueur, les colombes étaient les vaincus.

Quelquefois des souverains ont employé l'équivoque aussi bien que les dieux. Je ne sais quel tyran ayant juré à un captif de ne le pas tuer, ordonna qu'on ne lui donnât point à manger, disant qu'il lui avait promis de ne le pas faire mourir, mais non de contribuer à le faire vivre *.

ESCLAVES.

SECTION PREMIÈRE.

Pourquoi appelons-nous *esclaves* ceux que les Romains appelaient *servi*, et les Grecs δοῦλοι? L'étymologie est ici fort en défaut, et les Bochart ne pourront faire venir ce mot de l'hébreu.

Le plus ancien monument que nous ayons de ce nom d'*esclave* est le testament d'un Ermangaut, archevêque de Narbonne, qui lègue à l'évêque Frédelon son esclave Anaph, *Anaphum slavonium*. Cet Anaph était bien heureux d'appartenir à deux évêques de suite.

Il n'est pas hors de vraisemblance que les Slavons étant venus du fond du Nord, avec tant de peuples indigents et conquérants, piller ce que l'empire romain avait ravi aux nations, et surtout la Dalmatie et l'Illyrie, les Italiens aient appelé *schiavitù* le malheur de tomber entre leurs mains, et *schiavi* ceux qui étaient en captivité dans leurs nouveaux repaires.

Tout ce qu'on peut recueillir du fatras de l'histoire du moyen âge, c'est que du temps des Romains notre univers connu se divisait en hommes libres et en esclaves. Quand les Slavons, Alains, Huns, Hérules, Lombards, Ostrogoths, Visigoths, Vandales, Bourguignons, Francs, Normands, vinrent partager les dépouilles du monde, il n'y a pas d'apparence que la multitude des esclaves diminua; d'anciens maîtres se virent réduits à la servitude; le très petit nombre enchaîna le grand, comme on le voit dans les colonies où l'on emploie les nègres, et comme il se pratique en plus d'un genre.

Nous n'avons rien dans les anciens auteurs concernant les esclaves des Assyriens et des Égyptiens.

Le livre où il est le plus parlé d'esclaves est l'*Iliade*. D'abord la belle Chryséis est esclave chez Achille. Toutes les Troyennes, et surtout les princesses, craignent d'être esclaves des Grecs, et d'aller filer pour leurs femmes.

L'esclavage est aussi ancien que la guerre, et la guerre aussi ancienne que la nature humaine.

On était si accoutumé à cette dégradation de l'espèce, qu'Épictète, qui assurément valait mieux que son maître, n'est jamais étonné d'être esclave.

Aucun législateur de l'antiquité n'a tenté d'abroger la servitude; au contraire, les peuples les plus enthousiastes de la liberté, les Athéniens,

* Voyez l'article ABUS DES MOTS.

les Lacédémoniens, les Romains, les Carthaginois, furent ceux qui portèrent les lois les plus dures contre les serfs. Le droit de vie et de mort sur eux était un des principes de la société. Il faut avouer que, de toutes les guerres, celle de Spartacus est la plus juste, et peut-être la seule juste.

Qui croirait que les Juifs, formés, à ce qu'il semblait, pour servir toutes les nations tour à tour, eussent pourtant quelques esclaves aussi? Il est prononcé dans leurs lois[a] qu'ils pourront acheter leurs frères pour six ans, et les étrangers pour toujours. Il était dit que les enfants d'Ésaü devaient être les serfs des enfants de Jacob. Mais depuis, sous une autre économie, les Arabes, qui se disaient enfants d'Ésaü, réduisirent les enfants de Jacob à l'esclavage.

Les évangiles ne mettent pas dans la bouche de Jésus-Christ une seule parole qui rappelle le genre humain à sa liberté primitive, pour laquelle il semble né. Il n'est rien dit dans le nouveau *Testament* de cet état d'opprobre et de peine auquel la moitié du genre humain était condamnée; pas un mot dans les écrits des apôtres et des Pères de l'Église pour changer des bêtes de somme en citoyens, comme on commença à le faire parmi nous vers le treizième siècle. S'il est parlé de l'esclavage, c'est de l'esclavage du péché.

Il est difficile de bien comprendre comment, dans saint Jean[b], les Juifs peuvent dire à Jésus: « Nous n'avons jamais servi sous personne, » eux qui étaient alors sujets des Romains; eux qui avaient été vendus au marché, après la prise de Jérusalem; eux dont dix tribus, emmenées esclaves par Salmanazar, avaient disparu de la face de la terre, et dont deux autres tribus furent dans les fers des Babyloniens soixante et dix ans; eux, sept fois réduits en servitude dans leur terre promise, de leur propre aveu; eux qui dans tous leurs écrits parlaient de leur servitude en Égypte, dans cette Égypte qu'ils abhorraient, et où ils coururent en foule pour gagner quelque argent, dès qu'Alexandre daigna leur permettre de s'y établir. Le révérend P. dom Calmet dit qu'il faut entendre ici une *servitude intrinsèque*, ce qui n'est pas moins difficile à comprendre.

L'Italie, les Gaules, l'Espagne, une partie de l'Allemagne, étaient habitées par des étrangers devenus maîtres, et par des natifs devenus serfs. Quand l'évêque de Séville Opas et le comte Julien appelèrent les Maures mahométans contre les rois chrétiens visigoths qui régnaient delà les Pyrénées, les mahométans, selon leur coutume, proposèrent au peuple de se faire circoncire, ou de se battre, ou de payer en tribut de l'argent et des filles. Le roi Roderic fut vaincu: il n'y eut d'esclaves que ceux qui furent pris à la guerre; les colons gardèrent leurs biens et leur religion en payant. C'est ainsi que les Turcs en usèrent depuis en Grèce. Mais ils imposèrent aux Grecs un tribut de leurs enfants, les mâles pour être circoncis, et pour servir d'icoglans et de janissaires; les filles, pour être élevées dans les sérails. Ce tribut fut depuis racheté à prix d'argent. Les Turcs n'ont plus guère d'esclaves pour le service intérieur des maisons que ceux qu'ils achètent des Circassiens, des Mingréliens, et des Petits-Tartares.

Entre les Africains musulmans et les Européans chrétiens, la coutume de piller, de faire esclave tout ce qu'on rencontre sur mer a toujours subsisté. Ce sont des oiseaux de proie qui fondent les uns sur les autres. Algériens, Marocains, Tunisiens, vivent de piraterie. Les religieux de Malte, successeurs des religieux de Rhodes, jurent de piller et d'enchaîner tout ce qu'ils trouveront de musulmans. Les galères du pape vont prendre des Algériens, ou sont prises sur les côtes septentrionales d'Afrique. Ceux qui se disent blancs vont acheter des nègres à bon marché, pour les revendre cher en Amérique. Les Pensylvaniens seuls ont renoncé depuis peu solennellement à ce trafic, qui leur a paru malhonnête.

SECTION II.

J'ai lu depuis peu au mont Krapack, où l'on sait que je demeure, un livre fait à Paris, plein d'esprit, de paradoxes, de vues et de courage, tel à quelques égards que ceux de Montesquieu, et écrit contre Montesquieu[1]. Dans ce livre on préfère hautement l'esclavage à la domesticité, et surtout à l'état libre de manœuvre. On y plaint le sort de ces malheureux hommes libres, qui peuvent gagner leur vie où ils veulent, par le travail pour lequel l'homme est né, et qui est le gardien de l'innocence comme le consolateur de la vie. Personne, dit l'auteur, n'est chargé de les nourrir, de les secourir; au lieu que les esclaves étaient nourris et soignés par leurs maîtres ainsi que leurs chevaux. Cela est vrai; mais l'espèce humaine aime mieux se pourvoir que dépendre; et les chevaux nés dans les forêts les préfèrent aux écuries.

Il remarque, avec raison, que les ouvriers perdent beaucoup de journées, dans lesquelles il leur est défendu de gagner leur vie; mais ce n'est point parce qu'ils sont libres, c'est parce que nous avons quelques lois ridicules et beaucoup trop de fêtes.

[a] *Exode*, ch. XXI; *Lévitique*, ch. XXV, etc.; *Genèse*, chapitres XXVII, XXXII.

[b] Chap. VIII.

[1] *Théories des lois civiles*, par M. Linguet, K.

Il dit très justement que ce n'est pas la charité chrétienne qui a brisé les chaînes de la servitude, puisque cette charité les a resserrées pendant plus de douze siècles[a]; et il pouvait encore ajouter que chez les chrétiens, les moines mêmes, tout charitables qu'ils sont, possèdent encore des esclaves réduits à un état affreux, sous le nom de *mortaillables*, de *mainmortables*, de *serfs de glèbe*.

Il affirme, ce qui est très vrai, que les princes chrétiens n'affranchirent les serfs que par avarice. C'est en effet pour avoir l'argent amassé par ces malheureux qu'ils leur signèrent des patentes de manumission; ils ne leur donnèrent pas la liberté, ils la vendirent. L'empereur Henri v commença; il affranchit les serfs de Spire et de Vorms au douzième siècle. Les rois de France l'imitèrent. Cela prouve de quel prix est la liberté, puisque ces hommes grossiers l'achetèrent très chèrement.

Enfin, c'est aux hommes sur l'état desquels on dispute à décider quel est l'état qu'ils préfèrent. Interrogez le plus vil manœuvre, couvert de haillons, nourri de pain noir, dormant sur la paille dans une hutte entr'ouverte; demandez-lui s'il voudrait être esclave, mieux nourri, mieux vêtu, mieux couché; non seulement il répondra en reculant d'horreur, mais il en est à qui vous n'oseriez en faire la proposition.

Demandez ensuite à un esclave s'il desirerait d'être affranchi, et vous verrez ce qu'il vous répondra. Par cela seul la question est décidée [1].

Considérez encore que le manœuvre peut devenir fermier, et de fermier propriétaire. Il peut même, en France, parvenir à être conseiller du roi, s'il a gagné du bien. Il peut être, en Angleterre, franc-tenancier, nommer un député au parlement; en Suède, devenir lui-même un membre des états de la nation. Ces perspectives valent bien celle de mourir abandonné dans le coin d'une étable de son maître.

SECTION III.

Puffendorf dit[b] que l'esclavage a été établi « par » un libre consentement des parties, et par un » contrat de faire afin qu'on nous donne. »

Je ne croirai Puffendorf que quand il m'aura montré le premier contrat.

Grotius demande si un homme fait captif à la guerre a le droit de s'enfuir (et remarquez qu'il ne parle pas d'un prisonnier sur sa parole d'honneur). Il décide qu'il n'a pas ce droit. Que ne dit-il aussi qu'ayant été blessé il n'a pas le droit de se faire panser? La nature décide contre Grotius.

Voici ce qu'avance l'auteur de l'*Esprit des Lois*[a], après avoir peint l'esclavage des Nègres avec le pinceau de Molière:

« M. Perry dit que les Moscovites se vendent » aisément; j'en sais bien la raison, c'est que leur » liberté ne vaut rien. »

Le capitaine Jean Perry, Anglais, qui écrivait en 1714 l'*État présent de la Russie*, ne dit pas un mot de ce que l'*Esprit des Lois* lui fait dire. Il n'y a dans Perry que quelques lignes touchant l'esclavage des Russes; les voici: « Le czar a or- » donné que, dans tous ses états, personne à l'a- » venir ne se dirait son golup ou esclave, mais » seulement raab, qui signifie *sujet*. Il est vrai » que ce peuple n'en a tiré aucun avantage réel, » car il est encore aujourd'hui effectivement es- » clave[b]. »

L'auteur de l'*Esprit des Lois* ajoute que, suivant le récit de Guillaume Dampier, « tout le » monde cherche à se vendre dans le royaume » d'Achem. » Ce serait là un étrange commerce. Je n'ai rien vu dans le *Voyage de Dampier* qui approche d'une pareille idée. C'est dommage qu'un homme qui avait tant d'esprit ait hasardé tant de choses, et cité faux tant de fois[c].

SECTION IV.

Serfs de corps, serfs de glèbe, mainmorte, etc.

On dit communément qu'il n'y a plus d'esclaves en France, que c'est le royaume des Francs; qu'esclave et franc sont contradictoires; qu'on y est si franc, que plusieurs financiers y sont morts en dernier lieu avec plus de trente millions de francs acquis aux dépens des descendants des anciens Francs, s'il y en a. Heureuse la nation française d'être si franche! Cependant, comment accorder tant de liberté avec tant d'espèces de servitudes, comme, par exemple, celle de la mainmorte?

Plus d'une belle dame à Paris, bien brillante dans une loge de l'Opéra, ignore qu'elle descend d'une famille de Bourgogne, ou du Bourbonnais, ou de la Franche-Comté, ou de la Marche, ou de l'Auvergne, et que sa famille est encore esclave mortaillable, mainmortable.

De ces esclaves, les uns sont obligés de travailler trois jours de la semaine pour leur seigneur, les autres, deux. S'ils meurent sans enfants, leur

[a] Voyez la section III.

[1] Il est très possible qu'un homme préfère l'esclavage à la misère; mais cette alternative n'est pas une condition nécessaire de la vie humaine. D'ailleurs on est souvent à la fois esclave et misérable. K.

[b] Liv. VI, ch. III.

[a] Liv. XV, ch. VI.

[b] Page 228, édition d'Amsterdam, 1717.

[c] Voyez à l'article LOIS les grands changements faits depuis en Russie. Voyez aussi quelques méprises de Montesquieu.

bien appartient à ce seigneur; s'ils laissent des enfants, le seigneur prend seulement les plus beaux bestiaux, les meilleurs meubles à son choix, dans plus d'une coutume. Dans d'autres coutumes, si le fils de l'esclave mainmortable n'est pas dans la maison de l'esclavage paternel depuis un an et un jour à la mort du père, il perd tout son bien, et il demeure encore esclave; c'est-à-dire que, s'il gagne quelque bien par son industrie, ce pécule à sa mort appartiendra au seigneur.

Voici bien mieux: un bon Parisien va voir ses parents en Bourgogne ou en Franche-Comté, il demeure un an et un jour dans une maison mainmortable, et s'en retourne à Paris; tous ses biens, en quelque endroit qu'ils soient situés, appartiendront au seigneur foncier, en cas que cet homme meure sans laisser de lignée.

On demande, à ce propos, comment la comté de Bourgogne eut le sobriquet de *franche* avec une telle servitude. C'est sans doute comme les Grecs donnèrent aux furies le nom d'Euménides, *bons cœurs*.

Mais le plus curieux, le plus consolant de toute cette jurisprudence, c'est que les moines sont seigneurs de la moitié des terres mainmortables.

Si par hasard un prince du sang, ou un ministre d'état, ou un chancelier, ou quelqu'un de leurs secrétaires, jetait les yeux sur cet article, il serait bon que dans l'occasion il se ressouvînt que le roi de France déclare à la nation, dans son ordonnance du 18 mai 1731, que « les moines et » les bénéficiers possèdent plus de la moitié des » biens de la Franche-Comté. »

Le marquis d'Argenson, dans le *Droit public ecclésiastique*, auquel il eut la meilleure part, dit qu'en Artois, de dix-huit charrues, les moines en ont treize.

On appelle les moines eux-mêmes *gens de mainmorte*, et ils ont des esclaves. Renvoyons cette possession monacale au chapitre des contradictions.

Quand nous avons fait quelques remontrances modestes sur cette étrange tyrannie de gens qui ont juré à Dieu d'être pauvres et humbles, on nous a répondu: Il y a six cents ans qu'ils jouissent de ce droit; comment les en dépouiller? Nous avons répliqué humblement: Il y a trente ou quarante mille ans, plus ou moins, que les fouines sont en possession de manger nos poulets; mais on nous accorde la permission de les détruire quand nous les rencontrons.

N. B. C'est un péché mortel dans un chartreux de manger une demi-once de mouton; mais il peut en sûreté de conscience manger la substance de toute une famille. J'ai vu les chartreux de mon voisinage hériter cent mille écus d'un de leurs esclaves mainmortables, lequel avait fait cette fortune à Francfort par son commerce. Il est vrai que la famille dépouillée a eu la permission de venir demander l'aumône à la porte du couvent, car il faut tout dire.

Disons donc que les moines ont encore cinquante ou soixante mille esclaves mainmortables dans le royaume des Francs. On n'a pas pensé jusqu'à présent à réformer cette jurisprudence chrétienne qu'on vient d'abolir dans les états du roi de Sardaigne; mais on y pensera. Attendons seulement quelques siècles, quand les dettes de l'état seront payées.

ESPACE.

Qu'est-ce que l'espace? *Il n'y a point d'espace, point de vide*, disait Leibnitz après avoir admis le vide: mais quand il l'admettait, il n'était pas encore brouillé avec Newton; il ne lui disputait pas encore le calcul des fluxions, dont Newton était l'inventeur. Quand leur dispute eut éclaté, il n'y eut plus de vide, plus d'espace pour Leibnitz.

Heureusement, quelque chose que disent les philosophes sur ces questions insolubles, que l'on soit pour Épicure, pour Gassendi, pour Newton, ou pour Descartes et Rohault, les règles du mouvement seront toujours les mêmes; tous les arts mécaniques seront exercés, soit dans l'espace pur, soit dans l'espace matériel.

> Que Rohault vainement sèche pour concevoir
> Comment, tout étant plein, tout a pu se mouvoir;
> BOILEAU, Ép. V, 31, 32.

cela n'empêchera pas que nos vaisseaux n'aillent aux Indes, et que tous les mouvements ne s'exécutent avec régularité, tandis que Rohault séchera. L'espace pur, dites-vous, ne peut être ni matière ni esprit; or il n'y a dans le monde que matière et esprit; donc il n'y a point d'espace.

Eh! messieurs, qui nous a dit qu'il n'y a que matière et esprit, à nous qui connaissons si imparfaitement l'un et l'autre? Voilà une plaisante décision: « Il ne peut être dans la nature que deux » choses, lesquelles nous ne connaissons pas. » Du moins Montézume raisonnait plus juste dans la tragédie anglaise de Dryden: « Que venez-vous » me dire au nom de l'empereur Charles-Quint? » il n'y a que deux empereurs dans le monde, ce» lui du Pérou et moi. » Montézume parlait de deux choses qu'il connaissait; mais nous autres nous parlons de deux choses dont nous n'avons aucune idée nette.

Nous sommes de plaisants atômes: nous faisons Dieu un esprit à la mode du nôtre; et parce que nous appelons *esprit* la faculté que l'Être suprême, universel, éternel, tout-puissant, nous a donnée de combiner quelques idées dans notre petit cerveau large de six doigts tout au plus, nous nous imaginons que Dieu est un esprit de cette même sorte. Toujours Dieu à notre image, bonnes gens!

Mais, s'il y avait des millions d'êtres qui fussent tout autre chose que notre matière, dont nous ne connaissons que les apparences, et tout autre chose que notre esprit, notre souffle idéal, dont nous ne savons précisément rien du tout? et qui pourra m'assurer que ces millions d'êtres n'existent pas? et qui pourra soupçonner que Dieu, démontré existant par ses effets, n'est pas infiniment différent de tous ces êtres-là, et que l'espace n'est pas un de ces êtres?

Nous sommes bien loin de dire avec Lucrèce :

« Ergo, præter inane et corpora, tertia per se
» Nulla potest rerum in numero natura referri. »

Hors le corps et le vide il n'est rien dans le monde.

Mais oserons-nous croire avec lui que l'espace infini existe?

A-t-on jamais pu répondre à son argument : « Lancez une flèche des bornes du monde, tombera-t-elle dans le rien, dans le néant? »

Clarke, qui parlait au nom de Newton, prétend que « l'espace a des propriétés, qu'il est » étendu, qu'il est mesurable; donc il existe; » mais si on lui répond qu'on met quelque chose là où il n'y avait rien, que répliqueront Newton et Clarke?

Newton regarde l'espace comme le *sensorium* de Dieu. J'ai cru entendre ce grand mot autrefois, car j'étais jeune; à présent je ne l'entends pas plus que ses explications de l'Apocalypse. L'espace *sensorium* de Dieu, l'organe intérieur de Dieu! je m'y perds, et lui aussi. Il crut, au rapport de Locke *, qu'on pouvait expliquer la création en supposant que Dieu, par un acte de sa volonté et de son pouvoir, avait rendu l'espace impénétrable. Il est triste qu'un génie tel que Newton ait dit des choses si inintelligibles.

ESPRIT.

SECTION PREMIÈRE.

On consultait un homme qui avait quelque connaissance du cœur humain sur une tragédie qu'on devait représenter : il répondit qu'il y avait tant d'esprit dans cette pièce, qu'il doutait de son succès. Quoi! dira-t-on, est-ce là un défaut, dans un temps où tout le monde veut avoir de l'esprit, où l'on écrit pour montrer qu'on en a, où le public applaudit même aux pensées les plus fausses quand elles sont brillantes? Oui, sans doute, on applaudira le premier jour, et on s'ennuiera le second.

Ce qu'on appelle esprit est tantôt une comparaison nouvelle, tantôt une allusion fine : ici l'abus d'un mot qu'on présente dans un sens, et qu'on laisse entendre dans un autre; là un rapport délicat entre deux idées peu communes : c'est une métaphore singulière; c'est une recherche de ce qu'un objet ne présente pas d'abord, mais de ce qui est en effet dans lui; c'est l'art ou de réunir deux choses éloignées, ou de diviser deux choses qui paraissent se joindre, ou de les opposer l'une à l'autre; c'est celui de ne dire qu'à moitié sa pensée pour la laisser deviner. Enfin, je vous parlerais de toutes les différentes façons de montrer de l'esprit, si j'en avais davantage; mais tous ces brillants (et je ne parle pas des faux brillants) ne conviennent point ou conviennent fort rarement à un ouvrage sérieux et qui doit intéresser. La raison en est qu'alors c'est l'auteur qui paraît, et que le public ne veut voir que le héros. Or ce héros est toujours ou dans la passion ou en danger. Le danger et les passions ne cherchent point l'esprit. Priam et Hécube ne font point d'épigrammes quand leurs enfants sont égorgés dans Troie embrasée. Didon ne soupire point en madrigaux en volant au bûcher sur lequel elle va s'immoler. Démosthène n'a point de jolies pensées quand il anime les Athéniens à la guerre; s'il en avait, il serait un rhéteur, et il est un homme d'état.

L'art de l'admirable Racine est bien au-dessus de ce qu'on appelle *esprit*; mais si Pyrrhus s'exprimait toujours dans ce style :

Vaincu, chargé de fers, de regrets consumé,
Brûlé de plus de feux que je n'en allumai. . . . . . .
Hélas! fus-je jamais si cruel que vous l'êtes?
Andromaque, I, 4.

si Oreste continuait toujours à dire que *les Scythes sont moins cruels qu'Hermione*, ces deux personnages ne toucheraient point du tout : on s'apercevrait que la vraie passion s'occupe rarement de pareilles comparaisons, et qu'il y a peu de proportion entre les feux réels dont Troie fut consumée, et les feux de l'amour de Pyrrhus; entre les Scythes qui immolent des hommes, et Hermione qui n'aima point Oreste. Cinna (II, I) dit en parlant de Pompée :

Il (le ciel) a choisi sa mort pour servir dignement
D'une marque éternelle à ce grand changement;
Et devait cette gloire aux mânes d'un tel homme,
D'emporter avec eux la liberté de Rome.

Cette pensée a un très grand éclat : il y a là beaucoup d'esprit, et même un air de grandeur

* Cette anecdote est rapportée par le traducteur de l'*Essai sur l'entendement humain*, tome IV, page 175. — Le traducteur de Locke est Coste.

qui impose. Je suis sûr que ces vers, prononcés avec l'enthousiasme et l'art d'un bon acteur, seront applaudis ; mais je suis sûr que la pièce de *Cinna*, écrite toute dans ce goût, n'aurait jamais été jouée long-temps. En effet, pourquoi le ciel devait-il faire l'honneur à Pompée de rendre les Romains esclaves après sa mort? Le contraire serait plus vrai : les mânes de Pompée devraient plutôt obtenir du ciel le maintien éternel de cette liberté pour laquelle on suppose qu'il combattit et qu'il mourut.

Que serait-ce donc qu'un ouvrage rempli de pensées recherchées et problématiques? Combien sont supérieurs à toutes ces idées brillantes ces vers simples et naturels.

Cinna, tu t'en souviens, et veux m'assassiner !

. . . .

Soyons amis, Cinna, c'est moi qui t'en convie.

Ce n'est pas ce qu'on appelle *esprit*, c'est le sublime et le simple qui font la vraie beauté.

Que, dans *Rodogune*, Antiochus dise de sa maîtresse, qui le quitte après lui avoir indignement proposé de tuer sa mère :

Elle fuit, mais en Parthe, en nous perçant le cœur,

Antiochus a de l'esprit; c'est faire une épigramme contre Rodogune; c'est comparer ingénieusement les dernières paroles qu'elle dit en s'en allant, aux flèches que les Parthes lançaient en fuyant : mais ce n'est point parce que sa maîtresse s'en va que la proposition de tuer sa mère est révoltante; qu'elle sorte, ou qu'elle demeure, Antiochus a également le cœur percé. L'épigramme est donc fausse; et si Rodogune ne sortait pas, cette mauvaise épigramme ne pouvait plus trouver place.

Je choisis exprès ces exemples dans les meilleurs auteurs, afin qu'ils soient plus frappants. Je ne relève pas dans eux les pointes et les jeux de mots dont on sent le faux aisément : il n'y a personne qui ne rie quand, dans la tragédie de la *Toison d'or*, Hypsipyle dit à Médée (III, 4), en fesant allusion à ses sortiléges :

Je n'ai que des attraits et vous avez des charmes.

Corneille trouva le théâtre et tous les genres de littérature infectés de ces puérilités, qu'il se permit rarement. Je ne veux parler ici que de ces traits d'esprit qui seraient admis ailleurs, et que le genre sérieux réprouve. On pourrait appliquer à leurs auteurs ce mot de Plutarque, traduit avec cette heureuse naïveté d'Amyot : « Tu » tiens sans propos beaucoup de bons propos. »

Il me revient dans la mémoire un des traits brillants que j'ai vu citer comme un modèle dans beaucoup d'ouvrages de goût, et même dans le *Traité des Études* de feu M. Rollin. Ce morceau est tiré de la belle Oraison funèbre du grand Turenne, composée par Fléchier. Il est vrai que dans cette oraison Fléchier égala presque le sublime Bossuet, que j'ai appelé et que j'appelle encore *le seul homme éloquent* parmi tant d'écrivains élégants ; mais il me semble que le trait dont je parle n'eût pas été employé par l'évêque de Meaux. Le voici :

« Puissances ennemies de la France, vous vivez, » et l'esprit de la charité chrétienne m'interdit de » faire aucun souhait pour votre mort, etc. Mais » vous vivez, et je plains en cette chaire un sage » et vertueux capitaine, dont les intentions étaient » pures, etc. »

Une apostrophe dans ce goût eût été convenable à Rome, dans la guerre civile, après l'assassinat de Pompée, ou dans Londres, après le meurtre de Charles Ier, parce qu'en effet il s'agissait des intérêts de Pompée et de Charles Ier. Mais est-il décent de souhaiter adroitement en chaire la mort de l'empereur, du roi d'Espagne et des électeurs, et de mettre en balance avec eux le général d'armée d'un roi leur ennemi? Les intentions d'un capitaine, qui ne peuvent être que de servir son prince, doivent-elles être comparées avec les intérêts politiques des têtes couronnées contre lesquelles il servait? Que dirait-on d'un Allemand qui eût souhaité la mort au roi de France, à propos de la perte du général Merci, dont les intentions étaient pures [a]? Pourquoi donc ce passage a-t-il toujours été loué par tous les rhéteurs? C'est que la figure est en elle-même belle et pathétique; mais ils n'examinaient point le fond et la convenance de la pensée. Plutarque eût dit à Fléchier : « Tu as tenu sans propos un très beau propos. »

Je reviens à mon paradoxe, que tous ces brillants, auxquels on donne le nom d'esprit, ne doivent point trouver place dans les grands ouvrages faits pour instruire ou pour toucher. Je dirai même qu'ils doivent être bannis de l'opéra. La musique exprime les passions, les sentiments, les images; mais où sont les accords qui peuvent rendre une épigramme? Quinault était quelquefois négligé, mais il était toujours naturel.

De tous nos opéras, celui qui est le plus orné, ou plutôt accablé de cet esprit épigrammatique, est le ballet du *Triomphe des Arts*, composé par un homme aimable [1], qui pensa toujours finement, et qui s'exprima de même ; mais qui, par l'abus de ce talent, contribua un peu à la décadence des lettres, après les beaux jours de Louis XIV. Dans

[a] Fléchier avait tiré mot pour mot la moitié de cette oraison funèbre du maréchal de Turenne de celle que l'évêque de Grenoble Lingendes avait faite d'un duc de Savoie. Or ce morceau, qui était convenable pour un souverain, ne l'est pas pour un sujet.

[1] La Motte. K.

ce ballet, où Pygmalion anime sa statue, il lui dit (v, 4) :

Vos premiers mouvements ont été de m'aimer.

Je me souviens d'avoir entendu admirer ce vers dans ma jeunesse par quelques personnes. Qui ne voit que les mouvements du corps de la statue sont ici confondus avec les mouvements du cœur, et que dans aucun sens la phrase n'est française; que c'est en effet une pointe, une plaisanterie? Comment se pouvait-il faire qu'un homme qui avait tant d'esprit n'en eût pas assez pour retrancher ces fautes éblouissantes? Ce même homme, qui méprisait Homère et qui le traduisit, qui en le traduisant crut le corriger, et en l'abrégeant crut le faire lire, s'avise de donner de l'esprit à Homère. C'est lui qui, en fesant reparaître Achille réconcilié avec les Grecs, prêts à le venger, fait crier à tout le camp (*Iliade,* IX) :

Que ne vaincra-t-il point? il s'est vaincu lui-même.

Il faut être bien amoureux du bel esprit pour faire dire une pointe à cinquante mille hommes.

Ces jeux de l'imagination, ces finesses, ces tours, ces traits saillants, ces gaietés, ces petites sentences coupées, ces familiarités ingénieuses qu'on prodigue aujourd'hui, ne conviennent qu'aux petits ouvrages de pur agrément. La façade du Louvre de Perrault est simple et majestueuse : un cabinet peut recevoir avec grâce de petits ornements. Ayez autant d'esprit que vous voudrez, ou que vous pourrez, dans un madrigal, dans des vers légers, dans une scène de comédie qui ne sera ni passionnée, ni naïve, dans un compliment, dans un petit roman, dans une lettre, où vous vous égaierez pour égayer vos amis.

Loin que j'aie reproché à Voiture d'avoir mis de l'esprit dans ses lettres, j'ai trouvé, au contraire, qu'il n'en avait pas assez, quoiqu'il le cherchât toujours. On dit que les maîtres à danser font mal la révérence, parce qu'ils la veulent trop bien faire. J'ai cru que Voiture était souvent dans ce cas : ses meilleures lettres sont étudiées; on sent qu'il se fatigue pour trouver ce qui se présente si naturellement au comte Antoine Hamilton, à madame de Sévigné, et à tant d'autres dames qui écrivent sans efforts ces bagatelles mieux que Voiture ne les écrivait avec peine. Despréaux, qui avait osé comparer Voiture à Horace dans ses premières satires, changea d'avis quand son goût fut mûri par l'âge. Je sais qu'il importe très peu aux affaires de ce monde que Voiture soit ou ne soit pas un grand génie, qu'il ait fait seulement quelques jolies lettres, ou que toutes ses plaisanteries soient des modèles ; mais pour nous autres, qui cultivons les arts et qui les aimons, nous portons une vue attentive sur ce qui est assez indifférent au reste du monde. Le bon goût est pour nous en littérature ce qu'il est pour les femmes en ajustement; et pourvu qu'on ne fasse pas de son opinion une affaire de parti, il me semble qu'on peut dire hardiment qu'il y a dans Voiture peu de choses excellentes, et que Marot serait aisément réduit à peu de pages.

Ce n'est pas qu'on veuille leur ôter leur réputation ; c'est au contraire qu'on veut savoir bien au juste ce qui leur a valu cette réputation qu'on respecte, et quelles sont les vraies beautés qui ont fait passer leurs défauts. Il faut savoir ce qu'on doit suivre, et ce qu'on doit éviter; c'est là le véritable fruit d'une étude approfondie des belles-lettres ; c'est ce que fesait Horace quand il examinait Lucilius en critique. Horace se fit par là des ennemis ; mais il éclaira ses ennemis mêmes.

Cette envie de briller et de dire d'une manière nouvelle ce que les autres ont dit, est la source des expressions nouvelles, comme des pensées recherchées. Qui ne peut briller par une pensée, veut se faire remarquer par un mot. Voilà pourquoi on a voulu en dernier lieu substituer *amabilités* au mot d'*agréments*, *négligemment* à *négligence*, *badiner les amours* à *badiner avec les amours*. On a cent autres affectations de cette espèce. Si on continuait ainsi, la langue des Bossuet, des Racine, des Pascal, des Corneille, des Boileau, des Fénelon, deviendrait bientôt surannée. Pourquoi éviter une expression qui est d'usage, pour en introduire une qui dit précisément la même chose? Un mot nouveau n'est pardonnable que quand il est absolument nécessaire, intelligible et sonore. On est obligé d'en créer en physique; une nouvelle découverte, une nouvelle machine, exigent un nouveau mot; mais fait-on de nouvelles découvertes dans le cœur humain? Y a-t-il une autre grandeur que celle de Corneille et de Bossuet? Y a-t-il d'autres passions que celles qui ont été maniées par Racine, effleurées par Quinault? Y a-t-il une autre morale évangélique que celle du P. Bourdaloue?

Ceux qui accusent notre langue de n'être pas assez féconde doivent en effet trouver de la stérilité, mais c'est dans eux-mêmes. *Rem verba sequuntur* [1] : quand on est bien pénétré d'une idée, quand un esprit juste et plein de chaleur possède bien sa pensée, elle sort de son cerveau tout ornée des expressions convenables, comme Minerve sortit tout armée du cerveau de Jupiter. Enfin la conclusion de tout ceci est qu'il ne faut rechercher ni les pensées, ni les tours, ni les expressions; et que l'art dans tous les grands ouvrages

[1] Horace, *Art poét.*, 311.

est de bien raisonner sans trop faire d'arguments, de bien peindre sans vouloir tout peindre, d'émouvoir sans vouloir toujours exciter les passions. Je donne ici de beaux conseils, sans doute. Les ai-je pris pour moi-même? Hélas! non.

« Pauci, quos æquus amavit
» Jupiter, aut ardens evexit ad æthera virtus,
» Dis geniti, potuere [1]. »

SECTION II.

Le mot *esprit*, quand il signifie *une qualité de l'âme*, est un de ces termes vagues auxquels tous ceux qui les prononcent attachent presque toujours des sens différents : il exprime autre chose que jugement, génie, goût, talent, pénétration, étendue, grâce, finesse; et il doit tenir de tous ces mérites : on pourrait le définir, *raison ingénieuse*.

C'est un mot générique qui a toujours besoin d'un autre mot qui le détermine; et quand on dit: *Voilà un ouvrage plein d'esprit, un homme qui a de l'esprit*, on a grande raison de demander duquel. L'esprit sublime de Corneille n'est ni l'esprit exact de Boileau, ni l'esprit naïf de La Fontaine; et l'esprit de La Bruyère, qui est l'art de peindre singulièrement, n'est point celui de Malebranche, qui est de l'imagination avec de la profondeur.

Quand on dit qu'un homme a un *esprit judicieux*, on entend moins qu'il a ce qu'on appelle de l'esprit, qu'une raison épurée. Un esprit ferme, mâle, courageux, grand, petit, faible, léger, doux, emporté, etc., signifie *le caractère et la trempe de l'âme*, et n'a point de rapport à ce qu'on entend dans la société par cette expression, *avoir de l'esprit*.

L'esprit, dans l'acception ordinaire de ce mot, tient beaucoup du bel esprit, et cependant ne signifie pas précisément la même chose; car jamais ce terme *homme d'esprit* ne peut être pris en mauvaise part, et *bel esprit* est quelquefois prononcé ironiquement.

D'où vient cette différence? C'est qu'*homme d'esprit* ne signifie pas *esprit supérieur*, *talent marqué*, et que *bel esprit* le signifie. Ce mot *homme d'esprit* n'annonce point de prétention, et le *bel esprit* est une affiche : c'est un art qui demande de la culture; c'est une espèce de profession, et qui par là expose à l'envie et au ridicule.

C'est en ce sens que le P. Bouhours aurait eu raison de faire entendre, d'après le cardinal Du Perron, que les Allemands ne prétendaient pas à l'esprit, parce qu'alors leurs savants ne s'occupaient guère que d'ouvrages laborieux et de pénibles recherches, qui ne permettaient pas qu'on y répandît des fleurs, qu'on s'efforçât de briller, et que le bel esprit se mêlât au savant.

Ceux qui méprisent le génie d'Aristote, au lieu de s'en tenir à condamner sa physique, qui ne pouvait être bonne étant privée d'expériences, seraient bien étonnés de voir qu'Aristote a enseigné parfaitement, dans sa Rhétorique, la manière de dire les choses avec esprit : il dit que cet art consiste à ne se pas servir simplement du mot propre qui ne dit rien de nouveau; mais qu'il faut employer une métaphore, une figure, dont le sens soit clair et l'expression énergique; il en apporte plusieurs exemples, et entre autres ce que dit Périclès d'une bataille où la plus florissante jeunesse d'Athènes avait péri : *L'année a été dépouillée de son printemps*.

Aristote a bien raison de dire qu'il faut du nouveau.

Le premier qui, pour exprimer que les plaisirs sont mêlés d'amertume, les regarda comme des roses accompagnées d'épines, eut de l'esprit; ceux qui le répétèrent n'en eurent point.

Ce n'est pas toujours par une métaphore qu'on s'exprime spirituellement : c'est par un tour nouveau; c'est en laissant deviner sans peine une partie de sa pensée : c'est ce qu'on appelle *finesse*, *délicatesse*; et cette manière est d'autant plus agréable, qu'elle exerce et qu'elle fait valoir l'esprit des autres.

Les allusions, les allégories, les comparaisons, sont un champ vaste de pensées ingénieuses; les effets de la nature, la fable, l'histoire, présentés à la mémoire, fournissent à une imagination heureuse des traits qu'elle emploie à propos.

Il ne sera pas inutile de donner des exemples de ces différents genres. Voici un madrigal de M. de La Sablière, qui a toujours été estimé des gens de goût :

Églé tremble que dans ce jour
L'Hymen, plus puissant que l'Amour,
N'enlève ses trésors sans qu'elle ose s'en plaindre.
Elle a négligé mes avis;
Si la belle les eût suivis,
Elle n'aurait plus rien à craindre.

L'auteur ne pouvait, ce semble, ni mieux cacher ni mieux faire entendre ce qu'il pensait et ce qu'il craignait d'exprimer.

Le madrigal suivant paraît plus brillant et plus agréable; c'est une allusion à la fable :

Vous êtes belle, et votre sœur est belle;
Entre vous deux tout choix serait bien doux :
L'Amour était blond comme vous;
Mais il aimait une brune comme elle.

En voici encore un autre fort ancien. Il est de Bertaut, évêque de Séez, et paraît au-dessus des

[1] Virgile, Æn., VI, 129 et suiv.

deux autres, parce qu'il réunit l'esprit et le sentiment :

Quand je revis ce que j'ai tant aimé,
Peu s'en fallut que mon feu rallumé
N'en fît l'amour en mon âme renaître ;
Et que mon cœur, autrefois son captif,
Ne ressemblât l'esclave fugitif
À qui le sort fait rencontrer son maître.

De pareils traits plaisent à tout le monde, et caractérisent l'*esprit* délicat d'une nation ingénieuse.

Le grand point est de savoir jusqu'où cet esprit doit être admis. Il est clair que dans les grands ouvrages on doit l'employer avec sobriété, par cela même qu'il est un ornement. Le grand art est dans l'à-propos.

Une pensée fine, ingénieuse, une comparaison juste et fleurie, est un défaut quand la raison seule ou la passion doivent parler, ou bien quand on doit traiter de grands intérêts : ce n'est pas alors du faux bel esprit, mais c'est de l'esprit déplacé; et toute beauté hors de sa place cesse d'être beauté.

C'est un défaut dans lequel Virgile n'est jamais tombé, et qu'on peut quelquefois reprocher au Tasse, tout admirable qu'il est d'ailleurs. Ce défaut vient de ce que l'auteur, trop plein de ses idées, veut se montrer lui-même, lorsqu'il ne doit montrer que ses personnages.

La meilleure manière de connaître l'usage qu'on doit faire de l'esprit, est de lire le petit nombre de bons ouvrages de génie qu'on a dans les langues savantes et dans la nôtre.

Le *faux esprit* est autre chose que l'*esprit déplacé :* ce n'est pas seulement une pensée fausse, car elle pourrait être fausse sans être ingénieuse; c'est une pensée fausse et recherchée.

Il a été remarqué ailleurs qu'un homme de beaucoup d'esprit, qui traduisit ou plutôt qui abrégea Homère en vers français, crut embellir ce poëte, dont la simplicité fait le caractère, en lui prêtant des ornements. Il dit au sujet de la réconciliation d'Achille (*Iliade,* IX) :

Tout le camp s'écria, dans une joie extrême :
Que ne vaincra-t-il point? il s'est vaincu lui-même.

Premièrement, de ce qu'on a dompté sa colère, il ne s'ensuit pas du tout qu'on ne sera point battu : secondement, toute une armée peut-elle s'accorder, par une inspiration soudaine, à dire une pointe?

Si ce défaut choque les juges d'un goût sévère, combien doivent révolter tous ces traits forcés, toutes ces pensées alambiquées que l'on trouve en foule dans des écrits d'ailleurs estimables? Comment supporter que dans un livre de mathématiques on dise que : « Si Saturne venait à manquer, » ce serait le dernier satellite qui prendrait sa » place, parce que les grands seigneurs éloi- » gnent toujours d'eux leurs successeurs? » Comment souffrir qu'on dise qu'Hercule savait la physique, et qu'*on ne pouvait résister à un philosophe de cette force?* L'envie de briller et de surprendre par des choses neuves conduit à ces excès.

Cette petite vanité a produit les jeux de mots dans toutes les langues, ce qui est la pire espèce du faux bel esprit.

Le faux goût est différent du faux bel esprit, parce que celui-ci est toujours une affectation, un effort de faire mal; au lieu que l'autre est souvent une habitude de faire mal sans effort, et de suivre par instinct un mauvais exemple établi.

L'intempérance et l'incohérence des imaginations orientales est un faux goût; mais c'est plutôt un manque d'esprit qu'un abus d'esprit.

Des étoiles qui tombent, des montagnes qui se fendent, des fleuves qui reculent, le soleil et la lune qui se dissolvent, des comparaisons fausses et gigantesques, la nature toujours outrée, sont le caractère de ces écrivains, parce que dans ces pays, où l'on n'a jamais parlé en public, la vraie éloquence n'a pu être cultivée, et qu'il est bien plus aisé d'être ampoulé que d'être juste, fin et délicat.

Le faux esprit est précisément le contraire de ces idées triviales et ampoulées : c'est une recherche fatigante de traits déliés ; une affectation de dire en énigme ce que d'autres ont déjà dit naturellement, de rapprocher des idées qui paraissent incompatibles, de diviser ce qui doit être réuni, de saisir de faux rapports, de mêler, contre les bienséances, le badinage avec le sérieux, et le petit avec le grand.

Ce serait ici une peine surperflue d'entasser des citations dans lesquelles le mot *esprit* se trouve. On se contentera d'en examiner une de Boileau, qui est rapportée dans le grand Dictionnaire de Trévoux : « C'est le propre des grands esprits, » quand ils commencent à vieillir et à décliner, » de se plaire aux contes et aux fables. » Cette réflexion n'est pas vraie. Un grand esprit peut tomber dans cette faiblesse; mais ce n'est pas le propre des grands esprits. Rien n'est plus capable d'égarer la jeunesse que de citer les fautes des bons écrivains comme des exemples.

Il ne faut pas oublier de dire ici en combien de sens différents le mot *esprit* s'emploie : ce n'est point un défaut de la langue, c'est au contraire un avantage d'avoir ainsi des racines qui se ramifient en plusieurs branches.

Esprit d'un corps, *d'une société*, pour exprimer les usages, la manière de parler, de se conduire, les préjugés d'un corps.

Esprit de parti, qui est à l'esprit d'un corps ce que sont les passions aux sentiments ordinaires.

Esprit d'une loi, pour en distinguer l'intention; c'est en ce sens qu'on a dit : *La lettre tue, et l'esprit vivifie*.

Esprit d'un ouvrage, pour en faire concevoir le caractère et le but.

Esprit de vengeance, pour signifier desir et intention de se venger.

Esprit de discorde, *esprit de révolte*, etc.

On a cité dans un dictionnaire *esprit de politesse*; mais c'est d'après un auteur nommé Bellegarde, qui n'a nulle autorité. On doit choisir avec un soin scrupuleux ses auteurs et ses exemples. On ne dit point *esprit de politesse*, comme on dit *esprit de vengeance*, *de dissension*, *de faction*; parce que la politesse n'est point une passion animée par un motif puissant qui la conduise, lequel on appelle *esprit* métaphoriquement.

Esprit familier se dit dans un autre sens, et signifie ces êtres mitoyens, ces génies, ces démons admis dans l'antiquité, comme l'*esprit de Socrate*, etc.

Esprit signifie quelquefois la plus subtile partie de la matière : on dit *esprits animaux*, *esprits vitaux*, pour signifier ce qu'on n'a jamais vu, et ce qui donne le mouvement et la vie. Ces esprits, qu'on croit couler rapidement dans les nerfs, sont probablement un feu subtil. Le docteur Mead est le premier qui semble en avoir donné des preuves dans la préface du *Traité sur les poisons*.

Esprit, en chimie, est encore un terme qui reçoit plusieurs acceptions différentes, mais qui signifie toujours la partie subtile de la matière.

Il y a loin de l'*esprit* en ce sens, au *bon esprit*, au *bel esprit*. Le même mot, dans toutes les langues, peut donner des idées différentes, parce que tout est métaphore, sans que le vulgaire s'en aperçoive.

SECTION III.

Ce mot n'est-il pas une grande preuve de l'imperfection des langues, du chaos où elles sont encore, et du hasard qui a dirigé presque toutes nos conceptions?

Il plut aux Grecs, ainsi qu'à d'autres nations, d'appeler vent, souffle, πνεῦμα, ce qu'ils entendaient vaguement par respiration, vie, âme. Ainsi âme et vent étaient en un sens la même chose dans l'antiquité; et si nous disions que l'homme est une machine pneumatique, nous ne ferions que traduire les Grecs. Les Latins les imitèrent, et se servirent du mot *spiritus*, esprit, souffle. *Anima*, *spiritus*, furent la même chose.

Le *rouhak* des Phéniciens, et, à ce qu'on prétend, des Chaldéens, signifiait de même *souffle* et *vent*.

Quand on traduisit la *Bible* en latin, on employa toujours indifféremment le mot souffle, esprit, vent, âme. « Spiritus Dei ferebatur super » aquas. » Le vent de Dieu, l'esprit de Dieu était porté sur les eaux.

« Spiritus vitæ, » le souffle de la vie, l'âme de la vie.

« Inspiravit in faciem ejus spiraculum ou spi» ritum vitæ. » Et il souffla sur sa face un souffle de vie. Et selon l'hébreu : Il souffla dans ses narines un souffle, un esprit de vie.

« Hæc quum dixisset, insufflavit et dixit eis : » Accipite spiritum sanctum. » Ayant dit cela, il souffla sur eux, et leur dit : Recevez le souffle saint, l'esprit saint.

« Spiritus ubi vult spirat, et vocem ejus audis, » sed nescis unde veniat. » L'esprit, le vent souffle où il veut, et vous entendez sa voix (son bruit); mais vous ne savez d'où il vient.

Il y a loin de là à nos brochures du quai des Augustins et du Pont-Neuf, intitulées *Esprit de Marivaux*, *Esprit de Desfontaines*, etc.

Ce que nous entendons communément en français par esprit, bel esprit, trait d'esprit, etc., signifie des pensées ingénieuses. Aucune autre nation n'a fait un tel usage du mot *spiritus*. Les Latins disaient *ingenium*; les Grecs, εὐφυΐα, ou bien ils employaient des adjectifs. Les Espagnols disent *agudo*, *agudeza*.

Les Italiens emploient communément le terme *ingegno*.

Les Anglais se servent du mot *wit*, *witty*, dont l'étymologie est belle; car ce mot autrefois signifiait *sage*.

Les Allemands disent *verstandig*; et quand ils veulent exprimer des pensées ingénieuses, vives, agréables, ils disent riche en sensations, *sinnreich*. C'est de là que les Anglais, qui ont retenu beaucoup d'expressions de l'ancienne langue germanique et française, disent *sensible man*.

Ainsi, presque tous les mots qui expriment des idées de l'entendement sont des métaphores.

L'*ingegno*, l'*ingenium*, est tiré de ce qui engendre; l'*agudeza*, de ce qui est pointu; le *sinnreich*, des sensations; l'*esprit*, du vent; et le *wit*, de la sagesse.

En toute langue, ce qui répond à *esprit* en général est de plusieurs sortes; et quand vous dites : *Cet homme a de l'esprit*, on est en droit de vous demander duquel.

Girard, dans son livre utile des définitions, intitulé *Synonymes français*, conclut ainsi :

« Il faut, dans le commerce des dames, de l'es-

» prit, ou du jargon qui en ait l'apparence. » (Ce n'est pas leur faire honneur; elles méritent mieux.) « L'entendement est de mise avec les po- » litiques et les courtisans. »

Il me semble que l'entendement est nécessaire partout, et qu'il est bien extraordinaire de voir un entendement *de mise*.

« Le génie est propre avec les gens à projets et » à dépense. »

Ou je me trompe, ou le génie de Corneille était fait pour tous les spectateurs, le génie de Bossuet pour tous les auditeurs, encore plus que propre avec les gens à dépense.

Le mot qui répond à *spiritus*, esprit, vent, souffle, donnant nécessairement à toutes les nations l'idée de l'air, elles supposèrent toutes que notre faculté de penser, d'agir, ce qui nous anime, est de l'air; et de là notre âme fut de l'air subtil.

De là les mânes, les esprits, les revenants, les ombres, furent composés d'air *.

De là nous disions, il n'y a pas long-temps: « Un esprit lui est apparu; il a un esprit familier; » il revient des esprits dans ce château; » et la populace le dit encore.

Il n'y a guère que les traductions des livres hébreux en mauvais latin qui aient employé le mot *spiritus* en ce sens.

Manes, umbræ, simulacra, sont les expressions de Cicéron et de Virgile. Les Allemands disent *geist*, les Anglais *ghost*, les Espagnols *duende, trasgo*; les Italiens semblent n'avoir point de terme qui signifie *revenant*. Les Français seuls se sont servis du mot *esprit*. Le mot propre, pour toutes les nations, doit être *fantôme, imagination, rêverie, sottise, friponnerie*.

SECTION IV.

Bel esprit, esprit.

Quand une nation commence à sortir de la barbarie, elle cherche à montrer ce que nous appelons *de l'esprit*.

Ainsi aux premières tentatives qu'on fit sous François Ier, vous voyez dans Marot des pointes, des jeux de mots qui seraient aujourd'hui intolérables.

> Romorentin sa perte remémore,
> Cognac s'en cogne en sa poitrine blême,
> Anjou fait joug, Angoulême est de même.

Ces belles idées ne se présentent pas d'abord pour marquer la douleur des peuples. Il en a coûté à l'imagination pour parvenir à cet excès de ridicule.

* Voyez l'article AME.

On pourrait apporter plusieurs exemples d'un goût si dépravé; mais tenons-nous-en à celui-ci, qui est le plus fort de tous.

Dans la seconde époque de l'esprit humain en France, au temps de Balzac, de Mairet, de Rotrou, de Corneille, on applaudissait à toute pensée qui surprenait par des images nouvelles, qu'on appelait *esprit*. On reçut très bien ces vers de la tragédie de *Pyrame* :

> Ah! voici le poignard qui du sang de son maître
> S'est souillé lâchement; il en rougit, le traître.

On trouvait un grand art à donner du sentiment à ce poignard, à le faire rougir de honte d'être teint du sang de Pyrame autant que du sang dont il était coloré.

Personne ne se récria contre Corneille, quand, dans sa tragédie d'*Andromède*, Phinée dit au Soleil :

> Tu luis, Soleil, et ta lumière
> Semble se plaire à m'affliger.
> Ah! mon amour te va bien obliger
> A quitter soudain ta carrière.
> Viens, Soleil, viens voir la beauté
> Dont le divin éclat me dompte;
> Et tu fuiras de honte
> D'avoir moins de clarté.

Le soleil qui fuit parce qu'il est moins clair que le visage d'Andromède vaut bien le poignard qui rougit.

Si de tels efforts d'ineptie trouvaient grâce devant un public dont le goût s'est formé si difficilement, il ne faut pas être surpris que des traits d'esprit qui avaient quelque lueur de beauté aient long-temps séduit.

Non seulement on admirait cette traduction de l'espagnol

> Ce sang qui, tout sorti, fume encor de courroux
> De se voir répandu pour d'autres que pour vous;

non seulement on trouvait une finesse très spirituelle dans ce vers d'Hypsipyle à Médée dans la *Toison d'or*,

> Je n'ai que des attraits, et vous avez des charmes;

mais on ne s'apercevait pas, et peu de connaisseurs s'aperçoivent encore que, dans le rôle imposant de Cornélie, l'auteur met presque toujours de l'esprit où il fallait seulement de la douleur. Cette femme, dont on vient d'assassiner le mari, commence son discours étudié à César par un *car*:

> César, car le destin qui m'outre et que je brave,
> Me fait ta prisonnière et non pas ton esclave;
> Et tu ne prétends pas qu'il m'abatte le cœur
> Jusqu'à te rendre hommage et te nommer seigneur.

Elle s'interrompt ainsi, dès le premier mot, pour dire une chose recherchée et fausse. Jamais une citoyenne romaine ne fut esclave d'un citoyen romain ; jamais un Romain ne fut appelé *seigneur* ; et ce mot *seigneur* n'est parmi nous qu'un terme d'honneur et de remplissage usité au théâtre.

Fille de Scipion, et, pour dire encor plus,
Romaine, mon courage est encore au-dessus.

Outre le défaut, si commun à tous les héros de Corneille, de s'annoncer ainsi eux-mêmes, de dire : Je suis grand, j'ai du courage, admirez-moi ; il y a ici une affectation bien condamnable de parler de sa naissance, quand la tête de Pompée vient d'être présentée à César. Ce n'est point ainsi qu'une affliction véritable s'exprime. La douleur ne cherche point à dire *encore plus;* et ce qu'il y a de pis, c'est qu'en voulant dire encore plus, elle dit beaucoup moins. Être Romaine est sans doute moins que d'être fille de Scipion et femme de Pompée. L'infâme Septime, assassin de Pompée, était Romain comme elle. Mille Romains étaient des hommes très médiocres ; mais être femme et fille des plus grands des Romains, c'était là une vraie supériorité. Il y a donc, dans ce discours, de l'esprit faux et déplacé, ainsi qu'une grandeur fausse et déplacée.

Ensuite elle dit, d'après Lucain, qu'elle doit rougir d'être en vie :

Je dois rougir *pourtant*, après un tel malheur,
De n'avoir pu mourir d'un excès de douleur.

Lucain, après le beau siècle d'Auguste, cherchait de l'esprit, parce que la décadence commençait ; et dans le siècle de Louis XIV on commença par vouloir étaler de l'esprit, parce que le bon goût n'était pas encore entièrement formé comme il le fut depuis.

César, de ta victoire écoute moins le bruit ;
Elle n'est que l'effet du malheur qui me suit.

Quel mauvais artifice, quelle idée fausse autant qu'imprudente ! César ne doit point, selon elle, écouter le *bruit* de sa victoire. Il n'a vaincu à Pharsale que parce que Pompée a épousé Cornélie ! Que de peine pour dire ce qui n'est ni vrai, ni vraisemblable, ni convenable, ni touchant !

Deux fois du monde entier j'ai causé la disgrâce.

C'est le *bis nocui mundo* de Lucain. Ce vers présente une très grande idée. Elle doit surprendre, il n'y manque que la vérité. Mais il faut bien remarquer que si ce vers avait seulement une faible lueur de vraisemblance, et s'il était échappé aux emportements de la douleur, il serait admirable ; il aurait alors toute la vérité, toute la beauté de la convenance théâtrale.

Heureuse en mes malheurs si ce triste hymenée
Pour le bonheur de Rome à César m'eût donnée,
Et si j'eusse avec moi porté dans ta maison
D'un astre envenimé l'invincible poison !
Car enfin n'attends pas que j'abaisse ma haine :
Je te l'ai déjà dit, César, je suis Romaine ;
Et quoique ta captive, un cœur comme le mien,
De peur de s'oublier, ne te demande rien.

C'est encore du Lucain ; elle souhaite dans la *Pharsale* d'avoir épousé César, et de n'avoir eu à se louer d'aucun de ses maris :

« O utinam in thalamos invisi Cæsaris essem
Infelix conjux, et nulli læta marito ! »

Ce sentiment n'est point dans la nature ; il est à la fois gigantesque et puéril ; mais du moins ce n'est pas à César que Cornélie parle ainsi dans Lucain. Corneille, au contraire, fait parler Cornélie à César même ; il lui fait dire qu'elle souhaite d'être sa femme pour porter dans sa maison « le poison invincible d'un astre envenimé : » car, ajoute-t-elle, ma haine ne peut s'abaisser, et je t'ai déjà dit que je suis Romaine, et je ne te demande rien. Voilà un singulier raisonnement : je voudrais t'avoir épousé pour te faire mourir ; car je ne te demande rien.

Ajoutons encore que cette veuve accable César d'injures dans le moment où César vient de pleurer la mort de Pompée, et qu'il a promis de la venger.

Il est certain que si l'auteur n'avait pas voulu donner de l'esprit à Cornélie, il ne serait pas tombé dans ces défauts, qui se font sentir aujourd'hui après avoir été applaudis si long-temps. Les actrices ne peuvent plus guère les pallier par une fierté étudiée et des éclats de voix séducteurs.

Pour mieux connaître combien l'esprit seul est au-dessous des sentiments naturels, comparez Cornélie avec elle-même, quand elle dit des choses toutes contraires dans la même tirade :

Je dois bien, toutefois, rendre grâces aux dieux
De ce qu'en arrivant je te trouve en ces lieux ;
Que César y commande, et non pas Ptolémée.
Hélas ! et sous quel astre, ô ciel ! m'as-tu formée !
Si je leur dois des vœux de ce qu'ils ont permis
Que je rencontre ici mes plus grands ennemis,
Et tombe entre leurs mains plutôt qu'aux mains d'un prince
Qui doit à mon époux son trône et sa province ?

Passons sur la petite faute de style, et considérons combien ce discours est décent et douloureux ; il va au cœur ; tout le reste éblouit l'esprit un moment, et ensuite le révolte.

Ces vers naturels charment tous les spectateurs :

O vous ! à ma douleur objet terrible et tendre,
Éternel entretien de haine et de pitié,
Restes du grand Pompée, écoutez sa moitié, etc.
(Acte V, scène 1re.)

C'est par ces comparaisons qu'on se forme le goût, et qu'on s'accoutume à ne rien aimer que le vrai mis à sa place [a].

Cléopâtre, dans la même tragédie, s'exprime ainsi à sa confidente Charmion (acte II, sc. 1re):

Apprends qu'une princesse aimant sa renommée,
Quand elle dit qu'elle aime, est sûre d'être aimée,
Et que les plus beaux feux dont son cœur soit épris
N'oseraient l'exposer aux hontes d'un mépris.

Charmion pouvait lui répondre: Madame, je n'entends pas ce que c'est que les beaux feux d'une princesse qui n'oseraient l'exposer à des hontes; et à l'égard des princesses qui ne disent qu'elles aiment que quand elles sont sûres d'être aimées, je fais toujours le rôle de confidente à la comédie, et vingt princesses m'ont avoué leurs beaux feux sans être sûres de rien, et principalement l'infante du *Cid*.

Allons plus loin. César, César lui-même ne parle à Cléopâtre que pour montrer de l'esprit alambiqué :

Mais, ô dieux! ce moment que je vous ai quittée
D'un trouble bien plus grand a mon âme agitée
Et ces soins importuns qui m'arrachaient de vous
Contre ma grandeur même allumaient mon courroux;
Je lui voulais du mal de m'être si contraire,
De rendre ma présence ailleurs si nécessaire;
Mais je lui pardonnais, au simple souvenir
Du bonheur qu'à ma flamme elle fait obtenir;
C'est elle dont je tiens cette haute espérance
Qui flatte mes desirs d'une illustre apparence...
C'était pour acquérir un droit si précieux
Que combattait partout mon bras ambitieux;
Et dans Pharsale même il a tiré l'épée
Plus pour le conserver que pour vaincre Pompée.
(Acte IV, scène III.)

Voilà donc César qui veut du mal à sa grandeur de l'avoir éloigné un moment de Cléopâtre, mais qui pardonne à sa grandeur en se souvenant que cette grandeur lui a fait obtenir le bonheur de sa flamme. Il tient la haute espérance d'une illustre apparence; et ce n'est que pour acquérir le droit précieux de cette illustre apparence que son bras ambitieux a donné la bataille de Pharsale.

On dit que cette sorte d'esprit, qui n'est, il faut le dire, que du galimatias, était alors l'esprit du temps. C'est cet abus intolérable que Molière proscrivit dans ses *Précieuses ridicules*.

Ce sont ces défauts, trop fréquents dans Corneille, que La Bruyère désigna en disant [b] : « J'ai » cru, dans ma première jeunesse, que ces endroits étaient clairs, intelligibles pour les acteurs, pour le parterre et l'amphithéâtre, que » leurs auteurs s'entendaient eux-mêmes, et que » j'avais tort de n'y rien comprendre. Je suis » détrompé. » Nous avons relevé ailleurs l'affectation singulière où est tombé La Motte dans son abrégé de l'*Iliade*, en fesant parler avec esprit toute l'armée des Grecs à la fois :

Tout le camp s'écria, dans une joie extrême :
Que ne vaincra-t-il point? il s'est vaincu lui-même.

C'est là un trait d'esprit, une espèce de pointe et de jeu de mots : car s'ensuit-il de ce qu'un homme a dompté sa colère qu'il sera vainqueur dans le combat? et comment cent mille hommes peuvent-ils dans un même instant, s'accorder à dire un rébus, ou, si l'on veut, un bon mot?

SECTION V.

En Angleterre, pour exprimer qu'un homme a beaucoup d'esprit, on dit qu'il a de grandes parties, *great parts*. D'où cette manière de parler, qui étonne aujourd'hui les Français, peut-elle venir? d'eux-mêmes. Autrefois nous nous servions de ce mot *parties* très communément dans ce sens-là. Clélie, Cassandre, nos autres anciens romans, ne parlent que des parties de leurs héros et de leurs héroïnes; et ces parties sont leur esprit. On ne pouvait mieux s'exprimer. En effet, qui peut avoir tout? Chacun de nous n'a que sa petite portion d'intelligence, de mémoire, de sagacité, de profondeur d'idées, d'étendue, de vivacité, de finesse. Le mot de *parties* est le plus convenable pour des êtres aussi faibles que l'homme. Les Français ont laissé échapper de leurs dictionnaires une expression dont les Anglais se sont saisis. Les Anglais se sont enrichis plus d'une fois à nos dépens.

Plusieurs écrivains philosophes se sont étonnés de ce que, tout le monde prétendant à l'esprit, personne n'ose se vanter d'en avoir.

« L'envie, a-t-on dit, permet à chacun d'être le » panégyriste de sa probité et non de son esprit. » L'envie permet qu'on fasse l'apologie de sa probité, non de son esprit : pourquoi? c'est qu'il est très nécessaire de passer pour homme de bien, et point du tout d'avoir la réputation d'homme d'esprit.

On a ému la question, si tous les hommes sont nés avec le même esprit, les mêmes dispositions pour les sciences, et si tout dépend de leur éducation et des circonstances où ils se trouvent. Un philosophe, qui avait droit de se croire né avec quelque supériorité, prétendit que les esprits sont égaux : cependant on a toujours vu le contraire. De quatre cents enfants élevés ensemble sous les mêmes maîtres, dans la même discipline, à peine y en a-t-il cinq ou six qui fassent des progrès bien

[a] Voyez l'article GOÛT.

[b] *Caractères de La Bruyère*, chapitre *des Ouvrages de l'esprit.*

marqués. Le grand nombre est toujours des médiocres, et parmi ces médiocres il y a des nuances; en un mot, les esprits diffèrent plus que les visages.

SECTION VI.

Esprit faux.

Nous avons des aveugles, des borgnes, des bigles, des louches, des vues longues, des vues courtes, ou distinctes, ou confuses, ou faibles, ou infatigables. Tout cela est une image assez fidèle de notre entendement; mais on ne connait guère de vues fausses. Il n'y a guère d'hommes qui prennent toujours un coq pour un cheval, et un pot de chambre pour une maison. Pourquoi rencontre-t-on souvent des esprits assez justes d'ailleurs, qui sont absolument faux sur des choses importantes? Pourquoi ce même Siamois, qui ne se laissera jamais tromper quand il sera question de lui compter trois roupies, croit-il fermement aux métamorphoses de Sammonocodom? Par quelle étrange bizarrerie des hommes sensés ressemblent-ils à don Quichotte, qui croyait voir des géants où les autres hommes ne voyaient que des moulins à vent? Encore don Quichotte était plus excusable que le Siamois qui croit que Sammonocodom est venu plusieurs fois sur la terre, et que le Turc qui est persuadé que Mahomet a mis la moitié de la lune dans sa manche; car don Quichotte, frappé de l'idée qu'il doit combattre des géants, peut se figurer qu'un géant doit avoir le corps aussi gros qu'un moulin et les bras aussi longs que les ailes du moulin; mais de quelle supposition peut partir un homme sensé pour se persuader que la moitié de la lune est entrée dans une manche, et qu'un Sammonocodom est descendu du ciel pour venir jouer au cerf-volant à Siam, couper une forêt, et faire des tours de passe-passe?

Les plus grands génies peuvent avoir l'esprit faux sur un principe qu'ils ont reçu sans examen. Newton avait l'esprit très faux quand il commentait l'*Apocalypse*.

Tout ce que certains tyrans des âmes desirent, c'est que les hommes qu'ils enseignent aient l'esprit faux. Un fakir élève un enfant qui promet beaucoup; il emploie cinq ou six années à lui enfoncer dans la tête que le dieu Fo apparut aux hommes en éléphant blanc, et il persuade l'enfant qu'il sera fouetté après sa mort pendant cinq cent mille années, s'il ne croit pas ces métamorphoses. Il ajoute qu'à la fin du monde l'ennemi du dieu Fo viendra combattre contre cette divinité.

L'enfant étudie et devient un prodige; il argumente sur les leçons de son maître; il trouve que Fo n'a pu se changer qu'en éléphant blanc, parce que c'est le plus beau des animaux. Les rois de Siam et du Pégu, dit-il, se font la guerre pour un éléphant blanc; certainement si Fo n'avait pas été caché dans cet éléphant, ces rois n'auraient pas été si insensés que de combattre pour la possession d'un simple animal.

L'ennemi de Fo viendra le défier à la fin du monde; certainement cet ennemi sera un rhinocéros, car le rhinocéros combat l'éléphant. C'est ainsi que raisonne dans un âge mûr l'élève savant du fakir, et il devient une des lumières des Indes; plus il a l'esprit subtil, plus il l'a faux; et il forme ensuite des esprits faux comme lui.

On montre à tous ces énergumènes un peu de géométrie, et ils l'apprennent assez facilement; mais, chose étrange! leur esprit n'est pas redressé pour cela; ils aperçoivent les vérités de la géométrie, mais elle ne leur apprend point à peser les probabilités; ils ont pris leur pli; ils raisonneront de travers toute leur vie, et j'en suis fâché pour eux.

Il y a malheureusement bien des manières d'avoir l'esprit faux : 1° de ne pas examiner si le principe est vrai, lors même qu'on en déduit des conséquences justes; et cette manière est commune[a].

2° De tirer des conséquences fausses d'un principe reconnu pour vrai. Par exemple, un domestique est interrogé si son maître est dans sa chambre, par des gens qu'il soupçonne d'en vouloir à sa vie: s'il était assez sot pour leur dire la vérité, sous prétexte qu'il ne faut pas mentir, il est clair qu'il aurait tiré une conséquence absurde d'un principe très vrai.

Un juge qui condamnerait un homme qui a tué son assassin, parce que l'homicide est défendu, serait aussi inique que mauvais raisonneur.

De pareils cas se subdivisent en mille nuances différentes. Le bon esprit, l'esprit juste, est celui qui les démêle: de là vient qu'on a vu tant de jugements iniques; non que le cœur des juges fût méchant, mais parce qu'ils n'étaient pas assez éclairés.

ESPRIT DES LOIS, *voyez* LOIS.

ESSÉNIENS.

Plus une nation est superstitieuse et barbare, obstinée à la guerre malgré ses défaites, partagée en factions, flottante entre la royauté et le sacerdoce, enivrée de fanatisme, plus il se trouve chez un tel peuple un nombre de citoyens qui s'unissent pour vivre en paix.

[a] Voyez l'article CONSÉQUENCE.

Il arrive qu'en temps de peste, un petit canton s'interdit la communication avec les grandes villes. Il se préserve de la contagion qui règne; mais il reste en proie aux autres maladies.

Tels on a vu les gymnosophistes aux Indes; telles furent quelques sectes de philosophes chez les Grecs; tels les pythagoriciens en Italie et en Grèce, et les thérapeutes en Égypte; tels sont aujourd'hui les primitifs nommés *quakers* et les *dunkards* en Pensylvanie; et tels furent à peu près les premiers chrétiens qui vécurent ensemble loin des villes.

Aucune de ces sociétés ne connut cette effrayante coutume de se lier par serment au genre de vie qu'elles embrassaient; de se donner des chaînes perpétuelles; de se dépouiller religieusement de la nature humaine, dont le premier caractère est la liberté; de faire enfin ce que nous appelons des *vœux*. Ce fut saint Basile qui le premier imagina ces vœux, ce serment de l'esclavage. Il introduisit un nouveau fléau sur la terre, et il tourna en poison ce qui avait été inventé comme remède.

Il y avait en Syrie des sociétés toutes semblables à celles des esséniens. C'est le Juif Philon qui nous le dit dans le *Traité de la liberté des gens de bien*. La Syrie fut toujours superstitieuse et factieuse, toujours opprimée par des tyrans. Les successeurs d'Alexandre en firent un théâtre d'horreurs. Il n'est pas étonnant que parmi tant d'infortunés, quelques-uns, plus humains et plus sages que les autres, se soient éloignés du commerce des grandes villes, pour vivre en commun dans une honnête pauvreté, loin des yeux de la tyrannie.

On se réfugia dans de semblables asiles en Égypte, pendant les guerres civiles des derniers Ptolémées; et lorsque les armées romaines subjuguèrent l'Égypte, les thérapeutes s'établirent dans un désert auprès du lac Mœris.

Il paraît très probable qu'il y eut des thérapeutes grecs, égyptiens et juifs. Philon[a], après avoir loué Anaxagore, Démocrite, et les autres philosophes qui embrassèrent ce genre de vie, s'exprime ainsi :

« On trouve de pareilles sociétés en plusieurs » pays; la Grèce et d'autres contrées jouissent de » cette consolation; elle est très commune en » Égypte dans chaque nome, et surtout dans ce» lui d'Alexandrie. Les plus gens de bien, les plus » austères se sont retirés au-dessus du lac Mœris » dans un lieu désert, mais commode, qui forme » une pente douce. L'air y est très sain, les bour» gades assez nombreuses dans le voisinage du » désert, etc. »

Voilà donc partout des sociétés qui ont tâché d'échapper aux troubles, aux factions, à l'insolence, à la rapacité des oppresseurs. Toutes, sans exception, eurent la guerre en horreur : ils la regardèrent précisément du même œil que nous voyons le vol et l'assassinat sur les grands chemins.

Tels furent à peu près les gens de lettres qui s'assemblèrent en France, et qui fondèrent l'Académie. Ils échappaient aux factions et aux cruautés qui désolaient le règne de Louis XIII. Tels furent ceux qui fondèrent la Société royale de Londres, pendant que les fous barbares nommés *puritains* et *épiscopaux* s'égorgeaient pour quelques passages de trois ou quatre vieux livres inintelligibles.

Quelques savants ont cru que Jésus-Christ, qui daigna paraître quelque temps dans le petit pays de Capharnaüm, dans Nazareth, et dans quelques autres bourgades de la Palestine, était un de ces esséniens qui fuyaient le tumulte des affaires, et qui cultivaient en paix la vertu. Mais ni dans les quatre Évangiles reçus, ni dans les apocryphes, ni dans les Actes des apôtres, ni dans leurs Lettres, on ne lit le nom d'*essénien*.

Quoique le nom ne s'y trouve pas, la ressemblance s'y trouve en plusieurs points; confraternité, biens en commun, vie austère, travail des mains, détachement des richesses et des honneurs, et surtout horreur pour la guerre. Cet éloignement est si grand, que Jésus-Christ commande de tendre l'autre joue quand on vous donne un soufflet, et de donner votre tunique quand on vous vole votre manteau. C'est sur ce principe que les chrétiens se conduisirent pendant près de deux siècles, sans autels, sans temples, sans magistrature, tous exerçant des métiers, tous menant une vie cachée et paisible.

Leurs premiers écrits attestent qu'il ne leur était pas permis de porter les armes. Ils ressemblaient en cela parfaitement à nos pensylvains, à nos anabaptistes, à nos mennonites d'aujourd'hui, qui se piquent de suivre l'Évangile à la lettre. Car quoiqu'il y ait dans l'Évangile plusieurs passages qui, étant mal entendus, peuvent inspirer la violence, comme les marchands chassés à coups de fouet hors des parvis du temple, le *contrains-les d'entrer*, les cachots dans lesquels on précipite ceux qui n'ont pas fait profiter l'argent du maître à cinq pour un, ceux qui viennent au festin sans avoir la robe nuptiale; quoique, dis-je, toutes ces maximes y semblent contraires à l'esprit pacifique, cependant il y en a tant d'autres qui ordonnent de souffrir au lieu de combattre, qu'il n'est pas étonnant que les chrétiens aient eu la guerre en exécration pendant environ deux cents ans.

Voilà sur quoi se fonde la nombreuse et respectable société des Pensylvains, ainsi que les petites sectes qui l'imitent. Quand je les appelle *respec-*

[a] Philon, *De la Vie contemplative*.

tables, ce n'est point par leur aversion pour la splendeur de l'Eglise catholique. Je plains sans doute, comme je le dois, leurs erreurs. C'est leur vertu, c'est leur modestie, c'est leur esprit de paix que je respecte.

Le grand philosophe Bayle n'a-t-il donc pas eu raison de dire qu'un chrétien des premiers temps serait un très mauvais soldat, ou qu'un soldat serait un très mauvais chrétien ?

Ce dilemme paraît sans réplique; et c'est, ce me semble, la différence entre l'ancien christianisme et l'ancien judaïsme.

La loi des premiers Juifs dit expressément : Dès que vous serez entrés dans le pays dont vous devez vous emparer, mettez tout à feu et à sang; égorgez sans pitié vieillards, femmes, enfants à la mamelle; tuez jusqu'aux animaux, saccagez tout, brûlez tout: c'est votre Dieu qui vous l'ordonne. Ce catéchisme n'est pas annoncé une fois, mais vingt; et il est toujours suivi.

Mahomet, persécuté par les Mecquois, se défend en brave homme. Il contraint ses persécuteurs vaincus à ses pieds à devenir ses prosélytes; il établit sa religion par la parole et par l'épée.

Jésus, placé entre les temps de Moïse et de Mahomet dans un coin de la Galilée, prêche le pardon des injures, la patience, la douceur, la souffrance, meurt du dernier supplice, et veut que ses premiers disciples meurent ainsi.

Je demande en bonne foi si saint Barthélemi, saint André, saint Matthieu, saint Barnabé, auraient été reçus parmi les cuirassiers de l'empereur, ou dans les trabans de Charles XII? Saint Pierre même, quoiqu'il ait coupé l'oreille à Malchus, aurait-il été propre à faire un bon chef de file? Peut-être saint Paul, accoutumé d'abord au carnage, et ayant eu le malheur d'être un persécuteur sanguinaire, est le seul qui aurait pu devenir guerrier. L'impétuosité de son tempérament et la chaleur de son imagination en auraient pu faire un capitaine redoutable. Mais, malgré ces qualités, il ne chercha point à se venger de Gamaliel par les armes. Il ne fit point comme les Judas, les Theudas, les Barcochebas, qui levèrent des troupes; il suivit les préceptes de Jésus, il souffrit; et même il eut, à ce qu'on prétend, la tête tranchée.

Faire une armée de chrétiens était donc, dans les premiers temps, une contradiction dans les termes.

Il est clair que les chrétiens n'entrèrent dans les troupes de l'empire que quand l'esprit qui les animait fut changé. Ils avaient dans les deux premiers siècles de l'horreur pour les temples, les autels, les cierges, l'encens, l'eau lustrale; Porphyre les comparait aux renards qui disent, *ils sont trop verts*. Si vous pouviez avoir, disait-il, de beaux temples brillants d'or, avec de grosses rentes pour les desservants, vous aimeriez les temples passionnément. Ils se donnèrent ensuite tout ce qu'ils avaient abhorré. C'est ainsi qu'ayant détesté le métier des armes, ils allèrent enfin à la guerre. Les chrétiens, dès le temps de Dioclétien, furent aussi différents des chrétiens du temps des apôtres, que nous sommes différents des chrétiens du troisième siècle.

Je ne conçois pas comment un esprit aussi éclairé et aussi hardi que celui de Montesquieu a pu condamner sévèrement un autre génie bien plus méthodique que le sien, et combattre cette vérité annoncée par Bayle*, « qu'une société de vrais chré» tiens pourrait vivre heureusement ensemble, mais » qu'elle se défendrait mal contre les attaques » d'un ennemi. »

« Ce seraient, dit Montesquieu, des citoyens » infiniment plus éclairés sur leurs devoirs, et qui » auraient un très grand zèle pour les remplir. Ils » sentiraient très bien les droits de la défense na» turelle. Plus ils croiraient devoir à la religion, » plus ils penseraient devoir à la patrie. Les prin» cipes du christianisme, bien gravés dans le cœur, » seraient infiniment plus forts que ce faux hon» neur des monarchies, ces vertus humaines des » républiques, et cette crainte servile des états des» potiques. »

Assurément l'auteur de *l'Esprit des Lois* ne songeait pas aux paroles de l'Évangile quand il dit que les vrais chrétiens sentiraient très bien les droits de la défense naturelle. Il ne se souvenait pas de l'ordre de donner sa tunique quand on vous vole le manteau, et de tendre l'autre joue quand on a reçu un soufflet. Voilà les principes de la défense naturelle très clairement anéantis. Ceux que nous appelons *quakers* ont toujours refusé de combattre; mais ils auraient été écrasés dans la guerre de 1756, s'ils n'avaient pas été secourus et forcés à se laisser secourir par les autres Anglais. (Voyez l'article PRIMITIVE ÉGLISE.)

N'est-il pas indubitable que ceux qui penseraient en tout comme des martyrs se battraient fort mal contre des grenadiers ? Toutes les paroles de ce chapitre de l'*Esprit des Lois* me paraissent fausses. « Les principes du christianisme, bien » gravés dans le cœur, seraient infiniment plus » forts, etc. » Oui, plus forts pour les empêcher de manier l'épée, pour les faire trembler de répandre le sang de leur prochain, pour leur faire regarder la vie comme un fardeau, dont le souverain bonheur est d'être déchargé.

« On les enverrait, dit Bayle, comme des bre-

* *Continuation des Pensées diverses*, article CXXIV.

» bis au milieu des loups, si on les fesait aller re- » pousser de vieux corps d'infanterie, ou charger » des régiments de cuirassiers. »

Bayle avait très grande raison. Montesquieu ne s'est pas aperçu qu'en le réfutant il ne voyait que les chrétiens mercenaires et sanguinaires d'aujourd'hui, et non pas les premiers chrétiens. Il semble qu'il ait voulu prévenir les injustes accusations qu'il a essuyées des fanatiques, en leur sacrifiant Bayle; et il n'y a rien gagné. Ce sont deux grands hommes qui paraissent d'avis différent, et qui auraient eu toujours le même s'ils avaient été également libres.

« Le faux honneur des monarchies, les vertus » humaines des républiques, la crainte servile des » états despotiques; » rien de tout cela ne fait les soldats, comme le prétend l'*Esprit des Lois*. Quand nous levons un régiment, dont le quart déserte au bout de quinze jours, il n'y a pas un seul des enrôlés qui pense à l'honneur de la monarchie; ils ne savent ce que c'est. Les troupes mercenaires de la république de Venise connaissent leur paie, et non la vertu républicaine, de laquelle on ne parle jamais dans la place Saint-Marc. Je ne crois pas, en un mot, qu'il y ait un seul homme sur la terre qui s'enrôle dans un régiment par vertu.

Ce n'est point non plus par une crainte servile que les Turcs et les Russes se battent avec un acharnement et une fureur de lions et de tigres; on n'a point ainsi du courage par crainte. Ce n'est pas non plus par dévotion que les Russes ont battu les armées de Moustapha. Il serait à desirer, ce me semble, qu'un homme si ingénieux eût plus cherché à faire connaître le vrai qu'à montrer son esprit. Il faut s'oublier entièrement quand on veut instruire les hommes, et n'avoir en vue que la vérité.

ÉTATS, GOUVERNEMENTS.

Quel est le meilleur?

Je n'ai connu jusqu'à présent personne qui n'ait gouverné quelque état. Je ne parle pas de MM. les ministres, qui gouvernent en effet, les uns deux ou trois ans, les autres six mois, les autres six semaines; je parle de tous les autres hommes qui, à souper ou dans leur cabinet, étalent leur système de gouvernement, réforment les armées, l'Église, la robe et la finance.

L'abbé de Bourzeis se mit à gouverner la France vers l'an 1645, sous le nom du cardinal de Richelieu, et fit ce *Testament politique*, dans lequel il veut enrôler la noblesse dans la cavalerie pour trois ans, faire payer la taille aux chambres des comptes et aux parlements, priver le roi du produit de la gabelle; il assure surtout que pour entrer en campagne avec cinquante mille hommes, il faut par économie en lever cent mille. Il affirme que « la Provence seule a beaucoup plus de beaux » ports de mer que l'Espagne et l'Italie ensem- » ble. »

L'abbé de Bourzeis n'avait pas voyagé. Au reste, son ouvrage fourmille d'anachronismes et d'erreurs; il fait signer le cardinal de Richelieu d'une manière dont il ne signa jamais, ainsi qu'il le fait parler comme il n'a jamais parlé. Au surplus, il emploie un chapitre entier à dire que « la raison » doit être la règle d'un état, » et à tâcher de prouver cette découverte. Cet ouvrage de ténèbres, ce bâtard de l'abbé de Bourzeis a passé longtemps pour le fils légitime du cardinal de Richelieu; et tous les académiciens, dans leurs discours de réception, ne manquaient pas de louer démesurément ce chef-d'œuvre de politique.

Le sieur Gatien de Courtilz, voyant le succès du *Testament politique* de Richelieu, fit imprimer à La Haye le *Testament de Colbert*, avec une belle lettre de M. Colbert au roi. Il est clair que si ce ministre avait fait un pareil testament, il eût fallu l'interdire; cependant ce livre a été cité par quelques auteurs.

Un autre gredin, dont on ignore le nom, ne manqua pas de donner le *Testament de Louvois*, plus mauvais encore, s'il se peut, que celui de Colbert; un abbé de Chevremont fit tester aussi Charles, duc de Lorraine. Nous avons eu les *Testaments politiques* du cardinal Alberoni, du maréchal de Belle-Isle, et enfin celui de Mandrin.

M. de Bois-Guillebert, auteur du *Détail de la France*, imprimé en 1695, donna le projet inexécutable de la dîme royale sous le nom du maréchal de Vauban.

Un fou, nommé La Jonchère, qui n'avait pas de pain, fit, en 1720, un projet de finance en quatre volumes; et quelques sots ont cité cette production comme un ouvrage de la Jonchère le trésorier-général, s'imaginant qu'un trésorier ne peut faire un mauvais livre de finance.

Mais il faut convenir que des hommes très sages, très dignes peut-être de gouverner, ont écrit sur l'administration des états, soit en France, soit en Espagne, soit en Angleterre. Leurs livres ont fait beaucoup de bien: ce n'est pas qu'ils aient corrigé les ministres qui étaient en place quand ces livres parurent, car un ministre ne se corrige point et ne peut se corriger; il a pris sa croissance; plus d'instructions, plus de conseils; il n'a pas le temps de les écouter; le courant des affaires l'emporte; mais ces bons livres forment les jeunes gens destinés aux places; ils forment les princes, et la seconde génération est instruite.

Le fort et le faible de tous les gouvernements a été examiné de près dans les derniers temps. Dites-moi donc, vous qui avez voyagé, qui avez lu et vu, dans quel état, dans quelle sorte de gouvernement voudriez-vous être né? Je conçois qu'un grand seigneur terrien en France ne serait pas fâché d'être né en Allemagne, il serait souverain au lieu d'être sujet. Un pair de France serait fort aise d'avoir les priviléges de la pairie anglaise; il serait législateur.

L'homme de robe et le financier se trouveraient mieux en France qu'ailleurs.

Mais quelle patrie choisirait un homme sage, libre, un homme d'une fortune médiocre, et sans préjugés?

Un membre du conseil de Pondichéri, assez savant, revenait en Europe par terre avec un brame, plus instruit que les brames ordinaires. Comment trouvez-vous le gouvernement du grand-mogol? dit le conseiller. Abominable, répondit le brame : comment voulez-vous qu'un état soit heureusement gouverné par des Tartares? Nos raias, nos omras, nos nababs, sont fort contents, mais les citoyens ne le sont guère; et des millions de citoyens sont quelque chose.

Le conseiller et le brame traversèrent en raisonnant toute la Haute-Asie. Je fais une réflexion, dit le brame : c'est qu'il n'y a pas une république dans toute cette vaste partie du monde. Il y a eu autrefois celle de Tyr, dit le conseiller, mais elle n'a pas duré long-temps; il y en avait encore une autre vers l'Arabie-Pétrée, dans un petit coin nommé la Palestine, si on peut honorer du nom de république une horde de voleurs et d'usuriers, tantôt gouvernée par des juges, tantôt par des espèces de rois, tantôt par des grands pontifes, devenue esclave sept ou huit fois, et enfin chassée du pays qu'elle avait usurpé.

Je conçois, dit le brame, qu'on ne doit trouver sur la terre que très peu de républiques. Les hommes sont rarement dignes de se gouverner eux-mêmes. Ce bonheur ne doit appartenir qu'à des petits peuples qui se cachent dans les îles ou entre les montagnes, comme des lapins qui se dérobent aux animaux carnassiers; mais à la longue ils sont découverts et dévorés.

Quand les deux voyageurs furent arrivés dans l'Asie-Mineure, le conseiller dit au brame : Croiriez-vous bien qu'il y a eu une république formée dans un coin de l'Italie qui a duré plus de cinq cents ans, et qui a possédé cette Asie-Mineure, l'Asie, l'Afrique, la Grèce, les Gaules, l'Espagne et l'Italie entière? Elle se tourna donc bien vite en monarchie? dit le brame. Vous l'avez deviné, dit l'autre : mais cette monarchie est tombée, et nous fesons tous les jours de belles dissertations pour trouver les causes de sa décadence et de sa chute. Vous prenez bien de la peine, dit l'Indien; cet empire est tombé parce qu'il existait. Il faut bien que tout tombe; j'espère bien qu'il en arrivera tout autant à l'empire du grand-mogol.

A propos, dit l'Européan, croyez-vous qu'il faille plus d'honneur dans un état despotique, et plus de vertu dans une république? L'Indien s'étant fait expliquer ce qu'on entend par honneur, répondit que l'honneur était plus nécessaire dans une république, et qu'on avait bien plus besoin de vertu dans un état monarchique. Car, dit-il, un homme qui prétend être élu par le peuple ne le sera pas s'il est déshonoré; au lieu qu'à la cour il pourra aisément obtenir une charge, selon la maxime d'un grand prince[a], qu'un courtisan, pour réussir, doit n'avoir ni honneur ni humeur. A l'égard de la vertu, il en faut prodigieusement dans une cour pour oser dire la vérité. L'homme vertueux est bien plus à son aise dans une république; il n'a personne à flatter.

Croyez-vous, dit l'homme d'Europe, que les lois et les religions soient faites pour les climats, de même qu'il faut des fourrures à Moscou, et des étoffes de gaze à Delhi? Oui, sans doute, dit le brame; toutes les lois qui concernent la physique sont calculées pour le méridien qu'on habite; il ne faut qu'une femme à un Allemand, et il en faut trois ou quatre à un Persan.

Les rites de la religion sont de même nature. Comment voudriez-vous, si j'étais chrétien, que je disse la messe dans ma province, où il n'y a ni pain ni vin? A l'égard des dogmes, c'est autre chose; le climat n'y fait rien. Votre religion n'a-t-elle pas commencé en Asie, d'où elle a été chassée? n'existe-t-elle pas vers la mer Baltique, où elle était inconnue?

Dans quel état, sous quelle domination aimeriez-vous mieux vivre? dit le conseiller. Partout ailleurs que chez moi, dit son compagnon; et j'ai trouvé beaucoup de Siamois, de Tunquinois, de Persans et de Turcs qui en disaient autant. Mais encore une fois, dit l'Européan, quel état choisiriez-vous? Le brame répondit : Celui où l'on n'obéit qu'aux lois. C'est une vieille réponse, dit le conseiller. Elle n'en est pas plus mauvaise, dit le brame. Où est ce pays-là? dit le conseiller. Le brame dit : Il faut le chercher. (Voyez l'article *Genève*, dans l'*Encyclopédie*[1].)

ÉTATS-GÉNÉRAUX.

Il y en a toujours eu dans l'Europe, et probablement dans toute la terre : tant il est naturel

[a] Le duc d'Orléans, régent.

[1] Cet article a été écrit vers 1757. Voyez aussi l'article GOUVERNEMENT dans ce Dictionnaire. K.

d'assembler la famille, pour connaître ses intérêts et pourvoir à ses besoins. Les Tartares avaient leur *Cour-ilté*. Les Germains, selon Tacite, s'assemblaient pour délibérer. Les Saxons et les peuples du Nord eurent leur *Wittenagemot*. Tout fut états généraux dans les républiques grecque et romaine.

Nous n'en voyons point chez les Égyptiens, chez les Perses, chez les Chinois, parce que nous n'avons que des fragments fort imparfaits de leurs histoires; nous ne les connaissons guère que depuis le temps où leurs rois furent absolus, ou du moins depuis le temps où ils n'avaient que les prêtres pour contre-poids de leur autorité.

Quand les comices furent abolis à Rome, les gardes prétoriennes prirent leur place; des soldats insolents, avides, barbares et lâches, furent la république. Septime Sévère les vainquit et les cassa.

Les états-généraux de l'empire ottoman sont les janissaires et les spahis; dans Alger et dans Tunis, c'est la milice.

Le plus grand et le plus singulier exemple de ces états-généraux est la diète de Ratisbonne qui dure depuis cent ans, où siégent continuellement les représentants de l'empire, les ministres des électeurs, des princes, des comtes, des prélats, et des villes impériales, lesquelles sont au nombre de trente-sept.

Les seconds états-généraux de l'Europe sont ceux de la Grande-Bretagne. Ils ne sont pas toujours assemblés comme la diète de Ratisbonne, mais ils sont devenus si nécessaires que le roi les convoque tous les ans.

La chambre des communes répond précisément aux députés des villes reçus dans la diète de l'empire; mais elle est en beaucoup plus grand nombre, et jouit d'un pouvoir bien supérieur. C'est proprement la nation. Les pairs et les évêques ne sont en parlement que pour eux, et la chambre des communes y est pour tout le pays. Ce parlement d'Angleterre n'est autre chose qu'une imitation perfectionnée de quelques états-généraux de France.

En 1355, sous le roi Jean, les trois états furent assemblés à Paris pour secourir le roi Jean contre les Anglais. Ils lui accordèrent une somme considérable, à cinq livres cinq sous le marc, de peur que le roi n'en changeât la valeur numéraire. Ils réglèrent l'impôt nécessaire pour recueillir cet argent, et ils établirent neuf commissaires pour présider à la recette. Le roi promit, pour lui et pour ses successeurs, de ne faire, dans l'avenir, aucun changement dans la monnaie.

Qu'est-ce que promettre pour soi et pour ses héritiers? ou c'est ne rien promettre, ou c'est dire : Ni moi ni mes héritiers n'avons le droit d'altérer la monnaie; nous sommes dans l'impuissance de faire le mal.

Avec cet argent, qui fut bientôt levé, on forma aisément une armée qui n'empêcha pas le roi Jean d'être fait prisonnier à la bataille de Poitiers.

On devait rendre compte aux états, au bout de l'année, de l'emploi de la somme accordée. C'est ainsi qu'on en use aujourd'hui en Angleterre avec la chambre des communes. La nation anglaise a conservé tout ce que la nation française a perdu.

Les états-généraux de Suède ont une coutume plus honorable encore à l'humanité, et qui ne se trouve chez aucun peuple. Ils admettent dans leurs assemblées deux cents paysans qui font un corps séparé des trois autres, et qui soutiennent la liberté de ceux qui travaillent à nourrir les hommes.

Les états-généraux de Danemarck prirent une résolution toute contraire en 1660; ils se dépouillèrent de tous leurs droits en faveur du roi. Ils lui donnèrent un pouvoir absolu et illimité. Mais ce qui est plus étrange, c'est qu'ils ne s'en sont point repentis jusqu'à présent.

Les états-généraux, en France, n'ont point été assemblés depuis 1615, et les cortès d'Espagne ont duré cent ans après. On les assembla encore en 1712, pour confirmer la renonciation de Philippe V à la couronne de France. Ces états-généraux n'ont point été convoqués depuis ce temps.

ÉTERNITÉ.

J'admirais, dans ma jeunesse, tous les raisonnements de Samuel Clarke; j'aimais sa personne, quoiqu'il fût un arien déterminé ainsi que Newton, et j'aime encore sa mémoire parce qu'il était bon homme; mais le cachet de ses idées, qu'il avait mis sur ma cervelle encore molle, s'effaça quand cette cervelle se fut un peu fortifiée. Je trouvai, par exemple, qu'il avait aussi mal combattu l'éternité du monde, qu'il avait mal établi la réalité de l'espace infini.

J'ai tant de respect pour la Genèse et pour l'Église qui l'adopte, que je la regarde comme la seule preuve de la création du monde depuis cinq mille sept cent dix-huit ans, selon le comput des Latins, et depuis sept mille deux cent soixante et dix-huit ans, selon les Grecs.

Toute l'antiquité crut au moins la matière éternelle; et les plus grands philosophes attribuèrent aussi l'éternité à l'ordre de l'univers.

Ils se sont tous trompés, comme on sait; mais on peut croire, sans blasphème, que l'éternel formateur de toutes choses fit d'autres mondes que le nôtre.

Voici ce que dit sur ces mondes et sur cette éternité un auteur inconnu, dans une petite feuille, qui peut aisément se perdre, et qu'il est peut-être bon de conserver :

« . . . . . . Foliis tantum ne carmina manda. »
VIRG., Æn., VI, 74.

S'il y a dans cet écrit quelques propositions téméraires, la petite société qui travaille à la rédaction du recueil les désavoue de tout son cœur.

EUCHARISTIE.

Dans cette question délicate, nous ne parlerons point en théologiens. Soumis de cœur et d'esprit à la religion dans laquelle nous sommes nés, aux lois sous lesquelles nous vivons, nous n'agiterons point la controverse : elle est trop ennemie de toutes les religions, qu'elle se vante de soutenir ; de toutes les lois, qu'elle feint d'expliquer ; et surtout de la concorde, qu'elle a bannie de la terre dans tous les temps.

Une moitié de l'Europe anathématise l'autre au sujet de l'eucharistie, et le sang a coulé des rivages de la mer Baltique au pied des Pyrénées, pendant près de deux cents ans, pour un mot qui signifie *douce charité*.

Vingt nations, dans cette partie du monde, ont en horreur le système de la transsubstantiation catholique. Elles crient que ce dogme est le dernier effort de la folie humaine. Elles attestent ce fameux passage de Cicéron, qui dit* que les hommes ayant épuisé toutes les épouvantables démences dont ils sont capables, ne se sont point encore avisés de manger le dieu qu'ils adorent. Elles disent que presque toutes les opinions populaires étant fondées sur des équivoques, sur l'abus des mots, les catholiques romains n'ont fondé leur système de l'eucharistie et de la transsubstantiation que sur une équivoque ; qu'ils ont pris au propre ce qui n'a pu être dit qu'au figuré, et que la terre, depuis seize cents ans, a été ensanglantée pour des logomachies, pour des malentendus.

Leurs prédicateurs dans les chaires, leurs savants dans leurs livres, les peuples dans leurs discours, répètent sans cesse que Jésus-Christ ne prit point son corps avec ses deux mains pour le faire manger à ses apôtres ; qu'un corps ne peut être en cent mille endroits à la fois, dans du pain et dans un calice ; que du pain qu'on rend en excréments, et du vin qu'on rend en urine, ne peuvent être le Dieu formateur de l'univers ; que ce dogme peut exposer la religion chrétienne à la dérision des plus simples, au mépris et à l'exécration du reste du genre humain.

C'est là ce que disent les Tillotson, les Smalridge, les Turretin, les Claude, les Daillé, les Amyrault, les Mestrezat, les Dumoulin, les Blondel, et la foule innombrable des réformateurs du seizième siècle ; tandis que le mahométan, paisible maître de l'Afrique, de la plus belle partie de l'Europe et de l'Asie, rit avec dédain de nos disputes, et que le reste de la terre les ignore.

Encore une fois, je ne controverse point ; je crois d'une foi vive tout ce que la religion catholique-apostolique enseigne sur l'eucharistie, sans y comprendre un seul mot.

Voici mon seul objet. Il s'agit de mettre aux crimes le plus grand frein possible. Les stoïciens disaient qu'ils portaient Dieu dans leur cœur ; ce sont les expressions de Marc-Aurèle et d'Épictète, les plus vertueux de tous les hommes, et qui étaient, si on ose le dire, des dieux sur la terre. Ils entendaient par ces mots « Je porte Dieu dans moi, » la partie de l'âme divine, universelle, qui anime toutes les intelligences.

La religion catholique va plus loin ; elle dit aux hommes : Vous aurez physiquement dans vous ce que les stoïciens avaient métaphysiquement. Ne vous informez pas de ce que je vous donne à manger et à boire, ou à manger simplement. Croyez seulement que c'est Dieu que je vous donne ; il est dans votre estomac. Votre cœur le souillera-t-il par des injustices, par des turpitudes ? Voilà donc des hommes qui reçoivent Dieu dans eux, au milieu d'une cérémonie auguste, à la lueur de cent cierges, après une musique qui a enchanté leurs sens, au pied d'un autel brillant d'or. L'imagination est subjuguée, l'âme est saisie et attendrie. On respire à peine, on est détaché de tout lien terrestre, on est uni avec Dieu, il est dans notre chair et dans notre sang. Qui osera, qui pourra commettre après cela une seule faute, en recevoir seulement la pensée ? Il était impossible, sans doute, d'imaginer un mystère qui retînt plus fortement les hommes dans la vertu.

Cependant Louis XI, en recevant Dieu dans lui, empoisonne son frère ; l'archevêque de Florence en fesant Dieu, et les Pazzi en recevant Dieu, assassinent les Médicis dans la cathédrale. Le pape Alexandre VI, au sortir du lit de sa fille bâtarde, donne Dieu à son bâtard César Borgia ; et tous deux font périr par la corde, par le poison, par le fer, quiconque possède deux arpents de terre à leur bienséance.

Jules II fait et mange Dieu ; mais, la cuirasse sur le dos et le casque en tête, il se souille de sang et de carnage. Léon X tient Dieu dans son estomac, ses maîtresses dans ses bras et l'argent extorqué par les indulgences dans ses coffres et dans ceux de sa sœur.

Troll, archevêque d'Upsal, fait égorger sous

* Voyez la *Divination* de Cicéron.

ses yeux les sénateurs de Suède, une bulle du pape à la main. Van Galen, évêque de Munster, fait la guerre à tous ses voisins, et devient fameux par ses rapines.

L'abbé N..... est plein de Dieu, ne parle que de Dieu, donne à Dieu toutes les femmes, ou imbéciles, ou folles, qu'il peut diriger, et vole l'argent de ses pénitents.

Que conclure de ces contradictions? que tous ces gens-là n'ont pas cru véritablement en Dieu; qu'ils ont encore moins cru qu'ils eussent mangé le corps de Dieu et bu son sang; qu'ils n'ont jamais imaginé avoir Dieu dans leur estomac; que s'ils l'avaient cru fermement, ils n'auraient jamais commis aucun de ces crimes réfléchis; qu'en un mot, le remède le plus fort contre les atrocités des hommes a été le plus inefficace. Plus l'idée en était sublime, plus elle a été rejetée en secret par la malice humaine.

Non seulement tous nos grands criminels qui ont gouverné, et ceux qui ont voulu extorquer une petite part au gouvernement, en sous-ordre, n'ont pas cru qu'ils recevaient Dieu dans leurs entrailles, mais ils n'ont pas cru réellement en Dieu; du moins ils en ont entièrement effacé l'idée de leur tête. Leur mépris pour le sacrement qu'ils fesaient et qu'ils conféraient a été porté jusqu'au mépris de Dieu même. Quelle est donc la ressource qui nous reste contre la déprédation, l'insolence, la violence, la calomnie, la persécution? De bien persuader l'existence de Dieu au puissant qui opprime le faible. Il ne rira pas du moins de cette opinion; et s'il n'a pas cru que Dieu fût dans son estomac, il pourra croire que Dieu est dans toute la nature. Un mystère incompréhensible l'a rebuté : pourra-t-il dire que l'existence d'un Dieu rémunérateur et vengeur est un mystère incompréhensible? Enfin, s'il ne s'est pas soumis à la voix d'un évêque catholique qui lui a dit : Voilà Dieu qu'un homme consacré par moi a mis dans ta bouche, résistera-t-il à la voix de tous les astres et de tous les êtres animés qui lui crient : C'est Dieu qui nous a formés?

EUPHÉMIE.

On trouve ces mots au grand *Dictionnaire encyclopédique*, à propos du mot *Euphémisme*; « Les personnes peu instruites croient que les Latins n'avaient pas la délicatesse d'éviter les paroles obscènes. C'est une erreur. »

C'est une vérité assez honteuse pour ces respectables Romains. Il est bien vrai que ni dans le sénat, ni sur les théâtres, on ne prononçait les termes consacrés à la débauche; mais l'auteur de cet article avait oublié l'épigramme infâme d'Auguste contre Fulvie, et les lettres d'Antoine, et les turpitudes affreuses d'Horace, de Catulle, de Martial. Ce qu'il y a de plus étrange, c'est que ces grossièretés, dont nous n'avons jamais approché, se trouvent mêlées dans Horace à des leçons de morale. C'est dans la même page l'école de Platon avec les figures de l'Arétin. Cette *Euphémie,* cet adoucissement était bien cynique.

ÉVANGILE.

C'est une grande question de savoir quels sont les premiers Évangiles. C'est une vérité constante, quoi qu'en dise Abbadie, qu'aucun des premiers Pères de l'Église, inclusivement jusqu'à Irénée, ne cite aucun passage des quatre Évangiles que nous connaissons. Au contraire, les alloges, les théodosiens rejetèrent constamment l'Évangile de saint Jean, et ils en parlaient toujours avec mépris, comme l'avance saint Épiphane dans sa trente-quatrième homélie. Nos ennemis remarquent encore que non seulement les plus anciens Pères ne citent jamais rien de nos Évangiles, mais qu'ils rapportent plusieurs passages qui ne se trouvent que dans les Évangiles apocryphes rejetés du canon.

Saint Clément, par exemple, rapporte que notre Seigneur ayant été interrogé sur le temps où son royaume aviendrait, répondit : « Ce sera quand deux ne feront qu'un, quand le dehors ressemblera au dedans, et quand il n'y aura ni mâle ni femelle. » Or il faut avouer que ce passage ne se trouve dans aucun de nos Évangiles. Il y a cent exemples qui prouvent cette vérité; on les peut recueillir dans l'*Examen critique* de M. Fréret, secrétaire perpétuel de l'académie des belles-lettres de Paris.

Le savant Fabricius s'est donné la peine de rassembler les anciens Évangiles que le temps a conservés; celui de Jacques paraît le premier. Il est certain qu'il a encore beaucoup d'autorité dans quelques Églises d'Orient. Il est appelé *premier Évangile.* Il nous reste la passion et la résurrection, qu'on prétend écrites par Nicodème. Cet Évangile de Nicodème est cité par saint Justin et par Tertullien; c'est là qu'on trouve les noms des accusateurs de notre Sauveur, Annas, Caïphas, Summas, Datam, Gamaliel, Judas, Lévi, Nephthalim : l'attention de rapporter ces noms donne une apparence de candeur à l'ouvrage. Nos adversaires ont conclu que, puisqu'on supposa tant de faux Évangiles reconnus d'abord pour vrais, on peut aussi avoir supposé ceux qui font aujourd'hui l'objet de notre croyance. Ils insistent beaucoup sur la foi des premiers hérétiques qui moururent pour ces Évangiles apocryphes. Il y eut donc, disent-ils, des faussaires, des seducteurs et des gens séduits, qui moururent pour l'erreur : ce n'est donc pas une preuve de la vérité de notre religion que des martyrs soient morts pour elle.

Ils ajoutent de plus qu'on ne demanda jamais aux martyrs : Croyez-vous à l'Évangile de Jean, ou à l'Évangile de Jacques? Les païens ne pouvaient fonder des interrogatoires sur des livres qu'ils ne connaissaient pas : les magistrats punirent quelques chrétiens très injustement, comme perturbateurs du repos public; mais ils ne les interrogèrent jamais sur nos quatre Évangiles. Ces livres ne furent un peu connus des Romains que sous Dioclétien; et ils eurent à peine quelque publicité dans les dernières années de Dioclétien. C'était un crime abominable, irrémissible à un chrétien, de faire voir un Évangile à un gentil. Cela est si vrai que vous ne rencontrez le mot d'*Évangile* dans aucun auteur profane.

Les sociniens rigides ne regardent donc nos quatre divins Évangiles que comme des ouvrages clandestins, fabriqués environ un siècle après Jésus-Christ, et cachés soigneusement aux gentils pendant un autre siècle; ouvrages, disent-ils, grossièrement écrits par des hommes grossiers, qui ne s'adressèrent long-temps qu'à la populace de leur parti. Nous ne voulons pas répéter ici leurs autres blasphèmes. Cette secte, quoique assez répandue, est aujourd'hui aussi cachée que l'étaient les premiers Évangiles. Il est d'autant plus difficile de les convertir qu'ils ne croient que leur raison. Les autres chrétiens ne combattent contre eux que par la voix sainte de l'Écriture : ainsi il est impossible que les uns et les autres, étant toujours ennemis, puissent jamais se rencontrer.

Pour nous, restons toujours inviolablement attachés à nos quatre Évangiles avec l'Église infaillible; réprouvons les cinquante Évangiles qu'elle a réprouvés; n'examinons point pourquoi notre Seigneur Jésus-Christ permit qu'on fît cinquante Évangiles faux, cinquante histoires fausses de sa vie, et soumettons-nous à nos pasteurs, qui sont les seuls sur la terre éclairés du Saint-Esprit.

Qu'Abbadie soit tombé dans une erreur grossière, en regardant comme authentiques les lettres, si ridiculement supposées, de Pilate à Tibère, et la prétendue proposition de Tibère au sénat, de mettre Jésus-Christ au rang des dieux : si Abbadie est un mauvais critique et un très mauvais raisonneur, l'Église est-elle moins éclairée? devons-nous moins la croire? devons-nous lui être moins soumis?

ÉVÊQUE.

Samuel Ornik, natif de Bâle, était, comme on sait, un jeune homme très aimable, qui d'ailleurs savait par cœur son *Nouveau Testament* en grec et en allemand. Ses parents le firent voyager à l'âge de vingt ans. On le chargea de porter des livres au coadjuteur de Paris, du temps de la Fronde. Il arrive à la porte de l'archevêché; le suisse lui dit que monseigneur ne voit personne. Camarade, lui dit Ornik, vous êtes rude à vos compatriotes; les apôtres laissèrent approcher tout le monde, et Jésus-Christ voulait qu'on laissât venir à lui tous les petits enfants. Je n'ai rien à demander à votre maître; au contraire, je viens lui apporter. Entrez donc, lui dit le suisse.

Il attend une heure dans une première antichambre. Comme il était fort naïf, il attaque de conversation un domestique, qui aimait fort à dire tout ce qu'il savait de son maître. Il faut qu'il soit puissamment riche, dit Ornik, pour avoir cette foule de pages et d'estafiers que je vois courir dans la maison. Je ne sais pas ce qu'il a de revenu, répond l'autre; mais j'entends dire à Joly et à l'abbé Charier qu'il a déjà deux millions de dettes. Il faudra, dit Ornik, qu'il envoie fouiller dans la gueule d'un poisson pour payer son corban[1]. Mais quelle est cette dame qui sort d'un cabinet et qui passe? —C'est madame de Pomereu, l'une de ses maîtresses.—Elle est vraiment fort jolie; mais je n'ai point lu que les apôtres eussent une telle compagnie dans leur chambre à coucher les matins. Ah! voilà, je crois, monsieur qui va donner audience. —Dites sa grandeur, monseigneur.—Hélas! très volontiers. Ornik salue sa grandeur, lui présente ses livres, et en est reçu avec un sourire très gracieux. On lui dit quatre mots, et on monte en carrosse, escorté de cinquante cavaliers. En montant, monseigneur laisse tomber une gaîne. Ornik est tout étonné que monseigneur porte une si grande écritoire dans sa poche. — Ne voyez-vous pas que c'est son poignard? lui dit le causeur. Tout le monde porte régulièrement son poignard quand on va au parlement. — Voilà une plaisante manière d'officier, dit Ornik; et il s'en va fort étonné.

Il parcourt la France, et s'édifie de ville en ville; de là il passe en Italie. Quand il est sur les terres du pape, il rencontre un de ces évêques à mille écus de rente, qui allait à pied. Ornik était très honnête; il lui offre une place dans sa cambiature. Vous allez, sans doute, monseigneur, consoler quelque malade? — Monsieur, j'allais chez mon maître. — Votre maître! c'est Jésus-Christ, sans doute?—Monsieur, c'est le cardinal Azolin; je suis son aumônier. Il me donne des gages bien médiocres; mais il m'a promis de me placer au-

[1] Mot de la basse latinité, signifiant d'abord *boîte* ou *tronc* où l'on déposait de l'argent, ensuite par extension le *trésor*, *trésorier*, etc. Voyez le *Glossaire* de Ducange. K.

près de dona Olimpia, la belle-sœur favorite *di nostro signore*. — Quoi! vous êtes aux gages d'un cardinal? Mais ne savez-vous pas qu'il n'y avait point de cardinaux du temps de Jésus-Christ et de saint Jean? — Est-il possible! s'écria le prélat italien. — Rien n'est plus vrai; vous l'avez lu dans l'Évangile. — Je ne l'ai jamais lu, répliqua l'évêque; je ne sais que l'office de Notre-Dame. — Il n'y avait, vous dis-je, ni cardinaux ni évêques; et quand il y eut des évêques, les prêtres furent presque leurs égaux, à ce que Jérôme assure en plusieurs endroits. — Sainte Vierge! dit l'Italien, je n'en savais rien : et des papes? — Il n'y en avait pas plus que de cardinaux. — Le bon évêque se signa; il crut être avec l'esprit malin, et sauta en bas de la cambiature.

EXAGÉRATION.

C'est le propre de l'esprit humain d'exagérer. Les premiers écrivains agrandirent la taille des premiers hommes, leur donnèrent une vie dix fois plus longue que la nôtre, supposèrent que les corneilles vivaient trois cents ans, les cerfs neuf cents, et les nymphes trois mille années. Si Xerxès passe en Grèce, il traîne quatre millions d'hommes à sa suite. Si une nation gagne une bataille, elle a presque toujours perdu peu de guerriers, et tué une quantité prodigieuse d'ennemis. C'est peut-être en ce sens qu'il est dit dans les Psaumes : *Omnis homo mendax*.

Quiconque fait un récit a besoin d'être le plus scrupuleux de tous les hommes, s'il n'exagère pas un peu pour se faire écouter. C'est là ce qui a tant décrédité les voyageurs, on se défie toujours d'eux. Si l'un a vu un chou grand comme une maison, l'autre a vu la marmite faite pour ce chou. Ce n'est qu'une longue unanimité de témoignages valides qui met à la fin le sceau de la probabilité aux récits extraordinaires.

La poésie est surtout le champ de l'exagération. Tous les poètes ont voulu attirer l'attention des hommes par des images frappantes. Si un dieu marche dans l'*Iliade*, il est au bout du monde à la troisième enjambée. Ce n'était pas la peine de parler des montagnes pour les laisser à leur place; il fallait les faire sauter comme des chèvres, ou les fondre comme de la cire..

L'ode, dans tous les temps, a été consacrée à l'exagération. Aussi plus une nation devient philosophe, plus les odes à enthousiasme, et qui n'apprennent rien aux hommes, perdent de leur prix.

De tous les genres de poésie, celui qui charme le plus les esprits instruits et cultivés, c'est la tragédie. Quand la nation n'a pas encore le goût formé, quand elle est dans ce passage de la barbarie à la culture de l'esprit, alors presque tout dans la tragédie est gigantesque et hors de la nature.

Rotrou, qui avec du génie, travailla précisément dans le temps de ce passage, et qui donna dans l'année 1636 son *Hercule mourant*, commence par faire parler ainsi son héros (acte I, scène I) :

Père de la clarté, grand astre, âme du monde,
Quels termes n'a franchis ma course vagabonde?
Sur quels bords a-t-on vu tes rayons étalés
Où ces bras triomphants ne se soient signalés?
J'ai porté la terreur plus loin que ta carrière,
Plus loin qu'où tes rayons ont porté ta lumière;
J'ai forcé des pays que le jour ne voit pas,
Et j'ai vu la nature au-delà de mes pas.
Neptune et ses Tritons ont vu d'un œil timide
Promener mes vaisseaux sur leur campagne humide.
L'air tremble comme l'onde au seul bruit de mon nom,
Et n'ose plus servir la haine de Junon.
Mais qu'en vain j'ai purgé le séjour où nous sommes!
Je donne aux immortels la peur que j'ôte aux hommes.

On voit par ces vers combien l'exagéré, l'ampoulé, le forcé, étaient encore à la mode; et c'est ce qui doit faire pardonner à Pierre Corneille.

Il n'y avait que trois ans que Mairet avait commencé à se rapprocher de la vraisemblance et du naturel dans sa *Sophonisbe*. Il fut le premier en France qui non seulement fit une pièce régulière, dans laquelle les trois unités sont exactement observées, mais qui connut le langage des passions, et qui mit de la vérité dans le dialogue. Il n'y a rien d'exagéré, rien d'ampoulé dans cette pièce. L'auteur tomba dans un vice tout contraire : c'est la naïveté et la familiarité, qui ne sont convenables qu'à la comédie. Cette naïveté plut alors beaucoup.

La première entrevue de Sophonisbe et de Massinisse charma toute la cour. La coquetterie de cette reine captive, qui veut plaire à son vainqueur, eut un prodigieux succès. On trouva même très bon que de deux suivantes qui accompagnaient Sophonisbe dans cette scène, l'une dit à l'autre, en voyant Massinisse attendri : ***Ma compagne, il se prend.*** Ce trait comique était dans la nature, et les discours ampoulés n'y sont pas; aussi cette pièce resta plus de quarante années au théâtre.

L'exagération espagnole reprit bientôt sa place dans l'imitation du *Cid* que donna Pierre Corneille, d'après Guillem de Castro et Baptista Diamante, deux auteurs qui avaient traité ce sujet avec succès à Madrid. Corneille ne craignit point de traduire ces vers de Diamante :

« Su sangre señor que en humo
» Su sentimiento esplicava,
» Por la boca que la vierté
» De verse allí derramada
» Por otro que por su rey. »

Son sang sur la poussière écrivait mon devoir.

. . . .

Ce sang qui, tout sorti, fume encor de courroux
De se voir répandu pour d'autres que pour vous.

Le comte de Gormaz ne prodigue pas des exagérations moins fortes quand il dit :

Grenade et l'Aragon tremblent quand ce fer brille,
Mon nom sert de rempart à toute la Castille.

. . . .

Le prince, pour essai de générosité,
Gagnerait des combats marchant à mon côté.

Non seulement ces rodomontades étaient intolérables, mais elles étaient exprimées dans un style qui fesait un énorme contraste avec les sentiments si naturels et si vrais de Chimène et de Rodrigue.

Toutes ces images boursouflées ne commencèrent à déplaire aux esprits bien faits que lorsque enfin la politesse de la cour de Louis XIV apprit aux Français que la modestie doit être la compagne de la valeur; qu'il faut laisser aux autres le soin de nous louer; que ni les guerriers, ni les ministres, ni les rois, ne parlent avec emphase, et que le style boursouflé est le contraire du sublime.

On n'aime point aujourd'hui qu'Auguste parle de l'*empire absolu qu'il a sur tout le monde*, et de *son pouvoir souverain sur la terre et sur l'onde*; on n'entend plus qu'en souriant Émilie dire à Cinna (acte III, scène IV) :

Pour être plus qu'un roi, tu te crois quelque chose.

Jamais il n'y eut en effet d'exagération plus outrée. Il n'y avait pas long-temps que des chevaliers romains des plus anciennes familles, un Septime, un Achillas, avaient été aux gages de Ptolémée, roi d'Égypte. Le sénat de Rome pouvait se croire au-dessus des rois; mais chaque bourgeois de Rome ne pouvait avoir cette prétention ridicule. On haïssait le nom de roi à Rome, comme celui de maître, *dominus*; mais on ne le méprisait pas. On le méprisait si peu que César l'ambitionna, et ne fut tué que pour l'avoir recherché. Octave lui-même, dans cette tragédie, dit à Cinna :

Bien plus, ce même jour je te donne Émilie,
Le digne objet des vœux de toute l'Italie,
Et qu'ont mise si haut mon amour et mes soins,
Qu'en te couronnant roi je t'aurais donné moins.

Le discours d'Émilie est donc non seulement exagéré, mais entièrement faux.

Le jeune Ptolémée exagère bien davantage, lorsqu'en parlant d'une bataille qu'il n'a point vue, et qui s'est donnée à soixante lieues d'Alexandrie, il décrit « des fleuves teints de sang, rendus plus » rapides par le débordement des parricides; des » montagnes de morts privés d'honneurs suprêmes, » que la nature force à se venger eux-mêmes, et » dont les troncs pourris exhalent de quoi faire la » guerre au reste des vivants; et la déroute or- » gueilleuse de Pompée, qui croit que l'Égypte, en » dépit de la guerre, ayant sauvé le ciel, pourra » sauver la terre, et pourra prêter l'épaule au » monde chancelant. »

Ce n'est point ainsi que Racine fait parler Mithridate d'une bataille dont il sort :

Je suis vaincu : Pompée a saisi l'avantage
D'une nuit qui laissait peu de place au courage.
Mes soldats presque nus dans l'ombre intimidés,
Les rangs de toutes parts mal pris et mal gardés,
Le désordre partout redoublant les alarmes,
Nous-mêmes contre nous tournant nos propres armes,
Les cris que les rochers renvoyaient plus affreux,
Enfin toute l'horreur d'un combat ténébreux :
Que pouvait la valeur dans ce trouble funeste ?
Les uns sont morts, la fuite a sauvé tout le reste ;
Et je ne dois la vie, en ce commun effroi,
Qu'au bruit de mon trépas que je laisse après moi.
Mithridate, II, sc. III.

C'est là parler en homme. Le roi Ptolémée n'a parlé qu'en poëte ampoulé et ridicule.

L'exagération s'est réfugiée dans les oraisons funèbres ; on s'attend toujours à l'y trouver, on ne regarde jamais ces pièces d'éloquence que comme des déclamations : c'est donc un grand mérite dans Bossuet d'avoir su attendrir et émouvoir dans un genre qui semble fait pour ennuyer.

EXPIATION.

Dieu fit du repentir la vertu des mortels [1].

C'est peut-être la plus belle institution de l'antiquité que cette cérémonie solennelle qui réprimait les crimes en avertissant qu'ils doivent être punis, et qui calmait le désespoir des coupables, en leur fesant racheter leurs transgressions par des espèces de pénitences. Il faut nécessairement que les remords aient prévenu les expiations; car les maladies sont plus anciennes que la médecine, et tous les besoins ont existé avant les secours.

Il fut donc, avant tous les cultes, une religion naturelle, qui troubla le cœur de l'homme quand il eut, dans son ignorance ou dans son emportement, commis une action inhumaine. Un ami dans une querelle a tué son ami, un frère a tué son frère, un amant jaloux et frénétique a même donné la mort à celle sans laquelle il ne pouvait vivre; un chef d'une nation a condamné un homme vertueux, un citoyen utile : voilà des hommes désespérés, s'ils sont sensibles. Leur conscience les poursuit; rien n'est plus vrai; et c'est le comble du

[1] Ce vers est de Voltaire, voyez *Olympie*, II, sc. II.

malheur. Il ne reste plus que deux partis, ou la réparation, ou l'affermissement dans le crime. Toutes les âmes sensibles cherchent le premier parti, les monstres prennent le second.

Dès qu'il y eut des religions établies, il y eut des expiations; les cérémonies en furent ridicules : car quel rapport entre l'eau du Gange et un meurtre? comment un homme réparait-il un homicide en se baignant? Nous avons déjà remarqué cet excès de démence et d'absurdité, d'avoir imaginé que ce qui lave le corps lave l'âme, et enlève les taches des mauvaises actions.

L'eau du Nil eut ensuite la même vertu que l'eau du Gange : on ajoutait à ces purifications d'autres cérémonies; j'avoue qu'elles furent encore plus impertinentes. Les Égyptiens prenaient deux boucs, et tiraient au sort lequel des deux on jetterait en bas, chargé des péchés des coupables. On donnait à ce bouc le nom d'*Hazazel*, l'expiateur. Quel rapport, je vous prie, entre un bouc et le crime d'un homme?

Il est vrai que depuis Dieu permit que cette cérémonie fût sanctifiée chez les Juifs nos pères, qui prirent tant de rites égyptiaques; mais sans doute c'était le repentir, et non le bouc, qui purifiait les âmes juives.

Jason, ayant tué Absyrthe son beau-frère, vient, dit-on, avec Médée, plus coupable que lui, se faire absoudre par Circé, reine et prêtresse d'Æa, laquelle passa depuis pour une grande magicienne. Circé les absout avec un cochon de lait et des gâteaux au sel. Cela peut faire un assez bon plat, mais cela ne peut guère ni payer le sang d'Absyrthe, ni rendre Jason et Médée plus honnêtes gens, à moins qu'ils ne témoignent un repentir sincère en mangeant leur cochon de lait.

L'expiation d'Oreste, qui avait vengé son père par le meurtre de sa mère, fut d'aller voler une statue chez les Tartares de Crimée. La statue devait être bien mal faite, et il n'y avait rien à gagner sur un pareil effet. On fit mieux depuis, on inventa les mystères : les coupables pouvaient y recevoir leur absolution en subissant des épreuves pénibles, et en jurant qu'ils mèneraient une nouvelle vie. C'est de ce serment que les récipiendaires furent appelés chez toutes les nations d'un nom qui répond à initiés, *qui ineunt vitam novam*, qui commencent une nouvelle carrière, qui entrent dans le chemin de la vertu.

Nous avons vu, à l'article BAPTÊME, que les catéchumènes chrétiens n'étaient appelés *initiés* que lorsqu'ils étaient baptisés.

Il est indubitable qu'on n'était lavé de ses fautes dans ces mystères que par le serment d'être vertueux : cela est si vrai, que l'hiérophante, dans tous les mystères de la Grèce, en congédiant l'assemblée, prononçait ces deux mots égyptiens, *Koth, ompheth*, « veillez, soyez purs; » ce qui est à la fois une preuve que les mystères viennent originairement d'Égypte, et qu'ils n'étaient inventés que pour rendre les hommes meilleurs.

Les sages, dans tous les temps, firent donc ce qu'ils purent pour inspirer la vertu, et pour ne point réduire la faiblesse humaine au désespoir; mais aussi il y a des crimes si horribles, qu'aucun mystère n'en accorda l'expiation. Néron, tout empereur qu'il était, ne put se faire initier aux mystères de Cérès. Constantin, au rapport de Zosime, ne put obtenir le pardon de ses crimes : il était souillé du sang de sa femme, de son fils, et de tous ses proches. C'était l'intérêt du genre humain que de si grands forfaits demeurassent sans expiation, afin que l'absolution n'invitât pas à les commettre, et que l'horreur universelle pût arrêter quelquefois les scélérats.

Les catholiques romains ont des expiations qu'on appelle *pénitences*. Nous avons vu à l'article AUSTÉRITÉS quel fut l'abus d'une institution si salutaire.

Par les lois des barbares qui détruisirent l'empire romain, on expiait les crimes avec de l'argent; cela s'appelait composer : « componat cum » decem, viginti, triginta solidis. » Il en coûtait deux cents sous de ce temps-là pour tuer un prêtre, et quatre cents pour un évêque; de sorte qu'un évêque valait précisément deux prêtres.

Après avoir ainsi composé avec les hommes, on composa ensuite avec Dieu, lorsque la confession fut généralement établie. Enfin le pape Jean XII, qui fesait argent de tout, rédigea le tarif des péchés.

L'absolution d'un inceste, quatre tournois pour un laïque; « ab incestu pro laïco in foro con» scientiæ turonenses quatuor. » Pour l'homme et la femme qui ont commis l'inceste, dix-huit tournois quatre ducats et neuf carlins. Cela n'est pas juste; si un seul ne paie que quatre tournois, les deux ne devaient que huit tournois.

La sodomie et la bestialité sont mises au même taux, avec la clause inhibitoire au titre XLIII : cela monte à quatre-vingt-dix tournois douze ducats et six carlins : « cum inhibitione turonenses 90, du» catos 12, carlinos 6, etc. »

Il est bien difficile de croire que Léon X ait eu l'imprudence de faire imprimer cette taxe en 1514, comme on l'assure; mais il faut considérer que nulle étincelle ne paraissait alors de l'embrasement qu'excitèrent depuis les réformateurs, que la cour de Rome s'endormait sur la crédulité des peuples, et négligeait de couvrir ses exactions du moindre voile. La vente publique des indulgences, qui suivit bientôt après, fait voir que cette cour ne prenait aucune précaution pour cacher des turpitudes auxquelles tant de nations étaient accoutumées. Dès que les plaintes contre les abus de l'Église romaine éclatèrent, elle fit ce qu'elle put pour supprimer le livre; mais elle ne put y parvenir.

Si j'ose dire mon avis sur cette taxe, je crois que les éditions ne sont pas fidèles; les prix ne sont du tout point proportionnés: ces prix ne s'accordent pas avec ceux qui sont allégués par d'Aubigné, grand-père de madame de Maintenon, dans la *Confession de Sanci*; il évalue un pucelage à six gros, et l'inceste avec sa mère et sa sœur à cinq gros; ce compte est ridicule. Je pense qu'il y avait en effet une taxe établie dans la chambre de la daterie, pour ceux qui venaient se faire absoudre à Rome, ou marchander des dispenses, mais que les ennemis de Rome y ajoutèrent beaucoup pour la rendre plus odieuse. Consultez Bayle aux articles Banck, Du Pinet, Drelincourt.

Ce qui est très certain, c'est que jamais ces taxes ne furent autorisées par aucun concile; que c'était un abus énorme inventé par l'avarice, et respecté par ceux qui avaient intérêt à ne le pas abolir. Les vendeurs et les acheteurs y trouvaient également leur compte: ainsi, presque personne ne réclama, jusqu'aux troubles de la réformation. Il faut avouer qu'une connaissance bien exacte de toutes ces taxes servirait beaucoup à l'histoire de l'esprit humain.

EXTRÊME.

Nous essaierons ici de tirer de ce mot *extrême* une notion qui pourra être utile.

On dispute tous les jours si, à la guerre, la fortune ou la conduite fait les succès;

Si, dans les maladies, la nature agit plus que la médecine pour guérir ou pour tuer;

Si, dans la jurisprudence, il n'est pas très avantageux de s'accommoder quand on a raison, et de plaider quand on a tort;

Si les belles-lettres contribuent à la gloire d'une nation ou à sa décadence;

S'il faut ou s'il ne faut pas rendre le peuple superstitieux;

S'il y a quelque chose de vrai en métaphysique, en histoire, en morale;

Si le goût est arbitraire, et s'il est en effet un bon et un mauvais goût, etc., etc.

Pour décider tout d'un coup toutes ces questions, prenez un exemple de ce qu'il y a de plus extrême dans chacune; comparez les deux extrémités opposées, et vous trouverez d'abord le vrai.

Vous voulez savoir si la conduite peut décider infailliblement du succès à la guerre; voyez le cas le plus extrême, les situations les plus opposées, où la conduite seule triomphera infailliblement. L'armée ennemie est obligée de passer dans une gorge profonde de montagnes; votre général le sait; il fait une marche forcée, il s'empare des hauteurs, il tient les ennemis enfermés dans un défilé; il faut qu'ils périssent ou qu'ils se rendent. Dans ce cas extrême, la fortune ne peut avoir nulle part à la victoire. Il est donc démontré que l'habileté peut décider du succès d'une campagne; de cela seul il est prouvé que la guerre est un art.

Ensuite, imaginez une position avantageuse, mais moins décisive; le succès n'est pas si certain, mais il est toujours très probable. Vous arrivez ainsi, de proche en proche, jusqu'à une parfaite égalité entre les deux armées. Qui décidera alors? la fortune, c'est-à-dire un événement imprévu, un officier général tué lorsqu'il va exécuter un ordre important, un corps qui s'ébranle sur un faux bruit, une terreur panique, et mille autres cas auxquels la prudence ne peut remédier; mais il reste toujours certain qu'il y a un art, une tactique.

Il en faut dire autant de la médecine, de cet art d'opérer de la tête et de la main, pour rendre à la vie un homme qui va la perdre.

Le premier qui saigna et purgea à propos un homme tombé en apoplexie; le premier qui imagina de plonger un bistouri dans la vessie pour en tirer un caillou, et de refermer la plaie; le premier qui sut prévenir la gangrène dans une partie du corps, étaient sans doute des hommes presque divins, et ne ressemblaient pas aux médecins de Molière.

Descendez de cet exemple palpable à des expériences moins frappantes et plus équivoques; vous voyez des fièvres, des maux de toute espèce qui se guérissent sans qu'il soit bien prouvé si c'est la nature ou le médecin qui les a guéris; vous voyez des maladies dont l'issue ne peut se deviner; vingt médecins s'y trompent; celui qui a le plus d'esprit, le coup d'œil plus juste, devine le caractère de la maladie. Il y a donc un art; et l'homme supérieur en connaît les finesses. Ainsi La Peyronie devina qu'un homme de la cour devait avoir avalé un os pointu qui lui avait causé un ulcère, et le mettait en danger de mort; ainsi Boerhaave devina la cause de la maladie aussi inconnue que cruelle d'un comte de Vassenaar. Il y a donc réellement un art de la médecine; mais dans tout art il y a des Virgiles et des Mævius.

Dans la jurisprudence, prenez une cause nette, dans laquelle la loi parle clairement; une lettre-de-change bien faite, bien acceptée; il faudra par tout pays que l'accepteur soit condamné à la payer. Il y a donc une jurisprudence utile, quoique dans mille cas les jugements soient arbitraires, pour le malheur du genre humain, parce que les lois sont mal faites.

Voulez-vous savoir si les belles-lettres font du bien à une nation? Comparez les deux extrêmes, Cicéron et un ignorant grossier. Voyez si c'est Pline ou Attila qui fit la décadence de Rome.

On demande si l'on doit encourager la superstition dans le peuple; voyez surtout ce qu'il y a de plus extrême dans cette funeste matière, la Saint-Barthélemi, les massacres d'Irlande, les croisades; la question est bientôt résolue.

Y a-t-il du vrai en métaphysique? Saisissez d'abord les points les plus étonnants et les plus vrais; quelque chose existe, donc quelque chose existe de toute éternité. Un Être éternel existe par lui-même; cet Être ne peut être ni méchant ni inconséquent. Il faut se rendre à ces vérités; presque tout le reste est abandonné à la dispute, et l'esprit le plus juste démêle la vérité lorsque les autres cherchent dans les ténèbres.

Y a-t-il un bon et un mauvais goût? Comparez les extrêmes; voyez ces vers de Corneille dans *Cinna* (IV, III):

> . . . . . Octave, ...
> . . . . ose accuser le destin d'injustice,
> Quand tu vois que les tiens s'arment pour ton supplice,
> Et que par ton exemple à ta perte guidés,
> Ils violent des droits que tu n'as pas gardés!

Comparez-les à ceux-ci dans *Othon* (acte II, scène Ire):

> Dis-moi donc, lorsque Othon s'est offert à Camille,
> A-t-il été content, a-t-elle été facile?
> Son hommage auprès d'elle a-t-il eu plein effet?
> Comment l'a-t-elle pris, et comment l'a-t-il fait?

Par cette comparaison des deux extrêmes, il est bientôt décidé qu'il existe un bon et un mauvais goût.

Il en est en toutes choses comme des couleurs: les plus mauvais yeux distinguent le blanc et le noir; les yeux meilleurs, plus exercés, discernent les nuances qui se rapprochent.

« Usque adeo quod tangit idem est: tamen ultima distant. »
OVID., Met., VI, 67.

ÉZÉCHIEL.

De quelques passages singuliers de ce prophète, et de quelques usages anciens.

On sait assez aujourd'hui qu'il ne faut pas juger des usages anciens par les modernes: qui voudrait réformer la cour d'Alcinoüs dans l'*Odyssée* sur celle du Grand-Turc ou de Louis XIV, ne serait pas bien reçu des savants: qui reprendrait Virgile d'avoir représenté le roi Évandre couvert d'une peau d'ours, et accompagné de deux chiens, pour recevoir des ambassadeurs, serait un mauvais critique.

Les mœurs des anciens Égyptiens et Juifs sont encore plus différentes des nôtres que celles du roi Alcinoüs, de Nausica sa fille, et du bonhomme Évandre.

Ézéchiel, esclave chez les Chaldéens, eut une vision près de la petite rivière de Chobar qui se perd dans l'Euphrate. On ne doit point être étonné qu'il ait vu des animaux à quatre faces et à quatre ailes, avec des pieds de veau, ni des roues qui marchaient toutes seules, et qui avaient l'esprit de vie; ces symboles plaisent même à l'imagination: mais plusieurs critiques se sont révoltés contre l'ordre que le Seigneur lui donna de manger, pendant trois cent quatre-vingt-dix jours, du pain d'orge, de froment, et de millet, couvert d'excréments humains.

Le prophète s'écria, « Pouah! pouah! pouah! » mon âme n'a point été jusqu'ici polluе; » et le Seigneur lui répondit, « Eh bien! je vous donne de » la fiente de bœuf au lieu d'excréments d'homme, » et vous pétrirez votre pain avec cette fiente. »

Comme il n'est point d'usage de manger de telles confitures sur son pain, la plupart des hommes trouvent ces commandements indignes de la majesté divine. Cependant il faut avouer que de la bouse de vache et tous les diamants du grand-mogol sont parfaitement égaux, non seulement aux yeux d'un être divin, mais à ceux d'un vrai philosophe; et à l'égard des raisons que Dieu pouvait avoir d'ordonner un tel déjeuner au prophète, ce n'est pas à nous de les demander.

Il suffit de faire voir que ces commandements, qui nous paraissent étranges, ne le parurent pas aux Juifs.

Il est vrai que la synagogue ne permettait pas, du temps de saint Jérôme, la lecture d'Ézéchiel avant l'âge de trente ans; mais c'était parce que, dans le chapitre XVIII, il dit que le fils ne portera plus l'iniquité de son père, et qu'on ne dira plus: Les pères ont mangé des raisins verts, et les dents des enfants en sont agacées.

En cela il se trouvait expressément en contradiction avec Moïse, qui, au chap. XXVIII des *Nombres*, assure que les enfants portent l'iniquité des pères jusqu'à la troisième et quatrième génération.

Ézéchiel, au chapitre XX, fait dire encore au Seigneur qu'il a donné aux Juifs des *préceptes qui ne sont pas bons*. Voilà pourquoi la synagogue interdisait aux jeunes gens une lecture qui pouvait faire douter de l'irréfragabilité des lois de Moïse.

Les censeurs de nos jours sont encore plus étonnés du chapitre XVI d'Ézéchiel: voici comme le prophète s'y prend pour faire connaître les crimes de Jérusalem. Il introduit le Seigneur parlant à une fille, et le Seigneur dit à la fille : « Lorsque » vous naquîtes, on ne vous avait point encore » coupé le boyau du nombril, on ne vous avait » point salée, vous étiez toute nue, j'eus pitié de » vous; vous êtes devenue grande, votre sein s'est » formé, votre poil a paru; j'ai passé, je vous ai » vue, j'ai connu que c'était le temps des amants; » j'ai couvert votre ignominie; je me suis étendu » sur vous avec mon manteau; vous avez été à » moi; je vous ai lavée, parfumée, bien habillée, » bien chaussée; je vous ai donné une écharpe de » coton, des bracelets, un collier; je vous ai mis » une pierrerie au nez, des pendants d'oreilles, » et une couronne sur la tête, etc.

» Alors ayant confiance à votre beauté, vous » avez forniqué pour votre compte avec tous les » passants.... Et vous avez bâti un mauvais lieu..., » et vous vous êtes prostituée jusque dans les pla- » ces publiques, et vous avez ouvert vos jambes » à tous les passants...., et vous avez couché avec » des Egyptiens...., et enfin vous avez payé des » amants, et vous leur avez fait des présents afin » qu'ils couchassent avec vous....; et en payant, » au lieu d'être payée, vous avez fait le contraire » des autres filles.... Le proverbe est, *telle mère* » *telle fille*; et c'est ce qu'on dit de vous, etc.

On s'élève encore davantage contre le chapitre XXIII. Une mère avait deux filles qui ont perdu leur virginité de bonne heure : la plus grande s'appelait Oolla, et la petite Ooliba.... « Oolla a été » folle des jeunes seigneurs, magistrats, cavaliers; » elle a couché avec des Égyptiens dès sa première » jeunesse.... Ooliba, sa sœur, a bien plus forni- » qué encore avec des officiers, des magistrats, et » des cavaliers bien faits; elle a découvert sa tur- » pitude; elle a multiplié ses fornications; elle a » recherché avec emportement les embrassements » de ceux qui ont le membre comme un âne, et » qui répandent leur semence comme des che- » vaux.... »

Ces descriptions, qui effarouchent tant d'esprits faibles, ne signifient pourtant que les iniquités de Jérusalem et de Samarie; les expressions qui nous paraissent libres ne l'étaient point alors. La même naïveté se montre sans crainte dans plus d'un endroit de l'Écriture. Il y est souvent parlé d'ouvrir la vulve. Les termes dont elle se sert pour exprimer l'accouplement de Booz avec Ruth, de Juda avec sa belle-fille, ne sont point déshonnêtes en hébreu, et le seraient en notre langue.

On ne se couvre point d'un voile quand on n'a pas honte de sa nudité; comment dans ces temps-là aurait-on rougi de nommer les génitoires, puisqu'on touchait les génitoires de ceux à qui l'on fesait quelque promesse? c'était une marque de respect, un symbole de fidélité, comme autrefois parmi nous les seigneurs châtelains mettaient leurs mains entre celles de leurs seigneurs paramounts[1].

Nous avons traduit les génitoires par cuisse. Éliézer met la main sous la cuisse d'Abraham; Joseph met la main sous la cuisse de Jacob. Cette coutume était fort ancienne en Égypte. Les Égyptiens étaient si éloignés d'attacher de la turpitude à ce que nous n'osons ni découvrir ni nommer, qu'ils portaient en procession une grande figure du membre viril nommé *phallum*, pour remercier les dieux de faire servir ce membre à la propagation du genre humain.

Tout cela prouve assez que nos bienséances ne sont pas les bienséances des autres peuples. Dans quel temps y a-t-il eu chez les Romains plus de politesse que du temps du siècle d'Auguste? cependant Horace ne fait nulle difficulté de dire dans une pièce morale :

« Nec vereor ne, dum futuo, vir rure recurrat. »
Liv. I, sat. II, vers 127.

Auguste se sert de la même expression dans une épigramme contre Fulvie.

Un homme qui prononcerait parmi nous le mot qui répond à *futuo* serait regardé comme un crocheteur ivre; ce mot, et plusieurs autres dont se servent Horace et d'autres auteurs, nous paraît encore plus indécent que les expressions d'Ézéchiel. Défesons-nous de tous nos préjugés quand nous lisons d'anciens auteurs, ou que nous voyageons chez des nations éloignées. La nature est la même partout, et les usages partout différents.

Je rencontrai un jour dans Amsterdam un rabbin tout plein de ce chapitre. Ah! mon ami, dit-il, que nous vous avons obligation! vous avez fait connaître toute la sublimité de la loi mosaïque, le déjeuner d'Ézéchiel, ses belles attitudes sur le côté gauche; Oolla et Ooliba sont des choses admirables; ce sont des types, mon frère, des types qui figurent qu'un jour le peuple juif sera maître de toute la terre; mais pourquoi en avez-vous omis tant d'autres qui sont à peu près de cette force? pourquoi n'avez-vous pas représenté le Seigneur disant au sage Osée, dès le second verset du premier chapitre : « Osée, prends une fille de joie, » et fais-lui des fils de fille de joie. » Ce sont ses propres paroles. Osée prit la demoiselle, il en eut un garçon, et puis une fille, et puis encore un garçon; et c'était un type, et ce type dura trois années. Ce n'est pas tout, dit le Seigneur au troisième chapitre : « Va-t'en prendre une femme qui » soit non seulement débauchée, mais adultère. » Osée obéit; mais il lui en coûta quinze écus et un

[1] Suzerains. K.

setier et demi d'orge ; car vous savez que dans la terre promise il y avait très peu de froment. Mais savez-vous ce que tout cela signifie? Non, lui dis-je. Ni moi non plus, dit le rabbin.

Un grave savant s'approcha, et nous dit que c'étaient des fictions ingénieuses et toutes remplies d'agrément. Ah! monsieur, lui répondit un jeune homme fort instruit, si vous voulez des fictions, croyez-moi, préférez celles d'Homère, de Virgile, et d'Ovide. Quiconque aime les prophéties d'Ézéchiel mérite de déjeuner avec lui.

ÉZOURVEIDAM.

Qu'est-ce donc que cet *Ézourveidam*, qui est à la Bibliothèque du roi de France? C'est un ancien commentaire, qu'un ancien brame composa autrefois avant l'époque d'Alexandre sur l'ancien *Veidam*, qui était lui-même bien moins ancien que le livre du *Shasta*.

Respectons, vous dis-je, tous ces anciens Indiens. Ils inventèrent le jeu des échecs, et les Grecs allaient apprendre chez eux la géométrie.

Cet *Ézourveidam* fut en dernier lieu traduit par un brame, correspondant de la malheureuse compagnie française des Indes. Il me fut apporté au mont Krapack, où j'observe les neiges depuis long-temps ; et je l'envoyai à la grande Bibliothèque royale de Paris, où il est mieux placé que chez moi.

Ceux qui voudront le consulter verront qu'après plusieurs révolutions produites par l'Éternel, il plut à l'Éternel de former un homme qui s'appelait *Adimo*, et une femme dont le nom répondait à celui de la vie.

Cette anecdote indienne est-elle prise des livres juifs? les Juifs l'ont-ils copiée des Indiens? ou peut-on dire que les uns et les autres l'ont écrite d'original, et que les beaux esprits se rencontrent?

Il n'était pas permis aux Juifs de penser que leurs écrivains eussent rien puisé chez les brachmanes, dont ils n'avaient pas entendu parler. Il ne nous est pas permis de penser sur Adam autrement que les Juifs. Par conséquent je me tais, et je ne pense point.

F.

FABLE.

Il est vraisemblable que les fables dans le goût de celles qu'on attribue à Ésope, et qui sont plus anciennes que lui, furent inventées en Asie par les premiers peuples subjugués ; des hommes libres n'auraient pas eu toujours besoin de déguiser la vérité ; on ne peut guère parler à un tyran qu'en paraboles, encore ce détour même est-il dangereux.

Il se peut très bien aussi que, les hommes aimant naturellement les images et les contes, les gens d'esprit se soient amusés à leur en faire sans aucune autre vue. Quoi qu'il en soit, telle est la nature de l'homme, que la fable est plus ancienne que l'histoire.

Chez les Juifs, qui sont une peuplade toute nouvelle [1] en comparaison de la Chaldée et de Tyr ses voisines, mais fort ancienne par rapport à nous, on voit des fables toutes semblables à celles d'Ésope dès le temps des Juges ; c'est-à-dire mille deux cent trente-trois ans avant notre ère, si on peut compter sur de telles supputations.

Il est donc dit dans les *Juges* que Gédéon avait soixante et dix fils, qui étaient « sortis de lui parce » qu'il avait plusieurs femmes », et qu'il eut d'une servante un autre fils nommé Abimélech.

Or, cet Abimélech écrasa sur une même pierre soixante et neuf de ses frères, selon la coutume ; et les Juifs, pleins de respect et d'admiration pour Abimélech, allèrent le couronner roi sous un chêne auprès de la ville de Mello, qui d'ailleurs est peu connue dans l'histoire.

Joatham, le plus jeune des frères, échappé seul au carnage (comme il arrive toujours dans les anciennes histoires), harangua les Juifs ; il leur dit que les arbres allèrent un jour se choisir un roi. On ne voit pas trop comment des arbres marchent ; mais s'ils parlaient, ils pouvaient bien marcher. Ils s'adressèrent d'abord à l'olivier, et lui dirent : Règne. L'olivier répondit : Je ne quitterai pas le soin de mon huile pour régner sur vous. Le figuier dit qu'il aimait mieux ses figues que l'embarras du pouvoir suprême. La vigne donna la préférence à ses raisins. Enfin les arbres s'adressèrent au buisson ; le buisson répondit : « Je régnerai sur vous, » je vous offre mon ombre ; et si vous n'en voulez » pas, le feu sortira du buisson et vous dévo- » rera. »

Il est vrai que la fable pèche par le fond, parce que le feu ne sort point d'un buisson ; mais elle montre l'antiquité de l'usage des fables.

Celle de l'estomac et des membres, qui servit à calmer une sédition dans Rome, il y a environ deux mille trois cents ans, est ingénieuse et sans défaut. Plus les fables sont anciennes, plus elles sont allégoriques.

[1] Il est prouvé que la peuplade hébraïque n'arriva en Palestine que dans un temps où le Canaan avait déjà d'assez puissantes villes : Tyr, Sidon, Berith, florissaient. Il est dit que Josué détruisit Jéricho et la ville des lettres, des archives, des écoles, appelée Cariath Sepher ; donc les Juifs n'étaient alors que des étrangers qui portaient le ravage chez des peuples policés.

L'ancienne fable de Vénus, telle qu'elle est rapportée dans Hésiode, n'est-elle pas une allégorie de la nature entière? Les parties de la génération sont tombées de l'Éther sur le rivage de la mer: Vénus naît de cette écume précieuse; son premier nom est celui d'Amante de l'organe de la génération, *Philometès* : y a-t-il une image plus sensible?

Cette Vénus est la déesse de la beauté; la beauté cesse d'être aimable, si elle marche sans les grâces; la beauté fait naître l'amour; l'amour a des traits qui percent les cœurs; il porte un bandeau qui cache les défauts de ce qu'on aime; il a des ailes, il vient vite et fuit de même.

La sagesse est conçue dans le cerveau du maître des dieux sous le nom de Minerve; l'âme de l'homme est un feu divin que Minerve montre à Prométhée, qui se sert de ce feu divin pour animer l'homme.

Il est impossible de ne pas reconnaître dans ces fables une peinture vivante de la nature entière. La plupart des autres fables sont, ou la corruption des histoires anciennes, ou le caprice de l'imagination. Il en est des anciennes fables comme de nos contes modernes: il y en a de moraux qui sont charmants, il en est qui sont insipides.

Les fables des anciens peuples ingénieux ont été grossièrement imitées par des peuples grossiers; témoin celles de Bacchus, d'Hercule, de Prométhée, de Pandore, et tant d'autres; elles étaient l'amusement de l'ancien monde. Les barbares qui en entendirent parler confusément les firent entrer dans leur mythologie sauvage; et ensuite ils osèrent dire: C'est nous qui les avons inventées. Hélas! pauvres peuples ignorés et ignorants, qui n'avez connu aucun art ni agréable ni utile, chez qui même le nom de géométrie ne parvint jamais, pouvez-vous dire que vous avez inventé quelque chose? Vous n'avez su ni trouver des vérités ni mentir habilement.

La plus belle fable des Grecs est celle de Psyché. La plus plaisante fut celle de la matrone d'Éphèse.

La plus jolie parmi les modernes fut celle de la Folie, qui, ayant crevé les yeux à l'Amour, est condamnée à lui servir de guide.

Les fables attribuées à Ésope sont toutes des emblèmes, des instructions aux faibles, pour se garantir des forts autant qu'ils le peuvent. Toutes les nations un peu savantes les ont adoptées. La Fontaine est celui qui les a traitées avec le plus d'agrément: il y en a environ quatre-vingts qui sont des chefs-d'œuvre de naïveté, de grâce, de finesse, quelquefois même de poésie; c'est encore un des avantages du siècle de Louis XIV d'avoir produit un La Fontaine. Il a trouvé si bien le secret de se faire lire, sans presque le chercher, qu'il a eu en France plus de réputation que l'inventeur même.

Boileau ne l'a jamais compté parmi ceux qui faisaient honneur à ce grand siècle: sa raison ou son prétexte était qu'il n'avait jamais rien inventé. Ce qui pouvait encore excuser Boileau, c'était le grand nombre de fautes contre la langue et contre la correction du style: fautes que La Fontaine aurait pu éviter, et que ce sévère critique ne pouvait pardonner. C'était la cigale, qui « ayant chanté tout » l'été, s'en alla crier famine chez la fourmi sa voi- » sine; » qui lui dit « qu'elle la paiera avant l'oût, » foi d'animal, intérêt et principal; » et à qui la fourmi répond, « Vous chantiez? j'en suis fort aise; » eh bien! dansez maintenant. »

C'était le loup, qui, voyant la marque du collier du chien, lui dit: « Je ne voudrais pas même » à ce prix un trésor: » comme si les trésors étaient à l'usage des loups.

C'était la « race escarbote, qui est en quartier » d'hiver comme la marmotte. »

C'était l'astrologue qui se laissa choir, et à qui on dit: « Pauvre bête, penses-tu lire au-dessus » de ta tête? » En effet, Copernic, Galilée, Cassini, Halley, ont très bien lu au-dessus de leur tête; et le meilleur des astronomes peut se laisser tomber sans être une pauvre bête.

L'astrologie judiciaire est à la vérité une charlatanerie très ridicule; mais ce ridicule ne consistait pas à regarder le ciel; il consistait à croire ou à vouloir faire croire qu'on y lit ce que l'on n'y lit point. Plusieurs de ces fables, ou mal choisies, ou mal écrites, pouvaient mériter en effet la censure de Boileau.

Rien n'est plus insipide que la femme noyée, dont on dit qu'il faut chercher le corps en remontant le cours de la rivière, parce que cette femme avait été contredisante.

Le tribut des animaux envoyé au roi Alexandre est une fable qui, pour être ancienne, n'en est pas meilleure. Les animaux n'envoient point d'argent à un roi; et un lion ne s'avise pas de voler de l'argent.

Un satyre qui reçoit chez lui un passant ne doit point le renvoyer sur ce qu'il souffle d'abord dans ses doigts parce qu'il a trop froid, et qu'ensuite, en prenant l'*écuelle aux dents*, il souffle sur son potage qui est trop chaud. L'homme avait très grande raison, et le satyre était un sot. D'ailleurs on ne prend point l'écuelle avec les dents.

Mère écrevisse, qui reproche à sa fille de ne pas aller droit, et la fille qui lui répond que sa mère va tortu, n'a point paru une fable agréable.

Le buisson et le canard en société avec une chauve-souris pour des marchandises, « ayant » des comptoirs, des facteurs, des agents, payant

» le principal et les intérêts, et ayant des sergents » à leur porte, » n'a ni vérité, ni naturel, ni agrément.

Un buisson qui sort de son pays avec une chauve-souris pour aller trafiquer, est une de ces imaginations froides et hors de la nature, que La Fontaine ne devait pas adopter.

Un logis plein de chiens et de chats, « vivant » entre eux comme cousins, et se brouillant pour » un pot de potage, » semble bien indigne d'un homme de goût.

La *pie-margot-caquet-bon-bec* est encore pire; l'aigle lui dit qu'elle n'a que faire de sa compagnie, parce qu'elle parle trop. Sur quoi La Fontaine remarque qu'il faut à la cour *porter habit de deux paroisses*.

Que signifie un milan présenté par un oiseleur à un roi, auquel il prend le bout du nez avec ses griffes?

Un singe qui avait épousé une fille parisienne et qui la battait, est un très mauvais conte qu'on avait fait à La Fontaine, et qu'il eut le malheur de mettre en vers.

De telles fables et quelques autres pourraient sans doute justifier Boileau : il se pouvait même que La Fontaine ne sût pas distinguer ses mauvaises fables des bonnes.

Madame de La Sablière appelait La Fontaine *un fablier*, qui portait naturellement des fables, comme un prunier des prunes. Il est vrai qu'il n'avait qu'un style, et qu'il écrivait un opéra de ce même style dont il parlait de *Janot Lapin* et de *Rominagrobis*. Il dit dans l'opéra de *Daphné* :

> J'ai vu le temps qu'une jeune fillette
> Pouvait sans peur aller au bois seulette :
> Maintenant, maintenant, les bergers sont loups,
> Je vous dis, je vous dis, fillettes, gardez-vous.

> Jupiter vous vaut bien ;
> Je ris aussi quand l'Amour veut qu'il pleure :
> Vous autres dieux, n'attaquez rien,
> Qui, sans vous étonner, s'ose défendre une heure.
> Que vous êtes reprenante,
> Gouvernante !

Malgré tout cela, Boileau devait rendre justice au mérite singulier du bonhomme (c'est ainsi qu'il l'appelait), et être enchanté avec tout le public du style de ses bonnes fables.

La Fontaine n'était pas né inventeur; ce n'était pas un écrivain sublime, un homme d'un goût toujours sûr, un des premiers génies du grand siècle; et c'est encore un défaut très remarquable dans lui de ne pas parler correctement sa langue : il est dans cette partie très inférieur à Phèdre; mais c'est un homme unique dans les excellents morceaux qu'il nous a laissés : ils sont en grand nombre; ils sont dans la bouche de tous ceux qui ont été élevés honnêtement; ils contribuent même à leur éducation; ils iront à la dernière postérité; ils conviennent à tous les hommes, à tous les âges; et ceux de Boileau ne conviennent guère qu'aux gens de lettres.

DE QUELQUES FANATIQUES QUI ONT VOULU PROSCRIRE LES ANCIENNES FABLES.

Il y eut, parmi ceux qu'on nomme *jansénistes*, une petite secte de cerveaux durs et creux, qui voulurent proscrire les belles fables de l'antiquité, substituer saint Prosper à Ovide, et Santeul à Horace. Si on les avait crus, les peintres n'auraient plus représenté Iris sur l'arc-en-ciel, ni Minerve avec son égide ; mais Nicole et Arnauld combattant contre des jésuites et contre des protestants; mademoiselle Perrier guérie d'un mal aux yeux par une épine de la couronne de Jésus-Christ, arrivée de Jérusalem à Port-Royal ; le conseiller Carré de Montgeron, présentant à Louis XV le Recueil des convulsions de saint Médard, et saint Ovide ressuscitant des petits garçons.

Aux yeux de ces sages austères, Fénelon n'était qu'un idolâtre qui introduisait l'enfant Cupidon chez la nymphe Eucharis, à l'exemple du poëme impie de l'*Énéide*.

Pluche, à la fin de sa fable du ciel, intitulée *Histoire*, fait une longue dissertation pour prouver qu'il est honteux d'avoir dans ses tapisseries des figures prises des métamorphoses d'Ovide; et que Zéphyre et Flore, Vertumne et Pomone, devraient être bannis des jardins de Versailles [a]. Il exhorte l'académie des belles-lettres à s'opposer à ce mauvais goût; et il dit qu'elle seule est capable de rétablir les belles-lettres.

Voici une petite apologie de la fable que nous présentons à notre cher lecteur, pour le prémunir contre la mauvaise humeur de ces ennemis des beaux-arts.

D'autres rigoristes, plus sévères que sages, ont voulu proscrire depuis peu l'ancienne mythologie, comme un recueil de contes puérils indignes de la gravité reconnue de nos mœurs. Il serait triste pourtant de brûler Ovide, Homère, Hésiode, et toutes nos belles tapisseries, et nos tableaux, et nos opéras : beaucoup de fables, après tout, sont plus philosophiques que ces messieurs ne sont philosophes. S'ils font grâce aux contes familiers d'Ésope, pourquoi faire main-basse sur ces fables sublimes qui ont été respectées du genre humain dont elles ont fait l'instruction? Elles sont mêlées de beaucoup d'insipidité, car quelle chose est sans

[a] *Histoire du ciel*, tome II, page 398.

mélange? Mais tous les siècles adopteront la boîte de Pandore, au fond de laquelle se trouve la consolation du genre humain; les deux tonneaux de Jupiter, qui versent sans cesse le bien et le mal; la nue embrassée par Ixion, emblème et châtiment d'un ambitieux; et la mort de Narcisse, qui est la punition de l'amour-propre. Y a-t-il rien de plus sublime que Minerve, la divinité de la sagesse, formée dans la tête du maître des dieux? Y a-t-il rien de plus vrai et de plus agréable que la déesse de la beauté, obligée de n'être jamais sans les grâces? Les déesses des arts, toutes filles de la Mémoire, ne nous avertissent-elles pas aussi bien que Locke que nous ne pouvons sans mémoire avoir le moindre jugement, la moindre étincelle d'esprit? Les flèches de l'Amour, son bandeau, son enfance, Flore caressée par Zéphyre, etc., ne sont-ils pas les emblèmes sensibles de la nature entière? Ces fables ont survécu aux religions qui les consacraient; les temples des dieux d'Égypte, de la Grèce, de Rome, ne sont plus, et Ovide subsiste. On peut détruire les objets de la crédulité, mais non ceux du plaisir; nous aimerons à jamais ces images vraies et riantes. Lucrèce ne croyait pas à ces dieux de la fable; mais il célébrait la nature sous le nom de Vénus.

« Alma Venus, cœli subter labentia signa,
» Quæ mare navigerum, quæ terras frugiferentes
» Concelebras, per te quoniam genus omne animantum
» Concipitur, visitque exortum lumina solis, etc. »
Lucr., I. 2-5.

Tendre Vénus, âme de l'univers,
Par qui tout naît, tout respire, et tout aime;
Toi dont les feux brûlent au fond des mers,
Toi qui régis la terre et le ciel même, etc. »

Si l'antiquité dans ses ténèbres s'était bornée à reconnaître la Divinité dans ces images, aurait-on beaucoup de reproches à lui faire? L'âme productrice du monde était adorée par les sages; elle gouvernait les mers sous le nom de Neptune, les airs sous l'emblème de Junon, les campagnes sous celui de Pan. Elle était la divinité des armées sous le nom de Mars; on animait tous ses attributs : Jupiter était le seul dieu. La chaîne d'or avec laquelle il enlevait les dieux inférieurs et les hommes était une image frappante de l'unité d'un être souverain. Le peuple s'y trompait; mais que nous importe le peuple?

On demande tous les jours pourquoi les magistrats grecs et romains permettaient qu'on tournât en ridicule sur le théâtre ces mêmes divinités qu'on adorait dans les temples? On fait là une supposition fausse : on ne se moquait point des dieux sur le théâtre, mais des sottises attribuées à ces dieux par ceux qui avaient corrompu l'ancienne mythologie. Les consuls et les préteurs trouvaient bon qu'on traitât gaiement sur la scène l'aventure des deux Sosies; mais ils n'auraient pas souffert qu'on eût attaqué devant le peuple le culte de Jupiter et de Mercure. C'est ainsi que mille choses, qui paraissent contradictoires, ne le sont point. J'ai vu sur le théâtre d'une nation savante et spirituelle des aventures tirées de la *Légende dorée* : dira-t-on pour cela que cette nation permet qu'on insulte aux objets de la religion? Il n'est pas à craindre qu'on devienne païen pour avoir entendu à Paris l'opéra de *Proserpine*[1], ou pour avoir vu à Rome les noces de Psyché peintes dans un palais du pape par Raphaël. La fable forme le goût, et ne rend personne idolâtre.

Les belles fables de l'antiquité ont encore ce grand avantage sur l'histoire, qu'elles présentent une morale sensible : ce sont des leçons de vertu; et presque toute l'histoire est le succès des crimes. Jupiter, dans la fable, descend sur la terre pour punir Tantale et Lycaon; mais, dans l'histoire, nos Tantales et nos Lycaons sont les dieux de la terre. Baucis et Philémon obtiennent que leur cabane soit changée en un temple; nos Baucis et nos Philémons voient vendre par le collecteur des tailles leurs marmites, que les dieux changent en vases d'or dans Ovide.

Je sais combien l'histoire peut nous instruire, je sais combien elle est nécessaire; mais en vérité il faut lui aider beaucoup pour en tirer des règles de conduite. Que ceux qui ne connaissent la politique que dans les livres se souviennent toujours de ces vers de Corneille :

Ces exemples récents suffiraient pour m'instruire,
Si par l'exemple seul on se devait conduire;...
Quelquefois l'un se brise ou l'autre s'est sauvé,
Et par où l'un périt, un autre est conservé.
Cinna, acte II, scène I.

Henri VIII, tyran de ses parlements, de ses ministres, de ses femmes, des consciences, et des bourses, vit et meurt paisible : le bon, le brave Charles Ier périt sur un échafaud. Notre admirable héroïne Marguerite d'Anjou donne en vain douze batailles en personne contre les Anglais, sujets de son mari : Guillaume III chasse Jacques II d'Angleterre sans donner bataille. Nous avons vu de nos jours la famille impériale de Perse égorgée, et des étrangers sur son trône. Pour qui ne regarde qu'aux événements, l'histoire semble accuser la Providence, et les belles fables morales la justifient. Il est clair qu'on trouve dans elles l'utile et l'agréable : ceux qui dans ce monde ne sont ni l'un ni l'autre crient contre elles. Laissons-les

[1] Par Quinault.

dire, et lisons Homère et Ovide, aussi bien que Tite-Live et Rapin-Thoyras. Le goût donne des préférences, le fanatisme donne les exclusions.

Tous les arts sont amis, ainsi qu'ils sont divins :
Qui veut les séparer est loin de les connaître.
L'histoire nous apprend ce que sont les humains,
La fable ce qu'ils doivent être.

FACILE. (GRAMMAIRE.)

Facile ne signifie pas seulement une chose aisément faite, mais encore qui paraît l'être. Le pinceau du Corrége est facile. Le style de Quinault est beaucoup plus facile que celui de Despréaux, comme le style d'Ovide l'emporte en facilité sur celui de Perse.

Cette facilité en peinture, en musique, en éloquence, en poésie, consiste dans un naturel heureux, qui n'admet aucun tour de recherche, et qui peut se passer de force et de profondeur. Ainsi les tableaux de Paul Véronèse ont un air plus facile et moins fini que ceux de Michel-Ange. Les symphonies de Rameau sont supérieures à celles de Lulli, et semblent moins faciles. Bossuet est plus véritablement éloquent et plus facile que Fléchier. Rousseau, dans ses épîtres, n'a pas, à beaucoup près, la facilité et la vérité de Despréaux.

Le commentateur de Despréaux dit que ce poète exact et laborieux avait appris à l'illustre Racine à faire difficilement des vers, et que ceux qui paraissent faciles sont ceux qui ont été faits avec le plus de difficulté.

Il est très vrai qu'il en coûte souvent pour s'exprimer avec clarté : il est vrai qu'on peut arriver au naturel par des efforts; mais il est vrai aussi qu'un heureux génie produit souvent des beautés faciles sans aucune peine, et que l'enthousiasme va plus loin que l'art.

La plupart des morceaux passionnés de nos bons poètes sont sortis achevés de leur plume, et paraissent d'autant plus faciles, qu'ils ont en effet été composés sans travail; l'imagination alors conçoit et enfante aisément. Il n'en est pas ainsi dans les ouvrages didactiques; c'est là qu'on a besoin d'art pour paraître facile. Il y a, par exemple, beaucoup moins de facilité que de profondeur dans l'admirable *Essai sur l'homme* de Pope.

On peut faire facilement de très mauvais ouvrages qui n'auront rien de gêné, qui paraîtront faciles, et c'est le partage de ceux qui ont, sans génie, la malheureuse habitude de composer. C'est en ce sens qu'un personnage de l'ancienne comédie, qu'on nomme italienne, dit à un autre :

Tu fais de méchants vers admirablement bien.

Le terme de *facile* est une injure pour une femme, et est quelquefois dans la société une louange pour un homme; c'est souvent un défaut dans un homme d'état. Les mœurs d'Atticus étaient faciles; c'était le plus aimable des Romains. La facile Cléopâtre se donna à Antoine aussi aisément qu'à César. Le facile Claude se laissait gouverner par Agrippine. *Facile* n'est là par rapport à Claude qu'un adoucissement; le mot propre est *faible*.

Un homme facile est en général un esprit qui se rend aisément à la raison, aux remontrances, un cœur qui se laisse fléchir aux prières; et *faible* est celui qui laisse prendre sur lui trop d'autorité.

FACTION.

De ce qu'on entend par ce mot.

Le mot *faction* venant du latin *facere*, on l'emploie pour signifier l'état d'un soldat à son poste, en faction; les quadrilles ou les troupes des combattants dans le cirque; les factions vertes, bleues, rouges et blanches.

La principale acception de ce terme signifie *un parti séditieux dans un état*. Le terme de *parti* par lui-même n'a rien d'odieux, celui de *faction* l'est toujours.

Un grand homme et un médiocre peuvent avoir aisément un parti à la cour, dans l'armée, à la ville, dans la littérature.

On peut avoir un parti par son mérite, par la chaleur et le nombre de ses amis, sans être chef de parti.

Le maréchal de Catinat, peu considéré à la cour, s'était fait un grand parti dans l'armée sans y prétendre.

Un chef de parti est toujours un chef de faction; tels ont été le cardinal de Retz, Henri duc de Guise, et tant d'autres.

Un parti séditieux, quand il est encore faible, quand il ne partage pas tout l'état, n'est qu'une faction.

La faction de César devint bientôt un parti dominant qui engloutit la république.

Quand l'empereur Charles VI disputait l'Espagne à Philippe V, il avait un parti dans ce royaume, et enfin il n'y eut plus qu'une faction. Cependant on peut dire toujours *le parti de Charles* VI.

Il n'en est pas ainsi des hommes privés. Descartes eut long-temps un parti en France; on ne peut dire qu'il eut une faction.

C'est ainsi qu'il y a des mots synonymes en plusieurs cas, qui cessent de l'être dans d'autres.

FACULTE.

Toutes les puissances du corps et de l'entendement ne sont-elles pas des facultés, et qui pis est des facultés très ignorées, de franches qualités occultes, à commencer par le mouvement, dont personne n'a découvert l'origine?

Quand le président de la faculté de médecine, dans le *Malade imaginaire*, demande à Thomas Diafoirus « quare opium facit dormire, » Thomas répond très pertinemment « quia est in eo virtus » dormitiva, cujus est natura sensus assoupire; » parce qu'il y a dans l'opium une faculté soporative qui fait dormir. Les plus grands physiciens ne peuvent guère mieux dire.

Le sincère chevalier de Jaucourt avoue, à l'article *Sommeil*, qu'on ne peut former sur la cause du sommeil que de simples conjectures. Un autre Thomas, plus révéré que Diafoirus, n'a pas répondu autrement que ce bachelier de comédie, à toutes les questions qu'il propose dans ses volumes immenses.

Il est dit à l'article *Faculté*, du grand *Dictionnaire encyclopédique*, « que la faculté vitale une » fois établie dans le principe intelligent qui nous » anime, on conçoit aisément que cette faculté, » excitée par les impressions que le sensorium vi» tal transmet à la partie du sensorium commun, » détermine l'influx alternatif du suc nerveux dans » les fibres motrices des organes vitaux, pour faire » contracter alternativement ces organes. »

Cela revient précisément à la réponse du jeune médecin Thomas, « quia est in eo virtus alter» nativa quæ facit alternare. » Et ce Thomas Diafoirus a du moins le mérite d'être plus court.

La faculté de remuer le pied quand on le veut, celle de se ressouvenir du passé, celle d'user de ses cinq sens, toutes nos facultés, en un mot, ne sont-elles pas à la *Diafoirus?*

Mais la pensée! nous disent les gens qui savent le secret; la pensée, qui distingue l'homme du reste des animaux!

« Sanctius his animal, mentisque capacius altæ.
OVID., Met., I, 76.

Cet animal si saint, plein d'un esprit sublime.

Si saint qu'il vous plaira, c'est ici que Diafoirus triomphe plus que jamais. Tout le monde au fond répond : « quia est in eo virtus pensativa » quæ facit pensare. » Personne ne saura jamais par quel mystère il pense.

Cette question s'étend donc à tout dans la nature entière. Je ne sais s'il n'y aurait pas dans cet abîme même une preuve de l'existence de l'Être suprême. Il y a un secret dans tous les premiers ressorts de tous les êtres, à commencer par un galet des bords de la mer, et à finir par l'anneau de Saturne et par la voie lactée. Or, comment ce secret sans que personne le sût? il faut bien qu'il y ait un être qui soit au fait.

Des savants, pour éclairer notre ignorance, nous disent qu'il faut faire des systèmes, qu'à la fin nous trouverons le secret; mais nous avons tant cherché sans rien trouver qu'à la fin on se dégoûte. C'est la philosophie paresseuse, nous crient-ils : non, c'est le repos raisonnable de gens qui ont couru en vain : et après tout, philosophie paresseuse vaut mieux que théologie turbulente et chimères métaphysiques.

FAIBLE.

Foible, qu'on prononce *faible*, et que plusieurs écrivent ainsi, est le contraire de *fort*, et non de *dur* et de *solide*. Il peut se dire de presque tous les êtres. Il reçoit souvent l'article *de :* le *fort* et le *faible* d'une épée; *faible* de reins; armée *faible* de cavalerie; ouvrage philosophique *faible* de raisonnement, etc.

Le faible du cœur n'est point le faible de l'esprit; le faible de l'âme n'est point celui du cœur. Une âme faible est sans ressort et sans action; elle se laisse aller à ceux qui la gouvernent.

Un cœur faible s'amollit aisément, change facilement d'inclinations, ne résiste point à la séduction, à l'ascendant qu'on veut prendre sur lui, et peut subsister avec un esprit fort; car on peut penser fortement et agir faiblement. L'esprit faible reçoit les impressions sans les combattre, embrasse les opinions sans examen, s'effraie sans cause, tombe naturellement dans la superstition.

Un ouvrage peut être faible par les pensées ou par le style : par les pensées, quand elles sont trop communes, ou lorsque étant justes, elles ne sont pas assez approfondies; par le style, quand il est dépourvu d'images, de tours, de figures qui réveillent l'attention. Les oraisons funèbres de Mascaron sont faibles, et son style n'a point de vie, en comparaison de Bossuet.

Toute harangue est faible quand elle n'est pas relevée par des tours ingénieux et par des expressions énergiques; mais un plaidoyer est faible quand avec tout le secours de l'éloquence et toute la véhémence de l'action, il manque de raison. Nul ouvrage philosophique n'est faible, malgré la faiblesse d'un style lâche, quand le raisonnement est juste et profond. Une tragédie est faible, quoique le style en soit fort, quand l'intérêt n'est pas soutenu. La comédie la mieux écrite est faible, si elle manque de ce que les Latins appelaient *vis comica*, la force comique; c'est ce que César reproche à Térence :

« Lenibus atque utinam scriptis adjuncta foret vis
« Comica ! »

C'est surtout en quoi a péché souvent la comédie nommée *larmoyante*. Les vers faibles ne sont pas ceux qui pèchent contre les règles, mais contre le génie ; qui, dans leur mécanique, sont sans variété, sans choix de termes, sans heureuses inversions, et qui, dans leur poésie, conservent trop la simplicité de la prose. On ne peut mieux sentir cette différence qu'en comparant les endroits que Racine et Campistron son imitateur ont traités.

FANATISME.

SECTION PREMIÈRE [1].

C'est l'effet d'une fausse conscience qui asservit la religion aux caprices de l'imagination et aux déréglements des passions.

En général, il vient de ce que les législateurs ont eu des vues trop étroites, ou de ce qu'on a passé les bornes qu'ils se prescrivaient. Leurs lois n'étaient faites que pour une société choisie. Étendues par le zèle à tout un peuple, et transportées par l'ambition d'un climat à l'autre, elles devaient changer et s'accommoder aux circonstances des lieux et des personnes. Mais qu'est-il arrivé? c'est que certains esprits d'un caractère plus proportionné à celui du petit troupeau pour lequel elles avaient été faites les ont reçues avec la même chaleur, en sont devenus les apôtres et même les martyrs, plutôt que de démordre d'un seul *iota*. Les autres, au contraire, moins ardents ou plus attachés à leurs préjugés d'éducation, ont lutté contre le nouveau joug, et n'ont consenti à l'embrasser qu'avec des adoucissements; et de là le schisme entre les rigoristes et les mitigés, qui les rend tous furieux, les uns pour la servitude, et les autres pour la liberté.

Imaginons une immense rotonde, un panthéon à mille autels; et, placés au milieu du dôme, figurons-nous un dévot de chaque secte, éteinte ou subsistante, aux pieds de la divinité qu'il honore à sa façon, sous toutes les formes bizarres que l'imagination a pu créer. A droite, c'est un contemplatif étendu sûr une natte, qui attend, le nombril en l'air, que la lumière céleste vienne investir son âme. A gauche, c'est un énergumène prosterné qui frappe du front contre la terre, pour en faire sortir l'abondance. Là, c'est un saltimbanque qui danse sur la tombe de celui qu'il invoque. Ici, c'est un pénitent immobile et muet comme la statue devant laquelle il s'humilie. L'un étale ce que la pudeur cache, parce que Dieu ne rougit pas de sa ressemblance ; l'autre voile jusqu'à son visage, comme si l'ouvrier avait horreur de son ouvrage. Un autre tourne le dos au midi, parce que c'est là le vent du démon ; un autre tend les bras vers l'orient, où Dieu montre sa face rayonnante. De jeunes filles en pleurs meurtrissent leur chair encore innocente pour apaiser le démon de la concupiscence par des moyens capables de l'irriter ; d'autres, dans une posture tout opposée, sollicitent les approches de la Divinité. Un jeune homme, pour amortir l'instrument de la virilité, y attache des anneaux de fer d'un poids proportionné à ses forces; un autre arrête la tentation dès sa source par une amputation tout à fait inhumaine, et suspend à l'autel les dépouilles de son sacrifice.

Voyons-les tous sortir du temple, et, pleins du dieu qui les agite, répandre la frayeur et l'illusion sur la face de la terre. Ils se partagent le monde, et bientôt le feu s'allume aux quatre extrémités ; les peuples écoutent, et les rois tremblent. Cet empire que l'enthousiasme d'un seul exerce sur la multitude qui le voit ou l'entend, la chaleur que les esprits rassemblés se communiquent, tous ces mouvements tumultueux, augmentés par le trouble de chaque particulier, rendent en peu de temps le vertige général. C'est assez d'un seul peuple enchanté à la suite de quelques imposteurs, la séduction multipliera les prodiges, et voilà tout le monde à jamais égaré. L'esprit humain, une fois sorti des routes lumineuses de la nature, n'y rentre plus; il erre autour de la vérité, sans en rencontrer autre chose que des lueurs, qui, se mêlant aux fausses clartés dont la superstition l'environne, achèvent de l'enfoncer dans les ténèbres.

Il est affreux de voir comment l'opinion d'apaiser le ciel par le massacre, une fois introduite, s'est universellement répandue dans presque toutes les religions, et combien on a multiplié les raisons de ce sacrifice, afin que personne ne pût échapper au couteau. Tantôt ce sont des ennemis qu'il faut immoler à *Mars* exterminateur : les Scythes égorgent à ses autels le centième de leurs prisonniers; et par cet usage de la victoire on peut juger de la justice de la guerre : aussi chez d'autres peuples ne la fesait-on que pour avoir de quoi fournir aux sacrifices; de sorte qu'ayant d'abord été institués, ce semble, pour en expier les horreurs, ils servirent enfin à les justifier.

Tantôt ce sont des hommes justes qu'un Dieu barbare demande pour victimes : les Gètes se disputent l'honneur d'aller porter à Zamolxis les vœux de la patrie. Celui qu'un heureux sort destine au

[1] Cette première section est tirée mot pour mot de l'article FANATISME de l'*Encyclopédie*, par M. Deleyre; Voltaire n'a fait ici que l'abréger et le mettre dans un autre ordre. K.

sacrifice est lancé à force de bras sur des javelots dressés : s'il reçoit un coup mortel en tombant sur les piques, c'est de bon augure pour le succès de la négociation et pour le mérite du député; mais s'il survit à sa blessure, c'est un méchant dont le dieu n'a point affaire.

Tantôt ce sont des enfants à qui les dieux redemandent une vie qu'ils viennent de leur donner : justice affamée du sang de l'innocence, dit Montaigne. Tantôt c'est le sang le plus cher : les Carthaginois immolent leurs propres fils à Saturne, comme si le temps ne les dévorait pas assez tôt. Tantôt c'est le sang le plus beau : cette même Amestris, qui avait fait enfouir douze hommes vivants dans la terre pour obtenir de Pluton, par cette offrande, une plus longue vie : cette Amestris sacrifie encore à cette insatiable divinité quatorze jeunes enfants des premières maisons de la Perse, parce que les sacrificateurs ont toujours fait entendre aux hommes qu'ils devaient offrir à l'autel ce qu'ils avaient de plus précieux. C'est sur ce principe que, chez quelques nations, on immolait les premiers nés, et que chez d'autres on les rachetait par des offrandes plus utiles aux ministres du sacrifice. C'est ce qui autorisa sans doute en Europe la pratique de quelques siècles, de vouer les enfants au célibat dès l'âge de cinq ans, et d'emprisonner dans le cloître les frères du prince héritier, comme on les égorge en Asie.

Tantôt c'est le sang le plus pur : n'y a-t-il pas des Indiens qui exercent l'hospitalité envers tous les hommes, et qui se font un mérite de tuer tout étranger vertueux et savant qui passera chez eux, afin que ses vertus et ses talents leur demeurent? Tantôt c'est le sang le plus sacré : chez la plupart des idolâtres, ce sont les prêtres qui font la fonction des bourreaux à l'autel; et chez les Sibériens on tue les prêtres, pour les envoyer prier dans l'autre monde à l'intention du peuple.

Mais voici d'autres fureurs et d'autres spectacles. Toute l'Europe passe en Asie par un chemin inondé du sang des Juifs, qui s'égorgent de leurs propres mains pour ne pas tomber sous le fer de leurs ennemis. Cette épidémie dépeuple la moitié du monde habité ; rois, pontifes, femmes, enfants et vieillards, tout cède au vertige sacré qui fait égorger pendant deux siècles des nations innombrables sur le tombeau d'un Dieu de paix. C'est alors qu'on vit des oracles menteurs, des ermites guerriers; les monarques dans les chaires et les prélats dans les camps; tous les états se perdre dans une populace insensée; les montagnes et les mers franchies; de légitimes possessions abandonnées pour voler à des conquêtes qui n'étaient plus la terre promise; les mœurs se corrompre sous un ciel étranger; des princes, après avoir dépouillé leurs royaumes pour racheter un pays qui ne leur avait jamais appartenu, achever de les ruiner pour leur rançon personnelle; des milliers de soldats, égarés sous plusieurs chefs, n'en reconnaître aucun, hâter leur défaite par la défection ; et cette maladie ne finir que pour faire place à une contagion encore plus horrible.

Le même esprit de fanatisme entretenait la fureur des conquêtes éloignées : à peine l'Europe avait réparé ses pertes, que la découverte d'un nouveau monde hâta la ruine du nôtre. A ce terrible mot : Allez et forcez, l'Amérique fut désolée et ses habitants exterminés; l'Afrique et l'Europe s'épuisèrent en vain pour la repeupler; le poison de l'or et du plaisir ayant énervé l'espèce, le monde se trouva désert, et fut menacé de le devenir tous les jours davantage par les guerres continuelles qu'alluma sur notre continent l'ambition de s'étendre dans ces îles étrangères.

Comptons maintenant les milliers d'esclaves que le fanatisme a faits, soit en Asie, où l'incirconcision était une tache d'infamie; soit en Afrique, où le nom de chrétien était un crime; soit en Amérique, où le prétexte du baptême étouffa l'humanité. Comptons les milliers d'hommes que l'on a vus périr, ou sur les échafauds dans les siècles de persécution, ou dans les guerres civiles par la main de leurs concitoyens, ou de leurs propres mains par des macérations excessives. Parcourons la surface de la terre, et après avoir vu d'un coup d'œil tant d'étendards déployés au nom de la religion, en Espagne contre les Maures, en France contre les Turcs, en Hongrie contre les Tartares; tant d'ordres militaires fondés pour convertir les infidèles à coups d'épée, s'entr'égorger au pied de l'autel qu'ils devaient défendre ; détournons nos regards de ce tribunal affreux élevé sur le corps des innocents et des malheureux pour juger les vivants comme Dieu jugera les morts, mais avec une balance bien différente.

En un mot, toutes les horreurs de quinze siècles renouvelées plusieurs fois dans un seul, des peuples sans défense égorgés au pied des autels, des rois poignardés ou empoisonnés, un vaste état réduit à sa moitié par ses propres citoyens, la nation la plus belliqueuse et la plus pacifique divisée d'avec elle-même, le glaive tiré entre le fils et le père, des usurpateurs, des tyrans, des bourreaux, des parricides et des sacriléges, violant toutes les conventions divines et humaines par esprit de religion : voilà l'histoire du fanatisme et ses exploits.

SECTION II.

Si cette expression tient encore à son origine, ce n'est que par un filet bien mince.

Fanaticus était un titre honorable; il signifiait

desservant ou *bienfaiteur d'un temple*. Les antiquaires, comme le dit le *Dictionnaire de Trévoux*, ont retrouvé des inscriptions dans lesquelles des Romains considérables prenaient ce titre de *fanaticus*.

Dans la harangue de Cicéron *pro domo suâ*, il y a un passage où le mot *fanaticus* me paraît difficile à expliquer. Le séditieux et débauché Clodius, qui avait fait exiler Cicéron pour avoir sauvé la république, non seulement avait pillé et démoli les maisons de ce grand homme ; mais, afin que Cicéron ne pût jamais rentrer dans sa maison de Rome, il en avait consacré le terrain, et les prêtres y avaient bâti un temple à la Liberté, ou plutôt à l'esclavage dans lequel César, Pompée, Crassus, et Clodius tenaient alors la république : tant la religion, dans tous les temps, a servi à persécuter les grands hommes !

Lorsque enfin, dans un temps plus heureux, Cicéron fut rappelé, il plaida devant le peuple pour obtenir que le terrain de sa maison lui fût rendu, et qu'on la rebâtit aux frais du peuple romain. Voici comme il s'exprime dans son plaidoyer contre Clodius (*Oratio pro domo suâ*, cap. XL) :

« Adspicite, adspicite, pontifices, hominem religiosum, et,... monete eum modum quemdam esse religionis: nimium esse superstitiosum non oportere. Quid tibi necesse fuit anili superstitione, homo fanatice, sacrificium, quod alienæ domi fieret, invisere? »

Le mot *fanaticus* signifie-t-il en cette place insensé fanatique, impitoyable fanatique, abominable fanatique, comme on l'entend aujourd'hui? Ou bien signifie-t-il pieux, consécrateur, homme religieux, dévot zélateur des temples? Ce mot est-il ici une injure ou une louange ironique? Je n'en sais pas assez pour décider, mais je vais traduire.

« Regardez, pontifes, regardez cet homme religieux,.... avertissez-le que la religion même a ses bornes, qu'il ne faut pas être si scrupuleux. Quel besoin, vous consécrateur, vous fanatique, quel besoin avez-vous de recourir à des superstitions de vieille, pour assister à un sacrifice qui se fesait dans une maison étrangère? »

Cicéron fait ici allusion aux mystères de la bonne déesse, que Clodius avait profanés en se glissant déguisé en femme avec une vieille, pour entrer dans la maison de César et pour y coucher avec sa femme : c'est donc ici évidemment une ironie.

Cicéron appelle Clodius homme religieux; l'ironie doit donc être soutenue dans tout ce passage. Il se sert de termes honorables pour mieux faire sentir la honte de Clodius. Il me paraît donc qu'il emploie le mot *fanatique* comme un mot honorable, comme un mot qui emporte avec lui l'idée de consécrateur, de pieux, de zélé desservant d'un temple.

On put depuis donner ce nom à ceux qui se crurent inspirés par les dieux.

> Les dieux à leur interprète
> Ont fait un étrange don :
> Ne peut-on être prophète
> Sans qu'on perde la raison?

Le même *Dictionnaire de Trévoux* dit que les anciennes chroniques de France appellent Clovis *fanatique et païen*. Le lecteur desirerait qu'on nous eût désigné ces chroniques. Je n'ai point trouvé cette épithète de *Clovis* dans le peu de livres que j'ai vers le mont Krapack où je demeure.

On entend aujourd'hui par fanatisme une folie religieuse, sombre et cruelle. C'est une maladie de l'esprit qui se gagne comme la petite vérole. Les livres la communiquent beaucoup moins que les assemblées et les discours. On s'échauffe rarement en lisant : car alors on peut avoir le sens rassis. Mais quand un homme ardent et d'une imagination forte parle à des imaginations faibles, ses yeux sont en feu, et ce feu se communique; ses tons, ses gestes, ébranlent tous les nerfs des auditeurs. Il crie : Dieu vous regarde, sacrifiez ce qui n'est qu'humain ; combattez les combats du Seigneur : et on va combattre.

Le fanatisme est à la superstition ce que le transport est à la fièvre, ce que la rage est à la colère.

Celui qui a des extases, des visions, qui prend des songes pour des réalités, et ses imaginations pour des prophéties, est un fanatique novice qui donne de grandes espérances ; il pourra bientôt tuer pour l'amour de Dieu.

Barthélemi Diaz fut un fanatique profès. Il avait à Nuremberg un frère, Jean Diaz, qui n'était encore qu'enthousiaste luthérien, vivement convaincu que le pape est l'antechrist, ayant le signe de la bête. Barthélemi, encore plus vivement persuadé que le pape est Dieu en terre, part de Rome pour aller convertir ou tuer son frère : il l'assassine; voilà du parfait : et nous avons ailleurs rendu justice à ce Diaz.

Polyeucte, qui va au temple, dans un jour de solennité, renverser et casser les statues et les ornements, est un fanatique moins horrible que Diaz, mais non moins sot. Les assassins du duc François de Guise, de Guillaume prince d'Orange, du roi Henri III, du roi Henri IV, et de tant d'autres, étaient des énergumènes malades de la même rage que Diaz.

Le plus grand exemple de fanatisme est celui des bourgeois de Paris qui coururent assassiner, égorger, jeter par les fenêtres, mettre en pièces, la nuit de la Saint-Barthélemi, leurs concitoyens qui n'allaient point à la messe. Guyon, Patouillet, Chaudon, Nonotte, l'ex-jésuite Paulian, ne sont que des fanatiques du coin de la rue, des misérables à qui on ne prend pas garde : mais un jour de Saint-Barthélemi ils feraient de grandes choses.

Il y a des fanatiques de sang-froid : ce sont les juges qui condamnent à la mort ceux qui n'ont d'autre crime que de ne pas penser comme eux ; et ces juges-là sont d'autant plus coupables, d'autant plus dignes de l'exécration du genre humain, que, n'étant pas dans un accès de fureur comme les Clément, les Chastel, les Ravaillac, les Damiens, il semble qu'ils pourraient écouter la raison.

Il n'est d'autre remède à cette maladie épidémique que l'esprit philosophique, qui, répandu de proche en proche, adoucit enfin les mœurs des hommes, et qui prévient les accès du mal ; car dès que ce mal fait des progrès, il faut fuir et attendre que l'air soit purifié. Les lois et la religion ne suffisent pas contre la peste des âmes ; la religion, loin d'être pour elles un aliment salutaire, se tourne en poison dans les cerveaux infectés. Ces misérables ont sans cesse présent à l'esprit l'exemple d'Aod qui assassine le roi Églon ; de Judith qui coupe la tête d'Holopherne en couchant avec lui ; de Samuel qui hache en morceaux le roi Agag ; du prêtre Joad qui assassine sa reine à la porte aux chevaux, etc., etc., etc. Ils ne voient pas que ces exemples, qui sont respectables dans l'antiquité, sont abominables dans le temps présent : ils puisent leurs fureurs dans la religion même qui les condamne.

Les lois sont encore très impuissantes contre ces accès de rage : c'est comme si vous lisiez un arrêt du conseil à un frénétique. Ces gens-là sont persuadés que l'esprit saint qui les pénètre est au-dessus des lois, que leur enthousiasme est la seule loi qu'ils doivent entendre.

Que répondre à un homme qui vous dit qu'il aime mieux obéir à Dieu qu'aux hommes, et qui en conséquence est sûr de mériter le ciel en vous égorgeant ?

Lorsqu'une fois le fanatisme a gangréné un cerveau, la maladie est presque incurable. J'ai vu des convulsionnaires qui, en parlant des miracles de saint Pâris, s'échauffaient par degrés parmi eux ; leurs yeux s'enflammaient, tout leur corps tremblait, la fureur défigurait leur visage, et ils auraient tué quiconque les eût contredits.

Oui, je les ai vus ces convulsionnaires, je les ai vus tordre leurs membres et écumer. Ils criaient : *Il faut du sang*. Ils sont parvenus à faire assassiner leur roi par un laquais, et ils ont fini par ne crier que contre les philosophes.

Ce sont presque toujours les fripons qui conduisent les fanatiques, et qui mettent le poignard entre leurs mains ; ils ressemblent à ce Vieux de la montagne, qui fesait, dit-on, goûter les joies du paradis à des imbéciles, et qui leur promettait une éternité de ces plaisirs dont il leur avait donné un avant-goût, à condition qu'ils iraient assassiner tous ceux qu'il leur nommerait. Il n'y a eu qu'une seule religion dans le monde qui n'ait pas été souillée par le fanatisme, c'est celle des lettrés de la Chine. Les sectes des philosophes étaient non seulement exemptes de cette peste, mais elles en étaient le remède ; car l'effet de la philosophie est de rendre l'âme tranquille, et le fanatisme est incompatible avec la tranquillité. Si notre sainte religion a été si souvent corrompue par cette fureur infernale, c'est à la folie des hommes qu'il faut s'en prendre.

> Ainsi du plumage qu'il eut
> Icare pervertit l'usage :
> Il le reçut pour son salut,
> Il s'en servit pour son dommage.
>
> BERTAUD, évêque de Séez.

SECTION III.

Les fanatiques ne *combattent* pas toujours *les combats du Seigneur ;* ils n'assassinent pas toujours des rois et des princes. Il y a parmi eux des tigres, mais on y voit encore plus de renards.

Quel tissu de fourberies, de calomnies, de larcins, tramé par les fanatiques de la cour de Rome contre les fanatiques de la cour de Calvin, des jésuites contre les jansénistes, *et vicissim !* et si vous remontez plus haut, l'histoire ecclésiastique, qui est l'école des vertus, est aussi celle des scélératesses employées par toutes les sectes les unes contre les autres. Elles ont toutes le même bandeau sur les yeux, soit quand il faut incendier les villes et les bourgs de leurs adversaires, égorger les habitants, les condamner aux supplices, soit quand il faut simplement tromper, s'enrichir, et dominer. Le même fanatisme les aveugle ; elles croient bien faire : tout fanatique est fripon en conscience, comme il est meurtrier de bonne foi pour la bonne cause.

Lisez, si vous pouvez, les cinq ou six mille volumes de reproches que les jansénites et les molinistes se sont faits pendant cent ans sur leurs friponneries, et voyez si Scapin et Trivelin en approchent.

[1] Une des bonnes friponneries théologiques qu'on ait faites est, à mon gré, celle d'un petit évêque (on nous assure dans la relation que c'était un évêque biscayen ; nous trouverons bien un jour

[1] Ce qui suit a rapport à la querelle de Biord, évêque d'Annecy, avec l'auteur, de laquelle il est question dans le *Commentaire historique* (*Mélanges*, année 1776) ; dans la *Correspondance*, année 1768, et ailleurs. K.

son nom et son évêché); son diocèse était partie en Biscaye, et partie en France.

Il y avait dans la partie de France une paroisse qui fut habitée autrefois par quelques Maures de Maroc. Le seigneur de la paroisse n'est point mahométan; il est très bon catholique, comme tout l'univers doit l'être, attendu que le mot *catholique* veut dire universel.

M. l'évêque soupçonna ce pauvre seigneur, qui n'était occupé qu'à faire du bien, d'avoir eu de mauvaises pensées, de mauvais sentiments dans le fond de son cœur, je ne sais quoi qui sentait l'hérésie. Il l'accusa même d'avoir dit en plaisantant qu'il y avait d'honnêtes gens à Maroc comme en Biscaye, et qu'un honnête Marocain pouvait à toute force n'être pas le mortel ennemi de l'Être suprême, qui est le père de tous les hommes.

Notre fanatique écrivit une grande lettre au roi de France, seigneur suzerain de ce pauvre petit seigneur de paroisse. Il pria dans sa lettre le seigneur suzerain de transférer le manoir de cette ouaille infidèle en Basse-Bretagne ou en Basse-Normandie, selon le bon plaisir de sa majesté, afin qu'il n'infectât plus les Basques de ses mauvaises plaisanteries.

Le roi de France et son conseil se moquèrent, comme de raison, de cet extravagant.

Notre pasteur biscayen, ayant appris quelque temps après que sa brebis française était malade, défendit au porte-Dieu du canton de la communier, à moins qu'elle ne donnât un billet de confession par lequel il devait apparaître que le mourant n'était point circoncis, qu'il condamnait de tout son cœur l'hérésie de Mahomet, et toute autre hérésie dans ce goût, comme le calvinisme et le jansénisme, et qu'il pensait en tout comme lui, évêque biscayen.

Les billets de confession étaient alors fort à la mode. Le mourant fit venir chez lui son curé, qui était un ivrogne imbécile, et le menaça de le faire pendre par le parlement de Bordeaux, s'il ne lui donnait pas tout à l'heure le viatique, dont lui mourant se sentait un extrême besoin. Le curé eut peur; il administra mon homme, lequel, après la cérémonie, déclara hautement devant témoins que le pasteur biscayen l'avait faussement accusé auprès du roi d'avoir du goût pour la religion musulmane, qu'il était bon chrétien, et que le Biscayen était un calomniateur. Il signa cet écrit pardevant notaire; tout fut en règle; il s'en porta mieux, et le repos de la bonne conscience le guérit bientôt entièrement.

Le petit Biscayen, outré qu'un vieux moribond se fût moqué de lui, résolut de s'en venger; et voici comme il s'y prit.

Il fit fabriquer en son patois, au bout de quinze jours, une prétendue profession de foi que le curé prétendit avoir entendue. On la fit signer par le curé et par trois ou quatre paysans qui n'avaient point assisté à la cérémonie. Ensuite on fit contrôler cet acte de faussaire, comme si ce contrôle l'avait rendu authentique.

Un acte non signé par la partie seule intéressée, un acte signé par des inconnus, quinze jours après l'événement, un acte désavoué par des témoins véritables, était visiblement un crime de faux; et comme il s'agissait de matière de foi, ce crime menait visiblement le curé avec ses faux témoins aux galères dans ce monde, et en enfer dans l'autre.

Le petit seigneur châtelain, qui était goguenard et point méchant, eut pitié de l'âme et du corps de ces misérables; il ne voulut point les traduire devant la justice humaine, et se contenta de les traduire en ridicule. Mais il a déclaré que dès qu'il serait mort, il se donnerait le plaisir de faire imprimer toute cette manœuvre de son Biscayen avec les preuves, pour amuser le petit nombre de lecteurs qui aiment ces anecdotes, et point du tout pour instruire l'univers; car il y a tant d'auteurs qui parlent à l'univers, qui s'imaginent rendre l'univers attentif, qui croient l'univers occupé d'eux, que celui-ci ne croit pas être lu d'une douzaine de personnes dans l'univers entier. Revenons au fanatisme.

C'est cette rage de prosélytisme, cette fureur d'amener les autres à boire de son vin, qui amena le jésuite Castel et le jésuite Routh auprès du célèbre Montesquieu lorsqu'il se mourait. Ces deux énergumènes voulaient se vanter de lui avoir persuadé les mérites de l'attrition et de la grâce suffisante. «Nous l'avons converti, disaient-ils; c'était dans le fond une bonne âme; il aimait fort la Compagnie de Jésus. Nous avons eu un peu de peine à le faire convenir de certaines vérités fondamentales; mais comme dans ces moments-là on a toujours l'esprit plus net, nous l'avons bientôt convaincu.»

Ce fanatisme de convertisseur est si fort que le moine le plus débauché quitterait sa maîtresse pour aller convertir une âme à l'autre bout de la ville.

Nous avons vu le P. Poisson, cordelier à Paris, qui ruina son couvent pour payer ses filles de joie, et qui fut enfermé pour ses mœurs dépravées: c'était un des prédicateurs de Paris les plus courus et un des convertisseurs les plus acharnés.

Tel était le célèbre curé de Versailles Fantin. Cette liste pourrait être longue; mais il ne faut pas révéler les fredaines de certaines personnes constituées en certaines places. Vous savez ce qui arriva à Cham pour avoir révélé la turpitude de son père; il devint noir comme du charbon.

Prions Dieu seulement en nous levant et en nous couchant qu'il nous délivre des fanatiques, comme les pèlerins de la Mecque prient Dieu de ne point rencontrer *de visages tristes* sur leur chemin.

SECTION IV.

Ludlow, enthousiaste de la liberté plutôt que fanatique de religion, ce brave homme qui avait plus de haine pour Cromwell que pour Charles Ier, rapporte que les milices du parlement étaient toujours battues par les troupes du roi dans le commencement de la guerre civile, comme le régiment des portes-cochères ne tenait pas du temps de la Fronde contre le grand Condé. Cromwell dit au général Fairfax : « Comment voulez-vous que des portefaix de Londres, et des garçons de boutique indisciplinés, résistent à une noblesse animée par le fantôme de l'honneur ? Présentons-leur un plus grand fantôme, le fanatisme. Nos ennemis ne combattent que pour le roi ; persuadons à nos gens qu'ils font la guerre pour Dieu.

« Donnez-moi une patente, je vais lever un régiment de frères meurtriers, et je vous réponds que j'en ferai des fanatiques invincibles. »

Il n'y manqua pas, il composa son régiment des frères rouges de fous mélancoliques ; il en fit des tigres obéissants. Mahomet n'avait pas été mieux servi par ses soldats.

Mais pour inspirer ce fanatisme, il faut que l'esprit du temps vous seconde. Un parlement de France essaierait en vain aujourd'hui de lever un régiment de portes-cochères ; il n'ameuterait pas seulement dix femmes de la halle.

Il n'appartient qu'aux habiles de faire des fanatiques et de les conduire ; mais ce n'est pas assez d'être fourbe et hardi, nous avons déjà vu que tout dépend de venir au monde à propos.

SECTION V.

La géométrie ne rend donc pas toujours l'esprit juste. Dans quel précipice ne tombe-t-on pas encore avec ces lisières de la raison ? Un fameux protestant[a], que l'on comptait entre les premiers mathématiciens de nos jours, et qui marchait sur les traces des Newton, des Leibnitz, des Bernouilli, s'avisa, au commencement de ce siècle, de tirer des corollaires assez singuliers. Il est dit qu'avec un grain de foi on transportera des montagnes ; et lui, par une analyse toute géométrique, se dit à lui-même : « J'ai beaucoup de grains de foi, donc je ferai plus que transporter des montagnes. » Ce fut lui qu'on vit à Londres, en l'année 1707, accompagné de quelques savants, et même de savants qui avaient de l'esprit, annoncer publiquement qu'ils ressusciteraient un mort dans tel cimetière que l'on voudrait. Leurs raisonnements étaient toujours conduits par la synthèse. Ils disaient : Les vrais disciples doivent faire des miracles ; nous sommes les vrais disciples, nous ferons donc tout ce qu'il nous plaira. De simples saints de l'église romaine, qui n'étaient point géomètres, ont ressuscité beaucoup d'honnêtes gens ; donc, à plus forte raison, nous, qui avons réformé les réformés, nous ressusciterons qui nous voudrons.

Il n'y a rien à répliquer à ces arguments ; ils sont dans la meilleure forme du monde. Voilà ce qui a inondé l'antiquité de prodiges ; voilà pourquoi les temples d'Esculape à Épidaure, et dans d'autres villes, étaient pleins d'*ex voto* ; les voûtes étaient ornées de cuisses redressées, de bras remis, de petits enfants d'argent : tout était miracle.

Enfin le fameux protestant géomètre dont je parle était de si bonne foi, il assura si positivement qu'il ressusciterait les morts, et cette proposition plausible fit tant d'impression sur le peuple, que la reine Anne fut obligée de lui donner un jour, une heure et un cimetière à son choix, pour faire son miracle loyalement et en présence de la justice. Le saint géomètre choisit l'église cathédrale de Saint-Paul pour faire sa démonstration : le peuple se rangea en haie ; des soldats furent placés pour contenir les vivants et les morts dans le respect ; les magistrats prirent leurs places, le greffier écrivit tout sur les registres publics ; on ne peut trop constater les nouveaux miracles. On déterra un corps au choix du saint ; il pria, il se jeta à genoux, il fit de très pieuses contorsions ; ses compagnons l'imitèrent : le mort ne donna aucun signe de vie ; on le reporta dans son trou, et on punit légèrement le ressusciteur et ses adhérents. J'ai vu depuis un de ces pauvres gens ; il m'a avoué qu'un d'eux était en péché véniel, et que le mort en pâtit, sans quoi la résurrection était infaillible.

S'il était permis de révéler la turpitude de gens à qui l'on doit le plus sincère respect, je dirais ici que Newton, le grand Newton, a trouvé dans l'*Apocalypse* que le pape est l'antechrist, et bien d'autres choses de cette nature ; je dirais qu'il était arien très sérieusement. Je sais que cet écart de Newton est à celui de mon autre géomètre comme l'unité est à l'infini : il n'y a point de comparaison à faire. Mais quelle pauvre espèce que le genre humain, si le grand Newton a cru trouver dans l'*Apocalypse* l'histoire présente de l'Europe !

Il semble que la superstition soit une maladie épidémique dont les âmes les plus fortes ne sont pas toujours exemptes. Il y a en Turquie des gens de très bon sens, qui se feraient empaler pour certains sentiments d'Abubeker. Ces principes une fois admis, ils raisonnent très conséquemment ; les

[a] Fatio Duillier.

navariciens, les radaristes, les jabaristes, se damnent chez eux réciproquement avec des arguments très subtils; ils tirent tous des conséquences plausibles, mais ils n'osent jamais examiner les principes.

Quelqu'un répand dans le monde qu'il y a un géant haut de soixante et dix pieds; bientôt après tous les docteurs examinent de quelle couleur doivent être ses cheveux, de quelle grandeur est son pouce, quelles dimensions ont ses ongles : on crie, on cabale, on se bat; ceux qui soutiennent que le petit doigt du géant n'a que quinze lignes de diamètre font brûler ceux qui affirment que le petit doigt a un pied d'épaisseur. Mais, messieurs, votre géant existe-t-il? dit modestement un passant. Quel doute horrible! s'écrient tous les disputants; quel blasphème! quelle absurdité! Alors ils font tous une petite trêve pour lapider le passant; et après l'avoir assassiné en cérémonie, de la manière la plus édifiante, ils se battent entre eux comme de coutume au sujet du petit doigt et des ongles.

FANTAISIE.

Fantaisie signifiait autrefois *l'imagination*, et on ne se servait guère de ce mot que pour exprimer cette faculté de l'âme qui reçoit les objets sensibles.

Descartes, Gassendi, et tous les philosophes de leur temps, disent que *les espèces, les images des choses se peignent en la fantaisie*; et c'est de là que vient le mot *fantôme*. Mais la plupart des termes abstraits sont reçus à la longue dans un sens différent de leur origine, comme des instruments que l'industrie emploie à des usages nouveaux.

Fantaisie veut dire aujourd'hui *un desir singulier, un goût passager* : il a eu la fantaisie d'aller à la Chine; la fantaisie du jeu, du bal, lui a passé.

Un peintre fait un portrait de fantaisie, qui n'est d'après aucun modèle. Avoir des fantaisies, c'est avoir des goûts extraordinaires qui ne sont pas de durée. Fantaisie en ce sens est moins que *bizarrerie* et que *caprice*.

Le caprice peut signifier un *dégoût subit et déraisonnable* : il a eu la fantaisie de la musique, et il s'en est dégoûté par caprice.

La bizarrerie donne une idée d'inconséquence et de mauvais goût que la fantaisie n'exprime pas : il a eu la fantaisie de bâtir, mais il a construit sa maison dans un goût bizarre.

Il y a encore des nuances entre avoir des fantaisies et être fantasque : le fantasque approche beaucoup plus du bizarre.

Ce mot désigne un caractère inégal et brusque. L'idée d'agrément est exclue du mot *fantasque*, au lieu qu'il y a des fantaisies agréables.

On dit quelquefois en conversation familière, *des fantaisies musquées*; mais jamais on n'a entendu par ce mot *des bizarreries d'hommes d'un rang supérieur qu'on n'ose condamner*, comme le dit le *Dictionnaire de Trévoux* : au contraire, c'est en les condamnant qu'on s'exprime ainsi; et *musquée*, en cette occasion, est une *explétive* qui ajoute à la force du mot, comme on dit *sottise pommée*, *folie fieffée*, pour dire, sottise et folie complète.

FASTE.

Des différentes significations de ce mot.

Faste vient originairement du latin *fasti*, jours de fête; c'est en ce sens qu'Ovide l'entend dans son poëme intitulé *les Fastes*.

Godeau a fait sur ce modèle les *Fastes de l'Eglise*, mais avec moins de succès : la religion des Romains païens était plus propre à la poésie que celle des chrétiens; à quoi on peut ajouter qu'Ovide était un meilleur poëte que Godeau.

Les fastes consulaires n'étaient que la liste des consuls.

Les fastes des magistrats étaient les jours où il était permis de plaider, et ceux auxquels on ne plaidait pas s'appelaient néfastes, *nefasti*, parce qu'alors on ne pouvait parler, *fari*, en justice.

Ce mot *nefastus*, en ce sens, ne signifiait pas *malheureux*; au contraire, *nefastus* et *nefandus* furent l'attribut des jours infortunés en un autre sens, qui signifiait, jours dont on ne doit point parler, jours dignes de l'oubli : *Ille nefasto te posuit die*. (HOR., *od.* 13, liv. II, vers I.)

Il y avait chez les Romains d'autres fastes encore, *fasti urbis*, *fasti rustici*; c'était un calendrier de l'usage de la ville et de la campagne.

On a toujours cherché dans ces jours de solennité à étaler quelque appareil dans ses vêtements, dans sa suite, dans ses festins. Cet appareil étalé dans d'autres jours s'est appelé *faste*. Il n'exprime que la magnificence dans ceux qui, par leur état, doivent représenter; il exprime la vanité dans les autres.

Quoique le mot de *faste* ne soit pas toujours injurieux, *fastueux* l'est toujours. Un religieux qui fait parade de sa vertu met du faste jusque dans l'humilité même.

FAUSSETÉ.

Fausseté est le contraire de la vérité. Ce n'est pas proprement le mensonge, dans lequel il entre toujours du dessein.

On dit qu'il y a eu cent mille hommes écrasés

dans le tremblement de terre de Lisbonne ; ce n'est pas un mensonge, c'est une fausseté.

La fausseté est presque toujours encore plus qu'erreur ; la fausseté tombe plus sur les faits, l'erreur sur les opinions.

C'est une erreur de croire que le soleil tourne autour de la terre ; c'est une fausseté d'avancer que Louis XIV dicta le testament de Charles II.

La fausseté d'un acte est un crime plus grand que le simple mensonge ; elle désigne une imposture juridique, un larcin fait avec la plume.

Un homme a de la fausseté dans l'esprit quand il prend presque toujours à gauche ; quand, ne considérant pas l'objet entier, il attribue à un côté de l'objet ce qui appartient à l'autre, et que ce vice de jugement est tourné chez lui en habitude.

Il y a de la fausseté dans le cœur quand on s'est accoutumé à flatter et à se parer de sentiments qu'on n'a pas ; cette fausseté est pire que la dissimulation, et c'est ce que les Latins appelaient *simulatio*.

Il y a beaucoup de faussetés dans les historiens, des erreurs chez les philosophes, des mensonges dans presque tous les écrits polémiques, et encore plus dans les satiriques.

Les esprits faux sont insupportables, et les cœurs faux sont en horreur.

FAUSSETÉ DES VERTUS HUMAINES.

Quand le duc de la Rochefoucauld eut écrit ses pensées sur l'amour-propre, et qu'il eut mis à découvert ce ressort de l'homme, un monsieur *Esprit*, de l'Oratoire, écrivit un livre captieux, intitulé, *De la fausseté des vertus humaines*. Cet *Esprit* dit qu'il n'y a point de vertu ; mais par grâce il termine chaque chapitre en renvoyant à la charité chrétienne. Aussi, selon le sieur *Esprit*, ni Caton, ni Aristide, ni Marc-Aurèle, ni Épictète, n'étaient des gens de bien : mais on n'en peut trouver que chez les chrétiens. Parmi les chrétiens, il n'y a de vertu que chez les catholiques ; parmi les catholiques, il fallait encore en excepter les jésuites, ennemis des oratoriens : partant, la vertu ne se trouvait guère que chez les ennemis des jésuites.

Ce M. *Esprit* commence par dire que la prudence n'est pas une vertu ; et sa raison est qu'elle est souvent trompée. C'est comme si on disait que César n'était pas un grand capitaine, parce qu'il fut battu à Dirrachium.

Si M. *Esprit* avait été philosophe, il n'aurait pas examiné la prudence comme une vertu, mais comme un talent, comme une qualité utile, heureuse ; car un scélérat peut être très prudent, et j'en ai connu de cette espèce. O la rage de prétendre que

> Nul n'aura de vertu que nous et nos amis !

Qu'est-ce que la vertu, mon ami ? c'est de faire du bien : fais-nous-en, et cela suffit. Alors nous te ferons grâce du motif. Quoi ! selon toi il n'y aura nulle différence entre le président de Thou et Ravaillac ? entre Cicéron et ce Popilius auquel il avait sauvé la vie, et qui lui coupa la tête pour de l'argent ? et tu déclareras Épictète et Porphyre des coquins, pour n'avoir pas suivi nos dogmes ? Une telle insolence révolte. Je n'en dirai pas davantage, car je me mettrais en colère.

FAVEUR.

De ce qu'on entend par ce mot.

Faveur, du mot latin *favor*, suppose plutôt un bienfait qu'une récompense.

On brigue sourdement la faveur ; on mérite et on demande hautement des récompenses.

Le dieu *Faveur*, chez les mythologistes romains, était fils de la Beauté et de la Fortune.

Toute faveur porte l'idée de quelque chose de gratuit ; il m'a fait la faveur de m'introduire, de me présenter, de recommander mon ami, de corriger mon ouvrage.

La faveur des princes est l'effet de leur goût et de la complaisance assidue ; la faveur du peuple suppose quelquefois du mérite, et plus souvent un hasard heureux.

Faveur diffère beaucoup de *grâce*. Cet homme est en faveur auprès du roi, et cependant il n'en a point encore obtenu de grâces.

On dit : *Il a été reçu en grâce* ; et on ne dit point : *Il a été reçu en faveur*, quoiqu'on dise *être en faveur* : c'est que la faveur suppose un goût habituel ; et que *faire grâce, recevoir en grâce*, c'est pardonner, c'est moins que donner sa faveur.

Obtenir grâce est l'effet d'un moment ; obtenir la faveur est l'effet du temps. Cependant on dit également : *faites-moi la grâce, faites-moi la faveur* de recommander mon ami.

Des lettres de recommandation s'appelaient autrefois *des lettres de faveur*. Sévère dit dans la tragédie de *Polyeucte* (acte II, scène I) :

> Car je voudrais mourir plutôt que d'abuser
> Des lettres de faveur que j'ai pour l'épouser.

On a la faveur, la bienveillance, non la grâce du prince et du public. On obtient la faveur de son auditoire par la modestie ; mais il ne vous fait pas grâce, si vous êtes trop long.

Les mois des *gradués*, avril et octobre, dans lesquels un collateur peut donner un bénéfice simple au gradué le moins ancien, sont des mois de faveur et de grâce.

Cette expression *faveur* signifiant une bienveillance gratuite qu'on cherche à obtenir du prince ou du public, la galanterie l'a étendue à la complaisance des femmes ; et quoiqu'on ne dise point : *Il a eu des faveurs du roi*, on dit : *Il a eu les faveurs d'une dame.*

L'équivalent de cette expression n'est point connu en Asie, où les femmes sont moins reines.

On appelait autrefois *faveurs* des rubans, des gants, des boucles, des nœuds d'épée, donnés par une dame.

Le comte d'Essex portait à son chapeau un gant de la reine Élisabeth, qu'il appelait *faveur de la reine.*

Enfin l'ironie se servit de ce mot pour signifier les suites fâcheuses d'un commerce hasardé : *faveurs de Vénus*, *faveurs cuisantes.*

FAVORI ET FAVORITE.

De ce qu'on entend par ces mots.

Ces mots ont un sens tantôt plus resserré, tantôt plus étendu. Quelquefois *favori* emporte l'idée de puissance, quelquefois seulement il signifie un homme qui plaît à son maître.

Henri III eut des favoris qui n'étaient que des mignons ; il en eut qui gouvernèrent l'état, comme les ducs de Joyeuse et d'Épernon. On peut comparer un favori à une pièce d'or, qui vaut ce que veut le prince.

Un ancien a dit : « Qui doit être le favori d'un » roi ? c'est le peuple. » On appelle les bons poëtes *les favoris des Muses*, comme les gens heureux *les favoris de la Fortune*, parce qu'on suppose que les uns et les autres ont reçu ces dons sans travail. C'est ainsi qu'on appelle un terrain fertile et bien situé *le favori de la nature.*

La femme qui plaît le plus au sultan s'appelle parmi nous la sultane favorite : on a fait l'histoire des *favorites*, c'est-à-dire des maîtresses des plus grands princes.

Plusieurs princes en Allemagne ont des maisons de campagne qu'on appelle la *favorite.*

Favori d'une dame ne se trouve plus que dans les romans et les historiettes du siècle passé.

FÉCOND.

Fécond est le synonyme de *fertile*, quand il s'agit de la culture des terres. On peut dire également *un terrain fécond* et *fertile*, *fertiliser* et *féconder un champ.*

La maxime, qu'il n'y a point de synonymes, veut dire seulement qu'on ne peut se servir dans toutes les occasions des mêmes mots : ainsi, une femelle, de quelque espèce qu'elle soit, n'est point fertile, elle est féconde.

On féconde des œufs, on ne les fertilise pas ; la nature n'est pas fertile, elle est féconde. Ces deux expressions sont quelquefois également employées au figuré et au propre : un esprit est fertile ou fécond en grandes idées.

Cependant les nuances sont si délicates, qu'on dit un orateur fécond, et non un orateur fertile ; fécondité et non fertilité de paroles ; cette méthode, ce principe, ce sujet est d'une grande fécondité, et non pas d'une grande fertilité ; la raison en est qu'un principe, un sujet, une méthode, produisent des idées qui naissent les unes des autres, comme des êtres successivement enfantés ; ce qui a rapport à la génération.

Bienheureux Scudéri dont la fertile plume...

BOILEAU, sat. II, 77.

Le mot *fertile* est là bien placé, parce que cette plume s'exerçait, se répandait sur toutes sortes de sujets.

Le mot *fécond* convient plus au génie qu'à la plume.

Il y a des temps féconds en crimes, et non pas fertiles en crimes.

L'usage enseigne toutes ces petites différences.

FÉLICITÉ.

Des différents usages de ce terme.

Félicité est l'état permanent, du moins pour quelque temps, d'une âme contente ; et cet état est bien rare.

Le bonheur vient du dehors ; c'est originairement une *bonne heure* : un bonheur vient, on a un bonheur ; mais on ne peut dire : *il m'est venu une félicité, j'ai eu une félicité* ; et quand on dit : cet homme jouit d'une félicité parfaite, *une* alors n'est pas pris numériquement, et signifie seulement qu'on croit que sa félicité est parfaite.

On peut avoir un bonheur sans être heureux : un homme a eu le bonheur d'échapper à un piége, et n'en est quelquefois que plus malheureux ; on ne peut pas dire de lui qu'il a éprouvé la félicité.

Il y a encore de la différence entre *un* bonheur et *le* bonheur, différence que le mot *félicité* n'admet point.

Un bonheur est un événement heureux : le bonheur, pris indécisivement, signifie une suite de ces événements.

Le plaisir est un sentiment agréable et passager : le bonheur, considéré comme sentiment, est une suite de plaisirs ; la prospérité, une suite d'heureux événements; la félicité, une jouissance intime de sa prospérité.

L'auteur des *Synonymes* dit que « le bonheur » est pour les riches, la félicité pour les sages, » la béatitude pour les pauvres d'esprit; » mais le bonheur paraît plutôt le partage des riches qu'il ne l'est en effet, et la félicité est un état dont on parle plus qu'on ne l'éprouve.

Ce mot ne se dit guère en prose au pluriel, par la raison que c'est un état de l'âme, comme tranquillité, sagesse, repos; cependant la poésie, qui s'élève au-dessus de la prose, permet qu'on dise dans *Polyeucte* :

Où leurs félicités doivent être infinies.
Acte IV, scène v.

Que vos félicités, s'il se peut, soient parfaites.
Zaïre, I, I.

Les mots, en passant du substantif au verbe, ont rarement la même signification. *Féliciter*, qu'on emploie au lieu de *congratuler*, ne veut pas dire *rendre heureux*; il ne dit pas même se réjouir avec quelqu'un de sa *félicité*: il veut dire simplement *faire compliment* sur un succès, sur un événement agréable; il a pris la place de *congratuler*, parce qu'il est d'une prononciation plus douce et plus sonore.

FEMME.

Physique et morale.

En général elle est bien moins forte que l'homme, moins grande, moins capable de longs travaux; son sang est plus aqueux, sa chair moins compacte, ses cheveux plus longs, ses membres plus arrondis, les bras moins musculeux, la bouche plus petite, les fesses plus relevées, les hanches plus écartées, le ventre plus large. Ces caractères distinguent les femmes dans toute la terre, chez toutes les espèces, depuis la Laponie jusqu'à la côte de Guinée, en Amérique comme à la Chine.

Plutarque, dans son troisième livre des *Propos de table*, prétend que le vin ne les enivre pas aussi aisément que les hommes; et voici la raison qu'il apporte de ce qui n'est pas vrai. Je me sers de la traduction d'Amyot.

« La naturelle température des femmes est fort » humide; ce qui leur rend la charnure ainsi molle, » lissée et luisante, avec leurs purgations menstruelles. Quand donc le vin vient à tomber en » une si grande humidité, alors, se trouvant vaincu, » il perd sa couleur et sa force, et devient décoloré » et éveux; et en peut-on tirer quelque chose des » paroles même d'Aristote: car il dit que ceux qui » boivent à grands traits sans reprendre haleine, » ce que les anciens appelaient *amusizein*, ne s'en» ivrent pas si facilement, parce que le vin ne » leur demeure guère dedans le corps; ainsi étant » pressé et poussé à force, il passe tout outre à » travers. Or le plus communément nous voyons » que les femmes boivent ainsi, et si est vraisem» blable que leur corps, à cause de la continuelle » attraction qui se fait des humeurs par contre-bas » pour leurs purgations menstruelles, est plein de » plusieurs conduits, et percé de plusieurs tuyaux » et écheneaux, esquels le vin venant à tomber en » sort vitement et facilement sans se pouvoir at» tacher aux parties nobles et principales, les» quelles étant troublées, l'ivresse s'en ensuit. »

Cette physique est tout à fait digne des anciens.

Les femmes vivent un peu plus que les hommes, c'est-à-dire qu'en une génération on trouve plus de vieilles que de vieillards. C'est ce qu'ont pu observer en Europe tous ceux qui ont fait des relevés exacts des naissances et des morts. Il est à croire qu'il en est ainsi dans l'Asie et chez les négresses, les rouges, les cendrées, comme chez les blanches. *Natura est semper sibi consona.*

Nous avons rapporté ailleurs un extrait d'un *Journal de la Chine*, qui porte qu'en l'année 1725 la femme de l'empereur Yong-tching ayant fait des libéralités aux pauvres femmes de la Chine qui passaient soixante-dix ans[a], on compta dans la seule province de Kanton, parmi celles qui reçurent ces présents, 98,222 femmes de soixante et dix ans passés, 40,893 âgées de plus de quatre-vingts ans, et 3,453 d'environ cent années. Ceux qui aiment les causes finales disent que la nature leur accorde une plus longue vie qu'aux hommes pour les récompenser de la peine qu'elles prennent de porter neuf mois des enfants, de les mettre au monde et de les nourrir. Il n'est pas à croire que la nature donne des récompenses; mais il est probable que le sang des femmes étant plus doux, leurs fibres s'endurcissent moins vite.

Aucun anatomiste, aucun physicien n'a jamais pu connaître la manière dont elles conçoivent. Sanchez a eu beau assurer : « Mariam et Spiritum » Sanctum emisisse semen in copulatione, et ex » semine amborum natum esse Jesum », cette abominable impertinence de Sanchez, d'ailleurs très savant, n'est adoptée aujourd'hui par aucun naturaliste.

Les émissions périodiques de sang qui affaiblissent toujours les femmes pendant cette époque, les maladies qui naissent de la suppression, les temps de grossesse, la nécessité d'allaiter les enfants et de veiller continuellement sur eux, la délicatesse de leurs membres, les rendent peu

[a] Lettre très instructive du jésuite Constantin au jésuite Souciet, dix-neuvième recueil.

propres aux fatigues de la guerre et à la fureur des combats. Il est vrai, comme nous l'avons dit, qu'on a vu dans tous les temps et presque dans tous les pays des femmes à qui la nature donna un courage et des forces extraordinaires, qui combattirent avec les hommes, et qui soutinrent de prodigieux travaux; mais, après tout, ces exemples sont rares. Nous renvoyons à l'article AMAZONES.

Le physique gouverne toujours le moral. Les femmes étant plus faibles de corps que nous; ayant plus d'adresse dans leurs doigts, beaucoup plus souples que les nôtres; ne pouvant guère travailler aux ouvrages pénibles de la maçonnerie, de la charpente, de la métallurgie, de la charrue; étant nécessairement chargées des petits travaux plus légers de l'intérieur de la maison, et surtout du soin des enfants; menant une vie plus sédentaire; elles doivent avoir plus de douceur dans le caractère que la race masculine; elles doivent moins connaître les grands crimes : et cela est si vrai, que dans tous les pays policés il y a toujours cinquante hommes au moins exécutés à mort contre une seule femme.

Montesquieu, dans son *Esprit des lois**, en promettant de parler de la condition des femmes dans les divers gouvernements, avance que « chez » les Grecs les femmes n'étaient pas regardées » comme dignes d'avoir part au véritable amour, » et que l'amour n'avait chez eux qu'une forme » qu'on n'ose dire. » Il cite Plutarque pour son garant.

C'est une méprise qui n'est guère pardonnable qu'à un esprit tel que Montesquieu, toujours entraîné par la rapidité de ses idées, souvent incohérentes.

Plutarque, dans son chapitre de l'*amour*, introduit plusieurs interlocuteurs; et lui-même, sous le nom de Daphneus, réfute avec la plus grande force les discours que tient Protogènes en faveur de la débauche des garçons.

C'est dans ce même dialogue qu'il va jusqu'à dire qu'il y a dans l'amour des femmes quelque chose de divin; il compare cet amour au soleil, qui anime la nature; il met le plus grand bonheur dans l'amour conjugal, et il finit par le magnifique éloge de la vertu d'Éponine.

Cette mémorable aventure s'était passée sous les yeux mêmes de Plutarque, qui vécut quelque temps dans la maison de Vespasien. Cette héroïne, apprenant que son mari Sabinus, vaincu par les troupes de l'empereur, s'était caché dans une profonde caverne entre la Franche-Comté et la Champagne, s'y enferma seule avec lui, le servit, le nourrit pendant plusieurs années, en eut des enfants. Enfin, étant prise avec son mari et présentée à Vespasien, étonné de la grandeur de son courage, elle lui dit : « J'ai vécu plus heureuse sous » la terre, dans les ténèbres, que toi à la lumière » du soleil, au faîte de la puissance. » Plutarque affirme donc précisément le contraire de ce que Montesquieu lui fait dire; il s'énonce même en faveur des femmes avec un enthousiasme très touchant.

Il n'est pas étonnant qu'en tout pays l'homme se soit rendu le maître de la femme, tout étant fondé sur la force. Il a d'ordinaire beaucoup de supériorité par celle du corps et même de l'esprit.

On a vu des femmes très savantes comme il en fut de guerrières; mais il n'y en a jamais eu d'inventrices.

L'esprit de société et d'agrément est communément leur partage. Il semble, généralement parlant, qu'elles soient faites pour adoucir les mœurs des hommes.

Dans aucune république elles n'eurent jamais la moindre part au gouvernement; elles n'ont jamais régné dans les empires purement électifs; mais elles règnent dans presque tous les royaumes héréditaires de l'Europe, en Espagne, à Naples, en Angleterre, dans plusieurs états du Nord, dans plusieurs grands fiefs qu'on appelle *féminins*.

La coutume qu'on appelle *loi salique* les a exclues du royaume de France; et ce n'est pas, comme le dit Mézerai, qu'elles fussent incapables de gouverner, puisqu'on leur a presque toujours accordé la régence.

On prétend que le cardinal Mazarin avouait que plusieurs femmes étaient dignes de régir un royaume, et qu'il ajoutait qu'il était toujours à craindre qu'elles ne se laissassent subjuguer *par des amants incapables de gouverner douze poules*. Cependant Isabelle en Castille, Élisabeth en Angleterre, Marie-Thérèse en Hongrie, ont bien démenti ce prétendu bon mot attribué au cardinal Mazarin. Et aujourd'hui nous voyons dans le Nord une législatrice aussi respectée que le souverain de la Grèce, de l'Asie-Mineure, de la Syrie et de l'Égypte est peu estimé.

L'ignorance a prétendu long-temps que les femmes sont esclaves pendant leur vie chez les mahométans, et qu'après leur mort elles n'entrent point dans le paradis. Ce sont deux grandes erreurs, telles qu'on en a débité toujours sur le mahométisme. Les épouses ne sont point du tout esclaves. Le sura ou chapitre IV du *Koran* leur assigne un douaire. Une fille doit avoir la moitié du bien dont hérite son frère. S'il n'y a que des filles, elles partagent entre elles les deux tiers de la succession, et le reste appartient aux parents du mort; chacune des deux lignes en aura la sixième partie;

* Livre VII, ch. IX. Voyez l'article AMOUR SOCRATIQUE, dans lequel on a déjà indiqué cette bévue.

et la mère du mort a aussi un droit dans la succession. Les épouses sont si peu esclaves qu'elles ont permission de demander le divorce, qui leur est accordé quand leurs plaintes sont jugées légitimes.

Il n'est pas permis aux musulmans d'épouser leur belle-sœur, leur nièce, leur sœur de lait, leur belle-fille élevée sous la garde de leur femme; il n'est pas permis d'épouser les deux sœurs. En cela ils sont bien plus sévères que les chrétiens, qui tous les jours achètent à Rome le droit de contracter de tels mariages, qu'ils pourraient faire *gratis*.

POLYGAMIE.

Mahomet a réduit le nombre illimité des épouses à quatre. Mais comme il faut être extrêmement riche pour entretenir quatre femmes selon leur condition, il n'y a que les plus grands seigneurs qui puissent user d'un tel privilége. Ainsi la pluralité des femmes ne fait point aux états musulmans le tort que nous leur reprochons si souvent, et ne les dépeuple pas comme on le répète tous les jours dans tant de livres écrits au hasard.

Les Juifs, par un ancien usage établi selon leurs livres depuis Lamech, ont toujours eu la liberté d'avoir à la fois plusieurs femmes. David en eut dix-huit, et c'est depuis ce temps que les rabbins déterminèrent à ce nombre la polygamie des rois, quoiqu'il soit dit que Salomon en eut jusqu'à sept cents.

Les mahométans n'accordent pas publiquement aujourd'hui aux Juifs la pluralité des femmes; ils ne les croient pas dignes de cet avantage; mais l'argent, toujours plus fort que la loi, donne quelquefois en Orient et en Afrique, aux Juifs qui sont riches, la permission que la loi leur refuse.

On a rapporté sérieusement que Lélius Cinna, tribun du peuple, publia, après la mort de César, que ce dictateur avait voulu promulguer une loi qui donnait aux femmes le droit de prendre autant de maris qu'elles voudraient. Quel homme sensé ne voit que c'est là un conte populaire et ridicule, inventé pour rendre César odieux? Il ressemble à cet autre conte, qu'un sénateur romain avait proposé en plein sénat de donner permission à César de coucher avec toutes les femmes qu'il voudrait. De pareilles inepties déshonorent l'histoire, et font tort à l'esprit de ceux qui les croient. Il est triste que Montesquieu ait ajouté foi à cette fable.

Il n'en est pas de même de l'empereur Valentinien Ier qui, se disant chrétien, épousa Justine du vivant de Severa, sa première femme, mère de l'empereur Gratien. Il était assez riche pour entretenir plusieurs femmes.

Dans la première race des rois francs, Gontran, Cherebert, Sigebert, Chilpéric, eurent plusieurs femmes à la fois. Gontrau eut dans son palais Venerande, Mercatrude, et Ostregile, reconnues pour femmes légitimes. Cherebert eut Meroflède, Marcovèse et Théodogile.

Il est difficile de concevoir comment l'ex-jésuite Nonotte a pu, dans son ignorance, pousser la hardiesse jusqu'à nier ces faits, jusqu'à dire que les rois de cette première race n'usèrent point de la polygamie, et jusqu'à défigurer dans un libelle en deux volumes plus de cent vérités historiques, avec la confiance d'un régent qui dicte des leçons dans un collége. Des livres dans ce goût ne laissent pas de se vendre quelque temps dans les provinces, où les jésuites ont encore un parti; ils séduisent quelques personnes peu instruites.

Le P. Daniel, plus savant, plus judicieux, avoue la polygamie des rois francs sans aucune difficulté; il ne nie pas les trois femmes de Dagobert Ier; il dit expressément que Théodebert épousa Deuterie, quoiqu'il eût une autre femme nommée Visigalde, et quoique Deuterie eût un mari. Il ajoute qu'en cela il imita son oncle Clotaire, lequel épousa la veuve de Clodomir son frère, quoiqu'il eût déjà trois femmes.

Tous les historiens font les mêmes aveux. Comment, après tous ces témoignages, souffrir l'impudence d'un ignorant qui parle en maître, et qui ose dire, en débitant de si énormes sottises, que c'est pour la défense de la religion; comme s'il s'agissait, dans un point d'histoire, de notre religion vénérable et sacrée, que des calomniateurs méprisables font servir à leurs ineptes impostures!

DE LA POLYGAMIE PERMISE PAR QUELQUES PAPES ET PAR QUELQUES RÉFORMATEURS.

L'abbé de Fleury, auteur de l'*Histoire ecclésiastique*, rend plus de justice à la vérité dans tout ce qui concerne les lois et les usages de l'église. Il avoue que Boniface, apôtre de la Basse-Allemagne, ayant consulté, l'an 726, le pape Grégoire II, pour savoir en quels cas un mari peut avoir deux femmes, Grégoire II lui répondit, le 22 novembre de la même année, ces propres mots: « Si une femme est attaquée d'une maladie » qui la rende peu propre au devoir conjugal, » le mari peut se marier à une autre; mais il doit » donner à la femme malade les secours nécessaires. » Cette décision paraît conforme à la raison et à la politique; elle favorise la population, qui est l'objet du mariage.

Mais ce qui ne paraît ni selon la raison, ni selon la politique, ni selon la nature, c'est la loi qui porte qu'une femme séparée de corps et de biens de son mari ne peut avoir un autre époux, ni le mari prendre une autre femme. Il est évident que voilà une race perdue pour la peuplade, et que si cet époux et cette épouse séparés ont tous deux un tempérament indomptable, ils sont nécessairement exposés et forcés à des péchés continuels dont les législateurs doivent être responsables devant Dieu, si...

Les décrétales des papes n'ont pas toujours eu pour objet ce qui est convenable au bien des états et à celui des particuliers. Cette même décrétale du pape Grégoire II qui permet en certains cas la bigamie, prive à jamais de la société conjugale les garçons et les filles que leurs parents auront voués à l'Église dans leur plus tendre enfance. Cette loi semble aussi barbare qu'injuste : c'est anéantir à la fois des familles; c'est forcer la volonté des hommes avant qu'ils aient une volonté; c'est rendre à jamais les enfants esclaves d'un vœu qu'ils n'ont point fait; c'est détruire la liberté naturelle; c'est offenser Dieu et le genre humain.

La polygamie de Philippe, landgrave de Hesse, dans la communion luthérienne, en 1539, est assez publique. J'ai connu un des souverains dans l'empire d'Allemagne dont le père, ayant épousé une luthérienne, eut permission du pape de se marier à une catholique, et qui garda ses deux femmes.

Il est public en Angleterre, et on voudrait le nier en vain, que le chancelier Cowper épousa deux femmes qui vécurent ensemble dans sa maison avec une concorde singulière qui fit honneur à tous trois. Plusieurs curieux ont encore le petit livre que ce chancelier composa en faveur de la polygamie.

Il faut se défier des auteurs qui rapportent que dans quelques pays les lois permettent aux femmes d'avoir plusieurs maris. Les hommes, qui partout ont fait les lois, sont nés avec trop d'amour-propre, sont trop jaloux de leur autorité, ont communément un tempérament trop ardent en comparaison de celui des femmes, pour avoir imaginé une telle jurisprudence. Ce qui n'est pas conforme au train ordinaire de la nature est rarement vrai. Mais ce qui est fort ordinaire, surtout dans les anciens voyageurs, c'est d'avoir pris un abus pour une loi.

L'auteur de l'*Esprit des Lois* prétend[a] que sur la côte de Malabar, dans la caste des Naïres, les hommes ne peuvent avoir qu'une femme, et qu'une femme au contraire peut avoir plusieurs maris; il cite des auteurs suspects, et surtout Pirard. On ne devrait parler de ces coutumes étranges qu'en cas qu'on eût été long-temps témoin oculaire. Si on en fait mention, ce doit être en doutant : mais quel est l'esprit vif qui sache douter?

« La lubricité des femmes, dit-il[a], est si grande » à Patane, que les hommes sont contraints de se » faire certaines garnitures pour se mettre à l'abri » de leurs entreprises. »

Le président de Montesquieu n'alla jamais à Patane. M. Linguet ne remarque-t-il pas très-judicieusement que ceux qui imprimèrent ce conte étaient des voyageurs qui se trompaient ou qui voulaient se moquer de leurs lecteurs? Soyons justes, aimons le vrai, ne nous laissons pas séduire, jugeons par les choses et non par les noms.

SUITE DES RÉFLEXIONS SUR LA POLYGAMIE.

Il semble que le pouvoir, et non la convention, ait fait toutes les lois, surtout en Orient. C'est là qu'on voit les premiers esclaves, les premiers eunuques, le trésor du prince composé de ce qu'on a pris au peuple.

Qui peut vêtir, nourrir et amuser plusieurs femmes, les a dans sa ménagerie, et leur commande despotiquement.

Ben-Aboul-Kiba, dans son *Miroir des fidèles*, rapporte qu'un des vizirs du grand Soliman tint ce discours à un agent du grand Charles-Quint :

« Chien de chrétien, pour qui j'ai d'ailleurs une estime toute particulière, peux-tu bien me reprocher d'avoir quatre femmes selon nos saintes lois, tandis que tu vides douze quartauts par an, et que je ne bois pas un verre de vin? Quel bien fais-tu au monde en passant plus d'heures à table que je n'en passe au lit? Je peux donner quatre enfants chaque année pour le service de mon auguste maître; à peine en peux-tu fournir un. Et qu'est-ce que l'enfant d'un ivrogne? Sa cervelle sera offusquée des vapeurs du vin qu'aura bu son père. Que veux-tu d'ailleurs que je devienne quand deux de mes femmes sont en couche? ne faut-il pas que j'en serve deux autres, ainsi que ma loi me le commande? Que deviens-tu, quel rôle joues-tu dans les derniers mois de la grossesse de ton unique femme, et pendant ses couches, et pendant ses maladies? Il faut que tu restes dans une oisiveté honteuse, ou que tu cherches une autre femme. Te voilà nécessairement entre deux péchés mortels, qui te feront tomber tout roide, après ta mort, du pont aigu au fond de l'enfer.

» Je suppose que dans nos guerres contre les chiens de chrétiens nous perdions cent mille soldats : voilà près de cent mille filles à pourvoir. N'est-ce pas aux riches à prendre soin d'elles?

[a] Liv. XVI ch. v.

[a] Liv. XVI, ch. X.

Malheur à tout musulman assez tiède pour ne pas donner retraite chez lui à quatre jolies filles en qualité de ses légitimes épouses, et pour ne pas les traiter selon leurs mérites !

« Comment donc sont faits dans ton pays la trompette du jour, que tu appelles *coq*, l'honnête bélier, prince des troupeaux, le taureau, souverain des vaches? chacun d'eux n'a-t-il pas son sérail? Il te sied bien vraiment de me reprocher mes quatre femmes, tandis que notre grand prophète en a eu dix-huit, David le Juif autant, et Salomon le Juif sept cents de compte fait, avec trois cents concubines! Tu vois combien je suis modeste. Cesse de reprocher la gourmandise à un sage qui fait de si médiocres repas. Je te permets de boire; permets-moi d'aimer. Tu changes de vins, souffre que je change de femmes. Que chacun laisse vivre les autres à la mode de leur pays. Ton chapeau n'est point fait pour donner des lois à mon turban; ta fraise et ton petit manteau ne doivent point commander à mon doliman. Achève de prendre ton café avec moi, et va-t'en caresser ton Allemande, puisque tu es réduit à elle seule. »

Réponse de l'Allemand.

« Chien de musulman, pour qui je conserve une vénération profonde, avant d'achever mon café je veux confondre tes propos. Qui possède quatre femmes possède quatre harpies, toujours prêtes à se calomnier, à se nuire, à se battre; le logis est l'antre de la Discorde. Aucune d'elles ne peut t'aimer; chacune n'a qu'un quart de ta personne, et ne pourrait tout au plus te donner que le quart de son cœur. Aucune ne peut te rendre la vie agréable; ce sont des prisonnières qui, n'ayant jamais rien vu, n'ont rien à te dire. Elles ne connaissent que toi : par conséquent tu les ennuies. Tu es leur maître absolu : donc elles te haïssent. Tu es obligé de les faire garder par un eunuque, qui leur donne le fouet quand elles ont fait trop de bruit. Tu oses te comparer à un coq ! mais jamais un coq n'a fait fouetter ses poules par un chapon. Prends tes exemples chez les animaux; ressemble-leur tant que tu voudras : moi je veux aimer en homme; je veux donner tout mon cœur, et qu'on me donne le sien. Je rendrai compte de cet entretien ce soir à ma femme, et j'espère qu'elle en sera contente. A l'égard du vin que tu me reproches, apprends que s'il est mal d'en boire en Arabie, c'est une habitude très-louable en Allemagne. Adieu. »

FERMETÉ.

Fermeté vient de *ferme*, et signifie autre chose que *solidité* et *dureté* : une toile serrée, un sable battu, ont de la fermeté sans être durs ni solides.

Il faut toujours se souvenir que les modifications de l'âme ne peuvent s'exprimer que par des images physiques : on dit *la fermeté de l'âme*, *de l'esprit*; ce qui ne signifie pas plus *solidité* ou *dureté* qu'au propre.

La fermeté est l'exercice du courage de l'esprit, elle suppose une résolution éclairée : l'opiniâtreté au contraire suppose de l'aveuglement.

Ceux qui ont loué la fermeté du style de Tacite n'ont pas tant de tort que le prétend le P. Bouhours : c'est un terme hasardé, mais placé, qui exprime l'énergie et la force des pensées et du style.

On peut dire que La Bruyère a un style ferme, et que d'autres écrivains n'ont qu'un style dur.

FERRARE.

Ce que nous avons à dire ici de Ferrare n'a aucun rapport à la littérature, principal objet de nos questions; mais il en a un très grand avec la justice, qui est plus nécessaire que les belles-lettres, et bien moins cultivée, surtout en Italie.

Ferrare était constamment un fief de l'empire ainsi que Parme et Plaisance. Le pape Clément VIII en dépouilla César d'Este à main armée, en 1597. Le prétexte de cette tyrannie était bien singulier pour un homme qui se dit l'humble vicaire de Jésus-Christ.

Le duc Alphonse d'Este, premier du nom, souverain de Ferrare, de Modène, d'Este, de Carpi, de Rovigno, avait épousé une simple citoyenne de Ferrare, nommée Laura Eustochia, dont il avait eu trois enfants avant son mariage, reconnus par lui solennellement en face d'Église. Il ne manqua à cette reconnaissance aucune des formalités prescrites par les lois. Son successeur Alfonse d'Este fut reconnu duc de Ferrare. Il épousa Julie d'Urbin, fille de François duc d'Urbin, dont il eut cet infortuné César d'Este, héritier incontestable de tous les biens de la maison, et déclaré héritier par le dernier duc, mort le 27 octobre 1597. Le pape Clément VIII, du nom d'Aldobrandin, originaire d'une famille de négociants de Florence, osa prétexter que la grand'mère de César d'Este n'était pas assez noble, et que les enfants qu'elle avait mis au monde devaient être regardés comme des bâtards. La première raison est ridicule et scandaleuse dans un évêque, la seconde est insoutenable dans tous les tribunaux de l'Europe : car si le duc n'était pas légitime, il devait perdre Modène et ses autres états; et s'il n'y avait point de vice dans sa naissance, il devait garder Ferrare comme Modène.

L'acquisition de Ferrare était trop belle pour que le pape ne fît pas valoir toutes les décrétales et toutes les décisions des braves théologiens qui assurent que le pape peut rendre juste ce qui est injuste. En conséquence, il excommunia d'abord César d'Este; et comme l'excommunication prive nécessairement un homme de tous ses biens, le père commun des fidèles leva des troupes contre l'excommunié pour lui ravir son héritage au nom de l'Église. Ces troupes furent battues; mais le duc de Modène et de Ferrare vit bientôt ses finances épuisées et ses amis refroidis.

Ce qu'il y eut de plus déplorable, c'est que le roi de France, Henri IV, se crut obligé de prendre le parti du pape pour balancer le crédit de Philippe II à la cour de Rome. C'est ainsi que le bon roi Louis XII, moins excusable, s'était déshonoré en s'unissant avec le monstre Alexandre VI et son exécrable bâtard le duc de Borgia. Il fallut céder: alors le pape fit envahir Ferrare par le cardinal Aldobrandin, qui entra dans cette florissante ville avec mille chevaux et cinq mille fantassins.

Il est bien triste qu'un homme tel que Henri IV ait descendu à cette indignité, qu'on appelle *politique*. Les Caton, les Métellus, les Scipion, les Fabricius, n'auraient point ainsi trahi la justice pour plaire à un prêtre; et à quel prêtre!

Depuis ce temps, Ferrare devint déserte; son terroir inculte se couvrit de marais croupissants. Ce pays avait été, sous la maison d'Este, un des plus beaux de l'Italie; le peuple regretta toujours ses anciens maîtres. Il est vrai que le duc fut dédommagé: on lui donna la nomination à un évêché et à une cure; et on lui fournit même quelques minots de sel des magasins de Cervia. Mais il n'est pas moins vrai que la maison de Modène a des droits incontestables et imprescriptibles sur ce duché de Ferrare, dont elle est si indignement dépouillée.

Maintenant, mon cher lecteur, supposons que cette scène se fût passée du temps où Jésus-Christ ressuscité apparaissait à ses apôtres, et que Simon Barjone, surnommé Pierre, eût voulu s'emparer des états de ce pauvre duc de Ferrare. Imaginons que le duc va demander justice en Béthanie au Seigneur Jésus; n'entendez-vous pas notre Seigneur qui envoie chercher sur-le-champ Simon, et qui lui dit: Simon, fils de Jone, je t'ai donné les clefs du royaume des cieux; on sait comme ces clefs sont faites: mais je ne t'ai pas donné celles de la terre. Si on t'a dit que le ciel entoure le globe et que le contenu est dans le contenant, t'es-tu imaginé que les royaumes d'ici-bas t'appartiennent, et que tu n'as qu'à t'emparer de tout ce qui te convient? Je t'ai déjà défendu de dégainer. Tu me parais un composé fort bizarre; tantôt tu coupes, à ce qu'on dit, une oreille à Malchus; tantôt tu me renies: sois plus doux et plus honnête; ne prends ni le bien ni les oreilles de personne, de peur qu'on ne te donne sur les tiennes.

FERTILISATION.

SECTION PREMIÈRE.

1° Je propose des vues générales sur la fertilisation. Il ne s'agit pas ici de savoir en quel temps il faut semer des navets vers les Pyrénées et vers Dunkerque; il n'y a point de paysan qui ne connaisse ces détails mieux que tous les maîtres et tous les livres. Je n'examine point les vingt et une manières de parvenir à la multiplication du blé, parmi lesquelles il n'y en a pas une de vraie; car la multiplication des germes dépend de la préparation des terres, et non de celle des grains. Il en est du blé comme de tous les autres fruits: vous aurez beau mettre un noyau de pêche dans de la saumure ou de la lessive, vous n'aurez de bonnes pêches qu'avec des abris et un sol convenable.

2° Il y a dans toute la zone tempérée de bons, de médiocres, et de mauvais terroirs. Le seul moyen peut-être de rendre les bons encore meilleurs, de fertiliser les médiocres, et de tirer parti des mauvais, est que les seigneurs des terres les habitent.

Les médiocres terrains, et surtout les mauvais, ne pourront jamais être amendés par des fermiers; ils n'en ont ni la faculté ni la volonté; ils afferment à vil prix, font très peu de profit, et laissent la terre en plus mauvais état qu'ils ne l'ont prise.

3° Il faut de grandes avances pour améliorer de vastes champs. Celui qui écrit ces réflexions a trouvé dans un très mauvais pays un vaste terrain inculte qui appartenait à des colons. Il leur a dit: Je pourrais le cultiver à mon profit par le droit de déshérence; je vais le défricher pour vous et pour moi à mes dépens. Quand j'aurai changé ces bruyères en pâturages, nous y engraisserons des bestiaux; ce petit canton sera plus riche et plus peuplé.

Il en est de même des marais, qui étendent sur tant de contrées la stérilité et la mortalité. Il n'y a que les seigneurs qui puissent détruire ces ennemis du genre humain. Et si ces marais sont trop vastes, le gouvernement seul est assez puissant pour faire de telles entreprises; il y a plus à gagner que dans une guerre.

4° Les seigneurs seuls seront long-temps en état d'employer le semoir. Cet instrument est coûteux; il faut souvent le rétablir; nul ouvrier de campagne n'est en état de le construire; aucun colon ne s'en chargera; et si vous lui en donnez un, il épargnera trop la semence, et fera de médiocres récoltes.

Cependant cet instrument employé à propos doit épargner environ le tiers de la semence, et par conséquent enrichir le pays d'un tiers; voilà la vraie multiplication. Il est donc très important de le rendre d'usage, et de long-temps il n'y aura que les riches qui pourront s'en servir.

5° Les seigneurs peuvent faire la dépense du van cribleur, qui, quand il est bien conditionné, épargne beaucoup de bras et de temps. En un mot, il est clair que si la terre ne rend pas ce qu'elle peut donner, c'est que les simples cultivateurs ne sont pas en état de faire les avances. La culture de la terre est une vraie manufacture : il faut pour que la manufacture fleurisse que l'entrepreneur soit riche.

6° La prétendue égalité des hommes, que quelques sophistes mettent à la mode, est une chimère pernicieuse. S'il n'y avait pas trente manœuvres pour un maître, la terre ne serait pas cultivée. Quiconque possède une charrue a besoin de deux valets et de plusieurs hommes de journée. Plus il y aura d'hommes qui n'auront que leurs bras pour toute fortune, plus les terres seront en valeur. Mais pour employer utilement ces bras, il faut que les seigneurs soient sur les lieux [1].

7° Il ne faut pas qu'un seigneur s'attende, en fesant cultiver sa terre sous ses yeux, à faire la fortune d'un entrepreneur des hôpitaux ou des fourrages de l'armée; mais il vivra dans la plus honorable abondance [2].

8° S'il fait la dépense d'un étalon, il aura en quatre ans de beaux chevaux qui ne lui coûteront rien; il y gagnera, et l'état aussi.

Si le fermier est malheureusement obligé de vendre tous les veaux et toutes les génisses pour être en état de payer le roi et son maître, le même seigneur fait élever ces génisses et quelques veaux. Il a au bout de trois ans des troupeaux considérables sans frais. Tous ces détails produisent l'agréable et l'utile. Le goût de ces occupations augmente chaque jour; le temps affaiblit presque toutes les autres.

9° S'il y a de mauvaises récoltes, des dommages, des pertes, le seigneur est en état de les réparer. Le fermier et le métayer ne peuvent même les supporter. Il est donc essentiel à l'état que les possesseurs habitent souvent leurs domaines.

10° Les évêques qui résident font du bien aux villes. Si les abbés commendataires résidaient, ils feraient du bien aux campagnes; leur absence est préjudiciable.

11° Il est d'autant plus nécessaire de songer aux richesses de la terre, que les autres peuvent aisément nous échapper; la balance du commerce peut ne nous être plus favorable; nos espèces peuvent passer chez l'étranger, les biens fictifs peuvent se perdre, la terre reste.

12° Nos nouveaux besoins nous imposent la nécessité d'avoir de nouvelles ressources. Les Français et les autres peuples n'avaient point imaginé, du temps de Henri IV, d'infecter leurs nez d'une poudre noire et puante, et de porter dans leurs poches des linges remplis d'ordure, qui auraient inspiré autrefois l'horreur et le dégoût. Cet article seul coûte au moins à la France six millions par an. Le déjeuner de leurs pères n'était pas préparé par les quatre parties du monde; ils se passaient de l'herbe et de la terre de la Chine, des roseaux qui croissent en Amérique et des fèves de l'Arabie. Ces nouvelles denrées, et beaucoup d'autres, que nous payons argent comptant, peuvent nous épuiser. Une compagnie de négociants qui n'a jamais pu en quarante années donner un sou de dividende à ses actionnaires sur le produit de son commerce, et qui ne les paie que d'une partie du revenu du roi, peut être à charge à la longue. L'agriculture est donc la ressource indispensable.

13° Plusieurs branches de cette ressource sont négligées. Il y a, par exemple, trop peu de ruches, tandis qu'on fait une prodigieuse consommation de bougies. Il n'y a point de maison un peu forte où l'on n'en brûle pour deux ou trois écus par jour. Cette seule dépense entretiendrait une famille économe. Nous consommons cinq ou six fois plus de bois de chauffage que nos pères; nous devons donc avoir plus d'attention à planter et à entretenir nos plants; c'est ce que le fermier n'est pas même en droit de faire; c'est ce que le seigneur ne fera que lorsqu'il gouvernera lui-même ses possessions.

14° Lorsque les possesseurs des terres sur les frontières y résident, les manœuvres, les ouvriers étrangers viennent s'y établir; le pays se peuple insensiblement; il se forme des races d'hommes vigoureux. La plupart des manufactures corrompent la taille des ouvriers; leur race s'affaiblit. Ceux qui travaillent aux métaux abrégent leurs jours. Les travaux de la campagne, au contraire, fortifient et produisent des générations robustes, pourvu que la débauche des jours de fêtes n'altère pas le bien que font le travail et la sobriété.

[1] La question de savoir si un grand terrain cultivé par un seul propriétaire donne un produit brut ou un produit net plus grand ou moindre que le même terrain partagé en petites propriétés, cultivées chacune par le possesseur, n'a point encore été complétement résolue. Il est vrai qu'en général, dans toute manufacture, plus on divise le travail entre des ouvriers occupés chacun d'une même chose, plus on obtient de perfection et d'économie.

Mais jusqu'à quel point ce principe se peut-il appliquer à l'agriculture, ou plus généralement à un art dont les procédés successifs sont assujettis à certaines périodes, à l'ordre des saisons? K.

[2] Voyez AGRICULTURE.

15° On sait assez quelles sont les funestes suites de l'oisive intempérance attachée à ces jours qu'on croit consacrés à la religion, et qui ne le sont qu'aux cabarets. On sait quelle supériorité le retranchement de ces jours dangereux a donnée aux protestants sur nous. Notre raison commence enfin à se développer au point de nous faire sentir confusément que l'oisiveté et la débauche ne sont pas si précieuses devant Dieu qu'on le croyait. Plus d'un évêque a rendu à la terre, pendant quarante jours de l'année ou environ, des hommes qu'elle demandait pour la cultiver. Mais sur les frontières, où beaucoup de nos domaines se trouvent dans l'évêché d'un étranger, il arrive trop souvent, soit par contradiction, soit par une infâme politique, que ces étrangers se plaisent à nous accabler d'un fardeau que les plus sages de nos prélats ont ôté à nos cultivateurs, à l'exemple du pape. Le gouvernement peut aisément nous délivrer de ce très grand mal que ces étrangers nous font. Ils sont en droit d'obliger nos colons à entendre une messe le jour de Saint-Roch ; mais au fond, ils ne sont pas en droit d'empêcher les sujets du roi de cultiver après la messe une terre qui appartient au roi, et dont il partage les fruits. Et ils doivent savoir qu'on ne peut mieux s'acquitter de son devoir envers Dieu qu'en le priant le matin, et en obéissant le reste du jour à la loi qu'il nous a imposée de travailler.

16° Plusieurs personnes ont établi des écoles dans leurs terres, j'en ai établi moi-même, mais je les crains. Je crois convenable que quelques enfants apprennent à lire, à écrire, à chiffrer; mais que le grand nombre, surtout les enfants des manœuvres, ne sachent que cultiver, parce qu'on n'a besoin que d'une plume pour deux ou trois cents bras. La culture de la terre ne demande qu'une intelligence très commune; la nature a rendu faciles tous les travaux auxquels elle a destiné l'homme : il faut donc employer le plus d'hommes qu'on peut à ces travaux faciles, et les leur rendre nécessaires[1].

17° Le seul encouragement des cultivateurs est le commerce des denrées. Empêcher les blés de sortir du royaume, c'est dire aux étrangers que nous en manquons, et que nous sommes de mauvais économes. Il y a quelquefois cherté en France, mais rarement disette. Nous fournissons les cours de l'Europe de danseurs et de perruquiers; il vaudrait mieux les fournir de froment. Mais c'est à la prudence du gouvernement d'étendre ou de resserrer ce grand objet de commerce. Il n'appartient pas à un particulier qui ne voit que son canton de proposer des vues à ceux qui voient et qui embrassent le bien général du royaume.

18° La réparation et l'entretien des chemins de traverse est un objet important. Le gouvernement s'est signalé par la confection des voies publiques, qui font à la fois l'avantage et l'ornement de la France. Il a aussi donné des ordres très utiles pour les chemins de traverse; mais ces ordres ne sont pas si bien exécutés que ceux qui regardent les grands chemins. Le même colon qui voiturerait ses denrées de son village au marché voisin en une heure de temps avec un cheval, y parvient à peine avec deux chevaux en trois heures, parce qu'il ne prend pas le soin de donner un écoulement aux eaux, de combler une ornière, de porter un peu de gravier; et ce peu de peine qu'il s'est épargnée lui cause à la fin de très grandes peines et de grands dommages.

19° Le nombre des mendiants est prodigieux, et, malgré les lois, on laisse cette vermine se multiplier. Je demanderais qu'il fût permis à tous les seigneurs de retenir et faire travailler à un prix raisonnable tous les mendiants robustes, hommes et femmes, qui mendieront sur leurs terres.

20° S'il m'était permis d'entrer dans des vues plus générales, je répéterais ici combien le célibat est pernicieux. Je ne sais s'il ne serait pas à propos d'augmenter d'un tiers la taille et la capitation de quiconque ne serait pas marié à vingt-cinq ans[1]. Je ne sais s'il ne serait pas utile d'exempter d'impôts quiconque aurait sept enfants mâles, tant que le père et les sept enfants vivraient ensemble. M. Colbert exempta tous ceux qui auraient douze enfants; mais ce cas arrive si rarement que la loi était inutile.

21° On a fait des volumes sur tous les avantages qu'on peut retirer de la campagne, sur les améliorations, sur les blés, les légumes, les pâturages, les animaux domestiques, et sur mille secrets presque tous chimériques[2]. Le meilleur secret est de veiller soi-même à son domaine.

[1] Le temps de l'enfance, celui qui précède l'âge où un enfant peut être assujetti à un travail régulier, est plus que suffisant pour apprendre à lire, à écrire, à compter, pour acquérir même des notions élémentaires d'arpentage, de physique et d'histoire naturelle. Il ne faut pas craindre que ces connaissances dégoûtent des travaux champêtres. C'est précisément parce que presque aucun homme du peuple ne sait bien écrire, que cet art devient un moyen de se procurer avec moins de peine une subsistance plus abondante que par un travail mécanique. Ce n'est que par l'instruction qu'on peut espérer d'affaiblir dans le peuple les préjugés, ces tyrans éternels, auxquels presque partout les grands obéissent même en les méprisant. K.

[1] Cette loi ne serait ni juste ni utile; le célibat, dans aucun système raisonnable de morale, ne peut être regardé comme un délit; et une surcharge d'impôt serait une véritable amende. D'ailleurs, si cette punition est assez forte pour l'emporter sur les raisons qui éloignent du mariage, elle en fera faire de mauvais, et la population qui résultera de ces mariages ne sera ni fort nombreuse ni fort utile. K.

[2] La science de l'agriculture a fait peu de progrès jusqu'ici, et c'est le sort commun à toutes les parties des sciences qui emploient l'observation plutôt que l'expérience : elles dépendent

SECTION II.

Pourquoi certaines terres sont mal cultivées.

Je passai un jour par de belles campagnes, bordées d'un côté d'une forêt adossée à des montagnes, et de l'autre par une vaste étendue d'eau saine et claire qui nourrit d'excellents poissons. C'est le plus bel aspect de la nature; il termine les frontières de plusieurs états; la terre y est couverte de bétail, et elle le serait de fleurs et de fruits toute l'année, sans les vents et les grêles qui désolent souvent cette contrée délicieuse et qui la changent en Sibérie.

Je vis à l'entrée de cette petite province une maison bien bâtie, où demeuraient sept ou huit hommes bien faits et vigoureux. Je leur dis : Vous cultivez sans doute un héritage fertile dans ce beau séjour? Nous, monsieur, nous avilir à rendre féconde la terre qui doit nourrir l'homme! nous ne sommes pas faits pour cet indigne métier. Nous poursuivons les cultivateurs qui portent le fruit de leurs travaux d'un pays dans un autre; nous les chargeons de fers : notre emploi est celui des héros. Sachez que dans ce pays de deux lieues sur six, nous avons quatorze maisons aussi respectables que celle-ci, consacrées à cet usage. La dignité dont nous sommes revêtus nous distingue des autres citoyens; et nous ne payons aucune contribution, parceque nous ne travaillons à rien qu'à faire trembler ceux qui travaillent.

Je m'avançai tout confus vers une autre maison; je vis dans un jardin bien tenu un homme entouré d'une nombreuse famille : je croyais qu'il daignait *cultiver son jardin;* j'appris qu'il était revêtu de la charge de contrôleur du grenier à sel.

Plus loin demeurait le directeur de ce grenier, dont les revenus étaient établis sur les avanies faites à ceux qui viennent acheter de quoi donner un peu de goût à leur bouillon. Il y avait des juges de ce grenier, où se conserve l'eau de la mer réduite en figures irrégulières; des élus dont la dignité consistait à écrire les noms des citoyens, et ce qu'ils doivent au fisc; des agents qui partageaient avec les receveurs de ce fisc; des hommes revêtus d'offices de toute espèce, les uns conseillers du roi n'ayant jamais donné de conseil, les autres secrétaires du roi n'ayant jamais su le moindre de ses secrets. Dans cette multitude de gens qui se pavanaient de par le roi, il y en avait un assez grand nombre revêtus d'un habit ridicule, et chargés d'un grand sac qu'ils se faisaient remplir de la part de Dieu.

Il y en avait d'autres plus proprement vêtus, et qui avaient des appointements plus réglés pour ne rien faire. Ils étaient originairement payés pour chanter de grand matin; et depuis plusieurs siècles ils ne chantaient qu'à table.

Enfin, je vis dans le lointain quelques spectres à demi nus, qui écorchaient, avec des bœufs aussi décharnés qu'eux, un sol encore plus amaigri; je compris pourquoi la terre n'était pas aussi fertile qu'elle pourrait l'être.

du temps et des événements, plus que du génie des hommes. Telle est la médecine; telle est encore la météorologie. K.

FÊTES.

SECTION PREMIÈRE.

Un pauvre gentilhomme du pays d'Haguenau cultivait sa petite terre, et sainte Ragonde ou Radegonde était la patronne de sa paroisse. Or il arriva que le jour de la fête de sainte Ragonde, il fallut donner une façon à un champ de ce pauvre gentilhomme, sans quoi tout était perdu. Le maître, après avoir assisté dévotement à la messe avec tout son monde, alla labourer sa terre, dont dépendait le maintien de sa famille; et le curé et les autres paroissiens allèrent boire, selon l'usage.

Le curé, en buvant, apprit l'énorme scandale qu'on osait donner dans sa paroisse, par un travail profane : il alla, tout rouge de colère et de vin, trouver le cultivateur, et lui dit : Monsieur, vous êtes bien insolent et bien impie d'oser labourer votre champ au lieu d'aller au cabaret comme les autres. Je conviens, monsieur, dit le gentilhomme, qu'il faut boire en l'honneur de la sainte, mais il faut aussi manger, et ma famille mourrait de faim si je ne labourais pas. Buvez et mourez, lui dit le curé. Dans quelle loi, dans quel concile cela est-il écrit? dit le cultivateur. Dans Ovide, dit le curé. J'en appelle comme d'abus, dit le gentilhomme. Dans quel endroit d'Ovide avez-vous lu que je dois aller au cabaret plutôt que de labourer mon champ le jour de sainte Ragonde?

Vous remarquerez que le gentilhomme et le pasteur avaient très bien fait leurs études. Lisez la métamorphose des filles de *Minée*, dit le curé. Je l'ai lue, dit l'autre, et je soutiens que cela n'a nul rapport à ma charrue. Comment, impie! vous ne vous souvenez pas que les filles de *Minée* furent changées en chauves-souris pour avoir filé un jour de fête? Le cas est bien différent, répliqua le gentilhomme : ces demoiselles n'avaient rendu aucun honneur à Bacchus; et moi, j'ai été à la messe de sainte Ragonde; vous n'avez rien à me dire; vous ne me changerez point en chauve-souris. Je ferai pis, dit le prêtre; je vous ferai mettre à l'amende. Il n'y manqua pas. Le pauvre gentilhomme fut ruiné; il quitta le pays avec sa famille et ses valets, passa chez l'étranger, se fit luthérien, et sa terre resta inculte plusieurs années.

On conta cette aventure à un magistrat de bon sens et de beaucoup de piété. Voici les réflexions qu'il fit à propos de sainte Ragonde:

Ce sont, disait-il, les cabaretiers, sans doute, qui ont inventé ce prodigieux nombre de fêtes : la religion des paysans et des artisans consiste à s'enivrer le jour d'un saint qu'ils ne connaissent que par ce culte : c'est dans ces jours d'oisiveté et de débauche que se commettent tous les crimes : ce sont les fêtes qui remplissent les prisons, et qui font vivre les archers, les greffiers, les lieutenants criminels, et les bourreaux : voilà parmi nous la seule excuse des fêtes : les champs catholiques restent à peine cultivés, tandis que les campagnes hérétiques, labourées tous les jours, produisent de riches moissons.

A la bonne heure, que les cordonniers aillent le matin à la messe de saint Crépin, parce que *crepido* signifie *empeigne*; que les feseurs de vergettes fêtent sainte Barbe, leur patronne; que ceux qui ont mal aux yeux entendent la messe de sainte Claire; qu'on célèbre saint V.. dans plusieurs provinces; mais qu'après avoir rendu ses devoirs aux saints, on rende service aux hommes, qu'on aille de l'autel à la charrue : c'est l'excès d'une barbarie et d'un esclavage insupportable, de consacrer ses jours à la nonchalance et au vice. Prêtres, commandez, s'il est nécessaire, qu'on prie Roch, Eustache et Fiacre le matin; magistrats, ordonnez qu'on laboure vos champs le jour de Fiacre, d'Eustache et de Roch. C'est le travail qui est nécessaire; il y a plus, c'est lui qui sanctifie.

SECTION II.

Lettre d'un ouvrier de Lyon à messeigneurs de la commission établie à Paris pour la réformation des ordres religieux, imprimée dans les papiers publics en 1766.

MESSEIGNEURS,

Je suis ouvrier en soie, et je travaille à Lyon depuis dix-neuf ans. Mes journées ont augmenté insensiblement, et aujourd'hui je gagne trente-cinq sous. Ma femme, qui travaille en passements, en gagnerait quinze s'il lui était possible d'y donner tout son temps; mais comme les soins du ménage, les maladies de couches ou autres, la détournent étrangement, je réduis son profit à dix sous, ce qui fait quarante-cinq sous journellement que nous apportons au ménage. Si l'on déduit de l'année quatre-vingt-deux jours de dimanches ou de fêtes, l'on aura deux cent quatre-vingt-quatre jours profitables, qui, à quarante-cinq sous, font six cent trente-neuf livres. Voilà mon revenu.

Voici les charges :

J'ai huit enfants vivants, et ma femme est sur le point d'accoucher du onzième, car j'en ai perdu deux. Il y a quinze ans que je suis marié. Ainsi je puis compter annuellement vingt-quatre livres pour les frais de couches et de baptême, cent huit livres pour l'année de deux nourrices, ayant communément deux enfants en nourrice, quelquefois même trois. Je paie de loyer, à un quatrième, cinquante-sept livres, et d'imposition quatorze livres. Mon profit se trouve donc réduit à quatre cent trente-six livres, ou à vingt-cinq sous trois deniers par jour, avec lesquels il faut se vêtir, se meubler, acheter le bois, la chandelle, et faire vivre ma femme et six enfants.

Je ne vois qu'avec effroi arriver des jours de fête. Il s'en faut très peu, je vous en fais ma confession, que je ne maudisse leur institution. Elles ne peuvent avoir été instituées, disais-je, que par les commis des aides, par les cabaretiers, et par ceux qui tiennent les guinguettes.

Mon père m'a fait étudier jusqu'à ma seconde, et voulait à toute force que je fusse moine, me fesant entrevoir dans cet état un asile assuré contre le besoin; mais j'ai toujours pensé que chaque homme doit son tribut à la société, et que les moines sont des guêpes inutiles qui mangent le travail des abeilles. Je vous avoue pourtant que quand je vois Jean C***, avec lequel j'ai étudié, et qui était le garçon le plus paresseux du collége, posséder les premières places chez les prémontrés, je ne puis m'empêcher d'avoir quelques regrets de n'avoir pas écouté les avis de mon père.

Je suis à la troisième fête de Noël, j'ai engagé le peu de meubles que j'avais, je me suis fait avancer une semaine par mon bourgeois, je manque de pain, comment passer la quatrième fête? Ce n'est pas tout; j'en entrevois encore quatre autres dans la semaine prochaine. Grand Dieu! huit fêtes dans quinze jours! est-ce vous qui l'ordonnez?

Il y a un an que l'on me fait espérer que les loyers vont diminuer, par la suppression d'une des maisons des capucins et des cordeliers. Que de maisons inutiles dans le centre d'une ville comme Lyon! les jacobins, les dames de Saint-Pierre, etc. : pourquoi ne pas les écarter dans les faubourgs, si on les juge nécessaires? que d'habitants plus nécessaires encore tiendraient leurs places!

Toutes ces réflexions m'ont engagé à m'adresser à vous, messeigneurs, qui avez été choisis par le roi pour détruire des abus. Je ne suis pas le seul qui pense ainsi; combien d'ouvriers dans Lyon et ailleurs, combien de laboureurs dans le royaume sont réduits à la même nécessité que moi! Il est visible que chaque jour de fête coûte à l'état plusieurs millions. Ces considérations vous porteront à prendre à cœur les intérêts du peuple, qu'on dédaigne un peu trop.

J'ai l'honneur d'être, etc. BOCEN.

Nous avons cru que cette requête, qui a été réellement présentée, pourrait figurer dans un ouvrage utile.

SECTION III.

On connaît assez les fêtes que Jules César et les empereurs qui lui succédèrent donnèrent au peuple romain. La fête des vingt-deux mille tables, servies par vingt-deux mille maîtres d'hôtel, les combats de vaisseaux sur des lacs qui se formaient tout d'un coup, etc., n'ont pas été imités par les seigneurs hérules, lombards ou francs, qui ont voulu aussi qu'on parlât d'eux.

Un welche nommé Cahusac n'a pas manqué de faire un long article sur ces fêtes dans le grand *Dictionnaire encyclopédique*. Il dit que « le ballet de *Cassandre* fut donné à Louis XIV par le » cardinal Mazarin, qui avait de la gaîté dans l'esprit, du goût pour les plaisirs dans le cœur, et » dans l'imagination moins de faste que de la galanterie; que le roi dansa dans ce ballet à l'âge » de treize ans, avec les proportions marquées et » les attitudes dont la nature l'avait embelli. » Ce Louis XIV, né avec des attitudes, et ce faste de l'imagination du cardinal Mazarin, sont dignes du beau style qui est aujourd'hui à la mode. Notre Cahusac finit par décrire une fête charmante, d'un genre neuf et élégant, donnée à la reine Marie Leczinska. Cette fête finit par le discours ingénieux d'un Allemand ivre, qui dit : « Est-ce la peine de faire » tant de dépense en bougie pour ne faire voir que » de l'eau! » A quoi un Gascon répondit : « Eh! » sandis! je meurs de faim; on vit donc de l'air » à la cour des rois de France! »

Il est triste d'avoir inséré de pareilles platitudes dans un Dictionnaire des Arts et des Sciences.

FEU.

SECTION PREMIÈRE.

Le feu est-il autre chose qu'un élement qui nous éclaire, qui nous échauffe, et qui nous brûle?

La lumière n'est-elle pas toujours du feu, quoique le feu ne soit pas toujours lumière; et Boerhaave n'a-t-il pas raison?

Le feu le plus pur, tiré de nos matières combustibles, n'est-il pas toujours grossier, toujours chargé des corps qu'il embrase, et très différent du feu élémentaire?

Comment le feu est-il répandu dans toute la nature dont il est l'âme?

« Ignis ubique latet, naturam amplectitur omnem;
» Cuncta parit, renovat, dividit, unit, alit [1]. »

Quel homme peut concevoir comment un morceau de cire s'enflamme, et comment il n'en reste rien à nos yeux, quoique rien ne se soit perdu?

Pourquoi Newton dit-il toujours, en parlant des rayons de la lumière, « de natura radiorum » lucis, utrum corpora sint necne non disputans, » n'examinant point si les rayons de lumière sont des corps ou non?

N'en parlait-il qu'en géomètre? en ce cas ce doute était inutile. Il est évident qu'il doutait de la nature du feu élémentaire, et qu'il doutait avec raison.

Le feu élémentaire est-il un corps à la manière des autres, comme l'eau et la terre? Si c'était un corps de cette espèce, ne graviterait-il pas comme toute matière? s'échapperait-il en tous sens du corps lumineux en droite ligne? aurait-il une progression uniforme? Et pourquoi jamais la lumière ne se meut-elle en ligne courbe quand elle est libre dans son cours rapide?

Le feu élémentaire ne pourrait-il pas avoir des propriétés de la matière à nous si peu connue, et d'autres propriétés de substances à nous entièrement inconnues?

Ne pourrait-il pas être un milieu entre la matière et des substances d'un autre genre? et qui nous a dit qu'il n'y a pas un millier de ces substances? Je ne dis pas que cela soit; mais je dis qu'il n'est point prouvé que cela ne puisse pas être.

J'avais eu autrefois un scrupule en voyant un point bleu et un point rouge sur une toile blanche, tous deux sur une même ligne, tous deux à une égale distance de mes yeux, tous deux également exposés à la lumière, tous deux me réfléchissant la même quantité de rayons, et fesant le même effet sur les yeux de cinq cent mille hommes. Il faut nécessairement que tous ces rayons se croisent en venant à nous. Comment pourraient-ils cheminer sans se croiser? et s'ils se croisent, comment puis-je voir? Ma solution était qu'ils passaient les uns sur les autres. On a adopté ma difficulté et ma solution dans le *Dictionnaire encyclopédique*, à l'article *lumière*. Mais je ne suis point du tout content de ma solution; car je suis toujours en droit de supposer que les rayons se croisent tous à moitié chemin, que par conséquent

[1] Ces vers sont de Voltaire lui-même : il les a mis pour épigraphe à son *Essai sur la nature du Feu*. K.

ils doivent tous se réfléchir, ou qu'ils sont pénétrables. Je suis donc fondé à soupçonner que les rayons de lumière se pénètrent, et qu'en ce cas ils ont quelque chose qui ne tient point du tout de la matière. Ce soupçon m'effraie, j'en conviens; ce n'est pas sans un prodigieux remords que j'admettrais un être qui aurait tant d'autres propriétés des corps, et qui serait pénétrable. Mais aussi je ne vois point comment on peut répondre bien nettement à ma difficulté. Je ne la propose donc que comme un doute et comme une ignorance.

Il était très difficile de croire, il y a environ cent ans, que les corps agissaient les uns sur les autres, non seulement sans se toucher et sans aucune émission, mais à des distances effrayantes; cependant cela s'est trouvé vrai, et on n'en doute plus. Il est difficile aujourd'hui de croire que les rayons du soleil se pénètrent; mais qui sait ce qui arrivera?

Quoi qu'il en soit, je ris de mon doute; et je voudrais, pour la rareté du fait, que cette incompréhensible pénétration pût être admise. La lumière a quelque chose de si divin qu'on serait tenté d'en faire un degré pour monter à des subtances encore plus pures.

A mon secours, Empédocle; à moi, Démocrite; venez admirer les merveilles de l'électricité; voyez si ces étincelles qui traversent mille corps en un clin d'œil sont de la matière ordinaire; jugez si le feu élémentaire ne fait pas contracter le cœur et ne lui communique pas cette chaleur qui donne la vie; jugez si cet être n'est pas la source de toutes les sensations, et si ces sensations ne sont pas l'unique origine de toutes nos chétives pensées, quoique des pédants ignorants et insolents aient condamné cette proposition comme on condamne un plaideur à l'amende.

Dites-moi si l'Être suprême, qui préside à toute la nature, ne peut pas conserver à jamais ces monades élémentaires auxquelles il a fait des dons si précieux.

« Igneus est ollis vigor et cœlestis origo. »

Le célèbre Le Cat appelle ce fluide vivifiant* « un être amphibie, affecté par son auteur d'une » nuance supérieure, qui le lie avec l'être immatériel, et par là l'ennoblit et l'élève à la nature » mitoyenne qui le caractérise et fait la source de » toutes ses propriétés. »

Vous êtes de l'avis de Le Cat; J'en serais aussi si j'osais; mais il y tant de sots et tant de méchants que je n'ose pas. Je ne puis que penser tout bas à ma façon au mont Krapack : les autres penseront comme ils pourront, soit à Salamanque, soit à Bergame.

* *Dissertation de Le Cat sur le fluide des nerfs*, page 36.

SECTION II.

De ce qu'on entend par cette expression au moral.

Le feu, surtout en poésie, signifie souvent l'*amour*, et on l'emploie plus élégamment au pluriel qu'au singulier. Corneille dit souvent un *beau feu* pour un amour vertueux et noble. Un homme a du feu dans la conversation, cela ne veut pas dire qu'il a des idées brillantes et lumineuses, mais des expressions vives animées par les gestes.

Le feu dans les écrits ne suppose pas non plus nécessairement de la lumière et de la beauté, mais de la vivacité, des figures multipliées, des idées pressées.

Le feu n'est un mérite dans les discours et dans les ouvrages que quand il est bien conduit.

On a dit que les poëtes étaient animés d'un feu divin quand ils étaient sublimes : on n'a point de génie sans feu, mais on peut avoir du feu sans génie.

FICTION.

Une fiction qui annonce des vérités intéressantes et neuves n'est-elle pas une belle chose? N'aimez-vous pas le conte arabe du sultan qui ne voulait pas croire qu'un peu de temps pût paraître très long, et qui disputait sur la nature du temps avec son derviche? Celui-ci le prie, pour s'en éclaircir, de plonger seulement la tête un moment dans le bassin où il se lavait. Aussitôt le sultan se trouve transporté dans un désert affreux; il est obligé de travailler pour gagner sa vie. Il se marie, il a des enfants qui deviennent grands et qui le battent. Enfin il revient dans son pays et dans son palais; il y retrouve son derviche, qui lui a fait souffrir tant de maux pendant vingt-cinq ans. Il veut le tuer. Il ne s'apaise que quand il sait que tout cela s'est passé dans l'instant qu'il s'est lavé le visage en fermant les yeux.

Vous aimez mieux la fiction des amours de Didon et d'Énée, qui rendent raison de la haine immortelle de Carthage contre Rome, et celle qui développe dans l'Élysée les grandes destinées de l'empire romain.

Mais n'aimez-vous pas aussi dans l'Arioste cette Alcine qui a la taille de Minerve et la beauté de Vénus, qui est si charmante aux yeux de ses amants, qui les enivre de voluptés si ravissantes, qui réunit tous les charmes et toutes les grâces? Quand elle est enfin réduite à elle-même, et que l'enchantement est passé, ce n'est plus qu'une petite vieille ratatinée et dégoûtante.

Pour les fictions qui ne figurent rien, qui n'enseignent rien, dont il ne résulte rien, sont-elles autre chose que des mensonges? Et si elles sont incohérentes, entassées sans choix, comme il y en a tant, sont-elles autre chose que des rêves?

Vous m'assurez pourtant qu'il y a de vieilles fictions très incohérentes, fort peu ingénieuses, et assez absurdes, qu'on admire encore. Mais prenez garde si ce ne sont pas les grandes images répandues dans ces fictions qu'on admire, plutôt que les inventions qui amènent ces images. Je ne veux pas disputer : mais voulez-vous être sifflé de toute l'Europe, et ensuite oublié pour jamais? donnez-nous des fictions semblables à celles que vous admirez.

FIERTÉ.

Fierté est une des expressions qui, n'ayant d'abord été employées que dans un sens odieux, ont été ensuite détournées à un sens favorable.

C'est un crime quand ce mot signifie la vanité hautaine, altière, orgueilleuse, dédaigneuse; c'est presque une louange quand il signifie la hauteur d'une âme noble.

C'est un juste éloge dans un général qui marche avec fierté à l'ennemi. Les écrivains ont loué la fierté de la démarche de Louis XIV; ils auraient dû se contenter d'en remarquer la noblesse.

La fierté de l'âme, sans hauteur, est un mérite compatible avec la modestie. Il n'y a que la fierté dans l'air et dans les manières qui choque; elle déplaît dans les rois mêmes.

La fierté dans l'extérieur, dans la société, est l'expression de l'orgueil; la fierté dans l'âme est de la grandeur.

Les nuances sont si délicates qu'esprit fier est un blâme, âme fière une louange; c'est que par esprit fier on entend un homme qui pense avantageusement de soi-même, et par âme fière on entend des sentiments élevés.

La fierté annoncée par l'extérieur est tellement un défaut, que les petits qui louent bassement les grands de ce défaut sont obligés de l'adoucir, ou plutôt de le relever par une épithète, *cette noble fierté*. Elle n'est pas simplement la vanité, qui consiste à se faire valoir par les petites choses; elle n'est pas la présomption, qui se croit capable des grandes; elle n'est pas le dédain, qui ajoute encore le mépris des autres à l'air de la grande opinion de soi-même; mais elle s'allie intimement avec tous ces défauts.

On s'est servi de ce mot dans les romans et dans les vers, surtout dans les opéras, pour exprimer la sévérité de la pudeur; on y rencontre partout *vaine fierté, rigoureuse fierté*.

Les poëtes ont eu peut-être plus de raison qu'ils ne pensaient. La fierté d'une femme n'est pas simplement la pudeur sévère, l'amour du devoir, mais le haut prix que son amour-propre met à sa beauté.

On a dit quelquefois *la fierté du pinceau* pour signifier des touches libres et hardies.

FIÈVRE.

Ce n'est pas en qualité de médecin, mais de malade, que je veux dire un mot de la fièvre. Il faut quelquefois parler de ses ennemis : celui-là m'a attaqué pendant plus de vingt ans. Fréron n'a jamais été plus acharné.

Je demande pardon à Sydenham, qui définit la fièvre « un effort de la nature, qui travaille de » tout son pouvoir à chasser la matière peccante. » On pourrait définir ainsi la petite-vérole, la rougeole, la diarrhée, les vomissements, les éruptions de la peau, et vingt autres maladies. Mais si ce médecin définissait mal, il agissait bien. Il guérissait, parce qu'il avait de l'expérience, et qu'il savait attendre.

Boerhaave, dans ses *Aphorismes*, dit : « La » contraction plus fréquente, et la résistance aug» mentée vers les vaisseaux capillaires, donnent » une idée absolue de toute fièvre aiguë. »

C'est un grand maître qui parle; mais il commence par avouer que la nature de la fièvre est très cachée.

Il ne nous dit point quel est ce principe secret qui se développe à des heures réglées dans des fièvres intermittentes; quel est ce poison interne qui se renouvelle après un jour de relâche; où est ce foyer qui s'éteint et se rallume à des moments marqués. Il semble que toutes les causes soient faites pour être ignorées.

On sait à peu près qu'on aura la fièvre après des excès, ou dans l'intempérie des saisons; on sait que le quinquina pris à propos la guérira : c'est bien assez; on ignore le comment. J'ai lu quelque part ces petits vers, qui me paraissent d'une plaisanterie assez philosophique :

Dieu mûrit à Moka, dans le sable arabique,
Ce café nécessaire aux pays des frimas :
Il met la fièvre en nos climats,
Et le remède en Amérique [1].

Tout animal qui ne meurt pas de mort subite périt par la fièvre. Cette fièvre paraît l'effet inévitable des liqueurs qui composent le sang, ou ce qui tient lieu de sang. C'est pourquoi les métaux, les minéraux, les marbres durent si long-temps, et les hommes si peu. La structure de tout animal prouve aux physiciens qu'il a dû, de tout temps,

[1] Vers de Voltaire. Voyez, dans les *Poésies*, l'*Épître* à [illegible] *de Prusse*.

jouir d'une très courte vie. Les théologiens ont eu ou ont étalé d'autres sentiments. Ce n'est pas à nous d'examiner cette question. Les physiciens, les médecins, ont raison, *in sensu humano;* et les théologiens ont raison *in sensu divino.* Il est dit au *Deutéronome* (chap. XXVIII, v. 22) que « si les Juifs n'observent pas la loi, ils tomberont » dans la pauvreté, ils souffriront le froid et le » chaud, et ils auront la fièvre. » Il n'y a jamais eu que le *Deutéronome* et le *Médecin malgré lui* (acte II, sc. 5) qui aient menacé les gens de leur donner la fièvre.

Il paraît impossible que la fièvre ne soit pas un accident naturel à un corps animé, dans lequel circulent tant de liqueurs, comme il est impossible que ce corps animé ne soit point écrasé par la chute d'un rocher.

Le sang fait la vie. C'est lui qui fournit à chaque viscère, à chaque membre, à la peau, à l'extrémité des poils et des ongles, les liqueurs, les humeurs qui leur sont propres.

Ce sang, par lequel l'animal est en vie, est formé par le chyle. Ce chyle est envoyé de la mère à l'enfant dans la grossesse. Le lait de la nourrice produit ce même chyle, dès que l'enfant est né. Plus il se nourrit ensuite de différents aliments, plus ce chyle est sujet à s'aigrir. Lui seul formant le sang, et ce sang étant composé de tant d'humeurs différentes si sujettes à se corrompre, ce sang circulant dans tout le corps humain plus de cinq cent cinquante fois en vingt-quatre heures avec la rapidité d'un torrent, il est étonnant que l'homme n'ait pas plus souvent la fièvre; il est étonnant qu'il vive. A chaque articulation, à chaque glande, à chaque passage, il y a un danger de mort; mais aussi il y a autant de secours que de dangers. Presque toute membrane s'élargit et se resserre selon le besoin. Toutes les veines ont des écluses qui s'ouvrent et qui se referment, qui donnent passage au sang, et qui s'opposent à un retour par lequel la machine serait détruite. Le sang, gonflé dans tous ses canaux, s'épure de lui-même: c'est un fleuve qui entraîne mille immondices, il s'en décharge par la transpiration, par les sueurs, par toutes les sécrétions, par toutes les évacuations. La fièvre est elle-même un secours; elle est une guérison, quand elle ne tue pas.

L'homme, par sa raison, accélère la cure, avec des amers et surtout du régime. Il prévient le retour des accès. Cette raison est un aviron avec lequel il peut courir quelque temps la mer de ce monde, quand la maladie ne l'engloutit pas.

On demande comment la nature a pu abandonner les animaux, son ouvrage, à tant d'horribles maladies dont la fièvre est presque toujours la compagne; comment et pourquoi tant de désordre avec tant d'ordre, la destruction partout à côté de la formation. Cette difficulté me donne souvent la fièvre; mais je vous prie de lire les *Lettres de Memmius*: peut-être vous soupçonnerez alors que l'incompréhensible artisan des mondes, des animaux, des végétaux, ayant tout fait pour le mieux, n'a pu faire mieux.

FIGURE.

Si on veut s'instruire, il faut lire attentivement tous les articles du grand *Dictionnaire de l'Encyclopédie*, au mot *Figure.*

Figure de la terre, par M. d'Alembert; ouvrage aussi clair que profond, et dans lequel on trouve tout ce qu'on peut savoir sur cette matière.

Figure de rhétorique, par César Dumarsais; instruction qui apprend à penser et à écrire, et qui fait regretter, comme bien d'autres articles, que les jeunes gens ne soient pas à portée de lire commodément des choses si utiles. Ces trésors, cachés dans un *Dictionnaire* de vingt-deux volumes in-folio, d'un prix excessif, devraient être entre les mains de tous les étudiants pour trente sous.

Figure humaine, par rapport à la peinture et à la sculpture; excellente leçon donnée par M. Watelet à tous les artistes.

Figure, en physiologie; article très ingénieux, par M. d'Abbés de Caberoles.

Figure, en arithmétique et en algèbre, par M. Mallet.

Figure, en logique, en métaphysique et belles-lettres, par M. le chevalier de Jaucourt, homme au-dessus des philosophes de l'antiquité, en ce qu'il a préféré la retraite, la vraie philosophie, le travail infatigable, à tous les avantages que pouvait lui procurer sa naissance, dans un pays où l'on préfère cet avantage à tout le reste, excepté à l'argent.

FIGURE OU FORME DE LA TERRE.

Comment Platon, Aristote, Ératosthènes, Posidonius, et tous les géomètres de l'Asie, de l'Égypte et de la Grèce, ayant reconnu la sphéricité de notre globe, arriva-t-il que nous crûmes si longtemps la terre plus longue que large d'un tiers, et que de là nous vinrent les degrés de longitude et de latitude; dénomination qui atteste continuellement notre ancienne ignorance?

Le juste respect pour la *Bible*, qui nous enseigne tant de vérités plus nécessaires et plus sublimes, fut la cause de cette erreur universelle parmi nous.

On avait trouvé dans le psaume CIII que Dieu a étendu le ciel sur la terre comme une peau; et de ce qu'une peau a d'ordinaire plus de longueur que de largeur, on en avait conclu autant pour la terre.

Saint Athanase s'exprime avec autant de chaleur contre les bons astronomes que contre les partisans d'Arius et d'Eusèbe. « Fermons, dit-il, la « bouche à ces barbares, qui, parlant sans preuve, « osent avancer que le ciel s'étend aussi sous la » terre. » Les Pères regardaient la terre comme un grand vaisseau entouré d'eau; la proue était à l'orient, et la poupe à l'occident.

On voit encore dans Cosmas, moine du quatrième siècle, une espèce de carte géographique où la terre a cette figure.

Tostato, évêque d'Avila, sur la fin du quinzième siècle, déclare, dans son *Commentaire sur la Genèse*, que la foi chrétienne est ébranlée pour peu qu'on croie la terre ronde.

Colombo, Vespuce et Magellan ne craignirent point l'excommunication de ce savant évêque, et la terre reprit sa rondeur malgré lui.

Alors on courut d'une extrémité à l'autre; la terre passa pour une sphère parfaite. Mais l'erreur de la sphère parfaite était une méprise de philosophes, et l'erreur d'une terre plate et longue était une sottise d'idiots. [1]

Dès qu'on commença à bien savoir que notre globe tourne sur lui-même en vingt-quatre heures, on aurait pu juger de cela seul qu'une forme véritablement ronde ne saurait lui appartenir. Non seulement la force centrifuge élève considérablement les eaux dans la région de l'équateur, par le mouvement de la rotation en vingt-quatre heures; mais elles y sont encore élevées d'environ vingt-cinq pieds deux fois par jour par les marées. Il serait donc impossible que les terres vers l'équateur ne fussent perpétuellement inondées; or elles ne le sont pas; donc la région de l'équateur est beaucoup plus élevée à proportion que le reste de la terre; donc la terre est un sphéroïde élevé à l'équateur, et ne peut être une sphère parfaite. Cette preuve si simple avait échappé aux plus grands génies, parce qu'un préjugé universel permet rarement l'examen.

On sait qu'en 1672, Richer, dans un voyage à la Cayenne près de la ligne, entrepris par l'ordre de Louis XIV sous les auspices de Colbert, le père de tous les arts; Richer, dis-je, parmi beaucoup d'observations trouva que le pendule de son horloge ne fesait plus ses oscillations, ses vibrations aussi fréquentes que dans la latitude de Paris, et qu'il fallait absolument raccourcir le pendule d'une ligne et de plus d'un quart. La physique et la géométrie n'étaient pas alors à beaucoup près si cultivées qu'elles le sont aujourd'hui; quel homme eût pu croire que de cette remarque si petite en apparence, et que d'une ligne de plus ou de moins, pussent sortir les plus grandes vérités physiques? On trouva d'abord qu'il fallait nécessairement que la pesanteur fût moindre sous l'équateur que dans notre latitude, puisque la seule pesanteur fait l'oscillation d'un pendule. Par conséquent, puisque la pesanteur des corps est d'autant moins forte que ces corps sont plus éloignés du centre de la terre, il fallait absolument que la région de l'équateur fût beaucoup plus élevée que la nôtre, plus éloignée du centre; ainsi la terre ne pouvait être une vraie sphère.

Beaucoup de philosophes firent, à propos de ces découvertes, ce que font tous les hommes quand il faut changer son opinion; on disputa sur l'expérience de Richer; on prétendit que nos pendules ne fesaient leurs vibrations moins promptes vers l'équateur que parce que la chaleur alongeait ce métal; mais on vit que la chaleur du plus brûlant été l'alonge d'une ligne sur trente pieds de longueur; et il s'agissait ici d'une ligne et un quart, d'une ligne et demie, ou même de deux lignes, sur une verge de fer longue de trois pieds huit lignes.

Quelques années après, MM. Varin, Deshayes, Feuillée, Couplet, répétèrent vers l'équateur la même expérience du pendule; il le fallut toujours raccourcir, quoique la chaleur fût très souvent moins grande sous la ligne même qu'à quinze ou vingt degrés de l'équateur. Cette expérience a été confirmée de nouveau par les académiciens que Louis XV a envoyés au Pérou, qui ont été obligés vers Quito, sur des montagnes où il gelait, de raccourcir le pendule à secondes d'environ deux lignes*.

A peu près au même temps, les académiciens qui ont été mesurer un arc du méridien au nord ont trouvé qu'à Pello, par-delà le cercle polaire, il faut alonger le pendule pour avoir les mêmes oscillations qu'à Paris. Par conséquent la pesanteur est plus grande au cercle polaire que dans les climats de la France, comme elle est plus grande dans nos climats que vers l'équateur. Si la pesanteur est plus grande au nord, le nord est donc plus près du centre de la terre que l'équateur; la terre est donc aplatie vers les pôles.

Jamais l'expérience et le raisonnement ne concoururent avec tant d'accord à prouver une vérité. Le célèbre Huygens, par le calcul des forces centrifuges, avait prouvé que la diminution dans la pesanteur qui en résulte pour une sphère n'était

[1] Ce qui suit entre deux crochets [ ] sur la figure de la terre se retrouve en grande partie dans les *Éléments de la philosophie de Newton*.

* Ceci était écrit en 1736.

pas assez grande pour expliquer les phénomènes, et que par conséquent la terre devait être un sphéroïde aplati aux pôles. Newton, par les principes de l'attraction, avait trouvé les mêmes rapports à peu de chose près : il faut seulement observer qu'Huygens croyait que cette force inhérente aux corps qui les détermine vers le centre du globe, cette gravité primitive est partout la même. Il n'avait pas encore vu les découvertes de Newton; il ne considérait donc la diminution de la pesanteur que par la théorie des forces centrifuges. L'effet des forces centrifuges diminue la gravité primitive sous l'équateur. Plus les cercles dans lesquels cette force centrifuge s'exerce deviennent petits, plus cette force cède à celle de la gravité; ainsi sous le pôle même, la force centrifuge, qui est nulle, doit laisser à la gravité primitive toute son action. Mais ce principe d'une gravité toujours égale tombe en ruine par la découverte que Newton a faite, et dont nous avons tant parlé ailleurs [1], qu'un corps transporté, par exemple, à dix diamètres du centre de la terre, pèse cent fois moins qu'à un diamètre.

C'est donc par les lois de la gravitation, combinées avec celles de la force centrifuge, qu'on fait voir véritablement quelle figure la terre doit avoir. Newton et Grégori ont été si sûrs de cette théorie, qu'ils n'ont pas hésité d'avancer que les expériences sur la pesanteur étaient plus sûres pour faire connaître la figure de la terre qu'aucune mesure géographique.

Louis XIV avait signalé son règne par cette méridienne qui traverse la France; l'illustre Dominique Cassini l'avait commencée avec son fils; il avait, en 1701, tiré du pied des Pyrénées à l'Observatoire une ligne aussi droite qu'on le pouvait, à travers les obstacles presque insurmontables que les hauteurs des montagnes, les changements de la réfraction dans l'air, et les altérations des instruments, opposaient sans cesse à cette vaste et délicate entreprise; il avait donc, en 1701, mesuré six degrés dix-huit minutes de cette méridienne. Mais, de quelque endroit que vînt l'erreur, il avait trouvé les degrés vers Paris, c'est-à-dire vers le nord, plus petits que ceux qui allaient aux Pyrénées vers le midi; cette mesure démentait et celle de Norvood, et la nouvelle théorie de la terre aplatie aux pôles. Cependant cette nouvelle théorie commençait à être tellement reçue, que le secrétaire de l'académie n'hésita point, dans son histoire de 1701, à dire que les mesures nouvelles prises en France prouvaient que la terre est un sphéroïde dont les pôles sont aplatis.

[1] Chap. III de la troisième partie des *Éléments de la philosophie de Newton*.

Les mesures de Dominique Cassini entraînaient à la vérité une conclusion toute contraire; mais comme la figure de la terre ne fesait pas encore en France une question, personne ne releva pour lors cette conclusion fausse. Les degrés du méridien, de Collioure à Paris, passèrent pour exactement mesurés; et le pôle, qui par ces mesures devait nécessairement être alongé, passa pour aplati.

Un ingénieur nommé M. Des Roubais, étonné de la conclusion, démontra que, par les mesures prises en France, la terre devait être un sphéroïde oblong, dont le méridien qui va d'un pôle à l'autre est plus long que l'équateur, et dont les pôles sont alongés [2]. Mais de tous les physiciens à qui il adressa sa dissertation, aucun ne voulut la faire imprimer, parce qu'il semblait que l'académie eût prononcé, et qu'il paraissait trop hardi à un particulier de réclamer. Quelque temps après, l'erreur de 1701 fut reconnue; on se dédit, et la terre fut alongée par une juste conclusion tirée d'un faux principe. La méridienne fut continuée sur ce principe de Paris à Dunkerque; on trouva toujours les degrés du méridien plus petits en allant vers le nord. On se trompa toujours sur la figure de la terre, comme on s'était trompé sur la nature de la lumière. Environ ce temps-là, des mathématiciens qui fesaient les mêmes opérations à la Chine furent étonnés de voir de la différence entre leurs degrés, qu'ils pensaient devoir être égaux, et de les trouver, après plusieurs vérifications, plus petits vers le nord que vers le midi. C'était encore une puissante raison pour croire le sphéroïde oblong, que cet accord des mathématiciens de France et de ceux de la Chine. On fit plus encore en France, on mesura des parallèles à l'équateur. Il est aisé de comprendre que sur un sphéroïde oblong, nos degrés de longitude doivent être plus petits que sur une sphère. M. de Cassini trouva le parallèle qui passe par Saint-Malo plus court de mille trente-sept toises qu'il n'aurait dû être dans l'hypothèse d'une terre sphérique. Ce degré était donc incomparablement plus court qu'il n'eût été sur un sphéroïde à pôles aplatis.

Toutes ces fausses mesures prouvèrent qu'on avait trouvé les degrés comme on avait voulu les trouver : elles renversèrent pour un temps en France la démonstration de Newton et d'Huygens, et on ne douta pas que les pôles ne fussent d'une figure tout opposée à celle dont on les avait crus d'abord : on ne savait où l'on en était.

Enfin les nouveaux académiciens qui allèrent au cercle polaire en 1736, ayant vu, par d'autres mesures, que le degré était dans ces climats plus

[2] Son mémoire est dans le *Journal littéraire*.

long qu'en France, on douta entre eux et MM. Cassini. Mais bientôt après on ne douta plus; car les mêmes astronomes qui revenaient du pôle, examinèrent encore le degré mesuré en 1677 par Picard au nord de Paris; ils vérifièrent que ce degré est de cent vingt-trois toises plus long que Picard ne l'avait déterminé. Si donc Picard, avec ses précautions, avait fait son degré de cent vingt-trois toises trop court, il était fort vraisemblable qu'on eût ensuite trouvé les degrés vers le midi plus longs qu'ils ne devaient être. Ainsi la première erreur de Picard, qui servait de fondement aux mesures de la méridienne, servait aussi d'excuse aux erreurs presque inévitables que de très bons astronomes avaient pu commettre dans ces opérations.

Malheureusement d'autres mesureurs trouvèrent, au cap de Bonne-Espérance, que les degrés du méridien ne s'accordaient pas avec les nôtres. D'autres mesures prises en Italie contredirent aussi nos mesures françaises. Elles étaient toutes démenties par celles de la Chine. On se remit donc à douter, et on soupçonna très raisonnablement, à mon avis, que la terre était bosselée.

Pour les Anglais, quoiqu'ils aiment à voyager, ils s'épargnèrent cette fatigue, et s'en tinrent à leur théorie.

La différence d'un axe à l'autre n'est guère que de cinq de nos lieues : différence immense pour ceux qui prennent parti, mais insensible pour ceux qui ne considèrent les mesures du globe que par les usages utiles qui en résultent. Un géographe ne pourrait guère dans une carte faire apercevoir cette différence, ni aucun pilote savoir s'il fait route sur un sphéroïde ou sur une sphère.

Cependant on osa avancer que la vie des navigateurs dépendait de cette question. O charlatanisme! entrerez-vous jusque dans les degrés du méridien?

FIGURÉ, EXPRIMÉ EN FIGURE.

On dit un *ballet figuré*, qui représente ou qu'on croit représenter une action, une passion, une saison, ou qui simplement forme des figures par l'arrangement des danseurs deux à deux, quatre à quatre : *copie figurée*, parce qu'elle exprime précisément l'ordre et la disposition de l'original : *vérité figurée* par une fable, par une parabole : l'*Église figurée* par la jeune épouse du Cantique des cantiques : l'*ancienne Rome figurée* par Babylone : *style figuré* par les expressions métaphoriques qui figurent les choses dont on parle, et qui les défigurent quand les métaphores ne sont pas justes.

L'imagination ardente, la passion, le desir, souvent trompés, produisent le style figuré. Nous ne l'admettons point dans l'histoire, car trop de métaphores nuisent à la clarté; elles nuisent même à la vérité, en disant plus ou moins que la chose même.

Les ouvrages didactiques réprouvent ce style. Il est bien moins à sa place dans un sermon que dans une oraison funèbre; parce que le sermon est une instruction dans laquelle on annonce la verité, l'oraison funèbre une déclamation dans laquelle on exagère.

La poésie d'enthousiasme, comme l'épopée, l'ode, est le genre qui reçoit le plus ce style. On le prodigue moins dans la tragédie, où le dialogue doit être aussi naturel qu'élevé; encore moins dans la comédie, dont le style doit être plus simple.

C'est le goût qui fixe les bornes qu'on doit donner au style figuré dans chaque genre. Balthazar Gratian dit que « les pensées partent des vastes » côtes de la mémoire, s'embarquent sur la mer » de l'imagination, arrivent au port de l'esprit, » pour être enregistrées à la douane de l'entende» ment. » C'est précisément le style d'Arlequin. Il dit à son maître : « La balle de vos commandements » a rebondi sur la raquette de mon obéissance. » Avouons que c'est là souvent le style oriental qu'on tâche d'admirer.

Un autre défaut du style figuré est l'entassement des figures incohérentes. Un poète, en parlant de quelques philosophes, les a appelés [a]

> D'ambitieux pygmées,
> Qui sur leurs pieds vainement redressés,
> Et sur des monts d'arguments entassés,
> De jour en jour, superbes Encelades,
> Vont redoublant leurs folles escalades.

Quand on écrit contre les philosophes, il faudrait mieux écrire. Comment des pygmées ambitieux, redressés sur leurs pieds, sur des montagnes d'arguments, continuent-ils des escalades? Quelle image fausse et ridicule! quelle platitude recherchée!

Dans une allégorie du même auteur, intitulée *la Liturgie de Cythère*, vous trouvez ces vers-ci :

> De toutes parts, autour de l'inconnue
> Il voit tomber comme grêle menue
> Moisson de cœurs sur la terre jonchés,
> Et des dieux même à son char attachés.
> Oh! par Vénus nous verrons cette affaire.
> Si s'en retourne aux cieux dans son sérail
> En ruminant comment il pourra faire
> Pour attirer la brebis au bercail.

« Des moissons de cœurs jonchés sur la terre » comme de la grêle menue; et parmi ces cœurs » palpitants à terre, des dieux attachés au char » de l'inconnue; l'Amour qui va de par Vénus re-

[a] Vers d'une épître de Jean-Baptiste Rousseau à Louis Racine, fils de Jean Racine.

» minor dans son sérail au ciel comment il pourra » faire pour attirer au bercail cette brebis entourée » de cœurs jonchés ! » Tout cela forme une figure si fausse, si puérile à la fois et si grossière, si incohérente, si dégoûtante, si extravagante, si platement exprimée, qu'on est étonné qu'un homme qui fesait bien des vers dans un autre genre, et qui avait du goût, ait pu écrire quelque chose de si mauvais.

On est encore plus surpris que ce style appelé *marotique* ait eu pendant quelque temps des approbateurs. Mais on cesse d'être surpris quand on lit les épîtres en vers de cet auteur ; elles sont presque toutes hérissées de ces figures peu naturelles, et contraires les unes aux autres.

Il y a une épître à Marot qui commence ainsi :

> Ami Marot, honneur de mon pupitre,
> Mon premier maître, acceptez cette épître
> Que vous écrit un humble nourrisson
> Qui sur Parnasse a pris votre écusson,
> Et qui jadis en maint genre d'escrime
> Vint chez vous seul étudier la rime.

Boileau avait dit dans son épître à Molière :

> Dans les combats d'esprit savant maître d'escrime.
> Sat. II, 6.

Du moins la figure était juste. On s'escrime dans un combat; mais on n'étudie point la rime en s'escrimant. On n'est point l'honneur du pupitre d'un homme qui s'escrime. On ne prend point sur le Parnasse un écusson pour rimer à nourrisson. Tout cela est incompatible, tout cela jure.

Une figure beaucoup plus vicieuse est celle-ci :

> Au demeurant assez haut de stature,
> Large de croupe, épais de fourniture,
> Flanqué de chair, gabionné de lard,
> Tel en un mot que la nature et l'art,
> En maçonnant les remparts de son âme,
> Songèrent plus au fourreau qu'à la lame.
> ROUSSEAU, allégorie intitulée *Midas*.

« La nature et l'art qui maçonnent les remparts » d'une âme, ces remparts maçonnés qui se trou» vent être une fourniture de chair et un gabion » de lard, » sont assurément le comble de l'impertinence. Le plus vil faquin travaillant pour la foire Saint-Germain aurait fait des vers plus raisonnables. Mais quand ceux qui sont un peu au fait se souviennent que ce ramas de sottises fut écrit contre un des premiers hommes de la France par sa naissance, par ses places et par son génie, qui avait été le protecteur de ce rimeur, qui l'avait secouru de son crédit et de son argent, et qui avait beaucoup plus d'esprit, d'éloquence et de science que son détracteur ; alors on est saisi d'indignation contre le misérable arrangeur de vieux mots impropres rimés richement ; et en louant ce qu'il a de bon, l'on déteste cet horrible abus du talent.

Voici une figure du même auteur non moins fausse et non moins composée d'images qui se détruisent l'une l'autre :

> Incontinent vous l'allez voir s'enfler
> De tout le vent que peut faire souffler,
> Dans les fourneaux d'une tête échauffée,
> Fatuité sur sottise greffée.
> ROUSSEAU, Épître au P. Brumoy.

Le lecteur sent assez que la fatuité, devenue un arbre greffé sur l'arbre de la sottise, ne peut être un soufflet, et que la tête ne peut être un fourneau. Toutes ces contorsions d'un homme qui s'écarte ainsi du naturel ne ressemblent point assurément à la marche décente, aisée et mesurée de Boileau. Ce n'est pas là l'Art poétique.

Y a-t-il un amas de figures plus incohérentes, plus disparates, que cet autre passage du même poëte :

> ...Tout auteur qui veut, sans perdre haleine,
> Boire à longs traits aux sources d'Hippocrène,
> Doit s'imposer l'indispensable loi
> De s'éprouver, de descendre chez soi,
> Et d'y chercher ces semences de flamme,
> Dont le vrai seul doit embraser notre âme ;
> Sans quoi jamais le plus fier écrivain
> Ne peut atteindre à cet essor divin.
> Épître au baron de Breteuil.

Quoi ! pour boire à longs traits il faut descendre dans soi, et y chercher des semences de feu dont le vrai embrase, sans quoi le plus fier écrivain n'atteindra point à un essor ? Quel monstrueux assemblage ! quel inconcevable galimatias !

On peut dans une allégorie ne point employer les figures, les métaphores, dire avec simplicité ce qu'on a inventé avec imagination. Platon a plus d'allégories encore que de figures; il les exprime souvent avec élégance et sans faste.

Presque toutes les maximes des anciens Orientaux et des Grecs sont dans un style figuré. Toutes ces sentences sont des métaphores, de courtes allégories, et c'est là que le style figuré fait un très grand effet, en ébranlant l'imagination et en se gravant dans la mémoire.

Nous avons vu que Pythagore dit : *Dans la tempête adorez l'écho*, pour signifier, « Dans les trou» bles civils retirez-vous à la campagne ; » *N'attisez pas le feu avec l'épée*, pour dire, « N'irritez pas les esprits échauffés. »

Il y a dans toutes les langues beaucoup de proverbes communs qui sont dans le style figuré.

FIGURE, EN THÉOLOGIE.

Il est très certain, et les hommes les plus pieux

en conviennent, que les figures et les allégories ont été poussées trop loin. On ne peut nier que le morceau de drap rouge mis par la courtisane Rahab à sa fenêtre pour avertir les espions de Josué, regardé par quelques Pères de l'Église comme une figure du sang de Jésus-Christ, ne soit un abus de l'esprit qui veut trouver du mystère à tout.

On ne peut nier que saint Ambroise, dans son livre *de Noé et de l'Arche*, n'ait fait un très mauvais usage de son goût pour l'allégorie, en disant que la petite porte de l'arche était une figure de notre derrière, par lequel sortent les excréments.

Tous les gens sensés ont demandé comment on peut prouver que ces mots hébreux *maher-salal-has-bas, prenez vite les dépouilles*, sont une figure de Jésus-Christ? Comment Moïse étendant les mains pendant la bataille contre les Madianites peut-il être la figure de Jésus-Christ? comment Juda qui lie son ânon à la vigne, et qui lave son manteau dans le vin, est-il aussi une figure? comment Ruth se glissant dans le lit de Booz peut-elle figurer l'Église? comment Sara et Rachel sont-elles l'Église, et Agar et Lia la synagogue? comment les baisers de la Sunamite sur la bouche figurent-ils le mariage de l'Église?

On ferait un volume de toutes ces énigmes, qui ont paru aux meilleurs théologiens des derniers temps plus recherchées qu'édifiantes.

Le danger de cet abus est parfaitement reconnu par l'abbé Fleury, auteur de l'*Histoire ecclésiastique*. C'est un reste de rabbinisme, un défaut dans lequel le savant saint Jérôme n'est jamais tombé; cela ressemble à l'explication des songes, à l'*onéiromancie*. Qu'une fille voie de l'eau bourbeuse en rêvant, elle sera mal mariée; qu'elle voie de l'eau claire, elle aura un bon mari; une araignée signifie de l'argent, etc.

Enfin, la postérité éclairée pourra-t-elle le croire? on a fait pendant plus de quatre mille ans une étude sérieuse de l'intelligence des songes.

FIGURES SYMBOLIQUES.

Toutes les nations s'en sont servies, comme nous l'avons dit à l'article EMBLÈME; mais qui a commencé? Sont-ce les Égyptiens? il n'y a pas d'apparence. Nous croyons avoir prouvé plus d'une fois que l'Égypte est un pays tout nouveau, et qu'il a fallu plusieurs siècles pour préserver la contrée des inondations et pour la rendre habitable. Il est impossible que les Égyptiens aient inventé les signes du zodiaque, puisque les figures qui désignent les temps de nos semailles et de nos moissons ne peuvent convenir aux leurs. Quand nous coupons nos blés, leur terre est couverte d'eau; quand nous semons, ils voient approcher le temps de recueillir. Ainsi le bœuf de notre zodiaque, et la fille qui porte des épis, ne peuvent venir d'Égypte [1].

C'est une preuve évidente de la fausseté de ce paradoxe nouveau que les Chinois sont une colonie égyptienne. Les caractères ne sont point les mêmes; les Chinois marquent la route du soleil par vingt-huit constellations, et les Égyptiens, d'après les Chaldéens, en comptaient douze ainsi que nous.

Les figures qui désignent les planètes sont à la Chine et aux Indes toutes différentes de celles d'Égypte et de l'Europe, les signes des métaux différents, la manière de conduire la main en écrivant non moins différente. Donc rien ne paraît plus chimérique que d'avoir envoyé les Égyptiens peupler la Chine.

Toutes ces fondations fabuleuses faites dans les temps fabuleux ont fait perdre un temps irréparable à une multitude prodigieuse de savants, qui se sont tous égarés dans leurs laborieuses recherches, et qui auraient pu être utiles au genre humain dans des arts véritables.

Pluche, dans son Histoire ou plutôt dans sa fable du ciel, nous certifie que Cham, fils de Noé, alla régner en Égypte, où il n'y avait personne; que son fils Menès fut le plus grand des législateurs, que Thaut était son premier ministre.

Selon lui et selon ses garants, ce Thaut ou un autre institua des fêtes en l'honneur du déluge, et les cris de joie *Io Bacché*, si fameux chez les Grecs, étaient des lamentations chez les Égyptiens. *Bacché* venait de l'hébreu *beke*, qui signifie *sanglots*, et cela dans un temps où le peuple hébreu n'existait pas. Par cette explication, joie veut dire *tristesse*, et chanter signifie *pleurer*.

Les Iroquois sont plus sensés; ils ne s'informent point de ce qui se passa sur le lac Ontario il y a quelques milliers d'années : ils vont à la chasse au lieu de faire des systèmes.

Les mêmes auteurs assurent que les sphinx dont l'Égypte était ornée signifiaient la *surabondance*, parce que des interprètes ont prétendu qu'un mot hébreu *spang* voulait dire *un excès*; comme si la langue hébraïque, qui est en grande partie dérivée de la phénicienne, avait servi de leçon à l'Égypte; et quel rapport d'un sphinx à une abondance d'eau? Les scoliastes futurs soutiendront un jour, avec plus de vraisemblance, que nos mascarons qui ornent la clef des cintres de nos fenêtres sont des emblèmes de nos mascarades, et que ces fantaisies annonçaient qu'on donnait le bal dans toutes les maisons décorées de mascarons.

[1] Voyez *Essai sur les mœurs*, tome III, page 20.

FIGURE, SENS FIGURÉ, ALLÉGORIQUE, MYSTIQUE, TROPOLOGIQUE, TYPIQUE, ETC.

C'est souvent l'art de voir dans les livres tout autre chose que ce qui s'y trouve. Par exemple, que Romulus fasse périr son frère Rémus, cela signifiera la mort du duc de Berri frère de Louis XI; Régulus prisonnier à Carthage, ce sera saint Louis captif à la Massoure.

On remarque très justement dans le grand *Dictionnaire encyclopédique* que plusieurs Pères de l'Église ont poussé peut-être un peu trop loin ce goût des figures allégoriques; ils sont respectables jusque dans leurs écarts.

Si les saints Pères ont quelquefois abusé de cette méthode, on pardonne à ces petits excès d'imagination en faveur de leur saint zèle.

Ce qui peut les justifier encore, c'est l'antiquité de cet usage, que nous avons vu pratiqué par les premiers philosophes. Il est vrai que les figures symboliques employées par les Pères sont dans un goût différent.

Par exemple, lorsque saint Augustin veut trouver les quarante-deux générations de la généalogie de Jésus, annoncées par saint Matthieu qui n'en rapporte que quarante et une, Augustin dit[a] qu'il faut compter deux fois Jéconias, parce que Jéconias est la *pierre angulaire*, qui appartient à deux murailles; que ces deux murailles figurent l'ancienne loi et la nouvelle, et que Jéconias, étant ainsi pierre angulaire, figure Jésus-Christ qui est la *vraie pierre angulaire*.

Le même saint, dans le même sermon, dit[b] que le nombre de quarante doit dominer, et il abandonne Jéconias et sa pierre angulaire comptée pour deux générations. Le nombre de quarante, dit-il, signifie la vie; car dix sont la parfaite béatitude, étant multipliés par quatre qui figurent le temps en comptant les quatre saisons.

Dans le même sermon encore, il explique pourquoi saint Luc donne soixante et dix-sept ancêtres à Jésus-Christ, cinquante-six jusqu'au patriarche Abraham, et vingt et un d'Abraham à Dieu même. Il est vrai que selon le texte hébreu il n'y en aurait que soixante et seize, car la *Bible hébraïque* ne compte point un Caïnan qui est interpolé dans la *Bible grecque* appelée *des Septante*.

Voici ce que dit saint Augustin :

« Le nombre de soixante et dix-sept figure l'abolition de tous les péchés par le baptême... le nombre dix signifie justice et béatitude résultant de la créature qui est sept avec la Trinité qui fait trois. C'est par cette raison que les commandements de Dieu sont au nombre de dix. Le nombre onze signifie le péché, parce qu'il transgresse dix... Ce nombre de soixante et dix-sept est le produit de onze figures du péché multiplié par sept et non par dix; car le nombre sept est le symbole de la créature. Trois représentent l'âme qui est quelque image de la Divinité, et quatre représentent le corps à cause de ses quatre qualités, etc. [a]. »

On voit dans ces explications un reste des mystères de la cabale et du quaternaire de Pythagore. Ce goût fut très long-temps en vogue.

Saint Augustin va plus loin sur les dimensions de la matière [b]. La largeur, c'est la dilatation du cœur qui opère de bonnes œuvres; la longueur, c'est la persévérance; la hauteur, c'est l'espoir des récompenses. Il pousse très loin cette allégorie; il l'applique à la croix, et en tire de grandes conséquences.

L'usage de ces figures avait passé des Juifs aux chrétiens, long-temps avant saint Augustin. Ce n'est pas à nous de savoir dans quelles bornes on devait s'arrêter.

Les exemples de ce défaut sont innombrables. Quiconque a fait de bonnes études ne hasardera de telles figures ni dans la chaire ni dans l'école. Il n'y en a point d'exemple chez les Romains et chez les Grecs, pas même dans les poëtes.

On trouve seulement dans les *Métamorphoses* d'Ovide des inductions ingénieuses tirées des fables qu'on donne pour fables.

Pyrrha et Deucalion ont jeté des pierres entre leurs jambes par derrière, des hommes en sont nés. Ovide dit (*Met.* I, 414) :

« Inde genus durum sumus, experiensque laborum;
» Et documenta damus qua simus origine nati. »

Formés par des cailloux, soit fable ou vérité,
Hélas! le cœur de l'homme en a la dureté.

Apollon aime Daphné, et Daphné n'aime point Apollon; c'est que l'amour a deux espèces de flèches, les unes d'or et perçantes, et les autres de plomb et écachées.

Apollon a reçu dans le cœur une flèche d'or, Daphné une de plomb.

« Deque sagittifera prompsit duo tela pharetra
» Diversorum operum; fugat hoc, facit illud amorem.
» Quod facit auratum est, et cuspide fulget acuta;
» Quod fugat obtusum est, et habet sub arundine plumbum. »
OVID., Met., I, 468.

Fatal Amour, tes traits sont différents :
Les uns sont d'or, ils sont doux et perçants,
Ils font qu'on aime; et d'autres au contraire
Sont d'un vil plomb qui rend froid et sévère.
O dieu d'amour, en qui j'ai tant de foi,
Prends tes traits d'or pour Aminte et pour moi.

[a] *Sermon* XLI, article IX. — [b] Article XXII.

[a] *Sermon* XLI, article XXIII. — [b] *Sermon* LIII, article XIV.

Toutes ces figures sont ingénieuses et ne trompent personne. Quand on dit que Vénus, la déesse de la beauté, ne doit point marcher sans les Grâces, on dit une vérité charmante. Ces fables qui étaient dans la bouche de tout le monde, ces allégories si naturelles avaient tant d'empire sur les esprits, que peut-être les premiers chrétiens voulurent les combattre en les imitant. Ils ramassèrent les armes de la mythologie pour la détruire; mais ils ne purent s'en servir avec la même adresse : ils ne songèrent pas que l'austérité sainte de notre religion ne leur permettait pas d'employer ces ressources, et qu'une main chrétienne aurait mal joué sur la lyre d'Apollon.

Cependant, le goût de ces figures typiques et prophétiques était si enraciné, qu'il n'y eut guère de prince, d'homme d'état, de pape, de fondateur d'ordre, auquel on n'appliquât des allégories, des allusions prises de l'Écriture sainte. La flatterie et la satire puisèrent à l'envi dans la même source.

On disait au pape Innocent III : « Innocens eris » a maledictione, » quand il fit une croisade sanglante contre le comte de Toulouse.

Lorsque François Martorillo de Paule fonda les minimes, il se trouva qu'il était prédit dans la *Genèse* : « Minimus cum patre nostro. »

Le prédicateur qui prêcha devant Jean d'Autriche, après la célèbre bataille de Lépante, prit pour son texte, « Fuit homo missus a Deo cui no» men erat Joannes; » et cette allusion était fort belle si les autres étaient ridicules. On dit qu'on la répéta pour Jean Sobieski, après la délivrance de Vienne; mais le prédicateur n'était qu'un plagiaire.

Enfin, ce fut un usage si constant, qu'aucun prédicateur de nos jours n'a jamais manqué de prendre une allégorie pour son texte. Une des plus heureuses est le texte de l'*Oraison funèbre* du duc de Candale, prononcée devant sa sœur, qui passait pour un modèle de vertu : « Dic quia so» ror mea es, ut mihi bene eveniat propter te. » Dites que vous êtes ma sœur, afin que je sois bien traité à cause de vous.

Il ne faut pas être surpris si les cordeliers poussèrent trop loin ces figures en faveur de saint François d'Assise, dans le fameux et très peu connu livre des *Conformités de saint François d'Assise avec Jésus-Christ*. On y voit soixante et quatre prédictions de l'avénement de saint François, tant dans l'ancien *Testament* que dans le nouveau, et chaque prédiction contient trois figures qui signifient la fondation des cordeliers. Ainsi ces pères se trouvent prédits cent quatre-vingt-douze fois dans la *Bible*.

Depuis Adam jusqu'à saint Paul tout a figuré le bienheureux François d'Assise. Les Écritures ont été données pour annoncer à l'univers les sermons de François aux quadrupèdes, aux poissons et aux oiseaux, ses ébats avec sa femme de neige, ses passe-temps avec le diable, ses aventures avec frère Élie et frère Pacifique.

On a condamné ces pieuses rêveries qui allaient jusqu'au blasphème. Mais l'ordre de Saint-François n'en a point pâti; il a renoncé à ces extravagances, trop communes dans les siècles de barbarie.

FILOSOFE, *voyez* PHILOSOPHE.

FIN DU MONDE.

La plupart des philosophes grecs crurent le monde éternel dans son principe, éternel dans sa durée. Mais pour cette petite partie du monde, ce globe de pierre, de boue, d'eau, de minéraux, et de vapeurs, que nous habitons, on ne savait qu'en penser; on le trouvait très destructible. On disait même qu'il avait été bouleversé plus d'une fois, et qu'il le serait encore. Chacun jugeait du monde entier par son pays, comme une commère juge de tous les hommes par son quartier.

Cette idée de la fin de notre petit monde et de son renouvellement frappa surtout les peuples soumis à l'empire romain, dans l'horreur des guerres civiles de César et de Pompée. Virgile, dans ses *Géorgiques* (I, 468), fait allusion à cette crainte généralement répandue dans le commun peuple:

« Impiaque æternam timuerunt secula noctem. »

L'univers étonné, que la terreur poursuit,
Tremble de retomber dans l'éternelle nuit.

Lucain s'exprime bien plus positivement quand il dit :

« Hos, Cæsar, populos, si nunc non usserit ignis,
» Uret cum terris, uret cum gurgite ponti.
» Communis mundo superest rogus.... »
Pharsal., VII, 812.

Qu'importe du bûcher le triste et faux honneur?
Le feu consumera le ciel, la terre et l'onde;
Tout deviendra bûcher; la cendre attend le monde.

Ovide ne dit-il pas après Lucrèce :

« Esse quoque in fatis reminiscitur affore tempus
» Quo mare, quo tellus, correptaque regia cœli
» Ardeat, et mundi moles operosa laboret. »
Met., I, 256.

Ainsi l'ont ordonné les destins implacables;
L'air, la terre, et les mers, et les palais des dieux
Tout sera consumé d'un déluge de feux.

Consultez Cicéron lui-même, le sage Cicéron

Il vous dit dans son livre *de la Nature des Dieux*[a], le meilleur livre peut-être de toute l'antiquité, si ce n'est celui des devoirs de l'homme, appelé les *Offices*; il dit : « Ex quo eventurum nostri putant id, de quo Panætium addubitare dicebant, » ut ad extremum omnis mundus ignesceret; » quum, humore consumpto neque terra ali posset, nec remearet aer, cujus ortus, aqua omni » exhausta, esse non posset : ita relinqui nihil » præter ignem, a quo rursum animante ac Deo » renovatio mundi fieret, atque idem ornatus orietur. » « Suivant les stoïciens, le monde entier ne sera que du feu; l'eau étant consumée, plus d'aliment pour la terre; l'air ne pourra plus se former, puisque c'est de l'eau qu'il reçoit son être : ainsi le feu restera seul. Ce feu étant Dieu, et ranimant tout, renouvellera le monde, et lui rendra sa première beauté. »

Cette physique des stoïciens est, comme toutes les anciennes physiques, assez absurde; mais elle prouve que l'attente d'un embrasement général était universelle.

Étonnez-vous encore davantage : le grand Newton pense comme Cicéron. Trompé par une fausse expérience de Boyle[b], il croit que l'humidité du globe se dessèche à la longue, et qu'il faudra que Dieu lui prête une main réformatrice, *manum emendatricem*. Voilà donc les deux plus grands hommes de l'ancienne Rome et de l'Angleterre moderne qui pensent qu'un jour le feu l'emportera sur l'eau.

Cette idée d'un monde qui devait périr et se renouveler était enracinée dans les cœurs des peuples de l'Asie-Mineure, de la Syrie, de l'Égypte, depuis les guerres civiles des successeurs d'Alexandre. Celles des Romains augmentèrent la terreur des nations qui en étaient les victimes. Elles attendaient la destruction de la terre; et on espérait une nouvelle terre dont on ne jouirait pas. Les Juifs, enclavés dans la Syrie, et d'ailleurs répandus partout, furent saisis de la crainte commune.

Aussi il ne paraît pas que les Juifs fussent étonnés, quand Jésus leur disait, selon saint Matthieu et saint Luc[c] : *Le ciel et la terre passeront*. Il leur disait souvent : *Le règne de Dieu approche*. Il prêchait l'Evangile du règne.

Saint Pierre annonce[d] que l'Évangile a été prêché aux morts, et que la fin du monde approche. *Nous attendons*, dit-il, *de nouveaux cieux et une nouvelle terre*.

Saint Jean, dans sa première Épître, dit[e] : « Il » y a dès à présent plusieurs antechrists, ce qui » nous fait connaître que la dernière heure ap- » proche. »

Saint Luc prédit dans un bien plus grand détail la fin du monde et le jugement dernier. Voici ses paroles[a] :

« Il y aura des signes dans la lune et dans les » étoiles, des bruits de la mer et des flots; les » hommes, séchant de crainte, attendront ce qui » doit arriver à l'univers entier. Les vertus des » cieux seront ébranlées; et alors ils verront le » fils de l'homme venant dans une nuée, avec » grande puissance et grande majesté. En vérité, » je vous dis que la génération présente ne pas- » sera point que tout cela ne s'accomplisse. »

Nous ne dissimulons point que les incrédules nous reprochent cette prédiction même. Ils veulent nous faire rougir de ce que le monde existe encore. La génération passa, disent-ils, et rien de tout cela ne s'accomplit. Luc fait donc dire à notre Sauveur ce qu'il n'a jamais dit, ou bien il faudrait conclure que Jésus-Christ s'est trompé lui-même; ce qui serait un blasphème. On ferme la bouche à ces impies, en leur disant que cette prédiction, qui paraît si fausse selon la lettre, est vraie selon l'esprit; que l'univers entier signifie la Judée, et que la fin de l'univers signifie l'empire de Titus et de ses successeurs.

Saint Paul s'explique aussi fortement sur la fin du monde, dans son Épître à ceux de Thessalonique : « Nous qui vivons, et qui vous parlons, » nous serons emportés dans les nuées, pour aller » au-devant du Seigneur au milieu de l'air. »

Selon ces paroles expresses de Jésus et de saint Paul, le monde entier devait finir sous Tibère, ou au plus tard sous Néron. Cette prédiction de Paul ne s'accomplit pas plus que celle de Luc.

Ces prédictions allégoriques n'étaient pas sans doute pour le temps où vivaient les évangélistes et les apôtres. Elles étaient pour un temps à venir, que Dieu cache à tous les hommes.

« Tu ne quæsieris (scire nefas) quem mihi, quem tibi
» Finem di dederint, Leuconoe; nec Babylonios
» Tentaris numeros. Ut melius, quidquid erit, pati! »
HOR. liv. I, od. XI, vers 1-3.

Il demeure toujours certain que tous les peuples alors connus attendaient la fin du monde, une nouvelle terre, un nouveau ciel. Pendant plus de dix siècles on a vu une multitude de donations aux moines, commençant par ces mots : « Adventante mundi vespero, etc. » « La fin du » monde étant prochaine, moi, pour le remède » de mon âme, et pour n'être point rangé parmi » les boucs, etc., je donne telles terres à tel cou-

[a] *De Naturâ Deorum*, lib. II, § 46.
[b] Question à la fin de son *Optique*.
[c] Matthieu, chap. XXIV; Luc, chap. XVI. — [d] I *Epître de saint Pierre*, chap. IV. — [e] Jean, chap II, v. 18.

[a] Luc, chap. XXI.

» vent. » La crainte força les sots à enrichir les habiles.

Les Égyptiens fixaient cette grande époque après trente-six mille cinq cents années révolues. On prétend qu'Orphée l'avait fixée à cent mille et vingt ans.

L'historien Flavius Josèphe assure qu'Adam ayant prédit que le monde périrait deux fois, l'une par l'eau, et l'autre par le feu, les enfants de Seth voulurent avertir les hommes de ce désastre. Ils firent graver des observations astronomiques sur deux colonnes, l'une de briques pour résister au feu qui devait consumer le monde, et l'autre de pierre pour résister à l'eau qui devait le noyer. Mais que pouvaient penser les Romains, quand un esclave juif leur parlait d'un Adam et d'un Seth inconnus à l'univers entier? ils riaient.

Josèphe ajoute que la colonne de pierre se voyait encore, de son temps, dans la Syrie.

On peut conclure de tout ce que nous avons dit que nous savons fort peu de choses du passé, que nous savons assez mal le présent, rien du tout de l'avenir; et que nous devons nous en rapporter à Dieu, maître de ces trois temps, et de l'éternité.

FINESSE.

Des différentes significations de ce mot.

Finesse ne signifie ni au propre, ni au figuré, *mince*, *léger*, *délié*, d'une contexture rare, faible, ténue; ce terme exprime quelque chose de délicat et de fini.

Un drap léger, une toile lâche, une dentelle faible, un galon mince, ne sont pas toujours fins.

Ce mot a du rapport avec *finir* : de là viennent les finesses de l'art; ainsi on dit la finesse du pinceau de Vanderwerf, de Mieris; on dit un *cheval fin*, de l'*or fin*, un *diamant fin*. Le cheval fin est opposé au cheval grossier; le diamant fin, au faux; l'or fin ou affiné, à l'or mêlé d'alliage.

La finesse se dit communément des choses déliées, et de la légèreté de la main-d'œuvre. Quoiqu'on dise un cheval fin, on ne dit guère la finesse d'un cheval. On dit la finesse des cheveux, d'une dentelle, d'une étoffe. Quand on veut, par ce mot, exprimer le défaut ou le mauvais emploi de quelque chose, on ajoute l'adverbe *trop*. Ce fil s'est cassé, il était trop fin; cette étoffe est trop fine pour la saison.

La finesse, dans le sens figuré, s'applique à la conduite, aux discours, aux ouvrages d'esprit. Dans la conduite, finesse exprime toujours, comme dans les arts, quelque chose de délié; elle peut quelquefois subsister sans habileté : il est rare qu'elle ne soit pas mêlée d'un peu de fourberie; la politique l'admet, et la société la réprouve.

Le proverbe des *finesses cousues de fil blanc* prouve que ce mot, au sens figuré, vient du sens propre de *couture fine*, d'*étoffe fine*.

La finesse n'est pas tout à fait la subtilité. On tend un piége avec finesse, on en échappe avec subtilité; on a une conduite fine, on joue un tour subtil. On inspire la défiance en employant toujours la finesse; on se trompe presque toujours en entendant finesse à tout.

La finesse dans les ouvrages d'esprit, comme dans la conversation, consiste dans l'art de ne pas exprimer directement sa pensée, mais de la laisser aisément apercevoir; c'est une énigme dont les gens d'esprit devinent tout d'un coup le mot.

Un chancelier offrant un jour sa protection au parlement, le premier président se tournant vers sa compagnie : « Messieurs, dit-il, remercions » M. le chancelier; il nous donne plus que nous ne » lui demandons : » c'est là une réponse très fine.

La finesse dans la conversation, dans les écrits, diffère de la délicatesse; la première s'étend également aux choses piquantes et agréables, au blâme et à la louange même, aux choses même indécentes, couvertes d'un voile, à travers lequel on les voit sans rougir.

On dit des choses hardies avec finesse.

La délicatesse exprime des sentiments doux et agréables, des louanges fines; ainsi la finesse convient plus à l'épigramme, la délicatesse au madrigal. Il entre de la délicatesse dans les jalousies des amants; il n'y entre point de finesse.

Les louanges que donnait Despréaux à Louis XIV ne sont pas toujours également délicates; ses satires ne sont pas toujours assez fines.

Quand Iphigénie, dans Racine, a reçu l'ordre de son père de ne plus revoir Achille, elle s'écrie :

Dieux plus doux, vous n'avez demandé que ma vie !
Acte V, scène I.

Le véritable caractère de ce vers est plutôt la délicatesse que la finesse.

FLATTERIE.

Je ne vois pas un monument de flatterie dans la haute antiquité; nulle flatterie dans Hésiode ni dans Homère. Leurs chants ne sont point adressés à un Grec élevé en quelque dignité, ou à madame sa femme, comme chaque chant des *Saisons* de Thomson est dédié à quelque riche, et comme tant d'épîtres en vers, oubliées, sont dédiées en Angleterre à des hommes ou à des dames de considération, avec un petit éloge et les armoiries du patron ou de la patronne à la tête de l'ouvrage.

Il n'y a point de flatterie dans Démosthène. Cette façon de demander harmonieusement l'aumône commence, si je ne me trompe, à Pindare. On ne peut tendre la main plus emphatiquement.

Chez les Romains, il me semble que la grande flatterie date depuis Auguste. Jules-César eut à peine le temps d'être flatté. Il ne nous reste aucune épître dédicatoire à Sylla, à Marius, à Carbon, ni à leurs femmes, ni à leurs maîtresses. Je crois bien que l'on présenta de mauvais vers à Lucullus et à Pompée; mais, Dieu merci, nous ne les avons pas.

C'est un grand spectacle de voir Cicéron, l'égal de César en dignité, parler devant lui en avocat pour un roi de la Bithynie et de la Petite-Arménie, nommé Déjotar, accusé de lui avoir dressé des embûches, et même d'avoir voulu l'assassiner. Cicéron commence par avouer qu'il est interdit en sa présence. Il l'appelle le vainqueur du monde, *victorem orbis terrarum*. Il le flatte; mais cette adulation ne va pas encore jusqu'à la bassesse; il lui reste quelque pudeur.

C'est avec Auguste qu'il n'y a plus de mesure. Le sénat lui décerne l'apothéose de son vivant. Cette flatterie devient le tribut ordinaire payé aux empereurs suivants; ce n'est plus qu'un style. Personne ne peut plus être flatté, quand ce que l'adulation a de plus outré est devenu ce qu'il y a de plus commun.

Nous n'avons pas eu en Europe de grands monuments de flatterie jusqu'à Louis XIV. Son père Louis XIII fut très peu fêté; il n'est question de lui que dans une ou deux odes de Malherbe. Il l'appelle, à la vérité, selon la coutume, *roi le plus grand des rois*, comme les poëtes espagnols le disent au roi d'Espagne, et les poëtes anglais lauréats au roi d'Angleterre; mais la meilleure part des louanges est toujours pour le cardinal de Richelieu.

Son âme toute grande est une âme hardie,
Qui pratique si bien l'art de nous secourir,
Que pourvu qu'il soit cru, nous n'avons maladie
Qu'il ne sache guérir[a].

Pour Louis XIV, ce fut un déluge de flatteries. Il ne ressemblait pas à celui qu'on prétend avoir été étouffé sous les feuilles de roses qu'on lui jetait. Il ne s'en porta que mieux.

La flatterie, quand elle a quelques prétextes plausibles, peut n'être pas aussi pernicieuse qu'on le dit. Elle encourage quelquefois aux grandes choses; mais l'excès est vicieux comme celui de la satire.

[a] *Ode de Malherbe (au roi, allant châtier la rébellion des Rochelois).* Mais pourquoi Richelieu ne guérissait-il pas Malherbe de la maladie de faire des vers si plats?

La Fontaine a dit, et prétend avoir dit après Ésope:

On ne peut trop louer trois sortes de personnes,
Les dieux, sa maîtresse, et son roi.
Ésope le disait; j'y souscris quant à moi:
Ce sont maximes toujours bonnes.
Liv. I, fable 14.

Ésope n'a rien dit de cela, et on ne voit point qu'il ait flatté aucun roi ni aucune concubine. Il ne faut pas croire que les rois soient bien flattés de toutes les flatteries dont on les accable. La plupart ne viennent pas jusqu'à eux.

Une sottise fort ordinaire est celle des orateurs qui se fatiguent à louer un prince qui n'en saura jamais rien. Le comble de l'opprobre est qu'Ovide ait loué Auguste en datant *de Ponto*.

Le comble du ridicule pourrait bien se trouver dans les compliments que les prédicateurs adressent aux rois quand ils ont le bonheur de jouer devant leur majesté. *Au révérend, révérend père Gaillard, prédicateur du roi*: Ah! révérend père, ne prêches-tu que pour le roi? es-tu comme le singe de la foire qui ne sautait que pour lui?

FLEURI.

Fleuri, qui est en fleur; arbre fleuri, rosier fleuri: on ne dit point des fleurs qu'elles fleurissent, on le dit des plantes et des arbres. Teint fleuri, dont la carnation semble un mélange de blanc et de couleur de rose. On a dit quelquefois c'est un esprit fleuri, pour signifier un homme qui possède une littérature légère, et dont l'imagination est riante.

Un discours fleuri est rempli de pensées plus agréables que fortes, d'images plus brillantes que sublimes, de termes plus recherchés qu'énergiques: cette métaphore est justement prise des fleurs qui ont de l'éclat sans solidité.

Le style fleuri ne messied pas dans ces harangues publiques, qui ne sont que des compliments; les beautés légères sont à leur place quand on n'a rien de solide à dire; mais le style fleuri doit être banni d'un plaidoyer, d'un sermon, de tout livre instructif.

En bannissant le style fleuri, on ne doit pas rejeter les images douces et riantes qui entreraient naturellement dans le sujet: quelques fleurs ne sont pas condamnables; mais le style fleuri doit être proscrit dans un sujet solide.

Ce style convient aux pièces de pur agrément, aux idylles, aux églogues, aux descriptions des saisons, des jardins: il remplit avec grâce une stance de l'ode la plus sublime, pourvu qu'il soit relevé par des stances d'une beauté plus mâle. Il convient peu à la comédie, qui, étant l'image de la vie commune, doit être généralement dans le style de la conversation ordinaire. Il est encore moins admis dans la tragédie, qui est l'empire des grandes passions et des grands intérêts; et si quelquefois il est reçu dans le genre tragique et dans le comique, ce n'est que dans quelques descriptions où le cœur n'a point de part, et qui amusent l'imagination avant que l'âme soit touchée ou occupée.

Le style fleuri nuirait à l'intérêt dans la tragédie, et affaiblirait le ridicule dans la comédie. Il est très à sa place dans un opéra français, où d'ordinaire on effleure plus les passions qu'on ne les traite.

Le style fleuri ne doit pas être confondu avec le style doux.

Ce fut dans ces vallons où, par mille détours,
Inachus prend plaisir à prolonger son cours;
Ce fut sur son charmant rivage,
Que sa fille volage
Me promit de m'aimer toujours.
Le zéphyr fut témoin, l'onde fut attentive,
Quand la nymphe jura de ne changer jamais;
Mais le zéphyr léger et l'onde fugitive
Ont bientôt emporté les serments qu'elle a faits.
Isis, acte I, scène II.

C'est là le modèle du style fleuri. On pourrait donner pour exemple du style doux, qui n'est pas le doucereux, et qui est moins agréable que le style fleuri, ces vers d'un autre opéra :

Plus j'observe ces lieux, et plus je les admire;
Ce fleuve coule lentement,
Et s'éloigne à regret d'un séjour si charmant.
Armide, acte II, scène III.

Le premier morceau est fleuri, presque toutes les paroles sont des images riantes; le second est plus dénué de ces fleurs, il n'est que doux.

FLEUVES.

Ils ne vont pas à la mer avec autant de rapidité que les hommes vont à l'erreur. Il n'y a pas longtemps qu'on a reconnu que tous les fleuves sont produits par les neiges éternelles qui couvrent les cimes des hautes montagnes, ces neiges par les pluies, ces pluies par les vapeurs de la terre et des mers, et qu'ainsi tout est lié dans la nature.

J'ai vu dans mon enfance soutenir des thèses où l'on prouvait que les fleuves et toutes les fontaines venaient de la mer. C'était le sentiment de toute l'antiquité. Ces fleuves passaient dans de grandes cavernes, et de là se distribuaient dans toutes les parties du monde.

Lorsque Aristée va pleurer la perte de ses abeilles chez Cyrène sa mère, déesse de la petite rivière Énipée en Thessalie, la rivière se sépare d'abord et forme deux montagnes d'eau à droite et à gauche pour le recevoir selon l'ancien usage; après quoi il voit ces belles et longues grottes par lesquelles passent tous les fleuves de la terre; le Pô, qui descend du mont Viso en Piémont et qui traverse l'Italie; le Teveron, qui vient de l'Apennin; le Phase, qui tombe du Caucase dans la mer Noire, etc.

Virgile adoptait là une étrange physique : elle ne devait au moins être permise qu'aux poëtes.

Ces idées furent toujours si accréditées, que le Tasse, quinze cents ans après, imita entièrement Virgile dans son quatorzième chant, en imitant bien plus heureusement l'Arioste. Un vieux magicien chrétien mène sous terre les deux chevaliers qui doivent ramener Renaud d'entre les bras d'Armide, comme Mélisse avait arraché Roger aux caresses d'Alcine. Ce bon vieillard fait descendre Renaud dans sa grotte, d'où partent tous les fleuves qui arrosent notre terre : c'est dommage que les fleuves de l'Amérique ne s'y trouvent pas; mais puisque le Nil, le Danube, la Seine, le Jourdain, le Volga, ont leur source dans cette caverne, cela suffit. Ce qu'il y a de plus conforme encore à la physique des anciens, c'est que cette caverne est au centre de la terre. C'était là que Maupertuis voulait aller faire un tour.

Après avoir avoué que les rivières viennent des montagnes, et que les unes et les autres sont des pièces essentielles à la grande machine, gardons-nous des systèmes qu'on fait journellement.

Quand Maillet imagina que la mer avait formé les montagnes, il devait dédier son livre à Cyrano de Bergerac. Quand on a dit que les grandes chaînes de ces montagnes s'étendent d'orient en occident, et que la plus grande partie des fleuves court toujours aussi à l'occident, on a plus consulté l'esprit systématique que la nature.

A l'égard des montagnes, débarquez au cap de Bonne-Espérance, vous trouvez une chaîne de montagnes qui règne du midi au nord jusqu'au Monomotapa. Peu de gens se sont donné le plaisir de voir ce pays, et de voyager sous la ligne en Afrique. Mais Calpé et Abila regardent directement le nord et le midi. De Gibraltar au fleuve de la Guadiana, en tirant droit au nord, ce sont des montagnes contiguës. La Nouvelle-Castille et la Vieille en sont couvertes, toutes les directions sont du sud au nord, comme celles des montagnes de toute l'Amérique. Pour les fleuves, ils coulent en tout sens, selon la disposition des terrains.

Le Guadalquivir va droit au sud depuis Villanueva jusqu'à San-Lucar; la Guadiana de même depuis Badajoz. Toutes les rivières dans le golfe de Venise, excepté le Pô, se jettent dans la mer vers le midi. C'est la direction du Rhône, de Lyon à son embouchure. Celle de la Seine est au nord-nord-ouest. Le Rhin depuis Bâle court droit au septentrion; la Meuse de même depuis sa source jusqu'aux terres inondées; l'Escaut de même.

Pourquoi donc chercher à se tromper, pour avoir le plaisir de faire des systèmes, et de tromper quelques ignorants? Qu'en reviendra-t-il quand on aura fait accroire à quelques gens, bientôt détrompés, que tous les fleuves et toutes les montagnes sont dirigés de l'orient à l'occident, ou de l'occident à l'orient; que tous les monts sont couverts d'huîtres (ce qui n'est assurément pas vrai); qu'on a trouvé des ancres de vaisseau sur la cime des montagnes de la Suisse; que ces montagnes ont été formées par les courants de l'Océan; que les pierres à chaux ne sont autre chose que des coquilles [1]? Quoi! faut-il traiter aujourd'hui la physique comme les anciens traitaient l'histoire?

Pour revenir aux fleuves, aux rivières, ce qu'il y a de mieux à faire, c'est de prévenir les inondations; c'est de faire des rivières nouvelles, c'est-à-dire des canaux, autant que l'entreprise est praticable. C'est un des plus grands services qu'on puisse rendre à une nation. Les canaux de l'Égypte étaient aussi nécessaires que les pyramides étaient inutiles.

Quant à la quantité d'eau que les lits des fleuves portent, et à tout ce qui regarde le calcul, lisez l'article *Fleuve* de M. d'Alembert; il est, comme tout ce qu'il a fait, clair, précis, vrai, écrit du style propre au sujet; il n'emprunte point le style du *Télémaque* pour parler de physique.

FLIBUSTIERS.

On ne sait pas d'où vient le nom de *flibustiers*, et cependant la génération passée vient de nous raconter les prodiges que ces flibustiers ont faits: nous en parlons tous les jours; nous y touchons. Qu'on cherche après cela des origines et des étymologies; et si l'on croit en trouver, qu'on s'en défie.

Du temps du cardinal de Richelieu, lorsque les Espagnols et les Français se détestaient encore, parce que Ferdinand-le-Catholique s'était moqué de Louis XII, et que François Ier avait été pris à la bataille de Pavie par une armée de Charles-Quint; lorsque cette haine était si forte, que le faussaire, auteur du roman politique et de l'ennui politique, sous le nom du cardinal de Richelieu, ne craignait point d'appeler les Espagnols « nation insatiable et perfide, qui rendait les Indes tributaires de l'enfer; » lorsque enfin on se fut ligué en 1635 avec la Hollande contre l'Espagne; lorsque la France n'avait rien en Amérique, et que les Espagnols couvraient les mers de leurs galions; alors les flibustiers commencèrent à paraître. C'étaient d'abord des aventuriers français qui avaient tout au plus la qualité de corsaires.

Un d'eux nommé Le Grand, natif de Dieppe, s'associa avec une cinquantaine de gens déterminés, et alla tenter fortune avec une barque qui n'avait pas même de canon. Il aperçut, vers l'île Hispaniola (Saint-Domingue), un galion éloigné de la grande flotte espagnole: il s'en approche comme un patron qui venait lui vendre des denrées; il monte suivi des siens; il entre dans la chambre du capitaine qui jouait aux cartes, le couche en joue, le fait son prisonnier avec son équipage, et revient à Dieppe avec son galion chargé de richesses immenses. Cette aventure fut le signal de quarante ans d'exploits inouïs.

Flibustiers français, anglais, hollandais, allaient s'associer ensemble dans les cavernes de Saint-Domingue, des petites îles de Saint-Christophe et de la Tortue. Ils se choisissaient un chef pour chaque expédition: c'est la première origine des rois. Des cultivateurs n'auraient jamais voulu un maître; on n'en a pas besoin pour semer du blé, le battre et le vendre.

Quand les flibustiers avaient fait un gros butin, ils en achetaient un petit vaisseau et du canon. Une course heureuse en produisait vingt autres. S'ils étaient au nombre de cent, on les croyait mille. Il était difficile de leur échapper, encore plus de les suivre. C'étaient des oiseaux de proie qui fondaient de tous côtés, et qui se retiraient dans des lieux inaccessibles; tantôt ils rasaient quatre à cinq cents lieues de côtes, tantôt ils avançaient à pied ou à cheval deux cents lieues dans les terres.

Ils surprirent, ils pillèrent les riches villes de Chagra, de Mecaizabo, de la Vera-Cruz, de Panama, de Porto-Rico, de Campêche, de l'île Sainte-Catherine, et les faubourgs de Carthagène.

L'un de ces flibustiers, nommé l'Olonois, pénétra jusqu'aux portes de la Havane, suivi de vingt hommes seulement. S'étant ensuite retiré dans son canot, le gouverneur envoie contre lui un vaisseau de guerre avec des soldats et un bourreau. L'Olonois se rend maître du vaisseau, il coupe lui-même la tête aux soldats espagnols qu'il a pris, et renvoie le bourreau au gouverneur[*]. Jamais les Romains ni les autres peuples brigands ne firent des actions si étonnantes. Le voyage guerrier de l'amiral Anson autour du monde n'est qu'une pro-

[1] Voyez le traité *Des Singularités de la nature* (dans les *Mélanges*, année 1768). K.

[*] Cet Olonois fut pris et mangé depuis par les sauvages.

menade agréable en comparaison du passage des flibustiers dans la mer du Sud, et de ce qu'ils essuyèrent en terre ferme.

S'ils avaient pu avoir une politique égale à leur indomptable courage, ils auraient fondé un grand empire en Amérique. Ils manquaient de filles; mais au lieu de ravir et d'épouser des Sabines, comme on le dit des Romains, ils en firent venir de la Salpêtrière de Paris; cela ne forma pas une génération.

Ils étaient plus cruels envers les Espagnols que les Israélites ne le furent jamais envers les Cananéens. On parle d'un Hollandais nommé Roe, qui mit plusieurs Espagnols à la broche, et qui en fit manger à ses camarades. Leurs expéditions furent des tours de voleurs, et jamais des campagnes de conquérants : aussi ne les appelait-on dans toutes les Indes occidentales que *los ladrones*. Quand ils surprenaient une ville, et qu'ils entraient dans la maison d'un père de famille, ils le mettaient à la torture pour découvrir ses trésors. Cela prouve assez ce que nous dirons à l'article QUESTION, que la torture fut inventée par les voleurs de grand chemin.

Ce qui rendit tous leurs exploits inutiles, c'est qu'ils prodiguèrent en débauches aussi folles que monstrueuses tout ce qu'ils avaient acquis par la rapine et par le meurtre. Enfin il ne reste plus d'eux que leur nom, et encore à peine. Tels furent les flibustiers.

Mais quel peuple en Europe ne fut pas flibustier? ces Goths, ces Alains, ces Vandales, ces Huns, étaient-ils autre chose? Qu'était Rollon qui s'établit en Normandie, et Guillaume Fier-à-bras, sinon des flibustiers plus habiles? Clovis n'était-il pas un flibustier, qui vint des bords du Rhin dans les Gaules?

FOI ou FOY.

SECTION PREMIÈRE.

Qu'est-ce que la foi? Est-ce de croire ce qui paraît évident? non : il m'est évident qu'il y a un Être nécessaire, éternel, suprême, intelligent; ce n'est pas là de la foi, c'est de la raison. Je n'ai aucun mérite à penser que cet Être éternel, infini, que je connais comme la vertu, la bonté même, veut que je sois bon et vertueux. La foi consiste à croire, non ce qui est vrai, mais ce qui semble faux à notre entendement. Les Asiatiques ne peuvent croire que par la foi le voyage de Mahomet dans les sept planètes, les incarnations du dieu Fo, de Vistnou, de Xaca, de Brama, de Sammonocodom, etc., etc., etc. Ils soumettent leur entendement, ils tremblent d'examiner, ils ne veulent être ni empalés ni brûlés; ils disent : Je crois.

Nous sommes bien éloignés de faire ici la moindre allusion à la foi catholique. Non seulement nous la vénérons, mais nous l'avons : nous ne parlerons que de la foi mensongère des autres nations du monde, de cette foi qui n'est pas foi, et qui ne consiste qu'en paroles.

Il y a foi pour les choses étonnantes, et foi pour les choses contradictoires et impossibles.

Vistnou s'est incarné cinq cents fois; cela est fort étonnant, mais enfin cela n'est pas physiquement impossible; car si Vistnou a une âme, il peut avoir mis son âme dans cinq cents corps pour se réjouir. L'Indien, à la vérité, n'a pas une foi bien vive; il n'est pas intimement persuadé de ces métamorphoses; mais enfin il dira à son bonze : J'ai la foi; vous voulez que Vistnou ait passé par cinq cents incarnations, cela vous vaut cinq cents roupies de rente; à la bonne heure; vous irez crier contre moi, vous me dénoncerez, vous ruinerez mon commerce si je n'ai pas la foi. Eh bien! j'ai la foi, et voilà de plus dix roupies que je vous donne. L'Indien peut jurer à ce bonze qu'il croit, sans faire un faux serment; car, après tout, il ne lui est pas démontré que Vistnou n'est pas venu cinq cents fois dans les Indes.

Mais si le bonze exige de lui qu'il croie une chose contradictoire, impossible, que deux et deux font cinq, que le même corps peut être en mille endroits différents, qu'être et n'être pas c'est précisément la même chose; alors, si l'Indien dit qu'il a la foi, il a menti; et s'il jure qu'il croit, il fait un parjure. Il dit donc au bonze : Mon révérend père, je ne peux vous assurer que je crois ces absurdités-là, quand elles vous vaudraient dix mille roupies de rente au lieu de cinq cents.

Mon fils, répond le bonze, donnez vingt roupies, et Dieu vous fera la grâce de croire tout ce que vous ne croyez point.

Comment voulez-vous, répond l'Indien, que Dieu opère sur moi ce qu'il ne peut opérer sur lui-même? Il est impossible que Dieu fasse ou croie les contradictoires. Je veux bien vous dire, pour vous faire plaisir, que je crois ce qui est obscur; mais je ne peux vous dire que je crois l'impossible. Dieu veut que nous soyons vertueux, et non pas que nous soyons absurdes. Je vous ai donné dix roupies, en voilà encore vingt; croyez à trente roupies, soyez homme de bien si vous pouvez, et ne me rompez plus la tête.

Il n'en est pas ainsi des chrétiens; la foi qu'ils ont pour des choses qu'ils n'entendent pas est fondée sur ce qu'ils entendent; ils ont des motifs de crédibilité. Jésus-Christ a fait des miracles dans la Galilée; donc nous devons croire tout ce qu'il a dit. Pour savoir ce qu'il a dit il faut consulter l'Église. L'Église a prononcé que les livres qui nous annoncent Jésus-Christ sont authentiques; il faut donc croire ces livres. Ces livres nous disent que qui n'écoute pas l'Église doit être regardé comme un publicain ou comme un païen; donc nous devons écouter l'Église pour n'être pas honnis comme des fermiers-généraux; donc nous devons lui soumettre notre raison, non par crédulité enfantine ou aveugle, mais par une croyance docile que la raison même autorise. Telle est la foi chrétienne, et surtout la foi romaine, qui est la foi par excellence. La foi luthérienne, calviniste, anglicane, est une méchante foi.

SECTION II.

La foi divine, sur laquelle on a tant écrit, n'est évidemment qu'une incrédulité soumise; car il n'y a certainement en nous que la faculté de l'entendement qui puisse croire, et les objets de la foi ne sont point les objets de l'entendement. On ne peut croire que ce qui paraît vrai; rien ne peut paraître vrai que par l'une de ces trois manières, ou par l'intuition, le sentiment, *j'existe, je vois le soleil*; ou par des probabilités accumulées qui tiennent lieu de certitude, *il y a une ville nommée Constantinople*; ou par voie de démonstration, *les triangles ayant même base et même hauteur sont égaux*.

La foi n'étant rien de tout cela, ne peut donc pas plus être une croyance, une persuasion, qu'elle ne peut être jaune ou rouge. Elle ne peut donc être qu'un anéantissement de la raison, un silence d'adoration devant des choses incompréhensibles. Ainsi, en parlant philosophiquement, personne ne croit la *Trinité*, personne ne croit que le même corps puisse être en mille endroits à la fois; et celui qui dit : Je crois ces mystères, s'il réfléchit sur sa pensée, verra, à n'en pouvoir douter, que ces mots veulent dire : Je respecte ces mystères; je me soumets à ceux qui me les annoncent; car ils conviennent avec moi que ma raison ni la leur ne les croit pas; or il est clair que quand ma raison n'est pas persuadée, je ne le suis pas : ma raison et moi ne peuvent être deux êtres différents. Il est absolument contradictoire que le *moi* trouve vrai ce que l'entendement de *moi* trouve faux. La foi n'est donc qu'une incrédulité soumise.

Mais pourquoi cette soumission dans la révolte invincible de mon entendement? on le sait assez; c'est parce qu'on a persuadé à mon entendement que les mystères de ma foi sont proposés par Dieu même. Alors tout ce que je puis faire, en qualité d'être raisonnable, c'est de me taire et d'adorer. C'est ce que les théologiens appellent foi externe, et cette foi externe n'est et ne peut être que le respect pour des choses incompréhensibles, en vertu de la confiance qu'on a dans ceux qui les enseignent.

Si Dieu lui-même me disait : La pensée est couleur d'olive, un nombre carré est amer; je n'entendrais certainement rien du tout à ces paroles; je ne pourrais les adopter, ni comme vraies, ni comme fausses. Mais je les répéterai s'il me l'ordonne, je les ferai répéter au péril de ma vie. Voilà la foi; ce n'est que l'obéissance.

Pour fonder cette obéissance, il ne s'agit donc que d'examiner les livres qui la demandent; notre entendement doit donc examiner les livres de l'ancien et du nouveau Testament comme il discute *Plutarque* et *Tite-Live*; et s'il voit dans ces livres des preuves incontestables, des preuves au-dessus de toute objection, sensibles à toutes sortes d'esprits, et reçues de toute la terre, que Dieu lui-même est l'auteur de ces ouvrages, alors il doit captiver son entendement sous le joug de la foi.

SECTION III.

« Nous avons long-temps balancé si nous imprimerions cet article FOI, que nous avions trouvé dans un vieux livre. Notre respect pour la chaire de saint Pierre nous retenait. Mais des hommes pieux nous ayant convaincus que le pape Alexandre VI n'avait rien de commun avec saint Pierre, nous nous sommes enfin déterminés à remettre en lumière ce petit morceau, sans scrupule. »

Un jour le prince Pic de La Mirandole rencontra le pape Alexandre VI chez la courtisane Émilia, pendant que Lucrèce, fille du saint-père, était en couche, et qu'on ne savait pas dans Rome si l'enfant était du pape ou de son fils le duc de Valentinois, ou du mari de Lucrèce, Alphonse d'Aragon, qui passait pour impuissant. La conversation fut d'abord fort enjouée. Le cardinal Bembo en rapporte une partie. Petit Pic, dit le pape, qui crois-tu le père de mon petit-fils? — Je crois que c'est votre gendre, répondit Pic. — Eh! comment peux-tu croire cette sottise? — Je la crois par la foi. — Mais ne sais-tu pas bien qu'un impuissant ne fait point d'enfants? — La foi consiste, repartit Pic, à croire les choses parce qu'elles sont impossibles; et de plus, l'honneur de votre maison exige que le fils de Lucrèce ne passe point pour être le fruit d'un inceste. Vous me faites croire des mystères plus incompréhensibles. Ne faut-il pas que je sois convaincu qu'un serpent a parlé, que depuis ce temps tous les hommes furent damnés, que l'ânesse de Balaam parla aussi fort éloquemment, et que les murs de Jéricho tombèrent au son des trompettes? Pic enfila tout de suite une kyrielle de toutes les choses admirables qu'il croyait. Alexandre tomba sur son sopha à force de rire. Je crois tout cela comme vous, disait-il, car je sens bien que je ne peux être sauvé que par la foi, et que je ne le serais point par mes œuvres. Ah! saint-père, dit Pic, vous n'avez besoin ni d'œuvres ni de foi; cela est bon pour les pauvres profanes comme nous; mais vous qui êtes vice-Dieu, vous pouvez croire et faire tout ce qu'il vous plaira. Vous avez les clefs du ciel; et sans doute saint Pierre ne vous fermera pas la porte au nez. Mais pour moi, je vous avoue que j'aurais besoin d'une puissante protection, si, n'étant qu'un pauvre prince, j'avais couché avec ma fille, et si je m'étais servi du stylet et de la cantarella aussi souvent que votre sainteté. Alexandre VI entendait raillerie. Parlons sérieusement, dit-il au prince de la Mirandole. Dites-moi quel mérite on peut avoir à dire à Dieu qu'on est persuadé de choses dont en effet on ne peut être persuadé? Quel plaisir cela peut-il faire à Dieu? Entre nous, dire qu'on croit ce qu'il est impossible de croire, c'est mentir.

Pic de La Mirandole fit un grand signe de croix. Eh! Dieu paternel, s'écria-il, que votre sainteté me pardonne, vous n'êtes pas chrétien. — Non, sur ma foi, dit le pape. — Je m'en doutais, dit Pic de La Mirandole.

FOIBLE, *voyez* FAIBLE.

FOLIE.

Qu'est-ce que la folie? c'est d'avoir des pensées incohérentes et la conduite de même. Le plus sage des hommes veut-il connaître la folie, qu'il réfléchisse sur la marche de ses idées pendant ses rêves. S'il a une digestion laborieuse dans la nuit, mille idées incohérentes l'agitent, il semble que la nature nous punisse d'avoir pris trop d'aliments, ou d'en avoir fait un mauvais choix, en nous donnant des pensées; car on ne pense guère en dormant que dans une mauvaise digestion. Les rêves inquiets sont réellement une folie passagère.

La folie pendant la veille est de même une maladie qui empêche un homme nécessairement de penser et d'agir comme les autres. Ne pouvant gérer son bien, on l'interdit; ne pouvant avoir des idées convenables à la société, on l'en exclut; s'il est dangereux, on l'enferme; s'il est furieux, on le lie. Quelquefois on le guérit par les bains, par la saignée, par le régime.

Cet homme n'est point privé d'idées; il en a comme tous les autres hommes pendant la veille, et souvent quand il dort. On peut demander comment son âme spirituelle, immortelle, logée dans son cerveau, recevant toutes les idées par les sens très-nettes et très-distinctes, n'en porte cependant jamais un jugement sain. Elle voit les objets comme l'âme d'Aristote et de Platon, de Locke et de Newton, les voyait; elle entend les mêmes sons, elle a le même sens du toucher; comment donc, recevant les perceptions que les plus sages éprouvent, en fait-elle un assemblage extravagant sans pouvoir s'en dispenser?

Si cette substance simple et éternelle a pour ses actions les mêmes instruments qu'ont les âmes des cerveaux les plus sages, elle doit raisonner comme eux. Qui peut l'en empêcher? Je conçois bien à toute force que si mon fou voit du rouge, et les sages du bleu; si, quand les sages entendent de la musique, mon fou entend le braiement d'un âne; si, quand ils sont au sermon, mon fou croit être à la comédie; si, quand ils entendent oui, il entend non; alors son âme doit penser au rebours des autres. Mais mon fou a les mêmes perceptions qu'eux; il n'y a nulle raison apparente pour laquelle son âme, ayant reçu par ses sens tous ses outils, ne peut en faire d'usage. Elle est pure, dit-on; elle n'est sujette par elle-même à aucune infirmité, la voilà pourvue de tous les secours nécessaires: quelque chose qui se passe dans son corps, rien ne peut changer son essence; cependant on la mène dans son étui aux Petites-Maisons.

Cette réflexion peut faire soupçonner que la faculté de penser, donnée de Dieu à l'homme, est sujette au dérangement comme les autres sens. Un fou est un malade dont le cerveau pâtit, comme le goutteux est un malade qui souffre aux pieds et aux mains; il pensait par le cerveau, comme il marchait avec les pieds, sans rien connaître ni de son pouvoir incompréhensible de marcher, ni de son pouvoir non moins incompréhensible de penser. On a la goutte au cerveau comme aux pieds. Enfin après mille raisonnements, il n'y a peut-être que la foi seule qui puisse nous convaincre qu'une substance simple et immatérielle puisse être malade.

Les doctes ou les docteurs diront au fou: Mon ami, quoique tu aies perdu le sens commun, ton âme est aussi spirituelle, aussi pure, aussi immortelle que la nôtre; mais notre âme est bien logée, et la tienne l'est mal; les fenêtres de la maison sont bouchées pour elle: l'air lui manque, elle étouffe. Le fou, dans ses bons moments, leur répondrait: Mes amis, vous supposez à votre ordinaire ce qui est en question. Mes fenêtres sont aussi bien ouvertes que les vôtres, puisque je vois les mêmes objets, et que j'entends les mêmes paroles: il faut donc nécessairement que mon âme fasse un mauvais usage de ses sens, ou que mon âme ne soit elle-même qu'un sens vicié, une qualité dépravée. En un mot, ou mon âme est folle par elle-même, ou je n'ai point d'âme.

Un des docteurs pourra répondre : Mon confrère, Dieu a créé peut-être des âmes folles, comme il a créé des âmes sages. Le fou répliquera : Si je croyais ce que vous me dites, je serais encore plus fou que je ne le suis. De grâce, vous qui en savez tant, dites-moi pourquoi je suis fou.

Si les docteurs ont encore un peu de sens, ils lui répondront : Je n'en sais rien. Ils ne comprendront pas pourquoi une cervelle a des idées incohérentes; ils ne comprendront pas mieux pourquoi une autre cervelle a des idées régulières et suivies. Ils se croiront sages, et ils seront aussi fous que lui.

Si le fou a un bon moment, il leur dira : Pauvres mortels qui ne pouvez ni connaître la cause de mon mal, ni le guérir, tremblez de devenir entièrement semblables à moi, et même de me surpasser. Vous n'êtes pas de meilleure maison que le roi de France Charles VI, le roi d'Angleterre Henri VI, et l'empereur Venceslas, qui perdirent la faculté de raisonner dans le même siècle. Vous n'avez pas plus d'esprit que Blaise Pascal, Jacques Abbadie, et Jonathan Swift, qui sont tous trois morts fous. Du moins le dernier fonda pour nous un hôpital : voulez-vous que j'aille vous y retenir une place?

N. B. Je suis fâché pour Hippocrate qu'il ait prescrit le sang d'ânon pour la folie, et encore plus fâché que le *Manuel des dames* dise qu'on guérit la folie en prenant la gale. Voilà de plaisantes recettes; elles paraissent inventées par les malades.

FONTE.

Il n'y a point d'ancienne fable, de vieille absurdité, que quelque imbécile ne renouvelle, et même avec une hauteur de maître, pour peu que ces rêveries antiques aient été autorisées par quelque auteur ou classique ou théologien.

Lycophron (autant qu'il m'en souvient) rapporte qu'une horde de voleurs qui avait été justement condamnée en Éthiopie par le roi Actisanès à perdre le nez et les oreilles, s'enfuit jusqu'aux cataractes du Nil, et de là pénétra jusqu'au Désert de sable, dans lequel elle bâtit enfin le temple de Jupiter-Ammon.

Lycophron, et après lui Théopompe, raconte que ces brigands réduits à la plus extrême misère, n'ayant ni sandales, ni habits, ni meubles, ni pain, s'avisèrent d'élever une statue d'or à un dieu d'Égypte. Cette statue fut commandée le soir et faite pendant la nuit. Un membre de l'université, qui est fort attaché à Lycophron et aux voleurs éthiopiens, prétend que rien n'était plus ordinaire dans la vénérable antiquité que de jeter en fonte une statue d'or en une nuit, de la réduire ensuite en poudre impalpable en la jetant dans le feu, et de la faire avaler à tout un peuple.

Mais où ces pauvres gens qui n'avaient point de chausses avaient-ils trouvé tant d'or? — Comment, monsieur! dit le savant, oubliez-vous qu'ils avaient volé de quoi acheter toute l'Afrique, et que les pendants d'oreilles de leurs filles valaient seuls neuf millions cinq cent mille livres au cours de ce jour?

D'accord; mais il faut un peu de préparation pour fondre une statue; M. Lemoine a employé plus de deux ans à faire celle de Louis XV.

Ah! notre Jupiter-Ammon était haut de trois pieds tout au plus. Allez-vous-en chez un potier d'étain, ne vous fera-t-il pas six assiettes en un seul jour?

Monsieur, une statue de Jupiter est plus difficile à faire que des assiettes d'étain, et je doute même beaucoup que vos voleurs eussent de quoi fondre aussi vite des assiettes, quelque habiles larrons qu'ils aient été. Il n'est pas vraisemblable qu'ils eussent avec eux l'attirail nécessaire à un potier; ils devaient commencer par avoir de la farine. Je respecte fort Lycophron; mais ce profond Grec et ses commentateurs encore plus creux que lui connaissent si peu les arts, ils sont si savants dans tout ce qui est inutile, si ignorants dans tout ce qui concerne les besoins de la vie, les choses d'usage, les professions, les métiers, les travaux journaliers, que nous prendrons cette occasion de leur apprendre comment on jette en fonte une figure de métal. Ils ne trouveront cette opération ni dans Lycophron, ni dans Manethon, ni dans Artapan, ni même dans la *Somme de saint Thomas*.

1° On fait un modèle en terre grasse.

2° On couvre ce modèle d'un moule en plâtre, en ajustant les fragments de plâtre les uns aux autres.

3° Il faut enlever par parties le moule de plâtre de dessus le modèle de terre.

4° On rajuste le moule de plâtre encore par parties, et on met ce moule à la place du modèle de terre.

5° Ce moule de plâtre étant devenu une espèce de modèle, on jette en dedans de la cire fondue, reçue aussi par parties : elle entre dans tous les creux de ce moule.

6° On a grand soin que cette cire soit partout de l'épaisseur qu'on veut donner au métal dont la statue sera faite.

7° On place ce moule ou modèle dans un creux

qu'on appelle *fosse*, laquelle doit être à peu près du double plus profonde que la figure que l'on doit jeter en fonte.

8° Il faut poser ce moule dans ce creux sur une grille de fer, élevée de dix-huit pouces pour une figure de trois pieds, et établir cette grille sur un massif.

9° Assujettir fortement sur cette grille des barres de fer, droites ou penchées, selon que la figure l'exige, lesquelles barres de fer s'approchent de la cire d'environ six lignes.

10° Entourer chaque barre de fer de fil d'archal, de sorte que tout le vide soit rempli de fil de fer.

11° Remplir de plâtre et de briques pilées tout le vide qui est entre les barres et la cire de la figure; comme aussi le vide qui est entre cette grille et le massif de brique qui la soutient, et c'est ce qui s'appelle *le noyau*.

12° Quand tout cela est bien refroidi, l'artiste enlève le moule de plâtre qui couvre la cire, laquelle cire reste, est réparée à la main, et devient alors le modèle de la figure; et ce modèle est soutenu par l'armature de fer et par le noyau dont on a parlé.

13° Quand ces préparations sont achevées, on entoure ce modèle de cire de bâtons perpendiculaires de cire, dont les uns s'appellent des *jets*, et les autres des *évents*. Ces jets et ces évents descendent plus bas d'un pied que la figure, et s'élèvent aussi plus qu'elle, de manière que les évents sont plus hauts que les jets. Ces jets sont entrecoupés par d'autres petits rouleaux de cire qu'on appelle *fournisseurs*, placés en diagonale de bas en haut entre les jets et le modèle auquel ils sont attachés. Nous verrons au numéro 17 de quel usage sont ces bâtons de cire.

14° On passe sur le modèle, sur les évents, et sur les jets, quarante à cinquante couches d'une eau grasse qui est sortie de la composition d'une terre rouge, et de fiente de cheval macérée pendant une année entière, et ces couches durcies forment une enveloppe d'un quart de pouce.

15° Le modèle, les évents et les jets ainsi disposés, on entoure le tout d'une enveloppe composée de cette terre, de sable rouge, de bourre, et de cette fiente de cheval qui a été bien macérée, le tout pétri dans cette eau grasse. Cet enduit forme une pâte molle, mais solide et résistante au feu.

16° On bâtit tout autour du modèle un mur de maçonnerie ou de brique, et entre le modèle et le mur on laisse en bas l'espace d'un cendrier d'une profondeur proportionnée à la figure.

17° Ce cendrier est garni de barres de fer en grillage. Sur ce grillage on pose de petites bûches de bois que l'on allume, ce qui forme un feu tout autour du moule, et qui fait fondre ces bâtons de cire tout couverts de couches d'eau grasse, et de la pâte dont nous avons parlé numéros 14 et 15; alors la cire étant fondue, il reste les tuyaux de cette pâte solide, dont les uns sont les jets, et les autres les évents et les fournisseurs. C'est par les jets et les fournisseurs que le métal fondu entrera, et c'est par les évents que l'air sortant empêchera la matière enflammée de tout détruire.

18° Après toutes ces dispositions, on fait fondre sur le bord de la fosse le métal dont on doit former la statue. Si c'est du bronze, on se sert du fourneau de briques doubles; si c'est de l'or, on se sert de plusieurs creusets. Lorsque la matière est liquéfiée par l'action du feu, on la laisse couler par un canal dans la fosse préparée. Si malheureusement elle rencontre des bulles d'air ou de l'humidité, tout est détruit avec fracas, et il faut recommencer plusieurs fois.

19° Ce fleuve de feu, qui est descendu au creux de la fosse, remonte par les jets et par les fournisseurs, entre dans le moule, et en remplit les creux. Ces jets, ces fournisseurs et les évents ne sont plus que des tuyaux formés par ces quarante ou cinquante couches de l'eau grasse, et de cette pâte dont on les a long-temps enduits avec beaucoup d'art et de patience, et c'est par ces branches que le métal liquéfié et ardent vient se loger dans la statue.

20° Quand le métal est bien refroidi, on retire le tout. Ce n'est qu'une masse assez informe dont il faut enlever toutes les aspérités, et qu'on répare avec divers instruments.

J'omets beaucoup d'autres préparations que messieurs les encyclopédistes, et surtout M. Diderot, ont expliquées bien mieux que je ne pourrais faire, dans leur ouvrage qui doit éterniser tous les arts avec leur gloire. Mais pour avoir une idée nette des procédés de cet art, il faut voir opérer. Il en est ainsi dans tous les arts, depuis le bonnetier jusqu'au diamantaire. Jamais personne n'apprit dans un livre ni à faire des bas au métier, ni à brillanter des diamants, ni à faire des tapisseries de haute-lisse. Les arts et métiers ne s'apprennent que par l'exemple et le travail.

Ayant eu le dessein de faire élever une petite statue équestre du roi, en bronze, dans une ville qu'on bâtit à une extrémité du royaume, je demandai, il n'y a pas long-temps, au Phidias de la France, à M. Pigalle, combien il faudrait de temps pour faire seulement le cheval de trois pieds de haut; il me répondit par écrit : « Je demande » six mois au moins. » J'ai sa déclaration datée du 5 juin 1770.

M. Guenée, ancien professeur du collége du Plessis, qui en sait sans doute plus que M. Pigalle sur l'art de jeter des figures en fonte, a écrit contre ces vérités dans un livre intitulé, *Lettres de quelques Juifs portugais et allemands, avec des réflexions critiques, et un petit commentaire extrait d'un plus grand. A Paris, chez Laurent Prault, 1769, avec approbation et privilége du roi.*

Ces lettres ont été écrites sous le nom de messieurs les Juifs Joseph Ben Jonathan, Aaron Mathataï, et David Winker.

Ce professeur, secrétaire des trois Juifs, dit dans sa Lettre seconde : « Entrez seulement, monsieur, » chez le premier fondeur; je vous réponds que » si vous lui fournissez les matières dont il pour» rait avoir besoin, que vous le pressiez et que » vous le payiez bien, il vous fera un pareil ou» vrage en moins d'une semaine. Nous n'avons » pas cherché long-temps, et nous en avons trouvé » deux qui ne demandaient que trois jours. Il y a » déjà loin de trois jours à trois mois, et nous ne » doutons point que si vous cherchez bien, vous » pourrez en trouver qui le feront encore plus » promptement. »

M. le professeur secrétaire des Juifs n'a consulté apparemment que des fondeurs d'assiettes d'étain, ou d'autres petits ouvrages qui se jettent en sable. S'il s'était adressé à M. Pigalle ou à M. Lemoine, il aurait un peu changé d'avis.

C'est avec la même connaissance des arts que ce monsieur prétend que de réduire l'or en poudre en le brûlant, pour le rendre potable, et le faire avaler à toute une nation, est la chose du monde la plus aisée et la plus ordinaire en chimie. Voici comme il s'exprime :

« Cette possibilité de rendre l'or potable a été » répétée cent fois depuis Stahl et Sénac, dans les » ouvrages et dans les leçons de vos plus célèbres » chimistes, d'un Baron, d'un Macquer, etc.; » tous sont d'accord sur ce point. Nous n'avons » actuellement sous les yeux que la nouvelle édi» tion de la Chimie de Lefèvre. Il l'enseigne comme » tous les autres; et il ajoute que rien n'est plus cer» tain, et qu'on ne peut plus avoir là-dessus le » moindre doute.

» Qu'en pensez-vous, monsieur? le témoignage » de ces habiles gens ne vaut-il pas bien celui de » vos critiques? Et de quoi s'avisent aussi ces in» circoncis? ils ne savent pas de chimie, et ils se » mêlent d'en parler; ils auraient pu s'épargner » ce ridicule.

» Mais vous, monsieur, quand vous transcri» viez cette futile objection, ignoriez-vous que le » dernier chimiste serait en état de la réfuter? La » chimie n'est pas votre fort, on le voit bien : » aussi la bile de Rouelle s'échauffe, ses yeux s'al» lument, et son dépit éclate, lorsqu'il lit par ha» sard ce que vous en dites en quelques endroits » de vos ouvrages. Faites des vers, monsieur, et » laissez là l'art des Pott et des Margraff.

» Voilà donc la principale objection de vos écri» vains, celle qu'ils avançaient avec le plus de » confiance, pleinement détruite. »

Je ne sais si M. le secrétaire de la synagogue se connaît en vers, mais assurément il ne se connaît pas en or. J'ignore si M. Rouelle se met en colère quand on n'est pas de son opinion, mais je ne me mettrai pas en colère contre M. le secrétaire; je lui dirai avec ma tolérance ordinaire, dont je ferai toujours profession, que je ne le prierai jamais de me servir de secrétaire, attendu qu'il fait parler ses maîtres, MM. Joseph Mathataï, et David Winker, en francs ignorants[a].

Il s'agissait de savoir si on peut, sans miracle, fondre une figure d'or dans une seule nuit, et réduire cette figure en poudre le lendemain, en la jetant dans le feu. Or, M. le secrétaire, il faut que vous sachiez, vous et maître Aliboron, votre digne panégyriste, qu'il est impossible de pulvériser l'or en le jetant au feu; l'extrême violence du feu le liquéfie, mais ne le calcine point.

C'est de quoi il est question, M. le secrétaire; j'ai souvent réduit de l'or en pâte avec du mercure, je l'ai dissous avec de l'eau régale, mais je ne l'ai jamais calciné en le brûlant. Si on vous a dit que M. Rouelle calcine de l'or au feu, on s'est moqué de vous, ou bien on vous a dit une sottise que vous ne deviez pas répéter, non plus que toutes celles que vous transcrivez sur l'or potable.

L'or potable est une charlatanerie; c'est une friponnerie d'imposteur qui trompe le peuple : il y en a de plusieurs espèces. Ceux qui vendent leur or potable à des imbéciles ne font pas entrer deux grains d'or dans leur liqueur; ou s'ils en mettent un peu, ils l'ont dissous dans de l'eau régale, et ils vous jurent que c'est de l'or potable sans acide; ils dépouillent l'or autant qu'ils le peuvent de son eau régale, ils la chargent d'huile de romarin. Ces préparations sont très dangereuses; ce sont de véritables poisons, et ceux qui en vendent méritent d'être réprimés.

Voilà, monsieur, ce que c'est que votre or potable, dont vous parlez un peu au hasard, ainsi que de tout le reste.

Cet article est un peu vif, mais il est vrai et utile. Il faut confondre quelquefois l'ignorance orgueilleuse de ces gens qui croient pouvoir parler de tous les arts, parce qu'ils ont lu quelques lignes de saint Augustin[1].

[a] Voyez l'article JUIFS.

[1] M. l'abbé Guenée a été trompé par ceux qu'il a consultés : il faut très peu de temps, à la vérité, pour jeter en fonte une

FORCE PHYSIQUE.

Qu'est-ce que force? où réside-t-elle? d'où vient-elle? périt-elle? subsiste-t-elle toujours la même?

On s'est complu à nommer *force* cette pesanteur qu'exerce un corps sur un autre. Voilà une boule de deux cents livres; elle est sur ce plancher; elle le presse, dit-on, avec une force de deux cents livres : et vous appelez cela une *force morte*. Or, ces mots de *force* et de *morte* ne sont-ils pas un peu contradictoires? ne vaudrait-il pas autant dire mort vivant, oui et non?

Cette boule pèse : d'où vient cette pesanteur? et cette pesanteur est-elle une force? Si cette boule n'était arrêtée par rien, elle se rendrait directement au centre de la terre. D'où lui vient cette incompréhensible propriété?

Elle est soutenue par mon plancher; et vous donnez à mon plancher libéralement la force d'inertie. Inertie signifie *inactivité, impuissance*. Or, n'est-il pas singulier qu'on donne à l'impuissance le nom de *force?*

Quelle est la force vive qui agit dans votre bras et dans votre jambe? quelle en est la source? comment peut-on supposer que cette force subsiste quand vous êtes mort? va-t-elle se loger ailleurs, comme un homme change de maison quand la sienne est détruite?

Comment a-t-on pu dire qu'il y a toujours égalité de force dans la nature? il faudrait donc qu'il y eût toujours égal nombre d'hommes ou d'êtres actifs équivalents.

Pourquoi un corps en mouvement communique-t-il sa force à un corps qu'il rencontre?

Ni la géométrie, ni la mécanique, ni la métaphysique, ne répondent à ces questions. Veut-on remonter au premier principe de la force des corps et du mouvement, il faudra remonter encore à un principe supérieur. Pourquoi y a-t-il quelque chose?

FORCE MÉCANIQUE.

On présente tous les jours des projets pour augmenter la force des machines qui sont en usage, pour augmenter la portée des boulets de canon avec moins de poudre, pour élever des fardeaux sans peine, pour dessécher des marais en épargnant le temps et l'argent, pour remonter promptement des rivières sans chevaux, pour élever facilement beaucoup d'eau, et pour ajouter à l'activité des pompes.

Tous ces faiseurs de projets sont trompés eux-mêmes les premiers, comme Lass le fut par son système.

Un bon mathématicien, pour prévenir ces continuels abus, a donné la règle suivante :

Il faut dans toute machine considérer quatre quantités : 1° La puissance du premier moteur, soit homme, soit cheval, soit l'eau, ou le vent, ou le feu;

2° La vitesse de ce premier moteur dans un temps donné;

3° La pesanteur ou résistance de la matière qu'on veut faire mouvoir;

4° La vitesse de cette matière en mouvement, dans le même temps donné.

De ces quatre quantités, le produit des deux premières est toujours égal à celui des deux dernières : ces produits ne sont que les quantités du mouvement.

Trois de ces quantités étant connues, on trouve toujours la quatrième.

Un machiniste, il y a quelques années, présenta à l'Hôtel-de-Ville de Paris le modèle en petit d'une pompe, par laquelle il assurait qu'il élèverait à cent trente pieds de hauteur cent mille muids d'eau par jour. Un muid d'eau pèse cinq cent soixante livres; ce sont cinquante-six millions de livres qu'il faut élever en vingt-quatre heures, et six cent quarante-huit livres par chaque seconde.

Le chemin et la vitesse sont de cent trente pieds par seconde.

La quatrième quantité est le chemin, ou la vitesse du premier moteur.

Que ce moteur soit un cheval, il fait trois pieds par seconde tout au plus.

Multipliez ce poids de six cent quarante-huit livres par cent trente pieds d'élévation, auquel on doit le porter, vous aurez quatre-vingt-quatre mille deux cent quarante, lesquels divisés par la vitesse, qui est trois, vous donnent vingt-huit mille quatre-vingts.

Il faut donc que le moteur ait une force de vingt-huit mille quatre-vingts pour élever l'eau dans une seconde.

La force des hommes n'est estimée que vingt-cinq livres, et celle des chevaux de cent soixante et quinze.

Or, comme il faut élever à chaque seconde une force de vingt-huit mille quatre-vingts, il résulte

petite statue dont le moule est préparé; mais il en faut beaucoup pour former un moule. Or, on ne peut supposer que les Juifs aient eu la précaution d'apporter d'Égypte le moule où ils devaient couler le veau d'or.

Le célèbre chimiste Stahl, après avoir montré que le foie de soufre peut dissoudre l'or, ajoute qu'en supposant qu'il y eût des fontaines sulfureuses dans le désert, on pourrait expliquer par là l'opération attribuée à Moïse. C'est une plaisanterie un peu leste qu'on peut pardonner à un physicien, mais qu'un théologien aussi grave que M. l'abbé Guenée ne devait pas se permettre de répéter. K.

de là que pour exécuter la machine proposée à l'Hôtel-de-Ville de Paris, on avait besoin de onze cent vingt-trois hommes ou de cent soixante chevaux; encore aurait-il fallu supposer que la machine fût sans frottement. Plus la machine est grande, plus les frottements sont considérables : ils vont souvent à un tiers de la force mouvante ou environ; ainsi il aurait fallu, suivant un calcul très-modéré, deux cent treize chevaux, ou quatorze cent quatre-vingt-dix-sept hommes.

Ce n'est pas tout; ni les hommes ni les chevaux ne peuvent travailler vingt-quatre heures sans manger et sans dormir. Il eût donc fallu doubler au moins le nombre des hommes, ce qui aurait exigé deux mille neuf cent quatre-vingt-quatorze hommes, ou quatre cent vingt-six chevaux.

Ce n'est pas tout encore : ces hommes et ces chevaux, en douze heures, doivent en prendre quatre pour manger et se reposer. Ajoutez donc un tiers; il aurait fallu à l'inventeur de cette belle machine l'équivalent de cinq cent soixante-huit chevaux, ou trois mille neuf cent quatre-vingt-douze hommes.

Le célèbre maréchal de Saxe tomba dans le même mécompte, quand il construisit une galère qui devait remonter la rivière de Seine en vingt-quatre heures, par le moyen de deux chevaux qui devaient faire mouvoir des rames.

Vous trouvez dans l'*Histoire ancienne* de Rollin, remplie d'ailleurs d'une morale judicieuse, les paroles suivantes :

« Archimède se met en devoir de satisfaire la » juste et raisonnable curiosité de son parent et » de son ami Hiéron, roi de Syracuse. Il choisit » une des galères qui étaient dans le port, la fait » tirer à terre avec beaucoup de travail et à force » d'hommes, y fait mettre sa charge ordinaire, et, » par-dessus sa charge, autant d'hommes qu'elle » en peut tenir. Ensuite se mettant à quelque distance, assis à son aise, sans travail, sans le » moindre effort, en remuant seulement de la main » le bout d'une machine à plusieurs cordes et » poulies qu'il avait préparée, il ramena la galère » à lui par terre aussi doucement et aussi uniment » que si elle n'avait fait que fendre les flots. »

Que l'on considère, après ce récit, qu'une galère remplie d'hommes, chargée de ses mâts, de ses rames, et de son poids ordinaire, devait peser au moins quatre cent mille livres; qu'il fallait une force supérieure pour la tenir en équilibre et la faire mouvoir; que cette force devait être au moins de quatre cent vingt mille livres; que les frottements pouvaient être la moitié de la puissance employée pour soulever un pareil poids; que par conséquent la machine devait avoir environ six cent mille livres de force. Or on ne fait guère jouer une telle machine en un tour de main, *sans le moindre effort*.

C'est de Plutarque que l'estimable auteur de l'*Histoire ancienne* a tiré ce conte. Mais quand Plutarque a dit une chose absurde, tout ancien qu'il est, un moderne ne doit pas la répéter.

FORCE.

Ce mot a été transporté du simple au figuré. *Force* se dit de toutes les parties du corps qui sont en mouvement, en action ; la force du cœur, que quelques-uns ont faite de quatre cents livres, et d'autres de trois onces; la force des viscères, des poumons, de la voix ; à force de bras.

On dit par analogie faire force de voiles, de rames ; rassembler ses forces ; connaître, mesurer ses forces ; aller, entreprendre au-delà de ses forces ; le travail de l'*Encyclopédie* est au-dessus des forces de ceux qui se sont déchaînés contre ce livre. On a long-temps appelé *forces* de grands ciseaux ; et c'est pourquoi dans les États de la Ligue on fit une estampe de l'ambassadeur d'Espagne, cherchant avec ses lunettes ses ciseaux qui étaient à terre, avec ce jeu de mots pour inscription : *J'ai perdu mes forces.*

Le style familier admet encore, force gens, force gibier, force fripons, force mauvais critiques. On dit, à force de travailler il s'est épuisé; le fer s'affaiblit à force de le polir.

La métaphore qui a transporté ce mot dans la morale, en a fait une vertu cardinale. La force, en ce sens, est le courage de soutenir l'adversité, et d'entreprendre des choses vertueuses et difficiles, *animi fortitudo*.

La force de l'esprit est la pénétration et la profondeur, *ingenii vis*. La nature la donne comme celle du corps : le travail modéré les augmente, et le travail outré les diminue.

La force d'un raisonnement consiste dans une exposition claire des preuves mises dans tout leur jour, et une conclusion juste; elle n'a point lieu dans les théorèmes mathématiques, parce qu'une démonstration ne peut recevoir plus ou moins d'évidence, plus ou moins de force; elle peut seulement procéder par un chemin plus long ou plus court, plus simple ou plus compliqué. La force du raisonnement a surtout lieu dans les questions problématiques. La force de l'éloquence n'est pas seulement une suite de raisonnements justes et vigoureux, qui subsisteraient avec la sécheresse; cette force demande de l'embonpoint, des images frappantes, des termes énergiques. Ainsi on a dit que les sermons de Bourdaloue avaient plus de force, ceux de Massillon plus de grâce. Des vers peuvent avoir de la force, et manquer de toutes les autres beautés. La force d'un vers dans notre langue vient principalement de dire quelque chose dans chaque hémistiche :

Et monté sur le faîte, il aspire à descendre.
Cinna, acte II, scène I.

L'Éternel est son nom ; le monde est son ouvrage.
Esther, acte III, scène IV.

Ces deux vers pleins de force et d'élégance sont le meilleur modèle de la poésie.

La force, dans la peinture, est l'expression des muscles que des touches ressenties font paraître en action sous la chair qui les couvre. Il y a trop de force quand ces muscles sont trop prononcés. Les attitudes des combattants ont beaucoup de force dans les batailles de Constantin dessinées par Raphaël et par Jules Romain, et dans celles d'Alexandre peintes par Lebrun. La force outrée est dure dans la peinture, ampoulée dans la poésie.

Des philosophes ont prétendu que la force est une qualité inhérente à la matière ; que chaque particule invisible, ou plutôt monade, est douée d'une force active : mais il est aussi difficile de démontrer cette assertion, qu'il le serait de prouver que la blancheur est une qualité inhérente à la matière, comme le dit le *Dictionnaire de Trévoux* à l'article *Inhérent*.

La force de tout animal a reçu son plus haut degré quand l'animal a pris toute sa croissance. Elle décroît quand les muscles ne reçoivent plus une nourriture égale ; et cette nourriture cesse d'être égale quand les esprits animaux n'impriment plus à ces muscles le mouvement accoutumé. Il est si probable que ces esprits animaux sont du feu, que les vieillards manquent de mouvement, de force, à mesure qu'ils manquent de chaleur.

FORNICATION.

Le *Dictionnaire de Trévoux* dit que c'est un terme de théologie. Il vient du mot latin *fornix*, petites chambres voûtées dans lesquelles se tenaient les femmes publiques à Rome. On a employé ce terme pour signifier *le commerce des personnes libres*. Il n'est point d'usage dans la conversation, et n'est guère reçu aujourd'hui que dans le style marotique. La décence l'a banni de la chaire. Les casuistes en fesaient un grand usage, et le distinguaient en plusieurs espèces. On a traduit par le mot de *fornication* les infidélités du peuple juif pour des dieux étrangers, parce que chez les prophètes ces infidélités sont appelées *impuretés*, *souillures*. C'est par la même extension qu'on a dit que les Juifs avaient rendu aux faux dieux un hommage *adultère*.

FRANC ou FRANQ ; FRANCE, FRANÇOIS, FRANÇAIS.

L'Italie a toujours conservé son nom, malgré le prétendu établissement d'Énée qui aurait dû y laisser quelques traces de la langue, des caractères et des usages de Phrygie, s'il était jamais venu avec Achate, Cloanthe et tant d'autres, dans le canton de Rome alors presque désert. Les Goths, les Lombards, les Francs, les Allemands ou Germains, qui envahirent l'Italie tour à tour, lui laissèrent au moins son nom.

Les Tyriens, les Africains, les Romains, les Vandales, les Visigoths, les Sarrasins, ont été les maîtres de l'Espagne les uns après les autres ; le nom d'*Espagne* est demeuré. La Germanie a toujours conservé le sien ; elle y a joint seulement celui d'Allemagne qu'elle n'a reçu d'aucun vainqueur.

Les Gaulois sont presque les seuls peuples d'Occident qui aient perdu leur nom. Ce nom était celui de *Walch* ou *Wuelch* ; les Romains substituaient toujours un *G* au *W* qui est barbare ; de Welche ils firent *Galli*, *Gallia*. On distingua la Gaule celtique, la belgique, l'aquitanique, qui parlaient chacune un jargon différent[a].

Qui étaient et d'où venaient ces Francs, lesquels, en très petit nombre et en très peu de temps, s'emparèrent de toutes les Gaules, que César n'avait pu entièrement soumettre qu'en dix années ? Je viens de lire un auteur qui commence par ces mots : *Les Francs dont nous descendons*. Hé ! mon ami, qui vous a dit que vous descendez en droite ligne d'un Franc ? Hildvic ou Clodvic, que nous nommons *Clovis*, n'avait probablement pas plus de vingt mille hommes mal vêtus et mal armés quand il subjugua environ huit ou dix millions de Welches ou Gaulois tenus en servitude par trois ou quatre légions romaines. Nous n'avons pas une seule maison en France qui puisse fournir, je ne dis pas la moindre preuve, mais la moindre vraisemblance qu'elle ait un Franc pour son origine.

Quand des pirates des bords de la mer Baltique vinrent, au nombre de sept ou huit mille tout au plus, se faire donner la Normandie en fief, et la Bretagne en arrière-fief, laissèrent-ils des archives par lesquelles on puisse faire voir qu'ils sont les pères de tous les Normands d'aujourd'hui ?

Il y a bien long-temps que l'on a cru que les Francs venaient des Troyens. Ammien Marcellin, qui vivait au quatrième siècle, dit[b] : « Selon

[a] Voyez LANGUE.
[b] Liv. XII.

» plusieurs anciens écrivains, des troupes de » Troyens fugitifs s'établirent sur les bords du Rhin » alors déserts. » Passe encore pour Énée : il pouvait aisément chercher un asile au bout de la Méditerranée; mais Francus, fils d'Hector, avait trop de chemin à faire pour aller vers Dusseldorf, Vorms, Ditz, Aldved, Solms, Ehrenbreistein, etc.

Fredegaire ne doute pas que les Francs ne se fussent d'abord retirés en Macédoine, et qu'ils n'aient porté les armes sous Alexandre, après avoir combattu sous Priam. Le moine Olfrid en fait son compliment à l'empereur Louis-le-Germanique.

Le géographe de Ravenne, moins fabuleux, assigne la première habitation de la horde des Francs parmi les Cimbres, au-delà de l'Elbe, vers la mer Baltique. Ces Francs pourraient bien être quelques restes de ces barbares Cimbres défaits par Marius; et le savant Leibnitz est de cette opinion.

Ce qui est bien certain, c'est que du temps de Constantin il y avait au-delà du Rhin des hordes de Francs ou Sicambres qui exerçaient le brigandage. Ils se rassemblaient sous des capitaines de bandits, sous des chefs que les historiens ont eu le ridicule d'appeler *rois*; Constantin les poursuivit lui-même dans leurs repaires, en fit pendre plusieurs, en livra d'autres aux bêtes dans l'amphithéâtre de Trèves, pour son divertissement : deux de leurs prétendus rois, nommés Ascaric et Ragaise, périrent par ce supplice; c'est sur quoi les panégyristes de Constantin s'extasient, et sur quoi il n'y avait pas tant à se récrier.

La prétendue loi salique, écrite, dit-on, par ces barbares, est une des plus absurdes chimères dont on nous ait jamais bercés. Il serait bien étrange que les Francs eussent écrit dans leurs marais un code considérable, et que les Français n'eussent eu aucune coutume écrite qu'à la fin du règne de Charles VII. Il vaudrait autant dire que les Algonquins et les Chikasaws avaient une loi par écrit. Les hommes ne sont jamais gouvernés par des lois authentiques consignées dans les monuments publics, que quand ils ont été rassemblés dans des villes, qu'ils ont eu une police réglée, des archives, et tout ce qui caractérise une nation civilisée. Dès que vous trouvez un code dans une nation qui était barbare du temps de ce code, qui ne vivait que de rapine et de brigandage, qui n'avait pas une ville fermée, soyez très sûrs que ce code est supposé, et qu'il a été fait dans des temps très postérieurs. Tous les sophismes, toutes les suppositions n'ébranleront jamais cette vérité dans l'esprit des sages.

Ce qu'il y a de plus ridicule, c'est qu'on nous donne cette loi salique en latin, comme si des sauvages errants au-delà du Rhin avaient appris la langue latine. On la suppose d'abord rédigée par Clovis, et on le fait parler ainsi :

« Lorsque la nation illustre des Francs était encore réputée barbare, les premiers de cette nation dictèrent la loi salique. On choisit parmi » eux quatre des principaux, Visogast, Bodogast, » Sologast, et Vindogast, etc. »

Il est bon d'observer que c'est ici la fable de La Fontaine :

> Notre magot prit pour ce coup
> Le nom d'un port pour un nom d'homme.
> Livre IV, fable 7.

Ces noms sont ceux de quelques cantons francs dans le pays de Vorms. Quelle que soit l'époque où les coutumes nommées *loi salique* aient été rédigées sur une ancienne tradition, il est bien certain que les Francs n'étaient pas de grands législateurs.

Que voulait dire originairement le mot *Franc?* Une preuve qu'on n'en sait rien du tout, c'est que cent auteurs ont voulu le deviner. Que voulait dire Hun, Alain, Goth, Welche, Picard? Et qu'importe?

Les armées de Clovis étaient-elles toutes composées de Francs? il n'y a pas d'apparence. Childéric le Franc avait fait des courses jusqu'à Tournai. On dit Clovis fils de Childéric et de la reine Bazine, femme du roi Bazin. Or *Bazin* et *Bazine* ne sont pas assurément des noms allemands, et on n'a jamais vu la moindre preuve que Clovis fût leur fils. Tous les cantons germains élisaient leurs chefs; et le canton des Francs avait sans doute élu *Clodvic* ou *Clovis*, quel que fût son père. Il fit son expédition dans les Gaules, comme tous les autres barbares avaient entrepris les leurs dans l'empire romain.

Croira-t-on de bonne foi que l'Hérule Odo, surnommé *Acer* par les Romains, et connu parmi nous sous le nom d'*Odoacre*, n'ait eu que des Hérules à sa suite, et que Genseric n'ait conduit en Afrique que des Vandales? Tous les misérables sans profession et sans talent qui n'ont rien à perdre et qui espèrent gagner beaucoup, ne se joignent-ils pas toujours au premier capitaine de voleurs qui lève l'étendard de la destruction ?

Dès que Clovis eut le moindre succès, ses troupes furent grossies sans doute de tous les Belges qui voulurent avoir part au butin; et cette armée ne s'en appela pas moins l'*armée des Francs*. L'expédition était très aisée. Déjà les Visigoths avaient envahi un tiers des Gaules, et les Burgundiens un autre tiers. Le reste ne tint pas devant Clovis. Les Francs partagèrent les terres des vaincus, et les Welches les labourèrent.

Alors le mot *Franc* signifia un *possesseur libre*, tandis que les autres étaient esclaves. De là vinrent les mots de *franchise* et d'*affranchir* : le vous fais franc : je vous rends homme libre. De là *francalenus*, tenant librement; *franq aleu*, *franq dad*, *franq chamen*, et tant d'autres termes moitié latins, moitié barbares, qui composèrent si long-temps le malheureux patois dont on se servit en France.

De là un franc en argent ou en or, pour exprimer la monnaie du roi des Francs, ce qui n'arriva que long-temps après, mais qui rappelait l'origine de la monarchie. Nous disons encore *vingt francs*, *vingt livres*, et cela ne signifie rien par soi-même; cela ne donne aucune idée ni du poids ni du titre de l'argent; ce n'est qu'une expression vague par laquelle les peuples ignorants ont presque toujours été trompés, ne sachant en effet combien ils recevaient, ni combien ils payaient réellement.

Charlemagne ne se regardait pas comme un Franc; il était né en Austrasie, et parlait la langue allemande. Son origine venait d'Arnoul, évêque de Metz, précepteur de Dagobert. Or, un homme choisi pour précepteur n'était pas probablement un Franc. Ils fesaient tous gloire de la plus profonde ignorance, et ne connaissaient que le métier des armes. Mais ce qui donne le plus de poids à l'opinion que Charlemagne regardait les Francs comme étrangers à lui, c'est l'article IV d'un de ses capitulaires sur ses métairies : « Si les » Francs, dit-il, commettent quelques délits dans » nos possessions, qu'ils soient jugés suivant leurs » lois. »

La race carlovingienne passa toujours pour allemande; le pape Adrien IV, dans sa lettre aux archevêques de Mayence, de Cologne, et de Trèves, s'exprime en ces termes remarquables : « L'em» pire fut transféré des Grecs aux Allemands. Leur » roi ne fut empereur qu'après avoir été couronné » par le pape... Tout ce que l'empereur possède, » il le tient de nous. Et comme Zacharie donna » l'empire grec aux Allemands, nous pouvons don» ner celui des Allemands aux Grecs. »

Cependant la France ayant été partagée en orientale et occidentale, et l'orientale étant l'Austrasie, ce nom de *France* prévalut au point que, même du temps des empereurs saxons, la cour de Constantinople les appelait toujours *prétendus empereurs francs*, comme il se voit dans les lettres de l'évêque Luitprand, envoyé de Rome à Constantinople.

DE LA NATION FRANÇAISE.

Lorsque les Francs s'établirent dans le pays des premiers Welches, que les Romains appelaient *Gallia*, la nation se trouva composée des anciens Celtes ou Gaulois subjugués par César, des familles romaines qui s'y étaient établies, des Germains qui y avaient déjà fait des émigrations, et enfin des Francs qui se rendirent maîtres du pays sous leur chef Clovis. Tant que la monarchie qui réunit la Gaule et la Germanie subsista, tous les peuples, depuis la source du Veser jusqu'aux mers des Gaules, portèrent le nom de *Francs*. Mais lorsqu'en 843, au congrès de Verdun, sous Charles le Chauve, la Germanie et la Gaule furent séparées, le nom de *Francs* resta aux peuples de la France occidentale, qui retint seule le nom de *France*.

On ne connut guère le nom de *Français* que vers le dixième siècle. Le fond de la nation est de familles gauloises, et les traces du caractère des anciens Gaulois ont toujours subsisté.

En effet, chaque peuple a son caractère comme chaque homme; et ce caractère général est formé de toutes les ressemblances que la nature et l'habitude ont mises entre les habitants d'un même pays, au milieu des variétés qui les distinguent. Ainsi le caractère, le génie, l'esprit français résultent de ce que les différentes provinces de ce royaume ont entre elles de semblable. Les peuples de la Guienne et ceux de la Normandie diffèrent beaucoup; cependant on reconnaît en eux le génie français, qui forme une nation de ces différentes provinces, et qui les distingue des Italiens et des Allemands. Le climat et le sol impriment évidemment aux hommes, comme aux animaux et aux plantes, des marques qui ne changent point. Celles qui dépendent du gouvernement, de la religion, de l'éducation, s'altèrent. C'est là le nœud qui explique comment les peuples ont perdu une partie de leur ancien caractère, et ont conservé l'autre. Un peuple qui a conquis autrefois la moitié de la terre, n'est plus reconnaissable aujourd'hui sous un gouvernement sacerdotal : mais le fond de son ancienne grandeur d'âme subsiste encore, quoique caché sous la faiblesse.

Le gouvernement barbare des Turcs a énervé de même les Égyptiens et les Grecs, sans avoir pu détruire le fond du caractère et la trempe de l'esprit de ces peuples.

Le fond du Français est tel aujourd'hui que César a peint le Gaulois, prompt à se résoudre, ardent à combattre, impétueux dans l'attaque, se rebutant aisément. César, Agathias, et d'autres, disent que de tous les Barbares le Gaulois était le plus poli. Il est encore, dans le temps le plus civilisé, le modèle de la politesse de ses voisins, quoiqu'il montre de temps en temps des restes de sa légèreté, de sa pétulance et de sa barbarie.

Les habitants des côtes de la France furent toujours propres à la marine : les peuples de la Guienne composèrent toujours la meilleure infanterie : ceux qui habitent les campagnes de Blois et de Tours ne sont pas, dit le Tasse,

« . . . Gente robusta, o faticosa,
» Sebben tutta di ferro ella riluce.
» La terra molle, lieta, e dilettosa
» Simili a se gli abitator produce. »
Gerus., lib. C. I, st. 6.

Mais comment concilier le caractère des Parisiens de nos jours avec celui que l'empereur Julien, le premier des princes et des hommes après Marc-Aurèle, donne aux Parisiens de son temps? « J'aime ce peuple, dit-il dans son *Misopogon*, » parce qu'il est sérieux et sévère comme moi. » Ce sérieux qui semble banni aujourd'hui d'une ville immense, devenue le centre des plaisirs, devait régner dans une ville alors petite, dénuée d'amusements : l'esprit des Parisiens a changé en cela, malgré le climat.

L'affluence du peuple, l'opulence, l'oisiveté, qui ne peut s'occuper que des plaisirs et des arts, et non du gouvernement, ont donné un nouveau tour d'esprit à un peuple entier.

Comment expliquer encore par quels degrés ce peuple a passé des fureurs qui le caractérisèrent du temps du roi Jean, de Charles VI, de Charles IX, de Henri III, et de Henri IV même, à cette douce facilité de mœurs que l'Europe chérit en lui? C'est que les orages du gouvernement et ceux de la religion poussèrent la vivacité des esprits aux emportements de la faction et du fanatisme, et que cette même vivacité, qui subsistera toujours, n'a aujourd'hui pour objet que les agréments de la société. Le Parisien est impétueux dans ses plaisirs, comme il le fut autrefois dans ses fureurs. Le fond du caractère, qu'il tient du climat, est toujours le même. S'il cultive aujourd'hui tous les arts dont il fut privé si long-temps, ce n'est pas qu'il ait un autre esprit, puisqu'il n'a point d'autres organes; mais c'est qu'il a eu plus de secours; et ces secours, il ne se les est pas donnés lui-même, comme les Grecs et les Florentins, chez qui les arts sont nés comme des fruits naturels de leur terroir : le Français les a reçus d'ailleurs; mais il a cultivé heureusement ces plantes étrangères; et ayant tout adopté chez lui, il a presque tout perfectionné.

Le gouvernement des Français fut d'abord celui de tous les peuples du Nord : tout se réglait dans les assemblées générales de la nation; les rois étaient les chefs de ces assemblées; et ce fut presque la seule administration des Français dans les deux premières races, jusqu'à Charles le Simple.

Lorsque la monarchie fut démembrée, dans la décadence de la race carlovingienne; lorsque le royaume d'Arles s'éleva, et que les provinces furent occupées par des vassaux peu dépendants de la couronne, le nom de Français fut plus restreint; sous Hugues-Capet, Robert, Henri, et Philippe, on n'appela Français que les peuples en deçà de la Loire. On vit alors une grande diversité dans les mœurs, comme dans les lois des provinces demeurées à la couronne de France. Les seigneurs particuliers qui s'étaient rendus les maîtres de ces provinces, introduisirent de nouvelles coutumes dans leurs nouveaux états. Un Breton, un Flamand, ont aujourd'hui quelque conformité, malgré la différence de leur caractère, qu'ils tiennent du sol et du climat; mais alors ils n'avaient entre eux presque rien de semblable.

Ce n'est guère que depuis François Ier que l'on vit quelque uniformité dans les mœurs et dans les usages. La cour ne commença que dans ce temps à servir de modèle aux provinces réunies; mais, en général, l'impétuosité dans la guerre, et le peu de discipline, furent toujours le caractère dominant de la nation.

La galanterie et la politesse commencèrent à distinguer les Français sous François Ier. Les mœurs devinrent atroces depuis la mort de François II. Cependant, au milieu de ces horreurs, il y avait toujours à la cour une politesse que les Allemands et les Anglais s'efforçaient d'imiter. On était déjà jaloux des Français dans le reste de l'Europe, en cherchant à leur ressembler. Un personnage d'une comédie de Shakespeare dit *qu'à toute force on peut être poli, sans avoir été à la cour de France*.

Quoique la nation ait été taxée de légèreté par César et par tous les peuples voisins, cependant ce royaume, si long-temps démembré, et si souvent près de succomber, s'est réuni et soutenu principalement par la sagesse des négociations, l'adresse et la patience, mais surtout par la division de l'Allemagne et de l'Angleterre. La Bretagne n'a été réunie au royaume que par un mariage; la Bourgogne, par droit de mouvance, et par l'habileté de Louis XI; le Dauphiné, par une donation qui fut le fruit de la politique; le comté de Toulouse, par un accord soutenu d'une armée; la Provence, par de l'argent. Un traité de paix a donné l'Alsace; un autre traité a donné la Lorraine. Les Anglais ont été chassés de France autrefois, malgré les victoires les plus signalées, parce que les rois de France ont su temporiser et profiter de toutes les occasions favorables. Tout cela prouve que si la jeunesse française est légère, les hommes d'un âge mûr qui la gouvernent ont toujours été très sages. Encore aujourd'hui la magistrature, en général, a des mœurs sévères, comme du temps de l'empereur Julien. Si les premiers succès en

Italie, du temps de Charles VIII, furent dus à l'impétuosité guerrière de la nation, les disgrâces qui les suivirent vinrent de l'aveuglement d'une cour qui n'était composée que de jeunes gens. François Ier ne fut malheureux que dans sa jeunesse, lorsque tout était gouverné par des favoris de son âge; et il rendit son royaume florissant dans un âge plus avancé.

Les Français se servirent toujours des mêmes armes que leurs voisins, et eurent à peu près la même discipline dans la guerre. Ils ont été les premiers qui ont quitté l'usage de la lance et des piques. La bataille d'Ivri commença à décrier l'usage des lances, qui fut bientôt aboli; et sous Louis XIV les piques ont été oubliées. Ils portèrent des tuniques et des robes jusqu'au seizième siècle. Ils quittèrent sous Louis-le-Jeune l'usage de laisser croître la barbe, et le reprirent sous François Ier; et on ne commença à se raser entièrement que sous Louis XIV. Les habillements changèrent toujours; et les Français, au bout de chaque siècle, pouvaient prendre les portraits de leurs aïeux pour des portraits étrangers.

FRANÇOIS.

On prononce aujourd'hui *français*, et quelques auteurs l'écrivent de même; ils en donnent pour raison qu'il faut distinguer *François* qui signifie une *nation*, de *François* qui est un nom propre, comme saint François, ou François Ier.

Toutes les nations adoucissent à la longue la prononciation des mots qui sont le plus en usage; c'est ce que les Grecs appelaient *euphonie*. On prononçait la diphthongue *oi* rudement, au commencement du seizième siècle. La cour de François Ier adoucit la langue comme les esprits. de là vient qu'on ne dit plus *françois* par *o*, mais *français*; qu'on dit, il *aimait*, il *croyait*, et non pas il *aimoit*, il *croyoit*, etc.

La langue française ne commença à prendre quelque forme que vers le dixième siècle; elle naquit des ruines du latin et du celte, mêlées de quelques mots tudesques. Ce langage était d'abord le *romanum rusticum*, le romain rustique, et la langue tudesque fut la langue de la cour jusqu'au temps de Charles-le-Chauve; le tudesque demeura la seule langue de l'Allemagne, après la grande époque du partage en 843. Le romain rustique, la langue romance prévalut dans la France occidentale; le peuple du pays de Vaud, du Valais, de la vallée d'Engadine, et de quelques autres cantons, conserve encore aujourd'hui des vestiges manifestes de cet idiome.

A la fin du dixième siècle le *français* se forma; on écrivit en *français* au commencement du onzième; mais ce *français* tenait encore plus du romain rustique que du *français* d'aujourd'hui. Le roman de Philomena, écrit au dixième siècle en romain rustique, n'est pas dans une langue fort différente des lois normandes. On voit encore les origines celtes, latines et allemandes. Les mots qui signifient les parties du corps humain, ou des choses d'un usage journalier, et qui n'ont rien de commun avec le latin ou l'allemand, sont de l'ancien gaulois ou celte, comme *tête*, *jambe*, *sabre*, *aller*, *pointe*, *parler*, *écouter*, *regarder*, *aboyer*, *crier*, *coutume*, *ensemble*, et plusieurs autres de cette espèce. La plupart des termes de guerre étaient francs ou allemands : *Marche*, *halte*, *maréchal*, *bivouac*, *reître*, *lansquenet*. Presque tout le reste est latin, et les mots latins furent tous abrégés, selon l'usage et le génie des nations du Nord : ainsi de *palatium*, palais; de *lupus*, loup; d'*Auguste*, août; de *Junius*, juin; d'*unctus*, oint; de *purpura*, pourpre; de *pretium*, prix, etc.... A peine restait-il quelques vestiges de la langue grecque, qu'on avait si long-temps parlée à Marseille.

On commença au douzième siècle à introduire dans la langue quelques termes de la philosophie d'Aristote; et vers le seizième siècle, on exprima par des termes grecs toutes les parties du corps humain, leurs maladies, leurs remèdes : de là les mots de *cardiaque*, *céphalique*, *podagre*, *apoplectique*, *asthmatique*, *iliaque*, *empyème*, et tant d'autres. Quoique la langue s'enrichît alors du grec, et que depuis Charles VIII elle tirât beaucoup de secours de l'italien déjà perfectionné, cependant elle n'avait pas pris encore une consistance régulière. François Ier abolit l'ancien usage de plaider, de juger, de contracter en latin; usage qui attestait la barbarie d'une langue dont on n'osait se servir dans les actes publics; usage pernicieux aux citoyens, dont le sort était réglé dans une langue qu'ils n'entendaient pas. On fut alors obligé de cultiver le *français*; mais la langue n'était ni noble ni régulière. La syntaxe était abandonnée au caprice. Le génie de la conversation étant tourné à la plaisanterie, la langue devint très féconde en expressions burlesques et naïves, et très stérile en termes nobles et harmonieux : de là vient que dans les dictionnaires de rimes on trouve vingt termes convenables à la poésie comique pour un d'un usage plus relevé; et c'est encore une raison pour laquelle Marot ne réussit jamais dans le style sérieux, et qu'Amyot ne put rendre qu'avec naïveté l'élégance de Plutarque.

Le *français* acquit de la vigueur sous la plume de Montaigne; mais il n'eut point encore d'élévation et d'harmonie. Ronsard gâta la langue en transportant dans la poésie française les composés grecs dont se servaient les philosophes et les médecins. Malherbe répara un peu le tort de Ronsard. La langue devint plus noble et plus harmonieuse par l'établissement de l'académie française, et acquit enfin, dans le siècle de Louis XIV, la perfection où elle pouvait être portée dans tous les genres.

Le génie de cette langue est la clarté et l'ordre : car chaque langue a son génie, et ce génie consiste dans la facilité que donne le langage de s'exprimer plus ou moins heureusement, d'employer ou de rejeter les tours familiers aux autres langues. Le *français* n'ayant point de déclinaisons, et étant toujours asservi aux articles, ne peut adopter les inversions grecques et latines ; il oblige les mots à s'arranger dans l'ordre naturel des idées. On ne peut dire que d'une seule manière, « Plancus a pris soin des affaires de César ; » voilà le seul arrangement qu'on puisse donner à ces paroles : exprimez cette phrase en latin : « Res Cæsaris Plancus diligenter curavit ; » on peut arranger ces mots de cent vingt manières, sans faire tort au sens et sans gêner la langue. Les verbes auxiliaires, qui alongent et qui énervent les phrases dans les langues modernes, rendent encore la langue française peu propre pour le style lapidaire. Les verbes auxiliaires, ses pronoms, ses articles, son manque de participes déclinables, et enfin sa marche uniforme, nuisent au grand enthousiasme de la poésie : elle a moins de ressources en ce genre que l'italien et l'anglais ; mais cette gêne et cet esclavage même la rendent plus propre à la tragédie et à la comédie qu'aucune langue de l'Europe. L'ordre naturel dans lequel on est obligé d'exprimer ses pensées et de construire ses phrases répand dans cette langue une douceur et une facilité qui plaît à tous les peuples ; et le génie de la nation, se mêlant au génie de la langue, a produit plus de livres agréablement écrits qu'on n'en voit chez aucun autre peuple.

La liberté et la douceur de la société n'ayant été long-temps connues qu'en France, le langage en a reçu une délicatesse d'expression et une finesse pleine de naturel qui ne se trouvent guère ailleurs. On a quelquefois outré cette finesse, mais les gens de goût ont su toujours la réduire dans de justes bornes.

Plusieurs personnes ont cru que la langue française s'était appauvrie depuis le temps d'Amyot et de Montaigne : en effet, on trouve dans ces auteurs plusieurs expressions qui ne sont plus recevables ; mais ce sont pour la plupart des termes familiers auxquels on a substitué des équivalents. Elle s'est enrichie de quantité de termes nobles et énergiques ; et sans parler ici de l'éloquence des choses, elle a acquis l'éloquence des paroles. C'est dans le siècle de Louis XIV, comme on l'a dit, que cette éloquence a eu son plus grand éclat, et que la langue a été fixée. Quelques changements que le temps et le caprice lui préparent, les bons auteurs du dix-septième et du dix-huitième siècle serviront toujours de modèles.

On ne devait pas attendre que le Français dût se distinguer dans la philosophie. Un gouvernement long-temps gothique étouffa toute lumière pendant plus de douze cents ans, et des maîtres d'erreurs payés pour abrutir la nature humaine épaissirent encore les ténèbres. Cependant aujourd'hui il y a plus de philosophie dans Paris que dans aucune ville de la terre, et peut-être que dans toutes les villes ensemble, excepté Londres. Cet esprit de raison pénètre même dans les provinces. Enfin le génie français est peut-être égal aujourd'hui à celui des Anglais en philosophie ; peut-être supérieur à tous les autres peuples, depuis quatre-vingts ans, dans la littérature ; et le premier, sans doute, pour les douceurs de la société, pour cette politesse si aisée, si naturelle, qu'on appelle improprement *urbanité*.

LANGUE FRANÇAISE.

Il ne nous reste aucun monument de la langue des anciens Welches, qui fesaient, dit-on, une partie des peuples celtes, ou keltes, espèce de sauvages dont on ne connaît que le nom, et qu'on a voulu en vain illustrer par des fables. Tout ce que l'on sait est que les peuples que les Romains appelaient *Galli*, dont nous avons pris le nom de Gaulois, s'appelaient *Welches* ; c'est le nom qu'on donne encore aux Français dans la Basse-Allemagne, comme on appelait cette Allemagne *Teutch*.

La province de Galles, dont les peuples sont une colonie de Gaulois, n'a d'autre nom que celui de *Welch*.

Un reste de l'ancien patois s'est encore conservé chez quelques rustres dans cette province de Galles, dans la Basse-Bretagne, dans quelques villages de France.

Quoique notre langue soit une corruption de la latine, mêlée de quelques expressions grecques, italiennes, espagnoles, cependant nous avons retenu plusieurs mots dont l'origine paraît être celtique. Voici un petit catalogue de ceux qui sont encore d'usage, et que le temps n'a presque point altérés.

A.

Abattre, acheter, achever, affoler, aller, aleu, franc-aleu.

B.

Bagage, bagarre, bague, bailler, balayer, ballot, ban, arrière-ban, banc, banal, barre, barreau, barrière, bataille, bateau, battre, bec, bègue, béguin, béquée, béqueter, berge, berne, bivouac, blêche, blé, blesser, bloc, blocaille, blond, bois, botte, bouche, boucher, bouchon, boucle, brigand, brin, brise de vent, broche, brouillé, broussailles, bru, mal rendu par *belle-fille*.

C.

Cabas, caille, calme, calotte, chance, chat, claque, cliquetis, clou, coi, coiffe, coq, couard, couette, cracher, craquer, cric, croc, croquer

D.

Da (cheval), nom qui s'est conservé parmi les enfants, dada; d'abord, dague, danse, devis, devise, deviser, digue, dogue, drap, drogue, drôle.

E.

Échalas, effroi, embarras, épave, est, ainsi que ouest, nord et sud.

F.

Fifre, flairer, flèche, fou, fracas, frapper, frasque, fripon, frire, froc.

G.

Gabelle, gaillard, gain, galant, galle, garant, garre, garder, gauche, gobelet, gobet, gogue, gourde, gousse, gras, grelot, gris, gronder, gros, guerre, guetter.

H.

Hagard, halle, halte, hanap, hanneton, haquenée, harasser, hardes, harnois, havre, hasard, heaume, heurter, hors, hucher, huer.

L.

Ladre, laid, laquais, leude, homme de pied; logis, lopin, lors, lorsque, lot, lourd.

M.

Magasin, maille, maraud, marche, maréchal, marmot, marque, mâtin, mazette, mener, meurtre, morgue, mou, moufle, mouton.

N.

Nargue, narguer, niais.

O.

Osche ou hoche, petite entaillure que les boulangers font encore à de petites baguettes pour marquer le nombre des pains qu'ils fournissent, ancienne manière de tout compter chez les Welches; c'est ce qu'on appelle encore *taille*. Oui, ouf.

P.

Palefroi, pantois, parc, piaffe, piailler, picorer.

R.

Race, racler, radoter, rançon, rat, ratisser, regarder, renifler, requinquer, rêver, rincer, risque, rosse, ruer.

S.

Saisir, saison, salaire, salle, savate, soin, sot; ce nom ne convenait-il pas un peu à ceux qui l'ont dérivé de l'hébreu? comme si les Welches avaient autrefois étudié à Jérusalem; soupe.

T.

Talus, tanné (couleur), tantôt, tape, tic, trace, trappe, trapu, traquer, qu'on n'a pas manqué de faire venir de l'hébreu, tant les Juifs et nous étions voisins autrefois; tringle, troc, trognon, trompo, trop, trou, troupe, trousse, trouve.

V.

Vacarme, valet, vassal.

Voyez à l'article GREC les mots qui peuvent être dérivés originairement de la langue grecque.

De tous les mots ci-dessus, et de tous ceux qu'on y peut joindre, il en est qui probablement ne sont pas de l'ancienne langue gauloise, mais de la teutone. Si on pouvait prouver l'origine de la moitié, c'est beaucoup.

Mais quand nous aurons bien constaté leur généalogie, quel fruit en pourrons-nous tirer? Il n'est pas question de savoir ce que notre langue fut, mais ce qu'elle est. Il importe peu de connaître quelques restes de ces ruines barbares, quelques mots d'un jargon qui ressemblait, dit l'empereur Julien, au hurlement des bêtes. Songeons à conserver dans sa pureté la belle langue qu'on parlait dans le grand siècle de Louis XIV.

Ne commence-t-on pas à la corrompre? N'est-ce pas corrompre une langue que de donner aux termes employés par les bons auteurs une signification nouvelle? Qu'arriverait-il si vous changiez ainsi le sens de tous les mots? On ne vous entendrait, ni vous, ni les bons écrivains du grand siècle.

Il est sans doute très indifférent en soi qu'une syllabe signifie une chose ou une autre. J'avouerai même que si on assemblait une société d'hommes qui eussent l'esprit et l'oreille justes, et s'il s'agissait de réformer la langue, qui fut si barbare jusqu'à la naissance de l'académie, on adoucirait la rudesse de plusieurs expressions, on donnerait de l'embonpoint à la sécheresse de quelques autres, et de l'harmonie à des sons rebutants. *Oncle*, *ongle*, *radoub*, *perdre*, *borgne*, plusieurs mots terminés durement, auraient pu être adoucis. *Épieu, lieu, dieu, moyeu, feu, bleu, peuple, nuque, plaque, porche,* auraient pu être plus harmonieux. Quelle différence du mot *Theos* au mot Dieu, de *populos* à peuples, de *locus* à lieu!

Quand nous commençâmes à parler la langue des Romains nos vainqueurs, nous la corrompîmes. D'*Augustus* nous fîmes aoust, août; de *pavo*, paon; de *Cadomum*, Caen; de *Junius*, juin; d'*unctus*, oint; de *purpura*, pourpre; de *pretium*, prix. C'est une propriété des barbares d'abréger tous les mots. Ainsi les Allemands et les Anglais firent d'*ecclesia*, kirk, church; de *foras*, furth; de *condemnare*, damn. Tous les nombres romains devinrent des monosyllabes dans presque tous les patois de l'Europe; et notre mot vingt, pour *viginti*, n'atteste-t-il pas encore la vieille rusticité de nos pères? La plupart des lettres que nous avons retranchées, et que nous prononcions durement, sont nos anciens habits de sauvages : chaque peuple en a des magasins.

Le plus insupportable reste de la barbarie welche et gauloise est dans nos terminaisons en *oin*; coin, soin, oint, groin, foin, point, loin, marsouin, tintouin, pourpoint. Il faut qu'un langage ait d'ailleurs de grands charmes pour faire pardonner ces sons, qui tiennent moins de l'homme que de la plus dégoûtante espèce des animaux.

Mais enfin, chaque langue a des mots désagréables que les hommes éloquents savent placer heureusement, et dont ils ornent la rusticité. C'est un très grand art; c'est celui de nos bons auteurs. Il faut donc s'en tenir à l'usage qu'ils ont fait de la langue reçue.

Il n'est rien de choquant dans la prononciation d'*oin* quand ces terminaisons sont accompagnées de syllabes sonores. Au contraire, il y a beaucoup d'harmonie dans ces deux phrases : « Les tendres » soins que j'ai pris de votre enfance. Je suis loin » d'être insensible à tant de vertus et de charmes. » Mais il faut se garder de dire, comme dans la tragédie de *Nicomède* (acte II, sc. III) :

> Non; mais il m'a surtout laissé ferme en ce point,
> D'estimer beaucoup Rome, et ne la craindre point.

Le sens est beau; il fallait l'exprimer en vers plus mélodieux : les deux rimes de *point* choquent l'oreille. Personne n'est révolté de ces vers dans l'*Andromaque* :

> Nous le verrions encor nous partager ses soins;
> Il m'aimerait peut-être : il le feindrait du moins.
> Adieu, tu peux partir; je demeure en Épire.
> Je renonce à la Grèce, à Sparte, à son empire,
> A toute ma famille; etc.
>
> *Andromaque*, acte V, scène III.

Voyez comme les derniers vers soutiennent les premiers, comme ils répandent sur eux la beauté de leur harmonie.

On peut reprocher à la langue française un trop grand nombre de mots simples auxquels manque le composé, et de termes composés qui n'ont point le simple primitif. Nous avons des *architraves*, et point de *traves*; un homme est *implacable*, et n'est point *placable*; il y a des gens *inaimables*, et cependant *inaimable* ne s'est pas encore dit.

C'est par la même bizarrerie que le mot de *garçon* est très usité, et que celui de *garce* est devenu une injure grossière. *Vénus* est un mot charmant, *vénérien* donne une idée affreuse.

Le latin eut quelques singularités pareilles. Les Latins disaient *possibile*, et ne disaient pas *impossibile*. Ils avaient le verbe *providere*, et non le substantif *providentia*; Cicéron fut le premier qui l'employa comme un mot technique.

Il me semble que, lorsqu'on a eu dans un siècle un nombre suffisant de bons écrivains, devenus classiques, il n'est plus guère permis d'employer d'autres expressions que les leurs, et qu'il faut leur donner le même sens, ou bien dans peu de temps le siècle présent n'entendrait plus le siècle passé.

Vous ne trouverez dans aucun auteur du siècle de Louis XIV que Rigault ait peint les portraits *au parfait*, que Benserade ait *persiflé* la cour, que le surintendant Fouquet ait eu *un goût décidé* pour les beaux-arts, etc.

Le ministère prenait alors des engagements, et non pas des *errements*. On tenait, on remplissait, on accomplissait ses promesses; on ne les *réalisait* pas. On citait les anciens, on ne *fesait pas des citations*. Les choses avaient du rapport les unes aux autres, des ressemblances, des analogies, des conformités; on les rapprochait, on en tirait des inductions, des conséquences : aujourd'hui on imprime qu'un article d'une déclaration du roi *a trait* à un arrêt de la cour des aides. Si on avait demandé à Patru, à Pellisson, à Boileau, à Racine, ce que c'est qu'*avoir trait*, ils n'auraient su que répondre. On recueillait ses moissons; aujourd'hui on les *récolte*. On était exact, sévère, rigoureux, minutieux même; à présent on s'avise d'être *strict*. Un avis était semblable à un autre; il n'en était pas différent; il lui était conforme; il était fondé sur les mêmes raisons; deux personnes étaient du même sentiment, avaient la même opinion, etc., cela s'entendait : je lis dans vingt mémoires nouveaux que les états ont eu un avis *parallèle* à celui du parlement; que le parlement de Rouen n'a pas une opinion *parallèle* à celui de Paris, comme si *parallèle* pouvait signifier conforme; comme si deux choses parallèles ne pouvaient pas avoir mille différences.

Aucun auteur du bon siècle n'usa du mot de

fixer que pour signifier arrêter, rendre stable, invariable.

Et fixant de ses vœux l'inconstance fatale,
Phèdre depuis long-temps ne craint plus de rivale.
Phèdre, acte I, scène I.

C'est à ce jour heureux qu'il fixa son retour.
. . . .
Égayer la chagrine, et fixer la volage.

Quelques Gascons hasardèrent de dire : *J'ai fixé cette dame*, pour, je l'ai regardée fixement, j'ai fixé mes yeux sur elle. De là est venue la mode de dire, *Fixer une personne.* Alors vous ne savez point si on entend par ce mot : j'ai rendu cette personne moins incertaine, moins volage ; ou si on entend : je l'ai observée, j'ai fixé mes regards sur elle. Voilà un nouveau sens attaché à un mot reçu, et une nouvelle source d'équivoques.

Presque jamais les Pellisson, les Bossuet, les Fléchier, les Massillon, les Fénelon, les Racine, les Quinault, les Boileau, Molière même et La Fontaine, qui tous deux ont commis beaucoup de fautes contre la langue, ne se sont servis du terme *vis-à-vis* que pour exprimer une position de lieu. On disait : L'aile droite de l'armée de Scipion vis-à-vis l'aile gauche d'Annibal. Quand Ptolémée fut vis-à-vis de César, il trembla.

Vis-à-vis est l'abrégé de visage à visage ; et c'est une expression qui ne s'employa jamais dans la poésie noble, ni dans le discours oratoire.

Aujourd'hui l'on commence à dire, « Coupable » vis-à-vis de vous, bienfesant vis-à-vis de nous, » difficile vis-à-vis de nous, mécontent vis-à-vis » de nous, » au lieu de coupable, bienfesant envers nous, difficile avec nous, mécontent de nous.

J'ai lu dans un écrit public : *Le roi mal satisfait vis-à-vis de son parlement.* C'est un amas de barbarismes. On ne peut être mal satisfait. *Mal* est le contraire de *satis*, qui signifie assez. On est peu content, mécontent ; on se croit mal servi, mal obéi. On n'est ni satisfait, ni mal satisfait, ni content, ni mécontent, ni bien, ni mal obéi, vis-à-vis de quelqu'un, mais de quelqu'un. *Mal satisfait* est de l'ancien style des bureaux. Des écrivains peu corrects se sont permis cette faute.

Presque tous les écrits nouveaux sont infectés de l'emploi vicieux de ce mot *vis-à-vis*. On a négligé ces expressions si faciles, si heureuses, si bien mises à leur place par les bons écrivains, *envers*, *pour*, *avec*, *à l'égard*, *en faveur de*.

Vous me dites qu'un homme est bien disposé *vis-à-vis* de moi ; qu'il a un ressentiment *vis-à-vis* de moi ; que le roi veut se conduire en père *vis-à-vis* de la nation. Dites que cet homme est bien disposé pour moi, à mon égard, en ma faveur ; qu'il a du ressentiment contre moi ; que le roi veut se conduire en père du peuple ; qu'il veut agir en père avec la nation, envers la nation : où bien vous parlerez fort mal.

Quelques auteurs, qui ont parlé allobroge en français, ont dit *élogier* au lieu de louer, ou faire un éloge ; *par contre* au lieu d'au contraire ; *éduquer* pour élever, ou donner de l'éducation ; *égaliser* les fortunes pour égaler.

Ce qui peut le plus contribuer à gâter la langue, à la replonger dans la barbarie, c'est d'employer dans le barreau, dans les conseils d'état, des expressions gothiques, dont on se servait dans le quatorzième siècle : « Nous aurions reconnu ; nous » aurions observé ; nous aurions statué ; il nous » aurait paru aucunement utile. »

Hé, mes pauvres législateurs ! qui vous empêche de dire : « Nous avons reconnu ; nous avons sta- » tué ; il nous a paru utile ? »

Le sénat romain, dès le temps des Scipions, parlait purement, et on aurait sifflé un sénateur qui aurait prononcé un solécisme. Un parlement croit se donner du relief en disant au roi qu'il ne peut *obtempérer*. Les femmes ne peuvent entendre ce mot qui n'est pas français. Il y a vingt manières de s'exprimer intelligiblement.

C'est un défaut trop commun d'employer des termes étrangers pour exprimer ce qu'ils ne signifient pas. Ainsi de *celata*, qui signifie un casque en italien, on fit le mot *salade* dans les guerres d'Italie ; de *bowling-green*, gazon où l'on joue à la boule, on a fait boulingrin ; *roastbeef*, bœuf rôti, a produit chez nos maîtres d'hôtel du bel air des bœufs rôtis d'agneau, des bœufs rôtis de perdreaux. De l'habit de cheval *riding-coat* on a fait redingote ; et du salon du sieur Devaux à Londres, nommé *vaux-hall*, on a fait un *facs-hall* à Paris. Si on continue, la langue française si polie redeviendra barbare. Notre théâtre l'est déjà par des imitations abominables ; notre langage le sera de même. Les solécismes, les barbarismes, le style boursouflé, guindé, inintelligible, ont inondé la scène depuis Racine, qui semblait les avoir bannis pour jamais par la pureté de sa diction toujours élégante. On ne peut dissimuler qu'excepté quelques morceaux d'*Électre*, et surtout de *Rhadamiste*, tout le reste des ouvrages de l'auteur est quelquefois un amas de solécismes et de barbarismes, jeté au hasard en vers qui révoltent l'oreille.

Il parut, il y a quelques années, un *Dictionnaire néologique* dans lequel on montrait ces fautes dans tout leur ridicule. Mais malheureusement cet ouvrage, plus satirique que judicieux, était fait par un homme un peu grossier, qui n'avait ni assez de justesse dans l'esprit ni assez d'équité pour ne pas mêler indifféremment les bonnes et les mauvaises critiques.

Il parodie quelquefois très grossièrement les morceaux les plus fins et les plus délicats des éloges des académiciens, prononcés par Fontenelle; ouvrage qui en tout sens fait honneur à la France. Il condamne dans Crébillon, *fais-toi d'autres vertus*, etc.; l'auteur, dit-il, veut dire *pratique d'autres vertus*. Si l'auteur qu'il reprend s'était servi de ce mot *pratique*, il aurait été fort plat. Il est beau de dire : Je me fais des vertus conformes à ma situation. Cicéron a dit: *Facere de necessitate virtutem*; d'où nous est venu le proverbe, *faire de nécessité vertu*. Racine a dit dans *Britannicus* :

Qui, dans l'obscurité nourrissant sa douleur,
S'est fait une vertu conforme à son malheur.
Acte II, scène III.

Ainsi Crébillon avait imité Racine; il ne fallait pas blâmer dans l'un ce qu'on admire dans l'autre.

Mais il est vrai qu'il eût fallu manquer absolument de goût et de jugement pour ne pas reprendre les vers suivants qui pèchent tous, ou contre la langue, ou contre l'élégance, ou contre le sens commun.

Mon fils, je t'aime encor tout ce qu'on peut aimer.
CRÉBILLON, *Pyrrhus*, acte III. scène V.

Tant le sort entre nous a jeté de mystère.
Idem, acte III, scène IV.

Les dieux ont leur justice, et le trône a ses mœurs.
Idem, acte II, scène I.

Agénor inconnu ne compte point d'aïeux,
Pour me justifier d'un amour odieux.
Idem, *Sémiramis*, acte I. scène V.

Ma raison s'arme en vain de quelques étincelles.
Idem, ibid.

Ah! que les malheureux éprouvent de tourments!
Idem, *Électre*, acte III, scène II.

Un captif tel que moi
Honorerait ses fers même sans qu'il fût roi.
Idem, *Sémiramis*, acte II, scène III.

Un guerrier généreux, que la vertu couronne,
Vaut bien un roi formé par le secours des lois :
Le premier qui le fut n'eut pour lui que sa voix.
Idem, *Sémiramis*, acte II, scène III.

A ce prix je deviendrai sa mère,
Mais je ne la suis pas; je n'en ressens du moins
Les entrailles, l'amour, les remords, ni les soins.
Idem, ibid., acte IV, scène VII.

Je crois que tu n'es pas coupable;
Mais si tu l'es, tu n'es qu'un homme détestable.
Idem, *Catilina*, acte IV, scène II.

Mais vous me payerez ses funestes appas.
C'est vous qui leur gagnez sur moi la préférence.
Idem, ibid., acte II, scène I.

Seigneur, enfin la paix si long-temps attendue
M'est redonnée ici par le même héros
Dont la seule valeur nous causa tant de maux.
Idem, *Pyrrhus*, acte V, scène III.

Autour du vase affreux par moi-même rempli
Du sang de Nonnius avec soin recueilli,
Au fond de ton palais j'ai rassemblé leur troupe.
Idem, *Catilina*, acte IV, scène III.

Ces phrases obscures, ces termes impropres, ces fautes de syntaxe, ce langage inintelligible, ces pensées si fausses et si mal exprimées, tant d'autres tirades où l'on ne parle que des dieux et des enfers, parce qu'on ne sait pas faire parler les hommes; un style boursouflé et plat à la fois, hérissé d'épithètes inutiles, de maximes monstrueuses exprimées en vers dignes d'elles[a], c'est là ce qui a succédé au style de Racine; et pour achever la décadence de la langue et du goût, ces pièces visigothes et vandales ont été suivies de pièces plus barbares encore.

La prose n'est pas moins tombée. On voit, dans des livres sérieux et faits pour instruire, une affectation qui indigne tout lecteur sensé.

« Il faut mettre sur le compte de l'amour-pro-
» pre ce qu'on met sur le compte des vertus.

» L'esprit se joue à pure perte dans ces questions
» où l'on a fait les frais de penser.

» Les éclipses étaient en droit d'effrayer les
» hommes.

» Épicure avait un extérieur à l'unisson de son
» âme.

» L'empereur Claudius renvia sur Auguste.

» La religion était en collusion avec la nature.

» Cléopâtre était une beauté privilégiée.

» L'air de gaieté brillait sur les enseignes de
» l'armée.

» Le triumvir Lépide se rendit nul.

» Un consul se fit chef de meute dans la répu-
» blique.

» Mécénas était d'autant plus éveillé qu'il affi-
» chait le sommeil.

» Julie affectée de pitié élève à son amant ses
» tendres supplications.

[a] Voici quelques unes de ces maximes détestables, qu'on ne doit jamais étaler sur le théâtre :

Cependant, sans compter ce qu'on appelle crime,
Et du joug des serments esclaves malheureux,
Notre honneur dépendra d'un vain respect pour eux!
Pour moi que touche peu cet honneur chimérique,
J'appelle à ma raison d'un joug si tyrannique.
Me venger et régner, voilà mes souverains;
Tout le reste pour moi n'a que des titres vains.....
De froids remords voudraient en vain y mettre obstacle :
Je ne consulte plus que ce superbe oracle.
Xerxès, acte I, scène I.

Quelles plates et extravagantes atrocités! « appeler à sa raison » d'un joug; mes souverains sont me venger et régner; de » froids remords qui veulent mettre obstacle à ce superbe oracle! » quelle foule de barbarismes et d'idées barbares!

» Elle cultiva l'espérance.
» Son âme épuisée se fond comme l'eau.
» Sa philosophie n'est point parlière.
» Son amant ne veut pas mesurer ses maximes
» à sa toise, et prendre une âme aux livrées de la
» maison. »

Tels sont les excès d'extravagance où sont tombés des demi-beaux esprits qui ont eu la manie de se singularier.

On ne trouve pas dans Rollin une seule phrase qui tienne de ce jargon ridicule, et c'est en quoi il est très estimable, puisqu'il a résisté au torrent du mauvais goût.

Le défaut contraire à l'affectation est le style négligé, lâche et rampant, l'emploi fréquent des expressions populaires et proverbiales.

« Le général poursuivit sa pointe.
» Les ennemis furent battus à plate couture.
» Ils s'enfuirent à vauderoute.
» Il se prêta à des propositions de paix, après
» avoir chanté victoire.
» Les légions vinrent au-devant de Drusus par
» manière d'acquit.
» Un soldat romain se donnant à dix as par jour,
» corps et âme. »

La différence *qu'il y avait entre eux était*, au lieu de dire dans un style plus concis, *la différence entre eux était*. Le plaisir *qu'il y a à cacher ses démarches à son rival*, au lieu de dire *le plaisir de cacher ses démarches à son rival*.

Lors de la bataille de Fontenoi, au lieu de dire *dans le temps de la bataille*, *l'époque de la bataille*, *tandis*, *lorsque l'on donnait la bataille*.

Par une négligence encore plus impardonnable, et faute de chercher le mot propre, quelques écrivains ont imprimé : *Il l'envoya faire faire la revue des troupes*. Il était si aisé de dire : *il l'envoya passer les troupes en revue*; *il lui ordonna d'aller faire la revue*.

Il s'est glissé dans la langue un autre vice; c'est d'employer des expressions poétiques dans ce qui doit être écrit du style le plus simple. Des auteurs de journaux et même de quelques gazettes parlent des *forfaits* d'un coupeur de bourse condamné à être fouetté *dans ces lieux*. Des janissaires ont *mordu la poussière*. Les troupes n'ont pu résister à *l'inclémence des airs*. On annonce une histoire d'une petite ville de province, avec les preuves, et une table des matières, en fesant l'éloge de la *magie* du style de l'auteur. Un apothicaire donne avis au public qu'il débite une drogue nouvelle à trois livres la bouteille; il dit *qu'il a interrogé la nature, et qu'il l'a forcée d'obéir à ses lois*.

Un avocat, à propos d'un mur mitoyen, dit que le droit de sa partie *est éclairé du flambeau des présomptions*.

Un historien, en parlant de l'auteur d'une sédition, vous dit qu'*il alluma le flambeau de la discorde*. S'il décrit un petit combat, il dit que *ces vaillants chevaliers descendaient dans le tombeau, en y précipitant leurs ennemis victorieux*.

Ces puérilités ampoulées ne devaient pas reparaître après le plaidoyer de maître Petit-Jean dans *les Plaideurs*. Mais enfin il y aura toujours un petit nombre d'esprits bien faits qui conserveront les bienséances du style et le bon goût, ainsi que la pureté de la langue. Le reste sera oublié.

FRANC ARBITRE.

Depuis que les hommes raisonnent, les philosophes ont embrouillé cette matière : mais les théologiens l'ont rendue inintelligible par leurs absurdes subtilités sur la grâce. Locke est peut-être le premier homme qui ait eu un fil dans ce labyrinthe; car il est le premier qui, sans avoir l'arrogance de croire partir d'un principe général, ait examiné la nature humaine par analyse. On dispute depuis trois mille ans si la volonté est libre ou non; Locke[a] fait voir d'abord que la question est absurde, et que la liberté ne peut pas plus appartenir à la volonté que la couleur et le mouvement.

Que veut dire ce mot *être libre?* il veut dire *pouvoir*, ou bien il n'a point de sens. Or que la volonté *puisse*, cela est aussi ridicule au fond que si on disait qu'elle est jaune ou bleue, ronde ou carrée. La volonté est le vouloir, et la liberté est le pouvoir. Voyons pied à pied la chaîne de ce qui se passe en nous, sans nous offusquer l'esprit d'aucun terme de l'école ni d'aucun principe antécédent.

On vous propose de monter à cheval, il faut absolument que vous fassiez un choix, car il est bien clair que vous irez ou que vous n'irez pas. Il n'y a point de milieu. Il est donc de nécessité absolue que vous vouliez le oui ou le non. Jusque-là il est démontré que la volonté n'est pas libre. Vous voulez monter à cheval; pourquoi? C'est, dira un ignorant, parce que je le veux. Cette réponse est un idiotisme; rien ne se fait ni ne se peut faire sans raison, sans cause : votre vouloir en a donc une. Quelle est-elle? l'idée agréable de monter à cheval qui se présente dans votre cerveau, l'idée dominante, l'idée déterminante. Mais direz-vous, ne puis-je résister à une idée qui me domine? Non; car quelle serait la cause de votre résistance? aucune. Vous ne pouvez obéir par votre volonté qu'à une idée qui vous dominera davantage.

[a] Voyez l'*Essai sur l'entendement humain*, chapitre de *la puissance*.

Or vous recevez toutes vos idées; vous recevez donc votre vouloir, vous voulez donc nécessairement : le mot de *liberté* n'appartient donc en aucune manière à la volonté.

Vous me demandez comment le penser et le vouloir se forment en vous. Je vous réponds que je n'en sais rien. Je ne sais pas plus comment on fait des idées, que je ne sais comment le monde a été fait. Il ne nous est donné que de chercher à tâtons ce qui se passe dans notre incompréhensible machine.

La volonté n'est donc point une faculté qu'on puisse appeler libre. Une volonté libre est un mot absolument vide de sens ; et ce que les scolastiques ont appelé volonté d'indifférence, c'est-à-dire de vouloir sans cause, est une chimère qui ne mérite pas d'être combattue.

Où sera donc la liberté ? dans la puissance de faire ce qu'on veut. Je veux sortir de mon cabinet, la porte est ouverte, je suis libre d'en sortir.

Mais, dites-vous, si la porte est fermée, et que je veuille rester chez moi, j'y demeure librement. Expliquons-nous. Vous exercez alors le pouvoir que vous avez de demeurer; vous avez cette puissance, mais vous n'avez pas celle de sortir.

La liberté, sur laquelle on a écrit tant de volumes, n'est donc, réduite à ses justes termes, que la puissance d'agir.

Dans quel sens faut-il donc prononcer ce mot : *L'homme est libre?* dans le même sens qu'on prononce les mots de santé, de force, de bonheur. L'homme n'est pas toujours fort, toujours sain, toujours heureux.

Une grande passion, un grand obstacle, lui ôtent sa liberté, sa puissance d'agir.

Le mot de *liberté*, de *franc arbitre*, est donc un mot abstrait, un mot général, comme beauté, bonté, justice. Ces termes ne disent pas que tous les hommes soient toujours beaux, bons, et justes; aussi ne sont-ils pas toujours libres.

Allons plus loin : cette liberté n'étant que la puissance d'agir, quelle est cette puissance? Elle est l'effet de la constitution et de l'état actuel de nos organes. Leibnitz veut résoudre un problème de géométrie, il tombe en apoplexie, il n'a certainement pas la liberté de résoudre son problème. Un jeune homme vigoureux, amoureux éperdument, qui tient sa maîtresse facile entre ses bras, est-il libre de dompter sa passion? non sans doute : il a la puissance de jouir et n'a pas la puissance de s'abstenir. Locke a donc eu très grande raison d'appeler la liberté *puissance*. Quand est-ce que ce jeune homme pourra s'abstenir malgré la violence de sa passion? quand une idée plus forte déterminera en sens contraire les ressorts de son âme et de son corps.

Mais quoi ! les autres animaux auront donc la même liberté, la même puissance? Pourquoi non? Ils ont des sens, de la mémoire, du sentiment, des perceptions, comme nous; ils agissent avec spontanéité comme nous : il faut bien qu'ils aient aussi, comme nous, la puissance d'agir en vertu de leurs perceptions, en vertu du jeu de leurs organes.

On crie : S'il est ainsi, tout n'est que machine, tout est dans l'univers assujetti à des lois éternelles. Eh bien ! voudriez-vous que tout se fît au gré d'un million de caprices aveugles ! Ou tout est la suite de la nécessité de la nature des choses, ou tout est l'effet de l'ordre éternel d'un maître absolu : dans l'un et dans l'autre cas nous ne sommes que des roues de la machine du monde.

C'est un vain jeu d'esprit, c'est un lieu commun de dire que sans la liberté prétendue de la volonté, les peines et les récompenses sont inutiles. Raisonnez, et vous conclurez tout le contraire.

Si quand on exécute un brigand, son complice qui le voit expirer a la liberté de ne se point effrayer du supplice; si sa volonté se détermine d'elle-même, il ira du pied de l'échafaud assassiner sur le grand chemin : si ses organes frappés d'horreur lui font éprouver une terreur insurmontable, il ne volera plus. Le supplice de son compagnon ne lui devient utile et n'assure la société qu'autant que sa volonté n'est pas libre.

La liberté n'est donc et ne peut être autre chose que la puissance de faire ce qu'on veut. Voilà ce que la philosophie nous apprend. Mais si on considère la liberté dans le sens théologique, c'est une matière si sublime que des regards profanes n'osent pas s'élever jusqu'à elle [1].

FRANCHISE.

Mot qui donne toujours une idée de liberté dans quelque sens qu'on le prenne; mot venu des Francs, qui étaient libres : il est si ancien, que lorsque le Cid assiégea et prit Tolède, dans le onzième siècle, on donna des *franchis* ou *franchises* aux Français qui étaient venus à cette expédition, et qui s'établirent à Tolède. Toutes les villes murées avaient des franchises, des libertés, des priviléges, jusque dans la plus grande anarchie du pouvoir féodal. Dans tous les pays d'états, le souverain jurait à son avénement de garder leurs franchises.

Ce nom, qui a été donné généralement aux droits des peuples, aux immunités, aux asiles, a été plus particulièrement affecté aux quartiers des

[1] Voyez l'article LIBERTÉ. K.

ambassadeurs à Rome. C'était un terrain autour des palais; et ce terrain était plus ou moins grand, selon la volonté de l'ambassadeur. Tout ce terrain était un asile aux criminels; on ne pouvait les y poursuivre. Cette franchise fut restreinte sous Innocent XI à l'enceinte des palais. Les églises et les couvents en Italie ont la même franchise, et ne l'ont point dans les autres états. Il y a dans Paris plusieurs lieux de franchise, où les débiteurs ne peuvent être saisis pour leurs dettes par la justice ordinaire, et où les ouvriers peuvent exercer leurs métiers sans être passés maîtres. Les ouvriers ont cette franchise dans le faubourg Saint-Antoine; mais ce n'est pas un asile comme le Temple.

Cette franchise, qui exprime ordinairement la liberté d'une nation, d'une ville, d'un corps, a bientôt après signifié la liberté d'un discours, d'un conseil qu'on donne, d'un procédé dans une affaire : mais il y a une grande nuance entre *parler avec franchise*, et *parler avec liberté*. Dans un discours à son supérieur, la liberté est une hardiesse ou mesurée ou trop forte; la franchise se tient plus dans les justes bornes, et est accompagnée de candeur. Dire son avis avec liberté, c'est ne pas craindre; le dire avec franchise, c'est se conduire ouvertement et noblement. Parler avec trop de liberté, c'est marquer de l'audace; parler avec trop de franchise, c'est trop ouvrir son cœur.

FRANÇOIS RABELAIS[1].

FRANCOIS XAVIER[2].

Il ne serait pas mal de savoir quelque chose de vrai concernant le célèbre François Xavero, que nous nommons Xavier, surnommé l'apôtre des Indes. Bien des gens s'imaginent encore qu'il établit le christianisme sur toute la côte méridionale de l'Inde, dans une vingtaine d'îles, et surtout au Japon. Il n'y a pas trente ans qu'à peine était-il permis d'en douter dans l'Europe.

Les jésuites n'ont fait nulle difficulté de le comparer à saint Paul. Ses voyages et ses miracles avaient été écrits en partie par Tursellin et Orlandin, par Lucéna, par Bartoli, tous jésuites, mais très peu connus en France : moins on était informé des détails, plus sa réputation était grande.

Lorsque le jésuite Bouhours composa son histoire, Bouhours passait pour un très bel esprit; il vivait dans la meilleure compagnie de Paris; je ne parle pas de la compagnie de Jésus, mais de celle des gens du monde les plus distingués par leur esprit et par leur savoir. Personne n'eut un style plus pur et plus éloigné de l'affectation : il fut même proposé dans l'académie française de passer par-dessus les règles de son institution pour recevoir le père Bouhours dans son corps[a].

Il avait encore un plus grand avantage, celui du crédit de son ordre, qui alors, par un prestige presque inconcevable, gouvernait tous les princes catholiques.

La saine critique, il est vrai, commençait à s'établir; mais ses progrès étaient lents : on se piquait alors en général de bien écrire plutôt que d'écrire des choses véritables.

Bouhours fit les Vies de saint Ignace et de saint François Xavier sans presque s'attirer de reproches; à peine releva-t-on sa comparaison de saint Ignace avec César, et de Xavier avec Alexandre : ce trait passa pour une fleur de rhétorique.

J'ai vu au collége des jésuites de la rue Saint-Jacques un tableau de douze pieds de long sur douze de hauteur, qui représentait Ignace et Xavier montant au ciel chacun dans un char magnifique, attelé de quatre chevaux blancs; le Père éternel en haut, décoré d'une belle barbe blanche, qui lui pendait jusqu'à la ceinture; Jésus-Christ et la vierge Marie à ses côtés, le Saint-Esprit au-dessous d'eux en forme de pigeon, et des anges joignant les mains et baissant la tête pour recevoir père Ignace et père Xavier.

Si quelqu'un se fût moqué publiquement de ce tableau, le révérend P. La Chaise, confesseur du roi, n'aurait pas manqué de faire donner une lettre de cachet au ricaneur sacrilége.

Il faut avouer que François Xavier est comparable à Alexandre, en ce qu'ils allèrent tous deux aux Indes, comme Ignace ressemble à César pour avoir été en Gaule; mais Xavier, vainqueur du démon, alla bien plus loin que le vainqueur de Darius. C'est un plaisir de le voir passer, en qualité de convertisseur volontaire, d'Espagne en France, de France à Rome, de Rome à Lisbonne, de Lisbonne au Mozambique, après avoir fait le tour de l'Afrique. Il reste long-temps au Mozambique, où il reçoit de Dieu le don de prophétie; ensuite il passe à Mélinde, et dispute sur l'Alcoran avec les mahométans[b], qui entendent sans doute sa langue aussi bien qu'il entend la leur; il trouve même des caciques, quoiqu'il n'y en ait qu'en Amérique. Le vaisseau portugais arrive à l'île

[1] Cet article se trouvait dans les *Questions sur l'Encyclopédie*; il était divisé en deux sections. La première se composait de la première des *Lettres à son altesse sérénissime monseigneur le prince de* ***. La seconde section était formée de la majeure partie de la seconde des mêmes *Lettres*. Voyez PHILOSOPHIE, tome VI.

[2] Voyez aussi XAVIER.

[a] Sa réputation de bon écrivain était si bien établie, que La Bruyère dit dans ses *Caractères* (chap. Ier) : « Capys croit « écrire comme Bouhours ou Rabutin. »

[b] Tome I, page 86.

Zocotora, qui est sans contredit celle des Amazones; il y convertit tous les insulaires; il y bâtit une église : de là il arrive à Goa [a]; il y voit une colonne sur laquelle saint Thomas avait gravé qu'un jour saint Xavier viendrait rétablir la religion chrétienne qui avait fleuri autrefois dans l'Inde. Xavier lut parfaitement les anciens caractères, soit hébreux, soit indiens, dans lesquels cette prophétie était écrite. Il prend aussitôt une clochette, assemble tous les petits garçons autour de lui, leur explique le *Credo*, et les baptise [b]. Son grand plaisir surtout était de marier les Indiens avec leurs maîtresses.

On le voit courir de Goa au cap Comorin, à la côte de la Pêcherie, au royaume de Travancor; dès qu'il est arrivé dans un pays, son plus grand soin est de le quitter : il s'embarque sur le premier vaisseau portugais qu'il trouve; vers quelque endroit que ce vaisseau dirige sa route, il n'importe à Xavier : pourvu qu'il voyage, il est content : on le reçoit par charité; il retourne deux ou trois fois à Goa, à Cochin, à Cori, à Negapatan, à Méliapour. Un vaisseau part pour Malaca : voilà Xavier qui court à Malaca avec le désespoir dans le cœur de n'avoir pu voir Siam, Pégu, et le Tonquin.

Vous le voyez dans l'île de Sumatra, à Bornéo, à Macassar, dans les îles Moluques, et surtout à Ternate et à Amboyne. Le roi de Ternate avait dans son immense sérail cent femmes en qualité d'épouses, et sept ou huit cents concubines. La première chose que fait Xavier est de les chasser toutes. Vous remarquerez d'ailleurs que l'île de Ternate n'a que deux lieues de diamètre.

De là trouvant un autre vaisseau portugais qui part pour l'île de Ceilan, il retourne à Ceilan; il fait plusieurs tours de Ceilan à Goa et à Cochin. Les Portugais trafiquaient déjà au Japon; un vaisseau part pour ce pays, Xavier ne manque pas de s'y embarquer; il parcourt toutes les îles du Japon.

Enfin, dit le jésuite Bouhours, si on mettait bout à bout toutes les courses de Xavier, il y aurait de quoi faire plusieurs fois le tour de la terre.

Observez qu'il était parti pour ses voyages en 1542, et qu'il mourut en 1552. S'il eut le temps d'apprendre toutes les langues des nations qu'il parcourut, c'est un beau miracle; s'il avait le don des langues, c'est un plus grand miracle encore. Mais malheureusement, dans plusieurs de ses lettres, il dit qu'il est obligé de se servir d'interprète, et dans d'autres il avoue qu'il a une difficulté extrême à apprendre la langue japonaise, qu'il ne saurait prononcer.

Le jésuite Bouhours, en rapportant quelques unes de ses lettres, ne fait aucun doute que saint François Xavier *n'eût le don des langues* [a]; mais il avoue « qu'il ne l'avait pas toujours. Il l'avait, » *dit-il*, dans plusieurs occasions; car sans jamais » avoir appris la langue chinoise, il prêchait tous » les matins en chinois dans Amanguchi » (qui est la capitale d'une province du Japon).

Il faut bien qu'il sût parfaitement toutes les langues de l'Orient, puisqu'il fesait des chansons dans ces langues, et qu'il mit en chanson le *Pater*, l'*Ave Maria* et le *Credo* pour l'instruction des petits garçons et des petites filles [b].

Ce qu'il y a de plus beau, c'est que cet homme, qui avait besoin de truchement, parlait toutes les langues à la fois comme les apôtres; et lorsqu'il parlait portugais, langue dans laquelle Bouhours avoue que le saint s'expliquait fort mal, les Indiens, les Chinois, les Japonais, les habitants de Ceilan, de Sumatra, l'entendaient parfaitement [c].

Un jour surtout qu'il parlait sur l'immortalité de l'âme, le mouvement des planètes, les éclipses de soleil et de lune, l'arc-en-ciel, le péché et la grâce, le paradis et l'enfer, il se fit entendre à vingt personnes de nations différentes.

On demande comment un tel homme put faire tant de conversions au Japon? Il faut répondre simplement qu'il n'en fit point; mais que d'autres jésuites, qui restèrent long-temps dans le pays, à la faveur des traités entre les rois de Portugal et les empereurs du Japon, convertirent tant de monde, qu'enfin il y eut une guerre civile qui coûta la vie, à ce que l'on prétend, à près de quatre cent mille hommes. C'est là le prodige le plus connu que les missionnaires aient opéré au Japon.

Mais ceux de François Xavier ne laissent pas d'avoir leur mérite.

Nous comptons dans la foule de ses miracles huit enfants ressuscités.

« Le plus grand miracle de Xavier, dit le jésuite » Bouhours [d], n'était pas d'avoir ressuscité tant » de morts, mais de n'être pas mort lui-même de » fatigue. »

Mais le plus plaisant de ses miracles est qu'ayant laissé tomber son crucifix dans la mer près l'île de Baranura, que je croirais plutôt l'île de Barataria [e], un cancre vint le lui rapporter entre ses pattes au bout de vingt-quatre heures.

Le plus brillant de tous, et après lequel il ne faut jamais parler d'aucun autre, c'est que dans une tempête qui dura trois jours, il fut constamment à la fois dans deux vaisseaux à cent cinquante lieues l'un de l'autre [f], et servit à l'un des deux de pilote; et ce miracle fut avéré par tous les pas-

[a] Tome I, page 92. — [b] Ibid., page 102.

[a] Tome II, page 59. — [b] Ibid., II, page 347. — [c] Ibid. page 56. — [d] Ibid., II, page 345. — [e] Ibid., page 237. — [f] Ibid., page 157.

sagers, qui ne pouvaient être ni trompés ni trompeurs.

C'est là pourtant ce qu'on a écrit sérieusement et avec succès dans le siècle de Louis XIV, dans le siècle des *Lettres provinciales*, des tragédies de Racine, du *Dictionnaire de Bayle*, et de tant d'autres savants ouvrages.

Ce serait une espèce de miracle qu'un homme d'esprit tel que Bouhours eût fait imprimer tant d'extravagances, si on ne savait à quel excès l'esprit de corps et surtout l'esprit monacal emportent les hommes. Nous avons plus de deux cents volumes entièrement dans ce goût, compilés par des moines; mais ce qu'il y a de funeste, c'est que les ennemis des moines compilent aussi de leur côté. Ils compilent plus plaisamment, ils se font lire. C'est une chose bien déplorable qu'on n'ait plus pour les moines, dans les dix-neuf vingtièmes parties de l'Europe, ce profond respect et cette juste vénération que l'on conserve encore pour eux dans quelques villages de l'Aragon et de la Calabre.

Il serait très difficile de juger entre les miracles de saint François Xavier, *Don Quichotte*, *le Roman comique*, et les convulsionnaires de Saint-Médard.

Après avoir parlé de François Xavier, il serait inutile de discuter l'histoire des autres François : si vous voulez vous instruire à fond, lisez les *Conformités de saint François d'Assise*.

Depuis la belle *Histoire de saint François Xavier*, par le jésuite Bouhours, nous avons eu l'*Histoire de saint François Régis* par le jésuite Daubenton, confesseur de Philippe V, roi d'Espagne; mais c'est de la piquette après de l'eau-de-vie : il n'y a pas seulement un mort ressuscité dans l'histoire du bienheureux Régis[a].

FRAUDE.

S'il faut user de fraudes pieuses avec le peuple [b].

Le fakir Bambabef rencontra un jour un des disciples de Confutzée, que nous nommons *Confucius*, et ce disciple s'appelait *Ouang*; et Bambabef soutenait que le peuple a besoin d'être trompé, et Ouang prétendait qu'il ne faut jamais tromper personne; et voici le précis de leur dispute.

BAMBABEF.

Il faut imiter l'Être suprême, qui ne nous montre pas les choses telles qu'elles sont; il nous fait voir le soleil sous un diamètre de deux ou trois pieds, quoique cet astre soit un million de fois plus gros que la terre; il nous fait voir la lune et les étoiles attachées sur un même fond bleu, tandis qu'elles sont à des profondeurs différentes. Il veut qu'une tour carrée nous paraisse ronde de loin; il veut que le feu nous paraisse chaud, quoiqu'il ne soit ni chaud ni froid; enfin il nous environne d'erreurs convenables à notre nature.

OUANG.

Ce que vous nommez erreur n'en est point une. Le soleil, tel qu'il est placé à des millions de millions de lis[a], au-delà de notre globe, n'est pas celui que nous voyons. Nous n'apercevons réellement et nous ne pouvons apercevoir que le soleil qui se peint dans notre rétine, sous un angle déterminé. Nos yeux ne nous ont point été donnés pour connaître les grosseurs et les distances, il faut d'autres secours et d'autres opérations pour les connaître.

Bambabef parut fort étonné de ce propos. Ouang, qui était très patient, lui expliqua la théorie de l'optique; et Bambabef, qui avait de la conception, se rendit aux démonstrations du disciple de Confutzée, puis il reprit la dispute en ces termes:

BAMBABEF.

Si Dieu ne nous trompe point par le ministère de nos sens, comme je le croyais, avouez au moins que les médecins trompent toujours les enfants pour leur bien; ils leur disent qu'ils leur donnent du sucre, et en effet ils leur donnent de la rhubarbe. Je puis donc, moi fakir, tromper le peuple, qui est aussi ignorant que les enfants.

OUANG.

J'ai deux fils; je ne les ai jamais trompés; je leur ai dit, quands ils ont été malades: voilà une médecine très amère, il faut avoir le courage de la prendre; elle vous nuirait si elle était douce. Je n'ai jamais souffert que leurs gouvernantes et leurs précepteurs leur fissent peur des esprits, des revenants, des lutins, des sorciers; par là j'en ai fait de jeunes citoyens courageux et sages.

BAMBABEF.

Le peuple n'est pas né si heureusement que votre famille.

OUANG.

Tous les hommes se ressemblent à peu près; ils sont nés avec les mêmes dispositions. Il ne faut pas corrompre la nature des hommes.

BAMBABEF.

Nous leur enseignons des erreurs, je l'avoue,

[a] Voyez l'article IGNACE DE LOYOLA.

[b] On a déjà imprimé plusieurs fois cet article, mais il est ici beaucoup plus correct.

[a] Un li est de 124 pas.

mais c'est pour leur bien. Nous leur fesons accroire que s'ils n'achètent pas nos clous bénits, s'ils n'expient pas leurs péchés en nous donnant de l'argent, ils deviendront, dans une autre vie, chevaux de poste, chiens ou lézards : cela les intimide, et ils deviennent gens de bien.

OUANG.

Ne voyez-vous pas que vous pervertissez ces pauvres gens? Il y en a parmi eux bien plus qu'on ne pense qui raisonnent, qui se moquent de vos miracles, de vos superstitions, qui voient fort bien qu'ils ne seront changés ni en lézards ni en chevaux de poste. Qu'arrive-t-il? ils ont assez de bon sens pour voir que vous leur dites des choses impertinentes, et ils n'en ont pas assez pour s'élever vers une religion pure et dégagée de superstition, telle que la nôtre. Leurs passions leur font croire qu'il n'y a point de religion, parce que la seule qu'on leur enseigne est ridicule; vous devenez coupables de tous les vices dans lesquels ils se plongent.

BAMBABEF.

Point du tout, car nous ne leur enseignons qu'une bonne morale.

OUANG.

Vous vous feriez lapider par le peuple, si vous enseigniez une morale impure. Les hommes sont faits de façon qu'ils veulent bien commettre le mal, mais ils ne veulent pas qu'on le leur prêche. Il faudrait seulement ne pas mêler une morale sage avec des fables absurdes, parce que vous affaiblissez par vos impostures, dont vous pourriez vous passer, cette morale que vous êtes forcés d'enseigner.

BAMBABEF.

Quoi! vous croyez qu'on peut enseigner la vérité au peuple sans la soutenir par des fables?

OUANG.

Je le crois fermement. Nos lettrés sont de la même pâte que nos tailleurs, nos tisserands et nos laboureurs; ils adorent un Dieu créateur, rémunérateur et vengeur; ils ne souillent leur culte ni par des systèmes absurdes ni par des cérémonies extravagantes; et il y a bien moins de crimes parmi les lettrés que parmi le peuple. Pourquoi ne pas daigner instruire nos ouvriers comme nous instruisons nos lettrés?

BAMBABEF.

Vous feriez une grande sottise; c'est comme si vous vouliez qu'ils eussent la même politesse, qu'ils fussent jurisconsultes; cela n'est ni possible ni convenable. Il faut du pain blanc pour les maîtres, et du pain bis pour les domestiques.

OUANG.

J'avoue que tous les hommes ne doivent pas avoir la même science; mais il y a des choses nécessaires à tous. Il est nécessaire que chacun soit juste; et la plus sûre manière d'inspirer la justice à tous les hommes, c'est de leur inspirer la religion sans superstition.

BAMBABEF.

C'est un beau projet, mais il est impraticable. Pensez-vous qu'il suffise aux hommes de croire un Dieu qui punit et qui récompense? Vous m'avez dit qu'il arrive souvent que les plus déliés d'entre le peuple se révoltent contre mes fables; ils se révolteront de même contre votre vérité. Ils diront : Qui m'assurera que Dieu punit et récompense? où en est la preuve? quelle mission avez-vous? quel miracle avez-vous fait pour que je vous croie? Ils se moqueront de vous bien plus que de moi.

OUANG.

Voilà où est votre erreur. Vous vous imaginez qu'on secouera le joug d'une idée honnête, vraisemblable, utile à tout le monde, d'une idée dont la raison humaine est d'accord, parce qu'on rejette des choses malhonnêtes, absurdes, inutiles, dangereuses, qui font frémir le bon sens.

Le peuple est très disposé à croire ses magistrats : quand ses magistrats ne lui proposent qu'une créance raisonnable, il l'embrasse volontiers. On n'a pas besoin de prodiges pour croire un Dieu juste, qui lit dans le cœur de l'homme; cette idée est trop naturelle, trop nécessaire, pour être combattue. Il n'est pas nécessaire de dire précisément comment Dieu punira et récompensera; il suffit qu'on croie à sa justice. Je vous assure que j'ai vu des villes entières qui n'avaient presque point d'autres dogmes, et que ce sont celles où j'ai vu le plus de vertu.

BAMBABEF.

Prenez garde; vous trouverez dans ces villes des philosophes qui vous nieront et les peines et les récompenses.

OUANG.

Vous m'avouerez que ces philosophes nieront bien plus fortement vos inventions : ainsi vous ne gagnez rien par là. Quand il y aurait des philosophes qui ne conviendraient pas de mes principes, ils n'en seraient pas moins gens de bien; ils n'en cultiveraient pas moins la vertu, qui doit être embrassée par amour, et non par crainte. Mais de plus, je vous soutiens qu'aucun philosophe ne serait jamais assuré que la Providence ne réserve pas des peines aux méchants et des récompenses aux bons. Car s'ils me demandent qui m'a dit que Dieu punit, je leur demanderai qui leur a dit que Dieu ne punit pas. Enfin je vous soutiens que les philosophes m'aideront, loin de me contredire. Voulez-vous être philosophe?

BAMBABEF.

Volontiers; mais ne le dites pas aux fakirs.

OUANG.

Songeons surtout qu'un philosophe doit annoncer un Dieu, s'il veut être utile à la société humaine.

FRIVOLITÉ.

Ce qui me persuade le plus de la Providence, disait le profond auteur de *Bacha Bilboquet*, c'est que pour nous consoler de nos innombrables misères, la nature nous a faits frivoles. Nous sommes tantôt des bœufs ruminants accablés sous le joug, tantôt des colombes dispersées qui fuyons en tremblant la griffe du vautour, dégouttante du sang de nos compagnes; renards poursuivis par des chiens; tigres qui nous dévorons les uns les autres. Nous voilà tout d'un coup devenus papillons, et nous oublions en voltigeant toutes les horreurs que nous avons éprouvées.

Si nous n'étions pas frivoles, quel homme pourrait demeurer sans frémir dans une ville où l'on brûla une maréchale, dame d'honneur de la reine, sous prétexte qu'elle avait fait tuer un coq blanc au clair de la lune? dans cette même ville où le maréchal de Marillac fut assassiné en cérémonie, sur un arrêt rendu par des meurtriers juridiques, apostés par un prêtre dans sa propre maison de campagne, où il caressait Marion de Lorme comme il pouvait, tandis que ces scélérats en robe exécutaient ses sanguinaires volontés?

Pourrait-on se dire à soi-même, sans trembler dans toutes ses fibres, et sans avoir le cœur glacé d'horreur : Me voici dans cette même enceinte où l'on rapportait les corps morts et mourants de deux mille jeunes gentilshommes égorgés près du faubourg Saint-Antoine, parce qu'un homme en soutane rouge avait déplu à quelques hommes en soutane noire?

Qui pourrait passer par la rue de la Ferronnerie sans verser des larmes, et sans entrer dans des convulsions de fureur contre les principes abominables et sacrés qui plongèrent le couteau dans le cœur du meilleur des hommes et du plus grand des rois?

On ne pourrait faire un pas dans les rues de Paris le jour de la Saint-Barthélemy, sans dire : C'est ici qu'on assassina un de mes ancêtres pour l'amour de Dieu; c'est ici qu'on traîna tout sanglant un des aïeux de ma mère, c'est là que la moitié de mes compatriotes égorgea l'autre.

Heureusement les hommes sont si légers, si frivoles, si frappés du présent, si insensibles au passé, que sur dix mille il n'y en a pas deux ou trois qui fassent ces réflexions.

Combien ai-je vu d'hommes de bonne compagnie qui, ayant perdu leurs enfants, leur maîtresse, une grande partie de leur bien, et par conséquent toute leur considération, et même plusieurs de leurs dents dans l'humiliante opération des frictions réitérées de mercure, ayant été trahis, abandonnés, venaient décider encore d'une pièce nouvelle, et fesaient à souper des contes qu'on croyait plaisants! La solidité consiste dans l'uniformité des idées. Un homme de bon sens, dit-on, doit toujours penser de la même façon : si on en était réduit là, il vaudrait mieux n'être pas né.

Les anciens n'imaginèrent rien de mieux que de faire boire les eaux du fleuve Léthé à ceux qui devaient habiter les Champs-Élysées.

Mortels, voulez-vous tolérer la vie? oubliez et jouissez.

FROID.

De ce qu'on entend par ce terme dans les belles-lettres et dans les beaux-arts.

On dit qu'un morceau de poésie, d'éloquence, de musique, un tableau même, est froid, quand on attend dans ces ouvrages une expression animée qu'on n'y trouve pas. Les autres arts ne sont pas si susceptibles de ce défaut. Ainsi l'architecture, la géométrie, la logique, la métaphysique, tout ce qui a pour unique mérite la justesse, ne peut être ni échauffé, ni refroidi. Le tableau de la famille de Darius, peint par Mignard, est très froid, en comparaison du tableau de Lebrun, parce qu'on ne trouve point dans les personnages de Mignard cette même affliction que Lebrun a si vivement exprimée sur le visage et dans les attitudes des princesses persanes. Une statue même peut être froide. On doit voir la crainte et l'horreur dans les traits d'une Andromède, l'effort de tous les muscles et une colère mêlée d'audace dans l'attitude et sur le front d'un Hercule qui soulève Antée.

Dans la poésie, dans l'éloquence, les grands mouvements des passions deviennent froids, quand ils sont exprimés en termes trop communs et dénués d'imagination. C'est ce qui fait que l'amour, qui est si vif dans Racine, est languissant dans Campistron son imitateur.

Les sentiments qui échappent à une âme qui

veut les cacher demandent au contraire les expressions les plus simples. Rien n'est si vif, si animé que ces vers du *Cid* : « Va, je ne te hais » point... Tu le dois... Je ne puis. » Ce sentiment deviendrait froid, s'il était relevé par des termes étudiés.

C'est par cette raison que rien n'est si froid que le style ampoulé. Un héros, dans une tragédie, dit qu'il a essuyé une tempête, qu'il a vu périr son ami dans cet orage; il touche, il intéresse, s'il parle avec douleur de sa perte, s'il est plus occupé de son ami que de tout le reste; il ne touche point, il devient froid, s'il fait une description de la tempête, s'il parle de « source de feu bouillonnant sur les eaux, » et de « la foudre qui gronde, et qui frappe à » sillons redoublés la terre et l'onde. » Ainsi le style froid vient tantôt de la stérilité, tantôt de l'intempérance des idées, souvent d'une diction trop commune, quelquefois d'une diction trop recherchée.

L'auteur qui n'est froid que parce qu'il est vif à contre-temps, peut corriger ce défaut d'une imagination trop abondante; mais celui qui est froid parce qu'il manque d'âme, n'a pas de quoi se corriger. On peut modérer son feu; on ne saurait en acquérir.

G.

GALANT.

Ce mot vient de *gal*, qui d'abord signifia *gaieté* et *réjouissance*, ainsi qu'on le voit dans Alain Chartier et dans Froissard : on trouve même dans le *Roman de la Rose*, *galandé*, pour signifier *orné*, *paré*.

> La belle fut bien atornée,
> Et d'un filet d'or galandée.

Il est probable que le *gala* des Italiens, et le *galan* des Espagnols, sont dérivés du mot *gal*, qui paraît originairement celtique : de là se forma insensiblement *galant*, qui signifie *un homme empressé à plaire*. Ce mot reçut une signification plus noble dans les temps de la chevalerie, où ce desir de plaire se signalait par des combats. *Se conduire galamment, se tirer d'affaire galamment*, veut même encore dire, *se conduire en homme de cœur*. Un *galant homme*, chez les Anglais, signifie un *homme de courage*; en France, il veut dire de plus, *un homme à nobles procédés*. Un *homme galant* est tout autre chose qu'un *galant homme*; celui-ci tient plus de l'honnête homme, celui-là se rapproche plus du petit-maître, de l'homme à bonnes fortunes. *Être galant*, en général, c'est chercher à plaire par des soins agréables, par des empressements flatteurs. *Il a été très galant avec ces dames*, veut dire seulement, *il a montré quelque chose de plus que de la politesse* : mais *être le galant d'une dame* a une signification plus forte; cela signifie *être son amant* : ce mot n'est presque plus d'usage que dans les vers familiers. Un *galant* est non seulement un homme à bonnes fortunes, mais ce mot porte avec soi quelque idée de hardiesse, et même d'effronterie; c'est en ce sens que La Fontaine a dit :

> Mais un *galant*, chercheur de pucelages.

Ainsi le même mot se prend en plusieurs sens. Il en est de même de *galanterie*, qui signifie tantôt *coquetterie* dans l'esprit, paroles flatteuses, tantôt présent de petits bijoux, tantôt intrigue avec une femme ou plusieurs; et même depuis peu il a signifié ironiquement *faveurs de Vénus* : ainsi, *dire des galanteries, donner des galanteries, avoir des galanteries, attraper une galanterie*, sont des choses toutes différentes. Presque tous les termes qui entrent fréquemment dans la conversation reçoivent ainsi beaucoup de nuances qu'il est difficile de démêler : les mots techniques ont une signification plus précise et moins arbitraire.

GARANT.

Garant est celui qui se rend responsable de quelque chose envers quelqu'un, et qui est obligé de l'en faire jouir. Le mot *garant* vient du celte et du tudesque *warrant*. Nous avons changé en *G* tous les doubles *W* des termes que nous avons conservés de ces anciens langages. *Warrant* signifie encore, chez la plupart des nations du Nord, *assurance*, *garantie*; et c'est en ce sens qu'il veut dire en anglais *édit du roi*, comme signifiant *promesse du roi*. Lorsque, dans le moyen âge, les rois fesaient des traités, ils étaient garantis de part et d'autre par plusieurs chevaliers qui juraient de faire observer le traité, et même qui le signaient, lorsque par hasard ils savaient écrire. Quand l'empereur Frédéric-Barberousse céda tant de droits au pape Alexandre III, dans le célèbre congrès de Venise, en 1177, l'empereur mit son sceau à l'instrument que le pape et les cardinaux signèrent. Douze princes de l'empire garantirent le traité par un serment sur l'Évangile; mais aucun d'eux ne signa. Il n'est point dit que le doge de Venise garantit cette paix, qui se fit dans son palais.

Lorsque Philippe-Auguste conclut la paix en 1200 avec Jean, roi d'Angleterre, les principaux barons de France et ceux de Normandie en jurèrent l'observation, comme cautions, comme parties garantes. Les Français firent serment de combattre le roi de France, s'il manquait à sa parole; et les

Normands de combattre leur souverain, s'il ne tenait pas la sienne.

Un connétable de Montmorenci ayant traité avec un comte de La Marche, en 1227, pendant la minorité de Louis IX, jura l'observation du traité sur l'âme du roi.

L'usage de garantir les états d'un tiers était très ancien sous un nom différent. Les Romains garantirent ainsi les possessions de plusieurs princes d'Asie et d'Afrique, en les prenant sous leur protection, en attendant qu'ils s'emparassent des terres protégées.

On doit regarder comme une garantie réciproque l'alliance ancienne de la France et de la Castille de roi à roi, de royaume à royaume, et d'homme à homme.

On ne voit guère de traité où la garantie des états d'un tiers soit expressément stipulée, avant celui que la médiation de Henri IV fit conclure entre l'Espagne et les états-généraux en 1609. Il obtint que le roi d'Espagne Philippe III reconnût les Provinces-Unies pour libres et souveraines. Il signa et fit même signer au roi d'Espagne la garantie de cette souveraineté des sept Provinces; et la république reconnut qu'elle lui devait sa liberté. C'est surtout dans nos derniers temps que les traités de garantie ont été plus fréquents. Malheureusement ces garanties ont quelquefois produit des ruptures et des guerres, et on a reconnu que la force est le meilleur garant qu'on puisse avoir.

GARGANTUA.

S'il y a jamais eu une réputation bien fondée, c'est celle de Gargantua. Cependant il s'est trouvé dans ce siècle philosophique et critique des esprits téméraires qui ont osé nier les prodiges de ce grand homme, et qui ont poussé le pyrrhonisme jusqu'à douter qu'il ait jamais existé.

Comment se peut-il faire, disent-ils, qu'il y ait eu au seizième siècle un héros dont aucun contemporain, ni saint Ignace, ni le cardinal Cajetan, ni Galilée, ni Guichardin, n'ont jamais parlé, et sur lequel on n'a jamais trouvé la moindre note dans les registres de la Sorbonne?

Feuilletez les histoires de France, d'Allemagne, d'Angleterre, d'Espagne, etc., vous n'y voyez pas un mot de Gargantua. Sa vie entière, depuis sa naissance jusqu'à sa mort, n'est qu'un tissu de prodiges inconcevables.

Sa mère Gargamelle accouche de lui par l'oreille gauche. A peine est-il né qu'il crie à boire d'une voix terrible, qui est entendue dans la Beauce et dans le Vivarais. Il fallut seize aunes de drap pour sa seule braguette, et cent peaux de vaches brunes pour ses souliers. Il n'avait pas encore douze ans qu'il gagna une grande bataille et fonda l'abbaye de Thélème. On lui donna pour femme madame Badebec, et il est prouvé que Badebec est un nom syriaque.

On lui fait avaler six pèlerins dans une salade. On prétend qu'il a pissé la rivière de Seine, et que c'est à lui seul que les Parisiens doivent ce beau fleuve.

Tout cela paraît contre la nature à nos philosophes qui ne veulent pas même assurer les choses les plus vraisemblables, à moins qu'elles ne soient bien prouvées.

Ils disent que si les Parisiens ont toujours cru à Gargantua, ce n'est pas une raison pour que les autres nations y croient; que si Gargantua avait fait un seul des prodiges qu'on lui attribue, toute la terre en aurait retenti, toutes les chroniques en auraient parlé, que cent monuments l'auraient attesté. Enfin ils traitent sans façon les Parisiens qui croient à Gargantua de badauds ignorants, de superstitieux imbéciles, parmi lesquels il se glisse des hypocrites, qui feignent de croire à Gargantua pour avoir quelque prieuré de l'abbaye de Thélème.

Le révérend P. Viret, cordelier à la grand'manche, confesseur de filles, et prédicateur du roi, a répondu à nos pyrrhoniens d'une manière invincible. Il prouve très doctement que si aucun écrivain, excepté Rabelais, n'a parlé des prodiges de Gargantua, aucun historien aussi ne les a contredits; que le sage De Thou même, qui croit aux sortiléges, aux prédictions et à l'astrologie, n'a jamais nié les miracles de Gargantua. Ils n'ont pas même été révoqués en doute par La Mothe Le Vayer. Mézerai les a respectés au point qu'il n'en dit pas un seul mot. Ces prodiges ont été opérés à la vue de toute la terre. Rabelais en a été témoin; il ne pouvait être ni trompé ni trompeur. Pour peu qu'il se fût écarté de la vérité, toutes les nations de l'Europe se seraient élevées contre lui; tous les gazetiers, tous les feseurs de journaux, auraient crié à la fraude, à l'imposture.

En vain les philosophes, qui répondent à tout, disent qu'il n'y avait ni journaux ni gazettes dans ce temps-là. On leur réplique qu'il y avait l'équivalent, et cela suffit. Tout est impossible dans l'histoire de Gargantua, et c'est par cela même qu'elle est d'une vérité incontestable : car si elle n'était pas vraie, on n'aurait jamais osé l'imaginer; et la grande preuve qu'il la faut croire, c'est qu'elle est incroyable.

Ouvrez tous les mercures, tous les journaux de Trévoux, ces ouvrages immortels qui sont l'instruction du genre humain, vous n'y trouverez pas une seule ligne où l'on révoque l'histoire de

Gargantua en doute. Il était réservé à notre siècle de produire des monstres qui établissent un pyrrhonisme affreux, sous prétexte qu'ils sont un peu mathématiciens, et qu'ils aiment la raison, la vérité et la justice. Quelle pitié! je ne veux qu'un argument pour les confondre.

Gargantua fonda l'abbaye de Thélême. On ne trouve point ses titres, il est vrai, jamais elle n'en eut; mais elle existe, elle possède dix mille pièces d'or de rente. La rivière de Seine existe, elle est un monument éternel du pouvoir de la vessie de Gargantua. De plus, que vous coûte-t-il de le croire? Ne faut-il pas embrasser le parti le plus sûr? Gargantua peut vous procurer de l'argent, des honneurs et du crédit. La philosophie ne vous donnera jamais que la satisfaction de l'âme; c'est bien peu de chose. Croyez à Gargantua, vous dis-je; pour peu que vous soyez avare, ambitieux et fripon, vous vous en trouverez très bien.

GAZETTE.

Relation des affaires publiques. Ce fut au commencement du dix-septième siècle que cet usage utile fut inventé à Venise, dans le temps que l'Italie était encore le centre des négociations de l'Europe, et que Venise était toujours l'asile de la liberté. On appela ces feuilles, qu'on donnait une fois par semaine, *Gazettes* du nom de *Gazetta*, petite monnaie revenant à un de nos demi-sous, qui avait cours à Venise. Cet exemple fut ensuite imité dans toutes les grandes villes de l'Europe.

De tels journaux étaient établis à la Chine de temps immémorial; on y imprime tous les jours la *Gazette de l'Empire*, par ordre de la cour. Si cette gazette est vraie, il est à croire que toutes les vérités n'y sont pas; aussi ne doivent-elles pas y être.

Le médecin Théophraste Renaudot donna en France les premières gazettes en 1631, et il en eut le privilége, qui a été long-temps un patrimoine de sa famille. Ce privilége est devenu un objet important dans Amsterdam; et la plupart des gazettes des Provinces-Unies sont encore un revenu pour plusieurs familles de magistrats, qui paient les écrivains. La seule ville de Londres a plus de douze gazettes par semaine. On ne peut les imprimer que sur du papier timbré; ce qui n'est pas une taxe indifférente pour l'état.

Les gazettes de la Chine ne regardent que cet empire; celles de l'Europe embrassent l'univers. Quoiqu'elles soient souvent remplies de fausses nouvelles, elles peuvent cependant fournir de bons matériaux pour l'histoire, parce que d'ordinaire les erreurs d'une gazette sont rectifiées par les suivantes, et qu'on y trouve presque toutes les pièces authentiques, que les souverains mêmes y font insérer. Les gazettes de France ont toujours été revues par le ministère. C'est pourquoi les auteurs ont toujours employé certaines formules qui ne paraissent pas être dans la bienséance de la société, en ne donnant le titre de *monsieur* qu'à certaines personnes, et celui de *sieur* aux autres; les auteurs ont oublié qu'ils ne parlaient pas au nom du roi. Ces journaux publics n'ont d'ailleurs été jamais souillés par la médisance, et ont été toujours assez correctement écrits.

Il n'en est pas de même des gazettes étrangères; celles de Londres, excepté celle de la cour, sont souvent remplies de cette indécence que la liberté de la nation autorise. Les gazettes françaises faites en ce pays ont été rarement écrites avec pureté, et n'ont pas peu servi quelquefois à corrompre la langue. Un des grands défauts qui s'y sont glissés, c'est que les auteurs, en voyant la teneur des arrêts de France, qui s'expriment suivant les anciennes formules, ont cru que ces formules étaient conformes à notre syntaxe, et ils les ont imitées dans leur narration; c'est comme si un historien romain eût employé le style de la loi des Douze Tables. Ce n'est que dans le style des lois qu'il est permis de dire: *Le roi aurait reconnu, le roi aurait établi une loterie*: mais il faut que le gazetier dise: *Nous apprenons que le roi a établi*, et non pas *aurait établi une loterie*, etc.; *nous apprenons que les Français ont pris Minorque*, et non pas *auraient pris Minorque*. Le style de ces écrits doit être de la plus grande simplicité; les épithètes y sont ridicules. Si le parlement a eu une audience du roi, il ne faut pas dire: « Cet » auguste corps a eu une audience du roi; ces pè» res de la patrie sont revenus à cinq heures pré» cises. » On ne doit jamais prodiguer ces titres; il ne faut les donner que dans les occasions où ils sont nécessaires. « Son altesse dîna avec sa ma» jesté; et sa majesté mena ensuite son altesse à » la comédie; après quoi son altesse joua avec sa » majesté; et les autres altesses et leurs excellences » messieurs les ambassadeurs assistèrent au repas » que sa majesté donna à leurs altesses. » C'est une affectation servile qu'il faut éviter. Il n'est pas nécessaire de dire que les termes injurieux ne doivent jamais être employés, sous quelque prétexte que ce puisse être.

A l'imitation des gazettes politiques, on commença en France à imprimer des gazettes littéraires en 1665; car les premiers journaux ne furent en effet que de simples annonces des livres nouveaux imprimés en Europe; bientôt après on y joignit une critique raisonnée. Elle déplut à plusieurs auteurs, toute modérée qu'elle était. Nous ne parlerons ici que de ces gazettes littéraires dont on surchargea le public, qui avait déjà de nombreux journaux de tous les pays de l'Europe où les sciences sont cultivées. Ces gazettes parurent vers l'an 1725, à Paris, sous plusieurs noms différents : *Nouvelliste du Parnasse*, *Observations sur les écrits modernes*, etc. La plupart ont été faites uniquement pour gagner de l'argent ; et comme on n'en gagne point à louer des auteurs, la satire fit d'ordinaire le fond de ces écrits. On y mêla souvent des personnalités odieuses, la malignité en procura le débit; mais la raison et le bon goût, qui prévalent toujours à la longue, les firent tomber dans le mépris et dans l'oubli.

GÉNÉALOGIE.

SECTION PREMIÈRE.

Les théologiens ont écrit des volumes pour tâcher de concilier saint Matthieu avec saint Luc sur la généalogie de Jésus-Christ. Le premier ne compte[a] que vingt-sept générations depuis David par Salomon, tandis que Luc[b] en met quarante-deux, et l'en fait descendre par Nathan. Voici comment le savant Calmet résout une difficulté semblable en parlant de Melchisédech. Les Orientaux et les Grecs, féconds en fables et en inventions, lui ont forgé une généalogie dans laquelle ils nous donnent les noms de ses aïeux. Mais, ajoute le judicieux bénédictin, comme le mensonge se trahit toujours par lui-même, les uns racontent sa généalogie d'une manière, les autres d'une autre. Il y en a qui soutiennent qu'il était d'une race obscure et honteuse, et il s'en est trouvé qui l'ont voulu faire passer pour illégitime.

Tout cela s'applique naturellement à Jésus, dont Melchisédech était la figure, suivant l'apôtre[c]. En effet, l'Évangile de Nicodème[d] dit expressément que les Juifs devant Pilate reprochèrent à Jésus qu'il était né de la fornication. Sur quoi le savant Fabricius observe qu'on n'est assuré par aucun témoignage digne de foi que les Juifs aient objecté à Jésus-Christ pendant sa vie, ni même aux apôtres, cette calomnie qu'ils répandirent partout dans la suite. Cependant les *Actes des Apôtres*[e] font foi que les Juifs d'Antioche s'opposèrent, en blasphémant, à ce que Paul leur disait de Jésus ; et Origène[f] soutient que ces paroles, rapportées dans l'Évangile de saint Jean, « Nous ne sommes » point nés de fornication, nous n'avons jamais » servi personne, » étaient de la part des Juifs, un reproche indirect qu'ils fesaient à Jésus sur le

[a] Chap. I. — [b] Chap. III, v. 23.
[c] *Épître aux Hébreux*, ch. VII, v. 3. — [d] Article 2. — [e] Chapitre XIII. — [f] *Sur saint Jean*, ch. VIII, v. 41.

défaut de sa naissance et sur son état de serviteur; car ils prétendaient, comme nous l'apprend ce Père[a], que Jésus était originaire d'un petit hameau de la Judée, et avait eu pour mère une pauvre villageoise qui ne vivait que de son travail, laquelle ayant été convaincue d'adultère avec un soldat nommé Panther, fut chassée par son fiancé, qui était charpentier de profession ; qu'après cet affront, errant misérablement de lieu en lieu, elle accoucha secrètement de Jésus, lequel, se trouvant dans la nécessité, fut contraint de s'aller louer serviteur en Égypte, où ayant appris quelques uns de ces secrets que les Égyptiens font tant valoir, il retourna en son pays, et que tout fier des miracles qu'il savait faire, il se proclama lui-même Dieu.

Suivant une tradition très ancienne, ce nom de Panther, qui a donné lieu à la méprise des Juifs, était le surnom du père de Joseph, comme l'assure saint Épiphane[b]; ou plutôt le nom propre de l'aïeul de Marie, comme l'affirme saint Jean Damascène[c].

Quant à l'état de serviteur qu'ils reprochaient à Jésus, il déclare lui-même[d] qu'il n'était pas venu pour être servi, mais pour servir. Zoroastre, selon les Arabes, avait également été serviteur d'Esdras. Épictète était même né dans la servitude; aussi saint Cyrille de Jérusalem a grande raison de dire[e] qu'elle ne déshonore personne.

Sur l'article des miracles, nous apprenons à la vérité de Pline que les Égyptiens avaient le secret de teindre des étoffes de diverses couleurs en les plongeant dans la même cuve; et c'est là un des miracles qu'attribue à Jésus l'Évangile de l'enfance[f] ; mais, comme nous l'apprend saint Chrysostôme[g], Jésus ne fit aucun miracle avant son baptême, et ceux qu'on lui attribue sont de purs mensonges. La raison qu'en donne ce Père, c'est que la sagesse du Seigneur ne lui permettait pas d'en faire pendant son enfance, parce qu'on les aurait regardés comme des prestiges.

C'est en vain que saint Épiphane[h] prétend que de nier les miracles que quelques-uns attribuent à Jésus dans son enfance, ce serait fournir aux hérétiques un prétexte spécieux de dire qu'il ne devint fils de Dieu que par l'effusion du Saint-Esprit, qui descendit sur lui dans son baptême : ce sont les Juifs que nous combattons ici, et non pas les hérétiques.

Monsieur Wagenseil nous a donné la traduction latine d'un ouvrage des Juifs, intitulé *Toldos Jeschu*, dans lequel il est rapporté[i] que Jeschu était

[a] *Contre Celse*, ch. VIII.
[b] *Hérésie* LXXVIII. — [c] Liv. IV, ch. XV, *de la Foi*. — [d] Matthieu, ch. XX, v. 28. — [e] *Sixième catéchèse*, art. XIV. — [f] Article XXXVII. — [g] *Homélie* XX, sur saint Jean.
[h] *Hérésie* LI, n° 20. — [i] Page 7.

à Bethléem de Juda, lieu de sa naissance, il se mit à crier tout haut : « Quels sont ces hommes méchants qui prétendent que je suis bâtard et d'une » origine impure? ce sont eux qui sont des bâtards et des hommes très impurs. N'est-ce pas » une mère vierge qui m'a enfanté? Et je suis entré en elle par le sommet de la tête. »

Ce témoignage a paru d'un si grand poids à M. Bergier, que ce savant théologien n'a point fait difficulté de l'employer sans en citer la source. Voici ses propres termes, page 23 de la *Certitude des preuves du christianisme* : « Jésus est né » d'une vierge par l'opération du Saint-Esprit ; » Jésus lui-même nous l'a ainsi assuré plusieurs » fois de sa propre bouche. Tel est le récit des » apôtres. » Il est certain que ces paroles de Jésus ne se trouvent que dans le *Toldos Jeschu*, et la certitude de cette preuve de M. Bergier subsiste, quoique saint Matthieu[a] applique à Jésus ce passage d'Isaïe[b] : « Il ne disputera point, il ne criera » point, et personne n'entendra sa voix dans les » rues. »

Selon saint Jérôme[c], c'est aussi une ancienne tradition parmi les gymnosophistes de l'Inde, que Buddas, auteur de leur dogme, naquit d'une vierge qui l'enfanta par le côté. C'est ainsi que naquirent Jules César, Scipion l'Africain, Manlius, Édouard VI, roi d'Angleterre, et d'autres, au moyen d'une opération que les chirurgiens nomment césarienne, parce qu'elle consiste à tirer un enfant de la matrice par une incision faite à l'abdomen de la mère. Simon[d] surnommé le Magicien, et Manès, prétendaient aussi tous les deux être nés d'une vierge. Mais cela signifiait seulement que leurs mères étaient vierges lorsqu'elles les conçurent. Or, pour se convaincre combien sont incertaines les marques de la virginité, il ne faut que lire la glose du célèbre évêque du Puy-en-Vélai, M. de Pompignan, sur ce passage des Proverbes[e] : « Trois choses me sont difficiles à comprendre, et » la quatrième m'est entièrement inconnue : la » voie de l'aigle dans l'air, la voie du serpent sur » le rocher, la voie d'un navire au milieu de la » mer, et la voie de l'homme dans sa jeunesse. » Pour traduire littéralement ces paroles, suivant ce prélat, chap. III, seconde partie de *l'Incrédulité convaincue par les prophéties*, il aurait fallu dire : *viam viri in virgine adolescentula*, la voie de l'homme dans une jeune fille *alma*[1]. La traduction de notre Vulgate, dit-il, substitue un autre sens, exact et véritable en lui-même, mais moins conforme au texte original. Enfin, il confirme sa curieuse interprétation par l'analogie de ce verset avec le suivant : « Telle est la voie de la femme » adultère, qui après avoir mangé s'essuie la bou» che, et dit : Je n'ai point fait de mal. »

Quoi qu'il en soit, la virginité de Marie n'était pas encore généralement reconnue au commencement du troisième siècle. Plusieurs ont été dans cette opinion et y sont encore, disait saint Clément d'Alexandrie[a], que Marie est accouchée d'un fils sans que son accouchement ait produit aucun changement dans sa personne; car quelques uns disent qu'une sage-femme l'ayant visitée après son enfantement, elle lui trouva toutes les marques de la virginité. On voit que ce Père veut parler de l'Évangile de la nativité de Marie, où l'ange Gabriel lui dit[b], « Sans mélange d'homme, vierge vous » concevrez, vierge vous enfanterez, vierge vous » nourrirez; » et du protévangile de Jacques, où la sage-femme s'écrie[c], « Quelle merveille inouïe ! » Marie vient de mettre un fils au monde, et a » encore toutes les marques de la virginité. » Ces deux Évangiles n'en furent pas moins déclarés apocryphes par la suite, quoiqu'ils fussent en ce point conformes au sentiment adopté par l'Église : on écarta les échafauds quand une fois l'édifice fut élevé.

Ce que Jeschu ajoute : « Je suis entré en elle par » le sommet de la tête, » a de même été le sentiment de l'Église[d]. Le bréviaire des maronites porte que le verbe du père est entré par l'oreille de la femme bénie. Saint Augustin et le pape Félix disent expressément que la Vierge devint enceinte par l'oreille. Saint Ephrem dit la même chose dans une hymne, et Voisin son traducteur observe que cette pensée vient originairement de Grégoire de Néocésarée, surnommé *Thaumaturge*. Agobar[e] rapporte que l'Église chantait de son temps : « Le » Verbe est entré par l'oreille de la Vierge, et il » en est sorti par la porte dorée. » Eutychius parle aussi d'Élianus, qui assista au concile de Nicée, et qui disait que le Verbe entra par l'oreille de la Vierge, et qu'il en sortit par la voie de l'enfantement. Cet Élianus était un chorévêque, dont le nom se trouve dans la liste arabe des Pères de Nicée, publiée par Selden.

On n'ignore pas que le jésuite Sanchez a sérieusement agité la question si la vierge Marie a fourni de la semence dans l'incarnation du Christ, et qu'il s'est décidé pour l'affirmative, d'après d'autres théologiens; mais ces écarts d'une imagination licencieuse doivent être mis au rang de l'opinion de l'Arétin, qui y fait intervenir le Saint-Esprit,

[a] Ch. XII, v. 19. — [b] Chap. XLII, v. 2. — [c] Liv. I, *contre Jovinien*. — [d] *Récognitions*, liv. II, art. XIV. — [e] Chap. XXX, v. 18.

[1] La signification propre de ce mot est *adolescente*, *en état de produire*, *nubile*, *féconde*, etc. C'est l'épithète ordinaire de Cérès. K.

[a] *Stromates*, liv. VII. — [b] Art. IX. — [c] Art. XIX.
[d] Assemani, *Bibliothèque orientale*, tome I, page 91. — [e] Chapitre VIII de la *Psalmodie*.

sous la forme d'un pigeon, comme la fable dit que Jupiter changé en cygne avait visité Léda ; ou comme les premiers Pères de l'Eglise, tels que saint Justin, Athénagore, Tertullien, saint Clément d'Alexandrie, saint Cyprien, Lactance, saint Ambroise, et autres, ont cru, d'après les Juifs Philon et Josèphe l'historien, que les anges avaient connu charnellement les femmes et avaient engendré avec elles. Saint Augustin [a] impute même aux manichéens d'enseigner que de belles filles et de beaux garçons apparaissent tout nus aux princes des ténèbres, qui sont de mauvais anges, font échapper de leurs membres relâchés par la concupiscence la substance vitale, que ce Père appelle la nature de Dieu. Évode [b] tranche le mot en disant que la majesté divine trouve moyen de s'échapper par les génitoires des démons.

Il est vrai que tous ces Pères croyaient les anges corporels [c] ; mais depuis que les ouvrages de Platon eurent donné l'idée de la spiritualité, on expliqua cette ancienne opinion d'un commerce charnel des anges avec les femmes en disant que le même ange qui, transformé en femme, avait reçu la semence d'un homme, se servait de cette semence pour engendrer avec une femme, auprès de laquelle il prenait à son tour la figure d'un homme. Les théologiens désignent par les termes d'incube et de succube ces différents rôles qu'ils font jouer aux anges. Les curieux peuvent lire les détails de ces dégoûtantes rêveries, page 225 des variantes de la *Genèse*, par Othon Gualtérius ; liv. II, chap. XV des *Disquisitions magiques*, par Delrio ; et chap. XIII du *Discours des sorciers*, par Henri Boguet.

SECTION II.

Aucune généalogie, fût-elle réimprimée dans le Moréri, n'approche de celle de Mahomet ou Mohammed, fils d'Abdallah, fils d'Abd'all Moutaleb, fils d'Ashem; lequel Mohammed fut, dans son jeune âge, palefrenier de la veuve Cadisha, puis son facteur, puis son mari, puis prophète de Dieu, puis condamné à être pendu, puis conquérant et roi d'Arabie, puis mourut de sa belle mort, rassasié de gloire et de femmes.

Les barons allemands ne remontent que jusqu'à Vitikind, et nos nouveaux marquis français ne peuvent guère montrer de titres au-delà de Charlemagne. Mais la race de Mahomet ou Mohammed, qui subsiste encore, a toujours fait voir un arbre généalogique dont le tronc est Adam, et dont les branches s'étendent d'Ismael jusqu'aux gentilshommes qui portent aujourd'hui le grand titre de cousins de Mahomet.

Nulle difficulté sur cette généalogie, nulle dispute entre les savants, point de faux calculs à rectifier, point de contradiction à pallier, point d'impossibilités qu'on cherche à rendre possibles.

Votre orgueil murmure de l'authenticité de ces titres. Vous me dites que vous descendez d'Adam, aussi bien que le grand prophète, si Adam est le père commun ; mais que cet Adam n'a jamais été connu de personne, pas même des anciens Arabes ; que ce nom n'a jamais été cité que dans les livres juifs ; que par conséquent vous vous inscrivez en faux contre les titres de noblesse de Mahomet ou Mohammed.

Vous ajoutez qu'en tout cas, s'il y a eu un premier homme, quel qu'ait été son nom, vous en descendez tout aussi bien que l'illustre palefrenier de Cadisha ; et que s'il n'y a point eu de premier homme, si le genre humain a toujours existé, comme tant de savants le prétendent, vous êtes gentilhomme de toute éternité.

A cela on vous réplique que vous êtes roturier de toute éternité, si vous n'avez pas vos parchemins en bonne forme.

Vous répondez que les hommes sont égaux ; qu'une race ne peut être plus ancienne qu'une autre ; que les parchemins auxquels pend un morceau de cire sont d'une invention nouvelle ; qu'il n'y a aucune raison qui vous oblige de céder à la famille de Mohammed, ni à celle de Confutzée, ni à celle des empereurs du Japon, ni aux secrétaires du roi du grand collége. Je ne puis combattre votre opinion par des preuves physiques, ou métaphysiques, ou morales. Vous vous croyez égal au daïri du Japon, et je suis entièrement de votre avis. Tout ce que je vous conseille, quand vous vous trouverez en concurrence avec lui, c'est d'être le plus fort.

GÉNÉRATION.

Je dirai comment s'opère la génération quand on m'aura enseigné comment Dieu s'y est pris pour la création.

Mais toute l'antiquité, me dites-vous, tous les philosophes, tous les cosmogonites sans exception, ont ignoré la création proprement dite. Faire quelque chose de rien a paru une contradiction à tous les penseurs anciens. L'axiome, *rien ne vient de rien* a été le fondement de toute philosophie ; et nous demandons, au contraire, comment quelque chose peut en produire une autre?

Je vous réponds qu'il m'est aussi impossible de voir clairement comment un être vient d'un autre

[a] Liv. XX, *contre Fauste*, chap. XLIV, *de la Nature du bien* ; et ailleurs. — [b] Chap. XVII, *de la Foi*. — [c] Tertullien, *contre Praxée*, ch. VII.

être que de comprendre comment il est arrivé du néant.

Je vois bien qu'une plante, un animal engendre son semblable; mais telle est notre destinée, que nous savons parfaitement comment on tue un homme, et que nous ignorons comment on le fait naître.

Nul animal, nul végétal ne peut se former sans germe; autrement une carpe pourrait naître sur un if, et un lapin au fond d'une rivière, sauf à y périr.

Vous voyez un gland, vous le jetez en terre, il devient chêne. Mais savez-vous ce qu'il faudrait pour que vous sussiez comment ce germe se développe et se change en chêne? Il faudrait que vous fussiez Dieu.

Vous cherchez le mystère de la génération de l'homme; dites-moi d'abord seulement le mystère qui lui donne des cheveux et des ongles; dites-moi comment il remue le petit doigt quand il le veut.

Vous reprochez à mon système que c'est celui d'un grand ignorant : j'en conviens; mais je vous répondrai ce que dit l'évêque d'Aire Montmorin à quelques uns de ses confrères. Il avait eu deux enfants de son mariage avant d'entrer dans les ordres; il les présenta, et on rit. « Messieurs, dit-il, la différence entre nous, c'est que j'avoue les miens. »

Si vous voulez quelque chose de plus sur la génération et sur les germes, lisez ou relisez ce que j'ai lu autrefois dans une de ces petites brochures qui se perdent quand elles ne sont pas enchâssées dans des volumes d'une taille un peu plus fournie [1].

GÉNÉREUX, GÉNÉROSITÉ [2].

La générosité est un dévouement aux intérêts des autres, qui porte à leur sacrifier ses avantages personnels. En général, au moment où l'on relâche de ses droits en faveur de quelqu'un, et qu'on lui donne plus qu'il ne peut exiger, on devient généreux. La nature, en produisant l'homme au milieu de ses semblables, lui a prescrit des devoirs à remplir envers eux. C'est dans l'obéissance à ces devoirs que consiste l'honnêteté, et c'est au-delà de ces devoirs que commence la générosité. L'âme généreuse s'élève donc au-dessus de l'intention que la nature semblait avoir en la formant. Quel bonheur pour l'homme de pouvoir ainsi devenir supérieur à son être! et quel prix ne doit point avoir à ses yeux la vertu qui lui procure cet avantage! On peut donc regarder la générosité comme le plus sublime de tous les sentiments, comme le mobile de toutes les belles actions, et peut-être comme le germe de toutes les vertus; car il y en a peu qui ne soient essentiellement le sacrifice d'un intérêt personnel à un intérêt étranger. Il ne faut pas confondre la grandeur d'âme, la générosité, la bienfaisance et l'humanité : on peut n'avoir de la grandeur d'âme que pour soi, et l'on n'est jamais généreux qu'envers les autres; on peut être bienfesant sans faire de sacrifices, et la générosité en suppose toujours; on n'exerce guère l'humanité qu'envers les malheureux et les inférieurs, et la générosité a lieu envers tout le monde. D'où il suit que la générosité est un sentiment aussi noble que la grandeur d'âme, aussi utile que la bienfesance et aussi tendre que l'humanité : elle est le résultat de la combinaison de ces trois vertus; et plus parfaite qu'aucune d'elles, elle y peut suppléer. Le beau plan que celui d'un monde où tout le genre humain serait généreux! Dans le monde tel qu'il est, la générosité est la vertu des héros; le reste des hommes se borne à l'admirer. La générosité est de tous les états, c'est la vertu dont la pratique satisfait le plus l'amour-propre. Il est un art d'être généreux : cet art n'est pas commun, il consiste à dérober le sacrifice que l'on fait. La générosité ne peut guère avoir de plus beau motif que l'amour de la patrie et le pardon des injures. La libéralité n'est autre chose que la générosité restreinte à un objet pécuniaire; c'est cependant une grande vertu lorsqu'elle se propose le soulagement des malheureux. Mais il y a une économie sage et raisonnée, qui devrait toujours régler les hommes dans la dispensation de leurs bienfaits. Voici un trait de cette économie. Un prince [a] donne une somme d'argent pour l'entretien des pauvres d'une ville; mais il fait en sorte que cette somme s'accroisse à mesure qu'elle est employée, et que bientôt elle puisse servir au soulagement de toute la province. De quel bonheur ne jouirait-on pas sur la terre, si la générosité des souverains avait toujours été dirigée par les mêmes vues!

On fait des générosités à ses amis, des libéralités à ses domestiques, des aumônes aux pauvres.

[1] Voyez l'*Homme aux quarante écus*, tome VIII, au chapitre intitulé : *Mariage de l'Homme aux quarante écus*.

[2] Voltaire avait composé pour l'*Encyclopédie* un article GÉNÉREUX. (Voyez sa lettre à d'Alembert du 29 novembre 1756).

Cependant l'article GÉNÉREUX ne porte pas, dans l'*Encyclopédie*, la signature de Voltaire. Cette circonstance peut motiver des doutes. Malgré cela, nous avons cru pouvoir admettre ici cet article.

[a] Le roi de Pologne, duc de Lorraine, a donné aux magistrats de la ville de Bar dix mille écus, qui doivent être employés à acheter du blé lorsqu'il est à bas prix, pour le revendre aux pauvres à un prix médiocre lorsqu'il est monté à un certain point de cherté. Par cet arrangement, la somme augmente toujours, et bientôt on pourra la répartir sur d'autres endroits de la province.

GENÈSE.

L'écrivain sacré s'étant conformé aux idées reçues, et n'ayant pas dû s'en écarter, puisque sans cette condescendance il n'aurait pas été entendu, il ne nous reste que quelques remarques à faire sur la physique de ces temps reculés; car pour la théologie, nous la respectons, nous y croyons, et nous n'y touchons jamais.

« Au commencement, Dieu créa le ciel et la » terre. »

C'est ainsi qu'on a traduit; mais la traduction n'est pas exacte. Il n'y a pas d'homme un peu instruit qui ne sache que le texte porte : « Au commencement, les dieux firent *ou* les dieux fit le » ciel et la terre. » Cette leçon d'ailleurs est conforme à l'ancienne idée des Phéniciens, qui avaient imaginé que Dieu employa des dieux inférieurs pour débrouiller le chaos, le chautereb. Les Phéniciens étaient depuis long-temps un peuple puissant, qui avait sa théogonie avant que les Hébreux se fussent emparés de quelques cantons vers son pays. Il est bien naturel de penser que quand les Hébreux eurent enfin un petit établissement vers la Phénicie, ils commencèrent à apprendre la langue. Alors leurs écrivains purent emprunter l'ancienne physique de leurs maîtres : c'est la marche de l'esprit humain.

Dans le temps où l'on place Moïse, les philosophes phéniciens en savaient-ils assez pour regarder la terre comme un point, en comparaison de la multitude infinie de globes que Dieu a placés dans l'immensité de l'espace qu'on nomme le *ciel?* Cette idée si ancienne et si fausse, que le ciel fut fait pour la terre, a presque toujours prévalu chez le peuple ignorant. C'est à peu près comme si on disait que Dieu créa toutes les montagnes et un grain de sable, et qu'on s'imaginât que ces montagnes ont été faites pour ce grain de sable. Il n'est guère possible que les Phéniciens, si bons navigateurs, n'eussent pas quelques bons astronomes; mais les vieux préjugés prévalaient, et ces vieux préjugés durent être ménagés par l'auteur de la *Genèse*, qui écrivait pour enseigner les voies de Dieu, et non la physique.

« La terre était tohu bohu et vide; les ténèbres » étaient sur la face de l'abîme, et l'esprit de Dieu » était porté sur les eaux. »

Tohu bohu signifie précisément chaos, désordre; c'est un de ces mots imitatifs qu'on trouve dans toutes les langues comme sens dessus dessous, tintamarre, trictrac, tonnerre, bombe. La terre n'était point encore formée telle qu'elle est; la matière existait, mais la puissance divine ne l'avait point encore arrangée. L'esprit de Dieu signifie à la lettre le *souffle*, le *vent* qui agitait les eaux. Cette idée est exprimée dans les fragments de l'auteur phénicien Sanchoniathon. Les Phéniciens croyaient, comme tous les autres peuples, la matière éternelle. Il n'y a pas un seul auteur dans l'antiquité qui ait jamais dit qu'on eût tiré quelque chose du néant. On ne trouve même dans toute la *Bible* aucun passage où il soit dit que la matière ait été faite de rien : non que la création de rien ne soit très vraie, mais cette vérité n'était pas connue des Juifs charnels.

Les hommes furent toujours partagés sur la question de l'éternité du monde, mais jamais sur l'éternité de la matière.

« . . . . Gigni
» De nihilo nihilum, in nihilum nil posse reverti. »
Pers., sat. III, 83.—

Voilà l'opinion de toute l'antiquité.

« Dieu dit, Que la lumière soit faite, et la lumière fut faite; et il vit que la lumière était » bonne; et il divisa la lumière des ténèbres; et » il appela la lumière *jour*, et les ténèbres *nuit;* » et le soir et le matin furent un jour. Et Dieu » dit aussi : Que le firmament soit fait au milieu des » eaux, et qu'il sépare les eaux des eaux; et Dieu » fit le firmament; et il divisa les eaux au-dessus » du firmament des eaux au-dessous du firmament; » et Dieu appela le firmament *ciel;* et le soir et le » matin fit le second jour, etc.; et il vit que cela » était bon. »

Commençons par examiner si l'évêque d'Avranches Huet, Leclerc, etc., n'ont pas évidemment raison contre ceux qui prétendent trouver ici un trait d'éloquence sublime.

Cette éloquence n'est affectée dans aucune histoire écrite par les Juifs. Le style est ici de la plus grande simplicité, comme dans le reste de l'ouvrage. Si un orateur, pour faire connaître la puissance de Dieu, employait seulement cette expression. « Il dit, que la lumière soit, et la lumière fut, » ce serait alors du sublime. Tel est ce passage d'un psaume. *Dixit, et facta sunt*. C'est un trait qui, étant unique en cet endroit, et placé pour faire une grande image, frappe l'esprit et l'enlève. Mais ici c'est le narré le plus simple. L'auteur juif ne parle pas de la lumière autrement que des autres objets de la création; il dit également à chaque article, *Et Dieu vit que cela était bon*. Tout est sublime dans la création, sans doute; mais celle de la lumière ne l'est pas plus que celle de l'herbe des champs : le sublime est ce qui s'élève au-dessus du reste, et le même tour règne partout dans ce chapitre.

C'était encore une opinion fort ancienne que la lumière ne venait pas du soleil. On la voyait répandue dans l'air avant le lever et après le coucher de cet astre, on s'imaginait que le soleil ne servait qu'à la pousser plus fortement. Aussi l'auteur de la *Genèse* se conforme-t-il à cette erreur populaire, et même il ne fait créer le soleil et la lune que quatre jours après la lumière. Il était impossible qu'il y eût un matin et un soir avant qu'il existât un soleil. L'auteur inspiré daignait descendre aux préjugés vagues et grossiers de la nation. Dieu ne prétendait pas enseigner la philosophie aux Juifs. Il pouvait élever leur esprit jusqu'à la vérité; mais il aimait mieux descendre jusqu'à eux. On ne peut trop répéter cette solution.

La séparation de la lumière et des ténèbres n'est pas d'une autre physique; il semble que la nuit et le jour fussent mêlés ensemble comme des grains d'espèces différentes que l'on sépare les uns des autres. On sait assez que les ténèbres ne sont autre chose que la privation de la lumière, et qu'il n'y a de lumière en effet qu'autant que nos yeux reçoivent cette sensation; mais on était alors bien loin de connaître ces vérités.

L'idée d'un firmament est encore de la plus haute antiquité. On s'imaginait que les cieux étaient très solides, parce qu'on y voyait toujours les mêmes phénomènes. Les cieux roulaient sur nos têtes, ils étaient donc d'une matière fort dure. Le moyen de supputer combien les exhalaisons de la terre et des mers pouvaient fournir d'eaux aux nuages? Il n'y avait point de Halley qui pût faire ce calcul. On se figurait donc des réservoirs d'eau dans le ciel. Ces réservoirs ne pouvaient être portés que sur une bonne voûte; on voyait à travers cette voûte, elle était donc de cristal. Pour que les eaux supérieures tombassent de cette voûte sur la terre, il était nécessaire qu'il y eût des portes, des écluses, des cataractes, qui s'ouvrissent et se fermassent. Telle était l'astronomie d'alors; et puisqu'on écrivait pour des Juifs, il fallait bien adopter leurs idées grossières, empruntées des autres peuples un peu moins grossiers qu'eux.

« Dieu fit deux grands luminaires, l'un pour » présider au jour, l'autre à la nuit; il fit aussi » les étoiles. »

C'est toujours, il est vrai, la même ignorance de la nature. Les Juifs ne savaient pas que la lune n'éclaire que par une lumière réfléchie. L'auteur parle ici des étoiles comme de points lumineux, tels qu'on les voit, quoiqu'elles soient autant de soleils dont chacun a des mondes roulants autour de lui. L'Esprit saint se proportionnait donc à l'esprit du temps. S'il avait dit que le soleil est un million de fois plus gros que la terre, et la lune cinquante fois plus petite, on ne l'aurait pas compris : ils nous paraissent deux astres presque également grands.

« Dieu dit aussi : Fesons l'homme à notre image, » et qu'il préside aux poissons, etc. »

Qu'entendaient les Juifs par *Fesons l'homme à notre image?* Ce que toute l'antiquité entendait :

« Finxit in effigiem moderantum cuncta deorum. »
OVID., *Métam.*, I. 83.

On ne fait des images que des corps. Nulle nation n'imagina un Dieu sans corps, et il est impossible de se le représenter autrement. On peut bien dire : Dieu n'est rien de ce que nous connaissons; mais on ne peut avoir aucune idée de ce qu'il est. Les Juifs crurent Dieu constamment corporel, comme tous les autres peuples. Tous les premiers Pères de l'Église crurent aussi Dieu corporel, jusqu'à ce qu'ils eussent embrassé les idées de Platon, ou plutôt jusqu'à ce que les lumières du christianisme fussent plus pures.

« Il les créa mâle et femelle. »

Si Dieu ou les dieux secondaires créèrent l'homme mâle et femelle à leur ressemblance, il semble en ce cas que les Juifs croyaient Dieu et les dieux mâles et femelles. On a recherché si l'auteur veut dire que l'homme avait d'abord les deux sexes, ou s'il entend que Dieu fit *Adam et Ève* le même jour. Le sens le plus naturel est que Dieu forma *Adam et Ève* en même temps, mais ce sens contredirait absolument la formation de la femme, faite d'une côte de l'homme long-temps après les sept jours.

« Et il se reposa le septième jour. »

Les Phéniciens, les Chaldéens, les Indiens, disaient que Dieu avait fait le monde en six temps, que l'ancien Zoroastre appelle les six *gahambârs*, si célèbres chez les Perses.

Il est incontestable que tous ces peuples avaient une théologie avant que les Juifs habitassent les déserts d'Horeb et de Sinaï, avant qu'ils pussent avoir des écrivains. Plusieurs savants ont cru vraisemblable que l'allégorie des six jours est imitée de celle des six temps. Dieu peut avoir permis que de grands peuples eussent cette idée avant qu'il l'eût inspirée au peuple juif. Il avait bien permis que les autres peuples inventassent les arts avant que les Juifs en eussent aucun.

« Du lieu de volupté sortait un fleuve qui arro- » sait le jardin, et de là se partageait en quatre » fleuves; l'un s'appelle Phison, qui tourne dans » le pays d'Hévilath, où vient l'or... Le second s'ap- » pelle Géhon, qui entoure l'Éthiopie.... Le troi- » sième est le Tigre, et le quatrième l'Euphrate. »

Suivant cette version, le paradis terrestre aurait contenu près du tiers de l'Asie et de l'Afrique. L'Euphrate et le Tigre ont leur source à plus de soixante grandes lieues l'un de l'autre, dans des montagnes horribles qui ne ressemblent guère à un jardin. Le fleuve qui borde l'Éthiopie, et qui ne peut être que le Nil, commence à plus de mille lieues des sources du Tigre et de l'Euphrate; et si le Phison est le Phase, il est assez étonnant de mettre au même endroit la source d'un fleuve de Scythie et celle d'un fleuve d'Afrique. Il a donc fallu chercher une autre explication et d'autres fleuves. Chaque commentateur a fait son paradis terrestre.

On a dit que le jardin d'Éden ressemble à ces jardins d'Éden à Saana, dans l'Arabie-Heureuse, fameuse dans toute l'antiquité; que les Hébreux, peuple très récent, pouvaient être une horde arabe, et se faire honneur de ce qu'il y avait de plus beau dans le meilleur canton de l'Arabie; qu'ils ont toujours employé pour eux les anciennes traditions des grandes nations au milieu desquelles ils étaient enclavés. Mais ils n'en étaient pas moins conduits par le Seigneur.

« Le Seigneur prit donc l'homme, et le mit dans » le jardin de volupté afin qu'il le cultivât. »

C'est fort bien fait de *cultiver son jardin*, mais il est difficile qu'Adam cultivât un jardin de mille lieues de long : apparemment qu'on lui donna des aides. Il faut donc, encore une fois, que les commentateurs exercent ici leur talent de deviner. Aussi a-t-on donné à ces quatre fleuves trente positions différentes

« Ne mangez point du fruit de la science du bien » et du mal. »

Il est difficile de concevoir qu'il y ait eu un arbre qui enseignât le bien et le mal, comme il y a des poiriers et des abricotiers. D'ailleurs on a demandé pourquoi Dieu ne veut pas que l'homme connaisse le bien et le mal. Le contraire ne paraît-il pas (si on ose le dire) beaucoup plus digne de Dieu, et beaucoup plus nécessaire à l'homme? Il semble à notre pauvre raison que Dieu devait ordonner de manger beaucoup de ce fruit; mais on doit soumettre sa raison, et conclure seulement qu'il faut obéir à Dieu.

« Dès que vous en aurez mangé, vous mourrez. »

Cependant Adam en mangea, et n'en mourut point. Au contraire, on le fait vivre encore neuf cent trente ans. Plusieurs Pères ont regardé tout cela comme une allégorie. En effet, on pourrait dire que les autres animaux ne savent pas qu'ils mourront, mais que l'homme le sait par sa raison. Cette raison est l'arbre de la science qui lui fait prévoir sa fin. Cette explication serait peut-être la plus raisonnable; mais nous n'osons prononcer.

« Le Seigneur dit aussi : Il n'est pas bon que » l'homme soit seul, fesons-lui une aide semblable » à lui. »

On s'attend que le Seigneur va lui donner une femme; mais auparavant il lui amène tous les animaux. Peut-être y a-t-il ici quelque transposition de copiste.

« Et le nom qu'Adam donna à chacun des ani» maux est son véritable nom. »

Ce qu'on peut entendre par le véritable nom d'un animal serait un nom qui désignerait toutes les propriétés de son espèce, ou du moins les principales; mais il n'en est ainsi dans aucune langue. Il y a dans chacune quelques mots imitatifs, comme *coq* et *coucou* en celte, qui désignent un peu le cri du coq et du coucou; *tintamarre*, *trictrac*; *alali* en grec, *loupous* en latin. etc. Mais ces mots imitatifs sont en très petit nombre. De plus, si Adam eût ainsi connu toutes les propriétés des animaux, ou il avait déjà mangé du fruit de la science, ou Dieu semblait n'avoir pas besoin de lui interdire ce fruit : il en savait déjà plus que la société royale de Londres et l'académie des sciences.

Observez que c'est ici la première fois qu'Adam est nommé dans la *Genèse*. Le premier homme, chez les anciens brachmanes, prodigieusement antérieurs aux Juifs, s'appelait Adimo, l'enfant de la terre, et sa femme Procriti, la vie; c'est ce que dit le *Veidam*, dans la seconde formation du monde. Adam et Ève signifiaient ces mêmes choses dans la langue phénicienne : nouvelle preuve que l'Esprit saint se conformait aux idées reçues.

« Lorsque Adam était endormi, Dieu prit une » de ses côtes, et mit de la chair à la place; et de » la côte qu'il avait tirée d'Adam il bâtit une femme, » et il amena la femme à Adam. »

Le Seigneur, un chapitre auparavant, avait déjà créé le mâle et la femelle; pourquoi donc ôter une côte à l'homme pour en faire une femme qui existait déjà? On répond que l'auteur annonce dans un endroit ce qu'il explique dans l'autre. On répond encore que cette allégorie soumet la femme à son mari, et exprime leur union intime. Bien des gens ont cru sur ce verset que les hommes ont une côte de moins que les femmes : mais c'est une hérésie; et l'anatomie nous fait voir qu'une femme n'est pas pourvue de plus de côtes que son mari.

« Or le serpent était le plus rusé de tous les ani» maux de la terre, etc.; il dit à la femme, etc. »

Il n'est fait dans tout cet article aucune mention du diable; tout y est physique. Le serpent était regardé non seulement comme le plus rusé des animaux par toutes les nations orientales, mais encore comme immortel. Les Chaldéens avaient une fable d'une querelle entre Dieu et le serpent; et cette fable avait été conservée par Phérécide. Origène la cite dans son livre VI contre Celse. On portait un serpent dans les fêtes de Bacchus. Les Égyptiens attachaient une espèce de divinité au serpent, au rapport d'Eusèbe, dans sa *Préparation évangélique*, livre Ier, chap. X. Dans l'Arabie et dans les Indes, à la Chine même, le serpent était regardé comme le symbole de la vie; et de là vint que les empereurs de la Chine antérieurs à Moïse portèrent toujours l'image d'un serpent sur leur poitrine.

Ève n'est point étonnée que le serpent lui parle. Les animaux ont parlé dans toutes les anciennes histoires; et c'est pourquoi lorsque Pilpaï et Loqman firent parler les animaux, personne n'en fut surpris.

Toute cette aventure paraît si physique et si dépouillée de toute allégorie, qu'on y rend raison pourquoi le serpent rampe depuis ce temps-là sur son ventre, pourquoi nous cherchons toujours à l'écraser, et pourquoi il cherche toujours à nous mordre (du moins à ce qu'on croit); précisément comme on rendait raison, dans les anciennes métamorphoses, pourquoi le corbeau, qui était blanc autrefois, est noir aujourd'hui, pourquoi le hibou ne sort de son trou que de nuit, pourquoi le loup aime le carnage, etc. Mais les Pères ont cru que c'est une allégorie aussi manifeste que respectable: le plus sûr est de les croire.

« Je multiplierai vos misères et vos grossesses: » vous enfanterez dans la douleur; vous serez sous » la puissance de l'homme, et il vous dominera. »

On demande pourquoi la multiplication des grossesses est une punition. C'était au contraire, dit-on, une très grande bénédiction, et surtout chez les Juifs. Les douleurs de l'enfantement ne sont considérables que dans les femmes délicates; celles qui sont accoutumées au travail accouchent très aisément, surtout dans les climats chauds. Il y a quelquefois des bêtes qui souffrent beaucoup dans leur gésine; il y en a même qui en meurent. Et quant à la supériorité de l'homme sur la femme, c'est une chose entièrement naturelle; c'est l'effet de la force du corps, et même de celle de l'esprit. Les hommes en général ont des organes plus capables d'une attention suivie que les femmes, et sont plus propres aux travaux de la tête et du bras. Mais quand une femme a le poignet et l'esprit plus fort que son mari, elle en est partout la maîtresse: c'est alors le mari qui est soumis à la femme. Cela est vrai; mais il se peut très bien qu'avant le péché originel il n'y eût ni sujétion ni douleur.

« Le Seigneur leur fit des tuniques de peau. »

Ce passage prouve bien que les Juifs croyaient un Dieu corporel. Un rabbin nommé Éliézer a écrit que Dieu couvrit Adam et Ève de la peau même du serpent qui les avait tentés; et Origène prétend que cette tunique de peau était une nouvelle chair, un nouveau corps que Dieu fit à l'homme. Il vaut mieux s'en tenir au texte avec respect.

« Et le Seigneur dit: Voilà Adam qui est devenu » comme l'un de nous. »

Il semblerait que les Juifs admirent d'abord plusieurs dieux. Il est plus difficile de savoir ce qu'ils entendent par ce mot Dieu, *Eloïm*. Quelques commentateurs ont prétendu que ce mot, *l'un de nous*, signifie la Trinité; mais il n'est pas assurément question de la Trinité dans la *Bible*. La Trinité n'est pas un composé de plusieurs dieux, c'est le même Dieu triple; et jamais les Juifs n'entendirent parler d'un Dieu en trois personnes. Par ces mots, *semblable à nous*, il est vraisemblable que les Juifs entendaient les anges, *Eloïm*. C'est ce qui fit penser à plusieurs doctes téméraires que ce livre ne fut écrit que quand ils adoptèrent la créance de ces dieux inférieurs; mais c'est une opinion condamnée.

« Le Seigneur le mit hors du jardin de volupté, » afin qu'il cultivât la terre. »

Mais le Seigneur, disent quelques uns, l'avait mis dans le jardin de volupté, *afin qu'il cultivât ce jardin*. Si Adam de jardinier devint laboureur, ils disent qu'en cela son état n'empira pas beaucoup: un bon laboureur vaut bien un bon jardinier. Cette solution nous semble trop peu sérieuse. Il vaut mieux dire que Dieu punit la désobéissance par le bannissement du lieu natal.

Toute cette histoire en général se rapporte, selon des commentateurs trop hardis, à l'idée qu'eurent tous les hommes, et qu'ils ont encore, que les premiers temps valaient mieux que les nouveaux. On a toujours plaint le présent et vanté le passé. Les hommes surchargés de travaux ont placé le bonheur dans l'oisiveté, ne songeant pas que le pire des états est celui d'un homme qui n'a rien à faire. On se vit souvent malheureux, et on se forgea l'idée d'un temps où tout le monde avait été heureux. C'est à peu près comme si on disait: Il fut un temps où il ne périssait aucun arbre; où nulle bête n'était ni malade, ni faible, ni dévorée par une autre; où jamais les araignées ne prenaient de mouches. De là l'idée du siècle d'or, de l'œuf percé par Arimane, du serpent qui déroba à l'âne la recette de la vie heureuse et immortelle, que l'homme avait mise sur son bât; de là ce combat de Typhon contre Osiris, d'Ophionée contre les dieux, et cette fameuse boîte de Pandore, et tous ces vieux contes dont quelques uns sont ingénieux, et dont aucun n'est instructif. Mais nous devons croire que les fables des autres peuples sont des imitations de l'histoire hébraïque, puisque nous avons l'ancienne histoire des Hébreux, et que les premiers livres des autres nations sont presque tous perdus. De plus, les témoignages en faveur de la *Genèse* sont irréfragables.

« Et il mit devant le jardin de volupté un ché- » rubin avec un glaive tournoyant et enflammé » pour garder l'entrée de l'arbre de vie. »

Le mot *kerub* signifie *bœuf*. Un bœuf armé d'un sabre enflammé fait, dit-on, une étrange figure à une porte. Mais les Juifs représentèrent depuis des anges en forme de bœufs et d'éperviers, quoiqu'il leur fût défendu de faire aucune figure. Ils prirent visiblement ces bœufs et ces éperviers des Égyptiens, dont ils imitèrent tant de choses. Les Égyptiens vénérèrent d'abord le bœuf comme le symbole de l'agriculture, et l'épervier comme celui des vents; mais ils ne firent jamais un portier d'un bœuf. C'est probablement une allégorie; et les Juifs entendaient par *kerub* la nature. C'était un symbole composé d'une tête de bœuf, d'une tête d'homme, d'un corps d'homme, et d'ailes d'épervier.

« Et le Seigneur mit un signe à Caïn. »

Quel Seigneur! disent les incrédules. Il accepte l'offrande d'Abel, et il rejette celle de Caïn son aîné, sans qu'on en rapporte la moindre raison. Par là le Seigneur devient la cause de l'inimitié entre les deux frères. C'est une instruction morale, à la vérité, et une instruction prise dans toutes les fables anciennes, qu'à peine le genre humain exista, qu'un frère assassine son frère: mais ce qui paraît aux sages du monde contre toute morale, contre toute justice, contre tous les principes du sens commun, c'est que Dieu ait damné à toute éternité le genre humain, et ait fait mourir inutilement son propre fils pour une pomme, et qu'il pardonne un fratricide. Que dis-je, pardonner? il prend le coupable sous sa protection. Il déclare que quiconque vengera le meurtre d'Abel sera puni sept fois plus que Caïn ne l'aurait été. Il lui met un signe qui lui sert de sauve-garde. C'est, disent les impies, une fable aussi exécrable qu'absurde. C'est le délire de quelque malheureux Juif, qui écrivit ces infâmes inepties à l'imitation des contes que les peuples voisins prodiguaient dans la Syrie. Ce Juif insensé attribua ces rêveries atroces à Moïse, dans un temps où rien n'était plus rare que les livres. La fatalité, qui dispose de tout, a fait parvenir ce malheureux livre jusqu'à nous: des fripons l'ont exalté, et des imbéciles l'ont cru. Ainsi parle une foule de théistes qui, en adorant Dieu, osent condamner le Dieu d'Israël, et qui jugent de la conduite de l'Être éternel par les règles de notre morale imparfaite et de notre justice erronée. Ils admettent Dieu pour le soumettre à nos lois. Gardons-nous d'être si hardis, et respectons, encore une fois, ce que nous ne pouvons comprendre. Crions *ô altitudo!* de toutes nos forces.

« Les dieux Eloïm, voyant que les filles des » hommes étaient belles, prirent pour épouses » celles qu'ils choisirent. »

Cette imagination fut encore celle de tous les peuples. Il n'y a aucune nation, excepté peut-être la Chine, où quelque dieu ne soit venu faire des enfants à des filles. Ces dieux corporels descendaient souvent sur la terre pour visiter leurs domaines; ils voyaient nos filles, ils prenaient pour eux les plus jolies: les enfants nés du commerce de ces dieux et des mortelles devaient être supérieurs aux autres hommes; aussi la *Genèse* ne manque pas de dire que ces dieux qui couchèrent avec nos filles produisirent des géants. C'est encore se conformer à l'opinion vulgaire.

« Et je ferai venir sur la terre les eaux du dé- » luge[a]. »

Je remarquerai seulement ici que saint Augustin, dans sa *Cité de Dieu*, n° 8, dit: *Maximum illud diluvium græca nec latina novit historia:* ni l'histoire grecque ni la latine ne connaissent ce grand déluge. En effet on n'avait jamais connu que ceux de Deucalion et d'Ogygès, en Grèce. Ils sont regardés comme universels dans les fables recueillies par Ovide, mais totalement ignorés dans l'Asie orientale. Saint Augustin ne se trompe donc pas en disant que l'histoire n'en parle point.

« Dieu dit à Noé: Je vais faire alliance avec » vous et avec votre semence après vous, et avec » tous les animaux. »

Dieu faire alliance avec les bêtes! quelle alliance! s'écrient les incrédules. Mais s'il s'allie avec l'homme, pourquoi pas avec la bête? elle a du sentiment, et il y a quelque chose d'aussi divin dans le sentiment que dans la pensée la plus métaphysique. D'ailleurs les animaux sentent mieux que la plupart des hommes ne pensent. C'est apparemment en vertu de ce pacte que François d'Assise, fondateur de l'ordre séraphique, disait aux cigales et aux lièvres: Chantez, ma sœur la cigale; broutez, mon frère le levraut. Mais quelles ont été les conditions du traité? que tous les animaux se dévoreraient les uns les autres; qu'ils se nourriraient de notre chair, et nous de la leur; qu'après les avoir mangés, nous nous exterminerions avec rage, et qu'il ne nous manquerait plus que de manger nos semblables égorgés par nos mains. S'il y avait eu un tel pacte, il aurait été fait avec le diable.

Probablement tout ce passage ne veut dire autre chose sinon que Dieu est également le maître absolu de tout ce qui respire. Ce pacte ne peut être qu'un ordre, et le mot d'*alliance* n'est là que par extension. Il ne faut donc pas s'effaroucher des termes, mais adorer l'esprit, et remonter aux temps où l'on écrivait ce livre, qui est un scandale aux faibles et une édification aux forts.

« Et je mettrai mon arc dans les nuées, et il » sera un signe de mon pacte, etc. »

Remarquez que l'auteur ne dit pas: J'ai mis mon arc dans les nuées; il dit: Je mettrai: cela

[a] Voyez l'article DÉLUGE.

suppose évidemment que l'opinion commune était que l'arc-en-ciel n'avait pas toujours existé. C'est un phénomène causé nécessairement par la pluie, et on le donne ici comme quelque chose de surnaturel qui avertit que la terre ne sera plus inondée. Il est étrange de choisir le signe de la pluie pour assurer qu'on ne sera pas noyé. Mais aussi on peut répondre que dans le danger de l'inondation on est rassuré par l'arc-en-ciel.

« Or le Seigneur descendit pour voir la ville et
» la tour que les enfants d'Adam bâtissaient ; et
» il dit : Voilà un peuple qui n'a qu'une langue.
» Ils ont commencé à faire cela ; et ils ne s'en dé-
» sisteront point jusqu'à ce qu'ils aient achevé.
» Venez donc, descendons, confondons leur lan-
» gue, afin que personne n'entende son voisin[a]. »

Observez seulement ici que l'auteur sacré continue toujours à se conformer aux opinions populaires. Il parle toujours de Dieu comme d'un homme qui s'informe de ce qui se passe, qui veut voir par ses yeux ce qu'on fait dans ses domaines, qui appelle les gens de son conseil pour se résoudre avec eux.

« Et Abraham, ayant partagé ses gens (qui étaient
» trois cent dix-huit), tomba sur les cinq rois, les
» défit, et les poursuivit jusqu'à Hoba à la gauche
» de Damas. »

Du bord méridional du lac de Sodome jusqu'à Damas, on compte quatre-vingts lieues ; et encore faut-il franchir le Liban et l'Anti-Liban. Les incrédules triomphent d'une telle exagération. Mais, puisque le Seigneur favorisait Abraham, rien n'est exagéré.

« Et sur le soir les deux anges arrivèrent à So-
» dome, etc. »

Toute l'histoire des deux anges, que les Sodomites voulurent violer, est peut-être la plus extraordinaire que l'antiquité ait rapportée. Mais il faut considérer que presque toute l'Asie croyait qu'il y avait des démons incubes et succubes ; que de plus ces deux anges étaient des créatures plus parfaites que les hommes, et qu'ils devaient être plus beaux, et allumer plus de désirs chez un peuple corrompu que des hommes ordinaires. Il se peut que ce trait d'histoire ne soit qu'une figure de rhétorique pour exprimer les horribles débordements de Sodome et de Gomorrhe. Nous ne proposons cette solution aux savants qu'avec une extrême défiance de nous-mêmes.

Pour Loth qui propose ses deux filles aux Sodomites à la place des deux anges, et la femme de Loth changée en statue de sel, et tout le reste de cette histoire, qu'oserons-nous dire ? L'ancienne fable arabique de Cinyra et de Myrrha a quelque rapport à l'inceste de Loth et de ses filles ; et l'aventure de Philémon et de Baucis n'est pas sans ressemblance avec les deux anges qui apparurent à Loth et à sa femme. Pour la statue de sel, nous ne savons pas à quoi elle ressemble : est-ce à l'histoire d'Orphée et d'Eurydice ?

Bien des savants pensent, avec le grand Newton et le docte Leclerc, que le *Pentateuque* fut écrit par Samuel lorsque les Juifs eurent un peu appris à lire et à écrire, et que toutes ces histoires sont des imitations des fables syriennes.

Mais il suffit que tout cela soit dans l'*Écriture sainte* pour que nous le révérions, sans chercher à voir dans ce livre autre chose que ce qui est écrit par l'Esprit saint. Souvenons-nous toujours que ces temps-là ne sont pas les nôtres ; ne manquons pas de répéter, après tant de grands hommes, que l'*ancien Testament* est une histoire véritable, et que tout ce qui a été inventé par le reste de l'univers est fabuleux.

Il s'est trouvé quelques savants qui ont prétendu qu'on devait retrancher des livres canoniques toutes ces choses incroyables qui scandalisent les faibles ; mais on a dit que ces savants étaient des cœurs corrompus, des hommes à brûler, et qu'il est impossible d'être honnête homme si on ne croit pas que les Sodomites voulurent violer deux anges. C'est ainsi que raisonne une espèce de monstres qui veut dominer sur les esprits.

Il est vrai que plusieurs célèbres Pères de l'Église ont eu la prudence de tourner toutes ces histoires en allégories, à l'exemple des Juifs, et surtout de Philon. Des papes plus prudents encore voulurent empêcher qu'on ne traduisît ces livres en langue vulgaire, de peur qu'on ne mît les hommes à portée de juger ce qu'on leur proposait d'adorer.

On doit certainement en conclure que ceux qui entendent parfaitement ce livre doivent tolérer ceux qui ne l'entendent pas ; car si ceux-ci n'y entendent rien, ce n'est pas leur faute : mais ceux qui n'y comprennent rien doivent tolérer aussi ceux qui comprennent tout.

Les savants trop remplis de leur science ont prétendu qu'il était impossible que Moïse eût écrit la *Genèse*. Une de leurs grandes raisons est que, dans l'histoire d'Abraham, il est dit que ce patriarche paya la caverne pour enterrer sa femme en *argent monnayé*, et que le roi de Gérare donna mille pièces d'argent à Sara, lorsqu'il la rendit, après l'avoir enlevée pour sa beauté à l'âge de soixante et quinze ans. Ils disent qu'ils ont consulté tous les anciens auteurs, et qu'il est avéré qu'il n'y avait point d'argent monnayé dans ce temps-là. Mais on voit bien que ce sont là de pures chicanes, puisque l'Église a toujours cru ferme-

[a] Voyez sur ce passage l'article BABEL.

ment que Moïse fut l'auteur du *Pentateuque*. Ils fortifient tous les doutes élevés par Aben-Hesra, et par Baruch Spinosa. Le médecin Astruc, beau-père du contrôleur général Silhouette, dans son livre, devenu très-rare, intitulé *Conjectures sur la Genèse*, ajoute de nouvelles objections insolubles à la science humaine; mais elles ne le sont pas à la piété humble et soumise. Les savants osent contredire chaque ligne, et les simples révèrent chaque ligne. Craignons de tomber dans le malheur de croire notre raison; soyons soumis d'esprit et de cœur *.

« Et Abraham dit que Sara était sa sœur; et le » roi de Gérare la prit pour lui. »

Nous avouons, comme nous l'avons dit à l'article ABRAHAM, que Sara avait alors quatre-vingt-dix ans; qu'elle avait été déjà enlevée par un roi d'Égypte; et qu'un roi de ce même désert affreux de Gérare enleva encore depuis la femme d'Isaac, fils d'Abraham. Nous avons parlé aussi de la servante Agar à qui Abraham fit un enfant, et de la manière dont ce patriarche renvoya cette servante et son fils. On sait à quel point les incrédules triomphent de toutes ces histoires; avec quel sourire dédaigneux ils en parlent; comme ils mettent fort au-dessous des *Mille et une Nuits* l'histoire d'un Abimelech amoureux de cette même Sara qu'Abraham avait fait passer pour sa sœur, et d'un autre Abimelech, amoureux de Rebecca, qu'Isaac fait aussi passer pour sa sœur. On ne peut trop redire que le grand défaut de tous ces savants critiques est de vouloir tout ramener aux principes de notre faible raison, et de juger des anciens Arabes comme ils jugent de la cour de France et de celle d'Angleterre.

« Et l'âme de Sichem, fils du roi Hemor, fut » conglutinée avec l'âme de Dina; et il charma » sa tristesse par des caresses tendres; et il alla à » Hemor son père, et lui dit: Donnez-moi cette » fille pour femme. »

C'est ici que les savants se révoltent plus que jamais. Quoi! disent-ils, le fils d'un roi veut bien faire à la fille d'un vagabond l'honneur de l'épouser; le mariage se conclut; on comble de présents Jacob le père et Dina la fille; le roi de Sichem daigne recevoir dans sa ville ces voleurs errants qu'on appelle *patriarches*; il a la bonté incroyable, incompréhensible, de se faire circoncire, lui, son fils, sa cour et son peuple, pour condescendre à la superstition de cette petite horde, qui ne possède pas une demi-lieue de terrain en propre! Et pour prix d'une si étonnante bonté, que font nos patriarches sacrés? ils attendent le jour où la plaie de la circoncision donne ordinairement la fièvre. Siméon et Lévi courent par toute la ville le poignard à la main; ils massacrent le roi, le prince son fils, et tous les habitants. L'horreur de cette Saint-Barthélemi n'est sauvée que parce qu'elle est impossible. C'est un roman abominable, mais c'est évidemment un roman ridicule. Il est impossible que deux hommes aient égorgé tranquillement tout un peuple. On a beau souffrir un peu de son prépuce entamé, on se défend contre deux scélérats, on s'assemble, on les entoure, on les fait périr par les supplices qu'ils méritent.

Mais il y a encore une impossibilité plus palpable: c'est que, par la supputation exacte des temps, Dina, cette fille de Jacob, ne pouvait alors être âgée que de trois ans, et que, si on veut forcer la chronologie, on ne pourra lui en donner que cinq tout au plus: c'est sur quoi on se récrie. On dit: Qu'est-ce qu'un livre d'un peuple réprouvé; un livre inconnu si long-temps de toute la terre; un livre où la droite raison et les mœurs sont outragées à chaque page, et qu'on veut nous donner pour irréfragable, pour saint, pour dicté par Dieu même? n'est-ce pas une impiété de le croire? n'est-ce pas une fureur d'anthropophages de persécuter les hommes sensés et modestes qui ne le croient pas?

A cela nous répondons: l'Église dit qu'elle le croit. Les copistes ont pu mêler des absurdités révoltantes à des histoires respectables. C'est à la sainte Église seule d'en juger. Les profanes doivent se laisser conduire par elle. Ces absurdités, ces horreurs prétendues n'intéressent point le fond de notre religion. Où en seraient les hommes, si le culte et la vertu dépendaient de ce qui arriva autrefois à Sichem et à la petite Dina?

« Voici les rois qui régnèrent dans le pays d'É- » dom avant que les enfants d'Israël eussent un roi. »

C'est ici le passage fameux qui a été une des grandes pierres d'achoppement. C'est ce qui a déterminé le grand Newton, le pieux et sage Samuel Clarke, le profond philosophe Bolingbroke, le docte Le Clerc, le savant Fréret, et une foule d'autres savants, à soutenir qu'il était impossible que Moïse fût l'auteur de la *Genèse*.

Nous avouons qu'en effet ces mots ne peuvent avoir été écrits que dans le temps où les Juifs eurent des rois.

C'est principalement ce verset qui détermina Astruc à bouleverser toute la *Genèse*, et à supposer des mémoires dans lesquels l'auteur avait puisé. Son travail est ingénieux, il est exact, mais il est téméraire. Un concile aurait à peine osé l'entreprendre. Et de quoi a servi ce travail ingrat et dangereux d'Astruc? à redoubler les ténèbres qu'il a voulu éclaircir. C'est là le fruit de l'arbre de la science dont nous voulons tous manger. Pourquoi

* Voyez l'article MOÏSE.

faut-il que les fruits de l'arbre de l'ignorance soient plus nourrissants et plus aisés à digérer?

Mais que nous importe, après tout, que ce verset, que ce chapitre ait été écrit par Moïse, ou par Samuel, ou par le sacrificateur qui vint à Samarie, ou par Esdras, ou par un autre? En quoi notre gouvernement, nos lois, nos fortunes, notre morale, notre bien-être, peuvent-ils être liés avec les chefs ignorés d'un malheureux pays barbare, appelé *Édom* ou *Idumée*, toujours habité par des voleurs? Hélas! ces pauvres Arabes qui n'ont pas de chemises ne s'informent jamais si nous existons; ils pillent des caravanes et mangent du pain d'orge; et nous nous tourmentons pour savoir s'il y a eu des roitelets dans ce canton de l'Arabie-Pétrée, avant qu'il y en eût dans un canton voisin, à l'occident du lac de Sodome!

« O miseras hominum mentes! o pectora cæca! »
LUCRET., II, v. 14.

GÉNIE.

SECTION PREMIÈRE.

Génie, *daimon*; nous en avons déjà parlé à l'article ANGE. Il n'est pas aisé de savoir au juste si les *péris* des Perses furent inventés avant les démons des Grecs; mais cela est fort probable.

Il se peut que les âmes des morts, appelées *ombres*, *mânes*, aient passé pour des démons. Hercule, dans Hésiode, dit qu'un *daimon* lui ordonna ses travaux [a].

Le *daimon* ou démon de Socrate avait tant de réputation, qu'Apulée, l'auteur de l'*Ane d'or*, qui d'ailleurs était magicien de bonne foi, dit dans son Traité sur ce génie de Socrate, qu'il faut être *sans religion pour le nier*. Vous voyez qu'Apulée raisonnait précisément comme frère Garasse et frère Berthier. Tu ne crois pas ce que je crois, tu es donc sans religion. Et les jansénistes en ont dit autant à frère Berthier, et le reste du monde n'en sait rien. Ces démons, dit le très religieux et le très ordurier Apulée, sont des puissances intermédiaires entre l'éther et notre basse région. Ils vivent dans notre atmosphère, ils portent nos prières et nos mérites aux dieux. Ils en rapportent les secours et les bienfaits, comme des interprètes et des ambassadeurs. C'est par leur ministère, comme dit Platon, que s'opèrent les révélations, les présages, les miracles des magiciens.

« Cæterum, sunt quædam divinæ mediæ potestates, inter summum æther et infimas terras, in isto intersitæ aeris spatio, per quas et desideria nostra et merita ad deos commeant. Hos græco nomine δαίμονας nuncupant. Inter terricolas cœlicolasque vectores, hinc precum, inde donorum : qui ultro citroque portant, hinc petitiones, inde suppetias : ceu quidam utriusque interpretes, et salutigeri. Per hos eosdem, ut Plato in Symposio autumat, cuncta denuntiata, et magorum varia miracula, omnesque præsagiorum species reguntur. » (APUL., de Deo Socratis.)

Saint Augustin a daigné réfuter Apulée; voici ses paroles :

« [b] Nous ne pouvons non plus dire que les démons ne sont ni mortels ni éternels; car tout ce qui a la vie, ou vit éternellement, ou perd par la mort la vie dont il est vivant; et Apulée a dit que, quant au temps, les démons sont éternels. Que reste-t-il donc, sinon que les démons tenant le milieu, ils aient une chose des deux plus hautes et une chose des deux plus basses? Ils ne sont plus dans le milieu, et ils tombent dans l'une des deux extrémités; et comme des deux choses qui sont, soit de l'une, soit de l'autre part, il ne se peut faire qu'ils n'en aient pas deux, selon que nous l'avons montré, pour tenir le milieu, il faut qu'ils aient une chose de chacune; et puisque l'éternité ne leur peut venir des plus basses, où elle ne se trouve pas, c'est la seule chose qu'ils ont des plus hautes; et ainsi pour achever le milieu qui leur appartient, que peuvent-ils avoir des plus basses que la misère? »

C'est puissamment raisonner.

Comme je n'ai jamais vu de génies, de démons, de péris, de farfadets, soit bienfesants, soit malfesants, je n'en puis parler en connaissance de cause, et je m'en rapporte aux gens qui en ont vu.

Chez les Romains on ne se servait point du mot *genius* pour exprimer, comme nous fesons, un rare talent; c'était *ingenium*. Nous employons indifféremment le mot *génie* quand nous parlons du démon qui avait une ville de l'antiquité sous sa garde, ou d'un machiniste, ou d'un musicien.

Ce terme de *génie* semble devoir désigner, non pas indistinctement les grands talents, mais ceux dans lesquels il entre de l'invention. C'est surtout cette invention qui paraissait un don des dieux, cet *ingenium quasi ingenitum*, une espèce d'inspiration divine. Or un artiste, quelque parfait qu'il soit dans son genre, s'il n'a point d'invention, s'il n'est point original, n'est point réputé génie; il ne passera pour avoir été inspiré que par les artistes ses prédécesseurs, quand même il les surpasserait.

Il se peut que plusieurs personnes jouent mieux aux échecs que l'inventeur de ce jeu, et qu'ils lui

[a] *Bouclier d'Hercule*, v. 94.

[b] *Cité de Dieu*, liv. IX, chap. XII, pag. 324, traduction de Giri.

gagnassent les grains de blé que le roi des Indes voulait lui donner : mais cet inventeur était un génie ; et ceux qui le gagneraient peuvent ne pas l'être. Le Poussin, déjà grand peintre avant d'avoir vu de bons tableaux, avait le génie de la peinture. Lulli, qui ne vit aucun bon musicien en France, avait le génie de la musique.

Lequel vaut le mieux de posséder sans maître le génie de son art, ou d'atteindre à la perfection en imitant et en surpassant ses maîtres?

Si vous faites cette question aux artistes, ils seront peut-être partagés : si vous la faites au public, il n'hésitera pas. Aimez-vous mieux une belle tapisserie des Gobelins qu'une tapisserie faite en Flandre dans les commencements de l'art? préférez-vous les chefs-d'œuvre modernes en estampes aux premières gravures en bois? la musique d'aujourd'hui aux premiers airs qui ressemblaient au chant grégorien? l'artillerie d'aujourd'hui au génie qui inventa les premiers canons? tout le monde vous répondra : Oui. Tous les acheteurs vous diront : J'avoue que l'inventeur de la navette avait plus de génie que le manufacturier qui a fait mon drap ; mais mon drap vaut mieux que celui de l'inventeur.

Enfin, chacun avouera, pour peu qu'on ait de conscience, que nous respectons les génies qui ont ébauché les arts, et que les esprits qui les ont perfectionnés sont plus à notre usage.

SECTION II.

L'article *Génie* a été traité dans le grand Dictionnaire par des hommes qui en avaient[1]. On n'osera donc dire que peu de chose après eux.

Chaque ville, chaque homme ayant eu autrefois son génie, on s'imagina que ceux qui fesaient des choses extraordinaires étaient inspirés par ce génie. Les neuf Muses étaient neuf génies qu'il fallait invoquer ; c'est pourquoi Ovide (*Fastes*, VI, 5) dit :

« Est deus in nobis, agitante calescimus illo. »

Il est un dieu dans nous, c'est lui qui nous anime.

Mais au fond, le génie est-il autre chose que le talent? Qu'est-ce que le talent, sinon la disposition à réussir dans un art? Pourquoi disons-nous le génie d'une langue? C'est que chaque langue par ses terminaisons, par ses articles, par ses participes, ses mots plus ou moins longs, aura nécessairement des propriétés que d'autres langues n'auront pas. Le génie de la langue française sera plus fait pour la conversation, parce que sa marche nécessairement simple et régulière ne gênera jamais l'esprit. Le grec et le latin auront plus de variété. Nous avons remarqué ailleurs que nous ne pouvons dire « Théophile a pris soin des affaires de César » que de cette seule manière; mais en grec et en latin on peut transposer les cinq mots qui composeront cette phrase en cent vingt façons différentes, sans gêner en rien le sens.

Le style lapidaire sera plus dans le génie de la langue latine que dans celui de la française et de l'allemande.

On appelle *génie d'une nation* le caractère, les mœurs, les talents principaux, les vices même, qui distinguent un peuple d'un autre. Il suffit de voir des Français, des Espagnols et des Anglais, pour sentir cette différence.

Nous avons dit que le génie particulier d'un homme dans les arts n'est autre chose que son talent; mais on ne donne ce nom qu'à un talent très supérieur. Combien de gens ont eu quelque talent pour la poésie, pour la musique, pour la peinture! Cependant il serait ridicule de les appeler des génies.

Le génie conduit par le goût ne fera jamais de faute grossière : aussi Racine, depuis *Andromaque*, Le Poussin, Rameau, n'en ont jamais fait.

Le génie sans goût en commettra d'énormes; et ce qu'il y a de pis, c'est qu'il ne les sentira pas.

GÉNIES.

La doctrine des génies, l'astrologie judiciaire, et la magie, ont rempli toute la terre. Remontez jusqu'à l'ancien Zoroastre, vous trouvez les génies établis. Toute l'antiquité est pleine d'astrologues et de magiciens. Ces idées étaient donc bien naturelles. Nous nous moquons aujourd'hui de tant de peuples chez qui elles ont prévalu ; si nous étions à leur place, si nous commencions comme eux à cultiver les sciences, nous en ferions tout autant. Imaginons-nous que nous sommes des gens d'esprit qui commençons à raisonner sur notre être et à observer les astres : la terre est sans doute immobile au milieu du monde ; le soleil et les planètes ne tournent que pour elle, et les étoiles ne sont faites que pour nous; l'homme est donc le grand objet de toute la nature. Que faire de tous ces globes uniquement destinés à notre usage, et de l'immensité du ciel? Il est tout vraisemblable que l'espace et les globes sont peuplés de substances ; et puisque nous sommes les favoris de la nature, placés au centre du monde, et que tout est fait pour l'homme, ces substances sont évidemment destinées à veiller sur l'homme.

Le premier qui aura cru au moins la chose possible, aura bientôt trouvé des disciples persuadés

[1] Il y a un article de Diderot et un du chevalier de Jaucourt.

que la chose existe. On a donc commencé par dire: Il peut exister des génies, et personne n'a dû affirmer le contraire; car où est l'impossibilité que les airs et les planètes soient peuplés? On a dit ensuite : Il y a des génies; et certainement personne ne pouvait prouver qu'il n'y en a point. Bientôt après, quelques sages virent ces génies, et on n'était pas en droit de leur dire : Vous ne les avez point vus; ils étaient apparus à des hommes trop considérables, trop dignes de foi. L'un avait vu le génie de l'empire ou de sa ville; l'autre celui de Mars et de Saturne; les génies des quatre éléments s'étaient manifestés à plusieurs philosophes; plus d'un sage avait vu son propre génie; tout cela d'abord en songe, mais les songes étaient les symboles de la vérité.

On savait positivement comment ces génies étaient faits. Pour venir sur notre globe, il fallait bien qu'ils eussent des ailes; ils en avaient donc. Nous ne connaissons que des corps; ils avaient donc des corps, mais des corps plus beaux que les nôtres, puisque c'étaient des génies, et plus légers, puisqu'ils venaient de si loin. Les sages qui avaient le privilége de converser avec des génies inspiraient aux autres l'espérance de jouir du même bonheur. Un sceptique aurait-il été bien reçu à leur dire : Je n'ai point vu de génies, donc il n'y en a point? on lui aurait répondu : Vous raisonnez fort mal; il ne suit point du tout de ce qu'une chose ne vous est pas connue qu'elle n'existe point; il n'y a nulle contradiction dans la doctrine qui enseigne la nature de ces puissances aériennes, nulle impossibilité qu'elles nous rendent visite; elles se sont montrées à nos sages, elles se manifesteront à nous; vous n'êtes pas digne de voir des génies.

Tout est mêlé de bien et de mal sur la terre; il y a donc incontestablement de bons et de mauvais génies. Les Perses eurent leurs *péris* et leurs *dives*, les Grecs leurs *daimons* et *cacodaimons*, les Latins *bonos* et *malos genios*. Le bon génie devait être blanc, le mauvais devait être noir, excepté chez les nègres, où c'est essentiellement le contraire. Platon admit sans difficulté un bon et mauvais génie pour chaque mortel. Le mauvais génie de Brutus lui apparut, et lui annonça la mort avant la bataille de Philippes : de graves historiens ne l'ont-ils pas dit? et Plutarque aurait-il été assez mal avisé pour assurer ce fait, s'il n'avait été bien vrai?

Considérez encore quelle source de fêtes, de divertissements, de bons contes, de bons mots, venait de la créance des génies.

[a] « Scit genius, natale comes qui temperat astrum. »

[b] « Ipse suos adsit genius visurus honores,
» Cui decorent sanctas mollia serta comas. »

Il y avait des génies mâles et des génies femelles. Les génies des dames s'appelaient chez les Romains des *petites Junons*. On avait encore le plaisir de voir croître son génie. Dans l'enfance c'était une espèce de Cupidon avec des ailes; dans la vieillesse de l'homme qu'il protégeait, il portait une longue barbe : quelquefois c'était un serpent. On conserve à Rome un marbre où l'on voit un beau serpent sous un palmier, auquel sont appendues deux couronnes; et l'inscription porte : « Au » génie des Augustes » : c'était l'emblème de l'immortalité.

Quelle preuve démonstrative avons-nous aujourd'hui que les génies, universellement admis par tant de nations éclairées, ne sont que des fantômes de l'imagination? Tout ce qu'on peut dire se réduit à ceci : Je n'ai jamais vu de génie; aucun homme de ma connaissance n'en a vu; Brutus n'a point laissé par écrit que son génie lui fût apparu avant la bataille; ni Newton, ni Locke, ni même Descartes, qui se livrait à son imagination, ni aucun roi, ni aucun ministre d'état, n'ont jamais été soupçonnés d'avoir parlé à leur génie : je ne crois donc pas une chose dont il n'y a pas la moindre preuve. Cette chose n'est pas impossible, je l'avoue; mais la possibilité n'est pas une preuve de la réalité. Il est possible qu'il y ait des satyres, avec de petites queues retroussées et des pieds de chèvre; cependant j'attendrai que j'en aie vu plusieurs pour y croire; car si je n'en avais vu qu'un, je n'y croirais pas.

GENRE DE STYLE.

Comme le genre d'exécution que doit employer tout artiste dépend de l'objet qu'il traite ; comme le genre de Poussin n'est point celui de Teniers, ni l'architecture d'un temple celle d'une maison commune, ni la musique d'un opéra-tragédie celle d'un opéra-bouffon; aussi chaque genre d'écrire a son style propre en prose et en vers. On sait assez que le style de l'histoire n'est pas celui d'une oraison funèbre, qu'une dépêche d'ambassadeur ne doit pas être écrite comme un sermon, que la comédie ne doit point se servir des tours hardis de l'ode, des expressions pathétiques de la tragédie, ni des métaphores et des comparaisons de l'épopée.

Chaque genre a ses nuances différentes : on peut, au fond, les réduire à deux, le simple et le relevé. Ces deux genres, qui en embrassent tant d'autres, ont des beautés nécessaires qui leur sont également communes : ces beautés sont la justesse des idées, leur convenance, l'élégance, la pro-

[a] Horat., l. II, ep. 2, 187.

[b] Tibull., II, élégie 2, 5.

priété des expressions, la pureté du langage. Tout écrit, de quelque nature qu'il soit, exige ces qualités; les différences consistent dans les idées propres à chaque sujet, dans les tropes. Ainsi un personnage de comédie n'aura ni idées sublimes ni idées philosophiques; un berger n'aura point les idées d'un conquérant; une épître didactique ne respirera point la passion; et dans aucun de ces écrits, on n'emploiera ni métaphores hardies, ni exclamations pathétiques, ni expressions véhémentes.

Entre le simple et le sublime, il y a plusieurs nuances; et c'est l'art de les assortir qui contribue à la perfection de l'éloquence et de la poésie. C'est par cet art que Virgile s'est élevé quelquefois dans l'églogue. Ce vers,

« Ut vidi, ut perii, ut me malus abstulit error! »
Eclog. VIII, 41.

serait aussi beau dans la bouche de Didon que dans celle d'un berger, parce qu'il est naturel, vrai et élégant, et que le sentiment qu'il renferme convient à toutes sortes d'états. Mais ce vers,

« Castaneasque nuces mea quas Amaryllis amabat, »
Eclog. II, 52.

ne conviendrait pas à un personnage héroïque, parce qu'il a pour objet une chose trop petite pour un héros.

Nous n'entendons point par petit ce qui est bas et grossier; car le bas et le grossier n'est point un genre, c'est un défaut.

Ces deux exemples font voir évidemment dans quel cas on doit se permettre le mélange des styles et quand on doit se le défendre. La tragédie peut s'abaisser, elle le doit même; la simplicité relève souvent la grandeur, selon le précepte d'Horace:

« Et tragicus plerumque dolet sermone pedestri. »
De Art. poet., 95.

Ainsi ces deux beaux vers de Titus, si naturels et si tendres,

Depuis cinq ans entiers chaque jour je la vois,
Et crois toujours la voir pour la première fois.
RACINE, *Bérénice*, acte II, scène II.

ne seraient point du tout déplacés dans le haut comique; mais ce vers d'Antiochus,

Dans l'Orient désert quel devint mon ennui!
RACINE, *Bérénice*, acte. I, scène IV.

ne pourrait convenir à un amant dans une comédie, parce que cette belle expression figurée *dans l'Orient désert*, est d'un genre trop relevé pour la simplicité des brodequins. Nous avons remarqué déjà, au mot ESPRIT, qu'un auteur qui a écrit sur la physique, et qui prétend qu'il y a eu un Hercule physicien, ajoute « qu'on ne pouvait résister » à un philosophe de cette force. » Un autre, qui vient d'écrire un petit livre (lequel il suppose être physique et moral) contre l'utilité de l'inoculation, dit que « si on mettait en usage la petite vérole » artificielle, la mort serait bien attrapée. »

Ce défaut vient d'une affectation ridicule. Il en est un autre qui n'est que l'effet de la négligence, c'est de mêler au style simple et noble qu'exige l'histoire ces termes populaires, ces expressions triviales, que la bienséance réprouve. On trouve trop souvent dans Mézerai, et même dans Daniel, qui, ayant écrit long-temps après lui, devrait être plus correct, « qu'un général sur ces entrefaites » se mit aux trousses de l'ennemi; qu'il suivit sa » pointe, qu'il le battit à plate couture. » On ne voit point de pareille bassesse de style dans Tite-Live, dans Tacite, dans Guichardin, dans Clarendon.

Remarquons ici qu'un auteur qui s'est fait un genre de style peut rarement le changer quand il change d'objet. La Fontaine dans ses opéra emploie le même genre qui lui est si naturel dans ses contes et dans ses fables. Benserade mit dans sa traduction des *Métamorphoses* d'Ovide le genre de plaisanterie qui l'avait fait réussir dans des madrigaux. La perfection consisterait à savoir assortir toujours son style à la matière qu'on traite; mais qui peut être le maître de son habitude, et ployer son génie à son gré?

GENS DE LETTRES.

Ce mot répond précisément à celui de *grammairien*. Chez les Grecs et les Romains, on entendait par grammairien, non seulement un homme versé dans la grammaire proprement dite, qui est la base de toutes les connaissances, mais un homme qui n'était pas étranger dans la géométrie, dans la philosophie, dans l'histoire générale et particulière, qui surtout fesait son étude de la poésie et de l'éloquence; c'est ce que sont nos gens de lettres d'aujourd'hui. On ne donne point ce nom à un homme qui, avec peu de connaissances, ne cultive qu'un seul genre. Celui qui n'ayant lu que des romans ne fera que des romans; celui qui sans aucune littérature aura composé au hasard quelques pièces de théâtre, qui dépourvu de science aura fait quelques sermons, ne sera pas compté parmi les gens de lettres. Ce titre a, de nos jours, encore plus d'étendue que le mot *grammairien* n'en avait chez les Grecs et chez les Latins. Les Grecs se contentaient de leur langue, les Romains n'apprenaient que le grec; aujourd'hui l'homme de lettres ajoute souvent à l'étude du grec et du latin celle de l'italien, de l'espagnol, et surtout de l'anglais. La carrière de l'histoire est cent fois plus immense qu'elle ne l'était pour les anciens, et l'histoire naturelle s'est accrue à proportion de celle des peuples. On n'exige pas qu'un homme de lettres approfondisse toutes ces matières; la science universelle n'est plus à la portée de l'homme; mais les véritables gens de lettres se mettent en état de porter leurs pas dans ces différents terrains, s'ils ne peuvent les cultiver tous.

Autrefois dans le seizième siècle, et bien avant dans le dix-septième, les littérateurs s'occupaient beaucoup dans la critique grammaticale des auteurs grecs et latins; et c'est à leurs travaux que nous devons les dictionnaires, les éditions correctes, les commentaires des chefs d'œuvre de l'antiquité. Aujourd'hui cette critique est moins nécessaire, et l'esprit philosophique lui a succédé: c'est cet esprit philosophique qui semble constituer le caractère des gens de lettres; et quand il se joint au bon goût, il forme un littérateur accompli.

C'est un des grands avantages de notre siècle, que ce nombre d'hommes instruits qui passent des épines des mathématiques aux fleurs de la poésie, et qui jugent également bien d'un livre de métaphysique et d'une pièce de théâtre. L'esprit du siècle les a rendus pour la plupart aussi propres pour le monde que pour le cabinet; et c'est en quoi ils sont fort supérieurs à ceux des siècles précédents. Ils furent écartés de la société jusqu'au temps de Balzac et de Voiture; ils en ont fait depuis une partie devenue nécessaire. Cette raison approfondie et épurée que plusieurs ont répandue dans leurs conversations a contribué beaucoup à instruire et à polir la nation: leur critique ne s'est plus consumée sur des mots grecs et latins; mais, appuyée d'une saine philosophie, elle a détruit tous les préjugés dont la société était infectée: prédictions des astrologues, divination des magiciens, sortiléges de toute espèce, faux prestiges, faux merveilleux, usages superstitieux. Ils ont relégué dans les écoles mille disputes puériles, qui étaient autrefois dangereuses, et qu'ils ont rendues méprisables: par là ils ont en effet servi l'état. On est quelquefois étonné que ce qui bouleversait autrefois le monde ne le trouble plus aujourd'hui; c'est aux véritables gens de lettres qu'on en est redevable.

Ils ont d'ordinaire plus d'indépendance dans l'esprit que les autres hommes; et ceux qui sont nés sans fortune, trouvent aisément dans les fondations de Louis XIV de quoi affermir en eux cette indépendance. On ne voit point, comme autrefois, de ces épîtres dédicatoires que l'intérêt et la bassesse offraient à la vanité.

Un homme de lettres n'est pas ce qu'on appelle un *bel esprit*: le bel esprit seul suppose moins de culture, moins d'étude, et n'exige nulle philosophie; il consiste principalement dans l'imagination brillante, dans les agréments de la conversation, aidés d'une lecture commune. Un bel esprit peut aisément ne point mériter le titre d'homme de lettres, et l'homme de lettres ne peut point prétendre au brillant du bel esprit.

Il y a beaucoup de gens de lettres qui ne sont point auteurs, et ce sont probablement les plus heureux. Ils sont à l'abri du dégoût que la profession d'auteur entraîne quelquefois, des querelles que la rivalité fait naître, des animosités de parti, et des faux jugements; ils jouissent plus de la société; ils sont juges, et les autres sont jugés.

GÉOGRAPHIE.

La géographie est une de ces sciences qu'il faudra toujours perfectionner. Quelque peine qu'on ait prise, il n'a pas été possible jusqu'à présent d'avoir une description exacte de la terre. Il faudrait que tous les souverains s'entendissent et se prêtassent des secours mutuels pour ce grand ouvrage. Mais ils se sont presque toujours plus appliqués à ravager le monde qu'à le mesurer.

Personne encore n'a pu faire une carte exacte de la Haute-Égypte, ni des régions baignées par la mer Rouge, ni de la vaste Arabie.

Nous ne connaissons de l'Afrique que ses côtes, tout l'intérieur est aussi ignoré qu'il l'était du temps d'Atlas et d'Hercule. Pas une seule carte bien détaillée de tout ce que le Turc possède en Asie. Tout y est placé au hasard, excepté quelques grandes villes dont les masures subsistent encore. Dans les états du Grand-Mogol, la position relative d'Agra et de Delhi est un peu connue; mais de là jusqu'au royaume de Golconde tout est placé à l'aventure.

On sait à peu près que le Japon s'étend en latitude septentrionale depuis environ le trentième degré jusqu'au quarantième; et si l'on se trompe, ce n'est que de deux degrés, qui font environ cinquante lieues; de sorte que, sur la foi de nos meilleures cartes, un pilote risquerait de s'égarer ou de périr.

A l'égard de la longitude, les premières cartes des jésuites la déterminèrent entre le cent cinquante-septième degré et le cent soixante et quinze; et aujourd'hui on la détermine entre le cent quarante-six et le cent soixante.

La Chine est le seul pays de l'Asie dont on ait une mesure géographique, parce que l'empereur Kang-hi employa des jésuites astronomes pour dresser des cartes exactes; et c'est ce que les jésuites ont fait de mieux. S'ils s'étaient bornés à mesurer la terre, ils ne seraient pas proscrits sur la terre.

Dans notre Occident, l'Italie, la France, la Russie, l'Angleterre, et les principales villes des autres états, ont été mesurées par la même méthode qu'on a employée à la Chine; mais ce n'est que depuis très peu d'années qu'on a formé en France l'entreprise d'une topographie entière. Une compagnie tirée de l'académie des sciences a envoyé des ingénieurs et des arpenteurs dans toute l'étendue du royaume, pour mettre le moindre hameau, le plus petit ruisseau, les collines, les buissons à leur véritable place. Avant ce temps la topographie était si confuse, que la veille de la bataille de Fontenoi on examina toutes les cartes du pays, et on n'en trouva pas une seule qui ne fût entièrement fautive.

Si on avait donné de Versailles un ordre positif à un général peu expérimenté de livrer la bataille, et de se poster en conséquence des cartes géographiques, comme cela est arrivé quelquefois du temps du ministre Chamillart, la bataille eût été infailliblement perdue.

Un général qui ferait la guerre dans le pays des Uscoques, des Morlaques, des Monténégrins, et qui n'aurait pour toute connaissance des lieux que les cartes, serait aussi embarrassé que s'il se trouvait au milieu de l'Afrique.

Heureusement on rectifie sur les lieux ce que les géographes ont souvent tracé de fantaisie dans leur cabinet.

Il est bien difficile, en géographie comme en morale, de connaître le monde sans sortir de chez soi.

Le livre de géographie le plus commun en Europe est celui d'Hubner. On le met entre les mains de tous les enfants depuis Moscou jusqu'à la source du Rhin; les jeunes gens ne se forment dans toute l'Allemagne que par la lecture d'Hubner.

Vous trouverez d'abord dans ce livre que Jupiter devint amoureux d'Europe treize cents années juste avant Jésus-Christ.

Selon lui, il n'y a en Europe ni chaleur trop ardente, ni froidure excessive. Cependant on a vu dans quelques étés les hommes mourir de l'excès du chaud; et le froid souvent si terrible dans le nord de la Suède et de la Russie, que le thermomètre y est descendu jusqu'à trente-quatre degrés au-dessous de la glace.

Hubner compte en Europe environ trente millions d'habitants; c'est se tromper de plus de soixante et dix millions.

Il dit que l'Europe a trois mères langues, comme s'il y avait des mères langues, et comme si chaque peuple n'avait pas toujours emprunté mille expressions de ses voisins.

Il affirme qu'on ne peut trouver en Europe une lieue de terrain qui ne soit habitée; mais dans la Russie il est encore des déserts de trente à quarante lieues. Le désert des landes de Bordeaux n'est que trop grand. J'ai devant mes yeux quarante lieues de montagnes couvertes de neige éternelle, sur lesquelles il n'a jamais passé ni un homme ni même un oiseau.

Il y a encore dans la Pologne des marais de cinquante lieues d'étendue, au milieu desquels sont de misérables îles presque inhabitées.

Il dit que le Portugal a du levant au couchant cent lieues de France; cependant on ne trouve qu'environ cinquante de nos lieues de trois mille pas géométriques.

Si vous en croyez Hubner, le roi de France a toujours quarante mille Suisses à sa solde; mais le fait est qu'il n'en a jamais eu qu'environ onze mille.

Le château de Notre-Dame de la Garde, près de Marseille, lui paraît une forteresse importante et presque imprenable. Il n'avait pas vu cette belle forteresse.

> Gouvernement commode et beau,
> A qui suffit pour toute garde
> Un Suisse avec sa hallebarde
> Peint sur la porte du château.
> *Voyage de Bachaumont et de Chapelle.*

Il donne libéralement à la ville de Rouen trois cents belles fontaines publiques : Rome n'en avait que cent cinq du temps d'Auguste.

On est bien étonné quand on voit dans Hubner que la rivière de l'Oise reçoit les eaux de la Sarre, de la Somme, de l'Authie, et de la Canche. L'Oise coule à quelques lieues de Paris; la Sarre est en Lorraine près de la Basse-Alsace, et se jette dans la Moselle au-dessus de Trèves. La Somme prend sa source près de Saint-Quentin, et se jette dans la mer au-dessous d'Abbeville. L'Authie et la Canche sont des ruisseaux qui n'ont pas plus de communication avec l'Oise que n'en ont la Somme et la Sarre. Il faut qu'il y ait là quelque faute de l'éditeur, car il n'est guère possible que l'auteur se soit mépris à ce point.

Il donne la petite principauté de Foix à la maison de Bouillon, qui ne la possède pas.

L'auteur admet la fable de la royauté d'Yvetot; il copie exactement toutes les fautes de nos anciens ouvrages de géographie, comme on les copie tous les jours à Paris; et c'est ainsi qu'on nous redonne tous les jours d'anciennes erreurs avec des titres nouveaux.

Il ne manque pas de dire que l'on conserve à Rhodès un soulier de la sainte Vierge, comme on conserve dans la ville du Puy-en-Vélai le prépuce de son fils.

Vous ne trouverez pas moins de contes sur les Turcs que sur les chrétiens. Il dit que les Turcs possédaient de son temps quatre îles dans l'Archipel : ils les possédaient toutes ;

Qu'Amurat II, à la bataille de Varna (en 1544), tira de son sein l'hostie consacrée qu'on lui avait donnée en gage, et qu'il demanda vengeance à cette hostie de la perfidie des chrétiens. Un Turc, et un Turc dévot comme Amurat II, faire sa prière à une hostie ! Il tira le traité de son sein, et demanda vengeance à Dieu, et l'obtint de son sabre.

Il assure que le czar Pierre Ier se fit patriarche. Il abolit le patriarcat, et fit bien ; mais se faire prêtre, quelle idée !

Il dit que la principale erreur de l'Église grecque est de croire que le Saint-Esprit ne procède que du Père. Mais d'où sait-il que c'est une erreur ? L'Église latine ne croit la procession du Saint-Esprit par le Père et le Fils que depuis le neuvième siècle ; la grecque, mère de la latine, date de seize cents ans : qui les jugera ?

Il affirme que l'Église grecque russe reconnaît pour médiateur, non pas Jésus-Christ, mais saint Antoine. Encore s'il avait attribué la chose à saint Nicolas, on aurait pu autrefois excuser cette méprise du petit peuple.

Cependant, malgré tant d'absurdités, la géographie se perfectionne sensiblement dans notre siècle.

Il n'en est pas de cette connaissance comme de l'art des vers, de la musique, de la peinture. Les derniers ouvrages en ces genres sont souvent les plus mauvais. Mais dans les sciences qui demandent de l'exactitude plutôt que du génie, les derniers sont toujours les meilleurs, pourvu qu'ils soient faits avec quelque soin.

Un des plus grands avantages de la géographie est, à mon gré, celui-ci : Votre sotte voisine, et votre voisin encore plus sot, vous reprochent sans cesse de ne pas penser comme on pense dans la rue Saint-Jacques. Voyez, vous disent-ils, quelle foule de grands hommes a été de notre avis depuis Pierre Lombard jusqu'à l'abbé Petit-Pied. Tout l'univers a reçu nos vérités, elles règnent dans le faubourg Saint-Honoré, à Chaillot et à Étampes, à Rome et chez les Uscoques. Prenez alors une mappemonde, montrez-leur l'Afrique entière, les empires du Japon, de la Chine, des Indes, de la Turquie, de la Perse, celui de la Russie, plus vaste que ne fut l'empire romain ; faites-leur parcourir du bout du doigt toute la Scandinavie, tout le nord de l'Allemagne, les trois royaumes de la Grande-Bretagne, la meilleure partie des Pays-Bas, la meilleure de l'Helvétie ; enfin vous leur ferez remarquer dans les quatre parties du globe et dans la cinquième, qui est encore aussi inconnue qu'immense, ce prodigieux nombre de générations qui n'entendirent jamais parler de ces opinions, ou qui les ont combattues, ou qui les ont en horreur ; vous opposerez l'univers à la rue Saint-Jacques.

Vous leur direz que Jules-César, qui étendit son pouvoir bien loin au-delà de cette rue, ne sut pas un mot de ce qu'ils croient si universel ; que leurs ancêtres, à qui Jules-César donna les étrivières, n'en surent pas davantage.

Peut-être alors auront-ils quelque honte d'avoir cru que les orgues de la paroisse Saint-Séverin donnaient le ton au reste du monde.

GÉOMÉTRIE.

Feu M. Clairaut imagina de faire apprendre facilement aux jeunes gens les éléments de la géométrie ; il voulut remonter à la source, et suivre la marche de nos découvertes et des besoins qui les ont produites.

Cette méthode paraît agréable et utile ; mais elle n'a pas été suivie : elle exige dans le maître une flexibilité d'esprit qui sait se proportionner, et un agrément rare dans ceux qui suivent la routine de leur profession.

Il faut avouer qu'Euclide est un peu rebutant ; un commençant ne peut deviner où il est mené. Euclide dit au premier livre que « si une ligne » droite est coupée en parties égales et inégales, » les carrés construits sur les segments inégaux » sont doubles des carrés construits sur la moitié » de la ligne entière, et sur la petite ligne qui » va de l'extrémité de cette moitié jusqu'au point » d'intersection. »

On a besoin d'une figure pour entendre cet obscur théorème ; et quand il est compris, l'étudiant dit : A quoi peut-il me servir, et que m'importe ? Il se dégoûte d'une science dont il ne voit pas assez tôt l'utilité.

La peinture commença par le desir de dessiner grossièrement sur un mur les traits d'une personne chère. La musique fut un mélange grossier de quelques tons qui plaisent à l'oreille, avant que l'octave fût trouvée.

On observa le coucher des étoiles avant d'être astronome. Il paraît qu'on devrait guider ainsi la marche des commençants de la géométrie.

Je suppose qu'un enfant doué d'une conception facile entende son père dire à son jardinier : Vous planterez dans cette plate-bande des tulipes sur six lignes, toutes à un demi-pied l'une de l'autre. L'enfant veut savoir combien il y aura de tulipes. Il court à la plate-bande avec son précepteur. Le parterre est inondé ; il n'y a qu'un des longs côtés de la plate-bande qui paraisse. Ce côté a trente pieds de long, mais on ne sait point quelle est sa largeur. Le maître lui fait d'abord aisément comprendre qu'il faut que ces tulipes bordent ce parterre à six pouces de distance l'une de l'autre : ce sont déjà soixante tulipes pour la première rangée de ce côté. Il doit y avoir six lignes : l'enfant voit qu'il y aura six fois soixante, trois cent soixante tulipes. Mais de quelle largeur sera donc cette plate-bande que je ne puis mesurer? Elle sera évidemment de six fois six pouces, qui font trois pieds.

Il connait la longueur et la largeur; il veut connaître la superficie. N'est-il pas vrai, lui dit son maître, que si vous fesiez courir une règle de trois pieds de long et d'un pied de large sur cette plate-bande, d'un bout à l'autre, elle l'aurait successivement couverte tout entière? Voilà donc la superficie trouvée, elle est de trois fois trente. Ce morceau a quatre-vingt-dix pieds carrés.

Le jardinier, quelques jours après, tend un cordeau d'un angle à l'autre dans la longueur; ce cordeau partage le rectangle en deux parties égales : Il est donc, dit le disciple, aussi long qu'un des deux côtés?

LE MAÎTRE.

Non, il est plus long.

LE DISCIPLE.

Mais quoi! si je fais passer des lignes sur cette transversale que vous appelez *diagonale*, il n'y

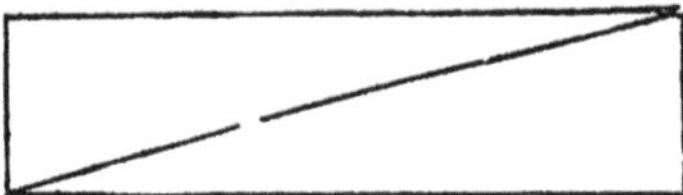

en aura pas plus pour elle que pour les deux autres; elle leur est donc égale. Quoi! lorsque je forme la lettre N, ce trait qui lie les deux jambages n'est-il pas de la même hauteur qu'eux?

LE MAÎTRE.

Il est de la même hauteur, mais non de la même longueur, cela est démontré. Faites descendre cette diagonale au niveau du terrain, vous voyez qu'elle déborde un peu.

LE DISCIPLE.

Et de combien précisément déborde-t-elle?

LE MAÎTRE.

Il y a des cas où l'on n'en saura jamais rien, de même qu'on ne saura pas précisément quelle est la racine carrée de cinq.

LE DISCIPLE.

Mais la racine carrée de cinq est deux, plus une fraction.

LE MAÎTRE.

Mais cette fraction ne se peut exprimer en chiffre, puisque le carré d'un nombre plus une fraction ne peut être un nombre entier. Il y a même en géométrie des lignes dont les rapports ne peuvent s'exprimer.

LE DISCIPLE.

Voilà une difficulté qui m'arrête. Quoi! je ne saurai jamais mon compte? il n'y a donc rien de certain?

LE MAÎTRE.

Il est certain que cette ligne de biais partage le quadrilatère en deux parties égales; mais il n'est pas plus surprenant que ce petit reste de la ligne diagonale n'ait pas une commune mesure avec les côtés, qu'il n'est surprenant que vous ne puissiez trouver en arithmétique la racine carrée de cinq.

Vous n'en saurez pas moins votre compte, car si un arithméticien dit qu'il vous doit la racine carrée de cinq écus, vous n'avez qu'à transformer ces cinq écus en petites pièces, en liards, par exemple, vous en aurez douze cents, dont la racine carrée est entre trente-quatre et trente-cinq, et vous saurez votre compte à un liard près. Il ne faut pas qu'il y ait de mystère ni en arithmétique ni en géométrie.

Ces premières ouvertures aiguillonnent l'esprit du jeune homme. Son maître lui ayant dit que la diagonale d'un carré est incommensurable, immesurable aux côtés et aux bases, lui apprend qu'avec cette ligne, dont on ne saura jamais la valeur, il va faire cependant un carré qui sera démontré être le double du carré A B C D.

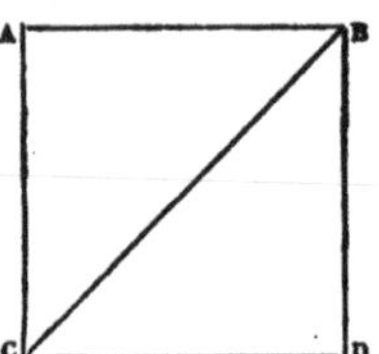

Pour cela, il lui fait voir premièrement que les deux triangles qui partagent le carré sont égaux. Ensuite, traçant cette figure, il démontre à l'esprit et aux yeux que le carré formé par ces quatre lignes noires vaut les

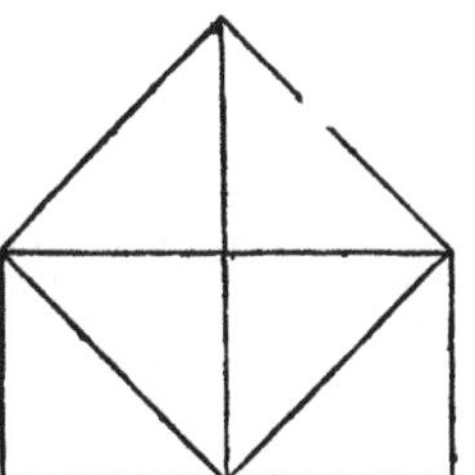

deux carrés pointillés. Et cette proposition servira bientôt à faire comprendre ce fameux théorème que Pythagore trouva établi chez les Indiens, et qui était connu des Chinois, que le grand côté d'un triangle rectangle peut porter une figure quelconque, égale aux figures semblables établies sur les deux autres côtés.

Le jeune homme veut-il mesurer la hauteur d'une tour, la largeur d'une rivière dont il ne peut approcher, chaque théorème a sur-le-champ son application; il apprend la géométrie par l'usage.

Si on s'était contenté de lui dire que le produit des extrêmes est égal au produit des moyens, ce n'eût été pour lui qu'un problème stérile; mais il sait que l'ombre de cette perche est à la hauteur de la perche comme l'ombre de la tour voisine est à la hauteur de la tour. Si donc la perche a cinq pieds et son ombre un pied, et si l'ombre de la tour est de douze pieds, il dit : comme un est à cinq, ainsi douze est à la hauteur de la tour; elle est donc de soixante pieds.

Il a besoin de connaître les propriétés d'un cercle; il sait qu'on ne peut avoir la mesure exacte de sa circonférence : mais cette extrême exactitude est inutile pour opérer : le développement d'un cercle est sa mesure.

Il connaîtra que ce cercle étant une espèce de polygone, son aire est égale à ce triangle dont le petit côté est le rayon du cercle, et dont la base est la mesure de sa circonférence.

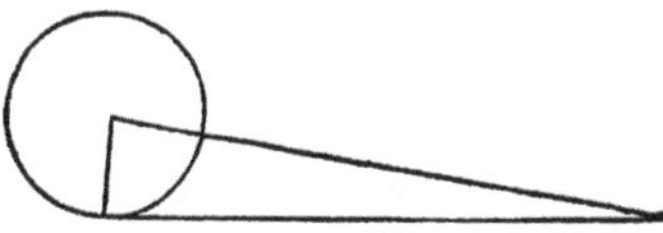

Les circonférences des cercles sont entre elles comme leurs rayons.

Les cercles ayant les propriétés générales de toutes les figures rectilignes semblables, et ces figures étant entre elles comme les carrés de leurs côtés correspondants, les cercles auront aussi leurs aires proportionnelles au carré de leurs rayons.

Ainsi comme le carré de l'hypoténuse est égal au carré des deux côtés, le cercle dont le rayon sera cette hypoténuse sera égal à deux cercles qui auront pour rayon les deux autres côtés. Et cette connaissance servira aisément pour construire un bassin d'eau aussi grand que deux autres bassins pris ensemble. On double exactement le cercle, si on ne le carre pas exactement.

Accoutumé à sentir ainsi l'avantage des vérités géométriques, il lit dans quelques éléments de cette science que si on tire cette ligne droite appelée *tangente*, qui touchera le cercle en un point, on ne pourra jamais faire passer une autre ligne droite entre ce cercle et cette ligne.

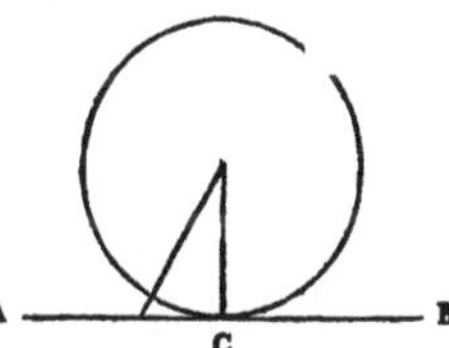

Cela est bien évident, et ce n'était pas trop la peine de le dire. Mais on ajoute qu'on peut faire passer une infinité de lignes courbes à ce point de contact; cela le surprend, et surprendrait aussi des hommes faits. Il est tenté de croire la matière pénétrable. Les livres lui disent que ce n'est point là de la matière, que ce sont des lignes sans largeur. Mais si elles sont sans largeur, ces lignes droites métaphysiques passeront en foule l'une sur l'autre sans rien toucher. Si elles ont de la largeur, aucune courbe ne passera. L'enfant ne sait plus où il en est; il se voit transporté dans un nouveau monde qui n'a rien de commun avec le nôtre.

Comment croire que ce qui est manifestement impossible à la nature soit vrai?

Je conçois bien, dira-t-il à un maître de la géométrie transcendante, que tous vos cercles se rencontreront au point C : mais voilà tout ce que vous démontrerez; vous ne pourrez jamais me démontrer que ces lignes circulaires passent à ce point entre le premier cercle et la tangente.

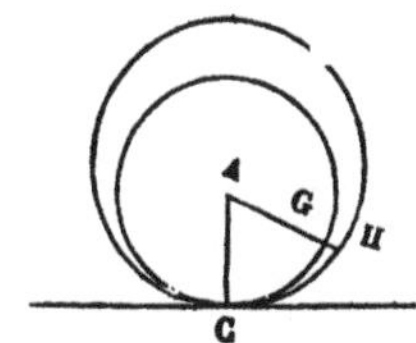

La sécante A G est plus courte que la sécante A G H, d'accord; mais il ne suit pas de là que vos lignes courbes puissent passer entre deux lignes qui se touchent. Elles y peuvent passer, répondra le maître, parce que G H est un infiniment petit du second ordre.

Je n'entends point ce que c'est qu'un infiniment petit, dit l'enfant; et le maître est obligé d'avouer qu'il ne l'entend pas davantage. C'est là où Malezieu s'extasie dans ses Éléments de géométrie. Il dit positivement qu'il y a des vérités incompatibles. N'eût-il pas été plus simple de dire que ces lignes n'ont de commun que ce point C, au-delà et en-deçà duquel elles se séparent?

Je puis toujours diviser un nombre par la pensée; mais suit-il de là que ce nombre soit infini? Aussi Newton, dans son calcul intégral et dans son différentiel, ne se sert pas de ce grand mot; et Clairaut se garde bien d'enseigner, dans ses Eléments de géométrie, qu'on puisse faire passer des cerceaux entre une boule et la table sur laquelle cette boule est posée.

Il faut bien distinguer entre la géométrie utile et la géométrie curieuse.

L'utile est le compas de proportion inventé par Galilée, la mesure des triangles, celle des solides, le calcul des forces mouvantes. Presque tous les autres problèmes peuvent éclairer l'esprit et le fortifier; bien peu seront d'une utilité sensible au genre humain. Carrez des courbes tant qu'il vous plaira, vous montrez une extrême sagacité. Vous ressemblez à un arithméticien qui examine les propriétés des nombres au lieu de calculer sa fortune.

Lorsque Archimède trouva la pesanteur spécifique des corps, il rendit service au genre humain; mais de quoi vous servira de trouver trois nombres tels que la différence des carrés de deux ajoutée au cube des trois fasse toujours un carré, et que la somme des trois différences ajoutée au même cube fasse un autre carré? *Nugæ difficiles* [1].

GLOIRE, GLORIEUX.

SECTION PREMIÈRE.

La gloire est la réputation jointe à l'estime; elle est au comble quand l'admiration s'y joint. Elle suppose toujours des choses éclatantes, en actions, en vertus, en talents, et toujours de grandes difficultés surmontées. César, Alexandre, ont eu de la gloire. On ne peut guère dire que Socrate en ait eu. Il attire l'estime, la vénération, la pitié, l'indignation contre ses ennemis; mais le terme de gloire serait impropre à son égard : sa mémoire est respectable plutôt que glorieuse. Attila eut beaucoup d'éclat, mais il n'a point de gloire, parce que l'histoire, qui peut se tromper, ne lui donne point de vertus. Charles XII a encore de la gloire, parce que sa valeur, son désintéressement, sa libéralité, ont été extrêmes. Les succès suffisent pour la réputation, mais non pas pour la gloire. Celle de Henri IV augmente tous les jours, parce que le temps a fait connaître toutes ses vertus, qui étaient incomparablement plus grandes que ses défauts.

La gloire est aussi le partage des inventeurs dans les beaux-arts; les imitateurs n'ont que des applaudissements. Elle est encore accordée aux grands talents, mais dans les arts sublimes. On dira bien, la gloire de Virgile, de Cicéron, mais non de Martial et d'Aulu-Gelle.

On a osé dire la gloire de Dieu; il travaille pour la gloire de Dieu; Dieu a créé le monde pour sa gloire : ce n'est pas que l'Être suprême puisse avoir de la gloire; mais les hommes, n'ayant point d'expressions qui lui conviennent, emploient pour lui celles dont ils sont le plus flattés.

La vaine gloire est cette petite ambition qui se contente des apparences, qui s'étale dans le grand faste, et qui ne s'élève jamais aux grandes choses. On a vu des souverains qui, ayant une gloire réelle, ont encore aimé la vaine gloire, en recherchant trop de louanges, en aimant trop l'appareil de la représentation.

La fausse gloire tient souvent à la vaine, mais souvent elle porte à des excès; et la vaine se renferme plus dans les petitesses. Un prince qui mettra son honneur à se venger cherchera une gloire fausse, plutôt qu'une gloire vaine.

Faire gloire, faire vanité, se faire honneur, se prennent quelquefois dans le même sens, et ont aussi des sens différents. On dit également, il fait gloire, il fait vanité, il se fait honneur de son luxe, de ses excès : alors gloire signifie fausse gloire. Il fait gloire de souffrir pour la bonne cause, et non pas, il fait vanité. Il se fait honneur de son bien, et non pas, il fait gloire ou vanité de son bien.

Rendre gloire signifie reconnaître, attester. *Rendez gloire à la vérité*, reconnaissez la vérité.

Au Dieu que vous servez, princesse, rendez gloire.
Athalie, acte III, scène IV.

Attestez le Dieu que vous servez.

[1] Dans la géométrie, comme dans la plupart des sciences, il est très rare qu'une proposition isolée soit d'une utilité immédiate. Mais les théories les plus utiles dans la pratique sont formées de propositions que la curiosité seule a fait découvrir, et qui sont restées long-temps inutiles sans qu'il fût possible de soupçonner comment un jour elles cesseraient de l'être. C'est dans ce sens qu'on peut dire que dans les sciences réelles, aucune théorie, aucune recherche n'est vraiment inutile. K.

La gloire est prise pour le ciel : il est au séjour de la gloire.

Où le conduisez-vous ? — A la mort. — A la gloire.
Polyeucte, acte v, scène III.

On ne se sert de ce mot pour désigner le ciel que dans notre religion. Il n'est pas permis de dire que Bacchus, Hercule, furent reçus dans la gloire, en parlant de leur apothéose.

Glorieux, quand il est l'épithète d'une chose inanimée, est toujours une louange; bataille, paix, affaire glorieuse. Rang glorieux signifie rang élevé, et non pas rang qui donne de la gloire, mais dans lequel on peut en acquérir. Homme glorieux, esprit glorieux, est toujours une injure; il signifie celui qui se donne à lui-même ce qu'il devrait mériter des autres : ainsi on dit un règne glorieux, et non pas un roi glorieux. Cependant ce ne serait pas une faute de dire au pluriel : les plus glorieux conquérants ne valent pas un prince bienfesant; mais on ne dira pas les princes glorieux, pour dire les princes illustres.

Le glorieux n'est pas tout à fait le fier, ni l'avantageux, ni l'orgueilleux. Le fier tient de l'arrogant et du dédaigneux, et se communique peu. L'avantageux abuse de la moindre déférence qu'on a pour lui. L'orgueilleux étale l'excès de la bonne opinion qu'il a de lui-même. Le glorieux est plus rempli de vanité; il cherche plus à s'établir dans l'opinion des hommes; il veut réparer par les dehors ce qui lui manque en effet. L'orgueilleux se croit quelque chose; le glorieux veut paraître quelque chose. Les nouveaux parvenus sont d'ordinaire plus glorieux que les autres. On a appelé quelquefois les saints et les anges les glorieux, comme habitants du séjour de la gloire.

Glorieusement est toujours pris en bonne part : il règne glorieusement; il se tira glorieusement d'un grand danger, d'une mauvaise affaire.

Se glorifier est tantôt pris en bonne part, tantôt en mauvaise, selon l'objet dont il s'agit. Il se glorifie d'une disgrâce qui est le fruit de ses talents et l'effet de l'envie. On dit des martyrs qu'ils glorifiaient Dieu; c'est-à-dire que leur constance rendait respectable aux hommes le Dieu qu'ils annonçaient.

SECTION II.

Que Cicéron aime la gloire après avoir étouffé la conspiration de Catilina, on le lui pardonne.

Que le roi de Prusse Frédéric-le-Grand pense ainsi après Rosbach et Lissa, et après avoir été le législateur, l'historien, le poëte et le philosophe de sa patrie; qu'il aime passionnément la gloire, et qu'il soit assez habile pour être modeste, on l'en glorifiera davantage.

Que l'impératrice Catherine II ait été forcée, par la brutale insolence d'un sultan turc, à déployer tout son génie; que du fond du Nord elle ait fait partir quatre escadres qui ont effrayé les Dardanelles et l'Asie-Mineure; et qu'elle ait, en 1770, enlevé quatre provinces à ces Turcs qui fesaient trembler l'Europe; on trouvera fort bon qu'elle jouisse de sa gloire, et on l'admirera de parler de ses succès avec cet air d'indifférence et de supériorité qui fait voir qu'on les mérite.

En un mot, la gloire convient aux génies de cette espèce, quoiqu'ils soient de la race mortelle très chétive.

Mais si, au bout de l'Occident, un bourgeois d'une ville nommée Paris, près de Gonesse, croit avoir de la gloire quand il est harangué par un régent de l'université qui lui dit: Monseigneur, la gloire que vous avez acquise dans l'exercice de votre charge, vos illustres travaux, dont tout l'univers retentit, etc.; je demande alors s'il y a dans cet univers assez de sifflets pour célébrer la gloire de mon bourgeois, et l'éloquence du pédant qui est venu braire cette harangue dans l'hôtel de monseigneur.

Nous sommes si sots que nous avons fait Dieu glorieux comme nous.

Ben-al-Bétif, ce digne chef des derviches, leur disait un jour : Mes frères, il est très bon que vous vous serviez souvent de cette sacrée formule de notre Koran, *au nom de Dieu très miséricordieux*; car Dieu use de miséricorde, et vous apprenez à la faire en répétant souvent les mots qui recommandent une vertu sans laquelle il resterait peu d'hommes sur la terre. Mais, mes frères, gardez-vous bien d'imiter des téméraires qui se vantent à tout propos de travailler à la gloire de Dieu. Si un jeune imbécile soutient une thèse sur les catégories, thèse à laquelle préside un ignorant en fourrure, il ne manque pas d'écrire en gros caractère à la tête de sa thèse : *Ek Allah abron doxa : ad majorem Dei gloriam*. Un bon musulman a-t-il fait blanchir son salon, il grave cette sottise sur sa porte; un saka porte de l'eau pour la plus grande gloire de Dieu. C'est un usage impie qui est pieusement mis en usage. Que diriez-vous d'un petit chiaoux qui, en vidant la chaise percée de notre sultan, s'écrierait : A la plus grande gloire de notre invincible monarque? Il y a certainement plus loin du sultan à Dieu que du sultan au petit chiaoux.

Qu'avez-vous de commun, misérables vers de terre appelés *hommes*, avec la gloire de l'Être infini? Peut-il aimer la gloire? peut-il en recevoir de vous? peut-il en goûter? Jusqu'à quand, animaux à deux pieds, sans plumes, ferez-vous Dieu à votre image? Quoi! parce que vous êtes vains, parce que vous aimez la gloire, vous voulez que Dieu l'aime aussi! S'il y avait plusieurs dieux, chacun d'eux peut-être voudrait obtenir les suffrages de ses semblables. Ce serait là la gloire d'un dieu. Si l'on peut comparer la grandeur infinie avec la bassesse extrême, ce dieu serait comme le roi Alexandre ou Scander, qui ne voulait entrer en lice qu'avec des rois. Mais vous, pauvres gens, quelle gloire pouvez-vous donner à Dieu? Cessez de profaner ce nom sacré. Un empereur, nommé Octave Auguste, défendit qu'on le louât dans les écoles de Rome, de peur que son nom ne fût avili. Mais vous ne pouvez ni avilir l'Être suprême, ni l'honorer. Anéantissez-vous, adorez, et taisez-vous.

Ainsi parlait Ben-al-Bétif; et les derviches s'écrièrent : Gloire à Dieu! Ben-al-Bétif a bien parlé.

SECTION III.

Entretien avec un Chinois.

En 1723 il y avait en Hollande un Chinois : ce Chinois était lettré et négociant, deux choses qui ne devraient point du tout être incompatibles, et qui le sont devenues chez nous, grâces au respect extrême qu'on a pour l'argent, et au peu de considération que l'espèce humaine a montré et montrera toujours pour le mérite.

Ce Chinois, qui parlait un peu hollandais, se trouva dans une boutique de librairie avec quelques savants : il demanda un livre, on lui proposa l'*Histoire universelle* de Bossuet, mal traduite. A ce beau mot d'*Histoire universelle* : Je suis, dit-il, trop heureux; je vais voir ce qu'on dit de notre grand empire, de notre nation, qui subsiste en corps de peuple depuis plus de cinquante mille ans, de cette suite d'empereurs qui nous ont gouvernés tant de siècles; je vais voir ce qu'on pense de la religion des lettrés, de ce culte simple que nous rendons à l'Être suprême. Quel plaisir de voir comme on parle en Europe de nos arts, dont plusieurs sont plus anciens chez nous que tous les royaumes européans! Je crois que l'auteur se sera bien mépris dans l'histoire de la guerre que nous eûmes il y a vingt-deux mille cinq cent cinquante-deux ans contre les peuples belliqueux du Tunquin et du Japon; et sur cette ambassade solennelle, par laquelle le puissant empereur du Mogol nous envoya demander des lois, l'an du monde 500000000000079123450000. Hélas! lui dit un des savants, on ne parle pas seulement de vous dans ce livre; vous êtes trop peu de chose; presque tout roule sur la première nation du monde, l'unique nation, le grand peuple juif.

Juif! dit le Chinois, ces peuples-là sont donc les maîtres des trois quarts de la terre au moins? Ils se flattent bien qu'ils le seront un jour, lui répondit-on; mais en attendant ce sont eux qui ont l'honneur d'être ici marchands fripiers, et de rogner quelquefois les espèces. Vous vous moquez, dit le Chinois; ces gens-là ont-ils jamais eu un vaste empire? Ils ont possédé, lui dis-je, en propre, pendant quelques années, un petit pays; mais ce n'est point par l'étendue des états qu'il faut juger d'un peuple, de même que ce n'est point par les richesses qu'il faut juger d'un homme.

Mais ne parle-t-on pas de quelque autre peuple dans ce livre? demanda le lettré. Sans doute, dit le savant qui était auprès de moi, et qui prenait toujours la parole; on y parle beaucoup d'un petit pays de soixante lieues de large, nommé l'Égypte, où l'on prétend qu'il y avait un lac de cent cinquante lieues de tour, fait de main d'homme. Tudieu! dit le Chinois, un lac de cent cinquante lieues dans un terrain qui en avait soixante de large, cela est bien beau! Tout le monde était sage dans ce pays-là, ajouta le docteur. O le bon temps que c'était! dit le Chinois. Mais est-ce là tout? Non, répliqua l'Européan; il est question encore de ces célèbres Grecs. Qui sont ces Grecs? dit le lettré. Ah! continua l'autre, il s'agit de cette province, à peu près grande comme la deux-centième partie de la Chine, mais qui a tant fait de bruit dans tout l'univers. Jamais je n'ai ouï parler de ces gens-là, ni au Mogol, ni au Japon, ni dans la Grande-Tartarie, dit le Chinois d'un air ingénu.

Ah, ignorant! ah, barbare! s'écria poliment notre savant, vous ne connaissez donc point Épaminondas le Thébain, ni le port de Pirée, ni le nom des deux chevaux d'Achille, ni comment se nommait l'âne de Silène? Vous n'avez entendu parler ni de Jupiter, ni de Diogène, ni de Laïs, ni de Cybèle, ni de.....

J'ai bien peur, répliqua le lettré, que vous ne sachiez rien de l'aventure éternellement mémorable du célèbre Xixofou Concochigzamki, ni des mystères du grand Fi psi hi hi. Mais, de grâce, quelles sont encore les choses inconnues dont traite cette histoire universelle? Alors le savant parla un quart d'heure de suite de la république romaine : et quand il vint à Jules-César, le Chinois l'interrompit, et lui dit : Pour celui-là, je crois le connaître; n'était-il pas Turc[a]?

Comment! dit le savant échauffé, est-ce que vous ne savez pas au moins la différence qui est

[a] Il n'y a pas long-temps que les Chinois prenaient tous les Européans pour des mahométans.

entre les païens, les chrétiens, et les musulmans? est-ce que vous ne connaissez point Constantin, et l'histoire des papes? Nous avons entendu parler confusément, répondit l'Asiatique, d'un certain Mahomet.

Il n'est pas possible, répliqua l'autre, que vous ne connaissiez au moins Luther, Zuingle, Bellarmin, Oecolampade. Je ne retiendrai jamais ces noms-là, dit le Chinois. Il sortit alors, et alla vendre une partie considérable de thé pekoe et de fin grogram[1], dont il acheta deux belles filles et un mousse, qu'il ramena dans sa patrie en adorant le Tien, et en se recommandant à Confucius.

Pour moi, témoin de cette conversation, je vis clairement ce que c'est que la gloire; et je dis: Puisque César et Jupiter sont inconnus dans le royaume le plus beau, le plus ancien, le plus vaste, le plus peuplé, le mieux policé de l'univers, il vous sied bien, ô gouverneurs de quelques petits pays! ô prédicateurs d'une petite paroisse, dans une petite ville! ô docteurs de Salamanque ou de Bourges! ô petits auteurs! ô pesants commentateurs! il vous sied bien de prétendre à la réputation.

GOUT.

SECTION PREMIÈRE.

Le goût, ce sens, ce don de discerner nos aliments, a produit dans toutes les langues connues la métaphore qui exprime, par le mot *goût*, le sentiment des beautés et des défauts dans tous les arts: c'est un discernement prompt, comme celui de la langue et du palais, et qui prévient comme lui la réflexion; il est, comme lui, sensible et voluptueux à l'égard du bon; il rejette, comme lui, le mauvais avec soulèvement; il est souvent, comme lui, incertain et égaré, ignorant même si ce qu'on lui présente doit lui plaire, et ayant quelquefois besoin, comme lui, d'habitude pour se former.

Il ne suffit pas, pour le goût, de voir, de connaître la beauté d'un ouvrage; il faut la sentir, en être touché. Il ne suffit pas de sentir, d'être touché d'une manière confuse; il faut démêler les différentes nuances. Rien ne doit échapper à la promptitude du discernement; et c'est encore une ressemblance de ce goût intellectuel, de ce goût des arts, avec le goût sensuel: car le gourmet sent et reconnaît promptement le mélange de deux liqueurs; l'homme de goût, le connaisseur, verra d'un coup d'œil prompt le mélange de deux styles; il verra un défaut à côté d'un agrément; il sera saisi d'enthousiasme à ce vers des *Horaces*:

Que vouliez-vous qu'il fît contre trois? — Qu'il mourût!

[1] Espèce d'étoffe de soie. K.

il sentira un dégoût involontaire au vers suivant:

Ou qu'un beau désespoir alors le secourût.
Acte III, scène VI.

Comme le mauvais goût, au physique, consiste à n'être flatté que par des assaisonnements trop piquants et trop recherchés, ainsi le mauvais goût dans les arts est de ne se plaire qu'aux ornements étudiés, et de ne pas sentir la belle nature.

Le goût dépravé dans les aliments est de choisir ceux qui dégoûtent les autres hommes; c'est une espèce de maladie. Le goût dépravé dans les arts est de se plaire à des sujets qui révoltent les esprits bien faits, de préférer le burlesque au noble, le précieux et l'affecté au beau simple et naturel: c'est une maladie de l'esprit. On se forme le goût des arts beaucoup plus que le goût sensuel; car dans le goût physique, quoiqu'on finisse quelquefois par aimer les choses pour lesquelles on avait d'abord de la répugnance, cependant la nature n'a pas voulu que les hommes, en général, apprissent à sentir ce qui leur est nécessaire. Mais le goût intellectuel demande plus de temps pour se former. Un jeune homme sensible, mais sans aucune connaissance, ne distingue point d'abord les parties d'un grand chœur de musique; ses yeux ne distinguent point d'abord dans un tableau les gradations, le clair-obscur, la perspective, l'accord des couleurs, la correction du dessin; mais peu à peu ses oreilles apprennent à entendre, et ses yeux à voir: il sera ému à la première représentation qu'il verra d'une belle tragédie; mais il n'y démêlera ni le mérite des unités, ni cet art délicat par lequel aucun personnage n'entre ni ne sort sans raison, ni cet art encore plus grand qui concentre des intérêts divers dans un seul, ni enfin les autres difficultés surmontées. Ce n'est qu'avec de l'habitude et les réflexions qu'il parvient à sentir tout d'un coup avec plaisir ce qu'il ne démêlait pas auparavant. Le goût se forme insensiblement dans une nation qui n'en avait pas, parce qu'on y prend peu à peu l'esprit des bons artistes. On s'accoutume à voir des tableaux avec les yeux de Le Brun, du Poussin, de Le Sueur. On entend la déclamation notée des scènes de Quinault, avec l'oreille de Lulli; et les airs et les symphonies, avec celle de Rameau. On lit les livres avec l'esprit des bons auteurs.

Si toute une nation s'est réunie, dans les premiers temps de la culture des beaux-arts, à aimer des auteurs pleins de défauts, et méprisés avec le temps, c'est que ces auteurs avaient des beautés naturelles que tout le monde sentait, et qu'on n'était pas encore à portée de démêler leurs imperfections. Ainsi Lucilius fut chéri des Romains avant qu'Horace l'eût fait oublier; Régnier fut goûté des

Français avant que Boileau parût : et si des auteurs anciens, qui bronchent à chaque pas, ont pourtant conservé leur grande réputation, c'est qu'il ne s'est point trouvé d'écrivain pur et châtié chez ces nations qui leur ait dessillé les yeux, comme il s'est trouvé un Horace chez les Romains, un Boileau chez les Français.

On dit qu'il ne faut point disputer des goûts ; et on a raison, quand il n'est question que du goût sensuel, de la répugnance qu'on a pour une certaine nourriture, de la préférence qu'on donne à une autre : on n'en dispute point, parce qu'on ne peut corriger un défaut d'organes. Il n'en est pas de même dans les arts : comme ils ont des beautés réelles, il y a un bon goût qui les discerne, et un mauvais goût qui les ignore ; et on corrige souvent le défaut d'esprit qui donne un goût de travers. Il y a aussi des âmes froides, des esprits faux, qu'on ne peut ni échauffer ni redresser ; c'est avec eux qu'il ne faut point disputer des goûts, parce qu'ils n'en ont point.

Le goût est arbitraire dans plusieurs choses, comme dans les étoffes, dans les parures, dans les équipages, dans ce qui n'est pas au rang des beaux-arts ; alors il mérite plutôt le nom de fantaisie : c'est la fantaisie plutôt que le goût qui produit tant de modes nouvelles.

Le goût peut se gâter chez une nation ; ce malheur arrive d'ordinaire après les siècles de perfection. Les artistes, craignant d'être imitateurs, cherchent des routes écartées ; ils s'éloignent de la belle nature, que leurs prédécesseurs ont saisie : il y a du mérite dans leurs efforts ; ce mérite couvre leurs défauts. Le public, amoureux des nouveautés, court après eux ; il s'en dégoûte, et il en paraît d'autres qui font de nouveaux efforts pour plaire ; ils s'éloignent de la nature encore plus que les premiers : le goût se perd ; on est entouré de nouveautés qui sont rapidement effacées les unes par les autres ; le public ne sait plus où il en est, et il regrette en vain le siècle du bon goût, qui ne peut plus revenir : c'est un dépôt que quelques bons esprits conservent encore loin de la foule.

Il est de vastes pays où le goût n'est jamais parvenu : ce sont ceux où la société ne s'est point perfectionnée ; où les hommes et les femmes ne se rassemblent point ; où certains arts, comme la sculpture, la peinture des êtres animés, sont défendus par la religion. Quand il y a peu de société, l'esprit est rétréci, sa pointe s'émousse, il n'a pas de quoi se former le goût. Quand plusieurs beaux-arts manquent, les autres ont rarement de quoi se soutenir, parce que tous se tiennent par la main et dépendent les uns des autres. C'est une des raisons pourquoi les Asiatiques n'ont jamais eu d'ouvrages bien faits presque en aucun genre, et que le goût n'a été le partage que de quelques peuples de l'Europe.

SECTION II.

Y a-t-il un bon et un mauvais goût? oui, sans doute, quoique les hommes diffèrent d'opinions, de mœurs, d'usages.

Le meilleur goût en tout genre est d'imiter la nature avec le plus de fidélité, de force, et de grâce.

Mais la grâce n'est-elle pas arbitraire? non, puisqu'elle consiste à donner aux objets qu'on représente de la vie et de la douceur.

Entre deux hommes dont l'un sera grossier, l'autre délicat, on conviemt assez que l'un a plus de goût que l'autre.

Avant que le bon temps fût venu, Voiture, qui, dans sa manie de broder des riens, avait quelquefois beaucoup de délicatesse et d'agrément, écrit au grand Condé sur sa maladie :

Commencez doncques à songer
Qu'il importe d'être et de vivre;
Pensez mieux à vous ménager.
Quel charme a pour vous le danger,
Que vous aimiez tant à le suivre ?
Si vous aviez, dans les combats,
D'Amadis l'armure enchantée,
Comme vous en avez le bras
Et la vaillance tant vantée,
De votre ardeur précipitée,
Seigneur, je ne me plaindrais pas.
Mais en nos siècles où les charmes
Ne font pas de pareilles armes ;
Qu'on voit que le plus noble sang,
Fût-il d'Hector ou d'Alexandre,
Est aussi facile à répandre
Que l'est celui du plus bas rang ;
Que d'une force sans seconde
La Mort sait ses traits élancer ;
Et qu'un peu de plomb peut casser
La plus belle tête du monde [1] ;
Qui l'a bonne y doit regarder.
Mais une telle que la vôtre
Ne se doit jamais hasarder.
Pour votre bien et pour le nôtre,
Seigneur, il vous la faut garder...
Quoi que votre esprit se propose,
Quand votre course sera close,
On vous abandonnera fort.
Et, seigneur, c'est fort peu de chose
Qu'un demi-dieu quand il est mort.

Epître à monseigneur le prince, sur son retour d'Allemagne, en 1645.

Ces vers passent encore aujourd'hui pour être pleins de goût, et pour être les meilleurs de Voiture.

Dans le même temps, L'Estoile, qui passait pour un génie ; L'Estoile, l'un des cinq auteurs qui tra-

[1] Voltaire a imité et embelli cette idée dans une épître au roi de Prusse (20 avril 1741). K.

vaillaient aux tragédies du cardinal de Richelieu; L'Estoile, l'un des juges de Corneille, fesait ces vers, qui sont imprimés à la suite de Malherbe et de Racan :

Que j'aime en tout temps la taverne!
Que librement je m'y gouverne!
Elle n'a rien d'égal à soi.
J'y vois tout ce que j'y demande;
Et les torchons y sont pour moi
De fine toile de Hollande.

Il n'est point de lecteur qui ne convienne que les vers de Voiture sont d'un courtisan qui a le bon goût en partage, et ceux de L'Estoile d'un homme grossier sans esprit.

C'est dommage qu'on puisse dire de Voiture : Il eut du goût cette fois-là. Il n'y a certainement qu'un goût détestable dans plus de mille vers pareils à ceux-ci :

Quand nous fûmes dans Étampe,
Nous parlâmes fort de vous;
J'en soupirai quatre coups,
Et j'en eus la goutte crampe.
Étampe et crampe vraiment
Riment admirablement.
. . . .
Nous trouvâmes près Sercote
(Cas étrange et vrai pourtant)
Des bœufs qu'on voyait broutant
Dessus le haut d'une motte,
Et plus bas quelques cochons
Et bon nombre de moutons, etc.

VOITURE, chanson sur l'air *du Branle de Metz.*

La fameuse Lettre de la carpe au brochet, et qui lui fit tant de réputation, n'est-elle pas une plaisanterie trop poussée, trop longue, et en quelques endroits trop peu naturelle? n'est-ce pas un mélange de finesse et de grossièreté, de vrai et de faux? Fallait-il dire au grand Condé, nommé le *brochet* dans une société de la cour, qu'à son nom « les baleines du nord suaient à grosses gouttes, » et que les gens de l'empereur pensaient le frire et le manger avec un grain de sel?

Est-ce un bon goût d'écrire tant de lettres, seulement pour montrer un peu de cet esprit qui consiste en jeux de mots et en pointes?

N'est-on pas révolté quand Voiture dit au grand Condé, sur la prise de Dunkerque : « Je crois que » vous prendriez la lune avec les dents? »

Il semble que ce faux goût fut inspiré à Voiture par le Marini, qui était venu en France avec la reine Marie de Médicis. Voiture et Costar le citent très souvent dans leurs lettres comme un modèle. Ils admirent sa description de la rose, fille d'avril, vierge et reine, assise sur un trône épineux, tenant majestueusement le sceptre des fleurs, ayant pour courtisans et pour ministres la famille lascive des zéphyrs, et portant la couronne d'or et le panneau d'écarlate.

« Bella figlia d'aprile,
» Verginella e reina,
» Su lo spinoso trono
» Del verde cespo assisa,
» De' fior lo scettro in maestà sostiene;
» E corteggiata intorno
» Da lasciva famiglia
» Di Zefiri ministri,
» Porta d'or' la corona e d'ostro il manto. »

Voiture cite avec complaisance, dans sa trente-cinquième lettre à Costar, l'atome sonnant du Marini, la voix emplumée, le souffle vivant vêtu de plumes, la plume sonore, le chant ailé, le petit esprit d'harmonie caché dans de petites entrailles, et tout cela pour dire un rossignol.

« Una voce pennuta, un suon volante,
» E vestito di penne, un vivo fiato,
» Una piuma canora, un canto alato,
» Un spiritel' che d'armonia composto
» Vive in si anguste viscere nascosto. »

Balzac avait un mauvais goût tout contraire; il écrivait des lettres familières avec une étrange emphase. Il écrit au cardinal de La Valette que, ni dans les déserts de la Libye, ni dans les abîmes de la mer, il n'y eut jamais un si furieux monstre que la sciatique; et que si les tyrans dont la mémoire nous est odieuse eussent eu tels instruments de leur cruauté, c'eût été la sciatique que les martyrs eussent endurée pour la religion.

Ces exagérations emphatiques, ces longues périodes mesurées, si contraires au style épistolaire, ces déclamations fastidieuses, hérissées de grec et de latin, au sujet de deux sonnets assez médiocres qui partageaient la cour et la ville, et sur la pitoyable tragédie d'*Hérode infanticide;* tout cela était d'un temps où le goût n'était pas encore formé. *Cinna* même et les *Lettres provinciales*, qui étonnèrent la nation, ne la dérouillèrent pas encore.

Les connaisseurs distinguent surtout dans le même homme le temps où son goût était formé, celui où il acquit sa perfection, celui où il tomba en décadence. Quel homme d'un esprit un peu cultivé ne sentira pas l'extrême différence des beaux morceaux de *Cinna*, et de ceux du même auteur dans ses vingt dernières tragédies?

Dis-moi donc, lorsque Othon s'est offert à Camille,
A-t-il été contraint? a-t-elle été facile?
Son hommage auprès d'elle a-t-il eu plein effet?
Comment l'a-t-elle pris, et comment l'a-t-il fait?

Est-il parmi les gens de lettres quelqu'un qui ne reconnaisse le goût perfectionné de Boileau dans son *Art poétique*, et son goût non encore épuré dans sa *Satire sur les embarras de Paris*, où il peint des chats dans les gouttières?

> L'un miaule en grondant comme un tigre en furie,
> L'autre roule sa voix comme un enfant qui crie;
> Ce n'est pas tout encor, les souris et les rats
> Semblent pour m'éveiller s'entendre avec les chats.
> Satire vi, 7.

S'il avait vécu alors dans la bonne compagnie, elle lui aurait conseillé d'exercer son talent sur des objets plus dignes d'elle que des chats, des rats, et des souris.

Comme un artiste forme peu à peu son goût, une nation forme aussi le sien. Elle croupit des siècles entiers dans la barbarie; ensuite il s'élève une faible aurore, enfin le grand jour paraît, après lequel on ne voit plus qu'un long et triste crépuscule.

Nous convenons tous depuis long-temps que, malgré les soins de François Ier pour faire naître le goût des beaux-arts en France, ce bon goût ne put jamais s'établir que vers le siècle de Louis XIV; et nous commençons à nous plaindre que le siècle présent dégénère.

Les Grecs du Bas-Empire avouaient que le goût qui régnait du temps de Périclès était perdu chez eux. Les Grecs modernes conviennent qu'ils n'en ont aucun.

Quintilien reconnaît que le goût des Romains commençait à se corrompre de son temps.

Nous avons vu à l'article ART DRAMATIQUE combien Lope de Véga se plaignait du mauvais goût des Espagnols.

Les Italiens s'aperçurent les premiers que tout dégénérait chez eux, quelque temps après leur immortel *Seicento*, et qu'ils voyaient périr la plupart des arts qu'ils avaient fait naître.

Addison attaque souvent le mauvais goût de ses compatriotes dans plus d'un genre, soit quand il se moque de la statue d'un amiral en perruque carrée, soit quand il témoigne son mépris pour les jeux de mots employés sérieusement, ou quand il condamne des jongleurs introduits dans les tragédies.

Si donc les meilleurs esprits d'un pays conviennent que le goût a manqué en certains temps à leur patrie, les voisins peuvent le sentir comme les compatriotes; et de même qu'il est évident que parmi nous tel homme a le goût bon et tel autre mauvais, il peut être évident aussi que de deux nations contemporaines, l'une a un goût rude et grossier, l'autre fin et naturel.

Le malheur est que quand on prononce cette vérité, on révolte la nation entière dont on parle, comme on cabre un homme de mauvais goût lorsqu'on veut le ramener.

Le mieux est donc d'attendre que le temps et l'exemple instruisent une nation qui pèche par le goût. C'est ainsi que les Espagnols commencent à réformer leur théâtre, et que les Allemands essaient d'en former un.

DU GOUT PARTICULIER D'UNE NATION.

Il est des beautés de tous les temps et de tous les pays, mais il est aussi des beautés locales. L'éloquence doit être partout persuasive; la douleur, touchante; la colère, impétueuse; la sagesse, tranquille; mais les détails qui pourront plaire à un citoyen de Londres pourront ne faire aucun effet sur un habitant de Paris; les Anglais tireront plus heureusement leurs comparaisons, leurs métaphores de la marine, que ne feront des Parisiens, qui voient rarement des vaisseaux. Tout ce qui tiendra de près à la liberté d'un Anglais, à ses droits, à ses usages, fera plus d'impression sur lui que sur un Français.

La température du climat introduira dans un pays froid et humide un goût d'architecture, d'ameublements, de vêtements, qui sera fort bon, et qui ne pourra être reçu à Rome, en Sicile.

Théocrite et Virgile ont dû vanter l'ombrage et la fraîcheur des eaux dans leurs églogues: Thomson, dans sa description des saisons, aura dû faire des descriptions toutes contraires.

Une nation éclairée, mais peu sociable, n'aura point les mêmes ridicules qu'une nation aussi spirituelle, mais livrée à la société jusqu'à l'indiscrétion; et ces deux peuples conséquemment n'auront pas la même espèce de comédie.

La poésie sera différente chez le peuple qui renferme les femmes, et chez celui qui leur accorde une liberté sans bornes.

Mais il sera toujours vrai de dire que Virgile a mieux peint ses tableaux que Thomson n'a peint les siens, et qu'il y a eu plus de goût sur les bords du Tibre que sur ceux de la Tamise; que les scènes naturelles du *Pastor fido* sont incomparablement supérieures aux bergeries de Racan; que Racine et Molière sont des hommes divins à l'égard des auteurs des autres théâtres.

DU GOUT DES CONNAISSEURS.

En général le goût fin et sûr consiste dans le sentiment prompt d'une beauté parmi des défauts, et d'un défaut parmi des beautés.

Le gourmet est celui qui discernera le mélange de deux vins, qui sentira ce qui domine dans un mets, tandis que les autres convives n'auront qu'un sentiment confus et égaré.

Ne se trompe-t-on pas quand on dit que c'est un malheur d'avoir le goût trop délicat, d'être trop connaisseur; qu'alors on est trop choqué des défauts, et trop insensible aux beautés; qu'enfin on perd à être trop difficile? N'est-il pas vrai au contraire qu'il n'y a véritablement de plaisir que pour les gens de goût? ils voient, ils entendent, ils sentent ce qui échappe aux hommes moins sensiblement organisés et moins exercés.

Le connaisseur en musique, en peinture, en architecture, en poésie, en médailles, etc., éprouve des sensations que le vulgaire ne soupçonne pas; le plaisir même de découvrir une faute le flatte, et lui fait sentir les beautés plus vivement. C'est l'avantage des bonnes vues sur les mauvaises. L'homme de goût a d'autres yeux, d'autres oreilles, un autre tact que l'homme grossier. Il est choqué des draperies mesquines de Raphaël, mais il admire la noble correction de son dessin. Il a le plaisir d'apercevoir que les enfants de Laocoon n'ont nulle proportion avec la taille de leur père; mais tout le groupe le fait frissonner, tandis que d'autres spectateurs sont tranquilles.

Le célèbre sculpteur [1], homme de lettres et de génie, qui a fait la statue colossale de Pierre Ier à Pétersbourg, critique avec raison l'attitude du Moïse de Michel-Ange, et sa petite veste serrée qui n'est pas même le costume oriental; en même temps il s'extasie en contemplant l'air de tête.

EXEMPLES DU BON ET DU MAUVAIS GOUT, TIRÉS DES TRAGÉDIES FRANÇAISES ET ANGLAISES.

Je ne parlerai point ici de quelques auteurs anglais qui, ayant traduit des pièces de Molière, l'ont insulté dans leurs préfaces, ni de ceux qui de deux tragédies de Racine en ont fait une, et qui l'ont encore chargée de nouveaux incidents, pour se donner le droit de censurer la noble et féconde simplicité de ce grand homme.

De tous les auteurs qui ont écrit en Angleterre sur le goût, sur l'esprit et l'imagination, et qui ont prétendu à une critique judicieuse, Addison est celui qui a le plus d'autorité : ses ouvrages sont très utiles. On a desiré seulement qu'il n'eût pas trop souvent sacrifié son propre goût au desir de plaire à son parti, et de procurer un prompt débit aux feuilles du *Spectateur* qu'il composait avec Steele.

Cependant il a souvent le courage de donner la préférence au théâtre de Paris sur celui de Londres; il fait sentir les défauts de la scène anglaise; et quand il écrivit son *Caton*, il se donna bien de garde d'imiter le style de Shakespeare. S'il avait su traiter les passions, si la chaleur de son âme eût répondu à la dignité de son style, il aurait réformé sa nation. Sa pièce, étant une affaire de parti, eut un succès prodigieux. Mais quand les factions furent éteintes, il ne resta à la tragédie de *Caton* que de très beaux vers et de la froideur. Rien n'a plus contribué à l'affermissement de l'empire de Shakespeare. Le vulgaire en aucun pays ne se connaît en beaux vers; et le vulgaire anglais aime mieux des princes qui se disent des injures, des femmes qui se roulent sur la scène, des assassinats, des exécutions criminelles, des revenants qui remplissent le théâtre en foule, des sorciers, que l'éloquence la plus noble et la plus sage.

Collier a très bien senti les défauts du théâtre anglais; mais étant ennemi de cet art, par une superstition barbare dont il était possédé, il déplut trop à la nation pour qu'elle daignât s'éclairer par lui : il fut haï et méprisé.

Warburton, évêque de Glocester, a commenté Shakespeare de concert avec Pope; mais son commentaire ne roule que sur les mots. L'auteur des trois volumes des *Éléments de critique* censure Shakespeare quelquefois; mais il censure beaucoup plus Racine et nos auteurs tragiques.

Le grand reproche que tous les critiques anglais nous font, c'est que tous nos héros sont des Français, des personnages de roman, des amants tels qu'on en trouve dans *Clélie*, dans *Astrée*, et dans *Zaïde*. L'auteur des *Éléments de critique* reprend surtout très sévèrement Corneille d'avoir fait parler ainsi César à Cléopâtre :

C'était pour acquérir un droit si précieux
Que combattait partout mon bras ambitieux;
Et dans Pharsale même il a tiré l'épée,
Plus pour le conserver que pour vaincre Pompée.
Je l'ai vaincu, princesse; et le dieu des combats
M'y favorisait moins que vos divins appas :
Ils conduisaient ma main, ils enflaient mon courage;
Cette pleine victoire est leur dernier ouvrage.
La Mort de Pompée, acte IV, scène III.

Le critique anglais trouve ces fadeurs ridicules et extravagantes; il a sans doute raison : les Français sensés l'avaient dit avant lui. Nous regardons comme une règle inviolable ces préceptes de Boileau :

Qu'Achille aime autrement que Tyrcis et Philène;
N'allez pas d'un Cyrus nous faire un Artamène.
Art poétique, chant III, 99.

Nous savons bien que César ayant en effet aimé Cléopâtre, Corneille le devait faire parler autrement, et que surtout cet amour est très insipide dans la tragédie de *la Mort de Pompée*. Nous savons que Corneille, qui a mis de l'amour dans toutes ses pièces, n'a jamais traité convenablement cette passion, excepté dans quelques scènes du *Cid* imitées de l'espagnol. Mais aussi toutes les

[1] Falconnet.

nations conviennent avec nous qu'il a déployé un très grand génie, un sens profond, une force d'esprit supérieure dans *Cinna*, dans plusieurs scènes des *Horaces*, de *Pompée*, de *Polyeucte*, dans la dernière scène de *Rodogune*.

Si l'amour est insipide dans presque toutes ses pièces, nous sommes les premiers à le dire; nous convenons tous que ses héros ne sont que des raisonneurs dans ses quinze ou seize derniers ouvrages. Les vers de ces pièces sont durs, obscurs, sans harmonie, sans grâce. Mais s'il s'est élevé infiniment au-dessus de Shakespeare dans les tragédies de son bon temps, il n'est jamais tombé si bas dans les autres; et s'il fait dire malheureusement à César *qu'il vient ennoblir, par le titre de captif le titre de vainqueur à présent effectif*, César ne dit point chez lui les extravagances qu'il débite dans Shakespeare. Ses héros ne font point l'amour à Catau comme le roi Henri V; on ne voit point chez lui de prince s'écrier comme Richard II : « O terre de » mon royaume! ne nourris pas mon ennemi; mais » que les araignées qui sucent ton venin, et que les » lourds crapauds soient sur sa route; qu'ils attaquent ses pieds perfides, qui les foulent de ses » pas usurpateurs. Ne produis que de puants » chardons pour eux; et quand ils voudront cueillir une fleur sur ton sein, ne leur présente que » des serpents en embuscade. »

On ne voit point chez Corneille un héritier du trône s'entretenir avec un général d'armée, avec ce beau naturel que Shakespeare étale dans le prince de Galles, qui fut depuis le roi Henri IV *.

Le général demande au prince quelle heure il est. Le prince lui répond : « Tu as l'esprit si gras » pour avoir bu du vin d'Espagne, pour t'être déboutonné après souper, pour avoir dormi sur » un banc après dîner, que tu as oublié ce que tu » devrais savoir. Que diable t'importe l'heure » qu'il est, à moins que les heures ne soient des » tasses de vin, que les minutes ne soient des hachis de chapons, que les cloches ne soient des » langues de maquerelles; les cadrans, des enseignes de mauvais lieux; et le soleil lui-même, » une fille de joie en taffetas couleur de feu? »

Comment Warburton n'a-t-il pas rougi de commenter ces grossièretés infâmes? travaillait-il pour l'honneur du théâtre et de l'église anglicane?

RARETÉ DES GENS DE GOUT.

On est affligé quand on considère, surtout dans les climats froids et humides, cette foule prodigieuse d'hommes qui n'ont pas la moindre étincelle de goût, qui n'aiment aucun des beaux-arts, qui ne lisent jamais, et dont quelques uns feuillettent tout au plus un journal une fois par mois pour être au courant, et pour se mettre en état de parler au hasard des choses dont ils ne peuvent avoir que des idées confuses.

Entrez dans une petite ville de province, rarement vous y trouverez un ou deux libraires. Il en est qui en sont entièrement privées. Les juges, les chanoines, l'évêque, le subdélégué, l'élu, le receveur du grenier à sel, le citoyen aisé, personne n'a de livres, personne n'a l'esprit cultivé; on n'est pas plus avancé qu'au douzième siècle. Dans les capitales des provinces, dans celles même qui ont des académies, que le goût est rare!

Il faut la capitale d'un grand royaume pour y établir la demeure du goût; encore n'est-il le partage que du très petit nombre, toute la populace en est exclue. Il est inconnu aux familles bourgeoises, où l'on est continuellement occupé du soin de sa fortune, des détails domestiques, et d'une grossière oisiveté, amusée par une partie de jeu. Toutes les places qui tiennent à la judicature, à la finance, au commerce, ferment la porte aux beaux-arts. C'est la honte de l'esprit humain que le goût, pour l'ordinaire, ne s'introduise que chez l'oisiveté opulente. J'ai connu un commis des bureaux de Versailles, né avec beaucoup d'esprit, qui disait : Je suis bien malheureux, je n'ai pas le temps d'avoir du goût.

Dans une ville telle que Paris, peuplée de plus de six cent mille personnes, je ne crois pas qu'il y en ait trois mille qui aient le goût des beaux-arts. Qu'on représente un chef-d'œuvre dramatique, ce qui est si rare, et qui doit l'être, on dit : Tout Paris est enchanté; mais on en imprime trois mille exemplaires tout au plus.

Parcourez aujourd'hui l'Asie, l'Afrique, la moitié du Nord; où verrez-vous le goût de l'éloquence, de la poésie, de la peinture, de la musique? Presque tout l'univers est barbare.

Le goût est donc comme la philosophie; il appartient à un très petit nombre d'âmes privilégiées.

Le grand bonheur de la France fut d'avoir dans Louis XIV un roi qui était né avec du goût.

« . . . . . Pauci, quos æquus amavit
» Jupiter, aut ardens evexit ad æthera virtus,
» Dis geniti, potuere. . . . . . »

VIRG., *Æn.*, VI, 129-131.

C'est en vain qu'Ovide (*Métam.* I, 86) a dit que Dieu nous créa pour regarder le ciel : *Erectos ad sidera tollere vultus*; les hommes sont presque tous courbés vers la terre.

Pourquoi une statue informe, un mauvais tableau où les figures sont estropiées, n'ont-ils jamais passé pour des chefs-d'œuvre? Pourquoi jamais

* Scène II du premier acte de *la Vie et la mort de Henri IV*.

une maison chétive et sans aucune proportion n'a-t-elle été regardée comme un beau monument d'architecture? D'où vient qu'en musique des sons aigres et discordants n'ont flatté l'oreille de personne, et que cependant de très mauvaises tragédies barbares, écrites dans un style d'allobroge, ont réussi, même après les scènes sublimes qu'on trouve dans Corneille, et les tragédies touchantes de Racine, et le peu de pièces bien écrites qu'on peut avoir eues depuis cet élégant poëte? Ce n'est qu'au théâtre qu'on voit quelquefois réussir des ouvrages détestables, soit tragiques, soit comiques.

Quelle en est la raison? C'est que l'illusion ne règne qu'au théâtre; c'est que le succès y dépend de deux ou trois acteurs, quelquefois d'un seul, et surtout d'une cabale qui fait tous ses efforts, tandis que les gens de goût n'en font aucun. Cette cabale subsiste souvent une génération entière. Elle est d'autant plus active, que son but est bien moins d'élever un auteur que d'en abaisser un autre. Il faut un siècle pour mettre aux choses leur véritable prix dans ce seul genre.

Ce sont les gens de goût seuls qui gouvernent à la longue l'empire des arts. Le Poussin fut obligé de sortir de France pour laisser la place à un mauvais peintre. Le Moine se tua de désespoir. Vanloo fut près d'aller exercer ailleurs ses talents. Les connaisseurs seuls les ont mis tous trois à leur place. On voit souvent en tout genre les plus mauvais ouvrages avoir un succès prodigieux. Les solécismes, les barbarismes, les sentiments les plus faux, l'ampoulé le plus ridicule, ne sont pas sentis pendant un temps, parce que la cabale et le sot enthousiasme du vulgaire causent une ivresse qui ne sent rien. Les connaisseurs seuls ramènent à la longue le public, et c'est la seule différence qui existe entre les nations les plus éclairées et les plus grossières; car le vulgaire de Paris n'a rien au-dessus d'un autre vulgaire; mais il y a dans Paris un nombre assez considérable d'esprits cultivés pour mener la foule. Cette foule se conduit presque en un moment dans les mouvements populaires; mais il faut plusieurs années pour fixer son goût dans les arts.

GOUVERNEMENT.

SECTION PREMIÈRE.

Il faut que le plaisir de gouverner soit bien grand, puisque tant de gens veulent s'en mêler. Nous avons beaucoup plus de livres sur le gouvernement qu'il n'y a de princes sur la terre. Que Dieu me préserve ici d'enseigner les rois, et messieurs leurs ministres, et messieurs leurs valets-de-chambre, et messieurs leurs confesseurs, et messieurs leurs fermiers-généraux! Je n'y entends rien, je les révère tous. Il n'appartient qu'à M. Wilkes de peser dans sa balance anglaise ceux qui sont à la tête du genre humain. De plus, il serait bien étrange qu'avec trois ou quatre mille volumes sur le gouvernement; avec Machiavel, et la *Politique de l'Écriture sainte*, par Bossuet; avec *le Citoyen financier*, *le Guidon des finances*, *le Moyen d'enrichir un état*, etc., il y eût encore quelqu'un qui ne sût pas parfaitement tous les devoirs des rois et l'art de conduire les hommes.

Le professeur Puffendorf[a], ou le baron Puffendorf, dit que le roi David, ayant juré de ne jamais attenter à la vie de Seméi, son conseiller privé, ne trahit point son serment quand il ordonna (selon l'histoire juive) à son fils Salomon de faire assassiner Seméi, « parce que David ne s'était engagé que pour lui seul à ne pas tuer Seméi. » Le baron, qui réprouve si hautement les restrictions mentales des jésuites, en permet une ici à l'oint David qui ne sera pas du goût des conseillers d'état.

Pesez les paroles de Bossuet, dans sa *Politique de l'Écriture sainte* à monseigneur le Dauphin. « Voilà donc la royauté attachée par succession à la maison de David et de Salomon, et le trône de David est affermi à jamais[b] (quoique ce petit escabeau appelé *trône* ait très peu duré). En vertu de cette loi, l'aîné devait succéder au préjudice de ses frères; c'est pourquoi Adonias, qui était l'aîné, dit à Bethsabée, mère de Salomon: Vous savez que le royaume était à moi, et tout Israël m'avait reconnu; mais le Seigneur a transféré le royaume à mon frère Salomon. » Le droit d'Adonias était incontestable; Bossuet le dit expressément à la fin de cet article. *Le Seigneur a transféré* n'est qu'une expression ordinaire, qui veut dire: J'ai perdu mon bien, on m'a enlevé mon bien. Adonias était né d'une femme légitime; la naissance de son cadet n'était que le fruit d'un double crime.

« A moins donc, dit Bossuet, qu'il n'arrivât quelque chose d'extraordinaire, l'aîné devait succéder. » Or cet extraordinaire fut que Salomon, né d'un mariage fondé sur un double adultère et sur un meurtre, fit assassiner au pied de l'autel son frère aîné, son roi légitime, dont les droits étaient soutenus par le pontife Abiathar et par le général Joab. Après cela, avouons qu'il est plus difficile qu'on ne pense de prendre des leçons du droit des gens et du gouvernement dans l'*Écriture sainte*, donnée aux Juifs, et ensuite à nous, pour des intérêts plus sublimes.

« Que le salut du peuple soit la loi suprême: »

[a] Puffendorf, liv. IV, ch. XI, art. 13. — [b] Liv. II, propos. IX.

telle est la maxime fondamentale des nations; mais on fait consister le salut du peuple à égorger une partie des citoyens dans toutes les guerres civiles. Le salut d'un peuple est de tuer ses voisins et de s'emparer de leurs biens dans toutes les guerres étrangères. Il est encore difficile de trouver là un droit des gens bien salutaire et un gouvernement bien favorable à l'art de penser et à la douceur de la société.

Il y a des figures de géométrie très régulières et parfaites en leur genre; l'arithmétique est parfaite; beaucoup de métiers sont exercés d'une manière toujours uniforme et toujours bonne : mais pour le gouvernement des hommes, peut-il jamais en être un bon, quand tous sont fondés sur des passions qui se combattent?

Il n'y a jamais eu de couvents de moines sans discorde; il est donc impossible qu'elle ne soit dans les royaumes. Chaque gouvernement est non seulement comme les couvents, mais comme les ménages : il n'y en a point sans querelles ; et les querelles de peuple à peuple, de prince à prince, ont toujours été sanglantes : celles des sujets avec leurs souverains n'ont pas quelquefois été moins funestes : comment faut-il faire? ou risquer, ou se cacher.

SECTION II.

Plus d'un peuple souhaite une constitution nouvelle : les Anglais voudraient changer de ministres tous les huit jours; mais ils ne voudraient pas changer la forme de leur gouvernement.

Les Romains modernes sont tous fiers de l'église de Saint-Pierre, et de leurs anciennes statues grecques; mais le peuple voudrait être mieux nourri, mieux vêtu, dût-il être moins riche en bénédictions : les pères de famille souhaiteraient que l'Église eût moins d'or, et qu'il y eût plus de blé dans leurs greniers; ils regrettent le temps où les apôtres allaient à pied, et où les citoyens romains voyageaient de palais en palais en litière.

On ne cesse de nous vanter les belles républiques de la Grèce : il est sûr que les Grecs aimeraient mieux le gouvernement des Périclès et des Démosthène que celui d'un bacha ; mais dans leurs temps les plus florissants ils se plaignaient toujours; la discorde, la haine, étaient au-dehors entre toutes les villes, et au-dedans dans chaque cité. Ils donnaient des lois aux anciens Romains qui n'en avaient pas encore; mais les leurs étaient si mauvaises qu'ils les changèrent continuellement.

Quel gouvernement que celui où le juste Aristide était banni, Phocion mis à mort, Socrate condamné à la ciguë, après avoir été berné par Aristophane; où l'on voit les Amphictyons livrer imbécilement la Grèce à Philippe, parce que les Phocéens avaient labouré un champ qui était du domaine d'Apollon! mais le gouvernement des monarchies voisines était pire.

Puffendorf promet d'examiner quelle est la meilleure forme de gouvernement : il vous dit* « que » plusieurs prononcent en faveur de la monarchie, et d'autres, au contraire, se déchaînent » furieusement contre les rois; et qu'il est hors » de son sujet d'examiner en détail les raisons de » ces derniers. »

Si quelque lecteur malin attend ici qu'on lui en dise plus que Puffendorf, il se trompera beaucoup.

Un Suisse, un Hollandais, un noble vénitien, un pair d'Angleterre, un cardinal, un comte de l'empire, disputaient un jour en voyage sur la préférence de leurs gouvernements ; personne ne s'entendit, chacun demeura dans son opinion sans en avoir une bien certaine ; et ils s'en retournèrent chez eux sans avoir rien conclu, chacun louant sa patrie par vanité, et s'en plaignant par sentiment.

Quelle est donc la destinée du genre humain? presque nul grand peuple n'est gouverné par lui-même.

Partez de l'Orient pour faire le tour du monde : le Japon a fermé ses ports aux étrangers, dans la juste crainte d'une révolution affreuse.

La Chine a subi cette révolution; elle obéit à des Tartares moitié Mantchoux, moitié Huns; l'Inde, à des Tartares Mogols. L'Euphrate, le Nil, l'Oronte, la Grèce, l'Épire, sont encore sous le joug des Turcs. Ce n'est point une race anglaise qui règne en Angleterre; c'est une famille allemande, qui a succédé à un prince hollandais, et celui-ci à une famille écossaise, laquelle avait succédé à une famille angevine, qui avait remplacé une famille normande, qui avait chassé une famille saxonne et usurpatrice. L'Espagne obéit à une famille française, qui succéda à une race autrichienne; cette autrichienne à des familles qui se vantaient d'être Visigothes ; ces Visigoths avaient été chassés long-temps par des Arabes, après avoir succédé aux Romains, qui avaient chassé les Carthaginois.

La Gaule obéit à des Francs, après avoir obéi à des préfets romains.

Les mêmes bords du Danube ont appartenu aux Germains, aux Romains, aux Abares, aux Slaves, aux Bulgares, aux Huns, à vingt familles différentes, et presque toutes étrangères.

Et qu'a-t-on vu de plus étranger à Rome que tant d'empereurs nés dans des provinces barbares, et tant de papes nés dans des provinces non moins barbares? Gouverne qui peut. Et quand

* Liv. VII, ch. V.

on est parvenu à être le maître, on gouverne comme on peut[a].

SECTION III.

Un voyageur racontait ce qui suit, en 1769 : J'ai vu dans mes courses un pays assez grand et assez peuplé, dans lequel toutes les places s'achètent, non pas en secret et pour frauder la loi comme ailleurs, mais publiquement et pour obéir à la loi. On y met à l'encan le droit de juger souverainement de l'honneur, de la fortune et de la vie des citoyens, comme on vend quelques arpents de terre[b]. Il y a des commissions très importantes dans les armées qu'on ne donne qu'au plus offrant. Le principal mystère de leur religion se célèbre pour trois petits sesterces; et si le célébrant ne trouve point ce salaire, il reste oisif comme un gagne-denier sans emploi.

Les fortunes dans ce pays ne sont point le prix de l'agriculture; elles sont le résultat d'un jeu de hasard que plusieurs jouent en signant leurs noms, et en fesant passer ces noms de main en main. S'ils perdent, ils rentrent dans la fange dont ils sont sortis, ils disparaissent; s'ils gagnent, ils parviennent à entrer de part dans l'administration publique; ils marient leurs filles à des mandarins, et leurs fils deviennent aussi espèces de mandarins.

Une partie considérable des citoyens a toute sa subsistance assignée sur une maison qui n'a rien; et cent personnes ont acheté chacune cent mille écus le droit de recevoir et de payer l'argent dû à ces citoyens sur cet hôtel imaginaire; droit dont ils n'usent jamais, ignorant profondément ce qui est censé passer par leurs mains.

Quelquefois on entend crier par les rues une proposition faite à quiconque a un peu d'or dans sa cassette de s'en dessaisir pour acquérir un carré de papier admirable, qui vous fera passer sans aucun soin une vie douce et commode. Le lendemain on vous crie un ordre qui vous force à changer ce papier contre un autre qui sera bien meilleur. Le surlendemain on vous étourdit d'un nouveau papier qui annulle les deux premiers. Vous êtes ruiné; mais de bonnes têtes vous consolent, en vous assurant que dans quinze jours les colporteurs de la ville vous crieront une proposition plus engageante.

Vous voyagez dans une province de cet empire, et vous y achetez des choses nécessaires au vêtir, au manger, au boire, au coucher. Passez-vous dans une autre province, on vous fait payer des droits pour toutes ces denrées, comme si vous veniez d'Afrique. Vous en demandez la raison, on ne vous répond point; ou, si l'on daigne vous parler, on vous répond que vous venez d'une province *réputée étrangère*, et que par conséquent il faut payer pour la commodité du commerce. Vous cherchez en vain à comprendre comment des provinces du royaume sont étrangères au royaume.

Il y a quelque temps qu'en changeant de chevaux et me sentant affaibli de fatigue, je demandai un verre de vin au maître de la poste. Je ne saurais vous le donner, me dit-il; les commis à la soif, qui sont en très grand nombre, et tous fort sobres, me feraient payer le *trop bu*, ce qui me ruinerait. Ce n'est point trop boire, lui dis-je, que de se sustenter d'un verre de vin; et qu'importe que ce soit vous ou moi qui ait avalé ce verre?

Monsieur, répliqua-t-il, nos lois sur la soif sont bien plus belles que vous ne pensez. Dès que nous avons fait la vendange, les locataires du royaume nous députent des médecins qui viennent visiter nos caves. Ils mettent à part autant de vin qu'ils jugent à propos de nous en laisser boire pour notre santé. Ils reviennent au bout de l'année; et s'ils jugent que nous avons excédé d'une bouteille l'ordonnance, ils nous condamnent à une forte amende; et pour peu que nous soyons récalcitrants, on nous envoie à Toulon boire de l'eau de la mer. Si je vous donnais le vin que vous me demandez, on ne manquerait pas de m'accuser d'avoir trop bu : vous voyez ce que je risquerais avec les intendants de notre santé.

J'admirai ce régime; mais je ne fus pas moins surpris lorsque je rencontrai un plaideur au désespoir, qui m'apprit qu'il venait de perdre au-delà du ruisseau le plus prochain le même procès qu'il avait gagné la veille au-deçà. Je sus par lui qu'il y a dans le pays autant de codes différents que de villes. Sa conversation excita ma curiosité. Notre nation est si sage, me dit-il, qu'on n'y a rien réglé. Les lois, les coutumes, les droits des corps, les rangs, les prééminences, tout y est arbitraire, tout y est abandonné à la prudence de la nation.

J'étais encore dans le pays lorsque ce peuple eut une guerre avec quelques-uns de ses voisins. On appelait cette guerre *la ridicule*, parce qu'il y avait beaucoup à perdre, et rien à gagner. J'allai voyager ailleurs, et je ne revins qu'à la paix. La nation, à mon retour, paraissait dans la dernière misère; elle avait perdu son argent, ses soldats, ses flottes, son commerce. Je dis : Son dernier jour est venu, il faut que tout passe; voilà une nation anéantie : c'est dommage; car une grande partie

[a] Voyez l'article Lois.

[b] Si ce voyageur avait passé dans ce pays même deux ans après, il aurait vu cette infâme coutume abolie, et quatre ans encore après il l'aurait trouvée rétablie.

de ce peuple était aimable, industrieuse, et fort gaie, après avoir été autrefois grossière, superstitieuse et barbare.

Je fus tout étonné qu'au bout de deux ans sa capitale et ses principales villes me parurent plus opulentes que jamais; le luxe était augmenté, et on ne respirait que le plaisir. Je ne pouvais concevoir ce prodige. Je n'en ai vu enfin la cause qu'en examinant le gouvernement de ses voisins; j'ai conçu qu'ils étaient tout aussi mal gouvernés que cette nation, et qu'elle était plus industrieuse qu'eux tous.

Un provincial de ce pays dont je parle se plaignait un jour amèrement de toutes les vexations qu'il éprouvait. Il savait assez bien l'histoire; on lui demanda s'il se serait cru plus heureux il y a cent ans, lorsque dans son pays, alors barbare, on condamnait un citoyen à être pendu pour avoir mangé gras en carême? Il secoua la tête. Aimeriez-vous les temps des guerres civiles qui commencèrent à la mort de François II, ou ceux des défaites de Saint-Quentin et de Pavie, ou les longs désastres des guerres contre les Anglais, ou l'anarchie féodale, et les horreurs de la seconde race, et les barbaries de la première? A chaque question il était saisi d'effroi. Le gouvernement des Romains lui parut le plus intolérable de tous. Il n'y a rien de pis, disait-il, que d'appartenir à des maîtres étrangers. On en vint enfin aux druides. Ah! s'écria-t-il, je me trompais; il est encore plus horrible d'être gouverné par des prêtres sanguinaires. Il conclut enfin, malgré lui, que le temps où il vivait était, à tout prendre, le moins odieux.

SECTION IV.

Un aigle gouvernait les oiseaux de tout le pays d'Ornithie. Il est vrai qu'il n'avait d'autre droit que celui de son bec et de ses serres. Mais enfin, après avoir pourvu à ses repas et à ses plaisirs, il gouverna aussi bien qu'aucun autre oiseau de proie.

Dans sa vieillesse, il fut assailli par des vautours affamés qui vinrent du fond du Nord désoler toutes les provinces de l'aigle. Parut alors un chat-huant, né dans un des plus chétifs buissons de l'empire, et qu'on avait long-temps appelé *lucifugax*. Il était rusé; il s'associa avec des chauves-souris; et tandis que les vautours se battaient contre l'aigle, notre hibou et sa troupe entrèrent habilement en qualité de pacificateurs dans l'aire qu'on se disputait.

L'aigle et les vautours, après une assez longue guerre, s'en rapportèrent à la fin au hibou, qui avec sa physionomie grave sut en imposer aux deux partis.

Il persuada à l'aigle et aux vautours de se laisser rogner un peu les ongles, et couper le petit bout du bec, pour se mieux concilier ensemble. Avant ce temps le hibou avait toujours dit aux oiseaux: Obéissez à l'aigle; ensuite il avait dit: Obéissez aux vautours. Il dit bientôt: Obéissez à moi seul. Les pauvres oiseaux ne surent à qui entendre; ils furent plumés par l'aigle, le vautour, le chat-huant, et les chauves-souris. *Qui habet aures audiat* (Saint Matth., XI, 15).

SECTION V.

« J'ai un grand nombre de catapultes et de ba-
» listes des anciens Romains, qui sont à la vérité
» vermoulues, mais qui pourraient encore servir
» pour la montre. J'ai beaucoup d'horloges d'eau
» dont la moitié sont cassées; des lampes sépulcra-
» les, et le vieux modèle en cuivre d'une quinqué-
» rème; je possède aussi des toges, des prétextes,
» des laticlaves en plomb; et mes prédécesseurs
» ont établi une communauté de tailleurs qui font
» assez mal des robes d'après ces anciens monu-
» ments. A ces causes, à ce nous mouvants, ouï
» le rapport de notre principal antiquaire, nous
» ordonnons que tous ces vénérables usages soient
» en vigueur à jamais, et qu'un chacun ait à se
» chausser et à penser dans toute l'étendue de nos
» états comme on se chaussait et comme on pensait
» du temps de Cnidus Rufillus, propréteur de la
» province à nous dévolue par le droit de bien-
» séance, etc. »

On représenta au chauffe-cire qui employait son ministère à sceller cet édit que tous les engins y spécifiés sont devenus inutiles;

Que l'esprit et les arts se perfectionnent de jour en jour; qu'il faut mener les hommes par les brides qu'ils ont aujourd'hui, et non par celles qu'ils avaient autrefois;

Que personne ne monterait sur les quinquérèmes de son altesse sérénissime;

Que ses tailleurs auraient beau faire des laticlaves, qu'on n'en achèterait pas un seul; et qu'il était digne de sa sagesse de condescendre un peu à la manière de penser actuelle des honnêtes gens de son pays.

Le chauffe-cire promit d'en parler à un clerc, qui promit de s'en expliquer au référendaire, qui promit d'en dire un mot à son altesse sérénissime quand l'occasion pourrait s'en présenter.

SECTION VI.

Tableau du gouvernement anglais.

C'est une chose curieuse de voir comment un gouvernement s'établit. Je ne parlerai pas ici du grand Tamerlan, ou Timurleng, parce que je ne sais pas bien précisément quel est le mystère du gouvernement du Grand-Mogol. Mais nous pouvons voir plus clair dans l'administration de l'Angleterre : et j'aime mieux examiner cette administration que celle de l'Inde; attendu qu'on dit qu'il y a des hommes en Angleterre, et point d'esclaves; et que dans l'Inde on trouve, à ce qu'on prétend, beaucoup d'esclaves, et très peu d'hommes.

Considérons d'abord un bâtard normand qui se met en tête d'être roi d'Angleterre. Il y avait autant de droit que saint Louis en eut depuis sur le grand Caire. Mais saint Louis eut le malheur de ne pas commencer par se faire adjuger juridiquement l'Égypte en cour de Rome, et Guillaume-le-Bâtard ne manqua pas de rendre sa cause légitime et sacrée, en obtenant du pape Alexandre II, un arrêt qui assurait son bon droit, sans même avoir entendu la partie adverse, et seulement en vertu de ces paroles : « Tout ce que tu auras lié sur la » terre sera lié dans les cieux. » Son concurrent Harold, roi très légitime, étant ainsi lié par un arrêt émané des cieux, Guillaume joignit à cette vertu du siége universel une vertu un peu plus forte, ce fut la victoire d'Hastings. Il régna donc par le droit du plus fort, ainsi qu'avaient régné Pepin et Clovis en France, les Goths et les Lombards en Italie, les Visigoths et ensuite les Arabes en Espagne, les Vandales en Afrique, et tous les rois de ce monde les uns après les autres.

Il faut avouer encore que notre bâtard avait un aussi juste titre que les Saxons et les Danois, qui en avaient possédé un aussi juste que celui des Romains. Et le titre de tous ces héros était celui des *voleurs de grand chemin*, ou bien, si vous voulez, celui des renards et des fouines quand ces animaux font des conquêtes dans les basses-cours.

Tous ces grands hommes étaient si parfaitement voleurs de grand chemin, que depuis Romulus jusqu'aux flibustiers, il n'est question que de dépouilles *opimes*, de butin, de pillage, de vaches et de bœufs volés à main armée. Dans la fable, Mercure vole les vaches d'Apollon; et dans l'*Ancien Testament*, le prophète Isaïe donne le nom de *voleur* au fils que sa femme va mettre au monde, et qui doit être un grand type. Il l'appelle Maher-salal-has-bas, *partagez vite les dépouilles*. Nous avons déjà remarqué que les noms de *soldat* et de *voleur* étaient souvent synonymes.

Voilà bientôt Guillaume roi de droit divin. Guillaume-le-Roux, qui usurpa la couronne sur son frère aîné, fut aussi roi de droit divin sans difficulté; et ce même droit divin appartint après lui à Henri, le troisième usurpateur.

Les barons normands, qui avaient concouru à leurs dépens à l'invasion de l'Angleterre, voulaient des récompenses : il fallut bien leur en donner, les faire grands vassaux, grands officiers de la couronne; ils eurent les plus belles terres. Il est clair que Guillaume aurait mieux aimé garder tout pour lui, et faire de tous ces seigneurs ses gardes et ses estafiers, mais il aurait trop risqué. Il se vit donc obligé de partager.

A l'égard des seigneurs anglo-saxons, il n'y avait pas moyen de les tuer tous, ni même de les réduire tous à l'esclavage. On leur laissa chez eux la dignité de seigneurs châtelains. Ils relevèrent des grands vassaux normands, qui relevaient de Guillaume.

Par là tout était contenu dans l'équilibre, jusqu'à la première querelle.

Et le reste de la nation, que devint-il? ce qu'étaient devenus presque tous les peuples de l'Europe, des serfs, des vilains.

Enfin, après la folie des croisades, les princes ruinés vendent la liberté à des serfs de glèbe, qui avaient gagné quelque argent par le travail et par le commerce; les villes sont affranchies; les communes ont des priviléges; les droits des hommes renaissent de l'anarchie même.

Les barons étaient partout en dispute avec leur roi, et entre eux. La dispute devenait partout une petite guerre intestine, composée de cent guerres civiles. C'est de cet abominable et ténébreux chaos que sortit encore une faible lumière qui éclaira les communes, et qui rendit leur destinée meilleure.

Les rois d'Angleterre étant eux-mêmes grands vassaux de France pour la Normandie, ensuite pour la Guienne et pour d'autres provinces, prirent aisément les usages des rois dont ils relevaient. Les états-généraux furent long-temps composés, comme en France, des barons et des évêques.

La cour de chancellerie anglaise fut une imitation du conseil d'état auquel le chancelier de France préside. La cour du banc du roi fut créée sur le modèle du parlement institué par Philippe-le-Bel. Les plaids communs étaient comme la juridiction du châtelet. La cour de l'échiquier ressemblait à celle des généraux des finances, qui est devenue en France la cour des aides.

La maxime, que le domaine royal est inaliénable, fut encore une imitation visible du gouvernement français.

Le droit du roi d'Angleterre, de faire payer sa rançon par ses sujets, s'il était prisonnier de guerre; celui d'exiger un subside quand il mariait sa fille aînée, et quand il fesait son fils chevalier; tout cela rappelait les anciens usages d'un royaume dont Guillaume était le premier vassal.

A peine Philippe-le-Bel a-t-il rappelé les communes aux états-généraux, que le roi d'Angleterre

Édouard en fait autant pour balancer la grande puissance des barons : car c'est sous le règne de ce prince que la convocation de la chambre des communes est bien constatée.

Nous voyons donc, jusqu'à cette époque du quatorzième siècle, le gouvernement anglais suivre pas à pas celui de la France. Les deux églises sont entièrement semblables; même assujettissement à la cour de Rome; mêmes exactions dont on se plaint, et qu'on finit toujours par payer à cette cour avide; mêmes querelles plus ou moins fortes; mêmes excommunications; mêmes donations aux moines; même chaos; même mélange de rapines sacrées, de superstitions et de barbarie.

La France et l'Angleterre ayant donc été administrées si long-temps sur les mêmes principes, ou plutôt sans aucun principe, et seulement par des usages tout semblables, d'où vient qu'enfin ces deux gouvernements sont devenus aussi différents que ceux de Maroc et de Venise?

N'est-ce point que, l'Angleterre étant une île, le roi n'a pas besoin d'entretenir continuellement une forte armée de terre, qui serait plutôt employée contre la nation que contre les étrangers?

N'est-ce point qu'en général les Anglais ont dans l'esprit quelque chose de plus ferme, de plus réfléchi, de plus opiniâtre, que quelques autres peuples?

N'est-ce point par cette raison que, s'étant toujours plaints de la cour de Rome, ils en ont entièrement secoué le joug honteux, tandis qu'un peuple plus léger l'a porté en affectant d'en rire, et en dansant avec ses chaînes?

La situation de leur pays, qui leur a rendu la navigation nécessaire, ne leur a-t-elle pas donné aussi des mœurs plus dures?

Cette dureté de mœurs, qui a fait de leur île le théâtre de tant de sanglantes tragédies, n'a-t-elle pas contribué aussi à leur inspirer une franchise généreuse?

N'est-ce pas ce mélange de leurs qualités contraires qui a fait couler tant de sang royal dans les combats et sur les échafauds, et qui n'a jamais permis qu'ils employassent le poison dans leurs troubles civils, tandis qu'ailleurs, sous un gouvernement sacerdotal, le poison était une arme si commune?

L'amour de la liberté n'est-il pas devenu leur caractère dominant, à mesure qu'ils ont été plus éclairés et plus riches? Tous les citoyens ne peuvent être également puissants, mais ils peuvent tous être également libres; et c'est ce que les Anglais ont obtenu enfin par leur constance.

Être libre, c'est ne dépendre que des lois. Les Anglais ont donc aimé les lois, comme les pères aiment leurs enfants parce qu'ils les ont faits, ou qu'ils ont cru les faire.

Un tel gouvernement n'a pu être établi que très tard, parce qu'il a fallu long-temps combattre des puissances respectées : la puissance du pape, la plus terrible de toutes, puisqu'elle était fondée sur le préjugé et sur l'ignorance; la puissance royale, toujours prête à se déborder, et qu'il fallait contenir dans ses bornes; la puissance du baronnage, qui était une anarchie; la puissance des évêques qui, mêlant toujours le profane au sacré, voulurent l'emporter sur le baronnage et sur les rois.

Peu à peu la chambre des communes est devenue la digue qui arrête tous ces torrents.

La chambre des communes est véritablement la nation, puisque le roi, qui est le chef, n'agit que pour lui, et pour ce qu'on appelle *sa prérogative;* puisque les pairs ne sont en parlement que pour eux; puisque les évêques n'y sont de même que pour eux; mais la chambre des communes y est pour le peuple, puisque chaque membre est député du peuple. Or ce peuple est au roi comme environ huit millions sont à l'unité. Il est aux pairs et aux évêques comme huit millions sont à deux cents tout au plus. Et les huit millions de citoyens libres sont représentés par la chambre basse.

De cet établissement, en comparaison duquel la république de Platon n'est qu'un rêve ridicule, et qui semblerait inventé par Locke, par Newton, par Halley, ou par Archimède, il est né des abus affreux, et qui font frémir la nature humaine. Les frottements inévitables de cette vaste machine l'ont presque détruite du temps de Fairfax et de Cromwell. Le fanatisme absurde s'était introduit dans ce grand édifice comme un feu dévorant qui consume un beau bâtiment qui n'est que de bois.

Il a été rebâti de pierre du temps de Guillaume d'Orange. La philosophie a détruit le fanatisme, qui ébranle les états les plus fermes. Il est à croire qu'une constitution qui a réglé les droits du roi, des nobles et du peuple, et dans laquelle chacun trouve sa sûreté, durera autant que les choses humaines peuvent durer.

Il est à croire aussi que tous les états qui ne sont pas fondés sur de tels principes éprouveront des révolutions.

Voici à quoi la législation anglaise est enfin parvenue : à remettre chaque homme dans tous les droits de la nature, dont ils sont dépouillés dans presque toutes les monarchies. Ces droits sont, liberté entière de sa personne, de ses biens; de parler à la nation par l'organe de sa plume; de ne pouvoir être jugé en matière criminelle que par un *jury* formé d'hommes indépendants; de ne pouvoir être jugé en aucun cas que suivant les termes précis de la loi; de professer en paix quelque religion qu'on veuille, en renonçant aux emplois dont les seuls anglicans peuvent être pourvus. Cela s'appelle des prérogatives. Et en effet, c'est une très grande et très heureuse prérogative par-dessus tant de nations, d'être sûr en vous couchant que vous vous réveillerez le lendemain avec la même fortune que vous possédiez la veille; que vous ne serez pas enlevé des bras de votre femme, de vos enfants, au milieu de la nuit, pour être conduit dans un donjon ou dans un désert; que vous aurez, en sortant du sommeil, le pouvoir de publier tout ce que vous pensez; que si vous êtes accusé, soit pour avoir mal agi, ou mal parlé, ou mal écrit, vous ne serez jugé que suivant la loi. Cette prérogative s'étend sur tout ce qui aborde en Angleterre. Un étranger y jouit de la même liberté de ses biens et de sa personne; et s'il est accusé, il peut demander que la moitié des jurés soit composée d'étrangers.

J'ose dire que si on assemblait le genre humain pour faire des lois, c'est ainsi qu'on les ferait pour sa sûreté. Pourquoi donc ne sont-elles pas suivies dans les autres pays? n'est-ce pas demander pourquoi les cocos mûrissent aux Indes et ne réussissent point à Rome? Vous répondez que ces cocos n'ont pas toujours mûri en Angleterre; qu'ils n'y ont été cultivés que depuis peu de temps; que la Suède en a élevé à son exemple pendant quelques années, et qu'ils n'ont pas réussi; que vous pourriez faire venir de ces fruits dans d'autres provinces, par exemple en Bosnie, en Servie. Essayez donc d'en planter.

Et surtout, pauvre homme, si vous êtes bacha, effendi ou mollah, ne soyez pas assez imbécilement barbare pour resserrer les chaînes de votre nation. Songez que plus vous appesantirez le joug, plus vos enfants, qui ne seront pas tous bachas, seront esclaves. Quoi! malheureux, pour le plaisir d'être tyran subalterne pendant quelques jours, vous exposez toute votre postérité à gémir dans les fers! Oh! qu'il est aujourd'hui de distance entre un Anglais et un Bosniaque!

SECTION VII[1].

SECTION VIII.

Vous savez, mon cher lecteur, qu'en Espagne, vers les côtes de Malaga, on découvrit du temps de Philippe II une petite peuplade jusqu'alors inconnue, cachée au milieu des montagnes de las Alpuxarras; vous savez que cette chaîne de rochers inaccessibles est entrecoupée de vallées délicieuses; vous n'ignorez pas que ces vallées sont cultivées encore aujourd'hui par des descendants des Maures, qu'on a forcés pour leur bonheur à être chrétiens, ou du moins à le paraître.

Parmi ces Maures, comme je vous le disais, il y avait sous Philippe II une nation peu nombreuse qui habitait une vallée, à laquelle on ne pouvait parvenir que par des cavernes. Cette vallée est entre Pitos et Portugos; les habitants de ce séjour ignoré étaient presque inconnus des Maures mêmes; ils parlaient une langue qui n'était ni l'espagnole, ni l'arabe, et qu'on crut être dérivée de l'ancien carthaginois.

Cette peuplade s'était peu multipliée. On a prétendu que la raison en était que les Arabes leurs voisins, et avant eux les Africains, venaient prendre les filles de ce canton.

Ce peuple chétif, mais heureux, n'avait jamais entendu parler de la religion chrétienne, ni de la juive, connaissait médiocrement celle de Mahomet, et n'en fesait aucun cas. Il offrait de temps immémorial du lait et des fruits à une statue d'Hercule: c'était là toute sa religion. Du reste, ces hommes ignorés vivaient dans l'indolence et dans l'innocence. Un familier de l'inquisition les découvrit enfin. Le grand-inquisiteur les fit tous brûler; c'est le seul événement de leur histoire.

Les motifs sacrés de leur condamnation furent qu'ils n'avaient jamais payé d'impôt, attendu qu'on ne leur en avait jamais demandé, et qu'ils ne connaissaient point la monnaie; qu'ils n'avaient point de bible, vu qu'ils n'entendaient point le latin, et que personne n'avait pris la peine de les baptiser. On les déclara sorciers et hérétiques; ils furent tous revêtus du san-benito, et grillés en cérémonie.

Il est clair que c'est ainsi qu'il faut gouverner les hommes: rien ne contribue davantage aux douceurs de la société.

GRACE.

Dans les personnes, dans les ouvrages, grâce signifie non seulement ce qui plaît, mais ce qui plaît avec attrait. C'est pourquoi les anciens avaient imaginé que la déesse de la beauté ne devait jamais paraître sans les Grâces. La beauté ne déplaît jamais; mais elle peut être dépourvue de ce charm-secret qui invite à la regarder, qui attire, qui remplit l'âme d'un sentiment doux. Les grâces dans la figure, dans le maintien, dans l'action, dans les discours, dépendent de ce mérite qui attire. Une belle personne n'aura point de grâces dans le visage, si la bouche est fermée sans sourire, si les yeux sont sans douceur. Le sérieux

[1] Cette section se composait de la neuvième *lettre sur les Anglais*. Voyez *Mélanges historiques*, tome v.

n'est jamais gracieux; il n'attire point; il approche trop du sévère qui rebute.

Un homme bien fait, dont le maintien est mal assuré ou gêné, la démarche précipitée ou pesante, les gestes lourds, n'a point de grâce, parce qu'il n'a rien de doux, de liant dans son extérieur.

La voix d'un orateur qui manquera d'inflexion et de douceur sera sans grâce.

Il en est de même dans tous les arts. La proportion, la beauté, peuvent n'être point gracieuses. On ne peut dire que les pyramides d'Egypte aient des grâces. On ne pourrait le dire du colosse de Rhodes comme de la Vénus de Gnide. Tout ce qui est uniquement dans le genre fort et vigoureux a un mérite qui n'est pas celui des grâces.

Ce serait mal connaître Michel-Ange et le Caravage, que de leur attribuer les grâces de l'Albane. Le sixième livre de l'*Énéide* est sublime : le quatrième a plus de grâce. Quelques odes galantes d'Horace respirent les grâces comme quelques unes de ses épîtres enseignent la raison.

Il semble qu'en général le petit, le joli en tout genre, soit plus susceptible de grâces que le grand. On louerait mal une oraison funèbre, une tragédie, un sermon, si on ne leur donnait que l'épithète de *gracieux*.

Ce n'est pas qu'il y ait un seul genre d'ouvrage qui puisse être bon en étant opposé aux *grâces*; car leur opposé est la rudesse, le sauvage, la sécheresse. L'Hercule Farnèse ne devait point avoir les grâces de l'Apollon du Belvédère et de l'Antinoüs; mais il n'est ni rude, ni agreste. L'incendie de Troie, dans Virgile, n'est point décrit avec les grâces d'une élégie de Tibulle; il plaît par des beautés fortes. Un ouvrage peut donc être sans grâces, sans que cet ouvrage ait le moindre désagrément. Le terrible, l'horrible, la description, la peinture d'un monstre, exigent qu'on s'éloigne de tout ce qui est gracieux, mais non pas qu'on affecte uniquement l'opposé. Car si un artiste, en quelque genre que ce soit, n'exprime que des choses affreuses, s'il ne les adoucit point par des contrastes agréables, il rebutera.

La grâce en peinture, en sculpture, consiste dans la mollesse des contours, dans une expression douce; et la peinture a, par-dessus la sculpture, la grâce de l'union des parties, celle des figures qui s'animent l'une par l'autre, et qui se prêtent des agréments par leurs attributs et par leurs regards.

Les grâces de la diction, soit en éloquence, soit en poésie, dépendent du choix des mots, de l'harmonie des phrases, et encore plus de la délicatesse des idées et des descriptions riantes. L'abus des grâces est l'afféterie, comme l'abus du sublime est l'ampoulé : toute perfection est près d'un défaut.

Avoir de la grâce, s'entend de la chose et de la personne : « Cet ajustement, cet ouvrage, cette » femme, a de la grâce. » La bonne grâce appartient à la personne seulement : « Elle se présente » de bonne grâce. Il a fait de bonne grâce ce qu'on » attendait de lui. » Avoir des grâces. « Cette » femme a des grâces dans son maintien, dans ce » qu'elle dit, dans ce qu'elle fait. »

Obtenir sa grâce, c'est, par métaphore, obtenir son pardon, comme faire grâce est pardonner. On fait grâce d'une chose en s'emparant du reste. « Les commis lui prirent tous ses effets, et lui firent grâce de son argent. » Faire des grâces, répandre des grâces, est le plus bel apanage de la souveraineté : c'est faire du bien, c'est plus que justice. Avoir les bonnes grâces de quelqu'un ne se dit que par rapport à un supérieur; avoir les bonnes grâces d'une dame, c'est être son amant favorisé. Être en grâce se dit d'un courtisan qui a été en disgrâce : on ne doit pas faire dépendre son bonheur de l'un, ni son malheur de l'autre. On appelle bonnes grâces ces demi-rideaux d'un lit qui sont aux deux côtés du chevet. Les grâces, en grec *charites*, terme qui signifie *aimable*.

Les Grâces, divinités de l'antiquité, sont une des plus belles allégories de la mythologie des Grecs. Comme cette mythologie varie toujours, tantôt par l'imagination des poëtes qui en furent les théologiens, tantôt par les usages des peuples, le nombre, les noms, les attributs des Grâces changèrent souvent. Mais enfin on s'accorda à les fixer au nombre de trois, et à les nommer Aglaé, Thalie, Euphrosine, c'est-à-dire *brillant, fleur, gaieté*. Elles étaient toujours auprès de Vénus. Nul voile ne devait couvrir leurs charmes. Elles présidaient aux bienfaits, à la concorde, aux réjouissances, aux amours, à l'éloquence même; elles étaient l'emblème sensible de tout ce qui peut rendre la vie agréable. On les peignait dansantes, et se tenant par la main : on n'entrait dans leurs temples que couronné de fleurs. Ceux qui ont condamné la mythologie fabuleuse devaient au moins avouer le mérite de ces fictions riantes, qui annoncent des vérités dont résulterait la félicité du genre humain.

GRACE (DE LA).

SECTION PREMIÈRE.

Ce terme, qui signifie faveur, privilége, est employé en ce sens par les théologiens. Ils appellent grâce une action de Dieu particulière sur les créatures pour les rendre justes et heureuses. Les uns ont admis la grâce universelle que Dieu présente à tous les hommes, quoique le genre humain, selon eux, soit livré aux flammes éternelles, à l'exception d'un très petit nombre; les autres n'admettent la grâce que pour les chrétiens de leur communion, les autres enfin que pour les élus de cette communion.

Il est évident qu'une grâce générale qui laisse l'univers dans le vice, dans l'erreur et dans le malheur éternel, n'est point une grâce, une faveur, un privilége, mais que c'est une contradiction dans les termes.

La grâce particulière est, selon les théologiens, ou suffisante, et cependant on y résiste : en ce cas elle ne suffit pas; elle ressemble à un pardon donné par un roi à un criminel, qui n'en est pas moins livré au supplice.

Ou efficace, à laquelle on ne résiste jamais, quoiqu'on y puisse résister; et en ce cas, les justes ressemblent à des convives affamés à qui on présente des mets délicieux, dont ils mangeront sûrement quoique en général ils soient supposés pouvoir n'en point manger.

Ou nécessitante, à laquelle on ne peut se soustraire; et ce n'est autre chose que l'enchaînement des décrets éternels et des événements. On se gardera bien d'entrer ici dans le détail immense et rebattu de toutes les subtilités et de cet amas de sophismes dont on a embarrassé ces questions. L'objet de ce Dictionnaire n'est point d'être le vain écho de tant de vaines disputes.

Saint Thomas appelle la grâce une forme substantielle, et le jésuite Bouhours la nomme *un je ne sais quoi*; c'est peut-être la meilleure définition qu'on en ait jamais donnée.

Si les théologiens avaient eu pour but de jeter du ridicule sur la Providence, ils ne s'y seraient pas pris autrement qu'ils ont fait : d'un côté les thomistes assurent que l'homme, en recevant la grâce efficace, n'est pas libre dans *le sens composé*, mais qu'il est libre dans le sens *divisé*; de l'autre, les molinistes inventent la science moyenne de Dieu et le congruisme; on imagine des grâces excitantes, des prévenantes, des concomitantes, des coopérantes.

Laissons là toutes ces mauvaises plaisanteries que les théologiens ont faites sérieusement. Laissons là tous leurs livres, et que chacun consulte le sens commun; il verra que tous les théologiens se sont trompés avec sagacité, parce qu'ils ont tous raisonné d'après un principe évidemment faux. Ils ont supposé que Dieu agit par des voies particulières. Or un Dieu éternel, sans lois générales, immuables et éternelles, est un être de raison, un fantôme, un dieu de la fable.

Pourquoi les théologiens ont-ils été forcés, dans toutes les religions où l'on se pique de raisonner, d'admettre cette grâce qu'ils ne comprennent pas? c'est qu'ils ont voulu que le salut ne fût que pour leur secte; et ils ont voulu encore que ce salut dans leur secte ne fût le partage que de ceux qui leur seraient soumis. Ce sont des théologiens particuliers, des chefs de parti divisés entre eux. Les docteurs musulmans ont les mêmes opinions et les mêmes disputes, parce qu'ils ont le même intérêt; mais le théologien universel, c'est-à-dire le vrai philosophe, voit qu'il est contradictoire que la nature n'agisse pas par les voies les plus simples; qu'il est ridicule que Dieu s'occupe à forcer un homme de lui obéir en Europe, et qu'il laisse tous les Asiatiques indociles; qu'il lutte contre un autre homme, lequel tantôt lui cède, et tantôt brise ses armes divines; qu'il présente à un autre un secours toujours inutile. Ainsi la grâce, considérée dans son vrai point de vue, est une absurdité. Ce prodigieux amas de livres composés sur cette matière est souvent l'effort de l'esprit, et toujours la honte de la raison.

SECTION II.

Toute la nature, tout ce qui existe, est une grâce de Dieu; il fait à tous les animaux la grâce de les former et de les nourrir. La grâce de faire croître un arbre de soixante et dix pieds est accordée au sapin et refusée au roseau. Il donne à l'homme la grâce de penser, de parler et de le connaître; il m'accorde la grâce de n'entendre pas un mot de tout ce que Tournéli, Molina, Soto, etc., ont écrit sur la grâce.

Le premier qui ait parlé de la grâce efficace et gratuite, c'est sans contredit Homère. Cela pourrait étonner un bachelier de théologie qui ne connaîtrait que saint Augustin. Mais qu'il lise le troisième livre de l'*Iliade*, il verra que Pâris dit à son frère Hector : « Si les dieux vous ont donné » la valeur, et s'ils m'ont donné la beauté, ne me » reprochez pas les présents de la belle Vénus; nul » don des dieux n'est méprisable, il ne dépend pas » des hommes de les obtenir. »

Rien n'est plus positif que ce passage. Si on veut remarquer encore que Jupiter, selon son bon plaisir, donne la victoire tantôt aux Grecs, tantôt aux Troyens, voilà une nouvelle preuve que tout se fait par la grâce d'en-haut.

Sarpédon, et ensuite Patrocle, sont des braves à qui la grâce a manqué tour-à-tour.

Il y a eu des philosophes qui n'ont pas été de l'avis d'Homère. Ils ont prétendu que la Providence générale ne se mêlait point immédiatement des affaires des particuliers, qu'elle gouvernait tout par des lois universelles; que Thersite et Achille étaient égaux devant elle; et que ni Calchas, ni Talthybius, n'avaient jamais eu de grâce versatile ou congrue.

Selon ces philosophes, le chiendent et le chêne, la mite et l'éléphant, l'homme, les éléments et les astres, obéissent à des lois invariables, que Dieu, immuable comme elles, établit de toute éternité [a].

Ces philosophes n'auraient admis ni la grâce de santé de saint Thomas, ni la grâce médicinale de Cajetan. Ils n'auraient pu expliquer l'extérieure, l'intérieure, la coopérante, la suffisante, la congrue, la prévenante, etc. Il leur aurait été difficile de se ranger à l'avis de ceux qui prétendent que le maître absolu des hommes donne un pécule à un esclave, et refuse la nourriture à l'autre; qu'il ordonne à un manchot de pétrir de la farine, à un muet de lui faire la lecture, à un cul-de-jatte d'être son courrier.

Ils pensent que l'éternel Demiourgos, qui a donné des lois à tant de millions de mondes gravitant les uns vers les autres, et se prêtant mutuellement la lumière qui émane d'eux, les tient tous sous l'empire de ses lois générales, et qu'il ne va point créer des vents nouveaux pour remuer des brins de paille dans un coin de ce monde.

Ils disent que si un loup trouve dans son chemin un petit chevreau pour son souper, et si un autre loup meurt de faim, Dieu ne s'est point occupé de faire au premier loup une grâce particulière.

Nous ne prenons aucun parti entre ces philosophes et Homère, ni entre les jansénistes et les molinistes. Nous félicitons ceux qui croient avoir des grâces prévenantes; nous compatissons de tout notre cœur à ceux qui se plaignent de n'en avoir que de versatiles; et nous n'entendons rien au congruisme.

Si un Bergamasque reçoit le samedi une grâce prévenante qui le délecte au point de faire dire une messe pour douze sous chez les carmes, célébrons son bonheur. Si le dimanche il court au cabaret abandonné de la grâce, s'il bat sa femme, s'il vole sur le grand chemin, qu'on le pende. Dieu nous fasse seulement la grâce de ne déplaire dans nos questions ni aux bacheliers de l'université de Salamanque, ni à ceux de la Sorbonne, ni à ceux de Bourges, qui tous pensent si différemment sur ces matières ardues, et sur tant d'autres; de n'être point condamné par eux, et surtout de ne jamais lire leurs livres.

SECTION III.

Si quelqu'un venait du fond de l'enfer nous dire de la part du diable : Messieurs, je vous avertis que notre souverain seigneur a pris pour sa part tout le genre humain, excepté un très-petit nombre de gens qui demeurent vers le Vatican et dans ses dépendances; nous prierions tous ce député de vouloir bien nous inscrire sur la liste des privilégiés; nous lui demanderions ce qu'il faut faire pour obtenir cette grâce.

S'il nous répondait : « Vous ne pouvez la mériter; mon maître a fait la liste de tous les temps; il n'a écouté que son bon plaisir; il s'occupe continuellement à faire une infinité de pots de chambre et quelques douzaines de vases d'or. Si vous êtes pots de chambre, tant pis pour vous. »

A ces belles paroles nous renverrions l'ambassadeur à coups de fourches à son maître.

Voilà pourtant ce que nous avons osé imputer à Dieu, à l'Être éternel souverainement bon.

On a toujours reproché aux hommes d'avoir fait Dieu à leur image. On a condamné Homère d'avoir transporté tous les vices et tous les ridicules de la terre dans le ciel. Platon, qui lui fait ce juste reproche, n'a pas hésité à l'appeler *blasphémateur*. Et nous, cent fois plus inconséquents, plus téméraires, plus blasphémateurs que ce Grec, qui n'y entendait pas finesse, nous accusons Dieu dévotement d'une chose dont nous n'avons jamais accusé le dernier des hommes.

Le roi de Maroc Mulei-Ismael eut, dit-on, cinq cents enfants. Que diriez-vous si un marabout du mont Atlas vous racontait que le sage et bon Mulei-Ismael, donnant à dîner à toute sa famille, parla ainsi à la fin du repas :

Je suis Mulei-Ismael qui vous ai engendrés pour ma gloire; car je suis fort glorieux. Je vous aime tous tendrement; j'ai soin de vous comme une poule couve ses poussins. J'ai décrété qu'un de mes cadets aurait le royaume de Tafilet, qu'un autre posséderait à jamais Maroc; et pour mes autres chers enfants, au nombre de quatre cent quatre-vingt-dix-huit, j'ordonne qu'on en roue la moitié, et qu'on brûle l'autre; car je suis le seigneur Mulei-Ismael.

Vous prendriez assurément le marabout pour le plus grand fou que l'Afrique ait jamais produit.

Mais si trois ou quatre mille marabouts, entretenus grassement à vos dépens, venaient vous répéter la même nouvelle, que feriez-vous? ne seriez-vous pas tenté de les faire jeûner au pain et à l'eau, jusqu'à ce qu'ils fussent revenus dans leur bon sens?

Vous m'alléguez que mon indignation est assez raisonnable contre les supralapsaires, qui croient que le roi de Maroc n'a fait ces cinq cents enfants que pour sa gloire, et qu'il a toujours eu l'intention de les faire rouer et de les faire brûler, excepté deux qui étaient destinés à régner.

[a] Voyez l'article PROVIDENCE.

Mais j'ai tort, dites-vous, contre les infralapsaires, qui avouent que la première intention de Mulei-Ismael n'était pas de faire périr ses enfants dans les supplices; mais qu'ayant prévu qu'ils ne vaudraient rien, il a jugé à propos, eu bon père de famille, de se défaire d'eux par le feu et par la roue.

Ah! supralapsaires, infralapsaires, gratuits, suffisants, efficaciens, jansénistes, molinistes, devenez enfin hommes, et ne troublez plus la terre pour des sottises si absurdes et si abominables.

SECTION IV.

Sacrés consulteurs de Rome moderne, illustres et infaillibles théologiens, personne n'a plus de respect que moi pour vos divines décisions; mais si Paul-Émile, Scipion, Caton, Cicéron, César, Titus, Trajan, Marc-Aurèle, revenaient dans cette Rome qu'ils mirent autrefois en quelque crédit, vous m'avouerez qu'ils seraient un peu étonnés de vos décisions sur la grâce. Que diraient-ils s'ils entendaient parler de la grâce de santé, selon saint Thomas, et de la grâce médicinale, selon Cajetan; de la grâce extérieure et intérieure, de la gratuite, de la sanctifiante, de l'actuelle, de l'habituelle, de la coopérante, de l'efficace, qui quelquefois est sans effet; de la suffisante, qui quelquefois ne suffit pas; de la versatile, et de la congrue? en bonne foi, y comprendraient-ils plus que vous et moi?

Quel besoin auraient ces pauvres gens de vos sublimes instructions? il me semble que je les entends dire :

Mes révérends pères, vous êtes de terribles génies : nous pensions sottement que l'Être éternel ne se conduit jamais par les lois particulières comme les vils humains, mais par ses lois générales, éternelles comme lui. Personne n'a jamais imaginé parmi nous que Dieu fût semblable à un maître insensé qui donne un pécule à un esclave, et refuse la nourriture à l'autre; qui ordonne à un manchot de pétrir de la farine, à un muet de lui faire la lecture, à un cul-de-jatte d'être son courrier.

Tout est grâce de la part de Dieu; il a fait au globe que nous habitons la grâce de le former; aux arbres, la grâce de les faire croître; aux animaux, celle de les nourrir : mais dira-t-on que si un loup trouve dans son chemin un agneau pour son souper, et qu'un autre loup meure de faim, Dieu a fait à ce premier loup une grâce particulière? S'est-il occupé, par une grâce prévenante, à faire croître un chêne préférablement à un autre chêne à qui la sève a manqué? Si dans toute la nature les êtres sont soumis aux lois générales, comment une seule espèce d'animaux n'y seraitelle pas soumise?

Pourquoi le maître absolu de tout aurait-il été plus occupé à diriger l'intérieur d'un seul homme qu'à conduire le reste de la nature entière? Par quelle bizarrerie changerait-il quelque chose dans le cœur d'un Courlandais ou d'un Biscaïen, pendant qu'il ne change rien aux lois qu'il a imposées à tous les astres?

Quelle pitié de supposer qu'il fait, défait, refait continuellement des sentiments dans nous! et quelle audace de nous croire exceptés de tous les êtres! encore n'est-ce que pour ceux qui se confessent que tous ces changements sont imaginés. Un Savoyard, un Bergamasque aura le lundi la grâce de faire dire une messe pour douze sous; le mardi il ira au cabaret, et la grâce lui manquera; le mercredi il aura une grâce coopérante qui le conduira à confesse, mais il n'aura point la grâce efficace de la contrition parfaite; le jeudi ce sera une grâce suffisante qui ne lui suffira point, comme on l'a déjà dit. Dieu travaillera continuellement dans la tête de ce Bergamasque, tantôt avec force, tantôt faiblement, et le reste de la terre ne lui sera de rien! il ne daignera pas se mêler de l'intérieur des Indiens et des Chinois! S'il vous reste un grain de raison, mes révérends pères, ne trouvez-vous pas ce système prodigieusement ridicule?

Malheureux, voyez ce chêne qui porte sa tête aux nues, et ce roseau qui rampe à ses pieds; vous ne dites pas que la grâce efficace a été donnée au chêne, et a manqué au roseau. Levez les yeux au ciel, voyez l'éternel Demiourgos créant des millions de mondes qui gravitent tous les uns vers les autres par des lois générales et éternelles. Voyez la même lumière se réfléchir du soleil à Saturne, et de Saturne à nous; et dans cet accord de tant d'astres emportés par un cours rapide, dans cette obéissance générale de toute la nature, osez croire, si vous pouvez, que Dieu s'occupe de donner une grâce versatile à sœur Thérèse, et une grâce concomitante à sœur Agnès.

Atome, à qui un sot atome a dit que l'Éternel a des lois particulières pour quelques atomes de ton voisinage; qu'il donne sa grâce à celui-là, et la refuse à celui-ci; que tel qui n'avait pas la grâce hier, l'aura demain; ne répète pas cette sottise. Dieu a fait l'univers, et ne va point créer des vents nouveaux pour remuer quelques brins de paille dans un coin de cet univers. Les théologiens sont comme les combattants chez Homère, qui croyaient que les dieux s'armaient tantôt contre eux, tantôt en leur faveur. Si Homère n'était pas considéré comme poëte, il le serait comme blasphémateur.

C'est Marc-Aurèle qui parle, ce n'est pas moi;

car Dieu, qui vous inspire, me fait la grâce de croire tout ce que vous dites, tout ce que vous avez dit, et tout ce que vous direz.

GRACIEUX.

Gracieux est un terme qui manquait à notre langue, et qu'on doit à Ménage. Bouhours, en avouant que Ménage en est l'auteur, prétend qu'il en a fait aussi l'emploi le plus juste, en disant :

Pour moi, de qui le chant n'a rien de gracieux.

Le mot de Ménage n'en a pas moins réussi. Il veut dire plus qu'agréable; il indique l'envie de plaire, des manières gracieuses, un air gracieux. Boileau, dans son ode sur Namur, semble l'avoir employé d'une façon impropre, pour signifier moins fier, abaissé, modeste:

Et désormais gracieux,
Allez à Liége, à Bruxelles,
Porter les humbles nouvelles
De Namur pris sous vos yeux.

La plupart des peuples du Nord disent: Notre gracieux souverain; apparemment qu'ils entendent bienfesant. De gracieux on a fait disgracieux, comme de grâce on a formé disgrâce : des paroles disgracieuses, une aventure disgracieuse. On dit disgracié, et on ne dit pas gracié. On commence à se servir du mot gracieuser, qui signifie recevoir, parler obligeamment; mais ce mot n'est pas employé par les bons écrivains dans le style noble.

GRAND, GRANDEUR.

De ce qu'on entend par ces mots.

Grand est un des mots le plus fréquemment employés dans le sens moral, et avec le moins de circonspection. Grand homme, grand génie, grand esprit, grand capitaine, grand philosophe, grand orateur, grand poëte; on entend par cette expression, « quiconque dans son art passe de loin les » bornes ordinaires. » Mais comme il est difficile de poser ces bornes, on donne souvent le nom de grand au médiocre.

On se trompe moins dans les significations de ce terme au physique. On sait ce que c'est qu'un grand orage, un grand malheur, une grande maladie, de grands biens, une grande misère.

Quelquefois le terme *gros* est mis au physique pour *grand*, mais jamais au moral. On dit de gros biens, pour grandes richesses; une grosse pluie, pour grande pluie; mais non pas gros capitaine, pour grand capitaine; gros ministre, pour grand ministre. Grand financier signifie un homme très intelligent dans les finances de l'état; gros financier ne veut dire qu'un homme enrichi dans la finance.

Le grand homme est plus difficile à définir que le grand artiste. Dans un art, dans une profession, celui qui a passé de loin ses rivaux, ou qui a la réputation de les avoir surpassés, est appelé grand dans son art, et semble n'avoir eu besoin que d'un seul mérite; mais le grand homme doit réunir des mérites différents. Gonsalve, surnommé le *grand capitaine*, qui disait : « La toile d'honneur doit être » grossièrement tissue, » n'a jamais été appelé grand homme. Il est plus aisé de nommer ceux à qui l'on doit refuser l'épithète de grand homme, que de trouver ceux à qui on doit l'accorder. Il semble que cette dénomination suppose quelques grandes vertus. Tout le monde convient que Cromwell était le général le plus intrépide de son temps, le plus profond politique, le plus capable de conduire un parti, un parlement, une armée; nul écrivain, cependant, ne lui donne le titre de grand homme, parce qu'avec de grandes qualités il n'eut aucune grande vertu.

Il paraît que ce titre n'est le partage que du petit nombre d'hommes dont les vertus, les travaux et les succès ont éclaté. Les succès sont nécessaires, parce qu'on suppose qu'un homme toujours malheureux l'a été par sa faute.

Grand tout court exprime seulement une dignité; c'est en Espagne un nom appellatif, honorifique, distinctif, que le roi donne aux personnes qu'il veut honorer. Les grands se couvrent devant le roi, ou avant de lui parler, ou après lui avoir parlé, ou seulement en se mettant en leur rang avec les autres.

Charles-Quint confirma à seize principaux seigneurs les priviléges de la grandesse. Cet empereur, roi d'Espagne, accorda les mêmes honneurs à beaucoup d'autres. Ses successeurs en ont toujours augmenté le nombre. Les grands d'Espagne ont long-temps prétendu être traités comme les électeurs et les princes d'Italie. Ils ont à la cour de France les mêmes honneurs que les pairs.

Le titre de grand a toujours été donné en France à plusieurs premiers officiers de la couronne, comme grand-sénéchal, grand-maître, grand-chambellan, grand-écuyer, grand-échanson, grand-panetier, grand-veneur, grand-louvetier, grand-fauconnier. On leur donna ces titres par prééminence, pour les distinguer de ceux qui servaient sous eux. On ne le donna ni au connétable, ni au chancelier, ni aux maréchaux, quoique le connétable fût le premier des grands-officiers, le chancelier le second officier de l'état, et le maréchal le second officier de l'armée. La raison en est qu'ils n'avaient point de vice-gérants, de sous-connétables, de sous-maréchaux, de sous-chanceliers, mais des officiers d'une autre dénomination qui exécutaient leurs ordres; au lieu qu'il y avait des maîtres-d'hôtel sous le grand-maître, des chambellans sous le grand-chambellan, des écuyers sous le grand-écuyer, etc.

Grand, qui signifie grand seigneur, a une signification plus étendue et plus incertaine. Nous donnons ce titre au sultan des Turcs, qui prend celui de Padisha, auquel grand-seigneur ne répond point. On dit un grand, en parlant d'un homme d'une naissance distinguée, revêtu de dignités; mais il n'y a que les petits qui le disent. Un homme de quelque naissance, ou un peu illustré, ne donne ce nom à personne. Comme on appelle communément grand seigneur celui qui a de la naissance, des dignités et des richesses, la pauvreté semble ôter ce titre. On dit un pauvre gentilhomme, et non pas un pauvre grand seigneur.

Grand est autre que puissant : on peut être l'un et l'autre; mais le puissant désigne une place importante, le grand annonce plus d'extérieur et moins de réalité; le puissant commande, le grand a des honneurs.

On a de la grandeur dans l'esprit, dans les sentiments, dans les manières, dans la conduite. Cette expression n'est point employée pour les hommes d'un rang médiocre, mais pour ceux qui, par leur état, sont obligés à montrer de l'élévation. Il est bien vrai que l'homme le plus obscur peut avoir plus de grandeur d'âme qu'un monarque; mais l'usage ne permet pas qu'on dise : «Ce marchand, ce fermier s'est conduit avec grandeur;» à moins que dans une circonstance singulière, et par opposition, on ne dise, par exemple : «Le fameux négociant qui reçut Charles-Quint dans sa maison, et qui alluma un fagot de cannelle avec une obligation de cinquante mille ducats qu'il avait de ce prince, montra plus de grandeur d'âme que l'empereur.»

On donnait autrefois le titre de grandeur aux hommes constitués en dignité. Les curés, en écrivant aux évêques, les appellent encore Votre grandeur. Ces titres que la bassesse prodigue, et que la vanité reçoit, ne sont plus guère en usage.

La hauteur est souvent prise pour la grandeur. Qui étale la grandeur montre la vanité. On s'est épuisé à écrire sur la grandeur, selon ce mot de Montaigne : «Puisque nous ne la pouvons aveindre, vengeons-nous à en mesdire.»

GRAVE, GRAVITÉ.

Grave, au sens moral, tient toujours du physique; il exprime quelque chose de poids; c'est pourquoi on dit : *Un homme, un auteur, des maximes de poids*, pour *homme, auteur, maximes graves*. Le grave est au sérieux ce que le plaisant est à l'enjoué : il a un degré de plus, et ce degré est considérable : on peut être sérieux par humeur, et même faute d'idées : on est grave ou par bienséance, ou par l'importance des idées qui donnent de la gravité. Il y a de la différence entre être grave et être un homme grave. C'est un défaut d'être grave hors de propos; celui qui est grave dans la société est rarement recherché. Un homme grave est celui qui s'est concilié de l'autorité plus par sa sagesse que par son maintien.

« . . . Pietate gravem ac meritis si forte virum quem. »
VIRG., Æn., I, 155.

L'air décent est nécessaire partout; mais l'air grave n'est convenable que dans les fonctions d'un ministère important, dans un conseil. Quand la gravité n'est que dans le maintien, comme il arrive très souvent, on dit gravement des inepties : cette espèce de ridicule inspire de l'aversion. On ne pardonne pas à qui veut en imposer par cet air d'autorité et de suffisance.

Le duc de La Rochefoucauld a dit que «la gravité est un mystère du corps, inventé pour cacher les défauts de l'esprit.» Sans examiner si cette expression, *mystère du corps*, est naturelle et juste, il suffit de remarquer que la réflexion est vraie pour tous ceux qui affectent de la gravité, mais non pour ceux qui ont dans l'occasion une gravité convenable à la place qu'ils tiennent, au lieu où ils sont, aux matières qu'on traite.

Un auteur grave est celui dont les opinions sont suivies dans les matières contentieuses; on ne le dit pas d'un auteur qui a écrit sur des choses hors de doute. Il serait ridicule d'appeler Euclide, Archimède, des auteurs graves.

Il y a de la gravité dans le style. Tite Live, De Thou, ont écrit avec gravité : on ne peut pas dire la même chose de Tacite, qui a recherché la précision, et qui laisse voir de la malignité; encore moins du cardinal de Retz, qui met quelquefois dans ses écrits une gaîté déplacée et qui s'écarte quelquefois des bienséances.

Le style grave évite les saillies, les plaisanteries : s'il s'élève quelquefois au sublime, si dans l'occasion il est touchant, il rentre bientôt dans cette sagesse, dans cette simplicité noble qui fait son caractère; il a de la force, mais peu de hardiesse. Sa plus grande difficulté est de n'être point monotone.

Affaire grave, cas grave, se dit plutôt d'une cause criminelle que d'un procès civil. Maladie grave suppose du danger.

GREC.

Observation sur l'anéantissement de la langue grecque à Marseille.

Il est bien étrange qu'une colonie grecque ayant fondé Marseille, il ne reste presque aucun vestige de la langue grecque en Provence ni en Languedoc, ni en aucun pays de la France; car il ne faut pas compter pour grecs les termes qui ont été formés très tard du latin, et que les Romains eux-mêmes avaient reçus des Grecs tant de siècles auparavant : nous ne les avons reçus que de la seconde main. Nous n'avons aucun droit de dire que nous avons quitté le mot de *Got* pour celui de *Théos* (Θεὸς), plutôt que pour celui de *Deus*, dont nous avons fait Dieu par une terminaison barbare.

Il est évident que les Gaulois ayant reçu la langue latine avec les lois romaines, et depuis, ayant encore reçu la religion chrétienne des mêmes Romains, ils prirent d'eux tous les mots qui concernaient cette religion. Ces mêmes Gaulois ne connurent que très tard les mots grecs qui regardent la médecine, l'anatomie, la chirurgie.

Quand on aura retranché tous ces termes originairement grecs, qui ne nous sont parvenus que par les Latins, et tous les mots d'anatomie et de médecine, connus si tard, il ne restera presque rien. N'est-il pas ridicule de faire venir abréger de *brachs* plutôt que d'*abbreviare*; acier d'*aki* plutôt que d'*acies*; acre d'*agros* plutôt que d'*ager*; aile d'*ili* plutôt que d'*ala*?

On a été jusqu'à dire qu'omelette vient d'*ameilaton*, parce que *meli*, en grec, signifie du miel, et *ôon* signifie un œuf. On a fait encore mieux dans le *Jardin des racines grecques* : on y prétend que dîner vient de *deipnein*, qui signifie souper.

Si on veut s'en tenir aux expressions grecques que la colonie de Marseille put introduire dans les Gaules, indépendamment des Romains, la liste en sera courte :

Aboyer, peut-être de *bauzein*.
Affre, affreux, d'*afronos*.
Agacer, peut-être d'*anaxein*.
Alali, du cri militaire des Grecs.
Babiller, peut-être de *babazo*.
Balle, de *ballo*.
Bas, de *bathys*.
Blesser, de l'aoriste *blapto*.
Bouteille, de *boutis*.
Bride, de *bryter*.
Brique, de *brykè*.
Coin, de *gonia*.
Colère, de *cholè*.
Colle, de *colla*.
Couper, de *copto*.
Cuisse, peut-être d'*ischis*.
Entrailles, d'*entera*.
Ermite, d'*eremos*.
Fier, de *fiaros*.
Gargariser, de *gargarizein*.
Idiot, d'*idiotès*.
Maraud, de *miaros*.
Moquer, de *mokeuo*.
Moustache, de *mustax*.
Orgueil, d'*orgè*.
Page, de *pais*.
Siffler, peut-être de *siffloo*.
Tuer, de *thuein*.

Je m'étonne qu'il reste si peu de mots d'une langue qu'on parlait à Marseille, du temps d'Auguste, dans toute sa pureté; et je m'étonne surtout que la plupart des mots grecs conservés en Provence soient des expressions de choses inutiles, tandis que les termes qui désignaient les choses nécessaires sont absolument perdus. Nous n'en avons pas un de ceux qui exprimaient la terre, la mer, le ciel, le soleil, la lune, les fleuves, les principales parties du corps humain; mots qui semblaient devoir se perpétuer d'âge en âge. Il faut peut-être en attribuer la cause aux Visigoths, aux Bourguignons, aux Francs, à l'horrible barbarie de tous les peuples qui dévastèrent l'empire romain, barbarie dont il reste encore tant de traces.

GRÉGOIRE VII.

Bayle lui-même, en convenant que Grégoire fut le boute-feu de l'Europe[a], lui accorde le titre de grand homme. « Que l'ancienne Rome, dit-il, qui » ne se piquait que de conquêtes et de la vertu » militaire, ait subjugué tant d'autres peuples, » cela est beau et glorieux selon le monde; mais » on n'en est pas surpris quand on y fait un peu » de réflexion. C'est bien un autre sujet de sur» prise, quand on voit la nouvelle Rome, ne se » piquant que du ministère apostolique, acquérir » une autorité sous laquelle les plus grands mo» narques ont été contraints de plier. Car on peut » dire qu'il n'y a presque point d'empereur qui » ait tenu tête aux papes qui ne se soit enfin très » mal trouvé de sa résistance. Encore aujourd'hui » les démêlés des plus puissants princes avec la » cour de Rome se terminent presque toujours à » leur confusion. »

Je ne suis en rien de l'avis de Bayle. Il pourra se trouver bien des gens qui ne seront pas de mon avis; mais le voici, et le réfutera qui voudra.

1° Ce n'est pas à la confusion des princes d'O-

[a] Voyez *Bayle*, à l'article GRÉGOIRE.

range et des sept Provinces-Unies que se sont terminés leurs différends avec Rome; et Bayle, se moquant de Rome dans Amsterdam, était un assez bel exemple du contraire.

Les triomphes de la reine Élisabeth, de Gustave Vasa en Suède, des rois de Danemarck, de tous les princes du nord de l'Allemagne, de la plus belle partie de l'Helvétie, de la seule petite ville de Genève, sur la politique de la cour romaine, sont d'assez bons témoignages qu'il est aisé de lui résister en fait de religion et de gouvernement.

2° Le saccagement de Rome par les troupes de Charles-Quint; le pape Clément VII prisonnier au château Saint-Ange; Louis XIV obligeant le pape Alexandre VII à lui demander pardon, et érigeant dans Rome même un monument de la soumission du pape; et de nos jours les jésuites, cette principale milice papale détruite si aisément en Espagne, en France, à Naples, à Goa, et dans le Paraguai; tout cela prouve assez que quand les princes puissants sont mécontents de Rome, ils ne terminent point cette querelle à leur confusion; ils pourront se laisser fléchir, mais ils ne seront pas confondus.

3° Quand les papes ont marché sur la tête des rois, quand ils ont donné des couronnes avec une bulle, il me paraît qu'ils n'ont fait précisément dans ces temps de leur grandeur, que ce que fesaient les califes successeurs de Mahomet dans le temps de leur décadence. Les uns et les autres, en qualité de prêtres, donnaient en cérémonie l'investiture des empires aux plus forts.

4° Maimbourg dit : « Ce qu'aucun pape n'avait » encore jamais fait, Grégoire VII priva Henri IV » de sa dignité d'empereur, et de ses royaumes » de Germanie et d'Italie. »

Maimbourg se trompe. Le pape Zacharie, longtemps auparavant, avait mis une couronne sur la tête de l'Austrasien Pepin, usurpateur du royaume des Francs; puis le pape Léon III avait déclaré le fils de ce Pepin empereur d'Occident, et privé par là l'impératrice Irène de tout cet empire; et depuis ce temps il faut avouer qu'il n'y eut pas un clerc de l'Église romaine qui ne s'imaginât que son évêque disposait de toutes les couronnes.

On fit toujours valoir cette maxime quand on le put; on la regarda comme une arme sacrée qui reposait dans la sacristie de Saint-Jean de Latran, et qu'on en tirait en cérémonie dans toutes les occasions. Cette prérogative est si belle, elle élève si haut la dignité d'un exorciste né à Velletri ou à Civita-Vecchia, que si Luther, Oecolampade, Jean Chauvin, et tous les prophètes des Cévennes étaient nés dans un misérable village auprès de Rome et y avaient été tonsurés, ils auraient soutenu cette Église avec la même rage qu'ils ont déployée pour la détruire.

5° Tout dépend donc du temps, du lieu où l'on est né, et des circonstances où l'on se trouve. Grégoire VII était né dans un siècle de barbarie, d'ignorance et de superstition, et il avait affaire à un empereur jeune, débauché, sans expérience, manquant d'argent, et dont le pouvoir était contesté par tous les grands seigneurs d'Allemagne.

Il ne faut pas croire que depuis l'Austrasien Charlemagne le peuple romain ait jamais été fort aise d'obéir à des Francs ou à des Teutons; il les haïssait autant que les anciens vrais Romains auraient haï les Cimbres, si les Cimbres avaient dominé en Italie. Les Othons n'avaient laissé dans Rome qu'une mémoire exécrable, parce qu'ils y avaient été puissants; et depuis les Othons, on sait que l'Europe fut dans une anarchie affreuse.

Cette anarchie ne fut pas mieux réglée sous les empereurs de la maison de Franconie. La moitié de l'Allemagne était soulevée contre Henri IV; la grande duchesse-comtesse Mathilde, sa cousine germaine, plus puissante que lui en Italie, était son ennemie mortelle. Elle possédait, soit comme fiefs de l'empire, soit comme allodiaux, tout le duché de Toscane, le Crémonois, le Ferrarois, le Mantouan, le Parmesan, une partie de la marche d'Ancône, Reggio, Modène, Spolette, Vérone; elle avait des droits, c'est-à-dire des prétentions sur les deux Bourgognes. La chancellerie impériale revendiquait ces terres, selon son usage de tout revendiquer.

Avouons que Grégoire VII aurait été un imbécile s'il n'avait pas employé le profane et le sacré pour gouverner cette princesse, et pour s'en faire un appui contre les Allemands. Il devint son directeur, et de son directeur son héritier.

Je n'examine pas s'il fut en effet son amant, ou s'il feignit de l'être, ou si ses ennemis feignirent qu'il l'était, ou si, dans des moments d'oisiveté, ce petit homme très pétulant et très vif abusa quelquefois de sa pénitente, qui était femme, faible et capricieuse : rien n'est plus commun dans l'ordre des choses humaines. Mais comme d'ordinaire on n'en tient point registre; comme on ne prend point de témoins pour ces petites privautés de directeurs et de dirigées; comme ce reproche n'a été fait à Grégoire que par ses ennemis, nous ne devons pas prendre ici une accusation pour une preuve : c'est bien assez que Grégoire ait prétendu à tous les biens de sa pénitente, sans assurer qu'il prétendit encore à sa personne.

6° La donation qu'il se fit faire en 1077 par la comtesse Mathilde est plus que suspecte; et une preuve qu'il ne faut pas s'y fier, c'est que non seulement on ne montra jamais cet acte, mais que dans un second acte on dit que le premier avait été perdu. On prétendit que la donation avait été faite dans la forteresse de Canosse; et dans le second acte on dit qu'elle avait été faite dans Rome[a]. Cela pourrait bien confirmer l'opinion de quelques antiquaires un peu trop scrupuleux, qui prétendent que de mille chartes de ces temps-là (et ces temps sont bien longs), il y en a plus de neuf cents d'évidemment fausses.

Il y eut deux sortes d'usurpateurs dans notre Europe, et surtout en Italie, les brigands et les faussaires.

7° Bayle, en accordant à Grégoire le titre de *grand homme*, avoue pourtant que ce brouillon décrédita fort son héroïsme par ses prophéties. Il eut l'audace de créer un empereur; et en cela il fit bien, puisque l'empereur Henri IV avait créé un pape. Henri le déposait, et il déposait Henri: jusque-là rien à dire, tout est égal de part et d'autre. Mais Grégoire s'avisa de faire le prophète; il prédit la mort de Henri IV pour l'année 1080; mais Henri IV fut vainqueur, et le prétendu empereur Rodolphe fut défait et tué en Thuringe par le fameux Godefroi de Bouillon, plus véritablement grand homme qu'eux tous.

Cela prouve, à mon avis, que Grégoire était encore plus enthousiaste qu'habile.

Je signe de tout mon cœur ce que dit Bayle: « Quand on s'engage à prédire l'avenir, on fait « provision, sur toute chose, d'un front d'airain » et d'un magasin inépuisable d'équivoques. » Mais vos ennemis se moquent de vos équivoques; leur front est d'airain comme le vôtre; et ils vous traitent de fripon insolent et maladroit.

8° Notre grand homme finit par voir prendre la ville de Rome d'assaut en 1083; il fut assiégé dans le château nommé depuis Saint-Ange, par ce même empereur Henri IV qu'il avait osé déposséder. Il mourut dans la misère et dans le mépris à Salerne, sous la protection du Normand Robert Guiscard.

J'en demande pardon à Rome moderne; mais quand je lis l'histoire des Scipion, des Caton, des Pompée et des César, j'ai de la peine à mettre dans leur rang un moine factieux, devenu pape sous le nom de Grégoire VII.

On a donné depuis un plus beau titre à notre Grégoire; on l'a fait saint, du moins à Rome. Ce fut le fameux cardinal Coscia qui fit cette canonisation sous le pape Benoît XIII. On imprima même un office de saint Grégoire VII, dans lequel on dit que « ce saint délivra les fidèles de la fidélité qu'ils » avaient jurée à leur empereur. »

Plusieurs parlements du royaume voulurent faire brûler cette légende par les exécuteurs de leurs hautes justices; mais le nonce Bentivoglio, qui avait pour maîtresse une actrice de l'Opéra, qu'on appelait la Constitution, et qui avait de cette actrice une fille qu'on appelait la Légende, homme d'ailleurs fort aimable et de la meilleure compagnie, obtint du ministère qu'on se contenterait de condamner la légende de Grégoire, de la supprimer et d'en rire[1].

[a] Voyez l'article DONATIONS.

[1] Voyez tome III, p. 181, la note des éditeurs sur la canonisation de Grégoire VII. K.

GUERRE.

Tous les animaux sont perpétuellement en guerre; chaque espèce est née pour en dévorer une autre. Il n'y a pas jusqu'aux moutons et aux colombes qui n'avalent une quantité prodigieuse d'animaux imperceptibles. Les mâles de la même espèce se font la guerre pour des femelles, comme Ménélas et Pâris. L'air, la terre et les eaux sont des champs de destruction.

Il semble que Dieu ayant donné la raison aux hommes, cette raison doive les avertir de ne pas s'avilir à imiter les animaux, surtout quand la nature ne leur a donné ni armes pour tuer leurs semblables, ni instinct qui les porte à sucer leur sang.

Cependant la guerre meurtrière est tellement le partage affreux de l'homme, qu'excepté deux ou trois nations, il n'en est point que leurs anciennes histoires ne représentent armées les unes contre les autres. Vers le Canada *homme* et *guerrier* sont synonymes, et nous avons vu que dans notre hémisphère *voleur* et *soldat* étaient même chose. Manichéens, voilà votre excuse.

Le plus déterminé des flatteurs conviendra sans peine que la guerre traîne toujours à sa suite la peste et la famine, pour peu qu'il ait vu les hôpitaux des armées d'Allemagne, et qu'il ait passé dans quelques villages où il se sera fait quelque grand exploit de guerre.

C'est sans doute un très bel art que celui qui désole les campagnes, détruit les habitations, et fait périr, année commune, quarante mille hommes sur cent mille. Cette invention fut d'abord cultivée par des nations assemblées pour leur bien commun; par exemple, la diète des Grecs déclara à la diète de la Phrygie et des peuples voisins qu'elle allait partir sur un millier de barques de pêcheurs pour aller les exterminer si elle pouvait.

Le peuple romain assemblé jugeait qu'il était de son intérêt d'aller se battre avant moisson contre le peuple de Veïes, ou contre les Volsques. Et quelques années après, tous les Romains, étant en colère contre tous les Carthaginois, se battirent long-temps sur mer et sur terre. Il n'en est pas de même aujourd'hui.

Un généalogiste prouve à un prince qu'il descend en droite ligne d'un comte dont les parents avaient fait un pacte de famille il y a trois ou quatre cents ans avec une maison dont la mémoire même ne subsiste plus. Cette maison avait des prétentions éloignées sur une province dont le dernier possesseur est mort d'apoplexie : le prince et son conseil voient son droit évident. Cette province, qui est à quelques centaines de lieues de lui, a beau protester qu'elle ne le connaît pas, qu'elle n'a nulle envie d'être gouvernée par lui, que, pour donner des lois aux gens, il faut au moins avoir leur consentement ; ces discours ne parviennent pas seulement aux oreilles du prince, dont le droit est incontestable. Il trouve incontinent un grand nombre d'hommes qui n'ont rien à perdre ; il les habille d'un gros drap bleu à cent dix sous l'aune, borde leurs chapeaux avec du gros fil blanc, les fait tourner à droite et à gauche, et marche à la gloire.

Les autres princes qui entendent parler de cette équipée y prennent part, chacun selon son pouvoir, et couvrent une petite étendue de pays de plus de meurtriers mercenaires que Gengis-kan, Tamerlan, Bajazet, n'en traînèrent à leur suite.

Des peuples assez éloignés entendent dire qu'on va se battre, et qu'il y a cinq ou six sous par jour à gagner pour eux, s'ils veulent être de la partie ; ils se divisent aussitôt en deux bandes comme des moissonneurs, et vont vendre leurs services à quiconque veut les employer.

Ces multitudes s'acharnent les unes contre les autres, non seulement sans avoir aucun intérêt au procès, mais sans savoir même de quoi il s'agit.

On voit à la fois cinq ou six puissances belligérantes, tantôt trois contre trois, tantôt deux contre quatre, tantôt une contre cinq, se détestant toutes également les unes les autres, s'unissant et s'attaquant tour à tour ; toutes d'accord en un seul point, celui de faire tout le mal possible.

Le merveilleux de cette entreprise infernale, c'est que chaque chef des meurtriers fait bénir ses drapeaux et invoque Dieu solennellement avant d'aller exterminer son prochain. Si un chef n'a eu que le bonheur de faire égorger deux ou trois mille hommes, il n'en remercie point Dieu ; mais lorsqu'il y en a eu environ dix mille d'exterminés par le feu et par le fer, et que pour comble de grâce, quelque ville a été détruite de fond en comble, alors on chante à quatre parties une chanson assez longue, composée dans une langue inconnue à tous ceux qui ont combattu, et de plus toute farcie de barbarismes. La même chanson sert pour les mariages et pour les naissances, ainsi que pour les meurtres ; ce qui n'est pas pardonnable, surtout dans la nation la plus renommée pour les chansons nouvelles.

La religion naturelle a mille fois empêché des citoyens de commettre des crimes. Une âme bien née n'en a pas la volonté, une âme tendre s'en effraie ; elle se représente un Dieu juste et vengeur. Mais la religion artificielle encourage à toutes les cruautés qu'on exerce de compagnie : conjurations, séditions, brigandages, embuscades, surprises de villes, pillages, meurtres. Chacun marche gaiement au crime sous la bannière de son saint.

On paie partout un certain nombre de harangueurs pour célébrer ces journées meurtrières ; les uns sont vêtus d'un long justaucorps noir, chargé d'un manteau écourté ; les autres ont une chemise par-dessus une robe ; quelques uns portent deux pendants d'étoffe bigarrée par-dessus leur chemise. Tous parlent long-temps ; ils citent ce qui s'est fait jadis en Palestine, à propos d'un combat en Vétéravie.

Le reste de l'année ces gens-là déclament contre les vices. Ils prouvent en trois points et par antithèses que les dames qui étendent légèrement un peu de carmin sur leurs joues fraîches seront l'objet éternel des vengeances éternelles de l'Éternel ; que *Polyeucte* et *Athalie* sont les ouvrages du démon ; qu'un homme qui fait servir sur sa table pour deux cents écus de marée un jour de carême fait immanquablement son salut, et qu'un pauvre homme qui mange pour deux sous et demi de mouton va pour jamais à tous les diables.

De cinq ou six mille déclamations de cette espèce, il y en a trois ou quatre, tout au plus, composées par un Gaulois nommé Massillon, qu'un honnête homme peut lire sans dégoût ; mais dans tous ces discours, à peine en trouverez-vous deux où l'orateur ose dire quelques mots contre ce fléau et ce crime de la guerre, qui contient tous les fléaux et tous les crimes. Les malheureux harangueurs parlent sans cesse contre l'amour, qui est la seule consolation du genre humain, et la seule manière de le réparer ; ils ne disent rien des efforts abominables que nous fesons pour le détruire.

Vous avez fait un bien mauvais sermon sur l'impureté, ô Bourdaloue ! mais aucun sur ces meurtres variés en tant de façons, sur ces rapines, sur ces brigandages, sur cette rage universelle qui désole le monde. Tous les vices réunis de tous les âges et de tous les lieux n'égaleront jamais les maux que produit une seule campagne.

Misérables médecins des âmes, vous criez pendant cinq quarts d'heure sur quelques piqûres d'épingle, et vous ne dites rien sur la maladie qui nous déchire en mille morceaux ! Philosophes moralistes, brûlez tous vos livres. Tant que le caprice de quelques hommes fera loyalement égorger des milliers de nos frères, la partie du genre humain consacrée à l'héroïsme sera ce qu'il y a de plus affreux dans la nature entière.

Que deviennent et que m'importent l'humanité, la bienfesance, la modestie, la tempérance, la douceur, la sagesse, la piété, tandis qu'une demi-livre de plomb tirée de six cents pas me fracasse le corps, et que je meurs à vingt ans dans des tourments inexprimables, au milieu de cinq ou six mille mourants, tandis que mes yeux qui s'ouvrent pour la dernière fois voient la ville où je suis né détruite par le fer et par la flamme, et que les derniers sons qu'entendent mes oreilles sont les cris des femmes et des enfants expirants sous des ruines, le tout pour les prétendus intérêts d'un homme que nous ne connaissons pas ?

Ce qu'il y a de pis, c'est que la guerre est un fléau inévitable. Si l'on y prend garde, tous les hommes ont adoré le dieu Mars; Sabaoth chez les Juifs signifie le Dieu des armes : mais Minerve chez Homère appelle Mars un dieu furieux, insensé, infernal.

Le célèbre Montesquieu, qui passait pour humain, a pourtant dit qu'il est juste de porter le fer et la flamme chez ses voisins, dans la crainte qu'ils ne fassent trop bien leurs affaires. Si c'est là l'esprit des lois, c'est celui des lois de Borgia et de Machiavel. Si malheureusement il a dit vrai, il faut écrire contre cette vérité, quoiqu'elle soit prouvée par les faits.

Voici ce que dit Montesquieu* :

« Entre les sociétés le droit de la défense naturelle entraîne quelquefois la nécessité d'attaquer, lorsqu'un peuple voit qu'une plus longue paix en mettrait un autre en état de le détruire, et que l'attaque est dans ce moment le seul moyen d'empêcher cette destruction. »

Comment l'attaque en pleine paix peut-elle être le seul moyen d'empêcher cette destruction ? Il faut donc que vous soyez sûr que ce voisin vous détruira s'il devient puissant. Pour en être sûr, il faut qu'il ait fait déjà les préparatifs de votre perte. En ce cas, c'est lui qui commence la guerre, ce n'est pas vous, votre supposition est fausse et contradictoire.

S'il y eut jamais une guerre évidemment injuste, c'est celle que vous proposez ; c'est d'aller tuer votre prochain, de peur que votre prochain (qui ne vous attaque pas) ne soit en état de vous attaquer : c'est-à-dire qu'il faut que vous hasardiez de ruiner votre pays dans l'espérance de ruiner sans raison celui d'un autre ; cela n'est assurément ni honnête ni utile, car on n'est jamais sûr du succès ; vous le savez bien.

Si votre voisin devient trop puissant pendant la paix, qui vous empêche de vous rendre puissant comme lui ? S'il a fait des alliances, faites-en de votre côté. Si, ayant moins de religieux, il en a plus de manufacturiers et de soldats, imitez-le dans cette sage économie. S'il exerce mieux ses matelots, exercez les vôtres; tout cela est très juste. Mais d'exposer votre peuple à la plus horrible misère, dans l'idée si souvent chimérique d'accabler votre cher frère le sérénissime prince limitrophe ! ce n'était pas à un président honoraire d'une compagnie pacifique à vous donner un tel conseil.

* *Esprit des Lois*, liv. x, chap. II.

GUEUX, MENDIANT.

Tout pays où la gueuserie, la mendicité est une profession, est mal gouverné. La gueuserie, ai-je dit autrefois, est une vermine qui s'attache à l'opulence; oui, mais il faut la secouer. Il faut que l'opulence fasse travailler la pauvreté; que les hôpitaux soient pour les maladies et la vieillesse, les ateliers pour la jeunesse saine et vigoureuse.

Voici un extrait d'un sermon qu'un prédicateur fit, il y a dix ans, pour la paroisse Saint-Leu et Saint-Gilles, qui est la paroisse des gueux et des convulsionnaires :

« Pauperes evangelizantur » (saint Matth. chap. XI, 5), les pauvres sont évangélisés.

Que veut dire évangile, gueux, mes chers frères ? il signifie *bonne nouvelle*. C'est donc une bonne nouvelle que je viens vous apprendre ; et quelle est-elle ? c'est que si vous êtes des fainéants, vous mourrez sur un fumier. Sachez qu'il y eut autrefois des rois fainéants, du moins on le dit; et ils finirent par n'avoir pas un asile. Si vous travaillez, vous serez aussi heureux que les autres hommes.

Messieurs les prédicateurs de Saint-Eustache et de Saint-Roch peuvent prêcher aux riches de fort beaux sermons en style fleuri, qui procurent aux auditeurs une digestion aisée dans un doux assoupissement, et mille écus à l'orateur : mais je parle à des gens que la faim éveille. Travaillez pour manger, vous dis-je; car l'Écriture a dit : Qui ne travaille pas ne mérite pas de manger. Notre confrère Job, qui fut quelque temps dans votre état, dit que l'homme est né pour le travail comme l'oiseau pour voler. Voyez cette ville immense, tout le monde est occupé : les juges se lèvent à quatre heures du matin pour vous rendre justice et pour vous envoyer aux galères, si votre fainéantise vous porte à voler maladroitement.

Le roi travaille; il assiste tous les jours à ses

conseils ; il a fait des campagnes. Vous me direz qu'il n'en est pas plus riche : d'accord, mais ce n'est pas sa faute. Les financiers savent mieux que vous et moi qu'il n'entre pas dans ses coffres la moitié de son revenu ; il a été obligé de vendre sa vaisselle pour nous défendre contre nos ennemis : nous devons l'aider à notre tour. L'*Ami des hommes* ne lui accorde que soixante et quinze millions par an : un autre ami lui en donne tout d'un coup sept cent quarante. Mais de tous ces amis de Job, il n'y en a pas un qui lui avance un écu. Il faut qu'on invente mille moyens ingénieux pour prendre dans nos poches cet écu qui n'arrive dans la sienne que diminué de moitié.

Travaillez donc, mes chers frères ; agissez pour vous, car je vous avertis que si vous n'avez pas soin de vous-mêmes, personne n'en aura soin ; on vous traitera comme dans plusieurs graves remontrances on a traité le roi. On vous dira : Dieu vous assiste !

Nous irons dans nos provinces, répondez-vous ; nous serons nourris par les seigneurs des terres, par les fermiers, par les curés. Ne vous attendez pas, mes frères, à manger à leur table ; ils ont, pour la plupart, assez de peine à se nourrir eux-mêmes, malgré la *Méthode de s'enrichir promptement par l'agriculture*, et cent ouvrages de cette espèce qu'on imprime tous les jours à Paris pour l'usage de la campagne, que les auteurs n'ont jamais cultivée.

Je vois parmi vous des jeunes gens qui ont quelque esprit ; ils disent qu'ils feront des vers, qu'ils composeront des brochures, comme Chiniac, Nonotte, Patouillet ; qu'ils travailleront pour les Nouvelles ecclésiastiques ; qu'ils feront des feuilles pour Fréron, des oraisons funèbres pour des évêques, des chansons pour l'Opéra-comique. C'est du moins une occupation ; on ne vole pas sur le grand chemin quand on fait l'*Année littéraire*, on ne vole que ses créanciers. Mais faites mieux, mes chers frères en Jésus-Christ, mes chers gueux, qui risquez les galères en passant votre vie à mendier ; entrez dans l'un des quatre ordres mendiants, vous serez riches et honorés.

H.

HABILE, HABILETÉ[1].

Habile, terme adjectif, qui, comme presque tous les autres, a des acceptions diverses, selon qu'on l'emploie. Il vient évidemment du latin *habilis*, et non, comme le prétend Pezron, du celte *habil*. Mais il importe plus de savoir la signification des mots que leur source.

En général il signifie plus que capable, plus qu'instruit, soit qu'on parle d'un artiste, ou d'un général, ou d'un savant, ou d'un juge. Un homme peut avoir lu tout ce qu'on a écrit sur la guerre, ou même l'avoir vue, sans être habile à la faire. Il peut être capable de commander ; mais pour acquérir le nom d'habile général, il faut qu'il ait commandé plus d'une fois avec succès.

Un juge peut savoir toutes les lois sans être habile à les appliquer. Le savant peut n'être habile ni à écrire, ni à enseigner. L'habile homme est donc celui qui fait un grand usage de ce qu'il sait ; le capable peut, et l'habile exécute. Ce mot ne convient point aux arts de pur génie ; on ne dit pas, un habile poëte, un habile orateur ; et si on le dit quelquefois d'un orateur, c'est lorsqu'il s'est tiré avec habileté, avec dextérité, d'un sujet épineux.

Par exemple, Bossuet ayant à traiter, dans l'oraison funèbre du grand Condé, l'article de ses guerres civiles, dit qu'il y a une pénitence aussi glorieuse que l'innocence même. Il manie ce morceau habilement, et dans le reste il parle avec grandeur.

On dit, habile historien, c'est-à-dire l'historien qui a puisé dans les bonnes sources, qui a comparé les relations, qui en juge sainement, en un mot qui s'est donné beaucoup de peine. S'il a encore le don de narrer avec l'éloquence convenable, il est plus qu'habile, il est grand historien, comme Tite-Live, De Thou, etc.

Le nom d'habile convient aux arts qui tiennent à la fois de l'esprit et de la main, comme la peinture, la sculpture. On dit, un habile peintre, un habile sculpteur, parce que ces arts supposent un long apprentissage, au lieu qu'on est poëte presque tout d'un coup, comme Virgile, Ovide, etc., et qu'on est même orateur sans avoir beaucoup étudié, ainsi que plus d'un prédicateur.

Pourquoi dit-on pourtant habile prédicateur ? C'est qu'alors on fait plus d'attention à l'art qu'à l'éloquence ; et ce n'est pas un grand éloge. On ne dit pas du sublime Bossuet, c'est un *habile feseur d'oraisons funèbres*. Un simple joueur d'instruments est habile : un compositeur doit être plus qu'habile ; il lui faut du génie. Le metteur en œuvre travaille adroitement ce que l'homme de goût a dessiné habilement.

Dans le style comique, habile peut signifier diligent, empressé. Molière fait dire à M. Loyal :

> Il vous faut être habile
> A vider de céans jusqu'au moindre ustensile.
> *Tartufe*, acte V, scène IV.

[1] Cet article HABILE, les trois suivants, et beaucoup d'autres de grammaire et de littérature, furent écrits, à la demande de Diderot et d'Alembert, pour la première édition de *l'Encyclopédie*, imprimée à Paris en 1751 et années suivantes. K.

Un habile homme dans les affaires est instruit, prudent et actif : si l'un de ces trois mérites lui manque, il n'est point habile.

Habile courtisan emporte un peu plus de blâme que de louange ; il veut dire trop souvent habile flatteur : il peut aussi ne signifier qu'un homme adroit qui n'est ni bas ni méchant. Le renard qui, interrogé par le lion sur l'odeur qu'exhale son palais, lui répond qu'il est enrhumé, est un courtisan habile. Le renard qui, pour se venger de la calomnie du loup, conseille au vieux lion la peau d'un loup fraîchement écorché pour réchauffer sa majesté, est plus qu'habile courtisan. C'est en conséquence qu'on dit un habile fripon, un habile scélérat.

Habile, en jurisprudence, signifie reconnu capable par la loi ; et alors capable veut dire ayant droit, ou pouvant avoir droit. On est habile à succéder ; les filles sont quelquefois habiles à posséder une pairie ; elles ne sont point habiles à succéder à la couronne.

Les particules *dans*, *à* et *en*, s'emploient avec ce mot. On dit habile dans un art ; habile à manier le ciseau ; habile en mathématiques.

On ne s'étendra point ici sur le moral, sur le danger de vouloir être trop habile, ou de faire l'habile homme ; sur les risques que court ce qu'on appelle une habile femme, quand elle veut gouverner les affaires de sa maison sans conseil. On craint d'enfler ce dictionnaire d'inutiles déclamations. Ceux qui président à ce grand et important ouvrage doivent traiter au long les articles des arts et des sciences qui instruisent le public ; et ceux auxquels ils confient de petits articles de littérature doivent avoir le mérite d'être courts.

Habileté. Ce mot est à capacité ce qu'habile est à capable : habileté dans une science, dans un art, dans la conduite.

On exprime une qualité acquise en disant, il a de l'habileté. On exprime une action en disant, il a conduit cette affaire avec habileté.

Habilement a les mêmes acceptions : Il travaille, il joue, il enseigne habilement ; il a surmonté habilement cette difficulté. Ce n'est guère la peine d'en dire davantage sur ces petites choses.

HAUTAIN.

Hautain est le superlatif de haut et d'altier. Ce mot ne se dit que de l'espèce humaine : on peut dire en vers,

Un coursier plein de feu levant sa tête altière ;
. . . .
J'aime mieux ces forêts altières ;

mais on ne peut dire *forêt hautaine*, *tête hautaine* d'un coursier. On a blâmé dans Malherbe, et il paraît que c'est à tort, ces vers si connus :

Et dans ces grands tombeaux où leurs âmes hautaines
Font encore les vaines,
Ils sont mangés des vers.
Paraphrase du psaume 145.

On a prétendu que l'auteur a supposé mal à propos les âmes dans ces sépulcres ; mais on pouvait se souvenir qu'il y avait deux sortes d'âmes chez les poëtes anciens : l'une était l'entendement, et l'autre l'ombre légère, le simulacre du corps. Cette dernière restait quelquefois dans les tombeaux, ou errait autour d'eux. La théologie ancienne est toujours celle des poëtes, parce que c'est celle de l'imagination. On a cru cette petite observation nécessaire.

Hautain est toujours pris en mauvaise part. C'est l'orgueil qui s'annonce par un extérieur arrogant ; c'est le plus sûr moyen de se faire haïr, et le défaut dont on doit le plus soigneusement corriger les enfants. On peut être haut dans l'occasion avec bienséance. Un prince peut et doit rejeter avec une hauteur héroïque des propositions humiliantes, mais non pas avec des airs hautains, un ton hautain, des paroles hautaines. Les hommes pardonnent quelquefois aux femmes d'être hautaines, parce qu'ils leur passent tout ; mais les femmes ne leur pardonnent pas.

L'âme haute est l'âme grande : la hautaine est superbe. On peut avoir le cœur haut avec beaucoup de modestie : on n'a point l'humeur hautaine sans un peu d'insolence ; l'insolent est à l'égard du hautain ce qu'est le hautain à l'impérieux. Ce sont des nuances qui se suivent, et ces nuances sont ce qui détruit les synonymes.

On a fait cet article le plus court qu'on a pu, par les mêmes raisons qu'on peut voir au mot HABILE. Le lecteur sent combien il serait aisé et ennuyeux de déclamer sur ces matières.

HAUTEUR.

Grammaire, morale.

Si hautain est pris en mal, hauteur est tantôt une bonne, tantôt une mauvaise qualité, selon la place qu'on tient, l'occasion où l'on se trouve, et ceux avec qui l'on traite. Le plus bel exemple d'une hauteur noble et bien placée, est celui de Popilius, qui trace un cercle autour d'un puissant roi de Syrie, et lui dit : Vous ne sortirez pas de ce cercle sans satisfaire à la république, ou sans attirer sa vengeance. Un particulier qui en userait ainsi serait un impudent. Popilius, qui représentait Rome, mettait toute la grandeur de Rome dans son procédé, et pouvait être un homme modeste.

Il y a des hauteurs généreuses; et le lecteur dira que ce sont les plus estimables. Le duc d'Orléans, régent du royaume, pressé par M. Sum, envoyé de Pologne, de ne point recevoir le roi Stanislas, lui répondit : « Dites à votre maître que la France » a toujours été l'asile des rois. »

La hauteur avec laquelle Louis XIV traita quelquefois ses ennemis est d'un autre genre, et moins sublime.

On ne peut s'empêcher de remarquer ici ce que le P. Bouhours dit du ministre d'état Pomponne : « Il avait une hauteur, une fermeté d'âme que » rien ne fesait ployer. » Louis XIV, dans un mémoire de sa main*, dit de ce même ministre qu'il n'avait ni fermeté ni dignité.

On a souvent employé au pluriel le mot hauteur dans le style relevé, *les hauteurs de l'esprit humain*; et on dit dans le style simple, *il a eu des hauteurs, il s'est fait des ennemis par ses hauteurs*.

Ceux qui ont approfondi le cœur humain en diront davantage sur ce petit article.

HÉMISTICHE.

Hémistiche, ἡμιστίχιον, *s. m.*: moitié de vers, demi-vers, repos au milieu du vers. Cet article, qui paraît d'abord une minutie, demande pourtant toute l'attention de quiconque veut s'instruire. Ce repos à la moitié d'un vers n'est proprement le partage que des vers alexandrins. La nécessité de couper toujours ces vers en deux parties égales, et la nécessité non moins forte d'éviter la monotonie, d'observer ce repos et de le cacher, sont des chaînes qui rendent l'art d'autant plus précieux qu'il est plus difficile.

Voici des vers techniques qu'on propose (quelque faibles qu'ils soient) pour montrer par quelle méthode on doit rompre cette monotonie que la loi de l'hémistiche semble entraîner avec elle :

Observez l'hémistiche, et redoutez l'ennui
Qu'un repos uniforme attache auprès de lui.
Que votre phrase heureuse, et clairement rendue,
Soit tantôt terminée, et tantôt suspendue;
C'est le secret de l'art. Imitez ces accents
Dont l'aisé Jéliotte avait charmé nos sens.
Toujours harmonieux, et libre sans licence,
Il n'appesantit point ses sons et sa cadence.
Sallé, dont Terpsichore avait conduit les pas,
Fit sentir la mesure, et ne la marqua pas.

Ceux qui n'ont point d'oreille n'ont qu'à consulter seulement les points et les virgules de ces vers; ils verront qu'étant toujours partagés en deux parties égales, chacune de six syllabes, cependant la cadence y est toujours variée; la phrase y est contenue ou dans un demi-vers, ou dans un vers entier, ou dans deux. On peut même ne compléter le sens qu'au bout de six vers ou de huit; et c'est ce mélange qui produit une harmonie dont on est frappé, et dont peu de lecteurs voient la cause.

Plusieurs dictionnaires disent que l'hémistiche est la même chose que la césure, mais il y a une grande différence. L'hémistiche est toujours à la moitié du vers; la césure qui rompt le vers est partout où elle coupe la phrase.

Tiens, le voilà, marchons, il est à nous, viens, frappe.

Presque chaque mot est une césure dans ce vers.

Hélas! quel est le prix des vertus? la souffrance.

La césure est ici à la neuvième syllabe.

Dans les vers de cinq pieds ou de dix syllabes, il n'y a point d'hémistiche, quoi qu'en disent tant de dictionnaires; il n'y a que des césures : on ne peut couper ces vers en deux parties égales de deux pieds et demi.

Ainsi partagés, — boiteux et mal faits,
Ces vers languissants — ne plairaient jamais.

On en voulut faire autrefois de cette espèce, dans le temps qu'on cherchait l'harmonie, qu'on n'a que très difficilement trouvée. On prétendait imiter les vers pentamètres latins, les seuls qui ont en effet naturellement cet hémistiche : mais on ne songeait pas que les vers pentamètres étaient variés par les spondées et par les dactyles; que leurs hémistiches pouvaient contenir ou cinq, ou six, ou sept syllabes. Mais ce genre de vers français, au contraire, ne pouvant jamais avoir que des hémistiches de cinq syllabes égales, et ces deux mesures étant trop courtes et trop rapprochées, il en résultait nécessairement cette uniformité ennuyeuse qu'on ne peut rompre comme dans les vers alexandrins. De plus, le vers pentamètre latin, venant après un hexamètre, produisait une variété qui nous manque.

Ces vers de cinq pieds à deux hémistiches égaux pourraient se souffrir dans des chansons; ce fut pour la musique que Sapho les inventa chez les Grecs, et qu'Horace les imita quelquefois, lorsque le chant était joint à la poésie, selon sa première institution. On pourrait parmi nous introduire dans le chant cette mesure, qui approche de la saphique :

L'amour est un dieu — que la terre adore;
Il fait nos tourments; — il sait les guérir :
Dans un doux repos, — heureux qui l'ignore,
Plus heureux cent fois — qui peut le servir.

Mais ces vers ne pourraient être tolérés dans des ouvrages de longue haleine, à cause de la cadence uniforme. Les vers de dix syllabes ordinaires sont d'une autre mesure; la césure sans hémi-

* On trouve ce mémoire dans le *Siècle de Louis XIV* (chapitre XXVIII).

stiche est presque toujours à la fin du second pied; de sorte que le vers est souvent en deux mesures, l'une de quatre, l'autre de six syllabes. Mais on lui donne aussi souvent une autre place, tant la variété est nécessaire.

Languissant, faible, et courbé sous les maux,
J'ai consumé mes jours dans les travaux.
Quel fut le prix de tant de soins? l'envie;
Son souffle impur empoisonna ma vie.

Au premier vers, la césure est après le mot *faible*; au second, après *jours*; au troisième elle est encore plus loin, après *soins*; au quatrième elle est après *impur*.

Dans les vers de huit syllabes il n'y a ni hémistiche ni césure :

Loin de nous ce discours vulgaire,
Que la nature dégénère,
Que tout passe et que tout finit.
La nature est inépuisable,
Et le travail infatigable
Est un dieu qui la rajeunit [1].

Au premier vers, s'il y avait une césure, elle serait à la sixième syllabe. Au troisième, elle serait à la troisième syllabe, *passe*, ou plutôt à la quatrième *se*, qui est confondue avec la troisième, *pas*; mais en effet il n'y a point là de césure. L'harmonie des vers de cette mesure consiste dans le choix heureux des mots et dans les rimes croisées: faible merite sans les pensées et les images.

Les Grecs et les Latins n'avaient point d'hémistiches dans leurs vers hexamètres. Les Italiens n'en ont dans aucune de leurs poésies :

« Le donne, i cavalier, l'arme, gli amori,
» Le cortesie, l'audaci imprese io canto
» Che furo al tempo che passaro i Mori
» D'Africa il mare, e in Francia nocquer tanto, etc. »
ARIOSTE, cant. I, st. I.

Ces vers sont comptés d'onze syllabes, et le génie de la langue italienne l'exige. S'il y avait un hémistiche, il faudrait qu'il tombât au deuxième pied et trois quarts.

La poésie anglaise est dans le même cas. Les grands vers anglais sont de dix syllabes; ils n'ont point d'hémistiches, mais ils ont des césures marquées :

At Tropington — not far from Cambridge, stood
A cross, a pleasing stream — a bridge of wood,
Near it a mill — in low and plashy ground,
Where corn for all the neighbouring parts—was found.

Les césures différentes de ces vers sont ici désignées par les tirets.

Au reste, il est inutile de dire que ces vers sont le commencement de l'ancien conte italien du Berceau, traité depuis par La Fontaine. Mais ce qui est utile pour les amateurs, c'est de savoir que non seulement les Anglais et les Italiens sont affranchis de la gêne de l'hémistiche, mais encore qu'ils se permettent tous les *hiatus* qui choquent nos oreilles, et qu'à ces libertés ils ajoutent celle d'alonger et d'accourcir les mots selon le besoin, d'en changer la terminaison, de leur ôter des lettres; qu'enfin dans leurs pièces dramatiques et dans quelques poëmes, ils ont secoué le joug de la rime : de sorte qu'il est plus aisé de faire cent vers italiens et anglais passables que dix français, à génie égal.

Les vers allemands ont un hémistiche, les espagnols n'en ont point. Tel est le génie différent des langues, dépendant en grande partie de celui des nations. Ce génie, qui consiste dans la construction des phrases, dans les termes plus ou moins longs, dans la facilité des inversions, dans les verbes auxiliaires, dans le plus ou moins d'articles, dans le mélange plus ou moins heureux des voyelles et des consonnes; ce génie, dis-je, détermine toutes les différences qui se trouvent dans la poésie de toutes les nations. L'hémistiche tient évidemment à ce génie des langues.

C'est bien peu de chose qu'un hémistiche. Ce mot semblait à peine mériter un article, cependant on a été forcé de s'y arrêter un peu. Rien n'est à mépriser dans les arts; les moindres règles sont quelquefois d'un très-grand détail. Cette observation sert à justifier l'immensité de ce Dictionnaire, et doit inspirer de la reconnaissance, par les peines prodigieuses de ceux qui ont entrepris un ouvrage, lequel doit rejeter, à la vérité, toute déclamation, tout paradoxe, toute opinion hasardée, mais qui exige que tout soit approfondi.

HÉRÉSIE.

SECTION PREMIÈRE.

Mot grec qui signifie *croyance*, *opinion de choix*. Il n'est pas trop à l'honneur de la raison humaine qu'on se soit haï, persécuté, massacré, brûlé pour des opinions choisies; mais ce qui est encore fort peu à notre honneur, c'est que cette manie nous ait été particulière, comme la lèpre l'était aux Hébreux, et jadis la vérole aux Caraïbes.

Nous savons bien, théologiquement parlant, que l'hérésie, étant devenue un crime, ainsi que le mot une injure; nous savons, dis-je, que l'église latine pouvant seule avoir raison, elle a été en droit de réprouver tous ceux qui étaient d'une opinion différente de la sienne.

D'un autre côté, l'église grecque avait le même droit [a]; aussi réprouva-t-elle les Romains quand

[1] Ces vers sont les derniers d'une ode que Voltaire composa en 1746 (voyez les *Poésies*).

[a] Voyez, à l'article CONCILE, les conciles de Constantinople

ils eurent choisi une autre opinion que les Grecs sur la procession du Saint-Esprit, sur les viandes de carême, sur l'autorité du pape, etc., etc.

Mais sur quel fondement parvint-on enfin à faire brûler, quand on fut le plus fort, ceux qui avaient des opinions de choix? Ils étaient sans doute criminels devant Dieu, puisqu'ils étaient opiniâtres; ils devaient donc, comme on n'en doute pas, être brûlés pendant toute l'éternité dans l'autre monde; mais pourquoi les brûler à petit feu dans celui-ci? Ils représentaient que c'était entreprendre sur la justice de Dieu; que ce supplice était bien dur de la part des hommes; que de plus il était inutile, puisqu'une heure de souffrance ajoutée à l'éternité est comme zéro.

Les âmes pieuses répondaient à ces reproches que rien n'était plus juste que de placer sur des brasiers ardents quiconque avait une *opinion choisie*; que c'était se conformer à Dieu que de faire brûler ceux qu'il devait brûler lui-même; et qu'enfin, puisqu'un bûcher d'une heure ou deux est zéro par rapport à l'éternité, il importait très peu qu'on brûlât cinq ou six provinces pour des opinions de choix, pour des hérésies.

On demande aujourd'hui chez quels anthropophages ces questions furent agitées, et leurs solutions prouvées par les faits : nous sommes forcés d'avouer que ce fut chez nous-mêmes, dans les mêmes villes où l'on ne s'occupe que d'opéra, de comédies, de bals, de modes et d'amour.

Malheureusement ce fut un tyran qui introduisit la méthode de faire mourir les hérétiques, non pas un de ces tyrans équivoques qui sont regardés comme des saints dans un parti, et comme des monstres dans l'autre : c'était un Maxime, compétiteur de Théodose Ier, tyran avéré par l'empire entier dans la rigueur du mot.

Il fit périr à Trèves, par la main des bourreaux, l'Espagnol Priscillien et ses adhérents, dont les opinions furent jugées erronées par quelques évêques d'Espagne [a]. Ces prélats sollicitèrent le supplice des priscillianistes avec une charité si ardente, que Maxime ne put leur rien refuser. Il ne tint pas même à eux qu'on ne fît couper le cou à saint Martin comme à un hérétique. Il fut bien heureux de sortir de Trèves, et de s'en retourner à Tours.

Il ne faut qu'un exemple pour établir un usage. Le premier qui chez les Scythes fouilla dans la cervelle de son ennemi, et fit une coupe de son crâne, fut suivi par tout ce qu'il y avait de plus illustre chez les Scythes. Ainsi fut consacrée la coutume d'employer des bourreaux pour couper des *opinions*.

[a] *Histoire de l'Église*, quatrième siècle.

On ne vit jamais d'hérésie chez les anciennes religions, parce qu'elles ne connurent que la morale et le culte. Dès que la métaphysique fut un peu liée au christianisme, on disputa; et de la dispute naquirent différents partis, comme dans les écoles de philosophie. Il était impossible que cette métaphysique ne mêlât pas ses incertitudes à la foi qu'on devait à Jésus-Christ. Il n'avait rien écrit, et son incarnation était un problème que les nouveaux chrétiens qui n'étaient pas inspirés par lui-même résolvaient de plusieurs manières différentes. *Chacun prenait parti*, comme dit expressément saint Paul [a] : *les uns étaient pour* Apollos, *les autres pour* Céphas.

Les chrétiens en général s'appelèrent long-temps nazaréens; et même les gentils ne leur donnèrent guère d'autre nom dans les deux premiers siècles. Mais il y eut bientôt une école particulière de nazaréens qui eurent un évangile différent des quatre canoniques. On a même prétendu que cet évangile ne différait que très peu de celui de saint Matthieu, et lui était antérieur. Saint Épiphane et saint Jérôme placent les nazaréens dans le berceau du christianisme.

Ceux qui se crurent plus savants que les autres prirent le titre de gnostiques, les *connaisseurs*; et ce nom fut long-temps si honorable, que saint Clément d'Alexandrie, dans ses *Stromates* [b], appelle toujours les bons chrétiens, vrais gnostiques. « Heureux ceux qui sont entrés dans la sainteté gnostique! »

« Celui qui mérite le nom de gnostique [c] résiste aux séducteurs, et donne à quiconque demande. »

Les cinquième et sixième livres des *Stromates* ne roulent que sur la perfection du gnostique.

Les ébionites étaient incontestablement du temps des apôtres : ce nom, qui signifie *pauvre*, leur rendait chère la pauvreté dans laquelle Jésus était né [d].

Cérinthe était aussi ancien [e]; on lui attribuait l'*Apocalypse* de saint Jean. On croit même que saint Paul et lui eurent de violentes disputes.

Il semble à notre faible entendement que l'on devait attendre des premiers disciples une déclaration solennelle, une profession de foi complète et inaltérable, qui terminât toutes les disputes passées, et qui prévînt toutes les querelles futures : Dieu ne le permit pas. Le symbole nommé *des apôtres*, qui est court, et où ne se trouvent

[a] I. Aux Corinth., ch. I, v. 1 et 12. — [b] Liv. I, n° 7.

[c] Liv. IV, n° 4.

[d] Il paraît peu vraisemblable que les autres chrétiens les aient appelés *ébionites*, pour faire entendre qu'ils étaient *pauvres d'entendement*. On prétend qu'ils croyaient Jésus fils de Joseph.

[e] Cérinthe et les siens disaient que Jésus n'était devenu Christ qu'après son baptême. Cérinthe fut le premier auteur de la doctrine du règne de mille ans, qui fut embrassée par tant de pères de l'église.

ni la consubstantialité, ni le mot *Trinité*, ni les sept sacrements, ne parut que du temps de saint Jérôme, de saint Augustin et du célèbre prêtre d'Aquilée Rufin. Ce fut, dit-on, ce saint prêtre, ennemi de saint Jérôme, qui le rédigea.

Les hérésies avaient eu le temps de se multiplier: on en comptait plus de cinquante dès le cinquième siècle.

Sans oser scruter les voies de la Providence, impénétrables à l'esprit humain, et consultant autant qu'il est permis les lueurs de notre faible raison, il semble que de tant d'opinions sur tant d'articles il y en eut toujours quelqu'une qui devait prévaloir. Celle-là était l'orthodoxe, *droit enseignement*. Les autres sociétés se disaient bien orthodoxes aussi; mais étant les plus faibles, on ne leur donna que le nom d'*hérétiques*.

Lorsque dans la suite des temps l'Église chrétienne orientale, mère de l'Église d'Occident, eut rompu sans retour avec sa fille, chacune resta souveraine chez elle, et chacune eut ses hérésies particulières, nées de l'opinion dominante.

Les barbares du Nord étant nouvellement chrétiens, ne purent avoir les mêmes sentiments que les contrées méridionales, parce qu'ils ne purent adopter les mêmes usages. Par exemple, ils ne purent de long-temps adorer les images, puisqu'ils n'avaient ni peintres, ni sculpteurs. Il était bien dangereux de baptiser un enfant en hiver dans le Danube, dans le Véser, dans l'Elbe.

Ce n'était pas une chose aisée pour les habitants des bords de la mer Baltique, de savoir précisément les opinions du Milanais et de la Marche d'Ancône. Les peuples du midi et du nord de l'Europe eurent donc des *opinions choisies*, différentes les unes des autres. C'est, ce me semble, la raison pour laquelle Claude, évêque de Turin, conserva dans le neuvième siècle tous les usages et tous les dogmes reçus au huitième et au septième, depuis le pays des Allobroges jusqu'à l'Elbe et au Danube.

Ces dogmes et ces usages se perpétuèrent dans les vallées, et dans les creux des montagnes, et vers les bords du Rhône, chez des peuples ignorés, que la déprédation générale laissait en paix dans leur retraite et dans leur pauvreté, jusqu'à ce qu'enfin ils parurent sous le nom de Vaudois au douzième siècle, et sous celui d'Albigeois au treizième. On sait comme leurs *opinions choisies* furent traitées, comme on prêcha contre eux des croisades, quel carnage on en fit, et comment depuis ce temps jusqu'à nos jours il n'y eut pas une année de douceur et de tolérance dans l'Europe.

C'est un grand mal d'être hérétique; mais est-ce un grand bien de soutenir l'orthodoxie par des soldats et par des bourreaux? Ne vaudrait-il pas mieux que chacun mangeât son pain en paix, à l'ombre de son figuier! Je ne fais cette proposition qu'en tremblant.

SECTION II.[1]

De l'extirpation des hérésies.

SECTION III.

On ne peut que regretter la perte d'une relation que Stratégius écrivit sur les hérésies, par ordre de Constantin. Ammien Marcellin[a] nous apprend que cet empereur voulant savoir exactement les opinions des sectes, et ne trouvant personne qui fût propre à lui donner là-dessus de justes éclaircissements, il en chargea cet officier, qui s'en acquitta si bien que Constantin voulut qu'on lui donnât depuis le nom de Musonianus. M. de Valois, dans ses notes sur Ammien, observe que Stratégius, qui fut fait préfet d'Orient, avait autant de savoir et d'éloquence que de modération et de douceur; c'est au moins l'éloge qu'en a fait Libanius.

Le choix que cet empereur fit d'un laïque prouve qu'aucun ecclésiastique alors n'avait les qualités essentielles pour une tâche si délicate: en effet, saint Augustin[b] remarque qu'un évêque de Bresse, nommé Philastrius, dont l'ouvrage se trouve dans la Bibliothèque des Pères, ayant ramassé jusqu'aux hérésies qui ont paru chez les Juifs avant Jésus-Christ, en compte vingt-huit de celles-là, et cent vingt-huit depuis Jésus-Christ; au lieu que saint Épiphane, en y comprenant les unes et les autres, n'en trouve que quatre-vingts. La raison que saint Augustin donne de cette différence, c'est que ce qui paraît hérésie à l'un ne le paraît pas à l'autre. Aussi ce père dit-il aux manichéens[c]: Nous nous gardons bien de vous traiter avec rigueur; nous laissons cette conduite à ceux qui ne savent pas quelle peine il faut pour trouver la vérité, et combien il est difficile de se garantir des erreurs; nous laissons cette conduite à ceux qui ne savent pas quels soupirs et quels gémissements il faut pour acquérir quelque petite connaissance de la nature divine. Pour moi, je dois vous supporter comme on m'a supporté autrefois, et user envers vous de la même tolérance dont on usait envers moi lorsque j'étais dans l'égarement.

Cependant, si l'on se rappelle les imputations infâmes dont nous avons dit un mot à l'article GÉNÉALOGIE, et les abominations dont ce père ac-

1 Cette seconde section se composait, dès 1771, du paragraphe IV du *Commentaire sur le livre des délits et des peines*. Voyez *Politique et législation*, tome V.

[a] Liv. XV, ch. XIII. — [b] Lettre CCXXII. — [c] Lettre contre celle de Manès, ch II et III.

cusait les manichéens dans la célébration de leurs mystères, comme nous le verrons à l'article ZÈLE, on se convaincra que la tolérance ne fut jamais la vertu du clergé. Nous avons déjà vu, à l'article CONCILE, quelles séditions furent excitées par les ecclésiastiques à l'occasion de l'arianisme. Eusèbe nous apprend[a] qu'il y eut des endroits où l'on renversa les statues de Constantin, parce qu'il voulait qu'on supportât les ariens; et Sozomène[b] dit qu'à la mort d'Eusèbe de Nicomédie, l'arien Macédonius disputant le siége de Constantinople à Paul, catholique, le trouble et la confusion devinrent si grands dans l'église de laquelle ils voulaient se chasser réciproquement, que les soldats, croyant que le peuple se soulevait, le chargèrent; on se battit, et plus de trois mille personnes furent tuées à coups d'épée ou étouffées. Macédonius monta sur le trône épiscopal, s'empara bientôt de toutes les églises, et persécuta cruellement les novatiens et les catholiques. C'est pour se venger de ces derniers qu'il nia la divinité du Saint-Esprit, comme il reconnut la divinité du Verbe, niée par les ariens, pour braver leur protecteur Constance, qui l'avait déposé.

Le même historien ajoute[c] qu'à la mort d'Athanase, les ariens, appuyés par Valens, arrêtèrent, mirent aux fers et firent mourir ceux qui restaient attachés à Pierre, qu'Athanase avait désigné son successeur. On était dans Alexandrie comme dans une ville prise d'assaut. Les ariens s'emparèrent bientôt des églises, et l'on donna à l'évêque installé par les ariens le pouvoir de bannir de l'Égypte tous ceux qui resteraient attachés à la foi de Nicée.

Nous lisons dans Socrate[d] qu'après la mort de Sisinnius, l'église de Constantinople se divisa encore sur le choix de son successeur, et Théodose-le-Jeune mit sur le siége patriarcal le fougueux Nestorius. Dans son premier sermon, il dit à l'empereur : « Donnez-moi la terre purgée d'hérétiques, et je vous donnerai le ciel; secondez-moi pour exterminer les hérétiques, et je vous promets un secours efficace contre les Perses. » Ensuite il chassa les ariens de la capitale, arma le peuple contre eux, abattit leurs églises, et obtint de l'empereur des édits rigoureux pour achever de les exterminer. Il se servit ensuite de son crédit pour faire arrêter, emprisonner et fouetter les principaux du peuple, qui l'avaient interrompu au milieu d'un autre discours dans lequel il prêchait sa même doctrine, qui fut bientôt condamnée au concile d'Éphèse.

Photius rapporte[e] que lorsque le prêtre arrivait à l'autel, c'était un usage dans l'Église de Constantinople que le peuple chantât : Dieu saint, Dieu fort, Dieu immortel; et c'est ce qu'on nommait le *trisagion*. Pierre-le-Foulon y avait ajouté ces mots : « Qui avez été crucifié pour nous, ayez » pitié de nous. » Les catholiques crurent que cette addition contenait l'erreur des eutychiens théopaschites, qui prétendaient que la Divinité avait souffert; ils chantaient cependant le *trisagion* avec l'addition, pour ne pas irriter l'empereur Anastase, qui venait de déposer un autre Macédonius, et de mettre à sa place Timothée, par l'ordre duquel on chantait cette addition. Mais un jour des moines entrèrent dans l'église, et au lieu de cette addition chantèrent un verset de psaume; le peuple s'écria aussitôt : « Les orthodoxes sont venus bien à propos. » Tous les partisans du concile de Chalcédoine chantèrent avec les moines le verset du psaume; les eutychiens le trouvèrent mauvais; on interrompt l'office, on se bat dans l'église, le peuple sort, s'arme, porte dans la ville le carnage et le feu, et ne s'apaise qu'après avoir fait périr plus de dix mille hommes[a].

La puissance impériale établit enfin dans toute l'Égypte l'autorité de ce concile de Chalcédoine; mais plus de cent mille Égyptiens, massacrés dans différentes occasions pour avoir refusé de reconnaître ce concile, avaient porté dans le cœur de tous les Égyptiens une haine implacable contre les empereurs. Une partie des ennemis du concile se retira dans la Haute-Égypte; d'autres sortirent des terres de l'empire, et passèrent en Afrique et chez les Arabes, où toutes les religions étaient tolérées[b].

Nous avons déjà dit que, sous le règne d'Irène, le culte des images fut rétabli et confirmé par le second concile de Nicée. Léon-l'Arménien, Michel-le-Bègue, et Théophile, n'oublièrent rien pour l'abolir; et cette contestation causa encore du trouble dans l'empire de Constantinople, jusqu'au règne de l'impératrice Théodora, qui donna au second concile de Nicée force de loi, éteignit le parti des iconoclastes, et employa toute son autorité contre les manichéens. Elle envoya dans tout l'empire ordre de les rechercher, et de faire mourir tous ceux qui ne se convertiraient pas. Plus de cent mille périrent par différents genres de supplices. Quatre mille, échappés aux recherches et aux supplices, se sauvèrent chez les Sarrasins, s'unirent à eux, ravagèrent les terres de l'empire, se bâtirent des places fortes, où les manichéens que la crainte des supplices avait tenus cachés se réfugièrent, et formèrent une puissance formidable par leur nombre et par leur haine contre les em-

[a] *Vie de Constantin*, liv. III, ch. IV. — [b] *Idem*, liv. IV, ch. XXI.
[c] *Vie de Constantin*, liv. VI, ch. XX. — [d] Liv. VII, ch. XXIX.
[e] *Bibliothèque*, cahier CCXXII.

[a] Évagre, *Vie de Théodose*, liv. III, ch. XXXIII, XLIV.
[b] *Histoire des patriarches d'Alexandrie*, page 164.

pereurs et les catholiques. On les vit plusieurs fois ravager les terres de l'empire, et tailler ses armées en pièces[a].

Nous abrégeons les détails de ces massacres; ceux d'Irlande, où plus de cent cinquante mille hérétiques furent exterminés en quatre ans[b]; ceux des vallées de Piémont, ceux dont nous parlerons à l'article INQUISITION, enfin la Saint-Barthélemi, signalèrent en Occident le même esprit d'intolérance, contre lequel on n'a rien de plus sensé que ce que l'on trouve dans les ouvrages de Salvien.

Voici comment s'exprime, sur les sectateurs d'une des premières hérésies, ce digne prêtre de Marseille, qu'on surnomma le maître des évêques, et qui déplorait avec tant de douleur les déréglements de son temps, qu'on l'appela le Jérémie du cinquième siècle. « Les ariens, dit-il[c], sont hérétiques; mais ils ne le savent pas : ils sont hérétiques chez nous, mais ils ne le sont pas chez eux; car ils se croient si bien catholiques, qu'ils nous traitent nous-mêmes d'hérétiques. Nous sommes persuadés qu'ils ont une pensée injurieuse à la génération divine, en ce qu'ils disent que le Fils est moindre que le Père. Ils croient, eux, que nous avons une opinion injurieuse pour le Père, parce que nous fesons le Père et le Fils égaux : la vérité est de notre côté; mais ils croient l'avoir en leur faveur. Nous rendons à Dieu l'honneur qui lui est dû; mais ils prétendent aussi le lui rendre dans leur manière de penser. Ils ne s'acquittent pas de leur devoir; mais dans le point même où ils manquent ils font consister le plus grand devoir de la religion. Ils sont impies, mais dans cela même ils croient suivre la véritable piété. Ils se trompent donc, mais par un principe d'amour envers Dieu; et quoiqu'ils n'aient pas la vraie foi, ils regardent celle qu'ils ont embrassée comme le parfait amour de Dieu.

« Il n'y a que le souverain juge de l'univers qui sache comment ils seront punis de leurs erreurs au jour du jugement. Cependant il les supporte patiemment, parce qu'il voit que, s'ils sont dans l'erreur, ils errent par un mouvement de piété. »

HERMÈS, OU ERMÈS, OU MERCURE TRISMÉGISTE, OU THAUT, OU TAUT, OU THOT.

On néglige cet ancien livre de *Mercure Trismégiste*, et on peut n'avoir pas tort. Il a paru à des philosophes un sublime galimatias; et c'est peut-être pour cette raison qu'on l'a cru l'ouvrage d'un grand platonicien.

Toutefois, dans ce chaos théologique, que de choses propres à étonner et à soumettre l'esprit humain! Dieu dont la triple essence est sagesse, puissance, et bonté; Dieu formant le monde par sa pensée, par son Verbe; Dieu créant des dieux subalternes; Dieu ordonnant à ces dieux de diriger les orbes célestes, et de présider au monde; le soleil fils de Dieu; l'homme image de Dieu par la pensée; la lumière principal ouvrage de Dieu, essence divine : toutes ces grandes et vives images éblouirent l'imagination subjuguée.

Il reste à savoir si ce livre, aussi célèbre que peu lu, fut l'ouvrage d'un Grec ou d'un Égyptien.

Saint Augustin ne balance pas à croire que le livre est d'un Égyptien[a], qui prétendait être descendu de l'ancien Mercure, de cet ancien Thaut, premier législateur de l'Égypte.

Il est vrai que saint Augustin ne savait pas plus l'égyptien que le grec; mais il faut bien que de son temps on ne doutât pas que l'Hermès dont nous avons la théologie ne fût un sage de l'Égypte, antérieur probablement au temps d'Alexandre, et l'un des prêtres que Platon alla consulter.

Il m'a toujours paru que la théologie de Platon ne ressemblait en rien à celle des autres Grecs, si ce n'est à celle de Timée, qui avait voyagé en Égypte ainsi que Pythagore.

L'*Hermès Trismégiste*, que nous avons, est écrit dans un grec barbare, assujetti continuellement à une marche étrangère. C'est une preuve qu'il n'est qu'une traduction dans laquelle on a plus suivi les paroles que le sens.

Joseph Scaliger, qui aida le seigneur de Candale, évêque d'Aire, à traduire l'*Hermès* ou *Mercure Trismégiste*, ne doute pas que l'original ne fût égyptien.

Ajoutez à ces raisons qu'il n'est pas vraisemblable qu'un Grec eût adressé si souvent la parole à Thaut. Il n'est guère dans la nature qu'on parle avec tant d'effusion de cœur à un étranger; du moins on n'en voit aucun exemple dans l'antiquité.

L'Esculape égyptien qu'on fait parler dans ce livre, et qui peut-être en est l'auteur, écrit au roi d'Égypte Ammon[b] : « Gardez-vous bien de souffrir que les Grecs traduisent les livres de notre » Mercure, de notre Thaut, parce qu'ils le défigureraient. » Certainement un Grec n'aurait point parlé ainsi.

Toutes les vraisemblances sont donc que ce fameux livre est égyptien.

Il y a une autre réflexion à faire, c'est que les systèmes d'Hermès et de Platon conspiraient également à s'étendre chez les écoles juives dès le temps des Ptolémées. Cette doctrine y fit bientôt

[a] Dupin, *Bibliothèque*, neuvième siècle.
[b] *Bibliothèque angloise*, liv. II, page 303. — [c] Liv. V, *du gouvernement de Dieu*, ch. II.

[a] *Cité de Dieu*, liv. VIII, ch. XXVI.
[b] Préface du *Mercure Trismégiste*.

de très grands progrès. Vous la voyez étalée tout entière chez le juif Philon, homme savant à la mode de ces temps-là.

Il copie des passages entiers du *Mercure Trismégiste* dans son chapitre de la formation du monde. « Premièrement, dit-il, Dieu fit le monde intelli- » gible, le ciel incorporel, et la terre invisible ; » après il créa l'essence incorporelle de l'eau et de » l'esprit, et enfin l'essence de la lumière incor- » porelle, patron du soleil et de tous les astres. »

Telle est la doctrine d'Hermès toute pure. Il ajoute que « le Verbe, ou la pensée invisible et in- » tellectuelle, est l'image de Dieu. »

Voilà la création du monde par le verbe, par la pensée, par le *logos*, bien nettement exprimée.

Vient ensuite la doctrine des nombres, qui passa des Égyptiens aux Juifs. Il appelle la raison la parente de Dieu. Le nombre de sept est l'accomplissement de toute chose ; et c'est pourquoi, dit-il, la lyre n'a que sept cordes.

En un mot, Philon possédait toute la philosophie de son temps.

On se trompe donc quand on croit que les Juifs, sous le règne d'Hérode, étaient plongés dans la même espèce d'ignorance où ils étaient auparavant. Il est évident que saint Paul était très instruit : il n'y a qu'à lire le premier chapitre de saint Jean, qui est si différent des autres, pour voir que l'auteur écrit précisément comme Hermès et comme Platon. « Au commencement était le » Verbe, et le Verbe, le logos, était avec Dieu, et » Dieu était le logos ; tout a été fait par lui, et sans » lui rien n'est de ce qui fut fait. Dans lui était la » vie, et la vie était la lumière des hommes. »

C'est ainsi que saint Paul dit[a] que « Dieu a » créé les siècles par son Fils. »

Dès le temps des apôtres vous voyez des sociétés entières de chrétiens qui ne sont que trop savants, et qui substituent une philosophie fantastique à la simplicité de la foi. Les Simon, les Ménandre, les Cérinthe, enseignaient précisément les dogmes d'Hermès. Leurs éons n'étaient autre chose que les dieux subalternes créés par le grand Être. Tous les premiers chrétiens ne furent donc pas des hommes sans lettres, comme on le dit tous les jours, puisqu'il y en avait plusieurs qui abusaient de leur littérature, et que même dans les *Actes* le gouverneur Festus dit à Paul : « Tu es » fou, Paul ; trop de science t'a mis hors de sens. »

Cérinthe dogmatisait du temps de saint Jean l'évangéliste. Ses erreurs étaient d'une métaphysique profonde et déliée. Les défauts qu'il remarquait dans la construction du monde lui firent penser, comme le dit le docteur Dupin, que ce n'était pas le Dieu souverain qui l'avait formé, mais une vertu inférieure à ce premier principe, laquelle n'avait pas connaissance du Dieu souverain. C'était vouloir corriger le système de Platon même ; c'était se tromper comme chrétien et comme philosophe. Mais c'était en même temps montrer un esprit très délié et très exercé.

Il en est de même des primitifs appelés *quakers*, dont nous avons tant parlé. On les a pris pour des hommes qui ne savaient que parler du nez, et qui ne fesaient nul usage de leur raison. Cependant il y en eut plusieurs parmi eux qui employaient toutes les finesses de la dialectique. L'enthousiasme n'est pas toujours le compagnon de l'ignorance totale ; il l'est souvent d'une science erronée.

[a] *Épître aux Hébreux*, ch. I, v. 2

HÉRODOTE, *voyez* DIODORE DE SICILE.

HEUREUX, HEUREUSE, HEUREUSEMENT.

Ce mot vient évidemment d'*heur*, dont *heure* est l'origine : de là ces anciennes expressions, *à la bonne heure*, *à la mal-heure* ; car nos pères n'avaient pour toute philosophie que quelques préjugés : des nations plus anciennes admettaient des heures favorables ou funestes.

On pourrait, en voyant que le bonheur n'était autrefois qu'une heure fortunée, faire plus d'honneur aux anciens qu'ils ne méritent, et conclure de là qu'ils regardaient le bonheur comme une chose très passagère, telle qu'elle est en effet. Ce qu'on appelle bonheur est une idée abstraite, composée de quelques idées de plaisir : car qui n'a qu'un moment de plaisir n'est point un homme heureux, de même qu'un moment de douleur ne fait point un homme malheureux. Le plaisir est plus rapide que le bonheur, et le bonheur que la félicité. Quand on dit : Je suis heureux dans ce moment, on abuse du mot ; et cela ne veut dire que : J'ai du plaisir. Quand on a des plaisirs un peu répétés, on peut dans cet espace de temps se dire heureux. Quand ce bonheur dure un peu plus, c'est un état de félicité. On est quelquefois bien loin d'être heureux dans la prospérité, comme un malade dégoûté ne mange rien d'un grand festin préparé pour lui.

L'ancien adage « On ne doit appeler personne » heureux avant sa mort » semble rouler sur de bien faux principes. On dirait, par cette maxime, qu'on ne devrait le nom d'heureux qu'à un homme qui le serait constamment depuis sa naissance jusqu'à sa dernière heure. Cette série continuelle de moments agréables est impossible par la constitution de nos organes, par celle des éléments de qui nous dépendons, par celle des hommes dont nous dépendons davantage. Prétendre être toujours heureux est la pierre philosophale de l'âme; c'est beaucoup pour nous de n'être pas long-temps dans un état triste. Mais celui qu'on supposerait avoir toujours joui d'une vie heureuse, et qui périrait misérablement, aurait certainement mérité le nom d'heureux jusqu'à sa mort, et on pourrait prononcer hardiment qu'il a été le plus heureux des hommes. Il se peut très bien que Socrate ait été le plus heureux des Grecs, quoique des juges, ou superstitieux et absurdes, ou iniques, ou tout cela ensemble, l'aient empoisonné juridiquement à l'âge de soixante et dix ans, sur le soupçon qu'il croyait un seul Dieu.

Cette maxime philosophique tant rebattue, *Nemo ante obitum felix*, paraît donc absolument fausse en tout sens; et si elle signifie qu'un homme heureux peut mourir d'une mort malheureuse, elle ne signifie rien que de trivial.

Le proverbe du peuple *heureux comme un roi*[1], est encore plus faux. Quiconque même a vécu doit savoir combien le vulgaire se trompe.

On demande s'il y a une condition plus heureuse qu'une autre, si l'homme en général est plus heureux que la femme. Il faudrait avoir essayé de toutes les conditions, avoir été homme et femme, comme Tirésias et Iphis, pour décider cette question; encore faudrait-il avoir vécu dans toutes les conditions avec un esprit également propre à chacune, et il faudrait avoir passé par tous les états possibles de l'homme et de la femme, pour en juger.

On demande encore si de deux hommes l'un est plus heureux que l'autre. Il est bien clair que celui qui a la pierre et la goutte, qui perd son bien, son honneur, sa femme et ses enfants, et qui est condamné à être pendu immédiatement après avoir été taillé, est moins heureux dans ce monde, à tout prendre, qu'un jeune sultan vigoureux, ou que le savetier de La Fontaine.

Mais on veut savoir quel est le plus heureux de deux hommes également sains, également riches, et d'une condition égale. Il est clair que c'est leur humeur qui en décide. Le plus modéré, le moins inquiet, et en même temps le plus sensible, est le plus heureux; mais malheureusement le plus sensible est presque toujours le moins modéré. Ce n'est pas notre condition, c'est la trempe de notre âme, qui nous rend heureux. Cette disposition de notre âme dépend de nos organes, et nos organes ont été arrangés sans que nous y ayons la moindre part.

C'est au lecteur à faire là-dessus ses réflexions. Il y a bien des articles sur lesquels il peut s'en dire plus qu'on ne lui en doit dire. En fait d'arts, il faut l'instruire; en fait de morale, il faut le laisser penser.

Il y a des chiens qu'on caresse, qu'on peigne, qu'on nourrit de biscuits, à qui on donne de jolies chiennes. Il y en a d'autres qui sont couverts de gale, qui meurent de faim, qu'on chasse, qu'on bat, et qu'ensuite un jeune chirurgien dissèque lentement, après leur avoir enfoncé quatre gros clous dans les pattes. A-t-il dépendu de ces pauvres chiens d'être heureux ou malheureux?

On dit : pensée heureuse, trait heureux, repartie heureuse, physionomie heureuse, climat heureux. Ces pensées, ces traits heureux qui nous viennent comme des inspirations soudaines, et qu'on appelle *des bonnes fortunes d'homme d'esprit*, nous sont inspirés comme la lumière entre dans nos yeux, sans que nous la cherchions. Ils ne sont pas plus en notre pouvoir que la physionomie heureuse, c'est-à-dire douce et noble, si indépendante de nous, et si souvent trompeuse. Le climat heureux est celui que la nature favorise. Ainsi sont les imaginations heureuses, ainsi est l'heureux génie, c'est-à-dire le grand talent. Et qui peut se donner le génie? Qui peut, quand il a reçu quelque rayon de cette flamme, le conserver toujours brillant?

Puisque heureux vient de la bonne heure, et malheureux de la mal-heure, on pourrait dire que ceux qui pensent, qui écrivent avec génie, qui réussissent dans les ouvrages de goût, écrivent *à la bonne heure*. Le grand nombre est de ceux qui écrivent *à la mal-heure*.

Quand on dit un heureux scélérat, on n'entend par ce mot que ses succès. *Felix Sylla*, l'heureux Sylla, un Alexandre VI, un duc de Borgia, ont heureusement pillé, trahi, empoisonné, ravagé, égorgé. Mais s'ils se sont crus des scélérats, il y a grande apparence qu'ils étaient très malheureux, quand même ils n'auraient pas craint leurs semblables.

Il se pourrait qu'un scélérat mal élevé, un Turc, par exemple, à qui on aurait dit qu'il lui est permis de manquer de foi aux chrétiens, de faire serrer d'un cordon de soie le cou de ses vizirs quand ils sont riches, de jeter dans le canal de la mer Noire ses frères étranglés ou massacrés, et de ravager cent lieues de pays pour sa gloire; il se pourrait, dis-je, à toute force, que cet homme n'eût pas plus de remords que son muphti, et fût très heureux. C'est sur quoi le lecteur peut encore penser beaucoup.

Il y avait autrefois des planètes heureuses, d'autres malheureuses; malheureusement il n'y en a plus.

[1] Être heureux comme un roi, dit le peuple hébété. Ve Discours sur l'homme, v. 86.

On a voulu priver le public de ce Dictionnaire utile, heureusement on n'y a pas réussi.

Des âmes de boue, des fanatiques absurdes, préviennent tous les jours les puissants, les ignorants, contre les philosophes. Si malheureusement on les écoutait, nous retomberions dans la barbarie, d'où les seuls philosophes nous ont tirés.

HIPATIE, *voyez* HYPATIE.

HISTOIRE.

SECTION PREMIÈRE.

Définition.

L'histoire est le récit des faits donnés pour vrais, au contraire de la fable, qui est le récit des faits donnés pour faux.

Il y a l'histoire des opinions, qui n'est guère que le recueil des erreurs humaines.

L'histoire des arts peut être la plus utile de toutes, quand elle joint à la connaissance de l'invention et du progrès des arts la description de leur mécanisme.

L'histoire naturelle, improprement dite *histoire,* est une partie essentielle de la physique. On a divisé l'histoire des événements en sacrée et profane; l'histoire sacrée est une suite des opérations divines et miraculeuses, par lesquelles il a plu à Dieu de conduire autrefois la nation juive, et d'exercer aujourd'hui notre foi.

Si j'apprenais l'hébreu, les sciences l'histoire,
Tout cela, c'est la mer à boire.
LA FONTAINE, liv. VIII, fab. 25.

PREMIERS FONDEMENTS DE L'HISTOIRE.

Les premiers fondements de toute histoire sont les récits des pères aux enfants, transmis ensuite d'une génération à une autre; ils ne sont tout au plus que probables dans leur origine, quand ils ne choquent point le sens commun, et ils perdent un degré de probabilité à chaque génération. Avec le temps la fable se grossit, et la vérité se perd : de là vient que toutes les origines des peuples sont absurdes. Ainsi les Égyptiens avaient été gouvernés par les dieux pendant beaucoup de siècles; ils l'avaient été ensuite par des demi-dieux; enfin ils avaient eu des rois pendant onze mille trois cent quarante ans; et le soleil dans cet espace de temps avait changé quatre fois d'orient et d'occident.

Les Phéniciens du temps d'Alexandre prétendaient être établis dans leur pays depuis trente mille ans; et ces trente mille ans étaient remplis d'autant de prodiges que la chronologie égyptienne. J'avoue qu'il est physiquement très possible que la Phénicie ait existé, non seulement trente mille ans, mais trente mille milliards de siècles, et qu'elle ait éprouvé, ainsi que le reste du globe, trente millions de révolutions. Mais nous n'en avons pas de connaissance.

On sait quel merveilleux ridicule règne dans l'ancienne histoire des Grecs.

Les Romains, tout sérieux qu'ils étaient, n'ont pas moins enveloppé de fables l'histoire de leurs premiers siècles. Ce peuple, si récent en comparaison des nations asiatiques, a été cinq cents années sans historiens. Ainsi il n'est pas surprenant que Romulus ait été le fils de Mars, qu'une louve ait été sa nourrice, qu'il ait marché avec mille hommes de son village de Rome contre vingt-cinq mille combattants du village des Sabins; qu'ensuite il soit devenu dieu; que Tarquin-l'Ancien ait coupé une pierre avec un rasoir, et qu'une vestale ait tiré à terre un vaisseau avec sa ceinture, etc.

Les premières annales de toutes nos nations modernes ne sont pas moins fabuleuses. Les choses prodigieuses et improbables doivent être quelquefois rapportées, mais comme des preuves de la crédulité humaine : elles entrent dans l'histoire des opinions et des sottises; mais le champ est trop immense.

DES MONUMENTS.

Pour connaître avec un peu de certitude quelque chose de l'histoire ancienne, il n'est qu'un seul moyen, c'est de voir s'il reste quelques monuments incontestables. Nous n'en avons que trois par écrit : le premier est le recueil des observations astronomiques faites pendant dix-neuf cents ans de suite à Babylone, envoyées par Alexandre en Grèce. Cette suite d'observations, qui remonte à deux mille deux cent trente-quatre ans avant notre ère vulgaire, prouve invinciblement que les Babyloniens existaient en corps de peuple plusieurs siècles auparavant; car les arts ne sont que l'ouvrage du temps, et la paresse naturelle aux hommes les laisse des milliers d'années sans autres connaissances et sans autres talents que ceux de se nourrir, de se défendre des injures de l'air et de s'égorger. Qu'on en juge par les Germains et par les Anglais du temps de César, par les Tartares d'aujourd'hui, par les deux tiers de l'Afrique, et par tous les peuples que nous avons trouvés dans l'Amérique, en exceptant à quelques égards les royaumes du Pérou et du Mexique et la république de Tlascala. Qu'on se souvienne que dans tout ce nouveau monde personne ne savait ni lire ni écrire.

Le second monument est l'éclipse centrale du

soleil calculée à la Chine deux mille cent cinquante-cinq ans avant notre ère vulgaire, et reconnue véritable par tous nos astronomes. Il faut dire des Chinois la même chose que des peuples de Babylone; ils composaient déjà sans doute un vaste empire policé. Mais ce qui met les Chinois au-dessus de tous les peuples de la terre, c'est que ni leurs lois, ni leurs mœurs, ni la langue que parlent chez eux les lettrés, n'ont changé depuis environ quatre mille ans. Cependant cette nation et celle de l'Inde, les plus anciennes de toutes celles qui subsistent aujourd'hui, celles qui possèdent le plus vaste et le plus beau pays, celles qui ont inventé presque tous les arts avant que nous en eussions appris quelques-uns, ont toujours été omises jusqu'à nos jours dans nos prétendues histoires universelles. Et quand un Espagnol et un Français fesaient le dénombrement des nations, ni l'un ni l'autre ne manquait d'appeler son pays la première monarchie du monde, et son roi le plus grand roi du monde, se flattant que son roi lui donnerait une pension dès qu'il aurait lu son livre.

Le troisième monument, fort inférieur aux deux autres, subsiste dans les marbres d'Arundel: la chronique d'Athènes y est gravée deux cent soixante-trois ans avant notre ère; mais elle ne remonte que jusqu'à Cécrops, treize cent dix-neuf ans au-delà du temps où elle fut gravée. Voilà dans l'histoire de toute l'antiquité les seules époques incontestables que nous ayons.

Fesons une sérieuse attention à ces marbres rapportés de Grèce par le lord Arundel. Leur chronique commence quinze cent quatre-vingt-deux ans avant notre ère. C'est aujourd'hui une antiquité de 3333 ans, et vous n'y voyez pas un seul fait qui tienne du miraculeux, du prodigieux. Il en est de même des olympiades; ce n'est pas là qu'on doit dire *Græcia mendax*, la menteuse Grèce. Les Grecs savaient très bien distinguer l'histoire de la fable, et les faits réels des contes d'Hérodote: ainsi que dans leurs affaires sérieuses, leurs orateurs n'empruntaient rien des discours des sophistes ni des images des poëtes.

La date de la prise de Troie est spécifiée dans ces marbres; mais il n'y est parlé ni des flèches d'Apollon, ni du sacrifice d'Iphigénie, ni des combats ridicules des dieux. La date des inventions de Triptolème et de Cérès s'y trouve; mais Cérès n'y est pas appelée *déesse*. On y fait mention d'un poëme sur l'enlèvement de Proserpine; il n'y est point dit qu'elle soit fille de Jupiter et d'une déesse, et qu'elle soit femme du dieu des enfers.

Hercule est initié aux mystères d'Éleusine; mais pas un mot sur ses douze travaux, ni sur son passage en Afrique dans sa tasse, ni sur sa divinité, ni sur le gros poisson par lequel il fut avalé, et qui le garda dans son ventre trois jours et trois nuits, selon Lycophron.

Chez nous, au contraire, un étendard est apporté du ciel par un ange aux moines de Saint-Denys; un pigeon apporte une bouteille d'huile dans une église de Reims; deux armées de serpents se livrent une bataille rangée en Allemagne; un archevêque de Mayence est assiégé et mangé par des rats; et, pour comble, on a grand soin de marquer l'année de ces aventures. Et l'abbé Lenglet compile, compile ces impertinences; et les almanachs les ont cent fois répétées; et c'est ainsi qu'on a instruit la jeunesse; et toutes ces fadaises sont entrées dans l'éducation des princes.

Toute histoire est récente. Il n'est pas étonnant qu'on n'ait point d'histoire ancienne profane au-delà d'environ quatre mille années. Les révolutions de ce globe, la longue et universelle ignorance de cet art qui transmet les faits par l'écriture, en sont cause. Il reste encore plusieurs peuples qui n'en ont aucun usage. Cet art ne fut commun que chez un très petit nombre de nations policées; et même était-il en très peu de mains. Rien de plus rare chez les Français et chez les Germains que de savoir écrire; jusqu'au quatorzième siècle de notre ère vulgaire, presque tous les actes n'étaient attestés que par témoins. Ce ne fut, en France, que sous Charles VII, en 1454, que l'on commença à rédiger par écrit quelques coutumes de France. L'art d'écrire était encore plus rare chez les Espagnols, et de là vient que leur histoire est si sèche et si incertaine jusqu'au temps de Ferdinand et d'Isabelle. On voit par là combien le très petit nombre d'hommes qui savaient écrire pouvaient en imposer, et combien il a été facile de nous faire croire les plus énormes absurdités.

Il y a des nations qui ont subjugué une partie de la terre sans avoir l'usage des caractères. Nous savons que Gengis-kan conquit une partie de l'Asie au commencement du treizième siècle; mais ce n'est ni par lui ni par les Tartares que nous le savons. Leur histoire écrite par les Chinois, et traduite par le P. Gaubil, dit que ces Tartares n'avaient point alors l'art d'écrire.

Cet art ne dut pas être moins inconnu au Scythe Oguskan, nommé Madiès par les Persans et par les Grecs, qui conquit une partie de l'Europe et de l'Asie si long-temps avant le règne de Cyrus. Il est presque sûr qu'alors sur cent nations, il y en avait à peine deux ou trois qui employassent des caractères. Il se peut que, dans un ancien monde détruit, les hommes aient connu l'écriture et les autres arts; mais dans le nôtre ils sont tous très récents.

Il reste des monuments d'une autre espèce, qui servent à constater seulement l'antiquité reculée de certains peuples, et qui précèdent toutes les époques connues et tous les livres; ce sont les prodiges d'architecture, comme les pyramides et les palais d'Égypte, qui ont résisté au temps. Hérodote, qui vivait il y a deux mille deux cents ans, et qui les avait vus, n'avait pu apprendre des prêtres égyptiens dans quel temps on les avait élevés.

Il est difficile de donner à la plus ancienne des pyramides moins de quatre mille ans d'antiquité; mais il faut considérer que ces efforts de l'ostentation des rois n'ont pu être commencés que long-temps après l'établissement des villes. Mais pour bâtir des villes dans un pays inondé tous les ans, remarquons toujours qu'il avait fallu d'abord relever le terrain des villes sur des pilotis dans ce terrain de vase, et les rendre inaccessibles à l'inondation; il avait fallu, avant de prendre ce parti nécessaire, et avant d'être en état de tenter ces grands travaux, que les peuples se fussent pratiqué des retraites, pendant la crue du Nil, au milieu des rochers qui forment deux chaînes à droite et à gauche de ce fleuve. Il avait fallu que ces peuples rassemblés eussent les instruments du labourage, ceux de l'architecture, une connaissance de l'arpentage, avec des lois et une police. Tout cela demande nécessairement un espace de temps prodigieux. Nous voyons, par les longs détails qui regardent tous les jours nos entreprises les plus nécessaires et les plus petites, combien il est difficile de faire de grandes choses, et qu'il faut non seulement une opiniâtreté infatigable, mais plusieurs générations animées de cette opiniâtreté.

Cependant, que ce soit Menès, Thaut ou Chéops, ou Ramessès, qui aient élevé une ou deux de ces prodigieuses masses, nous n'en serons pas plus instruits de l'histoire de l'ancienne Égypte: la langue de ce peuple est perdue. Nous ne savons donc autre chose, sinon qu'avant les plus anciens historiens il y avait de quoi faire une histoire ancienne.

SECTION II.

Comme nous avons déjà vingt mille ouvrages, la plupart en plusieurs volumes, sur la seule histoire de France, et qu'un homme studieux qui vivrait cent ans n'aurait pas le temps de les lire, je crois qu'il est bon de savoir se borner. Nous sommes obligés de joindre à la connaissance de notre pays celle de l'histoire de nos voisins. Il nous est encore moins permis d'ignorer les grandes actions des Grecs et des Romains, et leurs lois qui sont encore en grande partie les nôtres. Mais si à cette étude nous voulions ajouter celle d'une antiquité plus reculée, nous ressemblerions alors à un homme qui quitterait Tacite et Tite-Live pour étudier sérieusement les *Mille et une Nuits*. Toutes les origines des peuples sont visiblement des fables; la raison en est que les hommes ont dû vivre long-temps en corps de peuples, et apprendre à faire du pain et des habits (ce qui était difficile), avant d'apprendre à transmettre toutes leurs pensées à la postérité (ce qui était plus difficile encore). L'art d'écrire n'a pas certainement plus de six mille ans chez les Chinois; et, quoi qu'en aient dit les Chaldéens et les Égyptiens, il n'y a guère d'apparence qu'ils aient su plus tôt écrire et lire couramment.

L'histoire des temps antérieurs ne put donc être transmise que de mémoire; et on sait assez combien le souvenir des choses passées s'altère de génération en génération. C'est l'imagination seule qui a écrit les premières histoires. Non seulement chaque peuple inventa son origine, mais il inventa aussi l'origine du monde entier.

Si l'on en croit Sanchoniathon, les choses commencèrent d'abord par un air épais que le vent raréfia; le desir et l'amour en naquirent, et de l'union du desir et de l'amour furent formés les animaux. Les astres ne vinrent qu'ensuite, mais seulement pour orner le ciel, et pour réjouir la vue des animaux qui étaient sur la terre.

Le Knef des Égyptiens, leur Oshireth et leur Isheth, que nous nommons Osiris et Isis, ne sont guère moins ingénieux et moins ridicules. Les Grecs embellirent toutes ces fictions; Ovide les recueillit et les orna des charmes de la plus belle poésie. Ce qu'il dit d'un dieu qui débrouille le chaos, et de la formation de l'homme, est sublime:

« Sanctius his animal mentisque capacius altæ
» Deerat adhuc, et quod dominari in cætera posset,
» Natus homo est. . . . »
Met., I, 76-78.

« Pronaque cum spectent animalia cætera terram,
» Os homini sublime dedit, cœlumque tueri
» Jussit, et erectos ad sidera tollere vultus. »
Met., I, 84-86.

Il s'en faut bien qu'Hésiode et les autres qui écrivirent si long-temps auparavant se soient exprimés avec cette sublimité élégante. Mais, depuis ce beau moment où l'homme fut formé jusqu'au temps des olympiades, tout est plongé dans une obscurité profonde.

Hérodote arrive aux jeux olympiques, et fait des contes aux Grecs assemblés, comme une vieille à des enfants. Il commence par dire que les Phéniciens naviguèrent de la mer Rouge dans la Méditerranée, ce qui suppose que ces Phéniciens avaient doublé notre cap de Bonne-Espérance, et fait le tour de l'Afrique.

Ensuite vient l'enlèvement d'Io, puis la fable de Gygès et de Candaule, puis de belles histoires de voleurs, et celle de la fille du roi d'Égypte Chéops, qui, ayant exigé une pierre de taille de chacun de ses amants, en eut assez pour bâtir une des plus belles pyramides.

Joignez à cela des oracles, des prodiges, des tours de prêtres, et vous avez l'histoire du genre humain.

Les premiers temps de l'histoire romaine semblent écrits par des Hérodotes; nos vainqueurs et nos législateurs ne savaient compter leurs années qu'en fichant des clous dans une muraille par la main de leur grand-pontife.

Le grand Romulus, roi d'un village, est fils du dieu Mars et d'une religieuse qui allait chercher de l'eau dans sa cruche. Il a un dieu pour père, une catin pour mère, et une louve pour nourrice. Un bouclier tombe du ciel exprès pour Numa. On trouve les beaux livres des sibylles. Un augure coupe un gros caillou avec un rasoir par la permission des dieux. Une vestale met à flot un gros vaisseau engravé, en le tirant avec sa ceinture. Castor et Pollux viennent combattre pour les Romains, et la trace des pieds de leurs chevaux reste imprimée sur la pierre. Les Gaulois ultramontains viennent saccager Rome: les uns disent qu'ils furent chassés par des oies, les autres qu'ils remportèrent beaucoup d'or et d'argent; mais il est probable que dans ces temps-là, en Italie, il y avait beaucoup moins d'argent que d'oies. Nous avons imité les premiers historiens romains, au moins dans leur goût pour les fables. Nous avons notre oriflamme apportée par un ange, la sainte ampoule par un pigeon; et quand nous joignons à cela le manteau de saint Martin, nous sommes bien forts.

Quelle serait l'histoire utile? celle qui nous apprendrait nos devoirs et nos droits, sans paraître prétendre à nous les enseigner.

On demande souvent si la fable du sacrifice d'Iphigénie est prise de l'histoire de Jephté, si le déluge de Deucalion est inventé en imitation de celui de Noé, si l'aventure de Philémon et de Baucis est d'après celle de Loth et de sa femme. Les Juifs avouent qu'ils ne communiquaient point avec les étrangers, que leurs livres ne furent connus des Grecs qu'après la traduction faite par ordre d'un Ptolémée; mais les Juifs furent long-temps auparavant courtiers et usuriers chez les Grecs d'Alexandrie. Jamais les Grecs n'allèrent vendre de vieux habits à Jérusalem. Il paraît qu'aucun peuple n'imita les Juifs, et que ceux-ci prirent beaucoup de choses des Babyloniens, des Égyptiens, et des Grecs.

Toutes les antiquités judaïques sont sacrées pour nous, malgré notre haine et notre mépris pour ce peuple. Nous ne pouvons à la vérité les croire par la raison; mais nous nous soumettons aux Juifs par la foi. Il y a environ quatre-vingts systèmes sur leur chronologie, et beaucoup plus de manières d'expliquer les événements de leur histoire: nous ne savons pas quelle est la véritable; mais nous lui réservons notre foi pour le temps où elle sera découverte.

Nous avons tant de choses à croire de ce savant et magnanime peuple, que toute notre croyance en est épuisée, et qu'il ne nous en reste plus pour les prodiges dont l'histoire des autres nations est pleine. Rollin a beau nous répéter les oracles d'Apollon et les merveilles de Sémiramis; il a beau transcrire tout ce qu'on a dit de la justice de ces anciens Scythes qui pillèrent si souvent l'Asie, et qui mangeaient des hommes dans l'occasion, il trouve un peu d'incrédulité chez les honnêtes gens.

Ce que j'admire le plus dans nos compilateurs modernes, c'est la sagesse et la bonne foi avec laquelle ils nous prouvent que tout ce qui arriva autrefois dans les plus grands empires du monde n'arriva que pour instruire les habitants de la Palestine. Si les rois de Babylone, dans leurs conquêtes, tombent en passant sur le peuple hébreu, c'est uniquement pour corriger ce peuple de ses péchés. Si le roi qu'on a nommé Cyrus se rend maître de Babylone, c'est pour donner à quelques Juifs la permission d'aller chez eux. Si Alexandre est vainqueur de Darius, c'est pour établir des fripiers juifs dans Alexandrie. Quand les Romains joignent la Syrie à leur vaste domination, et englobent le petit pays de la Judée dans leur empire, c'est encore pour instruire les Juifs; les Arabes et les Turcs ne sont venus que pour corriger ce peuple aimable. Il faut avouer qu'il a eu une excellente éducation; jamais on n'eut tant de précepteurs: et voilà comme l'histoire est utile.

Mais ce que nous avons de plus instructif, c'est la justice exacte que les clercs ont rendue à tous les princes dont ils n'étaient pas contents. Voyez avec quelle candeur impartiale saint Grégoire de Nazianze juge l'empereur Julien le philosophe: il déclare que ce prince, qui ne croyait point au diable, avait un commerce secret avec le diable, et qu'un jour que les démons lui apparurent tout enflammés sous des figures trop hideuses, il les chassa en fesant par inadvertance des signes de croix.

Il l'appelle un *furieux*, un *misérable*; il assure que Julien immolait de jeunes garçons et de jeunes filles toutes les nuits dans des caves. C'est ainsi qu'il parle du plus clément des hommes, qui ne s'était jamais vengé des invectives que ce même

Grégoire proféra contre lui pendant son règne.

Une méthode heureuse de justifier les calomnies dont on accable un innocent, c'est de faire l'apologie d'un coupable. Par là tout est compensé; et c'est la manière qu'emploie le même saint de Nazianze. L'empereur Constance, oncle et prédécesseur de Julien, à son avénement à l'empire avait massacré Julius, frère de sa mère, et ses deux fils, tous trois déclarés augustes; c'était une méthode qu'il tenait de son père, le grand Constantin; il fit ensuite assassiner Gallus, frère de Julien. Cette cruauté qu'il exerça contre sa famille, il la signala contre l'empire: mais il était dévot; et même, dans la bataille décisive qu'il donna contre Magnence, il pria Dieu dans une église pendant tout le temps que les armées furent aux mains. Voilà l'homme dont Grégoire fait le panégyrique. Si les saints nous font connaître ainsi la vérité, que ne doit-on point attendre des profanes, surtout quand ils sont ignorants, superstitieux et passionnés?

On fait quelquefois aujourd'hui un usage un peu bizarre de l'étude de l'histoire. On déterre des chartes du temps de Dagobert, la plupart suspectes et mal entendues, et on en infère que des coutumes, des droits, des prérogatives, qui subsistaient alors, doivent revivre aujourd'hui. Je conseille à ceux qui étudient et qui raisonnent ainsi de dire à la mer: Tu as été autrefois à Aigues-Mortes, à Fréjus, à Ravenne, à Ferrare; retournes-y tout à l'heure.

SECTION III.

DE LA CERTITUDE DE L'HISTOIRE.

Toute certitude qui n'est pas démonstration mathématique n'est qu'une extrême probabilité: il n'y a pas d'autre certitude historique.

Quand Marc-Paul parla le premier, mais le seul, de la grandeur et de la population de la Chine, il ne fut pas cru, et il ne put exiger de croyance. Les Portugais qui entrèrent dans ce vaste empire plusieurs siècles après commencèrent à rendre la chose probable. Elle est aujourd'hui certaine, de cette certitude qui naît de la déposition unanime de mille témoins oculaires de différentes nations, sans que personne ait réclamé contre leur témoignage.

Si deux ou trois historiens seulement avaient écrit l'aventure du roi Charles XII, qui, s'obstinant à rester dans les états du sultan son bienfaiteur, malgré lui, se battit avec ses domestiques contre une armée de janissaires et de Tartares, j'aurais suspendu mon jugement; mais ayant parlé à plusieurs témoins oculaires, et n'ayant jamais entendu révoquer cette action en doute, il a bien fallu la croire, parce qu'après tout, si elle n'est ni sage ni ordinaire, elle n'est contraire ni aux lois de la nature ni au caractère du héros[1].

Ce qui répugne au cours ordinaire de la nature ne doit point être cru, à moins qu'il ne soit attesté par des hommes animés visiblement de l'esprit divin, et qu'il soit impossible de douter de leur inspiration. Voilà pourquoi, à l'article CERTITUDE du *Dictionnaire encyclopédique*, c'est un grand paradoxe de dire qu'on devrait croire aussi bien tout Paris qui affirmerait avoir vu ressusciter un mort, qu'on croit tout Paris quand il dit qu'on a gagné la bataille de Fontenoi. Il paraît évident que le témoignage de tout Paris sur une chose improbable ne saurait être égal au témoignage de tout Paris sur une chose probable. Ce sont là les premières notions de la saine logique. Un tel dictionnaire ne devait être consacré qu'à la vérité[2].

INCERTITUDE DE L'HISTOIRE.

On distingue les temps en fabuleux et historiques. Mais les historiques auraient dû être distingués eux-mêmes en vérités et en fables. Je ne parle pas ici de fables reconnues aujourd'hui pour telles: il n'est pas question, par exemple, des prodiges dont Tite-Live a embelli ou gâté son histoire; mais, dans les faits les plus reçus, que de raisons de douter!

Qu'on fasse attention que la république romaine a été cinq cents ans sans historiens; que Tite-Live lui-même déplore la perte des autres monuments qui périrent presque tous dans l'incendie de Rome, *pleraque interiêre;* qu'on songe que dans les trois cents premières années l'art d'écrire était très rare, *raræ per eadem tempora litteræ;* il sera permis alors de douter de tous les événements qui ne sont pas dans l'ordre ordinaire des choses humaines.

Sera-t-il bien probable que Romulus, le petit-fils du roi des Sabins, aura été forcé d'enlever des Sabines pour avoir des femmes? L'histoire de Lucrèce sera-t-elle bien vraisemblable? Croira-t-on aisément, sur la foi de Tite-Live, que le roi Porsenna s'enfuit plein d'admiration pour les Romains, parce qu'un fanatique avait voulu l'assassiner? Ne sera-t-on pas porté, au contraire, à croire Polybe, qui

[1] Dans l'*Encyclopédie*, tome VIII, on lisait ici l'alinéa suivant: « L'histoire de l'homme au masque de fer aurait passé dans » mon esprit pour un roman, si je ne la tenais que du gendre » du chirurgien qui eut soin de cet homme dans sa dernière » maladie. Mais l'officier qui le gardait alors m'ayant aussi attesté le fait, et tous ceux qui devaient en être instruits me » l'ayant confirmé, et les enfants des ministres d'état, dépositaires de ce secret, qui vivent encore, en étant instruits comme » moi, j'ai donné à cette histoire un grand degré de probabilité, » degré pourtant au-dessous de celui qui fait croire l'affaire de » Bender, parce que l'aventure de Bender a eu plus de témoins » que celle de l'homme au masque de fer. »

[2] Voyez les articles CERTAIN, CERTITUDE.

était antérieur à Tite-Live de deux cents années? Polybe dit que Porsenna subjugua les Romains; cela est bien plus probable que l'aventure de Scévola, qui se brûla entièrement la main parce qu'elle s'était méprise. J'aurais défié Poltrot d'en faire autant.

L'aventure de Régulus, enfermé par les Carthaginois dans un tonneau garni de pointes de fer, mérite-t-elle qu'on la croie? Polybe contemporain n'en aurait-il pas parlé si elle avait été vraie? Il n'en dit pas un mot : n'est-ce pas une grande présomption que ce conte ne fut inventé que longtemps après pour rendre les Carthaginois odieux?

Ouvrez le *Dictionnaire de Moréri*, à l'article *Régulus*; il vous assure que le supplice de ce Romain est rapporté dans Tite-Live : cependant la décade où Tite-Live aurait pu en parler est perdue; on n'a que le supplément de Freinshemius; et il se trouve que ce dictionnaire n'a cité qu'un Allemand du dix-septième siècle, croyant citer un Romain du temps d'Auguste. On ferait des volumes immenses de tous les faits célèbres et reçus dont il faut douter. Mais les bornes de cet article ne permettent pas de s'étendre.

LES TEMPLES, LES FÊTES, LES CÉRÉMONIES ANNUELLES, LES MÉDAILLES MÊME, SONT-ELLES DES PREUVES HISTORIQUES?

On est naturellement porté à croire qu'un monument érigé par une nation pour célébrer un événement en atteste la certitude; cependant, si ces monuments n'ont pas été élevés par des contemporains, s'ils célèbrent quelques faits peu vraisemblables, prouvent-ils autre chose sinon qu'on a voulu consacrer une opinion populaire?

La colonne rostrale érigée dans Rome par les contemporains de Duillius est sans doute une preuve de la victoire navale de Duillius : mais la statue de l'augure Nævius, qui coupait un caillou avec un rasoir, prouvait-elle que Nævius avait opéré ce prodige? Les statues de Cérès et de Triptolème, dans Athènes, étaient-elles des témoignages incontestables que Cérès était descendue de je ne sais quelle planète pour venir enseigner l'agriculture aux Athéniens? Le fameux Laocoon, qui subsiste aujourd'hui si entier, atteste-t-il bien la vérité de l'histoire du cheval de Troie?

Les cérémonies, les fêtes annuelles établies par toute une nation, ne constatent pas mieux l'origine à laquelle on les attribue. La fête d'Arion porté sur un dauphin se célébrait chez les Romains comme chez les Grecs. Celle de Faune rappelait son aventure avec Hercule et Omphale, quand ce dieu, amoureux d'Omphale, prit le lit d'Hercule pour celui de sa maîtresse.

La fameuse fête des Lupercales était établie en l'honneur de la louve qui allaita Romulus et Rémus.

Sur quoi était fondée la fête d'Orion, célébrée le cinq des ides de mai? Le voici. Hyrée reçut chez lui Jupiter, Neptune et Mercure; et quand ses hôtes prirent congé, ce bon homme, qui n'avait point de femme et qui voulait avoir un enfant, témoigna sa douleur aux trois dieux. On n'ose exprimer ce qu'ils firent sur la peau du bœuf qu'Hyrée leur avait servi à manger; ils couvrirent ensuite cette peau d'un peu de terre : de là naquit Orion au bout de neuf mois.

Presque toutes les fêtes romaines, syriennes, grecques, égyptiennes, étaient fondées sur de pareils contes, ainsi que les temples et les statues des anciens héros : c'étaient des monuments que la crédulité consacrait à l'erreur.

Un de nos plus anciens monuments est la statue de saint Denys portant sa tête dans ses bras.

Une médaille, même contemporaine, n'est pas quelquefois une preuve. Combien la flatterie n'a-t-elle pas frappé de médailles sur des batailles très indécises, qualifiées de victoires, et sur des entreprises manquées, qui n'ont été achevées que dans la légende! N'a-t-on pas en dernier lieu, pendant la guerre de 1740 des Anglais contre le roi d'Espagne, frappé une médaille qui attestait la prise de Carthagène par l'amiral Vernon, tandis que cet amiral levait le siége?

Les médailles ne sont des témoignages irréprochables que lorsque l'événement est attesté par des auteurs contemporains; alors ces preuves, se soutenant l'une par l'autre, constatent la vérité.

DOIT-ON DANS L'HISTOIRE INSÉRER DES HARANGUES, ET FAIRE DES PORTRAITS?

Si dans une occasion importante un général d'armée, un homme d'état a parlé d'une manière singulière et forte, qui caractérise son génie et celui de son siècle, il faut sans doute rapporter son discours mot pour mot : de telles harangues sont peut-être la partie de l'histoire la plus utile. Mais pourquoi faire dire à un homme ce qu'il n'a pas dit? il vaudrait presque autant lui attribuer ce qu'il n'a pas fait. C'est une fiction imitée d'Homère; mais ce qui est fiction dans un poëme devient à la rigueur mensonge dans un historien. Plusieurs anciens ont eu cette méthode; cela ne prouve autre chose sinon que plusieurs anciens ont voulu faire parade de leur éloquence aux dépens de la vérité.

DES PORTRAITS.

Les portraits montrent encore bien souvent plus d'envie de briller que d'instruire. Des contemporains sont en droit de faire le portrait des hommes d'état avec lesquels ils ont négocié, des généraux sous qui ils ont fait la guerre. Mais qu'il est à craindre que le pinceau ne soit guidé par la passion! Il paraît que les portraits qu'on trouve dans Clarendon sont faits avec plus d'impartialité, de gravité et de sagesse que ceux qu'on lit avec plaisir dans le cardinal de Retz.

Mais vouloir peindre les anciens, s'efforcer de développer leurs âmes, regarder les événements comme des caractères avec lesquels on peut lire sûrement dans le fond des cœurs, c'est une entreprise bien délicate, c'est dans plusieurs une puérilité.

DE LA MAXIME DE CICÉRON CONCERNANT L'HISTOIRE : QUE L'HISTORIEN N'OSE DIRE UNE FAUSSETÉ, NI CACHER UNE VÉRITÉ.

La première partie de ce précepte est incontestable; il faut examiner l'autre. Si une vérité peut être de quelque utilité à l'état, votre silence est condamnable. Mais je suppose que vous écriviez l'histoire d'un prince qui vous aura confié un secret, devez-vous le révéler? devez-vous dire à la postérité ce que vous seriez coupable de dire en secret à un seul homme? Le devoir d'un historien l'emportera-t-il sur un devoir plus grand?

Je suppose encore que vous ayez été témoin d'une faiblesse qui n'a point influé sur les affaires publiques, devez-vous révéler cette faiblesse? En ce cas l'histoire serait une satire.

Il faut avouer que la plupart des écrivains d'anecdotes sont plus indiscrets qu'utiles. Mais que dire de ces compilateurs insolents qui, se fesant un mérite de médire, impriment et vendent des scandales comme la Voisin vendait des poisons?

L'HISTOIRE SATIRIQUE.

Si Plutarque a repris Hérodote de n'avoir pas assez relevé la gloire de quelques villes grecques, et d'avoir omis plusieurs faits connus dignes de mémoire, combien sont plus répréhensibles aujourd'hui ceux qui, sans avoir aucun des mérites d'Hérodote, imputent aux princes, aux nations, des actions odieuses, sans la plus légère apparence de preuve! La guerre de 1741 a été écrite en Angleterre. On trouve dans cette histoire qu'à la bataille de Fontenoi « les Français tirèrent sur les » Anglais avec des balles empoisonnées et des morceaux de verre venimeux, et que le duc de Cumberland envoya au roi de France une boîte pleine » de ces prétendus poisons trouvés dans les corps » des Anglais blessés. » Le même auteur ajoute que les Français ayant perdu quarante mille hommes à cette bataille, le parlement de Paris rendit un arrêt par lequel il était défendu d'en parler sous des peines corporelles.

Les mémoires frauduleux imprimés depuis peu sous le nom de madame de Maintenon sont remplis de pareilles absurdités. On y trouve qu'au siége de Lille les alliés jetaient des billets dans la ville conçus en ces termes : « Français, consolez» vous, la Maintenon ne sera pas votre reine. »

Presque chaque page est souillée d'impostures et de termes offensants contre la famille royale et contre les familles principales du royaume, sans alléguer la plus légère vraisemblance qui puisse donner la moindre couleur à ces mensonges. Ce n'est point écrire l'histoire, c'est écrire au hasard des calomnies qui méritent le carcan.

On a imprimé en Hollande, sous le nom d'*Histoire*, une foule de libelles dont le style est aussi grossier que les injures, et les faits aussi faux qu'ils sont mal écrits. C'est, dit-on, un mauvais fruit de l'excellent arbre de la liberté. Mais si les malheureux auteurs de ces inepties ont eu la liberté de tromper les lecteurs, il faut user ici de la liberté de les détromper.

L'appât d'un vil gain, joint à l'insolence des mœurs abjectes, furent les seuls motifs qui engagèrent ce réfugié languedocien protestant, nommé Langlevieux, dit La Beaumelle, à tenter la plus infâme manœuvre qui ait jamais déshonoré la littérature. Il vend pour dix-sept louis d'or au libraire Esslinger de Francfort, en 1753, l'*Histoire du Siècle de Louis XIV*, qui ne lui appartient point; et, soit pour s'en faire croire le propriétaire, soit pour gagner son argent, il la charge de notes abominables contre Louis XIV, contre son fils, contre le duc de Bourgogne, son petit-fils, qu'il traite sans façon de perfide et de traître envers son grand-père et la France. Il vomit contre le duc d'Orléans régent les calomnies les plus horribles et les plus absurdes; personne n'est épargné, et cependant il n'a jamais connu personne. Il débite sur les maréchaux de Villars, de Villeroi, sur les ministres, sur les femmes, des historiettes ramassées dans des cabarets; et il parle des plus grands princes comme de ses justiciables. Il s'exprime en juge des rois : « Donnez-moi, dit-il, un » Stuart, et je le fais roi d'Angleterre. »

Cet excès de ridicule dans un inconnu n'a pas été relevé : il eût été sévèrement puni dans un homme dont les paroles auraient eu quelque poids. Mais il faut remarquer que souvent ces ouvrages de ténèbres ont du cours dans l'Europe; ils se vendent aux foires de Francfort et de Leipsick; tout le Nord en est inondé. Les étrangers qui ne sont pas instruits croient puiser dans ces libelles les connaissances de l'histoire moderne. Les auteurs allemands ne sont pas toujours en garde contre ces mémoires, ils s'en servent comme de matériaux; c'est ce qui est arrivé aux Mémoires de Pontis, de Montbrun, de Rochefort, de Vordac; à tous ces prétendus Testaments politiques des ministres d'état, composés par des faussaires; à la Dime royale de Bois-Guillebert, impudemment donnée sous le nom du maréchal de Vauban; et à tant de compilations d'ana et d'anecdotes.

L'histoire est quelquefois encore plus maltraitée en Angleterre. Comme il y a toujours deux partis assez violents qui s'acharnent l'un contre l'autre jusqu'à ce que le danger commun les réunisse, les écrivains d'une faction condamnent tout ce que les autres approuvent. Le même homme est représenté comme un Caton et comme un Catilina. Comment démêler le vrai entre l'adulation et la satire? Il n'y a peut-être qu'une règle sûre, c'est de croire le bien qu'un historien de parti ose dire des héros de la faction contraire, et le mal qu'il ose dire des chefs de la sienne dont il n'aura pas à se plaindre.

A l'égard des Mémoires réellement écrits par les personnages intéressés, comme ceux de Clarendon, de Ludlow, de Burnet, en Angleterre; de La Rochefoucauld, de Retz, en France; s'ils s'accordent, ils sont vrais; s'ils se contrarient, doutez.

Pour les ana et les anecdotes, il y en a un sur cent qui peut contenir quelque ombre de vérité.

SECTION IV.

De la méthode, de la manière d'écrire l'histoire, et du style.

On en a tant dit sur cette matière, qu'il faut ici en dire très peu. On sait assez que la méthode et le style de Tite-Live, sa gravité, son éloquence sage, conviennent à la majesté de la république romaine; que Tacite est plus fait pour peindre des tyrans; Polybe, pour donner des leçons de la guerre; Denys d'Halicarnasse, pour développer les antiquités.

Mais en se modelant en général sur ces grands maitres, on a aujourd'hui un fardeau plus pesant que le leur à soutenir. On exige des historiens modernes plus de détails, des faits plus constatés, des dates précises, des autorités, plus d'attention aux usages, aux lois, aux mœurs, au commerce, à la finance, à l'agriculture, à la population : il en est de l'histoire comme des mathématiques et de la physique; la carrière s'est prodigieusement accrue. Autant il est aisé de faire un recueil de gazettes, autant il est difficile aujourd'hui d'écrire l'histoire.

Daniel se crut un historien parce qu'il transcrivait des dates et des récits de batailles où l'on n'entend rien. Il devait m'apprendre les droits de la nation, les droits des principaux corps de cette nation, ses lois, ses usages, ses mœurs, et comment ils ont changé. Cette nation est en droit de lui dire : Je vous demande mon histoire encore plus que celle de Louis-le-Gros et de Louis-Hutin. Vous me dites, d'après une vieille chronique écrite au hasard, que Louis VIII étant attaqué d'une maladie mortelle, exténué, languissant, n'en pouvant plus, les médecins ordonnèrent à ce corps cadavéreux de coucher avec une jolie fille pour se refaire, et que le saint roi rejeta bien loin cette vilenie. Ah! Daniel, vous ne savez donc pas le proverbe italien, « donna ignuda manda l'uomo » sotto la terra. » Vous deviez avoir un peu plus de teinture de l'histoire politique et de l'histoire naturelle.

On exige que l'histoire d'un pays étranger ne soit point jetée dans le même moule que celle de votre patrie.

Si vous faites l'histoire de France, vous n'êtes pas obligé de décrire le cours de la Seine et de la Loire; mais si vous donnez au public les conquêtes des Portugais en Asie, on exige une topographie des pays découverts. On veut que vous meniez votre lecteur par la main le long de l'Afrique et des côtes de la Perse et de l'Inde; on attend de vous des instructions sur les mœurs, les lois, les usages de ces nations nouvelles pour l'Europe.

Nous avons vingt histoires de l'établissement des Portugais dans les Indes; mais aucune ne nous a fait connaître les divers gouvernements de ce pays, ses religions, ses antiquités, les brames, les disciples de saint Jean, les guèbres, les banians. On nous a conservé, il est vrai, les lettres de Xavier et de ses successeurs. On nous a donné des histoires de l'Inde, faites à Paris d'après ces missionnaires qui ne savaient pas la langue des brames. On nous répète dans cent écrits que les Indiens adorent le diable. Des aumôniers d'une compagnie de marchands partent dans ce préjugé; et dès qu'ils voient sur les côtes de Coromandel des figures symboliques, ils ne manquent pas d'écrire que ce sont des portraits du diable, qu'ils sont dans son empire, qu'ils vont le combattre. Ils ne songent pas que c'est nous qui adorons le diable Mammon, et qui lui allons porter nos vœux à six mille lieues de notre patrie pour en obtenir de l'argent.

Pour ceux qui se mettent, dans Paris, aux gages d'un libraire de la rue Saint-Jacques, et à qui l'on commande une histoire du Japon, du Canada, des îles Canaries, sur des mémoires de quelques capucins, je n'ai rien à leur dire.

C'est assez qu'on sache que la méthode convenable à l'histoire de son pays n'est point propre à décrire les découvertes du Nouveau-Monde; qu'il ne faut pas écrire sur une petite ville comme sur un grand empire; qu'on ne doit point faire l'histoire privée d'un prince comme celle de France ou d'Angleterre.

Si vous n'avez autre chose à nous dire, sinon qu'un barbare a succédé à un autre barbare sur les bords de l'Oxus et de l'Iaxarte, en quoi êtes-vous utile au public?

Ces règles sont assez connues; mais l'art de bien écrire l'histoire sera toujours très rare. On sait assez qu'il faut un style grave, pur, varié, agréable. Il en est des lois pour écrire l'histoire comme de celles de tous les arts de l'esprit: beaucoup de préceptes, et peu de grands artistes.

SECTION V.

Histoire des rois juifs, et des Paralipomènes.

Tous les peuples ont écrit leur histoire dès qu'ils ont pu écrire. Les Juifs ont aussi écrit la leur. Avant qu'ils eussent des rois, ils vivaient sous une théocratie; ils étaient censés gouvernés par Dieu même.

Quand les Juifs voulurent avoir un roi comme les autres peuples leurs voisins, le prophète Samuel, très intéressé à n'avoir point de roi, leur déclara de la part de Dieu que c'était Dieu lui-même qu'ils rejetaient: ainsi la théocratie finit chez les Juifs lorsque la monarchie commença.

On pourrait donc dire sans blasphémer que l'histoire des rois juifs a été écrite comme celle des autres peuples, et que Dieu n'a pas pris la peine de dicter lui-même l'histoire d'un peuple qu'il ne gouvernait plus.

On n'avance cette opinion qu'avec la plus extrême défiance. Ce qui pourrait la confirmer, c'est que les *Paralipomènes* contredisent très souvent le livre *des Rois* dans la chronologie et dans les faits, comme nos historiens profanes se contredisent quelquefois. De plus, si Dieu a toujours écrit l'histoire des Juifs, il faut donc croire qu'il l'écrit encore; car les Juifs sont toujours son peuple chéri. Ils doivent se convertir un jour, et il paraît qu'alors ils seront aussi en droit de regarder l'histoire de leur dispersion comme sacrée, qu'ils sont en droit de dire que Dieu écrivit l'histoire de leurs rois.

On peut encore faire une réflexion; c'est que, Dieu ayant été leur seul roi très long-temps, et ensuite ayant été leur historien, nous devons avoir pour tous les Juifs le respect le plus profond. Il n'y a point de fripier juif qui ne soit infiniment au-dessus de César et d'Alexandre. Comment ne se pas prosterner devant un fripier qui vous prouve que son histoire a été écrite par la Divinité même, tandis que les histoires grecques et romaines ne nous ont été transmises que par des profanes?

Si le style de l'*Histoire des rois* et des *Paralipomènes* est divin, il se peut encore que les actions racontées dans ces histoires ne soient pas divines. David assassine Urie. Isboseth et Miphiboseth sont assassinés. Absalon assassine Ammon; Joab assassine Absalon; Salomon assassine Adonias son frère; Baasa assassine Nadab; Zambri assassine Éla; Amri assassine Zambri; Achab assassine Naboth; Jéhu assassine Achab et Joram; les habitants de Jérusalem assassinent Amasias, fils de Joas; Sellum, fils de Jabès, assassine Zacharias, fils de Jéroboam; Manahem assassine Sellum, fils de Jabès; Phacée, fils de Roméli, assassine Phacéia, fils de Manahem; Osée fils d'Éla, assassine Phacée, fils de Roméli. On passe sous silence beaucoup d'autres menus assassinats. Il faut avouer que si le Saint-Esprit a écrit cette histoire, il n'a pas choisi un sujet fort édifiant.

SECTION VI.

Des mauvaises actions consacrées ou excusées dans l'histoire.

Il n'est que trop ordinaire aux historiens de louer de très méchants hommes qui ont rendu service à la secte dominante ou à la patrie. Ces éloges sont peut-être d'un citoyen zélé, mais ce zèle outrage le genre humain. Romulus assassine son frère, et on en fait un dieu. Constantin égorge son fils, étouffe sa femme, assassine presque toute sa famille; on l'a loué dans des conciles; mais l'histoire doit détester ses barbaries. Il est heureux pour nous sans doute que Clovis ait été catholique; il est heureux pour l'Église anglicane que Henri VIII ait aboli les moines; mais il faut avouer que Clovis et Henri VIII étaient des monstres de cruauté

Lorsque le jésuite Berruyer, qui, quoique jésuite, était un sot, s'avisa de paraphraser l'ancien et le nouveau *Testament* en style de ruelle, sans autre intention que de les faire lire, il jeta des fleurs de rhétorique sur le couteau à deux tranchants que le Juif Aod enfonça avec le manche dans le ventre du roi Églon, sur le sabre dont Judith coupa la tête d'Holopherne après s'être prostituée à lui, et sur plusieurs autres actions de ce genre. Le parlement, en respectant la *Bible*, qui rapporte ces histoires, condamna le jésuite qui les louait, et fit brûler l'ancien et le nouveau *Testament*, j'entends celui du jésuite.

Mais comme les jugements des hommes sont toujours différents dans les cas pareils, la même chose arriva à Bayle dans un cas tout contraire; il fut condamné pour n'avoir pas loué toutes les actions de David, roi de la province de Judée. Un nommé

Jurieu, prédicant réfugié en Hollande, avec d'autres prédicants réfugiés, voulurent l'obliger à se rétracter. Mais comment se rétracter sur des faits consignés dans l'Écriture? Bayle n'avait-il pas quelque raison de penser que tous les faits rapportés dans les livres juifs ne sont pas des actions saintes : que David a fait comme un autre des actions très criminelles, et que, s'il est appelé l'homme selon le cœur de Dieu, c'est en vertu de sa pénitence, et non pas à cause de ses forfaits?

Écartons les noms, et ne songeons qu'aux choses. Supposons que, pendant le règne de Henri IV, un curé ligueur a répandu secrètement une bouteille d'huile sur la tête d'un berger de Brie, que ce berger vient à la cour, que le curé le présente à Henri IV comme un bon joueur de violon qui pourra dissiper sa mélancolie, que le roi le fait son écuyer et lui donne une de ses filles en mariage; qu'ensuite le roi s'étant brouillé avec le berger, celui-ci se réfugie chez un prince d'Allemagne ennemi de son beau-père, qu'il arme six cents brigands perdus de dettes et de débauches, qu'il court la campagne avec cette canaille, qu'il égorge amis et ennemis, qu'il extermine jusqu'aux femmes et aux enfants à la mamelle, afin qu'il n'y ait personne qui puisse porter la nouvelle de cette boucherie : je suppose encore que ce même berger de Brie devient roi de France après la mort de Henri IV, et qu'il fait assassiner son petit-fils après l'avoir fait manger à sa table, et livre à la mort sept autres petits-enfants de son roi ; quel est l'homme qui n'avouera pas que ce berger de Brie est un peu dur?

Les commentateurs conviennent que l'adultère de David et l'assassinat d'Urie sont des fautes que Dieu a pardonnées. On peut donc convenir que les massacres ci-dessus sont des fautes que Dieu a pardonnées aussi.

Cependant on ne fit aucun quartier à Bayle. Mais en dernier lieu quelques prédicateurs de Londres ayant comparé George II à David, un des serviteurs de ce monarque a fait publiquement imprimer un petit livre dans lequel il se plaint de la comparaison. Il examine toute la conduite de David, il va infiniment plus loin que Bayle, il traite David avec plus de sévérité que Tacite ne traite Domitien. Ce livre n'a pas excité en Angleterre le moindre murmure; tous les lecteurs ont senti que les mauvaises actions sont toujours mauvaises, que Dieu peut les pardonner quand la pénitence est proportionnée au crime, mais qu'aucun homme ne doit les approuver.

Il y a donc plus de raison en Angleterre qu'il n'y en avait en Hollande du temps de Bayle. On sent aujourd'hui qu'il ne faut pas donner pour modèle de sainteté ce qui est digne du dernier supplice; et on sait que si on ne doit pas consacrer le crime, on ne doit pas croire l'absurdité.

HISTORIOGRAPHE.

Titre fort différent de celui d'historien. On appelle communément en France historiographe l'homme de lettres pensionné, et, comme on disait autrefois, appointé pour écrire l'histoire. Alain Chartier fut historiographe de Charles VII. Il dit qu'il interrogea les domestiques de ce prince, et leur fit prêter serment, selon le devoir de sa charge, pour savoir d'eux si Charles avait eu en effet Agnès Sorel pour maîtresse. Il conclut qu'il ne se passa jamais rien de libre entre ces amants, et que tout se réduisit à quelques caresses honnêtes dont ces domestiques avaient été les témoins innocents. Cependant il est constant, non par les historiographes, mais par les historiens appuyés sur les titres de famille, que Charles VII eut d'Agnès Sorel trois filles, dont l'aînée, mariée à un Brézé, fut poignardée par son mari. Depuis ce temps il y eut souvent des historiographes de France en titre, et l'usage fut de leur donner des brevets de conseillers d'état avec les provisions de leur charge. Ils étaient commensaux de la maison du roi. Matthieu eut ces privilèges sous Henri IV, et n'en écrivit pas mieux l'histoire.

A Venise, c'est toujours un noble du sénat qui a ce titre et cette fonction ; et le célèbre Nani les a remplies avec une approbation générale. Il est bien difficile que l'historiographe d'un prince ne soit pas un menteur; celui d'une république flatte moins, mais il ne dit pas toutes les vérités. A la Chine, les historiographes sont chargés de recueillir tous les événements et tous les titres originaux sous une dynastie. Ils jettent les feuilles numérotées dans une vaste salle, par un orifice semblable à la gueule du lion dans laquelle on jette à Venise les avis secrets qu'on veut donner; lorsque la dynastie est éteinte, on ouvre la salle et on rédige les matériaux dont on compose une histoire authentique. Le Journal général de l'empire sert aussi à former le corps d'histoire ; ce journal est supérieur à nos gazettes, en ce qu'il est fait sous les yeux des mandarins de chaque province, revu par un tribunal suprême, et que chaque pièce porte avec elle une authenticité qui fait foi dans les matières contentieuses.

Chaque souverain choisit son historiographe. Vittorio Siri le fut. Pellisson fut choisi d'abord par Louis XIV pour écrire les événements de son règne, et il s'acquitta de cet emploi avec éloquence dans l'*Histoire de la Franche-Comté*. Racine, le plus élégant des poëtes, et Boileau, le plus correct, furent ensuite substitués à Pellisson. Quelques curieux ont recueilli quelques mémoires du passage du Rhin écrits par Racine. On ne peut juger par ces mémoires si Louis XIV passa le Rhin ou non avec les troupes qui traversèrent ce fleuve à la nage. Cet exemple démontre assez combien il est rare qu'un historiographe ose dire la vérité. Aussi plusieurs qui ont eu ce titre se sont bien donné de garde d'écrire l'histoire; ils ont fait comme Amyot, qui disait qu'il était trop attaché à ses maîtres pour écrire leur vie. Le P. Daniel eut la patente d'historiographe après avoir donné son Histoire de France; il n'eut qu'une pension de 600 livres, regardée seulement comme un honoraire convenable à un religieux.

Il est très difficile d'assigner aux sciences et aux arts, aux travaux littéraires, leurs véritables bornes. Peut-être le propre d'un historiographe est de rassembler les matériaux, et on est historien quand on les met en œuvre. Le premier peut tout amasser, le second choisir et arranger. L'historiographe tient plus de l'annaliste simple, et l'historien semble avoir un champ plus libre pour l'éloquence.

Ce n'est pas la peine de dire ici que l'un et l'autre doivent également dire la vérité; mais on peut examiner cette grande loi de Cicéron : *Ne quid veri tacere non audeat*, qu'il faut oser ne taire aucune vérité. Cette règle est au nombre des lois qui ont besoin d'être commentées. Je suppose un prince qui confie à son historiographe un secret important auquel l'honneur de ce prince est attaché, ou que même le bien de l'état exige que ce secret ne soit jamais révélé; l'historiographe ou l'historien doit-il manquer de foi à son prince? doit-il trahir sa patrie pour obéir à Cicéron? La curiosité du public semble l'exiger ; l'honneur, le devoir, le défendent. Peut-être en ce cas faut-il renoncer à écrire l'histoire.

Une vérité déshonore une famille, l'historiographe ou l'historien doit-il l'apprendre au public? non, sans doute; il n'est point chargé de révéler la honte des particuliers, et l'histoire n'est point une satire.

Mais si cette vérité scandaleuse tient aux événements publics, si elle entre dans les intérêts de l'état, si elle a produit des maux dont il importe de savoir la cause, c'est alors que la maxime de Cicéron doit être observée; car cette loi est comme toutes les autres lois, qui doivent être ou exécutées, ou tempérées, ou négligées, selon les convenances.

Gardons-nous de ce respect humain; quand il s'agit des fautes publiques reconnues, des prévarications, des injustices que le malheur des temps a arrachées à des corps respectables, on ne saurait trop les mettre au jour : ce sont des phares qui avertissent ces corps toujours subsistants de ne plus se briser aux mêmes écueils. Si un parlement d'Angleterre a condamné un homme de bien au supplice, si une assemblée de théologiens a demandé le sang d'un infortuné qui ne pensait pas comme eux, il est du devoir d'un historien d'inspirer de l'horreur à tous les siècles pour ces assassinats juridiques. On a dû toujours faire rougir les Athéniens de la mort de Socrate.

Heureusement même un peuple entier trouve toujours bon qu'on lui remette devant les yeux les crimes de ses pères; on aime à les condamner, on croit valoir mieux qu'eux. L'historiographe ou l'historien les encourage dans ces sentiments; et en retraçant les guerres de la Fronde et celles de la religion, ils empêchent qu'il n'y en ait encore.

HOMME.

Pour connaître le physique de l'espèce humaine, il faut lire les ouvrages d'anatomie, les articles du *Dictionnaire encyclopédique* par M. Venel, ou plutôt faire un cours d'anatomie.

Pour connaître l'homme qu'on appelle *moral*, il faut surtout avoir vécu et réfléchi.

Tous les livres de morale ne sont-ils pas renfermés dans ces paroles de Job : « Homo natus de » muliere, brevi vivens tempore, repletur multis » miseriis; qui quasi flos egreditur et conteritur, » et fugit velut umbra; » « L'homme, né de la femme, vit peu; il est rempli de misères; il est comme une fleur qui s'épanouit, se flétrit, et qu'on écrase; il passe comme une ombre. »

Nous avons déjà vu que la race humaine n'a qu'environ vingt-deux ans à vivre, en comptant ceux qui meurent sur le sein de leurs nourrices et ceux qui traînent jusqu'à cent ans les restes d'une vie imbécile et misérable.

C'est un bel apologue que cette ancienne fable du premier homme, qui était destiné d'abord à vivre vingt ans tout au plus : ce qui se réduisait à cinq ans, en évaluant une vie avec une autre. L'homme était désespéré; il avait auprès de lui une chenille, un papillon, un paon, un cheval, un renard et un singe.

Prolonge ma vie, dit-il à Jupiter; je vaux mieux que tous ces animaux-là : il est juste que moi et mes enfants nous vivions très long-temps pour commander à toutes les bêtes. Volontiers, dit Jupiter : mais je n'ai qu'un certain nombre de jours à partager entre tous les êtres à qui j'ai accordé la vie. Je ne puis te donner qu'en retranchant aux autres. Car ne t'imagine pas, parce que je suis Jupiter, que je sois infini et tout-puissant : j'ai ma nature et ma mesure. Çà, je veux bien t'accorder quelques années de plus, en les ôtant à ces six animaux dont tu es jaloux, à condition que tu auras successivement leurs manières d'être. L'homme sera d'abord chenille, en se traînant comme elle dans sa première enfance. Il aura jusqu'à quinze ans la légèreté d'un papillon ; dans sa jeunesse la vanité d'un paon. Il faudra, dans l'âge viril, qu'il subisse autant de travaux que le cheval. Vers les cinquante ans, il aura les ruses du renard ; et dans sa vieillesse, il sera laid et ridicule comme un singe. C'est assez là en général le destin de l'homme.

Remarquez encore que, malgré les bontés de Jupiter, cet animal, toute compensation faite, n'ayant que vingt-deux à vingt-trois ans à vivre tout au plus, en prenant le genre humain en général, il en faut ôter le tiers pour le temps du sommeil, pendant lequel on est mort ; reste à quinze ou environ : de ces quinze retranchons au moins huit pour la première enfance, qui est, comme on l'a dit, le vestibule de la vie. Le produit net sera sept ans ; de ces sept ans, la moitié au moins se consume dans les douleurs de toute espèce ; pose trois ans et demi pour travailler, s'ennuyer, et pour avoir un peu de satisfaction : et que de gens n'en ont point du tout ! Eh bien ! pauvre animal, feras-tu encore le fier*?

Malheureusement, dans cette fable, Dieu oublia d'habiller cet animal comme il avait vêtu le singe, le renard, le cheval, le paon, et jusqu'à la chenille. L'espèce humaine n'eut que sa peau rase, qui, continuellement exposée au soleil, à la pluie, à la grêle, devint gercée, tannée, truitée. Le mâle, dans notre continent, fut défiguré par des poils épars sur son corps, qui le rendirent hideux sans le couvrir. Son visage fut caché sous ses cheveux. Son menton devint un sol raboteux, qui porta une forêt de tiges menues, dont les racines étaient en haut et les branches en bas. Ce fut dans cet état, et d'après cette image, que cet animal osa peindre Dieu, quand, dans la suite des temps, il apprit à peindre.

La femelle, étant plus faible, devint encore plus dégoûtante et plus affreuse dans sa vieillesse : l'objet de la terre le plus hideux est une décrépite. Enfin, sans les tailleurs et les couturières, l'espèce humaine n'aurait jamais osé se montrer devant les autres. Mais avant d'avoir des habits, avant même de savoir parler, il dut s'écouler bien des siècles. Cela est prouvé ; mais il faut le redire souvent.

Cet animal non civilisé, abandonné à lui-même, dut être le plus sale et le plus pauvre de tous les animaux.

Mon cher Adam, mon gourmand, mon bon père,
Que faisais-tu dans les jardins d'Eden ?
Travaillais-tu pour ce sot genre humain ?
Caressais-tu madame Ève ma mère ?
Avouez-moi que vous aviez tous deux
Les ongles longs, un peu noirs et crasseux,
La chevelure assez mal ordonnée,
Le teint bruni, la peau rude et tannée.
Sans propreté, l'amour le plus heureux
N'est plus amour, c'est un besoin honteux.
Bientôt lassés de leur belle aventure,
Dessous un chêne ils soupent galamment
Avec de l'eau, du millet, et du gland ;
Le repas fait, ils dorment sur la dure :
Voilà l'état de la pure nature [1].

Il est un peu extraordinaire qu'on ait harcelé, honni, levraudé un philosophe de nos jours très estimable, l'innocent, le bon Helvétius, pour avoir dit que si les hommes n'avaient pas des mains ils n'auraient pu bâtir des maisons et travailler en tapisserie de haute lisse. Apparemment que ceux qui ont condamné cette proposition ont un secret pour couper les pierres et les bois, et pour travailler à l'aiguille avec les pieds.

J'aimais l'auteur du livre *de l'Esprit*. Cet homme valait mieux que tous ses ennemis ensemble ; mais je n'ai jamais approuvé ni les erreurs de son livre, ni les vérités triviales qu'il débite avec emphase. J'ai pris son parti hautement quand des hommes absurdes l'ont condamné pour ces vérités mêmes.

Je n'ai point de termes pour exprimer l'excès de mon mépris pour ceux qui, par exemple, ont voulu proscrire magistralement cette proposition : « Les » Turcs peuvent être regardés comme des déistes. » Eh ! cuistres, comment voulez-vous donc qu'on les regarde ? comme des athées, parce qu'ils n'adorent qu'un seul Dieu ?

Vous condamnez cette autre proposition-ci : « L'homme d'esprit sait que les hommes sont ce » qu'ils doivent être ; que toute haine contre eux » est injuste ; qu'un sot porte des sottises, comme » un sauvageon porte des fruits amers. »

Ah ! sauvageons de l'école, vous persécutez un homme parce qu'il ne vous hait pas.

Laissons là l'école, et poursuivons.

De la raison, des mains industrieuses, une tête capable de généraliser des idées, une langue assez souple pour les exprimer ; ce sont là les grands bienfaits accordés par l'Être suprême à l'homme, à l'exclusion des autres animaux.

Le mâle en général vit un peu moins longtemps que la femelle.

Il est toujours plus grand, proportion gardée. L'homme de la plus haute taille a d'ordinaire deux ou trois pouces par-dessus la plus grande femme.

Sa force est presque toujours supérieure ; il est plus agile ; et ayant tous les organes plus forts, il est plus capable d'une attention suivie. Tous les

* Voyez, tome VIII, *l'Homme aux quarante écus*. K.

[1] Ces vers sont du *Mondain*, tome II.

arts ont été inventés par lui, et non par la femme. On doit remarquer que ce n'est pas le feu de l'imagination, mais la méditation persévérante, et la combinaison des idées, qui ont fait inventer les arts, comme les mécaniques, la poudre à canon, l'imprimerie, l'horlogerie, etc.

L'espèce humaine est la seule qui sache qu'elle doit mourir, et elle ne le sait que par l'expérience. Un enfant élevé seul, et transporté dans une île déserte, ne s'en douterait pas plus qu'une plante et un chat.

Un homme à singularités* a imprimé que le corps humain est un fruit qui est vert jusqu'à la vieillesse, et que le moment de la mort est la maturité. Étrange maturité que la pourriture et la cendre! la tête de ce philosophe n'était pas mûre. Combien la rage de dire des choses nouvelles a-t-elle fait dire de choses extravagantes!

Les principales occupations de notre espèce sont le logement, la nourriture et le vêtement; tout le reste est accessoire : et c'est ce pauvre accessoire qui a produit tant de meurtres et de ravages.

DIFFÉRENTES RACES D'HOMMES.

Nous avons vu ailleurs combien ce globe porte de races d'hommes différentes[1], et à quel point le premier nègre et le premier blanc qui se rencontrèrent durent être étonnés l'un de l'autre.

Il est même assez vraisemblable que plusieurs espèces d'hommes et d'animaux trop faibles ont péri. C'est ainsi qu'on ne retrouve plus de murex, dont l'espèce a été dévorée probablement par d'autres animaux qui vinrent après plusieurs siècles sur les rivages habités par ce petit coquillage.

Saint Jérôme, dans son *Histoire des Pères du desert*, parle d'un centaure qui eut une conversation avec saint Antoine l'ermite. Il rend compte ensuite d'un entretien beaucoup plus long que le même Antoine eut avec un satyre.

Saint Augustin, dans son trente-troisième sermon, intitulé : *A ses frères dans le désert*, dit des choses aussi extraordinaires que Jérôme. « J'étais déjà évêque d'Hippone quand j'allai en Éthiopie avec quelques serviteurs du Christ pour y prêcher l'évangile. Nous vîmes dans ce pays beaucoup d'hommes et de femmes sans tête, qui avaient deux gros yeux sur la poitrine; nous vîmes dans des contrées encore plus méridionales un peuple qui n'avait qu'un œil au front, etc. »

Apparemment qu'Augustin et Jérôme parlaient alors par économie; ils augmentaient les œuvres de la création pour manifester davantage les œuvres de Dieu. Ils voulaient étonner les hommes

* Maupertuis.

[1] Tome III, *Essai sur les mœurs*.

par des fables, afin de les rendre plus soumis au joug de la foi*.

Nous pouvons être de très bons chrétiens sans croire aux centaures, aux hommes sans tête, à ceux qui n'avaient qu'un œil ou qu'une jambe, etc. Mais nous ne pouvons douter que la structure intérieure d'un nègre ne soit différente de celle d'un blanc, puisque le réseau muqueux ou graisseux est blanc chez les uns et noir chez les autres. Je vous l'ai déjà dit; mais vous êtes sourds.

Les Albinos et les Dariens, les premiers originaires de l'Afrique, et les seconds, du milieu de l'Amérique, sont aussi différents de nous que les nègres. Il y a des races jaunes, rouges, grises. Nous avons déjà vu que tous les Américains sont sans barbe et sans aucun poil sur le corps, excepté les sourcils et les cheveux. Tous sont également hommes, mais comme un sapin, un chêne et un poirier sont également arbres; le poirier ne vient point du sapin, et le sapin ne vient point du chêne.

Mais d'où vient qu'au milieu de la mer Pacifique, dans une île nommée Taïti, les hommes sont barbus? C'est demander pourquoi nous le sommes, tandis que les Péruviens, les Mexicains et les Canadiens ne le sont pas; c'est demander pourquoi les singes ont des queues, et pourquoi la nature nous a refusé cet ornement, qui du moins est parmi nous d'une rareté extrême.

Les inclinations, les caractères des hommes, diffèrent autant que leurs climats et leurs gouvernements. Il n'a jamais été possible de composer un régiment de Lapons et de Samoïèdes, tandis que les Sibériens leurs voisins deviennent des soldats intrépides.

Vous ne parviendrez pas davantage à faire de bons grenadiers d'un pauvre Darien ou d'un Albino. Ce n'est pas parce qu'ils ont des yeux de perdrix; ce n'est pas parce que leurs cheveux et leurs sourcils sont de la soie la plus fine et la plus blanche; mais c'est parce que leur corps, et par conséquent leur courage, est de la plus extrême faiblesse. Il n'y a qu'un aveugle, et même un aveugle obstiné, qui puisse nier l'existence de toutes ces différentes espèces. Elle est aussi grande et aussi remarquable que celle des singes.

QUE TOUTES LES RACES D'HOMMES ONT TOUJOURS VÉCU EN SOCIÉTÉ.

Tous les hommes qu'on a découverts dans les pays les plus incultes et les plus affreux vivent en société, comme les castors, les fourmis, les abeilles, et plusieurs autres espèces d'animaux.

* Voyez l'article ÉCONOMIE.

On n'a jamais vu de pays où ils vécussent séparés, où le mâle ne se joignît à la femelle que par hasard, et l'abandonnât le moment d'après par dégoût; où la mère méconnût ses enfants après les avoir élevés, où l'on vécût sans famille et sans aucune société. Quelques mauvais plaisants ont abusé de leur esprit jusqu'au point de hasarder le paradoxe étonnant que l'homme est originairement fait pour vivre seul comme un loup cervier, et que c'est la société qui a dépravé la nature. Autant vaudrait-il dire que, dans la mer, les harengs sont originairement faits pour nager isolés, et que c'est par un excès de corruption qu'ils passent en troupes de la mer Glaciale sur nos côtes; qu'anciennement les grues volaient en l'air chacune à part, et que par une violation du droit naturel elles ont pris le parti de voyager de compagnie.

Chaque animal a son instinct; et l'instinct de l'homme, fortifié par la raison, le porte à la société comme au manger et au boire. Loin que le besoin de la société ait dégradé l'homme, c'est l'éloignement de la société qui le dégrade. Quiconque vivrait absolument seul, perdrait bientôt la faculté de penser et de s'exprimer ; il serait à charge à lui-même; il ne parviendrait qu'à se métamorphoser en bête. L'excès d'un orgueil impuissant qui s'élève contre l'orgueil des autres peut porter une âme mélancolique à fuir les hommes. C'est alors qu'elle s'est dépravée. Elle s'en punit elle-même : son orgueil fait son supplice; elle se ronge dans la solitude du dépit secret d'être méprisée et oubliée; elle s'est mise dans le plus horrible esclavage pour être libre.

On a franchi les bornes de la folie ordinaire jusqu'à dire « qu'il n'est pas naturel qu'un homme » s'attache à une femme pendant les neuf mois de » sa grossesse; l'appétit satisfait, dit l'auteur de » ces paradoxes, l'homme n'a plus besoin de telle » femme, ni la femme de tel homme; celui-ci n'a » pas le moindre souci, ni peut-être la moindre » idée des suites de son action. L'un s'en va d'un » côté, l'autre d'un autre; et il n'y a pas d'ap» parence qu'au bout de neuf mois ils aient la » mémoire de s'être connus... Pourquoi la secour» ra-t-il après l'accouchement? Pourquoi lui ai» dera-t-il à élever un enfant qu'il ne sait pas » seulement lui appartenir [1] ? »

Tout cela est exécrable; mais heureusement rien n'est plus faux. Si cette indifférence barbare était le véritable instinct de la nature, l'espèce humaine en aurait presque toujours usé ainsi. L'instinct est immuable; ses inconstances sont très rares. Le père aurait toujours abandonné la mère, la mère aurait abandonné son enfant, et il y aurait bien moins d'hommes sur la terre qu'il n'y a d'animaux carnassiers : car les bêtes farouches, mieux pourvues, mieux armées, ont un instinct plus prompt, des moyens plus sûrs, et une nourriture plus assurée que l'espèce humaine.

Notre nature est bien différente de l'affreux roman que cet énergumène a fait d'elle. Excepté quelques âmes barbares entièrement abruties, ou peut-être un philosophe plus abruti encore, les hommes les plus durs aiment, par un instinct dominant, l'enfant qui n'est pas encore né, le ventre qui le porte, et la mère qui redouble d'amour pour celui dont elle a reçu dans son sein le germe d'un être semblable à elle.

L'instinct des charbonniers de la Forêt-Noire leur parle aussi haut, les anime aussi fortement en faveur de leurs enfants que l'instinct des pigeons et des rossignols les force à nourrir leurs petits. On a donc bien perdu son temps à écrire ces fadaises abominables.

Le grand défaut de tous ces livres à paradoxes n'est-il pas de supposer toujours la nature autrement qu'elle n'est? Si les satires de l'homme et de la femme, écrites par Boileau, n'étaient pas des plaisanteries, elles pécheraient par cette faute essentielle de supposer tous les hommes fous et toutes les femmes impertinentes.

Le même auteur, ennemi de la société, semblable au renard sans queue, qui voulait que tous ses confrères se coupassent la queue, s'exprime ainsi d'un style magistral :

« Le premier qui, ayant enclos un terrain, » s'avisa de dire, *ceci est à moi*, et trouva des gens » assez simples pour le croire, fut le vrai fondateur » de la société civile. Que de crimes, de guerres, » de meurtres, que de misères et d'horreurs n'eût » point épargnées au genre humain celui qui, arra» chant les pieux ou comblant le fossé, eût crié à » ses semblables : Gardez-vous d'écouter cet im» posteur; vous êtes perdus si vous oubliez que » les fruits sont à tous, et que la terre n'est à per» sonne [1] ! »

Ainsi, selon ce beau philosophe, un voleur, un destructeur aurait été le bienfaiteur du genre humain; et il aurait fallu punir un honnête homme qui aurait dit à ses enfants : Imitons notre voisin; il a enclos son champ, les bêtes ne viendront plus le ravager, son terrain deviendra plus fertile; travaillons le nôtre comme il a travaillé le sien, il nous aidera et nous l'aiderons : chaque famille cultivant son enclos, nous serons mieux nourris, plus sains, plus paisibles, moins malheureux. Nous tâcherons d'établir une justice distributive qui consolera notre pauvre espèce, et nous vaudrons

[1] J.-J. Rousseau, *Discours sur l'origine et les fondements de l'inégalité parmi les hommes.*

[1] J.-J. Rousseau, *Discours sur l'origine et les fondements de l'inégalité parmi les hommes*, seconde partie.

mieux que les renards et les fouines, à qui cet extravagant veut nous faire ressembler.

Ce discours ne serait-il pas plus sensé et plus honnête que celui du fou sauvage qui voulait détruire le verger du bon homme?

Quelle est donc l'espèce de philosophie qui fait dire des choses que le sens commun réprouve du fond de la Chine jusqu'au Canada? N'est-ce pas celle d'un gueux qui voudrait que tous les riches fussent volés par les pauvres, afin de mieux établir l'union fraternelle entre les hommes?

Il est vrai que si toutes les haies, toutes les forêts, toutes les plaines, étaient couvertes de fruits nourrissants et délicieux, il serait impossible, injuste et ridicule de les garder.

S'il y a quelques îles où la nature prodigue les aliments et tout le nécessaire sans peine, allons-y vivre loin du fatras de nos lois : mais dès que nous les aurons peuplées, il faudra revenir au tien et au mien, et à ces lois qui très souvent sont fort mauvaises, mais dont on ne peut se passer.

L'HOMME EST-IL NÉ MÉCHANT?

Ne paraît-il pas démontré que l'homme n'est point né pervers et enfant du diable? Si telle était sa nature, il commettrait des noirceurs, des barbaries sitôt qu'il pourrait marcher; il se servirait du premier couteau qu'il trouverait pour blesser quiconque lui déplairait. Il ressemblerait nécessairement aux petits louveteaux, aux petits renards, qui mordent dès qu'ils le peuvent.

Au contraire, il est par toute la terre du naturel des agneaux tant qu'il est enfant. Pourquoi donc, et comment devient-il si souvent loup et renard? N'est-ce pas que, n'étant né ni bon ni méchant, l'éducation, l'exemple, le gouvernement dans lequel il se trouve jeté, l'occasion enfin, le déterminent à la vertu ou au crime?

Peut-être la nature humaine ne pouvait-elle être autrement. L'homme ne pouvait avoir toujours des pensées fausses, ni toujours des pensées vraies, des affections toujours douces, ni toujours cruelles.

Il paraît démontré que la femme vaut mieux que l'homme; vous voyez cent *frères ennemis* contre une *Clytemnestre*.

Il y a des professions qui rendent nécessairement l'âme impitoyable : celle de soldat, celle de boucher, d'archer, de geôlier, et tous les métiers qui sont fondés sur le malheur d'autrui.

L'archer, le satellite, le geôlier, par exemple, ne sont heureux qu'autant qu'ils font de misérables. Ils sont, il est vrai, nécessaires contre les malfaiteurs, et par là utiles à la société : mais sur mille mâles de cette espèce, il n'y en pas un qui agisse par le motif du bien public, et qui même connaisse qu'il est un bien public.

C'est surtout une chose curieuse de les entendre parler de leurs prouesses, comme ils comptent le nombre de leurs victimes, leurs ruses pour les attraper, les maux qu'ils leur ont fait souffrir, et l'argent qui leur en est revenu.

Quiconque a pu descendre dans le détail subalterne du barreau; quiconque a entendu seulement des procureurs raisonner familièrement entre eux, et s'applaudir des misères de leurs clients, peut avoir une très mauvaise opinion de la nature.

Il est des professions plus affreuses, et qui sont briguées pourtant comme un canonicat.

Il en est qui changent un honnête homme en fripon, et qui l'accoutument malgré lui à mentir, à tromper, sans qu'à peine il s'en aperçoive; à se mettre un bandeau devant les yeux, à s'abuser par l'intérêt et par la vanité de son état, à plonger sans remords l'espèce humaine dans un aveuglement stupide.

Les femmes, sans cesse occupées de l'éducation de leurs enfants, et renfermées dans leurs soins domestiques, sont exclues de toutes ces professions qui pervertissent la nature humaine, et qui la rendent atroce. Elles sont partout moins barbares que les hommes.

Le physique se joint au moral pour les éloigner des grands crimes; leur sang est plus doux; elles aiment moins les liqueurs fortes, qui inspirent la férocité. Une preuve évidente, c'est que sur mille victimes de la justice, sur mille assassins exécutés, vous comptez à peine quatre femmes, ainsi que nous l'avons prouvé ailleurs[1]. Je ne crois pas même qu'en Asie il y ait deux exemples de femmes condamnées à un supplice public.

Il paraît donc que nos coutumes, nos usages, ont rendu l'espèce mâle très méchante.

Si cette vérité était générale et sans exception, cette espèce serait plus horrible que ne l'est à nos yeux celle des araignées, des loups et des fouines. Mais heureusement les professions qui endurcissent le cœur et le remplissent de passions odieuses sont très rares. Observez que, dans une nation d'environ vingt millions de têtes, il y au plus deux cent mille soldats Ce n'est qu'un soldat par deux cents individus. Ces deux cent mille soldats sont tenus dans la discipline la plus sévère. Il y a parmi eux de très honnêtes gens qui reviennent dans leur village achever leur vieillesse en bons pères et en bons maris.

Les autres métiers dangereux aux mœurs sont en petit nombre.

[1] Voyez plus haut l'article FEMME, où l'auteur établit cependant la proportion de 1 à 50.

Les laboureurs, les artisans, les artistes, sont trop occupés pour se livrer souvent au crime.

La terre portera toujours des méchants détestables. Les livres en exagèreront toujours le nombre, qui, bien que trop grand, est moindre qu'on ne le dit.

Si le genre humain avait été sous l'empire du diable, il n'y aurait plus personne sur la terre.

Consolons-nous; on a vu, on verra toujours de belles âmes depuis Pékin jusqu'à La Rochelle; et quoi qu'en disent des licenciés et des bacheliers, les Titus, les Trajan, les Antonin et Pierre Bayle ont été de fort honnêtes gens.

DE L'HOMME DANS L'ÉTAT DE PURE NATURE.

Que serait l'homme dans l'état qu'on nomme de *pure nature?* Un animal fort au-dessous des premiers Iroquois qu'on trouva dans le nord de l'Amérique.

Il serait très inférieur à ces Iroquois, puisque ceux-ci savaient allumer du feu et se faire des flèches. Il fallut des siècles pour parvenir à ces deux arts.

L'homme abandonné à la pure nature n'aurait pour tout langage que quelques sons mal articulés; l'espèce serait réduite à un très petit nombre par la difficulté de la nourriture et par le défaut des secours, du moins dans nos tristes climats. Il n'aurait pas plus de connaissance de Dieu et de l'âme que des mathématiques; ses idées seraient renfermées dans le soin de se nourrir. L'espèce des castors serait très préférable.

C'est alors que l'homme ne serait précisément qu'un enfant robuste; et on a vu beaucoup d'hommes qui ne sont pas fort au-dessus de cet état.

Les Lapons, les Samoïèdes, les habitants du Kamtschatka, les Cafres, les Hottentots, sont à l'égard de l'homme en l'état de pure nature, ce qu'étaient autrefois les cours de Cyrus et de Sémiramis, en comparaison des habitants des Cévennes. Et cependant ces habitants du Kamtschatka et ces Hottentots de nos jours, si supérieurs à l'homme entièrement sauvage, sont des animaux qui vivent six mois de l'année dans des cavernes, où ils mangent à pleines mains la vermine dont ils sont mangés.

En général l'espèce humaine n'est pas de deux ou trois degrés plus civilisée que les gens du Kamtschatka. La multitude des bêtes brutes appelées *hommes*, comparée avec le petit nombre de ceux qui pensent, est au moins dans la proportion de cent à un chez beaucoup de nations.

Il est plaisant de considérer d'un côté le P. Malebranche qui s'entretient familièrement avec le Verbe, et de l'autre ces millions d'animaux semblables à lui qui n'ont jamais entendu parler de Verbe et qui n'ont pas une idée métaphysique.

Entre les hommes à pur instinct et les hommes de génie, flotte ce nombre immense occupé uniquement de subsister.

Cette subsistance coûte des peines si prodigieuses, qu'il faut souvent, dans le nord de l'Amérique, qu'une image de Dieu coure cinq ou six lieues pour avoir à dîner, et que chez nous l'image de Dieu arrose la terre de ses sueurs toute l'année pour avoir du pain.

Ajoutez à ce pain ou à l'équivalent une hutte et un méchant habit; voilà l'homme tel qu'il est en général d'un bout de l'univers à l'autre. Et ce n'est que dans une multitude de siècles qu'il a pu arriver à ce haut degré.

Enfin, après d'autres siècles les choses viennent au point où nous les voyons. Ici on représente une tragédie en musique; là on se tue sur la mer dans un autre hémisphère avec mille pièces de bronze: l'opéra et un vaisseau de guerre du premier rang étonnent toujours mon imagination. Je doute qu'on puisse aller plus loin dans aucun des globes dont l'étendue est semée. Cependant plus de la moitié de la terre habitable est encore peuplée d'animaux à deux pieds qui vivent dans cet horrible état qui approche de la pure nature, ayant à peine le vivre et le vêtir, jouissant à peine du don de la parole, s'apercevant à peine qu'ils sont malheureux, vivant et mourant sans presque le savoir.

EXAMEN D'UNE PENSÉE DE PASCAL SUR L'HOMME.

« Je puis concevoir un homme sans mains, sans » pieds, et je le concevrais même sans tête, si » l'expérience ne m'apprenait que c'est par là qu'il » pense. C'est donc la pensée qui fait l'être de » l'homme, et sans quoi on ne peut le concevoir. » (*Pensées* de Pascal, 1re partie, IV, 2.)

Comment concevoir un homme sans pieds, sans mains et sans tête? ce serait un être aussi différent d'un homme que d'une citrouille.

Si tous les hommes étaient sans tête, comment la vôtre concevrait-elle que ce sont des animaux comme vous, puisqu'ils n'auraient rien de ce qui constitue principalement votre être? Une tête est quelque chose; les cinq sens s'y trouvent, la pensée aussi. Un animal qui ressemblerait de la nuque du cou en bas à un homme, ou à un de ces singes qu'on nomme *orang-outang*, ou l'homme des bois, ne serait pas plus un homme qu'un singe ou qu'un ours à qui on aurait coupé la tête et la queue.

« C'est donc la pensée qui fait l'être de l'homme, » etc. » En ce cas la pensée serait son essence, comme l'étendue et la solidité sont l'essence de la matière. L'homme penserait essentiellement et toujours, comme la matière est toujours étendue et solide. Il penserait dans un profond sommeil sans rêves, dans un évanouissement, dans une léthargie, dans le ventre de sa mère. Je sais bien que jamais je n'ai pensé dans aucun de ces états; je l'avoue souvent, et je me doute que les autres sont comme moi.

Si la pensée était essentielle à l'homme, comme l'étendue à la matière, il s'ensuivrait que Dieu n'a pu priver cet animal d'entendement, puisqu'il ne peut priver la matière d'étendue : car alors elle ne serait plus matière. Or, si l'entendement est essentiel à l'homme, il est donc pensant par sa nature, comme Dieu est Dieu par sa nature.

Si je voulais essayer de définir Dieu, autant qu'un être aussi chétif que nous peut le définir, je dirais que la pensée est son être, son essence; mais l'homme!

Nous avons la faculté de penser, de marcher, de parler, de manger, de dormir : mais nous n'usons pas toujours de ces facultés, cela n'est pas dans notre nature.

La pensée chez nous n'est-elle pas un attribut? et si bien un attribut, qu'elle est tantôt faible, tantôt forte, tantôt raisonnable, tantôt extravagante? elle se cache, elle se montre; elle fuit, elle revient; elle est nulle, elle est reproduite. L'essence est tout autre chose : elle ne varie jamais; elle ne connaît pas le plus ou le moins.

Quel serait donc l'animal sans tête supposé par Pascal? un être de raison. Il aurait pu supposer tout aussi bien un arbre à qui Dieu aurait donné la pensée, comme on a dit que les dieux avaient accordé la voix aux arbres de Dodone.

RÉFLEXION GÉNÉRALE SUR L'HOMME.

Il faut vingt ans pour mener l'homme de l'état de plante où il est dans le ventre de sa mère, et de l'état de pur animal, qui est le partage de sa première enfance, jusqu'à celui où la maturité de la raison commence à poindre. Il a fallu trente siècles pour connaître un peu sa structure. Il faudrait l'éternité pour connaître quelque chose de son âme. Il ne faut qu'un instant pour le tuer.

HONNEUR.

L'auteur des *Synonymes de la langue française* dit « qu'il est d'usage dans le discours de mettre » la gloire en antithèse avec l'intérêt, et le goût » avec l'honneur. »

Mais on croit que cette définition ne se trouve que dans les dernières éditions, lorsqu'il eut gâté son livre.

On lit ces vers-ci dans la satire de Boileau sur l'honneur :

Entendons discourir sur les bancs des galères
Ce forçat abhorré même de ses confrères;
Il plaint, par un arrêt injustement donné,
L'honneur en sa personne à ramer condamné.

Nous ignorons s'il y a beaucoup de galériens qui se plaignent du peu d'égards qu'on a eu pour leur honneur.

Ce terme nous a paru susceptible de plusieurs acceptions différentes, ainsi que tous les mots qui expriment des idées métaphysiques et morales.

Mais je sais ce qu'on doit de bontés et d'honneur
A son sexe, à son âge, et surtout au malheur.

Honneur signifie là *égard, attention*.

L'amour n'est qu'un plaisir, l'honneur est un devoir.
Le Cid, acte III, scène VI.

signifie dans cet endroit : « c'est un devoir de venger son père. »

« Il a été reçu avec beaucoup d'honneur; » cela veut dire avec des marques de respect.

« Soutenir l'honneur du corps, » c'est soutenir les prééminences, les priviléges de son corps, de sa compagnie, et quelquefois ses chimères.

« Se conduire en homme d'honneur, » c'est agir avec justice, franchise, et générosité.

« Avoir des honneurs, être comblé d'honneurs; » c'est avoir des distinctions, des marques de supériorité.

Mais l'honneur en effet qu'il faut que l'on admire,
Quel est-il, Valincour? pourras-tu me le dire?
L'ambitieux le met souvent à tout brûler...
Un vrai fourbe à jamais ne garder sa parole.
Satire XI, 49-51 et 54.

Comment Boileau a-t-il pu dire qu'un fourbe fait consister l'honneur à tromper? Il nous semble qu'il met son intérêt à manquer de foi, et son honneur à cacher ses fourberies.

L'auteur de l'*Esprit des Lois* a fondé son système sur cette idée, que la vertu est le principe du gouvernement républicain, et l'honneur le principe des gouvernements monarchiques. Y a-t-il donc de la vertu sans honneur? et comment une république est-elle établie sur la vertu?

Mettons sous les yeux du lecteur ce qui a été dit sur ce sujet dans un petit livre. Les brochures se perdent en peu de temps. La vérité ne doit point se perdre; il faut la consigner dans des ouvrages de longue haleine.

« On n'a jamais assurément formé des républiques par vertu. L'intérêt public s'est opposé à » la domination d'un seul; l'esprit de propriété, » l'ambition de chaque particulier, ont été un frein » à l'ambition et à l'esprit de rapine. L'orgueil de » chaque citoyen a veillé sur l'orgueil de son voisin. Personne n'a voulu être l'esclave de la fantaisie d'un autre. Voilà ce qui établit une république, et ce qui la conserve. Il est ridicule

» d'imaginer qu'il faille plus de vertu à un Grison » qu'à un Espagnol.

» Que l'honneur soit le principe des seules » monarchies, ce n'est pas une idée moins chiméri- » que; et il le fait bien voir lui-même sans y penser. » *La nature de l'honneur*, dit-il au chap. VII du » liv. III, *est de demander des préférences, des » distinctions. Il est donc par la chose même » placé dans le gouvernement monarchique.*

» Certainement, par la chose même, on deman- » dait dans la république romaine la préture, le » consulat, l'ovation, le triomphe : ce sont là des » préférences, des distinctions qui valent bien » les titres qu'on achète souvent dans les monar- » chies, et dont le tarif est fixé. »

Cette remarque prouve, à notre avis, que le livre de l'*Esprit des Lois*, quoique étincelant d'esprit, quoique recommandable par l'amour des lois, par la haine de la superstition et de la rapine, porte entièrement à faux [*].

Ajoutons que c'est précisément dans les cours qu'il y a toujours le moins d'honneur.

« L'ingannare, il mentir, la frode, il furto,
» Et la rapina di pietà vestita,
» Crescer col danno e precipizio altrui,
» E far a se de l'altrui biasmo onore,
» Son le virtù di quella gente infida.
Pastor fido, V, I.

Ceux qui n'entendent pas l'italien peuvent jeter les yeux sur ces quatre vers français, qui sont un précis de tous les lieux communs qu'on a débités sur les cours depuis trois mille ans :

Ramper avec bassesse en affectant l'audace,
S'engraisser de rapine en attestant les lois,
Étouffer en secret son ami qu'on embrasse,
Voilà l'honneur qui règne à la suite des rois.

C'est en effet dans les cours que des hommes sans honneur parviennent souvent aux plus hautes dignités; et c'est dans les républiques qu'un citoyen déshonoré n'est jamais nommé par le peuple aux charges publiques.

Le mot célèbre du duc d'Orléans régent suffit pour détruire le fondement de l'*Esprit des Lois* : « C'est un parfait courtisan, il n'a ni humeur ni » honneur. »

Honorable, *honnêteté*, *honnête*, signifient souvent la même chose qu'honneur. *Une compagnie honorable*, de gens d'honneur. *On lui fit beaucoup d'honnêtetés, on lui dit des choses honnêtes*; c'est-à-dire, on le traita de façon à le faire penser honorablement de lui-même.

D'honneur on a fait *honoraire*. Pour honorer une profession au-dessus des arts mécaniques, on donne à un homme de cette profession un honoraire, au lieu de salaire et de gages, qui offenseraient son amour-propre. Ainsi *honneur*, *faire honneur*, *honorer*, signifient faire accroire à un homme qu'il est quelque chose, qu'on le distingue.

Il me vola, pour prix de mon labeur,
Mon honoraire en me parlant d'honneur [1].

[*] Voyez l'article Lois (Esprit des).

HORLOGE.

Horloge d'Achaz.

Il est assez connu que tout est prodige dans l'histoire des Juifs. Le miracle fait en faveur du roi Ézéchias sur son horloge, appelée l'*horloge d'Achaz*, est un des plus grands qui se soient jamais opérés. Il dut être aperçu de toute la terre, avoir dérangé à jamais tout le cours des astres, et particulièrement les moments des éclipses du soleil et de la lune; il dut brouiller toutes les éphémérides. C'est pour la seconde fois que ce prodige arriva. Josué avait arrêté à midi le soleil sur Gabaon, et la lune sur Aïalon, pour avoir le temps de tuer une troupe d'Amorrhéens déjà écrasée par une pluie de pierres tombées du ciel.

Le soleil, au lieu de s'arrêter pour le roi Ézéchias, retourna en arrière, ce qui est à peu près la même aventure, mais différemment combinée.

D'abord Isaïe dit à Ézéchias qui était malade [2]: « Voici ce que dit le Seigneur Dieu : Mettez ordre » à vos affaires, car vous mourrez, et alors vous » ne vivrez plus. »

Ézéchias pleura, Dieu en fut attendri. Il lui fit dire par Isaïe qu'il vivrait encore quinze ans, et que dans trois jours il irait au temple. « Alors Isaïe » se fit apporter un cataplasme de figues; on l'ap- » pliqua sur les ulcères du roi, et il fut guéri; *et » curatus est.* »

Ézéchias demanda un signe comme quoi il serait guéri. Isaïe lui dit : « Voulez-vous que l'ombre du » soleil s'avance de dix degrés, ou qu'elle recule » de dix degrés ? Ézéchias dit : Il est aisé que l'om- » bre avance de dix degrés, je veux qu'elle recule. » Le prophète Isaïe invoqua le Seigneur, et il » ramena l'ombre en arrière dans l'horloge d'Achaz, » par les dix degrés par lesquels elle était déjà » descendue. »

On demande ce que pouvait être cette *horloge d'Achaz*, si elle était de la façon d'un horloger nommé Achaz, ou si c'était un présent fait autrefois au roi du même nom. Ce n'est là qu'un objet de curiosité. On a disputé beaucoup sur cette horloge: les savants ont prouvé que les Juifs n'avaient ja-

[1] Ces deux vers sont du *Pauvre diable*. Voyez les *Poésies* (satires).

[2] *Rois*, liv. IV, ch. XX.

mais connu ni horloge ni gnomon avant leur captivité à Babylone, seul temps où ils apprirent quelque chose des Chaldéens, et où même le gros de la nation commença, dit-on, à lire et à écrire. On sait même que dans leur langue ils n'avaient aucun terme pour exprimer horloge, cadran, géométrie, astronomie; et dans le texte du livre des Rois, *l'horloge d'Achaz* est appelée *l'heure de la pierre*.

Mais la grande question est de savoir comment le roi Ézéchias, possesseur de ce gnomon ou de ce cadran au soleil, de cette *heure de la pierre*, pouvait dire qu'il était aisé de faire avancer le soleil de dix degrés. Il est certainement aussi difficile de le faire avancer contre l'ordre du mouvement ordinaire, que de le faire reculer.

La proposition du prophète paraît aussi étrange que le propos du roi. Voulez-vous que l'ombre avance en ce moment ou recule de dix heures? Cela eût été bon à dire dans quelque ville de la Laponie, où le plus long jour de l'année eût été de vingt heures; mais à Jérusalem, où le plus long jour de l'année est d'environ quatorze heures et demie, cela est absurde. Le roi et le prophète se trompaient tous deux grossièrement. Nous ne nions pas le miracle, nous le croyons très vrai; nous remarquons seulement qu'Ézéchias et Isaïe ne disaient pas ce qu'ils devaient dire. Quelque heure qu'il fût alors, c'était une chose impossible qu'il fût égal de faire reculer ou avancer l'ombre du cadran de dix heures. S'il était deux heures après midi, le prophète pouvait très bien, sans doute, faire reculer l'ombre à quatre heures du matin. Mais en ce cas il ne pouvait pas la faire avancer de dix heures, puisque alors il eût été minuit, et qu'à minuit il est rare d'avoir l'ombre du soleil.

Il est difficile de deviner le temps où cette histoire fut écrite, mais ce ne peut être que vers le temps où les Juifs apprirent confusément qu'il y avait des gnomons et des cadrans au soleil. Or il est de fait qu'ils n'eurent une connaissance très imparfaite de ces sciences qu'à Babylone.

Il y a encore une plus grande difficulté, c'est que les Juifs ne comptaient pas par heures comme nous; c'est à quoi les commentateurs n'ont pas pensé.

Le même miracle était arrivé en Grèce le jour qu'Atrée fit servir les enfants de Thyeste pour le souper de leur père.

Le même miracle s'était fait encore plus sensiblement lorsque Jupiter coucha avec Alcmène. Il fallait une nuit double de la nuit naturelle pour former Hercule. Ces aventures sont communes dans l'antiquité, mais fort rares de nos jours, où tout dégénère.

HUMILITÉ.

Des philosophes ont agité si l'humilité est une vertu; mais, vertu ou non, tout le monde convient que rien n'est plus rare. Cela s'appelait chez les Grecs *ταπείνωσις* ou *ταπείνωμα*. Elle est fort recommandée dans le quatrième livre des Lois de Platon; il ne veut point d'orgueilleux, il veut des humbles.

Épictète en vingt endroits prêche l'humilité. — Si tu passes pour un personnage dans l'esprit de quelques uns, défie-toi de toi-même. — Point de sourcil superbe. — Ne sois rien à tes yeux. — Si tu cherches à plaire, te voilà déchu. — Cède à tous les hommes; préfère-les tous à toi; supporte-les tous.

Vous voyez par ces maximes que jamais capucin n'alla si loin qu'Épictète.

Quelques théologiens, qui avaient le malheur d'être orgueilleux, ont prétendu que l'humilité ne coûtait rien à Épictète qui était esclave, et qu'il était humble par état, comme un docteur ou un jésuite peut être orgueilleux par état.

Mais que diront-ils de Marc-Antonin, qui, sur le trône, recommande l'humilité? Il met sur la même ligne Alexandre et son muletier.

Il dit que la vanité des pompes n'est qu'un os jeté au milieu des chiens; — que faire du bien et s'entendre calomnier est une vertu de roi.

Ainsi le maître de la terre connue veut qu'un roi soit humble. Proposez seulement l'humilité à un musicien, vous verrez comme il se moquera de Marc-Aurèle.

Descartes, dans son *Traité des passions de l'âme*, met dans leur rang l'humilité. Elle ne s'attendait pas à être regardée comme une passion.

Il distingue entre l'humilité vertueuse et la vicieuse. Voici comme Descartes raisonnait en métaphysique et en morale:

« Il n'y a rien en la générosité qui ne soit compatible avec l'humilité vertueuse[a], ni rien ailleurs qui puisse changer; ce qui fait que leurs mouvements sont fermes, constants, et toujours fort semblables à eux-mêmes. Mais ils ne viennent pas tant de surprise, pour ce que ceux qui se connaissent en cette façon connaissent assez quelles sont les causes qui font qu'ils s'estiment. Toutefois on peut dire que ces causes sont si merveilleuses (à savoir la puissance d'user de son libre arbitre, qui fait qu'on se prise soi-même, et les infirmités du sujet en qui est cette puissance, qui font qu'on ne s'estime pas trop), qu'à toutes les fois qu'on se les représente de

[a] Descartes, *Traité des passions*.

» nouveau, elles donnent toujours une nouvelle » admiration »

Voici maintenant comme il parle de l'humilité vicieuse :

« Elle consiste principalement en ce qu'on se » sent faible et peu résolu, et comme si on n'avait » pas l'usage entier de son libre arbitre. On ne se » peut empêcher de faire des choses dont on sait » qu'on se repentira par après. Puis aussi, en ce » qu'on croit ne pouvoir subsister par soi-même, » ni se passer de plusieurs choses dont l'acquisi» tion dépend d'autrui ; ainsi elle est directement » opposée à la générosité, etc. »

C'est puissamment raisonner.

Nous laissons aux philosophes plus savants que nous le soin d'éclaircir cette doctrine. Nous nous bornerons à dire que l'humilité est la modestie de l'âme.

C'est le contre-poison de l'orgueil. L'humilité ne pouvait pas empêcher Rameau de croire qu'il savait plus de musique que ceux auxquels il l'enseignait; mais elle pouvait l'engager à convenir qu'il n'était pas supérieur à Lulli dans le récitatif[1].

Le révérend P. Viret, cordelier, théologien et prédicateur, tout humble qu'il est, croira toujours fermement qu'il en sait plus que ceux qui apprennent à lire et à écrire; mais son humilité chrétienne, sa modestie de l'âme, l'obligera d'avouer dans le fond de son cœur qu'il n'a écrit que des sottises. O frères Nonotte, Guyon, Patouillet, écrivains des halles, soyez bien humbles, ayez toujours la modestie de l'âme en recommandation.

HYPATIE.

Je suppose que madame Dacier eût été la plus belle femme de Paris, et que, dans la querelle des anciens et des modernes, les carmes eussent prétendu que le poëme de la *Magdeleine*, composé par un carme, était infiniment supérieur à Homère, et que c'était une impiété atroce de préférer l'*Iliade* à des vers d'un moine ; je suppose que l'archevêque de Paris eût pris le parti des carmes contre le gouverneur de la ville, partisan de la belle madame Dacier, et qu'il eût excité les carmes à massacrer cette belle dame dans l'église de Notre-Dame, et à la trainer toute nue et toute sanglante dans la place Maubert ; il n'y a personne qui n'eût dit que l'archevêque de Paris aurait fait une fort mauvaise action, dont il aurait dû faire pénitence.

Voilà précisément l'histoire d'Hypatie. Elle enseignait Homère et Platon dans Alexandrie, du temps de Théodose II. Saint Cyrille déchaîna contre elle la populace chrétienne : c'est ainsi que nous le racontent Damascius et Suidas ; c'est ce que prouvent évidemment les plus savants hommes du siècle, tels que Brucker, La Croze, Basnage, etc.; c'est ce qui est exposé très judicieusement dans le grand *Dictionnaire encyclopédique*, à l'article ÉCLECTISME.

Un homme, dont les intentions sont sans doute très bonnes, a fait imprimer deux volumes contre cet article de l'*Encyclopédie*.

Encore une fois, mes amis, deux tomes contre deux pages, c'est trop. Je vous l'ai dit cent fois, vous multipliez trop les êtres sans nécessité. Deux lignes contre deux tomes, voilà ce qu'il faut. N'écrivez pas même ces deux lignes.

Je me contente de remarquer que saint Cyrille était homme, et homme de parti; qu'il a pu se laisser trop emporter à son zèle ; que quand on met les belles dames toutes nues, ce n'est pas pour les massacrer ; que saint Cyrille a sans doute demandé pardon à Dieu de cette action abominable, et que je prie le père des miséricordes d'avoir pitié de son âme. Celui qui a écrit les deux tomes contre l'*Éclectisme* me fait aussi beaucoup de pitié.

I.

IDÉE.

SECTION PREMIÈRE.

Qu'est-ce qu'une idée?

C'est une image qui se peint dans mon cerveau.

Toutes vos pensées sont donc des images?

Assurément ; car les idées les plus abstraites ne sont que les suites de tous les objets que j'ai aperçus. Je ne prononce le mot d'*être* en général que parce que j'ai connu des êtres particuliers. Je ne prononce le nom d'*infini* que parce que j'ai vu des bornes, et que je recule ces bornes dans mon entendement autant que je le puis ; je n'ai des idées que parce que j'ai des images dans la tête.

Et quel est le peintre qui fait ce tableau?

Ce n'est pas moi, je ne suis pas assez bon dessinateur ; c'est celui qui m'a fait, qui fait mes idées.

Et d'où savez-vous que ce n'est pas vous qui faites des idées?

De ce qu'elles me viennent très souvent malgré moi quand je veille, et toujours malgré moi quand je rêve en dormant.

[1] Il ne pouvait qu'imiter ce récitatif, créé par Lulli, et qui lui semblait parfaitement adapté à notre prosodie française. « Toujours occupé, dit-il, de la belle déclamation et du beau » tour de chant qui règne dans le récitatif du grand Lulli, je tâ» che de l'imiter, non en copiste servile, mais en prenant, » comme lui, la belle et simple nature pour modèle. » (Préface de l'opéra des *Indes galantes*.) K.

Vous êtes donc persuadé que vos idées ne vous appartiennent que comme vos cheveux, qui croissent, qui blanchissent, et qui tombent sans que vous vous en mêliez?

Rien n'est plus évident; tout ce que je puis faire, c'est de les friser, de les couper, de les poudrer; mais il ne m'appartient pas de les produire.

Vous seriez donc de l'avis de Malebranche, qui disait que nous voyons tout en Dieu?

Je suis bien sûr au moins que, si nous ne voyons pas les choses dans le grand Être, nous les voyons par son action puissante et présente.

Et comment cette action se fait-elle?

Je vous ai dit cent fois dans nos entretiens que je n'en savais pas un mot, et que Dieu n'a dit son secret à personne. J'ignore ce qui fait battre mon cœur, courir mon sang dans mes veines; j'ignore le principe de tous mes mouvements; et vous voulez que je vous dise comment je sens et comment je pense! cela n'est pas juste.

Mais vous savez au moins si votre faculté d'avoir des idées est jointe à l'étendue?

Pas un mot. Il est bien vrai que Tatien, dans son discours aux Grecs, dit que l'âme est composée manifestement d'un corps. Irénée, dans son chapitre XXVI du second livre, dit que le Seigneur a enseigné que nos âmes gardent la figure de notre corps pour en conserver la mémoire. Tertullien assure, dans son second livre de l'*Ame*, qu'elle est un corps. Arnobe, Lactance, Hilaire, Grégoire de Nysse, Ambroise, n'ont point une autre opinion. On prétend que d'autres Pères de l'Église assurent que l'âme est sans aucune étendue, et qu'en cela ils sont de l'avis de Platon; ce qui est très douteux. Pour moi, je n'ose être d'aucun avis; je ne vois qu'incompréhensibilité dans l'un et dans l'autre système; et après y avoir rêvé toute ma vie, je suis aussi avancé que le premier jour.

Ce n'était donc pas la peine d'y penser.

Il est vrai; celui qui jouit en sait plus que celui qui réfléchit, ou du moins il sait mieux, il est plus heureux; mais que voulez-vous? Il n'a pas dépendu de moi ni de recevoir ni de rejeter dans ma cervelle toutes les idées qui sont venues y combattre les unes contre les autres, et qui ont pris mes cellules médullaires pour leur champ de bataille. Quand elles se sont bien battues, je n'ai recueilli de leurs dépouilles que l'incertitude.

Il est bien triste d'avoir tant d'idées, et de ne savoir pas au juste la nature des idées.

Je l'avoue; mais il est bien plus triste et beaucoup plus sot de croire savoir ce qu'on ne sait pas.

Mais si vous ne savez pas positivement ce que c'est qu'une idée, si vous ignorez d'où elles vous viennent, vous savez du moins par où elles vous viennent?

Oui, comme les anciens Égyptiens, qui, ne connaissant pas la source du Nil, savaient très bien que les eaux du Nil leur arrivaient par le lit de ce fleuve. Nous savons très bien que les idées nous viennent par les sens; mais nous ignorons toujours d'où elles partent. La source de ce Nil ne sera jamais découverte.

S'il est certain que toutes les idées vous sont données par les sens, pourquoi donc la Sorbonne, qui a si long-temps embrassé cette doctrine d'Aristote, l'a-t-elle condamnée avec tant de virulence dans Helvétius?

C'est que la Sorbonne est composée de théologiens.

SECTION II.

Tout en Dieu[1].

« In Deo vivimus, movemur, et sumus. »
SAINT PAUL, Actes, ch. XVII, v. 28.

Tout se meut, tout respire, et tout existe en Dieu.

Aratus, cité et approuvé par saint Paul, fit donc cette confession de foi chez les Grecs.

Le vertueux Caton dit la même chose.

» Jupiter est quodcumquè vides, quocumque moveris. »
LUCAIN, *Phars.*, IX, 580.

Malebranche est le commentateur d'Aratus, de saint Paul et de Caton. Il réussit d'abord en montrant les erreurs des sens et de l'imagination; mais quand il voulut développer ce grand système que tout est en Dieu, tous les lecteurs dirent que le commentaire est plus obscur que le texte. Enfin, en creusant cet abime, la tête lui tourna. Il eut des conversations avec le Verbe, il sut ce que le Verbe a fait dans les autres planètes. Il devint tout à fait fou. Cela doit nous donner de terribles alarmes, à nous autres chétifs qui fesons les entendus.

Pour bien entrer au moins dans la pensée de Malebranche dans le temps qu'il était sage, il faut d'abord n'admettre que ce que nous concevons clairement, et rejeter ce que nous n'entendons pas. N'est-ce pas être imbécile que d'expliquer une obscurité par des obscurités?

Je sens invinciblement que mes premières idées et mes sensations me sont venues malgré moi. Je conçois très clairement que je ne puis me donner aucune idée. Je ne puis me rien donner; j'ai tout reçu. Les objets qui m'entourent ne peuvent me

[1] Cette section est un extrait (fait par l'auteur) du *Commentaire sur Malebranche*. K.

donner ni idée ni sensation par eux-mêmes; car comment se pourrait-il qu'un morceau de matière eût en soi la vertu de produire dans moi une pensée?

Donc je suis mené malgré moi à penser que l'Être éternel, qui donne tout, me donne mes idées, de quelque manière que ce puisse être.

Mais qu'est-ce qu'une idée? qu'est-ce qu'une sensation, une volonté, etc.? c'est moi apercevant, moi sentant, moi voulant.

On sait enfin qu'il n'y a pas plus d'être réel appelé *idée* que d'être réel nommé *mouvement*; mais il y a des corps mus.

De même, il n'y a point d'être particulier nommé *mémoire*, *imagination*, *jugement*; mais nous nous souvenons, nous imaginons, nous jugeons.

Tout cela est d'une vérité triviale; mais il est nécessaire de rebattre souvent cette vérité; car les erreurs contraires sont plus triviales encore.

LOIS DE LA NATURE.

Maintenant, comment l'Être éternel et formateur produirait-il tous ces modes dans des corps organisés?

A-t-il mis deux êtres dans un grain de froment dont l'un fera germer l'autre? a-t-il mis deux êtres dans un cerf, dont l'un fera courir l'autre? non, sans doute. Tout ce qu'on en sait est que le grain est doué de la faculté de végéter, et le cerf de celle de courir.

C'est évidemment une mathématique générale qui dirige toute la nature, et qui opère toutes les productions. Le vol des oiseaux, le nagement des poissons, la course des quadrupèdes, sont des effets démontrés des règles du mouvement connues. *Mens agitat molem.*

Les sensations, les idées de ces animaux peuvent-elles être autre chose que des effets plus admirables de lois mathématiques plus cachées?

MÉCANIQUE DES SENS ET DES IDÉES.

C'est par ces lois que tout animal se meut pour chercher sa nourriture. Vous devez donc conjecturer qu'il y a une loi par laquelle il a l'idée de sa nourriture, sans quoi il n'irait pas la chercher.

L'intelligence éternelle a fait dépendre d'un principe toutes les actions de l'animal; donc l'intelligence éternelle a fait dépendre du même principe les sensations qui causent ces actions.

L'auteur de la nature aura-t-il disposé avec un art si divin les instruments merveilleux des sens? aura-t-il mis des rapports si étonnants entre les yeux et la lumière, entre l'atmosphère et les oreilles, pour qu'il ait encore besoin d'accomplir son ouvrage par un autre secours? La nature agit toujours par les voies les plus courtes. La longueur du procédé est impuissance; la multiplicité des secours est faiblesse; donc il est à croire que tout marche par le même ressort.

LE GRAND ÊTRE FAIT TOUT.

Non seulement nous ne pouvons nous donner aucune sensation, nous ne pouvons même en imaginer au-delà de celles que nous avons éprouvées. Que toutes les académies de l'Europe proposent un prix pour celui qui imaginera un nouveau sens; jamais on ne gagnera ce prix. Nous ne pouvons donc rien purement par nous-mêmes, soit qu'il y ait un être invisible et intangible dans notre cervelet, ou répandu dans notre corps, soit qu'il n'y en ait pas; et il faut convenir que, dans tous les systèmes, l'auteur de la nature nous a donné tout ce que nous avons, organes, sensations, idées, qui en sont la suite.

Puisque nous naissons ainsi sous sa main, Malebranche, malgré toutes ses erreurs, aurait donc raison de dire philosophiquement que nous sommes dans Dieu, et que nous voyons tout dans Dieu; comme saint Paul le dit dans le langage de la théologie, et Aratus et Caton dans celui de la morale.

Que pouvons-nous donc entendre par ces mots, *voir tout en Dieu?*

Ou ce sont des paroles vides de sens, ou elles signifient que Dieu nous donne toutes nos idées.

Que veut dire recevoir une idée? Ce n'est pas nous qui la créons quand nous la recevons: donc il n'est pas si anti-philosophique qu'on l'a cru, de dire: C'est Dieu qui fait des idées dans ma tête, de même qu'il fait le mouvement dans tout mon corps. Tout est donc une action de Dieu sur les créatures.

COMMENT TOUT EST-IL ACTION DE DIEU?

Il n'y a dans la nature qu'un principe universel, éternel, et agissant; il ne peut en exister deux; car ils seraient semblables ou différents. S'ils sont différents, ils se détruisent l'un l'autre; s'ils sont semblables, c'est comme s'il n'y en avait qu'un. L'unité de dessein dans le grand tout infiniment varié annonce un seul principe; ce principe doit agir sur tout être, ou il n'est plus principe universel.

S'il agit sur tout être, il agit sur tous les modes de tout être. Il n'y a donc pas un seul mouvement, un seul mode, une seule idée qui ne soit l'effet immédiat d'une cause universelle toujours présente.

La matière de l'univers appartient donc à Dieu

tout autant que les idées, et les idées tout autant que la matière.

Dire que quelque chose est hors de lui, ce serait dire qu'il y a quelque chose hors du grand tout. Dieu étant le principe universel de toutes les choses, toutes existent donc en lui et par lui.

Ce système renferme celui de la *prémotion physique*, mais comme une roue immense renferme une petite roue qui cherche à s'en écarter. Le principe que nous venons d'exposer est trop vaste pour admettre aucune vue particulière.

La prémotion physique occupe l'Être universel des changements qui se passent dans la tête d'un janséniste et d'un moliniste; mais, pour nous autres, nous n'occupons l'Être des êtres que des lois de l'univers. La prémotion physique fait une affaire importante à Dieu de cinq propositions dont une sœur converse aura entendu parler; et nous fesons à Dieu l'affaire la plus simple de l'arrangement de tous les mondes.

La prémotion physique est fondée sur ce principe à la grecque, que « si un être pensant se » donnait une idée, il augmenterait son être. » Or nous ne savons ce que c'est qu'augmenter son être; nous n'entendons rien à cela. Nous disons qu'un être pensant se donnerait de nouveaux modes, et non pas une addition d'existence; de même que quand vous dansez, vos coulés, vos entrechats et vos attitudes ne vous donnent pas une existence nouvelle; ce qui nous semblerait absurde. Nous ne sommes d'accord avec la prémotion physique qu'en étant convaincus que nous ne nous donnons rien.

On crie contre le système de la prémotion et contre le nôtre, que nous ôtons aux hommes la liberté : Dieu nous en garde! Il n'y a qu'à s'entendre sur ce mot *liberté* : nous en parlerons en son lieu; et en attendant, le monde ira comme il est allé toujours, sans que les thomistes ni leurs adversaires, ni tous les disputeurs du monde, y puissent rien changer : et nous aurons toujours des idées, sans savoir précisément ce que c'est qu'une idée.

IDENTITÉ.

Ce terme scientifique ne signifie que *même chose*; il pourrait être rendu en français par *mêmeté*. Ce sujet est bien plus intéressant qu'on ne pense. On convient qu'on ne doit jamais punir que la personne coupable, le même individu, et point un autre. Mais un homme de cinquante ans n'est réellement point le même individu que l'homme de vingt; il n'a plus aucune des parties qui formaient son corps; et s'il a perdu la mémoire du passé, il est certain que rien ne lie son existence actuelle à une existence qui est perdue pour lui.

Vous n'êtes le même que par le sentiment continu de ce que vous avez été et de ce que vous êtes; vous n'avez le sentiment de votre être passé que par la mémoire : ce n'est donc que la mémoire qui établit l'identité, la mêmeté de votre personne.

Nous sommes réellement, physiquement, comme un fleuve dont toutes les eaux coulent dans un flux perpétuel. C'est le même fleuve par son lit, ses rives, sa source, son embouchure, par tout ce qui n'est pas lui; mais changeant à tout moment son eau qui constitue son être, il n'y a nulle identité, nulle mêmeté pour ce fleuve.

S'il y avait un Xerxès tel que celui qui fouettait l'Hellespont pour lui avoir désobéi, et qui lui envoyait une paire de menottes; si le fils de ce Xerxès s'était noyé dans l'Euphrate, et que Xerxès voulût punir ce fleuve de la mort de son fils, l'Euphrate aurait raison de lui répondre : Prenez-vous-en aux flots qui roulaient dans le temps que votre fils se baignait : ces flots ne m'appartiennent point du tout; ils sont allés dans le golfe Persique; une partie s'y est salée, une autre s'est convertie en vapeurs, et s'en est allée dans les Gaules par un vent de sud-est; elle est entrée dans les chicorées et dans les laitues que les Gaulois ont mangées : prenez le coupable où vous le trouverez.

Il en est ainsi d'un arbre dont une branche cassée par le vent aurait fendu la tête de votre grand-père. Ce n'est plus le même arbre, toutes ses parties ont fait place à d'autres. La branche qui a tué votre grand-père n'est point à cet arbre; elle n'existe plus.

On a donc demandé comment un homme qui aurait absolument perdu la mémoire avant sa mort, et dont les membres seraient changés en d'autres substances, pourrait être puni de ses fautes, ou récompensé de ses vertus quand il ne serait plus lui-même. J'ai lu dans un livre connu[1] cette demande et cette réponse :

Demande. Comment pourrai-je être récompensé ou puni quand je ne serai plus, quand il ne restera rien de ce qui aura constitué ma personne? ce n'est que par ma mémoire que je suis toujours moi. Je perds ma mémoire dans ma dernière maladie; il faudra donc après ma mort un miracle pour me la rendre, pour me faire rentrer dans mon existence perdue.

Réponse. C'est-à-dire que si un prince avait égorgé sa famille pour régner, s'il avait tyrannisé ses sujets, il en serait quitte pour dire à Dieu : Ce n'est pas moi, j'ai perdu la mémoire; vous

[1] Ce livre connu, que cite ici Voltaire, était le *Dictionnaire philosophique*.

vous méprenez, je ne suis plus la même personne. Pensez-vous que Dieu fût bien content de ce sophisme?

Cette réponse est très louable, mais elle ne résout pas entièrement la question.

Il s'agit d'abord de savoir si l'entendement et la sensation sont une faculté donnée de Dieu à l'homme, ou une substance créée; ce qui ne peut guère se décider par la philosophie, qui est si faible et si incertaine.

Ensuite il faut savoir si l'âme étant une substance, et ayant perdu toute connaissance du mal qu'elle a pu faire, étant aussi étrangère à tout ce qu'elle a fait avec son corps qu'à tous les autres corps de notre univers, peut et doit, selon notre manière de raisonner, répondre dans un autre univers des actions dont elle n'a aucune connaissance; s'il ne faudrait pas en effet un miracle pour donner à cette âme le souvenir qu'elle n'a plus, pour la rendre présente aux délits anéantis dans son entendement, pour la faire la même personne qu'elle était sur terre; ou bien si Dieu la jugerait à peu près comme nous condamnons sur la terre un coupable, quoiqu'il ait absolument oublié ses crimes manifestes. Il ne s'en souvient plus; mais nous nous en souvenons pour lui; nous le punissons pour l'exemple. Mais Dieu ne peut punir un mort pour qu'il serve d'exemple aux vivants. Personne ne sait si ce mort est condamné ou absous. Dieu ne peut donc le punir que parce qu'il sentit et qu'il exécuta autrefois le désir de mal faire. Mais si, quand il se présente mort au tribunal de Dieu, il n'a plus rien de ce désir, s'il l'a entièrement oublié depuis vingt ans, s'il n'est plus du tout la même personne, qui Dieu punira-t-il en lui?

Ces questions ne paraissent guère du ressort de l'esprit humain : il paraît qu'il faut dans tous ces labyrinthes recourir à la foi seule; c'est toujours notre dernier asile.

Lucrèce avait en partie senti ces difficultés quand il peint, dans son troisième livre, un homme qui craint ce qui lui arrivera lorsqu'il ne sera plus le même homme :

« Nec radicitus e vita se tollit et eicit;
» Sed facit esse sui quiddam super inscius ipse. »

Sa raison parle en vain, sa crainte le dévore
Comme si n'étant plus il pouvait être encore.

Mais ce n'est pas à Lucrèce qu'il faut s'adresser pour connaître l'avenir.

Le célèbre Toland, qui fit sa propre épitaphe, la finit par ces mots : *Idem futurus Tolandus nunquam;* il ne sera jamais le même Toland. Cependant il est à croire que Dieu l'aurait bien su retrouver s'il avait voulu; mais il est à croire aussi que l'être qui existe nécessairement est nécessairement bon.

IDOLE, IDOLATRE, IDOLATRIE.

Idole, du grec εἶδος, figure; εἴδωλον, représentation d'une figure; λατρεύειν, servir, révérer, adorer. Ce mot adorer a, comme on sait, beaucoup d'acceptions différentes : il signifie porter la main à la bouche en parlant avec respect, se courber, se mettre à genoux, saluer, et enfin communément rendre un culte suprême. Toujours des équivoques.

Il est utile de remarquer ici que le *Dictionnaire de Trévoux* commence cet article par dire que tous les païens étaient idolâtres, et que les Indiens sont encore des peuples idolâtres. Premièrement, on n'appela personne païen avant Théodose-le-Jeune. Ce nom fut donné alors aux habitants des bourgs d'Italie, *pagorum incolæ, pagani*, qui conservèrent leur ancienne religion. Secondement, l'Indoustan est mahométan; et les mahométans sont les implacables ennemis des images et de l'idolâtrie. Troisièmement, on ne doit point appeler idolâtres beaucoup de peuples de l'Inde qui sont de l'ancienne religion des Parsis, ni certaines castes qui n'ont point d'idoles.

SECTION PREMIÈRE.

Y a-t-il jamais eu un gouvernement idolâtre?

Il paraît que jamais il n'y a eu aucun peuple sur la terre qui ait pris ce nom d'idolâtre. Ce mot est une injure, un terme outrageant, tel que celui de *gavache* que les Espagnols donnaient autrefois aux Français, et celui de *maranes* que les Français donnaient aux Espagnols. Si on avait demandé au sénat de Rome, à l'aréopage d'Athènes, à la cour des rois de Perse, « Êtes-vous idolâtres? » ils auraient à peine entendu cette question. Nul n'aurait répondu : Nous adorons des images, des idoles. On ne trouve ce mot *idolâtre*, *idolâtrie*, ni dans Homère, ni dans Hésiode, ni dans Hérodote, ni dans aucun auteur de la religion des gentils. Il n'y a jamais eu aucun édit, aucune loi qui ordonnât qu'on adorât des idoles, qu'on les servit en dieux, qu'on les regardât comme des dieux.

Quand les capitaines romains et carthaginois fesaient un traité, ils attestaient tous leurs dieux. C'est en leur présence, disaient-ils, que nous jurons la paix. Or les statues de tous ces dieux, dont le dénombrement était très long, n'étaient pas dans la tente des généraux. Ils regardaient ou feignaient les dieux comme présents aux actions des hommes, comme témoins, comme juges. Et ce n'est pas assurément le simulacre qui constituait la Divinité.

De quel œil voyaient-ils donc les statues de leurs fausses divinités dans les temples? du même œil, s'il est permis de s'exprimer ainsi, que les catholiques voient les images, objets de leur vénération. L'erreur n'était pas d'adorer un morceau de bois ou de marbre, mais d'adorer une fausse divinité représentée par ce bois et ce marbre. La différence entre eux et les catholiques n'est pas qu'ils eussent des images et que les catholiques n'en aient point; la différence est que leurs images figuraient des êtres fantastiques dans une religion fausse, et que les images chrétiennes figurent des êtres réels dans une religion véritable. Les Grecs avaient la statue d'Hercule, et nous celle de saint Christophe; ils avaient Esculape et sa chèvre, et nous saint Roch et son chien; ils avaient Mars et sa lance, et nous saint Antoine de Padoue et saint Jacques de Compostelle.

Quand le consul Pline adresse les prières *aux dieux immortels*, dans l'exorde du panégyrique de Trajan, ce n'est pas à des images qu'il les adresse. Ces images n'étaient pas immortelles.

Ni les derniers temps du paganisme, ni les plus reculés, n'offrent un seul fait qui puisse faire conclure qu'on adorât une idole. Homère ne parle que des dieux qui habitent le haut Olympe. Le *palladium*, quoique tombé du ciel, n'était qu'un gage sacré de la protection de Pallas; c'était elle qu'on vénérait dans le *palladium* : c'était notre sainte ampoule.

Mais les Romains et les Grecs se mettaient à genoux devant des statues, leur donnaient des couronnes, de l'encens, des fleurs, les promenaient en triomphe dans les places publiques. Les catholiques ont sanctifié ces coutumes, et ne se disent point idolâtres.

Les femmes, en temps de sécheresse, portaient les statues des dieux après avoir jeûné. Elles marchaient pieds nus, les cheveux épars; et aussitôt il pleuvait à seaux, comme dit Pétrone : *Itaque statim urceatim pluebat*. N'a-t-on pas consacré cet usage, illégitime chez les gentils, et légitime parmi les catholiques? Dans combien de villes ne porte-t-on pas nu-pieds des charognes pour obtenir les bénédictions du ciel par leur intercession! Si un Turc, un lettré chinois était témoin de ces cérémonies, il pourrait par ignorance accuser les Italiens de mettre leur confiance dans les simulacres qu'ils promènent ainsi en procession.

SECTION II.

Examen de l'idolâtrie ancienne.

Du temps de Charles Ier on déclara la religion catholique idolâtre en Angleterre. Tous les presbytériens sont persuadés que les catholiques adorent un pain qu'ils mangent, et des figures qui sont l'ouvrage de leurs sculpteurs et de leurs peintres. Ce qu'une partie de l'Europe reproche aux catholiques, ceux-ci le reprochent eux-mêmes aux gentils.

On est surpris du nombre prodigieux de déclamations débitées dans tous les temps contre l'idolâtrie des Romains et des Grecs; et ensuite on est plus surpris encore quand on voit qu'ils n'étaient pas idolâtres.

Il y avait des temples plus privilégiés que les autres. La grande Diane d'Éphèse avait plus de réputation qu'une Diane de village. Il se fesait plus de miracles dans le temple d'Esculape à Épidaure que dans un autre de ses temples. La statue de Jupiter Olympien attirait plus d'offrandes que celle de Jupiter Paphlagonien. Mais puisqu'il faut toujours opposer ici les coutumes d'une religion vraie à celles d'une religion fausse, n'avons-nous pas eu depuis plusieurs siècles plus de dévotion à certains autels qu'à d'autres?

Notre-Dame de Lorette n'a-t-elle pas été préférée à Notre-Dame des Neiges, à celle des Ardents, à celle de Hall, etc.? Ce n'est pas à dire qu'il y ait plus de vertu dans une statue à Lorette que dans une statue du village de Hall; mais nous avons eu plus de dévotion à l'une qu'à l'autre; nous avons cru que celle qu'on invoquait aux pieds de ses statues daignait du haut du ciel répandre plus de faveurs, opérer plus de miracles dans Lorette que dans Hall. Cette multiplicité d'images de la même personne prouve même que ce ne sont point ces images qu'on vénère, et que le culte se rapporte à la personne qui est représentée; car il n'est pas possible que chaque image soit la chose même : il y a mille images de saint François, qui même ne lui ressemblent point, et qui ne se ressemblent point entre elles; et toutes indiquent un seul saint François, invoqué le jour de sa fête par ceux qui ont dévotion à ce saint.

Il en était absolument de même chez les païens : on n'avait imaginé qu'une seule divinité, un seul Apollon, et non pas autant d'Apollons et de Dianes qu'ils avaient de temples et de statues. Il est donc prouvé, autant qu'un point d'histoire peut l'être, que les anciens ne croyaient pas qu'une statue fût une divinité, que le culte ne pouvait être rapporté à cette statue, à cette idole; et par conséquent les anciens n'étaient point idolâtres. C'est à nous à voir si on doit saisir ce prétexte pour nous accuser d'idolâtrie.

Une populace grossière et superstitieuse qui ne raisonnait point, qui ne savait ni douter, ni nier, ni croire, qui courait au temple par oisiveté, et parce que les petits y sont égaux aux grands, qui portait son offrande par coutume, qui parlait continuellement de miracles sans en avoir examiné aucun, et qui n'était guère au-dessus des victimes qu'elle amenait; cette populace, dis-je, pouvait bien, à la vue de la grande Diane et de Jupiter Tonnant, être frappée d'une horreur religieuse, et adorer, sans le savoir, la statue même. C'est ce qui est arrivé quelquefois dans nos temples à nos paysans grossiers; et on n'a pas manqué de les instruire que c'est aux bienheureux, aux mortels reçus dans le ciel qu'ils doivent demander leur intercession, et non à des figures de bois et de pierre.

Les Grecs et les Romains augmentèrent le nombre de leurs dieux par leurs apothéoses. Les Grecs divinisaient les conquérants, comme Bacchus, Hercule, Persée. Rome dressa des autels à ses empereurs. Nos apothéoses sont d'un genre différent: nous avons infiniment plus de saints qu'ils n'avaient de ces dieux secondaires, mais nous n'avons égard ni au rang ni aux conquêtes. Nous avons élevé des temples à des hommes simplement vertueux, qui seraient ignorés sur la terre s'ils n'étaient placés dans le ciel. Les apothéoses des anciens sont faites par la flatterie, les nôtres par le respect pour la vertu.

Cicéron, dans ses ouvrages philosophiques, ne laisse pas soupçonner seulement qu'on puisse se méprendre aux statues des dieux, et les confondre avec les dieux mêmes. Ses interlocuteurs foudroient la religion établie; mais aucun d'eux n'imagine d'accuser les Romains de prendre du marbre et de l'airain pour des divinités. Lucrèce ne reproche cette sottise à personne, lui qui reproche tout aux superstitieux. Donc, encore une fois, cette opinion n'existait pas, on n'en avait aucune idée; il n'y avait point d'idolâtres.

Horace fait parler une statue de Priape, il lui fait dire : « J'étais autrefois un tronc de figuier; » un charpentier, ne sachant s'il ferait de moi un » dieu ou un banc, se détermina enfin à me faire » dieu. » Que conclure de cette plaisanterie? Priape était de ces divinités subalternes, abandonnées aux railleurs; et cette plaisanterie même est la preuve la plus forte que cette figure de Priape, qu'on mettait dans les potagers pour effrayer les oiseaux, n'était pas fort révérée.

Dacier, en se livrant à l'esprit commentateur, n'a pas manqué d'observer que Baruch avait prédit cette aventure, en disant : « Ils ne seront que » ce que voudront les ouvriers; » mais il pouvait observer aussi qu'on en peut dire autant de toutes les statues. Baruch aurait-il eu une vision sur les satires d'Horace?

On peut d'un bloc de marbre tirer tout aussi bien une cuvette qu'une figure d'Alexandre ou de Jupiter, ou de quelque autre chose plus respectable. La matière dont étaient formés les chérubins du Saint des saints aurait pu servir également aux fonctions les plus viles. Un trône, un autel, en sont-ils moins révérés parce que l'ouvrier en pouvait faire une table de cuisine?

Dacier, au lieu de conclure que les Romains adoraient la statue de Priape, et que Baruch l'avait prédit, devait donc conclure que les Romains s'en moquaient. Consultez tous les auteurs qui parlent des statues de leurs dieux, vous n'en trouverez aucun qui parle d'idolâtrie; ils disent expressément le contraire. Vous voyez dans Martial (L. VIII, ep. 24) :

« Qui fiurit sacros auro vel marmore vultus,
» Non facit ille deos; qui rogat ille facit. »

L'artisan ne fait point les dieux,
C'est celui qui les prie.

Dans Ovide (*de Ponto* II, ep. 8, v. 62) :

« Colitur pro Jove forma Jovis. »

Dans l'image de Dieu c'est Dieu seul qu'on adore.

Dans Stace (*Theb.* l. XII, v. 505) :

» Nulla autem effigies, nulli commissa metallo
» Forma Dei; mentes habitare et pectora gaudent. »

Les dieux ne sont jamais dans une arche enfermés :
Ils habitent nos cœurs.

Dans Lucain (l. IX, v. 578) :

« Estne Dei sedes, nisi terra et pontus et aer ? »

L'univers est de Dieu la demeure et l'empire.

On ferait un volume de tous les passages qui déposent que des images n'étaient que des images.

Il n'y a que le cas où les statues rendaient des oracles qui ait pu faire penser que ces statues avaient en elles quelque chose de divin. Mais certainement l'opinion régnante était que les dieux avaient choisi certains autels, certains simulacres pour y venir résider quelquefois, pour y donner audience aux hommes, pour leur répondre. On ne voit dans Homère et dans les chœurs des tragédies grecques que des prières à Apollon, qui rend ses oracles sur les montagnes, en tel temple, en telle ville; il n'y a pas dans toute l'antiquité la moindre trace d'une prière adressée à une statue; si on croyait que l'esprit divin préférait quelques temples, quelques images, comme on croyait aussi qu'il préférait quelques hommes, la chose était certainement possible; ce n'était qu'une erreur de fait. Combien avons-nous d'images miraculeuses! Les anciens se vantaient d'avoir ce que nous possédons en effet; et si nous ne sommes point idolâtres, de quel droit dirons-nous qu'ils l'ont été?

Ceux qui professaient la magie, qui la croyaient une science, ou qui feignaient de le croire, prétendaient avoir le secret de faire descendre les dieux dans les statues; non pas les grands dieux, mais les dieux secondaires, les génies. C'est ce que Mercure Trismégiste appelait *faire des dieux;* et c'est ce que saint Augustin réfute dans sa *Cité de Dieu*. Mais cela même montre évidemment que les simulacres n'avaient rien en eux de divin, puisqu'il fallait qu'un magicien les animât; et il me semble qu'il arrivait bien rarement qu'un magicien fût assez habile pour donner une âme à une statue, pour la faire parler.

En un mot, les images des dieux n'étaient point des dieux. Jupiter, et non pas son image, lançait le tonnerre; ce n'était pas la statue de Neptune qui soulevait les mers, ni celle d'Apollon qui donnait la lumière. Les Grecs et les Romains étaient des gentils, des polythéistes, et n'étaient point des idolâtres.

Nous leur prodiguâmes cette injure quand nous n'avions ni statues ni temples, et nous avons continué dans notre injustice depuis que nous avons fait servir la peinture et la sculpture à honorer nos vérités, comme ils s'en servaient pour honorer leurs erreurs.

SECTION III.

Si les Perses, les Sabéens, les Égyptiens, les Tartares, les Turcs, ont été idolâtres; et de quelle antiquité est l'origine des simulacres appelés idoles. Histoire de leur culte.

C'est une grande erreur d'appeler idolâtres les peuples qui rendirent un culte au soleil et aux étoiles. Ces nations n'eurent long-temps ni simulacres ni temples. Si elles se trompèrent, c'est en rendant aux astres ce qu'elles devaient au créateur des astres. Encore le dogme de Zoroastre ou Zerdust, recueilli dans le Sadder, enseigne-t-il un Être suprême, vengeur et rémunérateur; et cela est bien loin de l'idolâtrie. Le gouvernement de la Chine n'a jamais eu aucune idole; il a toujours conservé le culte simple du maître du ciel King-tien.

Gengis-kan, chez les Tartares, n'était point idolâtre, et n'avait aucun simulacre. Les musulmans qui remplissent la Grèce, l'Asie-Mineure, la Syrie, la Perse, l'Inde et l'Afrique, appellent les chrétiens idolâtres, *giaours*, parce qu'ils croient que les chrétiens rendent un culte aux images. Ils brisèrent plusieurs statues qu'ils trouvèrent à Constantinople, dans Sainte-Sophie et dans l'église des Saints-Apôtres et dans d'autres, qu'ils convertirent en mosquées. L'apparence les trompa comme elle trompe toujours les hommes, et leur fit croire que des temples dédiés à des saints qui avaient été hommes autrefois, des images de ces saints révérées à genoux, des miracles opérés dans ces temples, étaient des preuves invincibles de l'idolâtrie la plus complète; cependant il n'en est rien. Les chrétiens n'adorent en effet qu'un seul Dieu, et ne révèrent dans les bienheureux que la vertu même de Dieu qui gît dans ses saints. Les iconoclastes et les protestants ont fait le même reproche d'idolâtrie à l'Église, et on leur a fait la même réponse.

Comme les hommes ont eu très rarement des idées précises, et ont encore moins exprimé leurs idées par des mots précis et sans équivoque, nous appelâmes du nom d'idolâtres les gentils et surtout les polythéistes. On a écrit des volumes immenses, on a débité des sentiments divers sur l'origine de ce culte rendu à Dieu ou à plusieurs dieux sous des figures sensibles: cette multitude de livres et d'opinions ne prouve que l'ignorance.

On ne sait pas qui inventa les habits et les chaussures, et on veut savoir qui le premier inventa les idoles! Qu'importe un passage de Sanchoniathon, qui vivait avant la guerre de Troie? que nous apprend-il, quand il dit que le chaos, l'esprit, c'est-à-dire *le souffle*, amoureux de ses principes, en tira le limon, qu'il rendit l'air lumineux, que le vent Colp et sa femme Baû engendrèrent Éon, qu'Éon engendra Genos, que Cronos, leur descendant, avait deux yeux par derrière comme par devant, qu'il devint dieu, et qu'il donna l'Égypte à son fils Thaut? voilà un des plus respectables monuments de l'antiquité.

Orphée ne nous en apprendra pas davantage dans sa *Théogonie*, que Damascius nous a conservée. Il représente le principe du monde sous la figure d'un dragon à deux têtes, l'une de taureau, l'autre de lion, un visage au milieu, qu'il appelle *visage-dieu*, et des ailes dorées aux épaules.

Mais vous pouvez de ces idées bizarres tirer deux grandes vérités: l'une, que les images sensibles et les hiéroglyphes sont de l'antiquité la plus haute; l'autre, que tous les anciens philosophes ont reconnu un premier principe.

Quant au polythéisme, le bon sens vous dira que dès qu'il y a eu des hommes, c'est-à-dire des animaux faibles, capables de raison et de folie, sujets à tous les accidents, à la maladie et à la mort, ces hommes ont senti leur faiblesse et leur dépendance; ils ont reconnu aisément qu'il est quelque chose de plus puissant qu'eux ; ils ont senti une force dans la terre, qui fournit leurs aliments; une dans l'air, qui souvent les détruit; une dans le feu, qui consume, et dans l'eau, qui submerge. Quoi de plus naturel dans des hommes ignorants que d'imaginer des êtres qui présidaient à ces éléments? quoi de plus naturel que de révérer la force invisible qui fesait luire aux yeux le soleil et les étoiles? et dès qu'on voulut se former une idée de ces puissances supérieures à l'homme, quoi de plus naturel encore que de les figurer d'une manière sensible? Pouvait-on s'y prendre autrement? La religion juive, qui précéda la nôtre, et qui fut donnée par Dieu même, était toute remplie de ces images, sous lesquelles Dieu est représenté. Il daigne parler dans un buisson le langage humain ; il paraît sur une montagne : les esprits célestes qu'il envoie viennent tous avec une force humaine; enfin le sanctuaire est couvert de chérubins, qui sont des corps d'hommes avec des ailes et des têtes d'animaux. C'est ce qui a donné lieu à l'erreur de Plutarque, de Tacite, d'Appien et de tant d'autres, de reprocher aux Juifs d'adorer une tête d'âne. Dieu, malgré sa défense de peindre et de sculpter aucune figure, a donc daigné se proportionner à la faiblesse humaine, qui demandait qu'on parlât aux sens par des images.

Isaïe, dans le chapitre VI, voit le Seigneur assis sur un trône, et le bas de sa robe qui remplit le temple. Le Seigneur étend sa main, et touche la bouche de Jérémie, au chap. Ier de ce prophète. Ézéchiel, au chap. Ier, voit un trône de saphir, et Dieu lui paraît comme un homme assis sur ce trône. Ces images n'altèrent point la pureté de la religion juive, qui jamais n'employa les tableaux, les statues, les idoles pour représenter Dieu aux yeux du peuple.

Les lettrés chinois, les Parsis, les anciens Égyptiens, n'eurent point d'idoles; mais bientôt Isis et Osiris furent figurés; bientôt Bel, à Babylone, fut un gros colosse; Brama fut un monstre bizarre dans la presqu'île de l'Inde. Les Grecs surtout multiplièrent les noms des dieux, les statues et les temples, mais en attribuant toujours la suprême puissance à leur Zeus, nommé par les Latins Jupiter, maître des dieux et des hommes. Les Romains imitèrent les Grecs. Ces peuples placèrent toujours tous les dieux dans le ciel, sans savoir ce qu'ils entendaient par le ciel *.

Les Romains eurent leurs douze grands dieux, six mâles et six femelles, qu'ils nommèrent *Dii majorum gentium* : Jupiter, Neptune, Apollon, Vulcain, Mars, Mercure, Junon, Vesta, Minerve, Cérès, Vénus, Diane. Pluton fut alors oublié; Vesta prit sa place.

Ensuite venaient les dieux *minorum gentium*, les dieux indigètes, les héros, comme Bacchus, Hercule, Esculape; les dieux infernaux, Pluton, Proserpine; ceux de la mer, comme Téthys, Amphitrite, les Néréides, Glaucus; puis les Dryades, les Naïades, les dieux des jardins, ceux des bergers : il y en avait pour chaque profession, pour chaque action de la vie, pour les enfants, pour les filles nubiles, pour les mariées, pour les accouchées; on eut le dieu Pet. On divinisa enfin les empereurs. Ni ces empereurs, ni le dieu Pet, ni la déesse Pertunda, ni Priape, ni Rumilia, la déesse des tétons, ni Stercutius, le dieu de la garde-robe, ne furent à la vérité regardés comme les maîtres du ciel et de la terre. Les empereurs eurent quelquefois des temples, les petits dieux pénates n'en eurent point; mais tous eurent leur figure, leur idole.

C'étaient de petits magots dont on ornait son cabinet; c'étaient les amusements des vieilles femmes et des enfants, qui n'étaient autorisés par aucun culte public. On laissait agir à son gré la superstition de chaque particulier. On retrouve encore ces petites idoles dans les ruines des anciennes villes.

Si personne ne sait quand les hommes commencèrent à se faire des idoles, on sait qu'elles sont de l'antiquité la plus haute. Tharé, père d'Abraham, en fesait à Ur en Chaldée. Rachel déroba et emporta les idoles de son beau-père Laban. On ne peut remonter plus haut.

Mais quelle notion précise avaient les anciennes nations de tous ces simulacres? Quelle vertu, quelle puissance leur attribuait-on? Croyait-on que les dieux descendaient du ciel pour venir se cacher dans ces statues, ou qu'ils leur communiquaient une partie de l'esprit divin, ou qu'ils ne leur communiquaient rien du tout? C'est encore sur quoi on a très inutilement écrit ; il est clair que chaque homme en jugeait selon le degré de sa raison, ou de sa crédulité, ou de son fanatisme. Il est évident que les prêtres attachaient le plus de divinité qu'ils pouvaient à leurs statues, pour s'attirer plus d'offrandes. On sait que les philosophes réprouvaient ces superstitions, que les guerriers s'en moquaient, que les magistrats les toléraient, et que le peuple, toujours absurde, ne savait ce qu'il fesait. C'est, en peu de mots, l'histoire de toutes les nations à qui Dieu ne s'est pas fait connaître.

On peut se faire la même idée du culte que toute l'Égypte rendit à un bœuf, et que plusieurs villes rendirent à un chien, à un singe, à un chat, à des ognons. Il y a grande apparence que ce fu-

* Voyez l'article CIEL DES ANCIENS.

rent d'abord des emblèmes. Ensuite un certain bœuf Apis, un certain chien nommé Anubis, furent adorés ; on mangea toujours du bœuf et des ognons : mais il est difficile de savoir ce que pensaient les vieilles femmes d'Égypte des ognons sacrés et des bœufs.

Les idoles parlaient assez souvent. On fesait commémoration à Rome, le jour de la fête de Cybèle, des belles paroles que la statue avait prononcées lorsqu'on en fit la translation du palais du roi Attale :

« Ipsa peti volui ; ne sit mora, mitte volentem :
» Dignus Roma locus quo deus omnis eat. »
OVID., *Fast.*, IV, 269.

« J'ai voulu qu'on m'enlevât ; emmenez-moi » vite : Rome est digne que tout dieu s'y établisse. »

La statue de la Fortune avait parlé : les Scipion, les Cicéron, les César, à la vérité, n'en croyaient rien ; mais la vieille à qui Encolpe donna un écu pour acheter des oies et des dieux pouvait fort bien le croire.

Les idoles rendaient aussi des oracles, et les prêtres, cachés dans le creux des statues, parlaient au nom de la divinité.

Comment, au milieu de tant de dieux et de tant de théogonies différentes, et de cultes particuliers, n'y eut-il jamais de guerre de religion chez les peuples nommés *idolâtres*? Cette paix fut un bien qui naquit d'un mal, de l'erreur même ; car chaque nation, reconnaissant plusieurs dieux inférieurs, trouva bon que ses voisins eussent aussi les leurs. Si vous exceptez Cambyse, à qui on reprocha d'avoir tué le bœuf Apis, on ne voit dans l'histoire profane aucun conquérant qui ait maltraité les dieux d'un peuple vaincu. Les gentils n'avaient aucune religion exclusive, et les prêtres ne songèrent qu'à multiplier les offrandes et les sacrifices.

Les premières offrandes furent des fruits. Bientôt après il fallut des animaux pour la table des prêtres ; ils les égorgeaient eux-mêmes ; ils devinrent bouchers et cruels : enfin ils introduisirent l'usage horrible de sacrifier des victimes humaines, et surtout des enfants et des jeunes filles. Jamais les Chinois, ni les Parsis, ni les Indiens ne furent coupables de ces abominations ; mais à Hiéropolis en Égypte, au rapport de Porphyre, on immola des hommes.

Dans la Tauride on sacrifiait des étrangers ; heureusement les prêtres de la Tauride ne devaient pas avoir beaucoup de pratiques. Les premiers Grecs, les Cypriots, les Phéniciens, les Tyriens, les Carthaginois, eurent cette superstition abominable. Les Romains eux-mêmes tombèrent dans ce crime de religion : et Plutarque rapporte qu'ils immolèrent deux Grecs et deux Gaulois pour expier les galanteries de trois vestales. Procope, contemporain du roi des Francs Théodebert, dit que les Francs immolèrent des hommes quand ils entrèrent en Italie avec ce prince. Les Gaulois, les Germains, fesaient communément de ces affreux sacrifices. On ne peut guère lire l'histoire sans concevoir de l'horreur pour le genre humain.

Il est vrai que, chez les Juifs, Jephté sacrifia sa fille, et que Saül fut près d'immoler son fils ; il est vrai que ceux qui étaient voués au Seigneur par anathème ne pouvaient être rachetés ainsi qu'on rachetait les bêtes, et qu'il fallait qu'ils périssent.

Nous parlons ailleurs des victimes humaines sacrifiées dans toutes les religions.

Pour consoler le genre humain de cet horrible tableau, de ces pieux sacriléges, il est important de savoir que, chez presque toutes les nations nommées idolâtres, il y avait la théologie sacrée et l'erreur populaire, le culte secret et les cérémonies publiques, la religion des sages et celle du vulgaire. On n'enseignait qu'un seul Dieu aux initiés dans les mystères : il n'y a qu'à jeter les yeux sur l'hymne attribué à l'ancien Orphée, qu'on chantait dans les mystères de Cérès Éleusine, si célèbre en Europe et en Asie. « Contemple la nature divine, illumine ton esprit, gouverne ton » cœur, marche dans la voie de la justice, que le » Dieu du ciel et de la terre soit toujours présent » à tes yeux ; il est unique, il existe seul par lui- » même, tous les êtres tiennent de lui leur existen- » ce ; il les soutient tous : il n'a jamais été vu des » mortels, et il voit toutes choses. »

Qu'on lise encore ce passage du philosophe Maxime de Madaure, que nous avons déjà cité : « Quel homme est assez grossier, assez stupide » pour douter qu'il soit un Dieu suprême, éter- » nel, infini, qui n'a rien engendré de semblable » à lui-même, et qui est le père commun de toutes » choses? »

Il y a mille témoignages que les sages abhorraient non seulement l'idolâtrie, mais encore le polythéisme.

Épictète, ce modèle de résignation et de patience, cet homme si grand dans une condition si basse, ne parle jamais que d'un seul Dieu. Relisez encore cette maxime : « Dieu m'a créé, Dieu est » au-dedans de moi ; je le porte partout. Pourrais- » je le souiller par des pensées obscènes, par des » actions injustes, par d'infâmes desirs? Mon de- » voir est de remercier Dieu de tout, de le louer » de tout, et de ne cesser de le bénir qu'en cessant » de vivre. » Toutes les idées d'Épictète roulent sur ce principe. Est-ce là un idolâtre ?

Marc-Aurèle, aussi grand peut-être sur le trône

de l'empire romain qu'Épictète dans l'esclavage, parle souvent, à la vérité, des dieux, soit pour se conformer au langage reçu, soit pour exprimer des êtres mitoyens entre l'Être suprême et les hommes : mais en combien d'endroits ne fait-il pas voir qu'il ne reconnaît qu'un Dieu éternel, infini ! « Notre » âme, dit-il, est une émanation de la Divinité. » Mes enfants, mon corps, mes esprits, me vien» nent de Dieu. »

Les stoïciens, les platoniciens, admettaient une nature divine et universelle ; les épicuriens la niaient. Les pontifes ne parlaient que d'un seul Dieu dans les mystères. Où étaient donc les idolâtres ? Tous nos déclamateurs crient à l'idolâtrie comme de petits chiens qui jappent quand ils entendent un gros chien aboyer.

Au reste, c'est une des plus grandes erreurs du *Dictionnaire de Moréri*, de dire que du temps de Théodose-le-Jeune il ne resta plus d'idolâtres que dans les pays reculés de l'Asie et de l'Afrique. Il y avait dans l'Italie beaucoup de peuples encore gentils, même au septième siècle. Le nord de l'Allemagne, depuis le Véser, n'était pas chrétien du temps de Charlemagne. La Pologne et tout le septentrion restèrent long-temps après lui dans ce qu'on appelle *idolâtrie*. La moitié de l'Afrique, tous les royaumes au-delà du Gange, le Japon, la populace de la Chine, cent hordes de Tartares, ont conservé leur ancien culte. Il n'y a plus en Europe que quelques Lapons, quelques Samoïèdes, quelques Tartares, qui aient persévéré dans la religion de leurs ancêtres.

Finissons par remarquer que, dans les temps qu'on appelle parmi nous le *moyen âge*, nous appelions le pays des mahométans *la Paganie ;* nous traitions d'*idolâtres*, d'*adorateurs* d'*images*, un peuple qui a les images en horreur. Avouons, encore une fois, que les Turcs sont plus excusables de nous croire idolâtres, quand ils voient nos autels chargés d'images et de statues.

Un gentilhomme du prince Ragotski m'a assuré sur son honneur qu'étant entré dans un café à Constantinople, la maîtresse ordonna qu'on ne le servît point, parce qu'il était idolâtre. Il était protestant ; il lui jura qu'il n'adorait ni hostie ni images. Ah ! si cela est, lui dit cette femme, venez chez moi tous les jours, vous serez servi pour rien.

IGNACE DE LOYOLA.

Voulez-vous acquérir un grand nom, être fondateur ? soyez complétement fou, mais d'une folie qui convienne à votre siècle. Ayez dans votre folie un fonds de raison qui puisse servir à diriger vos extravagances, et soyez excessivement opiniâtre. Il pourra arriver que vous soyez pendu ; mais si vous ne l'êtes pas, vous pourrez avoir des autels.

En conscience, y a-t-il jamais eu un homme plus digne des Petites-Maisons que saint Ignace ou saint Inigo le Biscaïen, car c'est son véritable nom? La tête lui tourne à la lecture de la *Légende dorée,* comme elle tourna depuis à don Quichotte de la Manche pour avoir lu des romans de chevalerie. Voilà mon Biscaïen qui se fait d'abord chevalier de la Vierge, et qui fait la veille des armes à l'honneur de sa dame. La sainte Vierge lui apparaît, et accepte ses services ; elle revient plusieurs fois ; elle lui amène son fils. Le diable, qui est aux aguets, et qui prévoit tout le mal que les jésuites lui feront un jour, vient faire un vacarme de lutin dans la maison, casse toutes les vitres : le Biscaïen le chasse avec un signe de croix ; le diable s'enfuit à travers la muraille, et y laisse une grande ouverture, que l'on montrait encore aux curieux cinquante ans après ce bel événement.

Sa famille, voyant le dérangement de son esprit, veut le faire enfermer et le mettre au régime : il se débarrasse de sa famille ainsi que du diable, et s'enfuit sans savoir où il va. Il rencontre un Maure, et dispute avec lui sur l'immaculée conception. Le Maure, qui le prend pour ce qu'il est, le quitte au plus vite. Le Biscaïen ne sait s'il tuera le Maure, ou s'il priera Dieu pour lui ; il en laissa la décision à son cheval, qui, plus sage que lui, reprit la route de son écurie.

Mon homme, après cette aventure, prend le parti d'aller en pèlerinage à Bethléem, en mendiant son pain : sa folie augmente en chemin ; les dominicains prennent pitié de lui à Manrèse ; ils le gardent chez eux pendant quelques jours, et le renvoient sans l'avoir pu guérir.

Il s'embarque à Barcelone, arrive à Venise : on le chasse de Venise ; il revient à Barcelone, toujours mendiant son pain, toujours ayant des extases et voyant fréquemment la sainte Vierge et Jésus-Christ.

Enfin on lui fait entendre que, pour aller dans la Terre-Sainte convertir les Turcs, les chrétiens de l'église grecque, les Arméniens et les Juifs, il fallait commencer par étudier un peu de théologie. Mon Biscaïen ne demande pas mieux ; mais pour être théologien il faut savoir un peu de grammaire et un peu de latin : cela ne l'embarrasse point ; il va au collége à l'âge de trente-trois ans ; on se moque de lui, et il n'apprend rien.

Il était désespéré de ne pouvoir aller convertir des infidèles ; le diable eut pitié de lui cette fois-là : il lui apparut, et lui jura, foi de chrétien, que s'il voulait se donner à lui, il le rendrait le plus savant homme de l'Eglise de Dieu. Ignace n'eut garde de se mettre sous la discipline d'un tel maître : il retourna en classe ; on lui donna le fouet quelquefois, il n'en fut pas plus savant.

Chassé du collége de Barcelone, persécuté par le diable, qui le punissait de ses refus, abandonné par la vierge Marie, qui ne se mettait point du tout en peine de secourir son chevalier, il ne se rebute pas : il se met à courir le pays avec des pèlerins de Saint-Jacques ; il prêche dans les rues de ville en ville. On l'enferme dans les prisons de l'inquisition. Délivré de l'inquisition, on le met en prison dans Alcala ; il s'enfuit après à Salamanque, et on l'y enferme encore. Enfin, voyant qu'il n'était pas prophète dans son pays, Ignace prend la résolution d'aller étudier à Paris : il fait le voyage à pied, précédé d'un âne qui portait son bagage, ses livres et ses écrits. Don Quichotte du moins eut un cheval et un écuyer; mais Ignace n'avait ni l'un ni l'autre.

Il essuie à Paris les mêmes avanies qu'en Espagne; on lui fait mettre culotte bas au collége de Sainte-Barbe, et on veut le fouetter en cérémonie. Sa vocation l'appelle enfin à Rome.

Comment s'est-il pu faire qu'un pareil extravagant ait joui enfin à Rome de quelque considération, se soit fait des disciples, et ait été le fondateur d'un ordre puissant, dans lequel il y a eu des hommes très estimables? c'est qu'il était opiniâtre et enthousiaste. Il trouva des enthousiastes comme lui, auxquels il s'associa. Ceux-là, ayant plus de raison que lui, rétablirent un peu la sienne : il devint plus avisé sur la fin de sa vie, et il mit même quelque habileté dans sa conduite.

Peut-être Mahomet commença-t-il à être aussi fou qu'Ignace dans les premières conversations qu'il eut avec l'ange Gabriel; et peut-être Ignace, à la place de Mahomet, aurait fait d'aussi grandes choses que le prophète; car il était tout aussi ignorant, aussi visionnaire et aussi courageux.

On dit d'ordinaire que ces choses-là n'arrivent qu'une fois : cependant il n'y a pas long-temps qu'un rustre Anglais, plus ignorant que l'Espagnol Ignace, a établi la société de ceux qu'on nomme *quakers*, société fort au-dessus de celle d'Ignace. Le comte de Sinzendorf a de nos jours fondé la secte des moraves ; et les convulsionnaires de Paris ont été sur le point de faire une révolution. Ils ont été bien fous, mais ils n'ont pas été assez opiniâtres.

IGNORANCE.

SECTION PREMIÈRE.

Il y a bien des espèces d'ignorances; la pire de toutes est celle des critiques. Ils sont obligés, comme on sait, d'avoir doublement raison, comme gens qui affirment, et comme gens qui condamnent. Ils sont donc doublement coupables quand ils se trompent.

PREMIÈRE IGNORANCE.

Par exemple, un homme fait deux gros volumes sur quelques pages d'un livre utile qu'il n'a pas entendu. Il examine d'abord ces paroles :

« La mer a couvert des terrains immenses...
» Les lits profonds de coquillages qu'on trouve en
» Touraine et ailleurs ne peuvent y avoir été dé-
» posés que par la mer. »

Oui, si ces lits de coquillages existent en effet : mais le critique devait savoir que l'auteur lui-même a découvert, ou cru découvrir que ces lits réguliers de coquillages n'existent point, qu'il n'y en a nulle part dans le milieu des terres; mais, soit que le critique le sût, soit qu'il ne le sût pas, il ne devait pas imputer, généralement parlant, des couches de coquilles supposées régulièrement placées les unes sur les autres à un déluge universel qui aurait détruit toute régularité : c'est ignorer absolument la physique.

Il ne devait pas dire : « Le déluge universel est » raconté par Moïse avec le consentement de toutes » les nations ; » 1° parce que le *Pentateuque* fut long-temps ignoré, non seulement des nations, mais des Juifs eux-mêmes;

2° Parce qu'on ne trouva qu'un exemplaire de la loi au fond d'un vieux coffre, du temps du roi Josias;

3° Parce que ce livre fut perdu pendant la captivité;

4° Parce qu'il fut restauré par Esdras;

5° Parce qu'il fut toujours inconnu à toute autre nation jusqu'au temps de la traduction des Septante;

6° Parce que, même depuis la traduction attribuée aux Septante, nous n'avons pas un seul auteur parmi les gentils qui cite un seul endroit de ce livre, jusqu'à Longin, qui vivait sous l'empereur Aurélien;

7° Parce que nulle autre nation n'a jamais admis un déluge universel jusqu'aux *Métamorphoses* d'Ovide, et qu'encore, dans Ovide, il ne s'étend qu'à la Méditerranée;

8° Parce que saint Augustin avoue expressément que le déluge universel fut ignoré de toute l'antiquité;

9° Parce que le premier déluge dont il est question chez les gentils est celui dont parle Bérose, et qu'il fixe à quatre mille quatre cents ans environ avant notre ère vulgaire; ce déluge ne s'étendit que vers le Pont-Euxin;

10° Parce qu'enfin il ne nous est resté aucun monument d'un déluge universel chez aucune nation du monde.

Il faut ajouter à toutes ces raisons que le critique n'a pas seulement compris l'état de la question. Il s'agit uniquement de savoir si nous avons des preuves physiques que la mer ait abandonné successivement plusieurs terrains ; et sur cela M. l'abbé François dit des injures à des hommes qu'il ne peut ni connaître ni entendre. Il eût mieux valu se taire et ne pas grossir la foule des mauvais livres.

SECONDE IGNORANCE.

Le même critique, pour appuyer de vieilles idées assez universellement méprisées, mais qui n'ont pas le plus léger rapport à Moïse, s'avise de dire[a] que « Bérose est parfaitement d'accord avec » Moïse dans le nombre des générations avant le » déluge. »

Remarquez, mon cher lecteur, que ce Bérose est celui-là même qui nous apprend que le poisson Oannès sortait tous les jours de l'Euphrate pour venir prêcher les Chaldéens, et que le même poisson écrivit avec une de ses arêtes un beau livre sur l'origine des choses. Voilà l'écrivain que M. l'abbé François prend pour le garant de Moïse.

TROISIÈME IGNORANCE.

« [b] N'est-il pas constant qu'un grand nombre de » familles européennes,..... transplantées dans les » côtes d'Afrique, y sont devenues, sans aucun » mélange, aussi noires que les naturelles du » pays ? »

Monsieur l'abbé, c'est le contraire qui est constant. Vous ignorez que les nègres ont le *reticulum mucosum* noir, quoique je l'aie dit vingt fois. Sachez que vous auriez beau faire des enfants en Guinée, vous ne feriez jamais que des Welches qui n'auraient ni cette belle peau noire huileuse, ni ces lèvres noires et lippues, ni ces yeux ronds, ni cette laine frisée sur la tête, qui font la différence spécifique des nègres. Sachez que votre famille welche, établie en Amérique, aura toujours de la barbe, tandis qu'aucun Américain n'en aura. Après cela, tirez-vous d'affaire comme vous pourrez avec Adam et Ève.

QUATRIÈME IGNORANCE.

« [c] Le plus idiot ne dit point : moi pied, moi » tête, moi main ; il sent donc qu'il y a en lui » quelque chose qui s'approprie son corps. »

Hélas ! mon cher abbé, cet idiot ne dit pas non plus : moi âme.

Que pouvez-vous conclure, vous et lui ? qu'il dit, mon pied, parce qu'on peut l'en priver ; car alors il ne marchera plus : qu'il dit, ma tête ; on peut la lui couper ; alors il ne pensera plus. Eh bien ! que s'ensuit-il ? ce n'est pas ici une ignorance des faits.

CINQUIÈME IGNORANCE.

« [a] Qu'est-ce que ce Melchom qui s'était emparé » du pays de Gad ? plaisant dieu que le Dieu de » Jérémie devait faire enlever pour être traîné en » captivité. »

Ah ! ah ! monsieur l'abbé, vous faites le plaisant ! Vous demandez quel est ce Melchom : je vais vous le dire. Melk ou Melkom signifiait le Seigneur, ainsi qu'Adoni ou Adonaï, Baal ou Bel, Adad, Shadaï, Éloï ou Éloa. Presque tous les peuples de Syrie donnaient de tels noms à leurs dieux. Chacun avait son seigneur, son protecteur, son dieu. Le nom même de Jehova était un nom phénicien et particulier, témoin Sanchoniathon, antérieur certainement à Moïse ; témoin Diodore.

Nous savons bien que Dieu est également le dieu, le maître absolu des Égyptiens et des Juifs, et de tous les hommes, et de tous les mondes : mais ce n'est pas ainsi qu'il est représenté quand Moïse paraît devant Pharaon. Il ne lui parle jamais qu'au nom du Dieu des Hébreux, comme un ambassadeur apporte les ordres du roi son maître. Il parle si peu au nom du maître de toute la nature, que Pharaon lui répond : « Je ne le connais pas. » Moïse fait des prodiges au nom de ce Dieu, mais les sorciers de Pharaon font précisément les mêmes prodiges au nom des leurs. Jusque-là tout est égal : on combat seulement à qui sera le plus puissant, mais non pas à qui sera le seul puissant. Enfin, le Dieu des Hébreux l'emporte de beaucoup ; il manifeste une puissance beaucoup plus grande, mais non pas une puissance unique. Ainsi, humainement parlant, l'incrédulité de Pharaon semble très excusable. C'est la même incrédulité que celle de Montézuma devant Cortez, et d'Atabaliba devant les Pizaro.

Quand Josué assemble les Juifs : « Choisissez, » leur dit-il[b], ce qu'il vous plaira, ou les dieux » auxquels ont servi vos pères dans la Mésopotamie, ou les dieux des Amorrhéens, aux pays » desquels vous habitez : mais pour ce qui est de » moi et de ma maison, nous servirons Adonaï. »

Le peuple s'était donc déjà donné à d'autres dieux et pouvait servir qui il voulait.

Quand la famille de Michas, dans Éphraïm, prend un prêtre lévite pour servir un dieu étranger[c] ; quand toute la tribu de Dan sert le même dieu que la famille de Michas ; lorsqu'un petit-fils même de Moïse se fait prêtre de ce dieu étranger pour de

[a] Page 6. — [b] Page 8. — [c] Page 10.

[a] Page 20.
[b] Josué, ch. XXIV, v. 15. — [c] *Juges*, ch. XVII et XVIII.

l'argent, personne n'en murmure : chacun a son dieu paisiblement; et le petit-fils de Moïse est idolâtre sans que personne y trouve à redire; donc alors chacun choisissait son dieu local, son protecteur.

Les mêmes Juifs, après la mort de Gédéon, adorent Baal-Bérith, qui signifie précisément la même chose qu'Adonaï, le *seigneur*, le *protecteur*: ils changent de protecteur.

Adonaï, du temps de Josué, se rend maître des montagnes[a]; mais il ne peut vaincre les habitants des vallées, parce qu'ils avaient des chariots armés de faux.

Y a-t-il rien qui ressemble plus à un dieu local, qui est puissant en un lieu, et qui ne l'est point en un autre?

Jephté, fils de Galaad et d'une concubine, dit aux Moabites : [b] « Ce que votre dieu Chamos possède ne vous est-il pas dû de droit? Et ce que » le nôtre s'est acquis par ses victoires ne doit-il » pas être à nous? »

Il est donc prouvé invinciblement que les Juifs grossiers, quoique choisis par le Dieu de l'univers, le regardèrent pourtant comme un dieu local, un dieu particulier, tel que le dieu des Ammonites, celui des Moabites, celui des montagnes, celui des vallées.

Il est clair qu'il était malheureusement indifférent au petit-fils de Moïse de servir le dieu de Michas ou celui de son grand-père. Il est clair, et il faut en convenir, que la religion juive n'était point formée; qu'elle ne fut uniforme qu'après Esdras; il faut encore en excepter les Samaritains.

Vous pouvez savoir maintenant ce que c'est que le seigneur Melchom. Je ne prends point son parti, Dieu m'en garde; mais quand vous dites que c'était « un plaisant dieu que Jérémie menaçait de mettre » en esclavage, » je vous répondrai, monsieur l'abbé : de votre maison de verre, vous ne devriez pas jeter des pierres à celle de votre voisin.

C'étaient les Juifs qu'on menait alors en esclavage à Babylone; c'était le bon Jérémie lui-même qu'on accusait d'avoir été corrompu par la cour de Babylone, et d'avoir prophétisé pour elle; c'était lui qui était l'objet du mépris public, et qui finit, à ce qu'on croit, par être lapidé par les Juifs mêmes. Croyez-moi, ce Jérémie n'a jamais passé pour un rieur.

Le Dieu des Juifs, encore une fois, est le Dieu de toute la nature. Je vous le redis afin que vous n'en prétendiez cause d'ignorance, et que vous ne me défériez pas à votre official. Mais je vous soutiens que les Juifs grossiers ne connurent très souvent qu'un dieu local.

[a] Josué, ch. XVII, v. 16. — [b] *Juges*, ch. XI.

SIXIÈME IGNORANCE.

« [a] Il n'est pas naturel d'attribuer les marées » aux phases de la lune. Ce ne sont pas les grandes » marées en pleine lune qu'on attribue aux phases » de cette planète. »

Voici des ignorances d'une autre espèce.

Il arrive quelquefois à certaines gens d'être si honteux du rôle qu'ils jouent dans le monde, que tantôt ils veulent se déguiser en beaux esprits, et tantôt en philosophes.

Il faut d'abord apprendre à monsieur l'abbé que rien n'est plus naturel que d'attribuer un effet à ce qui est toujours suivi de cet effet. Si un tel vent est toujours suivi de la pluie, il est naturel d'attribuer la pluie à ce vent. Or, sur toutes les côtes de l'Océan les marées sont toujours plus fortes dans les sigigées de la lune que dans ses quadratures. (Savez-vous ce que c'est que sigigées, ou syzygies?) La lune retarde tous les jours son lever; la marée retarde aussi tous les jours. Plus la lune approche de notre zénith, plus la marée est grande; plus la lune approche de son périgée, plus la marée s'élève encore. Ces expériences et beaucoup d'autres, ces rapports continuels avec les phases de la lune, ont donc fondé l'opinion ancienne et vraie que cet astre est une principale cause du flux et du reflux.

Après tant de siècles, le grand Newton est venu. Connaissez-vous Newton? avez-vous jamais ouï dire qu'ayant calculé le carré de la vitesse de la lune autour de son orbite dans l'espace d'une minute, et ayant divisé ce carré par le diamètre de l'orbite lunaire, il trouva que le quotient était quinze pieds? que de là il démontra que la lune gravite vers la terre trois mille six cents fois moins que si elle était près de la terre? qu'ensuite il démontra que sa force attractive est la cause des trois quarts de l'élévation de la mer au temps du reflux, et que la force du soleil fait l'élévation de l'autre quart? Vous voilà tout étonné; vous n'avez jamais rien lu de pareil dans le *Pédagogue chrétien*. Tâchez dorénavant, vous et les loueurs de chaises de votre paroisse, de ne jamais parler des choses dont vous n'avez pas la plus légère idée.

Vous ne sauriez croire quel tort vous faites à la religion par votre ignorance, et encore plus par vos raisonnements. On devrait vous défendre d'écrire, à vous et à vos pareils, pour conserver le peu de foi qui reste dans ce monde.

Je vous ferais ouvrir de plus grands yeux, si je vous disais que ce Newton était persuadé et a écrit que Samuel est l'auteur du *Pentateuque*. Je ne dis pas qu'il l'ait démontré comme il a calculé la gra-

[a] Page 20.

vitation. Mais apprenez à douter, et soyez modeste. Je crois au *Pentateuque*, entendez-vous; mais je crois que vous avez imprimé des sottises énormes.

Je pourrais transcrire ici un gros volume de vos ignorances, et plusieurs de celles de vos confrères; je ne m'en donnerai pas la peine. Poursuivons nos questions.

SECTION II.

Les ignorances.

J'ignore comment j'ai été formé, et comment je suis né. J'ai ignoré absolument pendant le quart de ma vie les raisons de tout ce que j'ai vu, entendu et senti; et je n'ai été qu'un perroquet sifflé par d'autres perroquets.

Quand j'ai regardé autour de moi et dans moi, j'ai conçu que quelque chose existe de toute éternité; puisqu'il y a des êtres qui sont actuellement, j'ai conclu qu'il y a un être nécessaire et nécessairement éternel. Ainsi, le premier pas que j'ai fait pour sortir de mon ignorance a franchi les bornes de tous les siècles.

Mais quand j'ai voulu marcher dans cette carrière infinie ouverte devant moi, je n'ai pu ni trouver un seul sentier, ni découvrir pleinement un seul objet; et du saut que j'ai fait pour contempler l'éternité, je suis retombé dans l'abîme de mon ignorance.

J'ai vu ce qu'on appelle *de la matière* depuis l'étoile Sirius, et depuis celles de la *Voie Lactée*, aussi éloignées de Sirius que cet astre l'est de nous, jusqu'au dernier atome qu'on peut apercevoir avec le microscope, et j'ignore ce que c'est que la matière.

La lumière qui m'a fait voir tous ces êtres m'est inconnue; je peux, avec le secours du prisme, anatomiser cette lumière, et la diviser en sept faisceaux de rayons; mais je ne peux diviser ces faisceaux; j'ignore de quoi ils sont composés. La lumière tient de la matière, puisqu'elle a un mouvement et qu'elle frappe les objets; mais elle ne tend point vers un centre comme tous les autres corps: au contraire, elle s'échappe invisiblement du centre, tandis que toute matière pèse vers son centre. La lumière paraît pénétrable, et la matière est impénétrable. Cette lumière est-elle matière? ne l'est-elle pas? qu'est-elle? de quelles innombrables propriétés peut-elle être revêtue? je l'ignore.

Cette substance si brillante, si rapide et si inconnue, et ces autres substances qui nagent dans l'immensité de l'espace, sont-elles éternelles comme elles semblent infinies? je n'en sais rien. Un être nécessaire, souverainement intelligent, les a-t-il créées de rien, ou les a-t-il arrangées? a-t-il produit cet ordre dans le temps ou avant le temps? Hélas! qu'est-ce que ce temps même, dont je parle? je ne puis le définir. O Dieu! il faut que tu m'instruises, car je ne suis éclairé ni par les ténèbres des autres hommes, ni par les miennes.

Qui es-tu, toi, animal à deux pieds, sans plumes, comme moi-même, que je vois ramper comme moi sur ce petit globe? Tu arraches comme moi quelques fruits à la boue, qui est notre nourrice commune. Tu vas à la selle, et tu penses! Tu es sujet à toutes les maladies les plus dégoûtantes, et tu as des idées métaphysiques! J'aperçois que la nature t'a donné deux espèces de fesses par-devant, et qu'elle me les a refusées; elle t'a percé au bas de ton abdomen un si vilain trou, que tu es porté naturellement à le cacher. Tantôt ton urine, tantôt des animaux pensants sortent par ce trou; ils nagent neuf mois dans une liqueur abominable entre cet égout et un autre cloaque, dont les immondices accumulées seraient capables d'empester la terre entière; et cependant ce sont ces deux trous qui ont produit les plus grands événements. Troie périt pour l'un; Alexandre et Adrien ont érigé des temples à l'autre. L'âme immortelle a donc son berceau entre ces deux cloaques! Vous me dites, madame, que cette description n'est ni dans le goût de Tibulle, ni dans celui de Quinault: d'accord, ma bonne; mais je ne suis pas en humeur de te dire des galanteries.

Les souris, les taupes, ont aussi leurs deux trous, pour lesquels elles n'ont jamais fait de pareilles extravagances. Qu'importe à l'Être des êtres qu'il y ait des animaux comme nous et comme les souris, sur ce globe, qui roule dans l'espace avec tant d'innombrables globes?

Pourquoi sommes-nous? pourquoi y a-t-il des êtres?

Qu'est-ce que le sentiment? comment l'ai-je reçu? quel rapport y a-t-il entre l'air qui frappe mon oreille et le sentiment du son? entre ce corps et le sentiment des couleurs? Je l'ignore profondément, et je l'ignorerai toujours.

Qu'est-ce que la pensée? où réside-t-elle? comment se forme-t-elle? qui me donne des pensées pendant mon sommeil? est-ce en vertu de ma volonté que je pense? Mais toujours pendant le sommeil, et souvent pendant la veille, j'ai des idées malgré moi. Ces idées, long-temps oubliées, long-temps reléguées dans l'arrière-magasin de mon cerveau, en sortent sans que je m'en mêle, et se présentent d'elles-mêmes à ma mémoire, qui fesait de vains efforts pour les rappeler.

Les objets extérieurs n'ont pas la puissance de former en moi des idées, car on ne donne point ce qu'on n'a pas; je sens trop que ce n'est pas moi qui me les donne, car elles naissent sans mes ordres. Qui les produit en moi? d'où viennent-elles? où vont-elles? Fantômes fugitifs, quelle main invisible vous produit et vous fait disparaître?

Pourquoi, seul de tous les animaux, l'homme a-t-il la rage de dominer sur ses semblables?

Pourquoi et comment s'est-il pu faire que, sur cent milliards d'hommes, il y en ait eu plus de quatre-vingt-dix-neuf immolés à cette rage?

Comment la raison est-elle un don si précieux que nous ne voudrions le perdre pour rien au monde, et comment cette raison n'a-t-elle servi qu'à nous rendre presque toujours les plus malheureux de tous les êtres?

D'où vient qu'aimant passionnément la vérité, nous nous sommes toujours livrés aux plus grossières impostures?

Pourquoi cette foule d'Indiens trompée et asservie par des bonzes, écrasée par le descendant d'un Tartare, surchargée de travaux, gémissante dans la misère, assaillie par les maladies, en butte à tous les fléaux, aime-t-elle encore la vie?

D'où vient le mal, et pourquoi le mal existe-t-il?

O atomes d'un jour! ô mes compagnons dans l'infinie petitesse, nés comme moi pour tout souffrir et pour tout ignorer, y en a-t-il parmi vous d'assez fous pour croire savoir tout cela? Non, il n'y en a point; non, dans le fond de votre cœur vous sentez votre néant, comme je rends justice au mien. Mais vous êtes assez orgueilleux pour vouloir qu'on embrasse vos vains systèmes; ne pouvant être les tyrans de nos corps, vous prétendez être les tyrans de nos âmes.

IMAGINATION.

SECTION PREMIÈRE.

C'est le pouvoir que chaque être sensible sent en soi de se représenter dans son cerveau les choses sensibles. Cette faculté est dépendante de la mémoire. On voit des hommes, des animaux, des jardins : ces perceptions entrent par les sens; la mémoire les retient; l'imagination les compose. Voilà pourquoi les anciens Grecs appelèrent les Muses *filles de Mémoire*.

Il est très essentiel de remarquer que ces facultés de recevoir des idées, de les retenir, de les composer, sont au rang des choses dont nous ne pouvons rendre aucune raison. Ces ressorts invisibles de notre être sont de la main de la nature, et non de la nôtre.

Peut-être ce don de Dieu, l'imagination, est-il le seul instrument avec lequel nous composons des idées, et même les plus métaphysiques.

Vous prononcez le mot de *triangle*; mais vous ne prononcez qu'un son si vous ne vous représentez pas l'image d'un triangle quelconque. Vous n'avez certainement eu l'idée d'un triangle que parce que vous en avez vu, si vous avez des yeux; ou touché, si vous êtes aveugle. Vous ne pouvez penser au triangle en général si votre imagination ne se figure, au moins confusément, quelque triangle particulier. Vous calculez, mais il faut que vous vous représentiez des unités redoublées; sans quoi il n'y a que votre main qui opère.

Vous prononcez les termes abstraits, *grandeur, vérité, justice, fini, infini*; mais ce mot *grandeur* est-il autre chose qu'un mouvement de votre langue qui frappe l'air, si vous n'avez pas l'image de quelque grandeur? Que veulent dire ces mots *vérité, mensonge*, si vous n'avez pas aperçu par vos sens que telle chose qu'on vous avait dit être existait en effet, et que telle autre n'existait pas? Et de cette expérience ne composez-vous pas l'idée générale de vérité et de mensonge? Et quand on vous demande ce que vous entendez par ces mots, pouvez-vous vous empêcher de vous figurer quelque image sensible, qui vous fait souvenir qu'on vous a dit quelquefois ce qui était, et fort souvent ce qui n'était point?

Avez-vous la notion de *juste* et *d'injuste* autrement que par des actions qui vous ont paru telles? Vous avez commencé dans votre enfance par apprendre à lire sous un maître : vous aviez envie de bien épeler, et vous avez mal épelé : votre maître vous a battu; cela vous a paru très injuste. Vous avez vu le salaire refusé à un ouvrier, et cent autres choses pareilles. L'idée abstraite du juste et de l'injuste est-elle autre chose que ces faits confusément mêlés dans votre imagination?

Le *fini* est-il dans votre esprit autre chose que l'image de quelque mesure bornée? L'*infini* est-il autre chose que l'image de cette même mesure que vous prolongez sans trouver fin? Toutes ces opérations ne sont-elles pas dans vous à peu près de la même manière que vous lisez un livre? Vous y lisez les choses, et vous ne vous occupez pas des caractères de l'alphabet, sans lesquels pourtant vous n'auriez aucune notion de ces choses : faites-y un moment d'attention, et alors vous apercevrez ces caractères sur lesquels glissait votre vue. Ainsi tous vos raisonnements, toutes vos connaissances sont fondées sur des images tracées dans votre cerveau. Vous ne vous en apercevez pas ; mais arrêtez-vous un moment pour y songer, et alors vous voyez que ces images sont la base de toutes vos notions. C'est au lecteur à peser cette idée, à l'étendre, à la rectifier.

Le célèbre Addison, dans ses *onze Essais sur l'imagination*, dont il a enrichi les feuilles du *Spectateur*, dit d'abord que « le sens de la vue » est celui qui fournit seul les idées à l'imagina- » tion. » Cependant il faut avouer que les autres sens y contribuent aussi. Un aveugle-né entend dans son imagination l'harmonie qui ne frappe plus son oreille ; il est à table en songe ; les objets qui ont résisté ou cédé à ses mains font encore le même effet dans sa tête. Il est vrai que le sens de la vue fournit seul les images ; et, comme c'est une espèce de *toucher* qui s'étend jusqu'aux étoiles, son immense étendue enrichit plus l'imagination que tous les autres sens ensemble.

Il y a deux sortes d'imagination : l'une qui consiste à retenir une simple impression des objets ; l'autre qui arrange ces images reçues, et les combine en mille manières. La première a été appelée *imagination passive*; la seconde, *active*. La passive ne va pas beaucoup au-delà de la mémoire ; elle est commune aux hommes et aux animaux. De là vient que le chasseur et son chien poursuivent également des bêtes dans leurs rêves, qu'ils entendent également le bruit des cors, que l'un crie, et l'autre jappe en dormant. Les hommes et les bêtes font alors plus que se ressouvenir, car les songes ne sont jamais des images fidèles. Cette espèce d'imagination compose les objets ; mais ce n'est point en elle l'entendement qui agit, c'est la mémoire qui se méprend.

Cette imagination passive n'a certainement besoin du secours de notre volonté, ni dans le sommeil, ni dans la veille ; elle se peint malgré nous ce que nos yeux ont vu, elle entend ce que nous avons entendu, et touche ce que nous avons touché ; elle y ajoute, elle en diminue. C'est un sens intérieur qui agit nécessairement : aussi rien n'est-il plus commun que d'entendre dire : « on » n'est pas le maître de son imagination. »

C'est ici qu'on doit s'étonner et se convaincre de son peu de pouvoir. D'où vient qu'on fait quelquefois en songe des discours suivis et éloquents, des vers meilleurs qu'on n'en ferait sur le même sujet étant éveillé ? que l'on résout même des problèmes de mathématiques ? Voilà certainement des idées très combinées qui ne dépendent de nous en aucune manière. Or, s'il est incontestable que des idées suivies se forment dans nous, malgré nous, pendant notre sommeil, qui nous assurera qu'elles ne sont pas produites de même dans la veille ? Est-il un homme qui prévoie l'idée qu'il aura dans une minute ? Ne paraît-il pas qu'elles nous sont données comme les mouvements de nos fibres ? Et si le P. Malebranche s'en était tenu à dire que toutes les idées sont données de Dieu, aurait-on pu le combattre ?

Cette faculté passive, indépendante de la réflexion, est la source de nos passions et de nos erreurs ; loin de dépendre de la volonté, elle la détermine, elle nous pousse vers les objets qu'elle peint, ou nous en détourne, selon la manière dont elle les représente. L'image d'un danger inspire la crainte ; celle d'un bien donne des desirs violents ; elle seule produit l'enthousiasme de gloire, de parti, de fanatisme ; c'est elle qui répandit tant de maladies de l'esprit, en fesant imaginer à des cervelles faibles, fortement frappées, que leurs corps étaient changés en d'autres corps ; c'est elle qui persuada à tant d'hommes qu'ils étaient obsédés ou ensorcelés, et qu'ils allaient effectivement au sabbat, parce qu'on leur disait qu'ils y allaient. Cette espèce d'imagination servile, partage ordinaire du peuple ignorant, a été l'instrument dont l'imagination forte de certains hommes s'est servie pour dominer. C'est encore cette imagination passive des cerveaux aisés à ébranler qui fait quelquefois passer dans les enfants les marques évidentes de l'impression qu'une mère a reçue : les exemples en sont innombrables ; et celui qui écrit cet article en a vu de si frappants, qu'il démentirait ses yeux s'il en doutait. Cet effet de l'imagination n'est guère explicable ; mais aucune opération de la nature ne l'est davantage ; on ne conçoit pas mieux comment nous avons des perceptions, comment nous les retenons, comment nous les arrangeons : il y a l'infini entre nous et les ressorts de notre être.

L'imagination active est celle qui joint la réflexion, la combinaison à la mémoire. Elle rapproche plusieurs objets distants ; elle sépare ceux qui se mêlent, les compose et les change ; elle semble créer quand elle ne fait qu'arranger ; car il n'est pas donné à l'homme de se faire des idées ; il ne peut que les modifier.

Cette imagination active est donc au fond une faculté aussi indépendante de nous que l'imagination passive : et une preuve qu'elle ne dépend pas de nous, c'est que, si vous proposez à cent personnes également ignorantes d'imaginer telle machine nouvelle, il y en aura quatre-vingt-dix-neuf qui n'imagineront rien, malgré leurs efforts. Si le centième imagine quelque chose, n'est-il pas évident que c'est un don particulier qu'il a reçu? C'est ce don que l'on appelle *génie*; c'est là qu'on a reconnu quelque chose d'inspiré et de divin.

Ce don de la nature est imagination d'invention dans les arts, dans l'ordonnance d'un tableau, dans celle d'un poëme. Elle ne peut exister sans la mémoire; mais elle s'en sert comme d'un instrument avec lequel elle fait tous ses ouvrages.

Après avoir vu qu'on soulevait avec un bâton une grosse pierre que la main ne pouvait remuer, l'imagination active inventa les leviers, et ensuite les forces mouvantes composées, qui ne sont que des leviers déguisés; il faut se peindre d'abord dans l'esprit les machines et leurs effets pour les exécuter.

Ce n'est pas cette sorte d'imagination que le vulgaire appelle, ainsi que la mémoire, l'ennemie du jugement. Au contraire, elle ne peut agir qu'avec un jugement profond; elle combine sans cesse ses tableaux, elle corrige ses erreurs, elle élève tous ses édifices avec ordre. Il y a une imagination étonnante dans la mathématique-pratique: et Archimède avait au moins autant d'imagination qu'Homère. C'est par elle qu'un poëte crée ses personnages, leur donne des caractères, des passions, invente sa fable, en présente l'exposition, en redouble le nœud, en prépare le dénoûment; travail qui demande encore le jugement le plus profond, et en même temps le plus fin.

Il faut un très grand art dans toutes ces imaginations d'invention, et même dans les romans. Ceux qui en manquent sont méprisés des esprits bien faits. Un jugement toujours sain règne dans les fables d'Ésope; elles seront toujours les délices des nations. Il y a plus d'imagination dans les contes des fées, mais ces imaginations fantastiques, dépourvues d'ordre et de bon sens, ne peuvent être estimées; on les lit par faiblesse, et on les condamne par raison.

La seconde partie de l'imagination active est celle de détail; et c'est elle qu'on appelle communément imagination dans le monde. C'est elle qui fait le charme de la conversation; car elle présente sans cesse à l'esprit ce que les hommes aiment le mieux, des objets nouveaux. Elle peint vivement ce que les esprits froids dessinent à peine; elle emploie les circonstances les plus frappantes; elle allègue des exemples : et quand ce talent se montre avec la sobriété qui convient à tous les talents, il se concilie l'empire de la société. L'homme est tellement machine, que le vin donne quelquefois cette imagination que l'ivresse anéantit; il y a là de quoi s'humilier, mais de quoi admirer. Comment se peut-il faire qu'un peu d'une certaine liqueur, qui empêchera de faire un calcul, donnera des idées brillantes?

C'est surtout dans la poésie que cette imagination de détail et d'expression doit régner. Elle est ailleurs agréable, mais là elle est nécessaire. Presque tout est image dans Homère, dans Virgile, dans Horace, sans même qu'on s'en aperçoive. La tragédie demande moins d'images, moins d'expressions pittoresques, de grandes métaphores, d'allégories, que le poëme épique ou l'ode : mais la plupart de ces beautés, bien ménagées, font dans la tragédie un effet admirable. Un homme qui, sans être poëte, ose donner une tragédie, fait dire à Hippolyte :

Depuis que je vous vois j'abandonne la chasse.
PRADON, *Phèdre et Hippolyte*, acte I, scène II.

Mais Hippolyte, que le vrai poëte fait parler, dit :

Mon arc, mes javelots, mon char, tout m'importune.
RACINE. *Phèdre*, acte II, scène II.

Ces imaginations ne doivent jamais être forcées, ampoulées, gigantesques. Ptolémée parlant dans un conseil d'une bataille qu'il n'a pas vue, et qui s'est donnée loin de chez lui, ne doit point peindre

Ces montagnes de morts privés d'honneurs suprêmes,
Que la nature force à se venger eux-mêmes,
Et dont les troncs pourris exhalent dans les vents
De quoi faire la guerre au reste des vivants.
CORNEILLE, *Mort de Pompée*, acte I, scène I.

Une princesse ne doit point dire à un empereur :

La vapeur de mon sang ira grossir la foudre
Que Dieu tient déjà prête à le réduire en poudre.
Héraclius, acte I, scène III.

On sent assez que la vraie douleur ne s'amuse point à une métaphore si recherchée.

L'imagination active qui fait les poëtes leur donne l'enthousiasme, c'est-à-dire, selon le mot grec, cette émotion interne qui agite en effet l'esprit, et qui transforme l'auteur dans le personnage qu'il fait parler; car c'est là l'enthousiasme : il consiste dans l'émotion et dans les images; alors l'auteur dit précisément les mêmes choses que dirait la personne qu'il introduit :

Je le vis, je rougis, je pâlis à sa vue;
Un trouble s'éleva dans mon âme éperdue.
Mes yeux ne voyaient plus, je ne pouvais parler.
RACINE, *Phèdre*, acte I, scène III.

L'imagination, alors ardente et sage, n'entasse point de figures incohérentes; elle ne dit point, par exemple, pour exprimer un homme épais de corps et d'esprit, qu'il est

> Flanqué de chair, gabionné de lard ;

et que la nature,

> En maçonnant les remparts de son âme
> Songea plutôt au fourreau qu'à la lame.

Il y a de l'imagination dans ces vers ; mais elle est grossière, elle est déréglée, elle est fausse : l'image de rempart ne peut s'allier avec celle de fourreau ; c'est comme si on disait qu'un vaisseau est entré dans le port à bride abattue.

On permet moins l'imagination dans l'éloquence que dans la poésie. La raison en est sensible. Le discours ordinaire doit moins s'écarter des idées communes. L'orateur parle la langue de tout le monde ; le poète a pour base de son ouvrage la fiction : aussi l'imagination est l'essence de son art ; elle n'est que l'accessoire dans l'orateur.

Certains traits d'imagination ont ajouté, dit-on, de grandes beautés à la peinture. On cite surtout cet artifice avec lequel un peintre mit un voile sur la tête d'Agamemnon, dans le sacrifice d'Iphigénie ; artifice cependant bien moins beau que si le peintre avait eu le secret de faire voir sur le visage d'Agamemnon le combat de la douleur d'un père, de l'autorité d'un monarque, et du respect pour ses dieux ; comme Rubens a eu l'art de peindre dans les regards et dans l'attitude de Marie de Médicis, la douleur de l'enfantement, la joie d'avoir un fils, et la complaisance dont elle envisage cet enfant.

En général les imaginations des peintres, quand elles ne sont qu'ingénieuses, font plus d'honneur à l'esprit de l'artiste qu'elles ne contribuent aux beautés de l'art. Toutes les compositions allégoriques ne valent pas la belle exécution de la main, qui fait le prix des tableaux.

Dans tous les arts la belle imagination est toujours naturelle : la fausse est celle qui assemble des objets incompatibles : la bizarre peint des objets qui n'ont ni analogie, ni allégorie, ni vraisemblance, comme des esprits qui se jettent à la tête dans leurs combats des montagnes chargées d'arbres, qui tirent du canon dans le ciel, qui font une chaussée dans le chaos ; Lucifer qui se transforme en crapaud ; un ange coupé en deux par un coup de canon, et dont les deux parties se rejoignent incontinent, etc. [1]... L'imagination forte approfondit les objets ; la faible les effleure ; la douce se repose dans les peintures agréables ; l'ardente entasse images sur images ; la sage est celle qui emploie avec choix tous ces différents caractères, mais qui admet très rarement le bizarre, et rejette toujours le faux.

Si la mémoire nourrie et exercée est la source de toute imagination, cette même mémoire surchargée la fait périr. Ainsi, celui qui s'est rempli la tête de noms et de dates n'a pas le magasin qu'il faut pour composer des images. Les hommes occupés de calculs ou d'affaires épineuses ont d'ordinaire l'imagination stérile.

Quand elle est trop ardente, trop tumultueuse, elle peut dégénérer en démence ; mais on a remarqué que cette maladie des organes du cerveau est bien plus souvent le partage de ces imaginations passives, bornées à recevoir la profonde empreinte des objets, que de ces imaginations actives et laborieuses qui assemblent et combinent des idées ; car cette imagination active a toujours besoin du jugement, l'autre en est indépendante.

Il n'est peut-être pas inutile d'ajouter à cet essai que par ces mots, *perception*, *mémoire*, *imagination*, *jugement*, on n'entend point des organes distincts, dont l'un a le don de sentir, l'autre se ressouvient, un troisième imagine, un quatrième juge. Les hommes sont plus portés qu'on ne pense à croire que ce sont des facultés différentes et séparées. C'est cependant le même être qui fait toutes ces opérations, que nous ne connaissons que par leurs effets, sans pouvoir rien connaître de cet être.

[1] Tout ceci porte évidemment sur le *Paradis perdu* de Milton.

SECTION II.

Les bêtes en ont comme vous, témoin votre chien qui chasse dans ses rêves.

« Les choses se peignent en la fantaisie, » dit Descartes, comme les autres. Oui ; mais qu'est-ce que c'est que la fantaisie ? et comment les choses s'y peignent-elles ? est-ce avec de la matière subtile ? *Que sais-je ?* est la réponse à toutes les questions touchant les premiers ressorts.

Rien ne vient dans l'entendement sans une image. Il faut, pour que vous acquériez cette idée si confuse d'un espace infini, que vous ayez eu l'image d'un espace de quelques pieds. Il faut, pour que vous ayez l'idée de Dieu, que l'image de quelque chose de plus puissant que vous ait long-temps remué votre cerveau.

Vous ne créez aucune idée, aucune image, je vous en défie. L'Arioste n'a fait voyager Astolphe dans la lune que long-temps après avoir entendu parler de la lune, de saint Jean, et des paladins.

On ne fait aucune image, on les assemble, on les combine. Les extravagances des *Mille et une Nuits* et des *Contes des fées*, etc., etc., ne sont que des combinaisons.

Celui qui prend le plus d'images dans le magasin de la mémoire est celui qui a le plus d'imagination.

La difficulté n'est pas d'assembler ces images avec prodigalité et sans choix. Vous pourriez passer un jour entier à représenter sans effort et sans presque aucune attention un beau vieillard avec une grande barbe blanche, vêtu d'une ample draperie, porté au milieu d'un nuage sur des enfants joufflus qui ont de belles paires d'ailes, ou sur un aigle d'une grandeur énorme; tous les dieux et tous les animaux autour de lui; des trépieds d'or qui courent pour arriver à son conseil; des roues qui tournent d'elles-mêmes, qui marchent en tournant, qui ont quatre faces, qui sont couvertes d'yeux, d'oreilles, de langues et de nez; entre ces trépieds et ces roues une foule de morts qui ressuscitent au bruit du tonnerre; les sphères célestes qui dansent et qui font entendre un concert harmonieux, etc., etc.; les hôpitaux des fous sont remplis de pareilles imaginations.

On distingue l'imagination qui dispose les événements d'un poëme, d'un roman, d'une tragédie, d'une comédie, qui donne aux personnages des caractères, des passions; c'est ce qui demande le plus profond jugement et la connaissance la plus fine du cœur humain; talents nécessaires avec lesquels pourtant on n'a encore rien fait : ce n'est que le plan de l'édifice.

L'imagination qui donne à tous ces personnages l'éloquence propre de leur état, et convenable à leur situation; c'est là le grand art, et ce n'est pas encore assez.

L'imagination dans l'expression, par laquelle chaque mot peint une image à l'esprit sans l'étonner, comme dans Virgile :

« Remigium alarum. . . . . »
Æn., VI, 19.

« Mœrentem abjungens fraterna morte juvencum. »
Georg., III, 518.

« . . . . Velorum pandimus alas. »
Æn., III, 520.

« Pendent circum oscula nati. . . . . »
Georg., II, 523.

« Immortale jecur tundens, fæcundaque pœnis
« Viscera. . . . . »
Æn., VI, 598.

« Et caligantem nigra formidine lucum. »
Georg., IV, 468.

« Fata vocant, conditque natantia lumina somnus. »
Georg., IV, 496.

Virgile est plein de ces expressions pittoresques dont il enrichit la belle langue latine, et qu'il est si difficile de bien rendre dans nos jargons d'Europe, enfants bossus et boiteux d'un grand homme de belle taille, mais qui ne laissent pas d'avoir leur mérite, et d'avoir fait de très bonnes choses dans leur genre.

Il y a une imagination étonnante dans les mathématiques. Il faut commencer par se peindre nettement dans l'esprit la figure, la machine qu'on invente, ses propriétés ou ses effets. Il y avait beaucoup plus d'imagination dans la tête d'Archimède que dans celle d'Homère.

De même que l'imagination d'un grand mathématicien doit être d'une exactitude extrême, celle d'un grand poëte doit être très châtiée. Il ne doit jamais présenter d'images incompatibles, incohérentes, trop exagérées, trop peu convenables au sujet.

Pulchérie, dans la tragédie d'*Héraclius*, dit à Phocas :

La vapeur de mon sang ira grossir la foudre
Que Dieu tient déjà prête à le réduire en poudre.
Acte I, scène III.

Cette exagération forcée ne paraît pas convenable à une jeune princesse qui, supposé qu'elle ait ouï dire que le tonnerre se forme des exhalaisons de la terre, ne doit pas présumer que la vapeur d'un peu de sang répandu dans une maison ira former la foudre. C'est le poëte qui parle, et non la jeune princesse. Racine n'a point de ces imaginations déplacées. Cependant, comme il faut mettre chaque chose à sa place, on ne doit pas regarder cette image exagérée comme un défaut insupportable; ce n'est que la fréquence de ces figures qui peut gâter entièrement un ouvrage.

Il serait difficile de ne pas rire de ces vers :

Quelques noires vapeurs que puissent concevoir
Et la mère et la fille ensemble au désespoir,
Tout ce qu'elles pourront enfanter de tempêtes,
Sans venir jusqu'à nous, crèvera sur nos têtes;
Et nous érigerons, dans cet heureux séjour,
De leur haine impuissante un trophée à l'Amour.
CORNEILLE, *Théodore*, acte I, scène I.

« Ces vapeurs de la mère et de la fille qui enfantent des tempêtes, ces tempêtes qui ne viennent point jusqu'à Placide, et qui crèvent sur les têtes pour ériger un trophée d'une haine, » sont assurément des imaginations aussi incohérentes, aussi étranges que mal exprimées. Racine, Boileau, Molière, les bons auteurs du siècle de Louis XIV, ne tombent jamais dans ce défaut puéril.

Le grand défaut de quelques auteurs qui sont venus après le siècle de Louis XIV, c'est de vouloir toujours avoir de l'imagination, et de fatiguer le lecteur par cette vicieuse abondance d'images recherchées, autant que par des rimes redoublées, dont la moitié au moins est inutile. C'est ce qui a fait tomber enfin tant de petits poëmes, comme

Vert-Vert, la *Chartreuse*, les *Ombres*, qui eurent la vogue pendant quelque temps.

« Omne supervacuum pleno de pectore manat. »
Hor., *de art. poet.* 337.

On a distingué, dans le grand *Dictionnaire encyclopédique*, l'imagination active et la passive. L'active est celle dont nous avons traité; c'est ce talent de former des peintures neuves de toutes celles qui sont dans notre mémoire.

La passive n'est presque autre chose que la mémoire, même dans un cerveau vivement ému. Un homme d'une imagination active et dominante, un prédicateur de la Ligue en France, ou des puritains en Angleterre, harangue la populace d'une voix tonnante, d'un œil enflammé et d'un geste d'énergumène; représente Jésus-Christ demandant justice au Père éternel des nouvelles plaies qu'il a reçues des royalistes, des clous que ces impies viennent de lui enfoncer une seconde fois dans les pieds et dans les mains. Vengez Dieu le père, vengez le sang de Dieu le fils, marchez sous les drapeaux du Saint-Esprit; c'était autrefois une colombe; c'est aujourd'hui un aigle qui porte la foudre. Les imaginations passives, ébranlées par ces images, par la voix, par l'action de ces charlatans sanguinaires, courent du prône et du prêche tuer des royalistes et se faire pendre.

Les imaginations passives vont s'émouvoir tantôt aux sermons, tantôt aux spectacles, tantôt à la Grève, tantôt au sabbat.

IMPIE.

Quel est l'impie? c'est celui qui donne une barbe blanche, des pieds et des mains à l'Être des êtres, au grand Demiourgos, à l'intelligence éternelle par laquelle la nature est gouvernée. Mais ce n'est qu'un impie excusable, un pauvre impie contre lequel on ne doit pas se fâcher.

Si même il peint le grand Être incompréhensible porté sur un nuage qui ne peut rien porter; s'il est assez bête pour mettre Dieu dans un brouillard, dans la pluie, ou sur une montagne, et pour l'entourer de petites faces rondes, joufflues, enluminées, accompagnées de deux ailes; je ris, et je lui pardonne de tout mon cœur.

L'impie qui attribue à l'Être des êtres des prédictions déraisonnables et des injustices me fâcherait, si ce grand Être ne m'avait fait présent d'une raison qui réprime ma colère. Ce sot fanatique me répète, après d'autres, que ce n'est pas à nous à juger de ce qui est raisonnable et juste dans le grand Être, que sa raison n'est pas comme notre raison, que sa justice n'est pas comme notre justice. Eh! comment veux-tu, mon fou d'énergumène, que je juge autrement de la justice et de la raison que par les notions que j'en ai? veux-tu que je marche autrement qu'avec mes pieds, et que je te parle autrement qu'avec ma bouche?

L'impie qui suppose le grand Être jaloux, orgueilleux, malin, vindicatif, est plus dangereux. Je ne voudrais pas coucher sous même toit avec cet homme.

Mais comment traiterez-vous l'impie qui vous dit : Ne vois que par mes yeux, ne pense point; je t'annonce un Dieu tyran qui m'a fait pour être ton tyran; je suis son bien-aimé; il tourmentera pendant toute l'éternité des millions de ses créatures qu'il déteste pour me réjouir; je serai ton maître dans ce monde, et je rirai de tes supplices dans l'autre?

Ne vous sentez-vous pas une démangeaison de rosser ce cruel impie? et si vous êtes né doux, ne courrez-vous pas de toutes vos forces à l'occident quand ce barbare débite ses rêves atroces à l'orient?

A l'égard des impies qui manquent à se laver le coude vers Alep et vers Érivan, ou qui ne se mettent pas à genoux devant une procession de capucins à Perpignan, ils sont coupables sans doute, mais je ne crois pas qu'on doive les empaler.

IMPOT.

SECTION PREMIÈRE.

On a fait tant d'ouvrages philosophiques sur la nature de l'impôt, qu'il faut bien en dire ici un petit mot. Il est vrai que rien n'est moins philosophique que cette matière; mais elle peut rentrer dans la philosophie morale, en représentant à un surintendant des finances, ou à un tefterdar turc, qu'il n'est pas selon la morale universelle de prendre l'argent de son prochain, et que tous les receveurs, douaniers, commis des aides et gabelles, sont maudits dans l'Évangile.

Tout maudits qu'ils sont, il faut pourtant convenir qu'il est impossible qu'une société subsiste sans que chaque membre paie quelque chose pour les frais de cette société; et puisque tout le monde doit payer, il est nécessaire qu'il y ait un receveur. On ne voit pas pourquoi ce receveur est maudit, et regardé comme un idolâtre. Il n'y a certainement nulle idolâtrie à recevoir l'argent des convives pour payer leur souper.

Dans les républiques, et dans les états qui, avec le nom de *royaume*, sont des républiques en effet, chaque particulier est taxé suivant ses forces et suivant les besoins de la société.

Dans les royaumes despotiques, ou, pour parler plus poliment, dans les états monarchiques, il n'en est pas tout-à-fait de même. On taxe la nation sans la consulter. Un agriculteur qui a douze cents livres de revenu est tout étonné qu'on lui en demande quatre cents. Il en est même plusieurs qui sont obligés de payer plus de la moitié de ce qu'ils recueillent[1].

A quoi est employé tout cet argent? l'usage le plus honnête qu'on puisse en faire est de le donner à d'autres citoyens.

Le cultivateur demande pourquoi on lui ôte la moitié de son bien pour payer des soldats, tandis que la centième partie suffirait : on lui répond qu'outre les soldats il faut payer les arts et le luxe, que rien n'est perdu, que chez les Perses on assignait à la reine des villes et des villages pour payer sa ceinture, ses pantoufles et ses épingles.

Il réplique qu'il ne sait point l'histoire de Perse, et qu'il est très fâché qu'on lui prenne la moitié de son bien pour une ceinture, des épingles et des souliers; qu'il les fournirait à bien meilleur marché, et que c'est une véritable écorcherie.

On lui fait entendre raison en le mettant dans un cachot, et en fesant vendre ses meubles. S'il résiste aux exacteurs que le nouveau Testament a damnés, on le fait pendre, et cela rend tous ses voisins infiniment accommodants.

Si tout cet argent n'était employé par le souverain qu'à faire venir des épiceries de l'Inde, du café de Moka, des chevaux anglais et arabes, des soies du Levant, des colifichets de la Chine, il est clair qu'en peu d'années il ne resterait pas un sou dans le royaume. Il faut donc que l'impôt serve à entretenir les manufactures, et que ce qui a été versé dans les coffres du prince retourne aux cultivateurs. Ils souffrent, ils se plaignent; les autres parties de l'état souffrent et se plaignent aussi : mais au bout de l'année il se trouve que tout le monde a travaillé et a vécu bien ou mal.

Si par hasard l'homme agreste va dans la capitale, il voit avec des yeux étonnés une belle dame vêtue d'une robe de soie brochée d'or, traînée dans un carrosse magnifique par deux chevaux de prix, suivie de quatre laquais habillés d'un drap à vingt francs l'aune; il s'adresse à un des laquais de cette belle dame, et lui dit : Monseigneur, où cette dame prend-elle tant d'argent pour faire une si grande dépense? Mon ami, lui dit le laquais, le roi lui fait une pension de quarante mille livres. Hélas! dit le rustre, c'est mon village qui paie cette pension. Oui, répond le laquais; mais la soie que tu as recueillie, et que tu as vendue, a servi à l'étoffe dont elle est habillée; mon drap est en partie de la laine de tes moutons; mon boulanger a fait mon pain de ton blé; tu as vendu au marché les poulardes que nous mangeons; ainsi la pension de madame est revenue à toi et à tes camarades.

Le paysan ne convient pas tout à fait des axiomes de ce laquais philosophe : cependant une preuve qu'il y a quelque chose de vrai dans sa réponse, c'est que le village subsiste, et qu'on y fait des enfants, qui tout en se plaignant feront encore des enfants qui se plaindront encore.

SECTION II.

Si on était obligé d'avoir tous les édits des impôts, et tous les livres faits contre eux, ce serait l'impôt le plus rude de tous.

On sait bien que les taxes sont nécessaires, et que la malédiction prononcée dans l'Évangile contre les publicains ne doit regarder que ceux qui abusent de leur emploi pour vexer le peuple. Peut-être le copiste oublia-t-il un mot, comme l'épithète de *pravus*. On aurait pu dire *pravus publicanus*; ce mot était d'autant plus nécessaire que cette malédiction générale est une contradiction formelle avec les paroles qu'on met dans la bouche de Jésus-Christ : *Rendez à César ce qui est à César*. Certainement celui qui recueille les droits de César ne doit pas être en horreur; c'eût été insulter l'ordre des chevaliers romains, et l'empereur lui-même : rien n'aurait été plus malavisé.

Dans tous les pays policés les impôts sont très forts, parce que les charges de l'état sont très pesantes. En Espagne, les objets de commerce qu'on envoie à Cadix, et de là en Amérique, paient plus de trente pour cent avant qu'on ait fait votre compte.

En Angleterre tout impôt sur l'importation est très considérable : cependant on le paie sans murmure; on se fait même une gloire de le payer. Un négociant se vante de faire entrer quatre à cinq mille guinées par an dans le trésor public.

Plus un pays est riche, plus les impôts y sont lourds. Des spéculateurs voudraient que l'impôt ne tombât que sur les productions de la campagne. Mais quoi! j'aurai semé un champ de lin qui m'aura rapporté deux cents écus, et un gros manufacturier aura gagné deux cent mille écus en fesant convertir mon lin en dentelles; ce manufacturier ne paiera rien, et ma terre paiera tout, parce que tout vient de la terre! La femme de ce

[1] Avouons que s'il y a quelques républiques où l'on fasse semblant de consulter la nation, il n'y en a peut-être pas une seule où elle soit réellement consultée.

Avouons encore qu'en Angleterre, à l'exemption près de tout impôt personnel, il y a dans les taxes autant de disproportion, de gênes, de faux frais, de poursuites violentes que dans aucune monarchie. Avouons enfin qu'il est très possible que, dans une république, le corps législatif soit intéressé à maintenir une mauvaise administration d'impôts, tandis qu'un monarque ne peut y avoir aucun intérêt. Ainsi le peuple d'une république peut avoir à craindre et l'erreur et la corruption de ses chefs, au lieu que les sujets d'un monarque n'ont que ses erreurs à redouter. K.

manufacturier fournira la reine et les princesses de beau point d'Alençon ; elle aura de la protection ; son fils deviendra intendant de justice, police et finance, et augmentera ma taille dans ma misérable vieillesse ! Ah ! messieurs les spéculateurs, vous calculez mal, vous êtes injustes [1].

Le point capital serait qu'un peuple entier ne fût point dépouillé par une armée d'alguazils pour qu'une vingtaine de sangsues de la cour ou de la ville s'abreuvât de son sang.

Le duc de Sully raconte, dans ses *Économies politiques*, qu'en 1585 il y avait juste vingt seigneurs intéressés au bail des fermes, à qui les adjudicataires donnaient trois millions deux cent quarante-huit mille écus.

C'était encore pis sous Charles IX et sous François Ier; ce fut encore pis sous Louis XIII ; il n'y eut pas moins de déprédation dans la minorité de Louis XIV. La France, malgré tant de blessures, est en vie. Oui ; mais si elle ne les avait pas reçues, elle serait en meilleure santé. Il en est ainsi de plusieurs autres états.

SECTION III.

Il est juste que ceux qui jouissent des avantages de l'état en supportent les charges. Les ecclésiastiques et les moines, qui possèdent de grands biens, devraient par cette raison contribuer aux impôts en tout pays comme les autres citoyens.

Dans des temps que nous appelons *barbares*, les grands bénéfices et les abbayes ont été taxés en France au tiers de leurs revenus [a].

Par une ordonnance de l'an 1188, Philippe-Auguste imposa le dixième des revenus de tous les bénéfices.

Philippe-le-Bel fit payer le cinquième, ensuite le cinquantième, et enfin le vingtième de tous les biens du clergé.

Le roi Jean, par une ordonnance du 12 mars 1355, taxa au dixième des revenus de leurs bénéfices et de leurs patrimoines les évêques, les abbés, les chapitres, et généralement tous les ecclésiastiques [b].

Le même prince confirma cette taxe par deux autres ordonnances, l'une du 3 mars, l'autre du 28 décembre 1358 [c].

Dans les lettres-patentes de Charles V, du 22 juin 1372, il est statué que les gens d'Église paieront les tailles et les autres impositions réelles et personnelles [d].

Ces lettres-patentes furent renouvelées par Charles VI en 1390.

[1] Voyez les notes de l'*Homme aux quarante écus*, t. VIII. K.
[a] Aimoin, liv. V, ch. LIV. Le Bret, plaid. II.
[b] *Ord. du Louvre*, tome IV. — [c] Ibid. — [d] Ibid., tome V.

Comment ces lois ont-elles été abolies, tandis que l'on a conservé tant de coutumes monstrueuses et d'ordonnances sanguinaires ?

Le clergé paie à la vérité une taxe sous le nom de *don gratuit* ; et, comme l'on sait, c'est principalement la partie la plus utile et la plus pauvre de l'Église, les curés, qui paient cette taxe. Mais pourquoi cette différence et cette inégalité de contributions entre les citoyens d'un même état ? Pourquoi ceux qui jouissent des plus grandes prérogatives, et qui sont quelquefois inutiles au bien public, paient-ils moins que le laboureur qui est si nécessaire ?

La république de Venise vient de donner des réglements sur cette matière, qui paraissent faits pour servir d'exemple aux autres états de l'Europe.

SECTION IV.

Non seulement les gens d'Église se prétendent exempts d'impôts, ils ont encore trouvé le moyen dans plusieurs provinces de mettre des taxes sur le peuple, et de se les faire payer comme un droit légitime.

Dans quelques pays, les moines s'y étant emparés des dîmes, au préjudice des curés, les paysans ont été obligés de se taxer eux-mêmes pour fournir à la subsistance de leurs pasteurs ; et ainsi dans plusieurs villages, surtout en Franche-Comté, outre la dîme que les paroissiens paient à des moines ou à des chapitres, ils paient encore par feu trois ou quatre mesures de blé à leurs curés.

On appelle cette taxe *droit de moisson* dans quelques provinces, et *boisselage* dans d'autres.

Il est juste sans doute que les curés soient bien payés ; mais il vaudrait beaucoup mieux leur rendre une partie de la dîme que les moines leur ont enlevée, que de surcharger de pauvres paysans.

Depuis que le roi de France a fixé les portions congrues par son édit du mois de mai 1768, et qu'il a chargé les décimateurs de les payer, il semble que les paysans ne devraient plus être tenus de payer une seconde dîme à leurs curés ; taxe à laquelle ils ne s'étaient obligés que volontairement, et dans le temps où le crédit et la violence des moines avaient ôté aux pasteurs tous les moyens de subsister.

Le roi a aboli cette seconde dîme dans le Poitou par des lettres-patentes du mois de juillet 1769, enregistrées au parlement de Paris le 11 du même mois.

Il serait bien digne de la justice et de la bienfesance de sa majesté de faire une loi semblable pour les autres provinces qui se trouvent dans le même cas que celle du Poitou, comme la Franche-Comté, etc.

Par M. Christin, *avocat de Besançon*[1].

IMPUISSANCE.

Je commence par cette question en faveur des pauvres impuissants, *frigidi et maleficiati*, comme disent les *Décrétales* : Y a-t-il un médecin, une matrone experte qui puisse assurer qu'un jeune homme bien conformé, qui ne fait point d'enfants à sa femme, ne lui en pourra pas faire un jour ? la nature le sait, mais certainement les hommes n'en savent rien. Si donc il est impossible de décider que le mariage ne sera pas consommé, pourquoi le dissoudre ?

On attendait deux ans chez les Romains. Justinien, dans ses *Novelles*[2], veut qu'on attende trois ans. Mais si on accorde trois ans à la nature pour se guérir, pourquoi pas quatre, pourquoi pas dix, ou même vingt?

On a connu des femmes qui ont reçu dix années entières les embrassements de leurs maris sans aucune sensibilité, et qui ensuite ont éprouvé les stimulations les plus violentes. Il peut se trouver des mâles dans ce cas; il y en a eu quelques exemples.

La nature n'est en aucune de ses opérations si bizarre que dans la copulation de l'espèce humaine; elle est beaucoup plus uniforme dans celle des autres animaux.

C'est chez l'homme seul que le physique est dirigé et corrompu par le moral; la variété et la singularité de ses appétits et de ses dégoûts est prodigieuse. On a vu un homme qui tombait en défaillance à la vue de ce qui donne des désirs aux autres. Il est encore dans Paris quelques personnes témoins de ce phénomène.

Un prince, héritier d'une grande monarchie, n'aimait que les pieds. On a dit qu'en Espagne ce goût avait été assez commun. Les femmes, par le soin de les cacher, avaient tourné vers eux l'imagination de plusieurs hommes.

Cette imagination passive a produit des singularités dont le détail est à peine compréhensible. Souvent une femme, par son incomplaisance, repousse le goût de son mari et déroute la nature. Tel homme qui serait un Hercule avec des facilités, devient un ennuque par des rebuts. C'est à la femme seule qu'il faut alors s'en prendre. Elle n'est pas en droit d'accuser son mari d'une impuissance dont elle est cause. Son mari peut lui dire : Si vous m'aimez, vous devez me faire les caresses dont j'ai besoin pour perpétuer ma race; si vous ne m'aimez pas, pourquoi m'avez-vous épousé ?

Ceux qu'on appelait les *maléficiés* étaient souvent réputés ensorcelés. Ces charmes étaient fort anciens. Il y en avait pour ôter aux hommes leur virilité; il en était de contraires pour la leur rendre. Dans Pétrone, Chrysis croit que Polyenos, qui n'a pu jouir de Circé, a succombé sous les enchantements des magiciennes appelées *Manicæ*; et une vieille veut le guérir par d'autres sortiléges.

Cette illusion se perpétua long-temps parmi nous; on exorcisa au lieu de désenchanter; et quand l'exorcisme ne réussissait pas, on démariait.

Il s'éleva une grande question dans le droit canon sur les maléficiés. Un homme que les sortiléges empêchaient de consommer le mariage avec sa femme en épousait une autre et devenait père. Pouvait-il, s'il perdait cette seconde femme, répouser la première ? la négative l'emporta suivant tous les grands canonistes, Alexandre de Nevo, André Albéric, Turrecremata, Soto, Ricard, Henriquez, Rozella, et cinquante autres.

On admire avec quelle sagacité les canonistes, et surtout des religieux de mœurs irréprochables, ont fouillé dans les mystères de la jouissance. Il n'y a point de singularité qu'ils n'aient devinée. Ils ont discuté tous les cas où un homme pouvait être impuissant dans une situation, et opérer dans une autre. Ils ont recherché tout ce que l'imagination pouvait inventer pour favoriser la nature; et, dans l'intention d'éclaircir ce qui est permis et ce qui ne l'est pas, ils ont révélé de bonne foi tout ce qui devait être caché dans le secret des nuits. On a pu dire d'eux : *Nox nocti indicat scientiam.*

Sanchez surtout a recueilli et mis au grand jour tous ces cas de conscience, que la femme la plus hardie ne confierait qu'en rougissant à la matrone la plus discrète. Il recherche attentivement :

« Utrum liceat extra vas naturale semen emittere. — De altera fœmina cogitare in coitu cum sua uxore. — Seminare consulto separatim. — Congredi cum uxore sine spe seminandi. — Impotentiæ tactibus et illecebris opitulari. — Se retrahere quando mulier seminavit. — Virgam alibi intromittere dum in vase debito semen effundat, etc. »

Chacune de ces questions en amène d'autres; et enfin, Sanchez va jusqu'à discuter, « Utrum

[1] Christin (Charles-Gabriel-Frédéric), né à Saint-Claude, en 1744, a péri dans l'incendie de cette ville, en juin 1799. La publication de mémoires en faveur des mainmortables de Saint-Claude ne pouvait qu'être agréable à Voltaire qui, dès 1765, correspondait avec lui.

[2] *Collat.* IV, tit. I, novel. XXII, ch. IV.

« Virgo Maria semen emiserit in copulatione cum « Spiritu Sancto. »

Ces étonnantes recherches n'ont jamais été faites dans aucun lieu du monde que par nos théologiens; et les causes d'impuissance n'ont commencé que du temps de Théodose. Ce n'est que dans la religion chrétienne que les tribunaux ont retenti de ces querelles entre les femmes hardies et les maris honteux.

Il n'est parlé de divorce dans l'Évangile que pour cause d'adultère. La loi juive permettait au mari de renvoyer celle de ses femmes qui lui déplaisait, sans spécifier la cause [a]. « Si elle ne trouve pas « grâce devant ses yeux, cela suffit. » C'est la loi du plus fort; c'est le genre humain dans sa pure et barbare nature. Mais d'impuissance, il n'en est jamais question dans les lois juives. Il semble, dit un casuiste, que Dieu ne pouvait permettre qu'il y eût des impuissants chez un peuple sacré qui devait se multiplier comme les sables de la mer, à qui Dieu avait promis par serment de lui donner le pays immense qui est entre le Nil et l'Euphrate, et à qui ses prophètes fesaient espérer qu'il dominerait un jour sur toute la terre. Il était nécessaire, pour remplir ces promesses divines, que tout digne Juif fût occupé sans relâche au grand œuvre de la propagation. Il y a certainement de la malédiction dans l'impuissance; le temps n'était pas encore venu de se faire eunuque pour le royaume des cieux.

Le mariage ayant été, dans la suite des temps, élevé à la dignité de sacrement, de mystère, les ecclésiastiques devinrent insensiblement les juges de tout ce qui se passait entre mari et femme, et même de tout ce qui ne s'y passait pas.

Les femmes eurent la liberté de présenter requête pour être *embesognées*; c'était le mot dont elles se servaient dans notre gaulois, car d'ailleurs on instruisait les causes en latin. Des clercs plaidaient; des prêtres jugeaient. Mais de quoi jugeaient-ils? des objets qu'ils devaient ignorer; et les femmes portaient des plaintes qu'elles ne devaient pas proférer.

Ces procès roulaient toujours sur ces deux objets: sorciers qui empêchaient un homme de consommer son mariage; femmes qui voulaient se remarier.

Ce qui semble très-extraordinaire, c'est que tous les canonistes conviennent qu'un mari à qui on a jeté un sort pour le rendre impuissant [b], ne peut en conscience détruire ce sort, ni même prier le magicien de le détruire. Il fallait absolument, du temps des sorciers, exorciser. Ce sont des chirurgiens qui, ayant été reçus à Saint-Côme, ont le privilége exclusif de vous mettre un emplâtre, et vous déclarent que vous mourrez si vous êtes guéri par la main qui vous a blessé. Il eût mieux valu d'abord se bien assurer si un sorcier peut ôter et rendre la virilité à un homme. On pouvait encore faire une autre observation. Il s'est trouvé beaucoup d'imaginations faibles qui redoutaient plus un sorcier qu'ils n'espéraient en un exorciste. Le sorcier leur avait noué l'aiguillette, et l'eau bénite ne la dénouait pas. Le diable en imposait plus que l'exorcisme ne rassurait.

Dans les cas d'impuissance dont le diable ne se mêlait pas, les juges ecclésiastiques n'étaient pas moins embarrassés. Nous avons dans les *Décrétales* le titre fameux *de frigidis et maleficiatis*, qui est fort curieux, mais qui n'éclaircit pas tout.

Le premier cas discuté par Brocardié ne laisse aucune difficulté; les deux parties conviennent qu'il y en a une impuissante: le divorce est prononcé.

Le pape Alexandre III décide une question plus délicate [a]. Une femme mariée tombe malade. « Instrumentum ejus impeditum est. » Sa maladie est naturelle, les médecins ne peuvent la soulager; « Nous donnons à son mari la liberté d'en « prendre une autre. » Cette décrétale paraît d'un juge plus occupé de la nécessité de la population que de l'indissolubilité du sacrement. Comment cette loi papale est-elle si peu connue? comment tous les maris ne la savent-ils point par cœur?

La décrétale d'Innocent III n'ordonne des visites de matrone qu'à l'égard de la femme que son mari a déclarée en justice être trop étroite pour le recevoir. C'est peut-être pour cette raison que la loi n'est pas en vigueur.

Honorius III ordonne qu'une femme qui se plaindra de l'impuissance du mari demeurera huit ans avec lui jusqu'à divorce.

On n'y fit pas tant de façon pour déclarer le roi de Castille, Henri IV, impuissant, dans le temps qu'il était entouré de maîtresses, et qu'il avait de sa femme une fille héritière de son royaume. Mais ce fut l'archevêque de Tolède qui prononça cet arrêt: le pape ne s'en mêla pas.

On ne traita pas moins mal Alphonse, roi de Portugal, au milieu du dix-septième siècle. Ce prince n'était connu que par sa férocité, ses débauches, et sa force de corps prodigieuse. L'excès de ses fureurs révolta la nation. La reine sa femme, princesse de Nemours, qui voulait le détrôner et épouser l'infant don Pedro, son frère, sentit combien il serait difficile d'épouser les deux frères l'un après l'autre, après avoir couché publique-

[a] *Deuter.*, ch. XXIV, v. 1.

[b] Voyez Pontas. *Empêchement de l'impuissance.*

[a] *Décrétales*, liv. IV, tit. XV.

ment avec l'aîné. L'exemple de Henri VIII d'Angleterre l'intimidait; elle prit le parti de faire déclarer son mari impuissant par le chapitre de la cathédrale de Lisbonne, en 1667; après quoi elle épousa au plus vite son beau-frère, avant même d'obtenir une dispense du pape.

La plus grande épreuve à laquelle on ait mis les gens accusés d'impuissance a été le congrès. Le président Bouhier prétend que ce combat en champ clos fut imaginé, en France, au quatorzième siècle. Il est sûr qu'il n'a jamais été connu qu'en France.

Cette épreuve, dont on a tant fait de bruit, n'était point ce qu'on imagine. On se persuade que les deux époux procédaient, s'ils pouvaient, au devoir matrimonial sous les yeux des médecins, chirurgiens et sages-femmes; mais non, ils étaient dans leur lit à l'ordinaire, les rideaux fermés; les inspecteurs, retirés dans un cabinet voisin, n'étaient appelés qu'après la victoire ou la défaite du mari. Ainsi ce n'était au fond qu'une visite de la femme dans le moment le plus propre à juger l'état de la question. Il est vrai qu'un mari vigoureux pouvait combattre et vaincre en présence de témoins; mais peu avaient ce courage.

Si le mari en sortait à son honneur, il est clair que sa virilité était démontrée : s'il ne réussissait pas, il est évident que rien n'était décidé, puisqu'il pouvait gagner un second combat; que s'il le perdait il pouvait en gagner un troisième, et enfin un centième.

On connaît le fameux procès du marquis de Langeais, jugé en 1659 (par appel à la chambre de l'édit, parce que lui et sa femme, Marie de Saint-Simon, étaient de la religion protestante); il demanda le congrès. Les impertinences rebutantes de sa femme le firent succomber. Il présenta un second cartel. Les juges, fatigués des cris des superstitieux, des plaintes des prudes, et des railleries des plaisants, refusèrent la seconde tentative, qui pourtant était de droit naturel. Puisqu'on avait ordonné un conflit, on ne pouvait légitimement, ce semble, en refuser un autre.

La chambre déclara le marquis impuissant et son mariage nul, lui défendit de se marier jamais, et permit à sa femme de prendre un autre époux.

La chambre pouvait-elle empêcher un homme qui n'avait pu être excité à la jouissance par une femme d'y être excité par une autre ? Il vaudrait autant défendre à un convive qui n'aurait pu manger d'une perdrix grise d'essayer d'une perdrix rouge. Il se maria, malgré cet arrêt, avec Diane de Navailles, et lui fit sept enfants.

Sa première femme étant morte, le marquis se pourvut en requête civile à la grand'chambre contre l'arrêt qui l'avait déclaré impuissant, et qui l'avait condamné aux dépens. La grand'chambre, sentant le ridicule de tout ce procès et celui de son arrêt de 1659, confirma le nouveau mariage qu'il avait contracté avec Diane de Navailles malgré la cour, le déclara très-puissant, refusa les dépens, mais abolit le congrès.

Il ne resta donc, pour juger de l'impuissance des maris, que l'ancienne cérémonie de la visite des experts, épreuve fautive à tous égards; car une femme peut avoir été déflorée sans qu'il y paraisse; et elle peut avoir sa virginité avec les prétendues marques de la défloration. Les jurisconsultes ont jugé pendant quatorze cents ans des pucelages, comme ils ont jugé des sortiléges et de tant d'autres cas, sans y rien connaître.

Le président Bouhier publia l'apologie du congrès quand il fut hors d'usage; il soutint que les juges n'avaient eu le tort de l'abolir que parce qu'ils avaient eu le tort de le refuser pour la seconde fois au marquis de Langeais.

Mais si ce congrès peut manquer son effet, si l'inspection des parties génitales de l'homme et de la femme peut ne rien prouver du tout, à quel témoignage s'en rapporter dans la plupart des procès d'impuissance? Ne pourrait-on pas répondre : A aucun? ne pourrait-on pas, comme dans Athènes, remettre la cause à cent ans? Ces procès ne sont que honteux pour les femmes, ridicules pour les maris, et indignes des juges. Le mieux serait de ne les pas souffrir. Mais voilà un mariage qui ne donnera pas de lignée. Le grand malheur! tandis que vous avez dans l'Europe trois cent mille moines et quatre-vingt mille nonnes qui étouffent leur postérité.

INALIÉNATION, INALIÉNABLE.

Le domaine des empereurs romains étant autrefois inaliénable, c'était le sacré domaine; les Barbares vinrent, et il fut très aliéné. Il est arrivé même aventure au domaine impérial grec.

Après le rétablissement de l'empire romain en Allemagne, le sacré domaine fut déclaré inaliénable par les juristes, de façon qu'il ne reste pas aujourd'hui un écu de domaine aux empereurs.

Tous les rois de l'Europe, qui imitèrent autant qu'ils purent les empereurs, eurent leur domaine inaliénable. François Ier, ayant racheté sa liberté par la concession de la Bourgogne, ne trouve point d'autre expédient que de faire déclarer cette Bourgogne incapable d'être aliénée; et il fut assez heureux pour violer son traité et sa parole d'honneur impunément. Suivant cette jurisprudence, chaque prince pouvant acquérir le domaine d'autrui, et ne pouvant jamais rien perdre du sien, tous auraient à la fin le bien des autres : la chose est absurde, donc la loi non restreinte est absurde aussi. Les rois de France et d'Angleterre n'ont presque plus de domaine particulier; les contributions sont leur vrai domaine, mais avec des formes très différentes [1].

INCESTE.

« Les Tartares, dit l'*Esprit des Lois*, qui peuvent » épouser leurs filles, n'épousent jamais leurs » mères. »

On ne sait de quels Tartares l'auteur veut parler. Il cite trop souvent au hasard. Nous ne connaissons aujourd'hui aucun peuple, depuis la Crimée jusqu'aux frontières de la Chine, où l'on soit dans l'usage d'épouser sa fille. Et s'il était permis à la fille d'épouser son père, on ne voit pas pourquoi il serait défendu au fils d'épouser sa mère.

Montesquieu cite un auteur nommé Priscus. Il s'appelait Priscus Panetès. C'était un sophiste qui vivait du temps d'Attila, et qui dit qu'Attila se maria avec sa fille Esca, selon l'usage des Scythes. Ce Priscus n'a jamais été imprimé; il pourrit en manuscrit dans la bibliothèque du Vatican; et il n'y a que Jornandès qui en fasse mention. Il ne convient pas d'établir la législation des peuples sur de telles autorités. Jamais on n'a connu cette Esca; jamais on n'entendit parler de son mariage avec son père Attila.

J'avoue que la loi qui prohibe de tels mariages est une loi de bienséance; et voilà pourquoi je n'ai jamais cru que les Perses aient épousé leurs filles. Du temps des Césars, quelques Romains les en accusaient pour les rendre odieux. Il se peut que quelque prince de Perse eût commis un inceste, et qu'on imputât à la nation entière la turpitude d'un seul. C'est peut-être le cas de dire :

« Quidquid delirant reges, plectuntur Achivi. »
HOR., l. I, ep. II, 14.

Je veux croire qu'il était permis aux anciens Perses de se marier avec leurs sœurs, ainsi qu'aux Athéniens, aux Égyptiens, aux Syriens, et même aux Juifs. De là on aura conclu qu'il était commun d'épouser son père et sa mère : mais le fait est que le mariage entre cousins est défendu chez les Guèbres aujourd'hui; et ils passent pour avoir conservé la doctrine de leurs pères aussi scrupuleusement que les Juifs. Voyez Tavernier, si pourtant vous vous en rapportez à Tavernier.

Vous me direz que tout est contradiction dans ce monde, qu'il était défendu par la loi juive de se marier aux deux sœurs, que cela était fort indécent, et que cependant Jacob épousa Rachel du vivant de sa sœur aînée, et que cette Rachel est évidemment le type de l'Église catholique, apostolique et romaine. Vous avez raison; mais cela n'empêche pas que si un particulier couchait en Europe avec les deux sœurs, il ne fût grièvement censuré. Pour les hommes puissants constitués en dignité, ils peuvent prendre pour le bien de leurs états toutes les sœurs de leurs femmes, et même leurs propres sœurs de père et de mère, selon leur bon plaisir.

C'est bien pis quand vous aurez affaire avec votre commère ou avec votre marraine; c'était un crime irrémissible par les *Capitulaires* de Charlemagne. Cela s'appelle un inceste spirituel.

Une Andouère, qu'on appelle reine de France, parce qu'elle était femme d'un Chilpéric, régule de Soissons, fut vilipendée par la justice ecclésiastique, censurée, dégradée, divorcée, pour avoir tenu son propre enfant sur les fonts baptismaux, et s'être faite ainsi la commère de son propre mari. Ce fut un péché mortel, un sacrilége, un inceste spirituel : elle en perdit son lit et sa couronne. Cela contredit un peu ce que je disais tout à l'heure, que tout est permis aux grands en fait d'amour; mais je parlais de notre temps présent, et non pas du temps d'Andouère.

Quant à l'inceste charnel, lisez l'avocat Vouglans, partie VIII, tit. III, chap. IX; il veut absolument qu'on brûle le cousin et la cousine qui auront eu un moment de faiblesse. L'avocat Vouglans est rigoureux. Quel terrible Welche!

INCUBES.

Y a-t-il des incubes et des succubes? tous nos savants jurisconsultes démonographes admettaient également les uns et les autres.

Ils prétendaient que le diable, toujours alerte, inspirait des songes lascifs aux jeunes messieurs et aux jeunes demoiselles; qu'il ne manquait pas de recueillir le résultat des songes masculins, et qu'il le portait proprement et tout chaud dans le réservoir féminin qui lui est naturellement destiné. C'est ce qui produisit tant de héros et de demi-dieux dans l'antiquité.

Le diable prenait là une peine fort superflue, il n'avait qu'à laisser faire les garçons et les filles: ils auraient bien sans lui fourni le monde de héros.

On conçoit les incubes par cette explication du grand Delrio, de Boguet, et des autres savants en sorcellerie; mais elle ne rend point raison des succubes. Une fille peut faire accroire qu'elle a couché avec un génie, avec un dieu, et que ce dieu

[1] Le principe de l'inaliénabilité des domaines n'a jamais empêché en France, ni de les donner aux courtisans, ni de les engager à vil prix dans les besoins de l'état; il sert seulement à priver la nation obérée de la ressource immense que lui offrirait la vente de ces domaines, qui, par le désordre d'une administration nécessairement très mauvaise, ne rapportent qu'un faible revenu. K.

lui a fait un enfant. L'explication de Delrio lui est très favorable. Le diable a déposé chez elle la matière d'un enfant prise du rêve d'un jeune garçon ; elle est grosse, elle accouche sans qu'on ait rien à lui reprocher ; le diable a été son incube. Mais si le diable se fait succube, c'est tout autre chose : il faut qu'il soit diablesse, il faut que la semence de l'homme entre dans elle ; c'est alors cette diablesse qui est ensorcelée par un homme, c'est elle à qui nous fesons un enfant.

Que les dieux et les déesses de l'antiquité s'y prenaient d'une manière bien plus nette et plus noble ! Jupiter en personne avait été l'incube d'Alcmène et de Sémélé. Thétis en personne avait été la succube de Pelée, et Vénus la succube d'Anchise, sans avoir recours à tous les subterfuges de notre diablerie.

Remarquons seulement que les dieux se déguisaient fort souvent pour venir à bout de nos filles, tantôt en aigle, tantôt en pigeon ou en cygne, en cheval, en pluie d'or ; mais les déesses ne se déguisaient jamais ; elles n'avaient qu'à se montrer pour plaire. Or je soutiens que si les dieux se métamorphosèrent pour entrer sans scandale dans les maisons de leurs maîtresses, ils reprirent leur forme naturelle dès qu'ils y furent admis. Jupiter ne put jouir de Danaé quand il n'était que de l'or; il aurait été bien embarrassé avec Léda, et elle aussi, s'il n'avait été que cygne; mais il redevint dieu, c'est-à-dire un beau jeune homme, et il jouit.

Quant à la manière nouvelle d'engrosser les filles par le ministère du diable, nous ne pouvons en douter ; car la Sorbonne décida la chose dès l'an 1318.

« Per tales artes et ritus impios et invocationes » dæmonum, nullus unquam sequatur effectus » ministerio dæmonum, error [a]. »

» C'est une erreur de croire que ces arts magiques et ces invocations des diables soient sans » effet. »

Elle n'a jamais révoqué cet arrêt ; ainsi nous devons croire aux incubes et aux succubes, puisque nos maîtres y ont toujours cru.

Il y a bien d'autres maîtres : Bodin, dans son livre des sorciers, dédié à Christophe de Thou, premier président du parlement de Paris, rapporte que Jeanne Hervilier, native de Verberie, fut condamnée par ce parlement à être brûlée vive pour avoir prostitué sa fille au diable, qui était un grand homme noir, dont la semence était à la glace. Cela paraît contraire à la nature du diable : mais enfin notre jurisprudence a toujours admis que le sperme du diable est froid; et le nombre prodigieux des sorcières qu'il a fait brûler si longtemps est toujours convenu de cette vérité.

Le célèbre Pic de la Mirandole (un prince ne ment point) dit [a] qu'il a connu un vieillard de quatre-vingts ans qui avait couché la moitié de sa vie avec une diablesse, et un autre de soixante et dix qui avait le même avantage. Tous deux furent brûlés à Rome. Il ne nous apprend pas ce que devinrent leurs enfants.

Voilà les incubes et les succubes démontrés.

Il est impossible du moins de prouver qu'il n'y en a point ; car s'il est de foi qu'il y a des diables qui entrent dans nos corps, qui les empêchera de nous servir de femmes, et d'entrer dans nos filles? S'il est des diables, il est probablement des diablesses. Ainsi, pour être conséquent, on doit croire que les diables masculins font des enfants à nos filles, et que nous en fesons aux diables féminins.

Il n'y a jamais eu d'empire plus universel que celui du diable. Qui l'a détrôné? la raison [b].

INFINI.

SECTION PREMIÈRE.

Qui me donnera une idée nette de l'infini? je n'en ai jamais eu qu'une idée très confuse. N'est-ce pas parce que je suis excessivement fini?

Qu'est-ce que marcher toujours, sans avancer jamais? compter toujours, sans faire son compte? diviser toujours, pour ne jamais trouver la dernière partie?

Il semble que la notion de l'infini soit dans le fond du tonneau des Danaïdes.

Cependant il est impossible qu'il n'y ait pas un infini. Il est démontré qu'une durée infinie est écoulée.

Commencement de l'être est absurde; car le rien ne peut commencer une chose. Dès qu'un atome existe, il faut conclure qu'il y a quelque être de toute éternité. Voilà donc un infini en durée rigoureusement démontré. Mais qu'est-ce qu'un infini qui est passé, un infini que j'arrête dans mon esprit au moment que je veux? Je dis, voilà une éternité écoulée; allons à une autre. Je distingue deux éternités, l'une ci-devant, et l'autre ci-après.

Quand j'y réfléchis, cela me paraît ridicule. Je m'aperçois que j'ai dit une sottise en prononçant ces mots, « Une éternité est passée, j'entre dans » une éternité nouvelle. »

Car au moment que je parlais ainsi, l'éternité durait, la fluence du temps courait. Je ne pouvais la croire arrêtée. La durée ne peut se séparer.

[a] Page 104, édition in-4°.

[a] In libro *de Promotione*.

[b] Voyez l'article BEKKER.

Puisque quelque chose a été toujours, quelque chose est et sera toujours.

L'infini en durée est donc lié d'une chaîne non interrompue. Cet infini se perpétue dans l'instant même où je dis qu'il est passé. Le temps a commencé et finira pour moi; mais la durée est infinie.

Voilà déjà un infini de trouvé, sans pouvoir pourtant nous en former une notion claire.

On nous présente un infini en espace. Qu'entendez-vous par espace? est-ce un être? est-ce rien?

Si c'est un être, de quelle espèce est-il? vous ne pouvez me le dire. Si c'est rien, ce rien n'a aucune propriété : et vous dites qu'il est pénétrable, immense! Je suis si embarrassé que je ne puis ni l'appeler néant, ni l'appeler quelque chose.

Je ne sais cependant aucune chose qui ait plus de propriétés que le rien, le néant. Car en partant des bornes du monde, s'il y en a, vous pouvez vous promener dans le rien, y penser, y bâtir si vous avez des matériaux; et ce rien, ce néant, ne pourra s'opposer à rien de ce que vous voudrez faire; car n'ayant aucune propriété, il ne peut vous apporter aucun empêchement. Mais aussi, puisqu'il ne peut vous nuire en rien, il ne peut vous servir.

On prétend que c'est ainsi que Dieu créa le monde, dans le rien et de rien : cela est abstrus; il vaut mieux sans doute penser à sa santé qu'à l'espace infini.

Mais nous sommes curieux, et il y a un espace. Notre esprit ne peut trouver ni la nature de cet espace ni sa fin. Nous l'appelons *immense*, parce que nous ne pouvons le mesurer. Que résulte-t-il de tout cela? que nous avons prononcé des mots.

Étranges questions, qui confondent souvent
Le profond s'Gravesande et le subtil Mairan [1].

DE L'INFINI EN NOMBRE.

Nous avons beau désigner l'infini arithmétique par un lacs d'amour en cette façon ∞, nous n'aurons pas une idée plus claire de cet infini numéraire. Cet infini n'est, comme les autres, que l'impuissance de trouver le bout. Nous appelons *l'infini en grand* un nombre quelconque qui surpassera quelque nombre que nous puissions supposer.

Quand nous cherchons l'infiniment petit, nous divisons; et nous appelons infini une quantité moindre qu'aucune quantité assignable. C'est encore un autre nom donné à notre impuissance.

[1] Vers de Voltaire dans la deuxième de ses *Discours sur l'homme*.

LA MATIÈRE EST-ELLE DIVISIBLE A L'INFINI?

Cette question revient précisément à notre incapacité de trouver le dernier nombre. Nous pourrons toujours diviser par la pensée un grain de sable, mais par la pensée seulement, et l'incapacité de diviser toujours ce grain est appelée infini.

On ne peut nier que la matière ne soit toujours divisible par le mouvement qui peut la broyer toujours. Mais s'il divisait le dernier atôme, ce ne serait plus le dernier, puisqu'on le diviserait en deux. Et s'il était le dernier, il ne serait plus divisible. Et s'il était divisible, où seraient les germes, où seraient les éléments des choses? cela est encore fort abstrus.

DE L'UNIVERS INFINI.

L'univers est-il borné? son étendue est-elle immense? les soleils et les planètes sont-ils sans nombre? quel privilége aurait l'espace qui contient une quantité de soleils et de globes, sur une autre partie de l'espace qui n'en contiendrait pas? Que l'espace soit un être ou qu'il soit rien, quelle dignité a eue l'espace où nous sommes pour être préféré à d'autres?

Si notre univers matériel n'est pas infini, il n'est qu'un point dans l'étendue. S'il est infini, qu'est-ce qu'un infini actuel auquel je puis toujours ajouter par la pensée?

DE L'INFINI EN GÉOMÉTRIE.

On admet en géométrie, comme nous l'avons indiqué, non seulement des grandeurs infinies, c'est-à-dire plus grandes qu'aucune assignable, mais encore des infinis infiniment plus grands les uns que les autres. Cela étonne d'abord notre cerveau, qui n'a qu'environ six pouces de long sur cinq de large, et trois de hauteur dans les plus grosses têtes. Mais cela ne veut dire autre chose, sinon qu'un carré plus grand qu'aucun carré assignable l'emporte sur une ligne conçue plus longue qu'aucune ligne assignable, et n'a point de proportion avec elle.

C'est une manière d'opérer, c'est la manipulation de la géométrie, et le mot d'infini est l'enseigne.

DE L'INFINI EN PUISSANCE, EN ACTION, EN SAGESSE, EN BONTÉ, ETC.

De même que nous ne pouvons nous former aucune idée positive d'un infini en durée, en nombre, en étendue, nous ne pouvons nous en former une en puissance physique ni même en morale.

Nous concevons aisément qu'un être puissant arrangea la matière, fit circuler des mondes dans l'espace, forma les animaux, les végétaux, les métaux. Nous sommes menés à cette conclusion par l'impuissance où nous voyons tous ces êtres de s'être arrangés eux-mêmes. Nous sommes forcés de convenir que ce grand Être existe éternellement par lui-même, puisqu'il ne peut être sorti du néant : mais nous ne découvrons pas si bien son infini en étendue, en pouvoir, en attributs moraux.

Comment concevoir une étendue infinie dans un être qu'on dit simple? et s'il est simple, quelle notion pouvons-nous avoir d'une nature simple? Nous connaissons Dieu par ses effets, nous ne pouvons le connaître par sa nature.

S'il est évident que nous ne pouvons avoir d'idée de sa nature, n'est-il pas évident que nous ne pouvons connaître ses attributs?

Quand nous disons qu'il est infini en puissance, avons-nous d'autre idée sinon que sa puissance est très grande? Mais de ce qu'il y a des pyramides de six cents pieds de haut, s'ensuit-il qu'on ait pu en construire de la hauteur de six cents milliards de pieds?

Rien ne peut borner la puissance de l'Être éternel existant nécessairement par lui-même; d'accord, il ne peut avoir d'antagoniste qui l'arrête : mais comment me prouverez-vous qu'il n'est pas circonscrit par sa propre nature?

Tout ce qu'on a dit sur ce grand objet est-il bien prouvé?

Nous parlons de ses attributs moraux, mais nous ne les avons jamais imaginés que sur le modèle des nôtres, et il nous est impossible de faire autrement. Nous ne lui avons attribué la justice, la bonté, etc., que d'après les idées du peu de justice et de bonté que nous apercevons autour de nous.

Mais au fond, quel rapport de quelques unes de nos qualités si incertaines et si variables, avec les qualités de l'Être suprême éternel?

Notre idée de justice n'est autre chose que l'intérêt d'autrui respecté par notre intérêt. Le pain qu'une femme a pétri de la farine dont son mari a semé le froment lui appartient. Un sauvage affamé lui prend son pain et l'emporte; la femme crie que c'est une injustice énorme : le sauvage dit tranquillement qu'il n'est rien de plus juste, et qu'il n'a pas dû se laisser mourir de faim, lui et sa famille, pour l'amour d'une vieille.

Au moins il semble que nous ne pouvons guère attribuer à Dieu une justice infinie, semblable à la justice contradictoire de cette femme et de ce sauvage. Et cependant quand nous disons, Dieu est juste, nous ne pouvons prononcer ces mots que d'après nos idées de justice.

Nous ne connaissons point de vertu plus agréable que la franchise, la cordialité. Mais si nous allions admettre dans Dieu une franchise, une cordialité infinie, nous risquerions de dire une grande sottise.

Nous avons des notions si confuses des attributs de l'Être suprême, que des écoles admettent en lui une prescience, une prévision infinie, qui exclut tout événement contingent; et d'autres écoles admettent une prévision qui n'exclut pas la contingence.

Enfin, depuis que la Sorbonne a déclaré que Dieu peut faire qu'un bâton n'ait pas deux bouts, qu'une chose peut être à la fois et n'être pas, on ne sait plus que dire. On craint toujours d'avancer une hérésie[a].

Ce qu'on peut affirmer sans crainte, c'est que Dieu est infini, et que l'esprit de l'homme est bien borné.

L'esprit de l'homme est si peu de chose, que Pascal a dit : « Croyez-vous qu'il soit impossible » que Dieu soit infini et sans parties? Je veux » vous faire voir une chose infinie et indivisible; » c'est un point mathématique se mouvant partout » d'une vitesse infinie, car il est en tous lieux et » tout entier dans chaque endroit. »

On n'a jamais rien avancé de plus complétement absurde; et cependant c'est l'auteur des *Lettres provinciales* qui a dit cette énorme sottise. Cela doit faire trembler tout homme de bon sens.

SECTION II.

Histoire de l'infini.

Les premiers géomètres se sont aperçus, sans doute, dès l'onzième ou douzième proposition, que s'ils marchaient sans s'égarer, ils étaient sur le bord d'un abîme, et que les petites vérités incontestables qu'ils trouvaient, étaient entourées de l'infini. On l'entrevoyait, dès qu'on songeait qu'un côté d'un carré ne peut jamais mesurer la diagonale, ou que des circonférences de cercles différents passeront toujours entre un cercle et sa tangente, etc. Quiconque cherchait seulement la racine du nombre six, voyait bien que c'était un nombre entre deux et trois; mais quelque division qu'il pût faire, cette racine dont il approchait toujours ne se trouvait jamais. Si l'on considérait une ligne droite coupant une autre ligne droite perpendiculairement, on les voyait se couper en un point indivisible; mais si elles se coupaient obliquement, on était forcé, ou d'admettre un point plus grand qu'un autre, ou de ne rien comprendre dans la nature des points et dans le commencement de toute grandeur.

[a] *Histoire de l'Université*, par Duboullay.

La seule inspection d'un cône étonnait l'esprit; car sa base, qui est un cercle, contient un nombre infini de lignes. Son sommet est quelque chose qui diffère infiniment de la ligne. Si on coupait ce cône parallèlement à son axe, on trouvait une figure qui s'approchait toujours de plus en plus des côtés du triangle formé par le cône, sans jamais le rencontrer. L'infini était partout : comment connaître l'aire d'un cercle? comment celle d'une courbe quelconque?

Avant Apollonius, le cercle n'avait été étudié que comme mesure des angles, et comme pouvant donner certaines moyennes proportionnelles; ce qui prouve en passant que les Égyptiens, qui avaient enseigné la géométrie aux Grecs, avaient été de très médiocres géomètres, quoique assez bons astronomes. Apollonius entra dans le détail des sections coniques. Archimède considéra le cercle comme une figure d'une infinité de côtés, et donna le rapport du diamètre à la circonférence tel que l'esprit humain peut le donner. Il carra la parabole; Hippocrate, de Chio, carra les lunules du cercle.

La duplication du cube, la trisection de l'angle, inabordables à la géométrie ordinaire, et la quadrature du cercle impossible à toute géométrie, furent l'inutile objet des recherches des anciens. Ils trouvèrent quelques secrets sur leur route, comme les chercheurs de la pierre philosophale. On connaît la cissoïde de Dioclès, qui approche de sa directrice sans jamais l'atteindre; la conchoïde de Nicomède, qui est dans le même cas; la spirale d'Archimède. Tout cela fut trouvé sans algèbre, sans ce calcul qui aide si fort l'esprit humain, et qui semble le conduire sans l'éclairer. Je dis sans l'éclairer : car que deux arithméticiens, par exemple, aient un compte à faire; que le premier le fasse de tête, voyant toujours ses nombres présents à son esprit, et que l'autre opère sur le papier par une règle de routine, mais sûre, dans laquelle il ne voit jamais la vérité qu'il cherche qu'après le résultat, et comme un homme qui y est arrivé les yeux fermés; voilà à peu près la différence qui est entre un géomètre sans calcul, qui considère des figures et voit leurs rapports, et un algébriste qui cherche ses rapports par des opérations qui ne parlent point à l'esprit. Mais on ne peut aller loin avec la première méthode : elle est peut-être réservée pour des êtres supérieurs à nous. Il nous faut des secours qui aident et qui prouvent notre faiblesse. A mesure que la géométrie s'est étendue, il a fallu plus de ces secours.

Harriot, Anglais, Viette, Poitevin, et surtout le fameux Descartes, employèrent les signes, les lettres. Descartes soumit les courbes à l'algèbre, et réduisit tout en équations algébriques.

Du temps de Descartes, Cavallero, religieux d'un ordre des Jésuites qui ne subsiste plus, donna au public, en 1635, la *Géométrie des indivisibles* : géométrie toute nouvelle, dans laquelle les plans sont composés d'une infinité de lignes, et les solides d'une infinité de plans. Il est vrai qu'il n'osait pas plus prononcer le mot d'infini en mathématiques, que Descartes en physique; ils se servaient l'un et l'autre du terme adouci d'*indéfini*. Cependant Roberval, en France, avait les mêmes idées, et il y avait alors à Bruges un jésuite qui marchait à pas de géant dans cette carrière par un chemin différent. C'était Grégoire de Saint-Vincent, qui, en prenant pour but une erreur, et croyant avoir trouvé la quadrature du cercle, trouva en effet des choses admirables. Il réduisit l'infini même à des rapports finis; il connut l'infini en petit et en grand. Mais ces recherches étaient noyées dans trois in-folio : elles manquaient de méthode; et, qui pis est, une erreur palpable qui terminait le livre nuisait à toutes les vérités qu'il contenait.

On cherchait toujours à carrer des courbes. Descartes se servait des tangentes; Fermat, conseiller de Toulouse, employait sa règle *de maximis et minimis*, règle qui méritait plus de justice que Descartes ne lui en rendit. Wallis, Anglais, en 1655, donna hardiment *l'Arithmétique des infinis, et des suites infinies en nombre*.

Milord Brounker se servit de cette suite pour carrer une hyperbole. Mercator de Holstein eut grande part à cette invention; mais il s'agissait de faire sur toutes les courbes ce que le lord Brounker avait si heureusement tenté. On cherchait une méthode générale d'assujettir l'infini à l'algèbre, comme Descartes y avait assujetti le fini : c'est cette méthode que trouva Newton à l'âge de vingt-trois ans, aussi admirable en cela que notre jeune M. Clairault, qui, à l'âge de treize ans, vient de faire imprimer un *Traité de la mesure des courbes à double courbure*. La méthode de Newton a deux parties, le calcul différentiel, et le calcul intégral.

Le différentiel consiste à trouver une quantité plus petite qu'aucune assignable, laquelle, prise une infinité de fois, égale la quantité donnée; et c'est ce qu'en Angleterre on appelle la méthode des fluentes ou des fluxions.

L'intégral consiste à prendre la somme totale des quantités différentielles.

Le célèbre philosophe Leibnitz et le profond mathématicien Bernouilli ont tous deux revendiqué, l'un le calcul différentiel, l'autre le calcul intégral : il faut être capable d'inventer des choses si sublimes pour oser s'en attribuer l'honneur. Pourquoi trois grands mathématiciens, cherchant tous la vérité, ne l'auraient-ils pas trouvée? Torricelli, La Loubère, Descartes, Roberval, Pascal, n'ont-ils pas tous démontré, chacun de leur côté, les propriétés de la cycloïde, nommée alors la roulette? N'a-t-on pas vu souvent des orateurs, traitant le même sujet, employer les mêmes pensées sous des termes différents? Les signes dont Newton et Leibnitz se servaient étaient différents, et les pensées étaient les mêmes.

Quoi qu'il en soit, l'infini commença alors à être traité par le calcul. On s'accoutuma insensiblement à recevoir des infinis plus grands les uns que les autres. Cet édifice si hardi effraya un des architectes. Leibnitz n'osa appeler ces infinis que des incomparables; mais M. de Fontenelle vient enfin d'établir ces différents ordres d'infinis sans aucun ménagement, et il faut qu'il ait été bien sûr de *son fait* pour l'avoir osé.

INFLUENCE.

Tout ce qui vous entoure influe sur vous en physique, en morale : vous le savez assez.

Peut-on influer sur un être sans toucher, sans remuer cet être?

On a démontré enfin cette étonnante propriété de la matière, de graviter sans contact, d'agir à des distances immenses.

Une idée influe sur une idée; chose non moins compréhensible.

Je n'ai point au mont Krapack le livre de l'*empire du soleil et de la lune*, composé par le célèbre médecin Mead, qu'on prononce Mid; mais je sais bien que ces deux astres sont la cause des marées : et ce n'est point en touchant les flots de l'Océan qu'ils opèrent ce flux et ce reflux ; il est démontré que c'est par les lois de la gravitation.

Mais quand vous avez la fièvre, le soleil et la lune influent-ils sur vos jours critiques? votre femme n'a-t-elle ses règles qu'au premier quartier de la lune? les arbres que vous coupez dans la pleine lune pourrissent-ils plus tôt que s'ils avaient été coupés dans le décours? non pas que je sache ; mais des bois coupés quand la sève circulait encore ont éprouvé la putréfaction plus tôt que les autres; et si par hasard c'était en pleine lune qu'on les coupa, on aura dit : C'est cette pleine lune qui a fait tout le mal.

Votre femme aura eu ses menstrues dans le croissant; mais votre voisine a les siennes dans le dernier quartier.

Les jours critiques de la fièvre que vous avez pour avoir trop mangé arrivent vers le premier quartier : votre voisin a les siens vers le décours.

Il faut bien que tout ce qui agit sur les animaux et sur les végétaux agisse pendant que la lune marche.

Si une femme de Lyon a remarqué qu'elle a eu trois ou quatre fois ses règles les jours que la diligence arrivait de Paris, son apothicaire, homme à système, sera-t-il en droit de conclure que la diligence de Paris a une influence admirable sur les canaux excrétoires de cette dame?

Il a été un temps où tous les habitants des ports de mer de l'Océan étaient persuadés qu'on ne mourait jamais quand la marée montait, et que la mort attendait toujours le reflux.

Plusieurs médecins ne manquaient pas de fortes raisons pour expliquer ce phénomène constant. La mer, en montant, communique aux corps la force qui l'élève. Elle apporte des particules vivifiantes qui raniment tous les malades. Elle est salée, et le sel préserve de la pourriture attachée à la mort. Mais quand la mer s'affaisse et s'en retourne, tout s'affaisse comme elle ; la nature languit, le malade n'est plus vivifié, il part avec la marée. Tout cela est bien expliqué, comme on voit, et n'en est pas plus vrai.

Les éléments, la nourriture, la veille, le sommeil, les passions, ont sur vous de continuelles influences. Tandis que ces influences exercent leur empire sur votre corps, les planètes marchent et les étoiles brillent. Direz-vous que leur marche et leur lumière sont la cause de votre rhume, de votre indigestion, de votre insomnie, de la colère ridicule où vous venez de vous mettre contre un mauvais raisonneur, de la passion que vous sentez pour cette femme?

Mais la gravitation du soleil et de la lune a rendu la terre un peu plate au pôle, et élève deux fois l'Océan entre les tropiques en vingt-quatre heures ; donc elle peut régler votre accès de fièvre, et gouverner toute votre machine. Attendez au moins que cela soit prouvé pour le dire[1].

Le soleil agit beaucoup sur nous par ses rayons qui nous touchent et qui entrent dans nos pores : c'est là une très sûre et très bénigne influence. Il me semble que nous ne devons admettre en physique aucune action sans contact, jusqu'à ce que nous ayons trouvé quelque puissance bien reconnue qui agisse en distance, comme celle de la gravitation, et comme celle de vos pensées sur les miennes quand vous me fournissez des idées. Hors de là, je ne vois jusqu'à présent que des influences de la matière qui touche à la matière.

Le poisson de mon étang et moi nous existons chacun dans notre séjour. L'eau qui le touche de

[1] Cette seule ligne contient tout ce qu'on peut dire de raisonnable sur ces influences, et en général sur tous les faits qui paraissent s'éloigner de l'ordre commun des phénomènes. Si l'existence de cet ordre est certaine pour nous, c'est que l'expérience nous la fait observer constamment. Attendons qu'une constance égale ait pu s'observer dans ces influences prétendues; alors nous y croirons de même, et avec autant de raison. K.

la tête à la queue agit continuellement sur lui. L'atmosphère qui m'environne et qui me presse agit sur moi. Je ne dois attribuer à la lune, qui est à quatre-vingt-dix mille lieues de moi, rien de ce que je dois naturellement attribuer à ce qui touche sans cesse ma peau. C'est pis que si je voulais rendre la cour de la Chine responsable d'un procès que j'aurais en France. N'allons jamais au loin quand ce que nous cherchons est tout auprès.

Je vois que le savant M. Menuret est d'un avis contraire dans l'*Encyclopédie*, à l'article INFLUENCE. C'est ce qui m'oblige à me défier de tout ce que je viens de proposer. L'abbé de Saint-Pierre disait qu'il ne faut jamais prétendre avoir raison, mais dire, « Je suis de cette opinion quant » à présent. »

INFLUENCE DES PASSIONS DES MÈRES SUR LEUR FŒTUS.

Je crois, quant à présent, que les affections violentes des femmes enceintes font quelquefois un prodigieux effet sur l'embryon qu'elles portent dans leur matrice, et je crois que je le croirai toujours; ma raison est que je l'ai vu. Si je n'avais pour garant de mon opinion que le témoignage des historiens qui rapportent l'exemple de Marie Stuart et de son fils Jacques Ier, je suspendrais mon jugement, parce qu'il y a deux cents ans entre cette aventure et moi, ce qui affaiblit ma croyance; parce que je puis attribuer l'impression faite sur le cerveau de Jacques à d'autres causes qu'à l'imagination de Marie. Des assassins royaux, à la tête desquels est son mari, entrent l'épée à la main dans le cabinet où elle soupe avec son amant, et le tuent à ses yeux : la révolution subite qui s'opère dans ses entrailles passe jusqu'à son fruit; et Jacques Ier, avec beaucoup de courage, sentit toute sa vie un frémissement involontaire quand on tirait une épée du fourreau. Il se pourrait, après tout, que ce petit mouvement dans ses organes eût une autre cause.

Mais on amène en ma présence, dans la cour d'une femme grosse, un bateleur qui fait danser un petit chien coiffé d'une espèce de toque rouge : la femme s'écrie qu'on fasse retirer cette figure; elle nous dit que son enfant en sera marqué; elle pleure, rien ne la rassure. C'est la seconde fois, dit-elle, que ce malheur m'arrive. Mon premier enfant porte l'empreinte d'une terreur panique que j'ai éprouvée; je suis faible, je sens qu'il m'arrivera un malheur. Elle n'eut que trop raison. Elle accoucha d'un enfant qui ressemblait à cette figure dont elle avait été tant épouvantée. La toque surtout était très aisée à reconnaître; ce petit animal vécut deux jours.

Du temps de Malebranche, personne ne douta de l'aventure qu'il rapporte de cette femme qui, ayant vu rouer un malfaiteur, mit au jour un fils dont les membres étaient brisés aux mêmes endroits où le patient avait été frappé. Tous les physiciens convenaient alors que l'imagination de cette mère avait eu sur son fœtus une influence funeste.

On a cru depuis être plus raffiné; on a nié cette influence. On a dit : Comment voulez-vous que les affections d'une mère aillent déranger les membres du fœtus? Je n'en sais rien; mais je l'ai vu. Philosophes nouveaux, vous cherchez en vain comment un enfant se forme, et vous voulez que je sache comment il se déforme[1].

INITIATION.

Anciens mystères.

L'origine des anciens mystères ne serait-elle pas dans cette même faiblesse qui fait parmi nous les confréries, et qui établissait des congrégations sous la direction des jésuites? N'est-ce pas ce besoin d'association qui forma tant d'assemblées secrètes d'artisans, dont il ne nous reste presque plus que celle des francs-maçons? Il n'y avait pas jusqu'aux gueux qui n'eussent leurs confréries, leurs mystères, leur jargon particulier, dont j'ai vu un petit dictionnaire imprimé au seizième siècle.

Cette inclination naturelle de s'associer, de se cantonner, de se distinguer des autres, de se rassurer contre eux, produisit probablement toutes ces bandes particulières, toutes ces initiations mystérieuses qui firent ensuite tant de bruit, et qui tombèrent enfin dans l'oubli, où tout tombe avec le temps.

Que les dieux Cabires, les hiérophantes de Samothrace, Isis, Orphée, Cérès-Éleusine, me le pardonnent; je soupçonne que leurs secrets sacrés ne méritaient pas, au fond, plus de curiosité que l'intérieur des couvents de carmes et de capucins.

Ces mystères étant sacrés, les participants le furent bientôt; et tant que le nombre fut petit, il fut respecté, jusqu'à ce qu'enfin s'étant trop accru, il n'eut pas plus de considération que les barons allemands quand le monde s'est vu rempli de barons.

On payait son initiation comme tout récipiendaire paie sa bienvenue; mais il n'était pas permis de parler pour son argent. Dans tous les temps;

[1] Il faut appliquer ici la règle que Voltaire a donnée dans l'article précédent. Mais il tombe ici dans une faute très commune aux meilleurs esprits; c'est d'être plus frappé du fait positif qu'on a vu, ou qu'on a cru voir, que de mille faits négatifs. E.

ce fut un grand crime de révéler le secret de ces simagrées religieuses. Ce secret sans doute ne méritait pas d'être connu, puisque l'assemblée n'était pas une société de philosophes, mais d'ignorants, dirigés par un hiérophante. On fesait serment de se taire ; et tout serment fut toujours un lien sacré. Aujourd'hui même encore nos pauvres francs-maçons jurent de ne point parler de leurs mystères. Ces mystères sont bien plats, mais on ne se parjure presque jamais.

Diagoras fut proscrit par les Athéniens pour avoir fait de l'hymne secrète d'Orphée un sujet de conversation[a]. Aristote nous apprend qu'Eschyle risqua d'être déchiré par le peuple, ou du moins bien battu, pour avoir donné dans une de ses pièces quelque idée de ces mêmes mystères auxquels alors presque tout le monde était initié.

Il paraît qu'Alexandre ne fesait pas grand cas de ces facéties révérées ; elles sont fort sujettes à être méprisées par les héros. Il révéla le secret à sa mère Olympias, mais il lui recommanda de n'en rien dire : tant la superstition enchaîne jusqu'aux héros mêmes !

« On frappe dans la ville de Busiris, dit Hérodote[b], les hommes et les femmes après le sacrifice ; mais de dire où on les frappe, c'est ce qui ne m'est pas permis. » Il le fait pourtant assez entendre.

Je crois voir une description des mystères de Cérès-Éleusine dans le poëme de Claudien, *du Rapt de Proserpine*, beaucoup plus que dans le sixième livre de l'*Énéide*. Virgile vivait sous un prince qui joignait à toutes ses méchancetés celle de vouloir passer pour dévot, qui était probablement initié lui-même pour en imposer au peuple, et qui n'aurait pas toléré cette prétendue profanation. Vous voyez qu'Horace, son favori, regarde cette révélation comme un sacrilége :

« . . . . . Vetabo qui Cereris sacrum
» Vulgarit arcanæ, sub iisdem
» Sit trabibus, fragilemve mecum
» Solvat phaselum. . . . . »
Liv. III, od. 2, 26 et suiv.

Je me garderai bien de loger sous mes toits
Celui qui de Cérès a trahi les mystères.

D'ailleurs la sibylle de Cumes, et cette descente aux enfers, imitée d'Homère beaucoup moins qu'embellie, et la belle prédiction des destins des Césars et de l'empire romain, n'ont aucun rapport aux fables de Cérès, de Proserpine et de Triptolème. Ainsi il est fort vraisemblable que le sixième livre de l'*Énéide* n'est point une description des mystères. Si je l'ai dit, je me dédis ; mais je tiens que Claudien les a révélés tout au long. Il florissait dans un temps où il était permis de divulguer les mystères d'Éleusis et tous les mystères du monde. Il vivait sous Honorius, dans la décadence totale de l'ancienne religion grecque et romaine, à laquelle Théodose 1er avait déjà porté des coups mortels.

Horace n'aurait pas craint alors d'habiter sous le même toit avec un révélateur des mystères. Claudien, en qualité de poëte, était de cette ancienne religion, plus faite pour la poésie que la nouvelle. Il peint les facéties des mystères de Cérès telles qu'on les jouait encore révérencieusement en Grèce jusqu'à Théodose II. C'était une espèce d'opéra en pantomimes, tels que nous en avons vu de très amusants, où l'on représentait toutes les diableries du docteur Faustus, la naissance du monde et celle d'Arlequin, qui sortaient tous deux d'un gros œuf aux rayons du soleil. C'est ainsi que toute l'histoire de Cérès et de Proserpine était représentée par tous les mystagogues. Le spectacle était beau ; il devait coûter beaucoup ; et il ne faut pas s'étonner que les initiés payassent les comédiens. Tout le monde vit de son métier.

Voici les vers ampoulés de Claudien (*De Raptu Proserpinæ*, I) :

« Inferni raptoris equos, afflataque curru
» Sidera tænario, caligantesque profundæ
» Junonis thalamos, audaci prodere cantu
» Mens congesta jubet. Gressus removete, profani !
» Jam furor humanos de nostro pectore sensus
» Expulit, et totum spirant præcordia Phœbum.
» Jam mihi cernuntur trepidis delubra moveri
» Sedibus, et claram dispergere culmina lucem,
» Adventum testata dei : jam magnus ab imis
» Auditur fremitus terris, templumque remugit
» Cecropium, sanctasque faces attollit Eleusis :
» Angues Triptolemi strident, et squammea curvis
» Colla levant attrita jugis, lapsuque sereno
» Erecti roseas tendunt ad carmina cristas.
» Ecce procul ternas Hecate variata figuras
» Exoritur, lenisque simul procedit Iacchus,
» Crinali florens hedera, quem Parthica velat
» Tigris, et auratos in nodum colligit ungues. »

Je vois les noirs coursiers du fier dieu des enfers ;
Ils ont percé la terre, ils font mugir les airs.
Voici ton lit fatal, ô triste Proserpine !
Tous mes sens ont frémi d'une fureur divine :
Le temple est ébranlé jusqu'en ses fondements ;
L'enfer a répondu par ses mugissements ;
Cérès a secoué ses torches menaçantes :
D'un nouveau jour qui luit les clartés renaissantes
Annoncent Proserpine à nos regards contents.
Triptolème la suit. Dragons obéissants,
Traînez sur l'horizon son char utile au monde ;
Hécate, des Enfers fuyez la nuit profonde ;
Brillez, reine des temps ; et toi, divin Bacchus,
Bienfaiteur adoré de cent peuples vaincus,
Que ton superbe thyrse amène l'allégresse.

Chaque mystère avait ses cérémonies particu-

[a] *Suidas*, *Athenagoras*, *J. Meursii Eleusinia*.
[b] Hérodote, liv. II, ch. LXI.

lières; mais tous admettaient les veilles, les vigiles, où les garçons et les filles ne perdirent pas leur temps; et ce fut en partie ce qui décrédita à la fin ces cérémonies nocturnes, instituées pour la sanctification. On abrogea ces cérémonies de rendez-vous en Grèce dans le temps de la guerre du Péloponèse: on les abolit à Rome dans la jeunesse de Cicéron, dix-huit ans avant son consulat. Elles étaient si dangereuses, que, dans l'*Aulularia* de Plaute, Lyconides dit à Euclion: « Je vous » avoue que, dans une vigile de Cérès, je fis un » enfant à votre fille. »

Notre religion, qui purifia beaucoup d'instituts païens en les adoptant, sanctifia le nom d'initiés, les fêtes nocturnes, les vigiles, qui furent long-temps en usage, mais qu'on fut enfin obligé de défendre quand la police fut introduite dans le gouvernement de l'Église, long-temps abandonné à la piété et au zèle qui tenait lieu de police.

La formule principale de tous les mystères était partout: *Sortez, profanes*. Les chrétiens prirent aussi dans les premiers siècles cette formule. Le diacre disait: « Sortez, catéchumènes, possédés, » et tous les non-initiés. »

C'est en parlant du baptême des morts que saint Chrysostôme dit: « Je voudrais m'expliquer clai- » rement; mais je ne le puis qu'aux initiés. On » nous met dans un grand embarras. Il faut ou » être inintelligibles, ou publier les secrets qu'on » doit cacher. »

On ne peut désigner plus clairement la loi du secret et l'initiation. Tout est tellement changé, que si vous parliez aujourd'hui d'initiation à la plupart de vos prêtres, à vos habitués de paroisse, il n'y en aurait pas un qui vous entendît, excepté ceux qui par hasard auraient lu ce chapitre.

Vous verrez dans Minucius Félix les imputations abominables dont les païens chargeaient les mystères chrétiens. On reprochait aux initiés de ne se traiter de frères et de sœurs que pour profaner ce nom sacré[a]: ils baisaient, dit-on, les parties génitales de leurs prêtres, comme on en use encore avec les santons d'Afrique; ils se souillaient de toutes les turpitudes dont on a depuis flétri les Templiers. Les uns et les autres étaient accusés d'adorer une espèce de tête d'âne.

Nous avons vu que les premières sociétés chrétiennes se reprochaient tour à tour les plus inconcevables infamies. Le prétexte de ces calomnies mutuelles était ce secret inviolable que chaque société fesait de ses mystères. C'est pourquoi, dans Minucius Felix, Cœcilius, l'accusateur des chrétiens, s'écrie: Pourquoi cachent-ils avec tant de soin ce qu'ils font et ce qu'ils adorent? l'honnêteté veut le grand jour, le crime seul cherche les ténèbres: « Cur occultare et abscondere quid- » quid colunt magnopere nituntur? quum ho- » nesta semper publico gaudeant, scelera secreta » sint. »

Il n'est pas douteux que ces accusations universellement répandues n'aient attiré aux chrétiens plus d'une persécution. Dès qu'une société d'hommes, quelle qu'elle soit, est accusée par la voix publique, en vain l'imposture est avérée; on se fait un mérite de persécuter les accusés.

Comment n'aurait-on pas eu les premiers chrétiens en horreur, quand saint Épiphane lui-même les charge des plus exécrables imputations? Il assure que les chrétiens phibionites offraient à trois cent soixante et cinq anges la semence qu'ils répandaient sur les filles et sur les garçons[a], et qu'après être parvenus sept cent trente fois à cette turpitude, ils s'écriaient: Je suis le Christ.

Selon lui, ces mêmes phibionites, les gnostiques, et les stratiotistes, hommes et femmes, répandant leur semence dans les mains les uns des autres, l'offraient à Dieu dans leurs mystères, en lui disant: Nous vous offrons le corps de Jésus-Christ[b]. Ils l'avalaient ensuite, et disaient: C'est le corps de Christ, c'est la pâque. Les femmes qui avaient leurs ordinaires en remplissaient aussi leurs mains, et disaient: C'est le sang du Christ.

Les carpocratiens, selon le même Père de l'Église[c], commettaient le péché de sodomie dans leurs assemblées, et abusaient de toutes les parties du corps des femmes; après quoi, ils fesaient des opérations magiques.

Les cérinthiens ne se livraient pas à ces abominations[d]; mais ils étaient persuadés que Jésus-Christ était fils de Joseph.

Les ébionites, dans leur Évangile, prétendaient que saint Paul ayant voulu épouser la fille de Gamaliel, et n'ayant pu y parvenir, s'était fait chrétien dans sa colère, et avait établi le christianisme pour se venger[e].

Toutes ces accusations ne parvinrent pas d'abord au gouvernement. Les Romains firent peu d'attention aux querelles et aux reproches mutuels de ces petites sociétés de Juifs, de Grecs, d'Égyptiens cachés dans la populace; de même qu'aujourd'hui à Londres, le parlement ne s'embarrasse point de ce que font les mennonites, les piétistes, les anabaptistes, les millénaires, les moraves, les méthodistes. On s'occupe d'affaires plus pressantes, et on ne porte des yeux attentifs sur ces accusations secrètes que lorsqu'elles paraissent enfin dangereuses par leur publicité.

[a] Minucius Félix, page 22, édition in-4°.

[a] Épiphane, édition de Paris, 1754, page 40. — [b] Page 38. — [c] Feuillet 46, au revers. — [d] Page 49.
[e] Feuillet 62, au revers.

Elles parvinrent avec le temps aux oreilles du sénat, soit par les Juifs, qui étaient les ennemis implacables des chrétiens, soit par les chrétiens eux-mêmes; et de là vint qu'on imputa à toutes les sociétés chrétiennes les crimes dont quelques unes étaient accusées; de là vint que leurs initiations furent calomniées si long-temps; de là vinrent les persécutions qu'ils essuyèrent. Ces persécutions mêmes les obligèrent à la plus grande circonspection; ils se cantonnèrent, ils s'unirent, ils ne montrèrent jamais leurs livres qu'à leurs initiés. Nul magistrat romain, nul empereur n'en eut jamais la moindre connaissance, comme on l'a déjà prouvé. La Providence augmenta pendant trois siècles leur nombre et leurs richesses jusqu'à ce qu'enfin Constance Chlore les protégea ouvertement, et Constantin son fils embrassa leur religion.

Cependant les noms d'*initiés* et de *mystères* subsistèrent, et on les cacha aux gentils autant qu'on le put. Pour les mystères des gentils, ils durèrent jusqu'au temps de Théodose.

INNOCENTS.

Du massacre des innocents.

Quand on parle du massacre des innocents, on n'entend ni les vêpres siciliennes, ni les matines de Paris, connues sous le nom de Saint-Barthélemi, ni les habitants du Nouveau-Monde égorgés parce qu'ils n'étaient pas chrétiens, ni les auto-da-fé d'Espagne et de Portugal, etc., etc., etc.; on entend d'ordinaire les petits enfants qui furent tués dans la banlieue de Bethléem par ordre d'Hérode-le-Grand, et qui furent ensuite transportés à Cologne, où l'on en trouve encore.

Toute l'Église grecque a prétendu qu'ils étaient au nombre de quatorze mille.

Les difficultés élevées par les critiques sur ce point d'histoire ont toutes été résolues par les sages et savants commentateurs.

On a incidenté sur l'étoile qui conduisit les mages du fond de l'Orient à Jérusalem. On a dit que le voyage étant long, l'étoile avait dû paraître fort long-temps sur l'horizon; que cependant aucun historien, excepté saint Matthieu, n'a jamais parlé de cette étoile extraordinaire; que si elle avait brillé si long-temps dans le ciel, Hérode et toute sa cour, et tout Jérusalem, devaient l'avoir aperçue aussi bien que ces trois mages ou ces trois rois; que par conséquent Hérode n'avait pas pu *s'informer diligemment de ces rois en quel temps ils avaient vu cette étoile*; que si ces trois rois avaient fait des présents d'or, de myrrhe et d'encens à l'enfant nouveau-né, ses parents auraient dû être fort riches; qu'Hérode n'avait pas pu croire que cet enfant, né dans une étable à Bethléem, fût roi des Juifs, puisque ce royaume appartenait aux Romains, et était un don de César; que si trois rois des Indes venaient aujourd'hui en France, conduits par une étoile, et s'arrêtaient chez une femme de Vaugirard, on ne ferait pourtant jamais croire au roi régnant que le fils de cette villageoise fût roi de France.

On a répondu pleinement à ces difficultés, qui sont les préliminaires du massacre des innocents, et on a fait voir que ce qui est impossible aux hommes n'est pas impossible à Dieu.

A l'égard du carnage des petits enfants, soit que le nombre ait été de quatorze mille, ou plus ou moins grand, on a démontré que cette horreur épouvantable et unique dans le monde n'était pas incompatible avec le caractère d'Hérode; qu'à la vérité, ayant été confirmé roi de Judée par Auguste, il ne pouvait rien craindre d'un enfant né de parents obscurs et pauvres, dans un petit village; mais qu'étant attaqué alors de la maladie dont il mourut, il pouvait avoir le sang tellement corrompu, qu'il en eût perdu la raison et l'humanité; qu'enfin tous ces événements incompréhensibles, qui préparaient des mystères plus incompréhensibles, étaient dirigés par une Providence impénétrable.

On objecte que l'historien Josèphe, presque contemporain, et qui a raconté toutes les cruautés d'Hérode, n'a pourtant pas plus parlé du massacre des petits enfants que de l'étoile des trois rois; que ni Philon le Juif, ni aucun autre Juif, ni aucun Romain, n'en ont rien dit; que même trois évangélistes ont gardé un profond silence sur ces objets importants. On répond que saint Matthieu les a annoncés, et que le témoignage d'un homme inspiré est plus fort que le silence de toute la terre.

Les censeurs ne se sont pas rendus; ils ont osé reprendre saint Matthieu lui-même sur ce qu'il dit que ces enfants furent massacrés « afin que les » paroles de Jérémie fussent accomplies. Une voix » s'est entendue dans Rama, une voix de pleurs » et de gémissements, Rachel pleurant ses fils, et » ne se consolant point, parce qu'ils ne sont plus. »

Ces paroles historiques, disent-ils, s'étaient accomplies à la lettre dans la tribu de Benjamin, descendante de Rachel, quand Nabuzardan fit périr une partie de cette tribu vers la ville de Rama. Ce n'était pas plus une prédiction, disent-ils, que ne le sont ces mots : « Il sera appelé Nazaréen. » Et il vint demeurer dans une ville nommée » Nazareth, afin que s'accomplît ce qui a été dit » par les prophètes : Il sera appelé Nazaréen. » Ils triomphent de ce que ces mots ne se trouvent dans aucun prophète, de même qu'ils triomphent de ce que Rachel pleurant les Benjamites dans Rama n'a aucun rapport avec le massacre des innocents sous Hérode.

Ils osent prétendre que ces deux allusions, étant visiblement fausses, sont une preuve manifeste de la fausseté de cette histoire ; ils concluent qu'il n'y eut ni massacre des enfants, ni étoile nouvelle, ni voyage des trois rois.

Ils vont bien plus loin : ils croient trouver une contradiction aussi grande entre le récit de saint Matthieu et celui de saint Luc, qu'entre les deux généalogies rapportées par eux. Saint Matthieu dit que Joseph et Marie transportèrent Jésus en Égypte, de crainte qu'il ne fût enveloppé dans le massacre. Saint Luc, au contraire, dit « qu'après » avoir accompli toutes les cérémonies de la loi, » Joseph et Marie retournèrent à Nazareth, leur » ville, et qu'ils allaient tous les ans à Jérusalem » pour célébrer la pâque. »

Or, il fallait trente jours avant qu'une accouchée se purifiât et accomplît toutes les cérémonies de la loi. C'eût été exposer pendant ces trente jours l'enfant à périr dans la proscription générale. Et si ses parents allèrent à Jérusalem accomplir les ordonnances de la loi, ils n'allèrent donc pas en Égypte.

Ce sont là les principales objections des incrédules. Elles sont assez réfutées par la croyance des églises grecque et latine. S'il fallait continuellement éclaircir les doutes de tous ceux qui lisent l'Écriture, il faudrait passer sa vie entière à disputer sur tous les articles. Rapportons-nous-en plutôt à nos maîtres, à l'université de Salamanque, quand nous serons en Espagne, à celle de Coïmbre si nous sommes en Portugal, à la Sorbonne en France, à la sacrée congrégation dans Rome. Soumettons-nous toujours de cœur et d'esprit à ce qu'on exige de nous pour notre bien.

INOCULATION,

OU

INSERTION DE LA PETITE VÉROLE[1].

INONDATION.

Y a-t-il eu un temps où le globe ait été entièrement inondé? Cela est physiquement impossible.

Il se peut que successivement la mer ait couvert tous les terrains l'un après l'autre; et cela ne peut être arrivé que par une gradation lente, dans une multitude prodigieuse de siècles. La mer, en cinq cents années de temps, s'est retirée d'Aigues-Mortes, de Fréjus, de Ravenne, qui étaient de grands ports, et a laissé environ deux lieues de terrain à sec. Par cette progression, il est évident qu'il lui faudrait deux millions deux cent cinquante mille ans pour faire le tour de notre globe. Ce qui est très remarquable, c'est que cette période approche fort de celle qu'il faut à l'axe de la terre pour se relever et pour coïncider avec l'équateur; mouvement très vraisemblable, qu'on commence depuis cinquante ans à soupçonner, et qui ne peut s'effectuer que dans l'espace de deux millions et plus de trois cent mille années.

Les lits, les couches de coquilles, qu'on a découverts à quelques lieues de la mer, sont une preuve incontestable qu'elle a déposé peu à peu ses productions maritimes sur des terrains qui étaient autrefois les rivages de l'Océan; mais que l'eau ait couvert entièrement tout le globe à la fois, c'est une chimère absurde en physique, démontrée impossible par les lois de la gravitation, par les lois des fluides, par l'insuffisance de la quantité d'eau. Ce n'est pas qu'on prétende donner la moindre atteinte à la grande vérité du déluge universel, rapporté dans le *Pentateuque* : au contraire, c'est un miracle; donc il faut le croire : c'est un miracle; donc il n'a pu être exécuté par les lois physiques.

Tout est miracle dans l'histoire du déluge. Miracle que quarante jours de pluie aient inondé les quatre parties du monde, et que l'eau se soit élevée de quinze coudées au-dessus de toutes les plus hautes montagnes; miracle qu'il y ait eu des cataractes, des portes, des ouvertures dans le ciel; miracle que tous les animaux se soient rendus dans l'arche de toutes les parties du monde; miracle que Noé ait trouvé de quoi les nourrir pendant dix mois; miracle que tous les animaux aient tenu dans l'arche avec leurs provisions; miracle que la plupart n'y soient pas morts; miracle qu'ils aient trouvé de quoi se nourrir en sortant de l'arche; miracle encore, mais d'une autre espèce, qu'un nommé Le Pelletier ait cru expliquer comment tous les animaux ont pu tenir et se nourrir naturellement dans l'arche de Noé.

Or, l'histoire du déluge étant la chose la plus miraculeuse dont on ait jamais entendu parler, il serait insensé de l'expliquer : ce sont de ces mystères qu'on croit par la foi, et la foi consiste à croire ce que la raison ne croit pas; ce qui est encore un autre miracle.

Ainsi l'histoire du déluge universel est comme celle de la tour de Babel, de l'ânesse de Balaam, de la chute de Jéricho au son des trompettes, des eaux changées en sang, du passage de la mer Rouge, et de tous les prodiges que Dieu daigna

[1] Cet article forme la onzième *Lettre sur les Anglais*, tom. v.

faire en faveur des élus de son peuple. Ce sont des profondeurs que l'esprit humain ne peut sonder.

INQUISITION.

SECTION PREMIÈRE.

C'est une juridiction ecclésiastique érigée par le siége de Rome, en Italie, en Espagne, en Portugal, aux Indes même, pour rechercher et extirper les infidèles, les Juifs, et les hérétiques.

Afin de n'être point soupçonnés de chercher dans le mensonge de quoi rendre ce tribunal odieux, donnons ici le précis d'un ouvrage latin, sur l'origine et le progrès de l'office de la sainte inquisition, que Louis de Paramo, inquisiteur dans le royaume de Sicile, fit imprimer, l'an 1598, à l'imprimerie royale de Madrid.

Sans remonter à l'origine de l'inquisition, que Paramo prétend découvrir dans la manière dont il est dit que Dieu procéda contre Adam et Ève, bornons-nous à la loi nouvelle dont Jésus-Christ, selon lui, fut le premier inquisiteur. Il en exerça les fonctions dès le treizième jour de sa naissance, en fesant annoncer à la ville de Jérusalem, par les trois rois mages, qu'il était venu au monde, et depuis en fesant mourir Hérode rongé de vers, en chassant les vendeurs du temple, et enfin en livrant la Judée à des tyrans qui la pillèrent en punition de son infidélité.

Après Jésus-Christ, saint Pierre, saint Paul et les autres apôtres ont exercé l'office d'inquisiteur, qu'ils ont transmis aux papes et aux évêques leurs successeurs. Saint Dominique étant venu en France avec l'évêque d'Osma, dont il était archidiacre, s'éleva avec zèle contre les Albigeois, et se fit aimer de Simon, comte de Montfort. Ayant été nommé par le pape inquisiteur en Languedoc, il y fonda son ordre, qui fut approuvé en 1216 par Honorius III; sous les auspices de sainte Magdeleine, le comte de Montfort prit d'assaut la ville de Béziers, et en fit massacrer tous les habitants; à Laval, on brûla en une seule fois quatre cents Albigeois. Dans tous les historiens de l'inquisition que j'ai lus, dit Paramo, je n'ai jamais vu un acte de foi aussi célèbre, ni un spectacle aussi solennel. Au village de Cazeras on en brûla soixante, et dans un autre endroit cent quatre-vingts.

L'inquisition fut adoptée par le comte de Toulouse en 1229, et confiée aux dominicains par le pape Grégoire IX en 1233; Innocent IV, en 1251, l'établit dans toute l'Italie, excepté à Naples. Au commencement, à la vérité, les hérétiques n'étaient point soumis dans le Milanais à la peine de mort, dont ils sont cependant si dignes, parce que les papes n'étaient pas assez respectés de l'empereur Frédéric, qui possédait cet état; mais, peu de temps après, on brûla les hérétiques à Milan, comme dans les autres endroits de l'Italie, et notre auteur observe que, l'an 1315, quelques milliers d'hérétiques s'étant répandus dans le Crémasque, petit pays enclavé dans le Milanais, les frères dominicains en firent brûler la plus grande partie, et arrêtèrent par le feu les ravages de cette peste.

Comme le premier canon du concile de Toulouse, dès l'an 1229, avait ordonné aux évêques de choisir en chaque paroisse un prêtre et deux ou trois laïques de bonne réputation, lesquels fesaient serment de rechercher exactement et fréquemment les hérétiques dans les maisons, les caves et tous les lieux où ils se pourraient cacher, et d'en avertir promptement l'évêque, le seigneur du lieu ou son bailli, après avoir pris leurs précautions afin que les hérétiques découverts ne pussent s'enfuir, les inquisiteurs agissaient dans ce temps-là de concert avec les évêques. Les prisons de l'évêque et de l'inquisition étaient souvent les mêmes; et quoique, dans le cours de la procédure, l'inquisiteur pût agir en son nom, il ne pouvait, sans l'intervention de l'évêque, faire appliquer à la question, prononcer la sentence définitive, ni condamner à la prison perpétuelle, etc. Les disputes fréquentes entre les évêques et les inquisiteurs sur les limites de leur autorité, sur les dépouilles des condamnés, etc., obligèrent, en 1473, le pape Sixte IV à rendre les inquisitions indépendantes et séparées des tribunaux des évêques. Il créa pour l'Espagne un inquisiteur général, muni du pouvoir de nommer des inquisiteurs particuliers; et Ferdinand V, en 1478, fonda et dota les inquisitions.

A la sollicitation du frère Turrecremata, grand-inquisiteur en Espagne, le même Ferdinand V, surnommé le Catholique, bannit de son royaume tous les Juifs, en leur accordant trois mois, à compter de la publication de son édit, après lequel temps il leur était défendu, sous peine de la vie, de se retrouver sur les terres de la domination espagnole. Il leur était permis de sortir du royaume avec les effets et marchandises qu'ils avaient achetés, mais défendu d'emporter aucune espèce d'or ou d'argent.

Le frère Turrecremata appuya cet édit, dans le diocèse de Tolède, par une défense à tous chrétiens, sous peine d'excommunication, de donner quoi que ce soit aux Juifs, même des choses les plus nécessaires à la vie.

D'après ces lois, il sortit de la Catalogne, du royaume d'Aragon, de celui de Valence, et des autres pays soumis à la domination de Ferdinand environ un million de Juifs, dont la plupart périrent misérablement; de sorte qu'ils comparent les maux qu'ils souffrirent en ce temps-là, à leurs calamités sous Tite et sous Vespasien. Cette expulsion des Juifs causa à tous les rois catholiques une joie incroyable.

Quelques théologiens ont blâmé ces édits du roi d'Espagne; leurs raisons principales sont qu'on ne doit pas contraindre les infidèles à embrasser la foi de Jésus-Christ, et que ces violences sont la honte de notre religion.

Mais ces arguments sont bien faibles, et je soutiens, dit Paramo, que l'édit est pieux, juste et louable, la violence par laquelle on exige des Juifs qu'ils se convertissent n'étant pas une violence absolue, mais conditionnelle, puisqu'ils pouvaient s'y soustraire en quittant leur patrie. D'ailleurs ils pouvaient gâter les Juifs nouvellement convertis, et les chrétiens même; or, selon ce que dit saint Paul[a], quelle communication peut-il y avoir entre la justice et l'iniquité, entre la lumière et les ténèbres, entre Jésus-Christ et Bélial?

Quant à la confiscation de leurs biens, rien de plus juste, parce qu'ils les avaient acquis par des usures envers les chrétiens, qui ne fesaient que reprendre ce qui leur appartenait.

Enfin, par la mort de notre Seigneur, les Juifs sont devenus esclaves; or, tout ce qu'un esclave possède appartient à son maître : ceci soit dit en passant contre les injustes censeurs de la piété, de la justice irrépréhensible et de la sainteté du roi catholique.

A Séville, comme on cherchait à faire un exemple de sévérité sur les Juifs, Dieu, qui sait tirer le bien du mal, permit qu'un jeune homme qui attendait une fille vît par les fentes d'une cloison une assemblée de Juifs, et qu'il les dénonçât. On se saisit d'un grand nombre de ces malheureux, et on les punit comme ils le méritaient. En vertu de divers édits des rois d'Espagne et des inquisiteurs généraux et particuliers établis dans ce royaume, il y eut aussi en fort peu de temps environ deux mille hérétiques brûlés à Séville, et plus de quatre mille, de l'an 1482 jusqu'à 1520. Une infinité d'autres furent condamnés à la prison perpétuelle, ou soumis à des pénitences de différents genres. Il y eut une si grande émigration, qu'on y comptait cinq cents maisons vides, et dans le diocèse trois mille; et en tout il y eut plus de cent mille hérétiques mis à mort, ou punis de quelque autre manière, ou qui s'expatrièrent pour éviter le châtiment. Ainsi ces pères pieux firent un grand carnage des hérétiques.

L'établissement de l'inquisition de Tolède fut une source féconde de biens pour l'Église catholique. Dans le court espace de deux ans, elle fit brûler cinquante-deux hérétiques obstinés, et deux cent vingt furent condamnés par contumace: d'où l'on peut conjecturer de quelle utilité cette inquisition a été depuis qu'elle est établie, puisqu'en si peu de temps elle avait fait de si grandes choses.

Dès le commencement du quinzième siècle, le pape Boniface IX tenta vainement d'établir l'inquisition dans le royaume de Portugal, où il créa le provincial des dominicains, Vincent de Lisbonne, inquisiteur général. Innocent VII, quelques années après, ayant nommé inquisiteur le minime Didacus de Sylva, le roi Jean Ier écrivit à ce pape que l'établissement de l'inquisition dans son royaume était contraire au bien de ses sujets, à ses propres intérêts, et peut-être même à ceux de la religion.

Le pape, touché par les représentations d'un prince trop facile, révoqua tous les pouvoirs accordés aux inquisiteurs nouvellement établis, et autorisa Marc, évêque de Sinigaglia, à absoudre les accusés; ce qu'il fit. On rétablit dans leurs charges et dignités ceux qui en avaient été privés, et on délivra beaucoup de gens de la crainte de voir leurs biens confisqués.

Mais que le Seigneur est admirable dans ses voies! continue Paramo; ce que les souverains pontifes n'avaient pu obtenir par tant d'instances, le roi Jean III l'accorda de lui-même à un fripon adroit, dont Dieu se servit pour cette bonne œuvre. En effet, les méchants sont souvent des instruments utiles des desseins de Dieu, et il ne réprouve pas ce qu'ils font de bien; c'est ainsi que[a] Jean, disant à notre Seigneur Jésus-Christ: Maître, nous avons vu un homme qui n'est point votre disciple, et qui chassait les démons en votre nom, et nous l'en avons empêché; Jésus lui répondit: Ne l'en empêchez pas; car celui qui fait des miracles en mon nom ne dira point de mal de moi; et celui qui n'est pas contre vous est pour vous.

Paramo raconte ensuite qu'il a vu, dans la bibliothèque de Saint-Laurent, à l'Escurial, un écrit de la propre main de Saavedra, par lequel ce fripon explique en détail qu'ayant fabriqué une fausse bulle, il fit son entrée à Séville en qualité de légat, avec un cortége de cent vingt-six domestiques; qu'il tira treize mille ducats des héritiers d'un riche seigneur du pays pendant les vingt jours qu'il y demeura dans le palais de l'archevêque, en produisant une obligation contrefaite de pareille somme que ce seigneur reconnaissait avoir em-

[a] II. Corinth., ch. VI, v. 14 et 15.

[a] Marc, ch. IX, v. 37, 39.

pruntée du légat pendant son séjour à Rome; et qu'enfin, arrivé à Badajoz, le roi Jean III, auquel il fit présenter de fausses lettres du pape, lui permit d'établir des tribunaux de l'inquisition dans les principales villes du royaume.

Ces tribunaux commencèrent tout de suite à exercer leur juridiction, et il se fit un grand nombre de condamnations et d'exécutions d'hérétiques relaps, et des absolutions d'hérétiques pénitents. Six mois s'étaient ainsi passés lorsqu'on reconnut la vérité de ce mot de l'Évangile[a] : « Il » n'y a rien de caché qui ne se découvre. » Le marquis de Villeneuve de Barcarotta, seigneur espagnol, secondé par le gouverneur de Mora, enleva le fourbe, et le conduisit à Madrid. On le fit comparaître par devant Jean de Tavera, archevêque de Tolède. Ce prélat, étonné de tout ce qu'il apprit de la fourberie et de l'adresse du faux légat, envoya toutes les pièces du procès au pape Paul III, aussi bien que les actes des inquisitions que Saavedra avait établies, et par lesquels il paraissait qu'on avait condamné et jugé déjà un grand nombre d'hérétiques, et que ce fourbe avait extorqué plus de trois cent mille ducats.

Le pape ne put s'empêcher de reconnaître dans tout cela le doigt de Dieu et un miracle de sa providence; aussi forma-t-il la congrégation de ce tribunal sous le nom de Saint-Office, en 1545; et Sixte V la confirma en 1588.

Tous les auteurs sont d'accord avec Paramo sur cet établissement de l'inquisition en Portugal; le seul Antoine de Souza, dans ses *Aphorismes des inquisiteurs*, révoque en doute l'histoire de Saavedra, sous prétexte qu'il a fort bien pu s'accuser lui-même sans être coupable, en considération de la gloire qui devait lui en revenir, et dans l'espérance de vivre dans la mémoire des hommes. Mais Souza, dans le récit qu'il substitue à celui de Paramo, se rend suspect lui-même de mauvaise foi en citant deux bulles de Paul III, et deux autres du même pape au cardinal Henri, frère du roi; bulles que Souza n'a point fait imprimer dans son ouvrage, et qui ne se trouvent dans aucune des collections de bulles apostoliques : deux raisons décisives de rejeter son sentiment et de s'en tenir à celui de Paramo, d'Illescas, de Salazar, de Mendoça, de Fernandez, de Placentinus, etc.

Quand les Espagnols passèrent en Amérique, ils portèrent l'inquisition avec eux; les Portugais l'introduisirent aux Indes aussitôt qu'elle fut autorisée à Lisbonne : c'est ce qui fait dire à Louis de Paramo, dans sa préface, que cet arbre florissant et vert a étendu ses racines et ses branches dans le monde entier, et a porté les fruits les plus doux.

[a] Matth., ch. X, v. 26. Marc, ch. IV, v. 22. Luc, ch. VIII. v. 17.

Pour nous former actuellement quelque idée de la jurisprudence de l'inquisition, et de la forme de sa procédure, inconnue aux tribunaux civils, parcourons le *Directoire des inquisiteurs*, que Nicolas Eymeric, grand-inquisiteur dans le royaume d'Aragon, vers le milieu du quatorzième siècle, composa en latin, et adressa aux inquisiteurs ses confrères, en vertu de l'autorité de sa charge.

Peu de temps après l'invention de l'imprimerie, on donna à Barcelone (en 1503) une édition de cet ouvrage, qui se répandit bientôt dans toutes les inquisitions du monde chrétien. Il en parut une seconde à Rome, en 1578, in-folio, avec des scolies et des commentaires de François Pegna, docteur en théologie et canoniste.

Voici l'éloge qu'en fait cet éditeur dans son épître dédicatoire au pape Grégoire XIII : « Tandis que les princes chrétiens s'occupent de » toutes parts à combattre par les armes les ennemis de la religion catholique, et prodiguent » le sang de leurs soldats pour soutenir l'unité de » l'Église et l'autorité du siége apostolique, il est » aussi des écrivains zélés qui travaillent dans » l'obscurité, ou à réfuter les opinions des novateurs, ou à armer et à diriger la puissance des » lois contre leurs personnes, afin que la sévérité des peines et la grandeur des supplices, » les contenant dans les bornes du devoir, » fassent sur eux ce que n'a pu faire l'amour de » la vertu.

» Quoique j'occupe la dernière place parmi ces » défenseurs de la religion, je suis cependant » animé du même zèle pour réprimer l'audace » impie des novateurs et leur horrible méchanceté. Le travail que je vous présente ici sur le » *Directoire des inquisiteurs* en sera la preuve. » Cet ouvrage de Nicolas Eymeric, respectable par » son antiquité, contient un abrégé des principaux dogmes de la foi, et une instruction très » suivie et très méthodique, aux tribunaux de la » sainte inquisition, sur les moyens qu'ils doivent » employer pour contenir et extirper les hérétiques. C'est pourquoi j'ai cru devoir en faire » un hommage à votre sainteté, comme au chef » de la république chrétienne. »

Il déclare ailleurs qu'il le fait réimprimer pour l'instruction des inquisiteurs, que cet ouvrage est aussi admirable que respectable, et qu'on y enseigne avec autant de piété que d'érudition les moyens de contenir et d'extirper les hérétiques. Il avoue cependant qu'il y a beaucoup d'autres pratiques utiles et sages pour lesquelles il renvoie à l'usage, qui instruira mieux que les leçons, d'autant plus qu'il y a en ce genre certaines choses qu'il est important de ne point divulguer, et qui sont assez connues des inquisiteurs. Il cite çà et là une infinité d'écrivains qui tous ont suivi la doctrine du Directoire; il se plaint même que plusieurs en ont profité sans faire honneur à Eymeric des belles choses qu'ils lui dérobaient.

Mettons-nous à l'abri d'un pareil reproche en indiquant exactement ce que nous emprunterons de l'auteur et de l'éditeur. Eymeric dit, page 58 : La commisération pour les enfants du coupable qu'on réduit à la mendicité ne doit point adoucir cette sévérité, puisque par les lois divines et humaines, les enfants sont punis pour les fautes de leurs pères.

Page 123. Si une accusation intentée était dépourvue de toute apparence de vérité, il ne faut pas pour cela que l'inquisiteur l'efface de son livre, parce que ce qu'on ne découvre pas dans un temps se découvre dans un autre.

Page 291. Il faut que l'inquisiteur oppose des ruses à celles des hérétiques, afin de river leur clou par un autre, et de pouvoir leur dire ensuite avec l'Apôtre [a] : Comme j'étais fin, je vous ai pris par finesse.

Page 296. On pourra lire le procès-verbal à l'accusé en supprimant absolument les noms des dénonciateurs; et alors c'est à l'accusé à conjecturer qui sont ceux qui ont formé contre lui telles et telles accusations, à les récuser, ou à infirmer leurs témoignages : c'est la méthode que l'on observe communément. Il ne faut pas que les accusés s'imaginent qu'on admettra facilement la récusation des témoins en matière d'hérésie : car il n'importe que les témoins soient gens de bien ou infâmes, complices du même crime, excommuniés, hérétiques ou coupables en quelque manière que ce soit, ou parjures, etc. C'est ce qui a été réglé en faveur de la foi.

Page 302. L'appel qu'un accusé fait de l'inquisiteur n'empêche pas celui-ci de demeurer juge contre lui sur d'autres chefs d'accusation.

Page 313. Quoiqu'on ait supposé dans la formule de la sentence de torture qu'il y avait variation dans les réponses de l'accusé, et d'autre part indices suffisants pour l'appliquer à la question, ces deux conditions ensemble ne sont pas nécessaires; elles suffisent réciproquement l'une sans l'autre.

Pegna nous apprend, scolie 118, livre III, que les inquisiteurs n'emploient ordinairement que cinq espèces de tourments dans la question, quoique Marsilius fasse mention de quatorze espèces, et qu'il ajoute même qu'il en a imaginé d'autres, comme la soustraction du sommeil, en quoi il est approuvé par Grillandus et par Locatus.

Eymeric continue, page 319. Il faut bien prendre garde d'insérer dans la formule d'absolution que l'accusé est innocent, mais seulement qu'il n'y a pas de preuves suffisantes contre lui; précaution qu'on prend afin que si dans la suite l'accusé qu'on absout était remis en cause, l'absolution qu'il reçoit ne puisse pas lui servir de défense.

Page 324. On prescrit quelquefois ensemble l'abjuration et la purgation canonique. C'est ce qu'on fait lorsqu'à la mauvaise réputation d'un homme en matière de doctrine il se joint des indices considérables, qui, s'ils étaient un peu plus forts, tendraient à le convaincre d'avoir effectivement dit ou fait quelque chose contre la foi. L'accusé qui est dans ce cas est obligé d'abjurer toute hérésie en général; et alors, s'il retombe dans quelque hérésie que ce soit, même distinguée de celles sur lesquelles il avait été suspect, il est puni comme relaps, et livré au bras séculier.

Page 331. Les relaps, lorsque la rechute est bien constatée, doivent être livrés à la justice séculière, quelque protestation qu'ils fassent pour l'avenir, et quelque repentir qu'ils témoignent. L'inquisiteur fera donc avertir la justice séculière qu'un tel jour, à telle heure, et dans un tel lieu, on lui livrera un hérétique; et l'on fera annoncer au peuple qu'il ait à se trouver à la cérémonie, parce que l'inquisiteur fera un sermon sur la foi, et que les assistants y gagneront les indulgences accoutumées.

Ces indulgences sont ainsi énoncées après la formule de sentence contre l'hérétique pénitent : L'inquisiteur accordera quarante jours d'indulgence à tous les assistants, trois ans à ceux qui ont contribué à la capture, à l'abjuration, à la condamnation, etc., de l'hérétique; et enfin trois ans aussi, de la part de notre saint père le pape, à tous ceux qui dénonceront quelque autre hérétique.

Page 332. Lorsque le coupable aura été livré à la justice séculière, celle-ci prononcera sa sentence, et le criminel sera conduit au lieu du supplice : des personnes pieuses l'accompagneront, l'associeront à leurs prières, prieront avec lui, et ne le quitteront point qu'il n'ait rendu son âme à son Créateur. Mais elles doivent bien prendre garde de rien dire ou de rien faire qui puisse hâter le moment de sa mort, de peur de tomber dans l'irrégularité. Ainsi on ne doit point exhorter le criminel à monter sur l'échafaud, ni à se présenter au bourreau, ni avertir celui-ci de disposer les instruments du supplice, de manière que la mort s'ensuive plus promptement et que le patient

[a] II. Corinth., ch. XII, v. 16.

ne languisse point, toujours à cause de l'irrégularité.

Page 555. S'il arrivait que l'hérétique, prêt à être attaché au pieu pour être brûlé, donnât des signes de conversion, on pourrait peut-être le recevoir par grâce singulière, et l'enfermer entre quatre murailles comme les hérétiques pénitents, quoiqu'il ne faille pas ajouter beaucoup de foi à une pareille conversion, et que cette indulgence ne soit autorisée par aucune disposition du droit; mais cela est fort dangereux : j'en ai vu un exemple à Barcelone. Un prêtre, condamné avec deux autres hérétiques impénitents, et déjà au milieu des flammes, cria qu'on le retirât, et qu'il voulait se convertir : on le retira en effet déjà brûlé d'un côté; je ne dis pas qu'on ait bien ou mal fait : ce que je sais, c'est que quatorze ans après on s'aperçut qu'il dogmatisait encore, et qu'il avait corrompu beaucoup de personnes; on l'abandonna donc une autre fois à la justice, et il fut brûlé.

Personne ne doute, dit Pegna, scolie 47, qu'il ne faille faire mourir les hérétiques; mais on peut demander quel genre de supplice il convient d'employer. Alfonse de Castro, livre II, *de la juste punition des hérétiques*, pense qu'il est assez indifférent de les faire périr par l'épée, ou par le feu, ou par quelque autre supplice; mais Hostiensis, Godofredus, Covarruvias, Simancas, Roxas, etc., soutiennent qu'il faut absolument les brûler. En effet, comme le dit très bien Hostiensis, le supplice du feu est la peine due à l'hérésie. On lit dans saint Jean[a] : Si quelqu'un ne demeure pas en moi, il sera jeté dehors comme un sarment, et il sèchera, et on le ramassera pour le jeter au feu et le brûler. Ajoutons, continue Pegna, que la coutume universelle de la république chrétienne vient à l'appui de ce sentiment. Simancas et Roxas décident qu'il faut les brûler vifs; mais il y a une précaution qu'il faut toujours prendre en les brûlant, c'est de leur arracher la langue ou de leur fermer la bouche, afin qu'ils ne scandalisent pas les assistants par leurs impiétés.

Enfin, page 569, Eymeric ordonne qu'en matière d'hérésie on procède tout uniment, sans les criailleries des avocats, et sans tant de solennités dans les jugements; c'est-à-dire qu'on rende la procédure la plus courte qu'il est possible en en retranchant les délais inutiles, en travaillant à instruire la cause, même dans les jours où les autres juges suspendent leurs travaux, en rejetant tout appel qui ne sert qu'à éloigner le jugement, en n'admettant pas une multitude inutile de témoins, etc.

Cette jurisprudence révoltante n'a été que restreinte en Espagne et en Portugal, tandis que l'inquisition même vient enfin d'être entièrement supprimée à Milan[1].

[a] Chap XV, v. 6.

SECTION II.

L'inquisition est, comme on sait, une invention admirable et tout à fait chrétienne pour rendre le pape et les moines plus puissants, et pour rendre tout un royaume hypocrite.

On regarde d'ordinaire saint Dominique comme le premier à qui l'on doit cette sainte institution. En effet, nous avons encore une patente donnée par ce grand saint, laquelle est conçue en ces propres mots : « Moi, frère Dominique, je réconcilie à l'Église le nommé Roger, porteur des présentes, à condition qu'il se fera fouetter par un prêtre trois dimanches consécutifs, depuis l'entrée de la ville jusqu'à la porte de l'église, qu'il fera maigre toute sa vie, qu'il jeûnera trois carêmes dans l'année, qu'il ne boira jamais de vin, qu'il portera le *san-benito* avec des croix, qu'il récitera le bréviaire tous les jours, dix *pater* dans la journée, et vingt à l'heure de minuit; qu'il gardera désormais la continence, et qu'il se présentera tous les mois au curé de sa paroisse, etc.; tout cela sous peine d'être traité comme hérétique, parjure et impénitent. »

Quoique Dominique soit le véritable fondateur de l'inquisition, cependant Louis de Paramo, l'un des plus respectables écrivains et des plus brillantes lumières du Saint-Office, rapporte, au titre second de son second livre, que Dieu fut le premier instituteur du Saint-Office, et qu'il exerça le pouvoir des frères prêcheurs contre Adam. D'abord Adam est cité au tribunal : *Adam, ubi es?* et en effet, ajoute-t-il, le défaut de citation aurait rendu la procédure de Dieu nulle.

Les habits de peau que Dieu fit à Adam et à Ève furent le modèle du *san-benito* que le Saint-Office fait porter aux hérétiques. Il est vrai que par cet argument on prouve que Dieu fut le premier tailleur; mais il n'est pas moins évident qu'il fut le premier inquisiteur.

Adam fut privé de tous les biens immeubles qu'il possédait dans le paradis terrestre : c'est de

[1] Elle vient de l'être en Sicile et dans la Toscane : Gênes et Venise ont la faiblesse de la conserver; mais on ne lui laisse aucune activité. Elle subsiste, mais sans pouvoir, dans les états de la maison de Savoie. La gloire d'abolir ce monument odieux du fanatisme et de la barbarie de nos pères n'a encore tenté aucun souverain pontife. L'inquisition de Rome est l'objet du mépris de l'Europe, et même des Romains, depuis son absurde procédure contre Galilée. La noblesse avignonaise permet à ce tribunal d'exister dans un coin de la France, et, contente de n'en avoir rien à craindre, elle n'est point sensible à la honte de porter ce joug monastique. En Espagne et en Portugal, l'inquisition, devenue moins atroce, a repris tout son pouvoir; elle menace de la prison et de la confiscation quiconque oserait tenter de faire quelque bien à ces malheureuses contrées. K.

là que le Saint-Office confisque les biens de tous ceux qu'il a condamnés.

Louis de Paramo remarque que les habitants de Sodome furent brûlés comme hérétiques, parce que la sodomie est une hérésie formelle. De là il passe à l'histoire des Juifs ; il y trouve partout le Saint-Office.

Jésus-Christ est le premier instituteur de la nouvelle loi, les papes furent inquisiteurs de droit divin, et enfin ils communiquèrent leur puissance à saint Dominique.

Il fait ensuite le dénombrement de tous ceux que l'inquisition a mis à mort ; il en trouve beaucoup au-delà de cent mille.

Son livre fut imprimé en 1598, à Madrid, avec l'approbation des docteurs, les éloges de l'évêque et le privilége du roi. Nous ne concevons pas aujourd'hui des horreurs si extravagantes à la fois et si abominables ; mais alors rien ne paraissait plus naturel et plus édifiant. Tous les hommes ressemblent à Louis de Paramo quand ils sont fanatiques.

Ce Paramo était un homme simple, très exact dans les dates, n'omettant aucun fait intéressant et supputant avec scrupule le nombre des victimes humaines que le Saint-Office a immolées dans tous les pays.

Il raconte avec la plus grande naïveté l'établissement de l'inquisition en Portugal, et il est parfaitement d'accord avec quatre autres historiens qui ont tous parlé comme lui. Voici ce qu'ils rapportent unanimement.

ÉTABLISSEMENT CURIEUX DE L'INQUISITION EN PORTUGAL.

Il y avait long-temps que le pape Boniface IX, au commencement du quinzième siècle, avait délégué des frères prêcheurs qui allaient en Portugal, de ville en ville, brûler les hérétiques, les musulmans et les juifs ; mais ils étaient ambulants, et les rois mêmes se plaignirent quelquefois de leurs vexations. Le pape Clément VII voulut leur donner un établissement fixe en Portugal, comme ils en avaient en Aragon et en Castille. Il y eut des difficultés entre la cour de Rome et celle de Lisbonne ; les esprits s'aigrirent, l'inquisition en souffrait, et n'était point établie parfaitement.

En 1539 il parut à Lisbonne un légat du pape, qui était venu, disait-il, pour établir la sainte inquisition sur des fondements inébranlables. Il apporte au roi Jean III des lettres du pape Paul III. Il avait d'autres lettres de Rome pour les principaux officiers de la cour ; ses patentes de légat étaient dûment scellées et signées : il montra les pouvoirs les plus amples de créer un grand-inquisiteur et tous les juges du Saint-Office. C'était un fourbe, nommé Saavedra, qui savait contrefaire toutes les écritures, fabriquer et appliquer de faux sceaux et de faux cachets. Il avait appris ce métier à Rome, et s'y était perfectionné à Séville, dont il arrivait avec deux autres fripons. Son train était magnifique ; il était composé de plus de cent vingt domestiques. Pour subvenir à cette énorme dépense, lui et ses confidents empruntèrent à Séville des sommes immenses au nom de la chambre apostolique de Rome ; tout était concerté avec l'artifice le plus éblouissant.

Le roi de Portugal fut étonné d'abord que le pape lui envoyât un légat *a latere* sans l'en avoir prévenu. Le légat répondit fièrement que dans une chose aussi pressante que l'établissement fixe de l'inquisition, sa sainteté ne pouvait souffrir les délais, et que le roi était assez honoré que le premier courrier qui lui en apportait la nouvelle fût un légat du saint-père. Le roi n'osa répliquer. Le légat, dès le jour même, établit un grand-inquisiteur, envoya partout recueillir des décimes ; et avant que la cour pût avoir des réponses de Rome, il avait déjà fait brûler deux cents personnes, et recueilli plus de deux cent mille écus.

Cependant le marquis de Villanova, seigneur espagnol de qui le légat avait emprunté à Séville une somme très considérable sur de faux billets, jugea à propos de se payer par ses mains, au lieu d'aller se compromettre avec le fourbe à Lisbonne. Le légat fesait alors sa tournée sur les frontières de l'Espagne. Il y marche avec cinquante hommes armés, l'enlève, et le conduit à Madrid.

La friponnerie fut bientôt découverte à Lisbonne ; le conseil de Madrid condamna le légat Saavedra au fouet et à dix ans de galères ; mais ce qu'il y eut d'admirable, c'est que le pape Paul IV confirma depuis tout ce qu'avait établi ce fripon ; il rectifia par la plénitude de sa puissance divine toutes les petites irrégularités des procédures, et rendit sacré ce qui avait été purement humain.

Qu'importe de quel bras Dieu daigne se servir ?
Zaïre, II, 1.

Voilà comme l'inquisition devint sédentaire à Lisbonne, et tout le royaume admira la Providence.

Au reste, on connaît assez toutes les procédures de ce tribunal ; on sait combien elles sont opposées à la fausse équité et à l'aveugle raison de tous les autres tribunaux de l'univers. On est emprisonné sur la simple dénonciation des personnes les plus infâmes ; un fils peut dénoncer son père, une femme son mari ; on n'est jamais confronté devant ses accusateurs ; les biens sont confisqués au profit des juges : c'est ainsi du moins que l'inquisition s'est conduite jusqu'à nos jours : il y a là quelque chose de divin; car il est incompréhensible que les hommes aient souffert ce joug patiemment....

Enfin le comte d'Aranda a été béni de l'Europe entière en rognant les griffes et en limant les dents du monstre; mais il respire encore.

INSTINCT.

Instinctus, impulsus, impulsion; mais quelle puissance nous pousse?

Tout sentiment est instinct.

Une conformité secrète de nos organes avec les objets forme notre instinct.

Ce n'est que par instinct que nous faisons mille mouvements involontaires, de même que c'est par instinct que nous sommes curieux, que nous courons après la nouveauté, que la menace nous effraie, que le mépris nous irrite, que l'air soumis nous apaise, que les pleurs nous attendrissent.

Nous sommes gouvernés par l'instinct, comme les chats et les chèvres. C'est encore une ressemblance que nous avons avec les animaux; ressemblance aussi incontestable que celle de notre sang, de nos besoins, des fonctions de notre corps.

Notre instinct n'est jamais aussi industrieux que le leur; il n'en approche pas. Dès qu'un veau, un agneau est né, il court à la mamelle de sa mère : l'enfant périrait, si la sienne ne lui donnait pas son mamelon, en le serrant dans ses bras.

Jamais femme, quand elle est enceinte, ne fut déterminée invinciblement par la nature à préparer de ses mains un joli berceau d'osier pour son enfant, comme une fauvette en fait un avec son bec et ses pattes. Mais le don que nous avons de réfléchir, joint aux deux mains industrieuses dont la nature nous a fait présent, nous élève jusqu'à l'instinct des animaux, et nous place avec le temps infiniment au-dessus d'eux, soit en bien, soit en mal : proposition condamnée par messieurs de l'ancien parlement et par la Sorbonne, grands philosophes naturalistes[1], et qui ont beaucoup contribué, comme on sait, à la perfection des arts.

Notre instinct nous porte d'abord à rosser notre frère qui nous chagrine, si nous sommes colères et si nous nous sentons plus forts que lui. Ensuite notre raison sublime nous fait inventer les flèches, l'épée, la pique, et enfin le fusil, avec lesquels nous tuons notre prochain.

L'instinct seul nous porte tous également à faire l'amour, *amor omnibus idem*; mais Virgile, Tibulle, et Ovide, le chantent.

[1] Imprimé en 1771. K.

C'est par le seul instinct qu'un jeune manœuvre s'arrête avec admiration et respect devant le carrosse surdoré d'un receveur des finances. La raison vient au manœuvre; il devient commis, il se polit, il vole, il devient grand seigneur à son tour; il éclabousse ses anciens camarades, mollement étendu dans un char plus doré que celui qu'il admirait.

Qu'est-ce que cet instinct qui gouverne tout le règne animal, et qui est chez nous fortifié par la raison, ou réprimé par l'habitude? Est-ce *divinæ particula auræ*? Oui, sans doute, c'est quelque chose de divin; car tout l'est. Tout est l'effet incompréhensible d'une cause incompréhensible. Tout est déterminé par la nature. Nous raisonnons de tout, et nous ne nous donnons rien.

INTÉRÊT.

Nous n'apprendrons rien aux hommes nos confrères, quand nous leur dirons qu'ils font tout par intérêt. Quoi! c'est par intérêt que ce malheureux fakir se tient tout nu au soleil, chargé de fers, mourant de faim, mangé de vermine et la mangeant? Oui, sans doute, nous l'avons dit ailleurs; il compte aller au dix-huitième ciel, et il regarde en pitié celui qui ne sera reçu que dans le neuvième.

L'intérêt de la Malabare qui se brûle sur le corps de son mari est de le retrouver dans l'autre monde, et d'y être plus heureuse que ce fakir. Car, avec leur métempsycose, les Indiens ont un autre monde; ils sont comme nous, ils admettent les contradictoires.

Avez-vous connaissance de quelque roi ou de quelque république qui ait fait la guerre ou la paix, ou des édits, ou des conventions, par un autre motif que celui de l'intérêt?

A l'égard de l'intérêt de l'argent, consultez dans le grand *Dictionnaire encyclopédique* cet article de M. d'Alembert pour le calcul, et celui de M. Boucher d'Argis pour la jurisprudence. Osons ajouter quelques réflexions.

1° L'or et l'argent sont-ils une marchandise? oui; l'auteur de *l'Esprit des Lois* n'y pense pas lorsqu'il dit[2] : « L'argent, qui est le prix des » choses, se loue et ne s'achète pas. »

Il se loue et s'achète. J'achète de l'or avec de l'argent, et de l'argent avec de l'or; et le prix en change tous les jours chez toutes les nations commerçantes.

La loi de la Hollande est qu'on paiera les lettres de change en argent monnayé du pays, et non en or, si le créancier l'exige. Alors j'achète

[2] Liv. XXII, ch. XIX.

de la monnaie d'argent, et je la paie ou en or, ou en drap, ou en blé, ou en diamants.

J'ai besoin de monnaie, ou de blé, ou de diamants pour un an ; le marchand de blé, de monnaie, ou de diamants, me dit : « Je pourrais pendant cette année vendre avantageusement ma » monnaie, mon blé, mes diamants. Évaluons à » quatre, à cinq, à six pour cent, selon l'usage du » pays, ce que vous me faites perdre. Vous me » rendrez, par exemple, au bout de l'année vingt » et un karats de diamants pour vingt que je vous » prête, vingt et un sacs de blé pour vingt, » vingt et un mille écus pour vingt mille écus : » voilà l'intérêt. Il est établi chez toutes les nations par la loi naturelle ; le taux dépend de la » loi particulière du pays [1]. A Rome on prête sur » gages à deux et demi pour cent suivant la loi, et » on vend vos gages si vous ne payez pas au temps » marqué. Je ne prête point sur gages, et je ne demande que l'intérêt usité en Hollande. Si j'étais » à la Chine, je vous demanderais l'intérêt en » usage à Macao et à Kanton. »

2° Pendant qu'on fait ce marché à Amsterdam, arrive de Saint-Magloire un janséniste (et le fait est très vrai, il s'appelait l'abbé des Issarts) ; ce janséniste dit au négociant hollandais : Prenez garde, vous vous damnez ; l'argent ne peut produire de l'argent, *nummus nummum non parit.* Il n'est permis de recevoir l'intérêt de son argent que lorsqu'on veut bien perdre le fonds. Le moyen d'être sauvé est de faire un contrat avec monsieur ; et pour vingt mille écus que vous ne reverrez jamais, vous et vos hoirs recevrez pendant toute l'éternité mille écus par an.

Vous faites le plaisant, répond le Hollandais ; vous me proposez là une usure qui est tout juste un infini du premier ordre. J'aurais déjà reçu, moi ou les miens, mon capital au bout de vingt ans, le double en quarante, le quadruple en quatre-vingts ; vous voyez bien que c'est une série infinie. Je ne puis d'ailleurs prêter que pour douze mois, et je me contente de mille écus de dédommagement.

L'ABBÉ DES ISSARTS.

J'en suis fâché pour votre âme hollandaise. Dieu défendit aux Juifs de prêter à intérêt ; et vous sentez bien qu'un citoyen d'Amsterdam doit obéir ponctuellement aux lois du commerce données dans un désert à des fugitifs errants qui n'avaient aucun commerce.

LE HOLLANDAIS.

Cela est clair, tout le monde doit être juif ; mais il me semble que la loi permit à la horde hébraïque la plus forte usure avec les étrangers ; et cette horde y fit très bien ses affaires dans la suite.

D'ailleurs, il fallait que la défense de prendre de l'intérêt de Juif à Juif fût bien tombée en désuétude, puisque notre Seigneur Jésus, prêchant à Jérusalem, dit expressément que l'intérêt était de son temps à cent pour cent ; car dans la parabole des talents il dit que le serviteur qui avait reçu cinq talents en gagna cinq autres dans Jérusalem, que celui qui en avait deux en gagna deux, et que le troisième qui n'en avait eu qu'un, qui ne le fit point valoir, fut mis au cachot par le maître pour n'avoir point fait travailler son argent chez les changeurs. Or ces changeurs étaient Juifs : donc c'était de Juif à Juif qu'on exerçait l'usure à Jérusalem : donc cette parabole, tirée des mœurs du temps, indique manifestement que l'usure était à cent pour cent. Lisez saint Matthieu, chapitre xxv ; il s'y connaissait, il avait été commis de la douane en Galilée. Laissez-moi achever mon affaire avec monsieur, et ne me faites perdre ni mon argent ni mon temps.

L'ABBÉ DES ISSARTS.

Tout cela est bel et bon ; mais la Sorbonne a décidé que le prêt à intérêt est un péché mortel.

LE HOLLANDAIS.

Vous vous moquez de moi, mon ami, de citer la Sorbonne à un négociant d'Amsterdam. Il n'y a aucun de ces raisonneurs qui ne fasse valoir son argent, quand il le peut, à cinq ou six pour cent, en achetant sur la place des billets des fermes, des actions de la compagnie des Indes, des rescriptions, des billets du Canada. Le clergé de France en corps emprunte à intérêt. Dans plusieurs provinces de France on stipule l'intérêt avec le principal. D'ailleurs, l'université d'Oxford et celle de Salamanque ont décidé contre la Sorbonne ; c'est ce que j'ai appris dans mes voyages. Ainsi, nous avons dieux contre dieux. Encore une fois, ne me rompez pas la tête davantage.

L'ABBÉ DES ISSARTS.

Monsieur, monsieur, les méchants ont toujours de bonnes raisons à dire. Vous vous perdez, vous dis-je ; car l'abbé de Saint-Cyran, qui n'a point fait de miracles, et l'abbé Pâris, qui en a fait à Saint-Médard...

3° Alors le marchand impatienté chassa l'abbé des Issarts de son comptoir, et, après avoir loyalement prêté son argent au denier vingt, alla rendre compte de sa conversation aux magistrats, qui défendirent aux jansénistes de débiter une doctrine si pernicieuse au commerce.

Messieurs, leur dit le premier échevin, de la

[1] Le taux de l'intérêt doit être libre, et la loi n'est en droit de le fixer que dans le cas où il n'a pas été déterminé par une convention. K.

grâce efficace tant qu'il vous plaira, de la prédestination tant que vous en voudrez; de la communion aussi peu que vous voudrez, vous êtes les maîtres : mais gardez-vous de toucher aux lois de notre état.

INTOLÉRANCE.

Lisez l'article *Intolérance* dans le grand *Dictionnaire encyclopédique*. Lisez le *Traité de la Tolérance* composé à l'occasion de l'affreux assassinat de Jean Calas, citoyen de Toulouse; et si après cela vous admettez la persécution en matière de religion, comparez-vous hardiment à Ravaillac. Vous savez que ce Ravaillac était fort intolérant.

Voici la substance de tous les discours que tiennent les intolérants.

Quoi! monstre qui seras brûlé à tout jamais dans l'autre monde, et que je ferai brûler dans celui-ci dès que je le pourrai, tu as l'insolence de lire De Thou et Bayle, qui sont mis à l'index à Rome! Quand je te prêchais, de la part de Dieu, que Samson avait tué mille Philistins avec une mâchoire d'âne, ta tête, plus dure que l'arsenal dont Samson avait tiré ses armes, m'a fait connaître, par un léger mouvement de gauche à droite, que tu n'en croyais rien. Et quand je disais que le diable Asmodée, qui tordit le cou, par jalousie, aux sept maris de Saraï, chez les Mèdes, était enchaîné dans la haute Égypte, j'ai vu une petite contraction de tes lèvres, nommée en latin *cachinnus*, me signifier que dans le fond de l'âme l'histoire d'*Asmodée* t'était en dérision.

Et vous, Isaac Newton; Frédéric-le-Grand, roi de Prusse, électeur de Brandebourg; Jean Locke; impératrice de Russie [1], victorieuse des Ottomans; Jean Milton; bienfesant monarque de Danemarck [2]; Shakespeare; sage roi de Suède [3]; Leibnitz; auguste maison de Brunsvick; Tillotson; empereur de la Chine [4]; parlement d'Angleterre; conseil du grand-mogol; vous tous enfin qui ne croyez pas un mot de ce que j'ai enseigné dans mes cahiers de théologie, je vous déclare que je vous regarde tous comme des païens ou comme des commis de la douane, ainsi que je vous l'ai dit souvent pour le buriner dans votre dure cervelle. Vous êtes des scélérats endurcis; vous irez tous dans la gehenne où le ver ne meurt point, et où le feu ne s'éteint point; car j'ai raison, et vous avez tous tort; car j'ai la grâce, et vous ne l'avez pas. Je confesse trois dévotes de mon quartier, et vous n'en confessez pas une. J'ai fait des mandements d'évêques, et vous n'en avez jamais fait; j'ai dit des injures des halles aux philosophes, et vous les avez protégés, ou imités, ou égalés; j'ai fait de pieux libelles diffamatoires, farcis des plus infâmes calomnies, et vous ne les avez jamais lus. Je dis la messe tous les jours en latin pour douze sous, et vous n'y assistez pas plus que Cicéron, Caton, Pompée, César, Horace et Virgile n'y ont assisté : par conséquent vous méritez qu'on vous coupe le poing, qu'on vous arrache la langue, qu'on vous mette à la torture, et qu'on vous brûle à petit feu; car Dieu est miséricordieux.

Ce sont là, sans en rien retrancher, les maximes des intolérants, et le précis de tous leurs livres. Avouons qu'il y a plaisir à vivre avec ces gens-là.

[1] Catherine II. [2] Christian VII. [3] Gustave III. [4] Kien-long.

J.

JAPON.

Je ne fais point de question sur le Japon pour savoir si cet amas d'îles est beaucoup plus grand que l'Angleterre, l'Écosse, l'Irlande et les Orcades ensemble; si l'empereur du Japon est plus puissant que l'empereur d'Allemagne, et si les bonzes japonais sont plus riches que les moines espagnols.

J'avouerai même sans hésiter que, tout relégués que nous sommes aux bornes de l'Occident, nous avons plus de génie qu'eux, tout favorisés qu'ils sont du soleil levant. Nos tragédies et nos comédies passent pour être meilleures; nous avons poussé plus loin l'astronomie, les mathématiques, la peinture, la sculpture et la musique. De plus, ils n'ont rien qui approche de nos vins de Bourgogne et de Champagne.

Mais pourquoi avons-nous si long-temps sollicité la permission d'aller chez eux, et que jamais aucun Japonais n'a souhaité seulement faire un voyage chez nous? Nous avons couru à Méaco, à la terre d'Yesso, à la Californie; nous irions à la lune avec Astolphe si nous avions un hippogriffe. Est-ce curiosité, inquiétude d'esprit? est-ce besoin réel?

Dès que les Européans eurent franchi le cap de Bonne-Espérance, la Propagande se flatta de subjuguer tous les peuples voisins des mers orientales, et de les convertir. On ne fit plus le commerce d'Asie que l'épée à la main; et chaque nation de notre Occident fit partir tour à tour des marchands, des soldats et des prêtres.

Gravons dans nos cervelles turbulentes ces mémorables paroles de l'empereur Yong-tching, quand il chassa tous les missionnaires jésuites et autres de son empire; qu'elles soient écrites sur les portes de tous nos couvents : « Que diriez-vous si nous » allions, sous le prétexte de trafiquer dans vos » contrées, dire à vos peuples que votre religion

» ne vaut rien, et qu'il faut absolument embrasser » la nôtre? »

C'est là cependant ce que l'église latine a fait par toute la terre. Il en coûta cher au Japon; il fut sur le point d'être enseveli dans les flots de son sang, comme le Mexique et le Pérou.

Il y avait dans les îles du Japon douze religions qui vivaient ensemble très paisiblement. Des missionnaires arrivèrent de Portugal; ils demandèrent à faire la treizième; on leur répondit qu'ils seraient les très bien venus, et qu'on n'en saurait trop avoir.

Voilà bientôt des moines établis au Japon avec le titre d'*évêques*. A peine leur religion fut-elle admise pour la treizième qu'elle voulut être la seule. Un de ces évêques, ayant rencontré dans son chemin un conseiller d'état, lui disputa le pas*; il lui soutint qu'il était du premier ordre de l'état, et que le conseiller n'étant que du second lui devait beaucoup de respect. L'affaire fit du bruit. Les Japonais sont encore plus fiers qu'indulgents: on chassa le moine évêque et quelques chrétiens dès l'an 1586. Bientôt la religion chrétienne fut proscrite. Les missionnaires s'humilièrent, demandèrent pardon, obtinrent grâce, et en abusèrent.

Enfin, en 1637, les Hollandais ayant pris un vaisseau espagnol qui fesait voile du Japon à Lisbonne, ils trouvèrent dans ce vaisseau des lettres d'un nommé Moro, consul d'Espagne à Nangazaqui. Ces lettres contenaient le plan d'une conspiration des chrétiens du Japon pour s'emparer du pays. On y spécifiait le nombre des vaisseaux qui devaient venir d'Europe et d'Asie appuyer cette entreprise.

Les Hollandais ne manquèrent pas de remettre les lettres au gouvernement. On saisit Moro; il fut obligé de reconnaître son écriture, et condamné juridiquement à être brûlé.

Tous les néophytes des jésuites et des dominicains prirent alors les armes, au nombre de trente mille. Il y eut une guerre civile affreuse. Ces chrétiens furent tous exterminés.

Les Hollandais, pour prix de leur service, obtinrent seuls, comme on sait, la liberté de commercer au Japon, à condition qu'ils n'y feraient jamais aucun acte de christianisme; et depuis ce temps ils ont été fidèles à leur promesse.

Qu'il me soit permis de demander à ces missionnaires quelle était leur rage, après avoir servi à la destruction de tant de peuples en Amérique, d'en aller faire autant aux extrémités de l'Orient, pour la plus grande gloire de Dieu?

S'il était possible qu'il y eût des diables déchaînés de l'enfer pour venir ravager la terre, s'y prendraient-ils autrement? Est-ce donc là le commentaire du *contrains-les d'entrer*? est-ce ainsi que la douceur chrétienne se manifeste? est-ce là le chemin de la vie éternelle?

Lecteurs, joignez cette aventure à tant d'autres; réfléchissez, et jugez.

* Ce fait est avéré par toutes les relations.

JEANNE D'ARC.

Jeanne d'Arc, dite *la Pucelle d'Orléans*.

Il convient de mettre le lecteur au fait de la véritable histoire de Jeanne d'Arc surnommée *la Pucelle*. Les particularités de son aventure sont très peu connues et pourront faire plaisir aux lecteurs; les voici.

Paul Jove dit que le courage des Français fut animé par cette fille, et se garde bien de la croire inspirée. Ni Robert Gaguin, ni Paul Émile, ni Polydore Virgile, ni Genebrard, ni Philippe de Bergame, ni Papyre Masson, ni même Mariana, ne disent qu'elle était envoyée de Dieu; et quand Mariana le jésuite l'aurait dit, en vérité cela ne m'en imposerait pas.

Mézerai conte *que le prince de la milice céleste lui apparut*; j'en suis fâché pour Mézerai, et j'en demande pardon au prince de la milice céleste.

La plupart de nos historiens, qui se copient tous les uns les autres, supposent que la Pucelle fit des prédictions, et qu'elles s'accomplirent. On lui fait dire qu'*elle chassera les Anglais hors du royaume*, et ils y étaient encore cinq ans après sa mort. On lui fait écrire une longue lettre au roi d'Angleterre, et assurément elle ne savait ni lire ni écrire; on ne donnait pas cette éducation à une servante d'hôtellerie dans le Barrois; et son procès porte qu'elle ne savait pas signer son nom.

Mais, dit-on, elle a trouvé une épée rouillée dont la lame portait cinq fleurs de lis d'or gravées; et cette épée était cachée dans l'église de Sainte-Catherine de Fierbois à Tours. Voilà certes un grand miracle!

La pauvre Jeanne d'Arc ayant été prise par les Anglais, en dépit de ses prédictions et de ses miracles, soutint d'abord dans son interrogatoire que sainte Catherine et sainte Marguerite l'avaient honorée de beaucoup de révélations. Je m'étonne qu'elle n'ait rien dit de ses conversations avec le prince de la milice céleste. Apparemment que ces deux saintes aimaient plus à parler que saint Michel. Ses juges la crurent sorcière, elle se crut inspirée; et c'est là le cas de dire:

Ma foi, juge et plaideurs, il faudrait tout lier.

Une grande preuve que les capitaines de Charles VII employaient le merveilleux pour encourager les soldats, dans l'état déplorable où la France était réduite, c'est que Saintrailles avait son berger, comme le comte de Dunois avait sa bergère. Ce berger fesait ses prédictions d'un côté, tandis que la bergère les fesait de l'autre.

Mais malheureusement la prophétesse du comte de Dunois fut prise au siége de Compiègne par un bâtard de Vendôme, et le prophète de Saintrailles fut pris par Talbot. Le brave Talbot n'eut garde de faire brûler le berger. Ce Talbot était un de ces vrais Anglais qui dédaignent les superstitions, et qui n'ont pas le fanatisme de punir les fanatiques.

Voilà, ce me semble, ce que les historiens auraient dû observer, et ce qu'ils ont négligé.

La Pucelle fut amenée à Jean de Luxembourg, comte de Ligny. On l'enferma dans la forteresse de Beaulieu, ensuite dans celle de Beaurevoir, et de là dans celle du Crotoy en Picardie.

D'abord Pierre Cauchon, évêque de Beauvais, qui était du parti du roi d'Angleterre contre son roi légitime, revendique la Pucelle comme une sorcière arrêtée sur les limites de son diocèse. Il veut la juger en qualité de sorcière. Il appuyait son prétendu droit d'un insigne mensonge. Jeanne avait été prise sur le territoire de l'évêché de Noyon : et ni l'évêque de Beauvais, ni l'évêque de Noyon, n'avaient assurément le droit de condamner personne, et encore moins de livrer à la mort une sujette du duc de Lorraine, et une guerrière à la solde du roi de France.

Il y avait alors, qui le croirait? un vicaire général de l'inquisition en France, nommé frère Martin. C'était bien là un des plus horribles effets de la subversion totale de ce malheureux pays. Frère Martin réclama la prisonnière comme « sentant l'hérésie, odorantem hæresim. » Il somma le duc de Bourgogne et le comte de Ligny, « par le droit de son office, et de l'autorité à lui commise par le saint-siége, de livrer Jeanne à la sainte inquisition. »

La Sorbonne se hâta de seconder frère Martin : elle écrivit au duc de Bourgogne et à Jean de Luxembourg : « Vous avez employé votre noble puissance à appréhender icelle femme qui se dit la Pucelle, au moyen de laquelle l'honneur de Dieu a été sans mesure offensé, la foi excessivement blessée, et l'église trop fort déshonorée; car par son occasion, idolâtrie, erreurs, mauvaise doctrine, et autres maux inestimables, se sont ensuivis en ce royaume... mais peu de chose serait d'avoir fait telle prinse, si ne s'ensuivait ce qu'il appartient pour satisfaire l'offense par elle perpétrée contre notre doux Créateur et sa foi, et à la sainte église avec ses autres méfaits innumérables... et si, serait intolérable offense contre la majesté divine s'il arrivait qu'icelle femme fût délivrée[a]. »

Enfin la Pucelle fut adjugée à Pierre Cauchon qu'on appelait l'indigne évêque, l'indigne Français, et l'indigne homme. Jean de Luxembourg vendit la Pucelle à Cauchon et aux Anglais pour dix mille livres, et le duc de Bedford les paya. La Sorbonne, l'évêque, et frère Martin, présentèrent alors une nouvelle requête à ce duc de Bedford, régent de France, « en l'honneur de notre Seigneur et Sauveur Jésus-Christ, pour qu'icelle Jeanne fût brièvement mise ès mains de la justice de l'Église. » Jeanne fut conduite à Rouen. L'archevêché était alors vacant, et le chapitre permit à l'évêque de Beauvais de *besogner* dans la ville. (C'est le terme dont on se servit.) Il choisit pour ses assesseurs neuf docteurs de Sorbonne avec trente-cinq autres assistants, abbés ou moines. Le vicaire de l'inquisition, Martin, présidait avec Cauchon; et comme il n'était que vicaire, il n'eut que la seconde place.

Jeanne subit quatorze interrogatoires; ils sont singuliers. Elle dit qu'elle a vu sainte Catherine et sainte Marguerite à Poitiers. Le docteur Beaupère lui demande à quoi elle a reconnu les deux saintes. Elle répond que c'est à la manière de faire la révérence. Beaupère lui demanda si elles sont bien jaseuses. Allez, dit-elle, le voir sur le registre. Beaupère lui demande si, quand elle a vu saint Michel, il était tout nu. Elle répond : Pensez-vous que notre Seigneur n'eût de quoi le vêtir?

Les curieux observeront ici soigneusement que Jeanne avait été long-temps dirigée avec quelques autres dévotes de la populace par un fripon nommé Richard, qui fesait des miracles, et qui apprenait à ces filles à en faire. Il donna un jour la communion trois fois de suite à Jeanne, à l'honneur de la Trinité. C'était alors l'usage dans les grandes affaires et dans les grands périls. Les chevaliers fesaient dire trois messes, et communiaient trois fois quand ils allaient en bonne fortune, ou quand ils s'allaient battre en duel. C'est ce qu'on a remarqué du bon chevalier Bayard.

Les feseuses de miracles, compagnes de Jeanne[b], et soumises à frère Richard, se nommaient Pierrone et Catherine. Pierrone affirmait qu'elle avait vu que Dieu apparaissait à elle en humanité comme ami fait à ami; Dieu était « long vêtu de robe blanche avec huque vermeil dessous, etc. »

Voilà jusqu'à présent le ridicule, voici l'horrible.

Un des juges de Jeanne, docteur en théologie

[a] C'est une traduction du latin de la Sorbonne, faite long-temps après.

[b] *Mémoires pour servir à l'Histoire de France et de Bourgogne*, tome I.

et prêtre, nommé Nicolas *l'Oiseleur*, vient la confesser dans la prison. Il abuse du sacrement jusqu'au point de cacher derrière un morceau de serge deux prêtres qui transcrivent la confession de Jeanne d'Arc. Ainsi les juges employèrent le sacrilége pour être homicides. Et une malheureuse idiote, qui avait eu assez de courage pour rendre de très grands services au roi et à la patrie, fut condamnée à être brûlée par quarante-quatre prêtres français qui l'immolaient à la faction de l'Angleterre.

On sait assez comment on eut la bassesse artificieuse de mettre auprès d'elle un habit d'homme pour la tenter de reprendre cet habit, et avec quelle absurde barbarie on prétexta cette prétendue transgression pour la condamner aux flammes, comme si c'était, dans une fille guerrière, un crime digne du feu, de mettre une culotte au lieu d'une jupe. Tout cela déchire le cœur, et fait frémir le sens commun. On ne conçoit pas comment nous osons, après les horreurs sans nombre dont nous avons été coupables, appeler aucun peuple du nom de *barbare*.

La plupart de nos historiens, plus amateurs des prétendus embellissements de l'histoire que de la vérité, disent que Jeanne alla au supplice avec intrépidité; mais comme le portent les chroniques du temps, et comme l'avoue l'historien Villaret, elle reçut son arrêt avec des cris et avec des larmes; faiblesse pardonnable à son sexe, et peut-être au nôtre, et très compatible avec le courage que cette fille avait déployé dans les dangers de la guerre; car on peut être hardi dans les combats, et sensible sur l'échafaud.

Je dois ajouter ici que plusieurs personnes ont cru sans aucun examen que la *Pucelle d'Orléans* n'avait point été brûlée à Rouen, quoique nous ayons le procès-verbal de son exécution. Elles ont été trompées par la relation que nous avons encore d'une aventurière qui prit le nom de la *Pucelle*, trompa les frères de Jeanne d'Arc, et, à la faveur de cette imposture, épousa en Lorraine un gentilhomme de la maison des *Armoises*. Il y eut deux autres friponnes qui se firent aussi passer pour la *Pucelle d'Orléans*. Toutes les trois prétendirent qu'on n'avait point brûlé Jeanne, et qu'on lui avait substitué une autre femme. De tels contes ne peuvent être admis que par ceux qui veulent être trompés.

JÉOVA.

Jéova, ancien nom de Dieu. Aucun peuple n'a jamais prononcé *Geova*, comme font les seuls Français; ils disaient *Iëvo*; c'est ainsi que vous le trouvez écrit dans Sanchoniathon, cité par Eusèbe, *Prep.*, liv. x; dans Diodore, liv. II; dans Macrobe, *Sat.*, liv. Ier, etc. : toutes les nations ont prononcé *ie*, et non pas *g*. C'est du nom des quatre voyelles, i, e, o, u, que se forma ce nom sacré dans l'Orient. Les uns prononçaient ie oh a en aspirant, I, e, o, va; les autres, *yeaou*. Il fallait toujours quatre lettres, quoique nous en mettions ici cinq, faute de pouvoir exprimer ces quatre caractères.

Nous avons déja observé que, selon Clément d'Alexandrie, en saisissant la vraie prononciation de ce nom, on pouvait donner la mort à un homme: Clément en rapporte un exemple.

Long-temps avant Moïse, Seth avait prononcé le nom de *Jeova*, comme il est dit dans la *Genèse*, chapitre IV; et même, selon l'hébreu, Seth s'appela *Jeova*. Abraham fit serment au roi de Sodome par *Jeova*, chapitre XIV, v. 22.

Du mot *iova* les Latins firent *iov*, *Jovis*, *Jovispiter*, *Jupiter*. Dans le buisson, l'Éternel dit à Moïse : Mon nom est *Ioüa*. Dans les ordres qu'il lui donna pour la cour de Pharaon, il lui dit: « J'apparus à Abraham, Isaac et Jacob dans le » Dieu puissant, et je ne leur révélai point mon » nom Adonaï, et je fis un pacte avec eux[a]. »

Les Juifs ne prononcent point ce nom depuis long-temps. Il était commun aux Phéniciens et aux Égyptiens. Il signifiait ce qui est; et de là vient probablement l'inscription d'*Isis* : « Je suis tout » ce qui est. »

JEPHTÉ.

SECTION PREMIÈRE.

Il est évident, par le texte du livre des *Juges*, que Jephté promit de sacrifier la première personne qui sortirait de sa maison pour venir le féliciter de sa victoire contre les Ammonites. Sa fille unique vint au-devant de lui; il déchira ses vêtements, et il l'immola après lui avoir permis d'aller pleurer sur les montagnes le malheur de mourir vierge. Les filles juives célébrèrent long-temps cette aventure, en pleurant la fille de Jephté pendant quatre jours[b].

En quelque temps que cette histoire ait été écrite, qu'elle soit imitée de l'histoire grecque d'Agamemnon et d'Idoménée, ou qu'elle en soit le modèle, qu'elle soit antérieure ou postérieure à de pareilles histoires assyriennes, ce n'est pas ce que j'examine; je m'en tiens au texte: Jephté voua sa fille en holocauste, et accomplit son vœu.

Il était expressément ordonné par la loi juive d'immoler les hommes voués au Seigneur. « Tout

[a] *Exode*, ch. VI, v. 3.
[b] Voyez ch. XI des *Juges*, v. 40.

» homme voué ne sera point racheté, mais sera » mis à mort sans rémission. » *La Vulgate* traduit : « Non redimetur, sed morte morietur[*]. »

C'est en vertu de cette loi que Samuel coupa en morceaux le roi Agag, à qui, comme nous l'avons déjà dit, Saül avait pardonné; et c'est même pour avoir épargné Agag que Saül fut réprouvé du Seigneur, et perdit son royaume.

Voilà donc les sacrifices de sang humain clairement établis; il n'y a aucun point d'histoire mieux constaté : on ne peut juger d'une nation que par ses archives, et par ce qu'elle rapporte d'elle-même.

SECTION II.

Il y a donc des gens à qui rien ne coûte, qui falsifient un passage de l'Écriture aussi hardiment que s'ils en rapportaient les propres mots; et qui, sur leur mensonge, qu'ils ne peuvent méconnaître, espèrent qu'ils tromperont les hommes. Et s'il y a aujourd'hui de tels fripons, il est à présumer qu'avant l'invention de l'imprimerie il y en avait cent fois davantage.

Un des plus impudents falsificateurs a été l'auteur d'un infâme libelle intitulé, *Dictionnaire antiphilosophique*, et justement intitulé. Les lecteurs me diront : Ne te fâche pas tant : que t'importe un mauvais livre? Messieurs, il s'agit de Jephté : il s'agit de victimes humaines; c'est du sang des hommes sacrifiés à Dieu que je veux vous entretenir.

L'auteur, quel qu'il soit, traduit ainsi le trente-neuvième verset du chap. II de l'*Histoire de Jephté :*

« Elle retourna dans la maison de son père, qui » fit la consécration qu'il avait promise par son » vœu; et sa fille resta dans l'état de virginité. »

Oui, falsificateur de *Bible*, j'en suis fâché; mais vous avez menti au Saint-Esprit, et vous devez savoir que cela ne se pardonne pas.

Il y a dans la *Vulgate* : « Et reversa est ad patrem suum, et fecit ei sicut voverat quæ ignorabat virum. Exinde mos increbuit in Israel, et » consuetudo servata est,

» Ut post anni circulum conveniant in unum » filiæ Israel, et plangant filiam Jephte Galaaditæ, » diebus quatuor. »

« Elle revint à son père, et il lui fit comme il » avait voué, à elle qui n'avait point connu d'hom- » me. Et de là est venu l'usage, et la coutume » s'est conservée, que les filles d'Israël s'assem- » blent tous les ans pour pleurer la fille de Jephté » le Galaadite, pendant quatre jours. »

[*] *Lévitique*, ch. XXVII, v. 29.

Or, dites-nous, homme antiphilosophe, si on pleure tous les ans pendant quatre jours une fille pour avoir été consacrée?

Dites-nous s'il y avait des religieuses chez un peuple qui regardait la virginité comme un opprobre?

Dites-nous ce que signifie : Il lui fit comme il avait voué, *fecit ei sicut voverat?* Qu'avait voué Jephté? qu'avait-il promis par serment? d'égorger sa fille, de l'immoler en holocauste; et il l'égorgea.

Lisez la dissertation de Calmet sur la témérité du vœu de Jephté et sur son accomplissement; lisez la loi qu'il cite, cette loi terrible du *Lévitique*, au chapitre XXVII, qui ordonne que tout ce qui sera dévoué au Seigneur ne sera point racheté; mais mourra de mort; « non redimetur, sed morte » morietur. »

Voyez les exemples en foule attester cette vérité épouvantable; voyez les Amalécites et les Cananéens; voyez le roi d'Arad et tous les siens soumis à ce dévouement; voyez le prêtre Samuel égorger de ses mains le roi Agag, et le couper en morceaux comme un boucher débite un bœuf dans sa boucherie. Et puis corrompez, falsifiez, niez l'Écriture sainte, pour soutenir votre paradoxe; insultez à ceux qui la révèrent, quelque chose étonnante qu'ils y trouvent. Donnez un démenti à l'historien Josèphe qui la transcrit, et qui dit positivement que Jephté immola sa fille. Entassez injure sur mensonge, et calomnie sur ignorance; les sages en riront; et ils sont aujourd'hui en grand nombre, ces sages. Oh! si vous saviez comme ils méprisent les Routh quand ils corrompent la sainte Écriture, et qu'ils se vantent d'avoir disputé avec le président de Montesquieu à sa dernière heure, et de l'avoir convaincu qu'il faut penser comme les frères jésuites!

JÉSUITES, OU ORGUEIL.

On a tant parlé des jésuites, qu'après avoir occupé l'Europe pendant deux cents ans, ils finissent par l'ennuyer, soit qu'ils écrivent eux-mêmes, soit qu'on écrive pour ou contre cette singulière société, dans laquelle il faut avouer qu'on a vu et qu'on voit encore des hommes d'un rare mérite.

On leur a reproché dans six mille volumes leur morale relâchée, qui n'était pas plus relâchée que celle des capucins; et leur doctrine sur la sûreté de la personne des rois; doctrine qui, après tout, n'approche ni du manche de corne du couteau de Jacques Clément, ni de l'hostie saupoudrée qui servit si bien frère Ange de Montepulciano, autre jacobin, et qui empoisonna l'empereur Henri VII.

Ce n'est point la grâce versatile qui les a perdus, ce n'est pas la banqueroute frauduleuse du révérend P. Lavalette, préfet des missions apostoliques. On ne chasse point un ordre entier de France, d'Espagne, des deux Siciles, parce qu'il y a eu dans cet ordre un banqueroutier. Ce ne sont pas les fredaines du jésuite Guyot-Desfontaines, ni du jésuite Fréron, ni du révérend P. Marsy, lequel estropia par ses énormes talents un enfant charmant de la première noblesse du royaume. On ferma les yeux sur ces imitations grecques et latines d'Anacréon et d'Horace.

Qu'est-ce donc qui les a perdus? L'orgueil.

Quoi! les jésuites étaient-ils plus orgueilleux que les autres moines? Oui, ils l'étaient au point qu'ils firent donner une lettre de cachet à un ecclésiastique qui les avait appelés *moines*. Le frère Croust, le plus brutal de la société, frère du confesseur de la seconde dauphine, fut près de battre en ma présence le fils de M. de Guyot, depuis préteur royal à Strasbourg, pour lui avoir dit qu'il irait le voir dans son couvent.

C'était une chose incroyable que leur mépris pour toutes les universités dont ils n'étaient pas, pour tous les livres qu'ils n'avaient pas faits, pour tout ecclésiastique qui n'était pas *un homme de qualité*; c'est de quoi j'ai été témoin cent fois. Ils s'expriment ainsi dans leur libelle intitulé *Il est temps de parler*: « Que dire à un magistrat qui dit » que les jésuites sont des orgueilleux, il faut les » humilier? » Ils étaient si orgueilleux qu'ils ne voulaient pas qu'on blâmât leur orgueil.

D'où leur venait ce péché de la superbe? De ce que frère Guignard avait été pendu. Cela est vrai à la lettre.

Il faut remarquer qu'après le supplice de ce jésuite sous Henri IV, et après leur bannissement du royaume, ils ne furent rappelés qu'à condition qu'il y aurait toujours à la cour un jésuite qui répondrait de la conduite des autres. Coton fut donc mis en otage auprès de Henri IV; et ce bon roi, qui ne laissait pas d'avoir ses petites finesses, crut gagner le pape en prenant son otage pour son confesseur.

Dès-lors chaque frère jésuite se crut solidairement confesseur du roi. Cette place de premier médecin de l'âme d'un monarque devint un ministère sous Louis XIII, et surtout sous Louis XIV. Le frère Vadblé, valet de chambre du P. de La Chaise, accordait sa protection aux évêques de France; et le P. Le Tellier gouvernait avec un sceptre de fer ceux qui voulaient bien être gouvernés ainsi. Il était impossible que la plupart des jésuites ne s'enflassent du vent de ces deux hommes, et qu'ils ne fussent aussi insolents que les laquais du marquis de Louvois. Il y eut parmi eux des savants, des hommes éloquents, des génies : ceux-là furent modestes; mais les médiocres, fesant le grand nombre, furent atteints de cet orgueil attaché à la médiocrité et à l'esprit de collége.

Depuis leur P. Garasse, presque tous leurs livres polémiques respirèrent une hauteur indécente qui souleva toute l'Europe. Cette hauteur tomba souvent dans la bassesse du plus énorme ridicule; de sorte qu'ils trouvèrent le secret d'être à la fois l'objet de l'envie et du mépris. Voici, par exemple, comme ils s'exprimaient sur le célèbre Pasquier, avocat général de la chambre des comptes :

« Pasquier est un porte-panier, un maraud de » Paris, petit galant bouffon, plaisanteur; petit » compagnon vendeur de sornettes, simple regage » qui ne mérite pas d'être le valeton des laquais; » belitre, coquin qui rote, pète et rend sa gorge, » fort suspect d'hérésie ou bien hérétique, ou bien » pire; un sale et vilain satyre, un archi-maître » sot par nature, par bécarre, par bémol, sot à » la plus haute gamme, sot à triple semelle, sot » à double teinture, et teint en cramoisi, sot en » toutes sortes de sottises. »

Ils polirent depuis leur style; mais l'orgueil, pour être moins grossier, n'en fut que plus révoltant.

On pardonne tout, hors l'orgueil. Voilà pourquoi tous les parlements du royaume, dont les membres avaient été pour la plupart leurs disciples, ont saisi la première occasion de les anéantir, et la terre entière s'est réjouie de leur chute.

Cet esprit d'orgueil était si fort enraciné dans eux, qu'il se déployait avec la fureur la plus indécente dans le temps même qu'ils étaient tenus à terre sous la main de la justice, et que leur arrêt n'était pas encore prononcé. On n'a qu'à lire le fameux Mémoire intitulé *Il est temps de parler*, imprimé dans Avignon en 1762, sous le nom supposé d'Anvers. Il commence par une requête ironique aux gens tenant la cour de parlement. On leur parle, dans cette requête, avec autant de mépris que si on fesait une réprimande à des clercs de procureur. On traite continuellement l'illustre M. de Montclar, procureur général, l'oracle du parlement de Provence, de *maître Ripert*; et on lui parle comme un régent en chaire parlerait à un écolier mutin et ignorant. On pousse l'audace jusqu'à dire[*] que M. de Montclar *a blasphémé* en rendant compte de l'institut des jésuites.

Dans leur Mémoire qui a pour titre, *Tout se dira*, ils insultent encore plus effrontément le parlement de Metz, et toujours avec ce style qu'on puise dans les écoles.

Ils ont conservé le même orgueil sous la cendre

* Page 341.

* Tome II, page 390.

dans laquelle la France, l'Espagne, les ont plongés. Le serpent coupé en tronçons a levé encore la tête du fond de cette cendre. On a vu je ne sais quel misérable, nommé *Nonotte,* s'ériger en critique de ses maîtres, et cet homme, fait pour prêcher la canaille dans un cimetière, parler à tort et à travers des choses dont il n'avait pas la plus légère notion. Un autre insolent de cette société, nommé *Patouillet*, insultait, dans des mandements d'évêque, des citoyens, des officiers de la maison du roi, dont les laquais n'auraient pas souffert qu'il leur parlât.

Une de leurs principales vanités était de s'introduire chez les grands dans leurs dernières maladies, comme des ambassadeurs de Dieu, qui venaient leur ouvrir les portes du ciel sans les faire passer par le purgatoire. Sous Louis XIV il n'était pas du bon air de mourir sans passer par les mains d'un jésuite; et le croquant allait ensuite se vanter à ses dévotes qu'il avait converti un duc et pair, lequel, sans sa protection, aurait été damné.

Le mourant pouvait lui dire : De quel droit, excrément de collége, viens-tu chez moi quand je me meurs? me voit-on venir dans ta cellule quand tu as la fistule ou la gangrène, et que ton corps crasseux est prêt à être rendu à la terre? Dieu a-t-il donné à ton âme quelques droits sur la mienne? ai-je un précepteur à soixante-dix ans? portes-tu les clefs du paradis à ta ceinture? Tu oses dire que tu es ambassadeur de Dieu; montre-moi tes patentes; et si tu n'en as point, laisse-moi mourir en paix. Un bénédictin, un chartreux, un prémontré, ne viennent point troubler mes derniers moments : ils n'érigent point un trophée à leur orgueil sur le lit d'un agonisant; ils restent dans leur cellule; reste dans la tienne; qu'y a-t-il entre toi et moi?

Ce fut une chose comique, dans une triste occasion, que l'empressement de ce jésuite anglais nommé Routh, à venir s'emparer de la dernière heure du célèbre Montesquieu. Il vint, dit-il, rendre cette âme vertueuse à la religion, comme si Montesquieu n'avait pas mieux connu la religion qu'un Routh, comme si Dieu eût voulu que Montesquieu pensât comme un Routh. On le chassa de la chambre, et il alla crier dans tout Paris : J'ai converti cet homme illustre; je lui ai fait jeter au feu ses *Lettres persanes* et son *Esprit des Lois*. On eut soin d'imprimer la relation de la conversion du président de Montesquieu par le révérend P. Routh[1], dans ce libelle intitulé *Anti-philosophique*.

[1] Nous avons observé déjà que l'on n'osa le chasser; il attendit l'instant de la mort de Montesquieu pour voler ses papiers; on l'en empêcha; mais il s'en vengea sur son vin, et l'on fut obligé de le renvoyer ivre-mort dans son couvent.

Un autre orgueil des jésuites était de faire des missions dans les villes, comme s'ils avaient été chez des Indiens et chez des Japonais. Ils se fesaient suivre dans les rues par la magistrature entière. On portait une croix devant eux, on la plantait dans la place publique; ils dépossédaient le curé, ils devenaient les maîtres de la ville. Un jésuite nommé Aubert fit une pareille mission à Colmar, et obligea l'avocat général du conseil souverain de brûler à ses pieds son *Bayle*, qui lui avait coûté cinquante écus : j'aurais mieux aimé brûler frère Aubert. Jugez comme l'orgueil de cet Aubert fut gonflé de ce sacrifice, comme il s'en vanta le soir avec ses confrères, comme il en écrivit à son général.

O moines! ô moines! soyez modestes, je vous l'ai déjà dit; soyez modérés, si vous ne voulez pas que malheur vous arrive.

JOB.

Bonjour, mon ami Job; tu es un des plus anciens originaux dont les livres fassent mention; tu n'étais point Juif : on sait que le livre qui porte ton nom est plus ancien que le *Pentateuque*. Si les Hébreux, qui l'ont traduit de l'arabe, se sont servis du mot Jéhova pour signifier DIEU, ils empruntèrent ce mot des Phéniciens et des Égyptiens, comme les vrais savants n'en doutent pas. Le mot *Satan* n'était point hébreu, il était chaldéen; on le sait assez.

Tu demeurais sur les confins de la Chaldée. Des commentateurs, dignes de leur profession, prétendent que tu croyais à la résurrection, parce qu'étant couché sur ton fumier, tu as dit, dans ton dix-neuvième chapitre, *que tu t'en relèverais* quelque jour. Un malade qui espère sa guérison n'espère pas pour cela la résurrection; mais je veux te parler d'autres choses.

Avoue que tu étais un grand bavard; mais tes amis l'étaient davantage. On dit que tu possédais sept mille moutons, trois mille chameaux, mille bœufs, et cinq cents ânesses. Je veux faire ton compte.

Sept mille moutons, à trois livres dix sous pièce, font vingt-deux mille cinq cents livres tournois, pose.	22,500. l.
J'évalue les trois mille chameaux cinquante écus pièce.	450,000
Mille bœufs ne peuvent être estimés l'un portant l'autre moins de. . . .	80,000
Et cinq cents ânesses, à vingt francs l'ânesse.	10,000
Le tout se monte à.	562,500 l.

Sans compter tes meubles, bagues et joyaux.

J'ai été beaucoup plus riche que toi; et, quoique j'aie perdu une grande partie de mon bien, et que je sois malade comme toi, je n'ai point murmuré contre Dieu, comme tes amis semblent te le reprocher quelquefois.

Je ne suis point du tout content de Satan, qui, pour t'induire au péché, et pour te faire oublier Dieu, demande la permission de t'ôter ton bien et de te donner la gale. C'est dans cet état que les hommes ont toujours recours à la Divinité : ce sont les gens heureux qui l'oublient. Satan ne connaissait pas assez le monde : il s'est formé depuis; et quand il veut s'assurer de quelqu'un, il en fait un fermier-général, ou quelque chose de mieux, s'il est possible. C'est ce que notre ami Pope nous a clairement montré dans l'histoire du chevalier Balaam.

Ta femme était une impertinente; mais tes prétendus amis Éliphaz, natif de Théman en Arabie, Baldad de Suez, et Sophar de Naamath, étaient bien plus insupportables qu'elle. Ils t'exhortent à la patience d'une manière à impatienter le plus doux des hommes : ils te font de longs sermons plus ennuyeux que ceux que prêche le fourbe V.....e à Amsterdam, et le... etc.

Il est vrai que tu ne sais ce que tu dis quand tu t'écries : « Mon Dieu ! suis-je une mer ou une baleine pour avoir été enfermé par vous comme dans une prison? » mais tes amis n'en savent pas davantage quand ils te répondent « que le jour ne peut reverdir sans humidité, et que l'herbe des prés ne peut croître sans eau. » Rien n'est moins consolant que cet axiome.

Sophar de Naamath te reproche d'être un babillard; mais aucun de ces bons amis ne te prête un écu. Je ne t'aurais pas traité ainsi. Rien n'est plus commun que gens qui conseillent, rien de plus rare que ceux qui secourent. C'est bien la peine d'avoir trois amis pour n'en pas recevoir une goutte de bouillon quand on est malade. Je m'imagine que quand Dieu t'eut rendu tes richesses et ta santé, ces éloquents personnages n'osèrent pas se présenter devant toi : aussi les *amis de Job* ont passé en proverbe.

Dieu fut très mécontent d'eux, et leur dit tout net, au chap. XLII, qu'ils *sont ennuyeux et imprudents*; et il les condamne à une amende de sept taureaux et de sept béliers pour avoir dit des sottises. Je les aurais condamnés pour n'avoir point secouru leur ami.

Je te prie de me dire s'il est vrai que tu vécus cent quarante ans après cette aventure. J'aime à voir que les honnêtes gens vivent long-temps, mais il faut que les hommes d'aujourd'hui soient de grands fripons, tant leur vie est courte !

Au reste, le livre de Job est un des plus précieux de toute l'antiquité. Il est évident que ce livre est d'un Arabe qui vivait avant le temps où nous plaçons Moïse. Il est dit qu'Éliphaz, l'un des interlocuteurs, est de Théman : c'est une ancienne ville d'Arabie. Baldad était de Suez, autre ville d'Arabie. Sophar était de Naamath, contrée d'Arabie encore plus orientale.

Mais ce qui est bien plus remarquable, et ce qui démontre que cette fable ne peut être d'un Juif, c'est qu'il est parlé des trois constellations que nous nommons aujourd'hui l'Ourse, l'Orion et les Hyades. Les Hébreux n'ont jamais eu la moindre connaissance de l'astronomie, ils n'avaient pas même de mot pour exprimer cette science; tout ce qui regarde les arts de l'esprit leur était inconnu, jusqu'au terme de géométrie.

Les Arabes, au contraire, habitant sous des tentes, étant continuellement à portée d'observer les astres, furent peut-être les premiers qui réglèrent leurs années par l'inspection du ciel.

Une observation plus importante, c'est qu'il n'est parlé que d'un seul Dieu dans ce livre. C'est une erreur absurde d'avoir imaginé que les Juifs fussent les seuls qui reconnussent un Dieu unique; c'était la doctrine de presque tout l'Orient; et les Juifs en cela ne furent que des plagiaires, comme ils le furent en tout.

Dieu, dans le trente-huitième chapitre, parle lui-même à Job, du milieu d'un tourbillon; et c'est ce qui a été imité depuis dans la *Genèse*. On ne peut trop répéter que les livres juifs sont très nouveaux. L'ignorance et le fanatisme crient que le *Pentateuque* est le plus ancien livre du monde. Il est évident que ceux de Sanchoniathon, ceux de Thaut, antérieurs de huit cents ans à ceux de Sanchoniathon, ceux du premier Zerdust, le *Shasta*, le *Veidam* des Indiens que nous avons encore, les cinq *Kings* des Chinois, enfin le livre de Job, sont d'une antiquité beaucoup plus reculée qu'aucun livre juif. Il est démontré que ce petit peuple ne put avoir des annales que lorsqu'il eut un gouvernement stable; qu'il n'eut ce gouvernement que sous ses rois; que son jargon ne se forma qu'avec le temps, d'un mélange de phénicien et d'arabe. Il y a des preuves incontestables que les Phéniciens cultivaient les lettres très long-temps avant eux. Leur profession fut le brigandage et le courtage; ils ne furent écrivains que par hasard. On a perdu les livres des Égyptiens et des Phéniciens; les Chinois, les Brames, les Guèbres, les Juifs ont conservé les leurs. Tous ces monuments sont curieux; mais ce ne sont que des monuments de l'imagination humaine, dans lesquels on ne peut apprendre une seule vérité, soit physique, soit historique. Il n'y a point aujourd'hui de petit livre de physique qui ne soit plus utile que tous les livres de l'antiquité.

Le bon Calmet ou dom Calmet (car les bénédictins veulent qu'on leur donne du dom), ce naïf compilateur de tant de rêveries et d'imbécillités, cet homme que sa simplicité a rendu si utile à quiconque veut rire des sottises antiques, rapporte fidèlement les opinions de ceux qui ont voulu deviner la maladie dont Job fut attaqué, comme si Job eût été un personnage réel. Il ne balance point à dire que Job avait la vérole, et il entasse passage sur passage, à son ordinaire, pour prouver ce qui n'est pas. Il n'avait pas lu l'histoire de la vérole par Astruc; car Astruc n'étant ni un père de l'Église ni un docteur de Salamanque, mais un médecin très savant, le bon homme Calmet ne savait pas seulement qu'il existât : les moines compilateurs sont de pauvres gens.

(Par un malade aux eaux d'Aix-la-Chapelle.)

JOSEPH.

L'histoire de Joseph, à ne la considérer que comme un objet de curiosité et de littérature, est un des plus précieux monuments de l'antiquité qui soient parvenus jusqu'à nous. Elle paraît être le modèle de tous les écrivains orientaux ; elle est plus attendrissante que l'*Odyssée* d'Homère; car un héros qui pardonne est plus touchant que celui qui se venge.

Nous regardons les Arabes comme les premiers auteurs de ces fictions ingénieuses qui ont passé dans toutes les langues ; mais je ne vois chez eux aucune aventure comparable à celle de Joseph. Presque tout en est merveilleux, et la fin peut faire répandre des larmes d'attendrissement. C'est un jeune homme de seize ans dont ses frères sont jaloux ; il est vendu par eux à une caravane de marchands ismaélites, conduit en Égypte, et acheté par un eunuque du roi. Cet eunuque avait une femme, ce qui n'est point du tout étonnant : le kislar-aga, eunuque parfait, à qui on a tout coupé, a aujourd'hui un sérail à Constantinople: on lui a laissé ses yeux et ses mains, et la nature n'a point perdu ses droits dans son cœur. Les autres eunuques, à qui on n'a coupé que les deux accompagnements de l'organe de la génération, emploient encore souvent cet organe ; et Putiphar, à qui Joseph fut vendu, pouvait très bien être du nombre de ces eunuques.

La femme de Putiphar devient amoureuse du jeune Joseph, qui, fidèle à son maître et à son bienfaiteur, rejette les empressements de cette femme. Elle en est irritée, et accuse Joseph d'avoir voulu la séduire. C'est l'histoire d'Hippolyte et de Phèdre, de Bellérophon et de Sténobée, d'Hébrus et de Damasippe, de Tantis et de Péribée, de Myrtile et d'Hippodamie, de Pélée et de Demenette.

Il est difficile de savoir quelle est l'originale de toutes ces histoires ; mais, chez les anciens auteurs arabes, il y a un trait, touchant l'aventure de Joseph et de la femme de Putiphar, qui est fort ingénieux. L'auteur suppose que Putiphar, incertain entre sa femme et Joseph, ne regarda pas la tunique de Joseph, que sa femme avait déchirée, comme une preuve de l'attentat du jeune homme. Il y avait un enfant au berceau dans la chambre de la femme; Joseph disait qu'elle lui avait déchiré et ôté sa tunique en présence de l'enfant. Putiphar consulta l'enfant, dont l'esprit était fort avancé pour son âge ; l'enfant dit à Putiphar : Regardez si la tunique est déchirée par-devant ou par derrière : si elle l'est par devant, c'est une preuve que Joseph a voulu prendre par force votre femme qui se défendait; si elle l'est par derrière, c'est une preuve que votre femme courait après lui. Putiphar, grâce au génie de cet enfant, reconnut l'innocence de son esclave. C'est ainsi que cette aventure est rapportée dans l'*Alcoran*, d'après l'ancien auteur arabe. Il ne s'embarrasse point de nous instruire à qui appartenait l'enfant qui jugea avec tant d'esprit : si c'était un fils de la Putiphar, Joseph n'était pas le premier à qui cette femme en avait voulu.

Quoi qu'il en soit, Joseph, selon la *Genèse*, est mis en prison, et il s'y trouve en compagnie de l'échanson et du panetier du roi d'Égypte. Ces deux prisonniers d'état rêvent tous deux pendant la nuit; Joseph explique leurs songes ; il leur prédit que dans trois jours l'échanson rentrera en grâce, et que le panetier sera pendu, ce qui ne manque pas d'arriver.

Deux ans après, le roi d'Égypte rêve aussi; son échanson lui dit qu'il y a un jeune Juif en prison qui est le premier homme du monde pour l'intelligence des rêves : le roi fait venir le jeune homme qui lui prédit sept années d'abondance, et sept années de stérilité.

Interrompons un peu ici le fil de l'histoire, pour voir de quelle prodigieuse antiquité est l'interprétation des songes. Jacob avait vu en songe l'échelle mystérieuse au haut de laquelle était Dieu lui-même ; il apprit en songe une méthode de multiplier les troupeaux, méthode qui n'a jamais réussi qu'à lui. Joseph lui-même avait appris par un songe qu'il dominerait un jour sur ses frères. Abimélech, long-temps auparavant, avait été averti en songe que Sara était femme d'Abraham[1].

[1] Voyez *Songes*, section III de l'article SOMNAMBULE. K.

Revenons à Joseph. Dès qu'il eut expliqué le songe de Pharaon, il fut sur-le-champ premier ministre. On doute qu'aujourd'hui on trouvât un roi, même en Asie, qui donnât une telle charge pour un rêve expliqué. Pharaon fit épouser à Joseph une fille de Putiphar. Il est dit que ce Putiphar était grand-prêtre d'Héliopolis; ce n'était donc pas l'eunuque, son premier maître; ou si c'était lui, il avait encore certainement un autre titre que celui de grand-prêtre, et sa femme avait été mère plus d'une fois.

Cependant la famine arriva comme Joseph l'avait prédit; et Joseph, pour mériter les bonnes grâces de son roi, força tout le peuple à vendre ses terres à Pharaon; et toute la nation se fit esclave pour avoir du blé: c'est là apparemment l'origine du pouvoir despotique. Il faut avouer que jamais roi n'avait fait un meilleur marché; mais aussi le peuple ne devait guère bénir le premier ministre.

Enfin, le père et les frères de Joseph eurent aussi besoin de blé, car « la famine désolait alors » toute la terre. » Ce n'est pas la peine de raconter ici comment Joseph reçut ses frères, comment il leur pardonna et les enrichit. On trouve dans cette histoire tout ce qui constitue un poëme épique intéressant: exposition, nœud, reconnaissance, péripétie, et merveilleux: rien n'est plus marqué au coin du génie oriental.

Ce que le bon homme Jacob, père de Joseph, répondit à Pharaon, doit bien frapper ceux qui savent lire. Quel âge avez-vous? lui dit le roi. J'ai cent trente ans, dit le vieillard, et je n'ai pas eu encore un jour heureux dans ce court pèlerinage.

JUDÉE.

Je n'ai pas été en Judée, Dieu merci, et je n'irai jamais. J'ai vu des gens de toutes nations qui en sont revenus: ils m'ont tous dit que la situation de Jérusalem est horrible; que tout le pays d'alentour est pierreux; que les montagnes sont pelées; que le fameux fleuve du Jourdain n'a pas plus de quarante-cinq pieds de largeur; que le seul bon canton de ce pays est Jéricho: enfin, ils parlent tous comme parlait saint Jérôme, qui demeura si long-temps dans Bethléem, et qui peint cette contrée comme le rebut de la nature. Il dit qu'en été il n'y a pas seulement d'eau à boire. Ce pays cependant devait paraître aux Juifs un lieu de délices en comparaison des déserts dont ils étaient originaires. Des misérables qui auraient quitté les Landes, pour habiter quelques montagnes du Lampourdan, vanteraient leur nouveau séjour; et s'ils espéraient pénétrer jusque dans les belles parties du Languedoc, ce serait là pour eux la terre promise.

Voilà précisément l'histoire des Juifs; Jéricho et Jérusalem sont Toulouse et Montpellier, et le désert de Sinaï est le pays entre Bordeaux et Bayonne.

Mais si le Dieu qui conduisait les Juifs voulait leur donner une bonne terre, si ces malheureux avaient en effet habité l'Égypte, que ne les laissait-il en Égypte? A cela on ne répond que par des phrases théologiques.

La Judée, dit-on, était la terre promise. Dieu dit à Abraham: « Je vous donnerai tout ce pays » depuis le fleuve d'Égypte jusqu'à l'Euphrate[1]. »

Hélas! mes amis, vous n'avez jamais eu ces rivages fertiles de l'Euphrate et du Nil. On s'est moqué de vous. Les maîtres du Nil et de l'Euphrate ont été tour à tour vos maîtres. Vous avez été presque toujours esclaves. Promettre et tenir sont deux, mes pauvres Juifs. Vous avez un vieux rabbin qui, en lisant vos sages prophéties qui vous annoncent une terre de miel et de lait, s'écria qu'on vous avait promis plus de beurre que de pain. Savez-vous bien que si le Grand-Turc m'offrait aujourd'hui la seigneurie de Jérusalem, je n'en voudrais pas?

Frédéric III, en voyant ce détestable pays, dit publiquement que Moïse était bien malavisé d'y mener sa compagnie de lépreux: « Que n'allait-il à Naples? » disait Frédéric. Adieu, mes chers Juifs; je suis fâché que terre promise soit terre perdue.

(Par le baron de Broukana[2].)

JUIFS.

SECTION PREMIÈRE.

Vous m'ordonnez[3] de vous faire un tableau fidèle de l'esprit des Juifs et de leur histoire; et, sans entrer dans les voies ineffables de la Providence, vous cherchez dans les mœurs de ce peuple la source des événements que cette Providence a préparés.

Il est certain que la nation juive est la plus singulière qui jamais ait été dans le monde. Quoiqu'elle soit la plus méprisable aux yeux de la politique,

[1] *Genèse*, ch. XV, v. 18.

[2] Il est très vrai que le baron de Broukana, dont l'auteur emprunte ici le nom, avait demeuré long-temps en Palestine, et qu'il raconta tous ces détails à Voltaire, en conversant avec lui aux Délices, moi étant présent. (*Note de Wagnière.*)

[3] L'auteur adresse ici la parole à madame la marquise du Châtelet, pour laquelle plusieurs articles historiques de ce Dictionnaire ont été faits. K.

elle est, à bien des égards, considérable aux yeux de la philosophie.

Les Guèbres, les Banians et les Juifs sont les seuls peuples qui subsistent dispersés, et qui, n'ayant d'alliance avec aucune nation, se perpétuent au milieu des nations étrangères, et soient toujours à part du reste du monde.

Les Guèbres ont été autrefois infiniment plus considérables que les Juifs, puisque ce sont des restes des anciens Perses, qui eurent les Juifs sous leur domination; mais ils ne sont aujourd'hui répandus que dans une partie de l'Orient.

Les Banians, qui descendent des anciens peuples chez qui Pythagore puisa sa philosophie, n'existent que dans les Indes et en Perse; mais les Juifs sont dispersés sur la face de toute la terre; et s'ils se rassemblaient, ils composeraient une nation beaucoup plus nombreuse qu'elle ne le fut jamais dans le court espace où ils furent souverains de la Palestine. Presque tous les peuples qui ont écrit l'histoire de leur origine ont voulu la relever par des prodiges : tout est miracle chez eux ; leurs oracles ne leur ont prédit que des conquêtes : ceux qui en effet sont devenus conquérants n'ont pas eu de peine à croire ces anciens oracles que l'événement justifiait. Ce qui distingue les Juifs des autres nations, c'est que leurs oracles sont les seuls véritables : il ne nous est pas permis d'en douter. Ces oracles, qu'ils n'entendent que dans le sens littéral, leur ont prédit cent fois qu'ils seraient les maîtres du monde : cependant ils n'ont jamais possédé qu'un petit coin de terre pendant quelques années; ils n'ont pas aujourd'hui un village en propre. Ils doivent donc croire, et ils croient en effet qu'un jour leurs prédictions s'accompliront, et qu'ils auront l'empire de la terre.

Ils sont le dernier de tous les peuples parmi les musulmans et les chrétiens, et ils se croient le premier. Cet orgueil dans leur abaissement est justifié par une raison sans réplique ; c'est qu'ils sont réellement les pères des chrétiens et des musulmans. Les religions chrétienne et musulmane reconnaissent la juive pour leur mère; et, par une contradiction singulière, elles ont à la fois pour cette mère du respect et de l'horreur.

Il ne s'agit pas ici de répéter cette suite continue de prodiges qui étonnent l'imagination, et qui exercent la foi. Il n'est question que des événements purement historiques, dépouillés du concours céleste et des miracles que Dieu daigna si long-temps opérer en faveur de ce peuple.

On voit d'abord en Égypte une famille de soixante et dix personnes produire, au bout de deux cent quinze ans, une nation dans laquelle on compte six cent mille combattants, ce qui fait, avec les femmes, les vieillards et les enfants, plus de deux millions d'âmes. Il n'y a point d'exemples sur la terre d'une population si prodigieuse : cette multitude sortie d'Égypte demeura quarante ans dans les déserts de l'Arabie-Pétrée; et le peuple diminua beaucoup dans ce pays affreux.

Ce qui resta de la nation avança un peu au nord de ces déserts. Il paraît qu'ils avaient les mêmes principes qu'eurent depuis les peuples de l'Arabie Pétrée et Déserte, de massacrer sans miséricorde les habitants des petites bourgades sur lesquels ils avaient de l'avantage, et de réserver seulement les filles. L'intérêt de la population a toujours été le but principal des uns et des autres. On voit que, quand les Arabes eurent conquis l'Espagne, ils imposèrent dans les provinces des tributs de filles nubiles; et aujourd'hui les Arabes du Désert ne font point de traité sans stipuler qu'on leur donnera quelques filles et des présents.

Les Juifs arrivèrent dans un pays sablonneux, hérissé de montagnes, où il y avait quelques villages habités par un petit peuple nommé les *Madianites*. Ils prirent dans un seul camp de Madianites six cent soixante et quinze mille moutons, soixante et douze mille bœufs, soixante et un mille ânes et trente-deux mille pucelles. Tous les hommes, toutes les femmes, et les enfants mâles furent massacrés; les filles et le butin furent partagés entre le peuple et les sacrificateurs.

Ils s'emparèrent ensuite, dans le même pays, de la ville de Jéricho; mais ayant voué les habitants de cette ville à l'anathème, ils massacrèrent tout, jusqu'aux filles mêmes, et ne pardonnèrent qu'à une courtisane nommée Rahab, qui les avait aidés à surprendre la ville.

Les savants ont agité la question si les Juifs sacrifiaient en effet des hommes à la Divinité, comme tant d'autres nations. C'est une question de nom : ceux que ce peuple consacrait à l'anathème n'étaient pas égorgés sur un autel avec des rites religieux; mais ils n'en étaient pas moins immolés, sans qu'il fût permis de pardonner à un seul. Le *Lévitique* défend expressément, au verset 27 du chap. XXIX, de racheter ceux qu'on aura voués; il dit en propres paroles : *Il faut qu'ils meurent.* C'est en vertu de cette loi que Jephté voua et égorgea sa fille, que Saül voulut tuer son fils, et que le prophète Samuel coupa par morceaux le roi Agag, prisonnier de Saül. Il est bien certain que Dieu est le maître de la vie des hommes, et qu'il ne nous appartient pas d'examiner ses lois : nous devons nous borner à croire ces faits, et à respecter en silence les desseins de Dieu, qui les a permis.

On demande aussi quel droit des étrangers tels

que les Juifs avaient sur le pays de Canaan : on répond qu'ils avaient celui que Dieu leur donnait.

A peine ont-ils pris Jéricho et Laïs, qu'ils ont entre eux une guerre civile dans laquelle la tribu de Benjamin est presque tout exterminée, hommes, femmes et enfants; il n'en resta que six cents mâles : mais le peuple, ne voulant point qu'une des tribus fût anéantie, s'avisa, pour y remédier, de mettre à feu et à sang une ville entière de la tribu de Manassé, d'y tuer tous les hommes, tous les vieillards, tous les enfants, toutes les femmes mariées, toutes les veuves, et d'y prendre six cents vierges, qu'ils donnèrent aux six cents survivants de Benjamin, pour refaire cette tribu, afin que le nombre de leurs douze tribus fût toujours complet.

Cependant les Phéniciens, peuple puissant, établis sur les côtes de temps immémorial, alarmés des déprédations et des cruautés de ces nouveaux venus, les châtièrent souvent; les princes voisins se réunirent contre eux, et ils furent réduits sept fois en servitude pendant plus de deux cents années.

Enfin ils se font un roi, et l'élisent par le sort. Ce roi ne devait pas être fort puissant; car à la première bataille que les Juifs donnèrent sous lui aux Philistins leurs maîtres, ils n'avaient dans toute l'armée qu'une épée et qu'une lance, et pas un seul instrument de fer. Mais leur second roi, David, fait la guerre avec avantage. Il prend la ville de Salem, si célèbre depuis sous le nom de Jérusalem; et alors les Juifs commencent à faire quelque figure dans les environs de la Syrie. Leur gouvernement et leur religion prennent une forme plus auguste. Jusque-là ils n'avaient pu avoir de temple, quand toutes les nations voisines en avaient. Salomon en bâtit un superbe, et régna sur ce peuple environ quarante ans.

Le temps de Salomon est non seulement le temps le plus florissant des Juifs, mais tous les rois de la terre ensemble ne pourraient étaler un trésor qui approchât de celui de Salomon. Son père, David, dont le prédécesseur n'avait pas même de fer, laissa à Salomon vingt-cinq milliards six cent quarante-huit millions de livres de France au cours de ce jour, en argent comptant. Ses flottes qui allaient à Ophir lui rapportaient par an soixante et huit millions en or pur, sans compter l'argent et les pierreries. Il avait quarante mille écuries et autant de remises pour ses chariots, douze mille écuries pour sa cavalerie, sept cents femmes et trois cents concubines. Cependant il n'avait ni bois ni ouvriers pour bâtir son palais et le temple : il en emprunta d'Hiram, roi de Tyr, qui fournit même de l'or; et Salomon donna vingt villes en paiement à Hiram. Les commentateurs ont avoué que ces faits avaient besoin d'explication, et ont soupçonné quelque erreur de chiffre dans les copistes, qui seuls ont pu se tromper.

A la mort de Salomon, les douze tribus qui composaient la nation se divisent. Le royaume est déchiré; il se sépare en deux petites provinces, dont l'une est appelée Juda, et l'autre Israël. Neuf tribus et demie composent la province israélite, et deux et demie seulement font celle de Juda. Il y eut alors entre ces deux petits peuples une haine d'autant plus implacable qu'ils étaient parents et voisins, et qu'ils eurent des religions différentes; car à Sichem, à Samarie, on adorait Baal en donnant à Dieu un nom sidonien, tandis qu'à Jérusalem on adorait Adonaï. On avait consacré à Sichem deux veaux, et on avait à Jérusalem consacré deux chérubins, qui étaient deux animaux ailés à double tête, placés dans le sanctuaire : chaque faction ayant donc ses rois, son dieu, son culte et ses prophètes, elles se firent une guerre cruelle.

Tandis qu'elles se fesaient cette guerre, les rois d'Assyrie, qui conquéraient la plus grande partie de l'Asie, tombèrent sur les Juifs comme un aigle enlève deux lézards qui se battent. Les neuf tribus et demie de Samarie et de Sichem furent enlevées et dispersées sans retour, et sans que jamais on ait su précisément en quels lieux elles furent menées en esclavage.

Il n'y a que vingt lieues de la ville de Samarie à Jérusalem, et leurs territoires se touchaient; ainsi, quand l'une de ces deux villes était écrasée par de puissants conquérants, l'autre ne devait pas tenir long-temps. Aussi Jérusalem fut plusieurs fois saccagée; elle fut tributaire des rois Hazael et Razin, esclave sous Teglatphael-asser, trois fois prise par Nabuchodonosor ou Nebucodon-asser, et enfin détruite. Sédécias, qui avait été établi roi ou gouverneur par ce conquérant, fut emmené, lui et tout son peuple, en captivité dans la Babylonie; de sorte qu'il ne restait de Juifs dans la Palestine que quelques familles de paysans esclaves, pour ensemencer les terres.

A l'égard de la petite contrée de Samarie et de Sichem, plus fertile que celle de Jérusalem, elle fut repeuplée par des colonies étrangères, que les rois assyriens y envoyèrent, et qui prirent le nom de *Samaritains*.

Les deux tribus et demie, esclaves dans Babylone et dans les villes voisines, pendant soixante et dix ans, eurent le temps d'y prendre les usages de leurs maîtres; elles enrichirent leur langue du mélange de la langue chaldéenne. Les Juifs dès lors ne connurent plus que l'alphabet et les caractères chaldéens; ils oublièrent même le dialecte hébraïque pour la langue chaldéenne : cela est incontestable. L'historien Josèphe dit qu'il a d'r bord écrit en chaldéen, qui est la langue de son pays. Il paraît que les Juifs apprirent peu de chose de la science des mages : ils s'adonnèrent aux métiers de courtiers, de changeurs et de fripiers; par-là ils se rendirent nécessaires, comme ils le sont encore, et ils s'enrichirent.

Leurs gains les mirent en état d'obtenir sous Cyrus la liberté de rebâtir Jérusalem; mais quand il fallut retourner dans leur patrie, ceux qui s'étaient enrichis à Babylone ne voulurent point quitter un si beau pays pour les montagnes de la Célé-Syrie, ni les bords fertiles de l'Euphrate et du Tigre pour le torrent de Cédron. Il n'y eut que la plus vile partie de la nation qui revint avec Zorobabel. Les Juifs de Babylone contribuèrent seulement de leurs aumônes pour rebâtir la ville et le temple; encore la collecte fut-elle médiocre : et Esdras rapporte qu'on ne put ramasser que soixante et dix mille écus pour relever ce temple, qui devait être le temple de l'univers.

Les Juifs restèrent toujours sujets des Perses; ils le furent de même d'Alexandre : et lorsque ce grand homme, le plus excusable des conquérants, eut commencé, dans les premières années de ses victoires, à élever Alexandrie, et à la rendre le centre du commerce du monde, les Juifs y allèrent en foule exercer leur métier de courtiers, et leurs rabbins y apprirent enfin quelque chose des sciences des Grecs. La langue grecque devint absolument nécessaire à tous les Juifs commerçants.

Après la mort d'Alexandre, ce peuple demeura soumis aux rois de Syrie dans Jérusalem, et aux rois d'Égypte dans Alexandrie; et lorsque ces rois se fesaient la guerre, ce peuple subissait toujours le sort des sujets, et appartenait aux vainqueurs.

Depuis leur captivité à Babylone, Jérusalem n'eut plus de gouverneurs particuliers qui prissent le nom de rois. Les pontifes eurent l'administration intérieure, et ces pontifes étaient nommés par leurs maîtres : ils achetaient quelquefois très cher cette dignité, comme le patriarche grec de Constantinople achète la sienne.

Sous Antiochus Épiphane ils se révoltèrent; la ville fut encore une fois pillée, et les murs démolis.

Après une suite de pareils désastres, ils obtiennent enfin pour la première fois, environ cent cinquante ans avant l'ère vulgaire, la permission de battre monnaie; c'est d'Antiochus Sidètes qu'ils tinrent ce privilége. Ils eurent alors des chefs qui prirent le nom de rois, et qui même portèrent un diadème. Antigone fut décoré le premier de cet ornement, qui devient peu honorable sans la puissance.

Les Romains dans ce temps-là commençaient à devenir redoutables aux rois de Syrie, maîtres des Juifs : ceux-ci gagnèrent le sénat de Rome par des soumissions et des présents. Les guerres des Romains dans l'Asie-Mineure semblaient devoir laisser respirer ce malheureux peuple; mais à peine Jérusalem jouit-elle de quelque ombre de liberté, qu'elle fut déchirée par des guerres civiles, qui la rendirent sous ses fantômes de rois beaucoup plus à plaindre qu'elle ne l'avait jamais été dans une si longue suite de différents esclavages.

Dans leurs troubles intestins, ils prirent les Romains pour juges. Déjà la plupart des royaumes de l'Asie-Mineure, de l'Afrique septentrionale, et des trois quarts de l'Europe, reconnaissaient les Romains pour arbitres et pour maîtres.

Pompée vint en Syrie juger les nations, et déposer plusieurs petits tyrans. Trompé par Aristobule, qui disputait la royauté de Jérusalem, il se vengea sur lui et sur son parti. Il prit la ville, fit mettre en croix quelques séditieux, soit prêtres, soit pharisiens, et condamna, long-temps après, le roi des Juifs, Aristobule, au dernier supplice.

Les Juifs, toujours malheureux, toujours esclaves et toujours révoltés, attirent encore sur eux les armes romaines. Crassus et Cassius les punissent, et Métellus Scipion fait crucifier un fils du roi Aristobule, nommé Alexandre, auteur de tous les troubles.

Sous le grand César ils furent entièrement soumis et paisibles. Hérode, fameux parmi eux et parmi nous, long-temps simple tétrarque, obtint d'Antoine la couronne de Judée, qu'il paya chèrement : mais Jérusalem ne voulut pas reconnaître ce nouveau roi, parce qu'il était descendu d'Ésaü, et non pas de Jacob, et qu'il n'était qu'Iduméen : c'était précisément sa qualité d'étranger qui l'avait fait choisir par les Romains, pour tenir mieux ce peuple en bride.

Les Romains protégèrent le roi de leur nomination avec une armée. Jérusalem fut encore prise d'assaut, saccagée et pillée.

Hérode, protégé depuis par Auguste, devint un des plus puissants princes parmi les petits rois de l'Arabie. Il répara Jérusalem; il rebâtit la forteresse qui entourait ce temple si cher aux Juifs, qu'il construisit aussi de nouveau, mais qu'il ne put achever : l'argent et les ouvriers lui manquèrent. C'est une preuve qu'après tout Hérode n'était pas riche, et que les Juifs, qui aimaient leur temple, aimaient encore plus leur argent comptant.

Le nom de roi n'était qu'une faveur que fesaient les Romains; cette grâce n'était pas un titre de succession. Bientôt après la mort d'Hérode, la Judée fut gouvernée en province romaine subalterne par le proconsul de Syrie; quoique de temps en temps on accordât le titre de roi tantôt à un Juif, tantôt à un autre, moyennant beaucoup d'argent, ainsi qu'on l'accorda au Juif Agrippa sous l'empereur Claude.

Une fille d'Agrippa fut cette Bérénice, célèbre pour avoir été aimée d'un des meilleurs empereurs dont Rome se vante. Ce fut elle qui, par les injustices qu'elle essuya de ses compatriotes, attira les vengeances des Romains sur Jérusalem. Elle demanda justice. Les factions de la ville la lui refusèrent. L'esprit séditieux de ce peuple se porta à de nouveaux excès: son caractère en tout temps était d'être cruel, et son sort d'être puni.

Vespasien et Titus firent ce siége mémorable, qui finit par la destruction de la ville. Josèphe l'exagérateur prétend que dans cette courte guerre il y eut plus d'un million de Juifs massacrés. Il ne faut pas s'étonner qu'un auteur qui met quinze mille hommes dans chaque village tue un million d'hommes. Ce qui resta fut exposé dans les marchés publics, et chaque Juif fut vendu à peu près au même prix que l'animal immonde dont ils n'osent manger.

Dans cette dernière dispersion ils espérèrent encore un libérateur; et sous Adrien, qu'ils maudissent dans leurs prières, il s'éleva un Barcochébas, qui se dit un nouveau Moïse, un Shilo, un Christ. Ayant rassemblé beaucoup de ces malheureux sous ses étendards, qu'ils crurent sacrés, il périt avec tous ses suivants : ce fut le dernier coup pour cette nation, qui en demeura accablée. Son opinion constante que la stérilité est un opprobre l'a conservée. Les Juifs ont regardé comme leurs deux grands devoirs, des enfants et de l'argent.

Il résulte de ce tableau raccourci que les Hébreux ont presque toujours été ou errants, ou brigands, ou esclaves, ou séditieux : ils sont encore vagabonds aujourd'hui sur la terre, et en horreur aux hommes, assurant que le ciel et la terre, et tous les hommes, ont été créés pour eux seuls.

On voit évidemment, par la situation de la Judée, et par le génie de ce peuple, qu'il devait être toujours subjugué. Il était environné de nations puissantes et belliqueuses qu'il avait en aversion. Ainsi il ne pouvait ni s'allier avec elles, ni être protégé par elles. Il lui fut impossible de se soutenir par la marine, puisqu'il perdit bientôt le port qu'il avait du temps de Salomon sur la mer Rouge, et que Salomon même se servit toujours des Tyriens pour bâtir et pour conduire ses vaisseaux, ainsi que pour élever son palais et le temple. Il est donc manifeste que les Hébreux n'avaient aucune industrie, et qu'ils ne pouvaient composer un peuple florissant. Ils n'eurent jamais de corps d'armée continuellement sous le drapeau, comme les Assyriens, les Mèdes, les Perses, les Syriens et les Romains. Les artisans et les cultivateurs prenaient les armes dans les occasions, et ne pouvaient par conséquent former des troupes aguerries. Leurs montagnes, ou plutôt leurs rochers, ne sont ni d'une assez grande hauteur, ni assez contigus, pour avoir pu défendre l'entrée de leur pays. La plus nombreuse partie de la nation, transportée à Babylone, dans la Perse et dans l'Inde, ou établie dans Alexandrie, était trop occupée de son commerce et de son courtage pour songer à la guerre. Leur gouvernement civil, tantôt républicain, tantôt pontifical, tantôt monarchique, et très souvent réduit à l'anarchie, ne paraît pas meilleur que leur discipline militaire.

Vous demandez quelle était la philosophie des Hébreux; l'article sera bien court : ils n'en avaient aucune. Leur législateur même ne parle expressément en aucun endroit ni de l'immortalité de l'âme, ni des récompenses d'une autre vie. Josèphe et Philon croient les âmes matérielles; leurs docteurs admettaient des anges corporels; et dans leur séjour à Babylone ils donnèrent à ces anges les noms que leur donnaient les Chaldéens; Michel, Gabriel, Raphael, Uriel. Le nom de Satan est babylonien, et c'est en quelque manière l'Arimane de Zoroastre. Le nom d'Asmodée est aussi chaldéen; et Tobie, qui demeurait à Ninive, est le premier qui l'ait employé. Le dogme de l'immortalité de l'âme ne se développa que dans la suite des temps chez les pharisiens. Les saducéens nièrent toujours cette spiritualité, cette immortalité et l'existence des anges. Cependant les saducéens communiquèrent sans interruption avec les pharisiens; ils eurent même des souverains pontifes de leur secte. Cette prodigieuse différence entre les sentiments de ces deux grands corps ne causa aucun trouble. Les Juifs n'étaient attachés scrupuleusement, dans les derniers temps de leur séjour à Jérusalem, qu'à leurs cérémonies légales. Celui qui aurait mangé du boudin ou du lapin aurait été lapidé; et celui qui niait l'immortalité de l'âme pouvait être grand-prêtre.

On dit communément que l'horreur des Juifs pour les autres nations venait de leur horreur pour l'idolâtrie; mais il est bien plus vraisemblable que la manière dont ils exterminèrent d'abord quelques peuplades du Canaan, et la haine que les nations voisines conçurent pour eux, furent la cause de cette aversion invincible qu'ils eurent pour elles. Comme ils ne connaissaient de peuples que leurs voisins, ils crurent en les abhorrant détester toute la terre, et s'accoutumèrent ainsi à être les ennemis de tous les hommes.

Une preuve que l'idolâtrie des nations n'était point la cause de cette haine, c'est que par l'histoire des Juifs on voit qu'ils ont été très souvent idolâtres. Salomon lui-même sacrifiait à des dieux étrangers. Depuis lui on ne voit presque aucun roi dans la petite province de Juda qui ne permette le culte de ces dieux, et qui ne leur offre de l'encens. La province d'Israël conserva ses deux veaux et ses bois sacrés, ou adora d'autres divinités.

Cette idolâtrie qu'on reproche à tant de nations est encore une chose bien peu éclaircie. Il ne serait peut-être pas difficile de laver de ce reproche la théologie des anciens. Toutes les nations policées eurent la connaissance d'un Dieu suprême, maître des dieux subalternes et des hommes. Les Égyptiens reconnaissaient eux-mêmes un premier principe qu'ils appelaient *Knef*, à qui tout le reste était subordonné. Les anciens Perses adoraient le bon principe nommé *Oromase*, et ils étaient très éloignés de sacrifier au mauvais principe *Arimane*, qu'ils regardaient à peu près comme nous regardons le diable. Les Guèbres encore aujourd'hui ont conservé le dogme sacré de l'unité de Dieu. Les anciens brachmanes reconnaissaient un seul Être suprême; les Chinois n'associèrent aucun être subalterne à la Divinité, et n'eurent aucune idole jusqu'aux temps où le culte de Fo et les superstitions des bonzes ont séduit la populace. Les Grecs et les Romains, malgré la foule de leurs dieux, reconnaissaient dans Jupiter le souverain absolu du ciel et de la terre. Homère même, dans les plus absurdes fictions de la poésie, ne s'est jamais écarté de cette vérité. Il représente toujours Jupiter comme le seul tout-puissant, qui envoie le bien et le mal sur la terre, et qui, d'un mouvement de ses sourcils, fait trembler les dieux et les hommes. On dressait des autels, on fesait des sacrifices à des dieux subalternes et dépendants du Dieu suprême. Il n'y a pas un seul monument de l'antiquité où le nom de *souverain du ciel* soit donné à un dieu secondaire, à Mercure, à Apollon, à Mars. La foudre a toujours été l'attribut du maître.

L'idée d'un être souverain, de sa providence, de ses décrets éternels, se trouve chez tous les philosophes et chez tous les poëtes. Enfin, il est peut-être aussi injuste de penser que les anciens égalassent les héros, les génies, les dieux inférieurs, à celui qu'ils appellent *le Père et le Maître des dieux*, qu'il serait ridicule de penser que nous associons à Dieu les bienheureux et les anges.

Vous demandez ensuite si les anciens philosophes et les législateurs ont puisé chez les Juifs, ou si les Juifs ont pris chez eux. Il faut s'en rapporter à Philon : il avoue qu'avant la traduction des *Septante* les étrangers n'avaient aucune connaissance des livres de sa nation. Les grands peuples ne peuvent tirer leurs lois et leurs connaissances d'un petit peuple obscur et esclave. Les Juifs n'avaient pas même de livres du temps d'Osias. On trouva par hasard sous son règne le seul exemplaire de la loi qui existât. Ce peuple, depuis qu'il fut captif à Babylone, ne connut d'autre alphabet que le chaldéen : il ne fut renommé pour aucun art, pour aucune manufacture de quelque espèce qu'elle pût être; et dans le temps même de Salomon ils étaient obligés de payer chèrement des ouvriers étrangers. Dire que les Égyptiens, les Perses, les Grecs, furent instruits par les Juifs, c'est dire que les Romains apprirent les arts des Bas-Bretons. Les Juifs ne furent jamais ni physiciens, ni géomètres, ni astronomes. Loin d'avoir des écoles publiques pour l'instruction de la jeunesse, leur langue manquait même de terme pour exprimer cette institution. Les peuples du Pérou et du Mexique réglaient bien mieux qu'eux leur année. Leur séjour dans Babylone et dans Alexandrie, pendant lequel des particuliers purent s'instruire, ne forma le peuple que dans l'art de l'usure. Ils ne surent jamais frapper des espèces; et quand Antiochus-Sidètes leur permit d'avoir de la monnaie à leur coin, à peine purent-ils profiter de cette permission pendant quatre ou cinq ans; encore on prétend que ces espèces furent frappées dans Samarie. De là vient que les médailles juives sont si rares, et presque toutes fausses. Enfin vous ne trouverez en eux qu'un peuple ignorant et barbare, qui joint depuis longtemps la plus sordide avarice à la plus détestable superstition et à la plus invincible haine pour tous les peuples qui les tolèrent et qui les enrichissent. « Il ne faut pourtant pas les brûler. »

SECTION II.

Sur la loi des Juifs.

Leur loi doit paraître à tout peuple policé aussi bizarre que leur conduite; si elle n'était pas divine, elle paraîtrait une loi de sauvages qui commencent à s'assembler en corps de peuple; et étant divine, on ne saurait comprendre comment elle n'a pas toujours subsisté, et pour eux et pour tous les hommes[1].

Ce qui est le plus étrange, c'est que l'immortalité de l'âme n'est pas seulement insinuée dans cette loi intitulée, *Vaïcra* et *Haddebarim*, *Lévitique* et *Deutéronome*.

Il y est défendu de manger de l'anguille, parce qu'elle n'a point d'écailles; ni de lièvre, parce que, dit le *Vaïcra*, le lièvre rumine et n'a point le pied fendu. Cependant il est vrai que le lièvre a le pied fendu et ne rumine point; apparemment que les Juifs avaient d'autres lièvres que les nô-

[1] Voyez l'article MOÏSE. K.

tres. Le griffon est immonde, les oiseaux à quatre pieds sont immondes; ce sont des animaux un peu rares. Quiconque touche une souris ou une taupe est impur. On y défend aux femmes de coucher avec des chevaux et des ânes. Il faut que les femmes juives fussent sujettes à ces galanteries. On y défend aux hommes d'offrir de leur semence à Moloch, et la *semence* n'est pas là un terme métaphorique, qui signifie des enfants; il y est répété que c'est de la propre semence du mâle dont il s'agit. Le texte même appelle cette offrande *fornication*. C'est en quoi ce livre du *Vaïcra* est très curieux. Il paraît que c'était une coutume dans les déserts de l'Arabie d'offrir ce singulier présent aux dieux, comme il est d'usage, dit-on, à Cochin et dans quelques autres pays des Indes, que les filles donnent leur pucelage à un Priape de fer dans un temple. Ces deux cérémonies prouvent que le genre humain est capable de tout. Les Cafres, qui se coupent un testicule, sont encore un bien plus ridicule exemple des excès de la superstition.

Une loi non moins étrange chez les Juifs est la preuve de l'adultère. Une femme accusée par son mari doit être présentée aux prêtres; on lui donne à boire de l'eau de jalousie mêlée d'absinthe et de poussière. Si elle est innocente, cette eau la rend plus belle et plus féconde; si elle est coupable, les yeux lui sortent de la tête, son ventre enfle, et elle crève devant le Seigneur.

On n'entre point ici dans les détails de tous ces sacrifices, qui ne sont que des opérations de bouchers en cérémonie; mais il est très important de remarquer une autre sorte de sacrifice trop commune dans ces temps barbares. Il est expressément ordonné dans le XXVIIe chapitre du *Lévitique* d'immoler les hommes qu'on aura voués en anathème au Seigneur. « Point de rançon, dit le texte; il » faut que la victime promise expire. » Voilà la source de l'histoire de Jephté, soit que sa fille ait été réellement immolée, soit que cette histoire soit une copie de celle d'Iphigénie; voilà la source du vœu de Saül, qui allait immoler son fils, si l'armée, moins superstitieuse que lui, n'eût sauvé la vie à ce jeune homme innocent.

Il n'est donc que trop vrai que les Juifs, suivant leurs lois, sacrifiaient des victimes humaines. Cet acte de religion s'accorde avec leurs mœurs; leurs propres livres les représentent égorgeant sans miséricorde tout ce qu'ils rencontrent, et réservant seulement les filles pour leur usage.

Il est très difficile, et il devrait être peu important de savoir en quel temps ces lois furent rédigées telles que nous les avons. Il suffit qu'elles soient d'une très haute antiquité pour connaître combien les mœurs de cette antiquité étaient grossières et farouches.

SECTION III.

De la dispersion des Juifs.

On a prétendu que la dispersion de ce peuple avait été prédite comme une punition de ce qu'il refuserait de reconnaître Jésus-Christ pour le Messie, et l'on affectait d'oublier qu'il était déjà dispersé par toute la terre connue long-temps avant Jésus-Christ. Les livres qui nous restent de cette nation singulière ne font aucune mention du retour des dix tribus transportées au-delà de l'Euphrate par Téglatphalasar et par Salmanasar, son successeur : et même environ six siècles après Cyrus, qui fit revenir à Jérusalem les tribus de Juda et de Benjamin, que Nabuchodonosor avait emmenées dans les provinces de son empire, les *Actes des apôtres* font foi que, cinquante-trois jours après la mort de Jésus-Christ, il y avait des Juifs de toutes les nations qui sont sous le ciel, assemblés dans Jérusalem pour la fête de la Pentecôte. Saint Jacques écrit aux douze tribus dispersées, et Josèphe, ainsi que Philon, met des Juifs en grand nombre dans tout l'Orient.

Il est vrai que quand on pense au carnage qui s'en fit sous quelques empereurs romains, et à ceux qui ont été répétés tant de fois dans tous les états chrétiens, on est étonné que non seulement ce peuple subsiste encore, mais qu'il ne soit pas moins nombreux aujourd'hui qu'il le fut autrefois. Leur nombre doit être attribué à leur exemption de porter les armes, à leur ardeur pour le mariage, à leur coutume de le contracter de bonne heure dans leurs familles, à leur loi de divorce, à leur genre de vie sobre et réglée, à leurs abstinences, à leur travail et à leurs exercices.

Leur ferme attachement à la loi mosaïque n'est pas moins remarquable, surtout si l'on considère leurs fréquentes apostasies lorsqu'ils vivaient sous le gouvernement de leurs rois, de leurs juges, et à l'aspect de leur temple. Le judaïsme est maintenant de toutes les religions du monde celle qui est le plus rarement abjurée; et c'est en partie le fruit des persécutions qu'elle a souffertes. Ses sectateurs, martyrs perpétuels de leur croyance, se sont regardés de plus en plus comme la source de toute sainteté, et ne nous ont envisagés que comme des juifs rebelles qui ont changé la loi de Dieu, en suppliciant ceux qui la tenaient de sa propre main.

En effet, si, pendant que Jérusalem subsistait avec son temple, les Juifs ont été quelquefois chassés de leur patrie par les vicissitudes des empires, ils l'ont encore été plus souvent par un zèle aveugle, dans tous les pays où ils se sont habitués depuis les progrès du christianisme et du mahométisme. Aussi comparent-ils leur religion à une mère que ses deux filles, la chrétienne et la mahométane, ont accablée de mille plaies. Mais quelques mauvais traitements qu'elle en ait reçus, elle ne laisse pas de se glorifier de leur avoir donné la naissance. Elle se sert de l'une et de l'autre pour embrasser l'univers, tandis que sa vieillesse vénérable embrasse tous les temps.

Ce qu'il y a de singulier, c'est que les chrétiens ont prétendu accomplir les prophéties en tyrannisant les Juifs, qui les leur avaient transmises. Nous avons déjà vu comment l'inquisition fit bannir les Juifs d'Espagne. Réduits à courir de terres en terres, de mers en mers pour gagner leur vie; partout déclarés incapables de posséder aucun bien-fonds, et d'avoir aucun emploi, ils se sont vus obligés de se disperser de lieux en lieux, et de ne pouvoir s'établir fixement dans aucune contrée, faute d'appui, de puissance pour s'y maintenir, et de lumières dans l'art militaire. Le commerce, profession long-temps méprisée par la plupart des peuples de l'Europe, fut leur unique ressource dans ces siècles barbares; et comme ils s'y enrichirent nécessairement, on les traita d'infâmes usuriers. Les rois, ne pouvant fouiller dans la bourse de leurs sujets, mirent à la torture les juifs, qu'ils ne regardaient pas comme des citoyens.

Ce qui se passa en Angleterre à leur égard peut donner une idée des vexations qu'il essuyèrent dans les autres pays. Le roi Jean, ayant besoin d'argent, fit emprisonner les riches juifs de son royaume. Un d'eux, à qui l'on arracha sept dents l'une après l'autre pour avoir son bien, donna mille marcs d'argent à la huitième. Henri III tira d'Aaron, juif d'York, quatorze mille marcs d'argent, et dix mille pour la reine. Il vendit les autres juifs de son pays à son frère Richard pour le terme d'une année, afin que ce comte éventrât ceux que le roi avait déjà écorchés, comme dit Matthieu Pâris.

En France, on les mettait en prison, on les pillait, on les vendait, on les accusait de magie, de sacrifier des enfants, d'empoisonner les fontaines; on les chassait du royaume, on les y laissait rentrer pour de l'argent; et dans le temps même qu'on les tolérait, on les distinguait des autres habitants par des marques infamantes. Enfin, par une bizarrerie inconcevable, tandis qu'on les brûlait ailleurs pour leur faire embrasser le christianisme, on confisquait en France le bien des Juifs qui se fesaient chrétiens. Charles VI, par un édit donné à Basville le 4 avril 1392, abrogea cette coutume tyrannique, laquelle, suivant le bénédictin Mabillon, s'était introduite pour deux raisons:

Premièrement, pour éprouver la foi de ces nouveaux convertis, n'étant que trop ordinaire à ceux de cette nation de feindre de se soumettre à l'Évangile pour quelque intérêt temporel, sans changer cependant intérieurement de croyance.

Secondement, parce que, comme leurs biens venaient pour la plupart de l'usure, la pureté de la morale chrétienne semblait exiger qu'ils en fissent une restitution générale; et c'est ce qui s'exécutait par la confiscation.

Mais la véritable raison de cet usage, que l'auteur de l'*Esprit des lois* a si bien développée, était une espèce de droit d'amortissement pour le prince ou pour les seigneurs, des taxes qu'ils levaient sur les juifs comme serfs mainmortables, auxquels ils succédaient. Or ils étaient privés de ce bénéfice lorsque ceux-ci venaient à se convertir à la foi chrétienne.

Enfin, proscrits sans cesse de chaque pays, ils trouvèrent ingénieusement le moyen de sauver leurs fortunes, et de rendre pour jamais leurs retraites assurées. Chassés de France sous Philippe-le-Long, en 1318, ils se réfugièrent en Lombardie, y donnèrent aux négociants des lettres sur ceux à qui ils avaient confié leurs effets en partant, et ces lettres furent acquittées. L'invention admirable des lettres de change sortit du sein du désespoir, et pour lors seulement le commerce put éluder la violence et se maintenir par tout le monde.

SECTION IV.

RÉPONSE A QUELQUES OBJECTIONS.

PREMIÈRE LETTRE.

A MM. Joseph Ben Jonathan, Aaron Mathataï, et David Wincker.

MESSIEURS,

Lorsque M. Medina, votre compatriote, me fit à Londres une banqueroute de vingt mille francs, il y a quarante-quatre ans, il me dit « que ce n'était pas sa faute, qu'il était malheureux, qu'il n'avait jamais été enfant de Bélial, qu'il avait toujours tâché de vivre en fils de Dieu, c'est-à-dire en honnête homme, en bon Israélite. » Il m'attendrit, je l'embrassai; nous louâmes Dieu ensemble, et je perdis quatre-vingts pour cent.

Vous devez savoir que je n'ai jamais haï votre nation. Je ne hais personne, pas même Fréron.

Loin de vous haïr, je vous ai toujours plaints. Si j'ai été quelquefois un peu goguenard, comme l'était le bon pape Lambertini, mon protecteur, je n'en suis pas moins sensible. Je pleurais à l'âge de seize ans quand on me disait qu'on avait brûlé à Lisbonne une mère et une fille pour avoir mangé debout un peu d'agneau cuit avec des laitues le quatorzième jour de la lune rousse; et je puis vous assurer que l'extrême beauté qu'on vantait dans cette fille n'entra point dans la source de mes larmes, quoiqu'elle dût augmenter dans les spectateurs l'horreur pour les assassins, et la pitié pour la victime.

Je ne sais comment je m'avisai de faire un poëme épique à l'âge de vingt ans. (Savez-vous ce que c'est qu'un poëme épique? pour moi, je n'en savais rien alors.) Le législateur Montesquieu n'avait point encore écrit ses *Lettres persanes*, que vous me reprochez d'avoir commentées, et j'avais déjà dit tout seul, en parlant d'un monstre que vos ancêtres ont bien connu, et qui a même encore aujourd'hui quelques dévots:

Il vient; le Fanatisme est son horrible nom,
Enfant dénaturé de la Religion;
Armé pour la défendre, il cherche à la détruire;
Et, reçu dans son sein, l'embrasse et le déchire.

C'est lui qui dans Raba, sur les bords de l'Arnon,
Guidait les descendants du malheureux Ammon,
Quand à Moloch, leur dieu, des mères gémissantes
Offraient de leurs enfants les entrailles fumantes.
Il dicta de Jephté le serment inhumain;
Dans le cœur de sa fille il conduisit sa main:
C'est lui qui, de Calchas ouvrant la bouche impie,
Demanda par sa voix la mort d'Iphigénie.
France, dans tes forêts il habita long-temps.
A l'affreux Teutatès il offrit ton encens.
Tu n'as point oublié ces sacrés homicides,
Qu'à tes indignes dieux présentaient tes druides.
Du haut du Capitole il criait aux païens:
Frappez, exterminez, déchirez les chrétiens.
Mais lorsqu'au fils de Dieu Rome enfin fut soumise,
Du Capitole en cendre il passa dans l'Église;
Et dans les cœurs chrétiens inspirant ses fureurs,
De martyrs qu'ils étaient, les fit persécuteurs.
Dans Londre il a formé la secte turbulente
Qui sur un roi trop faible a mis sa main sanglante;
Dans Madrid, dans Lisbonne, il allume ses feux,
Ces bûchers solennels où des Juifs malheureux
Sont tous les ans en pompe envoyés par des prêtres,
Pour n'avoir point quitté la foi de leurs ancêtres.

Henriade, chant V.

Vous voyez bien que j'étais dès lors votre serviteur, votre ami, votre frère, quoique mon père et ma mère m'eussent conservé mon prépuce.

Je sais que l'instrument ou prépucé, ou déprépucé, a causé des querelles bien funestes. Je sais ce qu'il en a coûté à Pâris, fils de Priam, et à Ménélas, frère d'Agamemnon. J'ai assez lu vos livres pour ne pas ignorer que Sichem, fils d'Hémor, viola Dina, fille de Lia, laquelle n'avait que cinq ans tout au plus, mais qui était fort avancée pour son âge. Il voulut l'épouser; les enfants de Jacob, frères de la violée, la lui donnèrent en mariage, à condition qu'il se ferait circoncire, lui et tout son peuple. Quand l'opération fut faite, et que tous les Sichemites, ou Sichimites, étaient au lit dans les douleurs de cette besogne, les saints patriarches Simon et Lévi les égorgèrent tous l'un après l'autre. Mais après tout, je ne crois pas qu'aujourd'hui le prépuce doive produire de si abominables horreurs; je ne pense pas surtout que les hommes doivent se haïr, se détester, s'anathématiser, se damner réciproquement le samedi et le dimanche pour un petit bout de chair de plus ou de moins.

Si j'ai dit que quelques déprépucés ont rogné les espèces à Metz, à Francfort sur l'Oder et à Varsovie (ce dont je ne me souviens pas), je leur en demande pardon; car, étant près de finir mon pèlerinage, je ne veux point me brouiller avec Israël.

J'ai l'honneur d'être, comme on dit,

Votre, etc.

SECONDE LETTRE.

De l'antiquité des Juifs.

MESSIEURS,

Je suis toujours convenu, à mesure que j'ai lu quelques livres d'histoire pour m'amuser, que vous êtes une nation assez ancienne, et que vous datez de plus loin que les Teutons, les Celtes, les Welches, les Sicambres, les Bretons, les Slavons, les Anglais et les Hurons. Je vous vois rassemblés en corps de peuple dans une capitale nommée tantôt Hershalaïm, tantôt Shaheb, sur la montagne Moriah, et sur la montagne Sion, auprès d'un désert, dans un terrain pierreux, près d'un petit torrent qui est à sec six mois de l'année.

Lorsque vous commençâtes à vous affermir dans ce coin (je ne dirai pas de terre, mais de cailloux), il y avait environ deux siècles que Troie était détruite par les Grecs:

Médon était archonte d'Athènes;
Ékestrates régnait dans Lacédémone;
Latinus Silvius régnait dans le Latium;
Osochor, en Égypte.

Les Indes étaient florissantes depuis une longue suite de siècles.

C'était le temps le plus illustre de la Chine; l'empereur Tchinvang régnait avec gloire sur ce vaste empire; toutes les sciences y étaient cultivées; et les annales publiques portent que le roi de la Cochinchine étant venu saluer cet empereur Tchinvang, il en reçut en présent une boussole. Cette boussole aurait bien servi à votre Salomon pour les flottes qu'il envoyait au beau pays d'Ophir, que personne n'a jamais connu.

Ainsi, après les Chaldéens, les Syriens, les Perses, les Phéniciens, les Égyptiens, les Grecs, les Indiens, les Chinois, les Latins, les Toscans, vous êtes le premier peuple de la terre qui ait eu quelque forme de gouvernement connu.

Les Banians, les Guèbres, sont avec vous les seuls peuples qui, dispersés hors de leur patrie, ont conservé leurs anciens rites; car je ne compte pas les petites troupes égyptiennes qu'on appelait Zingari en Italie, Gipsies en Angleterre, Bohèmes en France, lesquelles avaient conservé les antiques cérémonies du culte d'Isis, le cistre, les cymbales, les crotales, la danse d'Isis, la prophétie, et l'art de voler les poules dans les basses-cours. Ces troupes sacrées commencent à disparaître de la face de la terre, tandis que leurs pyramides appartiennent encore aux Turcs, qui n'en seront pas peut-être toujours les maîtres, non plus que d'Hershalaïm, tant la figure de ce monde passe!

Vous dites que vous êtes établis en Espagne dès le temps de Salomon. Je le crois; et même j'oserais penser que les Phéniciens purent y conduire quelques Juifs long-temps auparavant, lorsque vous fûtes esclaves en Phénicie après les horribles massacres que vous dites avoir été commis par Cartouche Josué, et par Cartouche Caleb.

Vos livres disent en effet[a] que vous fûtes réduits en servitude sous Chusan Rasathaïm, roi d'Aram-Naharaïm, pendant huit ans, et sous Églon[b], roi de Moab, pendant dix-huit ans; puis sous Jabin[c], roi de Canaan, pendant vingt ans; puis dans le petit canton de Madian, dont vous étiez venus, et où vous vécûtes dans des cavernes pendant sept ans.

Puis en Galaad pendant dix-huit ans[d], quoique Jaïr votre prince eût trente fils, montés chacun sur un bel ânon.

Puis sous les Phéniciens, nommés par vous Philistins, pendant quarante ans, jusqu'à ce qu'enfin le Seigneur Adonaï envoya Samson, qui attacha trois cents renards l'un à l'autre par la queue, et tua mille Phéniciens avec une mâchoire d'âne, de laquelle il sortit une belle fontaine d'eau pure, qui a été très bien représentée à la comédie italienne.

Voilà de votre aveu quatre-vingt-seize ans de captivité dans la terre promise. Or il est très probable que les Tyriens, qui étaient les facteurs de toutes les nations, et qui naviguaient jusque sur l'Océan, achetèrent plusieurs esclaves juifs, et les menèrent à Cadix, qu'ils fondèrent. Vous voyez que vous êtes bien plus anciens que vous ne pensiez. Il est très probable en effet que vous avez habité l'Espagne plusieurs siècles avant les Romains, les Goths, les Vandales et les Maures.

Non seulement je suis votre ami, votre frère, mais de plus votre généalogiste.

Je vous supplie, messieurs, d'avoir la bonté de croire que je n'ai jamais cru, que je ne crois point, et que je ne croirai jamais que vous soyez descendus de ces voleurs de grand chemin à qui le roi Actisanès fit couper le nez et les oreilles, et qu'il envoya, selon le rapport de Diodore de Sicile[a], dans le désert qui est entre le lac Sirbon et le mont Sinaï, désert affreux où l'on manque d'eau et de toutes les choses nécessaires à la vie. Ils firent des filets pour prendre des cailles, qui les nourrirent pendant quelques semaines, dans le temps du passage des oiseaux.

Des savants ont prétendu que cette origine s'accorde parfaitement avec votre histoire. Vous dites vous-mêmes que vous habitâtes ce désert, que vous y manquâtes d'eau, que vous y vécûtes de cailles, qui en effet y sont très abondantes. Le fond de vos récits semble confirmer celui de Diodore de Sicile; mais je n'en crois que le *Pentateuque*. L'auteur ne dit point qu'on vous ait coupé le nez et les oreilles. Il me semble même (autant qu'il m'en peut souvenir, car je n'ai pas Diodore sous ma main) qu'on ne vous coupa que le nez. Je ne me souviens plus où j'ai lu que les oreilles furent de la partie; je ne sais point si c'est dans quelques fragments de Manéthon, cité par saint Éphrem.

Le secrétaire qui m'a fait l'honneur de m'écrire en votre nom a beau m'assurer que vous volâtes pour plus de neuf millions d'effets en or monnayé ou orfévri, pour aller faire votre tabernacle dans le désert; je soutiens que vous n'emportâtes que ce qui vous appartenait légitimement, en comptant les intérêts à quarante pour cent, ce qui était le taux légitime.

Quoi qu'il en soit, je certifie que vous êtes d'une très-bonne noblesse, et que vous étiez seigneurs d'Hershalaïm long-temps avant qu'il fût question dans le monde de la maison de Souabe, de celles d'Anhalt, de Saxe et de Bavière.

Il se peut que les nègres d'Angola et ceux de Guinée soient beaucoup plus anciens que vous, et qu'ils aient adoré un beau serpent avant que les Égyptiens aient connu leur Isis et que vous ayez habité auprès du lac Sirbon; mais les nègres ne nous ont pas encore communiqué leurs livres.

[a] *Juges*, ch. III.

[b] C'est ce même Églon, roi de Moab, qui fut si saintement assassiné au nom du Seigneur par Aod l'ambidextre, lequel lui avait fait serment de fidélité; et c'est ce même Aod qui fut si souvent réclamé à Paris par les prédicateurs de la ligue. *Il nous faut un Aod, il nous faut un Aod;* ils crièrent tant qu'ils en trouvèrent un.

[c] C'est sous ce Jabin que la bonne femme Jahel assassina le capitaine Sisara, en lui enfonçant un clou dans la cervelle, lequel clou le cloua fort avant dans la terre. Quel maître clou et quelle maîtresse femme que cette Jahel! On ne lui peut comparer que Judith; mais Judith a paru bien supérieure; car elle coupa la tête à son amant, dans son lit, après lui avoir donné ses tendres faveurs. Rien n'est plus héroïque et plus édifiant.

[d] *Juges*, ch. X.

[a] Diodore de Sicile liv. I, sect. II, ch. XII.

TROISIÈME LETTRE.

Sur quelques chagrins arrivés au peuple de Dieu.

Loin de vous accuser, messieurs, je vous ai toujours regardés avec compassion. Permettez-moi de vous rappeler ici ce que j'ai lu dans le discours préliminaire de l'*Essai sur les mœurs et l'esprit des nations* et sur l'Histoire générale. On y trouve deux cent trente-neuf mille vingt Juifs égorgés les uns par les autres, depuis l'adoration du veau d'or jusqu'à la prise de l'arche par les Philistins, laquelle coûta la vie à cinquante mille soixante et dix Juifs pour avoir osé regarder l'arche; tandis que ceux qui l'avaient prise si insolemment à la guerre en furent quittes pour des hémorrhoïdes et pour offrir à vos prêtres cinq rats d'or et cinq anus d'or[a]. Vous m'avouerez que deux cent trente-neuf mille vingt hommes massacrés par vos compatriotes, sans compter tout ce que vous perdîtes dans vos alternatives de guerre et de servitude, devaient faire un grand tort à une colonie naissante.

Comment puis-je ne vous pas plaindre en voyant dix de vos tribus absolument anéanties, ou peut-être réduites à deux cents familles, qu'on retrouve, dit-on, à la Chine et dans la Tartarie?

Pour les deux autres tribus, vous savez ce qui leur est arrivé. Souffrez donc ma compassion, et ne m'imputez pas de mauvaise volonté.

QUATRIÈME LETTRE.

Sur la femme à Michas.

Trouvez bon que je vous demande ici quelques éclaircissements sur un fait singulier de votre histoire; il est peu connu des dames de Paris et des personnes du bon ton.

Il n'y avait pas trente-huit ans que votre Moïse était mort, lorsque la femme à Michas, de la tribu de Benjamin, perdit onze cents sicles, qui valent, dit-on, environ six cents livres de notre monnaie. Son fils les lui rendit[b], sans que le texte nous apprenne s'il ne les avait pas volés. Aussitôt la bonne Juive en fait faire des idoles, et leur construit une petite chapelle ambulante selon l'usage. Un lévite de Bethléem s'offrit pour la desservir moyennant dix francs par an, deux tuniques, et *bouche à cour*, comme on disait autrefois.

Une tribu alors, qu'on appela depuis *la tribu de Dan*, passa auprès de la maison de la Michas, en cherchant s'il n'y avait rien à piller dans le voisinage. Les gens de Dan sachant que la Michas avait chez elle un prêtre, un voyant, un devin, un rhoé, s'enquirent de lui si leur voyage serait heureux, s'il y aurait quelque bon coup à faire. Le lévite leur promit un plein succès. Ils commencèrent par voler la chapelle de la Michas, et lui prirent jusqu'à son lévite. La Michas et son mari eurent beau crier: *Vous emportez mes dieux, et vous me volez mon prêtre*, on les fit taire, et on alla mettre tout à feu et à sang, par dévotion, dans la petite bourgade de Dan, dont la tribu prit le nom.

Ces flibustiers conservèrent une grande reconnaissance pour les dieux de la Michas, qui les avaient si bien servis. Ces idoles furent placées dans un beau tabernacle. La foule des dévots augmenta, il fallut un nouveau prêtre; il s'en présenta un.

Ceux qui ne connaissent pas votre histoire ne devineront jamais qui fut ce chapelain. Vous le savez, messieurs, c'était le propre petit-fils de Moïse, un nommé Jonathan, fils de Gerson, fils de Moïse et de la fille à Jéthro.

Vous conviendrez avec moi que la famille de Moïse était un peu singulière. Son frère, à l'âge de cent ans, jette un veau d'or en fonte, et l'adore; son petit-fils se fait aumônier des idoles pour de l'argent. Cela ne prouverait-il pas que votre religion n'était pas encore faite, et que vous tâtonnâtes long-temps avant d'être de parfaits israélites tels que vous l'êtes aujourd'hui?

Vous répondez à ma question que notre saint Pierre, Simon Barjone, en a fait autant, et qu'il commença son apostolat par renier son maître. Je n'ai rien à répliquer, sinon qu'il faut toujours se défier de soi. Et je me défie si fort de moi-même, que je finis ma lettre en vous assurant de toute mon indulgence, et en vous demandant la vôtre.

CINQUIÈME LETTRE.

Assassinats juifs. Les Juifs ont-ils été anthropophages? Leurs mères ont-elles couché avec des boucs? Les pères et mères ont-ils immolé leurs enfants? Et de quelques autres belles actions du peuple de Dieu.

MESSIEURS,

J'ai un peu gourmandé votre secrétaire: il n'est pas dans la civilité de gronder les valets d'autrui devant leurs maîtres; mais l'ignorance orgueilleuse révolte dans un chrétien qui se fait

[a] Plusieurs théologiens, qui sont la lumière du monde, ont fait des commentaires sur ces rats d'or et sur ces anus d'or. Ils disaient que les metteurs en œuvre philistins étaient bien adroits; qu'il est très difficile de sculpter en or un trou du cul bien reconnaissable sans y joindre deux fesses, et que c'était une étrange offrande au Seigneur qu'un trou du cul. D'autres théologiens disent que c'était aux Sodomites à présenter cette offrande. Mais enfin ils ont abandonné cette dispute. Ils s'occupent aujourd'hui de convulsions, de billets de confession, et d'extrême-onction donnée la baïonnette au bout du fusil.

[b] *Juges*, ch. XVII.

valet d'un Juif. Je m'adresse directement à vous pour n'avoir plus affaire à votre livrée.

CALAMITÉS JUIVES ET GRANDS ASSASSINATS.

Permettez-moi d'abord de m'attendrir sur toutes vos calamités; car, outre les deux cent trente-neuf mille vingt Israélites tués par l'ordre du Seigneur, je vois la fille de Jephté immolée par son père. *Il lui fit comme il l'avait voué.* Tournez-vous de tous les sens; tordez le texte, disputez contre les Pères de l'Église : il lui fit comme il avait voué; et il avait voué d'égorger sa fille pour remercier le Seigneur. Belle action de grâces !

Oui, vous avez immolé des victimes humaines au Seigneur; mais consolez-vous; je vous ai dit souvent que nos Welches et toutes les nations en firent autant autrefois. Voilà M. de Bougainville qui revient de l'île de Taïti, de cette île de Cythère dont les habitants paisibles, doux, humains, hospitaliers, offrent aux voyageurs tout ce qui est en leur pouvoir, les fruits les plus délicieux, et les filles les plus belles, les plus faciles de la terre. Mais ces peuples ont leurs jongleurs, et ces jongleurs les forcent à sacrifier leurs enfants à des magots qu'ils appellent leurs dieux.

Je vois soixante et dix frères d'Abimélech, écrasés sur une même pierre par cet Abimélech, fils de Gédéon et d'une coureuse. Ce fils de Gédéon était mauvais parent; et ce Gédéon, l'ami de Dieu, était bien débauché.

Votre lévite qui vient sur son âne à Gabaa, les Gabaonites qui veulent le violer, sa pauvre femme qui est violée à sa place et qui meurt à la peine, la guerre civile qui en est la suite, toute votre tribu de Benjamin exterminée, à six cents hommes près, me font une peine que je ne puis vous exprimer.

Vous perdez tout d'un coup cinq belles villes que le Seigneur vous destinait au bout du lac de Sodome, et cela pour un attentat inconcevable contre la pudeur de deux anges. En vérité, c'est bien pis que ce dont on accuse vos mères avec les boucs. Comment n'aurais-je pas la plus grande pitié pour vous quand je vois le meurtre, la sodomie, la bestialité, constatés chez vos ancêtres, qui sont nos premiers pères spirituels et nos proches parents selon la chair ? Car enfin, si vous descendez de Sem, nous descendons de son frère Japhet : nous sommes évidemment cousins.

ROITELETS OU MELCHIM JUIFS.

Votre Samuel avait bien raison de ne pas vouloir que vous eussiez des roitelets; car presque tous vos roitelets sont des assassins, à commencer par David qui assassine Miphiboseth, fils de Jonathas, son tendre ami, « qu'il aimait d'un amour » plus grand que l'amour des femmes; » qui assassine Uriah, le mari de sa Bethsabée; qui assassine jusqu'aux enfants qui tettent, dans les villages alliés de son protecteur Achis; qui commande en mourant qu'on assassine Joab, son général, et Séméi, son conseiller; à commencer, dis-je, par ce David et par Salomon qui assassine son propre frère Adonias, embrassant en vain l'autel; et à finir par Hérode-le-Grand qui assassine son beau-frère, sa femme, tous ses parents, et ses enfants même.

Je ne vous parle pas des quatorze mille petits garçons que votre roitelet, ce grand Hérode, fit égorger dans le village de Bethléem; ils sont enterrés, comme vous savez, à Cologne avec nos onze mille vierges; et on voit encore un de ces enfants tout entier. Vous ne croyez pas à cette histoire authentique, parce qu'elle n'est pas dans votre canon, et que votre Flavius Josèphe n'en a rien dit. Je ne vous parle pas des onze cent mille hommes tués dans la seule ville de Jérusalem pendant le siége qu'en fit Titus.

Par ma foi, la nation chérie est une nation bien malheureuse.

SI LES JUIFS ONT MANGÉ DE LA CHAIR HUMAINE.

Parmi vos calamités, qui m'ont fait tant de fois frémir, j'ai toujours compté le malheur que vous avez eu de manger de la chair humaine. Vous dites que cela n'est arrivé que dans les grandes occasions, que ce n'est pas vous que le Seigneur invitait à sa table pour manger le cheval et le cavalier, que c'étaient les oiseaux qui étaient les convives; je le veux croire[1].

SI LES DAMES JUIVES COUCHÈRENT AVEC DES BOUCS.

Vous prétendez que vos mères n'ont pas couché avec des boucs, ni vos pères avec des chèvres. Mais dites-moi, messieurs, pourquoi vous êtes le seul peuple de la terre à qui les lois aient jamais fait une pareille défense? Un législateur se serait-il jamais avisé de promulguer cette loi bizarre, si le délit n'avait pas été commun?

SI LES JUIFS IMMOLÈRENT DES HOMMES.

Vous osez assurer que vous n'immoliez pas des victimes humaines au Seigneur : et qu'est-ce donc que le meurtre de la fille de Jephté, réellement immolée, comme nous l'avons déjà prouvé par vos propres livres?

Comment expliquerez-vous l'anathème des trente-deux pucelles qui furent le partage du Sei-

[1] Voyez l'article ANTHROPOPHAGES. K.

gneur quand vous prîtes chez les Madianites trente-deux mille pucelles et soixante et un mille ânes? Je ne vous dirai pas ici qu'à ce compte il n'y avait pas deux ânes par pucelle; mais je vous demanderai ce que c'était que cette part du Seigneur. Il y eut, selon votre livre des *Nombres*, seize mille filles pour vos soldats, seize mille filles pour vos prêtres; et sur la part des soldats on préleva trente-deux filles pour le Seigneur. Qu'en fit-on? vous n'aviez point de religieuses. Qu'est-ce que la part du Seigneur dans toutes vos guerres, sinon du sang?

Le prêtre Samuel ne hacha-t-il pas en morceaux le roitelet Agag, à qui le roitelet Saûl avait sauvé la vie? ne le sacrifia-t-il pas comme la part du Seigneur?

Ou renoncez à vos livres auxquels je crois fermement, selon la décision de l'Église, ou avouez que vos pères ont offert à Dieu des fleuves de sang humain, plus que n'a jamais fait aucun peuple du monde.

DES TRENTE-DEUX MILLE PUCELLES, DES SOIXANTE ET QUINZE MILLE BOEUFS, ET DU FERTILE DÉSERT DE MADIAN.

Que votre secrétaire cesse de tergiverser, d'équivoquer, sur le camp des Madianites et sur leurs villages. Je me soucie bien que ce soit dans un camp ou dans un village de cette petite contrée misérable et déserte que votre prêtre-boucher Éléazar, général des armées juives, ait trouvé soixante et douze mille bœufs, soixante et un mille ânes, six cent soixante et quinze mille brebis, sans compter les béliers et les agneaux!

Or, si vous prîtes trente-deux mille petites filles, il y avait apparemment autant de petits garçons, autant de pères et de mères. Cela irait probablement à cent vingt-huit mille captifs, dans un désert où l'on ne boit que de l'eau saumâtre, où l'on manque de vivres, et qui n'est habité que par quelques Arabes vagabonds, au nombre de deux ou trois mille tout au plus. Vous remarquerez d'ailleurs que ce pays affreux n'a pas plus de huit lieues de long et de large sur toutes les cartes.

Mais qu'il soit aussi grand, aussi fertile, aussi peuplé que la Normandie ou le Milanais, cela ne m'importe : je m'en tiens au texte, qui dit que la part du Seigneur fut de trente-deux filles. Confondez tant qu'il vous plaira le Madian près de la mer Rouge avec le Madian près de Sodome, je vous demanderai toujours compte de mes trente-deux pucelles.

Votre secrétaire a-t-il été chargé par vous de supputer combien de bœufs et de filles peut nourrir le beau pays de Madian?

J'habite un canton, messieurs, qui n'est pas la terre promise; mais nous avons un lac beaucoup plus beau que celui de Sodome. Notre sol est d'une bonté très médiocre. Votre secrétaire me dit qu'un arpent de Madian peut nourrir trois bœufs; je vous assure, messieurs, que chez moi un arpent ne nourrit qu'un bœuf. Si votre secrétaire veut tripler le revenu de mes terres, je lui donnerai de bons gages, et je ne le paierai pas en rescriptions sur les receveurs-généraux. Il ne trouvera pas dans tout le pays de Madian une meilleure condition que chez moi. Mais malheureusement cet homme ne s'entend pas mieux en bœufs qu'en veaux d'or.

A l'égard des trente-deux mille pucelages, je lui en souhaite. Notre petit pays est de l'étendue de Madian; il contient environ quatre mille ivrognes, une douzaine de procureurs, deux hommes d'esprit, et quatre mille personnes du beau sexe, qui ne sont pas toutes jolies. Tout cela monte à environ huit mille personnes, supposé que le greffier qui m'a produit ce compte n'ait pas exagéré de moitié, selon la coutume. Vos prêtres et les nôtres auraient peine à trouver dans mon pays trente-deux mille pucelles pour leur usage. C'est ce qui me donne de grands scrupules sur les dénombrements du peuple romain, du temps que son empire s'étendait à quatre lieues du mont Tarpéien, et que les Romains avaient une poignée de foin au haut d'une perche pour enseigne. Peut-être ne savez-vous pas que les Romains passèrent cinq cents années à piller leurs voisins avant que d'avoir aucun historien, et que leurs dénombrements sont fort suspects ainsi que leurs miracles.

A l'égard des soixante et un mille ânes qui furent le prix de vos conquêtes en Madian, c'est assez parler d'ânes.

DES ENFANTS JUIFS IMMOLÉS PAR LEURS MÈRES.

Je vous dis que vos pères ont immolé leurs enfants, et j'appelle en témoignage vos prophètes. Isaïe leur reproche ce crime de cannibales*: « Vous immolez aux dieux vos enfants dans des » torrents, sous des pierres. »

Vous m'allez dire que ce n'était pas au Seigneur Adonaï que les femmes sacrifiaient les fruits de leurs entrailles, que c'était à quelque autre dieu. Il importe bien vraiment que vous ayez appelé Melkom, ou Sadaï, ou Baal, ou Adonaï, celui à qui vous immoliez vos enfants; ce qui importe, c'est que vous ayez été des parricides. C'était, dites-vous, à des idoles étrangères que vos pères fesaient ces offrandes : eh bien, je vous plains encore davantage de descendre d'aïeux parricides et

* Isaïe, ch. LVII, v. 5.

idolâtres. Je gémirai avec vous de ce que vos pères furent toujours idolâtres pendant quarante ans dans le désert de Sinaï, comme le disent expressément Jérémie, Amos et saint Étienne.

Vous étiez idolâtres du temps des juges; et le petit-fils de Moïse était prêtre de la tribu de Dan, idolâtre tout entière comme nous l'avons vu; car il faut insister, inculquer, sans quoi tout s'oublie.

Vous étiez idolâtres sous vos rois; vous n'avez été fidèles à un seul Dieu qu'après qu'Esdras eut restauré vos livres. C'est là que votre véritable culte non interrompu commence. Et, par une providence incompréhensible de l'Être-Suprême, vous avez été les plus malheureux de tous les hommes depuis que vous avez été les plus fidèles, sous les rois de Syrie, sous les rois d'Égypte, sous Hérode l'Iduméen, sous les Romains, sous les Persans, sous les Arabes, sous les Turcs, jusqu'au temps où vous me faites l'honneur de m'écrire, et où j'ai celui de vous répondre.

SIXIÈME LETTRE.

Sur la beauté de la terre promise.

Ne me reprochez pas de ne vous point aimer: je vous aime tant, que je voudrais que vous fussiez tous dans Hershalaïm au lieu des Turcs, qui dévastent tout votre pays, et qui ont bâti cependant une assez belle mosquée sur les fondements de votre temple, et sur la plate-forme construite par votre Hérode.

Vous cultiveriez ce malheureux désert comme vous l'avez cultivé autrefois; vous porteriez encore de la terre sur la croupe de vos montagnes arides; vous n'auriez pas beaucoup de blé, mais vous auriez d'assez bonnes vignes, quelques palmiers, des oliviers et des pâturages.

Quoique la Palestine n'égale pas la Provence, et que Marseille seule soit supérieure à toute la Judée, qui n'avait pas un port de mer; quoique la ville d'Aix soit dans une situation incomparablement plus belle que Jérusalem, vous pourriez faire de votre terrain à peu près ce que les Provençaux ont fait du leur. Vous exécuteriez à plaisir dans votre détestable jargon votre détestable musique.

Il est vrai que vous n'auriez point de chevaux, parce qu'il n'y a que des ânes vers Hershalaïm, et qu'il n'y a jamais eu que des ânes. Vous manqueriez souvent de froment, mais vous en tireriez d'Égypte ou de la Syrie.

Vous pourriez voiturer des marchandises à Damas, à Séide, sur vos ânes, ou même sur des chameaux, que vous ne connûtes jamais du temps de vos Melchim, et qui vous seraient d'un grand secours. Enfin, un travail assidu, pour lequel l'homme est né, rendrait fertile cette terre que les seigneurs de Constantinople et de l'Asie-Mineure négligent.

Elle est bien mauvaise cette terre promise. Connaissez-vous saint Jérôme? c'était un prêtre chrétien; vous ne lisez point les livres de ces gens-là. Cependant il a demeuré très long-temps dans votre pays; c'était un très docte personnage, peu endurant à la vérité, et prodigue d'injures quand il était contredit, mais sachant votre langue mieux que vous, parce qu'il était bon grammairien. L'étude était sa passion dominante, la colère n'était que la seconde; il s'était fait prêtre avec son ami Vincent, à condition qu'ils ne diraient jamais la messe ni vêpres[a], de peur d'être trop interrompus dans leurs études; car étant directeurs de femmes et de filles, s'ils avaient été obligés encore de vaquer aux œuvres presbytérales, il ne leur serait pas resté deux heures dans la journée pour le grec, le chaldéen et l'idiome judaïque. Enfin, pour avoir plus de loisir, Jérôme se retira tout à fait chez les Juifs, à Bethléem, comme l'évêque d'Avranches, Huet, se retira chez les jésuites à la maison professe, rue Saint-Antoine, à Paris.

Jérôme se brouilla, il est vrai, avec l'évêque de Jérusalem nommé Jean, avec le célèbre prêtre Ruffin, avec plusieurs de ses amis: car, ainsi que je l'ai déjà dit, Jérôme était colère et plein d'amour-propre; et saint Augustin l'accuse d'être inconstant et léger[b]; mais enfin il n'en était pas moins saint, il n'en était pas moins docte; son témoignage n'en est pas moins recevable sur la nature du misérable pays dans lequel son ardeur pour l'étude et sa mélancolie l'avaient confiné.

Ayez la complaisance de lire sa lettre à Dardanus, écrite l'an 414 de notre ère vulgaire, qui est, suivant le comput juif, l'an du monde 4000, ou 4001, ou 4003, ou 4004, comme on voudra.

«[c] Je prie ceux qui prétendent que le peuple
» juif, après sa sortie d'Égypte, prit possession de
» ce pays, qui est devenu pour nous, par la pas-
» sion et la résurrection du Sauveur, une véritable
» terre de promesse; je les prie, dis-je, de nous
» faire voir ce que ce peuple en a possédé. Tout
» son domaine ne s'étendait que depuis Dan jus-
» qu'à Bersabée, c'est-à-dire l'espace de cent soi-
» xante milles de longueur. L'Écriture sainte n'en
» donne pas davantage à David et à Salomon.....
» J'ai honte de dire quelle est la largeur de la terre
» promise, et je crains que les païens ne prennent

[a] C'est-à-dire qu'ils ne feraient aucune fonction sacerdotale.

[b] En récompense, Jérôme écrit à Augustin dans sa cent quatorzième lettre: Je n'ai point critiqué vos ouvrages, car je ne les ai jamais lus; et si je voulais les critiquer, je pourrais vous faire voir que vous n'entendez point les Pères grecs... Vous ne savez pas même ce dont vous parlez.

[c] Lettre très importante de Jérôme.

» de là occasion de blasphémer. On ne compte que » quarante et six milles depuis Joppé jusqu'à notre » petit bourg de Bethléem, après quoi on ne trouve » plus qu'un affreux désert. »

Lisez aussi la lettre à une de ses dévotes, où il dit qu'il n'y a que des cailloux et point d'eau à boire de Jérusalem à Bethléem; mais plus loin, vers le Jourdain, vous auriez d'assez bonnes vallées dans ce pays hérissé de montagnes pelées. C'était véritablement une contrée de lait et de miel, comme vous disiez, en comparaison de l'abominable désert d'Horeb et de Sinaï, dont vous êtes originaires. La Champagne Pouilleuse est la terre promise par rapport à certains terrains des landes de Bordeaux. Les bords de l'Aar sont la terre promise en comparaison des petits cantons suisses. Toute la Palestine est un fort mauvais terrain en comparaison de l'Égypte, dont vous dites que vous sortîtes en voleurs; mais c'est un pays délicieux si vous le comparez aux déserts de Jérusalem, de Nazareth, de Sodome, d'Horeb, de Sinaï, de Cadès-Barné, etc.

Retournez en Judée le plus tôt que vous pourrez. Je vous demande seulement deux ou trois familles hébraïques pour établir au mont Krapack, où je demeure, un petit commerce nécessaire. Car si vous êtes de très ridicules théologiens (et nous aussi), vous êtes des commerçants très intelligents, ce que nous ne sommes pas.

SEPTIÈME LETTRE.

Sur la charité que le peuple de Dieu et les chrétiens doivent avoir les uns pour les autres.

Ma tendresse pour vous n'a plus qu'un mot à vous dire. Nous vous avons pendus entre deux chiens pendant des siècles; nous vous avons arraché les dents pour vous forcer à nous donner votre argent; nous vous avons chassés plusieurs fois par avarice, et nous vous avons rappelés par avarice et par bêtise; nous vous fesons payer encore dans plus d'une ville la liberté de respirer l'air; nous vous avons sacrifiés à Dieu dans plus d'un royaume; nous vous avons brûlés en holocaustes : car je ne veux pas, à votre exemple, dissimuler que nous ayons offert à Dieu des sacrifices de sang humain. Toute la différence est que nos prêtres vous ont fait brûler par des laïques, se contentant d'appliquer votre argent à leur profit, et que vos prêtres ont toujours immolé les victimes humaines de leurs mains sacrées. Vous fûtes des monstres de cruauté et de fanatisme en Palestine, nous l'avons été dans notre Europe : oublions tout cela, mes amis.

Voulez-vous vivre paisibles? imitez les Banians et les Guèbres; ils sont beaucoup plus anciens que vous, ils sont dispersés comme vous, ils sont sans patrie comme vous. Les Guèbres surtout, qui sont les anciens Persans, sont esclaves comme vous après avoir été long-temps vos maîtres. Ils ne disent mot; prenez ce parti. Vous êtes des animaux calculants; tâchez d'être des animaux pensants.

JULIEN.

SECTION PREMIÈRE [1].

SECTION II.

Qu'on suppose un moment que Julien a quitté les faux dieux pour la religion chrétienne; qu'alors on examine en lui l'homme, le philosophe et l'empereur, et qu'on cherche le prince qu'on osera lui préférer. S'il eût vécu seulement dix ans de plus, il y a grande apparence qu'il eût donné une tout autre forme à l'Europe que celle qu'elle a aujourd'hui.

La religion chrétienne a dépendu de sa vie : les efforts qu'il fit pour la détruire ont rendu son nom exécrable aux peuples qui l'ont embrassée. Les prêtres chrétiens ses contemporains l'accusèrent de presque tous les crimes, parce qu'il avait commis le plus grand de tous à leurs yeux, celui de les abaisser. Il n'y a pas encore long-temps qu'on ne citait son nom qu'avec l'épithète d'*Apostat*; et c'est peut-être le plus grand effort de la raison qu'on ait enfin cessé de le désigner de ce surnom injurieux. Les bonnes études ont amené l'esprit de tolérance chez les savants. Qui croirait que dans un *Mercure* de Paris de l'année 1741, l'auteur reprend vivement un écrivain d'avoir manqué aux bienséances les plus communes en appelant cet empereur Julien l'*Apostat*? Il y a cent ans que quiconque ne l'eût pas traité d'apostat eût été traité d'athée.

Ce qui est très singulier et très vrai, c'est que, si vous faites abstraction des disputes entre les païens et les chrétiens dans lesquelles il prit parti; si vous ne suivez cet empereur ni dans les églises chrétiennes, ni aux temples des idolâtres; si vous le suivez dans sa maison, dans les camps, dans les batailles, dans ses mœurs, dans sa conduite, dans ses écrits, vous le trouvez partout égal à Marc-Aurèle. Ainsi cet homme, qu'on a peint abominable, est peut-être le premier des hommes, ou du moins le second. Toujours sobre, toujours tempérant, n'ayant jamais eu de maîtresses, couchant sur une peau d'ours, et y donnant, à regret encore, peu d'heures au sommeil,

[1] Cette première section se composait du *Portrait de l'empereur Julien*. (Voyez *Philosophie*, tome VI.)

partageant son temps entre l'étude et les affaires, généreux, capable d'amitié, ennemi du faste, on l'eût admiré s'il n'eût été que particulier.

Si on regarde en lui le héros, on le voit toujours à la tête des troupes, rétablissant la discipline militaire sans rigueur, aimé des soldats, et les contenant; conduisant presque toujours à pied ses armées, et leur donnant l'exemple de toutes les fatigues; toujours victorieux dans toutes ses expéditions jusqu'au dernier moment de sa vie, et mourant enfin en fesant fuir les Perses. Sa mort fut d'un héros, et ses dernières paroles d'un philosophe. « Je me soumets, dit-il, avec joie aux » décrets éternels du ciel, convaincu que celui qui » est épris de la vie quand il faut mourir est plus » lâche que celui qui voudrait mourir quand il » faut vivre. » Il s'entretient à sa dernière heure de l'immortalité de l'âme; nuls regrets, nulle faiblesse; il ne parle que de sa soumission à la Providence. Qu'on songe que c'est un empereur de trente-deux ans qui meurt ainsi, et qu'on voie s'il est permis d'insulter sa mémoire.

Si on le considère comme empereur, on le voit refuser le titre de *dominus* qu'affectait Constantin, soulager les peuples, diminuer les impôts, encourager les arts, réduire à soixante et dix onces ces présents de couronnes d'or de trois à quatre cents marcs, que ses prédécesseurs exigeaient de toutes les villes, faire observer les lois, contenir ses officiers et ses ministres, et prévenir toute corruption.

Dix soldats chrétiens complotent de l'assassiner; ils sont découverts, et Julien leur pardonne. Le peuple d'Antioche, qui joignait l'insolence à la volupté, l'insulte; il ne s'en venge qu'en homme d'esprit, et, pouvant lui faire sentir la puissance impériale, il ne fait sentir à ce peuple que la supériorité de son génie. Comparez à cette conduite les supplices que Théodose (dont on a presque fait un saint) étale dans Antioche, tous les citoyens de Thessalonique égorgés pour un sujet à peu près semblable; et jugez entre ces deux hommes.

Des écrivains qu'on nomme Pères de l'Église, Grégoire de Nazianze et Théodoret, ont cru qu'il fallait le calomnier, parce qu'il avait quitté la religion chrétienne. Ils n'ont pas songé que le triomphe de cette religion était de l'emporter sur un grand homme, et même sur un sage, après avoir résisté aux tyrans. L'un dit qu'il remplit Antioche de sang, par une vengeance barbare. Comment un fait si public eût-il échappé à tous les autres historiens? on sait qu'il ne versa dans Antioche que le sang des victimes. Un autre ose assurer qu'avant d'expirer il jeta son sang contre le ciel, et s'écria: *Tu as vaincu, Galiléen.* Comment un conte aussi insipide a-t-il pu être accrédité? était-ce contre des chrétiens qu'il combattait? et une telle action et de tels mots étaient-ils dans son caractère?

Des esprits plus sensés que les détracteurs de Julien demanderont comment il se peut faire qu'un homme d'état tel que lui, un homme de tant d'esprit, un vrai philosophe, pût quitter le christianisme dans lequel il avait été élevé, pour le paganisme dont il devait sentir l'absurdité et le ridicule. Il semble que si Julien écouta trop sa raison contre les mystères de la religion chrétienne, il devait écouter bien davantage cette même raison plus éclairée contre les fables des païens.

Peut-être en suivant le cours de sa vie, et en observant son caractère, on verra ce qui lui inspira tant d'aversion contre le christianisme. L'empereur Constantin, son grand-oncle, qui avait mis la nouvelle religion sur le trône, s'était souillé du meurtre de sa femme, de son fils, de son beau-frère, de son neveu, et de son beau-père. Les trois enfants de Constantin commencèrent leur funeste règne par égorger leur oncle et leurs cousins. On ne vit ensuite que des guerres civiles et des meurtres. Le père, le frère aîné de Julien, tous ses parents, et lui-même encore enfant, furent condamnés à périr par Constance son oncle. Il échappa à ce massacre général. Ses premières années se passèrent dans l'exil; et enfin il ne dut la conservation de sa vie, sa fortune et le titre de césar qu'à l'impératrice Eusébie, femme de son oncle Constance, qui, après avoir eu la cruauté de proscrire son enfance, eut l'imprudence de le faire césar, et ensuite l'imprudence plus grande de le persécuter.

Il fut témoin d'abord de l'insolence avec laquelle un évêque traita Eusébie sa bienfaitrice: c'était un nommé Léontius, évêque de Tripoli. Il fit dire à l'impératrice qu'il « n'irait point la voir, » à moins qu'elle ne le reçût d'une manière con- » forme à son caractère épiscopal, qu'elle vînt au- » devant de lui jusqu'à la porte, qu'elle reçût sa » bénédiction en se courbant, et qu'elle se tînt » debout jusqu'à ce qu'il lui permît de s'asseoir. » Les pontifes païens n'en usaient point ainsi avec les impératrices. Une vanité si brutale dut faire des impressions profondes dans l'esprit d'un jeune homme, amoureux déjà de la philosophie et de la simplicité.

S'il se voyait dans une famille chrétienne, c'était dans une famille fameuse par des parricides; s'il voyait des évêques de cour, c'étaient des audacieux et des intrigants, qui tous s'anathématisaient les uns les autres; les partis d'Arius et d'Athanase remplissaient l'empire de confusion et de carnage. Les païens, au contraire, n'avaient jamais eu de querelle de religion. Il est donc naturel que Julien, élevé d'ailleurs par des philosophes païens, fortifiât dans son cœur, par leurs discours, l'aversion qu'il devait avoir pour la religion chrétienne. Il n'est pas plus étrange de voir Julien quitter le christianisme pour les faux dieux, que de voir Constantin quitter les faux dieux pour le christianisme. Il est fort vraisemblable que tous les deux changèrent par intérêt d'état, et que cet intérêt se mêla dans l'esprit de Julien à la fierté indocile d'une âme stoïque.

Les prêtres païens n'avaient point de dogmes; ils ne forçaient point les hommes à croire l'incroyable; ils ne demandaient que des sacrifices, et ces sacrifices n'étaient point commandés sous des peines rigoureuses; ils ne se disaient point le premier ordre de l'état, ne formaient point un état dans l'état, et ne se mêlaient point du gouvernement. Voilà bien des motifs pour engager un homme du caractère de Julien à se déclarer pour eux. Il avait besoin d'un parti; et s'il ne se fût piqué que d'être stoïcien, il aurait eu contre lui les prêtres des deux religions, et tous les fanatiques de l'une et de l'autre. Le peuple n'aurait pu alors supporter qu'un prince se contentât de l'adoration pure d'un être pur, et de l'observation de la justice. Il fallut opter entre deux partis qui se combattaient. Il est donc à croire que Julien se soumit aux cérémonies païennes, comme la plupart des princes et des grands vont dans les temples : ils y sont menés par le peuple même, et sont forcés de paraître souvent ce qu'ils ne sont pas; d'être en public les premiers esclaves de la crédulité. Le sultan des Turcs doit bénir Omar, le sophi de Perse doit bénir Ali : Marc-Aurèle lui-même s'était fait initier aux mystères d'Éleusis.

Il ne faut donc pas être surpris que Julien ait avili sa raison jusqu'à descendre à des pratiques superstitieuses; mais on ne peut concevoir que de l'indignation contre Théodoret, qui seul de tous les historiens rapporte qu'il sacrifia une femme dans le temple de la Lune à Carrès. Ce conte infâme doit être mis avec ce conte absurde d'Ammien, que le génie de l'empire apparut à Julien avant sa mort; et avec cet autre conte non moins ridicule, que, quand Julien voulut faire rebâtir le temple de Jérusalem, il sortit de terre des globes de feu qui consumèrent tous les ouvrages et les ouvriers.

« Iliacos intra muros peccatur et extra. »
Hor., liv. I, ép. 2, 16.

Les chrétiens et les païens débitaient également des fables sur Julien; mais les fables des chrétiens, ses ennemis, étaient toutes calomnieuses. Qui pourra jamais se persuader qu'un philosophe ait immolé une femme à la Lune, et déchiré de ses mains ses entrailles? une telle horreur est-elle dans le caractère d'un stoïcien rigide?

Il ne fit jamais mourir aucun chrétien : il ne leur accordait point de faveurs; mais il ne les persécutait pas. Il les laissait jouir de leurs biens comme empereur juste, et écrivait contre eux comme philosophe. Il leur défendait d'enseigner dans les écoles les auteurs profanes, qu'eux-mêmes voulaient décrier : ce n'était pas être persécuteur. Il leur permettait l'exercice de leur religion, et les empêchait de se déchirer par leurs querelles sanglantes : c'était les protéger. Ils ne devaient donc lui faire d'autre reproche que de les avoir quittés et de n'être pas de leur avis; cependant, ils trouvèrent le moyen de rendre exécrable à la postérité un prince dont le nom aurait été cher à l'univers sans son changement de religion.

SECTION III.

Quoique nous ayons déjà parlé de Julien, à l'article APOSTAT; quoique nous ayons, à l'exemple de tous les sages, déploré le malheur horrible qu'il eut de n'être pas chrétien, et que d'ailleurs nous ayons rendu justice à toutes ses vertus, cependant nous sommes forcés d'en dire encore un mot.

C'est à l'occasion d'une imposture aussi absurde qu'atroce que nous avons lue par hasard dans un de ces petits dictionnaires dont la France est inondée aujourd'hui, et qu'il est malheureusement trop aisé de faire. Ce dictionnaire théologique est d'un ex-jésuite nommé Paulian; il répète cette fable si décréditée que l'empereur Julien, blessé à mort en combattant contre les Perses, jeta son sang contre le ciel, en s'écriant : *Tu as vaincu, Galiléen;* fable qui se détruit d'elle-même, puisque Julien fut vainqueur dans le combat, et que certainement Jésus-Christ n'était pas le dieu des Perses.

Cependant Paulian ose affirmer que le fait est incontestable. Et sur quoi l'affirme-t-il? sur ce que Théodoret, l'auteur de tant d'insignes mensonges, le rapporte; encore ne le rapporte-t-il que comme un bruit vague : il se sert du mot, *on dit* [a]. Ce conte est digne des calomniateurs qui écrivirent que Julien avait sacrifié une femme à la Lune, et qu'on trouva après sa mort un grand coffre rempli de têtes, parmi ses meubles.

Ce n'est pas le seul mensonge et la seule calomnie dont cet ex-jésuite Paulian se soit rendu coupable. Si ces malheureux savaient quel tort ils font à notre sainte religion, en cherchant à l'appuyer par l'imposture et par les injures grossières qu'ils vomissent contre les hommes les plus respectables, ils seraient moins audacieux et moins

[a] Théodoret, ch. XXV.

emportés : mais ce n'est pas la religion qu'ils veulent soutenir, ils veulent gagner de l'argent par leurs libelles; et, désespérant d'être lus des gens du monde, ils compilent, compilent, compilent du fatras théologique, dans l'espérance que leurs opuscules feront fortune dans les séminaires [1].

On demande très sincèrement pardon aux lecteurs sensés d'avoir parlé d'un ex-jésuite nommé Paulian, et d'un ex-jésuite nommé Nonotte, et d'un ex-jésuite nommé Patouillet; mais, après avoir écrasé des serpents, n'est-il pas permis aussi d'écraser des puces [2]?

[1] Voyez l'article PHILOSOPHIE. K.

[2] Voltaire a osé le premier rendre une justice entière à ce prince, l'un des hommes les plus extraordinaires qui aient jamais occupé le trône. Chargé, très jeune, et au sortir de l'école des philosophes, du gouvernement des Gaules, il les défendit avec un égal courage contre les Germains et contre les exacteurs qui les ravageaient au nom de Constance. Sa vie privée était celle d'un sage; général habile et actif pendant la campagne, il devenait l'hiver un magistrat appliqué, juste et humain. Constance voulut le rappeler; l'armée se souleva, et le força d'accepter le titre d'Auguste. Les détails de cet événement, transmis par l'histoire, nous y montrent Julien aussi irréprochable que dans le reste de sa vie. Il fallait qu'il choisît entre la mort et une guerre contre un tyran souillé de sang et de rapines, avili par la superstition et la mollesse, et qui avait résolu sa perte. Son droit était le même que celui de Constantin, qui n'avait pas, à beaucoup près, des excuses aussi légitimes.

Tandis que son armée, conduite par ses généraux, marche en Grèce, en traversant les Alpes et le nord de l'Italie, Julien, à la tête d'un corps de cavalerie d'élite, passe le Rhin, traverse la Germanie et la Pannonie, partie sur les terres de l'empire, partie sur celles des Barbares; et on le voit descendre des montagnes de Macédoine, lorsqu'on le croyait encore dans les Gaules. Cette marche, unique dans l'histoire, est à peine connue; car la haine des prêtres a envié à Julien jusqu'à sa gloire militaire.

En seize mois de règne, il assura toutes les frontières de l'empire, fit respecter partout sa justice et sa clémence, étouffa les querelles des chrétiens, qui commençaient à troubler l'empire, et ne répondit à leurs injures, ne combattit leurs intrigues et leurs complots que par des raisonnements et des plaisanteries. Il fit enfin contre les Parthes cette guerre dont l'unique objet était d'assurer aux provinces de l'Orient une barrière qui les mît à l'abri de toute incursion. Jamais un règne si court n'a mérité tant de gloire. Sous ses prédécesseurs, comme sous les princes qui lui ont succédé, c'était un crime capital de porter des vêtements de pourpre. Un de ses courtisans lui dénonça un jour un citoyen qui, soit par orgueil, soit par folie, s'était paré de ce dangereux ornement; il ne lui manquait, disait-on, que des souliers de pourpre. Portez-lui-en une paire de ma part, dit Julien, afin que l'habillement soit complet.

La *Satire des Césars* est un ouvrage rempli de finesse et de philosophie; le jugement sévère, mais juste et motivé, porté sur ces princes par un de leurs successeurs, est un monument unique dans l'histoire. Dans ses Lettres à des philosophes, dans son Discours aux Athéniens, il se montra supérieur en esprit et en talents à Marc-Antonin, son modèle, le seul empereur qui, comme lui, ait laissé des ouvrages. Pour bien juger les écrits philosophiques de Julien et son livre contre les chrétiens, il faut le comparer, non aux ouvrages des philosophes modernes, mais à ceux des philosophes grecs, des savants de son siècle, des Pères de l'Église : alors on trouvera peu d'hommes qu'on puisse comparer à ce prince mort à trente-deux ans, après avoir gagné des batailles sur le Rhin et sur l'Euphrate.

Il mourut au sein de la victoire, comme Épaminondas, et conversant paisiblement avec les philosophes qui l'avaient suivi à l'armée. Des fanatiques avaient prédit sa mort; et les Perses, loin de s'en vanter, en accusèrent la trahison des Romains. On fut obligé d'employer des précautions extraordinaires pour empêcher les chrétiens de déchirer son corps et de profaner son tombeau. Jovien, son successeur, était chrétien. Il fit un traité honteux avec les Perses, et mourut au bout de quelques mois, d'excès de débauche et d'intempérance.

Ceux qui reprochent à Julien de n'avoir pas assuré à l'empire un successeur digne de le remplacer, oublient la brièveté de son règne, la nécessité de commencer par rétablir la paix, et la difficulté de pourvoir au gouvernement d'un empire immense dont la constitution exigeait un seul maître, ne pouvait souffrir un monarque faible, et n'offrait aucun moyen pour une élection paisible. K.

JUSTE (DU) ET DE L'INJUSTE.

Qui nous a donné le sentiment du juste et de l'injuste? Dieu, qui nous a donné un cerveau et un cœur. Mais quand votre raison vous apprend-elle qu'il y a vice et vertu? quand elle nous apprend que deux et deux font quatre. Il n'y a point de connaissance innée, par la raison qu'il n'y a point d'arbre qui porte des feuilles et des fruits en sortant de la terre. Rien n'est ce qu'on appelle inné, c'est-à-dire né développé : mais, répétons-le encore, Dieu nous fait naître avec des organes qui, à mesure qu'ils croissent, nous font sentir tout ce que notre espèce doit sentir pour la conservation de cette espèce.

Comment ce mystère continuel s'opère-t-il? dites-le-moi, jaunes habitants des îles de la Sonde, noirs Africains, imberbes Canadiens, et vous, Platon, Cicéron, Épictète. Vous sentez tous également qu'il est mieux de donner le superflu de votre pain, de votre riz ou de votre manioc au pauvre qui vous le demande humblement, que de le tuer ou de lui crever les deux yeux. Il est évident à toute la terre qu'un bienfait est plus honnête qu'un outrage, que la douceur est préférable à l'emportement.

Il ne s'agit donc plus que de nous servir de notre raison pour discerner les nuances de l'honnête et du déshonnête. Le bien et le mal sont souvent voisins; nos passions les confondent : qui nous éclairera? nous-mêmes, quand nous sommes tranquilles. Quiconque a écrit sur nos devoirs a bien écrit dans tous les pays du monde, parce qu'il n'a écrit qu'avec sa raison. Ils ont tous dit la même chose : Socrate et Épicure, Confutzée et Cicéron, Marc-Antonin et Amurath II ont eu la même morale.

Redisons tous les jours à tous les hommes : La morale est une, elle vient de Dieu; les dogmes sont différents, ils viennent de nous.

Jésus n'enseigna aucun dogme métaphysique; il n'écrivit point de cahiers théologiques; il ne dit point, Je suis consubstantiel; j'ai deux volontés et deux natures avec une seule personne. Il laissa aux cordeliers et aux jacobins, qui devaient venir douze cents ans après lui, le soin d'argumenter pour savoir si sa mère a été conçue dans le péché originel; il n'a jamais dit que le mariage est le signe visible d'une chose invisible; il n'a pas dit un mot de la grâce concomitante; il n'a institué ni moines ni inquisiteurs; il n'a rien ordonné de ce que nous voyons aujourd'hui.

Dieu avait donné la connaissance du juste et de l'injuste dans tous les temps qui précédèrent le christianisme. Dieu n'a point changé et ne peut changer; le fond de notre âme, nos principes de raison et de morale seront éternellement les mêmes. De quoi servent à la vertu des distinctions théologiques, des dogmes fondés sur ces distinctions, des persécutions fondées sur ces dogmes? La nature, effrayée et soulevée avec horreur contre toutes ces inventions barbares, crie à tous les hommes: Soyez justes, et non des sophistes persécuteurs.

Vous lisez dans le *Sadder*, qui est l'abrégé des lois de Zoroastre, cette sage maxime: « Quand il » est incertain si une action qu'on te propose est » juste ou injuste, abstiens-toi. » Qui jamais a donné une règle plus admirable? quel législateur a mieux parlé? ce n'est pas là le système des opinions probables, inventé par des gens qui s'appelaient *la société de Jésus*.

JUSTICE.

Ce n'est pas d'aujourd'hui que l'on dit que la justice est bien souvent très injuste: *Summum jus, summa injuria*, est un des plus anciens proverbes. Il y a plusieurs manières affreuses d'être injuste, par exemple, celle de rouer l'innocent Calas sur des indices équivoques, et de se rendre coupable du sang innocent pour avoir trop cru de vaines présomptions.

Une autre manière d'être injuste est de condamner au dernier supplice un homme qui mériterait tout au plus trois mois de prison: cette espèce d'injustice est celle des tyrans, et surtout des fanatiques, qui deviennent toujours tyrans dès qu'ils ont la puissance de mal faire.

Nous ne pouvons mieux démontrer cette vérité que par la lettre qu'un célèbre avocat au conseil écrivit, en 1766, à M. le marquis de Beccaria, l'un des plus célèbres professeurs de jurisprudence[1].

K.

KALENDES.

La fête de la Circoncision, que l'Eglise célèbre le premier janvier, a pris la place d'une autre appelée fête des kalendes, des ânes, des fous, des innocents, selon la différence des lieux et des jours où elle se fesait. Le plus souvent c'était aux fêtes de Noël, à la Circoncision, ou à l'Épiphanie.

Dans la cathédrale de Rouen, il y avait le jour de Noël une procession où des ecclésiastiques choisis représentaient les prophètes de l'ancien Testament qui ont prédit la naissance du Messie; et ce qui peut avoir donné le nom à la fête, c'est que Balaam y paraissait monté sur une ânesse; mais comme le poëme de Lactance, et le livre des *Promesses* sous le nom de saint Prosper, disent que Jésus dans la crèche a été reconnu par le bœuf et par l'âne, selon ce passage d'Isaïe[a], « Le bœuf a reconnu son maître, et l'âne la crèche » de son seigneur » (circonstance que l'Évangile, ni les anciens pères n'ont cependant point remarquée), il est plus vraisemblable que ce fut de cette opinion que la fête de l'âne prit son nom.

En effet le jésuite Théophile Raynaud témoigne que le jour de Saint-Étienne on chantait une prose de l'âne, qu'on nommait aussi la prose des fous, et que le jour de Saint-Jean on en chantait encore une autre qu'on appelait la prose du bœuf. On conserve dans la bibliothèque du chapitre de Sens un manuscrit en vélin avec des miniatures où sont représentées les cérémonies de la fête des fous. Le texte en contient la description; cette prose de l'âne s'y trouve; on la chantait à deux chœurs qui imitaient, par intervalles et comme par refrain, le braire de cet animal. Voici le précis de la description de cette fête:

On élisait dans les églises cathédrales un évêque ou un archevêque des fous, et son élection était confirmée par toutes sortes de bouffonneries qui servaient de sacre. Cet évêque officiait pontificalement, et donnait la bénédiction au peuple, devant lequel il portait la mitre, la crosse, et même la croix archiépiscopale. Dans les églises qui relevaient immédiatement du saint-siége, on élisait un pape des fous, qui officiait avec tous les ornements de la papauté. Tout le clergé assistait à la messe, les uns en habit de femme, les autres vêtus en bouffons, ou masqués d'une façon grotesque et ridicule. Non contents de chanter dans le chœur des chansons licencieuses, ils mangeaient et jouaient aux dés sur l'autel, à côté du célébrant. Quand la messe était dite, ils couraient, sautaient, et dansaient dans l'église, chantant et proférant des paroles obscènes, et fesant mille postures indécentes jusqu'à se mettre presque nus; ensuite ils se fesaient traîner par les rues dans des tombereaux pleins d'ordures

[1] Ce que Voltaire donnait ici n'était autre chose que la *Relation de la mort du chevalier de La Barre*. Voyez *Politique et législation*, tome v.

[a] Chap. I, v. 3.

pour en jeter à la populace qui s'assemblait autour d'eux. Les plus libertins d'entre les séculiers se mêlaient parmi le clergé pour jouer aussi quelque personnage de fou en habit ecclésiastique.

Cette fête se célébrait également dans les monastères de moines et de religieuses, comme le témoigne Naudé* dans sa plainte à Gassendi en 1645, où il raconte qu'à Antibes, dans le couvent des franciscains, les religieux prêtres, ni le gardien, n'allaient point au chœur le jour des Innocents. Les frères lais y occupaient leurs places ce jour-là, et fesaient une manière d'office, revêtus d'ornements sacerdotaux déchirés et tournés à l'envers. Ils tenaient des livres à rebours, fesant semblant de lire avec des lunettes qui avaient de l'écorce d'orange pour verres, et marmottaient des mots confus, ou poussaient des cris avec des contorsions extravagantes.

Dans le second registre de l'église d'Autun du secrétaire *Rotarii*, qui finit en 1416, il est dit, sans spécifier le jour, qu'à la fête des fous on conduisait un âne auquel on mettait une chape sur le dos, et l'on chantait : Hé, sire âne, hé, hé.

Du Cange rapporte une sentence de l'officialité de Viviers contre un certain Guillaume qui, ayant été élu évêque fou en 1406, avait refusé de faire les solennités et les frais accoutumés en pareille occasion.

Enfin les registres de Saint-Étienne de Dijon, en 1521, font foi, sans dire le jour, que les vicaires couraient par les rues avec fifres, tambours et autres instruments, et portaient des lanternes devant le préchantre des fous, à qui l'honneur de la fête appartenait principalement. Mais le parlement de cette ville, par un arrêt du 19 janvier 1552, défendit la célébration de cette fête, déjà condamnée par quelques conciles, et surtout par une lettre circulaire du 12 mars 1444, envoyée à tout le clergé du royaume par l'université de Paris. Cette lettre, qui se trouve à la suite des ouvrages de Pierre de Blois, porte que cette fête paraissait aux yeux du clergé si bien pensée et si chrétienne, que l'on regardait comme excommuniés ceux qui voulaient la supprimer; et le docteur de Sorbonne Jean Deslyons, dans son discours contre le paganisme du roi boit, nous apprend qu'un docteur en théologie soutint publiquement à Auxerre, sur la fin du quinzième siècle, « que la fête des fous » n'était pas moins approuvée de Dieu que la fête » de la conception immaculée de la Vierge, outre » qu'elle était d'une tout autre ancienneté dans » l'Église. »

* M. La Roque nomme l'auteur Mathurin de Neuré. Voyez le *Mercure* de septembre 1738, page 1955 et suivantes.

FIN DU SEPTIÈME VOLUME

TABLE DES MATIÈRES

CONTENUES DANS CE VOLUME.

B.

C.

D.

E.

F.

J.

K.

FIN DE LA TABLE.

Lightning Source UK Ltd.
Milton Keynes UK
UKHW02f2107240918
329455UK00018B/1290/P